Christine Schroer
Hauptstraße 1
6746 Hauenstein

Talstraße 67
7800 Freiburg

Pflanzensoziologische
EXKURSIONS
FLORA

Prof. Dr. Dr. h.c. Erich Oberdorfer

ehem. Direktor der Landessammlungen
für Naturkunde Karlsruhe

Unter Mitarbeit von Prof. Dr. Theo Müller
Fachhochschule Nürtingen
und mit Beiträgen von D. Korneck, Bonn,
Dr. W. Lippert, München, I. Markgraf-Dannenberg,
Zürich, Prof. Dr. E. Patzke, Aachen,
und Prof. Dr. Dr. H. E. Weber, Osnabrück

Fünfte, überarbeitete und ergänzte Auflage
Mit 58 Abbildungen

Verlag Eugen Ulmer Stuttgart

CIP-Kurztitelaufnahme der Deutschen Bibliothek

Oberdorfer, Erich:
Pflanzensoziologische Exkursionsflora / Erich
Oberdorfer. Unter Mitarb. von Theo Müller u.
mit Beitr. von D. Korneck . . . . –
5., überarb. u. erg. Aufl. – Stuttgart : Ulmer,
1983
     ISBN 3-8001-3429-2

© 1949, 1983 Eugen Ulmer GmbH & Co.
Wollgrasweg 41, 7000 Stuttgart 70 (Hohenheim)
Printed in Germany
Einbandgestaltung: Alfred Krugmann
Satz: Hermann Hagedorn, Berlin
Druck und Bindung: Friedrich Pustet, Regensburg

Vorwort

Die räumlich erweiterte Gültigkeit der Exkursionsflora hat, wohl in Verbindung mit einem allgemein gesteigerten Interesse an biologischen Fragen, bewirkt, daß schneller als erwartet eine neue Auflage des Buches notwendig wurde.

Sie gab Gelegenheit, die weiter entwickelten Ergebnisse der Taxonomie, wie diese z. B. in dem inzwischen erschienenen 5. Band der Flora Europaea zum Ausdruck kommen, aber auch solche der pflanzensoziologischen Systematik auf der Grundlage neuer Bearbeitungen darzustellen. In allen Fällen ist es, wie schon im Vorwort der letzten Auflagen zum Ausdruck gebracht, nicht immer leicht, den rechten Weg zu finden. In der Taxonomie und Nomenklatur wünscht sich der praktisch arbeitende Botaniker Beständigkeit und Gebräuchlichkeit, in der pflanzensoziologischen Systematik ein übersichtliches und leicht zu handhabendes System. Letzteres schien uns nach wie vor am ehesten durch Vegetationseinheiten gewährleistet, die durch Kennarten auf dem Wege vergleichender Tabellenarbeit umgrenzt werden.

Leider sind die wissenschaftlichen Bezeichnungen vieler Pflanzenarten, wie auch der Vegetationseinheiten immer noch nicht so weit abgeklärt, daß sie allseits als allgemein gültig akzeptiert werden. Das Ziel wird sich wohl trotz aller juristischen Bemühungen um Nomenklaturregeln nie ganz erreichen lassen, da im Ansatz der Objektivierung die subjektive Anschauung nicht ausgeschaltet werden kann. Dazu kommen noch, in der Taxonomie wie in der Syntaxonomie zeitbedingte modische Strömungen, die bei allem Fortschritt in den Erkenntnissen der kausalen, entwicklungsgeschichtlichen oder räumlichen Zusammenhänge unübersehbar sind.

Für die Darstellung einiger schwierig zu ordnender Sippen durfte ich mich auch diesmal der Mitarbeit einiger Spezialisten erfreuen. Zu den Herren D. KORNECK und Prof. Dr. PATZKE (Aachen), die schon in der letzten Auflage den *Festuca ovina*-Komplex übernahmen, gesellte sich für die Gesamt-Gattung *Festuca* noch Frau I. MARKGRAF-DANNENBERG (Zürich). Herr Prof. Dr. Dr. H. E. WEBER (Osnabrück) übernahm die Bearbeitung des *Rubus fruticosus*-Aggregates, Herr Dr. W. LIPPERT (München) diejenige der Gattungen *Alchemilla* und *Crataegus*. Wertvollen Rat erhielt ich für Fassung und Benennung einiger Farn-Gattungen von Frau Dipl.-Biol. H. RASBACH (Glottertal). Ihnen allen sei für Ihre Mithilfe herzlich gedankt. Besonderen Dank schulde ich auch wieder Herrn Prof. Dr. TH. MÜLLER (Nürtingen), der den ganzen Text mit durchgearbeitet und viele wertvolle Ergänzungen beigesteuert hat.

Auch sonst gab es viele wertvolle Hinweise, die der Verbesserung und Weiterentwicklung der Flora bezüglich der Fundortsangaben, der taxonomischen Diagnostik oder auch der soziologischen Wertigkeit dienten. Zu danken habe ich diesmal vor allem Herrn Prof. Dr. K. DIERSSEN (Kiel), Herrn Prof. Dr. H. MERXMÜLLER (München), Herrn cand. J. NAUENBURG (Göttingen), Herrn Dr. G. PHILIPPI (Karlsruhe), Herrn Prof. Dr. E. W. RAABE (Kiel)†, Herrn Dipl.-Ing. H. ROENSCH (Freiberg), Herrn Dipl.-Geogr. W. SCHNEDLER (Bechlingen), Herrn Prof. Dr. P. SCHÖNFELDER und Herrn F. SCHUHWERK (beide Regensburg), Frau Dr. A. SCHWABE-BRAUN (Freiburg i. Br.), Herrn Prof. Dr. P. SEIBERT (München), Herrn Prof. Dr. G. WAGENITZ (Göttingen), Frau Prof. Dr. O. Wilmanns (Freiburg i. Br.), sowie Herrn P. WOLFF (Saarbrücken).

Auch andere Kollegen halfen dankenswerterweise durch mancherlei Angaben und Richtigstellungen, die alle aufzuzählen mir nicht möglich ist.

Dank gebührt auch wieder meiner lieben Frau für Ihre Unterstützung und Mithilfe beim Lesen der Korrekturen. Schließlich bin ich auch meinem Verleger, Herrn R. ULMER, und seinen Mitarbeitern dankbar verpflichtet. Sie haben wieder alles getan, das komplizierte Werk in eine ansprechende Form zu bringen.

Freiburg im Breisgau, Januar 1983   E. Oberdorfer

Aus dem Vorwort zur 1. Auflage

Mit diesem Buche soll der Versuch gewagt werden, im Rahmen einer
Exkursionsflora ein Bild nicht nur vom Aufbau und von der Gliederung,
sondern auch vom Lebenshaushalt der südwestdeutschen Pflanzenwelt
zu entwerfen. Seit über einem Jahrhundert sind die sogenannten Floren
bemüht, in einer eingehenden und detaillierten Analyse die *Gestalt* der
Pflanzen zu erfassen. Eine Reihe meisterhafter Darstellungen führt von
den älteren Werken, z. B. der unvergänglichen Flora des Großherzog-
tums Baden von J. Chr. Döll (1857/62) zu den neueren Arbeiten von
Vollmann, Flora von Bayern (1914), oder der Flora von Württemberg
von K. und F. Bertsch (1948). Die ins einzelne gehende Angabe von
Fundorten vermittelt ein interessantes Bild vom Wandel im Bestand
unserer Pflanzenwelt im Laufe dieses vergangenen Jahrhunderts.
Auf der anderen Seite enthalten diese Bücher aber viel Trockenes,
während dem Bedürfnis, etwas vom Standort, vom Leben und der
Nutzanwendung der Pflanze zu erfahren, kaum Rechnung getragen
wird. Und doch hatte sich inzwischen über die Biologie und die Ökologie
der Pflanzen ein ungeheures Wissen angesammelt. Soweit es nicht in
Einzelveröffentlichungen und Lehrbüchern zerstreut war, kam es nur in
vielbändigen Werken, wie Hegis Illustrierter Flora von Mitteleuropa
u. a. zur Darstellung.
Trotz der großen praktischen Bedeutung, welche die ökologischen
Ergebnisse haben, fehlt es bis heute an Exkursionsfloren, die auf
bemessenem Raume versuchen, mit dem Ansprechen und Bestimmen der
Pflanzen Angaben über die Lebensbedürfnisse und die Nutzanwendung
der Pflanze zu verbinden.
Heute steht im Vordergrund des Interesses die Ökologie und Soziologie
der Pflanzen. Die Pflanzensoziologie insbesondere hat uns einen Weg
gezeigt, auf dem die gesamten theoretischen und praktischen Bedürfnisse
vom Blickpunkt der Pflanzengesellschaft aus befriedigt werden. Im
Mittelpunkt des Textes unserer Flora steht deshalb die Pflanzensoziologie nach dem derzeitigen Stand der Kenntnisse. Daraus ergibt sich
zwanglos der Zeigerwert der Pflanze für den Standort oder was an
natürlichen Lebensbedürfnissen beim Anbau von Pflanzen zu
berücksichtigen ist.
Damit wendet sich das Buch in erster Linie an Forstleute, Landwirte,
Pharmazeuten und alle, die als Lehrer oder Schüler, als Studenten oder
Liebhaber nicht nur Pflanzen sammeln und kennenlernen wollen,
sondern auch etwas vom Lebenshaushalt der Pflanze wissen wollen. Dem
Pflanzensoziologen soll es bei der Feldarbeit Anregung vermitteln und
helfen, nicht nur die Einzelpflanzen, sondern auch die Pflanzengesellschaft zu bestimmen.

Freiburg im Breisgau, im November 1946   E. Oberdorfer

Inhaltsverzeichnis

Zur Gliederung des Textes

1. Bestimmungsschlüssel und Diagnose

Da im Mittelpunkt des Buches das „Verhalten" der Pflanzen in ihrer
Umwelt steht, wurde auf eine ausführliche Artdiagnose verzichtet. Das
Werk würde sonst den Charakter eines Taschenbuches verlieren.
Trotzdem sollte die Bestimmungsmöglichkeit erhalten bleiben. Wir
haben deshalb dem Haupttext Bestimmungsschlüssel vorausgestellt, in
denen versucht wird, nicht nur Unterscheidendes, sondern auch sonst
diagnostisch Wichtiges zu bringen. Zugleich wurden, soweit möglich,
habituell oder vegetativ wichtige Merkmale angegeben, da der
Pflanzensoziologe oft auch eine nicht blühende Pflanze ansprechen muß.
Sicher sind hier noch nicht alle Möglichkeiten ausgeschöpft. Auf eine
Wiedergabe zusätzlicher, rein auf habituelle Merkmale aufgebauter
Schlüssel einzelner Artengruppen wurde aber verzichtet, da sie erfah-
rungsgemäß schwer zu handhaben sind. Im übrigen kann in vielen Fällen
die Bestimmungsarbeit auch durch den Vergleich mit den ausführlichen
Standortsangaben erleichtert werden.
Kleinarten und Unterarten wurden im allgemeinen nur soweit behandelt,
als sie pflanzensoziologisch von Bedeutung sind oder zu sein scheinen.
Hier liegt noch ein weites Feld wenig bekannter Zusammenhänge.

2. Soziologie, Standortsangaben, Biologie und Naturschutz

In erster Linie war es uns darum zu tun, die nichtssagenden Standortsangaben unserer Floren, wie „gemein auf Triften und an Rainen" und
ähnliches endlich zu überwinden und durch eine genauere, lebendige
und konsequent für alle Arten gleichmäßig durchgeführte Standortsbe-
schreibung zu ersetzen, also den funktionalen Zusammenhang der
Pflanze mit der Umwelt zu zeigen. Nur wenige Pflanzen sind wirklich
gemein und verbreitet. Die Häufigkeitsangaben selbst mußten einer
kritischen Durchsicht unterzogen und z. T. verfeinert werden.
Zur Verdeutlichung der Standortsbindung der Pflanzenarten kam es
darauf an, deren optimales und maximales Vorkommen richtig zu tref-
fen. Nicht, daß eine Art auch einmal an einem Ackerrand oder auf einem
Schutthaufen wächst, sondern der Raum ihrer Massenentfaltung war für
die Darstellung entscheidend. Über die allgemeine Standortsschilderung
hinaus (die besser und genauer durch Worte als durch Zahlen erfolgen
kann), schien uns der treffendste Ausdruck dafür die jeweilige Zuordnung zu einer durch Charakterarten (Kennarten) gekennzeichnete
Vegetationseinheit (Assoziation, Verband, Ordnung, Klasse) zu sein.

Die Namen der Einheiten, aus ein oder zwei Pflanzenarten gebildet (mit der Endung -etum für die Assoziation, -ion für den Verband, -etalia für die Ordnung und -etea für die Klasse) sind nur Symbole für ein Ganzes, dessen Inhalt nur aus den durch Zusammenstellung von pflanzensoziologischen Aufnahmen entwickelten Tabellen entnommen werden kann. Wohl mag die pflanzensoziologische Diagnostik der Flora die Möglichkeit eröffnen, einen im Gelände aufgenommenen Pflanzenbestand in das System einzuordnen.

Die Grundeinheit, also die Assoziation, ist oft sehr weit gefaßt und in ihren Beständen ökologisch nicht einheitlich. Sie kann aber an Hand von Differentialarten (Trennarten) in enger umgrenzte Untereinheiten (Subassoziationen, Varianten, Subvarianten) gegliedert und damit der Praxis erschlossen werden.

Im übrigen ergibt sich mit der fortschreitenden Durchforschung unserer einheimischen Vegetation immer wieder die Notwendigkeit, das System der Pflanzengesellschaften zu revidieren oder zu erweitern. Eine gewisse Beruhigung des Prozesses scheint sich aber abzuzeichnen. – Dabei hat sich auch gezeigt, daß es vielfach Pflanzengemeinschaften gibt, die, wenn sie sich auch als „Typen" wiederholen, gar keine Charakterarten aufweisen. Sie verraten aber oft durch „Assoziationstrennarten" und die steten Arten die Zugehörigkeit zu einer bekannten Assoziation. Wenn auch dies nicht der Fall ist, sollten sie als „Gesellschaften" gefaßt und bezeichnet werden. Meist können sie aber durch Kennarten höherer Einheiten (die immer weiter verbreitete Arten mit regionaler Bedeutung darstellen) als „Verbands- oder Ordnungs-Gesellschaften" doch dem System eingeordnet werden, und ebenso wie die Assoziationen durch Untergliederung der ökologischen Arbeit dienen.

Auch die autökologischen Angaben für die verschiedenen Pflanzenarten sind so gefaßt, daß die Kennzeichnung möglichst das allgemeine Verhalten, also die ökologische Amplitude in einem weiteren europäischen Raum kennzeichnet. Dabei muß bedacht werden, daß die Aussage in verschiedenen Landschaften modifiziert erscheinen kann, daß also ein- und dieselbe Pflanze bei gleichbleibenden Standortansprüchen sich in verschiedenen Räumen relativ (scheinbar) verschieden verhalten kann (Relative Standortskonstanz, nach H. WALTER). Da der Standort durch eine Summe von Faktoren bestimmt wird, ergibt sich nach dem Gesetz des Minimums (auch durch veränderte Konkurrenzverhältnisse), daß eine Pflanze in einer Landschaft in bezug auf einen Faktor eine weitere oder engere ökologische Spanne umfaßt als in einer anderen.

Deshalb ist in vielen Fällen der Ausdruck „liebend" irreführend und sollte wie bei kalk- oder salzliebend durch Ausdrücke wie „gebunden" oder „ertragend" ersetzt werden. In anderen Fällen kann u. E. eine solche Redewendung wie etwa bei „wärmeliebend" noch vertreten werden, weshalb sie im Text der Flora weiter beibehalten wurde.

Ferner muß davor gewarnt werden – wozu eine Flora der vorliegenden Art leicht verleiten kann – die Standortsansprache nur auf eine oder wenige Pflanzen zu gründen. Erst die Analyse der vollständigen Arten-Kombination unter Berücksichtigung der Mengenverhältnisse ergibt über alle Zufälligkeiten hinaus eine angenäherte Resultante.

Dabei bleibt es ein allerdings noch längst nicht erreichtes Ziel, vieles, was nur sinnfällig vergleichend ermittelt wurde, experimentell zu unterbauen, um Fehlschlüsse, die bei sinnfälligen Beobachtungen leicht gezogen werden, auszuschalten.

Bei den Angaben über Boden, Wasserhaushalt, Chemismus usw. ist bewußt ein zu feines oder starres Abkürzungsschema vermieden worden, zumal exakte Angaben nur unvollständig vorliegen.

Die Wasserverhältnisse werden durch die in der Standortskunde geläufigen Begriffe: naß – feucht – frisch – trocken mit den durch den Zusatz „mäßig" gekennzeichneten Zwischenstufen ausgedrückt. Sicker-feucht oder sickerfrisch sind Standorte mit bewegtem Grund- oder Hangwasser.

Unter wechselfeucht sollen stark ausgeprägte Wasserhaushalts-Schwankungen verstanden werden, die durch vorübergehende Aus-trocknungen sonst feuchter Oberböden und wasserstauender Unter-böden (Staunässe) oder auch durch extreme Grundwasser-Schwankun-gen ausgelöst werden können. Bei wechseltrockenen Standorten übertrifft die trockene Phase die feuchte oder nasse. Der Wasserhaus-halts-Wechsel braucht nicht alljährlich gleich stark ausgeprägt zu sein.

Die Charakterisierung der Bodenarten geht vom Feinheitsgrad der Bodenteilchen aus und umfaßt die bekannte Skala, die vom Stein oder Kies über den Sand zum Schluff, Lehm und Ton führt. In den Zwischenstufen werden die Begriffe verbunden: Sandiger Lehm, lehmiger Sand, sandiger Ton usw. Kalkhaltige Tone werden als Mergel bezeichnet. Auch wird, wenn es für eine Art bemerkenswert erscheint, die Gründigkeit des Bodens mit flach-, mittel- oder tiefgründig angegeben. Mittelgründige Böden haben 30–60 cm mächtiges Lockermaterial über dem festen Gestein.

Im Gegensatz zur 1. Auflage wird schärfer zwischen den Nährstoffen und dem Basengehalt des Bodens unterschieden. Bei den Nährstoffen ist an die verfügbaren Stickstoff- und Phosphor-Verbindungen, bei den Basen an die des Calciums, Kaliums, Magnesiums oder Natriums gedacht. Ein Standort kann basenreich, aber nährstoffarm sein oder umgekehrt. Kalkböden sind immer basenreich, basenreiche Böden aber nicht immer kalkhaltig. Gleichbedeutend mit nährstoffarm wird auch das Wort „mager" benützt.

Zur Erläuterung der Humuszustände bedienen wir uns der Begriffe: Rohhumus, Moder und Mull, wie sie heute in der Bodenkunde allgemein gehandhabt werden. Als Sumpfhumusböden werden nasse oder feuchte, basen- und stickstoffreiche Niedermoortorfe und Anmoore bezeichnet,

im Gegensatz zu den nährstoffarmen Hochmoor-Torfböden. „Humuszehrer" sind nach VAGELER Pflanzen, unter deren Einfluß saure
Humusformen in mildere Zustände überführt werden. Der Säuregrad
der Standorte wird in allgemeiner Form mit den Stufen: sauer, mäßig
sauer (pH 5–6,5), neutral (pH 6,5–7,5) und mild umschrieben.
Gegenüber der 1. Auflage sind die pharmazeutischen Angaben etwas in
den Hintergrund gerückt und dafür eingehender die Bestäubungs- und
Verbreitungseinrichtungen oder die Wurzelverhältnisse behandelt
worden. Die Zahlenangaben über die Wurzeltiefen sind Einzelarbeiten
oder Handbüchern (H. WALTER, L. KUTSCHERA) entnommen und
beziehen sich nicht immer auf das Gebiet der Flora. Sie werden durch den
Standort modifiziert und wahrscheinlich an vielen Stellen unter- oder
überschritten. Trotzdem werden die Werte gebracht, um wenigstens eine
Vorstellung zu geben und vielleicht zu weiteren Untersuchungen
anzuregen.
Die Naturschutzangaben können leider nur noch in vereinfachter Form
wiedergegeben werden. Sie beziehen sich auf die Bundesartenschutzver-
ordnung (1980) der Bundesrepublik Deutschland, entsprechen aber in
den meisten Fällen auch den Schutzbestimmungen anderer europäischer
Länder (vgl. dazu TH. MÜLLER und D. KAST 1969).

3. Fundortsangaben

Dem Bemühen, die Fundortsangaben, wie schon J. CHR. DÖLL in seiner
Rheinischen Flora (1843), unabhängig von politischen Grenzen auf
natürliche Räume zu beziehen, ist inzwischen das von der Bundesanstalt
für Landeskunde herausgegebene Handbuch der naturräumlichen
Gliederung Deutschlands entgegengekommen. Die dort ausgeschiede-
nen naturräumlichen Einheiten entsprechen weitgehend der von uns
schon 1949 für Südwestdeutschland erarbeiteten Einteilung. Die
Erweiterung auf die übrigen Gebiete konnte zwanglos an die
Handbuchkarte angeschlossen werden. Genauere Ortsangaben werden
nur in Einzelfällen gemacht. Dagegen haben wir versucht, die
Höhenangaben für jede Art so vollständig wie nur möglich zu erfassen.

4. Florenelemente, Lebensformen, Chromosomenzahl

Die Aufzählung der örtlichen Fundorte wird ergänzt durch eine
Kurzcharakterisierung der Allgemeinverbreitung der Arten. Darin
wurde versucht, den Verbreitungsschwerpunkt der Pflanze in einem
natürlichen Vegetationsgebiet zu erfassen. Bezugssysteme sind z. B. die
waldlose Arktis oder die Rasengebiete über der Waldgrenze der
Hochgebirge, das boreale Nadelwaldgebiet oder das eurasiatische
Laubwaldgebiet, das Gebiet des submediterranen Sommerwaldes oder
das des mediterranen Hartlaubwaldes, die Steppen- und Halb-

wüstengebiete u.a.m. Dabei ergibt sich vor allem im mittleren gemäßigten Klima der eurasiatischen Laubwälder eine stark ausgeprägte Scharung der Sippen von West nach Ost oder umgekehrt. Die Abstufung der Areale reicht von atlantisch über subatlantisch, eurasiatisch-subozeanisch, gemäßigtkontinental zu eurasiatischkontinental. Der Verbreitungsbegriff europäisch ist vieldeutig, ein mitteleuropäisches Florenelement gibt es nur in Ausnahmefällen. Im übrigen ist die Ansprache der Florenelemente selbst nach dem Erscheinen vieler neuer Arealkarten (vgl. MEUSEL, JAEGER und WEINERT) um vieles sicherer geworden, als dies noch vor 30 Jahren möglich war.

Im Bestreben, die ökologische Struktur der Pflanze so umfassend als möglich darzustellen, haben wir schließlich, wie es auch in anderen Floren üblich geworden ist, die Lebensform und die Chromosomenzahl aufgenommen. Die Chromosomenzahlen stammen jedoch oft nicht von einheimischem Material, sind also nur mit Einschränkung auf die Sippen des Florengebietes übertragbar. Unter diesem Vorbehalt können sie aber doch von Nutzen sein.

Zeichen und Abkürzungen

1. Allgemeines

⊙	ein- od. zweijährig
♃	ausdauernde Kräuter
♄	Holzgewächse
±	mehr od. weniger
ab.	aber
adv.	adventiv
Ährch.	Ährchen
allg.	allgemein
Ass.	Assoziation
Ausn.	Ausnahme
B.	Blatt, Blätter
bes.	besonders
Blü.	Blüte, Blüten
Blü.b.	Blütenblatt = Kronblatt, Blumenblatt
Blü.std	Blütenstand
brt	breit
Char.	Charakterart
-ch.	-chen (Endung)
Chrom.	Chromosomen
coll.	Kollektivart, Aggregat, Gruppe
d.	der, die, das, den, usw.
DAss	Assoziations-Differential-Art
-dg(.)	-dig (Endung)
Diff.	Differentialart
-d(.)	-end (Endung)
-dt.	-dert
em.	emendiert
endem.	endemisch
entspr.	entsprechend
expon.	exponiert
f.	forma
Fr.	Frucht
Fr.kn.	Fruchtknoten

fragm.	fragmentarisch
-g(.)	ig-, -iger, -ung (Endung)
geb.	gebunden
Ges.	Gesellschaft
glgtl.	gelegentlich
gz	ganz
hfg, hfger	häufig, häufiger
höchst.	höchstens
jg	jung
K.	Kelch
kl.	klein
Klass.char.	Klassencharakter-Art
-kt	-keit (Endung)
kult., kultiv.	kultiviert
-l.	-lich (Endung)
lg	lang
lgsam	langsam
lok.	lokal
lock.	locker
mäß. mäßg.	mäßig
mont.	montan
N	Norden, im Norden
n.n.	nomen nudum
nat.	natürlich
O	Osten
od.	oder
off.	offen
opt.	optimal
Ordn.char.	Ordnungscharakter-Art
Pf.	Pflanze
prov.	provisorisch
-pkt	punkt
p.p.	pro parte
rel.	relativ
reg.	regional

regelm.	regelmäßig	verbr.	verbreitet
s.	sehr	Verbrtg	Verbreitung
S	Süden, im Süden	vgl.	vergleiche
Schwerpkt	Schwerpunkt	viell.	vielleicht
sg.	sogenannt	viol.	violett
s.l.	sensu lato	vollk.	vollkommen
slt.	selten	vor.	vorige (Art)
s.str.	sensu stricto	vorwiegd	vorwiegend
St.	Stengel	vorzugsw.	vorzugsweise
-stdg	-ständig (Endung)	vzlt	vereinzelt
-sts	-seits (Endung)	W	Westen
subalp.	subalpin	waagr.	waagrecht
terr.	territorial	-wdg	-wendig (Endung)
u.	und	wenigst.	wenigstens
u.a.	und andere	-wts	-wärts (Endung)
üb.	über	wurzld	wurzelnd
überreg.	überregional	z.B.	zum Beispiel
unt.	unten	zeitw.	zeitweise, zeitweilig
U.Verb.,		zerstr.	zerstreut
U.V.	Unterverband	zml.	ziemlich
v.all.	vor allem	z.T.	zum Teil
Verb.char.	Verbandscharakter-Art	zus.	zusammen

Dazu kommen allgemein gebräuchliche oder leicht verständliche Abkürzungen; so wird z.B. die Endung -en weggelassen (Spelz. = Spelzen, geschloss. = geschlossen) u.a.

Im *Bestimmungsschlüssel* werden, außer den Angaben über die Größe der Pflanzen und den Zeichen über die Ein- und Mehrjährigkeit, in Zahlen die Monate der Hauptblütezeit angegeben z.B. 4–6 = April bis Juni (1 = Januar, 2 = Februar, 3 = März, usw.).

Die *Pflanzenbeschreibung* endet mit abgekürzten Angaben über die Fundorte (vgl. S. 17), über die Florenelemente (vgl. S. 20), über die Lebensformen (vgl. S. 23) und über den diploiden Chromosomensatz (– Chrom.2n =). Ist die Chromosomenzahl eingeklammert, handelt es sich um einen nur ausnahmsweise oder um einen von Pflanzen weit außerhalb unseres Gebietes ermittelten Wert.

2. Fundorte (Abb. 1)

A	Alpen
An	Harzrandmulde – Magdeburger Börde – Sächsische Tieflandsbucht
Av	voralpines Hügel- und Moorland
Ba	Baar (östliches Schwarzwaldvorland, obere Gäue z.T.)

BayW	Bayerischer-, Böhmer- und Oberpfälzer Wald mit Oberpfälzer Hügelland
Bo	Bodenseegebiet mit Bodenseebecken und Hegau
Br	Brandenburg mit der Prignitz und der Altmark
Do	Untere Schwäb.-Bayerische Hochebene (Iller-, Lech-, Inn-Platten mit unterbayerischem Hügelland)
Elbs	Elbsandsteingebirge
Els	Elsaß
Erzg	Erzgebirge und Vogtland
Fr	Fränkisches Keuper- u. Liasland, mit Steigerwald, Haßberge u. Frankenalbvorland
FrJu	Fränkische Alb (Jura)
FrW	Frankenwald und Fichtelgebirge
He	Hessiches Bergland mit Rhön
HRh	Hochrhein (Dinkelberg bis Küssaburg)
Hü	Oberrheinisches Löß- und Kalk-Hügelland
Hz	Harz
Ju	Jura-Zug (Dogger-Malm), Schwäbische Alb vom Randen über die SW-Alb bis zum Ries und einschließl. FrJu
L	Nieder- und Oberlausitz
Me	Mecklenburg, einschließl. Uckermark
Mn	Mainfränkische Platten, mit Tauberland, Windsheimer Bucht, Grabfeld u. Steigerwald-Vorland
Ne	Neckar-Gäuplatten, Jagst-Kochergebiet, Hohenlohe, Albvorland, Bauland u. Kraichgau z.T.
nöHü	Nördliches oberrheinisches Löß- und Kalkhügelland
nöRh	Nördliche Oberrheinebene
nöSch	Nordschwarzwald
NS	Niedersächsisches Tiefland
NSH	Niedersächsisches Hügelland
NWe	Niederrheinische und westfälische Bucht
O	Odenwald
Pf	Pfälzer Wald mit Zweibrücker Gebiet und Saar-Nahe-Bergland
Rh	Oberrheinebene
RS	Rheinisches Schiefergebirge mit Sauerland, Bergisch. Land, Westerwald, Eifel, Hohes Venn, Hunsrück, Taunus u. Täler
Sa	Sächsisches Hügelland und obersächsisches Börden
Sch	Schwarzwald
SFW	Schwäbisch-Fränkischer Wald
SH	Schleswig-Holstein
Sp	Spessart
süHü	Südliches oberrheinisches Löß- u. Kalkhügelland mit Kaiserstuhl
süSch	Südschwarzwald
Th	Thüringer Becken und Hügelland

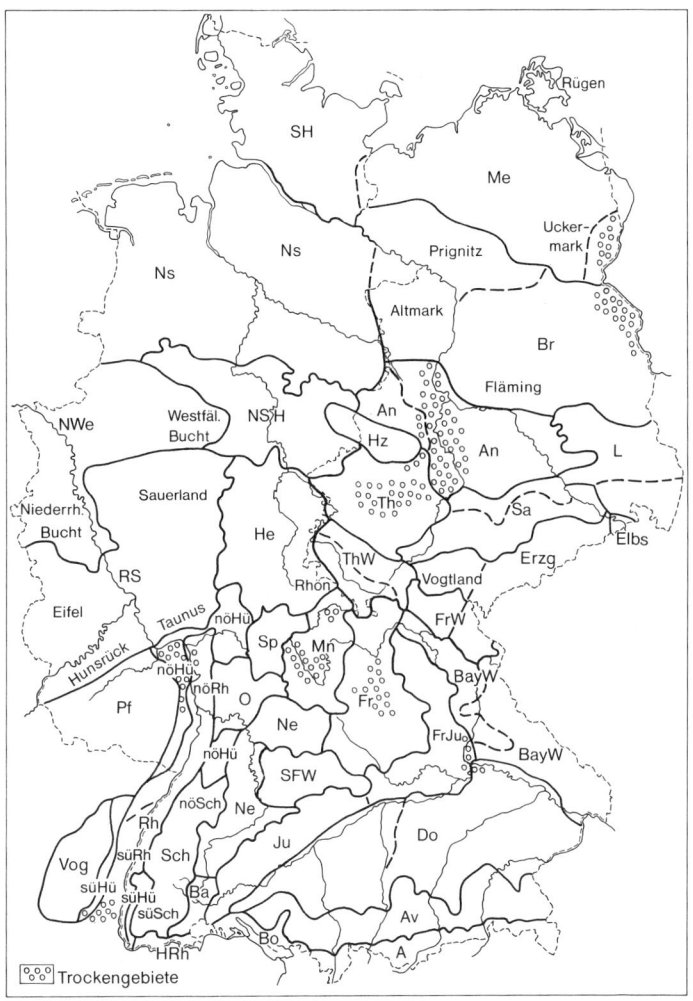

Abb. 1: Die naturräumlich gefaßten Fundortsgebiete.
∘°∘°: Trocken- und (Sommer)Wärmegebiete   ----- Staatsgrenzen

ThW   Thüringer Wald mit Vorland
Vog   Vogesen

Einige kleinere bzw. randliche Räume (wie HRh, SFW, Sp) werden nicht regelmäßig aufgezählt, wenn die Vorkommen in den benachbarten verwandten Räumen sie einschließen.

3. Pflanzengeographische Angaben, Florenelemente (Abb. 2)

alp   alpin oder besser alpid (od. alpigen) (um keine Verwechslungen mit dem Höhenstufenbegriff aufkommen zu lassen, vgl. S. 23) sind Arten, die ihren Verbreitungsschwerpunkt über der Waldgrenze der süd-mittel-osteuropäischen Hochgebirgszüge (Pyrenäen-Alpen-Karpaten usw.) haben. Reichen sie weit nach Osten werden sie als alp-altaisch, alp(-asiat.) od. ähnl. bezeichnet, Arten der Ostalpen und Karpaten, die in den Westalpen und Pyrenäen zurücktreten oder fehlen sind als oalp, die der Pyrenäen und Westalpen als walp oder alp(atl) usw. gekennzeichnet. (alp-arkt siehe unter arkt.)

Am   Amerika

arkt   arktisch sind Arten des Tundrengebietes nördlich der borealen Waldgrenze oder über der Waldgrenze der nordeuropäischen Gebirge. Häufig entspricht der arktischen Artenverbreitung auch ein Auftreten über der Waldstufe der Alpen. Die Pflanzen sind dann arkt-alp, wenn die Hauptverbreitung in der Arktis, alp-arkt, wenn diese in den südlichen Gebirgszügen liegt. Eine Bindung an die Küstennähe wird durch Zusätze wie arkt(atl) oder arkt(subozean) usw. zum Ausdruck gebracht.

atl   atlantisch sind die im eurasiatischen Laubwald-Bereich eng an die Küstenbezirke Europas gebundenen Pflanzen.

circ   circumpolar sind Arten, die auch in den entsprechenden Vegetationsgebieten Nordamerikas vorkommen.

euras   eurasiatisch sind Pflanzen, die dem großen Laubwaldgebiet angehören, das im Osten zwar verschmälert oder auskeilend (im Fernen Osten wieder verbreitert) durch Eurasien zieht. Liegt die Massenverbreitung der Art im europäischen Westen, ohne im asiatischen Teil ganz zu fehlen, wird die Art als eurassubozean bezeichnet. Ist die Pflanze dagegen, die Küstengegenden Europas meidend, in den östlichen Laubwäldern angereichert, wird sie je nach dem Grad ihrer Küstenscheu als euraskont oder euras(kont) bezeichnet.

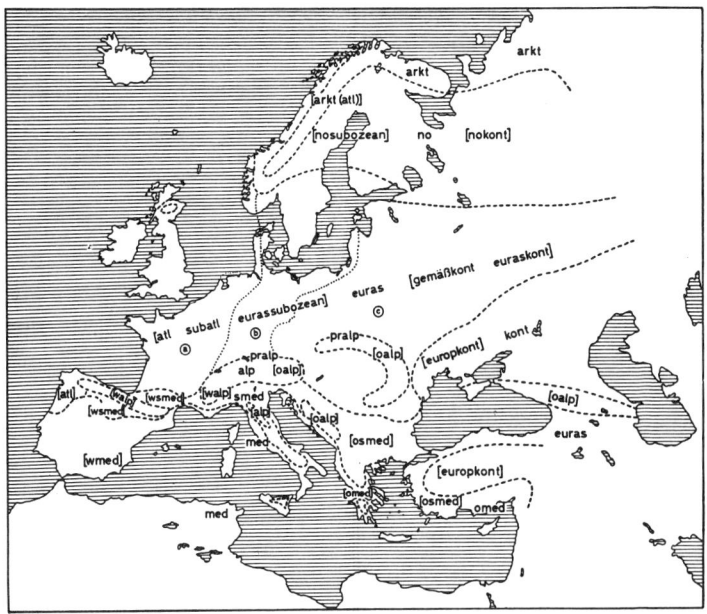

Abb. 2. Florengebiete Europas (vereinfacht unter Vernachlässigung der kleineren Exklaven).

a   Gebiet, in dem die atl, subatl u. eurassubozean Arten vorherrschen.
b   Gebiet, in dem die subatl u. eurassubozean Arten vorherrschen.
c   Gebiet, in dem die gemäßkont u. euraskont Arten vorherrschen.

europkont   europäisch kontinental sind Arten der europäischen Steppengebiete, die als pannonische, sarmatische oder pontische Arten nicht die zentralasiatischen Trockengebiete erreichen.

gemäß   gemäßigt

gemäßkont   gemäßigt kontinental (subkontinental) werden Arten genannt, die ihren Schwerpunkt in osteuropäischen Laubwäldern besitzen und vor der Küste ebenso zurückweichen wie vor den asiatischen Laubwaldgebieten.

kont   kontinental sind Arten der eurasiatischen Steppen und Halbwüsten-Gebiete mit weiter transkontinentaler Verbreitung.

med	mediterran werden nur solche Pflanzen bezeichnet, die im mittelmeerischen Hartlaubgebiet (Quercetea ilicis) hauptsächlich vorkommen oder dort auch öfter zu finden sind. Liegt ihr Verbreitungsschwerpunkt im östlichen Mittelmeergebiet, werden sie als omed, im anderen Falle als wmed charakterisiert.
no	nordisch sind Arten des borealen Nadelwald-(Birkenwald-)Gebietes. Häufig kehren sie in der montan-subalpinen Nadel- und Laubwald-Stufe der Alpen wieder (no-pralp). Eine Konzentration in den klimatisch kontinental getönten Zentralräumen wird durch Zusätze wie nokont oder bei abgeschwächter Ausprägung no(kont) ausgedrückt. Bei Anlehnung der Artenverbreitung an die Küsten werden sie als nosubozean oder no(subozean) bezeichnet.
oalp	siehe alp
omed	siehe med
osmed	siehe smed
pralp	praealpine Arten haben ihre Hauptverbreitung im montan-subalpinen Laub- und Nadelwaldgebiet im Umkreis der süd-mittel-osteuropäischen Hochgebirge.
smed	submediterrane Arten haben ihren Verbreitungsschwerpunkt im nordmediterranen Flaumeichengebiet. Sie reichen in den südeuropäischen Gebirgsstufen meist weit nach Süden oder kommen hier auch noch in den hochmontanen Buchenwäldern vor. Im südosteuropäischen Trockenwald-Gebiet hauptsächlich verbreitete Arten werden als osmed, solche der südwesteuropäischen Gebiete als wsmed (oder bei entsprechender Arealausprägung auch als smed-subatl) bezeichnet.
subatl	subatlantisch sind Arten, deren Massenverbreitung in den Laubwaldgebieten Westeuropas liegt. Sie sind einerseits nicht so eng wie die atlantischen Arten an die Küsten gebunden, dringen aber andererseits nicht so weit in den Kontinent hinein wie die eurassubozean Pflanzen, klingen vielmehr im Gegensatz zu den gemäßkont oder euraskont Arten bereits im osteuropäischen Laubwaldgebiet aus. Häufig finden sie sich in den feuchten, südeuropäischen Gebirgsstufen (bis zum Kaukasus) wieder (vgl. subatl-smed).
temp	temperiert
walp	siehe alp

wmed   siehe med

wsmed   siehe smed

Reichen Arten ± gleichmäßig über mehrere Vegetationsgebiete hinweg, so werden die pflanzengeographischen Kennzeichen durch Bindestriche verbunden, z. B. no-euras-smed-med, arkt-no-pralp-alp, eurassubozean-smed usw.

Neben der eigentlichen pflanzengeographischen Charakterisierung werden im Text oft allgemeine Bezeichnungen der Höhenstufe verwendet. Dabei bedeutet:

planar	Tieflagen
collin-	
submontan	Hügelland, untere Berglagen bis rd. 500 m
montan	Bergstufe zwischen 500 und 900 m
hochmontan	Bergstufe zwischen 900 m und der Waldgrenze bei rd. 1700
(oreal)	m im S, nach N absinkend
subalpin	Knieholz- und Zwergstrauchstufe von rd. 1700 m bis rd. 2200 m
alpin	Rasenstufe von rd. 2200 m bis rd. 2800 m (Nordalpen) (Schneegrenze)
nival	Geröllfluren und Schneeböden über 2800 m.

4. Lebensformen

T	Therophyten, Sommereinjährige, selten daneben wintereinjährig
T, H	2–3jährige
W	Wasserpflanzen (Hydrophyten), Wasserschwimmer, Wasser-wurzler und Wasserhafter
G	Geophyten (Erdpflanzen), Knollen- und Wurzelgeophyten, Saprophyten
H	Hemikryptophyten (Erdschürfepflanzen), Horst- und Rosetten-pflanzen, Schaft- und Klimmstauden
Ch	Chamaephyten (Oberflächenpflanzen mit Überwinterungsknos-pen bis etwa 25 cm über der Erdoberfläche), Kriechstauden, Blatt-Sukkulenten, Polsterpflanzen, Zwerg- und Spaliersträucher
P	Phanerophyten (Holzpflanzen), Sträucher (Nanophanerophyten, Pn 25–200 cm), Bäume, Holzlianen (Makrophanerophyten, Pm)
E	Epiphyten, eigentliche Epiphyten und Halbschmarotzer.

Die Zuordnung zu einer bestimmten Lebensform ist teilweise umstritten, wechselt aber auch oft mit den Standortsverhältnissen. In diesen Fällen werden alle von verschiedenen Autoren verschieden postulierten oder tatsächlich in der Natur unterschiedlich verwirklichten Lebensformen angeführt.

Systematische Übersicht der Vegetationseinheiten

(Assoziationen und höhere Einheiten)

Die Zusammenstellung gibt einen Überblick über die wichtigsten bisher für das Gebiet beschriebenen Pflanzengesellschaften und höheren Einheiten. Sie wird ergänzt durch solche, die zwar dem Gebiet fehlen, auf die aber bei der Beschreibung einiger Arten hingewiesen werden muß. Im Text selbst werden die im folgenden ausgeschriebenen und mit Autoren versehenen Bezeichnungen meist nur in einer lesbar abgekürzten Form benützt. Ranglose oder fragmentarische Gesellschaften werden nur ausnahmsweise genannt.

1. Eurosibirischer und alpiner Vegetationskreis

I. Klasse: Lemnetea minoris Tx. 55, Wasserlinsen-Ges.
  Ordnung: Lemnetalia minoris Tx. 55
    Verband: Lemnion minoris Tx. 55
      Ass.gruppe der Lemnaceen- u. Ricciaceen-Ges.
      Assoziation: Lemnetum gibbae Miyaw. et J. Tx. 60, Lemno-Spirodeletum polyrhizae W. Koch 54 em. Müll. et Görs 60, Lemnetum minoris Müll. et Görs 60 (montan-hochmontan), Riccietum rhenanae Knapp et Stoff. 62
      Ass.gruppe der Hydrochariden-Ges.
      Assoziationen: Spirodelo-Salvinietum natantis Slavn. 56, Hydrocharitetum morsus-ranae Van Langend. 35 (Stratiotetum Milj. 33), Lemno-Utricularietum vulgaris Soó 38, Utricularietum australis Müll. et Görs 60

II. Klasse: Charetea fragilis (Fuk. 61) Krausch 64, Armleuchteralgen-Ges.
  Ordnung: Nitelletalia flexilis W. Krause 69
    Verband: Nitellion flexilis (Corill. 57) W. Krause 69
      Assoziationen: Nitelletum flexilis Corill. 57, Charetum braunii Corill. 57
    Verband: Nitellion syncarpo-tenuissimae W. Krause 69
      Assoziationen: Nitello-Vaucherietum dichotomae Krausch 64, Nitelletum syncarpo-tenuissimae W. Krause 69
  Ordnung: Charetalia hispidae Sauer 37
    Verband: Charion asperae W. Krause 69
      Assoziationen: Charo-Tolypelletum glomeratae Corill. 57, Charetum asperae Corill. 57, Charetum strigosae A. Melz. 77, Charetum hispidae Corill. 57, Charetum intermediae A. Melz. 77,

Charetum tomentosae Corill. 57, Nitellopsietum obtusae Dambska 61

Unterverband: Charion vulgaris W. Krause 69

Assoziationen: Charo-Tolypelletum intricatae W. Krause 69, Charetum vulgaris W. Krause 69

III. Klasse: Zosteretea marinae Pign. 53, Seegras-Wiesen

Ordnung: Zosteretalia marinae Beguinot 41

Verband: Zosterion marinae Christians. 34

Assoziationen: Zosteretum marinae Harms. 36, Zosteretum noltii Harms. 36

IV. Klasse: Ruppietea J. Tx. 60, Meersalde-Ges.

Ordnung: Ruppietalia J. Tx. 60

Verband: Ruppion maritimae Br.-Bl. 31 em. Den Hart. et Seg. 64

Assoziationen: Ruppietum maritimae Hocq. 27, Ruppietum cirrhosae Ivers. 41, Zannichellietum pedicellatae Nordh. 54, Eleocharitetum parvulae (Libb. 40) Gilln. 60, Ranunculetum baudotii Br.-Bl. 52 (ob hierher?)

V. Klasse: Thero-Salicornietea Pign. 53 em. Tx. 55, Queller-Ges.

Ordnung: Thero-Salicornietalia Pign. 53 em. Tx. 55

Verband: Salicornion dolichostachyae (strictae) Br.-Bl. 33 em. Tx. 55

Assoziationen: Salicornietum dolichostachyae (strictae) Knauer 52, Salicornietum decumbentis Schwabe et Tx. 77, Suaedetum macrocarpae Géhu et al. 72

Verband: Salicornion ramosissimae Tx. 74

Assoziationen: Salicornietum ramosissimae Christians. 55 em. Tx. 74 (einschließl. Puccinellio distantis-Salicornietum Tx. 74), Suaedetum flexilis Tx. 72

VI. Klasse: Cakiletea maritimae Tx. et Prsg 50, Meersenf-Spülsaum-Ges.

Ordnung: Cakiletalia maritimae Tx. in Oberd. 49 (apud Tx. 50)

Verband: Salsolo-Honkenyion peploidis Tx. 50

Assoziationen: Cakiletum maritimae Van Dier. 34 (Cakiletum frisicum Tx. 50), Polygono raii-Atriplicetum glabriusculae Tx. 50 (Nordsee), Atriplicetum glabriusculae-calothecae Tx. 50 (Ostsee), Beto-Atriplicetum sabulosae Tx. (50) 67 (Nordsee)

Verband: Atriplicion littoralis Tx. 50

Assoziation: Atriplicetum littoralis Tx. 37 em. Westh. et Beeft. 50

VII. Klasse: Saginetea maritimae Westh. et al. in Tx. et Westh. 63, Strand-Mastkraut-Ges.

Ordnung: Saginetalia maritimae Westh. et al. in Tx. et Westh. 63

Verband: Saginion maritimae Westh. et al. in Tx. et Westh. 63

Assoziation: Sagino-Cochlearietum danicae Tx. et Gilln. 57

VIII. Klasse: Spartinetea Tx. 61, Salzschlickgras-Ges.
Ordnung: Spartinetalia maritimae Conard 35
  Verband: Spartinion maritimae Conard 35
    Assoziation: Spartinetum anglicae Corill. 53

IX. Klasse: Honkenyo-Elymetea Tx. 66, Salzmierenreiche Strand-roggen-Ges.
Ordnung: Honkenyo-Elymetalia Tx. 66
  Verband: Honkenyo-Elymion Tx. 66 em. Géhu et Tx. in Géhu 75
    Assoziation: Atriplici-Elymetum arenariae (Nordh. 40) Dahl et
    Had. 41 (Potentillo-Elymetum Tx. 66)
  Verband: Honkenyo-Crambion J. M. et J. Géhu 69
    Assoziation: Crambetum maritimae Ekl. 32 (Ostsee)

X. Klasse: Ammophiletea Br.-Bl. et Tx. 43, Strandhafer-Dünen
Ordnung: Ammophiletalia Br.-Bl. 33
  Verband: Agropyrion junceiformis (Elymion farcti) Géhu 75
  (Agropyro-Minuartion peploidis Tx. 55 p. p.) Vordünen-Ges.
    Assoziation: Agropyretum juncei (Elymetum farcti) Tx. 37 corr.
    (Agropyretum boreo-atlanticum Tx. 37)
  Verband: Ammophilion arenariae (Br.-Bl. 33) Tx. 55, Weißdünen-
  Ges.
    Assoziation: Elymo-Ammophiletum Br.-Bl. et De L. 36

XI. Klasse: Asteretea tripolii Westh. et Beeft. in Westh. et al. 62
(Juncetea maritima Br.-Bl. 31 p. p.) Salzwiesen
Ordnung: Glauco-Puccinellietalia Westh. et Beeft. in Westh. et al. 62
(non: Juncetalia maritimi Br.-Bl. 31)
  Verband: Puccinellion maritimae Christians. 27 em. Tx. 37
    Assoziationen: Puccinellietum maritimae Christians. 27, Hali-
    mionetum portulacoidis Kuhnh.-Lord. 27
  Verband: Armerion maritimae Br.-Bl. et De L. 36
    Assoziationen: Juncetum gerardii (Warming 06) Du Rietz 23,
    Artemisietum maritimae Br.-Bl. et De L. 36, Junco-Caricetum
    extensae Br.-Bl. et De L. 36, Blysmetum rufi Du Rietz 25 em.
    Gilln. 60
  Verband: Puccinellio-Spergularion salinae Beeft. 65
    Assoziation: Puccinellietum distantis Feek. 43

XII. Klasse: Crithmo-Limonietea Br.-Bl. 47, salzgebundene Fels- u.
Sand-Ges.
Ordnung: Crithmo-Armerietalia maritimae Géhu 64
  Verband: Crithmo-Armerion maritimae Géhu 68
    Assoziation: Brassicetum oleraceae Géhu 62 (Helgoland)

XIII. Klasse: Asplenietea trichomanis Br.-Bl. in Meier et Br.-Bl. 34
corr. Oberd. 77 (Asplenietea rupestria Br.-Bl. 34), Felsspalten- u. Mauer-fugen-Ges.

dnung: Potentilletalia caulescentis Br.-Bl. in Br.-Bl. et Jenny 26
kalkgebundene Ges.

Verband: Potentillion caulescentis Br.-Bl. in Br.-Bl. et Jenny 26

Assoziationen: Androsacetum helveticae Br.-Bl. 18 (A), Minuartietum rupestris Trepp 78, Potentilletum clusianae Höpfl. 57, Potentilletum caulescentis (Br.-Bl. 26) Aich. 33 (A), Primula auricula-Hieracium humile-Ges. (süSch), Drabo-Hieracietum humilis Oberd. 77 (Ju, Bo), Cardaminopsietum petraeae Thorn 58 (FrJu), Asplenietum trichomano-rutae-murariae Kuhn 37, Tx. 37

Verband: Cystopteridion J. L. Rich. 72, Ges. feuchter Kalksteinfugen

Assoziationen: Asplenio-Cystopteridetum fragilis Oberd. 49, Heliospermo-Cystopteridetum regiae J. L. Rich. 72 (A), Caricetum brachystachyos Lüdi 21 (A, süSch)

Ordnung: Androsacetalia vandellii Br.-Bl. in Meier et Br.-Bl. 34, Silikatfels-Ges.

Verband: Androsacion vandellii Br.-Bl. in Br.-Bl. et Jenny 26

Assoziationen: Androsacetum vandellii Br.-Bl. 26 (Zentralalp.), Asplenio-Primuletum hirsutae (Lüdi 21) Br.-Bl. 34, Woodsio-Asplenietum septentrionalis Tx. 37, Biscutello-Asplenietum septentrionalis Korn. 74 (Vog-RS), Saxifraga sponhemica-Ges. (Nahetal), Asplenietum septentrionali-adianti-nigri Oberd. 38

Verband: Asarinion procumbentis Br.-Bl. in Meier et Br.-Bl. 34

Assoziation: Crocynio-Asplenietum billotii Schulze et Korn. 71 (növog-Pf)

Verband: Asplenion serpentini Br.-Bl. et Tx. 43

Assoziation: Asplenietum serpentini Gauckl. 54

XIV. Klasse: Parietarietea judaicae Riv. Mart. in Riv. God. 64 (Cymbalario-Parietarietea judaicae Oberd. 69), nährstoffgebundene Mauerfugen-Ges.

Ordnung: Parietarietalia judaicae Riv. Mart. 60

Verband: Centrantho-Parietarion Riv. Mart. 60

Assoziationen: Parietarietum judaicae Arèn. 28, Cheiranthus cheiri-Ges. (Seg. 62), Cymbalarietum muralis Görs 66

XV. Klasse: Thlaspietea rotundifolii Br.-Bl. et al. 47, Steinschutt- u. Geröll-Ges.

Ordnung: Androsacetalia alpinae Br.-Bl. in Br.-Bl. et Jenny 26, subalpine u. alpine Silikatschutt-Ges.

Verband: Androsacion alpinae Br.-Bl. in Br.-Bl. et Jenny 26

Assoziationen: Cryptogrammetum Jenny-Lips 30, Oxyrietum digynae Br.-Bl. in Br.-Bl. et Jenny 26, Androsacetum alpinae Br.-Bl. in Br.-Bl. et Jenny 26 (Zentralalpen)

Ordnung: Drabetalia hoppeanae Zoll. 66, Schieferschutt-Ges.

Verband: Drabion hoppeanae Zoll. 66
 Assoziation: Trisetetum spicati Oberd. 59 (Allgäu), Saxifragetum
 biflorae Zoll. 66 (Allgäu)
Ordnung: Thlaspietalia rotundifolii Br.-Bl. in Br.-Bl. et Jenny 26,
Kalkschutt-Ges.
 Verband: Thlaspion rotundifolii Br.-Bl. in Br.-Bl. et Jenny 26 (A)
 Assoziationen: Thlaspietum rotundifolii Br.-Bl. in Br.-Bl. et
  Jenny 26, Crepidetum terglouensis Oberd. 50, Leontodontetum
  montani Jenny-Lips 30
 Verband: Petasition paradoxi Zoll. 66, hochmontane Feinschutt-
 Ges.
  Assoziationen: Moehringio-Gymnocarpietum robertiani Lipp.
  66, Petasitetum paradoxi Beg. 22, Athamanto-Trisetetum
  distichophylli (Jenny-Lips 30) Lipp.66, Valeriano-Dryopteride-
  tum villarii Aich. 33, Anthyllido-Leontodontetum hyoseroidis
  Zoller 51 (A, SW-Ju), Cystopteridetum montanae Hoepfl. 57,
  Polystichetum lonchitis (Oberd. 57) Beguin 72
Ordnung: Epilobietalia fleischeri Moor 58 (Myricarietalia germanicae
Br.-Bl. in G. u. J. Br.-Bl. 31 p.p.), Flußgeröll-Fluren
 Verband: Epilobion fleischeri Br.-Bl. in J. u. G. Br.-Bl. 31
 Assoziationen: Chondrilletum chondrilloidis Br.-Bl. in Volk 39
  em. Moor 58, Calamagrostietum pseudophragmitis Kop. 68,
  Epilobio-Scrophularietum caninae W. Koch et Br.-Bl. in Br.-Bl.
  49, Epilobietum fleischeri Br.-Bl. 23
Ordnung: Stipetalia (Achnatheretalia) calamagrostis Oberd. et Seib.
in Oberd. 77, wärmeliebende Kalkschutt-Ges.
 Verband: Stipion (Achnatherion) calamagrostis Jenny-Lips 30
 Assoziationen: Stipetum (Achnatheretum) calamagrostis Br-Bl.
  18, Gymnocarpietum robertiani Kuhn 37, Tx. 37, Rumicetum
  scutati Fab. 36 em. Kuhn 37, Galeopsietum angustifoliae (Libb.
  38) Bük. 42, Vincetoxicum hierundinaria-Ges. (ob hierher?, vgl.
  Trifolio-Geranietea)
Ordnung: Galeopsietalia Oberd. et Seib. 77, submontane Silikat-
schutt-Ges.
 Verband: Galeopsion segetum Oberd. 57
 Assoziationen: Galeopsietum segetum Bük. 42, Anarrhinetum
  (Korn. 74) Oberd. 77

XVI. Klasse: Secalinetea (Secaletea) Br.-Bl. 51, Getreideunkraut-Ges.
 Ordnung: Centauretalia cyani Tx. 50, Kornblumenäcker
  Verband: Aperion spica-venti Tx. 50 (Scleranthion annui Krus. et
  Vlieg. 39, Aperetalia spica-venti J. et R. Tx. in Mal.-Bel. et al. 60)
  Unterverband: Aphanenion arvensis (J. et R. Tx. in Mal.-Bel. 60)
  Windhalmäcker
   Assoziationen: Alchemillo-Matricarietum Tx. 37, Vicietum

tetraspermae Kornaś 50 (im Osten), Galeopsio-Aphanetum arvensis (Oberd. 57) Meis. 62 (Spergulo-Scleranthetum annui auct.), Papaveretum argemone (Libb. 32) Krus. et Vlieg. 39
Unterverband: Arnoseridenion (Mal.-Be. et al. 60), Lämmerkrautäcker
    Assoziation: Sclerantho-Arnoseridetum minimae Tx. 37
Verband: Caucalidion lappulae Tx. 50, Mohnäcker (auch schon zu den Secalinetalia Br.-Bl. 31 gestellt)
    Assoziationen: Caucalido-Adonidetum flammeae Tx. 50 (ex Oberd. 57), Sedo-Neslietum paniculatae Oberd. 57, Adonido-Iberidetum amarae (All. 22) Tx. 50 (im Südwesten), Linarietum spuriae Krusem. et Vlieg. 39 (Kickxietum spuriae), Apero-Lathyretum aphacae Tx. et v. Roch. in v. Roch. 51 n. inv., Papaveri-Melandrietum noctiflori Wassch. 41
Ordnung: Lolio remotae-Linetalia J. et R. Tx. in Lohm. et al. 62
Verband: Lolio remotae-Linion Tx. 50, Leinäcker-Ges.
    Assoziation: Sileno linicolae-Linetum Tx. 50 (ex Oberd. 57)

XVII. Klasse: Chenopodietea Br.-Bl. 51, Ein- und zweijährige Hackunkraut- u. Ruderal-Ges.
Ordnung: Polygono-Chenopodietalia J. Tx. 61, Hackunkraut-Ges.
Verband: Polygono-Chenopodion W. Koch 26 em. Siss. et Westh. in Westh. et al. 46
Unterverband: Eu-Polygono-Chenopodienion Oberd. 57
    Assoziationen: Spergulo-Chrysanthemetum segetum Tx. 37, Setario-Stachyetum arvensis Oberd. 57, Lycopsietum arvensis Raabe 44 ex Pass. 64, Chenopodio-Oxalidetum fontanae Siss. 50 n. inv. Müll. et Oberd., Galeopsio-Sperguletum arvensis Müll. et Oberd.
Unterverband: Digitario-Setarienion Oberd. 57
    Assoziationen: Setario-Galinsogetum parviflorae Tx. 50 em. Müll. et Oberd., Digitarietum ischaemi Tx. et Prsg in Tx. 50
Verband: Eragrostion Tx. in Slavn. 44
    Assoziation: Digitario-Eragrostietum Tx. 50
Verband: Fumario-Euphorbion Müll. ex Görs 66, Kalkäcker
    Assoziationen: Soncho-Veronicetum agrestis Br.-Bl. 48 em. Müll. et Oberd., Mercurialetum annuae Krus. et Vlieg. 39 (Setario-Veronicetum politae Oberd. 57 p.p.), Thlaspio-Veronicetum politae Görs 66., Geranio-Allietum vinealis Tx. 50, Thlaspio-Fumarietum officinalis Görs in Oberd. et al. 67 ex Pass. et Jurko 75, Veronico politae-Lamietum incisi Krus. et Vlieg. 39 (N)
Ordnung: Sisymbrietalia J. Tx. 62 kurzlebende Ruderal-Ges.
Verband: Sisymbrion Tx. et al. in Tx. 50
    Assoziationen: Urtico-Malvetum neglectae Lohm. in Tx 50, Chenopodietum vulvariae Gutt. et Pys. 76, Chenopodietum

ruderale (stricti) Oberd. 57, Atriplicetum nitentis Knapp 48, Sisymbrio-Atriplicetum oblongifoliae Oberd. 57, Conyzo-Lactucetum serriolae Lohm. in Oberd. 57, Descurainietum sophiae Kreh 35, Lactuco-Sisymbrietum altissimi Lohm. in Tx. 50, Sisymbrio-Asperuginetum Rebh. 31, Hordeetum murini Libb. 32, Linaria vulgaris-Bromus tectorum-Ges., Bromus sterilis-Ges.

Verband: Salsolion Phil. 71

Assoziationen: Bromo-Corispermetum leptopteri Siss. 50, Corispermum marschallii-Ges., Plantaginetum indicae Phil. 71, Chenopodietum botryos Suk. 72

XVIII. Klasse: Bidentetea Tx., Lohm. et Prsg in Tx. 50, Zweizahn-Melde-Ges.

Ordnung: Bidentetalia Br.-Bl. et Tx. 43

Verband: Bidention tripartitae Nordh. 40, Zweizahn-Ges.

Assoziationen: Bidentetum tripartitae W. Koch 26 (Polygono hydropiperis-Bidentetum Lohm. in Tx. 50), Alopecuretum aequalis Runge 66, Ranunculetum scelerati Tx. 50 ex Pass. 59, Rumicetum maritimi Siss. in Westh. et al. 46 em. Pass. 59, Rumicetum palustris (Timar 50) W. Fisch. 78, Polygonum mite-Ges.

Verband: Chenopodion rubri Tx. in Poli et J. Tx. 60 (corr. Kop. 69), Fluß-Meldefluren

Assoziationen: Chenopodietum rubri Timar 50, Chenopodio-Polygonetum brittingeri Lohm. 50 (n. inv. Tx. 79), Xanthio albino-Chenopodietum rubri Lohm. et Walth. in Lohm. 50 (Elbe und östlich), Bidenti-Brassicetum nigrae All. 22, Chenopodio-Corrigioletum littoralis (Malc. 29) Hülb. et Tx. in Tx. 79 em.

XIX. Klasse: Artemisietea Lohm., Prsg et Tx. in Tx. 50, Zwei- bis mehrjährige Ruderal-Ges. an Schuttplätzen, Wegen, Wald- u. Ufer-Rändern

Unterklasse: Galio-Urticenea (Pass. 67) Th. Müll.

Ordnung: Convolvuletalia Tx. 50

Verband: Senecion fluviatilis Tx. 50 em. Tx. 67 (Calystegion sepium Tx. 47)

Assoziationen: Convolvulo-Angelicetum archangelicae litoralis Pass. 59, Senecionetum fluviatilis (Zahlh. 79) Th. Müll., Cuscuto-Convolvuletum sepium Tx. 47

Verband: Convolvulion sepium Tx. 47 em. Th. Müll.

Assoziationen: Convolvulo-Eupatorietum cannabini Görs 74 n. inv., Convolvulo-Epilobietum hirsuti Hilbig et al. 72, Sonchus paluster-Ges. (ob hierher?), Urtica-Convolvulus sepium-Ges. (Ordnungs-Ges.)

Ordnung: Glechometalia hederaceae Tx. in Tx. et Brun-H. 75

Verband: Aegopodion podagrariae Tx. 67
Assoziationen: Chaerophylletum bulbosi Tx. 37, Phalarido-
Petasitetum hybridi Schwick. 33, Chaerophylletum aurei Oberd.
57, Chaerophylletum aromatici Neuh. et Hejny 69, Urtico-
Aegopodietum (Tx. 63) Oberd. 64 n. inv. Görs 68, Aegopodio-
Anthriscetum nitidae Kop. 74, Urtico-Cruciatetum Dierschke 73,
Sambucetum ebuli Felf. 42, Anthriscus sylvestris-Ges.
Verband: Alliarion Oberd. (57) 62 em. Siss. 73 (Lapsano-Gera-
nion robertiani Dierschke 74)
   Assoziationen: Dipsacetum pilosi Tx. 42 ex Oberd. 57, Alliario-
   Chaerophylletum temuli (Kreh 35) Lohm. 49, Chaerophyllo-
   Geranietum lucidi Oberd. 57, Alliario-Cynoglossetum germa-
   nicae Géhu 72, Torilidetum japonicae Lohm. in Oberd. et al. 67
   ex Görs et Müll. 69, Euphorbietum strictae (Oberd. in Oberd.
   et al. 67) Th. Müll., Epilobio-Geranietum robertiani Lohm. ex
   Görs et Müll. 69, Alliaria petiolata-Ges., Geum urbanum-Festuca
   gigantea-Ges., u. a.
Verband: Rumicion alpini Klika et Had. 44, alpine und subalpine
Läger-Ges.
   Assoziationen: Rumicetum alpini Beg. 22, Peucedano-Cirsietum
   spinosissimi G. et J. Br.-Bl. 31
   Die synsystematische Zuordnung des Verbandes ist umstritten. Er
   könnte ebenso wie zu den Glechometalia auch zur Klasse der
   Agrostietea stoloniferae gestellt werden.

Unterklasse: Artemisienea vulgaris Th. Müll.
   Ordnung: Artemisietalia vulgaris Lohm. in Tx. 47 em. Th. Müll.
      Verband: Arction lappae Tx. 37 em. 50
      Assoziationen: Lamio albi-Ballotetum albae Lohm. 70, Leonuro-
      Ballotetum nigrae Slavn. 51 (incl. Lamio-Ballotetum nigrae
      Lohm. 70 ex Seyb. et Müll. 72), Chenopodietum boni-henrici
      Th. Müll. in Seyb. et Müll. 72, Arctio-Artemisietum vulgaris
      Oberd. ex Seyb. et Müll. 72, Lamio albi-Conietum maculatae
      Oberd. 57, Cirsium arvense-C. vulgare-Ges.

   Ordnung: Onopordetalia acanthii Br.-Bl. et Tx. 43 em. Görs 66
      Verband: Onopordion acanthii Br.-Bl. 26
      Assoziationen: Onopordetum acanthii Br.-Bl. ex Br.-Bl. et al. 36,
      Resedo-Carduetum nutantis Siss. 50, Cirsietum eriophori Oberd.
      57
      Verband: Dauco-Melilotion Görs 66
      Assoziationen: Artemisio-Tanacetum vulgaris Br.-Bl. 31 corr. 49
      n. inv. Th. Müll., Berteroëtum incanae Siss. 50, Dauco-Picride-
      tum hieracioidis Görs 66, Echio-Melilotetum Tx. 47 (Melilotetum
      albi-officinalis Siss. 50)
      Anm.: Einige adventive Arten wie *Impatiens glandulifera,* oder

Aster div. spec. bilden fazielle Ausbildungen in verschiedenen Assoziationen und Ges. der Convolvuletalia wie der Glechometalia, andere wie *Solidago serotina, S. canadensis, Polygonum cuspidatum, Helianthus tuberosus, Artemisia verlotorum* u. a. dringen darüber hinaus bis in die Artemisietalia ein.

XX. Klasse: Agropyretea intermedii-repentis (Elymetea hispido-repentis) (Oberd. et al. 67) Müll. et Görs 69, halbruderale Quecken-Trocken-rasen)

    Ordnung: Agropyretalia intermedii-repentis (Elymetalia hispido-repentis) (Oberd. et al. 67) Müll. et Görs 69

        Verband: Convolvulo-Agropyrion (Elymion) Görs 66
        Assoziationen: Diplotaxi-Agropyretum (Phil.) Müll. et Görs 69, Convolvulo arvensis-Agropyretum repentis Felf. 43, Cardario-Agropyretum Müll. et Görs 69, Falcario-Agropyretum repentis Müll. et Görs 69, Melico-Agropyretum repentis Müll. in Görs 66, Poo-Anthemetum tinctoriae Müll. et Görs in Oberd. 70 (einschl. Achilleo-Melicetum thuringiacae Korn. 74), Poo-Tussilaginetum Tx. 31, Poetum anceptis-compressae Bornk. 61 (ob hieher? vgl. Alysso-Sedion), Saponario-Petasitetum spuriae Pass. 64 (N), Galeopsis tetrahit-Agropyron repens-Ges. (Görs 68)

XXI. Klasse: Agrostietea stoloniferae Oberd. et Müll. ex Görs 68 Flut-rasen, feuchte Weiden

    Ordnung: Agrostietalia stoloniferae Oberd. in Oberd. et al. 67

        Verband: Agropyro(Elymo)-Rumicion Nordh. 40 em. Tx. 50 (Agrostion stoloniferae Görs 66)
        Assoziationen: Agropyretum litoralis (Elymetum pungentis) (Br.-Bl. et De L. 36) Westh. 41 (Küsten), Ranunculo-Alopecuretum geniculati Tx. 37 em. 50, Poo-Cerastietum dubii Libb. 39, Rorippo-Agrostietum Oberd. et Müll. in Müll. 61 (einschl. Eru-castro-Barbareetum (Oberd. 57) Lang 67 p.p.), Agropyro(Elymo)-Rorippetum austriacae (Timar 47) Tx. 50, Dactylo-Festucetum arundinaceae Tx. 50, Potentillo-Festucetum arundinaceae Nordh. 40 (Küsten), Mentho longifoliae-Juncetum inflexi Lohm. 53 n. inv., Potentillo-Menthetum suaveolentis Oberd. 57 (im Westen), Juncetum compressi Br.-Bl. 18 ex Libb. 32 (Trifolio-Juncetum compressi Eggl. 33), Myosuro-Ranunculetum sardoi (Diem., Siss. et Westh. 40) Oberd. 57, Potentillo-Deschampsie-tum mediae Oberd. 57 (nöRh), Holoschoenetum Br.-Bl. 31 (Rh), Poa trivialis-Rumex obtusifolius-Ges., Ranunculus repens-Ges., Potentilla anserina-Ges., Ranunculus repens-Agropyron (Elymus) repens-Ges. (Tx. 77), Apium repens-Ges., vgl. ferner Hierochloë hirta-Inula britannica-Ges. (Suk. 79) (Br), u. a.

XXII. Klasse: Plantaginetea majoris Tx. et Prsg in Tx. 50 em., (Coronopo-Polygonetea avicularis Lohm. 70), Trittpflanzen-Ges.

Ordnung: Plantaginetalia majoris Tx. 50 em.
  Verband: Polygonion avicularis Br.-Bl. 31 ex Aich. 33
    Assoziationen: Bryo-Saginetum procumbentis Diem., Siss. et
    Westh. 40 n. inv., Polygonetum calcati Lohm. 75, Rumici-
    Spergularietum rubrae Hülb. 73, Lolio-Polygonetum arenastri
    Br.-Bl. 30 em. Lohm. 75, Poo-Coronopetum squamati (Oberd.
    57) Gutte 66, Sclerochloo-Polygonetum avicularis Soó 40,
    Juncetum tenuis (Diem., Siss. et Westh. 40) Schwick. 44,
    Alchemillo-Poëtum supinae Aich. 33 (Gebirge), Lolio-Plantagi-
    netum coronopi Kuhnh.-Lord. 28 em. Siss. 69 (Küsten), Poa
    annua-Ges. u.a. Ges.

XXIII. Klasse: Isoëto-Nanojuncetea Br.-Bl. et Tx. 43, Zwergbinsen-Ges.
  Ordnung: Cyperetalia fusci Pietsch 63 (Nanocyperetalia Klika 35
  n.n.)
    Verband: Nanocyperion W. Koch 26
    Unterverband: Elatino-Eleocharitenion ovatae Pietsch et Müll.-St.
    68
      Assoziationen: Cypero-Limoselletum (Oberd. 57) Korn. 60,
      Eleocharito-Caricetum bohemicae Klika 35, Eleocharito-Linder-
      nietum Pietsch 73, Elatino-Juncetum tenageiae Libb. 32 (Juncus
      tenageia-Ges. Phil. 68), Peplis portula-Ges.
    Unterverband: Juncenion bufonii Phil. 68
      Assoziationen: Cyperetum flavescentis W. Koch 26 ex Aich. 33,
      Stellario uliginosae-Scirpetum setacei (W. Koch 26) Libb. 32,
      Centunculo-Anthocerotetum W. Koch 26, Erythraeo-Blacksto-
      nietum Oberd. 57, Gentiano-Erythraeetum littoralis Br.-Bl. et De
      L. 36 (Centaurio-Saginetum moniliformis Diem., Siss. et Westh.
      40) (Küsten), Juncus bufonius-Ges.
    Unterverband: Radiolenion linoidis Pietsch 73
      Assoziationen: Ranunculo-Radioletum linoidis Libb. 40, Cicen-
      dietum filiformis All. 22,Spergulario-Illecebretum verticillati
      Diem., Siss. et Westh. 40
XXIV. Klasse: Potamogetonetea pectinati Tx. et Prsg 42 corr. Oberd.
79, Wasserpflanzen-Ges.
  Ordnung: Potamogetonetalia pectinati W. Koch 26 corr. Oberd. 79
    Verband: Ranunculion fluitantis Neuh. 59, Fluthahnenfuß-Ges.
      Assoziationen: Ranunculetum fluitantis All. 22, Ranunculo-
      Siëtum erecto-submersi Th. Müll. 62, Callitrichetum obtusangu-
      lae Seib.62,Ranunculo-Callitrichetum hamulatae Oberd. 57
      n.inv., Veronico beccabungae-Callitrichetum stagnalis Th. Müll.
      62, Potamogeton coloratus-Ges. (Potamogetonetum colorati All.
      22 p.p.)
    Verband: Potamogetonion pectinati W. Koch 26 em. Oberd. 57
    (corr. Oberd.)
      Assoziationen: Potamogetonetum filiformis W. Koch 28,

Potamogetonetum panormitano-graminei W. Koch 26 em. Görs 77, Najadetum intermediae Lang 73, Zannichellietum palustris Lang 67, Zannichellietum polycarpae (Markgrf 81), Potamogetonetum lucentis Hueck 31, Potamogetoneto-Najadetum marinae Horv.ć et Mic. in Horv.ć 63, Potamogetonetum trichoidis Freit. et al. 56, Potamogeton perfoliatus-Ges., P. pectinatus-Ges., P. obtusifolius-Ges., Ceratophyllum demersum-Ges. u. a. Ges.

Verband (Unterverband): Nymphaeion albae Oberd. 57 corr.
Assoziationen: Hottonietum palustris Tx. 37, Myriophyllo-Nupharetum W. Koch 26, Nymphoidetum peltatae Bell. 51, Trapetum natantis Müll. et Görs 60, Nymphaeetum albocandidae Pass. 57 (N), Nymphaeetum albae Vollm. 47, Nupharetum pumili Oberd. 57, Ranunculetum peltati Sauer 47, Hippuris vulgaris-Ges., Potamogeton natans-Ges., Polygonum amphibium-Ges. u. a. Ges.

XXV. Klasse: Utricularietea intermedio-minoris Den H. et Seg. 64 em. Pietsch 65, Moortümpel-Wasserschlauch-Ges.
Ordnung: Utricularietalia intermedio-minoris Pietsch 65
Verband: Sphagno-Utricularion Müll. et Görs 60
Assoziationen: Sparganietum minimi Schaaf 25, Scorpidio-Utricularietum minoris Müll. et Görs 60,Sphagno-Utricularietum ochroleucae Oberd. 57, Sphagnum cuspidatum-Ges.

XXVI. Klasse: Littorelletea Br.-Bl. et Tx. 43, Strandling-Ges.
Ordnung: Littorelletalia W. Koch 26
Verband: Deschampsion littoralis Oberd. et Dierß. in Dierß. 75
Assoziation: Dechampsietum rhenanae Oberd. 57
Verband: Isoëtion lacustris Nordh. 37 (Littorellion W. Koch 26 p.p.)
Assoziationen: Isoëtetum echinosporae W. Koch 26, Sparganium angustifolium-Ges.
Verband: Lobelion Tx. et Dierß. in Dierß. 72
Assoziation: Isoëto-Lobelietum Tx. 37 em. Dierß. 75 (N)
Verband: Eleocharition acicularis Pietsch 66 em. Dierß. 75 (Littorellion W. Koch 26 p.p.)
Assoziationen: Eleocharitetum acicularis W. Koch 26 em. Oberd. 57, Littorella uniflora-Ges.
Verband: Hydrocotylo-Baldellion Dierß. et Tx. in Dierß. 72 (Helodo-Sparganion Br.-Bl. et Tx. 43 ex Oberd. 57)
Assoziationen: Eleocharitetum multicaulis All. 22, Pilularietum globuliferae Tx. ex Müll. et Görs 60, Hyperico-Potamogetonetum oblongi Br.-Bl. et Tx. 52, Samolo-Littorelletum Westh. 43 (Küste), Myriophyllum alterniflorum-Ges., Juncus bulbosus-Ges.

XXVII. Klasse: Phragmitetea Tx. et Prsg 42, Röhrichte u. Großseggen-Sümpfe

  Ordnung: Phragmitetalia W. Koch 26

    Verband: Phragmition australis W. Koch 26, Röhrichte

    Assoziationen: Scirpetum lacustris Chouard 24, Typhetum angustifoliae (Soo 27) Pign. 53, Typhetum latifoliae (Soó 27) Lang 73, Glycerietum maximae Hueck 31, Phragmitetum australis Schmale 39, Cladietum marisci All. 22, Glycerio-Sparganietum neglecti W. Koch 26 em. Phil. 73, Sparganietum erecti Phil. 73, Acoretum calami Knapp et Stoff. 62, Cicuto-Caricetum pseudocyperi Boer et Siss. in Boer 42, Butometum umbellati (Koncz. 68) Phil. 73, Sagittario-Sparganietum emersi Tx. 53, Oenantho-Rorippetum amphibiae Lohm. 50, Scirpetum radicantis Zahlh. 79 (ob hierher?) Equisetum fluviatile-Ges., Sium latifolium-Ges., Hippuris vulgaris-Ges., Eleocharis palustris-Ges.

    Verband: Scirpion maritimi Dahl et Had. 41, Brack-Röhrichte

    Assoziationen: Scirpetum maritimi Tx. 37, Scirpus tabernaemontanus-Ges.

    Verband: Magnocaricion W. Koch 26, Großseggen-Ges.

    Assoziationen: Caricetum elatae W. Koch 26, Caricetum appropinquatae Soó 38, Caricetum paniculatae Wang. 16, Carex rostrata-Ges. (Rüb. 12), Caricetum ripariae Knapp et Stoff. 62, Caricetum oenensis Seib. 62, Caricetum vesicariae Br.-Bl. et Den. 26, Caricetum gracilis Tx. 37, Caricetum vulpinae Now. 27, Caricetum buekii Hejny et Kop. 65, Caricetum cespitosae Steff. 31, Phalaridetum arundinaceae Libb. 31, Lysimachio-Caricetum aquatilis Neum. 57 (N), Carex acutiformis-Ges., (Sauer 37), Carex buxbaumii-Ges. (Issl. 32), Juncus subnodulosus-Ges. (Jeschke 59), Iris pseudacorus-Ges., Eleocharis uniglumis-Ges., Carex lasiocarpa-Ges. u.a. Ges.

    Verband: Sparganio-Glycerion fluitantis Br.-Bl. et Siss. in Boer 42 n.inv. Oberd. 57 (Glycerion Br.-Bl. et Tx. 43)

    Assoziationen: Glycerietum fluitantis Wilz. 35, Glycerietum plicatae Kulcz. 28 em. Oberd. 54, Apietum nodosi (Heliosciadietum) Br.-Bl. 52, Nasturtietum officinalis (Seib. 62) Oberd. et al. 67, Nasturtietum microphylli Phil. in Oberd. 77, Leersietum oryzoidis Pass. 57, Catabrosetum aquaticae Rüb. 12, Glycerietum nemoralis-plicatae Kop. 72 (N), Sium erectum-Ges. (Phil. 73), vgl. Veronico-Siëtum erecti Pass. 82

XXVIII. Klasse: Montio-Cardaminetea Br.-Bl. et Tx. ex Klika et Had. 44, Quellfluren, Waldsümpfe

  Ordnung: Montio-Cardaminetalia Pawl. 28

    Verband: Cardamino-Montion Br.-Bl. 25, Quellfluren kalkarmer Standorte

Unterverband: Montienion Den H. et Westh. 69
  Assoziationen: Scapanietum paludosae K. Müll. 38, Bryo-
  Philonotidetum seriatae Luq. 26 (Montio-Bryetum schleicheri
  Br.-Bl. 26) (süSch, Vog), Montio-Philonotidetum fontanae Bük.
  et Tx. in Bük. 42
Unterverband: Cardaminenion Den H. et Westh. 69
  Assoziationen: Ranunculetum hederacei Libb. 40, Chrysosple-
  nietum oppositifolii Oberd. et Phil. in Oberd. 77 (Cardaminetum
  amarae Br.-Bl. 26 p. p.), Cardamine amara-flexuosa-Ges. (Oberd.
  57), Cardamine amara-Chrysosplenium alternifolium-Ges.
Verband: Cratoneurion commutati W. Koch 28
  Assoziationen: Cratoneuretum filicino-commutati (Kuhn 37)
  Oberd. 77, Cochleario pyrenaicae-Cratoneuretum commutati Th.
  Müll. 61, Cratoneuretum falcati Gams 27 (A), Eucladium
  verticillatum-Ges. (All. 22), Catoscopium nigritum-Ges. (W.
  Braun 68), Gymnostomum recurvirostre-Ges., Cratoneuron
  filicinum-Ges. u. a. Ges.

XXIX. Klasse: Scheuzerio-Caricetea fuscae (Nordh. 36) Tx. 37, Flach-
u. Zwischenmoore
Ordnung: Scheuchzerietalia palustris Nordh. 36, Zwischenmoor- u.
Schlenken-Ges.
  Verband: Rhynchosporion albae W. Koch 26
    Assoziationen: Caricetum limosae Br.-Bl. 21, Rhynchosporetum
    albae W. Koch 26
  Verband: Caricion lasiocarpae Vanden Bergh. in Lebr. et al. 49
    Assoziationen: Caricetum lasiocarpae W. Koch 26, Caricetum
    diandrae Jon. 32 em. Oberd. 57, Drepanoclado-Caricetum
    chordorrhizae Osv. 25, Caricetum heleonastae Warén 26, Cala-
    magrostis neglecta-Ges., Trichophorum alpinum-Ges.
Ordnung: Caricetalia fuscae W. Koch 26 em. Nordh. 37, Flachmoore
kalkarmer Standorte
  Verband: Caricion fuscae W. Koch 26 em. Klika 34
    Assoziationen: Eriophoretum scheuchzeri Rüb. 12, Caricetum
    fuscae Br.-Bl. 15, Parnassio-Caricetum fuscae Oberd. 57 em. Görs
    in Oberd. 77 (incl. Bartsio-Caricetum fuscae Bartsch 40), Carice-
    tum trinervi-fuscae Westh. 47 (Küste), Eriophorum angustifo-
    lium-Ges., u. a. Ges.
Ordnung: Tofieldietalia Prsg in Oberd. 49 (Caricetalia davallianae
Br.-Bl. 49) Kalk-Flachmoore
  Verband: Caricion davallianae Klika 34
    Assoziationen: Schoenetum nigricantis W. Koch 26 em. Oberd.
    57 (Orchio-Schoenetum nigricantis Oberd. 57), Primulo-
    Schoenetum ferruginei Oberd. 57, Caricetum davallianae Dut. 24,
    Campylio-Caricetum dioicae Osv. 23 em. Dierß. 78, Astero belli-

diastri-Saxifragetum mutatae Us. et Wigg. 61, Eleocharis quin-
queflora-Ges. (Lüdi 21, ob Ass.?), Trichophorum alpinum-Ges.
Verband: Caricion bicolori-atrofuscae Nordh. 37, arkt.-alpine
Schwemmufer-Ges.
Assoziationen: Kobresietum simpliciusculae Nordh. 28, Caricetum maritimae Br.-Bl. 18 (A), Carici maritimae-Juncetum baltici
Vand. Bergh. 69 (N), Caricetum frigidae Rüb. 12 (A, Sch), Juncetum alpini Phil. 60, Equiseto-Typhetum minimae Br.-Bl. in Volk
39, Carex lepidocarpa-Ges., Equisetum trachyodon-Ges., Juncus arcticus-Ges.

XXX. Klasse: Molinio-Arrhenatheretea Tx. 37, Grünland-Ges.
  Ordnung: Molinietalia caeuleae W. Koch 26
    Verband: Juncion acutiflori Br.-Bl. et al. 47, Waldbinsen-Ges.
      Assoziationen: Anagallido tenellae-Juncetum acutiflori (Phil. 63)
      Oberd., Caro verticillati-Juncetum acutiflori (Korn. 62) Oberd.
      (Molinietum atlanticum Lemée 37, Cirsio dissecti-Molinietum
      Siss. et De Vries 42), Juncetum acutiflori Br.-Bl. 15, Juncus-
      Molinia-Ges. (Junco-Molinietum Prsg 51 p.p.)
    Verband: Calthion Tx. 37, eutrophe Naßwiesen
      Assoziationen: Sanguisorbo-Silaëtum (Klapp 51) Vollr. 65
      (Silaëtum Knapp 48 p.p.), Scirpetum sylvatici Maloch 35 em.
      Schwick. 44, Angelico-Cirsietum oleracei Tx. 37 em. Tx. in Tx. et
      Prsg 51 (einschl. Cirsio-Polygonetum bistortae Tx. 51), Cirsietum
      rivularis Now. 27, Cirsietum cani Tx. et Prsg 51 ex Klapp 65,
      Juncetum subnodulosi W. Koch 26 em. Oberd. 57, Epilobio-
      Juncetum effusi Oberd. 57, Juncetum filiformis Tx. 37, Chaero-
      phyllo-Ranunculetum aconitifolii Oberd. 52, Ranunculo-
      Deschampsietum cespitosi Scam. 55 (N, ob hierher?)
    Verband Filipendulion Seg. 66 (Filipendulo-Petasition Br.-Bl. et al.
    47 p.p.) Staudenfluren nasser Standorte
      Assoziationen: Filipendulo-Geranietum palustris W. Koch 26,
      Valeriano-Polemonietum Rossk. 71 (FrJu), Valeriano-Filipen-
      duletum Siss. in Westh. et al. 46, Veronico longifoliae-Euphor-
      bietum palustris Korn. 63, (incl. Veronico longifoliae-Scutel-
      larietum hastifoliae Walth. in Tx. 55), Veronico longifoliae-
      Euphorbietum lucidae Bal.-Tul. et Kneź 75 (Do), Euphorbia
      palustris-Ges., Thalictrum flavum-Ges., Filipendula ulmaria-
      Stadium

    Verband: Molinion caeruleae W. Koch 26, Pfeifengraswiesen
      Assoziationen: Molinietum caeruleae W. Koch 26 (Stachyo-
      Molinietum Pass. 64), (incl. mont. Trollius- u. praealp. Gentiana
      asclepiadea-Form), Cirsio tuberosi-Molinietum arundinaceae
      Oberd. et Phil. ex Görs 74 (mit mont. Trollius- u. praealp.

Gentiana asclepiadea-Form), Allio suaveolentis-Molinietum caeruleae Görs 83 in Oberd. 83

Verband: Cnidion dubii Bal.-Tul. 65, Brenndoldenwiesen

Assoziationen: Violo-Cnidietum Walth. (in Tx. 55) ex Phil. 60, Oenantho lachenalii-Molinietum Phil. 60 (Rh), Allium angulosum-Ges.

Ordnungsges.: Iris sibirica-Ges., Molinia caerulea-Stadium

Ordnung: Arrhenatheretalia Pawl. 28

Verband: Arrhenatherion elatioris W. Koch 26, Tal-Fettwiesen

Assoziationen: Arrhenatheretum Scherr. 25 (non Br.-Bl. 15), (Dauco-Arrhenatheretum Görs 66), incl. mont. Alchemilla-Form (Alchemillo-Arrhenatheretum Sougnez et Limb. 63), Poo-Trisetetum (Knapp 51) Oberd. 57, Galio molluginis-Alopecuretum pratensis Hundt 58 (N), Anthrisco-Agrostietum giganteae Jahns in Tx. 55 (n.n.) (Küste), Chrysanthemo-Rumicetum thyrsiflori Walth. in Tx. 55 (n.n.)

Verband: Polygono-Trisetion Br.-Bl. et Tx. ex Marsch. 47 n. inv. Tx. et Prsg. 51, Gebirgs-Fettwiesen

Assoziationen: Geranio-Trisetetum Knapp 51 (incl. Meo-Festucetum Bartsch 40 u. Cardaminopsio halleri-Agrostietum Morav. 65) (Mittelgebirge), Astrantio-Trisetetum flavescentis Knapp 52 (A, u.a. alpine Triseteten)

Verband: Cynosurion Tx. 47, Fettweiden

Assoziationen: Lolio-Cynosuretum Br.-Bl. et De L. 36 em. Tx. 37, Festuco-Cynosuretum Tx. in Bük. 42 (incl. Alchemillo-Cynosuretum Müll. ex Görs 68 u. Crepido-Cynosuretum Knapp 62), Trifolium repens-Plantago major-Ges. (Oberd. 71)

Verband: Poion alpinae Oberd. 50, alpine Milchkrautweiden

Assoziationen: Crepido-Festucetum Lüdi 48 (Prunello-Poëtum alpinae Oberd. 50), Trifolio-Festucetum violaceae Br.-Bl. in Br.-Bl. et Jenny 26

Anm.: Die Zusammenfassung des Cynosurion und Poion alpinae in der Ordnung Trifolio-Cynosuretalia Sougnez et Limb. 63 ist nicht zwingend.

XXXI. Klasse: Violetea calaminariae Tx. in Lohm. et al. 62, Schwermetall-Ges.

Ordnung: Violetalia calaminariae Br.-Bl. et Tx. 43

Verband: Thlaspion calaminariae Ernst 65 (RS)

Assoziation: Violetum calaminariae Schwick. 31

Verband: Armerion halleri Ernst 65 (Th, An)

Assoziationen: Armerietum halleri Libb. 30, Armerietum bottendorfensis Schub. 52, Armerietum hornburgensis Schub. 74

XXXII. Klasse: Sedo-Scleranthetea Br.-Bl. 55 em. Th. Müll. 61, Mauerpfeffer-Triften, Sandrasen, Felsband-Ges.

Ordnung: Thero-Airetalia Oberd. in Oberd. et al. 67, Kleinschmielen-Fluren
  Verband: Thero-Airion Tx. 51
    Assoziationen: Airetum praecocis Krausch 67, Airo caryophylleae-Festucetum ovinae Tx. 55, Agrostio-Tuberarietum Schub. 74 (Br), Filagini-Vulpietum Oberd. 38, Narduretum lachenalii Korn. 75
Ordnung: Corynephoretalia canescentis Klika 34, Silbergrasreiche Ges.
  Verband: Corynephorion canescentis Klika 31
    Assoziationen: Corynephoretum Tx. 28 (Spergulo-Corynophoretum Tx. 55), Violo-Corynephoretum Westh. in Westh. et al. 46 (Küste)
  Verband: Sileno conicae-Cerastion semidecandri Korn. 74
    Assoziationen: Bromo-Phleetum arenarii Korn. 74, Sileno conicae-Cerastietum semidecandri Korn. 74
  Verband: Koelerion glaucae Volk 31, Sandsteppen
    Assoziationen: Jurineo cyanoidis-Koelerietum glaucae Volk 31, Alyssum gmelini-Jurinea cyanoides-Ges. (Korn. 78, Fr), Festuco-Koelerietum glaucae Klika 31 (Br)
  Verband: Koelerion albescentis Tx. 37 (Küsten)
    Assoziationen: Tortulo-Phleetum arenarii Br.-Bl. et De L. 36, Agrostio-Poëtum* irrigatae (humilis) (Tx. 55), viell. einzubeziehen in: Festuco-Galietum maritimi Br.-Bl. et De L. 36
Ordnung: Sedo-Scleranthetalia Br.-Bl. 55, Felsgrus- u. Felsband-Ges.
  Verband: Sedo-Scleranthion Br.-Bl. 55
    Assoziationen: Sileno rupestris-Sedetum annui Oberd. 57 (Sch), Sclerantho-Sempervivetum arachnoidei Br.-Bl. 55 (A)
  Verband: Sedo albi-Veronicion dillenii (Oberd. 57) Korn. 74
    Assoziationen: Allio montani-Veronicetum vernae Korn. 74 (Festuco-Veronicetum vernae Oberd. 57), Gageo saxatilis-Veronicetum dillenii Korn. 74 (Festuco-Veronicetum dillenii Oberd. 57)
  Verband: Alysso-Sedion albi Oberd. et Müll. in Th. Müll. 61
    Assoziationen: Cerastietum pumili Oberd. et Müll. in Th. Müll. 61, Alysso-Sedetum albi Oberd. et Müll. 61, Poo badensis-Allietum montani Gauckl. 57, Saxifrago tridactylites-Poëtum compressae Géhu et Ler. 57, Sempervivetum soboliferae Korn. 75 (FrJu), Sedo-Poëtum badensis Mahn 65 (Th)
  Verband: Seslerio-Festucion pallescentis Klika 31 em. Korn. 74
    Assoziationen: Diantho-Festucetum pallentis Gauckl. 38, Artemisio-Melicetum ciliatae Korn. 74, Teucrio botryos-Melicetum ciliatae Volk 37, Asteretum alpini Stök. 62 (Th), Sedo-Festucetum pallentis Marst. 69 (Th), Allio stricti-Festucetum pannonicae Knapp 71 (He)

XXXIII. Klasse: Festuco-Brometea Br.-Bl. et Tx. 43, Trocken- und Halbtrockenrasen

Ordnung: Festucetalia valesiacae Br.-Bl. et Tx. 43, Steppenrasen

Verband: Festucion valesiacae Klika 31

Assoziationen: Potentillo-Stipetum capillatae Hueck 31 em. Krausch 59 (N), Allio-Stipetum capillatae Korn. 74 (nöRh, Hü, Fr)

Verband: Cirsio-Brachypodion Had. et Klika 44

Assoziationen: Adonido-Brachypodietum Krausch 59, Stipetum stenophyllae Podp.30 s.l. (einschl. Genisto-Stipetum stenophyllae Korn. 74)

Ordnung: Brometalia erecti Br.-Bl. 36, submediterrane Trocken- u. Halbtrockenrasen

Verband: Mesobromion erecti Br.-Bl. et Moor 38 em. Oberd. 57

Ass.gruppe Bromus erectus- u. Orchidaceen-reicher Mähwiesen

Assoziationen: Mesobrometum Br.-Bl. in Scherr. 25 (einschl. Mesobrometum alluviale Oberd. 57), Gentiano vernae-Brometum Kuhn 37 (pralp)

Ass.gruppe Sesleria albicans-reicher Magerwiesen

Assoziationen: Koelerio-Seslerietum Oberd. 57 n. inv. (Ju), Carlino-Caricetum sempervirentis Lutz 47 (Av)

Ass.gruppen Brachypodium pinnatum- u. Gentiana-reicher sowie bodensauer Magerweiden

Assoziationen: Gentiano-Koelerietum Knapp 42 ex Bornk. 60, Viscario-Avenetum pratensis Oberd. 49

Verband: Koelerio-Phleion phleoidis Korn. 74

Assoziationen: Viscario-Festucetum Br.-Bl. 39 ex Oberd. 57 (Genistello-Phleetum Korn. 74), Agrostio-Brometum Issl. 29 (Els), Armerio-Festucetum trachyphyllae Knapp 48, Silene otites-Koeleria gracilis-Ges. (Korn. 78), Allium montanum-Koeleria gracilis-Ges. (Bohn 81)

Verband: Xerobromion Br.-Bl. et Moor 38 em. Morav. in Holub et al. 67 (Bromion W. Koch em. Oberd. 57)

Assoziationen: Xerobrometum Br.-Bl. 15 em. 31 (Hü-Bo-Ju), Trinio-Caricetum humilis Volk in Br.-Bl. et Moor 38 (Mn), Pulsatillo-Caricetum humilis Gauckl. 38 (FrJu, Do), Helianthemo-Brometum Schub. 74 (Th)

Ass.gruppe Sesleria albicans-reicher Trockenrasen

Assoziationen: Teucrio-Seslerietum Volk 37 (Mn), Bromo-Seslerietum (Kuhn 37) Oberd. 57 (Teucrio-Caricetum humilis Rich. 72) (Ju)

XXXIV. Klasse: Seslerietea albicantis Br.-Bl. 48 em. Oberd. 78, alpigene Kalk-Magerrasen

Ordnung: Seslerietalia albicantis Br.-Bl. in Br.-Bl. et Jenny 26

Verband: Seslerion albicantis Br.-Bl. in Br.-Bl. et Jenny 26
Assoziationen: Caricetum firmae Br.-Bl. in Br.-Bl. et Jenny 26,
Seslerio-Caricetum sempervirentis Beg. 22 em Br.-Bl. in Br.-Bl. et
Jenny 26 (A), Laserpitio-Seslerietum Moor 57 (Ju), Valeriana
tripteris-Sesleria albic.-Ges. (Oberd. 57), Genista pilosa-Sesleria
albic.-Ges. (RS, Ne), Carduo deflorati-Seslerietum Knapp 71 (He,
NSH, Th)
Verband: Caricion ferrugineae Br.-Bl. 31
Assoziationen: Caricetum ferrugineae Lüdi 21 (A), Laserpitio-
Calamagrostietum variae (Kuhn 37) Moor 57 (Ju), Agrostietum
agrostiflorae Br.-Bl. 49 (A)

XXXV. Klasse: Carici rupestris-Kobresietea bellardii Ohba 74,
Nacktried-Ges.
Ordnung: Elynetalia Oberd. 57
Verband: Elynion Gams 36
Assoziation: Elynetum Br.-Bl. 13

XXXVI. Klasse: Salicetea herbaceae Br.-Bl. et al. 47, Schneeboden-Ges.
Ordnung: Arabidetalia caeruleae Rüb. 33
Verband: Arabidion caeruleae Br.-Bl. in Br.-Bl. et Jenny 26
Assoziationen: Salicetum retuso-reticulatae Br.-Bl. in Br.-Bl. et
Jenny 26, Arabidetum caeruleae Br.-Bl. 18, Arabido-Rumicetum
nivalis (Jenny-Lips 30) Oberd. 57 n. inv.
Ordnung: Salicetalia herbaceae Br.-Bl. in Br.-Bl. et Jenny 26
Verband: Salicion herbaceae Br.-Bl. in Br.-Bl. et Jenny 26
Assoziationen: Salicetum herbaceae Br.-Bl. 13 (A), Luzuletum
alpinopilosae Br.-Bl. in Br.-Bl. et Jenny 26 (A), Poo-Cerastietum
cerastioidis (Söyr. 54) Oberd. 57, Polytrichetum sexangularis Br.-
Bl. in Br.-Bl. et Jenny 26, Nardo-Gnaphalietum supini Bartsch 40
(subalpin), Luzuletum desvauxii Issl. 36 (Vog, süSch)

XXXVII. Klasse: Juncetea trifidi Had. in Had. et Klika 44 (Caricetea
curvulae Br.-Bl. 48), Krummseggenrasen
Ordnung: Caricetalia curvulae Br.-Bl. in Br.-Bl. et Jenny 26
Verband: Caricion curvulae Br.-Bl. 25
Assoziationen: Caricetum curvulae Br.-Bl. in Br.-Bl. et Jenny 26
(Primulo-Caricetum curvulae Oberd. 59) (A), Sesleria disticha-
Ges. (Allgäu), Agrostis rupestris-Juncus trifidus-Ges. (BayW)

XXXVIII. Klasse: Nardo-Callunetea Prsg 49
Ordnung: Nardetalia Oberd. 49 em. Prsg 49, Borstgras-Ges.
Verband: Nardion Br.-Bl. in Br.-Bl. et Jenny 26 (subalpin-hoch-
montan)
Assoziationen: Aveno versicoloris-Nardetum Oberd. 57 (incl.
Curvulo-Nardetum Oberd. 59 als Carex curvula Form d. Aveno-
Nardetum) (A), Geo montani-Nardetum Lüdi 48 (Nardetum
alpigenum Br.-Bl. 49 em. Oberd. 50) (A) Leontodonto helvetici-

Nardetum Bartsch 40 (Sch), Violo-Nardetum Issl. 27 (Vog), Lycopodio-Nardetum Prsg. 53 (BayW), Pulsatillo micranthae-Nardetum Tx. 37 (Hz)

Verband: Violion caninae Schwick. 44 (planar bis montan)

Assoziationen: Festuco-Genistetum sagittalis Issl. 27 (Vog, Sch, SFW), Aveno-Genistetum sagittalis Oberd. 57 (Ju), Polygono vivipari-Genistetum sagittalis (Kuhn 37) Th. Müll. in Oberd. 78 (Salici-Nardetum Oberd. 57 p.p.), Polygalo-Nardetum Oberd. 57 (Hyperico-Polygaletum Prsg 49 p.p.) (incl. Galio-Festucetum Oberd. 57), Thymo-Festucetum turfosae Oberd. et Görs in Görs 68

Verband: Juncion squarrosi Oberd. 57 em. 78

Assoziationen: Juncetum squarrosi Nordhag. 22, Gentiano pneumonanthe-Nardetum Prsg. 50 em. Westh. 69 (nom. inv.)

Verband: Festucion variae Br.-Bl. 25, zentral-südalpin

Ordnung: Vaccinio-Genistetalia Schub. 60 (Calluno-Ulicetalia Tx. 37 p.p.) Heidekraut-Ges.

Verband: Genistion Böch. 43

Assoziationen: Genisto pilosae-Callunetum Oberd. 38 (n.inv.), Vaccinio-Callunetum Bük. 42 (n.inv.), Genisto germanicae-Callunetum Oberd. 57 (n.inv.), Cytiso supini-Callunetum Oberd. 57 (Cytiso-Antennarietum Prsg. 53) (BayW), Genisto anglicae-Callunetum Schwick. 33 em. Tx. 75 (NW-Dtld), Calluna-Ges.

Verband: Empetrion nigri Böch. 43, Küstenheiden (N)

Assoziation: Salici-Empetretum Tx. (37) 55

Ordnung: Erico-Ulicetalia Br.-Bl., P. da Silva et Roz. 64, westeuropäische Ordnung (Calluno-Ulicetalia Tx. 37 p.p.)

Verband: Sarothamnion Tx. in Prsg 49 siehe Prunetalia

XXXIX. Klasse: Oxycocco-Sphagnetea Br.-Bl. et Tx. 43, zwergstrauchreiche Hochmoor-Torfmoos-Ges.

Ordnung: Sphagno-Ericetalia Br.-Bl. 48 em. Br.-Bl. 49

Verband: Ericion tetralicis Schwick. 33, Feuchtheiden

Assoziationen: Ericetum tetralicis Jonas 32 (viell. incl. Erico-Sphagnetum magellanici Moore 68), Sphagno compacti-Trichophoretum germanici (Oberd. 38) Bartsch 40

Ordnung: Sphagnetalia magellanici (Pawl. 28) Kästn. et Flößn. 33

Verband: Sphagnion magellanici Kästn. et Flößn. 33

Assoziationen: Sphagnetum magellanici Kästn. et Flößn. 33, Eriophoro-Trichophoretum cespitosi Rüb. 33 em. Tx. 37 (Sphagnetum magellanici trichophoretosum cespitosi Oberd. 38), Sphagnum imbricatum-Ges., Eriophorum vaginatum-Ges., Vaccinium uliginosum-Ges.

Ass.gruppe der Kiefernhochmoore

Assoziationen: Pino-Sphagnetum (Kästn. et Flößn. 33) Kuoch 54

n. inv. Neuh. 69, Ledo-Sphagnetum (de Kleist 29) Suk. 59 (Vaccinio-Pinetum sylvestris de Kleist 29) (N)
Verband: Oxycocco-Empetrion hermaphroditi Nordh. 36, nordeurop. Hochmoor-Verband, nicht im Gebiet

XL. Klasse: Trifolio-Geranietea sanguinei Th. Müll. 61, thermophile Saum-Ges. und Staudenhalden
Ordnung: Origanetalia vulgaris Th. Müll. 61
Verband: Geranion sanguinei Tx. in Th. Müll. 61
Assoziationen: Geranio-Peucedanetum cervariae Th. Müll. 61, Bupleuro longifolii-Laserpitietum latifolii Th. Müll. in Oberd. 78 (viell. einschließl. Origano-Calamagrostietum Lipp. 66), Geranio-Dictamnetum Wendelb. 54, Calamintho-Laseretum trilobi Knapp 76 (n. inv.), Geranio-Anemonetum sylvestris Th. Müll. 61, Campanulo-Vicietum tenuifoliae Krausch in Th. Müll. 62, Geranio-Trifolietum alpestris Th. Müll. 61, Teucrio-Polygonatetum odorati Korn. 74 em. Th. Müll. 78, Peucedanum alsaticum-Ges., Vincetoxicum hirundinaria-Ges.
Verband: Trifolion medii Th. Müll. 61
Assoziationen: Trifolio-Agrimonietum eupatorii Th. Müll. 62, Agrimonio-Vicietum cassubicae Pass. 67 (n. inv.), Stachyo-Melampyretum nemorosi Pass. 67, Vicietum sylvaticae-dumetorum Oberd. et Th. Müll. in Th. Müll. 62, Knautietum dipsacifoliae Oberd. 71, Teucrio-Centaureetum nemoralis Th. Müll. 62, Trifolio-Vicietum orobi Riv. M. et May. in Mayor 65 (Sp), Teucrio-Campanuletum baumgartenii Knapp 76 (n. inv.), Holcus mollis-Teucrium scorodonia-Ges., Melampyrum pratense-Hieracium-Ges., Valeriana wallrothii-Ges.

XLI. Klasse: Epilobietea angustifolii Tx. et Prsg in Tx. 50, Schlagfluren u. Vorwald-Ges.
Ordnung: Atropetalia Vlieg. 37 (Epilobietalia angustifolii Tx. 50)
Verband: Epilobion angustifolii (Rüb. 33) Soó 33
Assoziationen: Epilobio-Digitalietum purpureae Schwick. (33) 44, Senecioni-Epilobietum angustifolii Tx. 37, Calamagrostio-Digitalietum grandiflorae Sill. 33 em. Oberd. 57
Verband: Atropion Br.-Bl. 30 em. Oberd. 57
Assoziationen: Atropo-Digitalietum luteae Oberd. 57 (n. inv.), Atropetum belladonnae Br.-Bl. 30 em. Tx. 37, Arctietum nemorosi Tx. 50 ex Oberd. 57
Verband: Sambuco-Salicion capreae Tx. 50
Assoziationen: Senecionetum fuchsii Pfeiff. 36 em. Oberd. 73, Rubetum idaei Pfeiff. 36 em. Oberd. 73, Sambucetum racemosae (Noirf. in Lebr. et al. 49) Oberd. 73, Atropa-Sambucus nigra-Ges. (Oberd. 73), Piceo-Sorbetum aucupariae Oberd. 73, Epilobio-Salicetum capreae Oberd. 57

XLII. Klasse: Betulo-Adenostyletea Br.-Bl. et Tx. 43 (Mulgedio-Aconitetea Had. et Klika 44), hochmontan-subalpine Hochstaudenfluren u. Hochstaudengebüsche

Ordnung: Adenostyletalia G. et J. Br.-Bl. 31

Verband: Adenostylion alliariae Br.-Bl. 25, Hochstaudenfluren

Assoziationen: Salicetum appendiculatae (Br.-Bl. 50) Oberd. 57 em. 62, Alnetum viridis Br.-Bl. 18, Cicerbitetum alpinae Beg. 22 (Adenostylo-Cicerbitetum Br.-Bl. 50) (A, Sch), Epilobio-Adenostyletum (Issl. 36) Carb. 69 (Vog)

Verband: Salicion waldsteinianae Oberd. 78 (Salicion pentandrae Br.-Bl. 50 p. p.)

Assoziationen: Salicetum waldsteinianae Beg. 22, Salicetum glabrae prov. (oalp), Salicetum caesio-foetidae Br.-Bl. 50 (Schweiz)

Verband: Calamagrostion (arundinaceae) Luq. 26, Hochgrasfluren

Assoziationen: Sorbo-Calamagrostietum arundinaceae Oberd. 57, Hieracium aurantiacum-Calamagrostis villosa-Ges. (Lipp., A), Aconitum vulparia-Geranium sylvaticum-Ges. (Ju), Athyrium distentifolium-Ges.

XLIII. Klasse: Salicetea purpureae Moor 58, Weidengebüsche, Weidenwälder

Ordnung: Salicetalia purpureae Moor 58

Verband: Salicion elaeagni Aich. 33, praealpine Ges.

Assoziationen: Salici-Myricarietum Moor 58 (Av), Salicetum elaeagni Hag. 16 ex Jenik 55

Verband: Salicion albae Soó 30 em. Moor 58

Assoziationen: Salicetum triandrae Malc. 29, Salicetum albae Issl. 26, Salicetum fragilis Pass. 57, Salix purpurea-Ordn.-Ges.

XLIV. Klasse: Alnetea glutinosae Br.-Bl. et Tx. 43, Bruchwälder u. -gebüsche

Ordnung: Alnetalia glutinosae Tx. 37

Verband: Salicion cinereae Müll. et Görs 58

Assoziationen: Myricetum gale Osv. 23 (N), Betulo humilis-Salicetum repentis Oberd. 64, Salicetum pentandro-cinereae Pass. 61, Salicetum cinereae Zol. 31, Salicetum auritae Oberd. 64 (Betulo-Salicetum auritae Meij.-Drees 36 p. p., incl. Salici-Betuletum pubescentis Görs 61)

Verband: Alnion glutinosae Malc. 29

Assoziationen: Carici elongatae-Alnetum glutinosae W. Koch 26, Sphagno-Alnetum Lemée 37 n. inv. (Carici laevigatae-Alnetum glutinosae Schwick. 38, Blechno Alnetum Oberd. 57)

XLV. Klasse: Pulsatillo-Pinetea Oberd. in Oberd. et al. 67, Kiefern-Steppenwälder

Ordnung: Pulsatillo-Pinetalia Oberd. in Th. Müll. 66

Verband: Cytiso ruthenico-Pinion Krausch 62
Assoziation: Pyrolo-Pinetum Meus. 52 (einschl. Diantho-Pine-
tum Krausch 62) (Peucedano-Pinetum Matusz. 62)
Ordnung: Astragalo-Pinetalia prov. (Ononidetalia striatae Br.-Bl. 50
p.p.) mit dem zentralalpinen Ononido-Pinion Br.-Bl. 49 (meridional-
kontinental)

XLVI. Klasse: Erico-Pinetea Horvat 59, Schneeheide-Kiefernwälder
(pralp)
Ordnung: Erico-Pinetalia Horvat 59
Verband: Erico-Pinion Br.-Bl. in Br.-Bl. et al. 39
Assoziationen: Cytiso nigricantis-Pinetum Br.-Bl. 32 (Bo, Ba, Ju),
Coronillo vaginalis-Pinetum Rich. 72 (Ba, Ju), Dorycnio-Pine-
tum Oberd. 57 (Av), Calamagrostio variae-Pinetum Oberd. 57,
Salici-Pinetum Oberd. (38) 57, Erico-Pinetum sylvestris Br.-Bl.
in Br.-Bl. et al. 39, Erico-Rhododendretum hirsuti (Br.-Bl. in
Br.-Bl. et al. 39), Oberd. in Oberd. et al. 67 (Rhododendro-
Mugetum Br.-Bl. 39 em. Oberd. 57), Erico-Mugetum Br.-Bl. 39
(Zentralalpen)

XLVII. Klasse: Vaccinio-Piceetea Br.-Bl. in Br.-Bl. et al. 39, boreale
Nadelwälder u. Zwergstrauch-Gebüsche
Ordnung: Vaccinio-Piceetalia Br.-Bl. in Br.-Bl. et al. 39
Verband: Dicrano-Pinion Libb. 33 corr. Matusz. 62, nordische
Kiefernwälder
Assoziationen: Myrtillo-Pinetum sylvestris Kob. 30 (Leucobryo-
Pinetum Matusz. 62), Myrtillo-Pinetum ericetosum herbaceae
Mayer 69 (Erico-Pinetum hercynicae Reinh. 39) (BayW-Vogt-
land)
Verband: Piceion septentrionale Br.-Bl. et Siss. in Br.-Bl. et al. 39
(Linnaeo-Piceion corr. Oberd. 79), nordische Fichtenwälder
Verband: Vaccinio-Piceion Br.-Bl. 38 (A, Mittelgebirge)
Unterverband: Eu-Vaccinio-Piceenion Oberd. 57, Fichtenwälder
Assoziationen: Homogyno-Piceetum Zukr. 73 (Piceetum sub-
alpinum Br.-Bl. 38) (A), Calamagrostio villosae-Piceetum Schlüt.
69 (Hz-Erzg), Soldanello-Piceetum Volk 39 in Br.-Bl. et al. 39
(BayW), Bazzanio-Piceetum Br.-Bl. et Siss. in Br.-Bl. et al. 39
(Sch), Asplenio-Piceetum Kuoch 54 (A, Ju), Adenostyles alpina-
Picea abies-Ges. (A), Vaccinium myrtillus-Betula carpatica-Ges.
(Blockschutt, z.B. He, O), Vaccinium uliginosum-Betula pubes-
cens (s.l.)-Ges. (Betuletum pubescentis Tx. 37 p.p.) (Torfböden,
z.B. Av, Sch, RS, NS usw.)
Unterverband: Vaccinio-Abietenion Oberd. 62 (Abieto-Piceion
Br.-Bl. 39 in Br.-Bl. et al. 39 p.p.) Zwergstrauchreiche Tannen-
Fichtenwälder

Assoziationen: Luzulo-Abietetum Oberd. 57 (Luzulo-Piceetum Br.-Bl. 39 em. Bartsch 40), Vaccinio-Abietetum Oberd. 57 (Luzulo-Piceetum Br.-Bl. 39 in Br.-Bl. et al. 39 p. p.)

Unterverband: Rhododendro-Vaccinienion Br.-Bl. in Br.-Bl. et Jenny 26

Assoziationen: Calamagrostio villosae-Mugetum Pawl. 27 corr. Hartm. 57 (Erzg), Vaccinio-Rhododendretum ferruginei Br.-Bl. 27 (A), Vaccinio-Pinetum cembrae (Pallm. et Hafft. 33) Oberd. 62 (A)

Verband: Juniperion nanae Br.-Bl. in Br.-Bl. et al. 39, Zentralalpen

Ordnung: Loiseleurio-Vaccinietalia Eggl. 52 (Empetretalia hermaphroditi Schub. 60), arkt-alp. Zwergstrauch-Ges.

Verband: Loiseleurio-Vaccinion Br.-Bl. in Br.-Bl. et Jenny 26

Assoziationen: Vaccinio-Empetretum hermaphroditi Br.-Bl. in Br.-Bl. et Jenny 26, n. inv., Arctostaphylo alpinae-Loiseleurietum Oberd. 50 (Allgäu), Cetrario-Loiseleurietum Br.-Bl. in Br.-Bl. et Jenny 26 (Zentralalpen)

XLVIII. Klasse: Querco-Fagetea Br.-Bl. et Vlieg. in Vlieg. 37, europäische Sommerwälder u. Sommergebüsch (außerhalb der Naßstandorte)

Ordnung: Prunetalia Tx. 52, Schlehengebüsch

Verband: Berberidion Br.-Bl. 50, Gebüsche basenreicher Standorte

Assoziationen: Cotoneastro-Amelanchieretum (Fab. 36) Tx. 52, Coronillo-Prunetum mahaleb Gall. 72 em. (mit Rubo-Prunetum mahaleb Géhu et Del.-Dus. 73 = Aceri-Viburnetum lant. Korn. 74) Pruno-Ligustretum Tx. 52, Corylo-Rosetum vosagiacae Oberd. 57 n. inv. Oberd. 70 (montan), Salici-Hippophaëtum rhamnoidis Br.-Bl. 28 ex Eckm. 40, Salici-Viburnetum opuli Moor 58, Rhamno-Cornetum sanguinei Pass. 62, Humulus lupulus-Sambucus nigra-Ges. (Th. Müll. 74), Rosa-Ulmus minor-Ges. (Schub. et Mahn 59)

Verband: Salicion arenariae Tx. 52, Dünenweiden-Gebüsch

Assoziationen: Thalictro-Salicetum arenariae Tx. 37 (Roso spinosissimae-Salicetum arenariae Tx. 55 n. n.), Hippophao-Salicetum arenariae Br.-Bl. et De L. 36 (incl. Polypodio-Salicetum Boerb. 60)

Verband: Prunion fruticosae Tx. 52, pannonisches Zwergkirschen-Gebüsch

Assoziation: Prunetum fruticosae Klika 28

Verband: Pruno-Rubion fruticosi Doing 62 corr. (Rubion subatlanticum Tx. 52), Gebüsche basenarmer Standorte

Unterverband: Pruno-Rubenion, Brombeer-Schlehengebüsch

Assoziation: Rubo-Prunetum Web. 74 em. (Carpino-Prunetum Tx. 52 p. p., incl. Rubo-Coryletum Oberd. 57) dazu geogr. Rassen,

z. B. (im NW) mit Rubus elegantispinosus (Rubo elegantispinosi-Prunetum Web. 74) oder (im S) mit Rubus bifrons (Pruno-Rubetum bifrontis Web. mscr. n. n.) u. a.

Unterverband: Sarothamnenion (Tx. in Prsg. 49), Besenginster-Gebüsch

Assoziation: Sarothamnetum (Malc. 29) Oberd. 79 (Calluno-Sarothamnetum Malc. 29 p. p.)

Unterverband: Frangulo-Rubenion (Rivas G. 64) (Lonicero-Rubion Tx. et Neum. in Tx. 50 p. p.), Brombeer-Faulbaum-Gebüsch

Assoziation: Frangulo-Rubetum plicati comb. nov., dazu geogr. Rassen z. B. mit Rubus gratus (Rubetum grati Tx. et Neum. ex Web. 76) od. mit Rubus silvaticus (Rubetum silvaticisulcati Tx. et Neum. ex Wittig 76)

Ordnung: Quercetalia robori-petraeae Br.-Bl. 32, Eichen-Birken-Wälder

Verband: Quercion robori-petraeae Br.-Bl. 32

Assoziationen: Querco roboris-Betuletum Tx. 37 (im NW), Luzulo-Quercetum petraeae Knapp 48 em. Oberd. 50 (Quercetum petraeae Issl. 26), Violo-Quercetum Oberd. 57 (Fago-Quercetum Tx. 55) Pino-Quercetum petraeae (Hartm. 34) Reinh. 39 (im NO, Fr)

Ordnung: Quercetealia pubescenti-petraeae Br.-Bl. 31, wärmegebundene Eichenmischwälder

Verband: Quercion pubescenti-petraeae Br.-Bl. 32

Assoziationen: Lithospermo-Quercetum petraeae Br.-Bl. 32 (einschl. Coronillo-Quercetum Moor 62), Buxo-Quercetum Br.-Bl. 31 (süHü), Aceri monspessulani-Quercetum petraeae Oberd. 57 (nöHü-Rs), Potentillo-Quercetum petraeae Libb. 33, (vgl. auch Clematido-Quercetum Oberd. 57)

Ordnung: Fagetalia sylvaticae Pawl. 28, frische Sommerwälder

Verband: Alno-Ulmion Br.-Bl. et Tx. 43 (Alno-Padion Knapp 48), Auenwälder

Assoziationen: Alnetum incanae Lüdi 21, Stellario-Alnetum glutinosae Lohm. 57, Pruno-Fraxinetum Oberd. 53, Fraxino-Alnetum glutinosae Matusz. 52 (Circaeo-Alnetum Oberd. 53), Ribo sylvestris-Alnetum glutinosae Lemée 37 corr. Tx. 75, Carici remotae-Fraxinetum W. Koch 26, Querco-Ulmetum Issl. 24 (Fraxino-Ulmetum Tx. 52)

Verband: Carpinion Issl. 31 em. Oberd. 53, Eichen-Hainbuchenwälder

Assoziationen: Galio-Carpinetum Oberd. 57, Stellario-Carpinetum Oberd. 57, Carici-Tilietum cordatae Müll. et Görs 58 (ob Ass.?)

Verband: Tilio-Acerion Klika 55 (U. V. Acerion pseudoplatani Oberd. 57 p. p.), Schluchtwälder

Assoziationen: Aceri-Fraxinetum W. Koch 26 em. Th. Müll. 66 (einschl. Phyllitidi-Aceretum Moor 52, u.a.), Ulmo-Aceretum Beg. 22 (Hochlagen), Aceri-Tilietum Fab. 36

Verband: Fagion sylvaticae Pawl. 28

Unterverband: Cephalanthero-Fagenion Tx. 55, Orchideen-Buchenwälder

Assoziation: Carici-Fagetum Moor 52

Unterverband: Eu-Fagenion Oberd. 57, Waldmeister-Buchenwälder

Assoziationen: Asperulo-Fagetum (Galio odorati-Fagetum) H. May. 64 em. (einschl. Melico-Fagetum Lohm. in Seibert 54), Dentario bulbiferae-Fagetum Lohm. 62, Abieti-Fagetum Oberd. 38 em. 57 (Vog, Sch, SFW), Dentario enneaphyllidi-Fagetum Oberd. 57 ex W. et A. Matusz. 60 (BayW), Dentario heptaphyllidi-Fagetum (Moor 52) Th. Müll. 66 (SW-Dtld), Cardamino trifoliae-Fagetum prov. (oalp), Elymo-Fagetum Kuhn 37 em. (Lathyro-Fagetum Hartm. 53 p.p.) (einschl. Aposerido-Fagetum Oberd. 57 als Aposeris-Rasse des Elymo-Fagetum, Allgäu), Aceri-Fagetum Bartsch 40

Anm.: Die Waldmeister-Buchenwälder können mit Ausnahme des Dentario bulbiferae-Fagetum mit und ohne die Weißtanne (Abies alba) auftreten, nur das Abieti-Fagetum hat durchgehend optimalen Abies-Anteil. Neben den oben genannten Ass. gibt es auch kennartenlose Typen wie die Milium effusum-Fagus sylvatica-Ges. (Oxali-Fagetum Burr. et Wittig 77, non Milio-Fagetum Frehner 63)

Unterverband: Luzulo-Fagenion Lohm. et Tx. 54, Hainsimsen-Buchenwälder

Assoziationen: Luzulo-Fagetum Meus. 37, Deschampsia flexuosa-Fagus-Ges. (N), Dryopteris-Fagus-Ges. (BayW)

Anm.: Das Luzulo-Fagetum variiert vor allem nach der Höhenlage in zahlreichen Formen: collin-submontan mit Quercus petraea (Melampyro-Fagetum Oberd. 57), montan mit Abies alba (Luzulo-Fagetum montanum Oberd. 57), hochmontan mit Abies alba und Picea abies (Polygonato verticillati-Fagetum Oberd. 57)

Unterverband: Galio-Abietenion Oberd. 62 (Abieti-Piceion Br.-Bl. in Br.-Bl. et al. 39 p.p.)

Assoziationen: Galio-Abietetum Wrab. 59 (Galio-Piceetum Bartsch 40, Piceo-Abietetum Oberd. 50 p.p.), Pyrolo-Abietetum Oberd. 57 (Piceo-Abietetum Oberd. 50 p.p.)

2. Mediterraner Vegetationskreis

(Einheiten in Auswahl, soweit für das Verständnis des Textes erforderlich)

Klasse: Asplenietea trichomanis Br.-Bl. in Meier et Br.-Bl. 34 corr.
Oberd. 77, Felsspalt- und Mauerfugen-Ges.
  Ordnung: Potentilletalia caulescentis Br.-Bl. in Br.-Bl. et Jenny 26
    Verband: Polypodion serrati Br.-Bl. 47
Klasse: Salicornietea fruticosae (Br.-Bl. et Tx. 43) Tx. et Oberd. 58
  Ordnung: Salicornietalia fruticosae (Br.-Bl. 31) Tx. et Oberd. 58
Klasse: Juncetea maritimae Tx. et Oberd. 58
  Ordnung: Juncetalia maritimae Br.-Bl. 31
Klasse: Secalinetea Br.-Bl. 51, Getreideunkraut-Ges.
  Ordnung: Secalinetalia Br.-Bl. 31
    Verband: Secalinion Br.-Bl. 31
Klasse: Chenopodietea Br.-Bl. 51, Ruderal- und Hackunkraut-Ges.
  Ordnung: Chenopodietalia Br.-Bl. 36
    Verband: Diplotaxidion Br.-Bl. 36, Hackunkraut-Ges.
    Verband: Chenopodion muralis Br.-Bl. 36
    Verband: Hordeion Br.-Bl. 47
Klasse: Molinio-Juncetea Br.-Bl. 47, Pfeifengras-Binsen.Wiesen
  Ordnung: Holoschoenetalia Br.-Bl. 47 (ob zu dieser Klasse)
    Verband: Molinio-Holoschoenion Br.-Bl. 47
    Verband: Deschampsion mediae Br.-Bl. 51
Klasse: Thero-Brachypodietea Br.-Bl. 47
  Ordnung: Thero-Brachypodietalia Br.-Bl. 36, kalkholde Thero-
phyten-Ges.
    Verband: Thero-Brachypodion Br.-Bl. 25
  Ordnung: Helianthemetalia guttati Br.-Bl. 40, kieselholde Thero-
phyten-Ges.
Klasse: Cisto-Lavanduletea Br.-Bl. 40
  Ordnung: Lavanduletalia stoechidis Br.-Bl. 40, Lavendel-Heiden
Klasse: Ononido-Rosmarinetea Br.-Bl. 47, Rosmarin-Heiden
  Ordnung: Rosmarinetalia Br.-Bl. 51
    Verband: Aphyllantion Br.-Bl. 31
    Verband: Rosmarino-Ericion Br.-Bl. 31
Klasse: Nerio-Tamaricetea Br.-Bl. et O. de Bolos 57, Tamarix-Gebüsch
Klasse: Quercetea ilicis Br.-Bl. 36, Steineichenwälder
  Ordnung: Quercetalia ilicis Br.-Bl. 36
    Verband: Quercion ilicis Br.-Bl. 36 (nordmediterran)
    Verband: Oleo-Ceratonion Br.-Bl. 36 (südmediterran)

Erläuterungen zum Bau der Blütenpflanzen

Die Blütenpflanze gliedert sich in Wurzel, Sproßachse und Blatt. Durch Umgestaltung bildet sich aus Blättern am gestauchten Sproß die Blüte.

Wurzel

Die Wurzel besteht aus Hauptwurzeln (Pfahlwurzel) und Nebenwurzeln (Seitenwurzeln). Dazu kommen sproßbürtige Wurzeln, die am Stengelgrund oder unterirdischen Sprossen entspringen. Die Hauptwurzel kann als Rübe oder Knolle verdickt oder, so bei den Monokotyledonen, im Wachstum ganz durch sproßbürtige Wurzeln ersetzt werden. Die sproßbürtigen Wurzeln können zu Wurzelknollen anschwellen (Dahlien).

Sproßachse (Sproß, Stengel)

Der oberirdische Sproß ist gestreckt oder gestaucht, aufrecht, aufsteigend, kletternd (windend) oder liegend. Er besteht aus Stengelgliedern (Internodien), die durch Knoten (Nodien, Nodi) begrenzt werden. An den Knoten entspringen die Blätter und Seitensprosse. Der Stengel kann rund, kantig, durch vorspringende Leisten „geflügelt" oder abgeflacht „zweischneidig" sein. Verholzt er, spricht man von Stamm und Zweigen. Liegende Stengel können zu oberirdischen Ausläufern umgebildet sein. Unterirdische Stengel, meist waagrecht oder schief, bilden die nährstoffspeichernde Grundachse oder den Wurzelstock (Rhizom), verlängert und ohne Speicherfunktion werden sie zu unterirdischen Ausläufern (Kriechtriebe), im Text z. T., neben echten weitstreichenden und Sprosse erzeugenden Wurzeln, auch als „Kriechwurzeln" bezeichnet. Sie unterscheiden sich von den echten Wurzeln durch die Anwesenheit von Blattschuppen. Bei gestauchtem unterirdischem Sproß bilden diese eine Zwiebel. Verlängerte unterirdische Sprosse können auch zu Sproßknollen anschwellen (Kartoffel). Oberirdische Sprosse, die aus echten Wurzeln entspringen, werden als Wurzelsprosse (Wurzelbrut) bezeichnet.

Blatt

Am Blatt unterscheiden wir die Spreite (Blattfläche), den Stiel, sowie den oft mit Nebenblättern versehenen Grund (Abb. 43, S. 670). Der Blattgrund kann außerdem als stengelumfassende Blattscheide ausgebildet sein (Abb. 11, S. 99). Auswüchse am Blattgrund sind die

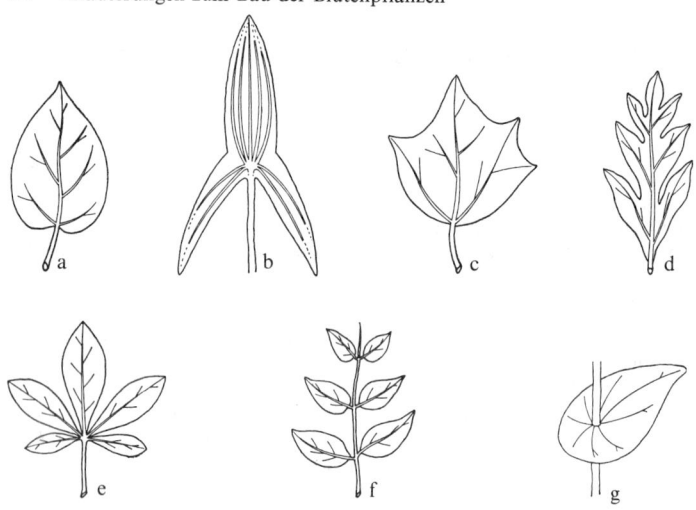

Abb. 3. Blattformen: a ungeteilt (herzeiförmig zugespitzt), b pfeilförmig, c gelappt, d fiederspaltig, e gefingert, f gefiedert, g durchwachsen.

Blattöhrchen (Abb. 19, S. 195) oder Blatthäutchen (Ligula). Die Blätter selbst sind streifennervig (parallelnervig ohne Nervenverbund oder nur mit sehr feinen Querverbindungen) oder netznervig geadert (Abb. 32, S. 389). Die Blattformen werden unmittelbar sinnfällig als rund, eiförmig (oval), herzförmig, herzeiförmig (Abb. 3a), nieren-, schild-, pfeil- und spießförmig, als lanzettlich bis linealisch bzw. nadelförmig bezeichnet. Die gelappten Blätter (Abb. 3c) leiten von den ganzrandigen zu den geteilten und den zusammengesetzten Blättern über. Zu den geteilten Blättern gehören die fiederspaltigen (Abb. 3d), fiederschnittigen oder fiederteiligen oder entsprechend handförmig geteilten Formen. Sind die Blatteile vollständig getrennt, entstehen Teilblätter, die gefingert (handförmig) am Blattstiel oder gefiedert an einer Blattspindel sitzen. Fiederblätter können paarig mit Endblättchen oder unpaarig ohne ein solches gefiedert sein (Abb. 3f). Wechseln Teilblättchen verschiedener Größe, spricht man von unterbrochener Fiederung (Abb. 37, S. 497). Sind die Fiederblätter (Fiedern) noch einmal gefiedert, entsteht die doppelte Fiederung, die Fiederblätter zweiter und höherer Ordnung werden meist Fiederchen genannt (vgl. Farne).

Bei den Schmetterlingsblütlern können die Endblättchen der Fiederblätter, manchmal auch das ganze Blatt, zu Blattranken umgebildet sein. Andere Ranken (z.B. beim Wein) sind umgebildete Seitensproße (Sproßranken).

Der **Blattrand** kann glatt, ganzrandig oder gezähnt, gesägt, gekerbt oder gebuchtet sein (Abb. 4). Wenn die Blattzähne selbst nochmals fein gezähnt sind, ist das Blatt doppelt gezähnt. Das Blatt ist stumpflich oder zugespitzt. Die **Spitze** kann in einen kleinen Stachel oder eine Borste (Granne) ausgezogen sein. Fehlt der **Blattstiel**, wird das Blatt als sitzend bezeichnet. Wird dabei der Stengel mit gerundeten oder zugespitzten Lappen umfaßt, ist das Blatt stengelumfassend oder geöhrt. Sind die Blattlappen gegenüber dem Blattansatz verwachsen, scheint also der Stengel das Blatt zu durchwachsen, spricht man vom durchwachsenen Blatt (Abb. 3g). Setzt sich das Blatt am Stengel abwärts als Leiste fort, haben wir das herablaufende Blatt. In der **Blattstellung** können die Blätter paarig einander gegenüber angeordnet sein, sie sind gegenständig. Sie können auch quirlständig zu mehreren einen Blattquirl bilden. Steht in wechselnder Richtung zeigend nur jeweils ein Blatt am Knoten, sind die Blätter wechselständig. Häufen sich die Blätter am Stengelgrund in einer Rosette, werden sie als grundständig bezeichnet.

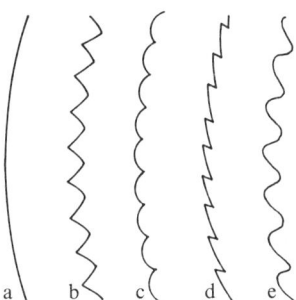

Abb. 4. Blattrand: a ganzrandig, b gezähnt, c gekerbt, d gesägt, e gebuchtet.

Niederblätter sind kleine schuppenförmige Blätter am Grund eines Sproßabschnittes (Jahrestriebes), z. B. an unterirdischen Sprossen oder oberirdisch als Knospenschuppen.

Deckblätter (Tragblätter, Stützblätter) sind Blätter, in deren Winkel ein Seitensproß oder eine Blüte entspringt.

Vorblätter nennt man das erste Blatt oder die beiden ersten Blätter am Seitensproß bzw. an der Blüte nach dem Deckblatt.

Hochblätter heißen die meist kleineren Blätter der Blütenregion. Zu ihnen gehören in der Regel auch die Deck- und Vorblätter (Tragblätter) am Grund der Blüte sowie die Hüllblätter, die einen körbchen- oder köpfchenförmigen (oder doldigen) Blütenstand umgeben. Auch die Spreublätter auf dem Boden eines Blütenstandkopfes müssen dazu

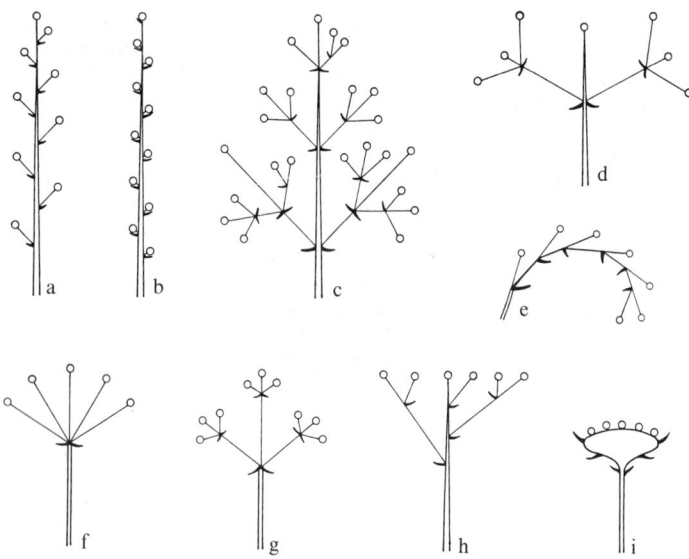

Abb. 5. Blütenstand: a Traube, b Ähre, c Rispe, d doldiger (doppelgabelig.) Blütenstand (Trugdolde), e Schraubel, f einfache Dolde, g zusammengesetzte Dolde, h doldiger ebensträußig. (einfachgabelig.) Blütenstand, i Köpfchen mit Hüllblättern.

gerechnet werden. Die Hochblätter können nach Form und Farbe oft blumenblattartig ausgebildet sein.

Sonderbildungen

Als Stacheln werden Auswüchse der Stengelrinde bezeichnet (Rosen!), Dornen sind umgewandelte zugespitzte Kurztriebe, Laubblätter oder Nebenblätter. Blätter und Stengel können feine Haare oder Drüsen tragen, die Haare können einfach, gabelig oder auch sternförmig verzweigt sein (Sternhaare).

Blütenstände

Die Blüten stehen einzeln oder zu mehreren in einem Blütenstand (Infloreszenzen). Der Blütenstand kann einfach oder zusammengesetzt sein. Zu den einfachen zählen die Traube, die Ähre (dazu die „Kätzchen" und „Kolben"), die Dolde und das Köpfchen, zu den zusammengesetzten die Rispe oder die zusammengesetzte Dolde (Abb. 5). Sind bei einer

Rispe die unteren Äste $\pm$ länger als die oberen, spricht man von einer Spirre (Abb. 14, S. 143). Die zymösen Blütenstände, bei denen die endständige Blüte von einem seitenständigen Blütensproß übergipfelt wird, werden im Text meist, soweit es sich um Schraubel (Abb. 5e) oder Wickel handelt, vereinfacht als „traubig" („traubenförmig") bezeichnet, so wie die Trugdolde (Dichasium, Pleiochasium) mit der Doldenrispe (Ebenstrauß) im Sammelbegriff „doldig" zusammengefaßt wird.

Blüte

Die Blüte gliedert sich in die Blütenhülle, die Staubblätter (Androeceum) und die Fruchtblätter (Gynaeceum). Die Blütenhülle kann in Kelch und Krone geschieden sein, die zusammen das Perianth bilden. Fehlt eine Differenzierung in Kelch- und Kronblätter, sprechen wir vom Perigon. Die Blüte ist zwittrig (vollständig, monoklin), wenn sich Staubblätter und Fruchtknoten in einer Blüte befinden, eingeschlechtig (unvollständig, diklin), wenn sie nur Staubblätter oder Fruchtknoten enthält. Besitzt eine Pflanze nur Staubblatt- oder Fruchtknoten-Blüten, heißt sie zweihäusig (diözisch), gibt es auf ein und derselben Pflanze verschiedengeschlechtliche Blüten, ist sie einhäusig (monözisch). Die Blüte kann mit drei oder mehr Symmetrie-Ebenen (sternförmig), strahlig = radiär-symmetrisch, mit zwei Spiegelebenen disymmetrisch (bilateral) oder mit einer Spiegelebene monosymmetrisch (zygomorph) sein. Die Blütenblätter sind frei oder – oft nur am Grunde – verwachsen.

Das Staubblatt (Stamen) gliedert sich in Staubfaden (Filament) und Staubbeutel (Anthere). Unfruchtbare Staubblätter werden Staminodien genannt; wenn sie Nektar absondern, auch Honigblätter. Das Gynaeceum besteht aus einem oder mehreren eingefalteten Fruchtblättern (Karpelle), welche die Samenanlagen umschließen. Die Fruchtblätter stehen entweder frei (apokarpe Fruchtknoten), wie bei den Hahnenfußgewächsen, oder mehrere sind miteinander verwachsen (synkarper Fruchtknoten). Der Fruchtknoten ist von der ein- oder mehrteiligen Narbe gekrönt, die unmittelbar aufsitzt oder mit einem Griffel gestielt ist.

Der Fruchtknoten ist oberständig, wenn die übrigen Blütenteile am Grund des Fruchtknotens entspringen, unterständig oder halbunterständig, wenn er von einem Gewebebecher (Kelchröhre) umschlossen wird (Abb. 25, S. 287).

Frucht

Die Früchte sind entweder als Trockenfrüchte (Nuß, Nüßchen, Balgfrucht, Hülse, Schote, Kapsel) oder als fleischige Früchte (Beeren, Steinfrüchte) ausgebildet.

Literaturverzeichnis

Zur Ausarbeitung der 5. Auflage wurde neben vielen Spezialarbeiten, die hier nicht alle aufgeführt werden können, folgendes grundlegende Schrifttum zu Rate gezogen:

ASCHERSON, P. und GRAEBNER, P.: Synopsis der mitteleuropäischen Flora, Bd. I–XII (soweit erschienen). Leipzig–Berlin 1898/1938.

Berichte der Bayerischen Botanischen Gesellschaft zur Erforschung der heimischen Flora, München, Bände 27–53 (1947–1982).

BERTSCH, K.: Flora von Südwest-Deutschland. Stuttgart 1962.

BINZ, A.: Schul- und Exkursionsflora für die Schweiz, 15. Aufl., bearbeitet von A. BECHERER, Basel 1973.

BRAUN-BLANQUET, J.: Flora von Graubünden. Veröff. Geobot. Inst. Rübel, Zürich, 7. Heft, 1932/1936.

BRAUN-BLANQUET, J. und Mitarb.: Les groupements végétaux de la France méditerranéenne. Montpellier 1952.

CLAPHAM, A. R., TUTIN, T. G., and WARBURG, E. F.: Flora of the British Isles. Cambridge 1962.

EHRENDORFER, F., und Mitarb.: Liste der Gefäßpflanzen Mitteleuropas, 2. Aufl., Stuttgart 1973.

ELLENBERG, H.: Zeigerwerte der Gefäßpflanzen Mitteleuropas, Scripta geobot. Göttingen, 2. Aufl. 1979.

FITSCHEN, J.: Gehölzflora, 6. Aufl., bearbeitet von F. MEYER, Heidelberg 1977.

Göttinger Floristische Rundbriefe, Göttingen 1967–1982.

Handbuch der naturräumlichen Gliederung Deutschlands, herausgegeben von E. MEYNEN und J. SCHMITHÜSEN. Remagen 1953/1959.

HEGI, G.: Illustrierte Flora von Mitteleuropa, Band I–VII, z. T. 2. Aufl., München 1912/1982.

HESS, H., LANDOLT, E. und HIRZEL, R.: Flora der Schweiz, Basel 1967/1972.

Hessische floristische Briefe. Offenbach/Darmstadt 1952/1982.

HULTEN, E.: Atlas över Växternas Utbredning i Norden. Stockholm 1950.

KLAPP, E.: Taschenbuch der Gräser, 10. Aufl., Berlin 1974.

KNAPP, R.: Über die Gliederung der Vegetation von Nordamerika, Geobot. Mitt., Heft 4, Köln 1957.

KUTSCHERA, L.: Wurzelatlas mitteleuropäischer Ackerunkräuter und Kulturpflanzen. Frankfurt a. M. 1960.

LÖVE, A. und D.: Chromosome numbers of central and northwest European plant species. Opera Botanica 5, 1961.

MEUSEL, H., JÄGER, E., und WEINERT, E.: Vergleichende Chorologie der Zentraleuropäischen Flora. Jena 1965 u. 1978.

MÜLLER, Th., KAST, D.: Die geschützten Pflanzen Deutschlands. Schwäb. Albverein, Stuttgart 1969.

OBERDORFER, E.: Süddeutsche Pflanzengesellschaften. 1. Aufl. 1957, 2. Aufl., Teil I 1977, Teil II 1978, Teil III 1983 (im Druck) Jena.

PAUL, H.: Die Höhenverbreitung der in den Bayerischen Alpen bisher beobachteten Gefäßpflanzen. Ber. Bayer. Bot. Ges., XXVII, 1947.

ROTHMALER, W.: Exkursionsflora für die Gebiete der DDR u. der BRD II. Berlin 1972.

ROTHMALER, W.: Exkursionsflora für die Gebiete der DDR und der BRD IV (Gefäßpflanzen), Kritischer Band, Berlin 1976.

SCHMEIL, O. und FITSCHEN, J.: Flora von Deutschland, 87. Aufl., bearbeitet von W. RAUH u. K. SENGHAS. Heidelberg 1982.

TUTIN, T. G., HEYWOOD, V. H., u. a. Mitarb.: Flora Europaea. Cambridge, 1: 1964, 2: 1968, 3: 1972, 4: 1976, 5: 1980

VOLLMANN, F.: Flora von Bayern. Stuttgart 1914.

WALTER, H.: Einführung in die Phytologie, Band III, Grundlagen der Pflanzenverbreitung, 1. Teil, Standortslehre, 2. Aufl., Stuttgart 1960.

Das natürliche System der Pflanzen

1   Pf. ohne Blü. u. Fr., mit Sporenbehältern od. Sporenkapseln u. Sporen
Kryptogamen, Sporenpf.

2   Pf. nur aus Zellen, Zellfäden od. einem Zellfaden-Geflecht bestehd, ein echtes Gewebe mit geschlossen. Zellverbänden fehlt, keine Gliederung in Sproß u. B.
Bakterien, verschiedene *Algen, Pilze* u. *Flechten*

2* Pf. mit echtem, aus geschlossen. Zellverbänden bestehend. Gewebe, meist grün u. in Sproß u. B. gegliedert
Archegoniatae

3   Kleine, oft polsterbildende Pf. mit zart. Blättch., ohne echte Wurzeln u. ohne leistungsfäh. Wasserleitungssystem, mit Sporenkapseln
Abteilung Bryophyta (Moose)

3* Größere Pf. mit echt. Wurzeln u. einem gut entwickelt. Wasserleitungssystem
Abteilung Pteridophyta
(Gefäß-Kryptogamen)   S. 60

1* Pf. mit echt. Blü., d. h. mit Staubb. u. Samenanlagen
Abteilung Spermatophyta, Phanerogamen,
Samen- od. Blütenpf.

4   Samenanlagen unter offen. Fr.blättern, die in Zapfen angeordnet, meist zu holzg. Schuppen auswachsen (Tannenzapfen), seltener zu Scheinbeeren (Wacholder, Eibe), harzführde Holzgewächse mit vorwiegend nadelg. B. (Ausnahme *Ginkgo*) u. unverzweigt. od. gabelg verzweigt. B.nerven
Unterabteilung Gymnospermae,
Nacktsamige Pf.   S. 88

4* Samenanlagen v. einem Fr.knoten umschlossen, der zu einer Fr. auswächst, Holzgewächse u. Kräuter mit Blü. od. Blü.kätzch. u. grasförmg. od. breit. B.
Unterabteilung Angiospermae,
Eigentl. Blütenpflanzen,
Bedecktsamige Pf.

5   Keimpf. mit einem Keimb., B. meist streifennervg-ganzrandg [Ausnahmen *Paris* mit quirlstdg. B. u. grüner mittelstdg. Blü. (S. 136)], *Tamus* mit windend. St. (S. 138), einige Araceen mit Blü.kolben (S. 117), sowie d. freischwimmend. Wasserlinsen, (Lemnaceae, S. 118), Blü.kreis meist 3zählg (Ausnahmen: *Paris, Potamogeton, Maianthemum*), Leitbündel im St.querschnitt zerstreut
Klasse Monocotyledoneae,
Einkeimblättrige   S. 97

5* Keimpf. mit 2 Keimb., B. meist netznervg [Ausnahmen z. B. *Gentiana* (S. 752), *Plantago* (S. 872) usw.], Blü.kreis meist 4- bis 5zählg, Leitbündel kreisförmg angeordnet
Klasse Dicotyledoneae,
Zweikeimblättrige   S. 285

Archegoniátae
Abteilung Pteridóphyta

1 St. gegliedert mit gezähnt. Scheiden (B. rudimente) an d. Knoten, hohl, Sporenbehälter in endständig. Ähren unter klein. schildförmg. B. (Windverbrtg)   *Klasse Sphenopsida*
                                         Schachtelhalme   S. 60
1* St. ungegliedert, nicht hohl
2 B. klein, nadel- schuppenförmg od. binsenähnl. (-rosettg)
                        Klasse Lycopsida, Bärlappe,
            Moosfarne u. Brachsenkräuter   S. 63
2* B. mit größeren, meist geteilt. B.spreiten, wenn binsenförmg., mit im Schlamm kriechd. Grundachse, Sporenbehälter auf d. B.unterseite od. auf ährg.-rispg. Sporenträgern, bei Schlammpf. auch in Sporenkapseln am B.grund   *Klasse Filicinae*, Farne   S. 67

Klasse Sphenópsida (Equisetínae)
Ordnung Equisetáles

Familie der Schachtelhalm-Gewächse, Equisetáceae

Schachtelhalm, Equisétum L.

1 Sporenährentragde Pf. astlos, vor d. ästg. unfruchtbar. grünen Sommertrieb. erscheind, strohfarben bis rötl.braun, hinfällg
2 St. d. Sommertriebe glatt od. nur gestreift, stielrund, elfenbeinweiß, Äste dünn, rauh, 8–10kantg, am Sproßende gebüschelt, Sporenähren-St. weißrötl., mit 20–30zähng. becherförmg. Scheiden, 20–120 cm, ♃, 4–5
                                       E. telmateia   1
2* St. d. Sommertriebe grün, gerieft, mit astlos. Gipfelteil, Äste 3–5kantg, Zähne d. mittl. Sproßscheid. 2–3,5 mm lg, unt. Glied d. Seitentriebe lger als zugehörge Scheide, Sporenähren-St. mit 8–12zähng. Scheide, 10–40 cm, ♃, 3–4   **E. arvense**   4
1* Sporenähren-tragde Pf. d. unfruchtbaren gleich od. ähnl. gestaltet, höchst. anfängl. bleich, später auch ästg u. grün, gleichzeitg mit d. unfruchtbar. Sprossen erscheind
3 Sporenähren-Pf. anfängl. bleich u. astlos, später ergründ, dann ebenso fein u. reich verzweigt wie d. unfruchtbar. Sprosse, St. gerieft
4 St. graugrün, Äste meist 3kantg, einfach, Zähne d. mittl. Sproßscheid. 1–1,5 mm lg, unt. Glied d. Seitentriebe ± so lg wie zugehörige Scheide, 10–30 cm, ♃, 4–6   **E. pratense**   3
4* St. hellgrün, Äste meist 4–5rippig u. verzweigt, St.scheiden ungleich 3–6zähng, Pf. zart, 15–50 cm, ♃, 4–6   **E. sylvaticum**   2
3* Fruchtbare u. unfruchtbare Sprosse v. vornherein gleichgestaltet, meist derb u. dunkelgrün, ohne od. nur mit wenig. unregelmäßg. Ästen
5 St. glatt od. wenig rauh, nicht überwinternd, Sporenähre stumpf, Wasser- od. Sumpfpf.

6   St. glatt, nur fein gestreift, bis 8 mm dick, Scheiden eng anliegd, 15–20zähng, 30–120 cm, ♃, 5–6   **E. fluviatile** 6
6* St. deutl. gerieft, 9–12kantg, stärker ästg, Scheiden locker anliegd mit 5–10 schwarz., weiß berandet. Zähnen, unt. Glied d. Seitentriebe kürzer als Scheide, 20–50 cm, ♃, 6–9   **E. palustre** 5
5* St. rauh, Sporenähre spitz, Pf. meist überwinternd (Ausn. *E. ramosissimum*)
7   St. graugrün mit 5–25 ungefurcht. Rippen, Scheiden grünl., locker, bis 22 mm lg, Pf. meist mit kurzstummelg. Ästen, nicht überwinternd, 90–100 cm, ♃, 5–7   **E. ramosissimum** 7
7* St. dunkelgrün, wintergrün, mit gefurcht. Rippen, nicht ästg od. nur unregelmäß. ästg
8   St. bis 6 mm dick, meist aufrecht, herdenbildd, Scheiden enganliegd, bis 15 mm lg u. mit hinfällg. Zähnen, St. meist astlos, 30–90 cm, ♃, 6–8
                                                                             E. hyemale 8
    bei länger. Scheiden u. größer. Ästigkt vgl.   **E.** × **moorei** (7a)
8* St. bis 3 mm dick, niederliegd-aufsteigd, z. T. am Grunde verzweigt, Zähne d. Scheiden z. T. bleibd
9   St.scheiden eng anliegd, bis 8 mm lg, St.kanten rauh, 20 bis 50 cm, ♃, 7–8
                                                                          E. trachyodon 9
9* St.scheiden glockg abstehd, 2–3 mm lg, mit weiß. Zähnen, deren zugespitzter Teil später abfällt, 10–30 cm, ♃, 4–8   **E. variegatum** 10

1. **Riesen-Sch., Zinnkraut, E. telmatéia** Ehrh. (*E. máximum* Lam.), zml. hfg u. gesellg in meist beschattet. Quellfluren, slt. auch außerhalb d. Waldes, auf sickernass., meist kalk- oder sonst basenreich., ± humos. Tonböden (Gleyböden), Halbschattpf., Char. d. Carici rem.-Fraxinetum (Kalktuff-Ges.), auch im Caricion dav. – v.all. Kalkgebiete z. B. Ju, Hü, Do, Av, Bo, A bis 1360 m, im N slt. od. fehld – subatl-smed – G – Chrom. 2n = 216.

2. **Wald-Sch., E. sylváticum** L., zml. hfg u. gesellg in moosig. Fichten-od. Erlen-Auenwäldern, in Sumpfwiesen, auf ± sickernass., basenreich., kalkarm., mäß. sauer., humos. Tonböden, v. all. d. mont.-hochmont. Stufe, Säure- u. Vernässgs-Zeiger, Wurzelkriecher, Schatt-Halbschattpf., Alno-Ulmion-Verb.char., auch im feucht. Vaccinio-Piceion, Galio-Abietenion, Alnion, usw. (Waldquellen) – v. all. Silikatgebirge od. Gebiete entkalkt. Lehme, A bis 1480 m – no, circ – G – Chrom. 2n = 216.

3. **Wiesen-Sch., E. praténse** Ehrh., zerstr. in Auenwäldern od. feucht. Eichen-Hainbuchen-Wäldern, an Waldrändern, in Hecken, slt. auf Naßwiesen, auf grund- od. sickerfeucht. (grundwassernah.), basenreich., oft kalkarm., humos. Sand- od. Tonböden, Halbschattpf., Alno-Ulmion-Verb.char., auch im feucht. Carpinion – v. all. im O u. N d. Gebietes, im S slt., z. B. Av, Do (Plattling), Fr (Bayreuth), Ba (Wutach), O (b. Darmstadt) – nokont, circ, im Gebiet an d. W-Grenze d. Verbrtg – G – Chrom. 2n = 216.

4. **Acker-Sch., Zinnkraut, E. arvénse** L., verbr. in unkrautg. Pionier-Ges. auf Äckern, an Wegen, Dämmen u. Gräben, auch auf Wiesen u. in Wäldern, v. all. auf offen., gern grundfeucht., nährstoff- u. basenreich.

Ton- u. Lehmböden, Lehm- od. Unterbodenfeuchte-Zeiger, bis 160 cm tief wurzld. Wurzelkriech- u. Rohboden-Pionier, Licht-Halbschattpf., Heilpf., v. all. in Agropyretalia (Elymetalia)- u. Agrostietea-Ges., ferner in Artemisietea- u. Chenopodietea-Ges. usw. – Ebene bis Gebirge, A bis 1550 m – no-euras, circ – G – Chrom. 2n = 216.

5. **Sumpf-Sch., Duwock, E. palústre** L., hfg in Naßwiesen, Moorwiesen od. Verlandgs-Ges., auf stau- u. sickerfeucht. od. wechselfeucht., nährstoffreich. modrig-humos. Ton- od. Sumpfhumusböden, üb. 100 cm tief wurzld, Lichtpf., Wiesenunkraut (Vieh-Gift), v. all. im Calthion, schwache Molinietalia-Ordn.char., auch in Scheuchzerio-Caricetea-Ges. – Ebene bis Gebirge, A bis 1800 m – no-euras, circ – G – Chrom. 2n = 216, formenreich.

6. **Teich-Sch., E. fluviátile** L. em. Ehrh. (*E. limósum* L.), zerstr. in Großseggen-Sümpfen, im Röhricht, an Ufern stehd. od. lgsam bewegt. Gewässer, auf meist flach überschwemmt., meso-eutroph. Torfschlamm- u. Sumpfhumus-Böden, v. all. in mont., winterkalt. Lagen, Lichtpf., Wind- u. Wasserverbrtg, Verlandgspionier, oft in eigenen Beständen, schwache Phragmitetalia-Art, auch im Caricion las. – v. all. im N u. im Gebirge, Sch bis 1250 m, A bis 1490 m, in Wärmegebiet. (z. B. Rh) slt. – no-euras(subozean), circ – W – Chrom. 2n = 216.

7. **Ästiger Sch., E. ramosíssimum** Desf., slt. in Auen-Halbtrockenrasen, an Ufern, auf Kiesbänken, im licht. Weidengebüsch, an Dämmen auf ± offen., wechseltrock.-wechselfeucht., meist kalkhaltg., humusarm., sandig.-kiesig. Tonböden od. feinerdearm. Sandböden, Licht-Halbschattpf., in Mesobromion- od. Agrostietalia-Ges. – Rh (v. all. süRh), Bo, Ba (Wutach), Do, Av (bis rd. 500 m), An, SH, Me – smed(-med)-kont u. warmgemäß. Afrika – G – Chrom. 2n = 216.

7a. **E. × moorei** Newm. (*E. samuelssónei* W. Koch), (*E. ramosíssimum × hyemále*), hybridogene erbfeste Zwischenform, in Rh in Auenwäldern u. an Böschungen z. T. häufiger als *E. hyemále*, lok. Char. d. Querco-Ulmetum (Alno-Ulmion), auch in off. Rasenges.

8. **Winter-Sch., E. hyemále** L., zerstr. u. gesellg in Auenwäldern, im Gebüsch od. auch (Waldrelikt) auf off. Böschungen, auf grund- u. sicker-wechselfeucht., basenreich., mäß.sauer.–mild. humos. Lehm- u. Tonböden (Gleyböden), tiefwurzld. Wasserzug-Zeiger, Halbschattpf., Alno-Ulmion-Verb.char., slt. auch in feucht. Carpinion-Ges. – Ebene bis mittl. Gebirgslag., Sch bis 800 m, A bis 1370 m – (no-)euras-smed, circ – Ch (Pn) (G) – Chrom. 2n = 216.

9. **Rauhzähniger Sch., E. × trachýodon** A.Br. (*E. hyemále × variegátum*), slt. in lückg. Sumpfwiesen, zwischen licht. Weidengebüsch, auf wechselfeucht., mager., meist kalkhaltg., humusarm. Lehm- u. Tonböden, Licht (Halbschatt)-pf., gern mit *Calamagrostis epig.* od. *Molinia ar.*, lok. Char. d. Cirsio-Molinietum (Molinion), auch im Cari-

cion bic.-atrof. – Rh (Kappel-Mainz, rechts- u. linksrhein.), Bo, Do (Inn, verscholl.) – disjunkt (no-)subatl (circ) – Ch (Pn, G) – Chrom. 2n = 216, dazu mutmaßl. hybridogene Übergangsformen zu *E. hyemale* (*E. aláticum* H. P. Fuchs et Geiss.) u. zu *E. variegatum* (*E. fúchsii* H. P. Fuchs et Geiss.), beide Els.

10. Bunter Sch., E. variegátum Schleich., zerstr. in Flachmooren, an Gräben od. in Kiesgruben, an Ufern, auf nass., kalkhaltg. humos. Sand u. Tonböden, Pionierpf., z. B. im Equis.-Typhetum min., v. all. in off. od. gestört. Ges. schwache Caricion bic.-atrof.-Verb.char. – v. all. Do, Ju, Ba, Av, A bis 2100 m, auch Hz, SH, Br, NS (Borkum), in Tieflag. slt. – no-pralp, circ – Ch (G) – Chrom. 2n = 216.
Bastarde (z. B. *E. litoróle* Kühlew. = *E. arvense* × *fluviatile*).

Klasse Lycópsida (Lycopodiínae)

1 Land- od. Sumpfpf. mit kriechd. Sprossen u. nadel-schuppenförmg. B., Sporenbehälter in endstdg. Ähren od. b.achselstdg
2 Größere Pf. mit derb. St., B. ohne Ligula, Sporen alle gleichgestaltet
Ordnung Lycopodiales S. 63
2* Kleine moosähnl. Pf. mit 2- od. 4zeilg angeordnet. B., am Grund d. B.oberseite mit einem klein.häutg. Blättch. (Ligula), Klein- u. Großsporen
Ordnung Selaginellales S. 66
1* Meist untergetauchte kleine Rosett.pf. mit binsenförmig. B. u. schwarz. Wurzeln (vgl. *Littorella*), Sporenbehälter b.achselstdg
Ordnung Isoëtales S. 66

Ordnung Lycopodiáles
Familie der Bärlapp-Gewächse, Lycopodiáceae
Alle Arten geschützt

1 Sporenbehälter b. achselstdg, keine deutl. abgesetzte Sporenähre, St. kurz aufsteigd, meist gabelästg, ob. oft mit Brutknospen, 5–20 cm, ⌇, 7–12 (– 2)
Huperzia S. 63
1* Sporenbehälter in ± deutl. abgesetzter endstdg. Ähre
2 B. lineal-lanzettl., d. St. locker u. gleichmäßig umkleidend
3 St. höchst. 10 cm weit kriechd, wenig verzweigt, im Bod. wurzelnd, Sporenähre undeutl. abgesetzt, 3–10 cm, ⌇, 7–10 **Lycopodiella** S. 64
3* St. bis 100 cm weit kriechd, Sporenähre deutl. abgesetzt
Lycopodium S. 64
2* B. schuppenförmg, klein, Zweige abgeflacht, lebensbaumähnl.
Diphasium S. 64

Teufelsklaue, Hupérzia Bernh. (*Huperziáceae*)

11. Tannen-Bärlapp, H. selágo L. (Bernh.) (*Lycopódium selágo* L.), zerstr. in Fichtenwäldern u. Bergkiefernbeständen, auch in Buch.- u. Eichenwäldern od. in Blockmeer-Spalten, auf moosig., frisch., basenarm., sauer., mineral.-humos. Sand- od. Steinböden, auch auf Torf, in luftfeucht. Klimalage, Schatt-Halbschattpf., Vaccinio-Piceetalia-Ordn.char., auch in Luzulo-Fageten, Luz.-Quercetum, usw. – v. all. Gebirge, z. B. Vog, Sch, BayW, A bis 2220 m, auch slt. in plan. u. coll. Lag. – nosubozean-pralp, circ, auch Antarktis – Ch – Chrom. 2n = 264.

11a. **var. recúrvum** Desv., Sproßspitzen zurückgekrümmt, B. ± abstehd, gilt als Vaccinio-Piceetalia-Art.

Sumpfbärlapp, Lycopodiélla Holub vgl. S. 63

12. **L. inundáta** (L.) Hol., slt. in Hoch- u. Zwischenmooren auf Schwingrasen u. in Moorschlenken, auf meist off., nass., mäß. basenreich. u. sauer. Torfschlamm-Böden, auch auf humos. Sand, Lichtpf., Char. d. Rhynchosporetum (Rhynchosporion), z. T. auch allein ohne *Rhynchospora* – v. all. süSch (bis 1450 m), Bo, Av, A bis 1400 m, BayW, slt. in Tieflag., im N v. all. im Nordw. bis Küste – nosubatl, circ – Ch – Chrom. 2n = 156.

Bärlapp, Lycopódium L.

1   B. starr stechd, sparrg abstehd u. meist fein gesägt, Sporenähre d. St.spitze
     unmittelbar aufsitzd, 10–30 cm, ⧖, 8–9   **L. annotinum** 13
1*   B. weich, anliegd mit weiß. Haarspitze, Sproßende dadurch mit weiß. Pinsel,
     Sporenähre auf kaum beblättert. St., 5–20 cm, ⧖, 7–8   **L. clavatum** 14

13. **Sprossender B., Wald-B., L. annótinum** L., zerstr., ab. gesellg in Fichtenwäldern, Kiefern- u. Birkenmooren, auf frisch. (feucht.), nährstoff- u. basenarm., sauer., torfig-humos. Böd., Humuswurzler, Schattpf., gern mit *Sphagnum*-Arten, Vaccinio-Piceetalia-Ordn.char. – v. all. Gebirge u. Moore, z. B. Vog, Sch, BayW, Av, A bis 1860 m, slt. auch tiefere Lag. bis N u. NO – no(subozean)-pralp, circ – Ch – Chrom. 2n = 68.

14. **Keulen-B., L. clavátum** L., zerstr. in Heiden u. Silikat-Magerrasen, an Wegböschungen u. Waldrändern, auf frisch.-mäß. trock., nährstoff- u. basenarm., sauer. Lehmböden, auch auf Torf od. Sand, Lichtpf., früher Heil- u. Nutzpf. (Sporenpulver), gern mit *Vaccinium*-Arten od. *Calluna*, Genistion-Verb. char. – v. all. mont. Silikatgebiete, z. B. Sch, O, BayW, A bis 1620 m, Hz, usw., im N in Heidegebiet. – no-eurassubozean, circ – Ch – Chrom. 2n = 68.

Flacher Bärlapp, Diphásium Presl

15. **Flacher B., D. complanátum**-Gruppe

1   Sporenähr. zu 2–6 auf bis zu 12 cm lgen St., Grundachse meist unterird.
     kriechd mit aufstrebd. Astbüscheln

2 Pf. mit büschelgen Äst., bläul.-grün, B. gleichgestaltet

3 Äste dicht büschelg, 1–1,8 mm brt, beidseitg fast gleich

15a. **Zypressen-B., D. tristáchyum** (L.) Rothm., (*Lycopódium chamaecyparíssus* A.Br.), slt. in Heiden od. licht. Nadelwäldern, auf frisch. od. wechselfeucht., basenarm. sauer. torfg-humos. sandig. Böden, v. all. über Buntsandstein od. Granit, Lichtpf., gern mit *Calluna, Vaccinium*-Arten od. *Molinia*, im S Char. d. Genisto pil.-Callunetum (Genistion), anderwärts auch in Vaccinio-Piceetalia-Ges. – nöSch, Vog, Pf, O, Bo, Ne, SFW, BayW, Fr, RS, NS, v. all. im W d. Gebiet. – smedsubatl, circ – Ch – Chrom. 2n = 46.

3* Äste lockerbüschelg, 1,8–2,4 mm brt, ober- u. untersts deutl. verschieden

15b. **Zeillers Fl. B., D. zeílleri** (Rouy) Damb. (*D. tristáchyumcomplanátum*), vermittelt zur folgd. Sippe, z. B. Fr, He, Th, An, Br, in Kiefernwäldern (Myrt.-Pinetum), – Chrom. 2n = 46.

2* Pf. mit fächerförmg ausgebreitet. Äst., grün, B. ungleichmäßig

15c. **Gewöhnlicher Fl. B., D. complanátum** (L.) Rothm. (*Lycopódium ánceps* Wallr.) slt. in moosig. Kiefern- u. Fichtenwäldern, an Wald- u. Wegrändern, auf frisch.-mäß. trock., nährstoff- u. basenarm., sauer., torfg-humos. Lehm- od. Sandböden, Rohhumuswurzler, Halbschattpf., Dicrano-Pinion-Art, auch in and. Vaccinio-Piceetalia-Ges. – Ebene bis mittl. Gebirgslag., v. all. im O u. NO d. Gebiet. – nokont, circ – Ch – Chrom. 2n = (22, 44) 46.

1* Sporenähr. einzeln, sitzd

4 Grundachse unterird. kriechd, mit aufstrebd. Astbüscheln, Triebe abgeflacht

15d. **Issler's Fl. B., D. íssleri** (Rouy) Hol. (*D. complanátum-alpínum*) vermittelt zur folgd. Sippe, v. all. im Vacc.-Callunetum, z. B. A, Sch, Vog, He, BayW, Hz, Erzg – Chrom. 2n = 46.

4* Grundachse oberird. kriechd, Astbüschel d. Boden angedrückt, Triebe deutl. 4kantg

15e. **Alpen-B., D. alpínum** (L.) Rothm., (*Lycopódium alpínum* L.), slt. in Borstgras-Weiden u. Bergheiden, an Wächtenhängen u. schattg. Böschungen auf frisch., basenarm., sauer., torfg-humos., sandig-steinig. Lehmböden (Rohhumusböden), Lichtpf. gern mit *Nardus* od. *Vaccinium myrt.*, Nardion-Verb.char. (vgl. Lycopodio-Nardetum), auch im Vaccinio-Piceion – v. all. höh. Gebirgslag., z. B. Vog, Sch, BayW, RS, He, Th, Hz, Erzg, auch Pf (250 m, 1978 wieder verscholl.) Av, A bis 2110 m – arkt-alp, circ – Ch – Chrom. 2n = 44, 46, ca. 48.

Ordnung Selaginelláles

Familie der Moosfarne, Selaginelláceae

Moosfarn, Zwergbärlapp, Selaginélla P. B.

1 B. wimperig gezähnt, allseits abstehd, St. bis 5 cm weit kriechd, 2–5 cm, ♃,
7–8   **S. selaginoides** 16
1* B. ganzrandg, stumpfl., in einer Ebene liegd, St. bis 20 cm weit kriechd, Pf.
oft dichte Rasen bildend, 2–8 cm, ♃, 6-7   **S. helvetica** 17

16. **Dorniger M.**, **S. selaginoídes** (L.) Link, zerstr. in subalp. u. alp.
Magerrasen, in Blaugras-Halden, Rieselfluren u. Quellmooren, auf
frisch.-feucht., basenreich., meist kalkhaltg., humos. steinig. Lehmböden od. Sumpfhumusböden, Lichtpf., Tofieldietalia-Ordn.char., in
höher. Lag. auch im Seslerion od. slt. Nardion – süSch (Feldberg), Hz
(Brocken), Do, Av, A bis 2420 m – arkt-alp (subozean), circ – Ch –
Chrom 2n = 18.

17. **Schweizer M.**, **S. helvética** (L.) Link, slt. in lückig. Kalk-Magerrasen
an erdg. Böschungen, an schattg. Mauern u. Felsen, auf frisch.,
basenreich., meist kalkhaltg., oft roh., locker. steinig. Lehmböden,
Licht-Halbschattenpf., etwas wärmeliebd, Pionierpf., in *Sesleria*-reich.
Mesobromion-Ges., auch im Caricion dav. u. Molinion. Soziologie ist
noch zu erarbeiten – Do, Av, A bis 1000 m, slt. auch Bo, FrW
(Fichtelgeb.), FrJu, Th – pralp-smed, ferner O-Asien – Ch – Chrom.
2n = 18.

(Klasse Isoëtópsidae)

Ordnung Isoëtáles

Familie der Brachsenkräuter, Isoëtáceae

Brachsenkraut, Isóëtes L.

1 B. dunkelgrün, steif, kaum durchscheind, kurz zugespitzt, Großsporen
höckerg, 3–15 cm, ♃, 6–9   **I. lacustre** 18
1* B. hellgrün, weich, durchscheind, allmähl. zugespitzt, Großsporen mit fein.
Stacheln, 3–15 cm. ♃, 6–9   **I. echinospora** 19

18. **See-B.**, **I. lacústre** L., slt. ab. gesellg, meist untergetaucht an flach.,
sandig. Ufern nährstoffarm. (oligotroph-dystroph.) Gebirgs-Seen, bis
rd. 2 m Tiefe, geschützt, Char. d. Isoëtetum ech. (Isoëtion), im Sch seit
rd. 8000 v. Chr. nachgewiesen – Vog, süSch, Av, NS, SH – nosubozean –
W – Chrom. 2n = 110.

19. **Stachelsporiges B.**, **I. echinóspora** Dur. (*I. tenélla* Lém. ex Desv.,
I. setácea auct.), slt. ab. gesellg. an flach. sandig-schlammg. Ufern nährstoffarm. Gebirgsseen, bis rd. 2 m Tiefe, geschützt, mit vor od. *Littorella,*

Char. d. Isoëtetum ech. (Isoëtion), im Sch seit 10 000 v. Chr. nachgewiesen – Vog. süSch, SH (verscholl.) – nosubozean – W – Chrom. 2n = 22 (ca. 100).

Klasse Filícinae (Filicópsida, Pterópsida)

1   Kleine, höchst. 25 cm hohe, einstenglge Pf. mit 1 St.b. u. ährenförmg. od. rispg. Sporenträgern, Sporenbehälter mit mehrschichtg. Wand
Unterklasse Eusporangiatae
Ordnung Ophioglossales
Ophioglossaceae   S. 68

Abb. 6. Farnblatt-Unterseite *(Dryopteris)* mit Sporenhäufchen (Sorus).

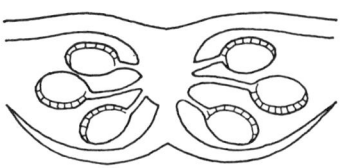

Abb. 7. Sporenhäufchen im Querschnitt (vergrößert) mit Sporenbehältern (Sporangien) und Schleier (Indusium).

1* Pf. meist größer, mehrstenglg od. mehrblättrg, auch Schwimm- u. Schlammfarne, Sporenbehälter mit einschichtg. Wand
2   Sporenträger rispen- od. ährenförmg, am Ende eines groß., doppelt gefiedert. gelbgrün. B., Fiederblättch. oval, stumpfl., abgerundet, kahl, Indusium fehlt, 50–180 cm, ⚄, 6–7
Unterklasse Osmundidae
Ordnung Osmundales
Osmundaceae
Osmunda   S. 69

2* Sporenträger anders gestaltet   *Unterklasse Leptosporangiatae*
3   Sporenbehälter an d. B., auf d. B.unterseite, am B.rand od. auf besond.
    gestaltet. fruchtbar. B. (Fr.wedeln), B. mit verzweigt. Nerven
                                               Ordnung Polypodiales S. 70
4   Pf. moosartg, zart, mit fein zerteilt. B., Sporenbehälter am B.rand mit
    becherförmg. Schleier, 2–6 cm, ♃, 8   *Hymenophyllaceae*
                                               Hymenophyllum S. 70
4* Pf. meist derber, Sporenbehälter auf d. B.unterseite u. meist v. einem ±
    flach. Schleier (Indusium) überdeckt   *Polypodiaceae* S. 71
3* Sporenbehälter in kugelg. od. bohnenförmg. Gebilden am B.grund,
    B.nerven unverzweigt, kleine Sumpf- od. Wasserfarne (*Hydropterides*)
5   Sumpfpf. mit kriechd. Stämmch., jge B. eingerollt *Ordnung Marsileales*
                                               Marsileaceae S. 86
5* Freischwimmde Wasserfarne mit gegenstdg. od. zweizeilg. B.
                                               Ordnung Salviniales S. 86
6   B. gegenstdg, oval, ca. 1 cm lg, obersts mit aufrecht., d. Wasserbenetzung
    verhindernd. Haaren, Sporenkapseln untersts an wurzelähnl. B., 5–10 cm lg,
    ⊙, 8–10   *Salviniaceae*
                                               Salvinia S. 86
6* B. zweizeilg, ca. 0,5 mm groß, an gabelg verästelt. St., Pf. wasserlinsenartg
                                               Azollaceae
                                               Azolla S. 87

Ordnung Ophioglossáles

Familie der Natternfarne, Ophioglossáceae

1   Unfruchtbare B. ungeteilt, eiförmg, ganzrandg, st.umfassd, Sporenstand
    ährenförmg, 5–20 cm, ♃, 6–8   **Ophioglossum** S. 68
1* Unfruchtbare B. meist fiederschnittg, Sporenstand rispg **Botrychium** S. 68

Natternzunge, Ophioglóssum L.

20. **Gewöhnliche N., O. vulgátum** L., slt. in Moorwiesen u. feucht. lückig.
Magerwiesen, an Ufern, auf wechselnass. (feucht.), basenreich., mild-
mäßg sauer., ± humos., dicht. Tonböden, Lichtpf., Wurzelkriecher,
Wurzelpilz, Molinion-Verb.char., auch im Agr. (El.)-Rumicion od.
Armerion, gern in lückg. Ges. – Ebene bis mittl. Gebirgslag., A bis
940 m, silikat. Mittelgeb. slt od. fehld – euras(subozean), circ – G –
Chrom. 2n = 480.

Mondraute, Rautenfarn, Botrýchium Sw.
Alle Arten geschützt

1   Unfruchtbare B.teile länger als brt, kahl
2   Unfruchtbar. B.teil unter d. Mitte d. Pf. entspringd, fiederteilg od. 3teilg, slt.
    ungeteilt-gekerbt, 5–15 cm, ♃, 5–6   **B. simplex** 21
2* Unfruchtbar. B.teil in od. über d. Mitte d. Pf. entspringd, dick fleischg
3   Unfruchtbare B. einfach gefiedert, mit halbmondförmg.-keilförmg.
    Fiederblättch., 5–20 cm, ♃, 5–8   **B. lunaria** 22
3* Unfruchtbare B. mit fiederteilg. Fiederblättch., über d. Mitte d. Pf.
    entspringd, Sporenrispe kurz gestielt, 5–15 cm, ♃, 6–7
                                               B. matricariifolium 23

1* Unfruchtbare B.teile brter als lg, wenigst. in d. Jugend behaart, 2–4fach gefiedert

4 Unfruchtbare B. bis 6 cm lg gestielt, dickfleischg, gelbgrün, 10–25 cm, ♃, 7–9 **B. multifidum** 24

4* Unfruchtbare B. fast sitzd, dünnhäutg, 10–25 cm, ♃, 6–8 **B. virginianum** 25

21. Einfache M., B. símplex Hitchc., s. slt. in saur. Magerrasen od. *Calluna*-Heiden, auch im licht. Gebüsch, auf frisch.-mäß. trock., basenarm., sandig. Lehmböden, z. B. über Buntsandstein, in Nardo-Callunetea-Ges. – nöSch (Neubulach zwisch. Calw u. Nagold), neuerdings nicht mehr gefund., außerd. im NO d. Gebiet. – nokont (Europa), circ – G – Chrom. 2n = 90.

22. Echte M., B. lunária (L.) Sw., zerstr. in Magerrasen u. Magerweiden, auch in mager. Bergwiesen, an Wegrainen u. Böschungen, auf mäß. frisch.-mäß. trock., basenreich., meist kalkarm. od. entkalkt., ± sauer., humos. sandig. Lehmböden, auch Sand, Lichtpf., schwache Nardetalia-Ordn.char., auch in Corynephoretalia-Ges. od. in etwas sauer. Mesobrometen – Ebene bis Gebirge, A bis 2330 m – no-pralp, auch Australien–Neuseeland–Patagonien – G – Chrom. 2n = 90.

23. Ästige M., B. matricariifólium (Retz.) A. Br. (B. *ramósum* Aschers.), s. slt. in Magerrasen u. Magerweiden, in Bergheiden od. in licht. Wäldern, auf mäß. trock., ± basenarm., sauer., humos. sandig. Lehmböden, Licht-Halbschattenpf., in Nardetalia- u.Sedo-Scleranthetea-Ges. – Sch, Pf, SFW, Bo, Ju, Fr, BayW, Av, Hz, Th, An, Br, Me, im W u. Nordw. z. T. fehld – no(kont) (Europa), circ – G – Chrom. 2n = ca. 180.

24. Vielteilige M., B. multifidum (S. G. Gmel.) Rupr., s. slt. in mager. Bergwiesen u. Bergweiden, an licht. Waldstellen, auf frisch.-wechselfeucht., basenreich., kalkarm., mäß. sauer., humos. Lehmböden, z. B. mit *Nardus* od. *Molinia*, viell. Nardetalia-Art – Vog, SFW (Ellwangen), Fr (Nürnberg), FrJu, BayW, NS, Me, Br, Th, Sa – no(kont), circ – G – Chrom. 2n = 90.

25. Virginische M., B. virginiánum (L.) Sw., s. slt. in Bergwald-Verlichtung., an Waldrändern, in Bergheiden u. Borstgras-Ges., auf mäß. frisch., basenreich., entkalkt., mäß. sauer., modrig humos., steinig. Lehmböden, z. B. mit *Botrychium lun.*, *Vaccinium myrt.*, *Pyrola uniflora*, *Malaxis* u. a. – A (Eibsee, 1000–1100 m, Ramsau 1000 m) – nokont, circ (bis S-Am.) – G – Chrom. 2n = 180, 184.

Ordnung Osmundáles

Familie der Rispenfarne, Osmundáceae

Königsfarn, Osmúnda L., vgl. S. 67

26. **O. regális** L., slt. in Erlenbruchwäldern od. Weiden-Bruchwald-Gebüschen, an Gräben u. Waldquellmooren, auf stau-sickernass., durchlüftet., kalkarm., sauer. torfg humos. Sand- u. Tonböden, in luftfeucht. wintermild. Klimalage, Halbschattpf., altertüml. Farnform, auch Zierpf., geschützt, gern mit *Sphagnum squarr., Rhamnus frangula* od. *Molinia,* Char. d. Sphagno-Alnetum (Blechno-Alnetum) (Alnion) – NS, SH, Me, Br, An, L, NWe, RS, Pf, Rh, O (noch 1 Fundort), Fr (Bayreuth, ob ursprüngl. ?) – atl (bzw. temper.-subozean), im Gebiet an d. O-Grenze d. Verbrtg – H – Chrom. 2n = 44.

Ordnung Polypodiáles (Filicáles)

Familie der Hautfarne, Hymenophylláceae

Hautfarn, Hymenophýllum Smith, vgl. S. 68

27. **H. tunbrigénse** (L.) Smith, s. slt. an beschattet. humos-sauer. Buntsandsteinfelsen in luftfeucht. Lage, in epilithisch. Kryptogamen-Ges. mit atl. Moosen (z. B. *Plagiochila spinulosa*), Hymenophyllion Tx., anderwärts auch epiphyt. – nöVog–Luxemburg, früher Elbs – atl bzw. temper.-ozean. (kosmopol.) – Ch – Chrom. 2n = 26.

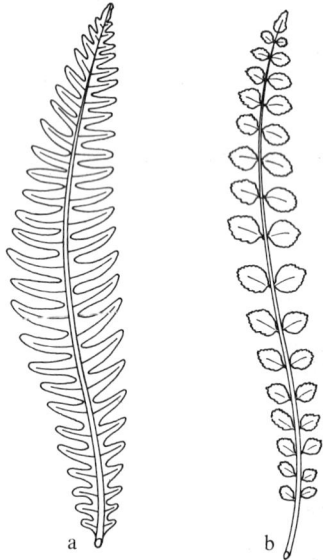

Abb. 8. a *Blechnum spicant* (steril), b *Asplenium trichomanes*.

a   b

Familie der Tüpfelfarne, Polypodiáceae

1 B. ungeteilt, ganzrandg, lg zungenförmg, mit herzförmg. B.grund,
Sporenhäufch. b.untersts in Linien längs d. B.nerven, B. 15 bis 40 cm lg, ♃,
7–9   **Phyllitis** S. 73
1* B. fiederig geteilt od. gegabelt
2 B. gabelg geteilt od. gefingert, Fels- u. Mauerpf.   **Asplenium** S. 74
2* B. fiederig geteilt
3 B. fiederschnittg ohne deutl. gegen d. B.spindel abgesetzte Fiederblättch.,
wintergrün (Abb. 8a)
4 B. in Rosetten
5 Fiederabschnitte lineal, ganzrandg, unfruchtbare Wedel niederliegd,
fruchtbare aufrecht mit s. schmal. Abschnitt., 15–45 cm, ♃, 7–8
                                              Blechnum S. 73
5* Fiederabschnitte rundl., zu 9–12, untersts dicht grau-braun pelzg-schuppg,
kleiner Mauerfarn, 5–20 cm, ♃, 6–8   **Ceterach** S. 77
4* B. an kriechd. Wurzelstock in locker. Gruppen, lg gestielt, untersts mit rund.
Sporenhäufch., 10–40 cm, ♃, 7–9   **Polypodium** S. 85
3* B. mit deutl. v. d. B.spindel abgesetzt. Fiederblättch. (Abb. 8b), einfach od.
2–3fach gefiedert
6 Ausgewachsene, sporentragende B. 5–30 cm lg, kleine Wald- od. Felsfarne
7 B. in locker. Gruppen od. gebüschelt an kriechd. Wurzelstock
8 Fruchtbare u. unfruchtbare B. etwas verschied. gestaltet, 2–4fach gefiedert,
mit schmal-lineal. Fiederabschnitt., Petersilien-b.ähnl., gebüschelt, Sporenhäufch. längl., 15–30 cm, ♃, 8–9   **Cryptogramma** S. 73
8* Alle B. gleichgestaltet
9 Sporenhäufch. rundl.
10 B. 1–2fach gefiedert mit 3eckg. Umriß, Sporenhäufch. ohne Schleier
(Indusium)
11 B. einfach gefiedert   **Thelypteris** S. 79
11* B. (wenigstens am Grund) 2fach gefiedert   **Gymnocarpium** S. 80
10* B. 2–3fach gefiedert, mit zerbrechl. Stiel, in Büscheln, Sporenhäufch. mit
Schleier   **Cystopteris** S. 78
9* Sporenhäufch. längl. vgl.   **Asplenium** S. 74
7* B. deutl. in Rosetten

Abb. 9. Fiederchen von *Polystichum lobatum.*

12 Sporenhäufch. rundl.
13 B. mit ± fiederschnittg. Fiedern, spreuschuppg., Schleier fransg zerschlitzt, sltne Felsfarne   **Woodsia** S. 79
13* B. einfach gefiedert, vgl.   **Polystichum lonchitis** (68)
12* Sporenhäufch. längl. vgl.   **Asplenium** S. 74
6* Ausgewachsene B. (20) 30–150 cm lg, meist größere Waldboden-Farne
14 Sporenhäufch. am umgerollt. B.rand eine zus.hängde Linie bildend, B. groß, einzeln stehd, in Herden u. Dickichten, 3–4fach gefiedert, St.querschnitt zeigt Doppeladler, 50–300 cm, ⚄, 7–10   **Pteridium** S. 72
14* Sporenhäufch. einzeln, meist nicht randstdg, Rosettenfarne (Ausnahme: Sumpf-Lappenfarn)
15 Sporentragde B. einfach gefiedert, als „Fr.wedel" inmitten einer hoh. trichterförmg. Rosette v. unfruchtbar., doppelt gefiedert., tief herablaufd. B., Pf. mit unterirdisch. Ausläufern, herdenbildd, 50–150 cm, ⚄, 7–8
                                                           Matteuccia S. 73
15* Alle B. gleich gestaltet
16 Sporenhäufch. längl., oft hakg gekrümmt, auch rundl., dann aber mit hinfällg. Schleier, an d. Seite d. B.nerves stehd, B. meist 3fach gefiedert mit ± gleich groß. Fiedern   **Athyrium** S. 77
16* Sporenhäufch. rundl., auf d. Rücken d. B.nerves stehd
17 Schleier, klein hinfällig, B. untersts ± gelbdrüsg, Fiederabschnitte ± ganzrandg, Sori ± randl.   **Thelypteris** S. 79
17* Schleier deutl., Fiederabschnitte meist gezähnt
18 Schleier d. Sporenhäufch. nierenförmg, seitl. angeheftet, B. krautg, meist nicht überwinternd   **Dryopteris** S. 81
18* Schleier rundl., in d. Mitte d. Sporenhäufch. angeheftet, Fiederabschnitte meist mit einseitig vorgezogen. Zähnch. (Abb. 9), B. oft wintergrün
                                                           Polystichum S. 84

Adlerfarn, Pterídium Kuhn

28. **P. aquilínum** (L.) Kuhn, zml. hfg u. herdenbild. in artenarm. Eichen- u. Kiefernwäldern, slten auch unt. Buchen u. Fichten, auf vernachlässigt. Weiden, an Waldrändern u. Böschungen, auf mäß. trock.-frisch. bzw. wechselfrisch., in d. Tiefe meist wasserzügg., vorwiegend basenarm., sauer. modrig-humos., gern sandg. Lehmböden oder bindg. Sandböden, sandbevorzugd. Tiefwurzler, Licht-Halbschattpf., Spreizklimmer, Brandgefördert. Weid<unkraut (giftig), verjüngungshemmende Schlagpf., auch als Streu genutzt, v. all. im Pruno-Rubion (Sarothamnenion), Quercion rob. od. Luz.-Fagenion, auch in Vaccinio-Piceetalia-Ges. (vgl. ssp.) – Ebene bis Gebirge, A bis 1440 m, Sch bis 1280 m, v. all. im W d. Gebietes – (no-)eurassubozean, außerdem in ozean. Gebieten and. Erdteile (kosmopol.) – G – Chrom. 2n = 104.
1   Fieder 3. Ordng nicht mehr gefiedert, jg.Schoß weißl. behaart, Pf. schräg aufsteigd.
28a. **ssp. aquilínum**, v. all. in Kiefernmischwaldges. im O des Gebiets od. in Gebirgslag. (nachzuprüfen!) in Dicrano-Pinion- u. Vaccinio-Piceion-Ges. – no-eurassubozean, circ.

1* Fieder 3. Ordnung gefiedert, jger Sproß braun behaart, Pf. aufrecht, höher u.
dunkler grün als vor.

28b. **ssp. capénse** Allen., in tieferen wärmeren Lagen, z. B. mit *Hedera*,
v. all. in Quercion rob.- u. Pruno-Rubion-Ges. – atl-med.

Rollfarn, Cryptográmma R. Br. vgl. S. 71

29. **Krauser R., C. críspa** (L.) R. Br. [*Allosórus críspus* (L.) Bernh.], slt. ab.
gesellg in Grobschutt-Halden od. an locker gesetzt. Mauern d. silikat.
Grundgebirges i. d. hochmont.-subalp. Stufe, geschützt, Char. d.
Cryptogrammetum (Androsacion alp.) – Vog, süSch, BayW, RS (Hoh.
Venn) – arkt-alp (subozean) – H – Chrom. 2n = 120.

Straußfarn, Mattéūccia Todaro

30. **M. struthióptteris** (L.) Todaro (*Struthióptteris germánica* Willd.), slt.
ab. gesellg in Auenwäldern u. Auengebüschen, an Bächen u. Flüssen od.
in Quellmulden d. Gebirges, auf sickernass., nährstoff- u. basenreich.,
meist kalkarm., locker humos., sandig-kiesig. Tonböden, Wurzelkriech-
Pionier, Halbschattpf., Zierpf., geschützt, meist mit Eschen od. Erlen,
lok. Char. d. Stellario-Alnetum, überreg. Alno-Ulmion-Verb.char. – v.
all. im O u. NO d. Gebietes, im S slt [z. B. Sch, Rh, O, Av], im Nordw.
fehld. – euraskont, circ, im Gebiet an d. W-Grenze d. Verbrtg – H –
Chrom. 2n = 78.

Rippenfarn, Bléchnum L. vgl. S. 71

31. **B. spícant** (L.) Roth, zml. hfg in Fichtenwäldern, auch in schattg.
artenarm. Tann.- u. Eichenwäldern od. im Erlenbruch, an schattg.
Böschungen, auf feucht.-frisch., nährstoff- u. basenarm., sauer., modrig-
torfg humos., sandig-steing. Lehmböden, in luftfeucht., Schnee- od.
Regen-reicher Standortslage, Schattpf., Humuswurzler, geschützt,
Tertiärrelikt, Vaccinio-Piceion-Verb. Diff., ferner im feucht. Quercion
rob. od. im Alnion (Sphagno-Alnetum), verschleppt im Fichtenpflzg. –
v. all. höhere Gebirgslag. üb. 900 m, als bis 1950 m, im W u. Nordw.
vereinzelt auch tiefer, im NO slt – subatl(-smed), ferner paz. N-Am.,
Japan – H – Chrom. 2n = 68.

Hirschzunge, Phyllítis Hill vgl. S. 71

32. **Ph. scolopéndrium** (L.) Newm. (*Asplénium scolopéndrium* L.),slt. ab.
gesellg in Schluchtwäldern, an schattg. Mauern u. Felsen, in
Brunnenschächt., auf sickerfeucht., meist kalkhaltg., mäß. sauer-mild.,
humos., Fels- u. Steinböden, auch Löß-Einhänge, in luft-feucht.
wintermild. Klimalage, Schattpf., Spaltenwurzler, Zierpf., geschützt, v.
all. im Aspl.-Cystopteridetum (Cystopteridion), auch in Ruhschuttges.
(Thlaspietea) u. Diff. im Aceri-Fraxinetum (Phyllit.-Aceretum) – Ebene

bis mittl. Gebirgslag., v. all. im W d. Gebietes, auch Av–A (bis 1500 m), nördl. bis NWe, NSH, Hz, Th, Sa, im NO (auch BayW) fehld – subatlsmed (ferner atl N-Am u. Japan) – H – Chrom 2n = 72.

Strichfarn, Asplénium L.

1	B. gabelg geteilt od. fingerförmg		
2	B. schmal, grasartg, mit keilförmg., vorn gezähnt. B.zipfeln, 5–15 cm, ⌊, 7 bis 8	**A. septentrionale**	38
2*	B. vorn fingerförmig 3teilg, beidersts weißfilzg behaart, 2–10 cm, ⌊, 7–8	**A. seelosii**	39
1*	B. deutl. gefiedert mit mehr als 3 Fiedern, nicht fingerförmg		
3	B. einfach gefiedert		
4	Fiedern rundl. gegenstdg		
5	B.stiel bis z. Spitze glänzd schwarzbraun, schmal geflügelt, 5–30 cm, ⌊, 7–9 (vgl. Abb. 8b)	**A. trichomanes**	33
5*	B.stiel ganz od. wenigst. oben grün, ungeflügelt, rinng		
6	B.stiel unten rotbraun, Fiedern gewölbt, waagrecht abstehd, zuletzt abfalld, Serpentinpf., 5–20 cm, ⌊, 7–8	**A. adulterinum**	35
6*	B.stiel fast durchgehd grün, Fiedern flach, ausgebreitet, nicht einzeln abfalld, 5–20 cm, ⌊,7–8	**A. viride**	34
4*	Fiedern keilförmg, ± gezähnt, slt. gegenständg, vgl.	**A. × alternifolium**	44a
3*	B. 2–3fach gefiedert		
7	B.stiel deutl. kürzer als d. längl.-lanzettl., doppelt gefiederte B.		
8	B.stiel nur am Grunde rotbraun, B. zugespitzt u. gegen d. Grund verschmälert, Fiederch. eckig gezähnt, 5–20 cm, ⌊, 7–9	**A. fontanum**	37
8*	B.stiel untersts fast durchgehend glänzd rotbraun, wenig kürzer als B., unterste Fiedern kaum verkleinert, 15–30 cm, ⌊, 7–9	**A. billotii**	36
7*	B.stiel so lg wie B. od. lger		
9	B.stiel grün, nur am Grunde braun, 1 mm dick		
10	B. längl.-3eckg, 3–4fach gefiedert mit lineal-keilförmg. Fiedern (Cystopterisähnl.), 10–25, ⌊, 7–9	**A. fissum**	40
10*	B. abgerundet-oval, 2–3fach gefiedert mit brt keilförmg. bis rautenförmg. Fiedern, B.stiel mit 1 Leitbündel, 3–15 cm, ⌊, 7–9	**A. ruta-muraria**	41
9*	B.stiel schwarz- od. rotbraun, 2 mm dick, B. verlängert zugespitzt		
11	B. ledergr glänzd, überwinternd		
12	Fiedern abstehd, ihre End. nicht zur Spitze hin gebog. Endabschnitte d. Fiedern lanzettl., Spor. 36–42 µ, 10–40 cm, ⌊, 7–8	**A. adiantum-nigrum**	42
12	Fiedern stark zugespitzt, fast linear, z. B.spitze hin gebog., ± zus.gebog., Endabschnitte d. Fiedern fast linear, Spor. 28–32 µ,20–50 cm, ⌊, 7–8	**A. onopteris**	43
11*	B. matt, weich, nicht überwinternd, Fiederch. keil-fächerförmg, im Gebiet nur auf Serpentinit, 10–40 cm, ⌊, 7–8	**A. cuneifolium**	44

33. Schwarzstieliger St., A. trichómanes L., verbr. an Felsen u. Mauern

auf kalkarm. u. -reich. Gesteinen, v. all. in frisch., etwas beschattet. Standortslage, Soz. she Unterart. – Ebene bis Gebirge, A bis 1680 m – eurassubozean bzw. kosmopol. – H. formenreich:

1 Wurzelstockschupp. bis 3,5 mm lg, Fiederblättch. locker stehd, zart
2 Spor. 29–36 µ, Wedel mit 14–28 Fiederblättch.paar., Fiederblättch.
eiförmg.-rundl., ± geöhrt

33a. ssp. trichómanes, auf kalkfreien Unterlag., wohl Androsacetalia
vand.-Art – Chrom. 2n = 72

2* Sporen 33–37 µ, hell, Wedel mit 10–24 Fiederblättch.paar., Fiederblättch.
mehr längl., parallelrandg.

33b. ssp. inexpéctans Lovis, auf kalkreich. Unterlag., bisher im Gebiet
nicht nachgewies. – Österreich bis Griechenland – Chrom. 2n = 72

1* Wurzelstockschupp. bis 5 mm lg, Sporen 34–43 µ, dunkel, Wedel mit 16–34
gedrängt stehd. Fiederblättch.paar., Fiederblättch. längl.-parallelrandg
3 B. aufrecht, B.stiel elastisch, Fiedern 1–2mal so lg wie brt, meist kahl

33c. ssp. quadrívalens D. E. Meyer, verbr. an Fels. u. Mauern, auch im
Geröll, auf Unterlag. aller Art (Silikat, Gneis, Serpentinit, Kalk), v. all.
in Mauerfug. mit Mörtel, Asplenietea-Kl.char. – Chrom. 2n = 144

3* B. flach d. Gestein aufliegd, B.stiel steif, brüchg, Fiedern 2–4mal so lg wie
brt, auf d. Unterseite meist mit kl., ± farblos. Haar.

33d. ssp. pachýrachis (Christ) Lov. et Reichst., slt., ab.gesellg, auf
Kalk, oft unt. Überhäng., wohl Potentilletalia caul.-Art – FrJu (Südteil,
Kloster Weltenburg), Verbrtg im Gebiet ungenügend bekannt – smed –
Chrom. 2n = 144.

34. Grüner St., A. víride Huds., zml. slt. an schattg. Mauern u. Felsen.
auf frisch.-feucht., durchsickert., meist kalkhaltg. Gesteinen, in
luftfeucht. Lage, v. all. im Gebirge, Spaltenwurzler, oft mit Moosen, z. B.
Tortella tortuosa, Cystopteridion-Verb.char., auch im steing. Tilio-
Acerion od. Vaccinio-Piceion – v. all. Kalkgebirge, A bis 2590 m, sonst
slt., im N (An, Br) nur adv. – no-pralp, circ – H – Chrom. 2n = 72.

35. Braungrüner St., A. adulterinum Milde, s. slt. an Serpentinit-Felsen,
Abkömmlg v. *A. viride* u. *A. trichomanes* ssp. *trichomanes,* Char. d.
Asplenietum serp. (Asplenion serp.) – FrW (Fichtelgebirge, Franken-
wald), Sa – pralp – H – Chrom. 2n = 144.

36. Eiförmiger St., A. billótii F. Schultz (*A. obovátum* Viv. em. Becherer
ssp. *lanceolátum* P. Silva), s. slt. an Felsen u. Mauern silikat. Gesteine
(Buntsandstein, pH 5,6–6,7) in luftfeucht. beschattet. Standortslage,
Char. d. Croc.-Asplenietum bill. (Asarinion), auch im Asplenietum
sept.-ad.-nigri (Androsacion vand.) – nöVog-Pf, nöSch (Battert) –
atl-smed, im Gebiet an d. O-Grenze d. Verbrtg. – H – Chrom. 2n = 144.

37. Jura-St., A. fontánum (L.) Bernh. [*A. hálleri* (Roth) DC.], s. slt. an
Felsen, seltener Mauern, auf kalkhaltg. od kalkführd. Gesteinen in
feucht beschattet. Standortslage, lok. Char. d. Asplenio-Cystopteride-

tum, überreg. Potentilletalia caul.-Ordn.char. – süSch (Höllental, verscholl.), Ju (Überkingen, Geislingen), RS (Lahntal), FrJu, – wpralp – H – Chrom. 2n = 72

38. Nordischer St., A. septentrionale (L.) Hoffm., zml. hfg an Felsen u. Mauern auf kalkarm. Silikatgesteinen in vorwiegd trock., lichtexponiert. Standortslage (Gneis, Porphyr, Buntsandstein usw.), Androsacetalia vand. Ordn.char. – v. all. silikat. Mittelgeb., A (Allgäu bis 1500 m), sonst (Kalkgeb., Ebene, im N) nur sporad. – pralp(altaisch)-no(subozean), auch N-Am. – H – Chrom. 2n = 144.

39. Dolomit-St., A. seelósii Leybold, s. slt. an mäß. exponiert. Kalku. Dolomitfelsen, gilt als Dolomit-Spezialist, Potentillion caul.-Verb.-char. – A (Reichenhall) – oalp – H – Chrom. 2n = 72.

40. Zerschlitzter St., A. fissum Kit., s. slt. in Steinschutt-Ges. od. an Felsen, auf frisch., kalkhaltg. Unterlagen, im Gebiet v. all. im Moehr.-Gymnocarpietum rob. (Petasition par.), auch im Cystopteridion – A (Chiemgau, 750–1150 m) – opralp – H – Chrom. 2n = 72.

41. Mauerraute, A. rúta-murária L., hfg in Felsspalt-Ges. an Kalkfelsen od. sonst. basenreich. od. Calcit-führend. Gesteinen, an Mörtel-gefügt. Mauern usw. in meist trock.–mäß. trock., lichtexponiert. Standortslage, Potentilletalia caul.-Ordn.char. – Ebene bis Gebirge. A bis 2330 m – (no)euras-smed, circ, verschleppt – H – Chrom. 2n = 144.

42. Schwarzer St., A. adiántum-nígrum L., zerstr. an Felsen u. Mauern kalkarm., silikatisch. Unterlagen (Granit, Gneis, Buntsandstein, Phonolith usw.), auch in felsig., artenarm. Eichenwäldern, auf mäß. trock., mäß. saur. Steinböden, in wintermild. Klimalage, etwas wärmeliebd, Licht-Halbschattpf., Char. d. Asplenietum sept.-adiant.-nigr. (Androsacion vand.) – Vog, Sch (bis 700 m), O-Sp., Pf, Hü (z.B. Kaiserstuhl), Bo (Hohentwiel), Av (Allgäu), Rh (Mauern), Ne, NWe, NSH, Th, Hz, An – subatl-smed, auch aubtrop-mont. – H – Chrom. 2n = 144.

43. Spitzer St., A. onópteris L. [*A. adiántum-nígrum* ssp. *onópteris* (L.) Heufl.], slt. an waldbeschattet. felsg. Stellen im Bereich d. Quercion rob.-p. od. Carpinion, z.B. süHü (Kaiserstuhl), süSch (Freiburg), L, in S-Europa v. all. im Quercion ilicis – med(-atl) – H – Chrom. 2n = 72.

44. Serpentin-St., A. cuneifólium Viv. [*A. adiántum-nígrum* ssp. *serpentíni* (Tausch) Koch], slt. an Serpentinitfelsen, Char. d. Asplenietum serp. (Asplenion serp.) – FrW (Fichtelgeb.-Frankenwald), Th, Sa – mitteleurop-smed – H – Chrom. 2n = 72.

44a. Deutscher St., A. × alternifólium Wulf. (*A. germánicum* auct.), formenreicher Bastard: *A. septentrionale* × *trichomanes* ssp. *trichomanes*, zerstr. an Silikatfelsen od. mörtelfrei. Silikatgesteins-Mauern in kiesel-

hold. Spalt-Ges., Androsacetalia vand.-Ordn.-char. – v. all. silikat.
Mittelgebirge – eurassubozean – H – Chrom. 2n = 108.

44b. Schwäbischer St., A. × **suévicum** K. Bertsch (*A.* × *murbecki*
Dörfl.) (*A. septentrionale* × *ruta-muraria*), z. B. Bo (Hohentwiel) –
Chrom. 2n = 144.

44c. × **Asplenocéterach badénse** E. Meyer 1956, slt. Gattungsbastard:
A. ruta-muraria × *Ceterach officinarum* – z. B. süHü (Kaiserstuhl, wieder
verscholl.) – Chrom. 2n = 144.

Milzfarn, Céterach Adans. vgl. S. 71

45. Schriftfarn, C. officinárum DC. (*Asplenium ceterach* L.), slt. an
Mauern u. Felsen in gern neutral reagierd. Fugen in licht- u. wärme-
exponiert., wintermild. Lage, Asplenietea trich.-Kl.-char. – v. all. Tief-
lagen, Vog, Sch, Hü, Rh (Mauern), HRh, Bo (Staad), O, Pf, Ne, Mn,
Fr, FrJu, RS, NSH, He, FrW, Hz, ThW – med-smed(-subatl) – H –
Chrom. 2n = 144.

Frauenfarn, Athýrium Roth

1 Sporenhäufch. längl., mit deutl., bleibend. Schleier (Indusium), B.spreite
   hellgrün, fein 2–3fach gefiedert, Fieder 2. Ordn. $2^1/_2$–3mal so lg wie brt, 30–
   100 cm, ⚥, 7–9   **A. filix-femina** 46
1* Sporenhäufch. rundl., nur anfangs mit undeutl. hinfällg. Schleier, B.spreite
   dunkelgrün, Fieder 2. Ordn. $1^1/_2$–2mal so lg wie brt, B.stiel zuletzt gelbl. u.
   unten mit größer. hellrötl.-braun. Spreu-Schuppen, 50–150 cm, ⚥, 7–8
                                                   A. distentifolium 47

46. Wald-F., A. filix-fémina (L.) Roth, verbr. u. oft faziesbildd in
krautreich. Laub- u. Nadelwäldern, auch auf Bergweiden od. im
Steinschutt, auf grund- u. sickerfrisch. ± basenreich., meist kalkarm.,
neutral–mäß. sauer., tätg humos., sandig., steinig. od. rein. Lehm- u.
Tonböden, Mull-Moderböden, Schatt-Halbschattpf., im regenreich.
Gebirge v. all. im Fagion, in trock.-warm. Tieflagen fast nur im Alno-
Ulmion (od. feucht. Carpinion) als Gley- u. Pseudogley-Zeiger, auch im
Adenostylion od. feucht. Vaccinio-Piceion – Ebene bis Gebirge, A bis
1880 m – no-euras(subozean), circ (bis trop. Bergwaldstufe) – H –
Chrom. 2n = 80.

47. Alpen-F., A. distentifólium Tausch (*A. alpéstre* Milde), slt. in
staudenreich. Bergmischwäldern od. Hochstaudenfluren d. subalp.
Stufe, auf sickerfrisch., ± basenreich., kalkarm., mäß. sauer. humos.,
locker. steinig. Lehmböden (Mull-Moderböden) in schneereich.
Schattlagen, Betulo-Adenostyletea-Kl.char. (vgl. *A. distentif.-Ges.*),
auch im Aceri-Fagetum od. Vacc.-Piceion – v. all. üb. 900 m, Vog, Sch,

BayW, ThW, Hz, Erzg, FrW, Av, A bis 2120 m – arkt-alp-pralp (subozean), circ – H – Chrom. 2n = 80.

Bastard: *A. filix-femina* × *A. distentifolium*, unter d. Eltern, z. B. Sch, A.

Blasenfarn, Cystópteris Bernh.

1   B.stiel kürzer als d. dünne, lanzettl., 2fach gefiederte B., Wurzelstock kurz,
    B. rosettig, 5–30 cm, ⚄, 7–9   **C. fragilis** 48
1* B.stiel länger als d. 3eckge od. brt eiförmge B.spreite, Wurzelstock weit
    kriechd
2   B.spreite 3eckg, B.stiel fein drüsg, Schleier fast kahl, 15–45 cm, ⚄, 7–8
                                                         C. montana 49
2* B. spreite brt eiförmg, B.stiel kahl, Schleier dicht drüsg, 20 bis 40 cm, ⚄, 7–8
                                                         C. sudetica 50

48. Zerbrechlicher B., C. frágilis (L.) Bernh. [*C. filix-frágilis* (L.) Borb.], zerstr. in Spalten-Ges. an sickerfeucht., meist beschattet., kalkhaltg. od. sonst basenreich., neutral-mild. Felsen u. Mauern, in Brunnen, auch in Steinschuttwäldern, v. all. in mont.-subalp. Lage, Halbschattpf., lok. Char. d. Asplenio-Cystopteridetum, Cystopteridion-Verb.char., auch im steing. Tilio-Acerion – Kalkgebirge, auch Vog u. Sch od. Tieflag. (Brunnen, Mauern), A bis 2360 m – no-eurassubozean-pralp bzw. subozean-kosmopol. – H – formenreich:

1   Äußerste B.zipfel eiförmg-lanzettl., nicht ausgerandet
2   Sporenoberfläche stachelg

48a. **ssp. frágilis,** im weiteren Alpenvorland verbr. Sippe, s. o. – Chrom. 2n = 168

2* Sporenoberfläche runzelg, ab. nicht stachelg, Fiederabschnitte sich überdeckd

48b. **ssp. dickieána** (Sim.) Hyl., s. slt. an feucht. Kalkfels. – A (Berchtesgad.) – arkt-alp – Chrom. 2n = 168 (252)

1* Äußerste B.zipfel lineal, ausgerandet od. 2zähng

48c. **ssp. alpína** Hartm. [*C. régia* (L.) Dev., *C. críspa* (Gouan) H. P. Fuchs], zerstr. in feucht., basenreich. Felsspalt. d. Hochgebirges, Char. d. Heliosp.-Cystopteridetum (Cystopteridion), auch im Thlaspeion rot. – A (1200–2400 m), BayW (Arber) – alp(-arktsubozean) – Chrom. 2n = 252

49. Berg-B., C. montána (Lam.) Desv., slt. in feucht., oft beschattet. Kalk-Steinschutt-Ges., auch in Kalkfels-Spalten d. hochmont. u. subalp. Stufe, Char. d. Cystopteridetum mont. (Petasition par.), ferner im Asplenio-Piceetum (Vaccinio-Piceion) – A bis 2400 m, Ju (Randen, Plettenberg) – arkt-alp(subozean), circ – G(H) – Chrom. 2n = 168.

50. Sudeten-B., C. sudética A. Br. et Milde, s. slt. im feucht., leicht beschattet., moosg-humos. Kalk-Steinschutt d. hochmont. Stufe, in

Steinschutt-Mischwäldern, in rein. Herden od. mit *C. montana, C. fragilis, Gymnocarp. robert.* u. a., auch in Felsspalt. – A (Berchtesgaden, 1000 m) – arkt-alp(kont) – G – Chrom. 2n = 168.

Wimperfarn, Wōodsia R. Br.

Alle Arten geschützt

1   B. behaart, spreuschuppg, B.stiel rotbraun, Fiedern mit 5–8 Fiederch. (Fiederabschn.), 10–20 cm, 2⌐, 1–8   **W. ilvensis** 51
1* B. kahl od. spärl. spreuschuppg, verkahld, Fiedern mit 1–4 Fiederch. (Fiederabschn.) od. nur gelappt
2   B. untersts spärl. spreuschuppg, verkahld, Fiedern mit beidsts 1–4 tief fiederg. Einschnitt., 5–20 cm, 2⌐, 7–8   **W. alpina** 52
2* B. untersts kahl, B.stiel nur am Grunde schwarz u. etwas spreuschuppg, sonst gelb-grün, Fiedern mit 1–3 fiederg. Einschnitt. nur gelappt, 5–15 cm, 2⌐, 7–8   **W. pulchella** 53

51. Südlicher W., W. ilvénsis (L.) R. Br., slt. in Felsspalt-Ges. an trock., exponiert. od. leicht beschattet, kalkarm., ab. basenreich. Silikat-Felsen, Char. d. Woodsio-Asplenietum, Androsacion vand.-Verb.char. – süSch, He, FrW, BayW, Hz, NSH (z. T. verscholl.) – arkt-alp(subozean), circ – H – Chrom. 2n = 82.

52. Alpen-W., W. alpina (Bolt.) S. F. Gray (*W. ilvénsis-glabélla*), s. slt. an basenreich., aber kalkarm. Felsen, Androsacion vand.-Art – A (Höfats) – arkt-alp – H – Chrom. 2n = 164.

53. Zierlicher W., W. pulchélla Bertol. (*W. glabélla* R. Br. var. *pulchélla* D. Br.), slt. in Felsspalt-Ges. trocken.-mäß. frisch., oft leicht beschattet. Kalkfelswände, v. all. im Cystopteridion – A (Allgäu, Berchtesgaden, 900–2270 m) – alp – H – Chrom. 2n = 78.

Lappenfarn, Thelýpteris Schmidel

1   B. in Rosetten, gelb-grün, untersts mit gelb. Drüsen, Sporenhäufch. dem leicht umgerollt. B.rand genähert, B.stielquerschnitt mit 2 Leitbündeln, 30–80 cm, 2⌐, 7–9   **Th. limbosperma** 54
1* B. einzelstehd, an kriechd. Wurzelstock, in Herden, hellgrün
2   B. kahl (od. nur untersts spärl. weißl. behaart od. drüsg), bis 80 cm lg, fertile Fiederabschn. am Rande meist umgerollt, 20–80 cm, 2⌐, 7–9   **Th. palustris** 56
2* B. behaart, bis 40 cm lg, unterst. Fiederpaar etwas nach abwärts gerichtet, 10–40 cm, 2⌐, 7–9   **Th. phegopteris** 55

54. Berg-L., Th. limbospérma (All.) H. P. Fuchs, [*Dryópteris limbospérma* (All.) Becherer, *D. oreópteris* Maxon, *D. montána* Ktze, *Lástrea limbospérma* (Ehrh.) Bory], zerstr. in staudenreich. Bergmischwäldern, in schattg. artenarm. Eichenwäldern, in Erlenbrüchen u. Wald-Quellnischen, an Böschungen, auf Bergweiden (Waldrelikt u.

-pionier), auf sickerfrisch.- od. wechselfeucht., meist nährstoff- u. basenarm., sauer., modrg-torfg-humos., sandig. od. steinig. Lehmböden in luftfeucht. u. regenreicher Standortslage, Schatt-Halbschattpf., gern mit *Blechnum, Sphagnum*-Art. od. *Luzula sylv.,* in Hochlagen in Betulo-Adenostyletea-Ges., auch im Vaccinio-Piceion od. Luzulo-Fagenion, in Tieflagen im frisch. Quercion rob. od. Alnion (Sphagno-Alnetum) – v. all. Gebirgslag. üb. 900 m, im W d. Gebiet. auch in Tieflag., A bis 1815 m – subatl, auch pazif. Küste v. N-Am. bis Japan – H – Chrom. 2n = 68.

55. Buchenfarn, Th. phegópteris (L.) Sloss. [*Dryópteris phegópteris, Christens., Phegópteris connectilis* (Michx.) Watt], zml. hfg u. gesellg in kraut- u. farnreich. Buchen-, Tannen- od. Fichten-Mischwäldern, auf sickerfrisch. (feucht.), kühl., ± nährstoff- u. basenreich., kalkarm., mäß. sauer. humos., locker., meist mittelgründg., steinig. Lehmböden, Mull- u. Moderwurzler, Schattpf., v. all. in mont. Fagion-Ges., auch im Adenostylion od. staudenreich. Vaccinio-Piceion-Ges. – im S v. all. in höh. Gebirgslag., im N auch im Tief- u. Hügelld, A bis 1682 m – no(subozean), circ – G – Chrom. 2n = 90.

56. Sumpf-L., Th. palústris (S. Gray) Schott [*Dryópteris thelýpteris* (L.) A. Gray], zml. slt., ab. gesellg in Erlenbrüchen, im Weidenbruch-Gebüsch, an Moorrändern u. Gräben, auf staunass., ± nährstoffreich., mäß. sauer., modrg-torfg. Ton- od. Bruchtorfböden (Gley), Halbschattpf., v. all. im Carici el.-Alnetum, Alnion-Verb.char., auch im Magnocaricion – Ebene bis mittl. Gebirgslag. (Av bis 913 m), durch Landkultur zurückgehd – euras(kont), circ – G – Chrom. 2n = 70, 72.

Eichenfarn, Ruprechtsfarn, Gymnocárpium Newm.

1   B. derb, dunkelgrün, glanzlos, untersts wie B.stiel drüsg, 10 bis 15 cm, ♃, 7–8
                                                              G. robertianum 58
1* B. kahl, dünn-hellgrün, St. unten glänzd schwarz, unterste Fiedern etwa so
    groß wie Endabschnitt, 5–25 cm, ♃, 7–8   **G. dryopteris** 57

57. Eichenfarn, G. dryópteris (L.) Newm. [*Dryópteris disjúncta* (Rupr.) C. V. Mort., *D. linnaeána* C. Christens], zml. hfg u. gesellg, in krautreich. Buchen-, Tannen- od. Fichten-Mischwäldern, an schattg. Mauern u. Böschg. v. all. d. Gebirges, auf sickerfrisch. (feucht.), kühl., nährstoff- u. basenreich., kalkarm., mäß. sauer., humos., locker., meist steinig. Lehmböden, Mull- u. Moderwurzler, Schattpf., oft mit *Thelypteris phegopt.* v. all. in mont. Fagion-Ges., auch im Adenostylion od. staudenreich. Vaccinio-Piceion – im S v. all. im höh. Gebirge, im N auch im Tief- u. Hügelld, A bis 1682 m – no(subozean), circ – G – Chrom. 2n = 160.

58. Ruprechtsfarn, G. robertiánum (Hoffm) Newm. [*Dryópteris robertiána* (Hoff.) C. Christens.], zml. slt., ab. gesellg in Steinschutt-Ges., in licht. Steinschutt-Wäldern, auch an Mauern u. Felsen, auf frisch., meist beschattet. u. kalkreich., humos., feinerdearm., locker. Stein-Böden in luftfeucht. Klimalage, Halbschattpf., Rieselschutt-Zeiger, terr. Char. d. pralp Gymnocarpietum rob., bzw. d. alp. Moehr.-Gymnocarpietum, Thlaspietalia rot.-Ordn.char., auch im Cystopteridion od. Tilio-Acerion – v. all. im Kalkgebirge, A bis 2330 m, auch in Tieflag., z. T. nur adv. – alp-pralp(-no) (asiat.), circ – G – Chrom. 2n = 160–168.

Wurmfarn, Dornfarn, Dryópteris Adans.

1   B. einfach gefiedert mit tief fiederteilg. Fiedern, höchst. am Grd 2fach gefiedert, drüsenlos od. schwachdrüsg
2   Sporentragde B. aufrecht u. lger als d. schräg abstehd. sporenlosen B., B.spreite mit 10–20 Fiederpaar., am Grd weng verschmälert, d. unterste Fieder 3eckg, deutl. gestielt, die sporentragd. waagr. gestellt, B.stiel meist lger als Spreite, zerbrechl., spärl. spreuschuppg, 30–70 cm, ⌇, 7–9
           D. cristata   63
2*   Sporentragde u. sporenlose B. gleichgestaltet, mit 20–35 Fiederpaar., am Grd meist verschmälert, B.stiel kürzer als Spreite, kräftg, dicht spreuschuppg
3   B. lederg, dunkelgrün, überwinternd, B.stiel u. B.spindel dicht mit abstehd. lg zugespitzt. rotbraun. Spreuschupp. besetzt, Fiedern am Stielansatz dunkel(viol.) gefärbt, Fiederblättch. (Fiederchen) schief gestutzt, parallelrandg u. nur vorn gezähnelt, d. unterst. am Grd verbund., Schleier d. Sporenhäufch. derb, gewölbt, 100–160 cm, ⌇, 7–9   **D. affinis**   61
3*   B.weich, z. T. nur sommergrün, B.stiel u. B.spindel mit hellbraun., zuletzt anliegd. Spreuschupp. besetzt, Fiedern am Stielansatz nicht dunkel gefärbt, Fiederchen vorn ± abgerundet od. zugespitzt, ringsum gezähnelt
4   B.stiel am Grd mäßg dicht mit hellbraun. Spreuschupp. besetzt, B.spindel nicht drüsg, B. bis in d. Winter grün, Schleier d. Sporenhäufch. dünn, Wurzelstock meist nur 1köpfg, 30–120 cm, ⌇, 7–9   **D. filix-mas**   59
4*   B.stiel am Grde dicht mit hell-rötl.-braun. Spreuschupp. besetzt, B.spreite u. B.spindel oft drüsg, B. im Herbst bald absterbd, Schleier d. Sporenhäufch. derb, gewölbt, Wurzelstock vielköpfg, 30–50 cm, ⌇, 7–8 **D. oreades**   60
1*   B. 2fach gefiedert mit fiederspaltg. Fiederchen od. 3-4fach gefiedert
5   B. 2fach gefiedert mit fiederspaltg. Fiederch.
6   B. hellgrün, mindest. unt.sts u. auf d. Spindel dicht golddrüsg, B.stiel kräftg, höchst. ¹/₃ so lg wie d. B.spreite, meist kürzer, 20–45 cm, ⌇, 7–8
           D. villarii   62
6*   B. dunkelgrün u. höchst. spärl. drüsg od. hellgrün u. drüsenlos, unterste Fieder unsymmetr., d. h. das nach d. B.grd hin gerichtete Fiederchen viel lger als das gegenüberstehde, B.stiel ± so lg wie d. im Umriß längl. Spreite, B.wedel aufrecht, nicht bogig überhängd
7   B.spreite gelbgrün, 2(3)fach gefiedert, Fiederspindel am Grde nicht dunkel gefärbt, Fiedern oft schräg(-waagr.)gestellt, B.stiel mit hellbraun. einfarbg. Spreuschupp. spärl. besetzt, Fiederchen stachelspitzg gezähnelt, 20–60(90) cm, ⌇, 7–8   **D. carthusiana**   64
7*   B.spreite zuletzt dunkel(blau)grün, 2fach gefiedert, unterst. Fiederpaar ± kürzer als folgde, Fiederspindel am Grde dunkel(viol.) gefärbt, B.stiel mit

zahlreich. zweifarbg. (am Grd dunkel- am Rd hellbraunen) Spreuschupp. besetzt, 50–120 cm, ⌐, 7–9 **D. remota** 65

5* B.2–4fach gefiedert, im Umriß 3eckg, oft bogig überhängd, B.stiel kürzer als B.spreite, Spreuschupp. hellbraun mit ± deutl. dunkl. Mittelstreif.

8 B.spreite derb dunkelgrün, bis in d. Winter grün, 2–3fach gefiedert, unt.sts spärl. drüsg, 2–3mal so lg wie B.stiel, das nach d. B.grd hin gerichtete erste Fiederchen d. ersten Fiederpaares weniger als $^1/_2$ so lg wie d. Fieder, 60–150 cm, ⌐, 7–9 **D. dilatata** 66

8* B.spreite hellgrün, im Herbst absterbd, 3–4fach gefiedert, etwa so lang wie B.stiel, das nach d. B.grd hin gerichtete erste Fiederch. d. ersten Fiederpaares mindst. $^1/_2$ so lg wie d. ganze Fieder, 20–150 cm, ⌐, 7–8 **D. expansa** 67

59. Männlicher W., D. filix-más (L.) Schott, hfg in krautreich. Laub- u. Nadelwäldern, auch im subalp. Hochstaudengebüsch od. auf Bergweiden u. in Steinschutt-Halden, auf grund- u. sickerfrisch., nährstoffreich. (kalkarm. u. -reich.), locker. humos. Lehmböden, Mullboden-Wurzler, Schattpf., oft faziesbildd, früher Wurmmittel (Wurzel), Fagetalia-Ordn.char. – Ebene bis Gebirge, A bis 1750 m – eurassubozean(-smed), circ – H – Chrom. 2n = 164.

60. Kleiner W., D. oreádes Fom. [*D. abbreviáta* (DC.) Newm.] s. slt. im offen., kalkarm. Steinschutt – RS (Sauerld), NSH (?), L (?) (Verbrtg ungenügd bekannt) – subatl-smed – H – Chrom. 2n = 82.

61. Spreuschuppiger W., D. affinis (Lowe) Fras.-Jenk. [*D. pseudomas* (Woll.) Hol. et Pouz., *D. paleacea* auct.], zml. slt. in mont. Buch.- u. Tann.-Wäldern, an schattg. Einhängen u. Böschgen, auf sickerfeucht., kalkarm-humos., sandg-steing. Lehmböden (Mullböden) in luftfeucht. Standortslage, Fagetalia-Ordn.char., auch in Blockschutt-Ges. – v. all. silikat. Mittelgebirge, A bis 1000 m, im N fehld – subatl(-smed) bzw. subozeankosmopol. – H – Chrom. 2n = 82, 123, 130, 160, formenreich:

1 Fiederch. deutl. voneinander getrennt (bis 2 mm), am Ende stumpf od. abgerundet, Schleier ledrig, bleibend

61a. ssp. affinis var. disjúncta (Fom.) Fras.-Jenk., slt. z.B. Sch, Av, Vog, Verbrtg ungenügd bekannt – Chrom. 2n = 82, apomiktisch

1* Fiederch. dicht stehd, sich z.T. berührend

2 Fiederch. an d. Seit. eingeschnitt., am Ende gerundet od. zugespitzt, gezähnt, Schleier b. d. Reife abfalld (Pf. an *D.* × *tavélii* erinnernd)

61b. ssp. robústa Oberh. et v. Tav. ex Fras.-Jenk., zerstr. mit and. Unterart. v. *D. affinis* – Chrom. 2n = 123, apomiktisch

2* Fiederch. an d. Seite nicht od. kaum eingeschnitt., am Ende abgerundt od. stumpf

3 B.stiel u. B.spindel mit rostbraun. schmal. Schupp. bedeckt, Fiederch. parallelrdg, Schleier oft mit Drüs., bleibd

61c. ssp. stillupénsis (Sabr.) Fras.-Jenk. zml. slt. v. all. in Blockschutthald., oft in Herd. – Sch, Av, A, Vog. – Chrom. 2n = 123, apomiktisch

3* B.stiel u. B.spindel mit braun. Schupp. bedeckt, Fiederch. am Ende meist ± gestutzt, Schleier ohne Drüs., bleibd od. abfalld

61d. **ssp. borréri** (Newm.) Fras.-Jenk. (*D. borréri* Newm.), hfgste Unterart d. slt. Art im Gebiet – Chrom. 2n = 123, apomiktisch.

Beachte ferner den öfter vorkommenden Bastard: *D. filix-mas* × *affinis* (*D.* × *tavelii* Rothm.) Chrom. 2n = 164, 205

62. **Starrer W., D. villárii** (Bell.) Woynar (*D. rígida* Underw.), slt. in alp. Kalkschutt-Ges., Char. d. Valer.-Dryopteridetum vill. (Petasition par.) – A (1200–2230 m) – alp(-smed) – H – Chrom. 2n = 82.

63. **Kammfarn, D. cristáta** (L.) A. Gray, slt. in Erlen- u. Birkenbrüchen, in Weidenbruch-Ges., an Moorrändern, auf staunass., ± nährstoff- u. basenreich., mäß. sauer., modrg-torfg. Ton- od. Bruchtorfböden, Halbschatt-Schattpf., Char. d. Carici elong.-Alnetum (Alnion), – Ebene bis mittl. Gebirgslag. (Ba bis 700 m), überall stark zurückgehd – no(kont), circ, im Gebiet an d. SW-Grenze d. Verbrtg – H – Chrom. 2n = 164.

64. **Gewöhnlicher D., D. carthusiána** (Vill.) H. P. Fuchs [*D. spinulósa* (Muell.) Watt], zml. hfg in artenarm. Eichen- u. Kiefernwäldern, im Erlenbruch, in Heiden u. an Moorrändern, seltener unt. Buchen, auf staufeucht. bis frisch., nährstoff- u. basenarm., sauer., modrg-torfg humos. Lehm- u. Tonböden, Humuswurzler, Halbschattpf., v. all. im Alnion, auch Alno-Ulmion, im Quercion rob. u. Frang.-Rubenion, in Nadelholzforst., im Luz.-Fagenion usw., ferner epiphyt. – Ebene bis Gebirge (v. all. unt. u. mittl. Gebirgslag.) – euras(subozean) – H – Chrom. 2n = 164.

65. **Entferntfiedriger D., D. remóta** (A. Br.) Druce, slt., ab. gesellg in mont. Buch.-Tann.- od. Ficht.-Mischwäld., an Steilhäng. auf sickerfrisch., oft blockschuttreich., auch moorg-quellg., kalkarm., nährstoffreich. modrg-humos. Böd., oft in Dobeln mit Esche u. Bergahorn, wohl Fagetalia-Art – z. B. Sch, Vog, Av, A, Verbrtg ungenügend bekannt – eurassubozean-smed – H – Chrom. 2n = 123, apomiktisch

66. **Breitblättriger D., D. dilatáta** (Hoffm.) A. Gray [*D. austríaca* (Jacq.) Woyn.], hfg, oft faziesbildd in kraut- u. grasreich. Buchen-, Tannen- u. Fichtenwäldern, auf sickerfrisch., ± nährstoffreich., mäß. sauer., locker., modrg-humos., meist sandg.-steinig. mittelgründg. Lehmböden od. Steinschuttböden, Moder-Mullhumuspf., Schattpf., v. all. in mont. Fagion-Ges. (Galio-Abietenion, Luz.-Fagenion, Aceri-Fagetum, u.a.), auch im Vacc.-Abietenion, Adenostylion usw. – Ebene bis Gebirge (v. all. mont.), A bis 2220 m – no-eurassubozean – H – Chrom. 2n = 164.

67. **Feingliedriger D., D. expánsa** (C. Presl) Fras.-Jenk. et Jermy (*D. assímilis* S. Walker), slt. auf frisch., steing. sauerhumos. Böden, v. all.

im Vaccinio-Piceion, auch im Fagion – z.B. süSch, Av–Do, Taunus, He,
L, Verbtg ungenügd bekannt – vermutl.: no(subozean)-pralp – H –
Chrom. 2n = 82.
Zahlreiche Bastarde, alle slt.

Schildfarn, Polýstichum Roth
Alle Arten geschützt

1   B. einfach gefiedert, mit sichelförmg. Fiedern, derb, wintergrün, B.stiel
    kurz, 10–50 cm, ⚁, 7–9   **P. lonchitis** 68
1* B. 2–3fach gefiedert, deutl. gestielt
2   B. obersts u. zwischen d. Fiedern ± kahl, derb, wintergrün, am Grund
    verschmälert, unterst. Fiederabschnittch. deutl. größer als d. folgd. (Abb. 9,
    S. 69), 30–80 cm, ⚁, 7–8   **P. lobatum** 70
2* B. zwisch. d. Fiedern u. z.T. auch obersts spreuhaarg, weicher, z.T.
    sommergrün, Fiederabschnittch. fast alle gleich groß, Schleier zart, hinfällg
3   Alle Fiedern zugespitzt mit jedersts 20–25 kurz-feingestielt. Fiederch.,
    Spreuhaare dunkel-rotbraun, B. dunkelgrün, glanzlos, am Grund wenig
    verschmälert, 30–80 cm, ⚁, 7–8   **P. setiferum** 69
3* Untere Fiedern stumpf., mit jedersts bis zu 15 Fiederch., Spreuhaare
    hellbraun-weißl., B. hellgrün, sommergrün, etwas überhängd, am Grund
    stark verschmälert, 30–100 cm, ⚁, 7–8   **P. braunii** 71

68. Lanzen-Sch., P. lonchítis (L.) Roth, slt. in staudenreich. Blockschutt-
Ges. d. Hochgebirges, an lose gefügt. Mauern, in bebuscht. Steinhalden
d. Knieholzstufe, in licht. Steinschutt-Wäldern, auch in Felsspalt., auf
sickerfrisch., feinerdearm., ruhd.-konsolidiert., meist kalkhaltg. od.
sonst basenreich. Grobschutt, Licht-Halbschattpf., Char. d. Polystichetum lonch. (Petasition par.) – Vog, süSch, Ba (Wutachflühen), Bo, Av, A
bis 2310 m, usw., z.T. nur unbestdg. Neuankömmlg – arkt-alp, circ – H –
Chrom. 2n = 82.

69. Borstiger Sch., P. setíferum (Forskal) Th. Moore [*P. anguláre* (Kit.)
C. Presl], s. slt. in schattg. Buchenmisch-Wäldern d. submont. Stufe, v.
all. an Einhängen, Einschnitt. od. Böschung. auf sickerfeucht., ±
nährstoff- u. basenreich., kalkarm., mäß. sauer. humos., locker.
mittelgründg., steinig. Lehmböden in luftfeucht. Lage, Schattpf., z.B. im
Asp.-Fagetum dryopteridetosum, sonst auch im feucht. Carpinion,
Fagetalia-Ordn.char. – Vog, Sch, O, RS, NWe – subatl-smed (bzw.
temper.ozean-kosmopol. in Lorbeerwäldern) – H – Chrom. 2n = 82.

70. Gelappter Sch., P. lobátum (Huds.) Chevall., [*P. aculeátum* (L.)
Roth], zerstr. in Schluchtwäldern, an steil., schattg. Waldeinhäng. auf
sickerfeucht., ± basen- u. nährstoffreich. (kalkarm. u. -reich.), mild-
mäß. sauer., locker-humos., rieselskelettreich. lehmig. Steinböden in
luftfeucht. Lage, Schattpf., gern mit *Acer pseudo-pl.* od. *Aruncus,* Char.
d. Aceri-Fraxinetum (Tilio-Acerion), auch im Fagion – Hügel- u. Bergld,

A bis 2280 m, sonst slt. – subatl-smed bzw. eurassubozean bis trop.
Bergwaldstufe – H – Chrom. 2n = 164.

71. Zarter Sch., Braun's Sch., P. bräunii (Spenn.) Feé, s. slt. an schattg.
farnreich. Waldhängen d. mont. Buchen-Tannenstufe, auf sickerfrisch.,
nährstoff- u. basenreich., kalkarm., mäß. sauer., locker-humos. steinig.
Lehmböden, Schattpf., Char. d. Aceri-Fraxinetum (Tilio-Acerion), auch
im farnreich. Ab.-Fagetum – Vog, süSch, He (Meissner), A bis 1700 m –
subatl (bzw. eurassubozean), circ – H – Chrom. 2n = 164.
Zahlreiche Bastarde.

Tüpfelfarn, Engelsüß, Polypódium L. vgl. S. 71

72. P. vulgáre-Gruppe

1 Wurzelstockschupp. alle unt. 5,5 mm lg, schmallanzettl., Bucht zwisch. d.
Fiederblättch meist mit Knorpelverbindg mit d. Hauptnerv, Fiederblättch.
± gerundet, klein gesägt, Sori rund

72a. Gewöhnlicher T., P. vulgáre L., zml. hfg in licht., artenarm.
Eichenwäldern, an schattg. Mauern u. Felsen (hier z. B. mit *Hedera*), am
moosg. Fuß alter Bäume, auf mäß. trocken., kalkarm., modrg-humos.,
meist flachgründg-steinig. Lehmböden, auch Sand od. Fels, od. in
Humusauflagen üb. Kalk, in wintermild-luftfeucht. Standortslage,
Moderhumus-Wurzler, Halbschattpf., Tertiärrelikt, früher Heilpf.
(Wurzel), v. all. (Ordn. Diff.) in Quercetalia rob.-Ges., ferner in
luftfeucht. Asplenietea rup.-Ges., od. epiphytisch – Ebene bis mittl.
Gebirgslag., A bis 1360 m, im O d. Gebietes seltener – eurassubozean-
smed, circ – Ch – Chrom. 2n = 148.

1* Wurzelstockschupp. z. T. bis üb. 5,5 mm lg, Bucht zwisch. d. Fiederblättch.
ohne Knorpelverbindg mit d. Hauptnerv
2 Wurzelstockschupp. bis 6 od. 7 mm lg, oval-lanzettl. B. eiförmg-lanzettl., bis
50 cm lg, Fiederblättch. spitz, ausgezog., ± scharf gesägt, Sori ± oval

72b. Gesägter T., P. interjéctum Shivas [*P. vulgáre* ssp. *prioníodes*
(Aschers.) Rothm.], (Zwischenform *P. vulgare-australe*) – zerstr. an
schattg. Felsen od. Mauern, mit u. ohne Kalk – Verbrtg ungenügend
bekannt, z. B. Pf, Rh, Sch, Taunus, Bo, Ju, Av (unt. 1000 m), NS
(Küst.gebiet), Th, Elbs – subatl(-smed) – Ch – Chrom. 2n = 222.

2* Wurzelstockschupp. bis üb. 7,5 mm lg, lineal-lanzettl. B. ± 3eckg. Fiederblättch. gesägt, Sori längl.

72c. Südlicher T., P. austrále Feé [*P. vulgáre* ssp. *serrátum* (Willd.)
Christ], fehlt dem Gebiet – in Fels- u. Mauerspalten des Mittelmeer-
gebietes (Polypodion serrati) – med(-atl) – Chrom. 2n = 74.

Ordnung Marsileáles

Familie der Schlammfarne, Marsileáceae

1   B. vierteilg, kleeartg, mit bohnenförmg. Sporenkapseln am B.-grund, Pf. mit
    kriechend. St., rasenbildd, 5–15 cm, ♃, 9–10   **Marsilea** 73
1* B. fädl., binsenartg mit erbsenförmg. Sporenkapseln am B.grund, Pf. mit
    kriechd. St., 3–10 cm, ♃, 7–9   **Pilularia** 74

Kleefarn, Marsílea L.

73. **M. quadrifólia** L., s. slt. u. unbestdg in Zwergbinsen- od. Teichrand-
Ges. an schlammg. Ufern v. Kiesgruben od. Tümpeln, auf alt.
Schweinsweiden, auf offen., nass., zeitw. überschwemmt., nährstoffreich-humos. (z. T. kalkarm.) sandg.-tonig. Schlammböden, wärmeliebd, z. B. mit *Eleocharis acicul.* (Eleocharition ac.), auch für d.
Nanocyperion angegeb. – Rh (seit 1965 verscholl.), Els (Sundgau) –
(med-)smed-euras(kont) – W – Chrom. 2n = 40 (32, 100–140).

Pillenfarn, Pilulária L.

74. **P. globulifera** L., s. slt. in Strandlgs-Ges. an Teichrändern od. in
schlammg. Gräben, auf off., nass., zweitw. überschwemmt., mesotroph.,
kalkarm., mäß. sauer., humos. sandig. Schlammböden, gern mit *Juncus
bulb.*, Char. d. Pilularietum (Hydr.-Baldellion) – Rh (z. B. Holzhausen i.
Breisg., Bühl), Pf (verscholl.), SFW (Mainhardt, ob noch?), Av (Immen-
stadt), Fr, He, NS, SH, NWe, Br, An, Th, Sa – subatl – W – Chrom.
2n = 26.

Ordnung Salviniáles

Familie der Schwimmfarne, Salviniáceae

Schwimmfarn, Salvínia Adans. vgl. S. 68

75. **S. nátans** (L.) All., slt., ab. gesellg in Schwimmdecken mit *Lemna* od.
Hydrocharis in ruhg., windgeschützt., oft von Wald od. Gebüsch
umstanden. Altwasserbuchten, in Ufernähe, zwischen eindringd.
Röhricht, in nährstoffreich. z. T. kalkarm. Gewässern in sommerwarm.
Klimalage, Aquarienpf., geschützt, Char. d. Spirodelo-Salvinietum,
auch im Hydrocharitetum (Lemnion) – Rh (Rußheim–Mannheim), Fr
(ob noch?), Oder, Elbe, Havel – euraskont (Steppenseen), im Gebiet an
d. W-Grenze d. Verbrtg – W – Chrom. 2n = (16) 18 (ca. 30).

Familie der Algenfarne, Azolláceae

Algenfarn, Wasserlinsen-Farn, Azólla Lam. vgl. S. 68

1   Haare d. B.oberfläche meist einzellg, 7–15 mm, ☉ – ♃, 8–10
                                              A. filiculoides   76
1* Haare d. B.oberfläche meist zweizellg, 3–10 mm, ☉ – ♃, 8–10
                                              A. caroliniana   77

76. Großer A., A. filiculoídes Lam., slt. z.T. unbestdg, z.T. ab. fest eingebürgert in Schwimmdecken mit *Lemna* od. *Hydrocharis* in ruhg. windgeschützt. Altwasser-Buchten od. lgsam fließd., nährstoffreich., oft kalkarm. Gewässer in sommerwarm. Klimalage, Licht-Halbschattpf., seit 1870 am mittl. Oberrhein beständig, jährl. schwankd verschwemmt, Herbstaspekt bildend, Lemnetea-Kl.char. – Rh, Pf, Ne, Fr (Nürnberg) – Herkunft: warm–gemäß. bis subtrop. Am., heute in entsprechd. Zonen weltweit – W.

77. Kleiner A., A. caroliniána Willd., ähnl. vor., ab. viel seltener u. unbestdger, hfg mit *A. filiculoides* verwechselt, daher Verbrtg unsicher geworden, wärmebedürftiger als vor., Lemnion-Art – Rh, Ne, Fr (neuerdgs größt.teils nicht mehr bestätigt) – Herkunft: subtrop N-Am. – W – Chrom. 2n = 48.

Abteilung Samenpflanzen (Spermatóphyta) Unterabteilung Gymnospérmae (Nacktsamer)

1 B. gefiedert, palmenähnl. Pf., z. B. B. Farnpalmen, Sagopalmen, Herkunft
   Tropen   *Klasse Cycadópsida*
1* B. nicht gefiedert
2 B. laubartg, fächerförmg-gabelnervg, oben eingeschnitt.-gelappt, sommergrün, Pf. zweihäusg, bis 30 m, ♄, 5–6   *Klasse Ginkgópsida*
                                                  Ordnung Ginkgoáles
                                                  Ginkgoáceae
   mit d. einzg. rezent. Gattung u. Art: **Gingko biloba** L.
   hfger Parkbaum aus O-Asien – Chrom. 2n = 24
2* B. schuppenförmg od. nadelg
3 B. zu klein. Schuppen reduziert, Pf. schachtelhalm-artg *Klasse Gnetópsida*
                                                  Ordnung Gnetáles
                                                  Ephedráceae (Meerträubchen)
   mit d. Gattung *Éphedra* L., dazu z. B. *E. distáchya* L. coll. in Steppen- u.
   Dünenrasen Europas (Wallis, west- u. südeurop. Küsten) – kont-med –
   Chrom. 2n = 28 (36)
3* B. nadelförmg od. größere Schuppen bildend, Bäume
                                                  Klasse Coniferópsida
4 Nadelbaum mit rot. fleischg. Scheinbeeren, Blü. mit endstg. Samenanlage,
   Nadeln oberts dunkelgrün, untersts hellgrün, ohne weiße Linie (vgl. *Abies*),
   2–5 m, ♄, 3–4   *Ordnung Taxales*
                                                  Taxaceae
                                                  Taxus 78
4* Nadelbäume mit holzg. Zapfen od. blauen-braunrot., trocken. Scheinbeeren   *Ordnung Pináles* S. 89

Klasse Coniferópsida (Nadelhölzer)

Ordnung Taxáles

Familie der Eibengewächse, Taxáceae

Eibe, Táxus L.

78. **T. baccáta** L., slt. im Unterstand v. Buchen-, Tannen- od. Esch.-
Wäldern d. submont. u. mont. Stufe, meist an steil. Hängen od. in
Taleinschnitt., auf sickerfrisch., basenreich., mild.–mäß. sauer., locker-
humos., flach-mittelgründg. steinig. Ton- u. Lehmböden in luftfeucht.-
wintermild. Klimalage, Licht-Halbschattbaum, stockausschlagfähg,
Nutzholz (Werk- u. Schnitzholz) lgsam wüchsg, giftg (außer Beeren-
fleisch), Zierbaum, gefährdet. Naturdenkmal (Tertiärrelikt), geschützt,

v. all. im Carici-Fagetum, auch in and. Fagion-Ges., im Tilio-Acerion od. Quercion pub. (Buxo-Quercetum) – Hügel- u. Bergld, BayW bis 1120 m, A bis 1400 m – subatl(-smed) (mit Unterarten eurassubozean, circ) – P – Chrom. 2n = 24.

Ordnung, Pináles

1   B. schmal-lineal (nadelg) od. schuppenförmg
2   B. schuppenförmg (schraubg gestellt) od.nadelförmg-zweizeilg-sommergrün, Deck- u. Fr.schuppen verschmolzen, ausschließl. Zier- u. Parkbäume   *Taxodiáceae*
         z. B. *Taxódium distichum* (L.) Rich., Sumpfzypresse (Nadeln zweizeilg sommergrün) aus N-Am., *Sequóia gigántea* (Lindl.) Decne, Mammutbaum (Nadeln schuppenförmg) aus dem kalifornisch. Lorbeer-Nadelwald, *Cryptoméria japónica* (L.f.) Don, Japan. Zeder, aus d. chines.-japan. Lorbeer-Nadelwald, wie vor. etwas wärmeliebd u. frostempfindl. – Parkanlagen von Rh, Ne, Hü, Bo usw.
2*   B. nadelg (wenn 2zeilig: wintergrün) od. schuppenförmg-gegenstdg
3   B. nadelg, 2zeilig-paarweise, spiralg wechselstdg od. gebüschelt, Bäume mit ± groß. Holzzapfen, Fr.schuppen spiralg   *Pinaceae* S. 89
3*   B. nadelg locker-quirlstdg od. klein schuppenförmg-gegenstdg, Fr.schuppen gegenstdg, Fr. meist kleinere Beeren- od. Holzzäpfch. *Cupressaceae* S. 95
1*   Nadeln keilförmg od. pfrieml., altertüml., frostempfindl. Zierbäume vorwiegd südhemisphaer. Verbrtg   *Araucariaceae*
         z. B. *Araucária araucána* (Mol.) K. Koch, in Parkanlagen von Rh (Badenweiler, Baden-Baden), Bo (Mainau), Herkunft: Chile–Argentinien, *A. excélsa* (Lamb.) R. Br., Zimmertanne, Herkunft: Norfolk-Inseln

Familie der Kieferngewächse, Pináceae

1   Nadeln einzeln stehend
2   Nadeln flach
3   Nadeln nicht in einer Ebene, unt.sts hellgrün od. weißl.
4   Nadeln 1,8–3,5 cm lg, Zweige weich, biegsam, Zapfen (5)6–10 cm lg, bis 30 m, ♄   **Pseudotsuga** S. 90
4*   Nadeln 1–1,8 cm lg, starr, Zapfen 4–6 cm lg, Baum mit schlank. säulenförmg. Wuchs, bis 30 m, ♄   **Picea omorika** 91
3*   Nadeln meist in einer Ebene, 1–2 mm brt, obersts dunkelgrün, untersts mit weiß. Streifen
5   Nadeln 10–20(—25) mm lg, Zäpfch. 1–2 cm lg, am Sproßende hängd, bis 20 m, ♄   **Tsuga** S. 91
5*   Nadeln üb. 18 mm lg, mit scheibenartg. verbreitert. grün. Stielch., Zapfen aufrecht, Schuppen einzeln abfalld, Spindel bleibd, ältere Bäume mit hellgrauer Rinde u. „Storchennest"-Krone, Gesamtfarbe blaugrün, bis 50 m, ♄, 5–6   **Abies** S. 90
2*   Nadeln ± 4kantg, spitz, gescheitelt-allseitg abstehd, mit braun., bleibd. Stielch., Zapfen hängd, als Ganzes falld, ältere Bäume mit rotbrauner Rinde u. immer spitz. Krone, Gesamtfarbe olivgrün, bis 50 m, ♄, 5 **Picea** S. 91
1*   Nadeln (an älter. Zweig.) zu 2 – mehr gebüschelt
6   Nadeln zu 15–30 gebüschelt, 1–3 cm lg

7   Nadeln lichtgrün, im Herbst abfalld, Zapfen klein eiförmg, bis 40 m, ♄, 4–6
                                                  Larix S. 92
7*   Nadeln starr, wintergrün, dunkel- od. blaugrün, Zapfen groß, längl., bis 30
    m, ♄, 9–10   **Cedrus** S. 92
6*   Nadeln zu 2–5 gebüschelt, 5–15 cm lg, wintergrün   **Pinus** S. 92

Douglasie, Pseudotsúga Carr.

79. Grüne D., P. menziésii (Mirb.) Franco [*P. taxifólia* (Poir.) Britton
p. p.], hfg forstl. eingebracht od. als Zierbaum gepflanzt, wertvoll durch
Raschwüchsigkt u. Schattenfestigkt, opt. auf frisch., mäß. sauer., nicht
zu basenarm., steinig. Lehmböden in wintermild-sommerwarm. Lagen
d. submont. Stufe, v. all. im Bereich des Asper.-Fagetum u. Luzulo-
Fagetum im W d. Gebietes (Sch, O, Pf), in ungünstg. Lagen durch
Dougl.-Schütte bedroht, Halbschattholz, Intensiv- u. Flachwurzler –
Herkunft: westl. N-Am. (Lorbeer-Nadelwald-Gebiet, Gaultherio-
Pseudotsugion Knapp 57) – P – Chrom. 2n = 26, 24.

79a. **var. glaúca** (Beissn.) Franco, Zapf. nur 5–6 cm lg. Deckschupp.
abstehd, wie vor. gepflzt., weniger zuwachsfreudg, Herkunft: westl. N-
Am. (Gebirge).

Tanne, Ábies Mill. vgl. S. 89

80. **Weißtanne, A. álba** Mill., hfg in Wäldern, bestandbildd od. mit
Buche, Kiefer u. Fichte gemischt, v. all. in 400–900 m (nach oben z. T.
angereichert), auf frisch., kühl., kalkarm. u. -reich., mild., humos. od.
mäß. sauer., modrg humos. (auch torfg. húmos.), meist mittelgründg.,
steinig. Lehm- u. Tonböden in humid-sommerwarm. Klimalage,
spätfrostempfdl., ab. in eben. Lag. u. auf schweren Böd. d. Buche
gegenüber begünstgt, Moderhumusbildner, freistellgs-empfindl. Schatt-
holz, Schatten- u. Humuskeimer (gern unter Buche, Kiefer, Fichte od.
Eiche), Tiefwurzler mit lgsam. Jugendwachstum (Sitzperiode), über 500
Jahre alt u. bis 50 (70) m hoch werdd, wertvolles Bauholz, in Standorts-
Grenzlagen gefährdet durch Tannenlaus, Hexenbesen, Sommerdürre
usw., opt. im Abieti-Fagetum (Fagion), vorherrschd im Galio- od.
Vaccinio-Abietenion (mit Fichte), auch im Luz.-Fagenion od. in luft-
feucht. Quercion rob.-p.-Ges. – Vog, Sch (250–1480 m), Ba, Ju (SW-Alb),
Av, A (bis 1560 m), SFW, Fr (z. T.), BayW (z. T.), FrW, ThW, Erzg,
Sa, L, nur im SW d. Gebietes in vital. Massenentfaltg – pralp(-smed)
– P – Chrom. 2n = 24.

Zier- und Forstbäume:

81. **Nordmann's-T., A. nordmanniána** (Stev.) Spach, Nadeln 2–3 cm lg,
glänzd, kaum gescheitelt, Rinde dunkelgrün – Herkunft Kaukasus.

82. **Riesen-T., A. grándis** (Don.) Lindl. (*A. excélsior* Franco), Jungtriebe feindrüsg, Nadeln meist über 3 cm lg, gescheitelt – Herkunft N-Am.

83. **Colorado-T., A. cóncolor** (Gord.) Hoopes, Nadeln über 4 cm lg, meist sichelförmg, blaugrün, 2–mehrreihig – Herkunft N-Am.

84. **Spanische T., A. pinsápo** Boiss., Nadeln kurz, starr, nicht gescheitelt, Parkbaum – Herkunft südspan. Gebirge – ähnl. d. neuerdgs oft gepflzte *A. koreána* Wils. aus Korea.
Alle Arten Chrom. 2n = 24.

85. **Hemlocktanne, Tsúga canadénsis** (L.) Carr., Zapf. kurz gestielt, bis 20 mm lg, Schupp. ± gezähnelt – Herkunft östl. N-Am. – Chrom. 2n = 24.

85a. **Tsúga heterophýlla** (Raf.) Sarg., Zapf. ohne Stielch., bis 25 mm lg, Schupp. ganzrandg – Herkunft westl. N-Am.

Fichte, Rottanne, Pícea A. Dietr. vgl. S. 89

86. **P. ábies** (L.) H. Karsten (*P. excélsa* Lk.), hfg, ab. im Gebiet v. Natur aus bestandbildd nur über 800–900 m Höhe, in Einzelmischung auch tiefer (v. all. im O d. Gebietes), auf frisch.-nass., basenarm. u. -reich., modrg-torfg humos., locker. steinig.-sandig. Lehm- u. Tonböden in kühl-humid. winterkalt. Klimalage, Flachwurzler (bes. auf luftarm. Böden), Rohhumusbilder ab. auch -zehrer (Wurzelpilz), frostharter Licht-Humus- u. Rohboden-Keimer, Pionier auf Magerweiden u. in Waldverlichtg., wird über 300 Jahre alt u. bis 60 m hoch, wertvoll. Bauholz, auch Nutzg v. Rinde (Gerbstoff) u. Harz (Vanillin), durch Pflanzg heute überall verbr., aber in Standortsgrenzlagen durch Rotfäule, Sommerdürre usw. gefährdet u. auf trock., basenarm. Standort durch sauer. Nadelstreu bodenschädgd, vorherrschd in hochmont. Piceeten, Vaccinio-Piceetalia-Art, v. Natur aus beigemischt (bes. im O d. Gebietes) auch in Fagion- od. Alno-Ulmion-Ges. – Natürl. Vorkommen: Sch (im W erst üb. 800 m), Ba, Ju (SW-Alb), BayW, ThW, Hz, Erzg, Sa, L (NS), Av, A bis 1900 m, slt. (Moorränder) auch SFW, Fr, Do – nokont(-pralp), im Sch an d. W-Grenze d. nat. Verbrtg – P – Chrom. 2n = 24.

Zier- und Forstbäume:

87. **Blau-F., P. púngens** Engelm., Nadeln mattgrün od. blaugrün-weißl., hartstechd – verbr. u. beliebt. Zierbaum – Herkunft westl. N-Am.

88. **Serbische F., P. omórika** (Panc.) Purk., endem. in Bosnien-Serbien (Tertiärrelikt), Char. d. Piceetum om. (Erico-Pinion), neuerdgs beliebt. u. verbr. Zierbaum, auch forstl. gepflzt.

Lärche, Lárix Mill. vgl. S. 90

89. **Europäische L., L. decídua** Mill., überall forstl. eingebracht, natürl. nur in d. Alpen (v. all. Zentralalp., sowie östl. Sudeten), auf frisch. basenreich. Lehm- u. Ton-Böden in sommerwarm., meist lufttrock. Klimalage, Pionierbaum im Zirbelkiefer- u. zentralalp. Fichten-Gebiet, v. Natur aus v. all. im Vacc.-Pinetum cembrae, Lichtholz-Art, wird bis rd. 400 Jahre alt, Wind- u. Ameis.verbrtg, Rohboden-Keimer, Vaccinio-Piceetalia-Art – A (östl. Teile) bis 2003 m – pralp(-euraskont mit nah verwandt. Arten in Sibirien) – P – Chrom. 2n = 24.

90. **Japanische L., L. kaempferi** (Lamb.) Carr. [*L. leptolépis* (Sieb. et Z.) Gord.], Nadeln blaugrün, weich, Jungtriebe rötl., Zapfenschupp. am Rand zurückgeschlag., neuerdings öfter in humiden Gebieten forstl. eingebracht, liebt hohe Luftfeuchtigkeit – Herkunft Japan – P – Chrom. 2n = 24.

91. **Cédrus** (Trew) Link, Zeder, Parkbäume v. all. d. Wärmegebiete (Rh, Bo usw.) z. B. *C. deodára* (Roxb.) Loud., Himalaya-Z. (Nadeln weich, 30–50 mm lg), *C. líbani* Loud., Libanon-Z. (Nadeln steif, 15–35 mm lg, meist dunkelgrün), *C. atlántica* Manetti, Atlas-Z. Nadeln steif, 10–25 mm lg, meist bläul. grün), Rohbodenkeimer – Chrom. 2n = 24.

Kiefer, Pínus L.

1	Nadeln zu 2
2	Nadeln auf d. flach. Seite bläul.-grün, 4–6 cm lg, Zapfen, deutl. gestielt, Rinde, v. all. oben am Stamm rötl., bis 40 m, ♄, 5 **P. sylvestris** 92
2*	Nadeln beidersts grün, Rinde grauschwarz
3	Nadeln 1–5 cm lg, Zapfen 2–4 cm lg, fast sitzd, Winterknospen harzg, Baum düster-schwarzgrün, aufrecht od. niederliegd, jge Krone kegelförmg, bis 12 m, ♄, 6–7 **P. mugo** 93
3*	Nadeln 6–15 cm lg, Zapfen bis 7 cm lg, bis 30 m, ♄, 5–6 **P. nigra** 94
1*	Nadeln zu 5
4	Nadeln steif, jge Zweige rostgelb behaart, Zapfen aufrecht, bis 10 cm lg, bis 20 m, ♄, 6 **P. cembra** 95
4*	Nadeln weich, dünn, jge Triebe kahl, später mit pinselförmg. Nadelbüscheln an d. Sproßenden, Zapfen bis 15 cm lg, bis 40 m, ♄, 5–6 **P. strobus** 96

92. **Wald-K., Föhre, Forle, P. sylvéstris** L., hfg, ab. im W v. Natur aus nur örtl. bestandbildd auf laubholzfeindl. Standort. (Felsen, Schotterfläch., Dünen, Moore), im O auch auf besser. Böden in Mischung mit Eiche, Tanne od. Fichte, bevorzugt mäß. trock., basenarm.(-basenreich.), neutral.–mäß. sauer. humos. Lehmböden, auch auf Sand od. Torf, in sommerwarm.–winterkalt. Klimalage, Licht- u. Rohboden-Keimer, frosthartes Licht-Halbschattholz, Pionierholz, bodenaufschließd. Tiefwurzler, wird bis 500 Jahre alt u. 50 m hoch, wertvoll. Nutzholz, früher Harzlieferant, heute forstl. überall eingebracht, vorteilhaft v. all. im

Bereich warm. Quercion rob.- od. Luz.-Fagenion-Standorte, neigt im Reinbestand ab. zur Rohhumusbildg, v. Natur aus herrschd im Dicrano-Cytiso- od. Erico-Pinion, beigemischt ferner dem Vaccinio-Piceion bzw. Vaccinio-Abietenion, d. Quercion rob. (Pino-Quercetum) od. Quercion pub. – Ebene bis Gebirge, A bis 1600 m – no-euraskont(-smed), im Gebiet an d. W-Grenze d. natürl. Verbrtg – P – Chrom. 2n = 24, formenreich, z. B.

92a. **ssp. sylvéstris** verbrt. Sippe, formenreich, z. B.

92b. **var. hercýnica** Muench, Höhenkiefer, Baum schlankwüchsg, spitzkrong, Halbschattholz, v. all. im Vaccinio-Abietetum (Vaccinio-Piceion), auch im Pino-Quercetum (Quercion rob.), ferner im Erico-Pinetum herc. – z. B. Ost-Sch, SFW, BayW, ThW

92c. **var. haguenénsis** Loud. (f. *superrhenána* P. K. Schott), Südwest-deutscheTieflands-Kiefer, Baum brtkrong, krummschäftg, v. all. im Myrtillo- u. Pyrolo-Pinetum d. nöRh.

92d. **var. pséudo-uncináta** Issl., Baum niederwüchsg, Zapfen bis 6 cm brt u. 5,5 cm lg, slt. an felsg. Hängen, in Quercion rob.-u. Q.pub.-Ges. – z. B. Vog, Sch, süHü (Kaiserstuhl).

92e. **var. turfósa** Woerl., Moor-Waldk., Baum niederwüchsg, Nadeln bis 2,5 cm lg, auf Moorböden in Kiefern- u. Birkenmooren – z. B. Sch, Av, BayW, Br, Me usw.

92f. **ssp. engadinénsis** (Heer) A. et Gr., Alpen-Waldk., Baum spitzkrong, Knospen harzg, Zapfen rund, z. B. in praealp. u. alp. Erico-Pinion-Ges. – Av, A.

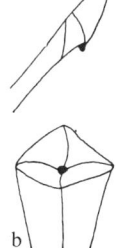

Abb. 10. Schuppenschilder
a *Pinus uncinata*, b *Pinus mugo*.   a   b

93. **Berg-K., P. múgo** (*P. montána* Mill.) – Gruppe

1 Zapfen unsymmetr., Schuppenschilder auf d. frei. Seite stark verdickt u. mit zurückgekrümmt. Haken (Abb. 10a)
2 Haken stark ausgebildet, nur aufrechte einstämmge Bäume

93a. **Haken-Berg-K., P. uncináta** Ramond [*P. múgo* ssp. *uncináta* (Ram.) Domin., *P. uncináta* var. *rostráta* Antoine] südwestalp. Sippe, z. B. im

Grenzgebiet d. Schweizer Ju, dort v. all. auf humos. felsg. Kalkböden in Erico-Pinion- u. Vaccinio-Piceion-Ges. – wpralp (Pyrenäen-W-Alp.-Schweiz. Ju) – P – Chrom. 2n = 24.

2* Haken schwach ausgebildet, Schuppenschild brter als hoch

93b. **Moor-Berg-K., P. rotundáta** Link [*P. múgo* ssp. *rotundáta* (Link) Janch. et Neumay., *P. uncináta* var. *rotundáta* Antoine, *P. uncinátamúgo*], zerstr., ab. gesellg v. all. im Randgehänge d. Hochmoore auf staunass., basenarm. sauer. Torfböden, auch mineral. Böd., Pionierholz, gern mit *Vaccinium ulig.* u. Sphagnion-Arten, Char. d. Pino-Sphagnetum (Sphagnion mag.), auch im Vacc.-Piceion – Sch, Av, A, BayW, Erzg (Sa) – pralp – P – formenreiche Übergangssippe, dazu z. B. var. *arbórea* Tub., Spirke, Baum aufrecht, z. B. süSch, Av, BayW – var. *pseudopumílio* (Willk.) Neumay., Latsche, Baum niederliegd–aufsteigd, z. B. nöSch, Av, A – Chrom. 2n = 24.

1* Zapfen symmetr., Schuppenschilder flach, ohne Haken (Abb. 10b), niederliegde mehrstämmge Legföhren, Krummholz-Kiefer

93c. **Echte Legföhre, P. múgo** Turra [*P. pumílio* Haenke, *P. múgo* ssp. *mugo*], ostalpine Sippe, v. all. im Knieholzgürtel d. Alpen, auf steinig., neutral–mäß. sauer., humos. Lehm- u. Tonböden, in Erico-Pinion- u. Vaccinio-Piceion-Ges., auch im Sphagnion (Pino-Sphagnetum), sonst oft angepflzt, geschützt – nöSch (Hornisgrinde, ob ursprüngl.?), BayW (an d. Waldgrenze), A bis 2350 m – opralp – P – Chrom. 2n = 24.

94. **Schwarz-K., P. nígra** Arnold ssp. **nigra** (*P. nígricans* Host) hfger Zier- u. Parkbaum, neuerdings auch zur Aufforstg trocken., flachgründg. Kalkfels-böd., kalkholde Trockenwald-Art SO-Europas, dort in Erico-Pinetalia-Ges. – P – Chrom. 2n = 24.

95. **Zirbel-K., Arve, P. cémbra** L., slt. an d. Waldgrenze d. Alp. (östl. Gebietsteile), sonst v. all. in d. Zentralalp., auf sauer. humos. Steinböden in kalt-kontinent. Klimalage, Rohhumuskeimer, Lichtholz, jg schattenertragd, s. wetterfest, lgsam wüchsg, wird bis 1000 Jahre alt, Char. d. Vacc.-Pinetum cembrae (Rhod.-Vaccinion) – A bis 1960 m, außerd. gepflanzt od. forstl. eingebracht (z. B. süSch) – nokont(-pralp) – P – Chrom. 2n = 24.

96. **Weymouth-K., Strobe, P. stróbus** L., hfg in Gärten od. Parkanlag., auch forstl. eingebracht, bevorzugt frische, warme, mäß. sauere Sand- u. Lehmböden, Halbschatt-Holz, neuerdings durch Rinden-Blasenrost gefährdet – Herkunft N-Am. (vgl. Pinetea strobi Knapp 57) – P – Chrom. 2n = 24.

Weitere Zier- und Parkbäume sind:

97. **Banks-K., P. banksiána** Lamb., Nadeln zu 2, hin- u. hergebog., Jungtriebe behaart, Herkunft N-Am.

98. **Dreh-K., P. contorta** Dougl., Nadeln zu 2, Jungtriebe gelbbraun, Herkunft N-Am.

99. **Pech-Kiefer, P. rígida** Mill. Nadeln zu 3, Herkunft N-Am.

100. **Meer-K., P. pináster** Sol. (*P. maritima* Poir.) Nadeln zu 2, kalkscheu, milde Winter liebd, forstl. eingebürgert z. B. Pf – wmed-atl. Alle Arten Chrom. 2n = 24.

Familie der Zypressengewächse, Cupressáceae

1   Fr. eine blaue od. braune Scheinbeere, B. nadel- od. schuppenförmg
                                               Juniperus S. 95
1* Fr. ein ledrig. od. verholzd. Zäpfch., B. im allg. schuppenförmg, Zweige abgeflacht
2   Zweige bis 3 mm brt
3   Gipfeltrieb überhängd, Zapfen kugelg   **Chamaecyparis** S. 96
3* Gipfeltrieb aufrecht, Zapfen längl. mit dachziegelförmg sich deckd. Schuppen, B. untersts meist grün (weißl.), zerrieb. stark duftd
4   Zapfenschuppen jg dickfleischg, auf d. Rücken mit gekrümmt. Dorn, Äste aufrecht, flächge B.schuppen mit strichförmg vertieft. Öldrüsen, Samen ungeflügelt, bis 5 m, ♄, 4–5   **Platycladus** S. 96
4* Zapfenschuppen dünnholzg, nur mit kleiner Spitze, Zapf. längl., Zweige ober- u. untersts verschieden gefärbt   **Thuja** S. 97
2* Zweige 4–8 mm brt, untersts silberweiß, bis 5 m, ♄, Zierstrauch aus O-Asien
                                 Thujópsis dolabráta (L. f.) Sieb. et Zucc.

Wacholder, Juníperus L.

1   B. nadelg-stechend, in Dreier-Quirl., bläul.
2   Aufrecht. Strauch, Nadeln 10–15 mm lg, bis 3 m, ♄, 4–5
                                        J. communis 101
2* Niederliegd. Spalierstrauch, Nadeln 4–8 mm lg, kahnförmg gebog., bis 0,5 m, ♄, 5–6   **J. sibirica** 102
1* B. meist schuppenförmg
3   Strauch niederliegd-aufsteigd, Zapf. (Scheinbeer.) an zurückgekrümmt. Zweig.
4   Strauch meist aufsteigd, dicht buschg, Sprosse beim Zerreib. stark unangenehm duftd, schuppenförmge B. 1–3 mm lg, 1–2 m, ♄
                                        J. sabina 103
4* Strauch niederliegd, oft weithin kriechd, blaugrün bis stahlblau, B.nadelförmg od. schuppg, zerrieb. ± aromat., ab. nicht stark duftd, 10–50 cm, ♄, 4–5   **J. horizontalis** 104
3* Strauch aufrecht, Schupp.b. 1–2 mm lg, Zapf. (Scheinbeer.) aufrecht, Sprosse zerrieb. stark duftd, bis 12 m hoher Zier- u. Nutzbaum aus N-Am. (Bleistiftholz)   **J. virginiana L.**

101. **Gewöhnlicher W., J. commúnis** L., zml. hfg auf sonng. Magerweid., an Felsen, in licht. Wäldern, auf vorwiegd mäß. trock. od. wechselfeucht., mild–sauer. humos. Ton- u. Lehmböden, auch auf Sand od. Torf, Tiefwurzler, Lichtholz, Tierverbrtg, Fr. zu Nutz- u. Heilzwecken (Gewürz, Wacholdersaft), urwüchsg z. B. mit *Amelanchier* im Felsgebüsch, sonst im Sekundär-Gebüsch auf Magerweiden (Mesobromion, Violion usw.), Berberidion-Verb.Diff., auch im Erico-Pinion, Quercion pub., usw., z. T. als Zeiger ehemalg. Beweidung – Ebene bis Gebirge (Gebiete mit Extensiv-Weiden), A bis 1600 m – noeuras(-smed), circ – P – Chrom. 2n = 22.

102. **Zwerg-W., J. sibírica** Lodd. [*J. commúnis* ssp. *nána* (Willd.) Syme], zerstr. auf sonnig. Magerweiden d. subalp. u. alp. Stufe, im Zwergstrauch- u. Alpenrosen-Gebüsch, auf mäß. frisch., basenreich., mäß. sauer., modrig humos., gern flachgründg., steinig. Ton- u. Lehmböden, Lichtpf., Weideunkraut, geschützt, angereichert in d. kont. Zentralalp. im (südseitig.) Juniperion nanae, überreg. Vaccinio-Piceetalia-Ordn.char. – A 1600–2320 m – arkt-alp – Ch, Pn – Chrom. 2n = 22.

103. **Sadebaum, Stink-W., J. sabína** L., slt., v. all. an heiß. trock. Hängen d. kont. Inneralpen, in off. Trockenrasen od. unter Kiefern auf sommertrock., basenreich., mild-neutral., humos. flachgründg. Steinböden, Heilpf. (auch gegen Ungeziefer), oft in Bauerngärten gepflanzt, altertüml. Gebirgssteppen-Pf. – A (Ammergau, hier in Felsstrauchges. auf Kieselkalk bis 1900 m, Chiemgauer Berge) – pralp-euraskont – Pn – Chrom. 2n = 22.

104. **J. horizontális** Moench, niederliegder Fels- u. Sandstrauch aus N-Am., als „Bodendecker" in viel. Form. hfg kultiviert

Weißzeder, Scheinzypresse, Chamaecýparis Spach

1 Zweige 1,5–3 mm brt, B.schuppen unterts mit weiß. Linien, bis 30 m, ♄
   Ch. lawsoniana 105

1* Zweige 1–1,3 mm brt, B.schuppen unterts grün od. bläul-grün, auch Zapfen bläul.-weiß, bis 25 m, ♄ **Ch. thyoides** 106

105. **Lawson's Sch., Ch. lawsoniána** (Murray) Parl., hfger Zierbaum aus Kalifornien – Chrom. 2n = 22

106. **Weiße Sch., Ch. thyoídes** (L.) Britton, Zierbaum aus N-Am. – Chrom. 2n = 22.

Lebensbaum, Platýcladus Spach vgl. S. 95

107. **Morgenländischer L., P. orientális** (L.) Franco (*Thúja orientális* L.), wärmeliebd. Zierbaum aus O-Asien – Chrom. 2n = 22.

Lebensbaum, Thúja L.

1   B.schuppen untersts blaßgrün, obersts meist mit erhaben. Öldrüsen, bis 15
    m, ♄   **Th. occidentális** 108
1* B.schuppen untersts mit weiß. Linien, Öldrüsen undeutl., Pf. aromatisch
    duftend, bis 50 m, ♄   **Th. plicata** 109
108. **Amerikanischer L., Th. occidentális L.,** Zierbaum aus N-Am.
109. **Riesen-L., Th. plicáta** D. Don, Zierbaum aus d. westl. N-Am., dort
Char.baum d. ozean. Lorbeer-Nadelwälder (Tsuga-Thujetea plic.
Knapp 57), – in schön. Forstbestand b. Weinheim an d. Bergstr.
(„Exotenwald") – Beide Arten Chrom. 2n = 22

Unterabteilung Angiospérmae (Bedecktsamer) Klasse Monocotyledóneae (Einkeimblättrige)

1   Blü. unscheinbar, grünl., od. spelzenförmig, nicht deutl. blumenartg. od.
    wenn trockenhäutg, nicht sternförmg, Blü.stde oft kugelg, walzl. od. an
    gefärbt. Kolben (1* vgl. S. 98 Mitte)
2   Wasserpf., freischwimmd od. unt. Wasser wurzld, Unterwasserb. meist
    längl.-lineal, Schwimmb. rundl.-eiförmg od. längl.
3   Pf. freischwimmd mit klein. linsenförmg. (Schein-)B. (umgewandelt.
    Sproß!)   *Lemnaceae* S. 118
3* Pf. meist wurzeld oder untergetaucht, deutl. in Sproß u. B. gegliedert
4   B. nervenlos, lineal, meist derb, gegenstdg od. quirlg, ± gezähnt, Blü. b.
    achselstdg, Fr.kn. 1   *Najadaceae* S. 107
4* B. wenigst. 1nervg, ganzrandg od. nur fein gezähnelt
5   Blü. eingeschlechtg, zu wenigen b.achselstdg od. zahlreich in kugelg. Köpfen
6   Blü. b.achselstdg, Fr. geschnäbelt, B. fädl., ob.sts rinng, ohne B.scheid.,
    aber mit Nebenb. (Stipulae) (vgl. *Potamogeton pectinatus*), 10–50 cm, ♃. 5–9
                                  Zannichelliaceae, **Zannichellia** S. 106
    B. grasartg, Meerespf. vgl.   *Zosteraceae* S. 106
6* Blü. in kugelg. Köpfen, vgl.   *Sparganiaceae* S. 115
5* Blü. zwittrg, in gestielt., während d. Blü.zeit aus d. Wasser ragenden Ähren,
    nicht b.achselstdg   *Potamogetonaceae* S. 99
    vgl. ferner mit quirlförmg. B. *Elodea* (Wasserpest) od. d. zweikeimblättrg.
    Gattungen *Hippuris* (Tannenwedel), *Elatine* (Tännelkraut) od. *Callitriche*
    (Wasserstern)
2* Sumpf- od. Landpf., wenn untergetaucht wurzeld, aufrecht üb. d. Wasser
    ragend, wenn mit Schwimmb., diese lg grasartg
7   Blü. in kugelg. Köpfen od. dick., starr-walzl. Ähren od. Kolben
8   B. lineal, schilfartg, ± fächerförmg angeordnet, meist untergetaucht
    wurzlde Sumpfpf., Blü.stds-Hülle hinfällg od. fehlend

9 Blü. in kugelg.-igelförmg. Köpfen, d. oberen mit Staubb., d. unter. mit
   Fr.kn., B. unten oft 3kantg   *Sparganiaceae* S. 115
9* Blü. in walzl. od. kolbenförmg. Ähren
10 Blü. in endstdg. walzl.(-eiförmg.) Kolben, oben mit Staubb. (hinfällg), unten
   mit (bleibd.) ± braunen Fr. kn. bzw. Fr.ständen, B. brt (seltener grasartg),
   flach od. unten gewölbt   *Typhaceae* S. 113
10* Kolben (scheinbar) seitenstdg, grünl., B. flach (schwertförmg) mit erhaben.
   Rippe, meist quergefältelt, aromatisch vgl.   **Acorus** S. 117
8* B. brt herz- od. pfeilförmg, Kolben mit weiß. od. hellgrün. bleibd. Hülle,
   Land- od. Sumpfpf.   *Araceae* S. 117
7* Blü. in Ährch. mit klein. trockenhäutg. od. grünl. (meist kahnförmg.)
   Spelzen, Blü.stand locker rispg od. schmal ährg (slt. starr kolbg), B. grasartg
11 St. meist mit Knoten (Ausn. vgl. *Molinia*), röhrg od. flach zweischneidg, B.
   zweizeilg (fächerförmg entspringd), Staubb. u. Fr.kn. von mindest. 2
   Spelzen umhüllt (vgl. Abb. 17 S. 193)   *Poaceae* S. 193
11* St. meist knotenlos, 3kantg-markg, B. 3zeilg (springbrunnenartg entspringd), derb, rinnig, Staubb. od. Fr.kn. nur mit einer Spelze (vgl. Abb. 15,
   S. 155)   *Cyperaceae* S. 154
1* Blü. deutl. blumenartg od. wenn trockenhäutg u. spelzenartg doch deutl.
   sternförmg, mit 3- od. 6teilg. Blü. u. 3teilg. Fr.
12 Blü.b. klein (wenige mm), grünl. od. trockenhäutg-spelzenartg, Kelch u.
   Blü.b. meist nicht unterscheidbar, Pf. gras- od. binsenartg
13 Fr.kn. 1 od. mehrere verwachsen
14 Blü. in Rispen od. Köpfch., B. entweder grasartg schlaff u. ± behaart, od.
   binsenförmg starr, rinng-röhrg, glatt, dunkelgrün   *Juncaceae* S. 142
14* Blü. in schmal. Trauben od. Ähren, Grundb. grasartg, schmal-lineal., St.
   b.los, Blü.b. hinfällg, Fr. d. Länge nach verwachsen, zuletzt v. unten her in
   3–6 Teilfr. aufspreizend   *Juncaginaceae* S. 108
13* Fr.kn. 3(–6), deutl. getrennt, Blü. in Trauben, klein, gelbgrün (bleibd), Fr.
   aufgeblasen, B. binsenartg rund-halbrund, St. beblättert, unt. v. abgestorb.
   B.scheiden umhüllt, 10 bis 30 cm, ⧜, 5–6   *Scheuchzeriaceae* S. 108
12* Blü. meist ansehnl., bunt, B. brter, wenn schmal, dann nicht binsenförmg od.
   schlaff-grasartg.-behaart
15 Fr.kn. oberstdg (vgl. Abb. 25, S. 287)
16 Blü. deutl. in Kelch u. Krone geschieden, Kronb. 3
17 Fr.kn. zahlreich, Blü.std rispg od. ährg, B. brt längl. od. pfeilförmg,
   untergetaucht wurzlde Sumpf- u. Wasserpf. *Alismataceae* S. 109
17* Fr.kn. 1, Landpf., Zier- u. Adventiv-Pf. vgl.   *Commelinaceae* S. 113
16* Äußerer u. innerer Blü.krcis gleichartg entwickelt, Blü. 6teilg
18 Staubb. 9, Fr.kn. 6, Blü. rötl.-weiß, Blü.std doldg, B. grasartg, rinng, Pf.
   meist untergetaucht wurzld, 50–150 cm, ⧜, 6–8   *Butomaceae* S. 111
18* Staubb. meist 6 (nie 9), Fr.kn. 1, B. oft quirlg, brt, grasartg od. schwert-
   förmg-2zeilg, keine untergetaucht wurzlde Wasserpf. *Liliaceae* S. 119
   B. netzadrg vgl.   *Trilliaceae* S. 136
15* Fr.kn. unterstdg
19 Wasserpf. mit seerosenartg kl. Schwimmb. od. mit ausschließl. untergetaucht. Sprossen mit lineal., rosettg od. quirlg angeordnet. B., Blü.
   eingeschlechtg, in einer aus 1–2 Hochb. gebildet. Scheide steckd, Blü.b. 3,
   weiß, z. T. s. klein   *Hydrocharitaceae* S. 111
19* Landpf. od. Sumpfpf. mit weit üb. d. Wasser sich erhebd. B.

20 St. windend, B. herzförmg (netzadrg), gestielt, Blü. grünl. eingeschlechtg,
Fr. rote Beere, 1–2 m, ♃, 5–6   *Dioscoreaceae* (**Tamus**) S. 138
20* St. aufrecht, Blü. zwittrg, Fr. eine Kapsel
21 Blü.b. ± gleich geformt, Blü. sternförmg od. glockg, slt. schwach 2lippg u.
dann trichterg (*Gladiolus*), Staubb. frei
22 Staubb. 6, Narben klein, Blü. einzeln od. doldg, nickend
                                             Amaryllidaceae S. 137
22* Staubb. 3, Narben z. T. Blü.b.artg vergrößert u. gefärbt, Blü. meist aufrecht
od. in traubg. Blü.std. nickend, B. schwertförmg, wenn flach od. rinng, dann
mit weiß. Mittelstreif.   *Iridaceae* S. 139
21* Blü.b. ungleich geformt, Blü. 2seitg symmetr., 2lippg, oft gespornt, Staubb.
u. Griffel verwachsen, Fr. kn. oft gedreht, einige Arten bleich u. ohne grün.
Farbstoff   *Orchidaceae* S. 266

Abb. 11. Blattscheide von *Potamogeton pectinatus*.

Ordnung Potamogetonáles

Familie der Laichkraut-Gewächse, Potamogetonáceae

1 Ähre vielblütg, Staubb. u. Früchtch. 4   **Potamogeton** S. 99
1* Ähre 2blütg, Staubb. 2, Salzwasserpf.   **Ruppia** S. 105

Laichkraut, Potamogéton L.

1 B. paarweise, fast gegenstdg genähert, auch 3quirlg, halbst.umfassd sitzd
(ohne B.scheide), 1–2 cm lg, lanzettl., gezähnelt, Blü.ähre kurz gestielt, bis 30
cm lg, ♃, 6–8   **P. densus** 110
1* B., mit Ausnahme d. oberst., wechselstdg
2 B. lineal grasartg, 1–5 mm brt, Pf. untergetaucht (2* vgl. S. 100)
3 B. an st.umfassd. röhrg. Scheide (Abb. 11)
4 B.scheiden (v. all. d. unter.) steif, aufgeblas., 3–6 cm lg, bis 8 mm brt, B. 3–
5nervg, Pf. wintergrün, bis 4 m lg, ♃, 9–10   **P. helveticus** 111
4* B.scheiden kaum aufgeblas., 0,5–5 cm lg, zuletzt oft aufgesprengt
5 St. reich verästelt, B. 1–5nervg, spitz, deutl. quernervg, B.häutch. mehr-
zipflg, Ährenstiel 4–6 cm lg, Ähre locker, bis 5 cm lg, Fr. fast halbkreisförmg, gekielt, 4 mm lg, Pf. bis 2 m lg, ♃, 6–8   **P. pectinatus** 100)

5* St. nur am Grunde verästelt, B. fadenförmg, 1nervg, stumpfl., ohne Quer-
    nerv., B.häutch. 1zipflg, Fr. ellipt. gerundet, 2mm lg, Pf. 10–40 cm lg,
    ♃, 6–7   **P. filiformis** 113
3* B. unmittelbar am St. entspringd, ab. am jg. Sproß mit Nebenb.-artger ±
    offen. B.scheide, jg. z. T. röhrg verwachs.
6   B. vielnervg, mit 3–5 stärker. u. zahlreich. schwächer. Nerven, 2–4 mm brt,
    zugespitzt, St. flach zus.gedrückt, 2kantg
7   St. geflügelt, weitläufg ästg, B. bis 20 cm lg, Ährenstiele 2–3mal lger als 10–
    15 blütge Ähre, Fr. kurz geschnäbelt, 50–150 cm, ♃, 6–8
                                                      P. compressus 114
7* St. ungeflügelt, Ährenstiele so lg wie lockere 3–6blütge Ähre, Fr. mit lg
    gekrümmt. Schnabel, 30–60 cm, ♃, 6–8   **P. acutifolius** 115
6* B. wenignervg, neben 1 Mittelnerv nur 3–5 undeutl. Parallelnerv., bis 3 mm
    brt, St. fast stielrund od. abgerundet-abgeflacht, nicht geflügelt
8   Ährenstiele ± so lg wie dickl. Ähre, B. stumpfl., 2–8 cm lg, Fr. mit gerad.
    Schnabel, 50–100 cm, ♃, 6–8   **P. obtusifolius** 116
8* Ährenstiele 2–3mal lger als zuletzt lockere Ähre
9   B. 3–5nervg, bis 2,5 mm brt, stumpfl. mit Spitzch., Ährenstiele nach oben
    verdickt, St. weitläufg ästg, 50–100 cm, ♃, 6–8   **P. friesii** 117
9* B. 1–3nervg, bis 1,5 mm brt, Ährenstiele fadenförmg
10 B. 1-undeutl. 3nervg, unter 0,5 mm brt, fein zugespitzt, trübgrün, starr, jge
    Nebenb. röhrg verwachs. Ähre 1(–8)blütg, Fr. halbkreisförmg, 2 mm lg, 20–
    50 cm, ♃, 6–7   **P. trichoides** 118
10* B. deutl. 3nervg, z. T. nur am B.grund
11 B. stumpfl., ± kurz, fein bespitzt, weich, 1–3 cm lg, Fr. schief-ellipt.–
    konkav, bis 1,5 mm lg, St. fast stielrund
12 Junge Nebenb. frei, B. bis 1,5 mm brt, bräunl.-grün, Blü.ähre kompakt,
    Winterknosp. endstdg, 30–80 cm, ♃, 6–9   **P. berchtoldii** 119
12* Junge Nebenb. röhrg verwachs., B. 0,5 bis 1 mm brt, gelbgrün, Blü.ähre
    aufgelockert, Winterknosp. b.achselstdg, 30–80 cm, ♃, 6–9
                                                      P. pusillus 120
11* B. allmähl. fein zugespitzt, Fr. halbellipt., abgerundet, St. nur am Grunde
    ästg, schwach zus.gedrückt, 30 bis 50 cm, ♃, 7–8   **P. rutilus** 121
2* B., mindest. d. oberen, oval-lanzettl., im allg. über 5 mm brt, Pf.
    untergetaucht od. mit Schwimmb.
13 St. zus.gedrückt, 4kantg, B. längl., wellg kraus, klein gesägt, sitzd, Fr. am
    Grunde verwachsen, Pf. untergetaucht, 30–200 cm, ♃, 6–8
                                                      P. crispus 122
13* St. rund, Fr. getrennt, Pf. untergetaucht od. mit Schwimmb.
14 Untergetauchte B. sitzd od. in kurze, bis 1 cm lg. geflügelte. Stiel
    verschmälert, Schwimmb. fehld od. slt.
15 Ährenstiele oben nicht od. wenig verdickt, nicht dicker als St., Fr. scharf
    gekielt, B. stumpfl.
16 B. nicht st.umfassd, lanzettl., verschmälert sitzd, ganzrandg, rötl., 7–15 cm
    lg u. 2,5 cm brt, Pf. gelegtl. mit eiförmg-häutg. Schwimmb., diese lger als ihr
    Stiel, 30–200 cm, ♃, 6–8   **P. alpinus** 123
    vgl. auch 21   **P. coloratus** (131)
16* B. st.umfassd, Pf. nur untergetaucht, St. reichästg
17 B. rundl.-eiförmg, bis 6 cm lg, am Grunde tief herzförmg, am Rande rauh
    gezähnelt, 1–6 m, ♃, 6–9   **P. perfoliatus** 124

vgl. auch 19   **P. lucens** (126) u. 20* **P. nitens** (130)

17* B. längl.-lanzettl., 5–15 cm lg u. 2–3 cm brt, ganzrandg bzw. $\pm$ gekräuselt, mit Kapuzenspitze, St. weißl., knickg hin- u. hergebogen, Ährenstiel bis 40 cm lg, 1–2 cm, $2\!\!\!|$, 6–7   **P. praelongus** 125

15* Ährenstiele oben $\pm$ verdickt, meist dicker als ästg. St., B. meist bespitzt

18   B. meist über 6 cm lg, kurz gestielt, gezähnelt rauh, stachelspitzg, meist sämtl. untergetaucht

19   B. 10–20 cm lg u. 4–4,5 cm brt, immer untergetaucht, obere nicht lger gestielt als untere, häutg-durchscheinend, lebhaft grün, glänzd, Ährenstiele bis 25 cm lg, 3–4 m, $2\!\!\!|$, 6–8   **P. lucens** 126

19* B. 5–10 cm lg u. 2–3 cm brt, $\pm$ sichelförmg, obere B. lger gestielt als untere, Pf. gelegtl. mit Schwimmb., Ährenstiele 5–7 cm lg, 50–100 cm, $2\!\!\!|$, 6–8   **P. × zizii** 128

18* B. höchst. 6 cm lg, untere sitzd., $\pm$ spitz (nicht stachelspitzg), dazu gelgtl. kurz gestielte Schwimmb.

20   Untergetauchte B. lanzettl.-grasartg, am Grunde verschmälert, dünn, trocken schwach glänzd, bis 8 mm brt, am Rand fein gezähnelt (Lupe), Schwimmb. slt., diese eiförmg.-ledrg, bis 6 cm lg, 30–120 cm, $2\!\!\!|$, 6–7   **P. gramineus** 129

20* Untergetauchte B. längl.-lanzettl., am Grund abgerundet, halb-st.umfassd, trocken stark glänzd, bis 13 mm brt, Schwimmb. s. slt., 30–120 cm, $2\!\!\!|$, 6–7   **P. nitens** 130

vgl. auch 17   **P. perfoliatus** (124)

14* Alle B. lg (wenigst. üb. 1 cm lg) gestielt, ganzrandg, obere stets schwimmd

21   Schwimmb., wie übrge B., durchscheinend häutg (mit deutl. Nervennetz), eiförmg, rötl., bis 6 cm brt, 2–4mal lger als ihr 1–2 cm lger Stiel, untergetauchte B. mehr lanzettl., $\pm$ bespitzt u. oft nur s. kurz gestielt, 30–60 cm, $2\!\!\!|$, 6–9   **P. coloratus** 131

vgl. auch 16   **P. alpinus** (123)

21* Schwimmb. ledrg, mindest. so lg wie ihr Stiel (slt. wenig kürzer)

22   Untergetauchte B. binsenartg, z. Blü.zeit meist nicht mehr vorhand., Schwimmb. bis 12 cm lg, Fr. 4–5 mm lg, 50–150 cm, $2\!\!\!|$, 6–8   **P. natans** 133

22* Untergetauchte B. schmal-lanzettl., $\pm$ lg gestielt, zur Blü.zeit noch vorhand.

23   Schwimmb. 2–4mal so lg wie brt, am Grunde nicht herzförmg, Ähr.stiele meist dicker als unten angrenzd. St., Fr. 3–3,5 mm lg, 1–2 m, $2\!\!\!|$, 6–9   **P. nodosus** 132

23* Schwimmb. 1–2mal so lg wie brt, rundl.-oval, am Grund z. T. herzförmg, Fr. 2–2,5 mm lg, 30–60 cm, $2\!\!\!|$, 6–7   **P. polygonifolius** 134

Alle Arten Windbestäubg u. Wasserverbrtg

110. Dichtes L., P. dénsus L. [*Groenlándia dénsa* (L.) Fourr.], zerstr. in Laichkraut-Ges. lgsam fließd., kühl., basenreich., meist nur mäßg verschmutzt., mesotroph. Gewässer, in Gräben u. Bächen tief. u. mittl. Lagen, in 20–100 cm Wassertiefe, auf humos. Sand- od. Kies-Böden, auch Torfschlammböden, Lichtpf., im Winter z.T. einziehd, Ranunculion fluit.-Verb.char., auch im Potamogetonion – Rh, Sch bis 900 m, Bo, Av, A bis 915 m, Do, Fr, Ju, SH, Br, Me (z.T. verscholl.) – subatl-smed – W – Chrom. 2n = 30

111. **Schweizer L.**, **P. helvéticus** (G. Fisch.) W. Koch (*P. pectinátus* ssp. *vaginátus* A. et Gr., *P. vaginátus* Turcz p.p.), zerstr. an Ufern, in Laichkraut-Ges. tief., nährstoff- u. basenreich. Fließgewässer, auf humos., schlammg. Sand- u. Kiesböden, Char. d. Ranunculetum fluit. (Ranunculion fluit.) – z. B. HRh, Rh, Bo, wohl auch anderwts – eurassmed (?) – W.

112. **Kamm-L.**, **P. pectinátus** L., zml. hfg in untergetaucht. Laichkraut-Ges. v. Seen, Tümpeln, Altwassern od. Gräben mit stehend. od. lgsam fließd., ± rein. bis stark verschmutzt., basenreich. Wasser auf humos. Schlammböden von 20–350 cm Wassertiefe, oft in rein. Beständ., Potamogetonetalia-Ordn.char. – Ebene bis Gebirge, A bis 1595 m – euras.-med, bzw. kosmopol. – W – Chrom. 2n = 78, formenreich.

1 B. haarfein, St. dicht gabelästg, Ähr.stiele stark verlängert

112a. **var. pectinátus,** v. all. in mehr oligotroph. Seen u. Altwassern, im Najadetum intermed. u. Potamogetonetum pan.-gram. (Potamogetonion), z. B. Bo, nöRh, Av

1* B. bis 2,5 mm brt

112b. **var. zosteráceus** (Fr.) Casp., zml. hfg in mehr eutroph., auch brackg. Gewässern, im Potamogetonion u. Ruppion – v. all. im N d. Gebiet., auch He, Mn (Tauber), Rh, Do, Av, A, usw.

113. **Faden-L.**, **P. filifórmis** Pers., slt. in Laichkraut-Ges. tiefer Bäche u. Gräben, auch in Seen, in stehd. od. lgsam fließd., kalt., klarem (unverschmutzt.) basenreich., oft kalkarm., mäß. sauer. Wasser auf humos. Sandböden od. Torfschlamm-Böden, var. *alpinus* Char. d. Potamogetonetum filif. (Potamogetonion), var. *filiformis* mehr im Ranunculion fluit. – v. all. Bo, Do, Av, A bis 1800 m, auch süSch, SH (verscholl.), Me, Br – no-pralp, circ – W – Chrom. 2n = 78.

113a. **var. alpínus** Blytt, B. 1 mm brt, St. stark ästg, in Gebirgsseen d. subalp. Stufe.

114. **Flachstengeliges L.**, **P. compréssus** L., slt. in Laichkraut-Beständen tiefer Seen, Weiher od. Altwasser, in vorwiegd stehd., basen- u. nährstoffreich. Wasser auf humos. Schlammböden, bes. in tief. Lagen, z. B. mit *Potamogeton lucens,* Potamogetonion-Verb.char. – v. all. im N d. Gebiet., im S s. slt. – no-euras, circ – W – Chrom. 2n = 26.

115. **Spitzblättriges L.**, **P. acutifólius** Link, slt. in Laichkraut-Ges. stehd. od. lgsam fließd., kalk- u. nährstoffreich. Gewässer tiefer Lagen, auf Schlammböden in 30–150 cm Wassertiefe, Potamogetonion-Verb.char. – v. all. im W d. Gebiet. z. B. SH, NS, NWe, Me, Th, Rh, Ne, Bo, Ba, Do, Av, Fr – subatl – W – Chrom. 2n = 26.

116. **Stumpfblättriges L.**, **P. obtusifólius** M. et K., zerstr. in Laichkraut-Ges. d. Seen, Tümpel u. Gräben tiefer Lagen, in nährstoff- u. basenreich., oft kalkarm. Wasser, auf humos. Schlammböden,

Potamogetonion-Verb.char. – v. all. im N, auch Rh, Pf, Bo, SFW, Fr, BayW, Av – euras(subozean), circ – W – Chrom. 2n = 26.

117. **Stachelspitziges L., P. friēsii** Rupr. (*P. mucronátus* Schrad.), s. slt. in Laichkraut-Beständen vorwiegd stehd., ± seichter basenreich., oft kalkarm. meso-eutroph. Gewässer, in z.T. beschattet. Gräben u. Altwassern üb. humos-torfg. Schlamm- u. Mudde-Böden, Char. d. Hottonietum (Nymphaeion), auch z.B. mit *P. lucens* im Potamogetonion – v. all. im N, auch nöRh (Karlsruhe–Worms), HRh, Bo, Do, Fr – no-euras, circ – W – Chrom. 2n = 26.

118. **Haar-L-. P. trichoídes** Cham. et Schlecht., slt. in Laichkraut- u. Seerosen-Ges. seicht., stehd., basenreich., vorwiegd nährstoffarm., mesotroph. klarer Gewässer tiefer. Lagen, in Torfstichen, Gräben od. Altwassern, auf sandig.-torfg. Schlammböden, Char. d. Potamogetonetum trich. (Potamogetonion), meist im Kontakt mit Nymphaeion- u. Eleocharition ac.-Ges. – v. all. im N, im S slt., z.B. nöRh, Pf (Saar), nöHü (1 Fundort), Ne (1 Fundort), Bo (Bregenz), SFW, Av, Fr, Do – subatl(-smed) – W – Chrom. 2n = 26.

119. **Kleines L., P. berchtóldii** Fieb., zml. verbr. in Laichkraut-Beständen tiefer, stehd. od. lgsam fließd., basen- u. ± nährstoffreich., wenig verschmutzt. Gewässer (bis 2,5 m Tiefe), an Seen, in ± beschatt. Altwassern od. Gräben auf humos. Schlammböden, Potamogetonetalia-Ordn.char. – Ebene bis mittl. Gebirgslag., A bis 815 m – (no-)euras-smed bzw. kosmop. – W – Chrom. 2n = 26.

120. **Zwerg-L., P. pusíllus** L. (*P. panormitánus* Biv.), zerstr. in Laichkraut-Ges. klarer, ± nährstoffreich., basenreich., meso-eutroph. Gewässer, an Seen, in Tümpeln u. Gräben bis 3 m Tiefe, auf mäß. humos. schlammg. Sandböden, auch auf Torfschlamm-Böden, Potamogetonetalia-Ordn.char. – Ebene bis mittl. Gebirgslag. – (no-)eurassubozean, circ – W – Chrom. 2n = 26.

120a. **var. mínor** G. Fisch., B. fadenförmg. ± 1nervg, v. all. im Potamogetonetum pan.-gram. – z.B. Bo.

121. **Rötliches L., P. rŭtilus,** Wolfg., s. slt. in Laichkraut-Ges. stehd. od. auch lgsam fließd., basenreich., mesotroph. Gewässer, in Seen, Teichen u. Gräben, wohl Potamogetonion-Art – Fr, SH, Me, Br, An (z.T. fragl.) – no(subozean), circ(?) – W – Chrom. 2n = 26.

122. **Krauses L., P. críspus** L., zml. hfg in Laichkraut-Ges. tiefer, stehd., auch lgsam fließd., basen- u. nährstoffreich., meist mäßg verschmutzt., mesotroph. Gewässer tiefer Lagen, in Seen, Altwassern u. Gräben v. 30–400 cm Wassertiefe, Potamogetonetalia-Ordn.char. – Ebene bis mittl. Gebirgslag. (rd. 800 m), Silikatgebiete slt. – euras(subozean) bzw. kosmop. – W – Chrom. 2n = 52.

123. **Alpen-L., P. alpínus** Balbis (*P. ruféscens* Schrad.), zerstr. in Laichkraut-Beständen stehd. od. lgsam fließd., tiefer, kühler, basenreich., unverschmutzt., meist nährstoff- u. kalkarm. Gewässer, in Tümpeln u. Gräben auf sandig.-torfg. Schlammböden, Char. d. Potamogetonetum fil. (Potamogetonion) – v. all. Bo, Av, A bis 1600 m, u. im N, ferner slt. Rh, Pf, Sch, Ne, SFW, Ju, Do, Fr, BayW, Vog – noeuras(subozean), circ – W – Chrom. 2n = 62.

124. **Durchwachsenes L., P. perfoliátus** L., zml. hfg in Laichkraut-Ges. stehd. od. lgsam fließd., basen- u. nährstoffreich., meso- schwach eutroph. Gewässer, in Seen u. Gräben auf humos. Schlammböden von 50 bis 700 cm Wassertiefe, oft in rein. Beständ., Potamogetonetalia-Ordn.char. – Ebene bis Gebirge, A bis 1680 m, Silikatgebirge slt. – no-euras, circ – W – Chrom. 2n = 52.

125. **Langblättriges L., P. praelóngus** Wulfen, s. slt. in Laichkraut-Ges. stehd. od. lgsam fließd., kühler, klarer, basenreich., unverschmutzt. (mesotroph.) Gewässer, in Seen u. Gräben, auf humos. Sandböden od. Torfschlamm-Böden in 50–300 cm Wassertiefe, v. all. im Gebirge, Char. d. Potamogetonetum fil. (Potamogetonion), auch im Ranunculion fluit. – Vog, süSch (Feldsee), Av, A bis 1500 m, Fr (FrJu), NWe, NS, SH, Me, Br – no(subozean), circ – W – Chrom. 2n = 52.

126. **Glänzendes L., P. lúcens** L., zml. hfg u. gesellg in Laichkraut-Beständen tiefer, stehd. od. lgsam fließd., basen- u. nährstoffreich., meso-eutroph. Gewässer, in Seen u. Altwassern auf humos. Schlammböden in 50–600 cm Wassertiefe, oft Fischereihindernis, Char. d. Potamogetonetum luc., auch in d. Nymphaeion übergreifd – Ebene bis mittl. Gebirgslag., A bis 800 m, Silikatgebirge slt. – euras(subozean)smed, circ – W – Chrom. 2n = 52.

127. **Täuschendes L., P. × salicifólius** Wolfg. (*P. × decipiens* Nolte) (*P. lúcens × perfoliátus*), zerstr. in Seen u. Gräben, Potamogetonion-Verb.char. – Do, Av usw.

128. **Schmalblättriges L., P. × zízii** Koch ex Roth (*P. × angustifólius* Presl) (*P. lúcens × gramíneus*), zerstr. Zwischenform in stehd. od. lgsam fließd., vorwiegd meso-eutroph. Gewässern, in Altwassern u. Seen, auf humos. Schlammböden, z.B. mit *Najas interm.*, Potamogetonetalia-Ordn.char. – Rh (z.B. Straßburg), Bo, Av, Do, Fr, Ju, NS, SH, Br, Sa, Th – euras – W – Chrom. 2n = 52.

129. **Gras-L., P. gramíneus** L., zml. slt. in untergetaucht., locker stehd. Laichkraut-Ges., vorwiegd stehd., basenreich., z.T. kalkarm., klarer unverschmutzt., oligo-mesotroph. Gewässer, in Seen u. Altwassern, auf oft wenig humos., mäß. schlammig. Kies- u. Sandböden in 20–100(300) cm Wassertiefe, auch in Moortümpeln auf Torfschlamm(Mudde-)Böden,

Char. d. Potamogetonetum pan.-gram. (Potamogetonion) – Ebene bis mittl. Gebirgslag., A bis 1400 m – no, circ – W – Chrom. 2n = 52.

129a. **var. terréster** Fr., B. längl.-ellipt., lederg, in Littorelletalia-Ges., z. B. Bo.

130. **Schimmerndes L., P.** × **nítens** Web. (*P. gramíneus* × *perfoliátus*), slt. Zwischenform in vorwiegd fließd., tief., basen- u. ± nährstoffreich., mesotroph. Gewässern, in Altwassern, Teichen od. an ruhg. Flußufern, auf sandig. humos. Schlammböden in 30–300 cm Wassertiefe, Char. d. Potamogetonetum pan.-graminei (Potamogetonion) – z. B. Bo, HRh, Av, auch im N – no-subatl – W – Chrom. 2n = 52.

131. **Gefärbtes L., P. colorátus** Vahl, slt. in seicht. stehd. od. lgsam fließd., meist basenreich., meso-oligotroph., sauberen Gewässern tief. Lagen, in Gräben u. Moortümpeln auf Kalkschlamm-Böden in 20–300 cm Wassertiefe, etwas wärmeliebd, vgl. Potamogetonetum col. All. 22 (Ranunculion fluit.) – Rh, Bo, Do, Av, (NWe), NS, Me, An – subatl-smed – W – Chrom. 2n = 26.

132. **Flutendes L., Knoten-L., P. nodósus** Poir. (*P. flúitans* Roth.), zerstr. in untergetaucht. Flut-Ges., tiefer, lgsam fließd. basenreich. Gewässer, in Altwassern u. Bächen auf z. T. humus- u. schlammarm. Sand- u. Kiesböden, Char. d. Ranunculetum fluit. (Ranunculion fluit.), auch im Nymphaeion – Ebene bis mittl. Gebirgslag. – subatl-smed – W – Chrom. 2n = 52.

133. **Schwimmendes L., P. nátans** L., zml. hfg in Schwimmb.-Ges., oft mit Seerosen, in mäß. tief., stehd. (slt. lgsam fließd.), meist basenreich., nährstoffarm., mesotroph. ± nitratreich. Gewässern, v. all. d. mont. Stufe, in Weihern, Tümpeln, still. Seebuchten od. Altwassern, auf humos. Schlammböden (Muddeböden), in 50–600 cm Wassertiefe, Schwimmfr., Nymphaeion-Verb.char. – Ebene bis Gebirge, A u. Sch bis 1100 m – euras(subozean-smed), circ – W – Chrom. 2n = 52, formenreich.

133a. **var. prolíxus** Koch., B.stiel verlängert, B.grund abgerundet od. verschmälert, slt. in Fließgewässern, Ranunculion fluit.-Verb.char.

134. **Knöterich-L., P. polygonifólius** Pourr. (*P. oblóngus* Vis.), slt. in Verlandgs-Ges. seichter Tümpel, in Moorschlenken u. Gräben, auf flach überschwemmt., z. T. zeitw. trocken falld., kalkarm., mäß. sauer., sandig. od. rein. Torfschlamm-Böden, z. B. mit *Juncus bulb.*, Littorelletea-Kl.char. – z. B. Rh (Lauter), Pf, BayW, Fr, NWe, NS, SH, Me, Br, Sa – subatl(-smed), östl. N-Am. – W – Chrom. 2n = 26. Zahlreiche Bastarde!

Salde, Rúppia L.

1 Ähr.stiel bis 5 cm lg, meist kürzer, zuletzt kaum verlängert, gerade od. weng gebog., 15–40 cm, ⹁, 6–10   **R. maritima** 136

1* Ähr.stiel bis üb. 8 cm lg, zuletzt verlängert u. schraubg eingerollt, 15–40 cm, ♃, 6–10   **R. cirrhosa** 135

135. **Schraubige Salde, R. cirrhósa** (Pet.) Grande (*R. spirális* L.), vereinzelt in unterseeisch. Wies., Char. d. Ruppietum cirr. (Ruppion marit.) – Nord- u. Ostsee – kosmop – W – Chrom. 2n = 40.

136. **Strand-Salde, R. marítima** L., zerstr. in flach. Küstengewässern über Salzschlammböden d. Nord- u. Ostsee, slt. auch an Salztümpeln des Binnenlandes (z. B. An), Char. d. Ruppietum mar. (Ruppion marit.) – kosmop – W – Chrom. 2n = 20.

Familie der Seegrasgewächse, Zosteráceae

Seegras, Zostéra L.

1 B. 5–11nervg, 30–100 cm, ♃, 6–9   **Z. marina** 137
1* B. 1–3nervg, 20–40 cm, ♃, 6   **Z. noltii** 138

137. **Gewöhnliches S., Z. marína** L., zml. hfg u. bestandbildd auf schlammg. Sandböden in flach. Küstengewässern der Nord- u. Ostsee, bis 10 m Tiefe, früher Polstermaterial, Char. des Zosteretum mar. (Zosterion) – euras(subozean)-med, circ – W – Chrom. 2n = 12.

138. **Zwerg-S., Z. nóltii** Hornem. (*Z. nána* Roth p. p.) zml. slt. in flach. Küstengewässern d. Nord- u. Ostsee, bis 1 m Tiefe, Char. d. Zosteretum noltii (Zosterion) – subatl-med – W – Chrom. 2n = 12.

Familie der Teichfaden-Gewächse, Zannichelliáceae

Teichfaden, Zannichéllia L. vgl. S. 97

139. **Sumpf-T., Z. palústris** L., zml. slt. in untergetaucht. Zwerglaich-kraut-Beständ., tief., stehd. od. lgsam fließd., basen- u. nährstoffreich.-eutroph. Gewässer tief. Lagen, in Seebuchten, Weihern od. Altwassern auf humos., Schlammböden in 50 bis 250 cm Wassertiefe, Wasserbe-stäubg, meist mit klein. *Potamogeton*-Arten, Soziol. vgl. ssp. – Ebene bis mittl. Gebirgslag. (Sch bis 900 m) – euras-med bzw. kosmop. – W – formenreich:

1 Fr. meist zu 3–6, sitzd od. nur s. kurz gestielt
2 Fr. zu 2–4, B. 0,5 mm brt, St. flutd

139a. **ssp. palústris** (einschließl. f. *répens* W. Koch u. f. *májor* W. Koch), zerstr. in nährstoffreich. (eutroph.), stehd. od. lgsam fließd. Gewässern, Char. d. Zannichellietum pal. (Potamogetonion), auch im Najadetum interm. (Potamogetonion) u. im Ranunculion fluitantis, Verschmut-zungszeiger – Chrom. 2n = 24 (34).

2* Fr. zu 5–8, dicht, B. 1(–2) mm brt

139b. **ssp. polycárpa** (Notte) K. Richt., zerstr. in ± bewegt., eutroph.-brackg. Gewässern, Char. d. Zannichellietum polyc. Markgrf 81 (Potamogetonion), Verschmutzungszeiger – Chrom. 2n = 32.

   1* Fr. oft nur zu 2, bis 1 mm lg gestielt

139c. **ssp. pedicelláta** (Wahlenb. et Ros.) Arc., zerstr. in salzhaltg., stehd. od. langsam fließd. Gewässern, v. all im Küstenbereich, auch an Salzstell. d. Binnenlandes, Char. d. Zannichellietum ped. (Ruppion marit.) – Nord- u. Ostsee, Th, An, Fr – Chrom. 2n = 24, 36.

Familie der Nixenkraut-Gewächse, Najadáceae

Nixenkraut, Nájas L.

1   B. 1–3 mm brt, deutl. stachelg gezähnt, St. ± bestachelt, steif, gabelspaltg, 1–2 mm dick, Pf. 2häusg
2   St. bestachelt, B. bis 4 cm lg, Fr. 4–8 mm lg, B.scheid. ganzrdg od. 1–2zähng, 10–100 cm, ⊙, 6–8   **N. marina** 140
2* St. meist nicht bestachelt, B. bis 3 cm lg, B.scheid. 3–8feinzähng, Fr. 3–4 mm lg, 5–30 cm, ⊙, 6–8   **N. intermedia** 141
1* B. ca. 0,5 mm brt, höchstens fein gezähnelt, St. nicht bestachelt, kaum 1 mm dick
3   B. deutl. fein gezähnelt (Zähne 0,5 mm), B. bogig zurückgekrümmt, vom B.scheid.grund scharf abgesetzt, St. zerbrechl., Fr. schwarzgrau, 5–30 cm, ⊙, 6–9   **N. minor** 142
3* B. kaum sichtbar gezähnelt (Zähne kaum 0,1 mm), B. ± gerade, St. (frisch) schlaff-biegsam, Fr. braungelb, 5–30 cm, ⊙, 6–9   **N. flexilis** 143

140. Großes N., Meer-N., N. marína All. (*N. marína* var. *marína*, var. *commúnis* Rendl.), slt. in locker stehd. untergetaucht. Laichkraut-Ges. stehd. od. lgsam fließd., basenreich., mesotroph.-eutroph. Gewässer, in seicht. ruhg. Seebuchten od. Altwassern, oft zwisch. locker. Röhricht od. an gestört. Stell., auf ± humos. sandg. od. rein. Schlammböden in 10–100(200) cm Wassertiefe, salzertragd, wärmeliebd u. wärmezeitl. (jüng. Steinzeit) weiter verbr., Wasserbestäubg, Wasservogelverbrtg, Char. d. Pot.-Najadetum mar. (Potamogetonion) – Rh, Fr, Mn, SH, Me – euras-smed bzw. warmgemäß. kosmop. – T, W – Chrom. 2n = 12 (14).

141. Mittleres N., N. intermédia Wolfg. ex Gorski [*N. marína* var. *intermédia* (Wolfg.) A.Br.], slt. in Klein-Laichkraut-Ges. stehd., oligo-mesotroph. Gewässer, in ruhg. Seebuchten über Kalkschlammböden, in 30 bis 300 cm Wassertiefe, sommerwärmeliebd, gern mit *Chara*-Arten, Char. d. Najadetum intermed. (Potamogetonion) – Bo, Av, Me, Br, An – (no-)euras – T, W.

142. Kleines N., N. mínor All., s. slt. in untergetaucht. Zwerglaichkraut-Ges. stehd. od. lgsam fließd., eu-mesotroph. Gewässer, in seicht. ruhg., sommerlich stark sich erwärmend. Seebuchten od. Altwassern, auf ±

humos., gern sandg. Schlammböden in 30–50(200) cm Wassertiefe, wie vor. wärmezeitl. weiter verbr., Wasserbestäubg, Char. d. Pot.-Najadetum mar. (Potamogetonion) – Rh (v. all. nöRh), Bo, Do, Fr – smed bzw. warm-gemäß. kosmop. – T, W – Chrom. 2n = 12, 24, 36.

143. Biegsames N., N. fléxilis (Willd.) Rostk. et Schmidt, s. slt. in untergetaucht. Zwerglaichkraut-Ges., seicht., stehd., basenreich-mesotroph. Gewässer, in flach. Seebucht., auf ± humos., sandg. od. rein. Schlamm(Mudde-)Böden, wie vor. wärmezeitl. weiter verbr. (z. B. süSch – Feldsee, 1100 m), Wasserbestäubg, Char. d. Najadetum intermed. (Potamogetonion) – Bo (Untersee), Br – nosubozean, circ, mit amerik. Hauptverbrtg – T, W – Chrom. 2n = (12) 24.

Familie der Dreizack-Gewächse, Juncagináceae

Dreizack, Triglóchin L.

1   Fr. 6teilig, eiförmg, Blü.traube oben dicht, B. eng- u. vielröhrg, 10–60 cm, ♃,
     5–8   **T. maritimum**   144
1*   Fr. 3teilig, lineal, Blü.traube durchweg locker, B. meist 2röhrg, Pf. mit
     kriechd. Wurzelstock, 10–40 cm, ♃, 6–8   **T. palustre**   145

144. Sechszack, Salz-D., T. marítimum L., s. slt. in Salzwiesen, im Binnenland in d. Umgebg v. Salinen, auf ± humos. feucht. Salzton-Böden, Asteretea trip.-Kl.char. – Nord- u. Ostsee, nöRh (verscholl.), Mn (Kissing.), Th, An, NSH – euras, circ (bis S-Am.) – H – Chrom. 2n = 48.

145. Sumpf-D., T. palústre L., zml. slt. in Flach-, Zwischen- od. Quell-Mooren, mit Vorliebe auf offen., ± basenreich., oft kalkhaltg., neutral-mäß. sauer. humos. Ton- od. Torfböden, Wurzelkriech-Pionier, Klettverbrtg (Bohrfr.), gern in Störzuständen (Grabenränder, Schlenken), Scheuchz.-Caricetea-Kl.char., auch im Agr.(El.)-Rumicion – Ebene bis mittl. Gebirgslag., A bis 1510 m – euras, circ (gemäß. S-Am.) – H – Chrom. 2n = 24.

Familie der Blumenbinsen-Gewächse, Scheuchzeriáceae

Blumenbinse, Scheuchzéria L. vgl. S. 98

146. Blasenbinse, Sch. palústris L., slt., ab. gesellg in Hochmoor-Schlenken u. Zwischenmooren, in Schwingrasen, auf nass. oft flach überschwemmt., basenarm., mäß. saur., mesotroph.-oligotroph. Torf-schlamm-Böden, Torfbildner, wärmezeitl. weiter verbr. Reliktpf., ge-schützt, Windbestäubg, Wasserverbrtg (Schwimmfr.), Char. d. Carice-tum limosae (Rhynchosporion) – Vog, Sch, Pf (Fischbach), SFW (z. B. Aumühle), Ba, Av, A bis 1350 m, BayW (z. B. Arbersee), Fr, SH, NS, Me, Br. NWe, Th – no(subozean) – G (W) – Chrom. 2n = 22.

Ordnung Alismatáles

Familie der Froschlöffel-Gewächse, Alismatáceae

1　B. eiförmg-ellipt., am Grund oft herzförmg, d. untergetaucht. schmal-lineal, sitzd. Blü. zwittrg, weiß od. rötl., Staubb. meist 6
2　St. unbeblättert, aufrecht, Blü. in Quirlen od. doldig
3　B. eiförmg-lanzettl. od. nur schwach herzförmg, Fr. zahlreich
4　Blü.bod. flach mit einem Kranz v. abgeflacht. Fr., Blü.std meist rispg od. traubg　　　　　　　　　　　　　　　　　　　　　　**Alisma** S. 109
4*　Blü.bod. gewölbt mit einem Köpfch. v. 4–5kantg. Fr., Blü.std meist eine Dolde, 5–30 cm, ♃, 7–10　　　　　　　　　　　　**Baldellia** S. 111
3*　B. tief herzförmg, mit bogig. Seitennerven, z. T. untergetaucht od. schwimmd, Fr. 8–10, auf Rückseite mit 3 stark. Nerven, 10–30 cm, ♃, 7–8
　　　　　　　　　　　　　　　　　　　　　　　　　　　Caldesia S. 110
2*　St. beblättert, flutd od. kriechd mit untergetaucht. lineal. B. od. oval., ca. 3–6 cm lg. Schwimmb., Blü. b.achselstdg, 10–40 cm, ♃, 5–9
　　　　　　　　　　　　　　　　　　　　　　　　　　　Luronium S. 110
1*　B. tief pfeilförmg, ± lg gestielt, nur d. untergetaucht. lineal, Blü.std traubg od. rispg, Blü. eingeschlechtg (Pf. 2häusg), weiß, z. T. mit rot. Grund, Staubb. zahlreich　　　　　　　　　　　　　　　**Sagittaria** S. 110

Alle Arten Insekt.bestäubg (Schwebefliegen) u. Verbrtg durch Schwimmfr. od. Wasservögel.

Froschlöffel, Alísma L.

1　B. eiförmg od. lanzettl., Griffel gerade, anfängl. lger als Fr. kn.
2　B. eiförmg, am Grund abgerundt od. schwach herzförmg, Blü.b. abgerundt, fast weiß, Narbe 0,7–1,4 mm lg, 20–90 cm, ♃, 6–8
　　　　　　　　　　　　　　　　　　　　A. plantago-aquatica 147
2*　B. immer lanzettl., am Grund allmähl. verschmälert, etwas blaugrün, innere Blü.b. deutl. spitzl., rosa, Narbe 0,3–0,8 mm lg, 20–50 cm, ♃, 6–8
　　　　　　　　　　　　　　　　　　　　　　A. lanceolatum 148
1*　B. anfängl. (untergetaucht) lineal-bandförmg., später lanzettl.- ellipt., St. aufsteigd-niederliegd, Griffel kürzer als Fr.kn., ± hakg gebog., Blü.b. abgerundt, 10–80 cm, ♃, 6–8　　　　　　　**A. gramineum** 149

147. **Gewöhnlicher F., A. plantágo-aquática** L., zml. hfg im Röhricht od. in Großseggen-Ges., an Ufern von Seen, Teichen od. lgsam fließd. Gewässern, in Gräben, auf nass., meist flach überschwemmt., basen- u. nährstoffreich., mild–mäß. sauer. (meso-eutroph.), humos., sandg. od. rein. Schlammböden, bis 50 cm tief wurzld, Phragmitetea-Kl.char. – Ebene bis Gebirge, A bis 1230 m – euras-smed bzw. gemäß.-kosmop. – W – Chrom. 2n = meist 14, ferner 10, 12, 16.

148. **Lanzett-F., A. lanceolátum** With., zerstr. im Röhricht od. in Großseggen-Ges., an Ufern stehd. od. lgsam fließd. Gewässer, auf nährstoffreich., meist kalkhaltg. humos. Schlammböden, Phragmitetalia-Ordn.char., auch noch im Molinion – Tieflag., Verbrtg z. T. unsicher – smed-gemäßkont – W – Chrom. 2n = 26, 28, 34, 36.

149. **Gras-F., A. gramíneum** Lej. (*A. loesélii* Gorski), zml. slt. in lückg. Verlandungs-Ges. an Ufern größerer u. tieferer, stehd. od. lgsam fließd., basen- u. nährstoffreich., mesotroph. Gewässer, auf schlammg. od. rein. Sand- u. Kiesböd., in warm. Tieflag., Stromtalpf., v. all. im Potamogetonetum pan.-graminei (Potamogetonion), auch in Littorelletalia-Ges., sltner im Phragmition – z. B. Bo, Rh, Do, Fr, auch im N, auf weitere Verbrtg zu achten! – euras(kont), circ – W – Chrom. 2n = 14.

149a. **var. angustíssimum** (DC.) A. et Gr. (*A. gramíneum* C. Gmel.), B. untergetaucht flutd, lineal, 20–90 cm lg u. 2–14 mm brt, slt., vorwiegd untergetaucht in lgsam fließd., auch stehd. Gewässern, in Potamogetonetalia-Ges. – z. B. Rh (Molsheim/Els., Altrip), Do, Fr – Chrom. 2n = 16.

Herzlöffel, Caldésia Parl. vgl. S. 109

150. **C. parnassifólia** (Bassi) Parl., s. slt. im Röhricht an stehd., basen- u. ± nährstoffreich., meso-eutroph. Gewässern, an Weihern, Altwassern u. in Gräben, auf humos. sandg. Schlammböden, wärmeliebd, Phragmition-Art – Rh (Viernheim, verscholl.), Bo (verscholl.), BayW (Oberpfalz), Me – gemäßkont-smed-med(subtrop) circ – W – Chrom. 2n = 22.

Froschkraut, Lurónium Raf. vgl. S. 109

151. **L. nátans** (L.) Raf. [*Elisma nátans* (L.) Buchenau], s. slt. in lückig. Pionier-Ges. flach überschwemmt., zeitw. trock. Ufersäume, auf ± nährstoffreich., kalkarm. (mesotroph.), mäß. sauer. humos., meist sandg. Schlammböden, am Rande seichter Weiher, z. T. vor d. Röhricht, z. B. mit *Eleocharis ac.*, Littorelletea-Kl.char. auch im Potamogetonion – süRh (vorübergehd), Taunus, Vog-Lothrg., NWe, FrW, NS, SH, Me, L – subatl – W – Chrom. 2n = 42.

Pfeilkraut, Sagittária L.

1 Blü. weiß, meist mit rot. Grd, Blü.std quirlg-traubg, B.zipfel spitzl. 20–100 cm, ♃, 6–8 **S. sagittifolia** 152

1* Blü. immer rein weiß, Blü.std meist rispg, jge B.zipfel ± gerundet 30–150 cm, ♃, 6–8 **S. latifolia** 153

152. **Gewöhnliches Pf., S. sagittifólia** L., zml. slt. in locker. Röhricht-Ges., an Ufern vorwiegd lgsam fließd., basen- u. nährstoffreich. (meso-eutroph.) Gewässer, an Flüssen u. in Gräben, auf humos. sandg. od. rein. Schlammböden, Char. d. Sag.-Sparganietum (Phragmition) – Ebene bis mittl. Gebirgslag., A bis 700 m, v. all. im O d. Gebietes – euras(-smed), circ – W – Chrom. 2n = 22.

152a. **var. vallisneriifólia** Coss. et Germ., B. ausschließl. untergetaucht, lineal, 5–30 mm brt, lg flutd, oft steril, in lgsam fließd. Gewässern bis 200 cm Wassertiefe, Ranunculion fluit.-Verb.char.

153. **Breitblättriges Pf., S. latifólia** Willd., Aquarienpf., ab. hie u. da verwildert u. eingebürgert in Phragmition-Ges., etwas trockener als vor. stehd – z. B. HRh, Rh, Els – Herkunft: N-Am. – Chrom. 2n = 22.

Igelschlauch, Baldéllia Parl. vgl. S. 109

154. **B. ranunculoídes** (L.) Parl. [*Echinodúrus ranunculoídes* (L.) Engelm.], slt. in Strandlingsges. an flach. Ufern auf $\pm$ basenreich., auch salzhaltg., meist nährstoffarm. Schlammböden, Hydrocot.-Baldellion-Verb.char. – NS, SH, Me (v. all. Küstenbereich), ferner NWe, Br, An – subatl-med – W – Chrom. 2n = 14, 16, 18.

Familie der Blumenliesch-Gewächse, Butomáceae

Blumenliesch, Bútomus L. vgl. S. 98

155. **Schwanenblume, B. umbellátus** L., slt. im stehd. od. lgsam fließd., basen- u. nährstoffreich. Gewässer, an Ufern, bes. bei stark wechselnd. Wasserstand, als Pionier im off. Röhricht od. in Gräben, auf humos. Schlammböd., wärmeliebd, Insektenbestäubg, Char. d. Butometum (Phragmition) – v. all. in Tieflag. – euras-med – W – Chrom. 2n = 26, 39.

155a. **var. vallisneriifólia** Sagorski, untergetaucht flutd, wohl Ranunculion fluit.-Art.

Ordnung Hydrocharitáles
Familie der Froschbiß-Gewächse, Hydrocharitáceae

1	B. sitzd, lineal-längl., untergetaucht, Blü. weiß
2	B. grasartg, 5–10 mm brt, 20–50 cm lg, weibl. Blü. auf lg. spiralg gedreht. dünn. Stiel, ⛢, 7–8 **Vallisneria** S. 112
2*	B. klein, quirlg, an flutend. St. od. größer u. rosettenbildd
3	B. 1–3 cm lg, quirlg an verlängt. St.
4	B. quirl- od. gegenständig
5	Obere B. zu 5–6, spitz, gezähnt, ⛢, 7–8 **Hydrilla** S. 113
5*	B. zu 3–4 **Elodea** S. 112
4*	B. wechselständig, zurückgekrümmt, gegen d. St.spitze gehäuft, bis 60 cm lg, ⛢, 7–8 **Lagarosiphon** S. 112
3*	B. größer, in Rosetten, starr, 3kantg, stachelg gesägt, mit Ausläufern rasenbildd, im Wasser schwebd, Blü. 3–4 cm brt, 15 bis 40 cm, ⛢, 5–7 **Stratiotes** S. 113
1*	B. gestielt, rundl.-nierenförmg, Seerosenb.-artg schwimmd, Pf. mit Ausläufern u. Winterknospen, im Wasser schwebd, Blü. weiß, am Grunde gelb, 15–30 cm, ⛢, 5–8 **Hydrocharis** S. 113

Wasserschraube, Vallisnéria L.

156. **V. spirális L.**, beliebte Aquariumspf. u. gelegtl. in nährstoffreich. Warmwasser-Gräben verwildert u. eingebürgert, zus. mit *Elodea*-Arten – z. B. Rh (Karlsruhe) – med-euras bzw. warm-gemäß. bis subtrop.kosmop. – Chrom. 2n = 20 (40).

Wasserpest, Elodéa Michx. (*Anácharis* L. C. Rich.)

1   B. meist zu 4 (u. mehr), 20–30 mm lg, 5 mm brt, dunkelgrün in ± dicht. Quirl, Pf, kräftg, Blü. 10–20 mm brt, weiß, 30–200 cm, 2|, 5–8
                                                       E. densa   157
1*   B. meist zu 3
2   B. zungenförmg, ± parallelrdg, 2–5,5mal so lg wie brt, dunkelgrün, Blü. ca. 5 mm brt, 30–200 cm, 2|, 5–9   **E. canadensis**   158
2*   B. schmal-dreieckg bis lineal, lg zugespitzt, ± hellgrün
3   B. 7,5–15mal so lg wie brt, flach, schlaff, Blü. 5–10 mm brt, weiß, 10–200 cm, 2|, 6–7   **E. ernstae**   159
3*   B. 3,5–10mal so lg wie brt, meist zurückgekrümmt u. spiralg gedreht, starr, Blü. 3–5 mm brt, hellviol., 30–60 cm, 2|, 5–8   **E. nuttallii**   160

157. **Dichte W., E. dénsa** (Planch.) Caspary (*Egéria dénsa* Planch.), Aquarienpf. u. wie *Vallisneria* glgtl. in Warmwasser-Gräben eingebürgert – z. B. Rh (Karlsruhe) – Herkunft warm-gemäß. S-Am. – W – Chrom. 2n = 48.

158. **Kanadische W., E. canadénsis** Michx. [*Anácharis canadénsis* (L. C. Rich.) Planch.], zml. hfg u. gesellg in Schwimmb.- u. Laichkraut-Ges., in stehd. od. lgsam fließd., meist basen- u. nährstoffreich., meso-eutroph. Gewässern, in ruhg. Seebucht., Tümpeln u. Gräbern auf humos., sandg. od. rein. Schlammböden, bis 5 m Wassertiefe, seit 1840 in Europa, zeitw. Gewässerplage, heute wieder zurückgegang., slt. mit Blü. (an Wasseroberfläche), Verbrtg meist vegetativ, Potamogetonetalia-Ordn.char. – Ebene bis mittl. Gebirgslag. – Herkunft N-Am., heute gemäß. weltweit – W – Chrom. 2n = 24 (48).

159. **Ernst's W., E. érnstae** St. John, z.T. eingebürgert in stehd. od. schwach fließd. meso-eutroph. Gewässern von Rh, wärmebedürftge Potamogetonetalia-Art – Herkunft S-Am – Chrom. 2n = 48.

160. **Nutall's W., E. nuttállii** (Planch.) St. John, Neuankömmlg stehd. meso-eutroph. Gewässer in 1,5–2,5 m Wassertiefe, mit großer Konkurrenzkraft, vgl. Ranunc. circ.-Elodeetum nutt. de Lange 72 (Potamogetonion) – Rh (Els.), Pf, NS, NWe, Th – Herkunft: N-Am.

Lagarosíphon Harv.

(160a.) **L. májor** Moss ex Wag., Aquarienpf. aus S-Afrika, slt. eingebürgert in kalkarm. Seen bis 1 m Tiefe – Av (Füssen), RS (Hunsrück) – W – Chrom. 2n = 22.

Grundnessel, Hydrílla L. C. Rich. vgl. S. 111

161. **H. verticilláta** (L. f.) Royle, slt in stehd. sommerwarm. Gewässern bis 3 m Tiefe auf nährstoffreich. Schlammböden in Potamogetonetea-Ges. – Br (Müggelsee) – disj.-kosmop. – W – Chrom. 2n = 16 (24).

Krebsschere, Stratiótes L.

162. **Wasseraloë, St. aloídes** L., zerstr., ab. gesellg, untergetaucht schwebd, meist unmittelbar unter d. Wasseroberfläche, bis 2 m Tiefe, in vorwiegd stehd., basen- u. nährstoffreich., ± kalkarm. Gewässern, in windgeschützt. Uferbuchten v. Tümpeln u. Altwassern, üb. humos. Schlammböden, Verlandgs-fördernd, geschützt, Char. d. Hydrocharitetum mors.-ran. (Lemnion) – v. all. im N u. O d. Gebiet., im SW slt. u. meist nur angepflzt (Rh, Ju, Ne) – euras(kont) – W – Chrom. 2n = 24.

Froschbiß, Hydrócharis L.

163. **H. mórsus-ránae** L., zerstr., meist gesellg in Schwimmdecken mit *Lemna*-Arten auf stehd. od. lgsam flutd., nährstoff- u. basenreich., oft kalkarm. Gewässern in windgeschützt. Uferbuchten von Seen u. Altwassern, oft zwischen locker. Röhricht, sommerwärmeliebd, Licht-Halbschattenpf., Char. d. Hydrocharitetum mors.-ran. (Lemnion) – v. all. Tieflag. (bis rd. 600 m) – euras(-smed) – W – Chrom. 2n = 28.

Ordnung Commelináles (Farinósae p. p.)

Familie Commelináceae

164. **Commelína commúnis** L., Blü.b. 3, tiefblau, St. niederliegd–aufsteigd, gelgtl. aus Vogelfutter in wärmeliebd. Schuttunkraut-Ges. vorübergehd verwildert, z. B. Rh, in S-Europa gern in Saumges. feucht. Wäld. – Herkunft: O-As. – Chrom. 2n = 90.

Hierher gehören ferner bekannte Gartenpf. wie *Tradescántia virginiána* L. (Chrom. 2n = 24) od. Zimmer- u. Topfpf. (Hängepf.) wie *Zebrína péndula* Schnizl.

Nahe stehen auch d. *Bromeliales* mit d. Familie d. Ananas-Gewächse (*Bromeliaceae*)

Ordnung Pandanáles (Typháles)

Familie der Rohrkolben-Gewächse, Typháceae

Rohrkolben, Liesch, Týpha L.

1   Kolben kurzwalzl.-eiförmg, 2–4 cm lg, B. 1–2 mm brt, Blü.std nur am Grund
    mit B.scheid. od. kurz. B., 30–70 cm, ⚥, 5–6 u. 8–9   **T. minima**   165

1* Kolben gleichmäß. walzenförmg, 4–30 cm lg, B. mindest. 3 mm brt
2 Staubb.ähre d. Fr.kolben unmittelbar aufsitzd, Fr.kn.Blü. ohne Deckb.
3 Staubb.ähre kaum kürzer als d. zuletzt schwarzbraune Fr.kolben, B. 10–20
    mm brt, flach, blaugrün, 1–2 m, ♃, 6–7   **T. latifolia** 166
3* Staubb.ähre viel kürzer als d. zuletzt silbergrau behaarte Fr.Kolben, B. 5–10
    mm brt, 80–150 cm, ♃, 6–8   **T. shuttleworthii** 167
2* Staubb.ähre v. zuletzt rostbraun. Fr.kolben 1–5 cm abgesetzt
4 B. 5–10 mm brt, grasgrün, schwach rinng, Pf. oft steril, 1–2 m, ♃, 6–8
                                                            T. angustifolia 168
4* B. 3–3,5 mm brt, Fr.kolb. 4–6 cm lg, 60–120 cm, ♃, 6–8
                                                            T. laxmannii 169
Alle Arten Windbestäubg u. Windverbrtg!

165. Zwerg-R., T. mínima Hoppe, s. slt., ab. gesellg in lückg. Verlandgs-Ges. an Ufern lgsam fließd., reiner u. kühl. Gewässer, in ruhg. Flußbuchten, auf basenreich., meist kalkhaltg. humos. Schwemmsandböden z. B. mit *Equisetum varieg.* od. *Juncus alp.* uferwärts hinter vorgelagert. lock. Röhricht od. Großseggen, Char. d. Equis.-Typhetum min. (Caricion bic.-atrof.) – Do, Av, Bo (Alpenrhein), Rh (früher bis Mannheim, heute nur noch b. Kappel) – pralp(kont) – W.

165a. f. autumnális Leiner (*T. martínii* Jord.), Blü.std beblättert, Staubb.ähre u. Fr.kolben voneinander entfernt, Blü.zeit 8–9, Char. d. Equis.-Typhetum – früher Rh – westalp. Flüsse (Isère, Rhone usw.).

166. Breitblättriger R., T. latifólia L., zml. hfg an Ufern im Röhricht stehd. od. lgsam fließd. nährstoffreich. Gewässer, bis rd 1 m Tiefe (opt. um 0,5 m) auf humos. Schlammböd., torfbildend. Verlandgs-Pionier mit Kriechsprossen, Char. d. Typhetum lat. (Phragmition) – Ebene bis Gebirge, A bis 884 m – euras, circ, außerd. gemäß. Zonen weltweit – W – Chrom. 2n = 30.

167. Shuttleworth's R., T. shuttlewórthii Koch et Sond., s. slt. an lgsam fließd., kühl., basenreich. Gewässern, an Ufern u. in Gräben, auf humos. tonig.-kiesig. Schlammböden, mit *Phragmites* od. *T. latifolia*, am Alpenrhein lok. Char. d. Equis.-Typhetum min. (Caricion bic.-atrof.), auch in Röhricht-Stadien d. Tofieldietalia – Av, Ba (Rötenbach, 840 m), Rh (Riegel, Wiesloch, ob noch?, Landau/Pf), BayW, Av – pralp – W.

168. Schmalblättriger R., T. angustifólia L., zml. slt. an Ufern od. in Gräben, im Röhricht vorwiegd stehd., warmer, ± nährstoffreich., oft kalkarm. Gewässer über humos. Schlammböden, auch salzertragd, Verlandgs-Kriechpionier, Char. d. Typhetum ang. (Phragmition) – v. all. Tieflag. (Ba bis 680 m) – euras-smed-med, circ, außerd. in warm–gemäß. Zonen weltweit – W – Chrom. 2n = 30.

169. Laxmanns R., T. laxmánnii Lep., Neuankömmlg in einer Kiesgrube bei Landau/Pf, mit *T. latifolia* (erlosch.), Do (erlosch.) – Herkunft: omed.

Familie der Igelkolben-Gewächse, Sparganiáceae

Igelkolben, Spargánium L.

1 Blü.std ästg-rispg, nie flutd, Narben lg fädl., B. aufrecht, gekielt, unten 3kantg, 3–15 mm brt, d. ober. hell längsgestreift, Blü. b. dunkel, 30–50 cm, ♃, 7–9   **S. erectum** 170
1* Blü.std unverzweigt od. höchst. mit gestielt. Fr.köpfch., traubg-ährg, Pf. aufrecht od. flutd, Blü.b. hell
2 St. u. B. aufrecht (slt. flutd), B. gekielt, unten 3kantg, 3–10 mm brt, St. mit 4–8 entfernt stehd. Staubb.köpfch., Fr. geschnäbelt, 20–50 cm, ♃, 6–7
                                      S. emersum 171
2* St. u. B. meist flutd, slt. aufrecht, B. schmal, grasartg, ungekielt u. oft (obersts) ohne deutl. Mittelnerv (vgl. *Glyceria fluitans!*) Staubb.köpfchen. 1–6, ± gedrängt
3 Staubb.köpfch. 1 (–2), Narbe kopfg, Fr. (zu wenig.) eiförmg, kurz geschnäbelt, Tragb. d. unterst. Fr.kn.Köpfch. 1–5 cm lg, B. dünn, flach, 3–6 mm brt, 60–80 cm lg (bis 30 cm hoch), ♃, 6–8   **S. minimum** 172
3* Staubb.köpfch. 2–6, Narben fädl., Fr. spitz geschnäbelt
4 B. bis 8 mm brt, in eine lge Spitze ausgezogen, Tragb. d. unterst. Fr.kn.köpfch. 10–50 cm lg, St. bis 1 m lg, ♃, 6–8   **S. angustifolium** 173
4* B. bis 5 mm brt, plötzl. in eine stumpfl. Spitze verschmälert, Pf. mit Überwintergs-Knollen, St. bis 1 m lg (bis 25 cm hoch), ♃, 6–7
                                    S. diversifolium 174

Alle Arten Wind- od. Selbstbestäubg u. Wasserverbrtg.

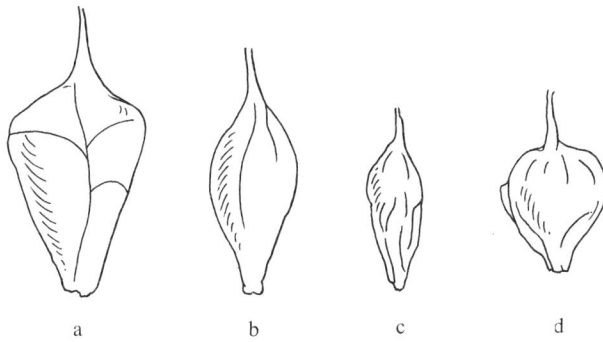

Abb. 12. *Sparganium*-Früchte.
a *Sparganium erectum*   c *Sparganium microcarpum*
b *Sparganium neglectum*   d *Sparganium oocarpum*

170. Ästiger I., S. eréctum-Gruppe (*S. ramósum* Huds.) (Abb. 12)

1 Fr. gelbbraun, glänzd, schwach kantg, 2,5–4,5 mm brt, 2mal lger als brt
2 Fr. 5–8 mm lg u. 2,5–4,0 mm brt, meist etwas eingeschnürt

170a. **Kleinfrüchtiger I., S. microcárpum** (Neum.) Čel., zerstr. in kalten Gewässern, vermutl. Sparg.-Glycerion-Art – Verbrtg ungenügend bekannt, z. B. Av, Norddeutschland – euras.

2* Fr. 7–10 mm lg u. 2,0–3,5 mm brt, ellipt.

170b. **Unbeachteter I., S. negléctum** Beeby, zml. hfg u. gesellg an Ufern u. in Gräben mit stehd. od. lgsam fließd. Wasser auf nährstoffreich., meist kalkarm., humos. Schlammböden, Wurzel-Kriechpionier, Licht-(Halbschatt)pf., etwas wärmeliebd, Char. d. Glyc.-Sparganietum negl. (Phragmition), auch im Sparg.-Glycerion – Ebene bis mittl. Gebirgslag., A bis 800 m, Sch bis 845 m – smed(-euras) – W – Chrom. 2n = 30.

1* Fr. schwarzbraun, 4,5–7 mm brt u. 6–8 mm lg, weng lger als brt
3 Fr. eiförmg-rundl., 4–7 mm brt, 5–8 mm lg

170c. **Eifrüchtiger I., S. oocárpum** (Čel.) Fritsch, vermutl. Bastard *S. neglectum* × *erectum*, slt. in Röhrichtges., Verbrtg ungenügd bekannt.

3* Fr. verkehrt pyramid.förmg, stark kantg, 5–6 mm brt, 6–8 mm lg

170d. **Aufrechter I., S. eréctum** L. [*S. polyédrum* (A. et Gr.) Juz.], zml. hfg im Uferröhricht stehd., nährstoffreich. Gewässer, auf humos. meist kalkhaltg. Schlammböd., bis 0,5 m Wassertiefe, Verldgspionier, etwas wärmeliebd, Char. d. Sparganietum er. (Phragmition) – v. all. Tieflag., fehlt Mittel- u. Hochgebirge (z. B. A, Sch) – euras-smed – W – Chrom. 2n = 30.

171. **Einfacher I., S. emérsum** Rehm. (*S. símplex* Huds.), zml. slt. in Gräben od. an Ufern lgsam fließd. (auch stehd.) Gewässer, auf basen- u. ± nitratreich., auch kalkarm., humos. Schlamm- od. Mudde-Böden, Licht-(Halbschatt)pf., Char. d. Sag.-Sparganietum em. (Phragmition) – Ebene bis mittl. Gebirgslag., A bis 870 m – euras, circ – W – Chrom. 2n = 30, formenreich.

171a. **ssp. flúitans** (Gren. et Godr.) Arcang. [*Sp. longíssimum* (Fries) Fritsch], St. u. B. bis 1 m lg flutd, St.b. bis 10 mm brt, slt. in kühl. klar., basenreich., fließd., auch stehd. Gewässern, Ranunculion fluit.-Verb.char., auch im Nymphaeion u. Littorellion – v. all. Tieflag.

172. **Zwerg-I., S. mínimum** Wallr., slt. in Verlandgs-Ges. seicht. Moortümpel, in Torfstichen, Gräben od. Schlenken mit stehd. Wasser in 20–120(300) cm Tiefe auf basenreich., mäß. nährstoffreich., mesotroph., sandig. od. rein. humos. Schlammböd., gern mit *Juncus bulbosus*, Char. d. Sparganietum min. (Sphagno-Utricularion), auch im Potamogetonion od. Nymphaeion – Ebene bis mittl. Gebirgslag., süSch bis 970 m, A bis 1400 m – no-euras, circ – W – Chrom. 2n = 30.

173. **Schmalblättriger I., S. angustifólium** Michaux (*S. affine* Schnizl.), slt., ab. gesellg in Verlandgs-Ges. an flach. Ufern nährstoffarm., mäß. sauer. oligotroph. (-dystroph.) Gebirgsseen, auch in Moorgräben, in 30–

120 cm Wassertiefe, auf humos. Sand- od. Torfschlamm-Böden, Littorelletea-Kl.char. – süSch, A (Allgäu 1720 m), BayW, NS, NWe, SH, L – nosubozean, circ – W – Chrom. 2n = 30.

174. Verschiedenblättriger I., S. diversifólium Graebn., s. slt. mit vor. in Littorelletea-Ges., zweifelhafte Sippe, z.T. f. v. *S. emersum* od. *S. angustifolium*, z.T. *S. emersum* × *minimum* (?) – süSch, Vog – nosubozean, circ – W.

Ordnung Aráles (Spathiflórae p.p.)

Familie der Aronstab-Gewächse, Aráceae

1   B. lineal mit erhaben. Mittelrippe u. Querfältelung, Kolben grünl., (scheinbar) seitenstdg, Pf. am Grunde rötl., Wurzel v. aromat. Geruch, 60– 120 cm, ⨂, 5–7   **Acorus** S. 117

1*   B. brt, herz- od. pfeilförmg

2   B. herzförmg, Kolben eiförmg, ganz v. Blü. besetzt u. off. im ausgebrt., weißl. Hüllb. stehd, Pf. niederliegd-kriechd, 10–30 cm, ⨂, 5–7   **Calla** S. 117

2*   B. pfeilförmg, slt. gefleckt, Kolben (soweit von Blü. besetzt) von hellgrün., dünn. Hüllb. umgeben, Kolbenende nackt, 15–30 cm, ⨂, 4–5   **Arum** S. 117

vgl. ferner   **Pinellia** S. 118

Kalmus, Ácorus L.

175. A. cálamus L., zerstr. in Röhricht- u. Großseggen-Bestánd., an Ufern, Altwassern u. in Gräben stehd. od. lgsam fließd., nährstoffreich. Gewässer, wärmeliebd, seit 16. Jahrh. aus Indien eingeführt u. verwildert, Heilpf., Wurzelextrakt pharmazeut. verwendet, auch Likör u. Parfüm-Zusatz, Char. d. Acoretum (Phragmition) – Ebene bis mittl. Gebirgslag., A bis 800 m – Heimat: subtrop. S- u. O-Asien – euras-med, circ – W – Chrom. 2n = 36.

Schlangenwurz, Drachenwurz, Cálla L.

176. C. palústris L., zml. slt. in Großseggen-Bestánd., an Ufern v. Tümpeln u. Weihern, in Moorschlenken, auch im Erlenbruch, auf nass., zeitw. überschwemmt., mäß. nährstoff- u. basenreich., neutral-mäß. saur. mesotroph. Torfschlamm-Böden, giftig, Insekten- u. Schnecken-Bestäubg, geschützt, Char. d. Cicuto-Caricetum pseudocyperi (Phragmition), auch in d. *Carex rostr.*-Ges. od. im Alnion – Ebene bis mittl. Gebirgslag. (z.B. BayW, Arbersee), v. all. im N u. O d. Gebiet., im SW slt. – nokont, circ – W (G) – Chrom. 2n = (36) 72.

Aronstab, Árum L.

177. A. maculátum L., hfg in krautreich. Laubmisch- u. Buchen-Wäldern, in Auenwäldern u. Hecken, auf grundfrisch., nährstoffreich.,

locker., neutral-mäß. sauer. humos., meist tiefgründg. Lehm- u.
Tonböden, Mullbodenpf., Schattpf., Nährstoff- u. Frische-Zeiger,
Gleitfallen-Blume (Fliegen-Bestäubg), Fagetalia-Ordn.char., v. all. in
feucht. Fagion u. Carpinion-Ges., auch im Alno-Ulmion – Ebene bis
mittl. Gebirgslagen (Lehm- u. Kalkgebiete), A bis 950 m, süSch bis 700
m, Ju bis 970 m – subatl(-smed) – G – formenreich:

1   Wurzelstock ± waagr., Blü.hülle (Spatha) 12–25(30) cm lg, Staubb. gelb
2   B. gefleckt

177a. **A. maculátum var. maculátum**, so v. all. im N d. Gebiet., im S slt.
z. B. nöRh (Niederung) – Chrom. 2n = 56 (28).

2* B. ungefleckt

177b. **A. maculátum var. immaculátum** Rchb., die im S vorherrschde
Sippe – Chrom. 2n = 28 (56).

1* Wurzelstock ± senkrecht, Blü.hülle 8–18 cm lg, Staubb. rotviol.

177c. **A. orientále** Bieb. (*A. alpínum* Schott et Kotschy) – ob im Gebiet? –
osmed – Chrom. 2n = 28.

178. **Pinéllia ternáta** (Thumb.) A. et Gr., B. dreiteilg, mit Brutzwiebeln
am B. od. am B.grund – Heimat O-Asien – z. T. eingebürgert in
Hackunkraut-Ges. sandig. Böden – z. B. Fr (Erlangen verscholl.).

Familie der Wasserlinsen, Lemnáceae

1   Pf. 2–10 mm groß, mit Würzelchen
2   Laubglied mit einem Wurzelbüschel, dickl., untersts meist rot, 3–5 mm groß,
    ♃, 5–6   **Spirodela** S. 118
2* Laubglied nur mit einer Wurzel   **Lemna**   S. 118
1* Pf. 1–1,5 mm groß, ohne Würzelchen, beidersts gewölbt **Wolffia** S. 119

Teichlinse, Spirodéla Schleid.

179. **S. polyrhíza** (L.) Schleid., zerstr. in d. Schwimmdecken
windgeschützt. See- u. Altwasser-Buchten, auf flach. (bis 1,5 m tief.)
Weihern u. Tümpeln, mit ± nährstoffreich., eutroph. Wasser, etwas
salzertragd u. wärmeliebd, lok. Char. d. Lemno-Spirodeletum,
Lemnion-Verb.char. – Ebene bis mittl. Gebirgslagen (bis rd. 600 m) –
euras-med, circ, ferner Australien – W – Chrom. 2n = 40.

Wasserlinse, Lémna L.

1   Laubglied. lanzettl.-spitz, meist untergetaucht, kreuzweise gestellt (3nervg),
    gelegtl. mit abgerund. Schwimmb., 4–10 mm, ♃, 5–6   **L. trisulca** 180
1* Laubglied. rundl., auf d. Wasser schwimmd, 2–3 mm groß
2   Laubglied. untersts ± flach, ♃, 4–5

3   B. 3–5nervg   **L. minor**   181
3* B. 1nervg, kleiner als vor.   **L. minuscula** 181a
2* Laubglied. untersts meist bauchig gewölbt, grobgefeldert, ♃, 4–5
                                                   L. gibba 182

180. Dreifurchige W., L. trisúlca L., zerstr. in Schweber-Ges. still. Altwasser- od. See-Buchten, in ± nährstoffreich., meso-eutroph., mildmäß. saur. Wasser, Lemnion-Verb.char. – Ebene bis mittl. Gebirgslagen (bis rd 800 m) – euras, circ, ferner Australien – W – Chrom. 2n = 40, 44.

181. Kleine W., L. mínor L., verbr. auf stehd. od. lgsam fließd., windgeschützt., bis 2,5 m tief. Gewässern, mit vorwiegd nährstoffreich., mild. u. saur. Wasser, Wasser- u. Wasservögel-Verbrtg, Lemnion-Verb.char., lok. Char. d. Lemnetum minoris – Ebene bis Gebirge, A bis 1200 m – (no-)euras-med bzw. kosmop. (kalt- u. warmtemp. Zonen) – W – Chrom. 2n = 40.

(181a) **Kleinste W., L. minuscula** Hert., slt. eingeschleppt, in Lemnion-Ges., wärmeliebd – Rh (Els, nöRh), HRh – Herkunft N-Am – W.

182. Bucklige W., L. gíbba L., zml. slt. in Schwimmdecken still. Seebuchten, in Gräben u. Tümpeln, Dorfteichen usw., auf s. nährstoffreich. (verschmutzt.) Wasser, etwas wärmeliebd, Char. d. Lemnetum gibbae (Lemnion) – Ebene bis mittl. Gebirgslag., Sch bis 914 m – med-smed, circ (warmtemp. Zonen) – W – Chrom. 2n = (40, 50) 64.

Zwerglinse, Wólffia Horkel vgl. S. 118

183. W. arrhíza (L.) Wimm., s. slt., ab. viell. oft übersehen, in Wasserlinsen-Decken stehd. od. lgsam bewegt., windgeschützt., bis 1,5 m tief. Gewässer, in Gräben od. Altwasser-Bucht., in nährstoffreich. Wasser, sommerwärmeliebd, im Gebiet steril, Vogelverbrtg, Lemnion-Verb.char. – nöRh, Bo, He, Fr, NWe, NS, Br, Me, SH – med-gemäßkont, ferner S-Asien, Afrika, Australien – W – Chrom. 2n = 40, 50, 80.

Ordnung Liliáles (Liliiflórae)

Familie der Liliengewächse, Liliáceae (und Trilliáceae)

1   Pf. zur Blü.zeit (im Herbst) ohne B., diese (dunkelgrün) erst mit Fr.kapsel im Frühjahr erscheinend, Blü. blaßviol. mit bleicher Röhre, 5–20 cm, ♃, 8–10 (slt. 4–5)   **Colchicum** S. 122
1* Pf. zur Blü.zeit mit B.
2   B. fein nadelförmg (Scheinb.), an reich verzweigt. Sprossen, 30–120 cm, ♃, 6–7   **Asparagus** S. 134
2* B. nicht nadelförmg, mit deutl., wenn auch oft grasartg. Spreite
3   Blü.std ± dicht, kugelig, in Dolden, vor d. Blü.zeit v. ein. Hülle umschlossen, oft mit Brutzwiebeln, B. flach lineal (grasartg) od. röhrg, immer mit Lauchgeruch   **Allium** S. 125

3* Blü. in Trauben od. in locker. armblütg. Dolden (dann ohne Brutzwiebeln u. ohne umschließde Hülle), B. ohne Lauchgeruch
4 Blü.std b.los od. höchst. mit kl. häutg. schuppenförmg. Hochb., B. grundstdg
5 Blü. über 5 cm groß, gelb od. orange, trichterförmg, Blü.b. verwachs., Pf. ohne Zwiebel (mit Wurzelknoll.)   **Hemerocallis** S. 123
5* Blü. kleiner, blau od. weiß (nur s. slt. gelbl.)
6 Blü. glockig offen od. krugförmg geschlossen
7 B. brt-lanzettl. (meist 2), Blü. weiß, nickend, in locker. einstswendg. Traube, 10–20 cm, ⚇, 5   **Convallaria** S. 136
7* B. lineal, Blü. blau (slt. weiß), kugelg od. walzl., ± kugelförmg geschlossen
                                                                    Muscari S. 133
6* Blü.b. frei od. fast frei, sternförmg ausgebreitet od. ± glockg, in locker. Traube od. doldg, B. lineal od. schwertförmg
8 Blü. blau (slt. weiß od. rosa), z. T. abfalld, Blü.stiele ungegliedert, Pf. mit Zwiebel
9 Blü.b. frei, sternförmg ausgebreitet (bei Kulturpf. auch ± glockg)
                                                                    Scilla S. 131
9* Blü. glockg, Blü.b. am Grde etwas verwachs., 15–40 cm, ⚇, 4–5
                                                                    Hyacinthoides S. 132
8* Blü. weiß, grünl.weiß od. gelbl., bleibend
10 Blü.b. außen grün gestreift (od. gelbl.), Blü.std traubg od. doldg, Blü.stiele ungegliedert, Pf. mit Zwiebel   **Ornithogalum** S. 132
10*Blü.b. rein weiß, Blü,std traubg od. rispg, Blü.stiele gegliedert, Pf. ohne Zwiebel   **Anthericum** S. 122
4* Blü.std beblättert od. mit größer. laubartg. Hochb.
11 B. netzadrig, eiförmg, in einem 4(–5)teilg. Quirl, in dessen Mitte eine grünl. Blü. mit 8(–12) Blü.b. u. 8 Staubb. sitzt, Fr. blaue Beere, 10–30 cm, ⚇, 5
                                                                    Paris (Trilliaceae) S. 136
11*B. nicht netzadrig, wechselstdg, rosettg od. in mehrfach. Quirlen übereinander, Staubb. 4 od. 6
12 Blü. 3–10 cm lg
13 Blü.b. verwachsen, Blü. trichterförmg, B. zahlreich in einer Rosette, vgl. unt. 5   **Hermerocallis** S. 123
13*Blü.b. frei, Zwiebelpf.
14 St. b. 2–5
15 Blü. gelb (außen grünl.), zuerst nickend, dann aufrecht, St.b. 2–3 u. 1–2 cm brt, 20–40 cm, ⚇, 4–5   **Tulipa** S. 131
15*Blü. braunrot, St.b. 4–5, lineal, rinnig, graugrün, Blü. 1 (slt. 2–3), glockg, nickd, purpurbraun, 15–30 cm, ⚇, 4–5   **Fritillaria** S. 130
14 St.b. mehr als 5, Blü.std traubg, Blü. hellpurpur od. orange, Narbe 3kantg
                                                                    Lilium S. 130
   Blü. in quirlförmg. Dolde hängend, Narbe 3spaltg, vgl. **Fritillaria** S. 130
12*Blü. 0,5–2,5 cm lg
16 Blü. einzeln od. zu mehrer. in d. B.achseln hängd, weißl.
17 Blü.b. verwachsen, röhrg-glockg, St. übergebogen od. aufrecht, Fr. schwarzblaue Beere   **Polygonatum** S. 135
17*Blü.b. frei, St. etwas hin- u. hergebogen, verästelt, B. herzförmg, st.umfassd, Beeren rot, 20–80 cm, ⚇, 5–7   **Streptopus** S. 136
16*Blü. endstdg, einzeln od. in Trauben, Dolden od. Rispen

18 B. brt-oval, stark gerieft, untersts behaart, wechselstdg (vgl. *Gentiana lutea*!), Blü. in reicher aufrecht. Rispe, sternförmg, weißl. bis grünl., 50–150 cm, ⟂, 6–8   **Veratrum** S. 122

18* B. herzförmg od. lineal (grasartg), Pf. kaum üb. 30 cm

19 B. herzförmg, Pf. einzelnstehd bzw. herdenbildd, Blü.std traubg, mit 1–2 kurzgestielt. B., Blü. kl., 4zählg, weiß, Fr. rote Beere, Grundachse kriechend, 5–15 cm, ⟂, 5–6   **Maianthemum** S. 135

19* B. lineal

20 B. flach zweizeilg, schwertlilienartg, Blü. gelbl. in dicht. Traube, Pf. ohne Zwiebel

21 Blü.b. rd. 3 mm lg, weißl. gelb, Staubfäd. nicht behaart **Tofieldia** S. 121

21* Blü.b. 6–8 mm lg, auß. grünl., inn. gelb, Staubfäd. wollg behaart, 10–30 cm, ⟂, 7–8   **Narthecium** S. 121

20* B. schmal lineal, grasartg. Pf. mit Zwiebeln

22 Blü. gelb od. gelbgrün, meist zu 2–10 in doldg., von 1 od. mehrer. laubartg. Hochb. gestützt. Blü.std, grundstdg. B. zu 1–2, schlaff   **Gagea** S. 123

22* Blü. weißl., meist 1 (slt. 2), St.b. gleichmäßig am St. verteilt, alp. Rasenpf., 5 10 cm, ⟂, 6   **Lloydia** S. 125

Simsenlilie, Tofiéldia Huds.

1 Blü. gelbl. in 2–8 cm lg. Traube, mit kelchartg. Vorb., B. 5–10nervg, lg zugespitzt, 10–30 cm, ⟂, 5–7   **T. calyculata** 184

1* Blü. weißl., ohne kelchartg. Vorb., aber wie vor. mit ± 3teilg. Tragb., in 0,5–1 cm lg. Köpfch., B. 3–5nervg, kurz zugespitzt, 5–12 cm, ⟂, 7–8
                                        T. pusilla 185

184. Gewöhnliche S., T. calyculáta (L.) Wahlenb., zml. slt. in Flach- u. Quellmooren, in Moorwiesen, an schattig. berast. Böschungen, in steing. Alpenras., auf feucht. od. wechselfeucht., mäß. nährstoffreich., basenreich., meist kalkhaltg. Sumpfhumusböden od. ± mild., humos. bis roh. Löß-, Lehm- od. Tonböden, Kalk- u. Feuchtigkeitszeiger, Caricion dav.-Verb.char., auch im praealp. Molinion od. in *Sesleria alb.*-Ges., gern in lückg. Ges. – v. all. Av, A bis 2060 m, ferner Do, Bo, Ju, Ba, Ne, auch Hü, Rh (Waghäusel), Sch (s. slt.), O, Th, An, Br, Sa, L – pralp(-no) – H – Chrom. 2n = 28.

185. Kleine S., T. pusílla (Michx.) Pers. (*T. palústris* auct.), s. slt. in alp. Quellmooren auf sickernass., basenreich. (nicht immer kalkhaltg) humos. Kies- u. Sand- od. Torfböden, Eiszeitrelikt, lok. Char. d. Kobresietum simpl. (Caricion bicol.-atrof.), überreg. Tofieldietalia-Ordn.char., auch im Seslerion – A (1630–1800–2350 m) – arkt(-alp), circ – H – Chrom. 2n = 30.

Beinbrech, Narthécium Huds.

186. N. ossífragum (L.) Huds., zerstr. in nass. nährstoffarm. Heidemoor. auf ± sauer. Torfböd., Wurzelkriechpionier, geschützt, Ericion tetr.-Verb.char. – NWe, NS, SH – atl – Chrom. 2n = 26.

Germer, Verátrum L. vgl. S. 121

187. Weißer G., V. álbum L., zml. hfg u. gesellg auf Alpenweiden, an Viehlägern, in Hochstaudenfluren od. in Moorwiesen, auch in praealp. Auenwäldern, auf frisch. bis nass., meist nährstoffreich., vorzugsw. kalkhaltg., humos. Lehm- u. Tonböden, giftiges Weideunkraut, pharmazeut. verwendet, Insektenbestäubg, Verbrtgsschwerpkt im Rumicion alp., auch in Adenostyletalia-Ges., im Alp.vorland im Molinion u. Alno-Ulmion – Av, A (bis 2070 m), BayW, Bo, Ju (Donautal), Vog, süSch (angepfl.) – H – formenreich:

1 Blü.b. inn. weiß, außen grünl.

187a. **ssp. álbum**, slt., z.B. A – pralp – Chrom. 2n = 32.

1* Blü.b. beid.sts grünl., Hochb. lger als Blü.stiele

187b. **ssp. lobeliánum** (Bernh.) Rchb., im Gebiet vorherrschde Sippe – z.B. Do, Bo, BayW, Av, A – pralp-euraskont – Chrom. 2n = 32.

Zeitlose, Cólchicum L. vgl. S. 119

188. Herbst-Z., C. autumnále L., verbr. auf Wiesen, auch in Auenwäldern, auf sicker-wechselfeucht., nährstoffreich., tiefgründg., mild- mäß.sauer. humos. Lehm- u. Tonböden, giftig, Wiesen- u. Heu-Unkraut (Alkaloid Colchicin, pharmazeut. od. zu Mutations-Auslösung), Molinietalia-Ordn.char., hfg auch in feucht. (od. wechsel-feucht.) Arrhenatheretalia-Ges. od. im Alno-Ulmion. – Ebene bis Gebirge (A bis 1400 m), v. all. im W u. S d. Gebiet., in d. nördl. Tiefebene slt. od. fehld – subatl-smed – G – Chrom. 2n = 36, 38.

Graslilie, Anthéricum L.

1 Blü.std ästig, Blü.b. 10–13 mm lg, kürzer als Griffel, B. kürzer als St., 30 bis 70 cm, ♃, 6–8 **A. ramosum** 189
1* Blü.std traubg, Blü.b. 15–20 mm lg, 30–60 cm, ♃, 5–6 **A. liliago** 190

189. Ästige G., A. ramósum L., slt. ab. gesellg v. all. im Saum von Wäldern u. Gebüsch, an Böschungen, in Halbtrockenrasen, auf warm., trock., meist kalkreich., mild., humos., lock. Sand-, Stein- od. Lößböden, Tiefwurzler, Bienenbestäubg, Geranion sang.-Verb.char., auch im Mesobromion od. Cirsio-Brachypodion, ferner im Erico-Pinion – Ebene bis Gebirge, A bis 1616 m (Kalkgebiete), im Nordw. slt. od. fehld – gemäßkont(-smed) – H – Chrom. 2n = 30, 32.

189a. var. fállax Zabel, Blü.std traubig, nicht mit folgd. zu verwechseln! z.B. nöRh.

190. Traubige G., A. liliágo L., slt. in Trockenrasen, in licht. Eichen- u. Kiefernwäldern, in Gebüsch- u. Waldsäumen, an Böschungen usw., auf warm., trock., basenreich., meist kalkarm., neutral.-mäß. saur., humos. Sand- u. Steinböden, z.B. mit *Viscaria* Char. d. Teucrio-Polygonatum

odor. (Geranion sang.), auch in Xerobromion- od. wärmeliebd.
Quercion rob.-Ges. – Ebene bis mittl. Gebirgslag. (Vog bis 1400 m), im N
s. slt. od. wie A fehld – (w)smed – H – Chrom. 2n = 30, 32, 60, 64.

An die *Anthericum*-Arten schließen im Tribus *Asphodéleae* die bekannt.
Asphodill-Arten d. Mittelmeergebietes an [z. B. *Asphódelus álbus* Mill.,
Schweiz (Wallis, Tessin), Südfrankreich usw.] ferner *Paradisia liliástrum*
(L.) Bert., subalp. Matten d. Schweiz, – walp – Chrom. 2n = 16.

Taglilie, Hemerocállis L.

1   Blü. hellgelb, duftd, Pf. mit 5–10 cm lg. unterird. Ausläuf., 50–100 cm, ⹁,
    5–6   **H. lilio-asphodelus** 191
1* Blü. orange, geruchlos, Pf. mit mehrere dcm lgn. Ausläuf., Eintag-Blü., 60–
    120 cm, ⹁, 6–7   **H. fulva** 192

191. **Gelbe T., H. lílio-asphódelus** L. em. Scop. (*H. fláva* L.), hfg kultiv. u.
gelgtl. verwildert in feucht. Wiesen u. Wäldern – z. B. Do, Rh – Heimat
mittl. O-Asien – G – Chrom. 2n = 22.

192. **Gelbrote T., H. fúlva** L., hfg kultiv. u. verwildert in feucht. Auen –
z. B. Rh, Bo, Do usw. – Heimat O-Asien – G – Chrom. 2n = 22, 33.

Gelbstern, Gágea Salisb.

1   Grundstdge B. flach od. rinng, nicht hohl, Jugendb. z. T. fädl., rundl. od.
    kantg
2   Pf. mit 2 Grundb., Blü.stiele behaart od. kahl
3   Blü.stiele ± flaumg behaart, Hochb. behaart
4   B. 1–2(4) mm brt, grün, Blü. meist 3–10, 2–3 cm lg gestielt, 14–17 mm lg, 10–
    15 mm, ⹁, 3–4   **G. villosa** 193
4* B. fadenförmg, 0,5–1 mm brt, blaugrün, Blü. meist 1–3, 0,2–1 cm lg gestielt,
    8–12 mm lg, Griffel kahl, 3–8 cm, ⹁, 3–4   **G. bohemica** 194
3* Blü.stiele kahl, Blü.b. stumpfl., B. fadenförmg, z. T. auch flach, Hochb.
    etwas v. Blü.std abgesetzt, mit brt. umfassd. Grund, 10–20 cm, ⹁, 4–5
        G. spathacea 195
2* Pf. mit 1 Grundb. (slt. bei *G. pratensis* auch 2), Blü.stiele kahl
5   Grundstdge B. höchst. 2 mm brt, am Grunde rot, Blü.b. zugespitzt (nach
    außen gekrümmt), 8–15 cm, ⹁, 6   **G. minima** 196
5* Grundstdge B. üb. 2 mm brt, Jugendb. z. T. fädl., deutl. kantg, Blü.b.
    stumpfl.
6   B. 3–5 mm brt, deutl. gekielt, am Grunde rötl., Blü.b. bis 20 mm lg, Zwiebeln
    3, 10–20 cm, ⹁, 3–5   **G. pratensis** 197
6* B. 7–10 mm brt, ± flach, schwach gekielt, mit Kapuzenspitze, Blü.b. 12–15
    mm lg, Zwiebel 1, 10–20 cm, ⹁, 3–5   **G. lutea** 198
1* Grundstdge B. halbstielrund, röhrg-hohl, 1–2, oft zottig behaart, 6–12 cm,
    ⹁, 6–7   **G. fistulosa** 199

193. **Acker-G., G. villósa** (M.B.) Duby [*G. arvénsis* (Pers.) Dum.], slt. ab.
gesellg in Äckern, an Ackerrändern, auf mäß. trock., nährstoffreich.,
wenig humos., neutral.-mäß. sauer., locker., sandg. Ton- od. ± lehmg.
Sandböden, wärmeliebd, Insekt.bestäubg, Frühlgs-aspekt-bildd auf
Äckern z. B. im Set.-Galinsogetum od. Geranio-Allietum, auch im

Aphanion, wohl Polyg.-Chenopodietalia-Art – Ebene bis mittl. Gebirgslag., Ju bis 650 m, in d. nördl. Tiefebene slt. od. wie A fehld – medsmed(-kont) – G – Chrom. 2n = 48.

194. Felsen-G., G. bohémica (Zauschn.) R. et Sch., slt. in sonnig. lückg. Stein- u. Trockenrasen, auf sommertrock., basenreich., meist kalkarm., neutral.-mäß. sauer., humus- u. feinerdearm. lockergrusg. Steinböden (Schiefer, Porphyr, Oberrotliegd., auch Tertiärkalk), wärmeliebd, Lichtpf., Insekt.bestäubg, Char. d. Gageo-Veronicetum dill. (Sedo-Veronicion) – G – formenreich:

1 Grdstge B. fädl. stielrd, St. ± kahl, Blü.b. lglich-spatelg

194a. ssp. bohémica, s. slt. – An – europkont-osmed – Chrom. 2n = ca. 36.

1* Grdstge B. rinnig, St. wie Blü.stiele zottg behaart, Blü.b. längl.-lanzettl.

194b. ssp. saxátilis (Koch) Pasch., im Gebiet vorherrschde Sippe, s. o. – Pf, nöHü (Rheinhess.), Nahe- u. Moseltal, Th, An, Br – subatl-wsmed – Chrom. 2n = 60.

195. Scheidiger G., G. spathácea (Hayne) Salisb., s. slt. in krautreich. Laubwäldern, auf sickerfrisch., nährstoffreich., mäß. sauer humos. Lehmböden, Mullböden, v. all. in Alno-Ulmion- u. feucht. Carpinion-Ges., Fagetalia-Ordn.char. – Fr, RS, He, NWe, NSH, NS, SH, Th, Sa, Br, Me – gemäßkont – G – Chrom. 2n = ca. 102.

196. Kleiner G., G. mínima (L.) Ker-Gawl., slt. im Gebüsch, an Waldwegen, in Waldsäumen u. licht. Wäldern, auf frisch., nährstoffreich. humos. Lehmböden, Querco-Fagetea-Kl.char., auch in mehr ruderal. Ges. – v. all. im O u. N d. Gebiet., im W u. SW fehld – euraskont – G – Chrom. 2n = 24.

197. Wiesen-G., G. praténsis (Pers.) Dum., zml. slt. in Weinbergen od. Äckern, an lückig-rasig. Böschungen, auf mäß. trock., nährstoff- u. kalkreich., ± mild. humos., locker. Stein-, Löß-, Lehm- od. Sandböden. etwas wärmeliebd, v. all. in Polyg.-Chenopodietalia-Ges., auch im Mesobromion od. Al.-Sedion – Ebene bis mittl. Gebirgslag., Av (Kaufbeuren), A fehld – gemäßkont – G – Chrom. 2n = 36, 48, 60, formenreich, nahe steht z.B.:

197a. G. pomeránica Ruthe, Unt. Hochbl. mit brt eiförmg. Grund, kürzer als Blü.stiele, Blü.b. mit stumpfl. gerundet. Spitze, slt. z.B. in frisch. lückg. Wiesen – nöRh (Offenbach), BayW, He, Th, An, Br, Me – gemäßkont.

198. Wald-G., G. lútea (L.) Ker-Gawl. (*G. sylvática* Loud.), zerstr. in krautreich. Auenwäldern, auf sickerfeucht., basen- u. nährstoffreich., locker., neutral.-mäß. sauer., humos., meist tiefgründg. Lehm- u. Tonböden. Mullbodenpf., etwas wärmeliebd, Schattpf., Insekt.bestäubg, meist mit *Allium ursinum, Anemone ranunculoides* od. and. Geophyten,

Alno-Ulmion-Verb.char., auch (Diff.) in feucht. Fagion- od. Carpinion-Ges. – Ebene bis mittl. Gebirgslagen (A bis 1450 m), v. all. Kalkgebiete – euras(subozean-smed) – G – Chrom. 2n = 72.

199. **Röhriger G., G. fistulósa** (Ram.) Ker-Gawl., slt. in Alpen-Fettweiden od. Läger-Ges., auf frisch., nährstoff- od. basenreich., oft kalkarm. Lehm- u. Tonböden, Nährstoffzeiger, v. all. in Poion alp.-Ges., auch im Trisetetum flav. od. Rumicion alp. – A (Allgäu, Vorarlberg, 1250–2000 m) – alp – G – Chrom. 2n = ca. 80.

Faltenlilie, Llóydia Salisb. vgl. S. 121

200. **Ll. serótina** (L.) Rchb., slt. in alp. Rasenges., auf mäß. frisch., basenreich., meist entkalkt., neutral-sauer. humos., feinerdereich. Steinböden, an Windecken und exponierten Graten, Char. d. Elynetum (Elynion) – A (1850–2250 m) – arkt-alp (circ) – G – Chrom. 2n = 24.

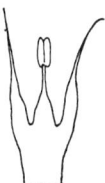

Abb. 13. Staubblatt mit Zähnen *(Allium vineale)*.

Lauch, Állium L.

I. Wildwachsende Arten

1 B. 2–5 cm brt, ellipt.-lanzettl., ± gestielt, vgl. auch 4
2 St. beblättert, Blü. grünl.-weiß, 30–50 cm, ⚇, 6–7   **A. victorialis**   201
2* St. unbeblättert, alle B. grundstdg
3 Grundstdge B. deutl. gestielt, zu 1–2, Blü. weiß, Blü.std ohne Brutzwiebeln, Zwiebeln längl., 15–30 cm, ⚇, 4–5   **A. ursinum**   202
3* Grundstdge B. lanzettl., ungestielt
4 Grundstdge B. 1–2, ca. 2 cm brt, St. 3kantg, Blü.std mit 1–3 lg gestielt. weiß. Blü. u. grünl. Brutzwiebeln, 20–30 cm, ⚇, 4–5   **A. paradoxum**   203
4* Grundstdge B. 3–4, brt-lanzettl., Blü. grünl.-weiß, Fr. schwärzl., Zwiebel kugelg, 40–80 cm, ⚇, 5–6   **A. nigrum**   204
1* B. nicht üb. 1 cm brt, schmallineal od. röhrg, Blü. meist rosa od. rot (vgl. *A. oleraceum*)
5 B. ganz od. fast ganz röhrg, hohl, mit B.häutch., Blü.dolde dicht kugelg
6 B. oberts etwas rinnig, 2–3 mm brt, bläulichgrün, Dolde mit Brutzwiebeln, Staubb. mit 2 Zähnen (vgl. Abb. 13), 30–50 cm, ⚇, 6–8   **A. vineale**   205
   vgl. B. unt. flach, ob. röhrg-rinng   **var. purpureum**   205a
6* B. stielrund, 1–2 mm brt, grasgrün, Dolde ohne Brutzwiebeln, Staubb. ungezähnt, 15–30 cm, ⚇, 5–8   **A. schoenoprasum**   211
5* B. flach od. stärker rinng, halbstielrund od. nur unterwts ± röhrg
7 St. scharfkantg, B. ± grundstdg, flach, Zwiebel ± walzl., wurzelstockartg
8 B. scharf gekielt, Blü.dolde zml. flach, Sumpfpf., 20–50 cm, ⚇, 6–8   **A. angulosum**   215

8* B. flach, dickl., Blü.dolde kugelg, Felspf., 15–30 cm, ♃, 7–8
        A. senescens 216
7* St. rund, unten beblättert
9 Blü.dolde mit Brutzwiebeln
10 B. 6–8 mm brt, flach, am Rande bewimpert, mit B.häutch., Staubb. mit
    Zähnen, 60–100 cm, ♃, 6–7   **A. scorodoprasum** 209
10* B. 2–5 mm brt, flach od. rund
11 Hüllb. d. Blü.dolde hinfällg, den Blü.std kaum überragd, B. fast rund, vgl.
    unt. 6   **A. vineale** 205
11* Hüllb. länger als Blü.dolde, B. flach od. rinng, Einzelblü. zwischen
    Brutzwiebeln 1–2 cm lg gestielt, Staubb. zahnlos
12 B. unten rinng-halbstielrund, ob. meist eingerollt, 4–5 mm brt, Brutzwiebeln
    meist rot, Blü. rötl. od. grünl.weiß, Staubb. d. Blü.b. kaum überragd, 30–70
    cm, ♃, 6–7   **A. oleraceum** 219
12* B. kaum rinng, 2–4 mm brt, Brutzwiebeln grün, Staubb. viel lger als Blü.b.,
    30–60 cm, ♃, 6–8   **A. carinatum** 220
    vgl. ferner unt. 17*   **A. pulchellum** 221
9* Blü.dolde meist ohne Brutzwiebeln
13 B. halbstielrund od. fast stielrund
14 B. oben schwach rinng, vgl. 12*   **A. carinatum** 220
    vgl. ferner mit gelb. Blü.   **A. flavum** 222
14* B. halbstielrund bis stielrund od. nur eingerollt
15 Hüllb. d. Blü.dolde länger als Blü., B. ohne B.häutch. vgl. 12
      A. oleraceum 219
15* Hüllb. kürzer als Blü., hinfällg, Staubb. mit 2 fädl. Zähnen, B. mit B.häutch.,
    30–50 cm, ♃, 6–7   **A. sphaerocephalon** 206
13* B. flach od. gekielt
16 B. länger als Blü.dolde, oft zurückgeschlagen, Staubb. zahnlos, d. Blü.
    überragd, B. ohne B.häutch., nicht gekielt
17 B. 2–4 mm brt, vgl. 12*   **A. carinatum** 220
17* B. 1–2 mm brt, obersts gefurcht, 30–50 cm, ♃, 7–8   **A. pulchellum** 221
16* Hüllb. kürzer als Blü.dolde, B. ± gekielt
18 B. 1,5–3 mm brt, scharf gekielt, Zwiebel mit faserg. Häuten,
    Staubb. zahnlos, Blü. wohlriechd, 20–50 cm, ♃, 7–9   **A. suaveolens** 218
    vgl. B. gerundet, Blü.stiele kürzer als Blü.b., Zwiebelhäute netzfaserg
      A. strictum 217
18* B. 4–10 mm brt, schwach gekielt, Staubb. mit Zähnen
19 B. 4–6(10) mm brt, Zwiebel mit gestielt. roten Nebenzwiebeln, 30–60 cm, ♃,
    6–7   **A. rotundum** 210
19* B. 6–8(10) mm brt, vgl. unt. 10   **A. scorodoprasum** 209

II. Kulturarten

1 B. röhrg, Staubb. ohne od. nur mit kurzen seitl. Zähnen
2 B. u. St. bauchig aufgetrieben, Blü. grünl. weiß
3 Blü.stiel bis 8mal länger als Blü.   **A. cepa** 213
3* Blü.stiel höchst. 3mal länger als Blü.   **A. fistulosum** 214
2* B. u. St. nicht bauchg aufgetrieben
4 Blü.dolde meist mit Brutzwiebeln, Blü. weiß   **A. ascalonicum** 212
4* Blü.dolde ohne Brutzwiebeln, Blü. hellrosa   **A. schoenoprasum** 211
1* B. flach, Staubb. mit Zähnen

5   Blü.dolde meist mit Brutzwiebeln, B. 4–8 mm brt, Zwiebeln mit weiß.
Nebenzwiebeln   **A. sativum** 207
5* Blü.dolde ohne Brutzwiebeln, B. 5–50 mm brt   **A. porrum** 208

201. **Allermannsharnisch, A. victoriális** L., slt. truppweise an off., hochrasig. Hängen, im Bereich der Waldgrenze, auf mäß. trock. bis sickerfrisch., basenreich. (meist kalkarm.), locker., mäß. sauer. humos. Stein- u. Lehmböden, auch gepfl. (Zauber-Wurzel), in d. Alp. meist im Caricion ferrug., im Sch u. Vog. lok. Char. d. Sorbo-Calamagrostietum arund. (Calamagrostion), auch in mager. Wiesen – süSch (Feldberg), Vog, A (1400–2100 m), auch Av – alp (altaisch), N-Am. – G – Chrom. 2n = 16.

202. **Bär-L., A. ursínum** L., zml. hfg u. gesellg in krautreich. Laub-, Bergmisch- od. Auenwäldern (Klebwäldern), in Talgründen, an Hangfüßen, in Mulden, auf sickerfeucht., nährstoffreich., tiefgründglocker., neutral.-mäß. sauer., humos. Lehm- u. Tonböden, meist mit ander. Geophyten, Wasserzug od. Grundwassernähe anzeigende Mullbodenpf., Fruchtbarkeits-Zeiger, Schattpf., Insekt.- u. Selbstbestäubg, v. all. in feucht. Fagion- u. Carpinion-Ges., auch im Alno-Ulmion, Fagetalia-Ordn.char. – Ebene bis Gebirge, A bis 1700 m, Sch bis 1250 m, im nördl. Tiefld slt. – subatl(-smed) – G – Chrom. 2n = 14.

203. **Seltsamer L., A. paradóxum** G. Don, adventiv u. z. T. eingebürgert im licht. Gebüsch u. im feucht. Laubmischwald, v. all. im Alliarion, auch im Alno-Ulmion, z. B. nöRh, SH (Lübeck), Me, Br, An, NS (Hannover) – Heimat: Kaukasus–N-Iran–Turkmenien (euraskont) – G – Chrom. 2n = 16.

204. **Schwarzer L., A. nígrum** L., s. slt. in Weinbergen od. gehackten Äckern, auf mäß. trock., nährstoff- u. basenreich. Lehmböden, Polygono-Chenopodietalia-Art – Bo, süHü (Els), ob noch? – med – G – Chrom. 2n = 16.

205. **Weinbergs-L., A. vineále** L., zml. hfg in Weinbergen, in Parkrasen, im Gebüsch u. an Wegen, auf mäß. trock. bis frisch., nährstoffreich. u. basenreich., sandig.-steing. od. rein. Lehmböden, wärmeliebder Weinbaubegleiter, Insekt.bestäubg, Char. d. Geranio-Allietum vin. (Fum.-Euphorbion), ferner in Arrhenatheretalia-Ges. od. im Alliarion (oft steril) – Ebene bis mittl. Gebirgslagen (vzlt. bis Av). BayW slt. (bis 650 m), auch Sch nur Tallagen, A fehld – subatl-smed G – Chrom. 2n = 32 (40).

205a. **var. purpúreum** Koch (*A. kóchii* Lge), slt. in Graudün. d. Ostsee mit *Armeria elong.* – Me – mitteleurop – G.

206. **Kugel-L., A. sphaerocéphalon** L., zerstr. in sonnig. lückig. Trockenrasen, auf warm. basenreich., nicht immer kalkhaltg., locker., mild-mäß. sauer. humos. Sand-Löß-Lehm- od. Steinböden (Kalkstein,

Basalt, Melaphyr, Porphyr usw.), Insekt.- u. Selbstbestäubg., Brometalia-Ordn. char., im S u. W auch in Festucion val.- od. Sedo-Scleranthetea-Ges. übergrfd – v. all. im S d. Gebiet., nördl. bis RS, He, Th, An, sonst nur adv., Av-A fehld – smed(-subatl) – G – Chrom. 2n = 16.

207. **Knoblauch, A. satívum** L., Gewürz- u. Heilpf. aus dem Orient, Heimat W-Asien, Chrom. 2n = 16.

208. **Küchenlauch, A. pórrum** L., Gewürz- u. Gemüsepf., Stammpf. *A. ampelóprasum* L. aus med – Ch – Chrom. 2n = 32.

209. **Wilder L., A. scorodóprasum** L., slt., ab. gesellg in Auenwäldern, in feucht. Gebüschen u. Naßwiesen, an Wegen, auf sickerfeucht., nährstoff-u. basenreich., tiefgründg., mild. humos. Ton- u. Lehmböden, Licht-Halbschattpf., wärmeliebd, z. B. im Querco-Ulmetum (Alnio-Ulmion), auch im Fum.-Euphorbion, viell. nur verwildert – v. all. warme Tieflag. (Stromtäler), im nördl. Tiefld s. slt. od. wie Av–A fehld – gemäßkont (-smed) – G – Chrom. 2n = 16 (24, 32).

210. **Runder L., A. rotúndum** L., slt. auf Äckern, in Weinbergen, an Weinbergsmauern, an Wegböschungen, in lückig. Halbtrockenrasen, auf mäß. trock., nährstoff- u. basenreich. Löß-Lehm- u. Tonböden, wärmeliebd, z. B. in Polygono-Chenopodietalia-Ges. – Rh, Hü, Ne, Mn, Ju, Do, Fr, SFW, Me, Th – osmed – G – Chrom. 2n = 16.

211. **Schnitt-L., A. schoenóprasum** L.

1　St. 1–2 mm dick, Blü.b. eilanzettl., spitz, bis 10 mm lg

211a. **var. schoenóprasum,** hfg als Gewürzpf. kultiviert u. glgtl. verwildert, vorzugsw. auf frisch., nährstoffreich. bindig. Sand- od. Kiesböden, z. B. am Ufer von Mosel, Elbe, Saale, in Corynephoretalia- u. Agrostietalia-Ges. – euras(kont) – G – Chrom. 2n = 16.

1*　St. 2–3 mm dick, bis 50 cm hoch, Blü.b. bis 15 mm lg, B. z.T. halbstielrd

211b. **var. alpínum** DC., zerstr. in frisch. Steinschutthald. od. auf Schneeböd. in d. alp. Stufe, auf sickerfeucht., meist kalkhaltg. Fein- od. Grobschuttböd., v. all. in Thlaspion rot.-Ges., auch im Caricion dav., in Av–Bo in Molinion- od. Littorellion-Ges. – A (bis rd. 2100 m), Av, Do, Ju, Bo – arkt-apl, circ – G – Chrom. 2n = 16 [nicht identisch mit dem in Mitteleuropa fehld. *A. sibíricum* (L.) Čel. mit Chrom. 2n = 32].

212. **Schalotte, A. ascalónicum** L., Gewürzpf. aus d. vorderen Orient, seit Kreuzzug-Zeit bekannt, viell. nur var. von *A. cepa* – Chrom. 2n = 16.

213. **Küchenzwiebel, A. cépa** L., oft kultiv. Gewürzpf., auch Heilpf. (durch Lauchöl verdauungsfördernd, schleimlösend usw.), vorteilhaft auf nährstoffreich., warm. locker., bindg. Sandböden, Heimat: W-Asien, Chrom. 2n = 16.

214. **Schnittzwiebel, Röhrenzwiebel, A. fistulósum** L., Gewürz- u.
Gemüsepf. aus S-Sibirien, slt. verwildert – Chrom. 2n = 16.

215. **Kanten-L., A. angulósum** L. (*A. acutángulum* Schrad.), zerstr. ab.
gesellg in Moor- u. Naßwiesen, auf wechselnass., ± nährstoff- u.
basenreich., meist kalkhaltg. tiefgründg., mild-mäß. sauer. humos.
Lehm- u. Tonböden, Stromtalpf., mit *Viola persicif.* v. all. im Cnidion
(Verb.char.) auch im Molinion, in Phragmitetalia-Ges. als Grund-
wassersenkgs-Anzeiger – v. all. warme Tieflag. (Auen), im Nordw. (wie
A) fehld – euraskont – G – Chrom. 2n = 16.

216. **Berg-L., A. senéscens** L. ssp. **montánum** (Fr.) Hol., slt. in sonnig.
Felsbändern u. Felsrasen, auf warm., basenreich. (nicht immer kalk-
haltg.), flachgründg., ± mild., humos. Steinböden, Sedo-Scleranthe-
talia-Ordn.char., auch im Xerobromion od. Koel.-Phleion – v. all. im
SO d. Gebiet., westl. u. nördl. bis süHü, Ne, Mn, He, NSH, Th, An,
Sa, Ju bis 900 m, A bis 2000 m – kont (im Gebiet an d. NW-Grenze d.
Verbrtg) – G – Chrom. 2n = 32.

217. **Steifer L., A. stríctum** Schrad., slt. in Felsband- u. Trockenrasen-
Ges., lok. Char. d. Allio str.-Festucetum pann. (Sesl.-Festucion) – He,
Trockentäler der Alp. – euraskont – G – Chrom. 2n = (16, 32) 48.

218. **Wohlriechender L., A. suavéolens** Jacq., slt., ab. gesellg in praealp.
Moorwiesen, auf wechselfeucht.(-nass.), kalkhaltg., mild. humos.,
sandg. od. rein. Lehm- u. Tonböden, etwas wärmeliebd, Char. d. Allio
suav.-Molinietum (Molinion), gern in Ufer-Vermoorg. – süRh (Els.),
nöRh (ob noch?), Bo, Do, Av (bis 800 m) – pralp(-gemäßkont) – G –
Chrom. 2n = 16.

219. **Roß-L., A. oleráceum** L., zerstr. in warm. lückig. Rasen-Ges., an
Wegböschungen, Weinbergsmauern, in Weinbergen od. in Saum-Ges.,
auf mäß. trock., nährstoff- u. meist kalkreich., ± mild. humos. Löß- od.
sandig. Lehm-Böden, wärmeliebd, z.B. im Geranio-Allietum (Fum.-
Euphorbion), auch im Mesobromion od. in Sedo-Scleranthetalia-Ges.,
(gilt als Festuco-Brometea-Kl.char.) – Ebene bis mittl. Gebirgslag., Ju
bis 950 m, A fehld – eurassubozean(-smed) – G – Chrom. 2n = 32, 40.

220. **Gekielter L., A. carinátum** L., slt. in Magerrasen od. Moorwiesen,
auf trock. od. wechseltrock., meist kalkreich. humos. Lehm- u. Kiesböd.,
v. all. in Stromtal-Auen, in Fest.-Brometea-Ges. (Kl.char.), auch im
trock. Molinion – Rh, süHü, Bo, Do, Av, A (bis 1500 m), FrJu, Fr, Mn,
(Pf), He, Th, sonst nur adv. – osmed-pralp – G– Chrom. 2n = 16, 24.

221. **Zierlicher L., A. pulchéllum** G. Don (*A. carinátum* ssp. *pulchéllum*
Bonn. et Lay.), s. slt. in warm. alluvial. Magerrasen, auf (wechsel)trock.,
kalkreich. mild., humos. Stein- u. Kiesböden, lok. Char. d. Puls.-
Caricetum hum. (Xerobromion), auch in Sedo-Scleranthetalia-Ges. –
Do – osmed(-pralp) – G – Chrom. 2n = 16.

222. **Gelber L., A. flávum** L., s. slt. in Halbtrocken- u. Trockenrasen auf warm. steinig. Kalkböden, Festucetalia val.-Ordn. char. – FrW (Frankenwald, eingebürgerter Neuankömmlg) – osmed – G – Chrom. 2n = 16, 32.

Lilie, Lílium L.

1   Mittl. B. quirlig, Blü.b. zurückgerollt, fleischrot, dunkelgefleckt, 30–100 cm, 2⟂, 6–7   **L. martagon** 223
1* B. wechselstdg, Blü. glockg od. trichterförmig
2   Blü. feuerrot, dunkelgefleckt, aufrecht, einzeln od. doldg, 20–80 cm, 2⟂, 5–7   **L. bulbiferum** 224
2* Blü. weiß, waagrecht abstehend-nickend, 60—150 cm, 2⟂, 6–7   **L. candidum** 225

223. **Türkenbund, L. mártagon** L., zerstr. in krautreich. Laub- od. Nadelwäldern, in subalp. Hochstauden-Ges. auf sickerfrisch., nährstoff-u. basenreich., mild.-mäß. sauer., humos., locker., ± tiefgründg. Ton- u. Lehmböden, Mullbodenpf., Halbschattpf., Insekt.bestäubg (Schwär-mer), Windverbrtg, Zierpf., geschützt, schwache Fagetalia-Ordn.char., auch (z. T. Laubwaldrelikt) in Betulo-Adenostyletea-Ges. – Ebene bis Gebirge, v. all. Kalkgebiete, ferner Vog, süSch (bis 1450 m), im N slt., SH–Me fehlt, A bis 1950 m – euras(kont) (-smed) – G – Chrom. 2n = 24.

224. **Feuer-L., L. bulbíferum** L., hfg kultiv. u. glgtl. verwildert, z. B. in Bergwiesen od. Gebüschen, an Waldrändern, in Saum- u. Staudenges., auf frisch., nährstoff- u. basenreich. Lehmböden, Tagfalterblume, Zierpf., geschützt, Char. d. Bupl.-Laserpitietum lat. (Geranion sang.), auch in Seslerietalia- od. Pol.-Trisetion-Ges. – süSch (ob noch?), He, Av, A bis 1610 m, Urwüchsigkeit im ganz. Gebiet umstritt. – pralp(-smed) – G – Chrom. 2n = 24.

224a. **ssp. bulbíferum,** Pf. mit Brutknöllch. in d. B.-achseln.

224b. **ssp. cróceum** (Chaix) Arcang., ohne Brutknöllch.

225. **Weiße L., L. cándidum** L., hfge Zierpf. aus Vorderasien, Nachtfalterblume – Chrom. 2n = 24.

Schachblume, Fritillária L.

1   Blü. zu 1 (od. 2) nickend, rotbraun, schachbrettartg gefleckt, St.b. 4–5, lineal, rinng, graugrün, 15–30 cm, 2⟂, 4–5   **F. meleagris** 226
1* Blü. in quirlförmg. Dolde hängend, gelbbraun, rot geädert od. rot, St. dicht beblättert, 50–100 cm, 2⟂, 4–5   **F. imperialis** 227

226. **Schachblume, F. meleágris** L., slt. ab. gesellg in Auwiesen, auf sickernass. (wechselfeucht.), oft zweitw. überschwemmt., grund-wassernah., nährstoffreich., neutral.-mild. humos. Lehm- u. Tonböden, Nässezeiger, Bienenblume, giftig, Zierpf., geschützt, Calthion-Verb.char., auch im Filipendulion u. feucht. Arrhenatheretalia-Ges. – Ne (Kochertal), Mn, Ba, Do, BayW (Hof), Fr, nöRh (ob noch?), He, nördl. Tiefld – subatl-smed, verschleppt – G – Chrom. 2n = 24.

227. **Kaiserkrone, F. imperiális** L., hfge Zierpf. aus Mittelasien, giftig - Chrom. 2n = 24.

Tulpe, Túlipa L.

1   Blü.b. spitz, gelb, B. schmal-lanzettl., Wildpf., 20–40 cm, ⹋, 4–5
                                                        T. sylvestris   228
1*   Blü.b. stumpf od. spitzl., verschiedenfarbig, B. brt-lanzettl., Kulturpf. 30–60
    cm, ⹋, 4–5   **T. gesnerana**   229

228. **Wilde T., T. sylvéstris** L., slt. ab. gesellg in Weinbergen (anderwts auch im feucht. Gebüsch), auf warm., mäß. frisch., nährstoff- u. basenreich., tiefgründg., locker. Lehm- od. Kalkstein-Böden, alte Zierpf., Bienenblume, meist mit *Muscari* od. *Ornithogalum,* terr. Char. d. Geranio-Allietum (Fum.-Euphorbion) – v. all. süHü, ferner nöHü (z.B. Heidelberg), Mn, Bo, Do, Fr, Th, Sa, im O d. Gebietes vielerorts verschollen – osmed, verschleppt – G – Chrom. 2n = 24, 48.

229. **Garten-T., T. gesnerána** L., formenreiche Zierpfl. w-asiat. Herkunft – Chrom. 2n = 24.

Sternhyazinthe, Meerzwiebel, Scílla L.

1   St kantig od zus.gedrückt, meist Gartenpf.
2   Blü.std 1–6blütg
3   B. zu 4–7, Blü. 2–6, sternförmg offen, 15–25 cm, ⹋, 4–5 **S. amoena**   232
3*   B. zu 2–4, Blü. 1–3, etwas glockg u. nickend, 10–15 cm, ⹋, 3–4
                                                            S. sibérica   233
2*   Blü.std. reichblütiger
4   B. zu 5–6, rinng, 0,5–1 cm brt, Blü. glockg-walzl., Blü.traube ± einstswdg.
    vgl.   **Hyacinthoides**   235
4*   B. zu 3–5, lineal, scharf gekielt, Blü. glockg, bis 1 cm lg gestielt, mit lg.
    Hochb., 15–20 cm, ⹋, 4–5   **S. italica**   234
1*   St. rund, Wildpf.
5   B. meist 2, Blü. 2–7, hellblau (slt. weiß od. rosa), 10–20 cm, ⹋, 3–4
                                                          S. bifolia   230
5*   B. 3–6, fädl., erst im Frühjahr entwickelt, Blü. meist 15–30, blau-viol., 5–15
    cm, ⹋, 8–10   **S. autumnalis**   231

230. **Zweiblättrige St., Blaustern, S. bifólia** L., zml. slt., ab. gesellg in Auenwäldern u. auf Auenwiesen, in krautreich. Eichen- u. Buchenwäldern, auf grund- od. sickerfrisch., nährstoff- u. basenreich., mild-mäß. sauer. humos., locker., meist tiefgründg. Lehm- u. Tonböden, Mullbodenpf., Frischezeiger, etwas wärmeliebd, Halbschattpf., Stromtalpf., Insekt.bestäubg, Ameisenverbrtg, geschützt, oft mit *Allium urs.* u.a. Geophyten, im Alno-Ulmion od. feucht. Carpinion u. Fagion, auch in bodenfrisch. Quercetalia pub.-Ges., Querco-Fagetea-Kl.char. – Rh, nöHü, Pf, Ne, Mn, Ju bis 930 m, Bo, Do, Av, Fr, RS, Th, An, Sa (Elbe) – smed(-gemäßkont) – G – Chrom. 2n = 18, 36.

231. **Herbst-St., S. autumnális** L., slt. ab. gesellg in wärmeliebd. Trockenrasen, zwischen licht. Gebüsch, auf basenreich., meist kalkhaltg.

mild., humos. Kies-Lehm- u. Steinböden, geschützt, v. all. in Sedo-Scleranthetea-Ges. (Kl.char.), auch im Xerobromion – nur Elsaß (süHü u. süRh), angesalbt auch Kaiserstuhl – smed-subatl – G – Chrom. 2n = 14, 28, 42.

232. **Liebliche St.,** S. amoéna L., Zierpf. aus W-Asien (wild unbekannt), glgtl. in geophytenreich. Carpinion-Ges. verwildert (Parkanlagen usw.), z. B. Rh – G – Chrom. 2n = 12.

233. **Nickende St., Sibirische St.,** S. sibérica Andrews, hfge Zierpf. aus dem sarmatisch-pontisch. Gebiet, in beschatt. frisch. Parkras., im Aegopodion, usw., slt. verwildernd – G – Chrom. 2n = 12, 18.

234. **Italienische St.,** S. itálica L., seltene Zierpf. aus med, glgtl. verwildert (Rh) – Chrom. 2n = 16.

Hasenglöckchen, Hyacinthoídes Med. (*Endýmion* Dum.) vgl. S. 120

235. **H. non-scripta** (L.) Chouard, slt. ab. gesellg in Eich.- u. Buch.mischwäld. auf frisch., nährstoffreich., meist kalkarm. Lehmböd., Zierpf., geschützt, Carpinion-Verb.char. – NWe – atl – G – Chrom. 2n = 16 (24)

Milchstern, Ornithógalum L.

1 Blü.std doldg (kurze Doldentraube), Blü.stiele 3–8 cm lg
2 B. 2–5 mm brt, mit weiß. Mittelstreifen, Blü.b. 4–8 mm brt, Fr.stiele zuletzt waagrecht abstehend, Pf. meist ohne Brutzwiebeln, 10–25 cm, ⧧, 4–5
  O. umbellatum 236
2* B. 1–2 mm brt (Mittelstreifen undeutl.), Blü.b. 3–4 mm brt, Fr.-stiele zuletzt aufrecht-abstehend, Pf. mit Brutzwiebeln, 8–10 cm, ⧧, 4–5
  O. ortophyllum 237
1* Blü.std verlängert, traubig, Blü.stiele unt. 2 cm lg
3 Blü.traube 3–12blütg, Blü.b. innen weiß, außen grünl., 20–25 mm lg, Blü. nickend, 20–40 cm, ⧧, 4–5
  O. nutans 238
  vgl. auch
  O. boucheanum 239
3* Blü.traube 20–50blütg, Blü.b. gelbl. (grün), 6–9 mm lg, Blü. aufrecht, B. hinfällg, 30–80 cm, ⧧, 5–6
  O. pyrenaicum 240

236. **Dolden-M., O. umbellátum** L., zerstr. ab. gesellg (oft steril) in Weinbergen od. Parkrasen, in Gras- u. Baumgärten, auch im Gebüsch, auf frisch., nährstoffreich., mild-mäß. sauer. humos., tiefgründ. Lehm-od. bindg. Sandböden, etwas wärmeliebd, Insekt.- u. Selbstbestäubg, v. all. (Diff.) im Geranio-Allietum (Fum.-Euphorbion), hfg auch in beschatt. Parkrasen u. Wiesen, DO Arrhenatheretalia, ferner im Alliarion – Ebene bis mittl. Gebirgslagen (Av bis 710 m), Lehm- u. Sandlehmgebiete – subatl-smed, verschleppt – G – Chrom. 2n = 18,27, 28, 54.

237. **Schmalblättriger M., O. ortophýllum** Ten. ssp. **kóchii** (Parl.) Zahar., s. slt. in sonnig. Trocken- u. Halbtrockenrasen, auf warm., meist kalkreich., ± mild.humos. Kies- od. Lößböden, wärmeliebd, Festuco-

Brometea-Kl.char. – süRh, Av, Do, FrJu, An – osmed-europkont – G – Chrom. 2n = 16, 18, 28.

238. Nickender M., O. nútans L., slt., v. all. in Weinbergen, auch in Wiesen od. Grasgärten, auf mäß. frisch., nährstoffreich., tiefgründg. mild.humos. Lehmböden, wärmeliebd, lok. Char. d. Geranio-Allietum (Fum.-Euphorbion), auch im Alliarion – Hü, Rh, Bo, Mn, Ju, Do, Fr, überall verwildert – omed – G – Chrom. 2n = 42.

239. Bouché's M., O. boucheánum (Kunth) Aschers., der vor. nahestehd, aber B. zur Blü.zeit abgestorben, Blü.b. lanzettl., slt. als Neophyt in Parkanlagen, ähnl. *O. nutans × boucheanum,* z.B. nöRh – osmed – G – Chrom. 2n = 28.

240. Pyrenäen-M., O. pyrenáicum L., slt. in gras- u. krautreich. licht. Eichen-Hainbuchen-Wäldern, an Waldrändern, auf frisch., mäß. nährstoff- u. basenreich., meist kalkarm., neutral.-mäß. sauer. humos., tiefgründg. Ton- u. Lehmböden, Carpinion-Verb.char. – Pf (W-Saarld), Ne, schweiz. Ju-Els – im Gebiet an d. O-Grenze der Verbrtg – atl-smed – G – Chrom. 2n = 16 (18).

Moschushyazinthe, Traubenhyazinthe, Múscari L.

1 Blü.traube 2–6 cm lg, dicht
2 B. 4–6, halbstielrund od. rinng bis flach, dickl., ± schlaff, im Herbst erscheinend, so lg od. länger als Blü.std, Blü. blau, duftend
3 B. 2–3 mm brt, oberts schmal rinng, Blü. 4–5 mm lg, Fr. an d. Spitze eingesenkt, 10–20 cm, ♃, 4   **M. racemosum** 241
3* B. 3–6 mm brt, viel lger als St., Blü. 5–6 mm lg, Fr. an d. Spitze gerundet, 20–30 cm, ♃, 4   **M. neglectum** 242
2* B. 2–3, 4–8 mm brt, steif-aufrecht, nach oben verbreitert, ± so lg wie Blü.std, Blü. hellblau, fast geruchlos, 10–20 cm, ♃, 4–5   **M. botryoides** 243
1* Blü.traube zuletzt verlängert, 10–25 cm lg, locker, oben mit einem Schopf aufrecht., unfruchtb. blauviol. Blü.
4 Stiele d. unfruchtb. Blü. 3–6mal so lg wie Blü., untere Blü. olivbraun mit weiter Öffnung, B. lineal, 10–25 mm brt, am Rand fein gezähnt, 30–70 cm, ♃, 4–5   **M. comosum** 244
4* Stiele d. unfruchtb. Blü. wenig lger als Blü., untere Blü. grünl. weiß, mit enger Öffnung, B. 2–12 mm brt, 20–50 cm, ♃, 5   **M. tenuiflorum** 245

241. Traubenhyazinthe, M. racemósum (L.) Lam. et DC., zerstr., ab. gesellg in Weinbergen, an sonng. Rasenböschg., auf mäß. trock., ± nährstoffreich., meist kalkhaltg., mild-neutral., ± humos., locker., sandig. od. rein. Lehm- u. Lößböden, wärmeliebd, Insekt.- u. Selbst-bestäubg, Zierpf., geschützt, lok. Char. d. Geranio-Allietum (Fum.-Euphorbion), auch im Mesobromion (z.B. Kaiserstuhl) – v. all. Wein-baugebiete, sonst slt. u. unbestdg – smed, verschleppt – G – Chrom. 2n = 18, 36, 45, 54, 72.

242. Übersehene T., M. negléctum Guss. ex Ten. (*M. racemósum* ssp. *negléctum* Corbière), slt. in Weinbergen u. Halbtrockenrasen auf mäß.

trock., ± kalkhaltg. Lehm- u. Lößböden, wärmeliebder als vor., Zierpf., geschützt, im Fum.-Euphorbion u. Mesobromion – z.B. Hü, Rh, Ne (Tübingen) – med-smed, verschleppt (in S-Europa hfger als vor.) – G – Chrom. – 2n = 18, 45, 54, 72.

Die Arten Nr. 241 u. 242 werden in Flora Europaea wegen vielfach beobachteter Fluktuationen d. Merkmale zu einer Art: *M. neglectum* Guss. ex Ten. zus.gezogen. Da die Differenzierung im Gebiet aber meist sehr deutlich ist, haben wir beide Arten beibehalten.

243. Kleine T., M. botryoídes (L.) Mill., zml. slt., ab. gesellg in Bergwiesen u. Magerrasen, auch in krautreich. Eichenwäldern, auf frisch.-wechselfrisch., mäß. nährstoffreich., basenreich. (auch kalkarm.), mild-mäß.sauer., humos., meist tiefgründg., locker. Lehm- u. Tonböden, Licht-Halbschattpf., Insekt.bestäubg, geschützt, in höher. Lagen v. all. im Polygono-Trisetion (Geranio-Trisetetum), auch im Seslerio-Mesobromion, Violion od. trock. Molinion, in tiefer. Lagen im Carpinion (Galio-Carpinetum) – Ne, Bo, HRh, Ju bis 980 m, Ba, Do, Av, Fr, Mn, Th, (A Vorarlberg bis 1200 m), ferner advent. Fundorte (z. T. verscholl.) z.B. Hü, Pf, nöRh, süSch (Höllental) usw. – osmed-gemäßkont – G – Chrom. 2n = 36, 48.

244. Schopfige T., M. comósum (L.) Mill., slt., ab. gesellg in lückg. Kalk-Magerrasen, an Böschungen u. Wegrainen, auch in Äckern, auf mäß. trock., basenreich. u. gern sandg. Lehm- u. Lößböden, wärmeliebd, geschützt, v. all. in gestört. Mesobromion- u. Corynephoretalia-Ges., auch im Fum.-Euphorbion od. Geranion sang. – v. all. Tief- u. Hügelld (Weinbaugebiete), im nördl. Flachld fehld – med-smed, verschleppt – G – Chrom. 2n = 18.

245. Schmalblütige T., M. tenuiflórum Tausch, s. slt. in Kalkmagerrasen, an Gebüsch- u. Waldrändern, auch in Äckern, auf mäß. trock., ± nährstoff- u. basenreich. Löß-Lehm- u. Sandböden, sommerwärmeliebd, Licht-Halbschattpf., geschützt, in Festuco-Brometea- od. Geranion sang.-Ges. – Do (Regensburg) u. Mn (Marktbreit) verscholl., Th, An – osmed-gemäßkont – G – Chrom. 2n = 18.

An *Muscari* schließt im Tribus *Scilleae* die Gattg *Hyacínthus* L. (Hyazinthe) mit d. beliebt. aus osmed stammd. Zierpf. *H. orientális* L. an.

Spargel, Aspáragus L. vgl. S. 119

246. Gemüse-Sp., A. officinális L., hfg gebaut u. zerstr. verwildert, in gestört. Sandrasen u. licht. Gebüsch, auf sommertrock. nährstoff- u. basenreich., neutral-mäß. sauer., wenig humos., tiefgründg., locker. Löß- u. Sandböden, Sandzeiger, Tiefwurzler, Licht(Halbschatt)pf., Insekt.bestäubg, Tierverbrtg, alte (vermutl. durch Römer eingeführte) Heil- u. Gemüsepf., verwildert v. all. in Corynephoretalia-Ges., ferner in Festuco-Brometea- od. Origanetalia-Ges., auch in Flußufer-Kies-

Pionier-Ges. – v. all. Tieflag., im N u. Nordw. slt. – euraskont-med, Herkunft viell. omed – G – Chrom. 2n = 20.

Zur Gattung *Asparagus* gehören ferner einige hfge, aus S-Afrika stammd. Zier- u. Treibhauspf., z. B. *A. spréngeri* Regel (mit hängd. Sprossen) od. *A. plumósus* Baker (mit feinfedrg., in d. Blumenbinderei verwendet. Sprossen).

Schattenblümchen, Maiánthemum Weber vgl. S. 121

247. **M. bifólium** (L.) F. W. Schmidt, zerstr. v. all. in artenarm. Laub- u. Nadelwäldern, auf frisch. (mäß. trock.), nährstoff- u. kalkarm. (ab. oft basenreich.), sauer.-mäß. sauer. Lehm- od. bindig. Sand-Böden, bis 15 cm tief wurzelnde Mull- u. Moderpf., Moderhumus bevorzugd, Schattpf., Wurzelkriecher, Insekt.bestäubg, Tierverbreitg, Verbrtgsschwerpkt in Vaccinio-Piceetalia- u. Quercion rob.-Ges., auch im Luz.-Fagenion u. and. Fagetalia-Ges. – Ebene bis Gebirge, A bis 1820 m, im S vorwiegd montan – no-euras(kont), circ – G – Chrom. 2n = 36.

Weißwurz, Polygónatum Mill.

1   B. brt-ellipt., paarweis (2zeilg), St. meist etwas übergebogen, Fr. blauschwarz

2   St. kantg, B. etwas aufgerichtet, Blü. je 1–2, etwas bauchig (5–7 mm dick),Staubb. kahl, 15–30 cm (u. mehr), ⨁, 5–6   **P. odoratum** 248

2* St. rund, B. ± in einer Ebene ausgebrtt, Blü. zu 3–5, vorn trichterig erweitert, 30–60 cm, ⨁, 5–6   **P. multiflorum** 249

1* B. lineal-lanzettl., zu 3–7 quirlig genähert, St. aufrecht, kantg, Blü. 2, Fr. rot, 30–70 cm, ⨁, 5–6   **P. verticillatum** 250

248. **Salomonssiegel, P. odorátum** (Mill.) Druce (*P. officinále* All.), zerstr., ab. gesellg, v. all. im sonnig. Saum warmer Eichengebüsche od. in licht. Kiefernwäldern, auf mäß. trock., basenreich., meist kalkhaltg., mild.-mäß. sauer. humos., locker. Stein-, Lehm- u. Lößböden, auch Sandböden, Wurzelkriecher, Licht-Halbschattpf., Hummelblume, Tierverbrtg, giftig, gern in Begleitung d. Kiefer, Geranion sang.-Verb.char. (vgl. Teucrio-Polygonatetum od.), ferner in licht. Kiefern- u. Eich.wäld. – Ebene bis Gebirge, A bis 1650 m – euras(kont) – G – Chrom. 2n = 20 (26, 28, 30).

249. **Vielblütige W., P. multiflórum** (L.) All., verbr. in krautreich. Buchen-, Eichen- u. Nadelmisch-Waldges., auf frisch., nährstoff- u. basenreich., neutral.-mäß. sauer., locker. Lehmböden, Mullboden-Kriecher, Bodenlockerer, Schattpf., Hummelblume, Tierverbrtg, giftig, Fagetalia-Ordn.char. – Ebene bis Gebirge, A bis 1800 m (Lehmgebiete) – eurassubozean(-smed) – G – Chrom. 2n = 18 (20, 28, 30).

250. **Quirlblättrige W., P. verticillátum** (L.) All., zerstr., meist gesellg in gras- od. krautreich. Buchen- u. Nadelwäldern d. Gebirges, in Hochstauden-Ges., auf frisch.-mäß. frisch., ± nährstoffreich., mäß. sauer., gern modrig-humos., steing. Lehmböden in kühl-

humid. Klimalage, Mullboden-Kriecher, Schatt-Halbschattpf., Insekt.bestäubg, Tierverbrtg, giftig, im Gebiet v. all. in mont. Fageten, ferner im Alnetum inc. (Alno-Ulmion) sowie im Adenostylion, überreg. viell. Betulo-Adenostyletea-Kl.char. – im S v. all. im Gebirge, im N auch Hügelld, im Flachld slt., A bis 1920 m – pralp(-nosubatl) – G – Chrom. 2n = 28.

Knotenfuß, Stréptopus Michx. vgl. S. 120

251. **Str. amplexifólius** (L.) DC., zml. slt. in staudenreich. Nadelmisch-u. Fichtenwäldern, im Grünerlenbusch, auf frisch., ± nährstoff- u. basenreich., meist kalkarm., mäß. sauer.humos., locker. Stein- u. Lehmböden, Mull- u. Moderpf., Halbschattpf., terr. Char. d. Alnetum viridis, auch im Aceri-Fagetum od. staudenreich. Vacc.-Piceion, Adenostyletalia-Ordn.char. – Vog, süSch, Av, A bis 1860 m, BayW, Erzg, Elbs – pralp(subozean), circ – G – Chrom. 2n = 32.

Maiglöckchen, Convallária L. vgl. S. 120

252. **C. majális** L., hfg u. meist gesellg in Eichen- u. Buchenwäldern, insbes. der Tieflag., auf mäß. trock. bis frisch., mäß. nährstoffreich., ± basenreich., mild.-mäß. sauer.humos., tiefgründg-locker. Lehm-, Sand-u. Steinböden, in vornehml. sommerwarm. Klimalage, bis 50 cm tief wurzeld, bodenlockernd. Mullboden-Kriecher, mit Wurzelpilz, Laubholz-Begl., Halbschattpf., Insekt.- u. Selbstbestäubg., Tierverbrtg, giftig (Herzmittel), Zierpf., v. all. in Lichtholz-Ges., Querco-Fagetea-Kl.char., auch im Calamagrostion – Ebene bis Gebirge, A bis 1870 m, süSch bis 1450 m – eurassubozean(-no) – G – Chrom. 2n = 38.

Zu den Liliaceae gehören ferner zahlreiche Zier- u. Zimmerpf., z. B. aus O-Asien: *Hósta, Aspidístra* (*Plectogýne*), aus S-Afrika: *Agapánthus, Áloë,* aus N-Am.: *Yúcca.*

Familie der Trilliáceae Lindl.

Einbeere, Páris L. vgl. S. 120

253. **P. quadrifólia** L., zml. hfg in krautreich. Eichen- u. Buchenwäldern, in Auen- od. Nadelmischwäldern, auf grund- od. sickerfeucht. (frisch.), ± nährstoff- u. basenreich., mäß.sauer.-mild. humos. locker. Ton- u. Lehmböden, bis 50 cm tief wurzelnder Grund- od. Sickerwasser-Zeiger, bodenlockernd. Mull- u. Moder-Kriecher (mit Wurzelpilz), Fliegentäusch-Blume, s. giftig (Desinfekt.mittel, „Pestbeere"), insbesondere im Alno-Ulmion u. feucht. Fagion- od. Carpinion-Ges., schwache Fagetalia-Art, auch im Alnion od. Vaccinio-Piceion – Ebene bis Gebirge, A bis 1860 m – euras(subozean)-no – G – Chrom. 2n = 20.

Familie der Narzissen-Gewächse, Amaryllidáceae

1   Blü. glockg, nickend, 1–2 cm brt, 6teilg, freiblättrg, ohne Nebenkrone
2   B. blaugrün, zu 2, Blü.b. weiß, die inner. kl., krönchenartg zus.-geneigt mit
     grün. Fleck, 10–15 cm, ♃, 2–3   **Galanthus**   S. 137
2* B. dunkelgrün, zu 3–4, Blü.b. ± alle gleich lg, mit gelbgrün. Spitze, Blü. fast
     halbkugelg   **Leucojum**   S. 137
1* Blü. sternförmg, ausgebrtet, innen mit (verwachs.) Nebenkrone, 3–5 cm brt,
     aufrecht bis nickend   **Narcissus**   S. 138

Schneeglöckchen, Galánthus L.

254. **G. nivális** L., hfg angepflanzt u. glgtl. verwildert, da u. dort v. all. im
S u. O d. Gebiet. auch spontan, gesellg in Auenwäldern u. feucht.
Laubmischwäldern, auf sickerfeucht., nährstoffreich., mild-mäß.
sauer.humos., tiefgründg., locker. Ton- u. Lehmböden, Mullbodenpf.,
Halbschattpf., Bienenblume, Ameisenverbrtg, geschützt, v. all. im Alno-
Ulmion, auch in frisch. Fagetalia- u. Quercetalia pub.-Ges., Querco-
Fagetea-Kl.char. – vermutl. spontan: süSch (Albtal), Ju (Trochtelfing.,
Gr. Lautertal), schweiz. Ju, Do, sonst nur verwildert – smed
(-gemäßkont) – G – Chrom. 2n = 24.

Knotenblume, Leucójum L.

1   St. 1–2blütg, 10–30 cm, ♃, 2–4   **L. vernum**   255
1* St. 3–7blütg, 30–50 cm, ♃, 4–5   **L. aestivum**   256

255. **Märzenbecher, L. vérnum** L., slt., ab. gesellg in Auen- und
Schluchtwäldern, feucht. Laubmischwäldern u. Gebüschen, in Wiesen,
an Ufern, auf sickerfeucht., nährstoffreich., neutral.-mäß. sauer.,
humos., tiefgründg., locker. Ton- u. Lehmböden, Mullbodenpf.,
Feuchtgktszeiger, Halbschatt-Lichtpf., Bienen- u. Tagfalterblume (auch
selbstfertil), Zierpf., geschützt, giftig, v. all. im Tilio-Acerion u. Alno-
Ulmion, Fagetalia-Ordn.char., auch in Prunetalia-Ges. od. Calthion-
Wiesen – Ebene bis mittl. Gebirgslag., Ju bis 940 m, A bis 1480 m, nördl.
d. Linie Hannover–Wittenberg–Cottbus nur verwildert – pralp
(-gemäßkont) – G – Chrom. 2n = 20, 22, 24, formenreich:

1   Pf. einblütg, Blü.b.spitze grünl. punktiert
255a. **ssp. vernum,** verbr. Sippe, s. o.
1* Pf. meist 2blütg, Blü.b.spitze gelb punktiert
255b. **ssp. carpáticum** (Spring) Schwarz, s. slt. – Neuburg/Donau (?) –
östl. Sippe.

256. **Sommer-Kn., L. aestívum** L., slt. im Gebiet nur adventiv, z.T.
eingebürgert, in nass. Wiesen od. Auenwäldern, auf nass. zeitw. überschwemmt., nährstoffreich., ± mild. humos. Ton- u. Lehmböden,
wärmeliebd, Zierpf., geschützt, eingebürgert, z.B. im Calthion, Magnocaricion od. Alno-Ulmion, in S- u. SO-Europa spontan in Naßwies. – z.B.
Rh, Br – smed-med – G – Chrom. 2n = 22, 24.

Narzisse, Narcíssus L.

1 Blü. gelb, mit becherförmg verlängert Nebenkrone, 15–30 cm, ♃, 3–4
　　　　　　　　　　　　　　　　　N. pseudonarcissus 257

1* Blü. weiß., mit kl. schüsselförmg. gelbl., rotrdger Nebenkrone, 15–30 cm, ♃,
　5　　　　　　　　　　　　　　　　**N. poeticus** 258

257. **Gelbe N., Osterglocke, N. pseudonarcíssus** L., meist nur advent.
verwildert in Wiesen, urwüchsg u. gesellg in d. W-Vogesen u. im westl.
Rhein. Schiefergebirge auf kalkarm., mäß. nährstoff- u. basenreich.,
mäß. sauer.humos. Lehmböden, Verbrtgsschwerpkt in Nardetalia-Ges.,
slt. auch im Polygono-Trisetion od. in feucht. Gebüsch. u. Wäldern,
Zierpf., Hummelblume, giftig, geschützt, – Vog, RS, zerstr. u. unbestdge
advent. Fundorte durch das ganze Gebiet – wpralp(-atl) – G – Chrom. 2n
= 14 (21, 28).

258. **Weiße N., N. poéticus-**Gruppe

1 B. 2–5 mm brt, Blü.b. am Grund keilförmg verschmälert, alle 6 Staubb. d.
Schlund d. Blü.röhre überragend

258a. **Stern-N., N. radiiflórus** Salisb. (*N. exsértus* Haw.), slt. ab. gesellg
in Bergwiesen, auf frisch., nährstoff- u. basenreich. (auch kalkarm.),
mild.-mäß. sauer., humos. Lehmböden, giftig, Falterblume, geschützt,
Polygono-Trisetion-Verb.char., – süSch, Vog – pralp – G Chrom.
2n = 14.

1* B. 5–9 mm brt, Blü.b. am Grund wenig verschmälert, sich deckd, Staubb.
ungleich hoch eingefügt, d. unt. 3 in Blü.röhre eingeschloss.

258b. **Dichter-N., N. poéticus** L. im Gebiet nur advent. u. glgtl.
verwildert in frisch. Wiesen – wechselnde Fundorte (z. B. süHü) – smed
(-pralp) – G — Chrom. 2n = 14 (16,21).

Weitere Zierpf. z. B. *N. × biflórus* Curt. (*N. poéticus × tazétta* L.),
Nebenkrone hellgelb mit weißl. Rand, meist 2blütg – Chrom. 2n = 24.
Von bekannt. Zierpf. gehören zu den Amaryllidaceae die Gattungen:
Agáve L. (aus Am.), *Clívia* Lindl. (S-Afrika), *Amaryllis* L. (S-Afrika),
Hippeástrum Herb. (Am.).

Familie der Yamswurz Gewächse, Dioscoreáceae

Schmerwurz, Támus L. vgl. S. 99

259. **T. commúnis** L., slt. in Hecken u. Gebüsch, an Waldrändern, auch
in licht. Eichenmischwäldern, auf frisch., nährstoff- u. basenreich.,
locker., mild. humos. Stein- u. Lehmböden, Frische- u. Nährstoffzeiger,
wärmeliebd, Insekt.bestäubg, Tierverbrtg, Rechtswinder (im Uhrzeiger-
sinn), Prunetalia-Ordn.char. (in med im Pruno-Rubion ulmifolii O. d.
Bolos 54), auch in Alno-Ulmion- u. Tilio-Acerion-Ges. – Rh (nö bis
Karlsruhe), süHü, HRh, Bo, Ba (Wutach, bis 750 m), Ju (Randengebiet),
Saar–Mosel – smed(-atl) – G – Chrom. 2n = 48.

Ordnung Iridáles

Familie der Schwertlilien-Gewächse, Iridáceae

1 Blü. sternförmg ausgebrtet, zurückgeschlag. od. glockg, meist aufrecht u. zu 1–5, blau, gelb od. weiß
2 Blü.b. ausgebrtet od. zurückgeschlag., B. meist zweizeilg stehend, abgeflacht
3 Narben blü.b.artg, die 3 äußeren Blü.b. zurückgeschlagen, B. 10–30 mm brt **Iris** S. 139
3* Narben fädl., Blü. ± sternförmg ausgebrtet, ca. 2 cm groß, blau, B. 2–3 mm brt, grasartg, 10–25 cm, ♃, 6 **Sisyrinchium** S. 141
2* Blü. glockg, aufgerichtet, mit lg. Blü.röhre u. unterird. Fr.knoten, B. schmallineal, mit weiß. Mittelnerv **Crocus** S. 141
1* Blü. trichterförmg, etwas unregelmäß.-zweilippig, meist rot, nickend, in einstswendg. Ähre, zu 5–20, B. zweizeilg, abgeflacht **Gladiolus** S. 142

Schwertlilie, Iris L.

Alle Arten geschützt (mit Ausnahme v. *I. pseudacorus*)

1 Äußere (zurückgeschlag.) Blü.b. innen bärtig
2 St. 1blütg, B. stachelspitzg, 8–15 cm, ♃, 4–5 **I. pumila** 260
2* St. mehrblütg, Pf. üb. 15 cm hoch
3 Hochb. am Rande trockenhäutg, innere Blü.b. blauviol., Blü.std. länger als B.
4 Äußere Blü.b. dunkel, innere hellviol. (slt. gelb), nur am Grunde geadert, mit gelbl. Bart, 30–80 cm, ♃, 6 **I. germanica** 261
4* Äußere Blü.b. schmutzg gelb od. blauviol., bis z. Rand dunkel geadert, mit weiß. Bart, Blü. nach Holunder duftend, 40–60 cm, ♃, 6 **I. sambucina** 262
Blü.b. mit gelb. Bart vgl. **I. squalens** 263
3* Hochb. z. Blü.zeit krautig (± aufgeblas.), innere Blü.b. reingelb, äußere gelbl. rotviol. geadert, Blü.std ± so lg wie B., 20–40 cm, ♃, 6 **I. variegata** 264
Hochb. randl. trockenhäutg, Blü. viol., weißl.-rötl. geadert, 10–40 cm, ♃, 4–5, vgl. **I. aphylla** 265
1* Äußere Blü.b. nicht bärtg (höchstens schwach flaumig)
5 Blü. rein gelb, B. 10–30 mm brt, St. ± rund, 50–100 cm, ♃, 5–6 **I. pseudacorus** 266
5* Blü. blau od. gelb-viol., B. im allgem. unter 12 mm brt
6 St. hohl, Blü. blau, meist zu 2, B. 2–8 mm brt, kürzer als Blü.std, 30–60 cm, ♃, 6 **I. sibirica** 268
6* St. markig, rund od. abgeflacht, Blü. gelbl. od. viol., dunkel geadert, B. 5–12 mm brt
7 St. rund, B. schwertförmg, 5–12 mm brt, kürzer als Blü.std, äußere Blü.b. gelbl., viol. geadert, innere viol., 30–50 cm, ♃, 5–6 **I. spuria** 269
mit viol. od. rot. Blü. vgl. ferner **I. versicolor** 267
7* St. abgeflacht, B. grasartg, länger als Blü.std, Blü. hellviol., dunkel geadert, weiß gefleckt, Hochb. meist krautg, 15–30 cm, ♃, 5 **I. graminea** 270

260. **Zwerg-Sch., I. púmila** L., hfge Zierpf. u. glgtl. verwildert (z.B. Pf, Mn) – kont – H – Chrom. 2n = (30) 32 (36).

261. **Deutsche Sch., I. germánica** L., hfge Zierpf. u. öfter verwildert, an Weinbergmauern od. rasig. Böschungen, auf warm., meist kalkhaltg. Stein- u. Lößböden, Wurzel zu Nutz- u. Heilzweck., hybridogen mit unbekannt. Eltern (steril), v. all. in Brometalia- u. Geranion sang.-Ges. – Kalk- u. Weinbau-Gebiete – Herkunft: omed – H – Chrom. 2n = (24, 34) 44 (48, 60).

262. **Holunder-Sch., I. sambucína** L., alte Zierpf. u. glgtl. verwildert, an Weinbergsmauern, in Trockenrasen u. Felsband-Ges., auf warmen Kalkböden, viell. hybridogen aus *I. germanica* × *I. variegata* entstanden – v. all. Kalk-Gebiete, Ju bis 1000 m – kont(-med) – H – Chrom. 2n = 24.

263. **Schmutziggelbe Sch., I. squálens** L., Zierpf. u. slt. verwildert an warm. Felsen u. Mauern, hybridogen mit unbekannt. Eltern – (kont) – Chrom. 2n = 24.

264. **Bunte Sch., I. variegáta** L., Zierpf. u. glgtl. verwildert an Weinbergsmauern, auch an Felsen, in SO-Europa im Geranion sang. u. in Quercetalia pub.-Ges. – z. B. Bo (Hohentwiel, spontan!?), Ju (z. B. Grafeneck), Do – europkont – H – Chrom. 2n = 24.

265. **Nacktstengelige Sch., I. aphýlla** L., slt. in Trockenwald- u. Felssaum-Ges., auf wechseltrock. basenreich. Lehm- u. Tonböden, in Sesl.-Festucion-Ges. od. im Geranion sang. – Th, An – gemäßkont – G – Chrom. 2n = 48.

266. **Gelbe Sch., I. pseudácorus** L., zml. hfg in Wald- u. Wiesensümpfen, im Verlandungsröhricht, in Großseggen-Ges., an Gräben u. Ufern, auf nass., zweitw. od. meist überschwemmt., nährstoffreich., mild.-mäß. saur. Sumpfhumus-Böden, Verlandgspf., etwas wärmeliebd, Licht- u. Halbschattpf., Schwimmfr., Lichtkeimer, Phragmitetalia-Ordn.char., auch in Alnion- u. Alno-Ulmion-Ges. – Ebene bis mittl. Gebirgslagen (nur bis Av) – euras(subozean)-smed – W (H) – Chrom. 2n = 34.

267. **Schillernde Sch., I. versícolor** L., neuerdgs eingebürgert im Magnocaricion, auch Alnion – L – Herkunft: N-Am. – Chrom. 2n = 72, 84, 108.

268. **Sibirische Sch., I. sibírica** L., zml. slt., ab. gesellg in Moorwiesen, v. all. in Flutmulden od. Gräben, auf wechselnass., mäß. nährstoff- u. basenreich., mäß. sauer-mild. humos. Ton- u. Schlickböden, durch Düngung od. Mahd geschwächt, im Molinion u. Cnidion (Molinietalia-Art) – Ebene bis mittl. Gebirgslagen, nur Silikatgebiete u. A (bis 905 m) slt. od. wie im Nordw. d. Gebiet. fehld, sonst überall zerstr., ab. durch Kulturmaßnahmen im Rückgang – euras(kont) – W, G – Chrom. 2n = 28.

269. **Bastard-Sch., I. spúria** L., s. slt. in Moorwiesen, an Wegen u. an Dämmen, auf wechselfeucht., basenreich., ± mild.humos. od. roh., dicht. Lehm- u. Tonböden, etwas salz- u. wärmeliebd, Char. d. Cirsio tub.-Molinietum (Molinion), auch im Mesobromion od. auf ± off.

Böden, z. B. mit *Samolus valerandi* – nöRh (Oppenheim-Mainz), nöHü (Rheinhessen) – mit verwandt. Art.: kont-smed – G – Chrom. 2n = 22.

270. **Gras-Sch., I. gramínea** L., Zierpf. u. Heilpf., glgtl. verwildert in wärmeliebd. Trocken- u. Halbtrockenrasen (Brometalia), auf basen(kalk)reich., ± mild.humos. Sand- und Steinböden, auch im Molinion od. Geranion sang. – Herkunft: smed-europkont – G – Chrom. 2n = 34.

Blauaugengras, Sisyrínchium L. vgl. S. 139

271. **S. montánum** E. L. Greene, Zierpf. u. glgtl. verwildert u. eingebürgert in wechselfeucht. Moorwiesen u. Halbtrock.ras. auf basenreich. Humusböden, v. all. im Molinion, z. B. Rh, Bo, He, Me, Br – Heimat: atl N-Am., W-Irland – H – Chrom. 2n = 64, 88, 96.

Safran, Crócus L

1	Narbe fast so lg wie Blü.b., herabgebogen, Blü. viol., Herbstblüher, 8–30 cm, ♃, 10–11	**C. sativus**	274
1*	Narbe viel kürzer, ± aufrecht, Blü. weißl., viol., blau od. gelb		
2	Blü.b. weißl. od. viol.		
3	Blü.b. weißl., slt. mehr viol., 17–27 mm lg u. 3–8 mm brt, 8–12 cm, ♃, 3–4 (6)	**C. albiflorus**	272
3*	Blü.b. meist lebhaft viol., 25–40 mm lg u. 8–13 mm brt, Narben d. Staubb. überragd, 10–30 cm, ♃, 3–4	**C. napolitanus**	273
2*	Blü.b. gelb, 10–20 cm. ♃. 2–4	**C. chrysanthus**	275

272. **Weißer S., C. albiflórus** Kit. [*C. vérnus* (L.) Hill ssp. *albiflórus* (Kit.) A. et Gr.] zerstr., ab. gesellg in Bergwiesen u. Bergweiden, auf frisch., nährstoff- u. basenreich., mäß. sauer.-neutral. humos., tiefgründg. Ton-u. Lehmböden, Ameisenverbrtg, schwache Polygono-Trisetion-Verb.char., auch im Poion alp., Nardion, Rumicion alp., usw. – Av, A (bis 1850 m) Ju (Geislingen), süSch (Menzenschwand), Vog – pralp – G – Chrom. 2n = 8.

273. **Frühlings-S., C. napolitánus** (Ker-Gawl.) Hegi [*C. vérnus* (L.) Hill ssp. *vérnus*] im Gebiet nur Zierpf. u. verwildert, in frisch. Bergwiesen, auf nährstoffreich. Lehmböden, in Arrhenatherion-Ges. – z. B. nöSch (Zavelstein, 600 m), Els – opralp(-smed) – G – Chrom. 2n = 16, 20 (–32).

274. **Echter S., C. satívus** L., s. slt. kultiv. u. verwildert (z. B. Els), alte Heil-, Gewürz- u. Färbepf. (Narben!), wild unbekannt, Stammpf.: *C. cartwrightiánus* Herb. – omed – G – Chrom. 2n = 16, 24, 40.

275. **Gelber S., C. chrysánthus** Herb., Sammelart, – hfge Zierpf., slt, verwildert – omed – G – Chrom. 2n = 8 (in Gärten meist *C. flávus* West.) – Der sattblauviol. Gartenkrokus ist meist *C. heuffeliánus* Herb. (opralp-osmed).

Siegwurz, Gladíolus L.

1   Blü.std 2–5blütg, B. 4–9 mm brt, Knollenhülle netzig gefasert, 30–60 cm, ♃,
    6–7   **G. palustris**   276
1* Blü.std 5–10blütg, B. brter, Knollenhülle unten parallel-faserig
2   Blü. bis 2 cm lg, Knollenfasern zart, 30–70 cm, ♃, 7   **G. imbricatus**   277
2* Blü. bis 3 cm lg, Knollenfasern derb, 50–100 cm, ♃, 6–10
                                                                      G. communis   278

276. **Sumpf-S., G. palústris** Gaud., slt. in Moorwiesen, auf wechsel-feucht., ± nährstoffarm., basen(kalk)reich., mild., humos. Tonböden, Hummelblume, geschützt, Molinion-Verb.char., auch im wechseltrock. Mesobromion – Rh, Bo, Ba (ob noch?), Av, Do, Fr, Th, Sa – europkont(gemäßkont) (-smed) – G – Chrom. 2n = 60.

277. **Dachziegelige S., G. imbricátus** Mill., s. slt. auf wechselfeucht. Moorwiesen, Molinion-Verb.char. – Th, L – gemäßkont – G – Chrom. 2n = 14 (60).

278. **Gewöhnliche S., G. commúnis** L., slt. als Zierpf. u. glgtl. verwildert in Moorwiesen als Molinion-Verb.char., wild unbekannt, wohl von *G. imbricátus* L. abstammend – z. B. Bo, Av, Mn – G – Chrom. 2n = 90.

Unsere heutigen Garten-Gladiolen sind meist Kreuzungsprodukte südafrikan. Arten, v. all. v. *G. cardinális* Curt. u. *G. psittácinus* Hook. Von weiteren bekannten Zierpf. gehören zu den Iridaceae: *Tritónia* Ker-Gawl. (Montbretie) aus S-Afrika, *Frēēsia refrácta* Klatt aus S-Afrika u. a.

Ordnung Juncáles

Familie der Binsengewächse, Juncáceae

1   B. kahl, meist starr, borstl. (röhrg) „binsenförmg" od. rinnig, Fr. vielsamig
                                                                      Juncus   S. 142
1* B. ± behaart, flach, grasartg, Fr. 3samig   **Luzula**   S. 150

Binse, Júncus L.

1   St. scheinbar b.los od. nur am Grunde beblättert (1* S. 143)
2   Blü.std durch aufgericht. Hochb. scheinbar seitenstdg, B. rund
3   Blü.std 3–7–20blütg, Pf. mit lgem kriechd. Wurzelstock, Staubb. 6
4   Blü.std 3–7blütg
5   Blü.std locker, scheinbar in d. Mitte d. feingestreift., ca 1 mm dick. St.,
    Blü.b. gelbl., 10–40 cm, ♃, 6–8   **J. filiformis**   290
5* Blü.std knäuelg, scheinbar in d. ober. Hälfte d. starr., glatt. St., Blü.b.
    rotbraun, Alpenpf., 15–30 cm, ♃, 7–8   **J. arcticus**   294
4* Blü.std 7–20blütg, scheinbar in d. ober. Hälfte d. glatt. St., Blü.b. rotbraun,
    hautrdg, Küstenheid.pf., 30–75 cm, ♃, 7–8   **J. balticus**   293
    vgl. auch bei 22   **J. jacquinii**   287
3* Blü.std reichblütg, Pf. mit kurz. Wurzelstock, ± dichtrasg-horstförmg,
    Staubb. 3 od. 6

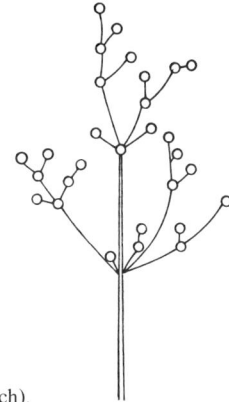

Abb. 14. Blütenrispe (Spirre) von *Juncus* (schematisch).

6 Grundstdge B.scheid. glänzd schwarzbraun, St. blaugrün, matt, gerieft, Blü.std scheinbar im ober. Drittel d. St., Staubb. 6, 30–60 cm, ♃, 6–8
J. inflexus 289

6* Grundstdge B.scheid. braun od rotbraun, matt

7 Aufrechte Tragb. kaum lger als Blü.std, wie B. stechd spitz, Staubb. 6, Salzwies.pf., 30–100 cm, ♃, 7–8
J. maritimus 288

7* Aufrechte Tragb. lger als Blü.std (Spirre), B. nicht stechd, Staubb. 3

8 St. graugrün, glanzlos, unt. d. Blü.spirre feingestreift, aufwrts ± rauh, Blü.std meist knäuelg, 2–4 cm lg, aufrecht. Tragb. 5–15 cm lg, Niederb. gelbbraun, 30–60 cm, ♃, 5–7
J. conglomeratus 291

8* St. grasgrün, glatt, glänzd, Blü.std meist locker, 4–10 cm lg, aufrechte Tragb. 15–30 cm lg, Niederb. rotbraun, 30–80 cm, ♃, 6–8
J. effusus 292

2* Blü.std endstdg, Hochb. seitenstdg

9 Blü. zu einem Köpfch. zus.gezogen, St. 5–15 cm hoch

10 Köpfch. 4–8blütg, Blü.spelz. lg zugespitzt, B. fadendünn, Pf. einjährig, 3–12 cm, ☉, 6–9
J. capitatus 295

10*Köpfch. 3–5blütg, Blü.spelz. stumpfl., Staubb. 6, Hochb. s. kurz, B. kräftger, fast stielrund, ausdauernde Alpenpf., 5–15 cm, ♃, 7
J. triglumis 304

9* Blü.std lockere Spirre, St. 15–40 cm hoch

11 Hochb. d. Blü.stdes viel länger als Spirre, B. aufrecht, weich, grasartg, 15–40 cm, ♃, 6–9
J. tenuis 285

11*Hochb. kaum länger als Spirre, Grundb. starr, nestartg ausgebrtet, Blü.spelz. derb, braun, weiß gesäumt, stumpfl., 10–30 cm, ♃, 6–8
J. squarrosus 284

1* St. beblättert (wenigst. 1 St.b.)

12 Blü. in d. Spirre einzeln stehend, slt ± gruppenweise genähert (*J. bufonius*), B. rinnig

13 Pf. einjährig, am Grunde verzweigt, ohne Ausläufer

14 Blü.hülle braun, innere Blü.b. stumpfl., Fr. schwarzbraun, B.öhrch. am B.grd deutl., meist lger als brt, 8–25 cm, ☉, 6–9
J. tenageia 281

14* Blü.hülle bleich, B.öhrch. undeutl., höchst. so lg wie brt
15 Blü.stds.äste aufrecht, Pf. besenförmg, Blü.spelz. d. längl. Fr. anliegd, 1–20 cm, ☉, 6–9 **J. bufonius** 279
15* Blü.stds.äste ± herabgebog., Pf. halbkugelförmg, Blü. locker, einzeln stehd, Blü.spelz, von d. kugelgen Fr. abstehd, 5–20 cm, ☉, 6–9
J. sphaerocarpus 280
13* Pf. mehrjährig, mit Ausläufern
16 Blü.std 1–4blütg, vom Hochb. weit überragt, Mündung d. B.scheide mit zerschlitzt. Häutch., Fr. zugespitzt, alp. Rasenpf., 10–30 cm, ♃, 6–8
J. trifidus 286
16* Blü.std reichblütger, Fr. nicht zugespitzt, St. etwas abgeflacht
17 Staubfäd. kaum 1 mm lg, Griffel zur Blü.zeit viel kürzer als Fr.kn., Hochb. meist länger als Blü.std, Blü.spelz. kürzer als ± kugelge Fr., 10–30 cm, ♃, 6–8 **J. compressus** 282
17* Staubfäd. 1,5–2 mm lg, Griffel so lg wie Fr.kn., Hochb. meist kürzer als Blü.std, Blü.spelz. fast so lg wie Fr., 10–30 cm, ♃, 6–7 **J. gerardi** 283
12* Blü. an d. Rispenästen (od. am St.ende) zu mehrer. köpfch.förmg gebüschelt
18 B. borstl. bis fädl., St. mit nur 2–5 übereinanderstehend. (1–6blütg.) Köpfch., slt. mehr in doldig. Spirre, Pf. im allg. nicht über 15 cm hoch
19 Pf. einjährg, ohne sterile Triebe, Blü.spelz. lger als gelbl. Fr., Küst.pf., 5–10 cm, ☉, 5–9 **J. pygmaeus** 306
19* Pf. mehrjährg, mit steril. Trieb.
20 St. z. T. niederliegd-kriechd, an d. Knot. mit sich bewurzld. B.büscheln, Blü.std sparrg, Staubb. 3, 5–15 cm, ♃, 6–8 **J. bulbosus** 302
20* St. ± aufrecht
21 Wurzelstock kurz, Pf. rasenbildend, Fr. gelb, glänzd, 10–20 cm, ♃, 7–8
J. stygius 303
21* Pf. mit unterirdisch. Ausläuf., Fr. schwarzbraun, 7–10 mm lg, 10–20(30) cm, ♃, 7–8 **J. castaneus** 305
18* B. u. St. ± starr, binsenförmg, quergefächert, dunkel- od. olivgrün, Staubb. 6, Blü.köpfch. 1 od. zu viel. in locker. Rispe
22 St. mit 1 größer. Blü.köpfch. u. mit einem (meist aufgericht.) St.b., Köpfch. schwarzbraun (8–12blütg), Laubtriebe dünn, d. Blü.std ± überragend, alp. Rasenpf., 10–25 cm, ♃, 7–8 **J. jacquinii** 287
22* Blü.std mit vielen kleinen Köpfch. in lockerer Rispe
23 Blü.spelz. stumpfl., die äußeren z. T. mit (zurückgesetzt.) Stachelspitze
24 Blü.rispe sparrig ausgebrtet, Blü.spelz. u. Fr. hell-gelb-braun, sterile Triebe am Grunde nur mit b.loser Scheide, herdenbildd, 30–60 cm, ♃, 6–7
J. subnodulosus 296
24* Blü.rispe mit starr aufgericht. Ästen u. relat. wenig. Köpfch., Blü.spelz. u. Fr. ± schwarzbraun, äußere Blü.spelz. mit zurückgesetzt. Stachelspitze, kürzer als Fr.
25 B. kaum zus.gedrückt, Blü.spelz. deutl. stachelspitzg, 10–40 cm, ♃, 6–8
J. alpinus 297
25* B. deutl. zus.gedrückt, Blü.spelz. undeutl. stachelspitzg, Salzwies.pf., 20–50 cm, ♃, 7–8 **J. anceps** 298
23* Blü.spelz., wenigst. äußere, spitz (nicht zu verwechseln mit eingerollt. stumpf. Blü.spelz.)
26 Ob. B. deutl. gestreift, kantg gerippt, Blü.spelz. glänzd schwarzbraun, so lg wie Fr., mit nach außen gekrümmt. Spitzen, 40–100 cm, ♃, 7–8
J. atratus 301

26* B. nicht gestreift, Blü.spelz. braun, meist kürzer als Fr.
27   Blü.spelz. gerade, die äußer. spitz, die inner. stumpfl., gleich lg, Blü.rispe
     meist mit lg abstehend., wenig verzweigt. Ästen, St. oft bogig aufsteigd., Fr.
     glänzd braun, 10–40 cm, ♃, 7–10   **J. articulatus** 299
27* Innere Blü.spelz. mit grannenartig. nach außen gekrümmt. Spitze, länger als
     d. äußeren, Blü.std dicht, mit reichverzweigt. kurz. Ästen, sterile Triebe
     beblättert, herdenbilld, 30–80 cm, ♃, 7–8   **J. acutiflorus** 300

279. J. bufónius-Gruppe, verbr. in Pionier-Ges. off. feucht. Standorte,
auf Wegen, an Ufern, in Ackerfurchen, oft mit d. Klimacharakter d.
Jahres wechselnd, auf feucht. od. zeitw. feucht., $\pm$ nährstoffreich.,
meist kalkarm., humos. od roh. bindig. Sand- od. Lehmböden, in
Äckern oberfläch. Bodenverdichtg u. Feuchtigkeit (Vernässung) zeigd,
Klebverbrtg. Isoëto-Nanojuncetea-Kl.char., oft auch in rein. Beständ.
(*J. bufónius*-Ges.) – Ebene bis Gebirge (A bis 1380 m) – no-eurassub-
ozean-smed, circ, ferner in d. ozean-temp. Zonen der S-Halbkugel – T –
formenreich:
1   St. 5–40 cm hoch, Fr.kapsel 3–5 mm lg
2   Unt. B.scheid. gelbbraun, Blü. einzeln an gerad. Äst., innere Blü.spelz. lger
    als Fr.

279a. Kröten-B., J. bufónius L., verbr. Sippe, s. o. – Chrom. 2n = 30, 34,
80, 106.
2* Unt. B.scheid. meist rot, Blü. zu 2–3 an gebogen. Äst., innere Blü.spelz.
    höchst. so lg wie Fr., Fr.klapp. spitz, zuletzt einwärts gebog.

279b. Frosch-B., J. ranárius Song et Perr., slt. in Zwergbins.ges. auf oft
salzhaltg. kalkfrei. Tonböd., Isoëto-Nanojuncetea-Kl.char., auch im
Agr.(El.)-Rumicion – v. all. im Bereich d. Nord- u. Ostseeküste, auch im
Binnenld, z.B. Br, An, Fr (Gipskeuper) – Chrom. 2n = 34.
1* St. 0,5–5 cm hoch, Fr.kapsel 2–3 mm lg

279c. J. minútulus Alb. et Jah., slt. an feucht. Ufern auf kalkarm. sandg.
Tonböd. in Is.-Nanojuncetea-Ges. – NS, O, nöSch, Verbreitg ungenügend bekannt – subatl – Chrom. 2n = 72.

280. Kugelfrüchtige B., J. sphaerocárpus Nees, s. slt. u. unbestdg in
Zwergbinsen-Ges. an Ufern od. in Ackerfurch., auf offen., feucht.
(wechselnass.), $\pm$ nährstoff- u. basenreich. Ton(Schlamm)böden,
wärmeliebd, v. all. in Gipskeuper-Gebiet., z.B. im Cyperetum flav.,
Isoëto-Nanojuncetea-Kl.char. – Rh, Mn, Ju, Do, Fr, nöHü, Th – med-
smed(-kont), circ – T – Chrom. 2n = 36.

281. Sand-B., J. tenagéia L. fil., slt. u. unbestdg in Zwergbinsen-Ges., an
Ufern, in Wegrinnen, auf offen., feucht., $\pm$ nährstoffreich., kalkarm.,
lehmig. od. tonig. Sandböden, wärmeliebd, v. all. im Elat.-Eleocharite-
nion, Isoëto-Nanojuncetea-Kl.char. – Tieflag. (z. T. verscholl.) – med-
smed (-subatl) – T.

282. **Platthalm-B., J. compréssus** Jacq., hfg in Tretges., auf Wegen, in zertret. Weiden u. Wiesen, auf feucht., nährstoffreich., oft kalk- od. salzhaltg., dichten, sandig. od. rein. Tonböden, Klebverbrtg, Char. d. Juncetum compr. [Agr.(El.)-Rumicion], auch (DAss) im Cyperetum flav. (Nanocyperion) – Ebene bis Gebirge, A bis 1200 m (v. all. Kalk- u. Lehmgebiete) – euras(subozean) (-smed) – G – Chrom. 2n = 40, 44.

283. **Salz-B., J. gerárdi** Lois., slt. in betret. Rasenges. in d. Umgebung v. Salinen, auf feucht., sandig. od. rein. Salztonböden, Salzpf., Klebverbrtg, im Binnenld lok. Char. d. Juncetum compr.[Agr.(El.)-Rumicion], an d. Küsten Char. d. Juncetum gerardi (Armerion marit.) – Nord- u. Ostsee-Küste, sonst s. slt., z.B. Me, Br, nöRh(verscholl.) – euras(-med), circ – G – Chrom. 2n = 80, 84.

284. **Sparrige B., J. squarrósus** L., zerstr., ab. gesellg in Magerweiden, gern im Grenzbereich v. Quell- u. Flachmooren, auf Moorwegen, in Heidemooren, auf feucht., basenarm., sauer., sandig.-tonig. od. rein. Torfböden, Torfbildner, Char. d. Juncetum squarr. (Juncion squarr.), auch im Ericion tetr. – v. all. Silikatgebirge, z.B. Sch bis 1450 m, A bis 1432 m, BayW usw. (Kalkgebiete, z.B. Ju slt.), auch Tieflag. z.B. Rh s. slt., ferner NWe, NS, SH, Me, usw. – subatl(-no) bis Grönland – H – Chrom. 2n = (40), 42.

285. **Zarte B., J. ténuis** Willd. (*J. mácer* S. F. Gray), hfg auf Waldwegen, in Trittges., auf frisch-feucht., nährstoffreich., meist kalkarm. (humusarm.), sandig. od. rein. Lehm- u. Tonböden, Halbschatt-Lichtpf., Klebverbrtg, seit 1824 aus N-Am. eingeschleppt u. überall eingebürgert, Char. d. Juncetum tenuis (Polygonion avic.) – Ebene bis mittl. Gebirgslag., A bis 1050 m, Sch bis 950 m – Heimat: N-Am., verschleppt mit temp.-subozean. Ausbrtgstendenz – H – Chrom. 2n = 30, 32, 40, 84.

286. **Dreiblatt-B., J. trífidus** L., zerstr. im Magerrasen d. alp. Stufe, auch in Felsspalten, auf mäß. frisch., kalkarm. u. -reich. (vgl. ssp.), neutral-mäß. sauer., modrig humos., flachgründg., steinig. Lehm- u. Tonböden, wetterfeste Lichtpf. – H – Chrom. 2n = 30, formenreich.

1   Grdstdge B.scheid. höchst. mit verkümmert. B., St.b. an d. Spitze d. St. genähert, Blü.std 2–4blütg

286a. **ssp. trífidus**, slt. in steinig. Gebirgsras. kalkarm. Böd., Juncetea trif.-Kl.char. – A (nur Österreich, Schweiz), BayW – arkt-alp, circ.

1* Grdstdge B.scheid. deutl. beblättert, St.b. vom Tragb. entfernt, Blü.std 1–2(3)blütg

286b. **ssp. monánthos** (Jacq.) A. et Gr. slt. in Steinras. d. Hochgebirges auf frisch.-basenreich. Böd., v. all. im Sesl.-Caricetum sempervir. (Seslerion), auch im Elynion – A (1600–2000 m) – oalp, auch N-Am.

287. **Gemsen-B., J. jacquínii** L., zerstr. in Magerrasen od. an moorigen Hängen u. Bachufern d. alp. Stufe, auf mäß.-frisch. bis sickerfeucht., mäß. nährstoffreich., basenarm., mäß. saur. humos. Lehm- u. Steinböden, v. all. in frisch. Caricion curvulae- (od. Nardion-)Ges., auch in Caricetalia fuscae-Ges. (nach Braun-Bl. Caricion curv.-Verb.char.) – A 1600–2400 m – (o)alp – H – Chrom. 2n = ca. 170.

288. **Meerstrand-B., J. marítimus** Lam., zerstr. in Strandwies. auf feucht. Salztonböd., z. B. im Armerion mar., Asteretea trip.-Kl.char. – Nord- u. Ostseeküste – med-atl (u. S-Halbkugel) – G – Chrom. 2n = 40, 48.

289. **Blaugrüne B., J. infléxus** L. (*J. glaucus* Ehrh.), zml. hfg an Wegen, auf zertretenen Feucht-Weiden, an Ufern, auch in Waldschlägen, auf feucht., nährstoff- u. basenreich., humos. od. rohen (sandig.) Lehm- u. Tonböden, etwas salz- u. wärmeliebd, Bodenverdichtungszeiger, Klebverbrtg, Char. d. Mentho long.-Juncetum infl., auch in ander. Agr. (El.)-Rumicion-Ges. – Ebene bis mittl. Gebirgslag., Ju bis 930 m, A bis 1490 m – med-smed(-euras) – H – Chrom. 2n = 40.

290. **Faden-B., J. filifórmis** L., zerstr., ab. gesellg in Flach- u. Quellmooren, in nass. Wiesen, an Moorrändern u. Moor-Wegen, auf sicker-(stau-)nass., mäß. nährstoffreich., basenarm., mäß. saur. Sumpfhumus-Böden, auch als Pionier auf nass. off. Böden, Diff. d. Caricetum fuscae (Caricion f.), opt. in bewirtschaft. Naßwiesen als Char. d. Juncetum fil. (Calthion) – v. all. mont. u. hochmont. Silikatgebiete, A bis 2200 m, im N auch Tieflag. – no-arkt, circ – H (G) – Chrom. 2n = (40) 80, 84.

291. **Knäuel-B., J. conglomerátus** L., zml. hfg in Moorwiesen, an Wegen u. Gräben, auch in Waldschlägen, auf stau-wechselfeucht., mäß. nährstoff- u. basenreich., meist kalkarm., mäß. saur. humos. od. torfig. Lehmböden, Störgs- u. Vernässungszeiger, v. all. im Juncion acutifl., auch im bodensauer. Molinion od. Calthion, Molinietalia-Ordn.char. – Ebene bis Gebirge, A bis 1120 m – euras(subozean) – H – Chrom. 2n = 40, 42.

292. **Flatter-B., J. effúsus** L., hfg in Naßwiesen u. Naßweiden, in zertret. Quellmooren, in Moorwiesen, an nass. Wegen u. in Waldschlägen, auf sicker-(stau-)nassen, nährstoffreich., meist kalkarm., mäß. saur. Lehm- od. Torfböd., Stör- u. Nässe-Zeiger, Char. d. Epil.-Juncetum eff. (Calthion), auch im Molinion, Agr.(El.)-Rumicion od. gern in Atropetalia-Ges. – Ebene bis Gebirge, A bis 1490 m – euras(subozean), circ (u. and. kalttemp. Zonen) – H – Chrom. 2n = (40) 42.

292a. **var. compáctus** Lej. et Court., Rispe knäuelig zus.gezogen, darf nicht mit *J. conglomeratus* verwechselt werden!

293. Baltische B., J. bálticus Willd., slt. in Flachmoor. auf ± sauer. torfg. Sandböd., in N-Europa Char. d. Car. marit.-Juncetum balt. (Caricion bic.-atrof.), auch im Ericion tetr., salzertragd – Ost- u. Nordseeküste (Borkum) – no, circ – G – Chrom 2n = 80.

294. Arktische B., J. árcticus Willd., slt. auf tong. Schwemmsandböden v. Gletscherbächen, Char. d. Caricetum mar. (Caricion bic.-atrof.) – Vorarlbg, Tirol, Schweiz (üb. 1600 m) – arkt-alp, circ – G – Chrom. 2n = 74, 80, 100.

295. Kopf-B., J. capitátus Weigel, s. slt. u. unbestdg in Pionier-Ges. off. Standorte, an Wegen od. in Ackerfurchen, auf feucht., mäß. nährstoffreich., kalkfrei., ± humusarm. verdicht. Ton- od. bindig. Sand-Böden, lok. Char. d. Centunculo-Anthocerotetum (Nanocyperion), überreg. Isoëto-Nanojuncetea-Kl.char. – Ebene bis mittl. Gebirgslag. v. all. im Nordw. d. Gebiet. – med(-subatl) (ferner temp. S-Halbkugel) – T – Chrom. 2n = 18.

296. Knoten-B., Stumpfblütige B., J. subnodulósus Schrank (*J. obtusiflórus* Ehrh.), zerstr., ab. gesellg in Moorwiesen (Binsenwiesen), in Quell- u. Hangmooren, in Gräben, auf sickernass. (gut durchlüft.), ± nährstoffreich., meist kalkhaltg., oft auch salzhaltg., neutral.- mild. Sumpfhumus- od. humos. Kalktuffböden, unduldsame Bestände bildd, durch Störung u. mäßige Eutrophierung begünstgt, v. all. in Calthion-Ges. („Juncetum subnod."), ab. auch im Caricion dav. od. Magnocaricion – Ebene bis mittl. Gebirgslag. (Av bis 860 m), v. all. Kalkgebiete, Silikatgebirge fehld, im nordw. Tiefld slt. – med-smed-subatl – H (G) – Chrom. 2n = 40.

297. Gebirgs-B., J. alpínus Vill. ssp. **alpinus**, zerstr. in Flach- u. Quellmooren, an Moorrändern u. in Gräben, auch in Zwischenmooren, auf sicker-staunass., mäß. nährstoffreich., basenreich., meist kalkhaltg., ± mild., humos. Schlammböd. od. sandg. Schwemmböd., Pionierpf., Char. d. Juncetum alp. (Caricion bic.-atrof.), auch im Caricion las. – Ebene bis Gebirge, A bis 1790 m (v. all. Kalkgebiete) – no-euras, circ – H – Chrom. 2n = 40, formenreich:

1   Pf. 10–20 cm hoch, mit wenig. schwarz. Köpfch.

297a. var. alpinus (var. *mucroniflórus* A. et Gr.), so v. all. im Gebirge, auch auf kalkarm. Böd. – z. B. Av, A – no-pralp.

1* Pf. 20–60 cm hoch, reich verzweigt, mit zahlreich. dunkelrotbraun. Köpfch.

297b. var. fusciater (Schreb.) Reich. ex Buch., verbr. Sippe, auch in tieferen Lag. – euras(kont).

298. Zweischneidige B., J. ánceps Laharpe, slt. in Küstenwies. auf feucht. Salzton- od. Humusböd., v. all. im Junco-Caricetum ext. (Armerion mar.), auch im Caricion dav. od. fuscae – Nordsee (Fries. Inseln), SH (Eiderstedt) – atl-med – H – Chrom. 2n = 40.

299. Glanzfrüchtige B., J. articulátus L. (*J. lampocárpus* Ehrh.), hfg in Flach-Quell- u. Wiesenmooren, auf Naßwiesen, in Gräben u. an Ufern od. Wegen, auf stau-sickernass., $\pm$ nährstoffreich., mild-mäß. saur. humos. Sand- od. Tonböden, auf Sumpfhumusböden, v. all. in Scheuchzerio-Caricetea fuscae-Ges., auch im Calthion, Agr.(El.)- Rumicion od. Nanocyperion, gern als Pionier in gestört. Mooren od. in Anfangs-Ges. sumpfig. Böden – Ebene bis Gebirge, A bis 1680 m – euras(subozean)-smed – H – Chrom. 2n = 80, formenreich.

300. Spitzblütige B., J. acutiflórus Ehrh. ex Hoffm. (*J. sylváticus* auct.), zml. hfg u. gesellg in nass. Wiesen (Binsenwiesen), in Moorwiesen, an Moorrändern, Quellen u. in Gräben, auf sickernass. (gut durchlüft.), $\pm$ nährstoffreich., kalkarm., mäß. saur. Sumpfhumus-Böd., mäßg wärmeliebd, Char. d. Juncetum acutiflori (Juncion ac.), auch im Molinion od. Caricion f. – Ebene bis mittl. Gebirgslagen, v. all. in d. Silikatgebirg. im W des Gebietes (auch BayW u. Erzg. bis Br-Me), Sch bis rd 1100 m, Av bis 600 m – subatl(-smed) – H (G) – Chrom. 2n = 40.

301. Schwarze B., J. atrátus Krocker, s. slt. in Flachmoor-Wiesen, an Gräben u. Ufern, auf stau- bis wechselnass., nährstoff- u. basenreich., mild-mäß. saur. humos., offenbar auch roh. Kies-, Lehm- u. Tonböden, Char. d. Cnidio-Violetum (Cnidion) – nöRh u. Fr (Marktbreit) verscholl., Br, An – euraskont – H – Chrom. 2n = 40.

302. Zwiebel-B., J. bulbósus L. (*J. supínus* Moench), zerstr., ab. gesellg in Pionier-Ges., an See-Ufern, in Gräben, in lückig. Flachmooren, auf staunass., zeitw. seicht überschwemmt., nährstoff- u. kalkarm., mäß. saur. Sand- od. Torfschlamm-Böden, Pionierpf., oft artenarme *Juncus bulbos.*-Ges. bildend, überreg. Littorelletalia-Ordn.char. – Ebene bis Gebirge (Sch bis rd 1200 m), v. all. Silikatgebiete – (no)subatl – H (W) – Chrom. 2n = 40, formenreich:

1 Staubb. meist 3. innere Blü.spelz. stumpfl., Fr. 2,5–3 mm lg

302a. **ssp. bulbósus,** vorherrschd verbr. Sippe, s. o., dazu eine im Wasser flutende var. *flúitans* Fr. (z. B. Sch).

1* Staubb. meist 6, innere Blü.spelz. spitzl., Fr. etwa 2 mm lg

302b. **ssp. kóchii** (Schultz) Reichg., selt. v. all. im Nordw. d. Gebiet., auch Hz, Sa, Me.

303. **Moor-B., J. stýgius** L., s. slt. in Moorschlenken u. Zwischenmooren, auf nass., zeitw. seicht überschwemmt., mäß. basen- u. nährstoffreich., mäß. saur., mesotroph. Torfschlamm-Böden, Caricion las.-Verb.char. – Av (Hochgreut) – arkt(-nokont), circ – H.

304. **Dreiblütige B., J. triglúmis** L., zml. slt. in Flach- u. Quellmooren d. alp. Stufe, auf staunass., $\pm$ basenreich., mild.-mäß. saur. Torf- u. Sumpfböden, v. all. im Caricion bic.-atrof. (Verb.char.), auch im

Caricion f. – A (1500–2312 m) – arkt-alp (circ) – H – Chrom. 2n = (44, 50) ca. 130.

305. **Kastanien-B., J.** castáneus Sm., slt. in alp. Flachmooren od. an Bächen v. all. im Caricion bic.-atrof. – Tirol – arkt-oalp, circ – G – Chrom. 2n = 40, 60.

306. **Zwerg-B., J. pygmaeus** Rich., slt. in off. Zwergbinsen-Ges. feuchter nährstoffarm. Sandböden, an Teichrändern, z. B. im Cicendietum (Nanocyperion), überreg. Isoëto-Nanojuncetea-Kl.char. – Stranddünen d. Nordsee (Nordfries. Inseln) – med(-atl) – T – Chrom. 2n = 40.

Hainsimse, Lúzula DC

1   Blü. lg od. kurz gestielt, einzeln od. zu 2–5–20büschelg genähert, in rispg., meist mehrfach zus.gesetzt. Blü.std (Spirre)
2   Blü. lg gestielt, einzeln, Samen mit Anhängsel
3   Blü.spelz. gelbl., weißl. berandet, B. 2–4 mm brt, Pf. mit 3–10 cm lg. Ausläufern, 10–25 cm, ⚄, 5–6   **L. luzulina** 307
3* Blü.spelz. braun, Pf. meist ohne Ausläufer
4   Samen mit lg gekrümmt. Anhängsel, Blü.äste später meist zurückgeschlag., B. 5–10 mm brt, B.scheid. dunkelrot, 10–30 cm, ⚄, 3–5   **L. pilosa** 308
4* Samen mit kurz. gerad. Anhängsel, Blü.äste ± aufrecht, Blü.spelz. grannenartg spitz, B. 1,5–4 mm brt, lineal, gelbl. bespitzt, B.scheid. hellrot, 10–25 cm, ⚄, 4–5   **L. forsteri** 309
    vgl. auch unt. 9   **L. glabrata** 314
2* Blü. kurz gestielt, zu 2–5–20 gebüschelt in locker. Spirre, Samen höchst. mit undeutl. Anhängsel
5   Hochb. so lg od. länger als Blü.std, Blü.spelz. weißl. (od. rötl.), B. stark anliegd bewimpert
6   Blü.büschel 6–20blütg, Blü.spelz. rein weiß, bis 5 mm lg, lger als Fr., Blü.std etwas zus.gezog., 40–70 cm, ⚄, 6–7   **L. nivea** 312
6* Blü.büschel 2–6blütg, Blü.spelz. weißl. (gelbl.) od. rötl., bis 3,5 mm lg, so lg wie Fr., Blü.std ausgebreitet, 30–60 cm, ⚄, 6–7   **L. luzuloides** 311
5* Hochb. kürzer als Blü.std, Blü.spelz. gelb od. braun (dunkelbraun), B. nur spärl. bewimpert
7   Blü.spelz. hellgelb, B. fast kahl, bläul.grün, Hochalpenpf., 10–20 cm, ⚄, 7–8   **L. lutea** 310
7* Blü.spelz. braun od. schwarzbraun
8   B. am Rande spärl. langhaarig bewimpert, starr, glänzd dunkelgrün, Blü. zu 3–4 gebüschelt, Blü.spelz. braun, 30–80 cm, ⚄, 4–5   **L. sylvatica** 313
8* B. höchst. am Grunde ± bewimpert, grasgrün-blaugrün (mattgrün), Blü.spelz. zuletzt schwarzbraun, Gebirgspf.
9   Unt. St.b. 6–10 (meist 7–8) mm brt, Blü.std aufrecht, Blü. zu 1–2, 3–3,5 mm lg, Fr. kugelig, 15–35 cm, ⚄, 6–7   **L. glabrata** 314
9* Unt. St.b. 1–6 mm brt. Blü.std meist nickend, Blü. 2–3 mm lg, Fr. eiförmig
10 St.b. erreichen den bis 50 cm hoh. Blü.std, B. 4–7 mm brt, 20–50 cm, ⚄, 6–7   **L. desvauxii** 315
10* St.b. erreichen d. Blü.std nicht, B. 2–3(4) mm brt, 10–30 cm, ⚄, 6–7   **L. alpino pilosa** 316

1* Blü. sitzd in kugelg. od. längl., gestielt. od. sitzd. Ähren
11 Ähren längl., oft gelappt od. unterbroch., überhängd, nickd, B. 1–3 mm brt,
   rinng, 5–20 cm, ⟂, 7   **L. spicata** 317
11* Ähren. ± kugelg, kürzer od. lger starr gestielt, od. fast sitzd, doldg
   angeordnet, B.flach
12 Blü.spelz. deutl. ungleich lg, Pf. ohne Ausläuf.
13 Blü.spelz. schwarzbraun, Ähren. 2–5, s. kurz gestielt, oft sitzd, 6–8blütg,
   Blü. 2 mm lg, 10–30 cm, ⟂, 6–8   **L. sudetica** 318
13* Blü.spelz. hellbraun, Ähren 5–20, je 5–20blütg, Pf. gelbgrün, 10–30 cm, ⟂,
   4–5   **L. pallescens** 319
12* Blü.spelz. fast gleich lg, Blü. 2,5–3(3,5) mm lg
14 Pf. ohne Ausläufer, Ähren zu 3–10 (mit je 8–15 Blü.), alle meist steif aufrecht
   gestielt, 20–50 cm, ⟂, 4–5   **L. multiflora** 320
14* Pf. mit kurz. Ausläufern, Ähren zu 3–6 (mit je 6–10 Blü.), die seitl. zuletzt
   meist herabgebogen, s. ungleich lg gestielt, 5–15 cm, ⟂, 3–4
                                     L. campestris 321

307. Gelbliche H., L. luzulína (Vill.) D. T. et Sarnth. (*L. flavéscens* Gaud.), slt. in Fichten- u. Kiefern-Wäldern, auf mäß. frisch., sauerhumos., im Untergrund oft basenreich. Lehm- u. Steinböden, Vaccinio-Piceion-Verb.char., auch in Erico-Pinion-Ges. – Av, A (800–1800 m) – pralp – H – Chrom. 2n = 24.

308. Behaarte H., Frühlings-H., L. pilósa (L.) Willd., verbr. in krautreich. Laub- u. Nadel-Wäldern auf mäß. trocken. bis frisch., mäß. nährstoffreich., neutral.-mäß. sauer. humos., mittel-tiefgründg. Lehmböden, auf Mull od. Moder, bis 50 cm tief wurzelnd. Humuszersetzungszeiger, Ameisenverbrtg, Verbrtgsschwerpunkt in Fagetalia-Ges., auch in Quercetalia rob.- u. Vaccinio-Piceetalia-Ges., ges.vag. – Ebene bis Gebirge, A bis 1550 m – no-eurassubozean – H – Chrom. 2n = 66, (70, 72).

309. Forsters H., L. fórsteri (Sm.) DC., slt. in grasig. Eichen- od. Eichen-Buchen-Wäldern auf mäß. trock., ± nährstoffarm., basenreich., ± sauer-humos. Lehm- od. bindig. Sandböden, im Gebiet v. all. im Quercion rob., auch im Carpinion (S-Europa : Quercion il.) – Vog, süSch (Badenweiler), süHü (Müllheim), nöHü (Bruchsal, Stromberg, Rheinhessen-Nahetal), Pf (Annweiler), slt. auch Rh, Taunus, Sp – med-smed-atl, im Gebiet an d. O-Grenze d. Verbrtg – H – Chrom. 2n = 24.

310. Gelbe H., L. lútea (All.) DC., zerstr. in Krummseggen- u. Borstgras-Ges. d. alp. Stufe, auf saur. Böd., Caricetalia curv.-Ordn.char. – Vorarlbg, Tirol, Zentralalp. (bis 3000 m) – alp – H – Chrom. 2n = 12.

311. Weiße H., L. luzuloides (Lam.) Dandy et Wilmott [*L. álbida* (Hoffm.) DC.], verbr. u. gesellg in artenarm. Buchen- od. Eichen-Buchen (-Tannen)-Wäldern, auf mäß. frisch., ± nährstoffarm., kalkfrei. (nicht zu basenarm.), sauer.-mäß. sauer., gern modrig humos. u. mittelgründg. steing.-sandg., auch rein. Lehmböden, Halbschatt-Schattpf., Ameisenverbrtg, v. all. in Begleitg v. *Fagus*, schwache Luzulo-Fagenion- bzw. Fagion-Verb.char., auch (als Diff.) im Carpinion, Quercion rob. od. im Vaccinio-Abietenion (Luzulo-Abietum), vgl. auch var. – Ebene bis Gebirge, A bis 1850 m, Rh u. nördl. Tiefland slt. od. fehld – gemäßkont-opralp – H – Chrom. 2n = 12.

311a. **var. erythránthema** Wallr. [ssp. *cuprína* (Koch) Chrt. et Krisa], Blü.spelz. rötl., v. all. in Zwergstrauch-Gestrüpp u. Hochgrasfluren d. subalp. Stufe, in Betulo-Adenostyletea-Ges. – Vog, süSch, A – alp.

312. **Schnee-H., L. nívea** (L.) DC., slt. in artenarm. Buchen- u. Eichen-Buchen-Wäldern, auch Nadelmischwald-Ges., auf mäß. frisch. (etwas frischer als vor.), $\pm$ basenreich., kalkarm., neutral-mäß. sauer., modrig humos., steinig. Lehmböden, Halbschatt-Schattpf., Ameisenverbrtg, Luzulo-Fagenion- bzw. Fagion-Verb.char., auch im Quercion rob., Carpinion od. Vacc.-Abietenion – Av, A bis 1550 m – wpralp – H – Chrom. 2n = 12.

313. **Wald-H., L. sylvática** (Huds.) Gaud., hfg in artenarm. Buchen-, Eichen-Buchen-, auch Tannen- u. Fichten-Wäldern, auf frisch., meist basenarm., sauer.-mäß. sauer., modrig-humos., fest., meist mit-telgründg., steinig-sandg. Lehmböden in luftfeucht. Klimalage, z.T. in unduldsam. verjünggs-hemmd. Herden, Humuszehrer, Schattpf., Ameisenverbrtg, v. all. im Luzulo-Fagenion (im Übergang zum Eu-Fagenion), auch im Vaccinio-Piceion, Quercion rob. od. in off. *Vaccinium myrt.*-Heiden (Genistion), vgl. ferner ssp. – v. all. mittl. Gebirgslag. u. Silikatgebirge im W d. Gebietes, auch Av–A u. östl. hercyn. Gebirge, hier v. all. in d. Ficht.stufe, im N slt. (z.B. NS, SH) od. fehld – H – formenreich:

1   B. meist 6–15 mm brt, Blü.std groß, mehrfach zus.gesetzt

313a. **ssp. sylvática,** im Gebiet vorherrschd verbr. Sippe, s.o. – Chrom. 2n = 12.

1*   B. meist 4–5 mm brt, Blü.std klein, locker, Tragb. am Risp.grd stark bewimpert

313b. **ssp. síeberi** (Tausch) Richt. (*L. síeberi* Tausch) zerstr. in Ficht.-wäld. od. im Alp.rosengebüsch d. Hochgebirges, Vacc.-Piceion-Verb.-char. – nur A (bis 2100 m) – wpralp.

314. **Kahle H., L. glabráta** (Hoppe) Desv., slt. in krautreich. Grashalden d. alp. Stufe, auf feucht., $\pm$ nährstoff- u. basenreich., neutral-mäß. sauer., humos. steinig. Ton- u. Lehmböden, v. all. in Salicetea herb.-Ges., auch im Caricion ferr. (vgl. Luz.-Festucetum viol. G. et J. Br.-Bl. 31) – A (Berchtesgad. Alp.) 1500–2400 m – alp – H – Chrom. 2n = 12.

315. **Desvaux's H., L. desváuxii** Kunth, slt. ab. rasenbildd in subalp. felsig. Runsen, in Rieselfluren, auf sickerfeucht., lg schneebedeckt., mäß. nährstoffreich., kalkarm., mäß. sauer. humos., lehmig. Steinböden,

Rieselzeiger, gern mit *Deschampsia cespit*., Char. d. Luzuletum desv.
(Salicion herb.), auch im Adenostylion od. Nardion – süSch (Belchen),
Vog – wpralp (Pyren. bis süSch, ohne W-Alp.) – H – Chrom. 2n = 12.

316. **Braune H., L. alpinopilósa** (Chaix) Breitstr. (*L. spadicea* DC.),
zerstr. ab. meist gesellg in Schneeboden-Ges., an Wächtenhängen od.
sonstg. Schnee-Hanglagen d. alp. Stufe, auf schneewasserfeucht.
kalkarm., mäß. sauer., ± humos., meist offen. u. feinskelettreich. steing.
Lehmböden, Char. d. Luzuletum alp.-pil. (Salicion herbac.), zum
Androsacion alp. überleitd. – A 1750–2310 m – alp – H – formenreich
(verwandte Sippen Arktis u. NW-Am.) – Chrom. 2n = 12.

317. **Ähren-H., L. spicáta** (L.) DC., zerstr. in alp. Steinrasen, auf mäß.
frisch., nährstoff- u. kalkarm., sauer.humos. Stein- u. Lehmböden,
Juncetea trif.-Kl.char., auch im Elynetum (Elynion) od. in Androsacetalia alp.-Ges. – A (1600–2340 m), Riesengebirge – arkt-
alp(subozean), circ, auch andin – H – Chrom. 2n = (12, 14) 24.

318. **Sudeten-H., L. sudética** (Willd.) DC., zml. slt. in Magerweiden hoh.
Gebirgslag., auf mäß. frisch. (feucht. od. wechselfeucht.), basenarm.,
sauer-humos., sandig-steinig. Lehmböden, auch in betret. Flachmooren
od. im *Vaccinium*-Gestrüpp, Nardetalia-Ordn. char., slt. im Caricion f. –
Vog. süSch, A (1700–2250 m), BayW, ThW, Hz, Erzg – arkt(-no)-alp
(subatl) – H – Chrom. 2n = 36, 48, 54.

319. **Bleiche H., L. palléscens** Swartz, slt. in Magerras. auf sauer. humos.
Sand- u. Lehmböd., Nardetalia-Art – Me, Br, Th, Sa, FrW (Fichtelgeb.?) – no-euraskont – H – Chrom. 2n = 12.

320. **Vielblütige H., L. multiflóra** (Retz.) Lej., zml. hfg in Magerrasen, in
licht. Wäldern od. auf Schlägen, auf mäß. frisch. (wechselfrisch.), mäß.
basenreich., kalkarm., sauer.humos. Lehm- u. Ton- od. bindig.
Sandböden, auch auf Torf, düngerfeindl. Magerkeitszeiger, Licht-
Halbschattpf., schwache Nardo-Callunetea-Kl.char., ferner in Mol.-
Arrhenatheretea-, Caricetalia f.- od. in Atropetalia-Ges. – Ebene bis
Gebirge, A bis 2275 m – no-euras(subozean), circ (auch Neuseeland) – H
– formenreich.

1   Ähren meist lg gestielt, Blü.spelz. 2–3 mm lg, brt lanzettl.

320a. **ssp. multiflóra,** verbr. Sippe, s. o. – Chrom. 2n = (12, 14) 24 (28,
36).
Vgl. ferner ssp. *divulgáta* (Kirschn.) (*L. divulgata* Kirschn.) mit 3–5 Ähr.
u. 4–4,4 mm lgn Blü.spelz – FrJu (Regensbg) – südöstl. Sippe – Chrom.
2n = 24.

1*   Ähren meist alle kurz gestielt, kopfg gedrängt, Blü.spelz. 3–3,5 mm lg,
     schmal lanzettl.

320b. **ssp. congésta** (Thuill.) Hyl., slt. in Magerras., Violion-Art – v. all. im Nordw. d. Gebiet., RS, auf weitere Verbrtg zu achten – subatl – Chrom. 2n = 48.

321. **Feld-H., L. campéstris** (L.) DC. (*L. vulgáris* Buchenau), verbr. in Magerrasen, auf mäß. trock.-frisch., mäß. nährstoff- u. basenreich., meist kalkfrei. od. oberflächl. entkalkt., mäß. sauer., humos. (untätig.) Stein-, Sand- u. Lehmböden, z. B. mit *Festuca ovina* u. *F. rubra*, Humus- u. Flachwurzler, Versauerungs- u. Magerkeitszeiger, schwache Nardo-Callunetea-Kl.char., hfg auch in saur. od. mager. Arrhenatheretalia- od. Mesobromion-Ges. – Ebene bis Gebirge, A bis 2100 m – euras(subozean), circ (auch Neuseeland) – H – Chrom. 2n = 12.

Ordnung Cyperáles

Familie der Sauergräser (Riedgräser), Cyperáceae

1 Blü. zwittrg, hinter jed. Blü.spelze d. Blü.ähre stehen Staubb. u. Fr.kn. (1* vgl. S. 155)
2 Ähren verblüht mit weiß. Wollschopf (Blü.borst.)
3 Wollschopf dicht, mit glatt. Haaren **Eriophorum** S. 156
3* Wollschopf locker, mit wenig., fein gekräuselt. Haaren
                                             Trichophorum S. 158
2* Ähren verblüht ohne Wollschopf ab. z. T. mit kurz. Blü.borsten
4 Blü.ähre einzeln, endstdg, ohne größeres Hochb.
5 Pf. horstförmg od. aufrecht-rasg
6 Obere B.scheide mit kurz. B., Hochmoorpf. **Trichophorum** S. 158
6* Obere B.scheide ohne B., Flachmoorpf. **Eleocharis** S. 162
vgl. auch 18 **Elyna** (S. 155)
5* Pf. ästig-niederliegd od. flutd, Blü.ähren höchst. 5 mm lg, scheinbar seitenstdg, lger gestielt als borstl. B. vgl. **Isolepis** S. 159
4* Blü.ähren zu mehreren gebüschelt in locker. Rispe (Spirre) od. in einem Köpfch., end- od. seitenstdg, immer mit deutl. Hochb.
7 Ähren i. allg. mit mehr als 3 Blü., in Rispen od. Köpfchen., auch in traubg. Anordnung, end- od. seitenstdg
8 Blü.std traubg mit 2zeilg angeordnet. Ähren **Blysmus** S. 162
8* Blü.std rispg od. köpfch.förmg, (scheinbar) seitenstdg od. endstdg
9 Spelzen d. Ähre spiralg angeordnet
10 Ährentragde St. b.los od. höchst. 2–3 kurze St.b., Blü.std (scheinbar) seitenstdg, Pf. ± binsenförmg
11 Ähren in gestielt. dicht kugelg. Köpfch. (zu 3–10), St. stielrund, 50–120 cm, ⚄, 7 **Holoschoenus** S. 159
11* Ähren locker gebüschelt od. wenigst. z. T. in off. Rispe (Spirre)
12 Ähren nicht über 3 mm lg, Tragb. (scheinbar verlängert. St.) viel kürzer als St. **Isolepis** S. 159
12* Ähren üb. 3 mm lg, Pf. i. allg. üb. 20 cm hoch (Ausn. *Sch.supinus*, S. 159)

13 Ähren 3–4 mm lg, schwärzl.-grünl. od rotbraun, B. 7–12 mm brt
Schoenoplectus S. 159
13* Ähren 12–20 mm lg, rotbraun, gestielt od. kopfg gedrängt, Blü.std kürzer als
d. ± aufrechte Tragb., B. 3–5 mm brt, Pf. mit knollg verdickt.
Wurzelspross., 40–100 cm, ⌇, 6–8 **Bolboschoenus** S. 161
10* St. mit zahlreich. lgen St.b., Blü.std endstdg in ± lock. Spirre, B. 4–15 mm
brt
14 B. grün, glatt od. rauh, B.rand nicht gezähnelt, St. 3kantg **Scirpus** S. 161
14* B. graugrün, starr, am Rande scharf gezähnelt, Ähre 2–3blütg, vgl.
Cladium S. 165
9* Spelz. d. Ähre 2zeilg angeordnet (slt. 3zeilg), Ähren 20–30blütg, gebüschelt
od. doldg gebüschelt, Blü.stdgrund mit 2–6 lg. abstehd. Tragb.
Cyperus S. 156
7* Ähren nur 2–3blütg
15 Ähren zu mehrer. in endstdg. Köpfchen.
16 Köpfch. ± schwarz, St. unbeblättert, Pf. in dicht. Horsten
Schoenus S. 164
16* Köpfch. weiß. od. bräunl., St. beblättert u. meist verzweigt, Pf. lockerrasg
Rhynchospora S. 165
15* Ähren zu mehrer. in groß. lock. Rispen, seitenstdg, B. graugrün, scharf
gekielt u. durch kl. vorwärts gericht. Zähnch. am Rande rauh, 50–150 cm,
⌇, 6–7 **Cladium** S. 165
1* Blü. 1geschlechtg (Pf. 1- od. 2häusg), Ähren einer Pf. oft verschied. gestaltet,
z. T. nur mit Staubb. od. nur mit Fr.kn., z. T. mit getrennt stehd. Staubb.- od.
Fr.kn.Blü. (Bei *Elyna* stehen Staubb.- u. Fr.kn.Blü so dicht beisammen, daß
Zwittrigkt vorgetäuscht werden kann)
17 Fr.kn. hinter off. schuppenförmg. Spelz., B. ringg-borstenförmg
18 Hinter jed. Deckspelze 1 Fr.kn.blü. u. 1 Staubb.blü. (2blütg), Blü.std
dünnährg, endstdg, von B. überragt, St. hohl, Pf. dichtrasg, 5–25 cm, ⌇, 7
Elyna S. 166
18* Hinter jed. Deckspelze 1 Blü., Ähre 4–5blütg, unten mit Fr.kn.- oben mit
Staubb.blü., zu 4–10 in traubg-rispg., die B. überragd. Blü.std (Ährenrispe),
5–30 cm, ⌇, 7 **Kobresia** S. 166
17* Fr.kn. von geschloss., bläschenförmg. Hülle (Fr.schlauch) umgeben (Abb.
15a), St. fest, meist 3kantg **Carex** S. 166
Alle Cyperales haben Windbestäubg sowie Wind-, Wasser- od.
Klebverbrtg.

Fruchtschlauch

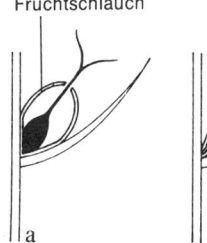
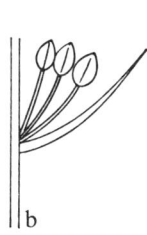

Abb. 15. *Carex*-Blüte (schemat.).
a Fruchtknoten-Blüte mit Spelze,
Fruchtschlauch und Fruchtknoten
(mit Griffel und Narbe),
b Staubblatt-Blüte mit Spelze und
Staubblättern.

Zypergras, Cypérus L.

1 Pf. ohne Ausläufer, einjährg, 5–20 cm hoch
2 Spelz. 2zeilg
3 Spelz. gelb mit grün. Kiel, Narben 2, Fr. flach, Ähren 6–10 mm lg, St.
  stumpfkantg, B. ± rinng, 5–10 cm, ☉, 7–8   **C. flavescens** 322
3* Spelz. braun, z. T. mit grün. Kiel, Narben 3, Fr. 3kantg, Ähren 4–7 mm lg,
  St. scharfkantg, B. flach, 5–20 cm, ☉, 7–8   **C. fuscus** 323
2* Spelz. 3zeilg, weißl. mit grün. Mittelstreif., Blü.std kopfg gedrängt mit 3–8
  Hochb., 2–10 cm, ☉, 7–9   **C. michelianus** 324
1* Pf. mit Ausläufern, mehrjährg, 50–120 cm, ♃, 7–8   **C. longus** 325

322. Gelbes Z., C. flavéscens L., slt. u. unbestdg in Zwergbinsen-Ges. auf Wegen, auch an Ufern, als Pionier auf nackt., feucht., zeitweilig überschwemmt., nährstoff- u. basenreich., mild-mäß. saur., schlammig. Sand- od. Tonböden, Klebverbrtg, Char. d. Cyperetum flav. (Nanocyperion), meist in Kontakt mit Agr.(El.)-Rumicion-Ges. (z. B. Juncetum compr.) – Ebene bis mittl. Gebirgslag., süSch bis 500 m, Av bis 750 m, im Nordw. slt. – eurassubozean-med, in (warm-)temp. Zonen heute weltweit – T – Chrom. 2n = ca. 50.

323. Braunes Z., C. fúscus L., zerstr. in unbestdg. Zwergbinsen-Ges. an Ufern v. Altwassern od. Seen, auch auf Wegen als Pionier, auf nackt., sommerl. feucht., nährstoffreich., neutral-mild., schlammig. Sand- od. Tonböden, schwache Char. d. Cyperetum flav., auch im Cyp.-Limoselletum, überreg. Cyperetalia fusci-Ordn.char. – Ebene bis mittl. Gebirgslagen (A bis 830 m, Sch bis 700 m) – euras-med – T –Chrom. 2n = 72.

324. Zwerg-Z., C. micheliánus (L.) Link, s. slt. an Ufern, auf Schlammböden, z. B. im Elat.-Eleocharitenion, überreg. Isoëto-Nanojuncetea-Art – An (Elbe) – smed-euras – T.

325. Langes Z., C. lóngus L., s. slt. in Großseggenbeständ. an Ufern od. Gräben, auf nass. (zeitweilg überschwemmt.), nährstoffreich. humos., schlammig. Sand- u. Tonböden, Magnocaricion-Verb.char., auch im Calthion, in S-Europa bestandbildd – Bo (Nonnenhorn) – med-atl – H(W).

Wollgras, Erióphorum L.

1 Blü.ähre einzeln, endstdg
2 Pf. ohne Ausläufer, in dicht. Horsten, St. oberwts wie B. 3kantg, B.scheid. ±
  aufgeblas., 15–40 cm, ♃, 4–5   **E. vaginatum** 326
2* Pf. mit unterird. Ausläufern, rasenbildd, St. rd, Ähre kugelg, 10–30 cm, ♃, 6
      E. scheuchzeri 327
1* Blü.ähren zu mehrer., ± überhängd
3 Ährenstiele glatt, St. ± rund, B. rinng-gekielt, 2–6 mm brt, vorn 3eckg
  zugespitzt, oft rot überlauf., ob. B.scheide ± erweitert, B.häutch. s. kurz, Pf.
  mit Ausläufern, 20–50 cm, ♃, 4–5   **E. angustifolium** 328

3* Ährenstiele durch feine Börstch. rauh, St. stumpf 3kantg, ob. B.scheide eng anliegd, B.häutch. fehld
4 Pf. ohne Ausläufer, B. unten flach, 3–8 mm brt, Ähren 4–10, 20–50 cm, ⨆, 4–5 **E. latifolium** 329
4* Pf. mit Ausläufern, B. rinng, 1–2 mm brt, Ähren 3–5, Blü.spelz. mehrnervg, St. schlank, oft übergebog., 10–40 cm, ⨆, 5–6 **E. gracile** 330

326. Moor-W., Scheidiges W., E. vaginátum L., zerstr., ab. gesellg in Torfmoos-Bulten u. -Decken d. Hochmoore, auch im Kiefern- u. Birken-Moor, auf nass., nährstoff- u. basenarm. saur. Torfböden, v. all. in Anfangs- u. Abbauzuständen, Torfbildner (Fasertorf), Oxyc.-Sphagnetea-Kl.char., oft stadiale *E. vag.*-Ges. bildend – im S v. all. im Gebirge, im N auch in Tieflag., A bis 1980 m – arkt-no, circ – H – Chrom. 2n = 58.

327. Scheuchzers W., E. scheúchzeri Hoppe, slt., ab. gesellg in Moorges. d. alp. Stufe, auf versumpft. Karböden, an Tümpeln usw. üb. nass., ± nährstoffarm., mäß. basenreich. Torfböden, Char. d. Eriophoretum scheuchzeri (Caricion f.) – A (1500–2215 m) – arkt-alp, circ – H – Chrom. 2n = 58.

328. Schmalblättriges W., E. angustifólium Honck., zml. hfg in Flach- u. Quellmooren, an Ufern u. in Gräben, auf nass., z. T. auch überschwemmt., nährstoffarm., mäß. basenarm. u. saur., rein. od. sandig. Torfböden, v. all. in Anfangs-Zuständ. d. Flachmoor-Besiedlg, oft faziesbildd, bis 50 cm tief wurzld. Wurzel-Kriechpionier, auch in Zwischenmooren, Scheuchzerio-Caricetea-Kl.char. – v. all. Mittel-gebirge u. Alpen (A bis 1960 m) – arkt-no, circ – G(W) – Chrom. 2n = 58.

328a. ssp. alpínum (Gaud.) A. et Gr., B. 1–3 mm brt, durchweg 3kantg, Ähre 1–1,5 cm lg, kurz gestielt (nicht mit *E. gracile* zu verwechseln), slt. in Flach- u. Zwischenmooren, im Caricion f. od. lasioc. – z. B. Av, BayW, Th, SH – Chrom. 2n = ca. 54, 72.

329. Breitblättriges W., E. latifólium Hoppe, zerstr. in Flachmoor-Ges., in Binsenwiesen, Quellmooren, in Verlandungsges., auf nass., nährstoffarm., ab. basenreich. (oft kalkhaltg.), mild-mäß. sauer. Tuff- u. Torfböden, Caricion dav.-Verb.char., bzw. Tofieldietalia-Art – Ebene bis Gebirge, A bis 1700 m – no-euras(subozean) – H – Chrom. 2n = 58 (72).

330. Schlankes W., E. grácile Koch ex Roth., slt. in Zwischenmoor., auf nass. od. flach überschwemmt., nährstoffarm., mäß. sauer. Torf-böden, Caricion lasioc.-Verb.char. – Ebene bis Gebirge, im südl. u. mittl. Teil d. Gebiet. z. T. s. slt. od. fehld, A bis 1740 m – no(kont) – G, W – Chrom. 2n = 76.

Haarbinse, Trichóphorum Pers.

1　Blü.ähre mit wenig. locker. u. fein gekräuselt. Wollhaar., St. 3kantg, rauh,
　10–30 cm, ♃, 4–5　　　　　　　　　　　　　　　　**T. alpinum** 331
1*　Blü.ähre ohne Wollhaare, d. h. nur mit kurz. Blü.borst., St. rd, grundstdge
　Scheid. hellbraun, glänzd, Wurzelstock beblättert (vgl. *Eriophorum*
　vaginat.), rasenbildd, 5–30 cm, ♃, 5–6　　　　　　**T. cespitosum** 332
　vgl. mit lg. unterird. Ausläuf., Pf. lockerrasg, 5–12 cm, ♃, 7–8
　　　　　　　　　　　　　　　　　　　　　　　　　　　T. pumilum 333

331. **Alpen-Wollgras, T. alpínum** (L.) Pers. [*Erióphorum alpínum* L.,
Scírpus hudsoniánus (Michx.) Fern.], slt. in Schlenken od. in vernäßt.
Rand-Ges. d. Hochmoore, in Zwischenmoor., auf nass., oft flach
überschwemmt., nährstoffarm., mäß. basenreich. u. mäß. sauer.
Torfböden, oft faziesbildd, v. all. im Rhynchosporion u. Caricion lasioc.,
auch im Caricion dav., Scheuchzerio-Caricetea-Kl.char. – v. all. süSch,
Av, A (bis 1860 m), auch Bo, Do, BayW, Fr, NS, SH, Me, sonst s. slt. od.
fehld – no, circ – G(W) – Chrom. 2n = 58.

332. **Rasenbinse, T. cespitósum** (L.) Hartm. (*Scírpus cespitósus* L.),
zerstr., ab. gesellg u. rasenbildd auf off. Hochmooren, v. all. auf nicht
mehr wachsend., überspült., nass., nährstoff- u. basenarm., saur.
Torfböden, auch auf mehr basenreich. Quellmooren im Gebirge, v. all.
oberhalb d. optimal. Hochmoorwachstums (ca. 900 m), im N auch tiefer,
formenreich:

1　Ausschnitt d. ober. B.scheide etwa 1 mm tief (Abb. 16a), Hautrd schmal,
　Ähre 4–6 mm lg

332a. **ssp. cespitósum** (*T. austríacum* Palla), vorherrschde Sippe, Diff. d.
Erioph.-Trichophoretum (Sphagnion mag.), bildet ferner hochmont.
Ausbildgsform. d. Caricetum f., Caricetum dav. od. Prim.-Schoenetum,
auch im Ericion tetr. – Vog, Sch, A (bis 2000 m), Av, BayW, ThW, Hz,
NS, RS, NWe, SH, Me – arkt-no(pralp), circ – H – Chrom. 2n = 104.

1*　Ausschnitt d. ober. B.scheide bis 3 mm tief, B.rest nur 1–2mal lger als
　Ausschnitt (Abb. 16b), Hautrd deutl., Ähre 5–10 mm lg

332b. **ssp. germánicum** (Palla) Hegi (*T. germánicum* Palla), slt. in Heidemoor., Char. d. Sphagno comp.-Trichophoretum germ. (Ericion tetr.) –
Vog, nöSch, RS, NS, SH, Hz (einmal) – subatl – Chrom. 2n = 104.

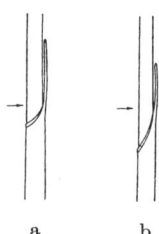

Abb. 16. Obere Blattscheide mit Blattrest von
Trichophorum cespitosum.
a　　　　b　　　a ssp. *cespitosum*, b ssp. *germanicum*.

333. **Zwerg-H., T. púmilum** (Vahl) Schz. et Thell. (*Scírpus púmilus* Vahl), slt. in d. alp. Stufe auf basenreichen, humosen, frisch-feucht. sandg. Schwemmböden, Char. d. Kobresietum simpl., auch im Caricetum marit. (Carcion bic.-atrof.) – Schweiz – arkt-oalp.

Moorbinse, Isolépis R. Br.

1   Ähren in (scheinbar) seitenstdg. Köpfch., Pf. in kl. Horsten, 2–10 cm, ☉ –
     ♃, 6–9   **I. setacea** 334
1*   Ähren (scheinbar) b.winkelstdg, gestielt, Pf. kriechd od. flutd, 15–30 cm, ☉,
     7–9   **I. fluitans** 335

334. **Borsten-M., I. setácea** (L.) R. Br. (*Scírpus setáceus* L.), zerstr. in Zwergbinsen-Ges., in Erstbesiedlung. auf nass. Waldwegen, an moorig. Grabenrändern auf stets (auch im Sommer) nass., mäß. nährstoffreich., basenreich., mäß. saur. Lehm-, Sand- od. Torfböden, Char. d. Stell.-Scirpetum set. (Nanocyperion), auch in and. Nanocyperion-Ges. od. in lückg. Anfangsstadien d. Juncetum acutifl. u. ähnl. – Ebene bis mittl. Gebirgslagen (v. all. Silikat- u. Lehmgebiete) (Sch bis 1000 m) – (subatl bzw.) eurassubozean (auch S-Afrika u. Australien) – T(H) – Chrom. 2n = 26, 28.

335. **Flut-M., I. flúitans** (L.) R. Br. (*Scírpus flúitans* L.), zml. slt. an Heidetümpeln u. in Moorgräben, Hydrocot.-Baldellion-Verb.char. – NWe, NS, SH, s. slt. auch Br, An – atl(kosmop-ozean) – W – Chrom. 2n = 60.

Kugelbinse, Holoschoenus Link vgl. S. 154

336. **H. vulgáris** Link, slt. eingeschleppt, z.T. eingebürgert, an nass. Gräben, auf Naßweiden, auf wechselfeucht., nährstoffreich. sandg. Tonböden, im Agr.(El.)-Rumicion, in med Char. d. Holoschoenetum Br.-Bl. 1931 (Mol.-Holoschoenion) – Rh (z. B. bei Straßburg), An (Elbe), Br – med(-euras) – G – Chrom. 2n = 164.

Teichbinse, Schoenopléctus (Rchb.) Palla

1   Pf. 10–20 cm hoch, Ähren zu 3–5 seitenstdg, scheinbar fast in d. Mitte d. St.,
     d.h. aufgerichtetes Tragb. ± so lg wie eigtl. St., ☉, 7–9
                                                                   Sch. supinus 337
1*   Pf. 30–300 cm hoch
2   St. rd
3   St. grün, Ähren in locker. Rispe, Spelz. glatt od. pktiert, Narben 3, Fr.
     3kantg, 1–2 m, ♃, 6–7   **Sch. lacustris** 338
3*   St. grau(blau)grün, Ähren meist kopfg gedrängt, Spelz. rauh, Narben 2, Fr.
     flach, 0,5–1,5 m, ♃, 6–7   **Sch. tabernaemontani** 339
2*   St. wenigst. oben 3kantg
4   Pf. ohne Ausläuf., Ähr. kopfg gedrängt, mit 3kantg., zuletzt abstehd.
     Hochb., Narben 3, 40–100 cm, ♃, 7–9   **Sch. mucronatus** 341

4* Pf. mit Ausläuf., Narb. 2
5 St. scharf 3kantg
6 Ährch. gestielt, nur oberst. St.b. mit höchst. 1 cm lger Spreite, 50–150 cm, ⚄,
   6–7   **Sch. triqueter** 342
6* Ährch. ungestielt, kopfg gedrängt, meist 2–3 St.b. mit 10–20 cm lger Spreite,
   30–100 cm, ⚄, 7–8   **Sch. americanus** 343
5* St. bis z. Mitte rd, darüber stumpf 3kantg, Blü.std mit 2–5 etwa 2 cm lgen
   Äst. mit je 1–4 sitzd. Ährch., 30–100 cm, ⚄, 7–8   **Sch. kalmussii** 340
   vgl. ferner mit unten rd., ob. stumpf 3kantg. St., sowie bis 10 cm lg.
   B.spreiten   **Sch. × carinatus** S. 161

337. Zwerg-T., Sch. supínus (L.) Palla (*Scírpus supínus* L.), s. slt. in Zwergbinsen-Ges., an Ufern v. Tümpeln, auf nass., zeitw. überschwemmt., nährstoff- u. basenreich., humos. od. sandig. Schlickböden, gern mit *Limosella* od. *Cyperus flav.,* Isoëto-Nanojuncetea-Kl.char. – v. all. Tieflag. (Rh bis Br) im weiter. N fehld, Mn (Würzburg), Do (Dinkelscherben) – smed-euraskont, circ (auch Afrika u. Australien) – T – Chrom. 2n = 28.

338. Seebinse, Sch. lacústris (L.) Palla (*Scírpus lacústris* L.), zml. hfg u. gesellg im Röhricht stehd. (od. lgsam fließd.) Gewässer, an Ufern u. in Gräben, auf untergetaucht., nährstoffreich., sandg-kiesg. Schlammböden faziesbildd. Verlandungspionier, bis 6 m Wassertiefe, wärmeliebd, Flechtmaterial, Char. d. Scirpetum lac. (Phragmition) – Ebene bis Gebirge (A bis 1060 m) – (no-)euras-med, circ (außerdem in temp. Zonen auch and. Erdteile) – W – Chrom. 2n = 42.

339. Graue Seebinse, Sch. tabernaemontáni (C. Gmel.) Palla. (*Scírpus tabernaemontánus* C. Gmel.), zml. slt. im Röhricht stehd. od. lgsam fließd. Gewässer, an Ufern u. in Gräben, auf betont basenreich., oft salzhaltg., humos. od. roh. Ton- u. Schlickböden, mit meist stark wechselnd. Wasserstd, zeitw. trocken, Char. d. Scirpetum mar. (Scirpion marit.), auch im Cladietum (Phragmition) – v. all im Brackwasserbereich d. Nord- u. Ostseeküste, auch im ᴸ .nnenld (Salzstell., Gipskeupergebiete) – euras-med (v. all. Küstengebiete) – W, G – Chrom. 2n = (38, 40), 42 (44).

340. Ostsee-T., Sch. kalmússii (A, Abr. et Gr.) Palla (*Sch. americanus × tabernaemontani?*), slt. im Scirpion marit. d. Ostsee – z. B. Rügen, Me – endem.

341. Stachelige T., Sch. mucronátus (L.) Palla, s. slt. im Röhricht an Teichrändern, Ufern od. in Gräben nied. Lagen, auf nährstoffreich. Schlickböden mit wechselnd. Wasserstand, zeitw. trocken, wärmeliebd, Phragmitetea-Kl.char. – nöHü, Bo, An, Fr, ab. viele Fundorte seit lgem nicht mehr bestätigt – med-euras (u. and. warmtemp. Zonen, v. all. in Reisfeldern) – W, H – Chrom. 2n = 42.

342. Dreikantige T., Sch. tríqueter (L.) Palla (*Scírpus tríqueter* L.), slt. im Röhricht stehd. od. lgsam fließd. Gewässer, in mäß. Wassertiefe, auf basenreich., oft salzhaltg. od. roh. Schlickböden, wärmeliebd, Scirpion marit.-Art, auch im Phragmition – v. all. in Küst.nähe, ab. auch Binnenld (z. B. Rh, Ne, Do, Th, in Stromtälern) – smed-euras, circ (auch S-Afrika) – W(G) – Chrom. 2n = 40, 42 (44).

343. **Amerikanische T., Sch. americánus** (Pers.) Volkt., slt. an Ufern, auf nass., nährstoff- u. basenreich., oft salzhaltg., vorwiegd sandig. Böden., Char. d. Scirpetum marit. (Scirpion marit.) – v. all. in Küst.nähe: NS, SH (ob noch?), Me, auch im Binnenld – med-subatl, Hauptverbrtg N-Amerika – G – Chrom. 2n = (74, 76) 78.
An Bastarden slt. *Sch. lacústris × tríquetrus = Sch. × carinátus* (Sm.) Palla, z. B. Rh, Do.

Meerbinse, Bolboschoēnus Palla vgl. S. 155

344. **B. marítimus** (L.) Palla (*Scírpus marítimus* L.), zml. slt. im Röhricht an Ufern, Gräb. od. in Flutmuld. mit wechsld. Wasserstd, auf überflutet. od. kurzzeitg trocken falld., nass. basenreich., meist salzhaltg. Schlick- u. Tonböd., gern an gestört. Stell., Char. d. Scirpetum marit. (Scirpion bzw. Bolboschoenion marit.) – v. all. im Küstenbereich, ab. auch im Binnenld in Stromtälern od. Gipskeupergebiet. – euras-med, circ (u. a. warmtemp. Erdteil.) – W, G – Chrom. 2n = (76, 77, 86) 104 (110), formenreich:

1 Ähr.köpfe 4–6, gestielt, Fr. lanzettl. gekielt

344a. **ssp. marítimus,** so v. all. an Süßwasser-Standort.

1* Ähr.köpfe kopfg gedrängt, höchst. 2 gestielt, Fr. eiförmg-ellipt., meist gerundet

344b. **ssp. compáctus** (Hoffm.) Hejny, an Salz- u. Brackwasser-Standort. d. Küste u. des Binnenldes

Simse, Scírpus L.

1 Blü.rispe locker mit meist kopfg gehäuft. Ähr. an d. Risp.äst., od. alle Ähr. kopfg zus.gezog.
2 Blü.rispe meist locker, Ähr. mit schwärzl.-grünl. Spelz., B. hellgrün, 30–100 cm, ♃, 5–8   **Sc. sylvaticus** 345
2* Blü.rispe immer kopfg zus.gezog., Ähr. mit braunrot. Spelz., B. dunkelgrün, 30–100 cm, ♃, 5–8   **Sc. atrovirens** 347
1* Blü.rispe locker mit einzeln. gestielt. Ähr., doch Pf. oft steril, mit verlängert., sich bogig z. Erde neigd., an d. Spitze wurzelnden Spross., 40–90 cm, ♃, 5–7
     Sc. radicans 346

345. **Wald-S., Sc. sylváticus** L., hfg in Naßwiesen od. quellg. Auenwäldern, auf sicker-(stau-)nass., nährstoffreich., kühl., locker humos. (sauerstoffreich.) sandig. Lehm- u. Tonböden, Licht-Halbschattpf., Streupf., oft mit *Polygonum bistorta,* terr. Char. d. Scirpetum sylv. (Calthion), auch im Alno-Ulmion (z. B. Carici remotae-Fraxinetum) als Erlen- u. Eschen-Standorts-Zeiger – Ebene bis mittl. Gebirgslag. (A bis 1360 m) – (no-)eurassubozean, circ – G – Chrom. 2n = 62, 64.

346. **Wurzelnde S., Sc. radícans** Schkuhr, slt., ab. gesellg in Pionier-Ges., an Ufern auf sicker-staunass., nährstoffreich. humos. Schlammböden, Char. d. Scirpetum rad. (Phragmition?), mit Bidention- u. Nanocyperion-Art. – Av (Federsee), Do, BayW, Fr, Br (Oder), L, vielfach verschollen – euraskont, im Gebiet an d. W-Grenze d. Verbrtg – G – Chrom. 2n = 56, 58.

347. **Dunkelgrüne S., Sc. atrovírens** Willd., slt. adv., ab. sich einbürgernd in feucht. Rasenges., etwas trockener als *Sc. sylvaticus* stehd – z. B. SH, RS, nöRh – Herkunft: N-Am. – Chrom. 2n = 56.

Quellbinse, Blýsmus Panzer

1   Pf. grasgrün, St. ± zus.gedrückt, B. randl. rauh, gekielt, 10–40 cm, ♃, 6–7
                                                        B. compressus 348
1*   Pf. graugrün, St. rund, B. glatt, rinng, ungekielt, 10–25 cm, ♃, 5–6
                                                        B. rufus 349

348. **Flache Qu., B. compréssus** (L.) Panzer (*Scírpus carícinus* Schrad., *Scírpus planifólius* Grimm), zml. slt., ab. gesellg auf feucht. Wegen od. in Quellmooren, auf sickernass., nährstoff- u. basen(kalk)reich., schwer. Lehm- u. Tonböden, Wurzelkriech-Pionier, Klebverbrtg, Diff. d. Juncetum compr. (Agr.[El.]-Rumicion), auch im Caricetum dav. u.a. Caricion dav.-Ges. od. im Cratoneurion – Ebene bis Gebirge, A bis 1700 m, v. all. Kalkgebiete – euras(kont) – G – Chrom. 2n = 44.

349. **Rote Qu., B. rúfus** (Huds.) Lk., slt. in feucht. Salzwies. auf sandg. Salzton-Böd., Char. d. Blysmetum rufi (Armerion mar.) – Nord- u. Ostseeküste, auch Salzstell. im Binnenld, z.B. An, Br, Me – noeuras(subozean), circ – G – Chrom. 2n = 40.

Sumpfbinse, Eleócharis R. Br.

1   St. rundl., mehr als 0,5 mm dick
2   Ähre 20–30blütg, St. (v. all. trocken!) meist fein gerieft
3   Narben 2
4   Ähre 5–20 mm lg, wie Spelz. spitzl., St. 1–4 mm dick, mit unterird. Ausläufern, 15–50 cm, ♃, 5–8   **E. palustris** 350
4*   Ähre 3–5 mm lg, wie Spelz. stumpfl., eiförmg, Pf. dichtrasig, ohne Ausläufer, gelbl.-grün, St. weich, 5–15 cm, ☉, 7–8   **E. ovata** 351
3*   Narben 3, Ähre bis 13 mm lg, mit stumpfl. Spelz., Fr. scharf 3kantg, St. oft liegd u. an d. Spitze wurzelnd, dichtrasg, 10–40 cm, ♃, 6–8
                                                        E. multicaulis 352
2*   Ähren 3–7blütg, unterst. Hüllb. ± halb so lg wie dunkel braunrote Ähre, Narben 3, St. nicht gerieft, 0,5–1 mm dick, am Grunde mit derb. dunkelrot. B.scheiden, Pf. im Herbst mit Ausläufern, 5–20 cm, ♃, 5–6
                                                        E. quinqueflora 353
1*   St. 3–4kantg, nadelg, höchst. 0,5 mm dick, Ähre 4 mm lg, spitz, Narben 3, Pf. Rasen-bildd, 2–10 cm, ♃, 6–7   **E. acicularis** 354
     vgl. St. rd, Ähre 2 mm lg, Ausläufer am Ende knollg verdickt, Salzpf. 2–8 cm, ♃, 6–9   **E. parvula** 355

350. E. palústris-Gruppe

1 Ähr.grd mit 2 nur halbumfassd. Hüllspelz.
2 St. starr, matt-graugrün od. grün, mit üb. 20 Leitbünd., trock. kaum gefurcht, Blü.borst. 3–4

350. Gewöhnliche S., E. palústris (L.) R. et Sch. (*Scírpus palústris* L.), zml. hfg in Verlandungs-Ges., im Röhricht od. in Großseggen-Beständ. an Ufern stehend. od. lgsam fließd. Gewässer, auch in Naß-Wiesen, auf überschwemmt., zeitw. auch trocken falld., nährstoff- u. meist basenreich., humos. Schlickböden, Wurzelkriech-Pionier, Phragmitetalia-Ordn.char., oft reine Bestände bildend – Ebene bis Gebirge (A bis 1600 m) – no-euras – W.

350a. **ssp. vulgáris** Walters, Ähre 20–40blütg, Fr. (ohne Griffelrest) 1,5–2 mm lg, St. grün, glatt – Chrom. 2n = 38 (40).

350b. **ssp. palústris** (ssp. *microcárpa* Walters), Ähre 40–70blütg, Fr. (ohne Griffelrest) 1,2–1,4 mm lg, St, graugrün. gerieft, slt., Chrom. 2n = 16.

2* St. weich, lichtgrün, trock. meist gefurcht, mit 8–16 Leitbündeln
3 Griffelrest höher als brt (kegelförmg), Blü.borst. meist 5, St. mit 12–16 Leitbündeln

350c. **Österreichische S., E. austríaca** Hayek [*E. palústris* ssp. *austríaca* (Hay.) Podp.], bisher verkannt, steht trockner als *E. pal.*, z.T. mit Nanocyperion-Art. – z.B. Do, Av, A – no-euras – Chrom. 2n = 16 (18).

3* Griffelrest brter als hoch, warzenförmg, Blü.borst. meist 6, St. mit 8–12 Leitbündeln

350d. **Zitzen-S., E. mamilláta** Lindb. f. [*E. palústris* ssp. *mamilláta* (Lindb. f.) Beauvd.], slt. an Ufern od. in Zwischenmoor-Schlenken (Schwingrasen), auf untergetaucht., ± off., mäß.-saur. humos. Schlammböden, z.B. als lok. Char. d. Caricetum lasiocarpae (Caricion lasioc.), auch im Magnocaricion od. in Schlammpionier-Ges. des Nanocyperion mit *Eleocharis ov.* – v. all. im S u. W d. Gebiet. – no – Chrom. 2n = 16 (18).

1* Ähr.grd mit 1 fast ganz umfassd. Hüllspelze, St. dünn, oft glänzd, Blü,borst. 4–5 (od. rudimentär), Fr. hellbraun

350e. **Einspelzige S., E. uniglúmis** (Link) Schult. [*E. palústris* ssp. *uniglúmis* (Link) Hartm.], zerstr. in Großseggen-Ges., in Flachmoor-Stadien u. Flachmoor-Schlenken, auf vorwiegd staunass. u. basenreich., auch salzhaltg. Schlick- u. Torfböden, Stromtalpf., als Pionier an nass. Gräben u. Wegen, auch in haloph. Sumpfges., nach Br.-Bl. (1952) Magnocaricion-Verb.char., im Gebiet v. all. im Agr.(El.)-Rumicion – Ebene bis Gebirge (A bis 1200 m) – euras-med – W – Chrom. 2n = (40, 42) 46 (50, 54, 56, 80).

351. Eiförmige S., Teichriet, E. ováta (Roth) Roem. et Schult. [*E. soloniénsis* (Dubois) Hara, *Scírpus ovátus* Roth], zml. slt. u. unbestdg in

Zwergbinsen-Ges., an Ufern, Teichrändern, Tümpeln, auf period. überschwemmt., sommerl. trock. fallend., nass. nährstoffreich. (kalkarm.) humos. Schlammböden, Elat.-Eleocharitenion-Art, mit *Carex boh.*, slt. *Limosella* – Ebene bis mittl. Gebirgslag., v. all. im O. d. Gebiet., im N slt. – euraskont – T – Chrom. 2n = 10

352. Vielstengelige S., E. multicaūlis (Sm.) Desv., s. slt. in Binsenges. an flach überschwemmt. Teich- u. Tümpelrändern, in Zwischenmoor-Schlenken, auf staunass., nährstoffarm. u. mäß. basenreich., mäß. saur. Torfschlamm-Böden od. humos. Sandböden, Char. d. Eleocharitetum multic. (Hydroc.-Baldellion) – v. all. im W d. Gebiet., Pf–NWe, NS, SH, ferner L – atl, im Gebiet an d. O-Grenze d. Verbrtg – H – Chrom. 2n = 20.

353. Armblütige S., E. quinqueflóra (F. X. Hartm.) O. Schwarz [*E. pauciflóra* (Lightf.) Link], slt. in Flach- u. Quellmooren, auf nass., basenreich., mild.-mäßg sauer., sandg. od. schlammg., z.T. offen. od. moosg. Humusböd., in Ras.lück. od. Schlenk., Tofieldietalia-Ordn.char. – Ebene bis Gebirge, A bis 1600 m – eurassubozean, circ – H(W), – Chrom. 2n = 100, 132, 134, 136.

354. Nadelbinse, E. aciculáris (L.) R. et Sch., zerstr., ab. gesellg als Zwergrasen in Strandlings-Ges., an flach., ± untergetaucht. u. nur period. (sommerl.) trock. falld. Uferpartien u. Seen, Tümpeln od. Altwassern, auf vorzugsw. basenreich., mäß. nährstoffreich., ± humos. schlammig. Sandböden, am Bo bis rd 1,5 m unt. Mittelwasser, Char. d. Eleocharitetum acicul. (Eleocharition ac.), oft im Kontakt mit Nanocyperion-Ges. – Ebene bis mittl. Gebirgslagen (A bis 850 m), z.T. wie Sch, s. slt. od. fehld – (no-)euras, circ, auch S-Am. u. Australien – H (W) – Chrom. 2n = 20.

354a. f. ánnua (Müll.-St. et Pietsch) – Cyperetalia fusc.-Ordn.char.

355. Kleine S., E. párvula (Roem. et Schult.) Lk., slt. ab. gesellg, auf nass., zeitw. überschwemmt. Salzschlammböden, Char. d. Eleocharitetum parv. (Ruppion marit.) – Nord- u. Ostseeküste – med-euras – H, W – Chrom. 2n = 10.

Kopfriet, Kopfbinse, Schoēnus L.

1 Ähren zu 5–10, von 3–4 cm lg. Hüllb. überragt, untere B.scheid. schwarzbraun, 15–50 cm, ⚁, 5–7   **Sch. nigricans** 356
1* Ähren zu 2–3, vom kurz. Hüllb. kaum überragt, unt. B.scheiden rotbraun, St. mehrmals länger als B., 10–30 cm, ⚁, 5–6   **Sch. ferrugineus** 357
    beachte ferner d. Bastard mit 3–4 von Tragb. überragt. Ähren:
                          Sch. intermedius 358

356. Schwarzes K., Sch. nígricans L., zerstr., ab. meist gesellg in Flachmoor-Ges. an Ufern od. in Talmulden auf staunass. (oft überschwemmt.), basen- u. kalkreich. (nährstoffarm.), mild-neutral.

Tuff- u. Torfböden, Torfbildner, Char. d. Schoenetum nigr. (Caricion dav.), meist im Kontakt mit d. Molinion – Ebene bis mittl. Gebirgslag., v. all. Av–Do, im N slt. – med-subatl – H – Chrom. 2n = 44, 54.

357. Rostrotes K., Sch. ferrugíneus L., zml. slt. in Quell- u. Flachmooren, angereichert in höher. Lagen, auf stau- u. sickernass, basenreich., neutral-mäß. sauer. Ton- u. Torfböden, weniger wärme-, kalk- u. nässebedürftig als vor., terr. Char. d. Primulo-Schoenetum (Caricion dav.) – v. all. Av, Do, Bo, auch Th, Me, Br – pralp(-no) – Chrom. 2n = 76.

358. Bastard-K., Sch. × **intermédius** Čelak. = *Sch. nígricans* × *ferrugíneus*, zw. d. Eltern u. oft hfger als diese, Char. d. Prim.-Schoenetum.

Schneide, Schneidried, Cládium R. Br. vgl. S. 155

359. C. maríscus (L.) Pohl, zml. slt., ab. gesellg in Verlandungs-Beständen an Seeufern z. T. hinter d. Schilfgürtel, in Flachmoortümpeln od. an Quellen u. in Gräben, auf sommerl. sich erwärmd., seicht (bis 50 cm Wassertiefe) überschwemmt. (zeitw. auch trocken-falld.), basen- u. meist kalkreich., neutral-mild. humos. Schlickböden, Verlander, wärmezeitl. Reliktpf., Char. d. Cladietum (Phragmition), meist im Kontakt mit d. Magnocaricion, sowie nachfolgd. *Schoenus*-Ges. – Ebene bis mittl. Gebirgslag., v. all. Bo–Av (bis 810 m), ferner Br, Me, NS, SH, Th, Sa, überall. slt. u. aussterbd – med-smed-subatl, auch in (ozean-)temp. Zonen and. Erdteile – G (W) – Chrom. 2n = 36, ca. 60.

Schnabelbinse, Rhynchóspora Vahl

1 Ährenknäuel weiß, zuletzt rötl., v. Hochb. kaum überragt, Pf. höchst. mit kurz. Ausläufern (u. Winterzwiebelch.), B. bis 2 mm brt, 15–30 cm, ⅄, 6–8
   Rh. alba 360

1* Ährenknäuel gelbl. bis rötl. braun, v. Hochb. überragt, Pf. mit länger. Ausläufern, zierl., B. 1 mm brt, 10–20 cm, ⅄, 5–7   **Rh. fusca** 361

360. Weiße Sch., Rh. álba (L.) Vahl, slt. ab. gesellg. in Hochmoorschlenken, in d. Zwischen- u. Übergangsmooren verlandend. Seen, an sumpfg. Waldstellen, auf staunass., oft nackt., zeitw. seicht überschwemmt., basenarm., mäß. nährstoffreich. u. mäß. sauren mesotroph. Torfböden, meist mit *Sphagnum*-Art. d. *Subsecundum*-Gruppe, Char. d. Rhynchosporetum (Rhynchosporion albae), auch im Caricion las. – im S v. all. im Gebirge u. Av, A u. Sch bis ca. 1000 m, in N auch im Tiefld – nosubozean, circ – H (W) – Chrom. 2n = 26, 42.

361. Braune Sch., Rh. fúsca (L.) Ait. f., s. slt., meist mit vor., in Hochmoor-Schlenken u. Übergangsmoor., auf nass., zeitw. überschwemmt., (mäß.) saur., mesotroph. Torfschlamm-Böden, auch an sandg. Ufern, liebt betont humide Klimalage, Char. d. Rhynchosporetum (Rhynchosporion), oft in eigen. Beständ. – v. all. Bo–Av, auch süSch (bis 1000 m), Vog, ferner im Nordw. d. Gebiet. u. L – no-subatl, circ – H (G, W) – Chrom. 2n = 32.

Nacktriet, Ährensegge, Élyna Schrad. vgl. S. 155

362. **E. myosuroídes** (Vill.) Fritsch (*Kobrésia myosuroídes* Fiori), zerstr., ab. rasenbildd in d. hochalp. Stufe, an windgeschert. Graten u. trock. Rücken, auf mäß. frisch., basenreich., aber oberfl. meist entkalkt., neutral-mäß. saur. (opt. pH = 6), modrig-humos. Steinböden, Tundrenpf., Char. d. Elynetum (Elynion) – A (2100–2580 m) – arkt(subozean)-alp, circ – H – Chrom. 2n = 58.

Schuppensegge, Kobrésia Willd. (*Cobrésia* Pers.) vgl. S. 155

363. **K. simpliciúscula** (Wahlenb.) Mackenz. (*K. bipartíta* D. T.), s. slt. in Quell- od. Ufermooren, auf sickernass., basen(kalk-)reich., mild. humos. Fels- Kies- u. Sandböden, arkt. Reliktpf., Char. d. Kobresietum simpl. (Caricion bic.-atrof.) – A (Berchtesgd. Alp. 1650–2570 m) – arkt(subozean)-alp, circ – H – Chrom. 2n = 72–76.

Segge, Rietgras, Cárex L.

1 Pf. nur mit 1 endstdg., meist armblütg. Ähre, B. rinng bis borstl. (vgl. ferner *C. chordorrhiza* S. 168)   *Einährige Seggen* S. 166
1* Ähren zu mehrer. in Köpfch., Trauben od. Rispen, gleich od. verschied. gestaltet
2 Ähren alle gleich gestaltet od. (wie bei *C. disticha*) nur wenig verschieden, meist sitzd (ein. traubg-rispg. Blü.std bildend), alle sowohl Staubb.blü. als auch Fr. kn. blü. enthaltend, Pf. kahl, B. höchst. am Rande rauh, meist rinng (vgl. ferner *C. buxbaumii* S. 176)   *Gleichährige Seggen* S. 168
2* Ähren verschied. gestaltet, die einen meist nur mit Staubb., die and. nur mit Fr.kn., glgtl. ab. in ein. Teil d. Ähren auch im unt. Teil Staubb., im oberen Fr.kn. (*C. buxbaumii*), B. meist gefurcht (vgl. ferner *C. disticha* 385 u. *C. arenaria* 382)   *Verschiedenährige Seggen* S. 175

Bei der Bestimmung der Carices ist auf die große Neigung aller *Carex*-Arten zur Bastardierung zu achten!

Einährige Seggen, Untergattung Primocárex Kük.

1 Pf. einhäusg, Ähre ob. mit Staubb. u. unt. mit Fr.kn.
2 Ähre locker, längl., mit wenig., zuletzt meist gespreizt abstehd. od. zurückgeschlagen. Fr., ab. auch mit anliegenden Fr.*)
3 Ähren armblütg, mit gespreizt abstehd. od. zurückgeschlag. Fr., St. glatt
4 Fr. v. einer kl. Granne überragt, Ähre ± 1 cm lg, Pf. mit unterird. Ausläufern, Narbe 3, 7–15 cm, ♃, 5–7   **C. microglochin** 364
4* Fr. ohne Granne
5 Fr. 3–5, gelbl., 7 mm lg, lg geschnäbelt, Narben 3, Pf. mit oberird. Ausläufern, 5–20 cm, ♃, 5–6   **C. pauciflora** 365

---

*) Unter Fr. ist im folgd. immer der Fr.schlauch gemeint! (vgl. Abb. 15, S. 155)

5* Fr. 5–10, glänzd braun, 4–5 mm lg, kurz geschnäbelt, Narben 2, Pf. lockerrasg, 5–20 cm, ⚁, 5–6 **C. pulicaris** 366
3* Ähre reichblütger, bis 19 mm lg, Fr. anliegd od. etwas abstehd, Narb. 3, St. unt. beblättert, oben ± rauh, B. flach, um 1 mm brt, Pf. mit unterird. Ausläuf.
6 Spelz. lger als kurz geschnäbelte Fr., 5–10 cm, ⚁, 6–8 **C. rupestris** 367
6* Spelze kürzer als 2zähng geschnäbelte Fr., 5–25 cm, ⚁, 4–5 **C. obtusata** 368
2* Ähre dicht kopfg, fast kugelg, bis 8 mm lg, mit 15–20 flach. Fr., Narben 2, Pf. dicht rasenbildd, 15–20 cm, ⚁, 5–6 **C. capitata** 369
1* Pf. zweihäusg, d. h. ein Teil d. Pf. nur mit Staubb.ähren, d. and. nur mit Fr.kn.ähren, Narben 2
7 St. oben rückwts wie B.ränder rauh, Ähre lockerfrüchtg, 10–20 mm lg, Fr. 4 mm lg, lg geschnäbelt, Pf. horstbildd, 10–25 cm, ⚁, 4–6 **C. davalliana** 370
7* St. glatt, Ähre dicht, 10–15 mm lg, Fr. 3 mm lg, kurz geschnäbelt, Pf. lockerrasg, mit Ausläufern, 5–20 cm, ⚁, 4–5 **C. dioica** 371

364. Kleingrannige S., C. microglóchin Wahlenb., s. slt. in Flach- u. Quellmooren, auf meist sickernass., basenreich., kalkhaltg., mild.-mäß. saur., tong-sandg. Torfböden, an Quellen u. Bachufern, Caricion bic.-atrof.-Verb.char. – Av (größtenteils verschollen) – arkt-alp(altaisch), circ – H – Chrom. 2n = (56) 58.

365. Wenigblütige S., C. pauciflóra Lightf., zml. slt. in Hochmooren auf nass., nährstoff- u. basenarm., saur. Torfböden, schwache Char. d. Erioph.-Trichophoretum cesp., auch im Sphagnetum mag., Sphagnion mag.-Art, slt. auch im Caricion fuscae – Ebene bis Gebirge (Hochmoore), A bis 1620 m, im N s. slt. – arkt-nosubozean, circ – G – Chrom. 2n = 76.

366. Floh-S., C. pulicáris L., zerstr. in Flach- u. Quellmooren, auf vorwiegd sickernass., basenreich., mild-mäß. sauer., sandig-tonig. Torfböden, Flachwurzler, Bohrfr., Char. d. Parnassio-Caricetum (Caricion f.) – Ebene bis mittl. Gebirgslag., A bis 1520 m, Sch bis 1250 m, im Tiefld s. slt. od. verscholl. – nosubozean – H – Chrom. 2n = 58, 60.

367. Felsen-S., C. rupéstris All., s. slt. in offen. Felsrasen an od. üb. d. Waldgrenze, auf mäß. frisch., basenreich., mild.-mäß. sauer. humos., flachgründg. Steinböden, Rasenpionier, v. all. im Elynetum, Carici rup.-Kobresietea-Kl.char., auch im Caricetum firmae (Seslerion) – A (Aggenstein) – arkt-alp, circ – H – Chrom. 2n = 50, 52.

368. Stumpfe S., C. obtusáta Lilj., s. slt. auf trock. Sandböden, in off. Dünenges. od. licht. Kiefernwäldern – Br, Sa (ob noch?) – euraskont – H – Chrom. 2n = 52.

369. Kopf-S., C. capitáta L., s. slt. in Flach- u. Zwischenmooren auf staunass. basenreich., mild-mäß. saur. Torfböden, Tofieldietalia-Ordn.char. – Av (größtenteils verschollen) – arkt(-alp), circ, auch Anden bis Feuerland – H – Chrom. 2n = 50.

370. **Davalls S., C. davalliána** Sm., zerstr., ab. teilw. rasenbildd, v. all. in höher. Lagen, in Flach- u. Quellmooren, auf stau- u. sickernass., mager., basen- u. meist kalkreich., mild.-mäß. saur. Tuff.- u. Torfböden, schwache Char. d. Caricetum dav. (Caricion dav.), auch in and. Caricion dav.-Ges. od. im Caricion bic.-atrof. – v. all. im S d. Gebiet. (Kalkgebiete) A bis 1820 m, nördl. von NSH–Th–Sa nur s. slt. od. verscholl. – pralp(-no) – H – Chrom. 2n = 46 (92).

371. **Zweihäusige S., C. dioíca** L., s. slt. in Flach- u. Zwischenmooren, auf vornehml. staunass., basenreich. (nicht immer kalkhaltg.), mildmäß. saur. Torfschlamm-Böden, schwache Char. d. Campyl.-Caricetum dioicae (Caricion dav.), Scheuchzerio-Caricetea f.-Kl.char. – Ebene bis mittl. Gebirgslag., A bis 1690 m, im S v. all. Av, sonst s. slt. od. verscholl. – arkt-no, circ – G – Chrom. 2n = 52.

Gleichährige Seggen, Untergattung Vígnea (P. B.) Nees

1   Ähren kopfg gehäuft mit mehrer. lg. Hochb.
2   Köpfch. grün, Fr. feinnadelg, 7–10 mm lg, Narben 2, 5–30 cm, $\odot$ ($\mathrm{2\!\!\!\!|}$), 7–9
      C. bohemica   391
2* Köpfch. weiß, Fr. ungeschnäbelt, 3–4 mm lg, Narben 3, 10–30 cm, $\mathrm{2\!\!\!\!|}$, 7
      C. baldensis   372
1* Ähren traubg-rispg stehd, wenn kopfg, ohne verlängt. Hochb.
3   Pf. mit kriechend. Grundachse u. $\pm$ lg. Ausläufern, St. überwiegd nur am Grund beblättert, B. am Rande rauh, sonst kahl, Fr. gekielt, Narben 2
4   Blü.std $\pm$ 1 cm lg, mit 2–5 kopfg-traubg gedrängt. Ähren, diese an d. Spitze mit Staubb.blü., B. 1–2 mm brt, Pf. mit oberird. Ausläufern, 5–15 cm, $\mathrm{2\!\!\!\!|}$, 5 bis 6   **C. chordorrhiza**   386
      vgl. ferner mit unterird. Ausläuf. u. binsenförmg. B.   **C. maritima**   387
4* Blü.std 2–7 cm lg
5   Ähren 6–20, traubg, teils nur mit Staubb.blü., teils nur mit Fr.kn.blü. od. gemischt, St. 3kantg, rauh
6   B. 3–5 mm brt, $\pm$ rinng
7   Blü.std mit 6–20 pyramidenförmg. u. $\pm$ 2zeilg angeordnet. Ähr., steifaufrecht, d. ober. u. unter. Ähr. nur mit Fr.knot., Spelz. braun, St. meist bis z. Mitte beblättert, Sumpfpf., 20–70 cm, $\mathrm{2\!\!\!\!|}$, 5–6   **C. disticha**   385
7* Blü.std mit 6–16 Ähr., oft nickd u. bis 6 cm lg, d. unter. Ähr. meist nur mit Fr.knot. (d. ober. nur mit Staubb.), Sandpf. mit unterird., weit kriechd. Ausläuf., 15–40 cm, $\mathrm{2\!\!\!\!|}$, 5–6   **C. arenaria**   382
6* B. 1–3 mm brt, flach, Blü.std 3–5 cm lg mit 5–12 Ähr., Fr. lanzettl., grün, 30–50 cm, $\mathrm{2\!\!\!\!|}$, 5–6   **C. reichenbachii**   379
5* Ähren zu 4–7(8), jeweils am Grund mit Staubb.blü., St. oberwts rauh
8   Ähren mit hellgrün., zuletzt gelbl. Spelzen, $\pm$ gekrümmt, entfernt stehd, Blü.stengel meist kürzer als d. schlaff überhängd. B., Pf. rasenbildd
9   St. zuletzt niederliegd, Blü.std bis 2 cm lg, locker, Fr. vom Grunde an geflügelt, 30–60 cm, $\mathrm{2\!\!\!\!|}$, 5–6   **C. brizoides**   378
9* St. zuletzt nur abwts gekrümmt, Blü.std dichter, Ähren nicht gekrümmt,

Spelz. hellbraun, Fr. erst $\pm$ v. Mitte an geflügelt, 30–40 cm, ♃, 5–6
                                          C. curvata 380

vgl. ferner (mit glgtl. Ausläufern) unt. 25:   **C. curta** 395
8* Ähren mit braun., grün gekielt. Spelz., auch Fr. braun
10 B. 1–2 mm brt, $\pm$ rinng, Blü.std mit 3–5 Ähr.
11 Blü.std 2–3 cm lg, Fr. 4–5 mm lg, eckg geflügelt, hellbraun, St. hoch
    beblättert, 15–30 cm, ♃, 5–6   **C. ligerica** 384
11*Blü.std 1,5–2 cm lg, Fr. 3 mm lg, schmal geflügelt, 10–30 cm, ♃, 4–6
                                       C. praecox 381
10* B. 2–3 mm brt, Blü.std 3–5 cm lg, mit 7–20 Ähr., 25–60 cm, ♃, 5–6
                                       C. repens 383
    vgl. ferner (mit kurz. Ausläufern)   bei 20:   **C. ovalis** 392
3* Pf. ohne Ausläufer (od. nur glgtl. ganz kurz. Ausläufern), horstbildd, ab.oft
    in Rasen, B. z.T. rauh
12 Ähren an d. Spitze mit Staubb. (abgeblüht mit leeren Spelzen), unten mit
    Fr.kn., Blü.std traubg od. rispg
13 Ähren dicht gedrängt in längl. (traubg.), 1–2 cm lg. Köpfch. B. rinng-borstl.
    meist gekrümmt u. an d. Spitze bleich, hochalp. Rasenpf., 5–20 cm, ♃, 7
                                        C. curvula 373
13*Blü.std lockerer, keine hochalp. Rasenpf.
14 Ähren $\pm$ grün, Fr. einseitg gewölbt, zuletzt meist sparrg abstehd, Blü.std
    traubg, St. 3kantg, B.grund mit B.häutch.

15 St. 2–3 mm brt, durchweg rauh, B. 4–8 mm brt, Blü.std dicht traubg, Fr.
    zweizähig
16 St. 3kantg geflügelt mit deutl. vertieft. Seitenfläch., Tragb. d. Ähren kurz,
    borst.förmg, kaum lger als d. Ähre, Fr. braun, matt (papillös), B.häutch. 2–5
    mm lg, 30–70 cm, ♃, 5 (nicht nachblühd)   **C. vulpina** 376
    vgl. ferner mit bis zu 3 cm lger, gelappt. Ähre, 1–2 mm brten B., querwellger
    B.scheide u. 2 mm lger Fr.   **C. vulpinoidea** 377
16*St. 3kantig mit ebenen od. nur weng vertieft. Seitenfläch., Tragb. d. Ähr.
    lger, schlaff, Ähre aufgelockert, Fr. hellbraun, glänzd, B. häutch. 10–15 mm
    lg., untere B.scheid. hellbraun, 30–80 cm, ♃, (5)6–7(9), (nachblühd)
                                        C. otrubae 375
15*St. 1–1,5 mm brt, nur oben rauh, B. 2–4 mm brt, Ähren meist $\pm$ oval in
    aufgelockert. traubg. Stand, 20–80 cm, ♃, 5–6
                                        C. muricata 374
14*Ähren rotbraun, Fr. beidersts gewölbt, anliegd, Blü.std meist rispg (od.
    undeutl. rispg), unt. Ähr. gestielt
17 Blü.std nur am Grunde $\pm$ rispg, sonst traubg, 1,5–3 cm lg, Spelzen rotbraun,
    weißrandg, Staubb. 3 (nicht 2!), St. unt. rund, B. 1–2 mm brt, hohlrinng,
    untere B.scheid. glänzd braun, 20–50 cm, ♃, 5–6   **C. diandra** 388
17*Blü.std rispg, B. brter, grün-glänzd, größere Pf. in dicht., fest. Horsten
18 B. 3–6 mm brt, grundstdge B.scheiden braun-glänzd, nicht faserg, Fr.
    glänzd, schwachnervg, 40–100 cm, ♃, 5–6   **C. paniculata** 390
18*B. 2–3 mm brt, grundstdge B.scheid. schwarz, matt, faserg, Fr. matt,
    starknervg, 20–60 cm, ♃, 5–6   **C. appropinquata** 389
12*Ähren am Grund mit Staubb. (abgeblüht mit leeren Spelzen), Blü.std traubg
    mit oft entfernt stehd., rundl. od. oval. Ähren
19 Ähren dicht traubg genähert, längl., $\pm$ braun, mit anliegend. Fr., B.
    graugrün-grasgrün

20 Ähren (3)5–6, mit lanzettl. zugespitzt. braun. Spelz., Fr. geflügelt, 2zähng, Blü.std 2–3 cm lg, Pf. ganz slt. mit kurz. Ausläufern, 20–50 cm, ♃, 5–7
                                           C. ovalis 392
20* Ähren 3–4(5), Blü.std 1–2 cm lg
21 St. rauh, obere Tragb. verlängert, Spelz. hellbraun, 15–30 cm, ♃, 5–6
                                    C. heleonastes 393
21* St. nur ob. weng rauh, Blü.std ohne Tragb., Spelz. dunkelbraun, 5–20 cm, ♃, 6–7
                                    C. lachenalii 394
19* Ähren, wenigstens unten, deutl. entfernt (in locker. Traube bzw. Ähre) stehd, rundl. od. eiförmg, oft grünl.
22 Ähren bis 5 cm voneinand. entfernt, rundl. (4–8 mm lg), mit 5–15 cm lg., abstehd. (den St. oft überragd.) Hochb., B. 2 mm brt, schlaff, länger als beblättert. Blü.stengel, 30–50 cm, ♃, 5–7
                                    C. remota 398
22* Ähren weniger weit entfernt
23 Ähren mit zuletzt aufgelockert., abstehd., ± deutl. 2zähng. geschnäb. Fr., St. 3kantg, B. rauh
24 Ähren kugelg, 4–6 mm lg, zu 3–4, Fr. zuletzt sparrg igelförmg abstehd, B. 1–2 mm brt, steif, 10–25 cm, ♃, 5–7
                                    C. echinata 397
24* Ähren längl., 5–12 mm lg, zu 7–12, Fr. zuletzt aufgelockert, aufrecht-abstehd, Blü.std bis 5 cm lg, etwas schlaff, B. 4 mm brt, glänzd, St. deutl. rauh, 30–60 cm, ♃, 4–5
                                    C. elongata 399
23* Ähren ± dicht bleibd, entfernt stehd, eiförmg bis kugelg, Fr. einfach geschnäbelt, zu 4–7
25 Ähre (wie Pf.) ± graugrün, 5–9 mm lg, Blü.std 3–5 cm lg, St. mit 2 scharf. Kant., oft etwas bogig, B. 2–3 mm brt, Pf. manchmal mit kurz. Ausläufern, 20–40 cm, ♃, 5–7
                                    C. curta 395
25* Ähre bräunl. (kugelg), 3–5 mm lg, B. starr, 1–2 mm brt, grasgrün, Fr. mit aufgeschlitzt. Schnabel, 15–35 cm, ♃, 7
                                    C. brunnescens 396

372. Monte Baldo-S., C. baldénsis L., slt. in sonnig. Steinrasen d. subalp. Stufe auf mäß. frisch, (z. T. bewegt.), kalkreich., mild., humos. lehmig. Steinböden (Dolomit), teilw. Käferbestäubg, Char. d. Seslerio-Caricetum semp. (Seslerion), auch im Erico-Pinion od. herabgeschwemmt im Fluß-schotter – A (800–1500 m) – oalp (südostalpin) – H – Chrom. 2n = (88) 90.

373. Krumm-S., C. cúrvula All., im Gebiet slt., in den Zentralalp. verbr., rasenbildde Pf. d. hochalp. Lagen, auf trock. bis mäß. frisch., sauerhumos. Steinböden, Char. d. Caricetum curv. s. l. (Caricion curv.), auch im hochgeleg. Nardion – A (Berchtesgad. Alp.-Grenzgebiet, 2200 m) – alp – H – Chrom. 2n = ca. 86 (ssp. cúrvula, im Gebiet, in d. W-Alp. ssp. rosae Gilom. mit ± gerad. St., auf Kalk, z. B. im Elynetum).

374. Stachel-S., C. muricáta-Gruppe

1 Fr. in d. Ähre ± aufrecht, 3,5–5 mm lg, gelbbraun, Ähr. abwts auffällg (bis 15 mm) voneinander entfernt, B. 2–3 mm brt, St. 3kantg, schlaff, gebog., B. häutch. brtbogig, derbrandg, lger als brt, 20–60 cm, ♃, 5–8

374a. Lockerährige S., C. divúlsa Stokes, zml. hfg in licht. Laubwäldern, auf Schlägen, im Gebüsch u. an Gebüschrändern tief. Lagen, auf mäß.

frisch. u. nährstoffreich., mäß. sauer., humos., locker. Lehmböden, Halbschattpf., Störgszeiger, v. all. in Atropetalia- u. Origanetalia-Ges. im Bereich d. Carpinion u. d. Tieflagen-Fageten – Ebene bis mittl. Gebirgslag. (rd 700 m), im N slt. od. fehld – med-smed – H – Chrom. 2n = 56,58, vgl. ferner 374d.

1* Fr. in d. Ähre zuletzt ± spreizd, Ähr. ob. dicht, abwts oft ± gelockert stehd, B. 2–4 mm brt
2 Fr. mäß. spreizd
3 Fr. 5–5,5 mm lg, zuletzt unten verdickt, gelbbraun, B.häutch. weißhäutg, zerschlitzt, lger als brt, B. 2–3 mm brt, ält. Wurzeln dunkelviol., 20–40 cm, ⃒, 5–6

374b. **Dichtährige S., C. spicáta** Huds. (*C. contígua* Hoppe), zml. hfg wie vor., etwas höher reichd, v. all. in Waldschlägen u. Gebüschsäumen, auf mäß. frisch.-nährstoffreich., mäß. sauer., ± humos., gern steinig. od. sandig. Lehmböden, in Atropetalia-, auch in Origanetalia- u. Mol.-Arrhenatheretea-Ges. – Ebene bis mittl. Gebirgslag., A bis 1400 m – euras(subozean) – H – Chrom. 2n = (52, 56) 58.

3* Fr. 3–4,5 mm lg, fast rundl., mit kurz. gekrümmt. Schnabel, zuletzt rotbraun-schwarz, unt. dünnhäutg, B. 2 mm brt, B.häutch. so lg wie brt (vgl. ab. *C. polyphylla* var. *angustifólia* Vollm.), 15–40 cm, ⃒, 5–6

374c. **Sparrige S., C. muricáta** L., zerstr. wie vor. in Waldschlägen, an Waldwegen u. Waldrändern, auf mäß. frisch.-nährstoff- u. basenreich., oft steinig. Lehmböden, v. all. in Atropetalia-Ges. – Ebene bis mittl. Gebirgslagen (rd. 1000 m) – euras(subozean) – H – Chrom. 2n = 56, 58.

374c/1. **ssp. muricáta,** Fr. 4–4,5 mm lg, basiphil u. i. a. trockener stehd als folgde, mehr nordöstl. verbr. u. im Gebirge höher steigd.

374c/2. **ssp. lamprocárpa** Čel. (*C, pairáei* F. W. Schultz), Fr. 3–3,5 mm lg, azidiphil, mehr westl.–südwestl. verbr. (z. B. Rh, O, Pf, Sp, RS, NWe, SH).

2* Fr. zuletzt stark spreizd, am Grunde dünnhäutg, ca. 5 mm lg, reif gelbbraun, Ähr. meist zu mehrer., 2–3 cm entfernt stehd, B. i. allg. 3–4 mm brt, B.häutch. brter als hoch, bräunl. berandet, 30–60 cm (u. mehr), ⃒, 5–6.

374d. **Igel-S., C. polyphýlla** Kar. et Kr. [*C. divúlsa* Stok. ssp. *léersii* (Kneuck.) W. Koch], zml. slt. wie vor. in Waldverlichtung. u. Gebüschsäumen, auf mäß. frisch., nährstoff- u. basenreich., mild.-mäß. sauer., humos. Lehmböden, in Atropetalia- u. Origanetalia Ges. – Ebene bis mittl. Gebirgslag., im N s. slt. – euras(-smed) – H – Chrom. 2n = 58. Nahe steht: *C. chabértii* F. W. Schultz, mit dicht., kurz. Blü.std; hab. ähnl. *C. spicata,* ab. Fr.grd nicht verdickt, taxon. Rang umstritten.

375. **Hain-S., C. ótrubae** Podp. [*C. vulpina* (L.) var. *nemorósa* (Rebent.) Koch], zerstr. in Erlen-Eschen-Auenwäldern od. in Naßwiesen, auf sickernass. (feucht.), nährstoffreich., oft kalkhaltg., neutral., humos.

Lehm- u. Tonböden, salzertragd, Licht-Halbschattpf., Störgszeiger, im Gebiet v. all. im Alno-Ulmion, auch im Magnocaricion (Caricetum vulp.) od. Agr.(El.)-Rumicion, z.T. mit *C. vulpina* verwechselt – v. all. im W d. Gebietes – smed-subatl – H – Chrom. 2n = 58, 60.

376. Fuchs-S., C. vulpína L., zml. hfg u. z. T. bestandbildd in Naßwiesen u. Flutmulden d. Strom- u. Talauen, auf wechsld sickernass., nährstoff- u. basenreich., mild.-mäß. sauer., humos. od. roh. Lehm- u. Tonböden, üb. 100 cm tief wurzld. Nässe- u. Störgs-Zeiger, Lichtpf., Char. d. Caricetum vulp. (Magnocaricion), auch im Phalaridetum, meist mit Agr.(El.)-Rumicion-Arten. – Ebene bis mittl. Gebirgslag., v. all. im O des Gebietes, A bis 880 m – euras(kont) – H – Chrom. 2n = 68.

377. Fuchsähnliche S., C. vulpinoídea Michx, glgtl. eingeschleppt u. eingebürgert, z. B. Do, Rh – Heimat N-Am. – H – Chrom. 2n = 52, 54.

378. Zittergras-S., „Seegras", C. brizoídes Jusl., hfg u. bestandbildd in feucht. Laubwäldern, auf Schlägen u. an feucht. Wegen, auf stau- bis sickerfeucht., basenarm., mäß. sauer., humos. Sand- u. Tonböden mit zeitw. hoch stehd. od. durch Verdichtg gestaut. Bodenwasser, Vernässungs- u. Verdichtgszeiger (Gley u. Pseudogley), durch Verlichtg u. Mahd begünstigstes, verjüngungshemmend. Forstunkraut, Bekämpfung durch Beschattg, Licht- u. Halbschattpf, als „Seegras" in Polstern verwendet, Verbrtgsschwerpkt im Alno-Ulmion tiefer Lagen (Alno-Ulmion-Verb.char.), ferner (Diff.) in grundfeucht. (bodendicht.) Carpinion- u. Fagion-Ges., auch im Calthion – Ebene bis mittl. Gebirgslag., Sch bis 1100 m, A bis 1400 m, im nördl. Tiefld slt. od. fehld – gemäßkont – H – Chrom. 2n = 58.

379. Reichenbach's S., C. reichenbachii Bonnet (*C. pseudobrizoídes* Clav.), slt. auf saur., wechselfeucht. Sandböd. in licht. Kiefer.Wäld. – NWe, SH, Br, An, Sa – nur W u. Mitteleuropa.

380. Gekrümmte S., C. curváta Knaf (*C. brizoídes* ssp. *intermédia* Čelak., Zwischenart: *Cárex brizoídes* – *C. praécox*), slt. in off. Magerrasen auf warm., wechselfeucht., ± basenarm., mäß. sauer. humos. Ton- od. bindig. Sandböden, z. B. in wechseltrock. Ausbildungsform. des Mesobromion, auch an Waldränd. – (Rh, süHü, Pf, Fr, z.T. fragl.) FrJu, Th, Br, Sa – gemäßkont – H – Chrom. 2n = 58.

381. Frühe S., C. praécox Schreb., slt. in trock. Sandrasen, an Wegen u. Böschungen, auf warm. durchlässig., z. T. wohl in d. Tiefe wechseltrock., mäß. basen- u. nährstoffreich., ± humos. Sandböden, Sandpionier, Störzeiger, v. all. im Conv.-Agropyrion (Elymion), auch in Corynephoretalia-Ges. – v. all. Tieflg., im Nordw. fehld – (euras-)kont – G (H) – Chrom. 2n = 58.

382. Sand-S., C. arenária L., slt. in off. Dünenras., auf trock., locker., basenarm., sauer. u. meist roh. Sandböd., Sandpionier, Dünenfestiger,

Corynephoretalia-Ordn.char. – v. all. im nördl. Tiefld, im S slt. adv. (z. B. nöRh) od. fehld – subatl – G (H) – Chrom. 2n = 58, 64.

383. **Kriechende S., C. répens** Bell., s. slt. in Kiefernwäld., in Saumges., an Ufern, auf frisch.-wechselfeucht. Sandböd. – Br – smed – H – Chrom. 2n = 70.

384. **Französische S., C. ligérica** Gay, slt. als Pionierpf. lockerer, $\pm$ nährstoffreich. Dünensande, Corynephoretalia-Ord.char. – v. all. in Küstennähe d. Nord- u. Ostsee, auch Br, An, Sa – europkont – G – Chrom. 2n = ca. 58.

385. **Kamm-S., C. dísticha** Huds., zerstr. in Großseggenwies., an Ufern u. Bächen auf stau-sickernass., zeitw. überschwemmt., nährstoff- u. basenreich., meist kalkhaltg., $\pm$ mild. humos. Ton- od. tonig. Sandböden, etwas wärmeliebd, v. all. im Caricetum gracilis u. vulp. Magnocaricion-Verb.char. – Ebene bis mittl. Gebirgslag. (Silikatgebiete u. Gebirge slt. od. fehld), A bis 710 m – euras – H (G) – Chrom. 2n = 62.

386. **Fadenwurzel-S., Ranken-S., C. chordorrhiza** Ehrh., s. slt. in Zwischenmoor-Schlenken, in Schwingrasen, auf nass., oft seicht überschwemmt., mäß. basenreich. u. mäß. saur., $\pm$ off. Torfschlamm-Böden, Char. d. Drep.-Caricetum chord. (Caricion lasioc.) – Bo, Av bis 900 m, BayW, Br, an and. Ort. z. B. Pf, He verscholl. – arkt-no(kont), circ – W (G) – Chrom. 2n = 60.

387. **Binsen-S., C. marítima** Gunn (*C. juncifólia* All., *C. incurva* auct.), slt. auf neutral-sauer., nass. tonig. Schwemmsandböd. d. alp Stufe mit *C. bicolor*, Char. d. Caricetum marit. (Caricion bic.-atrof.) – Tirol, Schweiz – arkt(-alp) – H – Chrom. 2n = 60.
Die lock. Horste bildde, walp. *C. foétida* All. ist Char. d. Salicetum herb.

388. **Draht-S., C. diándra** Schrank, slt. in Zwischenmoor., in Flachmoor-Schlenken u. Schwingrasen, auf nass., oft seicht überschwemmt., mäß. basenreich. u. mäß. saur. Torfschlammböden, Char. d. Caricetum diandrae, auch in and. Caricion lasioc.-Ges. – Ebene bis mittl. Gebirgslag., Ju bis 760 m, überall zurückgehd – no-euras, circ – H – Chrom. 2n = 60.

389. **Gedrängtährige S., Wunder-S., C. appropinquáta** Schumach. (*C. paradóxa* Willd.), zml. slt., ab. bestandbildd in Verlandungs-Ges. hinter d. Röhricht an stehd. od. lgsam fließd. Gewässern, auch an Quellen, auf nass., zeitw. seicht überschwemmt., basenreich. mesotroph. Sumpfhumus-Böden, Char. d. Caricetum appropinquatae (Magnocaricion), auch im Caricetum elatae u. Alnion – Ebene bis mittl. Gebirgslag., A bis 1350 m – no-euras – H – Chrom. 2n = 64.

390. **Rispen-S., C. paniculáta** L., zerstr., ab. gesellg in Großseggenfluren, v. all. an Quellen u. in Gräben, auch im Erlenbruch, auf vorwiegd sickernass., nährstoff- u. basenreich., $\pm$ neutral. Tuff- u. Torfböden,

Quellmoor-Segge, Licht- u. Halbschattpf., Char. d. Caricetum panicul. (Magnocaricion), ferner im Alnion – Ebene bis Gebirge, v. all. Kalkgebiete, A bis 1750 m – euras(subozean) – H – Chrom. 2n = 60, 62, 64.

391. **Zypergras-S., C. bohémica** Schreb. (*C. cyperoídes* L.), slt. u. unbestdg in Schlamm-Pionier-Ges. an flach., zeitw. überschwemmt., ab. hochsommerlich trock. fallend. Teich-Ufern, an Altwassern, Seen u. Flüssen, auf off., nass., nährstoffreich., mild-mäß.sauer. humos., sandg. Schlammböden, Char. d. Eleoch.-Caricetum boh. (Elat.-Eleocharitenion, meist im Kontakt mit Bidention- od. Eleocharition ac.-Ges. – v. all. im O d. Gebiet., im Nordw. fehld – euras(kont) – H – Chrom. 2n = 80.

392. **Hasen-S., C. ovális** Good. (*C. leporína* auct.) zml. hfg in feucht. saur. Magerrasen, auf Weiden, an Wegen u. in Waldschläg. auf stausickerfeucht. od. wechselfeucht., mäß. nährstoffreich., basenarm., saur., torfig. Böden, Pionierpf., Weidepf., Verbrtgsschwerpkt in feucht. Borstgrasrasen u. viell. Nardetalia-Ordn.char., auch in Trittstadien auf off. humos. Böden od. in Atropetalia-Ges. – Ebene bis Gebirge, A bis 1860 m, v. all. Silikatgebiete – no(subozean), (circ) – H – Chrom. 2n = 64, 66, 68.

393. **Torf-S., C. heleonástes** L. fil., slt. ab. gesellg in Zwischenmooren, in moosreich. Moorschlenk. (z. B. mit *Meesea triquetra*) auf nass., mäß. basen- u. nährstoffreich. Torfböden, Eiszeitrelikt, Char. d. Caricetum heleonastae (Caricion lasioc.) – Av (bis Alpenfuß 930 m) – no(kont), circ – H – Chrom. 2n = 56.

394. **Lachenal's S., C. lachenálii** Schkuhr, zerstr. in bodensaur. Schneetälch.-Ges. (Salicion herb.), auch im Caricetum fusc. d. Alpen – Tirol, Schweiz – arkt-alp(altai.), circ – H – Chrom. 2n = 58, 62, 64.

395. **Grau-S., C. cúrta** Good. (*C. canéscens* auct.), zml. hfg in Flach- u. Quellmooren, im Lagg der Hochmoore, an Ufern u. in versumpft. Geländemulden, auf sicker-staunass., mäß. nährstoffreich. u. basenarm., saur. Sumpfhumus-Böden, auch an Waldquellen, Licht-Halbschattpf., Char. d. Caricetum fuscae (Caricion f.) – Ebene bis Gebirge, v. all. mont. Lagen d. Silikatgebirge, A bis 1860 m – (arkt-)no-euras, circ (auch S-Am.) – H – Chrom. 2n = (52, 54), 56.

396. **Bräunliche S., C. brunnéscens** (Pers.) Poir., slt. in Flachmooren od. feucht. Magerrasen d. Hochgebirges, auf stau-sickernass., basen-(kalk-) arm., sandig-tonig.saur. Humusböden, z. B. mit *Eriophorum scheuchzeri*, vermutl. Caricetalia fuscae-Ordn.char., auch im feucht. Nardion – süSch (Feldberg), A (1600–1900 m) – arkt-alp, circ – H – Chrom. 2n = 56.

397. **Stern-S., C. echináta** Murray (*C. stelluláta* Good.), hfg in Flachmooren, an Quellen u. Gräben, in nass. Binsenwiesen od. versumpft. Geländemulden, auf grasig. od. moosig., sicker-staunass.,

mäß. nährstoffreich., kalkarm., sandig-tonig. Sumpfhumusböden, Caricion fuscae-Verb.char., auch in Calthion- u. Juncion acutifl.-Ges. – Ebene bis Gebirge, v. all. in den mont. Lagen d. Silikatgebirge, A bis 2200 m – no-euras(subozean), circ (fern. Australien) – H – Chrom. 2n = 56, 58.

398. Winkel-S., C. remóta L., hfg in krautreich. Eschen- u. Erlenwäldern, an schattig. Waldquellen, an feucht. Waldwegen u. Waldbächen, auf sickernass. (sauerstoffreich.), nährstoff- u. basenreich., sandig-tonig. Sumpfhumusböden mit hochanstehd. Grund- od. Bodenwasser, Gley- od. Pseudogley-Zeiger, Schattpf., Char. d. Carici remotae-Fraxinetum (Alno-Ulmion), auch in anderen Alno-Ulmion-Ges. od. (Diff.) in feucht. Fagion- od. Carpinion-Ges., ferner mit *Cardamine flex.* im Card.-Montion – Ebene bis Gebirge, A bis 1300 m – subatl-smed – H – Chrom. 2n = 62.

399. Walzen-S., Langährige S., C. elongáta L., zerstr. in Erlenbruchwäldern, in Waldsümpfen u. Weidengebüsch, auf staunass., mäß. nährstoffu. basenreich. (sandig-tonig.) Bruchtorfböden mit hoh., zeitw. austretend. Grundwasser, Staunässe-Zeiger, Char. d. Carici elongatae-Alnetum (Alnion), auch in and. Alnetalia-Ges. od. im anmoorg. Alno-Ulmion – v. all. in tiefer gelegen. Talauen, Av bis 950 m – euras – H – Chrom. 2n = ca. 56.

Verschiedenährige Seggen, Untergattung Cárex

1 Ähren dünn, fingerartg genähert, B.scheiden ± rotbraun, faserg
2 Ähren 1,5–2 cm lg, d. unterste herabgerückt, Spelz. so lg wie Fr., rotbraun, 10–30 cm, ♃, 3–5   **C. digitata** 427
2* Ähren höchst. 1 cm lg, alle genähert, zuletzt krallenförmg gekrümmt, Spelz. kürzer als Fr.
3 Spelz. blaßbraun, Fr. stark behaart, 5–15 cm, ♃, 4–5 (6)   **C. ornithopoda** 428
3* Spelz. dunkelrot, Fr. meist kahl, St. stark bogig gekrümmt, hochalp. Pf., 3–8 cm, ♃, 6–7   **C. ornithopodioides** 429
1* Ähren entfernt od. wenn genähert gedrungen, walzl.
4 Fr.kn.ähren sitzend (od. höchst. s. kurz gestielt) meist nur 1 Staubb.ähre
5 Narben 2, Fr.kn.ähre 0,5–3,5 cm lang
6 Fr.kn.ähre 0,5–1,5 cm lg, wenigblütg, Spelz. rostrot, hautrandg, Fr. 2zähnig, Hochb. starr, etwas scheidg, fast so lg wie Blü.std, B. borstl., alp. Felspf., 10–25 cm, ♃, 5–7   **C. mucronata** 435
6* Fr.kn.ähre 2–3,5 cm lg, Spelz. schwärzl., Sumpfpf, vgl.   **C. fusca** 401
    vgl. ferner   **C. bicolor** 400
5* Narben 3, Fr.kn.ähre höchst. 1–1,5 cm lg, kurz-walzl.
7 Pf. mit ± lg. Ausläufern, Fr. nur kurz od. undeutl. geschnäbelt
8 Fr. flaumg behaart
9 Untere Hochb. deutl. länger als Fr.kn.ähre, 1–2 mm brt, kurzscheidg, B. (wie Ähren) graugrün, 2 mm brt mit 3kantg. Spitze, St. s. dünn, 15–30 cm, ♃, 4–6   **C. tomentosa** 414
9* Untere Hochb. so lg od. kürzer als Ähre, oft häutg, 0,5 mm brt, Spelz.

stumpf, schwarzbraun, hellrandg, ohne hell. Mittelstreif. (vgl. 41), B. 3,5–4,5
mm brt, dunkelgrün, 10–30 cm, ♃, 3–5   **C. ericetorum**   415
8* Fr. kahl, glänzd, etwas aufgedunsen, Fr.kn.ähren rundl., 3–5blütg, zu 1–3
genähert, B. borstl., 8–15 cm, ♃, 4–5   **C. supina**   419
7* Pf. ohne Ausläufer, Hochb. meist laubartg
10 Fr. ± behaart u. undeutl. geschnäbelt od. ungeschnäbelt, Pf. am Grunde ±
faserschopfg
11 Grundstdge B.scheiden rot, Spelz. schwarzviol., B. 1–4 mm brt, unten ± fein
behaart od. rauh, Pf. oft hexenringartg wachsd, rasenbildd

12 B. 1–2 mm brt, am Grund obersts behaart, 10–25 cm, ♃, 3–5
                                              C. montana   418
12* B. 1,5–4 mm brt, rauh, aber kahl, Pf. am Grund stark faserschopfg,
Staubb.ähre ± keulenförmg, Fr. nur s. kurzhaarg, Hochb. s. kurzscheidg,
30–60 cm, ♃, 5   **C. fritschii**   417
11* B.scheid. rotbraun od. grau, Spelzen braun, B. bis 5 mm brt, Pf. in zerstr.
Horsten
13 Grundstdge B.scheiden grau-faserg, B. gekielt, jung aufrecht, später
niederliegd, verlängert, dunkelgrün (wintergrün), St. stumpf 3kantg, zuletzt
übergebogen, Hochb. lgscheidg, 20–40 cm, ♃, 4–5   **C. umbrosa**   423
13* Grundstdge B.scheiden rotbraun, zuletzt faserg, St. scharf 3kantg, später
niederliegd, unt. Hochb. ohne deutl. Scheide, Wurzeln mit Harzgeruch, 10–
30 cm, ♃, 4–5   **C. pilulifera**   416
10* Fr. kahl, gelbgrün, lg geschnäbelt u. sparrg stehd, unt. Fr.kn.ähren ± kurz
gestielt, vgl.   **C. flava**   452
4* Fr.kn.ähren, wenigst. untere deutl. gestielt, Ährenstiele z. T. in einer
Hochb.scheide steckend
14 Endstdge Ähre unten mit Staubb., oben mit Fr.kn., Narben 3, St.
scharfkantg
15 Spelzen braun, mit grün. Mittelnerv, grannenartg zugespitzt, B. 3–4 mm brt,
Pf. mit Ausläufern, Sumpfpf.
16 Endähre keulenförmg, Seitenähren kurz-walzl., ± entfernt stehend, untere
Hochb. länger als Blü.std, Fr. 3–4 mm lg, 20–50 cm, ♃, 5–6
                                              C. buxbaumii   410
16* Endähre schlank (am Grunde fast ohne Staubb.blü.), Seitenähren längl., z.
T. dicht (kreuzförmg) genähert, unterste länger als folgende, unt. Hochb.
höchst. so lg wie Blü.std, Fr. meist 2,7 mm lg, 20–50 cm, ♃, 5–6
                                              C. hartmanii   411
15* Spelzen schwarz od. rotbraun, stumpfl. od. kurz bespitzt, Fr. braun od.
schwarz, Alpenpf.
17 Fr.ähren büschelg gestellt, oft gedrängt, B. 4–7 mm brt, Fr. eiförmg, Pf.
dichtrasg mit höchst. kurz. Ausläufern, 5–30 (–50) cm, ♃, 6–8
                                              C. atrata   412
vgl. ferner mit 2 Narben, B. ca. 2 mm brt, Pf. 5–20 cm, ♃, 7
                                              C. bicolor   400
17* Fr.ähren locker gestellt, bis über 5 cm lg gestielt, B. 2–4 mm brt, Spelz. mit
hell. Mittelstreif., Fr. lanzettl., Pf. dichtrasg mit braun. faserg.
Grundscheid., 10–30 cm, ♃, 6–8   **C. fuliginosa**   437
14* Endstdge Ähre durchgehd mit Staubb.
18 Staubb.ähren meist 2–3, Fr.kn.ähren nicht über 2–3 cm lg gestielt (18*, S.
178 Mitte)

19 Fr. deutl. behaart, Pf. mit unterird. Ausläufern
20 B. kahl, schmal-rinng, 1–2 mm brt, steif aufrecht, Ähren kurzwalzl. mit
eiförmg., etwas aufgeblas. Fr., Pf. meist in ausgedehnt, hochhalmig. Rasen,
40–80 cm, ♃, 5–6 **C. lasiocarpa** 461
20* B. u. B.scheid. ± behaart, St. bis ob. beblättert, Fr.ähr. entfernt stehd,
Grundb.scheid. ± netzfaserg
21 Hochb. lgscheidg, Fr.ähr. bis z. St.grd, d. unterste bis 10 cm lg gestielt, Fr.
gleichmäßg dicht behaart, 10–80 cm, ♃, 5–6 **C. hirta** 462
21* Hochb. kaum mit Scheid., d. unterste Ährch. bis 3 cm lg gestielt, Fr. nur
ob.wrts ± behaart, 60–120 cm, ♃, 5–6 **C. atherodes** 463
19* Fr. kahl od. höchst. durch s. kurze Härchen rauh
22 Narben 2, Fr. undeutl. geschnäbelt, Ähre meist schwarz-braun u. schlank
(vgl. ferner *C. flacca* 31*), St. 3kantg, oben rauh
23 Pf. ohne Ausläufer, horstbildd, grundstdge B.scheide ± netzfaserg, Hochb.
aufgerichtet, Blü.std nicht überragend
24 B. 4–5 mm brt, (wie Fr.) graugrün, kürzer als St., grundstdge B.scheid.
gelbbraun, 30–100 cm, ♃, 4–5 **C. elata** 408
24* B. 2–3 mm brt, hellgrün, so lg wie St., trock. rückwts einrolld, grundstdge
B.scheiden dunkelrot, Fr. nervenlos, 20–50 cm, ♃, 5–6 **C. cespitosa** 409
23* Pf. mit Ausläufern, grundstdge B.scheid. lappg od. netzfaserg

25 B.scheid. ± lappg, nicht netzfaserg, Blü.std am Grd mit B.

26 B.scheid. braun

27 B. 1–5 mm brt
28 St. glatt, stumpf 3kantg, B. 1–2 (3) mm brt, ± borstl. gefaltet, Fr. 3–5 mm lg,
Hochb. lger als Blü.std, 20–30 cm, ♃, 6–7 **C. trinervis** 406
28* St. ob. rauh, scharf 3kantg, B. 3–9 mm brt, trocken nach oben einrolld, Fr.
2–3 mm lg, Hochb. kaum lger als Blü.std, Staubb.ähre 1–2, 5–25 (70) cm, ♃,
4–6 **C. fusca** 401
27* B. 5–10 mm brt u. bis 150 cm lg, ob.sts grün-glänzd, unt.sts graugrün,
Hochb. d. meist nickd. Blü.std überragd, St. bis unt. rauh, Staubb.ähr. 2–4,
30–150 cm, ♃, 5–6 **C. acuta** 403, **C. oenensis** 404

26* B.scheid. rot, St. stumpf 3kantg, B. 3–7 mm brt, ob.sts graugrün, unt.sts grün
glänzd, trocken nach ob. einrolld, 30–90 cm, ♃, 5–7 **C. aquatilis** 405
25* B.scheid. netzfaserg, rot-schwarzbraun, B. 4–10 mm brt, Hochb. ± kürzer
als Blü.std, St. am Grd mit b.los. Scheide, 50–90 cm, ♃, 5
C. buekii 407

22* Narben 3, Fr. ± deutl. geschnäbelt
29 Pf. 10–30 cm hoch, lockerrasg, meist mit kurz. Ausläufern
30 Pf. aufrecht, Ähren rot-dunkelbraun
31 Fr.ähre bis 1 cm lg, kurz gestielt, halb nickend, Spelz. rotbraun mit weiß.
Hautrand, Fr. gelbgrün, 2zähng geschnäbelt, B. 2–3 mm brt, graugrün, am
St. gegenüber dem B.grund mit B.häutch.-artg. (häutg.) Anhängsel, 20–30
cm, ♃, 5–6 **C. hostiana** 447
31* Fr.ähre 2–3 cm lg, auf dünnen Stielen zuletzt hängend, Spelz. nicht
hautrandg, B. 2–5 mm brt, blaugrün, fein zugespitzt, rinng, grundstdge
B.scheid. rot, 20–30 cm, ♃, 5–6 **C. flacca** 420
30* Pf. niederliegd-aufsteigd, Fr.ähren gelb, entfernt stehd, kurz gestielt mit
großen bis 10 mm lg. Fr., B. 3–5 mm brt, länger als St. 10–30, ♃, 5–7
C. hordeistichos 453

29* Pf. größer, kräftiger, mit lg., unterird. Ausläufern, St. 3kantg, Großseggen in Sümpfen (vgl. auch 23 u. 23*)

32 Staubb.ähren dunkelbraun, dick, Fr. s. kurz geschnäbelt, ± so lg wie zugespitzte (vorn fein gesägte) Spelzen

33 B. 2–8 mm brt, grundstdge B.scheid. netzfaserg (vgl. *C. acuta* bei 25/27*)

34 B. 2–3 mm brt, St. stumpf 3kantg, Fr.ähre 2–3 mm dick, grundstdge B.scheid. braun, rot überlauf., Blü.std schlaff, 30–50 cm, ⨄, 5–6
C. melanostachya   459

34* B. 5–8 mm brt, ob.sts dunkel-, unt.sts graugrün, grundstdge B.scheid. braunrot, Fr.ähre 6–8 mm dick, ± aufrecht, 30–100 cm, ⨄, 5–6
C. acutiformis   458

33* B. 12–20 mm brt, graugrün, grundstdge B.scheid. häutg zerreissd, gitternervg, ± braun, Fr.ähre 8–10 mm dick, untere oft nickd, 60–150 cm, ⨄, 5–6
C. riparia   460

32* Staubb.ähren hellbraun, Fr. ± aufgeblas., gelbgrün, deutl. 2zähng geschnäbelt, viel länger als Spelzen

35 B. 3–5 mm brt, rinng, graugrün, St. stumpfkantg, nur zwischen Ähren rauh, sonst glatt, Fr.kn.ähren 2–8 cm lg, grundstdge B.scheiden braunrot, spärl. zerfasert, 30–70 cm, ⨄, 5–6
C. rostrata   456

35* B. 4–7 mm brt, hellgrün, ± flach, St. scharfkantg, oben rauh, Fr.kn.ähren 2–4 cm lg, grundstdge B.scheiden rot, stark zerfasert, 30–70 cm, ⨄, 5–6
C. vesicaria   457

18* Blü.std nur mit 1 endstdg. Staubb.ähre

36 Fr.kn.ähre 2–6blütg, locker, aufrecht, Narben 3, wärmeliebde Arten

37 B. 3–4 mm brt, flach, St. glatt, beblättert, mit lg., d. Blü.std meist überragend. Hochb., Fr. 7–8 mm lg, grün, geschnäbelt, 30–60 cm, ⨄, 4–5
C. depauperata   442

vgl. ferner unt. 46 **C. pilosa** (445) u. unt. 53 **C. panicea** (433)

37* B. 1–2 mm brt, schmal lineal od. borstl., Hochb. kurz od. fehld, St. ± 3kantg u. rauh

38 St. länger als schmal-lineale B., Fr. kahl, kugelg (3–4 mm), Spelz. weißhäutg, Fr.kn.ähre die Staubb.ähre oft überragd, Pf. mit lg. Ausläufern, feinhalmige Rasen bildend, 10–30 cm, ⨄, 4–5
C. alba   426

38* St. nicht länger als B., Fr. wenigst. z. T. behaart, Pf. ohne Ausläufer, ab. ± dichtrasg

39 St. kürzer als borstl. gerollt. B., meist ganz in d. Pf. versteckt, Fr.ähre ± sitzd, kugelg-kl., Pf. dichtrasg, ohne Ausläufer, 3–15 cm, ⨄, 3–4
C. humilis   424

39* St. etwa so lg wie d. 1–2 mm brten B., mit einer am St.grund eingefügt. (lg u. dünn gestielt.), sowie 2–3 endstdg genähert. Fr.kn.ähren, Spelz. gelbbraun, 10–30 cm, ⨄, 4–5
C. hallerana   425

36* Fr.kn.ähre mit mehr als 6 Blü., reich- u. meist auch dichtfrüchtg

40 Fr. behaart, Narben 3

41 Pf. mit Ausläufern, grundstdge B.scheiden braun, kaum zerfasert, Fr.kn.ähren zu 2–3, kurz gestielt, Spelz. gelb-braun mit grün. Mittelstreif., Staubb.ähre gelbrot, B. 2–4 mm brt, derb, wintergrün, St. glatt, 10–30 cm, ⨄, 3–5
C. caryophyllea   422

41* Pf. in Horsten mit Faserschopf, St. zuletzt übergebogen, vgl. unt. 13
C. umbrosa   423

40* Fr. kahl

42 Narben 2
43 Pf. ohne Ausläufer, vgl. unt. 24* **C. cespitosa** 409
43* Pf. mit Ausläuf. Hochb. spelzartg, kaum lger als Ähre, B. 4–6 mm brt,
   graugrün, oft zurückgekrümmt, 10–25 cm, ♃, 6–7 **C. bigelowii** 402
   vgl. ferner bei 28* **C. fusca** 401
42* Narben 3
44 Fr.ähr. durch größere Spelz. rot- od. schwarzbraun (44* S. 180 Mitte)
45 B. 5–12 mm brt, Pf. mit Ausläuf.
46 B. randl. deutl. bewimpert, starr dunkel(winter)grün, niederliegd, Blü.std
   meist unbeblättert, grundstdge B.scheid. rot, Fr.ähre lockerblütg, Pf.
   ausgedehnte Rasen bildend, 20–40 cm, ♃, 4–5 **C. pilosa** 445
46* B. unbewimpert, hellgrün, Blü.std beblättert, grundstdge B.scheid.
   gelbbraun, glänzd, Fr.ähre dichtblütg, Fr.schnabel lg borstenförmg, 60–100
   cm, ♃, 4–5 **C. laevigata** 451
45* B. 1–5 mm brt
47 Reife Fr.ähren kurz-walzl., 2–3mal länger als brt, höchst. 1–2 (− 3) cm lg,
   Spelz. meist hellbraun od. rotbraun
48 Fr.ähren auf dünnen Stielen hängend
49 Pf. mit länger. Ausläufern, St. am Grunde mit b.los. Scheiden, Hochb.
   kurzscheidg od. scheidenlos
50 B. 1–1,5 mm brt, rinng, gefaltet, graugrün, untere Hochb. kürzer als Blü.std,
   Fr. starknervg, 20–40 cm, ♃, 5–6 **C. limosa** 431
50* B. bis 4 mm brt, flach, grün, untere Hochb. mindest. so lg wie Blü.std, 10–30
   cm, ♃, 6–7 **C. magellanica** 432
49* Pf. ohne Ausläufer, rasg, Fr.ähren doldg gehäuft, d. Staubb.ähre meist
   überragd, 5–10blütg, St. rund, glatt, Alpenpf., 5–20 cm, ♃, 7
   C. capillaris 430
48* Fr.ähren aufrecht od. nickend, nur d. unterst. z. T. überhängd, meist kaum
   1 cm lg gestielt, Hochb. langscheidg, ± so lg wie Blü.std
51 Pf. mit Ausläuf.
52 Fr.ähre lockerblütg
53 B. graugrün, derb, ausgebreitet, Fr.ähre 2–3 cm lg, Hochb.scheide nicht
   aufgeblas., Fr. lger als zuletzt schwarzbraune Spelze, 15–30 cm, ♃, 4–6
   C. panicea 433

53* B. grasgrün, Fr.ähre 1–2 cm lg, Hochb.scheide etwas aufgeblas., 25–30 cm,
   ♃, 6–7 **C. vaginata** 434
   vgl. ferner bei 31* **C. flacca** 420
52* Fr.ähre dichtblütg, 1,5–4,5 cm lg, d. unterste lger gestielte oft nickd, Fr.
   deutl. gekielt, 30–100 cm, ♃, 5–6 **C. binervis** 450
51* Pf. ohne od. nur mit s. kurz. Ausläuf.
54 Fr.ähren genähert, d. unterste kurz (in d. Scheide) gestielt, B. graugrün,
   Spelz. stachelspitzg, 10–30 cm, ♃, 7–8 **C. extensa** 449
   vgl. ferner bei 31 (Spelz. spitz, ab. ohne Stachelspitze) **C. hostiana** 447
54* Fr.ähren 4–12 cm voneinander entfernt stehd
55 B. graugrün, Fr.ähre oft bereits in d. Mitte d. bogig gekrümmt. St., Fr. grün,
   starknervg, Fr.zähne innen rauh, 20–50 cm, ♃, 5–6 **C. distans** 446
55* B. grasgrün, Fr. etwas aufgeblas., grün-glänzd, braun punktiert, Pf.
   dichtrasg, 15–45 cm, ♃, 5–7 **C. punctata** 448
47* Reife Fr.ähren schlank, 4–6mal länger als brt, die unt. 1–5 cm frei gestielt,
   Spelz. schwarzbraun

56 Hochb. kurzscheidg, vgl. unt. 31*   **C. flacca** 420
56* Hochb. mit mindest. 5 mm lg. Scheide, Fr. 2zähng geschnäbelt,
Hochgebirgspf.
57 Pf. mit unterird. Ausläufern, Fr.ähren zuletzt überhängd (vgl. *C.*
sempervirens), Spelz. zugespitzt
58 B. 1–2 mm brt, rauh, aufgerichtet, St. glatt, B.scheiden rot, St. am Grund mit
Stummelb., Fr.ähre lockerblütg, Staubb.ähre schlank, Fr. 3–4 mm lg, 30–50
cm, ♃, 6–7   **C. ferruginea** 439
58* B. 2–4 mm brt, St. oben rauh u. kantg, B.scheid. gelbbraun, Fr.ähre dicht,
Fr. 5–6 mm lg, 10–30 cm, ♃, 6–7   **C. frigida** 438
vgl. ferner unt. 17*   **C. fuliginosa** 437
57* Pf. ohne Ausläufer, Fr.ähren ± gerade vorgestreckt od. etwas nickd (vgl. *C.*
ferruginea!)
59 Ähren ± dichtfrüchtg, B. mindest. 2 mm brt
60 B. üb. 5 cm lg u. bis 3 mm brt, glänzd, Pf. am Grunde mit Faserschopf,
Staubb.ähre ± keulg, Fr. 5 mm lg, 10–40 cm, ♃, 6–7
                                                                       C. sempervirens 440
60* B. 2–5 cm lg u. bis 4 mm brt, starr, rosettg, Pf. polsterbildd, Fr.ähren 5–10
mm lg, 5–15 cm, ♃, 6–7   **C. firma** 441
59* Ähren lockerfrüchtg, B. bis 1 mm brt, ± borstl. gerollt, schlaff, Fr. 3–4 mm
lg, lanzettl., 15–25 cm, ♃, 6–8   **C. brachystachys** 436
44* Fr.ähren grün od. gelbgrün, Spelz. grünl. od. häutg u., wenn dunkel gefärbt,
s. kl. (vgl. *C. pendula*)
61 Fr.ähren kurz-walzl. bis kugelg, 0,1–1(2) cm lg gestielt
62 B. wenigst. jung (zerstr.) behaart, 2–4 mm brt, hellgrün, Pf. horstbildd (od.
rasg) mit braun. Grundscheiden, Fr.ähren nickend mit charakt.
eichelförmg., grün glänzd. Fr., 20–30 cm, ♃, 5–6   **C. pallescens** 413
62* B. kahl, Fr. in der ± kugelg. Ähre sparrg abstehend, 2zähng geschnäbelt,
Hochb. den Blü.std ± überragd, 5–50 cm, ♃, 6–8
                                                                       C. flava 452
61* Fr.ähren schlank, mehrmals länger als brt, d. unter. 2–10 cm lg gestielt
63 St. bis zum Blü.std beblättert
64 Hohe Sumpfseggen mit überhängd. Fr.ähren, B. 7–20 mm brt
65 Fr.ähren büschelig genähert, an lg. dünn. Stielen hängend, lockerfrüchtg, Fr.
mit gespreizt. Schnabelzähnch., gelbgrün, glänzd, B. gelbgrün, 7–12 mm brt,
St. 3kantg, oben rauh, 40–90 cm, ♃, 6   **C. pseudocyperus** 455
65* Fr.ähren entfernt stehend, dichtfrüchtg, bis 10 cm lg, hängd, Fr.
kurzschnäbelg, B. 1–2 cm brt, rinng, untersts blaugrün, Pf. ohne Ausläufer
(vgl. *C. acutiformis*), 50–150 cm, ♃, 5–6   **C. pendula** 421
64* Pf. im allg. nur 20–50 cm hoch, Fr.ähren z. T. aufrecht, z. T. nickend od.
hängd, dünn gestielt, B. 4–10 mm brt
66 B. 4–7 (9) mm brt, unt. Fr.ähre meist nickend, Fr. deutl. geschnäbelt, 4–5
mm lg, 20–60 cm, ♃, 4–6   **C. sylvatica** 443
66* B. 8–10 mm brt, Fr.ähre meist gerade vorgestreckt, bis 7 cm lg, Fr. undeutl.
kurz geschnäbelt, 3 mm lg, 30–60 cm, ♃, 5 (−6)   **C. strigosa** 444
63* St. nur unten beblättert, B. bewimpert, vgl. unt. 46   **C. pilosa** 445

400. **Zweifarbige S., C. bicolor** All., slt. auf nass. tong-sandg.
Schwemmböd. d. alp. Stufe, Char. d. Caricetum marit. (Caricion bic.-
atrof.) – Tirol, Schweiz – arkt-alp – G – Chrom. 2n = 48, 50, 52

401. Braune S., C. fúsca All. [*C. nígra* (L.) Reichd, *C. goodenówii* J. Gay]*), zml. hfg u. gesellg in Flachmooren, an Quellen u. Ufern, in Binsenwiesen, auf ± moosig., sicker- od. staunass., mäß. nährstoff- u. basenreich., mäß. saur. Sumpfhumus-Böden, Kriechpionier, Vernässgszeiger, opt. im Caricetum f., Scheuchz.-Caricetea-Kl.char., v. all. in nicht zu basenarm. Ges., auch in Molinietalia-Ges. – Ebene bis Gebirge (A bis 2200 m) – no(subozean), circ – G – Chrom. 2n = 80, 82, 84, 88, formenreich.

1 Pf. mit kurz. Ausläuf., B. 2–5 mm brt, unterstes Tragb. kürzer als Blü.std, Fr.kn.ähre dicht stehd, fast sitzd

401a. ssp. fúsca, verbr. Sippe, s. o.

1* Pf. mit verlängert. Ausläuf., B. ± 1 mm brt, unterst. Tragb. lger als Blü.std., Fr.kn.ähre am Grd lockerblütg, dünn gestielt, Fr. ± aufgeblas., St. nur 5–15 cm hoch

401b. ssp. alpína (Gaud.) Lemke, slt. an felsg. od. moorg. Stellen – A, Hz(?) – pralp

402. Starre S., C. bigelówii Torr. ex Schwein. (*C. rigida* Good.), slt. in saur. Magerrasen u. Zwergstrauchheid. d. subalp. u. alp. Stufe, terr. Char. d. Pulsatillo-Nardetum (Nardion), sonst auch im Caricion curv. u. Caricion f. – Hz, Riesengebirge, O-Alp. – arkt(-alp), circ – G – Chrom. 2n = 68, 70.

403. Schlanke S., Zierliche S., C. acúta (*C. grácilis* Curt.), zml. hfg u. bestandbildd in nass. Wiesen- u. Flutmulden, meist in d. Nachbarschaft von Fließgewässern, auf sickernass., nährstoff- u. basenreich., mild-mäß. saur., ± anmoorg. Sand-, Lehm- od. Tonböden, düngerertragd, Streupf., Char. d. Caricetum gracilis (Magnocaricion), meist in Kontakt (od. Durchdringg) mit Calthion- od Alno-Ulmion-Ges. – Ebene bis Gebirge (A bis 1595 m) – no-euras, circ – G (H, W) – Chrom. 2n = 74, 84, formenreich:

1 St. zuletzt nickd, B. 3–10 mm brt, Fr.kn.ähre meist 3–5, nickd, d. unteren lger gestielt

403a. ssp. acúta (*C. corynóphora* Peterm.), zerstr. v. all. in Verlandgs-Ges., an Ufern, in Tieflag.

1* St. aufrecht, B. 2–3 mm brt, Fr.kn.ähre 2–3, kurz gestielt, aufrecht, Spelz. kürzer als Fr. (*C. fusca*-genähert)

403b. ssp. tricostáta (Fr.) Aschers. ex Hegi (*C. tricostáta* Fr.), Sumpfwiesen-Sippe, v. all. im N d. Gebiet.

404. Inn-S., C. oenénsis (Neum.). Die Sippe, die offenbar *C. acúta*

---

*) *C. fusca* All. wurde an erster Stelle belassen, da der heute als gültig proklamierte Name *C. nigra* (L.) Reichard mehrdeutig und zudem fragwürdig ist.

nahesteht, ist noch nicht beschrieben. Wir erwähnen sie nach briefl. Angab. von P. Seibert, da sie bereits in die soziologische Literatur eingegangen ist. B. 7–10 mm brt, dunkelgrün, glänzd, Pf. bis 150 cm hoch, slt. aber gesellg an Bachufern, off. od. ± beschattet, auf sickernass. basenreich. nährstoffarm. Humusböd. mit *C. acutiformis* od. *Phalaris ar.*, Char. d. Caricetum oenensis (Magnocaricion) – Do – pralp.

405. **Wasser-S., C. aquátilis** Wahl, slt. ab. gesellg in stau- od. sickernass., humos., mesotroph. Wiesensümpf., oft mit *C. vesicaria* od. *C. acuta,* Char. d. Lysimachio thyrs.-Caricetum aqu. (Magnocaricion), auch im Caricion lasioc. – NS – nosubozean, circ – G – Chrom. 2n = 76, 84.

406. **Dreinervige S., C. trinérvis** Degl. in Lois., slt. auf nass., saur. anmoorg. Böd. in Dünentälern, Char. d. Caricetum trin.-fuscae (Caricion fuscae) – Ostfries. Inseln – atl – G.

407. **Banater S., C. buekii** Wimm., slt., ab. gesellg in Flußauen, an Bach- u. Auwaldrändern, auf sickernass. nährstoffreich., anmoorg. Sand- u. Tonböd., z. B. mit *Phalaris ar.*, Char. d. Caricetum buek. (Magnocaricion), auch im Kontakt mit Molinietalia- u. Alno-Ulmion-Ges. – Fr-BayW (Naab-Regen), An, Sa – gemäßkont – W, G.

408. **Steife S., C. eláta** All. (*C. strícta* Good.), zerstr., ab. bestandbildd auf Sumpfwiesen an Ufern v. Seen od. Bächen, hinter d. Röhricht, in alten Flutmulden mit stark schwankd. Wasserstd, auf staunass. (slt. sickernass.), nährstoff- u. basenreich., mild-mäß. saur., torfg-sandig. Ton- od. Schlickböden, bultbildde, tiefwurzlde Verlandungspf., Streupf., sommerwärmeliebd, Char. d. Caricetum elatae (Magnocaricion) – Ebene bis mittl. Gebirgslagen (A bis 2000 m?) – subatl(-smed) – H (W) – Chrom. 2n = 74, 76, 78, 80.

409. **Rasen-S., C. cespitósa** L., zml. slt. in nass. Wiesen od. im Erlenbruch, auf staunass., ± nährstoff- u. basenreich., meist kalkfrei., neutral-mäß. sauer-humos., mesotroph. Torfböd., Char. d. Caricetum cesp. (Magnocaricion), meist mit zahlreich. Calthion-Art., auch im Alnion – v. all. im O u. NO d. Gebiet., im W slt. (z. B. Rh) od. wie im Nordw. fehld, Ju bis 760 m – no-euraskont, im Gebiet gegen W ausklingd – H – Chrom. 2n = 78, 80.

410. **Moor-S., C. buxbáumii** Wahlenb. [*C. polýgama* Schkuhr ssp. *subuláta* (Schum.) Cajand.], zml. slt., ab. gesellg in Moorwiesen-Schluten, in Verlandgs-Ges. u. Flachmooren, auf stau- od. wechselnass., zeitw. überschwemmt., mäß. nährstoffreich., meist kalkhaltg., mild-mäß. sauer., torfig-humos., sandig. od. rein. Tonböden, Streupf., Molinietalia-Ordn.char., auch im Magnocaricion – v. all. im O d. Gebiet.: Me, Br, auch Rh, Ba, Bo, Do, Av bis 903 m – no-euras(kont),

circ (ferner S-Afrika u. Australien, ob diese Art?) – G – Chrom. 2n = 74, ca. 100.

411. Hartman's S., C. hartmánii Cajand. [*C. polýgama* Schkuhr ssp. *hartmánii* (Cajand.) Domin], slt. in Moor- u. Streuwiesen, in Verlandgs-Ges. an Bächen u. in Naßwiesen-Mulden, auf nass.-wechselnass., mäß. nährstoff- u. basenreich., auch kalkarm., neutral.-mäß. sauer., torfg-humos. Lehm- u. Tonböd., Streupf., Molinietalia-Ordn.char., kann trockener u. saurer stehen als *C. buxbaumii*, mehr sommerwärmeliebd – Rh, Bo, SFW, Bayern (Av bis 710 m), Ba bis 840 m, Br, Th-Sa – euraskont – G.

412. C. atráta-Gruppe

1   Ähren ± sitzd, zu 2–4 kopfg gehäuft, Fr. schwarzrot, 3–3,5 mm lg, Pf. 5–15 cm hoch, St. steif aufrecht.

412a. Kleinblütige S., C. parvíflora Host (*C. nígra* All.), zerstr. auf Schneeböden d. subalp. Stufe, auf schneefeucht., meist kalkhaltg., neutral.-mild. humos., meist feinschuttreich. Lehm- u. Tonböden, Arabidion caer.-Verb.char. – A – alp – H – ähnl. die in Tirol u. in d. Schweiz sltene: *C. norvegica* Retz. (Fr. braun, 2–2,5 mm) v. all. im Caricetum fusc. od. mit *Trichophorum cesp.* – arkt-alp – Chrom. 2n = 54.

1*   Ähren gestielt zu 3–7, d. unteren nickd
2   Fr. gelbbraun-schwarz, 3,5–4 mm lg, Pf. 15–40 cm hoch, B. 3–4 mm brt, St. glatt

412b. Schwarze S., C. atráta L. **ssp. atráta,** zerstr. in hochalp. Steinrasen, auf felsg. Rücken, an windgeschert. Graten, auf mäß. frisch., basenreich. (meist entkalkt.), neutral. modrg-humos., flachgründg-steinig. Lehm- u. Tonböden, Wintersteher, Char. d. Elynetum (Elynion) – A (bis 2405 m) – arkt-alp – H – Chrom. 2n = 54 (56).

2*   Fr. schwarzbraun, 4–5 mm lg, Pf. bis 60 cm hoch, B. 5–9 mm brt, St. s. rauh

412c. ssp. atérrima (Hooe) Čel., zerstr. in Hochstauden- u. Hoch grasfluren d. subalp. u. alp. Stufe auf mehr sickerfrisch., nährstoffreich. humos. Lehm- u. Tonböden, v. all. im Caricion dav., auch im Adenostylion od. Polygono-Trisetion – Chrom. 2n = 54.

413. Bleiche S., C. palléscens L., zml. hfg in Magerrasen od. mager. Wiesen, an Wegen, in Waldverlichtg., auf mäß. frisch.-wechselfeucht., basenreich., sauer., modrig-torfg. humos. Lehm- u. Tonböden, bis 50 cm tief wurzld. Verhagerungs- u. Bodenverdichtgs-Zeiger, Licht-Halbschattpf., schwache Nardetalia-Ordn.char., auch in Atropetalia- u. mager. Molinio-Arrhenatheretea-Ges. – Ebene bis Gebirge, A bis 1980 m (Kalkgebiete slt.) – no-euras(subozean), circ – H – Chrom. 2n = 62, 64, 66.

414. Filz-S., C. tomentósa L., zml. hfg in Moor- u. Streuwiesen, in licht. Auenwäldern, auf wechselfeucht. (sommertrock.), basen-kalkreich., neutral-mild. humos., sandig. od. rein., tiefgründg. Lehm- u. Tonböden, Magerkts- u. Wechselfrische-Zeiger, etwas wärmeliebd, Licht-Halbschattpf., Molinietalia-Ordn.char., auch im Querco-Ulmetum (Alno-Ulmion) – v. all. im S u. NO d. Gebiet. (A bis 850 m), im Nordw. slt. od. fehld – euraskont(-smed) – H – G – Chrom. 2n = 48.

415. Heide-S., C. ericetórum Poll., slt. in grasig. u. moosig. Sand-Kiefernwäldern, auf trock., locker., basenreich., ab. oberflächl. meist entkalkt., humos. Sandböden, Ameisen-Verbrtg, Char. d. Pyrolo-Pinetum (Cytiso-Pinion), auch im Cytiso-Pinetum (Erico-Pinion) in d. f. *approximáta* auch im Elynetum d. Zentralalp. – v. all. im NO d. Gebiet., im S slt. (z.B. nöRh, Mn, Ju, Fr, Av) od. fehld, A bis 1250 m – no-euras-(kont) – G – Chrom. 2n = 30, 60.

416. Pillen-S., C. pilulífera L., zml. hfg in saur. Magerrasen, z. B. mit *Nardus* an Weg- u. Waldrändern, od. mit *Calluna* auf Schlägen u. in licht. Wäldern, auf mäß. trock. (wechselfrisch.), mäß. nährstoffreich., basenarm., sauer-humos. Sand- od. Lehmböden, Ameisenverbrtg, Verhagerungszeiger, Verbrtgsschwerpkt in d. Nardo-Callunetea, ferner DV Epilobion ang. od. im Bereich bodensaur. Eich.- u. Buch.wäld., DV Luz.-Fagenion – Ebene bis Gebirge, A bis 1700 m – subatl bzw. eurassubozean – H – Chrom. 2n = 18.

416a. var. longibracteáta Lange (incl. f. *májor* Wirtg.), unt. Hochb. bis 7 cm lg, Pf. kräftig, so v. all. im Luzulo-Fagenion.

417. Fritschs-S., C. frítschii Waisbeck. [*C. montána* ssp. *frítschii* (Waisb.) O. Schwarz], slt., ab. gesellg in licht. Laubmischwäldern auf mäß. trock., basenreich., ab. kalkfrei., mäß. sauer-humos. Lehmböd., wärmeliebd, lok. Char. d. Galio-Carpinetum (Carpinion), slt. auch in Magerwies. – Oberelsaß – smed(-gemäßkont) – H – Chrom. 2n = 30.

418. Berg-S., C. montána L., zml. hfg u. gesellg in Kalk-Magerrasen, in licht. Laubwald-Ges., auf mäß. trock., basenreich., oft etwas verdicht., neutral.-mäß. sauer. humos. Lehmböden, Lehmzeiger, etwas wärmeliebd, Ameisenverbrtg., in Tieflagen v. all. Diff. im Carici-Fagetum (Fagion), im Galio-Carpinetum (Carpinion) sowie in Quercion pubesc.-Ges., in höher. Lagen mehr in offen. Mesobromion- od. *Sesleria*-reich. Ges. – Ebene bis Gebirge, A bis 1670 m, Kalklehmgebiete!, Silikatgebirge wie im nördl. Tiefld s. slt. od. fehld – gemäßkont – H – Chrom. 2n = 38.

419. Steppen-S., Zwerg-S., C. supína Willd. ex Wahlenb., s. slt. in sonnig. Sand- u. Felssteppen, auf ± basenreich., mild-mäß. sauer., humos. Sandböden od. flachgründg., feinerdereich. Steinböden (z.B. Porphyr), Char. d. Stipetum cap. s. l. (Festucion val.) – nöRh, nöHü (Pfalz-Rheinhessen), Mn (Windsheim), Me, Br, An, Th – kont (circ) – G – Chrom. 2n = 38 (44).

420. Blau-S., Blaugrüne S., C. flácca Schreb. (*C. gláüca* Scop.), hfg u.

gesellg in Kalk-Magerrasen, in Kalk-Flachmooren, in licht. Wäldern, an Wegen u. Böschungen, auf vornehml. wechseltrocken., ab. auch nass., basen- u. meist kalkreich., $\pm$ mild. humos. Stein-, Ton- u. Lehmböden, auch Rohbodenpionier, bis 30 cm tief wurzld., Wechselfeuchte-Zeiger, Licht- u. Halbschattpf., v. all. in Molinion- od. wechselfrisch. Mesobromion-Ges., ferner im Seslerion u. Caricion dav., sowie hfg in wechseltrock., warmen basiphil. Fagetalia (z. B. Carici-Fagetum)- u. Quercetalia pub.-Ges. – Ebene bis Gebirge, A bis 1950 m, (v. all. Kalkgebiete) – eurassubozean-smed, z. T. verschleppt – G (H) – Chrom. 2n = (38) 76 (90) formenreich.

421. Hänge-S., C. péndula Huds., zml. hfg in quellg. Eschen- u. Erlenwäldern, an nass. Waldböschungen u. Waldwegen, auf sicker-nass., nährstoff- u. basenreich., gern kalkarm. Ton- od. sandig. Lehmböden mit hochanstehd. Grundwasser od. oberflächennah. Stau- u. Sickerwasser, etwas wärmeliebd, Char. d. Carici remotae-Fraxinetum (Alno-Ulmion), slt. auch in and. Alno-Ulmion- od. feucht. Fagetalia-Ges. – Ebene bis mittl. Gebirgslag., Sch bis 800 m, A bis 1300 m, v. all. im S u. W d. Gebiet., nördl. bis NWe, NSH, SH, Hz, Sa – subatl(-smed) – H – Chrom. 2n = 58, 60.

422. Frühlings-S., C. caryophylléa Latourr. (*C. vérna* Chaix), hfg in Magerrasen, auf Weiden u. an Wegrändern, auf warm., trock. bis mäß. frisch., mäß. nährstoffreich., basenreich., neutral.-mäß. sauer. humos. Lehm- od. bindig. Sandböden, Magerktszeiger, etwas wärmeliebd, Verbrtgsschwerpkt im Mesobromion, auch im Xerobromion, schwache Brometalia-Ordn.char., ferner in trock. Molinion- od. warm. Nardetalia-Ges. – Ebene bis mittl. Gebirgslagen, A bis 1800 m – eurassubozean-smed (circ) – H – Chrom. 2n = 62 (64, 66, 68).

423. Schatten-S., C. umbrósa Host, zerstr. in Eichen-Buchen- u. Eichen-Hainbuchenwäldern, auf frisch., basenreich., entkalkt., mäß. sauer. humos., $\pm$ dicht. Lehm- u. Tonböden, auf Mull u. Moder, Lehmzeiger, Ameisenverbrtg, Carpinion-Verb.char., auch im Luzulo-Fagetum (Luzulo-Fagenion) auf Lehm, od. in höher. Lagen in Nardetalia-Ges. – v. all. im S d. Gebietes, A bis 1700 m, nördl. bis RS, NSH, Hz, An – gemäßkont – H – Chrom. 2n = 66.

424. Erd-S., Niedrige S., C. húmilis Leyss., zml. slt., ab. gesellg in Trocken- u. Steppenrasen, in Eichen- u. Kiefern-Trockenwäldern, auf warm., trock., basen(kalk)-reich., mager., neutral-mild. humos., locker. Sand- u. Löß- od. feinerdereich. flachgründg. Steinböden, bis 40 cm tief wurzelnd, Ameisenverbrtg, meist Anzeiger primär. Xerotherm-Standorte, v. all. in Fest.-Brometea-Ges., auch in Quercetalia pubesc.- u. Erico-Pinion-Ges. – Ebene bis mittl. Gebirgslagen, A bis 1460 m, (Kalkgebiete), im nördl. Tiefld fehld – (euras)kont-smed – H – Chrom. 2n = 36.

425. **Grundblütige S., C. hallerána** Asso (*C. gynóbasis* Vill.), s. slt. in wärmeliebd. Trockenrasen od. Flaumeichen-Busch-Ges., auf trock., basenreich. (meist kalkhaltg.), mild. humos., lock. flachgründg. Steinböden, v. all. im Berberidion u. Geranion sang., seltener auch im Xerobromion od. Quercion pub. – süHü (Istein u. Vorland), Nahetal – smed-med – H – Chrom. 2n = 50, 52, 54.

426. **Weiße S., C. álba** Scop., zerstr., ab. gesellg in Kiefernwäldern od. warm. Buchen- u. Eichenwäldern, auf ± trock., basenreich. lock., mild. humos., lehmg-tong. Sand-, Kies- u. Steinböden, Erico-Pinion-Verb.char., ferner (Diff.) in wärmeliebd. Fagion-Ges. (Carici-Fagetum), Carpinion-Ges. (Carici-Tilietum) od. austrocknd. Alno-Ulmion-Ges. – süRh (s. slt. nöRh bis Ketsch), süHü, Bo, Ju (bis Donau), FrJu (slt.), Do, Av, A (bis 1350 m), He – pralp(-nokont) – G – Chrom. 2n = 54.

427. **Finger-S., C. digitáta** L., zml. hfg in krautreich. Laub- u. Nadelmischwäldern auf frisch., basenreich., neutral.-mäß. sauer. humos., lock. Lehm- u. Steinböden, etwas sommerwärmeliebd, bis 50 cm tief wurzelnde Mull- u. Moderbodenpf., Lehmzeiger, Ameisenverbrtg, schwache Querco-Fagetea-Kl.char., auch in Vacc.-Piceetea-Ges. übergreifd – Ebene bis Gebirge, A bis 1790 m, (v. all. Kalk- u. Lehmgebiete, auch auf Gneis usw.) – (no-)eurassubozean(-smed) – H – Chrom. 2n = 48, 50, 52, 54.

428. **Vogelfuß-S., C. ornithópoda** Willd., zerstr. in wärmeliebd. Kiefern- u. Eichenwäldern, im Gebüsch u. Lichtungen, auf trock., basen(kalk)-reich., lock., mild. humos. Löß-, Kies- od. Steinböden, auch auf Kalk-Rohböden, Ameisenverbrtg, Verbrtgsschwerpkt in Erico-Pinion-Ges., auch im Carici-Fagetum, Alno-Ulmion od. Quercion pubesc., im Berberidion od. in off. Brometalia- u. Seslerietalia-Ges. – v. all. im S d. Gebiet., A bis 2600 m, im nördl. Tiefld slt. od. fehld – pralp (-nosubozean) – H – Chrom. 2n = 52, 54, formenreich:

1 St. zuletzt zurückgekrümmt, Spelz. gelb-rotbraun, mit grün. Mittelstreif, Fr. dicht behaart,

428a. **ssp. ornithópoda,** verbr. Sippe, s. o.

1* St. aufrecht, fast ganz glatt, Spelz. kastanienbraun, Fr.schwach behaart, ± glänzd

428b. **ssp. elongáta** (Leyb.) Vierh. (var. *castánea* Murb.), slt. in Steinras. d. Hochgebirges, Seslerietea-Kl.char. – A – alp.

429. **Alpen-Vogelfuß-S., C. ornithopodioídes** Hausm. [*C. ornithópoda* Willd. ssp. *ornithopodioídes* (Hausm.) Nym.], zerstr. in hochalp. Stein-rasen, v. all. in Schneeboden-Ges., auf feucht., kalkreich., mild. humos., lock., lehmig. Ruhschutt-Böden, Arabidetalia caerul.-Ordn.char., auch im Seslerion (Caricetum firmae) – A von 1750–2600 m – alp – H – Chrom. 2n = 54.

430. Haar-S., C. capilláris L., zerstr. in alp. Flach- u. Quellmooren, auf sickernass., basenreich., mild-mäß. saur. Sumpfhumus-Böden, Caricion bic.-atrof.-Verb.char., auch im Caricion dav. od. Seslerion, d. f. *minima* im Elynetum (Elynion) – A 1360–2330 m (glgtl. auch tiefer) – arkt(-no)-alp – H – Chrom. 2n = 54.

431. Schlamm-S., C. limósa L., slt. in Hochmoorschlenken u. Zwischenmooren, auf nass., zeitw. flach überschwemmt., kalkarm., mäß. nährstoffreich. u. saur. Torfschlamm-Böden, meist mit *Sphagnum*-Arten d. *Cuspidatum*-Gr., Eiszeitrelikt, Char. d. Caricetum limosae (Rhynchosporion) – v. all. in Hoch- u. Zwisch.Moorgebiet., A bis 1740 m, im Mittelgebirge u. im nördl. Tiefld – (arkt-)no, circ – H – Chrom. 2n = 56, 62, 64.

432. Riesel-S., C. magellánica Lam. ssp. **irrígua** (Wahlenb.) Hiit. (*C. paupércula* Michx), s. slt. in Flach- u. Quellmooren, auf sicker-staunass., mäß. nährstoffreich., saur., kalkarm. Sumpfhumusböden, terr. Char. d. subalp. Caricetum fuscae (Caricion f.) – A (Berchtesgad. Alp. bis 1690 m), BayW (900–1300 m) – arkt(-alp) – H – Chrom. 2n = 58, 60.

433. Hirsen-S., C. panícea L., hfg in Flach- u. Quellmooren, auf nass. Wiesen, an Gräben u. nass. Wegen, auf sicker-(stau-)nass., $\pm$ nährstoffreich., mild-mäß. saur. Sumpfhumusböden, durch Düngung od. mäß. Beweidung begünstigt, v. all. in Tofieldietalia-, auch Caricetalia f.- od. Molinietalia-Ges., gern in Störzuständ. – Ebene bis Gebirge, A bis 1830 m – (no-)eurassubozean-smed – H (G) – Chrom. 2n = 32.

formenreich, z. B. var. *longipedunculáta* A. et Gr., Pf. 50–70 cm, schlaff – im Magnocaricion u. Molinion – Bo, Ne.

434. Scheiden-S., C. vagináta Tausch, slt. in Flach- u. Hochmoorges., in A z. B. im Caricetum marit. (Caricion bic.-atrof.), auch in Tofieldietalia-Ges. – Hz, Riesengebirge, Schweiz – arkt-no-alp – Chrom. 2n = 32.

435. Stachelspitzige S., C. mucronáta All., slt. v. all. an trock. Kalkfelsen d. Alp., auch in alp. Steinrasen od. als Alpenschwemmling im off. Schotter d. Alpenflüsse, im Androsacetum helv. u. Potentilletum caul., Potentillion caul.-Verb.char., auch in Seslerion-Ges. – A 470–2580 m – (o)alp – H – Chrom. 2n = 36.

436. Kurzährige S., C. brachýstachys Schrank, s. slt., ab. gesellg in Spalten feucht. Kalkfelsen od. sonst kalkwasserüberrieselt., beschatt. Gesteinsunterlagen, gern in Schluchten, Char. d. Caricetum brachystachyos (Cystopteridion) – A bis 2050 m, süSch (Wehratal) – alp – H – Chrom. 2n = 40.

437. Ruß-S., C. fuliginósa Schkuhr (*C. misándra* R. Br.), slt. in $\pm$ feucht., durchrieselt. Rasenges., auf steinig. kalkarm. Böden (bes. auf Glimmerschiefer), an Ufern z. B. mit *Kobresia simpl.* – A, v. all. Berchtesgad. Alp. 1750–2570 m – (o)alp – H – Chrom. 2n = 40.

438. **Eis-S., C. frígida** All., slt. ab. gesellg in subalp. u. alp. Rieselfluren, auf sickerfeucht., oft besprüht., mäß. nährstoff- u. basenreich., neutral.- mäß. saur. humos. Sand- u. Steinböden od. Sumpfhumusböden, entlg kl. Rinnsale, an Quellen, im Saum von Bächen, oft mit *Soldanella alpina*, Char. d. Caricetum frigidae (Caricion bic.-atrof.) – süSch (910–1450 m), A (1350–2380 m), Vog – (w)alp – G (H) – Chrom. 2n = 56 (58).

439. **Rost-S., C. ferrugínea** Scop., zml. hfg u. gesellg in subalp. Grashängen, in Wildheuplanken, v. all. im Bereich d. Wald- u. Baumgrenze, auf mäß. frisch., basen- u. ± nährstoffreich. lock. (bewegt.), mild. humos. Lehmböden, Char. d. Caricetum ferrug. (Caricion ferrug.), auf mehr eben., beweidet. Standorten auch im Poion alp. od. im Kontakt mit Adenostylion-, Thlaspietalia- od. Erico-Pinion-Ges. – A (bis 2200 m) – alp – G – Chrom. 2n = 39, 40.

440. **Immergrüne S., Horst-S., C. sempérvirens** Vill., zml. hfg in subalp.-alp. Stein- u. Magerrasen, auf mäß. trock. bis frisch., basenreich., mildmäß. sauer., humos. Stein- u. Lehmböden, Verbrtgsschwerpkt in Blaugrashalden, z. B. im Seslerio-Caricetum semp. u. ander. Seslerietea-Ges., auch im tief. gelegen. *Sesleria*-reich. Mesobromion, in basenreich. Nardion-Ges. od. im Erico-Pinion – Ju (SW-Alb), Bo, Do, Av, A (bis 2420 m) – alp – H – Chrom. 2n = 30 (31, 32, 34).

441. **Polster-S., C. firma** Host, zml. hfg u. bestandbildd in alp. Steinrasen, auf mäß. trock., kalkreich., flachgründg., mild-mäß. sauer., modrig humos. Steinböden, auch auf Felsbändern tiefer Lagen od. als Alpenschwemmling im Flußkies, Pionierpf., Char. d. Caricetum firmae (Seslerion alb.) – Av, A (bis 2580 m) – (o)alp – H – Chrom. 2n = 34.

442. **Armblütige S., C. depauperáta** Curt., ex With., s. slt. in krautreich. Laubmischwäldern, auf sickerfrisch., ± nährstoff- u. basenreich., mild-neutral. humos., sandig. od. rein. Lehm- u. Tonböden, Mullbodenpf., wärmeliebd, im Els. im Carpinion, überreg. Quercetalia pubesc.-Ordn.char. – Els. (süRh), RS (Trier, ob noch?) – smed-atl – H – Chrom. 2n = 44 (74).

443. **Wald-S., C. sylvática** Huds., verbr. in krautreich. Laub- u. Nadelmisch-Wäldern, an Waldwegen, auf sickerfeucht.-grundfrisch., nährstoff- u. basenreich., neutral.-mäß. sauer., mittel-tiefgründg. Lehmböden, Mullbodenpf., oft Wasserzug- od. Bodenverdichtgs-Zeiger, Schattpf., Fagetalia-Ordn.char., v. all. in d. feucht. Ausbildungsform. d. Ges. – Ebene bis Gebirge (A bis 1600 m, süSch bis 1200 m) – subatl(-smed) (N-Am.) – H – Chrom. 2n = 58.

444. **Dünnährige S., C. strigósa** Huds., slt. in quellig. Eschenwäldern, auf nass. Waldwegen, an Bächen, auf sickernass., nährstoff- u. basenreich., meist kalkarm., neutral-mäß. sauer., humos. Lehm- u. Tonböden, Vernässungszeiger, wärmeliebd, Verbrtgsschwerpkt im Carici remotae-

Fraxinetum, auch im Pruno-Fraxinetum, Alno-Ulmion-Verb.char., auch im Card.-Montion – Rh, Sch, Hü, O, Ne (bis 650 m), SFW, Bo, Av (Weilheim), RS, NWe, NS, SH, im NO slt. od. fehld – subatl-smed – H – Chrom. 2n = 66.

445. Wimper-S., C. pilósa Scop., zieml. slt., ab. meist in Herden (faziesbildd) in Eichen- u. Buchenwäldern, auf frisch. (bis wechselfrisch.), ± nährstoff- u. basenreich., mäß. sauer. humos. Lehm- u. Tonböden, Mullbodenpf., Schatt-Halbschattpf., osteurop. Waldpf., schwache Carpinion-Verb.char., hfg auch im Asper.-Fagetum – süHü (Kandern-Sundgau), Rh (4 Fundorte), nöSch (Alpirsbach), Ne (Tübingen), Ju (ob. Donau, Albeck), Bo, Av (bis 900 m), Do, BayW (Passau), Taunus, He, NSH, Th – gemäßkont (ferner O-Asien) – H – Chrom. 2n = 44.

446. Lücken-S., C. dístans L., zml. slt. in mager. Feuchtrasen, in Kalkflachmooren od. auf Wegen, auf ± nährstoff- u. basenreich., auch salzhaltg., wechselfeucht., ± mild., humos. schwer. Lehm- u. Tonböden, wärmeliebd, v. all. im Molinion od. Caricion dav., an d. Küste im Armerion marit. – v. all. Kalk- od. Gipskeuper-Gebiete, sonst slt. od. fehld, A bis 1070 m – smed-med – H – Chrom. 2n = 72, 74, formenreich.

446a. var. neglécta Degld., B. schmal, Fr. meist unter 4 mm lg, Fr.ähre dünn – so v. all. in lückig. Tretges., auf feucht. tonig. Wegen, Char. d. Juncetum compr. [Agr.(El.)-Rumicion].

447. Saum-S., C. hostiána DC., zerstr. in Flachmoor-Wiesen, in Binsen- u. Pfeifengras-Beständen, an Quellen, auf stau- od. sickernass., mäß. nährstoffreich., basenreich., mild-mäß. saur. Sumpfhumus-Böden, Caricion dav.-Verb.char., auch im Molinion – Ebene bis Gebirge, A bis 1250 m (Silikatgebirge slt.) – subatl(-smed) – H – Chrom. 2n = 56.

448. Punktierte S., C. punctáta Gaud., slt. in Küst.wies. im Armerion marit. – Ostfries. Inseln, Schweiz – smed-atl – H – Chrom. 2n = 68.

449. Strand-S., C. exténsa Good., zerstr. in Strandwies. auf Salztonböd., Char. d. Junco-Caricetum ext., Armerion mar.-Verb.char. – NS, SH, Me (Küsten) – med-atl – H – Chrom. 2n = 60.

450. Zweinervige S., C. binérvis Sm., slt. in feucht. Heid. auf sauer., torfg. Böd., westeurop. Erico-Ulicetalia-Art, auch im Ericion tetr. u. Juncion squarr. – RS – atl – H – Chrom. 2n = 74.

451. Glatte S., C. laevigáta Sm., slt. in sauer. humos. quellg. Erlenmoor., gern mit *Blechnum* od. *Osmunda,* Char. d. Sphagno-Alnetum (Alnion) – RS (Hunsrück-Hoh. Venn) – atl – H – Chrom. 2n = 72.

452. C. fláva-Gruppe

1   Fr. 4–6 mm lg, Fr.schnabel bis 2,5 mm lg, oft gekrümmt, Fr.kn.ähren rundl.-ellipt., Pf. mit kurzer Blühperiode, nicht nachblühd

2 Staubb.ähre sitzd, meist 2 Fr.kn.ähren unmittelb. unter Staubb.ähre sitzd, eine dritte abgerückt, mittl. St.b. mit 0,8–1,5 mm lg. B.häutch.
3 Fr. 5–6 mm lg, allmähl. in d. gekrümmt. Schnabel übergehd, zuletzt zurückgeschlag., unt. Hochb. abstehd od. aufrecht, B. 3–5 mm brt, so lg wie St., Pf. 30–70 cm hoch

452a. **Gelbe S., C. fláva** L., zml. slt. in Kalk-, Flach- u. Quellmooren auf sickernass., basen- u. meist kalkreich., mild-mäß. saur. Sumpfhumus-Böden, v. all. mit *Schoenus* od. *Carex davall.*, Tofieldietalia-Ordn.char., auch in basiphil. Binsen-Wiesen mit *Juncus subnodulosus* (Calthion) – Ebene bis Gebirge, A bis 1860 m, (v. all. Kalkgebiete) – noeurassubozean, circ – H – Chrom. 2n = 60.

3* Fr. 4–5 mm lg, plötzl. in d. fast gerad. Schnabel zus.gezogen, zuletzt allseitig abstehd, unt. Hochb. kurz, zurückgeschlag., B. nur halb so lg wie St., Pf. niedrig.

452b. **Alpen-Gelb-S., C. fláva** L. var. **alpína** Kneuck. (*C. flavélla* Krecz.), wird aus A für feuchte, betretene Nardeten angegeb. – A, auch Av – alp – H – Chrom. 2n = 60.

2* Staubb.ähre lg gestielt, Fr.kn.ähren voneinand. entfernt, Fr. 4–5 mm lg, grünl., plötzl. in gerad. od. gekrümmt. Schnabel zus.gezogen, B. 2–3 mm brt, meist kürzer als halb. St., B.-häutch. kaum 0,5 mm, Pf. 15–40 cm hoch

452c. **Schuppen-S., C. lepidocárpa** Tausch, zerstr. (hfgr als *C. flava* s. str.) in Flach- u. Quellmooren auf sickernass. kalkreich. Sumpfhumus-Böden, gern an offen. Bodenstell., schwache Char. d. Juncetum alp. (Caricion bic.-atrof.), auch im Caricion dav. – Ebene bis Gebirge, v. all. Kalkgebiete, im nördl. Tiefld slt. – (no-)subatl – H – Chrom 2n = 68.

1* Fr. 2–4 mm lg, mit kurz. bis 1,5 mm lg., gerad. Schnabel, Fr.kn.ähren ellipt.-walzl., Pf. bis z. Herbst blühd
4 St. meist bogig aufsteigd, 10–20 cm hoch, B. 2–4 mm brt, grün, Fr. 3–4 mm lg, Staubb.ähre gestielt od. sitzd, Fr.kn.ähren zu 2–3 gehäuft (od. eine abgerückt)

452d. **Grün-S., C. demíssa** Hornem., (*C. tumidicárpa* Anderss., *C. oēderi* f. *elátior* Kneuck.), zerstr. in Flach- u. Quellmooren, auf sickernass. ± nährstoffreich., kalkarm. wie kalkhaltg., mild-mäß. saur. Sumpfhumus-Böden, schwache Char. d. Parn.-Caricetum (Caricion f.), auch im Caricion dav. – Verbrtg ungenügd bekannt, da seither nicht v. folgd. Art getrennt, offenbar v. all. im W d. Gebiet., im NO slt – nosubatl. (sowie kanad. Küste) – H – Chrom. 2n = 70.

4* St. meist aufrecht, 5–15 cm hoch, B. 1,5–3 mm brt, Fr. 2–3 mm lg mit höchst. 1 mm lgem Schnabel
5 Fr.kn.ähren zu 2–5 oben gehäuft, Staubb.ähre sitzd, B. rinng gefaltet, gelbgrün od. grün

452e. **Oeders S., C. serótina** Mér. (*C. oēderi* auct.) zml. hfg in Flach-mooren od. nass. Wiesen, an Gräben u. Wegen, auf sickernass., nähr-

stoff- u. basenreich., auch kalkarm., mild-mäß. saur. Sumpfhumus-
böden, auch auf nass. Rohböden, salzertragde Pionierpf., v. all. in
gestört. Scheuchzerio-Caricetea-Ges., auch in Littorelletea- od. Agr.(El.)-
Rumicion-Ges. – Ebene bis Gebirge, z. B. Rh, Bo (A bis 1880 m, ob diese
Art ?) – euras(subozean) – H – Chrom. 2n = 68, 70.

5* Fr.kn.ähren abgerückt, Staubb.ähre gestielt, B. binsenartg eingerollt, grau-
od. dunkelgrün, Pf. niedrg

452f. **Schöne S., C. serótina** Mér. ssp. **pulchélla** (Lönnr.) Van Ooststr.,
zerstr. auf feucht. tong. Wegen, Char. d. Juncetum compr. [Agr.(El.)-
Rumicion], auch in Cyperetalia fusci-Ges. – v. all. Küstengebiete, Verbreitg ungenügd bekannt – Chrom. 2n = 70.

453. **Gersten-S., C. hordeístichos** Vill., s. slt. in lückig. Trittpflanzen-
Ges., auf feucht. od. wechselfeucht., nährstoff- u. basenreich., meist
salzhaltg., schwer. Tonböden, Pionierpf., wärmeliebd, Char. d. Juncetum compr. [Agr.(El.)-Rumicion] – nöHü (Gaualgesheim, verscholl.),
He, Th, An – gemäßkont-smed – H – Chrom. 2n = 56, 60.

454. **Roggen-S., C. secalína** Willd. ex Wahlenb., slt. an Trittstell. auf
feucht. Salzwies., vermutl. in Agr.(El.)-Rumicion-Ges. – An (Th verscholl.), im Gebiet an d. Westgrenze d. Verbrtg – euraskont – H.

455. **Schein-Zypergras-S., C. pseudocypérus** L., slt. in Großseggen-Beständen an Ufern v. Weihern u. Tümpeln, in Gräben, auch im Erlenbruch, auf staunass. bzw. seicht überschwemmt., mäß. nährstoff- u.
basenreich., mild-mäß. saur., mesotroph. Torfböden, sommerwärmeliebd, postglazial weiter verbrt., Char. d. Cicuto-Caricetum pseudocyperi (Phragmition), ferner im Alnion – Ebene bis mittl. Gebirgslag., v.
all. im N, A fehld – euras(subozean)-smed, circ (ferner Neuseeland) – W
(H) – Chrom. 2n = 66.

456. **Schnabel-S., C. rostráta** Stokes (*C. infláta* auct.), zml. hfg u.
bestandbildd in Großseggen-Beständen, an Ufern u. Tümpeln, in
Moorschlenken u. Moorgräben, auf meist überschwemmt., mäß.
nährstoff- u. basenreich., oft s. saur., mesotroph.-oligotroph. Torfschlamm-Böden, hfg Verlandungspionier, Schwimmfr., v. all. im
Magnocaricion (*C. rostrata*-Ges.), auch im Caricion lasioc. u. and.
Scheuchz.-Caricetea-Ges. – Ebene bis Gebirge, v. all. kalkarme
Gebirgsstandorte (Rh slt.), A bis 1707 m – arkt-no, circ – W (H) – Chrom.
2n = ca. 60, 72–74, 76.

457. **Blasen-S., C. vesicária** L., zerstr. u. gesellg in Großseggen-
Beständen an Ufern v. Tümpeln u. Weihern, im Verlandungsgürtel v.
Bächen, in Moorgräb., auf zeitw. überschwemmt., stau-sickernass., mäß.
basen-nährstoffreich., mesotroph. Torfschlammböden, etwas trockener
stehd, nährstoffbedürftiger u. wärmeliebender als vor., Streupf.,
Schwimmfr., Char. d. Caricetum vesic. (Magnocaricion), auch in and.

Magnocaricion-Ges. – Ebene bis Gebirge (A bis 1600 m) – no-euras, circ – W (H) – Chrom. 2n = 74, 80, 82, 86.

458. Sumpf-S., C. acutifórmis Ehrh. (*C. paludósa* Good.), hfg in Sumpfwiesen u. Großseggen-Beständen, an See- u. Bachufern, in nass. Wiesenmulden, in Bruch- u. Auenwäldern, auf stau-sickernass. zeitw. überschwemmt., nährstoff- u. basenreich., mild.-mäß. sauer. Torfböden od. humos. Tonböden, Streupf., v. all. im Alno-Ulmion u. Alnion, ferner im Magnocaricion, gelgtl. eigene Bestände bildend – Ebene bis Gebirge, A bis 1710 m (v. all. tiefergeleg., wärmere Lehm- u. Kalkgebiete) – eurassubozean-smed – W (G) – Chrom. 2n = 78.

459. Nickende S., C. melanostáchya Bieb. ex Willd. (*C. nútans* Host), s. slt. an Ufern, in wechselnass. Wiesen, auf nährstoff- u. basenreich. anmoorg. Böd., mit stark schwankd. Wasserstand (vgl. Hejný), Magnocaricion-Art, auch im Alno-Ulmion – An (Elbe) (nöRh war Fehlbestimmg) – (euras)kont – W, G.

460. Ufer-S., C. ripária Curt., zerstr. in Großseggen-Beständen an Ufern, in nass. Wiesenmulden od. Gräben, auch im Erlenbruch, auf stau-sickernass., zeitw. überschwemmt., nährstoff- u. basenreich., mild-mäß. sauer. humos. Ton- od. Torfböden, etwas wärmeliebd, Streupf., Char. d. Caricetum rip. (Magnocaricion), auch im Alnion – Ebene bis mittl. Gebirgslagen, Av slt., A nur Reichenhall – euras(subozean)-med – W (H) – Chrom. 2n = 72.

461. Faden-S., C. lasiocárpa Ehrh. (*C. filifórmis* Good.), zerstr. ab. gesellg (oft steril) in Zwischenmooren, an Hochmoorrändern, in mager. Sumpfwiesen, in Gräben u. Schlenken, auf staunass., zeitw. seicht überschwemmt., mäß. nährstoff- u. basenreich., mesotroph. schlammig. Torfböden, Streupf., Char. d. Caricetum las. (Caricion las.), auch im Magnocaricion – Ebene bis mittl. Gebirgslag., A bis 1400 m, süSch bis 1380 m – no, circ – H (W) – Chrom. 2n = 56.

462. Rauhe S., C. hírta L., hfg an Wegen, Böschungen, Ufern, in lückig, Wiesen u. Weiden, in Waldschlägen, auf mäß. trisch. bzw. wechselfeucht., nährstoffreich., meist wenig humos., zur Verdichtg neigend., tonig. Sand- u. Lehmböd., Tiefwurzler u. Wurzelkriechpionier, Klebverbrtg, etwas wärmeliebd, gern mit *Mentha longifolia* od. *Juncus compr.*, Agrostietalia-Ordn.char. – Ebene bis mittl. Gebirgslagen (A bis 1270 m) – eurassubozean-smed – (H) G – Chrom. 2n = 112.

463. Grannen-S., C. atheródes Spreng., s. slt. auf Naßwies, im Magnocaricion – Br (Nauen) – no-euraskont, circ, im Gebiet an d. W-Grenze d. Verbrtg – G, W.

Zahlreiche Bastarde!

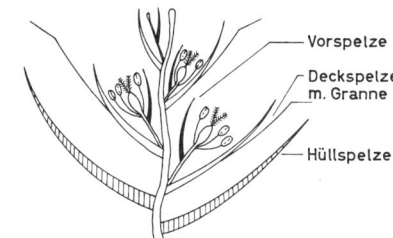

Vorspelze

Deckspelze m. Granne

Hüllspelze

Abb. 17. Grasährchen (sche-
matisch) mit 3 fruchtbaren
Blüten und 1 unfruchtbaren
Blüte.

Ordnung Poáles (Gramináles)
Familie der Süßgräser, Poáceae (Gramíneae)

1 Blü. eingeschlechtg, Staubb.blü. in endstdg. Rispe, Fr.kn.blü. in seiten- u.
   b.achselstdg. Traube, später d. Fr.kolben bildd, 1–3 m, ☉, 7–9
                                                              Zea S. 266
1* Blü. meist zwittrg, wenn eingeschlechtg nicht in gesondert. Blü.ständ.,
   Blü.ährch. vgl. Abb. 17
2 Blü.ährch. zu einer ± dicht. Ähre od. Scheinähre (kurzästg. Traube od.
   Rispe) zus.gezogen, Ähren einzeln od. zu mehrer. finger- od. fiederartg
   (Abb. 18)   *Ähren- u. Ährenrispen-Gräser, Fingergräser* S. 193
2* Blü.ährchen in lockerer Rispe od. Traube
                                     Rispen u. Traubengräser S. 198

Ähren- u. Ährenrispengräser, Fingergräser

1 Ähren einzeln endstdg od. zu mehrer. fingerartg genähert od. auch fiederartg
   traubg angeordnet, Ährch. unmittelbar an d. Achse (Spindel) sitzd (Echte
   Ähre) od. kurz gestielt (walzl. zus.gezogene Scheinähren-Traube)
                                     Ähren- u. Fingergräser S. 193
1* Ähren einzeln endstdg, dicht walzl. od. locker zus.gezogene Scheinähre mit
   kurz., verzweigt. Rispenästen od. wenigst. einmal verzweigt. Rispenast
   (Doppeltraube), Ähre umbiegen!   *Ährenrispengräser* S. 196

Ähren- u. Fingergräser

1 Ähren zu mehrer. finger- od. fiederartg (traubg)-rispg am Halmende
   (Fingergräser)
2 Ährch. meist am Grund ± lg zottg behaart, mit gekniet. Granne, zu 2–3
   genähert, z.T. eingeschlechtg, Hüllspelze bewimpert
3 Ährch. lineal mit viol. Hüllspelz., Ähren gefingert, B. graugrün, spärl.
   bewimpert, ca. 3 mm brt, St. knickg aufsteigd, Pf. mit kurz. Ausläufern, 20–
   40 cm, ♃, 7–10   **Bothriochloa** S. 265
3* Ährch. eiförmg, Ähren traubg-rispg angeordnet
                                              Sorghum S. 266

2* Ährch. kahl (od. nur flaumg), mit od. ohne Grannen u. Borsten, fast
    durchweg zwittrg, Ähren finger- od. fiederartg angeordnet
4 Pf. ausdauernd, Ährch. einzeln, seitl. zus.gedrückt, unbegrannt, Hüllspelz.
    2, gekielt
5 Ähr. fingerartg gestellt, Ährch. 2 mm lg, Pf. mit oberirdisch. Ausläuf.,·B. ±
    blaugrün, 5–20 cm, ♃, 5–6   **Cynodon** S. 238
5* Ähr. etwas abgerückt, traubg-fiederg gestellt, Ährch. 15–20 mm lg, Staubb.
    8–13 mm lg, Pf. horstförmg mit kriechd. Wurzelstock, Wattpfl., 30–130 cm,
    ♃, 7–8   **Spartina** S.238
4* Pf. 1jährg, ohne Ausläuf., Ähr. finger-od. fiederartg gestellt
6 Ähr. fingerartg gestellt (Abb. 18a), Pf. niederliegd-aufsteigd

Abb. 18. a *Digitaria sanguinalis,*
b *Echinochloa crus-galli.*

7 Ährch. einzeln, mit 2–3 Blü., sltene Ruderalpf., 5–20 cm, ☉, 7–8
                                                           Eleusine S. 238
7* Ährch. zu 2 (4), 1–2blütg   **Digitaria** S. 263
6* Ähr. fiederartg (traubg) gestellt (Abb. 18b)
8 Ähr. ganz lockergestellt, deutl. voneinander abgesetzt, Hüllspelz. spitz od.
    begrannt, B. oft wellg, wie abgeflachte B.scheide kahl, St.knot. mit
    Haarbüscheln, 30–80 cm, ☉, 7–10   **Echinochloa** S. 263
8* Ähr. zu einer kompakt. Scheinähre genähert, vgl. 23*   **Setaria** S. 264
1* Ährch. an einer einzg. endstgen Ähre (bzw. Traube) (Ährengräser)
9 Ährch. sitzd od. nur ganz kurz gestielt (9* S. 196 oben)
10 Ährch. einzeln auf d. Absätz. d. Ährenachse (vgl. aber zweizeilige Gerste)
11 Ährch. 1(2)blütg, Ähre dünn, wenig dicker od. nur so dick wie St.
12 Ährch. in d. Ährenachse eingesenkt, Ähre nicht dicker als St., B. kurz.
    gekrümmt, schmal, zus.gefaltet, St. verzweigt, 5–20 cm, ☉, 6–7
                                                Parapholis S. 239
12* Ährch. nicht eingesenkt
13 Ährch. 7–15 mm lg, einsts.wendg, zuletzt kammförmg abstehd, begrannt, B.
    borstl., gebüschelt, am Grd mit dicht gepackt. B.scheid.rest., brettartg
    fortwachsd, 10–25 cm, ♃, 5–6   **Nardus** S. 238

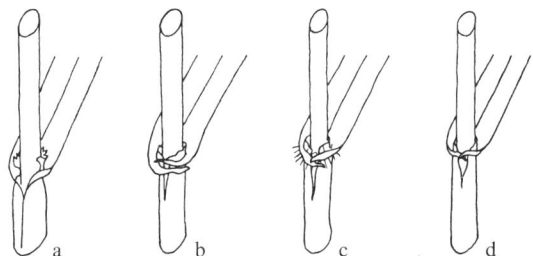

Abb. 19. Blattgrund der Getreidearten. a Hafer, b Gerste, c Weizen, d Roggen.

13* Ährch. 1–2 mm lg, zweists.wendg, rotviol., Zwerggras mit borstl. B., 3–10
    cm, ⊙, 2–4   **Mibora** S. 258
    vgl. auch mit 1–2blütg. Ährch.   **Elymus**
11* Ährch. 2–mehrblütg
14 Ähre schlank, Ährch. locker gestellt
15 Hüllspelze 1–3nervg bzw. undeutl. 3nervig, Ährch. 5–10 mm lg, B. schmal,
    d. unter. borstl. eingerollt, 10–30 cm, ⊙, 5–7
                                Micropyrum (Nardurus) S. 239
    vgl. auch unter   **Vulpia** (S. 215) u. **Festuca** (S. 206)
15* Hüllspelze 3–11nervg, Ähre 15–30 cm lg
16 Ährch. mit d. schmal. Seite gegen Ähr.achse gestellt, Hüllspelze 1,
                                      Lolium S. 229
16* Ährch. mit d. breit. Seite gegen Ähr.achse gestellt, Hüllspelze 2 (vgl. auch
    Festulolium mit schräg gestellt. Ährch. S. 229)
17 Deckspelze auf d. Rück. (zuletzt knickg) begrannt, Ährch. bis 2,5 cm lg,
    Ähre daher oft von rispenartg. Aussehen, B. behaart, 15–50 cm, ⊙, 6
                                      Gaudinia S. 242
17* Spelz. am Ende begrannt od. zugespitzt
18 Ährch. 2–4 cm lg, 6–24blütg, B.scheid. ± behaart, B.häutch. längl.,
    zerschlitzt   **Brachypodium** S. 216
18* Ährchen. 0,8–2 cm lg, 1–2blütg   **Elymus (Agropyron)** S. 230
14* Ähre walzl., Ährch. dicht gestellt, Kulturgräser
19 Hüllspelze 3–5nervg, eiförmg, B.grd mit lg bewimpert. Öhrch. (Abb. 19c)
                                      Triticum S. 232
19* Hüllspelze 1nervg, zugespitzt, Deckspelze mit 2–8 cm lger Granne, B.öhrch.
    kurz, kahl, (Abb. 19d), Keimpf. rot überlauf. 80–200 cm, ⊙, 5–6
                                      Secale S. 232
10* Ährch. zu 3–6 auf d. Absätz. d. Ähr.achse, sitzd od. kurz gestielt
20 Ähre locker, traubenförmg, mit je 3–5 sitzd. Ährch., Hüllspelz. mit hakg
    dorng. Zähnch., St. niederliegd, vgl. S. 196   **Tragus** S. 260
20* Ähre mit ± dicht.walzl. gepackt. Ährch., Hüllspelz. ohne Zähnch.
21 Ährch. 2–6blütg
22 Ährch. 2–6blütg, Ähre 1–3 cm lg, St. ausgebreitet-niederliegd, vgl. bei
    Ähr.risp.gräser 12*   **Sclerochloa** S. 218
22* Ährch. 3(4)blütg, Ähre 10–30 cm lg, St. steif-aufrecht, B. blaugrün, starr, Pf.
    mit Ausläuf.   **Elymus arenarius** S. 232

21* Ährch. 1blütg
23 Ährch. ohne grundstdge Borst., Deckspelze meist begrannt
24 Alle Ährch. in d. borstl., 2–3 cm lgn Hüllspelze deutl. gestielt, Ähre mit
    Gipfelährch., untere B.scheid. zottg behaart, B. obersts behaart, unt.sts mit
    weißl. Mittelnerv, Pf. ohne Ausläuf., Waldgras, 60–120 cm, ⧩, 6–8
                                           Hordelymus S. 236
24* Nur d. Mittelährch. gestielt, Ähre ohne Gipfelährch.   **Hordeum** S. 234
    vgl. auch b. Ähr.risp.gräsern (mit 2 Hüllspelz.) **Alopecurus** u. **Phleum**
23* Ährch. auf kurz. Stielch. mit langen, d. Ährch. überragden Borst., Hüllspelz.
    3   **Setaria** S. 264
9* Ährch. lger gestielt, Blü.traube zu locker. Scheinähre zus.gezogen (vgl.
    Risp.- u. Traub.gräser)
25 Ährch. unbegrannt
26 Ährch. 1blütg, Waldgras vgl.   **Melica** S. 226
26* Ährch. 2–5blütg (Deckspelze 3zähng)   **Danthonia** S. 246
25* Ährch. begrannt
27 Hüllspelz. fast so lg wie Deckspelz. od. lger
28 Deckspelz. am Rande bewimpert, Ährch. meist viol. überlaufen
                                         Danthonia S. 246
28* Deckspelz. nicht bewimpert, mesophile Wiesengräser
                     Arrhenatherum S 242 **Avena** S. 244
27* Hüllspelz. kürzer als Deckspelz.
29 Traubenäste abwechsld 2zeilg, an 4kantg. Achse, Ährch. 10–30 mm lg, vgl.
                                         Bromus S. 201
29* Traubenäste abwechsld an 2 Seiten einer 3kantg. Achse, Ährch. 4–12 mm lg
                                     Vulpia, Festuca S. 215

Ährenrispengräser

1 Ähre ± dicht, reich an Ährch., walzl. od. kopfförmg. (1* vgl. S. 197)
2 Ährch. 1blütg
3 Ährch. v. Borstenhaar. umgeben, od. Spelz. mit hakg. Zähnch.
4 Hüllspelz. mit hakg-dorng. Zähnch., B. flach, schmal, borstl. bewimpert, St.
    niederliegd-aufsteigd., 10–30 cm, ☉, 6–7   **Tragus** S. 260
4* Ährch. v. grannenartg. Borsten umgeben u. überragt, Hüllspelz. ungleich
    (vgl. auch Ährengräser unt. 8* u. 23*)   **Setaria** S. 264
3* Ährch. ohne Borsten u. Zähnch., höchst. mit kurz. feinen Haaren
5 Hüllspelz. brt weiß berandet, Ähre kugelg-eiförmg, vgl. **Phalaris** S. 262
5* Hüllspelz. nicht weiß berandet
6 Hüllspelz. 4, ungleich groß, obere begrannt, Ähre locker
                                       Anthoxanthum S. 261
6* Hüllspelz. 2, Ähre dicht
7 Ährch. rd 1 cm lg, innen mit fein. Haaren, B. blaugrün, meist eingerollt,
    B.häutch. bis 2,5 cm lg, Dünengras, 60–100 cm, ⧩, 7–8
                                       Ammophila S. 254
    wenn B. meist flach, ± graugrün, bis 10 mm brt, Knoten so lg wie brt, Pf. oft
    steril, vgl.   × **Ammocalamagrostis** S. 254
7* Ährch. viel kleiner, ohne Haare, Wiesen- od. Ufergräser
8 Hüllspelz. lger als Deckspelz., Pf. aufrecht od. aufsteigd
9 Hüllspelz. nicht verwachs., oben meist brt-stumpf mit seitl. aufgesetzt.
    Grannen, Ährch. dadurch gestutzt u. 2spitzg, stiefelknechtartg (vgl. Abb.

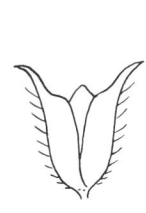

Abb. 20. Ährchen von a *Phleum pratense*, b *Alopecurus pratensis*.

a   b

20a), Deckspelze unbegrannt, B. oben undeutl. gerieft, mit gezähnt. spitz. B.häutch. (vgl. ab. *Ph. arenarium*) **Phleum** S. 254

9* Hüllspelz. ± verwachs., lanzettl. spitz, Deckspelze mit rückenstdg. (geknieter) Granne (Abb. 20b), Ährch. als Ganzes abfalld, B. obersts gerieft, untersts glänzd, mit ± lg. B.häutch. **Alopecurus** S 256

8* Hüllspelz. kürzer als Deckspelz., Pf. niederliegd, mit aufgeblasen. B.scheiden, Salzgräser

10 Ähre kopfg **Crypsis** S. 237

10* Ähre längl. **Crypsis (Heleochloa)** S. 237

2* Ährch. 2–mehrblütg

11 Ähre rundl.-eiförmg

12 Halm aufrecht, Ähre oft blau überlaufen, B. ± rinng od. borstl. **Sesleria** S. 228
vgl. auch 16* **Trisetum** (S. 243)

12* Pf. niederliegd, graugrün, B.scheiden gekielt, Ährch. 7–10 mm lg, Trittpf., 5–15 cm, ⊙, 5–6 **Sclerochloa** S. 218

11* Ähre längl.-walzl.

13 Ährch. am Grund mit kammförmg gefiedert. Hülle od. dicht zottg bewimpert

14 Ährch. mit kammförmg. Hülle od. lg begrannt. Deckspelze, Ährenrispe z. T. einstswendg **Cynosurus** S. 226

14* Deckspelze dicht weiß bewimpert, vgl. **Melica** S. 226

13* Ährch. ohne Borstenkamm u. ohne Wimpern

15 Deckspelze auf d. Rücken begrannt

16 Einjährge Sandpf. tief. Lagen **Aira** S. 239

16* Ausdauernde Pf. alp. Hochlagen, vgl. **Trisetum** S. 243

15* Deckspelze an d. Spitze kurz begrannt od. stachelspitzg, gekielt, kurz bewimpert, obere Hüllspelze 3nervg, Ähre wenigst. am Grund gelappt, Narben federg **Koeleria** S. 247

1* Ähre locker, lg gestreckt, ährg zus.gezogene Doppeltraube (od. noch einmal kurz verzweigte Rispenäste)

17 Ährch. unbegrannt

18 Ährch. 4–12 mm lg

19 Ährch. eiförmg-oval

20 Ährch. 1–2blütg, an kurz. anliegd. Ästen, einstswendg, nickend, vgl. **Melica** S. 226

20* Ährch. 2–5blütg, Deckspelze 3zähng, B.grund mit Haarkranz, Pf. mit straff., schräg aufsteigd. Blü.std **Danthonia** S. 246

19*Ährch. längl., vgl.   **Bromus**   S. 201
od. **Festuca**   S. 206
18*Ährch. 12–30 mm lg, Spelz. stumpf, Blü.std 20–60 cm lg, Pf. nasser
Standorte   **Glyceria**   S. 217
17*Ährch. begrannt
21 Granne 10–30 cm lg, vgl.   **Stipa**   S. 258
21*Granne kürzer als 5 cm
22 Hüllspelz. so lg wie Ährch., vgl.
          Avena S. 244, **Trisetum** S. 243 od. **Arrhenatherum**   S. 242
22*Hüllspelz. kürzer als Ährch., vgl.   **Vulpia**   S. 215
od. **Bromus**   S. 201

Rispen- und Traubengräser

1   Halm oben zu $^2/_3$–$^3/_4$ d. Länge ohne Knot., od. scheinbar ganz knotenlos
2   Ährch. 1–6blütg, blauviol., Hüllspelz. längl., gekielt, Narbe rot, B. am
     Grund mit vereinzelt. lg. Haaren, Knoten am Grund d. St. zwiebelartg
     gehäuft   **Molinia**   S. 230
2* Ährch. 3blütg (2 männl. u. 1 zwittrg) mit 2 gelbbraun., trockenhäutg., etwas
     spreizd. Hüllspelzen, Blü.std locker rispg, Rispenäste z. T. geschlängelt
     (Zittergras-artg), Knoten nur im unt. Teil d. Halmes, Pf. mit Kumarin-
     Geruch   **Hierochloë**   S. 260
1* Halm auch in od. über d. Mitte mit Knoten
3   Ährch. nur mit 1 Zwitterblü. od. noch einer zusätzl. Staubb.blü. (3* vgl. S.
     199 unten)
4   Ährch. außer 1 Zwitterblü. noch mit 1 Staubb.blü.
5   Ährch. 8–10 mm lg mit 1 fast ebenso lg. Granne (vgl. 26)
                                             Arrhenatherum   S. 242
5* Ährch. bis 5 mm lg, bleich, mit kurz. od. kaum sichtbar. Granne (vgl. 30)
                                                    Holcus   S. 242
4* Ährch. nur mit 1 Zwitterblü.
6   Ährch. am Grund d. kahl., zart. ($\pm$ häutg.) Deckspelze mit deutl.
     Haarkranz, Rispe reich verzweigt, vielästg, hohe Gräser, meist mit
     Ausläufern   **Calamagrostis**   S. 252

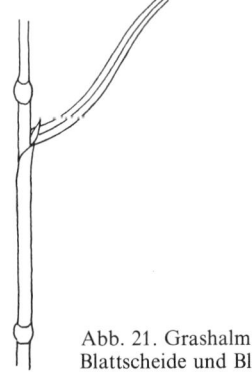

Abb. 21. Grashalm mit Knoten, Blatt,
Blattscheide und Blatthäutchen (Ligula).

6* Ährch. am Grund. d. Deckspelze ohne od. nur mit ganz kurz., kaum sichtbar. Härch. (Deckspelze selbst kahl od. behaart)

7 Ährch. mit deutl. Grannen, Rispe meist 3–vielästg

8 Granne 8–40 cm lg, Deckspelze kahl, Rispe armblütg   **Stipa** S. 258

8* Granne 3–15 mm lg

9 Rispenäste dichtährg, vgl.   **Echinochloa** S. 263

9* Rispenäste lockerährg

10 Ährch. 2–3 mm lg, B.häutch. 1–6 mm lg   **Apera** S. 248
   (mit 2–3 mm lgen Grann. vgl. *Agrostis*)

10* Ährch. 5–10 mm lg, B.häutch. fehld od. fast fehld

11 Granne 8–15 mm lg, Ährch. gelbl.-glänzd, Deckspelze zottg-seidg behaart, B. am Ende borstl.   **Achnatherum** S. 260

11* Granne 10–15 mm lg, Ährch. auf verlängert. Risp.ästen, Deckspelze behaart, 80–100 cm, ♃, 5–7   **Piptatherum** S. 263

7* Ährch. ohne Grann., Spelz. höchst. kurz zugespitzt

12 Ährch. mit abgerundet. Spelz., höchst. v. Rücken, nicht von d. Seite zus.gedrückt

13 Hüllspelze fehld, Ährch. gebüschelt, B.scheid. aufgeblas., niederliegdes Zwerggras, 2–6 cm, ⊙, 8–10   **Coleanthus** S. 258

13* Hüllspelz. vorhanden

14 Hüllspelz. 3, Rispe reichblütg, zuletzt überhängd, B.scheid. abstehd behaart   **Panicum** S. 263

14* Hüllspelz. 2, B.scheid. kahl

15 Ährch. 5–7 mm lg, 1–2blütg, mit kolbenförmg verkümmert. Blü.rest, Rispe oft zus.gezogen, ährch.arm   **Melica** S. 226

15* Ährch. 2–4 mm lg, Rispe ausgebreitet, locker, 3–4ästg, ährch. reich

16 Ährch. grün, Hüllspelz. lger als Deckspelz., Rispenäste dünn, später oft herabgeschlag., B. bläul.-grün, kahl, untersts gekielt, bis 1,5 cm brt u. mit bis zu 7 mm lg. gesägt. B.häutch., Pf. mit kurz. Ausläufern 50–100 cm, ♃, 5–7   **Milium** S. 260

16* Ährch. meist viol. (2blütg), Hüllspelz. kürzer als Deckspelz., Pf. mit lg. Ausläufern, 10–40 cm, ♃, 6–9   **Catabrosa** S. 225

12* Ährch. v. d. Seite zus.gedrückt, mit ± gekielt. Spelz.

17 Ährch. meist ohne Hüllspelz., stark bewimpert, Rispe mit geschlängelt. Ästen, oft halb in d. B.scheide stecken bleibd, b. rückwärts rauh, gelbgrün, 50–100 cm, ♃, 8–10   **Leersia** S. 262

17* Hüllspelz. 2 od. 4

18 Hüllspelz. 4, d. 2 äußer. kahnförmg-lanzettl., Ährch. büschelg gehäuft, Rispe knäuelg gelappt, B.häutch. bis 6 mm lg, ± zerschlitzt (vgl. *Phragmites*),   **Phalaris** S. 262

18* Hüllspelz. 2, Rispe locker, fein verzweigt, 3–vielästg, Ährch. 2–4 mm lg

19 Ährch. 2–3 mm lg, Hüllspelz. lger als kahle Deckspelz., B. oberts gerieft, untersts matt, kahl, B.grund ohne Öhrch.   **Agrostis** S. 248

19* Ährch. 4 mm lg, Deckspelz. behaart, vgl.   **Poa** S. 219

3* Ährch. 2–mehrblütg

20 Ährch. innen mit fein. Haaren, B.grund (statt B.häutch.) mit silberweiß. Haarbüscheln (vgl. *Phalaris*), Pf. mit Ausläufern, 1–4 m, ♃, 7–9   **Phragmites** S. 263

20* Ährch. innen ohne od. nur mit ganz kurz. Härch.

21 Hüllspelz., wenigst. eine, so lg od. fast so lg wie Ährch.

Abb. 22. Ährchen von *Corynephorus* mit keulig
verdickten Grannen

22 Ährch. ohne Grannen, Rispe mit 5–10 Ährch.
23 Ährch. 2blütg, mit kolbenförmg verkümmert. Blü.rest. vgl. **Melica** S. 226
23*Ährch. 3–5blütg, Deckspelze 3zähng, B. starr-rinng, obersts bläul.-grün,
    untersts glänzd.-grün, spärl. bewimpert, B.grund mit Haarkranz, Blü.-std
    straff, schräg aufsteigd   **Danthonia** S. 246
22*Ährch. mit deutl. sichtbar. od. im Ährch. versteckt. Granne
24 Blü.std einfach traubg mit 3–5 bis 1,5 cm lg., meist viol. überlauf. Ährch.,
    Deckspelze randl. bewimpert, mit zuletzt gedreht. Granne, B. meist gerollt,
    B.grund mit Haarkranz   **Danthonia** S. 246
24*Blü.std meist rispg od. doppeltraubg. Ährch. kleiner, Deckspelze mit
    rückenstdg. Granne, B.grund ohne Haarkranz
25 Ährch. 5–12 mm lg, Granne fast so lg wie Ährch., Rispe 3–vielästg
26 Ährch. nur mit 1 gekniet. Granne (slt. dazu eine zweite kürzere), Blü.rispe
    10–20 cm lg, ± zus.gezogen, Sprosse dünn, aufrecht, B.graugrün, schwach
    behaart, B.häutch. gezähnt, 40–150 cm, ⚃, 6–7 **Arrhenatherum** S. 242
26*Ährch. mit 2–5 Grannen
27 Ährch. 5–8 mm lg
28 Hüllspelz. 1–3nervg, Deckspelz. gekielt   **Trisetum** S. 243
28*Hüllspelz. 6–9nervg, Granne meist gekniet u. gedreht, Rispenäste
    fadendünn, B.häutch. bis 1 cm lg, 30–70 cm, ☉, 6–7 **Ventenata** S. 242
27*Ährch. wenigst. 10 mm lg, Deckspelz. nicht gekielt, B.rand meist kahl
                                                                Avena S. 244
25*Ährch. 2–6 mm lg, Granne klein od. ganz im Ährch. versteckt, Rispen meist
    2ästg
29 Granne keulg verdickt, im Ährch. versteckt (Abb. 22), Rispe fein verzweigt,
    grau-silberfarb., nach d. Blü. zus.gezogen, B. fein-borstl.-starr, graugrün,
    Horstgras, 15–30 cm, ⚃, 6–7   **Corynephorus** S. 246
29*Granne nicht keulg verdickt
30 Ährch. bleich-rötl., Deckspelz. oben stumpfl. gerundet, B. flach, wenigst.
    Halmknoten ± behaart   **Holcus** S. 242
30*Ährch. nicht bleich, Deckspelz. 2–4zähng, kurz (z. T. versteckt) begrannt, B.
    schmal, borstl. od. gerieft, Halmknot. kahl
31 Deckspelze ± 2spitzg., Ährch. 2–3 mm, Pf. einjährg   **Aira** S. 239
31*Deckspelze meist 4zähng, Pf. ausdauernd   **Deschampsia** S. 240
21*Hüllspelz. deutl. kürzer als Ährch.
32 Ährch. stark abgeflacht, Deckspelz. auf d. Rücken gekielt (Ausn. *Poa
    violacea*)
33 Ährch. an d. Rispenästen geknäuelt, B. kahl, gekielt, jge Sprosse abgeflacht
                                                                Dactylis S. 225
33*Ährch. gleichmäßg an d. Rispenästen verteilt
34 Rispe dicht vgl.   **Koeleria** S. 247
34*Rispe locker ausgebreitet
35 Ährch. 8–20blütg, längl.-lineal, B.grund lg bewimpert, Rispenäste spiralg

angeordnet **Eragrostis** S. 236
vgl. auch **Bromus** (S. 201) u. **Festuca** (S. 206)
35* Ährch. 3–7blütg, 2–6 mm lg, B.grund nicht bewimpert, meist mit B.häutch.,
B. obersts mit je 1 Rinne zu beid. Seiten d. Mittelnervs (Schienenb.), B.spitze
oft kapuzenförmg zus.gezogen **Poa** S. 219
32* Ährch. auf d. Rücken ± gerundet (Ausn. *Festuca pulchella*)
36 Spelzen ohne Grannen, stumpfl.
37 Ährch. rundl.-herzförmg, an dünn. Stielen hängd, B. 2–4 mm brt, rückwärts
rauh, B.scheiden glatt, B.-häutch. kurz, 20–50 cm, ⚄, 5–7 **Briza** S. 224
37* Ährch. längl., nicht hängd, Gräser feucht. Standorte (Ausnahme: *Cata-podium*)
38 Ährch. 2 mm lg, 2blütg, Pf. *Poa*-ähnl. vgl. **Catabrosa** S. 225
38* Ährch. lger, mehrblütg, Pf. (außer *Puccinellia*) mit Ausläuf.
39 B.scheid. ± geschloss., Ährch. 5–11blütg
40 Pf. (10–)20–100 cm hoch, Ährch.stiele meist mehrere mm lg gestielt, nicht
starr, Ährch. gerundet, Pf. feuchter Standorte **Glyceria** S. 217
40* Pf. 3–20 cm hoch, Ährch.stiele kurz, starr, Ährch. ± zus.gedrückt,
B.häutch. bis 6 mm lg, zerschlitzt, Pf. trockener Standorte, 3–20 cm, ⊙, 5–9
Catapodium S. 218
39* B.scheid. wenigstens bis z. Mitte od. ganz offen, Ährch. 3–7blütg
41 B.scheid. offen, B. 6–12 mm brt, vorwrts rauh, B.häutch. bis 6 mm lg,
Deckspelze am Grde lghaarg, Rispe bis 30 cm lg, 90–180 cm, ⚄, 6–7
Scolochloa S. 218
41* B.scheid. bis z. Mitte geschloss., B. unter 6 mm brt, Pf. graugrün, ohne
Ausläuf., *Poa*-ähnl. **Puccinellia** S. 219
36* Spelz. zugespitzt od. begrannt
42 Ährch. 1–4 cm lg, Risp.äste abwechselnd auf d. gegenüberliegd. Seite d.
4kantg. Risp.achse eingefügt (zweistwendg), meist mit 2 od. mehr. Äst.,
B.scheid. meist geschloss., wie B. bewimpert, Deckspelze eiförmg-längl.,
Narbe unt. Scheitel d. Fr.kn. sitzd **Bromus** S. 201
42* Ährch. 0,4–1,2 cm, Risp.äste auf 2 Seit. d. meist 3kantg. Risp.achse
eingefügt, ± einstwendg, unt. meist nur mit 1 Ast, B.scheid. meist offen,
Deckspelze. lineal-lanzettl., Narbe auf Spitze d. Fr.kn. sitzd,
43 Deckspelz. meist nur kurz begrannt, Pf. ausdauernd **Festuca** S. 206
43* Deckspelz. mit 8–15 mm lger Granne, Pf. einjährg **Vulpia** S. 215

Alle Arten Windbestäubg u. meist Windverbrtg, auch Kleb- u.
Klettverbrtg

Trespe, Brómus L.

1 Untere Hüllspelze 1-, obere 3nervg, beide ungleich lg, schmallanzettl.
2 Granne so lg wie ihre Spelze od. lger, Ährch. (bes. getrocknet) mit spreizd.
Grannen, Rispe überhängd, B.häutch. in Haare zerschlitzt
3 St. oben behaart, Rispe einstswendg, dicht, Rispenäste weichhaarg mit 4–12
Ährch., B.häutch. 1–2 mm lg, 10–30 cm, ⊙, 5–6 **B. tectorum** 475
3* St. oben kahl, B.scheiden weichhaarg, Rispe locker, ± allseitg ausgebreitet,
Rispenäste rückwrts rauh, mit 1–2 Ährch., B.häutch. 4 mm lg, 30–50 cm, ⊙,
5–6 **B. sterilis** 474
vgl. auch mit schief aufrecht., nicht überhängd. Rispe **B. madritensis** 476
2* Grannen kürzer als ihre Spelz., z. T. fehlt, wenig spreizd, Pf. ausdauernd
4 Rispe groß, überhängd, Rispenäste rauh, Granne ca. 1 cm lg, B.scheiden

behaart, B. bis 1 cm brt, behaart, am Rande rauh, Waldgras, 60–150 cm, ⌃,
    6–8   **B. ramosus** 471
4* Rispe aufrecht, dicht, Wiesengräser
5   B. am Rande ± abstehd bewimpert, ca. 2 mm brt, Rispenäste kurz.
     wenigährg, Grannen 3–10 mm lg, Staubb. orange-braun, 30–60 cm, ⌃, 5–7
                                               B. erectus 472
5* B. (wie B.scheiden) kahl, 5–8 mm brt, Rispenäste lger, reichährg, Ährch.
     lineal-stumpfl. mit kurz zugespitzt. od. 2–4 mm lg begrannt. Deckspelz.,
     Staubb. gelb, Pf. mit Ausläufern, 30–100 cm, ⌃, 6–7   **B. inermis** 473
1* Untere Hüllspelze 3–5-, obere 5–9nervg, beide oft fast gleich lg, ellipt.
6   Unt. B.scheiden kahl od. fast kahl, ± gefurcht, abgeblühte Ährch. mit stark
     eingerollt. Deckspelz., dadurch aufgelockert, Rispenäste 3–8 cm lg, zuletzt
     überhängd, 30–80 cm, ☉, 6–7   **B. secalinus** 464
6* Unt. B.scheiden behaart, Deckspelz. zuletzt nicht od. undeutl. eingerollt
7   Ährch. am Rück. gerundet
8   Rispenäste ± steif-aufrecht, 0,5–3 cm lg, Rispe aufrecht od. nickd
9   Seitenrand d. kahl. Deckspelze bogig abgerundet, Rispenäste 1–3 cm lg, ob.
     B.scheiden glatt od. rückwrts etwas rauh, Pf. ± hellgrün, Staubb. bis 3 mm
     lg, 30–50 cm, ☉, 5–6   **B. racemosus** 466
9* Seitenrand d. ± behaart. Deckspelze stumpfwinklg, Rispenäste 0,5–2 cm lg,
     B.scheiden samtg-weichhaarg, Pf. graugrün, Staubb. bis 1,5 mm lg, 20–50
     cm, ☉, 5–6   **B. hordeaceus** 467
8* Rispenäste 3–15 cm lg, Rispe locker, oft überhängd
10 Deckspelze so lg wie Vorspelze, mit 7–9 mm lg. Granne, Staubb. 3–4 mm lg,
     Ährch. oft viol. überlaufen, zuletzt etwas aufgelockert, 15–22 mm lg,
     B.häutch. 2 mm lg, Pf. etwas blaugrün, 30–80 cm, ☉, 5–7
                                               B. arvensis 465
     vgl. auch mit kürzerer Rispe u. 4 mm lger Granne **B. brachystachys** 477
10*Deckspelz. 1–2 mm lger als Vorspelz., Staubb. 1–2 mm lg
11 Granne trocken nicht auswärts spreizd, bis 9 mm lg, Ährch. 1,5–2 cm lg, Pf.
     mäß. behaart, 30–90 cm, ☉, 5–6   **B. commutatus** 468
11*Granne trocken auswärts spreizd (gedreht), bis 12 mm lg, B. u. B.scheiden
     stark behaart
12 Risp.äste mit 1–4 lineal-lanzettl. Ährch., Spelz. z. Fr.zeit sich nur am
     Grunde deckd, 10–25 cm, ☉, 5–6   **B. japonicus** 469
12*Risp.äste meist nur mit 1(2) brt-eilanzettl. Ährch., einstswendg, Blü.std
     meist traubg, 20–40 cm, ☉, 5–6   **B. squarrosus** 470
7* Ährch. gekielt, stark abgeflacht, lanzettl.
13 B. 4–6 mm brt, B.häutch. behaart, Granne höchst. 3 mm lg, 20–80 cm, ⌃, 6–
     8   **B. willdenowii** 478
13*B. 2–3 mm brt, B.häutch. glatt, Granne üb. 3 mm lg, 20–70 cm, ⌃, 6–9
                                        B. unioloides 479

464. Roggen-T., B. secalínus L., zml. slt. in Roggenfeldern, auch im
Weizen, v. all. im Wintergetreide, auf nährstoff- u. basenreich., meist
kalkarm., sandig. od. rein. Lehmböden, durch Saatreinigg zurückgehd,
seit jüng. Steinzeit im Gebiet, Aperion-Verb. char. – Ebene bis mittl.
Gebirgslag., Ju u. A bis 1000 m, Sch bis 800 m, – T – formenreich:

1   Deckspelze 6–9 mm lg, zuletzt stark eingerollt, Granne bis 5 mm lg, Ährch.
     5–7blütg

464a. **ssp. secalínus,** verbr. Sippe, v. all. in tiefer. Lag., Weizen- u. Roggenbegl. – euras – Chrom. 2n = 28.

1* Deckspelze 9–12 mm lg, wenig eingerollt, Granne bis üb. 10 mm lg, Ährch. 10–15blütg

464b. **ssp. multiflórus** Aschers. (*B. gróssus* Desf. ex Lam.), etwas wärme- u. basenliebender, *Triticum spelta*-Begl., daher s. slt. geword. – mitteleurop – Chrom. 2n = 28.

465. **Acker-T., B. arvénsis** L., zerstr. in Unkrautges., an Wegen, auf Schutt, auch im Wintergetreide, auf mäß. trock., nährstoff- u. basenreich. Lehmböden, z. T. Futterpf., seit Bronzezeit im Gebiet, z. B. mit *Melilotus*-Arten, Chenopodietea-Kl.char., auch in d. Secalinetea – Ebene bis mittl. Gebirgslag., A bis 930 m, Ju bis 750 m – euras-med, verschleppt – T – Chrom. 2n = 14, formenreich:

1 Pf. 30–80 cm hoch, Ährch. 15–22 mm lg

465a. **ssp. arvénsis,** verbr. Sippe, s. o.

1* Pf. 80–110 cm hoch, Ährch. 13–15 mm lg

465b. **ssp. segetális** Scholz (*B. billótii* auct.), Wintergetreide-Begl., ob im Gebiet? – osmed – Chrom. 2n = 28.

466. **Traubige T., B. racemósus** L., zml. hfg in Naßwiesen, slt. Naßweiden, v. all. tief. Lagen, auf sicker-grundfeucht.-nass., nährstoffreich., kalkarm., mäß. sauer. humos., kühl. Lehm- u. Tonböden (Gley od. Pseudogley), etwas wärmeliebd u. frostempfindl., mäß. Futtergras, Calthion-Verb.char. auch in feucht. Arrhenatherion-Ges. – Ebene bis mittl. Gebirgslag., v. all. im Nordw. u. in d. westl. Silikatgebirg. bis rd 650 m, A fehld – subatl(-smed) – T – Chrom. 2n = 28 (14).

467. **B. hordeáceus-Gruppe**

1 Deckspelze 5–6 mm lg, ± kürzer als Fr., an d. Spitze gespalt. mit im Spalt.grd stehder Granne, meist kahl, Ährch. 5–7blütg, Pf. meist kleiner als *B. hordeaceus*

467a. **Zierliche T., B. lépidus** Holmb., zml. slt. in Sisymbrietalia-Ges., auch in trock. Wies. – v. all. im Nordw. d. Gebiet., auch An, Br, Th, Sa, Verbrtg im S ungenügend bekannt – subatl – Chrom. 2n = 28.

1* Deckspelze 6,5–15 mm lg, so lg od. lger als Fr., Granne unterhalb d. Deckspelz.einschnittes entspringd

2 Halme wenig zahlreich, gebüschelt, aufrecht od. knickg aufsteigd, (5)10–50(80) cm hoch, Ährch. 5–12blütg

3 Deckspelze 8–11 mm lg, meist behaart

467b. **Weiche T., B. hordeáceus** L. **ssp. hordeáceus** (*B. móllis* L.), verbr. in Unkrautges. od. in trock. Wies., an Böschgen u. Weg. auf mäßg trock., nährstoffreich., ± humos. Sand- u. Lehmböd., etwas wärmeliebd, Wiesenunkraut, v. all. im Hordeetum mur. u. and. Sisymbrion-Ges., auch im Arrhenatherion (DV) – Ebene bis mittl. Gebirgslag., schon üb. 500 m slt., A bis 1000 m – euras-smed – Chrom. 2n = 28.

3* Deckspelze 6–8 mm lg, meist kahl

467c. **Falsche Dünen-T., B. hordeáceus ssp. pseudothomínii** (Sm.) Scholz, slt. in Ruderalges. od. in Rasensaat. d. Binnenlandes – Verbrtg ungenügd bekannt – Chrom. 2n = 28.

2* Halme zahlreich, d. äußer. rosettg niederliegd, slt. lger als 15 cm, Ährch. 4–6blütg, Deckspelze meist kahl

467d. **Dünen-T., B. thominii** Hard., slt. in Sandtrock.ras. d. Küst.dünen, in Koelerion alb.-Ges. – Nord- u. Ostsee – atl – Chrom. 2n = 28.

468. Wiesen-T., Verwechselte T., B. commutátus Schrad. (*B. praténsis* Ehrh.), slt. u. unbestdg in Äckern, Kunstwiesen od. an Wegen u. Böschungen, auf frisch.-mäß. trock., nährstoff- u. basenreich., $\pm$ humos. Lehm- u. Tonböden, wärmeliebd, gern in Klee-, Luzerne- od. Esparsette-Äckern, ferner im Cynosurion od. and. Arrhenatheretalia-Ges. – Ebene bis mittl. Gebirgslag., im Nordw. wie im Silikatgebirge u. Av–A slt. od. fehld – smed(-subatl) – T – Chrom. 2n = 28, 14.

469. Japanische T., B. japónicus Thunb., slt. u. unbestdg in Getreidefeldern od. Unkrautges. an Wegen u. Schuttplätz., auf mäß. trock., nährstoff- u. basenreich., vorzugsw. kalkhaltg. sandig. od. rein. Lehm- u. Tonböden, v. all. im Caucalidion, auch in Sisymbrion-Ges. – v. all. Wärmegebiete u. Tieflag. – kont-med – T – Chrom. 2n = 14.

470. Sparrige T., B. squarrósus L., slt. ab. gesellg in lückg. Unkrautfluren, an Wegen, Schuttplätz. od. im Bahngelände, auf trock.-sommerwarm., nährstoff- u. basenreich., meist feinerde- u. humusarm. Sand- u. Kiesböden, lok. Char. d. Berteroëtum (Dauco-Melilotion) – Rh (Hafengebiete eingebürgert), sonst meist nur vorübergehd – med-kont – T – Chrom. 2n = 14.

471. Wald-T., B. ramósus Huds., zml. hfg in krautreich. Laub- u. Nadelwäldern, in Schlägen u. an Waldwegen, auf grund- od. sickerfrisch., nährstoff- u. basenreich., meist kalkhaltg., mild-mäß. sauer., locker. humos. Lehm- u. Tonböden (Mullböd.), Halbschattpf. – im ganzen: eurassubozean-smed – H – formenreich:

1 Ob. B.scheid. dicht 3–4 mm lg behaart, Rispe zuletzt weit ausgebreitet, unterst. Risp.ast bis 20 cm lg mit nur 1 zusätzl., fast gleich lgem Ast, jeweils mit 5–9 Ährch., 80–150 cm, 7–8

471a. **ssp. ramósus** (*B. ramósus* Huds.), so v. all. in Waldverlichtg. auf frisch. basenreich. Lehmböden., Atropion-Verb.char. – Ebene bis mittl. Gebirgslag. (Kalk- u. Lehmgebiete), A bis 1010 m – subatl-smed – Chrom. 2n = 42.

1* Ob. B.scheid. kurz flaumg behaart, Rispe einseitg überhängd, unterst. Risp.ast aus 2–4 ungleich (2–10 cm) lgen Äst. bestehd, d. kürzeste mit nur 1 Ährch., 50–90 (120) cm, 6–7

471b. **ssp. benekénii** (Lange) Sch. et Thell. [*B. benekenii*(Lange)Trim.], v. all. in Fagion-, Carpinion- od. Tilio-Acerion-Ges., Fagetalia-Ordn.char.

– Ebene bis mittl. Gebirgslag., A bis 1300 m – mehr gemäßkont – Chrom. 2n = 28.

472. Aufrechte T., B. eréctus Huds., zml. hfg u. bestandsbildd in Kalk-Magerrasen u. mager. warm. Wiesen, an Rainen u. Böschungen, auf entwässert. Moorwiesen, an Erdanrissen u. steinig. sonnig. Hängen, auf mäß. trock. (-wechselfrisch.), basenreich., mäß. sauer-mild., $\pm$ humos., locker., flach-tiefgründg. Lehm- u. Lößböden, auf Kalk, Basalt, Porphyr od. Gneis, bis 60 cm tief wurzeld. Intensivwurzler, z.T. Pionierpf., Magerktszeiger, nicht weidefest, mittelwertg. Futtergras, Brometalia-Ordn.-char., auch im trock. Arrhenatherion (Arrhenatheretum brometosum) od. Molinion – Ebene bis Gebirge (Kalkgebiete), A bis 1350 m – smed, z.T. verschleppt – H – Chrom. 2n = (42) 56, formenreich.

473. Unbewehrte T., B. inérmis Leyss., zerstr. in mager, trock. Wiesen od. halbruderal. Rasen-Ges., an Wegen u. Böschungen, auf sommerwarm., trock.-wechseltrock., basenreich., gern humos., locker. sandg. Lehm- u. Lößböden, auch auf Kies od. Ton, tiefwurzld. Kriechwurzel-Pionier, mäß. Futtergras (in Ungarn u. N-Am. z.T. kultiv.), v. all. in ruderal. Halbtrockenras., Agropyretalia(Elymetalia)-Ordn.char., oft angesät – v. all. Trocken- u. Wärmegebiete im O, im W slt. u. mehr ruderal (z.B. nöRh) – euraskont, circ, iiii Gebiet an d. W-Grenze beständg. Verbrtg – H – Chrom. 2n = (28) 42, 56 (76).

474. Taube T., B. stérilis L., verbr. im Unkrautsaum trock. Wege, in lückg., leicht beschattet. Wiesen, auf Schuttplätzen, an Mauern od. Böschung., auch in Kleefeldern, auf mäß. trock.-frisch., nährstoffreich., meist humusarm., locker., sandig. od. kiesig. Lehmböden, sandbevorzugd, Licht-Halbschattpf., Stickstoffzeiger, wärmeliebd, Klettverbrtg, Sisymbrion-Verb.char., auch im Fum.-Euphorbion od. in rein. Beständ. – Ebene bis mittl. Gebirgslag. (schon Av slt., höhere Gebirge u. A fehld) – smed, verschleppt – T – Chrom. 2n = 14 (28).

475. Dach-T., B. tectórum L., hfg in lückg. warm. Unkrautges., an Wegen, Dämmen, im Bahnschotter od. in Kiesgruben, auf Mauern, auch in stickstoffbeeinflußt. lückg. Trockenrasen, auf trocken-sommerwarm., mäß. nährstoffreich., basenreich., oft kalkhaltg., meist humus- u. feinerdearm. Sand- u. Kiesböden, Pionierpf., Klett- u. Ameisenverbrtg, Sisymbrietalia-Ordn.char., auch in Corynephoretalia-Ges. – Ebene bis mittl. Gebirgslag. (warme Tieflag., A bis 930 m) – smed-kont, verschleppt – T – Chrom. 2n = 14.

Seltene und unbeständge Neuankömmlinge sind ferner u. a.:

476. Mittelmeer-T., B. madriténsis L., Rispenäste aufrecht, unter 4 cm lg, St. kahl – z.B. Rh – Herkunft med (dort Hordeion-Art) – Chrom. 2n = 28.

477. Kurzährige T., B. brachystáchys Horng., ähnl. *B. arvénsis*, ab. Rispe kürzer, Ährch. bis 12 mm lg – z.B. Rh, An, NWe – Herkunft Orient.

478. **Willdenow's T., B. willdenówii** Kunth, slt. in Ruderalges. – z. B. Rh – Herkunft: westl. S-Am. (wo wichtge Futterpf.) – Chrom. 2n = 42.

479. **Plattähren-T., B. unioloides** H. B. K., slt. in Ruderalges. – z. B. süRh – Herkunft: östl. S-Am. (Futterpf.) – Chrom. 2n = 42.

Schwingel, Festúca L.

1 Blü.std rispg od. locker traubg, Pf. ausdauernd (1* S. 207)
2 B. alle flach, 3–5–15 mm brt
3 Granne 10–20 mm lg, meist geschlängelt, B. mit nach oben gewendet., fettglänzd. grün. Unterseite, am Grund mit spitz., st.umfassd. B.öhrch., B.scheide kahl, Pf. ohne Ausläufer, 60–120 cm, ⚄, 7–8 **F. gigantea** 482
3* Granne kurz od. fehld
4 Ährch. eiförmg kurz, 3–4blütg, meist braunrot, B. 2–3 mm brt, B.scheid. unten geschloss., Alpenpf., 20–50 cm, ⚄, 7 **F. pulchella** 480
4* Ährch. längl., 4–8blütg, B.scheiden durchweg offen
5 B.häutch. 1–3 mm lg, dünnhäutg, Ährch. 6–7 mm lg, Rispe nickd, B. derb, 7–10 mm brt, oberts bläul.grün, unbehaart u. glatt (vgl. *Calamagrostis arundinacea*), Pf. ohne Ausläufer, Waldgras, 50–120 cm, ⚄, 6–7 **F. altissima** 481
5* B.häutch. höchst. 1 mm lg, gestutzt, Ährch. 8–12 mm lg, B. oberts gerieft, unterts glatt, mit Öhrch., Wiesengräser
6 Unterer klein. Rispenast mit 1–3 Ährch., B. 10–30 cm lg, 3–5 mm brt, B.öhrch. kahl, Rispe zus.gezogen, aufrecht, Grundachse kurz kriechd, 30–80 cm, ⚄, 6–7 **F. pratensis** 484
6* Unterer klein. Rispenast mit 3–8 kleineren (mehr ellipt.) Ährch., B. 25–70 cm lg, 2–10 mm brt, oberts meist kurz behaart (rauh), B.öhrch. bewimpert, Rispe etwas überhängd, Grundachse weit kriechd, 50–120 cm, ⚄, 6–7 **F. arundinacea** 483
  vgl. auch **Festulolium** 544
  sowie mit flach. Grundb. **F. diffusa** 486c
2* B., wenigst. grundstdge borstl., St.b. z. T. flach, 1–3 mm brt
7 St.b. (frisch!) flach od. hohlkehlg gerollt, B.scheide ± geschlossen
8 Pf. horstbildd, ± dichtrasig, Fr.kn. oben feinborstg, Grundb. 0,3–0,7 mm
9 Ährch. längl., meist grün, Granne 3 mm lg, Grundb. haarförmg (0,4 mm), ± rauh (nicht ölg glatt, vgl. *Deschampsia flex.*), überhängd, St.b. 2–3 mm brt, Waldpf., 60–100 cm, ⚄, 6–7 **F. heterophylla** 485
9* Ährch. ellipt., meist dunkelviol., Granne bis 4 mm lg, Rispe überhängd, Alpenpf., 20–60 cm, ⚄, 6–8 **F. violacea** 487
8* Pf. lockerrasg, mit ± kurz. unterird. Ausläufern, Fr.kn. kahl, Grundb. borstl., 6kantg (0,5–1 mm), Rispe aufrecht od. wenig nickd, unterst. Rispenast ungefähr halb so lg wie Blü.std (vgl. *F. ovina*), Granne 1–2 mm lg, 20–60 cm, ⚄, 6–7 **F. rubra** 486
7* St.b. wie Grundb. borstl. gerollt, grün od. bläul. bereift
10 B.häutch. bis 2 mm lg, gestutzt, Deckspelze zugespitzt, begrannt, Ährch. meist viol. gescheckt, B. s. fein, Alpenpf., 10–20 cm, ⚄, 7–8 **F. quadriflora** 488
   B. borstenförmg, starr, in schopfförmg. Horst., Deckspelze nicht begrannt, Ährch. gelbgrün, 25–50 cm, ⚄, 7–8, vgl. **F. varia** 489

10* B.häutch. s. kurz od. undeutl., B.grund meist mit klein. seitl. Öhrch.
11 B.scheiden über d. Hälfte geschlossen
12 B.scheide mit Längsfurche, oft blauviol. überlaufen, B. feinborstg u. s. lg,
Rispe locker, 8–20 cm lg, nickd, 50–90 cm, ♃, 6–7 **F. amethystina** 490
12* B.scheide ohne Längsfurche, Rispe 1,5–3 cm lg, traubg, aufrecht, Ährch. rd.
6 mm lg, kleine Alpenpf.
13 Staubb. höchst. 1 mm lg, Ährch. meist blaßgrün, B. haardünn (0,4 mm), 5–
10 cm, ♃, 6–7 **F. alpina** 492
13* Staubb. 2–3 mm lg, Ährch. 4–5blütg, ± dunkelviol., St. ob. kantg
14 St. ob. behaart (rauh), Granne kürzer als halbe Deckspelze, B. borstl.-schlaff
10–20 cm, ♃, 6–7 **F. rupicaprina** 494
14* St. ob. glatt, Granne wenigst. halb so lg wie Deckspelze, B. borstl., mehr
starr, 5–15 cm, ♃, 6–8 **F. halleri** 493
11* B.scheiden nur unten (höchst. bis $^1/_3$) geschlossen, Rispenäste aufrecht, d.
unterste ca. $^1/_3$ d. Blü.std. (vgl. *F. rubra*), 10–30 cm, ♃, 6–7
F. ovina 491
1* Blü.std ährig mit 2zeilg an d. 4kantg. Ährenachse sitzd. Ährch., 10–30 cm,
☉, 5–7 vgl. **Micropyrum** 583

480. Schöner Sch., F. pulchélla Schrad., zml. slt., ab. gesellg in subalp. u.
alp. Hangwiesen (Wildheu-Planken), v. all. im Bereich d. Wald- u.
Baumgrenze, auf sommerwarm., sickerfrisch., basenreich., locker., z. T.
bewegt., neutral. humos. Lehm- u. Tonböden (mullartg. Ranker), Char.
d. Caricetum ferrug. (Caricion ferrug.) – A, rd. 1700–2310 m – alp – H –
Chrom. 2n = 14.

481. Wald-Sch., F. altíssima All. [*F. sylvática* (Poll.) Vill.], zml. hfg u.
gesellg in submont.-mont. Buchen- u. Buchen-Tannen-Wäldern, auf
grund- od. sickerfrisch., kühl., meist mäß. sauer., mull- od. modrig
humos., gern mittelgründg. steing. Lehmböd., v. all. in humid. N- u. O-
Lagen, Schattengras, opt. im Abieti-Fagetum, überreg. Fagion-
Verb.char. – Ebene bis mittl. Gebirgslag., v. all. Silikatgebirge, Wärme-
u. Trockengebiete slt. od. fehld, A bis 1200 m – subatl(-smed) – H –
Chrom. 2n = 14.

482. Riesen-Sch., F. gigántea (L.) Vill., hfg in Erlen- od. Eschen-Auen-
Wäldern, an Waldquellen, feucht. Waldwegen od. in Waldverlichtg., auf
stau- od. sickernass., nährstoff- u. basenreich., neutral-mäß. sauer.
humos., tätg., sandg. od. rein. Tonböden (Gley), Vernässgs- u.
Bodenverdichtgs-Zeiger, Schatt-Halbschattgras, Eschenbegleiter, Alno-
Ulmion-Verb.-char., auch in feucht. Ruderal- u. Schlag-Ges. (z. B. im
Alliarion) – Ebene bis mittl. Gebirgslag., A bis 1100 m – euras(subozean)
– H – Chrom. 2n = 42.

483. Rohr-Sch., F. arundinácea Schreb., zerstr., ab. gesellg in
Uferwiesen, an Bächen u. Gräben, an feucht. Wegen od. in gestört.
Naßweiden, auf sicker-wechselnass. (z. T. zeitw. überflutet.), nährstoff-
u. basenreich., humusarm., schweren sandg. od. rein. Tonböden (Roh-
Auböden), überflutgs- u. überschüttgsfest., bodenfestgd. Wurzelkriech-

Pionier, Tiefwurzler, Bodenverdichtgs- u. -vernässgs-Zeiger, Lichtpf., Stromtalpf., mittelwertg. Futtergras, schwache Char. d. Dactyl.- u. Potent.-Festucetum arund. [Agr.(El.)-Rumicion], auch in Molinietalia-Ges. – Ebene bis mittl. Gebirgslag., v. all. Kalkgebiete, A bis 1460 m – subatl(-smed), verschleppt – H – Chrom. 2n = 42.

484. Wiesen-Sch., F. praténsis Huds., verbr. in Fettwiesen u. Fettweiden, auch in Moorwiesen, Halbtrockenrasen, Ruderal- u. Läger-Ges., auf frisch.-wechselfrisch., nährstoff.- u. basenreich., mild-mäß. sauer., humos. Ton- u. Lehmböden, gern auf schwer. kühl. Böden, Tief- u. Intensivwurzler, hochwertg., oft gesät. Futtergras, winterfest, Molinio-Arrhenatheretea-Kl.char., auch im Mesobromion – Ebene bis mittl. Gebirgslag., A bis 1560 m – euras(subozean), verschleppt – H – Chrom. 2n = 14, formenreich:

1   Deckspelze 6–7 mm lg, Ährch. 9–11 mm lg, 7–8blütg

484a. ssp. praténsis, verbr. Sippe, s. o.

1*   Deckspelze 5 mm lg, Ährch. kleiner u. wenigerblütg

484b. ssp. apennína (De Not) Hegi, slt. in hochmont. Hochstaud.- u. Hochgras-Ges. auf frisch. Tonböd., z. B. im Adenostylion – A (Allgäu 1540 m) – pralp.

485. Verschiedenblättriger Sch., F. heterophýlla Lam., zml. hfg in Laubmisch-Wäldern v. all. tief. Lagen, auf mäß. frisch., basenreich., mäß. sauer., mull-modrig humos. Lehm- u. Lößlehmböden, Lehm- u. Lößzeiger, Halbschattgras, gern in Verhagerungszuständen an Waldrändern od. in Waldverlichtg., Eichenbegleiter, schwache Char. d. Galio-Carpinetum (Carpinion), auch im Luzulo-Fagenion od. slt. im Quercion pub. od. Quercion rob. – Ebene bis mittl. Gebirgslag., A bis 970 m – smed-gemäßkont – H – Chrom. 2n = 28.

486. Roter Sch., F. rúbra-Gruppe

1   Wurzelstock nur s. kurz kriechd, Pf. dichthorstg, B.scheid. weichhaarg, Rispe wenigährg, bis 15 cm lg, zuletzt zus.gezog., St.b. flach. frischgrün

486a. Horst-Sch., F. nigréscens Lam. (*F. rúbra* ssp. *commutáta* Gaud.), hfg. u. bestandbildend in Gebirgswies u. -weid., auf frisch., mäßg nährstoffreich., mäßg sauer., oft modrg-torfg humos. ± sandg. Lehmböd., Dodentestiger, mittelwertg. Futtergras, v. all. in Nardetalia- u. mager. Arrhenatheretalia-Ges. – mittl. u. hohe Gebirgslag. (v. all. Silikatgebirge), A bis 2210 m – no(subozean) – Chrom. 2n = 28, 42.

1*   Wurzelstock deutl. kriechd, auch Horste mit Ausläuf.

2   Pf. graugrün, Grund- u. St.b. borstl. gefaltet, B.scheid. kahl, Rispe bis 12 cm lg, Ährch. 7 mm lg

486b. Haar-Sch., F. trichopýlla (Ducr.) K. Richt. (*F. rúbra* ssp. *trichophýlla* Gaud.), s. slt. in Moorwies. als Char. d. Cirsio tub.-Molinietum (Molinion) – nöRh – smed(?) – Chrom. 2n = 42.

2* Grundb. borstl. gefaltet od. flach, St.b. meist flach
3 Grund- u. St.b. (frisch) flach, St.b. ob.sts kurzhaarg, Rispe groß, locker, vielährg, Ährch. üb. 10 mm lg, grün, Deckspelze flaumhaarg

486c. **Ausgebreiteter Sch., F. diffúsa** Dum. [*F. rúbra* ssp. *multiflora* (Hoffm.) Jiras], zerstr. in frisch. Staudenges. d. Gebirges, z. B. im Rumicetum alp. – A, Av, auf weitere Verbrtg zu achten – Chrom. 2n = 42, 56.

3* Grundb. borstl. gefaltet, Deckspelze (4)6–7 mm lg

486d/g. **Roter Sch., F. rúbra** L., Verbreitg u. Vorkommen she Unterarten.

1 Deckspelze meist kahl, Ährch. 7–8(10) mm lg, B.scheid. kahl od. behaart
2 St. meist üb. 25 cm hoch, Rispe bis 25 cm lg, Ährch. meist grün, Deckspelze 4–6 mm
3 B. 0,5–1 mm dick

486d. **ssp. rúbra**, verbr. v. all. in tiefer. Lag. in frisch. Wies. u. Weid., als Pioniergras an Weg. u. in Waldlichtg., auf frisch.-feucht. (kühl.), nährstoff- u. basenreich., ± humos., auch anmoorg. Lehm- u. Tonböd., bis 50 cm tief wurzelnd. Bodenfestiger, mittelwertges Futtergras (Untergras), Mol.-Arrhenatheretea-Kl.char. (v. all. magere Ges.) – Ebene bis mittl. Gebirgslag., A bis 2000 m – no-euras, circ – Chrom. 2n = (14, 28) 42 (56, 70).

3* B. 0,8–1,2 mm dick, binsenförmg, Deckspelze 5–7 mm lg

486e. **ssp. júncea** (Hack.) Soó, auf off., sandig. Böd., an Ufern, z. B. Av, Soziol. u. Verbreitg ungenügd bekannt, oft sekundär – Chrom. 2n = 42.

2* St. 15–25 cm hoch, knickg aufsteigd, Rispe 2–6 cm lg, Ährch. viol. überlauf.

486f. **ssp. litorális** (G. F. W. Mey.) Auq., zerstr. in feucht. Küstenwies., Armerion marit.-Verb.char. – Nord- u. Ostsee – europ. Küsten – Chrom. 2n = 42.

1* Deckspelze wollg behaart, Ährch. 9–12 mm lg, B.scheid. meist kahl u. rot, Ausläuf. s. lg

486g. **ssp. arenária** (Osb.) Syme, zerstr. in Küstendün., Koelerion alb.-Verb.char., auch im Ammophilion – Nord- u. Ostsee, slt. auch im Binnenland – Chrom. 2n = 56.

487. **F. violácea**-Gruppe

1 B.scheid. zerfasernd, Grundb. borstl., schlaff, St.b. flach, St. ob. rund, Ährch. dunkelviol. gescheckt, glänzd

487a. **Dunkelvioletter Sch., F. puccinéllii** Parl. [*F. nígricans* (Hack.) K. Richt.], zml. hfg in subalp. u. alp. Wildheuhängen, in Alpenwiesen u. -weiden, auch auf Schneeböden u. in Wildlägern, auf frisch., nährstoff- u. basenreich., neutral., humos., locker, z. T. bewegt. Lehm- u. Tonböd., auf Abwitterungshald., Char. d. Trif.-Festucetum viol. (Poion alp.),

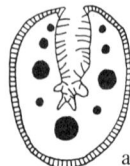  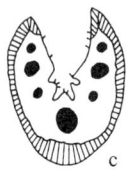

Abb. 23. Blattquerschnitte von a *Festuca pallens*, b *Festuca valesiaca*, c *Festuca duvalii*.

auch im Caricion ferr. – A (rd. 1600–2570 m) – walp – H – Chrom. 2n = 42.

1* B.scheid. nicht zerfasernd, B. weitrinng gefaltet, ± steif, St. ob. kantg, Ährch. hellviol. gescheckt

487b. Norischer Sch., F. nórica (Hack.) K. Richt., slt., v. all. in Seslerion-Ges., auch im Caricion ferr. – Berchtesg. A – oalp – H – Chrom. 2n = 14, 28,

vgl. auch *F. picturáta* Pils in d. Salzburg. A.

488. Niedriger Sch., F. quadriflóra Honk. (*F. púmila* Vill.), zml. hfg u. gesellg in hochalp. Rasenges., gern in Gratlagen, auf mäß. frisch. (wechselfrisch.), basenreich., neutral., modrig-humos., ± flachgründg. steinig. Lehm- u. Tonböden, v. all. in Pionier-Stadien, im Seslerion, hfg auch im Elynion, überreg. Seslerietea-Kl.char. – A rd 1700–2580 m – alp – H – Chrom. 2n = 14.

489. Bunt-Sch., F. vária Haenke, zerstr., ab. gesellg in warm. sonnig., steing., meist steil geneigt. u. lückg., bodensaur. Magerrasen d. hochmont.-alp. Stufe d. Ostalpen, Char. d. Festucetum variae s. l. (Festucion v.) – Österreich – oalp – H – Chrom. 2n = 28,

dazu mit entsprechd. soziol. Verhalten in d. Zentralschweiz aus d. *F. varia*-Gruppe: *F. acumináta* (azidophil) u. *scabricúlmis* (Hack.) K. Richt. (bodenvag), beide Chrom. 2n = 14.

490. Amethyst-Sch., F. amethýstina L., s. slt. in sonnig. Kiefern-Steppenwäldern, im Kiefern-Gebüsch, an Waldrändern, in Schotterauen, auf trock., durchlässg., basen(kalk-)reich., mild-mäß. sauer. humos. Stein- u. Kiesböden, meist mit *Erica herbacea* od. *Polygala chamaebux.*, Erico-Pinion-Verb.char., auch (Waldrelikt) im Mesobromion od. Caricion ferrug. – Bo, Ju (Kriegertal-SW-Alb), FrJu, Fr (s. slt.), Do (Lech- u. Isar-Auen), Av, A (bis 1400 m) – opralp(-gemäßkont) – H – Chrom. 2n = 14.

490a. ssp. rítschlii (Hack.) Lemke, mit gelbgrün. Ährch. u. reichblütger Rispe – Fr – nordöstl. Tieflds- u. Mittelgebirgssippe.

491. Schaf-Sch., Festuca ovína-Gruppe*)

1 B. im Querschnitt längl.-eiförmg, Bastring geschlossen, ± gleich dick od.
nur schwach ausgeprägt gebündelt (Abb. 23a) (1* S. 214)

2 B. eines Triebes auffald verschied. dick, die äußeren im Durchm. (Kiel-B.rand) 1–1,4 (1,6) mm, dreirippig, 9–11nervig, die inneren 0,6–0,9 mm, einrippg, 7nervig, grün, slt. schwach bereift, meist rauh, behaart, sltner fast glatt., B.scheid. auch d. Halme auffalld flaumhaarg, Horste s. kräftig, Rispen groß, 6–10 cm lg, dicht, Ährchen 8–10 mm, Deckspelzen 4,5–6 mm lg, brt-lanzettl., oft behaart, Grannen 2–2,5 mm lg, wenig kürzer als halbe Deckspelze

491a. **Derber Sch., F. heteropáchys** (Saint-Yves) Patzke (*F. cinérea* ssp. *crassifólia* Stohr non Gaud., *F. ovína* var. *firmulácea* Stohr), zerstr. an Silikatfelsen (Porphyr, Melaphyr, Schiefer u. a.), auch auf Kalkgestein od. Flugsand; auf Felsköpfen v. all. im Visc.-Festucetum (Koel.-Phleion), auch in Sedo-Scleranthetea-Ges. – Bo (z. B. Hohentwiel), süHü (Kaiserstuhl, Els), nöHü (Pf-Rheinhess.), Nahe-, Mittelrhein- u. Moseltal, süVog, slt. nöRh – westl. Mi-europa – Chrom. 2n = 28.

2* B. eines Triebes nicht auffalld verschied. dick, B.scheid. höchst. schwach flaumig

3 B. 1(–2)rippig, 5–7nervg, höchst. 0,9 mm dick, ± rauh, meist grün; zuweilen finden sich im gleichen Bestand Pf. mit grünen und schwach bereift. B. durcheinander

4 B. haarfein bis dünnborstlich, 0,2–0,6 mm dick

5 B.scheiden bis zu ¹/₃ d. Höhe geschlossen, Ährch. z. T. vivipar

491b. **Kleiner Sch., F. airoídes** Lam. (*F. supína* Schur), s. slt. in alp. Magerrasen auf saur. kalkarm. Böden, Nardion-Verb.char. – Allgäu, Wetterstein – arkt-alp – Chrom 2n = 14, 28, 35.

5* B.scheiden nur am Grunde geschlossen

6 Deckspelz. unbegrannt, stumpf, 2–3(–3,5) mm lg, Ährch. 4–5 mm lg, B. 0,2–0,4 mm dick, haarfein-schlaff

491c. **Haar-Sch., F. tenuifólia** Sibth. [*F. capilláta* Lam., *F. ovína* ssp. *tenuifólia* (Sibth.) Čel.], zml. slt., ab. gesellg in Sand–Magerrasen, in licht. artenarm. Eichenwäldern, in Kiefernforsten saurer armer Sandböden, an Wegen u. in Brachen, meist Sand- u. Säurezeiger, slt. auch auf Silikatgestein, im Wald Verhagerungszeiger, wärmeliebd, Violion-Verb.char., ferner im Thero-Airion u. Quercion rob. – Ebene bis mittl. Gebirgslag., v. all. im W u. Nordw. d. Gebiet., nordöstl. bis Br, L – subatl – H – Chrom. 2n = 14.

6* Deckspelzen begrannt, spitz 2,6–4,5 mm lg, Ährch. 4–6 mm lg, B. haarförmg bis schwach borstl., 0,2–0,4(–0,6) mm dick

491d. **Echter Sch., F. ovína** L. [*F. vulgáris* (Koch) Hayk], verbr. u. hfg in trock. od. wechseltrock. Magerrasen aller Art, in Heiden, lichten Eichen-

---

*) Nach Angaben von D. Korneck, E. Patzke u. I. Markgraf-Dannenberg.

u. Kiefernwäldern, auf nährstoff- u. basenarm., vorwiegd mäß. sauer. humos. Böd. all. Art, bis 50 cm tief wurzeld (mit endotroph. Wurzelpilz), Licht- u. Halbschattenpf., in Wäldern oft Verhagergs- und Degradationszeiger, ges.vag – Ebene bis Gebirge – no-euras, circ – H – Chrom. 2n = 14, 28.

var. ovína, verbr.; Ökotypen mit bes. haardünnen, graugrünen B. im Thero-Airion u. an Ameisenhaufen, in Nardo-Callunetea- u. Quercetalia rob.-Ges.

var. turfósa Mgf.-Dbg., B. s. fein (0,2–0,3 mm), auffallend graugrün, Deckspelzen oft viol. überlauf., randl. ± behaart, 2,9–3,8 mm lg – auf ausgetrocknet. Torfböden, in Abbau-Stadien von Mooren, Char. d. Thymo-Festucetum turf. (Violion) – z.B. Ba, Av.

4* B. dünn- bis dickborstl., 0,6–0,9 mm dick, 1–2rippg, frischgrün, slt. bereift u. dann blaugrün, St. kräftg, starr, Rispen 3–7,5(–10) cm lg, Ährch. 6–7 mm lg, Deckspelz. 3,5–5,25 mm lg, oft behaart

491e. Harter Sch., F. guestfálica Boenn. ex Reichenb. (*F. lemánii* auct. non Bast., *F. ovina* var. *firmula* Hack., *F. duriúscula* Poll.), verbr. auf trocken., meist kalkhaltg., neutral-mäßg sauer. Böden, in Magerrasen, v. all. Schafweiden, Fest.-Brometea-Kl.char., auch in trocken. Arrhenatheretalia- u. Molinion-Ges. od. im Cyt.-Pinion – Ebene bis mittl. Gebirgslagen, A bis 1350 m – zentraleurop. – H – Chrom. 2n = 28, nahe steht ferner: *F. lemánii* Bast. – viell. nöRh – westeurop. – Chrom. 2n = 42.

3* B. mehrrippg, borstl. bis binsenartg, 0,75–1,1 mm dick, (7–)9–11(–13)nervg, bis auf d. Ränder meist absolut glatt (Lippenprobe!), eingefaltete B.oberseite von Trichomen dicht besetzt, Bastring stark entwickelt, alle Pf. in all. Teil. durch Wachsüberzug meist stark bläulich abwischbar bereift, Rispen 4–10 cm lg, z. Blütezeit lockerspreizd, etwas nickd, Pf. extremer Standorte (*F. cinérea* auct. p.p., non Vill.)

7 Pf. felsiger Standorte. Abgestorbene B.spreiten lange bleibend.

8 Rispen ± überhängend, zur Blü.zeit locker, nickend, 4,5–8 cm lg, Rispenäste und -spindel bilden einen ± spitzen Winkel. Ährch. (6)7–8(–10) mm, Deckspelzen 4–5(–6) mm lg, kahl, Grannen 0,8–1,5 mm lg, Anthese gegen Abend. B.spreiten stets glatt (Abb. 23a).

491f. Blaser Sch., F. pállens Host, zerstr., ab. gesellig auf Felsbändern u. an steilen Felswänden (auch in Spalten), auf flachgründg-, warm., trock. basenreich., auch sauren Gesteinen: Kalk, Dolomit, Phonolith, Porphyr, Melaphyr, Basalt, Diabas, Schiefer u.a., wärmeliebend, Sesl.-Festucion pallentis-Verb.char. – Ju, Ba (Wutachtal), Mn, süHü (Istein), Pf (ob. Alsenztal), Nahetal, RS (Täler), Th, An, Sa – gemäßkont – H.

491f/1. ssp. pállens, B.spreit. völlig glatt – Chrom. 2n = 14.

491f/2. ssp. scabrifólia (Hack. ex Rohl.) Ziel., B.spreiten spitzenwrts schwach rauh – Chrom. 2n = 28.

8* Risp. aufrecht, meist dicht
9 B.scheid. bis z. Grde offen, B.spreit. abgerundet, Granne 1,5–2 mm lg
10 Risp. (8)10–11(13) cm, Ährch. 8–10(12) mm lg. Deckspelz. 5,2–6(7) mm, starr, meist stark behaart, Granne 1,5–2,5 mm, B.spreite glatt od. oben rauh, Sklerenchym in gleichmäßg. Ring

491g. Ungarischer Sch., F. pannónica Wulf. ex Host [*F. pállens* var. *pannónica* (Wulf. ex Host) Borb.], zerstr. in Felsras. (Kalk, Diabas, Basalt, usw.),wärmeliebd, in Sedo-Scleranthetalia-, v. all. Sesl.-Festucion pall.-Ges. – He, NSH, Mn, Th, An – gemäßkont – H – Chrom. 2n = 28.
Ob die Pf. d. genannt. Fundorte zu dieser Art gehören, ist umstritten. Vielleicht stellen sie eine eigens zu benennende Sippe dar.

10* Rispe 6–9 cm lg, Ährch. 6,5–7,3 mm, Deckspelz. 3,2–4,9 mm lg, kahl, Granne (1,5)1,7–2,1 mm lg, B.spreite glatt, Sklerenchym in 3 schwach. Bündeln, od. wenn ringähnl. an Ecken u. Basis ± verdickt

491h. F. pátzkei Mgf.-Dbg, slt. an felsg., flachgründg. Stellen, auf vorwiegd kalkarm., schwach sauer. (-basisch.) Unterlag., in Fest.-Brometea-Ges. – süVog, Saar-Moselgebiet – subatl-smed – H – Chrom. 2n = 14.

9* B.scheid. bis zu $^1/_3$ ihrer Länge geschloss., B.spreite seitl. zus.gedrückt, Granne 2,3–3,7 mm, Rispe 5–11 cm, Ährch. 8–11 mm lg, zieml. starke, oft ungleich kräftige Sklerenchymteile

491i. F. cúrvula Gaud. [*F. ovína* ssp. *crassifólia* (Gaud.) Zoll.], s. slt. an felsg., S-expon. Standort. d. (mont.) subalp.-alp. Stufe, auf basenreich., kalkarm. u. -reich. Unterlag., v. allem im Seslerion alb., auch in Steinschuttges. od. slt. in zentralalp. Stipo-Poion xeroph.-Ges. – A (Allgäu) – walp – H – Chrom. 2n = 56.

7* Pf. locker. Sandböden, Grundb.scheid. pergamentartg, lge bleibd, d. abgestorb. B.spreit. bald abwerfd

11 Halme unter der Rispe, Rispenachse und -äste ringsum dicht kurzhaarig (Lupe!). Unterste Verzweigung der unteren Rispenäste an oder kurz über deren Basis entspringend, daher scheinbar 2 Äste gemeinsam von der Rispenachse abgehend, Ährch. 4–7 mm, Deckspelz. 3,5–5 mm, Grannen 1,5–2(–3) mm lg. Untere B.scheiden öfters strohfarben, B.spreiten kurz zugespitzt, fast stechend, manchmal im oberen Teil schwach rauh, meist halb so lang wie die Halme u. aufrecht stehend, Pf. schwach bereift, oft auch unbereift

491k. Dünen-Sch., F. polésica Zapal. (*F. cáesia* auct., non Sm.), slt. auf Flugsanddünen, wärmeliebend, Koelerion glaucae-Verb.char., slt. auch im Armerio-Festucetum. – Me, Br – kont – H – Chrom. 2n = 14.

11* Halme bis oben völlig kahl, Rispenachse und -äste meist kahl, Rispenäste einzeln an der Rispenachse, Rispen stumpfwinklig verzweigt, untere Äste waagrecht bis auffallend zurückgeschlagen, Ährch. 5–6 mm, Decksp. (3)3,5 bis 4(–4,5) mm, Grannen 0,2–0,5 mm lg. Untere B.scheiden hfg violett überlaufen, B.spreiten an der Spitze stumpflich, meist völlig glatt, meist kürzer als die halbe Halmlänge, seitlich abstehend bis gebogen, Pf. meist stark bereift.

4911. Sand-Sch., F. psammóphila (Hackel ex Čelak.) Fritsch, Pionierpfl. offener, lockerer, neutraler bis basischer Flugsande, wärmeliebend, Koelerion glaucae-Verb.char. – Me, Br, An (Elbe) – europkont – H – Chrom. 2n = 14.

1* B. mehrrippig, im Querschnitt $\pm$ keilförmg, trock. $\pm$ deutl. längsfurchig, Sklerenchym (Festigungsgewebe, Bast) nie als gleich dicker Ring, am Kiel u. den B.rändern am stärksten entwickelt od. nur hier vorhanden (Abb. 23b–c)

12 B.haarfein bis dünnborstl., 0,3–0,5(–0,6) mm dick, stets 5nervg, rauh, bereift, mit 3 Sklerenchymbündeln in d. Mediane u. den B.rändern, im Querschn. Y- od. V-förmig (Abb. 23b)

13 Pf. kräftig, Halme bis 55 cm hoch, B. s. rauh, stark bereift, Rispen 3–7 cm lg, Ährch. 5–7 mm, Deckspelz, 3,5–5 mm lg, ob. Hüllspelz. längl.-lanzettl.

491m. Walliser Sch., F. valesíaca Schleich. ex Gaud., slt., ab. gesellg in Löß- u. Felssteppen, an Wegen u. Böschg., auf sommerwarm. trock.. basenreich., z.T. kalkarm., neutral. humos. (schwarzerdeartg.), lock., tiefgründg. Löß- od. flachgründg. Felsböden (Gips, Kalk, Porphyr, Melaphyr), Festucion val.-Verb.char., slt. auch im Cirsio-Brachypodion – nöHü, Mn(?), An, Th, Sa – kont, i. Gebiet a. d. Westgrenze d. Verbreitg – H – Chrom. 2n = 14.

13* Pf. zierl., Halme bis 35 cm hoch, B. wenig rauh, s. dünn, z.T. nur schwach bereift bis grün, Rispen 2–5 cm, Ährch. 4,5–5 mm, Deckspelz. 2,5–3,5 mm lg, ob. Hüllspelz. breit-lanzettl.

491n. Falscher Sch., F. pseudovína Hack.ap. Wiesb., zerstr. in betret. u. beweidet. Kalkmagerras., an Wegränd. auf verdicht. Tonböd., salzertragd., in Festucetalia val.-, Cynosurion- u. Polygonion av.-Ges. – Th, An, außerd. angesät u. eingebürgert z.B. nöRh, Nahetal, NWe – kont(smed) H – Chrom. 2n = 14, 28.

12* B. borstl. bis binsenförmg, 0,5–1,1 mm dick, $\pm$ rauh, B.scheid. rauh, Blü.zeit früh: Mai bzw. 2–3 Wochen vor *Sedum acre* (*F. rupícola*-Gruppe)

14 B. meist 5–7nervg, weit herab rauh, unbereift, B.scheid. kahl, B. 0,6–0,9 mm dick mit 3 zieml. stark. Sklerenchymbündeln, am Kiel u. in d. B,rändern, dazwischen zuweil. schwächere Bündel, Rispen 5–9 cm lg, zieml. locker, Ährch. 5,7–7,5 mm, Deckspelz. 4,5–5,5 mm lg, schmallanzettl., öfters behaart, Grannen ca. 2 mm lg

491o. Furchen-Sch., F. rupícola Heuff. **ssp. rupícola** [*F. sulcáta* (Hack.) Nym., *F. hirsúta* Host], slt. in besonnt. Trocken- u. Halbtrockenrasen an Böschungen u. Dämmen, auf basenreich., mild.-neutral. humos. Sand- u. Steinböd., Fest.-Brometea-Kl.char., auch in Agropyretea(El.)-Ges. – An, Sa, Th, He, Mn, Fr, FrJu, Mn, Do, BayW (Cham), adv. auch nöRh – nöHü – euraskont(-smed), im Gebiet an d. W-grenze d. Verbrtg – H – Chrom. 2n = 42.

491o/1. **var. rupícola**, untere B. 5nervg.

491o/2. **var. sulcataefórmis** (Mgf.-Dbg), untere B. 7nervg, obere 5–7nervg, so z. B. Do (Garchger Heide, bisher als *F. stricta* Host bezeichnet), Mn, usw.

14* B. 7–9(–11)nervig, binsenartg, 0,6–1,1 mm dick, z. T. nur oberwärts merkl. rauh, Sklerenchymausbildung s. schwankend: teils 3 Bündel in der Mediane u. den B.rändern, teils kommen Zwischenbündel vor, die (Abb. 23c) zusammenfließen können

15 Pf. stets in all. Teilen stark bereift, B. nur im oberst. Teil rauh, 0,6–0,85(–1) mm dick, 7(–9)nervig, B.scheid. kahl, Rispen, auch z. Blü.zeit $\pm$ geschloss., zusammengezogen, steif aufrecht, 4,5–7(9) cm lg, Ährch. 4,5–7(–8), Deckspelz. (3,5–)4–5 mm, Grannen 1,5–2,5 mm lg

491p. **Duval's Sch., F. duválii** (Saint-Yves) Stohr, slt., ab. gesellg in wärmeliebd. Trocken- u. Steppenrasenges., auf sommerwarm. trock., basenreich., z.T. kalkarm., flachgründg. Felsböden (Kalk, Gips, Tephrit, Porphyr, Melaphyr) u. auf kalkführd. Flugsand, Char. d. Stipetum cap. s. l., Festucion val.-Verb.char., auch im Koelerion gl. (Abbauphase) – Hü, nöRh, Mn – endem. – H – Chrom. 2n = 28.

15* Pf. schwach bereift bis grün, oft im gleich. Bestand durcheinand., B.scheid. s. rauh bis dicht behaart, B. meist i. d. ganzen Länge rauh, 0,7–0,9(–1,1) mm dick, 7(–9–12)nervig, Rispen z. Blü.zeit zieml. locker, sonst zus.gezog., 4–10 cm lg, Ährch. 6–10 mm, Deckspelz. 4–6 mm, Grannen 2–3 mm lg

491q. **Rauhblättriger Sch., F. trachyphýlla** (Hackel) Krajina, zml. hfg auf kalkarm. bis saur. Sandböden, in mesophileren Sandtrockenrasen, v. all. im Arm.-Festucetum (Koel.-Phleion), Fest.-Brometea-Art, s. oft angesät an Straßenböschg., Rainen, Dämmen u. in Zierrasen, von dort weithin verschleppt, auf Eisenbahnschottern d. Bahnhöfe, in Hafenanlagen usw. – v. all. Rh, Hü, Mn, Fr, Th, An, Br – mitteleurop. – H – Chrom. 2n = 42.

492. **Alpen-Sch., F. alpína** Suter, slt. in Felsspalt-Ges. d. hochalp. Lagen auf Kalk unter extrem. Klimabedingung., Char. d. Androsacetum helv. (Potentillion caulesc.) –A 1500–2600 m – alp – H – Chrom. 2n = 14.

493. **Haller's Sch., F. hálleri** All., zerstr. im saur. Magerras. d. alp. Stufe, Caricion curv.-Verb.char., auch im hochgeleg. Nardion – Zentralalp. – alp – Chrom. 2n = 14.

494. **Gemsen-Sch., F. rupicapprína** (Hack.) Kern., zerstr. in off. Steinschutt-Fluren d. subalp. u. alp. Stufe, slt. auch in Felsspalten, auf frisch., basenreich. meist kalkhaltg., humusarm., feinerdereich., bewegt. Steinschutt (Feinschutt), z. B. mit *Leontodon mont.*, schwache Thlaspion-Verb.char., auch in Seslerietalia-Ges. – A 1600–2630 m – alp – H – Chrom. 2n = 14.

Federschwingel, Vúlpia C. Gmel.

1 Sproß höchst. 3mal so lg wie Rispe, diese 2,8–25mal so lg wie unterst. Ast, St. meist bis z. Rispe umscheidet, 10–25(–60) cm, $\odot$, 5–7 **V. myuros** 495

1* Sproß mehr als 3mal so lg wie Rispe, diese 1,3–2,7mal so lg wie unterst. Ast,

St. meist aus d. B.scheide herausragd, 10–25 cm, ⊙, 5–7

V. bromoides 496

495. **Mäuseschwanz-F., V. myúros** (L.) C. Gmel., zml. slt., ab. gesellg, in off. Pionierrasen, auf Brachen, an Wegen u. im Bahngelände, auf sommerwarm.-trock., mäß. nährstoff- u. basenreich., sauer., durchlässg., ab. festen, humus- u. feinerdearm. Sand- u. Kiesböden, Char. d. Filagini-Vulpietum (Thero-Airion), auch halbruderal im Sisymbrion od. Onopordion – v. all. im SW d. Gebiet., sonst slt. od. adv. unbestdg – medsmed, weltweit verschleppt – T – Chrom. 2n = 14, 42.

496. **Trespen-F., V. bromoídes** (L.) S. F. Gray (*Festúca dertonénsis* A. et Gr., *F. sciuroídes* Roth), zml. slt., oft mit vor. in ± off. Pionierrasen, auf sommerwarm.-trock.-frisch., kalkarm., sauer., humusarm. Sand- u. Lehmböd., wärmeliebd, im Filag.-Vulpietum (Thero-Airion), ab. auch in mager. *Agrostis cap.*-Ras. ohne *V. myuros* – v. all. im SW d. Gebiet., sonst slt. od. adv. unbestdg – med(-atl), in warm-temp. Zonen heute weltweit – T – Chrom. 2n = 14.

Zwenke, Brachypódium P. B.

1 Pf. mit unterird. Ausläuf., herdenbildend, B. hell-graugrün, 4–7 mm brt, schwer verwesd u. im Winter charakt. vergilbte Ras.deck. bildend, Blü.ähre steif aufrecht

2 Ähre mit 6–8 Ährch., B.häutch. bis 12 mm lg, B.unterseite durch zahlreiche kl. Stachelhärch. (Lupe) etwas rauh u. v. matt. Glanz, 50–60 cm, ♃, 6–8
B. pinnatum 497

2* Ähre mit 8–10 Ährch., B..häutch. 1–2 mm lg, B. ± graugrün, am Rand oft eingerollt, B.unt.seite höchst. mit spärl. Stachelhärch., speckg glänzd, meist nach ob. gewandt, 60–90 cm, ♃, 6–8
B. rupestre 498

1* Pf. ohne Ausläuf., in locker. Horst., B. grasgrün, unt.sts mit weiß. Mittelnerv, Blü.traube überhängd, obere Ährch.grann. lger als Deckspelze, 40–80 cm, ♃, 7–8
B. sylvaticum 499

497. **Fieder-Z., B. pinnátum** (L.) P. B., zml. hfg u. gesellg in Kalk-Magerrasen, auf Extensiv-Weiden, an Rainen, in licht. Wäldern, an off. Bodenstellen, auf mäß. frisch., basenreich., meist kalkhaltg., mild.-mäß. sauer., (modrig) humos. od. roh., mittel-tiefgründg. Lehm- od. Lößböden, Magerktszeiger, bodenfestigd. Wurzelkriech-Pionier (mit endogen Wurzelpilz), feuerfest (durch Brand konkurrenzbegünstgt), Licht-Halbschattpf., in licht. Wäldern verjüngungshemmd. Verhagerungszeiger, schlecht. Futtergras, v. all. im Mesobromion u. Cirsio-Brachypodion, Festuco-Brometea-Kl.char., auch in warm. Nardetalia-od. trock. Molinion-Ges., im Geranion sang., Erico-Pinion od. Ceph.-Fagenion usw. – Ebene bis Gebirge, A bis 1600 m (Kalkgebiete), im nördl. Tiefld slt – euras(kont) – H, Ch – Chrom. 2n = 28.

498. **Stein-Z., B. rupéstre** (Host) Roem. et Schult. [*B. pinnátum* ssp. *rupéstre* (Host) Schubl. et Hart.] zerstr. in Halbtrockenras. (Mesobromion) u. Saumges. d. Origanetalia – v. all. A u. Av, auch Hü, Ju, Do,

Fr bis Sa, Verbreitg z. T. noch ungenügd bekannt – smed-subatl – H, Ch – Chrom. 2n = 14

499. **Wald-Z., B. sylváticum** (Huds.) P. B., hfg in Auenwäldern u. feucht. Laubmisch-Wäldern, auf grund- u. sickerfrisch., nährstoff- u. basenreich., mild-mäß. sauer. humos., sandig. od. rein. Ton- u. Lehmböden (Mullböden), Lehmzeiger, Halbschatt-Schattpf., v. all. im Alno-Ulmion u. feucht. Fagetalia-Ges., auch im Quercion pub., Querco-Fagetea-Kl.char., oft angereichert in Schlägen u. Säum. (Glechometalia) – Ebene bis Gebirge (Kalk- u. Lehmgebiete), A bis 1550 m – euras(subozean)-smed – H – Chrom. 2n = 18.

Süßgras, Glycéria R. Br.

1   St. meist aufrecht, rd. 0,5–1 cm dick, Blü.rispe ausgebreitet, B.häutch. 1–3 mm lg
2   B. 10–15 mm brt, Blü.rispe 20–40 cm lg, Ährch. 6–10 mm lg, 80–150 cm, ⚥, 7–8   **G. maxima** 500
2* B. 2–6 mm brt, zweizeilg gespreizt, Blü.rispe 10–20 cm lg, Ährch. 2–4 mm lg, 30–100 cm, ⚥, 7–8   **G. striata** 505
1* St. niederliegd – aufsteigd, abgeflacht, B.häutch. ca. 5 mm lg, Ährch. 10–20 mm lg, 7–11blütg
3   Risp.äste mit 1–4 Ährch. einstswendg, oft zus.gezog., Staubb. viol. od. gelbl.viol.
4   Deckspelze spitzl., 6–7 mm lg, Staubb. 2–3 mm lg, B. grün-graugrün, ob.sts gerippt, B.scheide aufwrts rauh, B.häutch. am jg. B. spitz, lger als zugehörg. B. brt, 30–100 cm, ⚥, 5–9   **G. fluitans** 501
4* Deckspelze mit 2–4 kl. Zähn., 3–4 mm lg, Staubb. bis 1 mm lg, B. blaugrün, ob.sts nicht gerippt, wie d. B.scheid. glatt, B.häutch. (am jg. B.) kürzer als zugehörg. B. brt, mit aufgesetzt. Spitzch., Pf. niederliegd, bogig aufsteigd, 10–40 cm, ⚥, 6–8   **G. declinata** 502
3* Risp.äste mit 4–15 Ährch. meist abstehd, Deckspelze stumpf-wellg gestutzt, B.häutch. gestutzt, kürzer als zugehörg. B. brt
5   Deckspelze mit 7 stark. Nerv., 3,5–4,5 mm lg, Ährch. ca. 15 mm lg, hellgrün. Staubb. 1–1,5 mm lg, oft gelbl., B. ob.sts gerippt, wie B.scheid.aufwrts rauh, 10–70 cm, ⚥, 6–8   **G. plicata** 503
5* Deckspelze mit 3 stark. u. 4 undeutl. Nerv., Ährch. ca. 12 mm lg, zuletzt ± gelbbraun, B. 8–10 mm brt, sehr rauh, 30–100 cm, ⚥, 6–7
                                              G. nemoralis 504

500. **Großes S., Wasserschwaden, G. máxima** (Hartm.) Holmbg. (*G. aquática* Wahlenb.), zml. hfg u. gesellg als Röhricht an Ufern od. in Gräben mit stehd. od. lgsam fließd. Wasser u. stark wechselnd. Wasserständ., auf s. nährstoff- u. basenreich., meist kalkhaltg., ± mild. humos. Schlammböden, licht- u. wärmeliebd, jg als Futtergras, später als Streu genutzt, Char. d. Glycerietum max. (Phragmition) – tiefere Lagen; Silikatgebirge, Av u. A fehld – euras(kont)-smed – W – Chrom. 2n = 60.

501. **Flutendes S., G. flúitans** (L.) R.Br., hfg im Bachröhricht, an Bächen, Gräben od. Quellen, auch in licht. Auenwäldern, auf kühl., sickernass. od. flach überflutet., mäß. basenreich., meist kalkarm., neutral-mäß.

sauer., mesotroph. anmoorig. Sand- od. Tonböden, Licht-Halbschattpf., Wasserverbrtg, gutes Futtergras, (Samen früher im N als Schwadengrütze), Char. d. Glycerietum fluit. (Sparganio-Glycerion), auch in Cardamino-Montion-, Phragmition- od. Calthion-Ges. – Ebene bis Gebirge, A bis 1650 m – eurassubozean (circ) – W – Chrom. 2n = 40.

501a. f. terréstris Glück, auf feucht. Wegen im Agr.(El.)-Rumicion.

502. **Blaugrünes S., G. declináta** Brébiss., zerstr. in Pionier-Ges. auf nass. Waldwegen, an quellg. Weg- u. Grabenrändern, auf sickernass., mäß. nährstoff- u. basenreich., kalkarm., mäß. sauer., humos. sandig. Lehmböden, Halbschattgras, v. all. in frisch. Tretges z. B. mit *Juncus tenuis*, in Agr.(El.)-Rumicion- u. Polygonion av.-Ges., ferner DAss d. Stell.-Scirpetum set. (Nanocyperion) – Ebene bis mittl. Gebirgslag., Sch bis 960 m, v. all. im W d. Gebiet. – subatl – H, W – Chrom. 2n = 20.

503. **Gefaltetes S., G. plicáta** Fr., zerstr. im Röhricht an Bächen od. in Gräben, meist mit lgsam fließd. Wasser, auf s. nährstoff- u. basenreich., oft kalkhaltg., humos. Schlammböden, licht- u. wärmeliebd, Char. d. Glycerietum plic. (Sparg.-Glycerion), auch in Bidention-Ges. – Ebene bis mittl. Gebirgslag., A bis 1670 m – euras-smed-med, circ – W Chrom. 2n = 40.

504. **Hain-S., G. nemorális** (Uechtr.) Uechtr. et Koern., slt. auf nass., zeitw. überschwemmt., nährstoffreich. humos. Lehmböd., in Gräb. u. licht. Erlenauen, Char. d. Glycerietum nem.-plic. (Sparg.-Glycerion), auch im Alno-Ulmion – Me, SH – gemäßkont – H, W – Chrom. 2n = 20.

505. **Gestreiftes S., G. striáta** (Lam.) Hitch., slt. auf nass. Waldwegen, v. all. im Agr.(El.)-Rumicion im Kontakt mit d. Stell.-Scirpetum set. (Nanocyperion) – süHü (Dinkelberg) – Neuankömmlg aus N-Am, sich einbürgernd, mit subatl-smed Ausbrtgstendenz – H – Chrom. 2n = 20. Bastard: *G. × pedicelláta* Towns. (*G. fluitans × plicata*), nicht slt.

Schwingelschilf, Scolóchloa Lk., vgl. S. 201.

506. **Sc. festucácea** (Willd.) Lk., zerstr. in Röhrichtges. stehd. od. langs. fließd. Gewässer, im Glycerietum max. (Phragmition) u. Phalaridetum (Magnocaricion) – Br, Me – euraskont, circ – H – Chrom. 2n = 28.

Steifgras, Catapódium Lk. vgl. S. 201

(506a). **C. rigidum** (L.) Hubb. [*Scleropóa rígida* (L.) Griseb., *Desmazéria rígida* (L.) Tut.], s. slt. als Neubürger auf offen., steinig., basenreich. Böd. mit *Vulpia my.*, in med: Thero-Brachypodietea-Kl.char. – RS (Lahntal), Th – med-smed-subatl – T – Chrom. 2n = 14.

Hartgras, Scleróchloa P.B. vgl. S. 197

507. **S. dúra** (L.) P.B., s. slt. u. unbestdg in Tritt-Ges., auf sommerwarm-trock.-wechseltrock., nährstoff- u. basenreich., humusarm., dicht.

u. fest., Lehm- u. Tonböden, salzertragd, Char. d. Sclerochloo-Polygonetum (Polygonion av.) – v. all. nöHü, auch Fr (Trockengebiete), mehr unbestdg: Rh, Ne, Mn, NWe, NS, Th, Br – med(-kont), verschleppt – T – Chrom. 2n = 14.

Salzschwaden, Puccinéllia Parl.

1 Risp.äste rauh, blühd ± waagr. abstehd, untere zu 2–5, Pf. ohne Ausläuf.
2 Deckspelze gestutzt, Staubb. 0,7–1 mm lg, Risp.äste waagr. od. zurückgeschlag.
3 Ährch. 3–6blütg, oft bläul. überlauf., Rispe locker, 15–50 cm, ⚥, 7–10
           P. distans 508
3* Ährch. 4–8blütg, oft dunkelviol., Rispe dicht, 15–50 cm, ⚥, 7–10
           P. limosa 510
2* Deckspelze zugespitzt, Staubb. 0,5–0,8 mm lg, Risp.äste waagr. od. aufrecht, B. schmal, 15–50 cm, ⚥, 7–10   **P. capillaris** 509
1* Risp.äste ± glatt, aufrecht-abstehd, zuletzt zus.gezog., Pf. mit ausläuf.artg. Trieb., 20–60 cm, ⚥, 6–9   **P. maritima** 511

508. Gewöhnlicher S., P. dístans (L.) Parl. **ssp. dístans** (*Atropis dístans* Griseb.), slt. in off. betret. Salzrasen-Ges. in d. Umgebung v. Salinen od. Salzquellen, auf frisch. (wechsel-frisch.), nährstoffreich. Salzton-Böden, auch an Jauche-Stellen, im Chenopodion rubri, Agr.(El.)-Rumicion od. Polygonion av., an d. Küst. Char. d. Puccinellietum dist. (Puccinellion mar.), in Steppengebieten bezeichnde Salzpfannenpf. auf Solonez-Böden – nöRh, nöHü, Pf, Do, Av, FrJu, Fr, Mn, usw., verschleppt an salzgestreut. Straßen – euras-med – H – Chrom. 2n = 14, 28, 35, 42.

509. Haar-S., P. capilláris (lilj.) Jans. [*P. dístans* ssp. *boreális* (Holmb.) Hugh.], zerstr. auf Salztonböd. in Puccinellion mar.-Ges. – Nord- u. Ostsee-Küste – H – Chrom. 2n = 42.

510. Schlamm-S., P. limósa (Schur) Holmb. [*P. dístans* ssp. *limósa* (Schur) Jav.], s. slt. an Salzstell. d. Binnenlandes – An, Th – europkont – H – Chrom. 2n = 28.

511. Strand-S., P. marítima (Huts.) Parl., slt. auf Salzwiesen d. N- u. O-See-Küsten, Char. d. Puccinellietum mar. (Puccinellion mar.) – euras – H – Chrom. 2n = 56, 60, 63, 70.

Rispengras, Póa L.

1 St. u. B.scheiden rd od. kaum etwas abgeflacht (1* vgl. S. 220 unten)
2 St.grund durch B.scheiden zwiebelg verdickt, B. 1–1,5 mm brt, alle B.häutl. längl.-spitz, Ährch. oft ergrünend (vivipar), 10–30 cm, ⚥, 6–7
           P. bulbosa 514
2* St.grund nicht zwiebelg verdickt, höchstens von vielen, dicht übereinander liegend. B.scheiden umgeben u. deshalb etwas zylindr. verdickt
3 B. mit weißl. Knorpelrand, blaugrün, kurz, starr, Ährch. ellipt., zugespitzt, kurz gestielt, Rispe dadurch gedrängt, 10–30 cm, ⚥, 5–7
           P. badensis 516

3* B. ohne weißl. Knorpelrand, grün-graugrün
4 Unterster Rispenast ohne od. mit 1(–2) grunständig. Zweigen, glatt (wenn rauh vgl. *Poa compressa*)
5 Unt. Hüllspelze 1-, obere 3nervig, Rispe ausgebreitet, Pf. meist ruderal
6 Staubb. ungeöffnet 0,7–1,2 mm lg, Deckspelz. meist grün, B.häutch. am ober. St.b. 2–4 mm lg, weißl., an B.scheide herablaufd, unterste Risp.äste waagrecht abstehend, 3–20 cm, ⊙, auch ♃ (leicht zu verwechseln mit *P. supina*), 1–12   **P. annua** 512
6* Staubb. ungeöffnet 1,4–2,5 mm lg, Deckspelz. meist braunviol. überlauf., B.häutch. am ober. St.b. 0,8–2 mm lg, nicht an B.scheide herablaufd, unterste Rispenäste nach Blü. abwärts gerichtet, Pf. mit ausläuferartg. Trieben, rasenbildd, 5–25 cm, ♃, 5–6   **P. supina** 513
5* Beide Hüllspelzen 3nervg, Rispe ausgebreitet od. zus.gezogen, Pf. teils mit Ausläufern, Alpenpf.
7 Hüllspelzen in eine scharfe Spitze verschmälert oder mit deutl. aufgesetzter Stachelspitze, unt. B.häutchen kurz gestutzt, ob. verlängert, Ährch. am Ende der Rispenäste gedrängt (letzte Ährch. wenig. als $^1/_2$ Ährch.länge entfernt), oft ergrünend (vivipar), Pf. horstig, ohne Ausläufer, 10–30 cm, ♃, 6–8   **P. alpina** 515
7* Hüllspelzen stumpf od. breit zugespitzt, Ährch. am Ende der Rispenäste nicht gedrängt (letzte Ährch. mehr als $^1/_2$ Ährch.länge entfernt)
8 Pf. kriechend mit bis 10 cm lgn Ausläufern, untere B.häutchen kurz, gestutzt, Rispe bis 10 cm lg, locker, Ährch. bis 7 mm lg, meist grünl. 15–35 cm, ♃, 7   **P. cenisia** 517
8* Pf. horstig, ohne od. höchst. mit bis zu 5 cm lgn Ausläufern, alle B.häutchen längl. spitz, Rispe meist zus.gezogen, Ährch. 4–5 mm lg
9 Rispe bis 7 cm lg, meist nickend, St.knoten v. B.scheiden verdeckt, 10–25 cm, ♃, 7   **P. laxa** 518
9* Rispe bis 4 cm lg, Rispenäste s. dünn, ± geschlängelt, St.knoten unbedeckt, Ährch. 4–6blütg, viol. überlauf., 5–25 cm, ♃, auch ⊙, 7   **P. minor** 519
4* Unterster Rispenast mit 2–4 grundständig. Zweigen, slt. weniger, rauh

10 B.häutch. höchst. 1,5 mm lg, gestutzt, Deckspelze 2,5 bis 4 mm lg
11 B.häutch. nur unten gestutzt, oben bis 3 mm lg, vgl.   **P. cenisia** 517
11* B.häutch. durchweg kurz, gestutzt
12 Oberste St.b. so lg wie ihre Scheide, waagrecht abstehd (Wegweiser-Gras), B. 1–2 mm brt, bläul.-grün (meist ohne Kapuzenspitze), Rispe armblütg, locker, etwas zus.gezogen u. nickend, Ährch. 4–5 mm lg, Pf. ohne Ausläufci, 20–50 cm, ♃, 6–7   **P. nemoralis** 520
12* Oberste St.b. kürzer als ihre Scheide, St. meist glatt, oft etwas abgeflacht, Rispe reichblütg, Hüllspelzen fast gleich lg (vgl. *P. trivialis*), Pf. mit unterird. Ausläufern, 10–50 cm, ♃, 5–6   **P. pratensis** 523
10* B.häutch. 2–5 mm lg, spitz, Deckspelze 2–2,5 mm lg
13 St. oben (meist auch B.scheide) ± rauh, B. unterts glänzd, Rispe reichblütg, Hüllspelz. s. ungleich lg, Deckspelze zarthäutg, Pf. mit oberird. ausläuferartg. Trieben, 20–90 cm, ♃, 5–6   **P. trivialis** 522
13* St. meist glatt, B. unterts matt, B.häutch. 2–3 mm lg, Rispe oft armblütg, nickd, Deckspelze ± gekielt mit gelb. Spitze, Pf. liegd-aufsteigd, 30–90 cm, ♃, 6–8   **P. palustris** 521
1* St. u. B.scheiden deutl. abgeflacht, ± 2schneidg gekielt

14 B. schmal-lineal, graugrün, Pf. knickg aufsteigd, mit Ausläufern, Rispe armblütg, 3–8 cm lg, schmal, mit steif., etwas einstswendg. Ästen, Ährch. 5–8blütg, 20–40 cm, ⑵, 6–7 **P. compressa** 524

14*B. 4–15 mm brt, B.sprosse ± schwertlilienartg abgeflacht, Pf. ohne Ausläufer, Rispe 10–30 cm lg, Ährch. 2–5blütg, Deckspelze mit 5 deutl. Nerven

15 B.häutch. bis 1,5 mm lg, fein bewimpert, B.scheide rauh, oberst. St.b. 1–10 cm lg, B. 5–10 mm brt mit ausgeprägt. Kapuzenspitze, Rispe bis 25 cm lg, Deckspelze glatt, 60–120 cm, ⑵, 6–7 **P. chaixii** 525

15*B.häutch. 2,5–4 mm lg, ganzrandg od. gekerbt, nicht bewimpert, B. mit undeutl. Kapuzenspitze, Deckspelz. grd behaart

16 Alle B.scheid. rauh, oberst. St.b. 10–20 cm lg, B. 7–9 mm brt, Rispe bis 30 cm lg, locker, Rispenäste bis 17 cm lg, nur im letzt. Drittel mit 2–3blütg. Ährch., Deckspelze am Grund wollg behaart, 50–120 cm, ⑵, 6–7 **P. remota** 526

16*Obere B.scheide glatt, B. 4–6 mm brt, ± ohne Kapuz.spitze, Rispe bis 20 cm lg, Hüllspelz. glatt, 60–150 cm, ⑵, 6–7 **P. hybrida** 527

512. Einjähriges R., P. ánnua L., verbr. in Trittrasen, an Plätzen u. Wegen, auch in Unkrautges. d. Äcker u. Gärten, auf frisch., oft etwas beschattet., nährstoff(stickstoff-)reich., ± humos., gern dicht., sandg. od. rein. Lehm- u. Tonböden, in humid. Lage, Licht-Halbschattpf., Flachwurzler, Kulturbegleiter, Lückenbüßer in übernutzt. Weiden, Plantaginetalia-Ordn.char., auch im Cynosurion od. in Chenopodietea-u. Secalinetea-Ges. – Ebene bis Gebirge, A bis 2400 m – no-euras-med, in gemäß. Gebiet. heute weltweit verschleppt – T – Chrom. 2n = 28, formenreiche allotetraploide aus d. med-atl *P. infirma* Kunth in H. B. K. (Chrom. 2n = 14) u. *P. supina* entstandene verbreitgstüchtge Sippe.

513. Läger-R., P. supína Schrad. (*P. ánnua* ssp. *vária* Gaud.), zml. hfg in Tritt- u. Lägerges. d. Gebirges, auf frisch., nährstoff(stickstoff-)reich., sandig. od. rein. Lehm- u. Tonböden, Char. d. Alchemillo-Poëtum sup. (Polygonion avic.), auch im Rumicion alp. od. in beweidet. Salicetea herb.- od. Montio-Cardaminetea-Ges. – Sch (ca. 600–1490 m), BayW, Hz, Erzg, RS, He, NSH, ThW, Av, A bis 2375 m, auch Bo, Ba, Ju (SW-Alb) – alp-pralp-no – H – Chrom. 2n = 14.

vgl. ferner *P.* × *nannféldtii* Jir. (*P. ánnua* × *supína*), hfg mit d. Eltern – Chrom. 2n = 21.

514. Knolliges R., P. bulbósa L., slt. in lückig., oft etwas ruderal beeinflußt. Sand-Trockenrasen, an Wegrainen u. Dämmen, auf sommerwarm.-trock., basenreich., oft kalkarm., humus- u. feinerdearm. Sand- u. Grusböden, wärmeliebde Pionierpf., Brutknospenverbrtg, Sedo-Scleranthetea-Kl.char., auch im Polygonion av. od. in d. Fest.-Brometea, in med: Thero-Brachypodietea-Art – Ebene bis mittl. Gebirgslag., im Nordw. fehld – med-smed(-kont), verschleppt – H – Chrom. 2n = 14, 28, 42, 45, 58, oft vivipar (var. *vivípara* Koel.).

515. Alpen-R., P. alpína L., örtl. zml. hfg in subalp. u. alp. Fettweiden u. Fettwiesen, auch in Läger- u. Schneeboden-Ges., auf frisch., nährstoff-

u. basenreich., mild.-mäß.sauer., humos. Lehm- u. Tonböden, wertvoll. Futtergras, Poion alp.-Verb.char., auch im Rumicion alp. od. Polygono-Trisetion, ferner als Alpenschwemmlg im Flußschotter – A bis 2600 m, verschwemmt u. unbestdg: Bo, Do, Av, (Vog eingebürgert) – alparkt(subozean), circ – H – Chrom. 2n = 14, 28, 30–34, 33–46–74 formenreich (im Gebiet v. all. in d. var. *vivípara* L.).

516. Badener R., Pannonisches R., P. badénsis Haenke ex Willd., slt. in Trocken- u. Steppenrasen, in Dünen, auf sommerwarm.-trock., basenreich., oft kalkhaltg., mild-neutral. humos. (schwarzerdeartg.) Sand- u. Tonböden, v. all. im Alysso-Sedion u. Koelerion gl., Sedo-Scleranthetea-Kl.char. – nöRh, nöHü, Mn (Windsheim), FrJu (Staffelberg), Th, An – europkont – H – Chrom. 2n = 14, 28, 42.

Nahe steht: **P. molinérii** Balb. [*P. badénsis* var. *xeróphila* (Br.-Bl.) Suess.] in Trocken-Tälern d. östl. Zentralalp., vgl. Stipo-Poion xeroph. Br.-Bl. et Tx. 43 – Chrom. 2n = 14.

517. Mont-Cenis-R., P. cenísia All., zerstr. in subalp. Steinschuttfluren u. Flußschotter-Ges., auf off., sickerfrisch., meist kalkhaltg., humusarm., feinerdereich., bewegt. Steinschutt- u. Geröllböden, Schuttkriecher, Thlaspietalia rot.-Ordn.char., verschwemmt auch im Epilobion fleisch. – A rd 800–2450 m, vorübergehd auch Av-Do – alp – H (G) – Chrom. 2n = 28, 50–55.

518 Schlaffes R., P. láxa Haenke (*P. flexuósa* Sm.), zerstr. in alp.-nival. Steinschuttfluren, auf Moränenböden, auf frisch. locker., humus- u. feinerdearm. Steinschutt- u. Kiesböden, Androsacion alp.-Verb.char. – nur Zentralalp., Fundort süSch (Belchen, C. Gmelin 1805) blieb unbestätigt – alp-arkt (subozean) – H – Chrom. 2n = 28.

519. Kleines R., P. mínor Gaud., slt. in off. Steinschuttfluren d. alp. Stufe auf durchsickert., kalkreich., humus- u. feinerdearm. locker. Steinschuttböden, auch in Felsspalten, Schuttkriecher, Thlaspietalia rot.-Ordn.char. – A rd. 1600–2610 m, auch Av (verschwemmt) – alp – H – Chrom. 2n = 28.

520. Hain-R., P. nemorális L., hfg v. all. in licht. Laubmisch-Wäldern, auch Buchenwäldern, in Waldsäumen u. Hecken, auf frisch., nährstoff- u. basenreich., mild-mäß. sauer., mull-modrig-humos., mittel-tiefgründg. Lehmböden, Flachwurzler, Halbschattpfl., Verhagerungszeiger, schwache Querco-Fagetea-Kl.char., auch an Fels. u. im Steinschutt – Ebene bis Gebirge, A bis 2000 m – no-euras (circ) – H – Chrom. 2n = 28, 42 (35, 56, 70) formenreich.

Nahe steht d. arkt-alp. **P. glaúca** Vahl, B. blaugrün, ob. B.häutch. ca. 1 mm lg – in Steinschuttges. – Schweiz, Tirol – arkt-alp.

521. Sumpf-R., P. palústris L., zerstr. im Röhricht od. in Seggenwiesen, auf nass. od. überflut.-wechselnass., nährstoff- u. basenreich., mild-mäß.saur., humos. Schlammböden, v. all. an Ufern strömend. Gewässer, Stromtalpf., Licht-Halbschattpf., gutes Futtergras, Störzeiger, schwache Char. d. Phalaridetum arund., auch in and. Magnocaricion-Ges., im Calthion, Alnion od. ruderal – Ebene bis mittl. Gebirgslag., A bis 1500 m – no-euras(kont), circ – H – Chrom. 2n = 21, 28, 30, 32, 42.

522. Gewöhnliches R., P. triviális L., verbr. in Feuchtwiesen od. Äckern, in Fluß- u. Waldsäumen, in feucht. Unkrautges., auf sickerfeucht.-nass., nährstoff(stickstoff-)reich., mild.-mäß. sauer., humos. Lehm- u. Tonböden, Nässezeiger, düngerliebd, Licht-Halbschattpf., mäß. gutes Futtergras, Erstbesiedler, gern in Agr.(El.)-Rumicion- od. Galio-Urticenea-, auch in feucht. Mol.-Arrhenatheretea-Ges. (schwache Kl.char.) – Ebene bis Gebirge, A bis 2375 m – no-euras(subozean), verschleppt – H (Ch) – Chrom. 2n = 14, 28.

522a. var. multíflora Rchb., Pf. mit lg. Ausläufern, Rispenäste kurz, Ährch. genähert, so im Agr.(El.)-Rumicion.

523. Wiesen-R., P. praténsis L., verbr. in Wiesen u. Weiden, an Wegen u. Dämmen, auch in Unkraut-Ges. od. in licht. Wäldern, auf sommerwarm., frisch.-wechselfrisch., meist nährstoff- u. basenreich., locker., ± humos., mild-mäß. sauer. Lehmböden, bis 65 cm tief wurzeld. Kriechwurzel-Pionier, als Erstberaser geeignet, Licht-Halbschattpf., gutes Futtergras (Untergras), Molinio-Arrhenatheretea-Kl.char., auch im Mesobromion usw. (vgl. ferner Unterart.) – Ebene bis Gebirge, A bis 2375 m – euras(kont)(-smed) – H, G – formenreich:

1 Untere Risp.äste zu 3–5, B. zugespitzt od. ± kapuz.förmg, Ährch. grün, slt. viol. überlauf., Hüllspelz. ungleich lg, Pf. 20–60 cm hoch
2 Grundb. u. St.b. flach od. etwas rinng, bis 5 mm brt, Blü.rispe weng lger als brt

523a. ssp. praténsis, verbr. Wies.pf., Mol.-Arrhenatheretea-Art, s. o. – Chrom. 2n = (28) 50–78 (124).

2* Grundb. borstl. gefaltet, 1–2 mm brt, St.b. flach od. gefaltet, 2–3 mm brt, meist allmähl. zugespitzt, Blü.rispe fast 2mal so lg wie brt, untere Hüllspelze scharf zugespitzt

523b. ssp. angustifólia (L.) Gaud. (*P. angustifólia* L.), zerstr. in mager., ± offen. Rasenges. auf mäßg trocken., basenreich, mäßg nährstoffreich. Böd. all. Art, wärmeliebd, Agropyretalia(Elymetalia)-Ordn.char., auch in Fest.-Brometea-Ges. – v. all. in warm. Tieflag. – euras-smed – Chrom. 2n = 46–72.

1* Untere Risp.äste zu 1–2, B. 2–5 (8) mm brt, mit kapuz.förmg. Spitze, Ährch. bereift, ± viol., Hüllspelze ± gleich lg, 3nervg, Pf. 10–20 cm hoch

523c. ssp. irrigáta (Lindm.) Lindb. f. (*P. subcoerúlea* Sm., einschließl. *P. athroostáchya* Oett.), zerstr. in Pionierges. auf offen., feucht. humos., nährstoffreich. sandg. Lehm- u. Tonböd., in Küst.dünen z. B. im Agrostio-Poëtum* irrigatae (humilis) im Koelerion alb., sonst in Polygonion av.-Ges. – v. all. im N u. W d. Gebiet., auch BayW, süSch (bis 1400 m), usw., Verbrtg u. Soziol. ungenügd bekannt – nosubozean – Chrom. 2n = 38–147.

524. **Flaches R., P. compréssa** L., zml. hfg in Pionier-Ges., auf Dämmen, Mauern, in Kiesgruben, auf Schutt u. an Wegen, auf off., sommerwarm.-trock.-mäß.trock., meist mager., basenreich., ± humus- u. feinerdearm. Sand-, Kies- od. Steinböden, auch Löß od. Lehm, Wurzelkriech-Pionier, Agropyretalia(Elymetalia)-Ordn.char., z. B. im Poo-Tussilaginetum od. im Poëtum ancept.-compressae, auch in Corynephoretalia-Ges. – Ebene bis mittl. Gebirgslag., A bis 1860 m (Silikatgebirge slt. od. fehld) – euras (kont), circ – H – Chrom. 2n = 35, 42, 45, 49, 50, 56.

524a. **ssp. compréssa**, Ährch. 3–6 (7)blütg, B.häutch. bis 1 mm lg, mehr in Pionier-Trockenrasen.

524b. **ssp. langeána** (Rchb.) Hegi, Ährch. (7) 8–11blütg, B.häutch. bis 3 mm lg, mehr ruderal.

525. **Wald-R., P. chaīxii** Vill. (*P. sudética* Haenke), zerstr., ab. gesellg in submont. Laubmisch- u. Buchenwäldern, in mager. Gebirgswiesen u. -weiden, auf (wechsel)frisch., mäß. nährstoffreich., basenreich., kalkarm., mäß. sauer., mull-modrig humos. Lehm- u. Tonböden, Lehmzeiger, Halbschatt-Lichtpf., Verhagerungszeiger, z. B. im submont. Galio-Carpinetum (Carpinion), auch im Luzulo-Fagenion od. in mager. Pol.-Trisetion-Ges. (DA Ger.- Trisetetum) – Ebene bis Gebirge, süSch bis 1450 m, A bis 845 m, im N u. NO slt. od. fehld – pralp – H – Chrom. 2n = 14.

526. **Entferntblütiges R., P. remóta** Forsell., zml. slt. in Auen- od. Schluchtwäldern d. mont. Stufe, auf sickerfeucht., nährstoff- u. basenreich., mild–neutral. humos., locker. Lehm- u. Tonböden, Alno-Ulmion-Verb.char. – v. all. im N u. NO d. Gebiet., im S u. W slt, A bis 970 m – euraskont – H – Chrom. 2n = 14.

527. **Bastard-R., P. hýbrida** Gaud., zerstr. in subalp. Hochstauden-Büschen u. -Wäldern, auch mit Legföhren od. in Bergwiesen, auf sickerfrisch., basenreich., oft kalkarm., neutral-humos , lockcr. Lehm- u. Tonböden (Mullböden), terr. Char. d. Alnetum virid. (Adenostylion) – A bis 1950 m – opralp (oalp) – H – Chrom. 2n = 14.

Zittergras, Briza L. vgl. S. 201

528. **B. média** L., verbr. in mager. Wiesen u. Weiden, auf mäß. trock.–wechselfeucht., mäß. nährstoffreich., basenreich., mild.-mäß. sauer., untätg. modrig-humos. Ton- u. Lehmböden, Humus-Flachwurzler, Magerkeitszeiger, Lichtpf., gutes (ab. unergiebig,) Futtergras (Untergras), auch Teepf. u. Ziergras, v. all. im Mesobromion (Verb.Diff.), auch in mager. Arrhenatheretalia-, in warm. Nardetalia- od. trock.

Molinietalia-Ges. – Ebene bis Gebirge, A bis 1870 m – eurassubozean (-smed), verschleppt – H – Chrom. 2n = 14.

Quellgras, Catabrósa P.B. vgl. S. 199

529. **C. aquática** (L.) P.B., zerstr. in Pionier-Ges. an Quellen, Ufersäumen od. Gräben, auf sickernass., oft quellg., nährstoff- u. basenreich., mild. humos., sandig. od. rein. Ton- u. Schlammböden, Lichtpf., Nährstoffzeiger, Char. d. Catabrosetum (Sparg.-Glycerion) oft im Kontakt mit d. Bidention – Ebene bis mittl. Gebirgslag., A bis 1545 m – no-eurassubozean(-smed) – H – Chrom. 2n = 20.

Knäuelgras, Dáctylis L.

1   B.grd ohne faserge B.scheid.reste, Blü.rispe 8–15 cm lg
2   Spelz. grün, behaart, auf d. Kiel bewimpert, Ährch. 3–4blütg, Rispe oft mit abstehd. unter. Risp.ast, B. bis 10 mm brt, graublaugrün, 30–100 cm, ⧾, 5
                                          D. glomerata 530
2* Spelz. bleich, kahl od. nur auf d. Kiel kurzborstg, Ährch. 3–6blütg, Rispe gleichmäßig aufgebaut mit kürzer. unter. Risp.ast, ± nickd, B. 3–6 mm brt, hellgrün, ± rauh, 30–100 cm, ⧾, 6   **D. polygama** 531
1* B.grd mit faserg. B.scheid.rest., B. schmal, oft schmal gefaltet, Rispe 3–7 cm lg, ährch.freier unt. Risp.ast 4–15 mm lg, Deckspelze z. T. 2lappg, B.häutch. zus.gezog. zugespitzt, B. deutl. hell berandet, 30–60 cm, ⧾, 5–7
                                          D. hispanica 532

530. **Wiesen-K., D. glomeráta** L., verbr. in Fettwiesen u. Unkraut-Ges., an Wegen u. in feucht. Waldschlägen, auf frisch., nährstoff(stickstoff-)reich., humos. od. roh., mild–mäß. sauer. Lehm- u. Tonböden, düngerliebd. Stickstoffzeiger, auch Rohbodenpionier, als bodenfestgd. Erstberaser geeignet, Licht-Halbschattpf., wertvoll. Futtergras (Obergras), oft angesät., v. all. in Arrhenatheretalia-Ges. (schwache Ordn. Diff.), auch im Mesobromion, in Artemisietea-Ges. Atropetalia-Ges., im Alno-Ulmion, usw. – Ebene bis Gebirge, A bis 1950 m – eurassubozean-smed, in gemäß. Zonen heute weltweit verschleppt – H – Chrom. 2n = 28.

531. **Wald-K., D. polygáma** Horvatovszky [*D. glomeráta* ssp. *aschersoniána* (Graebn.) Thell.], zml. hfg in kraut- grasreich. Laubmischwäldern, auch in submont. Buchenwäldern, auf frisch., nährstoff- u. basenreich., meist entkalkt., mäß. sauer., locker., humos. Lehmböden (Mull), Halbschattpf., etwas wärmeliebd, Carpinion-Verb.char., auch in tiefgelegen. Fageten, oft angereichert in Schlägen – Ebene bis mittl. Gebirgslag., im nördl. Tiefld slt. – gemäßkont – H – Chrom. 2n = 14, formenreich.

1   Pf. betont bleichgrün, Pf. oft mit ausläuf.artg. Trieb., Rispe kaum geknäuelt
531a. **var. polygáma,** so v. all. im NO d. Gebiet.
1* Rispe reichästger, Pf. ohne ausläuf.artge Triebe, vermittelt habituell zu *D. glomerata*

531b. **var. péndula** (Dum.) (*D. glomeráta* var. *péndula* Dum., *D. glomeráta* var. *nemorósa* Klett. et Richt.), so v. all. im W u. SW d. Gebiet.

532. **Spanisches K., D. hispánica** Roth [*D. glomeráta* ssp. *hispánica* (Roth) Nym.], slt. in sommertrock. Trockenras. auf basenreich. Böd., z.B. im Xerobrometum, auch ruderal – z.B. süHü (Kaiserstuhl), Rh, Verbrtg ungenügd bekannt, vermutl. nur eingeschleppt im S u. SW d. Gebiet. – med-smed (in S-Europa verbr. in Trock.ras. u. Trock.wäld.) – H – Chrom. 2n = 28.

Kammgras, Cynosúrus L.

1 Blü.std schmal ährenförmg, mit kammartg. Kontur, B. 2 bis 3 mm brt, feingerieft, oben glänzd, unten mattgrün, meist gefaltet, B.scheiden gelbbraun (vgl. *Lolium*), ohne Öhrch., B.häutch. ca. 1 mm mit beid.sts kl. rund. Zahn, 30–60 cm, ⚄, 6–7 **C. cristatus** 533

1* Blü.std kurz eiförmg, lg begrannt, B. 5–10 mm brt, 20–60 cm, ☉, 5–6 **C. echinatus** 534

533. **Wiesen-K., C. cristátus** L., verbr. in Fettweiden u. Wiesen, auf frisch., nährstoff- u. basenreich., mild–mäß. sauer. humos., oft dicht. Ton- u. Lehmböden, in humid. Klimalage, Lehmzeiger, Lichtpf., etwas frostempfindl., weidefest, wertvoll. Futtergras, Cynosurion-Verb.char., auch in Arrhenatherion- u. Polygono-Trisetion-Ges. – Ebene bis mittl. Gebirgslag., A bis 1700 m – subatl(-smed), verschleppt – H – Chrom. 2n = 14.

534. **Stachel-K., C. echinátus** L., slt. u. unbestdg in Ruderalges., an Verladeplätzen, auf sommerwarm.-trock. Sand- u. Tonböden in wintermild–humid. Klimalage, im Sisymbrion – z.B. Rh, Ne, Fr – med-atl – T – Chrom. 2n = 14.

Perlgras, Mélica L.

1 Ährch. in ± dicht. walzl. Ährenrispe, Deckspelze zottg bewimpert, Pf. horstförmg

2 Ährenrispe aufgelockert, zuletzt einstswendg, B. graugrün, starr-aufrecht, untere B.scheiden kahl, B.häutch. stumpf, zerschlitzt, 30–60 cm, ⚄, 5–6 **M. ciliata** 535

2* Ährenrispe dicht, allstswendg, oft ± übergebog., B. meist flach, frischgrün, schlaff, unt.sts deutl. gekielt, untere B.scheide behaart, B.häutch. spitz, 50–90 cm, ⚄, 6 **M. transsilvanica** 536

1* Ährch. in locker. od. zus.gezogen. armblütg. Rispe, Deckspelze nicht bewimpert, Pf. mit unterird. Ausläufern

3 Ährch. aufrecht, Hüllspelz. kurzspitzg, ohne Hautrand, Rispe ausgebreitet, B.scheiden ± kahl, mit einem klein. Sporn gegenüber d. B.grund, 30–50 cm, ⚄, 5–6 **M. uniflora** 537

3* Ährch. nickd, Hüllspelz. stumpf, hautrandg, Rispe ± traubg zus.gezogen, B.scheid. aufwärts leicht rauh, ± geflügelt-gekielt, sterile Sprosse verlängert

4 Hüllspelz. braunviol., B.häutch. kurz, bräunl., B. hellgrün, Pf. in locker. Rasen, 30–50 cm, ⚄, 5–6 **M. nutans** 538

4* Hüllspelz. grünl., nur an d. Spitze mit viol. Band u. weißl.-gelb. Hautrand, B.häutch. bis 2 mm lg, weiß, B. zml. rauh u. starr, grau-grün, Pf. dichtrasg, 30–50 cm, 2, 5–6 **M. picta** 539

535. Wimper-P., M. ciliáta L. (*M. nebrodénsis* Parl.), slt. in sonnig. off. Steinschutt- u. Felsfluren, auch an Lesesteinhaufen od. Mauern, auf sommerwarm.-trock., basenreich., meist kalkhaltg., neutral–mild., humusarm., mäßg feinerdereich. Steinschutt- od. Felsböden, lichtliebd. Pionierpf., Sesl.-Festucion pall.-Verb.char, v. all. im S d. Gebiet., nördl. bis NWe, He, Th, An, fehlt Sa – smed – H – Chrom. 2n = 18.

535a. Thüringer P., M. × **thuringíaca** Rausch. (*M. ciliata* × *M. transsilvanica*), Blü., Blü.std u. Habitus ähnl. *M. ciliata*, ab. B.scheid. behaart, im Poo-Anthemetum tinct. [Conv.-Agropyrion (Elymion)], z. B. Pf, nöHü, Nahetal-Mittelrhein, Th.

536. Siebenbürger P., M. transsilvánica Schur, slt. in sonnig. ruderal. Halbtrockenrasen u. Saumges. licht. Gebüsche, auf sommerwarm.-trock., basenreich., oft kalkarm., neutral–mild. humos., feinerdereich. locker. Steinböden (Porphyr, Phonolith usw.), Halbschatt. ertragd, Char. d. Melico transs.-Agropyretum (Elymetum) (Conv.-Agropyrion), auch im Geranion sang. od. Alliarion – nöHü (Rheinhessen), nöRh (Worms, Mainz), Vog, Pf, Ne, Ju, Bo, Do, RS, Th, An, Sa – gemäßkont (-osmed) – H – Chrom. 2n = 18.

537. Einblütiges P., M. uniflóra Retz., hfg. u. gesellg in kraut- u. grasreich. Buchen- u. Laubmisch-Wäldern, auf frisch., nährstoff- u. basenreich., meist kalkarm. od. entkalkt., neutral–mäß. sauer., locker humos., sandig-steinig. od. rein., mittel–tiefgründg. Lehmböden (Mullböden), Lehmzeiger, Schattpf., etwas wärmeliebd, Ameisen-verbrtg, v. all. in Tieflagen-Fageten (Asp.-Fagetum), auch im Carpinion, Fagetalia-Ordn.char., sltener im Quercion pub. – Ebene bis mittl. Gebirgslag., Ju u. süSch bis 950 m, z. T. fehld (z. B. Bo, BayW, Av, A) – subatl(-smed) – H (G) – Chrom. 2n = 18.

538. Nickendes P., M. nútans L., zml. hfg in kraut- u. grasreich. Laub- u. Nadel-Mischwäldern, auch in Auenwäldern od. Trockengebüsch, auf mäß. trock.–frisch. (wechselfrisch.), nährstoff- u. basenreich., neutral–mild., humos. Lehm- u. Tonböden, bis 50 cm tief wurzld, Ausläuferfilz bildendd. Gras. Halbschatt-Schattpf., etwas sommerwärmeliebd, v. all. in Querco-Fagetea-, ab. auch Vacc.-Piceetea-Ges. (ges. vag) – Ebene bis Gebirge, A bis 1885 m, Silikatgebirge slt. od. fehld – no-euras(kont) – H (G) – Chrom. 2n = 18.

539. Buntes P., M. pícta C. Koch, slt. in krautreich. Laubmischwäldern u. Eichengebüsch, auf sommerwarm., mäß. frisch–wechselfrisch., nährstoff- u. basenreich., oft entkalkt., neutral–mild., humos., steinig. od. rein. Lehm- u. Tonböden, Tonzeiger, Halbschattpf., v. all. im Potent.

alb.-Quercetum (Char.) (Quercetalia pub.), in entsprechd. Saum- u. Buschges. od. im Galio-Carpinetum – nöHü (Gaualgesheim), Ne, Ju, FrJu, Fr, Mn, BayW (Passau), He, Th, An, Sa – gemäßkont(-osmed) – im Gebiet an d. W-Grenze d. Verbrtg – H (G) – Chrom. 2n = 18.

Blaugras, Sesléria Scop.

1   Blü.ähre streng 2zeilg, flach, Ährch. 3–5blütg, B. fein, borstl. gefaltet, 10–20 cm, ⚄, 7–8   **S. disticha** 540
1*   Blü.ähre eiförmg, nicht deutl. 2zeilg, Ährch, 2 (– 3)blütg
2   B. 2–3 mm brt
3   B. grün, ± flach, Mittelnerv deutl. hervortretd, Ährenrispe längl.-oval, 15–30 cm, ⚄, 3–5   **S. albicans** 541
3*   B. obersts bläul. bereift, meist rinng, trock. nach oben gerollt, Mittelnerv undeutl., Ährenrispe mehr kugelg, 5–30 cm, ⚄, 3–4   **S. caerulea** 542
2*   B. 1 mm brt, gefaltet, B.häutch. 1 mm lg, Rispe kugelg, 5–7 mm lg, Pf. mit Ausläufern, 1–10 cm, ⚄, 7–8   **S. ovata** 543

540.   **Zweizeiliges B., S. dísticha** (Wulf.) Pers. [*Oreóchloa dísticha* (Wulf.) Lk.], s. slt. in lückg. Magerrasen d. hochalp. Stufe, auf frisch., kalkarm., sauer., modrig-humos., steinig. Lehm- u. Tonböden, Char. d. Caricetum curv. (Caricion curv.), im Gebiet in fragment. Ges. ohne *Carex curv.* – A (Allgäu 2000–2370 m) – alp – H – Chrom. 2n = 14.

541.   **Kalk-B., S. álbicans** Kit. ex Schult. [*S. caerúlea* ssp. *vária* (Jacq.) Hayk], slt. ab. gesellg in alp. Steinrasen, in praealp. Trocken- u. Halbtrockenrasen, in licht. Kiefern- u. Buchenwäldern, auf ± sommerwarm., frisch., kalkreich., neutral–mild. humos., locker., flach–mittelgründg. steinig. Lehmböden od. feinerdearm. Steinböden, auf Abwitterungs-Halden, bis 80 cm tief wurzlde Pionierpf., Schuttstauer u. Humusbilder, Licht-Halbschattpf., var. albicans in Hochlagen Seslerietalia-Ordn. char., im Vorland auch in Festuco-Brometea-Ges., im Erico-Pinion od. Ceph.-Fagenion, meist mit and. alp. Eiszeitrelikt. – Hügelld bis Gebirge, A bis 2560 m, im Silikatgebirge u. im nördl. Tiefld fehld – alppralp(-subatl) – H – Chrom. 2n = 28.

541a. **var. álbicans,** verbr. Kalkstein-Boden-Form.

541b. **var. pseudo-uliginósa** Br.-Bl., auf Moorböden, in Tofieldietalia-Ges., z. B. Av.

542.   **Moor-B., S. caerúlea** (L.) Ard. (*S. uliginósa* Opiz), fehlt im Gebiet, europkont Kalkflachmoor-Art (Tofieldietalia) – Chrom. 2n = 28.

543.   **Eiköpfiges B., S. ováta** (Hoppe) Kern. [*Psiláthera ováta* (Hoppe) Deyl], s. slt. in nival. Steingrus-Ges., auf frisch. basenreich., locker. Feinschutt-Böden, Schuttkriecher, Drabion hopp.-Verb.char. – A (Berchtesgad. 2200–2600 m) – oalp – H.

Lolch, Lólium L.

1 Hüllspelze 2–4mal lger als derbe Deckspelze, Pf. ohne sterile B.büschel
2 Hüllspelze 15–30 mm lg, meist lger als Ährch., Deckspelze meist begrannt,
30–80 cm, ☉, 6–8 **L. temulentum** 545
2* Hüllspelze 7–10 mm lg, meist kürzer als Ährch., Deckspelze unbegrannt, 20–
60 cm, ☉, 6–8 **L. remotum** 546
1* Hüllspelze etwa so lg wie grün-häutge Deckspelze od. kürzer, ausdauernde
od. wenigjährige, wintergrüne Pf.
3 Hüllspelze ± so lg wie Deckspelze od. etwas lger
4 Deckspelze unbegrannt, Hüllspelze lger als halb. Ährch., Staubb. gelb, St.
glatt, B.scheiden rot (vgl. *Cynosurus*), B. 3–4 mm brt, obersts fein gerieft,
untersts glänzd, B.häutch. ca. 1 mm lg, abgerundet, St. u. B.scheid. glatt, 20–
50 cm, ⚄, 5–7 **L. perenne** 548
4* Deckspelze meist begrannt, Ährch. abstehd, blühd gespreizt, Hüllspelze ±
kürzer als halb. Ährch., Staubb. rötl., Blü.ähre bis 30 cm lg u. meist nickd, B.
bis 10 mm brt, St. u. B.scheid. etwas rauh, Pf. nicht rasenbildd, wenigjährg,
30–80 cm, ☉, ⚄, 6–7 **L. multiflorum** 547
3* Hüllspelze viel kürzer als Deckspelze, Ährch. bis 10 mm lg, schräg zur
Ährenachse gestellt, Blü.std gelegtl. kurzstg, 20–60 cm, ⚄, 5–6
Festulolium 544

544. **Schwingel-L.**, × **Festulólium loliáceum** (Huds.) P. Fourn., Gattungsbastard *Festuca pratensis* × *Lolium perenne*, zml. hfg an Wiesenwegen auf frisch. Lehmböden, zwischen d. Eltern, v. all. in Cynosurion-Ges. – z.B. Rh, Do, Fr usw. – H – Chrom. 2n = 14.

545. **Taumel-L., L. temuléntum** L., zml. slt. in Getreidefeldern, v. all. im Sommergetreide, auf frisch.–mäß. frisch., nährstoff- u. basenreich., meist kalkhaltg., humusarm. Lehm- u. Lößböden, Selbstbestäubg, Getreideunkraut seit ägypt. Zeit, Samen durch Alkaloid-haltg. Pilz giftig (Mehlvergiftung), Secalinetea-Kl.char. – Ebene bis mittl. Gebirgslag., unbestdg u. zurückgehd., – smed-med, verschleppt – T – Chrom. 2n = 14.

546. **Lein-L., L. remótum** Schrank, s. slt. in Flachs- bzw. Leinfeldern, auf frisch. basenreich. Lehm- u. Tonböden, Selbstbestäubg, Samen giftg, Char. d. Sileno lin.-Linetum (Lolio-Linion), auch im Sisymbrion od. mit *Ornithopus sat.* – überall zurückgehd od. verscholl., z. B. Ju, BayW, Av – euras-smed (mit Leinanbau verschleppt) – T – Chrom. 2n = 14.

547. **Vielblütiger L., Italien. Raygras, L. multiflórum** Lam., zml. hfg in ruderal. Rasen-Ges. an Wegrändern, auf Schuttplätzen od. in Kleefeldern, oft gesät (rein od. im Kleegrasbau), auf frisch.–mäß. frisch., nährstoff- u. basenreich., ± humos., mäß. sauer.–mild. Lehm- u. Tonböden, bis 80 cm tief wurzld. Intensivwurzler, frost- u. dürreempfindl., wärmeliebd, Fremdbestäubg, gutes Futtergras, Ass.Diff. d. Hordeetum (Sisymbrion), auch in and. Sisymbrion-Ges. od. in Arrhenatheretalia-Stadien – Ebene bis mittl. Gebirgslag. – smed-subatl., in ozean-temp. Gebieten heute weltweit verbr. – H, T – Chrom. 2n = 14.

548. **Ausdauernder L., Englisch. Raygras, L. perénne** L., verbr. in Fettweiden, in Parkrasen od. Trittges., an Plätzen u. Wegen, auf frisch., nährstoff(stickstoff-)reich. Ton- u. Lehmböden, Fremdbestäubg, düngerliebd, etwas wärmeliebd, frost- u. dürreempfindl., tritt- u. schnittfester Kriechpionier (durch Tritt u. Schnitt and. Pf. gegenüber gefördert), gern mit *Trifolium repens*, wertvollst. Futter- u. Weidegras, Hauptbestandteil handelsübl. Grassaaten, schwache Char. d. Lolio-Cynosuretum (Cynosurion), auch im Polygonion av., v. all. im Übergangsbereich zum Cynosurion (mit *Plantago major*) – Ebene bis mittl. Gebirgslag., A bis 1100 m – subatl-smed, in ozean-temp. Gebieten heute weltweit verbr. – H – Chrom. 2n = 14.

548a. **Bastard-L., L.** × **hýbridum** Hsskn., *L. multiflórum* × *perénne*, z. B. Rh.

Pfeifengras, Besenried, Molínia Schrank

1   Deckspelze d. unterst. Blü. 3–4 mm lg, eiförmg, ob. ± gerundet, Fr 2 mm lg, B. 3–8 mm brt, Pf. 50–90 cm hoch, ♃, 6–8   **M. caerulea** 549
1* Deckspelze d. unterst. Blü. 5–7 mm lg, ellipt., ob. zugespitzt, Fr. bis 3 mm lg, B. 8–10 mm brt, Rispe bis üb. 20 cm lg, Pf. 100–200 cm hoch, ♃, 6–8
                                                       M. arundinacea 550

549. **Blaues Pf., M. caerúlea** (L.) Moench (*M. caerúlea* ssp. *caerúlea*), hfg u. gesellg in Moorwiesen (Streuwiesen), auf austrocknend. Mooren, in Heiden u. licht. Wäldern, auf wechselfeucht.(-nass.), nährstoffarm., ± basenreich., gut durchlüftet., mäß. sauer., modrig-torfig humos. Lehm- u. Tonböden, auch Torfböden, bis 1 m tief wurzld. Humuszehrer (mit Wurzelpilz) u. Bodenlockerer, Magerkeitszeiger, bei Düngung u. mehrmalg. Schnitt and. Wiesenpf. weichd, Licht-Halbschattpf., gute Streupf., opt. in off. Moorwiesen bei pH = 5, schwache Molinietalia-Ordn.char., auch in wechselfeucht. Nardo-Callunetea-Ges. – Ebene bis Gebirge, A bis 1875 m – no-euras(subozean) – H – Chrom. 2n = 36.

550. **Rohr-Pf., M. arundinácea** Schrank [*M. litorális* Host, *M. caerúlea* ssp. *arundinácea* (Schrk.) H. Paul], zerstr. in Streuwiesen od. licht. Laub- u. Nadelwäldern, auf wechselfeucht.–wechseltrock., mager., basen-reich., humusarm. Tonböden, auch auf Kies, v. all. in Kalkschlick-Molinieten (Cirs. tub.-Molinietum) od. mit *Calamagrostis varia* im Erico-Pinion, Mesobromion od. Caricion ferr., auch im Quercion rob.-p. od. in Origanetalia-Ges. – Ebene bis mittl. Gebirgslag., A bis 1100 m – gemäßkont – H – Chrom. 2n = 90.

Quecke, Élymus L. (*Agropýron* Gaertn. p. p.)

1   Pf. ohne Ausläufer, dichtrasg, Deckspelze mit 1–2 cm lger geschlängelt. Granne, Ähre schlaff, B. rauh, oberst matt, unterst glänzd-grün, 50–100 cm, ♃, 6–7   **E. caninus** 551

1* Pf. mit Ausläufern, Granne kürzer od. fehld, Ähre steif-aufrecht
2 Ährch. 1(2)blütg
3 B. grün od. (abwischbar) blau bereift, 3–5 mm brt, obersts rauh, am Grunde mit bewimpert. umfassd. Öhrch., Hüllspelze spitz, sterile Triebe hochwüchsg, 30–120 cm, ♃, 6–7 **E. repens** 552
3* B. weißl.-blaugrün (seegrün), oft gerollt u. stark gerippt, steif
4 B. ob.sts durch deutl. Reihe v. Höckerch. od. kurz. Haar. rauh, Hüllspelz. 5–7nervg
5 B. mit dicht stehd. stark. Nerven, gerollt, stachlg-spitz, Hüllspelze 9–11 mm lg, spitz, schmal berandet, Ähre bis 10 cm lg, 30–60 cm, ♃, 6–7 **E. pycnanthus** 553
5* B. noch mit grün. Feldern zwisch. d. Nerven, ± flach od. nur oben gerollt, Hüllspelze 3–8 mm lg mit brt. Hautrand, abgerundet, oft mit aufgesetzt. Spitze, Ähre bis 20 cm lg, 30–80 cm, ♃, 6–7 **E. hispidus** 554
4* B. ob.sts kurz samtg behaart, zuletzt meist gerollt, binsenförmg, Hüllspelz. 7–11nervg, 30–80 cm, ♃, 6–8 **E. farctus** 555
2* Ährch. 3(4)blütg, Deckspelze unbegrannt, B. eingerollt, starr, gerieft, Hüllspelz. borstl., B.häutch. s. kurz (vgl. *Ammophila*), 60–100 cm, ♃, 5–7 **E. arenarius** 556

551. Hunds-Q., E. caninus (L.) L. [*Agropýron canínum* (L.) P. B.], zml. hfg in Auenwäldern, im Auengebüsch, an Ufern, Waldwegen od. in Schlägen, auf sickernass.–feucht., nährstoff- u. basenreich., mild.–mäßg sauer., humos. locker. Lehm- u. Tonböden, Stickstoffzeiger, Halbschattpf., Glechometalia-Ordn.-char., auch (DV) im Alno-Ulmion – Ebene bis mittl. Gebirgslag., A bis 1250 m, im nördl. Tiefld slt. – (no-)eurassubozean-(-smed) – H – Chrom. 2n = 28.

552. Kriechende Q., E. répens (L.) Gould [*Agropýron répens* (L.) P. B.], verbr. in Ufersäumen u. Unkraut-Ges., in Fluß-Auen, an Dämmen, Wegen, auf Schuttplätz. od. in Äckern, auf frisch. (wechselfrisch.)–mäß. trock., nährstoff- u. basenreich., humos. od. roh., oft dicht. Lehm- u. Tonböden, bis 80 cm tief wurzld, überflutgsfest. Wurzelkriech-Pionier, Stickstoffzeiger, Lichtpf., angereichert in sommerwarm. Trockengebiet. in ruderal. u. halbruderal. Rasen-Pionierges. – Ebene bis mittl. Gebirgslag., A bis 920 m – no-euras, circ – H (G), formenreich:

1 B.scheid. kahl
2 B. flach, höchst. an d. Spitze eingerollt, 0,5–1,5 cm brt, grün (var. *repens*) od. blaugraugrün (var. *glaucum* Doell), Ähre ca. 10 cm lg, dicht

552a. ssp. répens, verbr. Sippe, s. o., Agropyretalia(Elymetalia)-Ordn.-char. (v. all. var. glaúcum), auch im Agr.(El.)-Rumicion od. in Artemisietalia-Ges. – Chrom. 2n = 42.

2* B. borstl. gerollt, blaugrün, Ähre bis 5 cm lg, locker

552b. ssp. arenósus (Petif) Meld., v. all. auf Sand- u. Tonböd. d. Nord- u. Ostsee-Küste, in Agr.(El.)-Rumicion- u. Armerion marit.-Ges., auch im Binnenld, z. B. nöRh als lok. Char. d. Bromo-Phleetum ar. (Sil.-Cerastion) – Gesamtverbrtg ungenügd bekannt.

1* B.scheid.behaart, B. flach, blaugrün, Ähre groß, dicht, Spelz. meist begrannt

552c. **ssp. caͤsium** (Presl), Verbrtg u. Soziologie ungenügd bekannt, z.B. in Saumges. d. Geranion sang.

553. **Dünen-Q., E. pycnánthus** (Godr.) Meld. (*Agropýron litoràle* Dum.), s. slt. in Pionierrasen, an Ufern, auf frisch., nährstoffreich. Sandböden, Pionierpf., Char. d. Elymetum pycn. (Agropyretum lit. [Agr.(El.)- Rumicion] – Rh-HRh(?) NS, SH (Küsten) – med-atl, Küsten- u. Stromtalpf. – H (G) – Chrom. 2n = 42, 56.

554. **Graugrüne Q., E. híspidus** (Opiz) Meld. [*Agropýron intermédium* (Host) P. B.], S. slt. in Trockenrasen, an Wegen, unter Kiefern, auf trock.-wechseltrock., sommerwarm., basenreich., ± humos. Sand- od. Lehmböden, Agropyrion(El.) interm. Verb.- bzw. Agropyretalia(Elymetalia)-Ordn.char., z.T. mit *E. pycnanthus × repens* verwechselt – Rh, Do (Passau), Th, An, Sa – smed-europkont (mit mehr smed u. mehr europkont Unterarten) – H (G) – Chrom. 2n = 42.

555. **Strand-Q., E. fárctus** (Viv.) Runem. ex Meld. [*Agropýron júnceum* (L.) P. B.], nur Stranddünen d. Nord- u. Ostsee, bes. auf salzhaltg. Vordünen als Char. d. Elymetum farcti (Agropyretum junc.) (Elymion farcti, Agropyrion junc.) – NS, SH, Me – med-atl – G – Chrom. 2n = 28.

556. **Strandroggen, E. arenárius** [*Léymus arenárius* (L.) Hochst.], zerstr. auf locker. ± stickstoffhaltg. Dünensand., in Spülsäum., Pionierpf., Honk.-Elymetea-Kl.char., auch (DV) im Ammophilion, im Binnenld z. Festlegung von Flugsand gepflzt, z.B. nöRh – arkt-nosubozean, circ – H (G) – Chrom. 2n = 56.

Zahlreiche Bastarde, z.B. *E. × olivéri* (Druce) (*E. pycnanthus × repens*) in Stromtälern in Halbtrockenras., meist ohne *E. pycnanthus, E. × mucronátum* (Opiz) (*E. repens × hispidus*) an Küsten, u.a.

Roggen, Secále L. vgl. S. 195

557. **S. cereále** L., verbr. v. all. als Winter- auch als Sommerfr., auf frisch.-mäß. frisch., meist basenarm., neutral-mäß. sauer., leicht sandig. Lehmböden, auch Sandböden, staunässe-scheu, bis üb. 1 m tief wurzld. Intensivwurzler, klimat. u. edaphisch anspruchsloser als Weizen, seit jüng. Steinzeit gebaut, Langtagpf., Fremdbestäubg – Ebene bis rd. 1100 m im Gebirge – Stammpf. *S. montánum* Guss., Heimat: W-Asien – T – Chrom. 2n = 14.

Weizen, Tríticum L.

1 Fr. v. Spelzen fest umschlossen, Ährenachse reif zerfalld (Spelzweizen)
2 Ährch. sich dachziegelartg deckd, Grannen bis 10 cm lg, Hüllspelz. gekielt, Ähre etwas abgeflacht, Halm starkwandg, ± markg, B. fein behaart

3 St.knoten deutl. behaart, Ährch. 1körng u. 1granng, Hüllspelz. mit 2
Zähnen, 60–140 cm, ⊙, 6–7 **T. monococcum** 558
3* St.knoten ± kahl, Ährch. 2körng u. 2granng, 80–150 cm, ⊙, 6–7
T. dicoccum 559
2* Ährch. locker stehd, sich kaum deckd, Ähre ± 4kantg, Deckspelze höchst.
kurz begrannt, 60–140 cm, ⊙, 6 **T. spelta** 563
1* Fr. v. Spelzen locker umhüllt, Ährenachse reif nicht zerfalld (Nacktweizen)
4 Deckspelze bis 2 cm lg, 10nervg, 100–150 cm, ⊙, 6 **T. polonicum** 562
4* Deckspelze nicht üb. 1 cm lg
5 Hüllspelz. durchweg scharf gekielt, Grannen d. Deckspelzen bis 15 cm lg,
starr, Halm starkwandg
6 B. ± kahl, Ähre 4–8 cm lg, Hüllspelze flügelartg gekielt, Korn glasg-längl.,
50–120 cm, ⊙, 6–7 **T. durum** 560
6* B. behaart, Ähre 6–10 cm lg, Korn kurz bauchg, 80–120 cm, ⊙, 6–7
T. turgidum 561
5* Hüllspelz. unt. gerundet, oben gekielt, Halm dünnwandg, Ähren begrannt
od. unbegrannt. 80–150 cm, ⊙, 6 **T. aestivum** 564

558. **Einkorn, T. monocóccum** L., frühgeschichtl., seit Pfahlbauzeit auch
im Gebiet gebaute Sommerfr., bes. auf mäß. trock. (frisch.), mager.,
basenreich., kalkhaltg., steing. od. rein. Lehm- u. Tonböden in
sommerwarm. winterkalt. Klimalage, ertragsarm, heute aussterbd – z. B.
(ob noch?) SW-Dtld, bei Basel – Stammpf. *T. boeóticum* Boiss. em.
Schiem., Heimat: Balkan-Kleinasien-Persien – T – Chrom. 2n = 14.

559. **Emmer, T. dicóccum** Schrank, älteste u. wichtigste Getreideart d.
früh. Geschichte im östl. Mittelmeergebiet, seit jüng. Steinzeit auch im
Gebiet, als ertragsarme Sommerfr. warmer Kalkböden, heute fast
verschwunden, eine d. Stammpf. d. heutg. Weizen-Kulturasorten – z. B.
Ju (bis 730 m), Vorarlberg, ob noch ? – Stammpf. *T. dicoccoídes*
Koernike (*T. boeóticum* × *T. speltoídes* ?!), Heimat: Vorderasien – T –
Chrom. 2n = 28.

560. **Hart-W., T. dúrum** Desf., im Gebiet nur slt. als Sommerfr. gebaut
od. adventiv an Verladeplätzen, wärmeliebd. Kulturweizen d.
Mittelmeer-Gebietes u. d. Subtrop. (kleberarmes Mehl) – Herkunft: aus
T. dicoccum durch Mutation entstand. – T – Chrom. 2n = 28.

561. **Rauh-W., Englisch. W., T. túrgidum** L., im Gebiet nur slt. als
Sommerfr. gebaut od. unbestdg adventiv an Verladeplätzen, wärme-
liebd. Kulturweizen d. westl. Mittelmeer-Gebietes u. W-Europas – z. B.
Do (Memmingen), Ne (ob noch ?) – Herkunft: aus *T. dicoccum* durch
Mutation entstand. – T – Chrom. 2n = 28.

562. **Polnischer W., T. polónicum** L., s. slt. od. unbestdg adventiv an
Schuttplätzen, wärmeliebde Sommerfr. d. Mittelmeergebietes (v. all.
Spanien) – z. B. Fr – Herkunft: durch Mutation aus *T. durum* entstand. –
T – Chrom. 2n = 28.

563. **Dinkel, Spelz, T. spélta** L., früher hfg, heute nur noch zerstr.

vorwiegd als Winterfr. gebaut, bes. auf sommerwarm-trock., kalkhaltg. schwer. Lehm- u. Tonböden, z. B. auf Muschelkalk u. Jura, winterfest u. weniger klimaempfindl. als gewöhnl. Weizen, wertvolle kleberreiche Mehlspeisenfr., auch zur Grünkernherstellg, da ertragsarm zurückgehd, seit Bronzezeit im Gebiet (in O-Europa schon frühsteinzeitl.) – z. B. Hü, Ne, Ba, Ju bis 990 m, auch Fr – Herkunft: wahrscheinl. in Nordpersien durch Kreuzg v. *T. dicoccum* mit einer *Aegilops*-Art entstand.; d. Emmer-Zwergweizen-Entstehgs-Theorie ist nach d. cytolog. Befunden nicht mehr haltbar – T – Chrom. 2n = 42.

564. Saat-W., T. aestívum L. em. Fiori et Paol., Hauptweizen-Art d. Gebietes, als Winter- u. Sommerfr., v. all. auf sommerwarm.-mäß. trock., basen- u. nährstoffreich. Ton-, Lehm- od. Lößböden, üb. 1 m tief wurzld. Intensivwurzler, Langtagpfl., Fremd- u. Selbstbestäubg, seit frühgeschichtl. Zeit im Gebiet (s. u.) – Ebene bis mittl. Gebirgslag., Ju bis 990 m – Herkunft: wahrscheinl. in Nordpersien durch Kreuzg v. *T. dicoccum* mit *T. tauschii* (*Aégilops squarrósa*) entstand. – T – Chrom. 2n = 42, s. formen- u. sortenreich,

564a. ssp. aestívum (L.) (*T. vulgáre* Vill.), verbr., sortenreiche Form seit Eisenzeit im Gebiet.

564b. ssp. compáctum (Host) Domin (*T. compáctum* Host), Zwerg-W., Ähren dicht, bis 5 cm lg, altertüml. Sommerfr., seit jüng. Steinzeit im Gebiet, da ertragsarm heute verschollen.

Aus d. Kreuzung *T. aestivum* × *compactum* entstand d. Dickkopfweizen (*T. capitátum* A. Schulz).

Gerste, Hórdeum L.

1   Wildgräser
2   Grann. 1–3 cm lg
3   St. bis nahe zur Ähre beblättert, B.scheid. $\pm$ bauchg
4   Ähre 5–12 cm lg, borstge Hüllspelz. z. T. bewimpert, B.scheid. kahl, Pf. frischgrün, 15–40 cm, ⊙, 5–8   **H. murinum**   565
4* Ähre 4–6 cm lg, borstge Hüllspelz. nicht bewimpert (od. nur kurzborstg), unt. B.scheid. oft weichhaarg, Pf. graugrün, Salzpf., 10–40 cm, ⊙, 5–7
                                                                 H. marinum   567
3* St. 15–20 cm aus eng. B.scheide herausragd, Hüllspelz. borstg, unbewimpert od. nur rauh, untere B.scheid. behaart, St.b. $\pm$ zus. gerollt, Ähre 2–5 cm lg, Salzpf., 30–60 cm, ⚴, 6–8   **H. secalinum**   566
2* Grannen 5–8 cm lg, Ähre silberweiß, überhängd, St.b. beid.sts dicht behaart, 20–50 cm, ⚴, 6–7   **H. jubatum**   568
1* Getreidearten, Grannen bis 15 cm lg, Ährenachse nicht zerbrechl., B.öhrch. sichelförmg übereinandergreifd, kahl, Hüllspelz. alle lineal-pfrieml.
5   Ähre mehrzeilg mit 4–6 Grannenreihen, Seitenährch. fruchtbar, 60–120 cm, ⊙, 6   **H. vulgare**   569
5* Ähre zweizeilg (flach) mit 2 Grannenreihen, Seitenährch. verkümmert, 60–120 cm, ⊙, 6–7   **H. distichon**   570

565. **Mäuse-G., H. murínum** L., hfg u. gesellg in ruderal. Rasenges., an Wegen u. Rainen (saumbildd), an Dämmen u. Schuttplätz., auf sommertrock., nährstoff(stickstoff)reich., meist humusarm., vorzugsw. sandg. Böd., licht- u. wärmeliebde Pionierpf., Klettverbrtg, Char. d. Hordeetum (Sisymbrion) – Ebene bis mittl. Gebirgslag. (v. all. Wärmegebiete, Silikatgebirge u. A fehld od. slt.) – smed-med, in warmtemp. Zonen heute weltweit verschleppt – T – Chrom. 2n = 28. formenreich:

1 Stielch. d. Mittelähre 0,2–0,8 mm lg, kürzer als die d. kleiner. Seitenährch.

565a. **ssp. murínum,** verbr. Sippe, s. o. – Chrom. 2n = 28.

1* Stielch. d. Mittelähre 1–2 mm lg, ± so lg wie die d. größer. Seitenährch., Spelz. im Reifezustd mit braunrot. Grannenansatz

565b. **ssp. leporínum** (Link) Arc., im Gebiet slt. u. nur adv. (z. B. Rh), vertritt in med z. T. die vor. Sippe – med – Chrom. 2n = 28.

566. **Roggen-G., H. secalínum** Schreb. (*H. nodosum* auct.), slt. in Trittrasen, auf feucht., nährstoffreich., salzhaltg., schwer., sandig. od. rein. Tonböden, z. B. in d. Umgebung v. Salinen, in Küst.wies. u. -weid., salz- u. wärmeliebd, Cynosurion-Verb.char. (Lolio-Cynosuretum hordeetosum sec. Siss. et Tid. 60) – NS, SH, Me, slt. an binnenländ. Salzstell., z. B. nöRh, Ne, Th, He – wmed-subatl, verschleppt – H – Chrom. 2n = (14) 28 (42).

567. **Strand-G., H. marínum** Huds., zerstr. auf feucht. Salzböd., in Quellerfluren u. Salzwies., Thero-Salicornietea-Kl.char., auch im Armerion mar. – NS (Küst.) – med-atl – T – Chrom. 2n = 14, 28.

568. **Mähnen-G., H. jubátum** L., sltne Adventiv-Pf. auf frisch. nährstoffreich., z. T. salzhaltg. Böden in humid. Klima, auch Zierpf., in Sisymbrion- u. Agr.(El.)-Rumicion-Ges. an salzgestreut. Straß. – v. all. im N, auch Ne, Ju, Do, He – Herkunft: N-Amerika, O-Asien – T – Chrom. 2n = (14) 28 (42).

569. **Mehrzeilige G., H. vulgáre** L., hfg als anspruchslose Winterfr. (auch Sommerfr.) gebaut, v. all. im Gebirge als Futtergerste, bevorzugt frische, mäß. sauere, sandge Lehmböden in sommerkühl. Klima, seit jüng. Steinzeit (noch vor *H. distichon*) im Gebiet, zu Futterzwecken u. zur Herstellg von Graupen u. Gerstengrieß – Ebene bis Gebirge, bis 70° nö. Br. als Sommerfr. gebaut – Stammpf. *H. agriocríthon* Aberg (brüchg. Achse, Spelzgerste) aus Zentralasien – T – Chrom. 2n = 14.

569a. **ssp. hexástichon** (L.) Čelak., Sechszeile G., Ähre gleichmäß. 6zeilg, slt. als Sommerfr. gebaut.

569b. **ssp. vulgáre** [ssp. *polýstichon* (Hall.f.) Sch. et Kell.], Vierzeilge G., verbr. als Winterfr. in wärmeren Lagen.

570. **Zweizeilige G., H. dístichon** L., zml. hfg im Gebiet als Sommerfr. (neuerdings auch in Winterformen) gebaut, v. all. auf mäß. trock., basenreich., neutral–mild. Lehm- u. Lößböden in warm-humid. Klimalage, Langtagpf., Selbstbestäubg, v. all. als Braugerste, seit jünger. Steinzeit im Gebiet – Ebene bis Gebirge, Ju bis 990 m – Herkunft: Orient, durch Kreuzg d. vorig. mit der omed-vorderasiat. Wildpf. *H. spontáneum* C. Koch entstand. – Chrom. 2n = 14.

570a. **ssp. dístichon,** verbr. Form.

570b. **ssp. zeocríthon** (L.) Sch. et Kell., Fächer-G., mit spreizd. Grannen, slt.

Haargerste, Hordélymus (Jess.) C. O. Harz, vgl. S. 196

571. **Waldgerste, H. europáeus** (L.) C. O. Harz (*Élymus europáeus* L.), zerstr., ab. gesellg in gras- u. krautreich. Buchenwäldern, auch Laubmischwäldern, auf frisch., nährstoff- u. basenreich., neutral.–mäß. sauer., humos., mittel-tiefgründg. Lehm- u. Tonböden (Mullböden), Schattpf., Klettverbrtg, Char. d. Elymo-Fagetum, Fagion-Verb.char., slt. auch im grundfrisch. Carpinion – Ebene bis Gebirge (Kalkgebiete), z. B. Ju, Av, A bis 1460 m, slt. auch Tieflag., im Nordw. fehld – gemäßkont-smed – H – Chrom. 2n = 28.

Schilfrohr, Phragmítes Adans. vgl. S. 199

572. **Ph. austrális** (Cav.) Trin. (*Ph. commúnis* Trin.), hfg u. bestandbildd im Röhricht stehd. od. lgsam fließd. Gewässer bis 1 m Wassertiefe, auch in Quellmooren, auf Moorwiesen od. in Erlenbruch- u. Weidenauen-Wäldern, auf nass., nährstoff- u. basenreich., eutroph-mesotroph. humos. oft sandg. Schlamm- od. Muddeböd. (vgl. Typheten), üb. 1 m tief wurzld. Wurzelkriech- u. Verlandgs-Pionier, Uferfestiger u. Torfbildner, in Wiesen Entwicklgs-Relikt u. Grundwasserzeiger, etwas wärmeliebd, genutzt als Streu od. Rohr, Windverbrtg, opt. (Char.) im Phragmitetum, Phragmitetalia-Art, reduz. auch in Scheuchzerio-Caricetea-, Molinietalia- od. Alnion-Ges. – Ebene bis mittl. Gebirgslag., Sch bis 900 m, A bis 1150 m – no-euras-smed bzw. temp-kosmopol. - W, G – Chrom. 2n = (36) 48 (72, 84, 96).

Nahe verwandt ist das in med verbr. u. gelgtl. auch in Rh gepflanzte Pfahlrohr (Riesenschilf), *Arúndo dónax* L., sowie das im W u. S d. Gebietes hfg kultivierte, aus S-Am. stammende Pampasgras [*Cortadéria selloána* (Schult.) A. et Gr.].

Liebesgras, Eragróstis Wolf

1　Unt. Risp.äste zu 3–4, Ährch. 2–5 mm lg, z.T. lg gestielt, Rispe dadurch locker-besenförmg, B.rand ohne Drüsen, B.scheid. kahl, B.grund mit 3–4 mm lgen Haar., 10–30 cm, ⊙, 7–10　　　　**E. pilosa** 573 ähnl., aber in allen Teil. größer (Pf. bis 80 cm hoch) vgl. *E. téf* (Zucc.) Trott., gelegtl. gesät u. vorübergehd verwildert. Heimat Äthiopien

1* Untere Rispenäste zu 1–2
2 B.grund ohne Haare, B.scheid. kahl, Ährch. kurz gestielt, Rispe dadurch dicht, 5–20 cm, ☉, 7–10   **E. multicaulis** 574
2* B.grund mit 1–2 mm langen Haar. bewimpert, B.rand spärl. kurzdrüsg
3 Ährch. 5–8 mm lg, Rispe zieml. locker, B.scheid. behaart, 5–30 cm, ☉, 7–11   **E. minor** 575
3* Ährch. 8–15 mm lg, Rispe zieml. dicht, B.scheid. kahl od. nur an den Rändern bewimpert, Deckspelze ob. ± ausgerandet, 10–40 cm, ☉, 5–9   **E. cilianensis** 576

573. **Behaartes L., E. pilósa** (L.) P.B., s. slt. in Trittges., an Wegen, zwisch. Pflasterstein., auf trock.-warm., humus- u. feinerdearm., nährstoffreich. Sand- u. Kiesböden, v. all. im Polygonion av., auch im Sisymbrion od. Eragrostion – Rh (nördl. bis Karlsruhe), sonst nur unbestdg od. fehld – smed-med, in warmtemp. Zonen heute weltweit – T – Chrom. 2n = 40 (20).

574. **Japanisches L., E. multicaúlis** Steud. (*E. peregrina* Wiegd.), slt. eingebürgert in Trittges. auf Wegen u. an Wegrändern, v. all. im Bereich Bot. Gärten, auf trock. Kies- u. Sandböden, z. B. mit *Euphorbia maculata*, wärmeliebd, z. B. im Polygonetum calcati (Polygonion av.) – Rh (Freiburg, Karlsruhe usw.) – Herkunft O-Asien – T.

575. **Kleines L., E. mínor** Host (*E. poaeoídes* P.B.), zml. hfg in Trittges., auf Sand- u. Pflasterwegen, auch in Unkrautges. in Sandäckern od. im Bahnschotter, auf sommerwarm.-trock., nährstoffreich., meist humus- u. feinerdearm., mild.–mäß. sauer., locker. Kies- u. Sandböden, Sandzeiger, Pionierpf., Bahnhofspf., gern mit *Digitaria*-Arten od. *Portulaca,* schwache Char. d. Dig.-Eragrostietum (Eragrostion), ferner in Sisymbrietalia-Ges. od. im Polygonion av. – v. all. Wärme- u. Sandgebiete, z. B. Rh, Bo, Do, Fr, auch NS, Br, usw. – med-smed(-kont), in warm-temp. Zonen heute weltweit – T – Chrom. 2n = 40.

576. **Großes L., E. cilianénsis** (All.) Hubb. [*E. megastáchya* (Koel.) Link, *E. májor* Host], slt. in Hackunkraut-Ges., in Äckern u. Gärten, auf sommerwarm. trock., nährstoff- u. basenreich., neutral.-mild., meist humusarm., lockerdurchlässg. Sandböden, lok. Char. d. Dig.-Eragrostietum, Eragrostion-Verb.char., nur slt. im Polygonion av. – nöRh, Ne, Mn, sonst unbestdg – med, in warmtemp. Zonen heute weltweit – T – Chrom. 2n = 20.
Dazu zahlreiche unbestdge Adventiv-Arten, z. B. *E. viréscens* J. et C. Presl (S-Am.), *E. atrovírens* (Desf.) Trin. (S-Am.), *E. tef* (Zucc.) Trott. mit bis 30 cm lger Rispe (O-Afrika), u. a.

Dorngras, Crýpsis Rich. vgl. S. 197

1 Ähre längl., Pf. niederliegd–ausgebreitet, St. bis 40 cm lg, ☉, 7–9   **C. alopecuroides** 577

1* Ähre köpfchenförmg, Pf. niederliegd–aufsteigd, St. bis 30 cm, ⊙, 7–9
                                  C. aculeata 578

577. **C. alopecuroídes** (Pill. et Mitt.) Schrad. [*Heleochlóa alopecuroídes* (Pill. et Mitt.) Host], s. slt. u. unbeständg in Pionier-Ges. auf offen., nass. (wechselnass.), nährstoffreich., gern salzhaltg., ± humos., sandg. od. rein. Tonböd., Heleochloion-Verb.char. (Br.-Bl. 51) (Isoëto-Nanojuncetea) – Rh (verscholl.), Lothringen – med(kont) – T – Chrom. 2n = 18.

578. **C. aculeáta** (L.) Ait., s. slt. u. unbeständg mit vor. in salzliebd. Schlamm-Pionier-Ges., Heleochloion-Verb.char. – Rh (verscholl.) – med(kont) – T – Chrom. 2n = 16, 18.

Schlickgras, Spartína Schreb, vgl. S. 194

579. **Salz-Sch., Sp. ánglica** Hubb., slt. im Wattenmeer d. Nordsee, spontan u. gepflanzt als Wattenfestiger, Char. d. Spartinetum angl. (Spartinion) – Herkunft: S-England, hier um 1890 aus d. n-amerik. *Sp. marítima* (Curt.) Fern. u. *Sp. alterniflóra* Lois. entstanden – G – Chrom. 2n = 120, 122, 124.

Vgl. ferner *Sp.* × *townséndii* Grov. [*Sp. alterniflóra* Lois. × *Sp. marítima* (Curt.) Fern.], Staubb. 5–8 mm lg, steril – Chrom. 2n = 62, s. slt. Nordsee.

Hundszahn-Gras, Cýnodon Rich. vgl. S. 194

580. **C. dáctylon** (L.) Pers., zerstr. in Tritt- u. Unkrautges., an Wegen u. Schuttplätzen, in lückg. Parkrasen d. Wärmegebiete, auf sommerwarm.-trocken., nährstoffreich., meist humusarm., lehmig-tonig. od rein. Sand- od. Lößböd., Pionierpf. u. rascher Sandbodenbegrüner u. -festiger d. Tieflagen, Verbrtgs-Schwerpunkt im Gebiet im Polygonion avic., auch im Cynosurion od. in Chenopodietea-Ges. – Rh (z. T. eingebürgert), süHü, Pf, sonst slt. verschleppt, unbestdg od. fehld – Herkunft: viell. med, sonst in warmtemp.-trop. Zonen weltweit – H (G) – Chrom. 2n = 18, 36 (40, 54).

Eleusíne Gaertn, vgl. S 194

581. **Indischer Hundszahn, E. índica** (L.) Gaertn., s. slt. u. unbestdg in Tritt-Ges. d. Wärmegebiete, auf sommerwarm., frisch.–trock., nährstoffreich., meist humusarm. Tonböden, in Pflasterfugen, im Gebiet im Polygonion av., Plantaginetalia-Ordn.char. – z. B. nöRh, Pf – med(-euras), in warmtemp.–trop. Gebieten heute weltweit – T – Chrom. 2n = 18, 36.

Borstgras, Nárdus L. vgl. S. 194

582. **N. strícta** L., zml. hfg u. bestandbildd, v. all. in Magerrasen u. -

weiden d. Silikatgebirge, auf frisch.-wechselfrisch., mäß. nährstoffreich., kalkarm., bzw. entkalkt., sauer., modrig-torfig humos. Lehmböden, auch Torfböden, bis 80 cm tief wurzelnd., Torfbildner u. Humuskeimer (mit endotroph. Wurzelpilz), kein Rohbod.pionier, bei Düngung (Bewässerung) durch Fettrasen-Art. verdrängt, durch extensive Beweidung u. Begehg od. lge Schneebedeckg begünstigt, in Wäldern Beweidgsrelikt, primär auf subalp. Schneeböden (z. B. Ass. Diff. d. Nardo-Gnaphalietum sup., Salicion herb.) od. an.Moorrändern z. B. im Juncion squarr., sekundär auf koll.-subalp. Extensivweiden, z. B. mit *Arnica mont.*, Nardetalia-Ordn.char., auch in mager. Mol.-Arrhenatheretea-Ges. – Ebene bis Gebirge, v. all. zwischen 900 u. 1900 m , A bis 2600 m, auch Rh, Hü, N usw. – nosubozean-pralp – H – Chrom. 2n = 26(30).

Dünnschwingel, Micropýrum Link (*Nardúrus* Rchb. ex Godr.) vgl. S. 195

583. Kies-D., M. tenéllum (L.) Link [*Festúca lachenálii* (C. Gmel.) Spenn., *Festúca festucoídes* (Bertol.) Becherer], s. slt. in off. mager. Pionierrasen, auf Brachen, an Wegen, Böschungen od. Felsen, auf sommertrock., ± basenreich., kalkarm., mäß. sauer., humus- u. feinerdearm., locker. Sand-, Kies- od. Steingrusböden in wintermild-humid. Klimalage, Char. d. Narduretum (Thero-Airion), – Vog (warme Tallagen), Rh (nördl. bis Karlsruhe, verscholl.) – smed(-atl), i. Gebiet an d. NO-Grenze d. Verbrtg – T – Chrom. 2n = 14.

Dünnschwanz, Parápholis Hubb. vgl. S. 194

584. P. strigósa (Dum.) Hubb., slt. auf Salztonböden in lückg. Strandwies., v. all. im Saginion marit. – NS, SH, Me (Küst. ostwrts bis Rügen) – med-atl – Chrom. 2n = 14.

Schmielenhafer, Aíra L.

1	Rispe locker ausgebreitet, Ährch. bis 3 mm lg, mit fein. 2–3 mm lg. Granne, 5–15 cm, ⊙, 5–7 **A. caryophyllea** 585
1*	Rispe zu armblütg. Ährenrispe zus.gezogen, Granne bis 4 mm lg, 4–10 cm, ⊙, 4–5 **A. praecox** 586

585. Nelken-Sch., A. caryophylléa L., slt. in lückg. Magerrasen, auf Brachen, in Schafweiden, auf Felsköpfen, an Wegrainen od. Dämmen, auf sommerwarm.-trock., basenreich., kalkarm., mäß. sauer.–neutral., humus- u. feinerdearm. locker. Sand- u. Steingrusböd. v. all. tief. Lag. Pionierpf., Char. d. Airo caryoph.-Festucetum (Thero-Airion) – Ebene bis mittl. Gebirgslag., Sch bis 1000 m, A fehld – subatl-smed, in ozeantemp. Zonen heute weltweit – T, formenreich:

1   St. einzeln od. wenige, Rispe ausgebreitet, Pf. höchst. 20 cm hoch, meist kleiner

585a. ssp. caryophylléa, verbr. Sippe, s. o. – Chrom. 2n = 14.

1*   St. zahlreich, gebüschelt, Rispe zus.gezog., Pf. 20–50 cm hoch

585b. **ssp. multicaúlis** (Dum.) Bonn. et Lay., slt. in Sandäckern, Char. d. Teesd.-Arnoseridetum (Arnoseridenion) – z.B. nöRh, Pf, An – subatl-smed – Chrom. 2n = 28.

586. **Früher Sch., A. praécox** L., slt. in lückg. Magerrasen, auf Brachen od. Schafweiden, an Wegrainen tief. Lagen, auf trock., nährstoff- u. basenarm., sauer., humus- u. feinerdearm. Sand- od. Steingrusböden in wintermild–humid. Klimalage, Silikat- u. Pionierpf., Char. d. Airetum praec., Thero-Airion-Verb.char. – v. all Tieflag. im N u. W d. Gebietes – subatl – T – Chrom. 2n = 14.

Schmiele, Deschámpsia P. B.

1 Granne ± im Ährch. versteckt, höchst. 1 mm aus d. Ähre herausragd, nicht gekniet, Rispe reichblütg, pyramidenförmg, B. 2–4 mm brt, flach od. borstl. gerollt, starr

2 B. meist flach (od. nur wenig eingerollt), dunkelgrün

3 Ährch. 4–5 mm lg, oft ± viol. überlauf., B.häutch. 6–8 mm lg, oft zerschlitzt, Pf. dichtrasg, horstbildend, B. rückwärts rauh, gerieft, in d. Durchsicht nicht fein. hell. Streif., 40–100(150) cm, ⧾, 6–8   **D. cespitosa** 587

3* Ährch. 5–8 mm lg, meist grün–bleich, z.T. ergrünend, B.häutch. 3–6 mm lg, Pf. frühblühd

4 Blü.rispe locker, 15–40 cm lg, B.häutch. 4–6 mm lg, Pf. horstförmg od. lockerrasg, B. schlaffer u. weniger rauh als bei vor., 40–120 cm, ⧾, 5–6   **D. wibeliana** 589

4* Blü.rispe dicht, meist nicht über 15 cm lg, B.häutch. rd. 4 mm lg, B. kurz, oft gerollt, Ährch. meist ergrünend, 50–70 cm, ⧾, 5–6   **D. rhenana** 588

2* B. borstl. gerollt, hellgraugrün, Ährch. 4 mm lg, B.häutch. 8 mm lg, B.scheide rückwärts rauh, Granne in d. Mitte d. Deckspelze entspringd, 30–50 cm, ⧾, 6–7   **D. media** 590

1* Granne Ährch. deutl. überragd, gekniet, B. fein-borstl., schlaff

5 B.häutch. 2–3 mm lg, stumpf, B. eingerollt-schlaff, sich ölig anfühld, Rispe locker, meist mit (je 2) geschlängelt. Rispenästen, Pf. lockerrasg, 30–50 cm, ⧾, 6–8   **D. flexuosa** 591

5* B.häutch. 3–8 mm lg, spitz, B. gefaltet, mit kielartg. Mittelnerv, Ährch. grünviol., mit gelb. Spitze, Pf. dichtrasg, 30–50 cm, ⧾, 7–8   **D. setacea** 592

587. **Rasen-Sch., D. cespitósa** (L.) P. B., verbr. in nass. Wiesen u. Wäldern, an Quellen, auf sicker- u. grundfeucht.–nass. od. wechselnass., mild–mäß. sauer., humos. Lehm- u. Tonböden, bis 1 m tief wurzlde Mullbodenpf., Quell- u. Grundwasser-Zeiger, Halbschatt-Lichtgras, Eschen- u. Ahornbegleiter, schlecht. Futtergras, Verbrtgsschwerpkt einersts in feucht. Querco-Fagetea-Ges., and.sts in Molinietalia- od. Montio-Cardaminetea-Ges., ges.vag – Ebene bis Gebirge, A bis 2375 m – no-euras, circ (außerd. afrik. Bergstufe, Tasmanien, Neuseeland) – formenreich:

1 B.häutch. 6–8 mm lg, Rispe ± ausgebreitet, B.flach

587a. **ssp. cespitósa,** verbr. Sippe, s. o. – Chrom. 2n = 26 (28).

1* B.häutch. 4–5 mm lg, Rispe zus.gezog., 5–16 cm, Ährch. 4–4,5 mm, B. meist gerollt (vermittelt zu *D. rhenana*)

587b. **ssp. alpína** (L.) Tzvel., so v. all. an quellg. Stell. d. Hochgebirges in Montio-Cardaminetalia- od. Calthion-Ges. – A (ob im Gebiet?), N-Europa – Chrom. 2n = 52, 56.

588. **Strand-Sch., D. rhenána** Gremli [*D. littorális* (Gaud.) Reut. var. *rhenána* (Gremli) E. Baum.], slt. ab. gesellg am off. Kiesufer des Bodensees, v. all. in d. ober. Zone d. sommerlich überflutet. Ufers, Char. d. Deschampsietum rhen. (Deschampsion lit.) – Bo (endemisch) – H (W) – Chrom. 2n = 56.

589. **Schlamm-Sch., D. wibeliána** (Sond.) Parl. [*D. cespitósa* ssp. *paludósa* (Schübl. et Mart.) Clarke], zerstr. nur im Gezeitenbereich d. Unterlaufes v. Elbe u. Eider (Weser, ob noch?), auf nass., meist zeitw. überflutet., salzhaltg. ± neutral., wenig humos. lehmig. Sandböd., Übersandg-ertragd u. sandbindend, v. all. in initial. Scirpion mar.-Ges., im Kontakt mit dem Bidention – NS–SH – endem. – H – Chrom. 2n = 26.

590. **Binsen-Sch., D. média** (Gouan) R. et Sch., slt. ab. gesellg in lockerrasg. Mulden mit frühsommerl. Flut- od. Druckwasser, auf wechselnass. (hochsommerl. trocken.), basenreich. kalkhaltg., humusarm., sandig. od. rein. Tonböden, licht- u. sommerwärmeliebd, meist im Kontakt mit Molinieten, Char. d. Potentillo-Deschampsietum med. [Agr.(El.)-Rumicion] –Rh (in Stromnähe zwisch. Karlsruhe u. Mannheim), Vorkommen isoliert – med – H – Chrom. 2n = 26.

591. **Geschlängelte Sch., Draht-Sch., D. flexuósa** (L.) Trin. [*Avenélla flexuósa* (L.) Drej.], verbr. in mager., artenarm. Laub- u. Nadelwäldern, auch auf Magerweiden, in Heiden od. Felsbändern, auf mäß. trock.–frisch., nährstoff- u. kalkarm., sauer., modrig-torfg. humos. Lehmböden, auch Stein- u. Torfböden, üb. 1 m tief wurzld. Rohhumuspf. u. Humuszehrer, Säure- u. Magerkts-Zeiger, Halbschatt-Lichtpf., opt. blühd auf Schlägen, v. all. im Quercion rob. u. Luzulo-Fagenion, weniger herrschd in Vaccinio-Piceetea- od. Nardo-Callunetea-Ges., ferner im Epilobion angust. – Ebene bis Gebirge, A bis 2270 m – noeurassubozean, circ (ferner Feuerland) – H – Chrom. 2n = 26, 28.

591a. **var. flexuósa,** Rispe ausgebreitet, Ährch. 4–5 mm lg, nach Br.-Bl., Quercetalia rob.-Ordn.char., auch im Luz.-Fagenion.

591b. **var. montána** Parl., St. u. B. kürzer, Rispe zml. dicht, Ährch. größer, viell. Vaccinio-Piceetalia-Art.

592. **Moor-Sch., D. setácea** (Huds.) Hack., s. slt. in Strandlgs-Ges., an Teichufern, auf nass., nährstoff- u. basenarm., mäß. sauer., sandig. od.

rein. Torf-Schlammböden, gern mit *Juncus bulb.*, Littorelletea-Kl.char. –
NWe, NS, SH, Me, Br, L, BayW (Roding) – atl – H – Chrom. 2n = 14.

Honiggras, Hólcus L.

1 B.scheid. dicht weichhaarg, B.häutch. grob gefranst, Granne im Ährch. ±
  versteckt, Pf. dichtrasg, 30–50 cm, ♃, 6   **H. lanatus** 593
1* Obere B.scheid. ± kahl, St. nur an d. Knoten auffällg behaart, Granne aus
  d. Ährch. ragend, gekniet, Pf. mit unterird. Ausläufern, 30–70 cm, ♃, 7
                                                   H. mollis 594

593. Wolliges H., H. lanátus L., verbr. in feucht. Wiesen u. Weiden, auf
kühl., sicker- od. grundfeucht. (nass.), humos. Lehm- u. Tonböden, auch
Torfböden, in humid. Klimalage, z. T. wintergrün, frostempfindl.,
Humuswurzler mit Wurzelpilz, minderwertg. Futtergras, in Tieflagen v.
all. im Calthion, in höh. Lagen auch in Arrhenatheretalia-Ges., Molinio-
Arrhenatheretea-Kl.char. – Ebene bis mittl. Gebirgslag. A bis 900 m –
subatl-smed, in ozean-temp. Zonen heute weltweit – H(Ch) – Chrom. 2n
= 14.

594. Weiches H., H. móllis L., hfg in artenarm. Eichenwäldern, in
Heiden, im Gebirge auch auf Äckern od. in Wiesen, auf mäß. frisch.
(trock.), basen- u. nährstoffarm., sauer., modrig-torfg. humos., auch
roh., sandig.-steinig. Lehmböden, Sand- u. Säurezeiger, Halbschatt-
Lichtpf., Wurzelkriecher, Verhagerungszeiger, in Tieflagen (oft steril)
terr. Char. d. Violo-Quercetum, überreg. Quercion rob. Verb.char., in
höheren Lagen (in polyploid. Sippe?) v. all. als Pionier in Äckern od.
Umbruchwiesen (Initialstadien), ähnl. in Nardo-Callunetea-Ges., im
Epilobion ang. (DV) od. entsprechd. Saum-Ges. – Ebene bis Gebirge, A
bis 1500 m, süSch bis 1350 m (Silikatgebiete) – subatl(-smed) – H(G) –
Chrom. 2n = 28, 35, 42 (49).

Ährenhafer, Gaudínia P. B. vgl. S. 195

595. G. frágilis (L.) P. B., slt. auf frisch. (wechselfrisch.), nährstoffreich.,
oft dicht. Lehm- u. Tonböden, im submed. Gebiet v. all. auf
Wässerwiesen u. Wechselweiden (Cynosurion), auch im Gebiet in
Arrhenathereten, Arrhenatheretalia-Art – süRh, sonst nur ruderal u.
unbestdg – smed – T – Chrom. 2n = 14.

Grannenhafer, Ventenáta Koel. vgl. S. 200

596. Zweifelhafter G., V. dúbia (Leers) F. Schultz, s. slt. u. unbestdg
adventiv in Unkrautges. u. Trockenrasen, auf off. sommerwarm.-trock.,
basenreich. Lehmböden – nöRh, nöHü, Pf, Mn, Fr, He, Hz, Th –
(o)smed – T – Chrom. 2n = 14.

Glatthafer, Arrhenátherum P. B. vgl. S. 200

597. Französisches Raygras, A. elátius (L.) P. B. ex J. et C. Presl, verbr. u.

bestandbildd in Fettwiesen d. Tieflagen, an Wegrainen, in Steinbrüch., auch in mont. Naturgras-Halden, auf feucht.-mäß. trock., nährstoff- u. basenreich., mild.-mäß. sauer., locker., $\pm$ humos. Lehmböden in wintermild-sommerwarm. Klimalage, auch Rohbod.pionier, Tiefwurzler, Lichtpf., wertvoll. ergiebg. Futtergras (Obergras), opt. (Char.) im Arrhenatheretum s. l., Arrhenatherion-Verb.-char., in höher. Lagen nur an fett. Ruderal-Standort., im warm. Calamagrostion od. in Stipion calamagr.-Ges. (s. u.) – Ebene bis mittl. Gebirgslag., A bis 1650 m, süSch bis 1350 m – subatl-smed, in ozean-temp. Zonen heute weltweit – H, formenreich:

1   Wurzelstock (unterird. St.glieder) nicht knollg verdickt
2   Untere B.scheid. u. Knot. nicht behaart

597a. **ssp. elátius,** verbr. Sippe, s. o. – Chrom. 2n = 14,28.

2*   Untere B.scheid., auch B.rand $\pm$ behaart

597b. **ssp. elátius** var. **subhirsútum** Aschers., neben var. *elátius* v. all. in Steinschuttflur. od. hochmont. Hochgrasflur., im Rumicetum scut. (Stipion cal.) od. im Calamagrostion – z. B. Vog, süSch, Ju.

1*   Wurzelstock (unterird. St.glieder) perlkettenartg knollg verdickt

597c. **ssp. bulbósum** (Willd.) Schübl. et Mart., slt. ruderal an Weg- u. Waldränd., auf kalk- u. basenarm., mäßg nährstoffreich. Lehm- u. Tonböd., wärmeliebd – z. B. süHü, Bo – atl-smed – Chrom. 2n = 28.

Goldhafer, Trisétum Pers.

1   Rispe dicht ährenförmg zus.gezogen (an *Anthoxanthum odor.* erinnernd), St. oben behaart, B. u. B.scheide kahl, 10–20 cm, $\math#$, 7   **T. spicatum** 598
1*   Rispe locker ausgebreitet
2   Pf. mit oberird. Ausläufern, Rispe bis 6 cm lg, Ährch. meist viol. überlauf., B. kurz, starr, blaugrün, $\pm$ 2zeilg, 10–20 cm, $\math#$, 7–8
                                    T. distichophyllum 599
2*   Pf. ohne oberird. Ausläufer, lockerrasg, Rispe bis 20 cm lg, Ährch. glänzd gelbgrün, 5–8 mm lg, B. unregelmäß. bewimpert, St. an d. Knoten behaart, 30–60 cm, $\math#$, 5–6 u. 8–9   **T. flavescens** 600

598. **Ähriger G., T. spicátum** (L.) Richt., slt. in lückg. Steinschuttrasen d. alp. u. nival. Stufe, auf frisch., basenreich., neutral., modrig-humos. od. humusarm. Feinschuttböden, gern in Gratlagen od. als Besiedlgs-Pionier auf Moränen, Char. d. Trisetetum spic., Drabion hopp.-Verb.char., auch (Ass.Diff.) im Elynetum (Elynion) – A 2100–2450 m – arkt-alp, circ – H – Chrom. 2n = 28, im Gebiet: ssp *ovatipaniculátum* Hult. et Jons.

599. **Zweizeiliger G., T. distichophýllum** (Vill.) P. B., slt. in alp. Steinschutt-Fluren, auf frisch. kalkhaltg., feinerdearm., locker. Steinschutt-Böden, Schuttkriecher, Char. d. Atham.-Trisetetum dist. (Petasition par.) – A 1300–2610 m – alp – G(H) – Chrom. 2n = 28, 56.

600. **Gewöhnlicher G., T. flavéscens** (L.) P. B., verbr. in Fettwiesen,

bestandbildd v. all. in Gebirgswiesen, auf sickerfrisch.–mäß. trock., nährstoff- u. basenreich., mäß. sauer.-mild., humos., mittel-tiefgründg., locker. Ton- u. Lehmböden in humid. Klimalage, wertvoll. Futtergras, Verbrtgsschwerpunkt im Polygono-Trisetion, auch in Arrhenatherion-Talwiesen, Arrhenatheretalia-Ordn.char. – Ebene bis Gebirge, A bis 2375 m – pralp-smed(-subatl), circ, verschleppt – H – formenreich:

1 B. meist unter 5 mm brt, Rispe zuletzt $\pm$ strohgelb
600a. **ssp. flavéscens**, verbr. Sippe, s.o. – Chrom. 2n = 24, 28.
1* B. 5–10 mm brt, Rispe rötl. überlaufen
600b. **ssp. purpuráscens** (DC.) Arc., slt. in steinig. Grashäng. d. Hochgebirges, in Seslerietalia-Ges. – Tirol – oalp – Chrom. 2n = 12.

Hafer, Avéna L.

1 Hüllspelz. 1–5nervg, Ährch. aufrecht, B.häutch. 4–6 mm lg, Wiesenhafer [*Avénula* (Dum.) Dum.]
2 B. u. B.scheid. $\pm$ weich behaart, unt. Rispenäste zu 3–5, Ährch. mit 2–3 Grannen, 30–100 cm, ⦶, 5–6   **A. pubescens** 601
2* B. rauh od. glatt, meist $\pm$ starr, unt. Rispenäste zu 1–3
3 B. oberstst glatt, kahl, meist flach, mit durchscheinend. weiß. Hautrand, Rispe armblütg-traubg, Ährch. braun, gelb u. viol. gescheckt, 15–40 cm, ⦶, 7–8   **A. versicolor** 603
3* B. rauh, meist gefaltet od. rinng
4 Unt. Rispenäste zu 1–2 mit 1–2 Ährch., diese mit 4–6 Grannen, Rispe armblütg, meist traubg zus.gezogen, Hüllspelz. weißl., B. rinnig, oberts hellblaugrün, 30–80 cm, ⦶, 5–6   **A. pratensis** 602
4* Unt. Rispenäste zu 1–3 mit 5–8 Ährch., diese mit 2 Grannen, unt. B. meist borstl. gefaltet, oberts rauh, 20–50 cm, ⦶, 7–8 (*Helictotríchon* Bess.)   **A. parlatorei** 604
1* Hüllspelz. 5–11nervg, Ährch. bis 25 mm lg, abgeblüht hängd, Kultur- u. Unkraut-Hafer (*Avéna* L. s.str.)
5 Deckspelze kahl od. fast kahl, Ährch. meist 2(4)blütg
6 Deckspelze 2zähng (grannenartg), dazu rückenstdge Granne, rauh, Rispe etwas einstswendg, 60–100 cm, ☉, 7   **A. strigosa** 605
6* Deckspelze ohne lge Zähne (nur kurz 2zähng), Ährch.achse höchst. unt. kurz behaart, Rispe allstswendg, B.grund ohne Öhrch. (Abb. 19a, S. 195), 60–150 cm, ☉, 7–8   **A. sativa** 607
5* Deckspelze unt. lg zottg behaart
7 Ährch. 3blütg, Rispe allstswendg, Deckspelze kurzzähng, 60–120 cm, ☉, 6–8   **A. fatua** 606
7* Ährch. 2blütg, Rispe etwas einstswendg, Deckspelze mit 2 grannenartg. Zähnen (wie *A. strigosa*), 50–150 cm, ☉, 5–8   **A. barbáta** 608

601. **Flaum-H., A. pubéscens** Huds. [*Avénula pubéscens* (Hds.) Dum.], verbr. in Fettwiesen, auch Kalk-Magerrasen, auf frisch.–mäß. trock., mäß. nährstoffreich., basenreich., neutral. humos., locker. Lehm- u. Tonböden, bei stark. Düngung zurückgedrängt, gut.–mäß. Futtergras, nicht weidefest, Arrhenatheretalia-Ordn.char., bes. mag. Ges., ferner

(Verb.Diff.) im Mesobromion – Ebene bis Gebirge, A bis 2200 m – euras(subozean) – H – Chrom. 2n = 14.

602. Trift-H., A. praténsis L. [*Avénula praténsis* (L.) Dum.], zml. slt. in Magerweiden u. Trockenrasen, an Wegrainen, auf mäß. trock. (wechseltrock.), basenreich., oft kalkarm. od. entkalkt., mild.–mäß. sauer. humos., gern schwer., steinig. od. rein. Tonböden in sommerwarm. Klimalage, Magerkeitszeiger (kein Kulturgras), Licht-Halbschattpf., schwache Char. d. Visc.-Avenetum pr. (Mesobromion) auch in ander. Fest.-Brometea-Ges., im Violion od. Erico-Pinion – Ebene bis mittl. Gebirgslag., v. all. im O u. N d. Gebiet., A bis 1100 m, Ju bis 1000 m – euras(kont) – H – Chrom. 2n = ca. 98, 112, 126.

603. Bunt-H., A. versícolor Vill. [*Avénula versícolor* (Vill.) Lainz], slt., ab. gesellg in alp. Silikat-Magerrasen u.-weiden, in Gratlagen, auf frisch.–mäß. trock., meist basenreich., kalkarm., sauer., modrg-torfg-humos. Lehm- u. Tonböden, wetterfeste Lichtpf., Säurezeiger, Caricetalia curv.-Ordn.char., auch (Diff.) im hochgeleg. Nardion (Aveno-Nardetum), ferner im Rhododendro-Vaccinienion-Gestrüpp – A 1700–2300 m – alp – H – Chrom. 2n = 14.

604. Immergrüner H., A. parlatórei Woods [*Helictotríchon parlatórei* (Woods) Pilg.], slt. in alp. Blaugrashalden, auf sonnig, sickerfrisch, kalkhaltg., mild. humos., locker. steinig. Lehmböden, Seslerion-Verb.char., auch im Erico-Pinion (Erico-Rhododendretum hirs.) – A 1550–1850 m – alp – H – Chrom. 2n = 14.

605. Sand-H., A. strigósa Schreb. [*A. núda* L. ssp. *strigósa* (Schreb.) Mansf.], westeurop. Kulturhafer, früher auch im W d. Gebietes gebaut, heute nur noch als slt. Haferunkraut, liebt frische, nährstoffreiche, sandge Lehmböden, Aperion-Verb.char. – z.B. mittl. Sch, Pf, Fr, BayW – Stammpf. viell. *A. barbáta* Pott ex Lk. aus med – T – Chrom. 2n = 14.

Nahe steht *A. núda* L. ssp. *núda* mit 2–4blütg. Ährch., früher auch gebaut, heute seltenes Unkraut.

606. Flug-H., Wind-H., A. fátua L., zerstr. als Getreideunkraut in Hafer- od. Weizen-Feldern, auf frisch., nährstoff- u. basenreich., mäß. sauer.-mild., humusarm., steinig. od. rein. Tonböden, bis 1 m tief wurzld, Samen 20 Jahre keimfähig, viell. Stammpf. v. *A. satíva*, seit d. Bronzezeit im Gebiet, v. all. im Caucalidion, überreg. Secalinetea-Kl.char., auch in ruderal. Chenopodietea-Ges. – Ebene bis mittl. Gebirgslag., Ju bis 890 m – mutmaßl. Herkunft: omed, heute in gemäß. Zonen weltweit – T – Chrom. 2n = 42.

607. Saat-H., A. satíva L., hfg gebaut, vorwiegd als anspruchslose Sommerfr., auf frisch.–nass., oft basenarm., mäß. sauer., leicht sandig.

od. rein. Lehmböden, auch Torfböden, in humid. Klimalage, frostempfindl., Langtagpf., meist Selbstbestäubg, früher wichtg. Nahrungsmittel (Hafermus), heute mehr Futterpf., seit Bronzezeit im Gebiet – Ebene bis Gebirge, A bis 1400 m – eurassubozean (bis 65° nö Br.), mutmaßl. aus d. med Unkraut *A. fátua* als Kulturpf. entwickelt – T – Chrom. 2n = 42.

607a. **Fahnen-H., A. s. ssp. contrácta** (Neilr.) Čelak. (*A. orientális* Schreb.), Rispenäste einstswendg, etwas zus.gezogen, slt. gebaut, z.B. Ju bis 1000 m, Herkunft O-Europa.

608. **Bart-H., A. barbáta** Pott, slt. adv. an Verladeplätz., Unkraut aus med – T – Chrom. 2n = 28

Traubenhafer, Dreizahn, Danthónia DC.

1 Blü.std mit 5 Ährch., Deckspelze 2zähng mit lger gekniet. u. gedreht.
   Granne, B.scheid. kahl, 30–60 cm, ⚃, 5–6   **D. alpina** 609
1* Blü.std mit 4–12 Ährch., Deckspelze kurz 3zähng, B.scheide bewimpert,
   15–45 cm, ⚃, 6–7   **D. decumbens** 610

609. **Traubenhafer, D. alpína** Vest, slt. in Trockenrasen, auf sommerwarm.-trock., mager., basenreich., z.T. kalkfrei. od. entkalkt., neutral.humos., durchlässg. lehmig. Stein- u. Kiesböden, Char. d. Adon.-Brachypodietum (Cirsio-Brachypodion) – Do (Garchinger Heide) – osmed(-europkont) – H – Chrom. 2n = 36.

610. **Dreizahn, D. decúmbens** (L.) DC. [*Sieglingia decúmbens* (L.) Bernh.], zml. hfg in Silikat-Magerrasen, in Heiden, an Wegrainen, auf mäß. trock., nährstoff- u. basenarm. (od. entkalkt.), sauer., modrg-torfg humos. Lehmböden, auch Torfböden, Magerkeits-, Säure- u. Torfzeiger, lichtliebd, trittbegünstigt, Ameisenverbrtg, Nardo-Callunetea-Kl.char., auch in sauer. Mesobromion- od. Molinion-Ges. – Ebene bis Gebirge (Silikatgebiete), A bis 2250 m – subatl(-smed) – H – Chrom. 2n = (18, 24) 36 (124).

610a. **ssp. decúmbens,** s.o.

610b. **ssp. decípiens** O. Schwarz et Bässl., Pf. lockerrasg, mit schlank. Halmen, slt. auf basenreich., wechselfrisch.–wechselfeucht. Böd., in Molinion- u. Mesobromion-Ges., z.B. süRh, Do, He, Th, Verbreitg ungenügd bekannt.

Silbergras, Corynéphorus P.B. vgl. S. 200

611. **C. canéscens** (L.) P.B. (*Weingaertnéria canéscens* Bernh.), zerstr., ab. gesellg in Flugsand-Rasen, auf Brachen u. Dünen, an Wegen, in Sandgruben u. licht. Kiefernwäldern, auf sommerwarm.-trock., nährstoff- u. basenarm., neutral.–sauer., meist humus- u. feinerdearm.,

locker.-durchlässg. Sandböden d. Tieflagen, bis 15 cm tief dringd. Intensivwurzler (zur Erstberasung u. Festlegg v. Lockersand geeignet), opt. in Pionierges. b. Sandüberwehg, auch auf fest. Sand mit Flecht., Corynephorion-Verb.char. – v. all. im nördl. Tiefld (Sandgebiete), südl. bis nöRh-Fr-Do – subatl(-smed) – H – Chrom. 2n = 14.

Kammschmiele, Schillergras, Koeléria Pers.

1　St. am Grunde durch alte B.reste ± zwiebelg verdickt, B. blau- od. graugrün, kahl, rinnig od. borstl. gerollt, Ährenrispe dicht

2　Deckspelze stumpf, B. blaugrün, rauh, Grundscheide-Fasern gerade, 20–50 cm, ⹂, 6–7 **K. glauca** 612

2*　Deckspelze spitz, B. graugrün, starr

3　St.grund auffalld zwiebelg verdickt mit netzförmg verflocht. B.scheid. fasern, B.scheide kahl, Pf. dichtrasg, 20–50 cm, ⹂, 5–6
　　　　　　　　　　　　　　　　　　K. vallesiana 613

3*　St.grund mäßg verdickt, mit glatt. Fasern, B.scheid. samtg behaart, rückwrts rauh, Pf. lockerrasg mit 5–10 cm lgen Ausläuf. 10–25 cm, ⹂, 5–6
　　　　　　　　　　　　　　　　　　K. albescens 616

1*　St. am Grde nicht zwiebelg verdickt, B. grün-graugrün, Deckspelze spitz, Ähr.rispe am Grd ± unterbroch.

4　Ährch. 5,5–9 mm lg, Blü.rispe ± locker, schmal-pyramidal, unter d. Rispe dicht langhaarg, obere B.scheid. kahl od. nur zerstr. behaart, B.rand abstehd bewimpert, 30–80 cm, ⹂, 6–7 **K. pyramidata** 614

4*　Ährch. 3,5–4,5 mm lg, Blü.rispe ± dicht, fast walzl., unter d. Rispe kurzhaarg, B.scheid. dicht behaart, B. ± gerollt u. behaart, aber randl. nicht abstehd bewimpert, 20–50 cm, ⹂, 5–6 **K. macrantha** 615

612. Blaugraue K., K. glaúca (Schrad.) DC., slt. ab. gesellg in Sandrasen v. Binnendünen, auf sommerwarm. trock., mager., basenreich., meist kalkhaltg., neutral. humos., feinerdearm., lockerdurchlässg. Sandböden d. Wärme- u. Trockengebiete, Licht(Halbschatt)pf., opt. in Initialstadien, auch mit *Rhacomitrium can.,* Koelerion gl. Verb.char., slt. auch im Cytiso-Pinion – nöRh, Fr (ob noch?), SH, Th, An, Br, Me – kont (Sandsteppenpf.) – H – Chrom. 2n = 14.

613. Walliser K., K. vallesiána (Honck.) Gaud., s. slt., ab. gesellg in lückig. Trockenrasen, an felsg. Hängen, auf warm.-trock., mager., kalkreich., mild. humos., meist flachgründg. steinig. Lehmböden, Xerobromion-Verb.char. – süHü (Els: Rufach), nöHü (Nackenheim) – wsmed(-subatl), im Gebiet an d. N-Grenze d. Verbrtg – H – Chrom. 2n = 14, 42.

614. Pyramiden-K., K. pyramidáta (Lam.) P.B. [*K. cristáta* (L.) Pers.], zml. hfg in Kalk-Magerrasen, auf Schafweiden, an Wegrainen od. in licht. Kiefernwäldern, auf mäß. trock., mager., basenreich., meist kalkhaltg., mild.–neutral.. humos. Löß-, Lehm- od. Tonböden, auch auf Sand, Licht-Halbschattpf., in beweidet. Mesobromion-Ges., Brometalia-

Ordn.char., auch in trock. Molinion- od. Seslerietea-Ges., ferner im Erico-Pinion – Ebene bis Gebirge (Kalkgebiete), A bis 1800 m – subatlsmed – H – Chrom. 2n = 42, 70, 84.

615. Zierliche K., K. macrántha (Led.) Schult. [*K. grácilis* Pers., *K. cristáta* ssp. *grácilis* (Pers.) A. et Gr.], zerstr. in Kalk-Magerrasen, an Felshängen u. Wegrainen, in Kiefern-Trockenwäldern, auf sommerwarm.-trock., basenreich., humos., z.T. flachgründg. od. feinerdearm., steinig.-sandig. od. kiesig. Lehmböden, Licht-Halbschattpf., Festuco-Brometea-Kl.-char., v. all. im Koel.-Phleion, auch im Erico-Pinion – v. all. Tieflag., Ju bis 780 m, im Nordw. slt. od. fehld – euras(kont) – H – Chrom. 2n = 14.

616. Sand-K., K. albéscens DC. (*K. arenária* Dum.), slt. auf ruhend. basenreich. Graudünen, Koelerion alb.-Verb.char. – NS (Küsten) – atl – H – Chrom. 2n = 14, 42.

slt. u. unbestdg aus med: **K. phleoídes** (Vill.) Pers. [*Lophochlóa cristáta* (L.) Hyl.], einjährge Pf. an Verladeplätz. in Sisymbrion-Ges. – z.B. Rh (Hafenanlagen).

Windhalm, Ápera Adans.

1 B. bis 3 mm brt, ± flach, B.häutch. bis 6 mm lg, Rispe bis 20 cm lg, lockerblütg, Granne 5–7 mm lg, 30–100 cm, ☉, 6–7 **A. spica-venti** 617

1* B. etwa 1 mm brt, B.häutch. bis 2 mm lg, Rispe bis 10 cm lg, ± dichtblütg, Granne 10–15 mm lg, 20–40 cm, ☉, 6–7 **A. interrupta** 618

617. Gewöhnlicher W., A. spíca-vénti (L.) P.B. (*Agróstis spica-vénti* L.), hfg in Getreidefeldern, auch an Verladeplätz., auf mäß. frisch. (trock.), nährstoffreich., kalkarm., wenig humos., neutral–mäß. sauer., sandig. od. rein. Lehmböden, sandbevorzugd, bis 60 cm tief wurzld. Säurezeiger, Aperion-Verb.char., slt. auch in Chenopodietea-Ges. – Ebene bis mittl. Gebirgslag. (Silikatgebiete), bis rd 1000 m – euras – T – Chrom. 2n = 14.

618. Unterbrochener W., A. interrúpta (L.) P.B., slt. u. unbestdg in Unkrautges. auf trock., saur. Sandböden, z.B. nöRh, Pf (Saar), Th – (w)med Sandrasenpf. – T – Chrom. 2n = 14.

Straußgras, Agróstis L.

1 Deckspelze am Grund ohne od. nur mit s. kurz. Haaren

2 B. 2–4 mm brt, flach, grasgrün od. graugrün

3 B.häutch. 2–5 mm lg, Blü.rispe vor u. nach d. Blü. in d. meist. Fäll. zus.gezog. (vgl. nur *A. gigantea*), Ährch. bleich od. blaßrosa

4 Risp.äste dicht bis z. Grund mit Ährch. besetzt, Ährch. ohne Granne, Pf. mit oberird. Ausläuf., 10–60 cm, ⚥, 6–8 **A. semiverticillata** 619

4* Risp.äste locker mit Ährch. besetzt, Deckspelz. teilweise begrannt, Pf. meist auch mit unterird. Ausläuf.

5 Deckspelz. auf d. Rück. kahl, meist ohne Granne, B. $\pm$ flach, grün, Pf. mit oberird. od. auch unterird. Ausläuf. 20–50–150 cm, ⳨, 6–7
         A. stolonifera 620

5* Deckspelze auf d. Rück. etwas behaart, mit Grann., Ährch. blaßrosa, B. graugrün, oft gerollt, $\pm$ 2zeilg, Pf. mit kurz. unterird. Ausläuf. u. knickg aufsteigd. Trieb., 15–40 cm, ⳨, 6–7   **A. castellana** 621

3* B.häutch. höchst. 1 mm lg, gestutzt, Rispe auch nach d. Blü. ausgebreitet, Ährch. ohne Granne, rotviol., Pf. mit kurz. unterird. Ausläuf., 20–40 cm, ⳨, 6–8   **A. capillaris** 622

2* B. 1–3 mm brt, d. grundstdg. borstl., blau-graugrün, B.häutch. 1–3 mm lg

6 St.b. 3–6, untere Risp.äste 3–7, Ährch. meist viol. u. mit kurz. Grann.

7 B. zart, weich, Pf. mit oberird., reich u. fein bebüschelt. Ausläuf., Blü.rispe zus.gezog., Sumpfpf., 20–30 cm, ⳨, 6–8   **A. canina** 623

7* B. mehr starr, borstl.

8 Blü.rispe zus.gezog., Pf. mit kurz. dünn. unterird. Ausläuf., Sandpf., 20–30 cm, ⳨, 6–7   **A. vinealis** 624

8* Blü.rispe ausgebreitet, Windhalm-ähnl., Pf. ohne Ausläuf., 30–60 cm, ☉, ⳨, 6–7   **A. scabra** 628

6* St.b. 1–2, unt. Rispenäste 1–2, Rispe auch nach d. Blü. ausgebreitet, Ährch. braun od. schwarzviol.-bläul., dichtrasge Alpenpf.

9 Rispenäste rauh, feinborstg (Lupe), Ährch. 3,5–4 mm lg, 10–25 cm, ⳨, 7–9   **A. alpina** 625

9* Rispenäste glatt, Ährch. 2–3 mm lg, 5–20 cm, ⳨, 7–8   **A. rupestris** 626

1* Deckspelze am Grund mit 2 Haarbüscheln, bis z. $^1/_3$–$^1/_2$ d. Deckspelz.länge behaart, Rispe $\pm$ zus.gezogen, Rispenäste oft geschlängelt, Ährch. viol., B. bis 5 mm brt, St. dünn, aufsteigd, Pf. mit verlängert. unterird. Ausläufern, oft in steril. Rasen, 40–60 cm, ⳨, 7–8   **A. agrostiflora** 627

619. Quirlblütiges St., A. semiverticilláta (Forsk.) Hyl. [*Polypógon víridis* (Gouan) Breistr.], s. slt. nur advent. auf nährstoffreich. Schlammböd., Agrostietalia-Art – z. B. Rh (Els.) – med – H – Chrom. 2n = 28.

620–620d. A. stolonifera-Gruppe

1 Pf. meist mit oberird. Ausläuf., St. aufsteigd-niederliegd, $\pm$ ästg, Blü.rispe zuletzt zus.gezog., bis 12 cm lg, B. 2–6 mm brt

620. Weißes St., A. stolonifera, L. [*A. álba* var. *stolonifera* (L.) Sm.]

2 St. aufsteigd-aufrecht, oberird. Ausläuf. kurz, B. flach

620a. ssp. stolonifera, hfg an Weg., in Äckern u. Gärt., auf feucht., nährstoffreich. Lehm- u. Tonböd., Pionierpf., in Agr.(El.)-Rumicion- u. Polygonion av.-Ges., Soziologie u. Ökologie noch ungenügd bekannt, vermutl. ähnl. folgd. ssp. – H – Chrom. 2n = 28.

2* St. niederliegd, weit kriechd, wurzelnd, auch mit längeren unterird. Ausläuf.

3 Pf. grün, mit ober- u. unterird. Ausläuf., B. flach, schlaff

620b. ssp. prorépens Koch, hfg in Pionierrasen, an Ufern, Grabenrändern, Wegen od. in Äckern, auf frisch.–wechselfeucht., nährstoff- u. basenreich., mild-neutral., meist roh. Lehm- u. Tonböden (Schlamm- u. Schlickböden), v. all. im Überschwemmungsbereich d. Gewässer, bodenfestigd. Erstbesiedler, weidefeste Teppichpf., mäß. Futtergras,

Agrostietalia-Ordn.char., als Feuchtezeiger auch in Chenopodietea- od. Secalinetea-Ges. – Ebene bis Gebirge, A bis 1800 m – no-euras(-smed), in temp. Zonen heute weltweit – H – Chrom. 2n = 35.

3* Pf. blaugrün, Ausläuf. kurz, B. eingerollt od. borstg gefaltet

620c. **ssp. marítima** (Lam.) G. F. Mey., zerstr. in Küst.wies, d. Nord-u.Ostsee, auf feucht. sandg, Salztonböd., Armerion marit.- od. Agrostietalia-Art, slt. im Binnenld an Salzstell. – H – Chrom. 2n = 28 (42).

1* Pf. ohne oberird. Ausläuf., nur mit ± kurz., dick. unterird. Ausläuf., St. aufrecht, bis 150 cm hoch, Blü.rispe auch zuletzt noch ausgebreitet, bis 20 cm lg, B. 3–11 mm brt

620d. **Riesen-St., Fioringras, A. gigántea** Roth [*A. álba* var. *gigántea* (Roth) G. F. Mey.], zml. hfg im Uferröhricht, in Uferstauden u. Naßwiesen, auf grund- u. sickerfeucht., nährstoff- u. basenreich., mild.– mäß. sauer. Lehm- u. Tonböden, mäß. Futtergras, v. all. im Calthion, Molinio-Arrhenatheretea-Kl.char., auch in Phragmitetalia-Ges. – Ebene bis Gebirge – euras(-smed) – H – Chrom. 2n = 42.

621. **Kastilien-St., A. castellána** Boiss. et Reut., neuerdings da u. dort durch Rasensaat. eingeschleppt, meist auf mäßg trock., kalkarmen Sand-u. Tonböd., in ruderal. Ges. – z.B. Rh, NS, SH, Br – wmed-atl – H – Chrom. 2n = 28, 42.

622. **Rotes St., A. capilláris** L. (*A. ténuis* Sibth., *A. vulgáris* With.), verbr. u. bestandbildd in silikatisch. Magerwiesen u. -weiden bes. d. Gebirges, an Wegrainen, in *Calluna*-Heiden, in Parkrasen od. verlichtet. Eichen- u. Kiefernwäldern, auf mäß. trock.–frisch., mäß. nährstoffreich., kalkarm., mäß. sauer., roh. od. humos. Lehmböden, auch Sand u. Steingrusböden, opt. in humid. Klima, bis 50 cm tief wurzld. Säure- u. Magerkeitszeiger, Humuszehrer, Rohbod.pionier, gutes, ab. rel. unergiebg. Futtergras, in Wäldern Verhagerungs- u. Verlichtgs-Zeiger (ab. bessere Nährstoffversorgg als *Deschampsia flex.* anzeigd), v. all. in mager. Arrhenatheretalia-Ges., ferner in Nardo-Callunetea-, Sedo-Scleranthetea- od. Epilobietea ang.-Ges. usw. – Ebene bis Gebirge, A bis 2220 m – no-eurassubozean, in ozean-temp. Zonen heute weltweit – H – formenreich:

1 St. aufrecht od.knickg aufsteigd
2 Wurzelstock kurz kriechd, Pf. lockerrasg, Blü.rispe ausgebreitet, oval-eiförmg, B.schlaff, St. 20–40(80) cm hoch

622a. **ssp. capilláris,** verbr. Sippe, s.o. – Chrom. 2n = 28.

2* Wurzelstock nicht kriechd, Pf. dichtrasg, Blü.rispe schlank, kurzästg, B.straff, ± aufrecht, St. 10–30 cm hoch

622b. **ssp. oreóphila** Schwarz, höhere Berglag. d. Mittel- u. Hochgebirge, Verbreitg u. Soziologie ungenügd bekannt, vermutl. Pol.-Trisetion-Art.

1* St. wenigst. unten niederliegd, wurzelnd, Wurzelausläuf. verlängert, oft steril

622c. ssp. répens (Schur) Schwarz, für Heidemoore und Sandböd. angegeb., Verbreitg ungenügd bekannt.

623. Hunds-St., Sumpf-St., A. canína L., zml. hfg in sauer. Flach- u. Quellmooren, an nass. Weg- u. Grabenrändern, auf sicker- u. staunass., nährstoff- u. kalkarm., mäß. sauer., modrg-torfig-humos. Tonböden, auf Sumpfhumus- od. Sandböden, z. T. Pionier auf off. gestört. Moorstellen, z. B. mit *Ranunc. flammula,* in initial. Caricion f.-Ges., hfg auch in d. Scheuchzerietalia – Ebene bis (v. all.) Gebirge, A bis 1140 m, Sch bis 1300 m – no(-eurassubozean) – H – Chrom. 2n = 14.

624. Sand-St., A. vineális Schreb. (*A coarctáta* Ehrh. ex Hoffm., *A. canína* var. *árida* Schlechtd.), slt. in lückg. Sandrasen-Ges., auch auf Felsköpfen, auf sommertrock., basenreich., kalkarm., meist humus- u. feinerdearm., neutral., lock. Sand- od. Steingrusböden, licht- u. wärmeliebd, in Sedo-Scleranthetea- u. gestört. Nardo-Callunetea-Ges., als Pionier in Brach. – v. all. im N u. Nordw. d. Gebiet., im S slt. (nöRh, Mn) bzw. fehld – no-euras(subozean) (?) – H – Chrom. 2n = 28.

625. Alpen-St., A. alpína Scop., zerstr. in lückg. Steinrasen d. alp. Stufe, auf Abwitterungshalden, in Weiden, auf frisch., meist lg schneebedeckt., nährstoff- u. basenreich., kalkarm., neutral.–mäß. sauer. humos., locker., steinig. Lehmböden (Feinschuttböden), v. all. in Seslerietalia-Ges., auch im Poion alp. od. als Alp.schwemmlg im Epilobion fleischeri – A bis 2420 m – alp – H, formenreich:

1   B. meist flach, ca. 1 mm brt, Risp. äste z. Blü.zeit ausgebreitet, Ährch. 3–4 mm lg, dunkelviol. (braun)

625a. ssp. alpína, im Gebiet verbr. Sippe, s. o. – A – alp – Chrom. 2n = 14.

1*   B. meist borstl. gefaltet, Risp.äste z. Blü.zeit anliegd, Ährch. 5 mm lg, ± gelbgrün, Pf. bis 40 cm hoch

625b. ssp. schleícheri (Jord. et Verl.) A. et Gr. (*A. schleícheri* Jord. et Verl.), slt. in frisch. Steinras., z. B. im Caricion ferr. – A – walp – Chrom. 2n = 42.

626. Felsen-St., A. rupéstris All., zieml. hfg in Magerrasen d. alp. Stufe, an steinig. Graten, auch im Zwergstrauchgestrüpp, auf frisch.–mäß. frisch., nährstoff- u. basenarm., modrig-torfig humos. sauer., oft flachgründig. steinig. Lehm- u. Tonböden, lichtliebd, wetterfeste Silikatpf., Caricetalia curv.-Ordn.char., am Arber mit *Juncus trif.* (*Agrostis rup.-Juncus trif.*-Ges.), auch im hochgeleg. Nardion od. in Rhododendro-Vaccinion-Ges. – A 1600–2310 m, BayW (Arbergipfel), Riesengebirge – alp – H – Chrom. 2n = 14, 21, 28.

627. **Zartes St., A. agrostiflóra** (Beck) Rausch. [*A. schraderiána* Bech., *Calamagróstis tenélla* (Schrad.) Lk.], zerstr. in off. Hangrasen od. im Grünerlen-Gebüsch d. subalp. Stufe, auf mäß. frisch., basenreich., kalkarm., mäß. sauer., humos., locker. Lehm- u. Tonböden, z. B. im Alnetum viridis (Adenostylion), v. all. trockenere Ges., ferner in Gebüschlücken in off. unduldsamen Rasen, vgl. d. Agrostietum agrostifl. Br.-Bl. (Caricion ferrug.), auch im Nardion od. Calamagrostion – A v. all. 1700–2000(2260) m – alp – H – Chrom. 2n = 28.

628. **Rauhes St., A. scábra** Willd., slt. adv., eingebürgert auf wechselfeucht. saur. Tonböd. bei Weiden (Oberpfalz) mit Agr.(El.)-Rumicion-u. Nanocyperion-Begleitpf. – Herkunft: N-Amerika.

Reitgras, Calamagróstis Adans.

1 Granne im Ährch. ± versteckt, zart u. oft undeutl., gerade, an d. Spitze od. inmitten d. Deckspelze entspringd, Haare im Ährch. so lg wie Deckspelze od. lger, Pf. rasenbildd, mit lg. unterird. Ausläuf.

2 B. 3–7(9) mm brt, Ährch.haare so lg wie Deckspelze, Granne s. kurz, Rispe meist locker, überhängd u. viol. überlauf.

3 Hüllspelz. lanzettl., Granne meist endständg (in Ausrandg d. Deckspelze), ca. 1 mm lg, B. rauh, St. an d. Knot. oft verzweigt

4 B.häutch. kahl, 2–3 mm lg, B. unt.sts glänzd, hellgrün, St. mit 4–5 Knot., 60–120 cm, ♃, 7–8   **C. canescens** 629

4* B.häutch. behaart, d. ober. 5–12mm lg, B. unt.sts matt graugrün, St. mit 5–8 Knot., Ährch. hellrötl., 80–150 cm, ♃, 7–8   **C. purpurea** 630

3* Hüllspelz. brt pfrieml., Granne rückenstdg

5 Hüllspelz. 5 mm lg, B. 4–5 mm brt, schlaff, grün, B.grund beidersts meist mit deutl. Haarbüschel, 60–120 cm, ♃, 7–8   **C. villosa** 631

5* Hüllspelz. 3 mm lg, B. 2–3 mm brt, obersts graugrün, matt, rauh, untersts glänzd grün, Rispe s. schmal, steif-aufrecht, 30–100 cm, ♃, 6–7
C. stricta 634

2* B. (6)8–20 mm brt, Ährch.haare so lg wie Hüllspelz., Granne beinahe Spitze d. Hüllspelze erreichd

6 Granne rückenstdg, Rispe knäuelg gelappt, aufrecht, B. seegrün, hart, rückwärts rauh, B.häutch. bis 9 mm lg, 80–150 cm, ♃, 6–8
C. epigejos 632

6* Granne endstdg, zwischen Zähnch. d. 3nervg Deckspelz., Hüllspelz. ungleich lg, Rispe locker, bis 40 cm lg, etwas überhängd, B. blaugrün, B.häutch. bis 5 mm lg, Pf. locker stehd, 80–150 cm, ♃, 6–7
C. pseudophragmites 633

1* Granne aus d. Ährch. deutl. herausragd, derb, gekniet, inmitten od. am Grund d. Deckspelze entspringd, Ährch.haare nicht lger als Deckspelze, B.häutch. ca. 4 mm lg, Pf. mehr in Horst., mit kurz. unterird. Ausläuf.

7 Granne höchst. 1 mm d. Ährch. überragd, Ährch.haare ungleich lg (etwa so lg wie Deckspelze), Ährch. oft rötl.-viol. überlauf., B. beidersts graugrün, 60–120 cm, ♃, 7–9   **C. varia** 635

7* Granne 2–3 mm d. Ährch. überragd, Ährch.haare spärl. u. kurz, B. 4–7 mm brt, obersts kurz behaart (vgl. *Festuca altiss.*), untersts dunkelgrün-glänzd, B.grund mit Haarkranz, 60–120 cm, ♃, 6–8   **C. arundinacea** 636

629. **Sumpf-R., C. canéscens** (Web.) Roth (*C. lanceoláta* Roth), zml. slt., ab. gesellg, oft steril, in Erlenbruch- u. Niedermoor-Ges., auf mäß. nährstoff- u. basenreich., neutral–mäß. sauer. Anmoor-Böden mit hochanstehd. od. zeitw. austretend. Wasser, Staunässe-Zeiger, Halbschatt-(Licht-)pf., schwache Alnetalia-Ordn.char., auch im Magnocaricion (Bruchwald-Relikt) – Ebene bis mittl. Gebirgslag. – noeuras(kont) – H – Chrom. 2n = 28, formenreich.

630. **Purpur-R., C. purpúrea** (Trin.) Trin., slt. in nass., nährstoff- u. $\pm$ basenreich. Staudenflur., an Gräb. od. in Sumpfwies., in Birkenbruch-Ges. od. im Adenostylion, überreg. Bet.-Adenostyletea-Art – Vog, Sch, He, A (Allgäu) – no – H – Chrom. 2n = 56.
im Gebiet: ssp. *phragmitoídes* (Hartm.) Tzvel.

631. **Wolliges R., C. villósa** (Chaix) J. F. Gmel., slt., ab. gesellg in Fichtenwäldern u. Fichtenmooren, auf feucht. (frisch.), nährstoff- u. basenarm., torfig-humos., sauer. Lehm- u. Tonböden, auch Torf, Rohhumuswurzler, Halbschatt-(Licht-)pf., oft in steril. Rasen (verjüngungshemmd), Vaccinio-Piceion-Verb.char. – A bis 2050 m, BayW, ThW, Hz, Erzg, auch Fr, Mn, im Tiefld sonst fehld (süSch war Fehlbestimmg) – opralp, im Gebiet an d. W-Grenze d. Verbrtg – H – Chrom. 2n = 28, 56.

632. **Land-R., Waldschilf, C. epigéjos** (L.) Roth, hfg in licht. Wäldern, auf Schlägen, an Ufern, in Kiesgruben usw., v. all. tief. Lagen, auf mäß. frisch. (trock.), in d. Tiefe ab. meist wasserzügg. od. wasserstauend., mäß. nährstoffreich., humos. od. roh., meist tiefgründg., vorzugsw. sandig-kiesig. Lehmböden, bis 2 m tief wurzld, Wurzelkriech-Pionier, Licht-Halbschattpf., Klettverbrtg, opt. auf Schlägen in unduldsam., verjüngungshemmd. Herden, in Atropetalia-Ges., auch in Ufer-Pionier-Ges., im Molinion od. Salicion alb. d. Stromtäler – Ebene bis mittl. Gebirgslag. (Sand- u. Sandstein-Gebiete), A bis 1140 m – no-euras – H(G) – Chrom. 2n = 28, 42, 56, formenreich.

633. **Ufer-R., C. pseudophragmítes** (Hall.f.) Koel., slt. in off. Pionierrasen auf Sandbänken d. Flußauen, auf wechselfeucht., nährstoff- u. basenreich., roh., meist etwas schlammg. Sandböden, Wurzelkriech-Pionier, Char. d. Calamagrostietum pseudophr. (Epilobion fleisch.), oft im Kontakt mit *Myricaria* – Rh (sekundär in Ton- u. Kiesgrub.), Do, Av, A (bis 1290 m), BayW (?), An – pralp-kont – H – Chrom. 2n = 28.

634. **Moor-R., C. strícta** (Timm) Koehl. (*C. neglécta* auct.), s. slt. in off. Flach- u. Schwingmooren, auf staunass., $\pm$ basenreich. Torf- u. Sumpf-Humusböden, Lichtpf., Eiszeitrelikt, z.B. mit *Carex diandra,* Caricion las.-Verb.char., auch im Magnocaricion – Bo (Mindelsee), Av (Federsee), Do (verscholl.), SH, Me, Br, Sa, RS – arkt-no(kont), circ – H – Chrom. 2n = 28.

635. **Buntes R., C. vária** (Schrad.) Host, zerstr., ab. gesellg in hochmont. od. praealp. Kiefernwäldern, in off. Hangrasen, v. all. auf wechselfrisch. (sickerfrisch.), meist kalkreich., mild., ± humos., mittel–tiefgründg. Tonböden, auf Mergelrutschen u. Kiesalluvionen, Wechselfeuchtgkts-Zeiger, Pionierpf. u. Bodenfestiger, Licht- u. Halbschattpf., Char. d. Laserp.-Calamagrostietum var. (Caricion ferrug.), auch im Mesobromion od. im Erico-Pinion, gern mit *Molinia ar.* – Ba (Wutach), Ju, Do (Alpenflüsse), Av, A bis 2010 m, BayW (Passau), Fr, Mn, Bo, He, NSH (Süntel), Th, An – pralp – H – Chrom. 2n = 28.

636. **Wald-R., C. arundinácea** (L.) Roth, hfg u. bestandbildd in Eichen-, Buchen- u. Bergmischwäldern, auf Schlägen u. in subalp. Hochgrasfluren, auf sommerwarm., sickerfrisch., basenreich., kalkarm., mäß. sauer., humos., locker., meist mittelgründg., steinig.-sandig. od. rein. Lehmböden, bis 1 m tief wurzld. Lehmzeiger, Halbschatt-Lichtpf., gern in O-S-W-Auslagen, v. all. im Luzulo-Fagetum (auch Luz.-Abietetum) od. (v. all. im Osten) im Carpinion, angereichert im Epilobion angust., z.B. mit *Digitalis grandifl.* (vgl. Calamagr.-Digitalietum grandifl.), ferner an d. Waldgrenze im Sorbo-Calamagrostietum (Calamagrostion) – Ebene bis Gebirge (Lehm- u. Silikatgebiete), A u. Sch bis 1450 m, im nordw. Tiefld slt. – no-euras(kont) – H – Chrom. 2n = 28.

Sandrohr, Strandhafer, Ammóphila Host vgl. S. 196

637. **A. arenária** (L.) Link, zerstr. auf basenreich. Flugsanddün. (Weißdün.), sandfestlegende Pionierpf., Char. d.Elymo-Ammophiletum (Ammophilion) – NS, SH, Me (Küst.), auch z. Sandfestigung gepflzt z.B. nöRh, NWe, Br, An – euras-med – H(G) – Chrom. 2n = 28.

637a. × **Ammocalamagróstis báltica** (Flügge. ex Schrad.) P. Fourn. (*Ammophila arenaria × Calamagrostis epigejos*), zml. hfg an d. Nord- u. Ostseeküste bis N-Frankr. u. O-Engld, auf älteren Dünen im Koelerion alb. u. Ammophilion – Chrom. 2n = 28, 42.

Lieschgras, Phléum L.

1 Ährenrispe beim Umbiegen nicht lappg, gleichförmg walzl., Hüllspelz. am Kiel lghaarg bewimpert

2 Ährenrispe (2)5–20 cm lg, kahl, B. hell-blaugrün, aufwärts rauh, B.häutch. spitz, 1–5 mm lg, B.scheid. durchweg off., St.grund ± knollg verdickt, 30–100 cm, ♃, 5–6(–9)   **Ph. pratense** 638

2* Ährenrispe 1–4(7) cm lg, ± wollg, meist trübviol., B.häutch. gestutzt, 1 mm lg, oberste B.scheide etwas aufgeblas.

3 Hüllspelz.granne im unter. Teil lg bewimpert, Ähre 3–4 cm lg, trübviol., 20–50 cm, ♃, 7–8   **Ph. rhaeticum** 639

3* Hüllspelz.granne fast kahl, Ähre 1–3 cm lg, grün od. nur weng viol., 10–25 cm, ♃, 7–8   **Ph. commutatum** 640

1* Ährenrispe beim Umbiegen lappg, Hüllspelz. lg bewimpert od. fast kahl
4 Ährenrispe im allg. 5–15 cm lg, Pf. üb. 20 cm hoch
5 Ährenrispe aufwärts rauh, bis 8 cm lg, St. fast bis z. Rispe beblättert, B. 4–10 mm brt, B.häutch. bis 4 mm lg, ob. B.-scheide etwas aufgeblas., Hüllspelz. ± bauchg, 15–30 cm, ⊙, 5–7 **Ph. paniculatum** 641
5* Ährenrispe aufwärts glatt
6 Hüllspelz. kurz bewimpert, Ährenrispe bis 18 cm lg, schlank, St. oben b.los (oft rot), B. 2–4 mm brt, B.häutch. 1–2 mm lg, 20–50 cm, ♃, 6–7 **Ph. phleoides** 642
6* Hüllspelz. lg borstg bewimpert, mit mindest. 1 mm lg. Granne, Ährenrispe bis 7 cm lg, weißgrün, Pf. mit kurz. unterird. Ausläuf., 30–60 cm, ♃, 7–8 **Ph. hirsutum** 643
4* Ährenrispe 1–4 cm lg, weißgrün, ob. B.scheide ± aufgeblas., 5–20 cm, ⊙, 5–6 **Ph. arenarium** 644

638. **Wiesen-L., Ph. praténse** L., zml. hfg, ab. im Einzelstd, in Fettweiden, Parkrasen, an Wegen, auf frisch.–mäß. frisch., nährstoffreich. Lehm- u. Tonböden, tritt- u. weidefest, gutes Futtergras, auch gesät im Kleegrasbau, Cynosurion-Verb.char. – Ebene bis mittl. Gebirgslag., A bis 1650 m – no-euras – H – Chrom. 2n = 42, formenreich:

1 Ähr.rispe (3)5–23 cm lg, Hüllspelz. 2mal so lg wie Granne, B.häutch. kahl, St.grund nur schwach verdickt

638a. **ssp. praténse,** verbr. Sippe, s.o. – Chrom. 2n = 42.

1* Ähr.rispe 1–4 cm lg, Hüllspelze 3mal so lg wie Granne, B.häutch. behaart, St.grund knollg verdickt

638b. **ssp. bertolínii** (DC.) Bornm. [ssp. *nodósum* (L.) Trab.], zerstr. an Weg- u. Ackerränd., auch auf Weiden, auf vorzugsw. kalkhaltg. Löß- u. Sandböd., wärmer u. trockener stehd als vor., mehr ruderal, ab. auch im Cynosurion – v. all. Tieflag. – subatl – Chrom. 2n = 14.

639. **Alpen-L., Ph. rhaéticum** (Humphr.) Rausch. (*Ph. alpínum* L. ssp. *rhaéticum* Humphr.), zml. hfg in Fettweiden, auf Fettwiesen d. alp. Stufe, in Läger- u. Schneeboden-Ges., auf frisch., nährstoff- u. basenreich., oft kalkarm., neutral.–mäß. sauer., humos. Lehm- u. Tonböden, lichtliebd, gutes Futtergras, Poion alp.-Verb.char., auch im Polygono-Trisetion od. Rumicion alp. usw. – A 1400–2375 m, BayW 1300–1400 m (720 m einmal) – alp – H – Chrom. 2n = 14.

640. **Falsches Alpen-L., Ph. commutátum** Gaud. (*Ph. alpínum* L. ssp. *alpínum*), slt. auf feucht.-nass., kalkarm. Böd., z.B. im Caricetum fuscae (Caricion f.), auch in Salicetea herb.-Ges. – A – arkt-alp, circ (u. S-Am.) – H – Chrom. 2n = 14, 28.

641. **Rispen-L., Ph. paniculátum** Huds., slt. u. unbestdg, adventiv, in Unkraut-Ges. d. Tieflag., an Wegen, in Weinbergen od. Äckern, auf sommerwarm.–mäß. trock., nährstoff- u. basenreich., humusarm., mild.–neutral., leicht., meist sandig. Lehmböden, Chenopodietea-

Kl.char. – Ebene bis mittl. Gebirgslag., v. all. im S bis He, Th, im Nordw. u. N slt. od. fehld – med(-kont) – H(T) – Chrom. 2n = 28.

642. Glanz-L., Ph. phleoídes (L.) Karsten (*Ph. böehmeri* Wib.), zml. slt. in lückg. Trockenrasen, auf Felsköpfen u. an felsg. Hängen, an Wegrainen, auf sommerwarm.–trock., basenreich., ab. kalkarm., neutral.- mäßg sauer. lehmg. Sand- od. Steinböd., v. all. in bodensauer. Trockenras. (Koel.-Phleion-Ges.), Fest.-Brometea-Kl.char.– v. all. im S d. Gebiet., Ju bis 1000 m, im nördl. Tiefld slt. od. wie im Nordw. fehld – euraskont-smed – H – Chrom. 2n = 14, 28.

643. Rauhes L., Ph. hirsútum Honck. (*Ph. michélii* All.), zml. hfg in sonnig. Hangwiesen d. subalp. Stufe, in Wildheuplanken, auf sickerfrisch., nährstoff- u. basenreich., neutral. humos., locker., oft bewegt., mittelgründg. Lehm- u. Tonböden, Lichtpf., Char. d. Caricetum ferrug. (Caricion ferrug.) – A 1400–2270 m – alp – H – Chrom. 2n = 14.

644. Sand-L., Ph. arenárium L., s. slt. in off. Flugsandrasen, v. all. an Wegen, auf sommerwarm-trock., etwas stickstoffbeeinflußt., basenreich., humus- u. feinerdearm., locker. Sandböden, salzertragde Pionierpf., lok. Char. d. Bromo-Phleetum aren. (Sil.-Cerastion), sonst auf Küstendünen im Koelerion albesc. (Tortulo-Phleetum) – nöRh (Mainz, Griesheim), Nord- u. Ostseeküste – atl-med – T – Chrom. 2n = 14.

Fuchsschwanz, Alopecúrus L.,

1 St. grund knollg verdickt, B. etwa 1 mm brt, Ähre 1–5 cm lg, Hüllspelz. behaart, Salzwies.pf., 30–50 cm, ⚇, 5–7   **A. bulbosus** 645

1* St.grund nicht knollg verdickt

2 Ährenrispe eiförmig-kurzwalzl., Granne 1–1,5 cm lg, ob. B.scheid. blasg aufgetrieb., Pf. niederliegd–aufsteigd, 10–15 cm, ⊙, 4–5   **A. rendlei** 646

2* Ährenrispe längl., Granne kürzer

3 St. aufrecht, Ährch. 4–7 mm lg

4 Ährenrispe 4–6 mm dick, an d. Enden verschmälert, Hüllspelz. kurz bewimpert, 20–40 cm, ⊙, 6–7   **A. myosuroides** 647

4* Ähr.rispe 5–10 mm dick, stumpfl., Hüllspelze lg zottg behaart, B.häutch. bis 4 mm lg

5 Pf. grasgrün, mit bis zu 10 cm lgen unterird. Ausläuf., Ähre bis 1 cm dick, 40–100 cm, ⚇, 5–6   **A. pratensis** 648

5* Pf. blaugrün mit bis üb. 20 cm lgen unterird. Ausläuf., Ähre bis 1,5 cm dick, 60–130 cm, ⚇, 5–6   **A. arundinaceus** 649

3* St. am Grunde niederliegd, Ährch. 2–2,5 mm lg

6 B. graugrün, B.scheide ± aufgeblas., Granne unter d. Mitte d. Deckspelze eingefügt, d. rd. 3 mm lgen Ährch. um 1–2 mm überragd, Staubb. zuerst gelb-viol., dann braun, 10–30 cm, ⊙, 5–9   **A. geniculatus** 650

6* B. seegrün, Granne meist in od. üb. d. Mitte d. Deckspelz. eingefügt, d. rd. 2

mm lge Ährch. kaum überragd, Staubb. zuerst weißl., dann ziegelrot, 20–40 cm, ☉, ⚄, 5–9   **A. aequalis** 651

645. **Zwiebel-F., A. bulbósus** Gouan., s. slt. in Salzwiesen d. Nordsee-küste, schwache Armerion marit.-Verb.char., auch im Agr.(El.)-Rumi-cion – NS (Wesermündg, Geestemünde) – atl-(med) – H – Chrom. 2n = 14.

646. **Aufgeblasener F., A. réndlei** Eig. (*A. utriculátus* auct.), s. slt. in Un-krautges. an Wegrändern, in feucht. Weiden od. Wiesen, auf sommer-warm.–wechselfrisch., nährstoff- u. basenreich., oft salzhaltg. Lehm- u. Tonböden, in SO-Europa wichtige Char. d. Wässer- u. Wechselweiden (Alopecurion utric. Zeidl. 54) – süRh, Pf (erlosch.), Lothringen – osmed(-med) – T – Chrom. 2n = 14.

647. **Acker-F., A. myosuroídes** Huds. (*A. agréstis* L.), im S u. W d. Ge-bietes zml. hfg, sonst slt., in Getreidefeldern, v. all. in Winterfr., auch sonst in Äckern, an Wegen od Schuttplätz., auf mäß. frisch., nähr-stoff- u. basenreich., humusarm., neutral.–mäß. sauer. Lehmböden, Lehm- u. Tonzeiger, wärmeliebd, Caucalidion-Verb.char., auch (Diff.) im Aperion – Ebene bis mittl. Gebirgslag. (Lehmgebiete) bis rd 500 m, vzlt höher, z. B. Ju bis 980 m – smed-med, verschleppt – T – Chrom. 2n = 14.

648. **Wiesen-F., A. praténsis** L., verbr. in feucht. Wiesen, an Dungstellen, in Lägerges., Baumgärten, auch in Uferstauden-Ges., auf sickerfeucht., kühl., nährstoffreich., mild.–mäß. sauer., humos., ± tiefgründg. Lehm-u. Tonböden in humid. Klimalage, v. all. in Auen, Nässe- u. Nährstoffzeiger, Licht-Halbschattgras, winterhart, durch Düngung u. Wässerung begünstigt, bei Frühschnitt gutes, ergiebg. Futtergras, nicht weidefest, opt. in feucht. Arrhenatheretalia-Ges. (z. B. Arrhenatheretum alopecuretosum, Galio-Alopecuretum), auch im Calthion od. Filipendu-lion, Molinio-Arrhenatheretea-Kl.char. – Ebene bis Gebirge. A bis 1450 m – no-euras – H – Chrom. 2n = 28.

649. **Rohr-F., A. arundináceus** Poir., slt. in Salzwies. auf Tonböd. im Armerion mar. – Me (Küste) – euraskont – H – Chrom. 2n = 28.

650. **Knick-F., A. geniculátus** L., zerstr. in off. Pionier-Ges., an Ufern, in Flutmulden, an Grabenrändern od. nass. Wegen, auf wechselnass., z. T. zeitw. überflutet., nährstoff- u. basenreich., ± humos., neutral-mäß. sauer. Ton- u. Schlickböden, salzertragd, Stromtalpf., Char. d. Ran.-Alopecuretum [Agr.(El.)-Rumicion] – Ebene bis mittl. Gebirgslag., v. all. im N u. O d. Gebiet., Sch bis 1120 m – no-euras, verschleppt – H – Chrom. 2n = 28.

651. **Roter F., A. aequális** Sobolewsky (*A. fúlvus* Sm.), slt. in Pionierges. an Ufern od. in Gräben, auf nass., zeitw. überschwemmt., nährstoff(stickstoff-)reich., humos., neutral.-mild. Ton(Schlick-)böden,

oft flutend, Char. d. Alopecuretum aeq. (Bidention), oft im Kontakt mit d. Nanocyperion od. Phragmition – Ebene bis mittl. Gebirgslag., A bis 1700 m – no-euras – T, H – Chrom. 2n = 14.

Zwerggras, Míbora Adans. vgl. S. 195

652. **M. mínima** (L.) Desv., slt., ab. gesellg, z. T. unbestdg, in Sand-, brachen u. Silbergrasfluren, auf sommertrock., stickstoffbeeinflußt., basenreich., kalk- u. humusarm., neutral.–mäß. sauer., locker., lehmig. od. rein. Sandböden in humid-wintermild. Klimalage, v. all. in Corynephoretalia-Ges., auch in Brachen im Dig.-Setarienion od. Arnoseridenion, in S-Europa in azidophil. Therophyten-Ges. (meist Steingrusböden) – nöRh, O (Wertheim) – atl-med, im Gebiet an d. O-Grenze d. Verbrtg – T – Chrom. 2n = 14.

Scheidenblütgras, Coleánthus Seidl vgl. S. 199

653. **C. subtílis** (Tratt.) Seidl, slt. u. unbeständg auf sauer. Ufer-Schlammböden, v. all. im Cypero-Limoselletum (Nanocyperion) – RS, Sa, An (Wittenberg) – euras, circ – T – Chrom. 2n = 14.

Pfriemengras, Federgras, Stípa L.

1   Blü.granne 8–45 cm lg, Rispe armblütg, B. meist borstl. gerollt
2   Grannen nicht federg behaart, rauh, 10–15 cm lg, oft zus. gedreht-verschlung., 40–80 cm, ⚃, 7–8   **St. capillata** 654
2* Granne federg behaart, 20–30 cm lg (*St. pennata*-Gruppe)
3   B. 1,5–4 mm brt, wenn gerollt, nie in eine fadenförmge Spitze ausgezogen, B.häutch. 1–7 mm lg
4   Jge B.spitze behaart, abgestorbene B.scheid. matt graubraun, Grundb. meist gerollt, Fr. 15–18 mm lg, Deckspelze im ober. Viertel ± kahl, 30–50 cm, ⚃, 5–7   **St. joannis** 657
4* Jge B.spitze nicht behaart, B.scheid. ± glänzd hellgelb, Deckspelze wenigst. randl. ± durchgehd behaart, Grannenbasis zuletzt gelb
5   B.scheid. u. B. kahl od. nur schwach behaart
6   Deckspelze bzw. Fr. 20–26 mm lg, St.b. ± flach, bis 4 mm brt, 40–80 cm, ⚃, 5–7   **St. pulcherrima** 655
6* Deckspelze bzw. Fr. 14–21 mm lg, St.b. ± eingerollt, 1,5–2 mm brt, 40–60 cm, ⚃, 5–7   **St. pennata** 656
5* B.scheide u. wenigst. B.basis dicht behaart ·
7   B. flaumg behaart, B.häutch. 3zipflg, Deckspelze 20–23 mm lg, 30–100 cm, ⚃, 5–6   **St. dasyphylla** 658
7* Obere B. nur am Grund behaart, sonst ± rauh, B.häutch. gestutzt, Deckspelze 23–25 mm lg, 30–70 cm, ⚃, 5–6   **St. bavarica** 659
3* B. 1–1,5 mm brt, s. lg u. fadenförmg zugespitzt, B.häutch. s. kurz od. fehld, B.scheid. matt graubraun, St. unt. d. B.knot. fein behaart, Pf. rasenbildd, 40–70 cm, ⚃, 6–7   **St. tirsa** 660
1* Blü.granne 1–1,5 cm lg, Rispe reichblütg, schlaff, Ährch. gelbl. glänzd, vgl. **Achnatherum** S. 260

Alle Federgras-Arten sind geschützt!

654. Haar-Pf., St. capilláta L., slt., ab. gesellg in Steppen- u. Trockenrasen, auf sommerwarm-trock., basenreich., meist kalkhaltg., neutral–mild. humos. Sand- od. Steinböden, Tiefwurzler, Lichtpf., Char. d. Stipetum cap. s. l. (Festucion val.), slt. auch im Xerobromion – süHü (Kaiserstuhl), nöRh (Mannheim–Mainz), nöHü (Rheinhessen), Mn, An, Th, Br – kont(-smed), im Gebiet an d. W-Grenze d. Verbrtg – H — Chrom. 2n = (28) 44 (46).

655. Gelbscheidiges F., St. pulchérrima C. Koch (*St. grafiána* Stev.), slt. in lückg. Trockenrasen, an heiß. felsg. Hängen, auf sommertrock., basenreich., meist kalkhaltg., neutral–mild., humos. flachgründg. Steinböden, Wind- und Klettverbrtg (Bohrklette), Ziergras, Festucion val.-Verb.char., s. slt. auch im Xerobromion – süHü (Kaiserstuhl), nöHü (Pfalz–Rheinhessen), Nahetal, Mn, Th, An, Br – osmed-kont – H – Chrom. 2n = 44.

656. Zierliches F., St. pennáta L., slt. in warm-trocken. Felsras., Xerobromion-Verb.char. – H, formenreich:

1   Deckspelze randl. meist locker behaart, 17–21 mm lg, am Grund d. Granne mit Anhängsel, Granne 23–28 cm lg

656a. ssp. pennáta (ssp. *lutetiána* Scholz), s. slt. süHü (Isteiner Klotz), Donautal (verscholl.) – wsmed.

1* Deckspelze randl. dicht behaart, ohne Anhängsel, 14–19 mm lg
2   Decksp. 14–17 mm lg, B.häutch.rand lg gewimpert, Granne 20–23 cm lg

656b. ssp. austríaca (Beck) Mart. et Shal., s. slt. Donautal (Beuron), A (Höfats, ob noch?) – (o)pralp.

2* Deckspelze 18–19 mm lg, B.häutch. wenigst. Spitze behaart, Granne 24–28 cm lg

656c. ssp. eriocaúlis (Borb.) Mart. et Shal., ob im Gebiet? – Chrom. 2n = 44.

657. Grauscheidiges F., St. joánnis-Gruppe

1   Deckspelze nur bis $^3/_4$ d. Länge behaart.

657a. St. joánnis Čel. ssp. **joánnis**, slt. in sonnig. Steppenrasen, auf warm.-trocken., basenreich., oft kalkarm., neutral., humos., oft schwarzerdeartg., lehmg-tonig. Steinböden od. auf Sand, Festucion val.-Verb.char. – nöRh, süHü (Kaiserstuhl), nöHü (Rheinhess.–Nahetal), Mn, FrJu, Th, An, Br, Me – kont, im Gebiet an d. W-Grenze d. Verbreitg – Chrom. 2n = 44.

1* Deckspelze bis zur Spitze dicht behaart

657b. St. borysthénica Klok. ex Prok. ssp. **germánica** (Endtm.) Mart. et Rausch., s. slt. auf basenreich. Sandböd. im Koelerion gl. – Br – europkont.

658. Weichhaariges F., St. dasyphýlla (Lindem.) Trautv., s. slt. in Trockenras., Festucion val.-Art – An (Steinklöbe) – europkont.

659. **Bayerisches F., St. bavárica** Mart. et Scholz (*St. pulchérrima – dasyphýlla*), s. slt. im Puls.-Caricetum hum. (Xerobromion) – FrJu (Finkenstein, ob noch?) – endem.

660. **Roßschweif-F., St. tírsa** Stev. [*St. stenophýlla* (Czern. ex Lindem.) Trautv.], s. slt. in Steppen- u. Halbtrockenrasen, auf trocken. bis mäß. trock., basenreich., kalkarm., neutral. humos., flachgründg. lehmig. Steinböden (Felsköpfe), sonst gern auf Schwarzerden, Char. d. Stipetum stenoph. s. l., Cirs.-Brachypodion-Verb.char., auch im Festucion val.– ober. Nahetal (4 Fundorte), An, Th – kont, im Gebiet an d. W-Grenze d. Verbrtg – H – Chrom. 2n = 44.

Rauhgras, Achnátherum P. B. vgl. S. 199

661. **A. calamagróstis** (L.) P. B. [*Stipa calamagróstis* (L.) Wahlenb.], slt., aber gesellg in sonnig. Steinschuttrasen, auf trock.–mäß. frisch., kalkreich., humus- u. feinerdearm., locker., bewegt. Feinschutt- od. auf Felsböden, wärme- u. lichtliebd, Schuttstauer u. -festiger, Char. d. Stipetum calamagr. (Stipion calamagr.), auch verschwemmt im Flußkies (Epilobion fleisch.) od. im Potentillion caul. – Ju (Donautal: Beuron–Tiergarten), A bis 1230 m – pralp-smed – H – Chrom. 2n = 44.

Waldhirse, Mílium L. vgl. S. 199

662. **Flattergras, M. effúsum** (L.), verbr. in kraut- u. grasreich. Laub- od. Nadel-Mischwäldern, auf frisch.–mäß. frisch., nährstoffreich. (–mäß. nährstoffreich.), meist kalkarm. od. entkalkt., neutral.–mäß. sauer., locker humos., mittel-tiefgründg. Lehmböden, flachwurzlde Mullbodenpf., Schatt-Halbschattpf., Frischezeiger, Fagetalia-Ordn.char. – Ebene bis Gebirge, A bis 1880 m – eurassubozean, circ – H – Chrom. 2n = 28.

662a. **var. violáceum** Holler, Hüllspelz. viol. überlauf., Rispenäste kürzer, Verzweigg. dichter, im Hochstaudengebüsch d. hochmont. Stufe, z. B. Alnetum virid., Betulo-Adenostyletea-Kl.char. – A – vermutl.: nosubozean.

Klettgras, Trágus Hall. vgl. S. 196

663. **T. racemósus** (L.) All., s. slt. in lückg. Sand-Unkrautges., auf sommertrock., nährstoff(stickstoff)reich., locker., meist humusarm. Sandböden, wärmeliebd, Klettverbrtg., im Salsolion, Eragrostion od. Polygonion av. – nöRh (eingebürgert), sonst nur vorübergehd verschleppt (z. B. Fr) – in warm.-temp. bis subtrop. Ruderal- u. Trittges. weltweit verbr. – T – Chrom. 2n = 40.

Mariengras, Hieróchloë R.Br.

1 Pf. mit lgen Ausläuf., Blü.rispe locker mit geschlängelt. Äst. u. ± kahl. Ährch.stiel.

2　Blü.rispe 3,5–9 cm lg, B.häutch. 1,5–2,5 mm lg, Deckspelze spärl. ± anliegd
　behaart, 30–60 cm, ♃, 5–6　　　　　　　　　　　**H. odorata　664**
2*　Blü.rispe 5–15 cm lg, B.häutch. 2,5–5,5 mm lg, Deckspelze deutl. abstehd
　behaart, 40–90 cm, ♃, 4–6　　　　　　　　　　　**H. hirta　665**
1*　Pf. ohne (od. nur mit s. kurz.) Ausläufern, Rispe bis 6 cm lg, Ährch.stiel am
　Grund behaart, ob. B.scheide ohne B., 15–45 cm, ♃, 4–5
　　　　　　　　　　　　　　　　　　　　　　H. australis　666

664. Duftendes M., H. odoráta (L.) P.B., slt. in Flachmooren, an Ufern,
auf nass. (wechselnass.), ± nährstoff- u. basenreich., mäß. sauer. humos.
Schwemmsandböden, od. sandig. Torfböden, Licht-Halbschattpf., mäß.
wertvoll. kumarinhaltg. Futtergras, v. all. in Molinietalia-, auch
Caricion f.-Ges. – Pf, Do–Av (Lech-Wertach), Me, Br, An, L, im Nordw.
s. slt. od. fehld – no-euraskont – circ – H (G) – Chrom. 2n = 28, 42.

665. Rauhes M., H. hírta (Schrank) Borb., slt., v. all. in Pionierges., auf
sandg. Böd. an Ufern, trockener als vor. stehd, z. B. im Agr.(El.)-
Rumicion, auch in Molinietalia-Ges. – Do (Isar-Amper), Br, Verbrtg
ungenügd bekannt – no-euraskont – H – Chrom. 2n = 56.

666. Südliches M., H. austrális (Schrad.) R. et Sch., slt. in wärmeliebd.
Eichen- u. Eichen-Kiefernwäldern, auf steil., S-expon. Hängen auf
sommertrock., wechseltrock., basenreich., ± kalkhaltg., mild. humos.,
meist flachgründg. steinig. Tonböden, Halbschattgras, z. B. mit *Lithospermum purpurocaer.* od. *Sesleria alb.* im Quercion pub., auch im Cyt.-
Pinetum od. Carpinion – FrJu, Elbs – gemäßkont., im Gebiet an d.
W-Grenze d. Verbrtg – H – Chrom. 2n = 14.

Ruchgras, Anthoxánthum L.
1　Ähre 2–4 cm lg, dicht, zuletzt braungelb, St. nicht verzweigt, B. blaugrün (v.
　bitter. Geschmack), wie B.scheid. behaart, am Grde geöhrt u. mit
　Haarkranz, Pf. rasenbildend
2　Deckspelze kahl, B. beid.sts graugrün, matt, flach, 15–45 cm, ♃, 4–6
　　　　　　　　　　　　　　　　　　　　　　A. odoratum　667
2*　Deckspelze oben fein behaart, B. unt.sts ± gelbgrün, glänzd, zuletzt gern
　nach ob. gerollt, 10–30 cm, ♃, 5–6　　　　　**A. alpinum　668**
1*　Ähre 1–2 cm lg, locker, St. auch ob. verzweigt, B. bleichgrün, d. beid. unt.
　Hüllspelz. mit deutl. Stachelspitze, d. ob. lg begrannt, 5–30 cm, ☉, 5–7
　　　　　　　　　　　　　　　　　　　　　　A. aristatum　669

667. Gewöhnliches R., A. odorátum L., verbr. in mager. Wiesen u.
Weiden, in licht. Laubwäldern, auf frisch.–mäß. trock. (wechselfrisch.),
mäß. nährstoffreich., basen- u. kalkarm., mäß. sauer.–sauer., modrig
humos. Lehmböden, bis 50 cm tief wurzld. Magerkeitszeiger, Licht-
Halbschattgras, kumarinhaltg (Heuduft!), minderwertg. Futtergras,
Verbrtgs schwerpkt in mager. Bergwiesen, z. B. mit *Festuca rubra* od.
Agrostis cap. (Frühjahrsaspekt-bildd), auch in and. Molinio-Arrhenatheretea-Ges., ferner in d. Nardo-Callunetea, Caricetea curv. (vgl. ab.
folgende Art!) od. im Quercion rob. (Violo-Quercetum) – Ebene bis

Gebirge – no(-eurassubozean), in kühltemp. Zonen weltweit verschleppt
– H – Chrom. 2n = 20.

668. **Alpen-R., A. alpínum** A. et D. Löve (*A. nippónicum* Hondo), zerstr.
(?) in saur. alp. Rasenges. u. auf Schneeböden, auch im Zwergstrauch-
gestrüpp – A bis 2350 m, BayW, süSch (Feldberg), Vog – arkt-alp –
Chrom. 2n = 10.

669. **Grannen-R., A. aristátum** Boiss. (*A. puélii* Lec. et Lamotte), slt. u.
unbestdg, z.T. auch eingebürgert, in Getreidefeldern, auf Brachen, an
Wegen od. in lückg. Schafweiden, auf mäß. trock., ± nährstoffreich.,
basenarm. sauer., wenig humos. Sandböden, frostempfindl., Char. d.
Scler.-Arnoseridetum (Arnoseridenion) – v. all. im nördl. Tiefld. (Sandgebiete), im S seltner, z.B. nöRh, Fr, süSch (adv. bis 1000 m) – atl-med –
T – Chrom. 2n = 10.

Glanzgras, Phálaris L.
1   Blü.std eiförmige Ährenrispe, äuß. Hüllspelz. weiß mit grün. Randstreif.,
    20–50 cm, ⊙, 5–10   **Ph. canariensis** 670
1* Blü.std off. Rispe mit knäuelg zus.gezogen. Ährch., Pf. schilfartg, ab. mit 4–
    6 mm lg. B.häutch., 50–200 cm, ⹁, 6–7   **Ph. arundinacea** 671

670. **Kanariengras, Ph. canariénsis** L., slt. als Ziergras gepflanzt od.
unbestdg in Schuttunkrautges. aus Vogelfutter (Kanariensamen,
Glanzsamen), in Chenopodietea- u. Bidentetea-Ges. – wmed – T –
Chrom. 2n = 12.

671. **Rohr-G., Ph. arundinácea** L. [*Phalaroídes arundinácea* (L.) Rausch.,
Typhoídes arundinácea (L.) Moench], hfg u. bestandbildd im
Uferröhricht, an schnell fließd. Gewässern, auch an Seen, immer mit
stark schwankd. Wasserstd, in Weidengebüschen u. Erlen-Eschen-
Auenwäldern, an Quellen, auf kühl., sickernass., nährstoff- u.
basenreich., ± humos., neutral.–mild. (meso-eutroph.), meist sandg-
kiesg., durchlüft. Tonböden, tiefwurzld. Kriechwurzel-Pionier u. bis
3,5 m tief wurzelnd. Bodenfestiger, Wechselnässe-Zeiger, Licht-Halbschattpf., jg gut. Futtergras, später als Streu, Char. d. Phalaridetum ar.
(Magnocaricion), auch in and. Phragmitetalia-Ges., im Alno-Ulmion
od. Salicion – Ebene bis mittl. Gebirgslag., A bis 1250 m – no-euras, circ
(auch palaeotrop. Gebirge) – W (H) – Chrom. 2n = (14) 28.

671a. **var. pícta** L., B. weiß gestreift, Ziergras.

Reisquecke, Leérsia Sw. vgl. S. 199

672. **Wilder Reis, L. oryzoídes** (L.) Schwartz [*Orýza oryzoídes* (L.)
Brand], zml. slt. in Pionierrasen an Bachufern u. in Gräben, v. all. in
Dorfbächen u. Abwassergräben, auf flach überschwemmt., nährstoff- u.
basenreich., mild., humos. Schlammböden, sommerwärmeliebde Stromtalpf., Wasservögelverbrtg, Char. d. Leersietum oryz. (Sparg.-Glyce-

rion), oft im Kontakt mit d. Bidention – Ebene bis mittl. Gebirgslag., A bis 1070 m – euras(kont)-smed, circ – W (H) – Chrom. 2n = 48, nächst verwandt mit d. Kulturreis *Orýza satíva* L.

Grannenreis, Piptathérum P. B. vgl. S. 199

673. **P. paradóxa** (L.) P. B. [*Oryzópsis paradóxa* (L.) Nutt.], slt. adventiv auf nährstoffreich. Böden in frisch. Ruderalges., z.B. im Bidention NW-Deutschlands (Weser) – wmed – Chrom. 2n = 24.

Hirse, Pánicum L.

1 Ährch. 4 mm lg, Rispe zuletzt überhängd, 50–100 cm, ☉, 7–9
                                            P. miliaceum 674
1* Ährch. 2–3 mm lg, Rispe ausgebreitet, mit steif., haarfein. Äst. 20–80 cm, ☉,
   7–9   **P. capillare** 675

674. **Echte H., P. miliáceum** L., zerstr. u. unbestdg, meist aus Vogelfutter verwild. in Schuttunkrautges. (Sisymbrion), opt. auf nährstoffreich., leicht. sandig. Lehmböden, wärmeliebd, Kurztagpf., seit jüng. Steinzeit im Gebiet gebaute (durch Kartoffel u. Mais verdrängte) Kulturpf. (Hirsebrei) – Stammpf. viell. *P. spontáneum* Lyssow aus Zentralasien – T – Chrom. 2n = 36.

675. **Haarästige H., P. capilláre** L., Ziergras u. gelgtl. verwildert u. eingebürgert in Hackäckern od. auf Schutt, in Gärten u. Parkanlagen, wärmeliebd, Chenopodietea-Art – z.B. Rh, Pf, Ne, Mn – Heimat gemäß. N-Amerika – T – Chrom. 2n = 18.

Hühnerhirse, Echinóchloa P.B. vgl. S. 194

676. **E. crús-gálli** (L.) P.B. (*Pánicum crús-gálli* L.), zml. hfg in Unkrautfluren gehackter Äcker, an dörfl. Teich- u. Grabenrändern, auch auf Schuttplätzen, in Gärten u. Weinbergen, v. all. d. Tieflagen, auf frisch., nährstoff(stickstoff)-reich., neutral.-mild. humos. Sand- u. Lehmböden, üb. 1 m tief wurzld. Nährstoff- u. Frischezeiger, Wärmekeimer, v. all. in Chenopodietea- u. Bidentetea-Ges., vermutl. primär Bidentetea-Art – Ebene bis mittl. Gebirgslag., Av bis 570 m – med-smedeuras, circ, bes. in warmtemp.–subtrop. Zonen weltweit verschleppt (Reisfelder) – T – Chrom. 2n = 54.

Fingergras, Digitária Haller

1 Blü.std meist (4–)5(–8)fingerg, B. unt.sts seidg, u. wie B.scheid. locker lg
   bewimpert, Ährch. lanzettl.-spitz, 3 mm lg, 10–40 cm, ☉, 7–10
                                     D. sanguinalis 677
1* Blü.std meist (2–)3(–4)fingerg, B. u. B.scheid. kahl od. B. nur am Grunde
   spärl. bewimpert, Ährch, abgerundet-ellipt. (körnchenförmg), 2 mm lg, Pf.
   niederliegd, 10–30 cm, ☉, 7–10   **D. ischaemum** 678

677. **Blut-F., D. sanguinális** (L.) Scop. (*Pánicum sanguinále* L.), hfg in Unkrautfluren d. Äcker, Gärten u. Weinberge, v. all. in siedlgsnah. Tieflagen, auch an Wegen, in Pflasterfugen, auf trock.-mäß. trock., nährstoffreich., oft kalkarm., ± humos., neutral., vorzugsw. sandig., auch rein. Lehmböden, bis 35 cm tief wurzld. Intensivwurzler, Garezeiger, in wärmeliebd. Sisymbrietalia- u. Pol.-Chenopodietalia-Ges., Chenopodietea-Kl.char., auch im Polygonion av. – Ebene bis mittl. Gebirgslag. (nicht üb. 500–600 m), im Nordw. slt. od. fehld – medsmed(-euras), circ, in warmgemäß. Zonen weltweit verschleppt – T – Chrom. 2n = 36.

677a. **ssp. pectinifórmis** Henr., obere Hüllspelze borstg bewimpert, B.rand mit weißl. Nerv, slt. u. von mehr südlicher Verbreitung – Chrom. 2n = 36, nicht zu verwechseln mit der med. *D. ciliaris* (Retz.) Koel.

678. **Faden-F., D. ischaémum** (Schreb.) Muhl. (*Pánicum ischaémum* Schreb.), zerstr. in Hackunkrautges. auf (vgl. mit vor.) mehr frisch., nährstoffreich., meist kalkarm., mäß. sauer., lehmig-tonig. Sandböden in humid. Klimalage, Char. d. Digitarietum isch. (Dig.-Setarienion), auch im frisch. Polygonion avic. od. im Nanocyperion – Ebene bis mittl. Gebirgslag., Sch bis 770 m, im SW z.T. slt. od. fehld – eurassubozeansmed, circ (weiter nach N reichd als vor.) – T – Chrom. 2n = 36.

Borstenhirse, Setária P.B.

1   Ähre beim Aufwärtsstreich. rauh, am Grund oft traubg aufgelockert, Borsten 3–5 mm lg, mit rückwärts gericht. Zähnch., starr, meist grün, 5–50 cm, ☉, 7–9   **S. verticillata** 679
    vgl. ferner 3   **S. gussonei** 680
1* Ähre beim Aufwärtsstreich. glatt, Borst. mit aufwärts gericht. Zähnch.
2   St. dünn, Ähre kaum 10 mm brt, nicht keulg, Pf. i. allg. nicht üb. 50 cm hoch
3   Borst. 3 mm lg, grün, starr, Ähre beim Rückwärtsstreich. s. rauh (manchmal auch aufwärts rauh), am Grund meist traubg aufgelockert, 10–60 cm, ☉, 7–9   **S. gussonei** 680
3* Borst. meist üb. 5 mm lg, weich, Ähre nicht unterbroch.
4   Borst. gelb, später fuchsrot, B. graugrün, Deckspelz. deutl. quergerunzelt, 10–50 cm, ☉, 7–9   **S. pumila** 681
4* Borst. grün od. leicht viol. überlauf., Deckspelz. punktiert, Ähre 7–10 mm brt, St. knickg aufsteigd, B. mit weißl. od. viol. Mittelstreif., 5–50 cm, ☉, 7–10   **S. viridis** 682
2* St. bis 10 mm dick, Ähre 10–25 mm brt, keulg, unten gelappt, reif überhängd, Borst. grünl., zuletzt gelbl.-schwarz, Deckspelze punktiert, 30–100 cm, ☉, 7–9   **S. italica** 683

679. **Quirlige B., S. verticilláta** (L.) P.B., zml. slt. in Unkrautfluren gehackt. Äcker d. Tieflag., in Gärten u. Weinberge, auch ruderal, auf mäß. trock. (frisch), nährstoff(stickstoff)reich., ± humos., neutral.-mild., locker., meist sandig. Lehm- od. Lößböden, Wärmekeimer,

Klettverbrtg, gern mit *Mercurialis annua*, in thermophil. Polygono-Chenopodietalia-Ges., Pol.-Chenopodietalia-Ordn.char., slt. im Sisymbrion – v. all. Rh, Hü, Ne, Bo, Do, Th, usw., im nördl. Tiefld slt. od. fehld – smed-med, in warmtemp. Zonen heute weltweit – T – Chrom. 2n = 36.

680. Kurzborstige B., S. gussónei Kerg (*S. decípiens* C. Schimp. ex Nym.), slt. u. unbestdg in wärmeliebd. Unkrautfluren gehackt. Äcker, in Weinbergen, auf Schutt od. in Gärten, auf mäß. trock., nährstoffreich., wenig humos. Lehmböden, z. B. im Geranio-Allietum od. and. warm. Polygono-Chenopodietalia-Ges., auch im Sisymbrion – v. all. Rh, süHü, auch Do, Fr – med-smed – in warmtemp. Zonen heute weltweit – T – Chrom. 2n = 36.

681. Rote B., Fuchshirse, S. púmila (Poir.) Schult. (*S. glaúca* auct.), hfg in Ackerunkraut-Fluren tief. Lagen, in Hackäckern u. Weinbergen, auch an Wegen, auf mäß. trock., nährstoffreich., mild.-neutral., meist wenig humos., locker. Lehm- od. Sandböden, sandbevorzugd, bis 35 cm tief wurzld. Intensivwurzler, Wärmekeimer, in sommerwarm. Polygono-Chenopodietalia-Ordn. char. – Ebene bis mittl. Gebirgslagen, Av bis 570 m, Sch bis 600 m – smed-med(-kont), in warmtemp. Zonen heute weltweit verschleppt – T – Chrom. 2n = 36, 72.

682. Grüne B., S. víridis (L.) P. B., zml. hfg in Unkrautges. tief. Lagen, v. all. in Hackäckern, Weinbergen u. Gärten, auch auf Schutt u. an Wegen, auf mäß. trock. (frisch.), nährstoff(stickstoff)reich., mild., meist wenig humos., locker., lehmig. od. rein. Sandböden, Wärmekeimer, v. all. in wärmeliebd. Sisymbrietalia- u. Pol.-Chenopodietalia-Ges., Chenopodietea-Kl.char. – Ebene bis mittl. Gebirgslag., A vzlt bis 800 m, im Nordw. slt. – euras-med – T – Chrom. 2n = 18.

683. Kolbenhirse, S. itálica (L.) P.B., slt. gebaut od. aus Vogelfutter unbestdg in Unkrautges. an Wegen u. Schuttplätzen tief. Lagen, auf nährstoffreich. Lehm- u. Sandböden, wärmeliebd, aus vor. entwickelte Kulturpf. mutmaßl. w-asiat. Herkunft – z. B. Sch (Schuttertal), Rh, Do – med(-kont), heute fast nur noch da u. dort in warmtemp. Zonen gebaut – T – Chrom. 2n = 18.

Bartgras, Bothrióchloa O. Ktze vgl. S. 193

684. **B. ischaémum** (L.) Keng [*Andropógon ischaémum* L., *Dichánthium ischaémum* (L.) Rob.], slt. in lückg. Trockenrasen od. Halbtrockenrasen, an sonnig. Hängen u. Wegböschungen auf sommerwarm., ab. nicht zu trocken., mager., basenreich., meist kalkhaltg., neutral.-mild., humos., locker. flachgründg. Stein- od. tiefgründg. Sand- u. Lößböden, z.T. faziesbildend, z.B. im Xerobrometum, Festuco-Brometea-Kl.char. – Hü, Rh, Ne, Ju, Bo, Do, Mn, Fr, nördl. bis RS, An, Sa – smed(-euras) – H – Chrom. 2n = 40.

Mohrenhirse, Sórghum Moench vgl. S. 193

1   Pf. ausdauernd, B. 1–2 cm brt,50–100 cm, ⚄, 6–7   **S. halepense** 685
1* Pf. einjährg, B. bis 6 cm brt,bis 200 cm, ☉, 7–8   **S. bicolor** 686

685. **Wilde M., S. halepénse** (L.) Pers. [*Andropógon halepénsis* (L.) Brot.], slt. u. unbestdg in wärmeliebd. Unkrautges., auf nährstoff- u. basenreich. Lehm- u. Tonböden, üb. 1 m tief wurzld. Intensivwurzler u. ausdauernd. Kriechwurzel-Pionier, in S-Europa v. all. in Hackäckern als Ton- u. Wechselfeuchtgkts-Zeiger – unbestdg adv. z. B. Rh, Do – Herkunft omed – H – Chrom. 2n = 40.

686. **Gewöhnliche M., S. bícolor** (L.) Moench, s. slt. u. unbestdg an Schutt- u. Verladeplätz. – z. B., Rh, Ne – Herkunft Afrika, einjährige Kulturpf. d. Subtrop. – Chrom. 2n = 20.

Mais, Zéa L. vgl. S. 193

687. **Z. máys** L., hfg gebaut als Körnerfr. u. Futterpf. (Grünmais, Pferdezahn), vorteilhaft auf grundfrisch., nährstoffreich. Ton- u. Lehmböden in sommerwarm-humid. Klimalage, Wärmekeimer, Kurztagpf., alte Kulturpf. d. indian. Hochkulturen Amerikas (1520 nach Spanien gebracht) – v. all. Weinbaugebiete, durch Züchtg neuer Sort. heute bis mittl. Berglag. – nächstverwandte Wildpf. im subtrop. S- u. Mittel-Amerika – T – s. formenreich, Chrom. 2n = 20 (40, 80).

Ordnung Orchidáles (Gynándrae)

Familie der Knabenkräuter (Orchideen), Orchidáceae

1   Pf. ohne grüne B., B. schuppenförmg
2   Lippe mit Sporn, Pf. hellgelb mit rötl. überlauf. od. viol. Blü.
3   Sporn aufwrts gerichtet, Pf. hellgelb, mit 2–4 rötl. überlauf. zart., hängend. Blü., 10–25 cm, ⚄, 7–8   **Epipogum** S. 273
3* Sporn abwts gerichtet, Blü. wie St. ± schmutzig-viol., Blü.ähre locker, mit 4–8 sitzend. aufgerichtet. Blü., 20–50 cm, ⚄, 6   **Limodorum** S. 271
2* Lippe ohne Sporn, Pf. ± gelbbraun od. grünl., Blü. locker-abstehd
4   Pf. 10–30blütg, gelbbraun, Blü.b. 5–12 mm lg, Lippe 2lappig, Wurzelstock mit verflocht., fleischg. Wurzeln (nestartg), 15–30 cm, ⚄, 5–6
                                                                      Neottia S. 272
4* Pf. 4–9blütg, grünl., Blü.b. 3–6 mm lg, Lippe schwach 3lappig, rot punkt., Wurzelstock korallenartg, 10–20 cm, ⚄, 5–7   **Corallorhiza** S. 284
1* Pf. mit grünen, deutl. entwickelt. B.
5   Pf. mit 2 in d. Mitte des St. gegenstdg sitzd. B., Blü., grünl. (rötl.), mit 2spaltg. Lippe, unscheinbar, Pf. ohne Knollen   **Listera** S. 272
5* Pf. mit mehrer. wechselstdg. od. 2 am Grund. d. St. sitzd. B.
6   Blü. mit schuhartg aufgeblasen. Unterlippe, Blü.b. 3–4 cm lg, St. 1–2blütg, B. brt-ellipt., gerieft, kurz bewimpert, ± st. umfassd, Pf. ohne Knollen, 20–50 cm, ⚄, 5–6   **Cypripedium** S. 269

Abb. 24. Orchideenblüte mit 3teiliger Unterlippe und Sporn (*Anacamptis*).

6* Blü. kleiner, ohne schuhartge Lippe
7 Lippe deutl., wenn auch oft nur mit kurz. Säckchen gespornt, Pf. mit Knollen
8 Lippe 3lappig od. 3zähnig, slt. ungeteilt, dann ab. vorn s. brt
9 Lippe 3–6 cm lg, bandartg, gedreht, Blü. grünl. weiß (mit Bocksgeruch), Blü.ähre 10–20 cm lg, 30–80 cm, ♃, 5–6 **Himantoglossum** S. 284
9* Lippe viel kürzer
10 Sporn fadenförmg, kaum 1 mm dick
11 Blü.std kurz-gedrängt, pyramidenförmg, Blü. leuchtd karminrot, Lippe brter als lg (Abb. 24), B. lineal, Knollen ungeteilt, 20–50 cm, ♃, 6–7 **Anacamptis** S. 283
11* Blü.std verlängert, schlank, Lippe etwa so brt wie lg, Knollen handförmg geteilt **Gymnadenia** S. 274
vgl. auch unt. 14 **Traunsteinera** S. 277
10* Sporn walzl.-sackförmg, meist mehr als 1 mm dick
12 Sporn sackförmg, kurz, nach vorwts gerichtet, Blü. grünl. (in lock. Ähre), oft braunrot überlaufen, Blü.b. helmförmg zus.geneigt, B. 3–5, 5–20 cm,♃, 5–7 **Coeloglossum** S. 274
12* Sporn walzl., nach rückwts gerichtet, Blü. meist rot, weiß od. gelb
13 Blü. 3–5 mm lg, weißl., in 2–6 cm lger schmaler, schwach einstswendig. Ähre, Blü.b. helmförmg zus.geneigt, B. längl.-eiförmg, 10–25 cm, ♃, 6–7 **Pseudorchis** S. 275
13* Blü. meist größer u. rot od. gelb (slt. weiß), Blü.std allstswendig
14 Blü.b. in eine vorn ± verbrterte Spitze ausgezogen, Blü.std dicht, kugelg, St.grund nur mit 2–3 B.scheid., 20–50 cm, ♃, 6–7 **Traunsteinera** S. 277
14* Blü.b. spitz od. stumpfl., St.grund meist mit voll entwickelt.
15 Hochb. häutg, slt. lger als Fr.kn., St. meist nur mit b.los. B.scheid., Wurzelknoll. kugelg **Orchis** S. 277
15* Hochb. krautg, netznervg, lger als Fr.kn., St. beblättert, Wurzelknoll. handförmg geteilt **Dactylorhiza** S. 280
8* Lippe ungeteilt, schmal
16 Blü.sporn lger als Fr.kn., Blü. weißl., in locker. Stand, B. 2, grundstdg, oval, glänzd **Platanthera** S. 273
16* Blü.sporn kürzer als Fr.kn., Blü. dunkel- od. hellrot, kl., in dichtkugelg.-kegelförmg. Stand, nach Vanille od. Kakao duftend, Lippe so lg wie Blü.b. **Nigritella** S. 275

7* Lippe ungespornt od. höchst, undeutl. sackförmg vertieft
17 Lippe obersts $\pm$ behaart, dunkelrot od. braun, meist mit lebhaft.
    Zeichnung, oval-gewölbt od. mit Zähnen u. Anhängseln, Pf. mit Knollen
                                                        Ophrys S. 276
17*Lippe kahl
18 Lippe hinten eingeschnürt, Pf. ohne Knollen
19 Blü.b. meist zus.geneigt, 10–20 mm lg, d. Lippe z. T. verbergend, Blü. $\pm$
    aufrecht-abstehd, weißl. od. rot, Fr.kn. gedreht, sitzd, St. meist kahl (nur bei
    C. rubra behaart)   **Cephalanthera** S. 269
19*Blü.b. meist glockg offen, i. allg. kleiner, trüb braunrot od. grünl., Blü.
    nickend, Fr.kn. (selbst nicht gedreht) meist auf gedreht. kurz. Stiel, St. oben
    meist behaart   **Epipactis** S. 269
18*Lippe nicht eingeschnürt, Pf. meist mit Knollen (Ausnahme *Goodyera*)
20 Lippe geteilt, mit Zipfeln, grünl. od. gelbl. (bräunl.)
21 B. schmal-lineal, grasartg, rinng, meist lger als armblütg. Blü.std, Lippe
    seicht 3lappg, Blü.b. helmförmg zus.geneigt, gelbbraun-braunrot, 5–10 cm,
    $2\!\!\downarrow$, 7   **Chamorchis** S. 275
21*B. brter, Blü.std reichblütg, $\pm$ schmal, verlängert
22 Lippe mit 4 lineal. Zipfeln, hängd, lger als die helmförmg zus.geneigt.,
    grünl.-gelbl. (rötl. gestreift,) Blü.b., Blü. puppenartg, 20–30 cm, $2\!\!\downarrow$, 5–6
                                                        Aceras S. 283
22*Lippe 3teilg, nicht lger als die Blü.b., Blü. kl., gelbl.-weiß, nach Honig
    duftend, Pf. im Sommer mit kurz. Ausläufern., grupp.bildd, 10–30 cm, $2\!\!\downarrow$,
    5–7   **Herminium** S. 276
20*Lippe ungeteilt, Blü. kl., unscheinbar, weißl. od. grünl. (bräunl.)
23 St. oberwts drüsg-kurzhaarg, Blü.b. weißl., zus.geneigt, z. T. schraubg
    gedreht, $\pm$ einstswendg
24 B. streifennervg, lanzettl.-ellipt., Blü.std deutl. schraubg gedreht, Blü.lippe
    vorn wellig gekerbt   **Spiranthes** S. 272
24*B. netznervg, eiförmg, am St.grund zu einer Rosette genähert, Grundachse
    verzweigt, im Moos kriechd, Blü.std einstswendg, kaum gedreht, Blü.lippe
    kurz ausgesackt, Pf. ohne Knollen, 10–20 cm, $2\!\!\downarrow$, 7–8 **Goodyera** S. 273
23*St. kahl, Blü. grünl., $\pm$ ausgebrtet, allstswendg
25 Blü.std 3–8blütg
26 B. grasartg, 1–2 mm brt, rinng, vgl. unt. 21   **Chamorchis** S. 275
26*B. längl.-ellipt., zu 1–3, $\pm$ grundstdg, glänzd, Lippe stumpfl., 4–5 mm lg, 10–
    20 cm, $2\!\!\downarrow$, 6   **Liparis** S. 284
25*Blü.std 10–20blütg, Lippen spitz, 1–2 mm lg
27 B. 3–4, eiförmg, 1–2 cm lg, z. T. mit b.achselstdg. Knolle od. Brutknosp. am
    B.rand, äußerc Blü.b. eiförmg, 5–15 cm, $2\!\!\downarrow$, 7–8 **Hammarbya** S. 284
27*B. 1 (2), längl.-eiförmg, äußere Blü.b. lanzettl., 10–30 cm, $2\!\!\downarrow$, 7
                                                        Microstylis S. 284
Alle einheimischen Orchideen sind geschützt!
Windverbreitg (Staubsamen)

Frauenschuh, Cypripédium L. vgl. S. 266

688. **C. calcéolus** L., slt. in gras- od. krautreich., $\pm$ licht. Laub- od.
Nadelwäldern, im Gebüsch, auf mäß. frisch.-wechselfrisch. (sommertrock.), basenreich., meist kalkhaltg., neutral.-mäß. sauer., gern modrig-

humos. Lehm- u. Tonböden, Halbschattpf., Bienen-Fallenblume, oft in Kief.mischwäld. (Cytiso-Pinion), auch mit *Picea* im Galio-Abietenion, in Quercetalia pub.- od. Geranion sang.-Ges. – Ebene bis mittl. Gebirgslag. (Kalkgebiete), A bis 1460 m, im nördl. Tiefld fehld od. nur s. slt., z. B. Br, Me, vielerorts ausgerott. – no-euraskont, circ – G – Chrom. 2n = 20, 22.

Waldvöglein, Cephalanthéra L.

1   Blü. rot, Blü.b. 15–20 mm lg, zur Blü.zeit abstehend, B. ei-lanzettl., Fr.kn.
     (u. St. oben) behaart, 20–50 cm, ♃, 5–6   **C. rubra**   689
1*   Blü. weiß od. gelbl., Blü.b. zus.geneigt, St. u. Fr.kn. kahl
2   Blü.b. gelbl-weiß, 15–20 mm lg, Blü.std 3–8blütg, B. eiförmg, mit 5–10 (±
     durchscheind.) Nerven, 20–50 cm, ♃, 5–6   **C. damasonium**   690
2*   Blü.b. weiß, 10–15 mm lg, Blü.std 10–20blütg, B. lanzettl., 2zeilg, 20–50 cm,
     ♃, 5–6   **C. longifolia**   691

689. **Rotes W., C. rúbra** (L.) Rich., zerstr. in Buchen-Eichen- u. Kiefernwäldern, auch in Fichtenmischwäldern, auf mäß. frisch., basenreich., mild. humos., locker. Sand- u. Lehmböden, Mull- u. Moderpf., Wurzelkriecher, Schatt-Halbschattpf., etwas wärmeliebd, Bienenbestäubg, v. all. im Carici-Fagetum (Fagion), auch in Carpinion-, Quercion pubesc.- u. Cytiso-Pinion-Ges., schwache Querco-Fagetea-Kl.char. – Ebene bis mittl. Gebirgslagen, A bis 1300 m, Kalkgebiete (auch süSch), im nordw. Tiefld fehld – smed-gemäßkont – G – Chrom. 2n = 36.

690. **Weißes W., C. damasónium** (Mill.) Druce (*C. álba* Simonk.), zerstr. in Buchen- u. Buchen-Tannen-Wäldern, slt. im Eichenwald, auf frisch., basen- meist kalkreich., mild-mäß. sauer., tätig. Stein- u. Lehmböden, Mullbodenpf., Schattpf., etwas wärmeliebd, selbstfertil, Char. d. Carici-Fagetum, slt. auch in and. Fagion-Ges. – Ebene bis mittl. Gebirgslagen, A bis 1100 m, (v. all. Kalkgebiete, auch süSch auf Gneis), im nördl. Tiefld slt. od. fehld – smed-subatl – G – Chrom. 2n = 32, 36.

691. **Schwertblättriges W., C. longifólia** (L.) Fritsch, slt. in licht. Eichen- u. Buchenwäldern, in Kiefernmischwäldern u. Gebüsch, auf mäß. frisch.–trocken., basenreich., aber oft kalkarm., mäß. sauer.–mild., humos., locker. Stein- u. Lehmböden, Halbschattpf., etwas wärmeliebd, v. all. im Carpinion, auch Carici-Fagetum od. Lithosp.-Quercetum, Querco-Fagetea-Kl.char. – Ebene bis mittl. Gebirgslagen, A bis 1300 m, Sch bis 830 m, Vog bis 1000 m, im nördl. Tiefld slt. – smed-eurassubozean – G – Chrom. 2n = 32.

Stendelwurz, Sitter, Epipáctis Zinn

1   Lippe weiß, rötl. geadert, 10–20 mm lg, tief eingeschnürt, B. längl.-lanzettl.,
     30–50 cm, ♃, 6–8   **E. palustris**   692
1*   Lippe grünl. weiß od. rötl. braun, vord. Lippenglied kl., fest angeheftet

2   Mittl. St.b. kürzer als St.glieder, 2–3 cm lg, Blü.std 4–12blütg, wie Fr. flaumg
    behaart, Blü. grünl.-weiß, 15–40 cm, ♃, 6–8   **E. microphylla**   693

2*   Mittl. St.b. so lg od. lger als St.glieder

3   Blü. rot-viol.-braun, nach Kakao duftd, B. steif-lanzettl., ± gegenstdg, oft
    rötl. überlaufen, Fr. deutl. v. Fr.stiel abgesetzt, ± flaumg, 20–50 cm, ♃,
    6–8   **E. atrorubens**   694

3*   Blü. grünl. weiß (od. Lippe viol. überlauf.), Fr. ± allmähl. in Fr.-stiel
    verschmälert

4   Mittl. St.b. im Durchschn. nur etwa so lg wie St.glieder, od. wenig lger., ca.
    1–2,5 cm brt, Pf. meist etwas viol. überlaufen, Blü.std rauh, dicht,
    reichblütg, St. oft gebüschelt, 20–60 cm, ♃, 8–9   **E. purpurata**   695

4*   Mittl. St.b. viel länger als St.glieder, lanzettl.-brt-eiförmg, ca. 2–8 cm brt, ±
    rauh (mit zahlr. Nerven), st.umfassend, Lippe kürzer als Blü.b., 20–50 cm,
    ♃, 6–8   **E. helleborine**   696

692. Sumpf-S., E. palústris (L.) Crantz, zml. slt., meist gesellg in Flachmooren u. Moorwiesen, in Binsensümpfen od. Pfeifengrasbeständ., auf
sicker- od. wechselnass., basen- (meist kalk-)reich., neutral-mild. Sumpfhumus-Böden, Bienenblume, Caricion dav.-Verb.char., ferner im Molinion, Calthion od. Magnocaricion – Ebene bis Gebirge, A bis 1260 m, v.
all. Kalkgebiete, Silikatgebirge slt. (süSch bis 1030 m) – euras(subozean)-
smed – G – Chrom. 2n = 40.

693. Kleinblättrige S., E. microphýlla (Ehrh.) Sw., s. slt. in Laubwäldern,
auf frisch-wechselfrisch., ± nährstoffreich., meist kalkhaltg., mild-mäß.
saur., locker., tätig. Lehmböden, Mullbodenpf., Schattpf., Selbstbe-
fruchter, mit *Carex flacca* v. all. im Carici-Fragetum (Fagion), auch im
Carpinion u. Quercion pubesc. – v. all. im S u. SW d. Gebiet. (Ju bis
760 m), im nördl. Tiefld slt. od. fehld – smed – G – Chrom. 2n = 40.

694. Rotbraune S., E. atrorúbens (Hoffm.) Bess. (*E. atropurpúrea* Raf.),
zerstr. in licht. Kiefern-Steppen- od. Eichen-Kiefern-Wäldern, im licht.
Gebüsch, auf trock., warm., meist kalkreich., nährstoffarm., mild-mäß.
sauer., modrig-humos. od ± roh. Kies-, Sand- od. Steinböden, Licht-
Halbschattpf., Bienen- u. Wespenblume, Kiefernbegl., Erico-Pinion-
Verb.char., auch im Cytiso-Pinion od. Seslcrion – Ebene bis Gebirge
(A bis 1870 m), Silikatgebiete (Sch, BayW) slt. od. fehld, nördl. bis NSH,
Th, An, außerd. Me (Inseln, Küste) – (no-)eurassubozean-smed – G –
Chrom. 2n = 40.

695. Violette S., E. purpuráta Sm. (*E. sessilifólia* Peterm., *E. violácea*
Bor.), slt. in krautreich. Laubwäldern od. Nadelmischwäldern, auf
frisch.-wechselfrisch., nährstoffreich., basenreich., oft kalkarm., ±
neutral. humos., oft verdichtet. Lehmböden, Mullbodenpf., Halb-
Saprophyt, Wespenblume, v. all. in Fagion-, auch Carpinion-Ges.,
Fagetalia-Ordn.char. – Ebene bis mittl. Gebirgslag. (Ba bis 800 m), im
nördl. Tiefld meist fehld – subatl(-smed) – G – Chrom. 2n = 40.

696. E. helebórine-Gruppe

1   B. ± spiralig angeordnet, Narbenschnäbelch. (Rostellum) gut entwickelt

696a. Breitblättrige S., E. helebórine (L.) Crantz (*E. latifólia* All.), hfg in krautreich. Eichen- u. Buchenwäldern, in Nadelmisch- u. Auenwäldern auf frisch., nährstoff- u. basenreich., mild-mäß. sauer., humos., locker., tief-mittelgründg. Lehmböden, Mullbodenpf., Lehmzeiger, Wespenblume, v. all. in Fagion-Ges., auch im Carpinion- u. Alno-Ulmion, Fagetalia-Ordn.char., slt. im Quercion pubesc. – Ebene bis Gebirge (A bis 1350 m, süSch bis 1400 m), im nördl. Tiefld slt. od. fehld – euras(subozean)-smed, eingebürgert auch N-Am. – G – Chrom. 2n = 36, 38, 40, 44.

1* B. ± zweizeilg angeordnet, Narbenschnäbelch. stark zurückgebildet od. fehld

2   Blü.b. stark zus.geneigt, Blü. deshalb ± geschloss., St. oben kahl od. nur spärlich behaart, hinter. Lipp.glied weiß-grünl.

696b. Grüne S., E. phyllánthes G. E. Sm., slt. in Küst.dünen, Gebüsch. u. licht. Wäldern, vorzugsw. auf Kalk – Dänemark, wohl auch SH – atl-subatl – G – Chrom. 2n = 36.

Die als *E. confúsa* Young bezeichnete Sippe unterscheidet sich von 696b nur durch zierlichen Wuchs u. Chrom. 2n = 40, Artrang zweifelhaft.

2* Blü.b. spreizd, Blü. deshalb ± offen, St. oben deutl. behaart, hinter. Lipp.glied rötl.

3   Blü.b. u. Vorderlippe stumpfl., Blü. zieml. klein, gelbl.grün, B.sichelförmg gebog., am Rande meist gewellt, gelb-grün

696c. Müller's S., E. müelleri Godf., slt. auf basenreich., meist kalkhaltg. Lehm- u. Tonböd., Mergelbodenzeiger, in Origanetalia- u. Quercetalia pub.-Ges., auch in Mesobrometen – Mn, Ju, süHü, HRh, RS, NSH, NWe, He, Th, An – smed-subatl – G – Chrom. 2n = 40 (38).

3* Blü.b. u. Vorderlippe zugespitzt, Blü. zieml. groß, hellgrünl., B. dunkel-gelbl.grün, schwach rinng, weich

696d. Schmallippige S., E. leptóchila (Godf.) Godf., slt. in wärmeliebd. Buchenwäld. auf Kalk, im Carici-Fagetum, auch im Elymo-Fagetum (Fagion) – Av, Ne, Mn, He, NSH, Th, An, Me – subatl – G – Chrom. 2n = 36 (40).

Dingel, Limodórum Boehm. vgl. S. 266

697. Violetter D., L. abortívum (L.) Sw., slt. im Flaumeichenbusch, in artenreich. Kiefern-Eichen-, auch Buchen-Mischwald-Ges., auf mäß. frisch. (trock.), basenreich., neutral.-mäß. sauer., gern modrig-humos., locker., mittel-tiefgründg. Lehm- u. Lößböden, saprophyt. Humuswurzler mit Wurzelpilz, im Gebiet oft unter Kiefern mit angehäuft. Nadelstreu-Moder-Mull, zeitw. ausbleibd u. unterird. blühd, wohl meist Selbstbestäubg, lok. Char. d. Lithospermo-Quercetum (Quercion pub.), auch im Carici-Fagetum, überreg. Quercetalia pub.-Ordn.char. – süHü

(Kaiserstuhl), süRh, Saar, RS (Mosel, S-Eifel), Schweiz – smed, im Gebiet an d. NO-Grenze d. Verbrtg – G – Chrom. 2n = 56, 64.

Zweiblatt, Lístera R.Br.

1   B. brteiförmg, derb, Blü. durchweg grünl., 20–50 cm, ⛢, 5–6
                                        L. ovata 698
1* B. herzförmg, klein, zart, Blü.lippe rotviol., 5–15 cm, ⛢, 6–7
                                      L. cordata 699

698. Großes Z., L. ováta (L.) R.Br., hfg in feucht. Laubmisch- u. Auen-Wäldern, in Gebüsch u. Bergwiesen, auf frisch.-wechselfeucht., nährstoff- u. basenreich., mild.-mäß. sauer., meist tiefgründg. Lehm- u. Tonböden, Tonzeiger u. oft Wechselfrische-Zeiger, Tiefwurzler, Halbschatt-Lichtpf., Insekt.bestäubg, v. all. (Diff.) im Alno-Ulmion („List.-Fraxinetum") od. feucht. Carpinion u. Fagion, ferner in Arrhenatheretalia-, Molinion- od. (wechselfrisch.) Mesobromion-Ges. – Ebene bis Gebirge, A bis 1680 m, Vog bis 1050 m (Kalk- u. Lehmgebiete), im nördl. Tiefld slt. – euras(subozean)-smed – G – Chrom. 2n = 34, 36 (34–40), formenreich.

699. Herz-Z., L. cordáta (L.) R.Br., slt. in moosig. Fichtenwäldern od. im Bergkiefern-Gestrüpp, auf nass., nährstoff- u. basenarm., sauer. Torf- u. Moorböden, Rohhumuswurzler, Wurzelkriecher, Schattpf., Insekt.-bestäubg, gelgtl. verschleppt in Ficht.pflanzg., Vaccinio-Piceetalia-Ordn.char., v. all. in „Piceeten" (terr. Char.) – Sch, Av–A (bis 2000 m), BayW, Hz, Erzg, sonst, z. B. Ju od. nördl. Tiefld slt. u. sporad. (meist verschleppt) – nosubozean-pralp, circ – G – Chrom. 2n = 34, 36, 38, 40, 42.

Nestwurz, Neóttia Guett. vgl. S. 266

700. N. nídus-ávis (L.) Rich., zml. hfg in Buchenwäldern, auch Eichen- od. Kiefernmischwaldges., auf frisch., nährstoff- u. basenreich., vorzugsw. kalkhaltg., mild-mäß. sauer., humos. locker., gern mittelgründg. Lehmböden, saprophytisch. Mullwurzler mit Wurzelpilz, Schattpf., Insekt.- u. Selbstbestäubg, schwache Char. d. Carici-Fagetum bzw. d. Fagion, auch im Carpinion – Ebene bis Gebirge, A bis 1400 m (Kalk- u. Lehmgebiete) – euras(subozean)-smed – G – Chrom. 2n = 36.

Schraubenstendel, Spiránthes Rich.

1   St. unten mit lineal-lanzettl. B., Blü.std locker, Blü. weiß, 10–30 cm, ⛢, 7
                                      S. aestivalis 701
1* St. mit schuppenförmg. B., grundstdge B. eiförmg, in seitenstdg. Rosette, Blü.std dicht, Blü. grünl. weiß, 10–20 cm, ⛢, 8–9   **S. spiralis** 702

701. Sommer-Sch., S. aestiválís (Poir.) Rich., slt. in Flach- u. Ufermooren, auf staunass., meist kalkhaltg. mild. Sumpfhumus- od. Kalktuff-Böden, licht- u. etwas wärmeliebd, viell. Mottenbestäubg,

Char. d. Schoenetum nigr. (Caricion dav.) – Rh (z. T. verscholl.), Bo, Do,
Av bis 830 m – smed(-subatl) – G.

702. Herbst-Sch., S. spirális (L.) Chevall. (*S. autumnális* Rich.), slt. in
Magerweiden, bes. Schafweiden, auf mäß. trock.-wechselfrisch., mager.,
basenreich, meist kalkarm., neutral.-mäß. sauer., gern modrig-humos.
Lehmböden, Lehmzeiger, licht- u. etwas wärmeliebd, Hummelblume,
Mesobromion-Art (saure Ges.), auch im Violion od. Molinion – Ebene
bis mittl. Gebirgslag., Av bis 880 m, süSch bis 600 m, im nördl. Tiefld slt.
od. fehld, allg. zurückgehd – smed-subatl – G – Chrom. 2n = 30.

Kriechstendel, Netzblatt, Goodyéra R.Br. vgl. S. 268

703. G. répens (L.) R.Br., zml. slt. in moosg. Kiefern- u. Fichtenwäldern,
in Nadelholzforsten, auf mäß. trock., ± basenreich., sauer. modrig-
humos., vorzugsw. Sand-, auch Lehmböd., flachwurzelnde Moderhumuspf., Halbschattpf., Hummelblume, v. all. unter Kiefern, überreg.
Vaccinio-Piceetalia-Ordn.char., auch im Cytiso-Pinion od. Erico-
Pinion, z. T. mit Nadelhölzern verschleppt u. unbestdg – Ebene bis mittl.
Gebirgslag., A bis 2070 m – nokont, circ – H – Chrom. 2n = 30, 40.

Widerbart, Epipógium R.Br. vgl. S. 266

704. E. aphýllum Sw., slt., ab. gesellg in moosg. Nadel- u. Buchen-
Mischwaldges. auf frisch., ± nährstoff- u. basenreich., mäß. sauer.
(-neutral.), locker-modrig-humos. Lehm- u. Tonböden, saprophytisch.
Mull-Moderwurzler mit Wurzelpilz, auch auf fauld. Holz, Schattpf.,
Hummelblume, v. all. im mont. Eu-Fagenion, im Galio-Abietenion,
auch in staudenreich. Vaccinio-Piceion-Ges. – v. all. Berg- u. Hügelld,
nördl. bis NSH, An, Sa, L, im Tiefld s. slt. od. fehld, A bis 1500 m – no-
pralp – G – Chrom. 2n = 68.

Waldhyazinthe, Kuckucksstendel, Platanthéra Rich.

1   Blü.sporn fädl., Blü. weiß, stark duftd, Staubb.fächer ± parallel, 20–40 cm,
    ♃, 6   **P. bifolia** 705
1* Blü.sporn nach hinten verdickt, Blü. grünl. weiß, ± geruchlos,
    Staubb.fächer nach unten auseinandergespreizt, 20–50 cm, ♃, 5–7
                                                              P. chlorantha 706

705. Weiße W., P. bifólia (L.) Rich., zerstr. in licht. Eichen- u.
Kiefernwäldern (auch Tannenwäldern), in Heiden u. Magerrasen, auf
mäß. trock.-wechselfrisch., basenreich., ± nährstoffarm., neutral.-mäß.
sauer., gern modrig-humos. Lehm- u. Tonböden, Mull- u. Moderpf., oft
Wechselfrische-Zeiger, Halbschatt-Lichtpf., Kleinschmetterlings-Blume,
gern mit Nadelhölzern, z. B. im Cytiso- u. Erico-Pinion, im Galio-Abietenion, ab. auch im Quercion rob. od. Alno-Ulmion (Querco-Ulmetum),
ferner in Nardetalia-, Mesobromion- u. Molinietalia-Ges., Art mit Mo-

linion-Tendenz! – Ebene bis Gebirge, A bis 1860 m – no-eurassubozean – G – Chrom. 2n = 42, formenreich.

706. Berg-W., P. chlorántha (Cust.) Rchb., zml. slt in Nadelmischwäldern, in quellig. od. moorig. Wiesen, auf feucht. bis wechselfeucht., mäß. nährstoff- u. basenreich., ± mild. humos. Lehm- u. Tonböden, auf Gneis u. Kalk, Lehmzeiger, Feuchtigkts- od. Wechselfeuchtigktszeiger, Nachtfalterblume, v. all. in Calthion- od. Molinion-Ges., auch in frisch. Galio-Abietenion- od. Cytiso-Pinion-Ges., od. im Mesobromion, Molinietalia-Tendenz – Ebene bis Gebirge, A bis 1690 m, v. all. mont. Lagen, im nördl. Tiefld slt. od. fehld – eurassubozean(-smed) – G – Chrom. 2n = 42.

Hohlzunge, Coeloglóssum Hartm. vgl. S. 267

707. C. víride (L.) Hartm., slt. u. oft überseh. in saur. Magerrasen, auf mäß. trock. bis frisch., ± basenreich., mäß. sauer., modrig humos., steinig. od. sandg. Lehmböden, Magerktszeiger, Nachtfalterblume, v. all. in Nardetalia-Ges. (schwache Ordn.char.), auch in Mesobrometen, Seslerieten od. im Calamagrostion – Ebene bis v. all. Gebirge, A bis 2280 m, im nördl. Tiefld fehld – no-pralp, circ – G – Chrom. 2n = (20) 40.

Handwurz, Gymnadénia R. Br.

1 Sporn fast doppelt so lg wie Fr.kn., Lippe mit 2 stumpfl. Zipfeln, Blü. rot-viol., slt. weiß, schwach unangenehm duftend, B. lanzettl., 30–60 cm, 2|, 6–7
G. conopsea 708

1* Sporn höchst. so lg wie Fr.kn., mittl. Zipfel d. 3spaltg. Lippe spitzl. verlängert, rot-viol. Blü. stark duftend, B. schmal, lanzettl., 15–30 cm, 2|, 6–7
G. odoratissima 709

708. Mücken-H., G. conópsea (L.) R.Br. [*G. conópea* (L.) R.Br.], zml. hfg u. gesellg in Moorwiesen, in Flach- u. Quellmooren, in Kalk-Magerrasen, in licht. Wäldern, auf sickerfrisch. bis feucht. od. wechselfrisch., basenreich., ± nährstoffarm., mild. humos. Lehm- u. Tonböden, Wechselfrische-Zeiger, Falterblume, v. all. in Molinion- u. Calthion-Ges., schwache Molinietalia-Ordn.char., auch im wechsel-frisch. Mesobromion, Geranion sang., Erico-Pinion od. Galio-Abietenion, im Hochgebirge in d. Seslerietalia – Ebene bis Gebirge (A bis 2120 m), im nördl. Tiefld slt. od. fehld – no-euras(-smed) – G, formenreich:

1 B. 5–8 mm brt, lineal mit stumpfl. Ende, Blü.std kurz, lockerblütg, Sporn 2mal so lg wie Fr.kn.

708a. ssp. conopséa, Verbreitg ungenügd bekannt, offenbar v. all. im S d. Gebietes – Chrom. 2n = 40 (80).

1* B. 10–20 mm brt, lineal-lanzettl., zugespitzt, Blü.std dichtblütg, bis 20 cm lg, Sporn wenig lger als Fr.knot.

708b. **ssp. densiflóra** (Wahlenb.) Richt., in Mesobrometen u. Molinieten, auf Verbreitg zu achten – Chrom. 2n = 80.

709. **Wohlriechende H., G. odoratíssima** (L.) Rich., slt. in licht. praealp. Kiefernwäldern, in Gebüschlücken, an rasigen Hängen, in Moorwiesen, auf wechseltrock.-wechselfrisch., basenreich. (kalkhaltg.), mild., humos. od. rohen Kies-, Stein- od. Tonböden, gern mit *Molinia* od. *Calamagrostis varia*, Erico-Pinion-Verb.char., auch in Mesobromion- u. Seslerietalia-Ges., im Molinion usw. – v. all. Ba, Bo, Ju, Av, A bis 2200 m, Do, slt. auch Hü, Rh, Ne, Pf, He, früher auch Th, An, Sa, im nördl. Tiefld fehld – pralp(-gemäßkont) – G – Chrom. 2n = 40.

Weißzüngel, Pseudórchis Ség. (*Leucórchis* E. H. Meyer) vgl. S. 267

710. **P. álbida** (L.) A. et D. Löve [*Gymnadénia álbida* (L.) Rich.], zml. slt. in Silikat-Magerrasen u. Magerweiden d. Gebirges, auf mäß. frisch., ± basenreich., kalkfrei., sauer., modrig-torfg humos., steinig. od. rein. Lehmböden, Insekt.bestäubg, gern mit *Arnica*, Nardion-Verb.char., slt. auch im Violion od. Juncion squarr., auch im *Vaccinium*-Gestrüpp – Vog, Sch, SFW (Obersteinbach), Ju (Irndorf), BayW, O, Sp, He, NSH, Hz, ThW, Erzg., Av, A bis 2310 m, sonst (z. B. SH) s. slt. od. fehld – nosubozean-pralp – G – Chrom. 2n = 40, 42.

Kohlröschen, Brändle, Nigritélla Rich.

1   Blü. meist dunkelrot, Blü.std ± kugelg, Blü.lippe etwas rinng, 8–20 cm, ♃, 6–8   **N. nigra**   711
1* Blü. hellrot, Blü.std längl.-kegel förmg, Blü.lippe vorn sackförmg, 8–20 cm, ♃, 6–8   **N. miniata**   712

711. **Schwarzes K., N. nígra** (L.) Rchb. f., zerstr. in alp. Magerrasen, auf mäß. frisch., basenreich., meist kalkhaltg., neutral.-mäß. sauer., ± modrg humos. Lehmböden, Insekt.bestäubg (Falter), schwache Char. d. Sesl.-Caricetum semp. (Seslerion), auch slt. im Nardion od. Mesobromion – A 1620–2280 m, sonst glgtl. verschleppt, z. B. Av, süSch (wieder verscholl.) – alp(-arkt) – G – Chrom. 2n = 38, 40, 64

712. **Rotes K., N.miniáta** (Cr.) Janch. [*N. nigra* ssp. *rúbra* (Wettst.) P. B.], slt. auf Alpenmatten, in Seslerietalia-Ges. – A (z. B. b. Schliersee) Vorarlberg, Tirol, Schweiz – oalp – G – Chrom. 2n = 38, 80.

Zwergorchis, Chamórchis Rich. vgl. S. 268

713. **Ch. alpína** (L.) Rich., zml. slt. in alp. lückg. Steinrasen, auf mäß. frisch., mild-neutral., modrig-humos., flachgründg. Kalksteinböden, kältefeste Alpenpf., Wespen-Fliegen-Käfer-Blume, Char. d. Caricetum firmae (Seslerion) – A rd. 1900–2340 m – alp-arkt(subozean) – G – Chrom. 2n = 42.

Elfenstendel, Honigorchis, Hermínium Guett. vgl. S. 268

714. **H. monórchis** (L.) R.Br., slt. u. unbestdg in Kalk-Magerrasen u. Magerweiden, auch in Moorwiesen, auf mäß. frisch. bis wechselfeucht., meist kalkhaltg. (basenreich.), mild-mäß. sauer., humos. Lehm- u. Tonböden, Insekt.bestäubg, Mesobromion-Verb.char., auch im Molinion od Caricion dav. – Ebene bis mittl. Gebirgslag. (v. all. Kalkgebiete), A bis 1210 m, süSch 1350 m, im N slt. (z. B. An, Me) od. fehld – euras-pralp – G – Chrom. 2n = 40.

Ragwurz, Kerfstendel, Óphrys L.

1   Äußere Blü.b. grünl., Lippe an d. Spitze meist ohne Anhängsel
2   Lippe 3lappg, flach, schmal, länger als Blü.b., purpurbraun, innere Blü.b. s. kurz, fädl. (insektenfühlerartg), 15–30 cm, ♃, 5–6   **O. insectifera** 715
2*   Lippe ungeteilt, ± gewölbt, rotbraun mit H-förmg. Zeichnung, kaum lger als Blü.b., 15–30 cm, ♃, 4–5   **O. sphegodes** 717
1*   Äußere Blü.b. weiß od. rosa, Lippe ± gewölbt mit kahl. Anhängseln
3   Lippe ± so lg wie brt, rotbraun, mit gelbl. Zeichnung, Anhängsel aufwts gebogen, innere Blü.b. ± 3eckg, 15–30 cm, ♃, 5–6   **O. holosericea** 716
3*   Lippe lger als brt, oben mit 2 kl. seitl. Zipfeln, braun mit gelbl. Zeichnung, Anhängsel zurückgeschlag., 15–35 cm, ♃, 6 (– 7)   **O. apifera** 718

715. **Fliegen-R., Mückenstendel, O. insectifera** L. (*O. muscífera* Huds.), zml. slt. in Kalk-Magerrasen u. licht. Kiefern-Trockenwäldern, auf sommerwarm., mäß. trock. (od. wechseltrock.), kalkreich., mild. humos., locker. Lehm- u. Tonböden, Licht-Halbschattpf., Sexual-Täuschblume, Bestäubg v. all. durch Grabwespenmännchen, auch and. Insekt., Mesobromion-Verb.char., auch im trock. Molinion od. im Erico-Pinion – Ebene bis mittl. Gebirgslag., A bis 1620 m (Silikatgebirge fehld), im nördl. Tiefld slt. (z. B. An, Me) od. fehld – subatl-smed – G – Chrom. 2n = 36.

716. **Hummel-R. (-Stendel), O. holoserícea** (Burm.) Greut. [*O. fuciflóra* (F. W. Schmidt) Moench, *O. arachnítes* Lam.], slt. in Kalk-Magerwiesen, in Waldlichtg., auf mäß. trock. (-wechseltrock.), kalkreich., mild. humos., locker. Lehm- u. Lößböden, licht- u. wärmeliebd, frostempfindl., Bestäubg v. all. durch *Eucera*-Männch., Mesobromion-Verb.char., auch im trock. Molinion – Rh (Niederung), Hü, Pf, Bo, Ne, Ju bis 900 m, Do, Av (fehlt A) He, früher auch NS, Th, Br – smed – G – Chrom. 2n = 36, formenreich.

717. **Spinnen-R. (-Stendel), O. sphegódes** Mill. (*O. aranífera* Huds.), slt. in einschürig gemäht. Kalk-Magerwiesen, in Gebüsch- u. Waldlichtungen (mit Kiefer od. Eiche), auf mäß. trock. (-wechseltrock.), kalkreich., mild. humos. Stein- od. Lößböden, wärmeliebd, frostempfindl., Bestäubg v. all. durch *Andrena*-Männchen., Mesobromion-Verb.char., auch in trock. Molinion-Ges. – Hü, Rh (Niederung), Pf, Mn, Bo, Ne (1 Fundort), Ju, Do, Av (A fehld), He, Th – smed – G, formenreich:

1   Blü. klein, Lippe 5–7 mm lg, fast rund u. flach, ± bräunl.-grünl., gelbgesäumt

717a. **ssp. litigiósa** (Camus) Bech. (*O. aranéola* Reich.) – Hü, Mn, Th – wsmed – Chrom. 2. = 36.

1* Blü. größer, Lippe gewölbt, längl.-oval, dunkelrotbraun

717b. **ssp. sphegódes,** vorherrschde Sippe, s. o. – osmed – Chrom. 2n = 36.

718. **Bienen-R. (-Stendel), O. apífera** Huds., slt. in Kalk-Magerrasen, in licht. Eichen-Kiefern-Bestånd., auf warm., måß. trock. (slt. wechseltrock.), kalkreich., mild. humos., locker. Löß- od. Kalksteinböden (auch Dolomit), wärmeliebd, meist Selbst-, auch Bienenbestäubg, Mesobromion-Verb.char., auch in Erico-Pinion- od. Quercion pubesc.-Ges. – Hü, Rh (Niederung), Pf, Mn, Ne, Bo, Ju (bis 850 m), Av (bis 900 m), nördl. bis NWe, NSH, Th, auch SH – smed(-subatl) – G – Chrom. 2n = 36, formenreich.

718a. **ssp. apífera,** s. o., dazu var. *flavéscens* Hosb. mit gelbl. Blü.lippe.

718b. **ssp. juránum** Ruppr. [ssp. *friburgénsis* (Freyh.) Soó], Blü.b. fast so lg wie brt, ähnl. d. äußer., obere Blü. mit ungeteilt., fast 5eckger Lippe – z. B. süHü (Kaiserstuhl), Ju (Schwäb. Alb).

Bastarde!

Kugelorchis, Traunstéinera Rchb. vgl. S. 267

719. **T. globósa** (L.) Rchb. (*Orchis globósa* L.), zml. slt. in Kalk-Magerrasen od. Bergwiesen, in subalp. Wildheu-Hängen, auf frisch., nährstoffreich. u. meist kalkhaltg., mild-mäß. sauer. humos., lock. Stein- u. Lehmböden, Falterblume, v. all. im Caricion ferr. od. im Calamagrostion, auch in montan. Mesobrometen od. im mager. Pol.-Trisetion – Vog u. süSch (700–1300 m), Ba, Ju (700–1000 m), Av, A (bis 2110 m), Erzg. – pralp – G – Chrom. 2n = 42.

Knabenkraut, Orchis L.

1 Alle Blü.b. (außer der Lippe) helmförmg zus.geneigt
2 Lippe brter als lg, mit 3 fast gleich lgen Lappen, Blü.sporn kürzer als Fr.kn., ± waagrecht abstehd, Blü.b. rot, grüngestreift, Hochb. so lg wie Fr.kn., St. kantg, 8–20 cm, ⚲, 4–5 **O. morio** 720
2* Lippe länger als brt, 3lappg mit verlängert. Mittellappen, Sporn abwärts gerichtet
3 Hochb. wenigst. $^{1}/_{2}$ so lg wie F.kn., Blü.lippe 2–6 mm lg
4 Mittellappen d. Lippe ungeteilt, Blü. rotbraun (nach Wanzen riechd), Blü.b. dunkelgrün geadert, zugespitzt, B. lineal-lanzettl., St. hellgrün, rd, 15–30 cm, ⚲, 5–6 **O. coriophora** 721
   mit rosa Blü. vgl. **Traunsteinera** 719
4* Mittellapp. d. Lippe ± 2spaltg, oft mit klein. Zähnch. in d. Ausbuchtg, Lippe weißl., ± rot punktiert
5 Blü. 8–10 mm lg, ob. Blü.b. (Helm) halbkugelg, außen schwarzbraun, Blü.std daher noch nicht voll aufgeblüht oben wie angebrannt, 20–25 cm, ⚲, 5–6 **O. ustulata** 722

5*　Blü. 10–12 mm lg, Helm längl.-spitz, gleichmäßg rosa, 15–25 cm, ♃, 5–6
　　　　　　　　　　　　　　　　　　　　　　　　　　　O. tridentata　723
3*　Hochb. $^1/_3$–$^1/_4$ des Fr.kn., Blü.lippe 10–20 mm lg, Mittellappen d. Lippe
　　geteilt, diese also 4zipfelg
6　Blü.b. (Helm) außen blaßrosa, heller als Lippe
7　Alle 4 Zipfel d. Lippe schmal lineal, die seitl. fast so lg wie mittl., bogig
　　aufwts gekrümmt, Lippe hellrosa, ohne behaarte Papill., 20–40 cm, ♃, 5
　　　　　　　　　　　　　　　　　　　　　　　　　　　O. simia　724
7*　Mittl. Zipfel abgerundet, brter als seitl. Zipfel, diese weit überragd, Lippe
　　hellrot mit behaart. dunkl. Papillen, 25–45 cm, ♃, 5(−6)
　　　　　　　　　　　　　　　　　　　　　　　　　　　O. militaris　725
6*　Helm außen braunrot, Mittellappen d. hellrot. (dunkel punktiert.) Lippe 4–
　　5mal brter als Seitenlappen, 30–80 cm, ♃, 5–6　　**O. purpurea**　726
1*　Seitl. äußere Blü.b. abstehd od. zurückgeschlagen
8　B. lanzettl.-eiförmg, üb. d. Mitte am brtesten, Hochb. 1nervg
9　Blü. purpurrot (slt. weiß), Lippe tief 3lappg, mit abstehd. Seitenlappen,
　　Hochb. rot-viol. überlaufen, 20–40 cm, ♃, 4–6　　**O. mascula**　727
9*　Blü. (wie Hochb.) blaßgelb, Lippe seicht 3lappg, B. brt-eiförmg, bis 4 cm brt,
　　glänzd, 20–30 cm, ♃, 4–5　　　　　　　　　　　**O. pallens**　728
　　vgl. Lippe nicht gelappt, ab. wellg. vgl.　　**Dactylorhiza sambucina**　740
8*　B. lineal-lanzettl. (bis 2,5 cm brt), rinnig, Hochb. z. T. 3–5nervg, Blü.std
　　locker, Blü. dunkelrot mit 3(–4)lappg. Lippe, 30–50 cm, ♃, 6–7
　　　　　　　　　　　　　　　O. palustris　729 u. **O. laxiflora**　730

720. **Kleines K., O. mório** L., zerstr., ab. gesellg in Magerrasen od.
mager. Wiesen, auf mäß. frisch. (wechselfrisch.), basenreich., auch
kalkfrei., mild-mäß. sauer. humos. Lehm- u. Tonböden, Magerkeitszeiger, Bienen-Hummel-Blume, Knollen als Salep-Droge, Mesobromion-
Verb.char., auch in trock. Arrhenatherion- od. Molinion-Ges. – Ebene
bis mittl. Gebirgslag., A bis 1100 m, süSch bis 930 m (Kalk- u.
Lehmgebiete), im nördl. Tiefld slt. od. erlosch. – eurassubozean-smed –
G – Chrom. 2n = 36.

721. **Wanzen-K., O. corióphora** L., slt. in mager. od. moorig. Wiesen, auf
wechselfrisch. (feucht.), basenreich., oft kalkarm., neutral-mäß. sauer.
humos. Lehm- u. Tonböden, Magerktszeiger, etwas wärmeliebd,
Fliegenblume, v. all. im Molinion od. Calthion, auch in wechselfrisch.
Arrhenatherion-Ges. – Rh, Hü, süSch, Bo, Do, Fr, Av bis 710 m, nördl.
bis NWe, NSH, Th, L, im nördl. Tiefld slt. od. fehld, überall zurückgehd,
z.T. verscholl. – smed(-eurassubozean) – G – Chrom. 2n = 36, 38.

722. **Brand-K., O. ustuláta** L., zml. slt. in Kalk-Magerrasen,
Magerweiden od. mager. Wiesen, im licht. Gebüsch, auf mäß. trock.,
basenreich. (auch kalkfrei.), mild-mäß. sauer. humos., lock. (tief-
gründg.) Löß- u. Lehmböden, etwas wärmeliebd, Falterblume,
Mesobromion-Verb.char., slt auch im Cirs.-Brachypodion od. mager.
Arrhenatherion – Ebene bis Gebirge, A bis 1460 m, Sch bis 710 m (v. all.
Kalk- u. Lehmgebiete), im nördl. Tiefld s. slt. od. fehld – smed
(-eurassubozean) – G – Chrom. 2n = 42.

723. Dreizähniges K., O. tridentáta Scop., s. slt. in Magerweiden u. in Saumges. auf nicht zu trocken. humos. Kalkböd., Char. d. Gent.-Koelerietum (Mesobromion), auch im Geranion sang. – He, NWe, NSH, Th, An, Br (Me verscholl.) – smed – G – Chrom. 2n = 42.

724. Affen-K., O. símia Lam., slt. aber meist gesellg in sonnig. Kalk-Magerrasen, auf mäß. trock., kalkreich., mild. humos. Löß- u. Lehmböden, wärmeliebd, in *Bromus erectus*-Mähwiesen od. an *Brachypod. pinnat.*-Rainen, Char. d. Mesobrometum (Mesobromion) – süHü (Kaiserstuhl-Hecklingen), Saargebiet, im Gebiet an d. NO-Grenze d. Verbrtg – smed(-subatl) – G – Chrom. 2n = 42.

725. Helm-K., O. militáris L., zml. hfg in Kalkmagerrasen, an Rainen u. Böschungen, auch in moorg. Wiesen, im licht. Gebüsch, auf mäß. trock. bis wechseltrock., kalkreich., mild., humos. tiefgründg. Löß-, Lehm- u. Tonböden, Kalkzeiger, etwas wärmeliebd, Knollen als Salep-Droge, Mesobromion-Verb.char., auch im Molinion od. im O im Cirs.-Brachypodion – Ebene bis mittl. Gebirgslagen, A bis 950 m (Kalkgebiete) – smed-euras – G – Chrom. 2n = 42.

726. Purpur-K., O. purpúrea Huds., zml. slt. in licht., warm. Eichenwäldern u. Eichengebüsch, auch im Ulmen-Auenwald, auf mäß. trock. bis wechselfrisch.. basenreich., mild., humos., locker., tiefgründg. Lehmböden, Mullbodenpf., wärmeliebde Halbschattpf., Quercetalia pubesc.-Ordn.char., auch im Querco-Ulmetum (Alno-Ulmion), slt. in off. Geranion sang.- od. Mesobromion-Ges. – Ebene bis mittl. Gebirgslag. (Ju bis 700 m), nördl. bis NSH, Th, An, Sa, im nördl. Tiefld slt. (Me) od. fehld – smed – G – Chrom. 2n = 40, 42.

727. Stattliches K., O. máscula L., zml. hfg in mager. Gebirgswiesen u. Halbtrockenrasen, auch in Eichen-Hainbuch.-Wäldern, auf mäß. trock.-frisch., ± nährstoff- u. basenreich., oft kalkarm., mild-mäß. sauer., humos., mittel-tiefgründg. Lehmböden, etwas wärmeliebd, Licht-Halbschattpf., v. all. im Mesobromion od. Seslerion, auch in mont. Arrhenathereten in tief. Lagen im Carpinion u. Quercion pub. – Ebene bis Gebirge, A bis 1750 m (Kalk- u. Lehmgebiete), im nördl. Tiefld slt. od. fehld – smed-subatl(-eurassubozean) – G, formenreich:

1 Blü.b. kurz zugespitzt, Mittelapp. d. Lippe so lg wie Seit.lapp.

727a. ssp. máscula (einschl. ssp. *occidentális* Schwarz) verbr. Sippe, s. o. – Chrom. 2n = 42.

1* Blü.b. lg zugespitzt, Mittelapp. d. Lippe lger als Seitenlapp.

727b. ssp. signífera (Vest) Soó, für frische Bergwies. u. Halbtrockenras. angegeb., im S v. all. in Berglag., auch Th – Chrom. 2n = 42.

728. Blasses K., O. pállens L., slt. in Buchen-Eichen- od sonnig. Schlucht-Wäldern, auf frisch. (wechselfrisch.), basenreich., neutral.-mild., humos., mittel-tiefgründg., lock. Lehm- u. Tonböden, Tonzeiger,

Mull-Wurzler, sommerwärmeliebd, Schatt-Halbschattpf., v. all. im Fagion u. Tilio-Acerion (Aceri-Tilietum), Fagetalia-Art, auch im Quercion pub. od. im Mesobromion – süHü (Lörrach), Bo, Ba, Ju bis 900 m, Av, A bis 1400 m, slt. auch He, Th – smed-pralp, im Gebiet an d. NW-Grenze d. Verbrtg – G – Chrom. 2n = 40.

729. Sumpf-K., O. palústris Jacq. [*O. laxiflóra* Lam. ssp. *palústris* (Jacq.) Bonn. et Lay.], slt. in Moor- u. Binsenwiesen, an Flachmoorpfaden, auf nass.-wechselnass., basenreich. Sumpfhumusböden, auch salzertragd, licht- u. wärmeliebd, Char. d. Schoenetum nigr. (Caricion dav.), auch im Calthion od. in Störzuständen d. Moore (Molinion) – v. all. Tieflag., Stromtäler, Moorgebiete, Gebirge fehld – smed-gemäßkont – G – Chrom. 2n = 42.

730. O. laxiflóra Lam. **ssp. élegans** (Heuff.) Soó, mit ungeteilt. od. undeutl. 3lappg. Lippe u. 15–25 mm brt. B. – früher auf Sumpfwies. b. Hanau – smed – G.

Knabenkraut, Kuckucksblume, Dactylorhíza Neck. (*Dactylórchis* Verm.)

1   Blü. rot od. rosarot, slt. daneben weiß (od. gelbl.), Sporn meist kürzer als Fr.kn.

2   St. mit 3–6 B., ± hohl, Blü.std walzl., Seitenlappen d. Blü.unterlippe zurückgefaltet

3   B. über 4mal so lg wie brt, unt. am brtesten od. ± gleich brt, Blü.lippe nur undeutl. geteilt od. gezähnelt

4   B. ungefleckt od. nur schwach gefleckt, steif aufrecht mit kapuz.förmg. Spitze, St.b. 5–6, bis zum od. über d. 10–20 cm lgen Blü.std ragd, Blü. schmutzg rot (fleischfarb.) od. gelb, 20–50 (80) cm, ♃, 5–7
                                                  D. incarnata   731

4* B. beid.sts gefleckt, ohne kapuz.förmge Spitze, St.b. 3–4, bis 10 cm lg. Blü.std bis 7 cm lg, Blü. blutrot, 20–30 cm, ♃, 6–7   **D. cruenta**   732

3* B. kaum 4mal so lg wie brt, ± in d. Mitte am brtest.

5   Blü.lippe 7–10 mm brt u. etwa 7 mm lg, undeutl. 3teilg, intensiv rot, B. ungefleckt od. nur weng gefleckt, meist 4, 10–30 cm, ♃, 6–7
                                                  D. purpurella   736

5* Blü.lippe größer, B. meist mehr als vier, Blü. rosa

6   Blü.lippe ± flach, ungeteilt od. undeutl. 3teilg, ganzrdg, rundl.-ellipt., B. ungefleckt

7   B. lanzettl., 20–45 (70) cm, ♃, 6–7   **D. praetermissa**   734

7* B. fast lineal-schmallanzettl., d. unter. b.scheid.artg verbreitert, 15–50 cm, ♃, 6–7
                                                  D. sphagnicola   735

6* Blü.lippe meist mit herabgeschlagen. Seit.lapp., deutl. 3teilg, ± gezähnelt

8   St. weitröhrg hohl, mit 4–6 fast stets gefleckt. B., Blü.std dicht, 15–40 cm, ♃, 5–6   **D. majalis**   733

8* St. engröhrg, ± kantg, B. meist ungefleckt od. weng gefleckt, Blü.std bis 8 cm lg

9   B. 3–4, Blü.std locker, 8–12blütg, 10–20 cm, ♃, 7–8
                                                  D. traunsteineri   738

9* B. 4–6, Blü.std dicht, Blü. rosenrot, Mittellapp. d. Lippe zugespitzt, 15–30 cm, ⨸, 6 **D. russowii** 737
2* St. mit 5–10 B., ± markig, Blü.std anfängl. pyramidenförmg, Hochb. kaum so lg wie hellrosa (weiß) Blü., B. meist gefleckt, 20–50 cm, ⨸, 6–7 **D. maculata** 739
1* Blü. gelb, sltner trübrot (ab. dann Lippengrund gelbl.), Sporn so lg od. länger als Fr.kn., Blü.lippe fast ungeteilt, mit gekerbt. Rand, St. hohl, B. ungefleckt, 10–25 cm, ⨸, 4–5 **D. sambucina** 740
vgl. ferner **Orchis pallens** 728

731. **Fleischrotes K., D. incarnáta** (L.) Soó (*Orchis incarnáta* L.), zerstr. in Sumpfwiesen, Binsenwiesen, Moorgebüsch, auf nass.-wechselnass., nährstoff- u. basenreich., auch kalkarm., neutral-mild. humos., sandg. od. rein. Tonböden (Sumpfhumusböden), v. all. im Caricion dav. od. im Calthion, z. B. mit *Juncus subnod.*, wohl Tofieldietalia-Ordn.char., auch in Molinietalia-Ges. – Ebene bis mittl. Gebirgslag., A bis 1320 m (Silikat- gebiete slt. od. fehld) – no-euras – G – Chrom. 2n = 40, formenreich, z. B. var. *ochroleúca* Wüstn. ex Boll (var. *stramínea* Rchb. f.) mit gelbl. Blü., sowie var. *haematódes* (Rchb. f.) Soó mit gefleckt. B.

732. **Blutrotes K., D. cruénta** (O. F. Muell.) Soó, [*D. incarnáta* ssp. *cruénta* (O. F. Muell.) Sell], s. slt. in basenreich. Sumpfwies., in d. A Char. d. Caricetum dav. (Caricion dav.) – Zentralalp., Me (ob noch?) – no(-alp) – G – Chrom. 2n = 40.

733. **Breitblättriges K., D. majális** (Rchb.) Hunt et Summ. (*Orchis latifolia* auct.), hfg in Naßwiesen u. Quellsümpfen, an Gräben, auf nass. (wechselnass.), nährstoffreich., kalkarm., neutral-mäß. sauer., humos. Tonböden (Sumpfhumus- u. Gley-Böden), lichtliebd, v. all. im Calthion, Molinietalia-Ordn.char., ab. auch in Caricetalia f.- u. Tofieldietalia-Ges. – Ebene bis Gebirge, A bis 1707 m – eurassubozean – G – formenreich, z. B.

1 B. bis 25 cm lg, 4–6 (7), lanzettl., Blü.std bis 8 cm lg, Lippe deutl. 3teilg, Pf. bis 70 cm hoch

733a. **ssp. báltica** (Klinge) Sengh. [*D. báltica* (Klinge) Orl.], slt. in Salz- wies. d. Ostseeküste – Me.

1* B. kürzer, Pf. 15–30 (60) cm hoch
2 B. rinng gefaltet, lanzettl., fast rosettg genähert, wie St. viol. überlauf., Blü.std 3–5 cm lg

733b. **ssp. brevifólia** (Bisse) Sengh., s. slt. in Kalkflachmoor. (Caricion dav.) – Me, Br, Th, weitere Verbrtg unklar – Chrom. 2n = 80.

2* B. ± flach, nicht viol. überlauf.
3 B. 5–6, lanzettl., allmähl. zugespitzt, Blü.std bis 8 cm lg, Lippe deutl. 3teilg

733c. **ssp. majális,** verbr. Sippe, s. o. – Chrom. 2n = 80.

3* B. meist 4, d. unter. oval-lanzettl., kurz zugespitzt-stumpfl., Blü.std bis 5 cm lg, Lippe undeutl. 3teilg, randl. gekerbt

733d. **ssp. alpéstris** (Pugsl.) Sengh., zerstr. in Naßwies. u. Flachmoor. d. Hochgebirges – A – pralp.

734. **Übersehenes K., D. praetermíssa** (Druce) Soó [*D. majális* ssp. *praetermíssa* (Druce) Moresby, Moore et Soó], slt. in Kalkflachmoor. (Carcion dav.) – NWe, NS – subatl – Chrom. 2n = 80.

735. **Torfmoos-K., D. sphagnícola** Höppn., s. slt. in Zwisch.- u. Hochmooren, zwischen *Sphagnum*-Art. – NWe, NS (verscholl.) – endem – Chrom. 2n = 80.

736. **Purpurrotes K., D. purpurélla** (T. et A. Stephens.) Soó [*D. majális* ssp. *purpurélla* (Steph.) Moresby], slt. in basenreich. Naßwies. (Calthion) – ob im Gebiet? (Br, Erzg?) – nosubatl – Chrom. 2n = 80.

737. **Ostsee-K., D. russówii** (Klinge) Hol., slt. in Kalkflachmooren (Caricion dav.) – nordöstl. Me – endem – Chrom. 2n = 120.

738. **Traunsteiner's K., D. traunstéineri** (Saut.) Soó, slt. in Flach- u. Quellmooren, im Lagg d. Hochmoore, auf nass., ± nährstoff- u. basenreich., neutral.-mäß. sauer. Sumpfhumusböden, Licht-(Halbschatt)pf., Char. d. Parn.-Caricetum f. (Caricion f.), auch in d. Molinietalia – süSch, Vog, A (bis 1360 m), and. Fundorte unsicher – nopralp – G – Chrom. 2n = 80, formenreich.

739. **D. maculáta**-Gruppe

1   Lippe 3teilg mit klein., nicht vorgezogen. Mittellappen, Seitenlapp. viel größer, brt gerundet u. oft gezähnelt

739a. **Geflecktes K., D. maculáta** (L.) Soó, sehr variable u. nicht immer eindeutg von *D. fuchsii* zu unterscheidende Art, Soziol. u. Verbreitg bedürfen nach Abgliederung von *D. fuchsii* d. weiteren Abklärung – G.

2   Blü.hellviol. alle B. lanzettl.-lineal, spitz, meist rd gefleckt
3   Blü.sporn so lg wie Fr.kn., Lippe höchst. 13 mm brt (meist weniger), B. lanzettl.–breitlineal

739b. **ssp. maculáta**, zerstr. in feucht. Magerras., in Flach- u. Quellmoor., auf nass.-feucht. od. wechselfeucht., neutral.-sauer., modrghumos. Lehm- u. Tonböd., bis 15 cm tief wurzelnde Humuspf. (mit Wurzelpilz), Magerktszeiger, Hummelblume, v. all. in Scheuchz.-Caricetea- u. Molinietalia-Ges., auch in licht. Wäldern – seltener als *D. fuchsii*, z. B. Sch, Av, usw. – no-eurassubozean – Chrom. 2n = 80.

3*   Blü.sporn nur $^1/_2$ so lg wie Fr.kn., Lippe über 15 mm brt, B. schmal-lineal

739c. **ssp. elódes** (Griseb.) Soó, zerstr. in Heidemoor. auf feucht., basenarm., sauer. Torfböd. – NS, SH, Me, Br, auch Av, Verbreitg ungenügd bekannt – nosubatl(?) – Chrom. 2n = 40, 80.

2*   Blü. weißl., untere B. brtellipt.-oval, ohne Flecken

739d. **ssp. transsilvánica** (Schur) Fröhn., slt. in Flachmoor. – Erzg.

1* Lippe tief 3teilg, mit vorgezogener, $\pm$ lanzettl. Mittel- u. rhomboid. Seiten-lappen, untere B. brtellipt.-oval, meist stumpfl., längl.gefleckt

739e. **Fuchs' K., D. fúchsii** (Druce) Soó, Soziol. u. Verbreitg gegenüber *D. maculata* noch ungenügd abgeklärt.

4 Pf. mit 6–10 B., 30–60 cm hoch

739f. **ssp. fúchsii,** hfger als *D. maculata*, in Flach- u. Quellmooren, auch in Nadelmischwäldern, auf wechselfeucht.-nass., vorzugsw. basenreich., auch kalkhaltg. humos. tong. Böd., in Scheuchz.-Caricetea-, auch Erico-Pinion-, Galio-Abietenion- od. Mesobromion-Ges. – euras – Chrom. 2n = 40.

4* Pf. mit 1–5 B., 10–25 cm hoch

739g. **ssp. psychróphila** (Schlecht.) Hol., slt. in Flachmoor. auf nass.-feucht., mäßg basenreich., kalkarm. Sumpfhumusböd., in Scheuchz.-Caricetea-Ges. – Sch, Av, BayW, ThW, Hz, Erzg – eurassubozean-(pralp?) – Chrom. 2n = 80.

740. Holunder-K., D. sambúcina (L.) Soó, slt. in sonnig. Felsrasen u. Magerweiden, in Gebüschsäumen, auf sommertrock. (mäß. trock.), basenreich., kalkarm., neutral.-mäß. sauer., $\pm$ humos., oft flachgründg., sandig-steinig. Lehmböden (Porphyr, Gneis), wärmeliebd, Char. d. Visc.-Festucetum (Koel.-Phleion), auch im Violion od. mager. Arrhenatheretalia-Ges. – Vog (bis 1200 m), süSch, Pf, Nahetal, BayW, FrJu, Fr, A bis 1200 m – smed-pralp – G – Chrom. 2n = 40, 42.

Neben var. *sambúcina* mit hellgelb. Blü.: var. rubra Winterl. mit rot. Blü., ohne erkennbare soziol. Differenzierung.

Zahlreiche Bastarde!

Hundswurz, Kammstendel, Anacámptis Rich. vgl. S. 267

741. A. pyramidális (L.) Rich., slt. in Kalk-Magerrasen, an Rainen u. Böschungen, auch in Moorwiesen, auf mäß. trock., kalkreich., mild. humos., lock., $\pm$ steinig. Löß- u. Lehmböden, wärmeliebd, Fal-terblume, terr. Char. d. Mesobrometum, Mesobromion-Verb.char., auch in trock. Molinion-Ges. od. im Geranion sang. – v. all. im S d. Gebiet., nördl. bis NSH, Th, An, weiter nördl. nur s. slt. od. fehld – smed(-subatl) – G – Chrom. 2n = 36.

Ohnsporn, Áceras R.Br. vgl. S. 268

742. A. anthropóphorum (L.) Ait. f., slt. in Kalk-Magerrasen, in licht. Gebüsch, auf mäß. trock. (bis wechseltrock.), kalkreich., mild. humos. Lehm- u. Lößböden, wärmeliebd, Char. d. Mesobrometum (Mesobro-mion), auch im Geranion sang. – süHü, Bo, Pf, RS, He, Ne, Mn, Th – submed(-subatl) – G – Chrom. 2n = 42.

Riemenzunge, Bocksorchis, Himantoglóssum Koch vgl. S. 267

743. **H. hircínum** (L.) Spreng., slt. (u. unbestdg) in Kalkmagerrasen, an Böschungen u. Rainen, im Saum licht. Gebüsche, auf mäß. trock., kalkreich., mild. humos., locker-tiefgründg. Stein-, Löß- od. Lehmböden, wärmeliebd, frostempf., lok. Char. d. Mesobrometum (Mesobromion), ferner im Geranion sang. – Hü (v. all. süHü), HRh, Rh (s. slt.), Pf-Nahetal, Ne, Bo, Mn, Do (Günzburg), RS (Eifel), Th – wsmed(-subatl) – G – Chrom. 2n = 36.

Weichstendel, Hammárbya O. Kuntze vgl. S. 268

744. **H. paludósa** (L.) O. Kuntze [*Maláxis paludósa* (L.) Sw.], s. slt. in Moorschlenken u. Zwischenmooren, auf nass. od. zeitw. seicht überschwemmt., mäß. nährstoffreich., basenarm., mäß. saur. Torfschlamm-Böden, Insekt.bestäubg, Brutknospen-Vermehrung, meist mit *Sphagnum*-Arten d. *Subsecundum*-Gruppe, Rhynchosporion-Verb.char. – Vog, Sch (verscholl.), Pf, Av (bis 880 m), Fr, NS, Erzg, Sa, Br, SH, Me – no(circ) – H (G) – Chrom. 2n = 28.

Kleingriffel, Microstýlis (Nutt.) Eat. vgl. S. 268

745. **M. monophýllos** (L.) Lindl. [*Maláxis monophýllos* (L.) Sw.], slt. in mont. Auenwäldern, an quellig., schattig., moosig. Hängen, auf sickerfeucht., ± nährstoff- u. basenreich. (auch kalkarm.), mild.-mäß. sauer. humos., lock., steinig. od. kiesig. Lehmböden, Schattpf., gern auf übermoost. Felsen od. in humos. Kiesauen, nach Braun-Bl. Alno-Ulmion-Verb.char., auch in feucht. steinig. Fagion-Ges. – Av, A (bis 1800 m), NS, Me – no(kont)-pralp, circ – G – Chrom. 2n = ca. 30.

Glanzstendel, Líparis Rich. vgl. S. 268

746. **L. loesélii** (L.) Rich., slt. in Kopfbinsenmooren, in Quellsümpfen, auf nass., moosig., z.T. zeitw. überschwemmt., neutral-mild. Sumpfhumus- u. Kalktuff-Böden (Schlickböden), wärmeliebd, Insekt.-bestäubg, Caricion dav.-Verb.char., auch im Juncetum alp. od. im Rhynchosporion – Rh (Niederung), Bo, Do, Av (bis 886 m), FrJu, Fr (Vilseck), auch NS, Br, Me, An – eurassubozean-pralp, circ – H (G) – Chrom. 2n = 26, 32.

Korallenwurz, Corallorhíza Châtelain vgl. S. 266

747. **C. trífida** Châtel., slt. in moosig. Fichten- od. Fichten-Tannen-Wäldern, auf mäß. frisch., nährstoffarm., basenreich., neutral-mäß. sauer., modrig-humos. Lehm- u. Tonböden, Saprophyt, Schattpf., Selbst- u. Insekt.bestäubg, Vaccinio-Piceetalia-Ordn.char., auch im Galio-Abietenion, Luz.-Fagenion, Alnion od. mit Kiefern- u. Fichten-Saaten unbestdg verschleppt – v. all. Mittel- u. Hochgebirge, (A bis 1560 m), im nördl. Tiefld s. slt. od. fehld – no(kont), circ – G – Chrom. 2n = 42.

Klasse Dicotyledóneae (Zweikeimblättrige)

Kräuter und Holzpflanzen

1 Blü.b. fehlen od. eine Gliederung d. Blü. in Kelch- u. Blü.b. ist nicht zu erkennen *Apetalae* S.285
1* Blü. mit deutl. voneinander geschieden. Kelch- u. Blü.b.
2 Blü.b. frei *Dialypetalae* S. 289
2* Blü.b. (z.T. erst am Grund) miteinander verwachs., hierher auch d. meist. Pf., bei denen viele kleine röhrch.förmg.-trichterg. Einzelblü. in einem Köpfch. (Körbchen) zus.gedrängt sind (Ausnahme Umbelliferae) *Sympetalae* S. 294

Alle unklaren Fälle, tatsächl. od. scheinbare Ausnahmen einer Gruppe werden in d. Schlüsseln d. and. Gruppe mitbehandelt.

Wasserpf. vgl. S. 286, 291 u. 295
Holzpf. vgl. S. 285, 289 u. 294
Pf. ohne grüne B. vgl. S. 291 u. 295

Apétalae (Monochlamýdeae), Einfachblütige

1 Holzpf. (1* vgl. S. 286)
2 St. kletternd od. windend
3 B. sommergrün
4 Staubb. u. Fr.kn. zahlr., Fr. geschwänzt, B. gefiedert, gegenstdg, vgl. **Clematis** (*Ranunculaceae*) S.399
4* Staubb. u. Fr.kn. nicht zahlr., B. ungeteilt
5 Blü. in groß. locker. Rispen, weiß, B. herzförmg zugespitzt, vgl. **Polygonum** S. 331
5* Blü. einzeln, groß, röhrg, gekrümmt, bräunl. grün, vgl. **Aristolochia** S. 324
3* B. immergrün, 3–5lappg od. oval, Blü. in halbkugelg. Dolden, gelbgrün, vgl. **Hedera** S. 690
2* St. aufrecht, nicht kletternd od. windend
6 Blü.std kugelg. od. in längl. Kätzch., Blü. unscheinbar, eingeschlechtg
7 Blü.std kugelg, hängd, Blü. ohne Blü.b., mit zahlreich. Staubb. *Platanaceae* S. 421
7* Blü.std (wenigst. d. männliche) in längl. od. eiförmg. Kätzch.
8 B. gefiedert, jg. St.mark gefächert, bis 25 m, ♄, 5 *Juglandaceae* **(Juglans)** S. 309
8* B. ungefiedert, höchst. gelappt
9 Pf. mit Milchsaft, Fr. später fleischg, brombeer- od. himbeerartg *Moraceae* S. 318
9* Pf. ohne Milchsaft
10 Pf. zweihäusg, Staubb.kätzch. u. Fr.kn.kätzch. getrennt auf verschied. Bäumen od. Sträuchern
10a Staubb. gestielt, Fr. mit Haarschopf *Salicaceae* S. 298

10a*Staubb. sitzd, Narb. fädl., Fr. ohne Haarschopf, B. mit gelb. Harzdrüs.
  50–150 cm, ♄, 4–5   **Myrica** S. 298
10*Pf. einhäusg, auf demselben Baum (Strauch), meist hängde, schlanke
  Staubb.kätzch. u. rundl.-walzl. Fr.kn.-kätzch. od. unscheinb. Fr.kn.-
  knospen
11 Griffel 2, B. ohne Nebenb., nach od. mit Blü. erscheinend
                                                          Betulaceae S. 310
11*Griffel 3, B. mit hinfällg. Nebenb., mit Blü. erscheinend, Fr. ganz od.
  teilweise von stachelg. od. verholzd. Hülle (Cupula) umgeben
                                                           Fagaceae S. 314
6* Blü. in Büscheln od. Rispen hängd od. geknäuelt, b.achselstdg, nicht
  kätzchenförmg od. kugelg
12 Blü. vor den B. erscheinend, B. sommergrün
13 Blü.b. fehlen, Blü. in Rispen, B. gegenstdg gefiedert, Knospen schwarz, vgl.
                                                          Fraxinus S. 746
13*Blü.b. vorhanden, kl. bräunl., Blü. gebüschelt, B. meist schief herz-eiförmg,
  zugespitzt, gezähnt   *Ulmaceae* S. 317
  Blü. grüngelb in Dolden, B. gelappt, vgl.   *Aceraceae* S. 644
  Blü. rot, st.stdg, B. lanzettl., vgl.   **Daphne** S. 658

12*Blü. mit od. nach d. Belaubung erscheinend
14 B. immergrün, ± ledrig
15 B. lanzettl., gelbgrün, Pf. auf Bäumen schmarotzend
                                                      Loranthaceae S. 322
  Strauch mit dunkelgrün. B. u. gelbgrün. Blü. vgl. auch **Daphne** S. 658
15*B.ellipt., kl., gewölbt, dunkelgrün, v. auffalld. Geruch, Blü. in den
  Blattachseln geknäuelt, vgl.   **Buxus** S. 639
  Zwergstrauch mit nadelig. B., vgl.   **Empetrum** S. 726
  am Boden kriechend mit 3–5lappg. B., vgl.   **Hedera** S. 690
14*B. sommergrün
16 B. gegenstdg, handförmg gelappt (bei Parkbäumen auch gefiedert), Staubb.
  4–10, vgl.   *Aceraceae* S. 644
16*B. wechselstdg
17 Blü. in reich verzweigt. Rispe, Griffel 3, Gartensträucher u. Zierbäume,
  glgtl. verwildt   *Anacardiaceae* S. 643
17*Blü. b.achselstdg, Griffel 1, B. lineal-lanzettl., silbergrau, Blü. 2–5teilg
                                                     Elaeagnaceae S. 660
1* Pf. krautig
18 Wasserpf. mit untergetaucht. od. schwimmend. B.
19 B. wechselstdg
20 B. ungeteilt, lineal-lanzettl., lg gestielt, schwimmend, Blü. in rötl. Ähre üb.
  dem Wasser   **Polygonum** S. 331
20*B. feinzipfelg zerteilt, daneben oft unzerteilte rundl. Schwimmb., einzelne
  größere weiße Blü.   **Ranunculus** S. 404
  (vgl. auch **Hydrocharis** bei d. Monokotyled., ohne zerschlitzte B.)
19*B. gegenstdg od. quirlg, Blü. unscheinbar, b.achselstdg
21 B. paarweise gegenstdg
22 B. schmal lineal, am St.ende rosettg gehäuft, Fr.kn. oberstdg, Staubb. 1–2
                                                      Callitriche S. 788
  vgl. auch **Montia** u. **Elatine** (S. 291, Abb. 26)
22*B. eiförmg zugespitzt, Fr.kn. unterstdg, Staubb. 4   **Ludwigia** S. 679

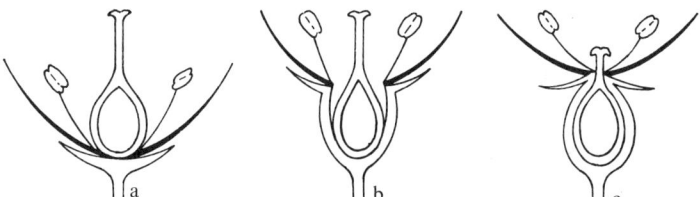

Abb. 25. Fruchtknoten-Stellung. a oberständig, b halbunterständig,
c unterständig.

vgl. auch **Peplis** (S. 291, Abb. 26)
21* B. am ganzen St. quirlg
23 B. lineal, ungeteilt, St. engröhrg, Blü. b.achselstdg, kl., grün, 20–60 cm, ⚁,
    6–8   **Hippuris** S. 690
    vgl. **Elodea** bei den Monokotyledoneae (S. 112)
23* B. feinzipfelig zerteilt
24 B. starr, wiederholt gabelg geteilt   **Ceratophyllum** S. 391
24* B. weich, kammförmg geteilt   **Myriophyllum** S. 689
    vgl. dazu auch **Hottonia** (S. 740) u. **Utricularia** (S. 869)
18* Land- od. Sumpfpf.
25 B. fehlen, St. perlschnurartg gegliedert, od. wenn B. vorhand., diese fleischg,
    stiel- od. halbstielrd, meist auf Salzböd.   *Chenopodiaceae* S. 337
25* B. vorhand., im allg. nicht fleischg
26 Blü. zu 2–vielen, in einem v. Hochb. (Hülle) umgeben. Köpfch.
27 Staubb. röhrg verwachs., Blü. röhrg, oft mit Haarkelch (Pappus)
28 Staubb. u. Fr.kn. in getrennt. Köpfch., vgl.   *Ambrosiinae* S. 900
28* Blü. zwittrg, Köpfch. meist vielblütg   *Asteraceae* S. 900
27* Staubb. nicht röhrg verwachs.
29 Einzelblü. ohne deutl. Kelch, Griffel 2, Staubb. 5   *Apiaceae* S. 630
29* Einzelblü. mit deutl. Kelch, Griffel 1, Staubb. 4   *Dipsacaceae* S. 885
    vgl. auch mit hüllenartg. Hochb.kranz u. nur locker köpfch.förmg
    zus.gedrängt. Blü., z. B. Valerianaceae, Euphorbiaceae u. Umbelliferae (vgl.
    26*)
26* Blü. nicht in Köpfch., od. wenn köpfch.förmg zus.gedrängt, dann ohne
    Hülle (Wiesenknopf, Wegerich usw.), oft auch hüllenartg. Hochb.kranz u.
    nur lock. Blü.kopf
30 Fr.kn. unterstdg od. halbunterstdg (Abb. 25)
31 B. gegenstdg od. quirlg
32 B. quirlg   *Rubiaceae* S. 759
    vgl. auch an Ufern (23) **Hippuris** (S. 690)
32* B. gegenstdg
33 Blü.ansehnl. röhrenförmg-glockg, einzeln stehd *Aristolochiaceae* S. 324
33* Blü. meist nur einige mm groß, in Dolden od. geknäuelt
34 Blü. doldg
35 Staubb. 8–10, Blü. grüngelb, flach ausgebreitet *Saxifragaceae* S. 484
35* Staubb. 1–3, Blü. trichterförmg, blau od. rötl. *Valerianaceae* S. 880
34* Blü. in Köpfch. od. geknäuelt
36 Blü. in endstdg. Köpfch., grüngelb, B. doppelt 3zählg, Pf. kahl, welk
    schwach nach Moschus duftend, 7–20 cm, ⚁, 3–4   **Adoxa** S. 879

36* Blü. knäuelg-rispg, Fr.kn. nur scheinbar unterstdg vgl.

                                            Scleranthus   S. 384

   vgl. auch **Montia** (S. 354) u. **Ludwigia** (S. 679)

31* B. wechselstdg

37   Staubb. 3–5

38   B. schmal-lineal, ungeteilt, ganzrandg, Pf. meist gelbgrün (Halb-
    schmarotzer), Blü.std traubg-rispg   *Santalaceae*   S. 321

38* B. gefiedert od. gelappt, Blü. in Ähren, Dolden, geknäuelt od. in Köpfch.

39   Blü. 4teilg, unscheinbar, in Köpfch. od. geknäuelt in Rispen
                                             Rosaceae   S. 495

39* Blü. 5teilg, Griffel 2, Blü.std meist doldg   *Apiaceae*   S. 690

37* Staubb. 6–12

   Blü. röhrenförmg-glockg, vgl.   *Aristolochiaceae*   S. 323

   Blü. kl., flach, 4–5teilg, gelb   *Saxifragaceae*   S. 484

30* Fr.kn. oberstdg (Abb. 25, S. 287)

40   Blü. mit 2 bis vielen köpfch.förmg zus.stehd. Fr.kn.
                                      Ranunculaceae   S. 391

40* Fr.kn. 1 (vgl. dazu auch die netznervg., ab. monokotyl. **Paris** u. **Arum**)

41   B. gegenstdg od. in grundstdg. Rosette

42   B. ausschließl. in grundstdg. Rosette, Blü.std ährig, Blü. 4teilg, trocken-
    häutg   *Plantaginaceae*   S. 872

42* B. gegenstdg

43   Blü. zwittrg (mit Staubb. u. Fr.kn.)

44   Kelch 6–12zähng, Blü. kl., glockg, B. eiförmg   **Peplis**   S 678
   vgl. an Ufern ferner **Callitriche, Elatine** od. **Ludwigia** (Abb. 26, S. 291)

44* Kelch 4–5teilg, Staubb. 5–10, Griffel 2–5, B. kl., schmal-lineal
                                     Caryophyllaceae   S. 356

   Blü. 4teilg, in Köpfch., Griffel 1, vgl.   **Plantago**   S. 872

43* Blü. eingeschlechtg, nur mit Staubb. od. nur mit Fr.kn. (ein- od. zweihäusg)

45   Staubb. 4–5, Staubb.blü. in Rispen od. geknäuelt, b.achselstdg

46   B. geteilt od. gelappt   *Moraceae* **(Cannabis)**   S. 318

46* B. ungeteilt   *Urticaceae*   S. 319

45* Staubb. 8 od. mehr, Staubb.blü. in aufrecht. Ähren
                  Euphorbiaceae **(Mercurialis)**   S. 632

   vgl. ferner die glgtl. zweihäusgen   *Caryophyllaceae*   S. 356

41* B., wenigst. d. oberen wechselstdg (beachte dazu auch einige Dialypetalae
    mit hinfällg. od. blü.b.artg. Kelchb. bei den Cruciferae, Papaveraceae od.
    Balsaminaceae)

47   Pf. mit Milchsaft, Blü. zus.gesetzt doldg   *Euphorbiaceae*   S. 632

47* Pf. ohne Milchsaft

48   B. mit lg., st.umfassend. B.scheiden od. mit Nebenb.

49   B. mit (± trockenhäutg. u. geschloss.) B.scheiden, meist ungeteilt
                                        Polygonaceae   S. 324

49* B. am B.stiel(-grund) mit Nebenb., meist geteilt *Rosaceae*   S. 495

48* B. ohne B.scheiden u. Nebenb., Blü. meist geknäuelt, z.T. b.achselstdg

50   Staubb. 2–5

51   Blü. grünl., slt. trockenhäutig

52   Blü. 4teilg, B. ungeteilt, ganzrandg, glänzd   **Parietaria**   S. 320

52* Blü. 2- od. auch 5teilg, Griffel 2–4spaltg *Chenopodiaceae*   S. 337

51*Blü. trockenhäutg (z. T. rot überlaufen), Blü.b. frei, Griffel 1
Amaranthaceae S. 351

50*Staubb. 8, Blü. krugförmg, 4teilg, zu wenigen b.achselstdg, B. lineal-
lanzettl., schwach drüsg pktiert, Pf. aufrecht, ästig   **Thymelaea** S. 658

50**Staubb. 10, Fr. eine Beere, Blü.stde traubg, seitenstdg, 100–300 cm, ♃, 7–9
Phytolacca S. 353

Dialypétalae, Freikronblättler

1   Holzpf. (1* S. 291 Mitte)
2   St. kletternd
3   B. immergrün, 3–5lappg od. ungeteilt eiförmg-lanzettl., Blü. gelbgrün in
    Dolden, Wurzelkletterer, bis 20 m, ♄, 9–10   **Hedera** S. 690
3* B. sommergrün
4   B. rundl., gelappt od. 3–5fingerg, Blü. grünl., in Rispen od. Dolden
Vitaceae S. 651

4* B. gefiedert (od. 3geteilt), Blü. weiß od. blau, die kopfg gehäuften Fr.kn. mit
    bleibd., verlängert., bärtg. Griffel   **Clematis** S. 399
    ohne verlängert. Griffel, vgl.   **Rubus** S. 509
    B. herzförmig, Blü. röhrenförmg, vgl.   **Aristolochia** S. 324
2* St. aufrecht, nicht kletternd od. windend
5   Blü. ohne deutl. Kelch, od. Blü.b. od. Kelchb. unscheinbar, z. T. fehld
6   Blü.std kugelg, hängd, Blü. ohne Blü.b., mit zahlreich. Staubb., vgl.
Platanus S. 421

6* Blü. einzeln od. geknäuelt, in Dolden od. Rispen, nicht kugelg
7   B. immergrün, ± ledrig
8   B. ellipt., kl., gewölbt, von auffällg. Geruch, Blü. in d. B.achseln geknäuelt,
    0,5–4 m, ♄, 3–4   **Buxus** S. 639
8* B. eckg bis gelappt (od. eiförmg), Blü. in halbkugelg., aufrecht. Dolden,
    gelbgrün, 5teilg   *Araliaceae* **(Hedera)** S. 690
7* B. sommergrün, krautig
9   B. gegenstdg
10 B. geteilt od. gefiedert, Blü. mit zahlr. Fr.kn. u. Staubb.
Ranunculaceae S. 391

10* B. handförmg gelappt (bei Parkbäumen auch gefiedert), Staubb. 4–10
Aceraceae S. 644

9* B. wechselstdg
11 Blü. in reichverzweigt. Rispen, Griffel 3, Gartensträucher u. Zierbäume,
    glgtl. verwildt   *Anacardiaceae* S. 643
11* Blü. nicht in Rispen, Griffel 1
12 B. herz-eiförmg, Blü. röhrenförmg, vgl.   *Aristolochiaceae* S. 323
12* B. lineal-lanzettl. od. brt-ellipt.
13 B. lineal-lanzettl., silbergrau, Blü. 2–5teilg   *Elaeagnaceae* S. 660
13* B. brt-ellipt., Blü. 5zählg, zu 2–10, b.achselstdg   *Rhamnaceae* S. 650
5* Blü. mit deutl. Kelch- u. Blü.b., Kelchb. z. T. nur kl. Zähne
14 Blü.b. alle frei (14* vgl. S. 291)
15 B. gegenstdg
16 Fr.kn. unterstdg od. halbunterstdg (Abb. 25, S. 287)
17 Kelch 4zähnig, Griffel 1, Steinfr.   *Cornaceae* S. 723
17* Kelch 4–5zipfelg, Zierstr. mit größer. weiß. Blü., vgl.
Philadelphus u. **Deutzia** S. 492

16* Fr.kn. oberstdg
18 Blü.b. ungleich geformt, B. gefingert   **Aesculus**   S. 646
    B. ungeteilt, vgl.   **Polygala**   S. 639
18* Blü.b. alle gleich geformt
19 Staubb. 12 u. mehr, B. lineal   *Cistaceae*   S. 666
19* Staubb. 2–10
20 B. ungeteilt, Staubb. 4–5, Blü. grünl.
21 Staubb. vor den Blü.b. stehd, (schwarze) Steinfr., Kelchsaum z.T. hinfällg
                                    Rhamnaceae   S. 650
21* Staubb. zwischen den Blü.b. stehd, Fr. 4–5kantge Kapsel
                                    Celastraceae   S. 649
20* B. gelappt od. gefiedert
22 B. gefiedert, Blü. weiß
23 Blü. in hängd. Traube, Fr.kapsel zuletzt aufgeblasen, 1–3 m, ♄, 5
                                      Staphylea   S. 648
23* Blü. in aufrecht. bis überhängd. Rispe, 2–4teilg, vgl.   **Fraxinus**   S. 746
22* B. gelappt, Blü. grüngelb, 5teilg, in Dolden-Rispen   *Aceraceae*   S. 644
15* B. wechselstdg
24 Fr.kn. unterstdg od. halbunterstdg (Abb. 25, S. 287)
25 Staubb. zahlreich, B. mit Nebenb.   *Rosaceae*   S. 495
25* Staubb. 5–10, B. ohne Nebenb., ± gelappt   **Ribes**   S. 493

    B. immergrün-ledrig, vgl.   **Hedera**   S. 690
24* Fr.kn. oberstdg
26 Blü.b. ungleich geformt
27 Blü. schmetterlingsförmg (Abb. 39, S. 574), Staubb. 10, z.T. verwachsen, Fr.
    eine Hülse   *Fabaceae*   S. 575
27* Blü. mit 2 seitl, blumenb.artg gefärbt. Kelchb., Staubb. 8, Zwergstrauch
                                      Polygala   S.639
26* Blü.b. alle gleich geformt
28 Staubb. 12 u. mehr
29 B. herzförmg, Blü. gelbgrün, Blü.std mit zungenförmg. Flügeln, Linden
                                    Tiliaceae   S. 653
29* B. nicht herzförmg, Blü.b. bunt
30 Größere Bäume od. Sträucher, Kelch gleichmäß. 5spaltg
                                    Rosaceae   S. 495
    vgl. ferner   *Paeoniaceae*   S. 391
30* Zwergsträucher, Kelch gleichmäß. 3teilg od. ungleichmäß. 5teilg, Kelchb.
    frei, B. lineallanzettl. od. nadelförmg   *Cistaceae*   S. 666
28* Staubb. 2–10
31 B. ungeteilt
32 B. wintergrün, ellipt.-lanzettl., lineal, nadel- od. schuppenförmg
33 Blü.b. 4–5, Staubb. 8–10, Kelch freiblättrg, Blü. rosa, B. kl., schuppenförmg,
    blaugrün, Zweige schlank   *Tamaricaceae*   S. 666
    Kelch verwachsenblättrg, vgl.   *Ericaceae*   S. 727
33* Blü.b. 3, Staubb. 3, vgl.   **Empetrum**   S. 726
32* B. sommergrün, krautg, meist ellipt.
34 Blü. unscheinbar, b.achselstdg, Staubb. 4–5   *Rhamnaceae*   S. 650
34* Blü. in ansehnl. Rispen od. Trauben
35 Blü. gelb, in hängd. Trauben, Blü.b. u. Staubb. 6, dornige Sträucher
                                    Berberidaceae   S. 420

Abb. 26. a *Peplis*, b *Ludwigia*,
c *Elatine*, d *Montia*.

35* Blü. grünl., unscheinbar, in duftg locker. Rispe, vgl.   **Cotinus** S. 643
31* B. geteilt, gefiedert od. gelappt
36 B. gefiedert od. 3zählg, Staubb. 5, Zierpf.   *Anacardiaceae* S. 643
    Staubb. 6, B. wintergrün, vgl.   *Berberidaceae* S. 420
    Staubb. 5–8, B. sommergrün, Blü. gelb, Fr. blasg aufgetriebene Kapsel
                                                    Koelreuteria S. 648
    Staubb. 10, Blü. z.T. eingeschlechtg, vgl.   **Ailanthus** S. 643
36* B. gefingert od. gelappt   *Vitaceae* S. 651
14* Blü.b. teilweise verwachsen od. nur scheinbar fast frei, B. wintergrün
37 Zwergstrauch, Blü. zweiseitg symmetr., 1–2 cm groß, vgl.
                                                    Polygala S. 639
37* Größer. Strauch, B. starr, stachelg gezähnelt od. ganzrandg, Blü. kl., weiß,
    strahlg symmetr., 4teilg, Pf. bis 10 m, ♄, 5–6   **Ilex** S. 649
1* Krautige Pf.
38 Wasserpf. mit untergetaucht. od. schwimmend. B.
39 B. überwiegend auf d. Wasser schwimmd
40 B. rautenförmg (2–4 cm), in schwimmd. Rosette, Blü. unscheinbar,
    b.achselstdg, 4teilg, Fr. groß, mit 4 Dornen, ☉, 6–7   **Trapa** S. 679
40* B. rund, groß, einzeln schwimmend, wie Blü. lg gestielt, Blü.b. u. Staubb.
    zahlreich, Narbe ± scheibenförmg   *Nymphaeaceae* S. 389
39* B. größtenteils untergetaucht od. im Wasser flutend
41 B. wechselstdg, untergetauchte B. fein zerteilt, Blü. weiß, einzeln über d.
    Wasseroberfläche   *Ranunculaceae* S. 391
41* B. gegenstdg od. quirlg, Blü. unscheinbar
42 B. meist zu 8, mit 4–7 bewimpert. Borsten, Blü. 5teilg, Blü.stiele lger als B.,
    5–10 cm, ⏀, 7–8   **Aldrovanda** S. 478
42* B. meist zu 2, gegenstdg, Staubb. 3, Griffel 3–4   *Elatinaceae* S. 664
    vgl. auch **Montia, Ludwigia** (Abb. 26) od. **Subularia** (S. 450)
38* Land- od. Sumpfpf., Blü.b. 2–6
43 Pf. ohne grün. Farbstoff, braungelb, Blü.std nickd, mit 4–5teilg. Blü., 10–20
    cm, ⏀, 6–7   **Monotropa** S. 726
43* Pf. mit grünem Farbstoff
44 Fr.kn. unterstdg od. halbunterstdg (Abb. 25, S. 287), Blü. strahlenförmg
    symmetr., Blü.b. nur z.T. etwas ungleich
45 Griffel 1, z.T. mit sternförmg. Narbe
    bei 3–6teilg. Griffel, vielen Staubb., (4)5(6) Blü.b. u. 2 Kelchb., vgl. auch
                                                    Portulacaceae S. 354
46 Blü.- u. Kelchb. 2–4, Staubb. 2–8   *Onagraceae* S. 679
46* Blü.b. 4–6, Kelch 6–12zähng, Staubb. 4–12, vgl.   *Lythraceae* S. 678
    vgl. ferner mit blau. od. weiß. Blü. in Köpfch.   *Campanulaceae* S. 890
45* Griffel 2

47 Blü.b. u. Staubb. 5, Kelch (oft undeutl.) 5zähng, Blü.std meist doldenförmg
u. B. meist gefiedert *Apiaceae* S. 690
47*Staubb. 8–12, Blü. 5teilg
48 Staubb. 8–10, Fr. 2schnäbelg *Saxifragaceae* S. 484
48*Staubb. 10–12, B. gefiedert *Rosaceae* S. 495
vgl. mit grünl. Blü. in Köpfch. **Adoxa** S. 287 u. 879
44*Fr.kn. oberstdg (z.T. v. d. Blü. umschlossen), Blü. strahlenförmg (radiär)
od. ungleich-zweiseitg-symmetr.
49 Fr.kn. 2 bis viele, z.T. frei stehd, z.T. vom Blü.boden in einer Fr.anlage
umschlossen
50 B. dick, fleischg *Crassulaceae* S. 478
50*B. krautg od. höchst. etwas ledrig
51 Kelch verwachsenblättrg, Staubb. viele, dem Kelch eingefügt, B. meist mit
Nebenb. *Rosaceae* S. 495
51*Kelch freiblättrg, Staubb. 5 bis viele, dem Blü.boden eingefügt, B. ohne
Nebenb. *Ranunculaceae* S. 391
mit Blü. üb. 5 cm brt, vgl. ferner *Paeoniaceae* S. 391
49*Fr.kn. 1, od. mehrere verwachsen
52 Blü.b. ungleich geformt, Blü. zygomorph od. bilateral
53 Blü. gespornt od. mit Höcker
54 Staubb. 6, z.T. verwachsen, Kelchb. 2, z.T. kl., unscheinbar, hinfällig
Papaveraceae S. 422
54*Staubb. 3–5 bis viele, Kelchb. 2–5
55 Staubb. viele, Kelchb. oft blumenblattartg, Blü.std meist traubg
Ranunculaceae S. 391
55*Staubb. 3–5
56 Kelchb. 2–5, ungleich u. z.T. blumenblattartg gefärbt u. gespornt, Staubb. 5
Balsaminaceae S. 647
56*Kelchb. 5, grün, Blü.b. 5, eines gespornt *Violaceae* S. 668
53*Blü. nicht gespornt
57 Kelchb. frei od. nur am Grunde verwachsen
58 Kelch- u. Blü.b. je 4, Staubb. 6 *Cruciferae* S. 429
58*Kelchb. 4–6, Staubb. 8 bis viele, z.T. verwachsen
59 Kelchb. 5, 2 davon groß, blumenb.-artg („Flügel"), Blü.b. z.T. verwachsen,
Staubb. 8, je 4 verwachsen *Polygalaceae* S. 639

59*Kelchb. 4 od. 6, Staubb. 10–30, Blü.b. gelbl., z.T. zerschlitzt
Resedaceae S. 476
57*Kelchb. deutl. verwachsen, Blü. schmetterlingsförmg, mit Schiffch., Fahne
u. Flügel (Abb. 39, S. 5/4), Staubb. 10, alle verwachs. od. 1 frei
Fabaceae S. 575
52*Blü.b. alle gleich geformt, Blü. radiär symmetr.
60 Staubb. 12 u. mehr (60* S. 293)
61 Staubb. ganz od. teilweise untereinander verwachs.
62 Staubb. zu einer Staubb.säule verwachs., B. gelappt od. geteilt, wechselstdg
Malvaceae S. 655

62*Staubb. zu 3 od. 4 einzelnen Büscheln verwachs., B. ungeteilt, gegenstdg od.
quirlg, Blü. gelb *Hypericaceae* S. 661
61*Staubb. frei, nicht verwachs.
63 Kelch ± verwachsenblättrg

64 Kelch 2spaltg, Blü. unscheinbar mit (4)5(6) gelben Blü.b., Griffel 3–6teilg
                                          Portulacaceae S. 354
64* Kelch 5–12spaltg, Griffel 1
65 Kelch 5zipflg, Blü.b. 5   *Rosaceae* S. 495
65* Kelch 8–12zähng, röhrenförmg, Blü.b. meist 6   *Lythraceae* S. 678
63* Kelchb. nicht verwachsen, oft hinfällg
66 Blü.b. 4, Kelchb. (1) 2 od. 4
67 Blü. weiß, Blü.std traubg   **Actaea** S. 395
67* Blü. gelb od. rot (slt. weiß), einzeln, Kelchb. 1–2, Blü.b. viel lger als Staubb.
                                            Papaveraceae S. 422
66* Blü.b. 5, Kelchb. 3 od. 5, bleibend
68 Blü. gelb, B. ungeteilt   *Cistaceae* S. 666
68* Blü. blaßblau, Blü.b. in 2spaltg. Honigb. umgewandelt, B. geteilt
                                  Ranunculaceae **(Nigella)** S. 395
60* Staubb. weniger als 12 (2–10) od. z.T. nur Griffel (eingeschlechtg)
69 Griffel 1
70 Kelch ± verwachsenblättrg, wenn 2spaltg, vgl. *Portulacaceae*
                                            (Montia) S. 354
71 B. ungeteilt
72 Kelch 8–12zähng, Blü.b. 4–6   *Lythraceae* S. 678
72* Kelch 5teilg, Blü.b. 5, Staubb. 10 (od. Blü. 4–6teilg)
73 B. rundl., Kräuter   *Pyrolaceae* S. 724
73* B. lanzettl., Sträucher   *Ericaceae* **(Ledum)** S. 728
    vgl. auch d. Primulaceae (z. B. **Lysimachia**) mit tiefgespalt. (4–6teilg.) Blü.b.
    (S. 740)
71* B. gefiedert, Blü. u. Kelch 4–5teilg, Staubb. 8–10   *Rutaceae* S. 642
    Pf. niederliegd, Blü. gelb, Fr. dornig, 10–60 cm lg, ☉, 6–10
                                            Tribulus S. 631
70* Kelch freiblättrg, Staubb. 4–6
74 Staubb. meist 6, ungleich lg, Blü- u. Kelchb. 4   *Cruciferae* S. 429
74* Staubb. 4–5
75 Kelchb. 6–8, hinfällg, Blü.b. u. Staubb. 4
                              Berberidaceae **(Epimedium)** S. 421
75* Kelch 2–6teilg, Blü. meist 5zählg, vgl. *Gentianaceae* S. 748 u. *Primulaceae*
    (S. 733) mit tiefgespalt. Krone, Blü. blau **(Swertia)**, Blü. gelb **(Gentiana** od.
    Lysimachia)
69* Griffel od. Narben 2 bis mehrere
76 B. gelappt od. geteilt
77 Staubb. 5–10
78 Staubb. 10, Griffel 5, B. 3zählg, klee-artg   *Oxalidaceae* S. 620
78* Staubb. 5–10, Griffel 5, Fr. lg geschnäbelt, B. meist mehrfach geteilt, gelappt
    od. gefiedert, gegenstdg, mit Nebenb.   *Geraniaceae* S. 622
77* Staubb. 4, Blü. gelb, B. doppelt fiederteilg
                            Papaveraceae **(Hypecoum)** S. 423
76* B. ungeteilt
79 B. in grundstdg. Rosette od. höchst. 1–2 st.stdge B.
80 B. ausschließl. grundstdg
81 B. meist schmal-lineal, grasartg, 1nervg, Blü. rot, in Köpfch.
                            Plumbaginaceae **(Armeria)** S. 744
81* B. rundl. od. lanzettl.-spatelg, mit lgen taudrüsg. Wimpern, Blü. weiß, in

traubg. Blü.std   *Droseraceae*   S. 477
80* Neben grundstdg. auch 1–2 st.stdge (herzförmge) B., Blü. einzeln, weiß, mit
     5 drüsg bewimpert. Staminodien   *Saxifragaceae* (**Parnassia**)   S. 492
79* St. reich beblättert, B. sitzend
82 B. wechselstdg, Blü. 4–5teilg   *Linaceae*   S. 629
     vgl. ferner   *Saxifragaceae*   S. 484
82* B. gegenstdg od. quirlg
83 Staubb. 5 od. 10, Griffel meist 5
84 Staubb. 5, Blü.b. 5, 4–5 mm lg, zugespitzt, mit gelb. Grund, Kelchb. drüsig
     bewimpert, B. kl., lanzettl., vgl.   *Linaceae*   S. 629
84* Staubb. meist 10 (slt. 5), Kelch- u. Blü.b. 4–5, Blü. ohne gelb. Grund
                                              Caryophyllaceae   S. 356
83* Staubb. 3, Blü.b. 3–4, kl., rötl.-weiß, Kelch 2–4teilg   *Elatinaceae*   S. 664

Sympétalae (Metachlamýdeae), Verwachsenkronblättler

1   Holzpf. (1* vgl. S. 295)
2   St. kletternd, windend, B. gegenstdg   **Lonicera**   S. 877
2* St. aufrecht
3   Blü.b. od. Kelchb. unscheinbar, z. T. fehld
4   Blü. vor B. erscheind
5   Bäume, Blü. in Rispen, B. gegenstdg, gefiedert, Knospen schwarz, vgl.
                                                   Fraxinus   S. 746
5* Sträucher, Blü. st.stdg, rot od. rosa, 4teilg, B. wechselstdg, lanzettl.
                                                     Daphne   S. 658
4* Blü. mit od. nach d. Belaubung erscheind, B. wechselstdg od. quirlg, z. T.
     immergrün
6   B. nadelg, 3–6 mm lg, Blü. 2–3zählg, unscheinbar, 30–50 cm, ♄, 4–5
                                                   Empetrum   S. 726
6* B. lineal-lanzettl., Blü. 4zählg, rot (od. grünl.)   **Daphne**   S. 658
3* Blü. mit deutl. Kelch- u. Blü.b., Kelch z. T. nur kl. Zähne
7   B. gegenstdg od. zu 3
8   Blü. ungleichmäßg, ± zweilippg
9   Fr.kn. oberstdg (vgl. Abb. 25 S. 287)
10 Kleinere Sträucher od. Zwergsträucher, Fr.kn. 4teilg, Staubb. 4
                                                   Lamiaceae   S. 790
10* Parkbäume, B. groß, ± herzförmg
11 Fr. kugelförmg   **Paulownia**   S. 862
11* Fr. schotenförmg   **Catalpa**   S. 862
9* Fr.kn. unterstdg, Staubb. 5   *Caprifoliaceae*   S. 875
8* Blü. ± gleichmäßg (radiär symmetr.)
12 Fr.kn. unterstdg, Staubb. 5   *Caprifoliaceae*   S. 875
12* Fr.kn. oberstdg
13 Staubb. 5, Fr.kn. 2, Blü. trichterförmg, ausgebrtet
                                              Apocynaceae (**Nerium**)   S. 758
13* Staubb. 2, Fr.kn. 1, Blü. 2–4 zipfelg od. tief geteilt (vgl. *Fraxinus*)
                                                    Oleaceae   S. 745
     vgl. mit 4teilg. Blü. u. 4 Staubb.   *Buddlejaceae*   S. 823
7* B. wechselstdg, Blü. sternförmg (radiär symmetr.)
     wenn Blü. 2lippg, vgl.   **Polygala**   S. 639

14 Zwergsträucher, Staubb. 8–10, Blü.b. 4–5, Blü. kl., glockig
Ericaceae S. 727
Staubb. 3, Blü.b. 3, vgl. **Empetrum** S. 726
14* Größere Sträucher, Staubb. 4–7, Blü. schmutzig viol., B. schmal-lanzettl.,
Zweige hängd, dorng **Lycium** S. 819
B. wintergrün, starr, Blü. 4teilg, weiß, vgl. **Ilex** S. 649
1* krautige Pf.
15 Pf. z. Blü.zeit ohne grüne B., nur mit ± bleich. Schuppenb.
16 St. windend, fädl., Blü. in Knäueln *Convolvulaceae* (**Cuscuta**) S. 771
16* St. nicht windend, aufrecht, Blü. einzeln od. traubg-rispg
17 Blü. in Köpfch. mit Hülle, im Frühjahr vor B. erscheind
Blü. gelb, im Einzelstd **Tussilago** S. 949
Blü. rosa od. weißl., in Trauben od. Rispen **Petasites** S. 949
17* Blü. 2lippg, gelbl. od. rötl.-viol., in aufrechter Traube
18 Blü. allseitswdg *Orobanchaceae* S. 863
18* Blü. einseitswdg *Scrophulariaceae* (**Lathraea**) S. 824
vgl. ferner mit nickend. Blü.std **Monotropa** S. 726
od. die b.losen ± bleichen Orchideen (mit unterstdg. Fr.kn.) unter den
Monocotyledoneae S. 266
15* Pf. mit grünen B.
19 Wasserpf., untergetaucht od. mit Schwimmb.
20 B. fein zerteilt, untergetaucht
21 Blü. gelb, 2lippg, gespornt, B. z. T. mit Bläschen
Lentibulariaceae (**Utricularia**) S. 869
21* Blü. rosa, radiär-symmetr. *Primulaceae* (**Hottonia**) S. 733
20* B. ganzrandg, lineal, spatelg od. rundl.
22 B. grundstdg
23 B. rundl., seerosenartg schwimmend, Blü. gelb, trichterförmg, innen bärtg
Gentianaceae (**Nymphoides**) S. 749
23* B. lineal, binsenartg, in kl. Rosetten, Blü. unscheinbar, eingeschlechtg, mit
langgestielt. Staubb.blü. *Plantaginaceae* (**Littorella**) S. 872
22* B. st.stdg, gegenstdg, kl., lineal-spatelg (vgl. Abb. 26, S. 291) St. oft flutend,
Blü. unscheinbar *Portulacaceae* (**Montia**) S. 354
19* Land- od. Sumpfpf.
24 Blü. in einem meist von Hochb. (Hülle) umgeben. Köpfch. (Körbch.)
25 Fr.kn. oberstdg, B. in grundstdg. Rosette
26 Einzelblü. gleichmäßg 5teilg, mit 5 Griffeln u. 5 Staubb., Blü. rot
Plumbaginaceae (**Armeria**) S. 744
26* Einzelblü. ungleichmäßg 4–5teilg, mit 1 Griffel u. 4 Staubb., Blü. blau,
Blü.std kugelg, B. spatelg, vorn ± ausgerandet, z. T. wintergrün
Globulariaceae S. 871
25* Fr.kn. unterstdg (Abb. 25, S. 287)
27 Staubb. 5, ganz od. z. T. verwachsen
28 Staubb. nur am Grunde verwachsen, Einzelblü. tief 5teilg, blau od. weiß, mit
krautg. Kelch, B. wechselstdg *Campanulaceae* S. 890
28* Staubb. röhrg verwachsen, Einzelblü. röhrg, mit 5 kl., gleichmäßg. Zipfeln
od. einem einseitg als „Zunge" verlängert. Blü.zipfel, Kelch oft als
Haarkrone, auch nur schuppenförmg od. ganz undeutl., Blü. meist gelb,
auch weiß, rot od. blau *Asteraceae* S. 900
27* Staubb. 4–5, nicht verwachsen

29 B. gegenstdg, Einzelblü. 4–5spaltg, mit doppelt., aus Borsten u. Hautsaum
   besthd. Kelch, Blü. meist lila od. blau   *Dipsacaceae* S. 885
29*B. quirlstdg, schmal-lanzettl., Blü. 4spaltg, lila, St. niederliegd, 4kantg
        Rubiaceae **(Sherardia)** S. 759
24*Blü. nicht in Köpfch. od., wenn gehäuft, ohne gemeinsame Hülle
30 Fr.kn. unterstdg od. halbunterstdg
31 Zwergsträucher   *Ericaceae* S. 727
31*Kräuter
32 B. quirlstdg, Blü. meist 4teilg, Fr. 2teilg   *Rubiaceae* S. 759
32*B. gegenstdg od. wechselstdg
33 B. gegenstdg
34 Staubb. 1–3, Blü.std doldig   *Valerianaceae* S. 880
34*Staubb. 4–10
35 Staubb. 4–5   *Caprifoliaceae* S. 875
35*Staubb. 8–10, Blü.std köpfch.förmg, grünl., vgl. unt. 36, S. 287
        Adoxaceae S. 879
33*B. wechselstdg
36 Pf. mit Ranken (Ausnahme: **Ecballium**), Blü. eingeschlechtg
        Cucurbitaceae S. 676
36*Pf. ohne Ranken, Blü. zwittrg
37 Griffel mit 2–5 Narben   *Campanulaceae* S. 890
37*Griffel mit einfach. kopfg. Narbe, Blü. kl., weiß
        Primulaceae **(Samolus)** S. 733
30*Fr.kn. oberstdg
38 Blü.b. ungleichmäßg, Blü. zweiseitg symmetr.
39 Fr.kn. 4teilg
40 B. gegenstdg, Blü. 2lippg mit meist 2 länger. u. 2 kürzer. Staubb.
        Lamiaceae S. 790
40*B. wechselstdg, Blü. 5teilg mit 5 Staubb.   *Boraginaceae* S. 774
39*Fr.kn. 1–3
41 Staubb. 8–10
42 Staubb. 8, in 2 Bündeln verwachsen, Kelchb. vergrößert u. blumenb.artg
   (Flügel)   *Polygalaceae* S. 639
42*Staubb. 8–10 u. mehr, nicht verwachsen, vgl.   *Ranunculaceae* S. 391
   vgl. mit teilweise verwachsen. Blü.b. ferner **Trifolium** (*Fabaceae*) S. 575
41*Staubb. 2–4
43 Staubb. 3, Kelch 2spaltg, B. gegenstdg   *Portulacaceae* **(Montia)** S. 354
43*Staubb. 2 od. 4, slt. 5
44 Blü. gespornt od. mit sackartg. Höcker
45 Blü.std b.los, B. in grundstdg. Rosette, bleichgrün, ellipt., obersts schleimig,
   Blü. blau od. gelb   *Lentibulariaceae* S. 868
45*Blü.std beblättert   *Scrophulariaceae* **(Linaria)** S. 824
44*Blü. nicht gespornt
46 Blü. 2lippg od. mit 4 ungleich groß. Blü.b., Fr.kn. 2teilg
        Scrophulariaceae S. 824
46*Blü. ungleich 5spaltg, kl., trichterförmg, blaßlila, in dünner Ähre sitzd,
   Fr.kn. 4teilg, B. lanzettl., gegenstdg, St. 4kantg, 20–50(–100) cm, ⠂, 7–9
        Verbenaceae **(Verbena)** S. 787
38*Blü. regelmäßg sternförmg (radiärsymmetr.), radförmg, stieltellerförmg,
   trichterg od. glockg

47 Fr.kn. 2–5teilg
48 Fr.kn. 4–5teilg
49 Fr.kn. 5teilg, B. dickl., fleischg, vgl.   *Crassulaceae* S. 478
49*Fr.kn. 4teilg, Staubb. u. Blü.b. 5   *Boraginaceae* S. 774
   vgl. ferner mit 4 Staubb. u. quirlg. B.   *Lamiaceae* S. 790
48*Fr.kn. 2teilg
50 Staubb. 5, Blü. meist 5teilg
51 Blü. einzeln b.achselstdg, blau, St. kriechend, B. lanzettl., immergrün, 30–60
   cm, ⧝, 3–5   *Apocynaceae* (**Vinca**) S. 758
51*Blü. in Dolden od. Rispen, kl., gelbweiß (od. rot u. dann mit zurückgeschlag.
   Zipfeln), St. aufrecht, B. herzförmg, gegenstdg, 30–80 cm, ⧝, 5–8
                     Asclepiadaceae (**Vincetoxicum**) S. 759
   vgl. auch   *Boraginaceae* (**Cerinthe**) S. 774
50*Staubb. 2, Blü.b. etwas ungleich, meist 4teilg (blau), vgl.
                     Scrophulariaceae (**Veronica**) S. 824
47*Fr.kn. 1teilg
52 Staubb. 8–10
53 Griffel u. Narbe 1, Staubb. 8–10, Blü. 4–5teilg, s. tief gespalten (fast
   freiblättrg), B. in grundstdg. Rosetten, wintergrün   *Pyrolaceae* S. 724
53*Griffel u. Narbe 2, Staubb. 8, B. gegenstdg   *Gentianaceae* S. 748
   vgl. auch   **Oxalis** S. 620
52*Staubb. 2–7
54 Staubb. 2–4
55 B. gegenstdg
56 Blü. einzeln od. in traubenförmg. Blü.std   *Gentianaceae* S. 748
56*Blü. in Köpfch., unscheinbar, B. schmal lineal   *Plantaginaceae* S. 872
55*B. wechselstdg od. in grundstdg. Rosetten
57 B. in grundstdg. Rosette, Blü. unscheinbar, in rundl. od. längl. Köpfch., mit
   weit herausragend. Staubb.   *Plantaginaceae* S. 872
57*B. wechselstdg, kl., eiförmg, spitz, kurz gestielt, Blü. unscheinbar,
   b.achselstdg   *Primulaceae* (**Centunculus**) S. 733
54*Staubb. 5–7
58 B. gegenstdg od. quirlg od. nur in grundstdg. Rosette
59 Staubb. vor Blü.zipfeln stehend, Griffel 1   *Primulaceae* S. 733
59*Staubb. zwischen Blü.zipfeln stehend, Blü.b. in d. Knospe meist gedreht,
   Griffel 1–2   *Gentianaceae* S. 748
58*B. wechselstdg
60 St. windend od. kriechend
61 Blü. einzeln od. geknäuelt   *Convolvulaceae* S. 770
61*Blü. in doldg., locker. Blü.std, sternförmg, viol.   *Solanaceae* S. 818
60*St. aufrecht
62 Narben 3, Blü. radförmg, 5teilg, in Rispen od. Köpfch.
                     Polemoniaceae S. 773
   mit 2spaltg. Griffel u. trichterförmg. Blü., vgl.   *Hydrophyllaceae* S. 774
62*Narbe (u. Griffel) 1
63 Staubb. z.T. mit Wollhaaren, ungleich groß
                    Scrophulariaceae (**Verbascum**) S. 824
63*Staubb. ohne Wollhaare, gleich groß   *Solanaceae* S. 818

Apétalae (Monochlamýdeae)

Ordnung Myricáles

Familie der Gagelgewächse, Myricáceae

Gagel, Mýrica L. vgl. S. 286

748. **Gagelstrauch, Mýrica gále** L., slt., Gebüsche bildd im Bereich von Heidemooren, am Rand anmoorg. Waldges., Char. d. Myricetum (Salicion cin.) – NWe, NS, SH, Me (in Küst.nähe), s. slt. auch Br, L – atl – P – Chrom. 2n = 48.

Ordnung Salicáles

Familie der Weidengewächse, Salicáceae

1   Blü.kätzch. $\pm$ schlaff hängend, Kätzch.schuppen zerschlitzt, B. meist eiförmg od. dreieckg, lggestielt, Knospe mit mehrer. Schuppen
                                           Populus S. 298

1*   Blü.kätzch. steif, meist aufrecht, Kätzch.schuppen ganzrandg, B. meist rundl. bis lanzettl. od. lineal, kurzgestielt, Knospen einschuppg
                                           Salix S. 300

Abb. 27. Populus alba.

Pappel, Pópulus L.

1   Rinde $\pm$ glatt bleibend, Kätzch.schuppen zottg bewimpert, Staubb. 8

2   B. untersts (wie jge Zweige u. Knospen) zuletzt kahl, grün, fast rund, stumpfl. gezähnt, an lg. dünnen Stielen, leicht bewegt (Espenlaub), Stamm gelbl.grau berindet, 5–20 m, ♄, 3–4   **P. tremula** 749
     B. unters. schwach graufilzg, vgl.   **P. × canescens** 750b

2*   B. untersts (wie jge Zweige u. Knospen) weißfilzg, eiförmg, am Rande $\pm$ buchtg gelappt, (Abb. 27), Stamm hell-weißgrau berindet, 15–30 m, ♄, 3–4
                                           P. alba 750

1*   Rinde stark rissg, Kätzch.schuppen kahl, Staubb. 12–60

3   B.stiele seitl. zus.gedrückt, B. untersts grün, Äste schlank, gelbl.

4   Jge Äste rundl., ohne Korkrippen, B. $\pm$ rhombisch bis 3eckig, 5–10 cm lg, am Rande kahl u. am Grunde ohne Drüsen, Staubb. 20–30, 15–30 cm, ♄, 3–4
                                         P. nigra 751

4* Jge Äste durch Korkrippen $\pm$ kantg
5 B. zwischen vor. u. folgd. vermittelnd, am Grunde gerade od. etwas herz-
 keilförmg, mit od. ohne Drüsen, am Rande verkahld od. anliegd behaart,
 15–30 m, ♄, 4 **P. canadensis** 752
5* B. dreieckg eiförmg, am Grunde gestutzt od. schwach herzförmg (7–12 cm
 lg), mit Drüsen, am Rande kurz steifhaarig, jg $\pm$ rötl., Narben 2–3, lggestielt,
 Staubb. 40–60, 15–30 m, ♄ 3–4 **P. deltoides** 753
 B. eiförmg bis längl. eiförmg (bis 25 cm lg!) **P. angulata** 753
3* B.stiele rund, obersts rinng, B. untersts weißl., Äste kurz, dick, $\pm$ rund
6 B.stiel u. B. kahl, B. $\pm$ eiförmg mit gerundet. B.grund, 7–12 cm lg, jge Äste
 $\pm$ rund, braunrot, Knospen duftend, 10–20 m, ♄, 4 **P. balsamifera** 754
6* B.stiel u. B.nerven (auch Zweige) kurzhaarg, B. 3eckg mit $\pm$ herzförmg.
 Grund, 12–16 cm lg, jge Äste kantg (behaart), 15–20 m, ♄, 4
 P. × gileadensis 755
 Alle Arten Windbestäubg u. Windverbrtg

749. Zitter-P., Espe, P. trémula L., zml. hfg in licht. Wäldern, an
Waldrändern, in Schlägen u. Hecken, im Gebüsch, in Blockhalden, an
Felsen, auf vorzugsw. grund- od. sickerfrisch., nährstoff- u. basenreich.
(kalkarm. wie -reich.), $\pm$ mild–mäß. sauer., humos. od. roh., locker.
Stein- od. bindig. Sand-, Löß- u. Lehmböden, bodenbereitend.
Waldpionier (Vorholz), licht- u. sommerwärme-liebd, Rohbodenkeimer
u. Rohboden-Besiedler, Wildfutter, durch Wurzelbrut herdenbilld,
wertvoll. Weichholz, v. all. mit *Betula* od. *Salix caprea* im Sambuco-
Salicion, Folgeart im Genistion, auch in Prunetalia-Ges. – Ebene bis
Gebirge (A bis 1300 m) – no-euras (in O-Europa z. T. stadiale Wäld.
bildend) – P – Chrom. 2n = (19) 38 (57)

750. Silber-P., P. álba L., zerstr. in Auenwäldern od. Auenwaldverlich-
tungen, auch auf Schuttplätzen, auf wenigst. in d. Tiefe u. zeitw.
sickerfeucht. (frischen-wechselfrisch.), slt. überschwemmt., nährstoff- u.
basenreich., roh. od. humos., locker., bindg. Ton- u. Lehmböden,
wärmeliebd, durch Wurzelbrut standortsbestdg, Pionierpf., wird bis 400
Jahre alt u. 30 m hoch, wertvoll. Weich-, Nutz- u. Zierholz, steht
trockener als *P. nigra*, Char. d. Querco-Ulmetum (Alno-Ulmion) – wild
v. all. Rh, Do, Odergebiet, sonst gepflzt u. verwildt – med-smed-euras – P
– Chrom. 2n = 38 (57)

750a. Pyramiden-Silber-P., P. a. var. pyramidális Bge., v. all. im
Mittelmeergebiet hfg kultiv.

750b. Grau-P., P. × canéscens Sm. (*P. trémula × álba*), B. schwach
gelappt, untersts. graufilzg, am Rand bewimpert – wild v. all. Rh u. Do,
Nutz- u. Zierholz mit brter Standortsamplitude – Chrom. 2n = 38, 57.

751. Schwarz-P., P. nígra L., zerstr. in Auenwäldern, an Altwassern,
auch als Feldholz od. Parkbaum, wild v. all. auf feucht. bis
(wechsel)nass., period. überschwemmt., nährstoff- u. basenreich., gut

durchlüft., mild., humos. od. roh., tiefgründg., rein. od. tonig. Sand- u. Lehmböden, Sand- u. Kies bevorzugd, mäß. wärmeliebd, Pionierpf. mit Wurzelsproß., Nutz- u. Zierholz, wird bis 300 Jahre alt u. 30 m hoch, Char. d. Salicetum albae (Salicion albae), v. all. im Übergang zum Querco-Ulmetum – v. all. Rh, Bo, Ne, Mn, Do (bis Av), Elbe, Havel, Oder, früher gepflzt u. verwildert heute durch Bastardierung u. Pilz-Erkrankung v. Aussterben bedroht – smed-euras – P – Chrom. 2n = 38.

751a. **Pyramiden-(Schwarz-) P., P. n. ssp. pyramidális** (Rozier) Čelak, seit 200 Jahren im Gebiet hfg kultiv., vorwiegd männl. Bäume.

752. **Kanadische P., Bastard-P., P.** × **canadénsis** Moench (*P. eur-americána* auct.), die Sammelart umfaßt die Gesamtheit der Kreuzungen zwischen *P. nígra* u. *P. deltoídes, z. B. P. serótina* Hartg., *P. marilándica* Bosc, *P. regeneráta* Henry, bzw. zwischen *P. nígra* u. *P. anguláta, z. B. P. robústa* C. Schneid. – opt. im Standortsbereich d. Salicetum albae in humid.-warmer Klimalage – Chrom. 2n = 38.

753. **Virginische P., P. deltoídes** Marsh. (*P. monilífera* Ait.), vertritt neben der **Karolina-P., P. anguláta** Ait. die Sekt. Schwarzpappeln (*Aigeiros* Duby) in N-Am. (Populetalia deltoidis-Auenwälder Knapp 57), bei uns rein slt. als Zierbäume, sonst eingekreuzt in d. kanadischen (euramerikanischen) Bestardpappeln (*P.* × *canadénsis* s. oben), Chrom. 2n = 38.

754. **Amerikanische Balsam-P., P. balsamífera** L. (*P. tacamaháca* Mill.), Zierbaum aus N-Am., ebenso wie die Chines. Balsam-P., **P. simónii** Carr., slt. forstl. kultiv., dagegen sind glgtl. Nutzhölzer Kreuzungen v. Balsampappeln mit Schwarzpappeln bzw. Kanada-Bastard-Pappeln, z. B. **P. berolinénsis** Dipp. od. **P. generósa** Henry – Chrom. 2n = 38.

755. **Ontario-P., P.** × **gileadénsis** Roul. (*P. deltoides* × *balsamifera*), glgtl. als Zierbaum.

vgl. ferner d. aus China eingeführte *P. simónii* Carr., sowie d. aus d. westl. N-Am. stammde, d. *P. gileadénsis* ähnliche *P. trichocárpa* Torr. et Gray ex Hook.

Weide, Sálix L.

1 Hohe od. niedere Weiden d. Auen od. Moore von d. Ebene bis in mittl. Gebirgslagen (1* vgl. S. 302 unten)

2 Meist über 1 m hohe Arten der Auen od. quelliger Hänge von der Ebene bis in mittl. Gebirgslagen (2* vgl. S. 302)

3 Jge Zweige meist (abwischbar) lichtblau bereift, B. lanzettl., bis 12 cm lg u. 2,5 cm brt, ob.sts dunkelgrün-glänzd, unt.sts matt, Fr. kn. gestielt, kahl

4 Zweige braun-rotbraun, brüchg, B. jg hellgrau behaart, am Rande drüsg gesägt, mit jed.sts 8–12 Seitennerv., Kätzch. s. früh vor d. B. erscheinend, 5–12 m, ♄, (2) 3–4 **S. daphnoides** 763

4* Zweige viol.-rotbraun, biegsam, B.rand knorpelg gesägt, mit jed.sts 15 u.
mehr Seitennerv. 5–10 m, ♄, 3–4 **S. acutifolia** 764
3* Jge Zweige ohne abwischbar. Reif
5 Kätzch.schuppen einfarbg gelbgrün, Fr.kn. kahl, Kätzch. mit B.
erscheinend (Ausnahme *S. elaeagnos*)
6 B. lineal od. lanzettl., 4–7mal lger als brt
7 B. auf beid. Seiten kahl, lanzettl., fast am ganz. Rand (drüsg) gesägt,
wechselstdg
8 B. 10–20 cm lg u. bis 4 cm brt, 5–25 mm lg gestielt, jg klebrig, St. glänzd
gelbbraun, leicht abzubrechen, Fr.kätzch. 3 cm lg gestielt, Staubb. 2,
8–20 m, ♄, 4–5 **S. fragilis** 756
8* B. 5–10 cm lg u. bis 2 (3) cm brt, meist kurz zugespitzt u. beidersts fast gleich
dunkelgrün, Nebenb. bleibd, Rinde älter. Zweige hellbraun-abblätternd,
Staubb. 3, 2–7 m, ♄, 4–5 **S. triandra** 760
vgl. auch bei 6* **S. pentandra** (Hochgebirgsformen) 759
7* B. wenigst. untersts behaart, Staubb. 2 (od. z. T. zu 1 verwachs.)
9 B.rand flach, fein gesägt
10 B. jg auch obersts ± seidig behaart, untersts später blaugrün, jge Zweige
rotbraun (bei ssp. *vitellina* dottergelb) u. wie rote Knospen behaart, 15–30 m,
♄, 4–5 **S. alba** 757
10 B. ob.sts kahl, mit lg., oft schief. Spitze, an lg herabhängd. Zweigen, Zierbäume 10–25 m, ♄, 4–5 **S. babylonica** 758
u. Bastarde
9* B.rand umgerollt, mit undeutl. Zähnen, untersts matt weißgrau-filzig (vgl. *S.
viminalis*), 5–12 m, ♄, 4–5 **S. elaeagnos** 765
6* B. brt-lanzettl. od. eiförmg ellipt., fein gesägt, 5–15 cm lg, 3–5 cm brt, 4–16
mm lg gestielt, 2–4mal lger als brt, nur im Gebirge auch schmalblättrg,
beidersts kahl, obersts dunkelgrün, ± glänzd, untersts hellgrün matt, jg am
Rande stark drüsg-klebrg, Zweige rotbraun, glänzd, Fr.kätzch. ca. 5 cm lg
gestielt, Staubb. 5–8, 4–12 m, ♄ 4–5 **S. pentandra** 759
(vgl. ferner *S. starkeana* unt. 22*)
5* Kätzchenschuppen zweifarbg, an d. Spitze schwärzl.-rötl.
11 B. lineal-lanzettl., 4–7mal lger als brt
12 B. untersts matt graufilzig, jg auch obersts behaart, am Rande gerollt,
5–10 cm lg, bis 8 mm brt, Fr.kn. kahl, kurz gestielt, Nebenb. fehlen, (vgl.
auch unt. 9*) **S. elaeagnos** 765
12* B. kahl od. nur untersts seidenhaarig, Fr.kn. behaart, sitzend
13 B. beid.sts kahl od. fast kahl, verschied.farbg, 11–13 cm lg
14 B.rand flach, B. ca. 1,5 cm brt, ob.sts dunkel- unt.sts hell-blaugrün, obere B.
d. ± rot überlaufen. Zweige z. T. gegenstdg, Nebenb. fehld, Staubb. 2 zu 1
verwachs., 2–6 m, ♄, 4–5 **S. purpurea** 766
14* B.rand ± schmal zurückgebog. u. wellg, B. 2–3 cm brt, unt.sts aschgrau
bereift, ab. höchst. spärl. behaart, Nebenb. ansehnl., jge Zweige dicht
weißfilzg, später dunkelbraun, 3–4 m, ♄, 3–4 **S. dasyclados** 762
13* B. unt.sts schimmernd seidenhaarg, bis 15 cm lg, randl. zurückgebog. u.
wellg, Nebenb. hinfällg, Zweige grün-gelb (braun), 3–8 m, ♄, 3–4 **S. viminalis** 761
11* B. brt-lanzettl., ellipt. od. eiförmg, Fr.kn. gestielt
15 B. unt.sts graugrün od. weißl.-grau, meist auch zuletzt noch etwas behaart,
am Rand wellg, ungleich kerbg gesägt, Griffel kurz od. fehld

16 Fr.kn. behaart
17 B. meist nicht über 10 cm lg, Kätzch. meist vor d. B. erscheinend
18 Einjährge Zweige anfängl. stark, zuletzt mäßg behaart, Knosp. kahl od. verkahld
19 B. 3–10 cm lg, ihre Oberfläche ± glatt, wenig unregelmäßg gesägt, Nebenb. klein, hinfällg, Knosp. gelbbraun, jges Holz unter d. Rinde ohne Längsripp. (nicht gestriemt), 4–10 m, ♄, 3–4   **S. caprea** 772
19* B. 1–4(–8) cm lg, ihre Oberfläche ± netzrunzelg, randl. stark wellg, ausgebiss. gezähnt-gekerbt, Nebenb. stark entwickelt, gezähnt, B.spitze gekrümmt, jges Holz unt. d. Rinde mit Längsripp. (gestriemt), 1,50–3(5) m, ♄, 4–5   **S. aurita** 770
18* Einjährge Zweige, wie Knosp. graufilzg, B. bis 10 cm lg, ihre Oberfläche nur schwach netzrunzelg, B.rand fein gesägt, Nebenb. mäßg entwickelt, gezähnt, B.spitze gerade, Fr.kn.kätzch. bis 8 cm lg, jges Holz gestriemt, 2–5 m, ♄, 3–4   **S. cinerea** 771
    vgl. auch   **S. × multinervis** 770a
17* B. 6–15 cm lg mit stark ausgeprägt. gesägt. Nebenb. wie Zweige u. rotbraune Knosp. verkahld (jg seidg filzg), Kätzch. ± mit B. erscheinend, jges Holz undeutl. gestriemt, 2–4 (8) m, ♄, 4–5   **S. appendiculata** 773
16* Fr.kn. kahl, B. nur schwach behaart, im Austrieb rotbraun, auch jge Zweige braun-rotbraun, Nebenb. stark ausgeprägt, jges Holz deutl. gestriemt, seltener östl. Gebirgsstrauch, 1–3 m, ♄, 4–5   **S. silesiaca** 774
15* B. unt.sts blaugrün, nur jung stärker behaart, gesägt, Griffel bis 1,5 mm lg
20 B. ob.sts dunkelgrün, unt.sts blaugrün, nur an d. Spitze wie abgewischt rein grün, 3–8 cm lg, getrockn. schwarz werdend, Nebenb. kräftg entwickelt, Knosp. an d. Spitze zus.gedrückt, 3–4 (8) m, ♄, 4–5   **S. myrsinifolia** 775
20* B. ob.sts glänzd dunkelgrün, unt.sts blaugrün ohne grüne Spitze, vgl. bei 27
                                                             S. bicolor 777
2* Niedere, meist kaum über 1 m hohe Weiden auf Mooren od. sauer-humos. Wiesen d. tief. Lagen bis ins Alpenvorland (nicht über d. Waldgrenze), Fr.kn. gestielt
21 B. lineal-schmal-ellipt. od. lanzettl., 1–5 cm lg u. 0,5–2 cm brt, zugespitzt, ganzrandg, jg seidig behaart, nur oberst später verkahld, Nebenb. fehlen (od. schmal-lanzettl.), Knospen u. Fr.kn. ± behaart, 30–100 cm, ♄, 4–5
                                                             S. repens 767
21* B. rundl. od. brt ellipt., Knospen meist kahl
22 B. ganzrdg, am Rande gerollt, kahl, am Grunde oft etwas abgerundet, unterst blaugrau, 1–2,5 cm lg u. 0,5–1,5 cm brt, Nebenb. fehlen od. s. kl., Fr.kn. kahl, 10–30 cm, ♄, 5–6   **S. myrtilloides** 768
22* B. geg. Spitze wellg gesägt, 3–5 cm lg, 1,5–2 cm brt, jg rötl., unterst kahl, bleigrau, Nebenb. stark entwickelt. Fr.kn. behaart, lg gestielt, 20–50 (–100) cm, ♄, 5   **S. starkeana** 769
    vgl. auch (19*)   **S. aurita** 770

1* Niedere, dem Boden angeschmiegte od. höchst. 150 cm hohe Weiden d. subalp. od. alp. Stufe
23 St. niederliegd-aufsteigend, bis 150 cm hoch, subalp.-alp. Zwergsträucher
24 B. beidersts deutl. verschiedenfarbg
25 B. oberst ± glänzd dunkelgrün, unterst matt, ± blaugrün, ± fein gesägt, Nebenb. fehld od. undeutl.
26 Fr.kn. behaart

27 Fr.kn. gestielt, B. 3–4 cm lg u. 1,5–2 cm brt, brt-lanzettl., kurz zugespitzt, jg
   seidg behaart, Holz gestriemt, Staubb. gelb, 70–150 cm, ♄, 5–6
   S. bicolor 777
27* Fr.kn. kaum gestielt, B. 2–6 cm lg u. 0,5–3 cm brt, eiförmg-längl., B.grund
   oft keilg, Äste warzg, Staubb. rot, 50–150 cm, ♄, 6–7
   S. waldsteiniana 778
26* Fr.kn. kahl, gestielt, B. obersts lackartg glänzend, 4–5 cm lg u. 2,5–3 cm brt
   mit hell. Mittelnerv, Knospen kahl, 30–150 cm, ♄, 5–6 **S. glabra** 779
   vgl. auch **S. caesia** 776
25* B. obersts matt, untersts blaßgrün-weißl., bis 8 cm lg u. bis 5 cm brt, brt-
   eiförmg, obersts gelbl. geadert, Nebenb. deutl. (eiförmg) entwickelt,
   Kätzch.schuppen gekräuselt bärtg, Fr.kn. kahl, gestielt, 50–150 cm, ♄, 6–7
   S. hastata 780
24* B. beid.sts grün od. blaugrün, 1–4 cm lg, Fr.kn. behaart
28 B. beid.sts grün, unt.sts ± glänzd, jg seidg behaart, Zweige etwas glänzd,
   rotbraun, Kätzch.schupp. schwarz-rot, behaart
29 B. ganzrandg, randl. ± behaart, nur spärl. drüsg, 10–30 cm, ♄, 5–7
   S. alpina 781
29* B. feindrüsg gesägt, 10–30 cm, ♄, 6–7 **S. breviserrata** 782
28* B. beid.sts blaugrün, matt, ellipt., bis 23 mm brt, ganzrandg, 20–80 cm,
   ♄, 5–7 **S. caesia** 776
23* St. niederliegd, kriechd, d. Boden angeschmiegt, hochalp. Spaliersträucher
30 B. längl. lanzettl., zugespitzt, jg seidg behaart, Kätzch.schuppen schwarz u.
   rot, vgl. **S. alpina** 781 u. **S. breviserrata** 782
30* B. rundl. od. längl., stumpfl., Kätzch. eiförmg-kugelg, Kätzch.schuppen
   einfarbg
31 B. s. kurz gestielt, beidersts grün u. ± kahl, Fr.kn. kahl
32 B. ganzrdg (od. wenig drüsg gezähnelt), verkehrt-eiförmg bis spatelg,
   stumpfl. od. ausgerandet, 0,5–2 cm lg u. 0,2–0,6 cm brt, oberird. Äste
   wurzelnd, 5–30 cm, ♄, 7–8 **S. retusa** s.l. 783
32* B. gekerbt, fast rund, oben gestutzt od. etwas ausgerandet, 1–2 cm lg, St.
   unterird. kriechend, 2–5 cm, ♄, 6–7 **S. herbacea** 784
31* B. lg gestielt, rundl.-ellipt., ca. 3 cm lg u. 2 cm brt, untersts weißl. mit stark
   hervortretd. Adernetz, Fr.kn. behaart, 5–30 cm, ♄, 7–8
   S. reticulata 785

Alle Arten Insektenbestäubg, auch Windbestäubg. Windverbrtg

756. Bruch-W., S. frágilis L., zerstr. im Weidengebüsch, an Bächen u.
Ufern, in Erlengalerien, an Gräben, auf sickernass., zeitw. überschwemmt., nährstoff- u. basenreich., meist kalkarm. Kies-, Sand- od.
Lehmböden, Rohauböden, Bodenfestiger mit intensiv. Wurzelwerk,
auch gepflzt z. Gewinnung v. Flecht- u. Bindwerk (Kopfweiden),
ausschlag- u. bewurzelgsfähg, Rinde als Gerb- u. Heilmittel, Char. d.
Salicetum fragilis, auch in and. Salicion-Ges. od. im Stellario-Alnetum
(Alno-Ulmion) – Ebene bis mittl. Gebirgslagen (süSch bis 1100 m) –
euras(subozean) – P – Chrom. 2n = 76, 114.

756a. S. × rúbens Schrank, *S. frágilis × álba*, B. jg seidig behaart,
vorjährge Triebe bräunl. od. grün, zml. hfg, v. all. im Salicetum albae,
od. höher stehd mit *Fraxinus exc.*, auf meist kalkhaltg. Böd.

757. **Silber-W., S. álba** L., zml. hfg u. bestandbildd an Ufern, in Auenwald-Säumen gegen Altwässer, Ströme, Bäche od. Seen auf bewegt nass., period. überschwemmt., nährstoff- u. basenreich., meist kalkhaltg., sandig-kiesig. Tonböden od. rein. Schlickböden (Rohauböden), Tonzeiger, etwas wärmeliebd, Weichholz, Zier- u. Nutzbäume wie *S. fragilis*, Zeiger guter Pappel-Standorte, Char. d. Salicetum albae (Salicion albae) – Ebene bis mittl. Gebirgslagen (Av bis 815 m) – smedeurassubozean – P – formenreich, Chrom. 2n = 76.

757a. **ssp. álba**, jge Zweige gelbbraun–braun, dazu var. *sericea* Gaud. mit beidseitg dicht seidg behaart. B., var. *álba* mit obersts verkahld. B., sowie var. *caerúlea* Koch mit graublau., ganz verkahld. B.

757b. **ssp. vitellína** (L.) Arcang., jge Zweige gelb od. gelbrot, Zier- u. Nutzbaum, in d. f. *trístis* Seringe als Trauer-Silber-W.

758. **Echte Trauerweide, S. babylónica** L., slt. rein, meist in Kreuzungen mit *S. álba* ssp. *vitellína* als Zierbaum – Heimat: Südasien – Chrom. 2n = 76, ferner mit braun glänzd. Zweig. **S. elegantíssima** K. Koch aus Japan.

759. **Lorbeer-W., S. pentándra** L., zml. slt. im Auen- u. Moorbruch-Gebüsch, an Gebirgsbächen, in Bruchwäldern, auf sicker-staunass., ± nährstoff- u. basenreich., neutral-mäß. sauer., modrig-torfg humos. od. roh., sandg-kiesig. Tonböden, Char. d. Salicetum pent. (Salicion cin.), auch im Alno-Ulmion od. in Adenostyletalia-Ges. – Ebene bis mittl. Gebirgslagen, z.B. süSch u. Ba bis 900 m, v. all. im N u. O d. Gebietes, im SW slt. – no-euras(kont) – P – Chrom. 2n = 76.

760. **Mandel-W., S. triándra** L. (*S. amygdalína* L.), zerstr. im Auengebüsch, an Fluß- u. Bach-Ufern, auf sickernass., period. überschwemmt., nährstoff- u. basenreich., meist kalkhaltg., roh. Tonböden, Pionierpf., Bodenfestiger, etwas spät-frostempfindl., mit *S. viminalis* u. *S. purpurea* Char. d. Salicetum triand. (Salicion albae) – Ebene bis mittl. Gebirgslagen, v. all. Kalkgebiete, A bis 1100 m, im NO slt. od. fehld – euras(-smed) – P – Chrom. 2n = 38, (44, 88).

760a. **var. díscolor** Koch, B untersts blaugrün-weißl., auf mehr sandg-kiesig. Böden u. mehr kont. verbr.

761. **Korb-W., S. viminális** L., zml. hfg im Pionier-Auengebüsch, an Fluß- u. Bach-Ufern, auf sickernass., period. überschwemmt., nährstoff- u. basenreich., meist kalkhaltg., vorwiegd tonig, auch sandg-kiesig. Rohauböden, Pionierpf., als Kopfweide gepflzt u. genutzt (Bindwerk), etwas wärmeliebd, oft mit *S. triandra*, Char. d. Salicetum triand. (Salicion albae) – Ebene bis mittl. Gebirgslagen, v. all. Kalkgebiete u. Stromtäler (bis etwa 800 m) – euras, in temp. Zonen weltweit verschleppt – P – Chrom. 2n = 38.

762. **Filzast-W., S.** × **dasýclados** Wimm. (*S. viminalis* × *cinerea*), slt. in Weidenauen-Ges. auf basenreich. Schwemmböd. nordosteurop. Flüsse, auch als Kopfweide gepflzt, Salicetalia purp.-Ordn.char. – O-Me – gemäßkont – P – Chrom. 2n = 57.

763. **Reif-W., S. daphnoídes** Vill., slt. im Auengebüsch an Gebirgsbäch., auf sickernass. (wechselnass.), nährstoff- u. basenreich., tonig. Kies- u. Sandböd., Rohauböd., Pionierpf., Bodenfestiger, Char. d. Salicetum elaeagni (Salicion el.) – v. all. Do, Av, A bis 1300 m, s. slt. Rh, im N nur adv. – pralp(-no) – P – Chrom. 2n = 38, 57.

764. **Spitzblättrige W., S. acutifólia** Willd., zerstr. als Zierbaum od. gepflzt als Sandfestiger, an Dämmen u. Ufern, russisch-asiat. Weichholzauenbaum – kont – P – Chrom. 2n = 38.

765. **Lavendel-W., S. elaeágnos** Scop. (*S. incána* Schrank), zerstr., ab. gesellg im Ufer- u. Weidengebüsch d. Gebirgs-Alluvionen, auf sickernass., zeitw. trocken falld., basenreich., meist kalkhaltg., roh., tonig. Schotter-, Kies- od. Sandböden, auch auf feucht. mergelig. Rutschhängen, Pionierpf., Bodenfestiger, Char. d. Salicetum elaeag. (Salicion elaeag.), als Entwicklgs.relikt auch in Erico-Pinion- od. Berberidion-Ges. (Hippophaëtum) – Rh (bis Karlsruhe), Ba, Bo, auch süSch, Do (bis BayW – FrJu), Av, A bis 1300 m, im N nur adv. – pralpsmed – P – Chrom. 2n = 38.

766. **Purpur-W., S. purpúrea** L., hfg im Auengebüsch, an Ufern auf nass., zeitw. überschwemmt., nährstoffreich., meist kalkhaltg., tonig. Kies- u. Sandböden od. rein. Schlickböden, Pionierpf. alluvial. Schwemmböden, Bodenfestiger, auch Nutzpf. (Bindwerk), Salicetalia purp.-Ordn.char., auch in feucht. Berberidion-Ges. – Ebene bis Gebirge, v. all. Kalkgebiete (A bis 1100 m), im nördl. Tiefld d. N-Grenze d. Verbrtg erreichd – smed-eurassubozean – P – Chrom. 2n = 38.

766a. **ssp. purpúrea**, verbr., s. o.

766b. **ssp. grácilis** (Wimm.) Lautenschl., B. nur bis 40 mm lg u. 6 mm brt, Strauch zierlich, so v. all. im Salicion elaeagni, auch gepflanzt – pralp

767. **S. répens** – Gruppe, zerstr. in Moorwiesen, in feucht. Magerras. od. Heiden auf meist stau-feucht., nährstoffarm., basenreich., mildmäßg sauer., mesotroph. Torf- od. humos. Tonböden, Pionier in Molinion-Ges. (DV), Soziologie vgl. Kleinarten – Ch, P.

1 B. 2–4 cm lg, 4–10mal so lg wie brt, ± unter d. Mitte am brtesten, ganzrandg mit 8–14 Nerv., Kätzch. rundl., sitzd, Fr. behaart

767a. **Rosmarin-W., S. rosmarinifólia** L. [*S. répens* ssp. *rosmarinifólia* (L.) Čel.], zml. slt. auf Moorwies. als Char. d. Betulo-Salicetum rep. (Salicion cin.) – v. all. im O d. Gebietes, z. B. Av (bis 1030 m), Do, BayW, Br, SH, Me – euraskont – Chrom. 2n = 38.

1* B. 1–3 cm lg, 1,5–3,5mal so lg wie brt, in od. etwas über d. Mitte am brtesten mit 4–6 Nerv., Kätzch. mehr oval, ± gestielt, Fr. oft kahl

2 B. 2–3,5mal so lg wie brt, ob.sts kahl od. nur schwach behaart, unt.sts seidg glänzd, ± dicht anliegd behaart, B.spitze meist gekrümmt

767b. **Kriech-W., S. répens** L. (*S. répens* L. ssp. *répens*), wie vor. Char. d. Bet.-Salicetum rep. (Salicion cin.) – v. all. im W u. S d. Gebiet., z. B. Rh, Pf, NS, SH, Ba, Ju, westl. Do u. Av – mehr subatl – Chrom. 2n = 38.

2* B. 1,5–2mal so lg wie brt, brt-ellipt., bd.sts dicht behaart

767c. **Sand-Kriech-W., S. arenária** L. [*S. répens* ssp. *argéntea* (Sm.) G. et A. Camus], zerstr. im Gebüsch d. Küstendünen, Salicion aren.-Verb.char. – Nord- u. Ostsee – noatl – Chrom. 2n = 38.

768. **Heidelbeer-W., S. myrtilloídes** L., s. slt. in Zwischenmooren, im Weiden-Birken-Gebüsch, auf nass., mäß. nährstoff- u. basenreich., mäß. sauer., mesotroph. Torfböden, mit *Sphagnum*-Arten d. *Subsecundum*-Gruppe, Char. d. Betulo-Salicetum rep. (Salicion cin.), für d. Späteiszeit auch im süSch (Schluchsee) nachgewies. – Av (bis 830 m), Bay W – (arkt-)no, circ – P, Ch – Chrom. 2n = 38.

769. **Bleiche W., S. starkeána** Willd. (*S. lívida* Wahlenb.), s. slt. in sauer. Magerrasen, im licht. moorig. Gebüsch, auf mäß. feucht. (wechsel-feucht.), nährstoffarm., ± basenreich., sauer. humos. Ton- u. Lehmböden in winterkalt., spätfrostreich. Klimalage, i. Gebiet z. B. (Diff.) im Polyg. vivip.-Genistetum sag. (Violion), auch im Molinion u. im Betulo-Salicetum rep. od. mit *Betula carp.* – Ba (z. B. Rötenbach, ob noch?), Ju (Irndorfer Hardt, Ries), Do (verscholl.) – nokont – P, Ch – Chrom. 2n = 38, 44.

770. **Ohr-W., S. auríta** L., zml. hfg im Pionier-Weidengebüsch im Bereich v. Flach- u. Quellmoor., an Hochmoorrändern, auf Moorwiesen, an Seeufern, in licht. Bruchwäldern, auf stau- u. sickernass., mäß. nährstoff- u. basenreich., kalkfrei., mäß. sauer., humos. od. torfg. Sand- u. Tonböden, Char. d. Salicetum aurit. (Salicion cin.) – Ebene bis Gebirge, v. all.-mont. Silikatgebiete u. nördl. Tiefld, A bis 1650 m – nosubozean – Pn – Chrom. 2n = 38, 76.

770a S. × **multinérvis** Döll, vermittelt als offenbar hybridogene Sippe zwischen *S. aurita* u. *S. cinerea* (B. 4–8 cm lg mit bis 15 Seitennerv., Triebe ± filzg, Str. bis 5 m hoch), ist z.B. im Sch u. ander. Mittelgeb. hfger als d. rein. Arten.

771. **Grau-W., S. cinérea** L., hfg im Pionier-Weidengebüsch, auf Moorwiesen, an Moorrändern u. Gräben, im licht. Erlenbruch, an Bachufern u. Quellsümpfen, auf sicker- u. staunass., mäß. nährstoff- u. basenreich., neutral.-sauer., humos. od. torfg. Sand- u. Tonböden (Gley-Böden), etwas anspruchsvoller als *S. aurita,* schwache Char. d. Salicetum cin. (Salicion cin.), auch im Salicion alb. od. im feucht.

Berberidion (Salici-Viburnetum) – Ebene bis Gebirge, A bis 1500 m – noeuras – Pn – Chrom. 2n = 76.

772. **Sal-W., S. cáprea** L., hfg im Vorwald- u. Pionier-Gebüsch, auf Waldschlägen, an Waldrändern, in Kiesgruben u. Steinbrüchen, auch an Schuttplätzen, auf grundfrisch. (bis feucht.), nährstoffreich., mild-mäß. saur. Lehmböden, Rohboden- u. Wald-Pionier, Bodenfestiger, erste Bienenweide, gern mit *Betula pend.*, Char. d. Epilobio-Salicetum capr. (Sambuco-Salicion) – Ebene bis Gebirge, A bis 1730 m – no-euras – P – Chrom. 2n = 38, 76.

772a. **Kübler W., S.** × **smithiána** Willd. (*S. caprea* × *S. viminalis*) als frühblühd. Strauch mit groß. Kätzch. oft als Bienenweide gepflzt.

773. **Großblättrige W., Schlucht-W., S. appendiculáta** Vill. (*S. grandifólia* Ser.), zml. slt. im Pionier-Gebüsch von Lawinenbahnen od. Schneerunsen, an Bächen u. in Schluchten, in d. subalp. Waldstufe bis wenig üb. d. Waldgrenze, auf sickerfrisch., nährstoff- u. basenreich., meist humos., steing. Lehmböd., oft mit *Alnus viridis* od. *Acer pseudoplat.*, Char. d. Salicetum appendiculatae (Adenostylion) – A bis 2330 m, auch Av (herabgeschwemmt), süSch (Feldberg, Belchen), BayW (Arber, Rachelsee usw.) – pralp – P – Chrom. 2n = 38. *S. appendiculata* × *S. caprea* auch SW-Alb in Pionierstadien, auf Mergelhalden.

774. **Schlesische W., S. silesíaca** Willd., s. slt. im feucht. Hochstauden-Gebüsch, an Gebirgsbäch. u. quellg. Rinnsalen – Riesengebirge-Karpaten-Kaukasus – P – Chrom. 2n = 38.

775. **Schwarz-W., S. myrsinifólia** Salisb. (*S. nígricans* Sm.), zerstr. im Weidengebüsch u. Grauerlenwald d. Gebirges, an Bachufern u. auf Kiesbänken, im Auwald-Mantel, auf sickernass. (wechselnass.), zeitw. auch überflut., nährstoff- u. basenreich., meist kalkhaltg., humos. od. roh., tonig. Sand- u. Kiesböden, terr. DA d. Sal.-Viburnetum (Berberidion), ferner im Alnetum incanae (Alno-Ulmion), im N auch im Alnion od. Salicion cin. – Ebene bis Gebirge, v. all. mont. (kühlhumide) Kalkgebiete, A bis 1360 m, im N d. Gebietes slt. od. fehld – no-pralp – P – Chrom. 2n = 114, s. formenreich.

776. **Blaue W., S. caésia** Vill., zerstr. im subalp. Weidengebüsch, Char. d. Salicetum caesio-foetidae (Salicion waldst.) – Schweiz, Vorarlberg, Tirol – alp – P – Chrom. 2n = 76.

777. **Zweifarbige W., S. bícolor** Ehrh., slt. im subalp. Weidengebüsch, an Bächen od. Quellmooren, auf sickernass., mäß. nährstoff- u. basenreich., kalkarm. Sumpfböden, im Hochstaudengebüsch – Vog, Hz – pralp (ohne Alpen), in d. Alpen ersetzt durch **S. hegetschweīleri** Heer (jge Triebe glänzd, kahl) – Tirol, Schweiz – alp – (**S. phylicifólia** L. nur in N-Europa) – P – Chrom. 2n = 114.

778. **Bäumchen-W., S. waldsteiniána** Willd. (*S. arbúscula*-Gruppe), zerstr. im subalp. Weidengebüsch, bes. im Bereich d. Grünerlen-Gürtels, auf sickerfrisch., mäß. nährstoff- u. basenreich., mild-mäß. sauer. humos. Lehm- u. Tonböden, v. all. in Ersatz- u. Initial-Ges. d. Alnetum virid., oft mit and. *S.*-Arten (*S. hastata, S. glabra*) als Char. d. Salicetum waldst. (Salicion waldst.), auch im Caricion ferrug. – A 1400–2560 m – oalp, (in d. W-Alpen ersetzt durch d. kalkscheue **S. foëtida** Schleich., B. 1,5–2,5 cm lg, in d. Mitte am brtst., Char. d. Salicetum caes.-foetid., in N-Europa durch d. arkt. **S. arbúscula** L.) – P – Chrom. 2n = 38.

779. **Glanz-W., S. glábra** Scop., zerstr. im Hochstauden-Gebüsch d. subalp. Krummholzstufe, an Bächen, Quellen od. im Geröll, auf feucht. durchsickert., kalkreich. Stein- u. Lehmböden, gern auf Dolomit, zwischen *Pinus mugo* z. B. mit *Salix waldst.*, Char. d. Salicetum gl. (Salicion waldst.) – A 1400–2330 m, slt. tiefer – oalp – P – Chrom. 2n = 38.

780. **Spieß-W., S. hastáta** L., zerstr. im subalp. u. alp. Hochstauden-Gebüsch d. Knieholz-Gürtels, auf sickerfrisch. od. -feucht., ± nährstoff- u. basenreich., humos. Stein- u. Lehmböden, z. B. mit *S. waldsteiniana* od. im Kontakt mit d. Alnetum virid., Salicion waldst.-Verb.char. – A 1040 bis 2150 m, Hz, SH (Amrum) – arkt-alp – Pn – Chrom. 2n = 38.

781. **Myrten-W., S. alpína** Scop., s. slt. im Weid.-Spaliergesträuch d. subalp. Krummholz-Stufe, auf sickerfrisch., ± nährstoffreich. u. meist kalkhaltg. Stein- u. Lehmböden, viell. Salicion waldst.-Art – A (zwischen rd. 1700 u. 2000 m, z. B. Wendelstein) – oalp – P, Ch.

782. **Matten-W., S. breviserráta** Florderus, s. slt. im Weidengebüsch d. subalp. Krummholzstufe od. darüber, auf sickerfeucht., ± nährstoff- u. basenreich. Stein- u. Lehmböden, z. B. mit *S. hastata*, in Salicion waldst.-, ab. auch Scheuchzerio-Caricetea-Ges. – A (Wendelstein, Benediktenwand) – walp – P, Ch – Chrom. 2n = 38.

S. breviserráta bildet mit *S. alpína* u. d. arkt. *S. myrsinítes* L. die *S. myrsinítes*-Gruppe.

783. **Teppich-W., S. retúsa**-Gruppe.

1   B. 8–20 mm lg u. 5–8 mm brt, Kätzch. mit mehr als 10 Blü., Polster locker

783a. **Stumpfblättrige T., S. retúsa** L., zerstr. v. all. auf feinschuttreich. Schneeböd., an schneefeucht. Einhäng., Char. d. Salicetum ret.-reticulatae (Arabidion caer.) – A 1450–2630 m, slt. tiefer – alp – Ch – Chrom. 2n = 76, 114.

1*   B. 4–8 mm lg u. 2–4 mm brt, vorn kaum ausgerandet, Kätzch. 5–7blütg, dichte Polster bildend

783b. **Quendelblättrige T., S. serpyllifólia** Scop., zerstr. in lückig. Rasenges. auf basenreich., frisch, humos. od. roh. steingrusreich.

Lehmböd., Pionierpf., v. all. in Seslerietalia-Ges., auch in d. Drabetalia hopp. – alp – Ch.

784. **Kraut-W., S. herbácea** L., zml. hfg in alp. Schneeboden- u. Schneetälchen-Rasen, auf feucht., 8–9 Monate v. Schnee bedeckt., ± nährstoffreich., kalkarm., mäß. sauer., humos., steinig. Lehmböden, meist mit *Sibbaldia* od. *Gnaphalium supinum*, Char. d. Salicetum herb. (Salicion herb.), auch im Luzuletum alp. pil. od. in feucht. Caricion curv.- u. Nardion-Ges., in d. Späteiszeit auch süSch, Bo, SH usw. – A 1720 –2343 m – arkt(subozean)-alp, circ – Ch – Chrom. 2n = 38.

785. **Netz-W., S. reticuláta** L., zerstr. in Spalierweiden-Rasen 7–8 Monate schneebedeckter Einhänge, in Schneetälchen, auf durchfeucht., basenreich., meist neutral., humos., lehmig. Stein- od. Feinschutt-Böden, Char. d. Salicetum ret.-retic. (Arabidion caerul.), auch Pionier an off. Erdstellen, an Felsblöcken od. in schneefeucht. Seslerietalia-Ges., späteiszeitl. auch süSch, Bo usw. – A 1700–2270 m – arkt-alp, circ – Ch – Chrom. 2n = 38.

Zahlreiche Bastarde! Deshalb Vorsicht beim Bestimmen!

Ordnung Juglandáles

Familie der Walnußbäume, Juglandáceae

Walnuß, Júglans L. vgl. S. 285

786. **J. régia** L., hfg kultiv., seit Jungsteinzeit im Gebiet nachweisbar. Frucht- u. Nutzbaum, subspontan heute in Eichen-Ulmen-Auen- u. Ahorn-Linden-Hangwäldern, auf warm., sickerfeucht., nährstoff- u. kalkreich., mild. humos., tiefgründg. Lehm- u. Tonböden in milder Klimalage, spätfrostempfindl., wertvoll. Frucht- u. Nutzbaum (Holz, Nußöl, Nußbeize usw.), Heilpf. (B., Fr.schale) Windbestäubg., Tiefwurzler, bis 25 m hoch u. 150–200jährg werdend, Tierverbrtg, verwild. (z. B. Rh u. Do) im Querco-Ulmetum (Alno-Ulmion) u. Aceri-Tilietum (Tilio-Acerion) – Ebene bis mittl. Gebirgslagen (rd. 700 m), v. all. Weinbau-Gebiete – osmed(-euras) – P – Chrom. 2n = 32.

Häufige Zier- u. Alleebäume sind:

787. **Schwarznuß, J. nígra** L., B. mit 11–23 gesägt. Fiederb., Fr.schale rauh, auch forstl. auf Aueböden gebaut, Heimat: N-Amerika – Chrom. 2n = 32.

788. **Butternuß, J. cinérea** L., B. mit 12–14 Fiederb., Knospen wie Fr. drüsg behaart, Heimat: N-Amerika, Auenwälder – Chrom. 2n = 32.

789. **Hickory, Cárya alba** (L.) Nutt., mit 4teilg. Fr., B. mit 4–6 Fiederb., Mark ungefächert, Heimat: atl. N-Amerika (Querco-Caryetalia-Wälder, Knapp 57), Hickory-Holz.

790. **Flügelnuß, Pterocárya fraxinifólia** (Poir.) Spach., Mark ungefächert, B. mit 14–22 Fiederb., Fr. an lg., hängend. Traube, hfg. Parkbaum, etwas frostempfindl., Heimat: Kaukasus.

Ordnung Fagáles

Familie der Birkengewächse, Betuláceae (einschließl. Coryláceae)

1   Fr.kn.kätzch. kl. Knospe od. lockeres grünes Kätzch., das rasch zu Fr.std mit ansehnl. 3zipflg beblätt. Fr. auswächst, B. gesägt (*Coryláceae*)
2   B. längl.-eiförmg mit 10–15 Seitennerv., faltg, Bäume mit glatt. grau. Rinde, oft mit gedreht. Längswülsten (spanrückg), Fr. in locker hängd. Traube mit 3zipflg. Fr.hülle (Flugorgan), 5–25 m, ♄, 4–5   **Carpinus**   S. 310
2* B. rundl. eiförmg mit herzförmg. Grund u. 5–8 Seitennerven, meist Sträucher mit gelbgrau. (jg rotborstig.) Rinde mit Korkwarzen, Fr.kn.knospe mit rot. Narben, Fr. umhüllte Nuß, 2–6 m, ♄, (1) 2–3
                                                                                    Corylus   S. 311
1* Fr.kn.kätzch. 1–3 cm groß, rundl. od. walzl., mit meist geflügelt. Samen (*Betuláceae* s.str.)
3   Fr.kätzch, walzl., zerfalld, B. ± hellgrün, Bäume mit weiß. Ringelborke, od. Zwergsträucher   **Betula**   S. 311
3* Fr.kätzch. rundl., verholzd, B. dunkelgrün, Rinde grauschwarz, ± rissg
                                                                                      Alnus   S. 313

Hainbuche, Cárpinus L.

791. **C. bétulus** L., verbr. u. bestandbildd in gras- u. krautreich. Laubwäldern der Tieflagen, in Hecken, an Waldrändern, vorzugsw. auf frisch. bis mäß. trock. (in d. Tiefe gern Grundwasser-beeinflußt.), mäß. nährstoffreich., meist mäß. sauer., humos., tiefgründg. Sand- u. Lehmböden, in sommerwarm. Klimalage, bodenaufschließend. Tiefwurzler, Mullbildung förderndes Bodenschutzholz, frosthart, Schatt-Halbschattholz, Werk-Hartholz, Parkbaum u. Schnitthecke (ausschlagfähig), durch Nieder- u. Mittelwaldbetrieb begünstigt, wird bis 150 Jahre alt u. 25 m hoch, Windbestäubg, Tierverbrtg, Carpinion-Verb.char., ferner im Prunetalia-Gebüsch (z. T. Pionier d. Fagion) – Ebene bis mittl. Gebirgslag., v. all. Sandlehm- u. Lehmgebiete (Auen- u. Plateaulagen), Sch vzlt bis 900 m, A bis 880 m, Ju bis 970 m – gemäßkont – P – Chrom. 2n = 64.

Ziergehölz:

792. **Hopfenbuche, Ostrýa carpinifólia** Scop., Fr.kätzch. zuletzt Hopfenähnl., B. wie bei *Carpinus* – spontan im SO-europ. Flaumeichen-Gebiet, bis zum S-Fuß d. Alpen (Orno-Ostryon-Wälder), v. all. im Bereich höher. Niederschläge – osmed – Chrom. 2n = 16.

Hasel, Córylus L.

793. **C. avellána** L., verbr. im Unterholz licht. krautreich. Laubwälder od. bestandbildd in Hecken, an Waldrändern, im Niederwald, auf sicker-od. grundfrisch., nährstoffreich., tätig., mild-mäß. sauer. humos. Stein-u. Lehmböden, ausschlagfähige Pionierpf., Licht-Halbschattpf., Fr.- u. Nutzholz (Haselnuß, Haselruten), Windbestäubg, Tierverbrtg, v. all. im Carpinion u. Alno-Ulmion, opt. ab. in älteren Prunetalia-Stadien potentieller Fagetalia-Standorte, auch auf off. Blockschutt (Tilio-Acerion), Querco-Fagetea-Kl.char. – Ebene bis Gebirge (süSch bis 1350 m, A bis 1420 m) – eurassubozean – P, formenreich, Chrom. 2n = 22, 28.

Ziergehölze:

794. **Baumhasel, C. colúrna** L., Fr.hülle tief zerschlitzt, baumförmg, Heimat: SO-Europa (in Quercetalia pub.-Ges.) bis Himalaya – Chrom. 2n = 28.

795. **Lamberts Hasel, C. máxima** Mill., Fr.becher oben verengt, geschloss., kräftg. Strauch, Heimat: SO-Europa bis Kleinasien – Chrom. 2n = 22, 28.

Birke, Bétula L.

1 Bäume od. größere Sträucher mit weiß. Rinde u. glatt., 3eckg., lg gestielt. B.
2 B. 3eckg bis rautenförmg, lg zugespitzt, jg (wie Zweige) drüsg-klebrg, kahl, jge Verästelung (im Gesamtbild d. Baumes) hängend, Samenflügel 2–3mal brter als Samen, Stamm geradschäftg, 10–20 m, ♄, 4–5 **B. pendula** 796
2* B. eiförmg bis rautenförmg (bis fast herzförmg), mit abgerund. Ecken, jg (wie Zweige) v. all. unterts behaart, später meist kahl, Verästelung immer aufrecht, Samenflügel nicht viel brter als Samen, Rinde oft gelbl. od. grau, Stamm ± krummschäftg, 5–20 m, ♄, 4–5 **B. pubescens** 797
1* Zwergsträucher mit 1–4 cm lg. B. u. aufrecht. Kätzch.
3 B. oval-eiförmg, 2–5 mm lg gestielt, kerbig-gesägt, jge Zweige drüsg behaart, 50–150 cm, ♄, 4–5 **B. humilis** 798
3* B. rundl., stumpf, gekerbt, 1–2 mm lg gestielt, 20–70 cm, ♄, (4–)5 **B. nana** 799

Alle Arten Windbestäubg u. Windverbrtg

796. **Hänge-B., B. péndula** Roth (*B. verrucósa* Ehrh.), verbr. auf Schlägen, in licht. Laub- u. Nadelwäldern, auf Mooren, in Magerweiden, Heiden u. Steinbrüchen, auf feucht. bis trock., mäß. nährstoff- u. ± basenarm., meist ± sauer. humos. Böd. aller Art., in ± humid. Klimalage, sandbevorzugend, frosthart. Lichtholz, Humuszehrer u. Waldbodenbereiter, Flach- ab. Intensivwurzler, Bodenfestiger, wird bis 120 Jahre alt u. 28 m hoch, Zierbaum, Nutzung v. Holz, Rinde (Schindel!), Baumsaft (Birkenwein, Haarwasser) u. B. (Heiltee), v. all. mit *Salix caprea* in Vorwald-Ges. d. Quercion rob. u. Luzulo-Fagenion, od. als Pioniergehölz in Nardo-Callunetea-Ges., auf Brandfläch., in Mooren, an d. Waldgrenze, als Nebenholz auch in licht. Wäldern –

Ebene bis Gebirge, A bis 1780 m – no-eurassubozean – P – Chrom. 2n = 28.

797. Moor-B., B. pubéscens Ehrh., zerstr. in Moor- u. Bruchwäldern, v. all. d. Gebirges, in Zwischenmoor., auf staunass.-feucht., mäß. nährstoffreich., basenarm., sauer. humos. Sand- od. modrig humos. Torfböd., frosthartes Pionierholz, v. all. im Birkenmoor (mit *Vacc. ulig.*) u. Birkenbruch (Salicetum aurit. betuletosum) – im S v. all. im Gebirge (slt. auch Rh), im N auch im Hügel- u. Tiefland, A bis 1580 m – P – formenreich:

1 B. eiförmg, kurz zugespitzt, unt. d. Mitte am brtest., 3–8 cm lg, 2–6 cm brt, B. u. jge Zweige behaart, langsam verkahld, B. untersts ± bleibd behaart, Rinde gelbl.-weiß

797a. **Moor-B., B. p. ssp. pubéscens**, nördl. Tiefld-Sippe bis Rh (vgl. Betuletum pub. Tx. 37) – no(subozean) – Chrom. 2n = 56.

1* B. rautenförmg-rundl., in d. Mitte am brtest., 2,5–5 cm lg, 2–4 cm brt, B. u. jge Zweige weng behaart, rasch verkahld, Rinde gelbl.-rötl. überlauf.

797b. **Karpaten-B., B. p. ssp. carpática** Koch (*B. carpática* W. et Kit.), zerstr. v. all. an Hochmoorränd. od. in Plateauvermoorg., in Quellsümpf. d. Gebirges, auf hochgelegenen Blockfeldern an d. Waldgrenze in Vorwaldges., vgl. z.B. *Vaccin. myrt.-Bet. carp.*-Ges. od. *Betula-Picea*-Ges. (Stöck. 67), auch Birkenmoor u. Birkenbruch mit *Vaccin. ulig.* bzw. *Salix aurita* – z.B. Av, Sch, BayW, He (Rhön), O, Hz, Erzg, slt. auch im nördl. Tiefld – no – Chrom. 2n = 56.

797c. **Krumm-B., B. p. ssp. tortuósa** (Led.) Nym., steht d. vor. nahe: krumm- u. kurzschäftg, nicht über 10 m hoch, dunkelrindg, B. ± eiförmg, klein – nordeuropäische Sippe, die auch für Erzg und Zentralalpen angegeben wird, vgl. dazu die aus Skandinavien beschriebenen *B. tort.*-Ges. (Vacc.-Piceetea, Bet.-Adenostyleta)

798. Strauch-B., B. húmilis Schrank., slt., ab. gesellg in Birkenmooren, in Zwischenmooren, auf nass., mäß. nährstoff- u. basenreich., mäß. saur., modrig. Torfböden, Zwischenmoor-Pf., Eiszeit-Relikt, meist im licht. Birken- u. Weiden-Pioniergehölz, geschützt, Char. d. Betulo-Salicetum rep. (Salicion cin.) – Ba, Bo (ob noch?), Do (z.T. verscholl.), Av, SH, Me, Br – euraskont – Pn – Chrom. 2n = 28 (56).

799. Zwerg-B., B. nána L., s. slt. auf off. Hochmooren od. in Kiefernmooren, auf nass., nährstoff- u. basenarm., saur. Torfböden, Eiszeitrelikt, geschützt, v. all. mit *Vaccinium ulig.* im Pino rot.-Sphagnetum od. im Erioph.-Trichophoretum (Sphagnion mag.) – Av, BayW, Hz, Erzg, NS (späteiszeitl. auch süSch, Bo, SH usw.) – arkt-no, circ – Pn – Chrom. 2n = 28.

Zahlreiche Bastarde.

Erle, Álnus Gaertn.

1 Strauch, Fr.kätzch. an diesjährg. Zweigen, mit B. erscheind, B. kurz
zugespitzt, herb duftend, B.zähne höher als brt, Samen brt geflügelt, 0,5–2
m, ♄, 4–5   **A. viridis**   800
1* Bäume, Fr.kätzch. an vorjährg. Zweigen, vor Erscheinen d. B. blühend,
Samen kaum geflügelt
2 B. lg zugespitzt, doppelt gesägt, untersts graugrün, ± behaart, Rinde grau,
± glatt, Knospen nicht klebrg, 5–25 m, ♄, 3–4   **A. incana**   801
2* B. vorn stumpfl. od. ausgerandet, einfach gezähnt, untersts grün, Rinde
schwärzl., rissig, Knospen (wie jge B.) klebrg, 10–25 m, ♄, 3–4
                                                               A. glutinosa   802
vgl. auch   **A. rugosa**   802

Alle Arten Windbestäubg u. Windverbrtg

800. **Grün-E., A. víridis** (Chaix) DC., zerstr., ab. bestandbildd im subalp.
Knieholz, auch tiefer in Schneerunsen, auf Weiden, an Wald- u.
Bachrändern, auf sickerfrisch., ± nährstoff- u. basenreich., meist
kalkarm., roh. od. humos., mäß. sauer., lehmig. Stein- od. Tonböden in
kühl-humid. Klimalage, Pionierpf., Rohbod.keimer, Bodenfestiger, in
A Char. d. Alnetum viridis (Adenostylion), in tief. Lagen auch in
Vorwaldges. d. Epil.-Salicetum capr. (Samb.-Salicion), ferner im licht.
Ulmo-Aceretum – süSch (300–1100 m, angepflzt auch höher), Do-Av,
BayW, A bis 2050 m (angepflzt auch Sa, L) – pralp (mit vikariierd.
Sippen in d. Arktis) – Pn – Chrom. 2n = 28.

801. **Grau-E., A. incána** (L.) Moench, zerstr., ab. bestandbildd in
Auenwäldern, bes. d. Gebirgsbäche u. Alpenflüsse, an Mergelrutsch.,
auf sickernass. (frisch.), z. T. zeitw. überflutet., nährstoff- u. basenreich.,
meist kalkhaltg., locker-durchlüftet., roh., ± humos-verbraunend.,
vorwiegd kiesg-sandg. Tonböden, stickstoffsammld. Intensivwurzler,
Licht-Halbschatt-Holz, Pionierpf., wird 50 Jahre alt u. 25 m hoch,
Bodenfestiger u. -verbesserer mit Wurzelbrut, deshalb im Kultur- u.
Waldbau oft als Vorholz verwendet, Char. d. Alnetum incanae (Alno-
Ulmion) – v. all. Kalkgebiete im O u. S d. Gebietes, auf d. Linie süRh-
süSch-He-Hz-Me d. natürl. W-Grenze d. Verbrtg erreichd, A bis 1400 m,
Sch bis 1100 m, auch angepflzt – no(kont)-pralp – P – Chrom. 2n = 28.

802. **Schwarz-E., A. glutinósa** (L.) Gaertn., hfg u. bestandbildd in Auen-
u. Bruchwäldern, an Bächen u. in quellg. Taleinschnitten, auf sicker-
od. staunass., z. T. zeitw. überschwemmt., nährstoffreich., vorzugsw.
kalkarm., neutral-mäß. sauer. humos., bindig. Kies-, Sand- u. Tonböden
od. Bruchtorfböden, Grundwasserzeiger, Torfbildner, Stickstoffsammler, Tief- u. Intensivwurzler, Halbschattholz, wärmeliebd, wertvolles,
stockausschlagfähig., oft niederwaldartg bewirtschaft. Nutzholz, wird
bis 120 Jahre alt u. 25 m hoch, Waldpionier auf Flachmooren u. an
Ufern, herrschd im Alnion glutinos., auch mit *Fraxinus* in ± saur.
Alno-Ulmion-Ges. – Ebene bis mittl. Gebirgslagen (A bis 1030 m, West-

abfall des Sch bis 1000 m), v. all. Silikatgebiete – eurassubozean-smed –
P – Chrom. 2n = 28 (56), formenreich (Wuchsrass.).
Neuerdgs öfter gepflanzt, z. B. Ne: **A. rugósa** Spreng. (jge Zweige u. B.
untersts rostgelb behaart) – Heimat: N-Amerika – Chrom. 2n = 28.

Familie der Buchengewächse, Fagáceae (Cupulíferae)

1   B. ganzrandg od. stachelg gezähnt, Fr.becher geschlossen, stachelg
2   B. eiförmg, ± ganzrandg, Staubb.kätzch. kugelg, hängd, Fr.becher mit
    3kantg. Fr., 10–40 m, ♄, 4–5   **Fagus** S. 314
2* B. längl.-lanzettl., stachelg gezähnt, Staubb.kätzch, dünn, walzl., 10–20 cm
    lg, gebüschelt-aufrecht, Fr.becher kugelg-stachelg mit 1–3 rundl. Fr.,
    10–30 m, ♄, 6   **Castanea** S. 314
1* B. fiederlappg gebuchtet (b. Exoten auch ± ganzrandg), Staubb.kätzch.
    dünn, locker, hängd, Fr.becher napfförmg, mit 1 Fr.   **Quercus** S. 315
Fast alle Arten Windbestäubg u. Tier- od. Selbstverbrtg

Rotbuche, Fágus L.

803. **F. sylvática** L., verbr. u. bestandbildd in Wäldern, im subalp.
Gebüsch, auf Weiden, opt. auf sickerfrisch., gut dräniert., locker.,
warm., kalkarm. u. -reich., sandg.-steinig., mittelgründg. Lehmböden in
kühl-humid. (sommerfeucht., rel. wintermild.) Klimalage (üb. 500 mm
Jahresniederschlg), auf Mull u. Moder üb. Braunerden od. Rendsinen,
bevorzugt Hanglage, scheut Wasserstau (schwere kalte Tonböden) od.
bewegt. Steinschutt, wenig ausschlagfähig, Schattholzart, Tief-
(Herz)wurzler, etwas spätfrostempf., ab. windhart, Nutz- u. Brennholz,
meist Naturverjüngg (im Halbschatt.), wird bis 300 Jahre alt u. 30 (40) m
hoch, in Tieflagen oft in Mischung mit Eiche, in Hochlagen mit Tanne u.
Fichte, Fagion-Verb.char. – Ebene bis Gebirge (A bis 1500 m, Sch bis
1450 m, BayW bis 1230 m) – subatl(-smed) – P – Chrom. 2n = 24.

803a. **var. atropunícea** Weston, Blutbuche, Zierbaum.

803b. **var. suentelénsis** Hort (var. *tortuósa* Pepin), Süntelbuche. Stamm
u. Äste korkzieherartg verbog. – NSH (Süntel), nöHü.

Edelkastanie, Castánea Mill.

804. **C. satíva** Mill., zml. hfg im W d. Gebietes, in grasreich.
Eichenwäldern d. tief. Lagen, auf Weiden, im Gebüsch, auf mäß. trock.
(bis sickerfrisch.), mäß. basenreich., kalkarm., mittelgründg., lock.,
sauer., modrig-humos., sandg. Stein- u. Lehmböden (podsolig.
Braunerden) in sommerwarm-humid, wintermild. Klimalage, Halbschattholzart, Tiefwurzler, wird bis 500 Jahre alt, Wind- u.
Insekt.bestäubg, durch leicht zersetzl. Kali-sammelnde Laubstreu
bodenverbessernd, früher zur Rebstecken-Gewinnung (Kastanien-

Niederwälder), heute als Nutzholz od. Fr.baum, vermutl. durch Römer mit d. Wein ins Gebiet gekommen, im SW fest eingebürgert, meist in Mischung mit *Quercus petr.* (od. *Abies*), z. B. im Luzulo-Quercetum (Quercion rob.), auch im Luzulo-Fagenion – Sch (Westabfall, Bestände bis 700 m, einzeln bis 1000 m), Vog, Pf, O, RS, sonst in Silikatgebiet. slt. angepflzt, im N u. NO fehld – smed-subatl – P – Chrom. 2n = 24.

Eiche, Quércus L.

1   B. sommergrün, fiederlappg gebuchtet
2   B.zipfel abgerundet
3   Jge Triebe u. B. nicht flaumg behaart
4   B. s. kurz gestielt, mit ± herzförmg geöhrt. Grund, unsymmetr., Fr. 3–8 cm
    lg gestielt, 20–50 m, ħ, 4–5   **Qu. robur**   805
4* B. 1–3 cm lg gestielt, brt eiförmg-oval, mit keilförmg. B.grund, symmetr., Fr.
    höchst. 1 cm lg gestielt, 15–40 m, ħ, 4–5   **Qu. petraea** 806
3* Jge Triebe u. B. flaumig behaart, später verkahld, nur b.untersts (v. all. in d.
    Aderwinkeln) bleibd, B. 5–8 cm lg, Fr.becherschuppen behaart, 5–20 m, ħ,
    4–5   **Qu. pubescens** 807
2* B.zipfel zugespitzt
5   Jge B. u. Zweige flaumg behaart, z. T. (bis auf B.unterseite) verkahld,
    Nebenb. fädl., bleibd, Fr.-becher mit zurückgekrümmt. Schuppen, 20–35 m,
    ħ, 4   **Qu. cerris**   808
5* B. kahl, B.lappen gezähnt, Zier- u. Forstbäume
6   B. 15–20 cm lg, mit jedersts 4–6 brt. Lappen, Fr. bis 2,5 cm lg, 10–30 m, ħ, 5
                                                                    Qu. rubra   809
    vgl. auch   **Qu. coccinea** 810
6* B. 8–12 cm lg, mit 2–4 fast waagrecht abstehd. schmal. Lappen, 10–25 m, ħ, 5
                                                                    Qu. palustris 810
1* B. wintergrün, sltne Parkbäume
7   B. ± ganzrandg, untersts behaart   **Qu. ilex**   811
7* B. buchtig gelappt   **Qu. turneri** 812

805. Stiel-E., Qu. róbur L., hfg, z. T. bestandbildd in Laubmisch-Wäldern, bes. in Auen d. tief.-mittl. Lagen, auf mäß. frisch.-grundfeucht., basenarm. u. -reich., auch kalkhaltg., tiefgründg., mild.-mäß. sauer. humos. Lehm- u. Tonböden in sommerwarm. Klimalage (Mull- u. Moderböden), größere Temperatur- u. Feuchtgkts-Extreme ertragd als *Q. petraea*, Tiefwurzler, Lichtholzart, wird 500–800 Jahre alt u. bis 50 m hoch, Tierverbrtg, wertvoll. Nutzbaum (Bauholz), früher auch Eichelmast, Gerbrinde usw., einst vorwiegd mittelwaldartg, heute hochwaldartg bewirtschaftet, Verjüngg durch Saat u. Pflanzg, v. all. im Alno-Ulmion (Querco-Ulmetum) od. grundfeucht. Carpinion-Ges., ferner im Quercion rob., auch in Quercetalia pub.-, Erico-Pinion- od. Dicrano-Pinion-Ges., im ganz. aber: Querco-Fagetea-Kl. char. – Ebene bis mittl. Gebirgslag., Auen- u. Kalkgebiete in subkont. Klimalage, im O d. Gebietes hfger als im W, Ju bis 980 m, A bis 950 m, BayW bis 970 m – euras-smed – P – Chrom. 2n = 24.

806. **Trauben-E., Qu. petraea** (Mattuschka) Liebl. (*Qu. sessiliflóra* Salisb.), hfg u. bestandbildd in Eichenwäldern d. tief. Gebirgslagen u. d. Hügellandes, auf trock. bis frisch., basenarm. wie -reich., meist mittelgründg., locker. Stein- u. Lehmböden in wintermild. luftfeucht. Klimalage, bodenaufschließd. Tiefwurzler, mit leicht zersetzl. Laubstreu, scheut Grundwasser u. Staunässe, Lichtholzart, wird 500–800 Jahre alt u. bis 40 m hoch, etwas spätfrostempf., wie vor. wertvoll. Nutzbaum (z. B. Fournierholz), bis heute z. T. noch (als stockausschlagfähige Holzart) im Niederwald-Betrieb (Schälwälder) zur Gerbrinden-Gewinnung, opt. v. all. im Luz.-Quercetum, auch in ander. Quercion rob.-Ges. od. im tiefgelegen. Luzulo-Fagenion, ferner im Carpinion od. Quercion pubesc., Querco-Fagetea-Kl.char. – Ebene bis mittl. Gebirgslag., bes. Silikatgebirge (auch Kalkhügel) im W d. Gebietes (Sch an Felsen bis 1000 m, BayW bis 715 m) – subatl-smed – P – Chrom. 2n = 24.

807. **Flaum-E., Qu. pubéscens** Willd., slt., ab. bestandbildd in Eichenbuschwäldern sonnig. Hänge, auf trock.-warm., nährstoff- u. basenreich. (meist kalkhaltg.), mittelgründg., neutral.-mild. humos. Lehm- u. Steinböden (Mullböden), Lichtholzart, Tiefwurzler, wärmezeitl. Relikt, lok. Char. d. Lithospermo-Quercetum (od. Buxo-Quercetum), überreg. Quercetalia pubesc.-Ordn.char. – Hü, süRh, HRh, Bo, Ju (Randen, mittl. schwäb. Alb), Nahetal, Mosel, Mittelrhein (Boppard), Th, z. T. nur *Qu. petraea × pubescens*, im Gebiet an d. N-Grenze d. Verbrtg – smed – P – Chrom. 2n = 24.

808. **Zerr-E., Qu. cérris** L., hfg als Zier- u. Parkbaum (z. B. Rh), glgtl. verwildert (süHü), ab. kaum urwüchsig, bodenstdg in Quercetalia pub.-Ges. SO-Europas (bis Oberitalien), auch im Carpinion – osmed – Chrom. 2n = 24.

809. **Rot-E., Qu. rúbra** L. (*Qu. boreális* Michx. f.), hfger Forst- u. Zierbaum aus d. östl. N-Amerika, dort Bestandteil d. Querco-Fagetea grandifoliae Knapp 57, liebt lockere, kalkarme Böden in mild-humid. Klima.

810. **Sumpf-E., Qu. palústris** Muenchhs., slt. Forst- u. Zierbaum aus N-Amerika, ähnl. **Qu. coccínea** Muenchhs., B. üb. 12 cm lg., mit beidsts meist 3 schmalen Lappen, Fr.becher samtig behaart, Heimat: N-Amerika – Chrom. 2n = 24.

811. **Stein-E., Qu. ílex** L., slt. in Parkanlagen von Rh, Charakt.baum d. mediterr. Hartlaubwälder, Quercetalia ilicis-Ordn.char. – Chrom. 2n = 24.

812. **Winter-E., Qu. túrneri** Willd., öfter in Parkanlagen von Rh, viell. Bastard *Qu. róbur × ílex*, Herkunft?

Ordnung Urticáles

Familie der Ulmengewächse, Ulmáceae

1   Blü. gebüschelt, vor B. erscheinend, Fr. brt geflügelt, B. längl.-eiförmg, gesägt   **Ulmus** S. 317
1* Blü. meist einzeln, b.achselstdg, mit B. erscheinend, runde Steinfr., B. eiförmg, gesägt, lg zugespitzt, 5–10 cm lg   **Celtis** S. 318

Ulme, Ulmus L.

1   Blü. lg gestielt, hängd, Fr. am Rand bewimpert, jge Zweige, wie B. untersts behaart, B.stiel bis 1 cm lg, B.grund stark unsymmetr., B.zähne nach vorn einwts gekrümmt, hfg mit Brettwurzelbildg, 10–35 m, ♄, 3–4 **U. laevis** 813
1* Blü. ungestielt, Fr. kahl
2   B. glatt u. fast kahl, 6–10 cm lg u. bis 1,5 cm lg gestielt, in d. Mitte am brtsten, kurz zugespitzt, Samen dem ober. Flügelrand d. 11–16 mm lgen Fr. genähert, Baumrinde gefeldert, 5–35 m, ♄, 3–4   **U. minor** 814
2* B. rauh, 8–15 cm lg u. nur 0,3–0,7 cm lg gestielt, am Grunde $\pm$ geöhrt, meist im ober. Drittel am brtesten, lg zugespitzt, jge Zweige u. Knospen behaart, Samen in d. Mitte der 20–30 mm lgen Fr., Baumrinde längsgefurcht, 10–30 m, ♄, 3–4   **U. glabra** 815

Alle Arten Windbestäubg u. Windverbrtg

813. Flatter-U., U. laevis Pall. (*U. effúsa* Willd.), zml. slt. in Auenwäldern d. Stromtäler od. collin. Talgründe, auf sickernass., zeitw. überschwemmt., nährstoff- u. basenreich. (auch kalkarm.), neutral-mild., humos., sandg. od. rein. Lehm- u. Tonböden in sommerwarmer Klimalage, Gleyboden-Zeiger, Tiefwurzler (z. T. mit Wurzelbrut), Brettwurzelbildg, Allee- u. Straßenbaum, wird bis 250 Jahre alt u. 25 m hoch, terr. Char. d. Pruno-Fraxinetum, auch im Querco-Ulmetum, Alno-Ulmion-Verb.char. – v. all. Rh, Do, Th, An, Br, NS, sonst slt. od. (wie Ne, A) fehld, auch angepflzt – gemäßkont – P – Chrom. 2n = 28.

814. Feld-U., Rotrüster, U. mínor Mill. (*U. carpinifólia* Gled., *U. campéstris* L. em. Huds.), zml. hfg in Auenwäldern, im Auengebüsch, in sonnig. Hangwäldern, auf sickerfrisch. (wechselfeucht.), glgtl. auch überflutet., nährstoff- u. basenreich., meist kalkhaltg., lock., mild., $\pm$ humos. Tonböden, Basen- u. Nährstoffzeiger, wärmeliebd, wird bis 30 m hoch, Lichtholzart, Tiefwurzler mit Wurzelbrut, Pionierpf., wertvoll. Werkholz, Alleebaum, durch Pilzkrankheit (Ulmensterben) bedroht, Char. d. Querco-Ulmetum (Alno-Ulmion), auch in Carpinion- od. Quercion pubesc.-Ges., ferner im Feldgebüsch, an verwahrlost. Hängen in Siedlungs-Nähe, in Steinbrüchen usw. in Berberidion-Ges. – v. all. Stromtäler, Rh, Do (bis ca. 600 m), Mn, auch Ne, Bo, FrJu (Tieflagen), Saale-Elbe-Oder, im Nordw. fehld, erreicht im Gebiet d. N-Grenze d. Verbrtg, auch angepflzt – smed(-gemäßkont) – P – Chrom. 2n = 28.

814a. var. suberósa (Moench) Rehd., jge Zweige mit Korkleisten, B. kl., Pf. meist strauchartg, hfg im Berberidion (*Rosa-Ulmus minor*-Ges.).

815. **Berg-U., Weißrüster, U. glábra** Huds. (*U. montána* With.), zerstr. in Schluchtwäldern u. schattig. Hangwäldern, auf sicker-feucht., nährstoffu. basenreich., locker., oft bewegt., mild-mäß. sauer., humos., steinig. Lehm- u. Tonböden in kühl-humid. Klimalage, Tiefwurzler, frostharte Halbschattholzart, Alleebaum, wird bis 400 Jahre alt u. 30 m hoch, Char. d. Aceri-Fraxinetum u. Ulmo-Aceretum (Tilio-Acerion), auch in benachbart. Fagion- od. Alno-Ulmion-Ges. (Fagetum ulmetosum usw.) – mittl. Gebirgslagen, A bis 1380 m, im Nordw. slt. – eurassubozean(-smed) – P – Chrom. 2n = 28 (neuerdings auch v. Ulmensterben betroffen).

Zürgelbaum, Céltis L.

816. **Westlicher Z., C. occidentális** L., B. unterst blaßgrün, nur auf d. Nerv. behaart, Fr. orange bis schwarz, bis 25 m hoher Parkbaum (v. all. Rh) aus d. östl. N-Amerika – Chrom. 2n = 20.

817. **Südlicher Z., C. austrális** L., B. unterst graugrün, flaumg behaart, Fr. rötl. bis viol. braun, Baum bis 20 m hoch – Heimat: Mittelmeergebiet (bis Südschweiz), wärmeliebd, v. all. an Felsen od. in Berberidion-Gebüschen – slt. z. B. Rh als Zierbaum – Chrom. 2n = 40.

Familie der Maulbeerbaum-Gewächse, Moráceae

1	Bäume od. Sträucher, B. wechselstdg	
2	B. eiförmg od. 3–5lappg gebuchtet, B.grund herzförmg, B.rand gesägt, Fr. Himbeer- od. Brombeer-ähnl.	**Morus** S. 318
2*	B. handförmg gelappt, Fr. birnförmg	**Ficus** S. 319
1*	Krautpf., B. gegenstdg	
3	St. windend, B. ungeteilt od. 3–5lappg, gezähnt, rauh, Staubb.-Blü. in Rispen, Fr.kn. bzw. Fr. in eiförmg., zapfenähnl. Kätzch., Fr.hüllb. drüsg, 2–6 m, ♃, 7–8	**Humulus** S. 319
3*	St. aufrecht, B. handförmg 5–7zählg, gesägt, Blü. b.achselstdg, 30–140 cm, ☉, 7–8	**Cannabis** S. 319

Maulbeerbaum, Mórus L

1	B. ob.sts kahl, Fr. weiß od. rot, deutl. gestielt, 2–10 m, ♄, 5	**M. albus** 818
1*	B. ob.sts rauh, Fr. schwarz, süß, kurz gestielt od. fast sitzd, 2–15 m, ♄, 5	**M. nigra** 819

818. **Weißer M., M. álba** L., hie u. da gepflanzt als Zierbaum od. zur Seidenraupenzucht, in Hecken, (z. B. Rh, Ne), Windbestäubg, Tierverbrtg, Hauptkulturgebiet: submediterran, Heimat: O-Asien – Chrom. 2n = 14, 28 (42).

819. **Schwarzer M., M. nígra** L., hie u. da gepflanzt als Zier- od. Obstbaum (z. B. Rh, Ne) – Heimat: SW-Asien – Chrom. 2n = 26, 28, 30 usw. bis 308.

Feigenbaum, Fícus L.

820. **F. cárica** L., alte Kulturpf. d. Mittelmeergebietes, glgtl. auch in Rh (z. B. als Spalier) im Freien gepflanzt u. nur in extrem kalt. Wintern zurückfrierend (Chrom. 2n = 26) – **Gummibaum, F. elástica** Roxb., beliebte Zimmerpf., Heimat: O-indisch. Regenwald, neben **Hevéa** Aubl. Naturkautschuk-Lieferant.

Hopfen, Húmulús L.

821. **H. lúpulus** L., hfg in Auenwäldern u. an Auenwaldrändern, im Gebüsch, auf grundfeucht. od. nass., zeitw. überschwemmt., nährstoffreich., mild-mäß. sauer., humos., tiefgründg., sandg. od. rein. Ton- u. Lehmböden, stickstoffliebd, etwas wärmeliebd, Rechtswinder, Windbestäubg, Windverbreitg, in Kulturorten gebaut, Fr.zäpfch. als Bierwürze, Heilpf., jge Sprosse Hopfenspargel- Gemüse, opt. im feucht. od. ruderal. Gebüsch, Prunetalia-Ordn.char., in Auenwäldern Alno-Ulmion-Verb.Diff., auch im Alnion – Ebene bis mittl. Gebirgslag., A bis 810 m – euras-smed, circ – H – Chrom. 2n = 20.

Hanf, Cánnabis L.

822. **C. satíva** L., hie u. da gebaut, v. all. bei Erstkultur auf Flachmoor-Böden, zu Bastfaser- u. Öl-Gewinnung, (aus d. subtrop. Kultursorte Ind. Hanf: Haschisch), auch adventiv aus Vogelfutter in Schuttunkraut-Ges. (Sisymbrion), üb. 1 m tief wurzelnd, wärmeliebd, Kurztagpf., Wildform: euraskont – T – Chrom. 2n = 20, 40, 80.

Familie der Brennessel-Gewächse, Urticáceae

| 1 | B. gegenstdg, gesägt, mit Brennhaaren | **Urtica** S. 319 |
| 1* | B. wechselstdg, ganzrandg, ohne Brennhaare | **Parietaria** S. 320 |

Brennessel, Urtica L.

1	Pf. ausdauernd mit verlängert. Wurzelstock, B.längl., am Grunde herzförmg, b.achselstdge Blü.rispe lger als B.stiel	
2	Pf. 2häusg, mit zahlreich. Brenn- u. Borst.haaren, alle Nebenb. frei, St. aufrecht, 60–150 cm, ♃, 6–9	**U. dioica** 823
2*	Pf. 1häusg, fast ohne Borst- u. nur wenigen Brennhaaren, obere Nebenb. verwachs., St. meist niederliegd-aufsteigd, 60–200 cm, ♃, 7–8	**U. kioviensis** 824
1*	Pf. einjährg	
3	B. eiförmg-stumpfl., Blü.rispen kürzer als B.stiel, 10–50 cm, ☉, 6–10	**U. urens** 825
3*	B. zugespitzt, Fr.blü.std kugelg, gestielt, 30–50 cm, ☉, 4–6	**U. pilulifera** 826

Alle Arten Windbestäubg u. Windverbrtg

823. **Große B., U. dioíca** L., verbr. an Wegen u. Schuttplätzen, bes. im Umkreis dörfl. Siedlungen, an Gräben u. Zäunen, in Auenwäldern u. Waldsäum., auf feucht.-frisch., nährstoffreich., lock., mild-neutral.,

humos., meist tiefgründg. Ton- u. Lehmböden, bis 70 cm tief wurzld. Wurzelkriech-Pionier, Stickstoff- od. im Wald auch Feuchtigkts-Zeiger, B. als Gemüse, Heiltee od. Färbemittel, Ersatzfaserpf., Artemisietea-Kl.char., auch in Atropetalia-Ges., im Salicion alb., Alno-Ulmion od. and. feucht. Fagetalia-Ges., ursprüngl. Ufersaum- u. Auen-Verlichtgs-Pf. (Galio-Urticenea) – Ebene bis Gebirge, A bis 2375 m – no-euras, in gemäß. Zonen heute weltweit – H – Chrom. 2n = 48, 52.

824. **Sumpf-B., U. kioviénsis** Rog., slt. in Röhrichtges., im Phragmition od. Phalaridetum (Magnocaricion), auch im Alno-Ulmion, ab. nicht ruderal – Br – gemäßkont – H – Chrom. 2n = 22.

825. **Kleine B., U. úrens** L., zerstr. in Unkrautfluren v. Schuttplätzen od. Gärten, in Gemüsekulturen, an Mistplätzen, v. all. in Dörfern, auf frisch., nährstoffreich. (ammoniakal.), ± mild., humos. locker. Lehm- u. Tonböden, Stickstoffzeiger, v. all. im Urtico-Malvetum (Sisymbrion), auch in and. Sisymbrietalia- od. in Pol.-Chenopodietalia-Ges.), überreg. Chenopodietea-Kl.char. – Ebene bis Gebirge (A bis 1000 m) – (no-) euras-med, in gemäß. (bis warmgemäß.) Zonen weltweit verschleppt – T – Chrom. 2n = 24.

826. **Pillen-B., U. pilulífera** L., slt. eingeschleppt u. unbestdg (z. B. Rh) an Schuttplätzen auf stickstoffreich. (ammoniakal.), frisch-humos. Standort. (Sisymbrion), in S-Europa: Chenopodion muralis-Verb.char. – med – T – Chrom. 2n = 24, 26.

Glaskraut, Parietária L.
1   Pf. ausdauernd, reife Samen schwarz
2   St. aufrecht-einfach, B.eiförmg-lanzettl., bis 10 cm lg, 20–100 cm, ⌃, 6–9
                                                                    P. officinalis   828
2* St. niederliegd-ästg, B.eiförmg-rundl., 2–3 cm lg, 5–30 cm, ⌃, 6–9
                                                                    P. judaica   829
1* Pf. einjährg, reife Samen braun, Blü.std locker, 20–80 cm, ☉, 5–11
                                                                    P. pensylvanica   827

827. **Pennsylvanisches G., P. pensylvánica** Mühlenb., slt. eingeschleppt, aber z. T. eingebürgert, auf frisch., stickstoffreich. Standort., v. all. im Alliarion u. in Sisymbrion-Ges. – Br (Berlin) – N-Am – T – Chrom. 2n = 16.

828. **Aufrechtes G., P. officinális** L. (*P. erécta* Mert. et Koch), slt. in Auwald-Verlichtung., im Saum von Auengebüsch, am Fuß schattig. Felsen od. Mauern, auf sickerfrisch., nährstoffreich., mild. humos. Stein- od. Tonböden, wärmeliebd, Ameisenverbrtg, Alliarion-Verb.char., auch im Alno-Ulmion – Tieflag., v. all. im S, bes. Weinbaugebiete – smed – H – Chrom. 2n = 14.

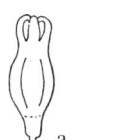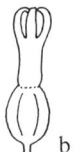

Abb. 28. Abgeblühte Einzelblüte. a *Thesium bavarum*, b *Thesium pyrenaicum*.

a   b

829. Mauer-G., P. judáica L., (*P. diffúsa* Mert. et Koch), slt., ab. gesellg in Mauerfugen u. an Mauerfüßen, auf feucht durchsickert., ± beschattet., ab. südexpon., stickstoffbeeinflußt., humos. Spalten, wärmeliebd, frostempf., Ameisenverbrtg, Char. d. Parietarietum jud. (Centhr.-Parietarion), überreg. Parietarietalia jud.-Art – Ne (Lauffen-Mannheim), Mn (Mergentheim), Do (Passau, ob noch?), Mittelrhein-Mosel, He, NSH, z.T. vorübergehd, im Gebiet an d. O-Grenze d. Verbrtg – med-atl – H – Chrom. 2n = 26.

Ordnung Santaláles

Familie der Sandel-Gewächse, Santaláceae

(benannt nach *Sántalum* L., *S. álbum* L., wertvolles ostindisch. Nutzholz)

Leinblatt, Bergflachs, Thésium L.

1 Blü. mit 1 größer. u. 2 kleiner. Tragb., Blü.std ohne B.schopf, Blü.b. 2–3,5 mm lg

2 Blü.b. nach Verblühen bis zum Grund eingerollt (Abb. 28a), so lg od. kürzer als Fr., Blü.std rispg od. traubg

3 B. 3–5nervg, lg zugespitzt, bläul.grün, Pf. ohne Ausläufer, 30–80 cm, ⌾, 6–7   **Th. bavarum** 830

3* B. 1nervg (od. schwach 3nervg), lineal-lanzettl., gelbgrün, Pf. mit unterird. Ausläufern, 15–30 cm, ⌾, 6–7   **Th. linophyllon** 831

2* Blü.b. nach Verblühen nur an d. Spitze eingerollt (Abb. 28b), Blü. bleibt ± röhrig, im ganzen meist lger als Fr., Blü.std ± traubg

4 Fr.äste fast waagrecht abstehd, allstwendg, B. schwach 3nervg, Blü. 5zählg, 10–40 cm, ⌾, 6–7   **Th. pyrenaicum** 832

4* Fr.äste aufrecht-abstehd., meist einstwendg, B. 1nervg, Blü. meist 4zählg, 10–30 cm, ⌾, 6–7   **Th. alpinum** 833

1* Blü. nur mit 1 Tragb., St.spitze mit blü.los. B.schopf, Blü.std traubg

5 Pf. ohne Ausläuf., Blü.hülle zuletzt doppelt so lg wie fast sitzende, beerenartge gelbl. Fr., 20–30 cm, ⌾, 5–7   **Th. rostratum** 834

5* Pf. mit Ausläuf., Blü.hülle zuletzt kürzer od. so lg wie kurz gestielte lederge Fr., 10–30 cm, ⌾, 5–6   **Th. ebracteatum** 835

830. Berg-L., Th. bávarum Schrank (*Th. montánum* Ehrh.), zml. slt. an sonnig. Wald- u. Buschrändern, in Staudenhalden u. Kiefernwäldern, auf trock.-wechseltrock., meist kalkreich., lock., neutral-mild., humos.

Lehm- u. Ton-(Mergel)-böden, auch auf Sand od. Löß, sommerwärmeliebd, Wurzelsprosse bildd, Licht-Halbschattpf., Bienen- u. Selbstbestäubg, v. all. im Ger.-Peucedanetum u. Bupl.-Laserpitietum, Geranion sang.-Verb.char., auch im Erico-Pinion, Quercion pubesc. od.
Berberidion – Ebene bis mittl. Gebirgslag., Ju bis 1010 m, im Nordw. u.
W, wie im nördl. Tiefland, auch A (ab. nicht Av) fehld – opralp(-gemäß-
kont) – G – Chrom. 2n = 24.

831. **Mittleres L., Th. linophýllon** L., slt. in Trocken- u. Steppenrasen,
auf Dünen u. in Felsband-Ges., auf warm., trock., basenreich., oft
kalkarm., lock., neutral. (-mäß. sauer.), humos. Sand- u. Steinböden,
Char. d. Adonido-Brachypodietum (Cirsio-Brachypodion), auch in
Brometalia-Ges. übergreifd – v. all. warme Tieflag., im Nordw. fehld
– europkont – G – Chrom. 2n = 24.

832. **Wiesen-L., Th. pyrenáicum** Pourr. (*Th. praténse* Ehrh.), zerstr. in
saur. Magerrasen, in mager. Bergwiesen u. Bergweiden, auf mäß. trock.-
frisch. (wechselfrisch.), ± basenreich., ab. kalkarm., mäß. sauer.,
modrig- humos. Lehmböden, Halbschmarotzer, Bienen- od. Selbstbestäubg, v. all. in initial. Ges., Nardetalia-Ordn.char., auch in
versauert. Mesobromion- od. Arrhenatheretalia-Ges. – Ebene bis Gebirge, v. all. mont. Silikat- u. Lehmgebiete, A bis 1950 m, im nördl. Tiefld
fehld – wpralp – H – Chrom. 2n = 14.

833. **Alpen-L., Th. alpínum** L., zml. slt. in subalp. u. alp. Magerrasen, auf
mäß. frisch., ± nährstoffarm., basenreich., neutral-mäß. sauer., humos.
Lehm- u. Steinböden, Ameisenverbrtg, Seslerietalia-Ordn.char., auch im
Calamagrostion od. in Origanetalia- u. Nardetalia-Ges. – v. all. A (bis
2260 m), gegen N disjkt (z.B. Pf, Fr, Sa), z.T. ungesichert (bis Br)
vorkommend – alp-pralp – H – Chrom. 2n = 12, formenreich.

834. **Geschnäbeltes L., Th. rostrátum** M. et Kch., zml. slt. in licht.
Kiefernwäldern d. Alpen- u. Voralpengebietes, auf trock. (wechseltrock.), kalkreich., neutral-mild. humos. Schotter- od. Mergelböden,
z.B. mit *Carex alba* im Cytiso-Pinetum od. Erico-Pinetum, Erico-
Pinion-Verb.char. – Bo-Ju (Kriegertal), FrJu, Do, Av, A bis 1350 m –
opralp – G – Chrom. 2n = 26.

835. **Vorblattloses L., Th. ebracteátum** Hayne, slt. in ± saur. sandg.,
sommerwärmeliebd. Rasen- u. Heideges. (Corynephoretalia- od. Koel.-
Phleion-Ges.) auch im Cytiso-Pinion – NS, SH, Me, Br. An, Th, L –
europkont – G – Chrom. 2n = 24.

Familie der Mistelgewächse, Lorantháceae

1   B. immergrün, Blü. in Knäueln, Beere meist weißl., ♄, 2–5 **Viscum** S. 323
1* B. sommgergrün, Blü. in Ähr. od. Traub., Beere gelbl., bis 1 cm lg, 30–100
    cm, ♃, 4–5   **Loranthus** S. 323

Mistel, Víscum L.

836. V. álbum L.

1 Beeren ± rundl, weiß od. gelbl., Samen mit eingesenkt. Seiten, oval-3kantg od. flach, Blü. groß

836a. **Laubholz-M., V. a. ssp. álbum** (*V. álbum* L. s.str.), zerstr. auf Laubhölzern, v. all. Pappeln u. Weiden, auch Apfelbäumen (v. all. Ne), ferner auf Linden, Birken, Robinien, Ahornarten, usw., in wintermild-luftfeucht. Klimalage, Halbschmarotzer, wie folgde alte Heil- u. Zauber-pf., Fr. zu Vogelleim – v. allem im W des Gebietes bis Av, im Nordw. slt. – eurassubozean-smed (in Europa: subatl-smed) – E(Pn) – Chrom. 2n = 20.

1* Beeren meist oval, Samen mit gewölbt. Seitenflächen, Blü. kl.

2 Beeren weiß, B. höchst. 3mal so lg wie brt, dunkelgrün

836b. **Tannen-M., V. a. ssp. abiétis** (Wiesb.) Abrom. (*V. abiétis* Fritsch), zml. hfg auf Weißtannen im natürl. Wuchsgebiet von *Abies* – Sch, BayW, A bis rd 1000 m, ThW, Erzg, Sa – (o)pralp-smed.

2* Beeren gelbl., kl., B. schmal u. kleiner als bei vor., 4–7mal so lg wie brt, gelbgrün

836c. **Kiefern-M., V. a. ssp. austríacum** (Wiesb.) Vollm. (*V. láxum* Boiss. et Reut.), zml. slt., v. all. im Wuchsgebiet nat. Kiefernwälder osteurop. Herkunft, slt. auch in Kiefern-Kunstbeständ., v. all. in Leucobryo- u. Pyrolo-Pineten, weniger im Erico-Pinion – mit *Pinus sylv.* durch d. ganze Gebiet, im Nordw. (auch Th) fehld, A bis 800 m – gemäßkont-smed, im Gebiet an d. W-Grenze d. Verbrtg (außerdem Spanien).

Riemenblume, Eichenmistel, Loránthus Jacq.

837. **L. európaeus** Jacq., s. slt. auf Eichen wärmeliebder Eich.mischwäld. – Sa – osmed – E(Pn) – Chrom. 2n = 18.

Ordnung Aristolochiáles

Familie der Osterluzei-Gewächse, Aristolochiáceae

1 Grundachse kriechd, B. rundl.-nierenförmg, dunkelgrün (z. T. wintergrün), Blü. braunrot (am Boden liegd), mit Pfeffergeruch, Staubb. 12
Asarum S. 323

1* St. aufrecht, B. eiförmg-herzförmg, hellgrün (sommergrün), Blü. b.achselstdg, röhrg, am Grund bauchg, gelbl. (od. bräunl.), Staubb. 6, 30–60 cm, ⚊, 5–6
Aristolochia clematidis S. 324

Haselwurz, Ásarum L.

1 B. brt-nierenförmg, glänzd, immergrün, unt.sts behaart, mit fehlder od. nur gelgtl. auftretend. B.spitze, 5–10 cm, ⚊, (3)4–5
A. europaeum 838

1* B. brt, alle deutl. zugespitzt, matt, sommergrün, unt sts höchst. auf d. Nerv. behaart, 5–10 cm, ⚊, 3–4(5)
A. europ.ssp. caucasicum 839

838. **Europäische H., A. europaēum** L., zml. hfg in krautreich. Laub- od. Nadelmischwäldern, auch in Auenwäldern, auf sickerfrisch. (feucht.), nährstoffreich., meist kalkhaltg., neutral-mild., humos. Lehm- u. Tonböden, bodenlockernd. Mullboden-Kriecher, Lehmzeiger, Selbst- u. Fremdbestäubg, Ameisenverbrtg, Blü., B. u. Wurzel mit Pfeffergeschmack, Heilpf., Fagetalia-Ordn.char. – Ebene bis mittl. Gebirgslagen, v. all. im O d. Gebietes, A bis 1180 m – euraskont – H, G – Chrom. 2n = 26, 40.

839. **Kaukasische H., A. europaēum ssp. caucásicum** (Duch.) Soó (*A. ibéricum* Stev.), s. slt. in Buchenwäld. auf frisch. nährstoffreich. Lehmböd., v. all. im Fagion – Do, Av – osmed – H, G.

Osterluzei, Aristolóchia L.

840. **Gewöhnliche O., A. clematítis** L., zml. slt., eingebürgert in Weinberg., im Saum d. Rebgärten, im Gebüsch, auf mäß. trock. (wechselfrisch), nährstoff- u. basenreich., lock., ± humos. Löß- u. Lehmböden, stickstoffliebd, Wurzelkriech-Pionier, wärmeliebd, Fliegenkesselfallen-Blume, giftige Heilpf., v. all. im Urt.-Aegopodietum (Aegopodion), auch im Berberidion od. Querco-Ulmetum (Alno-Ulmion), slt. auch im Fum.-Euphorbion (Ger.-Allietum) – Ebene bis mittl. Gebirgslagen (Weinbaugebiete) – smed, verschleppt – H – Chrom. 2n = 14.

841. **Windende O., A. dúrior** Hill (*A. macrophýlla* Lam.), Blü. bräunl.grün, Tabaks-Pfeifenkopf-ähnl., St. linkswindd, Zierpf. aus d. atl. N-Amerika – P – Chrom. 2n = 28.

Ordnung Polygonáles

Familie der Knöterich-Gewächse, Polygonáceae

1　Blü.hüllb. 6 od. 4, die 3 inner. nach d. Blü. oft stark vergrößt. (Ausn. *Rheum*)
2　Innere Blü.hüllb. z. Fr.zeit vergößt, d. Fr. anliegd, Staubb. 4 od. 6, Narbe pinselförmg
3　Blü.hüllb. u. Staubb. 6, Fr. 3kantg　　　　　　　　　**Rumex** S. 325
3*　Blü.hüllb. 4, Fr. linsenförmg, 2flügelg, Hochgebirgspf., 5–15 cm, ⧫, 6–8
　　　　　　　　　　　　　　　　　　　　　　　　　　Oxyria S. 330
2*　Blü.hüllb. alle gleich groß, hinfällg, Staubb. 9, Narbe kopfg, B. s. groß, 1–3 m, ⧫, 5–6　　　　　　　　　　　　　　　　　　**Rheum** S. 331
1*　Blü.hüllb. meist 5 (slt. 4), gleich groß, meist weiß od. rötl. (grünl.), Narbe kopfg
4　B. längl.-lanzettl. od. eiförmg, wenn herzförmg dann St. windend od. meterhohe Staude, Fr. ± so lg wie Blü.hülle, 3kantg od. linsenförmg
　　　　　　　　　　　　　　　　　　　　　　　Polygonum S. 331
4*　B. brt-herzförmg, St. aufrecht, Fr. 2–3mal länger als Blü.hülle
　　　　　　　　　　　　　　　　　　　　　　　Fagopyrum S. 337

Abb. 29. Inneres Blüten-Hüllblatt von *Rumex obtusifolius.*

Ampfer, Rúmex L.

1 B.grund verschmälert, abgerundt od. herzförmg, nicht pfeilförmg, Blü. meist zwittrig, nur z. T. eingeschlechtg (1* vgl. S. 326)
2 Innere Blü.hüllb. deutl. fransenartg gezähnt, alle vergrößt, Blü.-hüllb. mit Schwielen (Abb. 29)
3 Grundstdge B. kl., ± hinfällg, obere Blü.quirle beblättert, Pf. einjährg
4 B. lanzettl.-lineal, in d. B.stiel verschmälert, innere zugespitzte Blü.hüllb. mit jed.sts 2(3) Zähnen
5 Fr.stände gelb, Blü.std dicht, Fr.stiele fein, Zähne d. inner. Hüllb. ± lger als Hüllb. brt, 10–60 cm, ⊙, 7–9   **R. maritimus** 842
5* Fr.stände bräunl.-rötl.grünl., Blü.std gelockert, Fr.stiele dick-steif, Zähne d. inner. Hüllb. so lg od. kürzer als Hülle brt, 10–80 cm, ⊙, 7–9   **R. palustris** 843
4* B. längl., geigenförmg, mit herzförmg. Grund, unt.sts ± flaumg, Äste sparrg abstehd, Blü.std unterbroch., zur Fr.zeit graugrün, 20–80 cm, ⊙, 5–7   **R. pulcher** 844
3* Grundstdge B. groß , längl., mit herzförmg. Grund, vorn ± stumpfl., Blü.quirle nicht beblättert, Fr.std braunrot, 50 bis 120 cm, ♃, 7–8   **R. obtusifolius** 848
2* Innere Blü.hüllb. ganzrandg od. nur am Grund schwach gezähnt
6 Blü.hüllb. schwielenlos, brt, rundl., 3eckg od. herzförmg, grundstdge B. ansehnl., am Rande ± wellg, (mit kl. B., vgl. *R. acetosella*, unt. 16)
7 B.stiel ob.sts rinng, B. höchst. 2mal so lg wie brt
8 B. längl.-eiförmg, St.b. lanzettl., ob. ungestielt, Fr.stiele unt. d. Fr. kaum verdickt, 90–150 cm, ♃, 6–7   **R. aquaticus** 845
8* B. rundl.-herzeiförmg, meist stumpf., St.b. eiförmg-lanzettl., auch obere gestielt, Fr.stiele unter d. Fr. verdickt, Pf. meist herdenbildend, 30–120 cm, ♃, 7–8   **R. alpinus** 847
7* B.stiel ob.sts flach, untere St.b. mindest. 4mal so lg wie brt, 60–150 cm, ♃, 7–8   **R. longifolius** 846
6* Blü.hüllb. wenigst. z. T. mit Schwielen
9 Innere Blü.hüllb. lineal-längl., zuletzt 2–4 mm lg, Grundb. längl.-eiförmg, am Grund herzförmg
10 Blü.std bis zur Spitze beblättert, innere Blü.hüllb. alle mit Schwielen, 30–60 cm, ♃, 7–9   **R. conglomeratus** 849
10* Blü.std bis zur Mitte beblättert, nur 1 Blü.hüllb. mit Schwiele, St. oft rötl., 30–60 cm, ♃, 7–8   **R. sanguineus** 850
    vgl. auch   **R. obtusifolius ssp. sylvestris** 848a
9* Innere Blü.hüllb. rundl. od. eiförmg, zuletzt kaum lger als brt, 3–8 mm lg
11 Grundstdge B. vorhand.
12 Grundstdge B. abgerundet-gestutzt, 20–50 cm lg, Blü.hüllb. mit 1 groß. u. 2 undeutl. Schwiel. (Kl. Alpenpf. mit ± b.los. St. vgl. bei 19* **R.nivalis**)

13 B.stiel ob.sts flach, B. längl.-lanzettl. am Rande ± gewellt
14 B. am Grund gestutzt-herzeiförmg, innere Blü.hüllb. bis 5 mm lg, 30–
120 cm, ♃, 6–8   **R. crispus** 851
14* B. am Grund ± keilförmg, weniger kraus, innere Blü.hüllb. 3,5–4 mm lg, am
Rande fein gezähnt, 60–100 cm, ♃, 7–8   **R. stenophyllus** 852
13* B.stiel ob.sts rinng, B. längl.-ellipt, zugespitzt, dünn, Blü.hüllb. bis 8 mm lg,
St. gefurcht, ± rot, 100–200 cm, ♃, 5–7   **R. patientia** 853
12* Grundständge B. in d. Stiel verschmälert, längl.-lanzettl., spitz, bis 1 m lg,
Blü.hüllb. eiförmg, alle mit Schwiel., bis 7 mm lg, 80–200 cm, ♃, 7–8
         R. hydrolapathum 855
11* Grundstdge B. fehld, St. mit spätblühd. B.achseltrieb., untere St.b. lineal-
lanzettl., 12–15 cm lg, Blü.hüllb. herzförmg, 30–100 cm, ♃, 6–9
         R. triangulivalvis 854
1* B.grund spieß- od. pfeilförmg, B. ± sauer schmeckd, Blü. alle
eingeschlechtg, Pf. zweihäusg
15 B.± lger als brt, grasgrün
16 B. lanzettl.-lineal mit auswärts gerichtet. Spießeck. (z. T. ohne spießförmg.
Grund), Blü.hüllb. nicht schwielg, die kl. äußer. zuletzt aufgerichtet-anliegd,
B. alle gestielt, 5–15(–30) cm, ♃, 5–8   **R. acetosella** 856
16* B. eiförmg-längl. od. fast 3eckg, die ober. sitzd (z. T. st.-umfassd), Blü.hüllb.
z. T. schwielg, die kl. äußer. zurückgeschlagen
17 Unt. St.b. eiförmg-längl., 2–4(–10)mal lger als brt, derb, dickl., B.scheiden
gezähnt od. zerschlitzt
18 Blü.std locker, unterbroch., blaßrot, Grundb. eiförmg-längl., Spießeck.
abwärts gerichtet, 30–60 cm, ♃, 5–6   **R. acetosa** 857
18* Blü.std dicht, lebhaft rot, nicht unterbrochen, Grundb. mehr lanzettl., 5–
10mal so lg wie brt, 40–90 cm, ♃, 6–9   **R. thyrsiflorus** 858
17* Unt. St.b. fast 3eckg, 1–2mal lger als brt, B.scheid. ganzrdg
19 St. beblättert, B. dünn, glänzd, Spießeck. ± waagr. abstehd, reife Fr.
gelbgrau, 30–80 cm, ♃, 6–8   **R. alpestris** 859
19* St. unbeblättert od. nur 1–2 St.b., B. dickl., fast nervenlos, Blü.
eingeschlechtg, Pf. zweihäusg, Alpenpf. (vgl. *Oxyria*!), 5–20 cm, ♃, 7–8
         R. nivalis 860
15* B. ± rundl., mit Spießeck., meist blaugrün, Blü.hüllb. nicht schwielg, die kl.
äußer. vorwärts gerichtet, B. alle gestielt, 20–40 cm, ♃, 5–8
         R. scutatus 861

Alle Arten Wind- od. Selbstbestäubg u. oft Windverbrtg

842. **Strand-A., Ufer-A., R. marítimus** L., zml. slt. (u. unbestdg) in
Schlamm-Unkrautfluren, an Teich., Gräben, Altwassern, an Viehtränken, auf nass. (zeitw. überflut.), sommerl. trock. falld., nährstoffreich.
(oft salzhaltg.), humos., ± off. Schlammböden, etwas wärmeliebd,
Pionierpf., Klett- u. Wasserverbrtg, Char. d. Rumicetum mar.
(Bidention trip.) – warme Tieflagen, v. all. Mn, Do, Fr, im W d. Gebietes
(z. B. Rh) slt. – euras(kont) – T – Chrom. 2n = 40.

843. **Sumpf-A., R. palústris** Sm. [*R., marítimus* var. *palústris* (Sm.)
Schldl.], slt. wie vor., aber mehr auf Schlick, auch an Dämmen, auf etwas
basenreicheren Böd., überflutgsfest, Char. d. Rumicetum pal.

(Bidention) – z. B. Rh, Mn, Fr, Do, Bo – euras-smed, südlicher verbr. als vor. – T – Chrom. 2n = 40 (60).

844. Schöner A., R. púlcher L., slt. u. unbestdg in Schutt-Unkrautfluren, an Wegen, Schuttplätzen, in Gleis- u. Hafen-Anlagen, auf trock. (wechseltrock.), nährstoffreich., mild., humos. od. roh., off. Sand-, Kiesod. Tonböden, wärmeliebd, in Ges. d. Sisymbrion, Verbrtgsschwerpkt in S-Europa (als Chenopodietalia mur.-Art) – z. B. süRh u. süHü, im Gebiet **ssp. púlcher** – med(-smed-atl), in (ozean)warm-gemäß. Zonen heute weltweit – T (H) – Chrom. 2n = 20.

845. Wasser-A., R. aquáticus L., zerstr. im Uferröhricht, auf Kiesbänken, v. all. v. Gebirgsbächen, auf nass., zeitw. überflut., nährstoff- u. basenreich., sandg. od. kiesig. Tonböden, mit stark wechselnd. Wasserstd, terr. Char. d. Phalaridetum (Magnocaricion), auch im Filipendulion – Ebene bis mittl. Gebirgslag., v. all. im O d. Gebiet., im W (z. B. Rh) slt. – no-euraskont – H(W) – Chrom. 2n = ca. 200, 140.

846. Gemüse-A., R. longifólius DC. (*R. domésticus* Hartm.), s. slt. in frisch., nährstoffreich. Ruderalges., im Arction u. im Agr.(El.)-Rumicion, ähnl. wie *R. obtusif.* – NS, SH, Me – no-euras(kont), circ – H – Chrom. 2n = 40, 60.

847. Alpen-A., R. alpínus L., zerstr., ab. gesellg in Lägerfluren d. subalp. Stufe, bei Bauernhöfen, Alm- u. Sennhütten, in Vieh-Lägern, auf sickerfrisch. (feucht), nährstoffreich., ± mild., humos. Lehmböd., Stickstoff- u. Überweidungszeiger, oft Zeiger ehemalg. Siedlg., Schweinefutterpf., Char. d. Rumicetum alp. (Rumicion alp.), auch im Adenostylion od. Polygono-Trisetion – A bis 2050 m, süSch (über 900 m), auch verschleppt, z. B. Av od. BayW – pralp – H – Chrom. 2n = 20.

848. Stumpfblättriger A., R. obtusifólius L., verbr. in Unkrautfluren, an Zäunen, Wegen, Schuttplätzen, Gräben, bes. dörfl. Siedlungen, auch auf Äckern, Wiesen od. in Schlägen, als Pionierpf., auf grundfrisch., nährstoffreich., neutral-mild., humos. od. roh. Lehm- u. Tonböden, opt. in kühlhumid. Klimalage, bis 2 m tief wurzld. Intensivwurzler u. Stickstoffzeiger, Licht(Halbschatt)pf., v. all. im Agr.(El.)-Rumicion, auch in frisch. Arction- u. Aegopodion-Ges. – Ebene bis Gebirge, A bis 1500 m – H, formenreich:

1   Innere Blü.hüllb. lgl. 3-eckg, 3–4 mm lg, kurz gezähnt od. fast ganzrandg, alle mit Schwiel., B. unt.sts kahl

848a. ssp. sylvéstris (Wallr.) Rech.p., so v. all. im O u. NO d. Gebiet., Westgrenze Me-He-Bo – gemäßkont – Chrom. 2n = 40.

1*   Innere Blü.hüllb. eiförmg-3eckg, 4–6 mm lg, mit verlängert. Zähn.
2   Innere Blü.hüllb. 4,5–6 mm lg, meist nur mit einer Schwiele, längste Zähne so lg wie Hüllb. brt, B. unt.sts behaart

848b. **ssp. obtusifólius,** die im W vorherrschde Sippe, östl. bis etwa: SH-Th-BayW-Do – subatl(-smed) – Chrom. 2n = 40.

2* Innere Blü.hüllb. 4–5 mm lg, alle mit ± ungleich. Schwiel., längste Zähne halb so lg wie Hüllb. brt, B. unt.sts kahl

848c. **ssp. tránsiens** (Simk.) Rech.f. (*R. obtusifolius – sylvestris*), im Überlappgsgebiet d. vor. Unterart. zwischen Rhein u. Oder – endem. – Chrom. 2n = 40.

Über eine unterschiedl. Soziologie d. Unterart. ist nichts bekannt.

849. **Knäuel-A., R. conglomerátus** Murray, zerstr. (u. unbestdg) in lückig. Unkrautfluren an Gräben, Ufern, auch in Schlägen, auf feucht., s. nährstoffreich., mild.humos., ± off., sandig. od. rein. Lehm- u. Ton(Schlamm)-Böden, Stickstoffzeiger, Pionierpf., wärmeliebd, v. all. im Agr.(El.)-Rumicion, auch in Bidention- od. Atropetalia-Ges. – Ebene bis mittl. Gebirgslag., A bis 800 m – smed(-subatl), verschleppt – H – Chrom. 2n = 20.

850. **Hain-A., R. sanguíneus** L., hfg in Auenwäldern, an feucht. Waldwegen od. Gräben, an Waldquellen od. im Ufergebüsch, auf sicker- od. grundnass., nährstoffreich., meist kalkarm., mild-mäß. sauer., humos. Lehm- u. Tonböden, Vernässungs- u. Bodenverdichtungszeiger, Eschenbegleiter, etwas wärmeliebd, Halbschatt- u. Schattpf., Char. d. Carici rem.-Fraxinetum (Alno-Ulmion), auch im feucht. Fagion od. Carpinion, in Alliarion- od. Atropetalia-Ges. – Ebene bis mittl. Gebirgslagen (Ju bis 1000 m, Sch kaum 800 m, A bis 950 m), im nördl. Flachld sltener – subatl-smed – H – Chrom. 2n = 30.

851. **Krauser A., R. críspus** L., verbr. in Unkrautfluren, an Ufern, Gräben, auf Äckern, in Gänseangern, Wiesen, zertret. Naßweiden, auf grund- od. staufeucht., nährstoffreich., ± humos., dicht. Lehm- u. Tonböden, Bodenverdichtgs- u. Stickstoffzeiger, bis 3 m tief wurzlde Pionierpf., v. all. in Teppichges. an Ufern, Agr.(El.)-Rumicion-Verb.char., ferner in Äckern als Feuchtezeiger od. in Mol.-Arrhenatheretea-Ges. – Ebene bis mittl. Gebirgslagen, A bis 1300 m, (Lehm- u. Kalkgebiete) – eurassubozean-smed, in gemäß. Zonen heute weltweit – H – Chrom. 2n = 60.

852. **Schmalblättriger A., R. stenophýllus** Ledeb., s. slt. auf feucht., gelegtl. überschwemmt., nährstoff- u. basenreich., oft salzhaltg. Tonböd., in Auen, auch an Ruderalstell. als Pionierpf., Agrostietalia-Ordn.char. – An, sonst nur verschleppt – euraskont – H – Chrom. 2n = 60 (nicht zu verwechseln mit *R. crispus × obtusifolius*).

853. **Garten-A., Engl. Spinat, R. patiéntia** L., slt. gebaut als Gemüsepf., z. B. in Bauerngärten d. Gebirges u. verwildt auf feucht., nährstoffreich., humos. Lehm- u. Tonböden, in Arction-Ges., z.B. Vog, Sch, Rh – osmed-gemäßkont – H – Chrom. 2n = 60.

854. **Weidenblatt-A., R. trianguliválvis** (Dans.) Rech.f., slt. adv., ab. sich einbürgernd auf feucht., nährstoffreich. Böd., an Ufern od. feucht. Ruderalstell. als Agr.(El.)-Rumicion-Art – z.B. NS (Elbe), SH, Br (Berlin), auch Rh, Ne, Do – Herkft: N-Am. – H – Chrom. 2n = 20.

855. **Teich-A., Riesen-A., R. hydrolápathum** Huds., zerstr. im Röhricht od. in Großseggen-Ges., in d. Verlandungszone von Seen u. Altwassern, in Gräben, an stehend. od. lgsam fließd., eutroph. Gewässern, auf flach überschwemmt., z.T. auch zeitw. trocken fallend., ± mild.humos. Schlammböden, Verlandungspf., Stromtalpf., wärmeliebd, Phragmitetalia-Ordn.char. – v. all. Tieflag. (bis Av), A fehld – eurassubozean bzw. subatl(-smed) – W(H) – Chrom. 2n = 200.

856. **Kleiner Sauer-A., R. acetosélla-Gruppe.**

1 Blü.hüllb. mit d. Fr. nicht verbunden, Fr. lger als brt
2 St. aufrecht, B. 3–4mal lger als brt, B.rand meist flach, Fr. 1,3–1,5 mm lg

856a. **Gewöhnlicher Kl. S., R. acetosélla** L., verbr. in Silikat-Magerrasen u. Pionierges. an Wegen u. Dämmen, in Waldschlägen, auf Äckern u. Brachen, in mager. Wiesen u. Weiden, in Heiden, auf trock. bis mäß. frisch., höchst. mäß. nährstoffreich., basenarm., sauer., humos. od. roh., lehmig. od. ± rein. Sandböden, auch Moorböden, sandbevorzugd, Versauerungs- u. Magerkeitszeiger, bis 1 m tief wurzlde Pionierpf. mit Wurzelsproßbildg, schlechte Futterpf., v. all. in Sedo-Scleranthetea-, Nardo-Callunetea- auch Polygonion av.-Ges., DV Epilobion ang. u. Pol.-Chenopodion – Ebene bis Gebirge, A bis 1360 m – no-euras(subozean), in kühl-temp. Zonen heute weltweit – H(G) – Chrom. 2n = 42.

2* St. aufsteigd, blühde Äste aufrecht, B. schmal-lineal, die grundstdg. 7–10mal lger als brt, am Rande oft umgerollt, Fr. 1–1,3 mm lg, 0,6–0,8 mm brt

856b. **Schmalblättriger Kl. S., R. tenuifólius** (Wallr.) A. Löve [*R. acetosélla* ssp. *tenuifólius* (Wallr.) Schwarz], zerstr. in lückig. Steingrus- u. Sandrasen, auf trock., nährstoffarm., basenarm. od. mäß. basenreich., mäß. sauer., ± humos., lock. Sandböden od. flachgründg. Steingrusböden, Sedo-Scleranthetea-Kl.char. – v. all. Tieflag. (Sandgebiete) – no-euras(kont) – Chrom. 2n = 28.

1* Blü.hüllb. mit d. Fr. fest verbunden, Fr. 1 mm lg u. 1 mm brt, B. 3–4mal lger als brt (habituell ähnl. *R. acetosella*)

856c. **Hüllfrüchtiger Kl. S., R. angiocárpus** Murb. (*R. acetosélla* ssp. *angiocárpus* Murb.), über Ökologie u. Soziologie ist noch wenig bekannt, offenbar auf nur mäß. trock. (frisch.), basenarm-saur. Sand-, Ton- u. Torfböden, in mageren Wiesen, etwas wärmeliebd – z.B. Bo, Do, Th, An – subatl-smed (eingebürgert auch in ozean. temp. Zonen and. Erdteile) – Chrom. 2n = 14.

857. **Wiesen-Sauer-A., R. acetósa** L., verbr. in fett. u. mager. Wiesen u.Weiden, an Ufern u. Wegen, auf frisch. bis feucht., nährstoffreich., mild.-mäß. sauer., humos., tiefgründg-locker. Lehm- u. Tonböden, auch

auf Torfböden, Stickstoffzeiger, Wiesen-Aspekt bildend (Mai/Juni), mäß. Futterpf., Heil- u. Genußpf., Verbrtgsschwerpkt in Arrhenatheretalia-Ges., auch in Molinietalia-Wiesen, Molinio-Arrhenatheretea-Kl.char. – Ebene bis Gebirge, A bis 1717 m – no-euras, circ – H – Chrom. 2n = 14 (♀), 15 (♂).

858. **Straußblütiger Sauer-A., R. thyrsiflórus** Fingerhuth, zerstr., ab. gesellg in Unkrautfluren, an Wegen, Böschungen, Bahnanlagen, auch in Wiesen, v. all. in d. Trockengebieten, auf sommerwarm., mäß. trock. (wechseltrock.), nährstoff- u. basenreich., ± mild., humos. od. roh., meist off. Stein-, Kies- od. ± sandg. Ton- u. Lehmböden, Tiefwurzler, Stromtalpf., v. all. im Dauco-Melilotion, auch im (trock.) Arrhenatherion (vgl. Chrysanthemo-Rumicetum thyrsifl.) od. im Mesobromion – z.B. Rh (Els, nöRh), Hü, Mn, Ju, Do, Me, Br, An – euraskont, verschleppt – H – Chrom. 2n = 14 (♀), 15 (♂).

859. **Berg-Sauer-A., R. alpéstris** Jacq. (*R. arifólius* All.), zerstr., ab. gesellg in subalp. Bergmischwäldern, im Hochstauden- u. Hochgrasgebüsch od. in off. Staudenfluren, auch in Bergwiesen, auf frisch. (feucht.), nährstoff- u. basenreich., neutral., humos., lock., gern mittelgründg. Ton- u. Lehmböden, Mullbodenwurzler, Halbschatt-Lichtpf., v. all. im Aceri-Fagetum (DAss), Alnetum viridis od. Cicerbitetum alp., Adenostyletalia-Ordn.char., auch im Polygono-Trisetion, Poion alp. od. Caricion ferrug. – Vog, Sch (üb. 900 m), BayW (Hochlagen), He (Rhön), ThW, Erzg, Hz, A bis 2270 m – pralp (bei weit. Artbegriff: no-pralp) – H – Chrom. 2n = 14 (♀), 15 (♂).

860. **Schnee-A., R. nivális** Hegetschw., zerstr., ab. gesellg auf Schneeböden, in Schneetälchen u. Karen d. alp. Stufe, auf schneewasserfeucht., nährstoffreich., kalkhaltg. mild., humos., feinschuttreich. Tonböden, in Gänsekresse-Ges., Char. d. Arab.-Rumicetum niv. (Arabidion caerul.) – A 1700–2400 m – oalp – Chrom. 2n = 14 (♀), 15 (♂).

861. **Schild-A., R. scutátus** L., slt., ab. gesellg in Steinschutt- u. Geröllfluren, auch adventiv an Mauern od. in Steinbrüchen, auf mäß. trock.(-frisch.), basenreich., lockerbewegt., off. Grob- u. Feinschuttböden, v. all. d. Gebirges (Kalk, Porphyr, Melaphyr usw.), Lichtpf., früher als franzö. Spinat gepflzt u. verwildt, außerhalb Alpen lok. Char. d. Rumicetum scutati (Stipion calamagr.), reg. Thlaspietea rotund.-Klass.char., slt. in Asplenietea-Ges. – urwüchsig v. all. A bis 2050 m, Av, Ju, Bo (Phonolith), Pf, sonst meist adventiv (z.B. Weinbergsmauern, Bahnschotter), z.B. NWe, He, Th, Sa – pralp-smed – Chrom. 2n = 20. Zahlreiche Bastarde!

Säuerling, Oxýria Hill vgl. S. 324

862. **O. dígyna** (L.) Hill, slt. auf frisch., kalkarm., offen., bewegt., schieferg. Steinschuttböden od. auf Moränenschutt d. alp.-nival. Stufe,

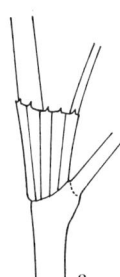
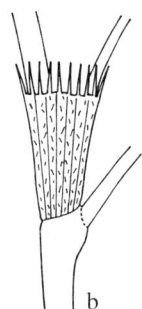

Abb. 30. Blattscheiden.
a *Polygonum lapathifolium,*
b *Polygonum persicaria.*

a b

Char. d. Oxyrietum (Androsacion alp.) – A (1550–2340 m) – arkt-alp, circ – H – Chrom. 2n = 14.

Rhabarber, Rhéum L. vgl. S. 324

863. **Rh. rhabárbarum** L., hfg als Speisepf. (B.stiele) kultiv., liebt frische, nährstoffreiche, lock., tiefgründge Lehmböden in humid. Standortslage, Halbschattpf., Insekt.bestäubg, glgtl. an Schuttplätz. verwildt – Herkunft: O-Asien – G – Chrom. 2n = 44.
Weitere Zier- u. Heilpf. (z.T. Wurzel als Droge) *Rh. palmátum* L. aus Zentralasien, *Rh. officinále* Baillon aus China (Chrom. 2n = 22) u.a.

Knöterich, Polýgonum L.

1 Einheimische, meist niedrige u. größtentls einjährge Pf. (1* S. 332 unten)
2 St. niederliegd od. aufrecht, nicht windend (2* S. 332 Mitte)
3 Blü. zu 1–5 b.achselstdg, grünl.-rosa, B. kurzgestielt, lineal bis lanzettl., ellipt. od. eiförmg, St. dunkelgestreift
4 St. niederliegd od. aufsteigd, Fr. 1,5–3 mm lg, dunkelbraun-schwarz, kaum lger als Blü. hülle, 10–50 cm, ⊙, 6–10   **P. aviculare** 864
4* St. niederliegd, bis 1 m lg, Blü.hüllb. meist rot-rosa berandet, Fr. 3–6,5 mm lg, hell- od. dunkelbraun, d. Blü.hülle deutl. überragd, Strandpf., 20–100 cm, ⊙, 7–9   **P. oxyspermum** 865
3* Blü.std ährg gestielt, end- od. seitenstdg
5 St. einfach, mit einer einzig., endstdg., aufrecht. Blü.ähre, Pf. ausdauernd
6 Blü.ähre dicht, walzl., rosarot, B. eiförmg-längl., zugespitzt, am Grunde gestutzt, mit geflügelt. Stiel, untersts bläul.grün, ob. St.b. mit herzförmg. Grund sitzd, Wurzel verdickt, schlangenförmg gekrümmt, 30–80 cm, ⧗, 5–7   **P. bistorta** 866
6* Blü.ähre dünn, weißl., unterwts mit Brutknospen, B. lanzettl., am Rande gerollt, B.stiel ungeflügelt, 5–20 cm, ⧗, 6–8   **P. viviparum** 867
5* St. ästg, mit meist mehrer. Blü.ähren, reichbeblättert
7 B.stiel üb. d. Mitte d. B.scheide abgehend, bei d. Wasserform lg, sonst kurz, B.grund abgerundet-herzförmg, Blü. rosarot, Staubb. 5, Griffel 2, 30–100 cm, ⧗, 6–9   **P. amphibium** 868

7* B.stiel unter d. Mitte od. am Grund d. B.scheide abgehd, Staubb. 6, Pf. einjährg

8 Blü.ähre dicht, gedrungen, walzl., rosa od. weiß, B. oft schwarz gefleckt

9 B.scheidenrand kahl od. nur bis 0,2 mm lg bewimpert (Abb. 30a S. 331), B.scheide locker, kahl od. spinnwebg, Ährenstiele u. Blü. ± drüsg, B. untersts ± drüsg pktiert, St. oft mit verdickt. Knoten, 30–80 cm, ☉ **P. lapathifolium** 869

9* B.scheidenrand lg bewimpert (Abb. 30b S. 331), B.scheide eng anliegd, kurzhaarg, Ährenstiele u. Blü. drüsenlos, B. ± glänzd, 10–60 cm, ☉, 7–10 **P. persicaria** 870

8* Blü.ähre dünn, locker, oft nickend, grünl.-rötl., Fr. beidsts gewölbt

10 B.scheidenrand kurz (ungleich) bewimpert, B.scheide fast kahl, B. lanzettl., beidsts verschmälert, zerkaut scharfpfefferg, Blü. drüsg, 3–4teilg, Fr. matt, punktiert, 20–60 cm, ☉, 7–9 **P. hydropiper** 871

10* B.scheidenrand lg bewimpert, B. zerkaut nicht scharf, Blü. fast drüsenlos, meist 5teilg, Fr. glänzd

11 Fr. hülle 3–4 mm lg, Fr. meist 3seitg, B. lanzettl., beidsts verschmälert, 4–6mal so lg wie brt, 15–50 cm, ☉, 7–9 **P. mite** 872

11* Fr.hülle 2–2,5 mm lg, Fr. meist linsenförmg, B. lineal-lanzettl., am Grunde oft kaum verschmälert, abgerundet, 15–30 cm, ☉, 7–10 **P. minus** 873

2* St. windend od. hin- u. hergebogen, B. 3eckg bis pfeilförmg, mit kurz. B.scheide (vgl. *Convolvulus*), Blü.hülle grünl., Pf. einjährg (*Fallópia* Adans.)

12 Blü.hüllb. drüsg, St. kantg, gefurcht, Fr. matt, Fr.stiele 1–2 mm lg, 10–80 cm, ☉, 7–10 **P. convolvulus** 874

12* Blü.hüllb. nicht drüsg, d. äußer. zuletzt brt geflügelt, St. rund, feingestreift, Fr. glänzd, Fr.stiele bis 8 mm lg, 100–300 cm, ☉, 7–9 **P. dumetorum** 875

1* Angepflanzte od. verwilderte meterhohe Stauden od. Sträucher, Blü. meist weiß, Blü.std locker traubg-rispg, b.achselstdg (*Reynoútria* Houtt p.p.)

13 St. aufrecht, nicht verholzd, B. eiförmg-herzförmg, Pf. mit unterird. Kriechsprossen, unduldsame Herden bildend

14 B. 10–15 cm lg, mit gestutzt. B.grund, Blü.grünl. weiß, 100–300cm, ♃, 7–9 **P. cuspidatum** 877

14* B., wenigst. d. unter., bis 30 cm lg, mit herzförmg. B.grund, Blü. grünl.gelb, 200–400 cm, ♃, 7–9 **P. sachalinense** 878

13* St. windend, verholzd, Blü.std bis 50 cm lg, Blü. weiß **P. auberti** u. **P. baldschuanicum** 876

vgl. ferner: Blü. rot, in nickend. Scheinähren, Pf. behaart, einjährge Zierpf. aus SO-Asien **P. orientale** L.

864. **Vogel-K., P. aviculáre**-Gruppe, verbr. in off. Tritt- u. Unkrautfluren, an Wegen, Kies- u. Pflasterplätzen, auf Schutt, in Äckern u. Gärten, auf trock.-mäß. trock. (frisch.), nährstoffreich., humos. od. roh. Stein-, Sand- u. Lehmböden, sandbevorzugd, bis 80 cm tief wurzlde Pionierpf. u. Stickstoffzeiger, wohl meist Selbstbestäubg, Klebverbrtg, Kulturbegleiter seit jüng. Steinzeit, Heilpf., v. all. im Polygonion avic. (vgl. Kleinarten), auch in Chenopodietea- u. Secalinetea-Ges. – Ebene bis Gebirge, A bis 1200 m, Sch bis 1360 m – med-euras-no, in gemäß. Zonen heute weltweit – T – s. formenreich:

1 Größte Seit.fläche d. Fr. konvex (nach auss.) gewölbt, Fr. einseitg ausgekehlt, Blü.hüllb. mindest. im unter. Drittel verwachs., grünl., weiß berandet, B. an Haupt- u. Seit.sproß $\pm$ gleichartg, Pf. meist niederliegd, erst Juli blühd (*Aviculaefórmis* Kom., *P. arenástrum* coll. Scholz)
2 Fr. 1,5–2 mm lg, glänzd
3 Fr. weniger als 1 mm brt, Blü.hülle mindest. bis z. Hälfte verwachs., Staubb. 5–6, B. schmal-längl., Pf. oft bis Nov.–Dez. grün

864a. **Niedriger V.-K., P. calcátum** Lindm., verbr. auf trocken., gern sandg-kiesg. Böd., in Pflasterfug., Char. d. Polygonetum calc. (Polygonion av.) – v. all. Tieflag. – gemäßkont-smed – Chrom. 2n = 40.

3* Fr. über 1 mm brt, gedrungen, Blü.hülle $^1/_3$–$^1/_2$ verwachs., Staubb. 7–8, B. meist brt-längl.

864b. **Kleinfrüchtiger V.-K., P. microspérmum** Jord., s. slt. wie vor. in trock. Tretges., Polygonion av.-Verb.char. – nöHü (Sprendlingen) – mehr westl.-atl-med verbr. (Frankreich).

2* Fr. 2–2,5 mm lg, matt, B. bis 20 mm lg u. 2–8 mm brt, frischgrün, St. anfängl. aufsteigd

864c. **Gleichblättriger V.-K., P. aequále** Lindm. (*P. arenástrum* Bor. p.p.), verbr. in Trittges. auf mehr frisch.lehmg. Böd., meist mit *Matricaria disc.,* Char. d. Lolio-Polygonetum aeq. (Polygonion av.) – Ebene bis Gebirge – euras – Chrom. 2n = 40.

1* Größte Seitenfläche d. Fr. schwach konkav, d. 2 ander. Seit. stark ausgekehlt, Blü.hüllb. tief gespalt., fast freiblättrg, meist rosa (auch weißl. berandet), B. an Haupt.- u. Seit.spross. oft verschied. groß, schon Juni blühd (*Heterophýllae* (Lindm.) Scholz, *P. aviculare* L. p.p.)
4 Pf. kräftg, aufrecht-aufsteigd, B. bis 50 mm lg u. 5–20 mm brt, dunkelgrün, Fr. 2,5–3,2 mm lg, matt

864d. **Aufrechter V.-K., P. monspeliénse** Thiéb. (*P. aviculáre* ssp. *monspeliénse* Chrt.), v. all. auf frisch. fett. Lehmböden od. sandg. Lehmböden, v. all. in Chenopodietea-Ges., slt. auch im Bidention – Verbrtg offenbar subozean – Chrom. 2n = 40 (60)

4* Pf. zart, anfängl. aufrecht, später niederliegd, B. nur 1–12 mm brt
5 Fr. 2,2–2,9 mm lg, matt, B. bis 40 mm lg u. 1–12 mm brt, scharf zugespitzt, graugrün
6 Pf. aufrecht-niederliegd, St. dünn

864e. **Verschiedenblättriger V.-K., P. heterophýllum** Lindm., zml. hfg auf Sand- od. sandg. Lehmböd., v. all. in Pol.-Chenopodietalia-, auch in Sisymbrietalia- u. Secalinetea-Ges., seltner im Polygonion av. (Lol.-Polygonetum), – euras(kont) (?) – Chrom. 2n = 60.

6* Pf. nur niederliegd mit rut.förmg verlängert. Äst., obere B. größer, stumpfl., dickl.

864f. **P. heterophýllum ssp. virgátum** (A. et Gr.) Scholz, slt. in Dünen u. Salzwies. d. Küste, in Cakiletalia-Ges., auch auf Sandböd. im Binnenld – v. all. im N d. Gebiet.

5* Fr. ca. 2 mm lg, fast glatt-glänzd, B. bis 35 mm lg u. 1–10 mm brt, frischgrün, Pf. mit sparrg. Wuchs

864g. **Unbeständiger V.-K., P. rurivágum** Jord. (*P. aviculáre* ssp. *rurivágum* Rouy), v. all. in Hackfruchtäckern auf basenreich. (kalkhaltg.) Böden, in Polygono-Chenopodietalia- u. Secalinetea-Ges., auch im Polygonion av., etwas wärmeliebd, viell. subatl-smed (circ), Verbrtg ungenügd bekannt, v. all. im S, im N slt. od. fehld – Chrom. 2n = 60.

865. **Strand-K., P. oxyspérmum** Ledeb., slt. in Spülsaumges. d. Nord- u. Ostsee – no-subatl – formenreich:

865a. **ssp. oxyspérmum,** Fr. braungrün-hellbraun, Cakiletalia-Art – nur Ostsee (SH, Me) – Chrom. 2n = 40.

865b. **ssp. rãii** (Bab.) Webb et Chat., Fr. dunkelbraun, Blü.hülle $^1/_3$ überragd, s. slt., Char. d. Polyg. raii-Atriplicetum glabr. (Sals.-Honkenyion) – nur Nordsee – Chrom. 2n = 40.

866. **Wiesen-K., P. bistórta** L., hfg u. gesellg auf feucht. Wiesen, bes. d. Gebirges, auch in Hochstaudenfluren od. Auenwäldern, an Ufern, auf kühl., sickernass. od. grundfeucht. (auch zeitw. überflut.), nährstoffreich. (vorwiegd kalkarm.), mild.-mäß. sauer., humos. (anmoorig.) Lehm- u. Tonböden, Tiefwurzler, gute Bienenweide, Futterpf., v. all. in Naßwiesen, Calthion-Verb.char., im Gebirge auch in frisch. Polygono-Trisetion-Ges., ferner im Adenostylion od. Alno-Ulmion (z. B. Alnetum incanae) – Ebene bis v. all. Gebirge, A bis 1790 m – no-euras(circ), fehlt Skandinav. – H – Chrom. 2n = (44, 46) 48.

867. **Knöllchen-K., P. vivíparum** L., zerstr. in alp. Magerrasen, in Blaugras-Halden u. Borstgras-Weiden, auf frisch. od. wechselfrisch., basenreich., oberflächl. meist entkalkt., neutral-mäß. sauer., modrighumos. Stein- u. Lehmböden, Humuswurzler mit Wurzelpilz, Brutknöllchenvermehrg., v. all. in Caricion curv.- od. Elynion-Ges., auch in d. Seslerietalia od. Nardetalia, im Ju terr. Char. d. Polyg. viv.– Genistetum sag. (Violion) – Ju, Do, Av, A hfg üb. d. Waldgrenze bis 2570 m – arkt-alp(altaisch), circ – H – Chrom. 2n = (ca. 88, 100, 110) 132.

868. **Wasser-K., P. amphíbium** L., zerstr. in Seerosen-Ges., im Röhricht, an Ufern, in Naßwiesen, auf Äckern u. Schuttplätzen, auf überflut. od. nass.-grundfeucht., ± nährstoffreich., meist kalkfrei., oligotroph-eutroph., neutral-mäß. sauer., oft schlammig. Lehm- u. Tonböden, Lichtpf., Wasserverbrtg, Tiefwurzler, auf Äckern Anzeiger v. Unterboden-Nässe, **var. aquáticum** Nymphaeion-Verb.char. (bis 1 m Wassertiefe), auch in Phragmitetea-Ges., **var. terréstre** in Polygono-Chenopodietalia- od. Agr.(El.)-Rumicion-Ges. – Ebene bis Gebirge, süSch bis 1000 m, A bis 975 m – no-euras, circ – W, H – Chrom. 2n = (66) 96.

869. P. lapathifólium-Gruppe

1 Fr. 1,8–2,5(–3) mm lg (meist lger als brt), Scheinähre zml. dünn, oft verlängert u. nickend, St.knoten meist verdickt
2 B. lebhaft grün, beidsts kahl (od. nur spärl. behaart), 4–8 mal so lg wie brt, Pf. hochwüchsig (bis 120 cm)

869a. **Ampfer-K., P. lapathifólium** L. (*P. nodósum* Pers.), zml. hfg in Unkrautfluren schlammig. Ufer, in Gräben u. Äckern, auf nass.-feucht., s. nährstoffreich. (fett.), humos. Schlammböden, bzw. sandg. od. rein. Lehm- u. Tonböden, Pionierpf., bis 80 cm tief wurzld, gern mit and. *Polygonum*-Arten, Bidentetalia-Ordn.char., auch in feucht. Polygono-Chenopodietalia-Ges. – Ebene bis mittl. Gebirgslagen (A bis 960 m) – eurassubozean – T – Chrom. 2n = 22.

2* B. ± graugrün, meist ober- od. untersts behaart, Blü. z.T. stärker drüsg
3 B. brt-ellipt., höchst. 2mal so lg wie brt, meist untersts spinnwebg graufilzg, obersts braun gefleckt, Pf. meist niederliegd-aufsteigd

869b. **Ufer-K., P. brittingeri** Opiz. [*P. lap.* ssp. *danubiále* (Kern.) Dans.], zml. slt. in Ufer-Pionier-Ges., an Gräben, auf feucht., zeitw. überschwemmt., nährstoffreich., meist roh., sandg-kiesig. Böden, Erstbesiedler, Stromtalpf., Char. d. Chenop.-Polygonetum britt. (Chenopodion rubri) – z. B. Rh, HRh, Bo, Ne, Do, Sch, Mittelrhein, im N slt. – endem (südmitteleurop.) – T – Chrom. 2n = 22.

3* B. lineal-eilanzettl., untersts dichtfilzg, Blü. anfängl. weiß mit gelb. Basis, wechsld drüsg, Pf. aufrecht-aufsteigd, 30–60 cm hoch

869c. **Mittlerer K., P. mesomórphum** Dans. (*P. lap.* ssp. *mesomórphum* Dans.), Verbrtg im Gebiet noch ungenügd bekannt, vermutl. zml. hfg in Unkrautfluren, auf frisch., nährstoffreich., ± humos., rein. od. sandg. Lehm- u. Tonböden, in Polyg.-Chenopodion- u. Bidention-Ges. – no-euras – T – Chrom. 2n = 32.

1* Fr. 2,5–3,5 mm lg, so brt wie lg, Scheinähre dick-walzl., Blü. ± drüsg, grünl., B. v. all. unt.sts filzg behaart, St. niederliegd-aufsteigd
4 Seit.äste kürzer als Hauptst., B. brt-lanzettl.

869d. **Filziger K., P. tomentósum** Schrank [*P. lap.* ssp. *pállidum* (With.) Fr.], zml. hfg in Ackerunkrautges., an Gräb. od. Ufern, auf feucht. od. zweitw. nass., nährstoffreich., humos. Lehm- u. Tonböd., bis 35 cm tief wurzelnde Pionierpf., v. all. in frisch. Polyg.-Chenopodietalia-Ges. (Ordn. Char.), auch in d. Bidentetalia od. im Sisymbrion – Ebene bis mittl. Gebirgslag. (Verbrtg ungenügd bekannt) – subozean – T – Chrom. 2n = 22.

4* Seit.äste lger als Hauptst., B. schmal-lanzettl.

869e. **Schmaler K., P. leptocládum** Dans. [*P. lap.* ssp. *leptocládum* (Dans.) Thell., *P. linícola* Sutul.], s. slt. in Leinfeldern, Lolio-Linion-Verb.char. – nach Vollmann in Bayern (ob noch?) – Hauptverbrtg Mittelrußld.

870. **Pfirsichblättriger K., Floh-K., P. persicária** L., verbr. in Ackerunkrautfluren, in Gärten, an Gräben u. Ufern, an Schuttplätzen, auf frisch. (feucht.), nährstoffreich., mild-mäß. sauer., humos. Sand-, Lehm- u. Tonböden, bis 35 cm tief wurzlde Pionierpf., Polygono-Chenopodietalia-Ordn.char., auch in Bidentetalia- od. Sisymbrion-Ges. – Ebene bis Gebirge, A bis 1030 m – euras, in gemäß. Zonen heute weltweit – T – Chrom. 2n = 44 (40).

871. **Wasserpfeffer, P. hydrópiper** L., zml. hfg in Schlamm-Unkrautfluren, an Gräben u. Ufern, an Quellen u. feucht. Waldwegen, v. all. im Umkreis menschl. Siedlung., auf nass. (zeitw. überflut.), $\pm$ nährstoffreich., meist kalkarm., meso-eutroph., humos. Ton- u. Schlammböd., bis 120 cm tief wurzld. Stickstoff- u. -Feuchtezeiger, Licht-Halbschattpf., mäßg giftg, schwache Char. d. Polyg.hydrop.-Bidentetum, auch in ander. Bidentetalia-Ges. od. in d. Polyg.-Chenopodietalia. – Ebene ins Gebirge, A bis 1130 m – euras-smed (gemäß. Zonen weltweit verschleppt) – T – Chrom. 2n = 20 (22).

872. **Milder K., P. míte** Schrank, zerstr. in ephemer. Pionier-Unkrautfluren an Ufern, Gräben, Quellen, feucht. Waldwegen, auf nass., nährstoffreich., humos. Lehm- u. Tonböden, mit höher. Basen- u. Wärmeansprüch. als vor., Bidentetalia-Ordn.char. – Ebene bis mittl. Gebirgslag., A bis 1133 m, v. all. warme Tieflag. im S d. Gebiet., im N u. O z.T. slt. od. fehld – subatl(-smed) – T – Chrom. 2n = 40, 44.

873. **Kleiner K., P. mínus** Huds., zerstr. in Schlamm-Unkrautfluren, an Ufern, Gräben, feucht. Waldwegen, auf nass., nährstoffreich., kalkfrei., neutral-mäß. sauer. humos. Lehm- u. Ton-, auch off. Torfböden, Licht-Halbschattpf., etwas wärmeliebd, Char. d. Polyg.hydrop.- Bidentetum trip. (Bidention) – Ebene bis Gebirge, v. all. Silikatgebiete, Av bis 750 m – eurassubozean-smed – T – Chrom. 2n = 40.

873a. **f. latifólium** A. Br., B. im unterst. B.drittel am brtest., nicht mit *P. mite* (B. in d. Mitte am brtest.) zu verwechseln!

874. **Winden-K., P. convólvulus** L., verbr. in Ackerunkraut-Fluren, v. all. im Getreide auf frisch., nährstoffreich., mild.-mäß. sauer., humos., lock. Lehmböden, bis 80 cm tief wurzld. Stickstoffzeiger u. Pionierpf., Licht(Halbschatt)pf., Rechts- u. Linkswinder, Verbrtgsschwerpkt im Getreidefeld, Centauretalia cyani-Ordn.char. bzw. Secalinetea-Kl.char., auch in Polygono-Chenopodietalia- od. Sisymbrion-Ges. – Ebene bis mittl. Gebirgslag., A bis 1000 m – (no-) euras, in kühl gemäß. Zonen heute weltweit – T – Chrom. 2n = 40.

875. **Hecken-K., P. dumetórum** L., zerstr. in Hecken- u. an Waldrändern, im Ufergebüsch, in Waldverlichtg., auf mäß. frisch. bis frisch., nährstoffreich., vorzugsw. sandg. Lehmböden, etwas wärmeliebd, Halb-

schattpf., v. all. in Aue-Landschaften, Alliarion-Verb.char., auch in and. Gal.-Urticenea-Ges. – Ebene bis mittl. Gebirgslag., Ju bis 700 m – euras(subozean)-smed – T – Chrom. 2n = 20.

876. Schling-K., P. aubérti Henry, hfg als Zier- u. Schlingpf. an Lauben, Zäunen, Hauswänden, auch Bienenpf., ähnl., ab. etwas sltner **P.baldschuánicum** Rgl. (B. u. Blü. etwas kleiner als bei vor., Jungtriebe nicht rot), Heimat beid. Arten W-Asien.

877. Spitzblättriger K., P. cuspidátum Sieb. et Zucc., hfg gepflzt u. zerstr. verwildt od. völlg eingebürgert an Ufern, im Saum von Weiden- od. Erlen-Gebüsch, in Erlen-Eschen-Galerien d. Gebirgsbäche, auf nass., grundwassernah., zeitw. überflut., nährstoffreich., meist kalkarm., tonig. Kies- od. Schotterböden, z.B. im Kontakt mit d. Stellario-Alnetum glut. (Alno-Ulmion) od. Salicetum frag. (Salicion), in Artemisietea-Ges. – Ebene bis mittl. Gebirgslag. (Sch bis 700 m, A bis 800 m) – Heimat: O-Asien – G – Chrom. 2n = 44 (88).

878. Sachalin-K., P. sachalinénse Fr. Schmidt, ähnl. wie vor. u. mit vor. verwildt, ab. sltner, z.B. Av, FrJu – G – Chrom. 2n = 44.

Buchweizen, Fagopýrum Mill.

1   B. meist lger als brt, herz-pfeilförmg, Blü. weiß od. rötl., St. zuletzt rot,
    15–60 cm, ☉, 7–10   **F. esculentum** 879
1* B. meist brter als lg, brt herz-pfeilförmg, Blü. grünl., St. grün bleibd,
    Fr.kantg, wellg-höckerg, 30–70 cm, ☉, 7–9   **F. tataricum** 880

879. Echter B., Heidekorn, F. esculéntum Moench, slt. gebaut u. verwildert in Schutt- u. Unkrautfluren, an Wegen u. Müllplätzen, liebt nährstoffreiche, basenarme, mäß.sauer., humos., leichte lehmig. Sandböden, etwas wärmeliebd u. frostempf., früher Mehlfr., Bienenfutterpf., Chenopodietea-Art – z.B. noch im O – Heimat: Zentralasien – T – Chrom. 2n = 16.

880. Falscher B., Tatar-B., F. tatáricum (L.) Gaertn., slt. als Unkraut in Buchweizenfeldern, z.B. mit *Spergula arvensis*, weniger frostempf. als vor., Polygono-Chenopodietalia-Art, Heimat: Zentralasien-Sibirien – T – Chrom. 2n = 16.

Ordnung Caryophylláles

Familie der Gänsefuß-Gewächse, Chenopodiáceae

1   B. vorhanden
2   B. flächig (rundl.-längl.), meist weich, Blü. in end- od. achselstdg. Blü.-
    knäueln, Blü.b. grün
3   Blü. meist zwittrg, 5teilg

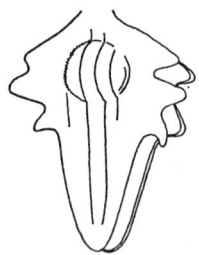

Abb. 31. Frucht-Vorblatt (Hüllblatt) von *Atriplex patula*.

4 Blü. zu 2–3 in d. Achseln sich nach oben verkleinernd. Tragb., Blü.std ährg, Blü.hüllb. mit d. Fr. verwachsen, sich verhärtd, B. gestielt, kahl, glänzd, in grundstg. Rosette, Wurzel meist rübenartg, 50–100 cm, ☉, 7–8 **Beta** S. 339

4* Blü. zahlreich, in ährg., geknäuelt. od. ausgebrtet. Blü.std, Blü.hüllb. frei u. ohne Vorb. (vgl. bei 6: **Atriplex**), B. oft mehlg, Pf. ohne grundstdge Rosette **Chenopodium** S. 340

3* Blü. eingeschlechtg, Pf. ein- od. zweihäusg, Fr.kn.blü. 2–4teilg

5 Pf. zweihäusg, Fr.kn.blü. 2–4zähng, mit 4 Narben, B. spießförmg, lebhaft grün, Kulturpf., 30–50 cm, ☉, 5–6 **Spinacia** S. 346

5* Pf. einhäusg (z. T. auch mit einzeln. Zwitterblü.), Fr.kn.blü ohne Blü.b.

6 Fr.hülle vergrößert, 3eckg, ganzrandg od. gezähnt (vgl. Abb. 31), B. spitz, slt. ganzrandg **Atriplex** S. 346

6* Fr.hülle 2–3lappg, B. stumpf, ganzrandg, seltene Salzpf. **Halimione** S. 346

2* B. lineal od. pfrieml.-nadelförmg, auch halbstielrd, Blü. zu 1–3, b.achselstdg, Blü.b. meist trockenhäutg

7 B. ± weich, nicht dorng, höchst. etwas stachelspitzg

8 B. pfrieml., 0,5–2 cm lg, Blü.b. vorhanden

9 Blü. zu 1–2 b.achselstdg, Blü.b. trockenhäutg, B. stachelspitzg, meist kahl, Pf. niederliegd-aufsteigd-ästg **Polycnemum** S. 339

9* Blü. zu 3 b.achselstdg, Blü.zipfel rötl., B. 1–2 cm lg, behaart, untersts rinng, St. meist aufrecht, wenigästg, 10–30 cm, ☉, 8–10 **Kochia** S. 349

8* B. dickl. od. abgeflacht, lineal-halbstielrd

10 B. ± flach-lineal, 2–5 cm lg, Blü. einzeln b.achselstdg, ohne Blü.b. (od. nur kl. Schüppch.) Ähre an d. Spitze dichtblütg, Fr. geflügelt, Pf. graugrün, ± niederliegd **Corispermum** S. 349

10* B. halbstielrd, fleischg, Blü.hüllb. vorhand., Salzbod.pf.

11 Pf. kahl **Suaeda** S. 350

11* Pf. behaart **Bassia** S. 350

7* B. dorng-stechend, hautrandg, an steif-sparrg., dickl. Ästen, Blü. einzeln b.achselstdg, Blü. 5teilg, Blü.hüllb. mit Querkiel, 20–40 cm, ☉, 7–9 **Salsola** S. 350

1* B. fehld, St. fleischg, gegliedert, 5–30 cm, ☉, 8–10 **Salicornia** S. 350

Knorpelkraut, Polycnémum L.

1 Blü.vorb. bedeutd lger als Blü.hülle, Blü. 2–2,5 mm lg, B. bis 1 cm lg, am Rücken gerundet, Äste dickl., steif, 10–25 cm, ☉, 7–8 **P. majus** 881

1* Blü.vorb. so lg od. wenig lger als Blü.hülle
2 Tragb. ungefähr doppelt so lg wie Blü.hülle, St. zart, anfängl. flaumg-warzg, dann verkahld, niederliegd, Blü.region ± geschlängelt hin- und hergebogen, Blü. 1,5–1,7 mm lg, 5–15 cm, ⊙, 8–9   **P. verrucosum** 882
2* Tragb. 2–6mal lger als Blü.hülle, St. kräftg, gerade, anfängl. flaumg, Blü. 1–1,5 mm lg, wie Pf. zuweil. rötl., 5–30 cm, ⊙, 7–9   **P. arvense** 883

Windbestäubg

881. Großes K., P. május A.Br., slt. in Getreidefeldern, auf Schuttplätzen, in Brachen, auf warm., sommertrock., mäß. nährstoffreich., basenreich., mild., ± humos., off. Sand- od. Tonböden, bis 75 cm tief wurzld, licht- u. wärmeliebd, v. all. im Caucalidion (Verb. Diff.), auch im Sisymbrion od. in S-Europa in lückg. Trockenrasen – Bo (Mindelsee), Hü, Rh, Pf, Ne, Mn, FrJu, Fr, NSH, Th, An, im nördl. Tiefld fehld – omed(-osmed-kont) – T.

882. Warziges K., P. verrucósum Láng, s. slt. in lückg. Felsrasen od. Ackerunkrautfluren, auf Felsköpfen, in Brachen, auf trock.-warm., mäß. nährstoffreich.,basenreich. (z. T. kalkfrei.), neutral.-mild., humos., lehmig. Sand- u. Steingrusböden (z. B. Porphyr), lok. Char. d. Gageo-Veronicetum (Sedo-Veronicion), auch in Secalinetea-Ges. – nöHü (Neubamberg, ob noch?), Mn (Lohr), Oberelsaß – europkont – T.

883. Acker-K., P. arvénse L., slt. in Getreideunkraut-Fluren od. off. Kiesflächen, auf warm., trock., mäß. nährstoffreich., basenreich. (z. T. kalkfrei.), neutral-mild., humos. (od. roh.), kiesig.- sandg. od. rein. Tonböden, wärmeliebd, z. B. mit *Filago*-Arten in mager. Caucalidion-Ges., gilt als Caucalidion-Verb.char., auch in Kies-Pionier-Ges. od. lückg. Trockenrasen – warme Tieflag., nördl. bis NSH, Br, Me (s. slt.), im Nordw. fehld – omed(-osmed-kont) – T.

Runkelrübe, Mangold, Béta L.

884. B. vulgaris L., vielgestaltge Kulturpf., liebt warme, frische (nicht staunasse), nährstoffreiche, milde, humose, tiefgründge Lehmböden, üb. 1 m tief wurzlde Langtagpf. – Chrom. 2n = 18.

884a. Wilde R., B. v. ssp. marítima (L.) Arc. (*B. marítima* L.), Wildpf. süd- u. westeurop. Strandwall-Ges., Cakiletea-Kl.char., lok. Char. d. Beto-Atriplicetum sab. (Sals.-Honkenyion), Stammpf. d. Kulturart. – Helgoland, verschleppt z. B. auch SH (Ostseeküste) – med-atl – T – Chrom. 2n = 18.

884b. ssp. vulgáris Blattgemüse, Mangold.

884c. ssp. rapácea (Kch) Doell, Wurzel verdickt, z. B. Runkelrübe, Zuckerrübe, Rote Rübe (Rahne).

Gänsefuß, Chenopódium L.

1   B. drüsg-klebrg, aromatisch, fiederspaltg od. gezähnt
2   Blü. in b.achselstdg. locker., kl., gegabelt. Blü.stden, B. buchtg-fiederspaltg
    mit stumpfl. Zipfeln, grauflaumg, hinfällg, Blü.std fast b.los, 20–80 cm, ☉,
    7–8   **Ch. botrys** 885
2* Blü. in b.achselstdgen dicht. Knäueln
3   Blü.knäuel 2–3 mm brt, B. längl.-lanzettl., z. T. wenig gezähnt, Pf.
    pyramidenförmg-rispg verzweigt, stark aromatisch, 20–60 cm, ☉, 6–9
                                                       Ch. ambrosioides 886
3* Blü.knäuel 3–5 mm brt, B. oval-längl., buchtg gezähnt, St. unt. verzweigt,
    mit niederliegden Äst., Pf. schwach aromatisch, 50–80 cm, ☉, 6–9
                                                          Ch. pumilio 887
1* B. nicht drüsg, kahl od. mehlg bestäubt
4   B. ganzrandg, abgerundet od. spießförmg
5   B. 3eckg-spießförmg, trübgrün, matt (höchst. jg etwas mehlg), Blü.std
    b.los, kegelförmg, oft nickd, 15–60 cm, ♃, 6–8   **Ch. bonus-henricus** 888
5* B. ei- od. rautenförmg, 1–4 cm lg
6   B. ei-rautenförmg, dicklich, mehlg, mit Heringsbüchsengeruch, Blü.std
    unterbroch. ährg, St. niederliegd, 10–30 cm, ☉, 7–9   **Ch. vulvaria** 892
6* B. längl. eiförmg, dünn, grasgrün (gelbl.grün), Blü.std beblättert, Fr.hülle
    zuletzt off., mit sichtbar., schwarz., glänzd. Samen, 10–50 cm, ☉, 7–9
                                                      Ch. polyspermum 889
    B. lineal-lanzettl., z. T. ganzrandg, anfängl. grau bestäubt, vgl. bei 17*
                                                       Ch. pratericola 893
4* B., wenigst. d. unter., gelappt od. gezähnt (ob. St.b. z. T. ganzrandg)
7   Blü.std aufgelockert-rispg, Blü.knäuel nicht b.achselständg, zuletzt keine
    erdbeerartge Knäuel bildd, B. kahl od. mehlg bestäubt (7* S. 341 unten)
8   B. kahl od. nur untersts hell mehlg bestäubt, ± dunkelgrün
9   B. am Grunde meist seicht herzförmg, dunkelgrün, zugespitzt, jedersts mit
    2–3 abstehd., eckg. B.zähnen, Blü.-rispe oben b.los, 30–70 cm, ☉, 5–8
                                                         Ch. hybridum 890
9* B. am Grunde gestutzt od. keilförmg in B.stiel verschmälert
10 Blü.std ± mehlg, reich beblättert, B. dunkelgrün, glänzd (höchst. untersts
    spärl. bestäubt), scharf gesägt-gezähnt, Samen glänzd, 15–50 cm, ☉, 6–10
                                                          Ch. murale 891
10* Blü.std nicht mehlg
11 B. oberts dunkelgrün, untersts hell-blaugrün u. dicht bestäubt, kurz
    gestielt, längl.-eiförmg, buchtg gelappt od. grob gezähnt mit ± wellg.
    Rändern, Blü.std meist dichtährg, 10–50 cm, ☉, 7–9
                                                          Ch. glaucum 902
11* B. auch untersts nicht bestäubt od. nur jg etwas bestäubt, buchtg gezähnt mit
    abstehd. Zähnen, glänzd-grün
12 Blü.std steif aufrecht, mit kurz., aufgerichtet., fast b.los. Äst., B. kurz
    gezähnt, mit hell. Hautrand, Blü. 5teilg, 50–100 cm, ☉, 7–9
                                                          Ch. urbicum 894
12* Blü.std sparrg mit beblättert. Äst., mittl. B. brt 3eckg, dickl., St. aufrecht od.
    aufsteigd-liegd
13 B. tief buchtg, unregelmäßg gezähnt, ± kahl, B. u. St. oft rot überlauf.,
    Blü.hülle mit meist 3 nur unt. verwachsen. Zipfeln, 10–60 (120), ☉, 7–10
                                                          Ch. rubrum 903

13* B. nur wenig tief kleingezähnt od. ganzrandg, unt.sts $\pm$ bestäubt, St. meist niederliegd, Blü.hüllb. d. unter. Blü. fast ganz verwachs., 10–30 cm, ⊙, 7–10 **Ch. botryodes** 904

vgl. ferner die verkahlend. **Ch. strictum** 897 u. **Ch. suecicum** 898

8* B. beidersts $\pm$ mehlg bestäubt (z. T. später verkahld), meist v. graugrün. Tracht

14 B. lger als brt, eiförmg-lanzettl.

15 B. trüb graugrün, wie olivgrüne Blü.knäuel wenig bestäubt, dickl., oft rot umrandet, fast ohne Zähne, St. rot gestreift, mit aufgerichtet. Ästen, Samen glatt, etwas gerillt, 20–100 cm, ⊙, 8–10 **Ch. strictum** 897

15* B. u. St. hell-blaugrün, St. grün gestreift, oft rot überlauf.

16 B. eiförmg-lanzettl., $\pm$ spitz u. ausgebiss. gezähnt, Blü.knäuel immer mehlg, Blü.std fast b.los, Blü. 5teilg, Samen glatt od. etwas gerillt, glänzd, 10–100 cm, ⊙, 7–9 **Ch. album** 896

vgl. ferner unt. 20* **Ch. berlandieri** 899

16* Untere B. 2- od. 3lappg, stumpfl., lanzettl.-lineal

17 Untere B. tief 3lappg, Seit.äste aufrecht-weng abstehd, B.achsel rot gefleckt, Samen glänzd, grubg punktiert, 20–90 cm, ⊙, 7–9 **Ch. ficifolium** 901

17* Untere B. unter d. Mitte 2lappg, obere ganzrandg-lineal, ohne rot. B.achselfleck, St. grün, rund, Samen glänzd, gerillt, 50–100 cm, ⊙, 8–10 **Ch. pratericola** 893

14* B. wenig lger als brt, ei-rautenförmg, im Umriß 3eckg

18 Untere B. tief 3lappg, fast spießförmg, bis 5 cm lg (u. 4 cm brt), Pf. stark übelriechd, St. kantg, Samen punktiert, 20–100 cm, ⊙, 8–10 **Ch. hircinum** 900

18* B. $\pm$ rundl., seicht 3lappg bis rhomb.-eiförmg, Pf. nur z. T. übelriechd, vgl. auch **Ch. alb. var. borbasii** 896a

19 B. v. all. untersts mehlg bestäubt, 1,5–3 cm lg, dickl., Äste sparrg abstehd, Samen gerillt, glänzd, Blü.std spärl. beblättert, 30–80 cm, ⊙, 6–9 **Ch. opulifolium** 895

B. slt. gezähnt, St. niederliegd

vgl. unt. 6: **Ch. vulvaria** 892

19* B. verkahld, hell-graugrün, 2–6 cm lg, 3–7 cm brt, mit rot. B.achselfleck., Blü.std locker, beblättert

20 B. mit scharf. nach vorwärts gerichtet. Zähn., St. grün, Samen netzg gerillt, 30–100 cm, ⊙, 6–8 **Ch. suecicum** 898

20* B. undeutl. 3lappg, anfängl. $\pm$ gelbl. bestäubt, St. etwas rot getönt, Samen wabg punktiert, 50–150 cm, ⊙, 7–9 **Ch. berlandieri** 899

7* Blü. in achselstdg. kugelg. Knäueln, die zu fleischg. roten (erdbeerähnl.) Fr.std. auswachsen, B. längl.-3eckg, gezähnt, kahl, grün

21 St. bis zur Spitze beblättert, 15–60 cm, ⊙, 6–9 **Ch. foliosum** 905

21* St. oben unbeblättert, B. schwach gezähnt, fast spießförmg, 30–60 cm, ⊙,6–7 **Ch. capitatum** 906

Alle Arten Windbestäubg

885. Klebriger G., Ch. bótrys L., slt. u. unbestdg in Schuttunkraut-Fluren, an Müllplätzen, auf mäßg trock. (wechseltrock.), $\pm$ nährstoffreich., meist roh., lehmig. od. rein. Kies- od. Sandböden, wärmeliebd, Pionierpf., Char. d. Chenopodietum botryos (Salsolion), auch im Chenopodion rubri, in S-Europa Chenopodietalia mur.-Art – warme Tieflag. – med – T – Chrom. 2n = 16, 18.

886. **Wohlriechender G., Tee-G., Ch. ambrosioídes** L., slt. u. unbestdg in Schuttunkraut-Fluren, an Ufern u. Müllplätzen, auf vorzugsw. frisch., s. nährstoffreich., humos. Sand- u. Lehmböden, wärmeliebd, Heilteepf., in Sisymbrion-Ges., in S-Europa: Chenopodion mur.-Verb.char. – warme Tieflag. – Herkunft: warmes S-Am., heute weltweit, mit warm-temp. Ausbrtgstendenz – T – Chrom. 2n = 32 (16, 36, 48).

887. **Australischer G., Ch. pumílio** R.Br., slt. adv., aber sich einbürgernd im Bereich von Bahnhöf., an Schuttplätz., Flußufern od. Weg., auf trocken., ± nährstoffreich., vorzugsw. sandg-kiesg. Böden, in Sisymbrion- u. Chenopodion rubri-Ges. – z. B. nöRh, NWe, Br, Sa – Herkunft: Australien – T – Chrom. 2n = 16.

888. **Guter Heinrich, Ch. bónus-henrícus** L., zml. hfg in Unkrautbeständen, v. all. im Umkreis bäuerl. Siedlungen, an Straßen, Wegen, Zäunen, Dungstätten, im Trauf d. Höfe u. Ställe, an Viehlägern usw., auf frisch., nährstoffreich. (ammoniakal.), mild., humos., sandg. od. rein. Ton- u. Lehmböden, Gemüsepf. (Wilder Spinat), Klebverbrtg, Char. d. Chenopodietum boni-henr. (Arction), auch in and. Arction-Ges. od. in d. Rumicion alp. übergrfd – Ebene bis Gebirge, A bis 2220 m, BayW bis 1400 m – subatl-smed – T – Chrom. 2n = 36.

889. **Vielsamiger G., Ch. polyspérmum** L., verbr. in Unkrautfluren gehackt. Äcker, in Gärten, Weinbergen, an Ufern u. Schuttplätzen, auf frisch.-feucht., nährstoffreich., mild-mäß. sauer., humos. Lehm-, Ton- od. Schlammböden, Feuchtezeiger, bis 85 cm tief wurzld, etwas wärmeliebd, Fisch-Anlockmittel, v. all. im Chenopodion rubri, Diff. d. Chenop.-Oxalidetum font. (Polyg.-Chenopodion), auch in ander. feucht. Polyg.-Chenopodietalia-Ges. – Ebene bis mittl. Gebirgslagen, A bis 860 m, Sch bis 900 m – eurassubozean(-smed) – T – Chrom. 2n = 18, formenreich:

1 Pf. ausgebreitet-ästg, mit b.achselstdg. traubg. Blü.std., B. meist rundl.-ellipt., stumpfl., dunkelgrün

889a. **var. polyspérmum,** so v. all. in Ackerunkrautges., Eu-Polyg.-Chenopodienion-Art.

1* Pf. mit aufrecht. Hauptast u. aufsteigd. Nebenäst., b.achselstdge Blü.stde ± ährg, B. eiförmg-lanzettl., spitz, nach ob. rasch an Größe abnehmd, mehr hellgrün u. zuletzt oft rot werdend

889b. **var. acutifólium** (Sm.) Gaud., für Flußuferges. d. Chenopodion rubri angegeb.

890. **Unechter G., Ch. hýbridum** L., zerstr. in Unkrautfluren gehackt. Äcker, in Gärten, an Schuttplätzen u. Dungstätten, in Felsgrotten, auf frisch., nährstoffreich., ± mild. humos., lock., bindg. Böd. aller Art,

wärmeliebd, bis 120 cm tief wurzeld, v. all. im Fum.-Euphorbion, ferner im Sisymbrion, Chenopodietea-Kl.char. – Ebene bis mittl. Gebirgslagen, Ju bis 780 m – euras(kont) – T – Chrom. 2n = 18.

891. **Mauer-G., Ch. murále** L., zml. slt. in off. Unkrautfluren, v. all. d. Wärmegebiete u. im Bereich dörfl. Siedlg., an Wegen, Hausmauern, in Hühnerhöfen usw., auf (mäß.) trock., nährstoffreich. (ammoniakal.), mild. humos. Böd. aller Art, wärmeliebd (Wärmekeimer), Sisymbrion-Verb.char. [In S- u. W-Europa Char. d. Chenopodietum mural. (Chenopodion mural.)] – warme Tieflag., z. B. Rh, Mn, Th, An, auch NS (sonst unbestdg u. slt.) – med, heute in temp. Zonen weltweit verbr. – T – Chrom. 2n = 18.

892. **Stinkender G., Ch. vulvária** L., slt. in off. Unkrautfluren (v. all. Wärmegebiete), an Wegen, Zäunen u. Mauern od. in Hühnerhöfen, an Müll- u. Schuttplätzen, auf (mäß.) trock., nährstoffreich. (ammoniakal.), ± humos. Sand- od. Lehmböden, wärmeliebd, Geruch durch Trimethylamin (früher Heilpf.), v. all. mit *Urtica urens* Char. d. Chenopodietum vulv. (Sisymbrion), in S-Europa Chenopodion mural.-Art – warme Tieflag., v. all. im S, ab. auch noch Br, Me, unbeständig, zurückgehd – med(-kont) (in warm-temp. Zonen heute weltweit verschleppt) – T – Chrom. 2n = 18.

893. **Schmalblättriger G., Ch. praterícola** Rydb. (*Ch. desiccátum* A.Nels., *Ch. leptophýllum* auct.), s. slt. u. unbestdg an Müllplätzen od. in Hafen-Anlagen, v. all. auf sandg. Böden, in Chenopodietea-Ges., z. B. Rh – Heimat: N-Amerika – T – Chrom. 2n = 18.

894. **Straßen-G., Ch. úrbicum** L., s. slt. u. unbestdg in Schutt-Unkrautfluren, an Schuttplätzen u. Wegen, auf warm., (mäß.) frisch., nährstoffreich. Lehm- u. Sandböden, sommerwärmeliebd, v. all. in Onopordion-Ges., auch im Bidention od. in Äckern – früher Rh, Ne, Bo, Do, Mn, Fr, He, Th (heute kaum mehr beobachtet) – euraskont-osmed – T – Chrom. 2n = 18.

895. **Schneeballblättriger G., Ch. opulifólium** Schrad., slt. u. unbestdg in Ruderalfluren, an Wegen, Schuttplätzen od. Mauern, auf ± trock., nährstoffreich., humos. od. roh. Sand- u. Lehmböden, wärmeliebd (Wärmekeimer), z. B. mit *Amaranthus*-Arten od. *Chenopodium strictum* v. all. (terr.Char.) im Sis.-Atriplicetum oblongif., auch im Chenopodietum rud., Sisymbrion-Art, in S-Europa Chenopodion muralis-Art – warme Tieflag., v. all. Rh, Mn, im nördl. Tiefld s. slt. – med, in warmgemäß. Zonen heute weltweit – T – Chrom. 2n = 18, 36, 54.

896. **Weißer G., Ch. álbum** L., verbr. in Unkrautfluren, v. all. als Erstbesiedler auf Schuttplätzen, an Wegen, in Äckern u. Gärten, auch an Ufern u. in Schlägen, auf trock. bis frisch., nährstoffreich., humos. od. roh. Böd. all. Art, bis 1 m tief wurzelnde Pionierpf., Kulturbegleiter im

Gebiet seit jüng. Steinzeit, früher z. T. Gemüsepf. u. Mehlfr., v. all. in Polygono-Chenopodietalia- u. Sisymbrietalia-Ges., Chenopodietea-Kl.char. – Ebene bis Gebirge, A bis 1100 m – no-euras(-med), heute v. all. in kühl-gemäß. Zonen weltweit – T – Chrom. 2n = 18, 36, 54, s. formenreich:

1 B. deutl. 3lappg, aber meist stärker gezähnt als b. *Ch. opulifolium*, Mittellapp. kurz u. gestutzt, ± parallelrandg

896a. **var. borbásii** (Murr) Soó, v. all. in Ruderalges. (Sisymbrion) im S d.Gebiet. – viell. smed Herkunft.

1* B. eiförmg-deltoidisch (rautenförmg) od. eiförmg-lanzettl.

2 B. deltoidisch, klein, zieml. fein gezähnt, obere lanzettl., ganzrandg, Pf. zierl., schon am St.grund mit bogig aufsteigd. Äst., bis 150 cm hoch

896b. **var. microphýllum** (Boenn.) Stern., zml. slt. in Unkrautges. auf basen- u. nährstoffreich. Sandböd., nöRh z. B. Char. d. Bromo-Corispermetum (Salsolion) – v. all. im W u. N d. Gebiet. – smed-subatl.

2* B. eiförmg-deltoidisch od. lanzettl., nicht auffällg klein, Pf. v. all. in d. Mitte d. St. verzweigt

3 B. eiförmg-deltoidisch, unregelmäßg gezähnt

896c. **var. álbum,** verbr. vielgestaltge Sippe.

3* B. eiförmg-lanzettl. d. unteren schwach gezähnt

896d. **var. lanceolátum** (Murr) Aell., wie vor. verbr. Sippe.

897. **Gestreifter G., Ch. stríctum** Roth [*Ch. striátum* (Kraš.) J. Murr], zerstr. u. unbestdg in Unkrautfluren d. Schutt- u. Trümmerplätze, v. all. als Erstbesiedler, auf trock., nährstoffreich., meist roh. Böd. all. Art, Pionierpf., Wärmekeimer, schwache Char. d. Chenopodietum rud. bzw. Sisymbrietalia-Ordn.char., – warme Tieflag., im N u. Nordw. slt., hfg nach d. Kriege auf Trümmern kriegszerstört. süddtsch. Städte, heute zurückgehd – kont-smed – T – Chrom. 2n = 36, 54.

898. **Grüner G., Ch. suécicum** J. Murr (*Ch. víride* L.), slt. in Unkraut-Fluren an Schuttplätzen u. Wegen, v. all. in d. Wärmegebiet. auf nährstoffreich., humos. od. roh. Stein- od. Sandböden, z. B. mit *Ch. strictum* im Chenopodietum ruderale (Sisymbrion), Chenopodietea-Art – v. all. im N u. NO d. Gebiet., im S slt. (z. B. nöRh, Mn) – euraskont – T – Chrom. 2n = 18.

899. **Berlandier's G., Ch. berlandiéri** Moq., nur unbestdg in Unkrautfluren von Schuttplätz., Hafenanlagen, Güterbahnhöfern, usw. auf nährstoffreich., ± roh. Böd. all. Art (in Chenopodietea-Ges.) – Tieflag. bis Av – Heimat: N-Amerika (vertritt dort *Ch. album*) – T – Chrom. 2n = 36.

900. **Bocks-G., Ch. hircínum** Schrad., slt. u. nur unbestdg, in Unkrautfluren von Umschlagplätzen an Bahnhofs- od. Hafenanlagen, auf trock., nährstoffreich., ± roh. Kies- od. Sandböden, wärmeliebd, in

Chenopodietea-Ges. – Tieflag., v. all. im S d. Gebiet. – Heimat: S-Am. –T.

901. Feigenblättriger G., Ch. ficifólium Sm. (*Ch. serótinum* auct.), slt. in Unkrautfluren, v. all. d. Äcker u. Gärten, auch an Wegen u. Ufern, auf frisch. (feucht.), nährstoffreich., ± mild. humos., meist sandg. Ton- u. Lehmböden, etwas wärmeliebd, v. all. im Chenopodion rubri (DV), auch im Chenop.-Oxalidetum (Polyg.-Chenopodion) – Tieflag., Stromtäler – smed(-kont) – T – Chrom. 2n = 18.

902. Graugrüner G., Ch. glaūcum L., zerstr., ab. gesellg in Unkraut-Beständen, v. all. dörfl. Siedlungen, an Dungstätten, Straßenrinnen, Gräben, Mauern u. Müllplätzen, auf feucht. (frisch.), s. nährstoffreich. (ammoniakal.), ± humos. Böd. all. Art, tiefwurzlde Pionierpf., salzertragd, Char. d. Chenopodietum rubri (Chenopodion rubri) – Tieflag. (v. all. im O d. Gebietes) – euraskont – T – Chrom. 2n = 18, 36.

903. Roter G., Ch. rúbrum L., zml. slt. (im N hfger) in Unkrautfluren off. Kiesufer, an Dorfstraßen, Dungstätten od. Schuttplätzen, auf frisch.-feucht., nährstoffreich. (ammoniakal.), ± humos. Böd. all. Art, Pionierpf., salzertragd, Char. d. Chenopodietum rubri (Chenopodion rubri), auch im Sisymbrion – Ebene bis mittl. Gebirgslag. (BayW bis 630 m) – euras(kont), circ – T – Chrom. 2n = 18, 36.

904. Dickblättriger G., Ch. botryódes Sm. [*Ch. chenopodioídes* (L.) Aell.], zml. slt. an feucht. nährstoffreich., gern salzhaltg. Standort., v. all. im Chenopodietum rubri (Chenopodion rubri) – Nord- u. Ostseeküste, auch im Binnenld, z. B. süRh (elsäss. Kalibergwerke), Th – med-euras – T – Chrom. 2n = 18.

905. Echter Erdbeerspinat, Ch. foliósum (Moench) Aschers., slt. u. unbestdg in Unkrautbeständen, an Schuttplätzen u. Wegen, Burgruinen u. Höhlen, an Lägerstell., auf mäß. trock.-frisch., nährstoffreich., ± humos. Böd., früher Gemüsepf. (Spinat), Tierverbrtg., in d. Zentral-Alpen terr. Char. d. Lappulo-Asperuginetum (Sisymbrion), Chenopodietea-Kl.char. – z. B. Rh, Mn, Do-Av (bis 530 m), sonst s. slt. od. verscholl. – alp-altaisch – T – Chrom. 2n = 18.

906. Ähriger Erdbeerspinat, Ch. capitátum (L.) Aschers., s. slt. u. unbestdg in Unkraut-Ges., an kulturnah. Schuttplätzen od. in Gärten (Zierpf.), auf frisch., nährstoffreich. Lehmböden, früher als Spinat verwendet, Chenopodietea-Art – Herkunft viell. N-Amerika – T – Chrom. 2n = 18.

Dazu kommen einige in neuerer Zeit z. B. in Rh regelmäß. auftretende Adventiv-Arten wie **Chenopodium probstii** Aell. (Wollschuttpf. aus Australien), **Ch. anthelmínthicum** L. (Wurmmittel, Herkunft N-Amerika), **Ch. pilcomayénse** Aell. (aus Argentinien), u. a.

Spinat, Spinácia L. vgl. S. 338

907. **S. olerácea** L., hfg in verschied. Sorten v. all. als Wintergemüse gebaut, vorteilhaft auf nährstoffreich., lock. Lehmböden in humidwintermild. Klimalage, Langtagpf., Fremdbestäuber, seit 15. Jahrh. in Europa bekannte, wahrscheinl. v. d. Arabern überkomm. (vitaminreiche) Gemüsepf., wild unbekannt, Stammart mutmaßl. *S. turkestánica* Jlj. (*S. tetrándra* auct.) aus W-Asien – T – Chrom. 2n = 12.

Salzmelde, Halimióne Aell.

1   Pf. einjährg, obere B. wechselstdg, Fr.hülle lg gestielt, 3lappg mit kl. Mittellapp., 10–30 cm, ☉, 7–10   **H. pedunculata** 908
1* Pf. ausdauernd, unt. holzg, obere B. gegenstdg, unter büschelg., Fr.hülle kurz gestielt mit 3 fast gleich groß. Lapp., 30–80 cm, ♃, 7–9
                                                    H. portulacoides 909
908. **Stielfrüchtige S., H. pedunculáta** (Grufb.) Aell., zerstr. auf Salztonböd. d. N- u. O-See, auch an Salzstellen d. Binnenlandes (Th, An), Char. d. Puccinellietum marit. (Puccinellion mar.) – kont – T – Chrom. 2n = 18.

909. **Strand-S., H. portulacoídes** (L.) Aell., slt. auf sandg. Salztonböd., Char. d. Halimionetum port. (Puccinellion mar.) – Nordseeküste (NS, SH) – med-atl – Ch – Chrom. 2n = 36.

Melde, Atriplex L.

1   Vorb. (Fr.klappe) nur am Grunde verwachs., krautg-grün
2   Vorb. rundl.-eiförmg, netzadrg, B. 3eckg-herzförmg, gezähnt od. ganzrandg, stattl. aufrechte Pf.
3   B. anfängl. mehlg, später ob.- u. unt.sts verkahld, matt, 30–150 cm, ☉, 7–8
                                                        A. hortensis 910
3* B. später wenigst. unt.sts ± mehlg bleibd, ob.sts dunkelgrün, ± glänzd, Vorb. rundl.-oval, ± zugespitzt
4   Fr. zwisch. d. Vorb. deutl. gestielt, Pf. aufrecht, abstehd verzweigt, 60–150 cm, ☉, 7–9   **A. nitens** 911
4* Fr. zwisch. d. Vorb. fast sitzd, Pf. reich u. sparrg verzweigt, 30–150 cm, ☉, 7–9   **A. heterosperma** 912
2* Vorb. herzförmg-3eckg, nicht netzadrg, ganzrandg od gezähnt, meist derbrandg
5   B. längl., ei-lanzettl.-3eckg-lanzettl., z. T. mit Spießeck., d. oberen ganzrandg
6   Vorb. meist ganzrandg, Pf. graugrün, mehlg bestäubt, verkahld, mit aufrecht. Äst. u. mit an d. Spitze nickd. Blü(schein)ähr., untere B. meist reich gezähnt, 30–120 cm, ☉, 7–9   **A. oblongifolia** 913
6* Vorb. gezähnt
7   B. oval-lanzettl., am Grunde meist spießförmg, Pf. aufrecht-aufsteigd
8   Pf. langästg, sparrg verzweigt, Vorb. 3eckg-spießförmg, mit 2 seitl. Zähn. (Abb. 31 S. 338), 3–7 mm lg u. 2–6 mm brt, 30–80 cm, ☉, 7–10 **A. patula** 914
8* Pf. kurzästger, aufrecht-abstehd verzweigt, Vorb. auffällg gezähntzerschlitzt, Salzpf., 30–100 cm, ☉, 6–9   **A. calotheca** 917

7* B. schmal lineal-lanzettl., nur d. unter. z. T. gezähnt, mehlg, zuletzt verkahld, dickl., Äste rutenförmg, Salzpf., 30–80 cm, ⊙, 7–8
A. littoralis 916
5* B. (wenigst. d. unter. u. mittl.) brt 3eckg, am Grunde gestutzt, spießförmg, d. ober. lanzettl., überwiegd gegenstdg, hellgrün, Vorb. klein-gezähnt, auch ganzrdg, 30–60 cm, ⊙, 7–9
A. hastata 915
1* Vorb. meist bis über d. Mitte verwachs., z. Fr.reife knorpelg verhärtet, weißl., B. eiförmg-3eckg-spießförmg, meist nachhaltg mehlg bestäubt (weißschülferg)
9 St. aufrecht-aufsteigd, Vorb. gezähnt-gelappt
10 Blü.(schein)ähre nur am Grunde beblättert, B. unregelmäßg tiefbuchtg, gezähnt, gewellt, 30–100 cm, ⊙, 7–9
A. tatarica 920
10* Blü.(schein)ähre fast bis z. Spitze beblättert
11 B. regelmäßg buchtg gezähnt, Vorb. bis z. Mitte knorpelg, 25–80 cm, ⊙, 7–9
A. rosea 921
11* B. unregelmäßg buchtg gezähnt, Vorb. nur am Grunde knorpelg, Küst.pf., 30–60 cm, ⊙, 8–9
A. glabriuscula 918
9* St. niederliegd, am Grunde verzweigt, B. stumpfl., buchtg gezähnt, Küst.pf., 30–60 cm, ⊙, 7–9
A. sabulosa 919

Alle Arten Insekt.- od. Selbstbestäubg

910. Garten-M., A. horténsis L., nur noch slt. als (Spinat) Gemüsepf. gebaut, z. B. in Bauerngärten d. Gebirges u. glgtl. verwildert, auf mäß. trock.-frisch., nährstoffreich., mild. humos. Sand- u. Lehmböden, Chenopodietea-Art – z. B. nöRh, Hü, Do, A (Hindelang) – Herkunft Vorderasien, vermutl. v. *A. nítens* Schk. od. *A. áucheri* Moq. abstammend – T – Chrom. 2n = 18.

911. Glanz-M., A. nítens Schkuhr (*A. acumináta* W. et K.), zerstr., ab. gesellg, v. all. in Trocken- u. Wärmegebieten, in Unkrautfluren an Schuttplätzen u. Wegen, an Flußufern, auf trock. bis frisch., nährstoffreich., ± humos. od. roh., lehmg. Sand- od. Steinböden, Erstbesiedler, sommerwärmeliebd, Char. d. Atriplicetum nit. (Sisymbrion), auch im Chenopodion rubri – v. all. Stromtäler im O d. Gebiet. (Mn, Th, An, auch nöRh, Do), sonst wie im Nordw. slt. od. fehld – kont – T – Chrom. 2n = 18.

912. Verschiedensamige M., A. heterospérma Bunge, slt. adventiv, z. T. eingebürgert, Char. d. Sis.-Atriplicetum oblong. bzw. Sisymbrion-Verb. char. – nöRh, Els., Ne, Br – kont – T.

913. Langblättrige M., A. oblongifólia Waldst. et Kit., zerstr., ab. gesellg, z. T. völlig eingebürgt in Unkrautfluren d. Trockengebiete, an Wegen u. Schuttplätzen, auf sommerwarm.-trock., nährstoff- u. basenreich. (auch kalkarm.), neutral-mild., oft humusarm. Sand- u. Lehmböd., salzertragd, Erstbesiedler, Char. d. Sis.-Atriplicetum oblongif. (Sisymbrion) – nöRh-nöHü (Mainz-Mannheim verbr.), süHü

(Els.), Th, An, Sa, sonst slt. od. unbestdg – kont – T – Chrom. 2n = 18 (36).

914. Ruten-M., A. pátula L., hfg in Unkrautfluren auf Äckern, in Gärten, an Schuttplätzen u. Wegen, auf frisch., nährstoffreich., neutral-mild., humos., lock. Ton- u. Lehmböden, bis 85 cm tief wurzld. Gare- u. Lehmzeiger, Chenopodietea-Kl.char., auch (DV) im Chenopodion rubri – Ebene bis Gebirge, A bis 1100 m (Sand- u. Silikatgebiete slt.) – euras-(subozean)(-smed), circ – T – Chrom. 2n = (18) 36.

915. Spieß-M., A. hastáta L., zerstr. in Unkrautfluren tief. Lagen, an Ufern, Gräben, Müllplätzen, auf frisch. bis feucht., s. nährstoffreich., mild. humos. Lehm- u. Tonböden od. Schlammböden, etwas wärmeliebd, seit jüng. Steinzeit im Gebiet, gern mit *Bidens*-Art., Chenopodion rubri-Verb.char., auch im Sisymbrion – v. all. im N u. NO d. Gebiet., im S viel seltner – euras(-med) – T – Chrom. 2n = 18, formenreich:

1　B. grün, dünn

915a. var. hastáta (*A. latifólia* Wahlenb.), verbr. Sippe, s.o.

1*　B. mehlg, grauschülferg, dickl.
2　B. spießförmg-3eckg, meist ganzrandg od. nur teilw. gezähnt

915b. var. salína Wallr. (*A. trianguláris* Willd., *A. prostráta* Bouch.), zerstr. in salzgebund. Küst.unkraut-Ges. d. Nord- u. Ostsee, Cakiletalia-Ordn.char., auch an binnenländ. Salzstell. od. neuerdgs an salzgestreut. Straßen, vgl. auch *A. longipes* Drej., SH NS (Küsten).

2*　B. kurz 3eckg, meist buchtg gezähnt, am B.grund mit kl. rückwrts gerichtet. Zahn, auch ganzrandg

915c. var. deltoídea (Bab.) Westerl. (*A. deltoídea* Bab.), wie vor. in Salzunkrautges. der Nord- u. Ostsee, Cakiletalia-Art.

916. Strand-M., A. littorális L., zerstr. in Spülsaum-Ges. d. Küste, Char. d. Atriplicetum litt. (Atriplicion litt.), im Binnenld glgtl. in Unkraut-Ges. d. Bahnhöfe od. Hafenanlagen – kont(-med) – T – Chrom. 2n = 18.

917. Pfeilblättrige M., A. calothéca (Rafn.) Fr., slt. in Spülsaumges. d. O-See mit *Cakile mar.*, Char. d. Atriplicetum glabr.-caloth. (Sals.-Honkenyion) – no (nur südl. Ostsee) – T – Chrom. 2n = 18.

918. Kahle M., A. glabriúscula Edm., slt. in Spülsaumges. (Tangwälle) d. Nord- u. Ostsee, mit *Cakile mar.*, Sals.-Honkenyion-Verb.char. – nosubozean – T – Chrom. 2n = 18.

919. Gelappte M., A. sabulósa Rouy (*A. laciniáta* L.), slt. in Spülsaumges., in Salzsümpfen u. -wiesen d. N-See, Char. d. Beto-Atriplicetum sab. (Sals.-Honkenyion) – atl – T – Chrom. 2n = 18.

920. Tatarische M., A. tatárica L., slt. u. unbestdg in Pionier-Unkraut-Ges. an Bahnhöfen od. Hafenanlagen, auf warm-trock., nährstoffreich., ± roh. Sand- u. Steinböden, mit *Amaranthus-* od. *Xanthium-*Arten in Sisymbrion-Ges., in S-Europa im Chenopodion mur. – v. all. im O d. Gebiet., Br, Sa, Th, An, NSH, sonst s. slt. u. unbestdg – kont-med – T – Chrom. 2n = 18.

921. Rosen-M., A. rósea L., slt. u. unbestdg wie vor., auf mäß. trock. od. wechseltrock. Böden, etwas sand- u. salzliebd, z. B. in Sisymbrion- od. Chenopodion rubri-Ges., an d. Ostsee in Cakiletalia-, in S-Europa in Chenopodion mur.-Ges. – v. all. im O d. Gebiet., z. B. Th, An, NSH, He, im S s. slt. (z. B. nöRh) od. unbestdg – kont-med – T – Chrom. 2n = 18.

Radmelde, Kóchia Roth vgl. S. 338

922. Sand-R., K. laniflóra (S. Gmel.) Borb. [*K. arenária* (Maerkl.) Roth], slt. in lückg. Sandrasen auf warm-trock., lock., basenreich., neutral-mild., humos. Sandböden, Steppenzeit-Relikt, Char. d. Jurineo-Koele-rietum (Koelerion glauc.), opt. in Therophyt.-reich. Ges., auch im Bromo-Corispermetum (Salsolion) – nöRh (v. all. um Mannheim), isoliertes Vorkommen – kont – T – Chrom. 2n = 18.

923. Besen-R., K. scopária (L.) Schrad., in d. cv. **trichophíla** Graebn., hfg als Zierpf. u. glgtl. in wärmeliebd. Schutt-Unkrautges. (Sisymbrion) verwildt, z. B. Rh – kont – T – Chrom. 2n = 18.

Wanzensame, Corispérmum L.

1   Fr.flügel gezähnelt, Ähre dichtblütg, 20–60 cm, ☉, 7–9
                                                   C. marschallii   924
1* Fr.flügel ganzrandg, schmal, Ähre nur oben dichtblütg, 10–50 cm, ☉, 7–9
                                                   C. leptopterum   925

924. Grauer W., C. marschállii Stev., slt. in off. unkrautg. Sand-Pionier-Ges., auf lock., stickstoffbeeinflußt., basenreich., humusarm. (roh.) Sandböden, Windbestäubg, bildet d. *C. marsch.*-Ges. (Salsolion) – nöRh (isoliert. Vorkommen) – kont – T.

925. Schmalflügliger W., C. leptópterum (Aschers.) Jljin (*C. hyssopifó-lium* L. var. *leptópterum* Aschers.), slt. u. unbestdg in off. Unkrautges. in Bahn- u. Hafenanlagen, auf sommertrock., stickstoff-beeinflußt., basenreich., humusarm.-roh. Sand- u. Kiesböden, Char. d. Bromo-Corispermetum (Salsolion), auch in and. Sisymbrietalia-Ges. – nöRh, Do, NWe, NS, SH, Br, verschleppt – kont – T – Chrom. 2n = 18.

Salzkraut, Sálsola L. vgl. S. 338

926. **Kali-S., S. káli** L., Pionierpf. trockener-frischer, basen- u. nährstoffreich. Sandböd., etwas sommerwärmeliebd, Wind- u. Insekt.bestäubg – T, formenreich:

1 Alle 5 Blü.hüllb. derb, aufgerichtet, dorng, B. dickl.-stachelg, etwas abgeflacht, meist dicht kurzborstg behaart, Pf. am Grund lg u. ausgebreitet verzweigt

926a. **ssp. káli,** zerstr. in Spülsaumges. salz- u. nährstoffreich. Sandböd., viel salzverträglicher als folgde, Sal.-Honkenyion-Verb.char. – Nord- u. Ostseeküste, im Binnenld s. slt. – med-atl – Chrom. 2n = 36.

1* Blü.hüllb. dünnhäutg, höchst, eines kräftg u. dorng zugespitzt, nicht aufgerichtet, B. mehr walzl., weich-stachelspitzg, meist kahl od. nur kurzborstg, Pf. v. Grund an verzweigt

926b. **ssp. ruthénica** (Jljin) Soó, zml. slt. in offen. ruderal. Pionierges. auf basen- u. nährstoffreich., humusarm. locker. Sandböd., bis 85 cm tief wurzelnd, nur bis 2% Salz ertragd, Salsolion-Verb.char. – nöRh, Br, auch Küst.nähe – kont-omed – Chrom. 2n = 36.

Dornmelde, Bássia All. vgl. S. 338

927. **B. hirsúta** (L.) Aschers., slt. in ruderal beeinflußt. Salzschlammges. d. N- u. O-See, Salicornion ram.-Verb.char. – kont(-omed) – T – Chrom. 2n = 18.

Sode, Suáeda Forsk. vgl. S. 338

928. **S. marítima** (L.) Dum., slt. in ruderal beeinflußt. Salzschlammges., z. B. im Salicornietum ram. d. N- u. O-See, auch an Salzstell. d. Binnenlands, Thero-Salicornietalia-Art, vgl. z. B. Suaedetum macroc. (Salicornion dolichost.) u. Suaedetum flexilis (Salicornion ram.), die Kleinart. *S. macrocarpa* u. *flexilis* sind allerdings schwer ansprechbar u. taxon. umstritt. – kont-med – T – Chrom. 2n = 36.

Queller, Salicórnia L.

929. **S. europáea**-Gruppe, Erstbesiedler off. Salzschlickböden an d. N- u. Ostsee, auch an Salzstell. d. Binnenldes (NS, Th, An, He) – im ganzen: kont-med – T, formenreich:

1 Obere Äste schräg mit mindest. 45° abstehd, Scheinähre 1–5 cm lg, slt. lger, oben u. unten verjüngt, Staubbeutel 0,2–0,5 mm lg
2 Obere Kante d. Fr.segmente mit undeutl. Hautrd, Scheinähre 1–5 cm lg, Pf. blau-grasgrün

929a. **Europäischer Qu., S. europáea** L., auf Wattfläch. od. bei Salinen, Nord- u. Ostseeküste, auch Salzstell. d. Binnenlandes, Thero-Salicornietalia-Art – NW-Europa – Chrom. 2n = 18.

2* Obere Kante d. Fr.segmente mit deutl. 0,2 mm brtem Hautrd, Scheinähre
0,5–3 (4) cm lg, Pf. dunkelgrün

929b. Ästiger Qu., S. ramosíssima Woods, zerstr. auf Wattfläch. d.
Küst., auch an binnenländ. Salzstell., Char. d. Salicornietum ram.
(Salicornion ram.), steht höher u. trockener als *S. dolichostachya* – NW-
Europa – Chrom. 2n = 18.

1* Obere Äste steil aufgerichtet, wenig (unter 45°) abstehd, Scheinähre (4) 5–12
cm lg u. lger, walzl., Staubbeutel 0,6–1,0 mm lg
3 Sprosse aufrecht

929c. Aufrechter Qu., S. dolichostáchya Moss (*S. stricta* auct.), zerstr.
auf Wattfläch. im Gezeitenbereich d. Küste, Char. d. Salicornietum
dolichost. (Salicornion dolichost.) – Nordsee – NW-Europa – Chrom. 2n
= 36.

3* Sprosse schräg aufrecht, weng verzweigt, Scheinähre 3–7 cm lg

929d. Flugsand-Qu., S. dolichostáchya ssp. decúmbens (Aell.) Kloss,
zml. slt. auf nicht tägl. überschwemmt. Sandplatt. u. Flugsandfläch. d.
flach. Küste, Char. d. Salicornietum decumb. (Salicornion dolichost.) –
Nordsee – Chrom. 2n = 36.

Familie der Fuchsschwanz-Gewächse, Amarantháceae

Fuchsschwanz, Amaránthus L.

1 Blü.ähren grünl. od. bleich (slt. etwas rötl.)
2 Obere Blü.knäuel bilden deutl. endstdge u. meist b.lose Scheinähre od.
-Rispe
3 Blü.vorb. länger als Blü.hüllb., St. aufrecht, kurzhaarig, B. eiförmg,
zugespitzt, Staubb. 5
4 Blü.rispe dicht kegelförmg, Blü.vorb. 4–6 mm lg, stumpfl. B. eiförmg-längl.,
grau-flaumg, matt, 10–80 cm, ☉, 7–9 **A. retroflexus** 930
4* Blü.rispe schlank, oft nickend, Blü.vorb. 6–8 mm lg, pfrieml.-dorng, Blü.b.
spitz, B. eiförmg-lanzettl., glänzd, Pf. oft rötl. überlauf., 10–80 cm, ☉, 7–9
A. hybridus 931
3* Blü.vorb. kürzer als Blü.hüllb., St. niederliegd-aufsteigd, B. ei-rautenförmg
5 St. kahl, B. vorn meist ausgerandet, Blü.hüllb. meist 3, 10–50 (70) cm, ☉, 7–
10 **A. lividus** 934
5* St. oben flaumg behaart, B. nicht ausgerandet mit stumpfl. Spitze, Blü.hüllb.
meist 2, 20–40 cm, ☉, 7–10 **A. deflexus** 935
2* Blü.knäuel nur b.achselstdg, Blü. 3–4teilg
6 Blü.vorb. ± so lg wie Blü.hüllb., B. eiförmg-lanzettl., 1,5–4 cm lg, ±
doppelt so lg wie brt
7 B. meist zugespitzt, wie St. oft rötl. (od. grün), 15–40 (60) cm, ☉, 7–10
A. graecizans 933
7* B. meist stumpfl. mit hell. B.rand u. unt.sts weißl. Nerven, St. weiß, Blü 4
(5)teilg, 15–50 cm, ☉, 7–10 **A. blitoides** 937
6* Blü.vorb. doppelt so lg wie Blü.hüllb., dorng-stechd, B. längl., gestutzt
spatelg mit kl. Stachelspitze, etwas wellg, St. gelb.-weiß, Pf. sparrg-ausge-
breitet, 10–50 cm, ☉, 7–10 **A. albus** 932

1* Blü.ähren rot (gelb)
8 Blü.rispe überhängd, schlank   **A. caudatus** 936
8* Blü.rispe aufrecht   **A. cruentus** 931d
   mit brt verbändert., gelb. od. rot. Blü.stden, Zierpf. (trop. Herkunft)
   Hahnenkamm,   **Celósia cristáta** L.
Alle Arten meist Wind-, auch Tier- u. Selbstbestäubg

930. **Rauhhaariger F., A. retrofléxus** L., zml. hfg in off. Unkrautfluren d.
Müllplätze, an Wegen u. in Äckern, auf trock. bis frisch., s. nähr-
stoffreich., ± humos., locker. Böd., sandbevorzugd, sommerwärmeliebd
(Wärmekeimer), üb. 1 m tief wurzlde Pionierpf., salzertragd, v. allem in
Polygono-Chenopodietalia-Ges., ferner im Sisymbrion (z. B. Chenopo-
dietum rud.), Chenopodietea-Kl.char. – v. all. warme Tieflag., im N
zml. slt. – Herkunft wärmer. N-Amerika, in Europa mit kont-med
Ausbrtgstendenz – T – Chrom. 2n = 32, 34.

931. **A. hýbridus**-Gruppe

1 Fr. eine Nuß, nicht aufspringd, lger als Blü.hüllb., Vorb. pfrieml. granng
931a. **Bouchon's F., A. bouchónii** Thell., slt. u. unbestdg an Ruderalstell.,
z. B. Rh, Ne, Pf, An – Herkunft unbekannt – T.

1* Fr. eine sich öffnende Deckel-kapsel, so lg od. kürzer als Blü.hüllb.
2 Vorb. doppelt so lg wie Blü.hüllb., z. T. lg begrannt, St. ± flaumg, wie
Blü.std grün, Blü.(schein)ähre schlank, z. T. locker u. verlängert
931b. **Grünähriger F., A. chlorostáchys** Willd. [*A. hýbridus* ssp.
hypochondríacus (L.) Thell.], slt. in off. Unkrautfluren, an Müllplätzen,
Wegen, auch in Äckern, auf sommertrock.-mäß. trock., nährstoffreich.,
humos. od. roh. Böd. all. Art, salzertragde u. wärmeliebde Pionierpf.,
in Sisymbrietalia- u. Polygono-Chenopodietalia-Ges., überreg. Cheno-
podietea-Kl.char. – warme Tieflag., z.T. (z.B. Rh) fest eingebürgert –
Herkunft wärmeres N-Amerika, in Europa (seit 1903) mit med(-kont)
Ausbrtgstendenz – T – Chrom. 2n = 32.

2* Vorb. so lg od. weng lger als Blü.hüllb., kurzgranng
3 Blü.std dunkelgrün, Vorb. 2–3 mm lg
931c. **Ausgebreiteter F., A. pátulus** Bert. (*A. hýbridus* ssp. *pátulus* Fiori),
slt. u. unbestdg in Ruderalges. z. B. Rh, s. verbr. in med – Herkunft: Am
– T – Chrom. 2n = 32.

3* Blü.std rotgelb (slt. grünl.)
931d. **Rispiger F., A. cruéntus** L. (*A. hýbridus* ssp. *paniculátus* (L.)
Hejny), Zierpf. aus dem trop. Am. – T – Chrom. 2n = 32.

932. **Weißer F., A. álbus** L., slt. u. unbestdg in off. Unkrautfluren d.
Müllplätze, an Wegen, Bahngleisen usw., auf trock., s. nährstoffreich.,
humos. od. roh., lock. Lehm- u. Sandböd., sandbevorzugd, salzertragd,
wärmeliebd, Pionierpf., v. all. mit and. *Amaranthus*-Arten, im Salsolion
u. Eragrostion, Chenopodietea-Kl.char. – warme Tieflag. (Bahn- u.

Hafenplätze), – Heimat: wärmeres N-Amerika, in Europa mit med (-kont) Ausbrtgstendenz – T – Chrom. 2n = 32.

933. **Wilder F., A. graēcizans** L. (*A. angustifólius* Lam., *A. sylvéstris* Vill.), slt. in Unkrautfluren gehackt. Äcker, in Gärten od. Weinbergen, auf mäß. frisch., nährstoffreich., mild. humos., lock. Sand- u. Lehmböden, wärmeliebd, Garezeiger, im Sisymbrion od. Fum.-Euphorbion, Chenopodietea-Kl.char. – z.B. Rh, Hü, Bo (Radolfzell), im N s. slt. od. fehld – med(-smed) – T – Chrom. 2n = 32.

934. **Aufsteigender F., A. lívidus** L., zerstr. in Unkrautfluren gehackt. Äcker, in Gärten, Weinbergen, an Wegen, auf mäß. frisch., nährstoffreich., kalkarm.- u. -reich., humos., lock., sandg. od. rein. Lehmböden, bis 60 cm tief wurzld, wärmeliebd, Garezeiger, in Sisymbrietalia- u. Polyg.-Chenopodietalia-Ges., Chenopodietea-Kl.char. – warme Tieflag., v. all. im S d. Gebiet., auch Th, An, – osmed (in med slt.), in gemäß. Zonen heute weltweit – T – Chrom. 2n = 34.

934a. **var. ascéndens** (Lois.) Thell., Pf niederliegd, slt., im Polygonion av.

935. **Liegender F., A. defléxus** L., slt. u. unbestdg in Tritt- u. Ruderal-Ges. warm. Gebiete, im Polygonion av., in med: Polycarpion tetr.-Verb.char. (Plantaginetalia-Art), auch in Chenopodietea-Ges. – z. B. Rh – Heimat: wärmeres S-Amerika – T – Chrom. 2n = 34.

936. **Garten-F., A. caudátus** L., Zierpf. aus d. Palaeo-Tropen, glgtl. an Müllplätzen verwildt – T – Chrom. 2n = 34.

937. **Westamerikanischer F., A. blitoídes** Wats., slt. u. unbestdg ruderal, z. B. mit *Corispermum*-Art. im Bereich v. Bahn- u. Hafenanlag. – z.B. nöRh, Do, NWe, NS, usw. – T – Chrom. 2n = 32.

Weitere in neuerer Zeit öfter an Müllplätz. beobachtete Neuankömmlge sind: **A. quiténsis** H.B.K. (habituell *A. hybridus*-ähnl.), aus S-Am., **A. thunbérgii** Moq. aus S-Afrika od. **A. críspus** (Lesp. et Thév.) Terracc. (mit ausgebreitet niederliegd. Äst., *A. albus*-ähnl., in Trittges., vgl. Amaranthetum crispi Mit. 72) aus S-Am. (Chrom. 2n = 52) u. a.

Familie der Kermesbeeren-Gewächse, Phytolaccáceae

Kermesbeere, Phytolácca L. vgl. S. 289

938. **Asiatische K., Ph. acinósa** Roxb., Blü.- u. Fr.stände aufrecht, Fr. 7–9teilig, Zierpf. u. glgtl. verwildt auf nährstoffreich., oft kalkarm. Böden in Arction-Ges., wärmeliebd, ab. frosthart – z. B. Rh, Hü, Ne – Herkunft: O-Asien – H – Chrom. 2n = 18.

939. **Amerikanische K., Ph. americána** L., Blü.- u. Fr.stände hängd, Fr. 10teilg, Kulturpf. (Beer. z. Wein- u. Speisen-Färbg), nicht frosthart, bei uns slt. (z. B. Els) verwildernd – Herkunft: N-Amerika – H – Chrom. 2n = 36.

Familie der Eiskraut-Gewächse, Aizoáceae

Hierher gehören der **Neuseeländ. Spinat, Tetragónia tetragonoídes** (Pall.) O.Ktze, glgtl. als Gemüsepf. gebaut u. verwildt, Heimat: antarktische Küsten (Spülsaum-Ges.), sowie das als Zierpf. kultiv., im Mittelmeergebiet hfg frei überwinternde **Eiskraut, Mesembryánthemum crystallínum** L. [*Gásoul crystallínum* (L.) Rothm.].

Familie der Portulak-Gewächse, Portulacáceae

1   Hochb. unter d. Blü. nicht verwachs.
2   Blü. gelb, zu 1–3 gabelstdg sitzd, Staubb. 8–15, B. längl.-keilförmg, fleischg, 1–2 cm lg, gegenstdg, Pf. niederliegd-aufsteigd, 10–20 cm, ♃, 6–9
                                                                    Portulaca   S. 354
2* Blü. weiß, unscheinbar, zu 2–5 seit.- od. endstdg, kurz gestielt, Staubb. 3–5, Fr. 3teilg, B. spatelg, kl., gegenstdg, Pf. niederliegd-aufsteigd, 5–30 cm, ☉, ♃, 6–8   **Montia**   S. 354
1* Hochb. unter d. Blü. zu einem Trichter verwachs., Grundb. oval, lg gestielt, 10–20 cm, ☉, 4–7   **Claytonia**   S. 355

Portulak, Portuláca L.

940. **P. olerácea** L., zerstr. in off. Unkrautfluren warm. Tieflagen, v. all. in Gärten, Weinbergen, auch an Wegen, zwischen Pflasterfugen, auf sommertrock., nährstoffreich., neutral-mild., ± humos., garen, lock. Sand- od. Lehmböd., Wärmekeimer, Selbstbestäubg, Ameisenverbrtg, gern mit *Panicum-* od. *Eragrostis*-Arten, vorzugsw. in wärmeliebd. Polygonion av.-Ges., auch in Sisymbrietalia- u. Polyg.-Chenopodietalia-Ges. – v. all. warme Tieflag. im S d. Gebiet., im nördl. Tiefld slt. od. fehld – (o)med-smed, in warmgemäß. Zonen heute weltweit – T – Chrom. 2n = 54.

940a. **ssp. satíva** (Haw.) Thell., St. mehr aufrecht, B. eiförmg gestutzt-ausgerandet, Pf. in all. Teilen größer, slt. als Suppen- od. Salat-Kraut gepflanzt.

Quellkraut, Móntia L.

941. **Móntia fontána** L.

1   Samen matt (kaum glänzd), körng-rauh, St. meist aufstrebd, etwas starr, B. ± gelbgrün, (kann im Wasser ab. habituell d. folgd. gleichen)

941a. **ssp. chondrospérma** (Fenzl) Walters (*M. minor* C. Gmel.), zml. slt.in lückg. Pionier-Ges. feucht. Ackerrinnen od. Wege, an Gräben u. Ufern, auf feucht., zeitw. überschwemmt., mäß. nährstoffreich., kalkarm., dicht., sandg. od. rein. Lehmböden, v. all. tiefer. Lagen, z. B. im Stell.-Scirpetum set. u. Centunculo-Anthocerotetum, Nanocyperion-Verb.char., slt. auch in Cardamino-Montion-Ges. – v. all. in Tieflag. im W u. S d. Gebiet., slt. über 500 m, BayW slt., A fehld – subatl – T (W) – Chrom. 2n = 20.

1* Samen ± glatt, glänzd (od. am Kiel körng-rauh), St. schlaff, meist flutd (kann bei Trockenlegg ab. habituell d. vor. ähnl. werden), B. dunkelgrün
2 Samen völlg glatt, 1,1–1,3 mm, Samenhaut dünn

941b. **ssp. fontána** (*M. lamprospérma* Cham.), v. all. in mittl. u. höher. Lag., z. B. im Bryo-Philonotidetum ser., im W u. Nordw. d. Gebiet. – Mittelgebirge bis ThW, Erzg, auch NS, SH, ab. BayW-A fehld – nosubozean, circ (auch antarkt.) – W, T (Ch) – Chrom. 2n = 20.

2* Samen am Kiel ± körng-rauh (stark vergrößern!), 0,9–1,1 mm lg, Samenhaut kräftg
3 Samen am Kiel nur mikroskop. erkennbar gekörnelt

941c. **ssp. variábilis** Walters (*M. rivuláris* C. Gmel. p.p.), v. all. in tiefer. u. mittl. Lag., z. B. im Montio-Philonotidetum font., im Nordw. u. W d. Gebiet. – Tiefebene ostwrts bis Br, Mittelgebirge: RS, Sch bis 1400 m, O, He, ThW, Hz, BayW, Fr, aber im NO wie Ju-A fehld – (no)subatl, circ – W, T (Ch) – Chrom. 2n = 20.

3* Samen am Kiel deutl. körng-rauh (Lupe)

941d. **ssp. amporitána** Senn. (*M. lusitánica* Samp.), v. all. in tief. u. mittl. Lag. im W d. Gebiet., z. B. im Montio-Philonotidetum font., erreicht auf d. Linie SH-Elbe d. NO-Grenze d. Verbrtg, auch Ju, Av, A fehld – subatl-smed (circ) – W, T (Ch) – Chrom. 2n = 20.

Alle 3 zuletzt genannt. Unterart. zerstr. in lichtausgesetzt. Quellflur., an überrieselt. Fels., an Bäch. u. Gräb. auf kühl., wasserdurchsickert. kalkarm., eu-mesotroph. sandg.-humos. Schlammböd., mit *Philonotis*-Art. Montienion-Art. (Card.-Montion), in terr. Formen slt. auch im Kontakt mit d. Nanocyperion.

Claytonie, Kubaspinat, Claytónia L.

942. **C. perfoliáta** Donn, früher Salatpf., heute gelgtl. verwildert u. eingebürgert an Weg. u. Mauern, in Parkanlag. auf nährstoffreich., vorzugsw. sandg. Böd., in Ges. des Alliarion – z. B. Pf, NWe, He, SH, Do-Av – Herkunft: N- u. Mittel-Am., mit subatl. Ausbrtgstendenz – T – Chrom. 2n = 48, 60.

Familie der Nelken- und Nagelkraut-Gewächse, Caryophylláceae (einschließl. Illecebráceae)

1   Kelchb. (röhrenförmg od. glockg) verwachs., 5–6zipflg, Blü.b. immer vorhanden, mit ± lg. Nagel, Griffel frei, Staubb. 10 (*Silenoideae*) (1* vgl. S. 357 oben)

2   Kelch meist mit deutl. Nerven od. Längsrippen, z. T. auch ganz glatt, ± grün (rötl.), ohne trockenhäutge Streifen (2* vgl. S. 357 oben)

3   Griffel 3–5, Kelch ohne schuppenförmge Hochb., meist mit deutl. Nerven od. Längsrippen (Ausnahme *Heliosperma* od. bei *Silene*), wenn Blü. eingeschlechtg siehe unter 9, Blü. rot od. weiß

4   Kelchzipfel (3–5 cm lg) lger als Blü.b., Blü. einzeln, Pf. behaart, 30–100 cm, ⊙, 6–9   **Agrostemma** S. 358

4*   Kelchzipfel kürzer als Blü.b., Blü. meist in Dolden od. Rispen, oft mit Schlundschuppen

5   Fr. eine Kapsel

6   St. unt. d. ober. Knoten durch schwarze Leimringe klebrg, Blü.b. ungeteilt

7   B. lineal-lanzettl., dunkelgrün, Klebring deutl., Blü.std traubg-rispg, fast quirlg, Blü. rot, Griffel 5   **Viscaria** S. 358

7*   B. eiförmg, st. umfassend, bläulichgrün, Klebring undeutl., St. gabelästg, Blü.std locker doldg, Blü. hellrot   vgl. **Silene armeria** 951

6*   St. ohne Klebring

8   Blü.b. in d. Mitte gespalt., ungeteilt od. 4zähng, Griffel 3 od. 5

9   Blü.b. gespalt. od. ungeteilt, Blü. z. T. eingeschlechtg, Kelch meist mit deutl. Nerven

10   Fr.kapsel am Grunde meist 3fächerg, 6zähng, Griffel meist 3, Kelch 10–30 (-60)nervg, kahl od. drüsenhaarg, Blü. mit u. ohne Schlundschuppen
                                                                        Silene S. 359

10* Fr.kapsel meist 1fächerg, Griffel 3 od. 5

11   Fr.kapsel 6–10zähng, Kelch 10nervg, ± bauchg u. stark behaart, Blü. z. T. eingeschlechtg, Blü.b. mit Schlundschuppen, B. eiförmg-lanzettl., sitzd
                                                                        Melandrium S. 363

11* Fr.kapsel 5zähng, Griffel 5, Blü.b. ausgerandet, rot, Alpenpf. vgl.
                                                                        Viscaria S. 358

9*   Blü.b. 4zähng od. ausgerandet, Kelch undeutl. 10nervg, kahl, Alpenpf., 5–20 cm, ♃, 7–9   **Heliosperma** S. 362

8*   Blü.b. in 4 lge feine Zipfel zerteilt, hellrot, B. schmal-lanzettl., rauh, Griffel 5
                                                                        Lychnis S. 364

5*   Fr. eine schwarze (Schein-)Beere, Blü.b. schmal, grünl.-weiß, Kelch glockg aufgeblasen, Pf. spreizd-kletternd, 50–150 cm, ♃, 7–9   **Cucubalus** S. 364

3*   Griffel 2, Kelch glatt od. behaart (bis 25nervg), walzl. (oft etwas bauchg) od. kantg geflügelt, Blü.b. rot od. rosa, ungeteilt od. gefranst

12   Kelch scharfkantg geflügelt, bauchg, kahl, 1–2 cm lg, Blü.b. rosa, ohne Schlundschupp., B. lanzettl., st.umfassd, bläul.-grün, Blü.std gabelspaltg, 30–50 cm, ⊙, 7–9   **Vaccaria** S. 366

12* Kelch nicht geflügelt, walzl., z. T. etwas bauchg

13   Kelch am Grund ohne schuppenförmge Hochb., kahl od. behaart, Blü.b. mit Schlundschuppen   **Saponaria** S. 369

13* Kelch am Grund mit schuppenförmg. Hochb., meist kahl, Blü. ± ansehnl., ohne Schlundschuppen   **Dianthus** S. 366

2* Kelch mit deutl. trockenhäutg. Streifen, Blü.kl., ohne Schlundschuppen, B. schmal-lineal

14 Kelch am Grunde mit schuppenförmg. Hochb., Blü.b. rosa, fein gezähnt, B. rückwärts rauh **Petrorhagia** S. 365

14* Kelch am Grunde ohne schuppenförmge Hochb., 1–3nervg, Blü. hellrot od. weiß **Gypsophila** S. 364

1* Kelchb. frei od. nur am Grund verwachs., 4–5teilg, Blü.b. z. T. fehld, Staubb. 3–5–10 (*Alsinoideae*)

15 B. ohne häutge Nebenb., B. gegenstdg (wenn wechselstdg od. quirlg, vgl. 15* S. 358 oben)

16 Blü.b. vorhanden, weiß

17 Blü.b. tief ausgerandet, d. h. in d. Mitte gespalt.

18 St. 4kantg, B. ± lineal-lanzettl., Griffel 3 **Stellaria** S. 370

18* St. rund

19 B. ei-herzförmg, zugespitzt, Fr.kapsel eiförmg-kugelg, Blü.b. meist bis üb. d. Mitte gespalten

20 Griffel 3 **Stellaria** S. 370

20* Griffel 5, B. sitzd od. nur kurz gestielt, Blü.b. nicht viel lger als drüsenhaarg. Kelch, 20–40 cm, ☉, ⵩, 6–9 **Myosoton** S. 370

19* B. längl. oval, stumpfl. od. lanzettl. zugespitzt, Fr.kapsel walzl.-längl., Griffel meist 5 (3), Blü.b. höchst. bis z. Mitte gespalten
Cerastium S. 373

17* Blü.b. ganzrandg od. ausgebissen gezähnt, kl.

21 Blü.b. fein gezähnt, Blü.std doldg, Blü.stiele zuletzt zurückgeschlag., B. längl.-eiförmg, 1–1,5 cm lg, 5–20 cm, ☉, 3–5 **Holosteum** S. 377

21* Blü.b. ± ganzrandg, Blü.std nicht ausgeprägt doldg

22 B. schmal lineal, pfrieml. od. lanzettl.

23 Kelchb. grün, meist längl., stumpfl. od. zugespitzt, Pf. niederliegd-aufsteigd

24 Griffel 4–5 **Sagina** S. 377

24* Griffel 2–3

25 B. dickfleischg, oval, dicht stehd, 4zeilg, gelbgrün, Fr. 3zähng, Meeresstrdpf., 10–30 cm, ⵩, 6–7 **Honkenya** S. 379

25* B. nicht dickfleischg, oval-spitzl. od. lineal **Moehringia** S. 383

23* Kelchb. trockenhäutg od. weiß berandet, lanzettl., z. T. lg zugespitzt, Pf. meist aufrecht (Ausnahme Alpenpf.)

26 Griffel 4–5, Blü. 4teilg, Fr. 8zähng aufspringd, Kelch grün u. weiß berandet, lg zugespitzt, B. (wenigst. d. unt.) 2–3 mm brt, 3–10 cm, ☉, 4–5
Moenchia S. 377

26* Griffel 2–3, Blü. 4–5teilg, Fr. 3–4zähng aufspringd, B. 1–2 mm brt
Minuartia S. 379

22* B. rundl. od. eiförmg-längl., Kapsel 4–6zähng, Griffel 2–3

27 B. 2–5 mm lg, ± eiförmg, zugespitzt, Samen ohne Anhängsel
Arenaria S. 382

27* B. bis 2 cm lg, meist gestielt u. 3nervg, spitz, Samen mit Anhängsel
Moehringia S. 383

16* Blü.b. fehlen

28 Fr. v. d. Kelchröhre umschloss., 1samg, Blü. v. ausgebrt. Kelchb. gebildet, knäuelg gehäuft, B. lineal-pfrieml., grau-grün **Scleranthus** S. 384

28* Fr. eine freie Kapsel

29 B. eiförmg, Unkraut vgl. **Stellaria** S. 370

29* B. lineal, fädl. od. pfrieml.

30 Griffel 4–5, Unkraut   vgl. **Sagina**   S. 377
30* Griffel 3, Alpenpf.   vgl. **Minuartia** S. 379
15*B. mit kl. häutg. Nebenb., Blü. unscheinbar (*Paronychioideae*)
31 B. gegenstdg od. quirlg
32 B. lineal-pfrieml., 1–3 cm lg, Blü. deutl.
33 B. quirlg, Blü. weiß, 5teilg   **Spergula**   S. 385
33*B. gegenstdg, Blü. weiß od. rosa, Fr.kn. 3teilg
34 Blü. rosa, B. bis 2,5 cm lg, St. niederliegd-aufsteigd **Spergularia** S. 376
34*Blü. weiß, B. höchst. 1,5 cm lg, St. aufrecht, 3–10 cm, ☉, 6–7
                                                        Delia   S. 377
32*B. rundl.-längl., 2–10 mm lg, Blü. unscheinbar
35 Blü.std doldg, B. 4quirlg, kurz stachelspitzg, 5–15 cm, ☉, 7–9
                                                        Polycarpon   S. 377
35*Blü. achselstdg geknäuelt, Pf. niederliegd-ausgebrtet, B. gegenstdg
36 Blü.knäuel weiß, Kelchb. weiß-knorpelg verdickt, begrannt, B. 2–3 mm lg,
    stumpfl., 5–20 cm, ☉, 7–9   **Illecebrum**   S. 377
36*Blü.knäuel grünl., Blü.b. z. T. fehld, Pf. polsterartg ausgebrtet, gelb- od.
    graugrün   **Herniaria**   S. 377
31*B. wechselstdg, lineal-längl., blau-graugrün, Nebenb. s. kl., Blü. weißl.,
    meist kugelg geschloss., end- od. seitenstdg geknäuelt, 5–20 cm, ☉, 7–9
                                                        Corrigiola   S. 377

Kornrade, Agrostémma L. vgl. S. 356

943. **A. githágo** L., zerstr. in Getreideäckern (v. all. Wintergetreide), auf
trock. bis frisch., nährstoffreich., mild-mäß. sauer., humos., sandg. od.
rein. Lehmböden, bis 85 cm tief wurzld, Falter- u. Bienenblume, Samen
giftig, seit jüng. Steinzeit im Gebiet, durch Saatgutreinigung stark
zurückgehd, teilweise verscholl., Secalinetea-Kl.-char. – Ebene bis
Gebirge, A bis 1140 m – Herkunft vermutl. omed, heute euras-med, bzw.
weltweit – T – Chrom. 2n = 24, 48.

Pechnelke, Viscária Bernh.

1 Blü.std rispig-traubg, locker, Blü. dunkelrot, Blü.b. kaum ausgerandet, St.
   unter d. Knot. klebrg, B. lanzettl.-lineal, 20–50 cm, ⚇, 5–7
                                                        V. vulgaris 944
1* Blü.std mit kopfförmg. gehäuft. Blü., Blü. hellrot, Blü.b. zweispaltg, St.
   nicht klebrg, B. lineal-lanzettl., 5–15 cm, ⚇, 7–8 **V. alpina**   945

944. **Gewöhnliche P., V. vulgáris** Bernh. (*Lýchnis viscária* L.), zerstr. in
Magerrasen u. Magerweiden, auch in Heiden od. im licht. Gebüsch, an
Böschg., v. all. in d. klimat. subkont. getönt. Silikatgebiet., auf ±
trocken., mäß. nährstoff- u. basenreich., kalkarm., neutral-mäß. sauer.
humos., sandg. Lehmböden, Tagfalterblü., v. all. in Saumges., schwache
Char. d. Teucrio-Polygonatetum odorat. (Geranion sang.), auch in
Silikattrock.ras. (vgl. Viscario-Festucetum) od. mager. Frischwies.,
sowie in warm.-bodensauer. Eich.wäld. – Ebene bis mittl. Gebirgslag.

BayW bis 900 m), v. all. im O d. Gebiet., im N, wie auch im SW, slt. od.
fehld – gemäßkont(-osmed) – Ch (H) – Chrom. 2n = 24.

945. Alpen-Pechnelke, V. alpína (L.) Don. (*Lýchnis alpína* L.), zerstr. im
saur. Magerras. d. alp. Stufe, Juncetea trif.-Kl.char., auch im Elynetum –
Salzburg, Tirol, Schweiz – arkt(subozean)-alp, circ – H – Chrom. 2n = 24.

Leimkraut, Siléne L.

1 St. meist über 10 cm hoch, ± aufrecht, ästg (1* S. 360)
2 Kelch (z. T. erst abgeblüht) deutl. aufgeblasen, 20–30nervg
3 Kelch bleich, kahl, 20nervg, B. lanzettl.-eiförmg, blaugrün, meist kahl, Blü.
  weiß, Blü.std rispg, 10–50 cm, ⚬|, 5–9   **S. vulgaris** 946
3* Kelch grün, drüsg behaart, 30nervg, kegelförmg, Blü. rosa, St. wengblütg
4 Blü.b. tief ausgerandet, Blü.kelch 10–18 mm lg, Fr. 7–12 mm lg, B. am
  St.grund rosettg gehäuft, 5–20 cm, ⊙, 5–7   **S. conica** 948
4* Blü.b. kaum ausgerandet, Blü.kelch 15–30 mm lg, Fr. 12–20 mm lg,
  schnabelg verjüngt, Grundb. nicht rosettg gehäuft, hinfällg, Pf. ob. ±
  klebrg, 10–30 cm, ⊙, 6–7   **S. conoidea** 947
2* Kelch nicht aufgeblasen, 10nervg
5 Blü.std gabelg mit traubenartg. Wickeln
6 Blü.b. 2spaltg, weiß, Blü. etwas nickd, Blü.std gabelg, mit 1 gabelgrundstdg.
  Blü., St. behaart, 20–50 cm, ⊙, 6–7   **S. dichotoma** 949
6* Blü.b. wenig ausgerandet, meist rötl., St. oberwts drüsg, 10–40 cm, ⊙, 6–7
    S. gallica 950
5* Blü.std (trug)doldg od. rispg
7 St. kahl, B. grau- od. blaugrün, kahl, Blü.b. ± ausgerandet
8 Blü. ohne Nebenkrone (Schlundschupp.), weiß-grünl.-weiß, anfängl. nickd,
  Blü.std traubg, St. v. Grund an ästg-aufrecht, B. lanzettl., 30–60 cm, ⚬|, 7–9
    S. tatarica 952
  vgl. auch bei 9   **S. rupestris** 953
8* Blü. mit Nebenkrone (Schlundschupp.)
9 Blü.std sparrg verzweigt, Blü. mit s. kl. oft undeutl. Nebenkrone, weiß,
  Kelch 3–7 mm lg, B. bläul.grün, lanzettl., kl. Gebirgspf., 10–20 cm, ⚬|, 6–9
    S. rupestris 953
9* Blü.std mit aufrecht., gedrängt. Blü.stiel., doldg od. traubg, Nebenkrone
  deutl. ausgeprägt, Kelch lger
10 St. unter d. Knot. mit Klebring, B. eiförmg, bläul.grün, st. umfassd, Kelch
  röhrg-keulg, Blü. hellrot, 10–50 cm, ⊙, 6–9   **S. armeria** 951
10* St. ohne Klebring, B. lanzettl.-spatelg, Blü.std einstswendg, Blü. gelbl.-
  grünl., 30–60 cm, ⚬|, 6–8   **S. chlorantha** 954
  vgl. auch kahle Form. v.   **S. nutans** 958
7* St. unterwts behaart, auch B. u. Blü.stiele meist behaart
11 Blü.b. ungeteilt od. nur schwach ausgerandet, Kelch keulenförmg, glockg-
  kugelg
12 Blü. hellrosa, Kelch grünl.-weiß, B. lineal-lanzettl., 30–50 cm, ⊙, 6–7
    S. linicola 955
  vgl. auch   **S. cretica** 956
12* Blü.b. unscheinbar, gelbgrün, ungeteilt, Blü. eingeschlecht, Pf. 2häusg,
  Blü.std reichblütg-rispg, B. spatelg-lineal, 20–50 cm, ⚬|, 6–7
    S. otites 957

11* Blü.b. tief 2spaltg, weißl., B. lanzettl.-spatelg, St. ± drüsg-klebrg
13 Blü. mit Nebenkrone (Schlundschupp.), nickd in einstswendg. Blü.std, 20–
60 cm, ♃, 6–8 **S. nutans** 958
13* Blü. ohne Nebenkrone, in aufrecht. rispg-doldg. Blü.std, 30–100 cm, ♃, 5–7
S. nemoralis 959
vgl. ferner **Melandrium noctiflorum** 964
1* St. 1–3 cm hoch, einblütg, Blü. rot, polsterbildende Alpenpf., ♃, 6–9
S. acaulis 960

946. **Aufgeblasenes L., Klatsch-L., Taubenkropf, S.** vulgáris (Moench)
Garcke (*S. cucúbalus* Wib., *S. infláta* Sm.), hfg in lückig. Magerrasen, in
Steinschuttfluren u. Gebüschsäumen, an Wegen u. Böschungen, in
Steinbrüchen u. im Bahnschotter, auf mäß. frisch.-wechselfrisch., mäß.
nährstoff- u. basenreich., mild-mäß. sauer., humos. od. roh. Böd. aller
Art, bis üb. 1 m tief wurzld. Rohbodenpionier, Nachtfalter- u.
Bienenblume, früher Heilpf., v. all. in Mesobromion-Ges., ferner im
Geranion sang., Stipion calamagr. od. Dauco-Melilotion (vgl. auch
Unterart.) – Ebene bis Gebirge – no-euras-smed – H (Ch), formenreich:
1 Pf. aufrecht od. aufsteigd, B. 3–12 cm lg, Samen feinstachelg
2 Pf. meist aufrecht, Blü.std vielblütg, slt. nur 1–3blütg

946a. **ssp. vulgaris**, verbr. Sippe, s.o., dazu **var. latifólia** (B. oval, randl.
gewimpert, in Bergwies. d. Pol.-Trisetion) – Chrom. 2n = 24 (48).

2* Pf. aufsteigd, niedrg, Blü.std 1–3blütg, B. schmal-lanzettl.

946b. **ssp. húmilis** (Schub.) Rothm., slt. als Pionierpf. auf Erzhald.,
Violetea cal.-Kl.char. – Th, An, RS, nöHü (Wiesloch), süSch (Freiburg)
– endem – Chrom. 2n = 24.

1* Pf. mit zahlreich. ausgebreitet niederliegd-aufsteigd. St., Blü.std 1–3blütg,
Kelch meist rötl. überlauf., B. eiförmg-lanzettl., 1–3 cm lg, Samen feinwarzg

946c. **ssp. glareósa** (Jord.) Marsd.-J. et Turr. (*S. willdenówii* Sweet p.p.),
Kalkschuttkriecher d. Hochgebirges, v. all. im Petasitetum par.,
Thlaspietea rot.-Kl.char., auch im Caricion ferr. – A bis 2230 m – pralp-
alp – Chrom. 2n = 24.

947. **S. conoídea** L., neuerdings öfter in Kleeäckern mit *Trifolium resup.*
eingeschleppt – z.B. NWe, FrJu, Me, Av – omed – T.

948. **Kegelfrüchtiges L., S. cónica** L., slt. in lückg. Sandrasen, auf Dünen,
an Böschungen, auf warm., trock., basenreich., oberflächl. entkalkt.,
neutral-mäß. sauer., humos., locker. Sandböden, Sileno-Cerastion-
Verb.char., auch halbruderal – nöRh, im nördl. Tiefld nur adv. –
smed-subatl – T – Chrom. 2n = 20, 24.

949. **Gabel-L., S. dichótoma** Ehrh., slt. u. unbestdg in lückig.
Unkrautbeständen, in Äckern (Getreide, Klee, Luzerne) od. ruderal, auf
nährstoffreich. Lehmböden, Secalinetea- od. Chenopodietea-Art –
Tieflag., in letzt. Zeit wenig mehr beobachtet – Herkunft: omed – T –
Chrom. 2n = 24.

950. **Französisches L., S. gállica** L., slt. u. unbestdg wie vor. in Unkrautfluren v. Äckern, Weinberg. od. Schuttstellen, auf ± nährstoffreich., wechseltrock., basenreich., oft kalkarm. Lehm- u. Tonböden, wärmeliebd, vermutl. Secalinetea-Art, auch in Chenopodietea-Ges. – Tieflag., v. all. im S d. Gebiet. – med, in S-Europa s. hfg u. heute in warmtemp. Zonen weltweit – T – Chrom. 2n = 24.

951. **Nelken-L., S. arméria** L., slt. im Saum v. Büschen, auf Waldschlägen, in Heiden, an Wegen, auf mäß. frisch., ± nährstoff- u. basenreich., kalkarm., mäß. sauer. humos., sandg. od. rein. Lehmböden, z. T. als Zierpfl. verwildt., Tagschwärmerblume, v. all. in Sedo-Scleranthetea-Ges., auch im Trifolion medii – v. all. im W d. Gebiet., Pf, RS, NWe, He (Rhön), Hz – smed(-subatl) – T – Chrom. 2n = 24.

952. **Tataren-L., S. tatárica** (L.) Pers., s. slt. auf trocken. bzw. wechseltrock., mäßg nährstoff- u. basenreich. Flußufersand., Char. d. „Sileno tat.-Corynephoretum" Libb. 31 (Corynephoretalia), mit *Plantago indica* – Odertal – europkont., im Gebiet an d. W-Grenze d. Verbrtg – H – Chrom. 2n = 24.

953. **Felsen-L., S. rupéstris** L., slt., ab. gesellg in Pionier-Ges. auf Erdanrissen, Felsköpfen, Mauerkronen, in Felsspalten d. Silikat-Gebirges, auf nährstoff- u. kalkarm. (nicht zu basenarm.), mäß. sauer., humos. od. roh., ± lehmig. Sand- u. Steinböden (Gneis, Granit, Porphyr, Schiefer usw.), Pionierpf., geschützt, im Sch lok. Char. d. Sileno-Sedetum (Sedo-Scleranthion), in A im Sclerantho-Sempervivetum, Sedo-Scleranthetalia-Ordn.char., auch (Diff.) im Androsacion vandell. – süSch (nördl. bis Schramberg), Vog, A 1550 bis 2100 m (Allgäu) – alp-pralp(-no-arktsubozean) – H – Chrom. 2n = 24.

954. **Grünliches L., S. chlorántha** (Willd.) Ehrh., slt. auf basenreich. Sandböden, als Char. d. Festuco-Koelerietum gl. (Koelerion glaucae), auch in licht. Kiefernwäld. – Br, Me – kont – H – Chrom. 2n = 24.

955. **Flachsnelke, S. linícola** C. Gmel., s. slt. in d. Unkrautges. der Lein- u. Flachsfelder, Char. d. Sileno linic.-Linetum (Lolio-Linion) – früher z. B. Ju, Mn, nöRh, Do usw. – seit lgem nicht mehr beobachtet – Herkunft: omed – T – Chrom. 2n = 24.

956. **Kretische Flachsnelke, S. crética** L., ähnl. vor. (St. ob. kahl od. weng klebrg), wurde als Lein-Unkraut im Gebiet seit langem nicht mehr beobachtet, wärmeliebender als vor. – Herkunft: omed, mehr wmed verbr. – Chrom. 2n = 24.

957. **Ohrlöffel-L., S. otítes** (L.) Wib., slt. in Trocken- u. Sandras., auf Dünen, an sonng. Hängen, auf trocken., basenreich., neutral-mild. humos., locker., flachgründg. steing. Lehmböd. od. auf Sandböd., Tiefwurzler, Wind- u. Insekt.bestäubg (Falter), schwache Festucetalia val.-Ordn.char., auch im Koel.-Phleion od. Xerobromion, auf Küst.-dünen im Koelerion alb. – v. all. im NO d. Gebiet. (Sa, Th, An, Br, SH,

Me), im S nur in d. Trock.- u. Wärmegebiet. (nöRh, nöHü, Mn, Fr, HRh-Bo, FrJu), auch Fries. Inseln – (gemäß)kont(-smed) – H – Chrom. 2n = 24, formenreich:

1 Blü.std ± traubg, Pf. niederwüchsg

957a. **ssp. otítes,** vorherrschde Sippe, s.o.

1* Blü.std rispg mit verlängert. unter. Äst., untere B. spatelg, Pf. hochwüchsg

957b. **ssp. pseudotítes** (Bess.) A. et Gr., zweifelhafte Sippe, z.B. f. Kalksande d. nöRh angegeb.

958. **Nickendes L., S. nútans** L., zml. hfg in licht. Büschen od. Eichenwäldern, an Waldsäumen, Felsen od. in Kalkmagerrasen, auf warm., trock., mäß. nährstoffreich., basenreich., oft kalkarm., mildmäß. sauer., humos., meist flachgründg. Steinböden od. steinig-sandg. Lehmböden, Licht- u. Halbschattpf., Nachtfalterblume, Trif.-Geranietea-Kl.char., auch in warm. Eich.waldges. (z.B. Luz.-Quercetum silenetosum) od. in Brometalia-, Sedo-Scleranthetalia- u. Violin-Ges. – Ebene bis mittl. Gebirgslagen (z.B. Sch bis 1150 m, A bis 2000 m) im nordw. Tiefld slt. – euras(kont)(-smed) – H – formenreich – Chrom. 2n = 24.

959. **Hain-L., S. nemorális** W. et K. [*S. itálica* (L.) Pers. ssp. *nemorális* (W. et K.) Nym.], slt. u. unbestdg an Waldrändern u. Wegen, im Gebiet nur adventiv, sonst wie in S-Europa Art d. Saum-Ges. (Origanetalia), auch im Bidention – z. B. Rh, Sa – smed – H – Chrom. 2n = 24.

960. **Stengelloses L., S. acaúlis** (L.) Jacq., zml. hfg in alp. lückg. Steinrasen, auf mäß. frisch., mäß. sauer.-mild., humos. od. roh., lehmg. Steinböden, Pionierpf., Tiefwurzler, trioezisch (Falterblume), in Seslerietea-, Caricetea curv.- u. Elynetalia-Ges. (s. Unterart.), überreg.: Carici rup.-Kobresietea-Kl.char. – A (1550–2570 m) – im ganzen: alp-arkt(subozean), circ – Ch – formenreich:

1 Blü. gestielt, dunkelrosa, B. bis 12 mm lg, Polster locker

960a. **ssp. longiscápa** (Kern.) Hayek [*S. acaulis* (L.) Jacq. p.p.], so v. all. auf Kalkböd., in Seslerion-Ges. – A – (o)alp – Chrom. 2n = 24.

1* Blü. sitzd, hellrosa, B. 4–6 mm lg, Polster dicht

960b. **ssp. exscápa** (All.) Vierh. (*S. exscápa* All.), so v. all. im Elynetum od. Caricetum curv., auch im Androsacion alp. – Zentralalp – walp – Chrom. 2n = 24. (**ssp. acaúlis:** Nordeuropa)

Strahlensame, Heliospérma Rchb. vgl. S. 356

961. **H. quadridentátum** (Murray) Schz. et Thell. (*Siléne pusilla* W. et Kit.), zerstr. in subalp. u. alp. Quellfluren, Quellnischen, an moorig. Rinnsalen u. überrieselt. Felsen, auf sickernass., kalkhaltg., mild., humos., tong-lehmg. Steinböden, Char. d. Cratoneuretum falc. (Cratoneurion), auch in feucht. Feinschutt-Ges. u. als Alpenschwemm-

ling im Kies d. Alpenflüsse – Av-Do, A 1350–2300 m – alp – Ch – Chrom.
2n = 24.

Lichtnelke, Melándrium Roehl.

1 Blü. rot (s. slt. weiß), eingeschlechtg, Pf. 2häusg, Griffel 5, Fr.kapselzähne
   nach außen umgerollt, Pf. weichhaarg (oberwts kurz-drüsg), 30–80 cm, ♃,
   4–6 (–9) **M. rubrum** 962
1* Blü. weiß od. weißl. (slt. hellrosa), sich erst gegen Abend voll entfaltd, B.
   (wie bei vor.) eiförmg-lanzettl. zugespitzt
2 Blü. eingeschlechtg (Pf. 2häusg), wohlriechd, Griffel 5, Fr.kapselzähne ±
   aufrecht, Pf. oben kurzhaarg-drüsg, 40–90 cm, ☉, 6–9 **M. album** 963
2* Blü. zwittrg, Griffel 3, Fr.kapselzähne ± zurückgebog.
3 B. ganzrandg, St. nur oben drüsg-klebrg, Blü. weißl.-rosa, nur abendl.
   entfaltet, Blü.std doldg-rispg, armblütg, 10–40 cm, ☉, 6–9
                                    M. noctiflorum 964
3* B. wellg gekerbt-gezähnt, ganze Pf. drüsg-klebrg, Blü. weiß, Blü.std traubg,
   reichblütg, 30–70 cm, ☉, 5–7 **M. viscosum** 965

962. **Tag-L., M. rúbrum** (Weigel) Garcke [*M. sylvéstre* Roehl., *Siléne
dioíca* (L.) Clairv.], verbr. in feucht. Wiesen u. Wäldern, auf sickerfrisch.
(feucht.), nährstoff- u. basenreich., mild-mäß. sauer., humos., tätig.,
locker. Lehm- od. bindg. Sandböden, bis im Gebirge, bis 50 cm tief
wurzld. Nährstoffzeiger, Hummel- u. Tagfalterblume, in tief. Lagen v.
all. in Saumges. d. Glechometalia, auch im Alno-Ulmion, im Gebirge
mehr in Arrhenatherion- u. Polygono-Trisetion-Ges. (bes. Umbruch-
Wiesen), ferner in Adenostyletalia-Ges., im Filipendulion od. im
Atropion – Ebene bis Gebirge, A bis 2364 m – subatl(eurassubozean)
– H – Chrom. 2n = 24, 48.

963. **Weiße L., M. álbum** (Mill.) Garcke [*M. praténse* (Rafn.) Röhl.,
Siléne álba (Mill.) Krause], zml. hfg. in Unkrautfluren d. Schuttplätze,
an Wegen u. Ackerrändern, auf mäß. trock., nährstoffreich., neutral-
mild., humos. od. roh. Stein-, Sand- u. Lehmböden, bis 60 cm tief wurzlde
Nachtfalterblume, etwas wärmeliebd, Artemisiena-Art, auch im Sisymbrion od. Caucalidion – Ebene bis mittl. Gebirgslagen – euras-smed –
T – Chrom. 2n = 24.

964. **Acker-L., M. noctiflórum** (L.) Fr. (*Siléne noctiflóra* L.), zerstr. in
Getreide-Unkrautbeständen, auch an Wegen u. Schuttstellen, auf
sommerwarm., trock. (wechseltrock.), nährstoff- u. basenreich. Lehm- u.
Tonböden, bis 55 cm tief wurzld. Lehmzeiger, Nachtfalterblume, auch
Selbstbestäubg, gern mit *Lathyrus tuberosus*, Char. d. Pap.-Melan-
drietum noctifl., Caucalidion-Art – Ebene bis mittl. Gebirgslagen (Ju bis
980 m, A bis 880 m), v. all. Kalkgebiete – euras(kont)-osmed, verschleppt
– T – Chrom. 2n = 24.

965. **Klebrige L., M. viscósum** (L.) Čel. [*Siléne viscósa* (L.) Pers.], slt. in
kalkarm. Sandtrockenras., z. B. im Corynephorion, im pannon. Tiefld

im Festucion pseudov. – Me (Rügen, Hiddensee) – (euras)kont – H – Chrom. 2n = 24.

Lichtnelke, Lýchnis L.

1 Blü.b. 4teilg, fleischrot, B. schmal-lanzettl., etwas rauh, 30–60 (–90) cm, ♃ 5–7 **L. flos-cuculi** 966
1* Blü.b. ausgerandet 2teilg, dunkelrot, B. eiförmg-lanzettl., dicht weißfilzg, 30–100 cm, ♃, 6–9 **L. coronaria** 967

966. **Kuckucks-L., L. flós-cúculi** L., verbr. in Fett-, Sumpf- u. Moorwiesen, auf stau- u. sickernass. od. wechselfeucht., nährstoffreich., mild-mäß. sauer., humos. Lehm- u. Tonböden (Sumpfhumus-Böden), Feuchtezeiger, minderwertge Futterpf., Falterblume, Verbrtgs-schwerpkt in Calthion-Ges., Molinietalia-Ordn.char., auch (Diff.) in feucht. Arrhenatheretalia-Ges., bes. in humid. Gebieten – Ebene bis Gebirge, A bis 1360 m, Sch bis 1300 m – eurassubozean – H – Chrom. 2n = 24.

967. **Kranz-L., L. coronária** (L.) Desr., Zierpf. u. glgtl. an Schuttstellen, auf nährstoffreich. Böden verwildt, Tagfalterblume, im SO-europ. Hauptverbrtgs-Gebiet Schlag- u. Verlichtungspf. v. Quercetalia pub.-Wäldern – osmed – H – Chrom. 2n = 24.

Hühnerbiß, Cucúbalus L. vgl. S. 356

968. **C. báccifer** L., zml. slt. im Saum von Auenwäldern u. Auengebüsch, auf sickernass., zeitw. überflut., nährstoffreich., meist kalkhaltg., ± humos. Lehm- u. Schlickböden, Licht- u. Halbschattpf., sommerwärme-liebde Stromtalpf., v. all. im Bereich d. Salicion albae, Char. d. Senecionetum fluv. (Senecion fluv.) – nöRh bis Niederrhein, Mn, Do, Fr, Saale-Elbe-Oder – euraskont-smed – H – Chrom. 2n = 24.

Gipskraut, Gypsóphila L.

1 Pf. einjährg, St. steif aufrecht, v. Grund an ästg, B. lineal, blaugrün, Blü. meist rötl., 5–20 cm, ⊙, 6–10 **G. muralis** 969
1* Pf. ausdauernd, St. aufrecht od. niederliegd-aufsteigd, mit nichtblühd. Spross.
2 St. kriechd-aufsteigd, Blü. weiß od. rötl.
3 St. kahl, blaugrün, Blü.std locker, Staubb. kürzer als Blü.b., 10–25 cm, ♃, 5–8 **G. repens** 970
3* St. drüsg, weichhaarg, Blü.std dicht, Staubb. lger als Blü.b., 15–40 cm, ♃, 6–8 **G. fastigiata** 971
2* St. aufrecht, Blü.b. weiß, vorn abgerundet, Zierpf.
4 Blü.b. 3–4 mm lg, St. höchst. am Grunde behaart, sonst kahl, 60–90 cm, ♃, 6–9 **G. paniculata** 972
4* Blü.b. 5–8 mm lg, St. u. B.stiele drüsenhaarg, 60–150 cm, ♃, 6–9 **G. acutifolia** 973

Alle Arten Insekt.bestäubg

969. **Mauer-G., G. murális** L., zml. hfg in ephemer. off. Pionier-Ges., in Ackerrinnen, auf Brachen, an Ufern, Gräben od. nass. Wegen, auf feucht. od. zeitw. vernäßt. (überflut.), ± nährstoffreich., meist kalkfrei., humos. od. roh., verdichtet., meist sandg. Lehm- u. Tonböden, Vernässungszeiger, etwas wärmeliebd, v. all. im Juncenion buf., Cyperetalia fusci-Ordn.char. – Ebene bis unt. Gebirgslagen, v. all. Sand- u. Silikatgebiete, im nördl. Tiefld slt. – euras(kont) – T – Chrom. 2n = 34, formenreich.

970. **Kriechendes G., G. répens** L., zerstr. im off. Kalkschutt d. alp. Stufe od. im off. Kies d. Alpenflüsse als Alpenschwemmling, auf sickerfrisch. (wechselfrisch., zeitw. überflut.), kalkreich., roh., bewegt. Steinschutt- od. Geröll-Böden, v. all. im Petasition par. u. Epilobion fleischeri, Thlaspietea rot.-Kl.char., auch in Seslerietalia-Ges., Zierpf. – A bis 2400 m, ferner unbestdg im Flußkies: Av bis Do u. Rh; He (Vogelsberg), Hz – alp – Ch – Chrom. 2n = 34 (36).

971. **Büschel-G., G. fastigiáta** L., slt. in lückg. Sandrasen, in Dünen, auf trocken., sommerwarm., locker., ± kalkreich. u. wenig (neutral-mild.) humos. Flugsandböd., Steppenzeitrelikt, Koelerion gl.-Verb.char., auch im Sesl.-Festucion u. übergreifd im Cytiso-Pinion od. Festucion val. – nöRh (Mainz), Th, An, Sa, Br, Me – gemäßkont., im Gebiet an d. W-Grenze d. Verbrtg – Ch – Chrom. 2n = 34.

972. **Rispen-G., G. paniculáta** L., hfge Steingart.pf. aus SO-Europa u. gelgtl. verwildert an Schuttplätz. od. in Sandtrock.ras. – Ch – Chrom. 2n = 28, 34.

973. **Spitzblättriges G., G. acutifólia** Stev. ex Spreng., Zierpf., gelgtl. verwildert in Ruderalges. auf Schutt od. an Weg. – Herkunft: Kaukasus – Ch.

Felsennelke, Petrorhágia (DC.) Lk.

1 St. aufrecht, Blü. zu mehrer. von trockenhäutg., kelchartg. Hochb. umschlossen, blaßrosa, 10–30 cm, ☉, 6–10　　**P. prolifera** 974

1* St. niederliegd-aufsteigd, reich verästelt, Blü. einzeln, B. pfrieml., Pf. in d. Tracht an *Gypsophila* erinnernd, 10–20 cm, ♃, 7　　**P. saxifraga** 975

974. **Sprossende F., P. prolífera** (L.) Ball et Heyw. [*Túnica prolífera* (L.) Scop.], zerstr. in lückig. Sand- u. Magerrasen, auf Dünen u. Felsköpfen, an Lößböschungen od. Steindämmen, auf warm., trock., ± off., vorzugsw. basenreichen, meist kalkarm., neutral-mild., humos. od. roh. Sand-Steingrus- od. sandg. Lößlehm-Böden, sandbevorzugd, Pionierpf., Insekt.- u. Selbstbestäubg, Windverbrtg, Sedo-Scleranthetea-Kl.char. auch in lückg. Brometalia-Ges., in med: Thero-Brachypodietea-Art – Ebene bis mittl. Gebirgslagen (Ju bis 720 m), fehlt Av, A, sowie höh. Silikatgebirge – smed-subatl – T – Chrom. 2n = 30.

975. **Steinbrech-F., P. saxífraga** (L.) Lk. (*Túnica saxífraga* Scop.), slt. in lückg. Fels- u. Trockenrasen auf warm., trocken., vorzugsw. kalkreich., neutral-mild., humos., feinerdearm. Stein-, Kies- od. Sandböden. Insekt.bestäubg, Sedo-Scleranthetalia-Ordn. char., auch in lückg. Fest.-Brometea-Ges. – östl. Do (Heidewiesen), FrJu, nöRh (verscholl.), oft (auch im N) nur adventiv – (o)smed – Ch – Chrom. 2n = 60.

Kuhkraut, Vaccária Med. vgl. S. 356

976. **V. hispánica** (Mill.) Rausch. (*V. pyramidáta* Med.), slt. u. unbestdg in Getreideäckern, auch an Schuttplätzen, auf sommerwarm.-trock., kalkreich., ± mild. humos., steing. Lehm- u. Tonböden, bis 60 cm tief wurzld, Falter- u. Selbstbestäubg, Caucalidion-Verb.char. – in d. letzt. Jahren nur noch wenig beobachtet, aber neuerdgs wieder mit *Trifolium resup.* eingeschleppt, z. B. FrJu, v. all. Kalkgebiete, Ju bis 840 m, im nördl. Tiefld s. slt. od. fehld – smed(-kont), heute weltweit verschleppt – T – Chrom. 2n = 30, 60.

Nelke, Diánthus L.

I. Wildarten

1   Blü.b. (ohne „Nagel") höchst. bis z. Mitte eingeschnitten od. nur fein gezähnt (auch ganzrandg)
2   Blü. zu 2–30 gebüschelt bzw. in Köpfch.
3   St. u. Hochb. (Kelchschuppen) behaart, letztere ± so lg wie Kelch, grün, Blü. bis 1 cm brt, schmutzg-rot, 30–50 cm, ⊙, 6–7   **D. armeria**   977
3* St. u. Hochb. kahl, letztere kürzer als Kelch, ± trockenhäutg, Blü. größer
4   Blü. 2–2,5 cm brt, zu 4–10, rot, Hochb. trockenhäutg, B. lineal, 15–40 cm, ♃, 6–9   **D. carthusianorum**   979
4* Blü. 3–3,5 cm brt, zu 1–3 locker gehäuft, hellrot (dunkel pktiert), Hochb. höchst. am Rande trockenhäutg, B. lineal-lanzettl., graugrün, 20–50 cm, ♃, 6–8   **D. seguieri**   980
2* Blü. einzeln stehd
5   St. kurzflaumg behaart, Hochb. ± halb so lg wie Kelch, grün, Blü. 1–1,5 cm brt, rot mit dunkl. Querstreifen, B. spatelg-stumpfl., 10–30 cm, ♃, 6–9   **D. deltoides**   982
5* St. kahl, glatt, Blü. rot
6   Pf. polsterartge Ras. bildend, St. oft einblütg
7   Blü. innen bärtg, St. meist 1blütg, B. ± blaugrün
8   Äußere Kelchb. 4–6, kürzer als halber Kelch, B. lineal-lanzettl., Blü. hellrot, 10–20 cm, ♃, 5–6   **D. gratianopolitanus**   986
8* Äußere Kelchb. 2–4, so lg od. lger als Kelch, krautg, zugespitzt, B. lineal, bis 2 mm brt, Blü. purpurrot, 2–6 cm, ♃, 7–8   **D. glacialis**   985
7* Blü. nicht bärtg, St. 1–4blütg, äußere Kelchb. kürzer als halber Kelch, B. dunkelgrün, rinng, am Rande rauh, 1–2 mm brt, Blü.rosarot, 10–40 cm, ♃, 6–8   **D. sylvestris**   983

6* Pf. nicht polsterbildend, St. ästg vgl. bei 4* **D. seguieri** 980
1* Blü.b. bis über d. Mitte fein u. unregelmäßg fiedrg zerschlitzt
9 St. 2–mehrblütg, Blü. hellrot (lila), B. 3–5 mm brt, Pf. lockerrasg, 30–60 cm, ♃, 6–9 **D. superbus** 989
9* St. meist einblütg, Blü. weiß, innen rötl. bärtg, B. 1 mm brt, Pf. dichtrasg, 20–40 cm, ♃, 6–9 **D. arenarius** 988

II. Kulturarten

1 Blü. gebüschelt od. in Köpfch.
2 Blü. zu 5–30 dicht gebüschelt, meist hellrot, dunkel gefleckt, St. wenig ästg, B. 5–20 mm brt, 30–70 cm, ♃, 6–9 **D. barbatus** 978
2* Blü. zu 2–3, glgtl. auch einzeln, Hochb. grün, so lg wie Kelch, 20–70 cm, ⊙, 4 **D. chinensis** 981

1* Blü. einzeln
3 Blü.b. innen kahl, Hochb. 4–6, grün, nur $^{1}/_{4}$ d. Kelches lg, B. rinng, Blü. duftend (meist gefüllt), 40–80 cm, ♃, 6 **D. caryophyllus** 984
3* Blü.b. innen bärtg, St. meist 1blütg, Pf. ± polsterbildend
4 Blü.b. fast bis z. Mitte eingeschnitt., Blü. meist weiß, duftend, Kelch grün, 15–30 cm, ♃, 6–8 **D. plumarius** 987
4* Blü.b. nur gezähnt, Blü. meist rot, Kelch oft viol. überlaufen vgl. **D. gratianopolitanus** 986

977. **Büschel-N., Rauhe N., D. arméria** L., zml. slt. im Besenginster-Gebüsch, an Waldrändern, an Wegen u. Brombeerhecken, auf mäß. frisch., mäß. nährstoff- u. basenreich. (meist kalkarm.), mäß. sauer. humos., rein. od. sandg. Lehmböden, etwas wärmeliebd, Tag-falterblume, v. all. in Saumges. d. Pruno-Rubion in Trifolion medii-Ges., auch in Mesobrometen od. Sedo-Sclerantheta-Ges. – Ebene bis mittl. Gebirgslag. (Sch bis 930 m, Ju bis 730 m), im N u. NO slt. od. fehld – subatl-smed – T(H) – Chrom. 2n = 30.

978. **Bart-N., D. barbátus** L., hfge Zierpf., glgtl. verwildt, Herkunft: opralp(-gemäßkont) – Ch(H) – Chrom. 2n = 30.

979. **Karthäuser-N., D. carthusianórum** L., zml. hfg in Kalk-Magerrasen, an Waldrändern, Böschungen u. sonnig. Hängen, auf warm., trock., basen-, meist kalkreich., (mäß. sauer.-)neutral.-mild., humos., lock., steing., gern ± sandg. Lehm- u. Lößböden, Tagfalterblume, v. all. im Mesobrometum, Brometalia-Ordn.char., auch in Festucetalia val.-Ges. übergreifd – Ebene bis Gebirge, Ju bis 1012 m, Kalkgebiete, im NO slt, im Nordw. fehld – smed(-gemäßkont) — Ch – Chrom. 2n = 30, s. formenreich.

980. **Busch-N., D. seguiéri** Vill. (*D. sylváticus* Hoppe), slt. in Silikat-Magerrasen u. Magerweiden, an Gebüschrändern, in Waldwiesen u. licht. Laubwäldern, auf mäß. frisch. od. wechselfrisch., mäß. basen-reich., kalkarm., ± verdicht., sauer., humos. Lehm- u. Tonböden, sommerwärmeliebd, Licht- u. Halbschattpf., Violion-Verb.char., auch im Trifolion medii od. mager. bodensaur. Mol.-Arrhenatheretea- od.

Fest.-Brometea-Ges. – im S v. all. im O d. Gebiet. (O-Sch bis 830 m, Ju bis 850 m), nördl. bis Th, Sa, Erzg. An, im nordwestl. u. nördl. Tiefld fehld – gemäßkont – Ch – Chrom. 2n = 30, 45, 90, formenreich.

981. **China-N., D. chinénsis** L., hfge Zierpf., in viel. Farb., meist gebändert od. gescheckt, gelgtl. verwildernd, Heimat: China.

982. **Heide-N., D. deltoídes** L., zerstr. in Silikat-Magerras. u. Magerweid., v. all. in Anfangsstadien, an Böschgen od. Moorrändern, auch in Sandras., auf trocken.-mäßg frisch., mäßg basenreich., kalkarm., mäßg sauer., ± humos. Sand-, ± steing. Lehm- od. Torfböd., Falterblume, im S (Sch, Ju) im Violion, im N u. O im Visc.-Avenetum prat. (Mesobromion) od. in Koel.-Phleion-Ges. (z. B. mit *Armeria el.*) – Ebene bis mittl. Gebirgslag. (Sch bis 1100 m), im Nordw. slt od. (wie A) fehld – euras(kont) – Ch(H) – Chrom. 2n = 30.

983. **Stein-N., D. sylvéstris** Wulf. (*D. caryophýllus* ssp. *sylvéster* Rouy et Fouc.), slt. in subalp. u. alp. lückg. Steinrasen, auf warm., ± trock., basenreich., neutral.-mild., humos., meist flachgründg. Steinböden, Sedo-Scleranthetalia-Ordn.char., auch in Seslerietea- u. Festuco-Brometea-Ges. od. in Felsspalten – A (Allgäu 1600–1800 m, auf Nagelfluh) – opralp(-smed) – Ch – Chrom. 2n = 30, ca. 60.

984. **Garten-N., D. caryophýllus** L. (*D. caryophýllus* ssp. *caryophýllus*), seit alters in vielen Farben u. Formen kultiv., wohlriechend, zuweil. verwildt, Heimat: med – Ch – Chrom. 2n = 30.

985. **Gletscher-N., D. glaciális** Haenke, slt. in hochalp. Rasenges. als Char. d. Elynetum (Elynion) – Tirol, Graubünden – oalp – Ch – Chrom. 2n = 30.

986. **Pfingst-N., D. gratianopolitánus** Vill. (*D. caésius* Sm.), slt., ab. gesellg in Felsrasen, Felsbändern, an Böschungskanten, auch in Kiefernwäldern, auf warm., trock. basenreich., auch kalkarm., neutral-mild., humos., meist flachgründg. Stein- u. Felsböden (Kalk, Dolomit, Porphyr, Molasse usw.), wärmeliebd, auch Zierpf., Tagfalterblume, geschützt, Char. d. Diantho-Festucetum (Sesl.-Festucion pall.) – Pf(-Nahetal), Ba (700 m), Ju (bis 790 m), Bo, BayW, FrW, NSH, Th, Sa, An, Br (Oder) – endem.-mitteleurop. (pralp) – Ch – Chrom. 2n = 60, 90.

987. **Feder-N., D. plumárius** L., Zierpf., glgtl. verwildt, kalkliebd, Herkunft: opralp, formenreich – Chrom. 2n = 30.

988. **Sand-N., D. arenárius** L., slt. in Trockenras. od. licht. Kiefernwäld., auf trocken., basenreich. humos. Sandböd., Koelerion gl.-Verb.char., auch im Cytiso-Pinion – Me, Br – gemäßkont, im Gebiet an d. W-Grenze d. Verbrtg – Ch, H – Chrom. 2n = 60.

989. **Pracht-N., D. supérbus** L., geschützt

1 St. 50–80(–100) cm, reichästg, reich beblätt., sich im Mai entwickelnd, ab. erst spät blühd, B. schmal-lineal, hellblaugrün, Pf. lockerrasig, ⚃, 8–10

989a. **ssp. sylvestris** Čel. (ssp. *autumnális* Oberd.), zerstr. in licht Eichenwäldern, auf mäß. trock.-wechselfrisch., basenreich., meist kalkarm., mäß. sauer. humos., ± verdicht., steing. od. rein. Ton- u. Lehmböden, hochwüchsiger Herbstblüher, Tagfalterblume, v. all. in *Molinia*-reich. Carpinion- u. Quercion rob.-petr.-Ges., od. im Potentillo-Quercetum (Quercion pub.) – nöHü, Pf, Ne (Keuper), süHü, süSch (Talstufe), O, Mn, Th, An, Verbrtg im einzelnen noch wenig bekannt – H.

1* St. 20–40(–50) cm, weniger ästg, B. brter, dunkelblaugrün
2   St. sich erst nach Wiesenschnitt Ende Juni entwickelnd u. rasch mit Blü. abschließend (Saisondimorphismus), ⚃, 6–8

989b. **ssp. supérbus** (ssp. *typicus* Oberd.), zerstr. auf Moorwiesen, an Grabenrändern, auf wechselnass., ± nährstoff- u. basenreich., kalkhaltg., mild-neutral., modrig-humos. Ton- od. Torfböden, Sommerblüher, Molinion-Verb.char. (v. all. Cirsio tub.-Molinietum) – v. all. Stromtäler, im Nordw. slt. od. fehld – euraskont – Chrom. 2n = 30 (var. *nána* Rouy et Fouc.), 60.

2* St. wenigblütg od. nur 1blütg , Kelch braunrot (viol.), 20–30 cm, ⚃, 7–8

989c. **ssp. alpestris** Čel. [ssp. *speciósus* (Rchb.) Hayek], zerstr. in sonnig, grasg. Hängen d. subalp. Stufe, auf sickerfrisch. (wechselfrisch.), basenreich. (nicht immer kalkhaltg.), neutral-mäß. sauer., humos., meist steing. Ton- u. Lehmböden, auf Wildheuplanken, z.B. im Caricion ferrug. od. im Sorbo-Calamagrostietum arund. (Calamagrostion) – Vog, A (Berchtesg. A) – alp(-arkt?) – Chrom. 2n = 30.

Seifenkraut, Saponária L.

1 St. aufrecht, Blü. blaßrosa, Kelch bis 2 cm lg, ± kahl, B. ellipt., 3nervg, 30–70 cm, ⚃, 7–8   **S. officinalis** 990
1* St. niederliegd, Blü. lebhaft rot, Kelch bis 1,2 cm lg, drüsg behaart, B. spatelg, 10–30 cm, ⚃, 5–6   **S. ocymoides** 991

990. **Gewöhnliches S., S. officinális** L., zml. hfg in Unkrautfluren, v. all. in Aue-Landschaft., an Flußufern, Dämmen, Kiesbänken, auch an Wegen u. Schuttplätzen, auf mäß. trock. bis frisch., nährstoffreich., mäß. sauer.-mild., humos. od. roh., ± bindig. Stein-, Sand- od. Kiesböden, Stromtalpf., Nachtfalterblume, alte Heil- u. Nutzpf. (Wurzelauszug als Seife), v. all. im Conv.-Agropyrion (Elymion) [Diff. Diplot.-Agropyretum (Elymetum)], auch im Dauco-Melilotion, Arction od. Salicion – Ebene bis mittl. Gebirgslagen (v. all. Auen- u. Kalkgebiete) – smed-euras – H – Chrom. 2n = 28, formenreich.

991. **Kleines S., S. ocymoídes** L., slt., ab. gesellig in subalp., lückig. Kalkschutt-Fluren od. Föhrenwäldern, auf trockenwarm. (wechseltrocken.), neutral-mild., meist humusarm., bewegt., feinerdereich. Kalkgeröll- od. Kiesböden, v. all. in steing. Erico-Pinetalia-Ges.

(DO), auch im off. Stipion calamagr. od. Epilobion fleisch. (Thlaspietea rot), Zierpf. – A bis 1850 m, Bo (unbestdg in Ufergeröll), BayW (Fichtelgebirge-Berneck) u. Pf (advent.), Schweiz.Ju – wpralp (-smed) – H – Chrom. 2n = 28.

Wassermiere, Myosóton Moench vgl. S. 357

992. **M. aquáticum** (L.) Moench [*Maláchium aquáticum* (L.) Fries, *Stelária aquática* Scop.], hfg in Ufer-Unkraut-Säumen, in Staudenfluren d. Auen, im Weidengebüsch, auf Auenwald-Schlägen, an Waldwegen u. Gräben, auf grund- od. sickernass., z.T. zeitw. überflut., s. nährstoffreich., ± mild., humos., sandg., steing. od. rein. Lehm-, Tonod. Schlammböden, bis 50 cm tief wurzld, Licht- u. Halbschattpf., Nährstoff- u. Nässezeiger, Fliegen- u. Bienenbestäubg, Convolvuletalia-Ordn.char., auch in Bidentetalia (v. all. Chenopodion rubri)- od. Chenopodietea-Ges. – Ebene bis mittl. Gebirgslagen, A bis 1300 m (Silikatgebiete slt.) – euras – H(G) – Chrom. 2n = 28.

Sternmiere, Stelária L.

1   St. rund, B. ei- od. herzförmg, die unter. gestielt
2   Blü.b. doppelt so lg wie kahl. Kelch, Pf. mit weithin kriechd. Ausläufern, St. glasg brechend (vgl. *Myosoton* mit biegsam., unt. kahlem St.) 20–40 cm, 2|, 5–6(–10)   **St. nemorum**   993
2* Blü.b. nicht länger als Kelch od. fehld, höchst. 2 mm lg, St. niederliegd, meist einreihig behaart, B. kl., abgerundet-zugespitzt, 5–30 cm, ⊙, 3–10
                                                                                 St. media   994
1* St. kantg, B. meist lineal-lanzettl., sitzend
3   Blü.b. nur bis zur Mitte geteilt, 10–15 mm lg, Hochb. krautg, B. lanzettl., zugespitzt, starr, wintergrün, 10–30 cm, 2|, 4–6   **St. holostea**   995
3* Blü.b. fast bis zum Grunde geteilt, kaum länger als Kelch
4   St. oben rauh, Pf. gelbgrün, B. schmal-lineal-lanzettl., lockerrasg, 10–20 cm, 2|, 6–8   **St. longifolia**   996
4* St. glatt, B. ± kahl
5   Hochb. trockenhäutg, Kelch deutl. 3nervg
6   B. grasgrün, lineal, Blü.b. 3–5 mm lg, ± so lg wie Kelch, Blü.std reichblütg, St. schlaff, ausgebrtet-aufsteigd, 10–30 cm, 2|, 4–6   **St. graminea**   997
6* B. blaugrün
7   Blü.b. 1–3 mm lg, kürzer als pfrieml. zugespitzte Kelchb., B. ellipt.-eiförmg, zugespitzt, bis 2 cm lg, Pf. lockerrasg, niederliegd-flutend, 10–30 cm, 2|, 6–7
                                                                                 St. uliginosa   998
7* Blü.b. 6–10 mm lg, so lg od. lger als Kelch, B. lanzettl., dickl., ca. 3 cm lg, St. aufrecht, 10–30 cm, 2|, 6–7   **St. palustris**   999
5* Hochb. krautg, B. kl., eiförmg-lanzettl., saftg grün, dickl., Blü.b. 2–3 mm lg, 3–15 cm, 2|, 7–8   **St. crassifolia**   1000

993. **Wald-St., St. némorum** L., hfg in staudenreich. Bergwäldern od. subalp. Knieholzgestrüpp, in tief. Lagen in bachbegleitd. Erlenwäldern, auf kühl., sickerfrisch., feucht., nährstoff- u. ± basenreich., kalkarm., mäß. sauer., humos. Lehm- u. Tonböden, Mullbodenpf., Fliegen- u.

Käferblume, in Tieflagen terr. Char. d. Stellario-Alnetum, auch in and. Alno-Ulmion- od. feucht. Carpinion-Ges., im Gebirge v. all. im Aceri-Fagetum u. Adenostylion od. Rumicion alp. – Ebene bis v. all. Gebirge (Wärme- u. Kalkgebiete, auch nordw. Tiefld z. T. fehld), A bis 2230 m – no(subozean)-pralp – H – formenreich:

1   Obere B. sitzd od. fast sitzd, B.spreite meist 2–3mal so lg wie brt, am Grunde keilförmg od. nur angedeutet herzförmg, Samen randl. mit halbkugelgen Papillen

993a. **ssp. némorum,** verbr. Sippe, s. o. – Chrom. 2n = 26.

1* Obere B. deutl. (bis 4 cm lg) gestielt, B.spreite kaum 2mal so lg wie brt, am Grunde tief herzförmig, Samen randl. mit verlängert. zylindr. Papillen

993b. **ssp. glochidospérma** Murb., zerstr. in Staudenges., in Schläg. u. an Wegen, auf frisch. nährstoffreich. Lehmböd., im Epilobion ang. od. im Alliarion – in tieferen u. mittl. Lag., z. B. Sch, Av, SH, Sa, Me, Verbrtg ungenügd bekannt – Chrom. 2n = 26.

994. **Vogelmiere, Hühnerdarm, St. média** (L.) Vill., verbr. in lückg. Unkrautfluren, auf Äckern, in Gärten u. Weinbergen, an Wegen u. Schuttplätzen, an Ufern, auf frisch., s. nährstoffreich., ± mild., humos. od. roh., lock. (garen) Böd., Lehm bevorzugd, Stickstoffzeiger, Flachwurzler, Kulturbegl. seit jüng. Steinzeit, Insekt.- u. Selbstbestäubg, Verbrtgsschwerpkt in Hackunkrautges., Polygono-Chenopodietalia-Ordn.char., auch in Secalinetea- od. Bidentetea (Chenopodion rubri)-Ges. – Ebene bis Gebirge, A bis 1860 m – no-euras-med, in gemäß. Zonen heute weltweit – T – formenreich:

1   Staubb. meist 10, anfängl. rot, Blü.b. 5–6,5 mm lg, ± so lg wie Kelch od. lger, B.stiele kahl od. weichhaarg, undeutl. einreihg behaart, untere B. 10–25 mm lg, überwinternd 2jährg, Samen spitzwarzg

994a. **ssp. neglécta** (Weihe) Gremli (*St. neglécta* Weihe), zerstr. in Waldsaum-Ges., an Waldweg., in Unkrautflur. auf feucht., nährstoffreich. Sand- u. Lehmböd., v. all. im Alliarion (Verb.char.), auch in Bidentetalia- od. Pol.-Chenopodietalia-Ges. – subatl-smed – H – Chrom. 2n = 22.

1* Staubb. meist 1–5, Blü.b. 2–5 mm lg, od. fehld, meist kürzer als Kelch, Samen stumpfwarzg, B.stiel einreihg behaart
2   Pf. frischgrün, Blü.b. 3–5 mm lg, lanzettl., Staubb. 3–5, meist viol., Fr.stiele abwärts gerichtet

994b. **ssp. média,** verbr. Sippe, s. o. – Chrom. 2n = 40, 44.

2* Pf. gelbgrün, Blü.b. meist fehld od. s. klein, Staubb. 1–3, grauviol., Fr.stiele aufrecht, kurz, untere B. meist kürzer als 7 mm

994c. **ssp. pállida** (Dum.) Piré (*St. pállida* Piré), zml. hfg in ruderal. Ges., an Wegen u. Hausmauern auf meist mäßg trocken., nährstoffreich., gern sandg. Böd., etwas wärmeliebd, Sisymbrion-Art – v. all. in Tieflag. – smed-gemäßkont(?) – Chrom. 2n = 22.

995. **Große St., St. holóstea** L., hfg u. gesellg in licht., krautreich. Eichen-Hainbuchen-Wäldern od. Buchen-Mischwäldern, in Hecken- u. Buschsäumen, auf frisch. bis mäß. trock., mäß. nährstoffreich., meist kalkfreien od. oberflächl. entkalkten, lock., neutral.-mäß. sauer., humos., sandg. od. rein. Lehmböden, Sandlehm bevorzugd, Mullbodenpf., Flachwurzler, Halbschattpf., Carpinion-Verb.char., auch in tiefgeleg. Fagion-Ges., im Pruno-Rubion od. Trifolion med., oft in Waldverlichtg. gehäuft – Ebene bis mittl. Gebirgslagen, stellenweise slt. od. fehld (z. B. Av, A, Bo), oft verschleppt an Waldweg. (z. B. Sch bis 1100 m) – eurassubozean(-smed) – Ch – Chrom. 2n = 26.

996. **Langblättrige St., St. longifólia** Muehlenb. (*St. diffúsa* Willd.), s. slt. in moorig. Fichten- u. Kiefernwäldern, in Waldblößen, auf feucht., nährstoffarm., saur. Rohhumus-Böden, Eiszeitrelikt, Vacc.-Piceetalia-Art, überreg. Piceion septentr.-Verb.char., slt. in Mi.europa im Vacc.-Piceion – Br, Sa, Th, BayW (Weiden), Av – no(kont), circ – H – Chrom. 2n = 26.

997. **Gras-St., St. gramínea** L., zieml. hfg in mager. Bergwies. u. Magerweid., an Weg. u. in Äckern, auf mäßg frisch., mäßg nährstoffreich., kalkarm., neutral-mäßg sauer., humos., vorwiegd sandg. Lehmböd., Versauerungszeiger, auch Pionierpf., Fliegenblume, v. all. in mager. Mol.-Arrhenatheretea-Ges. (Umbruchwies.) od. etwas eutrophiert. Nardetalia-Ges., in Gebirgsäcker-Unkraut-Ges. – Ebene bis Gebirge, A bis 1700 m (Kalkgebiete slt) – no-eurassubozean – H – Chrom. 2n = 26, 39, 52.

998. **Quell-St., St. uliginósa** Murray (*St. alsíne* Grimm), zml. hfg in Quellfluren u. Quellnischen, an Waldwegen u. Gräben, auf kühl., sickernass., ± nährstoffreich., kalkarm., neutral-mäß. sauer., humos., sandg. od. rein. Lehm- u. Tonböden, Kriechpionier, Halbschattpf., Fliegenblume, Cardamino-Montion-Verb.char., auch im Nanocyperion (Stell.-Scirpetum set., DAss) od. im Alno-Ulmion (Carici-Fraxinetum) – Ebene bis Gebirge (bes. Silikatgebirge), A bis 1510 m, Sch bis 1450 m – eurassubozean, circ – H (W) – Chrom. 2n = 24, 26.

999. **Sumpf-St., palústris** Retz., zml. slt. in Moor- u. Seggenwiesen, in Flachmooren, auf staunass., mäß. nährstoff- u. basenreich., kalkarm., ± sauer., humos. od. torfg. Lehm- u. Tonböden, gern in gestört. Ges., gilt als Caricetalia fusc.-Ordn.char., auch im Calthion od. Magnocaricion – v. all. Tieflag. im N d. Gebiet., im S slt., A fehld – no-euras – H – Chrom. 2n = ca. 130.

1000. **Dickblättrige St., St. crassifólia** Ehrh., s. slt. in Flach- u. Zwischenmooren, auf mesotroph. Sumpfhumusböden, auch auf nackt. nass. Sand (Pionierpf.), z. B. im Caricetum diandr., Caricion las.-Verb.char. – Av (verscholl.), FrJu (Deusmauer Moos), NWe, NS, SH (verscholl.), Me, Br – arkt-no – H – Chrom. 2n = 26.

Hornkraut, Cerástium L.

1   Griffel 3 (slt. 4–5), Fr.kapsel 6zähng
2   St. niederliegd-aufsteigd, mit einer Haarleiste, B. kahl, Blü.b. 5–8 mm lg,
    lger als Kelch, 5–15 cm, ⧖, 7–8   **C. cerastoídes** 1001
2* St. (aufsteigd) aufrecht, wie B. drüsg-klebrg, B. lineal, Blü.b. 4–7 mm lg,
    kaum lger als Kelch, 10–30 cm, ☉, 4–6   **C. dubium** 1002
                                            vgl. ferner **C. diffusum** 1004
1* Griffel 5, Fr.kapsel 10zähng
3   Blü.b. 3–9 mm lg, etwa so lg wie Kelch
4   Hochb. (Tragb.) krautg, an d. Spitze behaart, B. 5–25 mm lg, Pf. ohne
    nichtblühde Triebe
5   Blü.b. u. Griffel 4 (slt. 3 od. 5), Pf. stark drüsg, lockerrasg ausgebreitet,
    4–15 cm, ☉, 3–6   **C. diffusum** 1004
5* Blü.b. u. Griffel 5
6   Fr.stiele höchst. so lg wie Kelch, Blü.std dadurch ± knäuelg, St. kurz
    behaart, oben ± drüsg, Pf. gelbgrün, B. oval, 5–30 cm, ☉, 4–9
                                            C. glomeratum 1003
6* Fr.stiele 2–4mal so lg wie Kelch, Pf. graugrün
7   Pf. abstehd zottg behaart, z.T. drüsg, 5–30 cm, ☉, 5–6
                                            C. brachypetalum 1005
7* Pf. aufwärts-anliegd behaart, drüsenlos, 5–20 cm, ☉, 4–5
                                            C. tenoreanum 1006
4* Hochb. an d. Spitze kahl, z.T. hautrandg
8   Pf. ohne nichtblühende Triebe
9   Pf. reichl. drüsg, ± blaßgrün, Blü.b. 2–5 mm lg
10 Unt. Hochb. brt hautrandg, an d. Spitze gezähnelt, Blü.stiele z.T.
    zurückgeschlag., später wieder aufrecht, 2 bis 20 cm, ☉, 3–5
                                            C. semidecandrum 1007
10* Unt. Hochb. z.T. schmalhautrandg, an d. Spitze nicht gezähnelt, Blü.- u.
    Fr.stiele ± aufrecht-abstehd, Pf. stark drüsg-klebrg, 2–20 cm, ☉, 3–5
                                            C. pumilum 1008
9* Pf. höchst. spärl. drüsg od. ohne Drüsen, dunke!grün, Blü.b. 6–7 mm lg, vgl.
    unt. 8*   **C. fontanum** 1009
8* Pf. mit nichtblühd. Trieben, Staubb. 10, B. längl., bis 2 cm lg, dunkelgrün,
    10–40 cm, ⧖, 4–10   **C. fontanum** 1009
                                            vgl. ferner **C. pedunculatum** 1013
3* Blü.b. i. allg. über 9 mm lg, d. Kelch mindest. um $^1/_3$ überragd
11 Hochb. krautg, fast so groß wie d. übrig. B., Blü.b. (8)9–14(18) mm lg,
    Alpenpf.
12 Blü. glockenförmg, d. Kelch um etwa $^1/_3$ überragd, B. längl.-lineal, starr,
    grün, schwach behaart, dicht stehd, Blü.b. 8–10 mm lg, Fr.stiele verlängert
    (20–40 mm lg), Wuchs lockerrasg, 2–6 cm, ⧖, 6–8
                                            C. pedunculatum 1013
12* Blü. becherförmg, d. Kelch um d. Doppelte überragd, B. ellipt.-eiförmg
13 B. eiförmg, brt ellipt., spitz, blaugrün, kurzfilzg, Pf. lockerrasg, Blü.b.
    2–2,5mal so lg wie Kelch, 5–8 cm, ⧖, 7–8   **C. latifolium** 1011
13* B. ellipt.-spatelg, meist stumpfl., lg zottg behaart, grün, Pf. dichtrasg, Blü.b.
    1,5–2mal so lg wie Kelch, 2–6 cm, ⧖, 7–8   **C. uniflorum** ⸴ 1012
11* Hochb. viel kleiner als übrige B., oft hautrandg

14 Hochb. an d. Spitze schmal trockenhäutg od. ganz krautg, B. eiförmg-längl.-lanzettl., Pf. wollig behaart, Blü.b. 12–15 mm lg, 5–20 cm, ⚇, 7–9
                                                 C. alpinum   1010
14* Hochb. an d. Spitze brt-hautrandg, B. längl.-lanzettl.-lineal, in d. Achseln meist mit B.büscheln, Blü.b. 11–14(18) mm lg
15 Pf. behaart u. ± drüsg (nicht weißfilzg), 15–30 cm, ⚇, 4–7
                                               C. arvense   1014
15* Pf. dicht weißfilzg, 15–30 cm, ⚇, 5–7   **C. tomentosum**   1015

1001. Dreigriffliges H., C. cerastoídes (L.) Britton, zerstr. in Schneetälchen u. an Quellen d. alp. Stufe, auf schneewasser-nass. u. feucht., nährstoffreich., meist mäß. sauer., humos., rein. od. steing. Lehm- u. Tonböden, Stickstoffzeiger, Fliegen- u. Selbstbestäubg, oft angereichert mit *Poa supina* auf eben. Karböden, Char. d. Poo-Cerastietum (Salicion herb.), auch in and. Salicetea herbaceae-Ges. – A 1500–2340 m – arkt-alp (altai., circ) – Ch – Chrom. 2n = 36, 38 (40).

1002. Klebriges H., C. dúbium (Bast.) Guép.(*C. anómalum* W. et Kit.),slt. u. unbestdg in lückg. Pionier-Ges. an Ufern u. Wegen, auf nass. (zeitw. überflut.), nährstoffreich., oft salzhaltg., schwer., sandg. od. rein., ± roh. Schlick- u. Tonböden, in Pionierges., z. B. mit *Veronica peregr.,* Char. d. Poo-Cerastietum dub. [Agr.(El.)-Rumicion] – süRh (Els), nöRh, Br, An, Sa – gemäßkont(-smed) – T – Chrom. 2n = 38.

1003. Knäuel-H., C. glomerátum Thuill. (*C. viscósum* auct.), zml. hfg in Ackerunkraut-Fluren, auch an Wegen u. Schuttplätzen, auf mäß. frisch. bis feucht., nährstoffreich., kalkarm., sandg. od. rein. Lehm- u. Tonböden, sandbevorzugd, etwa wärmeliebd, Insekt.- u. Selbstbestäubg, v. all. in gehackt. Äckern, Char. d. Chenop.-Oxalidetum font. (Polyg.-Chenopodion), auch in Secalinetea-(Alchemillo-Matricarietum) od. Nanocyperion-Ges. – Ebene bis mittl. Gebirgslagen, slt. höher, A bis 1570 m – eurassubozean, in gemäß. Zonen heute weltweit – T (H) – Chrom. 2n = 72.

1004. Viermänniges H., C. diffúsum Pers. (*C. tetrándrum* Curt.), slt. in Graudünen d. N-See-Inseln, Koelerion alb.-Verb.char. – atl(-wmed) – T – Chrom. 2n = 36, 72.

1005. Bärtiges, Kleinblütiges H., C. brachypétalum Pers., zml. slt., ab. gesellg in lückg. Trockenrasen, an Wegen, Böschungen, Erdanrissen, auf trock.-warm., mäß. nährstoffreich., kalkhaltg., mild., humos. od. roh. Lehm- od. Lößböden, Pionierpf., Char. d. Cerastietum (Alysso-Sedion) – warme Tieflag., v. all. im S, im N slt. (SH, An, Br, Me) – smed – T – Chrom. 2n = 90 (52, 72).

1006. Tenores H., C. tenoreánum Ser. (*C. brachypétalum* ssp. *tenoreánum* Dostal), s. slt. in lückg. Trockenras. auf kiesg. Böd., Al.-Sedion-Art – süRh – smed – T – Chrom. 2n = 52.

1007. **Sand-H., C. semidecándrum** L., hfg in lückig. Trockenrasen, auf Äckern u. an Wegen, v. all. tief. Lagen, auf frühjahrsfrisch., sommertrock., mäß. nährstoffreich., ± humos. od. roh., lock., bindg. od. rein. Sand- od. Steingrusböden, Sandzeiger, flachwurzlde Pionierpf., Insekt.- od. Selbstbestäubg, Sil.-Cerastion semidec.-Verb.char. auch in lückg. Festuco-Brometea-Ges. od. im Aperion (Papaveretum argem.), ferner ruderal – Ebene bis mittl. Gebirgslagen (bis Av) – smed-subatl – T (H) – Chrom. 2n = 36.

1008. **Niedriges H., C. púmilum**-Gruppe

1   Pf. dunkelgrün, untere Hochb. krautg, beidsts behaart, St. unten gern rot, Blü.b. Kelch überragd, Staubb. 5(–10)

1008a. **Dunkles H., C. púmilum** Curt. [*C. púmilum* ssp. *obscúrum* (Chaub.) Sch. et Thell.], zml. slt. in lückig. Trocken- u. Sandrasen, an Böschungen, Erdanrissen, auf Äckern u. an Wegen, auf warmtrock., ± nährstoffreich., meist kalkhaltg., neutral-mild., humos. od. roh., lock. Sand- u. flachgründg. Steinböden, auch auf Löß, wärmeliebd, Pionierpf., schwache Char. d. Cerastietum (Alysso-Sedion), auch in and. Sedo-Scleranthetea- od. lückg. Brometalia-Ges., auch ± ruderal – warme Tieflag., v. all. im S d. Gebiet., im N slt., in med Thero-Brachypodieta-Art – smed-subatl – T – Chrom. 2n = 72, 90 (94, 96, 100).

1* Pf. blaßgrün (weniger drüsg), unt. Hochb. oft kaum wahrnehmbar häutg, oberst kahl, Blü.b. kürzer als Kelch, Staubb. 5–10

1008b. **Bleiches H., C. glutinósum** Fries [*C. púmilum* ssp. *pállens* (F. W. Schultz) Sch. et Thell.], zml. slt., ähnl. vor. in Pionierges., in lückg. Trockenrasen, an Wegen u. Rainen, auf trock.-warm., ± nährstoff- u. kalkreich., neutral-mild., humos., lock. Stein-, Lehm- od. Lößböden, wärmeliebd, Sedo-Scleranthetea-Kl.char., auch in lückg. Fest.-Brometea-Ges. od. halbruderal – warme Tieflag., v. all. im S, im N slt. – smed-subatl – T – Chrom. 2n = 72.

1008c. **Umstrittenes H., C. litigiósum** De Lens, ähnl. vor. ab. alle Hochb. mit deutl. Hautrand, Blü.b. lger als Kelch, Staubb. 10 – Vorkommen im Gebiet zweifelhaft – westeurop.

1009. **C. fontánum**-Gruppe

1   Kelchb. 3–5(7) mm lg, Fr. bis 12 mm lg, B. 10–25 mm lg, Hochb. oft ohne Hautrand

1009a. **Gewöhnliches H., C. holosteoídes** Fr. em. Hyl. (*C. caespitósum* Gilib., *C. triviále* Lk, *C. vulgátum* auct.), verbr. in Wies. u. Weid., auch Äckern, od. an Wegen, auf frisch., nährstoffreich., mild-mäßg sauer. humos., sandg. od. rein. Lehm- u. Tonböden, bis 20 cm tief wurzld. Lehmzeiger, Fliegen- u. Selbstbestäubg, minderwertge Futterpf., v. all. in Arrhenatheretalia-Ges., Molinio-Arrhenatheretea-Kl.char. – Ebene bis Gebirge, A bis 2400 m – no-euras(subozean), in gemäß. Zonen heute weltweit – Ch (T) – Chrom. 2n = 126, 144.

1* Kelchb. 6–9 mm lg, oft kürzer als Blü.b., Fr. 12–18 mm lg, Hochb. deutl. hautrandg

2 B. 10–25 mm lg, dicht abstehd behaart, drüsenlos od. nur spärl. drüsg

1009b. **Quell-H., C. fontánum** Baumg., zerstr. in Magerras. u. -weid. d. subalp. u. alp. Stufe auf frisch., ± nährstoffreich., kalkarm., sauer. humos. Lehm- u. Tonböd., Poion alp.-Verb.char., auch im Nardion – A (1500–2400 m) – alp-arkt(ozean) – Ch – Chrom. 2n = 144.

2* B. 30–60 mm lg, dicht drüsenhaarg, ± durchscheinend, St. bis 60 cm lg, meist liegd

1009c. **Großfrüchtiges H., C. macrocárpum** Schur, zml. slt. an Bachufern, in Erlen-Auen- u. Bruchwäldern u. deren Saumges. (Alliarion) – v. all. Tieflag., Verbrtg ungenügd bekannt – Ch – Chrom. 2n = 144.

1010. **Alpen-H., C. alpínum** L., zerstr. in alp. Steinrasen, in schneegefegt. Grat- u. Plateaulagen, auf mäß. trock., nährstoffarm., basenreich. (meist entkalkt.), neutral-mäß. sauer., modrig humos. Lehm- od. lehmg. Stein-Böden, Char. d. Elynetum (Elynion) – A 1970–2450 m – arkt(subozean)-alp, circ – Ch – Chrom. 2n = 72.

1011. **Breitblättriges H., C. latifólium** L., zerstr. in Steinschutt-Fluren d. alp. Stufe, v. all. üb. d. Waldgrenze, auf sickerfrisch., kalkreich., bewegten Steinschuttböden (Kalk, Dolomit), Schuttkriecher, v. all. im Thlaspietum rotund., Thlaspion rotund.-Verb.char. – A 1600–2700 m – (w)alp – Ch – Chrom. 2n = 36.

1012. **Einblütiges H., C. uniflórum** Clairv., slt. in off. Steinschuttflur. od. Steinrasen, auf frisch., basenreich., meist kalkarm. (im Gebiet auch kalkhaltg.), humusarm., feinerdereich. Steinschutt, oft Schuttstauer, in den Zentralalpen v. all. im Androsacion alp., Thlaspietea rot.-Kl.char., als *C. hegelmáieri* Corr. (tax. Rang umstritt.) auch im Seslerion od. Potentillion caul. – A (Berchtesgad. Alp.) – alp – Ch – Chrom. 2n = 36.

1013. **Langstieliges H., C. pedunculátum** Gaud., zerstr. auf kalkarm. Steinschutt- u. Moränenböden d. Zentralalp., Androsacion alp.-Verb.char. (v. all. Oxyrietum) – Vorarlberg, Tirol, Schweiz alp – Ch – Chrom. 2n = 36.

1014. **Acker-H., C. arvénse** L., zml. hfg in lückg. Pionierrasen, an Wegen, Erdanrissen, Böschungen, auf Mauern, in Dünen, auf sommertrock.-mäß. frisch., ± mager., basenreich. Lehm- u. Löß-, auch Sandböd., licht- u. wärmeliebd, Insekt.bestäubg, Ameisenverbrtg, gern in off., auch halbruderal. Pionierstadien im Bereich v. Trockenrasen, in Mauerkronen-Ges., Agropyretalia (Elymetalia)-Ordn.char., auch in Fest.-Brometea-, sltner Sedo-Scleranthetea-Ges. – Ebene bis Gebirge, A bis 1730 m (v. all. Kalkgebiete) – eurassubozean-smed, circ – Ch, formenreich:

1 Nichtblühd. St. fast so lg wie blühde, bis über 10 cm hoch, St.b. verschied.artg, 15–30 mm lg, 1,5–3 mm brt, Blü. bis 20 mm brt

1014a. **ssp. arvénse,** verbr. Sippe, s.o. – Chrom. 2n = 72.

1* Nichtblühde St. höchsts halb so lg wie blühde, 3–10 cm hoch, B. lanzettl.-lineal-lanzettl., spitz, starr, $\pm$ kahl, bis 15 mm lg u. bis 4 mm brt, Blü.b. 6–12 mm lg, fast doppelt so lg wie Kelch

1014b. **ssp. stríctum** (Haenke) Gaud., zerstr. in Steingrus-Ges. d. Hochgebirges, Sedo-Scleranthion-Art – A – alp – Chrom. 2n = 36.

1015. **Filziges H., C. tomentósum** L., hfge Steingarten-Zierpf. u. glgtl. an Schuttplätzen verwildt – Herkunft: mittel- u. süditalien. Gebirge (smed) – Ch – Chrom. 2n = 36, 72, 108.

Spurre, Holósteum L. vgl. S. 357

1016. **H. umbellátum** L., zml. hfg in off. Pionierges., auf Äckern u. Dünen, in lückg. Sandrasen, auf Kiesdächern, an Dämmen, auf mäß. frisch., sommertrock., $\pm$ nährstoffreich., meist kalkarm., neutral-mäß. sauer., humos. od. $\pm$ roh., lock., lehmig. od. rein. Kies- u. Sand- auch Steinböd., Sandzeiger, etwas wärmeliebd, Insekt.- u. Selbstbestäubg, meist mit *Erophila*- od. *Cerastium*-Arten, Sedo-Scleranthetea-Kl.char., auch in lückg. Festuco-Brometea-Ges., in Sandäckern (Papaveretum argem.) od. sonst. halbruderalen Sand- u. Kiespionier-Ges. – Ebene bis mittl. Gebirgslagen (Ju bis 700 m), fehlt höh. Silikatgebirgen u. A – med (-kont), verschleppt – T – Chrom. 2n = 20.

Weißmiere, Moénchia Ehrh. vgl. S. 357

1017. **M. erécta** (L.) G.M.Sch., s. slt. u. unbestdg in lückg. Sandrasen, auf Brachäckern, an Wegen, auf trock., nährstoffreich., meist kalkfrei., neutral-mäß. sauer., humos. od. $\pm$ roh., fest., bindg. od. rein. Kies- u. Sandböden, Sandzeiger, z.B. im Filagini-Vulpietum, Thero-Airion-Verb.char. – warme Tieflag. im S d. Gebiet., im N meist verscholl. (Th, An, Br, L, NSH) – wsmed(-subatl) – T – Chrom. 2n = 36.

Mastkraut, Sagína L.

1 Blü. meist 4zählg, Staubb. 4 (5), Blü.b. hinfällg od. fehld, viel kürzer als Kelch

2 St. niederliegd, wurzld, mit nichtblühd. Mittelrosette, Kelchb. stumpfl., abstehd, Blü.stiele zuletzt zurückgebog., B. 5–12 mm lg, kurz stachelspitzg, 2–5 cm, ⧾, 5–9 **S. procumbens** 1018

2* St. aufrecht od. aufsteigd, ohne nichtblühde Mittelrosette

3 B. mit undeutl. od. fehld. Stachelspitze, dickl., Kelchb. gleichgestaltet, nicht stachelspitzg, Blü.b. s. kl. od. fehld, 5–7 cm, ⊙, 5–8 **S. maritima** 1024

3* B. mit bis 0,5 mm lger Stachelspitze, Kelchb. ungleich gestaltet, z.T. stachelspitzg

4   Blü.stiele stets aufrecht, wie B. meist kahl, Kelchb. zuletzt v. d. kugelg. Fr.
    sternförmg abstehd, 3–10 cm, ☉, 5–9   **S. micropetala**   1019
4* Blü.stiele nach d. Blü. nickd, dann wieder aufgerichtet, wie B. reichl. (z. T.
    drüsg) bewimpert, Kelchb. zuletzt d. längl. Fr. anliegd, 3–10 cm, ☉, 4–7
                                                  S. ciliata   1020
1* Blü. 5zählg, Staubb. (5)10, Blü.b. fast so lg wie Kelch od. lger
5   Blü.b. nicht lger als d. zuletzt aufrechte Kelch, Pf. niederliegd-rasg
6   B. lineal, kurz stachelspitzg, wie St. meist kahl, 3–10 cm, ♃, 6–8
                                                  S. saginoides   1021
6* B. lineal-pfrieml. mit 1,5 mm lger Stachelspitze, wie St. ± drüsg bewimpert,
    Pf.dichtrasg, 3–10 cm, ♃, 7–8   **S. subulata**   1022
    vgl. ferner   **S. normaniana**   1022
5* Blü.b. ± doppelt so lg wie Kelch, St. aufsteigd-aufrecht, obere St.b. s. kurz,
    durch kurze b.achselstdge B.büschel knotg erscheind, 5–15 cm, ♃, 6–8
                                                  S. nodosa   1023

1018. Niederliegendes M., S. procúmbens L., hfg in Pionier-Ges. an
Wegen, in Pflasterfugen, Äckern, betret. Quellfluren, auf ± beschatt.,
sicker- od. grundfrisch., nährstoffreich., meist kalkarm., sandg. od. rein.
Lehm- u. Tonböden, Selbstbestäubg, Klebverbrtg, v. all. in feucht.
Tretges., Char. d. Bryo-Saginetum (Polygonion avic.), als Feuchte- u.
Verdichtungszeiger auf Äckern, oft im Kontakt mit Nanocyperion-Ges.
– Ebene bis Gebirge, A bis 1950 m – no-eurassubozean, in kühlgemäß.
Zonen heute weltweit verbr. – H (Ch) – Chrom. 2n = 22.

1019. Kronloses M., S. micropétala Rausch. (*S. apétala* auct.), zerstr. in
off. Pionier-Ges., auf Äckern, an Wegen, in Pflasterfugen, auf frisch.-
feucht. (wechselfeucht.), nährstoffreich., kalkarm., sandg. od. steinig.
Lehmböden, sandbevorzugd, etwas wärmeliebd, Insekt.- u. Selbstbestäubg, v. all. im Centunculo-Anthocerotetum, Nanocyperion-Verb.-
char., auch im Polygonion avic. – v. all. Tieflag., in den Mittelgebirg. u.
A, wie auch in Nordw. z. T. fehld – smed(-subatl) (ferner S-Amerika) – T
– Chrom. 2n = 12.

1020. Wimper-M., S. ciliáta Fr., slt. in off. Pionier-Ges., auf Brachen,
Sandäckern, an Wegen, auf frühjahrsfrisch., sommertrock., nähr-
stoffreich., kalkarm., fest. Sandböden, wärmeliebd, Thero-Airion-
Verb.char., auch im Polygonion avic. od. im Nanocyperion
(Centunculo-Anthoceretum) – warme Tieflag., v. all. im S u. W d.
Gebiet. – smed(-subatl) – T – Chrom. 2n = 12.

1021. Alpen-M., S. saginoídes (L.) Karsten (*S. linnáei* Presl), zml. slt. in
subalp. u. alp. Tretges., lückg. (betret.) Magerrasen, in Schneetälchen
od. an Quellfluren, auf frisch., lg schneebedeckt., vorwiegd kalkarm.,
mäß. sauer., humos., ± nährstoffreich. Lehm- u. Tonböden od. torfig.
Böden, Insekt.- u. Selbstbestäubg, schwache Salicetea herb.-Kl.char.,
ferner im Alch.-Poëtum sup. (Polygonion av.), im Cardamino-Montion
od. lückg. Nardion-Ges. – A (bis 2410 m), süSch, BayW (Hochlagen) –
arkt-alp, circ – Ch (H) – Chrom. 2n = 22.

1022. **Pfriemen-M., S. subuláta** (Sw.) Presl, im Gebiet meist nur gepflzt. u. glgtl. verwildt, ähnl. wie d. noch hfgere **S.** × **normaniána** Lagerh. (*S. saginoídes* × *procúmbens*) als „Sternmoos" in Steingärten od. auf Friedhöfen, sonst Pionier feucht. off. Stein- u. Sandböden – SH, NS, Th, Fr (ob bod.stdg?) – subatl-smed – Ch (H) – Chrom. 2n = 22.

1023. **Knotiges M., S. nodósa** (L.) Fenzl, slt. in Pionier-Ges., an Weg. u. Grabenrändern v. Moorwiesen, an bodenoff. Stellen, auf feucht. (nass.), stickstoffbeeinflußt., basenreich. (meist kalkhaltg.) Torf- od. humos. sandg. Tonböden, Störzeiger im Flachmoor, meist Selbstbestäubg, Brutknosp., Char. d. Juncetum compr. [Agr.(El.)-Rumicion], gelgtl. im Kontakt mit d. Cyperetum flav. (Nanocyperion) od. d. Caricion dav. – v. all. im N (NS – SH – Me), im S sltener, z. B. Av-A (bis 1000 m), s. slt. auch Sch (bis 900 m) – eurassubozean, circ – H (Ch) – Chrom. 2n = (20–24, 44) 56.

1024. **Strand-M., S. marítima** Don, zerstr. auf off. Salzton- u. Sandböden d. N- u. O-Seeküste, in Pionierges., Char. d. Sag.-Cochlearietum dan., Saginion mar.-Verb.-char. – med-atl – T – Chrom. 2n = (22–24) 28.

Salzmiere, Honkénya Ehrh., vgl. S. 357

1025. **H. peploídes** (L.) Ehrh., zerstr. auf feucht. Dünensand, v. all. in Spülsäum. d. Vordüne, Sals.-Honkenyion-Verb.char., auch in Honk.-Elymetea-Ges. – Nord- u. Ostseeküste – atl-nosubocean, circ – H – Chrom. 2n = 68.

Miere, Minuártia Loefl.

1   B. eiförmg bis lanzettl., 2–3 mm lg, Hochalpenpf.
2   Blü. 4zählg, B. obersts rinng, Pf. dicht, polsterförmg, 2–5 cm, ⚃, 7–8
          M. cherlerioides   1026
2* Blü. 5zählg, B. flach, Pf. mit 4–15 cm lg. kriechd. Zweigen, locker, 4–15 cm, ⚃, 7–8
          M. rupestris   1027
1* B. lineal od. pfrieml.
3   Blü.b. meist fehld od. fädl., grünl., Blü. einzeln, ± sitzd, Pf. dicht polsterförmg, Hochalpenpf., 2–8 cm, ⚃, 7–8   **M. sedoides**   1028
3* Blü.b.deutl. vorhanden, weiß
4   Kelchb. weiß, trockenhäutg, mit 1 od. 2 grün. Mittelstreifen
5   Blü.b. kürzer als ± knorpelg. Kelch, Blü. büschelg gehäuft, St. steif aufrecht, aufgerichtet ästg, 5–20 cm, ☉, 6–7   **M. fastigiata**   1029
5* Blü.b. ± lger als Kelch, St. zahlreich, aufsteigd, Pf. ausdauernd, locker polsterförmg, 5–15 cm, ⚃, 5–8   **M. setacea**   1030
4* Kelchb. grün od. nur am Rande schmal trockenhäutg
6   Blü.b. meist kürzer als Kelch, zarte einjährge Pf., aufgerichtet, ästg
7   Kelchb. eilanzettl., kürzer als Fr., Pf. meist kahl, 5–15 cm, ☉, 5–6
          M. hybrida   1031
7* Kelchb. schmal lanzettl. (pfrieml.), 2–3 mm lg, lger als Fr., Blü.stiele haardünn, wie Kelch drüsig behaart, 5–10 cm, ☉, 5–6 **M. viscosa**   1032

6* Blü.b. so lg wie Kelch od. lger, ausdauernde, lock. od. dichte Polster bildende Pf.
8   B. untersts (wenigst. trocken) deutl. 3nervg, Hochgebirgspf.
9   Blü.b. doppelt so lg wie Kelch, keilförmg verschmälert, St. 1–2blütg, aufsteigd, Pf. lockerrasg, 10–20 cm, ⚥, 7–8   **M. austriaca** 1033
9* Blü.b. so lg od. weng lger als Kelch
10 Kelch deutl. 3nervg, Blü.std (1)3–8blütg, Blü.stiele unt. 10 mm lg u. oben meist abstehd ± drüsg bewimpert (vgl. Unterart., sowie *Moehringia ciliata*), 5–15 cm, ⚥, 6–8   **M. verna** 1034
10* Kelch undeutl. 5–7nervg, Blü.std 1–3(5)blütg, Blü.stiele drüsg-flaumg, B. meist eingerollt, sichelförmg gekrümmt, Pf. dichtrasg, am Grunde ± verholzt, 2–15 cm, ⚥, 7–8   **M. recurva** 1035
8* B. nervenlos od. 1nervg, Pf. dichtrasg
11 Blü.stiele bis 5 mm lg, behaart, Blü.std 1–2blütg, Pf. dichtrasg, 3–10 cm, ⚥, 6–8   **M. biflora** 1036
11* Blü.stiele 15–35 mm lg, kahl, Blü.std 3–5blütg, Pf. habituell an *Sagina* erinnernd, 5–20 cm, ⚥, 6–8   **M. stricta** 1037

1026. Mannsschild-M., M. cherlerioídes (Hoppe) Becherer (*M. aretioídes* Sch. et Thell.), slt. in Felsspalten d. alp. Stufe, auf Kalk, Potentillion caulesc.-Verb.char. – A (Berchtesgad. Alpen, 2100–2650 m) – oalp – Ch – Chrom. 2n = 36.

1027. Felsen-M., M. rupéstris (Scop.) Sch. et Thell., s. slt. in Felsspalten d. alp. Stufe, über trock., exponiert., kalkhaltig. (od. sonst basenreich.) Unterlagen, Char. d. Minuartietum rup. (Potentillion caulesc.) – A (Allgäu 2230–2300 m) – alp – Ch – Chrom. 2n = ca. 72.

1028. Zwerg-M., Polster-M., M. sedoídes (L.) Hiern, zml. hfg in mager. u. lückg. Steinrasen d. alp. Stufe, an felsig. Hängen u. windgefegt. Graten, auf mäß. frisch., mäß. basenreich., meist kalkfrei., neutral-mäß. sauer., humos., lehmg. Steinböden, Pionierpf., Fliegenbestäubg, Caricetalia curv.-Ordn.char., gern in Initialstadien auf Moränenböden mit *Luzula spicata*, auch im Elynetum (Elynion) od. Nardion – A 1800–2600 m – alp – Ch – Chrom. 2n = (26, 48) 52.

1029. Büschel-M., M. fastigiáta (Sm.) Rchb. (*Alsine jacquínii* Koch), slt. in lückg. Trockenrasen, an felsig. Hängen od. in Kalkdünen, auf warm.-trock., nährstoffarm., basenreich. (meist kalkhaltg.), neutral-mild. humos., flachgründg., locker., lehmig. Steinböden od. auf Sandböden, wärmeliebd, Char. d. Cerastietum pum. (Alysso-Sedion), auch (Diff.) im Xerobrometum – süRh, süHü, nöHü (Pfalz), nöRh, Do, FrJu – smed (im Gebiet an d. N-Grenze d. Verbrtg) – T (H) – Chrom. 2n = 26, 30.

1030. Borsten-M., M. setácea (Thuill.) Hayk., s. slt. in sonnig., lückg. Felsrasen, an felsg. Hängen, auf trock., nährstoffarm., basenreich. (nicht immer kalkhaltg.), neutral-mild. humos., lock., lehmg., flachgründg. Steinböden (Kalk, Dolomit, Basalt, Porphyr usw.), sommerwärmeliebd, Char. d. Diantho-Festucetum (Sesl.-Festucion pall.), auch im

Xerobromion – süHü (Kaiserstuhl, ob noch?), FrJu – osmed-europkont
– Ch – Chrom. 2n = 30.

1031. Zarte M., M. hýbrida (Vill.) Schichk. [*M. tenuifólia* (L.) Hiern],
zml. slt. in lückg. Kalk-Magerrasen, an Wegen, Böschungen, auf
Mauern u. in Äckern, auf warm., trock., mäß. nährstoffreich.,
basenreich., meist kalkhaltg., mild., humos. od. ± roh. Lehmböd.,
Pionierpf., Al.-Sedion-Verb.char., auch in lückg. Brometalia-Ges. od.
halbruderal an Weg- u. Ackerränd. – Ebene bis mittl. Berglag. (Ju bis
760 m), w. all. im S d. Gebiet., im N slt. od. (wie A) fehld – smed – T,
formenreich:

1 Pf. kahl od. nur spärl. drüsg, Kelchb. eiförmg-lanzettl., spitz

1031a. **ssp. vaillantiána** (DC.) Mattf., im Gebiet vorherrschde Sippe, s. o.
– Chrom. 2n = 46 (70).

1* Pf. stark drüsg, Kelchb. lineal-lanzettl., sehr spitz

1031b. **ssp. hýbrida,** mediterrane Sippe, im Gebiet nur adv. (z. B. Rh) –
Chrom. 2n = 46.

1032. Klebrige M., M. viscósa (Schreb.) Sch. et Thell., slt. in off. Pionier-
Ges., an Wegen, Ackerrändern, in Trockenrasen-Lücken, auf sommerwarm-trock., ± nährstoff- u. basenreich., humos. od. roh., bindg. od.
rein. Sandböden, Sedo-Scleranthetea-Kl.char., auch in Secalinetea-Ges.
– nöRh, RS (Maifeld), Fr, Br, Sa, Me (z. T. verscholl.) – gemäßkont – T
(H) – Chrom. 2n = 46.

1033. Österreichische M., M. austríaca (Jacq.) Hayk., s. slt. in subalp. u.
alp. Steinschutt-Fluren u. Felsspalten, auf kalkhaltg. Unterlagen,
Thlaspietalia-Ordn.char., auch im Potentillion caul. – A 1550–2110 m –
oalp – Ch – Chrom. 2n = 26.

1034. M. vérna-Gruppe

1 St. u. Blü.stiele drüsg behaart, Blü.b. fast herzförmg, ± so lg wie Kelchb.
2 Pf. rasenbildend, bis 15 cm hoch, am Grund nicht verholzt, St. aufrecht,
   (2)4–vielblütg

1034a. **Frühlings-M., M. vérna** (L.) Hiern. **ssp. vérna,** slt. in Kalkmagerras.
auf mäßg trocken., sommerwarm., mild., basenreich-nährstoffarm., ±
humos., lehmg. Steinböd., bes. auf Dolomit, Fliegenblume, Char. d.
Puls.-Caricetum humilis (Xerobromion) – FrJu – osmed – Ch – Chrom.
2n = 24, 48.

2* Pf. polsterbildend, 5–10 cm hoch, am Grunde verholzt, St. 2–5blütg, B.
   höchst. 7 mm lg

1034b. **M. vérna ssp. hercýnica** (Willk.) Schwarz, slt. in ± offen.
Rasenges. von Erzhald., Violetea calam.-Kl.char. – RS (Aachen), NSH-
Hz, An – mitteleurop-endem. – Chrom. 2n = 24.

1* St. u. Blü.stiele kahl, Blü.b. ellipt., Pf. dichtrasg, St. 1–3blütg

1034c. **Alpen-M., M. gerárdii** (Willd.) Hayek, zerstr. in lückg. Steinras. d. Hochgebirg. auf sommerwarm., frisch., basenreich., neutral-mild., humos. steing. Lehmböd., v. all. im Seslerion u. im Elynetum, überreg. (s.l.) Car.-Kobresietea-Kl.char. – A (1590–2600 m) – alp-arkt – Ch – Chrom. 2n = 24.

1035. **Krummblättrige M., M. recúrva** (All.) Sch. et Thell., zerstr. in sauerhumos. Krummsegg.ras., Caricion curv.-Verb.char. – Tirol, Schweiz (Zentralalp.) – alp – Ch – Chrom. 2n = 30.

1036. **Zweiblütige M., M. biflóra** (L.) Sch. et Thell., slt. auf schneefeucht. basenreich., ± sauer. humos. Feinschuttböd., in Schneetälch. od. lückg. Rasenges., v. all. im Salicion herb., auch im Elynetum – Tirol (Rauheck nahe Allgäu-Grenze, 2350 m), Zentralalp. – arkt-alp, circ – Ch – Chrom. 2n = 26.

1037. **Steife M., M. strícta** (Sw.) Hiern, s. slt. in Hoch- u. Zwischenmoor., auf nass. nährstoffarm. Torfböd., Eiszeitrelikt, in Scheuchzerietalia-Ges. – Av (verscholl.) – arkt – Ch – Chrom. 2n = 22, 26, 30.

Sandkraut, Arenária L.

1 Blü.b. kürzer als Kelch, B. graugrün, d. oberen ungestielt, Pf. nicht rasg, St. aufrecht-aufsteigd, 5–20 cm, ☉, 5–9   **A. serpyllifolia** 1038
1* Blü.b. doppelt so lg wie Kelch, B. am Rande lg bewimpert, Pf. rasg
2 B. eiförmg-lanzettl., Kelchb. 1–3nervg, 3–10 cm, ♃, 7–8 **A. ciliata** 1039
2* B. rundl.-stumpf, St. kriechd, an d. Knot. wurzld, mit 1–2blütg. Ästen, Kelchb. 1nervg, 7–30 cm, ♃, 7–8   **A. biflora** 1040

1038. A. serpyllifólia-Gruppe

1 Pf. graugrün, Blü. 5–8 mm brt, Kelchb. eilanzettl., 3–4,5 mm lg, Fr. eiförmg, am Grunde etwas bauchg, meist deutl. lger als Kelch, Fr.stiele aufrecht

1038a., **Quendel-S., A. serpyllifólia** L., verbr. in Pionier-Ges., an Wegen, in lückg. Sand- u. Trockenrasen, an Dämmen u. auf Mauerkronen, in Äckern u. Brachen, auf off., trock. bis mäß. frisch., ± nährstoff- u. basenreich., humos. od. roh., lock. Böd. all. Art, bis 20 cm tief wurzld. Wärme- u. Basenzeiger, Insekt.- u. Selbstbestäubg, v. all. in Sedo-Scleranthetea- od. lückg. Fest.-Brometea-Ges., auch in Secalinetea- od. Chenopodietea-Ges. – Ebene bis mittl. Gebirgslag., A bis 1700 m – euras-med, circ – T – formenreich:

2 Pf. ± behaart, nicht drüsg
3 Blü.stiele 2–3mal lger als Kelch od. noch lger, Fr. eiförmg

1038b. **ssp. serpyllifólia** verbr. Sippe, s.o. – Chrom. 2n = 40.

3* Blü.stiele so lg od. nur weng lger als Kelch, Fr. dick-eiförmg

1038c. **ssp. macrocárpa** (Lloyd) Perr. et Sell., s. slt. – Me.

2* Pf. drüsg behaart, Fr. fast kugelg

1038d. **ssp. glutinósa** (Mert. et Koch) Arc. (*A. víscida* Hall. f. ex Lois.), zml. slt. in Trockenras. basenreich. Böd., z. B. in Fest.-Brometea-Ges. – z. B. Ju, Verbrtg ungenügd bekannt.

1* Pf. gelbgrün, zart, schlaff niederliegd, mit länger., traubg mit Blü. besetzt. Blü.äst., Blü. 3–5 mm brt, Kelchb. lanzettl, 1,8–3 mm lg, Fr.stiele ob. oft gebog., Fr. schmal-kegelg, ± so lg wie Kelch

1038e. **Dünnstengeliges S., A. leptocládos** (Rchb.) Guss., zml. slt. in lückg. Trockenras., Sedo-Scleranthetalia-Ordn.char., auch in lückg. Fest.-Brometea-Ges. od. auf Äckern – warme Tieflag., v. all. im S d. Gebiet. – smed – Chrom. 2n = 20.

1039. **Wimper-S., A. ciliáta** L., slt. in lückg. Steinrasen vornehml. d. alp. Stufe, auf frisch. (sickerfrisch.), ± basenreich., neutral-mäß. sauer., humos., flachgründg. Stein- od. Feinschuttböd. – Ch (T, H) – im ganzen: arkt-alp, formenreich:

1 Blü. zu 1–2(3), B. 3–4mal so lg wie brt, lanzettl., spärl. bewimpert, Pf. 2–5 cm hoch

1039a. **ssp. ciliáta** (*A. tenélla* Kit.), Char. d. Elynetum (Elynion), slt. auch im Seslerion od. in Thlaspietea rot.-Ges. – A (1250–2530 m) – oalp – Chrom. 2n = 80.

1* Blü. zu 3–5(7), B. 2–3mal so lg wie brt, eiförmg-spatelg, am Grunde gewimpert, Pf. 4–10 cm hoch

1039b. **ssp. moehringioídes** (Murr) A. et Gr. (*A. multicáulis* L.), so v. all. in Thlaspeion rot.-Ges., auch im Seslerion – Allgäu, Vorarlberg, Schweiz – walp – Chrom. 2n = 40.

1040. **Zweiblütiges S., A. biflóra** L., slt. in Schneetälchen, Schneeböden, auf feucht., kalkarm., basenreich., ± sauer., humos. Feinschuttböd., Salicetea herb.-Kl.char. – A (Allgäu 2380 m) – alp-arkt – Ch – Chrom. 2n = 22.

Nabelmiere, Moehríngia L.

1 Blü. 5zählg, Staubb. 10
2 B. eiförmg, spitz, meist 3nervg, Blü.b. kürzer als spitze Kelchb., St. flaumg, aufsteigd, 10–30 cm, ☉, ♃, 5–7   **M. trinervia** 1041
2* B. lineal, dickl. (bis 10 mm lg), Blü.b. etwas lger als stumpfl. Kelch, St. oberwts fein (ab. nicht drüsg) behaart, Blü.stiele ca. 10 mm lg (vgl. *Minuartia verna*), Hochb. meist häutg berandet, 5–15 cm, ♃, 6–8   **M. ciliata** 1042
1* Blü. meist 4zählg, Staubb. 8, B. u. St. fädl. dünn (B. bis 35 mm lg), Blü.b. lger als Kelch, 8–20 cm, ♃, 5–7   **M. muscosa** 1043

1041. **Wald-N., Dreinervige N., M. trinérvia** (L.) Clairv., verbr. in krautreich. Laub- od. Nadel-Mischwäldern, in Waldschlägen, an Waldwegen, auf frisch. (-mäß. frisch.), ± nährstoffreich., meist kalkfrei., neutral-mäß. sauer., humos., lock. Lehmböden, Mullbodenwurzler, Schatt-Halbschattpf., ± Nitrifizierungszeiger, Fliegen- u. Selbstbestäubg., Ameisenverbrtg, v. all. in Waldsaum- u. Störges., Char. d. Epilobio-Geranietum rob. (Alliarion), auch in Atropetalia-Ges. od. im Querco-Fagetea-Gefüge – Ebene bis Gebirge (A bis 1220 m, Ju bis 1000 m) – euras(subozean)-smed – T (H) – Chrom. 2n = 24.

1042. **Wimper-N., Stein-N., M. ciliáta** (Scop.) DT., zml. hfg in off., alp. Steinschuttfluren, slt. tiefer als Alpenschwemmling, auf frisch., roh., bewegt. Kalkstein- od. Geröll-Böden, Thlaspietalia rot.-Ordn.char., auch im Arabidion caer. – A 1250–2590 m, Av (verschwemmt) – alp – H – Chrom. 2n = 24.

1043. **Moos-N., M. muscósa** L., zerstr. in schattig-feucht. Felsspalt- u. Steinschutt-Ges. d. subalp. Stufe, auf sickerfeucht., kalkreich., ± mild. humos. Steinböden, Cystopteridion-Verb.char., auch in Thlaspietalia rot.-Ges. – Av, A (bis 1880 m) – pralp – H – Chrom. 2n = 24.

Knäuelkraut, Scleránthus L.

1   Kelchb. stumpfl., kaum lger als Staubb., brt (weiß) hautrandg, Hochb. kaum lger als weißl.-grüne Blü., 5–15 cm, ♃, 5–8   **Sc. perennis** 1044
1* Kelchb. spitz, 3–4mal lger als Staubb., nur schmal hautrandg, Hochb. meist lger als grünl. Blü., 5–15 cm, ☉, 5–9   **Sc. annuus** 1045

1044. **Ausdauerndes K., Sc. perénnis** L., zerstr., ab. gesellg in off. Pionier-Rasen, auf Dünen u. Felsköpfen, an Wegen, auf trock., nährstoffarm., mäß. basenreich., kalkarm., meist sauer., humus- u. feinerdearm. Sand- od. Steingrusböden, Pionierpf., Fliegen- od. Selbstbestäubg, Klett-verbrtg, Sedo-Scleranthetea-Kl.char. – v. all. Sand- u. Silikatgebiete tief. Lagen (A fehld) – smed-gemäßkont – Ch (H) – Chrom. 2n = 22.

1045. **Sc. ánnuus**-Gruppe

1   Fr. 2,8–4,5 mm lg, Kelchb. gleich lg, nicht einwts gekrümmt
2   Fr. 3,5–4,5 mm lg, Kelchb. spreizend, Blü.knäuel ± endstdg, Sproßglieder 1–5 cm lg, B. oft über 1 cm lg

1045a. **Einjähriges K., Acker-K., Sc. ánnuus** L., hfg in Ackerunkraut-fluren, slt. auch an Wegen od. Schuttplätzen, auf mäß. trock. bis frisch., ± nährstoffreich., kalkarm., mäß. saur., bindig. Sandböden od. sandg. Lehmböden, bis 20 cm tief wurzld. Versauerungszeiger, v. all. in mont. Getreidefeldern, Char. d. Galeop.-Aphanetum (Aperion), auch in and. Aperion-Ges., DV im Polyg.-Chenopodion – Ebene bis Gebirge, A bis 1277 m (Kalkgebiete slt.) – (no-)eurassubozean-smed, heute in kühl-gemäß. Zonen weltweit – T – Chrom. 2n = 44.

2* Fr. 2,8–3,5 mm lg, Kelchb. ± gerade vorgestreckt, Blü.knäuel mehr an d. Zweig. verteilt, kurz gestielt, Sproßglieder unter 1 cm lg, B. höchst. 6 mm lg

1045b. **Triften-K., Sc. polycárpos** (L.) Torn. [*Sc. biénnis* (Reut.) Br.-Bl. et Koch], zml. slt. in Steingrus-Fluren d. Silikatgebirge, üb. Felsköpfen, auch in Sandfluren d. Ebene, auf mäß. nährstoffreich., kalkarm., sauer., humos., flachgründg. Steinböden od. fest. Sand- u. Kiesböden, v. all. im Thero-Airion, auch im Sedo-Scleranthion – v. all. im S d. Gebiet. (süSch bis 1400 m), BayW, im N slt. – smed-subatl – T – Chrom. 2n = 22, 44.

1* Fr. 1,8–2,5 mm lg, Kelchb. ungleich lg einwts gekrümmt, Pf. gelbgrün, klein

1045c. **Hügel-K.**, **Sc. verticillátus** Tausch (*Sc. collínus* Horng.), s. slt. in lückg. Trockenras. auf basenreich. grusg. Steinböd., z. B. im Al.-Sedion od. Thero-Airion – RS (nahe Limburg) – He, An, Th – osmed-europ-kont – T.

Spörgel, Spérgula L.

1 B. untersts gefurcht, (10–)20–30 mm lg, St. zerstr. drüsg behaart, Samen schmal hautrandg, Blü.b. stumpfl., 10–30 cm, ☉, 6–8 **Sp. arvensis** 1046
1* B. nicht gefurcht, 2–10 mm lg, St. ± kahl, Samen brt hautrandg
2 Blü.b. eiförmg stumpfl., sich deckend, Staubb. 10, Samenhautrand bräunl., Pf. ausgebrtet, 5–25 cm, ☉, 4–6 **Sp. morisonii** 1047
2* Blü.b. spitzl., Staubb. 5, Samenhautrand weiß, so brt wie Samen, 5–15 cm, ☉, 4–5 **Sp. pentandra** 1048

1046. **Acker-Sp.**, **Sp. arvénsis** L., hfg in Ackerunkraut-Fluren, v. all. gehackt. Äcker, auch an Ruderalstellen od. in Waldschlägen, auf frisch., nährstoffreich., kalk- u. basenarm., mäß. sauer. humos., locker., bindg. od. rein. Sandböden, auch auf Torf, v. all. in humid. Klimalagen, Versauerungszeiger (Garezeiger), bis 50 cm tief wurzld, Insekt.- u. Selbstbestäubg, Windverbrtg, v. all. (terr. Char.) im Galeop.-Sperguletum arv., Polyg.-Chenopodion-Verb.char., auch DV Aperion – Ebene bis v. all. Gebirge (A bis 1080 m, Ju bis 1000 m, Sch bis 1200 m u. mehr) – no-euras(subozean), in kühlgemäß. Zonen heute weltweit – T – formenreich:

1 Pf. 10–20(30) cm hoch, reich sparrg verzweigt, Samen mit kl. Papillen besetzt

1046a. **ssp. arvénsis**, verbr. Sippe, s. o. – Chrom. 2n = 18.

1* Pf. hochwüchsger
2 Samen wie vor. papillös, bis 1,5 mm groß, Pf. 50–100 cm hoch

1046b. **ssp. máxima** (Weihe) Schwarz, zerstr. als Futterpf., auch Unkraut – Chrom. 2n = 18.

2* Samen glatt od. fein punktiert
3 Samen fein punktiert, bis 3 mm groß, St. dick, fleischg, reich verzweigt

1046c. **ssp. satíva** (Boenn.) Čel., Kulturpf., v. all. im N d. Gebiet. – Chrom. 2n = 18.

3* Samen glatt, Pf. weng verzweigt, mit steil. aufrecht. Äst., bis 60 cm hoch

1046d. **ssp. linícola** (Bor.) Janch., s. slt. in Leinfeld., Lolio-Linion-Verb.char. – z. B. Fr, BayW, SH (ob noch?) – Chrom. 2n = 18.

1047. **Frühlings-Sp., Sp. morisónii** Borb. (*Sp. vernális* auct.), slt. in off. Sandrasen, auf Flugsanddünen, Brachen, an Wegen, auf sommer-trock., nährstoff- u. basenarm., saur., humus- u. feinerdearm., lock. Sandböden, Flachwurzler, Erstbesiedler, Selbstbestäubg, Windverbrtg, Char. d. (Spergulo-) Corynephoretum (Corynephorion), auch im Thero-Airion – Sandgebiete, v. all. im N u. Nordw. d. Gebiet., im NO u. südl. d. Linie Rh-Donau fehld – subatl – T – Chrom. 2n = 18.

1048. **Fünfmänniger Sp., Sp. pentándra** L., slt. in off. Sand- u. Steingrus-Rasen, auf Felsköpfen, in Dünen, auf sommertrock., mager., basenreich., kalkarm., neutral-mäß. sauer., humus- u. feinerdearm. Sand- u. Steingrusböden, Windverbrtg, Char. d. Gageo-Veronicetum (Sedo-Veronicion), slt. auch im Thero-Airion (in S-Europa Helianthe-metalia gutt.-Art) – Pf-nöHü (Rheinhessen), Nahetal, Fr, SH (verscholl.), Me, Br, Th – med-smed – T.

Schuppenmiere, Spergulária Presl

1   B. ± flach, weng dickl., wenigst. teilw. stachelspitzg, Blü.rosa, Fr. kaum lger
    als Kelch
2   B. fast alle deutl. stachelspitzg, Nebenb. oval-lanzettl., weißhäutg, glänzd,
    Samen feinwarzg, St. niederliegd, 5–20 cm, ☉, ♃, 5–9   **Sp. rubra**   1049
2* Nur obere B. undeutl. stachelspitzg, Nebenb. kl. 3eckg, matt, hinfällg, Kelch
    v. d. Fr. gekrümmt-abstehd, Samen feinwarzg, am Rande mit Stacheln, St.
    aufsteigd, 4–10 cm, ☉, 6–10   **Sp. echinosperma**   1050
1* B. dickl., ± halbstielrd, ohne Stachelspitze, Blü. rosa, am Grunde weiß, Fr.
    lger als Kelch, Samen hautrdg, niederliegd-aufsteigde Salzpf.
3   Blü. 6–8 mm brt, tiefrosa, Blü.stiele weng drüsg, Fr.kapsel weng lger als
    Kelch, Staubb. 5, Nebenb. brt-eiförmg, 5–20 cm, ☉, ♃, 5–9
                                                            Sp. salina   1051
3* Blü. 8–12 mm brt, blaßrosa, Blü.stiele stark drüsg, Fr. doppelt so lg wie
    Kelch, Staubb. 10, Nebenb. lg lanzettl., 5–40 cm, ♃, 7–9
                                                            Sp. media   1052

1049. **Rote Sch., Roter Spörgel, Sp. rúbra** (L.) Presl, zml. hfg in off. Pionier- u. Tritt-Ges., an Wegen, in Äckern, auf Schlägen, an Ufern, auf ± frisch. (wechselfrisch.), nährstoffreich., basen- u. kalkarm., ± humos. od. roh., sandg. Lehm- u. Tonböden, Flachwurzler, Bodenverdichtgs- u. Versauerungszeiger, Fliegen- u. Selbstbestäubg, Klebverbrtg, Char. d. Rumici-Spergularietum, auch in and. Polygonion av.-Ges. od. im Kontakt mit d. Nanocyperion – Ebene bis mittl. Gebirgslag. (Sch bis 1320 m) – eurassubozean-smed, im kühlgemäß. Zonen weltweit verschleppt – T (H) – Chrom. 2n = 36.

1050. **Igelsamige Sch., Sp. echinospérma** Čel., slt. in lückg. Flußuferges. auf feucht. nährstoffreich. Schlammböd., Char. d. Chenop.-Corrigiole-tum (Chenopodion rubri), auch im Polygonion av. od. im Nanocyperion – mittl. Elbe – mi.europ.-gemäßkont – T – Chrom. 2n = 36.

1051. **Salz-Sch., Sp. salína** J. et C. Presl [*Sp. marína* (L.) Griseb.], zml. slt. in Pionierges. auf $\pm$ offen. feucht. Salztonböd., an d. Küste Char. d. Puccinellietum dist. (Pucc.-Spergularion), im Binnenld an Salzstell. z. B. im Chenopodietum rubri (Chenopodion rubri) – Nord- u. Ostsee-Küste, ferner: Rh, Ne, He, NWe, NSH, Th, An usw. – kont-med – H – Chrom. 2n = 36.

1052. **Flügel-Sch., Sp. média** (L.) Presl, zerstr. in Salzwies. d. Küste u. d. Binnenlandes, Glauco-Puccinellietalia-Ordn.char. – Nord- u. Ostsee-Küste, ferner: Th, An, He,(NSH), süRh (Els.), usw. – kont(-med) – H, Ch – Chrom. 2n = 18.

Getreidemiere, Délia Dumort. vgl. S. 358

1053. **D. segetális** (L.) Dumort. (*Spergulária segetális* G. Don), s. slt. u. unbestdg in off. Zwergbinsen-Ges., in Ackerfurchen, auf feucht., $\pm$ nährstoffreich., kalkarm., $\pm$ humos. od. roh., sandg. Lehm- u. Tonböden, Char. d. Centunculo-Anthocerotetum (Nanocyperion) – süSch (Wiesental), Mn, He, NWe, NSH, Br, L – subatl(-smed) – T – Chrom. 2n = 18.

Nagelkraut, Polycárpon Loefl. vgl. S. 358

1054. **P. tetraphýllum** L., s. slt. u. unbestdg in off. Pionierges. an Wegen, Plätzen u. Ruderalstellen, in Pflasterfugen, auf trock., nährstoffreich., meist kalkarm. u. $\pm$ roh., lehmig.-tonig. Sandböden, wärmeliebd, v. all. in Tretges., im Polygonion av. (in med Polycarpion tetr.-Verb.char.) – Rh (vorübergehd) – med-smed, in warmgemäß. Zonen heute weltweit – T – Chrom. 2n = 54.

(Familie der Nagelkraut-Gewächse, Illecebráceae)

Hirschsprung, Corrigíola L. vgl. S. 358

1055. **C. litorális** L., slt. u. unbestdg in off. Pionierges., an Ufern u. in Äckern, auf feucht., nährstoffreich., kalkarm., mäß. saur., $\pm$ roh., lehmig. od. rein. Kies- u. Sandböden, Selbstbestäubg, an Flußufern Char. d. Chenop.-Corrigioletum, auch im Chenop.-Polygonetum britt. (Chenopodion rubri), slt. auch Polyg.-Chenopodion od. im Kontakt mit Nanocyperion-Ges. – Ebene bis mittl. Gebirgslag. (Sch bis 820 m), v. all. im W d. Gebiet., im NO u. S slt., A fehld – subatl-smed – T – Chrom. 2n = 16, 18 (32).

Knorpelblume, Illécebrum L. vgl. S. 358

1056. **I. verticillátum** L., s. slt. u. unbestdg in Pionier-Ges., an Wegen u. Rainen, auf off., feucht., $\pm$ nährstoffreich., kalkarm., saur., $\pm$ roh.

lehmig. Sandböden, Selbstbestäubg, Char. d. Spergulario-Illecebretum (Nanocyperion) – v. all. im Nordw. u. N d. Gebiet., im S fehld od. (wie Rh u. Sch) verscholl. – subatl-wmed – T – Chrom. 2n = 10.

Bruchkraut, Herniária L.

1   B. kahl od. nur spärl. behaart, Kelchb. ohne Granne, Pf. gelbgrün, 5–15 cm,
    ⨆, 6–9   **H. glabra**   1057
1* B. wie St. u. Blü.hüllb. steifhaarg

2   Blü.hüllb. begrannt, B. meist zu 10 geknäuelt, 5–15 cm, ⨆, 7–9
                                                                        H. hirsuta   1058
2* Blü.hüllb. borstg behaart, ab. nicht begrannt, Pf. am Grunde verholzt
3   B. 6–8 mm lg, längl., dicht behaart, 10–20 cm, ⨆, 7–10 **H. incana**   1059
3* B. 2–4 mm lg, oval, locker behaart, 5–10 cm, ⨆, 7–8   **H. alpina**   1060

1057. **Kahles B., H. glábra** L., zerstr. in lückg., betret. Sandrasen, auf Dünen, an Wegen u. Dämmen, auf sommerwarm.-trock., mäß. nährstoff.- u. basenreich., kalkarm., neutral-mäß. sauer., meist humus- u. feinerdearm., lock. od. fest. Kies- od. Sandböden, Sandzeiger, Heilpf. (früher gegen Bruchleid.), Insekt.- u. Selbstbestäubg, v. all. in betret., stickstoffbeeinflußt. Ges., Diff. (od. Char.) d. Rum.-Spergularietum (Polygonion av.), gilt auch als Sedo-Scleranthetea-Kl.char. – Ebene bis mittl. Gebirgslag. (fehlt A) – euras(kont)-smed – H (T) – Chrom. 2n = 18.

1058. **Rauhes B., H. hirsúta** L., slt. u. unbestdg in lückg. Stein- od. Sandrasen, als Pionier, auf trock., ± nährstoff- u. basenreich., meist kalkarm., neutral-mäß. saur., humus- u. feinerdearm., fest. Sand-, Stein- u. Kiesböden, Sand- u. Wärmezeiger, z. B. mit *Filago*-Arten im Thero-Airion, Corynephoretalia-Art, auch in Ruderal- od. Segetal-Ges. (z. B. im trock. Kickxietum) – Rh (v. all. süRh), süHü, Pf, Sp, Ne, Ba, Fr, im N slt. od. fehld (z. T. adventiv) – smed – T (Ch, H) – Chrom. 2n = 36.

1059. **Graues B., H. incána** Lam., slt. in warm. trock. u. lückg. Trockenrasen sandg.-steinig. Böd., v. all. in Agropyretalia (Elymetalia)-Ges. d. alp. Trockentäler, im Kontakt mit Festucetalia val.-Ges., in S-Europa im Thero-Brachypodion – nöRh (verscholl.) – med-smed – Chrom. 2n = 18.

1060. **Alpen-B., H. alpína** Vill., slt. in alp. Steinschuttges., Char. d. Herniarietum alp. (Drabion hopp.), auch in Salicetea herb.-Ges. – Zentralalp. (Vorarlberg, Tirol, Schweiz) – walp – Chrom. 2n = 18.

An die Caryophyllales ist ferner anzuschließen:

Familie der **Nyctagináceae** mit der durch Vererbungsversuche bekannt geword., oft als Zierpf. kultiv. u. gelegtl. in Schutt-Unkraut-Ges. vorübergehd verwildt. **Wunderblume, Mirábilis jalápa** L., Nachtfalterblume, Heimat: Mexiko. Ein bekannt. subtrop.-trop. Vertreter d. Familie ist d. strauchige, kletternde

Bougainvíllea spectábilis Willd. (Heimat: Brasilien). Ferner hat enge Beziehungen zu den *Caryophyllales* d. Ordnung d. *Cactáles* mit d. *Cactáceae,* vornehml. aus dem subtrop. Am. (*Céreus-* u. *Opúntia*-Arten, usw.)

Dialypétalae

Ordnung Nymphaeáles

Familie der Seerosen-Gewächse, Nymphaeáceae

1 Blü. weiß (od. rötl.), Kelchb. 4, grün, B. mit 15–20 vorn bogig verbund. Seitennerven (Abb. 32a), St.querschnitt rund **Nymphaea** S. 389
1* Blü. gelb, Kelchb. 5, gelbl., B. mit 25–30 vorn verzweigt. offen. Nerven (Abb. 32b), St.querschnitt abgeflacht, Pf. meist mit größer. Unterwasser-B. **Nuphar** S. 390
Alle Arten geschützt.

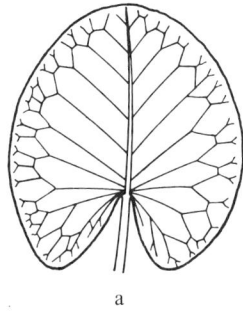 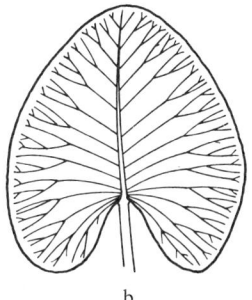

a   b
Abb. 32. a *Nymphaea,* b *Nuphar.*

Seerose, Nympháea L.

1 Blü.b. so lg od. lger als Kelchb., Staubfäd. lineal, kaum brter als ungeöffn. Staubbeutel, Narbenstrahl. 12–20, meist gelb, Blü. ± 10–12 cm brt, weit geöffnet, ♃, 6–8 **N. alba** 1061

1* Blü.b. ± kürzer als Kelchb., innere Staubfäd. oval, brter als ungeöffn. Staubbeutel, Narbenstrahl. 8–12, wie Blü.boden rötl., Blü. 6–8 cm brt, meist halbgeschlossen, ♃, 6–8 **N. candida** 1062

1061. **Weiße S., N. álba** L., zerstr. in Schwimmb.-Ges. off. Teiche, in Altwassern od. ruhig. Seebuchten, in stehd. (od. lgsam fließd.), ± nährstoffreich., mesotroph(-eutroph.) Wasser über humos. Schlammböden bis rd 3 m Wassertiefe (opt. 1–1,5 m), auch Zierpf. u. (z. T. in rosa blühd. Kultursort.) gepflzt, Insekt.- u. Selbstbestäubg, Char. d. Nymphaeetum albae, bzw. Nymphaeion-Verb.char. – Ebene bis Gebirge, v. all. Auengebiete – subatl-smed – W – Chrom. 2n = (48, 64, 84, 105) 112.

1061a. **var. mínor** DC. [*N. occidentális* (Ostenf.) Moss.], B. 7–20 cm lg, Blü. 6–10 cm Durchm., Fr. kugelg, oben meist ohne Staubb.-Narben – v. all. in kühl., nährstoffarm., ± basenreich., mesotroph. Gewässern höher. Lagen, hfg mit *Potamogeton natans*, Char. d. Nymphaeetum albae (Nymphaeion) – z. B. Sch, Ne (Hohenlohe), Ju u. v. all. Av, A bis 1139 m – no-subatl.

1062. **Glänzende S., N. cándida** Presl, zml. slt. in Wasserrosen-Ges., vorwiegd stehend. (lgsam fließd.), mäß. nährstoffreich., meist saur., oligotroph.-mesotroph. Gewässer, üb. humos., z. T. moorig. Schlamm-Böden, bis 2 m Wassertiefe, Char. d. Nymphaeetum albo-candidae (Nymphaeion), auch im Myr.-Nupharetum – v. all. im O u. N d. Gebiet., im S u. SW s. slt. od. fehld – euraskont, im Gebiet an d. SW-Grenze d. Verbrtg – W – Chrom. 2n = 112, ca. 160.

Teichrose, Mummel, Núphar Sm.

1   B. 12–40 cm lg, B.stiel oben ± 3kantg, Blü. 4–6 cm brt, Narbenscheibe mit
     15–20 Strahl., ± ganzrdg, vertieft, ♃, 6–8   **N. lutea** 1063
1* B. 5–12 cm lg, B.stiel oben ± 2kantg, Blü. 1–3 cm brt, Narbenscheibe mit 8–
     10 Strahl., ± sternförmg ausgerandet, flach, ♃, 7–8   **N. pumila** 1064

1063. **Gelbe T., N. lútea** (L.) Sm., zml. hfg in Wasserrosen-Beständen stehd. od. träg fließd., wenig bis stark nährstoffreich., eu-mesotroph., vorzugsw. tief. Gewässer, üb. humos. Sand- u. Kiesböden, bis 6 m (opt. 0,8–2 m) Wassertiefe, Insekt.- u. Selbstbestäubg, Char. d. Myriophyllo-Nupharetum (Nymphaeion) – Ebene bis mittl. Gebirgslagen, A bis 1075 m – (no-)euras(-smed) – W – Chrom. 2n = 34.

1063a. **f. submérsa** Rouy, untergetauchte, flutde Form, Ranunculion fluit.-Art.

1064. **Kleine T., N. púmila** (Timm) DC., s. slt. in Schwimmblatt-Ges., stehd., kalt., nährstoffarm., sauer., oligotroph. Moor- u. Gebirgsseen, üb. Torfschlamm-Böden in 50–150 cm Wassertiefe, meist in d. Nachbarschaft v. Hochmooren, Eiszeitrelikt, Char. d. Nupharetum pumili (Nymphaeion) – süSch, Vog, Av, A (bis 1075 m), NS, An, Me – no(-arkt) – W – Chrom. 2n = 34.

Hfger als *N. púmila* ist im Gebiet z. T. d. hybridogene *N.* × *intermédia* Lebed. (*N. lútea* × *púmila*), Char. d. Nupharetum pumili.

Familie der Hornblatt-Gewächse, Ceratophylláceae

Hornblatt, Ceratophýllum L.

1 B. starr, brüchg, in 2–4 lineale (dicht stachelg gezähnte) Zipfel zerteilt, dunkelgrün, Fr. mit 2 grundstdg. Stacheln, ♃, 6–8　**C. demersum** 1065
1* B. weich, in 5–8(12) lineal-fädl. (kaum gezähnte) Zipfel zerteilt, ± hellgrün, Fr. ohne Stacheln, ♃, 6–8　**C. submersum** 1066

1065. **Rauhes H., C. demérsum** L., zml. hfg in Wasserrosen- u. Laichkraut-Beständen von Teichen, Altwassern, ruhig. Seebucht., in stehd. (od. lgsam fließd.), nährstoff- u. basenreich., vornehml. eutroph. Gewässern üb. humos. Schlammböden von 0,5–10 m Wassertiefe, Nährstoffzeiger, Wasserbestäubg, Wasservögelverbrtg, v. all. im eutroph. Flügel d. Myriophyllo-Nupharetum, im Nymphoidetum u. Trapetum, ferner im Potamogetonetum luc. od. in eig. Beständ., Potamogetonetalia-Ordn.char. – nur tiefere Lagen, schon Av slt., in all. höh. Gebirg. fehld od. slt., Sch bis 950 m – euras-med, auch in and. gemäß.-subtrop. Zonen – W – Chrom. 2n = 24, formenreich.

1066. **Zartes H., C. submérsum** L., slt. in Wasserrosen- u. Laichkraut-Ges. von Teichen u. Altwassern, in stehd. (od. lgsam fließd.), sommerwarm., basenreich., eutroph. Gewässern üb. humos. Schlammböden, in gering. Wassertiefe, in wärmeliebd. Nymphaeion- u. Potamogetonion-Ges., Potamogetonetalia-Ordn.char. – warme Tieflag., Mittelgebirge u. A fehld – eurassubozean-smed – W – Chrom. 2n = 40, 72.

Ordnung Paeoniáles

Familie der Pfingstrosen-Gewächse, Paeoniáceae

Pfingstrose, Paeónia L. vgl. S. 393
1067. **P. officinális** L. em. Gouan, wild im Flaumeichen- u. Hopf.buch.-Gebüsch d. Südalp., bei uns in Kulturort. als Zierpf., ebenso wie d. ostasiat. *P. albiflóra* Pall. (krautig) u. *P. moútan* Sims (strauchig).

Ordnung Ranunculáles

Familie der Hahnenfuß-Gewächse, Ranunculáceae

1 B. gegenstdg, meist gefiedert od. 3teilg, Blü. in Rispen od. einzeln, weiß od. blau, St. z. T. kletternd u. verholzd　**Clematis**　S. 399
1* B. wechsel- od. quirlstdg, od. in grundstdg. Rosette
2 Blü. unansehnl., grünl., wie kurz gespornte Kelchb. hinfällg, Staubb. 5–10, Fr.std 3–5 cm lge, schlanke (mäuseschwanzähnl.) Ähre, B. schmal-lineal in grundstdg. Rosette, St. unbeblätt., 5–10 cm, ⊙, 4–6　**Myosurus** S.

2* Blü. ansehnl., meist bunt, od. nur Staubb.büschel, Staubb. mehr als 10, Fr.std kugelg od. kurzwalzl. od. Fr. eine Beere

3 Fr.kn. 1, zu einer zunächst grün., dann schwarz. Beere auswachsend, Blü. 4teilg, weiß (mit Kelch- u. Blü.b.), in traubg. Blü.std, B. 3zählg, doppelt gefiedert, zerrieben v. scharf. Geruch (vgl. *Aruncus*), 30–60 cm, ⚶, 5–7 **Actaea** S. 395

3* Fr.kn. 2 bis mehrere, keine Beere bildend

4 Blü. gespornt, meist blau od. viol.

5 Blü. radiär (strahlg symmetr.) mit 5 gespornt. Blü.b., nickd, B. gefiedert mit abgerundet. fiederteilg. Blättch. **Aquilegia** S. 396

5* Blü. zweiseitg symmetr., mit 1 Sporn, in locker. Traub. od. Rispen

6 B. in lineale Zipfel zerteilt, Fr.kn. 1 **Consolida** S. 397

6* B. handförmg 5–7teilg mit gesägt. B.abschnitt., Blü.traube dichtblütg, Fr.kn. 3–5, Blü. blau, 50–150 cm, ⚶, 6–8 **Delphinium** S. 397

4* Blü. nicht gespornt

7 Blü. zweiseitg symmetr., mit helmförmg gewölbt. ober. Blü.b. (Abb. 33, S. 397), in oft dicht. Trauben od. Rispen, B. ± handförmg zerteilt **Aconitum** S. 397

7* Blü. regelmäß. (strahlg symmetr., radiär)

8 Blü.b. u. Kelchb. nicht deutl. voneinander verschieden, Blü. scheinbar ohne Kelchb. (Kelchb. z. T. blumenb.artg, Blü.b. z. T. in Honigb. umgewandelt)

9 Blü.b. kl., hinfällg, von lg. Staubb.büscheln überragt, B. gefiedt, mit eiförmg., gekerbt. (od. lanzettl.-lineal.) Fiederblättch. **Thalictrum** S. 417 vgl. auch unt. 18* **Nigella** S. 395

9* Blü.b. ansehnl.

10 Blühde Pf. mit grundstdg. B.rosette u. ± beblätt. St.

11 St.b. meist wechselstdg, z. T. auch fehlend

12 B. ungeteilt, rundl. vgl. **Caltha** S. 393

12* B. meist handförmg zerteilt

13 Blü.b. goldgelb, zu 5–15, kugelg sich zus.schließd, abfalld, 10–50 cm, ⚶, 5–6 **Trollius** S. 394

13* Blü.b. grünl. gelb od. weiß, bleibend, vergrünend, meist in rispg. Blü.std (od. einzeln), Honigb. röhrg, B. z. T. wintergrün **Helleborus** S. 394 vgl. mit hinfällg. Kelchb. **Ranunculus** S. 404

11* St.b. einen B.quirl bildend, dieser b.artig od. fein zerteilt, auch kelchartg

14 Fr.griffel kurz, starr, kahl, Blü.b. 1–3 cm lg, ± ausgebreitet, B. höchst. kurz behaart

15 Blü. ohne grünen Kelch **Anemone** S. 400

15* Blü. mit grün. (Schein-)Kelch, blau (od. rosa), B. 3lappg in grundstdger Rosette, 5–15 cm, ⚶, 3–5 **Hepatica** S. 401

14* Fr.griffel bis 5 cm lg, seidg behaart, Blü.b. 2–5 cm lg, Pf. ± zottg behaart **Pulsatilla** S. 402

10* Blühde Pf. ohne deutl. grundstdge B.rosette

16 St. mit einem B.quirl unt. d. Blü.

17 Blü. vom B.quirl entfernt, weiß od. gelb **Anemone** S. 400

17* Blü. d. zerteilt. B.quirl aufsitzd, gelb, 5–10 cm, ⚶, 2–3 **Eranthis** S. 395

16* St.b. wechselstdg

18 B. ungeteilt, rundl., nierenförmg, gekerbt, glänzd, Blü.b. 5, dottergelb, 15–30 cm, ⚶, 4–5 **Caltha** S. 393

18* B. feinfiedrg zerteilt, Blü. blaßblau, hinfällg, Honigb. 2teilg,
                                              Nigella S. 395
8* Blü.b. u. Kelchb. voneinander verschieden, Blü. mit deutl. grün. (od. gelbl.)
    Kelchb., z. T. hinfällg
19* Fr. große Balgkapsel mit 1–3 Samen, Blü.b. 4–8 cm lg, meist rot, Zierpf.,
    60–150 cm, ♃ (♄), 4–6   **Paeonia** (*Paeoniaceae*) S. 391
19* Fr. kl., 1 samg, in kugelg. od. walzl. Köpfch.
20 Pf. mit Grundb.
21 Blü. gelb od. weiß, St.b. meist vorhanden, ganzrandg od. zerteilt (slt. auch
    fehld), Blü.b. mit Honiggrube, Kelchb. 3–5, z. T. hinfällg
22 Blü.b. 8–12, B. ungeteilt, rundl.-herzförmg, glänzd, St. niederliegd, Pf.
    rasenbildd, meist mit Wurzelknöllch., 5–15 cm, ♃, 3–5   **Ficaria** S. 404
22* Blü.b. 5 (slt. mehr) od. ± verkümmert, Pf. nicht rasenbildd
23 Fr. mit lg. sichelförmg gekrümmt. Schnabel, Fr.std walzl., St. ohne B.,
    Grundb. lineal zerteilt, grauhaarg, 3–10 cm, ☉, 3–5
                                     Ceratocephalus S. 417
23* Fr. höchst. kurz geschnäbelt, St. beblätt. (z. T. nur kleine Hochb.)
                                     Ranunculus S. 404
21* Blü. blau, mit 3teilg. Scheinkelch, St.b. fehlen, B. 3lappg, vgl. unt. 15*
                                       Hepatica S. 401
20* Pf. ohne deutl. Grundb., St.b. meist fein fiederg zerteilt
24 Blü. meist weiß, Wasserpf. mit fein zerteilt. Wasserb., Blü.b. mit
    Honiggrube   **Ranunculus** S. 404
24* Blü. gelb od. rot, Blü.b. 5–20, ohne Honiggrube, B. 2–3 fach fiederteilig mit
    lineal. Zipfeln   **Adonis** S. 419

Sumpfdotterblume, Cáltha L. vgl. S. 392

1068. C. palústris L., verbr. in Sumpfwiesen, an Quellen, Bächen u. Gräben, in Bruch- u. Auenwäldern, auf sicker- od. grundnass., nährstoff- u. basenreich., mild-mäß. sauer. Sumpfhumus-Böden od. humos. Lehm- u. Tonböden (Gleyböden), Insektenbestäubg, Verbrtgsschwerpkt in nass. Wirtschaftswiesen od. Seggenwiesen, schwache Calthion-Verb.char., ferner im Alnion, Alno-Ulmion, in Phragmitetalia- u. Montio-Cardaminetalia-Ges. (vgl. Unterarten) – Ebene bis Gebirge (v. all. Gebirge), A bis 2215 m – (arkt-)no-euras, circ – H – formenreich:
1   Fr. ± aufrecht, schief-ellipt., Fr.schnabel 1,5 mm lg
2   St. aufrecht-aufsteigd, nicht wurzelnd, Blü.b. 1,2–2,5 cm lg, Fr. meist zu
    mehr als 10, Pf. 15–30 cm hoch

1068a. ssp. palústris, verbr. Sippe, s. o. – Chrom. 2n = 32, 56 (64).

2* St. niederliegd, an d. Knot. wurzelnd, Blü.b. bis 1 cm lg, Fr. zu 4–6

1068b. ssp. mínor (Mill.) Graebn., zml. slt. im Gebirge, v. all. in Quellflur., Montio-Cardaminetalia-Art – z. B. A, Sch, BayW, FrJu, Erzg – Chrom. 2n = 56, 48–80.

1* Fr. auseinander spreizd, nicht schief ellipt.
3   Fr. einseitg stark gekrümmt, Fr.schnabel 1–1,5 mm lg

1068c. **ssp. laéta** (Sch., Nym. et Kot.) Hegi, slt. in Quellflur. d. Hochgebirg., in Montio-Cardaminetalia-Ges. – A (Allgäu 2000–2100 m) – Chrom. 2n = 32, 32–72.

3* Fr. im ganzen stark gekrümmt, Fr.schnabel bis 2 mm lg

1068d. **ssp. cornúta** (Sch., Nym. et Kot.) Hegi, ob im Gebiet ? – SO-Europa – Chrom. 2n = 16, 32, 24–56.

Trollblume, Tróllius L. vgl. S. 392

1069. **T. europaéus** L., zerstr., ab. gesellg in moorg. od. quellg. Wiesen v. all. d. Gebirges, auf kühl., sicker- od. grundfeucht. (nass.), ± nährstoff-u. basenreich., auch kalkarm., neutral.-mäß. sauer., humos., sandg. od. rein. Lehm- u. Tonböden, Lehmzeiger, Lichtpf., Insekt.bestäubg, Zierpf., geschützt, v. all. in mont. Calthion-Ges., auch im Molinion od. Filipendulion, Molinietalia-Ordn.char., in höher. Lagen auch in feucht. Polygono-Trisetion-Ges. od. im Caricion ferrug. – v. all. im O u. NO d. Gebiet., im W u. Nordw. fehld, Sch nur O-Abfall bis 1200 m, A bis 2330 m (bes. Kalk- u. Lehmgebiete) – no-pralp – H – Chrom. 2n = 16.

Nieswurz, Helléborus L.

1 Blü. grüngelb od. grün bis grünl.-weiß, St.b. geteilt
2 Blü. glockg, grüngelb, rot gesäumt, zahlr. in reichverzweigt. Blü.std, unangenehm duftd, B. wintergrün, 30–60 cm, ⚃, 2–4 **H. foetidus** 1070
2* Blü. ausgebrtet, grün, nur zu 2–3, B. krautg, sommergrün, durchweg gesägt, 15–30 cm, ⚃, 3–4 **H. viridis** 1071
1* Blü. rein weiß, ± ausgebrtet, meist einzeln, B. abschnitte nur vorn entfernt gesägt (gezähnt), St.b. (0) 1–3, einfach, kl., 10–30 cm, ⚃, (1–) 2–4 **H. niger** 1072

1070. **Stinkende N., H. foétidus** L., zerstr., ab. gesellg in krautreich. Eichen- u. Buchenwäldern, im Schlehengebüsch, an Waldsäumen, auf mäß. trock.-frisch., nährstoff- u. basenreich., mäß. sauer.-neutral-mild. humos., lock., auch steing. Lehm- u. Lößböden, in wintermild. Klimalage, Mullbodenpf., Bienenbestäubg, Ameisenverbrtg, giftig, v. all. in Berberidion- u. Quercion pubesc.-Ges., auch (Diff.) im warm. Carpinion u. Fagion (Cephalanthero-Fagenion), schwache Quercion pub.-Verb.-char. – Hü (slt. auch Rh), Pf, Ne, Ju (Schwäb. Alb, bis 1010 m) Mn(-Fr), RS, He, NSH, Th – wsmed-subatl, im Gebiet an d. O-Grenze d. Verbrtg – Ch – Chrom. 2n = 32.

1071. **Grüne N., H. víridis** L., früher vielfach als Heilpf. kultiv. u. glgtl. verwildert, im Gebiet nur unsicher bodenstdg u. slt., auf frisch., nährstoff- u. basenreich. (meist kalkhaltg.), humos., lock. Stein- u. Lehmböden, Mullbodenpf., geschützt, in Gebieten sicherer Ursprünglichkeit: Fagetalia-Ordn.char. – Ebene bis mittl. Gebirgslag., v. all. im S d. Gebiet., nördl. bis NSH, Th, im N slt. od. fehld, A bis 1000 m – subatl-smed – H – formenreich:

1 B. unt.sts behaart, Blü. 4–7 cm brt

1071a. **ssp. víridis,** vorherrschde Sippe, v. all. im S d. Gebiet., s. o. – Chrom. 2n = 32.

1* B. unt.sts kahl, blaugrün, Blü. 3–5 cm brt

1071b. **ssp. occidentális** (Reut.) Schiffn., slt., nur im W d. Gebiet. bis NSH, W-Th, auf weitere Verbrtg ist zu achten! – Chrom. 2n = 32.

1072. **Christrose, Schwarze N., H. níger** L., slt. in subalp. Buchen-mischwäldern, auch in Kiefernwäldern od. hfg als Zierpf., auf frisch. (bis mäß. trock), nährstoffreich. u. meist kalkhaltg., neutral-mild., humos., lock. Stein- u. Lehmböden, Mull- u. Moderboden-Pf., giftig, früher Heilpf. (Nießpulver), geschützt, oft mit *Cyclamen europaeum*, v. all. im Carici-Fagetum u. and. Fageten d. O-Alpen, auch im Erico-Pinion od. Quercion pubesc. – A (Berchtesgad. Alp. bis 1560 m, Allgäu-Hinterstein), sonst nur glgtl. verwildt – opralp – H – Chrom. 2n = 32.

Winterling, Eránthis Salisb. vgl. S. 392

1073. **E. hyemális** (L.) Salisb., hfg in Gärten als Frühblüher u. glgtl. verwildt, z. B. in Weinbergen od. im Gebüsch, auf frisch., nährstoff- u. basenreich., neutral.-mild., humos., lock. Lehmböden, Licht-Halb-schattpf., vorwiegd Fliegenbestäubg, im Gebiet v. all. im Geranio-Allietum (Fum.-Euphorbion) od. in Prunetalia-Ges., in SO-Europa in Alno-Ulmion- od. feucht. Carpinion-Ges. – z. B. süHü (Müllheim-Grenzach), Fr, Ju, NWe, Th, Me – Herkunft: (o)smed – G – Chrom. 2n = 16.

Schwarzkümmel, Nigélla L.

1 Blü. ohne Hülle, Fr. u. St. ± kahl, 10–30 cm, ☉, 7–9   **N. arvensis** 1074
1* Blü. mit vielteilg. Hülle, 20–30 cm, ☉, 5–8   **N. damascena** 1075

1074. **Acker-Sch., N. arvénsis** L., s. slt. in Getreidefeldern od. Brach-äckern, auf mäß. trock., nährstoff- u. kalkreich., ± humos., gern steinig., lock., warm. Lehmböden, bis 65 cm tief wurzlde Bienenblume, Caucalidion-Verb.char. – Ebene bis mittl. Gebirgslag., v. all. im S d. Gebiet., Ju bis 700 m, im nördl. Tiefld z. T. fehld, vielerorts seit lgem nicht mehr beobachtet – Herkunft: med – T – Chrom. 2n = 12.

1075. **„Gretel in der Heck", N. damascéna** L., zerstr. als Zierpf. (Bauerngärten) u. glgtl. in Schutt-Unkrautges. verwildt, Bienenblume, Herkunft: med – T – als Gewürzpf. aus med ferner glgtl. kultiv.: *N. satíva* L. (St. rauhhaarg), beide Art. Chrom. 2n = 12.

Christophskraut, Actāēa L. vgl. S. 392

1076. **A. spicáta** L., zml. slt. in Schluchtwäldern od. krautreich. Buchen-Mischwäldern d. Gebirges, an schattig. Hängen, im steinig. Gebüsch, auf frisch., nährstoff- u. ± basenreich., mild-mäß. sauer., humos., lock. (oft bewegt.), steinig. od. rein. Lehmböden in kühl-humid. Klimalage, Mullbodenpf., Insektenbestäubg, Tierverbrtg, giftig, früher Heilpf., in Tieflagen Char. d. Aceri-Fraxinetum (Tilio-Acerion), in höh. Lagen auch im Eu-Fagenion (Diff.) od. Galio-Abietenion, seltner im Berberidion od. Adenostylion, schwache Fagetalia-Art – Hügelland bis Gebirge, v. all. submont. u. mont. Kalkgebiete, A bis 1550 m, im nordwestl. Tiefld slt. od. fehld – (no-)eurassubozean – G – Chrom. 2n = 16.

Akelei, Aquilégia L.

1 St. meist verzweigt, 3–10blütg, Blü.sporn hakg gebogen
2 Blü. blauviol. (slt. weiß od. rosa), Staubb. kaum aus d. Blü. herausragd, 30–80 cm, ♃, 5–7   **A. vulgaris** 1077
2* Blü. braunviol., kleiner, Staubb. anfängl. deutl. aus d. Blü. herausragd, 30–70 cm, ♃, 6–7   **A. atrata** 1078
1* St. meist unverzweigt, 1–3blütg, Blü.sporn fast gerade
3 Blü. 2,5–4 cm brt, blauviol., St. ob. ± drüsg behaart-flaumhaarg, 15–40 cm, ♃, 6–7   **A. einseleana** 1079
3* Blü. 6–9 cm brt, intensiv blau, St. flaumhaarg, 15–50 cm, ♃, 6–8
                                                                       A. alpina 1080
Alle Arten geschützt.

1077. Gewöhnliche A., A. vulgáris L., zerstr. in kraut- u. grasreich. Eichen- u. Buchen-Mischwäldern, in Heckensäumen u. Wiesen, auf sommerwarm., mäß. trock. bis frisch., nährstoff- u. basenreich., mildmäß. sauer., humos., lock. Lehmböden, Mullbodenpf., in viel. Kultursorten als Zierpf., Hummelblume, mäß. giftig, v. all. in licht.-warm. Fagetalia- od. Quercetalia pub.-Ges. u. deren Verlichtg., schwache Querco-Fagetea-Kl.char., ferner im Geranion sang. (Diff.Verb.) u. slt. in Mesobromion-, Arrhenatheretalia-, Atropion- od. Thlaspietalia-Ges. – Ebene bis Gebirge, v. all. Kalkgebiete (Silikatgebirge slt.), Ju, Sch bis 1200 m, im nördl. Tiefld slt. – gemäßkont-smed – H – Chrom. 2n = 14.

1078. Schwarze A., A. atráta Koch [*A. vulgáris* ssp. *atráta* (Koch) Gaud.], zml. slt. in Kiefern- u. Fichtenmischwäldern d. Gebirges, an Waldsäumen, im Gebüsch u. in Moorwiesen, auf sommerwarm., mäß. trock. bzw. wechseltrock., mäß. nährstoffreich., kalkhaltg., neutral-mild. humos., z. T. (wenig tätig.) modrig. Lehm- u. Tonböden, gern mit *Calamagrostis varia*, Erico-Pinion-Verb.char., auch in praealp. Molinion- u. Atropion-Ges. – Ba, Ju, Do, Av, A bis 1920 m – pralp – H – Chrom. 2n = 14 (16).

1079. Einseles A., A. einseleána F. W. Schultz. [*A. aquilegioídes* (L.) H. P. Fuchs], s. slt. im subalp. licht. Gebüsch, in Steinschutthalden, auf warm., mäß. trock. bis frisch., durchsickert., kalkreich., ± mild. humos., lock. lehmig. Steinböden, v. all. im Petasition par., auch in steing.

Origanetalia-Ges. – A (Berchtesgad. Alpen, 950–1800 m) – opralp – H – Chrom. 2n = 14.

1080. **Alpen-A., A. alpína** L., slt. in Grashald. auf frisch. basenreich. Lehmböd., Char. d. Caricetum ferr. (Caricion ferr.) – Vorarlberg, Tirol – walp – H – Chrom. 2n = 14.

Rittersporn, Consólida (DC.) S. F. Gray

1   Fr.kn. kahl, Blü.stiele lger als Hochb., Blü.std 3–7blütg mit sparrg abstehd.
    Ästen, 20–50 cm, ☉, 6–8   **C. regalis** 1081
1* Fr.kn. behaart, Blü.stiele kürzer als Hochb., Blü.std mit reichblütg.
    Blü.trauben, 30–90 cm, ☉, 6–8   **C. ajacis** 1082

1081. **Acker-R., C. regális** S. F. Gray (*Delphinium consólida* L.), zerstr. in Getreidefeldern, slt. auch an Wegen od. Schuttplätzen, auf warm., mäß. trock.-frisch., nährstoff- u. basenreich. (meist kalkhaltg.), neutral-mild., humos., lock. Lehmböden, v. all. in tief. Lagen, bis 50 cm tief wurzld. Basenzeiger, Hummelblume, Zierpf., früher Heilpf., Caucalidion-Verb.-char., auch (Diff.) in anspruchsvoll. Aperion-Ges. – Ebene bis mittl. Gebirgslagen, v. all. Kalk- u. Lehmgebiete, Ju bis 730 m (fehlt A, Sch usw.) – euras(kont)-smed – T – Chrom. 2n = 16.

1082. **Garten-R., C. ajácis** (L.) Schur (*Delphínium ajácis* L.), hfge Zierpf., glgtl. verwildert in Schuttunkrautges. (Sisymbrion), slt. auch im Getreide – Herkunft: med – T – Chrom. 2n = 18.

Rittersporn, Delphínium L. vgl. S. 392

1083. **Hoher R., D. elátum** L., hfg in viel. Spielart. als Zierpf. kult. u. slt. verwildert, bodenstdg in Hochstaudenflur. d. Adenostylion – A (O-Alp.), Riesengebirge – nokont-opralp – H – Chrom. 2n = 32.

Eisenhut, Aconítum L. vgl. S. 392

1   Blü. blau, viol. od. weißviol. gescheckt, B. meist bis z. Grund geteilt, mit
    schmal-lineal. Abschnitten

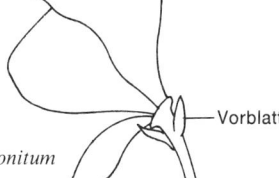
Vorblatt

Abb. 33. Blüte mit Blüten-Vorblättern von *Aconitum napellus*.

2 Blü.std einfach od. ästg, mit verlängt. Blü.traube, Blü.helm meist brter als hoch, Staubb. meist behaart, Blü.stiele z. T. flaumhaarg, nicht drüsg, 50–150 cm, ♃, 6–8 **A. napellus** 1084
2* Blü.std ästg, Blü.traube kurz, Staubb. kahl, B. deutl. netznervg
3 Blü.stiele kahl, slt. kraushaarg, Blü.helm ± doppelt so hoch wie brt, Blü. viol., ± hell gescheckt, B. meist nicht bis zum Grund geteilt, 60–150 cm, ♃, 7–9 **A. variegatum** 1085
3* Blü.stiele abstehd, oft drüsg behaart, Blü.helm etwa so hoch wie brt, Blü. blau, 60–150 cm, ♃, 7–9 **A. paniculatum** 1086
1* Blü. hellgelb
4 Blü.helm etwa 3mal so hoch wie brt, B. handförmg 5–7teilg mit keilförmglanzettl. Abschnitt., St. meist aufsteigd, 50–150 cm, ♃, 6–8 **A. vulparia** 1087
4* Blü.helm etwa so hoch wie brt, B. handförmg geteilt mit schmal-lineal. B.zipfeln, St. aufrecht, 25–90 cm, ♃, 8–9 **A. anthora** 1088

Alle Arten geschützt u. giftig.

1084. Blauer E., A. napéllus – Gruppe

1 Blü.vorb. d. unterst. Blü. d. Endtraube 3–5 mm lg (Abb. 33), lanzettl.-lineal, Fr. zu (2) 3 (4)
2 Blü.std deutl. behaart, Blü.helm 18–23 mm lg
3 B.zipfel d. St.b. 3–7 mm brt, Blü.std meist verzweigt

1084a. A. napéllus L. (*A. neomontánum* Wulf., *A. pyramidále* Mill.), zerstr. in hochmont.-subalp. Hochstaudenflur., an Bächen, Quellen, Viehlägern, auch in mont. Erlenauenwäldern od. Weidenbüsch., auf sickerfrisch.-nass., nährstoff- u. basenreich., mild.-mäßg saueren, humosen Lehm- u. Tonböden, Frostkeimer, Licht-Halbschattpf., Hummelblume, giftg, früher Heilpf., Zierpf., geschützt, v. all. in feucht. Adenostylion-Ges. od. im Rumicion alp., in Filipendulion-, Alno-Ulmionod. Salicion elaeag.-Ges. d. mont. Stufe – v. all. im S d. Gebietes, nördl. bis RS, He (Rhön), in Tälern in Bachauenwäldern bis 200 m herab, A bis 2330 m – pralp-subatl – H – Chrom. 2n = 32. Dazu: var. *lobeliánum* (Rchb.) mit kaum verzweigt. Blü.std, so v. all. in tieferen Lagen.

3* B.zipfel d. St. b. 2–4 mm brt, B. deshalb s. feinzipfelg zerteilt, Blü.std meist unverzweigt

1084b. A. vulgáre DC [*A. compáctum* (Rchb.) Gáyer], Soziol. ähnl. vor. – Vorarlberg, Tirol, Schweiz – wpralp.

2* Blü.std kahl od. undeutl. behaart, Blü.helm 12–20 mm lg, Blü.std unverzweigt od. nur mit kurz. Seit.äst., Pf. nur bis 60 cm hoch

1084c. A. táuricum Wulf., slt. in Grashald. d. Hochgebirges, in Seslerietalia-Ges. – A (Salzburger A, Tirol) – opralp – Chrom. 2n = 32.

1* Blü.vorb. d. unterst. Blü. d. Endtraube 1–2 mm lg, 3eckg od. lineal, Fr. meist zu 2, Blü.std unverzweigt, Blü.helm 11–24 mm lg

1084d. **A. híans** Rchb. (*A. fírmum* Rchb., *A. formósum* Rchb.), slt. an Bachufern u. in Bachauen – Erzg, BayW, A (Berchtesgad. A.) – opralp – Chrom. 2n = 32.

1085. **Gescheckter E., A. variegátum** L., slt. im Gebüsch u. in Auenwäldern, in subalp. Hochstauden, an Bachufern, auf sicker-frisch. od. nass., nährstoff- u. basenreich., ± mild. humos. Lehm- u. Tonböden, giftig, v. all. (lok. Char.) im Alnetum inc. (Alno-Ulmion), ferner im Berberidion od. Fagion, slt. im Adenostylion – Ju, Av-A (bis 1940 m), BayW (-FrJu), He, Th, Hz, Sa – opralp – H – Chrom. 2n = 16, formenreich, im Gebiet nur ssp. *variegátum* [einschl. ssp. *grácile* (Rchb.) Gáyer].

1086. **Rispiger E., A. paniculátum** Lam., slt. in subalp. Hochstauden-Büschen u. -Flur., auf sickerfrisch., nährstoff- u. basenreich., mild-mäß. sauer., humos. steinig. Lehmböden, giftig, geschützt, v. all. in mont. Fagion- od. Adenostylion-Ges., slt. im Alnetum incanae (Alno-Ulmion) – A rd 1000–1860 m (2400 m) – pralp – H – Chrom. 2n = 16 (32).

1087. **Gelber E., A. vulpária** Rchb. (*A. lycóctonum* auct.), zml. slt. in staudenreich. Auenwäldern, im Auen-Gebüsch, in Schluchtwäldern u. feucht. Laubmischwäldern, im subalp. Hochstauden-Gebüsch, auf kühl., sickerfrisch. (nass.), nährstoff- u. basenreich., mild-mäß. sauer. humos., lock. Lehm- u. Tonböden, Mullbodenpf., Schattpf., Hummelblume, in Hochlagen v. all. im Adenostylion, in tief. Lagen opt. im Tilio-Acerion, auch in feucht. Fagion-Ges. od. im Alno-Ulmion – v. all. Gebirge, A bis 2100 m, auch Rh, erreicht in NSH, Hz, Th, Vogtld die N- u. NO-Grenze d. Verbrtg – pralp (mit and. nahestehd. Art. zus.: euraskont) – H – Chrom. 2n = 16, s. formenreich, nahesthd in A: **A. ranunculifólium** Rchb. (*A. lamárckii* Rchb.) mit fast bis zum Grund geteilt., feinzpflg., ob.sts u. randl. behaart. B., sowie: **A. platanifólium** Deg. ex Gáyer mit weniger tief geteilt. u. ob.sts kahl. B.

1088. **Giftiger E., A. anthóra** L., zerstr. in frisch., kalkreich. Grashald., z. B. d. Seslerietalia – schweiz. Ju. – südalp – H.

Zahlreiche Bastarde, z. B. **A. × cámmarum** L. em. Fr. (*A napéllus × variegátum?*), hfg als Zierpf. u. glgtl. verwildt (z. B. Donautal) – Chrom. 2n = 24.

Waldrebe, Clématis L.

1	St. kletternd, verholzend	
2	Blü. einzeln, seitenstdg, meist blau, Blü.b. 4–6 cm lg	
3	Fr.griffel bärtg, B. doppelt 3zählg, 1–2 m, ♄, 5–7	**C. alpina** 1089
3*	Fr.griffel kurz, gebogen, kahl, Zierpf., 2–3 m, ♄, 6–8	**C. viticella** 1090
2*	Blü. in b.achselstdg. Rispen, weiß, Blü.b. 1–1,5 cm lg, beidersts behaart, Fr.griffel bärtg, B. unpaarg gefiedert, 3–20 m, ♄, 6–7 (9)	**C. vitalba** 1091
1*	St. aufrecht, krautg, Blü. in endstdg. Rispen, weiß, Blü.b. nur am Rand behaart, Fr.griffel bärtg, 50–150 cm, ♃, 5–7	**C. recta** 1092

1089. **Alpen-W., C. alpína** (L.) Mill., s. slt. im Alpenrosen-Gebüsch od. in alp. strauchreich. Nadelwäldern, auf ± frisch., nährstoffarm., basenreich., sauer. humos., ± steing. Lehmböd., geschützt, gern mit *Rhododendron ferrug., Larix* od. *Pinus cembra,* in d. Zentralpen Char. d. Vacc.-Pinetum cembrae (Rhod.-Vaccinion), auch im Erico-Pinion – A (v. all. östl. A bis 1980 m) (auch Av) – nokont-pralp – P – Chrom. 2n = 16.

1090. **Italienische W., C. viticélla** L., neben großblütg. Kulturhybrid. (*C.* × *jackmánii* Moore), hfge Gartenzierpf. – osmed – P – Chrom. 2n = 16.

1091. **Gewöhnliche W., C. vitálba** L., zml. hfg u. gesellg in Auenwäldern, v. all. an Busch- u. Waldrändern, in Waldverlichtung., auch sonst im siedlungsnah. Gebüsch, auf frisch., nährstoff- u. basenreich., mild-mäß. sauer., humos., ± roh., lock., vorzugsw. tong. Lehmböd., Stickstoffzeiger, etwas wärmeliebd, Rohboden-Keimer, Pionierpf. (Erstbegrüner, Bodenfestiger), Linkswinder (auch B.stiele rankd), Insekt.bestäubg (Pollenblume), Windverbrtg, giftig, v. all. im Auen- u. Ruderalgebüsch, Prunetalia-Art, vgl. *Sambucus nigra-Clematis vit.*-Ges., opt. im Gefüge d. Querco-Ulmetum (Alno-Ulmion) – v. all. Tieflag. im S d. Gebiet., erreicht in NSH-Th d. NO-Grenze d. natürl. Verbrtg (sonst adv.), Silikatgebiete slt., A bis 1400 m – smed-subatl(circ) – P – Chrom. 2n = 16.

1092. **Aufrechte W., C. récta** L., slt. in wärmeliebd. Buschwäldern, in Gebüschverlichtung. u. Buschsäumen, auf sommerwarm., trock. od. wechseltrock., ± nährstoff- u. kalkreich., mild. humos. Lehm- u. Tonböden, wärmeliebde Stromtalpf., Char. d. Ger.-Dictamnetum, Geranion sang.-Verb.char., auch im Berberidion od. Quercion pub. – Mn, FrJu, Do (östl. Teil), Th, Br (Elbe, adv.) – gemäßkont(-smed) – H – Chrom. 2n = 16.

Windröschen, Anemóne L.

1 Blü. gelb, zu 1–2 (3), B.quirl (d. blühd. Pf.) mit fast sitzd. Teilb., B. nur am Rande kurzborstg behaart, 10–20 cm, ⚄, 4–5   **A. ranunculoides** 1093
1* Blü. weiß (od. rötl. überlauf.)
2 Blühde Pf. ohne grundstdge B., B.quirl d. blühd. Pf. mit 1–3 cm lg gestielt. Teilb., B. spärl. behaart, 5–20 cm, ⚄, 3–4   **A. nemorosa** 1094
2* Blühde Pf. mit grundstdg. B.
3 Blü. zu 1–2, Blü.b. 2–3 cm lg, untersts behaart, B. handförmg, 5teilg, B.quirl mit gestielt. Teilb., Fr. zuletzt weiß-wollg, 15–40 cm, ⚄, 4–6   **A. sylvestris** 1095
3* Blü. zu 3–8, doldg, Blü.b. 1–1,5 cm lg, Hochb. sitzd, 20–40 cm, ⚄, 5–7   **A. narcissiflora** 1096

1093. **Gelbes W., A. ranunculoídes** L., zml. slt., ab. gesellg in Auenwäldern u. feucht. Laubmischwäldern, slt. in Wiesen, auf

sickerfrisch., nährstoff- u. basenreich., mild.-mäß. sauer., humos., lock.,
± tiefgründg. Lehm- u. Tonböden, Mullbodenpf., giftig, Ameisenverbrtg, Stromtalpf., meist mit and. Geophyten in Alno-Ulmion-, sowie
grundfeucht. Carpinion- od. Fagion-Ges., auch im Tilio-Acerion,
Fagetalia-Ordn.char. – Ebene bis mittl. Gebirgslagen, v. all.
Kalkgebiete, A bis 1350 m, Ju bis 990 m – euraskont – G – Chrom. 2n =
30, 32.

1094. Busch-W., A. nemorósa L., verbr. in krautreich. Laub- u.
Nadelwäldern, in Bergwiesen, auf frisch. (mäß. frisch.), nährstoffreich.,
neutral.-mäß. sauer., humos., lock. Lehmböden, bis 15 cm tief wurzld,
boden-lockernde Mullbodenpf., Insekt.bestäubg, Ameisenverbrtg, v. all.
in Carpinion- u. Fagion-Ges., auch im Alno-Ulmion od. in Prunetalia-
Ges., Querco-Fagetea-Kl.char., ferner in mager. Bergwiesen (Polygono-
Trisetion) – Ebene bis Gebirge, A bis 2000 m – eurassubozean bzw. subatl
– G – Chrom. 2n = (16, 24) 30 (45).

1095. Großes W., A. sylvéstris L., slt., ab. gesellg in sonnig. Busch- u.
Kiefernwäldern, an Waldrändern, Böschungen u. in Hohlwegen, auf
sommerwarm.-mäß. trock., meist kalkreich., ± mild. humos., lock..
tiefgründg., sandig. od. rein. Löß- od. Lößlehmböden, auch Kalksand-
Böden, Wurzelkriecher, Windverbrtg, geschützt, gern mit *Brachypodium
pinnat.*, v. all. im Geranion sang. (Char. d. Geranio-Anemonetum sylv.),
ferner in Kiefern-Wäldern d. Erico- u. Cytiso-Pinion – warme Tieflag., v.
all. im S d. Gebiet. (Ju bis 750 m), nördl. bis NSH, Th, im Tiefld s. slt. (Br,
Me), fehlt Av-A – (euras)kont – H – Chrom. 2n = 16, 32.

1096. Narzissen-W., Berghähnlein, A. narcissiflóra L., slt., nur in d.
Alpen hfg, in alp. Steinrasen u. Hochgrasfluren (Wildheuplanken), in
mont. u. subalp. Staudenhalden, an Gebüschrändern, auf sickerfrisch.
bis wechselfrisch., meist kalkhaltig., ± mild. humos., steinig. od. rein.,
locker. Lehm- u. Tonböden, giftig, geschützt, v. all. in Seslerion- u.
Caricion ferrug.-Ges., Seslerietalia-Ordn.char., auch in Elyneten od. im
Calamagrostion, tiefer (als Relikt) im Mesobromion – südwestl. Ju
(630–1000 m), A (900–1580–2350 m), Vog – alp-altaisch – G – Chrom.
2n = 14, 16.

1097. A. × lipsiénsis Beck. (*A. nemorósa × ranunculoídes*) – z. B. in Rh
mehrfach.

Leberblümchen, Hepática Mill. vgl. S. 392

1098. H. nóbilis Mill., zerstr., ab. gesellg in krautreich. Buchen- u.
Eichen-, auch Nadelmischwäldern, auf sommerwarm., frisch. bis mäß.
trock., ± nährstoff- u. basenreich., meist kalkhaltg., neutral-mild.,
humos., lock. Lehmböden, Lehmzeiger, bis 50 cm tief wurzlde
Mullbodenpf., Insekt.bestäubg, Ameisenverbrtg, Zierpf., v. all. im Kalk-
buch.wald, schwache Querco-Fagetea-Kl.char., auch in Vacc.-Piceetea-

Ges. – Ebene bis mittl. Gebirgslag., A bis 1540 m, v. all. Kalk- u. Lehmgebiete im O d. Gebiet., westl. d. Linie NSH, He, Bo, HRh fehld od. nur
vereinzelt (z. B. Kaiserstuhl, Gau-Algesheim, Els, Pf) – gemäßkont
(-smed), ferner O-Asien u. N-Am. – H – Chrom. 2n = 14.

Kuhschelle, Küchenschelle, Pulsatílla Mill.

1   Quirlstdge St.b. gestielt, d. grundstdg. ähnl., doppelt 3teilg, Blü. weiß od.
    gelb, 15–30 cm, ♃, 6–7   **P. alpina** 1099
1* Quirlstdge St.b. sitzd, vielteilg, am Grunde verwachs.
2   Pf. bräunl.-gelb behaart, Blü. innen gelbweißl., außen blaßviol., B. gefiedert
    mit ± 3spaltg. Fiederb., ledrg-wintergrün, 5–20 cm, ♃, 4–7
                                                             P. vernalis 1100
2* Pf. nicht bräunl.-gelb. behaart, Blü. blau- od. rotviol., B. sommergrün
3   Grundb. mehrfach fiederteilg, Blü.b. meist glockg zus.geneigt
4   Blü. aufrecht, glockg bis ausgebreitet, Blü.b. viel lger als Staubb., blauviol.
5   B.zipfel im Durchschn. 7 mm brt, zu 50–75 je B., diese buschg v. Bod.
    abstehd, Blü. ca. 5 cm lg gestielt, Blü.b. bis 5 cm lg, 5–30 cm, ♃, 3–4
                                                             P. grandis 1101
5* B.zipfel im Durchschn. 4 mm brt, zu 100–150 je B., diese d. Bod. ± anliegd,
    Blü. ca 6 cm lg gestielt, Blü.b. bis 4 cm lg, 5–40 cm, ♃, 3–4
                                                             P. vulgaris 1102
4* Blü. nickd, stets glockg, Blü.b. kaum lger als Staubb., dunkelviol.-rotviol.
    (innen slt. gelbl.-weißl.), 8–50 cm, ♃, 4–5   **P. pratensis** 1104
3* Grundb. handförmg. 3spaltg, jg weißzottg, Blü.b. viol., zuletzt sternförmg
    ausgebreitet, 5–30 cm, ♃, 4–5   **P. patens** 1103

Alle Arten geschützt.

1099. **P. alpína**-Gruppe

1   Blü. weiß, außen z. T. viol. überlauf.
2   Blü. 3–6 cm brt, Pf. 20–50 cm hoch

1099a. **Alpen-K., Alpen-Anemone, P. alpína** (L.) Del., zml. hfg in alp.
Naturwiesen, an rasg. Hängen, auf sommerwarm.-frisch., nährstoff- u.
basenreich., kalkhaltg., neutral-mild., humos., lock. (bewegt), steinig.
od. rein. Ton- u. Lehmböden, v. all. im Caricion ferrug. u. Seslerion,
Seslerietalia-Ordn.char. – A 1500–2200 m – alp – H – Chrom. 2n = 16.

2* Blü. 2–5 cm brt, Pf. kleiner

1099b. **Kleine A.-K., P. álba** Rchb. (*P. micrántha* Sweet p.p.), slt., ab.
gesellg in Silikat-Magerrasen, Eiszeitrelikt, lok. Char. d. Puls.-
Nardetum (Nardion) – Hz – endem.: europ. Mittelgebirge (Vog-Harz-
Karpat.) – H – Chrom. 2n = 16.

1* Blü. gelb

1099c. **Gelbe A.-K., Schwefel-A., P. apiifólia** (Scop.) Schult. [*P.
sulphúrea* (DC.) DT. et Sarnth.], slt. in Silikat-Magerrasen d. Alpen, auf
mäß. frisch., basenreich., kalkarm., sauer., modrg humos. Lehmböden,
in Hochlagen-Nardeten (Aveno-Nardetum), Nardion-Verb.char. – A
(Allgäu) – alp – H – Chrom. 2n = 16.

1100. Frühlings-K., P. vernális Mill., slt. in Silikat-Magerrasen d. alp. Stufe, auch in Kiefernheiden d. tief. Lagen, auf mäß. frisch., mäß. basenreich., ± sauer. humos. Lehmböden, var. *alpéstris* d. Hochlagen: Juncetea trif.-Kl.char., nur slt. auch in Nardeten, var. *bidgostiána* d. Tieflagen im Pyr.-Pinetum (Cyt.-Pinion), auch sonst als Kiefernbegl. angegeb. – H – Chrom. 2n = 16 – im ganz.: alp-gemäßkont.

1100a. var. alpéstris, Aich. et Schw., nur A (Allgäu, Höfats), Vorarlberg, (Tirol).

1100b. var. bidgostiána, Zapal., Pf. in all. Teil. größer – z. B. Vog-Pf (Pirmasens, verscholl.), Do (Av), BayW, Fr (s. slt.), Br, Sa.

1101. Große K., P. grándis Wender. [*P. vulgáris* ssp. *grándis* (Wender.) Zamels.], s. slt. in sonng., lückg. Kalkmagerras., auf trocken., basenreich., mild. humos. Kies- u. Schotterböden, im Adon.-Brachypodietum, auch Puls.-Caricetum hum., überreg. Festucetalia val.-Ordn.char. – Do (Garching. Heide), FrJu, Th (Kyffhäuser) – europkont – H – Chrom. 2n = 32.

1102. Gewöhnliche K., P. vulgáris Mill., zerstr. in Magerrasen, auch in Kalk-Kiefernwäldern, auf warm., trock., basenreich. (nicht immer kalkhaltg.), mild-mäß. sauer., humos. Stein-, Sand- od. Lößböden, Tiefwurzler (bis über 1 m), Licht-Halbschattpf., wie vor. Bienen- u. Hummelblume, Klettverbrtg, etwas giftig, Steingartenpf., Brometalia-Ordn.char., auch in Sedo-Scleranthetalia- od. Cyt.- u. Erico-Pinion-Ges. – v. all. warme Tief- u. mittl. Gebirgslag. (Ju bis 1000 m), im nördl. Tiefld slt. od. (wie A) fehld – gemäßkont – H – Chrom. 2n = 32.

1102a. var. vulgáris, B.zipfel 2–4 mm brt, v. all. im W d. Gebiet.

1102b. var. oenipontána (DT. et Sarnth.) Schwegl., B.zipfel 4–7 mm brt, vermittelt zu *P. grandis*, v. all. im O d. Gebiet., z. B. FrJu, Do.

1103. Finger-K., P. pátens Mill., s. slt. in sonnig. Trockenrasen u. Kiefernwäldern, auf sommerwarm-trock., basenreich., ± mild-mäß. sauer., humos., feinerdearm. Sand- od. Kiesböden, gern in Begleitg d. Kiefer, Char. d. Pyrolo-Pinetum (Cytiso-Pinion), auch im Cirsio-Brachypodion – Do, Br, Me – euraskont – H – Chrom. 2n = 16.

1104. Wiesen-K., P. praténsis (L.) Mill., s. slt. auf basenreich. humos. Sandböd., in Trockenras. (Fest.-Brometea) od. im Pyrolo-Pinetum (Cyt.-Pinion) – gemäßkont – H, formenreich:

1   B. d. Hochb.quirls 3teilg, stark zerteilt, B. seidg glänzd behaart

1104a. ssp. praténsis, slt. auf kalkarm. Sandböd. – nur Me – Chrom. 2n = 16.

1* B. d. Hochb.quirls gleichmäßg in einfache Zipfel zerteilt, B. nicht glänzd behaart

1104b. **ssp. nígricans** (Stoerck) Zám., zml. slt. auf kalkreich. Sandböd. – SH, Me, Br, An, Th, Sa – Chrom. 2n = 16.

Scharbockskraut, Ficária Adans. vgl. S. 391

1105. **Frühlings-Sch., Feigwurz, F. vérna** Huds. (*Ranúnculus ficária* L.), hfg u. gesellg in Auenwäldern u. krautreich. Laubmischwäldern, in Obstgärten, Hecken u. Parkanlagen, auf grund- od. sickerfeucht., nährstoff- u. basenreich., mild-mäß. sauer., humos., ± tiefgründg. u. lock. Lehm- u. Tonböden, Lehm- u. Nährstoffzeiger, Mullbodenpf., Flachwurzler, Schatt-Halbschattpf., etwas wärmeliebd, Stromtalpf., Salatpf., Fliegen- u. Bienenblume, Ameisenverbrtg, v. all. in geophytenreich. Fagetalia-Ges. tief. Lagen, ferner im Alliarion od. Arrhenatherion, schwache Querco-Fagetea-Art – Ebene bis mittl. Gebirgslagen, Vog bis 1150 m, A bis 1450 m, Ju bis 940 m (Lehmgebiete) – eurassubozean-smed – G (H), formenreich:

1 St. aufsteigd, an d. Knot. oft wurzelnd, B. rundl.-herzförmg, randl. gekerbt, oft mit b.achselstdg. Brutknosp., slt. fruchtd

1105a. **ssp. búlbifer** (Marsd.-J.) Law., verbr. Sippe, s.o. – Chrom. 2n = 32.

1* St. verkürzt, nicht wurzelnd, B. 3eckg-herzförmg, randl. glatt, keine Brutknosp., Fr. ausgebildet

1105b. **ssp. calthifólius** (Rchb.) Arc., s. slt. in Waldsäum., etwas wärmeliebd – Hü (Els) – osmed – Chrom. 2n = 16.

Hahnenfuß, Ranúnculus L.

1 Blü. gelb od. blaßgelb (1* vgl. S. 405 unten)
2 B. ungeteilt, lineal-lanzettl. od. eiförmg, ganzrandg
3 St. aufrecht, Blü. 2–4 cm brt, Pf. mit unterird. Ausläufern, 50–150 cm, ♃, 6–8   **R. lingua** 1108
3* St. niederliegd-aufsteigd, Blü. 0,3–1,5 cm brt, grundstdge B. lineal-eiförmg, 10–30 (–60) cm, ♃, 6–10   **R. flammula** 1109
  vgl. auch bei 8   **R. illýricus** 1106
2* B. wenigst. z. T. geteilt od. gezähnt (grundstdge oft rundl.-längl., ungeteilt)
4 Fr.köpfch. längl.-walzl., mit 70–100 kl. (0,5–1 mm groß.) Fr. dicht besetzt, Blü. hellgelb, 5–10 mm brt, St. hohl, B. dickl., glänzd, 3–5teilg, 20–50 cm, ⊙, 6–10   **R. sceleratus** 1110
4* Fr.köpfch. kugelg, Einzelfr. ± locker stehend
5 B. blaugrün, dickl., grundstdg, meist zu 2, nierenförmg (ungeteilt), vorn kerbg gezähnt (hahnenkammartg), Blü. goldgelb, Fr. 4–8, erhaben geadert, Alpenpf., 5–15 cm, ♃, 6–8   **R. hybridus** 1107
5* B. nicht blaugrün-dick., meist stärker u. tiefer geteilt
6 Einzelfr. zu 3–8 u. je 5–6 mm lg, bestachelt u. krumm geschnäbelt, Blü. hellgelb, 4–12 mm brt, Kelchb. aufgerichtet, St.b. in lanzettl. Zipfel zerteilt, 20–60 cm, ⊙, 5–7   **R. arvensis** 1111
6* Einzelfr. meist zahlreich (10–30), viel kleiner u. ± glatt, Blü. 10–40 mm brt

7   Kelchb. zurückgeschlag.
8   Blü.stiele rund, B. meist 3teilg mit lg. lanzettl. Zipfeln, weißzottg behaart, Grundb. oft ungeteilt, 30–50 cm, ♃, 5–6   **R. illyricus**   1106
8* Blü.stiele gefurcht, Grundb. stark geteilt, mit deutl. gestielt. Mittelabschnitt
9   St. ± locker-abstehd behaart, Fr.schnabel s. kurz, kaum gekrümmt, Blü. hellgelb, Pf. gelbgrün, am Grunde nicht knollg verdickt, 10–30 cm, ☉, 5–9
                                                                           R. sardous   1112
9* St. oberwts anliegd behaart, am Grunde knollg verdickt, Fr.schnabel deutl. gekrümmt, Blü. goldgelb, 10–30 (–50) cm, ♃, 5–7   **R. bulbosus**   1113
7* Kelchb. aufgericht., den Blü.b. anliegd
10 Pf. mit oberird. Ausläufern, Grundb. mit deutl. gestielt. Mittelabschnitt, Fr.schnabel kurz, gerade, 10–30 (–50) cm, ♃, 5–9   **R. repens**   1114
10* Pf. ohne Ausläufer, Grundb. ohne gestielt. Mittelabschnitt
11 Blü.stiele gefurcht
12 Fr.schnabel kurz, nur wenig gekrümmt, B. (3–)5teilg, tief zerschnitten, mit lineal-lanzettl. Zipfeln, St. aufrecht, Blü.stiele angedrückt behaart, schwach gefurcht, 20–50 cm, ♃, 5–6   **R. polyanthemos**   1115
12* Fr.schnabel bis 1,5 mm lg, stark hakig bis eingerollt, B. meist 3teilg, mit keilförmg. B.abschnitten, St. oft aufsteigd, z. größt. Teil abstehd behaart, stark gefurcht, 10–30 (–50) cm, ♃, 5–7   **R. nemorosus**   1116
11* Blü.stiele rund, nicht gefurcht
13 Fr. kahl, Grundb. meist tief (mit spitz. Bucht.) geteilt, behaart, matt
14 Fr.boden kahl, St. mehrblütg, mit meist d. Grundb. ähnl. u. ± gestielt. St.b.
15 St. u. B.stiele dicht abstehd gelbl. behaart, Blü. orangegelb, Fr. mit lg., hakenförmg gerollt. Schnabel, 30–100 cm, ♃, 5–7   **R. lanuginosus**   1117
15* St. u. B.stiele ± angedrückt behaart od. fast kahl, B. 3–5teilg, eingeschnitt. gezähnt, 30–100 cm, ♃, 4–9   **R. acris**   1118
14* Fr.boden behaart, St. 1–3(5)blütg, obere St.b. in längl. lineale Abschnitte geteilt, fast sitzd, Grundb. meist 3teilg, mit eiförmg abgerundet., gezähnt. Abschnitten (z. T. wintergrün), 5–20 (–50) cm, ♃, 5–8
                                                                R. montanus-Gruppe   1119
13* Fr. behaart, Grundb. oft wenig geteilt, rundl., kahl, glänzd, St.b. tief geteilt, mit lineal-lanzettl. Zipfeln, 15–50 cm, ♃, 4–5
                                                         R. auricomus-Gruppe   1120–1147

1* Blü. weiß od. rötl.
16 Landpf., Gebirgspf., B. 3–5teilg
17 St. 5–15 (20) cm hoch, 1–5blütg
18 Grundstdge B. ungeteilt, eiförmg-lanzettl., randl. wie Kelch zottg behaart, Pf. mit weißl. Niederb., 4–10 cm, ♃, 6–8   **R. parnassifolius**   1148
18* Grundstdge B. geteilt, mit eingeschnitt.-gekerbt. B.abschnitt.
19 Kelchb. ± kahl, hinfälllg, Blü. rein weiß, St. meist 1blütg, grundstdge B. 3–5teilg, ♃, 7–8   **R. alpestris**   1149
19* Kelchb. rotbraun behaart, bleibd, Blü. oft rötl., grundstdge B. 3zählg, St. niederliegd-aufsteigd, ♃, 7–8   **R. glacialis**   1150
17* St. 20–120 cm hoch, ästg u. vielblütg (slt. kleiner), grundstdge B. 3–5teilg mit zugespitzt., ungleich gesägt. Abschnitten, ♃, 5–7
                                                        R. aconitifolius-Gruppe   1151
16* Wasserpf. od. Schlammpf., B. ungeteilt bis wenig geteilt od. untergetaucht fein zerteilt, Blü. einzeln d. B. gegenüber am St. eingefügt, Fr.stiele zurückgekrümmt (*Batrachium* S. F. Gray)

20 Alle B. d. Pf. ungeteilt, nierenförmg, stumpf 3–5 eckg (efeub.-artg), glänzd., Fr.boden kahl, Schlammkriecher, 10–40 cm, ⚃, 5–8 **R. hederaceus** 1152
20* Flächge Schwimmb. neben untergetaucht fein zerteilt. Wasserb., od. allein untergetauchte feinzipflge B. vorhand.
21 Flächge Schwimm- od. Landb. neben untergetaucht zerteilt. Wasserb. vorhand.
22 Blü. unter 1 cm brt, Blü.b. 1,3–4,5 mm lg, sich nicht berührd, Unterwasserb. mit haarfein. B.zipfeln, lger als St.glieder, Schwimmb. tief 3gelappt, 20–50 cm, ⚃, ☉, 3–5 **R. tripartitus** 1156
22* Blü. üb. 1 cm brt, mit sich berührend. Blü.b.
23 Unreife Fr. nicht behaart
24 Blü.bod. z. Fr.zeit verlängert, reife Fr. geflügelt, Unterwasserb. robust, starr, Schwimmb. oft fehld, St. dickl., Brackwasserpf., 3–60 cm, ☉, ⚃, 5–7 **R. baudotii** 1160
24* Blü.bod. z. Fr.zeit nicht verlängert, reife Fr. ungeflügelt, Unterwasserb. 10–50 mm lg, mit haarfein. Zipfeln, Blü.b. 7–15 mm lg, rein weiß mit halbmondförmg. Nektarien, 30–60 cm, ☉, ⚃, 5–9 **R. ololeucos** 1159
23* Unreife Fr. behaart, reife Fr. nicht geflügelt
25 Fr.stiel 4–5 cm lg, kürzer als Stiel d. gegenüberliegden 3–5teilg. u. deutl. gezähnt. Schwimmb., Unterwasserb. 2–5 cm lg, so lg wie St.glieder, ± kugelg mit spreizden, ab. schlaff. B.zipfeln, Blü.b. 5–10 mm lg, 10–200 cm, ☉, ⚃, 5–9 **R. aquatilis** 1155
25* Fr.stiel üb. 5 cm lg, lger als Stiel d. gegenüberliegden 3geteilt. ± wellg.-gekerbt. Schwimmb., Blü.b. 10–15 mm lg mit birnförmg. Nektarien
26 Ausgewachsene Unterwasserb. 2–4 cm lg, kürzer od. so lg wie St.glied, mit absthd gespreizt. B.zipfeln, kugelg-kegelförmg, Nebenb. längl.-3eckg, meist mit Schwimmb., 10–200 cm, ☉, ⚃, 5–9 **R. peltatus** 1157
26* Ausgewachsene Unterwasserb. 5–25 cm lg, kürzer bis lger als St.glieder, pinselförmg mit parallel od. durcheinanderstehden B.zipfeln, Nebenb. rundl., Schwimmb. oft fehld, 50–300 cm, ⚃, 4–7 **R. penicillatus** 1158
21* Nur untergetauchte fein zerteilte Wasserb. vorhanden
27 B.zipfel d. rundl. B. liegen in einer Ebene, auch außerhalb Wasser gespreizt bleibd, B. viel kürzer als St.glieder, meist sitzd, Blü.b. bis 10 mm lg, sich berührend, Fr.knot. u. Fr. bod. behaart, 5–300 cm,⚃, 5–8 **R. circinatus** 1154
27* B.zipfel in vielen Ebenen

28 Reife Fr. geflügelt, vgl. bei 24 **R. baudotii** 1160
28* Reife Fr. nicht geflügelt
29 Blü. slt. über 1 cm brt, Blü.b. 4–5 mm lg, sich anfängl. berührd, Fr.bod. kugelg, wie Fr. behaart, B. kugelg-kegelförmg, locker spreizd, kürzer als St.glieder, 10–50 cm, ☉, ⚃, 5–9 **R. trichophyllus** 1161
29* Blü. über 1 cm brt
30 Ausgewachs. B. so lg od. lger als St.glieder

31 Fr.bod.köpfch. kahl od. nur spärl. behaart, B. 8–25 cm lg mit bis 3mal gegabelt. u. bis 8 cm lgen parallel stehd. B.zipfeln, pinselförmg, 50–600 cm, ⚃, 6–8 **R. fluitans** 1153
31* Fr.bod.köpfch. behaart, B. 5–20 cm lg, pinselförmg

32 B. mit mehrfach wechselnd gegabelt., ± parall. B.zipfeln **R. penicillatus var. penicillatus** 1158a
32* B. mit durcheinander stehd. B.zipfeln **R. penicillatus var. calcareus** 1158b

30*Ausgewachsene B. kürzer als St.glieder, B.zipfel ± spreizend
33 Äußere B.zipfel 200 u. mehr **R. penicillatus var. vertumnus** 1158c
33*Äußere B.zipfel nicht üb. 150
34 Nektarien rundl., B. ± kugelg, vgl. bei 25 **R. aquatilis** 1155
34*Nektarien längl. od. halbmondförmg, Fr.stiel lger als 7 cm
35 B. kugelg-kegelförmg, äußere B.zipfel weniger als 100
36 Nebenb. längl.-3eckg, vgl. bei 26 **R. peltatus** 1157
36*Nebenb. rundl., vgl. bei 24* **R. ololeucos** 1159
35*B. pinselförmg, bis 25 cm lg u. mit bis zu 150 B.zipfeln, Nebenb. rundl., vgl.
    bei 26* **R. penicillatus** 1158

1106. Illyrischer H., R. illýricus L., slt. in basenreich., oft ± ruderal beeinflußt. Trockenras., Festucetalia val.-Ordn.char., auch im Arrhenatherion – An, Sa – europkont(-osmed) – G – Chrom. 2n = 32.

1107. Bastard-H., R. hýbridus Biria, s. slt. in Steinschutt-Halden d. subalp. u. alp. Stufe, auf sommerwarm., frisch-durchsickert., bewegt. Kalk- u. Dolomit-Schuttböden, gern mit *Trisetum distichophyll.* od. *Rumex scut.,* Thlaspietalia-Ordn.char., auch im Caricetum firm. (Seslerion) – A (Berchtesgad.-Mittenwald, bis 2000 m) – oalp – H – Chrom. 2n = 16.

1108. Zungen-H., R. língua L., slt. im Röhricht, auch in Großseggen-Beständen, an Ufern u. in Gräben, auf flach mit stehd. od. träg fließd. Wasser überschwemmt., zeitw. auch trock., basenreich., meist kalkarm., mesotroph., humos. Schlammböden, etwas sommerwärmeliebd, giftig, Fliegenblume, geschützt, Phragmition-Verb.char., auch im Magnocaricion – v. all. Tieflag. u. Stromtäler (Sch bis 914 m, Av bis 800 m), im N seltener – euras(-smed) – W (H) – Chrom. 2n = 128.

1109. R. flámmula-Gruppe

1 St. niederliegd-aufsteigd, nur an d. unter. Knoten wurzld, unt. B. langgestielt, Blü. bis 15 mm brt

1109a. Brennender H., R. flámmula L. (*R. flámmula* ssp. *flámmula*), hfg in Sümpfen, auf Sumpfwiesen, an Quellen, Ufern u. Gräben, auf nass., oft off., ± sauer., sandg. od. rein. Sumpfhumusböden, z. T. Erstbesiedler u. Kriechpionier, giftig, Insekt.bestäubg, Wasservögel-Verbrtg, in off. Stör- u. Initialges. d. Caricion f. (*Ranunc. flamm.-Agrostis can.*-Ges.), auch in Calthion- od. Littorellion-Ges. – Ebene bis Gebirge, A bis 1860 m – eurassubozean(-smed) – H (W) – Chrom. 2n = 32, formenreich.

1* St. niederliegd, mit bogig. St.gliedern, an all. Knot. wurzelnd, B. lineal (-lanzettl.), Blü. 7–10 mm brt, Fr. mit deutl. gekrümmt. Schnabel (nicht zu verwechseln mit *R. flámmula* var. *grácilis* G. F. Mey., mit kl. Blü., ab. nicht wurzelnd. Knot., kl. gerad. Fr.schnabel u. mehr lanzettl. B.).

1109b. **Ufer-H., R. réptans** L., zml. slt. an Ufern im Wasserschwankgs-
bereich, auf off., nass., period. überschwemmt., ± nährstoff- u.
basenreich., ± humos. od. roh., sandg. od. kiesig. Lehm- u.
Tonböden, Pionierpf., lok. Char. d. Deschampsietum rhen. (Deschampsion rhen.),
überreg. Littorelletea-Kl.char. – Bo, Av, NWe, SH, z. T. mit *R. flamm.*
var. *gracilis* verwechselt (z. B. Sch) – no(-pralp), circ – H (W) – Chrom. 2n
= 32.

1110. **Gift-H., R. scelerátus** L., zerstr. in lückig. Schlamm-Pionierfluren,
an Teichufern u. in Gräben, auf nass., zeitw. überschwemmt., s.
nährstoffreich., humos. Schlammböden, Pionierpf., Lichtkeimer,
Fliegenblume, stark giftig (früher offizinell), Char. d. Ranunculetum
scel. (Bidention) – Ebene bis mittl. Gebirgslagen, v. all. im O d. Gebietes
(Silikatgebiete slt. od. fehld) – no-euraskont – T – Chrom. 2n = 16, 32, 64

1111. **Acker-H., R. arvénsis** L., zerstr., ab. gesellg in Getreideäckern (v.
all. Winterfrucht), auf mäß. trock. (frisch.), nährstoff- u. basenreich., ±
mild-mäß. sauer., humos. Ton- u. Lehmböden, Lehmzeiger, Fliegenblume, Klettverbrtg, Secalinetea-Kl.char. – Ebene bis mittl. Gebirgslag., Ju
bis 980 m (Kalk- u. Lehmgebiete) – med-smed – T – Chrom. 2n = 32.

1112. **Sardinischer, Rauhhaariger H., R. sardóus** Crantz, slt. in ± off.
Pionierfluren an Ufern, Acker-, Weg- u. Grabenrändern, in zertret.
Naßweiden, auf feucht., zeitw. überschwemmt., nährstoffreich., meist
kalkarm., mild-mäß. sauer., humos. od. roh. Tonböden, salzertragd,
Feuchte- u. Bodenverdichtgs-Zeiger, Pionierpf., Insekt.bestäubg (Bie-
nen, Fliegen), Char. d. Myos.-Ranunculetum sard., auch in and.
Agr. (El.)-Rumicion-Ges., ferner im Cynosurion, Aperion u. Nanocype-
rion (z. B. Centunculo-Anthocerotetum) – v. all. Tieflag. (Lehmgebiete),
Av bis 800 m – smed – T – Chrom. 2n = 16, 18, (48?).

1113. **Knolliger H., R. bulbósus** L., zml. hfg in Kalk-Magerrasen od. in
mager. Wiesen, auf Weiden, an Böschungen, auf mäß. trock., mäß.
nährstoffreich., basenreich., mild-mäß. sauer., humos., lock. Lehmböden, Lehmzeiger, etwas wärmeliebd, mäß. giftig, Weideunkraut,
Fliegen- u. Bienenblume, Mesobromion-Verb.char., auch in mäßg
trock.-warm. Arrhenatherion-Ges. – Ebene bis mittl. Gebirgslagen (Ju
bis 920 m, Av bis rd 800 m, Vog bis 1000 m), v. all. Kalk- u. Lehmgebiete
– smed-subatl, verschleppt – H (G) – Chrom. 2n = 16.

1114. **Kriechender H., R. répens** L., verbr. in Pionier-Ges., auf Äckern, in
Brach. u. Gärten, an Ufern, Gräben u. Wegen, in Wiesen u.
Auenwäldern, auf grundfrisch. (feucht.), nährstoffreich., mild-mäß.
sauer., humos. od. roh., steinig., sandg. od. rein. Lehm- u. Tonböden,
Lehmzeiger, Bodenverdichtgszeiger, bis 50 cm tief wurzld. Bodenfestiger
(Intensivwurzler) u. Rohboden-Pionier, Licht-Halbschattpf., Selbst- u.
Insekt.bestäubg (Schwebflieg.), bezeichnend f. *Ranunc. rep.*-Stadien,
Agr.(El.)-Rumicion-Verb.char., auch Störzeiger in lückig. feucht. Rasen-

ges. (Magnocaricion, Calthion usw.), ferner in feucht. Unkrautges. aller Art, auch im Alno-Ulmion od. Salicion alb. – Ebene bis Gebirge, A bis 2375 m – no-euras-smed, in gemäß. Zonen heute weltweit – H – Chrom. 2n = (16) 32.

1115. Vielblütiger H., R. polyánthemos L., zml. slt. in sonnig. Gebüsch, in licht. Eichen(Kiefern)wäldern, in Wiesen u. an Waldrändern, auf mäß. sommertrock. bzw. wechseltrock., mäß. nährstoffreich., basenreich. (oft kalkfrei.), mild-mäß. sauer., humos., sandg. od. rein. Lehm- u. Tonböden, wohl Molinion-Art, auch in wechseltrock., subkont. Waldges. d. Quercetalia pub. od. im Geranion sang., Verbrtgsangab. im Gebiet unsicher, da z.T. mit folgd. Art verwechselt – v. all. im O d. Gebiet., westl. bis NS – He – Mn – Do – euraskont – H – Chrom. 2n = 16.

1115a. ssp. polyanthemoídes (Bor.) Ahlfv. (*R. polyanthemoides* Bor., *R. polyanthemos – R. nemorosus*) mit tief 3geteilt. Grundb. u. ± hakg gebogen. Fr.schnabel, z.B. in Mesobrometen – Hü (Kaiserstuhl), RS, He, NSH (disjunkt) – Chrom. 2n = 16.

1116. R. nemorósus-Gruppe

1 St. aufrecht, ob.wrts zerstr. anliegd behaart, Pf. ausdauernd
2 B. fast bis z. Grund 3teilg

1116a. Wald-H., R. nemorósus DC., zml. hfg in licht. krautreich. Eich.- u. Buch.-Mischwäld., in Bergwies.- u. -weiden, auf frisch., nährstoffreich., meist kalkhaltg., mild.-mäßg sauer. Lehm- u. Tonböd., Licht- u. Halbschattpf., v. all. in Magerras. (Mesobromion, Molinion, Violion) od. mager. Gebirgswies. u. -weid. (Cynosurion, Pol.-Trisetion), auch in Originetalia-Ges. u. licht. Wäld. z.B. d. Carpinion, Alno-Ulmion od. Galio-Abietenion – Ebene bis Gebirge, A bis 2050 m, v. all. Kalk- u. Lehmgebiete, im nördl. Tiefld slt. od. fehld – smed-pralp (mitteleurop.) – H – Chrom. 2n = 16.

2* B. bis z. Grund 3–5teilg, Mittelabschnitt fast gestielt, nochmals 3lappg, oft gelbgrün gefleckt, Fr.schnabel hakg eingerollt (vgl. *R. polyanthemos*)

1116b. Schlitzblättriger W.-H., R. polyanthemophyllus W. Koch et Hess, slt. in Halbtrock.ras. auf basenreich. Lehmböd., im Mesobrometum (Mesobromion) – süRh, süHü, Ba, Bo, Ju, Do, Av, A, isoliert: RS, NSH – pralp(-smed) – Chrom. 2n = 16.

1* St. schief-aufrecht, später niederliegd, an d. Knoten wurzeld u. B.rosetten treibend, ± abstehend u. dicht behaart, Grundb. 3teilg, meist nur bis $^2/_3$ tief eingeschnitt., Pf. 2jährg

1116c. Wurzelnder W.-H., R. sérpens Schrank (*R. radicéscens* Jord.), zerstr. in subalp. staudenreich. Bergmischwäldern od. Kniegehölz, auf sickerfrisch., nährstoff- u. ± basenreich., lock., steinig. od. rein. Lehmböden, Schattpf., Mullbodenpf., terr. Char. d. Aceri-Fagetum (Fagion), auch in ander. Fagion- od. in Adenostylion-Ges. (z. B.

Alnetum viridis) – Vog, süSch (900–1400 m), Do, Av, A (bis 2050 m?), auch Saar, He, NSH – wpralp – H – Chrom. 2n = 16.

1117. Wolliger H., R. lanuginósus L., zerstr. in krautreich. Buchen-mischwäldern u. Schluchtwaldges., gern in Hanglagen, auch in Auen, auf sickerfrisch.-feucht., nährstoff- u. kalkreich., lock., mild., humos., steinig. od. rein. Ton- u. Lehmböden, Schatt- u. Mullboden-Pf., Verbrtgsschwerpkt in Fagion- u. Tilio-Acerion-Ges., auch im Alno-Ulmion od. feucht. Carpinion, Fagetalia-Ordn.char. – Hügelland bis Gebirge, A bis 2000 m, v. all. Kalk- u. Lehmgebiete im östl. Teil d. Gebietes, im W u. Nordw. slt. od. (wie Rh u. Hü) fehld – gemäßkont-osmed – H – Chrom. 2n = 28 (32).

1118. Scharfer H., Butterblume, R. ácris L., verbr. in Wiesen u. Weiden aller Art, auf kühl., sicker- u. grundfrisch.-feucht., nährstoffreich., neutral-mäß. sauer., humos. Lehmböden, auch anmoorig. Böden, bis 50 cm tief wurzld. Nährstoffzeiger, frisch giftig, als Heu unschädl., durch Beweidung geschwächt, Fliegen- u. Bienenblume, z. T. selbststeril, Wiesenaspekt-bildd (Mai), opt. in Arrhenatherion-, Polygono-Trisetion-u. Calthion-Wiesen, Molinio-Arrhenatheretea-Kl.char., slt. im Mo-linion od. Mesobromion (Düngungsanzeiger) od. ruderal – Ebene bis Gebirge, A bis 2400 m (ssp. *acris?*) – im ganzen: no-eurassubozean – H, formenreich:

1 Wurzelstock kurz, abgebiss., B.lapp. lineal-lanzettl., spreizd, sich über-
   lappd.

1118a. ssp. ácris, die mehr boreal-montan verbr. Sippe – Chrom. 2n = 14.

1* Wurzelstock 3–10 cm lg, waagr. od. schräg, grundstdge B. bis 35 cm lg
    gestielt, B.lapp. mehr brt-lanzettl., nicht spreizd u. sich überlappd, oft nicht
    ganz bis z. Grund geteilt, wie Blü.stiele ± behaart, Fr.schnabel hakg gebog.

1118b. ssp. frieseánus (Jord.) Rouy et Fouc., die v. all. im S u. W verbr. Sippe, hier z. T. hfger vor. – subatl-smed – Chrom. 2n = 14.

1119. R. montánus-Gruppe

1 Wurzelstock oben behaart, St.b. kl., mit 3–5 lineal. Zipfeln, B. behaart mit
   scharf zugespitzt. Zähnen, jge, gefaltete B. nach unt. geknickt, Fr.schnabel
   kurz

1119a. Hochgebirgs-H., R. oreóphilus M. Bieb. (*R. hornschúchii* Hoppe), slt. in alp. u. subalp. Steinrasen u. Steinschutt-Ges., auf sonnig., sickerfrisch., meist kalkhaltg., ± humos., lock., feinerdereich. Steinschuttböden, Lichtpf., Insekt.bestäubg, in A v. all. im Kalkschutt, gilt als Thlaspion rotund.-Verb.char., in Av u. Ju im lückg. Koel.-Seslerietum (Mesobromion) – Ju (SW-Alb), Av, A bis 2400 m – alp – H – Chrom. 2n = 16.

1* Wurzelstock kahl, jge gefaltete B. aufrecht
2   St.b.abschnitte lineal, 6–15mal so lg wie brt, B. kahl, Fr.schnabel s. kurz

1119b. Kärtner H., R. carinthíacus Hoppe (*R. montánus* var. *tenuifólius* DC.), slt. in subalp u. alp. Steinrasen, auch in licht. Kiefernwäldern, auf mäß. frisch., meist kalkhaltg., mild-neutral., humos., ± flachgründg., lock. Steinböden, in A v. all. in Seslerietalia-Ges. (z. B. Caricetum ferrug.), im Ju im Gent.-Brometum (Mesobromion) u. Polyg. vivip.-Genistetum (Violion) – A, Ju (Schwäb. Alb) – alp (v. all. W- u. S-Alpen) – H – Chrom. 2n = 16.

2* St.b.abschnitte lineal-lanzettl. od. lanzettl., Fr.schnabel deutl.
3   B. matt, stark seidg behaart

1119c. Greniers H., R. grenieránus Jord., Pf. d. Zentralalpen, in Tirol nahe Allgäu-Grenze auf kalkarm. Unterlagen, zwisch. 1400 u. 2800 m, in trock. u. feucht. Weiden, v. all. im Nardion, auch im Caricion curv. od. Poion alp. – A – walp – Chrom. 2n = 16.

3* B. glänzd, ausgewachsen kahl od. nur ganz spärl. behaart, St.b. lanzettl. od. lineal-lanzettl.

1119d. Berg-H., R. montánus Willd., zml. hfg in subalp. od. alp. Weiden, in Moorwiesen, licht. Kiefernwäldern od. Laubwald-Hängen, auf vorzugsw. grund- od. sickerfrisch., ± nährstoffreich., meist kalkhaltg., mild-neutral., humos. Lehmböden, mesophile Licht-Halbschattpf., in A v. all. in Poion alp. Ges., auch im Polygono-Trisetion od. in bodensauer. u. -basisch. Thlaspietea-Ges., in tief. Lagen im Molinion (od. Caricion dav.), auch im Erico-Pinion – süSch (Feldberg), Av, A – alp – H – Chrom. 2n = 32.

1120–1147. Gold-H., R. aurícomus L., zml. hfg in krautreich. Laubmischwäldern od. Auenwäldern, auch in Bergwiesen, auf sicker- od. grundfrisch. (feucht.), nährstoff- u. basenreich., oft kalkhaltg., mild-mäß. sauer., humos. Ton- u. Lehmböden, meist Mullbodenpf., Licht- u. Halbschattenpf., Insekt.bestäubg, ab. apomikt., Ameis.verbrtg, in tief. Lagen v. all. im Carpinion u. Alno-Ulmion, in höh. Lagen in Molinio-Arrhenatheretea-Ges., vgl. Kleinarten – Ebene bis mittl. Gebirgslagen, Ju bis 920 m, v. all. Kalk- u. Lehmgebiete (fehlt A u. Silikatgebirge) – im ganz.: eurassubozean – H – s. formenreich, Kleinarten:*)

1   Blü.boden kahl (1* S. 413 unten) (*R. auricomus* L. s. str.)
2   Grundstdge Erstlings- u. Folge-B. mäß. verschied. gestaltet, handförmg 3–5teilg
3   Bucht am B.grund von den Seitenlappen überdeckt, Grundb. z. T. stark zerteilt (Geranien-b. ähnl.)

1120. R. kúnzii W. Koch, slt. in Auenwäldern (Alno-Ulmion), z. B. süRh – Chrom. 2n = 32.

---

*) Die Zahl der Kleinarten ist sehr groß. Sie lassen sich teilweise schwer diagnostisch erfassen und besitzen oft nur ein kleines Verbreitungsareal.

1121. **R. argoviénsis** W. Koch, Bucht am B.grund etwas offener, Fr. nicht so dicht behaart, offenbar in Carpinion-Wäldern, z. B. HRh, Rh, Do (?) (vgl. *R. helvellus*) – Chrom. 2n = 32.

1122. **R. abstrúsus** Schwarz, B. stumpfzähng, d. erst. fast ungeteilt, dann schließl. 5lappg, Mittelabschnitt oft gestielt, B. behaart, St. meist einzeln, dick, hohl, Blü. gut entwickelt, aus Buchenmischwäldern Thüringens angegeben, viell. Mn noch zu finden.

1123. **R. ópimus** Schwarz (*R. auricomus* var. *pinquior* Rchb.), B. 3–5spaltg, (*Geranium lucidum*-ähnl.), eiförmg gezähnt, zuletzt 3spaltg, kahl od. verkahld, St. meist zu mehrer., Blü.b. ± verkümmert, wird von zeitw. überschwemmt. Alno-Ulmion-Standorten angegeben, z. B. Fr, Rh, Th – vgl. auch *R. helvellus* unt. 3*.

3* Bucht am B.grund deutl. offen
4   Bucht am B.grund schmal

1124. **R. aēmulans** Schwarz, Griffelköpfch. eiförmg, d. Staubb. überragd, B. tief 5teilg, mit brt. Abschnitten, St. meist einzeln, wenigblütg, Blü. gut entwickelt, in licht. Gebüsch u. Buchenmischwäldern, auf mäß. trock., basenreich. Böden, z. B. süSch (Siegelau), Th, Sa

1125. **R. multiséctus** Haas, B. 5–7teilg, tief zerschnitt., mit schmal. B.abschnitt., Teilb. z. T. gestielt, B. dadurch an *R. repens* erinnernd, St.b. s. lg, Blü.b. meist verkümmert, so im Saum von Weidengebüsch – Do.

1126. **R. helvéllus** Hüls., B. 5–7teilg mit schmal., gestielt. Abschnitten, Basallappen sich oft überdeckd (vgl. vor. Gruppe), Pf. zart, meist mit 1 ± aufsteigd. St., wenigblütg, Blü.b. verkümmert, feuchte (meist Buchenfreie) Laubmischwälder, Bayern, Els (Sundg.).

1127. **R. pseudópimus** Schwarz, B. tief 3spaltg, St. zahlr., dick, hohl, Blü.b. anfängl. verkümmert (vermittelt zwischen *R. opimus* u. *helvellus*) – Rh (Els), Th.

1128. **R. alsáticus** W. Koch, B. tief 5schnittg, d. später. 3schnittg, mit meist gestielt. Mittelabschnitt, so in Alno-Ulmion-Ges., z. B. süRh, Do

4* Bucht am B.grund weit geöffnet, z. T. ± quergestutzt, B.zipfel meist allmähl. zugespitzt

1129. **R. leptoméris** Haas (*R. auricornis* f. *cervicórnis* Vollm.), fast alle B. 5–9teilg, mit lineal. Zipfeln, St. kräftig, zu 1–3, Blü.b. meist verkümmert, so in feucht. u. moorig. Wiesen – z. B. Do, Rh (Els).

1130. **R. réctus** Haas, B. tief 3teilg, wenigzähng, mittl. B.abschnitt aufgerichtet, kahl, Blü. gut entwickelt, 1–1,5 cm brt, Fr. s. kl., in Eichen-Pappel-Auenwäldern (Alno-Ulmion) – Do.

1131. **R. alnetórum** W. Koch, Grundb. brt, 3teilg bis 3lappg, matt, obersts ± behaart, mit weißl. bespitzt. B.zähnen, St.b. s. schmal, in Alno-Ulmion-Ges. (Pruno-Fraxinetum), z. B. süRh – Chrom. 2n = 32.

1132. **R. pseudo-aemulans** Doll, B. $\pm$ 3teilg, Blü. rd 2 cm brt, slt. in Auenwäld. (Alno-Ulmion) – Me.

1133. **R. palmuláris** Schwarz, B. meist geteilt u. gezähnt, Blü. 2,2–2,8 cm brt, slt. in Moorwies. – Th, Me.

1134. **R. váricus** Schwarz, B. 3lappg, Kelchb. wollhaarg, St. unt. rot, Pf. vielstenglg, slt. in frisch. Laubwaldges. – Th, Me.

1135. **R. cónstans** Haas, Grundb. (3–) 5–7teilg, mit zml. brt. Abschnitt., $\pm$ kahl, Blü.b. $\pm$ verkümmert – so in einem Park b. München, Els (Sundg.); vgl. auch *R. pubérulus* unt. 5*.

2* Grundstdge Erstlings- u. Folge-B. auffällg verschieden gestaltet
5 Blü. gut entwickelt, bis 3 cm brt, Staubb. das Griffelköpfch. überragd, B. zuerst 3–5teilg, spätere B. fast ungeteilt, Pf. einstenglg

1136. **R. bifórmis** W. Koch, so in frisch. Laubmischwäldern (Carpinion-Art), süHü, Rh – Chrom. 2n = 32.

5* Blü.b. $\pm$ verkümmert
6 Folge-B. 3teilg bis ungeteilt, Carpinion-Arten

1137. **R. mosbachénsis** Haas, B. anfängl. tief 3teilg, mit auffällg gestiel. B.abschnitten, spätere B. fast ungeteilt, oberst kahl, Pf. mehrstenglg, in Berberidion- u. Carpinion-Ges. – Ne (Mosbach), Me.

1138. **R. pubérulus** W. Koch, B. 3teilg, 3lappg, auch zuletzt $\pm$ eingeschnitt., unterts reichl., obersts schwach behaart, so in frisch. Laubmischwäldern, Carpinion-Verb.char. – z. B. Rh, Hü, Th – Chrom. 2n = 32.

1139. **R. binátus** Kit. ex Reichb. (*R. vertumnális* Schwarz), B. anfängl. 5teilg (*Geranium*- b.artg), d. späteren fast ungeteilt u. kahl, v. all. in $\pm$ feucht. Wäldern u. Gebüsch., z.B. im Carpinion, auch im Aegopodion – z.B. Ne, BayW, Th, An, NSH.

6* Folge-B. tief 7–8teilg

1140. **R. pseudovertumnális** Haas, B. anfängl. 3–5teilg, mit z. T. sich überdeckend. B.abschnitten, auch d. später. nie ganz ungeteilt (ähnl. *R. pubérulus*), verkahld, Blü. z. T. gut entwickelt, in Carpinion-Ges., z. B. Ne (Jagsttal, Schefflenztal), Rh.

1141. **R. phragmitéti** Haas, B. anfängl. kl., 3teilg, zur Blü.zeit tief 7–8teilg, mit lineal. Abschnitten (hirschgeweihartg), dann wieder weniger tief geteilt, kahl, Pf. wenigstenglg, Fr. zottg behaart, kl., in feucht. Wiesen bis ins Seggenmoor eindringd – Do, Rh

1* Blü.boden behaart
7 Grundb. mit offener Basalbucht
8 Blü.b. meist verkümmert, kl., auch die spät. B. 3lappg

1142. **R. indecórus** W. Koch, slt. in feucht. moorig. Wiesen (Molinietalia), z.B. süHü (?) – Chrom. 2n = 32.

1143. **R. guelzowiénsis** Doll., B. 3–mehrlappg, feuchte Wies. – Me.

8* Blü.b. meist entwickelt, B. 3–5teilg (z. Blü.zeit z.T. mit gestielt. Abschnitt.), zuletzt fast ungeteilt, ob.sts kurzhaarg

1144. **R. silvícola** Haas, slt in Eich.-Auenwäld. (Alno-Ulmion) – Do.

1145. **R. megacárpus** W. Koch [*R. fállax* (W. et Gr.) Kern. s.l.], Grundb. weng eingeschnitt.-3lappg, Blü. 2,5–3,5 cm brt, slt. in Alno-Ulmion u. Filipendulion-Ges. – Do.

7* Grundb. mit enger Basalbucht, B. zuletzt ± ungeteilt (*R. cassúbicus* L.s.l.)

1446. **R. pseudocassúbicus** Christ (*R. aurícomus* var., *renifórmis* Kittel), in Auenwäldern u. frisch. Laubmischwäldern (Carpinion) – z.B. süRh, nach Vollmann viell. auch Mn, Fr – Chrom. 2n = 32.

1146a. **R. cassubicifólius** W. Koch, ähnl. vor., ab. Blü. 2,5–3,5 mm brt, Fr.köpfch. kugelg, von d. Staubb. überragt, Grundb. groß, ungeteilt, slt. in Carpinion- u. Alno-Ulmion-Ges. – SFW, Do, Av, Schweiz – Chrom. 2 n = 16.

1147. **Kassuben-H., R. cassúbicus** L., Grundb. 1–2, groß, ungeteilt, gekerbt-gesägt, Fr.köpfch. lger als Staubb., Fr.schnabel lg., schwach gebog., Fr. dicht behaart, osteurop. Waldpf. (Carpinion), westl. nur bis Polen–Mähren, fehlt d. Gebiet – gemäßkont – Chrom. 2n = 32.

1148. **Herzblättriger H., R. parnassifólius** L., slt. in alpinen Pionierges., auf frischem kalkhaltg. Feinschutt, Char. d. Leontodontetum mont. (Thlaspion rot.) – Tirol, Vorarlberg, Schweiz – (w)alp – H.

1149. **Alpen-H., R. alpéstris** L., zml. hfg in d. alp. Stufe, in Schneetälchen u. Schneerunsen, in Karen, auf grundfeucht. (nass.), ± nährstoffreich., kalkhaltg., mild. humos., lehmreich. Feinschuttböden, auf Gänsekresse-Böden, Arabidion caeruleae-Verb.char. – A 1600–2590 m (slt. tiefer) – alp – H – Chrom. 2n = 16.

1150. **Gletscher-H., R. glaciális** L., slt. in off. Steinschuttfluren d. alp. Stufe, auf Moränenböden, auf sickerfirsch., nährstoff- u. kalkarm., ± roh., lock., z. T. bewegt. Silikatschutt-Böden, Schuttkriecher, Pionierpf., z. B. mit *Oxyria digyna*, Androsacetalia alp.-Ordn.char. – A (Linkerskopf, 1950–2380 m), Schweiz, Tirol – arktsubozean-alp – H – Chrom. 2n = 16.

1151. **R. aconitifólius**-Gruppe

1 Blü.stiele kraus anliegd behaart, 1–3mal so lg wie Tragb., Mittellapp. d. Grundb. in einen Stiel verschmälert, St.b. gesägt

1151a. **Eisenhutblättriger H., R. aconitifólius** L., (*R. aconitifólius* ssp. *aconitifólius*), zerstr. in mont. od. subalp. staudenreich. Wäldern, v. all. an Bächen u. Quellen, auch in off. quellig. Staudenwiesen, auf sickernass. (feucht.), nährstoffreich., meist kalkarm., mäß. sauer., humos., sandg. od. rein. Lehm- u. Tonböden in feuchtkühl. Klimalage, Licht- u. Halbschattpf., in alpin. Hochlagen in feucht. Adenostylion-, auch

Salicion herbac.-Ges., in tief. Lagen Char. d. Chaerophyllo-Ranunculetum (Calthion), auch im Saum mont. Alno-Ulmion-Ges. – Sch (bis 200 m herab), Av, A (bis 2060 m), BayW (Dreisessel), RS – pralp – H – Chrom. 2n = 16.

1* Blü.stiele kahl od. nur spärl. abstehd behaart, 4–5mal so lg wie Tragb., Mittellapp. d. Grundb. mit d. Seitenlapp. brt verbund., obere St.b. ganzrandg od. (weng) unregelmäßig gezähnt

1151b. Platanenblättriger H., R. platanifólius L. (*R. aconitifólius* ssp. *platanifólius* Rikli), zerstr. in subalp. Hochstauden-Gebüsch, in Hochgrasfluren od. Schluchtwäldern, auf sickerfrisch., nährstoff- u. basenreich., mild-mäß. sauer., humos., lock., meist steing. Lehmböden, Halbschattpf., v. all. im Alnetum viridis (Adenostylion) od. Sorbo-Calamagrostietum (Calamagrostion), Betulo-Adenostyletea-Kl.char., in tief. Lagen (Diff.) v. all. im Aceri-Fagetum u. Tilio-Acerion, auch Berberidion – Sch, Ba, Ju, Av-A (bis 1900 m), BayW, auch Pf, nöHü, O, Ne, Mn, Fr, RS, He, Hz, ThW, Erzg – pralp (dazu Norwegen) – H – Chrom. 2n = 16.

1152. Efeublättriger H., R. hederáceus L., s. slt. in Quellfluren, auf nass., basen- u. nährstoffarm., auch eutroph., sauer. u. humusarm. Sandböden, in kühl., lgsam fließd. Wasser, Wasservögel-Verbrtg, Char. d. Ranunculetum hederac. (Cardamino-Montion) – Vog-Pf, RS, He, NWe, NS, SH, Th, An, vielerorts (z.B. Rh) verscholl. – atl – W – Chrom. 2n = 16.

1153. Flutender H., R. flúitans Lam., zml. hfg in flutend., untergetaucht. Wasserpf.-Ges., in Bächen u. Flüssen, in ± schnellströmend., nährstoff (Ammonium)- u. basenreich., neutral-mild., ± eutroph. kühl. Wasser, üb. meist sandg-schlammg. Grund, flach u. bis 3 m Tiefe, Wasser- u. Wasservögel-Verbrtg, Ranunculion fluit.-Verb.char., opt. im Ranunculetum fluit. – Ebene bis mittl. Gebirgslagen (bis ca. 700 m) – subatl (-smed) – W – Chrom. 2n = 16, 24, 32.

1154. Spreizender H., R. circinátus Sibth. (*R. divaricátus* auct.), zml. slt. in Seerosen- u. Laichkraut-Ges. stehd. od. träg fließd., eutroph., vorwiegd kalkreich. Gewässer, üb. humos. Schlamm, bis rd 5 m Tiefe, Wasser- u. Wasservögelverbrtg, sommerwärmeliebd, v. all. im Nymphaeion, in d. f. *terréstris* Gr. et. Godr. auch im Nanocyperion u. ähnl. – Ebene bis mittl. Gebirgslagen (Av bis Schliersee, 780 m), in d. Silikatgebirg. slt. od. fehld – euras(-smed) – W – Chrom. 2n = 16.

1155. Wasser-H., R. aquátilis L., zerstr. in Schwimmblatt-Beständen stehd. od. träg fließd., vorwiegd flach., nährstoffreich., meist kalkarm., meso-eutroph. Gewässer, üb. humos. Schlamm, in 0,5–2 m Tiefe, Potamogetonetalia-Ordn.char., v. all. im Nymphaeion (z. B. Hottonietum pal.) – Ebene bis mittl. Gebirgslag. (Kalkgebiete slt.) – (no-)eurasmed, in gemäß. Zonen weltweit – W – Chrom. 2n = 48.

1156. Dreiteiliger W.-H., R. tripartítus DC., s. slt. in flach., z. T. austrocknend., stehd. od. fließd., vorwiegd oligotroph. Gewässern, üb. humos.-schlammg. Böd., Char. d. Ranunculetum pelt., auch im Nanocyperion – SH – atl – W – Chrom. 2n = 42.

1157. Schild-W.-H., R. peltátus Schrank, zerstr. in flach., z.T. austrocknend. v. all. mesotroph. (weng verschmutzt.) stehd. od. langsam fließd. Gewässern, in Fischteich. od. als Pionier neu angelegter Gräb., bis 0,5 m Wassertiefe üb. $\pm$ humos., vorwiegd sandg., basenreich., meist kalkarm. Schlammböd., Char. d. Ranunculetum pelt. (Nymphaeion) – Ebene bis mittl. Gebirgslag., v. all. im N u. W, im O (z.B. BayW) u. S zml. slt. – subatl-smed – W – Chrom. 2n = 16, 32, 48.

1158. Pinselblättriger W.-H., R. penicillátus (Dum.) Bab. (*R. pseudofluitans* auct.), zerstr. in meist fließd., oligotroph. bis eutroph. Gewässern, über sandg-kiesg. schlammg. Böd. bis rd. 1 m Wassertiefe, schwache Char. d. Ranunculetum fluit. (Ranunculion fluit.) – Ebene bis mittl. Gebirgslag. – subatl – W – Chrom. 2n = 32, 48, formenreich, z. B.

1 B. mit weniger als 150 Zipfeln
2 B. mit $\pm$ parall. Zipfeln

1158a. var. penicillátus, in kalkarm. oligotroph. Gewässern, z.B. Sch, BayW.

2* B. mit spreizd. od. durcheinander stehd. Zipfeln

1158b. var. calcáreus (Butch.) Cook, in kalkreich., eutroph. Gewässern, z.B. Do, Av, Ne, Ju.

1* B. mit über 200 Zipfeln

1158c. var. vertúmnus Cook, s. slt. in klar. fließd. Gewässern, Verbrtg ungenügd bekannt.

1159. Reinweißer W.-H., R. ololeúcos Lloyd, slt. an flach., stehd. od. langsam fließd., gelgtl. trock. fallend., oligotroph. Gewässern, in Gräb. u. Teichen, Littorelletea-Kl.char. – NWe, NS – atl (fehlt ab. Engld) – W – Chrom. 2n = 16.

1160. Brackwasser-H., R. baudótii Godr., slt. in Tümpeln u. Gräb. an d. Küste in salzhaltg. Wasser üb. eutroph. Schlammböd., auch an Salzstell. d. Binnenldes, Char. d. Ranunculetum baud. (Ruppion) – NS, SH, Me, auch An, NWe (früher nöRh) – med-atl – Chrom. 2n = 32.

1161. Haarblättriger W.-H., R. trichophýllus Chaix (*R. fláccidus* Pers.), zml. hfg in Schwimmblatt- u. Laichkraut-Ges. vornehml. fließd., $\pm$ nährstoffreich. mesotroph. Gewässer, Selbstbestäubg, schwache Ranunculion fluitant.-Verb.char., auch im Potamogetonion (vgl. ferner Unterart.) – Eben bis Gebirge – W – formenreich:

1 Pf. kräftg, aufrecht, nur an d. unter. Knot. wurzelnd, Fr. zu mehr als 15

1161a. **ssp. trichophýllus**, vorherrschde Sippe, s. o., etwas wärmeliebd, Ranunculion fluit.-Art – smed-eurassubozean – Chrom. 2n = 32.
1* Pf. zart, niederliegd, an fast all. Knot. wurzelnd, Fr. zu 12–15

1161b. **ssp. eradicátus** (Laest.) Cook (*R. lutuléntus* Perr. et Song.), slt. in oligotroph. Gebirgsseen, bis 40 cm Wassertiefe, Char. d. Callitr.-Sparganietum ang. Br.-Bl. 19, mit *Eleocharis ac.* u. *Ranunculus reptans* (Isoëtion) – A (1770–2050 m) – arkt-alp – Chrom. 2n = 32.

Hornköpfchen, Ceratocéphalus Pers. vgl. S. 393

1162. **C. falcátus** (L.) Pers. (*Ranúnculus falcátus* L.), slt. u. unbestdg an Schutt- u. Verladeplätz., in S-Europa Secalinion med.-Verb.char. – z. B. Rh, Ne, Do, früher Th – omed – T – Chrom. 2n = 40.

Mäuseschwanz, Myosúrus L. vgl. S. 391

1163. **M. mínimus** L., slt. in off. Pionier-Ges., in Ackerrinnen, an Ackerrändern, Wegen u. Ufern, auf feucht. (z. T. zeitw. überflut.), nährstoff- u. basenreich., kalkfrei., neutral-mäß. sauer., humos. od. roh., dicht. Lehm- u. Tonböden, etwas wärmeliebd, Feuchte- u. Nährstoffzeiger, Insekt.- u. Selbstbestäubg, mit *Ranunc. sard.* Char. d. Myos.-Ranunculetum sard. [Agr.(El.)-Rumicion], auch im Nanocyperion (z. B. Centunculo-Anthocerotetum) – Ebene bis mittl. Gebirgslagen, Lehmgebiete, Av bis 600 m – euras(-smed) – T – Chrom. 2n = 16.

Wiesenraute, Thalíctrum L.
1 Blü. hellviol. (slt. weiß), Staubb.fäd. oben verdickt, Fr. gestielt, zuletzt hängd, glatt, B. 3fach gefiedert mit rundl. Fiederblättch., 40–120 cm, ⚄, 5–7
                                                               Th. aquilegiifolium 1164
1* Blü. grünl. od. gelb, Staubfäd. nicht verdickt, Fr. sitzd, gerieft
2 Blü. u. Staubb. ± hängd, in locker. Rispen
3 Fiederblättch. rundl. od. keilförmg, ± blaugrün bereift, B. 3–5fach gefiedert, St. gerillt od. gefurcht
4 B. untersts undeutl. genervt, ± gleichmäß. am St. verteilt, Blü.rispe oft mit abstehd. Ästen, 20–120 cm, ⚄, 6–7   **Th. minus** 1165
4* B. untersts deutl. genervt, in d. Mitte d. St. ± angereichert, 20–40 cm, ⚄, 6–7
                                                               Th. saxatile 1166
3* Fiederblättch. lanzettl.-lineal, 1–5 mm brt, am Rande oft gerollt, B. nur 1–3fach gefiedert
5 Fiederblättch. 3–5 mm brt, obersts matt, gelappt od. gezähnt, 40–100 cm, ⚄,7   **Th. simplex** 1167
5* Fiederblättch. 1–2 mm brt, obersts glänzd, alle ungeteilt, Blü.std. ob. meist b.los (Pf. *Galium verum*-ähnl.), 30–60 cm, ⚄, 7
                                                               Th. simplex ssp. galioides 1167c
2* Blü. (wie Staubb.) ± aufrecht, an d. Enden d. Rispenäste gedrängt, Blü. gelbl., B. 1–2(3)fach gefiedert

6   Pf. ohne unterird. Ausläuf., Fiederblättch. lanzettl.-lineal, obersts dunkelgrün, glänzd, Blü. wohlriechd, Fr. längl.-eiförmg, 60–120 cm, ♃, 6–8
Th. lucidum   1168

6*   Pf. mit unterird. Ausläuf., Fiederblättch. rundl.-keilförmg, vorn 3spaltg, Fr. rundl.

7   Blü.rispe ± zus.gezogen, Staubb. 1,4–1,7 mm lg, Fiederblättch. d. ober. B. lanzettl., St. nicht glänzd, 50–120 cm, ♃, 6–8   **Th. flavum**   1169

7*   Blü.rispe ausladend, Staubb. 1–1,4 mm lg, Fiederblättch. d. ober. B. lineal, untersts meist behaart, St. glänzd, 100–150 cm, ♃, 6–7
Th. morisonii   1170

1164. Akeleiblättrige W., Th. aquilegiifólium L., zml. slt. in Auenwäldern u. subalp. Hochstaudenfluren, im Gebüsch od. in Staudenwiesen, auf sicker-wechselnass. (zeitw. überschwemmt.), nährstoffreich., meist kalkhaltg., ± humos. Ton- u. Lehmböden, Nährstoff- u. Nässezeiger, Pollenblume (Bienenfutter) (Übergang z. Windblütigkeit), Windverbrtg, glgtl. Zierpf., terr. Char. d. Alnetum inc. (Alno-Ulmion), auch im Filipendulion u. Aegopodion, im Gebirge in nass. Adenostylion-Ges. – v. all. Kalkgebiete im S u. O d. Gebiet., (A bis 2277 m), im Nordw. u. N slt. od. fehld, hier d. W-Grenze d. Verbrtg erreichd – gemäßkont(-pralp) – H – Chrom. 2n = 14.

1165. Kleine W., Th. mínus L., zml. slt. im sonnig. Gebüsch, in licht. Eichenwäldern, an Waldsäumen u. im Felsgesträuch, auf warm., mäß. trock., meist kalk- od. sonst basenreich., neutral-mild., humos., oft flachgründg., lehmig. Steinböden od. auf Löß, meist Windbestäubg, Geranion sang.-Verb.char. – Ebene bis Gebirge, A bis 1880 m, v. all. Kalkgebiete – euras-smed – H, formenreich:

1   Fiederblättch. 4–15 mm brt, Blü.rispe üb. d. Mitte d. St. verzweigt

1165a. **ssp. mínus,** im Gebiet vorherrschde Sippe, s.o. – Chrom. 2n = 42 (70).

1*   Fiederblättch. 10–30 mm brt, Blü.rispe schon von d. Mitte d. St. an verzweigt

1165b. **ssp. máius** (Crtz.) Rouy et Fouc.), so im Hochgebirge in Seslerietalia-Ges., viell. auch in tieferen Lag. im Geranion sang. – A, nöRh(?). Verbrtg ungenügd bekannt – Chrom. 2n = 42.

1166. Stein-W., Th. saxátile DC. (*Th. mínus* ssp. *saxátile* Schz. et K.), slt. in off. Trocken- u. Steppenrasen, im Saum licht. Gebüsche, in Kiefernwäldern, auf trock. (mäß. trock), sommerwarm., vorzugsw. kalkreich., neutral-mild., humos., flachgründg. Steinböden, auf Kalksand od. Löß, so v. all. in Fest.-Brometea-Ges., auch im Geranion sang. od. Erico-Pinion – v. all. im S d. Gebiet., A bis 1850 m, im N slt. (SH, Dünen) od. fehld – osmed – H.

1167. Einfache W., Th. símplex L., slt. in Moorwiesen u. Kalk-Magerweiden, auf wechselfeucht., basenreich., neutral-mild., humos., sandig. od. rein. Ton- u. Lehm- od. torfig. Böden, geschützt, Verbrtgsschwerpkt im trock. Molinietum, wohl Molinion-Verb.char., auch im Mesobromion u. Geranion sang. – H, formenreich:

1 Fiederblättch. d. ober. B. längl.-keilförmg, gelappt od. gezähnt

1167a. **ssp. símplex,** vorherrschde Sippe, s. o., im S d. Gebiet., nördl. bis NSH, SH, Th, weiter im Nordw. fehld od. im NO s. slt. – (no-)euras-(kont) – Chrom. 2n = 56.

1* Fiederblättch. d. ober. B. lineal-lanzettl., ungeteilt
2 Fiederblättch. d. unter. B. mehr lanzettl., 2–3lappg od. gezähnt

1167b. **ssp. bauhínii** (Crtz.) Tut., Verbrtg ungenügd bekannt, ob im Gebiet? – gemäßkont.

2* Fiederblättch. auch d. unter. B. linealisch, ungeteilt

1167c. **ssp. galioídes** Borza [*Th. galioídes* (DC.) Pers.], slt. in Moorwies. u. Kalkmagerras., v. all. im trock. Molinietum, Molinion-Verb.char., auch im Mesobrometum – nur im S d. Gebiet., z. B. süHü, Bo, Ju, Do, Av, Fr – europkont-osmed – Chrom. 2n = 28.

1168. **Glänzende W., Th. lúcidum** L., slt. im Auengebüsch u. in Auenwäldern, auch in moorig. Wiesen, auf nass.-wechselnass., nährstoff- u. basenreich., mild., humos. Ton- od. Rohböden, Stromtalpf., wohl Filipendulion-Art, auch im Calthion, Molinion od. Alno-Ulmion – Do, A bis 1995 m, Me, Br, An, Th, Sa, erreicht auf d. Linie Me-Do d. W-Grenze d. Verbrtg – gemäßkont(-osmed) – H – Chrom. 2n = 28.

1169. **Gelbe W., Th. flávum** L., zerstr. in Moorwiesen, in Staudenfluren, an Gräben, im Saum v. Auengebüsch, auf wechselnass. (feucht.), nährstoff- u. basenreich., neutral-mild., humos. Lehm- u. Ton- od. Torfböden, Stromtalpf., Wind- u. Insekt.bestäubg, Wurzel-Kriechpionier, v. all. im Filipendulion (Verb.char.), auch im Molinion od. Senecion fluv. – Ebene bis mittl. Gebirgslagen (bis rd 700 m), v. all. Auen- u. Kalkgebiete – (no-)euras – H – Chrom. 2n = 84.

1170. **Hohe W., Th. morisónii** C. Gmel. (*Th. exaltátum* Gaud.), slt. im Auengebüsch u. in Auenwäldern, an Ufern, auf nass., zeitw. überschwemmt. (wechselnass.), nährstoff- u. basenreich., ± humos. Tonböden, v. all. im Filipendulion, auch im Aegopodion od. in Phragmitetalia-Ges. – Bo, Rh-Mn – smed-pralp – ab. Identät mit d. südalp. *Th. exaltátum* Gaud. zweifelhaft (im Gebiet ssp. *morisónii*) – H.

Adonisröschen, Adónis L.

1 Blü.b. 10–20, goldgelb, Blü. 3–6 cm brt, Fr. behaart, 10–30 cm, ♃, 4–5
                                      A. vernalis 1171

1* Blü.b. 5–8, rot od. blaßgelb, Blü. 2–3 cm brt, Fr. kahl
2 Kelchb. anfängl. behaart, St. höchst. im unt. Drittel lg ästg verzweigt, am Grunde weichhaarg, Fr.schnabel schwärzl., 20–50 cm, ☉, 5–7
                                        A. flammea 1172

2* Kelchb. wie St. kahl

3   Kelchb. d. Krone anliegd, St. höchst. im ober. Drittel kurz verzweigt,
    Fr.schnabel grün, 25–60 cm, ☉, 5–7   **A. aestivalis** 1173
3* Kelchb. abstehd, Blü. dunkelrot, zus.geneigt, Fr.std locker, 25–40 cm, ☉,
    6–7   **A. annua** 1174

1171. Frühlings-A., A. vernális L., slt. in Trocken- u. Steppenrasen
(Wiesensteppen), auch in Kiefernwäldern, auf sommerwarm., trock.-
mäß. trock., basen-(meist kalk-)reich., neutral-mild., humos., lock.
Lehm- od. Lößböden, meist schwarzerdeartg, auch auf Kalksand,
Tiefwurzler, s. giftig (Herzmittel), Pollenblume, Ameisenverbrtg,
Zierpf., geschützt, Char. d. Adonido-Brachypodietum (Cirsio-Brachypodion), auch im Pyrolo-Pinetum – süRh (Els.), nöRh (Mainzer Sand)-
nöHü, Mn, Do (Garching. Heide), Th, An, Br – kont – H – Chrom.
2n = 16.

1172. Flammen-A., -Blutströpfchen, A. flámmea Jacq., slt. u. unbestdg,
ab. gesellg in Getreidefeldern, auch in Hack-Äckern, auf sommerwarm.,
trock.-mäß. trock., nährstoff- u. kalkreich., ± mild. humos., meist
steinig. Ton- u. Lehmböden, Bienenblume, giftig, Char. d. Caucalido-
Adonidetum (Caucalidion) – Ebene bis mittl. Gebirgslag., v. all. im S d.
Gebietes (Ju bis 980 m), im nördl. Tiefld fehld od. slt. (Br), überall
zurückgehd – osmed – T – Chrom. 2n = 32.

1173. Sommer-A., -Blutströpfchen, A. aestivális L., zerstr. in Getreidefeldern, auf sommerwarm., trock. od. mäß. trock., nährstoff- u.
kalkreich., ± mild.humos., meist steinig. Ton- u. Lehmböden, bis 80 cm
tief wurzld, giftig, terr. Char. d. Caucalido-Adonidetum (Caucalidion) –
Ebene bis mittl. Gebirgslagen, nur Kalkgebiete, Ju bis 980 m
(Einzelfunde!), im nördl. Tiefld slt. od. fehld, überall zurückgehd –
osmed-kont – T – Chrom. 2n = 32.

1173a. var. citrínus Hoffm., Blü. blaßgelb – so z.B. Rh, Mn-Fr, FrJu,
Do.

1174. Herbst-Blutströpfchen, A. ánnua L. (em. Huds.), Zierpf. aus med u.
slt. in Schutt-Unkrautges. verwildt – Chrom. 2n = 32.

Familie der Sauerdorn-Gewächse, Berberidáceae

1   Sträucher, Blü. 6zählg, gelb, in Trauben od. Rispen, Fr. eine Beere
2   B. ungeteilt, stachelg gesägt, am Grund d. Kurzstiele meist 3teilige Dornen,
    Blü.trauben hängd, Beere längl., rot, 1–3 m, ♄, 5–6   **Berberis** 1175
2* B. gefiedert wintergrün, dorng gezähnt, Blüt.trauben aufrecht, Beere blau,
    1–2 m, ♄, 3–5   **Mahonia** 1176
1* Kräuter, Blü. 4zählg, rötl., B. doppelt 3zählg, Fr. eine Kapsel, 20–30 cm, ♃,
    4–5   **Epimedium** 1177

Sauerdorn, Bérberis L.

1175. **Berberitze, B. vulgáris** L., zml. hfg in Hecken, im Gebüsch, an Waldrändern od. in licht. Eichen- od. Kiefern-Wäldern, in Auen, auf sommerwarm., trock. bis frisch., nährstoff- u. basen-(kalk-)reich., mild., humos. od. ± roh., gern tiefgründg. Lehmböden, Licht-Halbschattpf., Zwischenwirt d. Getreiderostes, reizempfindl. Staubb.(Insekt.bestäubg), Vogel-Verbrtg, früher Heilpf. (Rinde), Fr. genießbar, auch Zierpf., Berberidion-Verb.char. – Ebene bis Gebirge, A bis 1750 m (Kalkgebiete), im nördl. Tiefld nur angepflzt u. verwildert – osmed-gemäßkont – P – Chrom. 2n = 28.

Neuerdgs hfg in Gärten gepflzt: **B. thunbérgii** DC., B. sommergrün (oft rot), 1–3 cm lg, oval-spatelg, ganzrandg, Blü. zu 1–2, Herkft: Japan, **B. verruculósa** Hemsl. et Wils., B. wintergrün, glänzd, dornig gezähnt (*Ilex*-artg), 1–2 cm lg, Blü. zu 1–2, Herkft: S-China u. a.

Mahonie, Mahónia L.

1176. **M. aquifólium** (Pursh) Nutt. (*Bérberis aquifólium* Pursh), hfg u. in tiefer. Lagen d. westl. Gebirgsteile glgtl. verwildt, Zier-, Park- u. Heckenstrauch, bevorzugt frische, nährstoffreiche (vornehml. kalkarme), lock. Mullböden in wintermild. Klimalage, frostempfdl., schattenliebd, Heimat: westl. N-Amerika – P – Chrom. 2n = 28.

Sockenblume, Epimédium L.

1177. **E. alpínum** L., slt. Zierpf. u. glgtl. verwildt in Parkanlagen, auf frisch., krautreich., beschatt. Mullböden (Carpinion-Standorte) – Heimat: Oberitalien-Albanien (opralp) – G – Chrom. 2n = 12.

Den *Ranunculáles* vorgeordnet sind in der alten Gesamtordnung *Ranáles* (*Polycarpicae*) die *Magnoliáles* (*Ranáles* p. p.); dazu gehören hfge Zier- u. Nutzpf. z. B. aus d. Familie der **Lauráceae** *Laūrus nóbilis* L. (Lorbeer) aus med, *Cinnámomum cámphora* N. et Eb. (Kampferbaum) aus O-Asien, *Sássafras officinális* Nees (Fenchelholz) aus N-Amerika u. a., aus d. Familie der **Magnoliáceae** die Magnolien (aus N-Amerika u. O-Asien) u. *Liriodéndron tulipífera* L. (Tulpenbaum) aus N-Amerika, aus d. Familie der **Calycantháceae** *Calycánthus flórida* L. (Erdbeer-Gewürzbaum) aus N-Amerika u. a.

Ordnung Hamamelidáles

Familie der Platanen-Gewächse, Platanáceae

Platane, Plátanus L.

1 B. bis über d. Mitte 5–7lappg eingeschnitt., mit gezähnt. Lappen, am Grund meist keilförmg-gestutzt (schwach herzförmg), Mittellappen am Grund

schmäler als lg, Rinde in größeren Schuppen abblätternd, 10–30 cm, ♄, 5
P. orientalis   1178
1* B. etwa bis zur Mitte eingeschnitt., meist nur 3–5lappg, mit ± ganzrandg.
Lappen, am Grund gestutzt-herzförmg, Mittellappen am Grund brter als lg,
Rinde etwas kleiner schuppg abblättd, 10–30 m, ♄, 5   **P. hybrida**   1179

1178. Morgenländische Pl., P. orientális L., slt. als Parkbaum gepflanzt,
Windbestäubg, etwas wärmeliebd u. frostempfindl. (bildet im medit. SO-
Europa auf grundwassernah. Schotterböden eigene Auen-Ges). – z. B.
Rh, Bo – omed – Chrom. 2n = 42.

1179. Bastard-Pl., P. × hýbrida Brot. (*P. × hispánica* Muenchh., *P. ×
acerifólia* [Ait.] Willd.), hfger, rel. winterharter u. anspruchslos. Parkbaum, vermutl. Kreuzung *P. orientális* mit nordamerik. *P. occidentális*
L. od. Mutante, opt. auf frisch., tiefgründg. Böden (Auenböden) in
Gebiet. ohne strenge Winterfröste (Buchenklima). Die reine *P. occidentális* L. (mit untersts behaart. u. wenig tief eingeschnitt. B.) wird kaum
mehr gepflanzt (im östl. N-Amerika Char. d. Ulmo-Aceretalia saccharini-
Auenwälder Knapp 1957) – P – Chrom. 2n = 42.

Familie der Zaubernuß-Gewächse, Hamamelidáceae

1180. Virg. Zaubernuß, Zauberhasel, Hamamélis viruniána L., (neben
H. japónica Sieb. et Zucc.) hfg in Gärten od. Anlagen als Zier- u. Nutzpf.
(Droge!), Blü. im Winter od. Vorfrühlg mit gelben, lineal. Blü.zipfeln,
vor Erscheinen d. Haselnuß-artg. B., z. B. Rh – Herkunft N-Amerika.

1181. Amerik. Storaxbaum, Liquidámbar styraciflúa L., (neben **L.
orientális** Mill. aus Kleinasien), slt. Zier- u. Nutzbaum (Weihrauch,
Drogen usw.) unserer Parkanlagen, B. Ahornb.-ähnl., v. all. Rh; in N-
Amerika z. B. in Auenwäldern d. Ulmo-Aceretalia sacch. R. Knapp
1957.

Ordnung Papaveráles (Rhoeadáles p. p.)

Familie der Mohngewächse, Papaveráceae

1   Alle Blü.b. gleich geformt, ohne Sporn, Pf. oft mit Milchsaft
2   Staubb. 4, Blü. gelb, Fr. schotenförmg, B. feinzipflg doppelt fiederteilg
    (*Hypecoideae*), 10–15 cm, ☉, 4–6   **Hypecoum** S. 423
2* Staubb. zahlreich *(Papaveroideae)*
3   Kelch 1blättrg (bzw. 2 B. verwachs.) mützenartg sich abhebd, Blü. gelb-rot,
    Milchsaft farblos, Zierpf., 30–50 cm, ☉, 6–10   **Eschscholtzia** S. 423
3* Kelch 2blättrg
4   Blü. doldg zu 2–6, 1–2 cm brt, gelb, B. gefiedert bis fiederspaltg, untersts
    blaugrün, Pf. mit gelb. Milchsaft, 30–50 cm, ♃, 5–9   **Chelidonium** S. 423
4* Blü. einzeln stehd, 2–10 cm brt, Pf. meist mit weiß. Milchsaft

5   Blü. kurzgestielt, gelb, b.achselstdg, Narbe 2lappg, Fr. schotenförmg,
    15–50 cm, ⊙, 6–8   **Glaucium**   S. 423
5* Blü. langgestielt, endstdg, rot, lila od. weiß, Narbe scheibenförmg
    (4–18teilg), Fr. kugelg od. keulg   **Papaver**   S. 424
1* Blü.b. ungleich, di- od. monosymmetr., mit Sporn od. Höcker
    (*Fumarioideae*)
6   Blü. herzförmg, hängd, rot-weiß, in nickd. Trauben, Zierpf., 50–80 cm, ⹘,
    5 6   **Dicentra**   S. 426
6* Blü. lippenblüt.-artg, in aufrecht. Trauben
7   Blü. 1–2 cm lg, Fr. längl., schotenförmg, B. 3zählg od. doppelt 3zählg, St.
    meist einfach, mit endstdg. Blü.traube   **Corydalis**   S. 426
7* Blü. 0,5–0,8 cm lg, Fr. kugelg, B doppelt gefiedert, St. meist verzweigt mit
    zahlreich. Blü.trauben   **Fumaria**   S. 427
    vgl. auch   **Corydalis claviculata**   1199

Gelbäugelchen, Hypécoum L.

1182. H. péndulum L., slt. als Zierpf. u. glgtl. verwildt in Schuttunkraut-
Ges., in med bezeichnd. Getreide-Unkraut (Secalinion med.-Art) – z. B.
nöRh – med – T.

Eschscholtzie, Eschschóltzia Cham.

1183. Kalifornischer Mohn, E. califórnica Cham., zml. hfg als Zierpf. u.
Bienenfutterpf. u. glgtl. in Schutt-Unkraut-Ges. (Sisymbrion) verwildt –
Heimat: Kalifornien – T – Chrom. 2n = 12.

Schöllkraut, Chelidónium L.

1184. Ch. május L., verbr. in Unkrautfluren, an Wegen, Wald- u.
Heckensäumen, Mauern u. Zäunen, in verwildert. Parkanlagen od.
Robinien-Forst., v. all. an mäß. beschatt. Standort., auf frisch.,
nährstoffreich., mild-mäß. sauer. humos., lock., steinig., sandg. od. rein.
Lehmböden, Stickstoffzeiger, Kulturbegleiter u. Siedlungszeiger, giftig,
früher Heilpf. (Ätzen v. Warzen), Insektenbestäubg, Ameisenverbrtg,
Glechometalia-Ordn.char., z.T. eigene Bestände bildend, auch in Arction-Ges. – Ebene bis mittl. Gebirgslagen, A bis 940 m – euras(subozean),
verschleppt – H – Chrom. 2n = 12.

Hornmohn, Glaūcium Mill.

1   St. fast kahl, Fr.schote warzg, Blü. gelb, Pf. blaugrün, 30–70 cm, ⊙, ⹘, 6–7
                                                       G. flavum   1185
1* St. behaart, Fr.schote steifhaarg, Blü. orange-gelb, 15–50 cm, ⊙, 6–8
                                                       G. corniculatum   1186

1185. Gelber H., G. flávum Crantz, slt., z.T. unbeständg, an d. Küste in
Spülsaumges. auf nährstoffreich. u. salzhaltg. Sandböd., auch in
Ruderalges. d. Binnenldes, v. all. in Gipskeupergebiet., Sals.-

Honkenyion-Verb.char. – SH (Helgoland), auch nöRh, Fr, Th, An – med-atl – T (H) – Chrom. 2n = 12.

1186. **Roter H., G. corniculátum** (L.) Rud., slt. u. unbestdg in Getreideäckern, an Schuttplätz., auf nährstoff- u. basenreich. Böden, wärmeliebd, v. all. im Caucal.-Adonidetum (Caucalidion), Secalinetea-Kl.char., auch im Sisymbrion – z. B. Rh, Th, An – med, verschleppt – T – Chrom. 2n = 12.

Mohn, Papáver L.

1   Pf. ausdauernd, Blü.std. b.los, Fr.kapsel längl.-zugespitzt, borstg, Alpenpf.,
    5–15 cm, ♃, 7–8   **P. alpinum** 1187
1* Pf. einjährg, zur Blü.zeit ohne grundstdge B.rosetten, Blü.st. meist beblättert
2   B. fiederteilg od. fiederspaltg, ± behaart, nicht st.umfassend, Blü. rot.
    Fr.kapsel kugelg od. keulenförmg
3   Fr.kn. u. Fr. kapsel kahl, Narbenscheibe flach, Staubfäd. gleichmäßg dick,
    B. einfach od. doppelt-fiederteilg
4   Fr.kapsel kugelg(-eiförmg), Narbenstrahlen 8–18,Blü.b. 2–4 cm lg, B. meist
    einfach fiederteilg od. fiederg gebuchtet, 20–80 cm, ☉, 5–7(–9)
                                                                   P. rhoeas 1188
4* Fr.kapsel keulenförmg, deutl. gerippt, Narbenstrahl. 4–10, Blü.b. 1–2 cm lg,
    B. einfach bis doppelt fiederteilg, 30–60 cm, ☉, 5–6   **P. dubium** 1189
3* Fr.kn. u. Fr.kapsel borstg, Narbenscheibe gewölbt, Staubfäd. keulg, B.
    meist doppelt fiederteilg
5   Fr.kapsel kugelg bis eiförmg, Narbenstrahlen 5–9, Blüb.b. d. off. Blü. sich
    mit Rändern deckd, Kelch dicht behaart, 20–50 cm, ☉, 5–6
                                                                 P. hybridum 1190
5* Fr.kapsel keulenförmg, Narbenstrahl. 4–5(–6), Blü.b. verschmält, sich nicht
    mit Rändern deckd, Kelch zerstr. behaart od. kahl, 10–30 cm, ☉, 4–5(–6)
                                                                P. argemone 1191
2* B. ± ungeteilt, wellg gekerbt-gesägt, kahl, blaugrün, st.umfassd, Fr.kapsel
    kugelg, groß, Blü. meist viol. od. weiß, Gartenpf., 30–150 cm, ☉, 5–7
                                                               P. somniferum 1192

1187. **Alpen-M., P. alpínum**-Gruppe, zerstr. in off. Steinschutt-Fluren d. alp. Stufe, auf sonnig., frisch., bewegt. Kalk-Grobschutthalden, Schuttkriecher u. schwach. Schuttstauer, Char. d. Thlaspietum rotund. (Thlaspion rotund.) – A 1850–2670 m – alp – H – Chrom. 2n = 14, formenreich:

1   B. mit vorwrts gerichtet. 1–2 mm brten B.zipfeln, Blü. weiß, slt. rosa

1187a. **Weißer A.-M., P. séndtneri** Kern. ex Hayek, so im Gebiet, Bayer. Kalkalpen – nordalp.

1* B.zipfel bis 6 mm brt, Blü. meist goldgelb

1187b. **Gelber A.-M., P. rhaēticum** Ler. ex Gremli, auf kalkhaltg. Schieferschutt in d. Zentral- u. S-Alpen – Tirol, Schweiz – alp.

Nah verwandt u. öfter als Zierpf. kultiv.: **P. cróceum** Ledeb. (*P. nudicaule*

L. s. l.) mit gelb. u. orangerot. Blü., sowie dunkel behaart. St. – Herkunft: Zentralasiat. Gebirge – Chrom. 2n = 28.

1188. Klatsch-M., P. rhoéas L., verbr. in Getreidefeldern, slt. auch auf Schutt, am Wege, im Bahnhofsgelände usw., auf sommerwarm., trock.-mäß. frisch., nährstoff- u. basenreich. (vorzugsw. kalkhaltg.), neutral-mild., ± humos. Lehmböden, Lehm- u. Kalk bevorzugd, bis 1 m tief wurzeld, Kulturbegleit. seit jüng. Steinzeit, früher Heilpf., Pollenblume, Windverbrtg, v. all. im Caucalidion u. anspruchsvoll. Ges. d. Aperion, Secalinetea-Kl.char., auch in Chenopodietea-Ges. – Ebene bis Gebirge, Ju bis 990 m – euras-med, weltweit verschleppt – T – Chrom. 2n = 14, formenreich.

1189. Saat-M., P. dúbium L., zerstr. in Getreidefeldern, auch an Wegen u. Dämmen, auf Schutt od. in Steinbrüchen., auf sommerwarm., trock. od. mäß. trock., nährstoff- u. basenreich., vorzugsw. kalkarm., neutral-mäß. sauer., ± humos. od. roh. Böd., etwas wärmeliebd, schwache Char. d. Papaveretum arg. (Aperion), auch in and. Aperion-Ges. od. im Caucalidion, ferner in Sisymbrion-Ges. – Ebene bis Gebirge, Ju bis 990 m, v. all. tiefere Lagen – med-smed – T, formenreich:

1 Milchsaft weiß bleibend, Staubb. bläul., freie Lapp. d. Narbenscheibe berühren sich nicht

1189a. **ssp. dúbium**, verbr. Sippe, s. o. – Chrom. 2n = 42.

1* Milchsaft an d. Luft gelb werdend, Staubb. gelbbraun, freie Lapp. d. Narbenscheibe berühren od. überlappen sich

1189b. **ssp. lecóquii** (Lamotte) Fedde (*P. lecóquii* Lamotte), slt., wie vor. v. all. ruderal im Sisymbrion, auch auf Schlägen od. in Äckern – Mn, Fr, Ju, Do – smed-subatl – Chrom. 2n = 28, 42.

1190. Bastard-M., P. hýbridum L., slt. in Getreidefeldern od. an Schuttplätzen, auf sommerwarm., nährstoff- u. basenreich. Lehm- od. Sandböden, wärmeliebd, Secalinetea-Kl.char., auch in Chenopodietea-Ges. – z. B. Hü, nöRh, RS, He, Th, An, Sa – med-smed, verschleppt – T – Chrom. 2n = 14.

1191. Sand-M., P. argemóne L., zerstr. in Getreidefeldern, slt. an Wegen, auf sommerwarm. u. sommertrock., ± nährstoffreich., ab. kalkfrei., mäß. sauer., humos. (-roh.), lock., leicht., bindig. Sandböden, Kulturbegleiter seit jüng. Steinzeit, Pollenblume, Windverbrtg, mit *Veronica triphyllos* od. *Vicia villosa* Char. d. Papaveretum arg. (Aperion), auch in Chenopodietea-Ges. – Ebene bis Gebirge (Alp. fehld) – med-smed, verschleppt – T – Chrom. 2n = 40, 42.

1192. Schlaf-M., P. somníferum L., hfge Zier- u. Nutzpf. (Anbau verbot.), glgtl. verwildt in Schuttunkraut-Ges. (Sisymbrion), liebt frische, nährstoff- u. basenreiche Lehmböden, im Gebiet seit jüng. Steinzeit gebaut, reife Samen zur Öl-, Milchsaft unreif. Mohnköpfe zur Opium-, bzw. Heroin-Gewinnung, Gift- u. Heilpf., meist nur in tief. u. wärm. Lagen – Herkunft unsicher, vermutet werden O-Asien od. Abstammg von d. w-med (borstg behaart.) *P. setígerum* DC. (im Gebiet an neolith. Fundplätz. nachgewies.) – T – Chrom. 2n = 22, 44.

Herzblume, Dicéntra Bernh. vgl. S. 423

1193. **Flammendes Herz, D. spectábilis** (L.) Lem., hfge Zierpf. (v. all. in Bauerngärten) aus O-Asien – H – Chrom. 2n = 16.

Lerchensporn, Corýdalis Vent.

1   Pf. kletternd, B. mit Rank., Blü. gelbl.-weiß, kl., 50–100 cm, ⊙, 6–9
                                              C. claviculata   1199
1* Pf. nicht kletternd
2   Blü. rötl., lila od. weiß, Pf. mit Wurzelknolle
3   Blü.traube 10–20blütg, meist aufrecht, Blü. 1,5–2,5 cm lg, St. nicht gegabelt, B. doppelt 3zählg
4   Wurzelknolle hohl, Hochb. d. Blü.stdes (Tragb. d. Blü.) meist ganzrandg, St. am Grund ohne Niederb., 15–25 cm, ♃, 3–4(-5)   **C. cava**   1194
4* Wurzelknolle voll, Hochb. d. Blü.stdes meist fingerg eingeschnitt., St. unter d. Laub-B. mit ein. schuppenförmg. bleich. Niederb., 5–20 cm, ♃, 3–4
                                              C. solida   1195
3* Blü.traube 1–6(8)blütg, z. Fr.zeit überhängd, Blü. 10–18 mm lg, Wurzelknolle voll
5   Tragb. d. Blü. oval ganzrandg, St. mit bleich. Niederb., i. d. B.achseln oft noch blühde od. sterile Seit.sprosse, 5–20 cm, ♃, 4–5
                                              C. intermedia   1196
5* Tragb. fingerförmg zerteilt, St. nie gabelästg, Pf. zart, 7–20 cm, ♃, 3–4
                                              C. pumila   1197
2* Blü. gelb, Pf. ohne Knolle, St. reich verzweigt u. beblättert, B. lauchgrün, 3fach 3zählg, 10–30 cm, ♃, 5–8   **C. lutea**   1198
                                  vgl. ferner **C. ochroleuca**   1198a

1194. **Hohler L., C. cáva** (L.) Schw. et Koerte (*C. bulbósa* Pers.), zerstr., ab. gesellg in krautreich. Buchen- u. Eichenwäldern, auch in Auenwäldern od. in Wein- u. Obstgärten, auf sicker- od. grundfrisch., nährstoff- u. basenreich., lock., tiefgründg., mild-mäß. sauer., humos. Lehmböden, Mullbodenpf., Nährstoff- u. Lehmzeiger, Bienenblume, Ameisenverbrtg, mit and. Geophyten, Buchen od. Eschen v. all. in Fagion- u. Carpinion-Ges., auch im Alno-Ulmion, Fagetalia-Ordn.-char., ferner im Geranio-Allietum (Fum.-Euphorbion) – Ebene bis Gebirge, A bis 1400 m, Lehm- u. Kalkgebiete, im Nordw. slt. – gemäßkont – G –Chrom. 2n = 16.

1195. **Fester L., C. sólida** (L.) Clairv., zml. slt. in krautreich. Laubmischwäldern, in Hecken, auf frisch., nährstoffreich., oft kalkarm., lock., mäß. sauer., humos., sandg. Lehmböden, Mullbodenpf., Bienenblume, Ameisenverbrtg, im Gebiet v. all. in Carpinion-Ges., anderwts auch im Fagion, schwache Fagetalia-Ordn.char., auch in Prunetalia- u. Alliarion-Ges., od. im Ger.-Allietum vin. – Ebene bis mittl. Gebirgslag. nördl. bis z. Linie NWe-Th-L – gemäßkont(-osmed) – G – Chrom. 2n = 16 (24, 32).

1196. **Mittlerer L., C. intermédia** (L.) Mér. [*C. fabácea* (Retz.) Pers.], zml. slt. in krautreich. Buch.- od. Bergahorn-Wäld., auch in Eichen- od. Ficht.-Wäld., im Gebüsch, auf frisch., nährstoff- u. basenreich., oft kalkarm., locker., mild.-mäß sauer., humos. Lehmböd. in luftfeucht. Klimalage, Mullbod.pf., Ameisenverbrtg, v. all. in Fagetalia-Ges. auch im Alliarion od. Adenostylion, – Ebene bis Gebirge, A bis 1580 m, im W u. Nordw. slt. od. fehld – gemäßkont – G – Chrom. 2n = 16.

1197. **Kleiner L., C. púmila** (Host) Rchb., slt. in licht. Laubmischwäld. auf nährstoff- u. basenreich., humos.-locker. Lehmböd., im Carpinion u. Alno-Ulmion – NS, Me, Br, An – mi.europ(gemäßkont) – G – Chrom. 2n = 16.

1198. **Gelber L., C. lútea** (L.) DC., hfg als Zierpf. u. glgtl. in wintermild. Lagen verwildt, in kalkhaltg., frisch durchsickert. od. etwas beschatt. Mauerspalten, Ameisenverbrtg, v. all. im Cymbalarietum (Centr.-Parietarion), auch im Potentillion caul. od. im S in Thlaspietea-Ges. – v. all. warme Tieflag. im S u. W d. Gebiet. – smed(südalp) – H – Chrom. 2n = 28, 56, 64.

1198a. **Blaßgelber L., C. ochroleúca** Koch, Blü. blaßgelb mit gelber Spitze, B.stiele berandet – slt. gepflzt u. verwildt, z. B. FrJu (Staffelstein), Thlaspietea-Art – osmed – H – Chrom. 2n = 28, 32 (64).

1199. **Rankender L., C. claviculáta** (L.) DC., slt. in Waldverlichtg. u. Waldsäum. auf sauer. humos. Sand- u. Lehmböd., im Alliarion, vgl. aber auch *Coryd. clav.-Epilobium ang.-*Ass.Hülb. u. Tx 68 (Epilobion ang.) – NWe, NS, NSH, SH, An, Me – atl – T – Chrom. 2n = 32.

Erdrauch, Fumária L.

1 St. schlaff, niederliegd od. kletternd, B. blaugrün, Blü.traube (3)4–10(20)blütg, reife Fr. glatt
2 Blü. 10–12 mm lg, weißl. mit viol. Spitze, Kelchb. 4–6 mm lg, Fr.stiele zurückgekrümmt, 30–100 cm, ⊙, 5–9   **F. capreolata** 1200
2* Blü. 5–7 mm lg, rot mit dunkler Spitze, Fr.stiele gerade, 30–60 cm, ⊙, 6–9   **F. muralis** 1201
1* St. aufrecht od. aufsteigd, reife Fr. rauh, B. blaugrün
3 Kelchb. (hinfällg) 1,5–3 mm lg, Blü. rot
4 Kelchb. brt 3eckg, so brt wie (5–7 mm lge) Blü., Tragb. ± so lg wie Fr.stiel, Blü.traube 8–20blütg, Fr. meist kurz bespitzt, B.zipfel 1–2 mm brt, 15–45 cm, ⊙, 6–9   **F. rostellata** 1204
4* Kelchb. mehr lanzettl., schmäler als (8–9 mm lge) Blü., Tragb. ± halb so lg wie Fr.stiel, B.zipfel 2–3 mm brt

5   Blü. dunkelrot, 7–9 mm lg, Blü.traube 20–40blütg, 10–30 cm, ☉, 5–9
                                          F. officinalis 1202
5* Blü. blaßrot, 5–7 mm lg, Pf. zart, mit sparrg ausgebrtet. Ästen, Blü.traube
    10–20blütg, 10–30 cm, ☉, 5–9   **F. wirtgenii** 1203
3* Kelchb. 0,5–1 mm lg (hinfällg!), B.zipfel 1–2 mm brt, Blü. 5–6 mm lg
6   Blü. blaßrot od. weißl., mit rot. Spitze, Hochb. (Tragb.) so lg bis halb so lg
    wie Fr.stiel, Blü.traube 5–12blütg
7   Blü. blaßrot, Fr. kugelg-stumpfl., B.zipfel flach, 10–25 cm, ☉, 5–9
                                          F. vaillantii 1205
7* Blü. weißl. mit rot. Spitze, Fr. kugelg-eiförmg, ± zugespitzt, B.zipfel rinng,
    15–30 cm, ☉, 6–9   **F. parviflora** 1206
6* Blü. dunkel-rosarot (slt. weiß), Hochb. $^1/_3$ bis $^1/_4$ so lg wie Fr.stiel, B.zipfel
    flach, Blü.traube 12–20blütg, 15–30 cm, ☉, 6–9   **F. schleicheri** 1207

1200. Rankender E., F. capreoláta L., slt. u. unbestdg in Unkrautfluren
v. Gärten od. (slt.) Schuttplätzen, auf frisch., nährstoffreich., kalkarm., lock. Lehm- u. Tonböden, v. all. in Heckensaum-Ges. (z. B. mit
Galium ap. im Alliarion), auch in Chenopodietea-Ges. – z. B. süRh,
Do, Fr, Mn – atl-med, in gemäß. Zonen heute weltweit – T – Chrom.
2n = 56, 64.

1201. Mauer-E., F. murális Sond. ex Koch, slt. u. unbestdg ruderal nur
im W d. Gebiet., in SW-Europa bezeichnende Art kalkarm., nährstoffreich. Hackunkrautges., dem mitteleurop. Eu-Polyg.-Chenopodie-
nion entsprechd – Fundorte? – atl – T – Chrom. 2n = 32.

1202. Gebräuchlicher E., F. officinális L., zml. hfg in off. Unkrautfluren
v. Gärten, Weinbergen, Äckern, slt. auch ruderal, auf frisch., nährstoff-
u. basenreich. (oft kalkarm.), mild-mäß. sauer., humos., lock. Lehm-
böden, bis 60 cm tief wurzld, Nährstoff- u. Garezeiger alter
Kulturböden, Kulturbegleit. seit jüng. Steinzeit, Heilpf., Bienenblume,
Ameisenverbrtg, Fumario-Euphorbion-Verb.char. – Ebene bis mittl.
Gebirgslagen, A bis 920 m, Ju bis 940 m (Lehmgebiete, Silikatgebirge z.
T. slt.) – eurassubozean-smed – T – Chrom. 2n = 14, 28, 32, formenreich.

1203. Wirtgen's E., F. wírtgenii Koch (*F. officinális* ssp. *wirtgenii*
Arcang.), slt. u. unbestdg, z. T. mit vor., in Gärten u. an Wegen – z. B.
süRh, Do, FrJu, Fr, Mn – T – Chrom. 2n = 48.

1204. Geschnäbelter E., F. rostelláta Knaf, slt. in Hackunkrautges.
nährstoffreich., meist kalkhaltger Lehmböd., auch ruderal, vermutl.
Fum.-Euphorbion-Art – Th, An, Sa – gemäßkont-osmed – T – Chrom.
2n = 14, 16.

1205. Blasser E., Vaillants E., F. vaillántii Loisel., zml. hfg in Acker-
Unkrautfluren, bes. in Getreidefeldern (Weizenäcker), auch in
Weinbergen, auf Brachen, an Wegen u. Mauern, auf sommerwarm.,
mäß. trock., nährstoff- u. meist kalkreich., ± mild., humos., oft steing.
Lehmböden, Stickstoffzeiger, etwas wärmeliebd, v. all. im Caucalidion
(Verb.char.), auch im Fumario-Euphorbion (DA Thlasp.-Veronicetum

pol.) – Ebene bis mittl. Gebirgslagen, Ju bis 800 m, Kalkgebiete – smedkont – T – Chrom. 2n = 32, formenreich:

1   Blü.traube kurz gestielt, kaum lger als ihr Stiel, Blü. blaß-rosa mit aufsteigd. Sporn

1205a. ssp. vaillántii, verbr. Sippe, s.o.

1* Blü.traube fast sitzd, lger als ihr Stiel, Blü. blaßlila mit herabgebog. Sporn u. ohne dunke Flügel

1205b. ssp. schrámmii (Aschers.) [*F. schrámmii* (Aschers.) Velen], slt. in Fum.-Euphorbion-Ges., z. B. Th, Br (sonst viell. übersehen).

1206. Kleinblütiger E., F. parviflóra Lam., slt. u. unbestdg in Ackerunkraut-Fluren, in Gärten od. an Wegen, auf warm., trock., nährstoff- u. basenreich. Stein-, Lehm- od. Tonböden, wärmeliebd, in S-Europa v. all. in Weizenäckern, vermutl. Secalinetea-Art, auch im Fumario-Euphorbion – Wärmegebiete, z. B. Rh, Hü, Ne, Mn, Fr, RS (Täler), An – smed-kont (verschleppt) – T – Chrom. 2n = 28, 32.

1207. Schleichers E., F. schléicheri Soyer-Will., slt. u. unbestdg in Unkrautges. v. Weinbergen, Gärten u. Äckern, auf Brachen, an Wegen u. Weinbergsmauern, im Gebüsch, auf sommerwarm., trock., nährstoff- u. meist kalkreich. Stein- u. Lehmböden, v. all. in Heckensäumen d. Alliarion-Verb., wohl auch im Fumario-Euphorbion – Wärmegebiete, z. B. Pf, Rh, Ne, Ju bis 800 m, Mn, He, Th, An – kont(-osmed) – T.

Ordnung Capparáles

Familie der Kreuzblütler, Brassicáceae (Crucíferae)

1   Fr. (schon in jung. Zustand) mehr als 3mal lger als brt, langschotg, oft geschnäbelt (Schote od. Gliederschote) (*Siliquosae*) (1* vgl. S. 432 unten)
2   Blü.b. vorhanden (2* vgl. S. 432 Mitte)
3   Blü. gelb od. blaßgelb (3* vgl. S. 431 oben)
4   St.b. herz- od. pfeilförmg, st.umfassd
5   Untere St.b. fiederspaltg-gefiedert, obere meist ganzrandg, Schoten ± 4kantg
6   St.b. am Grund pfeilförmg, B. dunkelgrün, ± glänzd, Schote kurz geschnäbelt   **Barbarea**   S. 461
6* St.b am Grund herzförmg, B. meist blaugrün, Schoten lg geschnäbelt
                                                                Brassica   S. 435
5* St.b. alle ungeteilt
7   Blü. goldgelb
8   Schote aufrecht, vgl.   **Brassica**   S. 435
8* Schote hängd, geflügelt, vgl.   **Isatis**   S. 445
7* Blü. weißl.gelb, vgl. auch bei Blü. weiß unt. 32*, S. 431
4* St.b. gestielt od. am Grunde deutl. verschmälert-sitzd

9 St.b. ungeteilt, ganzrandg od. auch gezähnt
10 Grundb. fiederspaltg, obere St.b. ungeteilt od. nur ± tief gezähnt
11 Blü. blaßgelb, Kelchb. aufrecht (vgl. *Sinapis*), oft aussackt u. wie St. bläul. bereift, Schote meist perlschnurartg gegliedert od. aufgeduns.
                                                                    Raphanus S. 440
11* Blü. ± lebhaft gelb, Schote schwach gegliedert, mit jedersts einer Samenreihe, nicht perlschnurartg gegliedert od. aufgeduns.
12 Schotenwand 3–5nervg, St. wenigst. unterwts ± steif behaart
13 Kelchb. abstehd, Blü.b. lger als ihr Nagel („Stiel")   **Sinapis** S. 438
13* Kelchb. aufrecht, deutl. ausgesackt, Blü.b. kürzer als ihr Nagel, vgl. 23
                                                                    Rhynchosinapis S. 438
12* Schotenwand 1nervg, od. undeutl. genervt, St. behaart od. kahl
14 Schoten deutl. (3–20 mm lg) geschnäbelt
15 Schoten 8–12 mm lg, aufrecht, d. St. anliegd, Pf.sparrg verzweigt, 50–100 cm, ☉, 5–7   **Hirschfeldia** S. 438
15* Schoten lger, 4kantg, anliegd od. abstehd, vgl.   **Brassica** S. 435
14* Schoten nur kurz (1–3 mm lg) geschnäbelt
16 B. meist kahl, Schote abgeflacht   **Diplotaxis** S. 439
16* B. ± behaart, Schote nicht abgeflacht   **Erucastrum** S. 437
10* B. alle ungeteilt, ganzrandg od. gezähnt-gesägt, Schoten ± kantg od. abgeflacht
17 Schotenwand 1nervg
18 Narben 2lappg, Blü.b. 20–25 mm lg, Schote abgeflacht, B. lanzettl.-lineal, St. unten verholzd, 20–50(–80) cm, ♃, 5–6   **Cheiranthus** S. 471
18* Narben ungeteilt, Blü.b. 4–18 mm lg, Schoten 4kantg, B. z. T. entfernt od. buchtg gezähnt   **Erysimum** S. 470
17* Schotenwand 3nervg, meist mit 1 kräftig. u. 2 schwach. Nerven, Schote undeutl. 4kantg, B. eiförmg-lanzettl., zugespitzt, gesägt-gezähnt
                                                                    Sisymbrium S. 472
9* B. ± durchweg fiederspaltg od. gefiedert

19 Schotenwand nervenlos, Schoten bis 1 cm lg, walzl., z. T. aufgeblasen, mit 2 (undeutl.)Samenreihen (Abb. 34)   **Rorippa** S. 467
19* Schotenwand mit deutl. Nerven
20 Schotenwand 3–5nervg, jedersts mit 1 Samenreihe
21 Schoten ungeschnäbelt od. undeutl. geschnäbelt
22 B. meist behaart, einfach bis 3fach fiederschnittig   **Sisymbrium** S. 472
22* B. 2–3fach gefiedert mit lineal. Zipfeln, graugrün, Blü.b. (oft fehld) grüngelb, so lg wie aufrechter 2,5 mm lg. Kelch, 20–50 cm, ☉, 5–7
                                                                    Descurainia S. 474
21* Schoten deutl. geschnäbelt
23 Kelchb. aufrecht, deutl. ausgesackt, Blü. dunkel geadert, St. unten behaart, 20–60 cm, ☉, 6–10   **Rhynchosinapis** S. 438
23* Kelchb. abstehd, nicht ausgesackt, vgl.   **Sinapis** S. 438
20* Schotenwand 1nervg
24 Schote deutl. geschnäbelt, jedersts meist mit 2 Samenreihen
25 Schotenschnabel rundl., Kelchb. während d. Blü. ± abstehd
26 B. ± kahl, Schote etwas abgeflacht   **Diplotaxis** S. 439
26* B. (wenigst. d. unter.) behaart, Schote rund od. 4kantg
                                                                    Erucastrum S. 437
25* Schotenschnabel schwertförmg, abgeflacht, Blü. blaßgelb, bräunl. geadert,

Schoten d. St. anliegd, Kelchb. aufrecht, 30–50 cm, ⊙, 5–6
Eruca S. 439

24* Schote undeutl. geschnäbelt (mit bleibd. Griffel), Schote jedersts mit 1 Samenreihe, B. kahl, glänzd, vgl. 6   **Barbarea** S. 461

3* Blü. weiß, rötl. od. lila-viol.

27 Grundstdge B. gefiedert od. fingerg geteilt od. Pf. ohne grundstdge B.

28 St. niederliegd-aufsteigd, kantg, Pf. ± rasenbildd, an nassen Standorten, vgl. dazu mit fleischg. B. u. verzweigt., rund. St., am Meeresstrand, 15–30 cm, ⊙, 7–10   **Cakile** S. 441

29 St. hohl, Staubb. gelb, Schoten rund, meist sichelförmg gekrümmt, unt. St.b. meist nur mit 3 Fiederpaar.   **Nasturtium** S. 466

29* St. markig, Staubb. viol., Schoten abgeflacht, gerade, Griffel lg u. dünn, unt. St.b. mit 4–5 Fiederpaar.   **Cardamine (amara)** S. 458

28* St. aufrecht

30 Pf. mit grundstdg. (oft früh welkend.) B.rosette, Fr. lg geschnäbelt
Cardamine S. 457

30* Pf. ohne grundstdg B.rosette, ansehnl., Fr. kurz geschnäbelt, Wurzelstock mit zahnartg. B.schuppen (Niederb.)   **Dentaria** S. 460

27* Grundstdge B. ± ungeteilt, nur fiederlappg od. gezähnt, auch St.b. meist ungeteilt

31 St.b. mit herz- od. pfeilförmg. Grund sitzd-st.umfassd

32 Blü. rein weiß, B. behaart od. kahl   **Arabis** S. 463

32* Blü. gelbl.-weiß, wenigst. St.b. kahl od. bläul. bereift

33 Schoten abstehd od. hängd

34 Schoten hängd, vgl.   **Arabis** S. 463

34* Schoten abstehd, 4kantg, St.b. eiförmg, stumpfl., blaugrün, 30–50 cm, ⊙, 5–7   **Conringia** S. 441

Abb. 34. Schote von *Rorippa* mit 2 Samenreihen (geöffnet).

33* Schoten aufrecht d. St. anliegd, Grundb. behaart, St.b. kahl, blaugrün, 50–
120 cm, ⊙, 6–7 **Turritis** S. 466
31* St.b. gestielt od. mit deutl. verschmälert. Grund sitzd
35 B. (wenigst. d. unter.) rundl.-herzförmg, gekerbt-gezähnt, netzrunzelg, kahl,
zerrieben nach Lauch duftd, 30–100 cm, ⊙, ♃, 4–5 **Alliaria** S. 472
35* B. (auch d. unter.) längl., meist behaart
36 Grundb. deutl. fiederspaltg
37 St. aufrecht
38 Schote perlschnurartg gegliedert od. aufgedunsen, Kelchb. 7–10 mm lg, aufrecht, Blü. meist weiß (slt. viol. od. gelbl.) **Raphanus** S. 440
38* Schote nicht gegliedert, dünn, abgeflacht, 1–4 cm lg u. 1–2 mm brt, oft
gekrümmt, Kelchb. 2–3 mm lg, St.b. kurz gestielt
Cardaminopsis S. 462
37* St. niederliegd mit einzelnen b.achselstdg. Blü., vgl.
Sisymbrium (Braya) S. 474
36* Grundb. ungeteilt, ganzrandg od. gezähnt, slt. an d. Basis ± fiederspaltg
39 Niedere Rosettenpf., St. spärl. beblättert
40 Schotenwand 3nervg, Schote walzl., abstehd, Blü.b. 2–6 mm lg, B. längl.-
lanzettl., gabelhaarg, St.b. sitzd **Arabidopsis** S. 475
40* Schotenwand 1nervg, Schote ± abgeflacht, Alpenpf. **Arabis** S. 463
39* Größere Pf., mit zahlreich. St.b., Blü. meist viol. u. wohlriechd
41 B. dunkelgrün, eiförmg-lanzettl., **Hesperis** S. 469
41* B. graufilzg, lineal-lanzettl. **Matthiola** S. 469
2* Blü.b. fehlen
42 Pf. kahl, B. einfach gefiedert, B.stiel am Grunde geöhrt
Cardamine S. 457
42* Pf. behaart, B. 2–3fach gefiedert **Descurainia** S. 474
1* Fr. (schon in jg. Zustand) höchst. 3mal lger als brt, kurzschotig, oft
abgeflacht (Schötchen) (*Siliculosae*)
43 Blü.b. vorhanden (43* vgl. S. 435 Mitte)
44 Blü. gelb, zuweil. verbleichd (44* vgl. S. 433 unten)
45 St. b.los, B. starr, bewimpert, in kl. Rosetten, Felspf. **Draba** S. 454
45* St. beblättert
46 St.b. sitzd, B.grund nicht st.umfassd
47 Schötch. ausgerandet, brillenartg, auf abstehd. Stielen (Abb. 35), Blü.
hellgelb in lock. Blü.std, B. längl.-keilförmg, rauhhaarg, 10–30 cm, ♃, 5–7
Biscutella S. 445
47* Schötch, kugelg, walzl. od. linsenförmg
48 Schötch. linsenförmg, B. ganzrandg, längl. lanzettl., meist graufilzg
Alyssum S. 452
48* Schötch. kugelg od. walzl.
49 Schötch. kugelg, warzg, gefurcht od. mit Leisten, B. buchtg gezähnt od
fiederspaltg, ± behaart

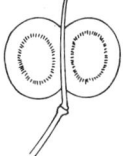

Abb. 35. Brillenschötchen von *Biscutella*.

Abb. 36. Nußschötchen von *Isatis*.

50 Schötch. einfach-kugelg, warzg od. zackg geflügelt, auf abstehd. od. aufrecht., dünn. Stielen, Pf. z. T. nur spärl. behaart **Bunias** S. 451

50*Schötch. zweigliederg, unten walzl.-stielartg, oben kugelg, aufrecht-anliegd, Äste sparrg abstehd, B. $\pm$ leierförmg **Rapistrum** S. 441

49*Schötch. walzl. od. kugelg, aber glatt, B. fiederspaltg od. ungeteilt, $\pm$ kahl, vgl. **Rorippa** S. 467

46*Obere St.b. mit herz- od. pfeilförmg. Grund st.umfassend

51 St.b. herzförmg, st.umfassd, ganzrandg, Schötch. flach, oben schmal geflügelt **Lepidium perfoliatum** S. 443

51*St.b. pfeilförmg, st.umfassd bzw. geöhrt

52 Schötch. flach, hängd, brtgeflügelt (Abb. 36), zuletzt schwarz-viol., Blü.std doldg-rispg, B. blaugrün, kahl, 50–120 cm, ⊙, 5–6 **Isatis** S. 445

52*Schötch. kugelg od. birnförmg, an aufrecht abstehd. Stielen, nicht abgeflacht

53 Pf. kahl od. fast kahl (wenige kurze Härch.), Blü.b. 2–3 mm lg

54 Schötch. birnförmg, B. blaugrün, zerrieben v. unangenehm. Geruch, 30–60 cm, ⊙, 5–6 **Myagrum** S. 451

54*Schötch. kugelg od. längl., mit deutl. Griffelrest, vgl. **Rorippa** S. 467

53*Pf. behaart, Ackerunkräuter

55 Schötch. birnförmg, 6–10 mm lg, Blü.b. 4–5 mm lg, hellgelb, 30–100 cm, ⊙, 5–7 **Camelina** S. 475

55*Schötch. kugelg, 1–2 mm brt, auf abstehd. Stielen, Blü.b. 2–3 mm lg, 15–50 cm, ⊙, 5–7 **Neslia** S. 451

44*Blü. weiß, lila od. rot, z. T. unscheinbar

56 St. b.los

57 Blü.b. tief 2teilg, B. lanzettl., ganzrandg od. $\pm$ gezähnt, in grundstdg. Rosette, Blü.stiele aufrecht-abstehd **Erophila** S. 456

57*Blü.b. ungeteilt, höchst. etwas ausgerandet

58 B. pfrieml. od. vorn 3(–5)spaltg

59 Alpine Polster-Rosettenpf., B. pfrieml.-keilförmg, starr, bewimpert

60 Blü. weiß, B. pfrieml., ungeteilt **Draba** S. 454

60*Blü. hell-lila, B. keilförmg, 3(–5)spaltg, 2–8 cm, ♃, 6–7 **Petrocallis** S. 454

59*Uferpf. od. untergetauchte Wasserpf., B. pfrieml. grasartg, 2–8 cm, ⊙, 6–7 **Subularia** S. 450

58*B. fiederspaltg od. gefiedert

61 B. leierförmg, fiederspaltg, äußere Blü.b. meist strahlg vergrößert, ca. 2 mm lg, Schötch. eiförmg, abgeflacht, Sandpf., 5–10(–15) cm, ⊙, 4–5 **Teesdalia** S. 448

61* B. fein gefiedert, Blü.b. alle gleich, Blü.b. ca. 3 mm lg, Schötch. lanzettl.,
Alpenpf., 5–10 cm, ♃, 5–8   **Hutchinsia** S. 449
56* St. beblättert, ± ästig
62 St.b. gestielt od. sitzd, nicht st.umfassd (62* vgl. S. 435 oben)
63 B. ungeteilt, rundl. od. längl., ganzrandg od. gezähnt (gelappt)

64 Blü.b. tief 2teilg, B. lanzettl., graugrün, Schötch. oval, etwas abgeflacht,
Staubb. mit zahnförmg. Anhängsel, 20–40 cm, ☉, 6–8(–10)
    Berteroa S. 453
64* Blü.b. ungeteilt, höchst. etwas ausgerandet
65 Blü.b. ungleich, d. äußer. strahlg vergrößt, B. lanzettl.-spatelg, ganzrandg
(schwach gezähnt)   **Iberis** S. 445
65* Blü.b. alle gleich groß
66 Blü.b. bis 2 cm lg, rot od. lila, B. herzförmg, gezähnt, Fr. flach-ellipt., 3–5 cm
lg u. 2–3 cm brt   **Lunaria** S. 452
66* Blü.b. höchst. 8 mm lg, meist weiß (rosa), Fr. viel kleiner
67 Schötch. kugelg-eiförmg B. kl. walzl.
68 St. spärl. beblättert, B. kl., spatelg, in Rosetten, ± behaart, Schötch. ±
rund, kl. Felspf., 10–20(–50) cm, ♃, 5–7   **Kernera** S. 454
vgl. ferner (Schötch. längl.)   **Draba** S. 454
68* St. reich beblättert u. meist ästg, Pf. kahl
69 Grundb. 20–80 cm lg, Schötch.wand nervenlos, 40–150 cm, ♃, 5–6
    Armoracia S. 457
69* Grundb. kleiner
70 B. längl.-lanzettl., Fr. behaart
71 Schötch. mit gekrümmt. Schnabel, St. reichl. verzweigt, kantg, Blü.b. lineal-
lanzettl., 20–35 cm, ☉, 5   **Euclidium** S. 452
71* Schötch. verkehrt-birnförmg, mit bleibend. gerad. Griffel, Blü.b. rundl.,
10–20 cm, ♃, 6–10   **Lobularia** S. 453

70* B. rundl. ganzrandg vgl.   **Cochlearia** S. 450
67* Schötch. linsenförmg, abgeflacht, ± geflügelt
72 Fr.fächer 1samg, B. grün, dünn, mit Kressegeruch   **Lepidium** S. 441
72* Fr.fächer 2–4samg, B. blaugrün, dickl., lineal-lanzettl., ganzrandg, 5–20 cm,
♃, 5–6   **Aethionema** S. 446
63* B. wenigst. z. T. fiederspaltg od. gefiedert
73 St. niederliegd od. aufsteigd, ästg, Blü.b. weng lger, od. kürzer als Kelchb.
74 Alle B. einfach od. doppelt fiederteilg mit b.gegenstdgen Blü.traub., Fr.
2knopfg, gerunzelt, Pf. mit Kressegeruch   **Coronopus** S. 444
74* Untere B. wenig fiederteilg od. wie obere ganzrandg, etwas fleischg, Fr.
eiförmg-längl., flach, Salzpf., 5–15 cm, ☉, 4–5   **Hymenolobus** S. 449
73* St. aufrecht, Blü.trauben endstdg
75 B. fast alle fein-fiederspaltg, Blü.std doldg, St. wenigästg
76 Blü.b. doppelt so lg wie Kelch, 3–5 mm lg, St. nur am Grunde beblättert,
Fr.stiele behaart, vgl.   **Hutchinsia** S. 449
76* Blü.b. kaum lger als Kelch, 1 mm lg, St. beblättert, Fr.stiel kahl, 2–10 cm, ☉,
4–5   **Hornungia** S. 449
75* B. nur teilweise, v. all. d. grundstdgen, grob-fiederspaltg, St. meist stark ästg
77 Schötch. kugelg-eiförmg, Grundb. 20–80 cm lg, gelappt-fiederspaltg
78 B. dunkelgrün, St. im ober. Teil ästg, vgl. bei 69   **Armoracia** S. 457
78* B. blaugrün, fleischg, St. v. Grund an sparrg-ästg, Küst.pf., 30–75 cm, ♃,

5–7   **Crambe** S. 440

77*Schötch. linsenförmg, B. kleiner vgl.   **Lepidium** S. 441

62*St.b. herz- od. pfeilförmg st.umfassd

79 Schötch. 3eckg, abgeflacht, keil-herzförmg, grundstdge B. meist fiederteilg, St.b. ganzrandg od. gezähnt, mit Sternhaar.   **Capsella** S. 449

79*Schötch. rundl. od. längl., abgerundet herzförmg od. geflügelt

80 Pf. behaart, Schötch. zuletzt waagrecht abstehd

81 St.b. pfeilförmg st.umfassd, längl., geschweift-gezähnt

82. Schötch. rundl., 4 mm brt, Pf. z. T. mit Kressegeruch   **Lepidium** S. 441

82*Schötch. herzförmg, ob. zugespitzt, ungeflügelt, Blü.std doldg, 30–50 cm, ⨄, 5–6   **Cardaria** S. 444

81*St.b. herzförmg st.umfassd, kl., eiförmg, jedersts mit 3 bis 4 Zähnen, Schötch. 4–7 mm lg   **Draba** S. 454

80*Pf. kahl

83 Grundb. ungeteilt, meist ganzrandg

84 Fr. kugelg-walzl., zugespitzt, Grundb. rundl.-oval, meist ganzrandg, St.b. z. T. entfernt gezähnt, od. gelappt   **Cochlearia** S. 450

84*Fr. abgeflacht, kreisförmg, geflügelt, B. ± längl.   **Thlaspi** S. 447

83*Grundb. fiederspaltg, St.b. buchtg gezähnt, Schötch. kugelg mit kl. Spitzch., St. aufsteigd, 20–50 cm, ⊙, 5–6   **Calepina** S. 440

43*Blü.b. fehlen

85 Untergetauchte Wasser- u. Uferpf. mit kl. pfrieml. B., vgl.   **Subularia** S. 450

85*Landpf., Unkräuter, B. wenigst. z. T. fiederspaltg od. gefiedert

86 St. niederliegd mit b.gegenstdg. Blü.trauben, B. mit Kressegeruch, vgl.   **Coronopus** S. 444

86*St. aufrecht mit endstg. Blü.trauben, Schötch. abgeflacht

87 Fr. keil-herzförmg, 6–9 mm lg, vgl.   **Capsella** S. 449

87*Fr. eiförmg, 2–3 mm lg, Pf. mit Kressegeruch, vgl.   **Lepidium** S. 441

Kohl, **Brássica** L.

1 Obere St.b. am Grunde abgerundet sitzd, od. herzförmg st. umfassd, Fr.schote auf abstehd. Stielen, deutl. geschnäbelt, 4–10 cm lg

2 Blü.b. 12–25 mm lg, schwefelgelb, Kelchb. aufrecht, Blü.traube locker, 50–150 cm, ⊙, 4–5(–9)   **B. oleracea** 1208

2* Blü.b. 7–14 mm lg, goldgelb, Kelchb. abstehd

3 Off. Blü. d. Blü.knospen überragd, Kelchb. fast waagr.abstehd, 4–5 mm lg, Blü.b. 7–11 mm lg, B. unten grün, oben blaugrün, 30–100 cm, ⊙, 4–5(–9)   **B. rapa** 1209

3* Off. Blü. von Blü.knospen überragt, Kelchb. aufrecht-abstehd, 6–8 mm lg, Blü.b. 10–14 mm lg, B. durchweg blaugrün, 60–120 cm, ⊙, 4–5(–9)   **B. napus** 1210

1* Obere St.b. gestielt od. stielartg verschmälert, Blü.b. 6–8(–10) mm lg, Fr. 1–5,5 cm lg

4 Fr.schoten abstehd, B. blaugrün

5 Fr.schnabel 1–6 mm lg, Schoten üb. d. Kelchansatz gestielt, üb. 3 cm lg, 50–100 cm, ⊙ –⨄ 6–9   **B. elongata** 1211

5* Fr.schnabel 6–12 mm lg, Fr.std rutenförmg verlängt, 40 bis 90 cm, ⊙, 6–9
B. juncea 1212
4* Fr.schoten aufrecht, anliegd, 2–3 mm gestielt, dünn u. kurz geschnäbelt, 4kantg, Blü. lebhaft gelb, alle B. gestielt, ± kahl, Pf. schlankästg–sparrg, 60–120 cm, ⊙, 6–9   **B. nigra** 1213

1208. Gemüse-K., B. olerácea L., hfg u. seit d. Antike in viel. Formen als Gemüse- u. Futterpf. kultiv., liebt frische, s. nährstoffreiche, milde humose Ton- u. Lehmböden in luftfeucht., wintermild. Klimalage, salzertragd, glgtl. verwildert in Schuttunkrautflur. (Sisymbrion), Stammpf. **B. olerácea** ssp. **olerácea**, wild an stickstoffbeeinflußt. med-atl Felsküsten (nördl. bis Helgoland) als Char. d. Brassicetum ol. (Crithmo-Limonietea) – Ebene bis Gebirge – med-atl – T, Ch – Chrom. 2n = 18, 36, 72, formenreiche Kultursorten, z. B. **Strauchkohle** (var. *olerácea*) mit Staudenkohl (Frankreich!), Rosenkohl; **Stengelkohle** (var. *acéphala*) mit Grün- u. Krauskohl, Stammkohl, Kohlrabi; **Kopfkohle** (var. *capitáta*) mit Weißkohl, Filderkraut, Rotkohl (Blaukraut), Wirsing usw.; **Blumenkohl, Karfiol,** als var. *botrýtis* vermutl. von *B. crética* Lam. abstammend.

1209. Rüben-K., Rübsen, B. rápa L., hfg u. seit d. jüng. Steinzeit in viel. Formen als Öl-, Gemüse- u. Futterpf. kultiv., anspruchsloser als *B. oleracea*, liebt frische, nährstoffreiche, ± kalkarme, neutral-mäß. saure humose, sandge od. reine Lehmböden, Bienenblume – med-smed, heute in gemäß. Klima weltweit – T (Ch) – Chrom. 2n = 20, 40.

1209a. ssp. campéstris (L.) Claph., Blü.std armblütg, Samen grau, grobnetzgrubg, Pf. 20–40 cm, Ackerunkraut (Polygono-Chenopodietalia) – z. B. Av, Fr (?) – viell. Stammpf. d. folgend.

1209b. ssp. oleifera Metzg., (*B. rápa* ssp. *campéstris* var. *oleífera* DC.), Pf. höher, Samen rotbraun, feingrubg, Ölpf. mit dünn. Wurzel, Winter- u. Sommer-Rübsen.

1209c. ssp. rápa (ssp. *rapífera* Metzg.), Gemüse- u. Futterpf. mit verdickt. Wurzel, Weiße Rübe, Stoppelrübe (nach Getreideernte im Juli/Aug. gesät), Mairübe.

1210. Raps, Reps, B. nápus L., hfg als Öl-, Gemüse- u. Futterpf. gebaut, auf frisch., nährstoff- u. basenreich., tiefgründg., sandg. od. rein. Lehmböden in wintermild., humid. Klimalage, bis 160 cm tief wurzld, glgtl. auch an Wegen od. Schuttplätzen verwildt (Sisymbrion), vermutl. aus Kreuzung *B. olerácea* × *B. rápa* hervorgegangen – Ebene bis mittl. Gebirgslagen – T (Ch) – Chrom. 2n = 38 (57, 76 in Kulturrassen) – formenreich:

1210a. ssp. nápus (ssp. *oleífera* DC.), Ölraps, Lewat.

1210b. ssp. rapífera Metzg. [var. *napobrássica* (L.) Peterm.], Kohlrübe, als Futter- u. Gemüsepf.

1211. Langtraubiger K., B. elongáta Ehrh., slt. u. unbestdg in Unkrautfluren, an Schuttplätzen, Dämmen u. Ufern, auch auf mäß. trock., kiesig.-sandg. Böden, Agropyretalia (Elymetalia)-Art – z. B. Rh, Do, Fr usw. – Herkunft kont – Ch (T) – Chrom. 2n = 22.

1212. Ruten-K., Sarepta-Senf, B. júncea (L.) Czernj., slt. u. unbestdg in Unkrautflur., an Schuttplätzen od. in Spülsaumges. z. B. d. Rheins, in wärmer. Ländern z. Senf- u. Ölgewinnung gebaut, auch Gemüsepf., Herkunft: Asien, vermutl. aus Kreuzung *B. oleracea* × *nigra* entstand., heute in warm-gemäß. Zonen weltweit – T – Chrom. 2n = 36.

1213. Schwarzer Senf, B. nígra (L.) Koch, hfg in unkrautig. Staudenfluren, oft gesellg an Ufern, slt. auch an Schuttplätzen, Wegen, als Ackerunkraut od. angebaut, wild auf sickernass., zeitw. überschwemmt., nährstoff- u. meist kalkreich., mild., humos., kiesig. od. sandg. Lehm- u. Tonböden, v. all. im Saum zwisch. Mittel- u. mittl. Hochwasser, Kulturpf. seit Römerzeit, Senflieferant, Heilpf., Fliegenbestäubg, Char. d. Bid.-Brassicetum nigr. (Chenopodion rubri), auch im Senecion fluv. – v. all. warme Stromtäler im S d. Gebiet., nördl. bis Saale, Elbe, Weser – smed – T – Chrom. 2n = 16.

Hundsrauke, Erucástrum Presl

1   Alle Blü. ohne Hochb. (Tragb.), Blü.b. 8–12 mm lg, lebhaft gelb, Kelchb. waagr. abstehd, 20–70 cm, ☉, 5–6   **E. nasturtiifolium**   1214

1* Untere Blü. mit Hochb., Blü.b. 7–8 mm lg, blaßgelb, 20–50 cm, ☉, 5–9(–11)   **E. gallicum**   1215

1214. Stumpfkantige H., E. nasturtiifólium (Poir.) O. E. Schulz (*E. obtusángulum* Rchb.), slt., ab. gesellg in Pionier-Ges., an See- u. Flußufern, auch an Mauern, Dämmen od. Schuttplätzen, auf grundfeucht. (frisch.), z. T. zeitw. überflut., nährstoff- u. ± basenreich., ± humos., meist feinerdearm. Stein-, Kies- od. Grobsand-Böden, Bienen- u. Fliegenblume, etwas wärmeliebd, Epilobion fleischeri-Verb.char., z. B. mit *Calamagrostis pseudophr.*, am Bo auch im Kiesufer mit *Barbarea vulg.* u. *Agrostis stolonif.* [Agr.(El.)-Rumicion] – v. all. Bo, slt. auch HRh, süRh, Allgäu, sonst nur adv. – pralp(-wsmed) – H, T – Chrom. 2n = 16, 32.

1215. Französische H., E. gállicum (Willd.) O. E. Schulz (*E. pollíchii* Schimp. et Spenn.), zerstr. in offen. Unkrautflur., auf Hackäckern u. Brachen, auch an Wegen, Dämmen od. Ufern, im Bahngeländc, auf frisch.-mäß. trock.. nährstoffreich., ± mild-sauer., humos., gern sandg., auch rein. Lehmböden, wärmeliebd (z. T. Winterblüher!), Char. d. Mercurialetum annuae (Fum.-Euphorbion), auch im Sisymbrion – v. all. im S d. Gebiet., bis NSH, Th, sonst nur unbestdg – subatl, verschleppt – T (H) – Chrom. 2n = 30.

Graukohl, Grausenf, Hirschféldia Moench vgl. S. 430

1216. H. incána (L.) Lagrèze-Fossat, slt. u. unbestdg in off. Unkrautfluren, an Wegen u. Schuttplätzen, in Kleeäckern, auf warmtrock., nährstoffreich. Sand- od. Lehmböd., wärmeliebd, Bienenpf., Salatpf., im Gebiet in Sisymbrion-Ges., im S-europ. Hauptverbrtgsgebiet Hordeion-Verb.char. – v. all. im S d. Gebiet. – med, in warmgemäß. Zonen heute weltweit – T – Chrom. 2n = 14.

Lacksenf, Rhynchosinápis Hayk. vgl. S. 430

1217. R. cheiránthos (Vill.) Dandy (*Brasicélla erucástrum* O. E. Schulz), slt. in lückig. Unkrautfluren, an Kiesplätzen, im Bahngelände, an Dämmen, in Sandfeldern, auf mäß. frisch. bis sommertrock., ± nährstoffreich., kalkarm., humusarm., ± bindg. Stein-, Kies- od. Sandböden (in humid. Klima), Silikatzeiger, wärmeliebd, Tagfalterblume, v. all. im Echio-Melilotetum (Dauco-Melilotion), auch (Diff.) im Set.-Galinsogetum (Dig.-Setarienion) od. in Corynephoretalia-Ges. – Rh (v. all. Offenburg bis Karlsruhe), Sch (Murg, Kinzig), Pf, Nahetal – atl-smed, im Gebiet an d. O-Grenze d. Verbrtg – T – Chrom. 2n = 48.

Senf, Sinápis L.

1   Obere St.b. gestielt, fiederspaltg-gefiedert, Fr.schnabel schwertförmg abgeflacht, Schote steifhaarig, meist gekrümmt, 4–8samg, Blü. hellgelb, 30–60 cm, ⊙, 6–7   **S. alba** 1218
1* Obere St.b. sitzd, ± ungeteilt, Fr.schnabel fast rund, Schoten meist kahl, 8–13samg, Blü. schwefelgelb, Kelchb. waagr. abstehd, 20–60 cm, ⊙, 5–6(–10)   **S. arvensis** 1219

1218. Weißer od. Gelber S., S. álba L., slt. u. unbestdg in Unkrautfluren, an Wegen u. Schuttplätzen, an Getreideumschlag-Stellen, auf Äckern, slt. gebaut, liebt frische-mäß. trock., nährstoffreiche, meist kalkhaltge, sandge od. reine Lehmböden, wärmeliebd, Fliegen- u. Bienenblume, Langtagpf., Gewürz- u. Heilpf. (Senf), auch Futterpf. (od. Grün-Düngungspf.), v. all. im Sisymbrion, in med: Secalinetea-Art – v. all. im S d. Gebiet., im N nur s. sporad. – Herkunft: omed (verschleppt) – T – Chrom. 2n = 24.

1219. Acker-S., Wilder S., S. arvénsis L., verbr. in Ackerunkraut-Fluren, auf Brachen, an Wegen u. Schuttplätzen, auf mäß. trock.-frisch. (auch mäß. feucht.), nährstoff- u. basenreich. (oft kalkhaltg.), mild-neutral., humos., sandg. od. rein. Lehmböden, üb. 1 m tief wurzld. Lehmzeiger, meidet saure Böden, Bienenblume (Bienenweide), minderwertig. Senf (oft beigemischt), v. all. im Sommergetreide, Verbreitgsschwerpkt in Caucalidion- u. anspruchsvoll. Aperion-Ges., auch (DV) im Fum.-Euphorbion od. Sisymbrion – Ebene bis Gebirge, A bis 1230 m – eurassubozean-smed (Herkunft: med-smed), in gemäß. Zonen heute weltweit – T – Chrom. 2n = 18.

Raukenkohl, Erúca Mill. vgl. S. 431

1220. E. satíva Mill. [*E. vesicária* (L.) Cav.], slt. u. unbestdg in Unkrautfluren, an Wegen od. in Gärten, auf frisch.-mäß. trock., nährstoffreich. Sand- u. Lehmböden, wärmeliebd, ehemals Heil-, Salat- u. Gemüsepf., in Sisymbrion-Ges., neuerdgs mit Grassaat. eingeschleppt, in S-Europa im Hordeion (Chenopodietea) – z. B. Rh, Fr – Herkunft: med – T – Chrom. 2n = 22.

Doppelsame, Diplotáxis DC.

1 Blü. gelb
2 Blü.b. 8–14 mm lg, St. meist bis z. Mitte beblättert, ohne Grundrosette, B.abschnitte 4–5mal so lg wie brt, zerrieb. v. scharf. Geruch, Fr. im Kelch kurzgestielt, 30–70 cm, ⟂, 5–7(10)   **D. tenuifolia** 1223
2* Blü.b. 3–8 mm lg, St. meist nur am Grunde beblättert, ± aufsteigd, mit Grundrosette, B.abschnitte höchst. 3mal so lg wie brt, Fr. im Kelch nicht gestielt
3 Blü.b. 6–8 mm lg, Kelchb. 3–4 mm lg, Blü.stiele etwa so lg wie Blü., 15–40 cm, ☉, 5–8   **D. muralis** 1222
3* Blü.b. 3–4 mm lg, Kelchb. 2–2,5 mm lg, Blü.stiele kürzer als Blü., 10–30 cm, ☉, 6–9   **D. viminea** 1221
1* Blü. weiß, später lila, Blü.b. 7–11 mm lg, St. beblättert, 30–50 cm, ☉, 4 6   **D. erucoides** 1224

1221. Dünnstengeliger D., D. vimínea (L.) DC., slt. u. unbestdg in lückig. Unkrautfluren von Gärten od. Weinberg., auf mäß. frisch., nährstoff- u. basenreich., lock. Ton- u. Lehmböden, wärmeliebd, meist Selbstbestäubg, mit *Mercurialis annua* in Fum.-Euphorbion-Ges. (z. B. Geranio-Allietum), in med Diplotaxidion-Art – nur im S d. Gebiet., süHü, Rh, Nahetal, Maingebiet – med – T – Chrom. 2n = ca. 20.

1222. Mauersenf, D. murális (L.) DC., zerstr. in off. Unkrautfluren von Hackäckern, Weinbergen, auch an Wegen, auf Schutt od. Mauern, auf mäß. trock., nährstoff- u. basenreich., ± mild. humos., lock. Böden, bis 60 cm tief wurzld, wärmeliebd, mit *Digitaria*-Arten v. all. im Eragrostion od. Fum.-Euphorbion, auch im Sisymbrion – v. all. im S u. W d. Gebiet. – med-smed, verschleppt – T – Chrom. 2n = 20, 22, 42, 44.

1223. Stinkraute, Schmalblättriger D., D. tenuifólia (L.) DC., zml. hfg in Unkrautges. an Wegen, Schuttplätzen, Dämmen, in Brachen, slt. im Acker, auf sommerwarm., trock.-mäß. trock., nährstoff- u. ± basenreich., roh. od. wenig humos., lock., vorzugsw. sandg. Böden, auch salzertragd, wärmeliebd, Rohbodenpionier, meist Insekt.bestäubg, Char. d. Dipl.-Agropyretum (Elymetum) [Conv.-Agropyrion (Elymion)], auch in Sisymbrietalia- od. Onopordetalia-Ges. – v. all. in d. warm. Tieflag. im S u. W d. Gebiet., im N u. NO slt. – med-smed, verschleppt – H (Ch) – Chrom. 2n = 14, 18, 22, 42, 56.

1224. **Raukenähnlicher D., D. erucoídes** (Torn.) DC., slt. u. unbestdg in Schutt- u. Verlade-Unkrautges. auf nährstoffreich. lock. Kies-, Sand- od. Lehmböden, wärmeliebd, in Sisymbrion-Ges., in S-Europa v. all. in Hackäckern u. Weinberg. als Diplotaxidion-Verb.char. – z. B. Rh – med – T – Chrom. 2n = 14.

Rettich, Ráphanus L.

1 Fr.schote perlschnurartg gegliedert, Blü. weiß od. blaßgelb, Kelch aufrecht 20–60 cm, ☉, 5–6(–10) **R. raphanistrum** 1225
1* Fr.schote zuletzt aufgedunsen, ungegliedert od. höchst. zweigliedrg, schwammg, Blü. weiß od. viol., 30–100 cm, ☉, 5–6 **R. sativus** 1226

1225. **Acker-R., Hederich, R. raphanístrum** L., hfg in Unkrautfluren d. Äcker, bes. Getreidefelder, auch an Schuttplätzen, auf frisch. od. mäß. frisch., nährstoff- u. basenreich., kalkarm., mäß. sauer., humos., lock., sandg. od. rein. Lehmböden, üb: 1 m tief wurzld. Versauerungszeiger, Ackerunkraut, Salatpf., Bienenweide, Kulturbegleit. seit jüng. Steinzeit, v. all. in Roggenfeldern, schwache Aperion-Verb.char., DV im Polyg.-Chenopodion, slt. in Sisymbrietalia-Ges. – Ebene bis Gebirge, A bis 1570 m – Herkunft: med-smed, in gemäß. Zonen heute weltweit mit subozean. Ausbrtgstendenz – T – Chrom. 2n = 18, formenreich.

Im S v. all. weißblütg; blaßgelbe Formen gern auf Sand u. mehr im N u. O d. Gebiet.

1226. **Garten-R., R. satívus** L., hfg in viel. Formen als Genuß-(auch Öl-) u. Heilpf. gebaut, liebt frische, gut gedüngte, humos-lock., sandge Lehmböden, Wurzel mit hoh. Senföl- u. Vitamin-Gehalt, vermutl. v. d. med *R. marítimus* L. u. *R. rostrátus* DC. abzuleiten – T – Chrom. 2n = 18 (36).

In verschied. Kulturform., z. B. schwarzer Winter- u. weiß. Sommerrettich, Monatsrettich u. (var. *satívus*) Radieschen.

Wendich, Calepína Adans. vgl. S. 435

1227. **C. irreguláris** (Asso) Thell., s. slt. u. unbestdg in lückig. Unkrautfluren von Schuttplätzen, an Wcgen, Dämmen, in Brachen u. Weinberg., auf trock., nährstoff- u. basenreich., sandg. od. rein. Lehm- u. Tonböden, salzertragd, Hauptverbrtg in med. Agropyretea(Elymetea)-Ges. – v. all. im Rheingebiet nördl. bis Köln – Herkunft: omed – T (H) – Chrom. 2n = 14, 28, 42.

Meerkohl, Crámbe L. vgl. S. 435

1228. **Cr. marítima** L., slt. in Spülsaumges. d. Vordünen od. auf off., nährstoffreich., sandg.-steing. Salzschlickböden d. Ostsee, geschützt, Char. d. Crambetum (Honk.-Crambion) – (no)atl – H – Chrom. 2n = (30), 60.

Meersenf, Cákile Mill. vgl. S. 431

1229. **C. marítima** Scop., nicht slt. in Spülsaumges. d. Vordünen auf Salzsandböd., salzresistent, terr. Char. d. Cakiletum mar. (Sals.-Honkenyion), oft im Kontakt mit d. Agropyretum junceifol. (Elymetum farcti), überreg. Cakiletea-Kl.char. – Nord- u. Ostsee-Küste – med-atl – Chrom. 2n = 18, formenreich:

1   B. 1–2mal fiederteilg

1229a. **ssp. báltica** (Jord.) Hyl., Ostsee

1*   B. z. T. ungeteilt

1229b. **ssp. marítima,** Nordsee.

Rapsdotter, Repsdotter, Rapístrum Crantz

1   Griffel viel kürzer als ober., kahl., gefurcht. Glied d. Schote, Blü. goldgelb, untere B. tief fiederspaltg, 30–80 cm, ⚃ (☉), 6–7   **R. perenne**   1230

1*   Griffel ± so lg wie ober., bewimpert. u. höckerig. Glied d. Schote, Blü. hellgelb, B. schwach fiederlappg, Fr.std verlängert, rutenförmg, 20–60 cm, ☉, 6–7   **R. rugosum**   1231

1230. **Ausdauernder R., R. perénne** (L.) All., slt. u. unbestdg in lückg. Unkrautges., an Schuttplätzen u. Wegen in halbruderal. Trock.ras., auf warm-trock., nährstoff- u. basen-(kalk-)reich. Böden, in Fest.-Brometea-, Agropyretea(Elymetea)-, od. Sisymbrion-Ges. – v. all. An, Th, auch Fr, Rh – europkont, im Gebiet an d. N-Grenze d. Verbrtg – H (G) – Chrom. 2n = 16.

1231. **Runzeliger R., R. rugósum** (L.) All., zerstr. in Acker-Unkrautfluren, gern in Klee- od. Luzerne-Feldern, auch unter Getreide od. ruderal, auf mäß. trock., nährstoff- u. basen-(meist kalk)reich., ± mild., humos. Ton- u. Lehmböden, Lehmzeiger, wärmeliebd, überreg. Secalinetea-Kl.char. – v. all. Rh (Niederung), sonst in Tieflag., im N unbestdg od. fehld – med-smed, heute in warm-gemäß. Zonen weltweit – T (H) – Chrom. 2n = 16, formenreich.

Ackerkohl, Conríngia Adans. vgl. S. 431

1232. **C. orientális** (L.) Dumort., slt. u. unbestdg in Ackerunkrautfluren, v. all. in Getreidefeldern (Weizen), auf Brachen, auch an Wegen u. Schuttstellen, auf sommerwarm., mäß. trock., nährstoff- u. basen- (meist kalk)reich., ± mild., humos. Lehm- u. Tonböden, wärmeliebd, Insektenbestäubg, Caucalidion-Verb.char., auch in Chenopodietea-Ges. – Ebene bis mittl. Gebirgslagen, Ju bis 840 m (v. all. Kalkgebiete u. im S d. Gebiet.) – omed(-kont), verschleppt – T – Chrom. 2n = 14.

Kresse, Lepídium L.

1   Obere B. st.umfassend

2   Alle B. ungeteilt, lanzettl., entfernt gezähnt, Blü. weiß, Schötch. geflügelt, ausgerandet

3   Pf. einjährg, St. meist einzeln, Blü.stiele locker behaart, Griffel 0,5 mm lg,
    Staubb. gelb, 20–40 cm, ☉, 4–6   **L. campestre** 1233
3*   Pf. ausdauernd, mit größer. fiederlappg. Grundb. u. mehrer. bogig-
    aufsteigd. St., Blü.stiele dicht behaart, Griffel 1 mm lg, Staubb. rotviol., 20–
    50 cm, ♃, 5–6   **L. heterophyllum** 1234
2*   Untere B. doppelt fiederteilg, obere ganzrandg, Blü. blaßgelb, 20–40 cm, ☉,
    5–6   **L. perfoliatum** 1236
1*   St. b. kurz gestielt od. sitzend, nicht st.umfassend
4   Schötch. oben spitz od. abgerundet, nicht ausgerandet, ± ungeflügelt
5   B. eiförmg-lanzettl., d. unter. groß, gesägt, d. ober. ganzrandg, Schötch.
    rundl.-ellipt., jg. weichhaarg, 30–100 cm, ☉, ♃, 7–8 **L. latifolium** 1237
5*   B. lanzettl., d. ober. lineal, kl., ± ganzrandg, Blü.äste rutenförmg
    verlängert, sparrg abstehd, Schötch. eiförmg-zugespitzt, kahl, 40–70 cm, ♃,
    6–9   **L. graminifolium** 1238
4*   Schötch. oben deutl. ausgerandet, meist schmal geflügelt
6   Schötch. 5–6 mm lg, St.b. doppelt-einfach gefiedert od. fiederschnittg, St.
    blaubereift, Blü.stiele aufrecht, Blü.b. bis 3 mm lg, 20–50 cm, ☉, 6–7
        L. sativum 1235
6*   Schötch. höchst. 4 mm lg, nur d. unter. (hinfällg.) St.b. fiederschnittg, d.
    oberen ungeteilt, Blü.stiele abstehd
7   Blü.b. meist fehld, wenn vorhand., fädl. u. kürzer als Kelch
8   Obere St.b. ± ganzrandg
9   Unt. B. fiederlappg-fiederteilg, Blü.traube bis 100blütg, verlängert, Schötch.
    rund, bis 3 mm brt, 20–40 cm, ☉, 6–8   **L. neglectum** 1241
9*   Unt. B. gefiedert, Blü.traube bis 50blütg, locker, Pf. v. scharf. Kressegeruch,
    Schötch. eiförmg, bis 2 mm brt, 10–30 cm, ☉, 5–7(–10) **L. ruderale** 1239
8*   Obere St.b. meist sägezähng, 5–15mal so lg wie brt, Pf. fast geruchlos, Fr.
    rundl. (bis 2,5 mm brt), Fr.std s. dicht, jge Kelchb. auffällg flaumg
    bewimpert, 15–40 cm, ☉, 5–8   **L. densiflorum** 1240
7*   Blü.b. deutl. sichtbar, 1 mm lg, lger als Kelchb., Schötch. rund, bis 3 mm brt,
    St.b. lineal-lanzettl., alle ± gesägt u. spärl. borstg bewimpert, Pf. mit
    Kressegeruch, 20–60 cm, ☉, 5–8   **L. virginicum** 1242

1233. Feld-K., L. campéstre (L.) R. Br., zml. slt. in lückig.
Unkrautfluren, auf Hackäckern, an Wegen, Dämmen od. Schuttplätzen,
auf mäß. trock.-frisch., nährstoff- u. basenreich., meist kalkhaltg., ±
humos. Lehm- u. Tonböden, Lehmzeiger, etwas wärmeliebd, v. all. im
Fum.-Euphorbion (Verb.char.), auch in Sisymbrion-Ges. – v. all. im S d.
Gebiet., Ju bis 1000 m, im nördl. Tiefld slt. od. fehld – med-smed,
verschleppt – T – Chrom. 2n = 16.

1234. Verschiedenblättrige K., L. heterophýllum (DC.) Benth. (*L. smithii*
Hook.), s. slt. verschleppt in Unkrautfluren, an Ufern, Wegen od. in
Äckern, auf frisch., nährstoff- u. basenreich. (meist kalkarm.) Böd., z. B.
mit *Barbarea vulg.* im Agr.(El.)-Rumicion od. in Onopordetalia-Ges. –
nur im westl. Grenzgebiet, Saar, Nahegebiet – atl-wsmed – in gemäß.-
ozean. Zonen heute weltweit – H – Chrom. 2n = 16.

1235. Garten-K., L. satívum L., alte Kulturpf., seit früh. Mittelalter hfg
im Gebiet als Frühlings-Salat, früher Heilpf. gebaut u. glgtl. in

Schuttunkrautfluren (Sisymbrion) vorübergehend verwildt, Insektenbe-stäubg, Stammpf. wahrscheinl. *L. sativum* ssp. *silvéstre* Thell. (Vorder. Orient bis Tibet) u. *L. sativum* ssp. *spinéscens* (DC.) Thell. (Ägypten bis Persien) – T – Chrom. 2n = 16.

1236. Durchwachsene K., L. perfoliátum L., s. slt. u. unbestdg in lückig. Unkrautfluren, an Wegen u. Ufern, auch auf Äckern u. in Brachen, in O-Europa in Salzweiden, auf frisch. (od. wechselfrisch.), nährstoff- u. basenreich., oft salzhaltg., mild., humos. od. roh. Lehm- u. Tonböden, sommerwärmeliebd, v. all. im Polygonion av., sltner Agr.(El.)-Rumicion, auch im Sisymbrion – v. all. im SO außerhalb d. Gebiet. – kont – T (H) – Chrom. 2n = 16.

1237. Breitblättrige K., L. latifólium L., s. slt. u. unbestdg in Unkrautges. verschleppt, früher als Küchengewürz gebaut, Küsten- u. Salzwiesenpf., auf frisch. (wechselfrisch.), salzhaltg., fest. Sand- u. Tonböden, wärmeliebd; Pionierpf. mit Kriechsprossen, v. all. im Agr.(El.)-Rumicion, auch für Senecion fluv. u. Sisymbrion angegeb. – v. all. Nord-u. Ostseeküste, auch binnenländ. Salzstell., z. B. nöRh, Ne – med(-kont) – H – Chrom. 2n = 24.

1238. Grasblättrige K., L. graminifólium L., slt. in lückig. Unkrautflu-ren, an Wegen, Dämmen, im Bahngelände, auf trock. warm., nährstoffreich. (oft kalkarm.), wenig humos., bindg. Stein- od. Sandböden, im Gebiet z.T. eingebürgert, Char. d. Hordeetum mur., Sisymbrion-Verb.char. (in S-Europa im Hordeion) – Rh, nöHü(-Pf), RS (Täler, Wärmegebiete) – med, verschleppt – H – Chrom. 2n = 16, 48.

1239. Weg-K., L. ruderále L., zerstr. in off. Unkraut- od. Trittpf.-Ges., an Wegen, im Bahngelände, in Vorstädten, auf trock. (-mäß. trock.), nährstoffreich., wenig humos., fest. bindg. Sand-, Kies- od. Lehmböden, Selbstbestäubg, Polygonion av.-Verb.char., auch in Sisymbrietalia-Ges. – Ebene bis mittl. Gebirgslagen (Av bis 800 m), v. all. im O d. Gebiet. – euraskont(-smed) – T (H) – Chrom. 2n = 32.

1240. Dichtblütige K., L. densiflórum Schrad., slt. in off. Unkrautfluren, an Wegen, Schuttplätzen, im Bahnhofs- u. Hafengelände, auf warm., trock. (-mäß. trock.), nährstoffreich., humusarm., durchlässig., bindg. Stein-, Kies- u. Sandböden, sandbevorzugd, lok. Char. d. Conyzo-Lactucetum (Sisymbrion), auch in Onopordion- u. Polygonion av.-Ges. – Rh (z. T. eingebürgert seit 1879), Fr, An, Th, usw. – Herkunft: N-Amerika – T (H) – Chrom. 2n = 32.

1241. Übersehene K., L. negléctum Thell., slt. u. unbestdg in off. Unkrautfluren, an Wegen, im Bahnhofs- u. Hafengelände, auf trock., nährstoffreich. Sand- u. Kiesböden, z. B. im Berteroëtum (Dauco-Melilotion), auch in Sisymbrion-Ges. – z. B. Rh (Hafenanlagen) – Herkunft: N-Amerika – T (H).

1242. **Virginische K., L. virgínicum** L., zerstr. (z.T. hfger als *L. ruderále*) in off. Unkrautges., an Wegen, Schuttplätz., im Bahn- od. Hafengelände, in Gärten, auf mäß. frisch. (mäß. trock.), nährstoffreich., ± humos., lock., lehmg. od. rein. Kies- u. Sandböden, sand- u. wärmeliebd, Neubürger seit etwa 1800, Sisymbrietalia-Ordn.char. auch im Polygonion av. od. Dauco-Melilotion – v. all. im S d. Gebiet. völlig eingebürgert, im N u. NO slt. od. fehld – Herkunft: Mittel- u. N-Amerika, in Europa sub-atl. Ausbrtgstendenz – T, H – Chrom. 2n = 32.

Pfeilkresse, Cardária Desv. vgl. S. 435

1243. **C. drába** (L.) Desv. (*Lepídium drába* L.), zerstr., ab. herdenbildld in Unkrautfluren an Wegen, Bahndämmen, in Hafenanlagen u. an Schuttplätzen, in Weinbergen, auf sommerwarm.-trock., nährstoff- u. basenreich., meist humusarm. Böd., wärmeliebd, üb. 1 m tief wurzld. Wurzel-Kriechpionier (Wurzelsprosse), Fliegen- u. Selbstbestäubg, Neubürger im Gebiet sei 1728, Char. d. Cardario-Agropyretum (Ely-metum) [Conv.-Agropyrion (Elymion)] – v. all. im S u. O d. Gebiet. (Wärmegebiete) – med-kont, in gemäß. Zonen heute weltweit – H – Chrom. 2n = 64.

Krähenfuß, Corónopus Hall.

1 Blü.stiele kürzer als Blü., Blü.b. weiß, lger als Kelch, Schötch. stark runzelg, B. 3–6 paarg gefiedert, Endzipfel eiförmg-lanzettl., 5–25 cm, ☉, 5–8
                                                              C. squamatus 1244
1* Blü.stiele lger als Blü. (u. Fr.), Blü.b. gelbl. od. fehld, kürzer als Kelch, Schötch. fast glatt, ausgerandet, B. feiner gefiedert, 5- bis 8paarg, Endzipfel lineal, Pf. zerrieb. mit Kressegeruch, 10–20 cm, ☉, 6–8
                                                              C. didymus 1245

1244. **Niederliegender K., C. squamátus** (Forsk.) Aschers. (*C. procúmbens* Gilib.), zml. slt. in off. Tret-Ges., auf Wegen u. Dorfstraßen, an Wegrändern u. Plätzen, auf frisch.-feucht. (wechselfeucht.), nährstoff- u. basenreich., ± humos. Lehm- u. Tonböden, salzertragd, Ammoniak- u. Tonzeiger, etwas wärmeliebd, früher Salatpf., Fliegen- u. Selbstbestäubg, Char. d. Poo-Coronopetum squam. (Polygonion av.) – Ebenc bis miltl. Gebirgslag., fehlt: Av, A u. Silikatgebirge – med-smed, weltweit verschleppt (v. all. Küstengegend.) – T – Chrom. 2n = 32.

1245. **Zweiknotiger K., C. dídymus** (L.) Sm., slt. in off. Tritt-Ges., an Wegen, zwisch. Pflastersteinen, auch in Gärten, auf frisch. (mäß. frisch.), nährstoffreich., kalkarm., ± humos., sandg. od. rein. Lehmböden (Steinböden) in humid. Klimalage, etwas wärmeliebd, Polygonion avic.-Verb.char., slt. auch im Polyg.-Chenopodion – v. all. im S u. W d. Gebiet. (in Städt. v. Rh seit 1808) – Herkunft: S-Amerika, in Europa mit subatl. Ausbrtgstendenz, heute weltweite Trittpf. in trop.-gemäß. Zonen – T – Chrom. 2n = 32.

Waid, Isatis L. vgl. S. 433

1246. **Färber-W., I. tinctória** L., zerstr., ab. gesellg in Unkrautfluren, an Wegen, Dämmen, in Steinbrüchen od. im Bahngelände, auch in lückg. Kalk-Magerrasen, auf sommerwarm., trock., $\pm$ nährstoff- u. basen-(meist kalk)reich., $\pm$ humos., lock. Böd. all. Art, wärmeliebde Pionierpf., Insekt.bestäubg, früher Färberpf. (Indigo durch Gärung d. Pf.), verwildt u. eingebürgert, lok. Char. d. Echio-Melilotetum (Dauco-Melilotion), auch im Conv.-Agropyrion (Elymion) od. in lückg. Festuco-Brometea- u. Thlaspietea rot.-Ges. – v. all. im S d. Gebiet., nördl. bis NSH, Th, An – europkont-smed, verschleppt – H – Chrom. 2n = 28.

Schleifenblume, Ibéris L.

1 Pf. krautig, 1–2jährig
2 B. keilförmg, meist entfernt gezähnt, Blü.std zuletzt traubg verlängt, locker, Blü. weiß od. blaßviol., 10–30 cm, ⊙, 5–8   **I. amara** 1247
2* B. lineal-lanzettl., obere ganzrandg
3 Blü.std doldg (schirmtraubg), Fr. durchgehd geflügelt, Blü. viol. od. rot, 30–50 cm, ⊙, 5–9   **I. umbellata** 1248
3* Blü.std kurztraubg, später verlängert, Fr. am Grunde ungeflügelt, Blü. hell-rosa-rot (weiß), 30–60 cm, ⊙, 6–7   **I. intermedia** 1249
1* Pf. halbstrauchg, ausdauernd, $\pm$ polsterbildend, 20–40 cm, ⧹, 4–5
4 Blü.tragde Äste krautg, B. lineal   **I. sempervirens** 1250
4* Blü.tragde Äste holzg, B. spatelg   **I. semperflorens** 1251

1247. **Bittere Sch., I. amára** L., slt. u. unbestdg in Getreidefeld., auf sommerwarm. u. $\pm$ trock., nährstoff- u. basenreich., oft steing. Lehm-od. Lößböd., Insekt.bestäubg, auch Zierpf. u. an Schuttplätz. verwildert, Char. d. Adonid.-Iberidetum am (Caucalidion), slt. im Sisymbrion – v. all. im W d. Gebiet. (Saar-Mosel, z. T. verscholl.), auch Rh, Mn, sonst s. slt. – wsmed-atl – T – Chrom. 2n = 14.

1248. **Doldige Sch., I. umbelláta** L., hfge Gartenzierpf. u. glgtl. an Schuttplätz. verwildert, Schwebflieg.blume – Herkunft: wmed – Chrom. 2n = 14.

1249. **Mittlere Sch., I. intermédia** Guers. **ssp. boppardénsis** (Jord.) Korn., slt. auf basenreich. Steinschuttböd., b. Boppard im Rumicetum scut. (Stipion cal.) – endem. (pralp-smed) – T – Chrom. 2n = 22.

1250. **Immergrüne Sch., I. sempervírens** L., hfge Steingartenpf., Her-kunft: ostmedit. Gebirge – Ch – Chrom. 2n = 22.

1251. **Immerblühende Sch., I. semperflórens** L., glgtl. Steingartenpf., frostempfdl., Herkunft: südital. Gebirge – Ch – Chrom. 2n = 22.

Brillenschote, Biscutélla L. vgl. S. 432

1252. **B. laevigáta** L., slt. in Felsbandrasen u. Felsspalt.-Ges., auch in Quellmoren d. Alpenvorlandes, hfger in alp. u. subalp. Steinrasen, auf sommerwarm.-mäß.trock.-frisch., meist kalk- od. sonst basenreich., neutral.-mild., humos. Steinböd., lichtliebd, Flieg.bestäubg, geschützt, gern mit *Sesleria* (vgl. Unterart.) – im ganzen: opralp-smed – H, formenreich:

1   B. kahl od. nur kurz rauh behaart, Grundb. bis 12 cm lg, meist gezähnt

1252a. **ssp. laevigáta,** so v. all. im Hochgebirge in steing. Blaugrashald., Seslerietalia-Ordn.char., auch im Thlaspeion rot. od. Erico-Pinion – A bis 2375 m, FrJu (Regensburg) – alp – Chrom. $2n = 36$.

1*   B. mit fein. weich. Haar., flaumg-filzg

2   B. stumpf gelappt

3   Grundb. lanzettl., bis 8 cm lg u. 12 mm brt, St. verzweigt, Fr.std locker

1252b. **ssp. vária** (Dum.) Rouy et Fouc. (*B. alsática* Jord.), slt. in Felsspalt. u. Felsbandges. auf basenreich. Steinböd., terr. Char. d. Bisc.-Asplenietum sept. (Androsacion vand.), auch im Potentillion caul., im Sesl.-Festucion od. Xerobromion – RS (Nahetal-Ahrtal), Ju (Donautal) – endem – Chrom. $2n = 18$.

3*   Grundb. lineal, bis 4 cm lg u. bis 7 mm brt, St. kaum verzweigt, Fr.std dichtdoldg

1252c. **ssp. aphýlla** Mach.-Laur., wie vor. v. all. in Felsspalt. u. Felsbandges. – Nahetal, FrJu (Naabtal), süHü (Els.) – endem – Chrom. $2n = 18$.

2*   B. ungelappt

4   B. brt-lanzettl., bis 12 cm lg u. 20 mm brt, lg gestielt, etwas aufgerichtet, stark gezähnt, St. v. Grund an verzweigt

1252d. **ssp. kérneri** Mach.-Laur., slt. in praealp. Trock.- u. Halbtrock.ras., auch im Erico-Pinion – Av – opralp – Chrom. $2n = 18$.

4*   B. lineal-lanzettl., höchst. bis 8 cm lg, gezähnt od ganzrdg

5   Grundb. lineal-lanzettl., bis 8 cm lg u. 15 mm brt, ganzrdg, St. v. Grund an verzweigt, Fr. 5 mm lg

1252e. **ssp. guestphálica** Mach.-Laur., slt. in Fels-Ges. d. Weserberglandes – NSH – endem – Chrom. $2n = 18$.

5*   Grundb. lanzettl., bis 5 cm lg u. 10 mm brt, gezähnt

6   Grundb. lg gestielt, mit spitz. Zähn., St. reich verzweigt

1252f. **ssp. grácilis** Mach.-Laur., slt. in Trockenras.ges. – Elbtal (Dresden-Magdeburg) – opralp – Chrom. $2n = 18$.

6*   Grundb. kurz gestielt mit stumpfl. Zähn., St. weng verzweigt

1252g. **ssp. tenuifólia** Bluff et Fingerh., slt. in lückg. Gipsschutt-Ges. – Th – endem – Chrom. $2n = 18$.

Steintäschel, Aethionéma R. Br. vgl. S. 434

1253. **A. saxátile** (L.) R. Br., zml. slt. in sonng., lückg. Steinschutt- u. Flußgeröll-Ges., slt. auch an Felsen, auf warmtrock. (od. wechseltrock.), kalkreich., bewegt., locker., z. T. sandg. Feinschutt- od. Kies-Böden, Pionierpf., wärmeliebd, v. all. im Chondrilletum (Epilobion fleisch.), auch im Stipion calamagr., Thlaspietea rot.-Kl.char. – Do-Av, A bis 1430 m – smed-pralp – Ch – Chrom. 2n = 24, 48.

Hellerkraut, Herzschötchen, Thláspi L.

1 St. kantg, Pf. zerrieb. mit Lauchgeruch, B. ± pfeilförmg, st.umfassd, Pf. einjährg
2 St. kahl, Fr.schötch. flach, fast kreisrund, bis 15 mm brt, brt geflügelt, 10–30 cm, ☉, 5–6(–9) **Th. arvense** 1254
2* St. unten abstehd behaart, Fr.schötch. eiförmg-kugelg, bis 7 mm lg, schmal geflügelt, 20–50 cm, ☉, 4–6 **Th. alliaceum** 1255
1* St. rund, Pf. ohne Lauchgeruch
3 Pf. einjährg, ohne sterile B.rosett., St.b. herzförmg sitzd, st.umfassd, ganzrandg, kahl, blaugrün, Blü. weiß, Fr.schötch. herzförmg, bis 6 mm lg, schmal geflügelt, 5–20 cm, ☉, 3–5 **Th. perfoliatum** 1256
3* Pf. mehrjährg, meist mit nichtblühd. Rosetten
4 Blü. weiß. od. blaßlila, Fr.traube verlängert
5 Pf. ohne ausläuferartg verlängte Triebe, Blü.b. 2–3 mm lg, Staubb. zuletzt viol., 5–25 cm, ☉, 3–5 **Th. caerulescens** 1257
5* Pf. mit ausläuferartg verlängt.,unterird. Trieben, B. wintergrün, Blü.b. 5–7 mm lg, Staubb. gelb, 10–25 cm, ♃, 4–5 **Th. montanum** 1258
4* Blü.hellviol., wohlriechd, Blü.b. bis 7 mm lg, Fr.traube verkürzt, doldg, 5–15 cm, ♃, 6–8 **Th. rotundifolium** 1259

1254. Acker-H., Th. arvénse L., zml. hfg in Unkrautfluren gehackt. Äcker, slt. auch im Getreidefeld od. an Schuttplätzen, auf frisch., nährstoff- u. basenreich., mäß. sauer.-mild., ± humos. Ton- u. Lehmböden, Lehmzeiger, bis 50 cm tief wurzld, Insekt.- u. Selbstbestäubg, Kulturbegleit. seit jüng. Steinzeit, Fumario-Euphorbion-Verb.char., slt. auch im Sisymbrion od. (nach Fruchtwechsel) in d. Secalinetea – Ebene bis mittl. Gebirgslagen, Ju bis 990 m, A bis 1327 m – euras-smed, verschleppt – T – Chrom. 2n = 14.

1255. Lauch-H., Th. alliáceum L., s. slt. in Acker-Unkrautfluren, auf mäß. frisch. (-sommertrock.), nährstoff- u. basenreich. Lehmböden, im Gebiet v. all. im Fum.-Euphorbion, in SO-Europa Secalinetea-Art – Pf (W-Glan), Av (verscholl.) – smed – T – Chrom. 2n = 14.

1256. Stengelumfassendes H., Th. perfoliátum L., zml. hfg in sonnig. lückg. Kalk-Magerrasen, an Erdanrissen, Wegen, Böschg., auch in Weinbergen u. Äckern, auf mäß. frisch., mäß. nährstoffreich., kalk- od. sonst basenreich., mäß. sauer.-mild., meist wenig humos. Lehm- u. Lößböden, wärmeliebde Frühlings-Ephemere, Flachwurzler (bis 5 cm tief), v. all. im Cerastietum, Alysso-Sedion-Verb.char., auch in Sesl.-Festucion- od. Brometalia-Ges. od. im Caucalidion bzw. Fum.-Euphorbion – v. all. Tieflag. im S d. Gebiet., nördl. bis NSH, Th, Sa, im nördl. Tiefld slt (Me, Br) od. fehld, Ju bis 980 m – smed(-kont) – T – Chrom. 2n = 42.

1257. **Alpen-H., Th. caeruléscens** Presl (*Th. alpéstre* auct.), slt. aber gesellg in Bergwies., an rasg. Böschung., slt. in Bergweid., auf frisch, nährstoff- u. ± basenreich., kalkarm., mäßg sauer., humos. Lehmböd., Frühjahrsaspekt-bildend, Insekt.bestäubg, v. all. in lückg. Rasenges. (Umbruchwies.), vgl. Unterart. – pralp – H (Ch) – Chrom. 2n = 14, formenreich:

1   Staubb. gelb (rötl.) bleibd, St. meist ästg, Blü.b. 2–3 mm lg, weng lger als Kelch, weiß od. blaßlila

1257a. **ssp. brachypétalum** (Jord.) (*Th. alpéstre* L. s.str.), zerstr. in bodensauer. Pol.-Trisetion-Ges. – Österreich, z. B. hfg im Montafon – wpralp.

1*   Staubb. blau-viol. werdend, St. meist einfach, Blü.b. 2,5–3,5(4) mm lg, bis 2mal so lg wie Kelch, blaßlila
2   Pf. 2–3jährg, Blü.b. bis 3 mm lg, so lg od. kürzer als Staubb.

1257b. **ssp. caeruléscens** (*Th. sylvéstre* Jord.), zerstr. in Berg-(auch Tal-)wies., v. all. Umbruchwies., Pol.-Trisetion-Verb.char., auch im Arrhenatherion – Av, süSch, RS, Th, Erzg, Elbs, Sa, L, slt. auch adv. ֊z. B. Fr, Br, Me.

2*   Pf. ausdauernd, Blü.b. bis 3,5 mm lg, lger als Staubb.

1257c. **ssp. calamináre** (Lej.) Mgf., slt. in lückg. Rasenges. v. Schwermetall-Hald., Thlaspion calam.-Verb.char. – RS (Aachen), NSH (Osnabrück) – nordw. Mi.europa, endem.

1258. **Berg-H., Th. montánum** L., slt. in licht. Kiefern- u. Eich.-wäldern, an Wald- u. Buschsäumen, in Blaugrashalden, auf frisch.-wechselfrisch., nährstoffarm., basenreich. (meist kalkhaltg.), mäß. sauer.-mild., humos., lock. oft steing. Lehm- u. Mergelböden, Insektenbestäubg, Kiefernbegleiter, schwache Erico-Pinion-Verb.char., auch im Quercion pubesc., Berberidion od. mit *Sesleria* in Brometalia-Ges. – Ne, Ju bis 1018 m, Ba, Bo, süHü (Els), Pf (verscholl.), Nahetal, Mn, Av, Th, An – pralp – Ch – Chrom. 2n = 28.

1259. **Rundblättriges H., Th. rotundifólium** (L.) Gaud., zml. hfg in alp. lückg. Steinschuttfluren, auf sickerfrisch., humus- u. feinerdearm., lock., bewegt., meist groben Kalkschutt-Böden, Schuttstrecker, Insekt.- u. Selbstbestäubg, Frostkeimer, Gemsenfutter, Char. d. Thlaspietum rotund. (Thlaspion rotund.), slt. Alpenschwemmling – A (1300–) 1600–2700 m – (o)alp – Ch – Chrom. 2n = 14.

Bauernsenf, Teesdália R. Br. vgl. S. 433

1260. **T. nudicáulis** (L.) R. Br., zml. slt. in off. Sandrasen, auf Dünen, an Wegen, auch in Äckern, auf trocken-durchlässg., nährstoff- u. basenarm., kalkfrei., mäß. sauer., humos. od. roh., locker. Sand- od. Silikatgrus-Böden, Sandzeiger, etwas wärmeliebd, Frühlingsephemere, Insekt.- u. Selbstbestäubg, v. all. im Corynephorion u. Thero-Airion

(Corynephoretalia-Art), auch Diff. im Arnoseridenion – v. all. Sand-gebiete, Sch bis 950 m – subatl(-smed) – T(H) – Chrom. 2n = 36.

Hirtentäschel, Capsélla Med.

1   Blü.b. d. Kelch überragd, Kelchb. grün, Fr. bis 10 mm lg, 10–30(50) cm, ⊙,
     3–10   **C. bursa-pastoris** 1261
1*   Blü.b. d. Kelch nicht überragd, Kelchb. rötl. od. rot berandet, Fr. bis 6 mm
     lg, 10–40 cm, ⊙, 4–10   **C. rubella** 1262

1261. C. búrsa-pastóris (L.) Med., verbr. in lückg. Unkrautfluren, in Äckern, Gärten, an Wegen u. Schuttplätzen, an Viehlägern, auf vorzugsw. frisch., nährstoffreich., meist humos. Lehmböden, bis 90 cm tief wurzlde Pionierpf., auch epiphytisch, Stickstoff- u. Gare-Zeiger, alter Kulturbegleit., Insekt.- u. Selbstbestäubg, große Samenproduktion (Menschen- u. Windverbrtg), v. all. in Polygono-Chenopodietalia- u. Sisymbrion-Ges., Chenopodietea-Kl.char., auch im Polygonion av. – Ebene bis Gebirge, A bis 2077 m – Herkunft: med(-kont), heute in gemäß. Zonen weltweit – T, H – Chrom. 2n = 32.

1262. Rötliches H., C. rubélla Reut., slt. u. unbestdg an Schuttplätz. (Sisymbrion), in med: Chenopodietalia mur.-Art – z. B. Rh – (w)med – Chrom. 2n = 16.

Salztäschel, Hymenólobus Nutt. ex Torr. et Gr. vgl. S. 434

1263. H. procúmbens (L.) Nutt. ex Sch. et Th., s. slt. auf feucht.-wechselfeucht. Salztonböd., Thero-Salicornietea-Art – An – med-atl – T – Chrom. 2n = 12, 24, formenreich.

1263a. **ssp. procúmbens,** Salzpf., s. o.

1263b. **ssp. pauciflorus** (Koch) Sch. et Thell., B. ± ganzrdg, Blü.b. ca. 1 mm lg, slt. auf Schaf- u. Gemslagerplätz. d. Zentral- u. S-Alp. als Char. d. Lapp.-Asperuginetum Br.-Bl. (Sisymbrion).

Stein-Kresse, Hornúngia Rchb. vgl. S. 434

1264. H. petraéa (L.) Rchb. (*Hutchínsia petraéa* R. Br.), s. slt. in sonng., lückg. Kalk-Magerrasen, auf Felsköpfen, an Erdanrissen, auf (sommer)trock., kalkreich., mild., ± humos., flachgründg., lehmg.-lock. Steinböden, wärmeliebde Frühlingsephemere, Char. d. Cerastietum (Alysso-Sedion), auch in lückg. Xerobromion-Ges. – süHü (Els), nöHü (Pfalz), Nahetal, Mn, FrJu, Th, An, NSH (Süntel) – smed(-subatl) – T – Chrom. 2n = 12.

Gemskresse, Hutchínsia R. Br. vgl. S. 434

1265. H. alpína (L.) R. Br., zerstr. in alp. Steinschuttfluren, auch tiefer im Flußgeschiebe als Alpenschwemmling, auf sickerfrisch., basenreich., locker., roh. Kalkschuttböden, Schuttkriecher, Insekt.bestäubg, v. all.

im Thlaspietum rotund., Thlaspion rotund.-Verb.char., auch im Arabidion caerul. od. Epilobion fleisch. – Av-A bis 2950 m – alp – Ch – Chrom. 2n = 12.

1265a. **ssp. alpína** v. all. im Gebiet, s.o.

1265b. **ssp. brevicaúlis** (Hoppe) Arcang., St. nur 2–4 cm, Blü.b. 1–2 mm brt, Blü.std flach, Schötch. stumpfl. – so mehr neutrophil, auf nährstoffreicher., ab. kalkärmer. Böden, Char. d. Arabidetum caer. (Arabidion caerul.) – Zentralalp. (ob im Gebiet ?).

Löffelkraut, Cochleária L.

1   Obere B. sitzd, st.umfassd, Blü. 8–10 mm brt
2   Fr.eiförmg-kugelg, 4–7 mm lg, Fr.stiele fast waagr. abstehd, so lg od. halb so lg wie Fr., Grundb. mit nierenförmg. B.grund, 20–50 cm, ⊙, ⁔, 5–6
                                 C. officinalis 1267
2* Fr. ± ellipt., Fr.stiele so lg od. kürzer als Fr.
3   Grundb. mit nierenförmg. B.grund, Fr. 4–7 mm lg, auf aufrecht-abstehd. Stiel., 15–30 cm, ⁔, 5–6   **C. pyrenaica** 1266
3* Grundb. mit keilförmg. od. abgerundet. B.grund, Fr. 8–15 mm lg, 20–30 cm, ⊙, ⁔, 5–7   **C. anglica** 1268
1* Obere B. gestielt (efeub.-ähnl.), 3–7lappg, Blü. 3–5 mm brt, 10–20 cm, ⊙, 5–6   **C. danica** 1269

1266. Pyrenäen-L., C. pyrenáica DC., slt. in nass. lückg. Pionierges., an Quell. u. in moorg. Gräb., auf kühl. sickernass., kalkhaltg. mild. Torfböd. mit Tuff-bildend. Moos., geschützt, Char. d. Cochl.-Cratoneuretum (Cratoneurion), im Kontakt mit d. Agr.(El.)-Rumicion u. Caricion dav. – Ne, Do, Av, FrJu, He (Rhön), RS (Aachen, Brilon) – pralp (-nosubozean) – H (Ch) – Chrom. 2n = 12.

1267. Echtes L., C. officinális L., slt. in Salzwies. d. Küste, im Binnenld z. T. verwildert aus alt. Kulturen (Heilpf., Antiskorbuticum), auch an Salzstell., Asteretea trip.-Kl.char. – Nord- u. Ostsee, sonst nur adv. od. unbestdg, z. B. NSH, Mn, usw. – no-arktsubozean, circ – H – Chrom. 2n = 24.

1268. Englisches L., C. ánglica L., zerstr. auf sandg. od. rein. Salzschlickböd., auf Salzwies. od. an Gräben, Puccinellion marit.-Verb.char. – Nord- u. Ostsee-Küste – (no)atl – T, H – Chrom. 2n = 48.

1269. Dänisches L., C. dánica L., zerstr. in lückg. Außenweid. d. Küste auf Salzschlickböd., an Graben-ränd., Char. d. Sag.-Cochlearietum dan. (Saginion marit.) – Nord- u. Ostsee – atl – T, H – Chrom. 2n = 42.

Pfriemenkresse, Subulária L. vgl. S. 433

1270. S. aquática L., s. slt. in Strandlingsfluren an flach. Seeufern, auf zeitw. unter Wasser stehd., sauer., humos., oligo (bis dys-)troph., ± schlammg. Sandböden zwisch. Mittel- u. Niederwasser bis rd 50 cm

Wassertiefe, z. B. mit *Littorella*, Char. d. Isoëtetum ech. (Isoëtion lac.) – Vog. SFW (ob noch ?), Fr – arkt-no(subozean), circ – W (T) – Chrom. 2n = 28, 30.

Hohldotter, Mýagrum L. vgl. S. 433

1271. **M. perfoliátum** L., s. slt. u. unbestdg in Getreide(Weizen)- od. Rapsfeldern, auf sommerwarm. u. -trock., nährstoff- u. basenreich. (kalkhaltg.) Lehmböden, wärmeliebd, Caucalidion-Verb.char., auch ruderal im Sisymbrion – v. all. im S d. Gebiet., z. B. nöRh, Ne, Do, Ju, heute fast überall verschwunden – Herkunft: omed, verschleppt – T – Chrom. 2n = 14.

Finkensame, Néslia Desv. vgl. S. 433

1272. **N. paniculáta** (L.) Desv., zerstr. in Getreidefeldern (v. all. Wintergetreide u. Weizen), auf sommerwarm., mäß. trock., nährstoff- u. basen- (meist kalk-)reich., ± rein. Lehm- u. Tonböden, Lehmzeiger, bis 60 cm tief wurzld, meist Selbstbestäubg, terr. Char. d. Sedo-Neslietum (Caucalidion), auch im anspruchsvoll. Aperion od. slt. im Sisymbrion – Ebene bis mittl. Gebirgslagen (v. all. montan u. im O d. Gebietes), Ju bis 1000 m, A bis 980 m, Kalk- u. Lehmgebiete, überall stark zurückgehd, im Nordw. fehld – euraskont, verschleppt – T – formenreich:

1 Fr. abgeflacht-kugelg, (ohne Griffel) 1,8–2,5 mm lg, 0,1 mm lg bespitzt

1272a. **ssp. paniculáta,** im Gebiet vorherrschde Sippe, s. o. – Chrom. 2n = 14.

1* Fr. durch deutl. Mittelrippe ± 4kantg, abgeflacht, (ohne Griffel) 2,5–3 mm lg, 0,2 mm lg bespitzt, auch nach unten kegelg verjüngt, Pf. dicht behaart

1272b. **ssp. thrácica** (Vel.) Bornm. (*N. apiculáta* Fisch., Mey et Avé-L.), slt. in Getreideunkrautges., basenreich. Böd., Caucalidion-Art (in med Secalinion-Art) – süHü (Istein) – omed.

Zackenschötchen, Búnias L.

1 Schötch. warzg, Fr.stiel bis 1,5 cm lg, 20–120 cm, ☉, ♃, 4–6
                                     B. orientalis 1273

1* Schötch, zackg geflügelt, Fr.stiel 2–4 cm lg, 20–40 cm, ☉, 5–7
                                     B. erucago 1274

1273. **Orientalisches Z., B. orientális** L., slt. u. unbestdg in staudenreich. Unkrautfluren, an Wegen, Schuttplätzen, im Bahngelände od. an Ufern, auf mäß. trock.-frisch., nährstoffreich., locker-humos. Ton- u. Lehmböden, Tiefwurzler, wärmeliebd (Salat- u. Futterpf.), Insekt.- u. Selbstbestäubg, Kleb-Verbrtg, mit *Artemisia vulg.* z. B. im Arct.-Artemisietum (Arction), auch im Aegopodion od. Conv.-Agropyrion (Elymion), wohl Artemisietea-Art, ferner auf Klee-Äckern mit *Rapistrum rugosum* –

Ebene bis mittl. Gebirgslag., Av bis 700 m (seit 17. Jahrh. im Gebiet) –
euraskont – H – Chrom. 2n = 14.

1274. Flügel-Z., B. erucágo L., slt. u. unbestdg in Schuttunkraut-Ges.
aus med eingeschleppt, gern auf Tonböden, in Sisymbrion-Ges., in med
im Hordeion – v. all. im S d. Gebiet., im N slt. od. fehld – med – T (H) –
Chrom. 2n = 14.

Schnabelschötchen, Euclídium R. Br. vgl. S. 434

1275. Syrisches Sch., E. syríacum (L.) R. Br., slt. u. unbestdg in ruderal.
Pionier-Ges., an Wegen u. Schuttplätzen, auf sommerwarm. u. -trock.,
nährstoffreich. Sand- u. Tonböden, nach d. Verhalten im SO-europ.
Hauptverbrtgsgebiet: Polygonion avicularis-Verb.char., auch im
Sisymbrion – z. B. Rh, auch Do – kont-osmed – verschleppt – T – Chrom.
2n = 14.

Silberblatt, Lunária L.

1   Alle B. gestielt, Schoten längl.-ellipt., zugespitzt, Blü. blaßviol., wohlriechd,
    30–120 cm, ♃, 5–7   **L. rediviva** 1276
1*   Obere B. sitzd, Schoten brt-oval, abgerundet, 30–100 cm, ☉, 4–6
                                                    L. annua 1277

1276. Wildes S., Ausdauerndes S., L. redivíva L., zml. slt. in schattig.
Schlucht- u. Bergwäldern, an steil. Waldhängen, auf sickerfrisch.,
nährstoff- u. basenreich., bewegt., lock., mäß. sauer-mild., humos.,
feinerdereich. Steinschutt-Böden (Kalk, Basalt, Porphyr, Gneis usw.), in
luftfeucht. Klimalage, Nachtfalter- u. Bienenblume, meist mit *Ulmus
glabra*, Char. d. Aceri-Fraxinetum (Tilio-Acerion) – v. all. im S d.
Gebiet., nördl. bis RS, NSH, Hz, Th, Sa, A bis 1360 m – pralp (ausserd.
balt.-mittelruss.) – H – Chrom. 2n = 30.

1277. Garten-S., L. ánnua L., zml. hfg bes. in Bauergärt. als Zierpf. u.
glgtl. in frisch. Ruderalges. verwildert, Falter- u. Bienenblume –
Herkunft: smed(-pralp) („nordmediterran") – Chrom. 2n = 28 + 2 B.

Steinkraut, Alýssum L.

1   Pf. krautg, einjährg, Blü.b. blaßgelb, verbleichd, 2–4 mm lg, Kelchb. bleibd,
    Schötch. behaart (4samg), Blü.std locker-traubg, 5–20 cm, ☉, 4–5(–9)
                                            A. alyssoides 1278
1*   Pf. ausdauernd, am Grund ± verholzd, Blü.b. goldgelb, 3–6 mm lg, Kelchb.
    hinfällg
2   B. schmal-lanzettl., 1–2,5 cm lg, Schötch. behaart (4samg), Blü.std anfängl.
    doldg-dicht traubg, 10–20 cm, ♃, 3–5   **A. montanum** 1279
2*   B. brt-lanzettl., entfernt gezähnt, graufilzg, bis 10 cm lg, Schötch. kahl,
    Blü.std rispg, 10–30 cm, ♃, 3–5   **A. saxatile** 1280

1278. **Kelch-St., A. alyssoídes** (L.) L. (*A. calýcinum* L.), zerstr. in sonng., lückg. Kalk-Magerrasen, auf Felsköpfen u. Steinhaufen, in Sandrasen, an Erdanrissen, in Steinbrüchen od. an Dämmen, auch auf Brachäckern, auf sommertrock. u. warm., ± nährstoffarm., basenreich., meist kalkhaltg., wenig humos., lock. Stein-, Sand- od. Lößböden, flachwurzld. Rohbodenpionier, Insekt.- u. Selbstbestäubg, terr. Char. d. Alysso-Sedetum, Alysso-Sedion-Verb.char., auch in and. Sedo-Scleranthetea-Ges. – Ebene bis mittl. Gebirgslagen, Ju bis 990 m, Av bis 855 m, (v. all. Kalkgebiete) – smed, verschleppt – T (H) – Chrom. 2n = 32.

1279. **Berg-St., A. montánum** L.

1   B. brt-lineal bis eiförmg (4mal lger als brt), dicht behaart, Blü.b. sattgelb,
    3–5 mm lg, Schötch. rund, behaart

1279a. **ssp. montánum,** zml. slt. in sonng. felsg. Trocken- u. Steppenrasen, auf warm., trock., basenreich., mäß. sauer.-mild., humos., flachgründg. Steinböden (Kalk, Dolomit, Porphyr), Spaltenwurzler bis 90 cm Tiefe, geschützt, Sesl.-Festucion-Verb.char., auch im Al.-Sedion od. in lückg. Fest.-Brometea-Ges. – süHü, Ju (bis 960 m), Bo, Mn, He, Th, An, slt. auch Br, Sa – europkont(-smed) – Ch – Chrom. 2n = 16.

1*   B. schmal-lineal (5mal lger als brt), locker behaart, Blü.b. blaßgelb, 3–4 mm
     lg, Schötch. ± ellipt., verkahld

1279b. **ssp. gmelínii** (Jord.) Hegi et E. Schm. (*A. arenárium* C. Gmel.), zml. slt., ab. gesellg in Sandrasen u. Dünen-Ges., auf trock., ± basenreich. (u. kalkhaltg.) neutral., humos., lock. Sandböden, geschützt, Char. d. Jurineo-Koelerietum bzw. Koelerion gl.-Verb.char. – nöRh, Mn – europkont – Ch – Chrom. 2n = 32.

1280. **Felsen-St., A. saxátile** L., slt. in sonnig. Felsband-Ges., auf trock.-warm., basenreich., flachgründg. Steinböden (Kalk, Dolomit, Basalt, Glimmerschiefer), oft als Steingart.pf. kultiv. u. glgtl. verwildt., Char. d. Diantho-Festucetum (Sesl.-Festucion pall.) – FrJu, Sa – osmed (-gemäßkont) – Ch – Chrom. 2n = 16.
Vgl. ferner: **A. murále** W. et K., hfge Steingartenpf. u. gelegtl. verwildert – osmed.

Silberkraut, Lobulária Desv. vgl. S. 434

1281. **L. marítima** (L.) Desv., öfter als Zierpf. in Steingärt. u. slt. verwildert, Insekt.bestäubg, Herkunft: Kanaren-Azoren, mit atl-med Verwilderungstendenz – H (T) – Chrom. 2n = 24.

Grau-Kresse, Bertéroa DC. vgl. S. 434

1282. **B. incána** (L.) DC., zerstr., ab. gesellg in sonng. Unkrautfluren, an

Wegen, Schuttplätzen, im Bahn- u. Hafengelände, an Dämmen u. in Kiesgruben, in Brachen u. Dünenrasen, auf trock., durchlässg., nährstoffreich. (vorwiegd kalkarm.), wenig humos. od. roh., bindg. od. rein. Kies- u. Sandböden, Sandzeiger u. Sandboden-Pionier, Bienen- u. Selbstbestäubg, gern mit *Bromus tectorum* od. *Oenothera*-Arten, Char. d. Berteroëtum (Dauco-Melilotion), auch in stickstoffbeeinflußt. Sedo-Scleranthetea- od. Agropyretea(Elymetea)-Ges. – v. all. Wärme- u. Trock.gebiete, in d. humid. Gebieten slt. u. unbestdg, sonst seit Mittelalter eingebürgert – kont, verschleppt – T (H) – Chrom. 2n = 16.

Steinschmückel, Petrocállis R. Br. vgl. S. 433

1283. **P. pyrenáica** (L.) R. Br., slt. in Felsspalten od. in Steinrasen d. alp. Stufe, auf sonng., feinerdearm. Kalk- od. Dolomit-Gestein z. B. mit *Draba aizoides,* geschützt, Potentillion caul.-Verb.char., auch im Thlaspion rot. od. Seslerion (Caricetum firmae) – A, rd 1700–2610 m – alp – Ch – Chrom. 2n = 14.

Kugelschötchen, Kérnera Med. vgl. S. 434

1284. **K. saxátilis** (L.) Rchb., zerstr. an sonng. Kalkfelsen d. subalp. u. alp. Stufe, in feinerde- u. humusarm., mild. Kalk- od. Dolomit-Felsspalten, auch im Kalk-Steinschutt od. als Alpenschwemmling im Flußkies, Potentillion caulesc.-Verb.char., slt. auch in Thlaspietea-Ges. – A bis 2080 m, auch Av-Do, Ju (FrJu 1 Fundort) – alp(-pralp) – Ch – Chrom. 2n = 14, 16 (32).

Felsenblümchen, Drába L.

1   St. b.los od. nur mit 1–3 St.b., Pf. meist mit nichtblühd. Rosetten, ausdauernd
2   Blü. gelb od. blaßgelb, B. lineal-lanzettl., randl. bewimpert, Pf. meist dichte Polster bildend
3   Schötch. 6–13 mm lg, auf 5–20 mm lgem Stiel, Blü.std 3–18blütg, B. lineal, 3–10 cm, ♃, 4–8   **D. aizoides**   1286
3*   Schötch. 4–7 mm lg, auf 1–5 mm lgem Stiel, Blü.std 1–9blütg
4   Blü.stiele 2 5 mm lg, B. lanzettl.-spatelg, Pf. lockerrasg, 2–6 cm, ♃, 6–7
                                                                  D. sauteri   1287
4*   Blü.stiele 0,5–1,5 mm lg, B. lanzettl.-lineal, Pf. in locker. Polstern, 1–3 cm, ♃, 7–8   **D. hoppeana**   1285
2*   Blü. weiß
5   Blü.stiele kahl, Blü.b. 2–3 mm lg, Schötch. längl.-ellipt., B. ± lanzettl.
6   Fr.traube verlängert, B. sternhaarg, spitz, bis 2 cm lg, St. meist 2blättrg, 3–10cm, ♃, 7–8   **D. siliquosa**   1288
6*   Fr.traube kurz (doldg), B. meist nur am Rande gabelhaarg bewimpert, stumpfl., bis 1 cm lg, St.b. 0–2, 2–5 cm, ♃, 7–8   **D. fladnizensis**   1289
5*   Blü.stiele behaart (sternhaarg), Blü.b. bis 5 mm lg, B. filzg behaart; stumpfl., bis 1 cm lg, ellipt.-eiförmg

7   Fr.schötch. längl. lanzettl.-zugespitzt, auf der Fläche kahl, St. locker stern-
    haarg, 2–10 cm, ⩁, 7–8   **D. dubia**   1290
7* Fr.schötch. oval-ellipt. (stumpfl.), auf d. Fläche ± behaart, St. dicht
    behaart, 3–6 cm, ⩁, 7–8   **D. tomentosa**   1291
1* St. mit mindest. 4 St.b., B. herz-eiförmg, Blü.std reichblütg, meist verzweigt,
    Schötch. längl.-ellipt., 3–8 mm lg, zuletzt ± waagr. abstehd
8   Blü.b. weiß, abgerundet, St.b. st. umfassd, Blü. dicht gehäuft, 10–20(–40)
    cm, ⊙, 4–6   **D. muralis**   1292
8* Blü.b. gelbl., ausgerandet, St.b. verschmälert sitzd, Blü. locker gehäuft, 10–
    30 cm, ⊙, 5–6   **D. nemorosa**   1293

1285. Hoppes F., D. hoppeána Rchb., slt. in nival., basenreich., off.
Feinschuttflur., Char. d. Drabo-Saxifragetum (Drabion hopp.), z. B.
Tirol, Schweiz –alp – Ch – Chrom. 2n = 16.

1286. Immergrünes F., D. aizoídes L., slt. an sonnig. Felsen od. in alp.
Steinrasen, meist in Felsspalten, slt. im Steinschutt, auf feinerdearm., ±
kalkreich., mäß. saur.-mild. Steinböden, Insekt.bestäubg, oft mit
Kernera, Potentillion caul.-Verb.char. (vgl. Unterart.) – Ch – Chrom.
2n = 16, formenreich:

1   Blü.std (1)5–8(10) cm hoch, 5–10blütg, gedrung.

1286a. var. aizoídes, so im Hochgebirge im Potentillion caul., aber auch
in Seslerietea- od. Thlaspietea-Ges. – A bis 2420 m – alp.

1* Blü.std bis 15 cm hoch, 10–18blütg, Fr.stiele bis 2 cm lg, Fr. schmal-lanzettl.

1286b. var. montána Koch, slt. in tieferen Lag. d. Alp., sowie im Ju
(Drabo-Hieracietum, Cardaminopsietum petr.), Potentillion caul.-
Verb.char. – A, Ju, Bo (Hohentwiel, verscholl.) – pralp.

1287. Sauters F., D. saúteri Hoppe, s. slt. an Kalk- (od. Dolomit-)felsen
d. alp. Stufe, z. T. offenbar auf etwas frisch., beschattet. od. durchsickert.
Steinböden, in Felsspalten u. im Steinschutt, Potentillion caulesc.-Art –
A (Berchtesgad. Alpen, 2090 m) – oalp – Ch – Chrom. 2n = 32.

1288. Kärtner F., D. siliquósa M. B. (*D. carinthiaca* Hoppe), slt. in alp.,
lückg. Steinrasen, gern in Gratlagen, auf frisch., basenreich. (oft
kalkarm.), mäß. sauer.-mild., humos., flachgründg. Stein- u. Steinschutt-
Böden, Elynion-Verb.char., auch in Felsspalten – A (Allgäu, 2160–
2420m) – alp – Ch – Chrom. 2n = 16.

1289. Fladnitzer-F., D. fladnizénsis Wulf., s. slt. in alp. Steinschutt- u.
Steinrasen-Ges., v. all. in Gratlagen, auf frisch. (schneewasserfeucht.),
basenreich., meist kalkreich., humos. od. roh. Stein- u. Schieferschutt-
böden, Drabion hopp.-Verb.char. (z. B. im zentralalpin. Drabo-
Saxifragetum Br.-Bl.), auch im Elynetum (Elynion) – A (Allgäu 1950–
2455 m) – alp-arkt – H (Ch) – Chrom. 2n = 16.

1290. Eis-F., D. dúbia Suter (*D. frígida* Saut.), s. slt. an alp. Felsen,
in exponiert., basenreich., oft kalkarm., mäß. saur.-mild. Felsspalten,

Asplenietea trich.-Kl.char., slt. auch im Steinschutt – A (Allgäu, 1950–2240 m) – alp – Ch – Chrom. 2n = 16.

1291. Filziges F., D. tomentósa Clairv., zerstr. an sonnig. Felsen d. alp. Stufe, in exponiert. Kalk-Felsspalten, sehr frost- u. trockenhart, Wintersteher, Char. d. Androsacetum helvet. (Potentillion caulesc.), slt. auch im Steinschutt – A 1700–2950 m – alp – Ch – Chrom. 2n = 16.

1292. Mauer-Hungerblümchen, D. murális L., slt. in lückg. Kalk- od. Sand-Magerrasen, an Erdanrissen, Mauern u. Böschungen, im Saum von Hecken u. Gebüsch, auf mäß.trock.-frisch., mäß. nährstoffreich., meist kalkhaltg., mäß. sauer.-mild., humos. od. roh., lock., offen. Böd. all. Art, ephemere Pionierpf., etwas wärmeliebd, in Alliarion-Ges., auch im Al.-Sedion mit *Arabidopsis* – süHü, nöRh, Pf, auch nöHü, Nahetal, Do, An (Elbe-Saale), Hz – smed (verschleppt) – T (H) – Chrom. 2n = 32.

1293. Hain-Hungerblümchen, D. nemorósa L., slt. auf sandg-lehmgen Böd. in einem lückg. Halbtrock.ras. mit Al.-Sedion-Art. an einer Dammböschg adv., aber seit Jahren beständg, Sedo-Scleranthetea-Kl.char. – Do (Straubing) – kont – T.

Hungerblümchen, Eróphila DC.

1   Schötch. längl.-ellipt., mindest. doppelt so lg wie brt, Staubb. lger als Fr.kn., B. spatelg-lanzettl., mit zahlreich. Stern- u. Gabelhaar., 2–15 cm, ☉, 2–4
               E. verna   1294
1*   Schötch. rundl.-ellipt., 3–4(–5) mm lg, B. meist spatelg, dickl., vorwiegd einfach od. gabelg behaart od. kahl
2   Schötch. fast kreisrund, höchst. 1 mm lger als brt, 2–8 cm, ☉, 2–3
              E. spathulata   1296
2*   Schötch. brt-ellipt., schwach zugespitzt, 2–10 cm, ☉, 2–3
               E. praecox   1295

1294. Frühlings-H., E. vérna (L.) Bess. (*Drába vérna* L. p.p.), hfg in off. Pionier-Ges., in lückg. Magerrasen u. Sandrasen, auf Äckern, an Wegen, Böschg., auf Mauern u. Kiesdächern usw., auf trock.-mäß. frisch., mäß. nährstoff- u. basenreich., mäß. sauer.-mild., ± humos., lock. Böd. all. Art, v. all. auf Sand, ephem. Flachwurzler, etwas wärmeliebd, Insekt.- u. Selbstbestäubg, gern mit and. Annuell. wie *Arenaria serp.*, *Cerastium*-Arten usw., v. all. in Sedo-Scleranthetea-Ges. (schwache Kl.char.), auch in Ackerunkrautges., z.B. im Papaveretum argem. (Aperion) od. Set.-Galinsogetum (Dig.-Setarienion) – Ebene bis mittl. Gebirgslagen, A bis 800 m, süSch bis 950 m – euras-med, verschleppt – T (H) – Chrom. 2n = 14, 24, 30, 32, 34, 36, 40, 52, 64, formenreich:

1   Fr.schötch. in od. weng über d. Mitte am breitest., 5–15 mm lg
2   B. lanzettl., Blü.b. 1,5 mm lg, Fr.schötch. bis 9 mm lg u. 2 mm brt

1294a. var. króckeri (Andrz.) A. et Gr.

2*   B. spatelförmg, derb, Blü.b. 2,5–4 mm lg, Fr.schötch. eiförmg, bis 15 mm lg u. 7 mm brt

1294b. **var. maiúscula** (Jord.) Hausskn.
1* Fr.schötch. am ober. Ende am breitest.
3 Fr.schötch. 4–5 mm lg, bis 2,5 mm brt, am Fr.stiel ± aufgerichtet abgebog., Fr.std meist hin- u. hergebog., Blü.b. tief gespalt.

1294c. **var. microcárpa** (Wib.) Mgf.
3* Fr.schötch. 5–10 mm lg, bis 5 mm brt, in Verlängerg. d. F.stiele abstehd

1294d. **var. clavifórmis** (Jord.) Schulz (einschließl. subvar. *obcónica* (DeBary) Mgf., *E. simplex* Winge).

1295. **Frühes H., E. praecox** (Stev.) DC., zml. slt. in lückg. Sand-Magerrasen od. Kalk-Trockenrasen, auf trock., nährstoffarm., meist basenreich. (oft kalkhaltg.), neutral-mäß. sauer., humos., lock. Sand-od. Lößböden, wärmeliebd, Sedo-Scleranthetalia-Ordn.char., auch in Festuco-Brometea-Ges. – Hü, nöRh, Ju, Do, Fr, im N fehld – med-kont – T (H) – Chrom. 2n = 32, 36, formenreich.

1296. **Rundfrüchtiges H., E. spathuláta** Láng, slt. in lückg. Sand-Magerrasen od. Kalk-Trockenrasen wie vor., wird v. all. für Sedo-Scleranthetea- u. Fest.-Brometea-Ges. angegeben – Fr, FrJu – kont (-smed) – T (H) – Chrom. 2n = 24.

Meerrettich, Armorácia G. M. Sch. vgl. S. 434

1297. **A. rusticána** G. M. Sch. (*A. lapathifólia* Gilib.), hie u. da seit alters gebaut u. zml. hfg verwildt in staudenreich. Unkrautfluren, an Wegen u. Zäunen, Schuttplätzen od. Gräben, bes. dörfl. Siedlungen, auf frisch., nährstoffreich., fetthumos., lock., tiefgründg., sandg. od. rein. Lehm-böden, mit Wurzelspross., senfölreiche Gemüse- u. Heilpf., gern mit *Chenopodium bonus-henr.* od. *Urtica*-Arten, Arction-Verb.char., auch im Aegopodion – Ebene bis mittl. Gebirgslagen, Av bis ca. 750 m – Herkunft: euraskont(-osmed), weltweit verschleppt – G (H) – Chrom. 2n = 32.

Schaumkraut, Cardámine L.
1 St. mit 2 bis mehr St.b.
2 B. gefiedert, fiederschnittg od. 3zählg
3 Blü.b. nicht lger als Kelch, weißl., oft verkümmert od. fehld, St.b. pfeilförmg geöhrt, gefiedert, mit gelappt. Fiederblättch., 10–30(–80) cm, ☉, 5–7
                                C. impatiens 1298
3* Blü.b. lger als Kelch, St.b. nicht geöhrt
4 Blü.b. 2–4 mm lg, weißl., etwa doppelt so lg wie Kelch
5 Grundb. mit keilförmg. Endblättch., St. kahl, z. Fr.zeit ohne Grundrosette, oft ± hin- u. hergebog., Fiederabschnitte d. St.b. schmal, ganzrandg, Blü. kurz gestielt, 5–20 cm, ☉, 5–7   **C. parviflora** 1300
5* Grundb. mit rundl. Endblättch., St. ± behaart, immer mit deutl. Grundrosette
6 St. 2–4blättrg, Blü.stiele 1,5–2 mm lg, Staubb. meist 4, St. weng behaart, 5–15 (30) cm, ☉, 3–5   **C. hírsuta** 1299

6* St. 4–10blättrg, Blü.stiele 3–4 mm lg, Staubb. meist 6, St. unt. behaart, ±
    hin- u. hergebog., Schot. aufrecht, 10–20(50) cm, ☉, 4–6(10)
                                                          C. flexuosa 1301
4* Blü.b. 5–10 mm lg, weiß od. lila
7 St. hohl, rund, meist aufrecht, Fiederblättch. d. St.b. ganzrandg, schmal,
    Blü. lila, Staubb. gelb, 15–30(–40) cm, ♃, 4–6   **C. pratensis** 1302
7* St. markg, kantg, meist aufsteigd, Fiederblättch. d. St.b. brt, ± eckg
    gezähnt, Blü. weiß, Staubb. viol. (vgl. *Nasturtium*, S. 466), 10–30(–60) cm,
    ♃, 4–6   **C. amara** 1303
2* B., wenigst. die unterst., ungeteilt, Blü.b. weiß, ca. 5 mm lg, kl. Alpenpf.
8 B. ungeteilt od. nur die ober. 3lappg, 2–8 cm, ♃, 7   **C. alpina** 1304
8* B. nur d. unterst. ungeteilt, d. ober. fiederschnittg, 5–15 cm, ♃, 5–8
                                                          C. resedifolia 1305
1* St. b.los od. einblättrg, grundstdge B. 3zählg, lg gestielt, seicht gekerbt,
    wintergrün, Blü.b. 10 mm lg, weiß (rosa), 10–15(–30) cm, ♃, 4–6
                                                          C. trifolia 1306

1298. **Spring.-Sch., C. impátiens** L., zerstr. in krautreich. Schluchtwäldern, Buchen- od. Fichten-Mischwäldern, auch an Waldwegen, am Fuße
von Felsen od. Mauern, auf sickerfrisch. od. grundfeucht., nährstoffreich., neutral-mild., humos., lock., vorzugsw. steing.-sandg. Lehmböden, Mullbodenpf., Insekt.- u. Selbstbestäubg, Springfrüchte (bis 5
m), Alliarion-Verb.char., v. all. im Kontakt mit Til.-Acerion- u. Alno-
Ulmion-Ges. – Ebene bis Gebirge, A bis 1800 m, (v. all. Kalk- od.
Lehmgebiete), im N slt. – euras(kont) – T (H) – Chrom. 2n = 16.

1299. **Vielstengeliges Sch., C. hirsúta** L., zerstr. in ± beschatt. Unkrautfluren von Gärten od. Parkanlagen, in Weinbergen u. Baumschul., im
Saum von Hecken u. Gebüsch, an Wegen u. Dämmen, auch in Äckern,
auf frisch., nährstoffreich., kalkarm., mäß. sauer., humos., lock., vorzugsw. sandg. Lehmböden, in wintermild. Klimalage, bis 35 cm tief
wurzeld, etwas wärmeliebd, meist Selbstbestäubg, v. all. im Alliarion,
auch in Polygono-Chenopodietalia-Ges., vielf. verschleppt – v. all. Tieflag. im S u. W d. Gebiet., A bis 1640 m, im N u. NO slt. – subatl-smed – T –
Chrom. 2n = 16.

1300. **Kleinblütiges Sch., C. parviflóra** L., slt. an Flußufern od. period.
überschwemmt., lehmg-sandg., lückg bewachsen. Schwemmböd., Char.
d. Poo-Cerastietum dubii [Agr.(El.)-Rumicion] – Br, An, L (Oder, Elbe,
Havel), nöRh – euraskont(-smed) – T – Chrom. 2n = 16.

1301. **Wald-Sch., C. flexuósa** With., zml. hfg in schattg. Quellfluren, an
nass. Waldwegen u. Waldgräben, im Bach-Eschenwald, an Waldbach-
Ufern, v. all. auf sicker- od. grundfeucht. (nass.), ± bodenoff., etwas
stickstoffbeeinflußt., kalkarm., mäß. sauer. humos. Ton- u. Lehmböden,
Gleyzeiger, Pionierpf., bildet Card. am.-flexuosa-Ges. (Cardamino-
Montion) – v. all. Silikatgebirge, A bis 1400 m, slt. auch Kalkgebiete, im
nördl. Tiefld slt. – (no-)eurassubozean, circ – H (T) – Chrom. 2n = 32.

1302. **Wiesen-Sch., C. praténsis**-Gruppe, verbr. in Fett-, Moor- u.
Naßwiesen, in Seggenbeständ., Auenwäldern öd. feucht. Laubmischwäldern, an Ufern, auf kühl., frisch.-feucht., nährstoffreich., mäßg-sauer.-
neutral., humos. Ton- u. Lehmböden, auch torfig. Böden, Nährstoffzeiger, Frühj.-Blü.aspekt d. Wiesen bildd, Insekt.bestäubg, Schleuderfr.,
in d. Wärme- u. Trockengebieten v. all. im Calthion, sonst in Arrhenatheretalia-Ges., auch in Molinietalia-, Phragmitetalia- od. Fagetalia-
Ges., vgl. Kleinart., im ganzen: no-euras, circ – H, formenreich:

1 Fr. 0,8–1,2 mm brt, Blü.b. meist weiß, 5,5–8 mm lg, St. am Grunde verzweigt

1302a. **C. matthíoli** Mor., in Kleinsegg.sümpf. (Caricetalia f.) – nur
S-Alp. bis Thuner See – Chrom. 2n = 16.

1* Fr. 1,2–1,5 mm brt, St. am Grunde meist unverzweigt, Blü.b. meist lila, lger
   als 8 mm
2 Erste Grundb. mit jed.sts 8–16 Teilblättch. u. kaum vergrößert. Endblättch.
3 Endblättch. d. zweitoberst. St.b. ungefähr so lg wie d. Rest d. B., Blü. z. T.
   weiß

1302b. **C. udícola** Jord., slt. in Großseggensümpf., Magnocaricion-Art,
auch im Filipendulion – Av – pralp – Chrom. 2n = 16, 32, 40.

3* Endblättch. d. zweitoberst. St.b. ± halb so lg wie d. Rest d. B.

1302c. **C. riváris** Schur, zml. slt. in Flach- u. Zwischenmoor, im
Caricetum f. od. „Caricetum rostr.", meist in höher. Lag. (üb. 900 m) – A
(S- u. O-Alp.) – Chrom. 2n = 16, 32.

2* Grundb. mit weniger Teilblättch. u. breit. Endblättch.
4 Teilblättch. d. unter. St.b. kurz gestielt, Kelchb. 4–6 mm lg, Blü. ± weißl.

1302d. **C. palústris** Peterm. (*C. dentáta* Schult.), zerstr. in Röhrichtges.
u. Großsegg.sümpf., Phragmitetalia-Art, auch im Alnion – z. B. Sch, Bo,
Me, Br – no – Chrom. 2n = 56–96.

4* Teilblättch. ungestielt, Kelchb. 3–4 mm lg, Blü. lila
5 Endblättch. d. Grundb. slt. breiter als 1,5 cm, Fr. 1,1–1,3 mm brt

1302e. **C. praténsis** L., verbr. v. all. in Wies. als Mol.-Arrhenatheretea-
Kl.char., auch im Aegopodion od. Alno-Ulmion – Ebene bis Gebirge (A
bis 1700 m) – euras, circ – Chrom. 2n = 16, 30, 40, 48.

5* Endblättch. meist breiter als 1,5 cm, Grundb. ± behaart, Fr. 1,3–1,6 mm brt

1302f. **C. nemorósa** Lej., zerstr. in mesophil. Laubmisch- u. Buch.wald-
Ges., v. all. auf Kalk, in Fagetalia-Ges., in Vog auch im Calamagrostion
– HRh, Ne, Ju (Sw-Alb), He, NSH – wpralp – Chrom. 2n = 16, 20.

1303. **Bitteres Sch., C. amára** L., zerstr. in Quellfluren od.
Erlenbruchwäld., (an ± beschatt.) Bächen u. Gräben, auf sickernass. od.
± rasch durchflut., kühl., nährstoff- u. basenreich., mild-mäß. sauer.
humos. Gleyböd., früher Heil- u. Salatpf. (Antiscorbuticum), meist
Insekt.bestäubg, v. all. in mont.-subalp. Lagen, Montio-Cardaminetea-
Kl.char. in Tieflagen seltner u. mehr an Gräben im Alnion od. Alno-

Ulmion – Ebene bis Gebirge, A bis 1860 m – (no-)eurassubozean – H – Chrom. 2n = 16, 32, formenreich.

1304. Alpen-Sch., C. alpína Willd., zerstr. in Schneeböden u. -tälchen d. alp. Stufe, in Karen, auf schneewasserfeucht., oft moosig. (8–9 Monate schneebedeckt.), mäß. nährstoffreich., mäß. sauer., humos. Lehm- u. Tonböden, Salicion herbac.-Verb.char. (auch im Arabidion caer., Cardamino-Montion od. Caricion curv.) – A 1660–2340 m – alp – H – Chrom. 2n = 16.

1305. Resedenblättriges Sch., C. resedifólia L., zerstr. in Steinschuttfluren d. alp. (u. subalp.) Stufe, auch an Felsen, auf ± sickerfrisch., kalkarm., feinerdearm., lock., z. T. bewegt. Feinschutt-Böden, angepaßt durch ausläuferartge Sprosse, Androsacion alp.-Verb.char., auch in Silikat-Felsspalten (Androsacion vandell.) – A 1950–2240 m, BayW (1200–1350 m) – alp – H (G) – Chrom. 2n = 16.

1306. Kleeblättriges Sch., C. trifólia L., zerstr. in mont.-hochmont., krautreich. Buchen- od. Fichten-Mischwäldern, auf sickerfrisch., nährstoff- u. basenreich. (meist kalkhaltg.), neutral-mild., humos., lock., steing. od. ± rein. Lehmböden, Mullbodenpf., Char. d. oalp Card. trif.-Fagetum (Fagion), auch slt. im Alno-Ulmion (Av) – Av, A bis 1210 m, v. all. östl. des Lech – opralp – G – Chrom. 2n = 16.

Zahnwurz, Dentária L.

1   B., wenigst. z. T. gefiedert
2   Blü.traube verlängert, obere B. ungeteilt, mit b.achselstdg., schwärzl.
     Brutknöllch., Blü. lebhaft lila, 30–50 cm, ♃, 4–5   **D. bulbifera** 1307
2*   Blü.traube nicht verlängert, alle B. gefiedert, ohne Brutknöllch., Blü. weiß,
     20–40(–60) cm, ♃, 4–5   **D. heptaphyllos** 1308
1*   B. handförmg, 3–5zählg gefingert
3   St.b. wechselstdg, 5zählg gefingert, Blü. rotviol. (slt. weiß), 20–40(–50) cm,
     ♃, 4–5   **D. pentaphyllos** 1309
3*   St.b. quirlg genähert, 3zählg gefingert, Blü. gelbl. weiß, 20–30 cm, ♃, 4–5
     D. enneaphyllos 1310

1307. Zwiebeltragende Z., D. bulbífera L. (*Cardámine bulbífera* Crantz), zml. slt., ab. gesellg in krautreich. Buchen- od. Buchen-Mischwäldern, slt. auch Eichenwäldern, auf sicker- od. grundfrisch., nährstoff- u. basenreich., mild-mäß. sauer., humos., lock., meist sandg. od. steing. Lehmböd., Mullboden-Kriecher, Insektenbestäubg (fertile Prozesse gehemmt), Verbrtg z.T. vegetativ (Bulbillen, z.T. Ameisen-verschleppt), terr. Char. d. Dent. bulb.-Fagetum, auch in ander. Fagion- od. frisch. Carpinion-Ges., schwache Fagion-Verb.char. – Ebene bis Gebirge, A bis 1430 m – gemäßkont-osmed(-pralp) – G – Chrom. 2n = 96.

1308. Fieder-Z., D. heptaphýllos Vill. (*D. pinnáta* Lam.), slt., ab. gesellg in krautreich. Buchen- u. Buchen-Tannenwäldern auf frisch., nährstoff-

u. basenreich., oft kalkhaltg., neutral-mild., humos., locker., meist
steing. Ton- u. Lehmböden, Mullbodenpf., Char. d. Dent. hept.-Fage-
tum (Fagion) – süHü (bis Freiburg u. Kaiserstuhl), süSch (Tieflagen
südl. Freiburg s. slt.), HRh, Ju (schweiz. Ju-Randen-Donaueschg.),
süVog – wpralp – G – Chrom. 2n = 48.

1309. Finger-Z., D. pentaphýllos L. (*D. digitáta* Lam.), slt., ab. gesellg v.
all. in Schluchtwäldern u. krautreich. Buchenwäldern od. Buchen-
Tannenwäldern, auf sickerfrisch., nährstoff- u. basenreich., mild-mäß.
sauer., humos., lock., meist steing. Lehmböden, Mullbodenpf., im
Gebiet v. all. im Aceri-Fraxinetum (Tilio-Acerion), überreg. Fagion-
Verb.char. – süSch (gegen HRh), Ju (schweiz. Ju – SW-Alb), Ba, Bo, Av,
A bis 1400 m – (w)pralp – G – Chrom. 2n = 48.

1310. Quirlblättrige Z., D. enneaphýllos L., slt., ab. gesellg in krautreich.
Buchen- u. Buchen-Tannen-Fichtenwäldern, auf frisch., nährstoff- u.
basenreich., neutral.-mäß. saur., humos., lock., steing. od. rein. Lehmböden, Mullbodenpf., Hummelblume, Char. d. Dentario enneaph.-
Fagetum, Fagion-Verb.char., slt. noch im Adenostylion – Av, A bis
1760 m, v. all. im O d. Gebietes, BayW, auch SFW, FrJu, Sa – opralp – G
– Chrom. 2n = 80.

Barbara-Kraut, Barbaréa R. Br.

1 B. unten fiederspaltg mit 1–4 Fiederpaar., oben ungeteilt, lappg gezähnt,
   Schoten dicker als ihre Stiele
2 Schoten aufrecht-abstehd, Blü.b. 5–8 mm lg, doppelt so lg wie Kelch,
   goldgelb, Griffel bis 2,5 mm lg, B.öhrch. abstehd, 30–70(–90) cm, ☉, 4–6
                                                    B. vulgaris   1311
2* Schoten steif-aufrecht, Blü.b. 4–6 mm lg, wenig lger als Kelch, hellgelb,
   Kelchb. an d. Spitze behaart, Griffel bis 1,5 mm lg, B.öhrch. anliegd,
   50–100 cm, ☉, 4–6   **B. stricta**   1312
1* B. alle fiederteilg, d. oberen z. T. mit lineal. Fiederabschnitt., Schoten kaum
   dicker als ihr Stiel
3 Grundstdge B. mit 3–5 Fiederpaar., Kelchb. 2,5–3,5 mm lg, Fr.schote
   1–4 cm lg, gerade, Fr.std dicht, 30–60 cm, ☉, 4–5   **B. intermedia**   1313
3* Grundstdge B. mit 6–10 Fiederpaar., Kelchb. 3,5–4,5 mm lg, Fr.schote
   4–6 cm lg, ± gekrümmt, Fr.std locker, 10–70 cm, ☉, 4–5
                                                    B. verna   1314

1311. Echtes B., B. vulgáris R. Br. [*B. ibérica* (Willd.) DC. s. l.], zml. hfg
in Unkrautfluren an Wegen, Dämmen, Ufern, v. all. in Bach- u.
Flußauen, auch in Waldschlägen od. Kiesgruben, an Ackerrändern, auf
sicker- od. grundfrisch. (feucht.), nährstoff- u. basenreich., humos. od.
roh., vorwiegd kiesg.-sandg. Lehmböd., Pionierpf., Insekt.bestäubg,
glgtl. Gemüsepf., Stromtalpf., Agr.(El.)-Rumicion-Verb.char., auch Artemisietea-Ges. – Ebene bis Gebirge, A bis 930 m – euras-smed. in gemäß.
Zonen heute weltweit – H – Chrom. 2n = 16, formenreich :

1 Endzipfel d. Grundb. kleiner als übrge B., Blü.traube locker
2 Endzipfel d. Grundb. herzförmg, Schot.stiele schräg abgespreizt, St. ästg, zu mehrer.

1311a. **ssp. vulgáris,** verbr. Sippe, s.o. – Chrom. 2n = 16.

2* Endzipfel d. Grundb. keilg verschmälert, Schot.stiele $\pm$ waagr. abstehd mit bogg aufsteigd. Fr., St. weng ästg

1311b. **ssp. arcuáta** (Op.) Simk., Verbrtg u. Soziol. ungenügd bekannt – Chrom. 2n = 16, 18.

1* Endzipfel d. Grundb. so groß wie übrge B., Blü.traube dicht, Fr.schot. $\pm$ aufrecht, etwas diffus u. gern einstswendg, kaum dicker als ihr Stiel (habituell an *B. stricta* erinnernd, vgl. aber Griffel), St. einzeln

1311c. **ssp. rivuláris** (Martr.-Don) Rothm., in Aegopodion-Ges., v. all. im O d. Gebiet., z. B. BayW, Do Av.

1312. **Steifes B., B. strícta** Andrz., slt. in Flußufer-Staudenfluren, im Spülsaum von Strömen u. Bächen, zwischen Weidengebüsch, an Wegen u. Schuttplätzen, auf feucht. (z. T. zeitw. überschwemmt.), nährstoff- u. meist kalkreich., humos. od. $\pm$ roh. Sand-Lehmböd., Pionierpf., Stromtalpf., Char. d. Chaerophylletum bulbosi (Aegopodion), auch im Agr.(El.)-Rumicion – Ebene bis mittl. Gebirgslag. (A bis 800 m), v. all. im O d. Gebiet., im W slt. od. fehld – euras(kont), verschleppt – H – Chrom. 2n = 16.

1313. **Mittleres B., B. intermédia** Bor., slt. in Unkrautfluren, an Ufern, Schuttplätzen u. Wegen, in Äckern u. Gärten, auf frisch., nährstoffreich., humos. od. roh. Böd. all. Art, Pionierpf., im Gebiet v. all. in Polyg.-Chenopodietalia- od. Alliarion-Ges., auch im Agr.(El.)-Rumicion od. Sisymbrion – Rh, Pf-Nahetal, Ne, O, RS, NWe, hier an d. O-Grenze d. Verbrtg – atl-smed, z.T. verschleppt – H – Chrom. 2n = 16.

1314. **Frühes B., B. vérna** (Mill.) Aschers., slt. u. unbestdg in lückg. Unkrautfluren, auf frisch., nährstoffreich., humos. od. roh. Böd., alte Ölpf., im Gebiet v. all. in Sisymbrion-Ges., auch im Arction – z. B. süHü, Rh – smed-atl, verschleppt, in ozean. gemäß. Zonen heute weltweit – H – Chrom. 2n = 16.

Schaumkresse, Cardaminópsis Hayk.

1 Pf. ohne Ausläufer, Grundb. längl., Blü.stiele 3–8 mm lg
2 Grundb. ganzrandg od. wenig gezähnt, St.b. $\pm$ schmal-lineal, kahl, Schoten 2 mm brt, Blü. weiß (lila), St.grund mit faserg. B.rest., 10–20 cm, 4, 5–7 **C. petraea** 1315
2* Grundb. fiederspaltg od. grob gezähnt, Pf. unten abstehd behaart, Schoten 0,6–1,7 mm brt, 10–40 cm, $\odot$, 4, 4–8 **C. arenosa** 1316
1* Pf. mit Ausläufern, Grundb. brt-oval, an d. Basis meist fiederschnittg, Pf. $\pm$ behaart, Blü.stiele 5–12 mm lg, Blü.b. 4–6 mm lg, weiß (slt. lila), Fr.std niederliegd, 15–40 cm, 4, 4–6 **C. halleri** 1317

1315. **Felsen-Sch., C. petraéa** (L.) Hiit. [*C. hispida* (Myg.) Hayek], slt. in
sonng. Felsband-Rasen od. Felsspalten, auf trock.-warm., basenreich.,
meist kalkhaltg., mild-neutral. humos., feinerdearm. Steinböden (Kalk,
Dolomit, Basalt usw.), Char. d. Cardaminopsietum petr. (Potentillion
caul.), auch im Sesl.-Festucion od. sekundär in Steinschutt-Ges. – FrJu,
Hz – no-opralp – Ch (H) – Chrom. 2n = 16.

1316. **Sandkresse, C. arenósa** (L.) Hayk., zml. slt. in Steinschutt-Fluren
od. in Felsspalten, auch in lückg. Sandrasen, auf mäß. frisch.-trock.,
basenreich., oft kalkhaltg., humus- u. feinerdearm., lock. Stein- od.
Sandböden, Insekt.bestäubg, Pionierpf., vgl. Unterart. – formenreich :

1   Fr.schot. 0,6–1,1 mm brt, v. Fr.stiel abgewinkelt, Blü. meist weiß (slt. rötl.),
     B. mit jed.sts 1–6 Fiederblättch. od. Zähn., Samen nicht hautrandg, ⊙

1316a. ssp. arenósa, zerstr. in lückg. Rasenges. od. ruderal an Weg. od.
im Eisenbahngelände (Eisenbahnwanderer) auf Sand- u. Kiesböd., auch
an Sandsteinfels., in Corynephoretalia- od. Sisymbrion-Ges., auch in
lückg. Mol.-Arrhenatheretea-Ges. – z. B. nöRh, Sch, Pf, Fr, ThW, Br,
Me, im Nordw. slt. od. fehld – gemäßkont – T (H) – Chrom. 2n = 32.

1*   Fr.schot. 0,9–1,7 mm brt, v. Fr.stiel nicht abgewinkelt, Blü. meist rötl.
     (slt. weiß), B. mit jed.sts 4–9 Fiederblättch. od. Zähn., Samen hautrandg,
     meist ♃

1316b. ssp. borbásii (Zap. em. Scholz) Pawl., zml. slt. in frisch.,
basenreich., meist kalkhaltg. Fels- u. Steinschuttges., Stipion calamagr.-
Verb.char., auch im Potentillion caul. – z.B. Pf-RS, Ju, Hz, ThW, A bis
1750 m – opralp – Ch (H) – Chrom. 2n = 16, 20.

1317. **Wiesen-Sch., C. hálleri** L., zml. slt. in Wiesen, an Ufern od. feucht.
Felsen, auf frisch., kalkarm., sandg.-grusg. Lehm- od. Steinböden, in
mager. Frischwiesen mit *Agrostis cap.* od. *Festuca rubra,* Char. od. DA
d. Ger.-Trisetetum (Polyg.-Trisetion), slt. auch in Arrhenatherion-Ges.,
ferner als „Erzblume" in Violetea cal.-Ges. od. Kies- u. Schotterpionier
– v. all. BayW, ThW, Hz, Sa, auch RS, NSH – opralp – H – Chrom.
2n = 16.

Gänsekresse, Árabis L.

1   St.b. am Grunde herz- od. pfeilförmg st.umfassd
2   Fr.schoten lg, bogig überhängd, Blü.b. 6–8 mm lg, gelbl.-weiß, Blü.std mit
     Tragb., Pf. rauhhaarg, 20–60(–80) cm, ♃, 4–6   **A. turrita**   1318
2*   Fr.schoten aufrecht, Blü. weiß
3   Pf. ± kahl, bläul. bereift, Grundb. längl.-eiförmg, ± gestielt, Blü.b. 6–7 mm
     lg, 30–80 cm, ♃, 5–6   **A. brassica**   1319
3*   Pf. deutl. behaart
4   Blü.b. 4–6 mm lg, Pf. ohne nichtblühde Rosetten
5   Fr.schoten entfernt, abstehd, St.b. eiförmg, feingezähnt, Blü.b. 3–5 mm lg,
     5–15(–30) cm, ⊙, 4–5   **A. recta**   1320
5*   Fr.schoten gedrängt, aufrecht, oft anliegd, St.b. eiförmg-lanzettl., stark
     behaart, Blü.b. 4–5 mm lg, 10–30(–60) cm, ⊙, 5–7 **A. hirsuta**-Gruppe   1321

4* Blü.b. 6–8 mm lg, Pf. mit nichtblühd. Rosetten, B. graugrün, grob gezähnt,
10–20(–40) cm, $\mathtext{2\!|}$, 4–5 **A. alpina** 1326
vgl. dazu mit 10–18 mm lgen Blü.b. **A. caucasica** 1327

1* St.b. am Grunde verschmälert od. abgerundet, höchst. halb st.umfassd,
Alpenpf.

6   Blü. bläulich(-weißl.), in anfängl. nickd., 2–8blütg. Traube, Grundb.
spatelg, 3(–6)zähng, glänzd, ± aufgerichtet, 5–10 cm, $\mathtext{2\!|}$, 7–8
A. caerulea 1323

6* Blü. weiß, B. meist längl., ganzrandg, bzw. wenig od. undeutl. gezähnt

7   Grund-B. stern- od. gabelhaarg, meist eiförmg

8   Blü.std dicht doldg, Blü.b. 4–5 mm lg, Kelchb. meist mit viol. Spitze,
Fr.schoten aufrecht-angedrückt, d. Blü. überragd (vgl. *A. hirsuta*), Samen
kaum geflügelt, St.b. zahlreich, 10–20 cm, $\mathtext{2\!|}$, 5–7 **A. ciliata** 1322

8* Blü.std armblütg-traubg, Blü.b. 5–7 mm lg, Samen deutl. geflügelt, St.b.
2–3, 5–10 cm, $\mathtext{2\!|}$, 6–7 **A. pumila** 1324

7* Grund-B. ± kahl, (höchst. einfach behaart), glänzd, längl., bis 4 cm lg
(wintergrün), St.b. 7–12, Pf. mit ausläuferartg. Trieben, Samen schmal
geflügelt, 10–25(–50) cm, $\mathtext{2\!|}$, 6–7 **A. soyeri** 1325

1318. **Turm-G., A. turrita** L., zerstr. im licht. Flaumeichen- od.
Berberitzen-Gebüsch, an felsig. Hängen, in Gebüschsäumen u.
Felsbändern, auf warm-trock.-mäß. frisch., basenreich., mild-mäß.
sauer., humos., lock., flachgründig., lehmig. Steinböden, v. all. in Ori-
ganetalia-, Quercion pubesc.- u. Berberidion-Ges. (z.B. Cotoneastro-
Amelanchieretum), gilt als Quercetalia pubesc.-Ordn.char. – Pf-Nahetal,
RS (Mosel-Ahr), Ju (Donautal, bis 780 m), süSch (Höllental), Bo
(Hohentwiel), FrJu, Fr, A bis 1200 m – smed – H – Chrom. 2n = 16.

1319. **Armblütige G., A. brássica** (Leers) Rausch. (*A. pauciflóra* Garcke),
slt. im licht., artenreich. Eichengebüsch, in Trockenwäldern, in Wald- u.
Gebüschsäumen, auch in Schlägen, auf mäß. trock., basenreich., ab. oft
kalkarm., neutral-mäß. saur., humos. Lehm- u. Tonböden, in Saumges.
d. Geranion sang., in warm. Eichenwäldern od. Berberidion-Ges., überreg. Quercetalia pubesc.-Art – nöHü (Gaualgesheim), Pf (Donnersberg),
Ju, Mn, Fr, He, RS, Th, An – smed – H – Chrom. 2n = 14.

1320. **Öhrchen-G., A. récta** Vill. (*A. auriculáta* auct.), zml. slt. in lückig.
Kalk-Magerrasen, an Erdanrissen, in Heckensäumen, an Wegen u.
Böschungen, auf sommertrock., warm., basenreich., wenig humos. od.
roh., lock. Lößböden od. flachgründg. Steinböden (Kalk, Basalt,
Porphyr), meist im Kontakt v. Brometalia-Ges. mit and. Annuellen,
Char. d. Cerastietum (Alysso-Sedion) – süHü, nöHü-Pf-Nahetal, Mn,
FrJu, BayW-Do, Th, An, Br (Oder) – smed(-gemäßkont) – T – Chrom.
2n = 16.

1321. **Rauhe G., A. hirsúta**-Gruppe, zml. hfg in Kalk-Magerrasen,
mager. Wiesen, an Wegrainen u. Böschungen, in Gebüschsäumen od.
licht. Kiefernwäldern, auch halbruderal an Wegen od. in Mooren,
auf mäß. trock. (wechseltrock.), basenreich., vorzugsw. kalkhaltg., ±

humos. Böd., z.T. Rohbodenpionier, Insekt.bestäubg, Soziologie u.
Ökologie vgl. unten – Ebene bis Gebirge, A bis 1420 m, Silikatgebirge
slt. od. fehld – euras-smed, circ – H (T), formenreich:
1 St. unt., wie St.b., behaart, Blü.b. 0,6–1,5 mm brt, Schot. 3–5,5 cm lg
2 St. lg behaart, B.öhrch. abstehd, St.b. 10–30
3 St. ± abstehd behaart, Schot. locker stehd, längste unt. 5 cm lg

1321a. **A. hirsúta** (L.) Scop., verbr. v. all. in Mesobrometen, Brometalia-
Ordn.char., auch in Origanetalia-Ges., in d. Thlaspietea od. im Erico-
Pinion – Chrom. 2n = 32.

3* St. anliegd behaart, Schot. dicht aufrecht stehd, 3,2–5,5 cm lg

1321b. **A. sagittáta** (Bertol.) DC. [*A. hirsúta* ssp. *sagittáta* (Bertol.)
Rchb.], zerstr. wie vor., v. all. in Brometalia-, auch Origanetalia-Ges. –
mehr südl. verbr. (smed-gemäßkont) – Chrom. 2n = 16.

2* St. kurz angedrückt behaart, oft rötl., B.öhrch. anliegd, Schot. kaum 1 mm
brt, 3–5 cm lg, St.b. 20–50

1321c. **A. nemorénsis** (Wolf ex Hoffm.) Koch [*A. hirsúta* ssp. *gerárdii*
(Bess.) Hartm.], zerstr. auf feucht., nährstoffreich. Böd. v. all. im Cnidion,
Molinietalia-Art, auch im licht. Alno-Ulmion, od. ruderal, Stromtalpf. –
z.B. Rh, HRh, Bo, Do, Mn, FrJu, Sa – gemäßkont – Chrom. 2n = 16.

1* St., wie nur randl. bewimperte St.b., kahl, Blü.b. 1,3–2,3 mm brt, Schote
6–12 cm lg

1321d. **A. allióni** DC. [*A. hirsúta* ssp. *glábra* (L.) Hegi], slt. auf feucht.,
humos., mäßg sauer. Stein- u. Lehmböd., wird f. Adenostyletalia-Ges.
angegeb. – Verbrtg ungenügd bekannt (Alpen, Sudeten) – (w)pralp –
Chrom. 2n = 16.

1322. **Doldige G., A. ciliáta** Clairv. (*A. corymbiflóra* Vest), zerstr. in
subalp. u. alp. Steinrasen, auch in Feinschutthalden, auf sickerfrisch.,
basenreich. (meist kalkhaltg.), mild. humos., lock. (bewegt.), steinig.
Lehm- u. Tonböden, Insekt.bestäubg, Seslerietalia-Ordn.char. – Av-A
(1100–2200 m) – (w)alp – Ch – Chrom. 2n = 16.

1323. **Blaue G., A. caerúlea** All., zerstr. in Schneeboden- u. Steingrus-
Fluren d. alp. Stufe, auf Schneewasser-feucht. (lge schneebedeckt.), ±
nährstoff- u. basenreich. (kalkhaltg.), mild-neutral., humos., lock.,
steinig. Ton- u. Lehmböden, z. B. mit *Ranunculus alpestris* od. *Gentiana
bavarica*, Char. d. Arabidetum caer. (Arabidion caer.), auch im Drabion
hopp. – A 1950–2580 m – alp – Ch – Chrom. 2n = 16.

1324. **Zwerg-G., A. púmila** Jacq., zerstr. in Felsspalten d. subalp. u. alp.
Stufe, slt. auch im Steinschutt od. verschwemmt im Geröll d.
Alpenflüsse, auf trock. bis sickerfrisch., kalkreich., feinerde- u.
humusarm. Steinböden, kalkstet, Potentillion caulesc.-Verb.char., auch
im Drabion hopp. od. Thlaspion rot. – A bis 2610 m, auch Av – alp – Ch –
Chrom. 2n = 16, 32.

1325. **Glänzende G., A. sőyeri** Reut. et Huet (*A. jacquínii* Beck), zerstr. in Quellfluren d. alp. u. subalp. Stufe, an Bächen u. Rinnsalen, auf kalt., sickernass., basenreich., meist kalkhaltg. Sumpfhumusböden, od. überrieselt. humos. Steingrus- u. Felsböden, oft mit *Saxifraga aizoides*, Char. d. Cratoneuretum falc. (Cratoneurion commut.), auch verschwemmt in tief. Lagen – Av, A bis 1900 m – alp – Ch (H) – Chrom. 2n = 16.

1326. **Alpen-G., A. alpína** L., zml. hfg in frisch. Steinschutt-Fluren d. subalp. u. alp. Stufe, in tief. Lagen auch in Schluchtwäldern od. an beschatt. Felsen od. herabgeschwemmt im Flußkies, auf kühl., sickerfrisch., vorzugsw. kalkhaltg., wenig humos., lock., meist ruhend. Steinschuttböden, auch in feucht. Felsspalten od. auf Schneeböden, Wintersteher, oft Winterblüher, kein Schuttkriecher, Insekt.- u. Selbstbestäubg, (auch Zierpf.), oft mit *Campanula cochleariifol.*, Thlaspietea rot.-Kl.char., auch in feucht. Potentillion caulesc.-Ges. – Ba (unt. Wutach), Ju (SW-Alb, FrJu), Av, A bis 2620 m, RS (Brilon), Hz (Nordhausen) – arkt-alp(-pralp) – Ch – Chrom. 2n = 16 (32).

1327. **Kaukasische G., A. caucásica** Willd., Pf. weißgrau behaart, B. längl., Blü.b. 10–18 mm lg, hfge Steingartenpf. u. glgtl. verwildt – Herkunft: mediterr.-südasiat. Hochgebirge – Chrom. 2n = 16.

Hier anzuschließen sind ferner d. polsterbild. **Aubriéta**-Arten als beliebte Steingarten-Pf., so d. verbr. „Blaukissen" *Au. deltoídea* (L.) DC, aus omed Hochgebirgen (Chrom. 2n = 16).

Turmkraut, Turrítis L. vgl. S. 432

1328. **T. glábra** L. [*Árabis glábra* (L.) Bernh.], zerstr. im Saum licht. Rosen-, Hasel- od. Eichengebüschs, in Waldverlichtungen, an Wegrändern u. Böschungen, auf sommerwarm., mäß. trock., ± nährstoff- u. basenreich., mild-mäß. sauer., humos., lock. Lehmböden (Kalk, Gneis, Basalt, Porphyr), z. T. Rohbodenpionier, früher Heilpf., Futterpf., meist Selbstbestäubg, Verbrtgsschwerpkt in Waldsaum.-Ges. d. Alliarion u. Aegopodion im Kontakt mit Prunetalia-Ges., auch im Atropion – Ebene bis mittl. Gebirgslagen, A bis 820 m, (Kalk- u. Lehmgebiete), im Nordw. slt. od. fehld – euras-smed, circ – H – Chrom. 2n = 12.

Brunnenkresse, Nastúrtium R. Br. vgl. auch S. 431

1   Fr.schoten 10–18 mm lg, Samen 2reihg, Schotenstiele 8–12 mm lg, Blü.b. unter 6 mm, B. grün (dickl.), St. hohl, Staubb. gelb (vgl. *Cardamine amara* S. 458), 30–80 cm, ♃, 5–9   **N. officinale**   1329
1*   Fr.schoten 16–22 mm lg, Samen einreihg, Schotenstiele 11–15 mm lg, Blü.b. 6 mm lg, B. im Herbst sich rotbraun verfärbd, Pf. zierlicher, 20–80 cm, ♃, 5–9   **N. microphyllum**   1330

1329. **Echte Br., N. officinále** R. Br. (*Roríppa nastúrtium-aquáticum* Hayk.), zerstr. im licht. Röhricht u. Flutsaum d. Bäche, in Gräben, an Quellen, mit vornehml. schnellfließd., gleichmäß. kühl., $\pm$ nährstoffreich. Wasser, auf humos., basenreich. Schlammböden, alte Salatu. Heilpf. (Diureticum, Antiskorbuticum), Insekt.- u. Selbstbestäubg, Wasservögel-Verbrtg, v. all. im Bachröhricht mit *Glyceria*-Arten, Char. d. Nasturtietum off. (Sparg.-Glycerion), auch im off. Fließwasser in d. f. *submérsa* Glück bis 1 m Tiefe als Ranunculion fluit.-Art – Ebene bis Gebirge, A bis 1840 m, Silikatgebirge z. T. slt. od. fehld, auch im N slt. od. (z. B. SH, Me, Br) fehld – subatl-med, außerdem in gemäß. ozean. Zonen weltweit – W – Chrom. 2n = 32.

1330. **Kleinblättrige Br., N. microphýllum** (Boenningh.) Rchb., ähnl. vor., ab. noch wenig studiert, im Röhricht $\pm$ schnell fließend., kühl. Gewässer, weniger basiphil u. frostempfindl. als *N. officinale*, Char. d. Nasturtietum microph. (Sparg.-Glycerion) – v. all. im N d. Gebiet. (NS-SH), im S seltner, z.B. süRh, HRh, Bo, Do, Av – subatl – W – Chrom. 2n = 64.

Außerdem ist im Gebiet d. sterile Bastard *N. officinále* × *microphýllum* bekannt geworden!

Sumpfkresse, Roríppa Scop.

1 Blü.b. lger als Kelch, goldgelb, Pf. meist ausdauernd
2 Schötch. (1–11 mm) 2–4mal kürzer als ihr Stiel
3 Schötch. kugelg, 1–2(–3) mm groß, alle B. ungeteilt, unregelmäß. gezähnt, d. ober. herzförmg st.umfassd, Wurzelstock kriechd, 30–100 cm, ♃, 6–8 **R. austriaca** 1331
3* Schötch. mehr ellipt., 3–11 mm lg, B. wenigst. z. T. fiederspaltg
4 St. aufrecht, meist zu mehrer., St.b. fiederschnittg, mit fein., ganzrandg., schmal-lineal. Fiedern, spitz geöhrt, Schötch. 3–4 mm lg, auf 6–10 mm lg., aufrecht abstehd. Stielen, 15–30 cm, ♃, 5–6(–8) **R. pyrenaica** 1335
4* St. niederliegd-aufsteigd, ästg, meist hohl, B. s. veränderl., ungeteilt bis fiederschnittg, undeutl. geöhrt, Schötch. 3–7 mm lg, auf 6–17 mm lg. Stielen, 30–100 cm, ♃, 5–8 **R. amphibia** 1332
2* Schötch. (5–18 mm) so lg od. wenig kürzer als ihr Stiel
5 Fr. 5–7 mm lg, mit deutl. abgesetzt. Griffel, auf $\pm$ waagrecht abstehd., bis 10 mm lg. Stielen, unt. B. fiederteilg, ob. fiederlappg, $\pm$ blaugrün, St. markg, aufsteigd-aufrecht, 30–90 cm, ♃, 6–8 **R. anceps** 1333
5* Fr. 7–18 mm lg, zugespitzt, mit s. kurz., undeutl. Griffel, auf mehr aufrechtabstehd., bis 18 mm lg. Stielen, untere B. gefiedert bis tief fiederschnittg, mit gezähnt. Fiederabschnitt., nicht geöhrt, St. aufrecht od. niederliegd, Pf. mit Ausläufern, 10–20(–40) cm, ♃, 6–9 **R. sylvestris** 1334
1* Blü.b. nicht lger als Kelch, blaßgelb, Schoten 4–8 mm lg, etwa so lg wie ihr Stiel, $\pm$ gedunsen, B. fiederspaltg, $\pm$ geöhrt, 15–50 cm, ☉–♃, 6–9 **R. palustris** 1336

1331. **Österreichische S., R. austríaca** (Crantz) Bess., zerstr. in staudenreich. Unkrautfluren, im Ufersaum von Tieflandflüssen, in Gräben, auch an Wegen u. Dämmen, auf feucht.-grundfrisch. (wechseltrock.), bei Hochwasser z.T. überflut., nährstoffreich. (getreibselreich.), ± humos., vorzugsw. sandg-kiesig. Lehmböden, durch Kriechwurzeln boden- u. uferbefestigd, Stromtalpf., wärmeliebd, Char. d. Agr.(El.)-Rorippetum austr. [Agr.(El.)-Rumicion], auch in Aegopodion od. Arrhenatherion eindringd – Rh bis Niederrhein (z.T. an Rhein-Nebenflüssen in Massenvegetation eingebürgert), Pf, Elbe, Neisse, Oder – gemäßkont (-osmed), verschleppt – H – Chrom. 2n = 16.

1332. **Wasserkresse, R. amphíbia** (L.) Bess., zerstr. in Verlandungsbeständen, an flachen Ufern v. Teichen u. Altwässern (in Gräben), mit stehend. od. lgsam fließd. u. v. all. stark schwankd., nährstoffreich. Wasser, auf humos., zeitw. trock. fallend. Schlammböden, Stromtalpf., Pionierpf., Insekt.bestäubg, Halbschatt.-ertragd, z. B. unt. Weiden, Char. d. Oenantho-Rorippetum (Phragmition), auch in and. Phragmition-Ges., sowie im Phalaridetum od. Agr.(El.)-Rumicion – v. all. Tieflag. u. Flußtäler (kaum über 700 m) – euras(-smed) – W (H) – Chrom. 2n = 16, 32.

1333. **Zweischneidige S., R.** × **ánceps** (Wahl.) Rchb. (*R. prostráta* auct.), slt. in Verlandungsbeständen, an Fluß- u. Seeufern, mit stark schwankend. Wasserständen, v. all. auf d. Linie d. mittl. Wasserstandes (nicht so naß wie *R. amphíbia*), auf basenreich. (oft kalkhaltg.), ± eutroph. Schlickböden, Stromtalpf., oft mit *Phalaris arund.*, gilt als Char. d. Phalaridetum ar. (Magnocaricion), ab. auch im Agr.(El.)-Rumicion, nur slt. ruderal – habituell vermittelt d. Art zwischen *R. amphíbia* u. *R. sylvéstris* (wohl hybridogen) – subatl(-smed) – H (W) – formenreich :

1   Fr. deutl. kürzer als ihr Stiel, 2–3mal so lg wie brt, St.b. geöhrt

1333a. **var. ánceps**, verbr. Sippe, z. B. Rh, Pf, Bo, Ne, Do, Fr, Mn, Oder, Elbe, Weser.

1*   Fr. kaum kürzer als ihr Stiel, 5–10mal so lg wie brt, St.b. meist nicht geöhrt

1333b. **var. stenocárpa** (Godr.) Baum. et Thell., slt. z. B. Bo.

1334. **Wildkresse, R. sylvéstris** (L.) Bess., zml. hfg in niederwüchsig. Pionier-Ges., an Ufern von Flüssen, Seen od. Altwässern, auch an Wegen u. Plätzen, in Ackerrinnen, auf feucht. od. nass., z. T. zeitw. überflutet., nährstoffreich., neutral-mild., wenig humos. od. roh. Lehm- u. Tonböd., Bodenverdichtgs- u. Grundfeuchte-Zeiger, Kriech-Pionier, bis 80 cm tief wurzld. Bodenfestiger, meist Insekt.bestäubg (Wasserverbrtg), Char. d. Rorippo-Agrostietum stol. [Agr.(El.)-Rumicion], auch in feucht. Ackerunkrautges. – Ebene bis mittl. Gebirgslagen, A bis 937 m, im nördl. Tiefld slt. – eurassubozean-smed – H – Chrom. 2n = 32 (40, 48).

1335. **Pyrenäen-S., R. pyrenáica** (Lam.) Rchb., [*R. stylósa* (Pers.) Msf. et Rothm.], slt. in Fettwiesen u. Wässerwiesen, auch in Fettweiden, an

Dämmen u. Wegen, auf frisch.-wechselfrisch., nährstoffreich., meist
kalkarm., ± humos., etwas verdichtet. Lehm- u. Tonböden,
Insekt.bestäubg, gern in etwas lückig. Grasnarbe, z. B. in d. *Silaum*-
Variante d. Arrhenatheretum (Arrhenatherion), auch im Cynosurion,
Arrhenatheretalia-Ordn.char., ferner slt. halbruderal – süRh
(u. Seitentäler), An (Elbe v. Dessau bis Magdeburg) – smed – H – Chrom.
2n = 16.

1336. **Gewöhnliche S., R. palústris** (L.) Bess., zml. hfg in lückg.,
staudenreich. Pionierges. an Ufern von Seen, Tümpeln od. Altwassern,
an Wegen u. in Gräben, Äckern, auf frisch. bis nass., sommerl. trocken
fallend., nährstoffreich. (oft kalkarm.), ± off., humos. Schlammböden,
bis 75 cm tief wurzld. Stickstoffzeiger, oft mit *Polygonum*-Arten,
Bidentetalia-Ordn.char., auch ruderal – Ebene bis Gebirge, A bis 910 m –
(no-)euras, circ, in gemäß. Zonen weltweit – T (H) – Chrom. 2n = 32.
R. islándica (Oed.) Borb. ist eine kleinblütge arkt-alp. Sippe in den
Hochlagen d. Zentralalp. – Chrom. 2n = 16.

Zahlreiche Bastarde!

Levkoje, Matthíola R. Br. vgl. S. 432

1337. **M. incána** (L.) R. Br., hfg u. seit 16. Jahrh. in vielen Formen
(Sommer-Herbst-Winter-L.) im Gebiet als Zierpf. kultiv., glgtl. an
Mauern od. in Schutt-Unkrautfluren verwildt – Herkunft: nordmed-atl
Felsküsten (Crithmo-Staticion) – Chrom. 2n = 14.

Nachtviole, Hésperis L.

1 Blü. viol. od. weiß, bis 2 cm groß, Grundb. hinfällg, Schoten bis 4 cm lg
2 Grundb. eiförmg, ± ungeteilt, St.b. kurzgestielt, B. u. St. langborstg, ohne
   Flaum- u. Drüsenhaare, 40–80 cm, ☉, ♃, 5–7   **H. matronalis** 1338
2* Grundb. fiederspaltg, St.b. sitzd, B. u. St. kurzflaumg, außerdem borsten- u.
   drüsenhaarg, 40–100 cm, ♃, 5–7   **H. sylvestris** 1339
1* Blü. gelbl., viol. geadert, bis 3 cm groß, Grundb. bleibd, Schoten bis 10 cm
   lg, 30–50 cm, ☉, ♃, 5–6   **H. tristis** 1340

1338. **Gewöhnliche N., H. matronális** L., zerstr. in Auenwäldern, im
Auengebüsch, außerdem hfg kultiv., v. all. in Bauerngärten u. verwildt
an Zäunen u. Wegen, auf grund- u. sickerfrisch.-nass., zeitw. überflutet.,
nährstoff- u. basenreich. (auch kalkarm.), locker-humos., steinig. od.
kiesig-sandg. Lehm- u. Tonböden, Zierpf., Insekt.-(Nacht-
falter)bestäubg, terr. Char. d. Alnetum inc. (Alno-Ulmion), auch im
Aegopodion od. Filipendulion – v. all. im O d. Gebiet. in Flußauen –
euraskont, verschleppt – H – Chrom. 2n = 24, 28.

1339. **Wald-N., H. sylvéstris** Crantz, glgtl. gepflanzt u. verwildt, im
licht., frisch. Gebüsch – z. B. süSch – gemäßkont (bis Böhmen-
Niederösterreich) – H – Chrom. 2n = 14, 26.

1340. **Trübe N., H. trístis** L., glgtl. gepflanzt u. verwildt, in Unkraut-Staudenfluren, an Wegen, in warmer Klimalage, auf frisch., nährstoff- u. basenreich. Lehmböden, z. B. im Onopordion – z. B. süHü (Kaiserstuhl) – gemäßkont (bis Südmähren-Niederösterreich) – H – Chrom. 2n = 14, 28.

Schöterich, Erýsimum L.

1   Blü.stiel 2–3mal lger als d. ca. 2 mm lge Kelch, Blü.b. 4–5 mm lg, gelb, Schoten fast kahl, aufrecht, B. längl.-lanzettl., ganzrandg od. schwach gezähnt, 20–50(–80) cm, ⊙, 5–8   **E. cheiranthoides** 1341
1* Blü.stiel kaum lger als d. 3–9 mm lge Kelch, Blü.b. 7–18 mm lg
2   B. lanzettl.-längl., ± gezähnt
3   Blü.stiele ± so lg wie 3–6 mm lg. Kelch, Blü.b. 7–10 mm lg, lebhaft gelb, Schoten grauhaarg, viel lger als ihr Stiel, 40–100 cm, ⊙, ♃, 6–8   **E. hieraciifolium** 1344
3* Blü.stiele, v. all. anfängl., deutl. kürzer als Kelch, Blü. ± hellgelb
4   Schoten sparrg, ± waagrecht abstehd, fast so dick wie ihr Stiel, grün, Blü.b. 7–10 mm lg, außen behaart, Blü.stiel 1–3 mm lg, B. ± geschweift-gezähnt, 15–30 cm, ⊙, 4–6   **E. repandum** 1342
4* Schoten ± aufrecht, v. Stiel deutl. abgesetzt, grau behaart, Blü.b. 12–18 mm lg
5   Blü.stiel 1–3 mm lg, Blü. geruchlos, Blü.b. 12–14 mm lg, Schoten stumpfkantg, grauhaarg, Grundb. buchtg gezähnt, 15–50 cm, ⊙, ♃, 4–7   **E. crepidifolium** 1343
5* Blü.stiel 3–5 mm lg, Blü. schwach duftd, Blü.b. 14–16 mm lg, Schoten grauhaarg, scharf 4kantg mit grün. Kanten, B. geschweift-gezähnt, 20–90 cm, ⊙, 6–7   **E. odoratum** 1345
2* B. schmal-lineal, ganzrandg, am Rande meist umgerollt, grauhaarg, Blü.stiele 4 mm, Kelchb. 6 mm, Blü.b. 8–13 mm lg, Schoten 4kantg, 20–50(–90) cm, ♃, 6–7   **E. diffusum** 1346

1341. **Acker-Sch., E. cheiranthoídes** L., zerstr. in Unkrautfluren d. Äcker od. Gärten, an Wegen u. Schuttstellen, an Ufern, auf frisch., nährstoff- u. basenreich., (lock.) humos., gern sandg. Lehm- u. Tonböd., auf Äckern Feuchtezeiger, bis 50 cm tief wurzlde Pionierpf., Stromtalpf., Bienen- u. Selbstbestäubg, v. all. (Char. od. Diff.) im Chenopodion rubri, auch in feucht. Polyg.-Chenopodietalia- od. Sisymbrion-Ges. – Ebene bis Gebirge, A bis 1327 m, Ju bis 970 m (Kalk- u. Lehmgebiete) – no-euras(kont), circ, verschleppt – T – Chrom. 2n = 16.

1342. **Brach-Sch., Spreiz-Sch., E. repándum** Höjer, slt. u. unbestdg in Unkraut-Ges., an Wegen u. Schuttstellen, anderwts auch in Äckern, auf warm., trock., nährstoff- u. basenreich. Tonböden, etwas salzliebd, v. all. in Sisymbrion-Ges. – z. B. Rh, Ne, Ju, Mn, Do, Fr, Th – europkont (-omed) – T – Chrom. 2n = 16.

1343. **Bleicher Sch., E. crepidifólium** Rchb., slt. in sonnig. Fels- u. Trockenrasen, auf warm.-trock., basenreich., meist humus- u. feinerde-arm., flachgründg. Stein- u. Felsböden (Kalk, Dolomit, Porphyr, Phono-

lith), giftig (tödl. für Gänse), Insekt.bestäubg, lok. Char. d. Diantho-
Festucetum (Sesl.-Festucion-Verb.char.), auch in lückg. Fest.-Brometea-
Ges. od. halbruderal in Agropyretalia(Elymetalia)-Ges. – Nahetal, Bo
(Hegau), Ju, Th, An, Hz, Sa – europkont, im Gebiet an d. W-Grenze
d. Verbrtg – H – Chrom. 2n = 14.

1344. Steifer Sch., E. hieraciifólium Jusl., slt. in Unkraut-Pionier-Ges.
an Ufern, am Fuß von Mauern u. Felsen od. an Wegen, auf frisch.-mäß.
trock. (oft beschattet.), nährstoff- u. basenreich. (kalkhaltg.), sandg.-
kiesig. od. steinig. Lehm- u. Tonböden, Stromtalpf., im Saum v.
Auengebüsch, im Aegopodion, auch im Alliarion od. Sisymbrion (vgl.
Unterart.) – H, formenreich:

1   B. brt lanzettl. mit jed.sts 2–5 Zähn. deutl. gezähnt, spärl. behaart, Blü.b.
    8–10 mm lg, goldgelb, Fr. abstehd, 3–5,5 cm lg

1344a. ssp. hieraciifólium (*E. stríctum* G. M. Sch), slt. in Flußufer-
Unkraut-Ges., z. B. im Saum v. Flußufergebüsch in Balmenges. d. Aegopodion z. B. Mn, nöRh, RS (Flußtäler), Saale, Elbe, Oder, Fr – no-
euraskont – Chrom. 2n = 32 (48).

1* B. schmal-lanzettl. bis lineal, ganzrandg od. undeutl. gezähnt, ± grauhaarg
2   Kelchb. 2–5 mm lg, Blü.b. 6–8,5 mm lg, hellgelb, Fr. anliegd

1344b. ssp. dúrum (Presl) Hegi et E. Schmid (*E. dúrum* Presl), s. slt. v. all.
in ruderal beeinflußt. Trockenras. od. Gebüsch-Säum., in Sisymbrion-
Ges. – z. B. nöRh, Mittelrhein, Do, Fr, Th, Sa – europkont – Chrom.
2n = 48.

2* Kelchb. 6–8 mm lg, Blü.b. 10–14 mm lg

1344c. ssp. virgátum (Roth). Schz. et K., so an Wegrändern u. im Saum v.
Berberidion-Gebüsch – Trockentäler d. westl. Zentralalp.

1345. Wohlriechender Sch., E. odorátum Ehrh. (*E. pannónicum* Crantz),
slt. in sonnig. Fels- od. Steppenrasen, auf trock.-warm., basenreich.
(kalkhaltg.), ± humus- u. feinerdearm., flachgründg. Steinböden, auch
auf Kies u. Steinschutt, v. all. im östl. Xerobromion, z. B. Puls.-
Caricetum hum., od. im Festucion val., auch im Sesl.-Festucion od.
halbruderal – Ne, Mn, Ju bis 550 m, Fr, BayW, RS (nur Lahntal), Th,
An, Sa – europkont – H – Chrom. 2n = 32.

1346. Grauer Sch., E. diffúsum Ehrh., im Gebiet nur adventiv u.
unbestdg an Wegen od. Mauern, auf steinig. Böden, im südosteurop.
Verbrtgsgebiet: Festucetalia vales.-Ordn.char. – z. B. Rh – europkont –
H – Chrom. 2n = 28, 70.

Goldlack, Cheiránthus L. vgl. S. 430

1347. Ch. chéïri L. [*Erýsimum chéïri* (L.) Cr.], hfg (seit Mittelalter) als
Zierpf. kultiv. u. in kl. gelbblüh. Form verwildt in Mauerfugen, v. all.
im Umkreis alt. Stadt- u. Burgmauern, auf warm., trock.-mäß. frisch.,

basenreich., ± stickstoffbeeinflußt. Stein-Unterlagen, Nährstoffzeiger, wärmeliebd, giftig (Herzgift), früher Heilpf., Bienen- u. Hummelblume, gern mit *Cymbalaria*, Char. d. *Cheiranthus ch.*-Ges (Centr.-Parietarion-Art) – süHü-süSch, nöHü-Pf-Nahetal-Mosel-Ahr, O, Ne, Mn, Moritzburg b. Halle, (Wärmegebiete) – Herkunft: omed-smed, verschleppt, mit smed-subatl Ausbrtgstendenz – Ch – Chrom. 2n = 14.

Lauchkraut, Lauchhederich, Alliária Scop. vgl. S. 432

1348. **A. petioláta** (M. B.) Cav. et Gr. (*A. officinális* Andrz.), verbr. in ± beschattet, Unkrautfluren, an Waldrändern, in Hecken u. Waldschlägen, an Zäunen, in verwildt. Gärten u. Parkanlagen, an Wald-Wildlägern, auf frisch., nährstoff(stickstoff)reich., humos., lock. Lehmböden, v. all. in luftfeucht. Klimalage, in Auenlandschaften, Waldunkraut, auch epiphytisch, früher Heil- u. Salatpf., Bienen- u. Selbstbestäubg, gern mit *Robinia* od. *Sambucus nigra*, Glechometalia-Ordn.char. – Ebene bis mittl. Gebirgslag., Ju bis 950 m, A bis 1170 m in noch höher. Lag. (wie auch im Nordw.) slt. od. fehld – eurassubozeansmed – H – Chrom. 2n = 36, 42.

Rauke, Sisýmbrium L.

1 Blü. gelb, St. meist aufrecht, Samen in jed. Schotenfach einreihg
2 B. alle ungeteilt, eiförmg lanzettl., kl. gezähnt, obersts dunkelgrün, Blü.std rispg, Schoten kantg, Wurzelstock meerrettichartg scharf, 50–100 cm, ⚄, 6–7   **S. strictissimum** 1350
2* B. (wenigst. d. unteren) fiederteilg, fiederspaltg od. tief schrotsägezähng
3 Fr.schoten aufrecht angedrückt, zugespitzt, 1–2 cm lg, Blü.b. 1–3 mm lg, Äste sparrg abstehd, 30–60 cm, ⊙, 5–8   **S. officinale** 1349
3* Fr.schoten abstehd, gleichmäßg dick, meist über 2 cm lg
4 Fr.schoten deutl. v. schlank. Fr.stiel abgesetzt, 2–5(6) cm lg, B. nicht geöhrt, Blü. goldgelb (Ausn. *S. irio*)
5 St. u. unt. St.b. rauhhaarg, reife Fr.schote ± doppelt so lg wie ihr Stiel, ± gekrümmt, Blü.b. 4–6 mm lg, 30–60 cm, ⊙, 5–8   **S. loeselii** 1353
5* St. höchst. unten kurz behaart, sonst kahl, Schoten viel lger als ihre Stiele
6 Blü. hellgelb, Blü.b. 2 mm lg, Blü. v. jg. Schoten überragt, B. mit spießförmg, Endlappen u. weißl. Mittelrippe, 10–50 cm, ⊙, 5–8   **S. irio** 1351
6* Blü. goldgelb, Blü.b. 6–7 mm lg, nicht v. Schoten überragt
7 Pf. 1–2jährg, St.b. fiederschnittg, glänzd, mit weißl. Mittelrippe, 30–60 cm, ⊙, 5–6   **S. austriacum** 1352
7* Pf. ausdauernd, obere B. ungeteilt, lanzettl., ganzrandg od. gezähnt, 20–50 cm, ⚄, 5–8   **S. wolgense** 1354
4* Fr.schoten kaum dicker als ihre Stiele, 5–10 cm lg, unt. B. meist ± deutl. geöhrt, Blü. hellgelb
8 Pf. nur unten behaart, oben kahl u. bereift, obere St.b. gefiedert, mit schmallineal. Fiederabschnitt., Kelchb. zur Blü.zeit abstehd, Blü. weißl.gelb, 30–80(–100) cm, ⊙, 5–7   **S. altissimum** 1355

8* Pf. grau behaart, B. fast alle schrotsägeförmg-fiederspaltg, St.b. ± deutl. gestielt, spießförmg 3teilg (bis ganzrandg), Grundb. hinfällg
S. orientale 1356
1* Blü. weiß, St. meist niederliegd, Samen in jed. Schotenfach 2reihg, Fr.schote borstl. behaart, Blü. einzeln b.achselstdg, kurz gestielt, B. fiederspaltg, behaart, 10–20 cm, ☉, 6–9 **S. supinum** 1357

1349. Weg-R., S. officinále (L.) Scop., verbr. in off. Unkrautfluren, an Wegen, Schuttplätzen, an Dämmen u. Ufern, als Erst- u. Zweitbesiedler, auf frisch.-mäß. trock., nährstoffreich., wenig humos. od. roh. Stein-, Sand- od. Lehmböden, Stickstoffzeiger, Pionierpf., alter Kulturbegleit., Selbstbestäubg, Sisymbrion-Verb.char., auch im Arction od. Polygonion avicul. – Ebene bis mittl. Gebirgslagen, A bis 910 m, anderwts höher – euras-smed, heute v. all. in kühl-gemäß. Zonen weltweit – T – Chrom. 2n = 14.

1350. Steife R., S. strictíssimum L., zml. slt. in staudenreich. Unkrautfluren, an Wegen, in Gräben, an Gebüschsäumen od. Waldwegen, auch in Brachen, oft im Bereich von Auenwäldern, auf grundfrisch. (feucht.), nährstoffreich., meist kalkhaltg., sandg. od. rein., ± tiefgründg. Lehm- u. Tonböden, Licht-Halbschattpf., gern mit *Chaerophyllum aur.* od. *bulb.*, v. all. in Glechometalia-Ges., auch im Convolvulion – süHü (Kaiserstuhl verscholl.), nöRh (Main), Ne, Ba (bis 750 m), Ju, Mn, Fr, BayW, Th, NSH, An, Elbs, Sa – gemäßkont., im Gebiet an d. W- u. N-Grenze d. Verbrtg – H – Chrom. 2n = 28.

1351. Glanz-R., S. írio L., slt. u. unbestdg in wegbegleitd., lückg. Unkrautfluren, an Schuttplätzen, im Bahn- u. Hafengelände, auf trock., nährstoffreich. Sand- od. Lehmböden, in wintermild. Klimalage, z. B. in Sisymbrion-Ges., hfg in S-Europa als Hordeion-Verb.char. – z. B. Rh – med, heute weltweit in warmgemäß. Zonen – T – Chrom. 2n = 14 (28, 42, 56).

1352. Österreichische R., S. austríacum Jacq. [*S. pyrenáicum* (L.) Vill. p.p.], slt. in lückig. Unkrautfluren, an Wegen u. Dämmen od. Mauern, am Fuß von Felsen (Wildläger), auf mäß. trock.(-frisch.), sommerwarm., nährstoffreich., kalkhaltg., ± humos., meist feinerdearm. Kies- od. Steinböden, Felsgrotten-Pf., terr. Char. d. Sisymbrio-Asperuginetum, Sisymbrion-Verb.char., auch in Arction-Ges. – Ju bis 930 m, Mn, Mittelrhein, Th, An, NSH, sonst nur vorübergehd – pralp-gemäßkont – H (T) – Chrom. 2n = 14.

1353. Loesels R., S. loesélii L., slt. u. unbestdg, ab. oft gesellg in lückig. Unkrautfluren, an Schutt- u. Müllplätzen, auf Mauern, an Wegen u. Dämmen, auf sommerwarm., mäß. trock., nährstoffreich., ± humos. od. roh., sandg. od. steinig. Lehmböden, Pionierpf., meist Zweitbesiedler nach *Chenopodium*-Arten, Char. d. Descurainietum sophiae, auch im

Hordeetum, Sisymbrion-Art – im S u. SW nur sporad., im NO (An, Br, Sa) etwas hfger – (euras)kont, verschleppt – T (H) – Chrom. 2n = 14.

1354. Wolga-R., S. wolgénse M. Bieb., slt., z. T. unbestdg, z. T. eingebürgert in lückig. Unkrautfluren, an Wegen u. Böschungen, im Bahn- u. Hafengelände, auf sommerwarm.-trock., nährstoffreich., wenig humos., bindig. od. rein. Sand- u. Kiesböden, Kriechwurzel-Pionier, mit *Berteroa inc.* od. *Hordeum murin.*, z. B. im Berteroëtum (Dauco-Melilotion), auch im Hordeetum (Sisymbrion) – nöRh (lokal eingebürgt), Br, Sa – kont – H – Chrom. 2n = 14.

1355. Riesen-R., Ungarische R., S. altíssimum L. (*S. pannónicum* Jacq.), zerstr. u. unbestdg in lückig. Unkrautfluren, an Schuttplätzen, Wegen od. Dämmen, auf sommerwarm., mäß. trock., nährstoffreich., wenig humos. od. roh., bindig. Stein-, Kies- od. Sandböden, Pionierpf., Erst- u. Zweitbesiedler, Char. d. Lact.-Sisymbrietum alt. (Sisymbrion) – v. all. im O d. Gebiet., im W u. Nordw. slt. od. fehld (z. B. Rh) – kont, verschleppt – T (H) – Chrom. 2n = 14.

1356. Orientalische R., S. orientále L. (*S. colúmnae* Jacq.), slt. u. unbestdg in lückig. Unkrautfluren, an Wegen u. Schuttplätzen, in Bahn- u. Hafenanlagen, auf warm., trock., nährstoffreich., wenig humos. Lehm- u. Tonböden in wintermild. Klimalage, Pionierpf., in Sisymbrion-Ges., im med. Hauptverbrtgsgebiet Hordeion-Art – z. B. Rh, Ne, Mn, Do, Fr, NWe, Th, An – med, in warm-gemäß. Zonen heute weltweit – T (H) – Chrom. 2n = 14.

1357. Niedrige R., S. supínum L. (*Bráya supína* Koch), s. slt. in lückig. Pionier-Unkrautfluren, an kiesig-schlammig. See-Ufern, in Spülsaum-Ges. zwischen Mittel- u. Niederwasser, auf nährstoffreich., ± humos. Kies-, Sand- u. Tonböden, im Chenopodion rubri od. im Agr.(El.)-Rumicion – Vog-Pf (z. T. verscholl.), Mosel (ob noch?) – subatl – T (H) – Chrom. 2n = 42.

Sophienkraut, Descuraïnia Webb et Berth. vgl. S. 430

1358. D. sóphia (L.) Webb (*Sisýmbrium sóphia* L.), zerstr., stellenweise hfg, in lückig. Unkrautfluren, an Wegen, Schuttplätzen, an Dämmen u. Mauern, auch an Ufern, auf sommerwarm-trock.-mäß. frisch., nährstoffreich., ± humos. od. roh., lock., sandg. od. steinig. Lehmböden, v. all. in d. subkontinental. Klimagebiet. u. auf Sand, meist Selbstbestäubg, Wintersteher mit verschleimend., s. zahlreich. Samen, Erst- u. Zweitbesiedler, Sisymbrion-Verb.char., nur lokal Char. d. Sisymbrietum (Descurainietum) soph.(Sisymbrion), auch in Onopordion-Ges. – v. all. in d. Trockengebiet., z. B. nöRh, Mn-Fr, Th-An (Ju bis 750 m), sonst slt.

od. fehld – euraskont-osmed, heute in (subkont.) gemäß. Zonen weltweit
– T – Chrom. 2n = 28.

Schmalwand, Arabidópsis Heynh.

1 Grundb. ganzrandg od. undeutl. gezähnt, St.b. ganzrandg, Blü.b. 2–4 mm
  lg, 5–30 cm, ☉, 4–5   **A. thaliana** 1359
1* Grundb. gezähnt-fiederspaltg, St.b. meist gezähnt, Blü.b. 4–6(8) mm lg,
  (ähnl. *Cardaminopsis arenosa*) 10–30 cm, ☉, 4–5   **A. suecica** 1360

1359. Acker-Sch., A. thaliána (L.) Heynh., zml. hfg in annuell.
Pionierges. off. Böd., in Ackerunkrautflur., in lückg. Magerras. an
Mauern od. Wegen, auf mäßg frisch.-trocken, mäßg nährstoff- u.
basenreich., kalkarm., humos. od. roh., steing-grusg. od. sandg.
Lehmböd., Sandzeiger, bis 40 cm tief wurzelnd, Insekt.- u.
Selbstbestäubg, Sedo-Scleranthetalia-Ordn.char., auch im Aperion od.
Dig.-Setarienion – Ebene bis Gebirge, süSch bis 1100 m – smed-
euras(subozean), in gemäß. Zonen weltweit verschleppt – T (H) – Chrom.
2n = 10.

1360. Schwedische Sch., A. suécica (Fr.) Norrl. [*Cardaminópsis suécica*
(Fr.) Hiit. ex Hyl.], s. slt. in sandg. Magerras. – Br – gemäßkont – T –
Chrom. 2n = 26.

Leindotter, Camelína Crantz

1 St. u. B. (durch einfache u. gabelge. Haare) rauhhaarg, Blü.b. 3–4 mm lg, Pf.
  überwinternd einjährg, in Wintersaaten
2 Fr. (ohne Griffel) 5 mm lg (birnförmg), Fr.traube stark verlängert,
  30–60 cm, ☉, 5–6   **C. microcarpa** 1361
2* Fr. 6–7 mm lg, durch deutl. Mittelnerven fast gekielt, 30–70 cm, ☉, 5–6
             C. pilosa 1362
1* St. u. B. fast kahl od. nur mit wenig., meist sternförmg. Haaren, Blü.b.
  4–5,5 mm lg, Pf. einjährg, in Sommersaaten
3 Fr. hartschalg, (ohne Griffel) 7–8 mm lg, B. längl. lanzettl., ganzrandg bis
  fein gezähnelt, 30–90 cm, ☉, 5–6   **C. sativa** 1363
3* Fr. weichschalg, fast kugelg, 8–9 mm lg, ± waagrecht abstehd, St.b. buchtg-
  gezähnt bis fiederspaltg, 30–60 cm, ☉, 5–6   **C. alyssum** 1364

1361. Kleinfrüchtiger L., C. microcárpa Andrz. [*C. satíva* ssp. *microcárpa*
(Andrz.) Thell.], slt. in Getreide-Unkrautfluren, auch ruderal an Wegen
od. Schuttplätzen, auf sommerwarm.-trock., nährstoff- u. basenreich.,
locker. Lehm- u. Lößböden, bis 50 cm tief wurzld, alter Kulturbegleiter
(Stammform d. folgd. Sipp.), Bienen- u. Selbstbestäubg, v. all. im
Wintergetreide, Secalinetea-Kl.char. – v. all. im O d. Gebiet., sonst slt.
geword. – euras(kont) – H (T) – Chrom. 2n = 40.

1362. Behaarter L., C. pilósa (DC.) Zing. [*C. satíva* ssp. *pilósa* (DC.)
Thell.], ähnl. wie vor. u. oft davon nicht unterschieden, Secalinetea-
Kl.char. – z. B. Bo (Hegau), Ju, süHü, Fr, Mn – euras(kont) – H (T).

1363. **Saat-L., C. satíva** (L.) Crantz, slt. mehr gepflanzt od. ruderal an Schuttplätzen, auch unter Sommergetreide, auf warm.-trock. u. nährstoffreich. Sand- u. Lehmböden, früher hfg, heute slt. als Ölpf. (Butterreps) gebaut – Ebene bis mittl. Gebirgslag. – euras(kont) – T – Chrom. 2n = 40.

1364. **Gezähnter L., C. alýssum** (Mill.) Thell. (*C. dentáta* Pers.), s. slt. u. unbestdg in Leinfeldern, auf frisch., nährstoff- u. basenreich., meist kalkarm., leicht., sandg. Lehmböden, Leinfeld-Spezialist, Char. d. Sileno-Linetum (Lolio-Linion) – früher durch d. ganze Gebiet, heute überall fragl. geword. – euras – T – Chrom. 2n = 40.

Familie der Reseden-Gewächse, Resedáceae

Resede, Reséda L.

1 St.b. 1–2fach fiederschnittg, Blü. 6teilg, hellgelb, geruchlos, Fr. eiförmg, 20–50 cm, ☉, ♃, 6–9   **R. lutea** 1365
1* St.b. ungeteilt, höchst. oberste 3spaltg
2 Blü. 4teilg, blaßgelb, geruchlos, Fr. kugelg, Fr.traube stark verlängert, 60–120 cm, ☉, 6–9   **R. luteola** 1366
2* Blü. 6teilg, weiß-grünl., wohlriechd, B. ungeteilt, nur oberste 3spaltg, 15–30 cm, ☉, 7–9   **R. odorata** 1367

1365. **Wilde R., R. lútea** L., zml. hfg in lückig. Unkrautfluren, an Wegen, Schuttplätzen, Dämmen, in Bahn- u. Hafenanlagen od. Steinbrüchen, auf warm-trock. (mäß. trock.), nährstoff- u. basenreich., meist sandg., wenig humos., lock. Stein- u. Lehmböden, bis 80 cm tief wurzld. Rohbodenpionier, Insekt.- u. Selbstbestäubg, v. all. im Echio-Melilotetum, Onopordetalia-Ordn.char., auch im Conv.-Agropyrion (Elymion) – Ebene bis mittl. Gebirgslagen, Ju bis 990 m (v. all. Kalkgebiete), im nördl. Tiefld slt. – smed-med, verschleppt – H – Chrom. 2n = 48.

1366. **Färber-R., Wau, R. lutéola** L., zerstr. in lückig. Unkrautfluren, an Schuttplätzen, Dämmen, in Steinhalden, in Bahn- u. Hafenanlagen, auf warm-trock., nährstoff- u. basenreich., steinig. od. rein. Lehm- u. Tonböden, Rohbodenpionier, Kulturbegleit. seit jüng. Steinzeit, früher Färberpf. (z. Gelb- od. Grünfärben), Insekt.- u. Selbstbestäubg, Onopordion-Verb.char., auch im Arction od. in Stipion calamagrost.-Steinschutt-Ges. – Ebene bis mittl. Gebirgslagen (A fehld), v. all. Kalk- u. Wärmegebiete – med-smed(-subatl), verschleppt – H – Chrom. 2n = 24, 26, 28.

1367. **Garten-R., R. odoráta** L., hfg als Zierpf. u. glgtl. an Schuttplätzen verwildt (Sisymbrion) – Herkunft: N-Afrika – T – Chrom. 2n = 12.

Zu den *Capparáles* gehört ferner d. Familie d. Kaperngewächse **(Cappáraceae)** mit dem Kapernstrauch (*Cápparis spinósa* L.), Heimat:

med; beliebte Zierpf. aus d. gleich. Familie bilden die *Cleóme*-Arten (aus S-Am).

Ordnung Sarraceniáles

Familie der Sonnentau-Gewächse, Droseráceae

1 B. in Rosetten, mit reizempfindl. Drüsenhaaren, Moorpf. **Drosera** S. 477
1* B. quirlg an fädl. St. mit reizempfdl. (zus.klappend.) B.spreiten, untergetauchte, wurzellose Wasserpf., 10–30 cm lg, ⹂, 7–8 **Aldrovanda** S. 478

Sonnentau, Drósera L.

1 B. rund, ausgebrtet, Blü.stand viel lger als B., 5–15 cm, ⹂, 7–8
D. rotundifolia 1368
1* B. längl.-keilförmg (oval), ± aufgerichtet
2 Blü.stand 2–3mal lger als B., in d. Mitte d. Rosette entspringd, B. 10–40 mm
lg, 10–20 cm, ⹂, 6–8 **D. anglica** 1369
2* Blü.stand nicht viel lger als B., seitl. entspringd, bogig aufsteigd, B. 7–10 mm
lg, 5–10 cm, ⹂, 7–8 **D. intermedia** 1370

vgl. ferner **Bastard-S., D.** × **obováta** Mert. et Koch (*D. rotundifólia* × *ánglica*), von der Tracht d. *D. intermedia*, ab. stets an mittelstdg. u. B. weit überragd. Blü.ständen zu erkennen, Chrom. 2n = 30.

1368. Rundblättriger S., D. rotundifólia L., zerstr. v. all. in Hochmooren, auch in Flach- u. Zwischenmooren, in Torfmoospolstern od. auf nackt. Torf, an Quellen u. Grabenrändern, auf nass., nährstoff- u. basenarm., saur. Torfböden, slt. auf humos. Sand, Humuswurzler, meist Selbstbestäubg, fleischfressd (fördert Samenansatz), Heilpf. (Hustenmittel), geschützt, meist mit *Sphagnum* sect. *Acutifolia* od. *Cymbifolia*, in Scheuchzerio-Caricetea- u. Sphagnion mag.-Ges., schwache Oxycocco-Sphagnetea-Kl.char. – v. all. humide Silikatgebiete, in Trock.- u. Wärmegebiet. slt. od. fehld, A bis 1395 m – no-euras, circ – H – Chrom. 2n = 20.

1369. Langblättriger S., D. ánglica Huds., slt., ab. gesellg in Hochmoor-Schlenken und Zwischenmooren, auch in Flachmoor-Schlenken, auf nass., zeitw. flach überschwemmt., mäß. nährstoff- u. basenreich., mäß. sauer. Torfschlamm-Böden, fleischfressd, geschützt, mit *Drepanocladus*-u. *Calliergon*-Arten od. *Sphagnum* sect. *Cuspidata*, Scheuchzerietalia-Ordn.char. – wie vor. v. all. in kühl-humid. Moorgebiet., sonst s. slt. od. fehld – no(-euras), circ – H – Chrom. 2n = 40.

1370. Mittlerer S., D. intermédia Hayne, s. slt. in Hochmoor-Schlenken, in Zwischenmooren, auf nass., oft nackt., zeitw. überschwemmt., mäß. nährstoff- u. basenreich., saur. Torfschlamm- od. humos. Sandböden,

fleischfressd, geschützt, Char. d. Rhynchosporetum (Rhynchosporion) –
v. all. im W u. Nordw. d. Gebiet. im humid. Klima, z. B. NS, Me, L, auch
süSch (?), Pf, Bo, Fr, Av, sonst s. slt. od. verscholl. – (no-)subatl – H –
Chrom. 2n = 20.

Wasserfalle, Aldovánda L.

1371. **A. vesiculósa** L., s. slt. in Wasserschweber-Ges. zwisch. Schilf od.
Binsen, in windgeschützt., seicht., sich sommerl. erwärmd., nähr-
stoffreich. Wasserbuchten (über Schlammböden), fleischfressd mit
Fangb., Wasservögel-Verbrtg, Lemnion-Verb.char. – Bo, Br – smed-
kont, außerdem in warm-gemäß. Zonen d. Palaeotrop., v. all. S-Afrika –
W – Chrom. 2n = 48.

Ordnung Saxifragáles

Familie der Dickblatt-Gewächse, Crassuláceae

1   Staubb. 3–4, Blü. rötl. od. weiß, z. T. b.achselstdg, B. dickl., zugespitzt
                                             Crassula   S. 478
1*   Staubb. 5–40
2   B. am St. verteilt, Blü.- u. Kelchb. 4–5(6), Staubb. 5–12   **Sedum**   S. 478
2*   B. am Grunde in kugelgen Rosetten
3   Blü.b. 10–20, rot, ausgebreitet   **Sempervivum**   S. 483
3*   Blü.b. 6, gelb, aufgerichtet, gefranst   **Jovibarba**   S. 484

Dickblatt, Crássula L.

1   B. oval-zugespitzt, dichtstehd, Blü. 3zählg, rötl.-weiß, 3–5 cm, ☉, 5–9
                                             C. tillaea   1372
1*   B. lineal, spitzl., locker stehd, Blü. 4zählg, weiß, 3–5 cm, ☉, 7–9
                                             C. aquatica   1373
1372. **Moos-D., C. tillãẽa** Lest.-Garl. (*Tillãẽa muscósa* L.), slt. auf
feucht. Sandböd., in med in Helianthemetalia gutt.-Ges. – NWe, Br, An
(überall verscholl.) – med-atl – T – Chrom. 2n = 28.

1373. **Wasser-D., C. aquática** (L.) Schoenl. (*Tillãẽa aquática* L.), slt. auf
offen. sandg. od. rein. Schlammböd., Nanocyperion-Art – An (früher
auch NWe, NS, Br) – no, circ – T – Chrom. 2n = 42.

Beliebte Topfpf. aus S-Afrika: *C. spathuláta* Thunb.

Fetthenne, Mauerpfeffer, Sédum L.

1   Staubb. 5, B. halbwalzl., ca. 1 cm lg, blaugrün, Blü.b. weißl., rot gekielt,
     5–15 cm, ☉, 6–7   **S. rubens**   1374
1*   Staubb. 8–12
2   B. flach (dickl.)

3 B. schmal-lineal bis keilförmg, ganzrandg, anfängl. in gedrängt. Rosette, im
2. Jahr zu locker beblätt. Blü.rispe auswachsd, 10–30 cm, ☉, ♃, 6–7
S. cepaea 1375
3* B. brt-spatelg od. eiförmg-längl., meist gesägt od. gezähnt
4 Blü. meist 5zählg, zwittrig
5 St. aufrecht, ohne wintergrüne rasenbildde Triebe, Blü. rötl. od. gelb,
20–50 cm, ♃, 6–8 **S. telephium** 1376
5* St. niederliegd, wurzld, mit rasenbildd. Rosetten, B. gegenstdg, Blü. meist
hellpurpurn (weiß, gelbl.), 5–20 cm, ♃, 7–8 **S. spurium** 1377
4* Blü. meist 4zählg, eingeschlechtg (Pf. 2häusg), gelb od. rötl., B. lanzettl.,
vorn gezähnt, Wurzel verdickt, v. angenehm. Geruch, 15–35 cm, ♃, 6–8
S. rosea 1378
2* B. stielrund (walzl.) od. halbstielrund, kl. (eigentl. Mauerpfeffer)
6 Pf. fast ausschließl. mit blühd. Trieb., ohne nichtblühde u. rasenbildende
Triebe, 1–2jährg
7 Blü.b. 6, etwa 4mal so lg wie Kelch, weiß, rot gekielt, B. blaugrün, 8–15 cm,
☉, 6–7 **S. hispanicum** 1379
7* Blü.b. 5; etwa 2mal so lg wie Kelch
8 Pf. drüsenhaarg, B. halbstielrund, ± gelbgrün, Blü. ansehnl., rosarot,
5–15(20) cm, ☉, 6–8 **S. villosum** 1380
8* Pf. kahl
9 B. kurz-walzl., gedrängt, wie d. armblütige Blü.std meist rotbraun überlauf.,
Blü. grünl.-rötl. (weiße), Fr. schwarzrot, sternförmg abstehd, 3–7 cm, ☉, 7–8
S. atratum 1381
9* B. lineal, halbstielrund, locker stehd, am Grunde gespornt, Blü.std gabelg,
Blü. gelb, 5–10(15) cm, ☉, 6–7 **S. annuum** 1382
6* Pf. mit zahlreich. nichtblühd., dichte od. lock. Rasen bildend. Trieben, ausdauernd
10 Blü. weiß od. rötl.
11 B. eiförmg-ellipt. bis fast kugelg, oben ± abgeflacht, blaugrün, 3–7 mm lg,
meist gegenstdg, leicht abfalld, Blü.std drüsenhaarg, 5–10 cm, ♃, 6–7
S. dasyphyllum 1383
11* B. längl. lineal-keulenförmg, dunkelgrün, 6–12 mm lg, Blü.std ± kahl,
5–15(–30) cm, ♃, 6–8 **S. album** 1384
10* Blü. gelb
12 B. stumpf, ohne Stachelspitze, grün, 4–6 mm lg
13 B. locker u. unregelmäß. stehd, 6 mm lg, Blü.b. stumpfl., blaßgelb, Blü.std
2–5blütg, 3–5 cm, ♃, 6–8 **S. alpestre** 1386
13* B. dicht u. regelmäß. stehd, Blü.b. spitz
14 B. eiförmg, oberts abgeflacht, bis 4 mm lg, von scharf. Geschmack, Blü.b.
6–8 mm lg, 5–10(–15) cm, ♃, 6–7 **S. acre** 1385
14* B. lineal, stielrund, am Grunde brt sitzd, bis 6 mm lg, v. mild. Geschmack,
Blü.b. 3–5 mm lg, 5–10(–15) cm, ♃, 6–7 **S. sexangulare** 1387
12* B. stachelspitzg, lineal-pfrieml., meist blaugrün, 10–15 mm lg, am Grunde
± gespornt, Staubb.grund bewimpt, 10–35 cm, ♃, 7–8
S. reflexum 1388

1374. Rötliche F., S. rúbens L. (*Crássula rúbens* L.), s. slt. in Pionier-
Ges., in lückig. Magerrasen, in Brachen od. Weinbergen, auf warm.,
trock.-mäß. trock., mäß. nährstoff- u. basenreich., meist kalkarm., wenig

humos., lock., sandg. Stein- od. Lehmböden, wärmeliebd, Insekt.-bestäubg, Sedo-Scleranthetea-Kl.char., auch in Ackerunkrautges. – süHü, süRh (ob noch ?), HRh (Schweiz), RS (Trier) – smed(-atl) – T – Chrom. 2n = 42.

1375. Rispen-F., S. cepaēa L., s. slt. in beschattet. Unkrautfluren im Saum v. Gebüsch., an Wegböschungen, Mauerfüßen, auch in Äckern, auf frisch., nährstoff- u. basenreich., kalkarm., neutral-mäß. sauer. humos., steinig. od. sandg. Lehmböden, Pionierpf., wärmeliebd, z. B. mit *Cardamine hirsuta* od. *Geranium lucidum* im Alliarion – nöVog (am W-Rand d. Gebietes) – med(-atl) – Ch (T) – Chrom. 2n = 22.

1376. S. teléphium-Gruppe

1   Obere B. eiförmg, sitzd bis schwach herzförmg st.umfassd, gegenstdg od. 3quirlg, Blü. gelbgrün, slt. blaßrot

1376a. Große F., S. máximum (L.) Hoffm., slt. in sonnig., lückig. Steinschuttfluren, in Felsspalten, auch in felsig. Magerrasen od. Saumges. auf warm., mäß. trock., basenreich., meist kalkarm., wenig humos., lock. Steinschutt- od. Felsböden, Pionierpf., früher Heil- u. Salatpf., auch Zierpf., Fliegen- u. Hautflügl.-Bestäubg, v. all. in Thlaspietea-Ges., auch in Felsspalt. od. in d. Trif.-Geranietea – Ebene bis mittl. Gebirgslag., A bis 940 m – osmed-gemäßkont – H – Chrom. 2n = 24 (48).

1*   Obere B. oval od. lanzettl., vorwiegd wechselstdg, meist deutl. gezähnt

2   B. mit keilförmg. od. abgerundet. Grund sitzd, ± oval, Blü.b. rot, üb. d. Mitte zurückgekrümmt

1376b. Purpur-F., S. teléphium L. (*S. purpuráscens* Koch), zml. hfg in Pionier-Ges., im Saum von Gebüsch, auf Steinwällen, Steinschutt, in Waldschlägen, an Wegen od. in Äckern, auf mäß. trock.-frisch., meist ± nährstoff- u. basenreich., vorzugsw. steing. Lehmböd., wie vor. alte Heilpf., gern auf steing. Äckern z. B. im Caucalidion od. Fumario-Euphorbion, auch in Origanetalia- u. (wohl primär) Thlaspietea rot.-Ges. – Ebene bis mittl. Gebirgslag., A bis 920 m, im nördl. Tiefld slt. – euras – H – Chrom. 2n = (22, 36) 48.

2*   B. mit deutl. stielartg verschmält. B.grund, lanzettl., 3–4mal so lg wie brt, Blü.b. rosa, gerade abstehd

1376c. Berg-F., S. fabária Koch [*S. vulgáris* (Haw.) Lk. p.p.], s. slt. in sonnig. Felsgrus- u. Felsspalt-Ges., auf ± trock., basenreich., meist kalkarm., humus- u. feinerdearm. Fels- u. Steinböden, Zierpf., z. B. im Sedo-Scleranthion, auch im Androsacion vand. od. Calamagrostion – z. B. süSch (Belchen), Pf, RS, BayW, z. T. wohl nur verwildert (Ju, He, Fr) – wpralp – H – Chrom. 2n = 24.

1377. Kaukasus-F., S. spúrium M. Bieb., hfge Zierpf. u. glgtl. verwildt, v. all. an Mauern od. in Dünen auf trock.-warm., basenreich., oft kalkfrei., lock. Steingrus- u. Sandböden, wärmeliebd, v. all. in Convolv.-Agropyrion(Elymion)-, Sedo-Scleranthetea- od. Asplenietea-Ges. – z.B. Rh, Hü, Ne, Ju, Fr usw. – Heimat: Kaukasus – Ch – Chrom. 2n = 28.

1378. Rosenwurz, S. rósea (L.) Scop. (*Rhodíola rósea* L.), s. slt. in gern etwas beschattet., schneefeucht. Felsspalten d. Silikatgesteins, auch Zierpf., Fliegenblume, Androsacion vand. Art – süSch (Belchen), Vog – arkt(subozean)-alp, circ – H – Chrom. 2n = 22.

1379. Spanische F., S. hispanicum L., slt. adv., aber z.T. eingebürgert an Fels. u. Mauern od. im Steinschutt, auf frisch., meist kalkhaltgen, moosreich. Unterlag. – Fichtelgebirge, Bo (Lindau), Av – opralp – H – Chrom. 2n = 40.

1380. Sumpf-F., S. villósum L., slt. in Quellfluren od. Flachmooren, an moorig. Grabenrändern, v. all. auf off., sicker- od. grundnass., ± nährstoffreich., kalkarm., mäß. sauer., sandg. od. rein. Sumpfhumus-od. Torfböden, auch auf nass. humos. Sand od. Stein, Pionierpf., Cardamino-Montion-Verb.char., ferner in lückg. Scheuchzerio-Caricetea-fusc.-Ges. – v. all. süSch, Vog, slt. Bo, Ba, Do-Av, A bis 1350 m, BayW, Fr, RS, NWe, He, Th, Erzg., im nördl. Tiefld fehld od. verscholl. – (arkt-)nosubatl – T – Chrom. 2n = 30.

1381. Schwarze F., S. atrátum L., zerstr. in lückg. Steinrasen d. alp. Stufe, auf frisch., basenreich. (kalkhaltg.), ± humos., lock., steinig. Ton-u. Lehmböden, meist Selbstbestäubg, Seslerion-Verb.char., auch in Thlaspion rot.-Ges. (z. B. Leontodontetum mont.) – A 1400–2570 m – alp – T, H – Chrom. 2n = 16.

1382. Einjährige F., S. ánnuum L., slt. in Steingrus-Pionier-Ges. d. Gebirges, auf Felsköpfen, Mauerkronen od. Dämmen, an Felsen od. in Feinschutthalden, an Erdanrissen, auf mäß. trock., mäß. nährstoff- u. basenreich., kalkarm., humus- u. meist feinerdearm. Steingrus- od. Felsböden, Pionierpf., Insekt.- u. Selbstbestäubg, terr. Char. d. Sclerantho-Sempervivetum (A) bzw. Sileno-Sedetum (Sch), Sedo-Scleranthion-Verb.char. – Vog, süSch (ca. 500–1450 m), A (Grünten, 1530 m), (BayW eingebürgt) – pralp-nosubozean – T – Chrom. 2n = 22.

1383. Dickblättrige F., S. dasyphýllum L., zml. slt. in sonnig. Felsspalt-u. Felsgrus-Ges., auch an Mauern od. im Feinschutt, auf sommertrock., basenreich., kalkreich. u. -arm., humus- u. feinerdearm. Steingrus- u. Felsböden, Flachwurzler, Licht(Halbschatt)pf., Insekt.bestäubg, glgtl. Zierpf., Asplenietea trich.-Kl.char., auch in Sedo-Scleranthetalia-Ges. – süSch, süHü (Istein), nöHü, Bo, Ju, Av, A bis 2000 m, BayW (ob ursprüngl. ?), Taunus – alp-pralp-smed – Ch – Chrom. 2n = 28, 42, 56.

1384. Weiße F., Weißer M., S. álbum L., hfg in sonnig. Pionier-Ges. auf Felsköpfen u. Mauerkronen, an Dämmen, auf Kiesdächern, in Feinschutthalden u. Felsrasen, auf sommerwarm.-trock., nährstoffarm., nicht zu basenarm., $\pm$ humos., feinerdearm. Stein- u. Felsböden, Flachwurzler, Insekt.bestäubg, Futterpf. d. Apollofalter-Raupe, Sedo-Scleranthetalia-Ordn.char., auch in Asplenietea trich.- od. Festuco-Brometea-Ges. – Ebene bis Gebirge, A bis 1820 m, im nördl. Tiefld slt. od. fehld – (pralp-)smed-subatl – Ch – Chrom. 2n = (32) 68.

1385. Scharfer M., S. ácre L., hfg in sonnig. lückig. Pionier-Rasen, auf Felsköpfen, in Sandfeldern, an Mauern, Dämmen, im Bahnschotter, auf Kiesdächern, in Kiesgruben u. Flußalluvionen, auch in Kiefernsteppen-Wäldern, auf warm., trock., $\pm$ nährstoff- u. basenreich., humus- u. feinerdearm., lock. Sand- u. Steinböden, Flachwurzler, Lichtkeimer, Fliegen- u. Hautflügler-Bestäubg (auch Selbstbestäubg?), Regen- u. Ameisenverbrtg, früher Heilpf., Sedo-Scleranthetea-Kl.char., auch in Festuco-Brometea-Ges. – Ebene bis mittl. Gebirgslagen, A bis 800 m, Ju bis 1005 m – (no-)eurassubozean(-smed) – Ch – Chrom. 2n = 16, 24, 48, 60, 80.

1386. Alpen-F., S. alpéstre Vill., slt. in sonnig. Pionier-Ges. d. alp. Stufe, an steinig. Erdanrissen, auf Moränen od. in Schneetälchen, auf $\pm$ off., frisch., basenreich., kalkfrei., humusarm., lehmig. Steingrus-Böden, in Androsacion alp.- u. Salicion herbac.-Ges., nach Braun-Bl. Salicetea herb.-Kl.char. – A 1300 bis 2380 m, Vog – alp – Ch – Chrom. 2n = 16.

1387. Milder M., S. sexanguláre L. (*S. míte* Gilib., *S. boloniénse* Lois.), zerstr. in sonnig. Pionier-Ges. auf Felsköpfen, in Felsrasen, auch in Sandfeldern od. auf Mauerkronen, an Dämmen, auf off., mäß. nährstoffreich., meist kalkhaltig., humus- u. feinerdearm. Sand- u. Steinböden, Flachwurzler, Licht- u. Halbschattpf., Sedo-Scleranthetea-Kl.char., auch in Festuco-Brometea- od. Asplenietea trich.-Ges. od. im Erico-Pinion – Ebene bis mittl. Gebirgslagen, A bis 900 m, Ju bis 780 m, süSch 1270 m (v. all. Kalkgebiete) – gemäßkont-osmed – Ch – Chrom. 2n = 74, 108.

1388. S. refléxum (*S. rupestre* auct.)-Gruppe

1   B. am Ende d. steril. Triebe nicht gehäuft, B. stielrund

2   Blü.b. 6–7 mm lg, Kelch kahl, jger Blü.std nickd

1388a. Felsen-F., Tripmadam, S. refléxum L., zml. hfg in licht. Pionier-Ges., auf Dünen u. Felsköpfen, in lückg. Felsrasen, auf Mauerkronen, an Dämmen, in Feinschutthalden od. felsg. Eichenwäldern, auf $\pm$ off., warm-trock., basenreich., meist kalkfrei., lock., $\pm$ humus- u. feinerdearm. Sand- od. Steinböden, Insekt.bestäubg, Licht- u. Halbschattpf., früher Salat- od. Gewürzpf., auch Zierpf., Sedo-Scleranthetea-Kl.char., auch in Quercion rob.-Ges. – Ebene bis mittl. Gebirgslagen, v. all. Sand- u. Silikatgebiete, A fehld, Av bis ca. 700 m, Sch bis 1270 m – smed – Ch – Chrom. 2n = 34, 68, ca. 112.

2* Blü.b. 8–10 mm lg, Kelch drüsg behaart, jger Blü.std. nicht nickd

1388b. Ockergelbe F., S. ochroleúcum Chaix, slt. in Kalkfelsfluren d. Xerobromion – Th (adv.?) – med – Chrom. 2n = 34, 68.

1* B. am Ende d. steril. Triebe schopfg gehäuft, B. ob.sts abgeflacht, St. mit bleibend. abgestorb. B.resten, jger Blü.std. nickd

1388c. Zierliche F., S. forsteránum Sm., slt. in Felsgrusflur., Sedo-Scleranthetea-Kl.char. – RS (Mosel-Eifel) – atl-wsmed.

Hauswurz, Sempervívum L.

1 B.rosetten offen, 3–12 cm brt, B. grün, auf d. Fläche kahl, am Rande bewimpert, 10–40 cm, ♃, 7–9 **S. tectorum** 1389
1* B.rosetten ± kugelg geschlossen, 1–3 cm brt
2 B. auf d. Fläche drüsenhaarg (ohne spinnwebige Haare), Blü.b. s. schmal, viol., 10–15 cm, ♃, 7–8 **S. montanum** 1390
2* B. durch lge spinnwebige Haare verbund., meist nur am Rande kurzdrüsg, Blü.b. rot, 5–12 cm, ♃, 6–8 **S. arachnoideum** 1391

1389. Echte H., S. tectórum L.

1 Rosetten 8–12 cm brt, B. rasch zugespitzt, am Grund rötl., Blü.std reich verzweigt, bis 60 cm hoch

1389a. ssp. tectórum, zml. hfg auf Mauerkronen od. Dächern gepflanzt, slt. auch wild in Felsband-Rasen, auf warmtrock., ± nährstoff- (auch basen-)reich., meist kalkarm., humos., feinerdearm. Steinböden, alte Heilpf. u. blitzwehrende Zauberpf., Insekt.bestäubg, geschützt, z. B. im Saxifr. trid.-Poetum compr. (Alysso-Sedion) d. Kiesdächer, Sedo-Scleranthetalia-Ordn.char., ferner in Asplenietea-Ges. – wild z. B. Ju, Bo (Hohentwiel), Moseltal, He (Bilstein), A – pralp – Ch – Chrom. 2n = 72, 74, 76.

1* Rosett. 3–6 cm brt, B. lg zugespitzt, unregelmäß. bewimpert, am Grunde weißl., Staubb. alle voll entwickelt, Blü.std 10–30 cm hoch

1389b. ssp. alpínum (Gris. et Schenk) Wettst. (*S. alpínum* Gris. et Schk.), slt. auf Felsköpfen u. in Felsrasen d. subalp. u. alp. Stufe, auf trock.-warm., basenreich., meist kalkarm. Steinböden, geschützt, Sedo-Scleranthion-Verb.char. – A (Allgäu, 1400 bis 2000 m) – alp – Ch.

1390. Berg-H., S. montánum L., slt. in Pionier-Ges. auf Felsköpfen od. in steinig. Silikat-Magerrasen auf sommerwarm-trock., ± basenreich., kalkfrei., sauer., humos., lock., flachgründig. Steinböden, geschützt, Sedo-Scleranthion-Verb.char., auch in lückg. Nardion- u. Caricion curv.-Ges. – A (Tirol, Vorarlberg, Schweiz), oft nur d. Bastard: *S. arachnoídeum × montánum* (z. B. Allgäu, süSch: Belchen v. Vulpius 1867 angesalbt) – alp – Ch – Chrom. 2n = 42 (ca. 84).

1391. Spinnwebige H., S. arachnoídeum L., zerstr. in Pionier-Ges. d. alp. Stufe, auf Felsköpfen, in off. Silikat-Magerrasen, auch auf Mauerkronen od. in Feinschutt-Halden, auf sommerwarm.-trock., nährstoff- u. basenarm., kalkfrei., humus- u. feinerdearm. Steinböden, Insekt.-bestäubg, Schneeläufer, geschützt, Char. d. Sclerantho-Sempervivetum arach., Sedo-Scleranthion-Art – A 1700 bis 1800 m, BayW (angepflzt) – alp – Ch – Chrom. 2n = 32.

Fransen-Hauswurz, Donarsbart, Jovibárba Op.

1   Rosett.b. im ober. Drittel am breitest., trocken braungrau, Staubfäd. unten drüsg, 10–20 cm, ⛢, 7–9   **J. sobolifera** 1392
1*   Rosett.b. im unter. Drittel am breitest., trocken silbergrau, Staubfäd. kahl, 10–20 cm, ⛢, 8–9   **J. arenaria** 1393

1392. **Sprossende Fr.-H., J. sobolífera** (Sims) Op. (*Sempervívum soboliferum* Sims), s. slt. in sonng. Felsras., auf warm. trocken., ± kalkhaltgen, neutral.-mild., ± humos., flachgründgen Steinböd., insbes. Dolomit, meist Selbstbestäubg, Rosetten geschützt, lok. Char. d. Sempervivetum sobol. (Al.-Sedion), reg. Sedo-Scleranthetea-Kl.char., auch im Cytiso-Pinion – FrJu, Fr, Mn, He (Rhön), An, Br, Sa, nöSch (Bernecktal, ob ursprüngl. ?) – gemäßkont, im Gebiet an d. W-Grenze d. Verbrtg – Ch – Chrom. 2n = 38.

1393. **Sand-Fr.-H., J. arenária** (Koch) Op. (*Sempervívum arenárium* Koch), im Gebiet nur angepflanzt u. ± eingebürgt an basenreich., kalkarm. Felsen (Diabas), geschützt – Fichtelgebirge – oalp – Ch – Chrom. 2n = 38.

Familie der Steinbrech-Gewächse, Saxifragáceae

1   Kräuter od. Stauden
2   B. ± ungeteilt od. handförmg gespalten, meist rosetten- od. rasenbildd
3   Blü.b. vorhand. (Blü.hülle doppelt), meist weiß, auch rötl. od. gelb
4   Blü. meist zu mehrer. in traubg. od. rispg. (doldg.) Blü.std, auch einzeln, Staubb.10, Fr.kn. 2–3fächerg, Grundb. oft in Rosetten   **Saxifraga** S. 485
     vgl. auch   **Bergenia** S. 491
4*   Blü. einzeln, weiß, 1–3 cm brt, Staubb. 5, dazu 5 drüsg gefranste Nebengebilde (Staminodien), Grundb. herzförmg, ganzrandg, St.b. 1, sitzdumfassd, 10–20(–30) cm, ⛢, 7–8   **Parnassia** S. 492
3*   Blü.b. fehlen, Blü.hülle einfach, 4teilg, grünl.-gelb, flachdoldg angeordnet, mit gelbl. Hochb., Staubb. 8, Pf. niederliegd, ± rasenbildd
                                         Chrysosplenium S. 491
2*   B. 3mal 3zählg geteilt, Blü. 5zählg, weiß, in dicht., kegelförmg. Blü.rispen, Zierstaude („Spiraee")   **Astilbe** S. 492
1*   Sträucher
5   B. wechselstdg, meist gelappt, 3–5spaltg, Blü. in hängd. od. aufrecht. Trauben, Fr. eine Beere   **Ribes** S. 493
5*   B. gegenstdg, ungeteilt, gezähnt od. ganzrandg, Ziersträucher
6   Blü.std traubg (od. doldg), Blü. mit grün. Kelch u. weißen Blü.b., Fr. eine Kapsel, 1–3 m, ♄, 5–6

7 Kelchb. meist 4, Staubb. 20–30, Blü. groß   **Philadelphus** S. 492
7* Kelchb. meist 5, Staubb. 10, Blü. glöckchenförmg, oft gefüllt
                                                      Deutzia S. 492
6* Blü.std in ± kugelg. (schneeballartg.) Rispen od. Doldenrisp., Kelch
   blumenb.artg ausgebrtet (weiß, rötl., bläul., später vergrünend), Blü.b. meist
   s. kl., Blü. oft unfruchtbar, Staubb. ± fädl.   **Hydrangea** S. 492

Steinbrech, Saxífraga L.

Alle Arten mit Ausnahme von *S. granulata* u. *S. tridactylites* geschützt.

1 B. nicht üb. 10 cm lg, meist viel kleiner (1* S. 487 unten)
2 B. gegenstdg, kl., bis 4 mm lg, Blü. rot-blauviol., St. niederliegd, ästg
3 St. 2–6blütg, B. rundl., Kelchb. kurzdrüsg, Staubb. orangegelb, 10–30 cm,
   ♃, 7–8   **S. biflora** 1394
3* St. 1blütg, B. spitzl., mit Kalkgrübch., Kelchb. bewimpert, drüsenlos,
   Staubb. grauviol., 10–30 cm, ♃, 4–5–7   **S. oppositifolia** 1395
2* B. wechselstdg, oft in Rosetten, Blü. weiß, gelbl. od. rötl.
4 Grundb. mit einem bis mehrer. randl. Kalkgrübch., kl., lineal(-eiförmg),
   starr-fleischg
5 Blü. zu 1–6, weiß, B. lineal-lanzettl., Pf. in dicht. Polstern
6 Grundb. zurückgekrümmt, oft kalkinkrustiert, stumpfl. (kurz zugespitzt),
   St. 2–6blütg, Kelchzähne stumpfl., 3–10 cm, ♃, 6–8   **S. caesia** 1396
6* Grundb. aufgerichtet, pfrieml. zugespitzt (7punktg), St. meist 1blütg,
   Kelchzipfel zugespitzt, Blü.b. 8–10 mm lg, 3–10 cm, ♃, 6–8
                                                      S. burseriana 1397
5* Blü. in reichblütg. Risp., weiß od. gelb, B. zungenförmg, 3–5 cm lg, in deutl.
   Einzelrosetten
7 Blü. weiß, oft punktiert, B. gezähnt, B.zähne mit deutl. Kalkgrübch.
8 Blü.std nur oben verzweigt, B. 2–5 mm brt, 10–30 cm, ♃, 5–7
                                                      S. paniculata 1398
8* Blü.std v. Grund an verzweigt, pyramid.förmg, B. 6–16 mm brt, 20–70 cm,
   ♃, 6–8   **S. cotyledon** 1399
7* Blü. rötl.-gelb, B. fast ganzrandg, Kalkgrübch. undeutl., 15–30 cm, ☉, 6–7
                                                      S. mutata 1400
4* B. ohne Kalkgrübch., glgtl. mit knorpelg. B.spitze
9 Pf. rasen- od. polsterbildd, meist mit ± zahlreich., nichtblühd. Rosetten
   (9* S. 486 unten)
10 Blü. gelbl. weiß od. gelb bis gelbgrün, nicht rein weiß (10* S. 486 Mitte)
11 B. zungenförmg, bis 5 cm lg, in lock. Rosetten   vgl. **S. mutata** 1400
11* B. kl., lineal od. lineal-lanzettl., ungeteilt od. vorn 2–5spaltg
12 Blü. lebhaft gelb bis orangegelb, B. knorpelg bespitzt, lineal-lanzettl.,
   Blü.std reichl. beblättert, Pf. lockerrasg, kriechd, 3–20 cm, ♃, 6–8
                                                      S. aizoides 1401
12* Blü. weißl.gelb, blaßgelb od. grünl.gelb, B. nicht knorpelg bespitzt, Blü.std
   armblättrg
13 B. grannenartg zugespitzt, steif bewimpert, lineal-lanzettl., Blü. weißl. gelb,
   ca. 10 mm brt, St. meist 1blütg, Pf. mit kugelg. Rosetten in lock. Polstern,
   5–15 cm, ♃, 7–8   **S. bryoides** 1402
13* B. nicht lg grann.artg. höchst. kurz bespitzt, ungeteilt od. 3–5spaltg, Blü.
   gelbl., rötl.- od. grünl.gelb, St. 1–5blütg

14 B. ungeteilt-lanzettl., drüsenhaarg, Blü.std 1–3(4)blütg u. 0–2blättrg, Blü.b. ± so brt wie Kelchb.

15 B. kurz bespitzt, Blü.b. schmal-lineal, Pf. lockerrasg, 2–5 cm, ⚁, 6–8 **S. sedoides** 1404

15* B. spatelg-sumpfl., Blü.b. oval, Pf. dichtrasg, 2–4 cm, ⚁, 7–8 (vgl. auch **S. moschata** ssp. **linifólia** 1407) **S. seguieri** 1406

14* B. meist 3–5spaltg, stumpfl., Blü.std 1–5blütg

16 Blü.b. lineal, schmäler als Kelchb., blaßgelb, Blü.std meist 1blütg, u. b.los, B. 3(5)spaltg, Pf. lockerrasg, höchst. spärl. kurzdrüsg, 1–5 cm, ⚁, 7–8 **S. aphylla** 1403

16* Blü.b. längl.-eiförmg, so brt od. breiter als Kelchb., Blü.std 1–5blättrg u. 1–5(10)blütg, Pf. drüsg behaart

17 Blü.b. ± so brt wie Kelchb., grünl.-gelb, Grundb. vorn 2–3spaltg (auch ungeteilt), Pf. schwach drüsg., dichtrasg, 2–12 cm, ⚁, 7–8 **S. moschata** 1407

17* Blü.b. ± 2mal so brt wie Kelchb., gelbl.-weiß, Grundb. 3–5spaltg, Pf. stark drüsg-klebrg, harzg duftd, oft ± lockerrasg, 2–20 cm, ⚁, 6–8 **S. exarata** 1408

10* Blü. rein weiß (od. rötl.), z. T. rot od. gelb pktiert (mit weißl.-gelbl. Blü., vgl. unt. 13)

18 Rosettenb. 3–9spaltg, mit lineal. Zipfeln, St. beblätt., Pf. lockerrasg, mit verlängt. Trieben, Blü.b. 8–10 mm lg, rein weiß

19 B.zipfel lanzettl., meist stumpfl., weich, B. lg gestielt, an d. jüng. Trieben 3spaltg, Triebe ohne B.achselknosp., 10–30 cm, ⚁, 5–6 **S. decipiens** 1409

19* B.zipfel lineal, stachelspitzg, starr, nichtblühde Triebe mit B.achselknosp., B.stiel unterts gewölbt, 12–30 cm, ⚁ 5–6 **S. hypnoides** 1410

18* Rosettenb. lanzettl.-spatelg od. rundl., gekerbt od. gezähnt, St. (außer kl. Tragb.) unbeblättert

20 B. lanzettl. od. spatelg, gezähnt, hellgrün

21 B. lanzettl.-spatelg, ganzrandg od. vorn 3–5zähng, drüsenhaarg, St. 1–3blütg, Kelchzipfel eiförmg, aufgerichtet, Blü.b. 7–8 mm lg, Pf. lockerrasg od. einzeln, 2–10 cm, ⚁ 7–8 **S. androsacea** 1405

21* B. keilg, vorn gezähnt, ± kahl, glänzd, Kelchb. zurückgeschlag., Blü.b. gelb pktiert, Pf. mit Ausläuf., 15–20 cm, ⚁, 7–8 **S. stellaris** 1414

20* B. rundl.-eiförmg, ± deutl. gestielt, gekerbt, dunkelgrün, Pf. mit oberird. Seitenspross., oft Zierpf.

22 B. am Grund keilförmg verschmälert

23 B.stiel kahl, Blü.b. mit 1 orange Fleck, 10–20 cm, ⚁, 6–7 **S. cuneifolia** 1415

23* B.stiel zottig bewimpert, Blü.b. rot pktiert, 10–30 cm, ⚁, 6–8 **S. umbrosa** 1416

22* B. am Grund herzförmg, B.stiel bewimpert, 10–40 cm, ⚁, 7 **S. hirsuta** 1417

vgl. ferner unt. 26* **S. rotundifolia** 1418

9* Pf. nicht rasen- od. polsterbildend, ohne nichtblühde Rosetten

24 Blü. weiß, z. T. rot od. gelb pktiert

25 B. 3lappg od. ungeteilt, drüsenhaarg, Blü.b. 3–4 mm lg, Pf. einjährg, 3–15 cm, ☉, 3–5 **S. tridactylites** 1412

vgl. ferner unter 21 **S. androsacea** 1405

25* B. rundl., deutl. gestielt u. gekerbt od. gezähnt, Blü.b. 6–13 mm lg

26 Blü.b. rein weiß, 10–30 mm lg, Blü.std doldg gedrängt, wenigblütg, Pf. am
St.grund mit unterird. Knöllch., Grund-B. lappg-gekerbt, 15–30(–50),
⨄, 5–6 **S. granulata** 1411
26* Blü.b. rot u. gelb pktiert, 6–8 mm lg, Blü.std locker rispg, reichblütg,
Grundb. eingeschnitt.-gezähnt, Pf. ohne Knöllchen 15–30(–50) cm, ⨄, 6–9
S. rotundifolia 1418
24* Blü. gelb, zu 1–3, Blü.b. bis 15 mm lg, B. lanzettl. stumpfl., ganzrandg, am
Grunde braunrot behaart, St.b. zahlreich, Pf. mit kurz., beblätt. (unterird.)
Ausläufern, 10–30 cm, ⨄, 7–8 **S. hirculus** 1413
1* B. meist über 10 cm lg, brt oval, ganzrandg od. gezähnt, ledern, wintergrün,
Blü. rosarot, in dicht. rispenartg. Blü.std, 15–40 cm, ⨄, 3–5
S. crassifolia (Bergenia) 1419

1394. Zweiblütiger St., S. biflóra All., s. slt. in hochalp. off. Pionier-
Ges., auf feucht., basenreich., ± feinteilch.reich., bewegt. Stein-
schuttböden (Feinschutt), wintergrün, Wintersteher, Insekt.- u.
Selbstbestäubg, Char. d. Saxifragetum bifl. (Drabion hopp.) – A (Allgäu,
Kratzerjoch, 2410 m) – walp – Ch – Chrom. 2n = 26.
Im Gebiet: **ssp. macropétala** (Kern.) Rouy et Cam.

1395. Gegenblättriger, Roter St., S. oppositifólia L., zerstr. in alp., off.
Pionier-Ges., im Steinschutt, an Felsen od. in Steinrasen d. Gratlagen,
auf frisch., feucht., basenreich., meist kalkhaltg., ± feinteilch.reich.
Steinschutt- od. Felsböden, wintergrüner Frühblüher, Insekt.(Falter)- u.
Selbstbestäubg, Soziologie vgl. Unterarten – im ganzen: arkt-alp, circ –
Ch, formenreich:

1 Pf. meist dichtrasg, B. lg bewimpert, meist mit 1 Kalkgrübchen
2 B. meist spitzl.

1395a. ssp. oppositifólia, v. all. in Thlaspion rot.- u. Androsacion alp.-
Ges., auch als Alpenschwemmling im Epilobion fleischeri, Thlaspietea-
Kl.char., slt. auch in Seslerietea-Ges. – A 1650–2680 m, Av – Chrom.
2n = 26.

2* B. abgerundet

1395b. ssp. blepharophýlla (Kern.) Vollm. (*S. blepharophýlla* Kern.) wie
vor. – für Bayern fragl., Hohe Tauern – oalp.

1* Pf. meist lockerrasg, B. brt.-rundl., flach, nur am Grunde mit 5–6(10)
Wimpern u. 2–3 kalklos. Einstichen

1395c. ssp. amphíbia (Sünd.) Br.-Bl., s. slt. auf d. offen., sommerlich
überschwemmt. Kiesufern d. Bodensees (bis HRh), Eiszeitrelikt, Char.
d. Deschampsietum rhen. (Deschampsion lit.), stark zurückgehd, 1969
noch 1 Fundort, 1978 verscholl. – endem. – Chrom. 2n = 26.

1396. Blaugrüner St., S. caésia L., zerstr. in alp. Steinrasen u.
Stückelrasen od. an felsig. Graten, auf mäß. trock., basiphil-kalkreich.,
neutral-mild., humos., flachgründg. Steinböden, windharte Pionierpf.,
Insekt.bestäubg, Char. d. Caricetum firmae (Seslerion alb.), auch in

Asplenietea-Ges. od. als Alpenschwemmling im Flußkies – A rd 2000–2470 m – alp – Ch – Chrom. 2n = 26.

1397. Bursers St., S. burseriána L., s. slt. in subalp. u. alp. Felsspalten u. Felsrasen, auch verschwemmt im Flußkies, auf sonnenexponiert., mäß. trock.-trock., kalkreich., humus- u. feinerdearm. Steinböden, Insekt.-bestäubg, im Gebiet Char. d. Potentilletum caul., in d. SO-Alpen d. Potentilletum nitidae (Potentillion caul.) – A (Berchtesgad. Alp 600–2200 m) – oalp – Ch – Chrom. 2n = 26.

1398. Trauben-St., S. paniculáta Mill. (*S. aizóon* Jacq), zerstr. in sonnig. od. halbschattig. Felsspalten u. Felsrasen v. d. mont. bis in d. alp. Stufe, auch an Mauern od. im Steinschutt, auf trock.-mäß. trock., basenreich. u. vornehml. kalkhaltg., mäß. sauer.-mild., humus- u. feinerdearm. Steinböden, Insekt.bestäubg, v. all. in Kalkfelsspalten, Potentilletalia caulesc.-Ordn.char., auch in Thlaspietea rot.- od. Seslerietea-Ges. – Vog, süSch (600–1300 m), Nahetal, Ba, Ju, Bo (Hegau), Av, A (v. all. 1200–2570 m) – pralp-alp-arkt(subozean), circ – Ch – Chrom. 2n = 28.

1399. Pracht-St., S. cotylédon L., slt. in saur. frisch. Felsspalt.ges. d. Androsacion vand., z. B. im Montafon, sonst S-Alpen – alp-arktsubozean – Ch – Chrom. 2n = 26.

1400. Kies-St., S. mutáta L., slt. in Pionier-Ges. an durchrieselt. Mergelrutschfläch., Molasse- od. Nagelfluhfelsen, an Bachufern, im feucht. Kies, auf sickernass. (feucht.), kalkreich., humus- u. feinerdearm. (tonigen) Stein- u. Kiesböden in luftfeucht., ± beschattet. Standortslage, Char. d. Astero bellid.-Saxifragetum mut. (Caricion dav.), auch (mit *Saxifraga aizoides*) im Cratoneurion comm. od. im Potentillion caulesc. – Av(-Do, bis München u. Augsburg), HRh, A bis 1770 m – opralp(-alp) – H (Ch) – Chrom. 2n = 26.

1401. Bach-St., Fetthennen-St., S. aizoídes L., zml. hfg in Quellfluren d. subalp. u. alp. Stufe, an Quell- u. Bachrändern, an überrieselt. Felsen od. im Steinschutt, auf sickernass., basenreich., meist kalkhaltg., ± humusarm., rein. od. steinig-kiesig. Ton- u. Mergelböden, auch feinerdearm. Steinböden, Insekt.bestäubg (Fliegen), auch veget. Vermehrung, Cratoneurion comm.-Verb.char., ferner in feucht. Thlaspietea rot.-Ges. od. im Caricion dav. – Bo (als Eiszeitrelikt in Molasse-Schlucht.), Av (-Do, Augsburg-München), A bis 2470 m – arkt(subozean)-alp, circ – Ch – Chrom. 2n = 26.

1402. Moos-St., S. bryoídes L. [*S. áspera* L. ssp. *bryoídes* (L.) Gaud.], slt. in hochalp. off. Steinschutt-Pionier-Ges., auf sicker-frisch., ± basenreich., kalkarm., humusarm., feinteilch.reich. Steinschutt-Böden, s. kältefest, z. T. Wintersteher, Insekt.bestäubg (Fliegen), z. T. veget. Vermehrung, v. all. im Oxyrietum u. Androsacetum alp., Androsacion alp.-Verb.char., auch in Androsacion vand.-Ges. – A (Allgäu, 1850–1950 m) – alp – Ch – Chrom. 2n = 26.

1403. Blattloser St., S. aphýlla Sternb., zerstr. in off. Steinschutt-Fluren d. alp. Stufe, auf sickerfrisch.- mäß.trock., kalkreich., humus- u. feinerdearm., bewegt. Steinschutt-Böden, slt. auch an Felsen, Insekt.-bestäubg (Fliegen), z.T. Wintersteher, Schuttkriecher, Thlaspion rot.-Verb.char. – A 1900–2900 m – oalp – Ch – Chrom. 2n = 60, 64.

1404. Mauerpfeffer-St., S. sedoídes L., in schneefeucht. Steinschutt-Fluren d. alp. Stufe auf Kalk, Thlaspion rot.-Verb.char. – nicht in Bayern, ab. Salzburg u. weiter östl. – oalp – Ch – Chrom. 2n = 32.

1405. Mannsschild-St., S. androsácea L., zml. hfg in Schneetälchen u. Schneeböden d. alp. Stufe, auf schneewasser-feucht., kalkreich., ± mild. humos., meist tonig. Feinschuttböden, Fliegen- u. Selbstbestäubg, gern mit *Rumex nivalis*. Arabidion caerul.-Verb.char. – A 1550–2900 m – alp-altaisch – Ch – Chrom. 2n = 66, ca. 128, 154, 210–220

1406. Seguiers St., S. seguiéri Spreng., zerstr. in bodensaur. Schnee-bod.ges., auf schneefeucht. Feinschutt, Char. d. Luzuletum alpinopil. (Salicion herb.) – Vorarlberg, Tirol – alp – Chrom. 2n = 66.

1407. Moschus-St., S. moscháta Wulf., hfg in lückig. Steinrasen od. im Ruhschutt d. alp. Stufe, auf mäß. frisch., basenreich., meist kalkhaltg., ± neutral-mild., humos., ± feinerdearm. (lock.) Stein- od. Felsböden, z.T. Insekt.bestäubg, Seslerion-Verb.char., auch im Elynetum od. in Potentilletalia caul.-Ges. – A 1750 bis 2760 m – alp-altaisch – Ch – Chrom. 2n = (22) 24, 26 (28, 32, 34, 36, 52), s. formenreich, beachte z.B. **ssp. linifólia** Br.-Bl., Grundb. ungeteilt, Blü.std 1–2blütg, Chrom. 2n = 26, 44.

1408. Furchen-St., S. exaráta Vill., zerstr. auf saur. Steinböden, Char. d. Androsacetum vand. (Androsacion vand.), auch im Caricion curv. – nur Zentralalp. (Schweiz, Vorarlberg, Tirol) – alp – Chrom. 2n = 20, 26, ca. 68.

1409. Rasen-St., S. decípiens Ehrh. (*S. rosácea* Moench), slt. in Felsspalt-Ges., auch in Steinschuttfluren tief. Lagen, auf sonnig. od. halbschattig., mäß. trock.-trock., basenreich., humus- u. feinerdearm. Steinböden (Kalk, Dolomit, Porphyr, Serpentin, Diabas usw.), Pionierpf., Insekt.bestäubg, Zierpf., v. all. in frisch. Felsspaltges., Asplenietea trich.-Kl.char., auch in Thlaspietea rot.-Ges. – süSch (Schlüchttal), Ju, BayW, He, Hz, An, Sa – arkt-pralp – Ch, formenreich:

1 Grundb. mit genähert. 3–9spaltg. B.lapp., ohne aufgesetzte Grannenspitze

1409a. ssp. decípiens, vorherrschde Sippe, s.o. – Chrom. 2n = 64.

1* Grundb. mit auseinanderspreizend., 3–5spaltg. B.lapp., B.zipfel mit aufgesetzt. Grannenspitze

1409b. **ssp. sponhémica** (C. Gmel.) Webb (*S. sponhémica* C. Gmel.), slt. an basenreich., kalkarm. Felsgestein. (z. B. Melaphyr), Char. d. Saxifragetum sponh. (Androsacion vand.) – Pf, Nahetal, Eifel – mitteleurop.-endem. – Chrom. 2n = 52.

1410. **Astmoos-St., S. hypnoídes** L. [*S. decípiens* ssp. *hypnoídes* (L.) Vollm.], hfg gepflanzt u. glgtl. verwildt, ursprüngl. viell. Vog, wie vor., v. all. in Felsspalten – nosubozean – Ch – Chrom. 2n = ca. 30, 44, 48, 58, formenreich

1411. **Knöllchen-St., S. granuláta** L., zml. hfg in mäß. fett. Wiesen, in Magerrasen od. krautreich. Eichen-Hainbuchenwäldern, auf frisch.-mäß. trock., ± nährstoff- u. basenreich., kalkarm., mäß. sauer., humos., lock., sandg. od. rein. Lehmböden, Insekt.bestäubg (Fliegen), ohne Futterwert, v. all. (DO) in mager. Arrhenatheretalia-Ges., auch in bodensauer. Trock.- u. Halbtrock.ras. (Brometalia) od. im Carpinion – Ebene bis mittl. Gebirgslag. (Sch bis rd 700 m), fehlt: A, auch im nordw. Tiefld slt. – subatl-smed – H – Chrom. 2n = 52, 46–60, formenreich.

1412. **Dreifinger-St., S. tridactylítes** L., zml. hfg in annuell. Frühlings-Pionier-Ges., in Sandfeldern, an Wegen u. Dämmen, auf Kiesdächern u. Mauerkronen, in lückig. Trocken- u. Steppenras., slt. auch in Äckern, auf off., warm.-sommertrock., ± basenreich., meist neutral-mäß. sauer. humos., steinig. od. sandg. Lehmböden, auch rein. Sand, sandbevorzugd, Flachwurzler, wärmeliebd, meist Selbstbestäubg, Klebverbrtg, gern mit *Erophila*- od. *Cerastium*-Arten (vgl. Saxifr. trid.-Poëtum compr.), Alysso-Sedion-Verb.char. – Ebene bis mittl. Gebirgslagen (Ju bis 750 m, A fehld), v. all. Wärmegebiete, im Nordw. slt. – med-smed (-subatl) – T – Chrom. 2n = 22.

1413. **Moor-St., S. hírculus** L., s. slt. in Zwischenmooren, auf moosreich., nass., zeitw. überschwemmt., mäß. nährstoff- u. basenreich., mäß. saur. Torfschlammböden, Eiszeitrelikt, Insekt.bestäubg (Fliegen), Caricion las.-Verb.char., auch in Montio-Cardaminetalia-Ges. usw. – Av, Do, aussterbd (früher auch NS, SH, Me, Br) – (arkt-)no, circ – H – Chrom. 2n = 32.

1414. **Stern-St., S. stelláris** L., zerstr. in Quellfluren d. subalp. u. alp. Stufe, an Bachrändern u. Rinnsalen (z. B. in Karböden), an überrieselt. Felsen u. in durchrieselt. Steinschutt, auf kühl., sickernass., mäß. nährstoff- u. basenreich., neutral-mäß. sauer., humos., oft moosig., steinig-sandg. Tonböden, auch rein. Steinböden, Kaltwasser-Spezialist, Fliegenbestäubg, Montio-Cardaminetea-Kl.char. – Vog, süSch, nöSch (Hornisgrinde), A 1100–2460 m – arktsubozean-alp – Ch (H) – Chrom. 2n – 28, formenreich.

1415. Keilblättriger St., S. cuneifólia L., slt., ab. gesellg an humos-saur., moosg., beschatt. Steinblöck. in luftfeucht. Lage, v. all. in Eu-Fagenion u. Galio-Abietenion-Ges. – Vorarlberg, Schweiz – pralp – Ch – Chrom. 2n = 28.

1416. Schatten-St., S. umbrósa L., hfg als Zierpf. in Steingärten, liebt etwas beschattete, humose, basenreiche (± kalkhaltge) Standorte, Bienenbestäubg, glgtl. verwildt – atl – Ch (H) – Chrom. 2n = 28.

1417. Nieren-St., S. hirsúta L., slt. als Zierpf., in Vog (Hohneck) angepflzt u. verwildt, ursprüngl. in schattig., steinig. Gebirgswäldern d. atlant. Gebietes – atl – Ch (H) – Chrom. 2n = 28, ähnl. als Zierpf. *S. × géum* L. (*S. hirsuta × umbrosa*)

1418. Rundblättriger St., S. rotundifólia L., zerstr. in subalp. Hochstaudenbüschen u. Hochstaudenfluren, in stauden- u. krautreich. Bergmischwäldern, auf sickerfrisch., nährstoff- u. basenreich., meist kalkhaltg., neutral-mild. humos., lock. Ton- u. Lehmböden, Mullbodenpf., Fliegenbestäubg, gern mit Farnen, *Adenostyles* od. *Cicerbita*, Adenostyletalia-Ordn.char., auch in hochmont. Aceri-Fageten – Av, A bis 2130 m – pralp – H – Chrom. 2n = 22.

1419. Bergenie, Bergénia crassifólia (L.) Engl. (*Saxifraga crassifólia* L.), hfge schatten- u. humusliebde Zierpf. aus den zentralasiat. Hochgebirgen, slt. verwildt – Ch – Chrom. 2n = 34.

Milzkraut, Chrysosplénium L.

1   B. gegenstdg, St. 4kantg, B. geschweift-gekerbt, Pf. dichtrasg, 5–10(–15) cm, 2⊥, 4–5   **C. oppositifolium** 1420
1* B. wechselstdg, St. 3kantg, B. tief gekerbt, Pf. lockerrasg, 5–15(–20) cm, 2⊥, 3–5   **C. alternifolium** 1421

1420. Gegenblättriges M., Ch. oppositifólium L., zerstr. in ± beschatt. Quellfluren, an Bachufern, an überrieselt. Felsen, in Bach-Eschenwäldern, v. all. d. Gebirges, auf kühl., sickernass., mäß. nährstoff- u. basenreich., kalkarm., mäß. sauer., humos., steinig. od. sandg. Tonböden, meist Gleyboden-Zeiger, früher Heilpf. (Milzkrankheiten), Insekt.- u. Selbstbestäubg, Char. d. Chrysosplenietum opp., bzw. Cardamino-Montion-Verb.char., ferner (Diff.) im Carici-Fraxinetum (Alno-Ulmion) – Ebene bis mittl. Gebirgslagen (Silikatgebiete) (Sch bis ca. 1200 m), in Trocken- u. Kalkgebiet., im NO d. Gebiet., sowie A slt. od. fehld – subatl – Ch (H) – Chrom. 2n = 42.

1421. Wechselblättriges M., Ch. alternifólium L., zml. hfg in Auenwäldern, mit Eschen od. Erlen, im Ufer- u. Hochstauden-Gebüsch, in Schluchtwäldern, auf sicker- u. grundfeucht. (nass.), z. T. zeitw. überflutet., nährstoff- u. basenreich., mild-mäß. sauer., humos. Lehm- u.

Tonböden, Gley- u. Mullboden-Zeiger, meist Insekt.bestäubg, Alno-Ulmion-Verb.char., auch in Montio-Cardaminetea-, feucht. Fagion- od. Betulo-Adenostyletea-Ges. – Ebene bis Gebirge, A bis 1950 m – (no-)euras(kont) – H – Chrom. 2n = 36, 48.

Herzblatt, Parnássia L. vgl. S. 484

1422. **P. palústris** L., zerstr., ab. gesellg in Flach- u. Quellmooren, auch in Moorwiesen od. Kalk-Magerrasen, auf sickernass. bis sickerfeucht. (wechselfrisch.), nährstoff- u. basenreich., mild-mäß. sauer. Sumpfhumus-Böden, auch auf wenig humos. Löß- u. Lehmböden, Tiefwurzler, Insekt.bestäubg, Tofieldietalia-Ordn.char., als Diff. auch in andere Scheuchz.-Caricetea-Ges. übergrfd, ferner als Anzeiger v. Grund- od. Sickerfrische in Molinion-, Mesobromion- od. Seslerietalia-Ges. – Ebene bis Gebirge (v. all. Gebirge), A bis 2320 m – no-euras, circ – H – Chrom. 2n = 18 (36).

Pfeifenstrauch, Philadélphus L. vgl. S. 289

1423. **Ph. coronárius** L., hfg als „Falscher Jasmin" kultiv. u. glgtl. verwildt, Herkunft SO-europ. Flaumeichengebüsch (gemäßkont-smed) – P – Chrom. 2n = 26, dazu andere Zierarten aus Asien u. N-Amerika.

Deutzie, Déutzia Thunb. vgl. S. 289

1424. **Zierliche D., D. grácilis** Sieb. et Zucc., B. am Grund keilförmg, Blü. weiß, Kelch bleibd, Zierstrauch aus Japan – Chrom. 2n = 26.

1425. **Rauhe D., D. scábra** Thunb., B. am Grunde rundl., Blü. weiß, rötl. od. gefüllt, Kelchb. hinfällg – Zierstrauch aus O-Asien – Chrom. 2n = 130.

Hortensie, Hydrángea L. vgl. S. 485

1426. **H. macrophýlla** (Thunb.) DC. (*H. horténsia* Sieb. et Zucc.), in viel. Formen u. Bastarden, hfg in Gärten, liebt halbschattige, frische, humose, wintermilde, sommerfeuchte Standortslagen – Heimat: O-Asien – Chrom. 2n = 36, dazu andere aus N-Amerika stammende Arten.

Schein-Geißbart, Astílbe Don vgl. S. 484

1427. **A. japónica** Miq., beliebte, ± winterfeste Freiland-Staude, glgtl. verwildt, liebt halbschattge, frisch-humose Standorte – Heimat: Japan – andere Arten stammen aus den asiat. Hochgebirgen. Von d. echten, zu den Rosaceen gehörig. Spierstauden u. Geißbart-Arten leicht durch d. geringe Zahl v. Staubb. (8–10) u. die häutg. Nebenb. zu unterscheiden.

Johannisbeere, Stachelbeere, Ríbes L.

1 Strauch stachelg, Blü. zu 1–3, grünl., Fr. eiförmg, anfängl. behaart, zuletzt
kahl, gelbgrün od. rötl., B. 3–5lappg, 50–120 cm, ♄, 4–5
R. uva-crispa 1428

1* Strauch stachellos, Blü. in Trauben, Fr. rundl.

2 Blü. grünl. od. grüngelb

3 Blü.traube hängd, Blü. zwittrg, B. groß, 3–5lappg

4 B. ohne Drüsen, Beeren rot od. weißl.-gelb

5 Kelch kahl, ± becherförmg, B.lappen stumpfl., B.stiel so lg wie B.spreite,
50–150 cm, ♄, 4–5 **R. rubrum** 1429

5* Kelch randl. bewimpert, glockg, B.lappen spitz, B.stiel lger als B.spreite,
Blü.b. grünl., rot pktiert, Griffel kegelförmg, 100–200 cm, ♄, 4–5
R. petraeum 1430

4* B. unterts mit gelbl. Drüsen, Kelch drüsg bewimpert, glockg, Fr. schwarz,
Pf. v. intensiv. Geruch, 80–150 cm, ♄, 4–5 **R. nigrum** 1432

3* Blü.traube aufrecht, drüsg behaart, Blü. oft eingeschlechtg, B. zml. kl.,
3lappg (2–4 cm lg), Fr. rot, 80–150 cm, ♄, 4–6 **R. alpinum** 1431

2* Blü. lebhaft gelb od. rot, Ziersträucher

6 Blü. goldgelb, wohlriechd, B. 3spaltg, kahl, 150–200 cm, ♄, 4–5
R. aureum 1433

6* Blü. purpurrot, B. 3–5lappg, unterts drüsg behaart, oberts netzrunzelg, Pf.
v. intensiv. Geruch, 100–200 cm, ♄, 3–5 **R. sanguineum** 1434

1428. Stachelbeere, R. úva-críspa L. (*R. grossulária* L.), zerstr. im
Gebüsch, an Waldsäumen u. Waldwegen, auf Steinriegeln, im Umkreis
alter Burgen, in Schlucht- u. Waldwäldern, auf frisch. (feucht.), nähr-
stoff-u. basenreich., humos., lock., meist steinig, od. sandg. Lehm- u.
Tonböden, auch epiphyt., Schattpf., seit 16 Jahrh. in viel. Formen (z. T.
unter Einkreuzung amerik. Arten) als Beerenfr. kultiv. u. z. T. verwildt,
meist Hautflügl.bestäubg, Tierverbrtg, v. all. im Schlehengebüsch,
Prunetalia-Ordn.char., auch in Tilio-Acerion- u. Alno-Ulmion-Ges. –
Ebene bis mittl. Gebirgslagen, v. all. Kalk- u. Lehmgebiete, A bis 1080 m,
Ju bis 1005 m – euras(-smed) – P – Chrom. 2n = 16.

1429. Rote Johannisbeere, R. rúbrum-Gruppe

1 Blü.boden glockg-grubg, ohne 5eckg. Ringwall, Blü.ansatz an d. Beere
rundl., kl.

1429a. Ährige R. J., R. spicátum Robs. (*R. schlechtendálii* Lange), zml.
slt. in Kultursorten eingekreuzt, urwüchsg viell. im NO d. Gebiet., Alno-
Ulmion-Verb.char. –no-euras(kont) – P – Chrom. 2n = 16.

1* Blü.boden flach, mit 5eckg. Ringwall, Blü.ansatz an d. Beere eckig groß

2 B. glänzd netzrunzlg, Pf. ausgebrtet mit Kriechsprossen, Beeren kl.

1429b. Rote Wald-Johannisbeere, R. rúbrum L. **var. sylvéstre** (Lam.) DC.
[*R. sylvéstre* (Lam.) Syme, *R. vulgáre* var. *sylvéstre* Lam.], slt. in
Auenwäldern, auf sicker- u. grundfeucht. (nass.), nährstoff- u.
basenreich., mild-mäß. sauer., humos., lock. Lehm- u. Tonböden, Mull-
u. Gleybodenpf., wichtigste Stammart d. im Gebiet (seit 15. Jahrh.)

kultiv. Garten-Johannisb., Hautflügl.bestäubg, Tierverbrtg, mit Esche
u. Schwarzerle Char. d. Ribo-Alnetum (Alno-Ulmion) – v. all. im W d.
Gebiet., z. B. Rh, Ne, Pf, NS, SH, L (nicht zu verwechseln mit verwildert.
Kulturform.) – subatl – P – Chrom. 2n = 16.

2* B. ± matt, glatt, Pf. ohne Kriechsprosse, Beeren groß

1429c. **Rote Garten-Johannisbeere, R. rúbrum var. rúbrum** (*R. vulgáre*
var. *horténse* Lam.), in vielen Sorten kultiv., liebt fette, basenreiche
Böden, chlorempfindl. (Chrom. 2n = 16) – slt. ist Einkreuzung v. *R.
spicátum* zu erkennen. Ein Bastard *R. spicátum* × *petraéum* ist viell. *R.
pállidum* O. et Dietr. aus Bauerngärten v. süSch u. Vog.

1430. **Felsen-Johannisbeere, R. petraéum** Wulf., slt. im hochmont.
Hochstaudengebüsch od. in hochstaudenreich. Bergmischwäldern, auch
tiefer in Schluchtwäldern u. an felsg. Häng., auf sickerfrisch., nährstoff-
u. basenreich., kalkarm., mäß. sauer., humos., lock., steinig. Lehmböden,
Mullboden- u. Schattpf., Eiszeitrelikt, z. T. kultiv. od. in Kultursort.
eingekreuzt, sonst mit *Alnus viridis* od. *Acer pseudoplat.*, Betulo-
Adenostyletea-Kl.char., ferner im Aceri-Fagetum od. *Adenostyles*-reich.
Piceeten – Vog, süSch, Ju (SW-Alb), Riesengebirge, fehlt nördl. Kalkalp.
– pralp-altaisch(kont) – P – Chrom. 2n = 16.

1431. **Berg-Johannisbeere, R. alpínum** L., zerstr. in krautreich.
Bergmischwäldern d. mont. u. hochmont. Stufe, in Schlucht- u.
Berglinden-Wäldern, in Gebirgsauen, im Berberitzen-Gebüsch, auch in
Kiefern-Trockenwäldern, auf sickerfrisch. (-mäß. trock.), nährstoff- u.
basenreich., meist kalkhaltg., mild-mäß. sauer., humos., lock., oft
steinig. Lehmböden (Mullböden), Halbschattpf., Insekt.bestäubg
(Fliegen), Tierverbrtg, Zier- (keine Nutz-)Pf., glgtl. verwildt, schwache
Tilio-Acerion-Art, auch im mont. Fagion, im Berberidion (z. B. Corylo-
Rosetum vosag.), Adenostylion od. Erico-Pinion – Ebene bis Gebirge
(v. all. Kalkgebiete), A bis 1630 m, im nördl. Tiefld slt. od. fehld – pralp
(-gemäßkont) – P – Chrom. 2n = 16.

1431a. **ssp. pallidogémmum** (Simk.) Br.-Bl., Siss. et Vlieg., B. oft 5lappg,
± drüsg behaart, wird als Erico-Pinion-Verb.char. angegeben. – Ob im
Gebiet ? – SO-Europa.

1432. **Schwarze Johannisbeere, R. nígrum** L., zml. slt. in Erlenbrüchen,
slt. auch in Auenwäldern u. Auenbüschen, auf staunass., z. T. zeitw.
überflut., nährstoff- u. basenreich., meist mäß. sauer., humos. Ton- od.
Bruchtorfböden, Gleyböden, Schatt-Halbschattpf., seit 16. Jahrh. auch
als Beerenfr. kultiv. u. glgtl. verwildt, Heilpf. (Fr. Vitamin-C-reich),
Insekt.- u. Selbstbestäubg, Tierverbrtg, Char d. Carici el.-Alnetum
(Alnion), auch im Salicion cin. od. slt. im Alno-Ulmion – v. all. im O u. N
d. Gebiet., s. slt. auch Rh, Pf, A (bei 1930 m) – no-euras(kont) – P –
Chrom. 2n = 16.

1433. **Gold-Johannisbeere, R. áureum** Pursh, Zierpf. (seit 1812) aus N-Amerika (Auwälder Kaliforniens), Pfropfunterlage für Joh.beer-Hochstämmch. – Chrom. 2n = 16.

1434. **Blut-Johannisbeere, R. sanguíneum** Pursh, Zierpf. (seit 1826) aus N-Amerika – Chrom. 2n = 16.

Ordnung Rosáles

Familie der Rosengewächse, Rosáceae

1 Bäume oder größere Sträucher (1* S. 496 Mitte)
2 B. gefiedert od. gefingert
3 St. mit Stacheln od. Borst., Griffel zahlreich
4 Fr.kn. v. krugartg. Kelchboden umschlossen, Sammel-Fr. unterstdg ("Hagebutten") **Rosa** S. 561
4* Sammel-Fr. oberstdg, Himbeeren u. Brombeeren **Rubus** S. 509
3* St. ohne Stacheln, unbewehrte Sträucher u. Bäume
5 Blü. gelb, Griffel zahlreich **Potentilla** S. 533
5* Blü. weiß in meist doldg. Blü.std, Griffel 1–5 **Sorbus** S. 502
 vgl. auch **Sorbaria** (Zierstr.) 1444 od. **Rosa pendulina** 1721
2* B. ungeteilt od. nur fiederg eingeschnitt., Griffel 1–5
6 Blü. einzeln, B. ungeteilt
7 Blü. gelb (oft gefüllt), B. ei-lanzettl., doppelt gesägt, kurz gestielt, Zierstrauch, 1–3 m, ђ, 5 **Kerria** S. 574
7* Blü. weiß od. rot, Blü.b. 10–25 mm lg
8 Blü.b. weiß, kürzer als Kelchzipfel, Blü. endstdg, Fr. oben mit weiter Mündung, Fr.fächer steing hart, B. lanzettl., 1–4 m, ђ, 5 **Mespilus** S. 508
8* Blü.b. blaßrosa od. rot, lger als Kelchzipfel, Blü. seitenstdg, B. oval
9 Nebenb. kl., hinfällg, Blü. meist rosa, Quitten **Cydonia** S. 500
9* Nebenb. groß, Blü. rot, Zweige meist dorng vgl. **Chaenomeles** S. 500
 vgl. ferner Zierarten v. **Cotoneaster** S. 499
6* Blü. zu mehrer. gebüschelt, in Rispen, Dolden od. Trauben, weiß od. rot
10 B. fiederg eingeschnitten od. gelappt
11 Zweige dorng, B. 2–4 cm lg, ± kahl, Fr. kugelg, rot (beerenartg) **Crataegus** S. 505
11* Zweige ohne Dornen, B. meist größer
12 Griffel 2–3, B. wenigst. anfängl. untersts behaart, Fr. kugelg, rot od. braun (beerenartg) **Sorbus** S. 502
12* Griffel 5, B. meist zart, Fr. trock. Balgfr., Ziersträucher **Spiraea** S. 498
10* B. ungeteilt, ganzrandg od. fein gesägt-gezähnt
13 Fr.kn. im Kelchbecher ± frei stehd, Stein- od. Balgfr.
14 Griffel 1, Steinfr., B. gesägt-gekerbt, am Grund meist mit charakterist. Grübch. (Nektarien), Nebenb. vorhanden, Kirschen, Pflaumen, Schlehen usw. **Prunus** S. 569
14* Griffel 2–5, Fr. trockenhäutge Balgfr., Blü.b. 2–6 mm lg, weiß od. rot, B. meist zart, Nebenb. fehlen, Ziersträucher **Spiraea** S. 498

13* Fr.kn. mit Kelchbod. verbunden, Fr. unterstdg. apfel- od. beerenartg, Griffel 2–5

15 Nebenb. groß, eirundl., Blü. groß, rot, zu 1–5, kurz gestielt an Kurztrieben, Strauch meist dornig, Zierpf.   **Chaenomeles** S. 500

15* Nebenb. kl., hinfällg od. fehld

16 Blü. zu 1–5, kurz gestielt, doldg, b.achselstdg, B. nicht überragd, Blü.b. 2–3 mm lg, B. ganzrandg, Fr. kugelg, rot   **Cotoneaster** S. 499

16* Blü. in endstdg. Rispen, Dolden od. Trauben (z. T. an Kurztrieben)

17 Blü.b. 10–20 mm lg

18 Blü.b. schmal-lineal, B. rundl.-eiförmg, fein gezähnt (vgl. *Cotoneaster*), 2–3 cm lg, Fr. kugelg, blauschwarz od. dunkelrot   **Amelanchier** S. 508

18* Blü.b. brt-oval bis rundl., B. größer

19 Staubb. rot, Griffel frei, B. rundl., $\pm$ so lg wie ihr Stiel, mit untersts 6–8 kaum hervortretd. Nerven (Wildbirne)   **Pyrus** S. 501

19* Staubb. gelb, Griffel am Grunde verwachsen, B. rundl., fast doppelt so lg wie ihr Stiel, mit untersts meist 4 deutl. hervortretd. Nerven (Wildapfel)
                                                                        Malus S. 501

17* Blü.b. 3–8 mm lg (z. T. behaart), in $\pm$ reichblütg., endständg. Doldenrispen, Fr. kl., rundl., rot, beerenartg, B. wenigst. anfängl. untersts behaart
                                                                        Sorbus S. 502

1* Kräuter od. niederliegde polsterbildende Zwergsträucher

20 B. ungeteilt, gekerbt, wintergrün, untersts weißfilzig, Blü.b. meist 8, weiß, Griffel bärtg auswachsd, bewimpert, polsterbild. Zwergstrauch, 8–15 cm, ♄, 6–8   **Dryas** S. 544

20* B. gefingert, gefiedert od. wenigst. lappg eingeschnitten; wenn wenig geteilt, kein polsterbildd. Zwergstrauch

21 Blü.b. fehld, Blü. kl., grünl. od. rötl., meist geknäuelt, in kugelg. Köpfen od. in Rispen

22 Blü. in endstdg. Köpfen, 4teilg, B. gefiedert mit 7–15 rundl., gezähnt. Fiederblättch.   **Sanguisorba** S. 545

22* Blü. b.achselstdg od. in Blü.rispen (z. T. nur locker) geknäuelt, 8teilg, B. rundl., gelappt, gefingert od. 3spaltg

23 B. nur st.stdg, 3spaltg, mit b.achselstdg. Blü.knäuel, Pf. einjährg
                                                                        Aphanes S. 546

23* B. neben einfach. st.stdg. B. auch in grundständg. Rosette, 5–13lappg od. gefingert, Blü.knäuel in rispg. Blü.stden, Pf. ausdauernd
                                                                        Alchemilla S. 547
    vgl. auch unt. 26   **Sibbaldia** S. 542

21* Blü.b. vorhanden, weiß, rot od. gelb, Blü. nicht in Köpfen

24 B. 3–5fach fingerg zerteilt

25 Blü. mit doppelt so viel. Kelchb. wie Blü.b. (mit Außenkelch)

26 Blü.b. 1–2 mm lg, kürzer als Kelch, gelbl., hinfällg, B. 3zählg, graugrün, Pf. rasenbildd, 2–5 cm, ♃, 6–7   **Sibbaldia** S. 542

26* Blü.b. länger

27 Fr. nicht fleischg, Blü.b. meist gelb, auch weiß od. rosa, $\pm$ ausgerandet, sich meist nicht überdeckd, Kelchzipfel zuletzt $\pm$ aufgerichtet, B. 3–5teilg, oft stern- od. seidenhaarg   **Potentilla** S. 533

27* Fr. zuletzt $\pm$ fleischge Beere (Scheinbeere), Blü.b. weiß, slt. gelb, ganzrandg, B. 3zählg   **Fragaria** S. 542

25* Blü. ohne Außenkelch, Pf. mit stachelg. Ranken   **Rubus** S. 509

24* B. gefiedert
28 B. einfach gefiedert, Fiederblättch. längl. od. rundl., Nebenb. vorhanden
29 B. gleichmäß. gefiedert, ohne kl. Fiederblättch. zwischen d. großen
30 Blü. weiß od. gelb, abfalld
31 Blü. weiß od. rötl., ohne Außenkelch **Rubus** S. 509
31* Blü. gelb, mit Außenkelch **Potentilla** S. 533
30* Blü. wie Kelch dunkelrot, bleibd, B. blaugrün, mit 5–7 Fiederblättch.,
    Sumpfpf., 10–40 cm, ⧫, 5–7 **Comarum** S. 533
29* B. unterbrochen gefiedert, d. h. zwischen groß. Fiederblättch. sitzen am
    B.stiel noch unregelmäß. kl. Fiederblättch. (Abb. 37)
32 Blü. gelb (od. rot) in lock. armblütg. Rispen, Trauben od. einzelstehd
33 Blü. in schlank. verlängert. Ähren, Kelch ohne Außenkelch, ab. mit hakig.
    Stacheln **Agrimonia** S. 545
33* Blü. in lock. Rispen od. einzeln, mit Außenkelch
34 Fr. 1–2, ungeschnäbelt, Kelch zuletzt verhärtd, Staubb. 5, 10–20 cm, ⧫, 5
    Aremonia S. 544
34* Fr. 5 u. mehr, z. T. mit bleibd. schnabel-hakenförmg. Griffel, Staubb. viele
35 St. mehrblütg, Griffel gegliedert **Geum** S. 543
35* St. einblütg, Griffel ungegliedert, zottg behaart **Geum (Sieversia)** S. 543
    vgl. ferner **Potentilla anserina** S. 535
32* Blü. weiß od. rötl. überlauf., 3–8 mm lg, in dicht. reichblütg. Rispe
    (Schirmrispe, Spirre), B. mit groß. Nebenb., Fr. 1samg **Filipendula** S. 560
28* B. 2–3fach gefiedert (doppelt 3zählg), ohne Nebenb., Blü. kl., weiß,
    eingeschlechtg, in reichblütg. Rispe, Fr. mehrsamg, junge B. meist rötl.
    überlauf. u. ohne scharf. Geschmack (vgl. *Actaea*!), 80–150 cm. ⧫, 6–7
    Aruncus S. 498

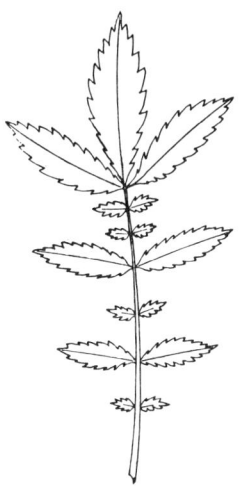

Abb. 37. *Agrimonia*.

Geißbart, Arúncus Schaeff. vgl. 497

1435. **Wald-G., A. dioícus** (Walt.) Fernald (*A. sylvéstris* Kostel.), zerstr. in Schluchtwäldern, an Gebirgsbächen, an schattig. Steilhängen, auf sickerfrisch., nährstoff- u. basenreich. (vorzugsw. kalkarm.), bewegt., lock., mild-mäß. sauer., meist steing., mittelgründg. Lehm- u. Tonböden (Rieselböden, Mullböden) in luftfeucht. Lage, Schattpf., Insekt.bestäubg, Windverbrtg, Zierpf., im Aceri-Fraxinetum u. Ulmo-Aceretum (Arunco-Aceretum), Tilio-Acerion-Art, slt. im feucht. Fagion, Alno-Ulmion od. Adenostylion – Ebene bis Gebirge, A bis 1500 m, Trock.gebiete u. Flachld slt. od. fehld, nördl. bis RS, He, Th, S-An, Sa, L – pralp (Pyrenäen bis Himalaya), nah verwandte Formen O-Asien u. N-Amerika – H – Chrom. 2n = 14, 18.

Spierstrauch, Spiraéa L.

1	B. gezähnt od. gelappt		
2	Blü.stde einfach od. zus.gesetzt doldg od. kugelg		
3	Blü. weiß		
4	B. lineal-lanzettl., Blü.std 3–5blütg, einfach doldg		
5	Junge Zweige schwach kantg, flaumhaarig, B. 2–8 mm brt	**Sp. thunbergii**	1436
5*	Junge Zweige rundl., behaart, B. 10–20 mm brt	**Sp. prunifolia**	1437
4*	B. eiförmg, Blü.std reichblütg		
6	B. gesägt, zugespitzt		
7	St. rund, B. nur im vord. Drittel gezähnt	**Sp. media**	1438
7*	St. kantg, B. wenigst. von d. Hälfte an eingeschnitt. od. doppelt gesägt	**Sp. chamaedryfolia**	1439
6*	B. 3lappg, doppelt gekerbt, Blü.std kugelg, schneeballartg	**Physocarpus opulifolius**	1443
3*	Blü. rot od. rosa, B. längl., drüsg gesägt	**Sp. japonica**	1440
2*	Blü.std längl., walzl.-pyramid.förmg (rispg), B. längl.-lanzettl.		
8	Blü.std längl.-walzl., B. längl. lanzettl., gezähnt, bis 7 cm lg, verkahld, 1–1,50 m, ♄, 6–7	**Sp. salicifolia**	1441
8*	Blü.std pyramidenförmg, B. längl., bis 9 cm lg, untersts filzg behaart, mit Ausläufern	**Sp. douglasii**	1442
1*	B. gefiedert, bis 30 cm lg	**Sorbaria sorbifolia**	1444

1436. **Thunberg's Sp., Sp. thunbérgii** Sieb., zml. hfg als frühblühd. Zierstr. in Gärten, Heimat: O-Asien – Chrom. 2n = 18.

1437. **Pflaumenblättrige Sp., Sp. prunifólia** Sieb. et Zucc., zml. hfg gepflanzt. Zierstrauch aus China – Chrom. 2n = 18.

1438. **Karpaten-Sp., Sp. média** Frz. Schmidt, s. hfger Zierstrauch in Gärten u. Parkanlagen, glgtl. verwildt, Herkunft: SO- u. Osteuropäische Buschwälder, Prunion frut.-Verb.char. – bis zur Linie Galizien-Ungarn-Krain reichd – gemäßkont – P – Chrom. 2n = 10, 18.

1439. **Gamanderblättrige Sp., Sp. chamaedryfólia** L. em. Jacq., wie vor., ab. sltner als Zierstrauch gepflanzt u. glgtl. verwildt, steht *Sp. media* nahe, Herkunft: opralp-gemäßkont (westl. bis in die Steiermark reichend), außerdem: O-Asien – P – Chrom. 2n = 36.

1440. **Japanische Sp., Sp. japónica** L., zml. hfg gepflanzt. Zierstrauch aus Japan – Chrom. 2n = 18, 36.

1441. **Weiden-Sp., Sp. salicifólia** L., alter, heute wenig gepflanzt. Zierstrauch, hier u. da verwildt u. auf größer. Strecken völlig eingebürgert im Uferweidengebüsch u. in Erlen-Eschen-Säumen., v. all. d. Gebirgsbäche mittl. u. tief. Lagen, auf sickernass., zeitw. überschwemmt., nährstoffreich., meist kalkfrei., humos. od. roh., sandgtonig. Kies- u. Schotterböden (Rohauböden), Intensivwurzler, mit *Salix fragilis* od. *Polygonum cuspidatum* im Auengebüsch, frisch. Pruno-Rubion- od. auch frisch. Epilobietea ang.-Ges. – z. B. Sch (Wolfachtal), Pf, Do, BayW, Fr, Hz, Th, Br, usw. – euraskont (spontan bis z. Linie Lausitz-Böhmen-Oberösterreich) – P – Chrom. 2n = 36.

1442. **Douglas-Sp., Sp. douglásii** Hook., hier u. da als Zierstrauch u. glgtl. verwildt, Heimat: westl. N-Amerika, dort nach Knapp 1957 Char. d. Salici-Spiraeetea dougl.-Ufer-Weiden-Gebüsche – Chrom. 2n = 36.

1443. **Blasen-Sp., Physocárpus opulifólius** (L.) Maxim. (*Spiräea opulifólia* L.), hie u. da in Anlagen als Zierstrauch gepflzt u. glgtl. im Flußauen-Gebüsch verwildt, z. B. BayW, Do-Av – Herkunft: östl. N-Amerika (wie vor. in d. Salici-Spiraeetea dougl.) – P – Chrom. 2n = 18.

1444. **Fieder-Sp., Sorbária sorbifólia** (L.) A.Br. (*Spiräea sorbifólia* L.), zml. slt. Zierstrauch u. glgtl. verwildt, Heimat: NO-Asien – Chrom. 2n = 18.

Zwergmispel, Cotoneáster Med.

1   B. sommergrün
2   B. matt, 1–6 cm lg, Wildpf.
3   B. 1–3(–4) cm lg, obersts wenig behaart, untersts grünfilzg, Kelch außen kahl, Fr. rot, kahl, 50–200 cm, ♄, 4–5   **C. integerrimus**   1446
3* B. 2–6 cm lg, obersts ± behaart, untersts weißfilzg, ebenso Kelch weißfilzg, Fr. blutrot, behaart, 100–200 cm, ♄, 4–5   **C. tomentosus**   1445
2* B. glänzd, kl., Äste ausgebrtet, niederliegd, Fr. rot. einzeln stehd, Zierstr.   **C. horizontalis**   1447
1* B. wintergrün, längl. (weidenb.ähnl.), ob.sts netzrunzelg, Zweige überhängd, Blü. weiß in Dold., Fr. rundl., rot, Zierstrauch, 1–5 m, ♄, 5–6   **C. salicifolia**   1448
    vgl. ferner   **C. dammeri**   1448a

1445. **Filzige Z., C. tomentósus** Lindl. [*C. nebrodénsis* (Guss.) Koch], slt. im sonng. Gebüsch, an Waldrändern, in Eichen- u. Kiefern-Trockenwäldern, auf sommerwarm-trock., kalkreich., mild., humos., flachgründg., lehmig., tonig. Stein- u. Schotterböden, meist in S-Lagen, Kalkzeiger, Insekt.bestäubg, Tierverbrtg, Berberidion-Verb.char. (v. all. Coton.-Amelanchieretum), auch im Quercion pub.-p. od. im Erico-Pinion – Vog, süHü (ob noch?), Ju (SW-Alb), Ba (Bachheim), Bo, Av-A (bis 1650 m) – osmed(-pralp) – P – Chrom. 2n = 51,68, ca. 85.

1446. **Gewöhnliche Z., C. integérrimus** Med., zml. slt. im Felsgebüsch, an sonnig. Felshängen, in steinig. Eichen-Kiefern-Trockenwäldern, auf sommerwarm-trock., basenreich., humus- u. feinerdearm. Stein- u. Felsböden (Kalk, Dolomit, Porphyr, Gneis usw.), auch auf Sand, Pionierstrauch, Wespenblume (auch Selbstbestäubg), Char. d. Cotonea-stro-Amelanchieretum (Berberidion), auch in and. Berberidion-Ges., im Erico-Pinion od. Quercion pub. – Vog, süSch, süHü, Pf-Nahetal, nöRh, Ne, Ju, Av-A (bis 2030 m), BayW, Mn, RS, usw. nördl. bis NSH, Hz, Th, Sa, L – osmed (gemäßkont), ferner S-Skandinavien (Engld) – P – Chrom. 2n = 34, 51, 68.

1447. **Fächer-Z., C. horizontális** Decne, hfger Steingarten-Zierstrauch, slt. verwildt, Heimat: China – Chrom. 2n = 51, 68.

1448. **Weidenblättrige Z., C. salicifólius** Franch., neuerdings in Park-anlagen viel gepflanzt – z.B. Rh – Herkunft: W-China.

1448a. **Teppich-Z., C. dámmeri** Schneid., Pf. niederliegd mit Einzelblü. u. rot. Fr., neuerdings als „Bodendecker" beliebt u. verbr. – Herkunft: M-China.

Quitte, Cydónia Mill. vgl. S. 495

1449. **C. oblónga** Mill., hfg als Fruchtbaum kultiv. u. glgtl. verwildt, seit d. Antike bekannte Obst- u. Heilpf. („Apfel der Venus"), etwas wärmeliebd u. frostempfindl., liebt warme, frische, basenreiche u. tiefgründge, lock. Lehmböden in wintermild., ± luftfeucht. Klimalage, glgtl. verwildert im Pruno-Ligustretum (Berberidion) – Herkunft: Trans-kaukasien-Turkestan – Chrom. 2n = 34.

1450. **Feuerbusch, Japanische Quitte, Chaenoméles japónica** (Thunb.) Spach (*Cydónia japónica* auct.) u. **Ch. speciósa** (Sweet) Nak., beliebt u. hfg gepflzt, frühblühd. Zierstrauch aus Japan-China, seit 1796 in Europa eingeführt, wärmeliebd, Fr. in Mischung mit echt. Quitte verwertbar – Chrom. 2n = 34.

Birnbaum, Pýrus L.

1 Zweige dornenlos, Fr. groß, fleischg, eßbar, 10–20 m, ♄, 3–4
                                                              P. communis 1451
1* Zweige dorng, Fr. kl., holzg, 10–18 m, ♄, 3–4   **P. pyraster** 1452

1451. Garten-B., P. commúnis L. [*P. commúnis* L. ssp. *sativa* (DC.) A. et Gr.], hfg u. seit d. Antike in viel. Sorten gezüchtet, wahrscheinl. zur Hauptsache von *P. syríaca* Boiss. (SW-Asien), auch d. mitteleurop. *P. pyraster* u. d. smed *P. nivális* Jacq. abstammd, etwas wärmeliebd u. frostempfindl., liebt frische, warme, nährstoff- u. basenreiche, lock., tiefgründge Lehmböden in wintermild., sommertrock. Klimalage, Tiefwurzler, Lichtholzart, Fr. enthält bis 15 % Zucker – P – Chrom. 2n = 34 (51, 68).

1452. Wild-B., P. pyráster Burgsd. (*P. commúnis* L. ssp. *pyráster* A. et Gr.), slt. in Eichen- u. Ulmen-Auenwäldern, im Eichen-Trockenwald od. Felsgebüsch, auf sommerwarm., sickerfrisch. (mäß. trock.). nährstoff- u. basenreich., meist kalkhaltg., neutral-mild., humos. Ton-, Lehm- od. Steinböden, Tiefwurzler, Licht- u. Halbschattholz, wärmeliebd, Insekt. bestäubg, Tierverbrtg, als Baum lok. Char. d. Querco-Ulmetum (Alno-Ulmion), auch im Carpinion od. Quercion pub., als Busch in Berberidion- od. Erico-Pinion-Ges. – Ebene bis mittl. Gebirgslagen (Ju bis 940 m, A bis 850 m), v. all. Kalkgebiete, sonst z. B. im N u. Nordw. slt. bis fehld – smed(–gemäßkont) – P – Chrom. 2n – 34.

1452a. **var. áchras** Wallr. (*P. áchras* Gaertn.), Fr.kn. u. Blü. wollg, Fr.grund verschmälert, für Bayern angegeben.

Apfelbaum, Málus Mill.

1 Zweige dornenlos, B. untersts filzg, Fr. fleischg, 8–10 m, ♄, 4–5
                                                          M. domestica 1453
                                                      vgl. ferner **M. pumila** 1454
1* Zweige dorng od. dornenlos, B. untersts fast kahl, Blü.b. 12–20 mm lg, Fr. ±
     holzg, 8–10 m, ♄, 4–5   **M. sylvestris** 1455
     vgl. ferner kleinfrüchtge Zierbäume 1456–1458

1453. Garten-A., M. doméstica Borkh. [*M. sylvéstris* ssp. *mítis* (Wallr.) Msf.], hfg u. seit d. Antike bzw. im Gebiet seit d. jüng. Steinzeit in viel. Sorten kultiv., Stammpf. einheim. od. eingeführte Primitivformen d. Art, sowie SO-europ.-oriental. Wildapfel-Arten, weniger temperaturempfindl. als Birne, liebt frische, nährstoff- u. basenreiche, lock. Lehm- u. Steinböden in luftfeucht. geschützter Lage, Flachwurzler, Licht-Halbschattholz, manchmal verwildert – P – Chrom. 2n = 34 (51).

1454. Paradies-A., M. púmila Mill., Strauch, Fr. 3–5 cm brt, B. ellipt., kultiviert u. z. B. im Berberidion verwildert, slt.: Rh, Ne, Ju.

1455. **Holz-A., M. sylvéstris** (L.) Mill. [*M. sylvestris* ssp. *acérba* (Mér.) Syme], zerstr. in Auenwäldern, auf Steinriegeln, in Hecken u. im Gebüsch, auf frisch., nährstoff- u. basenreich., meist tiefgründg. Lehm- u. Steinböden in humid. Klimalage, Flachwurzler, Licht-Halbschattholz, Insekt.bestäubg, vor all. im Querco-Ulmetum (Alno-Ulmion), auch in Carpinion-, Quercion pub.- od. Prunetalia-Ges. – Ebene bis Gebirge, A bis 1050 m, im nördl. Tiefld slt. – euras(-smed) – P – Chrom. 2n = 34.

1456. **Korallenapfel, M. floribúnda** Sieb., Blü.b. ± so lg wie Kelch, innen weiß, außen rosa, Zierbaum aus Japan.

1457. **Kirschapfel, M. baccáta** L., Blü.b. doppelt so lg wie Kelch, weiß, Zierbaum aus O-Asien.

1458. **Teufelsäpfelchen, M. spectábilis** Ait., Blü.b. rot, Blü. oft gefüllt, spätfrostgefährdet, Zierbaum aus China-Japan – alle Arten Chrom. 2n = 34.

Vogelbeere, Mehlbeere, Sórbus L.

1   B. gefiedert, alle Fiederblättch. vollkomm. getrennt
2   Fiederblättch. jg ohne B.zahndrüs., unt.sts nur anfängl. locker behaart, Nebenb., v. all. an Langtrieb. lanzettl.-oval, bleibd, Blü.b. 4–5 mm lg, Fr. 9–10 mm lg, rot, Winterknosp. kahlfilzg, Baumrinde glatt, 5–15 m, ♄, 5–6   **S. aucuparia** 1459
2*   Fiederblättch. jg mit B.zahndrüs., unt.sts dicht u. lger bleibd weißfilzg, Nebenb. in ± lineale-lineallanzettl. Zipfel zerteilt, hinfällg, Blü.b. 6–7 mm lg, Fr. 15–30 cm lg, gelbrot, Blü.dolde 6–12blütg, Winterknosp. verkahld. glänzd(-klebrg), Baumrinde rauh-rissg, 5–20 m, ♄, 5   **S. domestica** 1460
1*   B. einfach, ± ungeteilt, gesägt od. fiederg eingeschnitten
3   B. 6–12 cm lg, untersts filzg od. verkahld, Blü. weiß, höhere Sträucher od. Bäume (vgl. auch 8* *S. ambigua*   1468)
4   B. ± ungleichmäß. gesägt, slt. gegen B.spitze etwas zugespitzt-eingeschnitten, untersts weißfilzg, 2–10 m, ♄, 5–6   **S. aria** 1461
4*   B. wenigst. bis zu $^1/_4$ d. Blattes fiederg eingeschnitten, untersts graufilzg od. verkahld
5   Fiederlappen zugespitzt, d. unter. groß, ± waagrecht abstehd, d. ober. kleiner, B.grund herzförmg od. gestutzt, B. untersts ± verkahld (wenn filzg vgl. *S. latifolia* 1466), 5–20 m, ♄, 5–6   **S. torminalis** 1465
5*   Fiederlappen abgerundet-stumpfl., B.grund keilförmg-abgerundt, B. untersts meist graufilzg
6   B. eiförmg ellipt., v. all. in d. Mitte eingeschnitt. (nicht nur spitzenwts wie bei *S. aria* var. *incisa*), B. untersts locker filzg. grau-grün
7   B. jedersts mit 9–11 Nerven, 3–10 m, ♄, 5–6   **S. mougeotii** und
                                                              · **S. austriaca** 1462
7*   B. jedersts mit 6–8 Nerven, 3–15 m, ♄, 5–6   **S. intermedia** 1464
6*   B. längl., v. all. gegen B.grund stark fiederig eingeschnitt. od. gefiedert, 5–15 m, ♄, 5–6   **S. hybrida** 1463
3*   B. 3–10 cm lg, derb, ob.sts dunkel-, unt.sts mattgrün, Blü. rötl.,

Gebirgssträucher
8 B. 2mal so lg wie brt, unt.sts verkahld-hellgrün, ob.sts dunkelgrün, B.rand
fein, ca. 1 mm lg einfach gezähnt, Blü. lebhaft rot, aufrecht, 1–3 m, ℏ, 6–7
S. chamaemespilus 1467
8* B. 1,3–1,8mal so lg wie brt, unt.sts etwas filzg, B.rand deutl. lger u. meist
doppelt gezähnt, Blü. blaßrot, 1–3 m, ℏ, 6–7   **S. ambigua** 1468

1459. Gewöhnliche V., Eberesche, S. aucupária L., verbr. in licht. Laub-
u. Nadelwäld. v. all. d. Gebirges, in Moorwäld. u. an d. Waldgrenze, als
Vorholz auf Schläg., Weid. u. an Waldränd., auch an Felsen, auf mäß.
trock. bis frisch. (feucht.), meist nährstoff· u. basenarm., sauer., humos.,
lock., Lehmböden in humid. Klimalage, auch auf Torf- u. Felsböden, slt.
auf Kalk, tiefwurzld. Wald-Pionier, Humus-Zehrer mit gut. Streuzer-
setzg, Licht-Halbschattholz, Zierbaum, Wild- u. Vogelfutter (Tierverbrtg), Bienenweide, Fr. verwertbar (Vitamin C-Gehalt), opt. im
Piceo-Sorbetum (Samb.-Salicion) in hochmont. Nadelmischwaldgebiet.,
auch im Vorwald v. Quercion rob. od. Fagetalia-Ges. (z. B. Epilobio-
Salicetum) – Ebene bis Gebirge, A bis 1980 m – no-eurassubozean – P –
formenreich:
1 Fr. herb
2 Diesjährge Zweige u. Knosp. behaart, Fr. kugelg
1459a. **ssp. aucupária,** verbr. Sippe, s. o. – Chrom. 2n = 34.
2* Diesjährge Zweige u. Knosp. verkahld, Knosp. oft klebrg, Fr. mehr eiförmg
1459b. **ssp. glabráta** (Wimm. et Grab.) Hayek., zerstr. u. oft in
Übergängen zu vor., v. all. in Pionierstadien d. Piceetum s. l. od. d.
hochmont. Luzulo-Fagenion, auch an d. Waldgrenze, z. B. im Piceo-
Sorbetum (Sambuco-Salicion) od. in Adenostylion-Ges. – A, Sch,
BayW, Erzg, Hz – arkt-no-pralp – Chrom. 2n = 34.
1* Fr. süß
1459c. **ssp. morávica** (Zeng.) Löve, hie u. da z. Fr.gewinn gepflanzt
(preiselbeerartg. Kompott), bevorzugt rauhe, feuchte Standortslag.

1460. Speierling, S. doméstica L., slt. gebaut, glgtl. verwildt, auch
urwüchsig in anspruchsvoll. Eichen-Trocken- u. Eichen-Hainbuchen-
Wäldern, auf mäß. trock., warm., nährstoff- u. basenreich., meist
kalkhaltg., steing. od. rein. Ton- u. Lehmböden, Tiefwurzler,
Halbschatt-Holz, Fr. eßbar (Most-Zusatz usw.), in Quercion pubesc.- u.
warm. Carpinion-Ges., überreg. Quercetalia pubesc.-Ordn.char. – v. all.
nöHü-Mn, ferner süHü, Ne, HRh, Pf-Nahetal, Mittelrhein-Moseltal-
Eifel, He, FrJu, Fr, Th – smed – P – Chrom. 2n = 34.

1461. Mehlbeerbaum, S. ária (L.) Cranz, zerstr. in sonnig. Eichen- u.
Buchenwäldern, im Trockengebüsch, auf Steinriegeln u. an Felsen, auch
im subalp. Hochstaud.gebüsch, auf sommerwarm. u. mäß. frisch.-trock.,
kalkreich. u. -arm., lock., mild-mäß. sauer., humos., meist sandg-steinig.,
flach-mittelgründg. Lehm- od. rein Steinböden, in ± mild-humid.

Lagen, Tiefwurzler, Licht-Halbschatt-Holz, Bienenweide, Fr. Vogelfutter, Zierbaum, v. all. in Quercion pubesc.- u. wärmeliebd. Fagetalia-Ges., im Berberidion od. Calamagrostion (vgl. Unterarten) – Ebene bis Gebirge, A bis 1560 m, Sch bis 1350 m, Ju bis 1000 m, nördl. bis NSH, Th – smed(-pralp) – P, formenreich:

1   B. oval od. rundl.
2   B.zähne mindest. so lg wie brt, B. mit 10–14 Nerv.paar., erst im Spätsommer derb
3   B. nur gezähnt

1461a. ssp. ária, verbr. Sippe, s. o. – Chrom. 2n = 34.

3* B. gegen B.spitze etwas eingeschnitt.

1461b. ssp. ária var. incísa Rchb., zerstr. v. all. in montan. Berberidion-, auch Fagion-Ges.

2* B.zähne brter als lg, B. mit 7–9 Nerv.paar., sehr bald derb, vorn stumpfl., am B.grund ganzrandg, sonst mit grob. Zähn.

1461c. ssp. crética (Lindl.) Soó (*S. grǽca* (Spach) Kotschy), zml. slt. in wärmeliebend. Eich.-wald-Ges. od. Eich.-Gebüsch, Quercetalia pub.-Ordn.char., auch im Berberidion – z. B. Hü, Mn, Ju, Ba, Do, Th – smed – Chrom. 2n = 34, dazu Zwischenform.: *S.* ssp. *aria* – ssp. *cretica* = *S. pannónica* Karp. mit 10–11 B.nerv.paar.

1* B. rhombisch-kreisförmg, über d. Mitte undeutl. gelappt u. grob gezähnt, B.grund ganzrandg

1461d. ssp. danubiális (Jáv.) Karp., vermittelt zwisch. *S. a.* ssp. *cretica* u. d. osmed *S. umbelláta* (Desf.) Fritsch, slt. in Quercetalia pub.-Ges. – nur FrJu (Regensburg) – osmed – Chrom. 2n = 34.

1462. S. mougeótii-Gruppe

1   B. d. Blü.triebe schmal ellipt., bis zu $^1/_8$ d. B.breite eingeschnitt.-gelappt, B.grund $\pm$ keilförmg, Fr. längl. bis 10 mm lg

1462a. Berg-M., S. mougeótii Soy-Will. et Godr. (*S. aucuparia-aria*), slt. in sonnig. Gebüsch. mont.-hochmont. Lag., auf mäßg trock., basenreich., meist steing. Lehmböd., eiszeitl. entstandene erbfeste Hybride, in Berberidion-Ges. od. im Calamagrostion (Vog) – Vog, Ba (Wutachgebiet), Ju (Randen – SW-Alb), HRh – wpralp – P – Chrom. 2n = 68.

1* B. d. Blü. triebe brt-ellipt., bis zu $^1/_6$ d. B.breite eingeschnitt., B.grund brt-keilförmg bis abgerundet, B.lapp. sich meist deckd, Fr. kugelg, bis 13 mm dick

1462b. Österreichische Berg-M., S. austriaca (Beck Hedl. (*S. aucuparia* – *S. a.* ssp. *cretica*), ersetzt *S. mougeotii* im südost-alp. Bereich – A (Berchtesgad.?) – opralp.

1463. Bastard-V., S. × hýbrida L. s. l. (*S. aucupária × ária*), im Gebiet nur in d. Form *semipinnáta* Roth, zerstr. in Parkanlagen od. auch wild in Fagetalia-Wäldern – z. B. süHü, süSch, Bo, Ju, Av – P – Chrom. 2n = 68.

1464. Schwedische V., S. intermédia (Ehrh.) Pers. (*S. suécica* Krok. et Alm., *S. aucupária-ária*), zerstr. in Parkanlagen u. Hecken, erbfest geword. Hybride aus dem Ostseeraum – Me – Chrom. 2n = 68.

1465. Elsbeerbaum, S. torminális (L.) Crantz, zerstr. in warm. Eich.- u. Eichen-Hainbuchen-Wäldern, im Flaumeichen-Gebüsch, auf sommerwarm-mäß.trock. (frisch.), basenreich., mild-mäß. sauer. humos., meist steing. Ton- u. Lehmböden, wärmeliebd, Halbschatt-Holz, Tiefwurzler, Bienenweide, Vogelverbrtg, Verbrtgsschwerpunkt in Quercion pubesc.-Ges., überreg. Quercetalia pubesc.-Ordn.char., auch in warm. Carpinion- od. Quercion rob.-Ges. – Ebene bis mittl. Gebirgslag., Ju bis 900 m, v. all. Wärmegebiete, nördl. bis RS, NSH, Th, An, slt. auch SH, Me, Br – smed – P – Chrom. 2n = 34.

1466. Breitblättrige Mehlb., S. × **latifólia** auct. s. l. (*S. ária* × *torminális*), rel. hfger Bastard in Quercion pubesc.- u. Carpinion-Ges. – z.B. Hü, Bo, Ju, Ne, Mn, Th, dazu zahlreiche seltene erbfeste Hybriden (*S. francónicum* Born. ex Düll, *S. badensis* Düll, u. a.).

1467. Zwerg-V., S. chamaeméspilus (L.) Crantz, slt. im sonnig. Gebüsch d. subalp. Stufe, auf sommerwarm., mäß.trock., basenreich., mild-mäß. sauer. humos., lock., steing., ± flachgründg. Lehmböden, lichtliebd. Pionierstrauch, Vogel- u. Säugetierverbrtg, Insekt.bestäubg, in A Char. d. Erico-Rhododendretum hirs., auch im Salicion waldst., im Sch(-Vog) Char. d. Sorbo-Calamagrostietum (Calamagrostion) – A (rd 800–2000 m), Vog, süSch (Feldberg) – pralp – P – Chrom. 2n = 34.

1468. Filzige Zwerg-V., S. × **ambígua** (Decn.) Nym. (*S. chamaeméspilus* var. *díscolor* Hegetschw., *S. chamae-méspilus* × *ária*), ähnl. vor. im subalp. Knieholz u. Hochgras-Gebüsch, auf lock., basenreich. Stein- u. Lehmböden, z.B. im Sorbo-Calamagrostietum (Calamagrostion), meist erbfeste Hybride(?) – Vog, süSch (Feldberg), A – pralp.

Außer den genannten noch zahlreiche weitere Bastarde!

Weißdorn, Crataégus L.*)

1   B. teilweise wintergrün, unzerteilt, längl.-lanzettl., fein gesägt, ob.sts dunkel-, unt.sts blaßgrün, vgl.   **Pyracantha** 1472a

1*   B. sommergrün, eiförmg, unzerteilt od. ± gelappt

2   Seitennerv. d. B. nur in d. Spitzen d. Zähne od. Lappen endend, Dorn. kräftg, bis 10 cm lg   **C. crus-galli** 1472

2*   Seitennerv. d. B. in d. Spitz. d. Zähne od. Lappen u. in d. Bucht. dazwisch. endend

3   Blü. ausschließl. mit 2 od. mehr Griffeln

4   B. wenig (slt. über 1/3) geteilt, mit stumpf., relativ stumpf gezähnt. B.lappen, Kelchb. breit-dreieckg, etwa so lg wie brt, ± stumpfl., 2–10 m, ♄, 5   **C. laevigata** 1469

---

*) bearbeitet v. W. Lippert

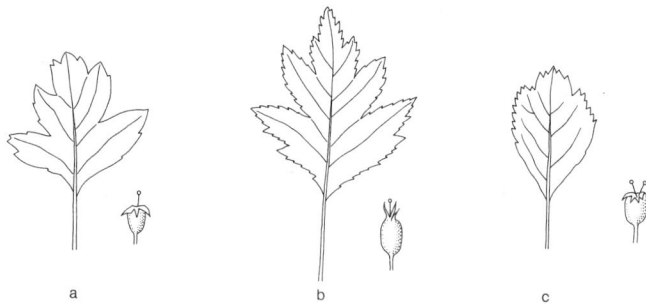

a   b   c

Abb. 38. *Crataegus*-Blätter mit Früchten (nach Schnedler 1976).
a *Crataegus monogyna*
b *Crataegus curvisepala* spp. *lindmanii*
c *Crataegus laevigata*

4* B. stärker (oft bis über 1/2) geteilt, B.lappen spitz, fein u. scharf gezähnt,
    (aber untere weniger abstehd als b. *C. curvisepala* u. nicht bis in B.winkel
    gezähnt) Kelchb. wenigst. z.T. erhebl. lger als breit, zugespitzt
                                vgl. unter 6 **C.** × **macrocarpa**   1469a
3* Blü. ausschließl. eingriffelg od. teils mit 1 u. 2 Griffeln, d. zweite Griffel oft
    kürzer od. schon z. Blü.zeit verkümmert
5   Blü. (an einer Pf.) ein- u. zweigrifflg (mehrere Zweige eines Astes prüfen!)
    mit wechselnd. Zahl v. ein- u. zweigrifflg. Blü. je Teil-Blü.std
6   Kelchb., wenigst. z.T. erhebl. lger als brt, deutl. zugespitzt, B. mit ± spitz.,
    fein u. scharf gezähnt. Lappen, unt.sts heller, aber nicht bläul.-grün
                                C. × **macrocarpa**   1469a
6* Kelchb. alle so breit wie lg, brt-dreieckg mit stumpfl. od. ± abgerundet.
    Spitze, B. grob gezähnt mit (oft weng tief.) ± ganzrandg. Einschnitten,
    unt.sts meist hell bläul.grün   **C.** × **ovalis**   1469b
5* Blü. ausschließl. eingriffelg, höchst. (slt.) die Zentralblü. eines Teil-Blü.stdes
    mit 2 Griffeln
7   Kelchb. breit dreieckg, stumpfl. od. mit abgerundet. Spitze, Nebenb. d.
    blühd. Kurztriebe ganzrdg od. mit wenig., grob., dreieckg. Zähn., B. oft
    bis z. Hälfte od. darüber eingeschnitten, Einschnitte ganzrandg, B.lappen
    an d. Spitze mit wenig. grob. Zähn., 1–5 m, ђ, 6   **C. monogyna**   1470
7* Kelchb., wenigst. z.T. lanzettl., lineal. od. zumindest aus breiter Basis lg u.
    schmal zugespitzt, einige erhebl. lger als brt, Nebenb. blühend.
    Kurztriebe mit oft s. schmal., drüsenköpfg. „Zähnen", B. verschied. tief
    eingeschnitten, B.lappen u. Einschnitte fein u. scharf gezähnt, mindest. d.
    zum B.stiel führende Abschnitt d. unterst. B.appens mit fein. Zähn.
8   Kelchb. meist nur z.T. lanzettl., Nebenb. blühend. Kurztriebe oft nur mit
    vereinzelt. Drüsenzähn., wenigst. d. zum B.stiel führende Abschnitt d.
    unterst. B.lappens mit fein., scharf. Zähnen   **C** × **heterodonta**   1470a
8* Kelchb. alle schmal-lanzettl. bis lineal, erhebl. lger als brt, Nebenb.
    blühend. Kurztriebe meist mit zahlreich. Drüsenzähnch., alle B.lappen-
    u. einschnitte fein u. scharf gezähnt, B. an kleine *Sorbus torm.*-B. er-
    innernd

9 Kelchb. auch schon an unreif. Fr. nach oben gerichtet od. zus.neigd, Blü.becher oft kahl, Fr. zylindrisch, hell-korallenrot, 12–15 mm lg
C. curvisepala ssp. **lindmannii** 1471
9* Kelchb. stets deutl. zurückgebog., sltner ± waagr. abstehd, Blü.becher oft behaart, Fr. meist groß, rundl. eiförmg, dunkel kirschrot, 9–15 mm lg
C. curvisepala ssp. **curvisepala** 1471

1469. Zweigriffliger W., C. **C. laevigáta** (Poir.) DC. (*C. oxyacántha* auct. non L.), zml. hfg im Waldrandgebüsch, in Hecken od. krautreich. Eich.- u. Buchenwäldern, auf frisch., nährstoff- u. basenreich., mild-mäßg sauer., humos., tiefgründg. Lehmböden, feuchtgktsbedürftger als *C. monogyna,* Tiefwurzler, Halbschatt.-Lichtpf., Insekt.bestäubg, Vogelverbreitg, Heilpf. (Herzmittel), Prunetalia-Ordn.char., aber hfg auch in Fagetalia-Ges. – Ebene bis mittl. Gebirgslag. (A bis 900 m, Ju bis 1000 m) – subatl-smed – P – Chrom. 2n = 14, formenreich, aber die schon beschriebenen Unterarten: ssp. *laevigata* (B. 1,5–3 cm groß, kahl. B.aderwinkeln u. unter 1 cm lgr Fr., Kelchb. zurückgebog.), ssp. *palmstruchii* (Lindm.) Hrab.-Uhr. (B. 3–5 cm, behaarten B.aderwinkeln, Fr. über 1 cm, ± zylindr., Kelchb. ± aufrecht), ssp. *walokochiana* (Hrab.-Uhr.) Hol. (*C. helvética* W. Koch) (B. 2–4 cm, Fr. ca. 1 cm, kuglg) sind mit sich überschneidenden Merkmalen slt. gut zu trennen und damit Sippen fragwürdg. taxonom. Ranges.

1469a. Großfrüchtiger W., C. × **macrocárpa** Hegetschw. (*C. curvisépala* × *laevigáta*), zml. hfg in Hecken u. licht. Laubwäldern auf frisch. basenreich. Lehmböd. ähnl. anspruchsvoll wie *C. laevigata* u. z.T. hfger als d. Elternart., Prunetalia-Art – Ebene bis mittl. Gebirgslag. – subatl-mitteleurop – P, formenreich.

1469b Bastard-W., C. × **ovális** Kit. (*C. média* auct. noch Bechst.) (*C. laevigata* × *monogyna*), zml. slt. (wohl da Elternarten verschiedenzeitl. blühen), zwischen d. Ausgangssippen, v. allem in Hecken, Prunetalia-Art – Ebene bis mittl. Berglag. – P.

1470. Eingriffliger W., C. monógyna Jacq., zml. hfg in besonnt. Gebüsch., an Wegen, Waldrändern, an Felsen, aber auch in Laubmischwäldern, auf trocken. bis frisch., basenreich., vorzugsweise kalkhaltg., mild-mäßig sauer., steinig. od. rein. Lehmböd., Tiefwurzler, Licht-Halbschattpf., Insekt.bestäubg, Vogelverbreitg, Heilpf. (Herzmittel), Schnitthecke, hfg gepflanzt, Prunetalia-Ordn.char., auch in Quercetalia pub.- od. wärmeliebd. Fagetalia-Ges. (bis in das Alno-Ulmion), ferner im Erico-Pinion, usw. – Ebene bis mittl. Gebirgslag. (v. all. Kalk- u. Wärmegebiete), A bis über 1000 m – submed(-subatl) – P – Chrom. 2n = 34, s. formenreich, aber wie b. *C. laevigata* sind die schon beschrieben. Unter- u. Kleinarten wie: ssp. *monógyna* (B. 2–3 cm, Blü.-becher kahl), ssp. *nórdica* Franco (B. 3–5 cm, Blü.becher behaart), *C. alemanniénsis* Cinov. (Blü.becher behaart, Fr. auffällg kl.), so weng eindeutg zu erkennen, daß alle diese Sippen taxonom. fragwürdg erscheinen. Eine Kulturart ist d. **Rotdorn, C. monógyna** var. **rúbra** hort. mit rot., meist gefüllt. Blü, der hfg als Zierstrauch od. -baum gepflanzt u. durch Pfropfung vermehrt wird.

1470a. **Verschiedenzähniger W., C.** × **heterodónta** Pojark. (*C. curvisepala* × *monogyna*), zerstr. in Hecken u. an Waldrändern, gern in Siedlgsnähe, auf frisch. Lehmböd. – durch d. ganze Gebiet d. Ausgangssipp. – P.

1471. **Großkelchiger W., C. curvisépala** Lindm., zerstr. in licht. Laubmischwäldern, auch in Waldmantel-Gebüschen, auf basenreich., mildmäßg sauer., frisch.-mäßg trocken., rein. od. sandg. Lehmböd., Halbschatt.-Pf., Char. d. Galio-Carpinetum, auch im Stell.-Carpinetum (Carpinion-Art), in Carici-Fageten od. in Prunetalia-Ges. – v. all. Tieflagen (Eichengebiete) – gemäßkont – P, formenreich:

1471a. **ssp. curvisépala,** im S d. Gebietes offenbar vorherrschd.

1471b. **ssp. lindmánii** (Hrab.-Uhr.) Byatt (*C. lindmánii* Hrab.-Uhr., *C. calycina* auct.), im S d. Gebietes offenbar sltner als vor.

1472. **Hahnendorn, C. crús-gálli** L., B. ungeteilt, gesägt, Dornen bis 6 cm lg, 2–10 cm, Zierstrauch aus N-Amerika – Chrom. 2n = 68.

1472a. **Feuerdorn, Pyracántha coccínea** Roem., [*Cratáegus pyracántha* (L.) Med.], neuerdgs hfg in Parkanlagen u. Gärten, mäßig winterhart – omed – Chrom. 2n = 34.

Mispel, Méspilus L. vgl. S.495

1473. **Echte M., M. germánica** L., zml. slt., früher gebaut, heute halbwild od. verwildt in Büschen u. Hecken, an Böschungen u. Wegen, auf mäß. trock., basenreich. (meist kalkarm.), lock., ± tiefgründg., steinig. od. rein. Lehmböden, Tiefwurzler, Licht- u. Halbschattpf., Insekt.- u. Selbstbestäubg, früher Obst (roh. od. gekocht), im Gebiet v. all. in Prunetalia-Ges., andernorts im Carpinion od. Quercion rob.-petr. – v. all. Weinbaugebiete im S, nördl. bis NWe, He, Th, Sa – Herkunft: smed – P – Chrom. 2n = 34.

1474. **Cratagoméspilus bronveúxii** hort., Pfropfbastard *Cratáegus* × *Méspilus*, glgtl. in Gärten u. Parkanlagen.

Felsenbirne, Amelánchier Med.

1   Blü.b. auß. zottg, Blüt.std 3–7blütg, B.ellipt. 1–2 m, ♄, 4–5

A. ovalis 1475

1*   Blü.b. außen kahl, Blü.std 7–12blütg, B. oval, vorn stachelspitz, Ziersträucher

2   Blü.b. bewimpert, 8 mm lg, Fr. blauschwarz, 1–2 m, ♄, 4–5

A. spicata 1476

2*   Blü.b. kahl, 11 mm lg, Fr. dunkelrot, 1–2 m, ♄, 4–5   **A. lamarckii** 1477

1475. **Gewöhnliche F., A. ovális** Med., zml. slt., ab. gesellg im
Felsgebüsch u. Felssaum, in sonnig. felsig. Eichen- od. Kiefern-Wäldern,
auf warmtrock., basenreich., humus- u. feinerdearm., mild.-mäß. saur.
Fels- u. Steinböden (Kalk, Porphyr, Phonolith, Gneis usw.), Spaltenwurzler, wärmeliebd, Licht-Halbschattpf., Pionierstrauch, meist
Insekt.bestäubg, Vogelverbrtg, Char. d. Cotoneastro-Amelanchieretum
(Berberidion), auch in Quercetalia pubesc.-Ges., slt. im warm. Quercion
rob.-petr. – Ebene bis mittl. Gebirgslagen (Kalk- u. Felsgebiete), A bis
1790 m – smed-pralp – P – Chrom. 2n = 68.

1476. **Ährige F., A. spicáta** (Lam.) Koch, Zierstrauch, slt. verwildert z. B.
Br, Me, NS – Herkunft: östl. N-Am. – Chrom. 2n = 68.

1477. **Kanadische F., A. lamárckii** F. G. Schroed. (*A. canadénsis* auct.),
Zierstrauch, gelgtl., v. all. im Nordw. d. Gebiet. (NWe, NS, SH) im
Bereich bodensauerer Quercion rob.-petr.- u. Carpinion-Ges. verwildert
– Herkunft östl. N-Am, mit subatl Ausbrtgstendenz – Chrom. 2n = 68.

Brombeere, Himbeere, Steinbeere, Rúbus L.

1 Blü.std endständg an nieder., krautg. Spross., armblütg, aufrecht
2 B. ungeteilt, herz-nierenförmg, 5lappg, Pf. unterird. kriechd, Fr. hellrot-
orangerot, 5–20(30) cm, ⚃, 5–6   **R. chamaemorus** 1479
2* B. 3zählg geteilt, unt.sts grün, Pf. mit steril., bogig kriechd. Trieb., Fr.
hellrot (mit Johannisbeergeschmack), 10–30 cm, ⚃, 5–7
                                          R. saxatilis 1480
1* Blü.std seitenstdg, an ± verholzt. vorjährgen Trieben
3 B. gefiedert od. gefingert, Blü. weiß od. rosa
4 B. gefiedert
5 B. 3(5)teilg gefiedert, hellgrün, unt.sts weißfilzg, St. aufrecht-überhängd,
Blü.std nickd, Fr. mattrot, sich v. Fr.bod. lösend, 50–120 cm, ♄, 5–6
                                          R. idaeus 1481
5* B. 3teilg gefiedert, Pf. mit braunrot. Drüs., Blü.b. rosa, Fr. brombeerartg-
orangerot, 100–250 cm, ♄, 6–7
                                          R. phoenicolasius 1482
4* B. 3–5(7)zählg gefingert, unt.sts grün od. grau (weiß) filzg, St. meist bogig
überhängd od. kriechd, ± kräftg bestachelt, Fr. bläul., schwarz od.
schwarzrot, mit Blü.bod. abfalld (Untergattung *Rubus*)
6 Fr. schwarz od. schwarzrot, 50–700 cm, ♄, 5–8
                    R. fruticosus- u. **R. corylifolius**-Gruppe 1484–1570
6* Fr. bläul. bereift, St. rd mit weiß-bläul. Wachsüberzug, wenig drüsg, zart-
stachelg, St.b. 3zählig mit sitzd. brten Seitenblättch., ungleich gesägt,
Kelch verlängert, Blü.std armblütg, Blü. weiß, 50–200 cm, 4, ♄, 5–6
                                          R. caesius 1483
3* B. nur gelappt, Blü.stiel u. Kelch rotdrüsg, Blü. rot, groß, 100–150 cm, ♄, 6–8
                                          R. odoratus 1478

1478. **Zimtbrombeere, R. odorátus** L., in Gärten hie u. da als Zierstrauch, Fr. genießbar, ab. meist nicht entwickelt – Herkunft: östl. N-Amerika.

1479. **Moltebeere, R. chamaemórus** L., s. slt., ab.gesellg in Hoch- u. Zwischenmoor. od. feucht. Heid., v. all. in Oxyc.-Sphagnetea-Ges., in Skand. viel verwert. Beerenobst – NS, SH – arkt-no – H – Chrom. 2n = 56.

1480. **Steinbeere, R. saxátilis** L., zml. slt. in licht. Nadelmischwäldern od. in Lindenwäldern, v. all. d. Gebirges, im subalp. Hochgrasgebüsch u. Knieholz, auf sommerwarm., mäß. trock. (frisch.), basenreich., meist kalkhaltg., neutral-mäß. sauer., humos., lock. Stein-, Sand- u. Lehmböd., bis über 100 cm tief wurzelde Moderhumuspf., Halbschattpf., Insekt.- u. Selbstbestäubg, Tierverbrtg, gern mit *Pinus*-Arten im Cytiso-Pinion u. Erico-Pinion, in Vacc.-Piceetalia-Ges., im Tilio-Acerion, Ceph.-Fagenion, Galio-Abietenion od. Calamagrostion – Ebene bis Gebirge, v. all. im O d. Gebiet., A bis 2178 m, auch nöRh, süSch, Pf, He, usw., in Silikat-Gebiet., wie im nördl. Flachld slt. od. fehld – noeuras(kont) – H – Chrom. 2n = 28.

1481. **Himbeere, R. idáeus** L., verbr. v. all. in Waldverlichtung., auf Schlägen, an Waldwegen, in Staudenfluren d. Auen od. d. Gebirges, in Steinschutthalden, auf sicker- u. grundfrisch. (feucht.), nährstoffreich., humos., lock., tätig. Lehmböden, Nitrifizierungs-Zeiger, mit Kriechwurzeln u. Wurzelbrut bodenlockernd, bodenbereitde Waldpionierpf., Lichtpf., Bienenweide, Tierverbrtg, Beerenobst (seit jüng. Steinzeit), B. als Heiltee, v. all. in ält. Schläg., Char. d. Rubetum id. (Sambuco-Salicion), auch in and. Busch- u. Staudenges. z.B. d. Adenostyletalia u. mit reduz. Vitalität in all. Fagetalia-Ges. – Ebene bis Gebirge, A bis 1850 m – euras-no – P – Chrom. 2n = 14.
Zahlreiche Kultursorten in Gärten kultiv., außerdem amerikan. Himbeeren, wie *R. spectábilis* Pursh od. *R. strigósus* Michx.

1482. **Japanische Weinbeere, R. phoenicolásius** Maxim., als Zier- u. Fr.strauch, ehemals auch zum Weinfärben kultiv. u. glgtl. verwildt – z.B. süHü (Kaiserstuhl) – Herkunft: Ostasien – P – Chrom. 2n = 14.

1483. **Kratzbeere, R. caésius** L., hfg in verlichtet. Auenwäldern, im Weidengebüsch, an Ufern, an Wald- u. Wegrändern, in Hecken u. Äckern, v. all. in Talauen, auf sickerfeucht., z. T. zeitw. überschwemmt., nährstoff- u. basenreich., wenig humos.-roh. Lehm- u. Tonböden (Schlickböden), Licht-Halbschattpf., bis 2 m tief wurzld. Rohbodenpionier, Bodenverdichtgs- u. Nährstoffzeiger, Tierverbrtg, Convolvuletalia-Ordn.char., auch im Salicion od. Alno-Ulmion – Ebene bis Gebirge (Kalk- u. Lehmgebiete), A bis 1050 m – euras(subozean)-smed – P – Chrom. 2n = 28.

1484–1570. Brombeeren, R. fruticósus-Gruppe und **R. corylifólius**-Gruppe*), s. formenreiche, ökolog. spezialisierte Sippen mit Hauptverbreitung in Gebüschen (Hecken) u. an Waldrändern (so die meisten Arten) od. auf Schlägen (± waldgebundene Arten), oft als Pioniergehölze auch in Trockenrasen od. in Steinbrüchen, an Dämmen und Böschungen mit Ausnahme extrem trockener u. nährstoffarmer od. oft überschwemmter Standorte (Weichholzauen) auf fast allen Böden. Massenentfaltung auf (mäßg) nährstoffreich., humos., mäßg frisch. u. kalkarm. Sand- u. Lehmböd. in luftfeucht. wintermild. Klimalage. Die soziolog. Zuordnung d. Arten kann unterschiedl. beurteilt werden, je nachdem, ob man ihre Vergesellschaftung auf weiter gefaßte Einheiten bezieht (vgl. Übersicht S. 47) oder in engerer Betrachtung als Kennarten eigener Brombeergesellschaften wie bei H. E. Weber (hier mit dem Zusatz „bzw.") betrachtet. Licht-Halbschattpf., Insekt.bestäubg (bis auf 2 Arten alle apomiktisch), Tierverbrtg, Beerenobst (mit kultiv. Gartensorten), B. als Heil- u. Genuß-Tee (fermentiert Schwarztee-ähnl.) – Ebene bis mittl. Gebirgslagen, A bis 1650 m – insgesamt: (no-)subatl (-smed) – P – Chrom. meist 2n = 28.

Brombeeren treiben im 1. Jahr einen sterilen St. („Schößling" = Langsproß) mit charakter. B. Dieser trägt im 2. Jahr Blü.stde und stirbt nach d. Fruchten ab. Für die Bestimmung ist folgendes Standardmaterial zugrundezulegen: B. mit dazugehörigen St.stücken aus der Mitte des diesjährg. St. (St.- u. B.merkmale beziehen sich hierauf) und Blü.std (derselben Art!) aus der Mitte des vorjähr. St. – Im Anfang möglichst von Einzelbüschen (zur Vermeidung von Mischbelegen) und von sonnigen Standorten sammeln (im Schatten meist unbestimmbare Kümmerformen). – Fast alle europ. Brombeeren sind polyploide Apomikten. Neben vielen Arten mit einem beträchtl. Areal (Weitverbreitete u. Regional-Sippen) gibt es zahllose systematisch wertlose Lokalsippen u. individuelle Bildungen, die durch gelegtl. Sexualität entstanden sind u. noch entstehen, so insbes. bei den Drüsenreichen Br. (Glandulosi) in den Gebirgen. – Hier sind nur die wichtigsten u. häufigsten Arten behandelt. Innerhalb der Sektion Rubus (*Rubus fruticosus*-Gruppe) empfiehlt sich im Anfang der Schlüssel für eine Auswahl leichter bestimmbarer Arten. Der systematische Schl. zu den Gruppen u. innerhalb derselben zu den Arten erfordert einige Vorkenntnisse. Bei der Bestimmung ist stets die Verwechslungsgefahr mit ähnlichen, hier nicht behandelten Parallelsippen zu beachten.

1 B.stiel obersts nur bis ca. zur Mitte rinnig, untere Seitenb.chen 5zählg, B. (0–)2–10 mm lg. gestielt, Nebenb. meist schmal lineal od. fädig. Seitenb.chen 3zählg, B. im Blü.std. (0–)2–5 mm lg. gestielt. Blü.b. ± glatt, Fr. glänzd, vollkomm. entwickelt. 0,5–7 m, ♄, 6–8.
  R. fruticosus-Gruppe 1484–1560
1* B.stiel obersts durchgehd rinnig, untere Seitenb.chen 5zählg. B. 0–1(–2) mm lg. gestielt, Nebenb. etwas lanzettlich, Seitenb.chen 3zähl. B. im Blü.std. 0–1 mm, slt. lgr gestielt. Blü.b. knitterig, Fr. etwas matt, unvollkomm. entwickelt. 0,5–4 m, ♄, 5–7. **R. corylifolius-Gruppe** 1561–1570

*) bearbeitet von H. E. Weber

1484–1560. Echte Brombeeren, R. fruticósus-Gruppe (Sektion Rubus).
Schlüssel für eine Auswahl leichter bestimmbarer Arten:

1　K. außen auf d. Fläche glänzd grün, B. sommergrün, unt.sts grün, filzlos, St. (außer b. *R.scissus* mit überwiegd 7zählg. B.) kahl, Pf. ohne Stieldrüsen

2　St. mit entfernten, auffallend dunkelviolett. kegelig-pfrieml. Stacheln, B. 5–7zählg　　　　　　　　　　　　　　　　　　　**R. nessénsis**　1484

2*　St. mit gelbgrünl. od. etwas rötl. Stacheln

3　St. oft etwas behaart, mit 18–30 gelbgrünl., pfrieml. 3–4(–5) mm lg. geraden Stacheln pro 5 cm, B. größtenteils 6–7zählg, stark gefaltet, Staubb. kürzer als Griffel　　　　　　　　　　　　　　　　　　　**R. scíssus**　1485

3*　St. kahl, mit 3–10 breiteren 5–10 mm lg. Stacheln pro 5 cm, B. 5zählg

4　St. (stumpf)kantg-rundlich bis flachseitg, B. gefaltet, Endb.chen ± flach, untere Seitenb.chen 0–2 (im Herbst bis 4) mm lg gestielt, Staubb. kürzer als Griffel, Fr. rundlich　　　　　　　　　　　　　　**R. plicátus**　1486

4*　St. tief gefurcht, B. ungefaltet, Endb.chen konvex, untere Seitenb.chen 5–10 mm lg gestielt, Staubb. lgr als Griffel, Fr. längl.　**R. sulcátus**　1488

1*　K. außen auf d. Fläche graugrün bis graufilzg, B. ± wintergrün, unt.sts grün od. grau-weißfilzg, St. kahl od. behaart, Pf. mit od. ohne Stieldrüs.

5　B.chen fiederteilg zerschlitzt od. gefiedert mit fiederteilgn Abschnitten　　　　　　　　　　　　　　　　　　　　　**R. laciniátus**　1510

5*　B.chen kerb- bis scharfzähnig gesägt

6　Blü. gelblichweiß, B. zumindest im Blü.std oberseits fein sternhaarig, unterts graufilzg, B.chen schmal, am Grunde oft keilig, ausgeprägt doppelt mit zw. den Seitennerven eingeschnitt. Rand gesägt, Blü.std. schmal　　　　　　　　　　　　　　　　　　　　　　**R. canéscens**　1530

6*　Blü. weiß, rosa od. rot, B. obersts ohne Sternhaare

7　Staubb. kürzer als Griffel, Blü.b. vertrocknet haftd, St. rundl., behaart, ohne od. mit wenig. Stieldrüsen, B. obersts behaart, Staubbtl kahl

8　Blü.b. rosa, elliptisch, Blü.std. sperrig-dünnästg, Blü.stiele mit bis 2 mm lgn St. und mit 0–1(–10) bis 0,5 mm lg. Stieldrüsen, St. mit sicheligen 5–6 mm lg. Stacheln, B. z.T. 3zählg mit gelappt. Seitenb.chen　　　　　　　　　　　　　　　　　　　　　**R. sprengelii**　1404

8*　Blü.b. weiß, St. mit (fast) gerad. Stacheln, B. 5zählg

9　St. mit 3–4 mm lgen Stacheln, B. handförmg 5zählg mit sehr gleichmäßg gesägten, elliptisch., gefalteten B.chen, Blü.std. oben b.los, Blü.stiele mit bis 2,5(–3) mm lg. Stacheln u. bis 1,5 mm lgn Stieldrüsen, Blü.b. rundl., Staubb. nur 0,3–0,5 × so lg wie Griffel　　　　**R. arrhcnii**　1502

9*　St. mit 5–7 ımm lg. Stacheln, B. etwas fußförm. 5zählg (untere Seitenb.chen entspring. auf d. Stiel der mittleren Seitenb.chen), mit konvexen, am Grunde ± keiligen Endb.chen, Blü.std. bis oben beblättert, Blü.stiele mit bis 3–4 mm lg. Stacheln u. bis 0,7 mm lg. Stieldrüsen, Blü.b. ellipt., Staubb. fast so lg wie Griffel　　　　　　　　**R. chlorothyrsos**　1506

7*　Staubb. die Griffel ± überragd, Blü.b. nach der Blüte abfalld

10　Staubbtl alle oder i. d. Mehrzahl behaart

11　St. mit geraden Stacheln, ohne Stieldrüs. u. kleine Stachelchen, Blü.stiele mit 0(–2) bis ca. 0,5 mm lg. Stieldrüsen

12　St. rundl.-stumpfktg, grünlich, behaart, mit 4–5(–6) mm lg. Stacheln, B. 3–4 (bis ausgeprägt fußförmg) 5zählg, unterts grün, B.chen breit, sich

randl. meist deckend, Endb.chen oft konvex, Blü.b. reinweiß
R. sciocharis 1497

12* St. kantg-flachseitg bis gefurcht, $\pm$ rötl., fast kahl, B. 5zählg mit schmaleren B.chen, Endb.chen grobwellig od. flach, Blü.b. hellrosa

13 St. mit 4–5(–6,5) mm lg. Stacheln, B. obersts behaart, untersts grün, filzlos, grob gesägt, nicht lederig, Blü.stiele mit 1–2 mm lg. nadelig. Stacheln, Blü.b. 12–15 mm lg., Fr. groß **R. gratus** 1496

13* St. mit (6–)7–12 mm lg. Stacheln, B. obersts kahl od. fast kahl

14 St. mit lebhaft rot überlauf. Kanten u. Stachelbasen, B. nicht lederig, obersts fast matt, (fast) kahl, untersts grauweiß filzg, Endb.chen konvex, Blü.stiele mit 1,5–2,5 mm lg. gerad. od. etwas gekrümmt. Stacheln, Blü.b. 14–20 mm lg **R. armeniacus** 1517

14* St. $\pm$ gleichmäßg dunkelweinrot, B. lederig, obersts glänzd, kahl, untersts $\pm$ graufilzg, Endb.chen $\pm$ flach, Blü.stiele mit bis 4–6 mm lg. gerad. Stacheln, Blü.b. 8–10 mm lg **R. langei** 1511

11* St. mit geraden od. gekrümmt. Stacheln, mit einzelnen bis vielen Stieldrüs. od. kleinen Stachelchen, Blü.stiele mit mehr als 10 ca. 0,5–1,5 mm lg. Stieldrüsen

15 Blü.b. schön rosarot, St. kahl, Endb.chen $\pm$ elliptisch, wenig abgesetzt bespitzt, Nebenb. schmal-lanzettl. **R. glandithyrsos** 1536

15* Blü.b. weiß bis blaßrosa, St. behaart, Endb.chen mit aufgesetzter kurzer Spitze („Pickelhaube"), oft rundl., Nebenb. fädig-lineal

16 B. größtenteils 3–4zählg, lederig, Blü.stiele mit (5–)10–18 etwas gekrümmt. kräftg., bis 3–4 mm lg. Stacheln, Fr.kn. kahl, Pf. kräftig u. dicht bestachelt **R. drejeri** 1535

16* B. alle 5zählg, nicht lederig, Blü.stiele mit (0–)1–3 größeren, bis 3–4 mm lg., nadelig. geraden Stacheln, Fr.kn. behaart, Pf. mit dünnen zerstreut. Stacheln **R. mucronulatus** 1534

10* Staubbtl kahl

17 Pf. ohne Stieldrüsen, mit gleichartgn Stacheln, B. obersts kahl oder fast kahl, untersts deutl. grauweiß- bis weißfilzg, Endb.chen nicht rundl.

18 St. sehr kräftg, scharfktg, oft etwas rinnig, fast kahl, glänzd, mit lebhaft rot überlauf. Kanten u. Stachelbasen, mit gerad., $\pm$ abstehd., (6–)7–11 mm lg. Stacheln, B. groß, Endb.chen breit, am Grunde herzförmg od. gestutzt, konvex, Blü.std. sehr umfangreich, Blü.b. blaßrosa, 14–20 mm lg, robuste, oft verwilderte Kulturpfl. **R. armeniacus** 1517

18* St. ohne auffalld rote Kanten u. Stachelbasen (allenfalls i. Verbindg mit rundl. St. od. am Grunde schmal abgerundet. bis keilförmg. Endb.chen), meist deutl., z. T. fein behaart, mit 6–8 mm lg. Stacheln, Blü.b. kleiner, Wildpfl.

19 Blü. hellrosa bis rosenrot, B. (4–) meist fußförmg 5zählg (untere Seitenb.chen entspringen am Stiel der mittl. Seitenb.chen), untersts nur mit angedrückter, nicht fühlbarer Filzbehaarg, Fr.kn. $\pm$ reichl. behaart, St. mit zahlreich. ca. 0,1–0,3 mm lg. Büschelhärchn, deutl. bereift oder bei starkem Druck (Knicken od. Fingernagel) mit austretendem Reif

20 Blü. (oft etwas violettstichg) rosenrot, St. bläulich bereift, wie alle Achsen bes. beim Trocknen stahlblau, mit sehr breiten St., B. oft handförm. 5zählg, scharf gezähnt mit fast gerad. Hauptzähnen, Blü.std. mit sehr breiten, oft krummen Stacheln **R. ulmifolius** 1516

20* Blü. (blaß-)rosa, St. rotbraun, nur bei Druck mit Reif, mit schlank. gerad.

Stacheln, B. ausgeprägt fußförm. 4–5zählg, mit sehr feinen, verschieden-
gerichteten Zähnen, Blü.std mit dünnen, meist fast geraden Stacheln
R. bifrons 1518

19* Blü. (fast) weiß, B. handförmg oder schwach fußförmg 5zählg, untersts
filzg u. etwas weich behaart, Fr.kn. kahl oder fast kahl, St. z.T. mit längeren Haaren, ohne Reif

21 Endb.chen grob, ca. 3–5 mm tief doppelt gesägt, mit allmählich bespitzten
Zähnen, Blü.std. mit breiten, deutl. gekrümmt. Stacheln **R. elatior** 1523

21* Endb.chen fein, ca. 1,5–2(-3) mm tief, ± doppelt gesägt, mit aufgesetzt
bespitzt. Zähnen, Blü.std. mit dünnen, oben fast nadelig., schwach gekrümmt. bis fast geraden Stacheln **R. albiflorus** 1525

17* Zumindest Blü.std. mit zahlreichen Stieldrüsen, mit fast gleichen bis
ungleich. Stacheln, B. unters. grün oder graufilzg

22 St. rundl., dichthaarg, ohne od. mit wenig. Stieldrüsen, mit fast gleichartg.
gerade abstehd. schlanken 7–8(–10) mm lg. Stacheln, B. 5zählg, obersts
behaart, untersts graufilzg u. schimmernd samthaarig, Endb.chen breit
umgekehrt eiförmg oder kreisrund, mit kurzer Spitze, wenig tief
mit etwas auswärtsgekrümmt. Hauptzähnen gesägt, Blü.std. pyramidal
mit schlanken geraden u. lg. Stacheln u. mit meist i. d. Haaren versteckt.
Stieldrüs., Blü.b. breit ellipt., weiß od. rosarot, Fr.kn. reichl. behaart.
R. vestitus 1531

22* St. kahl od. wenig behaart, mit zahlreich. Stieldrüsen, Fr.kn. kahl od. fast
kahl

23 St. kantg, mit fast gleichartg. Stacheln, durch zahlreiche gleichartige,
kurze Stieldrüs. sich raspelartg rauh anfühld, B. (3–)4–5zählg, obersts
kahl, untersts zumindest im Blü.std. ± graufilzg

24 St. etwas behaart, mit 6–9 (–10) mm lg. Stacheln, Blü.std. schmal pyramidal,
Achse mit 7–8 mm lg. Stacheln, Blü.stiele mit 3–4 mm lg. Stacheln u. mit
etwas ungleich., meist ca. 0,5 mm lg., größtenteils von den Haaren übertagt.
Stieldrüs., Blü.b. hellrosa bis weiß, 10–13 mm lg **R. radula** 1547

24* St. kahl, mit 4–6(–7) mm lg. Stacheln, Blü.std. sperrig ausgebreitet, Achse
mit 3–4 mm lg. Stacheln, Blü.stiele mit 1,5–2(–3) mm lg. Stacheln u.
gleichartg., gedrängt., meist 0,2–04 mm lg., aber dennoch die Haare über-
ragenden Stieldrüs., Blü.b. blaßrosa, 7–9 mm lg **R. rudis** 1548

23* St. rund, mit sehr ungleich. Stacheln u. Stieldrüs.

25 B. 3–5zählg, untersts graufilzg-weichhaarg, Endb.chen kurz bespitzt, ungleich gesägt, St. behaart, mit dicht., teils kräftg., am Grunde breit.,
bis 6–7 mm lg. Stacheln, Blü.b. hellrosa bis fast weiß, umgekehrt ciförmg
R. bavaricus 1558

25* B. alle 3zählg, untersts grün, mit wenigen, nicht fühlbar. Haaren, Endb.chen
ellipt., mit aufgesetzt. 1,5–2,5 cm lg., oft sicheliger Spitze, gleichmäßg gesägt, St. fast kahl, mit zahlreich. pfrieml., am Grunde kaum verbreiterten,
bis 3–4(–5) mm lg. Stacheln in allen Übergg. zu feinen Drüsenborsten,
Blü.b. (grünl.) weiß, schmal spatelig **R. pedemontanus** 1559

Systematischer Schlüssel zu den Subsektionen und Serien:

1 St. mit gleichgroß. Stacheln, mit 0(–10) Stachelhöckern u. Stieldrüs. pro
5 cm, Blü.stiele mit 0(–5) Stieldrüs. (mehr nur in Verbindg mit sehr kurzen Staubb.)

2　St. aufrecht od. bogg, kahl, B. sommergrün, untersts grün (s.slt. filzg), K. außen auf d. Fläche meist grün, Wurzelsprosse, 5–6(–7)　　**Suberecti**　S. 515

2*　St. bogg od. kriechd, B. wintergrün, K. außen auf d. Fläche graugrün bis grauweiß filzg, einwurzelnde St.spitzen, 6–8 (Subsekt. Hiemales)

3　St. meist behaart, B. obersts ± behaart, untersts grün bis graugrün, nicht od. nur wenig filzg, nicht lederig, Pf. meist nicht sehr kräftg bestachelt

4　Blü.b. nach der Blüte abfallend, Staubb. die Griffel überragd, Staubbtl oft behaart　　**Silvatici**　S. 517

4*　Blü.b. vertrocknet lange haftend, Staubb. kürzer als Griffel, Staubbtl meist kahl　　**Sprengeliani**　S. 519

3*　St. behaart od. kahl, B. obersts oft kahl, untersts (grau-)grün filzlos bis grauweiß filzg, oft lederig, Pf. oft sehr kräftg bestachelt

5　B. untersts grün- od. graufilzg　　**Rhamnifolii**　S. 520

5*　B. untersts grauweiß- bis weißfilzg　　**Discolores**　S. 522

1*　St. mit gleich. bis stark ungleich. Stacheln, mit meist über 20 Stieldrüs. od. Stachelhöck. pro 5 cm, Blü.stiel mit über 10, oft dicht. Stieldrüs.

6　Blü. gelbl.-weiß, B. grob gesägt, zumindest im Blü.std. obersts sternhaarig (Lupe!)　　**Tomentosi**　S. 524

6*　Blü. weiß bis rosa(-rot), B. obersts ohne Sternhaare

7　B. untersts ausgeprägt samthaarg, St. oft dichthaarg, mit fast gleichartg. Stacheln, Drüsen des Blü.stiels bis ca. so lg wie dessen Durchmesser, Blü. oft rosarot　　**Vestiti**　S. 524

7*　B. untersts nicht samthaarg u. St. gleichzeitg dicht behaart

8　St. mit ungleich verteilt. Stacheln, teils fast gleich-, teils sehr ungleich-stachelg　　**Anisacanthi**　S. 527

8*　St. mit ± gleichmäßg verteilt. Stacheln u. Stachelchen

9　St. mäß. ungleichstachelg, mit meist zerstr. Stachelhöck. u. Stachelchen, aber oft vielen Stieldrüs.

10　St. mit 0–100(–200) ungleichlg. Stieldrüs. pro 5 cm, Stieldrüs. des Blü.stiels oft lger als dessen Durchmesser　　**Apiculati**　S. 525

10*St. zwischen den fast gleichartg. Stacheln durch zahlreiche kurze Stieldrüs. raspelartig rauh, Stieldrüs. des Blü.stiels kürzer als dessen Durchmesser　　**Radulae**　S. 527

9*　St. dicht mit ungleich. Stacheln, Stachelborsten u. Stieldrüsen besetzt

11　Größere Stacheln am Grunde breit zus.gedrückt　　**Hystrices**　S. 529

11*Alle Stacheln ± pfriemlg oder nadelg　　**Glandulosi**　S. 529

Aufrechte Brombeeren, Subsekt. Suberécti (P. J. Müll.)

1　Blü.stiele ohne Stieldrüs., Wildpf. (1* S. 516 Mitte)

2　B. untersts filzlos grün (vgl. auch *R. senticosus*)

3　St. mit kegelg. od. nadelg. 3–4(–5) mm lg. Stacheln, B. 5–7zählg

4　St. mit zerstr. dunkelviolett. Stacheln, Staubb. lgr als Griffel　　**R. nessensis**　1484

4*　St. mit zahlreich. gelbgrünl. Stacheln, Staubb. kürzer als Griffel　　**R. scissus**　1485

3*　St. mit am Grunde breit zus.gedrückt. 5–10 mm lg. Stacheln

5　St. tief gefurcht, Endb.chen konvex, Blü.std. angenähert traubg, Staubb. lgr als Griffel, Fr. längl.　　**R. sulcatus**　1488

5* St. rundl. od. flachseitg, Fr. rundl.
6   Untere Seitenb.chen 0–2 mm lg. gestielt, B. gefaltet, Staubb. kürzer als
    Griffel   **R. plicatus** 1486
6* Untere Seitenb.chen 2–6 mm lg. gestielt, B. glatt od. gefaltet, Staubb. lgr
    als Griffel
7   Blü.stdachse mit deutl. gekrümmt. breiten Stacheln
8   Stacheln rotfüßig, kräftg, auf d. St. gerade, 8–11(–12) mm lg, B. grobwellig,
    obersts matt, dunkelgrün, untersts grün (slt. graufilzg), Blü.b. ± rundl.
                                                         R. vigorosus 1493
8* Stacheln nicht auffalld gefärbt, auf d. St. 6–8 mm lg, gerade od. krumm,
    B. gefaltet, obersts etwas glänzd, frisch grün, Blü.b. umgekehrt eiförmg
                                                         R. divaricatus 1490
7* Blü.stdachse mit (fast) gerad. dünnen Stacheln
9   Endb.chen ± rundl., gleichmäßg u. eng gesägt mit gerad. Hauptzähnen
                                                         R. integribasis 1491
9* End.chen ± elliptisch, ungleichmäßg u. weit gesägt mit z.T. auswärts-
    gekrümmt. Hauptzähnen   **R. sorbicus** 1492
2* B. untersts ± graufilzg (vgl. auch *R. vigorosus*)
10 B. z.T. 6–7zählg, St. mit zerstr. 5–6 mm lg. Stacheln, Fr.kn. dichthaarg
                                                         R. ammobius 1487
10* B. alle 5zählg, St. mit zahlreich. 8–10 mm lg. Stacheln, B.stiel mit
    15–30 kräftg. sichelg. Stacheln, Fr.kn. kahl   **R. senticosus** 1494
1* Blü.stiele dicht stieldrüsg, B. untersts weichhaarg, Kulturpf.
                                                         R. allegheniensis 1489

1484. R. nessénsis W. Hall (*R. suberéctus* Anders.), zerstr. bis hfg auf
Schlägen, an Waldränd. u. im Gebüsch auf frisch. bis feucht., mäß.
nährstoffreich., kalkfreien, sauer. humos. Sand- u. Lehmböden im
Bereich v. Quercion rob.-petr.-, Fagetalia- u. Vacc.-Piceion-Ges., v. all.
in Pruno-Rubion-, bzw. reich. Rubion plic. Web. 77-Ges., slt. auch im
Berberidion – Ebene bis Gebirge, A bis 850 m, BayW u. Sch bis 1000 m –
subatl – P – Chrom. 2n = 28.

1485. R. scíssus W. Wats. (*R. fissus* auct.), zerstr. bis slt. auf Schlägen,
an Waldränd., im Gebüsch u. auf entwäss. Hochmoor., auf frisch. bis
feucht. sauer., oft anmoorg., sandig. Böden od. Torf, bes. im Bereich
d. Querco-Betuletum molinietos., im N des Gebiets planar, im S montan
– im N u. O – no-subatl – P – Chrom. 2n = 28.

1486. R. plicátus Weihe et Nees (*R. fruticósus* L., nom. amb.), hfg bis
s. hfg auf Schlägen, an Wald- u. Wegränd. u. im Gebüsch auf mäß.
trock. bis feucht., kalkfrei., mäß. sauer. humos. Sand- u. Lehmböd. im
Bereich v. Quercion rob.-petr., Fagetalia u. Vacc.-Piceion, Char. d.
Frangulo-Rubetum plic. (Frang-Rubenion) bzw. d. Rubion plic. Web.
77 – Ebene bis mittl. Gebirgslag. – subatl – P – Chrom. 2n = 28, nahe
stehen (mit lgr gestielt. unter. Seitenb.chen) *R. opácus* Focke (NS, NWe,
NSH, BayW, Br, An, L) u. *R. bertrámii* G. Br. (SH, NS, RS, Do, Av, A).

1487. **R. ammóbius** Focke, zerstr. bis hfg an Wald- u. Wegränd. im Quercion robori-petr.-Gebiet auf kalkfrei., mäß. nährstoffarm., meist sandg. Böd., Char. d. Frang.-Rubetum plic. (Frang.-Rubenion) bzw. d. Rubetum grati Tx. et Neum. ex Web. 76 (Rubion plicati Web. 77) – nur im NW d. Gebiet. (NS, NSH, NWe) – no-atl – P.

1488. **R. sulcátus** Vest, zerstr. auf Schläg. od. an Waldrändern auf frisch. bis feucht., nährstoffreich., kalkfrei., mäßg sauer. humos. Lehm- u. Sandböd. auf reich. Quercion rob.-petr.- u. sauer. Fagetalia-Standort., Pruno-Rubion-Verb.char., bzw. Char. d. Lonic.-Rubenion silv. (Tx. et Neum.) Web. 77 – Ebene bis mittl. Gebirgslag. – subatl – P – Chrom. 2n = 28, nahe steht: *R. phaneronóthos* G. Br. (*R. véstii* Focke) auf basenreich., auch kalkhaltg. Böd. (mitteleur., ohne norddt. Tiefld).

1489. **R. alleghéniénsis** Port. (*R. villósus* auct.), Obstpfl., nicht slt. verwildt – Heimat: N-Amerika, ähnlich ist (mit drüsenlos. Blüstd.): *R. pergrátus* Blanch., seltener verwildt – Heimat: N-Amerika.

1490. **R. divaricátus** P. J. Müll. (*R. nitidus* Weihe et Nees), zerstr. auf Schlägen, an Wald- u. Wegränd. u. im Gebüsch auf mäß. trock. bis feucht., mäßg nährstoffreich., kalkarm., mäßg sauer. Sand- u. Lehmböd., Frangulo-Rubenion-Art, bzw. Char. d. Lonic.-Rubenion silv. (Tx. et Neum.) Web. 77 – Ebene bis mittl. Gebirgslag. – subatl – P – Chrom. 2n = 28, nahesthd auch ökolog. ist:

1491. **R. integribásis** P. J. Müll. (*R. holsáticus* Er.), zerstr. bis slt. am W-Rand d. Gebiets (SH, NWe, RS, Pf, Hü, Sch, Vog) – atl – P.

1492. **R. sórbicus** H. E. Web., zerstr. bis hfg an Wald- u. Wegränd. u. im Gebüsch auf mäß. nährstoffreich., kalkarm., mäßg sauer., meist sandg. Böd., vor all. im Bereich d. Quercion rob.-petr. – Br, An, Sa, Erzg, L – mitteleur. – P.

1493. **R. vigorósus** P. J. Müll. et Wirtg. (*R. affínis* auct.), zerstr. auf Schlägen, an Waldränd. u. im Gebüsch auf mäß. nährstoffreich., kalkarm., mäß. sauer. Sand- u. Lehmböd., v. all. im Frang.-Rubenion, auch in ander. Pruno-Rubion-Ges., bzw. Char. d. Lonic.-Rubenion silv. (Tx. et Neum.) Web. 77 – im W d. Gebiet.: NS, NSH, Hz, NWe, RS, He, Sp – atl – Chrom. 2n = 28, soziol. ähnl. verhält sich:

1494. **R. senticósus** Köhl. ex Weihe, zerstr. in Prunetalia-Ges., v. all. im Frang.-Rubenion – SH, NS, NWe, RS, Sp, Th, An, Sa, Br, Erzg., L – mitteleurop. – P.

Wintergrüne Brombeeren, Subsekt. Hiemáles (E. H. L. Kr.)
Waldbrombeeren, Serie Silvátici (P. J. Müll.)

1 Staubbtl behaart
2 St. (fast) kahl, gefurcht, mit Broncegl., B. handförmg 5zählg, Blü.std geradstachelg, groß, Blü. rosa, groß   **R. gratus** 1496

2* St. behaart, rundl.-stumpfktg, Blü. weiß
3 B. 3–4–(fußförmg)5zählg, Endb.chen breit, am Grunde herzförmg, grob
   gesägt, konvex, St. mit 4–5(–6) mm lg. gerad. Stacheln, K. mit gelbl. Stachelchen, Staubbtl dichthaarg   **R. sciocharis** 1497
3* B. alle handförmg 5zählg, Endb.chen schmal ellipt., am Grunde abgerund.,
   gleichmäß. gesägt, Staubbtl schwach behaart   **R. silvaticus** 1495
1* Staubbtl alle kahl
4 St. fast kahl, mit 7–8 mm lg., gelbgrün. Stacheln, Endb.chen umgekehrt
   eiförmg-ellipt., am Grunde abgerundet, Blü.std sperrig, mit zahlreich.
   breit. u. krumm. Stacheln, nicht zottig   **R. platyacanthus** 1501
4* St. behaart
5 Pfl. mit zahlreich. kräftig. gelbgrün., an d. Blü.stdachse breit. u. krummen
   5–6 mm lg. Stacheln, Endb.chen aus ± herzförmg. Grund eiförmg, scharf
   gesägt   **R. adspersus** 1500
5* Pfl. mit entfernteren u. schwächeren, nicht auffalld gefärbt., an d.
   Blü.stdachse dünnen gerad. 2–5 mm lg. Stacheln, Blü.std oben meist dicht
   kurzzottg
6 St. kantg-flachseitg, schmuzig rötl.-violett, B. oft groß, Endb.chen mit
   etw. auswärts gekrümmt. Hauptzähnen, ausgeprägt konvex
                                                       R. macrophyllus 1499
6* St. meist rundl.-stumpfktg, dunkelrotbraun, Endb.chen mit geraden
   Hauptzähn., flach od. gefaltet   **R. leucandrus** 1498

1495. R. silváticus Weihe et Nees, zerstr. bis hfg auf Schlägen, an Waldrändern u. im Gebüsch auf mäß. trock. bis frisch, kalkarm., mäß nährstoffreich. Sand- u. Lehmböd. im Bereich v. Quercion robor.-petr. u.
sauer. Fagion- u. Carpinion-Ges., Frang.-Rubenion-Art, bzw. Char. d.
Lonic.-Rubenion silv. (Tx. et Neum.) Web. 77 u. Diff. im Pruno-
Rubenion spreng. (Web. 74) Web. 81 – SH, NS, NSH, NWe, RS, An
(Altmark), Br – atl – P – Chrom. 2n = 28, entfernt verwandt ist: *R.
leptothýrsos* G. Br. (*R. danicus* Focke) SH, NS, Hz, An, Th.

1496. R. grátus Focke, s. hfg auf Schlägen, an Wald- u. Wegränd. u.
im Gebüsch auf mäßg trock. bis feucht., nährstofffarm., kalkfrei. sauer.
Sand- (u. Lehm-)Böd. vor all. im Bereich d. Quercion rob.-petr., auch
in entwäss. Erlenbruchges. eindringd, Frang.-Rubenion-Art bzw. Char.
d. Rubetum grati Tx. et Neum. ex Web. 76 (Rubion plicati Web. 77) –
v. all. im NW d. Gebiets von d. dän. Grenze bis Aachen, v. all. hfg im
nordwestl. Tiefld, ostwrts bis An (Altmark), Br (Oranienburg) – no-atl –
P – Chrom. 2n = 28.

1497. R. sciocháris Sudre, hfg in Waldverlichtung., an Waldränd. u. im
Gebüsch auf mäßg trock. bis frisch., kalkarm., mäßg nährstoffreich.,
mäßg. sauer., anlehmg.-lehmg. Böd. im Bereich d. Quercion rob.-petr.,
d. Luz.-Fagenion u. Carpinion, Pruno-Rubion-Verb.char. bzw. Lonic.-
Rubenion silv. (Tx. et Neum.) Web. 77-Art u. Diff. d. Pruno-Rubetum
sciocharis Web. 67 – SH u. NS (Niederelbegebiet), durch Pflanzgut aus
Baumschulen v. SH mit Straßenbepflzg verschleppt (z.B. NS, NWe,
Sch, Br) – no-atl – P.

1498. R. leucándrus Focke, zerstr. bis slt. an Waldrändern u. im Gebüsch auf mäßg nährstoffreich., kalkarm. Sand- u. Lehmböd. auf Quercion rob.-petr. u. Luz.-Fagenion-Standorten, Pruno-Rubion-Art – am W-rand d. Gebietes von Bremen bis Aachen – no-atl – P.

1499. R. macrophýllus Weihe et Nees, zerstr. bis hfg auf Schlägen u. an Waldrändern, auf mäß. frisch., nährstoffreich., meist kalkarm., stickstoffhaltg. Böd. im Bereich v. Carpinion- u. Fagion-Ges., etwas wärmeliebd u. nur planar-collin verbr., Pruno-Rubion-Verb.char. bzw. Char. d. Pruno-Rubion macrophylli Web. 81 – bes. im W d. Gebietes (hfg in NWe u. Rh), fehlt in Me – subatl – P – Chrom. 2n = 28, nahe steht: *R. schlechtendálii* Weihe ex Link (SH, NS, NSH, NWe).

1500. R. adspérsus Weihe ex H. E. Web. (*R. carpinifólius* Weihe), zerstr. bis hfg auf Schlägen, an Waldrändern u. im Gebüsch auf mäßg trock. bis frisch., mäßg nährstoffreich., kalkarm. Sand- u. Lehmböd. im Bereich d. Quercion rob.-petr., d. Luz. Fagenion u. v. Carpinion-Ges., Frang.-Rubenion-Art bzw. im Lonic.-Rubenion silv. (Tx. et Neum.) Web. 77, auch im Pruno-Rubenion sprengelii (Web. 74) Web. 81 – im W d. Gebietes, slt. im NO: südl. NS, NSH, NWe, RS, Br (Eberswalde) – (no-)atl – P – auch ökol. ähnl.:

1501. R. platyacánthus P. J. Müll. et Lef., zerstr. vor all. im W des Gebietes: SH, NS, NSH, NWe, RS, Hü, selten in An u. Br – atl – P.

Sprengels Brombeeren, Serie Sprengeliáni Focke

1	Staubbtl behaart, Blü. weiß	**R. braeuckeri** 1505
1*	Staubbtl kahl, Blü. weiß bis rosa(rot)	
2	Blü. rosa(rot), Blü.std dünnästg-sperrig, St. mit sichelg. 5-6 mm lg. Stacheln, B. teils 3zählg mit gelappt. Seitenb.chen, teils fußförmg 4–5zählg	
		R. sprengelii 1504
2*	Blü. weiß od. blaßrosa, B. 5zählg	
3	St. mit 5–7 mm lg., Blü.stiele mit 3–5 mm lg. Stacheln, B. nicht gleichmäßg gesägt, Staubb. halb bis fast so hoch wie Griffel	
4	St. karminrot, B. sehr grob gesägt, Endb.chen aus herzförmg. Grund breit eiförmg, grobwellg, Blü.std geradstachelg	**R. cimbricus** 1507
4*	St. grün, ± rotbräunl. überlaufen, B. nicht grob gesägt, Endb.chen aus etwas keilförmg. Grund umgekehrt eiförmg, meist konvex, Blü.std mit ± gekrümmt. Stacheln	**R. chlorothyrsos** 1506
3*	St. mit 3–4 mm lg., Blü.stiele mit 1–2,5 (–3) mm lg. Stacheln, B. sehr gleichmäß. gesägt, Staubb. nur ca. ein Drittel so hoch wie Griffel	
5	St. rundl., B. gefaltet, oberts etwas glänzd, unterts kaum fühlbar behaart, Endb.chen am Grunde abgerundet, Blüstd. bestachelt (am Blü.stiel 5–10 Stacheln)	**R. arrhenii** 1502
5*	St. kantg-flachseitg, B. glatt, oberts matt, unterts samtig-weich, Endb.chen am Grunde ± herzförmg, Blü.std fast unbestachelt (am Blü.stiel 0–1 Stacheln)	**R. pervirescens** 1503

1502. **R. arrhénii** Lange, zerstr. auf Schlägen, an Waldrändern u. im Gebüsch, auf mäßg nährstoffreich., kalkarm., humos. Sand- u. Lehmböd. im Bereich d. Quercion rob.-petr. u. Luz.-Fagenion, sowie von Carpinion-Ges., Pruno-Rubion-Verb.char. bzw. Char. d. Lonic.-Rubenion silv. (Tx. et Neum.) Web. 77 u. Diff. d. Pruno-Rubenion sprengelii (Web. 74) Web. 81 – SH, NS, NSH, NWe, Br (verschleppt b. Belzig) – no-atl – P – Chrom. 2n = 28, nahe steht:

1503. **R. perviréscens** Sudre, zerstr. bis slt. in NSH, NWe, RS – mitteleurop. – P – ökolog. ähnl. auch d. folgenden:

1504. **R. sprengélii** Weihe, hfg bis zerstr., Pruno-Rubion-Verb.char. bzw. im Lonic.-Rubenion silv. (Tx. et Neum.) Web. 77 u. Char. d. Pruno-Rubetum sprengelii Web. 67 – v. all. im N d. Gebietes, südl. bis Pf, Fr (Nürnberg), Th, An, Br – subatl – P – Chrom. 2n = 28.

1505. **R. braeúckeri** G. Br. (*R. hemistémon* auct.), zerstr. bis hfg in NWe, RS – mitteleur. – P.

1506. **R. chlorothýrsos** Focke, zerstr. bis slt – im N des Gebiets: SH, NS, NSH, NWe, Hz, Me, An (Altmark) – subatl – P.

1507. **R. címbricus** Focke, zerstr. an Waldrändern, an Heckenwegen u. im Gebüsch auf mäß. nährstoffreich., kalkarm. Sand- u. Lehmböd. bes. in regenfeucht. Klimalage im Bereich sauer. Fagion- u. Carpinion-Ges., Pruno-Rubion-Art bzw. v. all. im Pruno-Rubetum sciocharis Web. 67 – SH u. Elbegebiet von NS bis An (Hohenstein-Ernstthal) – mitteleurop. – P.

Kreuzdornblättrige Brombeeren, Serie Rhamnifólii Focke

1	B.chen gesägt, Wildpfl.
2	Staubbtl alle od. teilw. behaart, Blü.std. mit sehr kräftg. Stacheln
3	B. obersts kahl, Endb.chen ± ellipt., Stacheln im Blü.std. alle gerade, an d. Blü.stielen senkrecht absthd, Griffel grün **R. langei** 1511
3*	B. obersts behaart, Endb.chen rundl., Stacheln im Blü.std z.T. gekrümmt, an d. Blü.stielen geneigt, Griffel am Grunde rötl. **R. stereacanthos** 1515
2*	Staubbtl kahl, Blü.std. mit kräftg. oder etwas schwächl. Stacheln
4	St. kahl od. fast kahl, B. obersts kahl od. behaart
5	Endb.chen rundl.
6	B. obersts kahl, untersts ± graufilzg, Stacheln nicht auffällig gefärbt **R. nemoralis** 1509
6*	B. obersts etwas behaart, untersts grün, filzlos, Stacheln auffalld rotfüßig **R. muenteri** 1512
5*	Endb.chen umgekehrt eiförmg, schmaler **R. vulgáris** 1508
4*	St. deutl. behaart, B. obersts behaart
7	Blü. weiß, Griffel grün **R. villicaulis** 1513
7*	Blü. u. Griffelbasis rosa **R. insularis** 1514
1*	B.chen gefiedert od. fiederspaltg zerschlitzt, Kulturpfl. **R. laciniatus** 1510

1508. **R. vulgáris** Weihe et Nees, zerstr. auf Schlägen, an Wald- u. Wegrändern u. im Gebüsch, auf mäß. trock., mäß. nährstoffreich., kalkarm. Sand- u. Lehmböd. im Bereich des Quercion rob.-petr. u. sauer. Fagion- u. Carpinion-Ges., Pruno-Rubion-Art bzw. im Lonic.-Rubenion silv. (Tx. et Neum.) Web. 77 u. im Pruno-Rubetum sprengelii Web. 67 – v. all. in d. Mitte d. Gebietes: SH, NS, NSH, NWe, RS, He, Sp, Hz, Th, An – mitteleurop. – P –, nahe steht der hauptsächl. brit. *R. lindleiánus* Lees (zerstr. westl. NS u. NWe, slt. NSH u. RS).

1509. **R. nemorális** P. J. Müll. (*R. sélmeri* Lindeb.), zerstr. bis slt., streckenw. hfg, Pruno-Rubion-Verb.char. bzw. im Lonic.-Rubenion silv. (Tx. et Neum.) Web. 77 u. Pruno-Rubenion sprengelii (Web. 74) Web. 81 – v. all. im W d. Gebietes von SH bis Vog, süHü u. Sch, sonst bis NSH, im O bis westl. Me, An (Altmark), z.T. auch verschleppt in Br – atl – P – Chrom. 2n = 28.

1510. **R. laciniátus** Willd., slt. kultiv. u. verwildert, stellenweise hfg in Dünenanpflzg. d. Nordseeinseln (z. B. Amrum), neuerdgs auch in stachellos. Formen gezüchtet u. kultiviert – Herkunft unbekannt.

1511. **R. lángei** Jens. ex Frid. et Gel., zerstr. bis hfg an Wald- u. Wegrändern u. im Gebüsch auf mäß. trock., mäß. nährstoffreich., kalkarm. Sand- u. Lehmböd. im Bereich d. Quercion rob.-petr. u. sauer. Fagion- u. Carpinion-Ges., Pruno-Rubion-Art, bzw. im Lonic.-Rubenion silv. (Tx. et Neum.) Web. 77, sowie Diff. d. Pruno-Rubetum sciocharis Web. 67 – im NW d. Gebietes, südl. bis RS, He, Th, An (Altmark), isoliert Me (Stralsund) – no-atl – P – Chrom. 2n = 28, nahe steht *R. gelértii* Frid. (slt. bis zerstr. in SH, NS, NWe), mit ähnl. ökolog. Ansprüchen auch:

1512. **R. müenteri** Marss. (*R. scheútzii* Lindeb.), slt. im Pruno-Rubion – NWe, NSH, Me (Wolgast) – no-atl – P – Chrom. 2n = 28, nahestd sind: *R. maássii* Focke (slt. in SH, NS, Hz, Th, An: Altmark) u. *R. laevicaúlis* Beek (westl. NS, NSH, NWe).

1513. **R. villicaúlis** Köhl. ex Weihe, zerstr. bis hfg auf Schlägen, an Waldrändern u. im Gebüsch auf mäß. trock. bis frisch., nährstoffreich., kalkarm. lehmg. Böd. vor all. im Bereich d. Luzulo-Fagenion u. Carpinion, Pruno-Rubion-Art, bzw. im Pruno-Rubion macrophylli Web. 81 – Ebene bis mittl. Gebirgslag., bes. im S u. O des Gebiets (hfg z.B. in Me, Br u. An), fehlt in SH, NS u. slt. am W-Rand des Gebiets – subatl – P –, nahestd auch ökol. ist:

1514. **R. insuláris** Aresch., zerstr. bis hfg, vertritt die vor. Art im N u. W des Gebiets, hfg vor all. in SH, sonst in NS, NSH, NWe, RS, Pf – no-atl – P – Chrom. 2n = 28, nahe verwandt ist: *R. insulariópsis* H. E. Web. (SH, NS, Me), soz. ähnlich auch:

1515. **R. stereacánthos** P. J. Müll. ex Boul. (*R. insulariópsis* var. *rectispínus* Beek), slt. in SH, Me, NWe, RS, Vog – atl – P.

Zweifarbige Brombeeren, Serie Discolóres (P. J. Müll.)

1   Blü. (violett-)rosenrot, Achsen bläul. bereift, Stacheln s. breit u. kräftg
R. ulmifolius 1516

1* Blü. weiß od. blaßrosa, Achsen (fast) unbereift
2   St. mit lebhaft roten Kanten u. Stachelbasen, kahl od. mit s. zerstr.
Härchen (vgl. auch *R. lindenbergii*)
3   St. s. kräftg, stark glänzd, kantg-rinnig, B. groß, Endb.chen aus herzförmg,
Grund breit ellipt., konvex, Blü.std umfangreich, Blü.b. 14–20 mm lg,
Staubbtl oft behaart, großfrüchtge robuste, oft verwildt. Kulturpf.
R. armeniacus 1517

3* St. schwächer, matt od. schwach glänzd, stumpfktg-rundl., Blü.b. 9–12 mm
lg, Staubbtl kahl, weniger robuste Wildpf.
4   Blü.std nur mit fast nadelg dünn. gerad. Stacheln u. meist einzeln. versteckt.
Stieldrüs., Endb.chen umgekehrt eiförm.-rundl., aufgesetzt kurz bespitzt
R. polyanthemus 1529

4* Blü.std mit breiteren, z.T. etwas gekrümmt. Stacheln, ohne Stieldrüs.,
Endb.chen schmal ellipt., allmähl. lang bespitzt   **R. geniculatus** 1526

2* St. ohne auffalld rote Kanten u. Stacheln, kahl od. behaart
5   B. obersts mit 25–100 Haaren pro cm², fein u. gleichmäßg gesägt, Endb.chen
lang gestielt, umgekehrt eifg, mit aufgesetzt. Spitze   **R. lindebergii** 1528

5* B. obersts mit 0(–1) Haaren pro cm²
6   St. von winzig. 0,1–0,3 mm lg. Büschelhärch. ± schülferig od. verkahlt,
B. (3–4–) ausgeprägt fußfg 5zählg (untere Seitenb.chen entspring. 2–5 mm
oberh. d. Basis d. mittl. Seitenb.chen), s. fein mit verschied. gerichtet. spitz.
Zähnen gesägt, St. u. Blü.std mit schlanken, meist gerad. Stacheln, Blü.
rosa   **R. bifrons** 1518

6* St. kahl od. lger behaart, B. alle hand- od. schwach fußförmg 5zählg
7   St. behaart
8   Endb.chen doppelt so lg wie sein Stielchen, ellipt. mit aufgesetzt. langer ±
sichelg. Spitze, oft rundl., scharf u. mäß. grob gesägt, Staubbtl oft behaart
R. winteri 1524

8* Endb.chen etwa 3mal so lg wie sein Stielchen, allmähl. bespitzt, Staubbtl
kahl
9   Blü. weiß
10 Blü.std oben mit nadelg., (fast) gerad. Stacheln, B. im Blü.std mäß. grob
gesägt   **R. albiflorus** 1525

10* Blü.std oben mit breiteren, deutl. gekrümmt. Stacheln, B. im Blü.std s. grob,
oft eingeschnitt. gesägt   **R. elatior** 1523

9* Blü. (blaß)rosa   **R. lepidus** 1522

7* St. kahl
11 Fr.kn. kahl, B. handförmg 5zählg, Endb.chen aus herzförmg. Grund schmal
umgekehrt eiförmg, breit dreieckg bespitzt, Blü.std schmal
R. montanus 1519

11* Fr.kn. behaart
12 Blü.std mit (gerad. u.) krummen Stacheln, B. untersts nicht samtig weich
13 B. angedeutet fußförmg 5zählg, Endb.chen aus abgerundt. od. herzförmg.
Grund (breit) umgekehrt eiförmg, mit ± gerad. Hauptzähn., Blü.std nicht
sperrig, Blü.stiel mit 0–5 ca. 1–2(–2,5) mm lg. Stacheln
R. grabowskii 1520

13* B. handförmg 5zählg, Endb.chen aus ± keilig. Grund schmal umgekehrt

eiförmg, mit etwas auswärtsgekrümmt. Hauptzähn., Blü.std sperrig mit
breit. krumm. Stacheln, Blü.stiel mit meist 7–13 ca. 3–4 mm lg. Stacheln
                                        R. goniophorus 1521
12* Blü.std. nur mit gerad., s. schlank. Stacheln, B. untersts samtig-weichhaarg,
Endb.chen aus meist herzförmg. Grund ± ellipt. mit deutl. auswärtsgekrümmt. Hauptzähn.   **R. elegantispinosus** 1527

1516. R. ulmifólius Schott fil. (*R. inérmis* Willd. an Pourr.?), im Gebiet
slt., sonst charakt. für medit. u. submedit.-atl. Gebüsche u. Hecken auf
mäß. trock. bis frisch., nährstoffreich., oft kalkhaltg. Böden, Char.art
des Pruno-Rubion ulmifolii de Bolós 54 – RS (z. B. Aachen), Helgoland
(verschleppt?), stellenweise (z. T. mit Pflanzgut) eingeschleppt (z. B.
NWe, NSH) – wmed-atl – P – Chrom. 2n = 14.

1517. R. armeníacus Focke, oft kultiv. Obstpf., im ganzen Gebiet hfg
in Prunetalia-Ges. verwildert bis ca. 500 m u. stellenw. eingebürgert,
bes. in ortsnah., etwas ruderal. Bereichen an Bahndämm. od. in Hecken.
– Heimat Armenien? – P – nahe verwandt (ohne auffalld rote Stacheln
u. konvexe Endb.chen) *R. prócerus* P. J. Müll. ex Boul. (slt. in Pf, Vog,
Rh, Av, A).

1518. R. bífrons Vest, zerstr. bis hfg an Waldrändern u. im Gebüsch auf
mäßg trock. bis frisch., basenreich., ab. meist kalkfrei., schwach humos.,
oft flach- bis mittelgründg., ± steing. Lehmböd., wärmeliebd, Char. d.
Rubo-Prunetum (Pr.-Rubion), slt. auch im Berberidion bzw. in Pruno-
Rubenion radulae (Web. 74) Web. 81-Ges. – im S d. Gebietes, nördl. bis
NWe, RS, He, Th, Sa?, L, A bis 900 m – smed-subatl – P.

1519. R. montánus Lib. ex Lej. (*R. cándicans* Weihe ex Reich.), zerstr.
bis hfg an Waldrändern u. im Gebüsch auf mäßg trock. bis mäßg frisch.,
basenreich. oft kalkhaltig. schwach humos. Lehmböd., Prunetalia-
Ordn.char., bzw. Char. d. Pruno-Rubenion radulae (Web. 74) Web. 81 –
Ebene bis mittl. Gebirgslag. – subatl(-smed) – P – Chrom. 2n = 21,
ökolog. ähnl.:

1520. R. grabówskii Weihe ex Günth. et al. (*R. thyrsánthus* Focke),
zerstr. bis hfg in Prunetalia-Ges. – Ebene bis mittl. Gebirgslag. – subatl –
P – Chrom. 2n = 21, z. T. ähnl. sind: *R. phyllostáchys* P. J. Müll. (im
W des Gebiets von NWe, RS bis Vog, süHü, Sch) und (mit behaart. St.)
R. fláccidus P. J. Müll. (*R. frágrans* Focke, disjunkt von NSH bis Pf u.
Vog), *R. arduennénsis* Lib. ex Lej. (NWe, RS, Pf).

1521. R. goníophorus H. E. Web. (*R. goniophylloídes* auct.), zerstr. im
NW des Gebiets: NWe, NSH, RS, He, Pf – mitteleur. – P.

1522. R. lépidus P. J. Müll., zerstr. im NW: RS, Pf, nöHü, Rh –
mitteleur. – P.

1523. R. elátior Focke, zerstr. bis hfg in Bayern, bes. Do u. Av – mitteleur. – P –, nahestd ist: *R. chloocládus* W. Wats. (*R. pubéscens* Weihe,
zerstr. in NS, NSH, NWe).

1524. **R. wínteri** P. J. Müll. ex Focke, zerstr. bis hfg an Waldrändern u. im Gebüsch auf mäß. trock. bis frisch., nährstoffreich., meist kalkarm. ± humos. Lehmböd., Pruno-Rubion-Art, bzw. im Pruno-Rubion macrophylli Web. 71 – am W-Rand d. Gebietes: NS (Meppen), NSH, NWe, RS, Pf – no-atl – P.

1525. **R. albiflórus** Boul. et Luc., zerstr. an Waldrändern u. im Gebüsch auf mäßg trock., nährstoffreich., oft kalkhaltg. Lehmböd., v. all. im Pruno-Rubion, Prunetalia-Ordn.char., bzw. im Pruno-Rubenion radulae (Web. 74) Web. 81 – im SW d. Gebietes: Sch bis Mn, Fr, Ju, Do(?), Av, A – subatl – P.

1526. **R. geniculátus** Kalt., zerstr. an Waldrändern u. im Gebüsch auf mäßg trock. bis frisch., (mäßg) nährstoffreich., meist kalkarm., humos. Sand- u. Lehmböd., Pruno-Rubion-Verb.char. bzw. im Pruno-Rubion macrophylli Web. 81 – im W d. Gebietes: NS (S-Rand), NSH, NWe, RS – atl – P.

1527. **R. elegantispinósus** (Schum.) H. E. Web., zerstr. bis hfg an Waldrändern u. im Gebüsch auf mäß. trock. bis frisch., nährstoffreich., oft kalkhaltg. u. steing. Lehmböd., Char. d. Rubo-Prunetum bzw. Pruno-Rubetum elegantispinoi Web. 74 im Pruno-Rubion macrophylli – im NW des Gebiets: NSH, NWe, RS – atl – P, ökol. ähnl. sind:

1528. **R. lindebérgii** P. J. Müll., zerstr. u. disjkt im Pruno-Rubion – SH bis Hz, NS, NSH, NWe, RS – no-atl – P – Chrom. 2n = 28.

1529. **R. polyánthemus** Lindeb., zerstr. im Pruno-Rubion – SH, NS (W-Rand), NSH (Westen), NWe, RS – no-atl – P – Chrom. 2n = 28, nahestehd (zu d. Apiculati vermittld) ist d. überwiegd 3zählg beblätterte *R. egrégius* Focke (zerstr. in SH, NS, NSH, NWe).

Filzbrombeeren, Ser. Tomentósi (Wirtg.)

1530. **R. canéscens** DC. (*R. tomentósus* Borkh.), zerstr. an sonnig. Waldrändern, im Gebüsch, in Weinbergen u. licht. Eichenwäldern auf warm., mäß. trock., basenreich. u. oft kalkarm., mild-mäßg sauer., oft flachgründg., steinig. Lehmböd., wärmeliebd, Prunetalia-Ordn.char., auch im Quecion pub.-petr. – d. Verbreitg deckt sich im Gebiet etwa mit d. des Weinbaus, nur im S, nördl. bis RS, He, Th, Sa – smed-med – P – Chrom. 2n = 14.

Samtbrombeeren, Ser. Vestiti (Focke)

1 St. bleibd, meist dicht behaart, mit schlank. Stacheln, B. zieml. gleichmäßg gesägt, Blü. weiß od. rosa(rot), Blü.std. mit geraden dünnen Stacheln
2 St. mit senkrecht abstehd., gerad. schlank. Stacheln, kaum stieldrüsg. Endb.chen zuletzt fast kreisrund mit kurzer, etwas aufgesetzt. Spitze. Blü.stdachse mit 6–8mm lg. Stacheln, Blü.stiel mit i. d. Mehrzahl die Behaarg nicht überragd. Stieldrüs., Blü. weiß od. rosarot   **R. vestitus** 1531

2* St. mit geneigt. Stacheln u. vielen i. d. aschgrauen Behaarg versteckt. Stieldrüs., Endb.chen herzeiförmg, Blü.stdachse mit 4–5 mm lg. Stacheln, Blü.stiel mit schwarzrot., die Behaarg meist überragd. Stieldrüs., Blü. rosenrot **R. pannosus** 1532

1* St. verkahlend, mit breiteren Stacheln, B. grob gesägt mit auswärtsgekrümmt. Hauptzähn., Blü.std mit z.T. gekrümmt. Stacheln, Blü. blaßrosa **R. pyramidalis** 1533

1531. R. vestítus Weihe et Nees, zerstr. bis hfg an Waldrändern u. im Gebüsch auf mäßg trock. bis frisch., basenreich., auch kalkhltg. Lehm-(Ton-)Böd. auf reich. Fagetalia-Standort., v. all. im Pruno-Rubion (Verb. char.?), Prunetalia-Ordn.char. bzw. Char. d. Pruno-Rubetum vestiti Web. 67 em. 80 – nur im W d. Gebietes, östl. bis westl. Me (Schönberg), Hz, NS, He, Ne, Do – atl – P – Chrom. 2n = 28, verwdt sind: *R. conspicuus* P. J. Müll. (slt. im W: RS, Pf, O, Sch, Vog), *R. macrothýrsus* (Lange) (SH, benachbart. NS, Hz), *R. adornatoídes* H. E. Web. (NWe, RS), *R. buhnénsis* G. Br. (NSH, RS), ökolog. ähnl. auch:

1532. R. pannósus Wirtg., zerstr. in RS, nöHü, Pf – mitteleur. – P.

1533. R. pyramidális Kalt., zerstr. bis hfg auf Schlägen, an Waldrändern u. im Gebüsch auf mäß. trock. bis frisch., mäß. nährstoffreich., kalkarm., humos. Sand- u. Lehmböd. im Bereich des Quercion robori-petr. u. sauer. Fagion- u. Carpinion-Ges., Rubo-Prunion-Art, bzw. im Lonic.-Rubenion silv. (Tx. et Neum.) Web. 77 (Rubion plicati Web. 77) u. im Pruno-Rubenion sprengelii (Web. 74) Web. 81 (Pruno-Rubion macrophylli Web. 81) – bes. im W d. Gebietes, slt. noch bis Br u. L, fehlt Bayern u. Bad.-Württ. – atl – P – Chrom. 2n = 28.

Drüsenarme Brombeeren, Serie Apiculáti (Focke)

1 Staubbtl behaart
2 Blü. lebhaft rosa(rot), St. kahl **R. glandithyrsos** 1536
2* Blü. weiß od. blaßrosa, St. behaart
3 Endb.chen rundl. mit aufgesetzt. kurzer Spitze
4 B. 5zählg, normal dünn, Blü.std. entfernt bestachelt, Fr.kn. behaart **R. mucronulatus** 1534
4* B. großenteils 3–4zählg, lederig-derb, Blü.std. dichtstachelg, Fr.kn. kahl **R. drejeri** 1535
3* Endb.chen schmal umgekehrt eiförmg, länger bespitzt **R. conothyrsos** 1537
1* Staubbtl kahl
5 B. oberts kahl, unterts graufilzg, St. meist kantg-flachseitg
6 St. (fast) kahl, durch lebhaft rote Stacheln u. Stachelhöck. fleckig
7 Blü.stdachse mit gerad., bis 7–8 mm lg. Stacheln **R. raduloides** 1542
7* Blü.stdachse mit ± gekrümmt., bis 5(–6) mm lg. Stacheln **R. micans** 1541
6* St. behaart, nicht auffalld fleckig **R. caflischii** 1539
5* B. oberts behaart, unterts grünl., filzlos, weichhaarg

8   B. frisch grün, gefaltet, Endb.chen am Grunde abgerundet, Blü. weiß
                                                R. hypomalacus 1538
8*   B. dunkelgrün, Endb.chen am Grunde herzförmg od. gestutzt, Blü. rosa
9   B. 4–5zählg, St. u. alle Achsen schwarzbraun, Blü. rosarot, Griffel rot
                                                R. melanoxylon 1543
9*   B. 3zählg, St. u. alle Achsen grünl. od. rotbräunl. überlauf., Blü. blaßrosa,
     Griffel grünl.   **R. thelybatos** 1540

1534. R. mucronulátus Bor., zerstr. bis slt. in regenfeucht. Klimalage
an Waldrändern, in Heckenweg. u. im Gebüsch auf mäßg frisch., mäßg
nährstoffreich., kalkfrei., humos. Sand- u. Lehmböd. im Bereich sauer.
Fagion u. Carpinion-Ges., Rubo-Prunion-Art, bzw. v. all. im Pruno-
Rubetum sciocharis Web. 67 – im westl. SH, NSH (Eggegebirge), gelgtl.
mit Pflanzgut aus SH verschleppt (z.T. RS, An: bei Belzig) – atl – P –,
nahestd (doch mit kahl. Staubbtln) sind: *R. atrichántherus* E. H. L. Kr.
(SH, NS, NSH), *R. nuptiális* H. E. Web. (SH, NS).

1435. R. dréjeri Jens., zerstr. bis slt. an Waldrändern u. im Gebüsch
auf mäß. frisch., nährstoffreich., kalkarm., Lehmböd. auf Standort. d.
Fagion u. Carpinion, Pruno-Rubion-Art, bzw. lok. Char. d. Pruno-
Rubetum vestiti Web. 67 em. 80 – SH, NSH (Wiehengebirge) – no-atl – P.

1536. R. glandithýrsos G. Br. (*R. bádius* Focke), zerstr. auf Schlägen,
an Waldrändern u. im Gebüsch auf (mäß.) frisch., mäß. nährstoffreich.,
kalkfrei. humos. Sand- u. Lehmböd. auf Standort. d. Violo-Quercetum
u. sauer. Fagion- u. Carpinion-Ges., Pruno-Rubion-Art, bzw. im Lonic.-
Rubenion silv. (Rubion plicati Web. 77) u. im Pruno-Rubenion spreng.
(Web. 74) Web. 81 – im NW d. Gebietes: SH, NS, NSH, NWe, RS –
mitteleurop. – P –, ökolog. ähnl.:

1537. R. conothýrsos Focke, zerstr. in SH, NSH, NWe – mitteleur. – P.

1138. R. hypomálacus Focke, zerstr. in SH, NS, NSH, Hz, NWe, RS,
He, Sp, BayW, An, Th, Erzg – mitteleur. – P –, nahestd ist: *R. chaero-
phýllus* Sag. et Sch. (BayW, Erzg, Sa, L).

1539. R. caflíschii Focke, zerstr. in Do, Av – mitteleur. – P.

1540. R. thelybátos Focke, zerstr. in Do, Av, FrJu – mitteleur. – P.

1541. R. mícans Godr. (*R. anglosaxónicus* Gel.), zerstr. bis slt. an Waldrändern u. im Gebüsch auf mäß. trock., basenreich. Lehmböd. auf
Standort. d. Fagion u. Carpinion, Pruno-Rubion-Art, bzw. Char. d.
Pruno-Rubenion radulae (Web. 74) Web. 81 – SH, Pf (Dirmingen) –
atl – P, ökolog. nahesthd:

1542. R. raduloídes (Rog.) Marsh., zerstr. in Pruno-Rubion-Ges., bzw.
Char. d. Pruno-Rubetum elegantispinosi Web. 74 – NSH, NWe, Do
(Regensburg) – atl – P.

1543. R. melanóxylon P. J. Müll. et Wirtg., zerstr. in Pruno-Rubion-
Ges. – NSH, NWe, RS – mitteleurop. – P.

Unregelmäßig bestachelte Brombeeren, Serie Anisacánthi H. E. Web.

1 St. (fast) kahl, kantg-flachseitg od. rinnig, Endb.chen aus ± herzförmg.
   Grund breit umgekehrt eiförmg, Stacheln der Blü.stdachse z.T. stark, fast
   hakig gekrümmt   **R. infestus** 1544
1* St. zerstr. behaart, stumpfkantg-rundl., Stacheln der Blü.stdachse schwach
   gekrümmt
2 B. 5zählg, Endb.chen schmal umgekehrt eiförmg **R. conothyrsoides** 1545
2* B. 3–4(–5)zählg, Endb.chen rundl.   **R. anisacanthos** 1546

1544. R. inféstus Weihe et Nees, zerstr. bis hfg auf Schlägen, an Wald-
rändern u. im Gebüsch auf (mäß.) nährstoffreich., meist kalkarm. (Sand-
u.) Lehmböd. auf Standort. d. Quercion rob.-petr., Luzulo-Fagenion u.
Carpinion, Pruno-Rubion-Art, bzw. im Lonic.-Rubenion silv. (Tx. et
Neum.) Web. 77 u. Pruno-Rubion macrophylli Web. 81 d. coll. Stufe –
NSH, Hz, He, RS, slt. NWe – no-atl – P, ökolog. nahestehd:

1545. R. conothyrsoídes H. E. Web., zerstr. bis hfg im südwestl. NS,
NSH, NWe – mitteleur. – P.

1546. R. anisacánthos G. Br. (*R. albiséquens* H. E. Web.), zerstr. bis slt.
an Waldrändern u. im Gebüsch auf basenreichen, kalkarmen Sand- u.
Lehmböd. auf Fagion- u. Carpinion-Standort., Pruno-Rubion-Art, bzw.
im Pruno-Rubion macrophylli Web. 81 – SH, NS, Hz – no-atl – P.

Raspelbrombeeren, Serie Rádulae Focke

1 B. oberts kahl, unterts (zumindest im Blü.std) sternhaarg-graufilzg, mit
   auswärtsgekrümmt. Hauptzähn., Blü. hellrosa
2 St. behaart, Blü.std schmal, Achse mit 7–8 mm lg. Stacheln, Stieldrüs. der
   Blü.stiele ungleich lg, die meist. kürzer als die Behaarg, Blü.b. 10–13 mm lg,
   K. an Fr. zurückgeschlag.   **R. radula** 1547
2* St. kahl, Blü.std sperrig ausgebreitet, Achse mit 3–4 mm lg. Stacheln,
   Stieldrüs. der Blü.stiele dicht u. gleichlg, trotz ihrer Kürze die anliegd.
   Behaarg überragd, Blü.b 7–9 mm lg, K. an Fr. abstehd   **R. rudis** 1548
1* B. oberts zerstr. behaart, unterts grün, filzlos
3 Griffel grünl. od. weißl.
4 B. 3(–5)zählg, St. fast kahl bis dichthaarg
5 Endb.chen der stets 3zählg B. aus abgerundet. Grund umgekehrt eiförmg,
   mit aufgesetzt. Spitze, im ober. Teil ungleich mit stark auswärtsgekrümmt.
   Hauptzähn. gesägt, Blü.std sperrig, Stieldrüsen d. Blü.stiele i. d. Mehrz.
   über 1 mm lg   **R. distractus** 1549
5* Endb.chen gleichmäßg gesägt, Blü.std schmaler, Stieldrüs. d. Blü.stiele ca.
   0,5 mm lg
6 St. (fast) kahl, B. unterts nicht fühlbar behaart, Endb.chen nie rundl.
                                                              R. scaber 1554
6* St. behaart, B. unterts meist weichhaarg, Endb.chen oft rundl.
                                                              R. foliosus 1552
4* B. 5zählg, St. dichthaarg, B. unterts weichhaarg, Endb.chen aus herzförmg.
   Grund schmal umgekehrt eiförmg, K. lg, zur Fr.zeit aufgerichtet
                                                              R. loehrii 1550

3* Griffel zumindest am Grunde rötl.
7 B.fußförmg 5zählg, zieml. grob gesägt, untersts wenig, nicht fühlbar behaart,
   Endb.chen aus tief herzförmg. Grund ± eiförmg, allmähl. lg bespitzt,
   Blü.stiele mit leicht gekrümmt., verbreitert. Stacheln u. kurz., v. d. Haaren
   überragt. Stieldrüs.   **R. pallidus** 1551
7* B. 3(–5)zählg, untersts weichhaarg, Endb.chen aus ± herzförmg. Grund
   breit umgekehrt eiförmg, mit aufgesetzt. ± sichelig. Spitze, Blü.stiele mit
   gerad. nadelig. Stacheln u. kurz., die anliegd. Filzbehaarg überragd.
   Stieldrüs.   **R. tereticaulis** 1553

1547. **R. rádula** Weihe, zerstr. bis hfg an Waldrändern u. im Gebüsch
auf mäß. trock., nährstoffreich., oft kalkhaltg. (Sand- u.) z. T. skelett-
reich. Lehmböd., im NO auf ärmere Böd. übergreifd, bes. auf Standort. d.
Melico-Fagetum, Prunetalia-Ordn.char., bzw. Char. d. Pruno-Rubenion
radulae (Web. 74) Web. 81 – Ebene bis mittl. Gebirgslag., hfg v. all. im
N u. NO d. Gebietes – subatl – P – Chrom. 2n = 28.

 1548. **R. rúdis** Weihe, zerstr. bis s. hfg auf Schlägen, an Waldrändern u.
im Gebüsch auf nährstoffreich., oft kalk- u. stickstoffhaltg. Lehmböd.
im Bereich d. Fagion u. Carpinion, in Prunetalia- u. Samb.-Salicion-
Ges., bzw. im Pruno-Rubenion radulae (Web. 74) Web. 81 – Ebene bis
mittl. Gebirgslag. bes. im W d. Gebietes, östl. bis ins westl. Me, Hz, An,
Sa (Zwickau), südl. bis zur Donau – (sub)atl – P.

1549. **R. distráctus** P. J. Müll. (*R. ménkei* Weihe), zerstr. an Waldrändern
u. im Gebüsch auf nährstoffreich., meist kalkarm. Lehmböd. auf Fagion-
Standort., Pruno-Rubion-Art, bzw. im Pruno-Rubenion radulae (Web.
74) Web. 81 – vorwiegd mittl. Gebirgslag. im W d. Gebietes: NSH, He,
RS, NWe (slt. Pf, Sch, Vog) – atl – P, ökolog. ähnl., aber auf Schlägen:

1550. **R. loehrii** Wirtg., zerstr. bis hfg in NSH, RS, Pf, Hz(?) – mitteleurop. – P, nahestehd ist: *R. euryánthemus* W. Wats. (SH).

1551. **R. pállidus** Weihe, zerstr. auf Schlägen, an Waldrändern u. im
Gebüsch auf etwas frisch., mäß. nährstoffreich., kalkarm. humos.
Sand- u. Lehmböd. auf Standort. sauer. Fagion- u. Carpinion-Ges.,
Pruno-Rubion-Verb.char., bzw. im Pruno-Rubion macrophylli Web. 81
– Ebene bis mittl. Gebirgslag. im W d. Gebietes: SH, westl. Me, NS,
NSH, Hz, RS, Sa (Wechselburg) – atl – P, nahestehd R. *fúscus* Weihe
(SH, NS, NSH, NWe, He, RS), ökolog. ähnl.:

1552. **R. foliósus** Weihe, zerstr. in NS, NSH, NWe, RS – mitteleur. – P –,
hierzu auch der rosagrifflg. R. *flexuósus* P. J. Müll. et Lef. (SH, NS, NSH,
NWe, RS, Pf?, Sch, Vog).

1553. **R. tereticaulis** P. J. Müll., hfg im Fagion od. Samb.-Salicion –
Pf, Rh, Sch (bis 850 m), Vog – mitteleurop. – P.

1554. **R. scáber** Weihe, slt. u. disjunkt von NSH (Portagebiet) bis L.
Soziol. u. ökol. wenig bekannt, anscheind wie vor. – (sub-)atl. – P.

Stachelschwein-Brombeeren, Serie Hýstrices Focke

1 B. untersts grün, filzlos, Blü. weiß
2 B. 5zählg, Endb.chen rundl., Blü.std mit dünnen, langen gerad. Stacheln, Blü.stiele mit bis 2(–3) mm lg. Drüsen(-Borsten)   **R. koehleri** 1555
2* B. 3(–5)zählg, Endb.chen schmal umgekehrt eiförmg, Blü.std mit z.t. breiten, gekrümmt. Stacheln, Blü.stiele mit 0,5–1 mm lg. Stieldrüs.   **R. schleicheri** 1556
1* B. untersts grau (-grün) filzg., Blü. (blaß-)rosa
3 Endb.chen aus schmal. abgerund. od. herzförmg. Grund schmal umgekehrt eiförmg, etwas abgesetzt lg u. schmal bespitzt, mit längeren, stark auswärtsgekrümmt. Hauptzähn. gesägt, Pf. schlankstachelg   **R. dasyphyllus** 1557
3* Endb.chen aus breit. ± herzförmg. Grund ± ellipt., oft breit, wenig abgesetzt u. kürzer bespitzt, mit wenig längeren, nur schwach auswärtsgekrümmt. Hauptzähnen gesägt, Pf. oft breitstachelg.   **R. bavaricus** 1558

Anmkg: Abgesehen von einig. weiter verbreitet. Sippen, gibt es bes. in montan. Lagen zahllose, meist singuläre od. lokale Pf. des Stachelschwein-Brombeer-Typs (*Rubi* ser. *Hystrices* div.), in Epilobietea-Ges.

1555. **R. koehleri** Weihe, zerstr. bis hfg auf Schlägen, an Waldränd. u. im Gebüsch auf mäß. trock., mäß. nährstoffreich., kalkarm., humos. Sand- u. Lehmböd. im Bereich des „Piceion" u. Luzulo-Fagenion – vorwgd mittl. Gebirgslag. im SO d. Gebiets: BayW, FrW, ThW, Th, Sa, Erzg, Elbs, L, isoliert (eingeschleppt?) im elbnah. SH (Basedow) u. NS (Thieshope) – mitteleur. – P.
1556. **R. schleicheri** Weihe ex Tratt., zerstr. auf Schlägen u. an Waldränd. auf mäß. trock. bis frisch., mäß. nährstoffreich., kalkarm. Sand- u. Lehmböd. im Bereich d. Violo-Quercetum, v. Luz.-Fagenion u. Carpinion-Ges., sowie im Vacc.-Piceion – Schwerpkt im SO d. Gebietes, von SH bis NWe, Fr, Do (Regensburg), BayW, Erzg, L, süHü (einmal b. Renchen), im NO (z.B. Me) anscheinend fehld – subatl – P, ökolog. ähnl. sind:
1557. **R. dasyphýllus** (Rog.) Marsh., zerstr. bis slt. in der planar-collin. Stufe in SH, NSH, NWe, RS, isoliert in Me (Rostock) – atl – P.
1558. **R. baváricus** Focke, meist hfg in licht. Wäldern u. auf Schlägen – Do, Av, sltener FrJu u. BayW – mitteleurop. – P.

Drüsenreiche Brombeeren, Serie Glandulósi (P. J. Müll.) Focke

1 St. fast kahl, alle B. 3zählg, gleichmäß. gesägt, untersts nicht fühlbar behaart, Endb.chen regelmäß. ellipt. bis schwach umgekehrt eiförmg, wie die Seitenb.chen mit aufgesetzt. schlank., meist sichelig. Spitze, Blü.std blaßdrüsg, Blü.b schmal spatelig, grünl.-weiß, Staubb. lger als grünl. Griffel   **R. pedemontanus** 1559
1* St. deutl. behaart, B. 3–4(–5)zählg, ungleichmäßg mit vorspringd. Hauptzähn. gesägt, untersts nicht fühlbar behaart, Endb.chen mehr allmähl. lg bespitzt, Blü.std schwarzrot drüsg, Blü.b schmal spatelig, weiß, Staubb. kürzer als rötl. Griffel   **R. guentheri** 1560

Anmkg: In den Gebirgen bilden zahllose individuelle od. lokale Pf. (Hybriden u. Spaltungsprodukte) dieser Serie einen systematisch unzugängl. Formenschwarm, der früher z.T. zu *R. hírtus* W. et K. gerechnet wurde (im Sch z.B. im Epilobion ang. bis 1280 m). Eine eindeutige taxonom. Zuordnung ist nicht möglich (*Rubi* ser. *Glandulosi* div.).

1559. **R. pedemontánus** Pinkw. (*R. bellárdii* auct.), zerstr. bis hfg auf Schlägen u. in licht. Wäldern auf mäßg frisch., sauer., humos. Sand- u. Lehmböd., Schwerpunkt in Fagion-Ges., auch im Carpinion od. Vacc.-Piceion – Ebene bis mittl. Gebirgslag., im S vorwiegd montan – subatl – P – Chrom. 2n = 35.

1560. **R. güenteri** Weihe, zerstr. auf Schlägen u. in licht. Wäldern auf mäß. frisch., sauer. humos. (Sand- u.) Lehmböd. im Luzulo-Fagenion u. Vacc.-Piceion – mittl. Gebirgslag. im SO d. Gebiets: BayW, FrW, Erzg, Elbs, L – mitteleur. – P –, daneben zahllose ähnl. Sippen. Wichtigste sonstige Arten: *R. oreádis* P. J. Müll. et Wirtg. (RS, BayW), *R. rubiginósus* P. J. Müll. (Pf, Sch, Ne), *R. lívidus* G. Br. (Hz, BayW, Sa), *R. hercýnicus* G. Br. (Hz, Th, L), *R. ápricus* Wimm. (BayW, Erzg, L), *R. lusáticus* Rost. (L), *R. pallidifólius* E. H. L. Kr. (SH).

1561–1570. **Haselblatt-Brombeeren, R. corylifólius-Gruppe (Sektion Corylifólii).** Durch Kreuzungsvorgänge entstandene Sippen, an deren Bildung unbekannte Arten d. Sekt. Rubus, *R. caesius* u. teilw. auch *R. idaeus* beteiligt sind, s. hfg an Wald- u. Wegrändern u. im Gebüsch, seltener auf Schlägen, bes. in Ortsnähe in ruderalbeeinflußt. Bereichen in Hecken, meist im Kontakt mit Alliarion- od. Aegopodion-Ges., in zus.hängend. groß. Waldgebieten seltener od. fehld. Wegen der Verwechslungsgefahr mit zahllos. Primärbastarden u. ähnl. Lokalsippen können hier nur einige leichter bestimmbare Arten behandelt werden.

1   St. mit auffalld dunkelviolett. Stacheln, ohne od. mit wenig. 0,1–0,2 mm lg. Stieldrüs.
2   St. rundl., mit dünnen Stacheln, Endb.chen $\pm$ flach, Blü. weiß
3   B. 5–7zählg, untersts graugrün bis filzg u. etwas weichhaarg, Endb.chen 8–15 mm lg bespitzt, Fr.kn. filzg-dichthaarg   **R. pruinosus** 1561
3* B. überwiegd 3zählg, untersts grün, fast kahl, Endb.chen bis ca. 5 mm lg bespitzt, Fr.kn. kahl od. wenig behaart   **R. maximiformis** 1562
2* St. kantg-rinnig, mit am Grunde zus.gedrückt. Stacheln, Endb.chen $\pm$ konvex, Blü. rosa   **R. orthostachys** 1563
1* St. mit gelbl. od. etwas rötl. Stacheln
4   Staubbtl behaart
5   Blü.b. weiß, Griffel grünl., St. wenig behaart od. kahl, mit 10–100 kurz. Stieldrüs. pro 5 cm und mit bis ca. 3,5–4(–5) mm lg., $\pm$ geneigt. Stacheln, Blü.stiele mit 20– über 50 etwa 0,1–0,5 mm lg. Stieldrüs.   **R. camptostachys** 1565
5* Blü.b. u. Griffelbasis rosa
6   St. reichl. behaart, ohne od. mit vereinzelt. Stieldrüs., mit gleichartg. gerade abstehd. od. schwach geneigt. 4–6(–7) mm lg. Stacheln, Endb.chen $\pm$ ellipt. bis rundl., in d. Mitte meist auf 1 od. auf beid. Seiten plötzl. verengt,

lebend $\pm$ flach, Blü.stdachse mit gleichartg. gerad. (3–)4–6 mm lg. Stacheln, Blü.b. 11–18 mm lg   **R. nemorosus**   1566

6* St. (fast) kahl, mit einzelnen. od. zahlreich. Stieldrüsen u. mit etwas ungleich. 3–5 mm lg., $\pm$ geneigt. Stacheln, Endb.chen regelmäßg eiförmg od. ellipt., ohne lappigen Absatz, lebend $\pm$ konvex, Blü.stdachse mit ungleich., z.T. etwas krummen, bis 3–4(–5) mm lg. Stacheln, Blü.b. 8–14 mm lg

7 St. fast gleichstachelg, Endb.chen am Grunde herzförmg, Spreite beim Pressen entfaltbar, Blü.std mit etwas ungleich., nicht sehr dicht. Stacheln
                                                                                    R. placidus   1567

7* St. fast gleichstachelg bis dicht ungleichstachelg, Endb.chen am Grunde meist abgerundet, extrem konvex, beim Pressen daher meist nicht ganz entfaltbar, Blü.std mit sehr ungleich. dicht. Stacheln   **R. ferocior**   1568

4* Staubbtl alle kahl

8 Blü. oft etwas gelbl.-weiß, St. mit ca. 2–2,5 mm lg. dünnen gerad. Stacheln, zahlr. Stieldrüs. u. ungleich verteilt. Härchen, B. 5zählg mit 0–2 mm gestielt. unteren Seitenb.chen, obersts bes. zum Rande hin dicht feinhaarg (Lupe!), untersts graufilzg, B.chen grob, oft 5–6 mm eingeschnitt. gesägt, Blü.std mit zarten nadelig. gerad. Stacheln, mit 1–5zählg. B., Seitenb.chen 3zählg. Blü.stdb. 1–4 mm lg gestielt   **R. mollis**   1569

8* Blü. rosa, slt. weiß, B. 5zählg mit 0(–1) mm gestielt. unteren Seitenb.chen, obersts fast kahl bis $\pm$ striegelhaarg, untersts grünl., nicht filzg. Seitenb.chen 3zählg. Blü.stdb. 0–1 mm lg gestielt

9 St. kantg-rinnig, kahl, ohne Stieldrüs., mit 3–5 geneigt., 3–4 mm lg. Stacheln pro 5 cm, B. 5(–7)zählg, Endb.chen angedeutet rhombisch od. fast kreisrund mit aufgesetzt. Spitze, $\pm$ gleichmäßg, bis ca. 2 mm tief gesägt, lebend $\pm$ konvex, Blü.stdachse fast gerade, wenig behaart, fast ohne Stieldrüs., mit 1–2 mm lg. Stacheln, Griffelbasis rosa
                                                                                R. orthostachys   1563

9* St. stumpfkantg-rundl., stieldrüsg, mit dichteren 3–5(–7) mm lg. Stacheln, B. 5zählg, äußerst fein u. gleichmäßg bis ca. 1–1,5 mm tief gesägt, Griffelbasis grünl.

10 St. kahl, mit zerstreut. bis vielen 0,1–0,2(–0,5) mm lg. Stieldrüs. u. gleichartg. Stacheln, Endb.chen $\pm$ ellipt. bis rundl., lebend stark konvex, Blü.stiele mit 0,1(–0,2) mm lg. Stieldrüsen und bis 1,5 mm lg., etwas gekrümmt. Stacheln, Blü. rosa   **R. lamprocaulos**   1564

10* St. zerstr. behaart, mit zahlreich. 0,3–1(–1,5) mm lg. Stieldrüs. u. fast gleichartg. bis stark ungleich. 4–5(–7) mm lg. Stacheln, Endb.chen breit umgekehrt eiförmg bis kreisrund, flach, Blü.stiele mit 0,3–0,6 mm lg. Stieldrüs. u. gerad. 1,5–3(–3,5) mm lg. Stacheln, Blü. rosa, slt. weiß
                                                                               R. fabrimontanus   1570

Himbeerverwandte Haselblatt-Brombeeren, Subsekt. Subidǣi (Focke) Hayek

1561. **R. pruinósus** Arrh. (*R. sublústris* Lees), zerstr. bis hfg auf nährstoffreich., meist kalkarm. Lehmböd. auf Fagion- u. Carpinion-Standort. im Pruno-Rubion, bzw. Pruno-Rubion macrophylli Web. 81 – im NW d. Gebietes SH, NS, westl. Me, verschleppt in NSH u. RS – atl – Chrom. 2n = 35.

1562. **R. maximifórmis** H. E. Web., zerstr. bis hfg auf (mäßg) nährstoffreich. kalkarm. Sand- u. Lehmböd. im Pruno-Rubion, bzw. im Pruno-Rubion macrophylli Web. 81 – im NW d. Gebietes: SH, NS – no-atl – P.

Heckenbrombeeren, Subsekt. Sepíncoli (Weihe ex Focke) Hayek

1563. **R. orthostáchys** G. Br., zerstr. bis hfg auf nährstoffreich., meist kalkhaltg. Lehmböd., Prunetalia-Ordn.char., bzw. im Pruno-Rubenion rad. (Web. 74) Web. 81 – Ebene bis mittl. Gebirgslag., fehlt in SH, NS, Me – subatl – P.

1564. **R. lamprocaúlos** G. Br. (*R. aequiserrulátus* H. E. Web.), zerstr. bis s. hfg auf zieml. nährstoffarm., kalkfrei. Sand(-Lehm-)Böd. auf Standort. d. Quercion rob.-petr., Frang.-Rubenion-Art, bzw. Char. d. Rubion plicati Web. 77 – Im N u. O d. Gebietes, südl. bis RS, NSH, Th, Erzg, L – no-subatl – P – Chrom. 2n = 28, ökolog. ähnl.:

1565. **R. camptostáchys** G. Br. (*R. ciliátus* Lindeb.), zerstr. bis s. hfg vor allem im NW, südl. bis RS, NSH, Th, Sa, isoliert in Rh (Offenburg) – no-atl – P – Chrom. 2n = 28.

1566. **R. nemorósus** Hayne et Willd. (*R. balfouriánus* Blox. ex Bab.), zerstr. bis s. hfg auf nährstoffarm. bis nährstoffreich. ($\pm$ stickstoffhaltg.), ab. meist kalkarm. Sand- u. Lehmböd., v. all. im Pruno-Rubion, bzw. im Pruno-Rubion plic. Web. 71 od. im Pruno-Rubion macrophylli Web. 71 – SH, NS, NSH, NWe, RS, Pf, Me, An, Br, Sa, L – subatl – P, ökolog. nahestehd sind:

1567. **R. plácidus** H. E. Web., zerstr. bis hfg in Prunetalia-Ges. – SH, NS, NSH, NWe, RS, Me, Th, An, Br, Sa, ThW, BayW (Frankenwald), L – subatl – P.

1568. **R. ferócior** H. E. Web. (*R. férox* Weihe), zerstr. bis s. hfg in SH, NS, NSH, NWe, RS – mitteleur. – P.

1569. **R. móllis** J. et C. Presl, hfg auf nährstoffreich., meist kalkhaltg., oft steing. Lehmböd. vor allem in Berberidion-Ges., wärmeliebd – im S des Gebiets, nördl. bis Ne, Mn, Fr, BayW, Th, Sa, fehlt in Sch, Rh, Vog – subatl – P.

1570. **R. fabrimontánus** (Sprib.) Sprib. (*R. oreogéton* auct.), zerstr. bis hfg auf mäß. nährstoffreich. kalkfrei. Sand- u. Lehmböd. bes. im Bereich d. Quercion rob.-petr. u. Vacc.-Piceion, v. all. im Pruno-Rubion, auch im Berberidion (Cor.-Rosetum vos.), bzw. in Rubion plicati Web. 77-Ges., Prunetalia-Art – Ebene bis mittl. Gebirgslag. im N u. O d. Gebietes, westl. bis NS, NSH, Th, ThW, BayW – mitteleurop. – P.
Weitere wichtige, hfge u. ökol. signifikante Heckenbrombeeren sind u. a.: *R. dissímulans* Lindeb. (auf nährstoffarm. Böd. in SH, NS), *R. lobátidens* H. E. Web. et Stohr (NSH, An, Br, BayW), *R. francónicus* H. E. Web. (z.B. Fr, FrJu, Do, BayW, Erzg, Sa, L, An), *R. rotundifoliátus* Sudre

(Sch, Rh, Pf, Vog), *R. mougeótii* Bill. (Vog, Rh, Pf, Sch), *R. góthicus* Frid. et Gel. ex Kr. (auf nährstoffreich. Böd. in Prunetalia-Ges., bzw. im Pruno-Rubenion rad. (Web 74) Web. 81, hfg in N u. O, westl. bis NS, Th, Fr) *R. dethardingii* E. H. L. Kr. (ökolog. wie vor., bis. im N u. O), *R. hadroacánthos* G. Br. (ökol. ebenso, SH, NS, NSH, NWe, RS), *R. fasciculátus* P. J. Müll. (*R. láschii* Focke), auf basenreich., oft kalkhaltg. Böd. fast im ges. Gebiet), *R. hórridus* K. F. Schultz (SH, Me), *R. tuberculátus* Bab. (NS, NSH, Sa), *R. hystricópsis* (Frid.) Å. Gust. (SH, NS, NWe).

Blutauge, Cómarum L. vgl. S.497

1571. **C. palústre** L. (*Potentílla palústris* Scop.) zerstr. in Sümpfen, Flach- u. Zwischenmooren, Schlenken u. Gräben, auf nass., meist zeitw. flach überschwemmt., mäß. nährstoffreich., ± basenarm., mäß. saur. Torf-Schlammböden, Insekt.bestäubg, schwache Caricion las.-Verb.char. (Scheuchz.-Caricetea-Art) – Ebene bis Gebirge, A bis 1800 m, v. all. mont., Wärmegebiete slt. – (arkt-)no, circ – Ch (W) – Chrom. 2n = (28) 42, 64.

Fingerkraut, Potentílla L.

1	Pf.strauchig, verholzd, B. meist 5zählg fingerg-gefiedert, untersts seidenhaarg, Blü. gelb, 50–100 cm, ♄, 6–7	**P. fruticosa** 1572
1*	Pf. vorwiegend krautg, niedrg	
2	Blü. weiß (slt. gelb-weiß od. blaßrot)	
3	Grundb. 3–5zählg gefingert	
4	Grundb. meist 5zählg gefingert, Teilblättch. nur an d. Spitze gezähnt	
5	B. untersts nur schwach behaart od. schwach seidenhaarg, ± grün, Blü.std gedrängt, alpine Steinpf.	
6	Staubb. kahl, meist rot überlaufen, St. 2–3blütg, Blü.b. gelbl.-weiß, vorn ausgerandet, 5–10 cm, ⏀, 6–8	**P. clusiana** 1573
6*	Staubb. behaart, St. 3–7blütg, Blü.b. weiß, wenig ausgerandet, 10–30 cm, ⏀, 7–8	**P. caulescens** 1574
5*	B. untersts silberweiß-seidenhaarg, Teilblättch. lanzettl., gefaltet, Blü.std locker, 1–5blütg, Blü.b. ausgerandet, bis 8 mm lg, 10–20 cm, ⏀, 4–6	**P. alba** 1575
4*	Grundb. 3zählg, erdbeerartg, Teilblättch. brt-eiförmg, Blü.b. nicht lger als Kelch	
7	Blättch. beidersts 4–6zähng, zottg behaart u. mit silbrig. Haarkranz, bläul. grün, Blü.b. nicht übereinandergreifend (vgl. *Fragaria vesca* S. 542), Staubb. fädl., Pf. mit Ausläufern, 5–10 cm, ⏀, 4–5	**P. sterilis** 1576
7*	Blättch. beidersts 6–10zähng, Blü.b. wie Kelch am Grunde meist rötl., Staubb. bandförmg, Pf. ohne Ausläufer, 5–10 cm, ⏀, 3–5	**P. micrantha** 1577
3*	Grundb. gefiedert (5–7 Fiederblättch.), St.b. 3zählg, St. rötl., drüsg behaart, Blü.std doldg, 30–50 cm, ⏀, 5–6	**P. rupestris** 1578

2* Blü. gelb
8 Grundb. gefingert, 3–9zählg, (8* vgl. S. 535 unten)
9 Blü. in seiten- od. mittelstdg. (oft nur 2blütg.) Rispen (9* vgl. S. 535)
10 Blü.std aufrecht od. aufsteigd (bis liegd), meist reich beblätt. u. in d. Mitte d.
   (z. Blü.zeit meist schon hinfällg.) B.rosette entspringd (wenn noch
   vorhanden, B. untersts graufilzg)
11 B. untersts von gekräuselt. Haaren weiß od. graufilzg
12 B. untersts ± seidig-weißfilzg. Blättch. am Rande meist umgerollt
13 Pf. zur Blü.zeit ohne mittelstdge Rosette, St. aufrecht-aufsteigd, B. untersts
   stark weißfilzg, Fr.stiele aufrecht, 10–30(–50) cm, ⬩, 6–8
                                                      P. argentea 1579
13*Pf. zur Blü.zeit meist mit mittelstdg. u. nichtblühd. Rosetten, St. liegd,
   ausgebrtet, B. untersts graufilzg, Fr.stiele ± zurückgebogen, 10–25 cm, ⬩,
   5–8   **P. collina** 1581
12*B. untersts dünn graufilzg, wie St. ± zottig behaart, Blättch. am Rande
   flach, Blü. bis 15 mm brt, Blü.b. kaum lger als Kelch, St. aufsteigd, 20–30
   cm, ⬩, 5–7   **P. inclinata** 1580
11*B. untersts blaßgrün, nur zerstr. u. abstehd mit ± schlicht. Haaren besetzt
14 St. aufrecht, reichblütg, meist erst über d. Mitte verzweigt
15 B. 5–7zählg, Blü. blaßgelb, bis 25 mm brt, 30–70 cm, ⬩, 6–7
                                                      P. recta 1582
15*B. 3zählg, abstehd behaart, Grundb. oft gefiedert, Blü.b. gelb, kl., meist
   kürzer als d. zuletzt verlängerte Kelch, 20–50 cm, ☉, 6–9
                                                      P. norvegica 1584
14*St. aufsteigd, meist schon in d. Mitte verzweigt, Blü. lebhaft gelb
16 B. (3–)5zählg, Blü. ca. 10 mm brt, 20–50 cm, ☉, 6–9
                                                      P. intermedia 1585
16*B. (5–)7(–9)zählg. Blü. 10–20 mm brt   vgl. **P. thuringiaca** 1586
10*Blü.std. seitl. aus d. B.achseln mittelstdger B.rosetten entspringd u. diese
   nur wenig überragd, meist armblättrg, dünn, aufsteigd
17 B. untersts meist graufilzg, mit gekräuselt. Haaren   vgl. **P. collina** 1581
17*B. untersts grün od. grau v. Sternhaaren od. ± schlicht. Haaren, nicht
   gekräuselt-filzg
18 Pf. hochstengelg, lockerrasg, Tieflandspf.
19 B. (5–)7(–9)zählg, Blü. 10–20 mm brt, 15–30 cm, ⬩, 5–7
                                                      P. thuringiaca 1586
19*B. (3–)5zählg, Blü. bis 10 mm brt   vgl. **P. intermedia** 1585
18*Pf. meist niederwüchsg u. dichte, auch lockere Rasen bildend
20 Pf. am Grunde dicht mit braun. abgestorben. Nebenb.rest. bedeckt,
   Gebirgspf.
21 B. 3zählg, slt. mehr
22 Blü.b. so lg od. kürzer als Kelch, Blü. 7–12 mm brt, kurzgestielt, Blü.std 1–
   3blütg
23 Blättch. ob.sts kahl, nur am Rande u. unt.sts anliegd behaart, 5–10 mm lg,
   beid.sts 2–3zähng, 2–5 cm, ⬩, 7–8   **P. brauniana** 1589
23*Blättch. wie St. zottg behaart, 5–15 mm lg, beid.sts 3–5zähng, 2–5 cm, ⬩,
   7–8   **P. frigida** 1588
22*Blü.b. viel lger als Kelch, Blü. 20–30 mm brt, 3–30'mm lg gestielt, Blättch. 3–
   9zähng, meist wie St. locker behaart, 10–30 cm, ⬩, 6–7 ·
                                                      P. grandiflora 1587

21* B. 5zählg, Nebenb. brt-eiförmg od. lanzettl., Blü. goldgelb
24 B. am Rande anliegd seidenhaarg-silberglänzd, B. ob.sts dunkelgrün-
glänzd, fast kahl, B.zähne fein, spitzl., Blü. bis 20 mm brt, 5 -15 cm, ♃, 6–8
                                                  P. aurea 1591
24* B. am Rande wie St. abstehd behaart, B.zähne grob, mehr oval, Blü. bis
22 mm brt, Fr.stiele aufrecht, 5–15 cm, ♃, 6–9   **P. crantzii** 1590
20* Pf. am Grund nicht dicht v. Nebenb.resten umhüllt, wärmeliebde
Tieflandspf.
25 Nebenb. d. Grundb. eiförmg-eilanzettl., B. bis über d. Mitte tief gezähnt,
trübgrün, St. rötl., wie B. zottig abstehd behaart, z. T. kurzdrüsg, 5–20 cm,
♃, 4–5   **P. heptaphylla** 1592
25* Nebenb. d. erst. Grundb. lineal, B. nicht so tief gezähnt, Pf. mit
ausläuferartg., meist wurzld. Trieben
26 B. spärl. einfach behaart (slt. mit Sternhaaren), grün, meist 5–7zählg, 5–15
cm, ♃, 3–4   **P. tabernaemontani** 1593
26* B. wenigst. untersts mit Sternhaaren, ± grau, behaart
27 B. untersts locker sternhaarg, Sternhaare mit 2–10 Zacken, B. 5–7zählg,
B.stiele absthd behaart, 5–15 cm, ♃, 4–5   **P. pusilla** 1594
27* B. v. all. untersts dicht sternhaarg, graugrün, Sternhaare mit 15–25 Zacken,
B. meist 5zählg, Pf. oft größere Rasen bildend, 5–15 cm, ♃, 4–5
                                            P. arenaria 1595
9* Blü. einzeln (od. zu 2) (scheinbar) b.achselstdg, z. T. daneben auch zu 1–2
endstdg, rispg genähert, St. niederliegd-kriechd od. aufsteigd, verlängert
28 Blü.b. meist 4, 4–7 mm lg
29 Blü.b. 4–5 mm lg, B. 3zählg, sitzd, mit 3–5 großen Nebenb. (dadurch
mehrzählg erscheind), eingeschnitt. gesägt, Wurzel verdickt, innen rötl., 15–
30 cm, ♃, 6–8   **P. erecta** 1596
29* Blü.b. 5–7 mm lg, Blü. 4–5teilg, untere St.b. deutl. gestielt, St. niederliegd, an
d. Knoten oft wurzeld, 15–30 cm, ♃, 6–8   **P. anglica** 1597
28* Blü.b. 5, 8–12 mm lg, B. alle lg gestielt, 5–7zählg, grob gesägt, St. lg,
ausläuferartg kriechd u. an d. Knoten wurzeld, 30–90 cm, ♃, 6–8
                                              P. reptans 1598
8* Grundb. (wenigst. z. T.) gefiedert
30 Pf. mit nichtblühd. Laubsprossen, Blü. 18–20 mm brt, einzeln, B.
unterbroch. gefiedert mit 10–20, ± seidig behaart. Fiederblättch., St.
niederliegd, 10–30 cm, ♃, 6–8   **P. anserina** 1599
30* Pf. ohne nichtblühde Laubsprosse, Blü. kleiner, Blü.b. kürzer als Kelch
31 St. liegend, gabelästg verzweigt, B. mit 8–10 Fiederblättch., obere B. oft nur
3zählg, sitzd, Fr.stiel oft abwts gebogen, 10–20 cm, ☉, ♃, 6–9
                                              P. supina 1583
31* St. aufrecht, ± abstehd behaart, St.b. 3zählg, Fr.stiele aufrecht, 20–50 cm,
☉, 6–9   **P. norvegica** 1584

1572. Strauch-F., P. fruticósa L., hie u. da als Zierstr. in Anlagen u.
Steingärten, slt. verwildt – no-pralp, circ – P – Chrom. 2n = (14) 28 (42).

1573. Ostalpen-F., P. clusiána Jacq., slt. an subalp. u. alp. Felsen (auch
im Steinschutt), üb. humus- u. feinerdearm., exponiert. Steinböd., auf
Kalk u. Dolomit, Char. d. Potentilletum clus. Höpfl. 57 (Potentillion

caul.), auch im Seslerion mit *Carex firma* – A (Berchtesgad. Alp., 1550–2110 m) – oalp – H – Chrom. 2n = 42.

1574. Stengel-F., P. cauléscens L., slt. an sonnig. od. leicht beschatt. Felsen, v. all. d. subalp. Stufe, in humus- u. feinerdearm. Spalten kalkhaltg. Gesteine, tiefwurzelnde Spaltenpf., Hautflügler- u. Selbstbestäubg, Windverbrtg, terr. Char. d. Potentilletum caul., überreg. Potentilletalia caulesc.-Ordn.char. – A, v. d. Talsohle bis 2430 m – (alp-)pralp(-smed) – H – Chrom. 2n = 14.

1575. Weißes F., P. álba L., slt. in licht. Eichen- u. Eichen-Kiefern-Wäldern, an Waldrändern, in Gebüschsäumen, auf mäß. trock. (wechseltrock.), basenreich. (oft ± kalkarm.), neutral.-mäß.sauer. humos. Lehm- od. Tonböden, sommerwärmeliebd, Insekt.bestäubg, Ameisenverbrtg, Char. d. Potentillo-Quercetum (Quercion pubesc.), auch im Geranion sang. – v. all. Wärme- u. Trock.gebiete im O u. S, nordwestl. bis Rh, Nahetal, Th, Br, Sa-Me, Ju bis 1000 m – gemäßkont (im Gebiet an d. W-Grenze d. Verbrtg) – H – Chrom. 2n = 28.

1576. Erdbeer-F., P. stérilis (L.) Garcke (*P. fragariástrum* Pers.), zml. hfg in krautreich. Eichen-Hainbuchen-Wäldern, im Gebüsch, auch an Waldrändern, Gras-Rainen u. Mauern, auf sicker- u. grundfrisch., ± nährstoffreich., kalkarm., mäß. sauer., humos., sandg. Lehmböden, Mullbodenpf., Halbschattpf., etwas Wärme- u. Luftfeuchtgkt-liebd, Eichenbegl., Insekt.bestäubg, Ameisenverbrtg, Carpinion-Verb.char., auch in Saum- u. Schlag-Ges., in höh. Lagen v. all. im Pruno-Rubion, Trifolion medii od. in Arrhenatheretalia-Ges. – Ebene bis mittl. Gebirgslagen (A bis 1500 m, Sch bis 800 m), v. all. Lehmgebiete, ostwts bis z. Linie W-Me, W-Sa, hier d. O-Grenze d. Verbrtg erreichd – subatl – H – Chrom. 2n = 28.

1577. Kleinblütiges F., P. micrántha Ram., slt. in licht. krautreich. Eichen- od. Kiefern-Mischwäldern, im Gebüsch, an Waldrändern, auf mäß.trock., sommerwarm., nährstoff- u. basenreich. (meist kalkhaltg.), humos. Lehm- u. Tonböden, wärmeliebd, Halbschattpf., Ameisenverbrtg, überreg. Quercetalia pubesc.-Ordn.char. (fcrner im Erico-Pinion), im Gebiet auch im Berberidion- od. warm. Carpinion-Ges. – Vog, süRh, Nahetal-RS, HRh-Bo, Av (Schliersee 850–880 m) – smed – H – Chrom. 2n = 14.

1578. Stein-F., P. rupéstris L., slt. an sonnig. Wald- u. Buschrändern, in warm. Staudenrasen, in licht. Eichen- od. Kiefern-Wäldern, in Felsbandges. od. an Mauern, auf sommerwarm., mäß. trock., basenreich., oft kalkarm., neutral-mäß.sauer., humos., steinig. od. sandg. Lehmböden od. Steinböden, Licht-(Halbschatt)pf., Windverbrtg, Geranion sang.-Verb.char., auch im Mesobromion od. in Sedo-Scleranthetalia-Ges. – süRh (Els.), nöRh (verscholl.), süHü (Kaiserst.), nöHü, Pf-Nahetal, HRh-Bo, Ne, Do-Av, Fr, Mn, RS, He, Th, An, Sa, Odertal (Br, Me) – smed – H – Chrom. 2n = 14.

1579. Silber-F., P. argéntea L., zml. hfg in lückig. Silikat-Magerrasen, in Sandfeldern, auf Felsköpfen, an Wegen u. Dämmen, auf ± off., sommerwarm-trock., mäß. nährstoff- u. basenreich., kalkarm., sauer., wenig humos., lock. od. fest. Sand- od. Steingrusböden, Sandzeiger, Tiefwurzler, Hummel- u. Bienenbestäubg, Windverbrtg (Schüttelfrüchtler), Sedo-Scleranthetea-Kl.char., slt. auch in Festuco-Brometea-Ges. – Ebene bis Gebirge, v. all. Silikatgebiete (fehlt A) – smed-euras – H, formenreich:

1 B. ob.sts fast kahl, grün
2 Kelch zuletzt vergrößert, brt u. dick, Teilblättch. nur mit jed.sts 1–2 stumpf. Zähnen, Blü.std armblütg, St. dick

1579a. ssp. grándiceps (Zimm.), zerstr. im Gebirge – A, Av, BayW – pralp.

2* Kelch nicht vergrößert, Teilblättch. meist mit mehr Zähnen
3 Teilblättch. fast bis z. Mitte eingeschnitt., oft fast doppel fiederspaltg, B.zähne 4mal so lg wie brt

1579b. ssp. tenuilóba (Jord.), v. all. an mehr trocken. Standort.

3* Teilblättch. nicht so tief eingeschnitt., B.zähne höchst. 3mal so lg wie brt
4 St. aufsteigd

1579c. ssp. argéntea, verbr. Sippe – Chrom. 2n = 14.

4* St. wenigst. im unter. Drittel niederliegd, ausgebreitet, Teil.blättch. am Rande stark umgerollt

1579d. ssp. demíssa (Jord.), zerstr. in Sand- u. Steingrus-ras., aber weng beachtet – Chrom. 2n = 14.

1* B. ob.sts grau- od. weißfilzg behaart
5 B.zähne ± lineal, B. tief gezähnt, z. T. fast doppel fiederspaltg, St. bogg aufsteigd

1579e. ssp. dissécta (Zimm.), slt., Verbrtg ungenügd bekannt – Chrom. 2n = 56.

5* B.zähne eiförmg-lanzettl., Teilblättch. nur einfach tief eingeschnitt.

1579f. ssp. impólita (Wahlenb.) Arc., slt. v. all. im S u. W d. Gebiet. – z.B. nöRh, Mn – Chrom. 2n = 42.

1580. Graues F., P. inclináta Vill. (*P. canéscens* Bess., *P. récta-argéntea*?), slt. in ± lückig. Trocken- u. Steppenrasen, oft halbruderal, an Wegen u. Dämmen, auf sommerwarm.-trock., mäß. nährstoff- u. basenreich., meist kalkarm., lock., ± neutral., humos., ± lehmg. Sand- u. Steinböden, Windverbrtg, Sedo-Scleranthetea-Kl.char., auch in off. Festuco-Brometea-(Festucetalia val.-)Ges. – süRh, Hü, Ne, Bo, Do, BayW, Fr, FrJu, Mn, RS, NWe, Th, Sa – kont – H – Chrom. 2n = 14, 28, 42.

1581. Hügel-F., P. collína-Gruppe (*P. argéntea-tabernaemontáni*), slt. in lückg. Silikat-Magerrasen, auf Felsköpfen u. Felsabsätzen, an Dämmen u. Rainen, auf sommerwarm.-trock., kalkarm. Sand- u. Steingrusböd., Sedo-Scleranthetea-Kl.char. – gemäßkont – H – Chrom. 2n = 35, 42, 84, formenreich:

1　Pf. z. Blü.zeit ohne nichtblühde B.rosette
2　B. unt.sts weiß-graufilzg, ob.sts locker kurzhaarg, Blättch. jed.sts 2–3zähng, St. aufsteigd

1581a. P. collína Wib., slt. z. B. Mn.

2*　B. unt.sts grau-graugrünfilzg, St. niederliegd-aufsteigd
3　St. 20–30 cm hoch, Pf. mäßg behaart, Blättch. randl. oft umgerollt, untere B. 5zählg (*P. argentea*-ähnl.)

1581b. P. sórdida Fr., slt. z. B. Rh, Br.

3*　St. 10–20 cm, weißgraufilzg, vgl. *P. leucopolitana*
1*　Pf. z. Blü.zeit mit nichtblühd. Rosett.
4　B. unt.sts graufilzg
5　St. oben abstehd zottg behaart, B. unt.sts seidg graufilzg, ob.sts dünnseidg, jed.sts 3–4zähng, Blü. 12–15 mm brt

1581c. P. praécox F. Schultz, slt. nur HRh – Bo – endem.

5*　St. weißgrau-filzg, nur zerstr. abstehd behaart
6　Blü.b. weng lger als Kelchb., B. ob.sts seidg-graufilzg

1581d. P. leucopolitána P. Müll., slt. z. B. süHü, Rh, Regensburg, Br.

6*　Blü.b. doppelt so lg wie Kelchb. od. lger
7　Grundb. meist 5zählg, Teilblättch. vorn jed.sts mit 1–3 lgen spitz. Zähn. (*P. argentea*-ähnl.)

1581e. P. wiemanniána Günth. et Schumm., slt. z. B. süHü (Kaiserstuhl), Rh, Bo, Br(?).

7*　Grundb. 5–7zählg, Blättch. jed.sts 3–7zähng
8　Blättch. ob.sts fast kahl, grün, jed.sts 4–7zähng, Blü.std reichblütg

1581f. P. thyrsiflóra Zimm., slt. z. B. Sa, Fr, FrJu.

8*　Blättch. ob.sts ± dicht behaart, jed.sts 3–5zähng, Blü.std höchst. 10blütg (*P. arenaria-ähnl.*)

1581g. P. silesíaca Uechtr., slt. z. B. Br (?).

4*　B. unt.sts weng filzg, ± locker behaart u. grün, gelgtl. seidg glänzd
9　Blü. bis 15 mm brt, Blü.b. viel lger als Kelchb., Blättch. vorn 1–2zähng, fast 3lappg, unt.sts schwach seidg

1581h. P. rhenána P. Müll., slt. an steing. Wegrändern – Mittelrhein-Mosel – endem.

9*　Blü. 10–12 mm brt, Blü.b. weng lger als Kelchb., Blättch. jed.sts 3–6 zähng, Blü.std sparrg verzweigt (*P. tabernaemontani-ähnl.*)

1581i. P. lindáckeri Tausch, slt. nur Sa.

1582. Hohes F., P. récta L., slt. in lückg. Magerrasen, v. all. halbruderal an Dämmen u. Wegen, an Ufern, in Kiesgruben, auf sommertrock., warm., ± nährstoff- u. basenreich., kalkarm., neutral-mäß. sauer., ± humus- u. feinerdearm. Sand-, Kies- od. Steinböden, Pionierpf., Wind- u. Tier-Verbrtg, Zierpf., v. all. in Sedo-Scleranthetea-Ges., auch in d. Fest.-Brometea od. im Arction – warme Tieflag., v. all. im S d. Gebiet., im nördl. Tiefld s. slt. – omed-kont, verschleppt – H – Chrom. 2n = 28, 35, 42.

1583. Niedriges F., P. supína L., zml. slt. in Schlamm-Ges., an Ufern, auf Wegen, an Wegrändern, auf feucht. (z. T. zeitw. überschwemmt.), basen- u. nährstoffreich., kalkarm., ± mild.humos., dicht., sandg. od. rein. Tonböden, etwas salz- u. wärmeliebd, Stromtalpf., Tierverbrtg, Kriechpionier, Bidentetalia-Ordn.char., v. all. mit *Alopecurus aequ.* u. oft im Kontakt mit Agr.(El.)-Rumicion- od. Nanocyperion-Art, auch im Onopordion – Tieflag. v. all. im S d. Gebiet., im nördl. Tiefld s. slt. – smed-euraskont, in gemäß. Zonen heute weltweit – T (H) – Chrom 2n = 28.

1584. Norwegisches F., P. norvégica L., zml. slt. u. unbestdg in lückig. Pionier-Ges., an Wegen, Ufern, Gräben, auf frisch., nährstoffreich., kalkarm., sandg. od. rein. Lehm- u. Tonböden, auch auf nackt. Torf, Tierverbrtg, Neuankömmlg seit 1880, v. all. in Sisymbrion- u. Agr.(El.)-Rumicion-Ges., auch mit Nanocyperion-od. Bidention-Arten – v. all. im O d. Gebiet., im S slt., z. B. Rh, Pf, Ne, Do, Av, Fr – (no-)euraskont, circ – T (H) – Chrom. 2n = 70.

1585. Mittleres F., P. intermédia L., slt. u. unbestdg in lückig. Pionierges., im Bahn- u. Hafengelände, an Wegen u. Dämmen, auf warm-sommertrocken., ± nährstoff- u. basenreich., meist kalkarm., humus- u. feinerdearm. Sand- u. Kiesböden, Neuankömmling seit 1825, Dauco-Melilotion-U.Verb.char., z. B. im Berteroëtum u. Echio-Melilotetum – z. B. Pf, Rh, Ne, Do, Fr, NS, NWe, Br, Me – euraskont, verschleppt – H – Chrom. 2n = 28, 42, 56.

1586. Armblütiges F., P. thuringíaca Bernh. (*P. parviflóra* Gaud.), s. slt. im sonnig. Gebüsch, an Wald- u. Wegrändern, in licht. Eichen- u. Kiefern-Wäldern, auf mäß. trock., nährstoff- u. basenreich., kalkarm. Lehm- u. Tonböden, v. all. im Geranion sang., ferner Diff. im „Clematido-Quercetum" (Quercion pubesc.) – Mn (Gipskeupergebiet), FrJu, Th, He (Rhön) – europkont od. euraskont, verschleppt – H – Chrom. 2n = 42.

1587. Großblütiges F., P. grandiflóra L., zerstr. in alp. Magerras., auf sonng. basenreich., ab. meist kalkarm., steing. Lehmböd., v. all. in *Festuca varia*-Hald., Festucion var.-Art (Nardetalia), auch im Caricion ferrug. – Vorarlbg, Tirol, Schweiz – alp – H – Chrom. 2n = 28.

1588. Gletscher-F., P. frígida Vill., zerstr. in alp. Krummseggenras. auf saur. humos., steing. Böd., Caricetalia curv.-Ordn.char. – Zentralalp. – alp – H – Chrom. 2n = 28.

1589. **Zwerg-F., P. brauniána** Hoppe (*P. dúbia* Zimmet.), zerstr. in Schneeböden u. Schneetälchen d. alp. Stufe, auf schneewasserfeucht., nährstoffreich., kalkhaltg., mild-neutral., humos., meist feinschuttreich. Tonböden, Selbstbestäubg u. Tierverbrtg, Arabidion caer.-Verb.char., auch in Lägerges. mit *Poa supina* – A 1100–2455 m – alp – H – Chrom. 2n = 14.

1590. **Zottiges Berg-F., P. crántzii** (Crtz.) Beck, slt. in alp. sonnig. Steinrasen, auch im Steinschutt od. in Felsspalt., auf frisch., kalkhaltg., mildneutral. humos., steinig. Lehm- od. Tonböden, Fliegenbestäubg, Tierverbrtg, s. windhart u. kältefest, Carici-Kobresietea-Kl.char. (Elynetum), auch im Seslerion (Caricetum firmae) – Vog, A (1500–2440 m) – arktsubozean-alp, circ – H – Chrom. 2n = 28, 42, 49, 56, 63, formenreich.

1591. **Gold-F., P. aúrea** L., zml. hfg in subalp. u. alp. Silikat-Magerrasen, in Weiden, Schneemulden, auch im Zwergstrauch-Gestrüpp, auf mäß. trock.-wechselfrisch., ± nährstoff- u. basenarm., sauer. humos. Lehmböd., Fliegenbestäubg, Tierverbrtg, Nardion-Verb.char., auch im Salicion herbac. – süSch (970–1490 m), A 1100–2370 m – alp – H – Chrom. 2n = 14 (28, 56).

1592. **Rötliches F., P. heptaphýlla** L. (*P. opáca* L.), zerstr. in sonnig. Kalk-Magerrasen, an Wegrainen, in licht. Kalk-Kiefernwäldern, auf trock.-mäß.trock., basenreich., meist kalkhaltg., neutral-mild., humos., lock. Löß- u. Lehmböden, auch Sandböden, wärmeliebd, v. all. in Brometalia-Ges., auch im Festucion val. od. Cirsio-Brachypodion, Festuco-Brometea-Kl.char., slt. im Alysso-Sedion od. Erico-Pinion (Cytiso-Pinetum) – Kalk- u. Wärmegebiete, Ju bis 1000 m, A bis 1400 m, im Nord. u. Nordw. fehld – europkont(-gemäßkont), im Gebiet d. W-Grenze erreichd – H – Chrom. 2n = 14 (28, 30, 35, 42, 43).

1593. **Frühlings-F., P. tabernaemontáni** Aschers. (*P. vérna* auct.), zml. hfg in warm. Magerrasen, an sonnig. felsg. Hängen, auf Felsköpfen, an Dämmen u. Wegen, in licht. Kiefern-Steppenwäldern, auf trock., basenreich., kalkarm. u. -reich., lock., mild-mäß. sauer., humos. Löß- u. Lehmböden, auch Sand- u. Steingrusböden, Tiefwurzler, z. T. Pionierpf., wärmeliebd, Insekt.bestäubg, schwache Brometalia-Ordn.-char., hfg auch in Sedo-Scleranthetea-Ges., ferner im Erico-Pinion – Ebene bis mittl. Gebirgslagen, A bis 1070 m, im nördl. Tiefld slt. od. fehld – subatl-smed – H – Chrom. 2n = (28) 42 (49, 56, 63, 84), formenreich.

1594. **Flaum-F., P. pusílla** Host (*P. pubérula* Kraš.), slt. in lückig. Kalk-Magerrasen, auf warm., trock., basenreich., meist kalkhaltg., lock., mild.humos., steing. Lehmböden, Festucetalia val.-Ordn.char. – süRh (Els.), Do, Av-A (bis 1200 m), An, L – europkont – H – Chrom. 2n = 28, 35, 56.

1595. **Sand-F., P. arenária** Borkh. (*P. cinérea* Chaix p.p.), slt. in sonnig. Kalk-Magerrasen, an felsig. Hängen, Böschungen, in Sandfeldern, auch in licht. Kiefernwäldern, auf sommerwarm-trock., basenreich., meist kalkhaltg., neutral-mild., humos., lock. Löß- u. Lehmböden, auch Sand- u. Steingrusböden, bis 90 cm tiefwurzld, Festucetalia val.-Ordn.char., auch im Xerobromion od. Cytiso-Pinion – warme Tieflag., Ju bis 785 m, im nordwestl. Tief- u. Hügelld fehld – europkont, im Gebiet an d. W-Grenze d. Areals – H – Chrom. 2n = 28 (35).

1596. **Blutwurz, P. erécta** (L.) Räusch. (*Tormentílla erécta* L.), hfg in Magerrasen, in Heiden- u. Moorwiesen, in mager. Schnittwiesen u. Magerweiden, in licht. Wäldern, auf ± frisch.(-wechselfeucht.), basenreich. u. -arm., ± sauer., humos. Lehm- u. Tonböden, auch auf Torf, bis 50 cm tief wurzld. Magerkeits- u. Versauerungszeiger, Insekt.bestäubg, Wind- u. Tierverbrtg, Heilpf. (Wurzel), schwache Nardo-Callunetea-Kl.char., auch in sauer. Molinietalia-, Mesobromion- od.Triseto-Polygonion-Ges., ferner im Quercion rob.-petr. usw. – Ebene bis Gebirge, A bis 2200 m – no-eurassubozean – H – Chrom. 2n = 28.

1597. **Niederliegendes F., P. ánglica** Laich., slt. in lückig. Rasenges., an Gräben, in Sumpfwiesen od. feucht. Wäldern u. Waldsäumen, auf frisch., ± nährstoff- u. basenreich., humos. Lehm- u. Tonböd., z. T. erbfest geword. Bastard *P. erécta × réptans*, v. all. im Agr.(El.)-Rumicion, im gestört. Molinion usw. – im S s. slt., im Nordw. u. N etwas hfger – subatl – H – Chrom. 2n = 56.

1598. **Kriechendes F., P. réptans** L., verbr. in frisch. Pionierrasen, an Wegen, Ufern, Äckern, in lückig. Fett- u. Sumpfwiesen, auf ± feucht. (frisch.), nährstoffreich., oft ± roh. od. humos., mäß. sauer.-mild. Lehm- u. Tonböden, Kriechpionier, etwas wärmeliebd, Insekt.-bestäubg, Säugetier- u. Ameisenverbrtg, früher Heilpf., Agr.(El.)-Rumicion-Verb.char., auch im Arrhenatherion, Molinion usw. – Ebene bis mittl. Gebirgslagen, A bis 1160 m, Ju bis 960 m – euras-smed, in gemäß. Zonen heute weltweit – H – Chrom. 2n = 28, 48.

1599. **Gänse-F., P. anserína** L., verbr. in frisch. Pionierrasen, an Wegen, Ufern, in Gänseangern, v. all. in Dörfern, auf frisch. (staufeucht.), nährstoff- u. basenreich., oft roh., mild.-mäß. sauer., dicht. Lehm- u. Tonböden, Kriechpionier, salzertragd, Nährstoff- u. Bodenverdichtgs- bzw. Feuchtezeiger, früher Heilpf., Agr.(El.)-Rumicion-Verb.char., auch in feucht. Polygonion av.-Ges. – Ebene bis mittl. Gebirgslagen, A bis 800 m, BayW bis 600 m, Ju bis 990 m – no-euras, in gemäß. Zonen heute weltweit – H – Chrom. 2n = 28 (42).

Zahlreiche Bastarde!

Gelbling, Sibbáldia L. vgl. S. 496

1600. **S. procúmbens** L., zerstr. in Schneetälchen u. Schneemulden d. alp.
Stufe, in alp. Magerrasen, auf moosig., schneewasserfeucht., basenarm.,
sauer., humos., steinig. od. rein. Lehm- u. Tonböden, Insekt.- u. Selbstbestäubg, Wind- u. Tierverbrtg, Salicion herb.-Verb.char., auch (Diff.)
in feucht. Nardion- od. Caricion curv.-Ges. – Vog, A 1700 –, 2400 m –
arkt-alp (circ) – H – Chrom. 2n = 14.

Erdbeere, Fragária L.

I. Wildarten

1	Blü.stiele angedrückt od. aufrecht-abstehd behaart
2	Fr.kelch abstehd od. zurückgeschlag., mittl. Teilblättch. d. nur locker behaart. B. mit keilförmg. Grund, meist kaum 1 mm lg gestielt, Blü. weiß, mit nur auss. fein behaart. Blü.bod., Ausläuf. verlängert, 5–20 cm, ⚇, 4–6 (vgl. *Potentilla sterilis* S. 533) **F. vesca** 1601
2*	Fr.kelch aufrecht d. Fr. anliegd, mittl. Teilblättch. d. etwas stärker seidg behaart. B. mehr oval u. 1–2 mm lg gestielt, B. zahnspitz. oft rötl., Blü. ± gelbl.weiß mit durchgehd behaart. Blü.bod., Ausläuf. kurz od. fehld, 5–15 cm, ⚇, 5–6 **F. viridis** 1603
1*	Blü.stiele waagrecht abstehd behaart, Blü.std die B. weit überragd, seitl. Teilblättch. kurz gestielt, Fr.kelch abstehd, Blü.bod. durchgehd fein behaart, 10–30 cm, ⚇, 5–6 **F. moschata** 1602

II. Kulturarten

1	Blü. weiß, Fr. groß, Fr.std zuletzt meist zur Erde gebogen, B. dunkelgrün **F. × ananássa** 1604
	vgl. auch Gartenform v. **F. vesca** 1601
1*	Blü. gelb, Außenkelchb. groß, 3–5zähng, St. ausläuferartig verlängt., Fr. fad-ungenießbar, Zierpf. **F. indica** 1605

1601. **Wald-E., F. vésca** L., verbr. in Waldschlägen, Waldverlichtg., an
Waldwegen u. Waldrändern, in ± gestört. Waldzuständen, auf meist
frisch., nährstoffreich., nicht zu basenarm., mild-mäß. sauer., humos.,
steing., sandg. od. rein. Lehmböden, Nitrifizierungszeiger, bis 50 cm tief
wurzelnd. Humuszehrer, Licht(-Halbschatt-)pf., Insekt.bestäubg, Tierverbrtg, Wildobst (bis 10 % Zucker), B. als Tee, Epilobietea-Kl.char.,
auch im Alliarion od. Trifolion medii usw. – Ebene bis Gebirge, A bis
2200 m – no-euras(subozean) – H – Chrom. 2n = 14.

1601a. **var. semperflórens** (Duch.) Ser., **Monats-E.,** ohne Ausläufer von
Mai bis Okt. blühd u. fruchtd., hfg kultiv. – Herkunft viell. SO-Europa.

1602. **Zimt-E., F. moscháta** Duch., zml. slt. im feucht. Gebüsch, an
Waldrändern, in Erlen-Auenwäldern, auf frisch., nährstoff- u. basenreich. (meist kalkarm.), neutral-mäß. sauer., humos., sandg. od. rein.
Ton- u. Lehmböden, etwas wärmeliebd, früher Kulturpf., z. T. nur
verwildt, v. all. in Pruno-Rubion-Hecken, auch in feucht. Carpinion- od.
in Alno-Ulmion-Ges. (Querco-Fagetea-Kl.char.) – Tieflag., v. all. im S

d. Gebiet., im nördl. Tiefld slt. od. fehld – gemäßkont – H – Chrom. 2n = 42.

1603. Hügel-E., Knackbeere, F. víridis Duch., zerstr. im sonnig. Trokkengebüsch, v. all. im Saum d. Gebüsches, in licht. Eichen- u. Kiefernwäldern, an Böschungen, in Stauden-Halden, auf sommerwarm., trock.(-mäß. trock.), basenreich. (meist kalkhaltg.), ± mild., humos. Löß- u. Lehmböden, Lichtpf., früher Kulturpf., Geranion sang.-Verb.char., auch in Festuco-Brometea-, Quercetalia pubesc.- od. Erico-Pinion-Ges. – v. all. Tieflag. u. Kalkhügellder, Ju bis 950 m, auch Br, Me, im nordw. Tiefld slt. od. fehld – euraskont(-osmed) – H – Chrom. 2n = 14.

1604. Ananas-E., Brestling, F. × ananássa Duch. (*F. × mágna* Thuill.), allgem. kultiv. in viel. Sorten u. Kreuzung., an denen bes. *F. chiloénsis* (L.) Duch. (Waldverlichtgs- u. Dünenpf. aus Südchile) u. *F. virginiána* Duch. (aus dem mittl. N-Am.) beteiligt sind, liebt nährstoffreiche, lock. Humus-Böden in luftfeucht. Klimalage, etwas wärmeliebd u. frostempfindl. (feldmäß. Anbau z.B. im W-Vorland d. nöSch od. NS), seit 18. Jahrh. eingebürgert – Chrom. 2n = 56 (wie Stammarten).

1605. Indische Schein-E., F. índica Andr. [*Duchésnea índica* (Andr.) Focke], als Zierpf. öfter kultiv. u. glgtl. in wärmeliebd. Schutt- u. Hack-Unkraut-Ges. verwildt, z.B. im Alliarion (nur in S-Europa z.T. eingebürgert) – Herkunft: S- u. SO-Asien – Chrom. 2n = 84.

Nelkenwurz, Géum L.

1	St. meist einblütg, Griffel ungegliedert, gerade, zottg behaart, Blü. 2–4 cm brt, gelb	(*Sieversia* Willd.)
2	Pf. ohne Ausläufer, Endblättch. d. Fiederb. viel größer als Seitenblättch., gekerbt, 10–30 cm, ♃, 6–8	**G. montanum** 1606
2*	Pf. mit lg., gekrümmt. Ausläufern, Fiederb. ± gleichmäß. gefiedert, gesägt, ± graugrün, 5–20 cm, ♃, 7–8	**G. reptans** 1607
1*	St. mehrblütg, Griffel gegliedert, hakg gekrümmt (*Geum* L. s.str.)	
3	Blü. nickd, glockg, mit rötl. Blü.- u. Kelchb., Fr.köpfch. im Kelch gestielt, Nebenb. kl., 20–50(–90) cm, ♃, 4–6	**G. rivale** 1608
3*	Blü. aufrecht, ausgebrtet	
4	Blü. gelb, kl., Kelchb. später zurückgeschlag., Fr.köpfch. im Kelch sitzd, Nebenb. groß, b.artg, 20–50(–90) cm, ♃, 5–9	**G. urbanum** 1609
4*	Blü. rot, groß, Zierpf.	**G. coccineum** 1610

1606. Berg-N., G. montánum L. (*Sievérsia montána* R.Br.), zerstr. in bodensaur. Magerrasen, im Zwergstrauch-Gestrüpp d. subalp. u. alp. Stufe, auf mäß. trock.-frisch., ± basenarm., kalkfrei., sauer. humos., meist steinig. Lehmböden, liebt lge Schneebedeckg, Mykorrhiza, Insekt.-bestäubg, Windverbrtg, Nardion-Verb.char., auch im Salicion herb. od. in frisch. Caricion curv.-Ges. – A 1550–2300 m – alp – H – Chrom. 2n = 28.

1607. **Gletscher-N., Kriechende N., G. réptans** L. (*Sevérsia réptans* R. Br.), slt. in off. Steinschuttfluren d. alp. Stufe, auf Moränen u. in Schutt-halden, auf frisch., ± basenreich., kalkarm., roh., lock., z. T. bewegt. Fein- u. Grobschuttböden, Schuttwanderer u. Schuttstrecker, Insekt.bestäubg, Wind- u. Ausläufer-Verbrtg, terr. Char. d. Oxyrietum digyn., überreg. Androsacion alp.-Verb.char. – A (Allgäu, 2080–2400 m) – alp – H – Chrom. 2n = 42.

1608. **Bach-N., G. rivále** L., zml. hfg in Naßwiesen, bes. d. Gebirges, in Berg-Auenwäldern, Hochstaudenfluren, an Quellen u. Ufern, auch in Moorwiesen, auf sickernass. (feucht.), z. T. zeitw. überflut., nährstoff- u. basenreich., ± mild., humos. Lehm- u. Tonböden, Gleyböden, bis 50 cm tief wurzld. Nährstoffzeiger in kühl-humid. Klimalage, Insekt.-bestäubg, Klettverbrtg, v. all. im Calthion, auch in and. Molinietalia-Ges., im Alno-Ulmion (Alnetum inc.) od. Adenostylion – Ebene bis Gebirge, A bis 1940 m (slt. in Wärme- u. Trockengebiet.) – no-eurass-subozean, circ – H – Chrom. 2n = 42.

1609. **Echte N., G. urbánum** L., verbr. in krautreich. Eichen-Hainbuchen-Wäldern, in Auenwäldern u. -Büschen, an schattig. Zäunen u. Mauern, Waldwegen u. Wildlägern, auf grundfrisch., nährstoff-reich., mild-mäß.sauer., humos. Lehm- u. Tonböden (Mullböden), Nährstoffzeiger, etwas wärmeliebd, Insekt.- u. Selbstbestäubg, Klett-verbrtg, früher Heil- u. Nutzpf. (Wurzel: Gewürznelken-Ersatz), Glecho-metalia-Ordn.char. auch in Prunetalia- od. ± gestört., frisch.-feucht. Fagetalia-Ges. – Ebene bis mittl. Gebirgslag., A bis 1000 m, Ju bis 1014 m – eurassubozean-smed – H – Chrom. 2n = 42.

1610. **G. coccíneum** Sibth. et Sm., Zierpf. aus balkanisch. u. kleinasiat. Gebirgen (meist Buchenstufe) – Chrom. 2n = 42.

Zahlreiche Bastarde!

Silberwurz, Drýas L. vgl. S. 496

1611. **D. octopétala** L., zml. hfg in lückig. Kalk-Magerrasen u. Stein-rasen d. alp. Stufe, an felsig. Hängen, auch herabgeschwemmt im Fluß-Kies, auf frisch. bis mäß. trock., basenreich., ± kalkhaltg., wenig hu-mos. od. roh., meist flachgründg. od. feinerdearm. Stein- u. Felsböden, Pionier auf ruhd. Steinschuttböden, Wurzelknöllch. mit Actinomyceten, Insekt.- u. Selbstbestäubg, Windverbrtg, überreg. Carici-Kobresietea-Kl.char., auch im Seslerion (Anfangsstadien), od. in Thlaspietea rot.-Ges. – Av, A bis 2570 m (späteiszeitl. auch süSch, Bo, SH, Me usw.) – arkt-alp, circ – Ch – Chrom. 2n = 18, 36.

Nelkenwurz-Odermennig, Aremónia Neck. ex Nestl. vgl. S. 497

1612. **A. agrimonioídes** (L.) DC., slt. in krautreich. Eichen-Buchen-Wäl-dern, in Waldlichtg., an Waldwegen, Waldrändern, im Gebüsch, auf

frisch., nährstoff- u. basenreich., neutral-mild., humos. Lehm- u. Tonböden, Mullböden, Ameisenverbrtg, im Gebiet v. all. in Saumges. (Alliarion) d. Carpinion, ähnl. im SO-europ. Hauptverbrtgsgebiet v. d.
Quercetalia pub.- bis in d. Fagion-Stufe reichd – HRh (Tiengen-Walds-
hut), süHü (Schliengen), Do (Planegg) – osmed – H – Chrom.
2n = 42.

Odermennig, Agrimónia L.

1	St. dicht rauhhaarg, arm- u. kurzdrüsg, ± rund, B. untersts ± graufilzg, Blü.b. kaum ausgerandet, Kelch fast bis z. Grunde gefurcht, äußere Stacheln abstehd, 30–50(–100) cm, ♃, (6–)7–9	**A. eupatoria** 1613
1*	St. zerstr. behaart, reich-stieldrüsg, ± kantg, B. untersts graugrün, lock. behaart, drüsg, Blü.b. tief ausgerandet, Kelch seicht bis z. Mitte gefurcht, äußere Stacheln zurückgeschlagen, obere St.b. meist lger als St.glieder, 50–100(–150) cm, ♃, 6–8	**A. procera** 1614

1613. Gewöhnlicher O., A. eupatória L., zml. hfg im Saum v. Hecken u.
Wäldern, an krautreich. Rainen u. Böschungen, in licht. Gebüsch.,
Magerrasen u. Magerweiden, auf frisch.(-mäß. trock.), ± nährstoff- u.
basenreich., mild-mäß. sauer., humos., lock. Böd., etwas wärmeliebd,
Licht-(Halbschatt-)pf., Insekt.- u. Selbstbestäubg (Pollenblume),
Klettverbrtg, früher Heilpf., Char. d. Trif.-Agrimonietum (Trifolion
medii), auch im Mesobromion od. Cirsio-Brachypodion od. in Prunetalia-Ges. – Ebene bis mittl. Gebirgslagen, A bis 870 m, Ju bis
980 m, v. all. Kalk- u. Lehmgebiete – eurassubozean-smed – H – Chrom.
2n = 28.

1614. Wohlriechender O., A. prócera Wallr. (*A. odoráta* auct.), zerstr. im
Saum v. Hecken u. Wäldern, an Waldwegen u. Waldstraßen, auf frisch.,
nährstoff- u. basenreich., meist kalkfrei., mäß. sauer.,humos., sandg. od.
rein. Lehm- u. Tonböden, etwas wärmeliebd, Halbschattpf. (steht schat-
tiger als vor.), Klettverbrtg, früher Heilpf., Trifolion medii-Verb.char.,
auch in Prunetalia-Ges. – Ebene bis mittl. Gebirgslag., A bis 1150 m –
subatl(-smed) – H – Chrom. 2n = 56.

Wiesenknopf, Sanguisórba L.

1	Blü.köpfch. dunkelrot, walzl., Blü. meist zwittrg, mit kurz. Staubb., Fie-derblättch. jedersts mit ca. 12 Zähnch., untersts blaugrün, 30–100(–150) cm, ♃, 6–9	**S. officinalis** 1615
1*	Blü.köpfch. grünl., ± kugelg, Blü. z. T. eingeschlechtg, die unter. mit deutl. herausragd. Staubb., Fiederblättch. jedersts mit (3–)5–7(–9) Zähnch., untersts grün	
2	St. 20–40 cm, Kelch zur Fr.zeit netzartg-runzelg, ♃, 5–8 **S. minor** 1616	
2*	St. 40–60 cm, Kelch zur Fr.zeit fein vertieft-runzlg, mit geflügelt. Kanten, ♃, 6–7	**S. muricata** 1617

1615. Großer W., S. officinális L., verbr. in Naß- u. Moorwiesen, auch in feucht. Tal- u. Bergwiesen, auf grund- u. sicker-wechselfeucht., $\pm$ nährstoff- u. basenreich., neutral-mäß. sauer., humos. Lehm- u. Tonböden, auch Torfböden, meist Wechselfeuchtigkeits-Zeiger, Tiefwurzler, Insekt.bestäubg, Windverbrtg, früher Heilpf., im Einzelstand gute Futterpf., v. all. in Calthion- u. Molinion-Ges., ferner in feucht. Arrhenatheretalia-Ges. (vgl. var.) – Ebene bis mittl. Gebirgslagen, A bis 1170 m, BayW bis 1180 m, Sch bis 1400 m, im nördl. Tiefld slt. – euras (-smed), circ – H – Chrom. 2n = 14, 28, 56, formenreich:

1   Teilblättch. kaum üb. 2 cm lg, scharf gesägt, St. weng ästg, Fr.kelch nur an
     3 Kant. deutl. geflügelt, St. 30–60 cm hoch, blüht 5–7(8)

1615a. var. montána (Jord.) Car. et St. Lag., hfg in feucht.-frisch. Gebirgswies., Mol.-Arrhenatheretea-Art – z. B. Sch, Ju, He, A, usw.

1*   Teilblättch. 2–5 cm lg, Zähne brt, St. ästg, Fr.kelch an 4 Kant. deutl.
     geflügelt, St. bis 80 cm hoch, blüht 8–9

1615b. var. officinális, zerstr., v. all. in Moorwies. tieferer Lagen, Molinietalia-Ordn.char.

1616. Kleiner W., S. mínor Scop (*Potérium sanguisórba* L.), zml. hfg in sonnig., gern lückg. Magerrasen, auf Kalk-Magerweiden, an Böschg., Dämmen u. Wegen, in Wiesen, auf mäß.trock., $\pm$ nährstoft- u. basenreich., meist kalkhaltg., lock., mäß.sauer.-mild., oft $\pm$ roh. (wenig humos.) Lehmböden, Magerkeitszeiger, Rohbodenpionier mit Wurzelpilz, Windbestäubg, Windverbrtg, Heil- u. Gewürzpf., gute Futterpf., v. all. in Mesobromion-Ges., Festuco-Bometea-Kl.char., auch in trock. Arrhenatherion-Ges., im Violion od. Erico-Pinion – Ebene bis mittl. Gebirgslagen, A bis 1219 m, Ju bis 1000 m, süSch bis 1100 m, im Nordw. slt. – smed – H – Chrom. 2n = 28.

1617. Weichstacheliger W., S. muricáta (Spach) Gremli, (*S. mínor* ssp. *muricáta* Briq.), slt. u. unbestdg, z. T. eingebürgert in lückig. Trokkenfluren, auf warm., basenreich., $\pm$ humusarm., durchlässig., lehmig. Sand- u. Kiesböden, in Sisymbrion-, Festuco-Sedetalia- od. Mesobromion-Ges., in S-Europa in Zwergstrauch-Ges. – z.B. Rh, Bo, Do, Fr, SH, usw. – med(-kont) – H – Chrom. 2n = 28, 56.

Acker-Frauenmantel, Aphánes L.

1   Kelch 1,5–2 (b. Fr.reife bis 2,7) mm lg, B.stiel 2–8 mm lg, Nebenb.zipfel
     3eckg-eiförmg bis zu etwa $^1/_4$ d. Nebenb.fläche eingeschnitt., 2–10 cm, $\odot$,
     5–9   **A. arvensis** 1618
1*   Kelch 0,5–1 (b. Fr.reife bis 1,6) mm lg, B.stiel 1–3 mm lg, Nebenb.zipfel $\pm$
     lanzettl., bis zu $^1/_2$ d. Nebenb.fläche eingeschnitt., 2–8 cm, $\odot$, 5–9
                                           A. microcarpa 1619

1618. Gewöhnlicher A., A. arvénsis L., zml. hfg in Getreidefeldern, an Ackerrändern, auf frisch., nährstoff- u. basenreich., kalkarm., mäß.sauer., wenig humos., sandg. od. rein. Lehmböden, bis 20 cm tief wurzld. Säure- u. Lehmzeiger, meist Selbstbestäubg, apogam, z. T. Tierverbrtg, oft mit *Matricaria cham.* od. *Apera spica-v.*, Aperion-Verb.char. – Ebene bis mittl. Gebirgslagen, A bis 800 m, Ju bis 940 m – smed (-subatl), in gemäß. Zonen heute weltweit – T – Chrom. 2n = 48.

1619. Kleinfrüchtiger A., A. microcárpa Boiss. et Reut., slt. in Getreidefeldern, an sandg. Rainen, auf frisch.-mäß. trock., ± nährstoffreich., basen- u. kalkarm., wenig humos., mehr als bei vor. sauer., bindig. od. rein. Sandböden, Säure- u. Sandzeiger, Fremdbestäubg, v. all. im Arnoseridenion, auch im Thero-Airion – v. all. im W u. Nordw. d. Gebiet., auch He, Sch (bis 600 m) – wsmed-subatl – T – Chrom. 2n = 16.

Frauenmantel, Alchemílla L.*)

1	St. niederliegd, an d. Knot. wurzelnd u. neue Rosetten bildend, B. ± kahl, bis z. Grund 3teilg mit nochmals bis z. Grund zerteilt. Seitenabschnitt., 5–15 cm, ⚄, 7–8 **A. pentaphyllea** 1620
1*	St. bogig aufsteigd bis aufr., nie an d. Knot. wurzelnd, B. 5–11teilg, gefingert od. gelappt
2	Grundb. mindest. auf $^2/_3$, meist bis od. fast bis z. Grund fingerig 5–9teilg mit längl.-ellipt., unt.sts ± dicht silberhaarg. Teilblättch. (2* S. 548 Mitte)
3	Pf. mit niederliegd. ausläuferartg., mit einer B.rosette endend. Spross., Stiele reifer Blü. höchst. so lg wie Blü.becher (slt. einzelne lger) Blü. in dicht. Knäueln
4	Zähne d. Teilblättch. 1,5–3 mm lg, ± gerade nach vorn gerichtet, B. unt.sts spärl. silberhaarg, 5–20 cm, ⚄, 6–8 **A. subsericea** 1623
4*	Zähne d. Teilblättch. 0,5–1 mm lg, ± deutl. zus.neigd, B. unt.sts dicht silberhaarg
5	B. stets 5teilg, St. mind. 3mal so hoch wie d. Niveau d. Grundb., Teilblättch. über d. Mitte am breitest., vorne brt abgerundet, 5–20 cm, ⚄, 6–8 **A. saxatilis** 1622
5*	B. 5-, 6- u. 7teilg, St. höchst. 2mal so hoch wie d. Niveau d. Grundb., Teilblättch. um d. Mitte am breitest., nach vorn allmählich verschmälert., 5–30 cm, ⚄, 6–8 **A. alpina** 1621
3*	Pf. ohne niederliegd., ausläuferartge, mit einer B.rosette endigd. Sprosse, Stiele reifer Blü. 1,5–5mal so lg wie d. Blü.becher, Blü.std. locker
6	Zähne d. Teilblättch. 1,5–3 mm lg, ± gerade nach vorn gerichtet
7	Mittl. Teilblättch. auf 2–4 mm miteinander verwachsen, 5–20 cm, ⚄, 6–8 **A. grossidens** 1629
7*	Mindest. mittl. Teilblättch., oft alle, bis z. Grund frei, 5–20 cm, ⚄, 6–8 **A. glacialis** 1630
6*	Zähne d. Teilblättch. 0,5–1 mm lg, ± deutl. zus.neigd
8	Grundb., wenigst. d. meist., ob.sts gleichmäßg anliegd kurzhaarg

---

*) bearbeitet v. W. Lippert (München)

9 Mittl. Teilblättch. bis z. Grund frei od. kaum (1–2 mm) miteinander verwachs., B. im Umriß rundl., mit enger Bucht, 10–30 cm, ♃, 6–8
A. amphisericea 1625
9* Teilblättch. alle auf 3–5 mm miteinander verwachs., B. im Umriß halb-
kreis-nierenförmg, mit weiter Bucht, 6–20 cm, ♃, 6–8 **A. anisiaca** 1627
8* Grundb. ob.sts kahl od. höchst. am Rand d. Teilblättch. mit verzeinzelt.
Haar.
10 B. 7teilg, slt. unvollstdg 8teilg, Blättch. flach ausgebreitet, wenigst. an d.
größer. Grundb. bis auf gleiche Höhe ($^1/_5$ bis $^1/_3$ d. Gesamtlge) verwachs.
breit-ellipt.-breit-längl., 5–30 cm, ♃, 6–8 **A. pallens** 1626
10* B. 7–9teilg, Blättch. nicht so weit u. nicht bis auf gleiche Höhe miteinander
verwachs., od. mittl. ganz frei, brt lineal-ellipt.
11 Blättch. sternförmg ausgebreitet, schmal längl., oft $\pm$ über d. ganze Länge
gleich breit, fast nur an d. gestutzt. End. gezähnt. Nervennetz d. B.unter-
seite meist gut als dunkle Linien erkennbar (Lupe), Haare d. Außenkelchb.
höchst. um d. Hälfte, u. nicht in dicht. Büscheln überragd, 10–30 cm, ♃,
6–8 **A. hoppeana** 1628
11* Blättch. (v. all. jg) oft entlg d. Mittelrippe gefaltet, nicht gestutzt, stets mit
gebogen. Seit., B.unterseite s. dicht behaart, Nerv.netz deshalb kaum erkennbar, Haare die Außenkelchb. in dicht. Büscheln um d. Doppelte
überragd, 10–30 cm, ♃, 6–8 **A. plicatula** 1624
2* Grundb. auf $^1/_5$ bis $^1/_2$ eingeschnitt., slt. tiefer zerteilt u. dann B.unterseite
nicht silbrig glänzd behaart
12 St. u. B.stiele kahl od. angedrückt behaart (12* S. 551)
13 Blü.becher z. Fr.zeit kürzer od. höchst. so lg wie d. Kelchb. u./od.
Außenkelchb.
14 Basallapp. an mindest. einem d. Grundb. unt.sts $\pm$ dicht behaart
15 Lappen aller Grundb. ringsum gezähnt, Stiele mindest. d. unterst. 2–3
wohlentwickelt. St.b. in d. Regel dicht seidenhaarg, 10–30 cm, ♃, 6–8
A. fallax 1636
15* Lappen mindest. einzelner Grundb. durch Einschnitte getrennt, Stiele d.
St.b. kahl, nur die d.unterst. hin u. wieder behaart
16 Grund- u. St.b. alle etwa bis z. Hälfte geteilt, B.lappen in d. Regel lger als
brt, Blü. 3,5–4 mm brt, 5–15 cm, ♃, 7–8 **A. incisa** 1632
16* Grundb. nur auf $^1/_3$, slt. einzelne tiefer geteilt, B.lappen meist so brt wie
lg od. breiter als lg, Blü. 4–5 mm brt, 15–25 cm, ♃, 7–8
A. cuspidens 1635
14* Basallappen aller Grundb. unt.sts kahl
17 Lappen aller Grundb. ringsum gezähnt, St. kahl od. nur am unterst.
St. glied behaart, Blü.becher etwa so lg od. weng lger als Kelchb., 15–25 cm,
♃, 7–8 **A. othmarii** 1634
17* Lappen wenigst. einzelner Grundb. durch Einschnitte getrennt, St. kahl
od. an d. unterst. 1–3 St.gliedern behaart, Blü.becher meist kürzer als
Kelchb.
18 St. u. B.stiele völlg kahl (höchst. Stiele d. Herbstb. gelgtl. mit einzeln.
Haar.), Grundb. bis z. Hälfte od. darüber geteilt mit über 5 mm lgen Einschnitt., Zähne grob, gerade vorgestreckt, deutl. lger als brt, 20–30 cm,
♃, 6–8 **A. fissa** 1631
18* St. an d. unterst. 1–3 St.gliedern behaart, slt. verkahld, aber dann B.stiele
behaart

19 Lappen d. St.b. deutl. lger als brt, Grund-u. St.b. bis z. Hälfte od. tiefer geteilt mit 3–5 mm lgen Einschnitten, vgl. 16 **A. incisa** 1632
19* Lappen d. St.b. nicht lger als brt, Grund- u. St. b. meist nicht bis z. Hälfte
geteilt, mit kürzer. Einschnitt., 10–25 cm, $2{\mkern-7mu}|$, 7–8 **A. pyrenaica** 1633
13* Blü.becher z. Fr.zeit lger als Kelchb. u./od. Außenkelchb.
20 St. bis z. d. Blü.stielen behaart (glgtl. ein einzelnes St.glied kahl), Blü.becher
dicht anliegd behaart od. kahl
21 B.oberseite völlg kahl, 5–15 cm, $2{\mkern-7mu}|$, 6–8 **A. kerneri** 1637
21* B.oberseite behaart, wenigst. auf d. Zähnen u. in d. Falten
22 Blü.becher dicht anliegd behaart, 10–20 cm, $2{\mkern-7mu}|$, 6–8
A. glaucescens f. **adpressipilosa** 1638
22* Blü.becher kahl
23 Grundb. stark gewellt, rd, mit grob. Zähn. u. geschlossener Basal(B.grund)-
bucht, St.b. kurz gestielt, alle $\pm$ gleich groß, Blü.becher am Grund gerundet,
20–40 cm, $2{\mkern-7mu}|$, 6–8 **A. glomerulans** 1664
23* Grundb. kaum gewellt, nierenförmg, mit gleichmäßg., spitz. Zähn., untere
St.b. lg gestielt, deutl. größer als d. oberen, Blü.becher am Grund ver-
schmälert, 20–50 cm, $2{\mkern-7mu}|$, 6–8 **A. gracilis** f. **adpressipilosa** 1654
20* St. kahl od. nur in d. unter. Hälfte od. maximal bis über d. 4. St.glied behaart (Blü.std, Blü.stiele u. Blü.becher völlg kahl)
24 Außenkelchb. etwa so lg wie Kelchb., Fr. (Nüßchen) deutl ($^1/_3$–$^1/_2$) aus d.
Blü.becher ragd, vgl. 17 **A. othmarii** 1634
24* Außenkelchb. wesentl. kürzer als Kelchb., Fr. (Nüßchen) nur weng (bis $^1/_4$)
aus d. Blü.becher ragd
25 Frühjahrsb. beid.sts $\pm$ kahl, Folge-B. beid.sts $\pm$ gleichmäßg behaart,
Sommerb. glgtl. unt.sts nur auf d. Nerv. behaart, 5–30 cm, $2{\mkern-7mu}|$, 7–8
A. controversa 1665
25* Grundb. alle ob.sts völlg kahl od. höchst. auf d. Zähn. u. in d. Falten mit
Haaren
26 St. bis über d. 4. St.glied behaart, oft bis knapp unter d. Blü.std behaart, Grundb.
ob.sts meist völlg kahl, unt.sts auf d, ganz. Fläche $\pm$ behaart (glgtl.
auch nur Basallapp. u. Lappenspitz.), B.lappen durch flach., weiten, von
asymmetr. Zähn. gebildet. Einschnitt getrennt, 20–40 cm, $2{\mkern-7mu}|$, 6–8
A. lineata 1670
26* St. völlg kahl od. höchst. bis einschließl. d. 4. St.gliedes behaart, B.stiele
kahl bis anliegd behaart, B. unt.sts kahl od. höchst. auf d. Basallapp. behaart, wenn auch Lapp.spitz. behaart, dann B.lapp. nicht durch einen Einschnitt getrennt
27 St. u. B.stiele meist völlg kahl, höchst. an d. Stiel. d. Herbstb. einzelne Haare
(an manchen Pf. glgtl. ein St. mit behaart. St.glied od. ein B. mit zerstr.
behaart. Stiel)
28 B. ledrg derb, mit rundl., durch einen brten V-förmg. Einschnitt getrennt.
Lappen, St.b. groß, nach oben nur allmähl. kleiner, Zähne d. B.randes brt u.
stumpfl., 20–50 cm, $2{\mkern-7mu}|$, 5–8 **A. coriacea** 1676

28* B. zart, ohne deutl. Einschnitt od. nur mit s. schmal. Einschnitt. auch
zwisch. d. St.b.lappen, St.b. klein, nach oben rasch kleiner, Zähne d.
B.randes schmal, spitz, an d. Spitze oft etwas z. Lappenspitze gebog.
29 B. 7- unvollstdg 9lappg
30 B. nierenförmg, mit 4–6(7) unregelmäßg geformt. Zähnen je Lappenhälfte
(der d. Einschnitt benachbarte Zahn s. asymmetr.), Sommerb. auf d. Ober-

seite (oft nur schwach u. in d. Falten) behaart, 20–30 cm, ♃, 6–8
A. versipila   1675

30* B. rund, mit 5–6 gleichmäßg. Zähnen je Lappenhälfte, Sommerb. höchst. auf d. Zähn. behaart, 5–25 cm, ♃, 7–8   **A. demissa**   1681

29* B. 9- unvollstdg 11lappg

31 Pf. kräftg, oft hell-gelbl.grün, B. rund, fast kreisförmg, mit ± dreieckg. Lappen, die durch keinen eindeutg. Einschnitt getrennt sind, 20–40 cm, ♃, 6–8   **A. straminea**   1680

31* Pf. zierl., ± dunkelgrün, B. rundl.-nierenförmg mit rundl., deutl. gestutzt. an d. Spitze fast gerade abgeschnitten. Lappen, die durch einen schmal., aber tief. Einschnitt getrennt sind, 15–35 cm, ♃, 6–8   **A. trunciloba**   1678

27* St. zumind. am erst., aber auch am zweit. u. dritt. St.glied behaart, B.stiele kahl bis dicht behaart

32 St. oft nur am erst., slt. auch noch am zweit. St.glied ± dicht behaart (bis dicht behaart), B.stiele völlg kahl (od. zerstr. bis dicht behaart, aber von d. Mitte nach oben rasch verkahld). B. unt.sts mit Ausnahme d. vorderst. Drittels od. Viertels d. Hauptnerv. völlg kahl

33 B.lappen bis z. Grund gezähnt, B. wie 2 aufeinanderliegde, um 45° gegeneinander verschobene Vierecke, Zähne brt, plötzl. zugespitzt, 20–50 cm, ♃, 6–8   **A. inconcinna**   1677

33* B.lappen am Grund durch deutl. Einschnitt getrennt, Zähne schmal, zugespitzt

34 Einschnitte schmal V-förmg, ihre Ränder sich oft überdeckd, B.lappen über d. Einschnitt am breitest., ± 4 mm breiter als an d. Basis, 15–35 cm, ♃, 6–8   **A. sinuata**   1679

34* Einschnitte breit V-förmg, deutl. sichtbar, B.lappen über d. Einschnitt höchst. 1 mm breiter als an d. Basis

35 B. 7- unvollstdg 9lappg, mit 4–6(7) unregelmäßg geformt. Zähn. je Lappenhälfte, der d. Einschnitt benachbarte Zahn s. asymmetr., Sommerb. auf d. Oberseite (oft nur schwach u. in d. Falten) behaart, vgl. 30
A. versipila   1675

35* B. 9- unvollstdg 11lappg, mit 7–10 gleichmäg geformt. Zähn. je Lappenhälfte, Sommerb. ob.sts kahl od. nur auf d. Zähnen spärl. behaart, vgl. 31
A. straminea   1680

32* St. mindest. an d. unterst. 2 St.gliedern, oft auch am dritten (glgtl. viert.) behaart, B.stiele d. ganz. Länge nach dicht anliegd behaart, höchst. kurz unterhalb d. Ansatzstelle am B. etwas kahler, B. unt.sts oft stärker behaart (Basallapp., Lappenrand, Nerv. bis z. Hälfte od. darüber)

36 B. meist ob.sts m. d. Falten behaart, sltner nur auf d. Zähn. (dort dicht), mit geschlossen. Basal-Bucht (Basallapp. überdecken sich), gepreßt stark gefaltet, gelgtl. dadurch Basalbucht offen erscheinend

37 Grund- u. St.b. mit rundl. parabol., durch deutl. Einschnitte getrennte Lappen, B.lappen mit warzenförmg. Zähn. u. kleinem Endzahn, 10–30 cm, ♃, 6–8   **A. cleistophylla**   1666

37* Grund- u. St.b. mit dreieckg-parabol. Lappen ohne trennende Einschnitte, B.lappen mit dreieckg., z. Lappenspitze gekrümmt. Zähnen u. gleich großem Endzahn, 15–25 cm, ♃, 6–8   **A. acutidens**   1668

36* B. ob.sts höchst. auf d. Zähn. etwas behaart, lebd nur schwach gewellt, gepreßt nie gefaltet, Basalbucht in d. Regel offen, d. Basallapp. können sich höchst. mit d. Rändern berühren

38 Basallapp. unt.sts nur schwach behaart, nur randl. behaart, auf d.
   B.nerven weng behaart od. kahl, B.nerv. 1. Ordng höchst. in d. vorder.
   Lappenhälfte behaart u. St. höchst. noch im 3. St.glied behaart
39 St.b. alle deutl. gelappt, d. oberen bis z. Hälfte geteilt, Basal-Bucht d.
   Grundb. schmal od. Basallapp. sich berührd, St. bogig aufsteigd, B. lapp.
   (bes. Mittellapp.) verlängert-parabol., 10–40 cm, ♃, 6–8   **A. effusa** 1672
39*St.b. nur schwach gelappt, d. ober. höchst. zu ¹/₃ geteilt, Bucht d. Grundb.
   deutl. offen, St. aufrecht, B.lapp. halbrund bis rundl. trapezförmg
40 B.lappen halbkreisförmg od. gestutzt, Zähne meist klein, gerade u. schmal
   20–40 cm, ♃, 6–8   **A. reniformis** 1669
40*B.lappen parabol. od. stumpf dreieckg, Zähne breit, z. Lappenspitze
   gekrümmt, 20–60 cm, ♃, 6–8   **A. glabra** 1674
38*Basallappen unt.sts ± stark u. vollstdg behaart, B.nerv. 1. Ordng ± in
   ganzer Länge behaart, St. oft noch am 3. od. auch 4. St.glied behaart
41 B.unterseite meist auch auf d. Lapp.spitzen, od. auch auf d. ganzen Fläche
   zerstr. behaart, Einschnitt zwischen d. B.lappen von 2 s. breiten, z. Lappen-
   basis zurückgekrümmt. Zähn. gebildet, vgl. 26   **A. lineata** 1670
41*B.unterseite auf d. Fläche od. d. Lapp.spitz. slt. behaart, kein deutl. Einschnitt zwischen d. B.lappen
42 B.lapp. deutl. breit-dreieckg, Form d. Grundb. wie zwei übereinander-
   gelegte, um 45° gegeneinand. verschobene Vierecke, 10–40 cm, ♃, 6–8
                                               A. impexa 1673
42*B.lapp. halbkreis- od. parabolförmg, Grundb. nieren- od. kreisförmg
43 Bucht am B.grd schmal od. geschloss., Grundb. rund, mit verlängert.
   Mittellappen, vgl. 39   **A. effusa** 1672
43*Bucht stets offen, Grundb. deutl. nierenförmg
44 B.lappen deutl. halbkreisförmg, Zähne fein u. schmal, vgl. 40
                                               A. reniformis 1669
44*B.lappen parabolförmg, Zähne breit, rund, warzenförmg (bei groß. B. breit-
   dreieckg), 20–40 cm, ♃, 6–8   **A. obtusa** 1671
12*St.- u. B.stiele, wenigst. einige abstehd (waagr., auf- od. abwärts gerichtet)
   behaart
45 B.stiele d. Frühjahrsb. kahl, die d. Sommerb. ± abstehd behaart (45*
   S. 552 Mitte)
46 Grundb. auf ²/₃ bis ¹/₂ geteilt, Zähne d. B.lapp. zieml. schmal u. lg, St.-
   u. B.stielbehaarg deutl. abwärts abstehd (wenn mit einig. aufwärts gerichtet. Haar. u. Blü.becher kürzer od. höchst. so lg wie Kelchb. vgl.
   A. fissa b. 18)
47 Die meist. Grundb. beid.sts locker behaart, B.lapp. ohne Einschnitte mit
   (6)7–9 Zähn. jedersts, Blü. dicht geknäuelt, Blü.stiele meist nur ¹/₃ so lg
   wie Blü.becher, 15–40 cm, ♃, 7–8   **A. undulata** 1659
47*Die meist. Grundb. ob.sts höchst. in d. Falten u. auf d. Zähn., unt.sts nur
   auf d. Nerv. behaart, B.lapp. in d. Regel durch tiefe Einschnitte getrennt
   mit jedersts 4–6(7) Zähn., Blü.stde locker, armblütg, Blü.stiele so lg od. lger
   als Blü.becher, 10–20 cm, ♃, 7–8   **A. decumbens** 1658
46*Grundb. auf ¹/₄ bis ¹/₃ (slt. einzelne B. tiefer) geteilt, Zähne d. B.lapp.
   (oft erhebl.) ungleich, rundl. od. dreieckg, Behaarg ± waagr. (bis leicht auf-
   od. abwärts gerichtet) abstehd
48 B. 9–11(13)lappg, unt.sts bläul.-grün, nur auf d. Basallapp. u. d. Nerv. behaart, Blü.stiele s. kurz (1–1,5 mm), Blü. dadurch in dicht. Knäueln,

10–30 cm, ⹊, 7–8 **A. rubristipula** 1660
48* B. 7–9lappg, unt.- u. ob.sts gleichfarbg od. unt.sts hell(gelbl.)grün, meist
unt.sts zerstr. behaart, Blü.stiele lger, locker geknäuelt
49 St. kahl od. nur um d. Nebenb. d. St.b. od. unt. zerstr. behaart, B.zähne
kurz u. gerundet mit aufgesetzt. Spitze, B.lapp. flachbogig, St.b. groß,
kaum geteilt, 20–50 cm, ⹊, 7–8 **A. tirolensis** 1661
49* St. bis zu d. unter. Blü.stdsäst. abstehd behaart, B.zähne ungleich dreieckg,
B.lapp. halbkreisförmg bis stumpf dreieckg od. parabol.
50 B. 7-(unvollstdg)9lappg, mit grob., stumpf. Zähn., Kelchb. ungleich,
20–50 cm, ⹊, 6–8 **A. subcrenata** 1650
50* B. (7-)9lappg mit dreieckg., spitz. Zähn., Kelchb. alle ± gleich
51 Die meist. Blü.becher breit u. rund, unt. abgerundet, Blü.std fast recht-
winklg gabelg verzweigt, B.lapp. mit zieml. breit., s. ungleich. Zähn.,
grundstdge Nebenb. lebend grünl., Blü.stiele kräftg, 10–30 cm, ⹊, 7–8
A. heteropoda 1662
51* Die meist. Blü.becher schmal, unter d. Kelchb. verengt, unt. verschmälert,
Blü.std schmal, spitzwinklg verzweigt, B.lapp. mit zieml. schmal., spitz.
Zähn., grundstdge Nebenb. lebend purpurn, Blü.stiele dünn, 10–30 cm, ⹊,
7–8 **A. tenuis** 1663
45* B.stiele alle, wie auch d. untere Teil d. St. abstehd behaart
52 Blü.becher dicht u. abstehd behaart, B.unterseite s. dicht behaart
53 Blü.stiele z. Gänze od. mindest. im unter. Teil behaart, slt. u. höchst. ein
Blü.stiel je Blü.std kahl
54 B.lapp. mit jedersts 6–10 Zähn., rundl. bis parabol., ohne od. mit s. kurz.
Einschnitt., Bucht offen, St. waagr. abstehd behaart, 20–50 cm, ⹊, 6–8
A. monticola 1646
54* B.lapp. jedersts mit höchst. 6 Zähn., mit od. ohne Einschnitte, Bucht (am
B.grund) off. od. geschloss., St. mindest. oben aufwärts abstehd behaart
55 B.lappen lger als breit, rundl.-parabol., ringsum gezähnt (nur manchmal
mit klein. Einschnitt. v. höchst. ¹/₃ Lappenlänge), Basal-Bucht geschloss.,
Außenkelchb. stumpfl., 10–20 cm, ⹊, 6–8 **A. glaucescens** 1638
55* B.lapp. brter als lg, gestutzt bis schwach gerundet, mit tief. Einschnitt.
(mind. ¹/₂ d. Lappenlänge), Basal-Bucht offen, Außenkelchb. spitz, 5–15 cm,
⹊, 7–8 **A. flabellata** 1639
53* Blü.stiele, mindest. d. ober. eines Teil-Blü.stdes kahl od. nur mit vereinzelt. Haaren, unterste Blü.stiele oft etwas dichter behaart
56 B. bis z. Hälfte geteilt mit tief. Einschnitt., B.lapp. keilförmg, nur im
vorder. Drittel gezähnt, B.lapp. jedersts mit 2–4 Zähn., diese meist lger als
2 mm **A. helvetica** 1643
56* B. auf ¹/₃ bis ¹/₄ geteilt, ohne od. nur mit s. kurz. Einschnitt., Zähne d.
B.lapp. nicht doppelt so lg wie brt
57 St. aufwrts abstehd behaart, Zähne ± stumpf, 15–25 cm, ⹊, 7–8
A. plicata 1640
57* St. waagr. abstehd behaart, B.zähne ± spitz
58 B.lapp. jedersts mit maximal 6 Zähn., alle Blü.becher dicht behaart, St.
durchweg dicht behaart, 5–10 cm, ⹊, 7–8 **A. colorata** 1641
58* B.lapp. jedersts mit 6–10 Zähn., St. in d. ober. Hälfte kahl od. bis zu d.
Blü.stiel. nur spärl. behaart, Blü.becher nur z. T. spärl. behaart, vgl. 54
A. monticola 1646
52* Blü.becher kahl od. zerstr. behaart. B.unterseite weniger dicht behaart

59 Kelchb. lger als Blü.becher, Außenkelchb. etwa so lg wie Kelchb. Blü. gelb
(bis 5 mm), B. s. groß (üb. 10 cm brt), höchst. auf $^1/_4$ eingeschnitt.,
20–70 cm, ♃, 6–8   **A. mollis** 1644
59* Kelchb. kürzer als Blü.becher, Außenkelchb. viel kürzer als Kelchb., Blü.
grünl., B. kleiner od. tiefer geteilt
60 St. an d. unter. 1–2 St.gliedern ± kahl, folgde St.glieder wesentl. dichter
behaart, B.stiele d. erst. B. oft dünn, die d. folgden dichter behaart,
weiter vgl. 45
60* St. v. Grund an gleichmäßg behaart, wie Stiel aller Grundb.
61 Blü.becher alle zerstr. behaart, höchst. einzelne kahl
62 St. u. B.stiele mit zahlreich. aufwärts abstehd. Haar., Blü.becher kugelig,
20–35 cm, ♃, 6–8   **A. propinqua** 1645
62* St. u. B.stiele mit fast ausschließl. waagr. abstehd. Haar., Blü.becher länger,
krugförmg
63 Blü.stiele behaart
64 Blü.becher u. Blü.stiele zieml. dicht behaart, B. nierenförmg, B.stielgrund
rötl., 20–40 cm, ♃, 6–8   **A. filicaulis** ssp. **vestita** 1656
64* Blü.becher u. Blü.stiele zerstr. behaart, z.T. auch kahl, B. rundl., mit
schmaler Bucht d. B.grundes u. gelgtl. überlappend. Basallapp., B.stiel-
grund nicht rötl. vgl. 54   **A. monticola** 1646
63* Blü.stiele kahl
65 Kelchb. randl. u. außen meist dicht behaart, ebenso die st.ständg. Nebenb.
randl. u. untersts, vgl. 54   **A. monticola** 1646
64* Kelchb. kahl bis zerstr. behaart, auch obere st.ständge Nebenb. kahl od.
nur randl. spärl. behaart
66 Unterste St.b. lg gestielt (2–5mal lger als B.), B.lapp. d. Grundb. dreieckg
bis schmalparabol. mit grob., spitz., ungleich. Zähn., 20–60 cm, ♃, 6–8
                                                       A. acutiloba 1653
66* Unterste St.b. kurz gestielt (höchst. 1,5mal d. B.länge), B.lapp. d. Grundb.
rundl. bis brt parabol. mit ± gleichmäßg. Zähn.
67 Oberseite d. St.b. u. Sommer-B. meist völlg kahl, Nerv. d. B.unterseite
gegen B.grund stark behaart, ebenso d. Nebenb. d. unter. St.b., Blü.stiele
1–2 mm, 20–60 cm, ♃, 6–8   **A. xanthochlora** 1655
67* Oberseite d. St.b. u. Sommerb. behaart, Nerv. d. B.unterseite gegen B.grund
± kahl, ebenso wie d. Nebenb. d. unter. St.b., Blü.stiele 2–5 mm, 20–40 cm,
♃, 6–8   **A. filicaulis** ssp. **filicaulis** 1656
61* Blü.becher alle kahl, höchst. einige wenige mit ein paar Haar.
68 Nerven d. B.unterseite zur Gänze dicht anliegd behaart, B.stiel- u. St.be-
haarg etwa 45° aufwärts (nur slt. ± waagr.) abstehd
69 B.oberseite völlg kahl, 10–50 cm, ♃, 6–8   **A. rhododendrophila** 1657
69* B.oberseite auf d. ganz. Fläche od. wenigst. in d. Falten behaart
70 B.oberseite dicht behaart, 20–50 cm, ♃, 6–8   **A. gracilis** 1654
70* B.oberseite nur in d. Falten u. auf d. Zähn. behaart, 10–30 cm, ♃, 6–8
                                                       A. connivens 1667
68* Nerv. d. B.unterseite wenigst. in d. unteren Hälfte abstehd behaart, glgtl.
fast kahl, B.stiel- u. St.behaarg waagr. bis abwärts abstehd
71 B.oberseite dicht behaart, Falten u. B.rand gelegtl. sehr dicht
72 B. alle mit sich deckend. Basallapp.
73 St. u. B.stiele 45–60° abwärts abstehd behaart, B.unterseite spärl., Nerv.
etwas dichter behaart, unterste St.b. s. lg gestielt (3mal lger als B.),

Blü.stiele (2,5)3–4 mm lg, 15–50 cm, ♃, 6–8 **A. subglobosa** 1649
73* St. u. B.stiele waagr. bis leicht abwärts abstehd behaart, B.unterseite (bes. Nerv.) dicht behaart, St.b. nur bis 1,5mal lger als B., Blü.stiele 1–2(2,5) mm lg
74 Winkel zwischen d. B.lapp. über 90°, Flanke eines Lappens mit der d. übernächsten ± eine Gerade bildend, 10–30 cm, ♃, 7–8 **A. obscura** 1652
74* Winkel zwischen d. B.lapp. erhebl. unter 90°, B.form deutl. anders, vgl. 54 **A. monticola** 1646
72* B. höchst. b. einzeln. großen mit sich deckend. B.lapp., Bucht am B.grund i. a. frei
75 B. auf ¹/₇ bis ¹/₄ geteilt mit breiter Bucht a. B.grund (bis 100°) u. flachbogig.-brt-parabol. B.lapp., B.zähne grob u. meist unregelmäßg, oberster Zahn s. klein, St. kürzer od. wenig lger als Grundb., 10–50 cm, ♃, 6–8 **A. crinita** 1647
75* B. auf ¹/₅ bis ¹/₃ geteilt mit schmaler B.grund-Bucht u. halbrund. bis schmal-parabol. B.lapp., B.zähne fein u. regelmäßg, St. bis doppelt so lg wie Grundb.
76 Unterste St.b. lg gestielt (2mal lger als B.), B.unterseite zwischen d. Nerven fast kahl, vgl. 66 **A. acutiloba** 1653
76* Unterste St.b. kurz gestielt (höchst. 1,5mal lger als B.)
77 B.nerven im ungeteilt. B.bereich mit waagr. abstehend. od. ± z. Lappenspitze gerichtet. Haar., B.stiel- u. St.behaarg waagr. bis abwärts abstehd, vgl. 54 **A. monticola** 1646
77* B.nerven im ungeteilt. B.bereich mit z. B.stiel gerichtet. Haar., B.stiel- u. St.behaarg deutl. abwärts abstehd
78 Grundb. groß, rund, mit enger Basal-Bucht od. sich deckd. Basallapp., zwisch. d. B.lapp. deutl. Einschnitte, 20–50 cm, ♃, 6–8 **A. cymatophylla** 1651
78* Grund.b. mittelgroß bis klein, rundl.-nierenförmg, ohne Einschnitte zwisch. d. B.lappen, mit deutl. Basal-Bucht
79 St. bis etwa z. Mitte behaart, Blü.becher kurz krugförmg, 10–30 cm, ♃, 6–8 **A. strigosula** 1648
79* St. z. Gänze mit Ausnahme d. Blü.stiele behaart, Blü.becher schmal, lg, krugförmg, 5–10 cm, ♃, 7–8 **A. exigua** 1642
71* B.oberseite zerstr. behaart, nur randl. u. in d. Falten behaart od. auch ganz kahl
80 St.- u. B.stielbehaarg deutl. abwärts gerichtet
81 B. nierenförmg mit breiter Basalbucht, auf ¹/₇ bis ¹/₄ geteilt, Blü.stiele höchst. 2 mm lg, kahl, vgl. 75 **A. crinita** 1647
81* B. rund mit sich berührend. od. sich deckend. Basallapp., auf ¹/₃ bis ¹/₂ geteilt, Blü.stiele bis 4 mm lg, bisweil. einige behaart, vgl. 73 **A. subglobosa** 1649
80* St.- u. B.stielbehaarg ± waagr. abstehd
82 St. höchst. an d. 3 unter. St.gliedern behaart, Nebenb. aller St.b. ± randl. behaart (nur d. unterst. gelegtl. mit einigen Haaren) vgl. 67* **A. filicaulis** ssp. **filicaulis** 1656
82* St. an mehr als 3 St.gliedern behaart, zumindest d. unteren Nebenb. auf d. Fläche behaart
83 B.oberseite völlg kahl (höchst. randl. auf d. Zähn. einzelne Haare), vgl. 67 **A. xanthochlora** 1655

83*B.oberseite spärl. od. nur in d. Falten behaart
84 B. auf $^1/_3$ bis $^1/_2$ geteilt mit dreieckig. bis schmal parabol. B.lapp., Stiel d.
    unter. St.b. bis 5mal lger als B., Zähne spitz, grob u. ungleich, vgl. 66
                                       A. acutiloba 1653
84*B. höchst. bis $^1/_3$ geteilt mit rundl. bis parabol. B.lapp., untere St.b.
    s. kurz, bis 1,5mal d. B.länge gestielt, Zähne stumpf, grob od. spitz u.
    gleichmäßg
85 B. 9-11lappg mit spitz., $\pm$ gleichmäßg., oft treppenartg angeordnet. Zähn.,
    St.b. alle s. groß, vgl. 67   **A. xanthochlora** 1655
85*B. 7 bis(unvollstdg)9lappg, mit breit., grob., oft unregelmäßg. Zähn., St.b.
    nach oben rasch kleiner u. v. abweichd. Gestalt
86 B. kreisrd mit schmal. Basalbucht u. sich zuweilen deckend. Basallapp.,
    auf $^1/_4$ bis $^1/_3$ geteilt, Kelchb. meist kahl, vgl. 50   **A. subcrenata** 1650
86*B. nierenförmg mit breiter Basalbucht, auf $^1/_7$ bis $^1/_4$ geteilt, Kelchb. immer,
    zumind. randl., behaart, vgl. 75   **A. crinita** 1647

1620. **Schneetälchen-F., A. pentaphylléa** L., zerstr., ab.gesellg in bodensauer. humos. Schneetälch.-Ges. d. westl. Zentralalp., Char. d. Salicetum
herb. – Tirol-Vorarlberg-Schweiz – walp – H – Chrom. 2n = 64, 96–102.

1621. **A. alpína** L.*) zieml. slt. in bodensauer. Magerras. u. -weiden d.
subalp. u. alp. Stufe auf frisch. nährstoff.- u. basenarm. humos. Lehmböd., Nardion-Verb.char., auch im Lois.-Vaccinion – A (Österreich,
Schweiz, in Bayern fehld) – arktsubozean-alp – H – Chrom. 2n = ca. 120,
128, ca. 140.

1622. **A. saxátilis** Bus., slt. auf meist kalkarm. Böd. in steing. lückg.
Rasenges. (z.B. mit *Festuca varia* s.l.), in Felsspalt. od. im Felsschutt,
gelgtl. angepflzt – westl. Zentralalp., in Bayern fehld – alp – H.

1623. **A. subsericea** Reut., slt. in d. subalp.-alp Stufe im Felsschutt,
lückg. Rasen, auch Nardeten od. in Initialges. d. Adenostyletalia auf
frisch. kalkarm. steinig. Böd. – A (vorwiegd Zentralalp, Nordalp. nur
Schweiz) – H.

1624. **A. plicátula** Gand., zerstr. bis slt. in lückg. Rasenges., im Felsschutt u. in Felsspalt. über frisch., vorwiegd kalkhaltg. Steinböd. d. mont-
subalp. Stufe, – süSch (Feldberg in feucht. Felsbandges. über kalkführd.
Gneis-Klüften, Belchen), A, Vog – walp – Chrom. 2n = 121–129.

1625. **A. amphiserícea** Bus., zerstr. in lückg. Rasenges., im Felsschutt
od. in Felsspalt. auf steinig. Kalkböd. d. hochmont.-subalp. Stufe –
A (Schweiz, Österreich) – alp – H.

1626. **A. pállens** Bus., zerstr. auf rasig. Halden, auch im Steinschutt auf
frisch. kalkhaltg. Böd. d. hochmont.-subalp. Stufe (600–1400 m), z.B.

---

*) Auf deutsche Namen wird im folgd. verzichtet, da sie nur Kunstnamen
ohne gängige Bedeutung sein können.

im Caricetum ferr. (Caricion ferr.) – A (Bayern, Vorarlberg, Schweiz), schweiz. Ju, – walp – H – Chrom. 2n = 122–129.
Nahe steht: *A. conjuncta* Bab. mit nur bis auf etwa $^1/_3$ eingeschnitt. B., westalpine Art (Frankreich, Schweiz), gelgtl. gepflanzt – Chrom. 2n = 120–123.

1627. **A. anisíaca** Wettst., slt. in Rasenges., auch im Felsschutt od. in Hochstaud.ges. d. subalp. Stufe auf frisch. kalkhaltg. Böden – A (nur Österreich) – oalp – H.

1628. **A. hoppeána** (Rchb.) DT., zerstr. in lückig. Rasen, im Felsschutt u. in Felsspalten auf frisch. kalkhaltg. Böden. d. mont.-subalp. Stufe (700–1500 m) – A (östl. bayer. Alp., Österreich, Schweiz), Vog – (o)alp – H – Chrom. 2n = 120–128.

1629. **A. grossidéns** Bus., zerstr. in lückig. Rasenges., od. im Felsschutt der subalp.-alp. Stufe auf kalkhaltg. Böd. – A (Allgäu, Vorarlberg, Schweiz) – walp – H – Chrom. 2n = 64.

1630. **A. glaciális** Bus., zerstr. v. all. in Kalkschutt-ges. d. alpin. Stufe – A (Schweiz, Liechtenstein) – (w)alp – H.

1631. **A. fissa** Günth. et Schumm., zml. hfg. in Schneetälch.- u. lückg. Rasen-ges. d. subalp.-alpin. Stufe auf frisch.-feucht. basenreich. (kalk-arm.- u. reich.), meist feinschuttreich., humos. Lehmböd., Salicetea herb.-Kl.char., auch im Poion alp. od. Rumicion alp. – A (Bayern, Österreich, Schweiz), Vog – alp – H – Chrom. 2n = 142–152.

1632. **A. incísa** Bus., zerstr. an Quellen u. Bachufern, auch in Schnee-tälch. od. in lückg. Rasenges. auf kalkhaltg. frisch.-feucht. humos. Lehm-böd. in Cratoneurion- od. Salicetea herb.-Ges. – A (Bayern, Schweiz, Österreich, v. all. Kalkketten), Vog – (w)alp – H – Chrom. 2n = 103–108.

1633. **A. pyrenáica** Duf., zml. slt. in subalp. Magerrasen – A (Allgäu, Schweiz) – alp – H – Chrom. 2n = 140–146.

1634. **A. othmárii** Bus., slt. in Magerras. über kalkhaltg. Böd. d. subalp. Stufe – A (Allgäu, Schweiz, Verbreitg ungenügd bekannt) – alp – H.

1635. **A. cuspidéns** Bus., slt. in subalp. Magerras. – A (Allgäu, Öster-reich, Schweiz) – oalp – H.

1636. **A. fállax** Bus., zml. slt. in subalp.-alp. mager. Rasenges. auf oft kalkhaltg., aber oberflächl. versauert. Böd., z.B. im Nardion, aber auch in Seslerietea-Ges. – A (Allgäu, Schweiz, Vorarlberg) – alp – H.

1637. **A. kérneri** Rothm., slt. in Rasenges. d. alp. Stufe – A (Allgäu-Fellhorn) – oalp – H – Chrom. 2n = ca. 114.
Nahe steht: *A. spléndens* Christ. mit ungefaltet. B. u. offener Bucht, walp Art (Schweiz–Frankreich), in Bayern b. Garm. Partenkirchen (Schachen) gepflzt u. verwildert.

1638. **A. glaucéscens** Wallr. (*A. hýbrida* auct.), zerstr. in Magerrasen-Ges. d. mont.-subalp. Stufe auf frisch.-mäßg trocken., basenreich., aber meist kalkarm-sauer. humos. Stein- u. Lehmböden, Nardetalia-Ordn.-char., auch in mager. Polyg.-Trisetion- od. Mesobromion-Ges. – Vog, Sch, Pf, Ju, Do, FrW, He, NSH, Hz, Th, An, Erzg, Sa, Av, A bis 2270 m – pralp-no – H – Chrom. 2n = 103–110.

1639. **A. flabelláta** Bus., zerstr. in trocken., bodensaueren Magerrasen-Ges. d. alp. Stufe, auch über Kalk, v. all. in Nardeten, im Caricetum curv. od. im Elynetum – A – alp – H – Chrom. 2n = 101–106.

1640. **A. plicáta** Bus., zerstr. in mager., aber nicht zu nährstoffarm. Wiesen u. Weiden d. mont.-subalp. Stufe, z. B. im Fest.-Cynosuretum, auch im Polyg.-Trisetion – A (Pfronten, Kl. Walsertal), BayW, He, Erzg – no-pralp – H – Chrom. 2n = 104–108.

1641. **A. coloráta** Bus., slt. z. B. in Seslerietalia-Ges. – A – alp – H.

1642. **A. exígua** Bus., slt. in subalp.-alp. Magerweiden – A, Av – oalp – H.

1643. **A. helvética** Brügg., slt. in feucht. Magerweiden u. Schneebod.-Ges. – A (fehlt in Bayern, nur Schweiz–Österreich) – walp – H.

1644. **A. móllis** (Bus.) Rothm., hie u. da in Steingärt. u. gelgtl. verwildert (z. B. Do-Av) – Herkunft SO-europ. Gebirge – Kaukasus – H – Chrom. 2n = 102–106.

1645. **A. propínqua** Lindb. f., zerstr. in bodensauer. Frischwiesen, in Arrhenatheretalia-Ges. – SH, Hz, Erzg, (Br) – no – H.

1646. **A. montícola** Opiz, zml. hfg v. all. in mont. Wiesen u. Weiden auf mäßg nährstoffreich., sauer-humosen Lehmböd. v. allem im Polyg.-Trisetion od. Cynosurion, sowie in mont. Arrhenathereten, Arrhena-theretalia-Ordn.char., auch in *Trifol.*-reich. Nardeten od. im Alch.-Poëtum supinae (Polygonion av.) – v. all. Mittelgebirge u. A, in Tieflag. (z. B. Rh) od. im Nordw. slt. od. fehld – no-pralp – H – Chrom. 2n = 101, 103–109 (110).

1647. **A. criníta** Bus., zerstr. in Wiesen u. Weiden, auch in Stauden- u. Lägerfluren, in Saum-Ges., auf frisch.-feucht. nährstoffreich., meist kalkarm. Lehmböden, z. B. im Calthion, Polyg.-Trisetion od. Cynosurion, auch im Rumicion alp. oder in Nardion-Ges. – Rh (slt.), Sch, Ju, BayW, Av, A, L – (o)pralp-alp – H – Chrom. 2n = 102–108.

1648. **A. strigósula** Bus., slt. in mager. Bergwies. u. an Waldrändern – Ju, Av, A – pralp – H.

1649. **A. subglobósa** C. G. Westerl., zerstr. in bodensauer. Bergwies. u. -weiden auf bodensauer. Lehmböd., im Cynosurion u. Polyg.-Trisetion, auch ruderal an Wegen – Av, BayW, FrW, Erzg.Hz, Sa – no(kont) – H – Chrom. 2n = 102–108.

1650. **A. subcrenáta** Bus., zerstr., v. all. in Bergwies. od. in Stauden-
fluren auf ± nährstoffreich. kalkarm. Lehmböd., z.B. im Cynosurion,
Calthion u. Polyg.-Trisetion, auch im Caricion ferr., Adenostylion od.
Rumicion alp., sowie im Poëtum sup. (Polygonion av.) – Do, Av, A,
BayW, SFW, He, Hz, Erzg, slt. auch SH, Me, Br – no-pralp – H – Chrom.
2n = 96, 103–110.

1651. **A. cymatophýlla** Juz., slt. in frisch. Wiesen-, Weiden- u. Staudenges. – Erzg – no – H – Chrom. 2n = 102–106.

1652. **A. obscúra** Bus., slt. in feucht. Gebirgsweid. u. Lägerges., z.B.
im Poion alp. u. Rumicion alp. – A – wpralp (Verbrtg ungenügd bekannt).

1653. **A. acutilóba** Opiz, zerstr. in frisch. Bergwiesen u. -weid. auf mäßg
nährstoffreich., kalkarm. Lehmböd., z.B. im Arrhenatherion od. Polyg.-
Trisetion, auch im Polygonion av., Adenostylion od. Rumicion alp. –
v. all. mittl. Berglag., Alpenhochlag. fehld, z.B. Pf, Ju, Do, Av, BayW,
Hz, Erzg, He, im Nordw. slt. od. fehld – no(kont)-pralp – H – Chrom.
2n = 102–106, 105–109.

1654. **A. grácilis** Opiz, slt. in feucht. Bergwies., in Flachmoor-Ges. od. an
Wegrändern, z.B. im Polygonion av., Cynosurion od. Polyg.-Trisetion,
auch in Scheuchz.-Caricetea-Ges. od. im Rumicion alp. – mittl. Berglag.,
z.B. süSch, Pf (Saar), Ju, Do, Av, BayW, Hz, Erzg, He, im Nordw. u. N
slt. od. fehld – nokont-pralp – H – Chrom. 2n = 93, 104–110.

1655. **A. xanthochlóra** Rothm., zml. hfg in Fett- u. Naßwiesen, an Weg-
u. Grabenrändern, in Weiden u. Saumges., v. all. des Gebirges, Mol.-
Arrhenatheretea-Kl.char., auch im Aegopodion, Rumicion alp. od.
Caricion dav. – Ebene bis mittl. Gebirgslag., v. all. im W d. Gebietes –
subatl (pralp-no) – H – Chrom. 2n = 105.

1656. **A. filicáulis** Bus., zerstr. in Wiesen u. Weiden v. all. d. Gebirges,
auch in Naßwiesen, wohl Mol.-Arrhenatheretea-Art – z.B. Sch, Ju, Av,
A, Pf, RS, BayW, He, Hz, Erzg, Th, im NO (Me, Br) slt. – no-pralp – H.

1656a. **ssp. filicáulis,** im N (slt.) u. S d. Gebietes, nord.-alp. – Chrom.
2n = 103–110.

1656b. **ssp. vestíta** (Bus.) Bradsh., magerer u. zugleich oft auch trockener
stehd als vor, nur im NW d. Gebietes (südl. bis He u. slt. Do).

1657. **A. rhododendrophíla** Bus., zerstr. in Bergwies. auf kalkhaltg. Böd.
– A (Schweiz–Liechtenstein) – walp – H.

1658. **A. decúmbens** Bus., zml. hfg in Schneetälch.-Ges. od. frisch.
Magerweid. d. Hochgebirges (1400–2200 m), Salicetea herb.-Art, auch
im Poion alp., Nardion od. in Elyneten – A (Bayern, Österreich,
Schweiz) – alp – H.

1659. **A. unduláta** Bus., zerstr. in Wiesen u. Weiden der subalp.-alp.

Stufe (v. all. 1300–2100 m), im Polyg.-Trisetion od. Poion alp. – A (mittl. Bayer. Alp., Schweiz, Österreich) – alp – H.

1660. **A. rubrístipula** Bus., slt. in frisch. Hochgebirgswies. z.B. d. Polyg.-Trisetion – A (Bayern bis 2000 m, Österreich, Schweiz) – alp – H.

1661. **A. tirolénsis** Bus., slt. in Wiesen u. Weiden d. subalp.-alp. Stufe z.B. im Poion alp. – A (Bayern-Wetterstein, 2000 m, Österreich) – oalp – H – Chrom. 2n = 117–127.

1662. **A. heterópoda** Bus., slt. in sonnig., mäßg trock. Bergwies. d. Hochgebirges – A (Allgäu: Pfronten-Berg, Schweiz) – walp – H.

1663. **A. ténuis** Bus., zml. slt. in mager. Bergwies. d. mont. u. subalp. Stufe, auch auf Schneeböd. – A (Bayern, Schweiz, Österreich), RS (Eifel) – (w)alp-pralp – H.

1664. **A. glomérulans** Bus., slt. in Gebirgsweid., auch auf Schneeböd., im Nardion u. Salicion herb., auch in Naßwies. d. Calthion – A (Bayern, Österreich, Schweiz), He (Rhön) – no-pralp – H – Chrom. 2n = 96, 101–109.

1665. **A. controvérsa** Bus., zerstr. in frisch. Weiderasen d. subalp. Stufe auf kalkhaltg. humos. Lehmböd. – A (Schweiz–Liechtenstein) – walp – H.

1666. **A. cleistophýlla** Rothm. et Schwz, slt. in Steinras. d. Hochgebirges – A (Allgäu: Stuiben) – endem. (alp) – H.

1667. **A. connivéns** Bus., slt. in Weid. u. Wies. d. Hochgebirges, im Cynosurion, Poion alp., Polyg.-Trisetion, aber auch in Seslerieten u. Mesobrometen – A (Bayern, Schweiz), Ju(?) – pralp – H.

1668. **A. acútidens** Bus., slt. in frisch. Magerweiden d. Hochgebirges – A (Schweiz, nicht in Bayern) – walp – H – Chrom. 2n = 101–110.

1669. **A. renifórmis** Bus., slt. in Flachmoor. u. Hochmooranflüg. auch an Quell. u. in feucht. Weiden d. Gebirges, v. all. in Caricetalia f.-Ges., auch im Card.-Montion od. in feucht. Nardeten – A, Av, BayW, Erzg – pralp – H.

1670. **A. lineáta** Bus., slt. in Gebirgsweid. z.B. d. Cynosurion, auch in Waldsaum-Ges. – A, Av, Vog, süSch – wpralp – H.

1671. **A. obtúsa** Bus., slt. in Schneeboden-Ges. od. Hochgebirgsweiden, v. all. im Salicion herb. – A (Allgäu) – nokont-pralp – H – Chrom. 2n = 101–106.

1672. **A. effúsa** Bus., zerstr. in staudenreich. Grasfluren, auch in Naß-wiesen u. an Quellen, in Molinietalia-Ges., an Waldrändern – A (Bayern, Österreich, Schweiz), BayW, Ju, Erzg – pralp – H.

1673. **A. impéxa** Bus., slt. in frisch. Weiden u. Staudenflur. d. subalp. Stufe, z.B. im Cynosurion u. Rumicion alp. – A (Bayern, Schweiz, Österreich) – pralp – H – Chrom. 2n = 100–106.

1674. **A. glábra** Neygenf., zerstr. in feucht. Wiesen u. an Bachufern des Hoch- u. Mittelgebirges, in Mol.-Arrhenatheretea-Ges., auch im Card.-Montion – z.B. Vog, süSch, Pf, SFW, BayW, Do, A, Av, Erzg, im Nordw. slt. od. fehld – no(subozean)-pralp – H – Chrom. 2n = 96, 102–110.

1675. **A. versípila** Bus., slt. in frisch. Steinras. d. Hochgebirges – A (Bayern, Österreich, Schweiz) – pralp – H.

1676. **A. coriácea** Bus., slt. in subalp. Quellfluren, in nass. Felsrunsen, auf Schneeböd., im Alpenvorland auch in Flachmooren (Scheuchz.-Caricetea) od. in Fettweiden, gilt als Card.-Montion-Verb.char. – z.B. Sch, Ju, Av, A – wpralp – H.

1677. **A. inconcínna** Bus., slt. in frisch. Bergwies. u. -weiden d. Alpen – A (Bayern, Schweiz, Österreich) – wpralp – H.

1678. **A. truncilóba** Bus., slt. in frisch.-feucht. Weiden u. Stauden-Ges. d. Alpen, z.B. im Cynosurion od. Rumicion alp. – A (Bayern, Österreich, Schweiz) – pralp – H.

1679. **A. sinuáta** Bus., slt. in frisch. Bergweid. d. Alpen – A (Bayern, Österreich, Schweiz) – walp – H.

1680. **A. stramínea** Bus., slt. in Quellflur. od. Naßwies. d. Gebirges (Calthion), auch in feucht. Nardeten – Ju(?), BayW, Av, A – pralp – H.

1681. **A. demíssa** Bus., slt. in Schneeböd. u. feucht. Rasenges., an Bachufern d. Hochgebirges auf feucht. kalkhaltg. bis kalkfreien humos. Böd. – A (Schweiz, Österreich) – walp – H.

Spierstaude, Filipéndula Mill. em. Adans.

1　B. mit 2–5 doppelt gesägt., wenigst. 3 cm lg. Fiederblättch., Blü.b. 2–5 mm lg, gelbl.-weiß, 50–150 cm, ♃, 6–8　　　**F. ulmaria**　1682
1*　B. mit 20–50 eingeschnitt.-gesägt., 1–2 cm lg. Fiederblättch., Blü.b. 5–9 mm lg, weiß, außen oft rötl., Wurzelfasern z. T. knollg verdickt, 30–60 cm, ♃, 5–7　　　**F. vulgaris**　1683

1682. **Mädesüß, F. ulmária** (L.) Maxim., hfg in Naßwiesen, an Gräben, in Verlandungsbeständen u. Moorwiesen, an Ufern, Quellen, im Ufergebüsch u. in Auenwäldern, auf sicker- od. grundnass. bis feucht., nährstoffreich., mild-mäß.sauer., humos., sandg. od. rein. Lehm- u. Tonböden (Sumpfhumusböden), auch auf Torf, Gleyboden-Zeiger, Licht-Halbschattpf., Verkrautgspionier auf vernachlässgt. Naßwies., Eschen- u. Erlen-Begleiter, Insekt.bestäubg, Blü. als Heiltee, Filipendulion-Verb.char., auch in and. Molinietalia- od. in Convolvuletalia-Ges., sowie im Alno-Ulmion (od. slt. im feucht. Carpinion) – Ebene bis Gebirge, A bis 1360 m, süSch bis 1420 m – no-euras – H – Chrom. 2n = 14, 16, formenreich:

1   B. unt.sts bleichgrün, aber nicht filzg

1682a. ssp. denudáta (Presl) Hayek, verbr. Sippe.

1*   B. unt.sts grau- od. weißfilzg

1682b. ssp. ulmária [ssp. *nívea* (Wallr.) Hayek], zerstr., v. all. in tief. Lagen – z. B. Sch, BayW, Av, A.

1683. Knollige Sp., F. vulgáris Moench (*F. hexapétala* Gilib.), slt. in Kalk-Magerrasen, Halbtrockenrasen, in Gebüschsäumen, an Waldrändern u. in licht. Eichen- od. Kiefernwäldern, auf sommerwarm., vorzugsw. wechseltrock., basen-(kalk-)reich., ± mild., humos. Lehm- u. Tonböden, Licht-Halbschattpf., Insekt.bestäubg, alte Heiltee-Pf., auch Zierpf., v. all. in wechseltrocken. Mesobromion- u. Cirsio-Brachypodion-Ges. (z. T. mit *Molinia arund.*), Festuco-Brometea-Kl.char., auch im Molinion od. Geranion sang. – Ebene bis mittl. Gebirgslag., Ju bis 1000 m, A bis 900 m, im Nordw. fehld – euraskont-smed – H – Chrom. 2n = 14, 15.

Rose, Rósa L.

I. Wildarten

1   Griffel zu bleibd., aus d. Blü.becher herausragd. Stielch. mit kopfg. Narbe verwachs., ± so lg wie Staubb., Blü. weiß, einzeln, lg gestielt, Fr. u. Kelch kahl, mit hinfällg. Kelchb., B. mit 5–7 hellgrün., kahl. Fiederblättch., St. bogig, niederliegd, kriechd, schlank, grün, 50–150 cm, ♃, 6–7
                                         R. arvensis 1696
  vgl. auch unt. 16   **R. stylosa** 1709

1*   Griffel frei, nicht verwachs., am Blü.becher-Boden kopfg gehäuft od. ± säulig (dann kürzer als Staubb.), St. aufrecht

2   Kelchb., wenigst. teilw. durch schmale od. eiförmige Anhängsel gefiedert (2* vgl. S. 563 unten)

3   Stacheln ungleich, z. T. borstl. gerade, z. T. kräftig u. gekrümmt, B. mit meist 5 groß., rundl., 2–6 cm lg. (z. T. wintergrün. u. untersts blass.) Fiederblättch., Blü. meist einzeln, groß, rot, Fr. kugelg, etwas stacheldrüsg, 20–60 cm, ♃, 6–7
                                           R. gallica 1697

3*   Stacheln ± gleichgestaltet, alle kräftg, gerade od. gekrümmt, z. T. mit Stieldrüs. untermengt, od. Stacheln fehld, B. meist 7zählg, höhere Sträucher

4   Stacheln gerade od. schwach gekrümmt, B. untersts oft drüsg, Blü. meist lebhaft rot (4* S. 562 Mitte)

5   Fiederblättch. ob.sts kahl, untersts bleichgrün, mit deutl. Adernetz, Fr. meist ohne Drüsen od. nur am Stiel drüsg

6   B. untersts wie B.zähne u. Blü.stiele drüsg, oberstts dunkelgrün, rundl., derb, Kelchb. zuletzt abstehd od. zurückgeschlag., hinfällig, 0,5–3 m, ♃, 6
                                       R. jundzillii 1698
  vgl. auch unt. 19*   **R. abietina** 1711

6*   B. untersts ohne Drüsen, Fiederblättch. längl., wie St. ± rot u. graublau überlauf., Kelchb. zuletzt aufgerichtet, nur z. T. fädl. gefiedert, Fr. kugelg, 1–2 m, ♃, 6–7
                                         R. glauca 1699

5* Fiederblättch. beidersts behaart, dünn, obersts ± graugrün, Kelchb. zuletzt
   abstehd-aufgerichtet, Fr. ± stacheldrüsg u. ± kugelg
7 Stacheln völlg gerade, Nebenb. einwrts gekrümmt, Blü.stiele u. kuglge Fr.
   ± drüsg-borstg, Blü.äste gerade, Blü. kurz gestielt, Kelchb. bleibd, Griffel
   wollg
8 Endblättch. d. Fiederb. bis 5 cm lg, Fr. bis 2 cm groß, wie B. meist mit
   zahlreich. Stieldrüs. u. Nadelstacheln, 1–2 m, ♄, 6–7   **R. villosa** 1700
8* Endblättch. d. Fiederb. bis 3 cm lg, Fr. bis 1 cm groß, nur spärl. stieldrüsg
   od. kahl, 0,5–1 m, ♄, 6–7   **R. mollis** 1701
7* Stacheln schwach gekrümmt, Nebenb. ± abstehd, Zweige zickzackförmg
   gebog., Kelchb. ± hinfällg, B. graublaugrün
9 Fr.stiele höchst. so lg wie Fr., Blü. rot, Fr. dicht stacheldrüsg, B. unt.sts ±
   seidg schimmernd, blaugrün, ± stieldrüsg, 1–2 m, ♄, 6–7
                                                            R. sherardii 1702
9* Fr.stiele (1)2–3mal so lg wie Fr., Blü. blaßrosa-weißl., Fr. nur locker drüsg,
   B. hell graugrün, unt.sts meist ohne Stieldrüs.
10 Kelchb. zuletzt zurückgeschlag.-abstehd, hinfällg, Stacheln mit brtem
   Grund, 1–2 m, ♄, 6   **R. tomentosa** 1703
10* Kelchb. zuletzt aufgerichtet, bleibd, Stacheln nicht verbreitert, 1–2 m, ♄, 6
                                                            R. scabriuscula 1704
   vgl. auch bei 25*   **R. caesia** 1719
4* Stacheln (an blühd. Zweigen) hakig gebogen, B. untersts drüsg od. drüsenlos
11 B. v. all. untersts reichdrüsg, duftg, Fiederblättch. rundl.-ellipt., 1–3 cm lg
12 Fiederblättch. rundl., am Grund gerundet, ± rötl. behaart, Blü.stiele dicht
   stieldrüsg, Blü. rot od. rosa
13 Kelchb. zuletzt abstehd od. zurückgeschlag., hinfällg, Blü.stiele 1,5–3 cm lg,
   Blü. weiß-blaßrosa, Griffelköpfch. kahl od. spärl. behaart, verlängert,
   Fr. purpurrot, B. mit Apfelgeruch. Strauch lockerästg, 1–2 m, ♄, 5–6
                                                            R. micrantha 1705
13* Kelchb. zuletzt aufgerichtet, bleibd, Blü.stiele etwa 1 cm lg, Blü. rosenrot,
   Griffelköpfch. wollg, sitzd, Fr. orangerot, B. mit Weingeruch, Strauch
   gedrungen, 1–2 m, ♄, 6–7   **R. rubiginosa** 1706
12* Fiederblättch. längl., mit keilförmg. Grund, Blü.stiele kahl od. nur lock.
   stieldrüsg, Blü. blaßrosa od. weiß
14 Griffelköpfch. kahl od. spärl. behaart, etwas verlängert, Blü.stiel 1–2 cm
   lg, Kelchb. zuletzt zurückgeschlagen, hinfällig, Fr. gelbrot, 1–2 m, ♄, 6
                                                            R. agrestis 1707
14* Griffelköpfch. wollg, Blü.stiel 0,5–1 cm lg, Kelchb. zuletzt abstehd-aufrecht,
   bleibd., Fr. scharl.rot, 1–2 m, ♄, 7   **R. elliptica** 1708
11* B. untersts höchst. spärl. drüsg, ± behaart, nicht duftend, Fiederblättch. bis
   3,5 cm lg, Blü. rosa
15 Kelchb. zuletzt zurückgeschlagen, hinfällg, Griffelköpfch. schmal, kahl od.
   ± behaart, Blü. rosa od. weiß, Fr. meist längl.-oval
16 Fr.stiel 2–4mal lger als Fr., stieldrüsg, B. derb, obersts glänzd, untersts matt,
   auf d. Nerven behaart, ohne Drüs., St. mit bis zu 1 cm lgen Stacheln, Griffel
   etwas säulenförmg, ab. kürzer als Staubb., 1–4 m, ♄, 6–7
                                                            R. stylosa 1709
16* Fr.stiel viel kürzer, Griffel frei, kurz
17 B. unt.sts mindest. auf d. Nerv. behaart, drüsenlos od. spärl. drüsg
18 Blü.stiele stieldrüsg

19 B. unt.sts auf d. Nerv. behaart, ohne Drüs., dünn, Fr.stiel kurz, Blü.fast
weiß, 1–2 m, ♄, 6   **R. deseglisei** 1717
19* B. unt.sts dichter filzg behaart, spärl. drüsg, dickl., Fr.stiel 2–2,5 cm lg,
Kelchb. jed.sts m. 2–4 Fiederch..Blü. rötl., 1–2 m, ♄, 6 **R. abietina** 1711
18* Blü.stiele kahl od. slt. weng drüsg, Blü. weißl.-blaßrosa
20 B. unt.sts flaumg behaart, spärl. drüsg, Fiederblättch. dickl., rundl., Fr.stiel
1–1,5 cm lg, Kelchb. mit jed.sts 4–6 Fiederch., 1–2 m, ♄, 6
        R. obtusifolia 1710
20* B. unt.sts ohne Drüs., aber wenigst. auf d. Nerv. behaart, ob.sts oft glänzd,
Fiederblättch. dünn, ellipt.-zugespitzt, 1–2 m, ♄, 6 **R. corymbifera** 1716
17* B. unt.sts kahl od. höchst. auf d. Mittelnerv. etwas behaart, aber z. T. spärl.
drüsg, Blü. weißl.-rosa
21 Blü.stiel kahl
22 B. drüsenlos, dünn, 1–3 m, ♄, 6   **R. canina** 1712
vgl. auch bei 20.*   **R. corymbifera** 1716
22* B. wenigst. auf d. Nerv. od. auch B.stiele drüsg
23 Fiederblättch. mit Drüs.zähn., 1–3 m, ♄, 6   **R. nitidula** 1713
23* Fiederblättch. ohne Drüsenzähne, 1–3 m, ♄, 6   **R. squarrosa** 1714
21* Blü.stiele drüsg
24 Fiederblättch. einfach gezähnt mit breit. kurz. Zähn., 1–2 m, ♄, 6
        R. andegavensis 1715
24* Fiederblättch. doppelt gezähnt mit lgen spitz. Zähn., vgl. bei 23
        R. nitidula 1713
15* Kelchb. zuletzt aufgerichtet, ± bleibd, Griffelköpfch. brt, wollg, Blü.stiele
nur 5–10 mm lg, von zml. groß. Tragb. meist.überragt, Fr. ± kugelg, Blü.
rosarot, B. blaugrün
25 B. untersts fast kahl (höchst. Mittelnerv behaart), obersts kahl, ± blaugrün
bereift, 1–2 m, ♄, 6   **R. vosagiaca** 1718
25* B. untersts deutl. u. meist dicht behaart, etwas starr, Stacheln derb, 1–2 m, ♄,
6   **R. caesia** 1719
2* Kelchb. ohne Anhängsel, ungefiedert, B. meist kahl u. Griffelköpfch.
behaart
26 Pf. ± gleichmäß. lock. bestachelt od. fast ganz ohne Stacheln, Fiederblättch. längl., Kelchb. zuletzt aufgerichtet, Blü. rot
27 Stacheln deutl., zahlreich vorhanden
28 Stacheln gerade, St. meist rot, wie B. graublau überlauf., vgl. unt. 6*
        R. glauca 1699
28* Stacheln hakg gekrümmt, am B.grund meist paarg, B. behaart, Nebenb. mit
gerollt. Rändern, St. glänzd braunrot, Fr. kugelg, kahl, 0,5–1,5 m, ♄, 5–6
        R. majalis 1720
27* Stacheln fehld od. nur spärl. an jg. Trieben mit Nadelstacheln, B. mit 9–11
blaugrün. Fiederblättch., Fr. längl., zuletzt nickd, Fr.stiele ± drüsenborstg,
0,5–2 m, ♄, 6–7   **R. pendulina** 1721
26* Pf. dicht mit gerad., kräftg. u. borstenförmg. Stacheln besetzt, B. mit 5–11
kl. rundl. Fiederblättch., Blü. weiß, meist einzeln, Kelchb. abstehd-
zurückgeschlagen, Fr. kugelg, zuletzt schwärzl., 20–80 cm, ♄, 5
        R. pimpinellifolia 1722

II. Gartenrosen

1 Griffel deutl. verlängert, verwachs. od. frei, Kelchb. meist ohne Anhängsel,

zuletzt zurückgeschlag., hinfällg
2   Griffel zu Stielch. verwachsen, ± so lg wie Staubb., St. kletternd, Rankrosen
3   Nebenb. fransg zerschlitzt, B. mit 5–9 Fiederblättch., Blü.std reichblütg,
    Blü. meist weiß   **R. multiflora** 1684
3* Nebenb. nicht zerschlitzt, höchst. gezähnt od. drüsg bewimpert
4   B. sommergrün, die ober. 3zählg, Blü. rot, in reichblütg. Rispe,
    Griffelköpfch. kahl   **R. setigera** 1685
4* B. wintergrün, 5zählg, Griffelköpfch. behaart   **R. moschata** 1686
2* Griffel frei, ± halb so lg wie Staubb., Blü. zu wenigen, groß, ± gefüllt, St.
    meist nicht kletternd, Tee- u. Monatsrosen
                                                        R. chinensis u. Bastarde 1687
1* Griffel kurz mit kopfig gedrängt. Narben
5   Kelchb. gefiedert, St. neben hakig. Stacheln oft noch Stachelborsten u.
    Stieldrüsen, B. 3–5zählg, mit brt-oval. Fiederblättch., Blü. einzeln od. zu
    wenigen, groß, gefüllt, Europäische Edelrosen (*Gallicánae* DC.)
6   Blü. rot
7   Blü. oft nickend u. B.zähne drüsg   **R. centifolia** 1688
7* Blü. aufrecht, B.zähne drüsenlos   **R. damascena** 1689
    vgl. ferner   **R. villosa** 1700
6* Blü. weiß, meist zu mehrer., Kelchb. hinfällg **R. alba** 1690
5* Kelchb. ungefiedert od. nur mit fädl. Anhängseln, Blü. zml. kl., meist wenig
    gefüllt od. ungefüllt
8   Blü. ohne Tragb., meist gelb, nach Wanzen riechd, Fr. kugelg, B. 5–7zählg
                                                  R. foetida 1691
8* Blü.std mit lanzettl. Tragb. u. rot. Blü.
9   Kelchb. zuletzt aufgerichtet
10 Blü.zweige spärl. bestachelt, B. 5–11zählg, Blü. zu 2–8, blaßrosa, kleinere
    Sträucher mit Ausläuf.   **R. blanda** 1692
10* Blü.zweige reichl. bestachelt u. filzg behaart, B. derb, netzrunzelg, Blü. rot,
    meist ungefüllt   **R. rugosa** 1693
    vgl. ferner   **R. majalis** 1720
9* Kelchb. zuletzt ausgebrtet, wenig aufgerichtet, Blü.std dicht stieldrüsg
    (Nordamerik. Rosen)
11 Stacheln gekrümmt   **R. carolina** 1694
11* Stacheln gerade   **R. lucida** 1695

1684. Büschelrose, R. multiflóra Thunb., Heimat: O-Asien.

1685. Prairie-R., R. setígera Rich., Heimat: östl. N-Amerika.

1686. Moschus-R., R. moscháta J. Herrm., wärmeliebd, Heimat: O-
Asien, Abessinien.

1687. Tee-R., Indische R., R. chinénsis Jacq., Heimat: O-Asien, erst im
18. Jahrh. nach Europa eingeführt, heute in viel. Sorten gezüchtet od. mit
d. Europ. Edelrose gekreuzt (Teehybriden), verbrtetste Gartenrose, –
Chrom. 2n = 14.

**1688. Hundertblättrige R., Pompon-R., Moos-R., Europäische R., R.
centifólia** L., seit dem Altertum gezüchtet, Stammpf. v. all. *R. gallica*
neben and. europ. Wildrosen, heute fast nur noch in Bauerngärten od.
auf Friedhöfen.

1689. **Portland-R., R. damascéna** Mill., ähnl. vor., in SO-Europa v. all. zur Gewinnung des Rosenöls gebaut – Chrom. 2n = 28.

1690. **Weiße R., R. álba** L., wahrscheinl. aus d. Kreuzung *R. gállica* u. *R. canína* hervorgegangen, alter Gartenbastard, glgtl. verwildt.

1691. **Kapuziner-R., R. fóetida** J. Herrm., Heimat: W-Asien, glgtl. verwildt – Chrom. 2n = 28.

1692. **Eschen-R., R. blánda** Ait., Heimat: östl N-Amerika, glgtl. verwildt – Chrom. 2n = 14.

1693. **Kartoffel-R., R. rugósa** Thunb., öfter als Hecke usw. gepflzt, z.T. verwildernd, Fr zu Marmelade od. Wein, Heimat: NO-Asien (z.B. in Dünen) – Chrom. 2n = 14.

1694. **Carolina-R., R. carolína** L., Zierstrauch aus N-Amerika.

1695. **Virginische R., R. lucida** Ehrh. (*R. virginiána* Mill.) Zierstrauch aus Nord-Amerika, wie vor.: Chrom. 2n = 28.

Wildrosen

1696. **Kriechende R., R. arvénsis** Huds. (*R. répens* Scop.), hfg in licht., krautreich. Eichen- u. Hainbuchen-Wäldern, slt. in Buchenwäldern od. Nadelmischwäldern, an Weg- u. Waldrändern, in Waldverlichtg., auf frisch., ± nährstoff- u. basenreich., neutral-mäß. sauer., humos., steinig. od. rein. Lehm- u. Tonböden (Mullböden), Lehmzeiger, etwas wärmeliebd, Halbschattpf., Insekt.bestäubg (Pollenblume), Vogel-verbrtg, Carpinion-Verb.char., auch im Ceph.-Fagenion od. Ac.-Tilietum, ± angereichert in Waldverlichtg. od. an Waldränd. in Prunetalia-Stadien – Ebene bis mittl. Gebirgslagen, A bis 1300 m, Ju bis 990 m (in d. Silikatgebirg. slt.), nördl. u. östl. bis NWe, NSH, Th, FrJu – subatl-smed – P – Chrom. 2n = 14.

1697. **Essig-R., R. gállica** L., slt. in licht. gras- u. krautreich. Eichenwäldern, in Wald- u. Gebüschsäumen, an Waldwegen, auf sommerwarm.-mäß. trock. (wechseltrock.), basenreich., mild-neutral. humos., dicht. Lehm- u. Tonböden (Keuper!), Licht-Halbschattpf., z.T. Stammpf. d. europ. Gartenrosen, Zierpf., v. all. im Berberidion u. Geranion sang., z.T. mit *Molinia ar.*, auch in Quercetalia pubesc.- u. Carpinion-Ges. – v. all. warme Hügelländer, nördl. bis RS, He, Th, An, Sa, Silikatgebiete (auch A) fehld – osmed-gemäßkont – P – Chrom. 2n = 21, 28.

1698. **Rauhblättrige R., R. jundzíllii** Bess., slt. im sonnig. Gebüsch, in licht. Eichen- u. Kiefernwäldern, auf mäß. trock., basenreich., neutral-mild., humos., meist steinig. Lehmböden, etwas wärmeliebd, Berberidion-Verb.char., auch im Quercion pubesc. u. Erico-Pinion – v. all. tiefere Lag., A bis 1100 m, nördl. bis RS, Th, An, Sa-Br – gemäßkont – P – Chrom. 2n = 42.

1699. **Rotblättrige R., Bereifte R., R. glaūca** Pourr. (*R. rubrifólia* Vill.), slt. im sonnig. Felsrand- u. Felsband-Gesträuch, auf ± trock., basenreich., feinerde- u. humusarm. Steinböden (Kalk, Porphyr, Basalt usw.), Spaltenwurzler, Lichtpf., Char. d. Cotoneastro-Amelanchieretum (Berberidion) – Vog, süSch (Münstertal), Ju bis 970 m, A bis 1690 m, auch gepflanzt u. verwildert, z.B. Do – pralp-(smed) – P – Chrom. 2n = 28.

1700. **Apfel-R., R. villósa** L. (*R. pomifera* Herrm.), zml. slt. im sonnig. Felsgebüsch, an buschig. Rainen, in licht. Eichen- u. Kiefernwäldern, auf sommerwarm., ± trock., basenreich. (meist kalkhaltg.), oft feinerdearm. Sand- od. Steinböden, Licht- u. Halbschattpf., auch Zierpf. u. glgtl. nur verwildt, Fr. zu Marmelade od. Heilzwecken, Berberidion-Verb.char., auch im Cytiso- u. Erico-Pinion od. Quercion pubesc. – Vog, süSch, Ju (ob. Donautal), A bis 1400 m, sonst meist nur Kulturrelikt – no-pralp (-smed) – P – Chrom. 2n = 28.

1701. **Weiche R., R. móllis** Sm., s. slt. im Gebüsch (Berberidion), z.T. fragl. – z.B. A, RS, Th, Br – mehr nördl. verbr. – Chrom. 2n = 28.

1702. **Sammet-R., R. sherárdii** Davies (*R. omíssa* Déségl.), s. slt. im sonnig., z.T. felsig. Gebüsch, an Waldrändern, auf warm., ± trock., basenreich., kalkhaltg. Lehm- u. Steinböden, Lichtpf., Char. d. Cor.-Rosetum vosag. (Berberidion) – Do-Av, A bis 1337 m, FrJu, auch Fr, süHü, NWe, NSH, Th, An, Sa, Br – pralp – P – Chrom. 2n = 28, 35, 42.

1703. **Filz-R., R. tomentósa** Sm., zerstr. an besonnt., buschig. Hängen, an Waldrändern, in Hecken, auf sommerwarm., mäß. trock., meist basenreich, neutral-mild., humos., lock., ± tiefgründg. Lehm- u. Löß-böden, Licht-Halbschattpf., Prunetalia-Ordn.char., auch im Quercion pub., im Erico-Pinion od. warm. Carpinion – Ebene bis mittl. Gebirgslag., Silikatgebiete slt., A bis 1300 m – smed-gemäßkont – P – Chrom. 2n = 35.

1704. **Kratz-R., R. scabriúscula** Sm. em. H. Br., slt. im Trockenge-büsch auf basenreich. Böd., Berberidion-Art – z.B. Av, Ju, Th, Verbrtg ungenügd bekannt, fehlt im Nordw. – smed – P – Chrom. 2n = 35.

1705. **Kleinblütige R., R. micrántha** Borr. ex Sm., zml. slt. im Gebüsch, an sonnig. Felsen od. steinig. Hängen, an Waldrändern, im licht. Eichenbusch, auf trock., basenreich. Lehm-, Stein- u. Kiesböden, wärmeliebde Lichtpf., z.B. im Cotoneastro-Amelanchieretum, Berberidion-Verb.char., auch im Quercion pubesc. u. Erico-Pinion – Hü, Rh (Breisach), Pf, Sch (Höllental, Schramberg), Bo (Hohentwiel), Ju bis 940 m, Do, Av, A bis 900 m, Fr, Mn (slt.), He, NSH, Th, Br, im nordwestl. Tiefld fehld – smed-subatl – P – Chrom. 2n = 28, 35, 42.

1706. **Wein-R., R. rubiginósa** L., (*R. eglantéria* auct.), zml. hfg im Pionier-Gebüsch von Kalk-Magerweiden, an Waldrändern, Wegböschungen, felsig. Hängen, auf mäß. trock., basenreich., vorzugsw. kalkhaltg., neutral-mild., humos., meist tiefgründ., steinig. od. sandg. Ton- u. Lehmböden, Lehmzeiger, wärmeliebd, Tiefwurzler, Nektar- u. Pollenblume, Vogelverbrtg, Kulturbegleit., Berberidion-Verb.char., v. all. im Pruno-Ligustretum (lokale Char.) – Ebene bis mittl. Gebirgslagen (Silikatgebiete slt.), A bis 1200 m, im N u. Nordw. slt. od.fehld – smed(-subatl), in gemäß. Zonen heute weltweit – P – Chrom. 2n = 35.

1707. Feld-R., R. agréstis Savi, zerstr. an Waldrändern, im Pioniergebüsch von Weiden, in licht., krautreich. Eichenwäldern, auch in Auenwäldern, auf mäß. trock.-frisch., nährstoff- u. basenreich., mildmäß. sauer., humos., ± tiefgründg., lock. Ton- u. Lehmböden, Licht- u. Halbschattpf., etwas wärmeliebd, Prunetalia-Ordn.char., auch in Fagetalia-Ges. bis in d. Alnion – v. all. im S d. Gebiet., Ju bis 900 m, A bis 1100 m, nördl. bis NSH, Th, Sa, Br – smed-subatl – P – Chrom. 2n = (35), 42.

1708. Keilblättrige R., R. ellíptica Tausch, slt. an sonnig. Hängen, in Hecken, auf trock., meist kalkhaltg., gern steinig. Lehmböden, wärmeliebd, Berberidion-Verb.char. – süHü (Els.), Ne, Ju, Do-Av, Fr, Mn, He, NSH, Th, Br – gemäßkont(-pralp) – P – Chrom. 2n = 35, 42.

1709. Griffel-R., R. stylósa Desv., s. slt. im sonnig. Gebüsch, in Hecken, auf ± trock., basenreich., flachgründg-steinig. Lehmböden, wärmeliebd, Prunetalia-Ordn.char., auch im Quercion pub. – süHü, Ne, NWe – atl-smed – P – Chrom. 2n = 35, 42.

1710. Stumpfblättrige R., R. obtusifólia Dev. (*R. tomentélla* Léman), zerstr. im sonnig. Gebüsch, an Waldrändern, in Schlehen-Hecken, an Wegen, auch in licht. Laubwäldern, auf mäß. trock.-frisch., meist kalkhaltg., neutral-mild., steinig. od. rein. Lehmböden, etwas wärmeliebd, Licht-Halbschattpf., Berberidion-Verb.char., auch in Fagetalia-Ges. – Ebene bis mittl. Gebirgslag., A bis 1100 m – subatl-smed – P – Chrom. 2n = 35, nahe steht:

1711. Tannen-R., R. abietína Gren., s. slt. im sonnig. Gebüsch, in steinig. Hängen, an Weg- u. Waldrändern, auf mäß. trock.-frisch., basenreich., steinig. Lehmböden, Berberidion-Verb.char. – Av, A bis 850 m, süSch(?) – pralp – P.

1712. Hunds-R., Hecken-R., R. canína L., verbr. in Hecken, an Wald- u. Wegrändern, im Weidegebüsch, auch in licht. Laub- u. Nadelwäldern, an Waldwegen, in Buschwäldern, auf warm., mäß. trock.-frisch., basenreich., mäß.sauer.-mild., ± humos., meist tiefgründg. Lehmböden, Tiefwurzler, Licht-Halbschattpf., Pionierstrauch, Bodenfestiger, Pollenblume (z. T. apomiktisch), Vogel- u. Wildverbrtg, Fr. (Vitamin-C-haltg) zu Marmelade od. Likör, Samen zu Heiltee usw., Prunetalia-

Ordn.char. – Ebene bis mittl. Gebirgslagen, A bis 1330 m – eurassubozean-smed – P – Chrom. 2n = 35

1713. **Glanz-R., R. nitídula** Bess. (*R. blondaeana* Rip. ex Des.), zerstr. in warm. Trockengebüsch. auf basenreich. Stein- u. Lehmböd., Prunetalia-Ordn. char. – Verbrtg ungenügd bekannt, ab. offenbar zieml. verbr., z. B. Hü, Pf, Ne, Ju, Mn, NWe, usw. – subatl-smed – P.

1714. **Sparrige R., R. squarrósa** (Rau) Bor., zerstr. wie vor. in Hecken u. im Gebüsch, vermutl. Prunetalia-Art – Verbrtg ungenügd bekannt – mitteleurop – P.

1715. **Anjou-R., R. andegavénsis** Bast., zerstr. in wärmeliebd. Gebüsch-Ges., Berberidion-Verb.char. – Verbrtg ungenügd bekannt, z. B. süHü (Kaiserstuhl) – smed-subatl – P.

1716. **Busch-R., R. corymbífera** Borkh. (*R. dumetórum* Thuill.), zml. hfg in Hecken, an Waldränd. auf warm., mäßg trocken., basenreich. Lehmböd., Lichtpf., Tiefwurzler, etwas wärmeliebender u. anspruchsvoller als *R. canina*, Prunetalia-Ordn.char. – Ebene bis mittl. Gebirgslag., Ju bis 900 m, A bis 1300 m – eurassubozean-smed – P – Chrom. 2n = 35.

1717. **Deseglises R., R. deseglísei** Bor., zerstr. in Buschges. d. Prunetalia-Verbrtg ungenügd bekannt – mitteleurop – P.

1718. **Blaugrüne R., R. vosagíaca** Desp. (*R. dumális* Bechst., *R. glauca* Vill.), hfg im licht., mont.-hochmont. od. subalp. Gebüsch, an Weg- u. Waldrändern, an Lesesteinhaufen, in Hecken, in licht. Steinschutt-Wäldern, auf sommerwarm., mäß. trock. (frisch.), basenreich., vornehml. steinig., auch rein. Lehmböden, Licht-(Halbschatt)-pf., Pionierpf., Char. d. Corylo-Rosetum vosag. (Berberidion) – mittl. Gebirgslagen (v. all. zwischen 500–1000 m), Ebene u. Silikatgebirge slt. od. fehld, A bis 950 m, süSch bis 1100 m, im nördl. Tiefld slt. od. fehld – pralp-no – P, formenreich:

1   Hochb. stark entwickelt, lger als d. höchst. 1 cm lgen Blü.stiele, Kelchzipfel aufrecht

1718a. **ssp. vosagíaca,** verbr. Sippe, – Chrom. 2n = 35.

1*   Hochb. schwach entwickelt, Blü.stiele 2–3 cm lg, Kelchb. zuletzt abstehd od. zurückgeschlag., vermittelt zu *R. canina*

1718b. **ssp. subcanína** (Christ) Soó, v. all. in tieferen Lagen u. im N d. Gebiet., Prunetalia-Ordn.char. – Chrom. 2n = 35.

1719. **Leder-R., R. caesia** Sm. (*R. coriifólia* Fr.), zml. slt. in sonng. Hecken, an Waldränd., auf warm., mäßg trocken., meist kalkreich. u. steing. Lehmböd., etwas wärmeliebd, Char. d. Corylo-Rosetum vos. (Berberidion) – z. B. Ju bis 900 m, Ba, Bo, Av, A, Pf, nöHü, Mn, nördl. bis NSH, Th, An Br – pralp(-gemäßkont) – P, formenreich:

1 Hochb. lger als Blü.stiele

1719a. ssp. cáēsia, vorherrschde Sippe, s. o.

1* Hochb. so lg od. kürzer als verlängerte Blü.stiele, Kelchb. zuletzt abstehd od. zurückgebog.

1719b. ssp. subcollína (Christ) Soó, zerstr. v. all. in höheren Lag., z. B. Av, od. im N, genaue Verbrtg ungenügd bekannt – Chrom. 2n = 35.

1720. Zimt-R., R. majális Herrm. (*R. cinnamómea* L.), slt. in sonnig. Hecken, an felsig. Hängen, an Weg- u. Waldrändern, im Auengebüsch, in Auenwäldern, auf sommerwarm., mäß. trock. (-frisch.), ± nährstoff-u. basenreich., ± humos., meist steinig. od. kiesig. Lehm- u. Tonböden, Licht-Halbschattpf., früher Zierpf. u. glgtl. verwildt, gern in Flußauen, Berberidion-Verb.char., auch im Prunion frut. u. oft im Kontakt mit Salicion alb.- od. Alno-Ulmion-Ges. – Bo, Do, Av, A bis 1180 m, ferner FrJu, Fr, BayW, Th (meist nur verwildt) – no-euraskont (im Gebiet an d. W.-Grenze d. Verbrtg) – P – Chrom. 2n = 14.

1721. Alpen-Hecken-R., R. pendulína L., zerstr. im licht., mont. u. subalp. Hochgras- u. Hochstauden-Gebüsch, im Kniegehölz, v. all. im Bereich d. Waldgrenze, an Wald- u. Felsrändern, auch in licht. Bergmischwäldern, auf frisch. (mäß. trock.), basenreich., meist kalkarm., humos., steinig., oft flachgründg. Lehmböden (Mullböden), Lehmzeiger, Licht-Halbschattpf., v. all. im Alnetum viridis od. im Calamagrostion, Adenostyletalia-Ordn.-char., auch im Tilio-Acerion, Erico-Pinion od. im mont. Berberidion – Vog, süSch, Ju (SW-Alb, auch FrJu), BayW, Av, A bis 2175 m, He (Rhön), Erzg – pralp – P – Chrom. 2n = 28.

1722. Bibernell-R., R. pimpinellifólia L. (*R. spinosíssima* L. p. p.), slt. in sonnig. Gebüsch- u. Waldsäumen, in Kalk-Magerrasen (an d. Küsten in Dünensanden), auf sommerwarm.-trock., basenreich., neutral-mild.humos., ± flachgründg., steinig-sandg. Lehmböden (Rendzina), auch in Felsbandges., Wurzelkriech-Pionier (Bodenfestiger), Lichtpf., Bienenweide (Pollenblume), Zierpf., Geranion sang.-Verb.char., meist im Kontakt mit dem Berberidion, auch im subalp. Calamagrostion od. im Koelerion alb. d. Küst.dünen – Vog, süSch (Belchen), süHü (Els), nöHü, Pf, Ne, Ju bis 990 m, Bo, Mn, RS, Th, Nordsee-Inseln, sonst meist nur verwildert (z. B. Do, Br) – euraskont-smed – P (G) – Chrom. 2n = 28.

Zahlreiche Zwischenformen u. Bastarde!

Kirsche, Pflaume, Schlehe, Pfirsich, Aprikose, Mandel, Prúnus L.

I. Wildarten

1 Blü. in 10–20blütg. verlängert. Trauben, Stein grubg gefurcht, 5–10(–15) m, ♄, 4–5   **P. padus** 1733

wenn B. lederg glänzd, Stein glatt   vgl. **P. serotina** 1732

1* Blü. in Dolden, in wenigblütg. Doldentrauben od. einzeln, $\pm$ lg gestielt
2 Blü. deutl. in Dolden od. zu mehrer. doldg gebüschelt
3 Blü. in $\pm$ ebensträußg. Dolde, mit 4–10 Blü., B. rundl.-eiförmg (herzförmg),
   4–8 cm lg, am Grund meist ohne Grübch., 1–6 m, ♄, 4–5
   P. mahaleb 1734
3* Blü. doldg gebüschelt
4 Blü.büschel über d. Knospenschuppen mit 1–3 kl., kahl. B., Pf. meist
   strauchförmg
5 B. 3–4 cm lg, oft abgerundet od. stumpfl., am Grund ohne Grübch., Blü.b.
   ausgerandet, Fr. kugelg, 1 cm brt, schmackhaft, 0,5–1,5 m, ♄, 4
   P. fruticosa 1735
5* B. 6–12 cm lg, meist zugespitzt, am Grund wenigst. z. T. mit Grübch., Blü.b.
   $\pm$ rund, Fr. größer, mehr säuerlich, 2–10 m, ♄, 4–5, vgl. unt. Kulturarten:
   P. cerasus 1728
4* Blü.büschel ohne B., nur mit z. T. zurückgeschlag. Knospenschuppen, B.
   10–15 cm lg, meist mit Grübch. am B.grund, 5–20(–30) m, ♄, 4
   P. avium 1736
2* Blü. einzeln od. zu 2, kurzgestielt, Blü.b. 6–8 mm lg, Fr. aufrecht, kugelg,
   junge Zweige behaart, B. kurz gestielt, längl.-ellipt. (-lanzettl.), ältere
   Zweige mit Dornen, 1–3 m, ♄, 4   **P. spinosa** 1737
   Blü.b. größer   vgl. **P. insititia** 1730

II. Kulturarten

1 Blü. in reichblütg., verlängerten Trauben
2 B. sommergrün, glänzd, Blü.trauben abstehd bis hängd, Kelchb. bleibd,
   Stein glatt   **P. serotina** 1732
2* B. wintergrün, dunkelgrün glänzd, lorbeerb.artg, Blü.trauben aufrecht, an
   vorjährg. Zweigen   **P. laurocerasus** 1723
1* Blü. in Dolden gebüschelt od. einzeln
3 Blü. sitzd od. fast sitzd, Fr. behaart
4 Blü. rot od. rosa, B. lanzettl., Stein gerunzelt, grubg od. löcherg
5 Blü.b. bis 2 cm lg, hellrosa, B.stiel 1,5–2,5 cm lg, B. rand drüsg gesägt, Fr.
   saftlos, Mandelbaum   **P. dulcis** 1724
5* Blü.b. 1–1,5 cm lg, meist dunkelrosa, B.stiel 1–1,5 cm lg, mit deutl. Grübch.
   am B.grund   **P. persica** 1725
   vgl. ferner B. tief, fast 3lappg eingeschnitt., untersts behaart, Blü. meist
   gefüllt, Ziermandel   **P. triloba** 1726
4* Blü. weiß, außen rötl., B. brt-eiförmg-herzförmg, Stein glatt
   P. armeniaca 1727
3* Blü. deutl. gestielt
6 Blü. in Dolden gebüschelt·
7 Blü.dolde am Grund mit 1–2 Laubb.   **P. cerasus** 1728
7* Blü.dolde am Grund nur mit Knospenschuppen   vgl. **P. avium** 1736
6* Blü. einzeln od. zu 2
8 Blü.stiele kahl, Blü. meist hängd, weiß od. rötl., B. meist rot gefärbt, Fr.
   kugelg, rot od. gelb   **P. cerasifera** 1729
8* Blü.stiele flaumg behaart, Blü. meist zu 2
9 Blü.b. rundl., weiß, jge Triebe $\pm$ behaart, Zweige $\pm$ dorng, B. untersts
   zerstr. behaart, Fr. oval-kugelg, blau, gelb od. grünl.   **P. insititia** 1730

9* Blü.b. längl., ± grünl.-weiß, jge Triebe kahl, B. untersts weichhaarg, Fr. längl. **P. domestica** 1731

1723. **Kirschlorbeer, P. laurocérasus** L., (*Laurocérasus officinális* Roem.), hfg in mild. Lagen, z.B. Rh als Zierholz in Gärten u. Parkanlagen, liebt luftfeuchte, schattige, humose Standorte, etwas frostempfindl. u. in streng. Wintern zurückfrierd, B. giftig (Blausäure!) – Heimat: Bulgarien-nördl. Türkei-südl. Kaukasus (Tertiärrelikt!) – Chrom. 2n = 144, 170–180.

1724. **Mandelbaum, P. dúlcis** (Mill.) Webb (*Amýgdalus commúnis* L.), zerstr. in mild. Lagen, z.B. Rh u. Hü gepflanzt u. fruchtd, frostempfindl. u. glgtl. etwas zurückfrierd, Hautkultur in S-Europa, Bittermandelkerne nicht erhitzt mäß. giftig (Blausäure!) – Herkunft: W-Asien (Iran-Irak usw.) – Chrom. 2n = 16.

1725. **Pfirsichbaum, P. pérsica** (L.) Batsch (*Pérsica vulgáris* Mill.), hfg, v. all. in mild. Landesteil. (Weinbaugebiete), in viel. Sorten gezüchtet, liebt warme trock., nährstoff- u. basenreiche, lock., sandige Lehmböden in sonnig., kältegeschützt. Lage, etwas frostempfindl. u. manche Sorten glgtl. erfrierd, Hauptanbaugebiet: smed, vermutl. mit Rebe durch Römer ins Gebiet gebracht u. hier seit mindest. 500 n.Chr. bekannt, Herkunft: China – Chrom. 2n = 16.

1726. **Ziermandel, Mandelröschen, P. tríloba** Lindl., frühblühend. Zierbaum aus China, ähnl. *P. serruláta* Lindl. (B. einfach gesägt).

1727. **Aprikose, P. armeníaca** L. (*Armeníaca vulgáris* La.), hfg gepflzt. v. all. in d. mild. Landesteilen (Weinbaugebiete), liebt warme, nährstoff- u. basenreiche, tiefgründige Lehmböden in sonnig. kältegeschützt. Lage, etwas frostempfindl., in streng. Wintern zurückfrierd, Hauptanbau-Gebiet: smed, seit d. Antike kultiv. – Herkunft: Mittel- u. O-Asien – Chrom. 2n = 16.

1728. **Sauerkirsche, Echter Weichselbaum, P. cérasus** L. (*Cérasus vulgáris* Mill.), hfg gepflzt, liebt nährstoff- u. basenreiche, leichte, lock., sandige Lehmböden, anspruchslos u. frosthart, Flachwurzler, B. als Heiltee, Hauptanbau-Gebiet: O-Europa, seit römisch. Zeit bekannt, Herkunft: SO-Europa-Kleinasien – Chrom. 2n = 32.

1728a. **ssp. cérasus,** Pf. baumförmg, Fr. groß, Stein rundl., hfg kultiv.

1728b. **ssp. ácida** (Dumort.) A. et Gr., Pf. strauchartg, ausläufertreibd, Äste ± hängd, Fr. zml. kl., Stein oval, gepflzt u. hfg verwildert im Pruno-Ligustretum (Berberidion), z.B. in Lößhohlwegen von Hü, auch Ju u. Do.

1729. **Kirschpflaume, P. cerasífera** Ehrh., hfg als frühblühd. Zierbaum in Gärten od. Parkanlagen, v. all. in d. rotblättrg. var. *atropurpúrea* Dipp. (Blutpflaume) – Heimat: Persien-Turkestan-SW-Sibirien – Chrom. 2n = 16.

1730. **Pflaume, P. insitítia** Jusl. (*P. doméstica* ssp. *insitítia* C. Schneid.), seit d. jüng. Steinzeit im Gebiet in viel. Sorten kultiv., ± flachwurzld mit Wurzelsproß., liebt basenreiche, tiefgründge Lehmböd., wahrscheinl. im Orient aus Kreuzung *P. spinosa* × *cerasifera* entstand., altertüml., z. T. oft verwildte od. wilde Formen mit ± dornig. Zweigen sind die Haferpflaume (Kriechen, var. *juliána* L.), die Ziparte (var. *pomariórum* Bout.), edlere u. jüngere Formen sind die Reineclaude [var. *itálica* (Borkh.)] u. a., z. T. unter Einkreuzung v. *P. doméstica* – Chrom. 2n = 48.

1731. **Zwetschge, P. doméstica** L. (*P. doméstica* ssp. *doméstica*), im Gebiet seit Römerzeit kultiv., anspruchsvoller, wärmeliebender u. frostempfindlicher als vor.; ein Bastard *P. doméstica* × *insitítia* ist vermutl. die Bühler Frühzwetschge (var. *subrotundáta* Bechst.), aus d. Kreuzg *P. domestica* × *cerasifera* leiten sich vermutl. d. Mirabellen (var. *syríaca* Borkh.) ab – Heimat: Kleinasien – N-Persien, hier viell. auch aus Kreuzung *P. cerasifera* × *spinosa* entstand. – Chrom. 2n = 48.

1732. **Späte Trauben-Kirsche, P. serótina** Ehrh. (*Pádus serótina* Borkh.), zml. hfg als Zierbaum od. forstl. eingebracht, als Nutz- od. Bodenschutz-Holz (z. B. Rh u. nied. Lagen v. Sch, NS), z. T. verwildt, ab. fast überall schlechtwüchsg – Heimat: östl. N-Amerika – Chrom. 2n = 32.

1733. **Traubenkirsche, P. pádus** L. (*Pádus ávium* Mill.), zml. hfg als Busch od. Baum im Unterstand v. Auenwäldern, im Auengebüsch, an Waldrändern, auf sickernass.(-feucht.), z. T. zeitw. überschwemmt., nährstoff- u. basenreich., ± humos. u. tiefgründg., oft kiesg-sandg. Lehm- u. Tonböden, Mullböden, Grundwasserzeiger, stockausschlagfähg. Intensivwurzler, bis 10 m hoch. Halbschattholz, Weichholz, Fr. verwertbar, auch Zierpf., Vogelverbrtg, Insekt.bestäubg (Bienenweide!), Eschen- u. Erlenbegleiter, Alno-Ulmion-Verb.char.(Pruno-Fraxinetum, Alnetum inc.), auch in and. feucht. Fagetalia- od. Prunetalia-Ges. – Ebene bis Gebirge, A bis 1500 m – no-euras(kont) – P, formenreich:

1 Blü.traube hängd, B. dünn, unt.sts höchst. in d. B.nerv.winkeln spärl. behaart

1733a. **ssp. pádus**, verbr. Sippe s. o. – Chrom. 2n = 32.

1* Blü.traube absthd bis aufrecht, B. derb mit stark hervortretden Nerv., unt.sts v. all. in d. B.nerv.winkeln büschelg behaart, z. T. durch Wachsüberzug hell weißl.grün

1733b. **ssp. boreális** (Schüb.) Nym., zml. slt., z. B. im Salicetum app. (Adenostylion) od. in *Betula pub.*-Bruchwaldges. (Alnetalia), auch in mont. Tilio-Acerion-, Alno-Ulmion- od. Prunetalia-Ges. – Vog, süSch, Ju, SFW, A, He (H. Meißner) – no-pralp – Chrom. 2n = 32.

1734. **Felsenkirsche, Stein-Weichsel, P. máhaleb** L. (*Cérasus máhaleb* Mill.), slt. in sonngen Buschwäld., an felsgen Hängen, auf warm. trocken., meist kalkhaltgen Lehm- u. Felsböd., Licht-Halbschattholz,

Herzwurzler, Drechslerholz, Pfropf-Unterlage, B. kumarinhaltg, Char. d. Coron.-Prunetum mahal. (Berberidion), auch im Quercion pub. – HRh, Nahetal-RS, Ju (Donautal), FrJu (Donau), Mn (einmal), sonst nur verwildert – smed – P – Chrom. 2n = 16.

1735. Zwergkirsche, P. fruticósa Pall. (*Cérasus fruticósus* Pallas), slt. im sonnig. Gebüsch, an Wegrändern, Felskanten, Weinbergsmauern, auf sommerwarm., trock., kalkhaltg., meist flachgründg., steing. Löß- u. Lehmböden, auch gepflzt u. verwildt, Wurzelkriech-Pionier, Fr. wohlschmeckd, Char. d. Prunetum fruticosae (Prunion frut.) – nöHü (linksrhein. Trockengebiet), Th, An – (euras)kont (im Gebiet an d. W-Grenze d. Verbrtg) – P – Chrom. 2n = 32.

1736. Vogelkirsche, Süßkirsche, P. ávium L. (*Cérasus ávium* Moench), Wildform zerstr. in krautreich. Laub- u. Nadel-Mischwäldern tief. Lagen, an Waldrändern, in Hecken, auf frisch. (sickerfeucht.), nährstoff- u. basenreich., mittel-tiefgründg. Lehmböden, Mullböden, Lehmzeiger, Herzwurzler, etwas wärmeliebd, Halbschatthlz, Hartholz, wird bis 20 (25) m hoch, Insekt.bestäubg, Bienenweide, Vogelverbrtg, im Sch gepflzt zur „Kirschwasser"-Bereitg, v. all. in Eichen-Hainbuchen-Wäldern (Mittelwäldern), Carpinion-Verb.char., auch in tiefgeleg. Fageten od. im Alno-Ulmion, in höher. Lagen nur an Waldrändern (in Prunetalia-Ges.) od. gepflanzt – Ebene bis mittl. Gebirgslagen, Sch bis 1200 m, A bis 1700 m – subatl-smed – P – Chrom. 2n = 16.

1736a. **ssp. ávium,** kleinfrüchtg, Wildkirsche, vgl. oben

1736b. **ssp. juliána** (L.) Janch., Süßkirschen, Herzkirschen aus vor. gezüchtet u. kultiv., im Gebiet erst seit Römerzeit, z.B. auch **ssp. duracína** (L.) Janch., Knorpel-Kirsch., Hart-K. (Fr.fleisch ± hartknackg, z. T. hellrot od. gelb, viell. unter Einkreuzung v. *P. cerasus* entstand.). Alle Kultursort. lieben warme, lock., basenreiche (nicht zu stickstoffreiche), tiefgründge Böden u. scheuen arme Sandböden, Bodensäure u. Staunässe, wärmeliebd, z.T. frostempfindl.

1737. Schlehe, Schwarzdorn, P. spinósa L., hfg u. gesellg in sonnig. Hecken, an Wald- u. Wegrändern, im Pioniergebüsch auf Magerweiden u. Lesesteinhaufen, auch in verlichtet. Wäldern, auf mäß. trock.-frisch., nährstoff- u. ± basenreich., humos., mittel-tiefgründg. Lehmböden, auch Rohboden-Besiedler, flachwurzld. Wurzelkriech-Pionier (mit Wurzelschößling.), Licht-Halbschattpf., etwas wärmeliebd, Bienenweide, Vogelverbrtg, Hartholz (Drechslerholz), früher Heil- u. Teepf., meist mit Wildrosen od. Weißdornart., Prunetalia-Ordn.char. auch in Alno-Ulmion-Ges. od. im Carpinion, vgl. Unterart. – im ganzen: eurassubozean-smed – P, formenreich:

1   Wuchs buschg, B. unter 4 cm lg, Blü.zahlreich u. dicht stehd, meist vor d. B. erscheinend, Fr.oval-kugelg, 6–12 mm groß

1737a. **ssp. spinósa,** verbr. Sippe, s. o. – Ebene bis mittlere Gebirgslag., A bis 1000 m, Ju bis 1010 m, Sch bis 900 m – Chrom. 2n = 32.

1* Wuchs ± aufrecht, kleine Bäumch. mit spärl. Dornen, B. 4–5 cm lg, Blü. zu 1–2, Fr.kugelg, 12–18 mm groß

1737b. **ssp. frúticans** (Weihe) Rouy et Cam., so v. all. in feucht. Prunetalia-Ges. od. im Alno-Ulmion – Tieflagen, Verbrtg ungenügd bekannt – d. *P. insititia* genäherte Sippe u. viell. hybridogen (*P. spinosa* × *insititia*).

Kerrie, Goldröschen, Kérria DC. vgl. S. 495

1738. **K. japónica** (L.) DC., hfger Zierstrauch u. glgtl. verwildt, Heimat: Zentral- u. W-China – Chrom. 2n = 18.

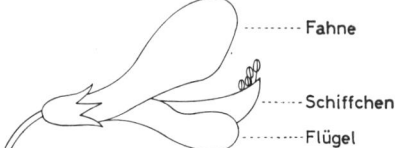

Abb. 39. Schmetterlingsblüte (schematisch).

Ordnung Fabáles (Leguminósae)
Hülsenfrüchtler

1 Blü.b. ± gleichgeformt, strahlig (radiär) angeordnet, Einzelblü. kl. u. oft zu rundl. Köpfch. vereinigt, subtrop.-trop. Holzpf. od. Stauden
      Familie der *Mimosáceae*
   dazu: Mimosen, *Acácia dealbáta* Lk., *A. melanóxylon* R. Br., u. a., Blü. gelb, hfg als Winterschnittblumen in Warmhäusern od. im Mittelmeergebiet kultiv., Heimat: Australien, *Mimósa púdica* L., mit berührungsempfindl. B., pantrop. Unkraut, Heimat: Brasilien.
1* Blü. ± zweiseitg symmetrisch
2 Staubb. frei, 3-zahlreich, meist Bäume u. Sträucher subtrop. od. trop. Herkunft
      Familie der *Caesalpiniáceae*
   dazu: Judasbaum, *Cércis siliquástrum* L., B. nierenförmg, Blü. rotviol., stammblütg, hie u. da in Gärten gepflzt (v. all. Oberrheintal), wärmeliebd, Heimat: osmed (Quercetalia pubesc.-Ordn.char.) – Falscher Christusdorn, Gleditschie, *Gledítsia triacánthos* L., hfg in Parkanlagen od. als Straßenbaum, Heimat: N-Amerika. – Johannisbrotbaum, *Ceratónia síliqua* L., nur im südl. Mittelmeergebiet (Oleo-Ceratonion), u. a.
2* Staubb. alle 10 od. bis auf eines zu einer Röhre verwachsen, Blü. schmetterlingsförmg (Abb. 39)   Familie der *Fabaceae*

Familie der Schmetterlingsblütler, Fabáceae (Papilionáceae)

1   B. einfach, ungeteilt, 3teilg od. 6-mehrfach gefingert, z.T. auch hinfällg od.
    ganz fehld (1* vgl. S. 576 Mitte)
2   B. gefingert
3   B. 6-mehrfach gefingert, deutl. gestielt, Kelch 2lippg, Schiffch. geschnäbelt,
    Blü. quirlg in verlängt. Blü.traube   **Lupinus** S. 578
3* B. 3–5fingerg, sitzd, kl.-lanzettl., Blü. in doldenartg. Köpfch., ± weiß
                                         Dorycnium S. 598
2* B. einfach-ungeteilt od. mit 3 Teilblättch. (1fach gefiedert, kurz gestielt) od.
    B. ganz fehld
4   B. einfach-ungeteilt, meist lanzettl.-oval, od. fehld
5   Blü. einzeln (od. zu 2), b.achselstdg
6   Pf. krautg mit Ranken, Blü. lg gestielt   **Lathyrus** S. 613
6* Pf. strauchg, ohne Ranken, Blü. kurzgestielt, gelb
7   B. alle pfrieml. stechd, Kelch wollg-zottg, ± bis zum Grund geteilt, 60–120
    cm, ♄, 4–6   **Ulex** S. 581
7* B. krautg
8   B. hinfällg (die unt. 3teilg), hoher, grünrutger Strauch
                            vgl. **Sarothamnus** S. 580
                      vgl. ferner **Spartium** S. 580
8* B. bleibd, Strauch meist niederliegd, kl.strauchg   vgl. **Genista** S. 581
5* Blü. in kurz. Trauben, B. längl.-lanzettl., in d. B.achseln z.T. mit Dornen,
    z.T. aber auch krautg u. geflügelt   **Genista** S. 581
                      vgl. auch **Cytisus** 1746 a
4* B. 3teilg (1fach gefiedert), manchmal bei gleich groß. Nebenb. 5teilg-
    5fingerg erscheinend (vgl. *Dorycnium* 3*, *Lotus* 17)
9   St. verholzend
10 St. armblättrg, grün, gerillt, rutenförmg, nur unt. B. 3zählg, d. ober. einfach,
    alle hinfällg, Blü. einzeln od. zu 2, gelb, Griffel lg u. eingerollt, 50–200 cm, ♄,
    5–7   **Sarothamnus** S. 580
10* St. reichblättrig
11 Blü. in hängend. Trauben, gelb, Pf. meist baumartg, 3–10 m, ♄, 4–5
                                 Laburnum S. 578
11* Blü. in aufrecht. Trauben od. Dolden
12 Kelch 2lippg, Griffel schief aufwts gekrümmt, nicht eingerollt, Blü. gelb
                                    Cytisus S. 579
12* Kelch gleichmäß. 5zähng, Blü. rosa od. weiß, slt. gelb vgl. **Ononis** S. 583
9* St. krautig
13 Blü. einzeln od. zu 2, St. niederliegd-aufsteigd
14 Blü. kurzgestielt, b.achselstdg, meist rosa, slt. weiß od. gelb, St. unten ±
    verholzd, Teilb. gezähnt   **Ononis** S. 583
14* Blü. lg gestielt, blaßgelb, 20–30 mm lg, Fr. 4kantg, geflügelt, Teilb.
    ganzrandg, B. mit groß. Nebenb. (scheinbar 5zählg), bläul.grün, dickl., 10–
    20(–30) cm, ⚇, 6–7   **Tetragonolobus** S. 598
    vgl. ferner unter 20 (Schiffch. ungeschnäbelt) *Trigonella*
13* Blü.std traubg, doldg od. köpfchenförmg
15 Teilb. d. 3teilg. B. 5–20 cm lg, St. oft windend, Bohnen **Phaseolus** S. 620
    vgl. ferner: St. aufrecht, Pf. zottg behaart   **Glycine** S. 619
15* Teilb. kleiner, St. nicht windend
16 Blü.schiffch. deutl. zugespitzt-geschnäbelt, Blü. 8–20 mm lg, gelb od. rosa

17 B. am Grund mit groß. Nebenb., dadurch scheinbar 5teilg, oberstes Staubb. frei, d. übrig. 9 verwachs., Blü. gelb, 8–13 mm lg   **Lotus** S.597
17* Nebenb. klein, Teilblättch. gezähnt, alle 10 Staubb. verwachs., Blü. meist rosa (slt. weiß od. gelb)   **Ononis** S. 583
16* Blü.schiffch. nicht geschnäbelt, Blü. meist kleiner u. in reichblütgen Köpfch. od. Traub., Nebenb. klein (vgl. auch *Dorycnium* bei 3* u. 4*)
18 Blü.b. nicht unter sich od. mit Staubb. verwachs., nach dem Verblühen ± einzeln abfalld, Hülsen lger als Kelch, Blü. gelb, weiß, viol. od. bläul., Endblättch. meist lger gestielt als Seitenblättch.
19 Blü. in lock., meist verlängert. Trauben, ± hängd, gelb od. weiß, Fr. kugelgeiförmg   **Melilotus** S. 584
19* Blü. in Köpfch. (od. gedrung. Traube), slt. nur zu 1–2
20 Fr. gerade od. nur schwach gebog., geschnäbelt, Teilb. ringsum gezähnt, Blü. blau, Pf. v. stark. Geruch   **Trigonella** S. 584
20* Fr. stark (sichelartg) gebogen od. schneckenförmg (nierenförmg) eingerollt, Teilb. nur vorn gezähnt, meist mit endstdg. Spitzch., Blü. gelb od. blau   **Medicago** S. 586
18* Blü.b. (wenigst. z. T.) unter sich u. mit Staubb. verwachsen, nach Verblühen meist bleibd, d. Fr.Hülse einschließd, diese kaum lger als Kelch, Blü. rot, weiß od. gelb (gelbbraun), Endblättch. meist nicht lger gestielt als Seitenblättch. u. ohne endstdg. Spitzch.   **Trifolium** S. 588
1* B. gefiedert, mit mindest. 4 od. 5 Teilblättch.
21 B. unpaar gefiedert, d.h. mit einem Endblättch., Zahl d. Teilb. ungerade (21* vgl. S. 577 unten)
22 Sträucher od. Bäume
23 St. windend, Zierpf. mit hängd. blauen Blü.trauben   **Wisteria** S. 599
23* St. nicht windend
24 Blü. weiß, rötl. od. viol.
25 Blü. viol., klein, ohne Flügel u. Schiffch., in aufrecht., schmal., vielblütger Traube, 2–6 m, ♄, 5–6   **Amorpha** S. 599
25* Blü. weiß od. rötl., ansehnl., in locker. Traub. od. Rispen
26 Blü. in hängd. Trauben, 10–20 m, ♄, 5–6   **Robinia** S. 599
26* Blü. in aufrecht. pyramidenförmg. Rispen, Fr.hülse hängd, perlschnurartg gegliedert, bis 20 m, ♄, 9   **Sophora** S.578
24* Blü. gelb, meist in armblütg. kurzgestielt. Trauben od. Dolden
27 Blü.std 3–6blütg, in b.achselstdg. Trauben, Blü.fahne mit braun. Fleck., Blü.schiffch. stumpfl., Fr.hülse zuletzt stark aufgeblasen, B. mit ca. 11 oval. Fiederblättch., Endblättch. deutl. gestielt, 1–5 m, ♄, 5–6(–8)   **Colutea** S. 602
27* Blü.std 2–3blütg, doldg, Blü.schiffch. geschnabelt, Fr.hülse lineal (nicht aufgeblas.), B. mit 5–9, ± spatelg. Fiederblättch. (Endblättch. b. *C. emerus* ± sitzd)   **Coronilla** S. 602
22* Kräuter od. Zwergsträucher
28 Blü. einzeln, b.achselstdg   **Cicer** S. 606
28* Blü. in Dolden, Köpfch. od. Trauben
29 Blü. in lock. Dolden od. gedrängt in rundl. Köpfch.
30 Grundb. z. T. ungeteilt, St.b. gefiedert, Endblättch. größer als seitl. Fiedern, Blü.köpfch. mit fingerg geteilt. Hochb., Blü. gelb (rötl.), Kelch filzg, ± aufgeblas., 10–30 cm, ⅔, 5–6   **Anthyllis** S. 596
30* Grundb. u. St.b. gefiedert, Endblättch. nicht größer als seitl. Fiedern

31 B. mit 3–5 Fiederblättch., dazu am B.grund 2 fiederb.artge Nebenb.

32 Blü. gelb, vgl. bei 17 **Lotus** S. 597

32* Blü. weißl., St. am Grund verholzd, B. fast fingerg gefiedert, vgl. bei 3*
Dorycnium S. 598

31* B. mit 7–21 Fiederblättch., Fr.hülsen gegliedert

33 Blü. 2–8 mm lg, weiß od. rötl. (gelbl.), Kelch röhrg, Fr. vogelklrallenartg, Fr.std mit gefingert. Tragb. **Ornithopus** S. 604

33* Blü. größer, gelb od. rosa, Blü.schiffch. geschnäbelt, zugespitzt

34 Fr. ± gerade, rund od. 4–6kantg, B. kurzgestielt, ± blaugrün, Nebenb. z. T. verwachs. **Coronilla** S. 602

34* Fr. stark gekrümmt, mit hufeisenförmg. Hüls.gliedern, abgeflacht, B. lg gestielt, grün, mit kleinen freien Nebenb., 10–20 cm, 2I, 5–7
Hippocrepis S. 604

29* Blü.std traubg, längl., locker- od. gedrängtblütg

35 B. drüsg punktiert, Blü.std b.achselstdg, viel kürzer als B., Fr. nussartg 1–4samg, ausläufertreibde Kulturpf., 10–100 cm, 2I, 6–8
Glycyrrhiza S. 602

35* B. nicht drüsg punktiert

36 Fr. halbkugelg, flach, gerunzelt od. mit gezähnt. Kamm, einsamg, Blü. hellrot mit stumpfl. Blü.schiffch. u. kl., verkümmert. Flügeln, Kelchzähne viel lger als Kelch **Onobrychis** S. 605

36* Fr.hülse längl., mehrsamg

37 Fr.hülse wenig gegliedert, ± aufrecht

38 Pf. meist aufrecht, Blü.weiß-lila, alle 10 Staubb. verwachs., Blü.trauben lg gestielt, B. mit 11–17 Fiederblättch., 40–100 cm, 2I, 6–8 **Galega** S. 599

38* Pf. niederliegd-aufsteigd, Blü. gelb, blau od. viol., nur 9 Staubb. verwachs., eines frei

39 Blü.schiffch. unter d. stumpf. Ende mit aufgesetzt. Spitzch., Pf. z. T. stark behaart, B. mit 9–25 Fiederblättch. **Oxytropis** S. 601

39* Blü.schiffch. ohne aufgesetzt. Spitzch., Pf. meist weniger stark behaart u. z. T. ausgebreit niederliegd, B. mit 5–25 Fiederblättch. **Astragalus** S. 599

37* Fr.hülse eingeschnürt gegliedert, wie purpurrote Blü. hängd, Nebenb. verwachs., 10–35 cm, 2I, 7–8 **Hedysarum** S. 604

21* B. paarg gefiedert, am B.ende oft eine Ranke od. ein fädl. Spitzch., Zahl d. Teilb. meist gerade

40 Zierstrauch, Blü. zu 1–3, kurz gestielt, gelb, 2–4 m, ♄, 5 **Caragana** S. 599

40* Kräuter

41 B. ohne Ranken

42 Staubb.röhre ± rechtwinklg-gerade abgeschnitt. **Lathyrus** S. 613

42* Staubb.röhre deutl. schief abgeschnitt. **Vicia** S. 606

41* B. mit Ranken

43 B. mit 2–6 Fiederblättch., St. oft geflügelt od. flach, Staubb.röhre gerade abgeschnitten **Lathyrus** S. 613

43* B. mit 6–40 Fiederblättch., St. nicht geflügelt

44 Nebenb. kleiner als Fiederblättch., Blü. 5–20 mm lg, Staubb.röhre schief abgeschnitt.

45 Kelchzipfel kürzer als Blü., Nebenb. oft untersts mit einem Grübch. (Nektarium) od. gezähnt **Vicia** S. 606

45* Kelchzipfel so lg od. lger als bläul. weiße Blü., lger als Kelch, Blü.traube 1–

3 blütg, Fr. 2samg, kahl, Samen flach, Linse, 15–30 cm, ☉, 6–7

Lens   S. 606

44* Nebenb. ± so groß wie Fiederblättch., Blü. 20–30 mm lg, weiß od. rot-viol.-blaßrosa gescheckt, Staubb.röhre gerade abgeschnitt., Erbse

Pisum   S. 619

Perlschnur-Baum, Sóphora L.

1739. **Japanischer P., S. japónica** L., hfg an Straßen u. in Anlagen (v. all. Rh), etwas wärmeliebd, Heimat: China, in Japan viel kultiv. – Chrom. 2n = 26, 28.

Lupine, Lupínus L.

1   Pf. einjährg, B. 5–9zählg, 30–100 cm, 6–9
2   Blü. gelb, in Quirlen   **L. luteus**   1740
2* Blü. hellblau, rosa, slt. weiß, in gedrung., hoch hinauf beblättert. Traube, Teilb. ± lineal   **L. angustifolius**   1741
1* Pf. ausdauernd, Blü. meist blau
3   B. mit 7–9 Teilblättch., 40–80 cm, ♃, 6–9   **L. perennis**   1742
3* B. mit 12–15 lanzettl. Teilblättch., 80–150 cm, ♃, 6–9
   L. polyphyllus   1743

1740. **Gelbe L., L. lúteus** L., im Gebiet zerstr. gebaut u. glgtl. verwildert, s. kalkscheu, vorteilhaft auf leicht., saur. Sandböden, wertvoller Stickstoffsammler u. Bodenverbesserer, bitterstoff-freie Sorten (Süßlupine) als Futterpf., sonst z. Gründüngg, auch Zierpf. – z.B. nöRh, Fr, Do, NS, Br – Herkunft: wmed – T – Chrom. 2n = 52.

1741. **Schmalblättrige L., L. angustifólius** L., im Gebiet slt. als Zierpf. od. zur Gründüngg, neuerdings auch in süß. Formen als Futterpf., Samen als Kaffee-Ersatz, liebt kalkfreie, sandge Böden, glgtl. in Schuttunkraut-Ges. verwildert, ähnl. *L. álbus* L. mit weiß. Blü. u. eiförmg. Teilblättch. – z.B. nöRh, Fr, NS, NSH, Br – Herkunft: med – T – Chrom. 2n = 40, 48.

1742. **Ausdauernde L., L. perénnis** L., slt. als Zierpf. gepflzt od. als Wildfutter angesät, Heimat: atl. N-Amerika – H – Chrom. 2n = 48.

1743. **Vielblättrige L., L. polyphýllus** Lindl., hfge Zierpf. od. angesät als Wildfutter, zur Böschungsfestigung od. Waldbodenverbesserg, z.T. vollkommen eingebürgert, auf frisch., ± nährstoffreich., kalkarm., ± humos., sandg-steinig. Lehmböden v. all. d. Gebirges, Rohbodenpionier, Stickstoffsammler, Hummelblume, in Waldrand- u. Waldverlichtgs-Ges., auf Schlägen, im Sambuco-Salicion od. Arction – z.B. Sch bis ca. 1200 m, Do, Av, Fr, BayW, Pf, usw. – Herkunft: Pazif. N-Amerika – H – Chrom. 2n = 48.

Goldregen, Labúrnum Med.

1   B. unterts behaart, Fr.hülse jg seidenhaarg, 3–8 m, ♄, 5–4
   L. anagyroides   1744

1* B. kahl od. nur spärl. bewimpert, Fr.hülse kahl, 2–5 m, ħ, 5
L. alpinum 1745

1744. Gewöhnlicher G., L. anagyroídes Med., hfg. Zierbaum u. glgtl. verwildt in licht. Eichen- u. Kiefernwäldern, an sonnig. Hängen. auf mäß. trock., nährstoff- u. kalkreich., mild., humos. Lehmböden in wintermild. Klimalage, Bienen- u. Hummelblume, in all. Teilen s. giftig (in größer. Menge tödlich), Zierpf. seit mindest. 16. Jahrh., wild od. halbwild v. all. im Lithospermo-Quercetum usw., Quercetalia pubesc.-Ordn.char. (S-Europa v. all. im Orno-Ostryetum) – subspontan z. B. süRh, süHü (Kaiserstuhl), Mn (s. slt.), Ju, Pf, RS (Moseltal) – smed (-pralp) – P – Chrom. 2n = 48.

1745. Alpen-G., L. alpínum (Mill.) Presl, slt. als Zierstrauch gepflzt (z. B. Rh) u. kaum verwildt, in S-Europa v. all. Vorholz in d. Buchenstufe – pralp-smed – P – Chrom. 2n = 48.

Geißklee, Bohnenstrauch, Cýtisus L.

1 Blü. gelb (gelbbraun), Wildpf.
2 Blü. in endstdg., verlängert., b.losen Trauben, B. obersts kahl, untersts behaart, Äste rutenförmg, Pf. beim Trocknen schwarzwerdend, Kelch kurzglockg, 50–150 cm, ħ, 6–7 **C. nigricans** 1746
2* Blü. in endständg., armblütg. Dolden od. zu 1–4 an seitenständ. Kurztrieb., St., aufsteigd-niederliegd, Blü.fahne gelb od. ± rotbraun
3 B. ungeteilt, kurzgestielt, ellipt., 1–2 cm lg, Kelch glockg, 5–30 cm, ħ, 4 7 **C. decumbens** 1746a
3* B. 3teilg, Kelch röhrig (*Chamaecýtisus* Link)
4 Blü. in endständg. Dolden (Köpfch.), dazu einzelne seitenständg, Pf. zottg behaart, Blü.fahne meist ± rotbraun, 20–50 cm, ħ, 5–7 **C. supinus** 1747
4* Blü. zu 1–3 an seitenstdg. Kurztrieben, b.achselstg, Pf. angedrückt-seidenhaarig, 10–30 cm, ħ, 5–6 **C. ratisbonensis** 1748
1* Blü. hellrot, Zierpfl., 50–100 cm, ħ, 4–5 **C. purpureus** 1749

1746. Schwarzwerdender G., C. nígricans L. (*Lembotrópis nígricans* Griseb.), slt. in licht. sonng. Kiefern-(Eichen-)Trockenwäldern, an steing., locker bewachs. Hängen, Waldsäumen, auf sommerwarm-trock., basenreich. (auch kalkarm.), ± humos., steing. od. sandg. Lehm-u. Tonböden (Ton bevorzugd), auch Rohbodenpionier, Halbschatt-Lichtpf., Bienen- u. Hummelblume, v. all. im Geranion sang., Diff. d. Cytiso-Pinetum (Erico-Pinion), auch in subkont. Quercion pub.-, Quercion rob.-petr.- od. Genistion-Ges. (Cytiso-Callunetum) – Ne, Ju bis 850 m, Bo, Do, Av, BayW, Fr, Mn, Th, Sa, An, südöstl. Br – gemäßkont-osmed (an d. Linie An-Th-Mn-Nagold-unt. Wutach d. W-Grenze d. Verbrtg erreichd) – P – Chrom. 2n = 46, 48.

1746a. Niederliegender G., C. decúmbens (Dur.) Spach., zerstr. in Trok-ken- u. Halbtrockenrasen, auf basenreich. Böd., Brometalia-Ordn.char. – schweiz. Ju, Lothringen – (w)smed – P.

1747. **Kopf-G., C. supínus** L. [*Chamaecýtisus supínus* (L.) Lk.], s. slt. in licht. Kiefern-Trockenwäld., an sonng. Waldsäumen, in Heiden u. Trockenras. auf warm.-trock., basenreich. (kalkreich. u. -arm.), neutralmäß.sauer., humos., lock., sandg. od. steinig. Lehmböden, auch Kiesu. Felsböden, Bienen-Hummel-Bestäubg, v. all. im Cytiso-Callunetum (Genistion) od. (Diff.) im Cytiso-Pinetum (Erico-Pinion), auch im Geranion sang. – BayW, FrJu, Do, Av (Th, Br, adv.) – gemäßkont (bei Regensburg W-Grenze d. Verbrtg erreichd) – Pn – Chrom. 2n = 96.

1748. **Regensburger G., C. ratisbonénsis** Schaeff. [*Chamaecýtisus ratisbonénsis* (Schaeff.) Rothm.], slt. in licht. Kiefern-Trockenwäldern, an Waldsäumen, in off. Trockenrasen, auf warm.-trock., basenreich., neutral-humos., lock, meist feinerdearm. Kies- od. Steinböden, auch Rohbodenpionier, Halbschatt-Lichtpf., Bienen-Hummel-Bestäubg, v. all. in pralp. Erico-Pinion-Ges. od. im Cyt.-Callunetum (Genistion) – BayW, FrJu, Do, Av – euraskont(-gemäß-kont) (am Lech W-Grenze d. Verbrtg erreichd) – Pn – Chrom. 2n = 48.

1749. **Roter G., C. purpúreus** Scop. [*Chamaecýtisus purpúreus* (Scop.) Lk.], im Gebiet nur als wärmeliebd. Zierstrauch hier u. da in Gärten, in d. SO-europ. Heimat Erico-Pinetalia-Art – opralp-osmed – P – Chrom. 2n = 48.

Besenginster, Sarothámnus Wimm. vgl. S. 575

1750. **Ramse, Pfriem, S. scopárius** (L.) Wimm. [*Cýtisus scopárius* (L.) Link], hfg u. gesellg v. all. im W d. Gebiet., auf Extensiv-Weiden (Brandweiden), in Waldschlägen, an Waldsäumen, in Brachen, an Wegen u. Böschg., in licht., bodensaur. Eichen-Buchen-Wäldern, auf frisch. (mäß. trock.), nährstoff- u. ± basenreich., kalkarm., lock., mäß. sauer., humos., mittel-tiefgründg. Lehm-, Sand- od. Steinböd. (Braunerdèn), in ± luftfeucht. wintermild. Klimalage, frostempfindl., Tiefwurzler, Stickstoffsammler (Bodenbereiter u. Bodenfestiger), Rohboden-Pionier, Lichtpf. u. Lichtkeimer (Samen können Jahrzehnte überliegen), brandgefördert, z. T. Ameisenverbrtg, Hummel- u. Bienenweide, Besen-Liefcrant, Faserpf., Heilpf., oft mit *Pteridium, Char.* d. Sarothamnetum (Sarothamnenion), auch im Pruno-Rubenion, od. reduz. in Quercetalia rob.-petr. (Diff. Ordn.)- od. Carpinion-Ges. – Ebene bis mittl. Gebirgslagen, Sch bis rd. 900 m, Vog 1100 m, Kalkgebiete nur auf entkalkt. Lehmen, östl. d. Linie: Me-NS-He-O-Ne- westl. Do slt. od. nur angepflzt, A fehld – subatl – P – Chrom. 2n = 46, 48.

1751. **Binsenginster, Spártium júnceum** L., slt. Zierpf. in Gärten wärmer. Lagen (z. B. Rh), frostempfindl., in S-Europa bezeichnd. Bestandteil d. Macchie u. Pionierstrauch (bes. auf Brandflächen) – med – Chrom. 2n = 46, 52.

Stechginster, Úlex L. vgl. S. 575

1752. U. europaéus L., im Gebiet größtenteils nur gepflzt u.im W hie u. da eingebürgert, an Waldrändern, Waldwegen u. Böschungen, auf frisch., ± nährstoffreich., kalkarm., sandg-steing. Lehmböden, in tief. u. lokal geschützt., luftfeucht. Lagen, in streng. Wintern zurückfrierd, Hummelblume, in W-Europa Pionierpf. v. groß. Dynamik in Brachen, an Wegen, in Schlägen u. Heiden, Pruno-Rubion-Verb.char. (Sarothamnenion) – adv. z.B. süSch (Tallag.), NWe, NS, SH – atl, in ozean.-gemäß. Zonen heute weltweit – P – Chrom. 2n = 96.

Ginster, Genísta L.
1 St. nicht geflügelt
2 Pf. dornig, B. ohne Nebenb.
3 Blü. in endstdg., reichblütg. Trauben, St. ± aufrecht, aufsteigd, Blü.zweige wie Kelch u. Hülsen behaart, B. grasgrün, 20–50 cm, ♄, 5–6
            G. germanica 1753
3* Blü. in end- u. seitenstdg., armblütg. Trauben, Pf. niederliegd-aufsteigend, Blü.zweige wie Kelch u. Hülse kahl, B. ± blaugrün, 10–50 cm, ♄, 5–6
            G. anglica 1754
2* Pf. unbewehrt
4 Blü. in endständg., reichblütg. Trauben, Pf. aufrecht, B. lanzettl. (slt. oval), mit lineal. Nebenb., Kelch u. Fr.hülse kahl, 30–50 cm, ♄, 5–7
            G. tinctoria 1755
4* Blü. zu 1–2 b.achselständg, Pf. meist niederliegd, B. untersts wie Fr.hülse ± angedrückt seidenhaarg, 10–20 (u. mehr) cm, ♄, 4–6   **G. pilosa** 1756
1* St. geflügelt, ± unverzweigt, krautg, mit verholzt., kriechd. Grundachse, B. kl., sitzd, behaart, Blü. in endstdg. kurzen Trauben, 10–20 cm, ♃, 5–6
            G. sagittalis 1757

1753. Deutscher G., G. germánica L., zerstr. in Heide-Säumen an Wald- u. Wegrändern od. Böschungen, auch in licht. verheidet. Eichen- u. Kiefernwäldern, auf warm., mäß. trock., nährstoffarm., basenreich., kalkarm., mäß.sauer., humos., lock., steing. od. rein. Lehmböden, Versauerungs-Zeiger, Char. d., Gen. germ.-Callunetum, auch in anderen Genistion-Ges. od. im Quercion rob.-petr. – Ebene bis mittl. Gebirgslagen (in Kalkgebieten slt., in A od. Rh fehld), BayW bis 750 m, im Nordw. u. N. slt. od. fehld – gemäßkont(-osmed) – Pn – Chrom. 2n = 42, 44.

1754. Englischer G., G. ánglica L., zerstr. in Heide- u. Weide-Ges. auf frisch., mäßg nährstoff- u. basenreich., kalkarm., mäßg sauer., humos. Sand- od. steing. Lehmböd. in wintermild. Lage, Char. d. nordw.dtschen Genisto angl.-Callunetum (Genistion), im süSch auch im Violion – RS (Eifel), NWe, NS, SH, westl. Me u. Br, nördl. An, adv.(?), aber eingebürgert süSch (Wiesental) – atl – Pn (CH) – Chrom. 2n = 42 (48).

1755. Färber-G., G. tinctória L., zml. hfg in Magerwiesen, Magerweiden od. Moorwiesen, an Weg- u. Waldrändern, in licht. Eichenwäldern, auch in Felsbändern, auf frisch-wechselfrisch. od. wechselfeucht., basenreich., neutral-mäß. sauer., humos., mittel-tiefgründg., sandg. od. rein. Lehm- u. Tonböden, Magerkeits- u. Grundfeuchte-Zeiger, bis 100 cm tief wurzld, etwas wärmeliebd, Lichtpf., Insekt.- u. Selbstbestäubg, früher Färbe- u. Heilpf., Weideunkraut, schwache Molinietalia-Ordn.char., auch in Nardo-Callunetea- u. Trif.-Geranietea-Ges., in Mesobrometen od. Querceten – Ebene bis mittl. Gebirgslag., Ju bis 710 m, Sch bis 1250 m, A bis 840 m, im Nordw. slt. – eurassubozean(-smed) – Pn (Ch), formenreich:

1   B. längl.-lanzettl., spitz
2   B. bis 3 cm lg, Blü.stde 3–6 cm lg, St. aufrecht, Fr. kahl

1755a. **ssp. tinctória,** verbr. Sippe, s. o. – Chrom. 2n = 48, 96.

2* B. bis 1 cm lg, Blü.stde bis 3 cm lg, Blü. groß, St. niederliegd, Fr. behaart

1755b. **ssp. littorális** (Corb.) Rothm., slt. in feucht. Heiden d. Nordsee-Küste u. -Inseln

1* B. ellipt.-stumpfl., St. u. Fr. abstehd behaart, Blü.std 3–7 cm lg, Pf. bis 60 cm hoch

1755c. **ssp. ováta** (W. et Kit.) Arc., s. slt. in Gebüschsäumen – Ju (Kriegertal b. Engen), HRh (Schaffhausen) – osmed.

1756. **Heide-G., Behaarter G., G. pilósa** L., zml. hfg in Heidesäumen an Wald- u. Wegrändern, an felsigen Hängen, in licht., verheidet. Eichen- u. Kiefernwäldern, auch in Trockenrasen, auf mäß. trock. (bis feucht.), nährstoff- u. basenarm., sauer., humos., oft feinerdearm. Sand- u. Steinböden, ferner Torfböden, in ± luftfeucht. (wintermild.) Klimalage, Lichtpf., Insekt.bestäubg, Char. d. Genisto pil.-Callunetum, slt. auch im Vacc.-Callunetum, Genistion-Verb.char., ferner im Quercion rob.-petr., in humos. Festuco-Brometea-Ges. usw. – v. all. im W d. Gebiet., Sch bis 1200 m, im O u. NO slt. od. (wie Av, A) fehld – subatl(-smed) – Ch (Pn) – Chrom. 2n = 24.

1756a. **var. silvéstris** (Boenningh.), St. bis 1 m hoch, ± aufrecht, im Luz.-Quercetum (Quercion rob.-petr.-Art) – z. B. süSch, Vog.

1757. **Flügel-G., Ramsele, G. sagittális** L. [*Chamaespártium sagittále* (L.) Gibbs, *Genistélla sagittális* Gams], zml. hfg u. meist gesellg in ± saur. Magerrasen u. sonnig. Magerweiden, v. all. d. mittl. Gebirgslagen, an Böschungen, Wald- u. Wegrändern, im verlicht. Eich.-Kiefernwäldern od. Felsbändern, auf warm., mäß. trock., ± nährstoff- u. basenreich., neutral-mäß.sauer., humos., sandg. od. steinig. Lehmböden, in sommerwarm-luftfeucht. Klimalage, Kriechpionier, bis 40 cm tiefwurzld, (Moder-) Humusbildner, Magerkeits- u. Säurezeiger, ohne Futterwert (Weideunkraut), Bienen-Hummel-Bestäubg, Char. d. Festuco-, bzw. Aveno- od. Polyg.-Genistetum sag. (Violion can.), ferner (Diff.) in bodensauer. Brometalia (z. B. Koel.-Phleion)- od. in Sesl.-Festucion pall.-Ges. – v. all. im W d. Gebiet., Sch bis 1380 m, nordöstl. bis westl. RS,

Sp, Mn, FrJu, Do, Vorposten: An (Dessau), Br (Fläming) – subatl-smed (-pralp) – H – Chrom. 2n = 46, 48.

Hauhechel, Onónis L.

1 Blü. gelb, langgestielt, Hülse hängd, Pf. drüsg-zottg, aufsteigd-aufrecht, 20–40 cm, ⚷, 5–7   **O. natrix** 1758
1* Blü. rosa od. weiß
2 Fr. kürzer als Kelch, St. zottg-drüsg behaart, Pf. dornenlos od. nur zerstr. dorng
3 Blü. meist einzeln, entfernt stehd, Fiederblättch. oben ± abgerundet, z. T. ausgerandet, Pf. niederliegd-aufsteigd, 15–30(5) cm, ⚷, 6–7   **O. repens** 1759
3* Blü. meist zu 2–3, am Sproßende traubg gehäuft, Fiederblättch. oben zugespitzt, Pf. aufsteigd-aufrecht, 20–60 cm, ⚷, 6–7   **O. arvensis** 1760
2* Fr. so lg od. lger als Kelch, St. behaart od. drüsg
4 Pf. dorng, aufsteigd-aufrecht, St. verholzd, 1–2reihig u. oben oft ringsum behaart, weng drüsg, Blü. zu 1–3, Fiederblättch. längl. 20–50 cm, ⚷, 6–8   **O. spinosa** 1761
4* Pf. dornenlos, nur am Grund verholzt, aufrecht-aufsteigd, drüsg-klebrg, Fiederblättch. ± rund, buchtg gezähnt, Blü. zu 2–3, nickd, 20–50 cm, ⚷, 5–9   **O. rotundifolia** 1762

1758. **Gelbe H., O. nátrix** L., s. slt. in lückig. Kalk-Magerrasen, sonnig. Weiden, an Wegen u. Böschungen, auf warm., trock.-mäß. trock., mild. humos. (od. ± roh.), lock., meist steing. Lehm- u. Tonböden, Pionierpf., Brometalia-Ordn.char. – süHü (Tuniberg) – smed – H (Ch) – Chrom. 2n = 32, 64.

1759. **Kriechende H., O. répens** L., zml. hfg in Magerrasen (Halbtrockenrasen), v. all. auf sonnig. Magerweiden, an Wegen u. Böschungen, in mager. Moorwiesen, auf warm., mäß. trock. (wechseltrock.), basenreich. (auch kalkarm.), mäß.sauer.-mild., humos., ± tiefgründig., oft tonig. Lehmböden, auch auf Löß- od. Gneislehm, Tiefwurzler, Magerkeits-Zeiger, Weideunkraut, Bienenblume, Heilpf., v. all. in beweidet. Mesobrometen (Gent.-Koelerietum), Mesobromion-Verb.char., auch in trock. Molinion- u. Arrhenatherion-Ges. – Ebene bis mittl. Gebirgslagen, v. all. Kalkgebiete, Ju bis 1000 m, A bis 1350 m – subatl-smed – H (Ch) – Chrom. 2n = 30, 32, 60, 64.

1760. **Bocks-H., O. arvénsis** L. (*O. hircína* Jacq.), vertritt. *O. repens* im östl. Europa, slt. in Halbtrockenras., auf mäß trocken., wechseltrocken. Lehmböd., Cirsio-Brachypodion-Verb.char. – östl. SH, Me, Br, Do (adv.?) – euraskont – H (Ch) – Chrom. 2n = 32.

1761. **Dornige H., O. spinósa** L., hfg in Kalk-Magerrasen (Halbtrockenrasen), in sonnig. Magerweiden, an Wegen u. Böschungen, in Moorwiesen, auf warm., mäß. trock. (od. wechseltrock.), basenreich., meist kalkhaltg., neutral-mild., humos. Lehm- u. Tonböden, Magerkeitszeiger, Weideunkraut, Bienenblume, v. all. in beweidet. Mesobrometen (Gent.-Koelerietum), Mesobromion-Verb.char., auch im trock. Molinion od. warm. Violion can., vgl. Unterart. – Ebene bis mittl. Gebirgslagen, v. all. Kalkgebiete, Ju bis 980 m, A bis 940 m – H (Ch), formenreich:

1   Pf. stark dorng, ohne lge unterird. Ausläuf.
2   Pf. aufrecht
1761a. **ssp. spinósa,** verbr. Sippe, s. o. – Chrom. 2n = 30, 60.

2*   Pf. niederliegd-aufsteigd

1761b. **ssp. abérrans** Endtm., slt. an d. Nord- u. Ostseeküste auf leicht salzhaltg. Böd.

1*   Pf. nur weng u. weich dorng od. fast ganz dornenlos, mit unterird. Ausläuf., St. weng-kurzästg, bis 1 m hoch, Blü. bis 30 mm lg

1761c. **ssp. austríaca** (Beck) Gams (*O. fóētens* All.), slt. in Moorwies. auf basenreich. humos. Böd., v. all. in Molinion-Ges. (Verb.char.?), slt. auch im Mesobromion – nöRh, Bo, Av, Th(?) – smed(-pralp).

1762. **Rundblättrige H., O. rotundifólia** L., zerstr. in Kiefern-Steppenwäldern d. Zentralalpen, Ononido-Pinion-Verb.char. (Astrag.-Pinetalia) – Tirol, Vorarlberg, Schweiz – pralp-smed – H – Chrom. 2n = 32.

Bocks-Hornklee, Trigonélla L. vgl. S.576

1   Blü. zu 1–2 in d. B.achseln, Fr. mit Schnabel 80–140 mm lg, 10–50 cm, ☉, 6–7   **T. foenum-graecum**   1763
1*   Blü. in Köpfen od. kurz. Traub., Fr. bis 15 mm lg
2   Blü. hellblau, in lggestielt. kurz. Traub., 20–60 cm, ☉, 6–7
    T. caerulea   1763
2*   Blü. hellgelb, in ungestielt., b.achselstdg. Köpfch., 10–30 cm, ☉, 5–6
    T. monspeliaca   1764

1763. **Schabzieger-Klee, T. caerúla** (L.) Ser. (*T. melilótus-caerúleus* Aschers. et Gr.), slt. gebaut u. glgtl. unbestdg verwildt, an Schuttplätzen, etwas wärme- u. salzliebd, kumarinhaltg, zum Kräuterkäse-Würzen (ferner Brotgewürz), auch Heilpf., Kulturabkömmling von *T. procúmbens* (Bess.) Rchb. – omed – T – Chrom. 2n = 16.

1764. **Französischer B.-H., T. monspelíaca** L., unbestdg eingeschleppt, Hafen- od. Bahnanlagen, z.B. Rh – med – T – Chrom. 2n = 16.

1765. **Griechischer B.-H., T. fóēnum-graécum** L., früher glgtl. kultiv. u. unbestdg an Schuttplätzen, Samen zu Nutz- u. Heilzwecken – T – med – Chrom. 2n = 16.

Steinklee, Honigklee, Melilótus Mill.

1   Blü. gelb
2   Teilblättch. mit wenigst. 18 Seitennerven-Paaren, scharf u. dicht gezähnt, Nebenb. d. mittl. St. b. gezähnt, Blü. blaßgelb, Fr.hülse kahl, 15–18 cm, ☉, 7–9   **M. dentata**   1766

2* Teilblättch. mit weniger als 16 Seitennerven-Paaren
3 Blü. 5–7 mm lg, obere Nebenb. ganzrandg (slt. 1zähng)
4 Fr.kn. u. Hülse angedrückt behaart, Blü.flügel so lg wie Schiffch., Blü.traube 2–6 cm lg, Teilblättch. bis 40 mm lg, s. scharf gezähnt, 50–150 cm, ⊙, 7–9 **M. altissima** 1767
4* Fr.kn. u. Hülse kahl (± querrunzelg), Blü.flügel lger als Schiffch., Blü.traube 4–10 cm lg, mittl. Teilblättch. d. unt. B. üb. d. Mitte am brtest., deutl. gezähnt, 30–90 cm, ⊙, 6–9 **M. officinalis** 1768
3* Blü. 2–3 mm lg, Nebenb. meist alle gezähnt, Fr.hülse fast kugelg, St. niederliegd-aufsteigd, 10–50 cm, ⊙, 6–8 **M. indica** 1770
1* Blü. weiß, Fr.hülse kahl, netz-runzelg, Nebenb. meist ganzrandg, Teilblättch. d. unt. B. in d. Mitte am brtsten, oft undeutl. gezähnt, 30–120 cm, ⊙, 6–8 **M. alba** 1769

1766. Gezähnter St., Salz-St., M. dentáta (W. et Kit.) Pers., s. slt. in Tritt- u. Unkrautges. an Wegen, Ufern od. in d. Umgebung v. Salinen, auf frisch., nährstoffreich., meist salzhaltg., dicht. Tonböden, z. B. mit *Potentilla ans.*, Agr.(El.)-Rumicion-Verb.char. – nöRh, An, Br, Me, SH – kont – T (H) – Chrom. 2n = 16.

1767. Hoher St., M. altíssima Thuill., slt. in unkrautg. Staudenfluren, im Saum von Weidengebüsch u. Auenwäldern, an Ufern, Wegen, Gräben u. in Moorwiesen, auf frisch.-feucht. (od. wechselfeucht.), nährstoff- u. basenreich., mild., ± humos., kiesig., sandg. od. rein. Tonböden, etwas salz- u. wärmeliebd, Bienenweide, Heil- u. Nutzpf., faziesbildd, v. all. im Cusc.-Convolvuletum (Senecion fluv.), auch im Onopordion – v. all. Tieflag. u. Stromtäler – euras(kont) – H (T) – Chrom. 2n = 16.

1768. Gebräuchlicher St., M. officinális (L.) Pall., verbr. in sonnig. Unkrautfluren, an Wegen, Dämmen, im Bahngelände, in Steinbrüchen, auf Erdanrissen, an Ufern u. Schuttplätzen, auf sommerwarm., mäß.trock., nährstoff- u. basenreich., neutral.-mild., meist wenig humos.-roh. Böd. aller Art, v. all. auf Lehm, bis 90 cm tief wurzld. Rohbodenpionier, Bienenweide, Heilpf. u. Mottenkraut (Kumarin), Kulturbegleiter, Char. d. Echio-Melilotetum (Dauco-Melilotion), auch im Conv.-Agropyrion (Elymion) od. Caucalidion – Ebene bis mittl. Gebirgslagen (v. all. Kalkgebiete), Ju bis 980 m, A bis 820 m – euras-subozean(-smed), in gemäß. Zonen heute weltweit – H – Chrom. 2n = 16.

1769. Weißer St., Bokharaklee, M. álba Med., verbr. in sonnig., sommerwarm. Unkrautfluren, an Wegen u. Schuttplätzen, im Bahngelände, auf Erdanrissen u. Kiesbänken, in Kiesgruben auf mäß. trock., nährstoff- u. basenreich., ± humos. od. roh. Böd. aller Art, Lehm-bevorzugd, bis 70 cm tief wurzld. Rohbodenpionier, Bienenweide, Heil- u. Nutzpf., z. T. gepflzt. z. Gründüngung, Kulturbegleiter, oft mit *M. officinalis*, Char. d. Echio-Melilotetum (Dauco-Melilotion), auch in and. Pionier- od. Saum-Ges. (z. B. d. Steinschuttes) – Ebene bis mittl. Gebirgslagen, Ju bis 960 m, A bis 1240 m, v. all. Kalkgebiete – euras (kont) (-smed), verschleppt – H, T – Chrom. 2n = 16.

1770. Kleinblütiger St., M. índica (L.) All., slt. u. unbestdg in Unkrautfluren, an Schuttstellen, im Bahnhofs- u. Hafengelände, auf mäß. trock., nährstoffreich. Sand-, Lehm- od. Tonböden, etwas salzliebd, in Agr.(El.)-Rumicion-, auch Isoëto-Nanojuncetea-Ges., seit 1853 im Gebiet – z. B. Rh, Do, NS, Br, Th – omed, in gemäß. Zonen heute weltweit – T – Chrom. 2n = 16.

Schneckenklee, Medicágo L.

1   Einzelblü. 8–12 mm lg, blau, viol., grünl. od. gelb, in kopfg. Trauben, stattl., aufrechte-aufsteigde Pf., Fr. locker schnecken- od. sichelförmg, Teilb. längl.
2   Blü. blau, viol., grünl. od. verschiedenfarbg gescheckt
3   Blü. blau, od. viol., Fr.hülse locker 2–3mal gewund., Teilblättch. vorn ± gezähnt u. stachelspitzg, 20–80 cm, ⚃, 6–9   **M. sativa u. × varia** 1771
3* Blü. grünl. od. gescheckt   **M. × varia** 1772
2* Blü. gelb, Blü.traube fast kugelg, Fr.hülse sichelförmg od. ± gerade, Teilblättch. vorn in Ausrandg stachelspitzg, Pf. niederliegd-aufsteigd, 10–50 cm, ⚃, 5–6   **M. falcata** 1773
1* Einzelblü. 3–5 mm lg, gelb, in kl. Köpfch., Fr.hülse dicht gewund., nieren- od. schneckenförmg, Teilblättch. ei- od. rautenförmg, Pf. kl., niederliegd-aufsteigd
4   Fr. nierenförmg, ohne Stacheln, Blü.köpfch. 10–50blütg, zuletzt ± verlängert, Teilblättch. wenigst. untersts anliegd behaart, mit Spitzch., d. mittlere lger gestielt als d. seitlich., St. kantg, dick (vgl. *Trifolium dubium* S. 588), Nebenb. meist ganzrandg, 10–30 cm, ☉, ⚃, 5–9   **M. lupulina** 1774
4* Fr. schneckenförmg u. (früh erkennbar) gestachelt, Blü.köpfch. 1–8blütg
5   B. (wenigst. obersts) kahl, Fr.schnecke 5–8 mm brt, Nebenb. tief (fiederg) gezähnt
6   Fr. kugelg mit 4–7 Windung., ± kahl, Blü.schiffch. lger als Flügel, B. meist braunrot gefleckt, 20–50 cm, ☉, 4–5   **M. arabica** 1775
6* Fr. scheibenförmg, mit 2–3 Windung., behaart, Blü.schiffch. kürzer als Flügel, B. nicht gefleckt, 10–60 cm, ☉, 5–6   **M. polymorpha** 1776
5* B. ± seidig-zottig behaart, Fr.schnecke 3–4 mm brt, behaart, Nebenb. ganzrandg od. nur fein gezähnt, 10–30 cm, ☉, 5–6   **M. minima** 1777
    vgl. ferner   **M. orbicularis** 1778 u. **M. rigidula** 1779

1771. Luzerne, M. satíva L., hfg insbes. in Bastard-Populationen mit *M. falcata* (kaum rein) als wertvolle Futterpf. (Vorfr. od. Dauerfr.) gebaut u. oft verwildernd in mager. Wies., an Wegen u. Böschgen, bes. auf warmen, mild., basenreich. u. tiefgründigen Lehm- u. Lößböd., bis 5 m tief wurzelnder Stickstoffsammler, Kulturpf. seit früher Antike, Insekt.- u. Selbstbestäubg (Bienenweide), v. all. im Dauco-Melilotion od. Convolv.-Agropyrion(Elymion)- ferner in halbruderal. Mesobromion- od. trock. Arrhenatherion-Ges. – Ebene bis mittl. Gebirgslagen, v. all. Wärme-, Trocken- u. Kalk-Gebiete, A bis 1250 m – Herkunft: Vorderer Orient (Persien) – H – Chrom. 2n = 32.

1772. Bastard-Luzerne, M. × vária Martyn (*M. satíva* × *falcáta*), siehe vor. Art, in der grünblütgen, *M. falcata*-genäherten Form hfg wild an

Weg- u. Ackerrändern, in Gebüschsäumen, in Mesobromion- u. Geranion sang.-Ges. – Ebene bis mittl. Gebirgslag. (Wärme- u. Lehmgebiete).

1773. **Sichelklee, Gelbe Luzerne, M. falcáta** L. (*M. sativa* ssp. *falcáta* Arc.), zerstr. in sonnig. Gebüsch- u. Waldsäumen, an Wegrändern u. Böschungen, in Kalk-Magerrasen, auf sommerwarm., mäß. trock., basenreich., meist kalkhaltg., ± roh. od. neutral-mild., humos., tiefgründg. Löß- u. Lehm-, auch Sandböden, Rohbodenpionier, Tiefwurzler, Insekt.- u. Selbstbestäubg, Geranion sang.-Verb.char., auch in Fest.-Brometea- od. Agropyretalia(Elymetalia)-Ges. – Ebene bis mittl. Gebirgslagen (v. all. Löß- u. Kalk-Gebiete), A bis 1100 m, im Nordw. slt. – euras(kont)-smed – H – Chrom. 2n = (16) 32.

1774. **Hopfenklee, M. lupulína** L., verbr. in Kalk-Magerrasen (Halbtrockenrasen), in trock. Fettwiesen auf Äckern, auch an Wegen, Dämmen, Erdanrissen, auf sommerwarm., mäß. trock., ± nährstoffreich., basenreich., mäß. sauer.-mild., humos. od. ± roh. Lehmböden, bis 50 cm tief wurzld, Pionierpf., etwas wärmeliebd, Futterpf., Insekt.- u. Selbstbestäubg (Bienenweide), seit d. Bronzezeit im Gebiet, Verbrtgsschwerpkt in Mesobromion-Ges. (schwache Verb.-char.), auch in warm. Arrhenatheretalia-Ges., im Caucalidion, Fum.-Euphorbion od. Sisymbrion (vgl. var.) – Ebene bis mittl. Gebirgslagen (v. all. Kalk- u. Lehmgebiete), A bis 1470 m – euras-smed, verschleppt – H (T) – Chrom. 2n = 16, 32, formenreich.

1774a. **var. glandulósa** Mert. et Kch., Fr. ± drüsg behaart, Pf. ± seidenhaarg, vorwiegd ruderal, Chenopodietea-Kl.char., nur warme Tieflagen, z. B. Rh, Ne, Fr – med-kont.

1775. **Arabischer Sch., M. arábica** (L.) Huds., slt. u. unbestdg in lückig. Unkrautfluren, an Wegen u. Dämmen, an Schuttplätzen, in Bahnhofs- u. Hafenanlagen, in Kunstwiesen, auf mäß. trock., nährstoffreich. Kies-od. Lehmböden, liebt wintermild-sommerwarm-feuchte Klimalagen, in Sisymbrietalia-, auch Arrhenatheretalia-Ges. – v. all. im S u. W d. Gebiet., z. B. Rh, Fr, NWe, NS – med-atl – T – Chrom. 2n = 16.

1776. **Rauher Sch., M. polymórpha** L. (*M. hispida* Gaertn., *M. nigra* Krock.), slt. u. unbestdg in lückig. Unkrautfluren d. Bahn- u. Hafengeländes, Verladeschutt- u. Vogelfutterpf., auch sonst slt. halbruderal, an off. Bodenstellen, auf warm., trock., nährstoffreich. Sand-, Kies- od. Lehmböden, z. B. im Sisymbrion, in S-Europa in Therophytenweiden (Thero-Brachypodion-Verb.char.) – z. B. Rh, Ne, Bo, Mn, Fr, NSH, Th, An – med, weltweit verschleppt („Wollklette") – T – Chrom. 2n = 14, 16.

1777. **Zwerg-Sch., M. mínima** (L.) Bartal., zml. slt. in sonnig., lückig. Sand- od. Kalk-Magerrasen, auf Dünen u. grusg. Felsköpfen, an Wegen u. Dämmen, in Schafweiden, auf sommer-warm.-trock., basenreich., meist kalkhaltg., lock., neutral-mild., humos. (od. $\pm$ roh.) Stein-, Sand-u. Lößböden, Sand- u. Steingrus bevorzugd, Pionierpf., Klettverbrtg, Sedo-Scleranthetea-Kl.char., auch in lückig. Festuco-Brometea-Ges. (in S-Europa Thero-Brachypodion-Art!) – v. all. in Wärmegebiet., im nordw. Tiefld fehld – med-smed (bis südl. Asien) – T – Chrom. 2n = 16.

1778. Scheiben-Sch., M. orbiculáris (L.) Bartal., Schneckenfr. flach-scheibenförmg, unbewehrt, slt. u. unbestdg eingeschleppt aus med – T – Chrom. 2n = 16.

1779. Samt-Sch., M. rigídula (L.) All., Schneckenfr. oval, bewehrt u. behaart, wie vor. slt. u. unbestdg eingeschleppt aus med (Thero-Brachypodion-Arten) – T – Chrom. 2n = 14, 16.

Klee, Trifólium L.

1   Blü. (leuchtd) gelb od. gelbbraun, Blü.köpfch. im allg. kleiner als 2 cm
2   Blü.köpfch. seitenstdg, b.achselstdg, kugelg bis $\pm$ oval, verblüht hellbraun, alle B. wechselstdg, Kelchzähne $\pm$ kahl
3   Blü.köpfch. 2–20blütg, locker
4   Blü.köpfch. 2–6(12)blütg, Blü.stiele $\pm$ 2 mm lg, alle Teilblättch. fast sitzd, St. niederliegd, bis 10 cm lg, 5–10 cm, $\odot$, 5–7   **T. micranthum**   1781
4*   Blü.köpfch. 5–20blütg
5   Blü.köpfch. 5–10blütg, mit abstehden-zurückgebogen. Blü., Blü.stiele 1 mm lg, Blü.b. bleibd, sich bräunend, St. rund, B. bläul.grün, $\pm$ kahl, ohne Spitzch. (vgl. *Medicago lupul.* S. 586), mittl. Blättch. lger gestielt als d. seitlich., St. ästg ausgebreitet, 10–20 cm, $\odot$, 5–9   **T. dubium**   1780
5*   Blü.köpfch. 10–20blütg, mit abstehd-aufgerichtet, goldgelb. Blü., Teilblättch. alle $\pm$ gleich lg gestielt, Nebenb. halbherzförmg, St. aufrecht-aufsteigd, 15–40 cm, $\odot$, 6–9   **T. patens**   1782
3*   Blü.köpfch. 20–50blütg, dicht
6   Endblättch. viel lger gestielt als Seitenblättch., Nebenb. d. unter. B. eiförmg, kürzer als B.stiel, behaart, Blü.köpfch. 7–10 mm lg, 10–20 cm, $\odot$, 6–9   **T. campestre**   1783
6*   Endblättch. wie Seitenblättch. $\pm$ gleichmäß. kurz gestielt bis sitzd, Nebenb. lanzettl., $\pm$ so lg wie B.stiel, Blü.köpfch. 10–15 mm lg, 10–30 cm, $\odot$, 6–7   **T. aureum**   1784
2*   Blü.köpfch. (scheinbar) endstdg (daneben nur wenige seitenstdge Blü.köpfch.), oval-walzl., verblüht kastanienbraun, obere St.b. fast gegenstdg, Kelchzähne bewimpert, St. $\pm$ aufrecht od. aufsteigd, Teilblättch. alle gleich kurz gestielt-sitzd, hellgrün
7   Blü.köpfch. zuletzt walzl., v. oben her schwarzbraun abblühd, Nebenb. längl. lanzettl., Kelchzipfel lg. bewimpert, 15–30 cm, $\odot$, 6–8   **T. spadiceum**   1785
7*   Blü.köpfch. halbkugelg bis eiförmg, meist üb. 1 cm brt, v. oben her lederbraun abblühd, Kelchzipfel $\pm$ kahl, Pf. rasg, 10–20 cm, $2_{|}$, 6–8   **T. badium**   1786
1*   Blü. rot, rötl. od. weiß, auch gelbl.weiß, ab. dann Blü.köpfe über 2 cm groß
8   Blü.köpfch. 1–3(5)blütg, rosa, sitzd, Fr.hülse 5–10samg, d. Kelch überragd, Pf. niederliegd-aufsteigd, 3–10 cm, $\odot$, 6–7   **T. ornithopodioides**   1787

8* Blü.köpfch. reichblütger
9 Blü. weiß, blaßrosa od. lebhaft rot (9* vgl. S. 590 unten)
10 Kelchzähne ± so lg wie d. 3–5 mm lge Blü., Blü.köpfe 7–10 mm brt, meist
    kugelg, z. T. auch walzl. verlängert
11 Pf. kahl, Blü.köpfe gestielt, nur d. obersten ± sitzd, auch Blü. deutl. gestielt
    u. zuletzt ± zurückgeschlag., St. niederliegd-aufrecht, 5–30 cm, ☉, 5–6
                                        T. retusum 1795
11* Pf. behaart, Blü.köpfch. kurz gestielt od. sitzd, auch Blü. sitzd od. nur s. kurz
    gestielt u. ohne Vorb.
12 Blü.köpfe kurz gestielt, ohne Tragb. (Hüllb.), zuletzt walzl. verlängert (1–2
    cm), zottg behaart, Blü. weißl.-rosa, Teilblättch. längl.-lineal, graugrün, oft
    rötl. überlauf., Pf. aufrecht, 5–20(40) cm, ☉, 6–9   **T. arvense** 1797
12* Blü.köpfe b.achselständg, sitzd, mit Tragb. (Hüllb.), B. mit mehr oval.
    Teilblättch., Pf. niederliegd-aufsteigd
13 Blü. rosarot, Kelch zuletzt ± bauchg, Kelchzähne gerade bleibd,
    Seitennerven d. Teilblättch. gerade, 5–20(–30) cm, ☉ 6–7
                                          T. striatum 1798
13* Blü. weißl., Kelch walzl., mit starr., nach außen gekrümmt. Kelchzähnen,
    Seitennerven d. Teilblättch. bogenförmg abwts gekrümmt, verdickt, 5–10
    (–15) cm, ☉, 5–7   **T. scabrum** 1799
10* Kelchzähne deutl. kürzer als Blü., Blü.köpfe meist ansehnl., kugelg od.
    walzl.
14 Kelch zuletzt ± blasg aufgetrieben, häutg, behaart, netznervg, Blü.köpfe
    kugelg, rosarot, ± 1 cm brt, Einzelblü. s. kurz gestielt
15 St. niederliegd, an d. Knoten wurzeld, Blü. normal gestellt, 5–15(–20) cm, ♃,
    6–9   **T. fragiferum** 1794
15a St. niederliegd-aufsteigd, nicht wurzelnd, Blü. mit nach oben schauend.
    Schiffch. („verdreht"), 4–6 mm lg, Blü.köpfch. meist unter 1 cm brt, zahl-
    reich, b.achselstdg, 5–15 cm, ☉, 5–7   **T. resupinatum** 1796
15a* St. aufrecht, dick, hohl, Blü. 6–8 mm lg, 25–60 cm, ☉, 6–9
                                    T. suaveolens 1796a
14* Kelch zuletzt nicht blasg aufgetrieben, Blü.köpfe meist größer als 1 cm
16 Blü. weiß od. blaßrosa (verbraund), Einzelblü. ± deutl. gestielt, Blü. 5–12
    mm lg, Blü.köpfe kugelg od. eiförmig (kurz-walzl.)
17 Einzelblü. 2–5 mm lg gestielt, die äußer. zuletzt ± herabgeschlagen, B.
    untersts kahl (vgl. *Trifol. pratense* bei 25)
18 St. aufsteigd-niederliegd, an d. Knot. nicht wurzelnd
19 St. aufsteigd, Kelch 5nervg, Blü. weiß-rosa, später bräunl., Nebenb. krautg,
    20–40 cm, ♃, 5–8   **T. hybridum** 1788
19* St. niederliegd, ± rasg ausgebreitet, Kelch 10nervg, Fiederblättch. mit 10–
    20 Seitennerv.paar., Blü. weißl.-rosa, 5–15 cm, ♃, 7–8
                                    T. pallescens 1791
18* St. niederliegd, kriechd, an d. Knoten wurzelnd, Kelch 10nervg, Blü. weiß,
    später bräunl., Nebenb. trockenhäutg, B. oft hell gefleckt, unt.sts kahl,
    5–15(40) cm, ♃, 5–10   **T. repens** 1789
17* Einzelblü. 0,5–1,5 mm lg gestielt, zuletzt nicht od. kaum herabgeschlagen
20 St. u. B. kahl, Pf. niederliegd, (strahlig) ausgebrtet, Sprosse nicht verlängert
    u. nicht an d. Knoten wurzeld, Blü. weiß, später rosa, Nebenb. zarthäutg, B.
    nicht gefleckt, 5–15 cm, ♃, 7   **T. thalii** 1790
20* St. u. B. untersts weichhaarg, Pf. aufrecht-aufsteigd, Teilblättch. meist

längl.-lanzettl., Blü. weiß, Kelch behaart mit gerade vorgestreckt., gleich lgen Zähnen, 10–40 cm, ⨘, 5–7 **T. montanum** 1793 vgl. auch weiße Formen v. **T. pratense** 1801 od. **T. ochroleucon** 1805

16* Blü. hell- od. dunkelrot, Blü.köpfe kugelg od. walzl., Blü. 8–20 mm lg, B.nerv. ± auswärts gebog.

21 Blü. zu 3–12, 18–20 mm lg, u. bis 2 mm lg. gestielt, Teilblättch. lanzettl.-lineal, Nebenb. bis 40 mm lg, 5–10 cm, ⨘, 6–8 **T. alpinum** 1792

21* Blü.köpfe reichblütger, Blü. viel kleiner, sitzd od. nur s. kurz gestielt

22 Blü.kopf kugelg, rundl. od. kurz eiförmg

23 Kelch außen behaart

24 Blü.köpfe oft zu 2, mit 2 Tragb., St. angedrückt behaart

25 Kelch 10nervg, Einzelblättch. längl.-eiförmg, 1–3 cm lg, meist gefleckt, untersts behaart (vgl. *T. repens* 18*), Nebenb. eiförmg, kahl, mit ± bewimpert. Grannenspitze, 10–30(–40) cm, ⨘, 6–9 **T. pratense** 1801

25* Kelch 20nervg, Einzelblättch. schmal, 3,5–4,5 cm lg, dunkelgrün, nicht gefleckt, Pf. stärker behaart, rasenbildd, Nebenb. lanzettl.-pfrieml., lger als 3 cm, 10–30 cm, ⨘, 6–7 **T. alpestre** 1803

24* Blü.köpfe immer einzeln, ohne Tragb. vgl. **T. incarnatum** 1800

23* Kelch außen kahl (nur Kelchzipfel bewimpert), 10nervg, Blü.köpfe meist einzeln, ohne Tragb., Einzelblättch. elliptisch, 2–3,5 cm lg, meist gefleckt, Nebenb. bewimpert, St. knickig aufsteigd, Pf. rasenbildd, 10–20(–50) cm, ⨘, 5–7 **T. medium** 1802

22* Blü.kopf walzl., zuletzt 3–7 cm lg, St. aufrecht

26 St. kahl, Einzelblättch. schmal, 4–5 cm lg, Kelch außen ± kahl, 20nervg, Blü.köpfe meist zu 2, mit Tragb., 30–60 cm, ⨘, 6–7 **T. rubens** 1804

26* St. zottig behaart, Einzelblättch. längl.-eiförmg, 1–2 cm lg, Kelch außen behaart, Blü.köpfe einzeln, ohne Tragb., 20–40 cm, ☉, 4–7 **T. incarnatum** 1800

9* Blü. weißl.gelb-blaßgelb, St., B. u. 10nervg. Kelch behaart, Kelchzähne s. ungleich, Blü. zuletzt abfalld, B.nerv. gerade, vorwärts gerichtet

27 Blü.kopf rundl.-eiförmg, Einzelblättch. längl.-ellipt., 1–3 cm lg, beidstg behaart, St. meist aufsteigd, 20–40 cm, ⨘, 6–7 **T. ochroleucon** 1805

27* Blü.kopf eiförmg-walzl., bis 5 (u. mehr) cm lg, einzeln, lg gestielt, Einzelblättch. 3–8 cm lg, untersts behaart, St. aufrecht, 20–50 cm, ⨘, 6 **T. pannonicum** 1806 vgl. auch **T. alexandrínum** 1807

1780. Kleiner Kl., Faden-Kl., T. dúbium Sibth. (*T. mínus* Sm.), verbr. in Fettwiesen u. Fettweiden, v. all. d. tief. Lagen, an Wegrändern usw., auf warm., frisch.(-mäß. trock.), ± nährstoffreich., vorzugsw. kalkarm., mäß. sauer., ± humos., sandg. od. rein. Lehmböden, Lehmzeiger, guter Futterbestandteil, Insekt.bestäubg, Verbrtgsschwerpkt in warm. Arrhenation-Ges. (DV), auch im Cynosurion u. slt. im Polygono-Trisetion, Mol.-Arrhenatheretea-Kl.char. – Ebene bis mittl. Gebirgslagen, A bis 800 m – subatl(-smed), in kühlgemäß. Zonen heute weltweit – T – Chrom. 2n = 28, 32.

1781. Armblütiger Kl., T. micránthum Viv. [*T. dúbium* var. *microphýllum* (Ser.) Briq.], slt. an Ufern u. Teichrändern, in feucht. Pionierges., Agr.(El.)-Rumicion-Art, auch in lückg. Cynosurion- od. Sandrasenges.,

z. B. im Küstenbereich – SH – med-atl – T – Chrom. 2n = 14, 16.

1782. **Spreiz-Kl., T. pátens** Schreb., slt. eingeschleppt, z. T. unbestdg, auch eingebürgert in Fettwiesen, auf warm., frisch. bzw. wechselfrisch., nährstoffreich., meist tonig. Lehmböden, salzertragd, in S-Europa v. all. in Cynosurion-Ges., Arrhenatheretalia-Art, slt. auch im Calthion – z. B. süRh (Els.) – smed-med – T – Chrom. 2n = 14, 16, 28, 32.

1783. **Feld-Kl., T. campéstre** Schreb., zml. hfg in lückig. Kalk-Magerrasen, in mager. Wiesen, auf Sandfeldern, an Wegen u. Böschungen, auch in Äckern, auf warm., mäß.trock. (trock.), basenreich. (gern kalkarm.), neutral- mäß. sauer., humos., lock. Lehmböden, auch Sand- u. Steingrusböden, Pionierpf., Magerkeitszeiger, gute Futterpf., Insekt.bestäubg, Windverbrtg, Verbrtgsschwerpkt in Thero-Airion- u. Alysso-Sedion-Ges., Sedo-Scleranthetea-Kl.char., vzlt. auch im Mesobromion u. in trock.-warm. Arrhenatherion-Ges., in med Thero-Brachypodietea-Art – Ebene bis mittl. Gebirgslagen, Ju bis 840 m, A bis 1860 m (verschleppt, ob bestdg?) – smed-subatl, verschleppt – T – Chrom. 2n = 14.

1784. **Gold-Kl., T. aūreum** Poll. (*T. strépens* Crantz), zerstr. in lückig. Magerrasen, an Böschungen, Wegrändern, Erdanrissen, in Waldsäumen, auf warm., mäß. trock., basenreich., meist kalkarm., lock., meist humusarm. Lehmböden, Pionierpf., Insekt.- u. Selbstbestäubg, Windverbrtg, v. all. in initial. Violion-Ges., schwache Violion-Verb.char., auch im Trifolion medii – Ebene bis mittl. Gebirgslagen (Rh s. slt.), A bis 1200 m, im nordw. Tiefld slt. od. fehld – gemäßkont(-smed) – T (H) – Chrom. 2n = 14.

1785. **Moor-Kl., T. spadíceum** L., zml. slt., ab. gesellg, in mager. Moor- u. Bergwiesen, in Quellmooren, an Weg- u. Grabenrändern, auf kühl., feucht. u. nass., v. all. wechselnass. (etwas stickstoffbeeinflußt.), $\pm$ basenreich., kalkarm., sauer., humos. Lehm- u. Tonböden, auch als Pionier auf nass. Sand- od. an off. Bodenstellen, v. all. in montan. Calthion- u. Molinion-Ges., wohl Molinietalia-Art, ferner im Caricetum fusc. od. Cardamino-Montion, deshalb auch schon als Caricion f.-Art angegeb. – v. all. Mittelgebirge, z. B. Sch, RS, He, BayW, ThW, Hz, Erzg, im Tiefland s. slt. od. fehld – nokont-pralp – T (H) – Chrom. 2n = 14.

1786. **Alpen-Braun-Kl., T. bádium** Schreb., zml. hfg in Fettweiden d. subalp.-alp. Stufe, an Lägerplätzen, in Schneetälchen, auf frisch. (feucht.), nährstoff- u. basenreich., mild.humos., meist dicht. Lehm- u. Tonböden, gute Futterpf., Insekt.bestäubg, Wind- u. Tierverbrtg, Poion alp.-Verb.char., auch im Caricion ferrug. od. Arabidion caerul. – A 1270–2210 m – alp – H – Chrom. 2n = 14.

1787. **Vogelfuß-Kl., T. ornithopodióides** L. [*Trigonélla ornithopodióides* (L.) DC.], s. slt. in Sandtrockenras. – SH – smed-subatl – T – Chrom. 2n = 16.

1788. Schweden-Kl., T. hýbridum L., zerstr. in lückg. Fett- u. Naßwiesen, an Wegen u. Ufern, auf frisch.-feucht., nährstoff- u. basenreich., ± mild., humos. od. roh., dicht., sandg. od. rein. Tonböden, etwas wärmeliebd, Stromtalpf., bis üb. 50 cm tief wurzlde Pionierpf., im allg. gute Futterpf., Insekt.bestäubg, v. all. im Agr.(El.)-Rumicion, in Calthion- od. Arrhenatheretalia-Ges., vgl. Unterart. – Ebene bis mittl. Gebirgslagen, A bis 970 m – gemäßkont(-osmed), durch Anbau verschleppt – H – Chrom. 2n = 16, formenreich:

1 St. aufrecht, hohl, kahl, Blü. 7–12 mm lg, weiß, rosa werdend, Teilblättch. 2–3 cm lg

1788a. ssp. hýbridum, so v. all. in Calthion-Wiesen.

1* St. niederliegd-aufsteigd, markg, oben etwas flaumg, Blü. 5–7 mm lg, hellrosa, Teilblättch. 1–2 cm lg

1788b. ssp. élegans (Savi) A. et Gr., so v. all. im Cynosurion od. in Agr.-(El.)-Rumicion-Ges., an Ufern, Wegen u. Schuttplätzen.

1789. Kriechender Kl., Weiß-Kl., T. répens L., verbr. in Fettweiden, Parkrasen, Wiesen, an Wegen, auch in Äckern u. Gärten, auf frisch., nährstoffreich., mäß.sauer.-mild., ± humos. (roh.), meist dicht. Lehm- u. Tonböden, in luftfeucht. Klimalage, mäß. wärmeliebd, bis 70 cm tief wurzld. Kriechpionier, Stickstoffzeiger, auf Äckern Feuchtezeiger, wertvolle Futter- u. Weidepf. (wintergrün), Insekt.bestäubg (Bienenweide), überwiegd Tierverbrtg, Kulturbegleiter, gern mit *Lolium perenne*, Cynosurion-Verb.char., auch in and. Arrhenatheretalia- od. (Diff.) in Plantaginetalia-Ges. – Ebene bis Gebirge, A bis 2220 m – eurassubozeansmed, heute in gemäß. Zonen weltweit – H (Ch) – Chrom. 2n = 32, formenreich:

1 St. u. Blü.stiele kahl, Blü. meist weiß, Teilblättch. 10–25 mm lg

1789a. ssp. repens, verbr. Sippe s. o.

1* St. u. Blü.stiele behaart, Blü. rosa, Teilblättch. 5–10(15) mm lg

1789b. ssp. prostrátum Nym., seltener Neuankömmlg in Wärmegebiet. – z. B. Rh – smed-subatl.

1790. Thal's Kl., T. thálii Vill., zml. hfg in Fettweiden od. Lägerges. d. subalp. Stufe, in d. Umgebung d. Sennhütten, in Schneeböden u. schneefeucht. Hängen, auf frisch., nährstoff- u. basenreich., ± humos. Lehm- u. Tonböden, v. all. an etwas lückg. u. steinig. Stellen, Pionierpf., Tiefwurzler, gute Futterpf., Poion alp.-Verb.char., auch im Caricion ferrug. od. Salicion herb. – A 1400–2390 m – walp – H – Chrom. 2n = 16.

1791. Geröll-Kl., T. palléscens Schreb., zerstr. in frisch., basenreich., meist kalkarm. Steinschuttges. d. Zentralalp. auf Moränen, Epilobion fleisch.-Verb.char., auch in initial. Elyneten – Tirol, Vorarlberg, Schweiz – alp – H – Chrom. 2n = 16.

1792. **Alpen-Kl., T. alpínum** L., zerstr., ab. gesellg in subalp.-alp., bodensaur. Magerras., über 1 m tief wurzelnd, Nardion-Verb.char., slt. auch in das Caricion curv. übergreifd – Schweiz, Tirol, Vorarlberg – walp – Chrom. 2n = 16.

1793. **Berg-Kl., T. montánum** L., zml. slt., ab. gesellg in Kalk-Magerrasen od. mager. Auenwiesen, im Saum v. Gebüsch u. Wäldern, auf mäß. trock.-wechseltrock., basenreich., kalkhaltg., neutral.- mild., humos., meist dicht. u. tiefgründg. Lehm- u. Tonböden, Tiefwurzler, Kalk- u. Wechseltrockenhts-Zeiger, Licht- u. Halbschattpf., Insekt.-bestäubg (Bienenweide), Verbrtgsschwerpkt in Mesobromion- u. Cirsio-Brachypodion-Ges., Festuco-Brometea-Kl.char., ferner im trock. Molinion od. im Geranion sang. – Ebene bis mittl. Gebirgslagen, (Silikatgebiete slt., z. B. süSch 930 m), A bis 1860 m, im nordw. Tiefld fehld – gemäßkont-smed – H – Chrom. 2n = 16.

1794. **Erdbeer-Kl., T. fragíferum** L., slt. in lückig. Trittrasen, an Wegen u. Plätzen, auf feucht., nährstoffreich., kalk- u. oft salzhaltg., ± humos., dicht., sandg. od. rein. Tonböden, Pionierpf., gute Futterpf., Insekt.-bestäubg, Tierverbrtg, Char. d. Juncetum compr. [Agr.(El.)-Rumicion], sonst v. all. in Küstenweiden im Armerion mar. – v. all. Tieflag. u. Stromtäler od. in Keupergebiet., Ju bis 880 m – med-smed (-gemäßkont), verschleppt – H – Chrom. 2n = 16.

1795. **Kleinblütiger Kl., T. retúsum** L. (*T. parviflórum* Ehrh.), slt. auf off., basenreich., ab. kalkarm. Sand- u. Steingrusböd., in Ungarn Festucion pseudov.-Art – An, nöRh (advent.) – (o)smed – Chrom. 2n = 16.

1796. **Persischer Wende-Kl., T. resupinátum** L., slt. u. unbestdg verschleppt in Trittrasen, an Wegen u. Schuttplätzen, auf sommerwarm., frisch.-wechselfrisch., nährstoffreich. u. gern salzhaltg., sandig. od. rein. Tonböden, wärmeliebd, v. all. im Agr.(El.)-Rumicion, neuerdgs öfter mit Grassaat. verschleppt od. kultiv., in S-Europa in Küstenweid. u. Salzwies. – z. B. Rh, Ne, Do, Fr – med – T (H) – Chrom. 2n = 16 (14).

(1796a.) **Persischer Futter-Kl., T. suavéolens** Willd., neuerdings hie u. da als Futterpf. angebaut, auf locker., frisch. u. nährstoffreich. Böd., auch in Grassaat., slt. verwildert – omed – T.

1797. **Hasen-Kl., T. arvénse** L., zml. hfg in lückig. Magerrasen, auf Sandfeldern u. Felsköpfen, an Sandwegen u. Dämmen, in Brachen u. Äckern, auf sommertrock., basenreich., kalkarm., mäß. sauer., roh. od. humos., lock., meist feinerdearm. Sand-, Kies- od. Steingrusböden, bis 40 cm tief wurzlde Pionierpf., wärmeliebd, Sand- u. Säurezeiger, Insekt.-u. Selbstbestäubg, Sedo-Scleranthetea-Kl.char., ferner in Aperion-Äckern (Diff.) od. in lückg. Festuco-Brometea-Ges., in med Helianthemetalia gutt.-Art – Ebene bis mittl. Gebirgslagen, fehlt Kalkgebieten u. A – eurassubozean-smed – T – Chrom. 2n = 14.

1798. **Gestreifter Kl., T. striátum** L., slt. in sonnig., lückig. Magerrasen u. Magerweiden, auf Sandfeldern, in Brachen, an Wegen, auf sommertrock., ± nährstoffreich., kalkarm., mäß. saur., roh. od. humos., lock., feinerdearm. Sand- u. Kiesböden, wärmeliebd, salzertragd, Thero-Airion-Verb.char., auch in Aperion-Ges. – v. all. in warm. Tieflag. u. im W d. Gebiet (Pf, RS), auch Th, Sa – subatl-smed – T (H) – Chrom. 2n = 14.

1799. **Rauher Kl., T. scábrum** L., s. slt. in lückig. Kalk-Magerrasen, auf Felsköpfen, an Wegen u. Erdanrissen, auf warm., trock., basenreich., kalkhaltg., wenig humos., meist flachgründg., off. Stein- u. Lehmböden, Pionierpf., Insekt.bestäubg, Klettverbrtg, terr. Char. d. Cerastietum (Alysso-Sedion), (in S-Europa Thero-Brachypodion-Art) – süRh (Bellingen-Grißheim), Els – med-smed(-subatl), im Gebiet an d. N-Grenze d. Verbrtg – T – Chrom. 2n = 10, 16.

1800. **Inkarnat-Kl., T. incarnátum** L., hie u. da gebaut, rein od. im Ackerfruchtbau mit *Lolium multiflor.*, glgtl. verwildt an Schuttplätz., liebt mäß. trock., nährstoffreich., kalkarm., ± humos., lock., leichte, bindge od. reine Sandböden, in wintermild. u. nicht zu trock. Klima, wärmeliebd, frostempfindl., gute Futterpf. (aber Anbau zurückghd), bis 30 cm tief wurzld, meist Insekt.bestäubg, Wind- u. Tier-(Klett-)verbrtg – z.B. Rh, Do, Fr – Herkunft: med-atl – T (H) – Chrom. 2n = 14.

1801. **Roter Wiesen-Kl., T. praténse** L., verbr. in Fettwiesen u. Fettweiden, auch in Naß- u. Moorwiesen, in licht. Staudenfluren, slt. in Magerwiesen, auch rein gebaut, opt. auf frisch., nährstoff- u. basenreich., mäß.sauer.-mild., ± humos., tiefgründg. Ton- u. Lehmböden, in humid. (Jahresniederschlag wenigst. 500 mm) u. wintermild. Klimalage, Kalk- u. Sulfat-liebd, scheut Staunässe, bis 200 cm tief wurzld. Nährstoffzeiger, Bodenverbesserer, auch Rohbodenbesiedler, hochwertige Futterpf., Insekt.bestäubg (v. all. Hummeln), Säugetier- auch Ameis.verbrtg, Verbrtgsschwerpkt in Arrhenatheretalia-Ges., auch im Calthion u. Molinion, Mol.-Arrhenatheretea-Kl.char., unt. Stickstoffeinfluß in Mesobromion- od. Nardetalia-Ges., ferner im Trifolion medii, vgl. ferner Unterart. – Ebene bis Gebirge, A bis 2270 m (ssp. *nivale*) – eurassubozean(-smed), in kühlgemäß. Zonen heute weltweit – H, formenreich:

1 St. schwach behaart od. kahl
2 St. derb, kaum hohl, Blü.köpfe oft einzeln, mit Hüllb.

1801a. **ssp. praténse,** verbr. Sippe, s.o. – Chrom. 2n = 14.
2* St. dick, hohl, Blü.köpfe meist zu 2, ohne Hüllb., Pf. 2–3jährg

1801b. **ssp. satívum** (Crome) Janch., hfg angebaute Kulturpf., auch in Wiesen – Chrom. 2n = 14.
1* St. deutl. u. meist abstehd rauh behaart
3 Nebenb. kahl, lgscheidg verwachs., Blü.köpfe groß, dunkelrot

1801c. **ssp. expánsum** (W. et Kit.) Simk., aus N-Am. eingeführte Kulturpf.

3* Nebenb. bewimpert, Blü. rosa-weißl., St. niederliegd-aufsteigd
4 St. dünn, Blü.köpfe einzeln; klein

1801d. **ssp. marítimum** (Zab.) Rothm., slt. in Küstenwies., bes. an d. Ostsee.

4* St. kräftg, wie Nebenb. dicht behaart, Blü.köpfe bis 3 cm brt, sitzd

1801e. **ssp. nivále** (Koch) Arc., zerstr. in Fettweid. d. Hochgebirges, Poion alp.-Verb.char. – A – walp – Chrom. 2n = 14.

1802. **Mittlerer Kl., T. médium** L., hfg u. gesellg in Busch- u. Waldsäumen, an Wegen, im licht. Gebüsch, an staudenreich. Böschg., auf mäß. trock. bis frisch., basenreich., mäß. sauer.-mild., humos., ± tiefgründig. Lehmböden, Lehmzeiger, sommerwärmeliebd, Licht-Halbschattpf., Tiefwurzler mit Bodenausläufern, düngerfeindl., Hummelblume, z.T. Ameisenverbrtg, gern mit *Origanum vulg.,* Trifolion medii-Verb.char., auch in Prunetalia-Ges. od. in gestört. licht. Waldges. – Ebene bis mittl. Gebirgslagen, A bis 1050 m, Ju bis 1000 m, Sch bis 1050 m, im nördl. Tiefld slt. – eurassubozean(-smed) – H – Chrom. 2n = 78, 79, 80, 82, 84.

1803. **Hügel-Kl., T. alpéstre** L., zml. slt. im Saum sonnig. Büsche, an Waldrändern u. Waldwegen, in licht. Eichen-(Kiefern-)Trockenwäldern, auf warm., trock.-mäß. trock.-wechseltrock., basenreich., ab. meist kalkarm., neutral., humos., lock., meist steinig., flach-mittelgründg. Lehm- u. Ton- od. bindig. Sandböden, Tiefwurzler mit Bodenausläufern, Licht-Halbschattpf., meist Falter- (auch Hautflügler-) Bestäubg, z. T. Windverbrtg, Char. d. Geranio-Trifolietum alp. (Geranion sang.), auch (Diff.) im Potentillo-Quercetum – Ebene bis mittl. Gebirgslagen (Silikatgebirge slt. od. fehld), A bis 1050 m, Ju bis 1000 m, im nördl. Tiefld slt. od. (Nordw.) fehld – gemäßkont-smed – H – Chrom. 2n = 16, 20.

1804. **Purpur-Kl., T. rúbens** L., slt. im Saum sonnig. Büsche, am Rand od. in Lücken licht. Eichen- (u. Kiefern-)Trockenwälder, auf warm., trock., basenreich., neutral-mild., humos., lock., flach-tiefgründg. Lehm- u. Lößböden, Tiefwurzler, Licht-Halbschattpf., Insekt.bestäubg, Tier- u. Windverbrtg, Geranion sang.-Verb.char., auch (Diff.) in Quercetalia pubesc.-Ges. – v. all. warme Tieflag. im S d. Gebiet., Ju bis 970 m, nördl. bis RS, NSH, An, Br, östl. Me, fehlt A – gemäßkont-smed – H – Chrom. 2n = 16.

1805. **Blaßgelber Kl., T. ochroléucon** Huds., slt. in sonnig. Magerrasen, auf trock. Moorwiesen, im Saum licht. Gebüsche, auf warm., mäß. trock. bis wechseltrock., basenreich., meist kalkarm., neutral., humos., ± tiefgründg., sandg. od. rein. Lehm- u. Tonböden, Tonzeiger, Wurzelkriecher, Insekt.bestäubg, v. all. in Mesobromion-Ges. (Gent.-

Koelerietum), schwache Brometalia-Ordn.char., auch in Origanetalia-Ges. – v. all. im S d. Gebiet. (Keupergebiete), Ju bis 990 m, nördl. bis RS, NSH, Th, An, Br (Chorin) – smed-subatl – H – Chrom. 2n = 16.

1806. Ungarischer Kl., T. pannónicum Jacq., slt. gebaut u. unbestdg verwildt, Tiefwurzler – z. B. Rh, Bo – osmed – H – Chrom. 2n = 130.

1807. Ägyptischer Kl., T. alexandrínum L., Blü.köpfe eiförmg-längl., gelbl.-weiß, Pf. einjährg – süRh (angebaut und verwildt), RS (Taunus), Fr – Herkunft: N-Afrika – omed – T – Chrom. 2n = 16.

Wundklee, Anthýllis L. vgl. S. 576

1808. Gewöhnlicher, Echter W., A. vulnerária L., zml. hfg in sonnig. Kalk-Magerrasen u. -weiden, an licht. Kiefernhängen, Wegen, Böschg. u. Dämmen, in Steinbrüchen, auf sommerwarm.-mäß. trock., basen-reich., meist kalkhaltg., mäß. sauer-mild., humos., auch roh., lock., tief-mittelgründig. Lehm- u. Lößböden, auch Rohbodenpionier (mit Wurzelpilz), Tiefwurzler (Bodenfestiger), düngerfeindl., gute Futterpf., Hummelblume, z. T. Windverbrtg, v. all. in Brometalia-Ges., auch im Erico-Pinion, vgl. weiter Unterart. – Ebene bis Gebirge (v. all. Kalk-gebiete, auch süSch auf Gneis bis 1000 m) – smed-subatl – H, formen-reich:

1 Tragb. d. Blü.köpfe mit 3eckg-lanzettl. Zipfeln, St.b. 3–6, gleichmäßg verteilt, seitl. Kelchzähne schmal, angedrückt
2 St. dicht abstehd behaart, unt. verholzt, obere St.b. mit 5–7 Fiederblättch., Kelch 11–12 mm lg

1808a. ssp. polyphýlla (DC.) Nym., s. slt. in Halbtrockenras. d. Cirsio-Brachypodion – nur Oder-Gebiet (od. adv.) – gemäßkont-osmed.

2* St. anliegd behaart, Kelch 8–11 mm lg
3 St. aufsteigd, ästg, obere St.b. mit 7–9 Fiederblättch., Grundb. mit 1–3 Blättch., Blü. gelb-orange

1808b. ssp. marítima (Schweigg.) Corb., slt. in Dünen d. Ostsee-Küste, Koelerion alb.-Verb.char. – SH, Me – smed-subatl – Chrom. 2n = 12.

3* St. aufrecht, slt. ästg, obere St.b. mit 9–15 Fiederblättch., Grundb. mit 5–7 Blättch., Blü. gelb od. blaßgelb

1808c. ssp. vulnerária, verbr. v. all. im Mesobromion, Brometalia-Ordn.char., auch mit *Sesleria alb.* od. im Erico-Pinion – v. all. im S d. Gebiet., im nordw. Tiefland slt. – smed-subatl – Chrom. 2n = 12.

1* Tragb. d. Blü.köpfe mit lineal-lanzettl. etwas stumpfl. Zipfeln, St.b. 1–3 im unteren Teil d. anliegd behaart. St., seitl. Kelchzähne nicht angedrückt
4 Kelch 8–11 mm lg, bleich, angedrückt behaart, St.b. mit 3–9 Fiederblättch., Blü. meist blaßgelb

1808d. ssp. carpática (Pant.) Nym., zerstr. in Halbtrockenras. u.

mageren Arrhenathereten, Mesobromion-Art – v. all. im S d. Gebiet., oft verschleppt, z. B. Av, A – smed-pralp – Chrom. 2n = 12.

4* Kelch 13–15 mm lg, grau, ± abstehd behaart, St.b. mit 3–7 Fiederblättch., grdstdge B. oft nur aus vergröß. Endblättch. bestehd, Blü. goldgelb
1808e. **ssp. alpéstris** (Kit.) A. et Gr., zerstr. in Steinras. d. Hochgebirges, Seslerietalia-Ordn.char., auch in Thlaspietea rot.-Ges. od. im Erico-Pinion – Ju (SW-Alb) (?), Av, A – pralp-alp – Chrom. 2n = 12.

Hornklee, Lótus L.

1 Dolden 3–7blütg, Kelchzähne vor. d. Blühen zus.geneigt, Blü.schiffch. plötzl. zugespitzt, St. meist markg, 5–30 cm, ⚄, 5–8
$\qquad$ **L. corniculatus** 1809
1* Dolden 8–12blütg, Kelchzähne anfängl. abstehd-zurückgekrümmt, ± bewimpert, Blü.schiffch. allmähl. zugespitzt, St. röhrg-hohl, B. untersts deutl. genervt, Pf. mit unterird. Ausläuf., 20–40(–80) cm, ⚄, 5–7
$\qquad$ **L. uliginosus** 1810

1809. L. corniculátus-Gruppe

1 Mittl. St.b. mit lanzettl.-rundl.-oval., meist stumpfl. Blättch., Kelchzähne 3eckg
2 B. oval-rundl., z. T. ausgerandet, Blü.std 1–3(5)blütg, Blü. 14–18 mm lg, Schiffch.spitze rot-dunkelbraun, 2–10 cm, ⚄, 6–8

1809a. **Alpen-H., L. alpínus** Schleich. ex Ram., zerstr. in Steinras. u. Fettweid. auf basenreich. Lehmböd. d. Alpen, Seslerietalia-Ordn.char., auch im Poion alp. – A – alp – H – Chrom. 2n = 12, 24.

2* B. oval-lanzettl., Blü.dolde 3–8blütg, Blü. 6–14 mm lg, Schiffch.spitze weißl.-rötl.-rot
3 St. u. B. kahl od. fast kahl, 15–40 cm, ⚄, 6–8

1809b. **Gewöhnlicher H., L. corniculátus** L. **ssp. corniculátus,** verbr. in Fettwiesen, in Weiden, auch in Kalk-Magerrasen (Halbtrockenrasen), in Gebüschsäumen, an Wegen, Böschungen, in Steinbrüchen, auf warm., mäß. trock.-frisch., nährstoff- u. basenreich., ± humos., locker. Lehmböden, bis 1 m tief wurzld, auch Rohbodenbesiedler, Bodenverbesserer, Bienenweide, gute Futterpf., Verbrtgsschwerpkt in Arrhenatheretalia-Ges. (schwache Ordn.char.), ferner im Mesobromion (DV) u. Molinion. – Ebene bis Gebirge (v. all. Lehm- u. Kalkgebiete), A bis 2310 m – eurassubozean-smed – H – Chrom. 2n = 24.

3* St. u. B. stark behaart, 10–30 cm, ⚄, 6–8

1809c. **Behaarter H., L. corniculátus ssp. hirsútus** (Koch) Rothm., zml. slt. in lückgen Kalk-Trockenras., Xerobromion-Verb.char. – v. all. im S d. Gebiet., z. B. Hü, Ju, Do, Bo, Th, weiter nördl. slt. od. fehld – smed – Chrom. 2n = 24.

1* Mittl. St.b. mit lineal-lanzettl. zugespitzt. Blättch., Blü.dolde 1–4blütg, Blü. dünn gestielt, duftd, Kelchzähne pfrieml., 20–60 cm, ⚄, 6–8

1809d. **Schmalblättriger H., L. ténuis** W. et Kit. (*L. tenuifólius* (L.) Rchb.), slt. v. all. in Küstenwies. auf salzhaltgen Tonböd., auch im Binnenland, Agrostietalia-Art, auch im Armerion mar. od. Molinion – NS, SH, Me, auch s. slt. Rh, Saar, Do, Fr, Th, An, oft verschleppt – medsmed(-subatl) – Chrom. 2n = 12.

1810. **Sumpf-H., L. uliginósus** Schkuhr (*L. pedunculátus* auct.), hfg u. meist gesellg in Naßwiesen u. -weiden, an Quellen, Ufern u. Gräben, in Binsensümpfen, auf sickernass. (wechselnass.), nährstoffreich., meist kalkfrei., mäß.sauer.-neutral., humos., sandg. od. rein. Tonböden (Sumpfhumusböden), Stickstoffzeiger, Licht- u. Halbschattpf., Bienenblume, gute Futterpf., Calthion-Verb.char., auch im Juncion ac. u. Molinion, in feucht. Arrhenathereten usw. – Ebene bis mittl. Gebirgslagen, A bis 920 m, Sch über 1000 m – subatl(-wsmed), in ozeangemäß. Zonen weltweit – H – Chrom. 2n = 12 (24).

Spargelschote, Tetragonólobus Scop. vgl. S. 575

1811. **T. marítimus** (L.) Roth (*Lótus siliquósus* L.), slt. in Moorwies. u. Kalkmagerrasen, an tuffigen Quellen, an Störstellen, auf sommerwarm., wechselfeucht.(-wechseltrock.), basenreich., humos. od. roh., dicht. Ton-, Mergel- od. Tuffböden, Tonzeiger, salzertragd, Hummelblume, hoher Futterwert, Char. d. Cirsio-Molinietum bzw. Molinion-Verb.char., auch im Caricion dav., in wechseltrocken. Mesobrometen od. im Juncetum compr. [Agr.(El.)-Rumicion] – v. all. im S d. Gebiet., Ju bis 900 m, A bis 800 m, nördl. bis RS, Th, An, Br, Ost-Me, Silikatgebirge fehld – smed (-gemäßkont) – H – Chrom. 2n = 14.

Backenklee, Dorýcnium Mill. vgl. S. 575

1   B. anliegd seidenhaarg, Blü. zu 10–14, 5–7 mm lg, 15–30 cm, ♄, 7
                                   D. germanicum   1812
1* B. abstehd lghaarg, Blü. zu 15–25, 3–5 mm lg, 30–60 cm, ♄, 6–7
                                   D. herbaceum   1813

1812. **Deutscher B., D. germánicum** (Gremli) Rickli (*D. pentaphýllum* Scop. ssp. *germánicum* Gams), slt. in licht. Kieferntrockenwäldern od. lückig. Kalk-Magerrasen auf sommerwarm., trock., basenreich. (kalkhaltg.), neutral-mild., humos., feinerdearm. Kies- od. Steinböden, Tiefwurzler, Hautflüglerbestäubg, Char. d. Doryc.-Pinetum (Erico-Pinion), auch im Puls.-Caricetum hum. (Xerobromion) – Av, A bis 900 m – opralp(-osmed) – Ch – Chrom. 2n = 14, 28.

1813. **Krautiger B., D. herbáceum** Vill. (*D. pentaphýllum* ssp. *herbáceum* Rouy), s. slt., v. all. im Saum sonnig. Gebüschs, auf basenreich. Lehm- u. Steinböd., in Origanetalia-Ges. (in S-Europa in d. Rosmarinetalia) – nöHü (b. Frankfurt), Th (b. Sondershausen), S-An, O-Br – omed-smed – Ch – Chrom. 2n = 14.

Geißraute, Galéga L. vgl. S. 577

1814. **G. officinális** L., als Zier- u. Heilpf. slt. gebaut u. glgtl. verwildt, v. all. auf feucht. (wechselfeucht.), nährstoffreich. Lehm- u. Tonböden, wärmeliebd, frostempfindl., gute Futterpf., Bienenblume, im nat. Verbrtgsgebiet in Flußauen, v. all. in Convolvuletalia-Ges., auch im Agr.-(El.)-Rumicion – z.B. Rh, Pf, Ne, Do (Ju), Mn, Fr, Br, Sa – osmed (-gemäßkont) – H – Chrom. 2n = 16.

Bastard-Indigo, Amórpha L. vgl. S. 576

1815. **A. fruticósa** L., Zierstrauch aus d. südöstl. N-Am., in Flußauen südlicher Gebiete als Pioniergesträuch oft verwildert u. eingebürgert (Salicetalia purp.) – süRh (Els) – N-Am – Chrom. 2n = 40.

Glyzinie, Wistéria Nutt. vgl. S. 576

1816. **W. sinénsis** (Sims) Sweet, als holzige Zierliane zml. hfg gepflzt, slt. verwildt, frostempfindl. – Heimat China – P – Chrom. 2n = 16.

Robinie, Robínia L. vgl. S. 576

1817. **Falsche Akazie, R. pseudacácia** L. (*R. pseúdo-acácia* L.), hfg an Straßen u. in Parkanlagen gepflzt od. forstl. eingebracht u. verwildd, liebt frische (mäß. trock.), nährstoffreiche, mittel-tiefgründige, lock., sandge Kies- od. Lehmböden, Rohbodenpionier, Bodenfestiger, durch Wurzelbrut unduldsam, Intensivwurzler, sommerwärmeliebd, frühfrostempfindl., Bienenweide, Nutzholz, infolge Stickstoffanreicherung die Naturvegetation meist stark verändernd durch Aufbau von Alliarion- u. *Sambucus nigra*-Ges. – Ebene bis mittl. Gebirgslag. (rd. 700 m) – v. all. Wärmegebiete im S d. Gebiet. – Herkunft: N-Am. (Pionierholz in Kiefernmischwäld.), durch J. Robin 1601 nach Paris eingeführt, mit smed-kont Ausbrtgstendenz – P – Chrom. 2n = 20 (22).

Erbsenstrauch, Caragána Lam. vgl. S. 577

1818. **C. arboréscens** Lam., hfg in Gärten als Zierstrauch, slt. verwildt, Heimat: NO-Asien – Chrom. 2n = 16.

Tragant, Astrágalus L.

1 Blü. gelb od. gelbl.-weiß
2 Pf. fast st.los, zottg behaart, Blü. u. B. bodenstdg, Fr. eiförmg, 3–8 cm, ♃, 5   **A. excapus** 1828
2* St. verlängert, niederliegd od. aufrecht-aufsteigd
3 St. ausgebrtet niederliegd-aufsteigd, bis 120 cm lg, Blü. aufrecht-abstehd, Fr. 2fächerg
4 B. mit 11–13 Fiederblättch., Fr. lineal, wie St. ± kahl, ♃, 5–6   **A. glycyphyllos** 1823

4* B. mit 17–25 Fiederblättch., Fr. kugelg-aufgeblasen, wie St. behaart, St. bis
    60 cm lg, ⚄, 6–8   **A. cicer** 1824
3* St. aufrecht-aufsteigd, Blü. nickd, Fr. 1fächerg (*Phaca* L.)
5   Pf. ± kahl, bläul.-grün, St. meist einfach, B. 4–5paarg, mit üb. 1 cm groß.
    Nebenb., Blü. gelbl.-weiß, 20–40 cm, ⚄, 7   **A. frigidus** 1821
5* Pf. behaart, frischgrün, St. ästg, B. 9–11paarg, Blü. lebhaft gelb, 30–50 cm,
    ⚄, 7   **A. penduliflorus** 1822
1* Blü. blau- od. rot-viol. od. weißl. mit viol. Schiffch.spitze
6   Blü.flügel vorn ± ausgerandet, lger als Schiffch., Blü. meist weiß, mit viol.
    Schiffch.spitze, Fr. hängd, glatt, B. 4–7paarg, 5–30 cm, ⚄, 7
                                                                   A. australis 1819
6* Flügel nicht od. kaum ausgerandet
7   Fr. hängd, braun-zottg behaart, Schiffch. viol. bespitzt, ± so lg wie d. meist
    bläul. Fahne, Blü.flügel meist weißl., B. 8–12paarg, Nebenb. unt. 1 cm, 5–15
    cm, ⚄, 7   **A. alpinus** 1820
7* Fr. aufrecht, Schiffch. kürzer als Fahne, Blü. viol.-hellpurpurn, Tieflandspf.
8   B. mit 7–9 Fiederblättch., Blü.traube 4–8blütg, Fr. lineal, behaart, 10–30
    cm, ⚄, 6–7   **A. arenarius** 1825
8* B. mit 17–25 Fiederblättch., Blü.traube reichblütg, Fr. weißhaarg
9   Blü.fahne eiförmg, 1–3 mm lger als Flügel, Blü.std kugelg, Fr. oval,
    aufgeblas., 5–20 cm, ⚄, 5–6   **A. danicus** 1826
9* Blü.fahne lineal, 6–8 mm lger als Flügel, Blü.std traubg verlängt, Fr. längl.,
    wenig aufgeblas., 10–30 cm, ⚄, 6–7   **A. onobrychis** 1827

1819. Südlicher T., A. austrális (L.) Lam. [*A. helvéticus* (Hartm.) O.
Schwz.], zerstr. in alp. Steinrasen, auf sonnig., frisch., basenreich.,
neutral-humos., lock., steinig. Tonböden (Mergelböden), auch flachgründg. Steinböden, Tonzeiger, Char. d. Elynetum (Elynion), slt. auch
im Seslerion – A, v. all. Allgäu, 1450–2080 m – alp-altaisch – H – Chrom.
2n = 32 (48).

1820. Alpen-T., A. alpínus L., zerstr. in alp. Steinrasen, v. all. in
Gratlagen, auf frisch.-mäß. trock., neutral. (mäß. sauer.), humos., tonig.
Steinböden, Windeckenpf., Insekt.bestäubg, v. all. im Elynetum,
überreg. Carici-Kobresietea-Kl.char., aber auch in Seslerion-Ges. – A
1300–2000 m – arkt-alp (altaisch) – H – Chrom. 2n = 16, 32.

1821. Gletscher-T., A. frígidus (L.) A. Gray (*Pháca frígida* L.), zml. hfg
in alp. Steinrasen u. Wildheuhängen, auf frisch., basenreich.
(kalkhaltg.), lock., meist steinig. Lehm- u. Tonböden, über 1 m tief
wurzld, mit Bodenausläufern, Seslerietalia-Ordn.char., auch im
Elynetum – A 1790–2000 m – arkt-alp (altaisch), circ – G – Chrom. 2n =
16.

1822. Blasen-T., A. penduliflórus Lam. [*Pháca penduliflóra* (Lam.)
Gams], slt. in alp. Steinrasen od. sonnig. Rasenhängen, auch in licht.
Föhrenwäldern, auf mäß. trock. (bis frisch.), basenreich., lock., neutral.,
humos., steinig. Lehm- u. Tonböden, Insekt.- u. Selbstbestäubg,
Tierverbrtg, v. all. in Erico- od. Astrag.-Pinetalia-Ges., aber auch in

Seslerietalia-Ges. od. im Festucion variae – A 1570–1950 m – alp(altaisch)-arkt(kont) – H – Chrom. 2n = 16.

1823. Süßer T., Bärenschote, A. glycyphýllos L., zml. hfg im licht. Saum v. Büschen u. Wäldern, an Waldwegen, buschg. Hängen, Erdanrissen, Böschungen, im Steinschutt, auf sommerwarm., frisch. od. mäß. trock., ± nährstoff- u. basenreich., mild-mäß.sauer., humos. od. ± roh. Lehm- u. Tonböden, Lehmzeiger, Pionierpf., Licht-Halbschattpf., Tiefwurzler, Hautflüglerbestäubg, meist Tierverbrtg, hoher Futterwert, gern mit *Trifolium medium* od. *Lathyrus sylvestris*, Origanetalia-Ordn.char. – Ebene bis Gebirge, A bis 1115 m (nur humide Silikatgebiete u. nordw. Tiefld slt. od. fehld) – eurassubozean-smed – H – Chrom. 2n = 16.

1824. Kicher-T., A. cícer L., slt. in licht. Wald- u. Buschsäumen, an Waldwegen, in Waldverlichtg., auf Mergelrutschen, auf sommerwarm., mäß. trock. bis wechselfrisch., basenreich. (kalkhaltg.), ± humos. od. roh., steinig. od. rein. Tonböden, Tonboden-Zeiger, Pionierpf., Tiefwurzler v. gut. Futterwert, Origanetalia-Ordn.char., auch im Erico-Pinion – v. all. im S u. SO d. Gebiet., Ju bis 930 m, nordwestl. bis RS, Hz, An, Br, östl. Me, fehlt BayW u. A – euraskont-smed – H – Chrom. 2n = 64.

1825. Sand-T., A. arenárius L., slt. in sonnig. Sandfeldern, an Wegen u. Dämmen, auch unter Kiefern, auf sommerwarm. u. trock., ± kalkhaltg., mild-neutral., humos., durchlässg. Sandböden, Tiefwurzler, Koelerion glaucae-Verb.char., auch im Cytiso-Pinion – Fr (adv.), Br, O-Me, L – europkont – H – Chrom. 2n = 16.

1826. Dänischer T., A. dánicus Retz., slt. in sonnig. Steppenrasen, auch in Halbtrockenrasen, an Wegen u. Dämmen, auf trock. (wechseltrok-ken.), basenreich., mild-neutral. humos., meist schwarzerdeartg., sandig. od. rein. Ton- u. Lehm- od. Gipsböden, ausläufertreibd, Char. d. Ad.-Brachypodietum (Cirsio-Brachypodion), slt. (Rh) auch im Meso-brometum – süRh (Els), nöRh, Mn, Th, An, Br, Me – euraskont, circ – H – Chrom. 2n = 16.

1827. Esparsetten-T., A. onóbrychis L., s. slt. u. im Gebiet zweifelhaft, in sonnig. Steppenrasen auf warm-trocken., kalkhaltg., meist ± lückig. Steinböden, Tiefwurzler, Hautflüglerbestäubg, Festucetalia val.-Ordn.char. – Do (früher Regensburg-Plattling) – osmed-kont – H – Chrom. 2n = 64 (72).

1828. Stengelloser T., A. exscápus L., slt. in Trockenrasen, auf Kalk od. Gips, in Festucion val.-Ges., auch in *Pinus sylv.*-Ges., überreg. Puls.-Pinetea-Kl.char. – Th, An – europkont – Chrom. 2n = 16.

Fahnenwicke, Oxýtropis DC.

1 Nebenb. mit B.stiel verwachs., Blü. gelblich (weiß), z. T. viol. gefleckt od. viol., St. fehld, Fr. aufgeblasen, 5–15 cm, ⧬, 7–8   **O. campestris** 1829

1* Nebenb. frei, St. entwickelt
2 Blü. hellgelb, Pf. abstehd zottg behaart, Fr. wenig aufgeblasen, 10–30 cm, ♃
   (2–3jährg), 6–7   **O. pilosa** 1830
2* Blü. blauviol.-lila, Pf. locker seidig behaart od. kahl, B. 8–17 paarg, St. meist
   verkürzt, Fr. 1fächerg, im Kelch gestielt, 5–15 cm, ♃, 7–8
                                                            O. jacquinii 1831

1829. **Alpen-F., O. campéstris** (L.) DC., slt. in mager. alp. Steinrasen, auf
mäß. trock., basenreich., oft entkalkt., neutral-mild., humos., ±
flachgründg., lehmig. Steinböden, an Windecken, z.T. Wintersteher
(hoher Futterwert), Char. d. Elynetum (Elynion) – Tirol (nahe Allgäu-
Grenze), Vorarlberg, Schweiz – arkt(kont)-alp (altaisch), circ – H –
Chrom. 2n = 32, 36, 48.

1830. **Zottige F., O. pilósa** (L.) DC., slt. in sonnig. lückig. Steppen- u.
Felsrasen, auf warm-trock., basenreich., neutral., humos., steinig.
Lehmböden od. feinerdearm. Steinböden, geschützt, z.B. im Stipetum
cap. s. l., Festucetalia val.-Ordn.char., im S auch (lok.) Char. d. Xero-
brometum – nöHü-Nahetal, Ne (Tübingen), Bo (z.B. Hohentwiel), Mn,
Av, Th, An, Br – kont(-pralp) (im Gebiet an d. W-Grenze d. Verbrtg) –
H – Chrom. 2n = 16.

1831. **Berg-F., O. jacquínii** Bunge [*O. montána* (L.) DC. spp. *jacquinii*
(Bge) Br.-Bl.], zerstr. in alp. lückg. Steinrasen, auf sonnig., mäß. trock.,
kalkreich., lock., neutral-mild., humos., steinig. Lehmböden, mit brtem
Verankerungs-Wurzelwerk, Insekt.bestäubg, Seslerion-Verb.char., auch
im Elynetum (Elynion) od. Alpenschwemmlg – A (970–)1670–2570 m –
alp – H – Chrom. 2n = 16.

Süßholz, Glycyrrhíza L. vgl. S. 577

1832. **G. glábra** L., slt. zur Gewinnung d. Süßholz-Wurzel gebaut u.
glgtl. verwildt, urwüchsig in o-med Flußauen in Convolvuletalia-Ges. –
H – Chrom. 2n = 16.

Blasenstrauch, Colútea L. vgl. S. 576

1833. **C. arboréscens** L., slt. im sonnig. Eichen-Gebüsch u. Eichen-
Trockenwäldern, in Hecken, an Weg- u. Waldrändern, auf warm.,
sommertrock., basenreich. (meist kalkhaltg.), mild., humos., flach-
gründg. Lehm- u. Lößböden, auch auf Basalt usw., mäß. giftig., früher
Heilpf., Zierstrauch, terr. Char. d. Lithospermo-Quercetum, überreg.
Quercetalia pubesc.-Ordn.char., auch im Berberidion – süHü, sonst
verwildt (z.B., nöHü, Mn, Do) – smed (im Gebiet a. d. N-Grenze d.
Verbrtg) – P – Chrom. 2n = 16.

Kronwicke, Coronílla L.

1 Strauch, St. verholzd, mit grün. kantg. Zweigen, B. mit 5–9 Fiederblättch.,
   Blü. gelb, meist zu 1–3, Fr. schmal-walzl., 50–200 cm, ♄, 4–5 ↘
                                                            C. emerus 1834

1* Kräuter, St. höchstens am Grunde verholzt, B. mit 7–25 Fiederblättch.,
   Blü.dolde 4-vielblütg

2 Blü. gelb, B. ± blaugrün, Nebenb. verwachs., St. rund, Fiederblättch.
   eiförmg

3 Blü.dolde 12–20blütg, St. aufrecht, B. (kaum gestielt) mit 9–13 Fiederblättch., Nebenb. fädl., ± hinfällg, 30–50 cm, ♃. 6   **C. coronata** 1835

3* Blü.dolde 4–10blütg, St. niederliegd (am Grunde etwas verholzt), B.
   (gestielt) mit 7–9 dickl. Fiederblättch., Nebenb. eiförmg, verwachs., bleibd,
   5–15 cm, ♃, ♄, 5–6   **C. vaginalis** 1836

2* Blü. hellrosa, Blü.dolde 15–20blütg, B. mit 11–25 schmal. Fiederblättch., St.
   niederliegd-aufsteigd, 30–130 cm lg, ♃, 6–8   **C. varia** 1837

1834. Strauchwicke, C. émerus L., slt. (meist gesellg) in sonnig.
Eichenbusch- u. Eichen-Trockenwäldern, auch im warm. Buchenwald
od. in Kiefernmischwäldern, an Waldsäumen, im Fels-Gebüsch, auf
sommerwarm-trock. od. mäß. trock., basenreich., meist kalkhaltg.,
neutral-mild., humos., flach- od. mittelgründg., steing. Lehm- od.
tiefgründg. Lößböden, wärmeliebd, frostempfindl., B. bitterstoffhaltg
(Heilpf.), Hautflügl.bestäubg, glgtl. Zierstrauch u. verwildert, mit
Wurzelbrut, Berberidion-Verb.char., auch (Diff.) im Quercion pubesc.,
Ceph.-Fagenion od. Erico-Pinion – süHü, HRh, Bo, Ju (Randen-
mittl. Alb), FrJu (1 Fundort), Av bis 1150 m, auch adv., z. B. He –
(o)smed – P – Chrom. 2n = 14.

1835. Berg-K., C. coronáta L. (*C. montána* Jacq.), slt. im licht. Eichen- u.
Kieferngebüsch, in Trockenwäldern, in Waldsäumen (mit *Laserpitium
latifol.*), auf sommerwarm.-trock.-mäß.trock. (wechseltrock.), basen-
reich., kalkhaltg., steing. od. rein. Lehm- u. Tonböden, Tonzeiger,
Tiefwurzler, Hautflügler-Bestäubg, Geranion sang.-Verb.char. (v. all.
Ger.-Peucedanetum), auch (Diff.) in licht. mont. Quercetalia pub.-Ges.
od. im Erico-Pinion – v. all. im S d. Gebiet., Ju bis 970 m, nördl. bis RS,
NSH, Th – osmed – H (Ch) – Chrom. 2n = 10, 12, 24.

1836. Umscheidete K., C. vaginális Lam., slt. in licht. Kiefern-Trok-
kenwäldern, in Blaugrashalden, über Felsköpfen, auf sommerwarm-
trock.(-mäß. trock.), basenreich., kalkhaltg., neutral-mild., humos.,
meist feinerdearm., flach-mittelgründg. Stein- od. Kiesböden, Kiefernbegleiter, Halbschatt-Lichtpf., Char. d. Coron.-Pinetum (Erico-Pinion),
auch in *Sesleria*-reich. Xerobromion-Ges. – Ju bis 1000 m (SW-Alb,
FrJu), Do, Av, A bis 1870 m, nördl. bis RS (Eifel), He, Th, An – pralp –
Ch – Chrom. 2n = 12.

1837. Bunte K., C. vária L., zerstr. in Wald- u. Gebüsch-Säumen, in
Staudenhalden, an Böschungen u. Dämmen, Wegrändern, in Steinbrüchen u. Erdanrissen, in Halbtrockenrasen od. im licht. Gebüsch, auf
basenreich., neutral.-mild. Böd., auch Rohbodenpionier, Bodenverbesserer, Wurzelkriecher, Tiefwurzler (bis 90 cm), Licht-Halbschattpf.,
mäß. giftig, Hautflügl.bestäubg, Origanetalia-Ordn.char., auch im
Mesobromion od. in Agropyretalia(Elymetalia)- u. Onopordion-Ges. –

Ebene bis mittl. Gebirgslagen, v. all. Kalkgebiete, A bis 950 m, im nordw. Tiefld slt. od. fehld – gemäßkont-osmed – H – Chrom. 2n = 24.

Vogelfuß, Ornithopus L.

1   Blü. weißl. od. rosa
2   Blü. 3–4 mm lg, weißl., mit gelbl. Schiffer., Blü.stdsstiele ± so lg wie B., B. weichhaarg, 8–12paarg, mit 2–5 mm lg. Fiederblättch., St. niederliegd, 5–30 cm, ☉, 5–6   **O. perpusillus** 1838
2*   Blü. 4–8 mm lg, rosa, Blü.stdsstiele lger als verkahlde B., Fiederblättch. 8–10 mm lg, St. aufsteigd, 30–60 cm, ☉, 6–8   **O. sativus** 1839
1*   Blü. gelb, vgl.   **O. compressus** 1840

1838. **Mäusewicke, O. perpusillus** L., zml. slt. auf mager. Sandfeldern, in Brachen, Äckern, auf Dünen, an Wegen od. Dämmen, unter Kiefern, auf ± off., trock. (mäß. trock.), mäß. nährstoffreich., kalkarm., saur., meist wenig humos., lock., feinerdearm. Sandböden od. Steingrusböden, Sandzeiger, meist Selbstbestäubg, Thero-Airion-Verb.char., auch (Diff.) im Arnoseridenion od. Dig.-Setarienion – v. all. im W u. Nordw. d. Gebiet., Sch bis 1100 m – subatl – T – Chrom. 2n = 14.

1839. **Serradella, O. sativus** Brot., als Futterpf. slt. auf leicht., saur., nährstoffreich. Böden gebaut u. glgtl. verwildt, in Sandtrock.ras. – z. B. nöRh, Fr, NWe, Br, Me – Herkunft: wmed – T (H) – Chrom. 2n = 14.

1840. **Gelber V., O. compressus** L., slt. u. unbestdg als Neuankömmling in Hafen- u. Bahnanlagen, bezeichnend für mediterr. bodensaure Therophytenfluren (Helianthemion guttati-Verb.char.) – Chrom. 2n = 14.

Hufeisenklee, Hippocrepis L. vgl. S. 577

1841. **H. comosa** L., zml. hfg u. gesellg in sonnig. Kalk-Magerrasen, auf Magerweiden, an Wegen u. Böschungen, auf Erdanrissen u. in Steinbrüchen, auch in licht. Kiefern-Trockenwäldern, auf warm-trock.-mäß.trock., basenreich. (auch kalkfrei.), mild.-mäß. sauer., humos. od. ± roh. Lehm- u. Lößböden, auch Pioniperf., bis 70 cm tief wurzld, gute Futterpf., Insekt.bestäubg, gern in Herden mit *Bromus erectus*, Brometalia-Ordn.char., auch in Festucetalia val.-Ges. übergreifd, im Erico-Pinion od. in subalp. Seslerietalia-Ges., (vgl. var.) – Ebene bis Gebirge, A bis 1970 m, nördl. bis RS, NSH, Th, S-An – smed(-subatl) – H, Ch – Chrom. 2n = 14, 28.

1841a. **var. alpina** Rouy, St. am Grunde verholzt, 5–15 cm lg, Blü. 7–8 mm lg, Blü.stdsstiel 1–8 cm lg, Seslerietalia-Art – A – Ch.

Süßklee, Hedysarum L., vgl. S. 577

1842. **H. hedysaroides** (L.) Schz. et Thell., zerstr. in sonnig. Gras-Hängen d. alp. Stufe, in Wildheuplanken, in lückig. Steinrasen, auf ±

frisch., ± nährstoff- u. basenreich. (meist kalkhaltg.), lock., neutral-
mild., humos. Lehmböden, Tiefwurzler (üb. 1 m), Insekt.bestäubg, meist
Windverbrtg, Seslerietalia-Ordn.char., auch im Elynetum (Elynion) – A
1390–2250 m – arkt(kont)-alp(altaisch) (circ) – G – Chrom. 2n = 14.

Esparsette, Onobrýchis Mill.

1 Fiederblättch. 4–8 mm brt, Blü.stdsstiel 2–3mal so lg wie St.b., Blü.ähre
  1,5–2 cm brt, anfängl. eiförmg, Blü. lebhaft rot, Tragb. d. Blü. weng kürzer
  als Kelch
2 B. mit 5–14 Fiederblättch.paar., Blü.schiffch. so lg od. kürzer als Fahne, St.
  aufrecht mit verlängert. St.gliedern, Fr.stacheln kurz, 30–60 cm, ♃, 5–7
                                                       O. viciifolia 1843
2* B. mit 3–7 Fiederblättch.paar., Blü.schiffch. meist lger als Fahne, St.
  niederliegd-aufsteigd, St.glieder 5–15 cm lg., Fr.stacheln bis 1,5 mm lg,
  schlank, Fr. oft behaart, Blü. dunkelrot, 5–20(40) cm, ♃, 7–8
                                              O. montana 1844
1* Fiederblättch. 2–4 mm brt, Blü.stdsstiel 1–2mal so lg wie St.b., Blü.ähre
  schon anfängl. lg u. schmal, 1–1,5 cm brt, Blü. fleischfarb. (weißl.), Tragb. d.
  Blü. viel kürzer als Kelch, behaart, St. bogig aufsteigd, behaart, Fr.stacheln
  pfrieml., bis 2 mm lg, 10–30 cm, ♃, 6–7   **O. arenaria** 1845

1843. Futter-E., O. viciifólia Scop., hfg seit 16. Jahrh. im Gebiet gebaut,
verwildt u. eingebürgert, in sonnig. Kalk-Magerrasen, an Wegen,
Böschungen, v. all. tief. u. mittl. Lagen, auf warm., mäß. trock., ±
mager., basenreich., ± mild., humos., meist tiefgründg., lock. Lehm- u.
Lößböden, auch Rohbodenpionier, Bodenverbesserer, Tiefwurzler (bis
4 m Tiefe), Lehm- u. Kalkzeiger, wertvolle Trockenfutterpf., Insekt.-
bestäubg (Bienenweide), Tierverbrtg, nicht weidefest, v. all. in gemäht.
Halbtrockenrasen mit *Bromus erectus*, Char. d. Mesobrometum bzw.
Mesobromion-Verb.char. – Ebene bis mittl. Gebirgslagen, Kalk- u.
Wärmegebiete, im nördl. Tiefld, wie Silikatgebirge slt. od. fehld – osmed
– H – Chrom. 2n = 28.

1844. Berg-E., O. montána DC., zerstr. in subalp. u. alp. Kalk-
Magerrasen u. Steinrasen, auf sonnig., lückig., basenreich., mild.,
humos., meist steing. Lehmböden, Tiefwurzler, Insekt.bestäubg,
Tierverbrtg, Klettverbrtg, gute Weidefutterpf., Seslerietalia-Ordn.char.,
auch in *Sesleria*-reich. Mesobrometen u. Gentiano-Brometen – Ju (SW-
Alb) 950–1000 m, Bo, A 1420–1950 m – pralp – H – Chrom. 2n = 28.

1845. Sand-E., O. arenária (Kit.) DC., slt. in sonnig., lückig. Kalk-
Magerrasen, in Kiefern-Trockenwäldern, auf sommerwarm., trock.,
basenreich., steing. Lehm- od. rein. Kalksand-Böden, bis 150 cm tief
wurzld, Insekt.bestäubg, Tierverbrtg (Klettverbrtg), Cirsio-Brachy-
podion-Verb.char., im westl. Randgebiet d. Verbrtg auch in Brometalia-
Ges. – nöHü (Pfalz-Rheinhessen), Mn (auch Taubergebiet), Th, An –
kont – H – Chrom. 2n = 14, 28.

Kichererbse, Cícer L. vgl. S. 576

1846. **C. arietínum** L., slt. u. unbestdg in Schuttunkraut-Fluren d. Bahn-
u. Hafenanlagen, wärmeliebd, im Mittelmeergebiet als Gemüsepf.
gebaut – z. B. Rh – Herkunft: Mittelasien – T – Chrom. 2n = 14, 16, 32.

Linse, Léns Mill. vgl. S. 578

1847. **L. culináris** Med., slt. als Sommerfr. gebaut u. glgtl. an
Schuttplätzen verwildt, liebt warme, lock. u. leichte Kalklehm- u.
Kalksandböden, uralte, seit d. Steinzeit in Mittel- u. S-Europa kultiv.
Hülsenfr. (Ju bis 800 m) – Herkunft: vorder. Orient – T – Chrom.
2n = 14.

Wicke, Vícia L.

1   Blü.stde 1–30blütg, wenigst. teilweise einige cm lg gestielt, traubg (1* vgl. S.
     607 Mitte)
2   Blü.trauben 1–7blütg, Blü. (mit Ausn. v. *V. bithynica*) 2–12 mm lg
3   B. mit 16–24 Fiederblättch., ohne Ranken, mit pfeilförmg. Nebenb., Blü.
     weißl.-rosa, 7–8 mm lg, 2–4blütg, anfängl. kurz, später lg gestielt, Fr.hülse
     fast perlschnurartg, hängd, 30–60 cm, ☉, 6–7   **V. ervilia**   1848
3*   B. mit 4–14(20) lineal. od. ellipt.-oval. Fiederblättch., mit Ranken
4   Fiederblättch. ellipt.-oval, 20–50 mm lg, B. 1–2paarg, Ranke z. T. geteilt,
     Nebenb. rd. 10 mm groß, gezähnt, Blü.std 1–2blütg, kurz gestielt, Blü. bis
     20 mm groß, rötl. (weißl.), 20–60 cm, ♃, 5–6   **V. bithynica**   1872
4*   Fiederblättch. lineal, B. meist (2)3–6paarg, Blü.std lg gestielt, zuletzt fast so
     lg od. lger als tragde B., Blü. nicht über 12 mm groß
5   Nebenb. ungleich, eines klein, lineal, d. andere nierenförmg mit borstl.
     Zipfeln, Blü.std 1blütg, Blü. 8–12 mm lg, blaßblau, Fr. kahl, 2–4samg, 20–60
     cm, ☉, 6–7   **V. articulata**   1849
5*   Nebenb. gleichartg, halbpfeilförmg, ganzrandg od. ± gezähnt, Blü. 2–9 mm
     lg
6   Fr. weichhaarg, 2samg, B. meist mit 12(20) vorn gestutzt (gezähnt.)
     Fiederblättch., Blü.std 3–6blütg, Blü. blaßblau, 15–50 cm, ☉, 6–7
                                                           V. hirsuta   1850
6*   Fr. kahl, B. mit 4–8 Fiederblättch., Blü.std 1–3blütg
7   Fr. meist 4samg, B. mit 6–8(12) vorn gerundet. u. bespitzt. Fiederblättch.,
     Blü. blaßviol., 20–60 cm, ☉, 6–7   **V. tetrasperma**   1851
7*   Fr. meist 5–6samg, spitz. B. mit 4–6(8) spitz. Fiederblättch., Blü.std meist
     lger als B., Blü. blaßblau, 15–40 cm, ☉, 6–7   **V. tenuissima**   1852
2*   Blü.trauben 5–30blütg, Blü. 8–20 mm lg, lebhaft gefärbt
8   B. mit 6–10 eiförmg. (10–25 mm brt.) Fiederblättch., Nebenb. meist gezähnt
9   Blü. hellgelb, Blü.traube 10–15blütg, kürzer als B., unterste Fiederblättch. d.
     St. genähert, Nebenb. verdeckd, 80–200 cm, ♃, 6–8   **V. pisiformis**   1853
9*   Blü. rot-viol., zuletzt schmutzg gelbl., Blü.traube 5–10blütg, ± so lg wie B.,
     Fiederblättch. v. St. abgerückt, 60–200 cm, ♃, 6–8 **V. dumetorum**   1854
8*   B. mit 12–28 längl. Fiederblättch.
10   B. ohne Ranke, nur kurz bespitzt, mit 12–28 anfängl. zottg behaart.
     Fiederblättch., Nebenb. halbspießförmg, Blü. weiß, z. T. blau überlaufen,
     20–50 cm, ♃, 6–7   **V. orobus**   1856
10* B. mit (meist geteilt.) Ranken

11 Nebenb. gezähnt, B. mit 12–24 Fiederblättch., Blü.traube lger als B., Blü.
   weißl.-viol., 50–200 cm, ⌗, 6–8   **V. sylvatica**   1857
11* Nebenb. ganzrandg, pfeil-spießförmg, Blü. lebhaft rot-viol. od. blau
12 Fiederblättch. 5–7 mm brt, Blü.traube kürzer als B., Blü. rot-viol., Fr. 1–
   3samg (fast rhombisch), 30–60 cm, ⌗, 6–7   **V. cassubica**   1855
12* Fiederblättch. 3–5 mm brt, Blü.traube so lg wie B. od. lger
13 Platte d. Blü.fahne so lg wie ihr Stiel (Nagel) od. lger, junge Triebe nur spärl.
   anliegd behaart, B. mit 12–28 Fiederblättch.
14 Blü. 8–11 mm lg, blauviol., Platte d. Fahne $\pm$ so lg wie Nagel, St. $\pm$
   weichhaarg, Fiederblättch. 12–20, lanzettl., 30–120 cm, ⌗, 6–8
                                                          V. cracca   1858
14* Blü. 12–16 mm lg, hellblau, Platte d. Fahne doppelt so lg wie Nagel,
   Blü.trauben viel lger als B., St. meist kahl, Fiederblättch. 18–28, lineal, 30–
   50 cm, ⌗, 6–7   **V. tenuifolia**   1859
13* Platte d. Blü.fahne halb so lg wie Nagel, K. am Grunde sackartg ausge-
   buchtet, jge Triebe z. T. zottg behaart, B. mit 14–18 Fiederblättch.
15 Pf. meist zottg behaart, Haare 1–2 mm lg, jge Blü.traub. durch zottg behaarte K.zipfel $\pm$ federg beschopft, Blü.traube dicht, 12–30blütg, Blü.
   15–20 mm lg, 30–120 cm, ⊙, 6–8   **V. villosa**   1860
15* Pf. anliegd behaart, od. fast kahl, Haare bis 0,5 mm lg, Blü.traube locker
   3–12blütg, Blü. 12–15 mm lg, rot-viol., vorn oft dunkler, 30–120 cm, ⊙,
   6–8   **V. dasycarpa**   1861
   wenn Blü.traube 2–6blütg u. Fiederblättch. nur 2–4 mm brt, sowie jge
   Fr. $\pm$ flaumg vgl.   **V. microphylla**   1861a
1* Blü. zu 1–6, kurzgestielt od. kurzgestielt-traubg, b.achselstdg
16 B. mit 8–18 Fiederblättch., vorn mit meist geteilt. Ranke (16* S. 608)
17 Blü.fahne außen kahl, Nebenb. meist gezähnt u. untersts mit Nektargrübch.
18 Blü. rot-viol. od. lila, slt. weiß od. gelbl. weiß
19 Blü. zu 2–5, in ganz kurzgestielt. Traube, meist schmutzg-viol., Kelchzähne
   ungleich lg, Fiederblättch. eiförmg, Fr. kahl, 20–60 cm, ⌗, 5–8
                                                       V. sepium   1862
19* Blü. 1–2, b.achselstdg, Kelchzähne gleich lg, so lg wie Kelch, Fiederblättch.
   längl.
20 Blü.fahne bläul., Flügel rot-viol., Blü. 1,8–3 cm lg, Fiederblättch. über 5 mm
   brt, Fr. aufrecht
21 Fr. meist kurz behaart, hellbraun, zwisch. d. Samen deutl. eingeschnürt, $\pm$
   abgeflacht, 30–80 cm, ⊙, 5–7   **V. sativa**   1867
21* Fr. meist fast kahl, dunkelbraun, nicht eingeschnürt, rundl., untere
   Fiederblättch. $\pm$ herzförmg, obere lineal, 30–80 cm, ⊙, 5–7
                                                       V. cordata   1868
20* Blü. i. ganzen rotviol., Blü. 1,3–1,7 mm lg, Fiederblättch. 2–5(6) mm brt, Fr.
   abstehd, kahl, zuletzt schwarz od. dunkelbraun, 5–60 cm, ⊙, 5–7
                                                       V. angustifolia   1869
18* Blü. gelb od. grün
22 Blü. gelb, z. T. bläul. od. viol. überlaufen
23 Fiederblättch. 6–12, $\pm$ ellipt. (herzförmg), Kelchzähne fast gleich, Blü. 2,5–
   3,5 cm lg, Fr. anfängl. behaart, verkahlt, 20–60 cm, ⊙, 5–6
                                                       V. grandiflora   1865
23* Fiederblättch. 10–18, längl.-lineal, Kelchzähne ungleich, Blü. 2–2,5 cm lg,
   Fr. meist abstehd (borstig) behaart (bei var. *levigáta* Boiss. auch kahl), 20–60

cm, ⊙, 5–7   **V. lutea**   1866
22* Blü. grün, 2–3 cm lg, Blü.flügel schwärzlich, 50–100 cm, ⊙, 5–6
                                                             V. melanops   1870
17* Blü.fahne außen seidig behaart, Blü. meist gelb, auch schmutzig rot-viol.,
    Fr. hängd, wie ganze Pf. weich anliegd behaart, 30–60 cm, ⊙, 6–7
                                                             V. pannonica   1871
16* B. mit 2–6 Fiederblättch., vorn rankenlos od. nur mit einfach. Ranke
24 Pf. kl., niederliegd, Fiederblättch. eiförmg (bis 14 mm lg), Nebenb.
    ganzrandg, Blü. meist einzeln, 5–8 mm lg, Samen feinwarzg, Sandpf., 5–20
    cm, ⊙, 4–5   **V. lathyroides**   1864
24* Pf. aufrecht od. aufsteigd, Fiederblättch. 4–10 cm lg, kahl
25 Fiederblättch. (wie St.) dünn, frischgrün, brt-ellipt., zugespitzt, B. ohne
    Ranken, Blü.std kurzgestielt, scheinbar endstdg, mit 3–8 kurz gestielt.
    blaßgelb. Blü., 30–40 cm, ♃, 5–7   **V. oroboides**   1863
25* Fiederblättch. dickl., stumpfl. z.T. gezähnt, Nebenb. ganzrandg od. ge-
    zähnt, Kelchzähne ungleich, St. dick, kantg
26 B. (wenigst. obere) mit Ranken, Blü. dunkelpurpurn, Fr. abgeflacht, St.
    behaart, 30–80 cm, ⊙, 5–6   **V. narbonensis**   1873
26* B. ohne Ranken, Blü. weißl. (Flügel schwärzl. gefleckt), Fr. gedunsen, fast
    walzl., St. kahl, 50–100 cm, ⊙, 6–7   **V. faba**   1874

1848. Linsen-W., V. ervília (L.) Willd., slt. gebaute alte Kulturpf. u.
glgtl. verwildt unter Getreide, liebt nährstoffreiche, kalkfreie, leichte,
sandige Lehmböden, Futter- u. Heilpf. – z. B. Rh, Nahetal, auch Fr,
BayW, usw. – Herkunft: med – T – Chrom. 2n = 14.

1849. Einblütige W., V. articuláta Hornem., slt. als Futterpf. gebaut u.
glgtl. verwildt unter Getreide, liebt nährstoffreiche, kalkfreie, leichte,
sandige Lehmböden, seit 1829 im Gebiet, Secalinetea-Kl.char. – Rh, Pf,
Mn, BayW – med – T – Chrom. 2n = 14.

1850. Rauhhaarige W., V. hirsúta (L.) S. F. Gray, hfg in Getreideäckern,
auch in lückig. Rasenges., an Wegen, Wegrainen od. Schuttplätzen, auf
warm., mäß. trock. (frisch.), ± nährstoff- u. basenreich. Lehmböden, bis
60 cm tief wurzld, etwas wärmeliebd, Insekt.- u. Selbstbestäubg, z. T.
Tierverbrtg, seit jüng. Steinzeit im Gebiet, Centauretalia cyani-Ordn.-
char., auch in Sisymbrion-, Sedo-Scleranthetea- od. Origanetalia-Ges. –
Ebene bis mittl. Gebirgslagen, Ju bis 990 m, fehlt A – euras-smed, in
gemäß. Zonen weltweit verschleppt – T – Chrom. 2n = 14.

1851. Viersamige W., V. tetraspérma (L.) Schreb., zml. hfg in
Getreideäckern, v. all. Roggenfeldern, auch in Moorwiesen u.
Magerrasen auf mäß. frisch., ± nährstoffreich., kalkarm., neutral-mäß.
sauer., humos. od. roh. Lehmböden, bis 70 cm tief wurzld, etwas
wärmeliebd, meist Insekt.bestäubg, seit jüng. Steinzeit im Gebiet,
schwache Char. d. Alch.-Matricarietum bzw. im O d. Vicietum tetrasp.
(Aperion), ferner in bodensaur. Molinion-Ges. (Unterart?) – Ebene bis
mittl. Gebirgslagen, Ju bis 980 m, fehlt A – smed-eurassubozean – T –
Chrom. 2n = 14.

1852. **Zierliche W., V. tenuíssima** (M. Bieb.) Schz. et Thell. [*V. tetraspérma* ssp. *grácilis* (Lois.) Hook.], zerstr., wie vor., in Getreideäckern, auch an Verlade-Schuttplätz., auf mäß. trock., nährstoff- u. basenreich., kalkarm., humusarm. Lehmböden, wärmeliebd, anspruchsvoller als vor., Secalinetea-Kl.char. – z. B. Rh, auch Ne, Bo, Mn, Th – med(-subatl), verschleppt – T –Chrom. 2n = 14.

1853. **Erbsen-W., V. pisifórmis** L., zml. slt. (zerstr.) v. all. im Saum sonnig. Büsche, in licht. Trockenbusch-Wäldern mit Eichen u. Kiefern, an Waldwegen u. Waldrändern, in Waldverlichtg., auf sommerwarm., trock.-mäß.trock., basenreich., mäß. sauer.-mild., humos. Lehm- u. Tonböden (Kalk, Porphyr), Tiefwurzler, Licht-Halbschattpf., früher auch Zier- u. Heilpf., Insekt.bestäubg, Origanetalia-Ordn.char. – v. all. Hügelld, Ju bis 800 m, Silikatgebirge u. Do, Av, A fehld, nordwestl. bis RS, NSH, An, S-Me – gemäßkont – H – Chrom. 2n = 12.

1854. **Hecken-W., V. dumetórum** L., zml. slt., v. all. im O d. Gebietes, im Saum frisch. Laubwälder u. Büsche, in Waldverlichtg., an Waldwegen, in sonnig., steing. Waldhängen, auf sickerfrisch., nährstoff- u. basenreich., meist kalkhaltg., neutral-mild. humos., lock., meist steing. od. sandg. Lehm- u. Tonböden, mit Kriechwurzeln, Licht-Halbschattpf., Insekt.bestäubg, z. T. Schleuderverbrtg, Char. d. Vicietum sylv.-dum. (Trifolion medii), v. all. im Umkreis d. Aceri-Tilietum (Diff.), od. and. licht. Schlucht- u. Auenwälder – v. all. Bo, Ju bis 900 m, Ba, Do, Av, A bis 890 m, BayW, Fr, Mn, Th, An, s. slt. Rh (Niederung), Hü, süSch, Br, im nordw. Tiefld fehld – gemäßkont – H – Chrom. 2n = 12, 14.

1855. **Kassuben-W., V. cassúbica** L., slt. in licht. Eichen- u. Kiefern-Trockenwäldern, im sonnig. Gebüsch, an Wald- u. Buschsäumen, an Böschg.. auf trock. (wechseltrock.), basenreich., meist kalkarm., neutral-mäß.sauer., humos., meist sandg. Tonböden od. bindig. Sandböden, mit Bodenausläufern, Halbschattpf., Insekt.bestäubg, Verbrtg durch Hühnervögel, Char. d. Agrim.-Vicietum cass. (Trifolion med.), oft im Bereich (DAss) d. Pot.-Quercetum (Quercion pub.) – v. all. Sand- od. Keupergebiete im O d. Gebiet., im nöHü (Pfalz) an d. W-Grenze d. Verbrtg, sonst im SW wie Av, A fehld – gemäßkont(-osmed) – H – Chrom. 2n = 12, 14.

1856. **Heide-W., V. órobus** DC., s. slt. im Saum sonnig. Büsche, in Heiden u. Magerrasen, in Hochgrasfluren, auf frisch. (mäß. trock.), mager., mäß. basenreich., kalkarm., sauer-humos., sandg. Lehmböden, in mild-humid. Klimalage, Tiefwurzler, Licht-Halbschattpf., Char. d. Trif.-Vicietum orobi (Trifolion medii), im Kontakt mit Nardo-Callunetea- od. Pruno-Rubion-Ges. – Sp, RS (Hohes Venn), auch verschleppt – atl(disj.), im Gebiet an d. O-Grenze d. Verbrtg – H – Chrom. 2n = 12.

1857. **Wald-W., V. sylvática** L., zerstr. im Saum ± frisch. Laub- u. Nadelmischwälder, in Waldverlichtg., an Waldwegen, Waldböschg., in licht., steing. Waldhängen, auch in subalp., staudenreich. Grashängen, auf sommerwarm., frisch.-mäß. trock. (wechseltrock.), ± nährstoff- u. basenreich., neutral-mild., humos., lock., gern steing. od. sandg. Lehm-u. Tonböden, mit Bodenausläufern, Licht-Halbschattpf., Insekt.-bestäubg, Char. d. Vicietum sylv.-dum. (Trifolion medii), v. all. im Bereich d. Aceri-Tilietum u. and. licht. Schlucht- u. Auenwälder, auch im Caricion ferr. od. Erico-Pinion – Ebene bis Gebirge, A bis 1950 m, v. all. im O d. Gebiet., im W wie im nördl. Tiefld slt. od. fehld – (no-)euraskont – H – Chrom. 2n = 14.

1858. **Vogel-W., V. crácca** L., verbr. in fett. u. mager. Wiesen, in Naß-wiesen u. Weiden, in Wald- u. Buschsäumen, in Flußufer-Staudenges., auf frisch.-mäß.trock., mild-mäß. sauer., humos. Lehm- u. Tonböden, ausläufertreibd. Tiefwurzler, Licht-Halbschattpf., Insekt.bestäubg (Bienenweide), Schleuder- u. Verdauungsverbrtg, gutes Futterkraut, Kulturbegleit. seit jüng. Steinzeit, Molinio-Arrhenatheretea-Kl.char. – Ebene bis Gebirge, A bis 1180 m – no-euras – H – Chrom. 2n = 14, 24, 28.

1859. **Dünnblättrige W., V. tenuifólia** Roth, zerstr. im Saum sonnig. Gebüschs, in Buschwaldverlichtg., an Böschg., auf warm., trock., etwas nährstoffreich., meist kalkhaltg., ± mild. humos., steing. od. rein. Löß-u. Lehmböden, Tiefwurzler, Lichtpf., Insekt.bestäubg, Char. d. Camp.-Vicietum tenuif. (Geranion sang.) – warme Tieflag. im S u. O d. Gebiet., im nördl. Flachld slt. od. fehld – smed-euras – H – Chrom. 2n = 24.

1860. **Zottel-W., V. villósa** Roth (*V. villósa* ssp. *villósa*) zml. hfg auf Getreideäckern, v. all. in Roggenfeldern, auch an Weg- u. Heckenrän-dern, an Schuttplätzen od. als Futterpf. gebaut, auf sommerwarm., mäß. trock., nährstoffreich., meist kalkarm., neutral-mäß. sauer., humos., lock., leicht., bindig. Sand- od. sandg. Lehmböden, bis 80 cm tief wurzld, wärmeliebd, Insekt.bestäubg, gutes Futterkraut, Char. d. Papaveretum arg. (Aperion) – Ebene bis mittl. Gebirgslagen, oft unbeständg, fehlt A – osmed(-gemäßkont) – T (H) – Chrom. 2n = 14.

1861. **Bunte W., V. dasycárpa** auct. [*V. villósa* ssp. *vária* (Host) Corb.], slt. u. unbestdg in Getreidefeldern, an Wegrändern u. Schuttplätzen, auf sommerwarm., mäß. trock., nährstoff- u. basenreich., oft kalkarm., sandig. Lehm- od. Sandböden, bis 60 cm tief wurzld, wärmeliebd, seit 1850 im Gebiet, v. all. im Papaveretum arg., Secalinetea-Kl.char. – z. B. Hü, nöRh, Pf, Ne, Bo, Do, Fr, FrJu, Mn, im N slt. – smed med – T – Chrom. 2n = 14.

(1861a.) **Kleinblättrige W., V. microphýlla** D'Urv. [*V. villósa* ssp. *micro-phýlla* (D'Urv.) Ball], slt. eingeschleppt, z.B. mit *Lupinus luteus* L. – z.B. NWe – omed – T.

1862. **Zaun-W., V. sépium** L., verbr. in Fettwiesen, in frisch., krautreich. Laubmischwäldern, v. all. in Gebüsch- u. Waldsäumen, an Waldwegen u. in Waldverlichtg., auf frisch., nährstoff- u. basenreich., mild-mäß. sauer., humos., lock. Lehm- u. Tonböden (Mullböden), Bodenausläufer-treibd, bis üb. 100 cm tief wurzld, Nährstoffzeiger, Licht-Halbschattpf., oft wintergrün, Nebenb.nektarien v. Ameisen besucht, Insekt.bestäubg, gutes Futterkraut, v. all. in Arrhenatheretalia-Ges., im Aegopodion u. Alliarion, auch in Trifolion med.- od. Fagetalia-Ges. – Ebene bis Gebirge, A bis 1950 m – eurassubozean – H – Chrom. 2n = 14, formenreich:

1 B. brt oval-lanzettl.
2 Kelch kahl od. anliegd behaart

1862a. **var. sépium**, so v. all. im südl. Mi.europa (Zentral-S-Schweiz), angenähert auch Rh, Ne.

2* Kelch locker abstehd behaart

1862b. **var. eriocályx** Čel., so v. all. im nordwestl. Europa, bis Süddeutschland (hier mehr im Gebirge), dazu mit gelbl. Blü.: f. *ochroléūca* Bast, z. B. im feucht. Carpinion.

1* B. schmal.lanzettl. (oval), Kelch meist kahl od. slt. anliegd behaart, Blü. bleich-viol.

1862c. **var. montána** Koch, so v. all. im nordöstl. Europa, vermutl. auch Berglag. im S d. Gebietes.

1863. **Walderbsen-W., V. oroboídes** Wulf., s. slt. im Saum v. Gebüsch u. Nadelmischwäldern, auf frisch., basenreich., tiefgründgen Böden, in Fagion- u. Origanetalia-Ges. – A (Chiemgau, 1000 m) – opralp   H.

1864. **Sand-W., V. lathyroídes** L., zml. slt. in sonngen Sandfeldern, in Sandras., an sandgen Böschgen, auf warm.-trocken., mager. basenreich., kalkarm., neutral.-mäßg sauer., humus- u. feinerdearm., locker. Sand- u. Steingrusböd., Frühblüher, meist Selbstbestäubg, Corynephoretalia-Ordn.char., auch in Sedo-Scleranthetalia-Ges. – v. all. warme Tieflag. (Sandgebiete), fehlt: Ne, Ju, Do, Av, A – (med-)smed-subatl – T (meist winterannuell) – Chrom. 2n = 12.

1865. **Großblütige W., V. grandiflóra** Scop., slt. u. unbestdg in Schuttunkrautfluren d. Hafen- u. Bahnanlagen, auf mäß. trock., nährstoffreich. Böden, wärmeliebd, im SO-europ. Hauptverbrtgsgebiet v. all. in Trockenbusch- u. Trockenwaldsäumen, im Bereich von Orno-Ostryon-Ges., slt. im Getreide – z. B. Rh, Do – osmed – T (H) – Chrom. 2n = 14.

1866. **Gelbe W., V. lútea** L., slt. u. unbestdg in Getreidefeldern, auch an Schuttplätzen, Bahnanlagen, Wegrändern, auf mäß.-trock., nähr-stoffreich., meist kalkhaltg. Sand- u. Lehmböden, wärmeliebd u. salzertragd, (med-atl. Küstengebiete), wohl Secalinetea-Kl.char. – z. B. Pf, Rh, Bo, Do, Fr – med-smed(-atl) – T (H) – Chrom. 2n = 12.

1867. **Futter-W., Saat-W., V. satíva** L., zerstr. als Futterpf. gebaut u. glgtl. an Schuttplätzen verwildt, v. all. mit Hafer od. Klee als Grünfutter, slt. zur Samengewinnung, von *V. angustifolia* abstammde Kulturpf., liebt frische, nährstoffreiche Lehmböden, in Secalinetea- u. Chenopodietea-Ges. – Ebene bis mittl. Gebirgslagen, Ju bis 1000 m – Herkunft: med – T – Chrom. 2n = 12.

1868. **Herzblättrige W., V. cordáta** Wulf. (*V. satíva* ssp. *cordáta* A. et Gr.), nur slt. u. unbestdg verschleppt in Schuttunkraut-Ges., an Verladeplätzen – z. B. Rh – Herkunft: med – Chrom. 2n = 10.

1869. **Schmalblättrige W., V. angustifólia** Grufb. [*V. satíva* ssp. *nígra* (L.) Ehrh.].

1   Fiederblättch. schmal-lineal, meist abgerundet, Blü. dunkel rotviol., Kelch 7–10 mm lg

1869a. **ssp. angustifólia,** zerstr. in unkrautgen Sandfeldern, an Wegrain. u. Böschg., in Sandgruben, an Schuttplätzen, auf warm., trock., stickstoffbeeinflußt., ± basenreich., lock. Sand- od. sandg. Lehmböden, in lückig. Sedo-Scleranthetea- od. Brometalia-Ges., nach Br.-Bl. Festuco-Brometea-Kl.char., auch in Origanetalia-Ges. od. im Sisymbrion, z. B. Rh, Ju, Do-Av, Fr, im N seltener – med-euras, verschleppt – T – Chrom. 2n = 12.

1*   Fiederblättch. ellipt.-lanzettl., 2–2,5 cm lg u. 3–5(6) mm brt, meist gestutzt, Blü. hell-rotviol., Kelch 10–12 mm lg

1869b. **ssp. segetális** (Thuill.) Arc., hfg in Getreideäckern, v. all. im Wintergetreide, auch an Wegen, auf meist frisch., nährstoffreich. Lehmböd., auch auf Sand u. Löß, z. T. mit Bodenausläufern, bis 80 cm tief wurzld, Insekt.- u. Selbstbestäubg, Kulturbegleit. seit Hallstattzeit, Secalinetea-Kl.char., auch ruderal – Ebene bis mittl. Gebirgslagen, A bis 600 m, Ju bis 970 m – med-euras, heute in gemäß. Zonen weltweit – T – Chrom. 2n = 12.

1870. **Grünblütige W., V. mélanops** Sibth. et Sm., slt. u. unbestdg in Schuttunkrautfluren, an Verladeplätzen, wärmeliebd, Secalinetea-Kl.char. – z. B. Rh, Fr – omed, verschleppt – T.

1871. **Ungarische W., V. pannónica** Crantz, slt. u. z. T. unbestdg, in Getreidefeldern, auf mäß. trock., nährstoffreich., oft kalkarm., leicht., lock., bindig. Sand- od. sandig. Lehmböden, v. all. im Wintergetreide, wärmeliebd, Secalinetea-Kl.char. – z. B. Pf, Rh, Ne, Bo, Ju, Do, Fr, Mn – (o)smed-med – T – Chrom. 2n = 12.

1871a. **ssp. pannónica,** Blü. gelb – Hauptverbrtg O- u. SO-Europa, mehr Aperion-Art.

1871b. **ssp. striáta** (Bieb.) Nym., Blü. schmutzig viol. – Hauptverbrtg med, Secalinion-Verb.char. (Secalinetea).

1872. **Bithynische W., V. bithýnica** L., slt. u. unbestdg an Verladeschuttplätzen, wärmeliebd, sonst in Getreidefeldern od. unkrautg. Heckensaum-Ges., viell. Secalinetea-Art – z. B. Rh, Fr, usw. – med(-atl), verschleppt – T – Chrom. 2n = 14.

1873. **V. narbonénsis**-Gruppe

1 Fiederblättch. ganzrandg (od. mit einzeln. undeutl. kl. Zähnen), Fr. 4–7samg, an d. Kante weng rauh

1873a. **Maus-W., V. narbonénsis** L. (einschl. *V. johánnis* Tamamsch.), s. slt. in Weinberg. u. Gebüschsäumen, auf warm., nährstoff- u. basenreich. Lehmböd., z. B. im Fum.-Euphorbion – süHü (Istein, beständg), sonst nur unbestdg verschleppt, z. B. Pf, Sa, Br – smed-med – T – Chrom. 2n = 14.

1* Fiederblättch. im ober. Teil d. Pf. auffällg gesägt, Fr. 6–10samg, an d. Kanten s. rauh

1873b. **Gezähnte M.-W., V. serratifólia** Jacq., nur unbeständg u. slt. verschleppt, in med Getreideunkraut (Secalinion-Art) – med-smed – T – Chrom. 2n = 14.

1874. **Ackerbohne, Saubohne, V. fába** L., zml. hfg in verschied. Sort. als Futter-, auch Gemüsepf. gebaut, liebt frische, nährstoff- u. basenreiche, tiefgründge Ton- u. Lehmböden in mild-humider Klimalage, etwas wärmeliebd, alte, seit d. Spät-Bronzezeit im Gebiet bekannte Kulturpf., Stammpf.: *V. pliniána* (Trab.) Murat., früher wichtiges Nahrungsmittel – Herkunft: wmed – T – Chrom. 2n = 14.

Platterbse, Láthyrus L.

1 B. mit 2–12 Fiederblättch. (1* vgl. S. 615 oben)
2 B. ohne Ranken, Pf. aufrecht od. niederliegd-aufsteigd (*Orobus*)
3 B. mit 8–12 Fiederblättch.
4 Blü. gelb, Fiederblättch. ellipt.-lanzettl., meist zu 8, Nebenb. groß, oft behaart, St. stumpfkantg, 20–60 cm, ⧬, 6–8   **L. laevigatus** 1875
4* Blü. rotviol. od. blau, Fiederblättch. ellipt., meist zu 12, untersts blaugrün, St. kantg, ungeflügelt, aufrecht-ästg, 30–80 cm, ⧬, 5–7   **L. niger** 1876
3* B. mit 2–6 Fiederblättch.
5 B. mit 4–6 Fiederblättch.
6 St. ungeflügelt od. nur oben etwas geflügelt
7 Blü. rot-blauviol. od. blau
8 Fiederblättch. eiförmg-lanzettl., 10–30 cm brt, zugespitzt, dunkelgrün, untersts glänzd, St. etwas abgeflacht, Blü.traube ± so lg wie Tragb., 20–40 cm, ⧬, 3–5   **L. vernus** 1877
8* Fiederblättch. lineal-lanzettl., 2–4 mm brt, Blü.traube viel lger als Tragb., Pf. ohne Wurzelknollen, 20–50 cm, ⧬, 5–7   **L. bauhinii** 1878
7* Blü. gelbl.-weiß, oft rötl. überlauf., Fiederblättch. lanzettl., 2–3 mm brt, B.stiel geflügelt, Pf. mit Wurzelknollen, 15–50 cm, ⧬, 5–6   **L. pannonicus** 1879

6* St. geflügelt, niederliegd-aufsteigd, Fiederblättch. längl.-lanzettl. (auch lineal), blaugrün, derb, z.T. wintergrün, Blü. meist hellrosa (später trüb), zu 3–5, Pf. z.T. mit Wurzelknollen, 15–30 cm, ⨄, 4–6   **L. linifolius** 1880
5* B. mit 2 lineal-lanzettl. Fiederblättch., oben z. T. mit ungeteilt. Ranken, vgl. unt. 20*   **L. inconspicuus** 1892
2* B. mit Ranken, St. kletternd
9 St. ungeflügelt, kantg, B. 1–5 paarg gefiedert, Blü.trauben mit (1–)3–10 Blü.
10 Blü. gelb, Fiederblättch. längl.-lanzettl., zugespitzt, fast streifennervg, St. weichhaarg, 20–50(–100) cm, ⨄, 6–7   **L. pratensis** 1882
10* Blü. rot, rotviol. od. rötl(-weißl.)
11 Blü. 12–18 mm lg, zu 2–5, Fiederblättch. ellipt.-lanzettl., Pf. mit unterird. Ausläuf.
12 B. 1paarg gefiedert, Nebenb. halbpfeilförmg, Blü. karminrot, duftd, Pf. mit Wurzelknoll., 20–100 cm, ⨄, 6–8   **L. tuberosus** 1885
12* B. 3–5paarg gefiedert, Nebenb. pfeilförmg, Blü. viol.rot, 15–50 cm, ⨄, 6–8   **L. maritimus** 1884
11* Blü. 6–10 mm lg, meist einzeln, B. 1paarg gefiedert, Fiederblättch. lineallanzettl., 10–50 cm, ☉, 4–6   **L. sphaericus** 1895
9* St. deutl. geflügelt
13 Blü.traube 3–12blütg, B. mit 2–6–10 Fiederblättch., Waldrand- od. Wiesenpf.
14 St. u. B.stiele brt geflügelt, St. meist 1–2 m lg
15 B. mit 2 Fiederblättch.
16 Blü.traube kaum lger als Tragb., B.stiel 2–4 mm brt, nicht so brt geflügelt wie St., Fiederblättch. 5–15 mm brt (3nervg) 100–200 cm, ⨄, 7–8   **L. sylvestris** 1886
16* Blü.traube viel lger als Tragb., B.stiel 8–12 mm brt, so brt geflügelt wie St., Fiederblättch. 15–50 mm brt (5nervg), Blü. karminrot, 100–200 cm, ⨄, 6–7   **L. latifolius** 1887
15* Obere B. mit 4–6 (d. unter. mit 2) Fiederblättch., Blü.traube meist nicht lger als Tragb., B.stiel 8–12 mm brt, so brt geflügelt wie St., Fiederblättch. 10–30 mm brt, Blü. rosa, 100–300 cm, ⨄, 7–8   **L. heterophyllus** 1888
14* St. schmal geflügelt, B.stiele ungeflügelt, B. mit 4–10, lineal-lanzettl., zugespitzt. Fiederblättch., Blü. blauviol., 30–100 cm, ⨄, 6–8   **L. palustris** 1881
13* Blü.std 1–3 blütg, B. mit 2 Fiederblättch., Kulturpf. od. Unkräuter
17 Blü.std lger als Tragb., 1–3blütg, Fr. behaart
18 Fiederblättch. längl. lanzettl., Blü. 10–15 mm lg, 30–100 cm, ☉, 6–8   **L. hirsutus** 1890
18* Fiederblättch. eiförmg, stumpfl., Blü. 20–40 mm lg, vielfarbg, wohlriechd, 50–150(–200) cm, ☉, 6–8   **L. odoratus** 1889
17* Blü.std kürzer als Tragb., meist 1blütg
19 St. kantg, nicht geflügelt, Fiederblättch. 2, schmal-lineal, z.T. mit nur einfacher (od. ohne) Ranke, Fr. kahl
20 Blü.std in eine Granne auslaufd, Blü. 6–10 mm lg, rot, 15–50 cm, ☉, 5   **L. sphaericus** 1895
20* Blü.std unbegrannt, Blü. 4–6 mm lg, lila, 10–30 cm, ☉, 5   **L. inconspicuus** 1892
19* St. schmal geflügelt, B. mit 2 lineal-lanzettl. Fiederblättch.
21 Blü. rötl.

22 Nebenb. ± so lg wie B.stiel, Blü. 5–14 mm lg, 20–50 cm, ☉, 5
               L. cicera 1891
22* Nebenb. deutl. kürzer als B.stiel, Blü. 10–20 mm lg, rosa od. bläul., Fr. oben
 2flügelg, Samen beilförmg, 15–60 cm, ☉, 6–7   **L. sativus** 1894
21* Blü. gelb, 50–100 cm, ☉, 5–6   **L. annuus** 1893
1* B. ungeteilt, ohne gestielte Fiederb., Blü. 1–2, lg gestielt
23 St. mit je 2 halbspießförmg. (gegenstdg.) blattartg. Nebenb., B. in eine
 Ranke verwandelt, Blü. gelb, 15–30 cm, ☉, 5–7 **L. aphaca** 1883
23* St. mit 1 lineal-lanzettl. (streifennervg.) B. (verbrterter B.stiel!), mit kl.
 pfrieml. Nebenb., ohne Ranke, Blü. rot, 30–60 cm, ☉, 5–7
              L. nissolia 1896

1875. **Gelbe P., L. laevigátus** (W. et K.) Fritsch (*L. lúteus* Peterm.), zerstr. in subalp. u. alp. sonnig. Rasenhängen, in Wildheuplanken, in Hochgras- u. Hochstaudenfluren, auf frisch., ± nährstoff- u. basenreich., lock., z. T. bewegt. Lehm- u. Mergelböden, Hummelblume, Lichtpf., Caricion ferrug.-Verb.char., ferner im Erico-Pinion – A 1000–2050 m – G.

1 Unt. Kelchzähne so lg wie Kelchröhre

1875a. **ssp. occidentális** (Fisch. et Mey.) Breitstr. – A – (w)pralp – Chrom. 2n = 14.

1* Unt. Kelchzähne kürzer als Kelchröhre

1875b. **ssp. laevigátus** – nicht im Gebiet – gemäßkont-opralp – Chrom. 2n = 14.

1876. **Schwarzwerdende P., L. níger** (L.) Bernh., zml. slt. in licht. Eichen-Trockenwäldern od. Eichen-Kiefern-Mischwäldern tief. Lagen, in sonnig. Gebüsch- u. Waldsäumen, auf mäß. trock., mager., basenreich., meist entkalkt., neutral-mäß.sauer., humos., steing., mittelgründg. Lehmböden, Mullböden, sommerwärmeliebd, Halbschattpf., Hautflüglerbestäubg, Quercetalia pubesc.-Ordn.char., auch in warm. Carpinion-Ges. u. im Geranion sang. – v. all. Kalk- u. Lehmgebiete, im nördl. Tiefld slt. od. (wie A) fehld – (o)smed-gemäßkont – G (H) – Chrom. 2n = 14.

1877. **Frühlings-P., L. vérnus** (L.) Bernh., zml. hfg in krautreich. Buchen- u. Nadelmischwäldern, auch in Eichen-Hainbuchen- u. Eichenmischwäldern, auf frisch., nährstoff- u. basenreich., meist kalkhaltg., lock., mild., humos., tief-mittelgründg. Ton- u. Lehmböden, Mullboden- u. Kalkzeiger, bis 100 cm tief wurzld, Schatt- u. Halbschattpf., Hummelblume, Verbrtgsschwerpkt in kalkreich. Buchen- u. Tannen-Wäldern (z. B. Elymo-Fagetum), auch im Carpinion, Fagetalia-Ordn.char. – Ebene bis Gebirge, Ju bis 980 m, Silikatgebirge wie auch Rh od. nordw. Tiefland fehld – gemäßkont – G (H) – Chrom. 2n = 14.

1878. **Faden-P., L. bauhínii** Genty [*L. ensifólius* (Lapeyr.) J. Gay], s. slt. in licht. Kiefernhängen, in grasreich. Staudenhalden, auf frisch., wechselfeucht., ± nährstoffreich., kalkreich., z. T. bewegt., steinig. od.

rein. Ton- u. Mergelböden, mit Kriechwurzeln, Halbschattpf., Insekt.bestäubg, z. B. mit *Calamagrostis varia, Anemone narcissifl.* od. *Pleurospermum* im Calamagrostio-Pinetum (Erico-Pinion) od. Laserp.-Calamagrostietum variae (Caricion ferr.) – Ju (SW-Alb) – smed(-pralp) – H – Chrom. 2n = 14.

1879. **Ungarische P., L. pannónicus** (Kram.) Garcke, s. slt. im Saum sonnig. Büsche, in mager. Halbtrockenrasen, auf wechseltrock., ± kalkreich., humos., steing. Ton- od. Mergelböden, Lichtpf., terr. Char. d. Geranio-Peucedanetum cerv. (Geranion sang.) – nöHü (Gaualgesheim verscholl.), Ne (Tübingen) – kont(-osmed) – H – Chrom. 2n = 14.

1879a. **ssp. collínus** (Ortm.) Soó (*L. versícolor* auct. p. p.), die im Gebiet vorkommde Sippe, Geranion sang.-Art, s. o.

1879b. **ssp. pannónicus,** nur in S- u. SO-Europa, Molinion-Verb.char.

1880. **Berg.-P., L. linifólius** (Reich.) Bässl. (*L. montánus* Bernh.), zml. hfg in licht. saur. Eichenwäldern od. Eichen-Buchen-Wäldern, an Waldwegen u. in Waldverlichtg., auch in saur. Magerrasen u. Heiden, auf mäß. trock., nährstoffarm., nicht zu basenarm., kalkfrei., sauer., humos. Lehmböden (Moder-Rohhumus), Verhagerungs- u. Säure-Zeiger, mit Bodenausläufern, Halbschatt-Lichtpf., Hautflüglerbestäubg, v. all. im Luzulo- bzw. Violo-Quercetum petr., Quercetalia rob.-petr.-Ordn.char., ferner in sauer. Carpinion- u. Trifolion medii-Ges. od. (höher geleg.) im Violion (Verb.Diff.) bzw. mager. Polyg.-Trisetion – Ebene bis mittl. Gebirgslag. (fehlt A), in Kalkgebiet. wie auch im nordw. Tiefland od. in SO-Bayern slt. od. fehld – subatl(-smed) – H (G) – Chrom. 2n = 14, formenreich, z. B.

1880a. **var. tenuifólius** (Roth) Garcke, Fiederblättch. 2–5 mm brt, z. B. Sch, nöHü, O, RS, SH, usw.

1881. **Sumpf-P., L. palústris** L., slt. in Moorwiesen, im Staudenried, an Gräben od. in Großseggenbeständen, auf staunass. (zeitw. überschwemmt.), wechselnass., basenreich. (meist kalkhaltg.), mäß. sauer-mild., tonig. Sumpfhumus-Böden, in sommerwarm. subkontinent. Klimalage, Stromtalpf., Bodenausläufer, Lichtpf., v. all. im Cnidion, Molinietalia-Ordn.char., auch im Magnocaricion – Tieflag., Stromauen, im W slt., in d. Gebirg. wie auch Ne-Mn fehld – (no-)euras(kont), circ – H – Chrom. 2n = 42.

1882. **Wiesen-P., L. praténsis** L., verbr. in Fett-, Naß- u. Moorwiesen, im Saum frisch. Büsche, Hecken u. Wälder, an Ufern u. in Waldverlichtg., auf frisch. (wechselfeucht.), nährstoffreich., meist mild., ± humos. Lehm- u. Tonböden, stickstoffliebd, Licht-Halbschattpf., Tiefwurzler mit Bodenausläufern, mäß. Futterwert, Insekt. bestäubg (z. T. Bienenweide), Verbrtgsschwerpkt in Arrhenatheretalia-Ges., auch in d. Molinietalia, Molinio-Arrhenatheretea-Kl.char., ferner (Verb.Diff.) im

Trifolion medii – Ebene bis Gebirge (v. all. Lehmgebiete), A bis 1270 m –
euras(subozean)-smed, verschleppt – H, formenreich:

1 Blü. 10–14 mm lg, Kelch 5–5,5 mm lg

1882a. **var. praténsis,** verbr. Sippe, s. o. – Chrom. 2n = 14 (28)

1* Blü. 13–18 mm lg, Kelch 6–10 mm lg

1882b. **var. grandiflórus** Bogenh. (*L. lússeri* Heer), zerstr. in
Gebirgswies. im Pol.Trisetion – A (ob im Gebiet?) – Chrom. 2n = 28.

1883. **Ranken-P., L. áphaca** L., zerstr. in Getreidefeldern, v. all.
Winterweizen, an Weg- u. Heckenrändern, auf sommerwarm.,
nährstoffreich., meist kalkfrei. od. entkalkt., ± neutral., sandg. od. rein.
Löß- u. Lehmböden, Lehmzeiger, wärmeliebd, Licht-Halbschattpf.,
Samen giftig, Kulturbegleit., Char. d. Ap.-Lathyretum aph. (Caucali-
dion) – Hü, Pf, Bo, Ju bis 990 m, Ne, Ba (slt.), Do-Av, Fr, Mn, Th, An,
Sa, auch Rh, im nördl. Tiefland slt. od. fehld – med-smed – T – Chrom.
2n = 14.

1884. **Strand-P., L. marítimus** (L.) Big., zerstr. in lockersandig. Weißdünen d. N- u. O-Seeküsten, geschützt, Char. d. Elymo-Ammophiletum
(Ammophilion) – nosubozean, circ – H – Chrom. 2n = 14.

1885. **Knollen-P., L. tuberósus** L., zml. slt. in Getreidefeldern, v. all.
Winterweizen, auch an Weg- u. Heckenrändern, auf sommerwarm.,
mäß. trock., nährstoff-basenreich., meist kalkhaltg., sandg. od. rein.
Lehm- u. Tonböden (z. T. Schwarzerden), bis 70 cm tief wurzld,
Kulturbegleit., Wurzelknollen genießbar, auch Futterpf., Insekt.-
bestäubg, terr. Char. d. Pap.-Melandrietum noctifl., Caucalidion-
Verb.char. – Ebene bis mittl. Gebirgslag., Ju bis 990 m, v. all.
Weizenanbaugebiete, Silikatgebirge, auch nördl. Tiefland od. A fehld
od. s. slt. – euraskont – H – Chrom. 2n = 14.

1886. **Wald-P., Wilde P., L. sylvéstris** L., zml. hfg im Saum sonnig.
Hecken, Busch- u. Waldränder, an Waldwegen u. Böschg., in
Waldverlichtg., im Steinschutt, auf sommerwarm., frisch.-mäß. trock.,
nährstoff- u. basenreich. (gern kalkhaltg.), ± roh. od. humos. Lehm- od.
Steinschuttböd., Pionierpf., tiefwurzeld, ausläufertreibd, Bodenfestiger
u. Bodenbereiter, früher auch Zier- u. Futterpf., Insekt.bestäubg, z. T.
Verdauungsverbrtg, Origanetalia-Ordn.char. (vgl. ferner Unterart.) –
Ebene bis mittl. Gebirgslagen (Lehm- u. Kalkgebiete), Ju bis ca. 900 m,
Av. bis 625 m, im nördl. Tiefland slt. – gemäßkont-smed – H,
formenreich:

1 Fiederblättch. brter als 5 mm
2 Fiederblättch. 5–20 mm brt, 3nervg

1886a. **ssp. sylvéstris,** verbr. Sippe, s. o. – Chrom. 2n = 14.

2* Fiederblättch. 15–40 mm brt, netznervg (nicht mit *L. latifolius* verwechseln)

1886b. **ssp. platyphýllos** (Retz.) Vollm., slt. z. B. Rh, Bo, Ju, Br, Me, genaue Verbrtg ungenügd bekannt.
1* Fiederblättch. 1–3 mm brt, 1–3nervg, St.flügel rd. 1,5 mm brt

1886c. **ssp. angustifólius** (Med.) Rothm., slt. im Gebirge, im Kontakt mit Thlaspietalia rot.-Ges., Verbrtg ungenügd bekannt – Chrom. 2n = 14.

1887. **Breitblättrige P., L. latifólius** L., slt. u. im Gebiet nur verwildt, wie vor., an sonnig. Busch- u. Heckensäumen, auf mäß. trock., basenreich. Böd., wärmeliebd, früher Zierpf., im schweiz. Ju Char. d. Lathyretum latif. Géhu et al. 72 (Trifolion medii), v. all. im Bereich v. Quercetalia pubesc.-Ges. – z. B. Els, Ne, SFW, FrJu – smed – H – Chrom. 2n = 14.

1888. **Verschiedenblättrige P., L. heterophýllus** L., slt. im Saum licht. Büsche, in sonnig. Waldverlichtg., auf Steinschutt u. Mergelrutsch., auf frisch. -mäß. trock., meist kalkreich., roh. od. humos. Stein- u. Tonböden, sommerwärmeliebd, Pionierpf. u. tiefwurzld, ausläufertreibd. Bodenfestiger, Origanetalia-Ordn.char., gern im Kontakt mit Stipion cal.- od. Erico-Pinion-Ges., im schweiz. Ju Char. d. Veronico-Lathyretum heteroph. Gobat 78 (Trifolion medii), auch im Mesobromion – Ne, Bo, Ju bis 980 m, Ba, auch Do u. BayW, Th, A bis 1450 m – pralp-gemäßkont – H – Chrom. 2n = 14.

1889. **Gartenwicke, L. odorátus** L., hfg in viel. Spielarten seit d. 18. Jahrh. im Gebiet kultiv. u. glgtl. in Schuttunkrautfluren verwildt, wärmeliebd – Herkunft: S-Italien-Sizilien – T – Chrom. 2n = 14.

1890. **Behaarte P., L. hirsútus** L., slt. u. unbestdg in Getreidefeldern, auf mäß. trock., nährstoff- u. basenreich., meist kalkhaltg., bindig. Sand- u. Lehmböden, wärmeliebd, Char. d. Caucal.-Adonidetum (Caucalidion), überreg. Secalinetalia-Ordn.char., auch in wärmeliebd. Saumges. – Hü, Rh, Pf, Ne, Bo, Ju bis 990 m, Do, Fr, Mn, weiter nördl. s. slt. – smed-med – T – Chrom. 2n = 14.

1891. **Kicher-P., L. cícera** L., slt. als Futterpf. gebaut u. glgtl. unbestdg verwildt in Unkrautfluren v. Bahn- od. Hafenanlagen, wärmeliebd, in S-Europa Secalinion-Art – z. B. Rh – med – T – Chrom. 2n = 14.

1892. **Kleinblütige P., L. inconspícuus** L., slt. u. unbestdg in Schuttunkrautfluren v. Verladeplätzen, wärmeliebd, in S-Europa nicht nur in Äckern, sondern auch im Saum von Trockenbüschen u. -wäldern – z. B. Rh – med – T.

1893. **Einjährige P., L. ánnuus** L., slt. u. unbestdg in Schuttunkraut-Ges., an Verladeplätzen, wärmeliebd, in med v. all. in Getreidefeldern, Secalinion-Art – z. B. Rh – med – T – Chrom. 2n = 14.

1894. **Saat-P., L. satívus** L., nur noch slt. gebaute Futterpf. (Feldfutterbau) u. glgtl. in Schuttunkrautflur. verwildt, liebt frische nährstoff- u. kalkreiche Lehmböden, wärmeliebd, alte Kulturpf. aus dem Orient – z. B. Rh, Fr, Mn – Herkunft: omed – T – Chrom. 2n = 14.

1895. **Kugelsamige P., L. sphaēricus** Retz., slt. u. unbestdg, ruderal an Wegen od. Verladeplätzen, in Unkrautges., wärmeliebd, Licht-Halbschattpf., liebt mäß. trock., basenreiche (kalkreiche u. -arme) Lehm- u. Tonböden, wärmeliebd, in S-Europa v. all. in Feldern, auch im Saum v. Trockenbüsch. u. -wäld. – z. B. Rh – med-smed – T – Chrom. 2n = 14.

1896. **Gras-P., L. nissólia** L., slt. u. unbestdg in Getreidefeldern, an Ackerrainen u. in Gebüschsäumen, auf sommerwarm.-trock. (bis mäß.trock.), nährstoffreich., meist kalkfrei., neutral., humos. Lehm- u. Tonböden, Licht- u. Halbschattpf., z. B. in Secalinetea-Ges., aber auch wie in med in Waldsäum., z. B. d. Carpinion (Fr) – z. B. Rh, Hü, Ne, Bo, Ju bis 800 m, Do (Av), Fr, Mn, SFW, Th, An, Sa (Elbe-Gebiet) – smed-med – T – Chrom. 2n = 14.

Erbse, Písum L. vgl. S. 578

1897. **P. satívum** L., hfg als Gemüsefr. od. Futterpf. gebaut, auch glgtl. in Getreidefeldern, an Ackerrändern usw. verwildt, liebt frische, nährstoff- u. basenreiche, lock., bindige Sand- od. Lehmböden ohne Staunässe, meist Selbstbestäubg, Langtagpf., im Gebiet seit jüng. Steinzeit, zunächst in kleinfrüchtg., d. Wildart nahestehd. Formen kultiv. – Ebene bis mittl. Gebirgslagen (z. B. Ju bis 980 m) – T – Herkunft: osmed-omed (bis Indien), – Chrom. 2n = 14, formenreich:

1 Blü. bunt gescheckt
2 Blü.stdsachse 2–3mal lger als Nebenb., Hülse deutl. netznervg, Samen 3–5 mm groß, schwarz-braun marmoriert.

1897a. **Wild-E., ssp. elátius** (Stev.) A. et Gr., im Gebiet nur slt. adv. (z. B. Rh), mutmaßl. Stammpf. d. Kultursort., im osmed Hauptverbrtgsgebiet Getreide-Unkraut od. in Gebüschsäumen.

2* Blü.stdsachse so lg od. weng lger als Nebenb., Samen 4–8(10) mm groß, Samen meist eckg u. oft dunkel punktiert, Nebenb. am Grund viol. gefleckt

1897b. **Futter-E., ssp. arvénse** (L.) A. et Gr., zerstr. als Grünfutterpf. (z. B. zus. mit Hafer) gebaut, auch Unkraut im Getreide (Secalinetea-Art) – Ebene bis mittl. Gebirgslag.

1* Blü. weiß (slt. blaßrosa), Samen einfarbg, gelb od. grün, rund od. eckg

1897c. **Garten-E., ssp. satívum,** hfg als Hülsen- u. Gemüsefr. in vielen Sort. gebaut.

Sojabohne, Glycíne L. vgl. S. 575

1898. **G. máx** (L.) Merr. [*G. híspida* (Moench) Max.], slt. versuchsweise gebaut als wertvolle Nahrungs- u. Ölpf., liebt frische, nährstoff- u. basenreiche Lehmböden in mäß. humid., sommerwarm. Klimalage,

Kurztagpf. (enthält bis 50 % Eiweiß u. 18 % Fett), alte Kulturpf. d. ostasiat. Hochkulturen – Hauptanbaugebiete in Europa: Balkanhalbinsel, Italien – T – Chrom. 2n = 40.

Bohne, Phaséolus L.

1   Blü.std kürzer als Tragb., Blü. weißl.gelb od. blaßlila, Hüls. glatt, Keimb. erheben sich üb. d. Boden, 30–200 cm, ☉, 6–9   **Ph. vulgaris** 1899
1* Blü.std so lg od. lger als Tragb., Blü. rot od. weiß, Hüls. rauh, Keimb. bleiben im Boden, 200–400 cm, ☉, 6–9   **Ph. coccineus** 1900

1899. **Garten-B., Ph. vulgáris** L., seit d. Entdeckung Amerikas in viel. Sorten als Hülsen- u. Samen-Gemüse gebaut, liebt frische, nährstoff- u. basenreiche, lock., humose, bindige Sand- od. Lehmböden, in sommerfeucht-milder Klimalage, frostempfindl., Wärmekeimer, Kurztagpf., meist Selbstbestäubg, slt. an Schuttplätzen od. im Spülsaum v. Ufern verwildt, alte Kulturpf. südamerik. Hochkulturen, Stammpf.: *Ph. v.* ssp. *aborigíneus* Burk. – Ebene bis mittl. Gebirgslagen – Herkunft: subtrop. S-Amerika – T – Chrom. 2n = 22.

1899a. **Stangenbohne, ssp. vulgáris,** Linkswinder.

1899b. **Buschbohne, ssp. nánus** (L.) Aschers.

1900. **Feuer-B., Ph. coccíneus** L., hfg seit 1635 als Zier- u. Gemüsepf. gebaut, etwas anspruchsloser als *Ph. vulgaris*, frostempfindl., Langtagpf., Linkswinder, meist Insekt.bestäubg, B. mit auffällg. Schlafbewegg., slt. an Schuttplätzen verwildt – Ebene bis mittl. Gebirgslagen – Herkunft: Mexiko-Mittelamerika – T – Chrom. 2n = 22.

Ordnung Geraniáles

Familie der Sauerklee-Gewächse, Oxalidáceae

Sauerklee, Óxalis L.

1   B. u. Blü.stiele grundstdg, in Rosetten, an unterird. kriechd. od. kurz. verholzt. Wurzelstock, Blü. weiß od. rosa, B. meist mit Schlafbewegg.
2   Blü. rosarot, meist zu mehrerer., Zierpf. od. Unkräuter
3   Pf. mit kurz. holzg. St., Zierpf., z. B.   **O. articulata** 1901
3* Pf. ohne St., mit unterird. Knöllch., Ackerunkraut, 10–15 cm ♃, 6–8
                                                vgl. **O. latifólia** 1902
2* Blü. weiß od. blaßrosa, einzeln, Waldpf. mit kriechd. Wurzelstock, 5–15 cm, ♃, 4–5 (6)   **O. acetosella** 1903
1* B. u. b.achselstdge Blü. an aufrecht. od. niederliegd. St., Blü. gelb
4   B.stiele ohne Nebenb., St. aufrecht, Fr.stiele aufrecht-abstehd, Wurzelstock mit Ausläuf., 10–20(30) cm, ♃, ☉, 6–9   **O. fontana** 1904
4* B.stiele mit Nebenb. (mit B.stiel verwachs.!), St. aufsteigd od. niederliegd, Fr.stiele zuletzt meist herabgebog., Fr. 12–25 mm lg, Pf. ohne unterird. Ausläuf.

5 St. niederliegd od. aufsteigd, an d. Knot. wurzeld, B. wechselstdg, oft rötl.
gefärbt, Fr. 12–15 mm lg, 10–20(30) cm, ⊙, 5–10   **O. corniculata** 1905
5* St. aufsteigd-aufrecht, ohne wurzelnde Sprosse, B. ± gegenstdg od.
gebüschelt, Fr. 15–25 mm lg, 10–20 cm, ⊙, ♃, 7–10   **O. dillenii** 1906

1901. **Vielblütiger S., O. articuláta** Savig., wärmeliebde u. frostempfindl.
Zier- u. Topfpf., glgtl. an Schuttplätzen verwildt, liebt feucht-mildes
Klima – Herkunft: S-Amerika, ähnl. *O. tetraphýlla* Cav., Vierblatt-
Glücksklee aus Mexiko – Chrom. 2n = 56.

1902. **Breitblättriger S., O. latifólia** Kunth in H. B. K., slt. verschleppt
u. eingebürgert in Hackunkrautges. – z. B. Me - Herkunft: S-Am., hierher
wahrscheinlich auch die in älteren Aufl. dieser Flora für Sch (Rippoldsau)
genannte *O. jaliscána* Rose.

1903. **Wald-S., O. acetosélla** L., verbr. u. gesellg, v. all. in mont.
krautreich. Nadelmischwäldern, in Buchen- u. Eichenmischwäldern, auf
frisch., mäß. nährstoff- u. basenreich., mäßg tätig., lock., ± saur.,
modrig-humos. Lehmböden, flach bis 15 cm tief wurzld. Moder-
humuszeiger (im Mull wie im Rohhumus zurücktretd), mit (endotroph.)
Wurzelpilz, Schattpf., Insekt.- u. Selbstbestäubg (z. T. kleistogam),
Schleuderfr., durch Kleesalzgehalt früher z. T. Heil- u. Nutzpf.,
Verbrtgsschwerpkt im mont. Fagion, v. all. im Galio-Abietenion, auch
in and. Fagetalia- sowie Betulo-Adenostyletea- od. krautreich. Vaccinio-
Piceetalia-Ges., gern sekundär in Fagetalia-Fichten-Forst-Ges. – Ebene
bis Gebirge (v. all. Gebirge), A bis 1940 m – no-euras, circ – H (G) –
Chrom. 2n = 22.

1904. **Aufrechter S., O. fontána** Bunge (*O. europáea* Jord., *O. stricta*
auct.), hfg in gehackt. Äckern, in Kartoffel- u. Rübenfeldern, in Gärten
u. Friedhöfen, auch in Unkrautfluren d. Wege od. im Getreide, auf
frisch., nährstoffreich., meist kalkarm., locker-humos., neutral–
mäß.saur., bindg. Sand- od. Lehmböden, etwas wärmeliebd, Licht-
Halbschattpf., meist Selbstbestäubg, Schleuderfr., Kulturbegleit., Char.
d. Chenop.-Oxalidetum font. (Polyg.-Chenopodion), auch (Diff.) in and.
Polygono-Chenopodietalia-Ges. od. im Aperion – Ebene bis mittl.
Gebirgslag. (fehlt A) – subatl(-smed), Herkunft vermutl. N-Amerika –
H, T – Chrom. 2n = 18, 24.

1905. **Hornfrüchtiger S., O. corniculáta** L., zerstr., z. T. unbestdg in
Gärten, an Wegen, od. in Pflasterfugen, auf mäß.trock.-frisch., nähr-
stoffreich., meist kalkarm., ± humos. Sand- od. sandig. Lehmböden,
wärmeliebd, meist Selbstbestäubg, Schleuderfr., Plantaginetalia-
Ordn.char. (z. B. im Polygonetum calc. eragrostietosum), auch in warm.
Pol.-Chenopodietalia-Ges. – v. all. im S d. Gebiet. – med-smed, in warm.
Zonen heute weltweit – T – Chrom. 2n = 24, 48.

1906. **Dillens S., O. dillénii** Jacq. (*O. stricta* L.), slt., seit 1961
eingebürgert in Unkrautges. od. lückgen Parkrasen, auf nährstoffreich.

sandgen Böd., in Pol.-Chenopodietalia-Ges. od. im Cynosurion – z. B. nöRh (Darmstadt), Br (Berlin), Me – Herkunft: N-Am. – Chrom. 2n = 18, 20, 22, 24.

Familie der Storchschnabel-Gewächse, Geraniáceae

1 B. meist ungeteilt, halbstrauchge Zierpf.　　**Pelargonium** S. 622
1* B. meist geteilt, Wildkräuter
2 B. rundl., handförmg eingeschnitt., z. T. fein zerteilt od. 3–5zählg (z. T. fiederig) zus.gesetzt, Blü.std 1–2blütg, Fr.schnabel zuletzt bogig gekrümmt
　　　　　　　　　　　　　　　　　　　　　　Geranium S. 622
2* B. längl., gefiedert, Blü.std doldg, Fr.schnabel zuletzt z. T. spiralg gerollt, sich mit Fr. lösend　　　　　　　　　　**Erodium** S. 627

Geranie, Pelargónium Burm.

1907. **Gewöhnl. Geranie, P. zonále** (L.) Ait., **Efeublättrige Hängegeranie, P. peltátum** (L.) Ait., sind d. wichtigst. Stammpf. d. in Europa seit Anfang d. 18. Jahrh. in viel. Sorten kultiv. Balkon- u. Anlagen-Geranien, frostempfindl. – Herkunft: S-Afrika (Kapland).

Storchschnabel, Geránium L.

1 Blü.b. 12–20 mm lg, Pf. ausdauernd mit kräftgem Wurzelstock
2 Blü.std mit je 2 (od. mehr) Blü., Blü.b. nicht od. kaum ausgerandet, am Grunde bewimpert, B. handförmg eingeschnitt., ohne lineale B.zipfel, 5 bis über 10 cm brt (wenn B. nur 3–5 cm brt, im Umkreis rundl. u. Blü.b. deutl.ausgerandet vgl. b. 14 *G. pyrenaicum*)
3 Kelch z. Blü.zeit ausgebreitet, Blü.b. mit kurz. Stiel (Nagel)
4 Blü. braunviol., Kelchb. kurz bespitzt, Blü.b. ausgebrtet, wenig lger als Kelch, B. meist 7teilg, wechselstdg, 30–60 cm, ♃, 5–8　**G. phaeum** 1908
4* Blü. rot od. blauviol., Kelchb. begrannt, ± halb so lg wie Blü.b., obere B. gegenstdg
5 Blü.std drüsg behaart, B. 7teilg
6 B.abschnitte schmal, fiederspaltg, Blü. blauviol., Fr.stiele zuerst zurück-geschlag., dann aufrecht, Pf. nur oberwts leicht drüsg, Staubfäd. am Grunde 3eckg verbrtert, 30–60(–80) cm, ♃, 5–8　　　　　**G. pratense** 1909
6* B.abschnitte brt-rhombisch, eingeschnitten gesägt, Blü. rotviol., Fr.stiele aufrecht, Staubfäd. lanzettll., 20–60 cm, ♃, 6–8　　**G. sylvaticum** 1910
5* Blü.std ohne Drüsen, rückwts anliegd behaart, Blü. lichtrot, Fr.stiele abwts gebogen, B. 5–7spaltg, 30–80 cm, ♃, 6–9　　　**G. palustre** 1911
3* Kelch zur Blü.zeit kugelg geschloss., Blü.b. rot mit lg. Stiel (Nagel), Blü.std mehrblütg, 30–60 cm, ♃, 5–6　　　　　**G. macrorrhizum** 1922
vgl. ferner mit ausgerandet. Blü.b., aufrecht., begrannt. Kelchb, u. Sanikel-artg. B　　　　　　　　　　　　　　　　　**G. nodosum** 1925a
2* Blü.std mit je 1 Blü., Blü.b. rot, ausgerandet, B. tief 7teilg, meist unt. 5 cm brt, mit lineal-lanzettl. B.abschnitt., St. abstehd behaart, 20–40(–70) cm, ♃, 6–8　　　　　　　　　　　　　　　　**G. sanguineum** 1913

1* Blü.b. 3–10 mm lg, Blü. rot. od. viol., Pf. meist ein- od. wenigjährg, B. 2–6 cm
   brt
7 B. nicht ganz geteilt, od. bis z. Grund geteilt, aber dann B.abschnitte nicht
   gestielt
8 B. deutl. behaart, Kelchb. ± ausgebreitet
9 Blü.std mit je 1 (slt. 2) Blü., Blü.b. u. Kelch 5–7 mm lg, St. weißl. behaart,
   B.abschnitte lanzettl., gezähnt, zugespitzt, 20–50 cm, ⚃, 7–8
                                                      G. sibiricum 1914
9* Blü. std mit je 2 (od. mehr.) Blü., Blü.stiele u. St. meist drüsg behaart
10 B. bis z. Grund geteilt, B.abschnitte ± fiederteilg mit lineal. Zipfeln
11 Blü.stds.stiel kürzer als Tragb., St. rückwrts abstehd behaart, Blü.b. 4–5 mm
   lg, Kelch mit 0,5–1,5 mm lger Granne, 10–40 cm, ⊙, 5–9
                                                      G. dissectum 1915
11*Blü.stds.stiel lger als Tragb., St. angedrückt behaart, Blü.b. 8–10 mm lg,
   Kelch mit 1,5–3 mm lger Granne, 20–50 cm, ⊙, 5–8
                                                      G. columbinum 1916
10*B. bis etwa $^1/_2$ bis $^2/_3$ geteilt
12 Kelch deutl. begrannt, B.umriß eckg, alle B. deutl. gestielt
13 Kelch drüsenlos, 0,5–1 mm lg begrannt, Blü. rosa, Staubfäd. kahl, 30–50 cm,
   ⊙, 6–8   **G. divaricatum** 1921
13*Kelch drüsg, 2–3 mm lg begrannt, Blü. blau-viol., Staubfäd. behaart, 30–60
   cm, ⊙, 6–7   **G. bohemicum** 1925
12*Kelch nicht begrannt, nur zugespitzt, B.umriß meist rundl.
14 Blü.b. 8–10 mm lg, deutl. ausgerandet, viel lger als Kelch, Blü.stdsstiel
   viel lger als Tragb., obere B. sitzd, St. abstehd weichhaarg u. ± kurzdrüsg,
   20–50 cm, ⚃, 5–10   **G. pyrenaicum** 1912
14*Blü.b. 3–8 mm lg, weng lger als Kelch, Blü.stdsstiel wenig lger od. kürzer
   als Tragb.
15 Blü.b. ± deutl. ausgerandet, obere St.b. kurz gestielt od. sitzd
16 Blü.b. 5–8 mm lg, rosarot, deutl. ausgerandet, St. zottg weichhaarg, St.b.
   meist wechselstdg, Fr. kahl, 10–30 cm, ⊙, 5–9   **G. molle** 1919
16*Blü.b. 3–4 mm lg, schmutzg-viol., schwach ausgerandet, St. kurz schräg-
   abstehd behaart, untere St.b. gegenstdg, Fr. behaart, 15–20 cm, ⊙, 5–9
                                                      G. pusillum 1918
15*Blü.b. undeutl. ausgerandet od. abgerundet, Blü.b. 5–6(7) mm lg
17 B. mit rundl. Umriß, drüsg (*G. robert*.-Geruch), St.b. ± gestielt, gegenstdg,
   St. meist rötl. überlauf., ästg ausgebreitet-aufsteigd, Blü. rosarot, 10–30 cm,
   ⊙, 5–10   **G. rotundifolium** 1917
17*B. mit eckgem Umriß, Blü. blaß-lila, 10–30 cm, ⊙, ⚃, 6–9
                                                      G. peregrinum 1920
8* B. (wie St.) fast kahl, glänzd, Blü.b. 7–9 mm lg, hellrot, abgerundet (od.
   undeutl. ausgerandet), Kelchb. z. Blü.zeit aufrecht, St. rötl., zerbrechl., 10–
   30 cm, ⊙, 5–8   **G. lucidum** 1923
7* B. aus 3 (5) gestielt., fiederspaltgen Blättch. zus.gesetzt, Blü. rosa, Kelchb. z.
   Blü.zeit aufrecht, St. rötl., drüsg behaart, Pf. mit widrigem Geruch, 15–45
   cm, ⊙, 5–9   **G. robertianum** 1924

1908. Brauner St., G. phaéum L., slt. ab. gesellg, meist nur als Zierpf.
verwildt in Parkanlagen, im Saum krautreich. Wälder, auf Fettwiesen u.
in licht. Auenwäldern, auf frisch., nährstoff- u. basenreich., kalkarm.,

tiefgründg. Ton- u. Lehmböden, Nährstoffzeiger, Licht-Halbschattpf., Hautflüglerbestäubg, v. all. in frisch. Saumges. od. in Wiesen, z. B. im Trifolion medii, ferner in Arrhenatheretalia-Ges. od. im Alno-Ulmion – viell. ursprüngl. im östl. Teil von Do, Av, A bis 920 m, NSH, sonst verwildt, z. B. Hü, Ne, süSch, Ju, Fr, Do, SH, Erzg, Hz, Th, Sa – (o)pralp – H – Chrom. 2n = 14, 28, formenreich.

1909. Wiesen-St., G. praténse L., zerstr., ab. gesellg in Fettwiesen, v. all. tief. Lagen, an Gräben, auf frisch. (wechselfrisch.), nährstoff- u. basenreich., gern kalkhaltg., tiefgründg. Ton- u. Lehmböden, Nährstoffzeiger, Tiefwurzler, Stromtalpf., Lichtpf., Insekt.bestäubg (Bienenweide), Schleuderverbrtg, geringer Futterwert, Char. d. Arrhenatheretum (Arrhenatherion), v. all. in feucht. Ausbildungsform. (z. B. A. alopecuretosum), auch (DV) im Aegopodion – Rh, Ne, Ju (vzlt. bis 900 m), süSch (slt.), Ba, Bo, Do, Av bis 570 m, BayW, Fr, Mn, Pf, RS, He, NSH, Th, usw., im nordw. Tiefld slt. od. fehld – euras(kont) – H – Chrom. 2n = 28.

1910. Wald-St., G. sylváticum L., zml. hfg u. gesellg v. all. im Gebirge, in subalp. Hochstaudenfluren, in Buschsäumen, in Bergfettwiesen, auch in Grauerlenwäldern, auf (sicker-)frisch.–feucht., nährstoff- u. basenreich., humos., ± tiefgründg. Ton- u. Lehmböden, bis 50 cm tief wurzlde Halbschatt-Lichtpf., Insekt.bestäubg, Schleuderverbrtg, geringer Futterwert, Verbrtgsschwerpunkt in Hochstauden-Ges. u. überreg. schwache Betulo-Adenostyletea-Kl.char., ferner Verb.-Diff. d. Polygono-Trisetion, auch im Aegopodion, Trifolion medii u. Alno-Ulmion (Alnetum incanae) – v. all. im Hoch- u. Mittelgebirge (üb. rd. 700 m), A bis 2200 m, im Tiefld fehld od. slt. – nosubozean-pralp – H – Chrom. 2n = 28.

1911. Sumpf-St., G. palústre L., zerstr. in Staudenfluren, an Bächen u. Gräben, sltner in Moorwiesen, im Saum v. Auengebüsch, auf sickernass. (wechselnass.), nährstoff- u. meist kalkreich., ± humos., kiesig. od. rein. Tonböden, Grundwasserböden, Stromtalpf., Lichtpf., Insekt. bestäubg, Schleuderverbrtg, Char. d. Filip.-Geranietum pal. (Filipendulion), auch im Aegopodion – v. all. in montan. Flußauen, Ju u. A bis 900 m, im nordw. Tiefld slt. od. fehld – euraskont – H – Chrom. 2n = 28.

1912. Pyrenäen-St., G. pyrenáicum Burm. f., zml. hfg in staudenreich. Unkrautfluren v. all. d. tief. Lagen, an Wegen, Schuttplätzen, Böschungen, in Heckensäumen, verunkrautet. Weiden, in Lägerges., auf frisch., nährstoffreich., humos. od. roh. Lehmböden, in humid-mild. Klimalage, z. T. wintergrün, zml. tief wurzlde Lichtpf., meist Insekt. bestäubg, Schleuder-, auch Verdauungsverbrtg, Kulturbegleit., im Gebiet eingebürgert seit etwa 1800, Artemisietea-Kl.char., auch in Sisymbrion- od. Arrhenatherion-Ges. – Ebene bis mittl. Gebirgslagen,

v. all. im W d. Gebietes (Ba bis 900 m, Vog bis 1000 m, Av bis 700 m) – smed(-subatl) – H – Chrom. 2n = 26, 28.

1913. Blut-St., G. sanguíneum L., zerstr. im Saum sonnig. Trockenbüsche u. -wälder, auch in licht. Eichen- u. Kiefernwäldern, an Böschungen u. exponiert. Hängen, Staudenhalden, auf sommerwarm., trock., mager., meist kalk- od. sonst basenreich., lock., mäß. sauer.- mild., humos., steing. od. auch tiefgründg. Lehm- u. Löß- od. Kalksand-Böden, wärmeliebd, mit weit-kriechd. Wurzelwerk, Licht(-Halbschatt)-pf., Insekt.- u. Selbstbestäubg, Schleuderfr., früher Zier- u. Heilpf., v. all. im Saum v. Quercion pubesc.- u. Berberidion-Gebüsch, Geranion sang.- Verb.char., ferner im Cytiso- u. Erico-Pinion od. (meist reduz.) in d. Quercetalia pub. – Ebene bis mittl. Gebirgslagen, nur in humid. Silikatgebiet. slt. od. fehld (ab. auf Porphyr u. ähnl.: Vog bis 900 m), Ju bis 1014 m, A bis 1100 m, im nördl. Tiefld slt. od. fehld – gemäßkont-smed – H – Chrom. 2n = 84.

1914. Sibirischer St., G. sibíricum L., slt. u. unbestdg im Saum von Hecken, an Wegrändern u. Böschungen, im licht. Auengebüsch, auf frisch., nährstoffreich., kalkhaltg. Lehmböden, wohl Aegopodion- od. Allarion-Art – z.B. süHü, nöRh, Fr, Bo, Br, Me – euraskont – H – Chrom. 2n = 28.

1915. Schlitzblättriger St., G. disséctum Jusl., zml. hfg in gehackt. Äckern (Kartoffel, Rüben usw.), in Gärten, an Wegen, in Schuttunkraut-Fluren, slt. auch im Getreide, auf frisch. bis mäß.trock., nährstoff- u. basenreich. Lehmböden, Lehmzeiger, etwas wärmeliebd, Fremd- u. Selbstbestäubg, Schleuderfr., Fum.-Euphorbion-Verb.char. – Ebene bis mittl. Gebirgslag., Ju bis 990 m, A bis 960 m. im nördl. Tiefld slt. – (med-)smed-subatl, in gemäß. Zonen heute weltweit – T – Chrom. 2n = 22.

1916. Tauben-St., G. columbínum L., zerstr. in licht. Unkrautfluren od. unkrautg. Rasenges., an Wegen, Böschungen, im Saum von Hecken, an Ackerrändern, in Brachen, auf warm., mäß.trock., nährstoff- u. basenreich., meist kalkhaltg. Lehm- u. Lößböden, Fremd- u. Selbstbestäubg, Schleuderfr. (auch Verdauungsverbrtg), Kulturbegleit. seit Bronzezeit, Chenopodietea-Kl.char. – Ebene bis mittl. Gebirgslagen, Ju bis 1000 m, A bis 1010 m, Silikatgebirge z.T. fehld – euras-smed – T – Chrom. 2n = 18.

1917. Rundblättriger St., G. rotundifólium L., zml. slt. in sonnig., lückig. Unkrautfluren, in Weinbergen, an Mauern u. Wegen, auf sommerwarm.-mäß.trock., ± nährstoff- u. basenreich., mäß. sauer.- mild., gern steing. od. sandg. Lehmböden, wärmeliebd, oft wintergrün, Insekt.- u. Selbstbestäubg, z.T. Verdauungsverbrtg, in Weinbergen Char. d. Geranio rot.-Allietum vin. (Fum.-Euphorbion), auch im Sisymbrion – v. all. warme Tieflag., Weinbaugebiete, nördl. bis RS, He,

Th, Sa – med-smed, heute in warmgemäß. Zonen weltweit – T – Chrom. 2n = 26.

1918. Kleiner St., G. pusíllum L., zml. hfg in sonnig., lückig. Unkrautfluren, an Wegen, Dämmen u. Schuttplätzen, in Weinbergen u. Äckern, auf sommerwarm., mäß.trock., nährstoffreich., meist kalkarm., lock., ± humos., steing. Lehmböden od. bindg. Sandböden, bis 60 cm tief wurzld. Stickstoffzeiger, Fremd- u. Selbstbestäubg, Schleuderfr., auch Verdauungsverbrtg, Kulturbegleit., Chenopodietea-Kl.char. – Ebene bis mittl. Gebirgslagen, A bis 1338 m – euras-smed – T – Chrom. 2n = 26, 34.

1919. Weicher St., G. mólle L., zml. hfg in sonnig., lückig. Unkrautfluren u. unkrautg. Rasen-Ges., an Wegen u. Dämmen, in Brachen, auf sommerwarm., mäß.trock., nährstoffreich., oft kalkarm., lock., neutral-mäß.sauer., humos., gern sandg. Lehm-. od. bindig. Sandböden, bis 50 cm tief wurzld, Fremd- u. Selbstbestäubg, Schleuderfrucht, auch Verdauungsverbrtg, Kulturbegleit., v. all. im lückg. Cynosurion, sltner auch im Alliarion od. in Chenopodietea-Ges. – Ebene bis mittl. Gebirgslagen (Ba bis 900 m), A fehld – med-smed(-subatl), weltweit verschleppt – T – Chrom. 2n = 26.

1920. Fremder St., G. peregrínum Thell., s. slt. u. nur örtl. eingebürgert in Waldsaum-Ges., auf frisch., nährstoffreich., lock., mäß.sauer., humos., sandg. Lehmböden, Halbschattpf., z.B. im All.-Chaerophylletum tem. (Alliarion) – Rh (Karlsruhe, seit 1970 verscholl.) – Herkunft unbekannt (Am.?) – H.

1921. Spreizender St., G. divaricátum Ehrh., slt. u. unbestdg in lückig. Unkrautfluren, an Wegen, in Heckensäumen u. Weinbergen, auf sommerwarm., mäß. frisch., nährstoff- u. basenreich. Lehmböden, nach Br.-Bl. Berberidion-Verb.char., viell. aber mehr im Alliarion – z.B. Rh, BayW, Fr, Br, Sa – euraskont-smed – T – Chrom. 2n = 28.

1922. Felsen-St., G. macrorrhízum L., slt. aus Gärten verwildt u. z.T. eingebürgert, an schattig. Mauern, im Umkreis von Ruinen, auf frisch., nährstoff- u. kalkreich., mild., humos., steing. Lehmböden, alte Zier-, Heil- u. Bienenpf., Halbschattpf., in SO-Europa v. all. im Alliarion, im Kontakt mit feucht. Steinschutt-Ges.– Hü, süSch, Do, FrJu, He – Herkunft: opralp – H (Ch) – Chrom. 2n = 46.

1923. Glänzender St., G. lúcidum L., slt. in Hecken, in Waldverlichtg., in Waldstörg., an Waldwegen, schattig. Mauern u. in Wildlägern, im Saum v. Felsköpf., auf frisch., nährstoff- u. basenreich., kalkarm., lock., humos., steing. Lehmböden, in humid-wintermild. Klimalage, Stickstoffzeiger, Halbschatt-Schattpf., Rosettenb. mit Stützfunktion, Insekt.-u. Selbstbestäubg, Schleuderfr., in Waldunkraut- u. Waldsaumges.,

Char. d. Chaeroph.-Geranietum luc. (Alliarion) – Pf, RS (Täler), NSH, He, FrJu, Hz, Th – subatl-smed – T (H) – Chrom. 2n = 20.

1924. Stinkender St., Ruprechtskraut, G. robertiánum L., verbr. in krautreich. Wäldern, in Schluchten, Auen, an schattig. Mauern u. Felsen, in Schlägen u. unkrautig. Wald- u. Heckensäumen, auch als Epiphyt, sonst auf frisch., nährstoffreich., lock., humos. Lehmböden in luftfeucht. Klimalage, Mull- od. Moderhumuswurzler, Nährstoffzeiger, Schatt- u. Halbschattpf., Rosettenb. mit Stützfunktion, Insekt.- u. Selbstbestäubg, Schleuderfr., früher Heilpf. od. Mottenkr., Char. d. Epilobio-Geranietum rob. (Alliarion), auch im Tilio-Acerion od. seltner Alno-Ulmion bzw. in gestört. Fagetalia-Ges. – Ebene bis Gebirge, A bis 1700 m – eurassubozean-smed, in gemäß.-ozean. Zonen heute weltweit – H (T), formenreich:

1 Blü.b. 9–12 mm lg, hellrot, Staubb. rot bis braun
2 Pf. ± drüsg behaart

1924a. ssp. robertiánum, verbr. Sippe, s. o. – Chrom. 2n = 64.

2* Pf. fast kahl, niederliegd, kurzstenglg, lebhaft rot

1924b. ssp. marítimum (Bab.) Bak., slt. in unkrautgen Ges. im Strandgeröll d. Meeresküst., Verbrtg ungenügd bekannt – Chrom. 2n = 64.

1* Blü.b. 4–8 mm lg, dunkelrot, Staubb. gelb, Pf. dunkelrot überlauf.

1924c. ssp. purpúreum (Vill.) Nym., (*G. purpúreum* Vill.), im Gebiet nur slt. adv., z. B. Pf, im südeurop. Hauptverbrtgsgebiet im Alliarion od. entsprechd. Ges.gruppen – Chrom. 2n = 32.

1925. Böhmischer St., G. bohémicum L., slt. in Verlichtg. frischer Bergwälder, Kohlenmeilerpf. – südl. Br, Schweiz – gemäßkont – T – Chrom. 2n = 28.

1925a. Knotiger St., G. nodósum L., adv. u. eingebürgert, z. B. He (Kassel), Av, smed-pralp. Fagetalia-Art.

Reiherschnabel, Eródium L'Hérit.

1 Fiederb. gleichmäß. gefiedert, Kelchb. 4–8 mm lg
2 Fiederblättch. sitzd, tief geteilt, St. kaum drüsg, Nebenb. zugespitzt, Staubfäd. am Grunde zahnlos, Blü. lila od. hellrot, 5–30 cm, ☉, 4–9
                                                E. cicutarium 1926
2* Fiederblättch. gestielt, gezähnt, St. dicht drüsg, Nebenb. stumpfl., Staubfäden am Grunde 2zähng, Blü. viol. od. rot-viol., 10–40 cm, ☉, 5–9
                                             E. moschatum 1927
1* Fiederb. unterbroch. gefiedert (zwisch. groß. Fiederblättch. kl. Zähne od. Lappen), St. drüsenhaarg, Blü. rot, Kelchb. 10–15 mm lg, 10–50 cm, ☉, 4–8
                                             E. ciconium 1928

1926.　**E. cicutárium**-Gruppe

1　Fiedern auf $^2/_3$–$^1/_2$ eingeschnitt., St. weng kurzdrüsg, Fr.schnabel 30–40 mm lg

1926a.　**Gewöhnlicher R., E. cicutárium** (L.) L'Hérit., zml. hfg in lückig. Unkrautfluren von Sandäckern od. Weinbergen, auf Dünen, an Wegen u. Böschungen, in Brachen, auf sommerwarm., mäß.trock.-trock., ± nährstoff- u. basenreich., oft kalkarm., wenig humos., lock. Lehm-, Stein- u. Sandböden, wärmeliebd, bis 150 cm tief wurzld. Sandzeiger, Pionierpf., Insekt.- u. Selbstbestäubg, meist Klettverbrtg, Bohrfr., früher Heilpf., schwache Sedo-Scleranthetea-Kl.char. (bei ± ruderal. Einflüss.), ferner DO Polyg.-Chenopodietalia, sltner in d. Secalinetea – Ebene bis mittl. Gebirgslag. (bis rd. 500 m), A fehld – med-euras – T, H – Chrom. 2n = 40.

1*　Fiedern bis fast z. Achs.grund geteilt, St. dicht drüsg, Fr.schnabel 15–32 mm lg

2　Fr.schnabel 20–32 mm lg, Blü.std 3–6blütg
3　Blü.std 3–4blütg, Fr.schnabel 22–28 mm lg

1926b.　**Dünen-R., E. bállii** Jord. [*E. glutinósum* Dum. ssp. *dunénse* (Andr.) Rothm.], slt. in Sandäckern d. Nord- u. Ostsee-Küste, in Ammophiletea-Ges. – noatl – Chrom. 2n = 40.

3*　Blü.std 5–6blütg, Fr.schnabel 25–32 mm lg

1926c.　**Dänischer R., E. dánicum** Lars. (*E. glutinósum* Dum. ssp. *dánicum* (Lars.) Rothm.), slt. in Dünen – SH (?) – noatl – Chrom. 2n = 60.

2*　Fr.schnabel 15–24 mm lg, Blü.std 2–3blütg, Blü. blaßrosa.

1926d.　**Drüsiger R., E. lebélii** Jord. (*E. glutinósum* Dum.), slt. in Dünen – ob im Gebiet? – med-atl – Chrom. 2n = 20.

1927.　**Moschus-R., E. moschátum** (L.) L'Hérit., slt. u. unbestdg in lückig. Unkrautfluren, an Verladeplätzen u. Wegen, auf warmtrock., nährstoffreich. Sand- u. Kiesböden, Sisymbrion-Art – z. B. Rh – med – T – Chrom. 2n = 20.

1928.　**Großer R., E. cicónium** (L.) L'Hérit., slt. u. unbestdg in Unkrautges., an Schuttplätzen u. Wegen, auf warm-trock., nährstoffreich. Sand- od. Lehmböden, Sisymbrion-Art – z. B. Rh – med – T – Chrom. 2n = 18, 20.

Familie der Kapuzinerkressen-Gewächse, Tropaeoláceae

Kapuzinerkresse, Tropaeolum L.

1929.　**Große K., T. május** L., hfg in Gärten als Zierpfl. kultiv. u. glgtl. an Schuttplätzen verwildert, liebt frische nährstoffreiche Lehmböden in mild.

luftfeucht. Klimalage, seit 1864 im Gebiet – Herkunft: S-Amerika (dort in Waldsaum-Ges.) – T (Ch) – Chrom. 2n = 28.

Familie der Leingewächse, Lináceae

1	Blü. 5zählg, Kelchb. ganzrandg	**Linum** S. 629
1*	Blü. 4zählg, Kelchb. 2–3zähng, 2–5 cm, ⊙, 7–8	**Radiola** S. 631

Lein, Línum L.

1 B. wenigst. z. Teil, gegenstdg, rauh, Blü.b. 4–5 mm lg, weiß, mit gelb. Grund, Blü.knosp. überhängd, St. dünn, 5–20(–30) cm, ⊙, 5–8
                   L. catharticum 1930
1* B. alle wechselstdg, Blü.b. meist über 10 mm lg, bunt, B. lineal-lanzettl.
2 Blü. gelb, St. scharfkantg, B.grund seitl. mit 2 Drüs., Pf. kahl, 20–50 cm, ♃, 6–7
                   L. flavum 1931
2* Blü. blau od. rötl. (weißl.), St. ohne Kanten
3 Kelchb. am Rande drüsg, Blü. rötl.
4 B. lanzettl., 4–9 mm brt, drüsg, St. abstehd behaart, Blü. rosa, 25–50 cm, ♃, 5–7
                   L. viscosum 1932
4* B. lineal, 1–2 mm brt, rauh, aber wie St. oberwts kahl, Blü. blaß-lilarötl., 15–30(–50) cm, ♃, 6–7
             L. tenuifolium 1933
3* Kelchb. am Rande kahl, drüsenlos, höchst. feinhaarg, Blü. blau (slt. weiß)
5 St. einzeln, Pf. einjährg, Kelchb. fein bewimpert, B. schmal-lanzettl., 3–4 mm brt, 20–60(–80) cm, ⊙, 6–7
          L. usitatissimum 1938
5* St. zu mehreren, Pf. mehrjährg, Kelchb. kahl
6 Fr.stiele zuletzt deutl. nach unten gebog., Fr. 4–6 mm lg, Blü.stiele aufrecht, Blü.b. 15 mm lg u. 14 mm brt, sich durchweg deckd, azurblau, 30–60 cm, ♃, 6
              L. austriacum 1937
6* Fr.stiele aufrecht od. weng abgebog., Fr. 6–7 mm lg, Blü. hellblau
7 Blü.b. sich durchweg überdeckd, 15–20 mm lg, St. dicht beblättert u. reichblütg, 20–80(100) cm, ♃, 6–7
       L. perenne 1934
7* Blü.b. sich nur in d. unter. Hälfte überdeckd, rd. 10 mm lg, St. locker beblättert, 1–7blütg
8 St. bogig-aufrecht mit höchst. 7 heterostyl. Blü., 20–30 cm, ♃, 6–7
         L. montanum 1935
8* St. aufsteigd-liegd mit 1–3(5) nicht heterostyl. Blü., 5–15(20) cm, ♃, 5–7
            L. leonii 1936

1930. Abführ-L., Purgier-L., Wiesen-L., L. cathárticum L., hfg in Moorwicsen, Quellfluren, frisch. Kalk-Magerrasen, auf feucht.-wech-selfrisch., kalkreich. (od. sonst basenreich.), ± mild., humos. od. roh., meist dicht. Lehm- u. Mergelböden, Tonzeiger, Pionierpf. mit Wurzelpilz, Insekt.- u. Fremdbestäubg, Klebverbrtg, früher Heilpf., v. all. in basiklin. Molinion- u. Calthion-Ges. (schwache Molinietalia-Art), auch im Caricion dav. od. in wechseltrock. Mesobromion- u. Arrhenatherion-Ges., ferner im Seslerion – v. all. Kalkgebiete, Silikatgebirge z.T. fehld, A bis 2310 m – euras-subozean-smed – T, H, formenreich:

1ʹ St. einfach, locker beblättert, Blü.std locker, Pf. einjährg

1930a. **ssp. cathárticum,** verbr. Sippe, s. o. – T – Chrom. 2n = 16.

1* St. ästg, am Grund dicht beblättert, mit zuletzt steril. Trieb., Blü.std sparrg-dicht, Pf. 2–3jährg

1930b. **ssp. suécicum** (Murb.) Hayek, slt. in Mesobrometen u. Seslerieten – A, Av, Ju, Hz, Erzg, L, vermutl. weiter verbr. – pralp-alp – H – Chrom. 2n = 16.

1931. Gelber L., L. flávum L., slt. in sonnig. Kalk-Magerrasen, an Böschungen u. Rainen, in Waldsäumen, auf sommerwarm., mäß. trock. bis wechseltrock., kalkreich., mild., humos., zml. tiefgründg., steing. Lehm- u. Tonböden (Mergel), lichtliebd, Insekt.bestäubg (verschied. grifflg), auch Zierpf., geschützt, Cirsio-Brachypodion-Verb.char., auch im Mesobromion od. Geranion sang. – Ju (Blaubeuren-Ulm-Heiden-heim), Do (Memmingen-Fellheim), Fr (Bodenwöhr) – europkont-osmed, im Gebiet a. d. W-Grenze d. Verbrtg – H – Chrom. 2n = 30.

1932. Klebriger L., L. viscósum L., slt. in frisch. Kalk-Magerrasen (Halbtrocken-Rasen), in licht. Kiefern-Trockenwäldern, in Waldsäu-men, an Wegen u. Böschungen, auf mäß. frisch. bis wechselfrisch., kalkreich., neutral-mild., humos. Tonböden, Licht-Halbschattpf., Insekt.bestäubg, auch Zierpf., geschützt, lok. Char. d. Gent-Koelerietum (Mesobromion), auch in ander. Mesobromion- od. trock. Molinion-Ges., überreg. Brometalia-Ordn.char., ferner im Erico-Pinion – Do-Av-A bis 1800 m – smed-pralp – H – Chrom. 2n = 16.

1933. Zarter L., L. tenuifólium L., zml. slt. in sonnig. Kalk-Magerrasen, an steing. Hängen, an Böschungen, auf trock.-mäß.trock., kalkreich., mild., meist wenig humos., lock. Lehm- u. Lößböden od. Stein- u. Kiesböden, wärme- u. lichtliebd, Insekt.bestäubg, Klebverbrtg, geschützt, Xerobromion-Verb.char., ferner in trock. Mesobromion-Aus-bildg. – Hü, Pf, Ne, Bo, Ju bis 670 m, Do, Mn, RS (Täler), NSH, He, Th, An – smed – H (Ch) – Chrom. 2n = 16, 18.

1934. Stauden-L., L. perénne L., slt. in sonnig. Steppenrasen, auch in licht. Kiefern-Trockenwäldern, auf sommerwarm., trock., neutral.-mild., humos., lock. Sand- u. Steinböden od. auf Löß, Insekt.bestäubg (verschied. grifflg), auch Zierpf., geschützt, gern mit *Stipa*-Arten, Cirsio-Brachypodion-Verb.char. – nöRh (Mannheim-Darmstadt), Do – europ-kont – H – Chrom. 2n = 18.

1935. Berg-L., L. montánum Schleich. [*L. perénne* ssp. *montánum* (Schleich.) Ockend., *L. alpínum* ssp. *montánum* Graebn.], s. slt. in sonngen Steinras. d. subalp(alp) Stufe, auf mäßg frisch., kalkreich., locker., konsolidiert. Steinschuttböd., Insekt.bestäubg (verschied. griff-lg), geschützt, Seslerietalia-Ordn.char. – A (Berchtesgad. Alp) bis 1700 m – alp – H – Chrom. 2n = 18.

1936. Lothringer L., L. leónii F. W. Schultz (non *L. ánglicum* Mill.), slt. in sonnig. u. lückig. Trockenrasen, auf (mäß.) trock., mager., kalkreich., meist lock., flachgründg. Steinböden, wärmeliebd, geschützt, Brometalia-Ordn.char. – Mn, Pf (Saar), RS (Eifel), NSH, He, Th, An – subatl – H – Chrom. 2n = 18.

1937. Österreichischer L., L. austríacum L., slt. verwildt, z. T. eingebürgt in trock., lückig. Unkrautges. v. Bahn- u. Hafenanlagen, auf sommerwarm.-trock., basenreich. Stein- u. Kiesböden, geschützt, Cirsio-Brachypodion-Verb.char., auch im Dauco-Melilotion – nöRh, FrJu, Fr, Mn, He, Th, An – osmed – H – Chrom. 2n = 18.

1938. Gebauter L., Flachs, L. usitatíssimum L., im Gebiet seit jüng. Steinzeit (Pfahlbau-Lein) gebaut, heute nur noch slt. als Sommerfr. (früher als Winterfr.), slt. an Schuttplätzen verwildt, liebt frische, nährstoffreiche Lehmböden in kühl. Klimalage, von hoh. Basen- u. Nährstoffverbrauch (leicht bodenermüdend), Langtagpf., Nutz- u. Heilpf., wild unbekannt, Lolio-Linetalia-Ordn.char. – Ebene bis mittl. Gebirgslagen – T – Chrom. 2n = 30, 32, Stammpf. wahrscheinl. das 2-wenig jährge *L. biénne* Mill., eine Arrhenatheretalia-Art SW-Europas – smed(-atl) – Chrom. 2n = 30, 32.

1938a. ssp. crepitans (Boenn.) Vav. et Ell., Samen-L., Öl-L., Spring-L., zur Ölgewinnung, nur slt. gebaut.

1938b. ssp. usitatíssimum (var. *vulgáre* Boenn.), Faser-L., Schließ-L., zur Fasergewinnung u. für Vogelfutter öfter gebaut.

Zwergflachs, Radíola Hill vgl. S. 629

1939. R. linoídes Roth, slt. u. unbestdg in ephemer., lückig. Zwergbinsen-Ges., an Wegen, in Fahrrinnen, Ackerrinnen, an Schlenkenrändern, auf feucht. (zeitw. überschwemmt.), ± nährstoff- u. basenarm., humos–torfg. od. roh., bindig. Sandböden, lichtliebd, Insekt.- u. Selbstbestäubg, Klebsamen, Char. d. Ran.-Radioletum, auch im Cicendietum (Radiolenion), Nanocyperion-Verb.char. – v. all. im Nordw. d. Gebietes, im S slt., im SO u. O (auch Av, A) fehld – subatl-smed(eurassubozean-smed), ferner Gebirge Afrikas – T – Chrom. 2n = 18.

Familie der Jochblatt-Gewächse, Zygophylláceae

Burzeldorn, Morgenstern, Tribulus L. vgl. S. 293

1940. T. terréstris L., slt. u. unbestdg eingeschleppt in Hafenanlagen, auf off., warm-trock. Kies- u. Sandböden, in Salsolion- u. Eragrostion-Ges., auch im Polygonion av. – z.B. Rh – med, in warm-gemäß. u. subtrop. Zonen weltweit verschleppt – T – Chrom. 2n = 12, 24, 36.

Ordnung Euphorbiáles

Familie der Wolfsmilch-Gewächse, Euphorbiáceae

1 Pf. ohne Milchsaft, Blü. eingeschlechtg
2 Staubb.blü. u. Fr.kn.blü. getrennt, ab. in ein. Blü.std vereinigt (Pf. einhäusg), Narben 3, B. tief-handförmg zerteilt, 1–4 m, ⊙, ♄, 8–10
                                                                 Ricinus S. 632
2* Staubb.blü. u. Fr.kn.blü. meist auf verschied. Pf. (zweihäusg), Narben 2, B. ganzrandg, gegenstdg, am St.ende gehäuft   **Mercurialis** S. 632
1* Pf. mit Milchsaft (giftig!), Blü. als Scheinblü. zwittrg (Blü. = zus.gezog. Blü.std = Cyathium) mit kurz gestielt. eingeschlechtg. Blü., Blü.becherrand mit 4–5 halbmondförmg. od. rundl. Drüsen (Abb. 40), Narben 3
                                                                 Euphorbia S. 633

Abb. 40. Scheinblüte (Cyathium) von *Euphorbia* mit halbmondförmiger Randverdickung des Blütenbechers.

Rizinus, Rícinus L.

1941. **R. commúnis** L., als Zierpf. in Anlagen öfter kultiv. u. glgtl. an Schuttplätzen verwildt, wärmeliebd, windblütg, alte Ölpf. d. Tropen – z. B. Rh – Herkunft: trop. u. subtrop. Afrika – im Gebiet T, sonst P – Chrom. 2n = 20.

Bingelkraut, Mercuriális L.

1 St. ästg, 4kantg, Fr.kn.blü. ± sitzd, Unkraut, 20–30(–50) cm, ⊙, 5–10
                                                                 M. annua 1942
1* St. einfach, unt. gerundet, ob. kantg Waldpf. mit kriechd. Wurzel
2 B. deutl. gestielt, längl.-lanzettl., ca. 3mal so lg wie brt, Fr.kn.blü. lg gestielt, 15–30 cm, ♃, 4–5   **M. perennis** 1943
2* B. sitzd od. höchst. 2 mm lg gestielt, brt-eiförmg, Fr.kn.blü. kurz gestielt. unt. St.teil mit mehrer. kl. B., 15–30(–40) cm, ♃, 4–5   **M. ovata** 1945
                                                              vgl. ferner **M. paxii** 1944

1942. **Einjähriges B., M. ánnua** L., hfg u. meist gesellg in d. Unkrautfluren v. Gärten, (dorfnahen) Äckern, in Weinbergen, an Schuttstellen u. Wegen, auf frisch.-mäß.trock., nährstoff- u. basenreich., locker., humos. Lehm- u. Lößböden, bis 50 cm tief wurzld, wärme- u. lichtliebd, Wärmekeimer, Stickstoff- u. Garezeiger, Wind- u. Insekt.bestäubg, Kulturbegleit., früher Heilpf., Char. d. Mercurialetum ann. (Fum.-Euphorbion), auch (D Subass.) in ander. Polyg.-Chenopodietalia- od. in Sisymbrietalia-Ges., überreg. Chenopodietea-Kl.char. – nur wärmere Tieflagen (v. all. Weinbaugebiete) bis ca. 500 m, im nördl. Tiefld slt. od. fehld – med-smed-subatl, in warmgemäß. Zonen heute weltweit – T – Chrom. 2n = 16.

1943. Ausdauerndes B., Wald-B., M. perénnis L., hfg u. gesellg in krautreich. Buchen- u. Nadelmischwäldern, auch in Eichen- u. Eschen-Auen od. Hochstaudenfluren, auf sickerfrisch., nährstoff- u. basenreich., mild-mäß.sauer., humos., lock., oft steinig. od. sandg., gut durchlüftet. Lehmböden, ausläufertreibd. Mullbodenkriecher, Basen- od. Sickerwasserzeiger, Schattpf., Insekt.- u. Windbestäubg, Ameisen- u. Selbstverbrtg, giftverdächtig, v. all. in Fagion Ges., auch im Alno-Ulmion od. feucht. Carpinion, Fagetalia-Ordn.char. – Ebene bis Gebirge (Lehm- od. Kalkgebiete), A bis 1790 m – subatl-smed – G (H) – Chrom. 2n = 42, 64–66.

1944. M. páxii Graebn. [*M. perennis-ovata, M. perénnis* f. *ovatifólia* Hausskn., *M. longistípes* (Borb.) Baks.], B. eiförmg, d. unt. u. mittl. ca. 2mal so lg wie brt, kürzer als bei *M. perennis* gestielt – im Gebiet zweifelhaft, meist verwechselt mit ähnl. aussehden Form. v. *M. perennis* ± trockener Standorte – Chrom. 2n = 64.

1945. Eiblättriges B., M. ováta Sternb. et Hoppe, slt. in sonnig. staudenreich. Eichen- u. Eichen-Kiefern-Wäldern, auch in warm. Buchenwäldern od. im Gebüsch, auf mäß.trock., lock., mild., humos., ± nährstoff- u. basenreich., steinig. Lehmböden, Mullbodenkriecher, etwas wärmeliebd, Halbschattpf., Insekt.- u. Windbestäubg, v. all. im Potent.-Quercetum, Quercetalia pub.-Ordn.char., auch im Ceph.-Fagenion – FrJu (Südteil) – osmed-gemäßkont – H (Ch) – Chrom. 2n = 32.

Wolfsmilch, Euphórbia L.

1	B. gegenstdg od. 3quirlg
2	St. niederliegd, B. mit kl. Nebenb., 3–9 mm lg
3	St. u. B. kahl, Samen glatt, B. oval-stumpfl., 5–15 cm, ⊙, 6–9 **E. humifusa** 1946
3*	St. u. B. behaart
4	St.glieder ± so lg wie zugehörges B.paar, B. höchst. 2mal so lg wie brt, meist einfarbg, Samen querrunzelg, 5–15 cm, ⊙, 6–9 **E. chamaesyce** 1947
4*	St.glieder kürzer als B.paare, B. 2,5–3mal so lg wie brt, meist dunkel gefleckt, Fr behaart, Samen z. T. lgsrunzelg, anfängl. ± rot, 5–15 cm, ⊙, 6–9 **E. maculata** 1948
2*	St. aufrecht, B. kreuzweise gegenstdg, ohne Nebenb., 20–100 cm, ⊙, 6–8 **E. lathyris** 1949
1*	B. wechselstdg
5	Randverdickg. (Drüsen) d. Blü.bechers rundl.-oval
6	Fr.kapsel mit halbkugelg. bis kurzwalzl. od. fädl. Wärzch.
7	Blü.dolde meist mehr als 5strahlg, B. längl.-lanzettl., kahl, St.dick, hohl, Pf. weidenähnl. (ab. milchend), 80–150 cm, ♃, 5–6 **E. palustris** 1951

7* Blü.dolde 3–5strahlg
8 Fr.warzen fädl., vorn rot, Blü.becher-Drüsen gelb-orange, B. abgerundet,
30–50 cm, ⚁, 5–6 **E. epithymoides** 1952
8* Fr.warzen kurz walzl. od. halbkugelg
9 Alle B. kurz gestielt od. mit deutl. verschmälert. Grund sitzd, Hochb.
stumpfl.-spitz, Pf. ausdauernd
10 B. dunkelgrün, Blü.sprosse wenige, lock. beblätt., Blü.becherdrüsen grün,
zuletzt rotbraun, Wurzelstock kriechd, 15–40 cm, ⚁, 4–6 **E. dulcis** 1953
10* B. hellgrün, Hochb. beim Aufblüh. gelb, kurz gestielt, Blü.sprosse zahlreich,
meist dicht gebüschelt, Blü.becherdrüsen gelb-gelbbraun, Wurzelstock
senkrecht, 20–50 cm, ⚁, 5–6 **E. verrucosa** 1954
9* Obere B. mit herzförmg. Grund sitzd, Hochb. spitz bis fein stachelspitzg,
3eckg, sitzd, Pf. ein–zweijährg
11 Blü.dolde meist 5strahlg, Fr.kapsel 3–4 mm brt, mit 3 warz.freien Streif., Pf.
mit Mäusegeruch, 25–60 cm, ☉, 6–8 **E. platyphyllos** 1955
11* Blü.dolde meist 3–4strahlg, Fr.kapsel 2–2,5 mm brt, durchweg warzg, Pf.
mit widerl. Geruch, 20–50 cm, ☉, 6–8 **E. stricta** 1956
6* Fr.kapsel glatt od. nur fein pktiert od. behaart
12 Blü.dolde meist 5strahlg, B. eiförmg-längl., vorn fein gesägt, einjährg.
Ackerunkraut, 5–30 cm, ☉, 4–10 **E. helioscopia** 1957
12* Blü.dolde vielstrahlg, Fr.kapsel ± kahl, Pf. mehrjährg
13 B. schmal-ellipt., stumpfl., 10–20 mm brt, unt.sts weich behaart, 50–80 cm,
⚁, 5–6 **E. villosa** 1950
13* B. lanzettl., bespitzt, 4–6 mm brt, kahl, blaugrün, 15–30(60) cm, ⚁, 4–6
E. seguierana 1964
5* Randverdickg. (Drüsen) d. Blü.bechers halbmondförmg-gehörnt (Abb. 40)
14 Hochb. d. Blü.stdes am Grunde paarweise verwachs., B. derb, wintergrün,
unter d. Blü.std gedrängt stehd, weichhaarg, Fr. kahl, fein pktiert, St.
verholzd, 30–60 cm, ⚁, 4–5 **E. amygdaloides** 1958
14* Hochb. nicht verwachsen
15 Blü.dolde vielstrahlg, Fr.kapsel fein pktiert, Pf. ausdauernd
16 B. fein bewimpert u. drüsg behaart, lanzettl., 30–70 cm, ⚁, 5–6
E. salicifolia 1959
16* B.kahl
17 Mittl. St.b. in od. unter d. Mitte am brtesten
18 B. fettglänzd, am Grund bis 16 mm brt, Hochb. so lg wie brt, 40–130 cm, ⚁,
5–7 **E. lucida** 1961
18* B. glanzlos, graugrün, am Grund bis 10 mm brt, (4)6–8(12) cm lg, Hochb.
brter als lg, 60–80 cm, ⚁, 5–7 **E. virgata** 1963
17* Mittl. St.b. lineal od. üb. d. Mitte am brtesten
19 B. schmal-lineal, dünn, hellgrün, 1–3 cm lg u. 2–3 mm brt, St. unter d.
Blü.dolde meist mit einem Kranz nichtblühd. Äste, Hochb. gelb, zuletzt z. T.
rot, 15–30(–50) cm, ⚁, 4–6 **E. cyparissias** 1960
19* B. lanzettl. bis lineal-lanzettl., d. ober. 3–6 mm brt
20 B. blaugrün, 1–3 cm lg, dickl., St. ohne nicht bühde Äste, unt. verholzd, vgl.
b. 13* **E. seguierana** 1964
20* B. grün, dünn, 3–6(8) cm lg, an d. Spitze fein gezähnelt u. am Rand ± nach
unt. gebog., St. mit nichtblühden Äst., Hochb. grünl., 30–60 cm, ⚁, 5–7
E. esula 1962
15* Blü.dolde 3–5strahlg, Pf. einjährg

21 B. eiförmg, gestielt, vorn stumpf, Hochb. eiförmg, kahnförmg gewölbt u. ±
aufgerichtet, Fr.kapsel mit Flügelleisten, 5–25 cm, ⊙, 6–10
                                            E. peplus 1967
21* B. lineal-lanzettl., sitzd, Fr.kapsel ungeflügelt
22 Hochb. d. Blü.stdes eiförmg od. rauten-nierenförmg
23 Blü.dolde meist 5strahlg, B. lineal od. lineal-lanzettl., blaugrün, Fr.
feinwarzg, 10–30 cm, ⊙, 5–7   **E. segetalis** 1965
23* Blü.dolde meist 3strahlg, B. keilg-lanzettl., blaugrün, Fr. glatt, St. wenig
ästg, 10–20(–40) cm, ⊙, 6–10   **E. falcata** 1966•
22* Hochb. mit herzförmg. Grund sitzd, lineal verlängt, abstehd, B. lineal,
stachelspitzg, kahl, St. reich verästelt, Fr.kapsel ± glatt, 5–20 cm, ⊙, 5–10
                                          E. exigua 1968

1946. Liegende W., E. humifúsa Willd., slt. u. unbestdg in Gärten, in
Schuttunkraut-Fluren, in Pflasterfugen, an Wegen, auf trock.,
nährstoffreich., sandg-steing. Böden, lichtliebd, in Polygono-Chenopodietalia-Ges., im Sisymbrion u. Polygonion avic. – z. B. Rh, Do usw. –
Herkunft: SO-Asien, eingebürgert in med – T – Chrom. 2n = 22.

1947. Zwerg-W., E. chamaesýce L., slt. u. unbestdg in Schuttunkraut-
Ges., an Bahn- u. Hafenplätzen, auf mäß. trock., nährstoffreich., lock.
Böden, wärmeliebd, in S-Europa v. all. in Hackunkrautges.
(Eragrostion) – z. B. Rh – Herkunft: med – T.

1948. Gefleckte W., E. maculáta L., slt. eingeschleppt, z. T.
eingebürgert, v. all. in Trittges., auf Plätzen, zwischen Pflasterfugen, auf
trock., nährstoffreich., meist feinerdearm. Stein- u. Sandböden,
Sandzeiger, wärme- u. lichtliebd, gern mit *Eragrostis*-Arten im
Polygonetum calc., Plantaginetalia maj.-Ordn.char., auch in Eragro-
stion- od. Sisymbrion-Ges. – z. B. Rh (Karlsruhe usw.) – Herkunft: N-
Am. – T – Chrom. 2n = 28.

1949. Kreuzblättrige W., E. láthyris L., hie u. da in Gärten u. glgtl. in
Schuttunkraufluren verwildt, v. all. auf frisch., nährstoffreich., ±
tiefgründg., sandg. od. rein. Lehmböden, wärmeliebd, winter-einjährg,
Licht-Halbschattpf., Schleuderfr. (Springkraut), Wurzelkriecher, alte
Zier- u. Heilpf. (auch gegen Wühlmäuse gepflzt, ab. ohne erwiesene
Wirkg) – med(-omed) – Ch (zweijährg) – Chrom. 2n = 20.

1950. Österreichische W., E. villósa W. et K. ex. Willd. (*E. austríaca*
Kern. p. p.), s. slt. in Sumpfwiesen in Molinietalia-Ges. – Hals b. Passau
(verscholl.) – kont-osmed – G – Chrom. 2n = 20.

1951. Sumpf-W., E. palústris L., zerstr. in Moorwiesen, v. all. in Gräben
u. im Saum v. Weidengebüsch, auf meist staunass. (wechselnass.), ±
nährstoffreich., meist kalkhaltg., humos. od. torfg. Schlickböden,
Tonzeiger, lichtliebd, salzertragd, Stromtalpf., geschützt, Char. d. Veronico-Euphorbietum pal. (Filipendulion), auch in and. Molinietalia-Ges.,
ferner im Senecion fluv. od. Magnocaricion – v. all. Rh, Mn, Do, Elbe,
Saale, Oder – euraskont(-smed) – H – Chrom. 2n = 20.

1952. **Vielfarbige W., E. epithymoídes** L. (*E. polychróma* Kern.), slt. an sonng. bebuscht. Hängen, im Saum v. Trockengebüsch u. Wäldern, auf mäß. trock., meist kalkhaltg., steing. Lehmböden, Licht-Halbschattpf., auch Zierpf., nach d. Lit. Geranion sang.-Art, auch in Quercetalia pub.-Ges. – Do (Landshut, ob noch?) – gemäßkont(-osmed) – H – Chrom. 2n = 14, 16.

1953. **Süße W., E. dúlcis** L., zerstr. in krautreich. Buchen- u. Nadel-Mischwäldern, slt auch im Eichen-Auenwald od. in Eichen-Hainbuchen-Wäldern, auf sickerfrisch., nährstoff- u. basenreich., meist kalkhaltg., mäß. sauer.-mild., humos., tätig., lock., oft steing. Lehmböden, Mullbodenpf., Schatt-Halbschattpf., Schleuderfr. u. Ameisenverbrtg, Fagetalia-Ordn.char. – Ebene bis Gebirge, humide Kalkgebiete (Silikatgebirge slt. od. fehld), A bis 950 m, süSch (Feldberg) bis 1300 m, nördl. bis südl. NWe, Hz, Th, An, südl. Br – H, formenreich:

1   Fr.kapsel auch reif behaart, Hüllch.b. bis 2,5 cm lg, vorn abgerundet, Pf. 50–60 cm hoch

1953a. **ssp. dúlcis**, so v. all. im O d. Gebiet.: He bis östl. Bayern, im W u. SW fehld – gemäßkont-osmed – Chrom. 2n = 12.

1*   Fr.kapsel höchst. anfängl. spärl. behaart, dann kahl, mit rot. Warzen, Hüllch.b. bis 1,5 cm lg, vorn spitzl.

1953b. **ssp. purpuráta** (Thuill.) Rothm., so im SW u. W d. Gebiet., bis NWe – subatl-wsmed – Chrom. 2n = 12.

1954. **Warzen-W., E. verrucósa** L. (*E. brittíngeri* Op.), zerstr., meist gesellg in Kalk-Magerwiesen u.-weiden, an Böschg. u. Rainen, auf mäß. trock., kalkreich., ± mild.humos., tiefgründg., lock. Ton-, Lehm- u. Lößböden, licht- u. etwas wärmeliebd, Kalkzeiger, Tiefwurzler, Mesobromion-Verb.char. – v. all. im S d. Gebiet., nördl. bis RS, südl. Th, Ju bis 1014 m – smed – H – Chrom. 2n = 14, 18.

1955. **Breitblättrige W., E. platyphýllos** L., slt. in Unkrautfluren an Wegen, auf Äckern u. in Gärten, auf sommerwarm., frisch., s. nährstoffreich., humos., vorzugsw. schwer. Lehmböden, wärmeliebd, Licht-Halbschattpf., Polyg.-Chenopodietalia-Ordn.char. od. (D) auch im Agr.(El.)-Rumicion, sowie in Glechometalia-Ges. – v. all. im S d. Gebiet., nördl. bis NSH, An – smed – T – Chrom. 2n = 18, 28.

1956. **Steife W., E. strícta** L. (*E. serruláta* Thuill.), zerstr. in licht. Auenwäld. od. feucht. Laubmischwäld. an Waldweg. od. Waldränd. auf nährstoff- u. basenreich., ± humos. Ton- u. Lehmböd., Tonzeiger, etwas wärmeliebd, Halbschattpf., Char. d. Euphorbietum str. (Alliarion) – v. all. im S u. W d. Gebiet., Ober- u. Mittelrhein, nördl. v. Mn nur s. slt. z. B. Sa, südl. Odergebiet, A bis 1100 m – smed-gemäßkont – T – Chrom. 2n = 14, 28.

1957. Sonnenwend-W., E. helioscópia L., verbr. in lückg. Unkrautfluren gehackt. Äcker od. in Gärten u. Weinbergen, auf frisch. od. mäß. trock., nährstoff- u. basenreich., mäß. sauer.-mild., ± humos., lock. Lehmböd., bis 80 cm tief wurzld. Lehm- u. Nährstoffzeiger, etwas wärmeliebd, Kulturbegleit. seit jüng. Steinzeit, Fumario-Euphorbion-Verb.char., auch im Caucalidion – Ebene bis mittl. Gebirgslagen, A bis 975 m – med-smed-eurassub-ozean, heute in gemäß. Zonen weltweit, Herkunft vermutl. med – T – Chrom. 2n = 42.

1958. Mandelblättrige W., E. amygdaloídes L., zerstr. in krautreich. Buchenwäldern, auch Eichen-Hainbuchen-Wäldern od. Ulmen-Auenwäldern, auf frisch., nährstoff- u. basenreich., meist kalkhaltg., lock., neutral-mild., humos. Lehmböden, Mullbodenpf., Lehmzeiger, etwas wärmeliebd, Schatt-Halbschattpf., Verbrtgsschwerpkt im Fagion, auch im Carpinion od. Alno-Ulmion, Fagetalia-Ordn.char. – Hü, Rh (Niederung), Ne, Pf (Saar), HRh-Bo, Ba, Ju bis 1000 m, Do, Av, A bis 1680 m, Fr, Mn, nördl. bis RS, NSH, Hz, Th – subatl-smed – Ch – Chrom. 2n = 18, 20, formenreich.

1959. Weidenblättrige W., E. salicifólia Host, s. slt. im Saum v. Gebüsch, in Halbtrockenras., an Wegrändern, auf mäßg trock.-frisch. Lehmböd., viell. Origanetalia-Art – Do (Regensburg, verscholl.) – gemäßkont – H – Chrom. 2n = 36.

1960. Zypressen-W., E. cyparíssias L., hfg in Kalk-Magerweiden u. sonstig. warm. Magerrasen, an Wegen, Rainen, Böschung., an off. Bodenstellen, auf mäß. trock., basenreich., vorzugw. kalkhaltg. (auch kalkfrei.), humos. od. ± roh., lock. Lehm- u. Lößböden, bis 60 cm tief wurzld, ausläufertreibd, bodenfestigd. Wurzelkriechpionier, Lichtpf., etwas wärmeliebd, giftiges Weideunkraut u. durch Beweidung gefördert, oft mißgebildet als Zwischenwirt d. Erbsenrostes (*Uromyces pisi*), v. all. in initial. Trockenras., schwache Festuco-Brometea-Kl.char., auch in Agropyretalia(Elymetalia)-, Sedo-Scleranthetea-, Violion- od. Erico-Pinion-Ges. – Ebene bis mittl. Gebirgslagen (Kalk- u. Lehmgebiete), A bis 2240 m – smed-(euras), verschleppt – H – Chrom. 2n = 20, 40.

1961. Glänzende W., E. lúcida W. et Kit., s. slt. im Saum v. Weiden u. Auen-Büschen, an Gräben, in Wiesenmooren u. an Ufern, auf feucht. (wechselnass.), nährstoff- u. basenreich., humos. Lehm- u. Tonböden, Stromtalpf., geschützt, Char. d. Veron.-Euphorbietum luc. (Filipendulion-Art) – Do (Landshut, Plattling), nöRh (Gimbsheim), Oder – gemäßkont – H – Chrom. 2n = 36.

1962. Esels-W., E. ésula L., zml. slt. an Wegränd., in Schafweiden, im Ufergebüsch, an Dämmen, in Äckern, auf frisch. bis mäß.-trock., nährstoff- u. basenreich., humos. od. ± roh. Lehm- u. Tonböden, licht- u. sommerwärmeliebd. Tiefwurzler u. Wurzelkriecher, in Agr.(El.)-Rumicion-, Mesobromion- u. Onopordetalia-Ges. (vgl. *Euph. esula-Carduus* *acanth.*-Ges. Lohm. 75) – v. all. Tieflag. u. Stromtäler im O u. N d. Gebiet., im SW s. slt. od. fehld – euras(kont)-no – H – Chrom. 2n = 60, 64.

1963. **Ruten-W., E. virgáta** W. et K., slt. u. unbestdg adv., z. T. eingebürgert in Unkrautfluren an Dämmen, in Hafen- u. Bahnanlagen, an Ufern, auf frisch.-mäßg trocken-wechseltrock., nährstoff- u. basenreich., ± humos. Sand-, Kies- u. Lehmböd., sommerwärmeliebd, im Gebiet v. all. im Dauco-Melilotion, wird auch als Cirsio-Brachypodion-Art angegeben – z. B. Rh, Pf, Ne, Do, Ju, Mn, Fr, Th, Br – euraskont(-smed) – Chrom. 2n = 20.

1964. **Steppen-W., E. seguieréna** Neck., slt. in sonngen Steppen- u. Trock.rasen, auf Dünen u. an Dämmen, auf warm-trocken., basenreich., meist kalkhaltgen, neutral-mild., humos., locker. Löß-, Lehm-, Stein- u. Sandböd., bis 1,5 m tief wurzelnder Bodenfestiger, Weideunkraut, Festucetalia val.-Ordn.char., auch in Xerobromion-Ges. übergreifd od. im Koelerion gl. – Wärme- u. Trockengebiete: Hü, Rh, RS (Täler) bis Ems, Mn, Th, An – kont(-smed) – H – Chrom. 2n = 16, 18.

1965. **Saat-W., E. segetális** L., slt. u. unbestdg in Unkrautfluren d. Getreideäcker, in Wick.feldern od. an Schuttplätzen, auf nährstoff- u. basenreich. Sand- u. Lehmböden, wärmeliebd, Secalinetea-Kl.char. – z. B. nöRh – med – T – Chrom. 2n = 16.

1966. **Sichel-W., E. falcáta** L., slt. u. unbestdg in Unkrautfluren d. Getreideäcker, od. an Schuttplätzen, auf nährstoff- u. basenreich. Lehmböden, wärmeliebd, Secalinetea-Kl.char. – Hü, Pf, Rh, RS, Do, Th – med – T – Chrom. 2n = 16, 36.

1967. **Garten-W., E. péplus** L., hfg in lückg. Unkrautfluren d. Gärten, Friedhöfe, gehackt. Äcker (v. all. in Dorfnähe), auf frisch.-mäß.trock., nährstoffreich. (meist kalkfrei.), mild-mäß. sauer., humos., lock. Lehmböden in humid. Klimalage, Lehm-, Nährstoff- u. Gare-Zeiger, Licht-Halbschattpf., etwas wärmeliebd, Verbrtgsschwerpkt in Gärten, Fum.-Euphorbion-Verb.char., slt. auch im Sisymbrion od. Alliarion – Ebene bis mittl. Gebirgslagen, A bis 920 m – med-smed-eurassubozean, in ozean.-gemäß. Zonen heute weltweit – T – Chrom. 2n = 16.

1968. **Kleine W., F. exígua** L., zerstr. in Getreideäckern, v. all. Weizenfeldern, auf Brachen, slt. auch an Schuttplätzen od. Wegen, auf sommerwarm., mäß. trock., nährstoff- u. basenreich., meist kalkhaltg., wenig humos., mäß. sauer.-mild., sandg-steing. od. rein. Ton- u. Lehmböden, bis 50 cm tief wurzld. Lehm- u. Basenzeiger, Caucalidion-Verb.char., auch in anspruchsvoll. Aperion-Ausbildg. od.DV im Fum.-Euphorbion (in S-Europa v. all. in d. Thero-Brachypodietea) – Ebene bis mittl. Gebirgslagen (v. all. Kalkgebiete), Ju bis 900 m, A fehld, auch im nördl. Tiefland z. T. fehld od. slt. – med-smed(-subatl) – T – Chrom. 2n = 16, 24, 28, 56.
Bastarde!

Familie der Buchsbaum-Gewächse, Buxáceae

Buchs, Buchsbaum, Búxus L. vgl. S. 289

2008. **Immergrüner B., B.** **sempérvirens** L., slt., ab. gesellg in Eichen-Buschwäldern, auch im Buchenwald S-exponiert. Hänge, auf mäß. trock.-frisch., basenreich., neutral-mild., humos., mittel-(flach-)gründg., steing. Lehmböden, in wintermild. (humid.) Klimalage, Tiefwurzler mit Wurzelpilz, Halbschattpf. im Wald-Unterstand, wertvoll., lgsam wachsd. Hartholz (Drechslerholz), auch hfge Zierpf. u. glgtl. verwildt, früher Heilpf., Insekt.bestäubg, Char. d. Buxo-Quercetum (süHü) bzw. d. Aceri-Quercetum (Mosel), Quercion pubesc.-Verb.char., auch in Ceph.-Fagenion-Ges. (Car.-Fagetum buxetosum) od. im Berberidion – urwüchsg süHü (Grenzach-Niederschwörstadt), RS (Mosel) – smed – P – Chrom. 2n = 28.

Ordnung Polygaláles

Familie der Kreuzblumen-Gewächse, Polygaláceae

Kreuzblume, Polýgala L.

1 Blü. gelb-rötl., 13–15 mm lg, zu 1–2 b.achselstdg, B. lederg-wintergrün (preiselbeerartg), untersts hellgrün, St. niederliegd, verholzd, 5–20 cm, ♄, 4–6   **P. chamaebuxus** 1973
1* Blü. blau, rötl. od. weiß, kleiner, in Trauben, B. krautg, längl.-ellipt.
2 Unt. B. nur angedeut. rosettig gehäuft, so groß od. kleiner als obere
3 B. fast alle wechselstdg, Blü.trauben (8–)10–vielblütg
4 Tragb. d. Blü. lger als Blü.stiele, die dichtstehd. Knospen schopfartg überragd, Blü. meist rötl. (auch weiß od. blau), Flügel z. Fr.zeit undeutl. netznervg (Abb. 41c), 10–25 cm, ♃, 5–6   **P. comosa** 1974
4* Tragb. d. Blü. meist kürzer als Blü.stiele, keinen Schopf bildend, Blü.std locker, Blü. meist blau
5 Blü.flügel 5–10 mm lg, deutl. netzadrg (Abb. 41a u. b), untere B. kaum kleiner als obere, 5–10 cm, ♃, 5–8   **P. vulgaris** 1975

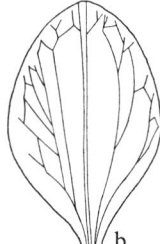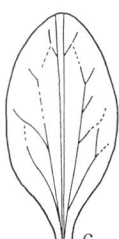

Abb. 41. Blütenflügel von *Polygala* (nach E. Foerster 1968). a *P. v.ssp. oxyptera,* b *P. v.ssp. vulgaris,* c *P. comosa.*

5* Blü.flügel 4–5 (zuletzt 6) mm lg, nicht deutl. netzadrg, untere B. kleiner als obere, getrocknet am Rande leicht umgerollt, 5–15 cm, ♃, 6–7
P. alpestris 1976

3* Untere B. gegenstdg, Blü.trauben 3–8blütg, v. jg. Trieb übergipfelt, Blü. blau-blaßblau. Flügel lger als Blü.röhre, Kelchb. 1–2 mm lg, weiß berandet, St. fädl., niederliegd, 5–15 cm, ♃, 5–7
P. serpyllifolia 1977

2* Unt. B. meist rosettg gehäuft, größer als obere

6 Flügel deutl. netzadrg, ca. 5 mm lg, St. unten ausläuferartg niederliegd, mit schuppenförmg. B. u. abschließd., großblättrg. Rosette, diese mit mehrer. b.achselstdg. Blü.stden, 5–20 cm, ♃, 5–6
P. calcarea 1978

6* Flügel nicht deutl. netzadrg, 3–8 mm lg, St. nicht ausläuferartg, B. bitter schmeckd

7 Blü. meist 2–4 mm lg, blaßblau-weißl., Flügel längl., zuletzt 3–4,8 mm lg, am Grund keilförmg, Blü.std locker bis dicht, St.b. nach oben allmähl. kleiner werdd, 5–20 cm, ♃, 4–6
P. amarella 1979

7* Blü. meist 3–7 mm lg, blau bis rötl.blau, Flügel ellipt., zuletzt 4–8 mm lg, Blü. röhrg, unt. vor dem langlappg. Anhängsel scharf eingeschnürt, Blü.std s. locker, St.b. rasch kleiner werdd, 5–15 cm, ♃, 5–6 **P. amara** 1980

1973. Zwergbuchs, P. chamaebúxus L. [*Polygaloídes chamaebúxus* (L.) O. Schwarz, *Chamaebuxus alpéstris* Spach], slt. in lock. Kieferntrocken- wäldern, in Kiefernsäumen, auf Felsköpfen, auch in ± off. Kalk- Magerrasen od. Eich.-Trock.wäldern, v. all. d. Gebirges, auf mäß. trock. (wechseltrock.), kalk- od. sonst basenreich., mäß.sauer-neutral-mild., humos. Ton- u. Lehm- od. Steinböd., Halbschatt(-Licht)pf., Ausläufer treibd, z. T. Winterblüher, Insekt.bestäubg (Hummelblume), v. all. mit *Erica herbacea* u. *Carex alba*, auch *Vaccinium*-Arten, Erico-Pinetalia- Ordn.char. – A bis 2330 m, Av, Do, Ju, Bo, BayW, Fr, Th, Sa – (o)pralp (-smed), alt-afrikan. Abstammung – Ch – Chrom. 2n = 38, ca. 46.

1974. Schopfige K., P. comósa Schkuhr (*P. vulgáris* ssp. *comósa* R. Chod.), zml. hfg in sonnig. Kalk-Magerrasen u. -weiden, an rasig. Hängen u. Rainen, auf sommerwarm., mäß.trock. (wechseltrock.), meist kalkreich., mäß. sauer.-mild., ± humos. Löß-, Lehm-, Kies-, od. Sandböd. lichtliebd, Insekt.- u. Selbstbestäubg, Verbrtgsschwerpkt im Mesobromion, Festuco-Brometea-Kl.char. – Ebene bis mittl. Ge- birgslagen (Kalkgebiete), Ju bis 900 m, Av bis ca. 600 m, im nordw. Tiefld fehld euraskont-smed H Chrom. 2n = 28, 28 32, 34, formenreich.

1975. Gewöhnliche K., P. vulgáris L., hfg in Silikat-Magerrasen u. - weiden in mager. Wiesen, in Heiden, an Wegrändern, auf mäß. trock.- frisch., nährstoff- u. basenarm., sauer., modrighumos., sandg. od. rein. Lehmböden, Magerkeitszeiger, Insekt.bestäubg (Bienen), Wind- u. Ameisenverbrtg, ssp. *vulgáris* mit *Festuca rubra* od. *ovina* Violion- Verb.char., ferner (Diff.) in saur. Mesobromion-, Arrhenatheretalia- od. Molinietalia-Ges. – Ebene bis Gebirge (Silikatgebiete), A bis 1850 m – subatl(-smed) – H (Ch), formenreich:

1   Blü.flügel z. Fr.zeit 6–9 mm lg, 3,5–5,3 mm brt, vorn abgerundet, deutl. lger
    als Fr., Blü.std reichblütg, (Abb. 41b)

1975a. **ssp. vulgaris,** verbr. Sippe, s. o. – Chrom. 2n = 68 (48–56).

1* Blü.flügel z. Fr.zeit 5–7,5 mm lg, 2,7–4 mm brt, vorn zugespitzt (Abb. 41a),
    weng lger als Fr., Blü.std armblütg

1975b. **ssp. oxýptera** (Rchb.) Lange, zml. slt. v. all. im Gebirge od. im N,
im Sch z. B. im Fest.-Genistetum sag. (Violion), slt. auch noch im
Nardion – Chrom. 2n = 68.

1976. **Voralpen-K., Berg-K., P. alpéstris** Rchb., zerstr. in sonnig. mager.
Steinrasen d. subalp. u. alp. Stufe, auf frisch. (mäß. frisch.), ±
basenreich., mild. od. mäß.saur., humos., steing. od. rein. Ton- u.
Lehmböden, v. all. in Blaugras-Ges., gilt als Seslerietalia-Ordn.-char.
(Br.-Bl.), auch in Nardion-Ges. – A bis 2200 m – alp – H – Chrom.
2n = 34.

1977. **Quendel-K., P. serpyllifólia** Hose, zerstr. in Silikat-Magerrasen u. -
weiden mittl. Gebirgslagen, in Quellfluren, auf frisch. bis feucht.,
nährstoff- u. basenarm., sauer., z. T. rohhumusartg.-humos., sandg. od.
rein. Lehmböden in luftfeucht. Klimalage, Humuswurzler, Insekt.
bestäubg, Char. d. Juncetum squarr. (Juncion squarr.), auch im Violion –
v. all. im W u. S d. Gebiet., Sch bis 1450 m, A (Allgäu) bis 1830 m, im NO
fehld – subatl – H (Ch) – Chrom. 2n = 32, 34.

1978. **Kalk-K., P. calcárea** F. W. Schultz, s. slt. in Kalk-Magerrasen u. -
weiden, an Wegrändern u. in Gebüschsäumen, auf frisch. bis mäß. trock.
(sommertrock.), kalkreich., mild.humos., meist steing. Ton- u.
Lehmböden, auch auf Löß, in geschützt., luftfeucht. Klimalage,
wintergrün, Licht- u. Halbschattpf., Mesobromion-Verb.char. – süRh
(Els.), süHü, Pf (Kalk), RS (W-Eifel) – atl(-wsmed), im Gebiet an d.
O-Grenze d. Verbrtg – Ch (H) – Chrom. 2n = 34.

1979. **Sumpf-K., P. amarélla** Crantz (*P. amára* L. ssp. *amarélla* Chod.),
zerstr. in Moorwiesen, Quellfluren, Kalk-Magerrasen, an lückg.
Rasenstell., an Gräben u. Wegen, auf wechselfeucht. od. wechselfrisch.,
kalkreich., mild., humos. od. roh., meist dicht. Lehm- u. Mergelböden,
Kalk- u. Tonzeiger, Rohbodenpionier, durch Bitterstoffe Heilpf., v. all.
in Molinieten, in *Molinia*- od. *Sesleria*-reich. Mesobrometen, sowie im
Caricion dav., vgl. Unterart. – Ebene bis Gebirge (Kalkgebiete), A bis
2000 m, im nördl. Tiefland slt. od. fehld – gemäßkont-smed – H (Ch),
formenreich:

1   Pf. bis 20 cm hoch, Blü.std dicht, zuletzt verlängert u. aufgelockert
2   Pf. 5–15 cm hoch, vielstengelg, St. ± unverzweigt, Blü.flügel zuletzt 2,6–
    3,9 mm lg, Blü. blaß-blaulila-blaßblau

1979a. **ssp. amarélla,** zerstr. v. all. in *Molinia*- u. *Sesleria*-reich.
Mesobrometen, Mesobromion-Art, – z. B. Ju, Av, nördl. bis NSH, Th –
Chrom. 2n = 34.

2* Pf. bis 20 cm hoch, weng stengelg, Blü.flügel zuletzt 3,9–4,8 mm lg, Blü. blau (vermittelt zu *P. amara*)

1979b. **ssp. amblýptera** (Koch) Janch., slt. z. B. im Caricion dav. – Av, A– pralp.

1* Pf. bis 30 cm hoch, St. schwachästg, Blü.std locker, Blü.flügel zuletzt 2,2–4,5 mm lg

1979c. **ssp. austríaca** (Crantz) Janch., zerstr. v. all. in Moorwiesen, Molinion-Verb.char., slt. auch im Caricion dav. – v. all. im S d. Gebiet.

1980. **Bittere K., P.** amára L., zerstr. in subalp. u. alp. Steinrasen u. Quellfluren, auf frisch.-feucht., humos. steingen Tonböd. Seslerietalia-Ordn.char., auch im Mesobromion – A bis 1810 m, Ju, Bo, weitere Verbrtg ungenügd bekannt (NSH, He, Th?) – opralp – H (Ch), formenreich:

1 Blü. 4,6–6,5 mm lg, Blü.flügel zuletzt 6–8 mm lg

1980a. **ssp. amára,** in Seslerietalia-Ges. d. Hochgebirges – A (ob im Gebiet?) – Chrom. 2n = 28.

1* Blü. 3,5–5,5 mm lg, Blü.flügel zuletzt 4,5–6,5 mm lg

1980b. **ssp. brachýptera** (Chod.) Hayek, in Seslerietalia-, auch Mesobromion-Ges. – z. B. A, Ju, He, Verbrtg ungenügd bekannt – Chrom. 2n = 28.

Ordnung Rutáles
Familie der Rautengewächse, Rutáceae

1   Sträucher   **Citrus**   S. 643
1* Stauden (höchst. am Grunde verholzd)
2   Blü.b. meist 4, Blü. trübgelb, in Trugdolden, B. 2–3fach gefiedert, v. aromat. Geruch, 30–60 cm, ⚴, 6–8   **Ruta**   S. 642
2* Blü.b. 5, Blü. rosa (dunkel geadert), slt. weiß, in Trauben, B. unpaarg gefiedert (Eschenb.-ähnl.), Pf. v. stark zitronen-zimmetartg. Geruch, 50–100 cm, ⚴, 5–6   **Dictamnus**   S. 642

Raute, Rúta L.

1969. **Garten-R., Wein-R., R. gravéolens** L., slt. in Gärten gepflzt u. glgtl. an Schuttplätzen, an Felsen, Mauern od. Ruinen verwildt, auf warm-trock., basenreich. Steinböden, etwas stickstoff- u. wärmeliebd, alte Zier-, Heil- u. Gewürzpf. – z. B. Hü, Ne, Bo, Ju, Do, Fr usw., im N fehld – omed – Ch – Chrom. 2n = 72, 81.

Diptam, Dictámnus L.

1970. **D. álbus** L., slt., ab. gesellg im Saum u. in d. Lücken sonng. Eichenbüsche, an felsig. Hängen, auch im Eichen- od. Kiefern-Trockenwald, auf warm., trock., ± mager., kalk- od. sonst basenreich., lock., mild-mäß.sauer., humos., meist flach-mittelgründg. Stein- od.

Kiesböden, auch auf Löß, wärmeliebd, Kriechwurzel-Pionier, Halb-
schattpf., Insekt.bestäubg, Schleuderfr., früher Zier- u. Heilpf.,
geschützt, Char. d. Geranio-Dictamnetum (Geranion sang.), ferner
(Diff.) in Quercetalia pub.-Ges. – Rh (Elsaß), Hü, Ne, HRh-Bo, Ju, Fr,
Mn, Pf, Nahetal, RS (Täler), He, NSH, Th, An – euraskont-smed – H –
Chrom. 2n = 36, 72.

Zitrone, Orange, Cítrus L.

1971. **Dreiblättriger Citrus, C. trifoliáta** L., hie u. da ın Gärten als
Zierstr., wärmeliebd – z. B. Rh – Herkunft: O-Asien – P.

Hierher gehören ferner: Zitrone, *Cítrus médica* L. s. l. u. Apfelsine, *C.
auróntium* L. s. l., Kulturfr. v. all. im südl. Mittelmeergebiet (Oleo-
Ceratonion-Gebiet).

Familie der Bittereschen-Gewächse, Simaroubáceae

Götterbaum, Ailánthus Desf. vgl. S. 291

1972. **Ai. altíssima** (Mill.) Swingle (*Ai. glandulósa* Desf.), hfg als
Zierbaum in Anlagen wärmer. Gebiete u. oft verwildt an Schutt- u.
Trümmerplätzen, auf frisch., nährstoffreich. Böden, Pioniergebüsch
bildd, wärmeliebd, Windverbrtg – z. B. Rh, Hü, Ne, Mn, usw. – Herkunft: China – P – Chrom. 2n = 80.

Familie der Sumach-Gewächse, Anacardiáceae

1   B. einfach, Blü. in großen, locker. Rispen, Stiele d. unfruchtbar. Blü. zuletzt
    verlängt, rötl., abstehd behaart, 1–3 m, ♄, 6–7   **Cotinus**   S. 643
1* B. zus.gesetzt, gefiedert od. 3teilg, Blü. mit aufrecht. längl., meist dicht.,
    auch lock. Rispen, rötl. od. braunrot   **Rhus**   S. 643
    vgl. ferner d. Gattung *Pistácia* L. d. Mittelmeergebietes (Quercetalia ilicis-
    Arten)

Perückenstrauch, Cótinus Duham.

1981. **C. coggýgria** Scop., hie u. da als Zierstrauch in Parkanlagen
wärmerer Tieflagen, früher auch zu Gerbzwecken, Windverbrtg,
urwüchsig v. all. in Trockenbusch-Wäldern SO-Europas bis Oberitalien
(vgl. Querco-Cotinetum Soó 31, Quercetalia pubesc. od. Prunetalia) –
osmed – P – Chrom. 2n = 30.

Sumach, Rhús L.

1   B. gefiedert mit 11–15 Fiederblättch., Blü.stde endstg, dicht
2   B. u. St. behaart, 3–6 m, ♄, 6–7   **R. typhina**   1982
2* B. u. jge St. kahl, 3–6 m, ♄, 6–7   **R. glabra**   1983
1* B. 3teilg, Blü.stde b.achselstdg in lock. Rispen, 80–150 cm, ♄, 6–7
                                          R. toxicodendron   1984

1982. **Kolben-S., Essigbaum, Rh. typhína** L., zml. hfg als Zierstrauch in Parkanlagen wärm. Lagen u. öfter verwildt als Pionierstrauch in Unkrautges., an Schuttplätzen, auf trock., nährstoffreich. Böden, mit Wurzelspross., giftig, anderwts zur Gerbstoffgewinng usw. – Herkunft: westl. N-Am., dort Bestandteil von Pionier- u. Vorwaldgehölzen (Rhuëtalia typhinae Knapp 57) – P – Chrom. 2n = 30.

1983. **Scharlach-S., Rh. glábra** L., hie u. da als Zierstrauch u. glgtl. verwildt, an Schuttplätz. od. Dämmen, wie vor. durch Wurzelsprosse bodenfestigde Pionier-Art – Heimat: N-Am – P – Chrom. 2n = 30.

1984. **Gift-S., Rh. toxicodéndron** L., zml. slt. als Zierstrauch u. glgtl. verwildt, s. giftig, Arzneipf. – Heimat: N-Am. – P – Chrom. 2n = 30.

Ordnung Sapindáles
Familie der Ahorn-Gewächse, Aceráceae

Ahorn, Acer L.

I. Park- und Allee-Bäume

1	B. gefiedert, Pf. 2häusg	**A. negundo** 1985
1*	B. handförmg gelappt od. feinfinger zerschnitten	
2	B. 7–11lappg bis finger zerschnitten, kahl, beidersts gleichfárbg, oft rot	**A. palmatum** 1986
	B. nur weng tief eingeschnitt.	**A. japónicum** Thunb.
2*	B. 3–5(7)lappg	
3	B. untersts weißl., spitzlappg	
4	B. 3(–5)lappg, kurz eingeschnitten, Blü. rot	**A. rubrum** 1987
4*	B. 5lappg, spitz, tief eingeschnitt., unt.sts weißl., Blü. büschelg sitzd, ohne Blü.b., vor B. erscheind (1–3), Pf. 2häusg	**A. saccharinum** 1988
3*	B. untersts grün od. bläul., *A. platanoides*-ähnl., ab. ± behaart u. jge Zweige nicht milchend, Blü.b. fehld	**A. saccharum** 1989

II. Einheimische Arten

1	Blü. in 5–15 cm lg., schlank., hängd. Trauben, B. 5lappg, mit spitz. B.bucht., obersts matt-dunkelgrün, untersts bläul.grün, meist üb. 10 cm lg, 15–30 m, ♄, 5–6	**A. pseudoplatanus** 1991
1*	Blü. in kurzen, doldg. Blü.stden	
2	B. um od. über 10 cm lg, meist höhere Bäume	
3	B. mit 3 (slt. 5) stumpf., gekerbt. B.lappen, untersts anfängl. behaart, hellgrau, B.bucht. spitz, jge Zweige, wie B.stiel, rotbraun, Blü. vor B. erscheind, nickd, eingeschlechtg, Pf. 2häusg, 10–15 m, ♄,	**A. opalus** 1990
3*	B. mit 5–7 grob gezähnt., lg zugespitzt. B.lappen, untersts kahl, B.bucht bogig ausgerandet (vgl. *A. pseudoplatanus*), jge Zweige milchend, Blü. mit B. erscheind, zwittrg, 10–20 m, ♄, 4–5	**A. platanoides** 1992
2*	B. unter 10 cm lg, mit 3–5 stumpfl. B.lappen, Sträucher od. kleinere Bäume	

4 B. mit (3–)5 schwach gekerbt. Lappen u. rötl. B.stiel, B.paar-Narben berühren sich, Blü.std doldg-aufrecht, Baumrinde dickrissg, jge Zweige oft mit Flügelleist., milchd, 3–15 m, ♄, 5   **A. campestre** 1993

4* B. mit 3 ± ganzrandg. B.lappen, derb, B.paar-Narben entfernt, Blü.stde nickend, Baumrinde nicht dick-korkg, jge Zweige nicht milchd, 3–10 m, ♄, 4   **A. monspessulanum** 1994

1985. **Eschen-A., A. negúndo** L., hfg als Zierbaum (oft panaschiert) in Garten- u. Parkanlagen u. glgtl. in Auenwäldern (v. all. im Querco-Ulmetum, Alno-Ulmion) verwildt, 1688 aus N-Am. eingeführt, Herkunft: N-Am., dort charakterist. für die O-amerik. Ulmo-Aceretalia saccharini- od. kaliforn. Platanetalia racem.-Auenwälder (Knapp 1957) – P – Chrom. 2n = 26.

1986. **Palmen-A., A. palmátum** Thunb., zml. hfg als Zierstrauch in Anlagen u. Gärten, seit 1820 eingeführt, Heimat: Japan.

1987. **Roter A., A. rúbrum** L., zml. hfg als Zierbaum an Straßen u. in Gärten, seit 1656 in Europa, Heimat: atl. N-Am., dort z. B. Bestandteil d. Eichen-Hickory-Wälder (Querco-Caryetalia Knapp 57), auch in d. Pinetea strobi Knapp 57 – Chrom. 2n = 78, 104.

1988. **Silber-A., A. saccharínum** L. (*A. dasycárpum* Ehrh.), zml. hfg als Zierbaum an Straßen u. in Anlagen, seit 1725 in Europa, Heimat: atl. N-Am., dort charakterist. für die Ulmen-Silberahorn-Auenwälder (Ulmo-Aceretalia saccharini Knapp 57), auch zur Zuckergewinnung verwendet – P – Chrom. 2n = 26, 52, ca. 90.

1989. **Echter Zucker-A., A. sáccharum** Marsh., öfter als frosthart. Straßen- u. Anlagen-Baum, seit 1734 in Europa, Heimat: atl. N-Am., dort charakterist. Bestandteil der Querco-Fagetea grandifoliae-Sommerwälder (Knapp 57), Nutzholz u. zur Zuckergewinng – P – Chrom. 2n = 26.

1990. **Schneeballblättriger A., A. ópalus** Mill., s. slt. in warm., buschreich. Eichen- (auch Buchen-)Hangwäldern, auf mäß. frisch., basenreich. (kalkhaltg.), mittel-flachgründg., steing. Lehmböden (Mullböden), in wintermild., mäß. humid. Klimalage, wärmeliebd, Frühblüher, oft mit *Quercus pubesc.* od. *Buxus*, im Gebiet im Carici-Fagetum buxetosum, sonst auch im Quercion pub., Tilio-Acerion od. Carpinion, Querco-Fagetea-Art – süHü (Grenzach), Schweizer Ju – wsmed, im Gebiet an d. N-Grenze d. Verbrtg – P.

1991. **Berg-A., A. pseûdoplátanus** L., zml. hfg in Schluchtwäldern, in Buchen-Mischwäld. d. Gebirges, oft an d. Waldgrenze angereichert, auf sickerfrisch.-feucht., nährstoff- u. basenreich., lock., mild-mäß. sauer. humos., gern steing., mittel-tiefgründg. Lehmböden (Steinschuttböden), in kühl-luftfeucht. Klimalage, Mullbodenpf. (Mullkeimer), Tiefwurzler (Bodenfestiger), Schatt-Halbschattpf., Insekt.bestäubg (Bienenweide, im Sommer durch B.drüsen B.Honig), Windverbrtg, epiphytengünstg, wird bis 500 Jahre alt u. 30 m hoch, wertvoll. Werkholz, heute forstl. überall eingebracht (v. all. auf Auen-Standorten), auch Zuckerlieferant (Blutssaft), v. all. in hochmont. Fageten u. Schluchtwäldern (Aceri-Fraxinetum), schwache Tilio-Acerion-Art, auch im Fagion u. Alno-Ulmion – v. all. Gebirge, Sch bis 1480 m, A bis 1640 m, BayW bis 1200 m, Rh u. Tieflag. v. Natur aus slt. od. fehld – subatl-smed(-pralp) – P – Chrom. 2n = 52.

1992. Spitz-A., A. platanoídes L., zml. slt. in sonnig. Linden-Ahorn-Hangwäldern, in Schluchtwäld., auch im Eichen-Ulmen-Auenwald od. Eichen-Hainbuchen-Wald, auf sickerfrisch.(feucht.), nährstoff- u. basenreich., mild-mäß.sauer., humos., lock. Lehm- od. Steinschuttböden in sommerwarm. Klimalage, Mullbodenpf., Tiefwurzler (flacher als vor.), Halbschattpf., Insekt.bestäubg (Bienenweide, auch B.honig), Windverbrtg, wird bis 150 Jahre alt u. 25 m hoch, Nutzholz, Allee- u. Straßenbaum (leicht verwildernde Pionierpf.), schwache Char. d. Aceri-Tilietum, auch in and. Tilio-Acerion-Ges. od. (slt.) sonstg. frisch. Fagetalia-Wäldern – Ebene bis mittl. Gebirgslagen, Ju bis 1014 m, A bis 1060 m, im nordwestl. Tiefld ursprüngl. slt. od. fehld – gemäßkont – P – Chrom. 2n = 26.

1993. Feld-A., Maßholder, A. campéstre L., hfg in krautreich. Eichen-Hainbuchen-Wäldern, in Auenwäldern od. strauchreich. Buchenwäldern, auch in Hecken, auf frisch., nährstoff- u. basenreich., mild-mäß.sauer. Lehmböden, Mullböd., etwas wärmeliebd, Halbschattpf., Insekt:bestäubg (Bienenweide, auch B.honig), Windverbrtg, wird 150 Jahre alt u. 15 m hoch, Nutzholz (Drechslerholz), Schnittheckenpf. (ausschlagfähg), Verbrtgsschwerpkt in frisch. Carpinion- u. Alno-Ulmion-Ges., ferner im Ceph.-Fagenion, Tilio-Acerion, Quercion pub. od. (DV) Berberidion, Querco-Fagetea-Kl.char. – Ebene bis mittl. Gebirgslagen, Ju bis 980 m, A bis 800 m, im Nordw. u. NO slt. – smed-subatl – P – Chrom. 2n = 26.

1994. Französischer Maßholder, A. monspessulánum L., slt., oft gesellg in sonng. Eichenbusch-Hängen, auf warm., etwas frisch., nährstoff- u. basenreich. (oft kalkarm.), neutral., humos., lock., meist steing., mittel-flachgründg. Lehmböden, wärmeliebd, Licht-Halbschattpf., Insekt.-bestäubg, Windverbrtg, lok. Char. d. Aceri-Quercetum (Quercion pubesc.), überreg. Quercetalia pubesc.-Ordn.char., auch im Berberidion – Pf (Donnersberg)-Nahetal, RS (Täler), Mn – smed – P – Chrom. 2n = 26.

Familie der Roßkastanien-Gewächse, Hippocastanáceae

Roßkastanie, Áesculus L.

1 Blü.b. 5, weiß, gelb u. rot gefleckt, B. gefingert, Teilb. sitzd, Knospen klebrg, Fr. stachlg, 15–25 m, ♄, 4–5　　　　**Ae. hippocastanum** 1995

1* Blü.b. rot, rosa od. gelb, meist zu 4 (auch 5), Teilblättch. z. T. deutl. gestielt,
   Knospen nicht klebrg, Fr. meist stachellos
2 Blü. rot od. rosa
3 Blü.b. rosa, B. mit 4–5 z. T. sitzd. Teilblättch., 5–10 m, ♄, 5–6
                                                         Ae. carnea 1996
3* Blü.b. rot, B. mit 4 gestielt. Teilblättch., 5–10 m, ♄, 5–6 **Ae. pavia** 1997
2* Blü. gelb, B. untersts weichhaarg, 5–10 m, ♄, 5–6   **Ae. octandra** 1998

1995. **Gewöhnliche R., Ae. hippocástanum** L., hfger Park- u.
Straßenbaum, auch forstl. eingebracht u. glgtl. verwildt, liebt frische,
nährstoffreiche u. tiefgründge, bindge Sand- od. Lehmböden, Zierbaum,
Hummelblume, Fr. auch als Heilmittel, Viehfutter usw. – Heimat: östl.
Balkanländer (Schluchtwälder) – P – Chrom. 2n = 40.

1996. **Fleischrote R., Ae. cárnea** Hayne, hfger Park- u. Straßenbaum,
durch Kreuzung *Ae. hippocastanum* × *pavia* gezüchtet, erbfest – P –
Chrom. 2n = 80.

1997. **Rote R., Ae. pávia** L., slt. als Zierbaum, seit 1771 in Kultur,
Heimat: östl. N-Am. – Chrom. 2n = 40.

1998. **Gelbe R., Ae. octándra** Marsh. (*Ae. lútea* Wangenh.), hie u. da als
Zierbaum, Heimat: N-Am. (Liriodendretalia-Wälder Knapp 57), seit
1764 in Europa in Kultur – Chrom. 2n = 40.

Familie der Springkraut-Gewächse, Balsamináceae

Springkraut, Impátiens L.

1 Blü. gelb, ausgeprägt zweiseitg symmetr.,
2 Blü. 20–30 mm lg, hängd, goldgelb, Sporn gekrümmt, B. eiförmg, grob
   gezähnt, St. ästg, 30–80 cm, ☉, 6–8   **I. noli-tangere** 1999
2* Blü. 8–10 mm lg, aufrecht, blaßgelb (auch weiß), Sporn gerade, B.
   zugespitzt, gesägt, St. oft einfach, 20–60 cm, ☉, 6–9 **I. parviflora** 2000
1* Blü. rötl. od. viol.,
3 Blü. in Trauben, 20–40 mm lg, ausgeprägt 2seitg symmetr., Fr. kahl, B. ±
   3quirlg-gegenstdg, eilanzettl., B.stiel mit Drüsen, 50–200 cm, ☉, 6–10
                                                      I. glandulifera 2001
3* Blü. einzeln od. zu mehr. b.achselstdg, glockg od. radförmg, nur wenig 2seitg
   symmetr., Fr. behaart, untere B. ± gegenstdg, 20–50 cm, ☉, 7–8
                                                       I. balsamina 2002
   vgl. ferner die Zimmerpf. das „Fleißige Lieschen", *I. wallerána* Hook. f.,
   Heimat: O-Afrika

1999. **Rühr mich nicht an, I. nóli-tángere** L., hfg u. gesellg in
Auenwäldern, Bach-Eschenwäldern, an Waldquellen u. Waldbächen, in
Schlucht- od. frisch. Buchenwäldern, an Waldrändern, auf sickerfeucht.
od. sickernass., nährstoffreich., mäß.sauer. bis mild., humos., gut durchlüft. Lehm- u. Tonböden, auf Gleyböden od. sickerfeucht. Braunerden,
flachwurzelnde Mullbodenpf., Insekt.- (auch Selbst-)bestäubg, Hummelblume, Schleuderverbrtg, Alno-Ulmion-Verb.char., im Gebirge

auch in frisch. Fagion- od. Tilio-Acerion-Ges., ferner z. T. angereichert
in feucht. Alliarion-Ges. (z. B. D Subass. d. Epil.-Geranietum rob.) –
Ebene bis Gebirge, A u. Sch bis 1300 m – eurassubozean – T – Chrom.
2n = 20, 40.

2000. Kleinblütiges Sp., I. parvifóra DC., seit etwa 1837 aus Bot. Gärten
verwildt u. heute überall eingebürgt, in krautreich. od. etwas gestört.,
siedlungsnah. Eichen- u. Buchenwäldern, v. all. in Waldrand-Nähe od.
an Waldwegen, auch in Parkanlagen, Hecken u. Gärten, auf frisch.,
nährstoffreich., meist kalkarm., lock., mäß.sauer., humos. Lehmböden,
in luftfeucht. Lage, Stickstoffzeiger, Schatt-Halbschattpf., Insekt.- u.
Selbstbestäubg, Schleuderverbrtg, Alliarion-Verb.char., auch im Fage-
talia-Gefüge – Ebene bis mittl. Gebirgslag., Av bis ca. 700 m – Herkunft:
NO-Asien (euraskont) – T – Chrom. 2n = 20, 24, 26.

2001. Indisches Sp., I. glandulífera Royle (*I. róylei* Walp.), ursprüngl.
Gartenpf., seit etwa 50 Jahr. örtl. vollkomm. eingebürgt, v. all. in
Weiden-Auenwäldern, im Auengebüsch, an Ufern, auf feucht. od. nass.,
nährstoffreich., ± mild., humos., sandg. od. rein. Lehm- u. Tonböden, in
luftfeucht. Standortslage, Schatt-Halbschattpf., Hummelblume, Schleuderverbrtg, v. all. in Convolvuletalia- u. Glechometalia-Ges., DV Salicion
albae – eingebürgt v. all. Rh, auch Pf, Bo, Do, Fr, Ne, Sch (Täler), Av,
He, RS, NSH, NS, Hz, Th, usw. – Herkunft: Himalaya, mit subozean.
Ausbrtgstendenz – T – Chrom. 2n = 18, 20.

2002. Balsamine, I. balsámina L., Zier- u. Topfpf. aus O-Indien –
Chrom. 2n = 14.

Familie der Seifenbaum-Gewächse, Sapindáceae

Blasenesche, Koelreutéria Laxm. vgl. S. 291

2003. K. paniculáta Laxm., B. eschenb.-ähnl., mit tiefgekerbt.
Fiederblättch., Blü. gelb in lockerer aufrecht. Rispe, Fr. aufgeblas.
(lampionartg), braunrot, Zierbaum aus O-Asien, wärmeliebd, seit 1763
im Gebiet, öfter in Parkanlagen, z. B. Rh – P – Chrom. 2n = 22, 30.

Familie der Pimpernuß-Gewächse, Staphyleáceae

Pimpernuß, Staphyléa L. vgl. S. 290

2007. St. pinnáta L., slt. im Gebüsch warmer Hänge, an Waldrändern,
auch in krautreich. Linden-, Ahorn- od. Eichen-Wäldern, auf frisch.,
nährstoff- u. meist kalkreich., mild., humos., steing. od. rein., lock.
Lehmböden (auch auf Löß od. Gneis), in sommerwarm., geschützt.
Lage, Mullbodenpf., wärmeliebd, Licht-Halbschattpf., Insekt.- u.
Selbstbestäubg, Blähfr., Verdauungsverbrtg, Zierstrauch u. glgtl.

verwildt, geschützt, v. all. im Berberidion, ab. auch im Tilio-Acerion, Ceph.-Fagenion od. in Quercetalia pub.-Ges. (schwache Ordn.char.) – süHü, Rh, HRh, Bo, Do, Av (bis ca. 600 m), BayW, FrJu, sonst wohl nur verwildt (Fr-Mn) – osmed (-gemäßkont) – P – Chrom. 2n = 26.

Ordnung Celastráles

Familie der Stechpalmen-Gewächse, Aquifoliáceae

Stechpalme, Ílex L. vgl. S. 291

2004. **I. aquifólium** L., zerstr., ab. meist gesellg, v. all. in Buchen- u. Buchen-Tannen-Wäldern, slt. auch in frisch. Eichen-Hainbuchen- od. Eichen-Birken-Wäldern, auf frisch. bis mäß. trock., mäß. nährstoff- u. basenreich., mild.-mäßg sauer., meist sandg. od. steing. Lehmböden, mit Mull- od. Moderhumus in wintermild.-humid. Klimalage, wintergrün, Schattpf. (Halbschattpf.), im Wald-Unterstand, wird bis 300 Jahre alt, ausschlagfähig, Insekt.bestäubg (Bienenweide), zweihäusg, Vogel-verbrtg, Hartholz (z. T. Drechslerholz), auch Zierpf. u. Zierlaub, v. all. in Fagion-Ges., auch im Carpinion (Stellario-Carpinetum) od. frisch. Quercion. rob.-petr.-Ges., slt. im Alnion od. Pruno-Rubion, Querco-Fagetea-Art – Vog-Sch bis 1100 m, süHü-Rh (slt.), Pf, O (s. slt.), HRh-Bo, Av, A bis 1800 m, RS, NWe, NSH, NS, SH, östl. u. südöstl. bis W-Me, N-Br, N-An – atl-smed (im Gebiet an d. O-Grenze d. Verbrtg) – P – Chrom. 2n = 40.

Familie der Spindelstrauch-Gewächse, Celastráceae

Pfaffenkäppchen, Euónymus L. (**Evónymus** L.)

1 Jge Zweige 4kantg, später oft mit Korkleisten, B. eilanzettl., 3,5–5(10) cm lg, B.knosp. kurz eiförmg, Blü. meist 4zählg, 1–3 m, ♄, 5–6
E. europaeus 2005
1* Jge Zweige etwas zus.gedrückt (ovaler Querschnitt), B. längl.-eiförmg, 7–12 cm lg, B.knospen lg zugespitzt, Blü. meist 5zählg, Fr. geflügelt-kantg, 1–5 m, ♄, 5–6
E. latifolius 2006

2005. **Gewöhnliches Pf., E. europaeus** L., hfg in Hecken, in krautreich. Auenwäldern, auf frisch., nährstoff- u. basenreich., ± tiefgründg. Ton- u. Lehmböden, Mullböden, Lehmzeiger mit dicht. Wurzelwerk, ausschlagfähg, Halbschatt-Lichtpf., Insekt.bestäubg, Vogelverbrtg, Samen giftig, Zierpf., Drechslerholz, Prunetalia-Ordn.char., auch im Alno-Ulmion, sowie sickerfeucht. Carpinion u. Fagion – Ebene bis mittl. Gebirgslagen (Kalk- u. Lehmgebiete), A bis 1100 m, Ju bis 1010 m, Silikatgebirge slt. od. fehld – subatl-smed – P – Chrom. 2n = 64.

2006. **Breitblättriges Pf., E. latifólius** (L.) Mill., slt. in krautreich. Buchen-Nadel-Mischwäld., in warm-expon. Linden-Bergwäldern, auch im Waldrand-Gebüsch, auf frisch., nährstoff- u. meist kalkreich., tief-mittelgründg., lock. Lehmböden, Mullbodenpf., etwas wärmeliebd, Halbschatt-Schattpf., Insekt.bestäubg, Vogelverbrtg, auch Zierpf., Verbrtgsschwerpkt im Aceri-Tilietum (Tilio-Acerion), auch im Cephal.-Fagenion od. Berberidion – Av, A bis 1090 m – pralp(-smed) – P.

Ordnung Rhamnáles

Familie der Kreuzdorn-Gewächse, Rhamnáceae

1 Blü. meist 4zählg, Griffel 2–4spaltg, B. gezähnt, schwarze Steinfr., Zweige z.T. dorng   **Rhamnus** S. 650
1* Blü. 5zählg, Griffel ungeteilt mit kopfg. Narbe, B. ganzrandg, wechselstdg, Zweige unbewehrt, aufrecht, rote-schwarze Steinfr., 1–4 m, ♄, 5–6   **Frangula** S. 651

Kreuzdorn, Rhamnus L

1 B. jedersts mit 3(4) bogg. Seitennerv. (Abb. 42 b), meist gegenstdg, Zweige ± dorng
2 B. 4–6 cm lg, oval, B.stiel viel lger als (hinfällge) Nebenb., Äste ± aufrecht, 1–3 m, ♄, 5–6   **Rh. catharticus** 2009
2* B. 1–3 cm lg, oval-lanzettl., B.stiel so lg wie Nebenb., Äste mehr sparrg ausgebrtet, 50–100 cm, ♄, 4–5   **Rh. saxatilis** 2010
1* B. jedersts mit 4–20 ± gerad. Seitennerv., Zweige unbewehrt
3 B. jedersts mit 4–9 Seitennerv., niederliegder Spalierstrauch, 5–20 cm, ♄, 6–7   **Rh. pumilus** 2011
3* B. jedersts mit 9–20 Seitennerv., aufrechter Str., 1–3 m, ♄, 5–7   **Rh. alpinus** 2011a

2009. Echter Kr., Rh. cathárticus L., zerstr. in sonng. Hecken, an Trockenbuschhängen, in Mager-Weiden, an Waldrändern, auf sommer-warm., mäß.trock., basenreich. (meist kalkhaltg.), neutral.-mild., humos., lock., steing. Lehmböd. od. flachgründg. Stein- u. Kiesböden,

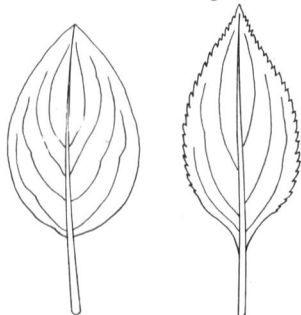

a   b   Abb. 42. a *Cornus sanguinea*, b *Rhamnus catharticus*.

mit Wurzelsprossen, Licht-Halbschattpf., Insekt.bestäubg, Vogelverbrtg, Zwischenwirt d. Hafer-Kronenrostes, Fr. u. Rinde zu Heilzweck., Berberidion-Verb.char., auch im Quercion pubesc. – Ebene bis mittl. Gebirgslagen (Kalk- u. Lehmgebiete), A bis 1310 m, im nördl. Tiefld slt. – euras-smed – P – Chrom. 2n = 24.

2010. **Felsen-Kr., Rh. saxátilis** Jacq., slt. in licht., sonng. Kiefern-Trocken-Wäldern, im Gebüsch, an Waldränd. u. felsg. Hängen (mit Kiefer u. Eiche), auf sommerwarm., ± trock., kalkreich., mild. humos., meist feinerdearm. Kies- od. Steinböden, Halbschatt-Lichtpf., Insekt.bestäubg, Vogelverbrtg, gern mit *Carex alba*, Erico-Pinion-Verb.char., auch im Quercion pub. od. Berberidion – Bo, Ju, Do, Av, A bis 1280 m – pralp-smed – P.

2011. **Zwerg-Kr., Rh. púmilus** Turra, zerstr. an sonng. Kalkfelsen d. subalp. u. alp. Stufe, in feinerdearm. Felsspalten, extrem. Klimabedingg. trotzde Lichtpf., Insekt.bestäubg, Vogelverbrtg, Potentilletalia caulesc.-Ordn.char. – A 1400–2330 m (slt. tiefer) – alp – Ch – Chrom. 2n = 24.

(2011a.) **Alpen-Kr., Rh. alpínus** L., zerstr. im Gebüsch kalk- od. basenreich. steiniger Böden, wärmeliebd, Berberidion-Verb.char. – Schweiz. Ju, O-Frankreich – wsmed – P.

Faulbaum, Frángula Mill.

2012. **Fr. álnus** Mill. (*Rhámnus frángula* L.), hfg in Erlenbrüchen u. Birkenmooren, im Weidengebüsch, in Auenwäldern od. licht. Kiefern-, Eichen- u. Eichen-Buchen-Wäldern, auf staufeucht.-nass. od. in d. Tiefe zeitw. feucht., ± mager., basenarm. od. -reich., gern sauerhumos., tiefgründg., dicht. Lehm- u. Tonböd., auch Sand- od. Torfböd., Humuszehrer mit Wurzelbrut, Halbschatt-Lichtpf., Insekt.- u. Selbstbestäubg, Vogelverbrtg, Weichholz, Rinde zu Heilzwecken (abführend), gern mit *Molinia,* schwache Alnetalia-Ordn.char., auch im (DV) Frang.-Rubenion, sowie in sonstg. Prunetalia- od. auch Fagetalia-, Quercetalia rob.-petr.- od. Vaccinio Piceetea-Ges., im Erico-Pinion od. als Pionier in feucht. Heiden od. Heidemoor. – Ebene bis mittl. Gebirgslagen, A bis 1000 m – no-eurassubozean – P – Chrom. 2n = 20, 22, 26.

Familie der Rebengewächse, Vitáceae

1 Blü.std rispg-traubg, Rinde (ält. Zweige) sich in Streifen ablösd, B. gelappt, 5–20 m, ♄, 6   **Vitis** S. 651
1* Blü.std doldg, Rinde nicht längsfasernd, B. gelappt od. gefingert, Blü.b. an d. Spitze frei, Zierpf.   **Parthenocissus** S. 652

Rebe, Vítis L.
1 B. undeutl. 3lappg, untersts graufilzg   **V. labrusca** 2013

1* B. 3–5lappg, verkahlend
2 Blü. meist eingeschlechtg, Pf. 2häusg, Beeren 5–7 mm lg, längl., blau (slt. gelb), meist mit 3 Samen, diese kugel-herzförmg, 4,5–5,5 mm lg, 5–25 m, ♄, 6   **V. sylvestris** 2014
2* Blü. zwittrg, Beeren größer, meist mit 2 Samen, diese schlank, 6–7 mm lg
                                                                   V. vinifera 2015
2013. **Amerikaner-R., V. labrúsca** L., hfg als Zierpf. gebaut u. wegen Reblausfestigkeit als Pfropf-Unterlage für Edelrebe verwendet, Heimat: N-Am., bildet dort (wie *V. vulpina* L.) ausgedehnte Mantel-Ges. an Auwaldrändern, auch in Kultursort. angebaut – Chrom. 2n = 38.

2014. **Wild-R., V. sylvéstris** C. Gmel. [*V. vinifera* L. ssp. *sylvéstris* (Gmel.) Hegi], slt. im Eichen-Ulmen-Auenwald od. dessen Störungen, v. all. in Verlichtgs-Zuständen, an Waldrändern, auf frisch., nährstoff- u. basenreich. (kalkhaltg.), tiefgründg., sandg. od. rein. Lehm- u. Tonböden (verbraunte Aueböden), Tiefwurzler, Halbschatt-Lichtpf., Insekt.- u. Selbstbestäubg, Vogelverbrtg, schon jungsteinzeitl. gesammelt u. genützt, heute stark zurückgehend, geschützt, Berberidion-Verb.char., auch an alt. Stämmen im Hochwald fruchtd als Diff. d. Querco-Ulmetum (Alno-Ulmion) – Rh (nur noch wenige Fundorte) – smed – P – Chrom. 2n = 38.

2015. **Wein-R., V. vinífera** L. (*V. vinífera* L. ssp. *vinífera*), hfg gebaut, von südeurop. u. einheimisch. Wildformen abstammend, liebt warme, frische-mäß.trock., nährstoff-, ab. nicht zu kalkreiche, mäßig saure-neutrale, lock., tief-mittelgründge, steinge Lehm- od. Lößböden (auch Sandböden), in mild. humid. Klimalage, Lichtpf., seit Römerzeit kultiv., Anbaufläche seit Mittelalter (z. T. infolge Klimaverschlechterg) stark zurückgegangen, slt. verwildt – Hauptanbaugebiete: West-Sch, Hü, Ne, Bo, Mn, RS (Täler), bis ca. 600 m – P – Chrom. 2n = 38, 57, 76.

Kultursorten des Gebietes:
Weiße Sorten: Elbling (med. Herkunft), Gutedel (ägypt. Herkunft), Müller-Thurgau (Kreuzung Riesling × Silvaner), Muskateller, Ruländer (Grau-Burgunder; med. Herkunft), Silvaner (wohl mit Anteil von Donau-Wildreben), Traminer, Weiß-Burgunder, Weiß-Riesling (wohl mit Anteil rhein. Wildreben) u. a., dazu neue Sortenzüchtungen wie Kerner (Trollinger × Riesling), Nobling (Silvaner × Riesling) u. a. Blaue Sorten: Blau-Burgunder, Lemberger, Portugieser, Schwarz-Riesling, Trollinger, u. a.

Wilder Wein, Zaunrebe, Parthenocíssus Planch.
1 B. 5–7zählg gefingert, kahl (mit intens. rot. Herbstfärbg), Fr. blau
2 Ranken z. T., z. B. an Mauern, mit Haftscheiben, 5–8teilg
                                                             P. quinquefolia 2016
2* Ranken ohne Haftscheiben, 3–5teilg   **P. inserta** 2017
1* B. 3lappg (od. 3zählg gefingert), Ranken mit Haftscheiben
                                                             P. tricuspidata 2018

2016. **Gewöhnlicher Wilder W., P. quinquefólia** (L.) Planch., slt. kultivierter, frostempfindl. Kletterstrauch, an Lauben u. Mauern, nicht verwildernd – Herkunft: N-Am. – Chrom. 2n = 40.

2017. **Fünfblättriger Wilder W., P. insérta** (Kern.) Fritsch, hfg kultiviert an Mauern u. Zäunen u. öfter in Kulturnähe od. in Auen in Waldsäumen verwildert, Insektenbestäubg, Vogelverbreitg (Fr. wertlos) – Herkunft: N-Am., bildet dort Mantelges. am Rand von Pappel- u. Ulmen-Auenwäldern.

2018. **Kletterwein, P. tricuspidáta** (Sieb. et Zucc.) Planch. [*P. véītschii* (Koch.) Graeb.], hfg als Zierranke gepflzt, an Mauern usw., Herkunft: Japan – Chrom. 2n = 40.

Ordnung Malváles

Familie der Lindengewächse, Tiliáceae

Linde, Tília L.

1 B. untersts, wie junge Triebe, grau- od. weißfilzg, Blü.std 7- bis mehrblütg, 10–30 m, ♄, 7 **T. tomentosa** 2019

1* B. untersts grün od. nur spärlich weichhaarg bzw. in d. Nervenwinkeln bärtg

2 Blü. ohne Nebenblü.b. (Staminodien)

3 B. untersts kahl, glatt, in d. Nervenwinkeln zuletzt (anfängl. weißl.) gelbrotbraun-bärtg, Blü.std 3–10blütg, Griffel oben kahl

4 B. oberts glänzd, (wie untersts) auffallend dunkelgrün, B.zähne mit Grannenspitze, jge Zweige u. Knosp. gelbgrün, im Winter gelb-rot, Alleebaum, 10–20 m, ♄, 7 **T. × euchlora** 2020

4* B. oberts matt dunkelgrün, untersts blau-graugrün, B.stiel kahl, B.zähne ohne Grannenspitze, jge Zweige u. Knospen olivgrün bis rötl., Fr. dünnwandg, mit 2–3 undeutl. Längsripp., 10–25 m, ♄ 6–7 **T. cordata** 2021

vgl. ferner **T. × vulgaris** 2022

3* B. untersts (auf d. Nerven) kurzhaarg, rauh, in d. Nervenwinkeln weißbärtg, B.stiel behaart, Blü.std 2–5blütg, Fr. dickwandg, mit 4–5 deutl. Längsripp., 15–40 m, ♄, 6 **T. platyphyllos** 2022

2* Blü. mit Nebenblü.b. (Staminodien), B. bis üb. 20 cm lg, brt-eiförmg, untersts kahl, bzw. in d. Nerv.winkeln weißbärtg, B.zähne granng, Blü.std 5-mehrblütg, Staubb. 50–75, Fr. ohne Rippen, 10–35 m, ♄, 6–7 **T. americana** 2023

2019. **Silber-L., T. tomentósa** Moench (*T. argéntea* Desf.), hfg in Parkanlagen od. Alleen gepflzt, Herkunft: SO-Europa, dort v. all. in Quercetalia pubesc.-, auch in Fagion-Ges. – osmed – P – Chrom. 2n =

82, dazu mit hängd. B.: *T. petioláris* DC. als mutmaßl. Kulturform d. *T. tomentosa.*

2020. **Krim-L., T.** × **euchlóra** Koch., hfg als Straßen- od. Parkbaum, vermutl. Bastard: *T. cordáta* × *dasýstyla* Stev. – Heimat: Krim, (*T. dasýstyla* Stev.: Kaukasus bis N-Persien).

2021. **Winter-L., T. cordáta** Mill., zerstr. in sommerwarm. Eichen-Hainbuchen-Wäldern, in Eichen-Auenwäldern, auch in Ahorn-Hang-wäldern od. mit d. Waldkiefer, auf frisch. bis mäß.-trock., basenreich., mild-mäß.sauer., humos., meist tiefgründg., gern sandg-steing. Lehm-, Löß- od. Tonböden in sommerwarm. Klimalage, Oberboden- u. Tiefwurzler (Bodenfestiger), Halbschatt-Schattpf., wird bis 30 m hoch, bodenpflegl. durch leicht zersetzl. Laubstreu, s. ausschlagfähg, Insekt.bestäubg (Bienenweide, auch B.honig), Windverbrtg, Nutzholz (Weich- u. Schnitzholz), Heilpf. (Lindenblü.-Tee), Zierbaum, Carpinion-Verb.char. (v. all. Galio-Carpinetum), auch im Tilio-Acerion, Quercion rob.-petr. od. Alno-Ulmion – Ebene bis mittl. Gebirgslagen (v. all. Wärmegebiete u. im O d. Gebietes), A bis 1360 m, im nordw. Tiefld v. Natur aus slt. od. fehld – gemäßkont – P – Chrom. 2n = 82.

2022. **Sommer-L., T. platyphýllos** Scop. (*T. grandifólia* Ehrh.), zerstr. in krautreich. Ulmen-Ahorn-Eschen-Schluchtwäld., in Buchen-Linden-Bergwäldern, auf sickerfrisch., nährstoff- u. basenreich., mild-mäß. sauer., humos., lock., mittel-tiefgründg., oft beweg., steing. Lehmböden (Mullböd.), in wintermild-humid. Klimalage, Oberboden- u. Tief-wurzler (Bodenfestiger), s. ausschlagfähg, wird bis 40 m hoch u. geg. 1000 Jahre alt, Schattpf., Insekt.bestäubg (Bienenweide, auch B.honig), Windverbrtg, Nutzholz (Weichholz), Heilpf. u. Zierbaum, ab. wie vor. empfindl. gegen Luftverunreinigg (Dorflinden!), Tilio-Acerion-Verb.char., auch im Fagion (Fagetum tilietosum) – v. all. mittl. Gebirgslagen d. niederschlagsreicheren Gebiete, A bis 1000 m, im nördl. Tiefld slt. – subatl-smed – P, formenreich:

1 B. unt.sts grün, auf d. Nerv. u. in d. B.winkeln weißl. behaart
2 B. beid.sts, v. all. unt.sts, wie B.stiele u. jge Triebe reichl. behaart
3 B. v. all. unt.sts weißl. abstehd behaart, B.stiele $^1/_3$ so lg wie B.fläche

2022a. **ssp. grandifólia** (Ehrh.) Vollm., v. all. im N bzw. in d. Mitte d. Gebiet., im S seltener – nordeurop – Chrom. 2n = 82.

3* B. schwächer behaart, unt.sts grün erscheinend, aber in d. Nerv.winkeln deutl. weißbärtg

2022b. **ssp. cordifólia** (Bess.) Schneid., so v. all. im S d. Gebiet. – mitteleurop.

2* B. auf d. Fläche weng behaart, jge Triebe meist kahl
4 B. unt.sts auf d. Nerv. zerstr. behaart, in d. Nerv.winkeln deutl. bärtg

2022c. **ssp. platyphýllos,** Nachweis im Gebiet nicht gesichert, v. all. im S
zu erwarten – Chrom. 2n = 82.

4*   B. fast kahl, unt.sts auf d. Nerv. nur vereinzelt behaart, in den Nerv.winkeln
mit kl. Haarbüscheln

2022d. **ssp. pseudorúbra** Schneid., noch ausgeprägter als vor. nur im S d.
Gebiet., z. B. Sch, A (Allgäu) – südosteurop – Chrom. 2n = 82.

1*   B. unt.sts bleichgrün, s. spärl. behaart, in d. Nerv.winkeln hellgelb-weißl.
bärtg, Fr. schwach kantg

2022e. **T. × vulgáris** Hayne (*T. cordáta × platyphýllos*), zml. hfg in
tiefer. Lag. im Berührgsgebiet d. beid. Arten, v. all. in Carpinion-Ges.,
auch im Tilio-Acerion

2023. **Amerikanische L., T. americána** L., zml. hfg als Park- u.
Straßenbaum, Herkunft: östl. N-Am., dort z. B. in den Buchen-
Zuckerahorn-Wäldern (Aceretalia sacchari Knapp 57) u. Ulmen-
Silberahorn-Wäldern (Ulmo-Aceretalia saccharini Knapp 57) – Chrom.
2n = 82.

Zu den Tiliaceae gehört ferner die Zimmerlinde *Sparmánnia africána* L.,
frostempfindl. Topfpf. aus S-Afrika.

Familie der Malvengewächse, Malváceae

1   Außenkelch 6–12blättrg, Fr. eine mehrsamige Kapsel   **Hibiscus**   S. 655
1* Außenkelch 3–9blättrg, Fr. einen Kranz einsamg. Teilfr. bildend
2   Außenkelch 6–9blättrg   **Althaea**   S. 656
2* Außenkelch 3blättrg
3   Außenkelch zu 3spaltig. Hülle verwachsen, Blü. rosa, Pf. graufilzg, obere B.
3lappg, 50–100 cm, ♃, 7–8   **Lavatera**   S. 656
3* Außenkelch-B. frei, am Grunde mit dem Kelch verwachsen
                                                         Malva   S. 656

Stundenblume, Eibisch, Hibíscus L.

1   Kraut mit 3–5teiligen B., Blü. gelb, Außenkelchb. 12, wie ganze Pf. borstg
bewimpert, 15–50 cm, ☉, 7–8   **H. trionum**   2024
1* Strauch, Blü. weiß od. lila, 6–10 cm brt, Außenkelchb. 6–8
                                                     H. syriacus   2025

2024. **Stundenblume, H. triónum** L., slt. u. unbestdg in Hackunkraut- od.
Schuttunkraut-Fluren, wärmeliebd, bis 1 m tief wurzld, im SO-europ.
Hauptverbrtgsgebiet: Eragrostion-Verb.char., auch Zierpf. u. im
Sisymbrion – z. B. Rh, Ne, Do, Fr – osmed – T – Chrom. 2n = 28, 56.

2025. **Syrischer Eibisch, H. syríacus** L., zerstr. als Zierstrauch in Gärten
u. Anlagen tief. mild-humid. Lagen – z. B. Rh – Heimat: China-Indien –
P – Chrom. 2n = 80, 80–84.

Eibisch, Althaéa L.

1 Pf. graufilzg, Blü. hellila, in d. B.achseln büschelg gehäuft, B. 5(–3)lappg,
50–120 cm, ♄, 7–9 **A. officinalis** 2026

1* Pf. rauhhaarg, Blü. einzeln b.achselstdg, Blü. meist rot

2 Blü.stiele lger als B., obere B. handförmg tief 3–5teilg, Blü. 2–3 cm brt, 10–45
cm, ☉, 7–8 **A. hirsuta** 2027

2* Blü.stiele kürzer als B., B. 5–7eckg od. gelappt, Blü. 6–10 cm brt, 1–3 m, ♃,
6–10 **A. rosea** 2028

2026. **Echter Eib., A. officinális** L., zml. slt. in Binsenwiesen, im
Binsenröhricht, an Gräben, an d. Küste in Salzweiden, auf nass.-wechsel-
nass. od. wechselfeucht., nährstoff- u. basenreich., meist salzhaltg.,
dicht., sandg. od. rein. Tonböden, Salz- u. Basenzeiger, Küsten- u.
Stromtalpf., als Heilpf. kultiv. (Wurzel f. Hustenmittel), geschützt, z. B.
DAss. im Scirpetum marit. (Scirpion mar.), sonst in Agrostietalia stolonif.-Ges. (Ordn.char.), ferner für Convolvuletalia- u. Molinietalia-Ges.
angegeben – v. all. Küstennähe, NS, Me, SH, auch Br, An, Th, nöRh,
sonst unbestdg – omed-kont – H – Chrom. 2n = 42.

2027. **Rauher Eib., A. hirsúta** L., slt. od. unbestdg in Äckern od. in
Schuttunkrautflur., auf mäß.trock., meist kalkhaltg. Lehm- u.
Tonböden, Tonzeiger, wärmeliebd, v. all. in Fum.-Euphorbion-Ges.,
auch im Caucalidion od. Sisymbrion – z. B. Hü, Ne, Pf, Ba-Ju, Fr, Mn,
Th – med-smed – T (H) – Chrom. 2n = 50.

2028. **Stockrose, A. rósea** (L.) Cav. (*Alcea rósea* L.), alte Kulturpf., v. all.
in Bauerngärten als Zier- u. Heilpf. (Blü.b.!), slt. in Schuttunkraut-
Fluren verwildt – Herkunft: östl. Mittelmeergebiet, Stammpf. neben
and. wahrscheinl. *A. pállida* W. et K. – H – Chrom. 2n = 42.

Strauchpappel, Lavatéra L.

2029. **Thüringer St., L. thuringíaca** L., slt. u. unbestdg in frisch.
Schuttunkraut-Ges., an Ufern u. Hecken, auf nährstoffreich. (auch
salzhaltg.) Lehm- u. Tonböden, sommerwärmeliebd, Licht-Halb-
schattpf., Insekt.bestäubg (Bienenblume), Arction-Verb.char., auch in
Origanetalia-Ges. – z. B. Rh, Do, Av, FrJu, NSH, Th, An – gemäßkont –
H – Chrom. 2n = 40, 44.

Malve, Málva L.

1 Obere St.b. fast bis zum Grunde 5–7teilg, mit fiederspaltg. B.zipfeln, Blü.
einzeln, b.achselstdg, nur die ober. kopfg gehäuft, Blü.b. 25–35 mm lg, St.
aufsteigd-aufrecht

2 Außenkelch-B. eiförmg, 2–3mal so lg wie brt, Teilfr. fast kahl, querrunzelg,
St. oben mit Sternhaaren, 50–100 cm, ♃, 6–9 **M. alcea** 2030

2* Außenkelch-B. lineal-lanzettl., 3–5mal so lg wie brt, Teilfr. rauhhaarg
(glatt), St. mit einfach. abstehd. Haaren, B.zipfel lineal, Pf. mit
Moschusgeruch, Blü. hellrosa, 20–50 cm, ♃, 7–9 **M. moschata** 2031

1* St.b. höchst. gelappt, Blü. zu 2 bis mehr. b.achselstdg
3 Blü.- bzw. Fr.stiele zuletzt mehrmals lger als Kelch, Pf. niederliegd-aufsteigd
4 Blü.b. tief ausgerandet, 5–25 mm lg, mindest. doppelt so lg wie Kelch
5 Blü.b. 10–25 mm lg, rot-viol., Fr.stiele abstehd
6 Blü.b. 15–25 mm lg, viel lger als Kelch, rot, dunkel gestreift, 20–100 cm, ⊙,
   ⚁, 5–9 **M. sylvestris** 2032
6* Blü.b. 10–12 mm lg, höchst. doppelt so lg wie Kelch, viol., 20–80 cm, ⊙, 6–9
   M. nicaeensis 2033
5* Blü.b. 5–12 mm lg, blaßrosa, Fr.stiele abwärts gebog., Teilfr. ± glatt,
   10–40 cm, ⊙, 6–9 **M. neglecta** 2034
4* Blü.b. schwach ausgerandet, 3–5 mm lg, ± so lg wie Kelch, Teilfr. runzelg,
   B.lapp. abgerundet, 10–20(30) cm, ⊙, 6–9 **M. pusilla** 2035
3* Blü.stiele kurz, zuletzt höchst. doppelt so lg wie Kelch, St. aufrecht, Blü.b.
   weißl., so lg wie Kelch, 80–150 cm, ⊙, 7–9 **M. verticillata** 2036

2030. **Rosen-M., M. álcea** L., zerstr. in sonng. staudenreich.
Unkrautfluren, an Wegen, Böschungen u. Dämmen, meist in Dorfnähe,
auf frisch., nährstoffreich., oft kalkhaltg., mild., humos., sandg. od. rein.
Lehmböden, etwas wärmeliebd, Lichtpf., früher Zier- u. Heilpf., Ono-
pordetalia-Ordn.char., auch im Arction (z.B. Leon.-Ballotetum) –
Ebene bis mittl. Gebirgslagen (Ju bis 850 m) – gemäßkont-smed, verschleppt – H – Chrom. 2n = 84.

2031. **Moschus-M., M. moscháta** L., zml. slt., z. T. nur verwildt, in meist
mager., sonng. Wiesen u. Weiden, auf frisch.(-mäß.frisch.), nährstoff- u.
basenreich. (meist kalkarm.), neutral-mäß.sauer., tiefgründg., sandg. od.
rein. Lehmböd., etwas wärmeliebd, Lichtpf., Insekt.bestäubg (Bienen),
v. all. in mäß. fett. Wiesen, Arrhenatherion-Verb.char., auch im
Mesobromion od. in Origanetalia-Ges. – v. all. im S u. W d. Gebiet., Ju
bis 800 m, bis NWe, im nördl. u. nordöstl. Tiefld slt. od. fehld – subatl-
smed (verschleppt) – H – Chrom. 2n = 42.

2032. **Wilde M., M. sylvéstris** L., zerstr. in sonng., lückg. Unkrautfluren,
an Wegen, Mauern u. Schuttplätzen, auf ± sommertrock., nährstoffreich., humos. Ton-, Lehm- od. Sandböd., Stickstoffzeiger, wärme-
u. lichtliebd, Insekt.bestäubg, Kulturbegleit. seit jüng. Steinzeit, B. u.
Blü. altes Heilmittel (Hustenmittel), schwache Onopordion-Verb.char.,
auch im Arction od. Sisymbrion – Ebene bis mittl. Gebirgslagen
(Wärmegebiete!), A bis 800 m – smed-euras, heute in warmgemäß. Zonen
weltweit – H – Chrom. 2n = 42, formenreich.

2033. **M. nicaeénsis** All., slt. u. unbestdg in Schutt-Unkrautges.
(Sisymbrion) – z. B. Rh – med – T – Chrom. 2n = 42.

2034. **Gänse-M., M. neglécta** Wallr., hfg in lückg. Unkrautfluren, an
Mauern u. Wegen, an Mistplätzen u. Ackerrändern, in Gärten, v. all. im
Bereich dörfl. Siedlungen, auf frisch., nährstoffreich., ± humos.
Lehmböden, Stickstoffzeiger (Ammoniakpf.), Kulturbegleit., Licht-
Halbschattpf., Insekt.- u. Selbstbestäubg, früher Heilpf., mit *Urtica*

urens Char. d. Urtico-Malvetum (Sisymbrion), oft im Kontakt mit Arction-Ges., auch in d. Polygono-Chenopodietalia – Ebene bis mittl. Gebirgslag., A bis 900 m – eurassubozean(-smed), in kühlgemäß. Zonen heute weltweit – T (H) – Chrom. 2n = 42.

2035. **Kleine M., M. pusílla** Sm., slt. u. unbestdg in Tretges., in lückg. Unkrautbeständen, an Wegen u. Schuttplätzen, in Weinbergen, auf trock., nährstoffreich., oft kalkarm. Sand- u. Lehmböd., sandbevorzugd, Stickstoffzeiger, salzertragd, Wärme- u. Licht-liebd, Kulturbegleit., Insekt.- u. Selbstbestäubg, Polygonion avic.-Verb.char., auch in Sisymbrion-Ges. od. slt. in d. Polygono-Chenopodietalia – z. B. Rh, nöHü, Ne, Do, Fr, Mn, im W u. Nordw. slt. od. fehld – omed-kont – T (H) – Chrom. 2n = 42, 76.

2036. **Quirl-M., M. verticilláta** L., nur noch slt., z. B. in Bauerngärten, als alte Zier- u. Heilpf., z. B. Rh, Vog, Do, Fr – Herkunft: China; nahe steht die aus d. östl. Asien (Sibirien) stammende u. slt. als Heil- u. Futterpf. gebaute *M. críspa* L. (Krause M.).

Zu den Malvaceen gehört ferner Samtpappel, *Abútilon theophrásti* Med., Blü. gelb, ohne Außenkelch, hier u. da als Topfpf. u. unbestdg an Schuttplätzen od. Gräben, v. all. in Bidentetalia-Ges., Herkunft: omed – Chrom. 2n = 42 – Baumwolle, *Gossýpium herbáceum* L., wichtige Kulturpf. in Gebieten mit großer Sommerwärme, Herkunft: S-Asien.

An die **Malvales** schließt weiter eine Reihe trop. Familien an, z. B. d. **Sterculiáceae** mit dem Kakaobaum (*Theobróma* L.) od. d. **Bombáceae** mit d. Affenbrotbaum (*Adansónia digitáta* L.) usw.

Ordnung Thymelaeáles

Familie der Seidelbast-Gewächse, Thymelaeáceae

1 Blü. (= Kelchröhre) ansehnl., nach d. Blü.zeit abfalld, Fr. eine Beere (Steinfr.), Sträucher od. Zwergsträucher **Daphne** S. 658
1* Blü. unscheinbar (grünl.), bleibd, bauchg, b.achselstdg, Fr. eine trock. geschnäbelte Nuß, B. klein, lineal-lanzettl., gelbgrün, 15–30 cm, ⊙, 7–8 **Thymelaea** S. 659

Seidelbast, Dáphne L.

1 Blü. gelbgrün, in 5blütg., b.achselstdg. Trauben, B. dunkelgrün, wintergrün, lederg, Fr.schwarz, 40–120 cm, ♄, 2–4 **D. laureola** 2037
1* Blü. rot, rosa (slt. weiß)
2 Blü. vor d. B. erscheinend, zu 2–3 st.stdg üb. d. Narben vorjährg. B., duftd, B. sommergrün, Fr. rot, 40–120 cm, ♄, 2–4 **D. mezereum** 2038
2* Blü. an beblättert. Zweigen, endstdg, doldg gebüschelt
3 Blü. außen ± behaart, gleichmäß. dunkelrosa, sitzd, Fr.kn. behaart, B. lineal-spatelg, dunkelgrün-lederg, gleichmäß. am Zweig verteilt, 5–20 (–40) cm, ♄, 5–6 **D. cneorum** 2039

3* Blü. kahl, hellrosa, fein gestreift, kurzgestielt, Fr.kn. kahl, B. lineal-keilg, hellblaugrün (18–30 mm lg), am Zweigende rosettg gehäuft, 5–15 cm, ♄, 6–7
D. striata 2040
Alle Arten geschützt.

2037. **Lorbeer-S., D. lauréola** L., s. slt. im sonng. Eichen-Gebüsch od. in warm. Buchenwäld., auf mäß.trock.-frisch., $\pm$ nährstoff- u. basenreich., im Gebiet meist kalkhaltg., neutral-mild., humos., lock., mittel-flachgründg. Ton- u. Lehmböden, in wintermild-humid. Klimalage, Insekt.-bestäubg, Vogelverbrtg, giftig, lok. Char. d. Buxo-Quercetum, (Quercion pub.), auch im Fagion (Carici-Fagetum buxetosum) od. Carpinion, Querco-Fagetea-Kl.char. – süHü (Grenzach), RS (Brohl, Linz a. Rh, früher auch Moseltal), im Gebiet an d. NO-Grenze d. Verbrtg – smed-atl – P – Chrom. 2n = 18.

2038. **Kellerhals, D. mezéreum** L., zml. hfg in krautreich. Buchen-, Eichen-Hainbuchen- od. Nadelmischwäldern, auf (sicker-)frisch., nährstoff- u. basenreich. (meist kalkhaltg.), mild-mäß.sauer., humos. Ton- u. Lehmböden, meist Mullböden (Braunerden), Schatt-Halbschattpf., Insekt.bestäubg, Vogelverbrtg, Fr. u. Rinde giftig, auch Zierpf., v. all. in Fagion- u. Carpinion-Ges. (auch Alno-Ulmion), schwache Fagetalia-Ordn.char., ferner im Adenostylion – Ebene bis mittl. Gebirgslagen (v. all. mont. Kalkgebiete), A bis über 2000 m, süSch (auf Gneis) bis 1400 m, im nordw. Tiefld fehld – euras(kont) – P – Chrom. 2n = 18.

2039. **Heideröschen, Reckhölderle, D. cneórum** L., slt. in licht. Kiefern-Trockenwäld., an Waldrändern (meist in Kiefernähe), in waldnah. Halbtrocken-Rasen, auch in Felsband-Ges., auf trock.-mäß.trock., mager., basenreich., meist kalkhaltg., (mäß. sauer.) neutral-mild., humos., oft feinerdearm. Stein- u. Kiesböden, etwas wärmeliebd, Halbschatt-Lichtpf., Insekt.- u. Selbstbestäubg, Vogel- u. Ameisenverbrtg, Erico-Pinetalia-Ordn.char., auch in Festuco-Brometea-Ges. – nöRh (ob noch ?), Pf, Ne (Schönbuch), Bo, Ju, Ba (bis 800 m), Do-Av, A bis 1280 m – pralp(-smed) – Ch (Pn) – Chrom. 2n = 18.

2040. **Steinröschen, Gestreifter S., D. striáta** Tratt., zml. slt. im subalp. Legföhrenbusch, auch in off. Steinrasen, auf frisch. (mäß.trock.), mager., meist kalkreich., neutral-mild., meist modrig humos., lehmgtong. Stein- u. Steinschuttböden, Licht-Halbschattpf., Insekt.- u. Selbstbestäubg, Vogel- u. Ameis.verbrtg, giftig, terr. Char. d. Erico-Rhododendretum (Erico-Pinion), auch in Seslerietea-Ges. – A 1690–2400 m – alp – Ch (Pn).

Spatzenzunge, Thymelaéa Mill.

2041. **Th. passerína** (L.) Coss. et Germ., slt. in Spargel - u. Getreidefeldern (Hafer, Weizen), in Brachen, auf sommerwarm.-trock. (mäß.-

trock.), nährstoff- u. basenreich., meist kalkhaltg., vorzugsw. sandg.
Tonböden, licht- u. wärmeliebd, Insekt.- u. Selbstbestäubg, giftig,
Caucalidion-Verb.char., auch in Sedo-Scleranthetea-Ges., in S-Europa
in Therophyten-Trockenrasen – Rh, Hü, Bo, Ju bis 800 m, Mn, RS
(Täler), weiter nördl. fehld (überall stark zurückgegangen) – med-smed-
kont – T.

Familie der Ölweiden-Gewächse, Elaeagnáceae

1   B. 3–7 mm brt, lineal-lanzettl., obersts dunkelgrün, untersts silberweiß, am
    Rande gerollt, St. dorng, Blü. eingeschlechtg, kl., bräunl. (Pf. zweihäusg),
    Staubb. 4, Fr. orangerot (6–8 mm), 1–3 m, ♄, 4   **Hippophaë** S. 660
1* B. 8–45 mm brt, lanzettl., beidersts silberweiß, Blü. zwittrg, gelbl.,
    wohlriechd, Staubb. 8, Fr. oval, gelb od. weißl. (12–20 mm)
                                                         Elaeagnus S. 660

Sanddorn, Hippóphaë L.

2042. **H. rhamnoídes** L., slt., ab. bestandbildd im Pionier-Gebüsch
praealp. Flußschotter-Auen, in Kiefern-Trockenwald-Verlichtg., an
Ufern, auf trock., in d. Tiefe zeitw. nass. od. glgtl. auch überflutet.
(wechseltrock.), basenreich., meist kalkhaltg., rohen, humus- u. ±
feinerdearm. Kies- u. Sandböden, Sandzeiger, Pionierpf. u. Bodenfestiger mit tiefer (bis 120 cm lg.) Hauptwurzel u. Wurzelspross. (mit Wurzelknöllch.), Licht- u. Sommerwärme-liebd, Wind- (auch Insekt.-)
bestäubg, Vogelverbrtg, Beeren reich an Vitamin C (Marmelade), Zierstrauch – P, formenreich:

1   B. meist 3–6 mm brt, Samen eiförmg, nicht abgeflacht, Äste verlängert

2042a. **ssp. fluviátilis** v. Soest, im Binnenland vorherrschde Sippe, s.o.,
Char. d. Sal.-Hippophaëtum (Berberidion), oft im Kontakt mit d. Sali-
cion el. od. d. Erico-Pinion – süRh, Bo, Do, Av, A bis 975 m – pralp-kont
– Chrom. 2n = 24.

1* B. meist 5–10 mm brt, Samen ± abgeflacht
2   Schösslge gerade, Fr. 6–8 mm lg u. 5–7 mm brt, rundl.

2042b. **ssp. carpática** Rousi, slt. mit vor., etwas trockener stehd, Char. d.
Sal.-Hippophaëtum (Berberidion) – Do – pralp-kont, von mehr südöstl.
Verbrtg – Chrom. 2n = 24.

2* Schösslge ± gewund., knotg., Äste kurz, steif, stark dorng, Fr. mehr längl.

2042c. **ssp. rhamnoídes,** zerstr. in Küstendünen, Char. d. Hippoph.-
Salicetum aren. (Salicion arenariae) – NS, SH, Me – endem. nördl. Nord-
u. Ostsee-Küste bis 67° n.Br. – Chrom. 2n = 24.

Ölweide, Elaeágnus L.

2043. **Schmalblättrige Ö., E. angustifólia** L., jge Zweige silberweiß, B. bis

25 mm brt, Fr. hellgelb, bis 7 m, ♄, 5–6, Zierstrauch, Insekt.bestäubg –
Herkunft: omed-kont – Chrom. 2n = 28.

2044. Silber-Ö., E. commutáta Bernh., jge Zweige rostfarben, B. bis 45
mm brt, Fr. silbrg, 1–4 m, ♄, 5–6, mit Ausläufern, Zierstrauch aus N-Am.
– Chrom. 2n = 28.

Ordnung Theáles (Guttiferáles)

Familie der Johanniskraut-Gewächse, Hypericáceae

Johanniskraut, Hypéricum L.

1   Staubb. zu 3 Bündeln verwachs., Fr. eine Kapsel
2   St. u. B. behaart, Kelchb. drüsg bewimpert, St. rund, Blü. hellgelb
3   St. niederliegd-aufsteigd, Blü.std armblütg, Kelchb. eiförmg, 10–30 cm, ⚃,
 7–9   **H. elodes** 2045
3* St. aufrecht, Blü.std reichblütg, Kelchb. lanzettl., 40–80 cm, ⚃, 6–8
                 H. hirsutum 2047
2* St. kahl, B. höchst. untersts behaart
4   St. niederliegd-fädl., kriechd, fast 2kantg u. hohl, Kelchb. längl., ±
 ganzrandg, Staubb. 15–20, 5–15 cm. ☉–⚃, 6–9 **H. humifusum** 2046
4* St. meist aufrecht, kräftg, Staubb. üb. 20
5   Kelchb. ganzrandg, höchst. zerstr. schwarz drüsg punktiert od. fein gezähnt,
 St. deutl. kantg
6   St. 4kantg, geflügelt od. ungeflügelt, ± hohl
7   Blü.b. 10–16 mm lg, goldgelb, St. v. all. unten mit 4 ungeflügelt. od.
 verschied. brt schwach geflügelt. Kanten
8   Kelchb. ellipt., stumpfl. od. mit gezähnt. Spitze, B. brt eiförmg, nur zerstr.
 durchscheinend punktiert, Blü.b. meist auf d. Fläche u. randl. schwarz
 punktiert, 20–50 cm, ⚃, 6–8   **H. maculatum** 2048
8* Kelchb. lanzettl.-lineal, spitz od. zugespitzt, B. längl.-eiförmg, fein
 punktiert, St. ob. oft ± 2kantg, Blü.b. randl. spärl. schwarz punktiert, St.
 oben reich verzweigt, 30–100 cm, ⚃, 6–8 **H. × desetangsii** 2049
7* Blü.b. 6–8 mm lg, blaßgelb, St. mit 4 gleich brten, ausgeprägt. Flügeln, B.
 dicht, aber nur s. fein punktiert (Lupe), 30–60 cm, ⚃, 6–8
                H. tetrapterum 2050
6* St. ± deutl. 2kantg, markg, B. dicht deutl. durcheinend punktiert, Kelchb.
 lanzettl. spitz, lger als Fr.kn., Blü.b. goldgelb, lanzettl., randl. schwarz
 punktiert, 10–13 mm lg, 30–60 cm, ⚃, 7–8 **H. perforatum** 2054
5* Kelchb. drüsg gesägt od. bewimpert, St. rund od. undeutl. 2kantg
9   B. schmal, längl.-lanzettl., halbst.umfassd sitzd, lger als St.glieder, am
 Rande drüsg pktiert, St. nur oben 2kantg, Blü.std reichblütg, Blü. hell-
 goldgelb, Kelchb. mit gestielt. Drüsen, spitz, 15–30 cm, ⚃, 6–8
                H. elegans 2051
9* B. brter, herz-eiförmg, halbst.umfassd sitzd, meist kürzer als St.glieder
10 B. herzförmg, fast 3eckg, vorn meist stumpfl, oberst dunkel-, untersts
 graugrün, wintergrün, am Rande nicht pktiert, Kelchb. stumpfl., mit ±
 sitzd. Drüsen, Blü. goldgelb, 20–50 cm, ⚃, 6–8 **H. pulchrum** 2052

10* B. mehr längl., 2–8 cm lg, ± zugespitzt (sommergrün), am Rande pktiert, untersts behaart, Kelchb. spitz, mit gestielt. Drüsen, Blü.std kopfg gedrängt, Blü. blaßgelb, St. meist unverzweigt, 30–60 cm, ⚰, 6–8

H. montanum 2053

1* Staubb. zu 5 Bündeln verwachs., Blü.b. 4–5 cm lg, Fr. fleischg, wintergrüne Zierpf., 20–40 cm, ⚰, 6–8

H. calycinum 2055

2045. **Sumpf-J., H. elódes** L., s. slt. in lückg. Pionier-Ges., an off., moorig. Schlenkenrändern, an Heidetümpeln, auf nass., nährstoff- u. ± basenarm., sandg. od. rein. Torfböd., Hydrocot.-Baldellion-Verb.char. – Rh (Darmstadt), O (Mossau), Sp, RS (westl. d. Rheins), NWe, NS (bis Weser), Sa (Hoyerswerda) – atl, im Gebiet an d. O-Grenze d. Verbrtg – H (W) – Chrom. 2n = 32.

2046. **Niederliegendes J., H. humifúsum** L., zml. hfg in lückg. Zwergpf.-Pionier-Ges., auf Waldwegen, in Waldschlägen, an Ufern, in Äckern od. lückg. Magerrasen, auf ± off., frisch.-feucht., ± nährstoffreich., kalkarm., mäß.saur., ± humos., gern sandg. Lehmböden od. bindg. Sandböden, Feuchtezeiger, Licht-Halbschattpf., meist Selbstbestäubg, Is.-Nanojuncetea-Kl.char., auch in Plantaginetea- od. Sedo-Scleranthe-tea-Ges. eindringd – Ebene bis mittl. Gebirgslagen (Silikatgebiete), A bis 1800 m, süSch bis 1100 m – subatl(-eurassubozean), verschleppt – Ch (T) – Chrom. 2n = 16.

2047. **Behaartes J., H. hirsútum** L., zml. hfg in krautreich. Waldschlägen, in Waldverlichtg., an Waldwegen, auf frisch., nährstoff- u. basenreich., meist kalkhaltg., neutral., humos. Ton- u. Lehmböden, Nährstoffzeiger, Licht-Halbschattpf., Pollenblume, Atropion-Verb.-char. – Ebene bis mittl. Gebirgslagen (Kalkgebiete, Silikatgebiete) slt. od. fehld), A bis 1200 m, Ju bis 1000 m, süSch (Seebuck, 1200 m), im nördl. Tiefld slt. od. fehld – euras-smed – H – Chrom. 2n = 18.

2048. **Geflecktes J., H. maculátum** Crantz, zml. hfg in Silikat-Magerrasen u. -weiden, v. all. d. Gebirges, an Waldrändern, in Staudenfluren, auch Moorwiesen, auf frisch.-feucht. bzw. wechsel-feucht., basenreich., kalkarm., sauer., humos. Ton- u. Lehmböden, auf Roh- od. Moderhumus, bis 50 cm tief wurzld. Magerkeitszeiger, Insekt.bestäubg (Pollenblume), v. all. im Violion, Nardetalia-Ordn.char., vgl. ferner Unterart. – Ebene bis Gebirge (Silikatgebiete), A bis 1940 m – no-eurassubozean – H, formenreich:

1 Kelchb. ellipt., ganzrandg, stumpf od. spitzl., Blü. 20–25 mm brt, in gedrängt. Blü.std, B. dicht netzadrg, Pf. 15–50 cm hoch

2048a. **ssp. maculátum,** verbr. Sippe, s. o. – Chrom. 2n = 16.

1* Kelchb. eiförmg-längl., an d. Spitze gezähnt, Blü. 25–30 mm brt, in locker verzweigt. Blü.std, B. locker netzadrg, Pf. 50–80 cm hoch

2048b. **ssp. obtusiúsculum** (Tourl.) Hayek (*H. dúbium* Leers) zerstr. in Staudenges. auf kalkarm. nass. Lehm- u. Tonböd., Filipendulion-

Verb.char. – v. all. im Gebirge, z. B. Sch bis 1350 m, Ju, Do, Av, Th, Verbrtg ungenügd bekannt, im N slt. – subatl – Chrom. 2n = 32.

2049. **Des Etangs' J., H.** × **desetángsii** Lamotte (*H. maculátum* ssp. *obtusiúsculum* × *H. perforátum*), zerstr., in Moorwiesen u. Staudenfluren, an Gräben, Quellen od. Ufern, v. all. in tief. Lagen, auf nass. bzw. wechselfeucht., nährstoff- u. meist auch basenreich., neutral-mild., humos., oft torfg. Lehm- u. Tonböden, Wechselfeuchtezeiger, Licht-Halbschattpf., Filipendulion-Verb.char. – Rh u. Seitentäler, HRh, Ne, Bo, SFW, Ju, Do-Av-BayW, Verbrtg nach N ungenügd bekannt – subatl – H – Chrom. 2n = 16.

2050. **Geflügeltes J., H. tetrápterum** Fries (*H. acútum* Mch.), zml. hfg in Staudenfluren, an Ufern u. Bächen, an Gräben u. Quellen, in Röhricht- u. Seggenbeständ., im Saum v. Weidengebüsch, auf nass., zeitw. überschwemmt., nährstoffreich., mild., ± humos. Lehm- u. Tonböden, Nährstoff- u. Wechselnässe-Zeiger, Licht-Halbschattpf., Lichtkeimer, Insekt.bestäubg, Filipendulion-Verb.char., auch in Phragmitetalia-, Agrostietalia- od. Epilobietea ang.-Ges. eindringd – Ebene bis mittl. Gebirgslag., A bis 810 m, Ju bis 970 m – subatl-smed – H – Chrom. 2n = 16.

2051. **Zierliches J., H. élegans** Steph., s. slt. im Saum sonng. Büsche, in staudenreich. Halb-Trockenrasen, auf sommerwarm., trock. bis wechseltrock., basenreich., meist kalkhaltg., mild., humos. Lehm- u. Tonböden (Gipsböd.) Licht-Halbschattpf., Geranion sang.-Verb.char., auch in Festucetalia val.- od. Mesobromion-Ges. – nöHü (Rheinhessen), Th, An – gemäßkont. im Gebiet an d. W-Grenze d. Verbrtg – H – Chrom. 2n = 32.

2052. **Schönes J., H. púlchrum** L., zml. hfg bis zerstr. in sauer. (grasg.) Eichen-Birken- u. Eichen-Buchenwäldern, auch im Besenginster-Gebüsch od. in Heidesäumen an Waldrändern, auf frisch. (mäß.trock.), nährstoff- u. basenarm., sauer-humos., oft sandg. Lehmböden, in wintermild-luftfeucht. Klimalage, Moderhumus-Pf., Schatt-Halbschattpf., Insekt.bestäubg, gern mit *Luzula*-Arten, Quercetalia rob.-petr.-Ordn.char., ferner im Luzulo-Fagenion od. Sarothamnenion – v. all. im W d. Gebiet., nordöstl. bis SH, südl. Br, L; A fehld – subatl. im Gebiet an d. O-Grenze d. Verbrtg – H – Chrom. 2n = 18.

2053. **Berg-J., H. montánum** L., zml. hfg in licht. Eichen-, Eichen-Kiefern- od. Eichen-Buchenwäldern, im Saum sonng. Büsche, an Waldrändern, auf sommerwarm., mäß. trock., nährstoff- u. basenreich., meist kalkhaltg., mäß.sauer.-mild., humos., mittelgründg. Lehmböden, Lehmzeiger, Halbschattpf., schwache Quercetalia pubesc.-Ordn.char., auch in warm. Fagion-, Carpinion- od. Berberidion-Ges., ferner (DV) im Geranion sang. – Ebene bis mittl. Gebirgslag. (Kalk- u. Lehmgebiete), A bis 1300 m, im nördl. Tiefld slt. – smed-subatl – H – Chrom. 2n = 16.

2054. **Echtes J., Hartheu, H. perforátum** L., verbr. in Gebüschsäumen, an Waldrändern, Wegen u. Böschungen, in Magerweiden u. Magerrasen, in Ginster- u. Heidekrautheiden, in Brachen u. Waldverlichtg. als Pionier, auf frisch. bis mäß.trock., mäß.sauer-neutral., humos. od. roh., $\pm$ tiefgründg. Böd. aller Art, bis 50 cm tief wurzlder Magerkeitszeiger, Licht-(Halbschatt-)pf., Insekt.- u. Selbstbestäubg (Pollenblume), alte Heilpf., schwache Trif.-Geranietea-Kl.char., auch in Epilobietea ang.-Ges., in nicht genützte Magerrasen eindringd od. im Daúco-Melilotion – Ebene bis Gebirge, A bis 900 m, Ju bis 1014 m – eurassubozean-smed (in kühlgemäß. Zonen heute weltweit) – H, formenreich:

1 B. höchst. 1 cm lg, eiförmg, am Rande nach unt. gerollt, dicht stehd, Kelchb. 3–4 mm lg u. bis 1 mm brt

2054a. **ssp. veronénse** (Schrank) A. Fröhl., im Gebiet adv., z. T. eingebürgert, z. B. im Dauco-Melilotion od. in Sedo-Scleranthetea-Ges. – z. B. Rh, Th – smed.

1* B. lger, Kelchb. 4–7 mm lg
2 B. schmal-ellipt. bis fast lineal, Blü. 15–25 mm brt

2054b. **ssp. angustifólium** (DC.) Gaud., zerstr. in Fest.-Brometea-Ges., auch im Erico-Pinion – durch d. ganze Gebiet – smed (?).

2* B. eiförmg-lanzettl., Blü. 20–35 mm brt
3 Kelchb. 2–3 mm brt, eilanzettl., an d. Spitze gezähnelt

2054c. **ssp. latifólium** (Koch) A. Fröhl., zerstr. in Staudensäumen u. Wiesen d. Hochgebirges – A, Verbrtg ungenügd bekannt – pralp.

3* Kelchb. 1–1,5 mm brt, lineal-lanzettl., meist ganzrandg

2054d. **ssp. perforátum**, verbr. Sippe, s. o. – Chrom. 2n = 32 (48).

2055. **Großblumiges J., H. calýcinum** L., zml hfg als Zierpf. in Steingärten, zu Beeteinfassungen, in wintermild. Klimalagen, in streng. Wintern zurückfrierend, z. B. Rh – Herkunft: SO-Bulgarien-Kleinasien (kolchisch) – Ch (Pn).

Neuerdings eingebürgert *H. máius* (Gray) Britt. (B. 5nervg, Staubb. 5–20, Blü. blaßgelb, Kelchbl. 5 mm lg), in einer Kiesgrube bei Weiden (Oberpfalz) mit Nanocyperion- u. Scheuchzerio-Caricetea fusc.-Arten auf nass. Böden – Herkunft: N-Am. – Chrom. 2n = 16.

Zu den Guttiferales zählt ferner die Familie der **Theáceae** mit Kamelie, *Caméllia japónica* L. u. Teestrauch, *C. sinénsis* L., beide aus ostasiat. Lorbeerwäldern (Camellietea jap. Mijaw. et Ohba 63).

Familie der Tännelgewächse, Elatináceae

Tännel, Elátine L.

1 B. quirlstdg, d. unter. lineal, d. ober. eiförmg-spitz, ungestielt, St. aufsteigd-aufrecht, Blü. grünl., 2–50 cm, ⊙–♃, 7–8   **E. alsinastrum** 2056

1* B. gegenstdg, längl., lineal-ellipt., ± gestielt, St. kriechd, ästg, zart, Blü.
　 rötl.-weiß
2　Blü.b. 3, Staubb. 3 od. 6, B.stiel deutl. kürzer als B.
3　Staubb. 3, Kelch 2teilg
4　Blü. wie Fr. sitzd, 1–8(15) cm, ⊙, 6–9　　　　　　**E. triandra**　2057
4* Blü. 1–2 mm lg gestielt, Fr. zuletzt abgebog., 1–8 cm, ⊙, 6–9
　　　　　　　　　　　　　　　　　　　　　　　　E. ambigua　2058
3* Staubb. 6, Kelch 3teilg, 2–12 cm, ⊙, ♃, 6–8　　**E. hexandra**　2059
2* Blü.b. 4, Staubb. 8, Blü. sitzd, rötl., B.stiel meist lger als gegenstdge B., Pf.
　 nicht scharf schmeckd, 2–12 cm, ⊙, ♃, 6–9　　**E. hydropiper**　2060

2056. Quirl-T., E. alsinástrum L., slt. u. unbeständg in lückg., ephemer.
Zwergbinsen-Rasen, auf Schlammufern, an Teich- u.Altwasser-
Rändern, auf nass., zeitw. überschwemmt., nährstoffreich., meist
kalkarm., humos., sandg. od. rein. Schlickböden, mit *Hippuris*-ähnl.
Wasserform, Lichtkeimer, Wasservogelverbrtg, z. B. mit *Peplis port.*,
Nanocyperion-Verb.char. – Rh (Freibg i. B., Achern, Els.-Molsheim, b.
Frankfurt), süSch (Säckinger See), Fr, NWe, NS, Th – euraskont(-smed)
– T (W) – Chrom. 2n = ca. 40.

2057. Dreimänniger T., E. triándra Schkuhr, slt. u. unbestdg in lückg.
Zwergbinsen-Rasen, auf Schlammufern, an Teichrändern, auf nass.,
zeitw. überschwemmt., nährstoffreich., kalkarm., humos., sandg. od.
rein. Schlickböden, Insekt.- u. Selbstbestäubg, Wasservogelverbrtg,
meist mit *Eleocharis ovata*, Cyperetalia fusc.-Ordn.char. – Rh (z. B.
1961–1968 bei Emmendingen), SFW, Do-Av, Fr, BayW, im N z. T. fehld
– no-euraskont, circ. – T – Chrom. 2n = 36.

2058. Verkannter T., E. ambigua Wight, slt. auf Schlammböd. adv. –
z. B. süRh (Els), auch im Gebiet zu erwarten – Herkunft: S-As., osmed
Ausbrtgstendenz – T.

2059. Sechsmänniger T., E. hexándra (Lapierre) DC., slt. u. unbestdg in
spätsommerl. Zwergbinsen-Ges., an Teichen u. Altwassern, auf nass.,
zeitw. überschwemmt., nährstoffreich., kalkarm., humos. Schlammböd., Lichtkeimer, Wasservögelverbrtg, gern mit *Eleocharis ac.*, Litto-
relletea-Art (od. D Littorelletalia), auch in Cyperetalia f.-Ges. – Rh, Els
(Sundgau, nöVog), Pf, SFW, Av (Oberschwaben), Fr, usw., im nördl.
Tiefld s. slt. od. fehld – subatl – T, W – Chrom. 2n = ca. 40.

2060. Wasserpfeffer-T., E. hydrópiper L. (*E. gyrospérma* Düben), slt. u.
unbestdg in Zwergbinsen-Rasen off. Schlammufer, auf nährstoffreich.,
kalkarm.-reich., humos., vorzugsw. sandg. Schlickböden, meist
Selbstbestäubg, Wasservögelverbrtg, in Littoreletalia- od. (mit
Limosella) in Cyperetalia f.-Ges. – Rh (1966 b. Rastatt), Do, Fr, Br, Th,
im W s. slt. (z. B. NS, SH) od. fehld – no-euras, circ – T, W – Chrom. 2n =
36, formenreich.

Ordnung Tamaricáles
Familie der Tamarisken-Gewächse, Tamaricáceae

1   Staubb. frei, Griffel deutl., Haarschopf d. Samen sitzd, höhere Ziersträucher
     bis 5 m, ♄, 6–8   **Tamarix** 2061
1*   Staubb. bis zur Hälfte verwachsen, Narben sitzd, Haarschopf d. Samen
     gestielt, wilder, niederer Halbstrauch, 60–200 cm, ♄, 6–8 **Myricaria** 2062

Tamariske, Támarix L.

2061. **T. gállica** L. (u. a. *T.*-Arten), als Zierstrauch hfg kultiv., bes. in d.
wärmer. Tieflagen (z. B. Rh) – westmediterr. Küsten- u. Halbwüsten-
Auenpf. (Nerio-Tamaricetea Br.-Bl. et O. de Bol. 57) – P – Chrom.
2n = 24.

Deutsche Tamariske, Myricária Desv.

2062. **M. germánica** (L.) Desv., slt. in lückg. Pionier-Ges. auf off.
Schotterflächen d. alpenbürtig. Flüsse, auch in Kiesgruben, auf
wechselnass., period. überflutet., kalkhaltg., roh., schlickhaltg.
Feinsand, auch auf Grobkies mit hochanstehd. Grundwasser,
ausschlagfähige Pionierpf., Lichtkeimer, Insekt.- u. Selbstbestäubg,
Windverbrtg, Char. d. Salici-Myricarietum (Salicion elaeagni), oft im
Kontakt mit d. Chondrilletum (Epilobion fleischeri) – Do, Av (bis 1100
m), HRh, Rh (verscholl., bzw. noch Els) – pralp(kont)(-no) – Pn –
Chrom. 2n = 24.

Ordnung Violáles
Familie der Zistrosen-Gewächse, Cistáceae

1   B. mit 3 Längsnerv., ungestielt, gegenstdg, Blü.std ohne Vorb., 5–25 cm, ☉,
     6–8   **Tuberaria** S. 666
1*   B. fiedernervg, längl.-eiförmg od. nadelförmg, Blü.std mit Vorb., St. unt.
     verholzd
2   B. längl.-eiförmg, wenigst. untere gegenstdg u. kurzgestielt, Blü. std endstdg
     traubg   **Helianthemum** S. 667
2*   B. nadelförmg, wechselstdg, Blü. einzeln b.achselstdg, 5–20 cm, ⚃, ♄, 6–9
                                                         Fumana S. 668

Sandröschen, Tuberária Spach.

2063. **Geflecktes S., T. guttáta** (L.) Fourr. (*Heliánthemum guttátum*
Mill.), s. slt. u. unbestdg in off. Sand-Pionier-Ges., in Brachen, unter
Kiefern, auf trock., basenreich., kalkarm., mäß. sauer., meist lock. Sand-
u. Grusböd., wärmeliebd, meist Selbstbestäubg (Vormittags-Blüher),
Thero-Airion-Verb.char. (vgl. Agr.-Tuberarietum) (in S-Europa ent-
sprechd Helianthemetalia gutt.-Ordn.char.) – Rh (Els), An, südl. Br, NS
(Norderney) – med-smed-atl, im Gebiet an d. O-Grenze d. Verbrtg – T –
Chrom. 2n = 24, 36, 48.

Sonnenröschen, Heliánthemum Mill.

1 B. 10–30 mm lg, mit Nebenb., Blü.b. 8–18 mm lg, gelb od. weiß
2 Blü. weiß, B. lineal-längl., umgerollt, beidersts grau-weiß filzg, Nebenb.
   pfrieml.-fädl., 10–30 cm, ♄, ♃, 5–7   **H. apenninum** 2064
2* Blü. gelb (gelbl.-weiß), B. eiförmg-längl., meist kurzhaarg, obersts grün,
   untersts grau od. graugrün, Nebenb. lanzettl., lger als B.stiel, 10–30 cm, ♄,
   ♃, 6–9   **H. nummularium** 2065
1* B. bis 15 mm lg, ohne Nebenb., lineal-lanzettl., Blü.b. 3–8 mm lg, gelb
3 B. obersts graugrün, untersts weißfilzg, blü.lose Sprosse aufsteigd, 10–20
   cm, ♄, ♃, 5–6   **H. canum** 2066
3* B. beidersts grün, nur spärl. borstg behaart, blü.lose Sprosse rosettg
   niederliegd, polsterbildd, 10–15 cm, ♄, ♃, 6–8   **H. alpestre** 2067

2064. Apenninen-S., H. apennínum (L.) Mill., slt. in sonng., lückg. Kalk-Trockenrasen, auf sommertrock., mager., kalkreich., meist flach-gründg., steing. Lehmböden od. auf Fels, bis 90 cm tief wurzld, wärmeliebd, Staubb. reizempfindl., Insekt.bestäubg (Bienen), geschützt, Xerobromion-Verb.char., auch im Mesobromion – nöHü (Rheinhessen), Mn (Trockengebiet) – smed – Ch – Chrom. 2n = 20.

2065. Gewöhnliches S., H. nummulárium (L.) Mill. (*H. chamaecístus* Mill.), zml. hfg in sonng. Kalk-Magerrasen u. -weiden, an Böschg. u. Rainen, in Saumges. u. Kiefern-Trockenwäldern, auf sommertrock.-mäß. trock., basenreich., mild-mäß. sauer., ± humos. Löß- u. Lehmböden, Tiefwurzler, Lichtkeimer, Licht-Halbschattpf., Insekt.- u. Selbstbestäubg (Staubb. reizempfindl.) – Ch, s. formenreich:

1 B. unt.sts fein graufilzg, lineal-lanzettl., Blü.b. 6–10 mm lg

2065a. ssp. nummulárium, zml. slt. in Trockenras. auf basenreich. aber oft kalkarm. Stein- od. Lehmböd., v. all. im Xerobromion, auch im Mesobromion od. Violion, sowie in Geranion sang.-Ges. – z.B. süRh, Hü, HRh, Bo, Vog, RS, He, Th, mehr südl. verbr., im N fehld – smed – Chrom. 2n = 20.

1* B. unt.sts hellgrün, aber nur zerstr. behaart, nicht feinfilzg
2 Blü.b. 10–18 mm lg, innere Kelchb. 7–10 mm lg, auf d. Nerv. ± lg büschelg
   behaart, dazwischen kahl, B. untersts ohne Sternhaare
3 B. ob.sts zerstr. behaart

2065b. ssp. grandiflórum (Scop.) Schz et Thell., zml. hfg in Steinras. u. Felsband-Ges. d. Hochgebirges, Seslerietalia-Ordn.char., auch im Erico-Pinion – A (bis 2370 m), Av (als Schwemmlg), Ju (Randen, Donautal, SW-Alb) – alp – Chrom. 2n = 20.

3* B. kahl od. nur randl. bewimpert, d. vor. nahestehd

2065c. ssp. glábrum (W. Koch) Wilcz., slt. in alp. Steinras., vermutl. Seslerietalia-Art – A, Av – oalp – Chrom. 2n = 20.

2* Blü.b. 8–12 mm lg, innere Kelchb. 5–8 mm lg, auf u. zwisch. d. Nerv. ±
   behaart, B. untersts mit einzelnen Sternhaar.
4 B. eiförmg-lanzettl., Pf. 10–20 cm hoch

2065d. **ssp. obscúrum** (Cel.) Holub [*H. ovátum* (Viv.) Dunal], im Gebiet vorherrschde Sippe, Brometalia-Ordn.char., auch in Festucetalia val.-Ges. übergreifd od. im Violion, ferner im Geranion sang. od. Erico-Pinion – v. all. warme Tieflag., süSch bis 960 m, im nordw. Tiefland slt. od. fehld – mi.europ. – Chrom. 2n = 20.

4* B. schmal-lanzettl., Nebenb. bis 1 cm lg, Pf. strauchg, 20–40 cm hoch

2065e. **ssp. obscúrum var. frúticans** W. Koch, slt. in Trockenras., terr. Char. d. Xerobrometum (Xerobromion) – süHü (Kaiserstuhl), HRh, nöRh (Kalksand) – endem.

2066. **Graues S., H. cánum** (L.) Baumg., slt. in sonng. Kiefern-Trockenwäldern, auf Felsköpfen, in Kalk-Trockenrasen, auf warm.-trock., kalkreich., mild-neutral., humos., $\pm$ flachgründg., steing. Lehmböden, bis 85 cm tief wurzlde Halbschatt.-Lichtpf., Insekt.bestäubg, geschützt, Xerobromion-Verb.char., auch im Erico-Pinion – Mn, HRh, Ju (SW-Alb), Th, S-An – smed – Ch – Chrom. 2n = 22.

2067. **Alpen-S., H. alpéstre** (Jacq.) DC. [*H. oelándicum* (L.) DC. ssp. *alpéstre* Breistr.], zerstr. in alp. sonng. Steinrasen, auf frisch., kalkreich., neutral-mild., humos., lock., ·steing. Lehm-, auch feinerdearm. Steinböden, lichtliebd, meist Insekt.bestäubg, Seslerion-Verb.char. – A, rd 1600–2540 m, slt. tiefer – alp – Ch – Chrom. 2n = 22.

Zwerg-Sonnenröschen, Fumána Spach vgl. S. 666

2068. **F. procúmbens** (Dun.) Gr. et Godr. (*Heliánthemum fumána* Mill.), slt. in lückg. Kalk-Trockenrasen, an sonng. Steinhängen, auch in Sandfeldern, auf sommertrock., mager., $\pm$ kalkreich., neutral-mild., humos., lock., feinerdearm. Sand- od. Steinböden, licht- u. wärmeliebd, Tiefwurzler, Vormittagsblüher, meist Selbstbestäubg, Xerobromion-Verb.char., auch im Koelerion glaucae – süHü, nöHü (Pfalz-Rheinhessen-Nahetal), nöRh, Do, FrJu, NSH, Th, S-An – smed(-med) – Ch – Chrom. 2n = 32.

Familie der Veilchengewächse, Violáceae

Veilchen, Stiefmütterchen, Víola L.

1 Seitl. Blü.b. aufwts gerichtet, Blü.b. gelb od. viol., d. unter., wenigst. am Grunde $\pm$ gelb, Blü. in den Achseln (meist) st.stdger B. (*Melanium* u. *Dischidium*)

2 Nebenb. ganzrandg, kl., häutg berandet, B. herz-nierenförmg (brter als lg), Blü. gelb, 5–15 cm, ♃, 5–7 (*Dischidium*)   **V. biflora** 2069

2* Nebenb. gezähnt-fiederspaltg, slt. ganzrandg, B. meist lger als brt, Stiefmütterch.artge (*Melanium*)

3 Sporn höchst. halb so lg wie Blü.b.

4 Nebenb. fiederspaltg, mit verlängert., meist gekerbt. Endzipfeln, St. ästg, kahl, Pf. ein–zweijährg
5 Blü. bis 2,5 cm lg, gelbl. od. blau-gelb, 10–25 cm, ⊙, 5–10
V. tricolor 2070
5* Blü. meist über 3 cm lg, Zierpf., 10–30 cm, ⊙, ♃, 2–10
V. wittrockiana 2073
4* Nebenb. fast fingerförmg geteilt, mit lineal., ganzrandgen Zipfeln, Endabschnitt kaum verlängert, Blü. gelb od. viol., Pf. ausdauernd mit unterird. kriechdem Wurzelstock
6 St. zu wenigen, Wurzelstock kurz kriechd, Blü. 20–40 mm lg, 10–20 cm, ♃, 5–7
V. lutea 2071
6* St. zu vielen, mit weit kriechdem Wurzelstock, Blü. 15–30 mm lg, 10–20 cm, ♃, 6–8
V. calaminaria 2072
3* Sporn so lg wie ca. 3 cm lge, blau-viol. Blü.b., B. grundstdg, rosettg, Pf. mit unterird. Ausläufern, 5–10 cm, ♃, 6–7
V. calcarata 2074
1* Seitl. Blü.b. seitwts od. abwts gerichtet, d. ober. sich nicht mit d. Rändern deckd, Blü. nie (ganz od. teilw.) gelb (Veilchenartge, *Nomimium*)
7 Pf. ohne grundstdge B.rosette mit lg gestielt. B., alle Blü. st.stdg
8 Blü.sporn 5–7 mm lg (viel lger als Kelchanhängsel), weißl., Nebenb. kürzer als halb. B.stiel, B. meist eiförmg-lanzettl. mit herzförmg. B.grund, derb, dunkelgrün, Heidepf., 5–30 cm, ♃, 4–6
V. canina 2075
8* Blü.sporn 2–3 mm lg, kaum lger als Kelchanhängsel, grünl.-gelb, Nebenb. halb so lg od. so lg wie B.stiel, B. meist längl.-lanzettl., dünn, mit oft keilförmg. od. gestutzt.(-herzförmg.) B.grund, B.stiel z.T. geflügelt, meist Sumpfpf.
9 St. 5–25 cm hoch, kahl od. nur fein behaart, Blü. kaum 20 mm lg
10 Nebenb. sitzd, B. mit ± herzförmg-gestutzt. B.grund, B.stiel meist lger als Nebenb., Blü. weißl., dunkler geadert, 10–15 mm lg, 10–25 cm, ♃, 5–6
V. persicifolia 2076
10* Nebenb. am Grund keilförmg in einen Stiel verschmälert, B. mit keilförmg. B.grund, B.stiel meist so lg wie Nebenb., Blü. blaß-blau, 15–20 mm lg, 5–15 cm, ♃, 5–6
V. pumila 2078
9* St. 20–50 cm, oberwts deutl. in Linien flaumhaarg, Blü. 20–25 mm lg, hellviol., B.grund gestutzt od. schwach herzförmg, B.stiel so lg od. kürzer als Nebenb. (Abb. 43), ♃, 5–7
V. elatior 2077
7* Pf. mit grundstdg. B.rosette, B.grund deutl. herzförmg
11 Grundstdge B.rosette mit b.achselstdg., B. u. Blü. tragd. St., Blü. nur z.T. auch grundstdg, Kelchb. spitz
12 St. u. B.stiele einreihg behaart, Blü. z.T. grundstdg, blaß-viol., duftend, st.stdge Blü. verkümmert, ab. fruchtbar, B. brt-herzförmg (fast nierenförmg), glänzend, Nebenb. ganzrandg, 10–25 cm, ♃, 4–6
V. mirabilis 2082
12* St. u. B.stiele gleichmäß. behaart od. kahl, alle Blü. st.stdg, geruchlos, Nebenb. gefranst-gezähnt
13 B., St. u. Fr. kahl, B. meist über 2 cm lg, deutl. gekerbt, herz-eiförmg, Nebenb. kammartg gefranst
14 Blü.sporn viol., schlank, nach abwts gebogen, 4–6 mm lg, an d. Spitze nicht ausgerandet, Grundb. herz-eiförmg, meist deutl. zugespitzt, oberst zerstr. behaart, Nebenb. lanzettl.-lineal, Blü. meist kürzer als 2 cm, rötl. viol., mit kaum sich deckend. Blü.b., 10–20 cm, ♃, 3–5 **V. reichenbachiana** 2083

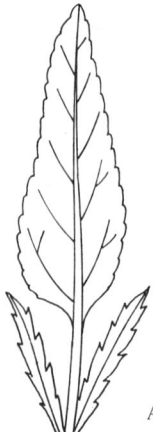

Abb. 43. *Viola elatior*, Blatt mit Nebenblättern.

14* Blü.sporn weißl., dick, ca. 3 mm lg, an d. Spitze ausgerandet, Grundb. brtherzförmg (fast nierenförmg), stumpfl., oft kahl, Nebenb. lanzettl., Blü. meist üb. 2 cm lg, hellviol., mit sich deckd. Blü.b., 5–30 cm, ⚃, 4–6 (später als vor.) **V. riviniana** 2084

13* B., St. u. Fr. flaumg behaart, B. meist unt. 2 cm lg, undeutl. gekerbt- (-ganzrandg), herzförmg bis fast rundl., stumpf, Nebenb. längl.-eiförmg, gesägt, Blü. blaßblau, 3–8 cm, ⚃, 4–6 **V. rupestris** 2085

11* Grundstdge B.rosette nur mit b.achselstdg. Blü., ohne Seiten-St., Kelchb. stumpfl.

15 B. nierenförmg, ± abgerundet, slt. etwas zugespitzt, Fr.stiele aufrecht, Narbe kaum hakg gebog., Pf. mit kriechdem Wurzelstock, Sumpfpf.

16 Nebenb. dem B.stiel bis z. Mitte angewachs., B.stiel geflügelt, Blü. viol., 10–15 cm, ⚃, 3–4 **V. uliginosa** 2081

16* Nebenb. frei, B.stiel höchst. ob. geflügelt, Blü. blaßblau-lila

17 B. 3–4, glänzd, kahl, B.stiel ob. undeutl. geflügelt, Blü. 10–15 mm lg, 3–12 cm, ⚃, 5–6 **V. palustris** 2079

17* B. 2, nur ob.sts kahl, grob gerippt, etwas zugespitzt, B.stiel ob. ± geflügelt, Blü. 15–20 mm lg, 8–15 cm, ⚃, 5–6 **V. epipsila** 2080

15* B. herzförmg, deutl. zugespitzt u. meist behaart, Fr.stiele niederliegd, Narbe hakg-schnabelförmg gebog.

18 Pf. ohne oberird. Ausläuf., B. meist stark behaart

19 B. am Grunde gestutzt, slt. undeutl. herzförmg, 2mal so lg wie brt, B.stiel ob. geflügelt, Blü.rot-viol. mit blaßviol. Sporn, duftd, 5–10 cm, ⚃, 4–5 **V. ambigua** 2088

19* B. am Grunde deutl. herzförmg, B.stiel nicht geflügelt

20 Blü. geruchlos, viol.blau, mit rötl.viol. Sporn, B. zuerst weng lger als brt, später längl.-eiförmg, bis 8 cm lg, B.grund mit brter Bucht, 5–25 cm, ⚃, 3–5 **V. hirta** 2086

20* Blü. schwach duftd, hellviol. mit weißl. Sporn, B. bis 1 $^1/_2$ mal so lg wie brt, gelbgrün, B.grund mit tiefer enger Bucht, 5–10 cm, ⚃, 3–4 **V. collina** 2087

18*Pf. mit oberird. Ausläuf., B. spärl. behaart od. kahl, Blü. stark duftd, blau,
  rötl. od. weiß
21 Blü.stiel unt. d. Mitte mit 2 schuppenförmg. Hochb., B. kahl, glänzd, Fr.kn.
  kahl, Ausläuf. nur bis 10 cm lg, 6–20 cm, ♃, 3–4   **V. suavis** 2090
21*Blü.stiel in od. über d. Mitte mit 2 schuppenförmg. Hochb., B. spärl.
  behaart, matt, ± wintergrün, Fr.kn. behaart, Ausläuf. bis üb. 20 cm lg
22 Nebenb. lineal-lanzettl., 2–3 mm brt, lg gefranst (u. meist behaart),
  Ausläufer kaum wurzld u. sofort blühd, B. 3eckg, später längl., Blü. meist
  rein weiß, slt. blaßviol., 5–10 cm, ♃, 3–4   **V. alba** 2089
22*Nebenb. lanzettl.-eiförmg, 4–5 mm brt, kurz gefranst od. ganzrandg,
  Ausläufer wurzld u. meist nicht gleich blühd, B. mehr rundl., Blü. blau, weiß
  od. kupferrot, 5–10 cm, ♃, 3–4   **V. odorata** 2091

2069. Zweiblütiges V., V. biflóra L., zml. hfg in staudenreich. Bergwäldern od. Grauerlen-Auen d. subalp. Stufe, im Hochstaudengebüsch
u. in Hochstaudenfluren, im Steinschutt, auf sickerfrisch.-feucht.,
nährstoff- u. basenreich., meist kalkhaltg., mild-neutral., humos. Lehm-
od. Steinschuttböden in luftfeuchter Lage, Mullbodenwurzler u. -krie-
cher, Schattpf., meist Insekt.bestäubg, Verdauungs- u. Ameisenverbrtg,
wohl Betulo-Adenostyletea-Kl.char., ferner in hochmont. Fagion- u.
Alno-Ulmion-Ges. – Av, A bis 2530 m, ThW, Elbs, NWe (Ramsbeck) –
(arkt-)no-pralp(-alp) – H – Chrom. 2n = 12.

2070. Stiefmütterchen, V. trícolor-Gruppe
1 Blü. 5–10 mm lg, Blü.b. meist kürzer als Kelchb., St. grauflaumg, Pf.
  einjährg

2070a. Kleines St., V. kitaibeliána R. et Sch. (*V. trícolor* ssp. *mínima*
Gaud.), s. slt. u. unbestdg in Schuttunkrautfluren, an Verladeplätzen,
auch in Getreidefeldern, auf sommertrock., nährstoff- u. basenreich.,
meist kalkarm., sandg. Lehmböden, wärmeliebd, Secalinetea-Art, in
med auch in Therophyten-Trockenrasen – z. B. Rh – med – T – Chrom.
2n = 14, 16, 24, 36, 48.
1* Blü. größer, St. spärl. behaart
2 Blü. 10–15 mm lg, untere Blü.b. kaum lger als Kelch, meist gelbl., z. T. auch
  d. ober. ± blauviol., Sporn 2–3 mm lg, Mittellapp. d. Nebenb. gekerbt, Pf.
  einjährg

2070b. Acker-St., V. arvénsis Murr. (*V. trícolor* ssp. *arvénsis* Gaud.), hfg
v. all. in Wintergetreide-Feldern, auch in and. Ackerunkraut-Fluren od.
zufällg an Wegen u. Schuttplätzen, auf frisch.-mäß. trock., nährstoff- u.
basenreich. neutral-mäß. sauer., ± humos. Sand- od. Lehmböden, bis 45
cm tief wurzld, Insekt- u. Selbstbestäubg (Bienenblume), meist
Schleuder- u. Ameisenverbrtg, Heilpf., Centauretalia cyani-Ordn.char.,
bei Fr.wechsel auch in Polyg.-Chenopodietalia-Ges. – Ebene bis mittl.
Gebirgslg., Ju bis 980 m, A bis 850 m – eurassubozean, in kühl gemäß.
Zonen heute weltweit – T – Chrom. 2n = 34.
Dazu: **var. curtisépala** (Wittr.) Neum. (*V. tricolifórmis* Gerstl.), Blü.
etwas größer, obere Blü.b. meist blau-viol., so in Getreide-Feldern d.

mehr mont.-humid. Gebiete (z. B. Sch, Ju, Av), oft mit *V. tricolor* verwechselt.

2*   Blü. üb. 15 mm lg, untere Blü.b. 1 ¹/₄ –2mal lger als Kelch, obere (od. alle) Blü.b. blauviol., Blü.sporn lger als Kelchanhängsel, Mittellapp. d. Nebenb. ganzrandg (*Viola tricolor* L. s.str.) (vgl. ab. *V. arv.* var. *curtisepala*)
3   Blü. 15–20 mm lg, Sporn 4–5 mm lg
4   Blü. zunächst ± gelb, zuletzt (bis auf d. gelb. Schlund) blauviol.

2070c. Wildes St., V. tricolor L., **ssp. tricolor,** zml. slt. an grasigen Hängen, Böschungen, Wegrainen, auf frisch., nährstoffreich., sauer., humos., sandg. Lehmböden, in humid. mont. Klimalage, oft halbruderal od. in Polygono-Trisetion-Ges. – v. all. silikat. Mittelgebirge auch Do, Fr, Mn, sowie im nördl. Tiefld – no-pralp – T – Chrom. 2n = 26.

4*   Blü. ± blauviol., Nebenb. schmal, B. dickl.

2070d. Sand-Stiefmütterchen, V. tricolor ssp. curtisii (E. Forst.) Syme, slt. in Sandfeldern, auf warm-trock., etwas nährstoff- u. basenreich., lock., neutral., humos. Sandböden, an d. Küste Koelerion alb.-Art, auch im Honk.-Elymion, im Binnenld im Koelerion gl. – NS, SH, Me, nöRh – H – Chrom. 2n = 26.

3*   Blü. 20–30 mm lg, wohlriechd, Sporn 5–6 mm lg, Nebenb. leierförmg, fiederspaltg, Pf. mehrjährg

2070e. Wiesen-Stiefmütterchen, V. tricolor ssp. subalpina Gaud., slt. in Bergfettwiesen d. hochmont. u. subalp. Stufe, auf frisch., nährstoff- u. basenreich., meist kalkarm., humos. Lehmböden, auch Torfböden, viell. Polygono-Trisetion-Verb.char. – süSch (?) Av, A bis 1240 m, BayW, Erzg – pralp – H – Chrom. 2n = 26.

2071. Vogesen-Stiefmütterchen, V. lutea Huds., slt., ab. gesellg in Silikat-Magerrasen d. subalp. Stufe d. Vogesen, auf frisch., ± basenreich., kalkarm., mäß.sauer., humos., sandg. Lehmböden, Char. d. Violo-Nardetum (Nardion) – Vog (800–1400 m) – wpralp – H – Chrom. 2n = 48, formenreich, nahe steht:

2072. Galmei-St., V. calaminaria Lej., slt. auf Galmei- u. Zinkböden in lückg. Rasenges., Char. d. Violetum cal. (Thlaspion cal., Violetalia cal.) – Belgien-rhein. Schiefergebiet (Aachen, Blankenrode) – endem. – Chrom. 2n = 52.

2073. Garten-Stiefmütterchen, V. wittrockiana Gams, verbr. als Zierpf. kultiv., gezüchtet unter Beteiligung v. *V. tricolor, V. lutea, V. altaica* Ker-Gawl., *V. olympica* Boiss. u. a. – H (T) – Chrom. 2n = 48–50.

2074. Langsporniges Stiefmütterchen, V. calcarata L., zml. slt. in Feinschuttfluren d. alp. Stufe, in Schneerunsen u. Magerrasen, auf lg schneebedeckt., schneefeucht., ± nährstoff- u. basenreich. (meist kalkarm.), neutral., humos., feinerdereich. Feinschuttböden (Schieferböd.) mit Ausläufern bodenfestigend, Licht-(Halbschatt-)pf.,

Insekt.bestäubg, geschützt, Char. d. Leontodontetum montani (Thlaspion rotund.), auch im Arabidion caeruleae – A 1600–2400 m – alp – H Chrom. 2n = 40.

2075. Hunds-V., V. canína L., zml. hfg in Silikat-Magerrasen u. -weid., in Heiden, an Waldrändern od. in verheidet., licht. Eichenwäld., auf mäß.trock., nicht zu basenarm., ± sauer., humos. Lehmböden, Moderod. Rohhumus-Wurzler, Versauerungs- u. Magerktszeiger, Lichtpf., Insekt.bestäubg, Schleuderverbrtg, d. verbr. ssp. *canina* (vgl. Unterarten) gern mit *Agrostis cap.* od. *Genista sagittalis,* Violion-Verb.char., auch (Diff.) in saur. Mesobromion- od. Molinion-Ges. – Ebene bis mittl. Gebirgslag., A bis 1700 m, süSch bis 1100 m, Ju bis 930 m – eurassubozean – H, formenreich:

1 Blü. nicht höher als brt, Blü.b. eiförmg, azurblau, Nebenb. d. mittl. St.b. 5–8 mm lg, B. herzeiförmg

2075a. ssp. canína, verbr. Magerrasen-Sippe, vgl. o. – Chrom. 2n = 40.

1* Blü. höher als brt, hellblau, Nebenb. d. mittl. St.b. 10–15 mm lg, B. längl.-eiförmg, zugespitzt
2 Sporn gerade od. weng aufwrts gebog., am Ende gerundet

2075b. ssp. montána (L.) Hartm., slt. auf sauer., humos., ± wechselfeucht. Böd., z. B. im Molinion od. Genistion, auch im Carpinion – z. B. süSch, Av, A bis 1320 m, Do, BayW, Fr, RS, NWe, Th, Sa – noeurassubozean – Chrom. 2n = 40.

2* Sporn am Ende aufgebog., 2teilg, bis 8 mm lg

2075c. ssp. schúltzii (Bill.) Kirschl., slt auf torfgen Böd., z. B. im Molinion – z. B. Bo, Do, Rh, Th – gemäßkont(?) – Chrom. 2n = 40.

2076. Moor-V., V. persicifólia Schreb. (*V. stagnína* Kit.), zml. slt. in Moorwiesen, bes. in nass. Mulden, an Gräben, auf feucht. bis wechselnass., ± nährstoff- u. basenreich., kalkarm., neutral-mäß.sauer. humos. Tonböd. bzw. torfigen Böden, Stromtalpf., Char. d. Cnidio-Violetum, Cnidion-Verb.char., slt. auch im Molinion – v. all. Tieflag. u. Stromtäler im O d. Gebiet., auch Rh – euras(kont) – H – Chrom. 2n = 20.

2077. Hohes V., V. elátior Fr. (*V. erécta* Gilib.), zml. slt. in Pfeifengras-Beständen d. Flußniederung., in Flutmulden, in Auwaldverlichtg., zwischen Auengebüsch, an Wald- u. Wegränd. auf feucht., zeitw. nass. od. überflutet. (wechselfeucht.), basenreich., meist kalkhaltg., wenig humos. Tonböden, Stromtalpf., Licht-Halbschattpf., Selbstverbrtg, gern mit *Molinia arund.,* Cnidion-Verb.char., auch in gestört. Molinion-Ges. – Rh, Bo, Do, Fr, Mn, FrJu(Dietfurt), An, Sa – euraskont – H – Chrom. 2n = 40.

2078. Niedriges V., V. púmila Chaix, slt. in Moorwiesen, bes. in Mulden, auf feucht. od. wechselfeucht., ± nährstoff- u. basenreich., kalkarm., neutral-mäß.sauer., humos. Lehmböd., Lichtpf., Cnidion-Verb.char. – Rh, HRh, Do, Fr, Th, An, Br, Me – euraskont – H – Chrom. 2n = 40.

2079. **Sumpf-V., V. palústris** L., zml. hfg in sauren Flachmooren, in Quellfluren, an Gräben, in Verlandungs-Kleinseggen-Beständen an Ufern, auf meist staunass. (sickernass.), nährstoff- u. basenarm., saur. Sumpfhumus-Böden, Humuswurzler (bis 15 cm tief),Licht-Halbschattpf., Insekt.- u. Selbstbestäubg, Caricion fuscae-Verb.char., auch im Juncion acutifl., Juncion squarr. od. Alnion – Ebene bis Gebirge (v. all. humide Silikatgebiete), A bis 1850 m – no(-euras)subozean, circ – H – Chrom. 2n = 48, nahe steht:

2080. **Torf-V., V. epipsila** Ledeb., slt. in mesotroph. Zwischenmoorges., Caricion las.-Verb.char.– SH, Me, Br – nokont – H – Chrom. 2n = 24.

2081. **Moor-V., V. uliginósa** Bess., s. slt. auf nass. Torfböd., in Moorwies. u. im Erlenbruch – L – gemäßkont – H – Chrom. 2n = 20.

2082. **Wunder-V., V. mirábilis** L., zerstr. in licht.-warm. Eichen- u. Berglindenwäldern, in Buchenmischwäldern, od. Eichen-Auen, auf frisch., mäß.trock., nährstoff- u. basenreich., kalkhaltg., lock., mitteltiefgründg. Ton- u. Lehmböden, Mullböden, sommerwärmeliebd, Halbschatt-(Schatt-)pf., Selbstbestäubg (kleistogam), Ameisenverbrtg, gern mit Eiche, Linde od. Ahorn, v. all. im warm-frisch. Quercion pubesc., Carpinion, Alno-Ulmion, Fagion od. Tilio-Acerion (Aceri-Tilietum), Querco-Fagetea-Kl.-char. – v. all. Kalk- u. Lehmgebiete im O, Silikatgebirge u. nordw. Tiefld fehld, Ju bis 980 m, A bis 1380 m – euraskont – H – Chrom. 2n = 20.

2083. **Wald-V., V. reichenbachiána** Jord. (*V. sylvática* L., *V. sylvéstris* Lam. p. p.), verbr. in krautreich. Laub- u. Nadelmischwäld., auf frisch., nährstoffreich., neutral-mäß.sauer., tätig-humos. Lehmböden (Braunerden), Mullbodenpf., Schatt-Halbschattpf., Insekt.- u. Selbstbestäubg, Ameisenverbrtg, Fagetalia-Ordn.char. – Ebene bis Gebirge (A bis 1600 m) – subatl-smed (bzw. bei weiter gefaßt. Artbegriff eurassubozeansmed) – H – Chrom. 2n = 20.

2084. **Hain-V., V. riviniána** Rchb., zml. hfg in licht., meist bodensaur., grasg Eichen-Wäldern (Eichen-Birken-, Eichen-Hainbuchen- od. Eichen-Kiefern-Wäldern), auch in Magerrasen u. Heiden, auf mäß. trock. (frisch.), ± basenreich., kalkarm., vorzugsw. sandg. Lehm- u. Tonböden (oft podsolige Braunerden), Moderhumus-Pf., Halbschatt-(Licht-)pf., Diff.Ass. d. Violo-Quercetum (Quercion rob.-petr.), auch im Carpinion od. bodensaur. Quercion pubesc. (Potentillo-Quercetum), ferner in Nardo-Callunetea-Ges. – Ebene bis mittl. Gebirgslagen (Silikat- u. Lehm-Gebiete), A bis 1750 m? – eurassubozean-smed – H – Chrom. 2n = 40 (46), formenreich:

2084a. **ssp. minor** (Murb.) Vahl, Pf. in all. Teil. kleiner, Blü. etwa 15 mm lg, so v. all. in Nardetalia-Ges.

2085. **Sand-V., V. rupéstris** F. W. Schmidt (*V. arenária* DC.), slt. in licht. Kiefern-Trockenwäldern, auch in off. Kalk-Magerrasen (Steppenrasen), auf sommerwarm.-trock., ± basenreich., meist kalkhaltg., neutralmild., humos. Sand- od. Lößböden, Sandzeiger, Halbschatt-Lichtpf., Kiefernbegleit., terr. Char. d. Pyrolo-Pinetum (Cytiso-Pinion), Puls.-Pinetea-Kl.char., ferner slt. im Erico-Pinion, od. in Festuco-Brometea-u. Seslerietea-Ges., – Hü, nöRh, Do, Av, A bis 1470 m, FrJu, Fr, He, Th, Br, Me, im W slt., im Nordw. fehld – no-euras(kont), circ – H – Chrom. 2n = 20.

2086. **Rauhhaariges V., V. hírta** L., zml. hfg im Saum sonng. Büsche, an Waldrändern, in licht. Eichen- u. Kiefern-Trockenwäldern, auf mäß.trocken., ± nährstoff- u. basenreich., meist kalkhaltg., mäß. sauer.-mild., humos. Ton-Lehm- od. Lößböden, Tiefwurzler, Basenzeiger, wärmeliebd, Halbschatt-Lichtpf., meist Selbstbestäubg (kleistogam), Schleuder- u. Ameisenverbrtg, v. all. im Geranion sang., Origanetalia-Ordn.char., auch in Kontaktges. z. B. des Mesobromion, Berberidion, Erico-Pinion od. der Quercetalia pub. – Ebene bis mittl. Gebirgslag. (Kalkgebiete), A bis 1400 m, Ju bis 1010 m, im nördl. Tiefld slt. od. wie im Nordw. fehld – euras-smed – H – Chrom. 2n = 20, 26.

2087. **Hügel-V., V. collína** Bess., slt. im Saum sonng. Büsche, an Rainen u. Waldrändern, in licht. Eichen- u. Kiefern-Trockenwäldern, auf mäß.trock.-trock., meist kalkhaltg., neutral-mild., humos., steing. od. sandg. Lehm- u. Lößböd., auch Kalksand-Böden, sommerwärmeliebde Halbschatt-Lichtpf., Ameisenverbrtg, gern in Begleitg d. Kiefer, v. all. im Cytiso-Pinion, auch im Geranion sang. – v. all. im S u. O d. Gebiet., Ju bis 980 m, A bis 1300 m, nördl. bis NSH, Th, An – euraskont, im Gebiet an d. W-Grenze d. Verbrtg – H – Chrom. 2n = 20.

2088. **Steppen-V., V. ambígua** W. et Kit., s. slt. in basenreich., ab. kalkarm. Trockenras. u. Felsflur., wird als Festucetalia val.-Art angegeben – Th (Kyffhäuser) – europkont-osmed – H – Chrom. 2n = 40.

2089. **Weißes V., V. álba** Bess., slt. im Saum frischer Wäld. u. Gebüsche, an Wegen, in verlichtet. gestört., krautreich. Laubwäld., auf frisch. nährstoff- u. basenreich. Lehmböd., wärmeliebd, Halbschattpf., Insekt.- u. Selbstbestäubg, Ameisenverbrtg, Alliarion-Verb.char., im Kontakt mit Prunetalia-, Fagetalia- od. Quercetalia pub.-Ges. – süHü, Rh (Niederung), nöHü, Bo, Pf (Saar) – med-smed, im Gebiet an d. N-Grenze d. Verbrtg – H – Chrom. 2n = 20.

2090. **Kornblumen-V., V. suávis** Bieb. (*V. spíncola* Jord.), slt. als Zierpf. u. glgtl. verwildt, in SO-Europa in frisch. Quercetalia pub.-Ges. od. im Alliarion – z. B. Fr, Do – osmed – H – Chrom. 2n = 40.

2091. **Märzen-V., Wohlriechendes V., V. odoráta** L., hfg vor all. im frisch. Gebüsch an Waldrändern, schattg. Wegrainen, in Siedlungsnähe, auf frisch., nährstoffreich., mild-mäß. sauer., humos. Lehmböden in mild-humid. Klimalage, Nährstoffzeig., Halbschattpf., Insekt.besuch (Bienenblume), ab. meist nur fruchtbar durch Selbstbestäubg (kleistogam), beliebte Zierpf. u. im Gebiet viell. nur verwildt, auch Heilpf., v. all. im All.-Chaerophylletum tem. (Alliarion), Glechometalia-Ordn.char. – Ebene bis mittl. Gebirgslagen, Ju bis 900 m, A bis 996 m – med-smed – H – Chrom. 2n = 20.

Zahlreiche Bastarde!

Zu den *Violales* zählt ferner die Familie der **Begoniáceae** mit den Begonien (*Begónia* L.) aus dem subtrop. u. trop. Afrika, Indien u. S-Am.

Ordnung Passifloráles

Familie der Kürbis-Gewächse, Cucurbitáceae

1   Pf. mit Ranken
2   Ranken einfach
3   Blü. weiß-gelbl.grün, in b.achselstdg. Traub., Fr. erbsengroß, kugelg, glatt, zuletzt schwarz od. rot, Wurzel rübenförmg   **Bryonia**   S. 676
3*   Blü. gelb, einzeln b.achselstdg, fast bis z. Grund geteilt, Fr. meist längl., groß   **Cucumis**   S. 677
2*   Ranken verästelt
4   Blü. gelb, Fr. glatt, meist groß u. rundl.   **Cucurbita**   S. 677
4*   Blü. weißl., weißgelbl. od. grünl., Fr. borstl. rauh, höchst. 5 cm lg, Staubb. verwachs.
5   Blü. 5zipfelg, Fr. zu mehrer., 12–15 mm lg, B. eckg-seicht gelappt, 100–400 cm, ⊙, 6–8   **Sicyos**   S. 677
5*   Blü. 6zipfelg, weiß, Fr. einzeln, 40–50 mm lg, B. meist tief 5lappg, 100–600 cm, ⊙, 6–8   **Echinocystis**   S. 678
1*   Pf. ohne Ranken, graugrün, kriechd, Fr. borstl. rauh, nickd, zuletzt am Stielansatz explodierd, 20–80 cm, ⊙, ♃, 6 8   **Ecballium**   S. 678

Zaunrübe, Bryónia L.

1   Pf. 1häusg, mit Fr.kn.- u. Staubb.-Blü., Narbe kahl, Fr. schwarz, B. lapp. scharf gezähnt, 200–300 cm, ♃, 6–7   **B. alba**   2092
1*   Pf. 2häusg, d. h. nur mit Fr.kn.- od. nur mit Staubb.-Blü., Narbe behaart, Fr. rot, B.lapp. ganzrandg od. weng stumpf gezähnt, 200–300 cm, ♃, 6–7   **B. dioica**   2093

2092. **Weiße Z., B. álba** L., zml. slt., z. T. unbestdg, im Saum v. Hecken, an Zäunen u. Wegen, auf sommerwarm., frisch., nährstoffreich., humos., lock. Lehmböden, wärmeliebd, Insekt.bestäubg (Bienen), giftig, alte Arzneipf., Alliarion-Verb.char. – v. all. im O u. NO d. Gebiet., im SW u. W fehld – gemäßkont(-osmed) – H, G – Chrom. 2n = 20.

2093. **Zweihäusige, Rotfrüchtige Z., B. dioíca** Jacq. (*B. crética* L. ssp. *dioíca* Tut.), zml. hfg im Saum v. Hecken, an Zäunen, Wegen u. Schuttplätzen, auf frisch., nährstoffreich., humos., lock. Lehmböden, wärmeliebd, Insekt.bestäubg (Bienen), z.T. Vogelverbrtg, giftig, alte Arzneipf., Alliarion-Verb.char. – v. all. im SW u. W d. Gebiet., im O u. NO slt. – smed-subatl – H, G – Chrom. 2n = 20.

Gurke, Melone, Cúcumis L.

1 B. mit spitz. Ecken, Blü. goldgelb, Fr. walzl., 1–4 m, ☉, 6–8
                                       C. sativus 2094
1* B. mit abgerundet. Ecken, Blü. blaßgelb, Fr. eiförmg, groß, 2–5 m, ☉, 6–8
                                       C. melo 2095

2094. **Gurke, C. satívus** L., hfg in viel. Sorten gebaut, auf frisch., nährstoffreich., humos., lock. Böden, Sommerwärme- u. Luftfeuchtgkt-liebd, frostempfindl., Insekt.bestäubg, alte Kulturpf. aus Vorderindien – T – Chrom. 2n = 14.

2095. **Zucker-Melone, C. mélo** L., hie u. da in Wärmegebiet. gebaut, ab. nicht immer ausreifd, verlangt große Sommerwärme-Mengen, Wärme-keimer, alte Kulturpf. d. Südens, Stammpf. *C. pubéscens* Willd. (Afrika-Südasien) – T – Chrom. 2n = 24.

Kürbis, Cucúrbita L.

1 Fr.stiele 5kantg gerippt, Samen 7–15 mm lg, B.lapp. spitz, mit deutl. Bucht,
   3–5 m, ☉, 6–8   **C. pepo** 2096
1* Fr.stiele rund, Samen 20–30 mm lg, B.lapp. stumpf, mit seicht. Bucht.,
   4–9 m, ☉, 6–9   **C. maxima** 2097

2096. **Gewöhnlicher K., C. pépo** L., hfg in viel. Sorten gebaut, auf frisch., nährstoffreich., humos., lock. Böden, wärmeliebd, Wärmekeimer, frostempfindl., Öl- u. Gemüsepf., Stammpf.: *C. texána* A. Gray (Texas-Mexiko) – T – Chrom. 2n = 40.

2097. **Riesen-K., C. máxima** Duch., hie u. da v. all. im südl. u. mittl. Gebiet gebaut, als Futter- od. Gemüsepf., wärmeliebd usw. wie vor., Stammpf.: *C. andreána* Naud. (Argentinien-Uruguay) – T – Chrom. 2n = 40.

Nah verwandt mit *Cucúrbita* sind ferner Wassermelone, *Citrúllus lanátus* (Thunb.) Msfld, alte Kulturpf. d. Südens, Herkunft: Afrika, Flaschenkürbis, *Lagenária vulgáris* Ser., glgtl. als Zierpf. gebaut, in. d. Tropen zu Flaschen u. Behältern (Kalebassen) verarbeitet, Heimat: trop. Afrika u. Asien.

Haargurke, Sícyos L.

2098. **S. angulátus** L., slt. als Zierpf. kultiv. u. glgtl. im Saum v. Ufergebüsch, an Schuttplätzen od. Zäunen verwildert, z.T. mit

Echinocystis verwechselt – z. B. FrJu, Fr, Do, v. all. im O d. Gebiet. – Herkunft: wärm. N-Am. – T – Chrom. 2n = 24.

Stachelgurke, Echinocýstis Torr. et Gray

2099. **E. lobáta** (Michx.) Torr. et Gray, slt., ab. eingebürgt im Staudensaum v. Flußufern, im Ufergebüsch, an Weiden, auf nass. (wechselnass.), nährstoffreich., kiesg-sandg. Ton- u. Lehmböden, wärmeliebd, Char. d. Cuscuto-Convolvuletum (Senecion fluv.) – Neckar (Rh-O-Ne), Mittelrhein, mittl. Saale – Herkunft: wärm. N-Am. – T – Chrom. 2n = 32, 34.

Spritzgurke, Ecbállium A. Rich.

2100. **E. elatérium** (L.) A. Rich., slt. u. unbestdg, ab. immer wieder in frisch. Schutt- u. Müll-Unkraut-Ges. (Sisymbrion), wärmeliebd, Schleuderverbrtg – im Bereich d. Hafenanlag. von Rh – Herkunft: med (dort Chenopodion muralis-Art) – T – Chrom. 2n = 24.

Zur Ordnung d. *Passiflorales* zählt ferner d. Fam. d. *Passifloráceae* mit d. Passionsblume *Passiflóra caerúlea* L. aus dem trop-subtrop Am.

Ordnung Myrtáles

Familie der Weiderich-Gewächse, Lythráceae

1 B. eiförmg-stumpf., dickl. (vgl. Abb. 26a, S. 291), St. kriechd-wurzld, Blü. ca. 1 mm lg, b.achselstdg, Blü.b. oft fehld, Staubb. 6, 5–25 cm, ☉, 7–9
Peplis S. 678

1* B. lineal od. lanzettl., St. aufrecht od. aufsteigd, Blü. wenigst. 3 mm lg, Kelch röhrg, Staubb. 2–12 **Lythrum** S. 679

Sumpfquendel, Péplis L.

2101. **P. pórtula** L. [*Lýthrum pórtula* (L.) Webb], zml. slt. u. unbestdg in lückg. Zwergbinsen-Rasen, an off. Teichufern, in Ackerrinnen, an Wegrändern, auf feucht., zeitw. überfluteten, nährstoffreich., kalkarm., mäß.sauer., humos. Lehm- u. Tonböden, Insekt.- u. Selbstbestäubg, Wasserverbrtg (Schwimmsamen), Is.-Nanojuncetea-Kl.char. (El.-Eleocharitenion) – Ebene bis mittl. Gebirgslagen, Silikatgebiete (süSch bis 940 m) (Kalkgebiete u. A. fehld) – subatl – T – Chrom. 2n = 10.

Weiderich, Lýthrum L.

1 Blü. zu 1–2 b.achselstdg, B., wenigst. obere, wechselstdg, Kelchzähne ± gleich lg, St. aufsteigd

2 Blü.b. 2–3 mm lg, blaßrot, 5–30 cm, ☉, 6–9 **L. hyssopifolia** 2102

2* Blü.b. 5–7 mm lg, rot, 30–80 cm, ♃, 6–9 **L. junceum** 2103

1* Blü. quirlig, in lger Ähre, purpurrot, Blü.b. 10–15 mm lg, Kelchzähne verschied. lg, Staubb. 12, verschied. lg, B. gegenstdg od. 3quirlg, St. meist aufrecht, 50–120 cm, ♃, 6–9 **L. salicaria** 2104

2102. **Ysop-W., L. hyssopifólia** L., slt. u. unbestdg in lückg. Zwergbinsen-Rasen, an Schlammufern, Wegen od. Ackerrändern, auf off., feucht., z.T. zeitw. überschwemmt., nährstoff- u. basenreich., oft salzhaltg., ± humos. Tonböden, wärmeliebd, Insekt.- u. Selbstbestäubg, Wasserverbrtg, Isoëto-Nanojuncetea-Kl.char. – v. all. Tieflag. (Keupergebiete), im nordw. Flachld fehld – weltweit gemäß-subozean (v. all. Küstennähe od. Salzgebiete) – T – Chrom. 2n = 20.

2103 **Binsen-W., L. júnceum** Bks. et Sol., slt. u. unbestdg verschleppt in Unkrautfluren v. Schuttplätzen – z.B. süRh, Ne, Herkunft: wmed.

2104. **Blut-W., L. salicária** L., verbr. in staudenreich. Naßwiesen, in Staudenfluren an Gräben u. Ufern, in Seggen- u. Moorwiesen, v. all. tief. Lagen, auf nass.-feucht. bzw. wechselfeucht., nährstoff- u. basenreich., mild-mäß.sauer., humos. Lehm- u. Tonböd., Sumpfhumusböden, Tiefwurzler, etwas wärmeliebd, Lichtkeimer, Licht-(Halbschatt-)pf., Insekt.bestäubg (Tristylie), Samen schleimhaarg, Klebverbrtg (z.B. Vögel), schwache Filipendulion-Verb.char., auch in ander. Molinietalia- od. gestört. Phragmitetea-Ges. – Ebene bis mittl. Gebirgslag., A bis 1400 m, nur in Silikatgebirgen slt. – eurassubozean, circ (Australien) – H – Chrom. 2n = (30) 60, formenreich.

Familie der Wassernuß-Gewächse, Trapáceae

Wassernuß, Trápa L. vgl. S. 291

2105. **T. nátans** L., slt., ab. gesellg in Schwimmblatt-Beständen sommerwarm., nährstoffreich., kalkarm.- u. reich., stehend., nicht zu seicht. Gewässer tief. Lagen, opt. bei 1–2 m Wassertiefe üb. humos. Schlammböden, sommerwärmeliebd u. Wärmekeimer, Selbstbestäubg, Wasser- u. Tierverbrtg (Anker-Klettfr.), wärmezeitl. (jüng. Steinzeit) weiter verbr. u. viell. genutzt, geschützt, Char. d. Trapetum (Nymphaeion) – Rh (Altwasser), Do, Fr-Mn, NS, He, Th, An, Br, früher auch Bo, BayW, Av, SH – euraskont-smed, z.T. verschleppt – W – Chrom. 2n = ca. 36, 40, 48.

Familie der Nachtkerzen-Gewächse, Onagráceae (Oenotheráceae)

1 St. kriechd, z.T. wurzld, Blü. einzeln, b.achselstdg, grünl., 4 mm lg, Blü.b. fehld, Staubb. 4, B. eiförmg, zugespitzt (vgl. Abb. 26b S. 291), gegenstdg, 10–30 cm, ☉–♃, 7–8 **Ludwigia** S. 680

1* St. aufrecht, Blü.stde endstdg, traubg, Blü.b. entwickelt, Staubb. 2 od. 8

2 Blü.b. meist üb. 3 mm lg, rötl. od. gelb, Staubb. 8, Fr. 4teilg, B. meist längl.-lanzettl.

3   Blü. rot od. rosarot (weißl.), Fr.kn. schmal-lineal, Samen mit Haarschopf
                                                           Epilobium S. 680
3* Blü. gelb, Fr.kn. walzl., Samen ohne Haarschopf   **Oenothera** S. 685
2* Blü.b. 2–3 mm lg, weiß, Blü.b. u. Staubb. 2, Fr. 1–2samg, B. ei-herzförmg,
    zugespitzt, gestielt   **Circaea** S. 688

Heusenkraut, Ludwígia L.

2106. **L. palústris** (L.) Ell. (*Isnárdia palústris* L.), s. slt. u. unbestdg in
lückg. Zwergbinsen-Rasen od. zwischen Großseggen, an Teichufern,
Tümpeln u. Gräben, in Schweineweiden, auf ± off., nass., zeitw.
überschwemmt., nährstoffreich., kalkarm., humos. Schlammböden,
Selbstbestäubg, Wasserverbrtg, gern mit *Lindernia*, Nanocyperion-
Verb.char., auch im Bidention (vgl. Ludwigietum Westh. 69) od. in
Littorelletea-Ges. – Rh, Bo (z. T. verscholl.), NWe, NS, SH (verscholl.),
L – subatl-med, ferner S-Afrika, N-Am. – T (H) – Chrom. 2n = 16.

Weidenröschen, Epilóbium L.

1   B. wechselstdg, Blü. 20–30 mm brt, Kelchb. rot überlauf., Staubb. u. Griffel
    abwts geneigt (*Chamaenérion* Adans.)
2   B. lanzettl. (10–20 mm brt), untersts blaugrün, deutl. geadert, Blü.b. kurz
    gestielt, 5–150 cm, ⚥, 6–8   **E. angustifolium** 2107
2* B. lineal (bis 5 mm brt), ± starr, Blü.b. nicht gestielt
3   St. aufrecht, B. meist ganzrandg, Blü. rosa, Griffel nur unten behaart,
    30–90 cm, ⚥, 6–8   **E. dodonaei** 2108
3* St. niederliegd-aufsteigd, B. gezähnelt, Blü. leuchtd rot, Griffel bis üb. d.
    Mitte behaart, 10–50 cm, ⚥, 7–8   **E. fleischeri** 2109
1* B., wenigst. untere, gegenstdg od. quirlg, Blü. trichterförmg, Blü.b. deutl.
    ausgerandet(-2spaltg), 4–20 mm lg, Staubb. u. Griffel aufrecht, gerade
    (*Epilóbium* L. s.str.)
4   Narben mit 4 sternförmg ausgebreitet. od. aufgerichtet., aber getrennt.
    Zipfeln, St. ± rund (ohne erhabene Längslinien)
5   St. abstehd behaart, B. weichhaarg, sitzd, Blü.knosp. aufrecht
6   B. halbst.umfassd, ± herablaufd, 6–12 cm lg, gezähnt-gesägt, Kelchb.
    stachelspitzg, Blü.b. 12–20 mm lg, rot, 60–120 cm, ⚥, 6–9
                                                        E. hirsutum 2110
6* B. verschmälert od. herzförmg sitzd, 3–7 cm lg, schwach entfernt gezähnt,
    Kelchb. nicht bespitzt, Blü.b. 6–10 mm lg, rosa, 20–60 cm, ⚥, 6–9
                                                       E. parviflorum 2111
5* St. angedrückt behaart od. kahl, B. meist deutl. (oft nur kurz) gestielt,
    Blü.knosp. ± nickd
7   Mittl. B. eiförmg, nahe d. Grunde am brtest., B.grund ± abgerundet
8   Blü.b. 8–12 mm lg, Fr. abstehd-drüsenhaarg
9   Pf. ohne Ausläuf., St. aufrecht, einfach, oben weng ästg, mittl. B. fast sitzd,
    dicht gezähnt-gesägt, Kelchb. 3,5–5 mm lg, 30–80 cm, ⚥, 6–9
                                                        E. montanum 2112
9* Pf. mit Ausläuf., St. aufsteigd, mittl. B. z. T. kurz gestielt, entfernt gezähnt,
    B.grund oft ± herzförmg, Kelchb. 5–6 mm lg, 20–40 cm, ⚥, 7
                                                        E. duriaei 2114
8* Blü.b. 4–6 mm lg, Fr. drüsg od. drüs.los

10 B. völlg ganzrandg, eiförmig, zugespitzt, kurz gestielt, Fr. drüsg behaart, 30–80 cm, ♃, 7–9 **E. hypericifolium** 2113
10* B. geschweift-gezähnt, stumpfl., ± graugrün, 1–4 cm lg, deutl. gestielt, St. meist v. unt. an ästg, Fr. drüsenlos, angedrückt behaart, 10–30 cm, ♃, 6–8 **E. collinum** 2115
7* Mittl. B. lanzettl., in d. Mitte am brtest., keilg in d. 4–8 mm lg. B.stiel verschmälert, vorn entfernt gezähnt, etwas graugrün, obere St.b. meist wechselstdg, Blü.b. 6–10 mm lg, weißl.-rosa, Fr. grau, anliegd behaart (z. T. mit spärl., abstehd. Drüsen), 20–60 cm, ♃, 5–8 **E. lanceolatum** 2116
4* Narben keulg od. kopfg vereinigt, St. rund, kantg od. mit erhaben. Linien
11 St. rund, höchst. mit 2 Haarleisten, oben ± flaumhaarg, B. lineal-lanzettl., ganzrandg od. nur schwach gezähnt, dunkelgrün, glänzd, mit keilförmg. Grund, Blü.b. 4–8 mm lg, Pf. mit fädl. Ausläufern, 10–50 cm, ♃, 7–9 **E. palustre** 2119
11* St. kantg od. mit 2–4 erhaben., oft behaart. Längslinien
12 Pf. 30–100 cm hoch, mehrblütg
13 B. 5–20 mm lg gestielt, lanzettl., drüsg gezähnelt, ± gegenstdg, Blü.stdsspitze nickd, meist drüsg, Blü.b. 5–8 mm lg, hochsommerlich mit B.rosett. am St.grund, 15–80 cm, ♃, 7–9 **E. roseum** 2117
13* B. sitzd od. nur 2–3 mm lg gestielt
14 B. zu 3 od 4quirlg, eiförmg-lanzettl., mit abgerundet. B.grund, unt.sts glänzd, am Rande behaart, Blü.b. 8–12 mm lg, rot, 30–100 cm, ♃, 7–8 **E. alpestre** 2118
14* B. gegenstdg, längl.-lanzettl. (slt. wechselstdg od. quirlg)
15 St.grund (hochsommerlich) mit kurzgestielt. od. sitzd. B.rosett., ohne Ausläuf.
16 St. oben abstehd drüsg u. kraus behaart, B. 18–30 mm brt u. 1,5–3 mm lg gestielt, Blü.stdsspitze nickd, Blü.b. 2–3 mm lg, weißl.-rosa, Fr. 4–7 cm lg, drüsg, 30–150 cm, ♃, 6–9 **E. adenocaulon** 2122
16* St. ohne Drüsenhaare, kahl od. ob. angedrückt behaart, B. 3–10 mm brt, sitzd od. fast sitzd, Blü.stdsspitze aufrecht, Blü.b. 3–6 mm lg, Fr. 7–11 cm lg, drüsenlos
17 B. u. St. ± kahl, B. hellgrün, glänzd, dicht gezähnelt, am Grunde gestutzt, Blü.b. 4–6 mm lg, rosarot, 30–100 cm, ♃, 7–8 **E. tetragonum** 2120
17* St. ob.wrts, wie B. am Rande flaumg behaart, B. graugrün, entfernt gezähnelt, etwas stumpfl., am Grunde ± verschmälert, Blü.b. 6–8 mm lg, rot, oft dunkler geadert, 20–60 cm, ♃, 7–8 **E. lamyi** 2121
15* St.grund (zur Blü.zeit) mit verlängert., entfernt beblättert. Ausläufern, St. oberwts weichhaarg, B. dunkelgrün, ± grau behaart, entfernt gezähnelt, zugespitzt, Blü.knosp. nickd, Blü.b. 5–7 mm lg, trübrosa, Fr. 4–6 cm lg, 40– 80(–100) cm, ♃, 6–9 **E. obscurum** 2123
12* Pf. 5–20(–30) cm hoch, St. meist einfach, mit erhaben. Linien, 1–4(–7)blütg, St.spitze oft nickd, subalp. Sumpfpf.
18 Pf. mit oberird. Ausläufern, B. ± ganzrandg, stumpfl., 1–2 mm lg, Blü. 4–5 mm lg
19 St. oberwts, wie Fr., spärl. behaart, B. fast sitzd, Ausläufer dünnfädl., St.spitze stark nickd, St. einzeln, Samen papillös, 8–15 cm, ♃, 7–8 **E. nutans** 2124
19* St. nur mit behaart. Längslinien, sonst kahl, Fr. spärl. drüsg, behaart od. kahl, B. kurz gestielt, Ausläufer dickl., St. zu mehrer., rasenbildend, Samen glatt, 8–15 cm, ♃, 7–8 **E. anagallidifolium** 2125

18* Pf. mit unterird. Ausläuf., B. entfernt gezähnelt, dunkelgrün, glänzd, dickl., 2–4 cm lg, Blü. 8–12 mm lg, Fr. spärl. drüsenhaarg, verkahld, St.spitze kaum nickd, 10–30 cm, ♃, 7–8   **E. alsinifolium**   2126

2107. Wald-W., E. angustifólium L., hfg in Kahlschlag-Fluren, in Waldverlichtg., an Waldwegen, auch an Schuttplätzen od. in Staudenfluren, an Ufern od. an d. Waldgrenze, auf frisch., nährstoffreich. (nitrifizierend.), vorzugsw. kalkarm., humos. od. roh. Lehmböden, Rohbodenpionier, Humuszehrer, weit kriechend. u. tiefwurzelnd. Bodenbereiter u. Bodenfestiger (Wurzelsprosse), Lichtkeimer (Lichtpf.), Insekt.bestäubg (Bienenweide), Windverbrtg (Samen mit lg dauernd. Keimfähigkt), auch Nutzpf. (Tee, Samenwolle, jg als Gemüse), Epilobietea ang.-Kl.char., opt. im Sen.-Epilobietum, auch in Bet.-Adenostyletea-Ges. – Ebene bis Gebirge, A bis 1875 m – noeuras(subozean), circ – H – Chrom. 2n = 36.

2108. Rosmarin-W., E. dodonáei Vill., slt., z.T. unbestdg, z.T. eingebürgt in lückg. Pionier-Fluren, auf Kiesbänken, in Kiesgruben, auf off., meist kalkreich., lock., humus- u. feinerdearm., roh. Kies- u. Sandböden, auch auf Feinschutt, wärmeliebd, ausläufertreibde Pionierpf., Lichtpf., Insekt.bestäubg, Windverbrtg, Char. d. Epilobio-Scrophularietum can. (Epilobion fleisch.) – Rh (nördl. bis Karlsruhe) süHü, HRh, Bo, Pf (Kusel), Av – pralp-smed – Ch – Chrom. 2n = 36.

2109. Fleischer's W., E. fléischeri Hochst., slt., meist gesellg in lückg. Pionier-Ges., auf Kiesbänken u. Moränenschutt d. subalp. Stufe, auf wechseltrock., basenreich., meist kalkarm., roh., lock., humus- u. feinerdearm. Sand- u. Kiesböden, Wurzelkriech-Pionier u. Bodenfestiger, Lichtpf., Insekt.bestäubg, Windverbrtg, Char. d. Epilobietum fleisch. (Epilobion fleisch.) – A (Allgäu, ca. 1000 m) – pralp-alp – Ch – Chrom. 2n = 36.

2110. Zottiges W., E. hirsútum L., zerstr. in Staudenfluren an Bächen, Gräben, Quellen, im Saum v. Weidengebüsch, auf nass., nährstoff- u. basenreich. ± mild., humos. Tonböden, Bodenfestiger, Licht-Halbschattpf., Insekt.bestäubg, Windverbrtg, Char. d. Conv.-Epilobietum hirs. (Convolvulion), oft im Kontakt mit d. Sparg.-Glycerion od. Filipendulion – Ebene bis mittl. Gebirgslag., v. all. Lehm- u. Kalkgebiete, A bis 1270 m, im nördl. Tiefland seltener – eurassubozean-smed, verschleppt – H – Chrom. 2n = 36.

2111. Bach-W., E. parviflórum Schreb., zml. hfg im Saum fließender Gewässer, an Gräben u. Quellen, an Wegen, auf feucht.-nass., nährstoff- u. basenreich., mild., ± humos. Lehm- u. Tonböd., Licht-Halbschattpf., Insekt.- u. Selbstbestäubg, Char. d. Conv.-Epilobietum hirs. (Convolvulion), oft im Kontakt mit d. Sparg.-Glycerion od. Filipendulion, auch in ander. Artemisietea-Ges. od. in d. Bidentetea – Ebene bis mittl. Gebirgslag., A bis 1200 m – eurassubozean – H (Ch) – Chrom. 2n = 36.

2112. **Berg-W., E. montánum** L., verbr. in krautreich. Laub- u. Nadelmisch-Wäldern, in Schlägen, an Waldwegen, in Hecken, Garten- u. Parkanlag., auf Steinschutt od. epiphyt., im allg. auf frisch., nährstoffreich., humos. Lehmböden, Mullbodenpf., Schatt-Halb-schattpf., meist Selbstbestäubg, Windverbrtg, schwache Char. d. Epilob.-Geranietum rob. (Alliarion), auch in Atropetalia-, bzw. gestört. Fagetalia-Ges. – Ebene bis Gebirge, A bis 1820 m – (no-)eurassubozean – H (Ch) – Chrom. 2n = 36, formenreich, z. B.

2112a. **var. thellungiánum** Lévllé., Blü. 12–15 mm lg, B. groß, gestielt, gezähnt – in subalp. Hochstaudenfluren, Adenostylion-Verb.char. – z. B. süSch, A – pralp.

2113. **Hartheu-W., E. hypericifólium** Tausch, d. vor. nahestehd, u. ähnl. auf nährstoffreich. Mullböd. in Waldverlichtgen u. an Waldrändern (Alliarion?) – Th – mi.europ., endem – H – Chrom. 2n = 36.

2114. **Durieu's W., E. duriáei** J. Gay, s. slt. in subalp. Hochstaudenfluren auf basenreich. Mullböden, Adenostylion-Verb.char. – nur Vog (nicht süSch, verwechselt mit *E. mont.* var. *thellung.*) – wpralp – H.

2115. **Hügel-W., E. collínum** C. Gmel., zml. hfg in Fels- u. Mauerspalten, auf trock.-mäß.frisch., meist lichtexponiert. Grund-gebirgs- od. Buntsandstein-Unterlagen, säuregebund. Spaltenwurzler, meist Selbstbestäubg, Windverbrtg, gern mit *Asplenium septentr.*, Androsacetalia vand.-Ordn.char., glgtl. auch in Androsacetalia alp.- od. Galeopsietalia-Ges. – Hügelld u. Gebirge (Silikatgebiete), A bis 1700 m, im nördl. Tiefld fehld – nosubozean-pralp – H – Chrom. 2n = 36.

2116. **Lanzettblättriges W., E. lanceolátum** Seb. et Mauri, zerstr. in Steinschutt-Fluren, an Mauern, in Steinbrüchen od. in licht., steinschuttreich. Waldges. mild-humid. Klimalag., auf ± nähr-stoffreich., silikatisch., mäß.saur., feinerdearm. Steinböden, Licht-Halbschattpf., Galeopsion seg.-Verb.char., auch in Androsacetalia vand.-Ges., od. in licht. steingen Fageten – Sch, O, Pf, nöRh, Ne (Keuper), süHü (Kaiserstuhl), NSH, BayW, RS, Sp, He, Hz, Th, Sa – subatl-smed – H – Chrom. 2n = 18, 36.

2117. **Rosenrotes W., E. róseum** Schreb., zerstr. im Röhrichtsaum fließd. Gewässer, an Bach- u. Flußufern, an Gräben, zwischen Weidengebüsch, auf sickernass., gern kalkhaltg., ± humos., sandg., kiesg. od. rein. Lehm- u. Tonböden, Nährstoffzeiger, Licht-Halbschattpf., meist Selbst-bestäubg, Windverbrtg, v. all. im Convolvulion, auch im Filipendulion od. Sparg.-Glycerion – Ebene bis mittl. Gebirgslag., A bis 1000 m – eurassubozean-smed – H – Chrom. 2n = 36.

2118. **Quirlblättriges W., E. alpéstre** (Jacq.) Krocker, zerstr. in subalp. Hochstaudenfluren u. Läger-Ges., im Grünerlen-Busch, auf sicker-frisch., nährstoff- u. basenreich., mild-mäß.sauer., humos., lock. Ton- u.

Lehmböden, Licht-Halbschattpf., meist Selbstbestäubg, Adeno-styletalia-Ordn.char., auch (Diff.) im Rumicion alp. – Vog, süSch(Feldberg), Ba, Av–A bis 1870 m, Erzg (Oberwiesenthal) – pralp – H – Chrom. 2n = 36.

2119. **Sumpf-W., E. palústre** L., hfg in Flach- u. Quellmooren, v. all. in Störzuständ., an Gräben, in Naßwiesen, auf sickernass., kühl., nährstoffreich., meist kalkarm., neutral-mäß. sauer., humos. Sumpf-humusböd., Humuswurzler, Licht-Halbschattpf., z.T. Wasserverbrtg (Ausläuferknosp.), v. all. im Caricion f. u. Cardamino-Montion, auch im Calthion (DAss Epilobio-Juncetum) – Ebene bis Gebirge (Silikatge-birge), A bis 1490 m – no(-euras), circ – H – Chrom. 2n = 36.

2120. **Vierkantiges W., E. tetrágonum** L. (*E. adnátum* Griseb.), hfg in nass. Staudenflur., an Gräben, Waldwegen, Quellen, Ufern, auch an Schuttplätz., auf feucht.-frisch., nährstoffreich., mild.-mäßg sauer., humos. od. roh. Lehm- u. Tonböd., Licht-Halbschattpf., etwas wärmeliebd, v. all. in Galio-Urticenea- u. Sisymbrion-Ges., auch im Filipendulion – Ebene bis mittl. Gebirgslag., A fehld – smed-euras(subozean) – H (Ch) – Chrom. 2n = 36.

2121. **Lamy's W., Graugrünes W., E. lámyi** F. Schultz [*E. tetrágonum* ssp. *lámyi* (F. Schultz) Nym.], zml. slt. in sonng. Schlagfluren, an Waldwegen, in Waldverlichtg., auf frisch.-mäß. trock., nährstoff- u. basenreich., neutral-mäß. sauer., humos., lock., gern steing. Lehmbö-den, wärmeliebd, Licht-Halbschattpf., im Gebiet v. all. in Alliarion-Ges. – Ebene bis mittl. Gebirgslag., v. all. im S d. Gebiet., im nördl. Tiefland slt. od. fehld – smed-subatl – H (Ch) – Chrom. 2n = 36.

2122. **Drüsiges W., E. adenocáulon** Hausskn., zml. slt., aber in Ausbrtg begriff. an Schuttplätz., Waldränd. od. in Gärten, auf frisch. nährstoffreich. Lehmböd., v. all. im Bidention od. in Galio-Urticenea-Ges. – z.B. Pf, Rh, Do, Av-A (950 m), BayW, Fr. Mn, NS, SH, Me, An, Br, Th, Sa – Herkunft: N-Am. – H – Chrom. 2n = 18, 36.

2123. **Dunkelgrünes W., E. obscúrum** Schreb., zerstr. in Staudenfluren od. Röhricht., in Bach- u. Quell-Säumen, auch in Waldschlägen od. feucht. Unkraut-Ges., auf sickerfeucht.-nass., nährstoffreich., meist kalkarm., neutral-mäß.sauer., humos. Ton- u. Lehmböden, etwas wärmeliebd, Licht-Halbschattpf., v. all. im Card.-Montion od. auch in Convolvuletalia-Ges. (Schwerpunkt?) – Ebene bis mittl. Gebirgslag., BayW bis 1050 m, A fehld – subatl-smed – H (Ch) – Chrom. 2n = 36.

2124. **Nickendes W., E. nútans** F. W. Schmidt, zerstr. in subalp. Quellfluren u. Quellmooren, auf kalt., sickernass., ± nährstoffreich., kalkarm., mäß. sauer., moosig-humos. od. torfg., sandg. Tonböden, Lichtpf., Ausläuferverbrtg (Pionierpf.), Char. d. Bryo-Philonotidetum ser. (Card.-Montion), auch (DAss) im subalp. Caricetum fuscae

(Caricion f.) – süSch bis 1450 m, A bis 2200 m, BayW bis 1450 m, Erzg (ob noch ?) – alp – H – Chrom. 2n = 36.

2125. Alpen-W., E. anagallidifólium Lam. (*E. alpínum* auct.), slt. in kalt. Quellfluren, im schneefeucht. Feinschutt, an überrieselt. Felsen d. subalp. u. alp. Stufe auf sickerfeucht., nährstoff- u. basenreich., neutralmäß.sauer., ± humos. Tonböden, Lichtpf., Insekt.- u. Selbstbestäubg, Wind- u. Ausläuf.verbrtg, vermutl. Salicetea herb.-Kl.char., auch im Androsacion alp. od. im Card.-Montion – süSch (Feldberg?), A bis 2300 m. BayW – arkt-alp, circ – H – Chrom. 2n = 36.

2126. Mierenblättriges W., E. alsinifólium Vill., slt. in subalp. u. alp Quellfluren, an Rinnsalen u. Bächen, auf kalt., sickernass., nährstoff- u. basenreich., mild.-mäß. sauer., humos. Tonböden, Licht(Halbschatt)pf., Insekt.- u. Selbstbestäubg, Montio-Cardaminetea-Kl.char. – süSch (Feldberg-Belchen), BayW, A bis 2210 m, Erzg – arkt-alp – H – Chrom. 2n = 36.

Zahlreiche Bastarde!

Nachtkerze, Oenothéra L.

1   St. zur Blü.zeit gerade, Blü.b. meist lger als Staubb., üb. 20 mm lg, B.rosette
     d. 1. Jahres d. Boden angedrückt (*Strictae* Renn.)
2   Fr.kn. ± drüsg, B. grün-bläul.grün, spärl. behaart, Blü.b. meist üb. 15 20
     mm lg (*Oe. biennis*-Gruppe)
3   Blü.b. 15–35 mm lg, Kelch grün (Ausn. vgl. 7)
4   St. nicht rot getupft
5   Blü.b. lger als brt, bis 35 mm lg, St.b. eilanzettl. mit weiß. Mittelnerv, 50–100
     cm, ☉, 6–8   **Oe. suaveolens**   2129
5*   Blü.b. meist brter als lg (vgl. 9*)
6   Blü.b. 20–28 mm lg, St.b. lanzettl. mit rot. Mittelnerv, 50–100 cm, ☉, 6–8
                                                    Oe. biennis   2127
6*   Blü.b. kleiner, St.b. ± lanzettl., graugrün, randl. gewellt, mit weiß. od.
     schwach rötl. gefärbt. Mittelnerv, 50–100 cm, ☉, 6–8
                                                    Oe. jueterborgensis   2128
4*   St. rot getupft, B. mit rot. Mittelnerv, Blü.b. 15–25 mm lg
7   St. oben rot, St.b. ellipt., am Rande oft wellg, Kelch grün, aber zuletzt
     undeutl. rot gestreift, 40–80 cm, ☉, 6–9   **Oe. rubricaulis**   2130
     vgl. ferner **Oe. ersteinensis**   2130a
7*   St. oben grün, nur unt. rot, brüchg, B. brt-lanzettl., meist bläul. grün, 80–100
     cm, ☉, 7–9   **Oe. chicagoënsis**   2131
3*   Blü.b. 35–60 mm lg, Kelch rot gestreift od. grün
8   St. rot getupft, Kelch rot gestreift
9   Blü.b. bis 60 mm lg, ± brter als lg, B. lanzettl.-ellipt., meist etwas gebuckelt,
     80–200 cm, ☉, 6–9   **Oe. erythrosepala**   2134
9*   Blü.b. 35–40 mm lg, lger als brt, B. lanzettl., dunkelgrün, mit rot. Mittelnerv,
     80–100 cm, ☉, 6–9   **Oe. coronifera**   2132
8*   St. u. Kelch grün, St.b. eilanzettl. mit weiß. Mittelnerv., ± wellg, Blü.b. bis
     48 mm lg, 80–100 cm, ☉, 6–9   **Oe. oehlkersii**   2133

2* Fr.kn. dicht anliegd behaart, B. hellgraugrün, behaart, Blü.b. 15–20 mm lg, so lg wie brt
10 B. randl. wellg mit ± gedreht. Spitze, St. rot getupft u. jg oben rot, Blü.std locker. Kelch rotstreifg, 50–200 cm, ☉, 7–9   **Oe. strigosa** 2136
10* B. flach od. rinng, nicht gedreht, Kelch grün, erst zuletzt rötl. gestreift, Blü.std dicht, 50–150 cm, ☉, 7–9   **Oe. renneri** 2135
1* St. z. Blü.zeit nickd, Blü.b. meist 8–20 mm lg, ± so lg wie Staubb., B.rosette v. Bod. abstehd (*Oe. parviflora*-Gruppe, *Cernuae* Renn.)
11 Blü.std anfängl. weng nickd, dann gerade, St. unt. rot (aber nicht immer rot getupft)
12 St.b. am Rande leicht buchtg gezähnelt, spärl. behaart, 1,5–3,5 cm brt, St. grün od. weng rot getupft
13 Blü.b. 8–12 mm lg u. brt, Kelch zuerst grün, dann rot, 50–150 cm, ☉, 6–9   **Oe. parviflora** 2139
13* Blü.b. 12–20 mm lg u. brt, Kelchzipfelspitze bis 5 mm lg, 50–150 cm, ☉, 7–9   **Oe. silesiaca** 2140
12* St.b. fast ganzrandg, dunkelgrün, St. rot getupft, Kelchb. oben rot mit rot. Kelchzipfelspitze, Blü.b. 12–20 mm lg u. brt, 50–150 cm, ☉, 6–8   **Oe. rubricuspis** 2141
11* Blü.std nickd, St. stark rot getupft, behaart, B. schmal lanzettl., weichhaarg
14 St. schräg wachsd, dicht beblättert, Blü.b. 12–20 mm lg u. brt, jge Fr. rot gefleckt, 50–100 cm, ☉, 6–9   **Oe. ammophila** 2137
14* St. ± gerade wachsd, B. blaugrün, jg oft rot gesäumt, Blü.b. 11–14 mm lg u. brt, Fr. nicht gefleckt, 50–100 cm, ☉, 6–8   **Oe. syrticola** 2138

2127–36. **Oe. biénnis**-Gruppe

2127. **Gewöhnliche N., Oe. biénnis** L., zml. hfg in lückg. Unkrautfluren, an Schuttplätzen, Eisenbahndämmen, Böschungen, in Hafenanlagen, Steinbrüchen, auf sommertrock. (mäß. trock.), ± nährstoffreich., humos. od. roh., meist steing., kiesg. od. sandg. Lehmböden, bis 160 cm tief wurzld. Rohbodenpionier, Lichtpf., wärmeliebd, Nachtfalterblume (auch Selbstbestäubg), Langtagpf., Wurzel als Gemüse, Eisenbahnpf., Char. d. Echio-Melilotetum (Dauco-Meliloꞔon), im Sisymbrion – Ebene bis mittl. Gebirgslag., A bis 680 m – Herkunft: N-Am. (seit 1619 im Gebiet)*) – H – Chrom. 2n = 14.

2128. **Oe. jueterborgénsis** Hudz., slt. in Unkrautges. – nur Br – Chrom. 2n = 14.

2129. **Oe. suavéolens** Desf., slt. u. unbestdg in trock. Unkrautges., im Onopordion u. Sisymbrion, wärmeliebd – z. B. Rh (Niederung), HRh, Bo, Mittelrhein, Br, Sa – H – Chrom. 2n = 14.

*) Aber wie alle folgden Art., ausgenomm. *Oe. chicagoënsis*, *Oe. strigosa* u. *Oe. syrticola* erst in Europa durch Neukombination entstanden. Außer d. angeführt. Sippen d. *Oe. biennis*-Gruppe werden mit Einzelfunden für d. N noch genannt: *Oe. paradóxa* Hudz., *Oe. nissénsis* Rost., *Oe. coloratíssima* Hudz., *Oe. acutifólia* Rost., *Oe. actolinéata* Hudz., *Oe. brevispicáta* Hudz., u. *Oe. turoviénsis* Rost.

2130. **Oe. rubricaúlis** Kleb., slt. in Unkrautges. auf sommerwarm. Sand-u. Kiesböd., im Dauco-Melilotion, auch mit *Elymus ar.* (El.-Oeno-theretum rubr. Pass. 77) – Br, Sa, Me, SH, NS – kont. Ausbrtgstendenz – H – Chrom. 2n = 14.

(2130a.) **Oe. ersteinénsis** Lind. et Jean, St. rot, behaart, Blü.b. 12–18 mm lg. Fr.kn. jg rot gestreift – seit 1970 sich in Rheinnähe ausbreitd (süRh).

2131. **Oe. chicagoënsis** Renn., slt. u. wechselnd in Unkrautfluren, an Schuttplätz. u. Wegen, auf mäßg trock., ± roh. steing. Böd., in Sisymbrion- u. Onopordion-Ges. – süRh, Av, Br, An, Sa – Herkunft: N-Am. – H – Chrom. 2n = 14.

2132. **Oe. coronífera** Renn., slt. in Unkrautges. an Bahndämm. u. Straßenränd., auf vorwiegd sandgen Böd. – Br, Sa, östl. Mi-europa – Chrom. 2n = 14.

2133. **Oe. oehlkérsii** Kappus, slt. in Unkrautges. auf trock. Sand- u. Kiesböd. in Onopordetalia-Ges. – Rh – Chrom. 2n = 14.

2134. **Oe. erythrosépala** Borb. (*Oe. lamarckiána* auct.), slt. u. wechsld in Unkraut-Ges., an Wegen, Schuttplätzen, Dämmen, auf lock. roh, Sand-u. Lehmböden, v. all. im Dauco-Melilotion – z.B. Rh, Ne, Bo, Av, NS, Me, Br. Sa, An – H – Chrom. 2n = 14.

2135. **Oe. rénneri** H. Scholz, slt. in Unkrautges. v. all. auf Sandböd. in Onopordetalia-Ges. – NS, Me, Br – Chrom. 2n = 14.

2136. **Oe. strigósa** (Rydb.) Mack. et Bush (einschließl. *Oe. depréssa* Greene), slt. auf trock. Sandböd., z. B. im Sisymbrion – Br, Sa, An, Me – Herkunft: N-Am. – Chrom. 2n = 14.

2137–41. **Kleinblütige N., Oe. parviflóra-Gruppe**

2137. **Oe. ammóphila** Focke (*Oe. muricáta* L., ssp. *ammóphila* Janch.), s. slt. in lückg. Unkrautfluren auf warm.-trock., ruderal beeinflußt. Sandböden, an der Küste charakterist. für d. Ammoph.-Oenotheretum ammoph. Pass.77 (Honk.-Elymion), sonst in Onopordetalia-Ges. – NS, SH, Me, auch Br, An, Sa, L, Rh – nordw.europ. – Chrom. 2n = 14.

2138. **Oe. syrtícola** Bartl., s. slt. in trock.-warm. Schuttunkrautges. – z.B. Rh, Do, Sa, Br – Herkunft: östl. N-Am. – H – Chrom. 2n = 14.

2139. **Oe. parviflóra** L. (*Oe. muricáta* L.), zerstr. in lückgen Unkrautges. an Fluß- u. Bahndämmen, in Hafenanlag., auf trock. Kies- u. Steinböd., v. all. im Dauco-Melilotion, auch im Sisymbrion od. Salsolion – Rh (seit mind. 1829), Do, Br, Sa, An, Me – H (T) – Chrom. 2n = 14.

2140. **Oe. silesíaca** Renn., slt. in Unkrautges., v. all. auf Sandböd. – Th, Sa, Br, Me – östl. Mi-europa, östl. Frankreich – Chrom. 2n = 14.

2141. **Oe. rubricúspis** Renn., s. slt. in Unkrautges. auf trock. Sandböd., an Bahndämmen u. Wegen – nöRh (b. Frankfurt) – Chrom. 2n = 14.

Hexenkraut, Circaéa L.

1   B. matt, auf d. Nerv. behaart, gezähnelt, St. zerstr. behaart, Blü.stiele ohne
Tragb., kurz drüsenhaarg, Blü.b. weiß, so lg wie Kelch, 20–50 cm, ♃, 6–7
C. lutetiana   2142
1*   B.glänzd, wie St. kahl od. verkahld, Blü.stiele mit kl. hinfällg. Tragb., B.
deutl. herzförmg, ± ausgeschweift gezähnt
2   B.stiel ungeflügelt, Blü.b. so lg wie Kelch, Blü.stiel kurz drüsenborstg,
Narbe ausgerandet, Fr. dicht widerhakg, 15–30 cm, ♃, 6–8
C. intermedia   2143
2*   B.stiel geflügelt, Blü.b. kürzer als Kelch, Blü.stiel kahl, Narbe kopfg, Fr.
zerstr. widerhakg, 1fächerg, 5–12 cm, ♃, 6–8   **C. alpina**   2144

2142. **Gewöhnliches H., C. lutetiána** L., verbr. in Auenwäldern u. feucht.
Laub- u. Nadelmischwäldern, an Waldwegen, in Waldstörung., auf
sickerfeucht. (frisch.), nährstoff- u. basenreich., lock., mild-mäß. sauer.
humos. Lehm- u. Tonböden (Mull-Gleyböden), Humuswurzler,
Nährstoff- u. Feuchtezeiger, Schatt-Halbschattpf., Insekt.bestäubg
(Fliegenblume), Klettverbrtg, schwache Alno-Ulmion-Verb.char., auch
(Diff.) in and. feucht. Fagetalia-Ges. od. im Alliarion – Ebene bis mittl.
Gebirgslag., A bis 1150 m, Mn slt. – eurassubozean(-smed), circ – G –
Chrom. 2n = 22.

2143. **Mittleres H., C. intermédia** Ehrh., (*C. alpína* × *lutetiána*?), zml.
slt. in Bacheschen-Wäldern, in Schlucht- u. Auenwäldern, auf
sickerfrisch. (nass.), nährstoff- u. basenreich., lock., mild-mäß. sauer.
humos. Lehm- u. Tonböden, Schatt-Halbschattpf., Fliegenblume,
Klettverbrtg, Char. d. Carici rem.-Fraxinetum (Alno-Ulmion), auch im
Tilio-Acerion – v. all. mittl. Gebirgslag., A bis 1200 m, im nördl. Tiefld
slt. – subatl(-smed) – G – Chrom. 2n = 22.

2144. **Alpen-H., C. alpína** L., slt., ab. gesellg in Schlucht- u. Auen-
wäldern, auch in Nadelmisch-Wäldern, v. all. d. mont. u. hochmont.
Stufe, auf sickerfeucht., ± nährstoffreich., meist kalkarm., lock., mäß.
sauer., humos., steing. Lehmböden in luftfeucht. Klimalage, Mull-Mo-
der-Humuswurzler u. -kriecher, Schattpf., Insekt.- u. Selbstbestäubg
(Fliegenblume), Klettverbrtg, z. B. im Aceri-Fagetum (Fagion) od. im
Galio-Abietenion, auch im boreal. Frax.-Alnetum u. and. Alno-Ulmion-
Ges. – im S v. all. im Gebirge, im nordöstl. Tiefld wie in Oberbayern im
Alno-Ulmion, im Nordw. slt. od. fehld, A bis 1510 m – nosubozean
(-euras), circ – G – Chrom. 2n = 22.

Zu den **Onagráceae** gehört ferner die Gattung *Fúchsia* L., in viel. Formen
(Hybriden) als Zimmer- u. Topfpf. kultiv., wichtigste Stammpf. *F.
magellánica* Lam., Gebüschpf. feucht. Standorte in Südchile, dazu
andere südam. Arten.

Zur Ordnung d. **Myrtáles** gehören ferner d. Familie der **Punicáceae** mit *Púnica granátum* L. (Granatapfel-Baum), im Gebiet nur als frostempfindl. Topf- u. Kübelpf., eingebürgert in S-Europa, Herkunft: Orient, Familie der **Myrtáceae** mit *Mýrtus commúnis* L. (Echte Myrte), Macchienpf. d. Mittelmeergebietes (Oleo-Ceratonion- bzw. Quercetalia il.-Art), ferner die aus Australien stammend. u. heute in d. Subtropen überall gepflanzt. Arten d. Gattung *Eucalýptus* L'Hérit.

Ordnung Haloragáles

Familie der Seebeeren-Gewächse, Haloragáceae

Tausendblatt, Myriophýllum L.

1   B.quirle 5–6zählg, Tragb. d. Blü. kammförmg fiederspaltg, lger als rötl. Blü., 20–200 cm, ♃, 6–8   **M. verticillatum**   2145

1*   B.quirle meist 4zählg, Tragb. d. Blü. ungeteilt, kürzer als Blü.

2   Fiederabschnitte d. B. ± gegenstdg mit 13–35 borstl. Fiedern (Abb. 44a), Blü.ähren verlängert, aufrecht, Blü. rosa, 20–180 cm, ♃, 6–8
           M. spicatum   2146

2*   Fiederabschnitte z. T. wechselstdg mit 8–18 feinhaarg., meist mehr als 1 mm voneinander entfernt. Fiedern (Abb. 44b), Blü.ähren armblütg, anfängl. überhängd, Blü. gelbl., oben wechselstdg sitzd, 10–80 cm, ♃, 7–9
           M. alterniflorum   2147

2145. Quirlblütiges T., M. verticillátum L., zml. hfg in Schwimmblatt- u. Wasserpf.-Ges. stehd., warm., ± nährstoffreich., oft kalkreich. Gewässer in 0,5–3 m Tiefe üb. humos. Schlammböden, v. all. in Altwassern, Gräben, ruhg. Seebucht., etwas wärmeliebd, meist Windbestäubg, mit Winterknospen, Nymphaeion-Verb.char. – Ebene bis mittl. Gebirgslag., Av bis 830 m – euras(-smed), circ – W – Chrom. 2n = 28, 42.

2146. Ähriges T., M. spicátum L., zml. hfg in Schwimmb.- u. Wasserpf.-Ges. stehd. od. lgsam fließd., kühler u. warmer, nährstoffreich., z. T. stark belastet. u. ± kalkreich. Gewässer in 1–5 m Tiefe, oft kalkinkrust., Windbestäubg, Wasserverbrtg, Potamogetonetalia-Ordn.char. – Ebene bis Gebirge, A bis 930 m – no-euras-smed, circ – W – Chrom. 2n = 28, 42.

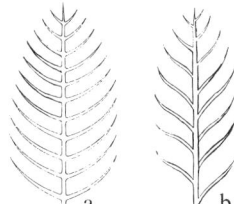

Abb. 44. a *Myriophyllum spicatum*,
b *Myriophyllum alterniflorum*.

2147. **Wechselblütiges T., M. alterniflórum** DC., slt. in Strandlings- u. Schwimmb.-Ges., in Schlenken, an seicht. Ufern, in stehd., meist kühl., nährstoff- u. kalkarm. Gewässern in 0,3–2 m Tiefe üb. Sand- od. Torfschlammböden, vorwiegd vegetat. Vermehrg, Littorelletalia-Ordn.char., auch im Ran.-Callitrichetum (Ranunculion fluit.) – süSch, Vog, Pf, süRh, Bo (1 Fundort), BayW, RS, NWe, NS, SH, Me, Br (slt.) – no-subatl – Chrom. 2n = 14.

Familie der Tannenwedel-Gewächse, Hippuridáceae

Tannenwedel, Hippúris L. vgl. S. 287

2148. **H. vulgáris** L., zerstr., meist gesellg in Wasserpf.-Ges. od. im Röhricht, in stehd. od. lgsam fließd., nährstoffreich., vorwiegd kalkhaltg., klar., kühl-temper. Gewässern von 0,2–5 m Tiefe üb. humos. Schlammböden, anpassungsfähge Licht-Halbschattpf., Windbestäubg, Wind-, Wasser- u. Vogelverbrtg, auch Winterknosp., in Potamogetonetalia- u. Phragmition-Ges. – Ebene bis Gebirge, A bis 1600 m, im N u. NO hfger als im S, auch Th-Sa slt. – no-euras-med – W – Chrom. 2n = 32.

Ordnung Apiáles (Araliáles)
Familie der Efeugewächse, Araliáceae

Efeu, Hédera L. vgl. S. 289

2149. **H. hélix** L., verbr. bes. in krautreich. Eichen- u.Buchen-Mischwäldern, in Auenwäldern, an Felsen u. Mauern, in Parkanlagen, auf frisch., nährstoffreich., lock., mild-mäß. sauer., humos. Lehmböden (Mullböden), hochkletternd u. blühd nur in tief., mild-luftfeucht. Lagen, Wurzelkletterer, z. T. Humuswurzler, frostempfindl. Schatt-Halbschattpf., Herbstblüher, Insekt.bestäubg, Vogelverbrtg, Tertiärrelikt, Querco-Fagetea-Kl.char., f. *arboréscens* C. K. Schneid. v. all. in feucht., nährstoffreich. Carpinion- u. Tilio-Acerion-Ges. (Sch bis 820 m) im W d. Gebiet. – Ebene bis mittl. Gebirgslag., in d. Bodenform in A bis 1230 m, ähnl. Sch; BayW bis 830 m – subatl-smed – Ch, P – Chrom. 2n = 48.

Zu den **Araliáceae** gehört ferner d. Zimmer-Aralie, *Fátsia japónica* (Thunb.) Dcne. aus dem jap. Lorbeerwald, frostempfindl. Topf- u. Kübelpf., in Rh z. T. jahrelg im Freien überwinternd u. im Herbst blühd, neuerdings auch beliebt die Hybride × *Fatshédera lízei* (Coch.) Guill.

Familie der Doldengewächse, Apiáceae (Umbelliferae)

1   Blü.dolde einfach, köpfch.artg od. mit köpfch.artg. Döldch.
2   B. ungeteilt

3   B. kreisrund, schildförmg, gekerbt, Dolde kopfg, 3–5blütg, Blü. kl., weiß, St. fädl. kriechd, Sumpfpf., 5–20 cm, ⧾, 7–8 (Hydrocotylaceae)
Hydrocotyle   S. 696

3* B. oval-lanzettl., ganzrandg, Blü. gelbl., aufrechte Trockenpf. vgl.
Bupleurum   S.704

2* B. gelappt, handförmg geteilt od. fiederspaltg gefiedert

4   B. handförmg geteilt, hahnenfußb.-artg, Blü. weiß

5   Blü.dolde zus.gesetzt, mit kl. köpfch.förmg.-kugelg. Döldch., Hülle kl., grün, kürzer als Dolde, Fr. hakg bestachelt, 20–40 cm, ⧾, 5–6
Sanicula   S. 696

5* Blü. in einfach. Köpfch. mit großer, weiß. od. rötl., strahlg. Hülle, so lg od. lger als Blü., Fr. stachellos
Astrantia   S. 696

4* B. fiederspaltg od. gefiedert, z. T. auch gelappt od. ungeteilt

6   B. ungeteilt od. fiederspaltg starr, distelartg, wie Hüllb. dorng, Blü. in kugelg. od. längl. Köpf.
Eryngium   S. 697

6* B. gefiedert, Blü. in einfach. Dolde mit köpfch.förmg. Döldch., Wasser- u. Sumpfpf., vgl.
Oenanthe   S. 711

1* Blü.dolde deutl. zus.gesetzt (Abb. 45)

7   Blü. gelb od. grünl.gelb (7* S 692 Mitte)

8   B. einfach ganzrandg, Blü.döldch. mit brtblättrg. Hüllch.kranz
Bupleurum   S. 704

8* B. zus.gesetzt, wenigst. d. unter. 3zählg od. gefiedert

9   Hülle u. Hüllch. 3–4blättrg, Fr. am Rande geflügelt

10 B. 1–2fach gefiedert mit brt eiförmg. B.abschnitt., derb, Gartenpf., 80–200 cm, ⧾, 7–8
Levisticum   S. 717

10* B 3fach gefiedert mit schmal., 4–5 mm brt. B.zipfeln, Kelchsaum 5zähng
Peucedanum   S. 717

Blü.b. außen u. Fr.rippen borstl. bewimpert, Hüllch. häutig berandet, vgl. auch
Laserpitium   S. 721

9* Hülle fehld, hinfällg od. nur 1–2blättrg

11 Hüllchen vielblättrg

12 Fr. am Rande geflügelt, Kelchsaum meist deutl. 5zähng

13 B. 2–3mal dreiteilg zerschnitt., mit lg., lineal. Zipfeln (besenartg)
Peucedanum   S. 717

13* B. gefiedert mit brt. B.abschnitten, B.scheiden ± blasg aufgetrieb.

14 B. 2–3fach gefiedert, Teilblättch. gesägt-gezähnt, St. fast kahl
Angelica   S. 716

14* B. einfach gefiedert, mit lappg eingeschnitt. Teilblättch., wie St. rauhhaarg
Heracleum   S. 720

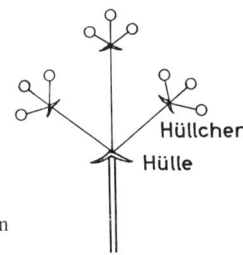

Abb. 45. Blütendolde mit 3 Blütendöldchen
(3strahlige Dolde).

12* Fr. nicht geflügelt, Kelchsaum undeutl.
15 B. zerrieb. stark duftd, Fr. zus.gedrückt, schwachrippg, 2 mm lg, Dolde 10–
    20strahlg, 30–90 cm, ☉, 6–7   **Petroselinum** S. 706
15* B. nicht duftd, Bstiel ± rundl., schwach fein gerippt, markg, letzte B.zipfel
    bis 15 mm lg, Fr. zylindr.-abgeflacht (vgl. bei 68* *Selinum*), scharfrippg, 4–5
    mm lg, Dold. 5–10strahlg, 50–100 cm, ♃, 6–8   **Silaum** S. 714
    vgl. auch   **Oenanthe** S. 711
11* Hüllch. fehld od. nur 1–2blättrg, oft dicht d. Blü.stiel anliegd, ± hinfällg,
    Kelchsaum undeutl.
16 Untere B. 3zählg zerschnitt., mit brt eiförmg. B.abschnitt., obere St.b.
    ganzrandg, brt st.umfassd, St. oben häutg geflügelt, Fr. eiförmg, kugelg, 50–
    80 cm, ☉, 6–7   **Smyrnium** S. 703
16* B. 1–2(–4)fach gefiedert
17 St. gefurcht, B. 1–2fach fiederteilg
18 B. einfach gefiedert, mit fiederschnittg., eiförmg-lanzettl., sitzd. Fieder-
    blättch., ± matt, Fr. abgeflacht, 40 bis 100 cm, ☉, 7–9 **Pastinaca** S. 719
18* B. mit schmal-lineal. B.zipfeln, Kelchrand 5zähng vgl.
                                                            Peucedanum S. 717
17* St. rund od. nur gestreift, B. 3–4fach fiederteilg mit fein., lineal. B.zipfeln,
    Blü. kräftig gelb
19 B.scheiden lg, mützenförmg geöhrt, Fr. walzl., nicht geflügelt, 80–150 cm,
    ☉, 7–8   **Foeniculum** S 714
19* B.scheiden kurz, St. weiß gestreift, Fr. abgeflacht (linsenförmg), geflügelt,
    40–120 cm, ☉, 7–9   **Anethum** S. 714
7* Blü. weiß od. rötl., slt. grünl. weiß
20 Fr. (schon unreif deutl.) borstg, stachelg od. weich behaart (20* vgl. S. 693
    Mitte)
21 Fr. borstg od. stachelg
22 Fr. 1–2 mm lg, schnabelartg verjüngt, vgl.   **Anthriscus** S. 700
22* Fr. ungeschnäbelt, Kelchsaum deutl. 5zähng
23 Untere B. 2–3fach gefiedert
24 Hülle fehld od. höchst. 2blättrg
25 Hüllch. 3–6blättrg, Blü.dolde 2–4strahlg, Fr. eiförmg od. kegelförmg
    verjüngt
26 Fr. stachelg-borstg, 6–13 mm lg   **Caucalis** S. 702
26* Fr. wie St. u. B. mit weißl. Börstch. besetzt, 10–15 mm lg, St. unter d. Knot.
    auffällg verdickt, Pf. habit. *Torilis arv.*-ähnl., 30–60 cm, ☉, 5–6
                                                            Myrrhoides S. 698
25* Hüllch. vielblättrg, Blü.dolde 3–10strahlg, Fr. 2–6 mm lg **Torilis** S. 701
24* Hülle u. Hüllch. vielblättrg, Dolde vielstrahlg
27 Hüllb. 3teilg od. fiederteilg mit lineal. Zipfeln, Blü. weiß, d.randl. strahlg
    vergrößert, d. mittlere Blü. meist verkümmert u. dunkelrot, B. behaart, 30–
    60(–90) cm, ☉, 6–9   **Daucus** S. 722
27* Hüllb. ungeteilt
28 Randblü. strahlg vergrößert, 5–8 mm lg, Hüllch.b. 3–8, häutg berandet, 10–
    30 cm, ☉, 7–8   **Orlaya** S. 702
28* Blü. alle kl., Hüllch.b. zahlreich, pfrieml., Fr. 2 bis 6 mm lg
                                                            Torilis S. 701
23* Untere B. einfach gefiedert, z. T. mit fiederschnittg. od. gesägt. Fie-
    derblättch.

29 Blü.dolde 2–4strahlg, Hülle 2–5blättrg, Hüllch. 5–7blättrg, häutg berandet,
 Fr. 6–12 mm lg **Caucalis** S. 702
29* Blü.dolde vielstrahlg, Hüllch.b. nicht häutg berandet, Hüllb. abstehd, Blü.b.
 auss. behaart, Fr. linsenförmg mit knorpelg verdickt. Flügeln, 30–120 cm,
 ⊙, 6–8 **Tordylium** S. 721
21* Fr. wenigst. teilw. weich od. rauh behaart
30 Fr. mindest. 20 mm lg
31 Fr. 20–25 mm lg, ungeschnäbelt, nur an d. Kanten rauh behaart, sonst kahl,
 zuletzt schwarzbraun glänzd, Blü.dolde vielstrahlg, B. auf d. Nerven
 untersts behaart, nach Anis duftd, 50–120 cm, ⩊, 5–7 **Myrrhis** S. 701
31* Fr. lg geschnäbelt, bis 80 mm lg, Blü.dolde 1–3strahlg, Hüllch. 5blättrg,
 Hülle fehlt, B. 3fach fiederteilg, 10–30 cm, ⊙, 5–7 **Scandix** S. 701
30* Fr. kürzer
32 B. einfach gefiedert, Hülle meist fehld
33 Hüllch. 3–mehrblättrg, Randblü. strahlg vergrößert, Fr. am Rande
 geflügelt, B.scheiden ± aufgeblasen, St. meist borstg od. flaumg
 Heracleum S. 720
33* Hüllch. fehld od. hinfällg, Blü.b. mit eingebog. Läppch., Fr. ungeflügelt, ±
 eiförmg **Pimpinella** S. 708
32* B. 2–3fach gefiedert mit lineal. od. lanzettl. B.zipfeln, Kelchsaum deutl.
 5zähng, Fr. (im Querschnitt) rundl., Hülle u. Hüllch. z. T. trockenhäutg
 berandet
34 Fr. eiförmg, 4 mm lg, B.zipfel lanzettl., Hülle fehld od. vielblättrg, Hüllch.
 3–vielblättrg **Seseli** S. 710
34* Fr. längl., 6–7 mm lg, B.zipfel lineal, Blü.dolde 6–15strahlg, Hülle 1–
 5blättrg, Hüllch. 4–8blättrg, 10–25 cm, ⩊, 5–7 **Athamanta** S. 714
 vgl. ferner **Myrrhoides** S. 698
20* Fr. kahl
35 Hülle (wie Hüllch.) vorhand., 3–mehrblättrg (35* vgl. S. 694 Mitte)
36 B. einfach gefiedert, Sumpf- u. Wasserpf.
37 St. niederliegd, Blü.dolde 3–6strahlg **Apium** S. 705
37* St. aufrecht, Blü.dolde vielstrahlg **Sium** S. 710
36* B., wenigst. d. unter., 2–3fach gefiedert od. 3zählg
38 Hüllb. fiederspaltg, groß
39 Hüllb.fiedern lanzettl., Dolde 12–20strahlg, Fr. bis 8 mm lg, mit flügelartg.
 Rippen, B. dunkelgrün, glänzd, St. gefurcht, röhrg, 80–150 cm, ⊙, ⩊, 6–8
 Pleurospermum S. 703
39* Hüllb.fiedern lineal, Dolde 20–30strahlg, Fr. bis 2 mm lg, fein gerippt, B.
 grün, stachelspitzg gesägt, St. kantg, fein gerillt, 30–100 cm, ⊙, 7–9
 Ammi S. 707
38* Hüllb. ungeteilt
40 B. 3zählg bis doppelt 3zählg, mit meist üb. 1 cm brt. B.abschnitt.,
 Kelchsaum deutl. 5zähng
41 Fr. deutl. geflügelt **Laserpitium** S. 721
41* Fr. ungeflügelt od. nur s. schmal geflügelt
42 B.abschnitte rundl., gekerbt, vgl. unt. 50 **Laser** S. 721
42* B.abschnitte längl.-lineal, bis 15 cm lg, oft sichelförmg, dorng gesägt,
 blaugrün, St. gespreizt ästg, 20–50 cm, ⊙, ⩊, 6–8 **Falcaria** S. 707
40* B. 2–3fach gefiedert
43 Fr. am Rande geflügelt, abgeflacht **Peucedanum** S. 717

Fr. schmal geflügelt, vgl.   **Laserpitium** S. 721

vgl. ferner mit ausnahmsweise bis zu 6 Hüllb. unter 71   **Cnidium** S. 715

43* Fr. nicht geflügelt, nicht abgeflacht

44 Hüllch. einseitswendg, 2–4blättrg, am Grunde verwachs., Fr. mit welliggekerbt. Rippen, St. kahl, fein gerillt, bläul. bereift, unten oft gefleckt. B.zipfel knorplg bespitzt, Pf. mit Mäusegeruch, 100–200 cm, ☉, 7–8

                                                Conium S. 703

44* Hüllch. allstswendg, Fr.rippen nicht wellg gekerbt

45 Kelchsaum 5zähng, Fr. walzl., Sumpfpf.   **Oenanthe** S. 711

45* Kelchsaum undeutl., Fr. etwas zus.gedrückt

46 B. mit fein., quirlg gestellt. B.zipfeln

47 B. im Umriß längl. lanzettl.   **Carum** S. 708

47* B. eiförmg.längl. (vgl. 70*)   **Meum** S. 714

46* B. mit lineal. (lanzettl.) B.zipfeln, B. im Umriß 3eckg

48 Wurzeln teilw. knollg-kugelg, Dolden 10–24strahlg, Fr. 3–4 mm lg, zuletzt schwarzbraun, Ackerpf. d. Tieflagen, 40–60 cm, ♃, 6–7 **Bunium** S. 708

48* Wurzeln nicht knollg, Dolden 7–15strahlg, Fr. 4–6 mm lg, bräunl., Hochgebirgspf.   **Ligusticum** S. 715

35* Hülle fehld od. nur 1–3blättrg, Hüllch. vorhand. od. fehld

49 B. einfach od. mehrfach 3zählg, d. h. jedes Blättch. wieder aus 3 eiförmglängl. od. lineal. Teilblättch. zus.gesetzt

50 B. einfach 3zählg mit rundl., gekerbt. Teilblättch., untersts bläul., Fr. abgeflacht, ungeflügelt, 60–120 cm, ♃, 5–6   **Laser** S. 721

50* B. mehrfach 3zählg mit eiförmg. od. lineal., zugespitzt. od. gesägt. Teilblättch.

51 Hüllch. vielblättrg

52 Hüllch. borstl., hinfällg, Fr.abgeflacht, brt geflügelt **Peucedanum** S. 717

52* Hüllch. nicht borstl.

53 Fr. abgeflacht, schmal geflügelt, B. matt, vgl.   **Heracleum** S. 720

53* Fr. rundl., nicht geflügelt, B. glatt, ± glänzd   **Apium** S. 705

51* Hüllch. fehld, Fr. ungeflügelt, Kelchsaum ungezähnt, St. kantg gefurcht, Teilblättch. ei-herzförmg, gesägt, 50–80 cm, ♃, 5–7 **Aegopodium** S. 709

49* B. mehrfach od. einfach gefiedert

54 Fr. mit Schnabel bis 8 cm lg, vgl.   **Scandix** S. 701

54* Fr. kürzer, geschnäbelt od. ungeschnäbelt

55 Fr. lineal, Hüllch. meist bewimpert bis kahl

56 Fr. bis 2 cm lg, glänzd, vgl.   **Myrrhis** S. 701

56* Fr. kaum 1 cm lg

57 Fr. mit 1–2 mm lger, gerippt. schnabelartger Verjüngung, Fr. sonst glatt u. glänzd   **Anthriscus** S. 700

57* Fr. ungeschnäbelt. v. all. getrocknet d. Länge nach stumpfl.-flach gerippt, Blü.b. z.T. tief ausgerandet, Hüllch. ± kahl, St. unten meist abstehd steifhaarg   **Chaerophyllum** S. 698

55* Fr. rundl. od. eiförmg, Hüllch. zerstr. bewimpert od. kahl, auch ganz fehld

58 Hüllch. fehld od. nur 1–2blättrg

59 Untere B. 2–3fach gefiedert mit schmal lineal. B.zipfeln

60 Blü. eingeschlechtg (Pf. 2häusg), St. am Wurzelhals mit Faserschopf, v. unten an reich verästelt mit zahlreich. kl. Blü.döldch., B. blaugrün, 15–30 cm, ☉, ♃, 4–5   **Trinia** S. 705

60* Blü. zwittrg, Blü.dolden 5–15strahlg, B.scheid. häutg berandet, am Grund
   mit nebenb.artg. Fiederblättch., B. kahl (vgl. *Daucus*)   **Carum** S. 708
59* Untere B. einfach gefiedert od. ungeteilt
61 Blü.dolde mehrere cm lg gestielt   **Pimpinella** S. 708
61* Blü.dolde kurz gestielt, z. T. fast b.achselstdg, B. dunkelgrün, glänzd,
   Sumpfpf.   **Apium** S. 705
58* Hüllch. 3–8blättrg
62 B. alle einfach gefiedert
63 St. niederliegd, B. glänzd, vgl.   **Apium** S. 705
63* St. aufrecht, B. matt, B.scheiden ± aufgeblasen, Randblü. strahlg, vgl.
   Heracleum S. 720

62* B. 2–3fach gefiedert
64 Hüllch. einseitswendg, meist 3blättrg
65 Hüllch. meist nach unten hängd, ± lger als Döldch., Dolde 6–15strahlg, Fr.
   eiförmg-kugelg, B. oberts dunkel-, unterts hellgrün, glänzd, zerrieben v.
   unangenehm. knoblauchartg. Geruch, St. rund, kahl, oft bereift, Kelchsaum
   undeutl., 10–100 cm, ☉, 6–10   **Aethusa** S. 713
65* Hüllch. abstehd, kurz, pfrieml., obere B. fein zerteilt mit lineal. Zipfeln, Pf.
   mit Wanzengeruch
66 Fr. kugelg, Kelchsaum 5zähng, St. rund, gestreift, unt. Grundb. mit rundl.
   Fiederblättch., hinfällg, St.b. mit lineal. B.zipfeln, 30–60 cm, ☉, 6–7
   Coriandrum S. 703
66* Fr. 2knopfg, brter als lg, Kelchsaum undeutl., St. kantg gefurcht, 15–30 cm,
   ☉, 5–8   **Bifora** S. 703
64* Hüllch. allstswendg
67 Fr. ± abgeflacht (linsenförmg) mit geflügelt. Randripp., Doldenstrahl.
   grauflaumg
68 Fiederblättch. eiförmg-gesägt, St. rund, gestreift, mit aufgeblas. B.scheiden
   Angelica S. 716
68* Fiederblättch. mit lanzettl. stachelspitzg. Zipfeln, d. letzten bis 8 mm lg,
   B.stiel ob. gefurcht-gerippt, markg, kahl (vgl. 15* *Silaum*)
   Selinum S. 715
67* Fr. rundl., nicht od. nur undeutl. geflügelt
69 Kelchsaum undeutl. 5zähng
70 B.zipfel schmal lineal-lanzettl., St. glatt, fein gerillt
71 Blü.dolde 20–30strahlg, Blü. weiß, Hüllchenb. pfrieml., so lg wie Döldch.,
   nicht häutg berandet, St. hohl, Tieflandspf., 30–60 cm, ☉, 6–7
   Cnidium S. 715
71* Blü.dolde 3–20strahlg
72 Blü.dolde 7–20strahlg, Blü. rötl. od. weiß, Hüllchenb. lanzettl., weißhäutg
   berandet, Hochgebirgspf.   **Ligusticum** S. 715
72* Blü.dolde 3–5strahlg, Fr. eirund, 2 mm lg, Gewürzpfl., 30–80 cm, ☉, 7
   Sison S. 707
70* B.zipfel haarfein, zahlreich, quirlg angeordnet, Hüllch. nicht häutg
   berandet, St. kantg gerieft, B. v. würzg. Geruch, 15–50 cm, ♃, 5–6
   Meum S. 714
69* Kelchsaum deutl. 5zähng
73 Sumpf- od. Wasserpf.
74 B. 3fach gefiedert mit lineal-lanzettl., bis 8 cm lgen, scharf gesägt.
   Fiederblättch., Blü.dolde 15 bis 25strahlg, Hüllch. zuletzt zurück-

geschlagen, Wurzelstock hohl, querfächerg, übelriechd, 60–130 cm, ♃, 6–8
Cicuta S. 707
74* B. einfach gefiedert mit schmal-lineal. B.zipfeln od. doppelt fiederschnittg
gefiedert, Blü.stiele s. kurz, Blü.döldch. oft fast kopfförmg
Oenanthe S. 711
73* Pf. trockener Standorte, B. mit schmal-lineal. B.zipfeln, 3fach gefiedert
75 Fr. eiförmg, Hüllchenb. verwachsen od. häutg berandet   **Seseli** S. 710
75* Fr. längl., vergl.   **Athamanta** S. 714

Wassernabel, Hydrocótyle L. (Familie d. *Hydrocotylaceae*) vgl. S. 691

2150. **H. vulgáris** L., zerstr. in Flachmooren, Sumpf- u. Moor-Wiesen,
an Gräben- u. Schlenkenrändern, v. all. d. tief. Lagen, auf nass.
(wechselnass.), ± basenreich., kalkarm., neutral-mäß. sauer., gern ±
offen. Torf- u. Humusböd., etwas wärmeliebd, Lichtkeimer, meist
Selbstbestäubg, z. B. in lückgen Scheuchzerio-Caricetea-, auch Mo-
linietalia-, Magnocaricion- od. Juncion squarr.-Ges., ferner DV Hydroc.-Baldellion – v. all. Tieflag. im Nordw. u. N d. Gebiet., im S u. SW
zml. slt. – subatl(-smed) – H – Chrom. 2n = 96.

Sanikel, Sanícula L. vgl. S. 691

2151. **Wald-S., S. europaéa** L., zml. hfg in krautreich. Eichen- u.
Buchenwäldern, in Auenwäldern u. Nadelmischwald-Ges., auf frisch.,
nährstoff- u. basenreich. (vorzugsw. kalkhaltg.), mild-mäß. saur.,
humos., tätg., lock. Ton- u. Lehmböden, Mullboden-Wurzler, Lehm- u.
Basenzeiger, Schatt-Halbschattpf., Insekt.- u. Selbstbestäubg, Klettfr.,
früher Heilpf., Fagetalia-Ordn.char. – Ebene bis Gebirge, A bis 1380 m,
Sch bis 1200 m, v. all. im S u. W d. Gebiet. – subatl(-smed) (außerdem in
ozean-gemäß. Gebieten O-Asiens u. Afrikas, Tertiärrelikt) – H – Chrom.
2n = 16.

Sterndolde, Astrántia L.

1   B. mit längl.-oval. B.abschnitt.
2   Grundstge B. tief handförmg geteilt, d. seitl. Abschnitte teilw. verwachs.,
     Hüllb. derb, 11–30 mm lg, Kelchzähne eilanzettl., ± stachelspitzg, 30–90
     cm, ♃, 6–8   **A. major** 2152
2*   Grundstge B. auch bei d. seitl. Abschnitten fast bis zum Grund geteilt,
     Hüllb. dünn, 10–15 mm lg, Kelchzähne eiförmg, stumpfl. bzw. kurz
     stachelspitzg, Blü.std meist armblütg, 20–50 cm, ♃, 6–8
     A. bavarica 2153
1*   B. mit schmal-lanzettl. gesägt. B.abschnitt, Hüllb. 5–11 mm lg, 15–30 cm, ♃,
     7–8   **A. minor** 2154

2152. **Große St., A. májor** L., im Hochgebirge zml. hfg, sonst slt. im
Gebüsch, in Bergwiesen, Auen-, Schlucht- u. Nadel-Mischwäldern, v.
all. in Waldsäumen, auf frisch., nährstoff- u. basenreich., meist
kalkhaltg., mild-mäß. sauer., humos., lock. Lehmböden in humid.
Klimalage, Tonzeiger, Halbschatt-Lichtpf., Insekt.bestäubg, auch

Zierpf., in höher. Stufen v. all. (DV) im Caricion ferr. u. Polygono-
Trisetion, tiefer mehr in Wald- u. Gebüschsäum. – v. all. im Hügel- u.
Bergld im O d. Gebiet., westl. u. nördl. bis süSch (s. slt.), Ba, Ne, He
(Rhön), Hz, Th, Erzg, Sa, L, A bis 1880 m – (o)pralp – H – Chrom. 2n =
14, 28.

2153. Bayerische St., A. bavárica F. Schultz, zml. slt. in subalp.
Wildheuplanken od. Milchkrautweiden, im Krummholz-Gestrüpp, auf
frisch., ± nährstoff- u. basenreich., kalkhaltg., neutral.-mild., humos.
Lehm- u. Tonböden, Licht-Halbschattpf., Seslerietalia-Ordn.char., auch
im Nardion od. Adenostylion – A, 1200–1800 m – opralp – H – Chrom.
2n = 14.

2154. Kleine St., A. mínor L., zerstr. in d. Zentralalpen, in bodensauer.,
frisch.-mäßg trock. Rasen- u. Strauchges. d. subalp. Stufe, v. all. im
Rhododendron ferr.-Vaccinium-Gestrüpp, auch im Nardion od. Adenostylion – Schweiz – walp – Chrom. 2n = 16.

Mannstreu, Erýngium L.

1	Hüllb. doppelt fiederspaltg mit aufwrts gerichtet. Abschnitt., amethystblau, Blü.kopf längl., Grundb. ungeteilt, grob gesägt, 30–80 cm, ⚁, 7–8 **E. alpinum**	2157
1*	Hüllb. gezähnt bis einfach fiederspaltg, Blü.kopf rundl.-oval	
2	Hüllb. oval. 3lappg, dorng, Grundb. gelappt, gezähnt, steif, derbstachelg, weißl.-bläul. bereift, 20–60 cm, ⊙, ⚁, 6–8 **E. maritimum**	2156
2*	Hüllb. lineal-lanzettl., entfernt dorng	
3	B. meist 3zählg, doppelt fiederspaltg, weißl.grün, St. s. ästg, Blü.kopf ± kugelg, Blü. weiß-grünl., 15–60 cm, ⚁, 7–8 **E. campestre**	2155
3*	Untere B. ungeteilt, obere 3–5spaltg, Pf. ob.wrts blau überlauf., Blü.kopf oval, Blü. blau, 30–60 cm, ⚁, 7–9 **E. planum**	2157a

2155. Feld-M., E. campéstre L., zerstr. in sonng. Kalk-Magerrasen u.
-weiden, an Wegrainen u. Dämmen, auf sommertrock., ± kalkreich.,
schwach sauer.-mild., ± humos., mittel-tiefgründg. Lehm- u. Lößböden,
bis 2 m tief wurzld, wärmeliebd, Insekt.bestäubg, Wind- u. Klettverbrtg,
Wanderpf., Weideunkraut, früher Heilpf., Stromtalpf., v. all. in
beweideten Brometalia- u. Festucetalia val.-Ges., Fest.-Brometea-Kl.-
char., auch in d. Agropyretalia (Elymetalia) – warme Tieflag., v. all.
Rhein-, Main-, Elbe-, Saale-Gebiet, vielfach, wie Ju, Do, Av-A, ebenso
wie Silikatgebiete fehld od. wie im Nordw. u. NO s. slt. – med-smed –
H – Chrom. 2n = 14, 28.

2156. Stranddistel, E. marítimum L., slt. in lückg bewachsenen Weiß-
dünen auf basenreich., bewegt. Sandböd. d. Küste, geschützt, Char. d.
El.-Ammophiletum (Ammophilion), auch im Koelerion alb. – NS, SH,
Me – med-atl – H – Chrom. 2n = 16.

2157. **Alpen-M., E. alpínum** L., slt. in alp. Grashald. auf frisch. Tonböd., Zierpf., geschützt, v. all. im Caricion ferr., auch in Adenostyletalia-Ges. – Vorarlberg, Schweiz, französ. Ju – wpralp – H – Chrom. 2n = 16.

2157a. **Flachblättriger M., E. plánum** L., slt. in Trockenras. auf basenreich. Sandböden in oft ruderal beeinflußten Corynephoretalia-Ges., Stromtalpf. – Br(Oder) – euraskont – H – Chrom. 2n = 16.

Blasenstengel, Myrrhoídes Heist. vgl. S. 692

2158. **M. nodósa** (L.) Cann. (*Physocaūlis nodósus* Koch), slt. in Gebüschsäum. auf frisch., nährstoffreich., steing. Lehmböd. in warmer Hanglage, im Alliarion – z. B. eingebürgert am Mittelrhein (Aßmannshausen) – med-smed – T, H – Chrom. 2n = 22.

Kälberkropf, Chaerophýllum L.

1   Blü.b. nicht bewimpert, St. unter d. Knoten meist verdickt, B. 2–4fach gefiedert

2   Pf. 1–2jährg, Wurzel spindel- od. rübenförmg, Griffel kaum lger als Verdickg am Griffelgrund

3   B. 2fach gefiedert mit stumpfl. B.abschnitt., St. durchweg steifhaarg, rot gefleckt, Wurzel spindelförmg, Hüllch. bewimpert, 30–100 cm, ⊙, 5–7
                                                Ch. temulum 2159

3*   B. 3–4fach gefiedert mit spitz. B.abschnitt., St. nur unten steifhaarg u. rot gefleckt, bläul. bereift, Wurzel rübenförmg, (Kirsch-Pflaum.groß), Hüllch. meist kahl, Hülle fehlt (vgl. *Conium* S. 694), 80–180 cm, ⊙, 6–8
                                            Ch. bulbosum 2160

2*   Pf. ausdauernd, Hüllch. bewimpert, Griffel mehrmals lger als Verdickg am Griffelgrund, St. borstg behaart

4   Grundb. 3–4fach fein gefiedert mit lg zugespitzt. Endabschnitt., obere St.b. 50–120 cm, ♃, 6–7   **Ch. aureum** 2161

4*   Grundb. 2–3fach 3zählg mit oval., ca. 1–2 cm brten, gesägt. Teilblättch. (*Aegopodium*-ähnl.), Pf. mit Möhrengeruch, 60–150 cm, ♃, 7–8
                                         Ch. aromaticum 2162

1*   Blü.b. wie Hüllch. bewimpert, St. unter d. Knoten kaum verdickt, B. 3fach gefiedert (doppelt 3zählg), behaart, untersts glänzd, Griffel bleibd, 40–80 (–100) cm, ♃, 5–7   **Ch. hirsutum** 2163

2159. **Hecken-K., Ch. témulum** L. (*Ch. temuléntum* L.), zml. hfg in schattenliebd. Unkrautfluren, im Saum von Hecken u. Gebüsch, an Waldrändern, in Waldverlichtg., in vernachlässigten. Park- u. Gartenanlagen, auf frisch., nährstoffreich., lock., humos. Lehmböden (Mullböd.), Stickstoffzeiger, Halbschattpf., etwas wärmeliebd, Insekt.bestäubg, Klettverbrtg, giftverdächtg, v. all. in warm. Auen-Landschaften, Char. d. All.-Chaerophylletum tem. (Alliarion) – Ebene bis mittl. Gebirgslag., Ju bis 750 m, ähnl. Av, fehlt A – subatl-smed – H, T – Chrom. 2n = 14,24.

2160. **Rüben-K., Ch. bulbósum** L., zml. slt. in Spülsaum-Ges. an Flußufern, zwischen Weidengebüsch, an Gräben, in verlicht. Auenwäldern, auf nass.-frisch., nährstoff- u. basenreich., meist kalkhaltg., ± humos. Tonböden, Stromtalpf., Licht-Halbschattpf., Insekt.bestäubg, Wurzel als Kartoffelersatz, Char. d. Chaerophylletum bulb. (Aegopodion) – Ebene bis mittl. Gebirgslag., Do bis 500 m aufwärts, fehlt Av u. A, Silikatgebirge u. im SW slt. od. fehld – gemäßkont – H, T – Chrom. 2n = 22.

2161. **Gold-K., Ch. áureum** L., zerstr., ab. gesellg in Unkrautfluren d. Dorfränder, an Gräben, Hecken, Ufern, Müllplätzen, in überdüngt. Bergwiesen, auf frisch., nährstoff- u. basenreich., vorzugsw. kalkhaltg., mild.-mäß. sauer., lock. humos. Ton- u. Lehmböden v. all. d. mont. Stufe, Stickstoffzeiger, Licht-Halbschattpf. (Dunkelkeimer), sommerwärmeliebd, Insekt.bestäubg, Klettverbrtg, Char. d. Chaerophylletum aurei (Aegopodion), in höher. Lag. auch in Arrhenatheretalia-Ges. übergreifd – Ebene bis Gebirge (mont-subkont Kalk- u. Lehmgebiete), A bis 1420 m, v. all. im S d. Gebiet., im nördl. Tiefld fehld od. s. slt. – pralp (-smed) – H – Chrom. 2n = 22.

2162. **Gewürz-K., Ch. aromáticum** L., slt. im Saum feucht. Wälder, an Gräben u. Waldweg., auf nährstoffreich., meist kalkarm. Lehmböd., Char. d. Chaerophylletum aromat. (Aegopodion) – BayW, Th, Sa, Br (Frankfurt/Oder) – gemäßkont(-osmed) – H – Chrom. 2n = 22.

2163. **Berg-K., Ch. hirsútum** L., zml. hfg u. gesellg in Berg-Auenwäldern, in Staudenfluren, an Bächen u. Quellen, in Bergwiesen, an Ufern, auf kühl., sickernass., nährstoffreich., humos. Tonböden in luftfeucht. Lage, Nährstoffzeiger, Tiefwurzler, Halbschatt-Lichtpf., Insekt.bestäubg, Soziol. vgl. Unterarten – H.

1   Grundb. ± 3zählg, d. Grundfiedern fast so groß wie d. restl. Endfieder-Abschnitt, Fr.halter d. reif. Fr. nur oben 2spaltg

2163a. **ssp. hirsútum,** DA d. Chaeroph.-Ranunculetum aconitif. (Calthion), auch im Filipendulion, Aegopodion od. in mont. Alno-Ulmion-Ges. – v. all. mittl. Gebirgslag., slt. unter 300 m, A bis 1920 m, nördl. bis RS, He (Rhön), Hz, Th, Erzg, s. slt. (disjunkt) Br. – pralp – Chrom. 2n = 22.

1*   Grundb. mehrfach gefiedert, d. Grundfieder kleiner als d. restl. Endfieder-Abschnitt, Teilfiedern zahlreich u. schmal fiedrg eingeschnitt., blühde Döldchen. flach, Fr.halter d. reif. Fr. fast bis z. Grund 2spaltg

2163b. **ssp. villársii** (Koch) Arc. (*Ch. villársii* Koch), zerstr. in feucht. Hochstaudenfluren d. Hochgebirges, Adenostylion-Verb.char. – A (1150–2100 m) – pralp-alp – Chrom. 2n = 22.

Kerbel, Anthríscus Pers.

1 Blü.dolden 8–15strahlg, alle gestielt, Hüllch. 5–8blättrg, Fr. glänzd, St. $\pm$ gefurcht

2 B. 2–3fach fiederteilg, St. unten z. T. rauhhaarg, Hüllch.b. plötzl. zugespitzt, Blü. $\pm$ gleich groß, Fr. so lg wie ihr Stielch., 60–120(–150) cm, ⚁, 4–6 **A. sylvestris** 2164

2* B. 3zählg, d. h. die 2 unterst. Fiedern fast so groß wie das Endb., untersts stark glänzd, St. $\pm$ kahl, Randblü. etwas strahlg vergrößert, Fr. kürzer als ihr Stielch., 60–120 cm, ⚁, 6–8 **A. nitida** 2165

1* Blü.dolden 2–6strahlg, z. T. sitzd, Hüllch. 1–4blättrg, St. rund, fein gerillt

3 Doldenstrahlen dicht flaumhaarg, Fr. lineal, 7–11 mm lg, kahl od. kurzborstg, Blü.b. bis 1 mm lg, B.zipfel kahl, Pf. stark duftd, 30–60 cm, ☉, 5–6 **A. cerefolium** 2166

3* Doldenstrahl. kahl od. zerstr. lg behaart, Fr. eiförmg, 4–5 mm lg, borstghakg, Blü.b. u. Griffel s. kl., B.zipfel rauhhaarg, 15–50 (bis 80) cm, ☉ 5–6 **A. caucalis** 2167

2164. Wiesen-K., A. sylvéstris (L.) Hoffm., verbr. in Fettwiesen, an Hecken- u. Wegrändern, auf frisch. (feucht.), nährstoffreich., lock. humos., tiefgründg. Ton- u. Lehmböden, v. all. in gut gedüngt. Bergwiesen, in Tieflag. mehr im Obstbaumschatten, in Säumen od. an Wiesenrändern, humid. Klima liebd, Nährstoffzeiger, Licht-Halbschattpf., Insekt.bestäubg (Fliegen u. Käfer), nicht weidefest, mäß. Futterwert, Arrhenatheretalia-Ordn.diff., auch (primär) DO Glechometalia, ferner im Arction – Ebene bis Gebirge, A bis 2375 m – noeurassubozean – H, formenreich:

1 B.abschnitte letzt. Ordnung brt.-lanzettl., fiederspaltg, stumpfl.

2164a. ssp. sylvéstris, verbr. Sippe, s. o. – Chrom. 2n = 16.

1* B.abschnitte letzter Ordnung schmal-lanzettl., tief eingeschnitt. mit spitz., $\pm$ lineal. Zipfeln

2164b. ssp. alpína (Vill.) Schwarz, slt. in Staudensäum. auf moosreich. Steinschuttböd. in kühl-schattger Standortslage, in Aegopodion- od. Adenostylion-Ges. (?) – A, Ju, RS (Westerwald) – pralp.

2165. Glänzender K., A. nítida (Wahlenb.) Garcke, slt. im Bereich staudenreich. Buchen- od. Bergahorn-Wälder d. mont. -hochmont. Stufe auf frisch. (sickerfeucht.), nährstoff- u. basenreich., steing. Lehmböden, Schattpf., Insekt.bestäubg, Char. d. Aegop.-Anthriscetum nit. (Aegopodion), im Kontakt mit d. Aceri-Fraxinetum od. Aceri-Fagetum – Vog, süSch, Bo, Ba, Ju, He, Hz, ThW, A bis 1600 m – pralp – H – Chrom. 2n = 16.

2166. Garten-K., A. cerefólium (L.) Hoffm., slt., seit 16. Jahrh. gebaut u. verwildert in schattenliebd. Unkrautfluren an Hecken u. Waldrändern warmer Lagen, auf frisch., nährstoffreich., $\pm$ humos., sandg. od. rein. Lehmböden, Halbschatt-Lichtpf., wärmeliebd, Insekt.bestäubg, Gewürz- u. Heilpf., Alliarion-Verb.char., z. T. unbestdg – z. B. Rh, Hü, Ne,

Bo, Mn, RS (Täler), He, Th usw. – Herkunft: omed – T – Chrom. 2n = 18.

2166a. **ssp. cerefólium**, Fr. kahl, Kulturpf.

2166b. **ssp. trichospérma** (Schult.) Arc., Fr. kurzborstg, Wildform u. Stammpf. d. vor.

2167. **Hunds-K., A. caúcalis** M. Bieb. (*A. scandicína* Mansf.), slt. in Unkrautfluren an Hecken, Wegränd. u. Schuttplätz., auf frisch., nährstoffreich., meist kalkarm., lock., humos., gern sandg. Lehmböden, sommerwärmeliebd, meist Selbstbestäubg, Klettverbrtg, Sisymbrion-Verb.char., auch im Alliarion, z. T. unbestdg – z. B. Rh, Hü, Fr, Mn, Th, An, NS – smed, weltweit verschleppt – T – Chrom. 2n = 18.

Venuskamm, Scándix L. vgl. S. 693

2168. **Sc. pécten-véneris** L., slt. u. unbestdg in Getreidefeldern (v. all. Weizen), in Brachen, an Schuttplätzen, auf sommerwarm.-mäß. trock., nährstoff- u. basenreich., meist kalkhaltg. u. humusarm., gern steing. od. sandg. Tonböden, bis 40 cm tief wurzld, wärmeliebd, Insekt.- u. Selbstbestäubg, Klettverbrtg, lok. Char. d. Caucal.-Adonidetum (Caucalidion), in med auch in therophytisch. Trockenrasen – Tieflagen u. Kalkgebiete, heute vielerorts verscholl., im nördl. Tiefld fehld od. s. slt. – med-smed, verschleppt – T – Chrom. 2n = 16, formenreich.

Süßdolde, Mýrrhis Mill. vgl. S. 693

2169. **M. odoráta** (L.) Scop., zerstr., im Gebiet nur verwildert, an Schuttplätz., an Wald- u. Heck.rändern, auf frisch., nährstoffreich., locker-humos. Lehmböden, Halbschatt.-Lichtpf., Heil- u. Gewürzpf., milchfördernde Futterpf., v. all. im Aegopodion od. Alliarion, primär Rumicion alp.-Art – A (Tegernsee, Berchtesgad.), auch Rh, He, Hz, Th, Sa, NSH, NS, SH, L usw. – (w)pralp, verschleppt – H – Chrom. 2n = 22.

Klettenkerbel, Tórilis Adans.

1 Blü.dolden lg gestielt
2 Hülle (d. Döldch.stiel anliegd) 3–mehrblättrg, Blü.dolde 9–12 strahlg, Fr.borsten nicht widerhakg, St. rückwts rauh, anliegd behaart (vgl. *Chaerophyllum temulum* S. 698), 30–90(–120) cm, ☉, 7–8
                                                       T. japonica 2170
2* Hülle 0–2blättrg, Blü.dolde 3–9strahlg, Fr.borsten widerhakg, 30–80 cm, ☉, 7–8
                                                       T. arvensis 2171
1* Blü.dolden fast sitzd, geknäuelt, b.gegenstdg, Hülle fehld, 15–35 cm, ☉, 5–6
                                                       T. nodosa 2172

2170. **Gewöhnlicher K., T. japónica** (Houtt.) DC. (*T. anthriscus* C. Gmel.), hfg in Waldschlägen, an Waldwegen u. Waldrändern, in beschattet. Unkrautges., auf frisch., nährstoff- u. basenreich., lockertätig., humos. Lehmböden, Halbschatt(-Licht)pf., Insekt.bestäubg (Fliegen), Klettverbrtg, Char. d. Torilidetum jap. (Alliarion), auch in Atropetalia-Ges. – Ebene bis mittl. Gebirgslag., A bis 1180 m, Ju bis 950 m – eurassubozean-smed, in gemäß. Zonen weltweit – T – Chrom. 2n = 12, 16.

2171. **Acker-K., T. arvénsis** (Huds.) Lk. (*T. infésta* Koch), slt. u. unbestdg in Getreidefeldern, auf sommerwarm., mäß. trock., nährstoff- u. basenreich. (kalkhaltg.), humusarm., meist steing. od. sandg. Tonböden, Lichtpf., Klettverbrtg, Caucalidion-Verb.char., auch ruderal – Kalk- u. Wärmegebiete (fehlt Av, A, Sch, im nordw. Tiefld, usw.) – smed-med (verschleppt) – T – Chrom. 2n = 12, 16.

2172. **Knotiger K., T. nodósa** (L.) Gaertn., slt. u. unbestdg eingeschleppt in Schuttunkraut-Fluren, in Bahn- u. Hafenanlagen, wärmeliebd, Massenverbrtg in med. Unkrautges. (Hordeion), im Gebiet in Sisymbrion-Ges. – z.B. Rh, NS, NWe, SH, Th, An, Sa – med – T – Chrom. 2n = 22, 24.

Haftdolde, Caúcalis L.

1   B. 2–3fach fiederteilg, Hüllb. 0–2, Hüllch.b. kaum hautrandg, Blü. meist weiß, Fr. mit 4 Stachelreihen, 10–30 cm, ☉, 5–7   **C. platycarpos** 2173
1* B. einfach fiederteilg, mit fiedrg eingeschnitt. Fiederblättch., Hüllb. 2–5, Hüllch.b. brt hautrandg, Blü. oft rötl., Fr. mit 9 Stachelreihen, 15–60 cm, ☉, 6–8   **C. latifolia** 2174

2173. **Möhren-H., C. platycárpos** L. (*C. daucoídes* L. p.p.), zml. slt. u. unbestdg in Getreidefeldern (bes. Sommerweizen), auf Brachen, an Wegen, auf sommerwarm., mäß. trock., nährstoff- u. kalkreich., humusarm., meist steing. Tonböden, Tonzeiger, Klettverbrtg, alter Kulturbegleit., Char. d. Caucal.-Adonidetum (Caucalidion) – Kalk- u. Wärmegebiete bis Av, Ju bis 880 m, Silikatgebirge u. A fehld, im nördl. Tiefld s. slt., überall zurückgehd – med-smed (verschleppt) – T – Chrom. 2n = 20.

2174. **Breitblättrige H., C. latifólia** L. (*Turgénia latifólia* Hoffm.), slt. u. unbestdg in Getreidefeldern, wie vor. auf mäß. trock., nährstoff- u. kalkreich., humusarm., steing. Tonböden, wärmeliebd, Klettverbrtg, Char. d. Caucal.-Adonidetum (Caucalidion), in med hfg auch in therophyt. Trockenrasen – Rh, Hü, Ne, Bo, Ju, Do, Fr, Mn, nördl. bis RS, NSH, Th, Sa, z. T. verscholl. – med-smed, verschleppt – T –Chrom. 2n = ca. 32.

Breitsame, Orláya Hoffm. vgl. S. 692

2175. **Großblütiger Br., O. grandiflóra** (L.) Hoffm., slt. u. unbestdg in Getreidefeldern u. Brachen, auf sommerwarm., mäß. trock., nährstoff-

u. kalkreich., humusarm., meist steing. Tonböden, bis 70 cm tief wurzld. Tonzeiger, Insekt.bestäubg (Fliegen), Klettverbrtg, Char. d. Caucal.-Adonidetum (Caucalidion), auch im Alysso-Sedion, in med in Trockenrasen - z. B. Hü, Ne, Ju bis 945 m, Mn, Do, He, NSH, Th, An, überall zurückgehend - med-smed - T - Chrom. 2n = 20.

Koriander, Coriándrum L. vgl. S. 695

2176. **C. satívum** L., altertüml. Kulturpf., slt., seit 16. Jahrh. im Gebiet gebaut u. unbestdg verwildt, in Getreidefeldern, Brachen, an Schuttplätzen, auf warm.-mäß. trock., nährstoff- u. basenreich., humusarm. Lehm- u. Lößböden, Gewürz- u. Heilpf., v. all. im Caucalidion, auch im Sisymbrion - z. B. nöHü, Ne, Mn, Do, Fr, NS, Th - Herkunft: omed - T - Chrom. 2n = 20, 22.

Hohlsame, Bífora Hoffm. vgl. S. 695

2177. **B. rádians** M. Bieb., s. slt. u. unbestdg in Getreidefeldern od. an Schuttplätzen, auf sommerwarm., mäß. trock., nährstoff- u. kalkreich., meist humusarm., ± steing. Lehm- u. Tonböden, Caucalidion-Verb.char., auch im Sisymbrion - z.B. Rh, Ne, Mn, Bo, Ju, Do, Fr, NWe, Th, Sa - Herkunft: omed - T - Chrom. 2n = 20.

Gelbdolde, Smýrnium L. vgl. S. 692

2178. **S. perfoliátum** L., slt., aus Gärten verwildt u. eingebürgt, in beschattet. Unkrautfluren, im Saum von Parkwäldern, auf frisch., nährstoffreich., locker-humos., sandg. Lehmböden, wärmeliebd, Halbschattpf., z.B. im Alliarion - z.B. Rh (Schwetzingen) - osmed, verschleppt - T - Chrom. 2n = 22.

Schierling, Cónium L. vgl. S. 694

2179. **Gefleckter Sch., C. maculátum** L., zerstr., ab. gesellg in staudenreich. Unkrautfluren d. Wärmegebiete, an Gräben u. Schuttplätzen, in Dörfern, auf feucht.-frisch. (wechselfeucht.), nährstoffreich., humos. Lehm- u. Tonböden, Lehm- u. Stickstoffzeiger, sommerwärmeliebd, giftig, Heilpf., Char. d. Lamio-Conietum (Arction) - v. all. Tieflag. im S, Av bis 750 m, im nördl. Tiefld slt. od. fehld - smedeuras(subozean), in gemäß. Zonen heute weltweit - H (T) - Chrom. 2n = 22.

Rippensame, Pleurospérmum Hoffm. vgl. S. 693

2180. **P. austríacum** (L.) Hoffm., slt. in mont-subalp. Staudenhalden, z. T. mit Kiefern, an Waldrändern, im Grauerlen-Auenwald, auf wechselfeucht. (frisch.), meist kalkreich., neutral.-mild., humusarm.,

kiesg. od. rein., tiefgründg. Ton- u. Mergelböden, Halbschattpf., meist
Insekt.bestäubg, v. all. in Origanetalia-Ges., auch im Calamagrostio-
Pinetum (Erico-Pinion) od. im Alnetum incanae (Alno-Ulmion), auch
(Th) im Carpinion, in Hochlagen im Adenostylion – Ba, Ju (SW-Alb),
Do, Av, A bis 1820 m, Mn, RS (Eifel), He (Rhön), Th – opralp (gemäß-
kont) – H – Chrom. 2n = 22.

Hasenohr, Bupleūrum L.

1   B. rundl.-längl., d. oberen st.umfassd od. durchwachsen, ± netzadrg,
    Blü.dolde 5–10strahlg, Hüllch. meist gelbgrün
2   B. eiförmg-rundl., d. oberen durchwachsen, Hülle fehld, 15–50 cm, ☉, 6–8
    B. rotundifolium   2181
2* B. längl.-eiförmg, d. oberen herzförmg umfassd, d. unter. gestielt, Hülle 3–
    4blättrg, 30–80 cm, ♃, 5–8   **B. longifolium**   2182
1* B., wenigst. Grundb., lanzettl.-lineal, ± streifennervg
3   St.b. vorhanden
4   Blü.dolde 1–3strahlg, B. u. Hüllb. schmal-lineal, Fr. körng-rauh, 10–30 cm,
    ☉, 7–9   **B. tenuissimum**   2183
4* Blü.dolde 4–8strahlg, Fr. glatt
5   Untere B. lanzettl., obere mit brtem Grund ± herzförmg umfassd, Hüllch.b.
    ei-lanzettl., gelb, lger als Blü., Alpenpf., 5–30(–50) cm, ♃, 7–8
    B. ranunculoides   2184
5* Untere B. längl. od. lanzettl., obere lanzettl.-lineal, Hüllch.b. lanzettl., nicht
    lger als Blü.
6   Untere B. längl., obere lanzettl., 5–7nervg mit dünn. Zwisch.nerv., ±
    sichelförmg, Hüllch.b. lanzettl., 20–50(100) cm, ♃, 6–9
    B. falcatum   2186
6* Alle B. lanzettl.-lineal, 3–5nervg, Hüllch.b. lanzettl.-pfrieml., 20–60 cm, ☉,
    7–8   **B. jacquianum**   2187
3* St. b.los od. höchst. 1blättrg, Hüllch. becherförmg, z. T. verwachs., lger als
    Blü., Grundb. lineal-lanzettl. in schopfger Rosette, 15–30 cm, ♃, 7–8
    B. stellatum   2185

2181. Acker-H., B. rotundifólium L., slt. in Getreideäckern (meist
Weizen), auf sommerwarm., mäß. trock., nährstoff- u. kalkreich.,
neutral.-mild., oft steing. Lehm- u. Tonböden, Tonzeiger, Tiefwurzler,
Lichtpf., Insekt.bestäubg (Fliegen), früher Heilpf., im Gebiet v. all. im
Sedo-Neslietum, Caucalidion-Verb.char. – Kalkgebiete, Ju bis 800 m,
überall zurückgehend, im nördl. Tiefld fehld od. s. slt. – Herkunft: omed
(med-smed verschleppt) – T – Chrom. 2n = 16 (22).

2182. Langblättriges H., Wald-H., B. longifólium L., slt. in Eichen-
Hainbuchen- u. Buchenwäldern, an Waldrändern, im Gebüsch, auf
frisch.-mäß. trock., nährstoff- u. basenreich., meist kalkhaltg., neutral-
mild., humos., lock., steing. od. rein. Ton- u. Lehmböden, Mullböd.,
Halbschattpf., montan: Char. d. Bupl. longif.-Laserpitietum lat.
(Geranion sang.), auch im angrenzd. licht-warm. Wald, in Hochlagen im
Calamagrostion od. Adenostylion – Vog, HRh, Ju bis 980 m, Ne, Do,

Av, A bis 1800 m, Fr, Mn, He, NSH, Th, An – euraskont(-pralp) – H – Chrom. 2n = 16, (ssp. *longifolium* im Gebiet).

2183. **Salz-H., B. tenuíssimum** L., slt. u. unbestdg in lückgen Salzwies. auf wehcselfeucht., sandgen Salz-Tonböd. d. Küste u. binnenländ. Salzstell., Agr.(El.)-Rumicion-Verb.char., auch im Saginion mar. – NS, SH, Me, Th, An, Br – med-smed – T – Chrom. 2n = 16.

2184. **Berg-H., B. ranunculoídes** L., slt. in subalp-alp. Steinrasen, v. all. an d. Waldgrenze auf sonng., frisch. (mäß. trock.), meist kalkreich., lock., neutral-mild., humos., ± steing. Lehmböden, Lichtpf., Char. d. Seslerio-Caricetum sempervir. (Seslerion), auch in Thlaspietea-Ges. – A (v. all. Allgäu) 1600–1990 m – walp (bei weiter gefaßt. Artbegriff: arkt-alp, circ) – H – Chrom. 2n = 14 (28, 42), s. formenreich.

2185. **Sterndolden-H., B. stellátum** L., zerstr. in lückgen Magerras. kalkarm., steinger Böd., Festucion variae-Verb.char., auch im Androsacion vand. – Vorarlberg, Schweiz – alp – H – Chrom. 2n = 14, 16.

2186. **Sichelblättriges H., B. falcátum** L., zerstr. in sonngen Staudenhal-den, in Gebüschsäumen, in licht. Eichen- u. Kiefernwäldern, an Böschg. u. Rainen, auf mäß. trock., mager., meist kalkreich., tief-mittelgründg., lock., mäß. sauer.-mild., humos. Lehm- u. Lößböden, wärmeliebd, Tiefwurzler (bis 130 cm), Halbschatt-Lichtpf., Insekt.bestäubg (meist Fliegen), Geranion sang.-Verb.char., auch im Conv.-Agropyrion (Ely-mion) od. Erico-Pinion – Hü. nöRh, Pf (Kalk), Ne, Ju bis 1010 m, Ba, Fr, Mn, (BayW), nördl. bis RS, He, NSH, Th, An, Sa – euraskont-smed (die Unterart d. Gebietes ssp. *falcátum* nur euraskont) – H – Chrom. 2n = 16, formenreich.

2187. **Jacquins H., B. jacquiánum** Jord., s. slt. im Saum sonnger Gebüsche, Origanetalia-Art – Hz – med – T.

Faserschirm, Trínia Hoffm. vgl. S. 694

2188. **T. glaúca** (L.) Dumort., slt. in sonng. Trockenrasen, an steing. Hängen, in Dünen, auf trock., mager., basenreich., meist kalkhaltg., mild., humos., lock. flachgründg. Steinböden od. feinerdearm. Sand-böden, wärmeliebd, bis 20 cm tief wurzlde Lichtpf., Steppenläufer, Xerobromion-Verb.char., auch in Festucion val.-Ges. übergreifd – Hü, Rh, Ju (zwischen Sigmaringen u. Reutlingen), Mn – smed-subatl., im Gebiet an d. NO-Grenze d. Verbrtg – H – Chrom. 2n = 18.

Sellerie, Ápium L.

1 Hüllch. u. Hülle fehld, Blü.dolde 6–12strahlg, B. dunkelgrün, glänzd, St. aufsteigd-aufrecht, 30–80 cm, ☉, 6–9   **A. graveolens** 2189

1*   Hüllch. mehrblättrg, St. niederliegd od. kriechd (flutend), Blü.std
b.gegenstdg (*Helosciádium* Koch.)
2   Alle B. einfach fiederteilg
3   Hülle 1–2blättrg, Blü.dolde fast sitzd, B.abschnitte eiförmg-lanzettl., St.
niederliegd, nur am Grunde wurzld, 20–60 cm, ♃, 7–9
                                    A. nodiflorum   2190
3*   Hülle 3–6blättrg, Blü.dolde 1–3,5 cm lg gestielt, B.abschnitte rundl.-
eiförmg, ungleich gesägt, St. kriechd, an d. Knoten wurzld, 10–30 cm, ♃, 7–
9   **A. repens**   2191
2*   Untergetauchte B. doppelt fiederteilg mit fein. Zipfeln, obere B. z. T. einfach
fiederteilg mit keilförmg., 3lappg. B.abschnitt., Blü.dolde 2–3strahlg, 1–3,5
cm lg gestielt, Hülle fehld, St. kriechd, wurzld, flutend, 15–60 cm, ♃, 6–7
                                    A. inundatum   2192

2189. Echte S., A. gravéolens L., slt. in lückg. Pionier-Staudenfluren, an
d. Küste u. an Salzstellen d. Binnenlandes, an Gräben, auf off., feucht.-
nass., nährstoffreich., kalk- od. salzhaltg. Schlammböden, licht- u.
wärmeliebd, Insekt.- u. Selbstbestäubg (Fliegen), in d. var. *rapáceum*
DC. seit alters kultiv. Gemüse- u. Heilpf., vorteilhaft auf fetten, feucht.
Böden, d. wilde (geschützte) var. *gravéolens* v. all. in halophil. Agr.(El.)-
Rumicion-Ges. – NS, SH, Me, auch nöRh, He, Th, An – smed-med,
außerdem verschleppt – H – Chrom. 2n = 22.

2190. Knotenblütige S., A. nodiflórum (L.) Lag. [*Helosciádium nodiflórum*
(L.) Koch], slt. im Röhrichtsaum lgsam fließd. Gewässer d. Tieflagen,
an Gräben u. Bächen, auf nass., nährstoffreich., mild. u. basenreich., oft
salzhaltg., humos. Schlammböden, wärmeliebd, Insekt.bestäubg (Fliegen), geschützt, Char. d. Apietum (Helosciadietum) nod. (Sparg.-Gly-
cerion) – nöRh, nöHü, Pf, RS (Täler) bis NWe (Niederrhein) – med-
subatl, im Gebiet an d. O-Grenze d. Verbrtg – H (W) – Chrom. 2n = 22.

2191. Kriechende S., A. répens (Jacq.) Lag. [*Helosciádium répens* (Jacq.)
Koch], slt. in lückgen Pionierges. an Ufern u. Gräben, auf off. feucht.,
zeitw. überschwemmt., nährstoff- u. basenreich., humos., sandgen od.
rein. Schlammböd., geschützt, Agr.(El.)-Rumicion-Verb.char. – v. all.
im S u. W d. Gebiet. bis SH-Me (fehlt Th-Sa), A bis 1000 m, z. T. verscholl. – subatl – H (W) – Chrom. 2n = (16) 22.

2192. Flutende S., A. inundátum (L.) Rchb. f. [*Helosciádium inundátum*
(L.) Koch], s. slt. in Strandlgs-Ges., an Tümpelrändern, in Gräben od.
Schlenken, auf nass., zeitw. überflutet., ± nährstoff- u. basenarm., kalk-
frei., mäß. sauer., humos.-torfg. Schlammböden in wintermild-humid.
Klimalage, Insekt.- u. Selbstbestäubg, geschützt, Hydroc.-Baldellion-
Verb.char. – NWe, NS, SH, Me (nöRh verscholl.) – atl, im Gebiet an d.
O-Grenze d. Verbrtg – H, W – Chrom. 2n = 22.

Petersilie, Petroselínum Hill vgl. S. 692

2193. Garten-P., P. críspum (Mill.) A. Hill, hfg u. in viel. Sorten im

Gebiet seit Spätneolithikum gebaut, meist als Gewürzpf., vorteilhaft auf frisch., nährstoffreich. Lehmböden, Licht-Halbschattpf., slt. an Schuttplätzen verwildt – Herkunft: med – H – Chrom. 2n = 22.

Gewürzdolde, Síson L. vgl. S. 695

2194. **S. amómum** L., slt. u. unbestdg, eingeschleppt, in etwas beschattet. Unkraut-Ges., auf frisch., nährstoffreich. Lehmböden, Gewürzpf. – z. B. Rh – med-atl – H – Chrom. 2n = 14.

Wasserschierling, Cicúta L. vgl. S. 696

2195. **C. virósa** L., zerstr. in Verlandungs-Beständen, an Ufern v. Altwassern u. Tümpeln, auch im Erlenbruch, auf nass., meist flach überschwemmt., ± nährstoffreich., oft kalkarm., mesotroph., mäß. saur., torfig-humos. Schlammböden, Licht-Halbschattpf., Lichtkeimer, Insekt.bestäubg (Fliegen), s. giftig (Narkotikum), Char. d. Cicuto-Caricetum pseudocyp. (Phragmition), auch im Alnion – v. all. im N u. O d. Gebiet., im SW fehld od. s. slt. (z. B. süSch 840 m) – no-euras – H – Chrom. 2n = 22 (44).

Knorpelmöhre, Ammei, Ammi L. vgl. S. 693

2196. **Große K., A. május** L., slt. u. unbestdg in Schuttunkraut-Fluren, an Verladeplätzen, in Luzernefeldern, auf ± trock. (wechseltrock.), nährstoffreich. Sand-, Kies- od. Lehmböden, wärmeliebd, alte Gewürzpf., v. all. in Sisymbrion-Ges. – z. B. Rh, Pf – Herkunft: med – T – Chrom. 2n = 22.

2197. **Zahnstocher-Ammei, A. visnága** (L.) Lam., Fiederb. s. fein zerteilt – wie vor. slt. u. unbestdg in Unkrautges. verschleppt, liebt wechseltrock., oft salzhaltge Tonböden – z. B. Rh – Herkunft: med – H – Chrom. 2n = 20.

Sichelmöhre, Falcária Bernh. vgl. S. 693

2198. **F. vulgáris** Bernh., zerstr. im Saum sonng. Gebüsche, an Weg- u. Ackerrändern, auch in Hackunkraut-Ges. od. Brachen, auf mäß. trock., nährstoff- u. kalkreich., mild., meist roh., tiefgründg., lock. Lehm- u. Lößböden, wärmeliebd, mit Wurzelspross., Rohboden-Pionier, Insekt.-bestäubg, Adventivknospen-Verbrtg, Steppenläufer, Char. d. Falcario-Agropyretum (Elymetum) [Conv.-Agropyrion (Elymion)], auch im Caucalidion, Fum.-Euphorbion od. in gestört. Trockenras. – v. all. warme Kalkgebiete, Ju bis 850 m, im nordw. Tiefld fehld – smed-euras – H – Chrom. 2n = 22.

Kümmel, Cárum L.

1   Hülle fehld, B. doppelt fiederschnittg mit lineal. Zipfeln, am B.grund mit herabgerückt., nebenb.artg. Fiedern, Wurzel spindelförmg, 30–50(–80) cm, ☉, 4–6   **C. carvi**   2199
1* Hülle mehrblättrg, B. längl. schmal, mit scheinbar quirlg sitzd., haarfein zerteilt. Fiederblättch., Wurzel walzl.-knollg, gebüschelt, St.grund mit Faserschopf, 40–80 cm, ♃, 7–8   **C. verticillatum**   2200

2199. **Wiesen-K., C. cárvi** L., verbr. in Gebirgs-Fettwiesen u. Fettweiden, auf frisch., nährstoff- u. basenreich., mittel-tiefgründg., mild-mäß. sauer., humos. Ton- u. Lehmböden in kühl-humider Klimalage, Nährstoffzeiger, Lichtkeimer, Insekt.bestäubg (Fliegen, Käfer), alte Nutz- u. Heilpf. (Kümmel), trittfester Weide-Umbellifer, mittl. Futterwert, Arrhenatheretalia-Ordn.char. – v. all. im NO d. Gebiet., im S vorwiegd im Gebirge, A bis 1860 m – no-pralp – H – Chrom. 2n = 20 (22).

2200. **Stern-K., C. verticillátum** (L.) Koch, s. slt. in moorg. Binsenwiesen, auf wechselnass. (sickernass.), mäß. nährstoff- u. basenreich., kalkarm., mäß. sauer. humos., torfg., sandg. od. rein. Tonböden in wintermild-humid. Klimalage, Licht (Halbschatt)pf., lok. Char. d. Caro-Juncetum acutifl., Juncion acutifl.-Verb.char. – Rh (Lauterniederg) – atl, im Gebiet an d. O-Grenze d. Verbrtg – H – Chrom. 2n = 20.

Knollenkümmel, Búnium L. vgl. S. 694

2201. **B. bulbocástanum** L., slt., ab. gesellg in Getreidefeldern, an Weg- u. Ackerrändern, auf sommerwarm.-mäß. trock., nährstoff- u. basenreich., meist kalkhaltg. Lehm- u. Tonböden, Tonzeiger, früher Wurzelgemüse, Char. d. Ad.-Iberidetum am., Caucalidion-Verb.char., auch im Fum.-Euphorbion – nöHü (linksrhein.), Pf, Nahetal, NWe, NSH, sonst nur s. slt. od. unbestdg (z. B. nöRh, Ne, He, Th, NS) – subatl-smed – G – Chrom. 2n = 22.

Bibernelle, Pimpinélla L.

1   Alle B. gefiedert, Fr. kahl, Pf. ausdauernd
2   St. kantg gefurcht, beblättert, Fiederblättch. d. grundstdg. B. bis 4 cm lg, d. unter. meist kurz gestielt, glänzd, 40–100 cm, ♃, 6–9   **P. major**   2202
2* St. meist rund, feingerillt, oben fast b.los, Fiederblättch. d. grundstdg. B. eiförmg-stumpfl., oft zerteilt, bis 1,5 cm lg, sitzd, matt, Fiederblättch. d. St.b. meist mit lineal. Zipfeln, 15–50 cm, ♃, 6–10   **P. saxifraga**   2203
1* Untere B. ungeteilt, rundl., gesägt, mittl. B. fiederteilg, Fr. weichhaarg, 15–50 cm, ☉, 7–8   **P. anisum**   2204

2202. **Große B., P. májor** (L.) Huds., hfg in Fettwiesen, v. all. d. Gebirges, auch in Staudenfluren, an Viehlägern, auf frisch., nährstoff- u. basenreich., mäß. sauer.-mild., humos., tiefgründg. Lehmboden in humid. Klimalage, düngerbegünstigt. Nährstoffzeiger, Licht-(Halb-schatt)pf., Insekt.bestäubg (Fliegen, Käfer usw.), in Bergwiesen, Hochsommeraspektbildend, mittl. Futterwert, Soziol. vgl. Unterart. – H – formenreich:

1 Blü. weiß, St. hochwüchsg, lgästg

2202a. **ssp. májor,** verbr. Sippe, s. o. – Ebene bis mittl. Gebirgslag., v. all. Kalk- u. Lehmgebiete, Arrhenatherion-Verb.char., ferner DO Glecho-metalia, im nordw. Tiefld slt. – subatl – Chrom. 2n = 20.

1* Blü. lebhaft rosa-rot, St. niederwüchsg, kurzästg

2202b. **ssp. rúbra** (Hoppe) Schwarz, zerstr., nur im Gebirge, Pol.-Trisetion-Verb.char., auch im Caricion ferr. od. im Rumicion alp. – z. B. A (bis 1990 m), Av, süSch, Ju – pralp.

2203. **Kleine B., P. saxífraga-**Gruppe, hfg in sonng. Magerrasen u. -weiden, an Rainen, in Kiefern-Trockenwäldern od. im licht. Gebüsch, auf sommerwarm., mäß. trock., basenreich., meist kalkhaltg., mild-mäß. sauer., humusarm. u. -reich., lock., gern steing. od. sandg. Lehm- u. Lößböden, Tiefwurzler (bis 130 cm), Magerkeitszeiger, Licht-Halbschattpf., Insekt.bestäubg, gut. Futterwert, früher Arzneipf. (Wurzel), Soziologie vgl. Kleinarten – H, formenreich:

1 St. rund
2 St. u. B. kahl od. nur zerstr. behaart, Blü.dolde 7–15strahlg

2203a. **P. saxífraga** L., verbr. Sippe, s. o., Fest.-Brometea-Kl.char., auch in Violion-Ges. (z. B. mit *Genista sag.*) od. im Erico-Pinion – Ebene bis Gebirge (Kalk- u. Lehmgebiete), A bis 2320 m – (no-)eurassubozean-smed – Chrom. 2n = 36.

2* St. unten dicht zottg behaart, B. beid.sts dicht behaart, Blü.dolde 15–24strahlg

2203b. **P. nígra** Mill., slt. in Trockenras. auf basenreich. Sandböden, viell. Festucetalia val.-Art – v. all. im NO d. Gebiet., westl. bis SH, auch Th, An, im S slt. od fehld (nöRh?) – europkont – Chrom. 2n = 18, 40.

1* St. schwach kantg, ± gerillt, meist deutl. röhrg-hohl, am Grunde mit Faser-schopf, Blü.dolde 8–12strahlg

2203c. **P. alpína** Host, z. B. im Calamagrostion der Vog, auch A (ob im Gebiet ?) – opralp – Chrom. 2n = 20.

2204. **Anis, P. anísum** L., slt. gebaut u. glgtl. verwildt an Schuttplätz., liebt frische, nährstoff- u. basenreiche Böden, wärmeliebd, alte Gewürz- u. Arzneipf. – früher z. B. Rh (Els.) – Herkunft: omed – T – Chrom. 2n = 18, 20.

Geißfuß, Giersch, Aegopódium L. vgl. S. 694

2205. **Zipperleinskraut, Ae. podagrária** L., verbr. u. gesellg in Auen- od. Schluchtwäldern, an Waldrändern u. Ufern, in Gärten u. Friedhöfen, auf grund- od. sickerfrisch., nährstoff- u. basenreich., lock., tiefgründg., mild-mäß. sauer., humos. Ton- u. Lehmböden, bis 50 cm tief wurzld. Nährstoff- u. Fruchtbarkeitszeiger, Wurzelkriecher, Mullbodenpf., Halbschatt-Schattpf., Insekt.bestäubg (Fliegen), Heil- u. Wildgemüsepf., schwache Char. d. Urtico-Aegopodietum, Aegopodion-Verb.char., auch im Convolvulion, Alno-Ulmion u. a. licht. feucht. Querco-Fagetea-Ges. – Ebene bis mittl. Gebirgslag., A bis 1360 m – euras(kont), verschleppt – H, G – Chrom. 2n = (22) 42, 44.

Merk, Síum L.

1 St. rund, gestreift, B.abschnitte grob, ungleich gesägt, Blü.dolde kurzgestielt, b.gegenstdg, Fr. 2 mm lg, Pf. mit Ausläufern, 30–80 cm, ⵜ, 7–8
    S. eréctum 2206
1* St. kantg gefurcht, B.abschnitte fein scharf gesägt, Blü.dolden endstdg, Fr. längl.-eiförmg, Pf. ohne Ausläufer
2 Wurzel fadenförmg, Wasserpf., untergetauchte B. fein zerteilt, Fr. 3,5–4 mm lg, 60–120 cm, ⵜ, 7–8
    S. latifolium 2207
2* Wurzeln knollg verdickt, slt. Kulturpf., Fr. 2–3,5 mm lg, 30–45 cm, ⵜ, 7–8
    S. sisarum 2208

2206. Aufrechter M., S. eréctum Huds. [*Bérula erécta* (Huds.) Cov.], zml. hfg u. gesellg im Saum von Bächen u. Gräben, im flach überflutet., kühl., oligo- bis eutroph., basenreich. Wasser auf sandg-humos. Schlammböden (bis ca. 1,5 m Wassertiefe), salzertragd, etwas wärmeliebd, Ausläufervermehrg, früher Heilpf. (giftverdächtg), in d. Seichtwasserform Sparg.-Glycerion-Verb.chr. (vgl. Ver.-Siëtum Pass. 82), in d. f. *submérsum* Glück Diff. d. Ranunculion fluit. – Ebene bis mittl. Gebirgslag. (Silikatgebirge slt. od. fehld), Av bis 720 m, Ju bis 750 m – eurassmed, circ – H, W – Chrom. 2n = 18 (12, 20).

2207. Großer M., S. latifólium L., zml. slt. im Röhricht stehd. od. lgsam fließd., nährstoffreich. Gewässer mit stark wechsld. Wasserstd, auf humos. Schlammböden, bis rd. 60 cm Wassertiefe, Stromtalpf., Insekt.bestäubg (Fliegen), Wurzelkriecher, giftverdächtg, v. all. im Phragmition, Phragmitetalia-Ordn.char. – Ebene bis mittl. Gebirgslag., v. all. im N d. Gebiet., im S seltener, Av-A fehld – subatl-smcd – W – Chrom. 2n = 20.

2208. Zuckerwurz, S. sísarum L., früher glgtl. als Gewürz- u. Gemüsepf. gebaut – z. B. Rh – heute verscholl., Stammpf.: *S. sisarum* var. *lancifólium* (M. Bieb.) Thell. – omed-euraskont – H – Chrom. 2n = 22.

Sesel, Bergfenchel, Séseli L.

1 Hülle fehld od. wenigblättrg, St. rund, gerillt, B.zipfel schmal, verlängert, Kelchzähne stumpfl., bleibend
2 Hüllch. becherförmg verwachsen, Blü.dolde 9–12strahlg, St. oben mit b.losen Scheiden, Grundb. 3fach fein gefiedert, blaugrün, 20–40 cm, ⵜ, 7–9
    S. hippomarathrum 2209

2* Hüllch. frei, B. 2–3fach fiederteilg
3 Blü.dolde 5–12strahlg, Hüllch. schmalhäutg berandet, Pf. kahl, 30–60 cm, ♃, 7–8 **S. montanum** 2210
3* Blü.dolde 15–30strahlg, Hüllch. brthäutg berandet, Pf. kurz behaart, Blü. rötl.-weiß, 20–50 cm, ☉, ♃, 7–9 **S. annuum** 2211
1* Hülle vielblättrg, St. kantg gefurcht, B. 2–3fach fiederschnittg, untersts blaugrün, Blü.dolde 25–40strahlg, Kelchzähne pfrieml., hinfällg, 40–100 (–120) cm, ☉, ♃, 6–8 **S. libanotis** 2212

2209. **Pferde-S., S. hippomárathrum** Jacq., slt. in sonng. Trockenrasen, in Felsband-Ges., auf sommerwarm.-trock., basenreich., meist flachgründg., neutral-mild., humos. Steinböden (Kalk, Basalt, Porphyr), auch auf Sand od. Löß, Tiefwurzler, Insekt.bestäubg, Festucion val.-Verb.char., slt. auch im Xerobromion od. Sesl.-Festucion – süHü (Kaiserstuhl), nöHü (Rheinhess.), Nahetal (Rotenfels), Th, An – kont, im Gebiet an d. W-Grenze d. Verbrtg – H – Chrom. 2n = 20.

2210. **Berg-S., S. montánum** L., slt. im Saum sonng. Büsche, in Kalk-Magerrasen, auf mäß. trock., meist kalkreich., tiefgründg. od. steing. Lehm- u. Lößböden, Tiefwurzler, Brometalia-Ordn.char., auch im Geranion sang. – nöHü (Unterels., Pf. verscholl.) – wsmed (im Gebiet an d. O-Grenze d. Verbrtg) – H – Chrom. 2n = 22.

2211. **Steppenfenchel, S. ánnuum** L., slt. in sonng. Kalk-Magerrasen, im Saum licht. Büsche, auf mäß.trock., kalkreich., meist tiefgründg., lock., neutral-mild., humos. Lehm- u. Lößböden, auch Kalksandböd., Licht-(Halbschatt)pf., Insekt.bestäubg, v. all. im Cirsio-Brachypodion (Verb. char.), auch im Mesobromion, Festuco-Brometea-Kl.char., ferner im Geranion sang. – Hü, nöRh, Bo, Ba, Do, Av, FrJu, Fr, Mn, RS, Th, An, Br, Me – gemäßkont-europkont – H – Chrom. 2n = 16, 22.

2212. **Heilwurz, S. libanótis** (L.) Koch (*Libanótis montána* Crantz), slt., ab. gesellg im Saum sonng. Büsche, in licht. Eichen- u. Kiefern-Trockenwäldern, an Wald- u. Wegrändern, in Staudenhalden, an Felsen u. im Felsschutt, auf sommerwarm., mäß. trock., mager., basenreich., oft kalkhaltg., lock., neutral-mild., humos. od. roh., mittel-flachgründgen Lehmböd., auch auf Kalksand, Tiefwurzler, Pionierpf., Licht-Halbschattpf., Insekt.bestäubg (Käfer, Fliegen), Geranion sang.-Verb.char., auch im Erico- od. Cytiso-Pinion – v. all. im O u. NO d. Gebiet., westl. bis SH, NSH, RS (Täler), Pf, nöRh, Ne, Ba, Do, Av, A (bis 1744 m), Ju bis 1000 m – euraskont(-smed) – H – Chrom. 2n = 22, 44.

Wasserfenchel. Oenánthe L.

1 Blü.dolden endstdg, mittl. Blü. ungestielt, Randblü. gestielt, strahld, unfruchtbar, obere St.b. einfach fiederschnittg mit lineal. Zipfeln, Wurzeln z. T. knollg (*Oenanthe* Rchb.)
2 St. u. B.stiele röhrg, Blü.dolde 2–5strahlg, Pf. mit Ausläufern, 30–60 cm, ♃, 6–7 **Oe. fistulosa** 2213

2* St. kantg gefurcht, hohl od. markg, Blü.dolde 5–12strahlg, Pf. ohne
    Ausläufer
3   Fr.döldch. halbkugelg od. schwach gewölbt, Fr.stiel u. Doldenstrahl. dickl.,
    Hülle 0–1blättrg, 30–60 cm, ♃, 5–7   **Oe. silaifolia**   2214
3* Fr.döldch. fast kugelg, Fr.stiel u. Doldenstrahlen dünn, Blü.b. bis zur Mitte
    gespalten
4   Hülle 0–1blättrg, Hüllch. kürzer als Blü.stiele, Randblü. 2 bis 3 mm lg, B.
    mit lineal. Zipfeln, 30–60 cm, ♃, 6–7   **Oe. peucedanifolia**   2215
4* Hülle meist 4–6blättrg, Hüllch. ± so lg wie Blü.stiele, Randblü. 1,5 mm lg,
    grundstdge B. z. T. mit eingeschnitt.-gekerbt., keilförmg, Fiederblättch.,
    spätere B. mit lineal. Zipfeln, St. von unten an ästg mit wenig., nur kurz
    gestielt. St.b., 40–60 cm, ♃, 6–7   **Oe. lachenalii**   2216
1* Blü.dolden kurz gestielt, b.gegenstdg, alle Blü. gestielt, Hülle fehld, St.b.
    z.t. 2–3fach fiederschnittg, Wurzeln faserg (*Phellándrium* Rchb.)
5   Überwasser-B. mit eiförmg.-lanzettl., fiedrg eingeschnitt. Fiederb., Unter-
    wasserb. haarfein zerteilt, St. bis 8 cm dick, Fr. 3,5–4,5 mm lg, 30–120
    (150) cm, ☉, 6–8   **Oe. aquatica**   2217
5* Überwasser-B. mit schmal rautenförmgen (*Aspl. adiant.-nigr.*-artg.) B.ab-
    schnitt., auch Unterwasser-B. mit keilförmgen Zipfeln, St. 1–2 cm dick,
    Fr. 4,5–6 mm lg
6   St. kriechd od. im Wasser flutd, bis 200 cm lg, ☉, 6–7
                                                          Oe. fluviatilis   2218
6* St. aufrecht, robust, 100–200 cm, ☉, 6–7   **Oe. conioides**   2219

2213. Röhriger W., Oe. fistulósa L., zerstr. in Großseggen-Beständen, an
Ufern u. in Flutrinnen, auch auf off. Böden, in Gräben, auf sickernass.,
zeitw. überschwemmt. (wechselnass.), nährstoff- u. basenreich., meist
kalkhaltg., mäß. sauer.-mild., humusarm. Schlickböden, wärmeliebd,
z.T. Pionierpf., Stromtalpf., Insekt.bestäubg, auch Ausläuferverbrtg, v.
all. im Magnocaricion (Verb.char.), auch im Cnidion od. Agr.(El.)-
Rumicion – v. all. Tieflag., Silikatgebirge od. A fehld – subatl-smed-med
– H, W – Chrom. 2n = 22.

2214. Silgblättriger W., Oe. silaifólia M. Bieb., s. slt. in lückg.
Wässerwiesen od. Mähweiden, auf wechselfeucht., nährstoff- u.
basenreich., oft etwas salzhaltg., wenig humos. Tonböden, in SO-Europa
v. all. in Alopecurion utr.-Wiesen od. im Cnidion ven., im Gebiet
vorübergehd eingeschleppt – nöRh (verscholl.) – smed-med – H – Chrom.
2n = 22.

2215. Haarstrang-W., Oe. peucedanifólia Poll., s. slt. in Moorwiesen, auf
nass.-wechselnass., basenreich., kalkarm., neutral., humos., sandg.
Tonböd., Licht(Halbschatt)pf., terr. Char. d. Caro-Juncetum acutifl.
(Juncion acutifl.) – Rh (linksrhein.), Pf-Nahetal, RS, He, NSH – atl-
smed, im Gebiet an d. O-Grenze d. Verbrtg – H – Chrom. 2n = 22.

2216. Lachenal's W., Oe. lachenálii C. Gmel., slt. in Riedwies., v. all. am
Rand v. Großsegg.-Mulden, auf nass., zeitw. überschwemmt., nährstoff-
u. basenreich., oft ± rohen, sandg. od. rein. Tonböd., salzertragd, in Rh

Char. d. Oen.-Molinietum (Cnidion), auch u. so v. all. an d. Küste im Agr.(El.)-Rumicion, hier im Kontakt mit dem Armerion mar., Scirpion mar. od. Senecion fluv. – Rh (Niederung), NS, SH, Me – atl-smed(-med), im Gebiet an d. O-Grenze d. Verbrtg – H – Chrom. 2n = 22.

2217. Großer W., Oe. aquática (L.) Poir., zerstr. in Verlandgs-Ges., an Altwassern u. Tümpeln, in lückg. Weiden-Auenwäldern, auf flach überschwemmt., zeitw. trock. fallend., nährstoff- u. $\pm$ kalkreich., humos. od. roh. Schlickböden mit stark schwankd. Wasserstand, bis durchschnittl. 50–100 cm Wassertiefe, Licht-Halbschattpf., sommerwärmeliebd, Insekt.bestäubg, Wasservogel- u. Ausläuferverbrtg, giftverdächtg, Heilpf., Char. d. Oen.-Rorippetum (Phragmition) – v. all. Tieflag. u. Flußtäler, A fehld – euras-smed – W – Chrom. 2n = 22.

2218. Fluß-W., Oe. fluviátilis (Bab.) Colem., slt. in Verlandgs-Beständen lgsam fließd., $\pm$ nährstoffreich., oft kalkarm., klarer u. kühler Gewässer üb. humos., sandg. Schlickböden, bis 200 cm Wassertiefe, in wintermilder Klimalage, Lichtpf., Ranunculion fluit.-Verb.char., auch im Sagitt.-Sparganietum em. (Phragmition) – Rh (Rastatt, Unterels.), nöVog – atl, im Gebiet an d. O-Grenze d. Verbrtg – W – Chrom. 2n = 22.

2219. Schierlings-W., Oe. conioídes (Nolte) Lge, slt. mit Röhrichtarten d. Phragmition, im Flutwechselbereich d. Unterelbe – H, T – endem.

Hundspetersilie, Aethúsa L. vgl. S. 695

2220. Ae. cynápium L., zml. hfg in Schutt- od. Acker-Unkrautfluren, v. all. in Hackäckern, Weinbergen, Brachen, an Müll- u. Schuttplätzen, auf frisch., nährstoff- u. basenreich., lock., meist mild.humos. Lehmböden, bis 60 cm tief wurzld. Nährstoffzeiger, etwas wärmeliebd, Kulturbegleiter seit jüng. Steinzeit, Insekt.- u. Selbstbestäubg, giftverdächtg (narkotisch), früher Arzneipf. – T – formenreich:

1 St. kantg, Hüllch. so lg od. kürzer als Döldch., Pf. sparrg verzweigt, 5–20 cm hoch

2220a. ssp. agréstis (Wallr.) Dost., zerstr. in Ackerunkrautges., Fum.-Euphorbion-Verb.char., auch im Caucalidion – Chrom. 2n = 20.

1* St. gefurcht od. rund, Pf. höher
2 Hüllch. meist lger als Döldch., B.zipfel oval, Pf. schlank, aufrecht

2220b. ssp. cynápium, verbr. in Gärten u. an Schuttplätz., v. all. auch im Fum.-Euphorbion – Ebene bis mittl. Gebirgslag. (Kalk- u. Lehmgebiete), Ju bis 980 m, A bis 870 m – eurassubozean-smed, verschleppt – Chrom. 2n = 20, 22.

2* Hüllch. so lg od. kürzer als Döldch., St. rund, höchst. fein gerieft, bereift, über 90 cm hoch

2220c. **ssp. cynapoídes** (M. Bieb.) Nym., v. all. in Waldsaumges., an Waldweg. u. Waldränd., Alliarion-Verb.char. – z. B. Rh, Ne, Fr, He, NS, Th – Chrom. 2n = 20.

Augenwurz, Athamánta L. vgl. S. 693

2221. **A. creténsis** L., zml. slt. in hochmont.-subalp. sonng. Steinschutt-u. Felsfluren, auf trock. (mäß. trock.), kalkreich., humus- u. feinerdearm. Steinböden, Licht- u. Pionierpf., Char. d. Atham.-Trisetetum dist. (Petasition par.) (A), auch im Potentillion caul. (Ju z. B. DAss d. Drabo-Hieracietum) – Ju (SW-Alb 900–1000 m), A 775–1350–2420 m – alp – H – Chrom. 2n = 22.

Fenchel, Foenículum Mill. vgl. S. 692

2222. **F. vulgáre** Mill., slt. gebaut u. glgtl. verwildt in Wärmegebiet. in Schuttunkraut-Ges., in halbruderal. Magerrasen, an Wegen, Weinbergsrändern, auf mäß. trock., nährstoff- u. basenreich., mild-mäß. sauer. Lehm- u. Lößböden in wintermild-humid. Klimalage, alte Gewürz-, Gemüse- u. Arzneipf., in Sisymbrion- u. Onopordion-Ges., auch in lückg. Brometalia-Ges. – z. B. süHü, Ne, Bo, Mn – (w)med, heute in gemäß. ozean. Gebiet. weltweit – H – Chrom. 2n = 22.

Dill, Anéthum L. vgl. S. 692

2223. **A. gravéolens** L., slt. gebaut u. unbestdg verwildt in Schuttunkrautges. an Müll- u. Verladeplätzen, wärmeliebd, Selbstbestäubg, Gewürz- u. Arzneipf. – z. B. Rh – Herkunft: omed – T – Chrom. 2n = 22.

Wiesensilge, Sílaum Mill. vgl. S. 692

2224. **S. sílaus** (L.) Sch. et Thell. (*Sílaus praténsis* Bess.), zml. hfg in Moor-, Naß- u. Fettwiesen, auf wechselfeucht.-wechseltrock., sommerwarm., ± nährstoff- u. basenreich., mild-mäß. sauer., humos., tiefgründg., meist dicht. Lehm- u. Tonböden, Wechselfeuchtgkts-, Lehm- u. Basenzeiger, etwas wärmeliebd, Tiefwurzler, Insekt.bestäubg (Hautflügler), Char. d. Sanguis.-Silaëtum (Calthion), auch im Molinion od. in wechseltrock. Arrhenatherion-Ges. – Ebene bis mittl. Gebirgslag., Ju bis 880 m, A bis 850 m, im nördl. Tiefld z.T. fehld od. slt. – subatl (mitteleurop.) mit verwandt. kont. verbr. Arten – H – Chrom. 2n = 22.

Bärwurz, Méum Mill. vgl. S. 695

2225. **M. athamánticum** Jacq., zerstr., ab. gesellg. in Silikat-Magerrasen u. -weiden, in Bergwiesen, auf frisch.-mäß. trock., mäß. basenreich., kalkarm., mäß. saur.-sauer., modrighumos., sandg., steing. od. rein. Lehmböden in humid. Klimalage, bis 1 m tief wurzlde Lichtpf., früher Arznei- u. Gewürzpf., geringer Futterwert (Futterwürze), v. all. in

Violion-Ges., Nardetalia-Ordn.char., auch in mager. Pol.-Trisetion-Ges. – Vog, Sch, Ju (SW-Alb), Av (Oberschwaben, Zeiler Höhe üb. 700 m), FrW, ThW, Hz, Erzg, L, westl. RS, He – subatl (montan) – H – Chrom. 2n = 22.

Brenndolde, Cnídium Cuss. vgl. S.695

2226. **C. dúbium** (Schkuhr) Thell., slt. in Moorwiesen, bes. im Bereich feucht. Mulden, im Saum von Auengebüsch, auf wechselnass.-wechselfeucht., mäß. nährstoff- u. basenreich., meist kalkarm. (od. oberflächl. entkalkt.), neutral., humos., sandg. od. rein. Tonböden, sommerwärmeliebde Stromtalpf., Licht(Halbschatt)pf., Char. d. Cnidio-Violetum (Cnidion) – v. all. im NO d. Gebiet., westl. bis SH, östl. NS, An, Th, südl. bis Mn, nöRh, Els – euraskont, im Gebiet an d. W-Grenze d. Verbrtg – H – Chrom. 2n = 22, 20.

2227. **C. silaifólium** (Jacq) Simk., mit lock. B.scheid. u. ca. 4 mm lg. Fr. – eingebürgert mit *Laser trilob.* im Geranion sang. bei Haßfurt (Mn) – osmed – H – Chrom. 2n = 22.

Silge, Selínum L.
1   Blü. weiß, Blü.dolde 10–20strahlg, St.b. mehrere, 40–80 cm, ⅔, 7–8
                                        S. carvifolia   2228
1* Blü. gelbl., Blü.dolde 3–10strahlg, St.b. 0–2, 10–30 cm, ⅔, 6–8
                                        S. pyrenaeum   2229

2228. **S. carvifólia** L., zerstr. in Moorwiesen, im Saum licht. Auenbüsche, in Gräben, auch in licht. Eichen- od. Birkenwäldern, auf wechselfeucht., mager., mäß. basenreich., meist kalkarm., mäß. sauer.-mild., humos., sandg. od. rein. Tonböden, Wechselfeuchtgktszeiger, Licht-Halbschattpf., Insekt.bestäubg, düngerfliehd, Molinietalia-Ordn.-char., auch in wechselfeucht. Carpinion- od. Quercion rob.-petr.-Ges. – Ebene bis mittl. Gebirgslag., A bis 1400 m, im nordw. Tiefld slt. – eurassubozean(-smed) – H – Chrom. 2n = 22.

2229. **Pyrenäen-S., S. pyrenáeum** (L.) Gouan (*Angélica pyrenáea* Spreng.), slt. in subalp. Flach- u. Quellmooren od. feucht. saur. Magerrasen, auf nass.-feucht., kalkarm., ± torfg. Sumpfhumus- od. Rohhumusböden, Humuswurzler, v. all. im Caricetum fuscae (Caricion f.), auch im Juncetum squarr. od. in and. feucht. Nardeten – nur Vog – wpralp – H – Chrom. 2n = 22.

Mutterwurz, Ligústicum L.
1   Hülle fehld od. einblättrg, Blü.dolde 7–15strahlg, Blü. meist rötl., St.b. 1–2,
    Fr. 5–6 mm lg, 10–20(–50) cm, ⅔, 6–8   **L. mutellina**   2230
1* Hülle 5–10blättrg, so lg wie d. 12–20 Doldenstrahl., Blü. meist grünl.-weiß,
    St. meist b.los mit 1 Dolde, 5–15 cm, ⅔, 7–8   **L. mutellinoides**   2231

2230. Alpen-M., L. mutellína (L.) Crantz (*Méum mutellína* Gaertn.), zml. hfg in Magerweiden, auf Schneeböden, in Rieselfluren u. Wildheu-Halden d. subalp. u. alp. Stufe auf sickerfrisch. (schneewasserfeucht.), ± nährstoff- u. basenreich., meist kalkarm., mäß. sauer., humos., gern sandg.-steing. Lehmböden, Tiefwurzler (bis üb. 1 m) mit Kriechtrieben, Licht-Halbschattpf., Insekt.bestäubg (meist Fliegen), gute Futterpf., v. all. in Salicetea herb.-Ges., auch in feucht. Nardeten, im Caricion ferr., Poion alp. od. Adenostylion – A 1500–2400 m, süSch (Feldberg), BayW (Arber) – alp – H – Chrom. 2n = 22.

2231. Kleine M., L. mutellinoídes (Crantz) Vill. [*L. símplex* (L.) All.], zerstr. in alp. Stein- u. Magerrasen, in windgefegt. Gratlagen, auf frisch., mager., ± basenreich., entkalkt. od. primär kalkarm., neutral-sauer., modrig-humos., steing. Lehm- u. Tonböden, kälteresistent, Windverbrtg (Schneeläufer), schwache Caricion curv.-Verb.char., auch (DV) im Elynion – A 1700–2520 m – alp-arkt – H – Chrom. 2n = 22.

Engelwurz, Angélica L.

1   St. rund
2   B.stiel oberts rinng, B. dunkelgrün, am Rande ± rauh, unterts ± behaart, Doldenstrahl. grauflaumg, Blü. weiß, 100–200 cm, ⨄, 7–8
                                                        A. sylvestris   2232
2*   B.stiel im unter. Teil rund, B. hellgrün, unterts kahl, stark duftd, Teilblättch. z. T. fiederschnittg, Doldenstrahl. nur oberts wenig flaumg, Blü. grünl., 100–250 cm, ⊙, 6–8   **A. archangelica**   2233
1*   St. kantg-gefurcht, Fiederblättch. am Grunde oft herzförmg, ± kerbg gesägt, Doldenstrahl. fast kahl, 50–100 cm, ⊙, 7–8   **A. palustris**   2234

2232. Wald-E., A. sylvéstris L., verbr. in Auenwäldern, in Staudenfluren an Ufern, in Naßwiesen, auf sickernass. (wechselfeucht.), nährstoffreich. (kalkarm. u. -reich.), locker-humos., tiefgründg, kiesg.-sandg. od. rein. Lehm- u. Tonböden, 50–100 cm tief wurzld. Gley- u. Nährstoffzeiger, Halbschatt(Licht)pf., Insekt.bestäubg, früher Heilpf. (Wurzel), v. all. im Calthion (Angel.-Cirsietum) od. Filipendulion, schwache Molinietalia-Ordn.char., auch (DV) im Aegopodion od. Alno-Ulmion – Ebene bis Gebirge, A bis 1660 m – no-eurassubozean – H, formenreich:

1   B.abschnitte eiförmg-längl., Fr. 4–5,5 mm lg

2232a. ssp. sylvéstris, verbr. Sippe, s. o. – Chrom. 2n = 22.

1*   B.abschnitte längl.-lanzettl., d. ober. am B.stiel herablaufd, Fr. 6–8 mm lg

2232b. ssp. montána (Brot.) Arc., slt. in mont.-hochmont. feucht. Staudenflur., Bet.-Adenostyletea-Art – z. B. süSch, Ju (SW-Alb), Av, A, Vog, Hz.

2233. Arznei-E., A. archangélica L., zml. slt. in Staudenflur. an Flußufern u. Gräb., im Weidengebüsch, auch kult., wild auf nass. zeitw. überschwemmt., nährstoffreich., ± humos., meist sandg. Tonböd.,

Nährstoffzeiger, auch salzertragd, Licht-Halbschattpf., Insekt.bestäubg, z. T. Wasserverbrtg (Schwimmfr.), Heil- u. Gewürzpf. – no-euras – H, formenreich:

1   Hüllch.b. lineal, so lg wie Döldch., Fr. 6,5–8 mm lg, Blü. grünl.gelb
2233a. **ssp. archangélica**, so v. all. im Binnenld, Senecion fluv.-Verb.-char. – v. all. im N u. NO d. Gebiet., im S slt., z. B. nöRh, Mn, Ne, RS (Täler) – Chrom. 2n = 22.

1* Hüllch.b. pfrieml., ± halb so lg wie Döldch., Fr. 5–6 mm lg, Blü. grünl.-weiß
2233b. **ssp. litorális** (Fr.) Thell., zerstr. an Ufern u. Gräben im Brackwasserbereich d. Nord- u. Ostsee-Küste, sowie im Bereich d. groß. kanalis. Flüsse d. Binnenldes, z. B. Rh, Ne, Mn, Do-Fr, auch Elbe, Char. d. Convolv.-Archangelicetum lit. (Senecion fluv.) – no-europ – Chrom. 2n = 22.

2234. Sumpf-E., A. palústris (Bess.) Hoffm. (*Ostéricum palústre* Bess.) slt. in moorg. Naßwiesen, zwischen Auen-Gebüsch, auf nass., nährstoffreich., humos. Tonböden, Calthion-Verb.char., auch im Alno-Ulmion – Th, An, Sa, Br, Me (in Süddtschld fehld) – euraskont – H.

Liebstöckel, Levísticum Hill vgl. S. 691

2235. Maggi-Pf., L. officinále Koch, hie u. da gebaut u. slt. an Schuttplätzen verwildt, liebt nährstoffreiche, frische Böden, etwas wärmeliebd, Gewürz- u. Heilpf. mit Maggigeschmack, Bienenweide – Stammpf. *L. pérsicum* Freyn et Bornm. aus S-Persien – H – Chrom. 2n = 22.

Haarstrang, Peucédanum L.

1   B.abschnitte d. unter. B. schmal-lineal od. eiförmg.-längl., zerschnitt.-gesägt, ± derb
2   Hülle fehld od. hinfällg, Hüllch. 3–mehrblättrg, St. kahl
3   B. wiederholt 3teilg, mit lg. lineal. B.zipfeln (besenförmg), St. rund, Blü. gelb, 50–120 cm, ♃, 7–8   **P. officinale** 2236
3* B. gefiedert mit in lineal. Zipfel zerteilt. Fiedern, beidersts glänzd, St. oben kantg gefurcht., Blü. gelbl.-weiß, 40–100 cm, ♃, 7–8   **P. carvifolia** 2237
2* Hülle vielblättrg, hautrandg, bleibd, B. mehrfach fiederteilg
4   Hülle abstehd, Blü. blaßgelb, B.abschnitte eiförmg, in lanzettl. Zipfel fiedrg zerschnitt., St. kantg, markg, reichästg, Pf. pyramidenförmg, 50–120 cm, ♃, 7–9   **P. alsaticum** 2238
4* Hülle zurückgeschlagen, Blü. weiß, Doldenstrahl. flaumg
5   St. rund, markg, B.zipfel lanzettl. od. eiförmg-längl.
6   Untere B. (2–)3fach fiederteilg, Fiederb.äste sparrg abstehd, Fiederblättch. längl.-keilförmg, eingeschnitt.-gezähnt, beidersts grün, glänzd, 30–80 (–100) cm, ♃, 7–8   **P. oreoselinum** 2239
6* Untere B. 2fach fiederteilg, Fiederb.äste nach vorn gerichtet, Fiederblättch. längl.-eiförmg, fein scharf gesägt, derb, untersts graugrün, 50–120 cm, ♃, 7–8   **P. cervaria** 2240

5* St. kantg, gefurcht, hohl, B.zipfel lineal-lanzettl., weiß bespitzt, Hülle zurückgeschlagen, 80–100(–150) cm, ♃, 7–8   **P. palustre**   2241
1* B.abschnitte 4–7 cm brt, eiförmg, gesägt, z. T. fiederg eingeschnitt., untersts blaßgrün, B. ± doppelt 3zählg, St. rund, hohl, mit bauchg. B.scheiden, Hülle 0–wenigblättrg, Blü. rötl.-weiß, Pf. mit Ausläufern, 50–100 cm, ♃, 7–8
P. ostruthium   2242

2236. **Arznei-H., P. officinále** L., zml. slt., ab. gesellg in Kalk-Magerrasen d. Auen, im licht. Gebüsch, an Rainen, auf sommerwarm., wechseltrock., meist kalkreich., neutral-mild., ± humos., tiefgründg. Lehm- u. Tonböden, Wechseltrockenheits- u. Tonzeiger, Tiefwurzler, Stromtalpf., Licht(Halbschatt)pf., Insekt.bestäubg, früher Heilpf. (Wurzel), Geranion sang.-Verb.char., auch in alluv. Mesobrometen – Rh, Ne, Pf, Nahetal-Mittelrhein bis NWe, Ju (bis 970 m), Do, BayW, Th, Sa, An (Elbetal) – gemäßkont(-smed) – H – Chrom. 2n = 66.

2237. **Kümmel-H., P. carvifólia** Vill., slt. im Saum besonnt. Gebüsche, an Waldränd., Rainen, in Wies., auf frisch-wechselfrisch., basenreich., humos., mittel-tiefgründgen Lehm- u. Tonböd., wärmeliebd, Char. d. Arrhenatheretum (s. l.), v. all. in ruderal beeinflußt. Ausbildg., auch im Geranion sang. – Rh (Unterels), Pf, RS (Täler), NWe, Do, FrJu, Fr – smed – H – Chrom. 2n = 22.

2238. **Elsässer H., P. alsáticum** L., slt., oft gesellg im Saum sonng. Büsche, in licht. Eichenwäldern, in Staudenhalden, an Rainen, in Brachen, auf sommerwarm., mäß. trock. (wechseltrock.), kalkreich., ± humos. Ton- u. Lehmböden, auch Löß- u. Kalksand, Licht-Halbschattpf., Pionierpf., Geranion sang.-Verb.char., auch im Conv.-Agropyrion (Elymion) – Hü, Rh (v. all. linksrhein.), Ju (slt.), Fr, Mn, He (Rhön), Th – gemäßkont-europkont – H – Chrom. 2n = 22.

2239. **Berg-H., P. oreoselínum** (L.) Moench, zml. slt. im Saum sonng. Büsche, in licht. Eichen- u. Kiefernwäldern, in Staudenhalden, an Wegrainen, auf sommerwarm., mäß. trock., basenreich., oft kalkarm., lock., neutral., humos., steinig. od. sandg. Böd., bis 2 m tief wurzld, Halbschatt-Lichtpf., Insekt.bestäubg, gern mit Kiefern, lok. Char. d. Geranio-Anemonetum sylv. (Geranion sang.), ferner im Erico- u. Cytiso-Pinion, in licht. warm. Quercion pub.- od. rob.-petr.-Ges., auch in Trok-kenras. – Ebene bis mittl. Gebirgslag., A bis 950 m, im nordw. Flach- u. Hügelld fehld – gemäßkont-smed (-med) – H – Chrom. 2n = 22.

2240. **Hirsch-H., P. cervária** (L.) Lap., zerstr., ab. gesellg im Saum sonng. Büsche u. Wälder, in Staudenhalden, an Rainen, in licht. Eichen- u. Kiefernwäldern, auf sommerwarm., mäß. trock., basenreich., meist kalkhaltg., mäß. sauer.-mild., humos., mittelgründg. Lehm- u. Löß-böden, auch auf Kalksand, Gneis od. Porphyr, bis 140 cm tief wurzld, Halbschatt-Lichtpf., Insekt.bestäubg (Fliegen, Käfer, usw.), Char. d. Geranio-Peucedanetum cerv. (Geranion sang.), auch in Mesobromion-

u. Quercion pub.-Ges. eindringd – Ebene bis mittl. Gebirgslag. (Kalk- u. Wärmegebiete), Ju bis 920 m, A bis 920 m, nördl. v. RS, NSH, An, Br fehld od. s. slt. – euraskont-smed – H.

2241. Sumpf-H., P. palústre (L.) Moench, zerstr. in Großseggen-Bestände., in Verlandgs-Ges. an Ufern, im Erlenbruch, auf nass., zeitw. flach überschwemmt., mäß. nährstoff- u. basenreich. (kalkarm. u. -reich.), mesotroph., mäß. sauer.-mild. Torf- u. Sumpfhumusböden, Licht-Halbschattpf., Insekt.bestäubg, Magnocaricion-Verb.char., auch (Diff) in d. Alnetalia – Ebene bis mittl. Gebirgslag., A bis 885 m, Sch bis 930 m – no-euras – H – Chrom. 2n = 22.

2242. Meisterwurz, P. ostrúthium (L.) Koch (*Imperatória ostrúthium* L.), zerstr. in subalp. Staudenflur., im Grünerlengebüsch, in Ruderal-Ges., an Zäunen u. Mauern, im Gebirge z. T. gepflanzt u. verwildt, auf frisch., nährstoff- u. basenreich., tiefgründg., humos., lock. Ton- u. Lehmböden, Halbschatt-Lichtpf., alte Arznei- u. Gewürzpf., Adenostylion-Verb.-char., in Sekundärgebiet. verwildert im Aegopodion – A 1480–2080 m, nur verwildert: Vog, süSch, BayW, Hz, Erzg, He (Rhön), ThW, usw. – pralp, verwildt auch N-Am. – H – Chrom. 2n = 22.

Pastinak, Pastináca L. vgl. S.692

2243. P. satíva L., verbr. in Wiesen, v. all. in Wegnähe, an Böschg., in lückg. Unkrautfluren, im Eisenbahngelände, in Steinbrüchen od. im Getreide, auf frisch. (mäß. trock.), nährstoff- u. basenreich., vorzugsw. kalkhaltg., mäß.sauer.-mild., humos. od. roh. Ton- u. Lehmböden, Tiefwurzler, wärme- u. lichtliebd, Lehmzeiger, Insekt.bestäubg (Fliegen, Hautflügler), mäß. Futterwert, nicht weidefest, Heilpf., Wurzelgemüse, v. all. in Dauco-Melilotion- u. Onopordion-Ges., auch (Diff) im Arrhenatheretum od. im Caucalidion – Ebene bis mittl. Gebirgslag., Ju bis 990 m, A bis 630 m – euras-smed, in gemäß. Zonen heute weltweit – H, formenreich:

1 St. u. B. nur spärl. kurz abstehd behaart, Fiederblättch. zugespitzt, Blü.dolde 7–20strahlg

2243a. ssp. sativa, mit d. verbr. var. *pratensis* Pers. s. o., dazu ferner d. ehemals als Gemüsepf. mit knollger Wurzel angebaute var. *sativa* – Chrom. 2n = 22.

1* St. u. B. stark grauhaarg, Fiederblättch. stumpfl.

2 St. kantg gefurcht, Blü.dolde 9–20strahlg

2243b. ssp. sylvéstris (Mill.) Rouy et Cam., vermittelt z. folgd. Subsp., slt. in Rasenges. – z. B. Do, Av, BayW – subatl-smed – Chrom. 2n = 22.

2* St. rundl. od. etwas gerieft, z. T. verkahld, bis 2,5 m hoch, Blü.dolde meist nur 5–7strahlg, etwas gewölbt

2243c. ssp. úrens (Req. ex Godr.) Čel., slt. auf Äckern od. ruderal – z. B. Pf, RS, SH, Ne, BayW (Oberpfalz) – smed – Chrom. 2n = 22.

Bärenklau, Herácleum L.

1 St. kantg gefurcht, steifborstg, B.abschnitte meist tief gelappt, Blü. weiß od. grünl.gelb, Fr. bis 11 mm lg, 80–150 cm, ⨀, 6–9 **H. sphondylium** 2244

1* St. gestreift od. nur schwach gefurcht (mit 1–3 Dolden), unten meist kahl, oben spärl. (nicht steifborstg) behaart, Fiederblättch. gezähnt-gesägt, nicht tief eingeschnitt., Blü. weiß-rosa, Fr. 6 bis 10 mm lg, 20–50 cm, ⨀, 7–9 **H. austriacum** 2245

2244. **Wiesen-B., H. sphondýlium** L., verbr. in Fettwiesen u. Staudenfluren, an Ufern u. Gräben, in Auenwäldern u. deren Säumen, in Hochstaudenfluren, auf sickerfeucht.-frisch., nährstoff- u. basenreich., humos., tiefgründg., lock. Ton- u. Lehmböden in humid. Klima, Nährstoff- u. Überdüngungs-Zeiger, Tiefwurzler, Insekt.bestäubg (Fliegen, Bienen), mäß. Futterwert, nicht weidefest – H, formenreich:

1 Blü. weiß-rötl., Randblü. stark vergrößert, tief 2lappg, Strahl. d. Blü.dolde weichhaarg

2 Grundb. 5teilg gefiedert, mit z. T. gestielt. Fiedern, unt.sts (u. meist auch ob.sts) weichhaarg, auf d. Hauptnerv. borstg bewimpert, B.zipfel stumpfl. od. zugespitzt

2244a. **ssp. sphondýlium,** verbr. Sippe, in Fettwies. v. all. d. Gebirges, Arrhenatheretalia-Ordn.diff., auch (primär) DO Glechometalia, seltner im Atropion od. Alno-Ulmion – Ebene bis mittl. Gebirgslag., in höher. Lag., wie auch im NO d. Gebiet. fehld – subatl – Chrom. 2n = 22.

2* Grundb. ungeteilt, bzw. 3lappg-5schnittg, ob.sts rauh behaart od. glatt, ebenso unt.sts nur auf d. Nerv. borstg behaart, B.zipfel meist brt abgerundet

3 Grundb. 3lappg bis 3- bzw. 5teilg, ob.sts meist rauh behaart, bis 50 cm lg, Pf. bis über 1 m hoch

2244b. **ssp. élegans** (Crtz) Arc. [ssp. *montánum* (Schleich. ex Gaud.) Briq.], zerstr. in Hochstaudenflur. d. Gebirges, z. B. im Salicetum append. od. Aceri-Fagetum, Adenostylion-Verb.char. – A (bis 1700 m), süSch – pralp – Chrom. 2n = 22.

3* Grundb. ungeteilt, bzw. nur seicht 3–5zipfelg eingeschnitt., ob.sts glatt, kahl, unt.sts ± feinflaumg, St.b. oft tiefer eingeschnitt., Pf. 50–80 cm hoch, schon Mai-Juni blühd

2244c. **ssp. alpinum** (L.) Bonn. et Lay. [ssp. *juránum* (Genty) Thell.], zerstr. in hochmont. Hochstaudenwäld., im Aceri Fagetum u. dess. Saumges. – schweiz. Ju (bis Basel) üb. 1000 m – endem.

1* Blü. grünl.-gelbl.weiß, Randblü. weng vergrößert u. nur weng tief eingeschnitt., Strahl. d. Blü.dold. zerstr. behaart, B. tief zerschnitt.

2244d. **ssp. flavéscens** (Willd.) Soó (*H. sibíricum* auct.), zerstr. in Arrhenatheretalia- u. Calthion-Ges., auch in d. Epilobietea od. in Saumges. – nur im NO d. Gebiet. (Me, Br) – no-euraskont – Chrom. 2n = 22.

2245. **Österreichischer B., H. austríacum** L., zerstr. in subalp. Gras- u. Staudenfluren, auf sickerfrisch., kalkhaltg., ± humos. Steinschuttböden, Caricion ferrug.-Art – A (Berchtesgad. Alp.) 1180–2110 m – oalp – H.

Dazu zahlreiche Zierstauden, z. B. Riesen-B., *H. mantegazziánum* Somm. et Lev., mit riesg., meist 3zählg zerschnitten. B. u. üb. 3 m hoh. Blü.stden, Bienenweide, Herkunft: Kaukasus, ähnl. *H. pérsicum* Desf., B. meist 5–9zählg fiederschnittg, nach Anis-Fenchel riechend, Herkunft: Persien.

Zirmet, Tordýlium L. vgl. S. 693

2246. **T. máximum** L., slt., z. T. nur unbestdg in sonng., lückg. steing. Magerrasen, im Saum licht. Büsche, an Wegrändern, in Brachen, auf sommertrock., nährstoff- u. basenreich., meist kalkfrei., ± humos., steing. Lehmböden, meist Burggartenflüchtlg, z. B. in Origanetalia-Ges., auch im Sisymbrion – O, Rh, Nahetal-Mittelrhein, Mn, Do – smed-med – H (T) – Chrom. 2n = 22.

Roßkümmel, Láser Borkh. vgl. S. 694

2247. **L. trílobum** (L.) Borkh., slt. im Saum sonng. Büsche, am Rand von Eichen- u. Kiefernwäldern, in Waldlichtung., auf sommerwarm., mäß. trock., kalkreich., mild., humos., steing. Lehmböden, Tiefwurzler, Licht-Halbschattpf., früher z. T. Zierpf., geschützt, Char. d. Calam.-Laseretum (Geranion sang.) – Pf (Saar), Mn (Haßfurt), He, NSH – gemäßkont-osmed – H – Chrom. 2n = 22.

Laserkraut, Laserpítium L.

1   St. rund, fein gerillt, B. doppelt 3zählg od. 3–4fach gefiedert, Fr. kahl, Blü. weiß
2   Fiederblättch. lineal-lanzettl., Hüllch.b. brt hautrandg
3   Hüllch.- u. Hüllb. am Rande kahl, Fiederblättch. graugrün mit hell. Knorpelrand, Grundb. bis 1 m lg, 30–100 cm, ♃, 6–8   **L. siler** 2248
3* Hüllch.- u. Hüllb. am Rande zottg behaart, auch Fiederblättch. ± behaart, B. s. fein zerteilt (*Athamanta*-ähnl.), Grundachse mit Faserschopf, 15–50 cm, ♃, 6–8   **L. halleri** 2249
2* Fiederblättch. brt-eiförmg, meist fein gesägt, Hüllchenb. pfrieml., kaum hautrandg, 60–150 cm, ♃, 7–8   **L. latifolium** 2250
1* St. gefurcht, unten meist behaart, B. 2–3fach fiederteilg mit lanzettl., am Rande bewimpert. Zipfeln, Hüllch. brt hautrandg (bewimpert), Fr. steifhaarg, Blü. gelbl.-weiß, 30–100 cm, ☉, 7–8   **L. prutenicum** 2251

2248. **Berg-L., L. siler** L., slt. im Saum sonng. Büsche, in Eichen- od. Kiefernwald-Verlichtg., in Staudenhalden, auch auf Steinschutt od. in Felsspalt., auf mäß. trock., kalkreich., humos. od. roh., mittelflachgründg., steing. Lehmböden od. feinerdearm. Steinböden, Licht-Halbschattpf., Pionierpf., früher Heilpf., Char. d. Bupl.-Laserpitietum

(Geranion sang.), auch im Erico-Pinion od. im mont. Laserp.-Seslerie-tum – Ju, Do, Av, A bis 1900 m – pralp – H – Chrom. 2n = 22.

2249. Hallers L., L. hálleri Crantz, zerstr. in sonng. steing., bodensaur. Magerrasen d. Zentralalp., Festucion var.-Verb.char. (Nardetalia) – Vorarlberg, Schweiz – alp.

2250. Breitblättriges L., L. latifólium L., zerstr. in licht. Wäldern, im Saum von Gebüsch, in Stauden- u. Hochgrashalden v. all. d. mont. u. hochmont. Stufe, auf sommerwarm., sickerfrisch. od. wechselfrisch., meist kalkreich., humos., mittel-tiefgründg. Lehm-, Mergel- od. Steinschuttböd., auch auf Gneis od. Porphyr, Tiefwurzler, Licht-Halbschattpf., Insekt.bestäubg, in tieferen Lag. Char. d. Bupl.-Laser-pitietum lat., auch in and. Geranion sang.-Ges., slt. im Trifolion medii, ferner in mont. Seslerietalia-Ges., im Calamagrostion od. Erico-Pinion – v. all. Kalkgebiete im S, A bis 2000 m, süSch 1200 m, nördl. bis RS, NSH, Th, An, Br (Neuruppin) – pralp-gemäßkont-smed – H – Chrom. 2n = 22, formenreich.

2251. Preußisches L., L. prutĕnicum L., slt. in Moorwiesen, im licht. Gebüsch od. in Eichen- u. Kiefernwäldern, auf wechselfeucht., mager., ± kalkhaltg., neutral., humos., torfg. Tonböden, Wechselfeuchtgkts-Zeiger, Licht-Halbschattpf., Molinion-Verb.char., ferner in wechsel-trock. Wald-Ges. (z.B. Potentillo-Quercetum) – v. all. im O u. NO d. Gebiet., im Nordw. u. SW fehld – gemäßkont(-smed) – H – Chrom. 2n = 22.

Möhre, Daúcus L. vgl. S. 692

2252. Wilde Gelbe Rübe, D. caróta L., verbr. in Fettwiesen u. Magerrasen, in ruderal. Pionier-Ges. an Wegen, Dämmen, in Steinbrüchen v. all. tief. Lag., auf mäß.trock.-frisch., ± nährstoff- u. basenreich., mäß. sauer.-mild., humos. od. roh. Ton- u. Lehmböden, etwas wärmeliebd, bis 80 cm tief wurzlde Pionierpf., Insekt.bestäubg (Fliegen, Käfer, Hautflügler), Wind- u. Klettverbrtg, geringer Futterwert, v. all. im Dauco-Melilotion (Verb.char.), ferner Diff. d. Arrhenatheretum od. im Mesobromion, auch in Origanetalia- od. Thlaspietalia-Ges. – Ebene bis mittl. Gebirgslag., A bis 1040 m – eurassubozean-smed, in gemäß. Zonen heute weltweit verschleppt – H – Chrom. 2n = 18, formenreich.

2252a. ssp. caróta, verbr. Wildform.

2252b. ssp. satívus (Hoffm.) Arcang., hfg gebaut als Wurzelgemüse od. als Viehfutter, liebt nährstoffreiche, leichte, sandge Lehmböden ohne Staunässe, aus medit. u. asiat. Unterarten d. *Daucus carota* entwickelt.

Ordnung Cornáles

Familie der Hartriegelgewächse, Cornáceae

Hartriegel, Córnus L.

1 Sprosse verholzd, Sträucher
2 Blü. weiß, in endstdg. Dolden, nach d. B. erscheinend, jge Zweige rot, Fr. kugelg
3 B. mit 3–4 Nervenpaaren (Abb. 42, S. 650), beidersts grün, unt.sts abstehd kraus behaart, Fr. schwarz, 1–4 m, ♄, 5–6 **C. sanguinea** 2253
3* B. mit 5–7 Nervenpaaren, untersts graugrün, Äste abstehd od. überhängd, Fr. weiß od. hellblau, 1–3 m, ♄, 6–7 **C. alba** 2254
2* Blü. gelb, in kl. Dolden an seitenstdg. Kurztrieben, vor d. B. erscheind, B. mit 3–4 Nervenpaaren, beidersts grün, untersts spärl. anliegd behaart u. mit Haarbüsch. in d. Nervenwinkeln, jge Zweige grün, Fr. längl., rot, saftg, 2–6 m, ♄, 2–3 **C. mas** 2255
1* Sprosse krautg, St. 4kantg, köpfch. förmge Blü.dolde mit 4 weiß. Hüllb., Pf. mit Wurzelausläuf., 5–15(25) cm, ♃, 5 **C. suecica** 2256

2253. Roter H., C. sanguínea L., hfg in Hecken, in licht. krautreich. Laubmischwäldern u. Auenwäldern, an Waldrändern, auf frisch.-mäß. trock., nährstoff- u. basenreich., vorzugsw. kalkhaltg, mild.-mäß. sauer., humos. Ton- u. Lehmböden, Lehmzeiger, durch Wurzelausläufer u. Ausschlagfähigkt Pionierpf. u. Bodenfestiger, Zier- u. Nutzstrauch (Schnitthecke, Bindwerk), etwas wärmeliebd, Licht-Halbschattpf., Insekt.bestäubg (Bienenweide), Vogelverbrtg, schwache Berberidion-Verb.-char., auch in and. Prunetalia-Ges., v. all. in älter. Stadien, ferner in wärmeliebd. Fagetalia- u. in Quercetalia pub.-Ges. – Ebene bis mittl. Gebirgslag. (Kalk- u. Lehmgebiete), A bis 900 m, Ju bis 1010 m, Silikatgebirge z. T. fehld od. (wie auch im nördl. Tiefld) slt. – smed(-subatl) – P – Chrom. 2n = 22.

2254. Weißer H., C. álba-Gruppe, hfg gepflanzte u. glgtl. verwilderte Ziersträucher.
1 B. 4–8 cm lg, unt.sts behaart, Pf. fast ohne wurzelnde Ausläuf.
2254a. **C. álba** L. (*C. tatárica* Mill.) – euraskont – Chrom. 2n = 22.
1* B. 5–14 cm lg, unt.sts ± kahl, Pf. mit zahlreich. wurzelnd. Ausläuf.
2254b. **C. serícea** L. (*C. stolonifera* Michx.) – Heimat: N-Am. (Auengebüsche) – Chrom. 2n = 22.

2255. Kornelkirsche, C. más L., hfg gepflanzt u. verwildt, slt. wild im sonng. Gebüsch, in licht. Eichenwäldern, auch in Auen, auf sickerfrisch.-mäß.trock., nährstoff- u. basenreich., neutral-mild., humos., lock. Lehmböden (Mullböden), durch Wurzelsprosse bodenfestigd, Halbschattpf., Insekt.bestäubg (Bienenweide), Vogelverbrtg, Zier- u. Nutzholz (Drechslerholz), Fr. verwertbar, überreg. Quercetalia pub.-Ordn.char., auch im Berberidion od. Alno-Ulmion – FrJu, Saar-Mosel-Eifel, NSH, Hz, Th, sonst nur adv. – osmed – P – Chrom. 2n = 18 (27).

2256. **Schwedischer H., C. suécica** L., slt. auf saur. torfg. Böden, v. all. in nord. Zwergstrauchges. (Vaccinio-Piceetea), auch in d. Vacc.-Genistetalia – NS, SH – nosubozean-arkt – Chrom. 2n = 22.

Sympétalae (Metachlamýdeae)

Ordnung Ericáles

Familie der Wintergrün-Gewächse, Pyroláceae

1   Pf. mit grün., ledrg., meist glänzd. B.
2   Blü. in Dolden, rosa, B. lanzettl., scharf gesägt, 5–15 cm, ⨀, 6–8
                                                        Chimaphila S. 724
2* Blü. einzeln od. in Trauben, weiß od. grünl., B. rundl. od. eiförmg, Griffel lg
                                                             Pyrola S. 724
1* Pf. ohne grüne B., bleichgelb, St. mit gelbl. Schuppen, Blü.std traubg, nickd, mit radiärsymmetr., glockg. Blü., Fr.std aufgericht., 10–20 cm, ⨀, 6–7
                                                          Monotropa S. 726

Winterlieb, Chimáphila Pursh

2257. **Ch. umbelláta** (L.) Bart. (*Pýrola umbelláta* L.), slt. in Kiefern-Trockenwäldern, v. all. in jünger. Beständen, auf moosg., mäß. trock., in d. Tiefe meist kalk- od. sonst basenreich., modrg humos. Sand- od. Lehmböden, Moderwurzler (mit Wurzelpilz), Halbschatt(Schatt)pf., geschützt, Char. d. Pyrolo-Pinetum (Cytiso-Pinion), slt. auch im Erico-Pinion – v. all. im O u. NO d. Gebiet., bis östl. NS, He, nöRh, im SW ebenso wie Av u. A fehld – euraskont, circ, im Gebiet an d. W-Grenze d. Verbrtg – Ch – Chrom. 2n = 26.

Wintergrün, Pýrola L.

1   Blü. einzeln, 12–20 mm brt, ausgebrtet, nickd, wohlriechd, Fr. aufgerichtet, B. rundl.-spatelförmg, rosettg, 3–8 cm, ⨀, 6 7   **P. uniflora** 2259
1* Blü. in Trauben, kleiner, glockg, Fr. nickd
2   B. eiförmg zugespitzt (Birnb.ähnl.), Blü. grünl.weiß, in einseitswendg., anfängl. nickend. Traube, 5–15(–25) cm, ⨀, 6–7   **P. secunda** 2258
2* B. rundl., stumpf, Blü. meist weiß, allstswendg in aufrecht. Traube
3   Griffel kürzer als Blü., gerade, nicht verdickt, Blü.b. 3–5 mm lg, Blü. kugelg, B. rundl.-oval, 10–20 cm, ⨀, 6–7   **P. minor** 2263
3* Griffel lger als Blü., gerade od. gebogen, verdickt, Blü.b. 6–8 mm lg
4   Griffel gerade, B. fast rund, 10–25 cm, ⨀, 6–7   **P. media** 2262
4* Griffel gebogen
5   Blü. hellgrün-weißl., Kelchzipfel brt-dreieckg, kurz zugespitzt, d. Blü. meist angedrückt, Blü.std 3–7blütg, B. rundl.-spatelg, vorn oft ausge-

randet, St. unten scharfkantg, meist rot, 10–20 cm, ⚁, 6–7
P. chlorantha 2260
5* Blü. weiß od. rötl., Kelchzipfel lanzettl., ± abstehd, Blü.std 8–15 blütg,
B. rundl.-eiförmg, St. unten stumpfkantg, meist grün, slt. rot, 15–25 cm, ⚁,
6–7 **P. rotundifolia** 2261

2258. Nickendes W., P. secúnda L. (*Orthília secúnda* House), zerstr., ab.
gesellg in Fichten-, Fichten-Tannen- u. Kiefern-Wäldern, auf moosg.,
frisch.-mäß. trock., mager., basenreich., neutral-mäß. sauer., modrg
humos. Sand- od. Lehmböden, Moderpf., mit lg. Wurzelkriechtrieb.,
Halbschatt-Schattpf., Insekt.bestäubg, Heilpf., v. all. im Pyrolo-Pinetum
u. in Vaccinio-Piceion-Ges., überreg. Vacc.-Piceetalia-Ordn.char., auch
in Puls.-Pinetea- u. Erico-Pinion-Ges., in Nadelholzforst. oft verschleppt
– v. all. im O u. NO d. Gebiet., im S mehr im Gebirge, A bis 2300 m,
auch nöRh; im nordw. Tiefld slt. od. fehld – no-euraskont, circ, im
Gebiet an d. W-Grenze d. Verbrtg – Ch – Chrom. 2n = 38.

2259. Einblütiges W., P. uniflóra L. (*Monéses uniflóra* A. Gray), slt. in
Fichten-, Fichten-Tannen- od. Kiefernwäldern, auf moosg., sickerfrisch.
od. mäß. trock., in d. Tiefe basenreich., neutral-sauer., modrg-humos.
Lehm- od. Sandböden, Moder-Rohhumuspf., mit Wurzelspross. u.
Wurzelpilz, Schatt-Halbschattpf., v. all. in Vaccinio-Piceion- u. Dicrano-
Pinion-Ges., Vaccinio-Piceetalia-Ordn.char., auch im Cytiso-Pinion, mit
Fichten oft verschleppt – v. all. im O u. NO d. Gebiet., im S mehr im
Gebirge, A bis 1600 m, auch nöRh; im nordw. Tiefld fehld – no-euras-
(kont), circ – H (G) – Chrom. 2n = 24, 26.

2260. Grünliches W., P. chlorántha Sw. (*P. vírens* Schweigg.), slt. in
Kiefern-Trockenwäldern (auch Fichten-Mischwäldern) auf moosg.,
mäß. trock., in d. Tiefe basenreich., neutral-saur., modrg humos. Lehm-
u. Sandböden, Moderwurzler, Halbschattpf., etwas sommerwärmeliebd,
meist Selbstbestäubg, z.T. vegetat. Vermehrg, Char. d. Pyrolo-Pinetum
(Cytiso-Pinion), überreg. Puls.-Pinetea-Kl.char., slt. im Erico-Pinion –
v. all. im O u. NO d. Gebiet., westl. bis Me, He, nöRh, HRh, fehlt sonst
im W wie auch Nordw. od. A (aber Tirol bis 1300 m) – no-euraskont, im
Gebiet an d. W-Grenze d. Verbrtg – H – Chrom. 2n = 46.

2261. Rundblättriges W., P. rotundifólia L., zml. slt. in saur.
Nadelwäldern, auch Buchen- od. Eichenwäldern, im Birkenmoor, auf
frisch.-feucht., basenreich., oft entkalkt., mäß. saur., modrg-humos.
Lehmböden, auch Torfböden, Moderwurzler mit Wurzelpilz, Schatt-
Halbschattpf., Insekt.- u. Selbstbestäubg, Windverbrtg, schwache Vac-
cinio-Piceetalia-Ordn.char., auch im Erico-Pinion, Luzulo-Fagenion
od. Quercion rob.-petr. – Ebene bis Gebirge (Lehmgebiete), A bis 1690 m,
im N slt. – no-euras(kont) – H – Chrom. 2n = 46, formenreich.

2262. **Mittleres W., P. média** Sw., s. slt. in Kiefernwäldern, auch in artenarm. Eichenwäldern, auf moosg., mäß. frisch., basenreich., mäß. saur., modrg-humos. Sand- u. Lehmböden, Moderwurzler mit weitkriechd. Wurzel, Halbschatt(Schatt)pf., Insekt.- u. Selbstbestäubg, Vaccinio-Piceetalia-Ordn.char., auch im Erico-Pinion usw. – v. all. im O u. NO d. Gebiet., westl. bis NWe, RS, Pf, Mn, Fr, Do, A (bis 2000 m) – no-euraskont, im Gebiet an d. W-Grenze d. Verbrtg – H – Chrom. 2n = 92.

2263. **Kleines W., P. mínor** L., zerstr. in Fichten- u. Kiefernwäldern, im Birkenmoor, auch in artenarm. Eichen- u. Buchenwäldern, auf frisch., basenreich. ± saur., modrg-humos. Stein-, Sand- u. Lehmböden, Moderwurzler mit Kriechwurzel, Halbschatt(Licht)pf., meist Selbstbestäubg, Vaccinio-Piceetalia-Ordn.char., auch im Luzulo-Fagenion, Quercion rob.-petr. od. in off. Nardion-Ges. – Ebene bis Gebirge, A bis 2120 m – no-euras, circ – H (Ch) – Chrom. 2n = 46.

Fichtenspargel, Monótropa L. vgl. S.724

2264. **M. hypópitys** L., zerstr. in Kiefern-, Tannen- u. Fichtenwäldern, auch in artenarm. Eichen- u. Buchenwäldern, auf frisch.-mäß. trock., basenreich., mäß.-sauer., modrg-humos. Sand-, Ton- u. Lehmböden, Moderhumus-Saprophyt mit Wurzelspross. u. Pilzwurzeln, Schatt-Halbschattpf., Insekt.bestäubg (z. B. Hummeln), Windverbrtg (Staubsamen), v. all. im Cytiso- u. Erico-Pinion, auch im Vaccinio-Piceion od. Vaccinio-Abietenion, im Luzulo-Fagenion od. Galio-Abietenion, vgl. Unterart. – Ebene bis Gebirge, A bis 1500 m – (no-)eurassubozean – G, formenreich:

1   Griffel u. Staubb. behaart, Blü. oft weichhaarg u. innen lghaarg, Blü.std 10–15blütg, Fr. längl.

2264a. **ssp. hypópytis**, v. all. in Nadel- u. Nadelmischwald-Ges., überreg. Vacc.-Piceetalia-Ordn.char. – Chrom. 2n = 48.

1* Griffel u. Staubb. (wie ganze Pf.) kahl, Blü.std 3–6(10)blütg, locker, Fr. fast kugelg

2264b. **ssp. hypophégea** (Wallr.) Soó, zerstr. in bodensauer. Buch.- u. Buch.misch-Wäld., im Luzulo-Fagenion – Chrom. 2n = 16.

Familie der Krähenbeer-Gewächse, Empetráceae

Krähenbeere, Émpetrum L. vgl. S.294

2265. **Schwarze K., E. nígrum** L., slt. in Moorheiden, in Kiefernmooren, im Zwergstrauch-Gestrüpp d. Gebirge od. d. Küste auf frisch.-feucht., nährstoff- u. basenarm., sauer., humos. Stein-, Sand- od. Torfböden in humid. Klimalage, Rohhumusbildner u. -wurzler mit Wurzelpilz (slt. Rohböden), bis 50 cm tief wurzld. Wurzelkriecher, Licht-Halbschattpf., Insekt.- u. Windbestäubg, Vogelverbrtg – Ch, formenreich:

1   Blü. überwiegd getrenntgeschlechtg, B. 3–5mal so lg wie brt, $\pm$ parallelrdg, Triebe jg rötl., später braun, Pf. ausgebreitet-niederliegd

2265a. **ssp. nígrum** (*E. nígrum* L.), v. all. in Oxyc.-Sphagnetea- od. Genistion-Ges., im N in Küstennähe im Empetrion bor. – v. all. im N d. Gebiet., südl. bis nöSch, Rhön, BayW, A fehld – no-pralp – Chrom. 2n = 26.

1* Blü. überwiegd zwittrg, B. 2–4mal so lg wie brt, mit $\pm$ gebogen. Rändern, Triebe jg grün, dann braun, Pf. kräftig, von mehr aufrecht. Wuchs, reich fruchtd, jge Fr. meist mit Staubb.resten

2265b. **ssp. hermaphrodítum** (Lange) Böch. [*E. hermaphrodítum* (Lange) Hag.], slt. im subalp. Zwergstrauchgestrüpp, terr. Char. d. Vacc.-Empetretum (Lois.-Vaccinion), in N-Europa auch in d. Oxyc.-Sphagnetea (Oxyc.-Empetrion) – süSch, A (1000–2200 m) – arkt-alp – Chrom. 2n = 52.

Familie der Heidekraut-Gewächse, Ericáceae

1   B. lineal-oval, mindest. 2 mm brt, nicht schuppenförmg od. nadelg, Blü. abfalld
2   Fr.kn. oberstdg, Blü. 5zipfelg od. 5zähng, Fr.kapsel bzw. Steinfr.
3   Blü. rad- od. trichterförmg-glockg, Blü.b. z. T. in fast freie bzw. nur unten verwachs. Zipfel zerteilt
4   Blü. weiß, Blü.b. fast freiblättrg, 5zählg, B. lanzettl.-lineal, untersts wie jge Zweige rostrot-filzg   **Ledum**   S. 728
4* Blü. rot, Blü.b. unten deutl. verwachs., trichter- od. radförmg, B. lanzettl.
5   B. wechselstdg, Staubb. 10, Blü. über 1 cm lg od. brt
6   B. über 1 cm lg, Blü. röhrg-glockg, 5zipflg   **Rhododendron**   S. 728
6* B. um od. unter 1 cm lg, eilanzettl., randl. bewimpert, Blü. tief geteilt, radförmg ausgebrtet, 20–40 cm, $\hbar$, 6–7   **Rhodothamnus**   S. 729
5* B. gegenstdg od. quirlg, 5–7 mm lg, mit eingerollt. Rändern, Blü. kl., trichterg., Staubb. 5, niederliegd. Spalierstrauch, 15–40 cm lg, $\hbar$, 6–7
                                                                Loiseleuria   S. 729
     vgl. ferner: B. $\pm$ quirlg, lanzettl., bis 5 cm lg, immergrün, Blü. rötl., napfförmg, in Scheinquirl., 50–100 cm, $\hbar$, 6–7   **Kalmia**   S. 729
3* Blü. kugelg-krugförmg, vorn mit 5 kl. Zähnch., weiß od. rosa, Staubb. 10
7   B. lineal-lanzettl. mit umgerollt. Rändern, untersts weißl., obersts bläul.-grün, Blü. lg gestielt, in armblütg. Dolde, Fr. eine Kapsel, 5–20(–30) cm, $\hbar$, 5–8   **Andromeda**   S. 730
7* B. eiförmg, obersts grün(dunkelgrün), Blü. kurz gestielt in armblütg. Traube, Fr. beerenartge, mehlge Steinfr.   **Arctostaphylos**   S. 730
2* Fr.kn. unterstdg, Blü. meist 4zählg, Fr. saftge Beere
8   Blü. krugförmg-glockg, an d. Spitze kurzzähng, Blü. kurz gestielt, $\pm$ aufrechte Zwergsträucher   **Vaccinium**   S. 730
8* Blü. radförmg geteilt mit zurückgeschlag. Blü.b., Blü. lg gestielt, Pf. niederliegd-kriechd, Fr. braunrote, liegde Beere   **Oxycoccus**   S. 732

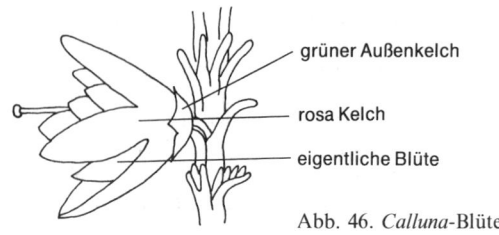

grüner Außenkelch

rosa Kelch

eigentliche Blüte

Abb. 46. *Calluna*-Blüte.

1* B. schuppenförmg od. nadelg, Blü. 4teilg, nicht abfalld, Staubb. 8, Fr. eine
    Kapsel, Heidekräuter
9 B. schuppenförmg, dachziegelg, gegenstdg, 4reihg, Kelch blü.b.artg, länger
    als Blü. (Abb. 46), dazu grüner Außenkelch, 20–50 cm, ♄, 8–9
                                                        Calluna S. /32
9* B. nadelförmg, 3–4quirlg, Blü. ohne zusätzl. Außenkelch, 15–50 cm, ♄, 6–9
                                                        Erica S. 732

Porst, Lédum L.

1 B. lineal-lanzettl., Staubb. 10, 60–150 cm, ♄, 5–7   **L. palustre** 2266
1* B. brt-lanzettl., Staubb. 5–8, 50–150 cm, ♄, 5–7   **L. groenlandicum** 2267

2266. **Sumpf-P., L. palústre** L., slt. in Kiefernmooren, auf nass.
nährstoff- u. basenarm. Torfböd., Rohhumuswurzler, Halbschattpf.,
giftg, Heilpf. u. Mottenmittel, geschützt, Char. d. Ledo-Sphagnetum
(Sphagnion mag.) – v. all. im NO d. Gebiet., westl. u. südl. bis SH, NS,
An, Th, nöSch (Wildseemoor, wieder angesalbt), BayW verscholl. –
nokont – P – Chrom. 2n = 52.

2267. **Grönländischer P., L. groenlándicum** Oed., slt. adv., eingebürgert
in Oxyc.-Sphagnetea-Ges. – NWe (Venner Moor) – arkt-amerik. – P –
Chrom. 2n = 26.

Alpenrose, Rhododéndron L.

1 B. unterets rostbraun, nicht bewimpert, Kelchb. brt eiförmg, 70–150 cm, ♄,
    6–8   **Rh. ferrugíneum** 2268
1* B. untersts grün, drüsg getüpfelt, am Rande bewimpert, Kelchb. längl.
    lanzettl., 50–100 cm, ♄, 6–8   **Rh. hirsutum** 2269

2268. **Rostblättrige A., Rh. ferrugíneum** L., zerstr., ab. gesellg in
Legföhren-Ges. oder in Kiefernmooren, unter Zirbelkiefern od. in off.
rein. Beständ., auf frisch. (feucht.), nährstoff- u. basenrarm., saur.
humos. Lehm- u. Tonböden od. Torfböden in humid. Klimalage,
Lichtkeimer, Licht-Halbschattpf., Insekt.bestäubg (Hummeln), Windverbrtg (Staubsamen), geschützt, v. all. an d. Waldgrenze u. darüber mit
od. ohne *Pinus mugo*, auf Weiden auch tiefer (Degradations-Zeiger),

Char. d. Vacc.-Rhododendretum ferr., bzw. d. Vacc.-Pinetum cembr., im Alpenvorland auch im Pino-Sphagnetum, Vaccinio-Piceion-Verb.-char. (Rhododendro-Vaccinienion) – Av (z. T. verscholl.), A bis 2030 m – alp(-pralp) – P – Chrom. 2n = 26.

2269. Rauhblättrige, Bewimperte A., Rh. hirsútum L., zerstr., ab. gesellg in Legföhrenbeständen, in licht. Kiefernwäldern, auf mäß. trock.–frisch., basenreich., meist kalkhaltg., neutral., modrig humos. Stein- u. Lehmböden, Licht-Halbschattpf., Insekt.bestäubg, Windverbrtg, geschützt, Char. d. Erico-Rhododendretum hirs. (Erico-Pinion), mit od. ohne *Pinus mugo*, ferner Alpenschwemmlg – (Av), A rd 1400–2530 m – oalp – P – Chrom. 2n = 26.

Im Berührungsgebiet von *Rh. ferrugineum* u. *Rh. hirsutum* hfg d. Bastard *Rh.* × *intermédium* Tausch. Hier anzuschließen sind zahlreiche beliebte Ziersträucher, v. all. d. Rhododendren (wintergrün), z. B. *Rh. pónticum* L. (Portugal, Kleinasien) mit viol. Blü. od. *Rh. máximum* L. (N-Am.) mit meist weiß. Blü., ferner d. Azaleen (z. T. sommergrün), z. B. *Rh. mólle* Miq. (Japan) u. *Rh. lúteum* Sweet (SO-Europa–Westasien) mit gelb. od. orang. Blü. usw. (alle Arten Chrom. 2n = 26).

Zwerg-Alpenrose, Rhodothámnus Rchb.

2270. Rh. chamaecístus (L.) Rchb., slt. in subalp. Legföhren-Beständ., auf frisch., basenreich., z. T. entkalkt., neutral., modrg-humos., mittelflachgründg. Dolomit- u. Kalksteinböden, Halbschatt-Lichtpf. (Lichtkeimer), Insekt.- u. Selbstbestäubg, Windverbrtg, geschützt, Char. d. Erico-Rhododendretum hirs. (Erico-Pinion) – A (östl. Teil) 1300–2400 m – oalp – Ch (Pn) – Chrom. 2n = 24.

Lorbeerrose, Kálmia L.

2271. K. angustifólia L., s. slt. adv., eingebürgert in Hochmoorges. auf saur., nass. Torfböden in Oxyc.-Sphagnetea-Ges. – Av (Chiemsee-Moor), NS, NWe (Rheine) – Herkft: östl. N-Am., (hier in Eriophoro-Kalmietea-Hochmoorges. Knapp 57).

Alpenazalee, Loiseléuria Desv.

2272. Gamsheide, L. procúmbens (L.) Desv., zerstr. in alp. Spalier- u. Zwergstrauch-Heiden, v. all. über d. Knieholzstufe, auf frisch., nährstoff- u. basenarm. od. oberfläch. entkalkt., sauer. humos., meist flachgründg. Steinböden, oft in wind- u. schneegefegt. Gratlagen, Moder-Rohhumus-Bildner u. -Wurzler, Lichtkeimer, Insekt.- u. Selbstbestäubg, Windverbrtg, Wintersteher, durch Wildäsg gefördert, lok. Char. d. Arctostaphylo-Loiseleurietum (Lois.-Vaccinion) – A (1600)2000–2400 m – arkt-alp, circ – Ch – Chrom. 2n = 24.

Rosmarinheide, Andrómeda L.

2273. **A. polifólia** L., zerstr. auf Hochmoor-Bulten, mit Torfmoosen, auf nass., nährstoff- u. basenarm., saur. Torfböden, Humuskriecher, Lichtpf. (Lichtkeimer), Insekt.- u. Selbstbestäubg (Hautflügler usw.), giftig, Eiszeitrelikt, mit *Sphagnum magellanicum* u. *fuscum*, Sphagnetalia-Ordn.char. – v. all. im N u. Nordw. d. Gebiet., im S mehr im Gebirge, A bis 1430 m – no(kont), circ – Ch – Chrom. 2n = 48.

Bärentraube, Arctostáphylos Adans.

1 B. kahl, ledrg, glänzd, wintergrün, ganzrandg, Fr. rot, St. niederliegd, 20–60(–100) cm lg, ♄, 3–7 **A. uva-ursi** 2274

1* B. am Grund bewimpert, randl. fein gezähnt, sommergrün, im Herbst leuchtd rot, Fr. zuletzt schwarz, 15–30 cm, ♄, 5–6 **A. alpinus** 2275

2274. **Arznei-B., A. úva-úrsi** (L.) Spreng., slt., oft gesellg in licht. Kiefernwäldern, auf sommerwarm., mäß. trock., basenreich., neutralmäß. sauer., modrg humos., mittel-flachgründg., gern sandg. Lehm- u. Steinböden in kontinental. Klimalage, bis 1 m tief wurzld. Kriechstrauch-Pionier (auch Rohböden), Halbschatt-Lichtpf., Insekt.bestäubg (Hummelblume), Vogelverbrtg, Heilpf. (Blasentee), geschützt, in Puls.- u. Erico-Pinetea-Ges., auch im Rhod.-Vaccinienion, v. all. in Kiefernges., auch in offen. Heiden – v. all. im N d. Gebietes, südl. bis Hz, Sa, u. dann wieder: Pf (verscholl.), Ba, Bo (Sipplingen), Do, Av, A bis 2015 m – (arkt-)no-pralp, circ – Ch – Chrom. 2n = 52.

2275. **Alpen-B., A. alpínus** (L.) Spreng., zerstr. im alp. Zwergstrauch-Gestrüpp, v. all. über d. Knieholz-Zone, auf frisch., nährstoff- u. basenarm., neutral-mäß. sauer., modrg-humos., ± flachgründg. Steinböden, Moder- u. Rohhumus-Bildner u. -Wurzler, Licht (Halbschatt)pf., meist Selbstbestäubg, Vogelverbrtg, lok. Char. d. Arctostaphylo-Loiseleurietum (Lois.-Vaccinion), auch im Erico-Rhododendretum hirs. (Erico-Pinion) – A (1670–2310 m) – arkt-alp, circ – Ch – Chrom. 2n = 26.

Beersträucher, Vaccínium L.

1 B. sommergrün, flach, Blü. krugförmg, meist 5zähng, Fr. blauschwarz

2 B. hellgrün, fein gezähnelt, ± spitz, St. kantg, grün, Blü. grünl. (rötl. überlauf.), einzeln, 15–50 cm, ♄, 4–6 **V. myrtillus** 2276

2* B. blaugrün, ganzrandg., St. rund, braun, Blü. weißl. rosa, zu mehrer. traubg, 15–80(–100) cm, ♄, 5–6 **V. uliginosum** 2277

1* B. wintergrün, am Rande gerollt, derb, obersts dunkelgrün glänzd, untersts hellblaugrün, Blü. glockg, meist 4zähng, weißl. rosa, zu mehrer. traubg, Fr. rot, 10–15(–30) cm, ♄, 5–6 **V. vitis-idaea** 2278

2276. **Heidelbeere, V. myrtíllus** L., verbr. u. gesellg in artenarm. Laub- u. Nadelwäldern, bes. in Gebirgs-Fichtenwäldern, ferner in Moor- u. Bergheiden, auf frisch. (mäß. frisch.), nährstoff- u. basenarm., locker., sauer.humos., gern sandg-steing. u. mittelgründg. Lehmböden in humid. Klimalage, im Gebirge in Schneelagen, bis 1 m tief wurzld. Wurzelkriecher, Rohhumuszehrer (Wurzelpilz), Halbschattpf., spätfrostempfindl., Insekt.- u. Selbstbestäubg (Bienen, Hummeln), Vogelverbrtg, Fr. als Kompott od. Heilmittel, schwache Vaccinio-Piceetalia-Ordn.char.(opt.), auch im Luzulo-Fagenion, Quercion rob.-petr., Genistion od. Sphagnion – Ebene bis Gebirge, A bis 2350 m – (arkt-)no (-eurassubozean) – Ch (Pn) – Chrom. 2n = 24.

2277. **Moorbeere, V. uliginósum** L., zerstr., ab. gesellg in Kiefern- u. Birkenmooren, im Legföhren- u. subalp. Zwergstrauch-Gestrüpp, auf frisch.-nass., nährstoff- u. basenarm., sauer., humos. Stein- u. Torfböden, Wurzelkriecher u. Rohhumuswurzler (Wurzelpilz), Halbschatt-(Licht)pf., Insekt.- u. Selbstbestäubg, Vogelverbrtg, Eiszeitrelikt, Fr. weng wertvoll, v. all. in Oxyc.-Sphagnetea- u. Vacc.-Piceetalia-Ges., auch im Genistion (Vacc.-Callunetum), überreg. Vacc.-Piceetalia-Ordn.char. – v. all. im N d. Gebietes, im S mehr im Gebirge (A bis 2420 m), slt. auch Rh, Kalkgebiete fehld – arkt-no-alp, circ – Ch, Pn, formenreich:

1 Blü. zu 2–3, Blü.stiele 3–10 mm lg, B. oft über 1 cm brt, Pf. aufrecht, 20–80 cm hoch

2277a. **ssp. uliginósum,** im Gebiet vorherrschde Sippe, s.o. – Chrom. 2n = 48.

1* Blü. meist einzeln, Blü.stiele 1–3 mm lg, B. meist unter 1 cm brt, Pf. niederliegd-aufsteigd, 10–20 cm hoch

2277b. **ssp. pubéscens** (Wormsk.) Young (*V. gaultherioídes* auct.), so im subalp. Zwergstrauchgestrüpp oberhalb d. Waldgrenze v. all. im Lois.-Vaccinion – A, süSch (Belchen) – Chrom. 2n = 24.

2278. **Preiselbeere, V. vítis-idaéa** L., zml. hfg u. gesellg in Kiefern- u. Fichtenwäldern, in Bergheiden, Mooren, im alp. Zwergstrauch-Gestrüpp, slt. auch in Eichenwäldern, auf frisch.-mäß. trock. (wechselfrisch.), nährstoff- u. basenarm., sauer., humos., vorzugsw. sandg., auch steing. Lehmböden, bis 1 m tief wurzlde Rohhumuspf. mit Kriechtrieben, Halbschattpf., Insekt.bestäubg (Bienen, Hummeln), Vogelverbrtg, Fr. als Kompott, B. als Heiltee, gern in Begleitung d. Kiefer, Vacc.-Piceetalia-Ordn.char., ferner (Diff.) im Pino-Quercetum (Quercion rob.-petr.), im Genistion (Vacc.-Callunetum) od. im Erico-Pinion – Ebene bis Gebirge, v. all. im O u. NO d. Gebiet., im SW od. auf Kalk slt., A bis 2310 m, – (arkt-)no-euras(kont), circ – Ch – Chrom. 2n= 24, 36.

Moosbeere, Oxycóccus Adans.

1   B. längl. eiförmg, spitz, bis 8 mm lg, am Rande gerollt, untersts weißgrau, Blü. zu 1–4 endstdg
2   Blü.stiele fein behaart, B. 4–8 mm lg, eiförmg-oval, Fr. meist rund, 10–30 cm, ♄, 5–7   **O. palustris**   2279
2* Blü.stiele kahl, Blü. meist einzeln, B. 3–5 mm lg, mehr 3eckg, zugespitzt, nahe d. Basis am brtest., Fr. meist oval-birnförmg, 10–20 cm, ♄, 5–7 (früher als vor.)   **O. microcarpus**   2280
1* B. lanzettl. stumpf, 6–18 mm lg, blaugrün, Blü. einzeln, Blü.std mit B.schopf, Fr. 10–20 mm brt, 20–100 cm lg, ♄, 6   **O. macrocarpos**   2281

2279. **Gewöhnliche M., O. palústris** Pers. (*Vaccínium oxycóccos* L.), zml. slt. auf Hochmoor-Bulten, in Torfmoos-Polstern, auch in Zwischenmooren, auf nass., nährstoff- u. basenarm., sauer. Torfböden, Rohhumuswurzler, Lichtkeimer, Insekt.(Selbst)bestäubg, Vogelverbrtg, Sphagnetalia-Ord.char., auch im Rhynchosporion u.a. Kontakt-Ges. – v. all. im N d. Gebiet., im S mehr im Gebirge (Moorgebiete), A bis 1300 m – no, circ – Ch – Chrom. 2n = 48.

2280. **Kleinfrüchtige M., O. microcárpus** Turcz. (*Vaccínium oxycóccos* ssp. *microcárpum* Blytt), slt. auf Hochmoor-Bulten, in braunen Torfmoos-Polstern, auf sauer. Torfböd., in Sphagnetalia-Ges., in NO-Europa Oxyc.-Empetrion-Verb.char.(Sphagnetalia mag.) – Me, Br, Erzg, Av, Sch(?), BayW – arkt-no(kont) – Ch – Chrom. 2n = 24.

2281. **Großfrüchtige M., O. macrocárpos** (Ait.) Pursh, hie u. da gepflzt u. eingebürgert auf Hochmoor. in Sphagnetalia-Ges. – z.B. nöSch, Pf, Do, NWe, NS, SH, Th, Sa, Br – Herkunft: östl. N-Am. (hier in Hochmoor. d. Eriophoro-Kalmietea Knapp. 57) – Ch – Chrom. 2n = 24.

Heidekraut, Callúna Salisb. vgl. S.728

2282. **C. vulgáris** (L.) Hull, verbr. u. gesellg in Heiden, auf Magerweiden, an Rainen, in licht. Eichen- od. Kiefernwäldern, auf Felsen, in Mooren, auf mäß. trock.–feucht., nährstoff- u. basenarm., sauer.humos., sandg. od. steing. Lehmböd. od. auf Torf, in humid. Klimalage, Rohhumusbildner u. -wurzler (Wurzelpilz), Humus- u. Lichtkeimer, frostempfindl., windhart, bis 50 cm tief wurzlde Pionierpf., Bodenverschlechterer, Insekt.bestäubg (Bienenweide), Windverbrtg, Heilpf., v. all. im Genistion, auch in d. Nardetalia, Nardo-Callunetea-Kl.char., ferner im Quercion rob.-petr. od. (z.T. in d. nordisch. dichtflaumgen var. *hirsúta* Presl) in Oxyc.-Sphagnetea-Ges. – Ebene bis Gebirge, A bis 1950 m, Sch u. BayW bis 1450 m – no-eurassubozean – Ch (Pn) – Chrom. 2n = 16.

Glockenheide, Eríca L.

1   B. steifhaarg bewimpert, stumpfl., Staubb. d. Blü. nicht überragd, Blü. doldg, 15–50 cm, ♄, 6–9   **E. tetralix**   2283
1* B. kahl, spitzl.

2 Blü.traube einstswendg, Staubb. aus d. Blü. herausragd, 15–30 cm, ♄, 1–4
                                                     E. herbacea 2284
2* Blü.traube allstswendg, dicht, Staubb. in d. Blü. eingeschloss., 20–60 cm, ♄,
   6–7   **E. cinerea** 2285

2283. **Moor-G., E. tetrálix** L., slt., z. T. eingeschleppt od. eingewandert, unbestdg od. sich einbürgernd, in Heidemooren, auf nass., nährstoff- u. basenarm. sauer. Torfböden od. sauer., humos. Sandböden (Gleypodsol), Humuswurzler, Lichtpf., Insekt.bestäubg (Hautflügler), Windverbrtg (Staubsamen), Char. d. Ericetum tetr. (Ericion tetr.), an Einbürgerungsorten meist mit *Juncus squarr.* – geschloss. natürl. Verbrtg: RS (Nordteil), NWe, NS, SH, Me bis N-An, Br, L, weiter südl. nur in zerstr. adv. Vorkommen (z. B. Av, süSch, SFW, Fr) – atl-subatl – Ch – Chrom. 2n = 24.

2284. **Schneeheide, E. herbácea** L. (*E. cárnea* L.), hfg gepflzt, urwüchsig zerstr. in sonnig. Kiefern- u. Legföhren-Beständen d. Alpenvorlandes u. Hochgebirges, auf mäß. trock., basenreich., meist kalkhaltg., oft entkalkt., neutral., modrig-humos., steing., kiesg. Ton- u. Lehmböden in rel. humid. Klimalage, Humuswurzler mit Wurzelpilz, Halbschatt-Lichtpf., Insekt.bestäubg (Bienenweide), Windverbrtg (Staubsamen), Winterblüher, Tertiärrelikt, Zierpf., Erico-Pinetalia-Ordn.char. – Do, Av, A bis 2330 m, nördl. BayW bis Sa (Vogtland), auch Fr Ju (Südteil) – opralp – Ch – Chrom. 2n = 24.

2285. **Grauheide, E. cinérea** L., slt. in Heide-Ges. auf sauer-humos., sandg-steingen Böd., im Genistion, überreg. Erico-Ulicetalia-Ordn. char. – früher NWe, heute nur noch westl. d. dtschen Grenze – atl – Chrom. 2n = 24.

Ordnung Primuláles
Familie der Primelgewächse, Primuláceae

1 B. ungeteilt
2 B. v. all. in grundstdg. Rosette
3 Blü. radförmg, röhrig od. glockig
4 Blü.b. ungeteilt od. zweispaltg, Blü. meist in Dolden
5 Blü. lgröhrig mit radförmg. Blü.teller (Stieltellerblü.), gelb od. rotviol.
                                                           Primula S. 734
5* Blü. mit s. kurzer Blü.röhre, radförmg od. glockg
6 Blü. meist radförmg, weiß od. rötl., B. längl. lanzettl., in kl. Rosetten
                                                   Androsace S. 737
6* Blü. glockg, nickd, rot, B. rundl.-herzförmg, gelappt, 10–30 cm, ⧾, 6–8
                                                   Cortusa S. 739
4* Blü. mit fein zerschlitzt. Blü.saum, glockg-trichterförmg, ± viol., zu 1–3(–5) nickd, B. rundl.-nierenförmg, z. T. wintergrün   **Soldanella** S. 739
3* Blü. tief in zurückgeschlag. Blü.zipfel zerteilt, rotviol., B. groß, rundl.-herzförmg, Fr.stiele spiralig gedreht, Wurzelstock knollg, 5–15 cm, ⧾, 6–9
                                                   Cyclamen S. 740

2* B. auch am St. verteilt, Blü. b.achselstdg od. in endstdg. Rispen od. Dolden
7 B. oben quirlg zus.gedrängt, Blü. weiß, meist 7zählg, sternförmg ausgebrtet, 5–20 cm, ♃, 6–7 **Trientalis** S. 742
7* B. gegenstdg (bis quirlg) od. wechselstdg, ± gleichmäß. am St. verteilt, Blü. meist 5zählg
8 B. gegenstdg od. 3–4quirlg
9 Blü. gestielt, gelb, rot od. blau, Kelch grün
10 Blü. gelb, Fr. 5klappg aufspringd, St. aufrecht od. niederliegd **Lysimachia** S. 740
10* Blü. rötl. od. blau (slt. lila-weiß), Fr. mit Deckel aufspringd, St. niederliegd **Anagallis** S. 742
9* Blü. sitzd, b.achselstdg, 3 mm lg, einfach, nur aus glockg., rosa gefärbt. Kelch bestehd, B. fleischg, 5–15 cm, ♃, 5–6 **Glaux** S. 742
8* B. wechselstdg, Blü. kl., weiß od. rötl.
11 Grundstdge B. fehlend, St.b. rundl., 3–6 mm lg, Blü. meist 4zählg, b.achselstdg, Fr.kn. oberstdg, 3–7 cm, ⊙, 6–9 **Centunculus** S. 743
11* Grundstdge B. spatelg, Blü. meist 5zählg, lg gestielt, in Trauben od. Risp. Fr.kn. halbunterstdg, 5–20 cm, ♃, 6–8 **Samolus** S. 743
1* B. kammförmg-fiederteilg, in Rosetten, meist im Wasser untergetaucht, Blü.std aufrecht über d. Wasser mit quirlg stehd., radförmg. rosa Blü., 15–30 cm, ♃, 5–6 **Hottonia** S. 740

Schlüsselblume, Prímula L.

1 Blü. gelb (od. bunte Gartenformen)
2 B. runzelg, ± behaart, am Rande nach unt. gerollt, Kelch kantg
3 Blü. grundstdg, lg gestielt, B. allmähl. in d. Stiel verschmälert, Fr. zum Boden geneigt, 5–15 cm, ♃, 2–4 **P. vulgaris** 2286
3* Blü. in lg gestielt. Dolden, B. ± deutl. vom Stiel abgesetzt, obersts behaart
4 Kelch eng anliegend, Blü.saum flach, hellgelb, B. untersts kurzhaarg, 10–20 cm, ♃, 3–4 **P. elatior** 2287
4* Kelch glockg, bleichgrün, Blü.saum vertieft, dottergelb mit 5 rot. Schlundflecken, wohlriechd, B. untersts meist dünnfilzg, 10–20 cm, ♃, 4–5 **P. veris** 2288
2* B. glatt, kahl, dickl., wie Blü.stiel u. Blü.schlund ± weißl. bestäubt, Blü. hellgelb, Kelch rund, 5–20 cm, ♃, 4–6 **P. auricula** 2290
1* Blü. rosa od. rotviol.
5 B. untersts weiß bestäubt, deutl. nervg, Kelch stumpfkantg, Blü. 10–15 mm brt, Blü.b. ausgerandet, 10–15 cm, ♃, 5–7 **P. farinosa** 2289
5* B. beidersts grün, dickl., oft drüsg, schwachnervg, Kelch rund, Blü. 15–30 mm brt, Blü.b. tief 2spaltg
6 B. oval-längl., abgerundet od. zugespitzt, Blü.std meist 2–mehrblütg
7 B. gezähnt, drüsg-klebrig
8 B. oval-stumpfl., Hochb. kürzer als Blü.stiele, Blü.std meist 2–3blütg, Blü. hellrosa, 3–10 cm, ♃, 4–7 **P. hirsuta** 2291
8* B. lanzettl.-zugespitzt, Hochb. lger als Blü.stiele, Blü.std meist 3–5blütg, Blü. dunkel blau-viol., 5–12 cm, ♃, 4–7 **P. glutinosa** 2294
7* B. ganzrandg, weng drüsg, Blü.std (1)2blütg
9 B. knorpelrandg, am Rand mit kl. Drüs., Blü.stiel 2–10 mm lg, Blü.rot-lila, 3–10 cm, ♃, 7 **P. clusiana** 2292

Primulaceae

9* B. ohne Knorpelrand, weich, am Rand lg-drüsg bewimpert, Blü.stiel
1–2 mm lg, Blü.rot-viol., 2–6 cm, ⚥, 6–7 **P. integrifolia** 2295
6* B. keilförmg, vorn gestutzt u. tief gesägt, drüsg, Blü.std meist s. kurz u.
einblütg, 1–5 cm, ⚥, 7–8 **P. minima** 2293

2286. Stengellose Sch., P. vulgáris Huds. (*P. acaúlis* auct.), slt. in
krautreich. Buchen-, Tannen- od. Eichen-Hainbuchen-Wäldern, auch
auf Wiesen od. an Böschgen, auf sickerfrisch., nährstoff- u. basenreich.,
meist kalkfrei., neutral-mäß.sauer., humos., steing. od. rein. Lehmböden
in wintermild. Klimalage, Mullbodenpf., Halbschatt-Lichtpf., Insekt.
bestäubg, Ameisenverbrtg, Zierpf. (v. all. in bunt. Spielart. od.
Kreuzungen mit and. *P.*-Arten), Fagetalia-Ordn.char., auch in Prunetalia-Ges. od. (in Waldnähe) in mager. frisch. Arrhenatheretalia-Ges. –
NWe, NS, SH, Me, östl. Bo, Av, A bis 1000 m – smed-atl – H – Chrom.
2n = 22.

2287. Große Sch., P. elátior (L.) Hill, hfg in krautreich. Eichen-
Hainbuchen-Wäldern, in Auen- u. Schluchtwäldern, in Bergwiesen, auf
grund- u. sickerfrisch.-feucht., nährstoff- u. basenreich., lock., neutral-
mäß. sauer., humos. Lehmböden, Lehm- u. Nährstoffzeiger, Mullbodenpf., Schatt-Lichtpf., Insekt.bestäubg (Bienen, Hummeln), Windverbrtg (Schüttelfrüchtler), Zierpf., in Tieflagen gern mit Geophyten in
Alno-Ulmion- od. feucht. Carpinion- u. Fagion-Ges., Fagetalia-Ordn.-
diff., in Berglagen Frühlgs-Aspekt-bildend in Arrhenatheretalia-Ges. –
Ebene bis Gebirge, A bis 2200 m, im nördl. Tiefld slt. – subatl-smed –
H – Chrom. 2n = 22, formenreich.

2288. Arznei-Sch., P. véris L., zml. hfg in Kalk-Magerrasen, in mager.
Wiesen, an Rainen u. Waldrändern, in licht., krautreich. Eichenwäldern,
auf mäß. trock. bis frisch., ± nährstoff- u. basenreich., gern kalkhaltg.,
mild-neutral., humos. Ton- u. Lehmböden (Mullböden), etwas
wärmeliebde Licht-Halbschattpf., Insekt.bestäubg, Windverbrtg,
Heilpf. (Wurzel), Zierpf., geschützt, Soziologie vgl. Unterart. – H,
formenreich:

1 B. unt.sts kahl od. nur schwach behaart (Haare 0,1–0,3 mm lg), 3–5 cm brt u.
6–14 cm lg, B.grund undeutl. gestutzt bis herzförmg, Kelch 8–16 mm lg

2288a. ssp. véris, so v. all. im Mesobromion (schwache Verb.char. od.
DV), auch in Arrhenatheretalia- od. Origanetalia-Ges. übergreifd –
Ebene bis mittl. Gebirgslag. (Kalk- u. Lehmgebiete), A bis 1700 m, im
nordw. Tiefld slt. – euras-smed – Chrom. 2n = 22.

1* B. unt.sts graufilzg (Haare 0,5–0,7 mm lg, gekrümmt), 4–10 cm brt u. meist
über 15 cm lg, B.grund gestutzt, Kelch 16–20 mm lg

2288b. ssp. canéscens (Op.) Hayek [ssp. *suavéolens* (Bert.) Gut. et
Ehrend.?], zerstr. im Lithosp.-Quercetum u. verwandten Ges., Quercion
pub.-Verb.char., auch im Ceph.-Fagenion, Carpinion od. Geranion
sang., seltener im Mesobromion – v. all. im S d. Gebiet., nördl. bis NSH,
Th, An (Br?) – südl. Mi.europa (wsmed) – Chrom. 2n = 22.

2289. **Mehlprimel, P. farinósa** L., slt. in Quell-, Flach u. Wiesenmooren d. Alpenvorlandes, in alp. Steinrasen, auf feucht. (nass.), mager., basenreich., kalkhaltg., mild.-neutral., modrig-humos. Torf- u. Sumpfhumusböden od. mild., humos. Steinböden, Humuswurzler, Lichtpf., Insekt.bestäubg, Windverbrtg, geschützt, Caricion dav.-Verb.char., auch in Molinietalia-Kontakt-Ges., in d. alp. Stufe im Seslerion (Verb. Diff.) – Bo, Ju, Do, Av, A bis 2340 m, Mn (Grettstadt), nordöstl. Me – (arkt-)no-pralp-alp (altaisch) – H – Chrom. 2n = 18, 36.

Aus d. Sect. **Aleurítia** u. **Capitátae** mit Hauptverbrtg in asiat. Hochgebirgen, heute zahlreiche Zierpf., z. B. *P. denticuláta* Sm., *P. caschmiriána* Munro u. a.

2290. **Alpen-Aurikel, P. aurícula** L., slt. in Felsspalten, in alp. Steinrasen, auch in Moorwiesen d. Alpenvorlandes, auf sickerfrisch. (wechselfrisch.), meist kalkhaltg., neutral-mild., humos. od. feinerde- u. -humusarm. Steinböden, auch Torfböden, Spaltenwurzler, Licht (-Halbschatt)pf., Insekt.bestäubg, Windverbrtg, Zierpf. (v. all. Spielart. u. Kreuzung., s. unt.), geschützt, Potentillion caul.-Verb.char., ferner im Cystopteridion, in Hochlagen auch im Seslerion, in Tieflagen im Molinion – süSch, FrJu (Donau), Do, Av, A bis 2430 m – alp – H – Chrom. 2n = 62, 63, 64, 66, formenreich.

2291. **Drüsige Sch., P. hirsúta** All., zerstr. in Felsspalt. kalkarm. Gesteine, Char. d. Aspl.-Primuletum hirs. (Androsacion vand.) – A (Tirol, Schweiz), süSch (Belchen, ob angesalbt?) – H – Chrom. 2n = 62.

Im Gebiet auch d. hellrot blühde Bastardform *P. aurícula × hirsúta = P. × pubéscens* Jacq. [Ammergauer Alp., Allgäu, süSch (Belchen)]. Sie ist zugleich wichtigste Ausgangsform d. groß. Gartenaurikel (*P. × horténsis* Wettst.), geschützt.

2292. **Clusius' Sch., P. clusiána** Tausch, s. slt. an feucht. Felsen od. auf frisch., schneefeucht., basenreich. Steinböd. d. Hochgebirges, geschützt, Char. d. Potentilletum clus. (Potentillion caul.), auch für Seslerion-Ges. angegeben – A (Berchtesgad. Alp.) – oalp – H – Chrom. 2n = ca. 198.

2293. **Zwerg-Primel, P. mínima** L., slt. in saur. Magerrasen d. alp. Stufe, auf frisch., kalkarm. od. entkalkt., sauer., modrg-humos., steing. Lehmböden, wetterfeste Lichtpf., geschützt, in d. O-Alp. Char. d. Caricetum curv. (Caricion curv.), auch im Caricetum firmae, Elynetum od. Nardion usw. – A (östl. Teil 850–2570 m), Riesengebirge – oalp – H – Chrom. 2n = 66–73.

2294. **Klebrige Sch., P. glutinósa** Wulf., zerstr., ab. gesellg in bodensaur. Magerras. d. alp. Stufe, Char. d. Caricetum curv. (Caricion curv.) – östl. Zentralalp. – oalp – Chrom. 2n = 66.

2295. **Ganzblättrige Sch., P. integrifólia** L., zerstr., ab. gesellg, in frisch. bodensaur. Magerrasen u. Schneetälch. d. alp. Stufe, v. all. im Caricetum curv. u. im Salicion herb. – mittl. Zentralalp. (Vorarlbg-Schweiz) – alp – Chrom. 2n = 62, 66, 68, 70.

Zahlreiche Bastarde!

Mannsschild, Andrósace L.

1   Pf. mehrjährg, rasen- od. polsterbildend, B. ganzrandg, Alpenpf.
2   Blü. einzeln, b.achselstdg, B. meist unter 7 mm lg
3   Blü. weiß, B. dicht einfach haarg, Pf. meist in kugelg. dicht. Polstern, 2–5 cm, ♃, 5–7   **A. helvetica** 2296
3*   Blü. rosa od. blaßrosa-weißl., B. mit Stern- u. Gabelhaaren, Pf. in locker. Polstern od. Rasen
4   Kelchzipfel eiförmig-dreieckg, spitz, Blü. 3–4 mm brt, Blü.b. etwas ausgerandet, B. bis 10 mm lg, 1–5 cm, ♃, 7–8   **A. hausmannii** 2297
4*   Kelchzipfel schmallanzettl., Blü. 5–6 mm brt, Blü.b. nicht ausgerandet, B. bis 7 mm lg, 1–3 cm, ♃, 7   **A. alpina** 2298
2*   Blü. in gestielt. Dold., B. meist über 1 cm lg, lanzettl.-lineal
5   Blü.std behaart, Blü. weiß od. rötl.
6   Blü.std, wie B.rand (bis 2 mm) lg zottg bewimpert, Blü.stiele nicht lger als Hochb., 2–10 cm, ♃, 6–7   **A. chamaejasme** 2299
6*   Blü.std, wie B.rand kurz einfach od. sternhaarg behaart
7   B. über d. Mitte am brtest., Blü. weiß (blaßrosa), Kelch behaart, Blü.stiele etwas lger als Hochb., 5–10 cm, ♃, 7   **A. obtusifolia** 2300
7*   B. unter d. Mitte am brtest., Blü. rosa, Kelch fast kahl, 3–10 cm, ♃, 6–7   **A. carnea** 2301
5*   Blü.std kahl, schlank, B. lineal-lanzettl., Blü.b. weiß, ausgerandet, mit gelb. Schlund, Blü.stiele viel lger als Hochb., 5–20 cm, ♃, 6–7   **A. lactea** 2302
1*   Pf. 1–2jährg, ohne nichtblühde Rosetten, Blü.schäfte zu mehreren, B. meist gezähnelt, Tieflandspf.
8   Hochb. b.artg, 5–8 mm lg, lger als Blü.stiele, Kelch (wie St.) zottg behaart, zuletzt 6–10 mm lg, Blü. weiß od. rötl., 2–15 cm, ☉, 4–5   **A. maxima** 2303
8*   Hochb. kürzer als Blü.stiele, St. sternhaarg flaumg, Blü. weiß od. rötl. mit gelb. Schlund
9   Blü.b. kürzer als behaart. Kelch, Hochb. eilanzettl., 3–8 mm lg, Kelchzipfel zuletzt ± abstehd, 2–8 cm, ☉, 4–5   **A. elongata** 2304
9*   Blü.b. lger als kahl. Kelch, Hochb. lineal, 2–3 mm lg, Kelchzipfel zuletzt aufrecht, Blü.dolde vielblütg, 8–20 cm, ☉, 4–6   **A. septentrionalis** 2305

2296. Schweizer M., A. helvética (L.) All., zerstr. in Kalk- u. Dolomit-Felsspalten d. alp. Stufe, in meist sonnenexponiert. Lage, große Temperatur- u. Feuchtigkts-Schwankungen ertragd, Spaltenwurzler, meist Selbstbestäubg, Windverbrtg (Wintersteher), geschützt, Char. d. Androsacetum helv. (Potentillion caulesc.) – A 1850–2960 m – alp – Ch – Chrom. 2n = 40.

2297. Dolomiten-M., A. hausmánnii Leyb., s. slt. in Dolomit- u. Kalk-Felsspalten d. subalp. Stufe, auch im konsolid. Steinschutt, geschützt, Potentillion caul.-Art – A (Berchtesgad. Alp.) bis 2200 m – oalp – Ch – Chrom. 2n = 40.

2298. **Alpen-M., A. alpína** (L.) Lam., für d. Gebiet irrtüml. angegeben, sonst zerstr. in d. Zentralalp. im kalkarm., schneefeucht. Fein- u. Locker-Schutt d. nival. Stufe als Char. d. Androsacetum alp. (Androsacion alp.), bis über 4000 m – Vorarlberg, Schweiz – alp – Ch – Chrom. 2n = 40.

2299. **Bewimperter M., A. chamaejásme** Wulf., zerstr. in mager. Steinrasen d. alp. Stufe, auf frisch., kalkreich., mild-neutral., modrghumos., flachgründg. Lehm- u. Steinböden, z.T. in wind- u. schneegefegt. Gratlagen, geschützt, Seslerion-Verb.char., auch in d. Elynetum übergrfd, od. Alp. schwemmlg bei 930 m – A bis 2570 m – alpaltaisch, circ – Ch – Chrom. 2n = 20.

2300. **Stumpfblättriger M., A. obtusifólia** All., slt. in sauer. Magerrasen d. alp. Stufe, auf frisch., kalkarm., sauer., humos., flach-mittelgründg., steing. Lehmböden, Moder-Rohhumuspf., geschützt, Caricion curv.-Verb.char., slt. auch in hochmont. Nardion-Ges. – A bis 2100 m – alp – Ch – Chrom. 2n = 36, 38.

2301. **Roter M., A. cárnea** L., nur am Rand d. Gebietes, in d. var. *hálleri* L. im off. Steinschutt des Sulzer Belchens (Vog.), var. *cárnea* (*týpica* Lüdi) ist Char. d. walp. Senecioni-Curvuletum (Caricion curv.) – walp – Ch – Chrom. 2n = 38.

2302. **Milchweißer M., A. láctea** L., s. slt. in etwas frisch. Kalk-Felsspalten d. mont. u. subalp. Stufe, früheiszeitl. Relikt, geschützt, Potentilletalia-Ordn.char., auch im Seslerion – A (700–2260 m), Ju (Donaudurchbruch bei ca. 650 m) – alp-pralp – H – Chrom. 2n = 76.

2303. **Großer M., A. máxima** L., slt. u. unbestdg in Getreidefeldern, in Brachen, auf mäß. trock., basenreich., mild., meist humusarm. Lehm- u. Tonböden, salzertragd, wärmeliebd, Insekt.- u. Selbstbestäubg (Fliegen), Windverbrtg, Caucalidion-Verb.char. (z.B. Pap.-Melandrietum noct.), in O-Europa auch im Alysso-Sedion – Hü u. Rh verscholl., RS (Eifel) – smed-euraskont – H, T – Chrom. 2n = 60.

2304. **Langgestielter M., A. elongáta** L., zml. slt. in Sand-Magerrasen od. and. wärmeliebd. Trockenrasen, an Rainen u. Dämmen, in Brachen, auf sommertrock., basenreich., oft kalkfrei., neutral.humos. Sand- od. Steinböden, Sedo-Veronicion-Verb.char., auch im Al.-Sedion – nöRh, nöHü, Nahetal, Wetterau, Do (verscholl.), Fr (s. slt.), Th, An, Br – kont, im Gebiet an d. W-Grenze d. Verbrtg – T – Chrom. 2n = 40.

2305. **Nördlicher M., A. septentrionális** L., slt. in Sand-Magerrasen, auf Dünen, in Brachen, auf trock., basenreich., oft entkalkt., neutral., humusarm., lock. Sandböden, Sandzeiger, sommerwärmeliebd, Sedo-Scleranthetea-Kl.char. – nöRh, Mn, Fr (slt.), Br-Sa (verscholl.) – euraskont, im Gebiet an d. W-Grenze d. Verbrtg – T – Chrom. 2n = 20.

Heilglöckchen, Cortúsa L. vgl. S. 733

2306. **C. matthíoli** L., slt. in subalp. Hochstauden-Fluren u. Hochstauden-Büschen, auf sickerfrisch. (feucht.), nährstoff- u. basenreich., oft kalkarm., neutral-mäß. sauer., humos., lock. Lehm- u. Tonböden, Halbschattpf., Insekt.bestäubg, geschützt, im Alnetum vir. u. Cicerbitetum alp,. Adenostylion-Verb.char. – A – 1230 bis 1900 m – pralp(altaisch) – H – Chrom. 2n = 24.

Troddelblume, Soldanélla L.

1   Blü. ca. $^1/_4$ eingeschnitt. gefranst, eng trichterförmg, Blü.std meist einblütg, B. höchst. 1 cm brt

2   B. dünn, nierenförmg, mit deutl. Nerv., ca. 1 cm brt, Blü.stiele mit sitzd. Drüsen, verkahld, Blü. blaßviol., 3–10 cm, ⅄, 5–7   **S. pusilla** 2307

2* B. dickl., rundl., mit Drüsengrübch., unter 1 cm brt, Blü.stiele mit gestielt. Drüsen, verkahld, Blü. blaßlila-weiß, 3–10 cm, ⅄, 5–6   **S. minima** 2308

1* Blü. bis zur Mitte fransg zerschlitzt, mit Schlundschuppen, glockenförmg, Blü.std meist mehrblütg, B. über 1,5 cm brt

3   B. bis 3 cm brt, meist ganzrandg, Blü.std 1–3blütg, mit sitzd. Drüsen, 5–10 (–15) cm, ⅄, 4–6   **S. alpina** 2309

3* B. bis 7 cm brt, schwach gekerbt, Blü.std 3–10blütg, mit gestielt. Drüsen, 10 20(35) cm, ⅄, 5–6   **S. montana** 2310

Alle Arten geschützt!

2307. **Zwerg-T., S. pusílla** Baumg., zerstr., meist gesellg in Schneetälchen od. schneefeucht. Magerrasen d. alp. Stufe, auf feucht., ± nährstoffreich., kalkarm., neutral-mäß. sauer., humos., steing. od. rein. Ton- u. Lehmböden, oft mit Blü. d. Schnee durchdringd, Lichtpf., Insekt.bestäubg (Bienen), Salicion herb.-Verb.char., auch in schneefeucht. Nardion- od. Caricion curv.-Ges. – A 1560–2380 m – alp – H – Chrom. 2n = 40.

2308. **Winzige T., S. mínima** Hoppe, s. slt. im feucht. Steinschutt, in Rieselfluren u. Schneetälchen, auf sickerfeucht., kalkreich., ± mild., humos., lehmg. Steinböden, verlängert kriechd., Arabidion caer.-Verb. char., auch im Caricetum firmae – A (Ammergauer Alp.) 1700–1800 m – oalp – H – Chrom. 2n = 40.

2309. **Alpen-T., S. alpína** L., zerstr. in subalp. Rieselfluren, in Schneeböden u. Hochstauden-Ges., auf kühl., sickerfeucht., ± nährstoff- u. basenreich., gern kalkhaltg., neutral., steing. Sumpfhumus-Böden, Licht-Halbschattpf., Insekt.bestäubg, v. all. (z. T. lok. Char.) im Caricetum frigidae (Caricion bic.-atrof.), auch in Arabidetalia caer.-Ges., im Adenostylion od. Polygono-Trisetion – A 1000–2880 m, süSch (Feldberg, Eiszeitrelikt) – alp-pralp – H – Chrom. 2n = 40.

2310. Berg-T., S. montána Willd., slt., z.T. gesellg in Fichtenwäldern, auf moosg., feucht.-frisch., nährstoff- u. basenarm., sauer. Rohhumusböden, Humuswurzler, Halbschattpf., terr. Char. d. Sold.-Piceetum, Vacc.-Piceion-Verb.char. – Av (Ostteil), BayW (bis 1500 m) – pralp – H – Chrom. 2n = (38) 40.
Bastarde!

Wasserfeder, Hottónia L. vgl. S. 734

2311. H. palústris L., slt., ab. gesellg in Schwimmb.-Ges. flacher, stehd., mäß. nährstoffreich., oft kalkarm. mesotroph. Gewässer (Altwässer, Gräben, Moorseen, pH 4,5–7) über torfg. Schlammböden, oft in beschatt. Standortslage, Licht-Halbschattpf., Insekt.bestäubg (Fliegen), Wasser- u. Wasservögel-Verbrtg, Stromtalpf., geschützt, gern mit *Callitriche,* Char. d. Hottonietum (Nymphaeion) – v. all. Tieflag. im N d. Gebiet., im S slt. od. fehld: z.B. Av, Ne, Sch, HRh usw. – euras(kont) (-smed) – W – Chrom. 2n = 20.

Alpenveilchen, Cyclámen L. vgl. S.733

2312. C. purpuráscens Mill. (*C. europáeum* auct.), slt., ab. meist gesellg in krautreich. Buchen-Tannen-Bergwäldern, auf sickerfrisch.-mäß. frisch., nährstoff- u. basenreich., kalkhaltg., neutral-mild., humos., lock., meist steing. Ton- u. Lehmböden, Mullböden, etwas sommerwärmeliebd, Schatt-Halbschattpf. (Dunkelkeimer), meist Insekt.bestäubg, Ameisenverbrtg, geschützt, gern mit *Helleborus nig.* im Carici-Fagetum, auch im Erico-Pinion – A (Ostteil) bis 910 m, Av, Do, Ju (Randen), FrJu (Südteil), oft angepflzt u. eingebürgt, z.B. Bo, Fr – opralp – G – Chrom. 2n = 34.
Die in vielen Formen (meist Hybriden) kultiv. Topfpf. stammen im wesentl. von *C. pérsicum* Mill. (Kaukasus) ab.

Gelbweiderich, Lysimáchia L.

1   Pf. niederliegd, kriechd, z.T. aufsteigd, Blü. einzeln, b.achselstdg
2   B. rundl., stumpf, Kelchzipfel herzförmg, Blü. ca. 15 mm brt, 10–50 cm lg, ♃, 5–7   **L. nummularia** 2313
2* B. eiförmg-zugespitzt, Kelchzipfel pfrieml., Blü. ca. 10 mm brt, fädl. gestielt, 10–30 cm lg, ♃, 5–8   **L. nemorum** 2314
1* Pf. aufrecht, Blü. zu mehrer., quirlg od. in Trauben b.achselstdg
3   Blü.b. 4–5 mm lg, lineal, von d. Staubb. überragt, Blü. in traubg gedrängt., gestielt., b.achselstdg Köpfch., B. lanzettl., sitzd, kreuzweise gegenstdg, 30–60 cm, ♃, 5–6   **L. thyrsiflora** 2315
3* Blü.b. 10–12 mm lg, oval, B (2-)3–4quirlg
4   Blü.zipfel randl. drüsg punktiert, Kelchzipfel 5–8 mm lg, grün, Blü.std traubg verlängert, B. bis 10 cm lg, weich behaart, 50–100 cm, ♃, 6–8   **L. punctata** 2316

4* Blü.zipfel kahl, Kelchzipfel 3–5 mm lg, rot berandet, auch Staubfäd. rot, Blü.std b. achsel- u. endstdg traubg-rispg, B. bis 14 cm lg, wenig behaart, 50–150 cm, ⚄, 6–8 **L. vulgaris** 2317

2313. **Pfennigkraut, L. nummulária** L., verbr. in Fettwiesen, Weiden u. Gärten, in Pionier-Ges. an Ufern u. Gräben, in Auenwäldern, v. all. d. tief. Lagen, auf frisch. od. feucht., nährstoff- u. basenreich., roh. od. humos. Lehm- u. Tonböden, Lehmzeiger, Flachwurzler, Rohboden-Kriechpionier, Halbschatt-Lichtpf., Fremd- u. Selbstbestäubg (Fliegen), Ausläuferverbrtg, Zierpf., schwache Agr.(El.)-Rumicion-Verb.char., auch in lückg. Mol.-Arrhenatheretea-Ges., im Alliarion od. Alno-Ulmion – Ebene bis mittl. Gebirgslag., A bis 1250 m, Ju bis 860 m – eurassubozean-smed(subatl-smed) – Ch – Chrom. 2n = 32, 36, 43, 45.

2314. **Hain-G., L. némorum** L., zerstr. im Bacheschen-Wald od. in krautreich. Buchen- od. Schluchtwäldern, an Waldwegen od. Waldquellen, im Grünerlengebüsch, auf sickerfeucht. (frisch.), nährstoffreich., kalkarm., neutral-mäß. sauer., humos., sandg-steing. od. rein. Lehm- u. Tonböden in humid. Klimalage, Schattpf., schwache Char. d. Carici rem.-Fraxinetum (Alno-Ulmion), auch in feucht. Fagion- od. Adenostylion-Ges., sowie im Card.-Montion od. auch Epil.-Geranietum rob. – v. all. im W u. Nordw. d. Gebiet., im S mehr im Gebirge (Rh fehld), A bis 1620 m, in nordöstl. Tiefld s. slt. – subatl(-smed) – Ch – Chrom. 2n = 16, 18, 28.

2315. **Strauß-G., L. thyrsiflóra** L., slt. in Großseggen-Beständen, an Ufern v. Tümpeln od. lgsam fließd. Gewässern, auf nass., zeitw. überschwemmt., mäß. nährstoff- u. basenreich., mesotroph., torfg-humos. Tonböden (Sumpfhumusböd.), Licht-Halbschattpf., Frostkeimer, v. all. mit *Carex rostrata*, Magnocaricion-Verb.char., auch im Alnion od. Salicion cin. – v. all. im N u. O d. Gebiet., im SW (z. B. Rh, Ne, Sch) fehld od. verscholl., Ba (650 m), A bis 886 m – (arkt-)no, circ – H, W – Chrom. 2n = ca. 40, 54.

2316. **Tüpfelstern, L. punctáta** L., hie u. da als Zierpf. u. glgtl. verwildt an Ufern u. Wegrändern, im Saum feucht. Büsche, in Staudenfluren u. Auenwäldern, auf sickerfeucht., nährstoff- u. basenreich., humos. Lehm-u. Tonböden, in Filipendulion- u. Origanetalia-Ges. – in Tieflag. d. Gebietes zerstr., ab.· wohl nirgds ursprüngl. (viell. O-Bayern) – gemäßkont-osmed – H – Chrom. 2n = 30.

2317. **Gewöhnlicher G., L. vulgáris** L., verbr. in moorg. Staudenfluren, an Quellen u. Gräben, in Erlenbruch- u. Auenwäldern, in Moorwiesen, im Weidengebüsch, auf sicker- od. staunass. (wechselnass.), ± basenreich., mild-mäß.sauer., humos., sandg. od. rein., tiefgründg. Lehm- u. Tonböden od. modrigen Torfböden, ausläufertreibd. Bodenfestiger u. Tiefwurzler, Licht-Halbschattpf., Insekt.- u. Selbstbestäubg (Fliegen, Hautflügler), v. all. im Magnocaricion, Filipendulion od. Molinion, sowie DO in d. Alnetalia – Ebene bis Gebirge, A bis 1840 m – (no-)euras-smed – H – Chrom. 2n = 28, 56.

Siebenstern, Trientális L. vgl. S. 734

2318. **T. europaēa** L., zml. slt. in moosg. Fichtenwäldern, in Birkenmooren od. artenarm. Eichen-Kiefern-Wäldern, in moorg. Naßweiden, auf frisch.-nass., nährstoff- u. basenarm., sauer., humos. Sand- u. Lehmböden, bis 15 cm tief wurzlde Rohhumuspf., Humuskriecher, Halbschattpf., Insekt.- u. Selbstbestäubg, Ausläuferverbrtg, v. all. in Piceeten, überreg. Piceion sept.-, bzw. Vacc.-Piceetalia-Art, auch im Quercion rob.-petr., Luz.-Fagenion, im Pino-Sphagnetum d. Hochmoorränder od. (slt.) in offen. Caricion f.-Ges. – v. all. im N u. O d. Gebiet., südl. bis He, BayW, weiter im S u. SW s. slt. z.B. Sch, O, Fr, FrJu, A (Berchtesgad. Alp., 935 m) – arkt-no – G – Chrom. 2n = ca. 160.

Milchkraut, Glaux L. vgl. S. 734

2319. **G. marítima** L. zml. slt. in Salzwies., auf feucht. sandg. Tonböd., v. all. an d. Küste, slt. auch an Salzstell. im Binnenld, Armerion mar.-Verb.char. (Glauco-Puccinelletalia) – NS, SH, Me, ferner: NSH, Th, An, Br, He, nöRh (verscholl.) – (no-)euras, circ – H – Crom. 2n = 30.

Gauchheil, Anagállis L.

1   B. sitzd, eiförmg, 15–25 mm lg, Blü. radförmg ausgebrtet, auf ± gekrümmt. Stielen, rot od. blau, St. 4kantg
2   Blü.b. rot (slt. blau od. rosa), bis 6 mm brt, am Rand wenig gekerbt mit 35–70 (3zellg.) Drüsenhaar., Blü.stiele lger als hellgrüne, stumpfl. B., 5–30 cm, ☉, 6–10   **A. arvensis**   2320
2* Blü.b. blau, bis 3,5 mm brt, am Rande meist gezähnt mit 0–30 (4zellg.) Drüsenhaar., Blü.stiele ± so lg wie dunkelgrüne spitzl. B., 10–20 cm, ☉, 6–9   **A. foemina**   2321
1* B. kurz gestielt, rundl.-eiförmg, 4–6 mm lg, Blü. trichterg, blaßrosa, lger als Kelch, St. fast rund, fädl. kriechd, wurzld, 5–20 cm lg, ⑂, 6–8   **A. tenella**   2322

2320. **Acker-G., A. arvénsis** L. (*A. phoenícia* Scop.), hfg v. all. in Unkrautfluren gehackt. Äcker, in Gärten u. Weinbergen, auch im Getreide od. an Schuttplätzen, auf frisch., nährstoff- u. basenreich., neutral.-mäß. sauer., humos. Lehmböden, etwas wärmeliebd, bis 40 cm tief wurzld, Lehm- u. Nährstoffzeiger, Insekt.- u. Selbstbestäubg (Pollenblume), Wind- u. Selbstverbrtg, Polygono-Chenopodietalia-Ordn.char. (v. all. Fum.-Euphorbion), auch in Secalinetea- u. Sisymbrion-Ges. – Ebene bis mittl. Gebirgslag., A bis 825 m, Ju bis 980 m – eurassubozean-smed, weltweit verschleppt – T – Chrom. 2n = 40, formenreich:

1 Blü. blau, aber sonst *A. arvensis*-Merkmale, nicht mit *A. foemina* zu verwechseln

2320a. **f. azúrea** (Hyl.) Mard. et Weiss., zml. slt. in frisch. Aperetalia-Ges. – z. B. SFW, Do

1* Blü. fleischrot

2320b. **f. cárnea** (Schrank) Lüdi, Zwischenform, slt. z. B. süHü, Rh.

2321. **Blauer Acker-G., A. foemina** Mill. (*A. caerúlea* auct.), zml. slt. v. all. in Getreide-Äckern, auf sommerwarm., mäß. trock., nährstoff- u. kalkreich., neutral-mild., meist humusarm., oft steing. Lehm- u. Tonböden, wärmeliebd, Caucalidion-Verb.char., im Mittelmeergebiet auch in Therophyten-Trockenrasen – Ebene bis mittl. Gebirgslagen (Kalk- u. Wärmegebiete), Ju bis 750 m, im nördl. Tiefld s. slt. – smedmed, verschleppt – T – Chrom. 2n = 40.

2322. **Zarter G., A. tenélla** L., slt. in nass. Binsenwiesen, in Schlenken, an Grabenrändern, auf oft nackt., nass., mäß. nährstoff- u. basenreich., kalkarm., mäß. sauer., humos., sandg. od. rein. Tonböden od. torfg. Böden in wintermild-humid. Klimalage, frostempfindl., Insekt.bestäubg (Pollenblume), lok. Char. d. Anag.-Juncetum acutifl. (Juncion acutifl.), auch in lückg. Scheuchz.-Caricetea- od. in Littorelletea-Ges. – Rh (Opfingen, verscholl.), süSch (Hotzenwald unter 700 m), NWe – atlwsmed, im Gebiet an d. O-Grenze d. Verbtrg. – H (Ch) – Chrom. 2n = 22.

Kleinling, Centúnculus L. vgl. S. 734

2323. **Acker-K., C. mínimus** L. [*Anagállis mínima* (L.) Krause], slt. in Zwergbinsen-Ges., in feucht. Ackerrinnen, an Wegen, auf off., feucht., zeitw. nass., ± nährstoffreich., kalkarm., wenig humos., gern sandg. Lehm- u. Tonböden, etwas wärmeliebd, meist Selbstbestäubg, Windverbrtg, schwache Char. d. Centunculo-Anthocerotetum (Nanocyperion), auch in and. Nanocyperion (Juncenion buf.)-Ges. – Ebene bis mittl. Gebirgslag., v. all. im W d. Gebietes (Sch bis 450 m) – eurassubozean-smed, verschleppt auch Am. – T – Chrom. 2n = 22.

Bunge, Sámolus L. vgl. S. 734

2324. **Salz-B., S. valerándi** L., zml. slt. im Brackwasserröhricht, in Zwergbinsen-Ges. auf Teichböden, in Schweineweiden, auf off., feucht., zeitw. nass. od. überschwemmt., nährstoff- u. basenreich., oft salzhaltg., humusarm., dicht. Tonböden, Tonzeiger, wärmeliebd, Insekt.- u. Selbstbestäubg (Pollenblume), Wind- u. Klebverbrtg (Wasservögel), z. B. im Scirpion mar., auch im Armerion mar., Agr.(El.)-Rumicion od. in Nanocyperion-Ges. (mit *Centaurium pulch.*) – NS, SH, Me, An, Th, Sa, NSH, NWe, Mn, nöRh – med(-euras), in gemäß. Zonen weltweit – H – Chrom. 2n = 24, 26, 36.

Ordnung Plumbagináles
Familie der Strandnelken-Gewächse, Plumbagináceae

1 St. einfach, b.los, Blü. in Köpfen, von Hochb. umgeben, rötl., Griffel
  behaart, B. lineal od. lanzettl. **Armeria** S. 744
1* St. verzweigt, Blü. in einstwdg. Ähren (doldenrispg), Grundb. brt, 20–50 cm,
  ♃, 8–9 **Limonium** S. 745

Grasnelke, Arméria Willd.

1 B. lineal grasartg, 1–3 mm brt, 1–3nervg, äußere Hüllb. nicht so lg wie
  Blü.kopf, 15–30(50) cm, ♃, 5–9 **A. maritima** 2325
1* B. lanzettl., 4–8 mm brt, 3–7nervg, äußere Hüllb. lg zugespitzt, meist lger als
  Blü.kopf, Kelchnerv. zottg behaart, Blü. rosa, 20–40 cm, ♃, 6–7
  A. arenaria 2326

2325. **A. marítima**-Gruppe, allgemein gilt: zml. slt. auf von Natur
aus waldfreien, sandgen, felsg.-steing. kiesig., auch tonig. od. torfgen, ±
basenreich., aber meist kalkarm. Böden, Soziologie vgl. Kleinart. – H,
formenreich:
1 Hüllb. bleich, d. äußeren bis 25 mm lg, Blü. rosarot od. blaßrot
2 Äußere Hüllb. 10–25 mm lg, zugespitzt, B. spitz, 20–50 cm, 5–10

2325a. **Sand-G., A. elongáta** (Hoffm.) Koch, zml. slt. auf kalkarm., ab.
± basenreich. humos. Sandböd., in Trockenras., Char. d. Armerio-
Festucetum trachyph. (Koel.-Phleion), auch in licht. Kiefernwäld. – v.
all. im N d. Gebiet., südl. bis (Vog), Pf (Saar), nöRh, Mn, Fr u. isoliert
östl. Do – gemäßkont – Chrom. 2n = 18.
2* Äußere Hüllb. 2–4–8 mm lg, kurz zugespitzt od. stumpf, B. stumpfl.
3 B. fleischg, oft bewimpert, 1 mm brt, Blü.köpfe 15–20 mm brt, 5–10 cm, 5–9

2325b. **Strand-G., A. marítima** (Mill.) Willd., zerstr. in Salzwies. d.
Küste auf sandg. Salz-Tonböd., Armerion mar.-Verb.char. – NS, SH,
Me – nosubozean – Chrom. 2n = 18.
3* B. lederg, 1–1,5 mm brt, Blü.köpfe 10–15 mm brt
4 St. kahl
5 Hüllb. 2–5 mm lg, ± lanzettl. spitz, Blü. rosa, 20–30 cm, 5–9

2325c. **Serpentin-G., A. serpentíni** Gauckl., s. slt. in Felsbandges. auf
Serpentingestein, geschützt, Char. d. Diantho-Festucetum (Sesl.-Festu-
cion pall.) – Fichtelgebirge – endem – Chrom. 2n – 18.
5* Hüllb. 5–8 mm lg, stumpfl., krautg, Blü. rot, 15–25 cm, 5–9

2325d. **Galmei-G., A. hálleri** Wallr., slt. in lückgen Rasenges. auf
Schwermetallböd., geschützt, Armerion halleri-Verb.char. – An, Hz,
NSH (Osnabrück), RS (Aachen) – mitteleurop., endem – Chrom. 2n=18.
4* St. behaart, Blü. lebhaft rot
6 St. unt.wrts wie B. stark behaart, 10–20 cm, 6–9

2325e. **Bottendorfer Galmei-G., A. bottendorfénsis** Schulz, s. slt. auf
Schwermetallböd., Char. d. Armerietum bottend. (Armerion halleri) –
An (b. Artern) – endem.

6* St. wie B. spärl. behaart, 10–15 cm, 6–9

2325f. **Hornburger Galmei-G., A. hornburgénsis** Schulz, s. slt. auf Schwermetallböd., Char. d. Armerietum hornburg. (Armerion halleri) – An (b. Eisleben) – endem.

1* Hüllb. braun, 8–20 mm lg, B. 2–3 mm brt, Blü. purpurrot
7 Hüllb. 8–13 mm lg, Blü.köpfe 2–3 cm brt, 10–25 cm, 5–9

2325g. **Alpen-G., A. alpína** Willd., zerstr. in Magerras. d. Hochgebirges, z. B. in Caricetalia curv.-Ges. (Ordn.char.?), auch im Elynetum u. in Seslerietalia-Ges. – Schweiz, Salzburg. Alp. – alp – Chrom. 2n = 18.

7* Hüllb. 12–20 mm lg, Blü.köpfe 1,5–2 cm brt, 15–30 cm, 5–6(9)

2325h. **Purpur-G., A. purpúrea** Koch, slt. in sommerl. überschwemmt. Strandlgs-Ges. auf offen. Kiesböd., auch offen. Torf, geschützt, am Bo Char. d. Deschampsietum rhen. (Deschampsion lit.), bei Memmingen im Cratoneurion, im Kontakt mit d. Primulo-Schoenetum – Bo (Untersee), Do (Memmingen, Benninger Ried) – endem (Eiszeitrelikt) – Chrom. 2n = 18.

2326. **Wegerich-G. A. arenária** (Pers.) Schult. (*A. plantagínea* Willd.), s. slt. in Sandras. od. trocken. Wies., an Wegen od. Böschgen, auf ± basenreich. kalkarm., neutral-mäßg sauer. Sand- od. bindgen Sandböd., in W-Europa v. all. im Koelerio-Phleion (Verb.char.), auch in mager. Arrhenatheretalia-Ges. – nöRh (verscholl.) – atl-wsmed – H – Chrom. 2n = 18.

Strandnelke, Limónium Mill.

2327. **L. vulgáre** Mill., slt. in Strandges. auf salzhaltg., sandg-tonigen od. felsgn Böd., beliebt als Dauer-Zierstrauß, Glauco-Puccinellietalia-Ord.char. – NS, SH, Me – noatl – H – Chrom. 2n = 32.

Ordnung Oleáles

Familie der Ölbaum-Gewächse, Oleáceae

1 B. meist unpaarg gefiedert, Blü. z. T. unscheinbar (Kelch- od. Blü.b. fehld), Fr. geflügelt, Bäume **Fraxinus** S.746
1* B. dreiteilg od. ungeteilt, Blü. ansehnl., Sträucher
2 B. dreiteilg, Zweige grün, rutenförmg, Blü. gelb, stieltellerförmg, Winterblüher **Jasminum** S. 747
2* B. ungeteilt
3 Blü. kl., röhrg, weiß od. viol., in endstdg., reichblütg. Rispen, Zweige alle markerfüllt, B. gegenstdg
4 B. längl.-lanzettl. od. oval, kurz gestielt, Blü. weiß, Fr. schwarze Beere **Ligustrum** S. 747
4* B. längl.-eiförmg, deutl. gestielt, Blü. meist lila (auch weiß). Fr. 2klappge Kapsel **Syringa** S. 747

3* Blü. trichterförmg, gelb, meist 4zählg, zu 1–3 an Kurztrieben, vor d. B.
erscheind, Kelchzipfel lanzettl., obere St.glieder hohl od. gefächert-markg,
1–3 m, ♄, 3–4   **Forsythia** S. 748

Esche, Fráxinus L.

1 Blü.b. vorhanden, weiß, Blü. in nickend. blumg. Rispen, mit d. B. erscheind,
   B. mit 7–9 Fiederblättch., Knospen graufilzg, 5–10 m, ♄, 4–5
                                                           F. ornus 2328
1* Blü.b. fehld, Blü.rispe abstehd-aufrecht, vor d. B. erscheind
2 Fiederblättch. sitzd, 5–13, Kelch fehld
3 Knosp. schwärzl., kahl, Fiederblättch. eilängl.-eilanzettl., Blü.stde rispg,
   15–30(40) m, ♄, 4–5   **F. excelsior** 2329
3* Knosp. braun, oft behaart, Fiederblättch. längl.-(schmal)lanzettl.,
   B.randzähne abstehd, Blü.std traubg, 10–25 m, ♄, 4–5
                                                    F. angustifolia 2330
2* Fiederblättch. gestielt, unt.sts ± behaart, zu 5–9, Kelch vorhand.
4 Fiederblättch. unt.sts weißl., papillös, 5–12 mm lg gestielt, Knosp. braun,
   stumpfl., jge Zweige kahl, 10–30 m, ♄, 4–5   **F. americana** 2331
4* Fiederblättch. unt.sts grünl., nicht papillös, 1–8 mm lg gestielt, Knosp.
   braun, spitzl., jge Zweige behaart, 10–20 m, ♄, 4–5
                                                  F. pennsylvanica 2332

2328. **Blumen-E., Manna-E., F. órnus** L., hie u. da als Zierbaum gepflzt
od. forstl. eingebracht u. eingebürgert (süHü), liebt sonnge warme.
basenreiche Lehm- u. Steinböden, Siebröhr.saft (Manna) als Arzneimit-
tel, Orno-Ostryon-Verb.char. (Quercetalia pub.) – osmed – P – Chrom.
$2n = 46$.

2329. **Gewöhnliche E., F. excélsior** L., verbr. u. bestandbildd in Auen- u.
Schluchtwäldern, in krautreich. Laubmischwäldern, an Bächen u.
Flüssen, an steing. Hängen, v. all. d. Tieflag., auf sickerfeucht. (frisch.),
nährstoff- u. basenreich., mild.-mäß. sauer., humos., lock. (durchlüft.)
Ton- u. Lehmböden in humid. Klimalage Intensiv- u. Herzwurzler, wird
bis 40 m hoch u. ca. 200 Jahre alt, ausschlagfäh. Pionierbaum, etwas
wärmeliebd, jg spätfrostempfindl., nicht frosthart, Halbschattholz
(jg schattenfest) Windbestäubg u. Windverbrtg, Hartholz (Werkholz),
Laubfutterbaum, Zierbaum, auch Heilpf., Verbrtgschwerpkt im Alno-
Ulmion, auch in and. feucht. Fagetalia-Ges., Fagetalia-Ordn.char. –
Ebene bis mittl. Gebirgslag., A bis 1360 m, BayW bis 1140 m, süSch bis
1230 m – subatl-smed – P – Chrom. $2n = 46$.

2329a. **Hängeesche, f. péndula** Ait., **Einblatt-Esche, var. diversifólia** Ait.
(B. z.T. ungeteilt), u. a. als Spielarten in Parkanlagen.

2330. **Schmalblättrige E., F. angustifólia** Vahl, wärmeliebender
Auenwaldbaum SO-Europas (Alno-Ulmion), viell. im S u. SO d.
Gebietes vorhanden (?) – osmed – P.

2331. **Weiß-E., F. americána** L., hie u. da als Zierbaum gepflzt od. forstl. eingebracht, wertvolles Nutzholz O-Amerikas auf feucht., nährstoffreich. Standorten (Liriodendretalia u. Ulmo-Aceretalia sacch. Knapp 57).

2332. **Pennsylvanische E., F. pennsylvánica** Marsh., ähnl. vor. Art gepflzt, im östl. N-Am.: Char. d. Ulmo-Aceretalia sach. Knapp 57 (Hartholz-Auen).

Echter Jasmin, Jasmínum L.

2333. **Winter-J., J. nudiflórum** Lindl., seit 1845 in Europa eingeführt u. in warm. wintermild. Tieflagen hfg als Winterblüher kultiv. – Heimat: China – P – Chrom. 2n = 52.

Liguster, Ligústrum L.

1   B. längl.-lanzettl., überwiegd sommergrün, jge Zweige ± behaart, 1–5 m, ђ,6–7   **L. vulgare** 2334
1* B. ellipt.-oval, überwiegd wintergrün, jge Zweige kahl, Blü.rispe 5–10 cm lg, Blü. fast sitzd, 1–5 m, ђ, 7   **L. ovalifolium** 2335

2334. **Rainweide, L. vulgáre** L., hfg im sonng. Gebüsch, in licht. artenreich. Eichen- od. Kiefernwäldern, an Waldrändern, auf Kalk-Magerweiden, auf sommerwarm., mäß. trock. (wechseltrock.), kalk- od. sonst basenreich., neutral-mild., humos., lock. Ton- u. Lehmböden, Intensivwurzler, ausläufertreibd. Pionier u. Bodenfestiger, wärmeliebd, Licht-Halbschattpf., Insekt.bestäubg (Bienenweide), Vogelverbrtg (Fr. ungenießbar), ausschlagfähge Schnitthecke, Char. d. Pruno-Ligustretum bzw. Berberidion-Art, auch im Quercion pub. od Erico-Pinion, ferner in wärmeliebd. Fagetalia-Ges. – Ebene bis mittl. Gebirgslag., A bis 1100 m, Ju bis 950 m – smed – P – Chrom. 2n = 46.

2335. **Eiblättriger L., L. ovalifólium** Hassk., neuerdings hfg an Stelle d. *L. vulgáre* als Schnitthecke gepflzt, frostempfindl., in s. kalt. Wintern zurückfrierend – Heimat: Japan.

Flieder, Syrínga L.

1   B. lanzettl., 3–6 cm lg, Blü.rispe locker, 5–8 cm lg, 1–2 m, ђ, 4–5   **S. persica** 2336
1* B. brteiförmg (bis herzförmg), Blü.rispe dicht, 10–20 cm lg, 2–6 m, ђ, 4–5   **S. vulgaris** 2337

2336. **Persischer F., S. pérsica** L., kleinblättrige u. reichblütge Art, hfg in verschied. Formen od. in Hybrid. mit and. Arten kultiv. – Herkunft: Persien-NW-China – Chrom. 2n = 44.

2337. **Gewöhnlicher F., S. vulgáris** L., in vielen Formen od. in Hybriden (z. B. mit vor.) seit dem 16. Jahrhdt im Gebiet kultiv., liebt basenreiche Böden, ausläufertreibd. Intensivwurzler, glgtl. im Berberidion verwildt – Herkunft: SO-Europa – Chrom. 2n = 46, 47, 48.

Goldflieder, Forsýthia Vahl

1	Obere St.glieder hohl, B. oft 3teilg, 6–10 cm lg, Zweige gern überhängd, Blü. meist kurzgriffelg, 1–3 m, ♄, 3–4	**F. suspensa** 2338
1*	Obere St.glieder mit gefächert. Mark, B. 8–14 cm lg, Blü. meist lggriffelg, 1–3 m, ♄, 3–4	**F. viridissima** 2339

2338. **F. suspénsa** (Thunb.) Vahl, hfg in viel. Formen u. gekreuzt mit d. folgd. Art kultiv., seit 1833 in Europa – Herkunft: China – Chrom. 2n = 28.

2339. **F. viridíssima** Lindl., sltner als vor., seit 1846 in Europa – Herkunft: China – Chrom. 2n = 28.

Dazu kommt glgtl. d. europ. Wildform *F. europáea* Deg. et Bald. aus Nord-Albanien – Chrom. 2n = 28.

Zu d. **Oleáceae** gehören ferner einige immergrüne Charakterbäume der med Hartlaubregion, z. B. Ölbaum, *Ólea europáea* L., od. Steinlinde *Phillýria latifólia* L., (Quercetalia ilicis-Arten), u. a.

Ordnung Gentianáles

Familie der Enziangewächse, Gentianáceae s.l.

1	Sumpf- od. Wasserpf., B. wechselstdg, ungeteilt schwimmd od. kleeartg 3zählg, Blü. bärtg (*Menyantháceae*)	
2	B. kleeartg, 3zählg, grundstdg, Blü. rötl.-weiß, bärtg, in aufrecht. Traube, verschiedengrifllg, Wurzelstock kriechd, 15–25 cm, ⌧, 4–5	**Menyanthes** S. 749
2*	B. seerosenartg rund, schwimmd, unterts drüsg pktiert, Blü. gelb, innen bärtg, lg gestielt u. üb. d. Wasser ragd, 80–150 cm, ⌧, 7–8	**Nymphoides** S. 749
1*	Landpf., B. gegenstdg, ungeteilt, meist längl. (*Gentianáceae* s.str.)	
3	Blü. 6–8teilg, gelb, St.b. am Grunde verwachs., blaugrün	**Blackstonia** S. 750
3*	Blü. 5–4teilg	
4	Griffel fadenförmg, v. Fr.kn. deutl. abgesetzt, Blü. gelb od. rosa, kl. einjährge Tieflandspf.	
5	Blü. 4teilg, gelb, 3–5 mm brt, St. fädl., 3–10 cm, ☉, 7–10	**Cicendia** S. 749
5*	Blü. 5teilg, rosa (slt. weiß), 7–15 mm brt, Griffel ungeteilt, Staubb. zuletzt gedreht	**Centaurium** S. 750

4* Griffel kurz od. fehld, Blü. meist blau od. viol., auch weiß, gelb od. rot
6 Blü. tief 5spaltg, ± sternförmg ausgebrtet (ohne Blü.röhre)
7 Blü. blauviol. od. blaßblau (weißl.)
8 St. unten einfach, mit endstdg., traubg. Blü.std, Blü. schmutzg blau, dunkel
   pktiert, Blü.stiele 4kantg, geflügelt, Grundb. oval, gestielt, 15–25(–50) cm,
   ♃, 6–8   **Swertia** S. 751
8* St. v. Grund an verästelt, mit einzeln., endstdg., blaßblauen Blü., B. längl.,
   nicht rosettg, 3–15 cm , ☉, 8–9   **Lomatogonium** S. 751
7* Blü. gelb, doldg, in d. Achseln schalenförmg. St.b., vgl. **Gentiana** S. 752
6* Blü. glockg, trichterg od. stieltellerförmg. (mit deutl. Blü.röhre), blau, viol.,
   auch gelb od. rot, 4–5zählg, Griffel kurz, aber deutl.   **Gentiana** S. 752

Alle europäischen Arten der *Gentianaceae* und *Menyanthaceae* sind
geschützt.

(Menyantháceae)

Fieberklee, Menyánthes L.

2340. **M. trifoliáta** L., zerstr. in Flach- u. Quellmooren, in
Moorschlenken u. Verlandungssümpfen (Schwingrasen), auf nass.,
zeitw. überschwemmt., mäß. nährstoff- u. basenreich., meist kalkarm.,
neutral-mäß. sauer., mesotroph. Torfschlamm-Böden, Verlandgs-Kriech-
Pionier, Lichtpf., Insekt.bestäubg (Hummeln), meist Wasserverbrtg
(Schwimmfr.), Heilpf., v. all. in Scheuchzerietalia-Ges., Scheuchz.-
Caricetea-Kl.char., auch im Magnocaricion – Ebene bis Gebirge, A
bis 1820 m, im SW im Tiefld slt. – arkt-no, circ – W – Chrom. 2n = 54.

Seekanne, Nymphoídes Hill

2341. **N. peltáta** (S. G. Gmel.) O. Ktze. (*Limnánthemum nymphoídes*
Hoffgg. et Link), zml. slt., ab. gesellg in Schwimmb.-Ges. stehd. od.
lgsam fließd., flacher, sommerwarm., nährstoff- u. basenreich.,
eutropher Gewässer über humos. Schlammböden, opt. v. 50–150 cm
Tiefe, in wintermild. Klimalage, v. all. in Altwassern, an Störstell.,
Lichtpf., Insekt.bestäubg, Schwimmfr., Char. d. Nymphoidetum
(Nymphaeion) – v. all. in Tieflag. im N u. W d. Gebiet, im S in d. groß.
Stromtälern, Mittel- u. Hochgebirge (auch Th, Sa) fehld – med-smed-
eurassubozean – W – Chrom. 2n = 54.

(Gentianáceae s.str.)

Fadenenzian, Cicéndia Adans.

2342. **C. filifórmis** (L.) Del., s. slt., z. T. unbestdg in Zwergbinsen-Ges.
an Teichrändern od. Wegen, auf off., sommernass., ± nährstoffreich.,

kalkarm., mäß. sauer., humos. Sandböden od. Torf, auch salzertragd, Lichtpf., Char d. Cicendietum filif. (Nanocyperion) – v. all. im Nord. d. Gebiet., östl. u. südl. bis Rh (verscholl.), O, Sp, RS, NWe, NS, westl. Me u. Br – atl-med, im Gebiet an d. O-Grenze d. Verbrtg – T – Chrom. 2n = (24) 26.

Bitterling, Blackstónia Huds. (*Chlóra* L.)

1 Blü.stiele meist 1(–3) cm lg, Blü.std dadurch doldentraubg, B. eiförmg-3eckg, gegen d. St. kaum verschmälert, Kelchb. kürzer als Blü.b. (v. d. Fr. zuletzt deutl. abstehd), 10–40 cm, ☉, 6–8 **B. perfoliata** 2343
1* Blü.stiele meist 2(–5) cm lg, B. eiförmg, gegen d. St. deutl. verschmälert, Kelchb. fast so lg wie Blü.b. (d. Fr. angedrückt), 10–30 cm, ☉, 8–10 **B. acuminata** 2344

2343. **Durchwachsener B., B. perfoliáta** (L.) Huds., slt. u. unbestdg in Zwergbinsen-Ges., in lückg. Kalk-Magerrasen, an Wegen, auf off., wechselfeucht., nährstoff- u. basenreich., meist kalkhaltg., humusarm. Lehm- u. Tonböden, etwas trockener stehd als folgde, wärmeliebd, meist Selbstbestäubg, v. all. im Mesobrometum mit *Molinia ar.* od. *Gymnadenia conop.*, slt. auch im Erythraeo-Blackstonietum (Nanocyperion) – Rh (s. slt.), süHü, HRh – atl-med, im Gebiet an d. O-Grenze d. Verbrtg – T – Chrom. 2n = 40.

2344. **Später B., B. acumináta** (Koch et Ziz) Domin (*B. serótina* Koch), slt. u. unbestdg in Zwergbinsen-Ges. an Wegen, in Kiesgruben, an Ufern, z.T. in lückg. *Agropyron* (*Elymus*) *rep.*-Ges., auf off., wechselfeucht., nährstoff- u. basenreich., meist kalkhaltg., ± roh. Tonböden, salzertragd, wärmeliebd, meist Selbstbestäubg, Char. d. Erythraeo-Blackstonietum (Nanocyperion) – Rh – atl-med, im Gebiet an d. O-Grenze d. Verbrtg – T – Chrom. 2n = 40.

Tausendgüldenkraut, Centáurium Hill (*Erythráea* Neck.)

1 St. mit grundstdger B.rosette, erst oberhalb d. Mitte verzweigt, Blü.b. 5–8 mm lg, rosa
2 St.b. eiförmg-lanzettl., meist 5nervg, Blü.std trugdoldg
3 Pf. 10–50 cm hoch, Kelch anfängl. kürzer als Blü.röhre, Blü.std locker trugdoldg, ☉, 7–9 **C. erythraea** 2345
3* Pf. 2–8 cm hoch, Kelch anfängl. wenigst. so lg wie Blü.röhre, Blü.std dicht kopfg-trugdoldg, ☉, 7–8 **C. capitatum** 2346
2* St.b. ± lineal, meist 3nervg, Blü.std locker gabelästg, 5–25 cm, ☉, 7–9 **C. littorale** 2347
1* St. ohne grundstdge B.rosette, v. Grund an od. mind. von d. Mitte d. St. an gabelästg, Blü.b. 3–4 mm lg, rot, Kelch anfängl. so lg wie Blü.röhre, 3–15 cm, ☉, 7–9 **C. pulchellum** 2348

2345. **Echtes T., C. erythráea** Rafn (*C. mínus* auct., *C. umbellátum* Gilib.), zerstr. in sonngen Waldschläg., in grasgen Waldverlichtungen, auch in Halbtrockenrasen, auf sommerwarm., frisch., nährstoff- u. basenreich., mild-mäß. sauer., humos. Ton- u. Lehmböden, Lichtkeimer, (lichtblütg), Insekt.bestäubg, Heilpf., gern mit *Calamagrostis epig.* Atropetalia-Ordn.char., auch im Mesobromion od. in Violion- u. Origanetalia-Ges. – Ebene bis mittl. Gebirgslag., A bis 1180 m – smed-subatl (circ) – T – Chrom. 2n = (20) 40, formenreich.

2346. **C. capitátum** (Willd.) Borb., s. slt. in kalkhaltg. Dünenrasen d. N-See, im Koelerion alb. od. Mesobromion – noatl – T – Chrom. 2n = 40.

2347. **Strand-T., C. littorále** (L.) Gilm., zerstr. auf offen., feucht., sandgen Salz-Tonböd., Soziologie siehe Unterart. – gemäßkont-smed (litoral) – T, formenreich:

1 St. u. B.ränder kahl

2347a. **ssp. littorále,** slt. in Rasenlück. auf offen., salzbeeinflußt. feucht. Sand- u. Humusböd. d. Küste, Char. d. Gent.-Erythraeëtum litt. (Nanocyperion) – NS, SH, Me – Chrom. 2n = 40.

1* St. u. B.ränder kurz behaart

2347b. **ssp. uliginósum** (W. et Kit.) Rothm. ex Meld., slt., nur an Salzstellen d. Binnenlandes – NSH, An, Th, Br.

2348. **Kleines T., C. pulchéllum** (Sw.) Druce (*Erythráea pulchélla* Frs.), zerstr. u. unbestdg in Zwergbinsen-Ges., an Ufern, Wegen, in Kiesgruben, auf off., feucht., bzw. wechselfeucht., nährstoff- u. basenreich., meist kalk- od. salzhaltg., ± roh., dicht., kiesg-sandg. od. rein. Tonböden, bis 15 cm tief wurzlde Lichtpf., Insekt.- u. Selbstbestäubg, Nanocyperion-Verb.char. (v. all. U. V. Juncenion bufonii), überreg. Isoëto-Nanojuncetea-Kl.char. – Ebene bis mittl. Gebirgslag. (Kalk- u. Lehmgebiete), A bis 810 m – euras-med – T – Chrom. 2n = 36.

Tarant, Swértia L. vgl. S.749

2349. **Blauer Sumpfstern, S. perénnis** L., slt. in Flach- u. Quellmooren, auf sickernass., ± nährstoff- u. basenreich., meist kalkhaltg., mild.-mäß. sauer. Sumpfhumus-Böden, Frostkeimer, Insekt.bestäubg, Wind- u. Tierverbrtg, Licht-Halbschattpf., Caricion dav.-Verb.char., auch im Parn.-Caricetum (Caricion f.) – süSch (Feldberg), Ba, Ju, Do, Av, A bis 1450 m, BayW (Arbergebiet), Erzg, Br, Me, SH (verscholl.) – (no)pralp-(altaisch), circ – H – Chrom. 2n = 28.

Saumnarbe, Lomatogónium A. Br. vgl. S.749

2350. **Tauernblümchen, L. carinthíacum** (Wulf.) Rchb. (*Swértia carinthíaca* Wulf.), s. slt. in alp. Steinrasen, an erdg. Wiesenstellen, auch im Saum v. Gletscherbächen, auf frisch. (wechselfrisch.), basenreich., $\pm$ humos., steing.-sandg. Lehm- u. Tonböden od. Schwemmsandböden, v. all. im Elynetum (Elynion), auch im Salicion herb. od. Caricion bic.-atrof. – A (Berchtesgad. Alpen) bis 2200 m – alp (altaisch), circ – T – Chrom. 2n = 40.

Enzian, Gentiána L.

1 Blü. innen kahl, Blü.b. nicht gefranst (1* vgl. S.753 Mitte)
2 Blü. in ober. B.achseln quirlförmg od. am St.ende kopfg gehäuft
3 Blü. gelb od. rot, B. 10–30 cm lg (*Coelánthe* Gris.)
4 Blü. sternförmg tief geteilt, gelb, Kelch einseitg aufgeschlitzt, B. brt-ellipt., kahl, blaugrün, gegenstdg (vgl. *Veratrum*, S. 121), 50–100 cm, ♃, 7–8
                G. lutea 2351
4* Blü. glockg, gelb od. rot, meist pktiert, B. längl. eiförmg, 5–7nervg
5 Blü. blaßgelb, fein schwarz pktiert, Kelch mit 5–8 fast gleich lg., aufrecht. Zipfeln, 20–60 cm, ♃, 7–8   **G. punctata** 2352
5* Blü. ganz od. wenigst. außen rot, pktiert, B. längl. eiförmg
6 Kelch 2teilg, Blü. außen rot, innen gelbl., 25–60 cm, ♃, 7–8
              G. purpurea 2353
6* Kelch mit 5–8 fast gleich lg., zurückgekrümmt. Zipfeln, Blü. trüb rot-viol., 20–60 cm, ♃, 7–8   **G. pannonica** 2354
3* Blü. blau, außen graublau (grünl.), 4teilg, B. längl. lanzettl., bis 2,5 cm lg, unten verwachs. (*Aptéra* Kusn.), 10–40 cm, ♃, 7–8 **G. cruciata** 2357
2* Blü. einzeln od. nur zu 2–3 b.achselstdg od. ährenartg, blau, B. 2–10 cm lg
7 Blü. glockg od. trichterförmg
8 Pf. mit beblättert. St. u. ohne Grundrosette, Blü. zahlreich (*Pneumonánthe* Neck.)
9 B. ei-lanzettl., zugespitzt, 5nervg, Blü. meist b.achselstdg, einseitg an etwas überhängd. St., 30–60 cm, ♃, 8–9   **G. asclepiadea** 2355
9* B. lineal bis lineal-lanzettl., meist 1nervg, stumpfl., Blü. innen mit 5 grün. Streifen, $\pm$ endstdg u. aufgerichtet an aufrecht. St., 15–40 cm, ♃, 7–9
             G. pneumonanthe 2356
8* Pf. mit Grundrosette u. einer endstdg., $\pm$ kurz gestielt. groß. Blü. (*Thylacites* Ren.)
10 Kelchzähne so lg od. lger als halbe Blü.röhre, lanzettl. spitz, anliegd, Kelchbucht. spitz, meist mit undcutl. Verbindungshaut (Abb. 47a), B. ellipt.-lanzettl., 3–5 cm lg, spitz, 5–8 cm, ♃, 5–8 **G. clusii** 2358
10*Kelchzähne kürzer als halbe Blü.röhre, etwas spatelg, $\pm$ abstehd, Kelchbucht. brthäutg verbund. (Abb. 47b), B. ellipt.-eiförmg, bis 10 cm lg, stumpfl., Blü. innen grün gefleckt, 5–10 cm, ♃, 5–8 **G. acaulis** 2359
7* Blü. mit walzl. Blü.röhre u. ausgebretet. Blü.teller (Stieltellerblü.) (*Cyclostigma* Gris.)
11 St. einblütg mit 15–30 mm brter Blü., Pf. mehrjährg, mit nichtblühd. Trieben
12 Untere B. größer als obere, bis 2 cm lg, ellipt. od. ellipt.-lanzettl., Kelchkanten schmal geflügelt, Blü. mit Anhängseln zwisch. d. Zipfeln, 2–8 cm, ♃, 4–5(–8)   **G. verna** 2360
12*Untere B. kaum größer od. kleiner als obere, slt. über 1 cm lg, eiförmg od. rundl.
13 Grundb. deutl. rosettg, meist spitzl., Blü.st. mit 1–2 B.paaren

Abb. 47. Kelchformen, a *Gentiana clusii*, b *Gentiana acaulis*

14 B. eiförmg-rundl., stumpfl.-zugespitzt, glänzd, Kelch höchst. 2 mm über ober. B.paar, Kelchkanten schmal geflügelt, Blü. ohne Anhängsel zwischen d. Zipfeln, 3–8 cm, ♃, 7–8 **G. orbicularis** 2362
14* B. rundl.-rhombisch, mit deutl. Spitze, matt, Kelch 2–15 mm über ober. B.paar, Kelchkanten ungeflügelt, 3–8 cm, ♃, 7–8 **G. brachyphylla** 2361
13* Grundb. dachziegelg gehäuft, spatelförmg-eiförmg, abgerundet, Blü.st. mit mindest. 3–4 B.paaren, oft genähert, Kelchkanten meist geflügelt, 5–20 cm, ♃, 7–8 **G. bavarica** 2363
11* St. mehrblütg, Pf. einjährg, ohne nichtblühde Triebe
15 Kelch 2–4 mm brt geflügelt, zuletzt aufgeblasen, Blü.zipfel 5–8 mm lg, Moorpf., 8–15(–25) cm, ☉, 5–8 **G. utriculosa** 2364
15* Kelch nur gekielt bis schmalgeflügelt (nicht aufgeblasen), Blü.zipfel 3–4 mm lg, B. ellipt.-lanzettl., kl., Alpenpf., 2–15 cm, ☉, 7–8 **G. nivalis** 2365
1* Blü. innen bärtg od. Blü.b. randl. gefranst, Blü. ± trichterförmg mit meist ausgebrtet. Blü.zipfeln (*Gentianélla* Moench).
16 Blü.b. d. 4teilg. Blü. am Rande gefranst, Blü. blau, B. lineal-lanzettl., St. 4kantg, 10–20(–30) cm, ☉, ♃, 8–10 **G. ciliata** 2367
16* Blü.b. nicht gefranst, innen bärtg (Schlundschuppen), Blü. meist viol.
17 Blü. u. Kelch 4teilg
18 St. am Grunde verästelt, Äste lg, einblütg, Kelch tief gleichzipflg geteilt, Blü. blauviol., Schlundschupp. kl., 4–8 cm, ☉, 8 **G. tenella** 2366
18* St. auch oben verästelt, Kelch ungleichzipflg, Blü. viol., B. spatelförmg, 5–20 cm, ☉, 6–9 **G. campestris** 2368
17* Blü. u. Kelch meist 5teilg, Blü. meist rötl.viol. (lila)
19 Blü.zipfel 9–15 mm lg, Fr.kn. u. Fr.kapsel meist gestielt
20 Kelch schmal geflügelt, Kelchbucht. spitz, Kelchränder rauh od. bewimpert
21 Kelchzahn-Ränder u. Kelchnerv. kurz bewimpert, mittl. St.b. 3eckg-eiförmg., ± stumpfl., randl. meist bewimpert, Fr.kn. lg gestielt, St. v. Grund an ästg, 5–30 cm, ☉, 6–9 **G. aspera** 2369
21* Kelchzahn-Ränder nur papillös rauh, sonst kahl, mittl. St.b. eiförmg-lanzettl., meist spitz, Fr.kn. kurz gestielt od. sitzd, St. meist nur oben kurzästg, 5–40 cm, ☉, (5–)8–10 **G. germanica** 2370
20* Kelch ungeflügelt, Kelchbucht gerundet, Kelchränder glatt, oft umgerollt, Kelchzipfel so lg od. lger als Kelchröhre
22 St. mit lgen unter. Ästen, Blü. daher schopfg gehäuft, 20–40 mm lg, 5–30 cm, ☉, 6–10 **G. bohemica** 2372
22* St. mit zieml. kurz. unter. Ästen, Blü.std rispg, Blü. 15–25 mm lg, 10–40 cm, ☉, 6–10 **G. praecox** 2371
19* Blü.zipfel 5–10 mm lg, Fr.kn. sitzd, St. meist kurzästg, 5–30 cm, ☉, 6–8 **G. amarella** 2373

2351. Gelber E., G. lútea L., slt., meist gesellg, in Magerrasen, in Hochgrasfluren od. licht., grasreich. Kiefern- u. Fichten-Mischwäldern d. hochmont.-subalp. Stufe, auf frisch.-wechselfrisch., basenreich., mild.-mäß. sauer., modrg-humos. Lehm- u. Tonböden, (Wechselfeuchtgktszeiger), Licht-Halbschattpf., Tiefwurzler, Insekt.bestäubg (Fliegen, Hummeln), Heil- u. Nutzpf. (Wurzel zu Schnaps), im Nardion, Calamagrostion od. in Seslerietalia-Ges., auch im Erico-Pinion, in tiefer. Lag. ferner im Mesobromion od. Geranion sang. – Sch, Ba, Ju, Bo (ob noch ?), Do, Av, A bis 2110 m, Mn (ob noch ?) (adv.: He, Th) – pralp-alp – H – Chrom. 2n = 40.

2352. Tüpfel-E., G. punctáta L., zml. hfg in Magerweiden d. subalp. u. alp. Stufe, auf frisch., kalkarm., sauer., humos., ± tiefgründg. Lehmböden, liebt lge Schneebedeckung, Insekt.bestäubg, Windverbrtg (Wintersteher), Heilpf., Nardion-Verb.char., auch im Salicion herb. od. Caricion curv. – A bis 2350 m – alp – H – Chrom. 2n = 40.

2353. Purpur-E., G. purpúrea L., slt. in subalp. u. alp. Magerweiden od. Hochgrasfluren, auf frisch., basenreich., meist kalkarm. (od. entkalkt.), modrg-humos. Ton- u. Lehmböden, Licht-Halbschattpf., Insekt.-bestäubg, Heil- u. Nutzpf. wie *G. lutea*, Nardion-Verb.char., auch im Caricion ferrug. od. in Adenostyletalia-Ges. – süSch (Belchen seit 1867, auch Feldberg angepflzt), A (Allgäu) 1560–1950 m – walp (u. Norwegen) – H – Chrom. 2n = 40.

2354. Ungarischer E., G. pannónica Scop., slt. in subalp. u. alp. Magerrasen, auf frisch., kalkarm., modrig-humos. Lehmböden, Heilpf. (Wurzelschnaps), Nardion-Verb.char., auch im Rhod.-Vaccinienion – A 1300–2060 m, BayW 1200–1445 m – oalp – H – Chrom. 2n = 40.

2355. Schwalbwurz-E., G. asclepiadéa L., zml. slt. in praealp. Moorwiesen u. subalp. Bergmisch-Wäldern, an Waldrändern, im Hochstauden-Gebüsch, auf frisch. bis wechselfeucht., mäß. nährstoffreich., basenreich., gern kalkhaltg., mäß.sauer.-mild., modrg-torfg. humos. Lehm- od. Tonböden, auch auf rein. Torf, Licht-Halbschattpf., Wechselfrische-Zeiger, Insekt.bestäubg (Hummeln), im Alpenvorland v. all. in Molinion-Ges., im Hochgebirge auch in Origanetalia-, Adenostyletalia- od. in wechselfrisch. Fagetalia-Ges. – Bo, Do, Av, A bis 1870 m – opralp – H – Chrom. 2n = 36, 44.

2356. Lungen-E., G. pneumonánthe L., slt. in Moorwiesen, auf wechselfeucht., basenreich., meist kalkfrei. od. entkalkt., neutral-mäß. sauer., modrig humos. Ton- od. Torfböden, Lichtpf., Hummelblume, früher Heilpf., Molinion-Verb.char., im nordw. Tiefld im Juncion squarr. – Ebene bis mittl. Gebirgslag., A bis 845 m – eurassubozean-smed – H – Chrom. 2n = 26, formenreich.

2357. Kreuz-E., G. cruciáta L., slt. in Kalk-Magerrasen u. licht. Kiefern-Trockenwäldern, an Wegrainen, in Waldsäumen, auf sommerwarm.-

mäß.trock., kalkreich., mild., humos., ± tiefgründg. Lehm- u. Lößböden, Licht-Halbschattpf., Hummelblume, v. all. im Mesobromion u. Cirsio-Brachypodion, gilt als Festuco-Brometea-Kl.char., gern in Begleitg d. Kiefer, z. B. im Erico-Pinion od. Cytiso-Pinion, auch im Geranion sang. – Ebene bis mittl. Gebirgslag. (Kalk- u. Lößgebiete), A bis 1140 m, im N z.T. s. slt. – euraskont(-smed) – H – Chrom. 2n = 52.

2358. Clusius' E., G. clúsii Perr. et Song., zerstr. in hochmont. u. subalp. Kalk-Magerrasen, in Steinrasen od. mager. Wiesen, auch in Quell- u. Wiesenmooren, auf frisch., basenreich., meist kalkhaltg., neutral-mild., modrg humos., steing. od. rein. Lehm- u. Tonböden, auch Torfböden, Lichtpf. (lichtblütg), Hummelblume, Seslerion-Verb.char., in Tieflagen auch im Mesobromion, Molinion od. Caricion dav. – süSch (kaum ursprüngl.), Do, Av, A bis 2420 m – (o)alp – H – Chrom. 2n = 36.

2359. Koch's E., G. acaŭlis L. (*G. kochiána* Perr. et Song.), slt. in subalp. u. alp. Magerrasen, auf frisch., kalkarm., sauer, modrg-torfg-humos. Lehmböden, Hummelblume, Nardion-Verb.char., auch im Salicion herb. od. tiefgeleg. Caricion curv. – A bis 2400 m – alp – H – Chrom. 2n = 36.

2360. Frühlings-E., G. vérna L., zerstr., z. T. gesellg in praealp. Kalk-Magerrasen od. subalp. Steinrasen, auf mäß. trock.-frisch., meist kalkreich., neutral-mild., humos., steing. od. rein. Ton- u. Lehmböd., Tagfalterblume, Wurzelpilz, Seslerietalia-Ordn.char., auch im Elynion od. in tieferen Lag. im Mesobromion, seltener Molinion, durch Wiesendüngung im Rückgang – süHü (verscholl.), SWF, Ne, Ju, Ba, Do, Av, A bis 2570 m, BayW, Fr, Mn (ob noch ?), He, Th – pralp-alp (altaisch) – H, Ch, formenreich:

1 Blü. 2–3mal so lg wie brt, Kelchkant. ± 1 mm brt gleichmäßg geflügelt

2360a. **ssp. vérna,** verbr. Sippe, s.o. – Chrom. 2n = 28.

1* Blü. 3–4mal so lg wie brt, Kelchkant. bis 2 mm brt ungleichmäßg geflügelt

2360b. **ssp. aláta** (Griseb.) Lemke, zml. slt. in Seslerietalia-Ges. – Av, A – Chrom. 2n = 28.

2361. Kurzblättriger E., G. brachyphýlla Vill., für das Gebiet irrtüml. angegeben, in d. Zentralalp. auf basenreich., kalkarm. Böden, Char. d. Elynetum (Elynion), auch im Caricion curv. – alp – H, Ch – Chrom. 2n = 28.

2362. Rundblättriger E., G. orbiculáris Schur (*G. favráti* Ritten.), zerstr. in sonnig. alp. Steinrasen, auf frisch., kalkreich., mild., humos., lock. tong. Stein- u. Schuttböden, Tagfalterblume, v. all. im Drabion hopp., aber auch im Seslerion u. Elynion – A bis 2100 m – alp – H, Ch – Chrom. 2n = 28, 32.

2363. Bayerischer E., G. bavárica L., zml. hfg in Schneetälch. u. Lägerges., in Feinschuttflur. u. an Quellen, auf frisch.-schneefeucht.,

basenreich., meist kalkhaltgen, neutral.-mild., humos., steingen Lehm-u. Ton- od. Sumpfhumus-Böd., Falter- u. Bienenblume – H, Ch – formenreich:
1 St. gestreckt

2363a. **var. bavárica,** so v. all. in Schneeböd. als schwache Char. d. Arab.-Rumicetum niv. (Arabidion caer.), auch in Montio-Cardaminetalia- od. Poion alp.-Ges. – A (1400–2470 m) – alp – Chrom. 2n = 30.
1* St. verkürzt, mit zahlreich. dicht dachziegelg stehden, fast rund. B. (nicht mit *G. brachyphylla* zu verwechseln)

2363b. **var. subacaūlis** Cust. (*G. rotundifólia* Hoppe), zml. slt. in schneefeucht. Feinschuttges. d. alpinen-nival. Stufe, Androsacion alp.-Art – A.

2364. Schlauch-E., G. utriculósa L., s. slt. in Kalk-, Flach- u. Quellmooren, in Moorwiesen od. subalp. Steinrasen, auf nass.-feucht., wechselfeucht., kalkreich., neutral-mild., modrig-humos. Ton-, Kalktuff- od. Moorböden, Kalkzeiger, terr. Char. d. Primulo-Schoenetum (Caricion dav.), auch im Molinion od. in Hochlagen im Seslerion – Rh (verscholl.), HRh, Bo, Ju, Do, Av, A bis 1900 m – (o)pralp – T – Chrom. 2n = 22.

2365. Schnee-E., G. nivális L., zml. hfg in mager. Steinrasen d. alp. Stufe auf frisch., vorwiegd kalkhaltg., mäß. sauer-mild., modrg-humos., mittel-flachgründg., steing. Lehm- u. Tonböden, lichtblütg, in Rasenlücken, v. all. im Elynetum, überreg. Car.-Kobresietea-Kl.char., auch in d. Seslerietea, slt. im Nardion – A 1650–2420 m – arkt(subozean)-alp, circ – T – Chrom. 2n = 14.

2366. Zarter E., G. tenélla Rottb., s. slt. in alp. Steinrasen, in wind- u. schneegefegten Gratlagen, auf frisch., basenreich., meist entkalkt., ± neutral., modrig-humos., steing. Ton- u. Lehmböden, meist Selbstbestäubg, gern in Rasenlücken, Char. d. Elynetum (Elynion), auch mit Salicetea herb.-Art. – A 1590–2570 m – arkt-alp – T – Chrom. 2n = 10.

2367. Gefranster E., G. ciliáta L., zerstr. in Kalk-Magerrasen u. subalp. Steinrasen, an Rainen, an Waldrändern, auf mäß. trock., kalkreich., neutral-mild., humos., lock., steing. od rein. Lehm- u. Lößböden, kriechd. Flachwurzler, lichtblütg, Insekt.bestäubg (Hummeln), v. all. im Gent.-Koelerietum, Mesobromion-Verb.char., in d. Hochlagen in Seslerietalia-Ges. – Ebene bis Gebirge (Kalk- u. Lößgebiete), A bis 2240 m, v. all. im S d. Gebiet., nördl. bis RS (Eifel), NSH, Th, Sa – pralp (-smed) – H – Chrom. 2n = 44.

2368. Feld-E., G. campéstris L., zml. slt. in Silikat-Magerrasen u. -weiden d. mont. u. subalp. Stufe, an Wegrainen, in mager. Wiesen, auf frisch., mäß. nährstoff- u. basenreich., meist kalkarm., neutral.-mäß. sauer., humos., sandg-steing. Lehmböden, Insekt.- u. Selbstbestäubg

(Falter, Hummeln), mit *Genista sag.* od. *Calluna* v. all. in Violion-, seltner Nardion-Ges., Nardetalia-Ordn.char., (vgl. weiter Unterart.) – im ganzen: pralp-no(subozean) – H, T, formenreich:

1 St. bereits unter d. Mitte ästg
2 St. 10–30 cm hoch
3 St.glieder 4–11, Stb. alle spitz, Herbstblüher

2368a. ssp. campéstris, verbr. Sippe, s. o., v. all. Berglag. im S d. Gebiet., nördl. bis RS, NSH, Hz, Th, Sa – Chrom. 2n = 36.

3* St.glieder 3–5, mittl. St.b. stumpfl., St. verzweigt, Sommerblüher

2368b. ssp. suécica (Froel.) Murb., slt. in mager. Bergwies. d. Pol.-Trisetion, Verbrtg ungenügd bekannt – Chrom. 2n = 36.

2* St. 5–10 cm hoch, untere u. mittl. St.b. spatelg, stumpfl., Blü. oft rosa bis weiß

2368c. ssp. islándica (Murb.) Vollm., Hochgebirgssippe, v. all. in Nardion- u. Seslerietalia-Ges. – A (bis 2500 m) – Chrom. 2n = 36.

1* St. nur über d. Mitte ästg, z. Blü.zeit meist noch mit Keimb.

2368d. ssp. báltica (Murb.) Vollm., zml. slt. in wechseltrocken. Moorwies. (Molinion ?) – v. all. im nördl. u. östl. Berg- u. Tiefld, südwestl. bis He, Fr, BayW.

2369. Rauher E., G. áspera (Hegetschw.) Dost. ex Skal., slt. in Halbtrockenras. auf mäßg trocken., kalkreich. Ton- u. Lehmböd., Insekt.- u. Selbstbestäubg, in Mesobromion-, Molinion- u. Seslerietalia-Ges. (vgl. Unterart.) – im ganzen: opralp(-alp) – H, formenreich:

1 Mittl. B. spatelg-stumpfl., obere spitz, St. wengästg, Sommerblüher

2369a. ssp. áspera, zerstr. in Steinrasen d. Hochgebirges, Seslerietalia-Ordn.char. – A (rd. 1000–2500 m) – Chrom. 2n = 36.

1* Alle B. gleichmäßg stumpfl. od. spitz
2 B. spatelg-stumpfl., St. meist einfach, mit 3–5 St.gliedern, Sommerblüher

2369b. ssp. nórica (Kern.) Vollm., slt. in Moorwiesen (Molinion od. Mesobromion) – Do, Av, A.

2* B. spitz, St. v. Grund an sparrg-ästg mit 5–14 St.gliedern, Herbstform

2369c. ssp. sturmiána (Kern.) Vollm., v. all. im Mesobromion tieferer Lag. – A, Av, Do, FrJu, BayW, NSH, An, Erzg.

2370. Deutscher E., G. germánica Willd., zerstr. in Kalk-Magerrasen (Weiden), v. all. d. mont. Stufe, auf mäß. trock. (wechsel-trock.), kalkreich., neutral-mild., humos., steing. od. rein. Lehm- u. Mergelböden, meist Insekt.bestäubg (Bienen, Hummeln), Soziologie vgl. Unterart. – im ganzen: pralp(-gemäßkont) – H, formenreich:

1 Alle B. spitz od. stumpf
2 B. spitz, St. meist einfach od. nur im ober. Teil ästg, Herbstform (8–10)

2370a. ssp. germánica, verbr. Herbstform, v. all. in Kalk-Magerweiden, terr. Char. d. Gent.-Koelerietum (Mesobromion), im SW d. Gebiet.

auch in anderen Mesobromion-Ges. – v. all. im S d. Gebiet., nördl. bis NWe, NSH, An, Br u. isoliert Me – Chrom. 2n = 36.

2* B. stumpf, St. einfach od. wengästg, St.glieder 3–5, Sommerform (5–7)

2370b. **ssp. solstitiális** (Wettst.) Vollm., slt. in gemäht. Halbtrockenras. od. in Naturwies. d. Hochgebirges, Mesobromion-Verb.char., auch im Seslerion – v. all. im S d. Gebiet., nördl. bis He (Rhön), Th, An, A bis 1550 m.

1* Untere B. oval-längl., stumpfl., obere oval-lanzettl., spitz, meist kürzer als St.glieder, St. meist nur im ober. Teil verzweigt, Hochsommerform

2370c. **ssp. sémleri** Vollm., s. slt. in Mesobromion- od. Seslerion-Ges. zwisch. 800 u. 1200 m – Av, A.

2371. **Karpaten-E., G. praecox** (Kern.) Hol. (*G. lutéscens* (Vel.) Hol.), slt. in Magerras. – Erzg, Riesengebirge – opralp – Chrom. 2n = 36.

2372. **Böhmischer E., G. bohémica** Skal., s. slt. in Magerrasen d. mont. Stufe, auf mäß. trock., basenreich., meist kalkarm. Böden, viell. in Nardetalia-Ges. – BayW – opralp – H – Chrom. 2n = 36 (steht *G. austríaca* Kern. nahe).

2373. **Bitterer E., G. amarélla** L., slt. auf wechselfeucht. Torf- u. Mergelböd., z. B. in Molinion-Ges. – im ganzen: no-euras(kont) – H, formenreich:

1 St. meist verzweigt, Grundb. spatelg-stumpfl., Keimb. z. Blü.zeit meist noch vorhand.

2373a. **ssp. amarélla,** zieml. slt. auf Moorwies. – Me, Br, NWe, RS (Eifel?), He (Rhön), Th, Sa, Erzg.

1* St. meist unverzweigt, Grundb. spitzl., z. Blü.zeit meist noch mit kl. rundl. Keimb.

2373b. **ssp. uliginósa** (Willd.), in Moorwies. od. auf Mergelhängen – v. all. im NO d. Gebiet., südl. bis NWe, Th.

Zahlreiche Bastarde!

Familie der Hundsgift-Gewächse, Apocynáceae

Immergrün, Vínca L. vgl. S. 297

2374. **V. mínor** L., hfg gepflzt, zerstr., ab. gesellg, wild od. verwildt, in artenreich. Laub- od. Buchenmisch-Wäldern, auf frisch., nährstoff- u. basenreich., vorzugsw. rein. Ton- u. Lehmböden in mild-humid. Klimalage, Mullbodenpf., Halbschatt-Schattpf., Insekt.bestäubg (Bienen, Falter), Ameisen- u. Ausläuferverbrtg, Zierpf. u. Burggarten-Flüchtling, meist Siedlgszeiger, Carpinion-Verb.char., auch im Fagion, Quercion pub. od. in Prunetalia-Ges. – Ebene bis mittl. Gebirgslag.

(Indigenat umstritt.), A bis 890 m, Ju bis 910 m, im nördl. Tiefld slt. – smed – Ch – Chrom. 2n = 46.

Zu den Apocynaceae zählt auch d. Oleander, *Nérium oleánder* L., als frostempfindl. Kübelpf. hfg kultiv., stammt aus südmedit. Auen-Ges. (Nerio-Tamaricetea Br.-Bl. et O. de Bol. 57) (Chrom. 2n = 22).

Familie der Schwalbwurz-Gewächse, Asclepiadáceae

Schwalbwurz, Vincetóxicum L. vgl. S. 297

2375. **V. hirundinária** Med. (*V. officinále* Moench), zerstr. im Saum sonnig. Büsche, in licht. Eichen- od. Kiefern-Wäldern, in Steinschutt-Fluren, auf sommerwarm., mäß. trock., basenreich., meist kalkhaltg. (auch Porphyr, Gneis usw.), mild-mäß. sauer., oft humusarm., lock., gern steing. Ton- u. Lehmböden od. Steinschutt-Böden, Intensiv- u. Tiefwurzler, Pionierpf., Halbschatt-Lichtpf., Insekt.bestäubg (Fliegen, Klemmfallenblume), Windverbrtg, giftig (früher Arzneipf.), schwache Geranion sang.-Verb.char., auch hfg (DO) in Stipetalia cal.-Ges., ferner im Quercion pub., Ceph.-Fagenion, Carpinion od. Erico-Pinion – Ebene bis mittl. Gebirgslag. (Kalk- u. Wärmegebiete), A bis 1700 m, im nordöstl. Tiefld slt., im Nordw. fehld – euraskont-smed – H – Chrom. 2n = 22 (44).

Zu den Asclepiadaceae gehören ferner zahlreiche Nutz- u. Zierpf., z. B. d. Seidenpf. *Asclépias syríaca* L. (Blü. trübrot, Blü.zipfel zurückgeschlag., B. unterts graufilzg), früher Gespinst-, heute Zier- u. Bienenfutter-Pf., glgtl. verwildt., wärmeliebd, Heimat: N-Am., die Wachsblume: *Hóya carnósa* R. Br., Topfpf. aus dem Trockenwald O-Indiens, d. kakteenähnl. Stapelien, z. B. *Stapélia variegáta* L. aus d. Halbwüste S-Afrikas, die Ampel-Hängepf., *Ceropégia wōŏdii* Schlecht. aus Natal, u. a.

Familie der Krapp-Gewächse, Rubiáceae

1	Kelch deutl. 6zähng, Blü. lila, trichterg, endstdg gebüschelt, Hochb. nicht bewimpert, übrige B. 4–6quirlg, feinstachelg-rauh, St. 4kantg, liegd, 5–15 cm, ☉, 5–9	**Sherardia** S. 760
1*	Kelch undeutl. od. 4zähng	
2	Blü. v. all. in endstdg. Rispe od. Köpf., wenn seitsstdg Blü. weißl.	
3	Blü. mit deutl. Blü.röhre, weiß, rosa od. slt. blau	**Asperula** S. 760
3*	Blü. radförmg-trichterg, mit kurz. undeutl. Blü.röhre, weiß od. gelbl.	
4	Blü. 4zipflg, Narbe kopfg, Fr. trocken	**Galium** S. 761
4*	Blü. meist 5zipflg, Narbe keulg, Fr. fleischg, beerenartg, 50–100 cm, ♃, 6–8	**Rubia** S. 769
2*	Blü. nur in b.achselstdg. Quirl., gelbl., 4spaltg, B. in 4zählg. Quirl., oval-ellipt.	**Cruciata** S. 769

Ackerröte, Sherárdia L.

2376. **Sh. arvénsis** L., zml. hfg in Getreidefeld., in Brachen, auf sommerwarm., mäß. trock., nährstoff- u. basenreich., meist kalkhaltg. Lehm- u. Tonböden, rd. 10 cm tief wurzld. Lehmzeiger, Insekt.- u. Selbstbestäubg (Fliegen), alt. Kulturbegleit., Caucalidion-Verb.char., auch (Diff.) in anspruchsvoll. Ausbildg. d. Aperion, ferner im Fum.-Euphorbion – Ebene bis Gebirge (Kalk- u. Lehmgebiete), Ju bis 970 m, A bis 810 m, im nördl. Tiefld slt. – med-smed(-euras), verschleppt – T – Chrom. 2n = 22.

Meister, Aspérula L.

1   Blü. blau, endstdg gebüschelt, Hochb. borstg bewimpt, St. aufrecht (vgl. *Sherardia*), 5–25 cm, ☉, 5–6   **A. arvensis**   2377
1* Blü. weiß od. rosa, Pf. ausdauernd
2   B. lanzettl.-ellipt., 6–8quirlg, grün, am Rande rauh, Fr. borstg, vgl. *Galium* (**A. odorata**)   2382
2* B. lineal, randl. z. T. umgerollt, Fr. nicht borstg, kahl, glatt od. rauh (vgl. ferner noch 2** unten)
3   B. 8–10quirlg, blaugrün, Blü.saum lger als Blü.röhre, Blü. weiß, 4teilg, St. rundl. od. schwach 4kantg, vgl. *Galium*   (**A. glauca**)   2383
3* B. 4–6quirlg, grün, St. ± 4kantg, Blü.saum so lg od. kürzer als Blü.röhre
4   Blü. weiß, meist 3spaltg, Fr. glatt, St. aufrecht, 30–50 cm, ♃, 6–7   **A. tinctoria**   2378
4* Blü. rosa, meist 4spaltg, Fr. gekörnelt, St. niederliegd-ästg, B. mit Grannenspitze
5   Blü.saum so lg wie 1,5–2,5(3,5) mm lge Blü.röhre, 10–25(–50) cm, ♃, 6–7   **A. cynanchica**   2379
5* Blü.saum kürzer als röhrig-trichterge, 4–5 mm lge Blü.röhre, 10–25 cm, ♃, 7–8   **A. aristata**   2380
2** B. ei-lanzettl., bis 2 cm brt, 4quirlg, Blü. büschelg-doldg, lgröhrg, 20–60 cm, ♃, 5–6   **A. taurina**   2381

2377. **Acker-M., A. arvénsis** L., s. slt. u. unbestdg in Getreidefeld., auf sommerwarm., mäß. trock., nährstoff- u. basenreich., meist kalkhaltg. Lehm- u. Tonböden, Lehmzeiger, Caucalidion-Verb.char., Kalk- u. Wärmegebiete, nördl. bis He, NSH, Th, größtentls verscholl., Ju bis 720 m   med-smed – T – Chrom. 2n = 22.

2378. **Färber-M., A. tinctória** L., slt. im Saum sonnig. Büsche, in licht. Kiefern- u. Eichenwäldern, auf sommerwarm., mäß. trock., basenreich., meist kalkhaltg., sandg. od. steingen Lehmböden, Wurzelkriecher, Halbschattpf., Insekt.bestäubg, gern in Kiefern-Nähe, im Erico- od. Cytiso-Pinion, od. im Geranion sang. – v. all. im S d. Gebiet., Ju bis 980 m, nördl. bis nöHü, FrJu, Th, An, Br – gemäßkont(-smed) – H – Chrom. 2n = 22, 44.

2379. **Hügel-M., A. cynánchica** L., zerstr., ab. gesellg in Kalk-Magerrasen, an sonnig. Hängen u. Böschungen, an Wald- u. Wegrändern, in Dünenrasen u. Kiefernwäldern, auf warm., trock.-mäß. trock., meist kalkreich., lock., mäß. sauer.-mild., humos. Lehm- u. Lößböden, auch Sandböden, Wurzelkriecher, Licht-Halbschattpf., Insekt.bestäubg, z. T. Klettverbrtg, Festuco-Brometea-Kl.char., auch im Erico-Pinion, im trock. Molinion, usw. – Ebene bis Gebirge (Kalkgebiete), A bis 1790 m, Silikatgebirge fehld, nördl. bis NWe, NSH, An, Br u. südl. Me – smed – H – Chrom. 2n = 20 (40), formenreich:

1 Blü.röhre 1,5–2,5 mm lg, meist rosa
2379a. **var. cynánchica,** verbr. Sippe, s. o.

1* Blü.röhre lger, Blü. oft weiß, Pf. mehr hochwüchsg, vermittelt zur folgden Sippe
2379b. **var. arenícola** (Reut.) Gremli, slt. in Trockenras., z. B. im Xerobromion – süHü (Kaiserstuhl), HRh, Bo, Schweiz.

2380. **Grannen-M., A. aristáta** L. f. (*A. cynánchica* ssp. *aristáta* Bég.), slt. in Trocken- u. Steppenrasen auf warm-trock., basenreich. Stein- u. Kiesböden, Fest.-Brometea-Kl.char. – Do-Av (Isar) (? vgl. 2379b) – med-smed – H – Chrom.2n = 20, 40.

2381. **Turiner M., A. taurína** L., slt. in frisch. warm. Laubmischwäldern, v. all. im Tilio-Acerion, auch im Carpinion – z. B. Vorarlberg, Schweiz – smed-pralp – Chrom. 2n = 22.

Labkraut, Gálium L.

1 St. kahl od. weichhaarg, nicht durch gekrümmte Stächelch. rauh (1* vgl. S. 763 oben)
2 B. 1nervg od. undeutl. nervg, 4–12quirlg, meist schma!-lanzettl. (2* vgl. S. 762 unten)
3 Blü. gelb, duftend, B. lineal (ca. 1 mm brt), am Rande gerollt, untersts weichhaarg, 6–12quirlg, St. oben mit 4 erhab. Linien, 20–70 cm, ♃, 6–9
        G. verum 2390
3* Blü. weiß, gelbl.-weiß od. rötl.
4 Blü. trichterg-glockg, weiß od. rötl.
5 B. lanzettl.-ellipt., 6–8quirlg, grün, am Rande rauh, Fr. borstg, 5–25 cm, ♃, 5
        G. odoratum 2382
5* B. lineal, randl. z. T. umgerollt, 8–10quirlg, blaugrün, glatt od. rauh, St. rd od. schwach 4kantg, 30–60(–80) cm, ♃, 5–7   **G. glaucum** 2383
4* Blü. radförmg, flach, mit undeutl. Blü.röhre, weißl.
6 St. rund, B. blaugrün, ± lanzettl., meist 8quirlg, Blü.rispe ausgebrtet, Blü.stiele vor Aufblühen nickd, Blü.b. spitz, 30–100(–140) cm, ♃, 6–8
        G. sylvaticum 2384
6* St. durchweg od. wenigst. oben 4kantg
7 Blü.zipfel abgerundet mit aufgesetzt. Grannenspitze (Abb. 48a), größere, aufrechte od. aufsteigde Pf. mit derb. St.
8 B. lanzettl., an beiden End. verschmälert, untersts blau- od. graugrün, Blü.stiele s. fein, St. meist einzeln, aufrecht, Fr. glatt
9 St. nur oben 4kantg, unt. rundl., B. plötzl. zugespitzt, Fr. bereift, 30–120 cm, ♃, 6–9   **G. schultesii** 2385

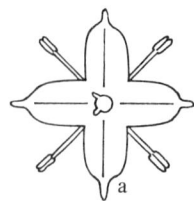

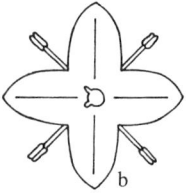

Abb. 48. a *Galium mollugo*, b *Galium pumilum*.

9* St. durchweg 4kantg, B. allmähl. (lg) zugespitzt, am Rande rauh, Fr. kahl, Pf. wie vor. *G. sylvat.*-ähnl., 20–60 cm, ♃, 6–8 **G. aristatum** 2386

8* B. längl.-lineal od. vorn etwas verbrtert, grün, Blü.stiele nicht haarfein, St. meist zahlreich, aufsteigd, durchweg 4kantg

10 B. 2–5(7) mm brt, 2–7mal so lg wie brt, beid.sts grün, Blü.stiele ± lger als Blü., Fr. etwas runzelg, 25–80(100) cm, ♃, 5–9 **G. mollugo** 2387

10* B. 1–2 mm brt, 8–15mal so lg wie brt, ob.sts ± glänzd, unt.sts heller

11 Blü. weiß, Blü.stiele 2–4 mm lg, 20–70 cm, ♃, 6–8 **G. lucidum** 2389

11* Blü. gelbl.-grünl., Blü.stiele 2,5–7 mm lg, stark spreizd, St. unt. rot, 20–60 cm, ♃, 6–8 **G. truniacum** 2388

7* Blü.zipfel wohl zugespitzt, ab. ohne abgesetzte Grannenspitze (Ausnahme *G. megalospermum*) (Abb. 48b), meist kl., niederliegd-aufsteigde Pf. mit unten fädl. St.

12 Pf. lockerrasg, ohne zahlreiche nichtblühde Triebe, St. lg-gliedrg, B. bis 20 mm lg, schmal-lanzettl., 7–8quirlg, Blü.stde verlängert, pyramidal (B. 4quirlg vgl. unt. 21 *G. palustre*)

13 St. erst oben ästg, B. ± sichelförmg, matt, Blü.std schmal-pyramidal, 15–30 cm, ♃, 6–8 **G. pumilum** 2392

13* St. v. Grund an lg-ästg, unt. meist gerötet, B. gerade, glänzd, Blü.std brt-pyramidal, 15–30 cm, ♃, 6–8 **G. valdepilosum** 2391

12* Pf. dichtrasg, mit zahlreich. nichtblühd., niederliegd. Trieb., St. kurzgliedrg, B. kürzer, oft spatelg, auch lineal, 5–8quirlg

14 Fr.stiel gerade

15 B. mit deutl. Mittelnerv, eilanzettl., lanzettl. od. spatelg, randl. fein bewimpert, stachelspitzg

16 B. meist (5–)8quirlg, wenigst. d. ober. vorn keilförmg verbrtert, plötzl. zugespitzt, flach, Blü.stde doldg abgeflacht, Blü. gelbl.weiß, Fr. glatt, 5–15 cm, ♃, 7–9 **G. anisophyllon** 2393

16* B. meist 6quirlg, lanzettl., vorn etwas verbrtert, Blü.stde mehr verlängert, pyramidal, Blü. weiß, Fr. körng-rauh, 5–20 cm, ♃, 6–8 **G. harcynicum** 2394

15* B. ohne deutl. Mittelnerv, lineal (6–8 mm lg), dickl., ölig glänzd, ganz kahl, knorpelspitzg, meist 8quirlg, Blü. gelbl.weiß, Fr. glatt, 2–10 cm, ♃, 7–8 **G. noricum** 2396

14* Fr.stiel abwts gekrümmt, B. dickl. mit undeutl. Mittelnerv, meist 6quirlg, knorpelg bespitzt, hellgrün, Blü. gelbl. weiß, Fr. fast glatt, 2–10 cm, ♃, 7–8 **G. megalospermum** 2395

2* B. 3nervg, meist 4quirlg, lanzettl. od. oval, St. ± 4kantg

17 Blü. weiß, Blü.std endstdg rispg od. doldg

18 St. steif aufrecht, B. lineal-lanzettl., stumpfl., derb, Blü.std dicht
19 B. 2–8 mm brt, bis 40 mm lg, Fr. meist borstg behaart, 15–50 cm, ♃, 7–8
                    G. boreale 2399
19* B. 9–20 mm brt, bis 80 mm lg, Fr. spärl. behaart od. kahl, St. unt. fast rund,
    40–80 cm, ♃, 6–8   **G. rubioides** 2400
18* St. schlaff, niederliegd-aufsteigd, B. ellipt., kurz stachel spitzg, Blü.std
    locker, Fr. borstg behaart, 10–20 cm, ♃, 6–9   **G. rotundifolium** 2401
17* Blü. gelbl., b.achselstdg, B. oval-ellipt., vgl.   **Cruciata** S. 769
1* St. u. meist auch B. durch gekrümmte Stächelch. rauh, B. lanzettl.-lineal, 4–
    8quirlg, St. 4kantg, Sumpfpf. od. Unkräuter
20 Ausdauernde Sumpfpf., Blü. weiß, brter als Fr.
21 B. meist zu 4, stumpfl., vorn ± verbrtert, St. oft nur spärl. rauhstachelg, Blü.
    bis 3 mm brt, Staubb. rot, 15–40(–80) cm, ♃, 5–8   **G. palustre** 2398
21* B. meist zu 6–8, hell bespitzt, lineal-lanzettl., Blü. bis 2 mm brt, Staubb. gelb,
    10–30 cm, ♃, 5–8   **G. uliginosum** 2397
20* Einjährge Unkräuter d. Äcker u. Gebüsche, Blü. schmäler als Fr.
22 Fr.stiele zuletzt herabgekrümmt, Blü. zu 1–3, b.achselstdg, Blü. grünl. od.
    gelbl.-weiß
23 Fr. 5–6 mm brt, weißhöckerg, Blü.std meist nur 1blütg, B. am Rande mit
    vorwts gerichtet. Stacheln, 5–20 cm, ☉, 6–7   **G. verrucosum** 2403
23* Fr. 3–4 mm brt, warzg, Blü.std meist 3blütg, kürzer als B., B. am Rande mit
    rückwts gerichtet. Stacheln, hellgrün, 15–45 cm, ☉, 6–8
                    G. tricornutum 2402
22* Fr.stiele aufrecht-abstehd, gerade, Blü.std 1–7blütg, lger als B.
24 Blü.stde v. all. b.achselstdg, Blü. weiß, B. am Rande mit rückwts gericht.
    Stacheln
25 B. 3–8 mm brt, Fr. borstg (Borst. auf kl. Höcker), 4–7 mm lg, Blü. 2 mm brt,
    St. meist behaart, 50–150 cm, ☉, 6–10   **G. aparine** 2404
25* B. 2–3 mm brt, Fr. feinkörng-glatt od. borstg (Borst. ohne Höcker),1,5–
    3 mm lg, Blü. 1 mm brt, St. außer kl. Stacheln meist kahl, 30–100 cm, ☉, 5–9
                    G. spurium 2405
24* Blü.stde b.achselstdg u. zugleich in endstdg. Rispe gehäuft, Blü. grünl.-gelb,
    s. kl., Fr. 1–2 mm brt, B. 1–2 mm brt, am Rande durch vorwts gerichtete
    Stacheln rauh, 10–20 cm, ☉, 6–8   **G. parisiense** 2406

2382. **Waldmeister, G. odorátum** (L.) Scop. (*Aspérula odoráta* L.),
verbr. in krautreich. Buchen- od. Laubmischwäldern, auf grund- od.
sickerfrisch.-mäß. frisch., nährstoff- u. basenreich., lock., humos.
Lehmböden, flachwurzeld. Mullbodenkriecher, Schattpf., Insekt.-
bestäubg (Flieg., Bienen), Klettverbrtg, Kumarin-haltge Gewürzpf.,
schwache Char. d. Asperulo-Fagetum (Galio-Fagetum) bzw. Fagion-
Verb.char. (Schwerpkt!), auch im Carpinion – Ebene bis Gebirge, A
bis 1380 m – eurassubozean-smed – G – Chrom. 2n = 44.

2383. **Blaugrünes L., G. glaūcum** L. (*Aspérula glaūca* Bess.), zml. slt. in
Kalk-Magerrasen, an sonnig., steing. Hängen, im Saum licht. Büsche, an
Böschungen, auf warm.-trock., basenreich., meist kalkhaltg., locker.
Lehm- u. Lößböd., Licht(Halbschatt)pf., Wurzelkriecher, Insekt.-
bestäubg, schwache Geranion sang.-Verb.char. (vgl. Geranio-Galietum

gl. Marst. 69), aber auch (DV) im Xerobromion, seltener Festucion val. – v. all. im S d. Gebiet., Ju bis 1014 m, nördl. bis RS, He, Th, An, Sa, Silikatgebirge u. A fehld – smed-gemäßkont – H – Chrom. 2n = 22, 44.

2384. **Wald-L., G. sylváticum** L., hfg in Eichen-Hainbuchen-Wäldern, auch in licht. Buchen- od. Lindenmischwäldern, im Gebüsch, an Waldrändern, auf frisch.-mäß. trock., nährstoff- u. basenreich., mäß. sauer.-mild., humos. Lehm- od. Lößböden (Mullböden), Lehmzeiger, bis 50 cm tief wurzelnd, etwas wärmeliebd, Halbschattpf., Insekt.bestäubg, Char. d. Galio-Carpinetum (Carpinion), auch im Carici-Fagetum, Pot.-Quercetum u. Aceri-Tilietum, in Prunetalia- u. Origanetalia-Ges. – Ebene bis mittl. Gebirgslag. (Kalk- u. Lehmgebiete), A bis 1070 m, im nördl. Tiefld slt. od. fehld – gemäßkont(-smed) (mitteleurop.) – G – Chrom. 2n = 22.

2385. **Glattes L., G. schultésii** Vest, s. slt. in Eich.-Hainbuchen-Wäldern, in licht. Buchenwäldern, an Waldrändern, auf mäß. frisch., nährstoff- u. basenreich., neutral-mild., humos. Lehmböden, Lehmzeiger, sommerwärmeliebd, Halbschattpf., Insekt.bestäubg, Carpinion-Verb.char., auch in Prunetalia- od. Quercetalia pub.-Ges. – FrW (Kronach?) – gemäßkont – G – Chrom. 2n = 66.

2386. **Grannen-L., G. aristátum** L., slt. in Buchen-Mischwäldern od. im licht. Gebüsch, auf frisch., nährstoff- u. basenreich., kalkreich., auch -arm., humos., gern steing. Lehmböden, Halbschattpf., Insekt.bestäubg, v. all. in Carpinion-, auch in Origanetalia-Ges. – Av, A bis 1600 m (östl. Gebietsteile) – smed-pralp – G – Chrom. 2n = 22.

2387. **G. mollúgo-Gruppe**

1 Blü. 3–4 mm brt, Blü.stiele 1–3 mm lg, B. 3–7mal so lg wie brt
2 B. lanzettl., allmähl. in d. Spitze verschmälert, Pf. meist kahl

2387a. **Weißes L., G. álbum** Mill. **ssp. álbum**, verbr. in Fettwies. u. Halbtrockenras., in Auenwäldern, in Wald- u. Gebüschsäumen, an steing. Orten, v. all. d. tief. Lagen, auf frisch. (wechselfrisch.), nährstoff- u. basenreich., mäßg. saur.-mild., ± humos., lock. Lehm- od. Tonböden, auch Rohböden, kurz kriechd. Tiefwurzler, etwas wärmeliebd, Licht-Halbschattpf., Fliegenblume, mäßg. Futterwert, Nährstoffzeiger, schwache Arrhenatherion-Verb.char., auch im Trifolion medii, Mesobromion od. lückg. Alno-Ulmion, ferner in Thlaspietea rot.-Ges. (Unterart. ?) – Ebene bis Gebirge, A bis 1670 m – eurassubozean, verschleppt – H – Chrom. 2n = 44.

2* B. längl.-lanzettl., rasch in d. Spitze verschmälert, Pf. meist ± dicht lghaarg
2387b. **G. álbum ssp. pycnotríchum** (H. Braun) Krendl, slt. im Saum v. Quercetalia pub.-Ges. auf mäßg trocken. basenreich. Humusböd. – ob im Gebiet ? – gemäßkont – H – Chrom. 2n = 44.

1* Blü. 2–3 mm brt, Blü.stiele 3–4 mm lg, Fr.stiele sparrg spreizd, B. 2–4mal so lg wie brt, plötzl. zugespitzt

2387c. **Wiesen-L., G. mollúgo** L. (*G. elátum* Thuill.), slt. in Fettwies. od. im Saum frisch.-mäßg trocken. Eichenmisch- u. Auenwälder – im Gebiet viell. nur verschleppt, Bo, Do, Av – smed – H – Chrom. 2n = 22.

2388. **Traunsee-L., G. truníacum** Ronng., slt. in frisch. Kalkschuttges. d. Thlaspion rot., auch an Fels. in rd. 700–2000 m Höhe – Berchtesgad. Alp. – oalp – H – Chrom. 2n = 22.

2389. **Glanz-L., G. lúcidum** All., s. slt. im Saum sonnig. Büsche, in licht. Eichenwäldern, auf warm., mäß. trock., basenreich., lock., steing. Lehmböd., Licht-Halbschattpf., in wärmeliebd. Quercion rob.petr.- Ges., auch im Erico-Pinion (Ju) od. im Calamagrostion (Vog) – Ju (b. Engen), süSch (Staufen), Vog – smed – H – Chrom. 2n = 44.

2390. **Echtes L., G. vérum** L., hfg in Kalk-Magerrasen u. -weiden, an Böschungen u. Wegrainen, in Gebüschsäumen, auch in Sandfeldern od. Moorwiesen, auf mäß. trock. (wechseltrock.), basenreich., meist kalkhaltg., mäß.sauer.-mild., ± humos., lock. Lehm- u. Lößböden, auch bindg. Sandböden, etwas wärmeliebd, tiefwurzld. Wurzelkriecher, Licht- (Halbschatt)-pf., Insekt.bestäubg (Fliegen, Bienen), gering. Futterwert, früher Lab-Nutzpf., schwache Fest.-Brometea-Kl.char., auch im Molinion, Erico-Pinion od. in d. Origanetalia – Ebene bis Gebirge (v. all. Kalkgebiete), A bis 1150 m – euras-smed – H, formenreich:

1 B. bis 1 mm brt, glänzd, Blü.zipfel kurz bespitzt, Blü. goldgelb, Fr. glatt, St. niederliegd-aufsteigd, 6–9 blühd

2390a. **ssp. vérum,** verbr. Sippe, s.o. – Chrom. 2n = (22) 44.

1* B. bis 2 mm brt, matt, Blü.zipfel nicht bespitzt, Blü. hellgelb, Fr. warzg, St. steif-aufrecht, schon 5–6 blühd

2390b. **ssp. wirtgénii** (Schultz) Oborny, zml. slt. in Halbtrock.ras., v. all. im Mesobromion, auch im Geranion sang. od. Molinion – v. all. Tieflag., z. B. Rh, Bo, Ju, Do, Av, Fr, Mn, Pf, Th, Sa – Chrom. 2n = 22, 44.

2391. **Mährisches L., G. valdepilósum** H. Braun, slt. in sonng., lückg. Graspionierges., in Gebüschsäumen, auf mäß. trock., basenreich., kalkarm., ± flachgründg., steing. Böden, sommerwärmeliebd, z. B. mit *Festuca ovina*, in Sedo-Scleranthetalia- od. Trifolion medii-Ges. – BayW-FrJu (Vilshofen-Schwanburg), Hz – gemäßkont – H – Chrom. 2n = 44 (im Gebiet), (22).

2392. **Niederes L., G. púmilum** Murray (*G. sylvéstre* Poll.), hfg in Silikat-Magerrasen u. -weiden, auch im licht. Gebüsch, in aufgelicht. Wäldern, auf mäß. frisch. (wechselfrisch.), basenreich., kalkarm., mäß. sauer., modrg-humos., gern sandg. Lehmböden, Versauerungszeiger, Dünger- u. Nässe-feindl., Licht-(Halbschatt)pf., Insekt.bestäubg (Fliegen, Bienen), Violion-Verb.char., auch in Mesobromion- od. trock. Molinion-Ges., ferner im Quercion rob.-petr. – Ebene bis mittl. Gebirgslag., A bis

1560 m, im nördl. Tiefld slt. od. fehld – im ganzen: subatl(-smed) – H, formenreich:

1 Fr. glatt, stumpfkörng, St. erst über d. Mitte verzweigt, B. ± sichelförmg, Blü.std schmal-pyramidal

2392a. **ssp. púmilum,** verbr. Sippe, s. o. – Chrom. 2n = 88.

1* Fr. spitzkörng, St. meist schon unt. d. Mitte verzweigt, B. gerade, Blü.std brt pyramidal

2 Pf. z. Blü.zeit mit zahlreich. steril. Trieb., rasg

2392b. **ssp. septentrionále** Stern. (*G. stérneri* Ehrend.), slt. auf sandgen od. steingen Rohböden im Küstenbereich – SH – no-subatl – Chrom. 2n = 44.

2* Pf. z. Blü.zeit fast ohne sterile Triebe, kaum rasg, B. schmal-lanzettl., Blü. auffällg geknäuelt

2392c. **ssp. suécicum** Stern. [*G. suécicum* (Stern.) Ehrend.], slt. auf Sandböd. u. in licht. Kiefernwäld. – z. B. An, Br – mi.europ. – Chrom. 2n = 22.

2393. **Alpen-L., Ungleichblättriges L., G. anisophýllon** Vill. [*G. púmilum* ssp. *alpéstre* (Gaud.) Sch. et Thell.], zerstr. in sonng. Steinrasen d. subalp. u. alp. Stufe, an Steinen u. Steinköpfen, in Alp.-Fettweiden, auch im Steinschutt od. Geröll, auf frisch., basenreich., humos. od. ± roh., lock., steing. Ton- u. Lehmböden, Pionierpf., lichtliebd, Insekt.bestäubg, Seslerietalia-Ordn.char., auch im Thlaspion rot. od. als Alpenschwemmlg im Epilobion fleisch., im Ju im *Seslerla*-reich. Coronillo-Pinetum (Erico-Pinion), vgl. Unterart. – Ch (H), formenreich:

1 Längste B. über 10 mm lg u. üb. 3 mm brt, St. kahl, Fr. ± glatt

2393a. **ssp. anisophýllum,** verbr. Sippe, s. o. – A (1500–2560 m), Ju (Sw-Alb) – alp(-pralp) – Chrom. 2n = 66.

vgl. ferner mit kahl. lineal. B. ssp. *sudéticum* Tausch – für das Gebiet (FrW, Erzg) zweifelhaft.

1* Längste B. 6–10 mm lg u. ca. 1,5 mm brt, St. wie B. fein abstehd behaart, Fr. spitzkörng

2393b. **ssp. baváricum** Ehrend., s. slt. an sonnig. Kalk- u. Dolomitfels., Char. d. Diantho-Festucetum (Sesl.-Festucion), auch im Al.-Sedion – FrJu – endem. – Chrom. 2n = 44.

2394. **Sand- L., Harzer L., G. harcýnicum** Weig. (*G. saxátile* auct. non L.), zml. hfg u. gesellg in Magerrasen u. -weiden, v. all. d. Silikatgebirge, auch in licht. Eichen-, Kiefern- od. Tannen-Wäldern, auf frisch., basenarm., sauer., humos. od. ± roh., gern sandg. Lehmböden in humid. Klimalage, auf Roh- od. Moderhumus, Flachwurzler, Licht-Halbschattpf., Pionierpf., Fliegenblume, Nardetalia-Ordn.char., auch im Quercion rob.-petr., Luz.-Fagetum u. Luz.-Abietetum – v. all. silikat. Mittelgebirge u. im nordw. Tiefld, Sch bis 1490 m, in Wärmegebiet. (z. B. Rh) slt., A (Ammergebirge 920 m) – subatl – Ch (H) – Chrom. 2n = 22, 44.

2395. **Schweizer L., G. megalospérmum** All. (*G. rupícola* Bertol., *G. helvéticum* Weig.), zerstr. in Kalkschuttfluren d. alp. Stufe, auf durchsickert., ± feinerdereich., bewegt. Steinschutt-Böden, Tiefwurzler, Schuttkriecher, Thlaspion rot.-Verb.char., auch als Alpenschwemmling im Epilobion fleisch. – A bis 2610 m – alp – Ch (H) – Chrom. 2n = 22, 44.

2396. **Norisches L., G. nóricum** Ehrendf. (*G. baldénse* auct.), s. slt. in Magerrasen od. Schneeböden d. alp. Stufe, auf frisch., mäß. nährstoff- u. basenreich., mäß.saur., humos., ± entkalkt. Lehmböden, lok. Char. d. Salicetum ret.-retic. (Arabidion caer.) – A (Berchtesgad. Alp.) 1620–2000 m – oalp – Ch – Chrom. 2n = 44.

2397. **Moor-L., G. uliginósum** L., zml. hfg in Naß- u. Moorwiesen, auf stau- u. sickernass. od. wechselfeucht., ± nährstoff- u. basenreich., vorzugsw. kalkarm., oft torfg. Sumpfhumus-Böden (Gleyböden), Insekt.bestäubg, kumarinhaltg, (schwache) Molinietalia-Ordn.char., auch im Caricion f. – Ebene bis mittl. Gebirgslagen, A bis 1390 m – noeurassubozean – H – Chrom. 2n = 22, 44.

2398. **Sumpf-L., G. palústre** L., hfg in Seggen- od. Röhricht-Verlandgs-Bestd., an Ufern u. Gräben, im Erlenbruch od. in Naßwiesen, auf sicker-u. staunass. od. wechselnass., zeitw. überschwemmt., nährstoff- u. basenreich., oft torfg. Ton- u. Sumpfhumusböden (Gleyböden), Licht-Halbschattpf., Spreizklimmer, Insekt.bestäubg (Bienen), Magnocaricion-Verb.char., gern auf gestört. Fläch., auch in Molinietalia- u. Littorelletalia-Ges. od. DO Alnetalia – Ebene bis Gebirge, A bis 1300 m – no-eurassubozean – H. formenreich:

1   St. nicht weißkantg, mittl. B. 0,5–1,2 cm lg, Blü. 2,5–3,5 mm brt
2   Pf. niederliegd-aufsteigd, St. an d. Knot. nicht wurzeld, lockerrasg, obere Seitentriebe mit Blü., B. oval-lanzettl., B.quirle entfernt stehd

2398a. **ssp. palústre,** verbr. Sippe, s.o. – Chrom. 2n = 24.

2* Pf. niederliegd, glgtl. an d. Knot. wurzelnd, dichtrasg, obere Seitentriebe ohne Blü., B. oval, B.quirle dicht stehd

2398b. **ssp. caespitósum** (G. Mey.) Oberd. (*G. réuteri* W. Koch), zml. slt. in Strandlgs-Ges., Littorelletalia-Ordn.char., auch im Phalaridetum (Magnocaricion) – z. B. Sch, Pf, Bo, HRh, Do, auch Rh, NWe, Br.

1* St. weißkantg, ± geflügelt, mittl. B. 1,5–2 cm lg, oval-lanzettl., oft zu 5–6, Blü. 4–4,5 mm brt

2398c. **ssp. elongátum** (Presl) Lge, zerstr. v. all. im Alnion, auch in Magnocaricion-Ges. – Ebene bis mittl. Gebirgslag. – Chrom. 2n = 96.

2399. **Nordisches L., G. boreále** L., zerstr. in Moor- u. Uferwiesen in Auen, slt. auch in licht. Wäldern od. im Gebüsch, auf wechselfeucht.-wechseltrock., basenreich., oft kalkhaltg., schwach sauer.-mild., modrig humos. Tonböden, auch Torfböden, bis 50 cm tief wurzld, düngerfeindl., Insekt.bestäubg, Molinion-Verb.char., auch im Mesobromion od. in wechseltrock. Kiefern- u. Eichenwäldern – Ebene bis Gebirge, Silikatgebiete fehld, A bis 1550 m, im W u. Nordw. slt. od. fehld – noeuras – H – Chrom. 2n = 44.

2400. Krapp-L., G. rubioídes L., slt. u. wohl unbestdg (verschleppt), am Rand v. Auenwäldern, an Dämmen od. Wegen, auf frisch.-feucht., nährstoff- u. basenreich., humos. Kies- od. Tonböden, etwas wärmeliebd, Stromtalpf., Licht-Halbschattpf., v. all. in Filipendulion-Ges., ferner im Salicion alb. od. Alno-Ulmion – Av (Traunstein) – gemäßkont(-smed) – H – Chrom. 2n = 66 (132).

2401. Rundblättriges L., G. rotundifólium L. (*G. scábrum* auct.), zerstr., ab. gesellg in moosreich. Tannen- od. Fichten-Mischwäldern, auch in Nadelholz-Kunstbeständ., auf frisch., mäß. nährstoffreich., basenreich., kalkarm., mäß. sauer., modrig-humos. Lehm- u. Tonböden in humider Klimalage, Moderhumus-Wurzler u. -Kriecher, Schattpf., Insekt.bestäubg, Klettverbrtg, gern mit *Abies* u. *Oxalis ac.,* Galio-Abietenion-Art, auch im hochmont. Eu-Fagenion od. verschleppt in Ficht.- u. Kiefern-Forst. – v. all. in höheren Gebirgslag. (Tannenareal), sonst (z. B. RS, NSH, Br) nur adv. – subatl-smed(pralp) – Ch – Chrom. 2n = 22.

2402. Dreihörniges L., G. tricornútum Dandy, zerstr. in Getreidefeld., an Schuttstellen, auf sommerwarm.-mäß. trock., nährstoff- u. basenreich., vorzugsw. kalkhaltg. Lehm- u. Tonböden, Insekt.- u. Selbstbestäubg, Klebverbrtg, Caucalidion-Verb.char., auch in anspruchsvoll. Ausbildg. d. Aperion, überreg. Secalinetea-Kl.char. – Ebene bis mittl. Gebirgslagen (Kalk- u. Lehmgebiete), nördl. bis NSH, Th, An, fehlt A – smedmed – T – Chrom. 2n = 44.

2403. Anis-L., G. verrucósum Huds. (*G. valántia* Web.), slt. u. unbestdg in Getreidefeld., auf sommerwarm.-mäß. trock., basenreich. Lehm- u. Tonböden, wohl Secalinetea-Kl.char. – z. B. nöRh (verscholl.), Sa, Br – med-smed – T – Chrom. 2n = 22, 44.

2404. Kletten-L., Klebkraut, G. aparíne L., verbr. in staudenreich. Unkrautflur., im Saum von Hecken, an Ufern, Schuttstellen, in Äckern, auf frisch.(feucht.), nährstoffreich., neutral.-mild., lock. humos., steing., sandg. od. rein. Lehm- u. Tonböden, bis 35 cm tief wurzld. Lehm- u. Stickstoffzeiger, Spreizklimmer, Insekt.- u. Selbstbestäubg, Klebverbrtg, Kulturbegleit. seit jüng. Steinzeit, gern mit *Urtica dioica*, Artemisietea-Kl.char. mit Schwerpkt in d. Galio-Urticenea, auch in bodenfeucht. Secalinetea-Ges. (od. im Salicion albae) – Ebene bis Gebirge, A bis 1040 m – euras(subozean), in gemäß. Zonen heute weltweit – T – Chrom. 2n = 22, 44, 64, 66, 86, 88.

2405. Saat-L., G. spúrium L. [*G. aparíne* ssp. *spúrium* (L.) Hartm.], zml. slt. in Leinfeldern, unt. Getreide od. an Schuttstellen, auf frisch., nährstoff- u. basenreich. Ton- u. Lehmböden, Lehmzeiger, Spreizklimmer, Klebverbrtg – im ganzen: smed-euras – T, formenreich:

1 Fr. kahl, glatt od. warzg, St.glieder verlängert

2405a. **ssp. spúrium,** s. slt. in Leinfeldern, Char. d. Sileno-Linetum (Lolio-Linion) – z. B. Ju, Bo, Br, Verbrtg ungenügd bekannt, z. T. verscholl.

1* Fr. hakg-borstg

2405b. **ssp. vailklántii** (DC.) Gaud., zml. slt. in Getreidefeld., v. all. in Aperion-Ges., auch im Caucalidion, Secalinetea-Art, glgtl. mit *G. aparine* verwechselt – Ebene bis mittl. Gebirgslag., im N slt. – Chrom. 2n = 20.

2406. **Pariser L., G. parisiénse** L., slt. u. unbestdg in lückg. Pionier-Ges., auf Brachen, an Weg- u. Ackerrändern, auf mäß. trock., $\pm$ nährstoff- u. basenreich., oft kalkarm., sandig. Lehm- od. bindig. Sand- u. Kiesböden, z. B. im Filag.-Vulpietum (Thero-Airion), auch in Secalinetea-Ges. – Rh, Hü, Pf, Bo, Mn, FrJu (b. Regensburg), z. T. verscholl., im nördl. Tiefld u. A fehld – smed-subatl – T – Chrom. 2n = 22, 66 (44).

Zahlreiche Bastarde (z. B. öfter d. blaßgelbe *G. mollúgo* × *vérum* = *G.* × *ochroleúcum* Wolff), *G. sylváticum* × *aristátum,* ähnl. *G. schultésii,* in Av.

Kreuzlabkraut, Cruciáta Mill.

1   Blü.stiele behaart, Blü.std mit kl. Hochb., St. steifhaarg, B. gelbl.grün,
    rauhhaarg, 10–30(–50) cm, ♃, 4–6   **C. laevipes**   2407
1* Blü.stiele kahl, Blü.std ohne Hochb., St. u. B. nur schwach behaart od. kahl,
    10–20(–30) cm, ♃, 4–6   **C. glabra**   2408

2407. **Kreuz-L., C. laͤevipes** Opiz [*Gálium cruciáta* (L.) Scop.], zml. hfg in Unkrautsäumen v. Hecken, an Zäunen u. Gräben, in Auenwäldern u. Auenwald-Verlichtg., auf frisch. (feucht.), nährstoff- u. basenreich., oft kalkarm., $\pm$ humos. Lehm- u. Tonböden, Wurzelkriecher, Licht-Halbschattpf., etwas wärmeliebd, Insekt.bestäubg (Fliegen, Bienen), schwache Char. d. Urt.-Cruciatetum (Aegopodion), im Kontakt mit feucht. Prunetalia- od. Fagetalia-Ges. – Ebene bis mittl. Gebirgslagen, A bis 1560 m, im nördl. Tiefld slt. (z.B. Weser, Elbe, Oder) – smed-eurassubozean – H –Chrom. 2n = 22.

2408. **Frühlings-Kreuz-L., C. glábra** (L.) Ehrend. (*Gálium vérnum* Scop.), slt. im Gebüsch u. in Waldsäumen, an Weg- u. Wiesenrändern, auch licht. Wäldern, auf frisch., nährstoff- u. basenreich. Lehmböden, Wurzelkriecher, Licht-Halbschattpf., z. T. mit vor., v. all. in Origanetalia- od. Carpinion-Ges. – Av, BayW (Wunsiedel), Sa, Th, z. T. wohl verschleppt – smed(-gemäßkont) – H – Chrom. 2n = 22, 44.

Färberröte, Krapp, Rúbia L. vgl. S. 759

2409. **Echte F., R. tinctórum** L., früher zur Gewinnung d. rot. Krapp-

Farbstoffes in Wärmegebieten (z. B. Elsaß, Pfalz) hfg kultiv. u. glgtl. verwildt – Herkunft: omed – H – Chrom. 2n = 66.

Nah verwandt ist die wintergrüne *R. peregrína* L., eine im med. Quercion ilicis u. atl. Quercion rob.-petr. weit verbr. Pf. – med-atl – Ch – Chrom. 2n = 66.

Zu den **Rubiáceae** gehören ferner zahlreiche trop. Holzgewächse wie z. B. *Cóffea arábica* (Kaffee) aus d. trop. Bergwaldstufe Abessiniens stammd od. *Cinchóna officinális* (Chinarinde, Chinin) aus SO-Asien.

Ordnung Polemoniáles

Familie der Windengewächse, Convolvuláceae

1   Pf. mit grün. B. u. ansehnl. Blü.
2   Narbe kopfg, Fr.kapsel (2–)3–4fächerg, Zier- u. Kulturpf.
                    Ipomoea S. 770
2* Narbe 2lappg od. 2teilg, Fr.kapsel 2fächerg, B. pfeil-spießförmg
                    Convolvulus S. 770
1* Pf. ohne grüne B., bleich, Blü. kl., meist in Knäueln, Schmarotzer-Winden
                    Cuscuta (*Cuscutaceae*) S. 771

Prunkwinde, Ipomōea L.

2410. Bunte Gartenwinde, I. purpúrea Roth [*Pharbitis purpúrea* (L.) Voigt], Heimat: trop. u. subtrop. Am. – Chrom. 2n = 30. Nahe verwandt ist *Ipomōea batátas* (L.) Poir., Batate, Süßkartoffel, in den Tropen u. Subtropen allgemein u. glgtl. auch bei uns in Wärmegebieten kultiv. Nutzpf., Wurzelknollen, auch jge B. als Gemüse.

Winde, Convólvulus L.

1   St. windend
2   Hochb. groß, kelchb.artg hochgerückt u. d. Kelch ± verdeckd, Blü. 5–7 cm lg, weiß od. rosa
3   Kelchb.artge Hochb. nicht blasg aufgetrieb., Blü. meist weiß, Blu.saum nicht umgestülpt, 1–3 m, ⳼, 6–9   **C. sepium** 2411
3* Kelchb.artge Hochb. blasg aufgetrieb., so lg wie brt, Blü, weiß od. rosa, mit umgestülpt. Saum
4   Blü. weiß, 6–7 cm lg, Pf. kahl, 1–3 m, ⳼, 6–9   **C. silvatica** 2412
4* Blü. rosa, weiß gestreift, 4–6 cm lg, St. u. Blü.stiele z. T. behaart, 1–3 m, ⳼, 6–9   **C. pulchra** 2413
2* Hochb. kl., lineal, v. Kelch abgerückt, Blü. 2–3 cm lg, meist rosa bis weißl., 20–80 cm, ⳼, 6–9   **C. arvensis** 2415
1* St. nicht windend, niederliegd, B. nierenförmg, dickl., Blü. 3–5 cm lg, rosa, 10–50 cm, ⳼, 6–8   **C. soldanella** 2414

2411. **Zaun-W., C. sépium** L. (*Calystégia sépium* R. Br.), verbr. in staudenreich. Unkrautfluren, an Ufern, im Saum von Auenwäldern u. Auengebüsch, in Schilf- u. Seggen-Verlandungs-Ges., an Zäunen u. Wegrändern (Schleier-Ges.), auf frisch.-feucht., nährstoff- u. basenreich., mäß. sauer-mild. Ton- u. Lehmböden, etwas wärmeliebd, bis 70 cm tief wurzld. Kriechwurzel-Pionier, Lichtpf., Linkswinder, Insekt.bestäubg (Schwärmer, Schwebfliegen), Auenpf., Kulturbegleiter, Convolvuletalia-Ordn.char., auch in Glechometalia- od. Arction-Ges., im Salicion alb., usw. – Ebene bis mittl. Gebirgslag., A bis 750 m – euras(subozean)-smed, in gemäß. Zonen heute weltweit – G – Chrom. 2n = 22, 24.

2412. **Wald-Zaun-W., C. silvática** Kit. [*Calystégia silvática* (Kit.) Griseb.], s.slt. als Neuankömmlg in frisch. Ruderalges. – z. B. Me – smed – Chrom. 2n = 22.

2413. **Schöne Zaun-W., C. púlchra** (Brumm. et Heyw.) [*C. pubéscens* (Lindl.) Thell., *Calystégia púlchra* Brumm. et Heyw.], Zierpf., glgtl. verwildert u. sich einbürgernd an frisch. Ruderalstell. in Galio-Urticenea-Ges. – z. B. Rh, Do, Av, A bis 1150 m, NWe, SH, Th, Sa, Br – Herkunft unsicher, viell. O-Asien, mit subatl-smed Ausbrtgstendenz – Chrom. 2n = 22.

2414. **Strand-W., C. soldanélla** L. (*Calystégia soldanélla* R. Br.), slt. im lock. Weißdünen-Sand d. Nordsee-Inseln, Char. d. Elymo-Ammophiletum (Ammophilion) – med-atl (außerdem weltweit verschleppt) – H – Chrom. 2n = 22.

2415. **Acker-W., C. arvénsis** L., verbr. in Äckern, Gärten, Weinbergen, an Wegen u. Schuttplätzen, auf frisch.-mäß. trock., nährstoff- u. basenreich., meist humusarm. Lehm- u. Tonböden, Lehm- u. Wärmezeiger, bis über 2 m tief wurzld. Kriechwurzel-Pionier, Lichtpf., Insekt.bestäubg (Fliegen, Bienen), Ausläuferverbrtg, alter Kulturbegleiter, schwache Char. d. Convolv.-Agropyretum(Elymetum), Convolv.-Agropyrion(Elymion)-Verb.char., als Pionier auch in Ackerunkraut- od. Ruderalges. (Schleier-Ges.) – Ebene bis mittl. Gebirgslagen, A bis 860 m, Ju bis 990 m – med-smed-euras, in warmgemäß. Zonen heute weltweit – G (H) – Chrom. 2n = 48, 50, formenreich.

(Familie Cuscutáceae)

Seide, Teufelszwirn, Cúscuta L.

1 Blü. knäuelg gehäuft, Griffel 2, getrennt, St. dünn
2 Narben fädl., Blü. meist sitzd, dicht geknäuelt, Fr. quer aufspringd
3 Blü.röhre walzl., so lg wie Blü.zipfel, Blü. u. St. meist rötl.
4 Blü.röhre durch Schüppch. geschloss., Griffel lger als Fr.kn., Blü. überragd, Blü.knäuel 5–10 mm brt, 10–30 cm, ⊙, 7–8   **C. epithymum** 2416

4* Blü.röhre offen, Schüppch. aufrecht, Griffel so lg wie Fr.kn. u. Blü.,
   Blü.knäuel 10–15 mm brt, 20–100 cm, ⊙, 6–9   **C. europaea** 2417
3* Blü.röhre bauchg, doppelt so lg wie Blü.zipfel, Blü. u. St. gelbl. weiß, Griffel
   kürzer als Blü., St. wenig ästg, 30–50 cm, ⊙, 6–8   **C. epilinum** 2418
2* Narben kopfg, Blü. deutl. gestielt, sltne u. unbestdge Arten
5 St. dünn, gelbl., glatt, Blü.knäuel locker, duftd
6 Blü. durch Schlundschupp. geschloss., Blü.zipfel abstehd, Fr. oben verdickt,
   20–50 cm, ⊙, 8–9   **C. suaveolens** 2421
6* Blü.röhre offen, Blü.zipfel zurückgebogen, 20–50 cm, ⊙, 6–9
                                                         C. cesatiana 2420
5* St. dickl., orange, Blü.knäuel zuletzt dicht, weiß-grünl.
7 St. glatt, Schlundschuppen so lg wie Blü.röhre, Fr. kugelg, abgeplattet, 20–
   50 cm, ⊙, 7–9   **C. campestris** 2419
7* St. etwas rauh, Schlundschuppen kürzer als Blü.röhre, Fr. anfängl. eiförmg,
   50–200 cm, ⊙, 8–9   **C. gronovii** 2422
1* Blü. zu 1–4 in locker., kl. Rispe, St. bindfadenstark, meist rötl., Griffel
   verwachs., 100–200 cm, ⊙, 7–8   **C. lupuliformis** 2423

2416. Thymian-S., C. epithýmum (L.) L., zml. hfg v. all. auf *Thymus,
Sarothamnus, Calluna* od. *Genista*-Arten, Linkswinder, Insekt.- u. Selbst-
bestäubg (Wespen), in Violion-, Genistion- auch Sarothamnenion-
Ges., Nardo-Callunetea-Kl.char., slt. auch im Fum.-Euphorbion z. B. in
Weinbergen auf *Vitis* als „Barttrauben" (vgl. Unterart.) – Ebene bis
mittl. Gebirgslag., A bis 2120 m – eurassubozean-smed – T, formenreich:

1 Blü.knäuel 8–10blütg, Blü. ± sitzd, Blü.zipfel lger als halbe Blü.

2416a. ssp. epithýmum, verbr. Sippe, s. o. – Chrom. 2n = 14.

1* Blü.knäuel 12–18blütg, Blü. kurz gestielt, Blü.zipfel so lg wie halbe Blü., Pf.
   kräftg

2416b. ssp. trifólii (Bab.) Beg. (*C. trifólii* Bab. et Gibs.), Klee-Seide,
zerstr. in Kleefeldern auf *Trifolium,* auch *Medicago sativa,* v. all.
wärmere Gebiete, unbestdg.

2417. Nessel-S., C. europaͤa L., zml. slt. u. unbestdg, zurückgehd, auf
Urtica, Convolvulus sep., Artemisia vulg., auch *Solanum tub.* u. a., auf
feucht., nährstoffreich. Standorten, Linkswinder, Stromtalpf., Char. d.
Cuscuto-Convolvuletum (Senecion fluv.) – Ebene bis mittl. Gebirgslag.,
A bis 900 m, Ju bis 920 m – euras-smed – T – Chrom. 2n = 14,
formenreich, z. B.

2417a. ssp. víciae (Engelm.) Gan., auf Wicken u. Linsen, z. B. Hü, Ju,
Ne, Fr.

2418. Flachs-S., C. epilínum Weihe, slt. u. unbestdg auf *Linum usitat.,*
sommerwärmeliebd, Char. d. Sileno-Linetum (Lolio-Linion) – nöHü,
Ju, Fr (überall zurückgehd) – smed-med – T – Chrom. 2n = 42.

2419. Amerikanische S., C. campéstris Yunck., slt. u. unbestdg v. all.
auf Karotten, auch in Klee- u. Luzerne-Äckern, wärmeliebd, seit 1898
im Gebiet, in Chenopodietea-Ges. – z. B. süRh, Mn, Do, Sa, Br –
Herkunft: südöstl. N-Am. – T – Chrom. 2n = 56.

2420. **Knöterich-S., C. cesatiána** Bertol. (*C. austrális* R. Br. var. *cesatiána* Fiori), slt. u. unbestdg, v. all. in Unkraut-Ges. sommerwarm., frisch. u. nährstoffreich. Standorte, auf *Polygonum*- u. *Xanthium*-Arten, Chenopodietea-Art – z. B. Rh, Mn, Do, Th – omed, in warm gemäß. Zonen heute weltweit – T.

2421. **Chile-S., C. suavéolens** Ser., slt. u. unbestdg in Klee- u. Luzerne-Äckern, wärmeliebd, seit 1842 im Gebiet, v. all im S, z. B. Rh, Pf, He, NSH – Herkunft: warm-gemäß. S-Am. (Chile) – T.

2422. **Gronovius' S., C. gronóvii** Willd., eingebürgert in Unkrautsäumen d. Flußufer, auf frisch., nährstoffreich. Aueböden, z. B. auf *Brassica nigra, Urtica, Salix* usw., wärmeliebd, Senecion fluv.-Verb.char. – Fr, Mn, nöRh (Main), RS (Täler), NWe, NS, NSH, Hz, usw. – Herkunft: N-Am. – T – Chrom. 2n = 60.

2423. **Pappel-S., C. lupulifórmis** Krock., slt. u. unbestdg in Flußufer-Unkrautsäumen, zwischen Weidengebüsch, in licht. Auenwäldern, auf *Salix, Sambucus nigra, Rubus caes., Convolvulus sep.* u. a., Stromtalpf., Senecion fluv.-Verb.char. – v. all. im N u. O d. Gebiet., z. B. NWe, NS, An, Br, s. slt. auch nöRh – gemäßkont – T – Chrom. 2n = 28.

Familie der Sperrkraut-Gewächse, Polemoniáceae

1	B. gefiedert, Blü. radförmg mit kurzer Röhre, blau od. weiß, in drüsg behaart. Rispen, 30–80 cm, ♃, 6–7 **Polemonium** S. 773
1*	B. ungeteilt. lanzettl., Blü. radförmg mit lg. Blü.röhre ("Stieltellerblü.")
2	Staubb. aus Blü. hervorragd, Blü. in locker. Köpfen, gelb (rötl.) mit kl. spitz. Zipfeln, 30–60 cm, ⊙, 6–7 **Collomia** S. 774
2*	Staubb. in Blü. eingeschlossen, Blü. traubg- od. trugdoldg, rot, lila od. weiß. Blü.b. brt abgerundet **Phlox** S. 774

Himmelsleiter, Polemónium L.

2424. **Blaue H., P. caerúleum** L., hie u. da, v. all. im Gebirge in Bauerngärten u. öfter verwildt, an Wegen u. Mauern, viell. auch urwüchsg im Grauerlen-Wald od. in Steinschutt-Fluren, auf sicker-feucht. (frisch.), nährstoff- u. basenreich., meist kalkhaltg., mild.-mäß. sauer., ± humos., steing. od. rein. Ton- u. Lehmböden, auch Torfböd., Halbschatt-Lichtpf., Insekt.- u. Selbstbestäubg (Bienen), Zierpf., ge-schützt, Char. d. Val.-Polemonietum (Filipendulion), auch im Alnetum inc. (Alno-Ulmion) od. in sickerfeucht. Thlaspietalia rot.-Ges. – Ju (z. T. wohl urwüchsg), Do, Av, A bis 1500 m. He, RS (Westerwald), NSH, Hz, O-Me, sonst nur adv., z. B. süSch, Rh, Bo, Fr – (arkt-)no, circ, verschleppt – H – Chrom. 2n = 18.

Leimsaat, Collómia Nutt.

2425. **C. grandiflóra** Dougl., hie u. da als Zierpf. kultiv. u. glgtl. verwildt, an Waldrändern, in Weinbergen u. an Weinbergswegen, auf mäß. frisch., nährstoff- u. basenreich., oft kalkarm., steing. Lehmböden, etwas wärmeliebd, Licht-(Halbschatt)pf., Insekt.- u. Selbstbestäubg, Trockenschleuderer u. Klebverbrtg, Zierpf., z. B. mit *Antirrhinum oront.* im Fumario-Euphorbion, auch im Sisymbrion od. Aegopodion – süSch, Rh, Pf-Nahetal, Ne, Do, Fr, RS, NWe, Th, Hz, Br – Heimat: nordwestl. N-Am., in Europa mit subatl Ausbrtgstendenz – T – Chrom. 2n = 16.

Phlóx L.

2426. **Staudenphlox, Ph. paniculáta** L., St. kahl, hfg kultiv. u. glgtl. unbestdg verwildt, Falterblume – Heimat: N-Am. – H – Chrom. 2n = 14.

2427. **Einjährger Phlox, Ph. drummóndii** Hook., St. drüsg behaart, hfg in Gärten wie vor., Falterblume – Heimat: Mittel-Am. – T – Chrom. 2n = 14.

2427a. **Polsterphlox, Ph. subuláta** L., Pf. bis 15 cm hoch, polsterbildend, hfg in Steingärten mit *Aubrieta*-Art. – Heimat: N-Am. – H.

An die Polemoniaceae schließt die Famile der **Hydrophylláceae** (Wasserblatt-Gewächse) an, mit dem Büschelschön, *Phacélia tanacetifólia* Benth., hfge Zier- u. Bienenfutter-Pf. u. glgtl. unbestdg in Schuttunkraut-Ges. verwildt, wärmeliebd – Heimat: Kalifornien – T – Chrom. 2n = 22.

Ordnung Boragináles

Familie der Rauhblatt-Gewächse, Boretsch-Gewächse, Boragináceae

1   Blü. radförmg ausgebrtet, ohne deutl. Blü.röhre, Blü. blau
2   Blü.zipfel spitz, am Grund weiß. Schlundschupp., Blü. etwas nickend, B. längl.-ellipt., 20–50 cm, ⊙, 6–8   **Borago**   S. 787
2*   Blü.zipfel stumpf, kurz, Blü. vergißmeinnichtartg, mit gelbl. od. weiß. Schlundschupp., Teilfr. napfförmg vertieft, Grundb. spatelg od. herzeiförmg   **Omphalodes**   S. 777
1*   Blü. glockg, trichterförmg, auch radförmg, ab. dann mit deutl. Blü.röhre
3   Blü. deutl. unregelmäßg, zweiseitg-zweilippg, Staubb. ungleich lg, aus Blü. hervorragd, B. längl., steifborstg, 30–80 cm, ♃, 6–8   **Echium**   S. 783
3*   Blü. regelmäßg, radiär-symmetr.
4   Blü.röhre geknickt od. gekrümmt, Blü.zipfel 4–5 mm brt, hellblau, B. längl., ausgeschweift gezähnt, meist etwas wellig, 15–40 cm, ⊙, 5–7
                                                                Lycopsis   S. 784

4* Blü.röhre gerade
5 Fr. mit widerhakig. Stacheln
6 Fr. auf ganz. Fläche bestachelt, Blü. trichterförmg, kurzröhrg, braunrot od.
   viol., B. brt-lanzettl., ± weichhaarg   **Cynoglossum** S. 777
6* Fr. nur an flügelartg. Kanten 1–2reihg bestachelt, Blü. kl., blau
   (vergißmeinnichtartg), B. rauh behaart   **Lappula** S. 776
5* Fr. ohne Stacheln
7 Blü. mit ausgebrtet. größer. Blü.zipfeln, trichter- od. stieltellerförmg
8 Blü. gelb od. rosa-braun, Schlundschuppen kl. od. nur als Haarbüschel
   ausgebildet, Kelch zuletzt glockg-bauchg aufgeblasen, B. längl.-lanzettl.
                                                   Nonea S. 784
8* Blü. blau-viol. od. weiß, Kelch z.T. vergrößert, ab. nicht stark aufgeblas.
9 Blü. weißl., 2–4 mm brt
10 Blü. in unbeblättert. dicht. Wickeln, kurz stieltellerförmg, ohne
   Schlundschupp., Fr.kn. ungeteilt, Fr. großwarzg, B. längl.-eiförmg, weich
   behaart, 15–25 cm, ⊙, 7–8   **Heliotropium** S. 775
10* Blü. in locker beblättert. Blü.std, mit kl. Schlundschupp., Fr.kn. geteilt, Fr.
   glatt, steinhart, B. lanzettl.   **Lithospermum** S. 777
9* Blü. blau od. viol.
11 Blü. 2–8 mm brt (vergißmeinnichtartg), B. meist lanzettl.-spatelg
12 Blü. einzeln, b.achselstdg, Kelch zuletzt abgeflacht u. stark vergrößert,
   ungleich 5teilg mit gezähnt. Zipfeln, St. stachelhaarg rauh, niederliegd, 15–
   60 cm, ⊙, 5–6   **Asperugo** S. 776
12* Blü. in traubg. Wickeln, mit gelbl. Schlundschupp., Kelch kaum vergrößert,
   ± gleichzipflg
13 Teilfr. ohne gezähnt. Rand, Blü. meist ohne Tragb.   **Myosotis** S. 778
13* Teilfr. mit gezähnt. Rand, jede Blü. mit Tragb., alpine Polsterpfl. 1–3 cm, ♃,
   7–8   **Eritrichum** S. 776
11* Blü. 6–15 mm brt
14 Blü. mit auffällg., weiß. Schlundschupp., Kelch bis z. Mitte geteilt, B. rauh
   behaart, oft wellg, lanzettl.   **Anchusa** S. 783
14* Blü. ohne Schlundschupp. od. nur mit kurzhaarg. Schlundleisten
15 Kelch tief 5teilg mit lineal. Zipfeln, Blü. mit kurzhaarg. Schlundleisten, B.
   lanzettl., bis 1 cm brt, nichtblühde Triebe bogig am Boden kriechd
                                                   Lithospermum S. 777
15* Kelch kaum bis z. Mitte geteilt, Blü. ohne Schlundleist., nur innen behaart,
   B. breiter als 1 cm, rosettenbildd   **Pulmonaria** S. 784
7* Blü. glockg, walzl. od. bauchig, mit kl. Blü.zipfeln, meist nickd od. hängd,
   gelbl., viol. od. weiß
16 Pf. kahl, bläul. bereift, Blü. gelb, obere B. st.umfassd, Fr. 2teilg
                                                   Cerinthe S. 782
16* Pf. behaart
17 B. lineal-lanzettl., bis 1 cm brt, borstg behaart., Blü. gelb, ohne
   Schlundschupp., 30–50 cm, ⊙, 6–7   **Onosma** S. 782
17* B. eiförmg-längl., brter als 1 cm, z.T. deutl. gestielt od. herablaufd, Blü.
   viol., weiß od. gelb mit spitzl. Schlundschuppen   **Symphytum** S. 786

Sonnenwende, Heliotrópium L.

2428. **H. europǽum** L., slt. in Weinbergen od. Kartoffel-Feldern, auf sommerwarm., mäß. trock.-frisch., nährstoff- u. basenreich., meist kalkhaltg., neutral-mild., humos., lock., sandg-steing. Ton- u. Lehmböden, wärmeliebd, lok. Char. d. Geranio-Allietum (Fum.-Euphorbion), überreg. Eragrostion-Verb.char. – Els (Rh, Hü), nöHü-Nahetal, RS (Täler), Mn, O (ob noch?) – (o)med-smed – T – Chrom. 2n = 32.

2429. **H. boccónei** Guss., Blü. 5–7 mm brt, wohlriechde Zierpf. u. glgtl. unbestdg an Schuttplätzen verwildt – z. B. Rh, Ne – med.

Scharfkraut, Asperúgo L.

2430. **A. procúmbens** L., slt., z.T. unbestdg in Läger-Ges., unter überhängd. Felsen (Balmen), an Wegen u. Mauern, auf sommerwarm., mäß. trock. (frisch.), nährstoff- u. basenreich., meist kalkhaltg., mild., oft humusarm., lock. steing. Ton- u. Lehmböden, Ammoniakzeiger, Lägerpf., Selbstbestäubg, Klettverbrtg, Char. d. Sisymbrio-Aseruginetum (Sisymbrion), auch in and. Sisymbrion-Ges. od. im Onopordion – Ju (bis 700 m), Bo, Do, Av, A, Fr. Mn, Hz, Th, An, Br, auch Rh, He, usw. (unbestdg) – euras(kont)-smed, verschleppt – T – Chrom. 2n = 48.

Igelsame, Láppula Moench

1   B. angedrückt behaart, Blü. 2–4 mm lg, Fr.stiel aufrecht, St. nur oben ästg,
    20–40 cm, ☉, 6–9   **L. squarrosa**   2431
1* B. abstehd behaart, Blü. 4–6 mm lg, Fr.stiel zurückgebogen, St. von Grund
    an ästig, 25–50 cm, ☉, 7   **L. deflexa**   2432

2431. **Gewöhnlicher I., L. squarrósa** (Retz.) Dum. (*L. myosótis* Moench), slt. u. unbestdg in Unkraut-Ges. an Wegen, Mauern od. Tierbauten, an Dämmen, in Brachen, auf mäß. trock., nährstoffreich., meist kalkarm., neutral-mäß. sauer., ± humos., vorzugsw. rein. od. bindg. Sand- u. Kiesböden in d. Wärme- u. Trockengebieten, bis 80 cm tief wurzld, Insekt.- u. Selbstbestäubg, Klettverbrtg, gern mit *Cynoglossum off.*, Onopordion-Verb.char., auch im Sisymbrion – nöRh, Hü-Nahetal, Ne, Ju, Bo, Do-Av-A (1230 m), Fr, Th, An – euraskont-smed – T, H – Chrom. 2n = ca. 48.

2432. **Wald-I., L. defléxa** (Wahlcnb.) Garcke, im Gebiet meist nur unbestdg u. vorübergehd, in den Zentralalpen Char. d. Lappulo-Asperuginetum Br.-Bl. 19 (Sisymbrion) an Viehlägern u. in hochmont. Waldschlägen – A (Tirol bis 2000 m), Th, An, FrW – arkt-alp – H, T – Chrom. 2n = 24.

Himmelsherold, Eritríchum Schrad. vgl. S. 775

2433. **E. nánum** (L.) Schrad., zerstr. in azidophil. Felsspaltges. d. alp. u. niv. Stufe d. Zentralalp., Char. d. Androsacetum vand. (Androsacion vand.), auch im Androsacion alp. – alp – Ch – Chrom. 2n = 44, 46.

Nabelnüßchen, Omphalódes Mill.

1   B. spatelförmg-lanzettl., schwach rauhhaarg, Blü. hellblau, Schlundschupp.
     gelb, St. liegd, 10–30 cm, ⊙, 4–5   **O. scorpioides** 2434
1*   B. herz-eiförmg, fast kahl, Blü. himmelblau, Schlundschupp. weiß, St.
     aufrecht, 5–25 cm, ⧌, 4–5   **O. verna** 2435

2434. Wald-N., O. scorpioídes (Haenke) Schrk., slt. in artenreich.
Laubmisch-Wäldern, in Hang- u. Auenwäldern, auf sickerfrisch.,
nährstoff- u. basenreich., meist kalkhaltg., lock., neutral-mild., humos.
Ton- u. Lehmböden, Mullbodenpf., Schattpf., wohl Ameisenverbrtg,
gern mit Geophyten in auenwaldartg. Carpinion-Ges. – Sa, An, Hz, FrJu
(verscholl.), Mn (südl. Schweinfurt) – gemäßkont – H, T – Chrom.
2n = 24.

2435. Frühlings-N., Welsches Vergißmeinnicht, O. vérna Moench, zerstr.
als Zierpf. in Gärten u. glgtl. in Parkanlagen od. Auenwäldern verwildt,
Kriechstaude, Halbschatt-Schattpf. – Herkunft: opralp-smed (Fagetalia-Art) – H – Chrom. 2n = 48.

Hundszunge, Cynoglóssum L.

1   B. dünn-graufilzg, ellipt.-lanzettl., mit leicht. Mäusegeruch, Blü. braunrot,
     30–60 cm, ⊙, 5–7   **C. officinale** 2437
1*   B. obersts kahl, glänzd, untersts zerstr. behaart, B.grund gerundet, Blü.
     rotviol., 30–80 cm, ⊙, 5–7   **C. germanicum** 2436

2436. Wald-H., C. germánicum Jacq., slt. in Lichtungen krautreich.
Laubmischwälder, an Wildlägern, auf frisch., nährstoff- u. basenreich.,
meist kalkhaltg., locker-humos., meist steing. Lehmböden (Mullböden),
Stickstoffzeiger, Halbschattpf., Insekt.bestäubg, Klettverbrtg, Char. d.
All.-Cynoglossetum germ. (Alliarion) – Pf (Donnersbg), Ju, He, NSH,
Hz, Th – pralp-smed – H – Chrom. 2n = 24.

2437. Gewöhnliche H., C. officinále L., zerstr. in sonng. Unkrautfluren,
an Schuttplätzen, Wegrändern, Tierbauten, in übernützten Weiden, auf
mäß. trock., nährstoffreich., ± humos., gern sandg-steing. Lehmböden
od. bindg. Sandböden, v. all. in d. Trocken- u. Wärmegebieten,
sommerwärmeliebd, Stickstoffzeiger, Lichtpf., Insekt.bestäubg, Klettverbrtg, (Samen giftig), Heilpf. u. früher gegen Ratten u. Mäuse,
Onopordion-Verb.char. – Ebene bis Gebirge, A bis 1580 m –
euras(kont)(-smed) – H – Chrom. 2n = 24.

Steinsame, Lithospérmum L.

1   Blü. zuerst rot, dann blau, 12–15 mm brt, Blü.sprosse aufrecht, Blü.lose
     Triebe bogig liegd, ausläuferartg, an d. Spitze wurzld, B. mit undeutl.
     Seitennerv., 10–30(–50) cm, ⧌, 4–6   **L. purpurocaeruleum** 2438
1*   Blü. weiß od. gelbl., 2–5 mm brt, St. aufrecht

2 St. dicht beblättert, stark verzweigt, B. unt.sts mit deutl. Seitennerv., Fr.
   glatt, glänzd, weißl., 30–60(–80) cm, ⌗, 5–6   **L. officinale** 2440
2* St. locker beblättert, einfach od. nur oben verzweigt, B. unt.sts mit undeutl.
   Seitennerv., Fr. matt, braun, 10–50 cm, ☉, 4–6   **L. arvense** 2439

2438. Blauroter St., L. purpúrocaerúleum L., [*Buglossoides purpurocaerulea* (L.) Johnst.], zml. slt., ab. gesellg im sonng. Eichen-Gebüsch, auch in licht. Eichen-Hainbuchen- od. Buchenmisch-Wäldern, auf mäß. trock. (frisch.), nährstoff- u. basenreich. (auch kalkarm.), neutral-mild., humos., mittelgründg., lock., meist steing., auch rein. Ton-, Lehm- od. Lößböden, zml. tief wurzld. Mullboden-Krieger, Halbschattpf., z.T. wintergrün, Insekt.bestäubg (Bienen), v. all. in Quercion pub.-Ges., überreg. Quercetalia pub.-Ordn.char., auch im Berberidion od. (Diff.) in wärmeliebd. Fagetalia-Ges. – süRh (Els.), Hü, Pf-Nahetal, Ne, Ju bis 823 m, Ba, Bo, Fr, Mn, RS, NSH, Th, An – smed – Ch (H) – Chrom. 2n = 16.

2439. Acker-St., L. arvénse L. [*Buglossoides arvénsis* (L.) Johnst.], zml. hfg in Getreidefeldern (Wintergetreide), auf frisch.-mäß.frisch., nährstoff- u. basenreich. (kalkarm. u. -reich.), mild-mäß. sauer., humusarm. Ton- und Lehmböden, bis 60 cm tief wurzld, Insekt- u. Selbstbestäubg, Secalinetea-Kl.char., auch ruderal (vgl. Unterart.) – Ebene bis mittl. Gebirgslag., A bis 800 m, Ju bis 990 m, v. all. im O u. NO d. Gebiet. – osmed(-gemäßkont) – T – Chrom. 2n = (14, 16, 24) 28 (42), formenreich:

1 Teilfr. 3–3,5 mm lg, Blü. weiß

2439a. ssp. arvénse, verbr. Sippe, s. o. – Chrom. 2n = (14) 28.

1* Teilfr. 2–3 mm lg, Blü. blau od. rötl., slt. weiß

2439b. ssp. caeruléscens (DC.) Rothm., slt. in Trockenras. u. trocken. Kiefernbeständ. – Me (Rügen), Th (Kyffhäuser), Br (Oder) – Chrom. 2n = 28.

2440. Echter St., L. officinále L., zerstr. in verlicht. Eich.-Ulm.-Auenwäld., an Waldweg. u. in Gebüschsäumen, auf warm., frisch. (wechselfrisch.), nährstoff- u. kalkreich., mild., humos. gern sandgen Lehm- u. Tonböd., Tiefwurzler, Halbschatt-Lichtpf., Stromtalpf., Insekt.bestäubg, früher Nutz- u. Heilpf., Origanetalia-Ordn.char., auch im Berberidion od. Alno-Ulmion (Querco-Ulmetum) – Ebene bis mittl. Gebirgslag., v. all. im S d. Gebiet. – A bis 1500 m, in d. Silikatgebirg., wie im nordw. Tiefld fehld – smed-euras., verschleppt – H – Chrom. 2n = 28.

Vergißmeinnicht, Myosótis L.

1 Kelchhaare anliegd, gerade, an d. Spitze nicht hakg gekrümmt, auch ganz fehld, Kelch ± offen bleibend, Blü.zipfel höchst. so lg wie Blü.röhre, Pf

feuchter Standorte (*M. palustris*-Gruppe)
2 Pf. mit kriechd. Wurzelstock, mehrjährg, Blü.stde ohne B., Kelch zu $^1/_3$–$^2/_5$ eingeschnitt.
3 St. abstehd behaart, kriechd-aufsteigd, z.T. wurzld, Blü. üb. 5 mm brt, 20–30 cm, ♃, 4–10 **M. palustris** 2441
3* St. anliegd od. halbabstehd behaart, oft glänzd
4 Unt. B. untersts mit überwiegd z. B.grund gerichtet. Haaren, St. ± scharfkantg, kahl od. mit nach unt. weisend. Haaren, Blü. 4–6 mm brt, 10–40 cm, ♃, 5–8 **M. nemorosa** 2442
4* Unt. B. untersts mit zur B.spitze gerichtet., anliegd. Haar., St. ± rund, kahl od. aufwärts gerichtet behaart
5 St. 20–40 cm hoch, am Grunde oft bläul.
6 Blü. 4–8 mm brt, ♃, 5–8 **M. laxiflora** 2443
6* Blü. 10–12 mm brt, Fr.kelch ca. 6 mm lg, ♃, 5–7 **M. praecox** 2444
5* St. 2–8 cm hoch, Pf. niedrg-rasg, Blü. 8–12 mm brt, ♃, 4–5 **M. rehsteineri** 2445
2* Pf. mit büschelgen Wurzeln, 1–2jährg, Blü.stde am Grunde beblätt., St. rund, schon unt. d. Mitte verzweigt, Kelch ± bis z. Hälfte eingeschnitt., Blü. 2–5 mm brt, 20–50 cm, ☉, 5–8 **M. caespitosa** 2446
1* Kelchhaare etwas abstehd u. vorn oft hakg gekrümmt, St. deutl. behaart, Kelch meist geschlossen od. vergrößert (Ausn. *M. ramosissima* u. *sparsiflora*)
7 Blü.saum flach ausgebrtet, 6–10 mm brt (*M. sylvatica*-Gruppe)
8 Kelch durchweg mit abstehd. hakg gekrümmt. Haaren besetzt, Kelchgrd gerundet, Fr.stiel 1,5–2mal so lg wie ca. 5 mm lger Kelch, Blü. hellblau
9 Kelch mit lineal. Zipfeln, Fr.stiele bis 5 mm lg, St.b. brt-lanzettl., 15–45 cm, ☉, 5–7 **M. sylvatica** 2447
9* Kelch mit mehr 3eckgen Zipfeln, Fr.stiele 3 mm lg, St.b. eiförmg, 20–40 cm, ☉, 6–8 **M. decumbens** 2448
8* Kelch mit zahlreich. anliegden od. weng abstehden, überwiegd geraden Haaren besetzt, Kelchgrd zugespitzt, in d. Stiel verschmälert, Fr.stiel kaum lger als Kelch, dickl., Blü. dunkelblau, 5–15 cm, ♃, 6–7 **M. alpestris** 2449

7* Blü.saum etwas trichterförmg vertieft, 2–5 mm brt, Blü. blaßblau od. gelbl.
10 Fr.stiele 2–3 mal lger als Kelch
11 Blü.std kurz, dichtblütg, b.los, Kelch zuletzt geschloss., Fr.stiel gerade abstehd. St. stark behaart, 10–30 cm, ☉, 4–10 **M. arvensis** 2450
11* Blü.std locker 3–5blütg, untere Blü. mit groß. Tragbl., Kelch offen bleibd, Fr.stiele gern zurückgekrümmt, St schlaff, zerbrechl., 10–40 cm, ☉, 4–6 **M. sparsiflora** 2454
10* Fr.stiel kaum lger od. kürzer als Kelch
12 Blü.röhre im Kelch eingeschlossen, Blü. blau, kl.
13 Blü.std b.los, Kelch offen bleibd, Fr.stiele waagrecht abstehd, 5–20 cm, ☉, 4–6 **M. ramosissima** 2451
13* Blü.std tief unten ansetzd u. hier beblättert, Kelch zuletzt geschloss., Fr.stiele ± aufrecht, ca 1 mm lg, 5–15 cm, ☉, 3–6 **M. stricta** 2452
12* Blü.röhre zuletzt doppelt so lg wie Kelch, Blü. zuerst gelb, dann rosa, zuletzt blau, Kelch zuletzt geschloss., Fr.stiele abstehd, 1,5–2,5 mm lg, Blü.std b.los, 10–30 cm, ☉, 4–6 **M. discolor** 2453

2441/46. **M. palústris**-Gruppe

2441. **Sumpf-V., M. palústris** L., (*M. scorpioídes* L. em. Hill.), verbr. in Naßwiesen, auch in Verlandgs-Ges. od. in Bruchwäldern, an Gräben u. Ufern, auf nass. (wechselnass.)-feucht., nährstoffreich., mild-mäß. sauer., humos., sandg. od. rein. Lehm- u. Tonböden, Sumpfhumusböden, Nährstoffzeiger, Licht(Halbschatt)pf., Insekt.bestäubg (Fliegen, Falter), z. T. Wasserverbrtg, Calthion-Verb.char., auch in and. feucht. Mol.-Arrhenatheretea-Ges., ferner in Phragmitetalia-Ges. od. im Alnion – Ebene bis mittl. Gebirgslage., A bis 1690 m – no-eurassubozean – H – Chrom. 2n = 44 (66).

2442. **Hain-V., M. nemorósa** Bess. (*M. strigulósa* Rchb.), slt. in feucht. Wiesen, an Gräben, in nass. Waldlichtgen, v. all. im Calthion – Mittelgebirge (Silikatgebirge) z. B. Sch, Hz, ThW, auch im nördl. Tiefld, Av, usw., auf weitere Verbrtg ist zu achten – gemäßkont – Chrom. 2n = 22.

2443. **Lockerblütiges V., M. laxiflóra** Rchb., zerstr. an Gräben u. Ufern, z. B. im Bidention (DV), auch im Calthion od. in Phragmitetalia-Ges. – v. all. im N d. Gebiet., auch Rh, Hü, Sch, Av, usw. – eurassubozean-smed – H.

2444. **Großblütiges V., M. praếcox** Hülph., d. vorigen nahestehd, s. slt. in Strandwies. – nur Me (Usedom, Wolgast) – endem(?) – Chrom. 2n = 66.

2445. **Bodensee-V., M. rehsteíneri** Wartm. (*M. palústris* ssp. *caespitítia* (DC.) Baum.], slt. in Strandlgs-Ges. auf dem sommerlich überflutet. Kiesufer d. Voralp.seen auf off., ± nährstoffarm. (oligotroph.), kalkhaltg., tong. Sand- u. Kiesböden, Char. d. Deschampsietum rhen. (Deschampsion lit.) – Bo, HRh, Av (Starnberg) – pralp – H (W) – Chrom. 2n = 22.

2446. **Schlaffes V., M. caespitósa** K. F. Schultz [*M. láxa* Lehm. ssp. *caespitósa* (Schultz) Hyl.], zerstr. in Röhricht-Ges. an Ufern, auf nass., zeitw. überschwemmt., nährstoffreich., kalkarm., mäß. sauer., roh., tong. Sand- od. Kiesböden, Schwemmböden, auch auf Torf, Licht(Halbschatt)pf., Wasserverbrtg, Char. d. Phalaridetum ar. (Magnocaricion), auch in and. Phragmitetalia-Ges. – Ebene bis mittl. Gebirgslagen – no-euras, circ – H – Chrom. 2n = 22 (44).

2447-49. **M. sylvática**-Gruppe

2447. **Wald-V., M. sylvática** (Ehrh.) Hoffm., zerstr., ab. gesellg im Hochstauden-Gebüsch, an Wald- u. Wegrändern, in Waldschläg. u. an Viehlägerplätz., auf frisch. (feucht.), nährstoff- u. basenreich., oft kalkarm., locker-humos. Lehmböden, Mullböden, Nährstoffzeiger, Halbschattpf., Insekt.bestäubg (Fliegen), Klettverbrtg, in tieferen Lag. v. all. im Epilobion ang. u. Atropion, Atropetalia-Ordn.char., in Hochlag. auch in Arrhenatheretalia-Ges. od. im Adenostylion – Sch, Ju, Av, A bis 1860 m, sonst slt. – pralp-no – H – Chrom. 2n = 18.

2448. **Niederliegendes V., M. decúmbens** Host, zml. slt. in Staudenges. an Quell. u. Bächen, od. in Lägerfluren, auf frisch., nährstoffreich. Lehmböd., in Montio-Cardaminetea-, Adenostylion- od. Rumicion alp.-Ges. – A (z. B. Allgäu bis 1700 m) – alp-no – H – Chrom. 2n = 32.

2449. **Alpen-V., M. alpéstris** F. W. Schmidt, zerstr. in subalp. u. alp. Steinras., in Wildheuplanken u. Schneetälch., in Staudenflur. u. im Steinschutt, auf frisch., nährstoff- u. kalkreich., neutral.-mild., humos. Ton- u. Lehmböd., Lichtpf., Falterblume, Windverbrtg, Zierpf. (glgtl. verwildert), v. all in Seslerietalia-Ges. (schwache Ordn.char.), auch in Salicetea herb.- od. Thlaspietea rot.-Ges., sowie (Chrom. 2n = 48) im Adenostylion od. Rumicion alp. – A bis 2420 m, Vog – arkt-alp, circ – H – Chrom. 2n = (20), 24, 48, (70, 72), formenreich.

2450. **Acker-V., M. arvénsis** (L.) Hill. (*M. intermédia* Link), hfg auf Äckern, v. all. in Getreidefeldern, auch in Waldschläg. od. an Schuttplätz., auf ± frisch., nährstoff- u. basenreich. Lehmböd., Lichtpf., Insekt.- u. Selbstbestäubg, Klettverbrtg, Secalinetea-Kl.char., seltener in d. Pol.-Chenopodietalia, var. *silvéstris* ist Atropetalia-Ordn.char. – Ebene bis Gebirge, A bis 1020 m, Ju bis 1000 m, süSch bis 1050 m – no-euras (verschleppt) – T (H) – Chrom. 2n = (36, 48) 52 (54, 66), formenreich:

2450a. **var. silvéstris** Schldl., Blü.saum 4–5 mm brt, Fr.kelch über 7 mm lg, viel dichter behaart als bei *M. sylvatica.*

2451. **Hügel-V., M. ramosíssima** Roch. (*M. híspida* Schldl.), zerstr. in sonng. Sandrasen, auf Felsköpfen, an Dämmen u. Erdanrissen, auf off., sommerwarm.-trock., basenreich., mild-mäß. sauer., meist humus- u. feinerdearm., lock. Sand- od. Steingrusböden, auch auf off. Löß, meist Selbstbestäubg, Klett- u. Windverbrtg, Sedo-Scleranthetea-Kl.char., auch in lückg. Festuco-Brometea-Ges. – v. all. tiefgeleg. Sand- u. Kalkgebiete bis rd 650 m, Silikatgebirge u. A fehld – smed-euras – T – Chrom. 2n = 48.

2452. **Sand-V., M. strícta** Link (*M. micrántha* auct., *M. arenária* Schrad.), zerstr. in sonng. Sandrasen, v. all. auf Dünen, auch auf Felsköpfen, an Wegrainen od. in Sandäckern, auf sommerwarm.-trock., mager., ± basenreich., meist entkalkt., mäß. sauer.-neutral., humos. od. roh., feinerdearm. Sand- u. Steingrus-Böden, Flachwurzler (bis 15 cm), meist Selbstbestäubg, Klettverbrtg, Sedo-Scleranthetea-Kl.char., auch in lückg. Festuco-Brometea-Ges. od. im Aperion – Tieflagen (Sandgebiete) – smed-euraskont – T – Chrom. 2n = 36, 48.

2453. **Buntes V., M. díscolor** Pers. [*M. versícolor* (Pers.) Sm.], slt. in Sandrasen, im Saum von Ginstergebüsch od. Kiefernbeständen, an Weg- u. Ackerrändern, auf off., mäß. trock., basenarm., mäß. sauer., lock., humus- u. feinerdearm. Sand- u. Steingrusböden in wintermild.

Tieflagen, Kalkflüchter, Licht(Halbschatt)pf., Insekt.- u. Selbstbestäubg, Klettverbrtg, Thero-Airion-Verb.char., auch im Arnoseridenion – v. all. im W u. N d. Gebiet., höhere Gebirge (auch Ju u. Av) slt. od. fehld. – subatl – T – Chrom. 2n = (24) 72.

2454. Lockerblütiges V., M. sparsiflóra Mik.ex Pohl, s. slt. im krautreich. Auen-Gebüsch, in Eichen-Auenwäldern, auf sickerfeucht., nährstoffreich., locker-humos. Ton- u. Lehmböden (Mullböden), Nährstoffzeiger, Halbschattpf., Insekt.- u. Selbstbestäubg (Fliegen), Ameisenverbrtg, Alliarion-Verb.char. – v. all. im NO d. Gebiet., westl. bis Me, Br, Th, Hz, im S nur Do (Neuburg/Inn) – euraskont – T – Chrom. 2n = 18.

Lotwurz, Onósma L. vgl. S. 775

2455. Sand-L., O. arenárium W. et Kit., s. slt. in Sand-Steppenrasen, in Kiefernwald-Verlichtg. u. Dünen, auf sommerwarm.-trock., $\pm$ kalkreich., schwarzerdeartg., neutral., humos., feinerdearm., lock. Sandböden, Licht(Halbschatt)pf., meist Insekt.bestäubg u. Klettverbrtg, Char. d. Jur.-Koelerietum gl. (Koelerion gl.), auch im Pyrolo-Pinetum (Cytiso-Pinion) – nöRh (Mainz, isoliert. Vorkommen) – europkont – H – Chrom. 2n = 20.

Wachsblume, Cerínthe L.

1 Blü. tief 5spaltg mit lanzettl. Blü.zipfeln, gelb, z. T. rot gefleckt, Grundb. oft weißl. gefleckt, randl. behaart, 15–50 cm, ⊙, 5–7   **C. minor** 2456

1* Blü. kurz 5zähng, Zähne an d. Spitze zurückgekrümmt, viol. gefleckt, B. nicht gefleckt, kahl 30–60 cm, ♃, 5–7   **C. glabra** 2457

2456. Kleine W., C. mínor L., slt. u. unbestdg in Unkraut-Ges. an Weg- u. Ackerrändern, an Dämmen, Rainen, in Gebüschsäumen, auf sommerwarm., mäß. trock., nährstoffreich., meist kalkhaltg. Lehmböden, bis 50 cm tief wurzld, Insekt.bestäubg, im Gebiet im Onopordion, in O-Europa nach d. Lit. auch im Geranion sang. – Rh, süHü, Do, Av, BayW, FrJu (im Südteil), Th, An – gemäßkont – H – Chrom. 2n = 18, 36.

2457. Alpen-W., C. glábra Mill., zml. slt. in unkrautg. Staudenfluren d. subalp. Stufe, an Viehlägern, auf frisch., nährstoffreich., meist kalkhaltg., mild., humos., gern steing. Lehm- u. Tonböden od. Steinschuttböden, Nährstoffzeiger, Licht(Halbschatt)pf., Hummelblume, früher Zier- u. Heilpf. (Bauerngärten), Rumicion alp.-Verb.char., auch im Adenostylion od. Aegopodion – A bis 2250 m, ferner herabgeschwemmt bis Do, süSch (verwildt!?) – alp-pralp – H – Chrom. 2n = (16) 18.

Natterkopf, Échium L. vgl. S.774

2458. **Stolzer Heinrich, E. vulgáre** L., verbr. in sonnig. Unkrautfluren, an Wegen, in Bahn- u. Hafenanlagen, Steinbrüchen u. Felsfluren, auf sommerwarm., mäß. trock., ± nährstoffreich., oft humusarm., lock., steing-sandg. Lehm- od. Tonböden, auch rein. Kies- u. Sandböden, wärmeliebd, bis 250 cm tief wurzlde Pionierpf., Insekt.bestäubg, Wind- u. Klettverbrtg, opt. in d. Sedo-Scleranthetea (Kl.char.), ferner (Diff.) im Echio-Melilotetum (Dauco-Melilotion) od. in lückg. Fest.-Brometea-Ges. – Ebene bis mittl. Gebirgslagen, Ju bis 990 m, A bis 850 m – eurass-smed – H – Chrom. 2n = 32.

Seltene u. unbestdge Neuankömmlinge (v. all. Rh) sind: *E. lycópsis* L. (Blü. blau, bis 3 cm lg, obere St.b. mit herzförmg. Grund), Pf. medit. Therophyten-Weiden – med-atl – Chrom. 2n = 16, *E. itálicum* L. (Blü. blaßviol., B. mit weißl. Borsten), Pf. medit. Unkrautges., im Gebiet im Sisymbrion od. Onopordion, u.a.

Ochsenzunge, Anchúsa L. vgl. S.775

1 Blü.schlundschuppen kurzhaarg, samtg, Blü. 5–10 mm brt, B. lanzettl.
2   Kelchb. spitzl., Blü. blauviol., 30–80 cm, ☉, ♃, 4–10
                                      A. officinalis 2459
  vgl. ferner   **A. hybrida** 2460
2*   Kelchb. stumpfl., mit häutg. Rand, Blü. meist gelbl.-weiß, 30–80 cm, ☉, 5–7
                                        A. ochroleuca 2462
1* Blü.schlundschuppen borstg behaart, Blü. 12–15 mm brt, leuchtd blau, B. lanzettl., wellg, glänzd, 60–100 cm, ☉, 5–8   **A. azurea** 2461

2459. **Gewöhnliche O., A. officinális** L., slt. in sonnig. Unkrautfluren, an Wegen, Schuttplätzen u. Dämmen, auf sommerwarm., mäß. trock., nährstoffreich., meist kalkarm., humos. od. roh., durchlässg. Sand- u. Kiesböden v. all. d. Wärmegebiete, bis 120 cm tief wurzlde Pionierpf., Insekt.- u. Selbstbestäubg, Ameisenverbrtg, Onopordetalia-Ordn.char. – warme Tieflag., v. all. im S u. O d. Gebiet., im Nordw. slt. – gemäßkont-(-osmed) – H – Chrom. 2n = 16.

2460. **A. hýbrida** Ten., d. vor. nahestehd, Blü.röhre lger als Kelch, einjährg – slt. in Unkrautges. eingebürgt – Oberels. – med.

2461. **Italienische O., A. azúrea** Mill. (*A. itálica* Retz.), slt. u. unbestdg in Unkraut-Ges., an Verlade- u. Schuttplätzen eingeschleppt, wärmeliebd, auch Zierpf. u. vorübergehd verwildt – z. B. Rh, Pf, Do, Fr, Th – med – H – Chrom. 2n = 32.

2462. **Gelbe O., A. ochroleúca** M. Bieb., slt. u. unbestdg in Unkraut-Ges., an Schutt- u. Verladeplätzen, in Onopordion-Ges., wärmeliebd – z. B. Rh, Fr – omed – H – Chrom. 2n = 24.

Krummhals, Lycópsis L. vgl. S.774

2463. **Acker-K., L. arvénsis** L. (*Anchúsa arvénsis* M. Bieb.), zerstr. in Hackunkraut-Fluren, auf mäß. frisch., nährstoffreich., meist kalkarm., neutral-mäß. sauer., gern humusarm., leicht., bindg. Sandböden, Sandzeiger, etwas wärmeliebd, Insekt.bestäubg (Bienen), Ameisenverbrtg, Char. d. Lycopsietum (Polyg.-Chenopodienion), auch in and. Polyg.-Chenopodion-Ges., slt. im Sisymbrion – Ebene bis mittl. Gebirgslagen (fehlt A), v. all. im N u. NO d. Gebiet., im SW slt. – osmed-euras-(kont) (verschleppt) – T, H – Chrom. 2n = 48.

Mönchskraut, Nónea Med.

1 Pf. kurz-grauhaarg, schwach drüsg, Blü. rotbraun, Teilfr. fast kugelg, 15–30 cm, ♃, 5–6   **N. pulla**   2464
1* Pf. spärlich ± abstehd behaart, Teilfr. längl.
2 Blü. gelb, St. nicht klebrg, 20–30 cm, ☉, 4–6   **N. lutea**   2465
2* Blü. rosa, zuletzt braunviol., St. klebrg, 20–40 cm, ☉, 4–6
                                                           N. rosea   2466

2464. **Braunes M., N. púlla** (L.) DC., slt. u. unbestdg in Getreidefeldern, in Brachen, an Weg- u. Ackerrändern, auf sommerwarm., nährstoff- u. kalkreich., meist wenig humos. Lehm- u. Lößböden, wärmeliebd, bis 90 cm tief wurzeld, Insekt.bestäubg, Ameisenverbrtg, Caucalidion-Verb.Diff., auch in Mesobromion- u. Geranion sang.-Ges. – Rh, Hü, Do, FrJu, Fr, Mn, Hz, Th, An, Sa, östl. Br – gemäßkont – H – Chrom. 2n = 20.

2465. **Gelbes M., N. lútea** (Desr.) DC., slt. u. unbestdg verwildt in Schutt-Ges., in Kiesgruben, an Dämmen, wärmeliebd, Ameisenverbrtg, Zierpf. – z. B. Rh, Fr, Mn – osmed-gemäßkont – T, H – Chrom. 2n = 14.

2466. **Rosenrotes M., N. rósea** (M. Bieb.) Link, slt. z.T. eingebürgert in Unkraut-Ges. an Wegen u. Rainen, in Brachen, wärmeliebd, Ameisenverbrtg, Zierpf., v. all. im Sisymbrion, auch im Fum.-Euphorbion – Do, Fr, Mn – osmed (Kaukasus) – T, H.

Lungenkraut, Pulmonária L.

1 Grundstdge Sommerb. allmähl. in d. Stiel verschmälert, obersts ohne Stachelhöckerch.
2 B. steifhaarg mit nur spärlich. u. kurz. Drüs., St.b. 0,5–2 cm brt
3 Grundb. schmal-lanzettl., 2–3 cm brt (6–9mal so lg wie brt), St.b. 8–12, Blü. azurblau, innen unter d. Haarring kahl, 15–30 cm, ♃, 3–5
                                                  P. angustifolia   2467
3* Grundb. längl.-eiförmg, bis 6 cm brt (5–6mal so lg wie brt), St.b. 5–8
4 Obere St.b. kurz zugespitzt, mit brtem Grund ± halbst.umfassd, St. nur spärl. drüsg, nicht klebrg, Blü. zuletzt dunkel blauviol., innen unt. d. Haarring spärl. behaart od. kahl, 10–30 cm, ♃, 3–5   **P. montana**   2468

4* Obere St.b. lg zugespitzt mit gerundet. Grund sitzd, St. etwas reichlicher
   drüsg, oft etwas klebrg, Blü. blauviol., innen unt. d. Haarring ± behaart,
   10–30 cm, ♃, 3–5   **P. collína** 2469
2* B. ob.sts reichdrüsg, weichhaar, grauschimmernd, oval-lanzettl., zugespitzt, 4–6 cm brt (5–6mal so lg wie brt), ± wellg kraus, St.b.
   halbst.umfassd, zu 5–8, 2–4 cm brt, Blü.std klebrg, Blü. lila od. viol., innen
   unter d. Haarring dicht behaart, 15–30 cm, ♃, 4–5   **P. mollis** 2470
1* Grundstdge Sommerb. am Grunde herzförmg od. abgerundet, plötzl. in d.
   Stiel verschmälert, oberstes mit Stachelhöckerch., Blü.röhre unter d.
   Haarring kahl
5 B. kurz u. brt, 1,5mal so lg wie brt, oft hell gefleckt, z. T. wintergrün, B.stiel
   bis 15 cm lg, ± geflügelt, Kelch ± trichterförmg, Blü. blauviol., 15–30 cm,
   ♃, 3–4   **P. officinalis** 2471
5* B. lger, zugespitzt, ca. 2mal so lg wie brt, nicht gefleckt, nur sommergrün,
   B.stiel bis 25 cm lg, kaum geflügelt, Kelch ± walzl., Blü. kleiner, mehr
   rotviol., 15–30 cm, ♃, 3–4   **P. obscura** 2472

2467. Schmalblättriges L., P. angustifólia L., slt. in grasg. Eichen- u.
Kiefern-Wäldern, im licht. Gebüsch, an Waldrändern, auf frisch.-
wechselfrisch., basenreich., meist entkalkt., neutral-mäß. sauer., humos.
Tonböden, auch bindg. Sandböden, sommerwärmeliebd, Halbschattpf.,
Tiefwurzler, Hummelblume, Ameisenverbrtg, gern in Begleitg d. Kiefer,
Char. d. Potentillo-Quercetum (Quercion pub.), ferner im Carpinion od.
Geranion sang. – An, Th, Mn-Fr (FrJu u. Do wohl verscholl.), andere
Angab. beruhen auf Verwechslg mit folgd. Art – gemäßkont – H –
Chrom. 2n = 14.

2468. Knollen-L., P. montána Lej. (*P. tuberósa* Schrank), zml. slt. in
licht. Laubmischwäldern, in Hecken u. Waldsäumen, auf frisch.-
wechselfrisch., basenreich., meist kalkarm., mäß. sauer., locker-humos.,
sandg. Lehm- u. Tonböden, Tiefwurzler, etwas wärmeliebd, Halbschattpf., Hummelblume, Ameisenverbrtg, Carpinion-Verb.char., auch
in Prunetalia- u. Trifolion medii-Ges. – Rh, Sch (Tallag.), Ne, Hü, Pf, RS
– subatl (mi.europ.) – H – Chrom. 2n = 22, 24.

2469. Hügel-L., P. collína Sauer, zur folgden Art vermittelnd u. seither
damit verwechselt, slt. in Laubmischwäldern od. im Gebüsch auf frisch.,
nährstoff- u. basenreich. Lehmböd., im Carpinion od. Carici-Fagetum,
auch im Berberidion – HRh, Bo (Hegau), Ju, Do – mi.europ.-endem. – H
– Chrom. 2n = 18.

2470. Weiches L., P. móllis Wolff (*P. montána* auct.),· slt. in licht.
Laubmischwäld. u. Bergwäld, an Waldränd., auf frisch.-wechselfrisch.,
nährstoff.- u. basenreich., meist kalkhaltgen u. steingen Lehmböd.,
Halbschattpf., Insekt.bestäubg, Ameisenverbrtg, v. all. in d. Ori-
ganetalia- u. Prunetalia, auch in Fagetalia- od. Quercion pub.-Ges., in
höher. Lag. im Adenostylion – Ju (bis 880 m), Mn, Do, Av, A (bis 1700 m),
Fr, BayW, Th – gemäßkont(-osmed) – H – Chrom. 2n = 18.

2471. Geflecktes L., Echtes L., P. officinális L. [*P. officinális* ssp. *maculósa* (Liebl.) Gams], zml. slt. in krautreich. Laubmisch- u. Buchenmisch-Wäldern, auf frisch., nährstoff- u. basenreich., meist kalkhaltg., steing. od. rein. Ton- u. Lehmböden, Lehmzeiger, Mullboder wurzler, Halbschattpf., Insekt.bestäubg (Bienen, Hummeln), Ameisenverbrtg, früher Heilpf., v. all. im Fagion u. Alno-Ulmion, Fagetalia-Ordn.char. – v. all. im O d. Gebiet., A (bis 1230 m), Bo, Av, Do, FrJu, An, usw., im W u. Nordw. fehld – gemäßkont(-osmed), mehr südöstl. verbr. – H – Chrom. 2n = 16.

2472. Dunkles L., P. obscúra Dum. (*P. officinális* ssp. *officinális*), zerstr. in krautreich. Laub- u. Nadelmischwäldern, in Auenwäldern, auf sicker-u. grundfrisch. (feucht.), nährstoff- u. basenreich., neutral.-mild., humos., tiefgründg. Lehm- u. Tonböden, Mullbodenwurzler, Lehmzeiger, Halbschatt-Schattpf., Insekt.bestäubg, Ameisenverbrtg, gern mit *Primula elatior* od. Geophyten, v. all. im Carpinion, Fagetalia-Ordn.char. – v. all. in tiefer. Lag., im nordw. Tiefld slt., abs. W-Grenze: Maas-Saône – gemäßkont (mehr nordöstl. verbr.) – H – Chrom. 2n = 14. Zahlreiche Bastarde!

Beinwell, Sýmphytum L.

1   St. v. Grund an ästg, B. rauhhaarg (borstg), Blü. blau, viol., slt. weißl.
2   B. brtlanzettl., nicht am St. herablaufd, Blü. rötl.-hellblau mit weißl. Saum,
    80–150 cm, ♃, 6–8   **S. asperum**   2473
2* B. schmallanzettl., d. oberen am St. herablaufd, Blü. rotviol. od. gelbl.-weiß,
    30–80 cm, ♃, 5–7   **S. officinale**   2474
1* St. einfach od. erst oben gabelästg, Blü. blaßgelb, Wurzel z. T. knollg
3   Schlundschupp. d. Blü.zipfel nicht überragd, Blü. 15–20 mm lg, Wurzelstock
    ohne Ausläufer, 20–30 cm, ♃, 4–6   **S. tuberosum**   2476
3* Schlundschupp. d. Blü.zipfel überragd, Blü. 7–11 mm lg, Wurzelstock mit
    Ausläufern, 20–40 cm, ♃, 5–6   **S. bulbosum**   2475

2473. Rauher B., Comfrey, S. ásperum Lepech., Zier- u. Futterpf. aus d. Kaukasus, glgtl. im Arction verwildt, dazu hfger als *S. ásperum* d. sog. verbessert. Comfrey-Arten, die z. T. Bastarde mit *S. officinale*, z. T. gute andere Kaukasus-Arten darstellen, z. T. auch unsicherer Herkunft sind, z. B. *S* × *uplándicum* Nym. od. *S. peregrínum* Ledeb. – z. B. Rh, Av, Ju, FrW (Fichtelgebirge) – H – Chrom. 2n = 32, 36, 40.

2474. Arznei-B., Gewöhnlicher B., S. officinále L., verbr. in Naßwiesen, in Uferstauden u. and. Verlandungs-Ges., in Moorwiesen, Auen- u. Bruchwäldern, an Gräben, auf grund- u. sickernass., z. T. wechselnass., nährstoff- u. basenreich., roh. od. humos., kiesg-sandg. od. rein. Lehm-u. Tonböden, auch modrg-torfgen Böden, v. all. tief. Lagen, bis 180 cm tief wurzld, Nährstoffzeiger, Licht-Halbschattpf., Insekt.- u. Selbstbestäubg (Fliegen, Bienen), Ameisenverbrtg, alte Arzneipf. (Wurzel), mäßg. Futterwert, v. all. in Molinietalia-Ges. u. feucht. Arrhenathereten, auch im Senecion fluv. u. Aegopodion od. im Alno-Ulmion (Eschen-Standorte) – Ebene bis mittl. Gebirgslag., A bis 1000 m – euras-smed, verschleppt – H, formenreich:

1 St. u. B. borstg rauh, B. weit herablaufd
2 Blü. 1–2 cm lg, rot-viol., slt. weiß

2474a. **ssp. officinále,** verbr. Sippe, s. o. – Chrom. 2n = (24, 26, 36, 40) 48 (54).

2* Blü. kleiner, gelbl.-weiß

2474b. **ssp. bohémicum** (F. W. Schmidt) Čel., zerstr. v. all. in Convolvuletalia-Ges., auch in Alno-Ulmion- u. Alnion-Ges. – v. all. im S d. Gebiet. – Chrom. 2n = 24.

1* St. u. B. fast kahl, B. nur weng herablaufd, Blü. rot-viol., slt. weiß

2474c. **ssp. uliginósum** (Kern.) Nym., slt. in nass. Staudenges., viell. nur adv. im S d. Gebiet., z. B. Rh – südosteurop. (gemäßkont) – Chrom. 2n = 40.

2475. **Knollen-B., S. bulbósum** K. Schimp., slt. verwildt u. eingebürgt an Waldsäumen, in Parkanlagen, an Weinbergrändern, auf frisch., nährstoffreich., meist kalkarm., neutral., humos., sandg. od. rein Ton- u. Lehmböden, Mullboden-Kriecher, wärmeliebd, Halbschattpf., Ameisenverbrtg, terr. im Aegopodion, im SO-europ. Heimatgebiet in frisch. Orno-Ostryon-Ges. – Rh (Schwetzingen), Hü (Ettlingen, Els, Pfalz) – osmed – G – Chrom. 2n = 84.

2476. **Knoten-B., S. tuberósum** L., slt., ab. gesellg in artenreich. Laub- u. Buchen-Mischwäldern, in Auengehölzen od. im Hochstaudengebüsch, auf sickerfrisch., nährstoff- u. basenreich., neutral.humos., meist tiefgründg. Lehm- u. Tonböden, Mullböden, Halbschatt-Schattpf., Ameisenverbrtg, Fagetalia-Ordn.char. – Do-Av-A bis 1750 m (östlich d. Lech), FrJu–BayW (im südl. Teil), An-Br (Elbe, Oder), auch adv. – gemäßkont-smed – G – Chrom. 2n = (18, 72) 96 (100).

Boretsch, Borágo L. vgl. S. 774

2477. **B. officinális** L., hfg in Gärten gepflzt u. hie u. da in Schutt-Ges. vorübergehd verwildt, liebt frische u. nährstoffreiche Böden in humid wintermild. Klima, alte Gewürz- u. Heilpf., auch Bienenweide, Ameisenverbrtg, Chenopodietea-Art – Herkunft: wmed – T – Chrom. 2n = 16.

Ordnung Lamiáles

Familie der Eisenkraut-Gewächse, Verbenáceae
Eisenkraut, Verbéna L., vgl. S. 296

2478. **Gewöhnliches E., V. officinális** L., verbr. in lückg. Unkrautfluren, an Wegen, Mauern od. Zäunen, in gestört. Fettweiden u. Tret-Ges., auf frisch., nährstoffreich., meist humos., sandg. od. rein. Ton- u. Lehmböden, bis 60 cm tief wurzld. Stickstoffzeiger, Lichtpf., Insekt.- u. Selbstbestäubg, Wind- u. Klebverbrtg, Kulturbegleiter seit jüng. Steinzeit, früher Heilpf., Agr.(El.)-Rumicion-Verb.char., auch in Polygonion av.-od. Arction-Ges. (z. B. mit *Ballota*) – Ebene bis mittl. Gebirgslag., A bis 1112 m – eurassubozean-smed, verschleppt – H (T) – Chrom. 2n = 14.

Zu d. Verbenaceae gehört ferner d. med. Keuschbaum, *Vítex ágnuscástus* L. (Nerio-Tamaricetea-Art) u. d. subtrop. Tiekholzbaum, *Tectóna grándis* L.

Familie der Wasserstern-Gewächse, Callitricháceae

Wasserstern, Callítriche L.

1   Blü. ohne Vorb., Pf. vollstdg untergetaucht, ohne Schwimmb.rosett., B. lineal, am Grunde verbrtert, durchscheinend, ohne Sternhaare, St. dicht beblättert, Fr. geflügelt, 10–50 cm, ⅃, 6–9   **C. hermaphroditica**   2479

1* Blü. mit Vorb., Pf. neben untergetaucht. Rosett., meist mit Schwimmb.-rosett., B. veränderl., lineal od. eiförmg, mit Stern- u. Schuppenhaaren, am Grunde meist verschmälert

2   Narb.reste zurückgeschlag. d. Fr. angepreßt, Wasserb. lineal

3   B. an d. Spitze nicht zweispaltg, B. d. Schwimmb.rosette ellipt., Fr. meist bei d. Landform bis 13 mm lg gestielt, St.drüs. 8–16zellg, 5–30 cm, ⅃, 5–10
      C. brutia   2480

3* B. an d. Spitze deutl. halbkreis-zangenförmg ausgeschnitt., ± verbreitert (Lupe), Schwimmb.rosett. mit ca. 10 spatelförmg. gestielt. B., St.drüs. 10–15zellg, St. fädl., 10–80 cm, ⅃, 6–10   **C. hamulata**   2481

2* Narbenreste aufrecht od. gebogen (nicht anliegd) od. fehld, B. d. hfg vorhanden. Schwimmb.rosett. brt-spatelförmg bis ellipt.-oval, Wasserb. ± lineal

4   Fr. mit ± abgerundet., ungeflügelt. Kanten, Narben deutl. entwickelt, aufrecht, bleibd, 4–6 mm lg, Samen ungeflügelt, St.drüsen mit 8 Zellen

5   Schwimmb.rosett. mit 15–20 deutl. rhomboid. B., Fr. ellipt., 1,5 2 mm lg, St. 5–30 cm, ⅃, 5–10   **C. obtusangula**   2486

5* Schwimmb.rosett. mit 8–15 mehr ellipt. B., Fr. rundl., bis 1,5 mm lg, 5–30 cm, ⅃, 5–10   **C. cophocarpa**   2485

4* Fr. deutl. gekielt, Samen geflügelt, Narben kürzer, bogig od. hinfällg

6   Fr. eiförmg, ca. 1 mm lg, dunkelbraun, Narben 1–2 mm lg, hinfällg, auch Staubb. reduziert, Samen schwarz, nur am ober. Rand geflügelt, Schwimmb.rosett. mit 10–12 (meist 3nervg.) B., 5–35 cm, ⅃, 5–10
      C. palustris   2484

6* Fr. rundl., 1,5–2 mm brt (oft brter als lg), braun

7   Fr. 1,7–2 mm brt, Staubb. 1–2 mm lg, Narben ± umgebogen, Samen brt geflügelt, Schwimmb.rosett. mit 6–8 brt-ellipt. bis rundl., 3–5nervg. B., lineale B. meist fehld, St.drüsen mit 12–16 Zellen, 5–25 cm, ⅃, 5–10
      C. stagnalis   2842

7* Fr. 1,5–1,7 mm brt, Staubb. 3–6 mm lg, Narben aufrecht, Samen schmal geflügelt, Schwimmb.rosett. mit 8–12 ellipt.-lineal., 3nervg. B., St.drüsen mit 8 Zellen, 5–25 cm, ⧫, 5–10   **C. platycarpa** 2483

2479. **Herbst-W., C. hermaphrodítica** L. (*C. autumnális* L.), s. slt. v. all. in stehden, kalkarm., meso-oligotroph. Gewässern, oft herdenbildend, in Potamogetonetalia-Ges. – v. all. im NO d. Gebiet., im Nordw. slt., ThW, weiter südl. fehld od. zweifelhaft (Rh?) – no – W – Chrom. 2n = 6.

2480. **Stielfrüchtiger W., C. brútia** Petagna (*C. pedunculáta* DC.), s. slt. in still. flachen Gewässern – SH – subatl-smed – W – Chrom. 2n = 28.

2481. **Haken-W., C. hamuláta** Kütz., zerstr. in untergetaucht. Wasserpf.-Fluren, vorwiegd schnell-lgsam strömend., sauerstoffreich., kühler, kalkarm., oligo-mesotroph. Gewässer mit stark schwankend. Wassertiefe, üb. humos. (schlammarm.) Kies- u. Sandböden, wasserreinigd, Unterwasser-Befruchtung, Char. d. Ran.-Callitrichetum ham. (Ranunculion fluit.), in d. Landform auch in Littorelletea-Ges. od. im Kontakt mit d. Nanocyperion – v. all. mittl. Gebirgslag., Sch bis 900 m – (no-)subatl (im Gebiet O-Grenze d. Verbrtg erreichd) – W (T) – Chrom. 2n = 38 (40).

2482. **Teich.-W., C. stagnális** Scop., zml. hfg in stehd. u. fließd., oft beschattet., ± nährstoffreich., ± kalkarm., sauerstoffreich. Gewässern (bis 80 cm Tiefe) üb. schlammg. od. sandg-humos. Böden, gern auch als Landform an trock. gefallen. Schlammufern, salzertragd, Licht-Halbschattpf., Windbestäubg, in d. Wasserform (mit *Veronica beccabunga*) terr. Char. d. Veronico-Callitrichetum (Ranunculion fluit.), auch in ander. Potamogetonetalia-Ges., in d. Landform auch in d. Littorelletea od. im Kontakt mit dem Nanocyperion – Ebene bis Gebirge (A fehld) – eurassubozean – W (T) – Chrom. 2n = 10, nahe steht:

2483. **Flachfrüchtiger W., C. platycárpa** Kütz., slt. in stehden od. lgsam fließd., meso-eutroph. Gewässern üb. schlammgen Böd., Windbestäubg, v. all. im Ranunculion fluit. – Rh, Sch, O, He, Fr, Th, Br, SH – subatl – W (T) – Chrom. 2n = 20.

2484. **Sumpf-W., C. palústris** L. (*C. vérna* L.), zml. slt., oft in beschattet., flach., stehd., meso-oligotroph., ± kalkarm. Gewässern, üb. humos. Schlammböd., Windbestäubg, Char. d. Hottonietum pal. (Nymphaeion), auch in ander. Nymphaeion-Ges. od. in d. Littorelletea, auch im Kontakt mit d. Nanocyperion – Ebene bis Gebirge, A bis 1880 m – (arkt-)no-euras, circ – W (T) – Chrom. 2n = 20.

2485. **Stumpfkantiger W., C. cophocárpa** Sendtn. (*C. polymórpha* Loennr.), zml. slt. in Wasserpf.-Ges. stehd. od. langsam fließd., mesoeutroph., ± kalkhaltger Gewässer, üb. sandg-schlammg. Böden, Windbestäubg, Char. d. Ranunc.-Siëtum erecti (Ranuculion fluit.), slt. auch in ander. Potamogetonetalia-Ges., in d. Landform v. all. in

Littorelletalia-Ges. – Ebene bis Gebirge, A bis 1890 m – no-euraskont –
W (T) – Chrom. 2n = 10 (12).

2486. Nußfrüchtiger W., C. obtusángula Le Gall, zerstr., sich ausbreitd,
offenbar v. all. im lgsam fließd., Ammonium-reich., eutroph. Wasser
sommerwarm. Lagen, auch salzertragd, Windbestäubg, Char. d. Calli-
trichetum obt. (Ranunculion fl.), auch DAss. im Helosciadietum (Sparg.-
Glycerion) – Rh, Do, Mn, NWe, SH – (med-)smed-subatl – W – Chrom.
2n = 10.

Familie der Lippenblütler, Lamiáceae (Labiátae)

1 Blü. 1- od. 2lippg, zweiseitg symmetr. (1* vgl. S. 792 unten)
2 Blü. 1lippg, Oberlippe kurz, unscheinbar od. (scheinbar) fehld
3 Blü.oberlippe kurz 2lappg, Unterlippe groß 3lappg mit brt. Mittellappen,
   Blü.röhre innen mit Haarring   **Ajuga** S. 793
3* Blü.oberlippe (scheinbar) fehld, herabgerückt, Unterlippe deshalb 5zipfelg,
   Blü.röhre innen ohne Haarring   **Teucrium** S. 794
2* Blü. 2lippg, Oberlippe deutl. ausgebildet
4 Staubb. 2
5 B. lineal, derb, immergrün, am Rande gerollt, scheinbar quirlg, Blü. blaulila, 80–200 cm, ♄, 3–4   **Rosmarinus** S. 795
5* B. längl., ei- od. herzförmg, krautg
6 Kelch 2lippg, zweiseitg symmetr., glockg-eiförmg, Staubb. unter
   helmförmg. Oberlippe   **Salvia** S. 808
6* Kelch ± gleichmäß. 5zähng, walzl., Staubb. aus d. Blü. ragd, Blü. rot,
   quirlg-kopfg gehäuft, 50–90 cm, ⚥, 7–9   **Monarda** S. 809
   vgl. ferner unt. 22*   **Sideritis** S. 797
4* Staubb. 4, 2 längere u. 2 kürzere
7 Oberlippe deutl. gewölbt, gekrümmt, darunter (anfängl.) parallel stehde.
   Staubb. (7* vgl. S. 791 Mitte)
8 Kelch 2lippg, ± zweiseitg symmetr.
9 Kelchlippen ungeteilt, d. obere mit einer Schuppe auf d. Rück., Blü. einzeln,
   b.achselstdg, Blü.unterlippe ungeteilt   **Scutellaria** S. 795
9* Kelchlippen gezähnt, Kelch ungleichmäßg 4- od. 5zipflg
10 Blü. in endstdg. Köpfen gehäuft
11 B. lineal-lanzettl., Blü. blau, d. Kelch um 1–2 cm überragd, obere (innere)
   Staubb. lger als untere (äußere), Kelch z. Fr.zeit offen, 10–30 cm, ⚥, 7
                                                         Dracocephalum S. 798
11*B. längl.-eiförmg, z. T. stumpf gekerbt-fiederspaltg, Blü.röhre d. Kelch nicht
   überragd, mit rundl.-herzeiförmg. Tragb. (Hochb.), obere Staubb. kürzer
   als untere, Kelch z. Fr.zeit geschloss.   **Prunella** S. 798
10*Blü. nicht in Köpfen, zu 1–5 b.achselstdg
12 Blü. 20–40 mm lg, rosa, Kelch weitglockg aufgeblasen, mit 4–5 stumpfl.
   Zipfeln, B. eiförmg, gekerbt, rauhhaarg (frisch mit Honiggeruch), 20–40 cm,
   ⚥, 5–7   **Melittis** S. 799
12*Blü. 8–10 mm lg, weißl., Kelch nicht aufgeblasen, 5zähng, Pf. mit
   Zitronengeruch, 50–100 cm, ⚥, 7–8   **Melissa** S. 810

8* Kelch ± gleichmäßg 5zähng

13 Blü. 5–8 mm lg, rosa, behaart, ± so lg wie Kelch, Grundb. z. T. handförmg
   geteilt od. grob gezähnt **Leonurus** S. 804

13* Blü. über 8 mm lg, B. ungeteilt, meist gesägt od. gekerbt

14 Blü.unterlippe mit spitz. kl. Seitenzipfeln od. diese ganz fehld, Mittellapp.
   groß, gestutzt od. ausgerandet, Kelch etwas glockg, 5nervg, B. netzrunzelg,
   nesselartg **Lamium** S. 802

14* Blü.unterlippe mit deutl., brt., stumpf. Seitenlappen, 3teilg

15 Blü.unterlippe am Grund beidersts mit einem v. unten her hohl., zahnförmg.
   Höckerch. (Abb. 49), Kelch röhrg-trichterförmg, wie Hochb. mit stechd.
   Zähnen, B. fiedernervg **Galeopsis** S. 799

15* Blü.unterlippe ohne Höckerch.

16 Kelch trichterförmg, hervorspringd 10nervg, Blü. zu 4–10 in deutl. gestielt.,
   b.achselstdg. Blü.std., schmutzg viol., B. eiförmg, gesägt, 60–100 cm, ♃, 7–9
   Ballota S. 804

16* Kelch röhrg-glockg, 5–10nervg, Staubb. zuletzt nach außen gebog., Blü.std
   dicht, ± ungestielt, b.achselstdg, St.b. nach ob. meist rasch an Größe
   abnehmd, Blü. rotviol. od. weiß

17 Blü. oberlippe schwach behaart, Wurzeln meist ohne Knoll.
   Stachys S. 805

17* Blü.oberlippe weißfilzg (sternhaarg) behaart, Blü. hellrot, 9–11 mm lg,
   Wurzeln mit Knoll., 60–150 cm, ♃, 6–7 **Phlomis** S. 799

7* Blü.oberlippe flach od. undeutl. gewölbt, nicht helmförmg

18 B. handförmg geteilt od. tief gezähnt, vgl. 13 **Leonurus** S. 804

18* B. ungeteilt

19 Staubb. u. Griffel kürzer als Blü.röhre, von dieser eingeschloss. (nicht
   sichtbar)

20 B. lineal-lanzettl., slt. verwilderte Gewürz- u. Gartenpf.

21 Blü. blau (viol.), üb. 10 mm lg, in lg gestielt., entfernt beblättert., unterbroch.
   Scheinähren, 20–50 cm, ♄, 7–8 **Lavandula** S. 796

21* Blü. lila, kl., Blü.std ährg **Satureja** S. 810

20* B. oval-eiförmg od. lanzettl., Kelchzähne mit verdornd. Spitze, stechd, Blü.
   b.achselstdg, weißl. od. gelb

22 Kelch meist 10(-5)zähng, B. netzrunzelg, weißl., eiförmg, Blü. weißl.
   Marrubium S. 796

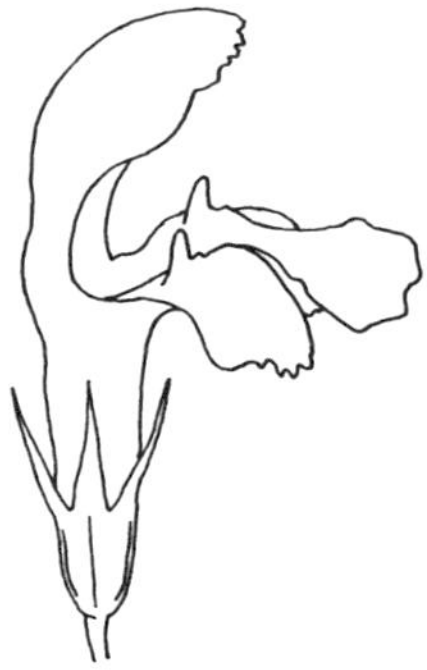

Abb. 49. *Galeopsis*-Blüte.

22* Kelch 5zähng, Blü. kürzer als Kelchzähne, B. ellipt.-spatelg, zottg behaart, Blü. gelb, 15–25 cm, ☉, 7–8   **Sideritis** S. 797

19* Staubb. u. Griffel aus d. Blü.röhre herausragd

23 Staubb. d. Unterlippe anliegd, abwärts gebogen, Oberlippe 4teilg, Blü. weiß, Hochb. ± rot überlauf., 20–40 cm, ☉, 6–9   **Ocimum** S. 818

23* Staubb. d. Oberlippe anliegd od. auswrts gekrümmt

24 Staubb. z. T. über Oberlippe hinausragd od. seitl. nach auswärts gekrümmt, B. meist ganzrandg

25 Kelch ± gleichmäßg 5zähng

26 B. schmal-lineal, am Rande ± gerollt, Blü. 8–12 mm lg, blau, Kelch 15nervg, Blü.std ährg, 30–60 cm, ♄, 7–9   **Hyssopus** S. 811

26* B. eiförmg od. rundl., ganzrandg od. undeutl. gezähnt, drüsg pktiert, Hochb. (Tragb.) längl.-eiförmg, z. T. wie Blü. rotviol., Blü.std rispg, 30–50 cm, ♃, 7–10   **Origanum** S. 812

25* Kelch deutl. 2lippg, 5zähng od. ungezähnt 2spaltg

27 B. st.stdg

28 Kelch ungezähnt, 2spaltg, B. eiförmg, graufilzg, Hochb. grün, drüsg, Blü.std rispg, 20–40 cm, ☉, 7–10   **Majorana** S. 812

28* Kelch ungleich 5zähng (Oberlippe 3-, Unterlippe 2zähng), Blü. 3–5 mm lg, meist kopfg gehäuft od. z. T. b.achselstdg, B. kl., oval od. lineal, meist niederliegde Halbsträucher   **Thymus** S. 812

27* B. grundstdg, gekerbt, vgl. 32*   **Horminum** S. 810

24* Staubb. nicht üb. Oberlippe hinausragd, B. meist gekerbt od. gesägt

29 Kelch ungleich 5zähng, 2lippg, Blü.oberlippe z. T. ein wenig gewölbt

30 Kelch nicht glockg aufgeblasen, 11–13nervg

31 Blü. viol. od. rot

32 B. st.stdg   **Calamintha** S. 810

32* B. fast alle grundstdg, rosettg, gekerbt, Blü. in dicht. einstswendg. Traube mit kl. schuppenförmg. Tragb., Salbei-artge Alpenpf., 10–25 cm, ♃, 6–9   **Horminum** S. 810

31* Blü. weißl., 8–10 mm lg, vgl. 12*   **Melissa** S. 810

30* Kelch glockg aufgeblasen, Blü. 20–40 mm lg, vgl. 12   **Melittis** S. 799

29* Kelch gleichmäßg 5zähng, Blü.oberlippe z. T. 2–3lappg

33 Blü.unterlippe muschelförmg hohl, gekerbt, Blü. weißl. od. rötl., B. herz-eiförmg, gesägt, Blü.std ährg-rispg   **Nepeta** S. 797

33* Blü.unterlippe nicht vertieft

34 B. rundl.-nierenförmg, gekerbt, St. niedrliegd, kriechd, Blü. blau (viol.), b.achselstdg, 10–15 cm, ♃, 3–5   **Glechoma** S. 797

34* B. eiförmg-lanzettl., St. aufrecht, Blü. rötl.

35 B. ganzrandg, lineal-lanzettl.   **Satureja** S. 810

35* B. meist gekerbt od. gesägt

36 Blü. gestielt, in d. Achseln b.artg. Tragb., vgl. 16   **Ballota** S. 804

36* Blü. ± ungestielt, dicht, in d. Achseln nach oben kleiner werdende Tragb., Blü.std ährg, vgl. 17   **Stachys** S. 805

1* Blü. fast gleichmäß. 4–5spaltg, kl.

37 Blü. weißl., rot pktiert, Staubb. 2, aus Blü. herausragd, untere St.b. fiederspaltg od. eingeschnitt.-gesägt, Pf. mit Ausläufern **Lycopus** S. 815

37* Blü. rötl., Staubb. 4

38 Blü.quirle einstswendg mit dachziegelg übereinander stehd., zugespitzt. Tragb., Staubb. ungleich lg, 20–40 cm, ♃, 7–9   **Elsholtzia** S. 817

38* Blü.quirle allstswendg, locker entfernt stehd od. kopfg-walzl. endstdg, Staubb. gleich lg
39 Pf. mit Pfefferminzgeruch **Mentha** S. 815
39* Pf. ohne Pfefferminzgeruch, vgl. 26* u. 28
Origanum bzw. **Majorana** S. 812

Günsel, Ajúga L.

1 Blü. gelb, einzeln b.achselstdg, B. einfach od. 3teilg, schmalzipflg, 5–15 cm, ☉, 5–7(–9) **A. chamaepitys** 2487
1* Blü. blau od. rötl. (slt. weiß), zu 6–13, quirlstdg, B. ungeteilt, gekerbt od. brt 3lappg
2 Pf. meist mit oberirdisch. Ausläufern, Tragb. (Hochb.) schwach gekerbt, Grundb. lg gestielt, spatelförmg, bleibd, ± glänzd, unt.sts auf d. Nerv. fast kahl, 15–30 cm, ♃, 4–7 **A. reptans** 2488
2* Pf. ohne Ausläufer, St. kurzhaarg od. zottg behaart
3 Grundb. lg gestielt, hinfällg, Hochb. 3lappg bis tief gekerbt, Pf. zottg behaart, Blü. dunkelblau, 10–30 cm, ♃, 4–6 **A. genevensis** 2489
3* Grundb. kurz gestielt, rosettg gehäuft, bleibd, unt.sts auf d. Nerv. behaart, Blü.std dicht 4kantg (pyramidal), obere Hochb. doppelt so lg wie Blü., Pf. kurzhaarg, Blü. hellblau, 10–20 cm, ♃, 6–7 **A. pyramidalis** 2490

2487. Gelber G., A. chamaepítys (L.) Schreb., slt. in Getreidefeldern, an Weinbergmauern, in Brachen, auf mäß. trock., ± nährstoff- u. basenreich., meist kalkhaltg., neutral-mild., oft humusarm. u. steing. Lehm- u. Lößböden, auch Sand- u. Tonböd., bis 40 cm tief wurzelnd, wärmeliebd, Bienenblume, Ameisenverbrtg, Caucalidion-Verb.char., auch im Fum.-Euphorbion od. Al.-Sedion – v. all. warme Tieflag. im S d. Gebiet., im nördl. Tiefld slt. od. fehld – med-smed – H, T – Chrom. 2n = 28.

2488. Kriechender G., A. réptans L., verbr. auf Wiesen u. in artenreich. Wäldern, auf frisch., nährstoffreich., neutral-mäß. sauer., humos. Lehmböden, Mullbodenpf., Flachwurzler, Nährstoff- u. Frischezeiger, Licht-Halbschattpf., Insekt.- u. Selbstbestäubg, Ameisen- u. Ausläuferverbrtg, v. all. in frisch. Arrhenatheretalia- u. Fagetalia-Ges. – Ebene bis Gebirge, A bis 1700 m – subatl-smed – H – Chrom. 2n = 32.

2489. Genfer G., A. genevénsis L., zerstr. in Kalk-Magerrasen, an Böschg., Wegrainen, Erdanrissen, in Gebüschsäumen, Sandfeldern, auf warm., mäß. trock., mager. od. mäß. nährstoffreich., meist kalkhaltg., mild-mäß. sauer., humos. od. roh., lock. Lehm- u. Sandböd., Rohbodenpionier (z. T. mit Wurzelspross.), Lichtpf., Bienenblume, Ameisenverbrtg, v. all. im Mesobromion, gilt als Fest.-Brometea-Kl.char., auch im Geranion sang. od. im Conv.-Agropyrion (Elymion), gern in halbruderal. Ges. – Ebene bis mittl. Gebirgslag. (Kalkgebiete), A bis 1720 m, im nordwestl. Tiefld slt. – smed-euras(kont), z. T. verschleppt – H – Chrom. 2n = 32.

2490. Pyramiden-G., A. pyramidális L., slt. in Silikat-Gebirgs-Magerrasen, an Waldrändern, auf frisch. (mäß. trock.), ± nährstoff-

u. basenarm., sauer., modrig-torfg humos. Lehmböden, Licht-(Halb-schatt)pf., Insekt.- u. Selbstbestäubg, Ameisenverbrtg, Nardetalia-Ordn.char., – Vog, süSch (s. slt.), Pf-Nahetal, Fr (bei Nürnberg), RS, Hz, ThW, SH, z. T. adv., A 1330–2200 m – pralp-no(subozean) – H – Chrom. 2n = 32.

Bastarde!

Gamander, Teúcrium L.

1   Blü. rot od. rosa, Kelch ± gleichzähng
2   B. ungeteilt, oval-eiförmg
3   B. mit keilförmg verschmälert. B.grund, gekerbt, wintergrün, St. verholzd
    mit unterirdisch. Ausläufern, Blü.quirl meist 6blütg, endstdg, 15–30 cm, ♄,
    7–8   **T. chamaedrys** 2492
3* B. sitzd, grob gekerbt-gesägt, Pf. krautg, mit oberirdisch. Ausläufern,
    Blü.quirl meist 4blütg, 15–40 cm, ♃, 7–8   **T. scordium** 2493
2* B. doppelt fiederspaltg, drüsenhaarg, Kelch mit Höcker, 5–30 cm, ☉, 6–9
                                                                            T. botrys 2494
1* Blü. weißl. od. gelbl.
4   B. gestielt, herzeiförmg, netzrunzelg, gekerbt, Kelch 2lippg, Blü. gelbl.
    (grünl.gelb). in lock., schlank. Ähren, 30–50(–80) cm, ♃, 6–9
                                                                            T. scorodonia 2495
4* B. sitzd, schmal-lineal, am Rande gerollt, untersts graufilzg, wintergrün,
    Kelch ± gleichzähng, Blü. weißl., kopfg gehäuft, Pf. polsterbildd, 5–20 cm,
    ♄, 6–8   **T. montanum** 2491

2491. Berg-G., T. montánum L., slt. in sonng. Kalk-Magerrasen, an felsg. Hängen, in Schotter- u. Steinschutt-Fluren, auf warm., trock., meist kalkreich., mild., humos., ± flachgründg. (feinerdearm.), steing. od. kiesg. Ton- u. Lehmböden, bis 150 cm tief wurzld, licht- u. wärmeliebd, Insekt.bestäubg, Xerobromion-Verb.char., auch in trocke-ner. Ausbildg. d. Mesobrometen od. Stipion calamagr.-Ges. übergreifd – v. all. Kalkgebiete im S, A bis 1530 m, nördl. bis RS (Eifel), He, Th, An – smed – Ch – Chrom. 2n = 26, 30.

2492. Edel-G., T. chamaédrys L., zerstr., meist gesellg, in sonng. Kalk-Magerrasen, in licht. Eichen- od. Kiefernwäldern, auf trock.-mäß. trock., basenreich., meist kalkhaltg., mäß. sauer.-mild., humos., lock., steing. Lehmböden, auch auf Löß, Porphyr od. Gneis, bis 120 cm tief wurzld. Kriechstrauch, Licht-Halbschattpf., wärmeliebd, Hummelblu-me, Windverbrtg, Brometalia-Ordn.Diff., auch im Geranion sang., Quercion pub. od. Erico-Pinion – v. all. Wärme- u. Kalkgebiete im S (Ju bis 980 m. A bis 1100 m), nördl. bis RS (Mosel), He, Th, An – smed-med – Ch – Chrom. 2n = 60, 64.

2493. Knoblauch-G., T. scórdium L., zml. slt. in Verlandgs-Ges., in Moorwiesen, an Ufern u. Gräben, auf nass. (wechselnass.), zeitw. überschwemmt., nährstoff- u. basenreich., neutral-mild., modrig humos.

Ton- od. Torfböden, wärmeliebd, salzertragd, flachwurzld. Kriechpionier, Stromtalpf., Insekt.- u. Selbstbestäubg (Bienen), z.T. Wasserverbrtg, gern in Störzuständen, gilt als Agr.(El.)-Rumicion-Art, ferner (DAss) im Caricetum el. (Magnocaricion) – v. all. Tieflag., z.B. Rh, Mn, Do, Elbe, Havel, Odergebiet, im Nordw. slt. – smed(-med) – H – Chrom. 2n = 32.

2494. Trauben-G., T. bótrys L., zml. slt. in offen. Steinschutthald., auf Lesesteinhauf., in lückg. Trockenras. od. Brachen, auf humus- u. feinerdearm. Kalksteinböd., wärmeliebde Pionierpf., Bienenblume, Wind- u. Klebverbrtg, schwache Char. d. Teucrio-Melicetum (Sesl.-Festucion pall.), Sedo-Scleranthetalia.-Ordn.char. – v. all. in d. südl. Kalkgebiet., Ju bis 960 m, A bis 1300 m, nördl. bis RS, NSH, An, Sa – wsmed-subatl – T (H) – Chrom. 2n = 10 (32).

2495. Salbei-G., T. scorodónia L., hfg in licht. grasig. Eichen- (u. Kiefern)wäldern, in Heiden, an Wald- u. Wegrändern, auf mäß. trock.-frisch., nährstoff- u. basenarm., sauer., modrig-humos., meist sandgsteing. Lehmböden in wintermild-humid. Klimalage, Wurzelkriecher, Halbschatt-Lichtpf., Insekt.bestäubg, Windverbrtg, Quercion rob.-petr.-Verb.char., ferner (in höher. Lag. ausschließl.) DV im Pruno-Rubion, in bodensauer. Trifolion medii-Ges. (z.B. Teucrio-Centaureetum) od. im Genistion – v. all. im W d. Gebiet., süSch bis 1400 m, A (Allgäu) bis 1100 m, BayW (slt.) bis 1050 m, östl. bis SH, Br, Sa (Kalkgebiete fehld) – subatl(-wsmed) – H – Chrom. 2n = 32, 34.

Rosmarin, Rosmarínus L. vgl. S. 790

2496. R. officinális L., hie u. da als Gewürzpf., wärmeliebd, frostempfindl., Bienenblume, Ameisenverbrtg – Herkunft: med, dort Rosmarino-Ericion-Verb.char. – Pn – Chrom. 2n = 24.

Helmkraut, Scutellária L.

1   Pf. bis 50 cm hoch, Tragb. von St.b. kaum verschieden
2   Blü. 15–22 mm lg, blau, Blü.röhre aufwts gekrümmt, B. am Grunde ± gezähnt
3   Untere B. eiförmg-lanzettl., seicht gezähnt, Blü. 12–20 mm lg, meist kürzer als Tragb., drüsenlos, 10–30(–50) cm, ♃, 6–9   **S. galericulata** 2497
3*   Untere B. spießförmg, obere ganzrandg, Blü. 20–22 mm lg, lger als Tragb., drüsg, 10–40 cm, ♃, 6–8   **S. hastifolia** 2498
2*   Blü. 6–7 mm lg, rötl., Blü.röhre gerade, untere B. eiförmg mit 1–2 Zähnen od. ganzrandg, 5–20 cm, ♃, 6–9   **S. minor** 2499
1*   Pf. 40–100 cm hoch, Tragb. eiförmg, ganzrandg, St.b. gezähnt, Blü. 15–19 mm lg, blauviol., in ährg. Blü.std, ♃, 6–7   **S. altissima** 2500

2497. Sumpf-H., S. galericuláta L., zml. hfg in Verlandgs-Ges., in Naßwiesen, an Gräben u. Ufern, auch im Erlenbruch, auf nass., zeitw. überschwemmt., ± nährstoff- u. basenreich., meso-eutroph., modrighumos. Ton- od. Torfböden, Humuskriecher, Licht-Halbschattpf., Insektenbestäubg, z. T. Wasserverbrtg, Magnocaricion-Verb.char., auch im Alnion (Verlandungsrelikt) – Ebene bis mittl. Gebirgslag., Sch bis 900 m, A bis 1080 m – no-euras, circ – H – Chrom. 2n = 32.

2498. Spießblättriges H., S. hastifólia L., slt., z. T. unbestdg in Staudenfluren an Flußufern, in Moorwiesen u. Verlandgs-Ges. zwischen Weidenbüschen, an Gräben, auf feucht., nass. od. wechselnass., nährstoff- u. basenreich., ± humos., kiesg-sandg. Tonböden, Stromtalpf., Licht-Halbschattpf., Insekt.bestäubg, Wasservogelverbrtg, v. all. im Veronico-Euphorbietum pal. (Filipendulion), auch im Cnidion (Verb.char.?) – v. all. im O d. Gebiet., westl. bis Elbe, nöRh-Mittelrhein, He, Fr, östl. Do, im W u. SW sonst fehld – gemäßkont(-osmed) – H – Chrom. 2n = 32.

2499. Kleines H., S. mínor Huds., slt. in Binsenwiesen, in Weiden- u. Erlenbrüchen, an Gräben, auf nass., mäß. nährstoffreich., kalkarm., neutral-mäß. sauer., mesotroph. Sumpfhumusböden in wintermildhumid. Klimalage, Humuskriecher, Kalkflüchter, Licht-Halbschattpf., Insekt.bestäubg, z. T. Vogelverbrtg, Juncion acutifl.-Verb.char:, auch im Sphagno-Alnetum (Alnion), od. im Kontakt mit d. Nanocyperion (z. B. Stell.-Scirpetum) – Sch (Hotzenwald bis 800 m, Achern), Rh, Pf, Ne, SFW, Fr, BayW, RS, NWe, NS, He, An, L – subatl – H – Chrom. 2n = 28.

2500. Hohes H., S. altíssima L., hie u. da als Zierpf. kultiv. u. glgtl. verwildt u. eingebürgt, z. B. in warm. Carpinion- od. in Cephalanthero-Fagenion-Ges., in SO-Europa in Quercetalia pub.-Ges. – z.B. süHü (Kaiserstuhl), Ne, Rh (Ludwigshafen), RS. Do, He, Th, Sa, Br – osmed – H – Chrom. 2n = 34.

Lavendel, Lavándula L. vgl. S. 791

2501. L. angustifólia Mill. (*L. officinális* Chaix), hie u. da kultiv. u. in Wärmegebieten slt. verwildt, alte Duft- u. Heilpf., wärmeliebd, frostempfindl., Bienenblume – in med: Ononido-Rosmarinetea-Art – Pn – Chrom. 2n = 36, 54.

Andorn, Marrúbium L.

1   B. rundl., filzg, Kelchzähne 10, an d. Spitze kahl, zurückgekrümmt, 30–50 cm, $\mathtt{24}$, 6–8   **M. vulgare** 2502

1*   B. ellipt.-lanzettl., filzg, Kelchzähne 5, an d. Spitze filzg, aufrecht, 20–50 cm, $\mathtt{24}$, 7–8   **M. peregrinum** 2503

2502. **Gewöhnlicher A., M. vulgáre** L., zml. slt. in lückg. Unkrautfluren, an Verlade-Plätzen, Schuttstellen, Wegen u. Mauern, v. all. in Dörfern, auf mäß. trock., nährstoffreich., humos., sandg-steing. Ton- u. Lehmböden, wärmeliebd, Stickstoffzeiger, Insekt.- u. Selbstbestäubg, Klettverbrtg, Heilpf., v. all. im Onopordetum, Onopordion-Verb.char., auch im Arction – Wärme- u. Trockengebiete, z. B. Rh, Ne, Bo, Ju, Do, He, Sa, Th, An, Br usw. – med-smed-euraskont, verschleppt – Ch, H – Chrom. 2n = 34.

2503. **Ungarischer A., M. peregrínum** L., slt. u. unbestdg, eingeschleppt u. z. T. eingebürgt in wärmeliebd. Schutt-Unkrautges., Onopordion-Art – z. B. Rh (Ludwigshafen), An – osmed-omed, verschleppt – Ch, H – Chrom. 2n = 34.

Gliedkraut, Siderítis L. vgl. S. 792

2504. **Berg-G., S. montána** L., slt. u. unbestdg an Schuttplätzen, Wegen u. Dämmen, in Wärme- u. Trocken-Gebieten, z. T. eingebürgt, auf trock., nährstoffreich., vorzugsw. bindg. Sand- u. Kiesböden, sommerwärmeliebd, meist Selbstbestäubg, Klebverbrtg, z. B. mit *Berteroa* in Onopordion-Ges. – z. B. Rh (Hafengebiete), Fr, Mn – omed-kont – T – Chrom. 2n = 16, 32.

Katzenminze, Népeta L.

1   B. untersts graufilzg, lg gestielt, Kelchzähne ungleich, Kelch etwas
    zurückgekrümmt, Blü. weiß od. rötl., Pf. herb, zitronenartg duftd, 40–
    100 cm, ♃, 6–9   **N. cataria**   2505
1* B. kahl, kurzgestielt, Kelchzähne gleich lg, Kelch gerade, Blü. blau od. weiß,
    50–90 cm, ♃, 7–8   **N. pannonica**   2506

2505. **Gewöhnliche K., N. catária** L., zml. slt. in lückg. Unkrautfluren, an Schuttplätzen, Wegen u. Mauern, gern in Dörfern, auf mäß. trock., nährstoffreich., ± humos., meist sandg. od. steing. Lehmböden, sommerwärmeliebd, Insekt.bestäubg, alte Heilpf., Onopordion-Verb. char., glgtl. auch im Arction – Trocken- u. Wärmegebiete, z. B. nöRh, Mn, Do, Fr, Th, An usw. bis ca. 700 m – osmed-euraskont, verschleppt – H (Ch) – Chrom. 2n = 32, 34, 36.

2506. **Kahle K., N. pannónica** L., slt. u. unbestdg an Wegrändern, z. T. eingebürgt in Trockenrasen, z. B. im Festucion val., auch im Onopordion – Rh, Ne, Ju, Do, Fr, Th, An usw. – osmed-kont – H (Ch) – Chrom. 2n = 18, 36.

Gundelrebe, Glechóma L. vgl. S. 792

2507. **G. hederácea** L., verbr. in Wiesen u. Weiden, in Auenwäldern, Auengebüsch, Uferstauden, an Wald- u. Heckenrändern, auf frisch.- nass., nährstoff- u. basenreich., humos., lock. Lehmböden, Flach- u.

Mullwurzler, Kriechpionier, Nährstoffzeiger, Halbschatt-Lichtpf., Insekt.bestäubg, Kleb- u. Ameisenverbrtg, alte Heilpf., gern in Saum-Ges., Glechometalia-Ordn.char., auch in feucht. Mol.-Arrhenatheretea-Ges., im Salicion alb. od. Alno-Ulmion usw. – Ebene bis mittl. Gebirgslag., A bis 1380 m – euras(subozean), verschleppt – H (G), formenreich:

1   Kelch 5–6,5 mm lg, Kelchzähne 3eckg-spitz, Blü. 15–22 mm lg, St. u. B. kahl od. fast kahl

2507a. **ssp. hederácea**, verbr. Sippe, s. o. – Chrom. 2n = (18) 36.

1*   Kelch 7–11 mm lg, Kelchzähne lineal-lanzettl., bis 2 mm lg, Blü. 20–30 mm lg, hellviol., St. u. B. ± dicht rauh behaart

2507b. **ssp. hirsúta** (W. et K.) Herrm. (*G. hirsuta* W. et K.), südosteurop. verbr. Sippe, wie vor. in d. Glechometalia – HRh(?) – Chrom. 2n = 36.

Drachenkopf, Dracocéphalum L. vgl. S. 790

2508. **D. ruyschiána** L., s. slt., vielerorts verscholl., in alp. Wildgras-Hängen od. in Kiefern-Trockenwäldern, auf sommerwarm., mäßg trocken., basenreich. Stein-, Sand- od. Lehmböden, in A im Geranion sang., Festucion variae od. Erico-Pinion, in O-Europa im Cytiso-Pinion – Me, früher auch Do, Mn u. An; ferner Tirol – euraskont(-pralpaltaisch) – Ch – Chrom. 2n = 14.

Brunelle, Prunélla L.

1   Blü. gelbl.-weiß (slt. blaßviol.), bis 16 mm lg, obere B. meist fiederspaltg, Pf. grauhaarg, 5–20(–30) cm, ⌗, 6–8   **P. laciniata**   2509
1*   Blü. blauviol. (slt. rein weiß)
2   Blü. 7–15 mm lg, Blü.röhre gerade, B. längl.-eiförmg, spärl. behaart, 10–20 (–30) cm, ⌗, 6–9   **P. vulgaris**   2510
2*   Blü. 20–25 mm lg, Blü.röhre gekrümmt, B. längl.-eiförmg, z. T. fiederspaltg, über 3 cm lg, locker behaart, obere St.b. vom Blü.kopf abgerückt, 10–30 cm, ⌗, 6–9   **P. grandiflora**   2511

2509. **Weiße B., P. laciniáta** L. (*P. álba* Pall.), slt. in Kalk-Magerrasen, Halbtrockenrasen, an sonnig. Wald- u. Wegrändern, auf mäß. trock., meist kalkhaltg. Lehm- u. Tonböden in sommerwarm-mild. Klimalage, Licht-(Halbschatt)pf., Insekt.bestäubg, Mesobromion-Verb.char., auch in d. Cirsio-Brachypodion übergreifd od. im Geranion sang. – v. all. in warm. Tieflag. im S d. Gebiet., nördl. bis RS, NSH, Th u. versprengt Me – smed – H –Chrom. 2n = 32.

2510. **Kleine B., P. vulgáris** L., verbr. in Fettweiden u. Parkrasen, in Fett-u. Moorwiesen, an Ufern u. Waldweg., auf frisch. (feucht.), nährstoffreich., neutral-mild., humos. Ton- u. Lehmböden, flach (bis 15 cm tief) wurzld. Kriechpionier, Nährstoffzeiger, Lichtpf., Insekt.- u. Selbstbestäubg, Klebverbrtg, Kulturbegleiter, mäß. Futterwert, v. all. im

Cynosurion, Mol.-Arrhenatheretea-Kl.char., auch im Agr.(El.)-Rumicion od. in feucht. Polygonion av.-Ges., auf Äckern Feuchtezeiger – Ebene bis Gebirge, A bis 2210 m – no-euras, in gemäß. Zonen heute weltweit – H – Chrom. 2n = 28 (34).

2511. Große B., P. grandiflóra (L.) Scholl., zerstr. in Kalk-Magerrasen, v. all. Halbtrockenrasen, an sonng. Wald- u. Wegrändern, auf mäß. trock., sommerwarm., basenreich., meist kalkhaltg., neutral.-mild., lock., ± tiefgründg. Lehm-, Ton- u. Lößböden, bis 50 cm tief wurzld. Kriechwurzler, Licht-Halbschattpf., Hummelblume, in Mesobromion-u. Cirsio-Brachypodion-Ges., Festuco-Brometea-Kl.char., auch im Geranion sang. od. im Erico-Pinion – Ebene bis mittl. Gebirgslag. (Kalkgebiete), A bis 1800 m, im nordw. Tiefld fehld, im NO slt. – gemäßkont(-smed) – H – Chrom. 2n = 28.

Bastarde!

Immenblatt, Melíttis L. vgl. S. 790

2512. M. melissophýllum L., zml. slt. in licht. warm., gras- od. krautreich. Eichenwäldern, auch Eichen-Hainbuchen-, Linden- od. Buchen-Mischwäldern, im sonng. Gebüsch, auf mäß. frisch., basenreich., gern kalkhaltg., mäß. sauer.-mild., locker-humos., oft steing. Ton- u. Lehmböden, wärmeliebd, Mullbodenwurzler, Halbschattpf., Dunkelkeimer, Insekt.bestäubg, Quercetalia pub.-Ordn.char., auch (Diff.) in wärmeliebd. Fagetalia-Ges. (Carici-Fagetum, Aceri-Tilietum usw.) – Hü, süSch (auf Gneis bis 750 m), HRh, Bo, Ju (bis 800 m), Ne (Kochertal), Do, Av, Fr, Mn, nördl. bis (NSH) Th, Sa, versprengt Br – smed – H – Chrom. 2n = 30.

Brandkraut, Phlómis L. vgl. S. 791

2513. Ph. tuberósa L., s. slt. in sommerwarm. Rasen- u. Strauchges., auf trock., basenreich., oft steing. Lehmböd., v. all. im Geranion sang., auch in Quercetalia pub.- od. Festucetalia val.-Ges. – An (Magdeburg) – euraskont – Chrom. 2n = 22.

Hohlzahn, Galeópsis L.

1 St. an d. Knoten nicht verdickt, ± abwärts angedrückt weich (auch drüsg) behaart od. fast kahl, B. 1–4 cm lg
2 Blü. 10–20 mm lg, meist rot, obere B. kahl od. nur schwach drüsg
3 B. lineal-lanzettl., 2–5 mm brt, ganzrandg od. jeder|ts nur mit 1–4 Zähnen, 10–30 cm, ☉, 6–10   **G. angustifolia** 2514
3* B. eiförmg-lanzettl., 7–15 mm brt, jeder|ts mit 3–8 grob. Zähnen, St. reichästg, 10–30 cm, ☉, 6–10   **G. ladanum** 2515

2* Blü. 20–30 mm lg, blaßgelb (slt. rötl.), B. eiförmg-lanzettl., d. oberen wie Kelch drüsg-flaumg, 10–40 cm, ⊙, 6–9 **G. segetum** 2516
1* St. an d. Knoten meist deutl. verdickt, abstehd borstg behaart, slt. fast kahl, B. eiförmg-eilanzettl., 3–10 cm lg
4 Blü. 10–25 mm lg, meist rot od. weiß (auch gelb gefleckt)
5 St.knoten wenig verdickt, neben spärl., abstehd. Borsten u. lg gestielt. Drüsen, ± anliegd kurz behaart, Blü. 18–25 mm lg, dunkelrot mit gelb. Schlund, St. oft doppelt verzweigt, B. unt.sts weich behaart, 20–50(–60) cm, ⊙, 6–10 **G. pubescens** 2517
5* St.knoten stark verdickt, neben abstehd. Borsten u. kurz. Drüsen ohne anliegde Haare, Blü. 10–20 mm lg, blaßrot od. weißl., mit weißl. Schlund, St. slt. doppelt verzweigt
6 Blü. 15–20 mm lg, Mittellapp. d. Unterlippe ± quadrat., flach, ganzrandg od. vorn fein gezähnelt, oft gefleckt, Blü.std meist schwarzdrüsg, 10–50(80) cm, ⊙, 6–10 **G. tetrahit** 2518
6* Blü. 10–15 mm lg, Mittellappen d. Unterlippe deutl. ausgerandet, längl., ± einfarbg blaßrot, Blü.std meist hell-drüsg od. drüsenlos, 20–60(–80) cm, ⊙, 6–10 **G. bifida** 2519
4* Blü. 25–40 mm lg, hellgelb mit viol. Unterlippe, St. unter d. Knoten steif behaart, 30–80 cm, ⊙, 7–9 **G. speciosa** 2520

2514. Schmalblättriger H., G. angustifólia Ehrh., zerstr. in sonng. Steinschutt-Fluren, auch in Steinbrüchen, auf Dämmen, in Äckern, auf warm., trock., basenreich., meist humus- u. feinerdearm., lock. Steinschutt-Böden (Kalk, Porphyr, Basalt) od. Kiesböden, wärmeliebd, bis üb. 1 m tief wurzlde Pionierpf., Insekt.- u. Selbstbestäubg, Klettverbrtg, terr. Char. d. Galeopsietum ang., überreg. Stipion calamagr.-Verb.char., auch im Caucalidion – Ebene bis mittl. Gebirgslag., A bis 930 m (slt.), Ju bis 980 m, im nördl. Tiefld slt. – smed-pralp – T – Chrom. 2n = 16.

2515. Breitblättriger H., G. ládanum L., zerstr. in sonng. Steinschutt-Fluren, in Steinbrüchen, im Bahnschotter, auch in Stein-Äckern, auf warm., trock., basenreich., meist kalkhaltg., humus- u. feinerdearm. Kies-, Schotter- od. Steinschutt-Böden (Kalk, Porphyr usw.), Pionierpf. wie vor., Thlaspietea rotund.-Kl.char., auch (sekund.) im Sisymbrion od. Caucalidion – Ebene bis mittl. Gebirgslag. (A fehld), im nördl. Tiefld slt. od. fehld – euras-smed, verschleppt – T – Chrom. 2n = 16.

2516. Gelber H., G. ségetum Neck. (*G. dúbia* Leers, *G. ochroléuca* Lam.), zerstr., ab. gesellg in sonng. Steinschutt-Fluren d. Silikatgebirge, auch auf Felsbändern, an Waldrändern, in Waldlücken od. in Stein-Äckern, auf mäß. frisch., ± nährstoffreich., kalkarm., mäß. sauer., humus- u. meist auch feinerdearm., lock. Steinschutt-Böden in humid. wintermild. Klimalage, licht-wärmeliebde Pionierpf., meist Insekt.bestäubg (Hummeln), Klettverbrtg, Char. d. Galeopsietum seg. (Galeopsion), auch im Arnoseridenion (D) – v. all. im W d. Gebiet. (süSch bis 950 m), östl. bis westl. Me u. Br, An, Th – atl, im Gebiet an d. O-Grenze d. Verbrtg – T – Chrom. 2n = 16.

2517. Weicher H., G. pubéscens Bess., zerstr. in Waldverlichtgen, an Weg- u. Ackerrändern, in Gebüschsäumen, auf ± frisch., nährstoffreich. Ton- u. Lehmböd., Insekt.bestäubg, Klettverbrtg, etwas wärmeliebd, v. all. im Arction (Verb.char.?), auch im Aegopodion, sowie in Atropetalia-od. Bidention-Ges., seltener auf Äckern – Ebene bis mittl. Gebirgslag., A bis 1600 m, im Nordw. u. N slt. od. fehld – gemäßkont-smed – T – Chrom. 2n = 16.

2518. Gewöhnlicher H., G. tétrahit L., verbr. in Unkraut-Ges. auf Äckern, in Waldschlägen, an Wegen u. Zäunen, an Schuttplätzen u. Viehlägern, auch im Steinschutt, v. all. in montan. Lagen (od. im N), auf frisch., nährstoffreich., meist humos., lock., gern steing-sandig. Lehmböden, auch auf Torf, Stickstoffzeiger, Humuszehrer, bis 60 cm tief wurzlde Lichtpf., Insekt.- u. Selbstbestäubg, Klettverbrtg, alter Kulturbegleiter, v. all. in Epilobietea ang.-, ferner (Diff.) in mont. Secalinetea-u. Chenopodietea-Ges., auch in Artemisietea- od. Thlaspietea rot.-Ges., sowie epiphytisch – Ebene bis Gebirge, A bis 1560 m – (no-)eurassubozean, verschleppt – T – Chrom. 2n = 32, formenreich:
1 B. am Grund keilg verschmälert, lg zugespitzt

2518a. var. silvéstris Schlecht. (var. *tétrahit?*), so v. all. auf Waldschläg., viell. Epilobietea ang.-Art, auf weitere Verbrtg zu achten.
1* B. am Grund abgerundet

2518b. var. arvénsis Schlecht., auf Äckern in Pol.-Chenopodietalia- u. Secalinetea-Ges.

2519. Kleinblütiger H., G. bífida Boenningh., zerstr. in Unkraut-Ges., v. all. d. Waldschläge, auch an Weg- u. Ackerrändern, an Schuttplätz., auf frisch., nährstoffreich., meist kalkarm., mäß. sauer., humos. Lehmböden, auch auf Torf od. Sand, Insekt.bestäubg, Klettverbrtg, v. all. im Aegopodion od. Alliarion, auch im Arction od. in Pol.-Chenopodietalia-Ges. usw. – Ebene bis Gebirge (A fehld) – no-euras(kont) – T – Chrom. 2n = 32.

2520. Bunter H., G. speciósa Mill., zerstr. in Unkrautfluren, in Verlichtgen artenreich. Wälder, in Äckern, an Wegen u. Ufern, auf frisch. nährstoffreich., humos. Lehm- u. Tonböd., Stickstoffzeiger, meist Insekt.bestäubg, Klettverbrtg, v. all. im Polyg.-Chenopodion, auch in d. Epilobietea od. ruderal – v. all. im O u. N d. Gebiet., im W von NWe bis Sch u. Rh fehld od. nur s. slt., A bis 1740 m – no-euraskont, im Gebiet an d. W-Grenze d. Verbrtg – T – Chrom. 2n = 16.

Bastarde!

Taubnessel, Bienensaug, Lámium L.

1   Blü. gelb, Zipfel d. Unterlippe spitzl., Staubb. kahl, Pf. meist mit oberirdisch. Ausläufer-Trieben, 15–45 cm, ♃, 5–6(7)
                                                    L. galeobdolon   2521
1*   Blü. weiß od. rot
2   Staubb. kahl, Blü. rot, 2,5–3,5 cm lg, Oberlippe auß. weißl. behaart, B. meist über 5 cm brt, 40–100 cm, ♃, 4–6   **L. orvala**   2522
2*   Staubb. bärtg, Blü. rot od. weiß, kleiner
3   Blü. weiß, innen mit schräg. Haarring, Blü.staub gelb, B. lg zugespitzt, scharf gesägt (brennesselartg), unterirdische Ausläufer, 20–50 cm, ♃, 4–10
                                                    L. album   2523
3*   Blü. rot (slt. daneben weiß)
4   Blü. 20–25 mm lg, Blü.röhre gekrümmt, Blü.staub rot, B. herzeiförmg-spitz, i. allg. über 3 cm lg, deutl. (bis 4 cm lg) gestielt, unterirdische Ausläufer, 20–60 cm, ♃, 4–6(–9)   **L. maculatum**   2524
4*   Blü. 10–20 mm lg, Blü.röhre ± gerade, B. unter 3 cm lg, kurzgestielt od. sitzd, Pf. einjährg
5   Obere B. st.umfassd sitzd (untere kurz gestielt), rundl.-nierenförmg, tief gekerbt, Blü.röhre verlängert, 10–30 cm, ⊙, 3–5(–9)
                                                  L. amplexicaule   2526
5*   Obere B. kurz gestielt od. sitzd, nicht st.umfassd, eiförmg-herzeiförmg
6   Obere B. eiförmg-3eckg, ungleich gekerbt, B. stiel nicht verbrtert, 10–30 cm, ⊙, 3–9   **L. purpureum**   2525
6*   Obere B. am Grunde gestutzt mit verbrtert. B.stiel, tief u. ungleich eingeschnitt.-gekerbt (fast fiederspaltg), Blü. mehr rosa, 10–40 cm, ⊙, 3–9
                                                  L. hybridum   2527

2521. Goldnessel, L. galeóbdolon (L.) Nath. [*Lamiástrum galeóbdolon* (L.) Ehrend. et Polatsch.], verbr. in krautreich. Laub- u. Nadelmischwäldern, in Auenwäldern, auch im Hochstauden-Gebüsch, auf frisch., nährstoff- u. basenreich., neutral-mäßg sauer. (pH 6–7), humos., locker. Lehmböd., flachwurzelnd. Mullbod.-Kriecher, Schatt-Halbschattpf., Insekt.bestäubg (Bienen), Ameisenverbrtg, Fagetalia-Ordn.char. (alle Unterart.), slt. auch im Adenostylion, usw. – Ebene bis Gebirge – Ch, formenreich:

1   St.grund v. all. auf d. Kant. deutl. dicht behaart, Blü.stdsb. eiförmg-rundl., gekerbt, 1–5 cm lg, oft gefleckt, Blü.halbquirl meist 3blütg, Pf. mit aufsteigd.-niederliegd. (wintergrün.) Ausläuf.

2521a. **ssp. galeóbdolon** [*L. galeóbdolon* (L.) Nath.], zerstr. in krautreich. Laubwäld. auf frisch., aber i.allg. etwas trockener. u. ärmeren Lehmböd. als b. folgder Sippe, Fagetalia-Art – v. all. im N d. Gebiet., südl. bis östl. Do, SFW, Ne, Mn, O, nöRh, Pf – gemäßkont – Chrom. 2n = 18.

1*   St.grund ringsum ± gleichmäßg behaart, Blü.stdsb. lanzettl., gezähnt, 2–10 cm lg, Blü.halbquirl 5–7blütg

2   Pf. mit aufsteigden-niederliegd., im Winter z. T. einziehd. Ausläuf., Blü. 17–25 mm lg, gelb, St. unverzweigt, B. gefleckt od. ungefleckt, 30–80 cm, 5–6

2521b. **ssp. montánum** (Pers.) Hayek (*L. montánum* Pers.), verbr. in frisch. Laubmischwäld. (s. o.) im Alno-Ulmion, frisch. Carpinion- u.

Fagion-, auch in Prunetalia- od. Adenostylion-Ges. – Ebene bis Gebirge, A bis 1980 m, im Nordw. slt. – subatl-smed – Chrom. 2n = 36.

2* Pf. ohne Ausläuf., St. oft mit blühden Seitentrieb., B. ungefleckt, Blü. 12–17 mm lg, blaßgelb, Pf. meist in einzeln. Büsch., 30–60 cm, 6–7

2521c. **ssp. flávidum** (Herm.) Löve (*L. flávidum* Herm.), zml. slt. in mont. u. hochmont. Mischwäldern, im Fagion u. Alno-Ulmion, auch im Adenostylion – östl. Av u. A (bis 1710 m) – opralp-smed – Chrom. 2n = 18.

2522. **Großblütige T., L. órvala** L., slt. im Bereich feucht.staud.reich. Fagion- u. Tilio-Acerion-Ges., v. all. im Alliarion, z.B. am Paß Lueg (Berchtesgad. Alp., 530 m), ob ursprüngl.? – opralp – H – Chrom. 2n = 18.

2523. **Weiße T., L. álbum** L., verbr. in Unkrautstauden-Ges., an Wegen, Zäunen, Mauern, Gräben, Viehlägern, auf frisch., nährstoffreich., locker-humos. Lehmböden, Stickstoffzeiger, Kriechpionier, _Licht (Halbschatt)pf., Insekt.- u. Selbstbestäubg (Hummeln), Ameisenverbrtg, Blü. zu Heilzwecken, Arction-Verb.char., auch in Galio-Urticenea-Ges. – Ebene bis Gebirge, A bis 1620 m (u. höher) – eurassubozean – H – Chrom. 2n = 18.

2524. **Gefleckte T., L. maculátum** L., hfg in Unkrautsäumen, an Ufern, Waldrändern, in Hecken, auch in Schuttunkraut-Ges. an Wegen u. Zäunen, auf feucht. (frisch.), nährstoffreich., mild.-neutral., ± humos., lock. Ton- u. Lehmböden, Nährstoffzeiger, Kriechpionier, Halbschattpf., Insekt.bestäubg, Ameisenverbrtg, Aegopodion-Verb.char., auch in and. Galio-Urticenea-Ges., meist im Kontakt mit feucht. Gebüsch. u. Wäld. – Ebene bis Gebirge, im nördl. Tiefld seltener, A bis 2020 m – euras(kont)-smed – H – Chrom. 2n = 18.

2525. **Rote T., L. purpúreum** L., verbr. in lückg. Unkraut-Ges. d. Äcker, Gärten u. Weinberge, auch an Schuttplätzen u. Wegen, auf frisch., nährstoffreich., mild-neutral., oft humusarm., lock., sandg. od. rein. Lehmböden, bis 20 cm tief wurzld. Stickstoff- u. Garezeiger, Lehmbevorzugd, Lichtpf., Winterblüher, Insekt.- u. Selbstbestäubg, Ameisenverbrtg, Kulturbegleiter seit Bronzezeit, Polygono-Chenopodietalia-Ordn.char., auch im Sisymbrion – Ebene bis Gebirge, A bis 1530 m – (no-)euras-smed, verschleppt – T, H – Chrom. 2n = 18.

2526. **Stengelumfassende T., L. amplexicaúle** L., zml. hfg in lückg. Unkraut-Ges., v. all. in Gärten u. Weinbergen, auch in Äckern, an Wegen od. Schuttplätz., auf sommerwarm., mäß. frisch., nährstoffreich., vorzugsw. kalkarm., neutral., oft humusarm., leicht., lock., sandg. Lehmböden od. bindg. Sandböden, bis 20 cm tief wurzld, Stickstoff- u. Garezeiger, etwas wärmeliebd, Insekt.- u. Selbstbestäubg, Ameisenverbrtg, Polyg.-Chenopodietalia-Ordn.char., slt. im Sisymbrion, auch (Diff.) im Alysso-Sedion – Ebene bis mittl. Gebirgslag., A bis 600 m,

Ju bis 940 m – euras-smed-med, in gemäß. Zonen weltweit verschleppt – T – Chrom. 2n = 18.

2527. Bastard-T., L. hýbridum Vill. (*L. incisum* Willd.), slt. u. unbestdg in lückg. Unkrautfluren d. Äcker, Gärten od. Weinberge, auf frisch., nährstoffreich., lock., meist sandg. Lehm- u. Tonböden, Bastardsippen *L. purpúreum* × *amplexicáule*, Fum.-Euphorbion-Art (vgl. Veron.-Lamietum incis.) – v. all. im N d. Gebiet., vgl. Unterart. – subatl-smed – T, formenreich:

1   Hochb. gestielt, B. unregelmäßg eingeschnitt.-gezähnt

2527a. **ssp. hýbridum,** zerstr. in Ackerunkrautges. – z. B. SH, Me, Br, NS, NSH, He, Pf, Bo, Rh (?) – Chrom. 2n = 36.

1* Hochb. sitzd, nicht halbst.umfassd, B. ± gleichmäßg gekerbt-gezähnt (*Glechoma*-ähnl.)

2527b. **ssp. intermédium** (Fr.) Gams (*L. moluccellifólium* Fr.), wie vor. in Ackerunkrautges. – nur im N d. Gebiet., z. B. NS, SH, Me – Chrom. 2n = 36.

Löwenschwanz, Leonúrus L.

1   B. eiförmg-lanzettl., grob gezähnt, untersts graufilzg, Blü. kürzer als Kelchzähne, 50–120 cm, ☉, 7–8   **L. marrubiastrum** 2528
1* B. handförmg, 3–7spaltg zerteilt, tief gezähnt, untersts hellgrün, Blü. lger als Kelch, 30–100 cm, ♃, 6–9   **L. cardiaca** 2529

2528. Andorn-L., L. marrubiástrum L., slt. u. unbestdg in Unkraut-Ges. an Wegen, Waldrändern u. Schuttplätzen, auf sommerwarm., frisch., meist kalkreich. Lehm- u. Tonböden, Stromtalpf., Licht(Halbschatt)pf., Insekt.- u. Selbstbestäubg, Klettverbrtg, v. all. im Senecion fluv. (Verb.char.), auch in ander. Convolvuletalia- od. feucht. Artemisietea-Ges. – v. all. im O u. NO d. Gebiet. (Oder, Elbe, Havel, Saale, usw.), südl. bis nöRh, Mn, östl. Do – gemäßkont-osmed – T, H – Chrom. 2n = 24.

2529. Echter L., L. cardíaca L., zml. slt. in staudenreich. Unkrautfluren, an Wegen, Mauern, Zäunen, v. all. in Dörfern, auf frisch., nährstoffreich., mild-neutral., locker-humos. Lehm- u. Tonböden, Stickstoffzeiger, Insekt.bestäubg (Hummeln), Klettverbrtg, alte Arzneipf., Char. d. Leon.-Ballotetum nigr. (Arction) – v. all. Wärmegebiete im O, im W nur s. slt. (z. B. Pf, Rh, Ne) od. fehld – euras(kont)(-smed) – H – Chrom. 2n = 18.

Schwarznessel, Ballóta L. vgl. S. 791

2530. B. nígra L., zml. hfg in staudenreich. Unkraut-Ges., an Wegen, Zäunen, Schuttplätz., v. all. d. Dörfer, auf warm. frisch., nährstoffreich., mild-neutral., humos., lock., sandg. od. rein. Lehmböden, Stickstoffzeiger, Insekt.- u. Selbstbestäubg (Bienen, Falter), meist Klettverbrtg, alte Heilpf., Arction-Art (vgl. Unterart.) – H, Ch, formenreich:

1 Kelchzähne mit Granne 2,5–6,5 mm lg, allmähl. pfrieml. verjüngt, St.b.
3–7 cm lg

2530a. **ssp. nígra** (*B. nígra* L.), Char. d. Leon.-Ballotetum nigr. (Arction)
– v. all. im O d. Gebiet. westl. bis Weser, Mn, östl. Ne, östl. Do, Av,
weiter im W s. slt. (z. B. nöRh) od. fehld – osmed-gemäßkont – Chrom.
2n = 22.

1* Kelchzähne mit Granne 1–2,5 mm lg, mehr abgerundet u. kurz zugespitzt,
St.b. 2–5 cm lg

2530b. **ssp. foētida** Hayek (*B. álba* L.), Char. d. Lamio-Ballotetum
foetidae (Arction) – v. all. im W d. Gebiet., hfg von NWe bis Rh, westl.
Ne u. Bo (Ju bis 720 m), im O slt. (z. B. NS, Me, Br, auch Do) – wsmed-
subatl – Chrom. 2n = 22.

Ziest, Stáchys L.

1 St. meist reich beblättert, Blü.std in lock. Ähre, Blü. meist v. Tragb.
überragt, Blü.röhre innen mit Haarring (*Stachys* L. s.str.)
2 Blü. weiß od. blaßgelb, B. am Grunde verschmälert, St. liegd-aufsteigd
3 B. rauhhaarg, Kelchzähne 3eckg mit kahl. Spitze, Blü.quirl 6–10blütg, 20–
60 cm, ⚥, 6–10 **St. recta** 2531
3* B. kahl od. weichhaarg, Kelchzähne lanzettl., mit behaart. Spitze, Blü.quirl
4–6blütg, 10–25 cm, ⊙, 6–10 **St. annua** 2532
2* Blü. rot, blaßrot od. schmutzg rot-viol.
4 Blü. kaum lger als Kelch, blaßrot, Blü.std meist 6blütg, B. rundl.-eiförmg,
St. zottg-drüsg behaart, niederliegd-aufsteigd, 5–20(–30) cm, ⊙, 7–10
St. arvensis 2533
4* Blü. doppelt so lg wie Kelch, St. aufrecht, Blü. rot od. rosa
5 Blü.quirl 4–14blütg, Tragb. kürzer als Kelch, Pf. mit Ausläufern
6 B. längl.-lanzettl., kleingekerbt, kurzgestielt, d. oberen sitzd, kurzhaarg,
Ausläufer z. T. knollg verdickt, 30–100 cm, ⚥, 6–9 **St. palustris** 2534
6* B. herzeiförmg zugespitzt, gesägt (nesselartg), d. unteren lg gestielt, dicht
abstehd behaart, St. oberwts auch drüsg, Blü.std weng durchblättert, 30–100
cm, ⚥, 6–9 **St. sylvatica** 2535
5* Blü.quirl 12–40blütg, untere Tragb. so lg wie Kelch
7 Pf. grün, weich zottg behaart, oberwts drüsg, B. herzeiförmg, Blü. schmutzg
rot, außen behaart, Kelchzähne weiß bespitzt, Blü.std stark durchblättert
(vgl. *St. sylvatica*), 60–100 cm, ⚥, 6–8 **St. alpina** 2536
7* Pf. weißwollg, filzg, drüsenlos
8 B. eiförmg-längl., gekerbt, stumpfl., am Grunde gerundet, 60–120 cm, ⚥,
6–8 **St. germanica** 2537
8* B. brtlanzettl., ganzrandg (od. undeutl. gekerbt), spitz, in d. Stiel
verschmälert, 40–80 cm, ⚥, 7–8 **St. byzantina** 2538
1* St. wenig beblättert, B. vorwiegd grundstdg, rosettg, stumpf gekerbt, Blü. in
dicht., lg gestielt., am Grund z. T. unterbrochen. Scheinähren mit kurz.
Tragb., Blü. innen ohne Haarring (*Betonica* L.)
9 Blü. rot, slt. weiß, B. längl.-eiförmg, St. oben angedrückt behaart, 20–70 cm,
⚥, 6–8 **St. officinalis** 2539
9* Blü. blaßgelb, B. brt herzeiförmg, St. abstehd rauhhaarg, 20–50 cm, ⚥, 6–7
St. alopecuros 2540

2531. **Aufrechter Z., St. récta** L., zerstr., ab. gesellg im Saum sonng. Büsche, in licht. Eichen- od. Kiefernwäldern, an Waldrändern, in Staudenhalden u. Kalk-Magerrasen, auch in Brachen, auf sommerwarm., mäß. trock., basenreich., mäß. sauer.-mild., humos. od. roh. Lehm-, Löß- od. Kalksand-Böden, licht- u. wärmeliebd, bis 2 m tief wurzld, z. T. Rohboden-Pionier, Insekt.bestäubg (Bienen), schwache Festuco-Brometea-Kl.char., hfg auch (Verb.Diff.) im Geranion sang., ferner im Erico-Pinion od. in Berberidion- u. Quercetalia pub.-Ges. – Ebene bis mittl. Gebirgslag. (Kalkgebiete), Ju bis 1000 m, im nordw. Tiefld fehld – smed(-gemäßkont) – H – Chrom. 2n = (32) 34.

2532. **Einjähriger Z., St. ánnua** L., slt. z. T. unbestdg in offen. Unkrautfluren von Äckern u. Weinbergen, in Stoppelfeldern, auf sommerwarm., mäß. trock., meist kalkhaltg. u. nährstoffreich., neutralmild., oft humusarm., steing. od. sandg. Ton- u. Lehmböden, wärmeliebd, bis 50 cm tief wurzld, Insekt.- u. Selbstbestäubg, gilt als Caucalidion-Verb.char., hfg auch im Fum.-Euphorbion (slt. Sisymbrion) – v. all. im S in Kalkgebiet. (A einmal b. 1050 m), im nördl. Tiefld slt. – osmed, verschleppt – T – Chrom. 2n = 34.

2533. **Acker-Z., St. arvénsis** L., zml. slt. in off. Unkrautges. gehackt. Äcker, in vernachlässigt. Gärten d. Silikatgebirges, auf frisch., nährstoffreich., kalkarm., neutral-mäß. sauer., ± humos., meist sandgrusg. Lehmböden in wintermild-humid. Klimalage, Silikatpf., meist Selbstbestäubg, Char. d. Setario-Stachyetum arv. (Polyg.-Chenopodienion) – v. all. im W d. Gebiet., süSch bis 750 m, im O slt. od. fehld – subatl – T – Chrom. 2n = 10, 18.

2534. **Sumpf-Z., St. palústris** L., zml. hfg in Staudenfluren an Ufern u. Gräben, auch in Naßwiesen od. auf Äckern, an Wegen, auf nass. bzw. wechselnass., z. T. zeitw. überschwemmt., nährstoff- u. basenreich., mild-mäß.sauer., humos. Ton- u. Lehmböden, auch modrigen Torfböden, bis 60 cm tief wurzld. Kriechpionier, Licht-(Halbschatt)pf., Insekt.- u. Selbstbestäubg, Filipendulion-Verb.char., auch im Molinion, in d. var. *ségetum* als Bodenverschlämmgs-Zeiger v. all. im Polyg.-Chenopodion (Verb.Diff.), auch in Secalinetea-Ges. – Ebene bis mittl. Gebirgslag., A bis 820 m – (no-)euras(-smed) – G, formenreich:

1 Pf. ohne Wurzelknoll.
2 B. bis 12 cm lg u. 3 cm brt, St. locker behaart od. kahl

2534a. **var. palústris,** verbr. Sippe, s.o. – Chrom. 2n = 64, 102.

2* B. kleiner, bis 8 cm lg u. 1–2 cm brt, St. dicht weichhaarg

2534b. **var. ségetum** (Hag.) Schweigg., so v. all. auf kalkarm. Äckern, s.o.

1* Pf. mit Wurzelknoll., v. niedrgem Wuchs, oft steril, Kulturpf.

2534c. **St. affínis** Bunge, als Knollengemüse nur noch slt. gepflzt, z. B. Pf, Fr – Kulturrasse v. *St. palustris* s.l. – Herkunft: Japan.

2535. **Wald-Z., St. sylvática** L., verbr. in Auenwäldern od. feucht. Laubmisch-Wäldern, auch in Uferstauden, an Waldquellen u. Waldwegen, auf grund- od. sickerfeucht.(nass.), nährstoffreich., neutral.-mild., humos. Ton- u. Lehmböden, Mullboden-Kriecher, Nährstoff- u. Feuchte-Zeiger, Schatt-Halbschattpf., Dunkelkeimer, Insekt.- u. Selbstbestäubg (Bienen), Windverbrtg, Alno-Ulmion-Verb.char., auch (Diff.) in feucht. Fagetalia-Ges. od. im Alliarion, Aegopodion u. Atropion z. T. angereichert – Ebene bis Gebirge, A bis 1650 m – eurassubozean – H – Chrom. 2n = 48, 66.

2536. **Alpen-Z., St. alpína** L., zml. slt. in Waldschlägen u. Waldverlichtg., an Waldrändern, auf frisch., nährstoffreich., meist kalkhaltg., lock., humos. Ton- u. Lehmböden, Mullbodenkriecher, Nitrifizierungs-Zeiger (Humuszehrer), Licht-Halbschattpf., Hummelblume, v. all. im Bereich v. Schlucht- u. Auenwäldern, Atropion-Verb.char., auch in Fagetalia-Ges. od. im Rumicion alp. – v. all. im S d. Gebiet., A bis 1750 m, nördl. bis RS, NSH, Th, Sa – pralp – H – Chrom. 2n = 30.

2537. **Deutscher Z., St. germánica** L., slt. u. unbestdg in krautreich. Rasen-Ges. an Weg- u. Waldrändern, auch im Steinschutt od. an Schuttplätzen, auf warm., mäß. trock., meist kalkreich., ± humos., lock. Lehm- u. Lößböden, Licht(Halbschatt)pf., Insekt.bestäubg, Zierpf. (meist nur verwildt), gilt als Onopordion-Verb.char., auch im Mesobromion – v. all. im S d. Gebiet., nördl. bis RS, NSH, nördl. An, östl. Me – smed, verschleppt – H – Chrom. 2n = 30.

2538. **Woll-Z., St. byzantína** C. Koch (*St. lanáta* Jacq.), hie u. da in Steingärten kultiv. u. glgtl. in Onopordion-Ges. verwildt – z. B. Rh, Fr – Herkunft: osmed – H – Chrom. 2n = 30.

2539. **Heil-Z., St. officinális** (L.) Trev. (*Betónica officinális* L.), zerstr. in Moorwiesen, mager. Bergwiesen u. Heide-Ges., auch in Laubmisch-Wäldern, auf grundfeucht. (wechseltrock.), basenreich., oft kalkarm., neutral.-mäß. sauer., modrg-humos. (dicht.) Lehm- u. Tonböden, auch torfg. Böden, Magerkeits- u. Wechselfeuchtigkts-Zeiger, etwas wärmeliebde Licht(Halbschatt)pf., Insekt.- u. Selbstbestäubg, früher Arzneipf., Molinion-Verb.char., sltner auch in and. Molinietalia-Ges. od. in wechselfeucht. Nardo-Callunetea-, Trif.-Geranietea-, Mesobromion-, od. auch Quercetalia rob.-petr.- u. pub.-Ges. – Ebene bis mittl. Gebirgslag., A bis 920 m, Ju bis 990 m – eurassubozean-smed – H – Chrom. 2n = 16, formenreich, z. B.:

2539a. **var. alpéstris** Kirschl. (*St. strícta* Ait.), Kelch 8–11 mm lg, Blü.ähre 2–4 cm lg, so z. B. im Calamagrostion d. Vog (ca. 1200 m), Schweiz usw. – pralp.

2540. **Gelber Z., St. alopecúros** (L.) Benth. (*Betónica alopecúros* L.), slt. in subalp.-alp., sonng. Steinrasen, im Legföhren-Gebüsch od. Steinschutt, auf frisch., meist kalkreich., $\pm$ humos., lock., steing. Ton- u. Lehmböden, Licht(Halbschatt)pf., Seslerietalia-Ordn.char., auch in Mesobrometen od. im Thlaspeion rot. – A bis 1980 m – alp – H – Chrom. 2n = 16, formenreich.

Bastarde!

Salbei, Sálvia L.

1 St. am Grunde verholzd, B. lanzettl., netzrunzelg, schwach gekerbt, filzg, Blü. viol. mit gerader Oberlippe, 20–80 cm, ♄, 6–7   **S. officinalis** 2541
1* St. krautg, B.grund spießförmg, herzförmg od. abgerundet
2 Blü. gelb, 3–4 cm lg, B.grund spießförmg, St. drüsg-klebrg, Kelchoberlippe ganzrandg, 50–120 cm, ♃, 6–8   **S. glutinosa** 2542
2* Blü. blauviol., rosa od. weiß
3 Blü.quirle 2–12blütg, Blü. innen ohne Haarring, Staubb. mit Hebelmechanismus
4 Pf. dicht behaart, Kelchzähne dorng, B. eiförmg, unregelmäß. gezähnt
5 B. graufilzg, St. zottg-drüsg behaart, Blü. 20–25 mm lg, gestielt, hell-lila, 60–120 cm, ⊙, 6–7   **S. sclarea** 2543
5* B. weißwollg, St. nicht drüsg, Blü. 15–20 mm lg, sitzd, weißl., 50–100 cm, ⊙, 6–7   **S. aethiopis** 2544
4* Pf. schwach behaart, Kelchzähne kurz, spitz, nicht dorng begrannt
6 Pf. mit deutl. Grundb.rosette, St. armblättrg, B. grün, netzrunzelg
7 B. unregelmäßg gezähnt, wie St. kurzborstg, Blü. 20–25 mm lg, blauviol. (slt. weiß), 30–60 cm, ♃, 4–8   **S. pratensis** 2545
7* B. $\pm$ fiederspaltg, doppelt gezähnt, Blü. 8–15 mm lg, meist hellblau (od. viol.), 20–30 cm, ♃, 4–8   **S. verbenaca** 2548
6* Pf. ohne deutl. Grundb.rosette, B. feingezähnt u. graufilzg, Hochb. meist viol., Blü. 10–15 mm lg, 30–60 cm, ♃, 6–7   **S. nemorosa** 2546
3* Blü.quirle 15–30blütg, Blü. innen mit Haarring, ca. 10 mm lg, hellviol., Blü.oberlippe gerade, Tragb. $\pm$ trockenhäutg, B.grund etwas herzförmg, meist mit 2 davon abgesetzt. Fiederblättch., 30–60 cm, ♃, 6–9   **S. verticillata** 2547

2541. Garten-S., S. officinális L., hie u. da, v. all. in Bauerngärten als Heil- u. Gewürzpf. kultiv., wärmeliebd, slt. verwildt, z. B. in Festuco-Brometea-Felsband-Ges. – z. B. süHü, Pf – Herkunft: med – Ch (Pn) – Chrom. 2n = 14.

2542. Klebriger S., S. glutinósa L., zml. slt. in krautreich. Bergwäldern, in Schlucht- u. Auenwäldern, an schattg. Böschg. u. Waldrändern, auf sickerfeucht. (frisch.), nährstoff- u. basenreich., mild., humos., lock., vorzugsw. steing. Ton- u. Lehmböden, Mullböden, Schatt-Halbschattpf., Dunkelkeimer, Hummelblume, gern in ausgeglich.-humid. Klimalage mit *Fraxinus exc.,* im Fagion, Tilio-Acerion od. Alno-Ulmion, Fagetalia-Ordn.char., auch noch im Adenostylion – süHü (slt.), Bo, Ju, Ba, Do (slt.), Av, A bis 1430 m, BayW (Südteil), Fr (Bamberg), Pf (Saar), oft nur verwildt – pralp (bis Himalaya) – H – Chrom. 2n = 16.

2543. Muskateller-S., S. sclárea L., hie u. da als Gewürz- u. Heilpf. kultiv., slt. verwildt, wärmeliebd – Herkunft: med – H – Chrom. 2n = 22.

2544. Ungarischer S., S. aethiópis L., slt. als Gewürz- u. Heilpf. kultiv., slt. u. unbestdg verwildt, wärmeliebd, Sisymbrietalia-Art – z. B. Rh, Mn – Herkunft: omed-gemäßkont – H – Chrom. 2n = 22, 24.

2545. Wiesen-S., S. praténsis L., hfg in Kalk-Magerrasen, Halbtrockenrasen od. warm. Fettwiesen, an Wegen u. Böschg., auf sommerwarm., mäß.frisch.-trock., mäß. nährstoffreich.-mager., basenreich., vorzugsw. kalkhaltg., mäß. sauer.-mild., humos. od. roh., lock. Lehmböden, auch Rohboden-Pionier, üb. 100 cm tief wurzld, wärmeliebde Lichtpf., Hummelblume, z. T. Klebverbrtg, geringer Futterwert, nicht weidefest, v. all. in Mesobromion- od. Cirsio-Brachypodion-Ges., auch im Xerobromion, überreg. Festuco-Brometea-Kl.char., ferner (Diff.) im warm. Arrhenatherion – Ebene bis mittl. Gebirgslag. (Kalkgebiete), A bis 1160 m, Ju bis 990 m, im nordw. Tiefld fehld – smed(-gemäßkont) – H – Chrom. 2n = 18, formenreich.

2546. Hain-S., S. nemorósa L., slt. u. unbestdg in ruderal beeinflußt. Halbtrockenrasen, an Wegen, Dämmen, Schuttplätzen, auch in Gebüschsäumen, auf sommerwarm., mäß. trock., meist kalkhaltg., locker., sandg.-steing. Lehmböden, Insekt.bestäubg, v. all. in Onopordion-Ges., auch in Sedo-Scleranthetea- od. Fest.-Brometea-Ges. – Tieflag. u. Wärmegebiete, nördl. bis NWe, He, Th, An – kont – H – Chrom. 2n = 12, 14.

2547. Quirlblütiger S., S. verticilláta L., zerstr., sich teilweise einbürgernd in Unkrautges. od. Halbtrockenrasen, an Wegen, Dämmen, Böschg. od. Verladeplätzen, auf sommerwarm., mäß. trock., basenreich., ± humos. Lehm- u. Tonböden od. bindg. Sandböden, auch Rohboden-Pionier, Lichtpf., Insekt.bestäubg, Klebverbrtg, im Gebiet v. all. in Onopordion-Ges., auch im Mesobromion od. in wärmeliebd. Arrhenathereten, überreg. (O-Europa) Cirsio-Brachypodion-Art – Ebene bis mittl. Gebirgslag., A bis 1010 m, v. all. im O d. Gebiet., im S slt. – gemäßkont-osmed – H – Chrom. 2n = 16.

2548. Eisenkraut-S., S. verbenáca L., slt. u. unbestdg in lückg. Unkrautges. an Verladeplätzen, wärmeliebd, z. B. im Sisymbrion – Rh – Herkunft: med (dort Hordeion-Art) – H – Chrom. 2n = 42, 54, 59, 60, 64.

Bastarde!

Goldmelisse, Indianernessel, Monárda L. vgl. S. 790

2549. M. dídyma L., öfter in Gärt. als Zier- u. Heilpf. kultiv., glgtl. verwildt, Nachtfalterblume – Herkunft: östl. N-Am (Flußufer-Ges.) – H – Chrom. 2n = 32.

Drachenmaul, Hormínum L. vgl. S. 792

2550. **H. pyrenáicum** L., slt. in subalp. sonng. Kalk-Magerrasen, Magerweiden od. Steinrasen, auf frisch., kalkreich., mild., humos., lock., meist steing. Lehm- u. Tonböden, Tiefwurzler, Lichtpf., Insekt.bestäubg (Hautflügler), Char. d. Seslerio-Caricetum sempervir. (Seslerion), in tiefer. Lag. auch im Mesobromion – A (Berchtesgad. Alp. 1460–1900 m) – alp – H – Chrom. 2n = 12.

Melisse, Melíssa L. vgl. S. 790

2551. **Zitronen-M., M. officinális** L., hie u. da v. all. in Bauerngärten als Gewürz-, Heil- od. Bienenfutterpf. kultiv., slt. in Artemisietea-Ges. verwildt, wärmeliebde Halbschattpf. – Herkunft: osmed (dort Orno-Ostryon-Art) – H – Chrom. 2n = 32.

Bohnenkraut, Saturéja L.

1 B. flaumg. behaart, stumpf, St. nur unten verholzd, Blü. 4–6 mm lg, bläul., 10–25 cm, ☉, 7–9   **S. hortensis** 2552
1* B. kahl, spitz, St. durchweg holzg, Blü. 7–10 mm lg, weißl. viol., 10–50 cm, ♄, 8–10   **S. montana** 2553

2552. **Sommer-B., Echtes B., S. horténsis** L., hfg als Gewürz- od. Heilpf. in Gärten kultiv. u. slt. in Schuttunkrautges. (Sisymbrion) unbestdg verwildt, wärmeliebd – Herkunft: omed – T – Chrom. 2n = 45, 48.

2553. **Winter-B., S. montána** L., slt. als Gewürzpf. in Gärten kultiv., wärmeliebd – Herkunft: med – Ch – Chrom. 2n = 30.

Bergminze, Calamíntha Moench

1 Hochb. (Tragb.) d. dicht. 10–20blütgen Blü.quirls lg pfrieml, wie St. zottg behaart, B. eiförmg, kleingekerbt od. ganzrandg, Kelchzähne stechd begrannt, 20–50 cm, ♃, 7–10   **C. clinopodium** 2554
1* Hochb. d. locker. 5–15blütgen Blü.quirls kurz, nicht lg behaart, Pf. mit Pfefferminzgeruch
2 Blü.quirl gestielt, Blü.stiele verzweigt, B. eiförmg-ellipt., 15–40 mm lg, bis 10 mm lg gestielt
3 Blü.quirl 5–7blütg, B. kräftg gezähnt, 30–70 mm lg, Kelch 7–10 mm lg, Blü. 15–20 mm lg, lebhaft viol., 40–60 cm, ♃, 7–9   **C. sylvatica** 2555
3* Blü.quirl 12–15blütg, B. schwach gekerbt-gezähnt, bis 35 mm lg, Kelch 5–7 mm lg, Blü. 8–12 mm lg, mehr blaßviol., 30–50 cm, ♃, 6–9   **C. nepetoides** 2556
2* Blü.quirl sitzd, meist 6blütg, Blü.stiele einfach, kurz, B. eiförmg-lanzettl., 10–20 mm lg, kurz gestielt, St. niederliegd-aufsteigd
4 Blü. 8–10 mm lg, hellviol., Kelch zuletzt geschloss., B.nerv. untersts stark hervortretd, 10–30 cm, ☉, ♃, 6–9   **C. acinos** 2557
4* Blü. 10–18 mm lg, rotviol., Kelch zuletzt offen, B.nerv. untersts schwach ausgeprägt, St. schwach behaart, 10–30 cm, ♃, 6–9   **C. alpina** 2558

2554. **Borstige B., Wirbeldost, C. clinopódium** Spenn. (*Clinopódium vulgáre* L.), zml. hfg im Saum sonng. Büsche u. Wälder, in licht. grasg. Eichen- u. Kiefernwäldern, an Weg- u. Heckenrändern, auf sommerwarm., mäß. frisch., basenreich., lock., humos. Ton- u. Lehmböden, Wurzelkriecher, Licht-Halbschattpf., Insekt.bestäubg, Wind- u. Klettverbrtg, Origanetalia-Ordn.char., auch in Prunetalia- od. Erico-Pinion-Ges. – Ebene bis mittl. Gebirgslag., A bis 1800 m – eurassmed – H – Chrom. 2n = 20.

2555. **Wald-B., C. sylvática** Bromf. (*C. officinális* auct.), zml. slt. in sonng. Eichenbusch- u. Flaumeichen-Wäldern, in Waldverlichtg., an Wegränd. auf mäß.trock., basenreich., meist kalkhaltg., neutral-mild., humos., lock., steing. od. rein. Lehm- u. Lößböden, Humus-Wurzelkriecher, Halbschattpf., meist Insekt.bestäubg, Quercion pub.-Verb.char., auch im Geranion sang. od. licht. Fagetalia-Ges. – v. all. im SW d. Gebiet., nördl. bis RS (Täler), östl. bis Bo, Ne, Mn, ferner Th (Dornburg) – smed(-subatl) – H – Chrom. 2n = 24.

2556. **Kleinblütige B., C. nepetoídes** Jord. [*C. népeta* (L.) Savi ssp. *népeta*], slt. in warm-sonng. Steinschutt-Fluren, auch an Felsen u. Mauern, auf mäß. trock., basenreich., kalkhaltg., meist humus- u. feinerdearm. Stein- u. Felsböden, Pionierpf., Wurzelkriecher, licht- u. wärmeliebd, meist Insekt.bestäubg, Char. d. Stipetum calamagr. (Stipion calamagr.), auch in Asplenietea-Ges. – A (Berchtesgad. Alp., 540 m), FrJu (Südteil), Fr, Mn, Ne (verschleppt?) – pralp-smed – H – Chrom. 2n = 24.

2557. **Steinquendel, C. ácinos** (L.) Clairv., [*Ácinos arvénsis* (Lam.) Dandy], zerstr. in sonng. u. lückg. Magerrasen, auf Dünen, Felsköpfen, an Mauern, Dämmen, Erdanrissen usw., auf sommertrock., basenreich., humus- u. feinerdearm. Sand- u. Steingrusböden, i. allg. Sandzeiger, sltner auf Löß od. Lehm, Pionierpf., licht- u. wärmeliebd, z. T. wintergrün, Bienenblume, Sedo-Scleranthetea-Kl.char., auch in lückg. Festuco-Brometea-Ges. – Ebene bis mittl. Gebirgslag., A bis 1230 m – smed-euras, verschleppt (bis N-Am.) – T (Ch) – Chrom. 2n = 18.

2558. **Alpen-Steinquendel, C. alpína** (L.) Lam. [*Ácinos alpinus* (*L.*) *Moench*], zml. hfg in mager. Steinrasen u. Halbtrockenrasen d. Alpen u. Voralpen, auf frisch., basenreich., meist kalkhaltg., lock., humos., gern steing. Lehm- u. Tonböden, Lichtpf., Insekt.bestäubg (Bienen, Falter), Kleb- u. Klettverbrtg, Seslerietalia-Ordn.char., auch im Mesobromion u. Erico-Pinion, ferner verschwemmt im Epilobion fleisch. – Do, Av, A bis 2320 m – alp-pralp(-smed) – H, Ch – Chrom. 2n = 18.

Ysop, Hyssópus L. vgl. S. 792

2559. **H. officinális** L., slt. als Gewürz-, Heil- od. Bienenfutterpf. kultiv., glgtl. verwildt u. eingebürgt, auf sonng., warm., trock., basenreich., z. T. kalkarm., ± humos., flachgründg. Steinböden, z. B. im Xerobrometum

(Bromion) d. Hohentwiel als Burggartenflüchtlg. auch in Felsband- u. Mauerspalten-Ges. – Bo, Ne, Pf, Ju, Ba, Fr usw. – smed-med-kont – Ch – Chrom. 2n = 12.

Majoran, Majorána Mill. vgl. S. 792

2560. **M. horténsis** Moench (*Oríganum majorána* L.), hie u. da in Gärten als Gewürz- u. Heilpf. kultiv., wärmeliebd, slt. verwildt – Herkunft: omed – T.

Dost, Oríganum L. vgl. S. 792

2561. **Gewöhnlicher D., Wilder Majoran, O. vulgáre** L., hfg im Saum sonng. Büsche, an Wald- u. Heckenrändern, in licht. Eichen- u. Kiefernwäldern, in Staudenhalden, an Wegen u. Böschg., in Magerrasen, auf sommerwarm., mäß. trock., basenreich., mäß. sauer.-mild., humos. Lehm- u.' Lößböden, auch Rohböden, bis 60 cm tief wurzld, ausläufertreibde Pionierpf., Licht-Halbschattpf., Insekt.bestäubg, Bienenfutterpf., Windverbrtg, früher Heilpf., Origanetalia-Ordn.char., auch im Erico-Pinion od. in Mesobromion- u. Prunetalia-Kontakt-Ges. – Ebene bis mittl. Gebirgslag. (Silikatgebirge slt.), A bis 1800 m, im nördl. Tiefld slt. od. fehld – euras-smed (verschleppt, z. B. N-Am.) – H, Ch, formenreich:

1 Blü.(schein)ähre ± kugelg

2561a. **ssp. vulgare**, verbr. Sippe, s. o. – Chrom. 2n = 30 (32).

1* Blü.(schein)ähre verlängert, prismatisch, aus 20–24 Blü.knäueln gebildet

2561b. **ssp. prismáticum** Gaud., slt. an trocken. Böschgen, in Saum- u. Staudenges. od. in Halbtrock.ras., wärmeliebd – nöRh, Nahetal – smed-atl.

Thymian, Quendel, Thýmus L.

1 B. unt.sts kurzfilzg, lineal-lanzettl., sitzd, am Rande ± gerollt, nicht bewimpert, St. aufrecht, verästelt, unt. verholzd, 20–30 cm, ⊙, ♄, 6–10
   Th. vulgaris 2562
1* B. unt.sts kahl od. behaart, nicht kurzfilzg, St. aufsteigd od. niederliegd, oft wurzelnd, schwach verholzd
2 St. unter d. Blü.std fast stielrd od. schwach 4kantg (im Schnitt quadrat.), rundum, auch an d. Kant., ± gleichmäßg behaart, gltgl. auf zwei Seitenfläch. kahl od. schwächer als auf d. ander. behaart, Blü.std meist kugelg u. mit ansehnl. Blü.
3 Pf. mit aufsteigd. St. von meist buschg. Wuchs, B. schmal-oval bis lineal, bis 20 mm lg, ± behaart, St. unt. d. Blü.std meist abstehd lg kraus behaart, (*Pannonicus*-Gruppe)
4 B. sitzd, Triebe aufsteigd-aufrecht, 10–30 cm, ♄, 6–8
   Th. pannonicus 2563
4* B. deutl. kurz gestielt, Triebe aufsteigd od. niederliegd, ab. mit Blü.std endend (pseudorepent), St.b. meist abwärts kleiner werdend, 5–20 cm, ♄, 6–8
   Th. oenipontanus 2564

3* Pf. mit niederliegd., oberird. kriechd. Ausläufern u. seitl. aufgesetzt. Blü.stds-äst. (repent, racemös), B. höchst. 12 mm lg (*Praecox*-Gruppe ohne *Th. serpyllum*)

5   B. beid.sts behaart, schmal-oval, vgl.   **Th. longicaulis** 2565
5* B. kahl od. nur zerstr. behaart, B.grund bewimpert
6   B. oval bis brt-ellipt., 2–8 mm brt, unt.sts vorn mit Randwulst, obere Kelchzähne lger als brt
7   B. fast alle gleich groß, meist schmal-ellipt., St.behaarg unter d. Blü.std rundum ± gleichmäßg, 5–10 cm, ℏ, 6–8   **Th. praecox** 2566
7* B. am Blü.std abwärts kleiner werdend, St.behaarg unter d. Blü.std meist nur auf 2 Seitenfläch. stärker ausgeprägt, 5–8 cm, ℏ, 6–8
                                                              Th. polytrichus 2567
6* B. lineal bis schmal-ellipt., 1–3 mm brt, unt.sts ohne deutl. Randwulst, Pf. mit weit kriechd. Trieb., obere Kelchzähne kurz 3eckg, 5–10 cm, ℏ, 6–9
                                                              Th. serpyllum 2568
2* St. auch unt. d. Blü.std deutl. 4kantg (im Schnitt meist rechteckg), nur an d. Kant. dicht, kurz abwärts gerichtet od. lg abstehd behaart, z. T. auch auf 2 Seitenfläch. spärl. (kurz od. lg) behaart, B. brt-ellipt., oval od. rundl.-spatelg, Blü.std meist walzl.-ährg od. am Grd unterbroch. (*Chamaedrys*-Gruppe)
8   Triebe weit kriechd mit seitl. aufgesetzt, Blü.stds.äst. u. meist steril. Endtrieb. (repent, racemös), 5–15 cm, ℏ, 7–9   **Th. alpestris** 2569
8* Triebe ausladend-kriechd-aufsteigd, im Sommer (od. nach 2 Jahr.) mit blühd. Endtrieb. u. ohne lge steril endende Ausläufer mit seitl. aufgesetzt. Blü.stds.äst. (pseudorepent, sympodial)
9   B. meist kahl od. nur randl. bewimpert, St.kant. mit kurz. abwärts gericht. Haar., z. T. auch auf d. St.fläche spärl. kurz anliegd behaart, 5–20 cm, ℏ, 6–9
                                                              Th. pulegioides 2570
9* B. beid.sts zml. dicht behaart, St.kant. unt. d. Blü.std dicht abstehd 0,5–2 mm lg behaart, z. T. auch auf d. St.fläch. spärl. behaart, 10–20 cm, ℏ, 6–9   **Th. froelichianus** 2571

2562. Echter Th., Th. vulgáris L., hie u. da als Heil- u. Gewürzpf. kultiv., wärmeliebd, slt. verwildernd – Herkunft: wmed, dort häufger Trockenras.-Pionier, Brachenpf. – T, Ch – Chrom. 2n = 30.

2563. Steppen-Th., Th. pannónicus All. (*Th. marschalliánus* auct.), slt. u. nur adv., ab. z. T. eingebürgert in Trockenras. z. B. mit *Scabiosa ochroleuca*, Festucetalia val.-Art – HRh, Sa, S-An – kont – Ch – Chrom. 2n = 28.

2564. Österreichischer Th., Th. oenipontánus H. Br. (*Th. glabréscens* ssp. *decipiens* Dom.), zerstr. in Trockenras. in Festucion val.-Ges. – Tirol, alp. Trockentäler, endem. – Ch – Chrom. 2n = 52.

2565. Langstengliger Th., Th. longicaulis K. Presl, zerstr. in Trockenras. in Festucion val.- u. Mesobromion-Ges. – Südalpen – osmed – Ch – Chrom. 2n = 30.

2566. Frühblühender Th., Th. praecox Op., zml. slt. in Trocken- u. Steppenras. auf warm., basenreich., steing. od. sandg. Böd., Fest.-

Brometea-Kl.char., auch im Sesl.-Festucion od. Erico-Pinion – v. all. im
S d. Gebietes (Av-Ju-Mn), nördl. bis RS, NSH, Th, S-An – pralp
(-smed) – Ch – Chrom. 2n = 56.

1 Ausläuf. lg, wurzelnd

2566a. **ssp. praécox,** Soziol. s. o.

1* Ausläuf. kurz, nicht wurzelnd, scheinbar pseudorepent

2566b. **ssp. hesperítes** (Lyka) Jal. in Löve et Löve ex Korn. (*Th. humi-*
fúsus Bernh.), so v. all. auf Felsköpf. u. in Felsbandges., in Sedo-
Scleranthetalia-Ges. (Ordn.char.) – mehr im W d. Gebietes, z. B. Pf, RS –
subatl.

2567. **Alpen-Th., Th. polýtrichus** Kerner (*Th. trachseliánus* Op., *Th.*
praécox Op. ssp. *polýtrichus* Jalas), zerstr. v. all. in Steinras. d.
Hochgebirges, auf mäßg trock., basenreich. Lehm- u. Steinböd.,
Seslerietalia-Ordn.char., auch im Mesobromion – Av, A – pralp-alp – Ch
– Chrom. 2n = (54) 56.

2568. **Sand-Th., Th. serpyllum** L. em. Mill. (*Th. angustifólius* Pers.), zml.
slt., ab. gesellg in Sandrasen, auf Dünen, in licht. Kiefernwäldern, auf
trock., basenreich., ab. meist kalkarm., neutral-humos., feinerdearm.,
lock. Sandböd., Corynephoretalia-Ordn.char., auch im Cytiso-Pinion –
v. all. im N u. NO d. Gebietes, südl. bis Do, nöRh (Sandgebiete), Pf –
europkont – Ch – Chrom. 2n = 24.

2569. **Berg-Th., Th. alpéstris** Tausch, slt. in bodensauren Magerras. d.
Nardetalia – Erzg (?) – opralp – Chrom. 2n = 28.

2570. **Arznei-Th., Feld-Th., Th. pulegioídes** L., verbr. in Magerras. u.
Magerweid., an Böschg., in Kiesgrub. od. an Fels., auch auf
Ameisenhauf., auf frisch.-trocken., ± basenreich., meist kalkarm.,
humos. od. roh. Sand-, Stein- u. Lehmböd., bis 1 m tief wurzelnd.
Kriechpionier, Magerktszeiger, licht- u. wärmeliebd, Insekt.bestäubg
(Bienenweide), Ameisenverbrtg, Heilpf. (Hustenmittel), v. all. in lückg.
Nardetalia-, Sedo-Scleranthetea-, auch in Fest.-Brometea- od. mager.
Mol.-Arrhenatheretea-Ges., im Erico-Pinion usw. – Ebene bis Gebirge,
A bis 2271 m – eurassubozean bzw. subatl(-smed) – Ch – Chrom. 2n = 28
(30), im Gebiet *ssp. chamaédrys* (Fr.) Gus., formenreich, z. B.:

2570a. **var. parvifólius** (Borb.) Pawl. ex P. Schmidt [ssp. *parvíflorus*
(Opiz) Lyka], B. 4–10 mm lg, derb, Blü.std armblütg, ± kopfförmg
rundl., gedrung.; so v. all. in Fest.-Brometea-Ges. (z. B. Xerobrometum)

2570b. **var. praeflórens** (Ronn.) P. Schmidt, (*Th. alpéstris* var.
praeflórens Ronn.), B. etwas von unt. nach oben an Größe zunehmd
(daher oft mit *Th. alpestris* verwechselt), ab. pseudorepent, schon im Juni
blühd, so v. all. in mager. Wies. u. Weiden der silikat. Mittelgebirge od.
Hochgebirge, in tiefer. Lag. in mager. Feuchtwiesen.

2571. **Krainer Th.**, **Th. froelichiánus** Opiz [*Th. pulegioídes* L. ssp. *carniólicus* (Borb.) P. Schmidt], zerstr. in warm. Trockenras. u. Magerweid. auf basenreich., mäßg sauer.-mild. Stein-, Kies- od. Lehmböd., Xerobromion-Verb.char., slt. auch im Mesobromion – Hü. Pf (slt.), Ju, Ba (bis O-Sch), süSch (Porphyr), Bo, Mn, Th (slt.) – wsmed – Ch – Chrom. 2n = 28, dazu:

2571a. **var. cineráscens** Ronn. (*Th. valdérius* Ronn. p.p.), St. unt. d. Blü.std z. T. auch auf d. St.fläch. locker-kraus behaart, Wuchs ± buschg, so im Xerobrometum – Kaiserstuhl (Badberg).

Wolfstrapp, Lýcopus L.

1 Kelchzähne doppelt so lg wie Kelchröhre, behaart, B. buchtg gezähnt, nur am Grunde fiederspaltg, St. ästg, 20–60(100) cm, ⵗ, 7–8
L. europaeus 2572

1* Kelchzähne ± so lg wie Kelchröhre, ± kahl, B. alle tief fiederspaltg, mit gezähnt. Abschnitt., St. meist einfach, 60–120 cm, ⵗ, 7–8
L. exaltatus 2573

2572. **Ufer-W., L. europáeus** L., zml. hfg im Röhricht od. in Seggenbeständ., an Ufern u. Gräben, auch im Erlenbruch, auf nass., zeitw. überschwemmt., nährstoff- u. basenreich., neutral.-mild., modrig-humos., sandg. od. rein. Ton- od. Torfböden, tiefwurzld. Wurzelkriecher, etwas wärmeliebd, Licht-Halbschattpf., Fliegenblume, Wasser- u. Wasservögel-Verbrtg, Phragmitetalia-Ordn.char., auch (Diff.) in Alnetalia-Ges., slt. (relikt.) Nässezeiger auf Äckern – Ebene bis mittl. Gebirgslag., A bis 885 m – euras-smed (verschleppt, z. B. N-Am.) – H, W – Chrom. 2n = 22.

2573. **Hoher W., L. exaltátus** L. fil., slt., neuerdings meist verscholl., im Weidengebüsch, an Ufern, auf nass., period. überschwemmt., nährstoff- u. basenreich., sandg-tong. Schwemmböden, auch salzertragd, wärmeliebde Stromtalpf., gilt als Salicion alb.-Art, auch im Magnocaricion – nöRh (verscholl.), Bo (?), An – euraskont – H, W – Chrom. 2n = 22.

Minze, Méntha L.

1 St. mit einem B.schopf endigd, Blü.quirle b.achselstdg, B. eiförmg, kurz gestielt
2 Kelch ungleich 5zähng, Fr.kelch durch Haarkranz geschlossen, B. 1–2 cm lg, Pf. niederliegd-aufsteigd mit vorwiegd oberirdisch. Ausläufern, 10–30 cm, ⵗ, 7–9
M. pulegium 2574

2* Kelch gleichmäß. 5zähng, Fr.kelch offen, glockg, B. 3–8 cm lg, St. aufsteigd-aufrecht, mit vorwiegd unterirdisch. Ausläufern, 5–25(–40) cm, ⵗ, 7–9
M. arvensis 2575

1* St. mit köpfch.- od. ährenförmg. Blü.std endigd, Kelch gleichmäß. 5zähng, Fr.kelch offen, St. meist aufrecht mit überwiegd unterirdisch. Ausläufern

3   Endstdg. Blü.std kopfg, darunter noch 1–2 b.achselstdge Blü.quirle, B. eiförmg, gesägt, Kelch trichterförmg, 20–80 cm, ⑂, 7–9
   M. aquatica 2576
3* Endständg. Blü.std schlank, ährenförmg, Tragb. kl., B. ± sitzd
4   B. ± kahl, längl.-lanzettl., St. oft rot überlauf., Blü.stiele u. Kelchgrund kahl, Kelchzähne pfrieml., Ausläufer oberirdisch, 30–80 cm, ⑂, 7–9
   M. spicata 2577
4* B. wenigst. untersts stark behaart, St. behaart, Kelch angedrückt behaart, Ausläufer vorwiegd unterirdisch
5   B. längl.-lanzettl., 5–10 cm lang, scharf gesägt, mit untersts mäß. hervortretd. Nerv., Kelchzähne pfrieml., 30–80 cm, ⑂, 7–9
   M. longifolia 2578
5* B. rundl.-eiförmg, 2–5 cm lg, kerbg gezähnt, netzrunzelg mit untersts stark hervortretend. Nerven, Kelchzähne 3eckg-lanzettl., kürzer als glockg. Kelch, 30–60 cm, ⑂, 7–9   **M. suaveolens** 2579

2574. **Polei-M., M. pulégium** L., zml. slt. in Pionierrasen, an Ufern, auf Gänseangern, in Flutmulden, auf nährstoff- u. basenreich., kalkarm., humos. od. roh., sandg. od. rein. Tonböden in wintermild. Klimalage, salzertragd, Stromtal- u. Küstenpf., Kriechpionier, Insekt.bestäubg, früher Nutz- u. Heilpf. (Polei-Öl), Agr.(El.)-Rumicion-Verb.char., auch in überweidet. Cynosurion- od. Isoëto-Nanojuncetea-Ges. – v. all. Rh, Do, Elbe, Havel, Oder – med-smed-eurassubozean, in gemäß. Zonen heute weltweit – H – Chrom. 2n = (10) 20 (30, 40).

2575. **Acker-M., M. arvénsis** L., zml. hfg in Naßwiesen od. in Unkrautfluren feuchter Äcker, v. all. d. Gebirges, auf nass.-feucht., nährstoffreich., neutral-mäß. sauer., gern sandg. Lehm- u. Tonböden, Vernässungszeiger, bis 40 cm tief wurzld. Kriechpionier, Insekt.bestäubg – Ebene bis Gebirge, A bis 1880 m – no-euras(subozean) – H, formenreich:

1   B. eiförmg-ellipt., am Grund gestutzt od. gerundet, meist stark behaart

2575a. **ssp. arvénsis** [ssp. *agréstis* (Sole) H. Br.], so v. all. in Ackerunkrautges. in humid. Gebirgsklima, in Pol.-Chenopodietalia- u. Secalinetca-Ges. – Chrom. 2n = 72.

1* B. ellipt.-lanzettl., am Grund in d. Stiel verschmälert
2   B. stark behaart, B. stiele so lg od. kürzer als Blü.quirle

2575b. **ssp. austríaca** (Jacq.) Briq., verbr. v. all. im Calthion od. ander. Molinietalia-Ges., gern in Störzuständ. – Chrom. 2n = 72.

2* B. schwach behaart, B.stiele lger als Blü.quirle

2575c. **ssp. parietariifólia** (Beck.) Briq., Verbrtg u. Soziologie ungenügd bekannt – Chrom. 2n = 72.

2576. **Wasser-M., M. aquática** L., hfg in Röhricht- u. Großseggen-Ges., an Ufern u. Gräben, auch in Naß- u. Moorwiesen, in Bruchwäldern, im Weidengebüsch, auf nass., zeitw. überschwemmt., nährstoff- u. basenreich., ab. Ammonium-arm., modrig-humos. Tonböden od. Bruchtorfböden, Kriechwurzel-Pionier, Licht-Halbschattpf., Insekt.bestäubg, z.T. Teepf., schwache Phragmitetalia-Ordn.char., auch im Filipendulion, im Alnion od. Salicion cin. – Ebene bis mittl. Gebirgslag., A bis 1200 m – euras-smed(-med) – H (W) – Chrom. 2n = 96.

2577. **Ähren-M., M. spicáta** L. em. Huds., hie u. da in Gärten neben *M. piperita* als Tee-, Heil- u. Duftpf. kultiv., glgtl. in Schuttunkraut-Fluren verwildt, wärmeliebd, in Onopordion- u. Arction-Ges. – v. all. im S d. Gebiet., im nördl. Tiefld slt. (z. B. SH, Me) – wmed – H – Chrom. 2n = (36) 48 (84).

2578. **Roß-M., M. longifólia** (L.) Huds. (*M. sylvéstris* L.), zml. hfg u. gesellg in Pionier-Ges., an Ufern, in Naßweiden, Flutmulden, an Gräben u. Wegen, auf nass. od. wechselnass., nährstoff- u. basenreich., meist kalkhaltg., mäß. sauer.-mild., ± humos., sandg. od. rein. Tonböden (Gleyböden), Nährstoff-, Vernässungs- u. Beweidgszeiger, Tiefwurzler, Wurzelkriech-Pionier, etwas wärmeliebd, Licht(Halbschatt)pf., Insekt.-bestäubg, früher auch Teepf., Char. d. Mentho-Juncetum infl. [Agr.(El.)-Rumicion], auch in gestört. Molinietalia-Ges. – Ebene bis mittl. Gebirgslag. (Kalkgebiete), A bis 1460 m – smed-euras, weltweit verschleppt – H – Chrom. 2n = 24 (36, 48).

2579. **Rundblättrige M., Duft-M., M. suavéolens** Ehrh. (*M. rotundifólia* auct.), slt., ab. gesellg, oft mit vor. in Pionier-Ges. an Gräben, nass. Wegen, in Flutmulden u. Naßweiden, an beweidet. Ufern, auf meist sickernass., wechselfeucht., z.T. zeitw. überschwemmt., nährstoff- u. basenreich., meist kalkarm., mäß. sauer.-neutral., humusarm., sandg. od. rein. Lehm- u. Tonböden, Bodenverdichtungszeiger, salzertragd, Wurzelkriech-Pionier, wärmeliebde Lichtpf., Insekt.bestäubg, Char. d. Potentillo-Menthetum rot. [Agr.(El.)-Rumicion] – Rh, Hü, Ne (Enz), Pf, Mn, He, NSH – atl-wsmed(-med), in gemäß. ozean. Zonen heute weltweit, im Gebiet an d. O-Grenze d. Verbrtg – Chrom. 2n = 24 (18,36, 54).

Zahlreiche Bastarde, v. all.: Echte Pfeffer-M., *M.* × *piperíta* L., (*M. spicáta* × *aquática*), B. deutl. gestielt, hfg als Tee- u. Heilpf. kultiv. u. glgtl. verwildt, Herkunft: England, Edel-M., *M.* × *gentílis* L., (*M. spicáta* × *arvénsis*), sltner als vor. kultiv., *M.* × *verticilláta* L. (*M. aquática* × *arvénsis*), zerstr. zwischen d. Eltern, *M.* × *dumetórum* Schult. (*M. aquática* × *longifólia*) zml. slt., *M.* × *niliácea* Juss. (*M. longifólia* × *suavéolens*), slt. mit den Eltern (Char.) im Potentillo-Menthetum, z. B. Rh, *M. dalmática* Tausch (*M. arvénsis* × *longifólia*) slt. u. a. s. sltene Hybrid.

Kamm-Minze, Elshóltzia Willd. vgl. S.792

2580. **E. ciliáta** (Thunb.) Hyland., slt. u. unbestdg in Schuttunkraut-Fluren, an Verladeplätzen, in Sisymbrion-Ges., sommerwärmeliebd, in

O-Europa hfg als Gewürz- u. Heilpf. kultiv. u. überall verwildt – v. all. im
O d. Gebiet., z. B. Me, Br, Sa, auch Rh (Hafenanlagen) – euraskont,
Herkunft: O-Asien – T.

Basilienkraut, Ócimum L. vgl. S. 792

2581. **O. basílicum** L., hie u. da als Zier-, Gewürz- u. Heilpf. in Gärten
od. Zimmern kultiv., slt. verwildt – Herkunft: Vorderindien – NO-
Afrika – T – Chrom. 2n = 48.

Ordnung Scrophulariáles

Familie der Nachtschatten-Gewächse, Solanáceae

1   Strauch mit hängd. Zweigen, Blü. 1–3 b.achselstdg, trichter-radförmg,
     rotviol., Fr. eine (gelb)rote Beere   **Lycium**   S. 819
1*   Pf. krautg od. höchst. halbstrauchg-kletternd
2   Blü. glockg, B. ungeteilt, ganzrandg od. gezähnt
3   Blü. einzeln b.achselstdg
4   Fr.kelch aufgeblasen-vergrößert, 5kantg, trock. Beere umschließd, Blü.
     blau, B. buchtg gezähnt, kahl, 30–100 cm, ☉, 7–9   **Nicandra**   S. 818
4*   Fr.kelch nicht aufgeblasen, Fr. glänzde schwarze Beere, Blü. schmutzg viol.,
     B. ganzrandg, eiförmg, kurz herablaufd, 60–150 cm, ♃, 6–8
                                                             Atropa   S. 819
3*   Blü. zu mehreren traubg, fast sitzd, gelb, viol. geadert, Fr. eine krugförmge
     Kapsel, B. buchtg gezähnt, obere st.umfassd, Pf. zottg-klebrg, 30–60 cm, ☉,
     6–10   **Hyoscyamus**   S. 819
2*   Blü. radförmg-kurzröhrg od. trichterg-lgröhrg (stieltellerförmg)
5   Blü. radförmg, Staubb. kegelförmg zus.geneigt, Fr. eine Beere
6   Blü. einzeln, b.achselstdg, weiß, B. ungeteilt,
7   Fr. v. groß. Kelch lampionartg umschloss., rundl., kirschengroß, Pf. meist
     mit kriechd. Wurzelausläuf.   **Physalis**   S. 819
7*   Fr. nicht v. Kelch umschloss., große längl.-schotenförmge Beere, gelb od.
     rot, 20–50 cm, ☉, 5–7   **Capsicum**   S. 820
6*   Blü. in doldg. Blü.stden (Wickeln), weiß, viol., rötl. od. gelb, B. ungeteilt od.
     gefiedert   **Solanum**   S. 820
5*   Blü. trichterg-lgröhrg (stieltellerförmg), Fr. eine Kapsel, B. ungeteilt
8   Blü. in Rispen, rötl., gelbl. od. grünl., B. groß, ganzrandg, St. wenigästg
                                                           Nicotiana   S. 823
8*   Blü. einzeln, b.achselstdg
9   Blü. mit zugespitzt. Blü.zipfeln, weiß, Fr.kapsel groß, stachelg, B. buchtg
     gezähnt, 20–100 cm, ☉, 7–9   **Datura**   S. 822
9*   Blü. mit abgerundet. Blü.zipfeln, meist blau, viol. od. weiß, B. ganzrandg,
     ellipt., gegenstdg, Pf. drüsenhaarg, 15–30 cm, ☉, 6–10   **Petunia**   S. 823

Giftbeere, Nicándra Adans.

2582. **N. physalódes** (L.) Gaertn., hie u. da als Zierpf. kultiv. u. glgtl. in
Schuttunkraut-Ges. verwildt, wärmeliebd, giftig, gern zus. mit *Datura* in

Sisymbrietalia-Ges. – z. B. Rh, Do, Fr – Herkunft: Peru – T – Chrom. 2n = 20, 21.

Bocksdorn, Lýcium L.

1 Zweige meist dorng, B. lanzettl., graugrün, 1–3 m, ♄, 6–9
                                   L. barbarum 2583
1* Zweige meist dornenlos, B. eiförmg-lanzettl., grün, 1–3 m, ♄, 6–9
                                   L. chinense 2584

2583. **L. bárbarum** L. (*L. halimifólium* auct.), hfg als Zierstrauch gepflzt u. öfter an Dämmen u. Wegen verwildt, v. all. auf nährstoff- u. basenreich., oft kalkarm., lock., vorzugsweise sandg. (auch steinglehmg.) Böden, sommerwärmeliebd, durch Wurzelsprosse Bodenfestiger, Spreizklimmer, Bienen- u. Hummelblume, Vogelverbrtg, giftig, in Prunetalia-Ges. (vgl. Lycietum Felf. in Ungarn) – v. all. im S u. W d. Gebiet. – Herkft: omed(-smed) – P – Chrom. 2n = 24.

2584. **Chinesischer B., L. chinénse** Mill., slt. gepflzt u. verwildt – z. B. Rh, Mn, Fr, usw. – Herkunft: O-Asien – P – Chrom. 2n = 24.

Tollkirsche, Átropa L.

2585. **A. bélla-dónna** L., zml. hfg in Schlagfluren, auf Kahlschlägen, in Waldverlichtg., an Waldwegen, auf frisch., nährstoff- u. basenreich., mild-mäß. sauer., lock.-humos. Ton- u. Lehmböden (Kalk, Porphyr, Gneis), Mullböd., Nitrifiziergszeiger, gern auf Brandflächen, etwas wärmeliebd, Halbschatt-Lichtpf., Lichtkeimer, Insekt.bestäubg (Hummeln), Vogelverbrtg, s. giftig (lähmend, Gegenmittel: Schwarztee, Brechmittel), Arzneipf., v. all. in Schlägen d. Fagion, Char. d. Atropetum bellad. (Atropion), slt. auch in and. Atropetalia-Ges. – Ebene bis mittl. Gebirgslag., A bis 1650 m – subatl-smed – H – Chrom. 2n = 72.

Bilsenkraut, Hyoscýamus L.

2586. **Schwarzes B., H. níger** L., slt. in sonng. Schuttunkraut-Ges., an Müllablade-Plätzen, an Wegen u. Mauern, auf mäß. frisch.(-trock.), s. nährstoffreich., meist sandg. od. steing. Lehmböden, bis 50 cm tief wurzld. Stickstoffzeiger, wärmeliebd, Kulturbegleiter, Insekt.- u. Selbstbestäubg, Windverbrtg, giftig (Arzneipf.), Char. d. Onopordetum ac. (Onopordion) – v. all. in d. Wärme- u. Trockengebiet., z. T. unbestdg u. zurückghd – smed-euras, in gemäß. Zonen heute weltweit – H (T) – Chrom. 2n = 34 (68).

Judenkirsche, Phýsalis L.

1 B. eiförmg, grün, Blü. weiß, Fr.kelch (wie Fr.) rot
2 Fr.kelch ± kugelg, Kelchzipfel 3eckg, so lg wie brt, 20–50 cm, ♃, 5–8
                                   Ph. alkekengi 2587

2* Fr.kelch eilängl., Kelchzipfel doppelt so lg wie brt, 50–70 cm, ⚁, 7–8
Ph. franchetii 2588
1* B. herzförmg, ± filzg, Blü. gelb mit dunkl. Punkt., Fr.kelch eiförmg, grünl.-
gelb, Fr. gelb, 30–100 cm, ⚁, 7–8 **Ph. peruviana** 2589

2587. Gewöhnliche J., Ph. alkekéngi L., hie u. da in Gärten u. zerstr.
verwildt od. eingebürgt im Weinberg-Gebüsch od. in licht. Eichen-
Auenwäld., auf frisch., nährstoff- u. basenreich., ± humos. Lehm- u.
Tonböden, wärmeliebd, Wurzelkriecher, Halbschattpf., meist Insekt.-
bestäubg, Wind- u. Vogelverbrtg, Zierpf., Beere genießbar u. früher zu
Arzneiweinen, seit jüng. Steinzeit im Gebiet, v. all. in etwas gestört.
Ulmion-Ges. (Alno-Ulmion) od. in Prunetalia-Säum. d. Aegopodion –
v. all. im S (Weinbaugebiete), nördl. bis NWe, NSH, Th, Sa, sonst s. slt. –
smed-euras – H – Chrom. 2n = 24.

2588. Laternen-J., Ph. franchétii Mast., v. all. als Zierpf., seltener als
vor. verwildert – Herkunft: O-Asien – H – Chrom. 2n = 24.

2589. Peruanische J., Ph. peruviána L., slt. u. unbestdg in Unkraut-Ges.,
an Verladeplätzen, Fr. eßbar (Handelsware) – Heimat: Peru – H –
Chrom. 2n = 48.

Paprika, Cápsicum L.

2590. C. ánnuum L., in Wärmegebiet. hie u. da gebaut, in Unkraut-Ges.
v. Müll- u. Verladeplätzen vorübergehd verwildt, liebt frische,
nährstoffreiche Lehmböden in feucht-warm. Klima, Kurztagpf.,
Gewürz- u. Gemüsepf. – Herkunft: trop. Am. – T – Chrom. 2n = 24.

Nachtschatten, Solánum L.

1   B. ungeteilt od. nur am Grund mit 1–2 kl. Fiederblättch. (3zählg)
2   Blü. viol., St. unten verholzd, kletternd-niederliegd, Beeren rot, längl.,
30–200 cm, ♄, 6–8 **S. dulcamara** 2591
2* Blü. weiß (slt. lila od. rötl.), St. krautg, Fr.-Beeren kugelg
3   Kelch nur d. Beerengrund bedeckd, Pf. dunkelgrün
4   Kelchzipfel durch spitze Bucht. getrennt, St. ± behaart od. fast kahl, weng
kantg, Blü.b. etwa 2mal so lg wie Kelch, Fr.stds.stiele 15–25 mm lg, Fr.
rundl., schwarz od. grünl.gelb, 10–80 cm, ☉, 6–10 **S. nigrum** 2592
4* Kelchzipfel durch stumpfe Bucht. getrennt, Blü.b. 2–4mal so lg wie Kelch,
Fr.stds.stiele 5–15 mm lg, Fr. ± oval, goldgelb od. rot
5   St. stumpfkantg, abstehd lghaarg, Fr. meist goldgelb (auch rot) 10–50, ☉,
6–10 **S. luteum** 2593
5* St. schmal geflügelt, rauh, zerstr. behaart, Fr. rot, 10–45 cm, ☉, 6–10
S. alatum 2594
3* Kelch halb so lg od. lger als Fr.-Beere, Pf. gelbgrün, sparrg, St. stumpfkantg,
zottg behaart, Fr. glasg
6   Kelchzipfel Fr.-Beere halbumfassd, verwachs., mit stumpf. Kelchbucht, Fr.
grün od. viol., glänzd, mit rd 25 Samen, 10–40 cm, ☉, 6–10
S. nitidibaccatum 2595

6* Kelchzipfel so lg od. lger als Fr.-Beere, lanzettl., spitze Bucht. bildend, häutg verbund., Fr. grün mit rd. 75 Sam., Pf. stark drüsg (klebrg), mit stark. Geruch, 20–60 cm, ☉, 6–10   **S. sarachoides** 2596

1* B. unterbroch. gefiedert od. fiederschnittg

7 Pf. ohne Stacheln

8 Blü. gelb, Fr. groß, rot, saftg, Pf. ohne Knollen, 30–120 cm, ☉, 6–10   **S. lycopersicum** 2599

8* Blü. weiß od. lila, Fr. kl., gelbgrün, Pf. mit Knoll., 30–80 cm, ☉, 6–7   **S. tuberosum** 2598

7* Pf. mit gelb. Stacheln, dicht behaart, Blü. gelb, 30–60 cm, ☉, 7–8   **S. cornutum** 2597

2591. Bittersüßer N., S. dulcamára L., zml. hfg im Weidengebüsch, in Weidenwäldern, v. all. an d. Rändern u. in Verlichtg., an Ufern u. Gräben, auch im Erlenbruch od. in Waldschläg., auf nass. bis feucht. (wechselnass.), nährstoffreich., mild-neutral., humos. Lehm- u. Tonböden, auch auf Kies od. modrg. Torf, Stickstoffzeiger, Wurzel-Kriechpionierpf., Bodenfestiger, Halbschatt-Lichtpf., Lichtkeimer. Insekt.bestäubg, Vogelverbrtg, mäßg giftg, Heilpf., v. all. in Galio-Urticenea-Ges., im Kontakt mit d. Alnetea od. Salicetea purp., in gestört. Phragmitetea-Ges. od. in d. Epilobietea ang. – Ebene bis mittl. Gebirgslag., A bis 1360 m – euras-smed – Ch – Chrom. 2n = 24.

2592. Schwarzer N., S. nígrum L., verbr. in lückg. Unkrautfluren, an Schuttplätzen, Wegen, in Gärten u. Äckern, auf frisch., nährstoffreich., neutral-mild., humos., lock. Ton- u. Lehmböden, etwas wärmeliebd, bis 70 cm tief wurzld. Stickstoff- u. Garezeiger, meist Insekt.bestäubg u. Verdauungsverbrtg, nur mäß. giftig, Kulturbegleiter seit jüng. Steinzeit, Chenopodietea-Kl.char. – Ebene bis mittl. Gebirgslag. (bis rd 800 m) – smed-euras, in gemäß. Zonen heute weltweit –T, formenreich.

1 St. u. B. fast kahl, B. ± ganzrdg

2592a. ssp. nígrum, verbr. Sippe, s.o. – Chrom. 2n = (24, 40) 72

1* St. u. B. locker ± absthd behaart, B. nie völlg ganzrdg

2592b. ssp. schultésii (Op.) Wessely, so mehr an Schuttplätz. im Sisymbrion – Chrom. 2n = 72.

2593. Gelbfrüchtiger N., S. lúteum Mill., zerstr. in lückg. Unkrautflur., v. all. an Schuttplätzen u. Wegen, im Wärmegebiet, auf ± frisch., stickstoffreich., lock., humos. Sand- u. Lehmböden, terr. Char. d. Horde-etum mur. (Sisymbrion), überreg. Chenopodietea-Kl.char. – z.B. Rh, Ne, Mn, Fr, Do, An, Br, Sa – med-smed – T – Chrom. 2n = 48.

2594. Rotfrüchtiger N., S. alátum Moench, slt. in Unkrautges. auf frisch.-mäßg trocken., nährstoffreich. Lockerböd., im Sisymbrion – z.B. Rh, Ne, Do, Fr, Br, An, Th, NWe, usw. – smed – T – Chrom. 2n = 48.

2595. **Glanzfrüchtiger N., S. nitidibaccátum** Bitt., slt. in Unkrautges. auf mäßg frisch.-trocken., nährstoffreich., meist kalkarm. u. gern locker. sandgen Böd., wärmeliebd, in Pol.-Chenopodietalia- u. Sisymbrion-Ges., Chenopodietea-Art – nöRh, nöHü, Pf, NWe, Br, An, Sa, L – Herkunft: S-Am., mit ± kont Ausbrtgstendenz – T – Chrom. 2n = 24.

2596. **Saracho-N., S. sarachoídes** Sendt. em. Bitt., slt. in Unkrautges. auf trocken., nährstoffreich. Böd. in Sisymbrion-Ges. – Rh, NWe, NS – Herkunft: S-Am., mit mehr subatl Ausbrtgstendenz – T – Chrom. 2n = 24.

2597. **Stachel-N., S. cornútum** Lam. (*S. rostrátum* Dun.), slt., unbestdg, ab. immer wieder in lückg. Unkrautfluren, an Schutt-, Müll- od. Verladeplätzen, an Wegrändern, v. all. d. Wärmegebiete, auf mäß. trock., stickstoffreich., ± humos. Sand-, Kies- od. Lehmböden, in Sisymbrion- u. Polygonion avicul.-Ges. – z. B. Rh, Ne, Fr – Herkunft: östl. N-Am. (Präriengebiet), hier ursprüngliche Kartoffelkäfer-Pf. – T – Chrom. 2n = 24.

2598. **Kartoffel, S. tuberósum** L., verbr., in über 1000 verschied. Kultursort. gebaut u. glgtl. an Schuttplätzen in Sisymbrion-Ges. verwildt, liebt frische, nährstoffreiche, locker-humose, neutrale bis mäß. saure, ± leichte, sandige Lehmböden in kühl-humider Klimalage (Tiefwurzler, meist Selbstbestäubg), alte Kulturpf. d. südamerik. indianisch. Hochkultur., seit 16. Jahrh. in Europa, Kraut u. Fr. (durch Solanin) mäß. giftig – Ebene bis Gebirge (bis ca. 1200 m) – Herkunft: südamerik. Anden d. Tropenzone – G – Chrom. 2n = 48.

2599. **Tomate, S. lycopérsicum** L. (*Lycopérsicon esculéntum* Mill.), hfg in viel. Sorten gebaut u. glgtl. in Unkrautges. verwildt, an Schuttplätzen od. Ufern, v. all. im Chenopodion rubri, liebt frische, nährstoffreiche, humos. lock. Sand- u. Lehmböden in warm-feucht. Klimalage, frostempfdl., Wärmekeimer, Insekt.- u. Selbstbestäubg, anfängl. nur Zierpf., erst seit rd. 100 Jahren Nutzpf. – Ebene bis mittl. Gebirgslag. – Herkunft: subtrop. S-Am., Stammpf.: *S. pimpinellifólium* Jusl. – T – Chrom. 2n = 24.

Dazu zahlreiche weitere Nutz-, Zier- u. Adventiv-Arten, z. B. Eierpf., Aubergine, *S. melongéna* L., aus Indien stammde, in S-Europa hfg gebaute Gemüsepf., Korallenbäumch., *S. pseudocápsicum* L., mit weiß. Blü. u. rot. kugelg. Fr., hfg als Zierpf., glgtl. unbestdg in Schuttunkrautges. – Herkunft: Mittelam., Madeira.

Stechapfel, Datúra L. vgl. S. 818

2600. **D. stramónium** L., zml. slt., z. T. unbestdg in lückg. u. sonng. Schuttunkraut-Fluren, an Müllplätzen, Wegen, in aufgelass. Gärten, v. all. d. Wärmegebiete, auf mäß. frisch., s. nährstoffreich., ± humos., lock., gern sandg. od. steing. Lehm- u. Tonböden, bis 120 cm tief wurzld. Stickstoffzeiger, salzertragd, Lichtpf., Nachtfalterblume, Windverbrtg, durch Alkaloide s. giftig, Arzneipf., gern mit *Xanthium strumarium,* in Sisymbrietalia-Ges., überreg. Chenopodietea-Kl.char. – Ebene bis mittl. Gebirgslag. (Trocken- u. Wärmegebiete), A fehld – Herkunft: Mexiko – östl. N-Am., heute in warm-gemäß. Zonen d. ganz. Welt – T – Chrom. 2n = 24.

2600a. **var. tátula** (L.) Torr. (*D. tátula* L.), Blü. blau überlauf., St. viol. – sltner, offenbar wärmeliebder als Typus – z. B. Rh – Chrom. 2n = 24.

Tabak, Nicotiána L.

1   B. alle sitzd, lanzettl.-ellipt., Blü. rot, langröhrg-trichterförmg, 75–200 cm, ☉, 6–9   **N. tabacum** 2601

1*   B., wenigst. d. unter., gestielt, eiförmg-stumpfl., klebrg, Blü. gelbl.grün, mit kurz. bauchg. Blü.röhre, 60–100 cm, ☉, 6–9   **N. rustica** 2602

2601. **Virginischer T., N. tabácum** L., hfg in viel. Sorten gebaut u. slt. an Schuttplätzen verwildt, liebt frische, nährstoffreiche, lock., leichte Lehm- od. bindge Sandböden ohne Staunässe, in warmhumid. Klima, Licht- u. Wärmekeimer, Kurztagpf., Insekt.- u. Selbstbestäubg, giftig, Genußpf., im indian. Kulturkreis Südam. vermutl. aus *N. tomentósa* R. et Pav. u. *N. sylvéstris* Speg. gezüchtet – Ebene u. Hügelland (Wärmegebiete, v. all. Rh u. Hü, auch Mn u. Fr) – Herkunft: Bolivien – Peru – T – Chrom. 2n = 48.

2601a. **Maryland-T., var. macrophýlla** (Spreng.) Schrk. (*N. latíssima* Mill.), B. brt-ellipt., Blü.-Rispe zus. gezog., St. bis 3 m hoch – gebaut z. B. Rh.

2602. **Bauern-T., N. rústica** L., zml. slt. u. nur im kleinen in Gärten kultiv., slt. verwildt, etwas anspruchsloser als vor. – Herkunft: Mittel-Am. u. nördl. S-Am. – Chrom. 2n = 48.

Dazu kommen hie u. da als Zierpf. Flügel-T. *N. aláta* Lk. et Otto, (mit weißl. Blü.) aus Südbrasilien (Chrom. 2n = 18) u. a.

Petunie, Petúnia Juss. vgl. S. 818

2603. **Garten-P., P.** × **atkinsiána** D. Don (*P. hýbrida* hort.), hfg in viel. Spielarten als Zier- u. Balkonpf. kultiv. u. slt. in Schuttunkrautges. (Sisymbrion, auch Polygono-Chenopodietalia) verwildt, liebt frische, nährstoffreiche, lock., humos. Böden, wärmeliebd, frostempfindl., aus d. Kreuzung *P. integrifólia* (Hook.) Schz et Thell. × *P. axilláris* (Lam.) Britt. entwickelt – Heimat: S-Brasilien – T – Chrom. 2n = 14.

Familie der Buddlejáceae vgl. S. 294

2604. **Fliederspeer, Buddléja davídii** Franch., Blü.rispen dicht traubg,

20–30 cm lg, zugespitzt, lila, slt. weiß, B. lanzettl., gezähnt, untersts weißfilzg – hfg als Zierstrauch u. in d. Wärmegebieten oft verwildt mit *Salix*- od. *Sambucus*-Arten im Pionier-Gesträuch der Schutt- u. Trümmerplätze, Falterblume, Windverbrtg, Herkunft: China – Chrom. 2n = 76.

Familie der Braunwurz-Gewächse, Scrophulariáceae

1 Pf. mit grünen B. (1* vgl. S. 825 Schlüsselende)
2 B. in grundstdg. Rosette, lineal-spatelg, ganzrandg, Blü. einzeln b.achselstdg, kurz gestielt, kl., fast regelmäßg 5teilg, rötl., Staubb. 4, 3–5 cm, ☉, 5–9 **Limosella** S. 834
2* Pf. mit beblättert. St.
3 Blü. ± gleichmäß. radförmg ausgebrtet od. etwas trichterg, schwach 2seitg symmetr., Blü.röhre kurz, undeutl.
4 Staubb. 5, alle od. einige, weiß- od. viol.-wollg, Blü. 5teilg, meist gelbl. od. weißl., slt. viol., B. ungeteilt, längl., wechselstdg **Verbascum** S. 826
4* Staubb. 2, Blü. meist 4teilg, kl., blau, weißl. od. rötl.-viol. (slt. gelb), B. meist gegenstdg **Veronica** S. 834
   vgl. ferner mit viol., leicht 2seitg symmetr. Stieltellerblü. (mit 4 Staubb.) in traubg. Blü.std, Rosett.- u. St.b. spatelg-lanzettl., gesägt, 5–10 cm, ⅖, 5 7 **Erinus** S. 845
3* Blü. ± 2lippg, glockg od. mit deutl. Blü.röhre, nicht radförmg ausgebrtet, Staubb. 2 od. 4
5 Kelch 5spaltg od. 5zähng (5* vgl. S. 825 Mitte)
6 Blü. am Grund gespornt od. mit abgerundet., sackartg. Höcker
7 Blü. am Grund mit ein. sackartg. Höcker, Blü.schlund durch gewölbte Ausstülpg d. Unterlippe löwenmaulartg geschloss., Blü.std traubg **Antirrhinum** S. 828
7* Blü. mit deutl. Sporn
8 Blü.schlund durch Ausstülpg d. Unterlippe völlig geschloss.
9 B. rundl.-nierenförmg, 3–7lappg, kahl, Blü. einzeln, b.achselstdg, St. dünn, kriechd, 30–60 cm lg, ⅖, 6–8 **Cymbalaria** S. 830
9* B. schmal lineal-lanzettl. od. brt eiförmg (spießförmg), fiedernervg
10 Blü. in endstdg. Trauben, B. sitzd, Pf. meist kahl, höchst. im Blü.std ± drüsg **Linaria** S. 828
10* Blü. einzeln, b.achselstdg, gelbl.-weiß mit viol. Schlund, B. gestielt, Pf. drüsg-weichhaarg, St. niederliegd, fädl. **Kickxia** S. 830
8* Blü.schlund nicht völlig geschloss.
11 Pf. drüsg behaart, Blü. gestielt, b.achselstdg, in lock. Traube, B. sitzd, längl. lanzettl., unten gegenstdg, oben wechselstdg, 5–25 cm, ☉, 6–9 **Chaenorrhinum** S. 831
11* Pf. kahl, Blü. fast sitzd, in reichblütg., verlängert. Ähre, St. mit grundstdg. B.rosette, Grundb. ei-spatelförmig, gesägt, St.b. lineal, 1- od. 3zipflg, 20 60 cm, ⅖, 6–7 **Anarrhinum** S. 831
6* Blü. ohne Sporn od. sackartg. Ausstülpg
12 Blü. einzeln, b.achselstdg, gestielt, Hochb. kaum verkleinert, B. gegenstdg, ganzrandg, Blü. rosa-weißl., Sumpfpf. d. Tieflagen
13 Blü. 4–6 mm lg, nicht lger als Kelch, hinfällg, Staubb. 4 od. 2, B. kl., ellipt.,

3–5nervg, St. am Grunde ästg, meist niederliegd   **Lindernia** S. 834
13* Blü. 8–10 mm lg, lger als Kelch, mit 4kantg. Blü.röhre, Staubfäd. 4, ab. nur 2
    Staubbtl., B. lanzettl., St. aufrecht, 15–30 cm, ♃, 6–8   **Gratiola** S. 833
12* Blü. in Ähren, Traub. od. Rispen, Hochb. meist deutl. verkleinert, B. meist
    gezähnt, gekerbt od. geteilt
14 B. gegenstdg (nur *Scrophularia can.* z. T. wechselstdg)
15 Blü. gelb, Blü.stde traubg, Kelch ± 2lippg
16 Blü. glockg mit 5 fast gleich. Zipfeln, 6–8 mm lg, Fr.kapsel 1fächerg, Hochb.
    nur wenig verkleinert, Pf. fettig glänzd, 20–50 cm, ♃, 6–7 **Tozzia** S. 847
16* Blü. ausgeprägt 2lippg, 20–35 mm lg, Fr.kapsel zweifächerg, Hochb.
    verkleinert, Kelch kantg   **Mimulus** S. 833
15* Blü. braunrot-grünl. od. viol.-braun, slt. blaßgelb, krugförmg-kugelg mit
    5lappg. Saum, 3–10 mm lg, in rispg. Blü.std, Kelch ± gleichmäß. 5teilg
    Scrophularia S. 831
14* B.(wenigst. teilw.) wechselstdg, ungeteilt od. gefiedert, Pf. mit grundstdg. B.-
    Rosette, Blü. rot od. gelbl.
17 Blü. weitröhrg-glockg, mit 4spaltg. Saum, meist hängd, in verlängert.,
    einstwendg. Traube, Fr.kapsel 2fächerg, B. ungeteilt   **Digitalis** S. 846
17* Blü. 2lippg, mit helmförmg zus.gedrückt. Oberlippe, B. fiederspaltg, Blü.std
    ährg-traubg   **Pedicularis** S. 859
    vgl. ferner bei 15*   **Scrophularia canina** 2632
5* Kelch 4teilg od. 4zähng
18 Kelch aufgeblas., abgeflacht, meist bleich, B. längl., gekerbt-gesägt, Blü.
    gelb, 2lippg mit zus.gedrückt. Oberlippe, 10–20 mm lg
    Rhinanthus S. 855

18* Kelch nicht aufgeblas.
19 Blü. ausgeprägt 2lippg
20 Untere B. ganzrandg, lineal-lanzettl., Hochb. am Grunde oft gezähnt od.
    fiederspaltg u. verfärbt, Blü.oberlippe seitl. zus.gedrückt, Blü. gelb od. rötl.,
    oft bleich, 6–25 mm lg   **Melampyrum** S. 847
20* B. alle gezähnt
21 Blü. braunviol., bis 18 mm lg, Oberlippe lger als Unterlippe, B. netzrunzelg,
    Hochb. blauviol. verfärbt, 10–25 cm, ♃, 7–8   **Bartsia** S. 847
21* Blü. weißl.-viol., gelb od. rötl., Oberlippe kürzer als Unterlippe
22 Blü. 16–24 mm lg, gelb, Pf. drüsg behaart, St. meist unverzweigt, B. lanzettl.-
    oval, grob gezähnt, 10–40 cm, ☉, 7–8   **Parentucellia** S. 847
    Blü. gelb od. rot, Unterlippe schuhförmg aufgeblas., Zierpf.
    20–50 cm,☉, 6–9   **Calceolaria** S. 833
22* Blü. 4–12(16) mm lg, weiß-viol., gelb od. rot
23 Blü. fleischrot od. gelb, Oberlippe kaum ausgerandt, nicht umgeschlag., B.
    lineal-lanzettl.   **Odontites** S. 851
23* Blü. meist weiß od. lila, slt. ganz gelb, Oberlippe 2lappg, am Rand
    umgeschlag., Unterlippe gelb gefleckt, B. meist eiförmg, gezähnt od. fast
    fiederschnittg, kl.   **Euphrasia** S. 852
    mit gelb. od. rot. Blü. u. schuhförmg aufgeblasen. Unterlippe, Zierpf., vgl.
    Calceolaria S. 833
19* Blü. fast gleichmäßg 5zipfelg, röhrg, gelb, vgl. unt. 16 **Tozzia** S. 847
1* Pf. ohne grüne B., St. bleichviol. od. rötl. beschuppt, Blü. rötl. in
    einstwendg. nickend. Traube, Kelch glockenförmg, 4spaltg, 10–25 cm, ♃,
    3–4   **Lathraea** S. 862

Königskerze, Verbáscum L.

1 Staubfäd. viol.-wollg
2 Blü. viol., B. obersts fast kahl, untersts flaumhaarg, 30–60 cm, ⊙, ⚄, 5–7
                  V. phoeniceum 2605
2* Blü. gelb
3 Blü. zu 1–4, b.achselstdg, B. ei-längl. mit kurz. B.stiel, gekerbt, d. unteren oft
    buchtg fiederlappg, St. ± geflügelt
4 St. nicht drüsenhaarg, Blü. ohne Vorb., 5–25 mm lg gestielt, u. 15–30 mm
    brt, 50–100 cm, ⊙, 6–8   **V. blattaria** 2606
4* St. unt. drüsg behaart, Blü. (außer Hochb.) mit kl. Vorb., 2–5(6) mm lg
    gestielt, Blü. 30–40 mm brt, 50–100 cm, ⊙, 6–8   **V. virgatum** 2607
3* Blü. meist zu (1)3–5(10) b.achselstdg, Blü.b. am Grund rot gefleckt,
    Blü.stiele 0–10 mm lg, B. ob.sts ± kahl, unt.sts graufilzg, d. grundstdgen bis
    20 cm lg gestielt, mit herzförmgem B.grund, St. ob. kantg, 50–100 cm, ⊙,
    6–8   **V. nigrum** 2608
1* Staubfäd. (wenigst. z. T.) weißwollg
5 Staubfäd. alle wollg, B. am St. nicht herablaufd, Blü.std stark verästelt
6 St. oben kantg, B. obersts verkahld, untersts sternhaarg, staubg-filzg, Blü.
    meist weiß, auch hellgelb, 10–14 mm brt, 60–130 cm, ⊙, 6–8
                        V. lychnitis 2609
6* St. rund, B. beidersts weißflockg-filzg (ablösbar), d. ober. halbst.umfassd,
    Blü. gelb, 14–20 mm brt, 60–130 cm, ⊙, 7–9   **V. pulverulentum** 2610
5* Untere 2 Staubfäd. kahl od. nur z. T. wollg, B. am St. ± herablaufd, meist
    beidersts gelbl. wollg-filzg, Blü.std dicht, wenig verästelt, Blü. hellgelb
7 Mittl. St.b. nur kurz herablaufd, Blü. 30–40 mm brt, flach od. fast flach,
    kahle Staubfäd. höchst. doppelt so lg wie Staubbeutel, 50–200 cm, ⊙, 7–9
                        V. phlomoides 2611
7* Mittel. St.b. lg (von B. zu B.) herablaufd
8 Blü. ± flach, 30–40 mm brt, kahle Staubfäd. höchst. doppelt so lg wie
    Staubbtl, B. deutl. gekerbt, 50–200 cm, ⊙, 7–9   **V. densiflorum** 2612
8* Blü. ± trichterg vertieft, 15–20(30) mm brt, kahle Staubfäd. 4mal so lg wie
    Staubbtl, B. schwach gekerbt od. ganzrandg, 30–180 cm, ⊙, 7–9
                        V. thapsus 2613

2605. Violette K., V. phoeniceum L., slt. in Trockenras. u. im Saum
sonnger Büsche u. Wälder auf basenreich., humos. Lehmböd.,
Festucetalia val.-Ordn.char., auch im Geranion sang., ferner Zierpf. u.
adv. – An, Br, Sa, im S nur adv. – kont-osmed – H – Chrom. 2n = 32, 36

2606. Schabenkraut, V. blattária L., zml. slt. in lückg. Unkrautfluren, an
Schuttplätzen, Wegen, Dämmen, auf mäß. trock., nährstoff- u.
basenreich., ± humos., gern sandg-kiesg. Lehm- od. Tonböden,
salzertragd, wärmeliebd, Insekt.- u. Selbstbestäubg, Lichtkeimer (bis 80
Jahre keimfähg), Windverbrtg, Kraut früher gegen Ungeziefer,
Onopordetalia-Ordn.char. – v. all. Wärmegebiete im S, im N slt. (Elbe,
Oder) od. fehld – osmed-kont, im Gebiet d. N-Grenze d. Verbrtg erreichd
– H – Chrom. 2n = 18, 30.

2607. Schlanke K., V. virgátum Stok. in With., slt. u. unbestdg in
Schuttunkrautflur. – Rh (Els) – subatl – H.

2608. **Dunkle K., V. nígrum** L., zml. hfg in Unkrautfluren, v. all. in Waldschlägen, an Schuttplätzen, Dämmen, Wegen, auch Ufern, auf frisch., nährstoff- u. basenreich., auch kalkarm., neutral-mäß. sauer., lock., humos. Lehmböden, Licht(Halbschatt)pf., Insekt.- u. Selbstbestäubg, schwache Atropion-Verb.char., auch in Arction- od. Origanetalia-Ges. – Ebene bis mittl. Gebirgslag., A bis 1430 m – eurassubozean, verschleppt – H – Chrom. 2n = 30.

2609. **Mehlige K., V. lychnítis** L., zml. hfg im Saum sonng. Büsche u. Wälder, in Verlichtg. wärmeliebd. Eichenwälder, an Wegen, Böschung., in Hecken u. Kalk-Magerrasen, auf mäß. trock., ± nährstoff- u. basenreich., meist kalkhaltg., mäß. sauer.-mild., humos., lock., steing. od. rein. Lehmböden (Kalk, Gneis, Porphyr), Nitrifizierungszeiger, Tiefwurzler, etwas wärmeliebd, Licht-Halbschattpf., Insekt.- u. Selbstbestäubg (Pollenblume), Trifolio-Geranietea sang.-Kl.char., auch in Onopordetalia-, Atropion- od. Mesobromion-Ges. – Ebene bis mittl. Gebirgslag., v. all. Kalkgebiete, auch süSch bis 900 m, A bis 950 m, Ju bis 1000 m, im nordw. Tiefld slt. – smed-gemäßkont – H – Chrom. 2n = 32, 34.

2610. **Flockige K., V. pulveruléntum** Vill., slt. z. T. nur advent.-unbestdg, in Unkrautfluren, an Wegränd., auch in sonng. Kalkmagerrasen od. in Waldverlichtg., auf mäß. trock., nährstoff- u. basenreich., steing. od. sandg. Lehmböden, licht- u. wärmeliebd, im Gebiet wohl nur in Onopordion-Ges. – nur im W d. Gebiet., Rh–RS, sonst adv. – smed – H – Chrom. 2n = 32.

2611. **Windblumen-K., V. phlomoídes** L., slt. u. unbestdg in Unkrautfluren, an Schuttplätzen u. Wegen, auch in Waldschlägen, auf mäß. trock.-mäß.frisch., nährstoff- u. basenreich., gern sandg. Lehmböden, sommerwärmeliebd, Insekt.- u. Selbstbestäubg, Arzneipf., v. all. in Stromtälern, Onopordion-Verb.char., auch im Atropion – Trock.-Wärmegebiete im O u. S, im nordw. Tiefld slt. od. fehld – gemäßkont-osmed – H – Chrom. 2n = 32, 34.

2612. **Großblütige K., Wollblume, V. densiflórum** Bert. (*V. thapsifórme* Schrad.), zerstr. in sonng. Unkrautfluren, an Schuttplätzen, Wegrändern, Dämmen, Ufern, auch in Waldschlägen, auf mäß. trock. (frisch.), nährstoff- u. basenreich., gern kalkhaltg., ± humos. Lehmböden, etwas wärmeliebd, Insekt.- u. Selbstbestäubg (Pollenblume), Zier- u. Arzneipf. (Blü. als Hustentee), Char. d. Onopordetum ac. bzw. Onopordion-Verb.char., auch im Atropion u. Sisymbrion – Ebene bis mittl. Gebirgslag., Ju bis 850 m, (A u. Silikatgebirge od. nordw. Tiefld fehld od. slt.) – smed, in gemäß. Zonen weltweit verschleppt – H – Chrom. 2n = 32 (34).

2613. **Kleinblütige K., Wollblume, V. thápsus** L., zml. hfg in Unkrautfluren, an Schuttplätzen, in Waldverlichtg., an Dämmen, Ufern u.

Wegen, auf frisch.-mäß. trock., nährstoff- u. basenreich., kalkarm. u. -
reich., ± humos., lock., steing., sandg. od. rein. Lehmböden, Nitrifizierungszeiger, Insekt.- u. Selbstbestäubg (Pollenblume), Lichtkeimer,
z. T. Arzneipf., schwache Atropetalia-Ordn.char., auch in Onopordetalia-Ges. – Ebene bis mittl. Gebirgslag., A bis 1620 m – (verschleppt z. B.
N-Am.) – H, formenreich:

1   Untere St.b. nur kurz gestielt bis sitzd, Blü. 12–20 mm brt
2613a. **ssp. thápsus,** verbr. Sippe, s. o. – Chrom. 2n = 32, 36.

1*   Untere St.b. lg gestielt, Blü. 15–30 mm brt
2613b. **ssp. crassifólium** (DC.) Murb., zerstr. in Alpentälern, z. B.
Vorarlberg, Tirol – Chrom. 2n = 32.

Zahlreiche Bastarde!

Löwenmaul, Antirrhínum L.

1   Blü. 20–30 mm lg, Kelchzipfel eiförmg, kürzer als Blü., Blü. in traubg.
Blü.std, vielfarbg (meist rot), B. brt lanzettl., 20–60 cm, ☉, (⚄), 5–8
A. majus 2614
1*   Blü. 8–10 mm lg, Kelchzipfel lineal, lger als Blü., Blü. entfernt stehd,
blaßrosa, B. lineal-lanzettl., 15–30 cm, ☉, 7–9   **A. orontium** 2615

2614. **Großes L., A. május** L., hfg in viel. Form. in Gärten kultiv. u. glgtl.
in Mauer- od. Felsspalt. verwildt, liebt ursprüngl. ± frische, nährstoff- u.
basenreiche Steinböden in wintermild-humid. Klimalage, z. T. wintergrün, Licht-(Halbschatt)pf., meist Insekt.bestäubg (Hummeln, Bienen),
Windverbrtg, verwildt in nitrophil. Spaltges., Centr.-Parietarion-
Verb.char., im Asplenietea-Kontakt – Ebene bis mittl. Gebirgslag., v. all.
im W d. Gebietes – Herkunft: wmed – Ch (H) – Chrom. 2n = 16.

2615. **Acker-L., A. oróntium** L., (*Misopátes oróntium* Raf.), zml. slt. in
off. Unkrautflur. gehackt. Äcker, in Weinbergen u. Brachen, auf frisch.,
nährstoff- u. basenreich., kalkarm., ± humos., sandg. od. steing. Lehmböden in wintermild-humid. Klimalage, Lehmzeiger, Insekt.bestäubg
(Bienen), Windverbrtg, Char. d. Set.-Stachyetum arv., sltner auch in
and. Polyg.-Chenopodietalia-Ges. – Ebene bis mittl. Gebirgslag., v. all.
im S u. W d. Gebiet. – smed. (-eurassubozean), verschleppt – T – Chrom.
2n = 16.

Leinkraut, Linária Mill.

1   Blü. bläul., slt. gelbl.-weiß, 3–10 mm lg, B. z. T. gegenstdg od. quirlstdg,
lineal od. schmal lanzettl.
2   St. niederliegd-aufsteigd, alle B. meist zu 4 quirlstdg, dickl., blaugrün, kahl,
Blü.std armblütg, Blü. blauviol. mit orangegelb. Schlund (od. einfarbg), Pf.
mit Ausläufern, 8–15 cm, ⚄, 4–8   **L. alpina** 2616
2*   St. aufrecht, höchst. untere B. quirlstdg, Blü. hellviol. od. lila, mit gelbl.-
weiß. Schlund, B. ± blaugrün

3 Blü.stiele kahl, Blü. bläul. od. gelbl.-weiß, (mit Sporn) 15–20 mm lg,
   Oberlippe meist gestreift, Blü.std verlängt, Pf. mit Kriechwurzeln, 20–50
   (–80) cm, ⊙, 6–9   **L. repens** 2617
3* Blü.stiele drüsg, s. kurz, Blü. blaulila, (mit Sporn) 3–7 mm lg, Blü.std
   anfängl. kopfg gedrängt, 15–30 cm, ⊙, 6–8   **L. arvensis** 2618
1* Blü. hellgelb mit orangefarb. Schlund
4 B. brt-lanzettl., 2–3 cm lg, dickl., blaugrün, mit gerundet. Grund sitzd. Blü.
   (mit Sporn) 20–50 mm lg, Samen ungeflügelt, 30–100 cm, ♃, 6–10
                                                          L. genistifolia 2620
4* B. lineal-lanzettl., Blü. (mit Sporn) 15–30 mm lg
5 Blü.stiele ± so lg wie Kelch, B. dünn, dicht stehd, Fr. eiförmg-längl., Samen
   brt geflügelt, 20–40(80) cm, ♃, 6–9   **L. vulgaris** 2619
5* Blü.stiele lger als Kelch, B. dickl., Fr. ± kugelg, Samen ungeflügelt,
   20–50 cm, ⊙, 5–8   **L. spartea** 2621

2616. **Alpen-L., L. alpína** (L.) Mill., zerstr. in off., sonng. Steinschuttflur.
d. subalp. u. alp. Stufe, im Schotter d. Alpenflüsse, auch tiefer, auf mäß.
frisch., basenreich., mäß. saur.-mild., humus- u. feinerdearm., bewegt.
Steinschutt- od. Kiesböden, Schuttkriecher, Alpenschwemmling,
Insekt.bestäubg (Hummeln), Windverbrtg, Thlaspietea rot.-Kl.char. – A
1700–2560 m, ferner Av, Do, slt. HRh(-Rh) – alp – G (H) – Chrom. 2n =
12.

2617. **Gestreiftes L., L. répens** (L.) Mill. (*L. striáta* DC.), slt. z.T.
unbestdg in ± unkrautg. Pionier-Ges., in Waldverlichtg., an Weg- u.
Ackerrändern, auf mäß. frisch., nährstoff- u. basenreich., meist
kalkarm., ± humos., lock., vorzugsw. steing-grusg. Böden, wärmeliebd,
Wurzelkriech-Pionier (mit Wurzelspross.), Licht(Halbschatt)pf.,
Insekt.- u. Selbstbestäubg (Bienen), schwache Galeopsietalia-Ordn.-
char., auch im Epilobion ang. (z.B. mit *Digitalis purp.*), im Trifolion
medii od. Dauco-Melilotion – Vog, nöSch (Mahlberg), Pf, nöHü, Ne,
Do, RS, He, NSH, Hz, Th, meist adv. – subatl(-smed), im Gebiet an d.
O-Grenze d. Verbrtg – H (G) – Chrom. 2n = 12.

2618. **Acker-L., L. arvénsis** (L.) Desf., slt. u. unbestdg in lückg.
Unkrautfluren, v. all. gehackt. Äcker, auf mäß. frisch., nährstoff- u.
basenreich., meist kalkarm., lock., sandg. Lehm- od. bindg. Sandböden,
sand- u. wärmeliebd, Selbstbestäubg, wohl Polygono-Chenopodietalia-
Art, auch in Secalinetea-Ges. – v. all. Tieflag. im S u. W d. Gebiet., im
nordw. Tiefld, auch Av u. A fehld – smed – T – Chrom. 2n = 12.

2619. **Gewöhnliches L., L. vulgáris** Mill., verbr. in sonng., off.
Unkrautfluren, v. all. im Bahngelände, an Schuttplätzen u. Wegen, in
Steinbrüchen u. Äckern, in Waldschlägen, in Rasenges. als Störzeiger,
auf mäß. frisch.(-trock.), nährstoff- u. basenreich., ± humos., gern
steing. od. sandg. Lehmböden, bis 1 m tief wurzld, mit Wurzelspross.,
Rohbodenpionier u. Bodenfestiger, etwas wärmeliebd, Lichtpf., Insekt.-
u. Selbstbestäubg, Wind- u. Ameisenverbrtg, schwache Onopordetalia-

Ordn.char., auch in Agropyretea(Elymetea)-, Epilobietea ang.-, Thlaspietea rot.- od. Secalinetea (Caucalidion)-Ges. – Ebene bis mittl. Gebirgslag., A bis 1100 m, Ju bis 990 m, süSch bis 1000 m – euras(-smed) – H (G) – Chrom. 2n = 12.

2620. Ginster-L., L. genistifólia (L.) Mill., slt. adv., aber z.T. eingebürgert in lückgen Rasenges. u. Unkrautflur. auf trocken., sandgkiesg. Böd., in Hafenanlagen, v. all. im Conv.-Agropyrion (Elymion) u. in ruderal beeinflußt. Trockenras. od. im Dauco-Melilotion – Rh, Mn, An, Br, Sa – osmed – H – Chrom. 2n = 12, formenreich, im Gebiet *L. genistifólia* ssp. *dalmática* (L.) Maire et Pet. u. ssp. *genistifolia* (Mn).

2621. Ruten-L., L. spártea (L.) Hoffg. et Lk., slt. in Ackerunkrautges. (ursprüngl. Serradella-Anbau-Begl.) auf basenarm., nährstoffreich. Sandböd., z. B. im Arnoseridenion, auch ruderal – Br – wmed – T – Chrom. 2n = 12.

Dazu kommen seltene Zier- u. Adv.pf., wie *L. incarnáta* (Vent.) Spreng. (*L. bipartíta* auct.) mit 20–25 mm groß., ganzfarbgen hellblau-viol. Blü., *L. purpurea* (L.) Mill. mit 9–12 mm groß. rot-viol. Blü., u.a.m.

Zimbelkraut, Cymbaláría Hill vgl. S. 824

2622. C. murális G. M. Sch. [*Linária cymbalária* (L.) Mill.], Zierpf., ab. allg. eingebürgt u. hfg an Mauern u. Felsen, auf nicht zu stark besonnt., ± frisch., etwas durchsickert. u. mäß. nährstoffreich., meist kalkhaltg., feinerdearm. Steinböden, Spaltenkriecher, etwas wärmeliebd, Licht-Halbschattpf., Insekt.- u. Selbstbestäubg (Bienen), Fr. wächst lichtabgewandt gegen Unterlage, Dunkelkeimer, lok. Char. d. Cymbalarietum, auch mit *Parietaria jud.*, Centr.-Parietarion-Verb.char., ferner (Diff.) im Asplenietum trich.-rut.-mur. – Ebene bis mittl. Gebirgslag. (bis rd 700 m, Av bis 755 m) – smed (mit subatl. Ausbrtgstendenz) – Ch (H) – Chrom. 2n = 14.

Tännel-Leinkraut, Kíckxia Dum.

1   Obere B. am Grunde spieß-pfeilförmg, Blü.stiele meist kahl, Blü.sporn
     gerade, 10–40 cm, ☉, 7–10   **K. elatine** 2623
1* Alle B. eiförmg, am Grund gerundet, Blü.stiele meist rauhhaarg, Blü.sporn
     gebogen, 10–30 cm, ☉, 7–10   **K. spuria** 2624

2623. Echtes T., Pfeilblättriges Leinkraut, K. elatíne (L.) Dum. [*Linária elatíne* (L.) Mill.], zml. slt. in Getreidefeld., voll entwickelt v. all. in Stoppelfeldern u. Brachen, auf mäß. frisch.-frisch., nährstoff- u. basenreich., meist kalkarm., wenig humos., neutral., sandg. od. rein. Ton- u. Lehmböden, bis 50 cm tief wurzld. Lehmzeiger, etwas wärmeliebd, Insekt.bestäubg, Char. d. Kickxietum (Caucalidion) –

Ebene bis mittl. Gebirgslag. (Lehmgebiete bis rd 600 m), im nördl. Tiefld
slt. – smed(-subatl) – T – Chrom. 2n = (18) 36.

2624. **Unechtes T., Eiblättriges Leinkraut, K. spúria** (L.) Dum.[*Linária
spúria* (L.) Mill.], zml. slt. in Getreidefeld., v. all. wie vor. in
Stoppelfeldern u. Brachen, auf mäß. frisch., nährstoff- u. basenreich.,
oft kalkarm., wenig humos., ± neutral., sandg. od. rein. Ton- u. Lehmböden, Lehmzeiger, noch wärmeliebder als vor., Insekt.-Selbstbestäubg
(kleistogam), Char. d. Kickxietum (Caucalidion) – Ebene bis mittl.
Gebirgslag. (Vog bis 600 m) nördl. bis NWe, NSH, Th, An, Sa – smed
(-subatl) (ferner S-Afrika) – T – Chrom. 2n = 18.

Kleines Leinkraut, Chaenorrhínum (DC.) Rchb. vgl. S. 824

2625. **Ch. mínus** (L.) Lange [*Linária mínor* (L.) Desf.], zml. hfg in lückg.
Unkrautflur., auf Äckern, an Wegen, Dämmen (z. B. d. Eisenbahn),
Schuttplätzen, in Steinschuttges., auf mäß. frisch., ± nährstoff- u.
basenreich., neutral-mild., meist wenig humos. u. steing. Lehm- od.
feinerdereich. Steinböden, bis 25 cm tief wurzld, etwas wärmeliebd,
Lichtpf., Selbstbestäubg, Windverbrtg, primär Thlaspietea rot.-Kl.char.
(v. all. Stipion calamagr.), sek. (Diff.) in steing. Sisymbrion-, Fumario-
Euphorbion- od. Caucalidion-Ges. – Ebene bis mittl. Gebirgslag., A bis
970 m – smed, verschleppt – T – Chrom. 2n = 14.

Lochschlund, Anarrhínum Desf. vgl. S. 824

2626. **A. bellidifólium** (L.) Desf., s. slt. in Felsspalt. od. im Steinschutt,
auch in steing. Äckern, auf mäß. frisch., kalkarm., locker., humus- u.
feinerdearm. Steinböden in wintermild-humid. Klimalage, Bienenblume, Char. d. Anarrhinetum (Galeopsion), auch in steing. Acker- od.
Ruderalges. – Saar-Mosel, Fr (bei Nürnberg, erlosch.) – wmed-atl, glgtl.
verschleppt – H – Chrom. 2n = 18.

Braunwurz, Scrophulária L.

1 Blü. in b.achselstdg. Trugdolde, Blü. gelbl.-grünl., B. herzförmg, wie
  4kantg. St., drüsg-behaart, 20–60 cm, ☉, ♃, 5–6   **S. vernalis** 2627
1* Blü. in endstdg. Rispen, bräunl.-rötl. od. grünl.
2 B. ungeteilt od. nur am Grund mit 1–2 Seitenblättch.
3 St. u. B.stiel 4kantg-brt geflüglt, Kelchzipfel brthäutg berandet
4 B. stumpf, am Grunde herzförmg, stumpf gekerbt, Blü. 8–10 mm lg,
  rotbraun, Staubbtl rundl.-nierenförmg, 30–70 cm, ♃, 6–8
                                                        S. auriculata 2628
4* B. spitz, am Grunde verschmälert od. abgerundet, obere B. gesägt, Blü.
   6–8 mm lg, rot-grünl., Staubbtl herzförmg, 50–100 cm, ♃, 6–8
                                                        S. umbrosa 2629

3* St. 4kantg, nicht geflügelt, B. ei-längl., meist doppelt gesägt-gekerbt, Kelch
    schmal-häutg berandet, Blü. braunrot, am Grunde grün
5 Pf. kahl, höchst. Blü.std spärl. drüsg, Wurzeln z. T. knollg verdickt,
    50–100 cm, ♃, 6–8   **S. nodosa** 2630
5* Pf. zottg behaart, Blü.std dicht drüsg, 40–70 cm, ♃, 6–9
                                                        S. scopolii 2631
2* B. fiederschnittg, Blü.std kurz-drüsg, Blü. bräunl.-viol., Kelchzipfel weiß
    berandet, 30–70 cm, ♃, 6–8   **S. canina** 2632

2627. Frühlings-B., S. vernális L., slt. eingeschleppt u. unbestdg verwildt,
in Parkanlagen u. Waldsäumen, auf frisch., nährstoffreich., humos.,
sandg. od. rein. Lehmböden, Nährstoffzeiger, Halbschattpf., früher
Bienenfutterpf., v. all. im Alliarion – z. B. Rh, Pf, Do, FrJu, Fr, Sa –
opralp-smed – H – Chrom. 2n = 40.

2628. Wasser-B., S. auriculáta L. (*S. aquática* L. em. Huds.), slt. im
Bachröhricht, an Gräben u. Ufern lgsam fließd. Gewässer, in
Naßwiesen, auf sickernass., meist flach überschwemmt. (wechselnass.),
nährstoffreich., z. T. kalkarm., humos. Schlammböden, wärmeliebd,
Wespenblume, v. all. im Convolvulion, im Kontakt mit d. Sparg.-
Glycerion – Rh – atl(-wsmed), im Gebiet an d. O-Grenze d. Verbrtg –
H (W) – Chrom. 2n = 78, 80, 84.

2629. Geflügelte B., S. umbrósa Dum. (*S. aláta* Gilib.), zml. hfg im
Bachröhricht, an Gräben u. Ufern lgsam fließd. Gewässer, auf nass.,
meist flach überschwemmt., nährstoffreich., vorzugsw. kalkhaltg.,
humos. Schlammböden (Tonböd.), etwas wärmeliebd, Licht-
(Halbschatt)pf., Wespenblume, Wind- u. Wasserverbrtg, Char. d. Conv.-
Epilobietum hirs. (Convolvulion), im Kontakt mit d. Sparg.-Glycerion –
Ebene bis mittl. Gebirslag. (Silikatgebiete slt.), A bis 660 m, Ju bis
900 m – euras(kont)-smed – H (W) – Chrom. 2n = 26, 52, formenreich,
z. B.

2629a. ssp. néēsii (Wirtg.) E. May., untere B. gekerbt, stumpfl., Blü. fast
durchweg rot, Blü.rispe ausgebrtet – so v. all. im S d. Gebiet., nördl. bis
NSH – Chrom. 2n = 52.

2630. Knotige B., S. nódosa L., verbr. in krautreich. Laub- u.
Nadelmischwäldern, auch in Auenwäldern, auf sickerfrisch. od.
grundfeucht., nährstoffreich., vorzugsw. kalkarm., neutral-mäß. saur.,
lock., humos. Ton- u. Lehmböden., Mullboden-Wurzler, Frische-
Nährstoffzeiger, Schatt-Halbschattpf., Selbst- u. Insekt.bestäubg (meist
Wespen), Windverbrtg, früher Arzneipf., schwache Fagetalia-
Ordn.char., auch (DV) im Aegopodion u. Alliarion, bzw. in Epilobietea
ang.-Ges. – Ebene bis Gebirge, A bis 1270 m – eurassubozean – H –
Chrom. 2n = 36.

2631. Drüsige B., S. scopólii Hoppe, slt. adv. in Unkrautges. auf frisch.
nährstoffreich. Lehmböd., im Sisymbrion od. Aegopodion – z. B. NWe

(Münster) – osmed(-gemäßkont), NW-Grenze d. natürl. Verbrtg in Schlesien – H.

2632. Hunds-B., S. canína L., zml. slt. in lückg. Pionier-Ges. an Wegen, Böschg., Dämmen, Erdanrissen, auch Kieshalden, in Kiesgruben u. im Flußschotter, auf off., warm., mäß. trock., basenreich., meist kalkhaltg., $\pm$ roh., durchlässg., humus- u. $\pm$ feinerdearm., wenig bewegt. Sand-, Kies- od. Steinböden, auch lehmige Rohböden, Rohbodenpionier, licht- u. wärmeliebd, Insekt.bestäubg (Fliegen), Windverbrtg, lok. Char. d. Epilobio-Scrophularietum can. (Epilobion fleisch.), auch im Stipion calam. (Thlaspietea rot.-Art) – Rh (Niederung), süHü, HRh, adv. auch Mittel- u. Niederrhein – smed, im Gebiet an d. N-Grenze d. Verbrtg – H – Chrom. 2n = 24, 26.

Pantoffelblume, Calceolária L. vgl. S.825

2633. **C. pinnáta** L., **C. arachnoídea** Grah., u. a. Arten, hfg als Topfpf. od. in Gartenanlag., slt. verwildt, wärmeliebd, frostempfindl. – Herkunft: Chile (unsere Arten v. all. v. andin. Sippen abstammend).

Gauklerblume, Mímulus L.

1   St. aufrecht, kahl od. wenig drüsg, obere B. sitzd, Blü. 3–4 cm lg, 30–60 cm, $\mathrm{2l}$, 7–8 **M. guttátus** 2634
1* St. niederliegd-wurzelnd, aufsteigd, wie B. drüsg-zottg behaart, alle B. 2–10 mm lg gestielt, Blü. 1–2 cm lg, 15–30 cm, $\mathrm{2l}$, 6–8 **M. moschatus** 2635

2634. **Gelbe G., M. guttátus** DC., hie u. da als Zierpf. u. zerstr. verwildt u. völlig eingebürgt in Fluß- u. Bachufer-Ges., in Gräben, an Quellen, auf nass., zeitw. flach überflutet., nährstoffreich., vorzugsw. kalkarm., $\pm$ humos., kiesig-sandg. Tonböden, Pionierpf., Licht(Halbschatt-)pf., Bienenblume, meist Wasserverbrtg, seit etwa 1830 in Europa, v. all. im Card.Montion, auch im Sparg.-Glycerion od. Agr.(El)-Rumicion – v. all. im Mittelgebirge im S d. Gebiet., süSch bis 1100 m, auch NS, NSH, SH, Hz, ThW, Erzg, usw., im Tiefland slt. – Herkunft: westl. N-Am., im Gebiet mit subatl Einbürgerstendenz – H (W) – Chrom. 2n = 28, 48, 56.

2635. **Moschus-G., M. moschátus** Dougl., slt. als Zierpf. kultiv. u. hie u. da wie vor. verwildt – z. B. Sch, Do, Pf, RS, Hz, Sa – Herkunft: westl. N-Am. – H – Chrom. 2n = 32.

Gnadenkraut, Gratíola L. vgl. S.825

2636. **G. officinális** L., zml. slt. in Sumpf- u. Moorwiesen, in nass. Mulden, an Gräben, auf nass.-wechselnass., mäß. nährstoffreich., basenreich., oft kalkarm., neutral., humos. Tonböden od. auf modrg. Torf, salzertragd, wärmeliebd, Wechselnässe-Zeiger, Wurzelkriecher,

Insekt.bestäubg, Kleinbienenblume, Stromtalpf., giftg, Arzneipf., geschützt, schwache Cnidion-Verb.char., auch im Agr.(El.)-Rumicion.– v. all. Stromauen, z.B. Bo, Rhein bis NWe, Donau, Aller, Elbe, Oder – euraskont-smed, auch N-Am. – H – Chrom. 2n = 32.

2637. **Übersehenes G., G. neglécta** Torr., slt., eingebürgert in Nano-cyperion-Ges. – Rh (Els) – Herkunft: N-Am.

Schlammkraut, Limosélla L. vgl. S. 824

2638. **L. aquática** L., zml. slt. u. wechselnd in lückg. Zwergbinsen-Ges., an off. Schlammufern v. Altwassern u. Teichen, auf nass., zeitw. überflutet., sommerl. trocken falld., nährstoffreich., mäßg sauer.-mild. (pH 4,8–8,2), humos., sandg. od. rein. Schlammböd., etwas salzertragd, Ausläuferpionier, Wasser- u. Wasservögel-Verbrtg, Char. d. Cyp.-Limoselletum (Nanocyperion) – Ebene bis mittl. Gebirgslag., A bis 920 m – no-euras, circ, ferner in gemäß. Zonen weltweit – T – Chrom. 2n = 40.

Büchsenkraut, Lindérnia All.

1   B. ganzrandg, 3nervg, Blü. 4–6 mm lg, weiß, oben rötl., mit 4 Staubbtln, 2–10 cm, ☉, 8–9   **L. procumbens** 2639
1*   B. wenigst. obere entfernt gezähnt, 5nervg, Blü. 7–8 mm lg, weiß mit viol. berandet. Unterlippe u. 2 Staubbtln, 5–15 cm, ☉, 8–9   **L. dubia** 2640

2639. **Liegendes B., L. procúmbens** (Krock.) Philc. (*L. pyxidária* All.), s. slt. in lückg. Zwergbinsen-Ges., auf off. Schlammböden v. Teichen u. Tümpeln, in Schweineweiden, auf nass., zeitw. überschwemmt., nähr-stoffreich., meist kalkfrei., neutral., humos., sandg. Tonböden, wärmeliebd, Wasserverbrtg, Nanocyperion-Verb.char. (Elat.-Eleocha-ritenion) – süSch (Säckingen), Rh, nöHü (Maulbronn), Do, BayW (Regen), RS (Diemelsee), An, Br – eurassubozean-smed – T – Chrom. 2n = 30.

2640. **Großes B., L. dúbia** (L.) Penn., neuerdgs mehrfach sich einbürgernd, wie vor. auf Schlammböd., im Cyp.-Limoselletum (Nanocyperion) – An (Elbe) – Herkunft: N-Am. mit atl-med Ausbrtgstendz – T – Chrom. 2n = 42.

Ehrenpreis, Verónica L.

1   Blü. in endstdg. Blü.traub. (Blü.ähren), od. Blü. einzeln b.achselstdg (1* vgl. S. 836 unten)
2   Blü.std traubg od. ährg, endstdg, St.b. in kl. Hochb. übergehd (2* vgl. S. 836)
3   Blü. blaßgelb, 10–13 mm lg, röhrg, Blü.stiele kurz flaumg, 10–20 cm, ♃, 6–8
                                                                    V. lutea 2641
3*   Blü. blau, rosarot od. weiß

4   Blü.std einer grundstdg. B.rosette entspringd, scheinbar endstdg, Alpenpf., vgl. unt. 30* **V. aphylla** 2668
4* Blü.std an beblättert. St.
5   Blü. trichterförmg mit deutl. (lger als brter) Blü.röhre, ± zweiseitg symmetr., Blü. zahlr. meist in dicht gepackt., traubg-ährg. Blü.std
6   Blü.stiele mindest. so lg wie Tragb., kahl, St. ± drüsenhaarg, Blü. dunkelblau, 60–125 cm, ⚄, 7–8 **V. spuria** 2643
6* Blü.stiele kürzer als Tragb., kurz behaart, Blü. hellblau
7   B. meist zu 2–4quirlstdg, B. spitz, durchweg scharf gesägt, St. kurz behaart, ohne Drüs., Fr.kapsel ausgerandet, Sumpfpf., 60–100 cm, ⚄, 7–8 **V. longifolia** 2642
7* B. gegenstdg, ± stumpfl., gekerbt-gesägt, oben ganzrandg, St. drüsg behaart, Fr.kapsel stumpf, Trockenras.pf., 15–30(45) cm, ⚄, 7–8 **V. spicata** 2644
5* Blü. radförmg ausgebreitet mit nur ganz kurzer Blü.röhre, in lockerem, meist. traubgem Blü.std.
8   Pf. mit nichtblühd. Trieben, kräftg bewurzelt, B. meist ganzrandg (od. schwach gezähnt)
9   Blü.std kurz, armblütg, Blü. 10–15 mm brt, Hochgebirgspf.
10 St. am Grunde holzg, anliegd behaart
11 Blü.stiele drüsenlos-flaumg, Blü. tiefblau mit rot. Schlundring, Fr.kapsel längl. oval, 5–20 cm, ⚄, 6–8 **V. fruticans** 2646
11* Blü.stiele drüsg-flaumg, Blü. rosa, dunkel geadert, Fr.kapsel brt oval, seicht ausgerandet, 10–20 cm, ⚄, 6–7 **V. fruticulosa** 2645
10* St. durchweg krautg
12 Grundb. dicht rosettg, größer als St.b., B. dicht behaart, Blü.std drüsg-zottg, Blü. trübblau, 5–15 cm, ⚄, 6–7 **V. bellidioides** 2647
12* Grundb. nicht rosettg, nicht größer als St.b., B. rundl. bis eiförmg, spärl. behaart, Blü.std drüsenlos, behaart, 5–10 cm, ⚄, 7 **V. alpina** 2648
9* Blü.std verlängt, reichblütg, Blü. 5–6 mm brt, weißl., blau geadert, B. kahl, rundl.-eilängl., Fr.kapsel tief ausgerandet, Pf. d. Tief- u. Hochlagen, 5–20 cm, ⚄, 4–9 **V. serpyllifolia** 2649
8* Pf. ohne nichtblühde Triebe, dünn bewurzelt, einjährg, B. meist geteilt od. gekerbt-gesägt, auch ganzrandg
13 Obere B. tief geteilt od. fiederspaltg, untere gekerbt-gesägt
14 Obere B. fiederspaltg, Fr.stiele kürzer als Kelch
15 Griffel 0,5 mm lg, die Fr.kapsel-Ausrandg nicht überragd, Blü.std oben spärl. drüsg od. kahl, Blü. 3–4 mm brt, hellblau, B. dünn, 5–10(–20) cm, ☉, 4–5 **V. verna** 2650
15* Griffel 1–1,5 mm lg, die Fr.kapsel-Ausrandg deutl. überragd, Blü.std oben dicht drüsg-zottg, Blü. 4–7 mm brt, dunkelblau, B. dickl. trübgrün, 10–20 (–40) cm, ☉, 5–6 **V. dillenii** 2651
14* Obere B. tief 3teilg, sitzd, unt. B. tief eingeschnitt. gekerbt, dunkelgrün, Fr.stiel lger als Kelch, Blü. dunkelblau, St. stark drüsg, 5–15 cm, ☉, 3–5 **V. triphyllos** 2656
13* Alle B. ungeteilt, gekerbt od. ganzrandg
16 Fr.stiele 2–3mal lger als Kelch, d. Hochb. überragd, abstehd od. zurückgekrümmt, B. eiförmg, ± kahl, schwach gekerbt, St. drüsg, aufsteigd, Blü. blaßblau, Fr.kapsel fast bis z. Mitte eingeschnitt., 5–15 cm, ☉, 4–5 **V. acinifolia** 2652

16* Fr.stiele wenig lger od. kürzer als Kelch, ± aufgerichtet
17 Fr.stiele kürzer als Kelch, Blü. v. Hochb. (Tragb.) überragt, weißl.-blau, kl.,
    Fr.kapsel brt herzförmg, B. sitzd, St. aufsteigd
18 B. eiförmg, mit abgerundet. Grund sitzd, gekerbt, ± behaart, St. fein
    drüsenhaarg, Kelchb. zuletzt ± verlängt u. d. bewimperte Fr. überragd, 5–
    20(–30) cm, ⊙, 3–9   **V. arvensis** 2653
18* B. längl.-lanzettl., mit keilförmg verschmälert. Grund, stumpf gezähnt,
    obere fast ganzrandg, kahl, glänzd, St. kahl od. spärl. drüsg, Kelchb. zuletzt
    etwas verlängt, Fr.kapsel kahl, 10–20 cm, ⊙, 4–6   **V. peregrina** 2654
17* Fr.stiele ± so lg wie Kelch od. etwas lger, v. Tragb. kaum überragt, B. kurz
    gestielt, eiförmg, grob gekerbt, untersts meist rot überlauf., St. fein
    drüsenhaarg, Blü. dunkelblau, Fr. eiförmg, 5–15 cm, ⊙, 3–5
                                                                   V. praecox 2655
2* Blü. einzeln b.achselstdg, St.b. nach oben kaum verkleinert, St. meist
    niederliegd
19 B. eiförmg od. rundl., meist kurz gestielt, gekerbt od. gesägt, Kelchzipfel
    längl.-eiförmg, Fr.stiele meist zurückgebog.
20 Fr.stiele deutl. lger als B., Blü. 8–12 mm brt, Griffel 1,5–4 mm lg
21 St. kräftg, niederliegd-aufsteigd, meist nicht wurzld, Fr.kapsel 8–10 mm brt,
    Kelchzipfel ei-lanzettl., B. ± eiförmg, kerbg gezähnt, 10–30(–40) cm, ⊙, 2–9
                                                                   V. persica 2657
21* St. fädl., kriechd, wurzld, Fr.kapsel 4–5 mm brt, aber meist steril, B. rundl.
    (6–10 mm brt), schwach gekerbt, 5–20(–30) cm, ⊔, 4–5   **V. filiformis** 2658
20* Fr.stiele so lg wie B. od. weng lger, Blü. 4–8 mm brt, Griffel 0,5–1,2 mm lg
22 Blü. weißl., blau geadert, Fr. mit geraden Drüs.haar., nicht kraushaarg,
    Kelchzipfel lanzettl., stumpfl., nicht übereinandergreifd, spärl. behaart, B.
    eiförmg-ellipt., schwach gekerbt, hellgrün, ± glänzd, 5–25 cm, ⊙, 4–9
                                                                   V. agrestis 2660
22* Blü. einfarbg blau, aber z.T. unterschiedl. hell getönt, Fr. kraushaarg (u.
    nur spärl. drüsg), B. mehr rundl., dunkelgrün
23 Kelchzipfel brt-eiförmg, zugespitzt, am Grunde übereinandergreifd,
    schwach behaart, B. fast kahl u. etwas glänzd, gekerbt, Fr. nicht gekielt, 5–
    15(20) cm, ⊙, 3–9   **V. polita** 2659
23* Kelchzipfel lanzettl., stumpfl., nicht übereinandergreifd am Grunde zottg
    behaart, B. ± behaart, matt, seicht gezähnt, Fr. deutl. gekielt, 10–20 cm, ⊙,
    3–10   **V. opaca** 2661
19* B. 3–7lappg, efeu-ähnl., rundl., bis 2 cm lg gestielt, Kelchzipfel brt-
    herzeiförmg, bewimpert, Fr.stiel aufrecht, Fr.kapsel fast kugelg-2knotg, 5–
    30 cm, ⊙, 3–5   **V. hederifolia** 2662
1* Blü. in b.achselstdg. Blü.trauben, St. meist mit B.schopf endigd
24 Kelch 5zipfelg, d. obere Zipfel s. kl., Blü. hell- od. dunkelblau,
    Trockenrasenpf.
25 St. niederliegd-aufsteigd, zahlreich, B. lineal-lanzettl., spärl. gezähnt od.
    ganzrandg, Blü.traube kurz, armblütg, Tragb. d. Blü. lineal, Fr.kapsel, wie
    Kelch, kahl, schwach ausgerandet, 10–20 cm, ⊔, 5–6
                                                                   V. prostrata 2663
25* St. aufrecht-aufsteigd, Blü.traube verlängert, Tragb. d. Blü. lanzettl.,
    Fr.kapsel, wie Kelch, ± behaart, spitzwinklg ausgerandet
26 B. ungeteilt, eiförmg-lanzettl. od. fast lineal, ± tief gezähnt od. fast
    ganzrandg

27 B. eiförmg-lanzettl. mit abgerundet. Grund $\pm$ sitzd, stark gesägt-gezähnt, weichhaarg, St. angedeutet 2reihg behaart, Blü. lichtblau 15–30(40) cm, ⚄, 6–7 **V. teucrium** 2666

27* B. lineal-lanzettl., kerbg-gesägt bis fast ganzrandg, am Rande oft etwas gerollt, in kurz. Stiel verschmälert, weng behaart, St. ringsum behaart, Blü. dunkelblau, 10–25 cm, ⚄, 6–7 **V. austriaca** 2664

26* B. im unter. St.teil fiederspaltg od. fiederteilg mit lineal. Abschnitt., sitzd, obere St.b. weniger geteilt bis ganzrandg, Blü. dunkelblau, St. ringsum behaart, 20–50 cm, ⚄, 5–7 **V. jacquinii** 2665

24* Kelch 4teilg

28 Pf. behaart, Wald- u. Wiesenpf.

29 B. längl.-eiförmg, mit keilförmg verschmälert. Grund, Blü.std drüsenhaarg

30 Blü.traube reichblütg, B. rauh behaart, stumpf gekerbt, St. niederliegdwurzld, Blü. hellblau od. lila, 10–20(–30) cm, ⚄, 5–7 **V. officinalis** 2667

30* Blü.traube 2–5blütg, B. spärl. behaart, in grundstdg. Rosette, Blü.std $\pm$ unbeblättert, der oberst. B.achsel entspringd (scheinbar endstdg), Alpenpf., 3–6 cm, ⚄, 6–8 **V. aphylla** 2668

29* B. ei-herzförmg (od. rundl.), mit abgerundet. Grund sitzd od. gestielt

31 St. mit 2 Haarreihen, B. sitzd od. kurzgestielt, gekerbt, Blü. himmelblau, dunkel geadert, Fr.kapsel $\pm$ 3eckg, 10–30 cm, ⚄, 4–6 **V. chamaedrys** 2669

31* St. ringsum gleichmäß. behaart

32 B. sitzd od. kurz gestielt, herz-eiförmg, scharf (nesselartg) gesägt, obere lg zugespitzt, Blü. rötl. od. lila, Fr.kapsel rundl., 20–50(–70) cm, ⚄, 5–7 **V. urticifolia** 2670

32* B. alle deutl. bis 1 cm lg gestielt, rundl.-eiförmg, gekerbt-gesägt, Blü.traube armblütg, Blü. blaßlila, St. kriechd-ästg, Fr.kapsel fast brillenförmg, 10–25 cm, ⚄, 5–6 **V. montana** 2671

28* Pf. kahl (od. etwas drüsg), z. T. glänzd, Sumpf- u. Wasserpf.

33 B. lineal-lanzettl., spitz, 2–4 mm brt, fein rückwts gesägt, sitzd, Blü.traub. wechselstdg, armblütg, Blü. weißl.-rosa, Fr.kapsel tief ausgerandet, 5–30 cm, ⚄, 6–9 **V. scutellata** 2672

33* B. brter, fleischg, Blü.trauben gegenstdg, Fr.kapsel flach ausgerandet

34 B. $\pm$ sitzd, halbst.umfassd, längl.-lanzettl., spitz, St. oben $\pm$ 4kantg

35 Fr.kapsel ca. 3 mm lg u. 2 mm brt, längl.-ellipt., Blü.stiele meist weißl. drüsenhaarg, Blü. 3–4 mm brt, weißl. (blau gescheckt), St. $\pm$ markg, B. oft 3–4quirlg, zieml. klein, 10–50 cm, ☉, 5–8 **V. anagalloides** 2673

35* Fr.kapsel ca. 3–4 mm lg u. brt, eirundl., St. hohl

36 B. in od. üb. d. Mitte am brtesten, Blü.std meist kahl, Blü. 4–7 mm brt, blaßviol., Fr.stiele spitzwinklg abstehd, 15–50 cm, ☉, ⚄, 5–8 **V. anagallis-aquatica** 2674

36* B. unt. d. Mitte am brtesten, Kelch u. Blü.stiele drüsg, Blü. 3–5 mm brt, blaßrosa-weißl., viol. geadert, Fr.stiele mehr waagr. abstehd, 20–50 cm, ☉, ⚄, 6–8 **V. catenata** 2675

34* B. kurz gestielt, ellipt.-rundl., stumpf, St. fast stielrund, Blü. himmelblau, 20–60 cm, ⚄, 5–8 **V. beccabunga** 2676

2641. Gelber E., V. lútea (Scop.) Wettst. (*Paederóta lútea* Scop.), s. slt. in Spalt.-Ges. subalp. Kalk-Felswände, Potentillion caul.-Verb.char. – A

(Berchtesgad. Alp., Hochkönig) – oalp – H – Chrom. 2n = 36.

2642. **Langblättriger E., V. longifólia** L. [*Pseudolysimáchion longifólium* (L.) Op.], slt. in Sumpfstaud.fluren, im Saum v. Auengebüsch., in Moorwiesen, an Gräben, auf nass. bis wechselnass., nährstoff- u. basenreich., ± neutral., modrig humos. Ton- od. Torfböden, sommerwärmeliebd, Stromtalpf., Licht-Halbschattpf., Insekt.bestäubg, Zierpf., Char. d. Veronico longif.-Euphorbietum pal. (bzw. luc.) (Filipendulion) – v. all. im N u. NO d. Gebiet., westl. u. südl. bis zum Rhein, nöRh, Mn, Fr, Do, Bo – no-euraskont, im Gebiet an d. W-Grenze d. Verbrtg – H, formenreich:

1 B. gegenstdg, lanzettl.-brt-lanzettl. mit gestutzt. od. abgerundet. B.grund u. ± gleichmäßgen B.zähn.

2642a. **ssp. longifólia,** im Gebiet vorherrschde Sippe, s. o. – Chrom. 2n = 68.

1* B. z.T. 3–4quirlg, schmallanzettl. mit keilg verschmälert. Grund u. ungleichmäßg lgen B.zähnen

2642b. **ssp. marítima** (L.) Soó et Bors., v. all. im N u. O d. Artareals bis NO-Bayern – Chrom. 2n = 34.

2643. **Rispiger E., V. spúria** L. (*V. paniculáta* L.), s. slt. im Saum sonnger Büsche, auf basenreich. Böd., im Geranion sang. – Th (verscholl.), An (wieder angesalbt) – gemäßkont – Chrom. 2n = 34.

2644. **Ähriger E., V. spicáta** L., slt. in sonnigen Trock.ras., auf Schotterflächen, Dünen od. Felsköpf., im Saum lichter Büsche, auf trock., mager., basenreich., oft kalkarm. ± neutral., humos. Stein- od. Sandböd., sommerwärmeliebd, Licht(Halbschatt)pf., Insekt.bestäubg, Fest.-Brometea-Kl.char., v. all. in d. Festucetalia val. u. in bodensauer. Trock.ras. (Koel.-Phleion) – warme Tieflag. im S u. O d. Gebiet., im Nordw. slt. od. fehld – euras(kont) – H (Ch), formenreich:

1 B. behaart, matt, Kelch behaart, ohne od. nur mit ˙s. kurz. Drüs.haar., Blü.zipfel flach, dunkelblau

2644a. **ssp. spicáta,** im Gebiet verbr. Sippe – Chrom. 2n = 68.

1* B. spärl. behaart, glänzd, ledrg, Kelch mit lgen Drüs.haar., untere Blü.zipfel schraubg gedreht, Blü. hellblau (viol.)

2644b. **ssp. orchídea** (Cr.) Hayek – für Do irrtümlich angegeb., nächste Fundorte: Österreich – gemäßkont-osmed – Chrom. 2n = 34.

2645. **Strauchiger E., V. fruticulósa** L., slt. in sonng. Steinschutt-Flur. d. subalp. u. alp. Stufe, auf mäß. frisch., lock. Kalkschutt, auch in Felsspalt., kalkliebd, Thlaspion rot.-Verb.char., auch im Potentillion caul. – A (Allgäu bis 2000 m, Chiemgau-Ammergauer Berge (1180 m)), Schwäb. Alb (Fuchseck) seit 80 Jahr, eingebürgert – alp – Ch – Chrom. 2n = 16.

2646. **Felsen-E., V. frúticans** Jacq. (*V. saxátilis* Scop.), slt. in Felsspalt-Ges. od. steing. Magerrasen d. subalp. u. alp. Stufe, auf mäß. frisch., basenreich., neutral-mäß. saur., meist humus- u. feinerdearm. Stein-böden, lichtliebd, Pionierpf., Insekt.- u. Selbstbestäubg, Wintersteher, v. all. im Androsacion vand., im Sch lok. Char. d. Woodsio-Asplenietum sept., überreg. Asplenietea trich.-Kl.char., auch im steing. Nardion od. Caricion curv. – Vog, süSch, A bis 2390 m – alp-arkt (subozean bis Grönland) – Ch – Chrom. 2n = 16.

2647. **Maßlieb-E., V. bellidioídes** L., zerstr. in Silikat-Magerrasen d. alp. Stufe, auf mäß. trock., $\pm$ basenarm., sauer., modrg-torfg humos. Lehm-u. Steinböden, lichtliebd, Humus-Wurzelkriecher, Caricetalia curvul.-Ordn.char., auch in hochgelegen. Nardion-Ges. – A 1400–2280 m – alp – H – Chrom. 2n = 18.

2648. **Alpen-E., V. alpína** L., zml. hfg in Schneetälchen u. alp. Läger-Ges., auf schneefeucht., mäß. nährstoff- u. basenreich. (meist entkalkt.), neutral., humos., steing. Ton- u. Lehmböden, Feinschuttböd., Nährstoffzeiger, Wurzelkriecher, meist Selbst-, auch Fliegenbestäubg, Salicetea herb.-Kl.char., auch im Poion alp. od. feucht. Nardion-Ges. – A 1400–2870 m – arkt(subozean)-alp, circ – H – Chrom. 2n = 18.

2649. **Quendel-E., V. serpyllifólia** L., hfg in Fettweiden, an Ufern, auch in Fettwiesen, Tretges., an Wegen od. in Äckern, in Läger-Ges., auf frisch., $\pm$ nährstoff- u. basenreich., vorzugsw. kalkarm., mäß. sauer.-neutral., $\pm$ humos. Lehm- u. Tonböden, bis 20 cm tief wurzld. Wurzel-Kriechpionier, Fliegenblume, Kleb- u. Verdauungsverbrtg, v. all. in Cynosurion-Ges. (Verb.char.?), auch in Agr.(El.)-Rumicion- od. frisch. Polygonion av.-Ges., Feuchtezeiger in Ackerunkrautges. – Ebene bis Gebirge, A bis 2375 – no-eurassubozean, in gemäß. Zonen heute weltweit – H, formenreich:

1 B. eiförmg, $\pm$ gesägt, St. kurz kriechd, Blü.std 20–40blütg, Blü.stiele u. Kelch ohne Drüs., behaart

2649a. **ssp. serpyllifólia**, verbr. Sippe, s. o. – Chrom. 2n = 14, 28.

1* B. rundl., ganzrandg od. undeutl. gekerbt, St. lg kriechd, Blü.std 8–15blütg, Blü.stiele u. Kelch drüsg behaart

2649b. **ssp. humifúsa** Syme [ssp. *nummarioídes* (Lec. et Lammotte) Dost.], zerstr. in Fettweid. u. Tretges. od. Lägerflur. d. Hochgebirges, im Poion alp. u. Rumicion alp. – A – alp – Chrom. 2n = 14.

2650. **Frühlings-E., V. vérna** L., zml. slt. in lückg. Pionierrasen, in Sandfeldern, Dünen, auf Felsköpf., in Trockenrasen, an Rainen, auch in Äckern, auf sommerwarm-trock., basenreich., meist kalkarm., humus-u. feinerdearm. Sand- u. Steingrusböden, flachwurzlde Frühlingsephe-mere, meist Selbstbestäubg, Sedo-Scleranthetea-Kl.char., auch in lückgen Fest.-Brometea-Ges., slt. im Aperion – in warm. Tieflag. im S u. O d. Gebiet., im Nordw. slt. – euras(kont)(-smed) – T – Chrom. 2n = 16.

2651. Dillenius' E., V. dillénii Crantz, slt. in lückg. Pionierrasen, auf Felsköpfen, in Sandfeldern, an Rainen u. Wegen, auf sommerwarm.-trock., basenreich., kalkarm., lock., meist humus- u. feinerdearm. Steingrus- od. Sandböden, Insekt.- u. Selbstbestäubg, Sedo-Veronicion-Verb.char., auch in ander. Sedo-Scleranthetea-Ges. – warme Tieflag. im S u. O d. Gebiet., im Nordw. fehld – gemäßkont(-smed) – T – Chrom. 2n = 16.

2652. Drüsiger E., V. acinifólia L., slt. u. unbestdg in Zwergbinsen-Ges. feucht. Ackerfurchen, an Ackerrändern, auf feucht. od. zeitw. nass., ± nährstoffreich., kalkarm., ± humusarm., dicht., sandg. Tonböden, Vernässungszeiger, wärmeliebd, lok. Char. d. Centunculo-Anthocerotetum (Nanocyperion) – Rh, süHü (Kaiserstuhl), Pf (überall seit lgem nicht mehr gefund.) – smed, im Gebiet an d. NO-Grenze d. Verbrtg – T – Chrom. 2n = 14, 16.

2653. Feld-E., V. arvénsis L., verbr. in lückg. Unkrautfluren d. Äcker, sltner auch an Schuttplätzen u. Wegen, auf Mauern, in Waldschlägen od. Rasenges., auf frisch., ± nährstoffreich., ± humos., neutral. Lehm- u. Steinböd. od. auf bindg. Sand, bis 20 cm tief wurzld, Insekt.- u. Selbstbestäubg. (Bienen), Sedo-Scleranthetea-Kl.char., auch in lückg. Fest.-Brometea-Ges. od. sekundär in Secalinetea- od. Chenopodietea-Ges. usw. – Ebene bis mittl. Gebirgslag., A bis 880 m, Ju bis 980 m – eurassubozean(-smed), N-Amerika, verschleppt – T – Chrom. 2n = 14, 16.

2654. Fremder E., V. peregrína L., slt. verschleppt, z. T. eingebürgt in off. Pionierges., an Ufern, Wegen od. Ackerrändern, in Gärt., auf feucht. (wechselnass.), nährstoff- u. basenreich., ± humos., sandg. od. rein. Tonböden (Schlammböden), Erstbesiedler, wärmeliebd, Selbstbestäubg, Lichtkeimer, Wanderpf., seit 1863 eingeschleppt, v. all. im lückgen Bidention-Ges. (*Veronica cat.-peregr.*-Stadium d. Ranunculetum scel.) im Kontakt mit d. Agr.(El.)-Rumicion od. Nanocyperion, auch in Convulvuletalia-Ges. – v. all. in Stromtälern – Herkunft: S-Am., mit subozean. Ausbrtgstendenz – T – Chrom. 2n = 52.

2655. Früher E., V. praécox All., zerstr. in off. Pionierrasen od. lückg. Trockenrasen, in Sandfeldern, Dünen, an Böschung., Wegen, Erdanrissen, Felsköpfen, auf sommertrock., basenreich., meist kalkhaltg., humus- u. feinerdearm., lock. Sand- u. Steingrusböden, auch rohe Löß- u. Lehmböden, Erstbesiedler, Flachwurzler (bis 15 cm), licht- u. wärmeliebd, Alysso-Sedion-Verb.char., auch in lückg. Festuco-Brometea-Ges. od. in Aperion-Sandäck. – v. all. im S u. O d. Gebiet., nordwestl. bis RS, NSH, An, Br, Me – smed – T – Chrom. 2n = 18.

2656. Dreiblättriger E., V. triphýllos L., zerstr., ab. gesellg, in Getreideäckern, an Wegrändern, auf mäß. trock., nährstoff- u. basenreich., meist kalkarm., wenig humos., (mäß. sauer.-)neutral., lock., bindg. Sandböden, bis 15 cm tief wurzld, licht- u. wärmeliebd, Insekt.- u. Selbstbestäubg (kl. Bienen), Char. d. Papaveretum arg. (Aperion), slt. auch im Caucalidion od. in Sedo-Scleranthetea-Ges. – v. all. warme Tieflag. (Sandgebiete) – osmed(-gemäßkont) – T – Chrom. 2n = 14.

2657. Persischer E., V. pérsica Poir. (*V. tournefórtii* C. Gmel.), hfg in Unkrautflur., v. all. gehackter Äcker, in Weinbergen u. Gärten, auch im Getreidefeld u. an Wegen, auf frisch.-mäß. trock., nährstoff- u. basenreich., $\pm$ neutral., meist wenig humos. Lehmböden, bis 20 cm tief wurzld. Lehm- u. Nährstoffzeiger, etwas wärmeliebd (Winterblüher), Insekt.- u. Selbstbestäubg, seit etwa 1805 in Europa eingebürgt, v. all. im Fum.-Euphorbion, Polygono-Chenopodietalia-Ordn.char., auch in Sisymbrion- od. Secalinetea-Ges. – Ebene bis mittl. Gebirgslag., A bis 1680 m – Herkunft: SW-Asien, in gemäß. Zonen heute weltweit – T – Chrom. 2n = 28.

2658. Faden-E., V. filifórmis Sm., zerstr., ab. gesellg in Parkrasen u. Fettweiden, an Wegen, in Gärten, auf frisch., nährstoffreich., meist kalkarm., $\pm$ humos., sandg. od. rein. Lehmböden in humid. Klimalage, gern etwas beschattet, Licht-Halbschattpf., Kriechpionier, etwas wärmeliebd, Insekt.bestäubg, unduldsam. Wiesenschädling, ursprüngl. Zierpf., Friedhofflüchtlg, seit etwa 1930 eingebürgt, Char. d. Lolio-Cynosuretum (Cynosurion), auch in Polyg.-Chenopodietalia-Ges. eindringd – v. all. im W u. S, z. B. Rh, Ne, Do, Av-A (bis 1610 m), He, NSH, NS, SH, Hz, Sa, L. – Herkunft: Kaukasus-Kleinasien (subozean Ausbrtgstendenz) – Ch – Chrom. 2n = 14.

2659. Glänzender E., V. políta Fr., hfg in lückg. Unkrautfluren, v. all. gehackter Äcker, in Weinbergen u. Gärten, auf mäß. frisch., nährstoff- u. basenreich., meist kalkhaltg., neutral.-mild., $\pm$ humos. Ton- u. Lehmböden, Lehmzeiger, wärmeliebd, meist Selbstbestäubg, alter Kulturbegleit., terr. Char. d. Thlaspio-Veronicetum pol. bzw. Fum.-Euphorbion-Verb.char., auch im Caucalidion od. ruderal – Ebene bis mittl. Gebirgslag., Ju bis ca. 900 m, im nördl. Tiefld slt. – smed-med, verschleppt – T – Chrom. 2n = 14.

2660. Acker-E., V. agréstis L., zerstr. in lückg. Unkrautflur. gehackt. Äcker, in Gärten, auf frisch., nährstoff- u. basenreich., $\pm$ kalkarm., neutral.(-mäß. saur.), $\pm$ humos., gern sandg. Lehmböden, v. all. in mont.-humid. Klimalage, Frische-Zeiger, Insekt.- u. Selbstbestäubg, z. T. Ameis.verbrtg, Dunkelkeimer, Char. d. Soncho-Veronicetum agr. (Fumario-Euphorbion), auch in and. Polyg.-Chenopodietalia-Ges. – v. all. im W u. N d. Gebiet., u. in d. Silikatgebirg., A bis 1106 m – subatl (eurassubozean) – T – Chrom. 2n = 28.

2661. Glanzloser E., V. opáca Fr., slt. in lückg. Unkrautflur. gehackt. Äcker, in Gärten, auf frisch.-mäß. frisch., nährstoffreich., meist kalkhaltg. Lehmböden, Polyg.-Chenopodietalia-Ordn.char. – v. all. im O d. Gebiet., (bis SH, Th, Mn, Fr, Do), im W u. S slt. od. fehld – (no-) gemäßkont – T – Chrom. 2n = 28.

2662. Efeublättriger E., V. hederifólia L., verbr. in lückg. Unkrautflur. d. Äcker, in Weinberg. u. Gärten, auch in Hecken u. Auenwäld., auf Waldschlägen, an Wegen, auf frisch., nährstoff- u. basenreich., ± neutral., humos. Lehmböd., bis 15 cm tief wurzld. Lehmzeiger, etwas wärmeliebd, Licht-Halbschattpf., meist Selbstbestäubg, Ameis.verbrtg, Dunkelkeimer, Soziologie vgl. Unterart. – T, formenreich:

1 Mittl. St.b. u. untere Tragb. tief 3lappg, dunkelgrün, Kelchb. auf d. Fläche kurzhaarg, Fr.stiele 1–2,5mal so lg wie Kelch, Blü. dunkelblau

2662a. **ssp. tríloba** (Op.) Čel., zerstr in Ackerunkrautges. v. all. in d. Secalinetea (Kl.char.), auch im Fum.-Euphorbion od. in Sedo-Scleranthetea-Ges. – Verbrtg ungenügd bekannt, z. B. nöHü, nöRh, Do, Fr, Mn, BayW – osmed – Chrom. 2n = 18.

1* Tragb. 3–5- od. 5–7lappg, Kelchb. auf d. Fläche kahl od. spärl. behaart, aber randl. lger bewimpert, Blü. mehr hellblau-lila
2 Tragb. 5–7lappg, hellgrün, Blü.stiele neben einer Haarleiste nur spärl. behaart, Fr.stiele 3,5–7mal so lg wie Kelch, randl. Kelchb.wimpern 0,5–0,9 mm lg, Blü. blaßlila, frische Samen rotbraun

2662b. **ssp. lucórum** (Klett u. Richt.) Hartl (*V. sublobáta* Fisch.), zerstr. in Heckensäum., auch in Gärt., seltener auf Äckern, Glechometalia-Ordn.char. – v. all. in Tieflag. – subatl – Chrom. 2n = 36.

2* Tragb. 3–5lappg, dunkelgrün, Blü.stiele außer Haarleiste kahl, Fr.stiele 2–4mal so lg wie Kelch, Kelchb.rand mit 0,9–1,2 mm lgen Wimperhaar., Blü. hellblau, frische Samen blaßgelb

2662c. **ssp. hederifólia**, so v. all. in offen. Ackerunkrautges., schwache Aperion-Verb.char., auch im Polyg.-Chenopodion – Ebene bis mittl. Gebirgslag., Ju bis 882 m, A bis 730 m – eurassubozean-smed, verschleppt N-Am. – Chrom. 2n = 54.

2663. Liegender E., V. prostráta L., slt. in sonng. Steppen- u. Trockenrasen, auf sommerwarm.-trock., basenreich., meist kalkhaltg., neutral-mild., humos., flachgründg. od. feinerdearm. Stein-, Kies- od. Sandböden (schwarzerdeartge Böden), lichtliebd, im Gebiet v. all. mit *Stipa cap.* im Festucion val., slt. auch im Xerobromion (vgl. Unterart.) – im ganzen kont(-smed) – Ch, formenreich:

1 Blü.std (4)25(60)blütg, dicht pyramidal, Blü (4)7(11) mm brt, blaßblau, St. zahlreich., B. unt.sts kurz dicht behaart, eiförmg-lanzettl., fein gezähnt

2663a. **ssp. prostráta,** slt. in kont. Trockenras., Festucion val.-Verb.char. – östl. Do, Br, An, auch Th, Sa – europkont – Chrom. 2n = 16.

1* Blü.std (4)16(25)blütg, Blü. (7)10(14) mm brt, dunkelblau, St. weng zahlreich, B. unt.sts ± kahl, lanzettl.-lineal, ganzrandg od. weng gezähnt

2663b. ssp. scheereri J. Brandt (*V. satureiaefólia* Poit, et Turp.), zerstr. in Trock.- u. Halbtrock.ras., v. all. in Festucetalia val.-Ges., aber auch in d. Brometalia übergreifd – v. all. im S u. SW d. Gebiet., z. B. Hü, nöRh, Bo, Ju, Mn, He, weiter nördl. fehld – gemäßkont-smed, mehr südwestl. verbr. – Chrom. 2n = 32.

2664. Österreicher E., V. austríaca L. (*V. dentáta* F. W. Schmidt), slt. in sonng. Kalk-Magerrasen, an steing. Hängen, in Dünen, an Wegrainen, auf sommerwarm.-trock., basenreich., kalkhaltg. Lehm- u. Lößböden, auch Kalksanden, lichtliebd, vermutl. Zwischenart *V. prostráta-teūcrium*, Fest.-Brometea-Kl.char., auch im Geranion sang. – Hü, nöRh, Bo, Ju bis 786 m, Do, Fr, Th, An – europkont – Ch – Chrom. 2n = 64.

2665. Jacquin's E., V. jacquínii Baumg., s. slt. in kont. Halbtrockenras., auf basen- u. etwas stickstoffbeeinflußt. sandg. Lehmböd., im Cirsio-Brachypodion – östl. Me u. Br – gemäßkont – Chrom. 2n = 48.

2666. Großer E., V. teūcrium L., zerstr. im Saum sonng. Büsche, in Halbtrockenrasen, an Weg- u. Waldrändern, in licht. Eichen- u. Kiefernwäldern, auf sommerwarm., mäß. trock., meist kalkhaltg., neutral-mild., lock., humos., tief-mittelgründg. Lehm- u. Lößböden, Geranion sang.-Verb.char., auch im Mesobromion, Berberidion, Quercion pub. od. Erico-Pinion – Ebene bis mittl. Gebirgslag. (Kalkgebiete), Ju bis 1010 m, Av bis ca. 800 m, im nördl. Tiefld slt. od. (Nordw.) fehld – euraskont(-smed) – Ch – Chrom. 2n = 64.

2667. Wald-E., V. officinális L., verbr. in Laub- u. Nadelwäldern, in Magerweiden u. Heiden, auf mäß. trock., nährstoffarm., ± basenreich., sauer., modrg od. torfg-humos., meist steing-sandg. Lehmböden, Säurezeiger, bis 50 cm tief wurzlnde Kriechpf., etwas sommerwärme-liebd u. nässescheu, düngerfeindl., Halbschatt-Lichtpf., Insekt.- u. Selbstbestäubg, früher Arzneipf., v. all. im Quercion rob.-petr., Luz.-Fagenion, Epilobion ang. od. in Nardo-Callunetea-Ges., seltner in Vacc.-Piceetea-Ges. – Ebene bis Gebirge, A bis 1720 m – no-eurassubozean, auch N-Am. – Ch – Chrom. 2n = 18, 34, 36.

2668. Blattloser E., V. aphýlla L., zerstr. in Stein- u. Magerrasen d. subalp. u. alp. Stufe, auf frisch., basenreich., meist kalkhaltg., ± neutral., modrg humos., steing. Lehmböden, z. T. in schneegefegt. Gratlagen, Wurzelkriecher, v. all. in Seslerietalia-Ges. od. im Elynion, auch in Salicetea herb.-Ges. – A 1300–2580 m – alp – H – Chrom. 2n = 18.

2669. Gamander-E., V. chamaédrys L., verbr. im Saum von Hecken u. Büschen, in Wiesen, an Wegrainen u. Waldrändern, in licht. Eichen-Trockenwäldern, auf frisch. bis mäß. trock., ± nährstoff- u. basenreich., ± neutral., humos., tief-mittelgründg. Lehmböden, Flach- u. Kriech-

Wurzler, Licht-Halbschattpf., Insekt.-bestäubg (Fliegen, Bienen usw.), Ameisenverbrtg, geringer Futterwert, Soziologie siehe Unterart. – Ch, formenreich:

1 Kelchb. drüsg behaart(nur slt. ohne Drüs.), B. oval-3eckg, sitzd od. höchst. 2 mm lg gestielt, jed.sts mit 3–8 Zähn.

2 B. jed.sts mit 5–8 stumpfl. Zähn., frischgrün, matt, Kelch locker lg-drüsg behaart, St. zwisch. d. Haarleist. spärl. behaart, Blü. sattblau, 11–15 mm brt

2669a. **ssp. chamaédrys,** verbr. Sippe, v. all. auf frisch., nährstoffreich. Lehmböd., im Trifolion medii (DV) u. in Arrhenatheretalia-Ges., auch in Glechometalia-Ges. – Ebene bis Gebirge, A bis 2150 m – no-eurassubozean (verschleppt, z.B. N-Am.) – Chrom. 2n = 32.

2* B. jed.sts mit 3–6 spitzl. Zähn., hellgrün, Kelch dicht kurzdrüsg behaart, St. zwisch. d. Haarleist. fast kahl, Blü.std kaum lger als 12 cm, Blü. hellblau (auch rosa)

2669b. **ssp. vindobonénsis** Fisch., slt. im Saum sonnger Büsche od. in licht. Wäld., auf Lehmböd., die offenbar trockener, basenreicher, aber nährstoffärmer sind als bei vor. Sippe, z.B. im Geranion sang., auch im Mesobromion od. in Quercetalia pub.-Ges. – nöRh, FrJu, Do, auf weitere Verbrtg ist zu achten – osmed – Chrom. 2n = 16.

1* Kelchb. nie drüsg, B. längl.-oval mit jed.sts 9–11 zieml. fein. spitz. Zähn., ± glänzd, meist 2–4 mm lg gestielt, St. zwisch. d. Haarleist. spärl. behaart, Blü. hellblau, 9–12 mm brt

2669c. **ssp. mícans** Fisch., slt. auf frisch. basenreich. Lehmböd. d. Hochgebirges, im Caricion ferr. od. Adenostylion – A (Ammergau bis 1150 m, Chiemgau, Berchtesgad. Alp.) – opralp – Chrom. 2n = 16.

2670. **Nesselblättriger E., V. urticifólia** Jacq. (*V. latifólia* auct.), zerstr. in krautreich. Bergmisch- u. Schluchtwäld., auf sickerfrisch., nährstoff- u. basenreich., meist kalkhaltg., neutral., humos., steing. od. rein. Ton- u. Lehmböden in humid. Klimalage, Mull- u. Moderhumus-Wurzler, Wurzelkriecher, Schattpf., Insekt.bestäubg, v. all. in mont. Fagion- u. Til.-Acerion-, auch Gal.-Abietenion-Ges., Fagetalia-Ordn.char., slt. im Adenostylion – HRh, Bo, Do (slt.), BayW (Südteil, slt.), Av, A bis 1620 m – pralp – Ch, H – Chrom. 2n = 16, 18.

2671. **Berg-E., V. montána** L., zerstr. in Eschen-Auenwäldern od. feucht. Buchen-Mischwäldern, an Waldquellen u. Waldwegen, auf sickerfeucht., nährstoffreich., vorzugsw. kalkarm., mäß. sauer.-neutral., humos., lock. Lehm- u. Tonböden, Mullboden-Kriecher, Feuchtezeiger, Schatt(Halbschatt-)pf., Insekt.bestäubg (Fliegen, Bienen), Ameisenverbrtg, schwache Char. u. Carici remotae-Fraxinetum, auch im Pruno-Fraxinetum (Alno-Ulmion) od. (Diff.) in feucht. Fagion-Ges. – Ebene bis mittl. Gebirgslag., A bis 1350 m, süSch bis 1230 m, in Sand- u. Trock.gebiet. slt. – subatl-smed – Ch – Chrom. 2n = 18.

2672. **Schild-E., V. scutelláta** L., zml. slt. in Quell- u. Flachmooren, in

Verlandgs-Ges., an Ufern u. Gräben, gern an off. Bodenstell. auf stau-
od. sickernass., z. T. zeitw. überschwemmt. (wechselnass.), ± nährstoffreich., mesotroph., kalkarm., mäß. sauer., humos. Sand- u. Kies-
od. Torfböden, Kriechpionier, Lichtpf., Regenverbrtg, v. all. im lückg.
Caricion f. u. Caricion las., auch Magnocaricion u. in d. Littorelletalia (z.
B. mit *Juncus bulb.*) – Ebene bis mittl. Gebirgslag. (mont. Silikatgebiete),
A bis 800 m, süSch bis 1030 m – (no-)subatl, circ – H – Chrom. 2n = 18.

2673. **Schlamm-E., V. anagalloídes** Guss., zerstr. in lückg. Pionier-Ges.,
an Ufern, Gräben, auf off., nass., zeitw. überschwemmt., nährstoffreich.,
meist kalkarm., mäß. sauer., humos. Schlammböden, wärmeliebd, gilt
als Is.-Nanojuncetea-Art, auch im Bidention – Do, NS, An, dazu weitere
unsichere u. zweifelhafte Angaben – med(kont) – H – Chrom. 2n = 18.

2674. **Gauchheil-E., V. anagállis-aquática** L., zerstr. im Bachröhricht, an
Gräben u. Bächen, auf nass., zeitw. überflutet., nährstoffreich., mild.,
humos., kiesg., sandg. od. rein. Schlammböden, etwas wärmeliebd, meist
Selbstbestäubg, Lichtkeimer, früher Arzneipf., Sparg.-Glycerion-
Verb.char., gern im Kontakt mit Bidention-Ges., auch im Phragmition
od. als f. *submérsa* Glück Diff. d. Ranunculo-Siëtum (Ranunculion
fluit.) – Ebene bis mittl. Gebirgslag., A bis 887 m – euras-smed-med, auch
gemäß. Zonen and. Erdteile – H, W – Chrom. 2n = (18) 36, formenreich.

2675. **Bleicher Gauchheil-E., V. catenáta** Pennell (*V. aquática* Bernh.),
zerstr. im Bachröhricht, an Gräben, wie vor., auf nass., zeitw. überflutet.,
nährstoffreich., mild., humos. Schlammböden, v. all. in lückgen
Bidention-Ges. (vgl. *Veronica cat.-peregr.*-Stad. d. Ranunculetum scel.),
Bidention-Art, meist im Kontakt mit Phragmition-, Agr.(El.)-Rumicion-
od. Nanocyperion-Ges. – warme Tieflag. u. Stromauen – eurassubozean-
smed, circ – H, W – Chrom. 2n = 36.

2676. **Bachbunge, V. beccabúnga** L., hfg in Verlandgs- od. Röhricht-
Ges., im Saum fließd. Gewässer, an Bächen, Gräben, Quell-Rinnsalen,
auch in Quellfluren u. an Waldbächen, auf meist flach überschwemmt.
od. sicker-nass., ± nährstoffreich., eutroph. u. mesotroph., mild-mäß.
sauer., humos., meist sandg. Schlammböden, Kriechpionier, Licht-
Halbschattpf., Insekt.- u. Selbstbestäubg, früher Salat- u. Arzneipf.,
Sparganio-Glycerion-Verb.char., in d. f. *submérsa* Glück (bis 2 m
Wassertiefe) im Ranunculion fluit. (DA d. Veronico-Callitrichetum),
gern im Kontakt mit Montio-Cardaminetalia-Ges. od. d. Chenopodion
rubri – Ebene bis Gebirge, A bis 1860 m – euras-smed-med, verschleppt –
W, H – Chrom. 2n = 18.

Steinbalsam, Erínus L. vgl. S. 824

2677. **E. alpínus** L., zerstr. in basiphil. Felsspalt. u. Steinras. d. westl.

Kalkalp., Potentillion caul.-Art, auch in Seslerietalia-Ges. – Schweiz. Ju, Schweiz. Alp., Vorarlberg – walp – Chrom. 2n = 14.

Fingerhut, Digitális L.

1 Blü. rot (od. auch weiß-rosa), innen bärtg, B. eilanzettl., untersts graufilzg, 50–120 cm, ☉, 6–7   **D. purpurea**   2678
1* Blü. weißl.gelb, gelb od. gelbbraun, B. längl.-lanzettl.
2   Blü. 25–40 mm lg, ockergelb, bauchg, innen braun gefleckt, Blü.std drüsg behaart, B. kurz-weichhaarg, 40–120 cm, ⚄, 6–8   **D. grandiflora**   2679
2* Blü. 18–25 mm lg, weißl.gelb od. gelbbraun, B. ± kahl
3   Blü. hellgelb-weißl., mit weng verschied. groß. ± 3eckgen Blü.zipfeln, Blü.std ob. nur spärl. behaart, 40–80 cm, ⚄, 6–8   **D. lutea**   2680
3* Blü. gelbbraun, bauchg, mit verlängert. weißl. Unterlippe, Blü.std ob. wollg-drüsg behaart, 40–100 cm, ⚄, 6–7   **D. lanata**   2681

2678. Roter F., D. purpúrea L., zerstr., ab. gesellg in Schlägen, v. all. d. Gebirges, an Waldwegen, in Waldverlichtg., auf frisch., ± nährstoffreich., kalkarm., mäß. sauer., locker-humos., gern steing-sandg. Lehmböden in humid. wintermild. Klimalage, v. all. im Bereich d. Buchenwaldes, Nitrifizierungs-Zeiger, gern auf Brandfläch., Licht-Halbschattpf., Hummelblume, Windverbrtg, Lichtkeimer, Herzgift- u. Arzneipf., Zierpf., Char. d. Epil.-Digitalietum purp. (Epilobion ang.), auch im Sarothamnenion, usw. – v. all. im W d. Gebiet., süSch bis 1300 m, östl. u. nördl. bis Sch, He, RS, NSH, Hz, ThW, weiter östl. meist nur adv. – atl(wsmed), im Gebiet an d. O-Grenze d. Verbrtg – H – Chrom. 2n = 56, 112.

2679. Großblütiger F., D. grandiflóra Mill. (*D. ambígua* Murray), zerstr., ab. gesellg in grasg. Staudenfluren, in Waldverlichtg., Waldschlägen, an Waldrändern u. Böschg., in sonng. Steinhalden, auf sommerwarm., frisch., ± nährstoff- u. basenreich., oft kalkarm., neutral-mäß. sauer., humos., gern steing., mittelgründg. Lehmböden, Mull- u. Moderböden, Bodenfestiger, Licht(Halbschatt)pf., Insekt.- u. Selbstbestäubg (v. all. Hummeln), geschützt, opt. auf Schlagflächen als Char. d. Calamagr.-Digitalietum grandifl. (Epilobion ang.), an d. subalp. Waldgrenze lok. Char. d. Sorbo-Calamagrostietum (Calamagrostion), auch in licht. warm. Fagetalia-Ges. od. im Geranion sang. – v. all. Berg- u. Hügelland im O d. Gebiet., Sch bis 1350 m, A bis 1610 m, im nordw. Tiefld (auch Rh) fehld od. s. slt. – gemäßkont – H – Chrom. 2n = 56.

2680. Kleinblütiger F., D. lútea L., slt. in Waldverlichtg., an Waldwegen, in Waldschläg., auf frisch., ± nährstoff- u. basenreich., meist kalkhaltg., mäß. sauer.-mild., humos., gern steing., mittelgründg. Lehmböden, Bodenfestiger, wärmeliebd, Licht-Halbschattpf., Insekt.- u. Selbstbestäubg, geschützt, opt. auf Schlagfläch. als Char. d. Digitalietum lut. (Atropion), auch in licht.-warm. Eichen- u. Buchenwäldern, in

Origanetalia-Ges. od. im Steinschutt (Gneis, Melaphyr, Jurakalk, usw.) – Berg- u. Hügelland im W u. SW d. Gebiet., nördl. bis westl. RS, östl. bis süSch, Bo, Schwäb. Alb, einmal Ne, sonst nur adv. – wsmed-subatl, im Gebiet an d. NO-Grenze d. Verbrtg – H – Chrom. 2n = 56, 112.

2681. **Wolliger F., D.** lanáta Ehrh., glgtl. als Zierpf. od. Drogenpf. kultiv. u. slt. verwildt – Herkunft: osmed (Orno-Ostryon-Gebiet) – H – Chrom. 2n = 56.

Zahlreiche Bastarde!

Alpenrachen, Tózzia L. vgl. S. 825

2682. **T. alpína** L., slt. in subalp. Hochstaudenflur. u. Hochstaudenbüsch., auf sickerfrisch. (feucht.), nährstoff- u. basenreich., meist kalkhaltg., neutral.humos., lock., gern steing. Lehm- u. Tonböden, Mullbodenkriecher, Halbschattpf., Insekt.bestäubg (Schwebfliegen), Ameisenverbrtg, Halbschmarotzer, v. all. im Cicerbitetum, Adenostyletalia-Ordn.char. – A 900–2080 m – alp – G – Chrom. 2n = 20.

Alpenhelm, Bártsia L. (*Bártschia* auct.) vgl. S. 825

2683. **B. alpína** L., zerstr. in subalp. Quellmoor. od. alp. Steinrasen, auf sickerfeucht. od. -nass. (frisch.), basenreich., mäß. sauer.-mild., modrig-humos. Stein- od. Sumpfhumusböd., Humuskriecher, Halbschmarotzer, Hummelblume, schwache Tofieldietalia-Ordn.char., auch im Caricion fuscae od. in Hochlag. in Seslerietalia- u. Poion alp.-Ges. – Vog, süSch, Do, Av, A bis 2470 m – alp-arkt(subozean) – H (G) – Chrom. 2n = 12, 24, 36.

Gelbe Bartsie, Parentucéllia Viv. vgl. S. S. 825

2684. **P. viscósa** (L.) Car., slt. aber immer wieder adv. in Gräb., auf offen., nass., vorzugsw. humos. u. sandgen Böd., in Is.-Nanojunceteaod Agr.(El.)-Rumicion-Ges. – z.B. NS, nöRh, Bo, Do – atl-med – T – Chrom. 2n = 48.

Wachtelweizen, Melampýrum L.

1 Blü. in allstswendg. dicht. Ähren
2 Blü.ähre walzl., locker, Hochb. ei-lanzettl., flach, fiederspaltg, meist rot überlauf., Blü. rot mit gelb. Schlund, 10–25(–40) cm, ☉, 5–7
                                                    M. arvense 2685
2* Blü.ähre 4kantg, Hochb. dicht dachziegelartg gefaltet, kammartg gezähnt, weißl., Blü. gelbl.-weiß, rot überlauf., 15–30 cm, ☉, 6–7
                                                    M. cristatum 2686
1* Blü. einstswendg, locker traubg, St. z.T. verzweigt mit b.achselstdg. Blü.traub.

3 Hochb. brt-herzförmg (spießförmg), blauviol. überlauf., kurzhaarg, Blü.
goldgelb, Kelch wollg behaart, B. deutl. gestielt, 10–30(–60) cm, ☉, 6–8
M. nemorosum 2687
3* Hochb. lanzettl., ganzrandg od. gezähnt, kahl, grün, Kelch kahl
4 Blü. 6–9 mm lg, kurz- u. gekrümmt-röhrg, mit off. Schlund, dunkelgelb,
Kelchzähne 3eckg-lanzettl., ± so lg wie Blü.röhre, B. bleichgrün, schmal-
lanzettl., St. 2zeilg-kurzhaarg, 10–20 cm, ☉, 6–8   **M. sylvaticum** 2688
4* Blü. 12–20 mm lg, langröhrg, gerade, mit ± geschloss. Schlund, weißl. od.
goldgelb, Kelchzähne lanzettl.-pfrieml., viel kürzer als Blü.röhre, B. meist
brt-lanzettl., 10–30(–50) cm, ☉, 6–8   **M. pratense** 2689

2685. Acker-W., M. arvénse L., zerstr., ab. gesellg in Getreidefeld. od.
im Saum sonng. Büsche, an Rainen u. Wegen, auf sommerwarm., mäß.
trock., nährstoff- u. meist kalkreich., lock., mäß. sauer.-mild., ±
humos., steing. od. rein. Lehm- u. Tonböden, Halbschmarotzer, Insekt.-
u. Selbstbestäubg (Hummeln), Ameisenverbrtg, Soziologie vgl. Unterart. – Ebene bis mittl. Gebirgslag., Kalkgebiete – gemäßkont(-osmed) –
T, formenreich:
1 St.glieder zahlreich, B. 5–10 mm brt

2685a. **ssp. arvénse,** zerstr. v. all. in Getreidefeld. auf kalkreich.
Lehmböd., Caucalidion-Verb.char. – v. all. im S d. Gebiet., Ju bis 990 m,
in d. Silikatgebirg. wie im nördl. Tiefld fehld od. s. slt. – Chrom. 2n = 18.
1* St.glieder wenige
2 B. 10–17 mm brt, dickl., Pf. mit 1–3 Äst., z. Blü.zeit ohne Keimb.

2685b. **ssp. schínzii** Ronn., zerstr. v. all. im Saum sonnger Büsche,
Geranion sang.-Verb.char. – z. B. Hü, Do, Th.
2* B. 2–5 mm brt, Pf. unverzweigt, z. Blü.zeit mit Keimb.

2685c. **ssp. sémleri** (Ronn. et Poev.) Ronn., Sommerform, zerstr. wie
vor. in Saumges. d. Geranion sang. – Ju, Ba, Do, Mn.

2686. Kamm-W., M. cristátum L., slt. im Saum sonng. Büsche, in
Gebüschlück., in verlicht. Eichen- u. Kiefern-Trockenwäldern, auf
sommerwarm., mäß. trock. (wechseltrock.), ± nährstoff- u. kalkreich.,
humos., sandg. od. rein. Tonböd., Tonbodenzeiger, Licht-Halbschattpf.,
Halbschmarotzer, Hummelblume, Geranion sang.-Verb.char., auch
in licht. Quercion pub.-petr.-Ges., im Querco-Ulmetum (Alno-Ulmion)
od. Berberidion – im ganzen: euraskont (-smed) – T, formenreich:
1 Pf. reichästg, Blü.ähre 2–4 cm lg, B. 5–8 mm brt
2 Äste kurz, nach oben gerichtet, mit höchst. 1 B.paar zwisch. d. oberst.
Astpaar u. d. Blü.std

2686a. **ssp. rónnigeri** (Poev.) Ronn., Bergform, slt. nur im SW d. Gebiet.
(Do, Ju, Hü).
2* Äste lg bogig aufgerichtet, mit 2–3 B.paar. zwisch. oberst. Astpaar u. Blü.std

2686b. **ssp. cristátum,** Hochsommerform, zml. slt. v. all. warme Tieflag. im S u. O d. Gebiet., im nordw. Tiefld slt. od. fehld, auch Silikatgebirge, A od. Sandgebiete fehld – Chrom. 2n = 18.

1* Pf. einfach od. nur mit 1–2 kurz. Äst., Blü.std höchst. 1 cm lg, B. 3–5 mm brt

2686c. **ssp. solstitiále** (Ronn.) Ronn., Sommerform (5–6), s. slt. z. B. Mn, Th.

2687. **Hain-W., M. nemorósum** L., slt. in Eichen-Hainbuchen-Wäldern, auch Buchen- od. Ulmen-Auenwäldern, v. all. in Verlichtg., an Waldwegen od. in Waldrandnähe, auf sommerwarm., mäß. trock. (wechseltrock.), nährstoff- u. basenreich., neutral-mäß. sauer., humos., sandg. od. rein. Ton- u. Lehmböden, Halbschattpf., Halbschmarotzer, Hummelblume, Ameisenverbrtg, schwache Carpinion-Verb.char., slt. auch im Fagion, oft angereichert in Origanetalia-Säum. od. in Prunetalia-Ges. – gemäßkont(-smed), im Gebiet an d. W-Grenze d. Verbrtg – T, formenreich:

1 Pf. reichästg, mit Blü.tragd. Äst., B. meist üb. 15 mm brt
2 Pf. mit zahlreich., bogig aufgericht. Äst., B. 15–30 mm brt

2687a. **ssp. nemorósum,** zerstr. nur im O d. Gebiet., westl. bis östl. Do u. Av, FrJu, BayW, Fr, östl. Mn u. NSH, Th, An, Me – Chrom. 2n = 18.

2* Pf. mit 1–3 gerade aufgericht. Äst., B. 20–25 mm brt, dickl.

2687b. **ssp. silesíacum** Ronn., Bergform, slt. im NO d. Gebiet., südl. bis Th, Mn.

1* Pf. unverzweigt od. höchst. mit 1–2 steril. Äst., B. 6–12 mm brt, Pf. z. Blü.zeit meist noch mit Keimb.

2687c. **ssp. morávicum** (Braun) Čel., Sommerform, slt. v. all. im NO d. Gebiet., südl. bis Th, FrJu.

2688. **Wald-W., M. sylváticum** L., zerstr. in Fichten- u. Fichten-Tannenwäldern, an Waldränd., auf ± frisch., basenreich., kalkarm., sauer., modrg-humos., steing. od. rein. Ton- u. Lehmböden, bei Rohhumus u. Staunässe zurücktretd, Humus-Flachwurzler, Halbschatt-(Schatt)pf., Halbschmarotzer (auf Fichten od. *Vacc. myrtillus*), Ameisenverbrtg, Vaccinio-Piceetalia-Ordn.char., auch im Gal.-Abietenion, z. T. in Ficht.-Forstges. verschleppt – im ganzen: no-pralp – T, formenreich:

1 Pf. verzweigt, mit blühd. Äst., St.glieder zahlreich
2 Äste ± horizontal u. dann schräg aufgerichtet, B. 5–8 mm brt

2688a. **ssp. sylvaticum,** verbr. Hochsommerform, s. ɵ., v. all. im S d. Gebiet. (üb. 700 m), z. B. Sch, Ba, Ju, Av, A bis 1650 m, FrJu, BayW, FrW, ThW, Erzg, Hz, RS (Rothaargebirge), SH – Chrom. 2n = 18.

2* Äste zu 1–3, schräg aufwrts gerichtet, B. 2–10 mm brt

2688b. **ssp. intermédium** (Ronn. et Schz) Ronn., Hochsommerform, v. all. in höher. Lag., im Verbrtgsgebiet d. vor.

1* Pf. mit einfach. St. od nur 1–2 kurz. steril. Äst., St.glieder wenige

3   St. einfach, B. 3–6 mm brt

2688c. **ssp. laricetórum** (Kern.) Ronn., Bergform, nur A, Av, Ju (SW-Alb).

3* St. einfach od. mit 1–2 kurz. Äst., B. 8–10 mm brt, Keimb. z. Blü.zeit noch vorhanden

2688d. **ssp. aestivále** (Ronn. et Schz.) Ronn., Sommerform (5–6) – nur Hz, SH.

2689. **Wiesen-W., M. praténse** L., verbr. in licht. Eichenwäldern, auch Buchen-, Fichten- od. Kiefernwäld., in Heiden, an Wald- u. Wiesenränd., in Hochmooren, auf mäß. trock.-feucht. (nass.), nährstoff-u. ± basenarm., sauer., modrg. od. torfg-humos. Stein-, Sand- u. Lehmböden, auch auf Torf, Humus-Flachwurzler (bis 15 cm tief), Humuszehrer, Säure- u. Verhagergszeiger, Halbschmarotzer u. Mykotrophie, Hummelblume, Ameisenverbrtg, in Quercetalia rob.-petr.-, Vaccinio-Piceetalia- od. Nardo-Callunetea-Ges., auch in saur. Fagetalia-Ges. od. in bodensauer. Saumges. mit *Hieracium*-Art., vgl. weiter Unterart. – Ebene bis Gebirge, A bis 1900 m – im ganzen: no-eurassubozean – T – Chrom. 2n = 18, formenreich:

1   Pf. mit lgen, abstehden Ästen
2   Blü. weißl. mit gelb. Lippe (auch rötl. überlauf.), B. 4–15 mm brt. St.glieder zahlreich

2689a. **ssp. commutátum** (Tausch) Britt., Hochsommerform, verbr. in Tieflag., v. all. in Quercetalia rob.-petr.-Ges. (Ordn.char), auch in bodensauer., licht. Fagetalia-Ges., sowie angereichert in Säumen.

2* Blü. gelb, B. 5–12(20) mm brt, St.glieder wenige, verlängert

2689b. **ssp. praténse** [ssp. *cóncolor* (Schoenh.) Oberd. ?], seltener als vor., v. all. in frisch. Eich.-Birk.wäld., z. B. im Luz.-Quercetum, auch im Luz.-Abietetum, Quercion rob.-petr. Verb.char., z. B. Sch, Pf.

1* Pf. mit einfach. St. od. nur mit 1–2 kurz., meist steril., aufwrts gerichtet. Äst.
3   B. 1–3 mm brt, Moorbod.pf., z. Blü.zeit meist noch mit Keimb.

2689c. **ssp. paludósum** (Gaud.-B.) Ronn., zml. slt. v. all. im Bereich v. Hochmooren als Char. d. Pino-Sphagnetum (Sphagnion mag.) – A, Av, silikat. Mittelgebirge, im nördl. Tiefld slt. – pralp.

3* B. 3–6 mm brt, Waldpf.
4   Keimb. z. Blü.zeit meist noch vorhand., ohne (od. 1) B.paar zwisch. oberst. Astpaar u. Blü.std, Blü.beginn am 2.–4. St.knot., Blü. weißl.gelb, slt. rein gelb, z. T. viol. gefleckt

2689d. **ssp. oligocládum** (Beauv.) Soó, Bergform, zerstr. in zwergstrauchreich. Tannen- od. Ficht.wäld. über ca. 800 m, Vaccinio-Piceion-Verb.char., auch in Nardo-Callunetea-Ges. – z. B. Sch, Erzg – pralp.

4* Keimb. z. Blü.zeit nicht mehr vorhand., meist mit 0–1–3 B.paar. zwisch. d. oberst. Astpaar u. d. Blü.std
5   St.glieder zahlreich, kurz, Blü.beginn am 7.–9. St.knot.

2689e. **ssp. angústifrons** (Borb.) Soó, mehr submontan verbr. im Luz.-Quercetum u. Luz.-Fagetum, viell. Quercion rob.-petr.-Art – z.B. Sch, A.

5* St.glieder wenige, aber verlängert, Blü.beginn am 4.–5. St.knot.

2689f. **ssp. éngleri** Soó, Bergform – z. B. BayW, ThW, Erzg – opralp.

Zahntrost, Odontítes Ludw.

1	Blü. goldgelb, bärtg bewimpt, Staubb. lger als Blü. 15–30(40) cm, ⊙, 8–10	**O. lutea** 2690
1*	Blü. fleischrot, filzg behaart, Staubb. ± so lg wie Blü.	
2	B. fleischg, St. wenigästg u. 4–20blütg, Kelchzähne kurz 3eckg, 8–20 cm, ⊙, 5–7	**O. litoralis** 2693
2*	B. nicht fleischg, Pf. 15–50blütg, Kelchzähne lanzettl.	
3	Hochb. lger als Blü., St. nur in d. ob. Hälfte mit kurz. aufrecht. Äst., meist ohne B. zwisch. Äst. u. Blü.std, 10–30 cm, ⊙, 6–7	**O. verna** 2691
3*	Hochb. ± kürzer als Blü., Pf. v. Grund an abstehd ästg, meist mit B. zwisch. Äst. u. Blü.std, 15–40 cm, ⊙, 8–10	**O. vulgaris** 2692

2690. **Gelber Z., O. lútea** (L.) Clairv., slt. in Kalkmagerrasen, an sonng. Hängen, in Dünen, im Saum v. Kiefern-Eichen-Wäldern, auf warm.-trock., lückg., basenreich., meist kalkhaltg., humos., lock. Lehm- u. Lößböden od. Sandböden, sand- u. lichtliebd (auch Halbschattpf.), Halbschmarotzer, Insekt.- u. Selbstbestäubg, Festuco-Brometea-Kl.char., auch in Sedo-Scleranthetea-Ges. – warme Tiefllag. im S d. Gebiet., nördl. bis Mosel, He, Th, An u. isoliert Br (Oder) – smed (-gemäßkont) – T – Chrom. 2n = 20.

2691. **Roter Z., O. vérna** (Bell.) Dum., zerstr. in Getreidefeldern, an Ackerrain., auf sommerwarm., frisch., nährstoff- u. basenreich., ± humos., lock., steing. od. rein. Ton- u. Lehmböden, Halbschmarotzer, Bienenblume, v. all. im Wintergetreide, Aperion-Verb.char., auch im Caucalidion (Secalinetea) – Ebene bis mittl. Gebirgslag., Erzg bis 810 m, v. all. im O d. Gebiet., im SW slt. od. fehld – gemäßkont(-smed) – T – Chrom. 2n = 40.

2692. **Später Roter Z., O. vulgáris** Moench [*O. rúbra* (Baumg.) Op.], zml. hfg in Fettweid. u. Tretras., auf frisch (wechselfrisch.), nährstoff-u. basenreich., mäß. sauer.-mild., etwas humos., schwer., sandg. od. rein. Lehm- u. Tonböden in humider u. ± sommerwarm. Klimalage, Lehmzeiger, salzertragd, Halbschmarotzer, Bienenblume, Cynosurion-Verb.char., auch in Agr.(El.)-Rumicion-Ges. – Ebene bis mittl. Gebirgslag., A bis 1000 m, Rh slt. – euras(kont)-smed – T – Chrom. 2n = 20.

2693. **Salz-Z., O. litorális** Fr., slt. in Salzwies. d. N- u. O-See, Armerion mar.-Verb.char. – nosubozean – Chrom. 2n = 20.

Augentrost, Euphrásia L.

1   B. eiförmg, mit ± brt. Grund sitzd, meist jedersts 4–6zähng, Fr. behaart od.
    am Rande borstg, Blü. weiß-lila, slt. gelb
2   Blü.std u. Hochb. nicht drüsenhaarg od. nur ausnahmsw. ± drüsg
3   Blü. 9–15 mm lg, zuletzt verlängt, aus d. Kelch ragd, weiß-lila
4   Obere B. stumpf, mit jedersts 3–5 stumpfl. Zähnen, Hochb. kurz gestielt, St.
    meist einfach, 3–15 cm, ☉, 6–9   **E. picta**   2702
4* Obere B. spitz, mit spitz. Zähnen, St. einfach od. wenig verzweigt, obere B.
    eiförmg (habituell *E. rostkoviana* ähnl.), 10–30 cm, ☉, 7
                                                               E. kerneri   2703
3* Blü. 3–10 mm lg, zuletzt nicht verlängt, nicht aus d. Kelch ragd
5   Blü. voll entwickelt 7–10 mm lg, blaßlila od. blaßviol., B. deutl. granng
    gezähnt
6   Kelch u. z. T. auch B. borstl. behaart, Hochb. dicht dachziegelg, mit
    keilförmg verschmälert. Grund, St. einfach od. weng ästg, 10–20(40) cm, ☉,
    5–8   **E. pectinata**   2695
6* Kelch kahl, auch B. ± kahl od. nur am Rande kurz bewimpert, obere B.
    spitz, St. v. Grund an meist reichästg mit ± lgen aufrecht. Äst., 5–25(50) cm,
    ☉, 7–9   **E. stricta**   2694
5* Blü. voll entwickelt 4–8 mm lg, B. nur zugespitzt od. obere kurzgranng
    gezähnt
7   B. kahl od. nur wenig kurzborstg
8   Hochb. mit 7–15 schmal., lgen Zähnen, ± abstehd, B. 4–10 mm lg, matt,
    B.grd ± herzförmg, St. kräftg, ästg, flaumg behaart, Blü. weißl.-blaßviol.,
    5–30 cm, ☉, 7–9   **E. nemorosa**   2696
8* Hochb. mit 5–9(11) Zähnen, St. wenig ästg u. wenig behaart
9   B. 3–6 mm lg, Hochb.zähne kurz, Blü. meist weißl. od. ± lila, 5–25 cm, ☉,
    6–9   **E. micrantha**   2697
9* B. 4–10 mm lg, Blü. meist blaßviol. mit lila Oberlippe, sltner weiß,
    5–15 cm, ☉, 5–7 od. 6–8   **E. frigida**   2697a
7* B. wenigst. am Rande od. unt.sts borstg behaart, mit jed.sts 3–7 nicht
    begrannt. Zähn., Blü. lila-weiß mit gelb. Unterlipp.fleck od. ganz gelb,
    Hochgebirgspf., 2–12 cm, ☉, 7–9   **E. minima**   2698
2* Blü.std, bes. Hochb. od. Kelch, drüsenhaarg
10 Blü. 4–10 mm lg, zuletzt nicht verlängt, St. meist einfach od. wenig ästg,
    Alpenpf.
11 Blü.std spärl. drüsenhaarg, ohne einfache Haare, Blü. 4–6 mm lg, gelb od.
    blau-viol., od. blau-viol. mit gelb. Unterlippe, 2–20(–20) cm, ☉, 7–9
                                                               E. drosocalyx   2699
11* Blü.std reichl. mit bis 1 mm lgen drüsgen u. drüs.los. Haaren besetzt, Blü. 5–
    8 mm lg, weißl., viol. geadert, B.paare etwas entfernt stehd, Hochb. rundl.,
    B.zähne stumpfl., 5–20 cm, ☉, 6–9   **E. hirtella**   2700
10* Blü. 10–15 mm lg, zuletzt verlängt, aus d. Kelch ragd, weiß mit ± viol.
    Oberlippe u. gelb. Unterlippenfleck, 5–25 cm, ☉, 5–10
                                                               E. rostkoviana   2701
1* B. lanzettl. mit keilförmg. Grund, jedersts 1–4zähng, d. ober. ±
    fiederschnittg gezähnt, Pf. fast kahl, nicht drüsenhaarg, Blü. weiß, viol.
    geadert, Fr. kahl, od. randl. mit spärl., gekrümmt. Härch.
12 Blü. 6–8 mm lg, B. jedersts mit 2–4 Zähn., 5–20 cm, ☉, 6–9
                                                               E. salisburgensis   2704

12* Blü. 8–15 mm lg, B. jedersts mit 1–2 Zähn., 5–20 cm, ⊙, 7–9

E. cuspidata 2705

2694. Steifer A., E. strícta Wolff (*E. ericetórum* Jord.), zerstr. in Magerrasen u. Halbtrockenrasen, gern in lückg. Anfangsges. an Wegen, Erdanrissen, auf frisch.-mäß. trock., kalkreich. u. -arm., neutral.-mäß. sauer., ± humos. Lehmböden (auch Torfböden), Halbschmarotzer, Insekt.- u. Selbstbestäubg, – Ebene bis Gebirge, A bis 1700 m – im ganzen: (eurassubozean) subatl(-smed) – Chrom. 2n = 44, formenreich:

Die Sippengliederung u. Verbrtg ist noch weitgehd ungeklärt, im S d. Gebiet. fallen auf: eine v. unt. an reichästge Form (var. *stricta*), die auf basenreich. Böd. in Halbtrockenras. u. trocken. Pfeifengraswies. wächst, u. als Mesobromion-Verb.char. angesprochen werden muß, sowie eine wenig- u. kurzästge Gebirgsform in bodensauer. Magerrasen (var. *subalpína* Beck., *E. pumila* Kern?), z. B. süSch, A, die an Nardetalia-Ges. gebunden ist (Ordn.char.).

Hier anzuschließen ist ferner **E. strícta** ssp. **ténuis** v. Wettst. [*E. arctica* Lge ex Rostr. ssp. *ténuis* (Brenn.) Yeo, *E. suecica* Murb. et Wettst.], eine nordische Sippe, die mit hellgrün., oft drüsg. B. für SH, Me, Br, ThW angegeben wird.

2695. Kamm-A., E. pectináta Ten., s. slt. in Kalk-Magerrasen, auf sommerwarm.-trock., kalkreich. u. steing., ± humos. Lehmböden, Brometalia-Ordn.char. – süHü (Kaiserstuhl?, Els) – smed – T – Chrom. 2n = 44.

2696. Hain-A., E. nemorósa (Pers.) Mart. (*E. nitídula* Reut.), zml. slt. in Magerrasen u. -weiden, an Weg- u. Waldrändern, auf frisch., ± basenreich., kalkarm., mäß. sauer., humos., sandg. Lehmböden, v. all. im Violion, auch in Nardion- od. bodensauer. Mesobromion-Ges., Nardetalia-Ordn.char. – Ebene bis mittl. Gebirgslag., A bis 1500 m – subatl – T – Chrom. 2n = 44.

2697. Zierlicher A., E. micrántha Rchb. (*E. grácilis* Fr.), slt. in Heiden u. Silikat-Magerrasen, auch in licht. Kiefernwäldern, auf mäß. frisch., kalkarm., sauer., humos., sandg. Lehmböden, auch Torfböd., meist Selbstbestäubg, gilt als Genistion-Art – v. all. im Nordw. d. Gebiet., im S slt. od. (wie auch A) fehld – no-subatl – T – Chrom. 2n = 44.

2697a. Nordischer A., E. frígida Pugsl. (*E. coerúlea* Hoppe ex Fürnr., *E. uechtritziána* Jung. et Engl.), slt. in mager. Bergweiden auf kalkarm. Böden – südwärts bis RS (Eifel), He, Sp, ThW, Erzg – no – T – Chrom. 2n = 44.

2698. Zwerg-A., E. mínima Jacq., zerstr., in Silikat-Magerrasen u. -weiden d. alp. Stufe, auf frisch., ± basenreich., kalkarm., sauer., modrg-torfg humos. Lehmböden, Humuswurzler, Juncetea trif.-Kl. char., auch im hochgeleg. Nardion – Vog, A 1600–2340 m – alp-arkt – T – Chrom. 2n = 44.

2699. Drüsiger Zwerg-A., E. drosócalyx Freyn. (*E. minima* ssp. *drosócalyx* Hayk), slt. in Magerrasen d. alp. Stufe, auf frisch., ± basenreich., kalkarm., sauer-humos. Ton- u. Lehmböden, v. all. in Nardion-Ges. – A bis 1780 m – alp – T.

2700. Zottiger A., E. hirtélla Jord., s. slt. in Magerrasen u. Magerweiden d. subalp. u. alp. Stufe, auf vorzugsw. kalkarm. Böden, in Nardetalia- u. Seslerietalia-Ges. – A (Allgäu), Tirol, Vorarlberg, Schweiz – alp-arkt – T – Chrom. 2n = 22.

2701. Wiesen-A., E. rostkoviána Hayne, verbr. in mager. Wiesen, bes. Bergwiesen, in Weiden u. Magerrasen, auch in Moorwiesen, auf vorwiegd frisch., mäß. nährstoffreich., meist kalkarm., neutral-mäß. sauer., mull-modrg-humos. Ton- u. Lehmböden, auch auf Torfböd., Magerkeitszeiger (ab. extreme Magerkeit ebenso scheuend wie hoh. Nährstoff-Gehalt), Halbschmarotzer, Insekt.bestäubg (Bienenblume), ohne Futterwert, früher Heilpf. (z. B. geg. Augenleiden), v. all. in mont. Arrhenatheretalia-Ges., Molinio-Arrhenatheretea-Kl.char., auch im Violion (b. Düng.-Einflüss.) od. Mesobromion – Ebene bis Gebirge, A bis 2300 m, in Tieflag. z.B. Rh, wie auch im Nordw. slt. od. fehld – euras(kont) – T – Chrom. 2n = 22, formenreich:

1   St. mit 5–12 Astpaar., St.glieder höchst. 3mal so lg wie ihre B., unterste Blü. am 6.–12. Knot.

2701a. **ssp. rostkoviána,** im Bergland, v. all. im S d. Gebietes weit verbr. Spätsommerform.

1*   St. einfach od. nur mit 1–2 Astpaar., St.glieder 2–10mal so lg wie B., unterste Blü. am 2.–6. Knot.

2701b. **ssp. montána** (Jord.) Wettst., v. all. im höheren Bergland, seltener als vor., Verbrtg ungenügd bekannt.

2702. Scheckiger A., E. pícta Wimm., slt. in Weid. u. Steinras. d. subalp. Stufe, auf feucht. basenreich. Lehmböd., Poion alp.-Verb.char., auch im Caricion ferr. od. Nardion – A 600–2400 m (bes. Berchtesgad. Alp.), Av – opralp – T –Chrom. 2n = 22, formenreich, z. B. werden angegeben: ssp. *alpígena* Vollm. für Moorwies. von Av, ssp. *versícolor* (Kern.) Wettst. als Nardion-Art für A, nahe steht auch d. folgde Sippe:

2703. Großblütiger A., E. kérneri Wettst. [*E. pícta* ssp. *kérneri* (Wettst.) Yeo], slt. in Moor- od. Naßwiesen, auf feucht.-wechselfeucht., mäß. nährstoffreich., basenhaltg., gern modrg-humos. Ton- u. Lehmböden, (torfge Böd.), Halbschmarotzer, meist Insekt.bestäubg, v. all. im Molinion – Bo, Do, Av, A – pralp – T.

2704. **Salzburger A., E. salisburgénsis** Hoppe, zerstr. in Kalk-Magerrasen u. Steinras. d. subalp. u. alp. Stufe auf frisch., kalkreich., neutral-mild., humos., meist steing. Ton- u. Lehmböden, Halb-schmarotzer, meist Selbstbestäubg, Seslerietalia-Ordn.char., in tief. Lagen u. im Alpenvorland im Mesobromion, auch im Flußgeröll als Alpenschwemmling – süHü (Istein), Ba, Ju (SW-Alb), Do, Av, A bis 2420 m – alp-pralp(-smed) – T – Chrom. 2n = 44.

2705. **Krainer-A., E. cuspidáta** Host, s. slt. an Kalkfels. u. im Kalkgeröll – A (Tirol) – oalp – T.

Zahlreiche Bastarde u. Zwischenformen!

Klappertopf, Rhinánthus L.

1 Blü.röhre aufwts gebogen, Zahn d. Blü.oberlippe 1–2 mm lg, blau, Blü. 15–20 mm lg, Hochb. meist bleich
2 Kelch u. Hochb. drüsg behaart, St. schwarz gestrichelt, 15–60 cm, ☉, 5–8
Rh. rumelicus 2706
2* Kelch u. Hochb. kahl od. behaart, aber nicht drüsg
3 Kelch u. Hochb. wie St. zottg behaart, Zähne d. Hochb. ± gleich groß (Abb. 50b), Blü. 20 mm lg, St.b. eilanzettl., scharf gesägt, 10–50 cm, ☉, 5–7
Rh. alectorolophus 2707
3* Kelch kahl od. nur am Rande borstg bewimpert, untere Hochb.zähne größer als obere (Abb. 50a), Blü. 15–25 mm lg, St.b. lanzettl., gekerbt-gesägt, mit ± angedrückt. Zähn.
4 Blü.röhre schwach gekrümmt mit ± geschlossen. Schlund, Zähne am Hochb.grund 3–5 mm lg mit höchst. 1 mm lger Granne, 15–50 cm, ☉, 5–8
Rh. serotinus 2708
4* Blü.röhre stark aufwrts gekrümmt, kurz, mit offen. Schlund, Unterlippe v. d. Oberlippe abgespreizt
5 Hochb. mit granng zugespitzt. Zähn., diese am Hochb.grund 4–8 mm lg mit 1–5 mm lger Granne, B. lanzettl., 20–50 cm, ☉, 5–9
Rh. glacialis 2709

 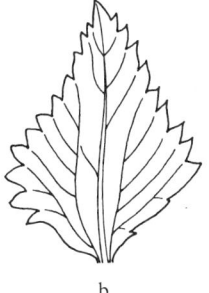

a   b

Abb. 50. Hochblätter. a *Rhinanthus glacialis,* b *Rhinanthus alectorolophus.*

5* Hochb. mit spitz., grannenlos. Zähn., $\pm$ so lg wie Kelch, Blü. ca. 15 mm lg,
hellgelb, B. längl.-eiförmg, 15–20 cm, ☉, 6–7   **Rh. pulcher**   2710
1* Blü.röhre gerade, Zahn d. Blü.oberlippe 0,2–0,7 mm lg, kaum abstehd,
weißl. od. blaßblau, Blü. 15 mm lg, dunkelgelb, Hochb. wie Kelch grün, oft
bräunl. überlauf., kahl, B. lanzettl., 15–30(–50) cm, ☉, 5–8
                                                    Rh. minor   2711

2706. Drüsiger K., Rh. rumélicus Vel., s. slt. in Halbtrock.rasen auf Kalk
– Th (Jena) – osmed(-europkont) – T.

2707. Zottiger K., Rh. alectorólophus (Scop.) Poll. (*Rh. hirsútus* Lam.),
hfg in warm. Fettwiesen od. Halbtrocken-Rasen, in Getreidefeld., auf
mäß. frisch., nährstoff- u. basenreich., meist kalkhaltg., neutral-mild., $\pm$
humos., lock. Lehm- u. Lößböden, Lehmzeiger, wärmeliebd, Halbschmarotzer, Wiesen- u. Ackerschädling, Hummelblume, Soziologie u.
Verbrtg siehe Unterart. – T, formenreich:

1 Pf. d. Getreideäcker, St.glieder zahlreich

2707a. **ssp. buccális** (Wallr.) Schz et Thell., Frühsommerform, zerstr. v.
all. im Wintergetreide auf Lehmböd., Secalinetea-Kl.char. – im S d.
Gebiet., im nördl. Tiefld slt. od. fehld

1* Wiesenpf.
2 St. einfach od. nur mit 1–3 kurz. gerad. steril. Äst., zwisch. oberst. Astpaar u.
   Blü.std kein od. höchst. 1 B.paar
3 Pf. nur 15 cm hoch, Fr.kelch viol. überlauf., Blü.beginn am 6.–8. Knot.

2707b. **ssp. modéstus** (Chab.) Soó, Sommerform frischer Bergwies., im
Pol.-Trisetion, auch im Caricion ferr. – A (Allgäu 1800–2300 m), Th –
pralp.

3* Pf. 20–60 cm hoch, Blü.beginn am 4.–6. Knot.

2707c. **ssp. alectorólophus,** Frühsommerform, zml. hfg auf nicht zu fett.
Wiesen basenreicher Böd., Arrhenatheretalia-Ordn.char., auch im
Mesobromion – Ebene bis mittl. Gebirgslag., A bis 1550 m, v. all. im S d.
Gebiet., nördl. bis NWe, NSH, Th, Sa, in d. Silikatgebirg. meist fehld –
smed-subatl – Chrom. 2n = 22.

2* Pf. mit zahlreich. bogig abstehd. Äst. u. 2–7 B.paar. zwisch. oberst. Astpaar
   u. Blü.std
4 Blü.beginn am 8.–10. Knot., zwisch. oberst. Astpaar u. Blü.std 1–2 B.paare

2707d. **ssp. sémleri** (Stern.) Soó, s. sltene Hochsommerform in
Gebirgsfettwies. d. Pol.-Trisetion, wohl auch im Caricion ferr. – A
(1300–2300 m) – pralp.

4* Blü.beginn am 10.–20. Knot., zwisch. oberst. Astpaar u. Blü.std 3–7 B.paare
5 Pf. bis 15 cm hoch, B. lineal-lanzettl., Fr.kelch viol. überlauf.

2707e. **ssp. kérneri** (Stern.) Soó, s. seltene Bergwies.form – A – pralp.

5* Pf. 20–60 cm hoch, B. längl.-lanzettl., Fr.kelch grün

2707f. **ssp. pátulus** (Stern.) Soó, slt. auf frisch. Bergwies. (Pol.-Trisetion)
– A, Av, Th – pralp.

2708. **Großer K., Rh. serotinus** (Schönh.) Oborny (*Rh. májor* Ehrh., *Rh. gláber* Lam., *Rh. angustifólius* C. Gmel.), zerstr. in Moorwies. u. feucht. Wies., seltner in Äckern, auf frisch.-wechselfeucht., $\pm$ nährstoff- u. basenreich. Lehmböd., Soziologie u. Verbrtg siehe Unterart. – im ganzen: no-euras – T, formenreich:

1   B. fleischg, Salzbod.pf., St. höchst. ob. verzweigt, Blü. dunkelgelb

2708a. **ssp. halóphilus** (U. Schneid.) Hartl, slt. in Salzwies., v. all. im Agr.(El.)-Rumicion – Ostseeküste – endem.

1*   B. nicht fleischg, St. einfach od. stark verzweigt, Blü. blaßgelb

2   St. einfach, slt. mit kurz. steril. Äst., Blü. 18–20 mm lg, B. 8–15 mm brt

2708b. **ssp. vernális** (Zing.) Hyl., zml. seltene Frühsommerform feucht. Wies., Mol.-Arrhenatheretea-Art – no-euras – Chrom. 2n = 22.

2*   St. mit zahlreich. bogig abstehd. Äst., St.glieder kurz

3   Blü. 16–18 mm lg, B. 2–8 mm brt, zwisch. oberst. Astpaar u. Blü.std 3–5 B.paare

4   B. 4–8 mm brt, Hochb. brt 3eckg

2708c. **ssp. serótinus,** Spätsommerform basenreich. Lehmböd., offenbar v. all. in frisch. od. wechselfrisch. Halbtrockenras. (Mesobromion) – im S d. Gebiet. zml. slt., ferner Th, Sa, Br (Oder) – eurassubozean.

4*   B. 2–4 mm brt, Hochb. schmal 3eckg

2708d. **ssp. arenárius** U. Schneid., s. slt. in Dünenges. u. trocken. Sand-Kiefernwäld. – Me – endem.

3*   Blü. 18–20 mm lg, B. 8–15 mm brt, zwisch. oberst. Astpaar u. Blü.std höchst. 1–3 B.paare, St.glieder zahlreich, kurz

5   Ackerpf., bis 50 cm hoch, Samen ungeflügelt

2708e. **ssp. ápterus** (Fr.) Hyl., s. seltenes Ackerunkraut magerer, sandglehmger Böd. – SH, nördl. An – no-euras – Chrom. 2n = 22.

5*   Wiesenpf., Samen geflügelt

6   Pf. mit 2–4 abstehden Äst., Blü.beginn am 6.–10. Knot.

2708f. **ssp. aestivális** (Zing.) Eost., Frühsommerform, zerstr. v. all. in Bergwies., vermutl. Arrhenatheretalia-Art – v. all. im S d. Gebiet., im N slt. – euras.

6*   Pf. reichästger, Blü.beginn am 10.–19. Knot.

7   Zwisch. oberst. Astpaar u. Blü.std 2–3 B.paare, Pf. bis 70 cm hoch

2708g. **ssp. paludósus** Schwarz, zml. seltene Spätsommerform, in Feuchtwies. auf basenreich., $\pm$ sauer. Moorböd., in Scheuchz.-Caricetea- u. Molinietalia-Ges. – Br, Me, Th, Sa, Bo – gemäßkont (?).

7*   Zwisch. oberst. Astpaar u. Blü.std höchst. 1 B.paar, Pf. höchst 60 cm hoch, meist wenger

2708h. **ssp. polycladus** (Chab.) Dost., zml. seltene Spätsommerform feucht. Bergwies. – nur im S d. Gebiet., Verbrtg ungenügd bekannt – euras.

2709. **Schmalblättriger K., Rh. gláciális** Pers. [*Rh. aristátus* (Čel.) Hausskn.], zerstr. in Mager- u. Halbtrockenras. od. trocken. Bergwies. auf mäßg frisch. basenreich., mäßg sauer.-mild., steingen od. rein. Lehmböd., auch auf ruhdem Steinschutt od. Geröll als Pionierpf., Wind- u. Ameisenverbrtg, Soziologie siehe Unterart. – im ganzen: pralp – T, formenreich:

1   Pf. einfach od. nur mit 1 kurz. steril. Astpaar
2   B. 5–12 mm brt, Pf. mit wengen verlängert. St.gliedern, 10–30 cm hoch

2709a. **ssp. simplex** (Stern.) Rausch., seltene Frühsommerform frischer Gebirgswies. – A, ThW.

2* B. 2–5 mm brt, St.glieder zahlreich, kurz

2709b. **ssp. grácilis** (Chab.) Rausch., seltene Hochsommerform frisch. Bergwies. – A, ThW, He (Rhön).

1* Pf. mit viel. absthden Äst.
3   Zwisch. oberst. Astpaar u. Blü.std 2–5 B.paare

2709c. **ssp. aristatus** (Čel.) Rausch., zml. seltene Spätsommerform (8–9) magerer, basenreicher Gebirgswies., meist in Nardetalia-Ges. – A (bis 2000 m), Av, Do, Ju, He (Rhön), BayW, FrW, ThW, Hz.

3* Zwisch. oberst. Astpaar u. Blü.std höchst. 1–2 od. keine B.paare,
    Sommerformen (6–7)
4   B. 5–12 mm brt, St.glieder wenige, verlängert, Pf. bis 40 cm hoch

2709d. **ssp. subalpínus** (Stern.) Rausch., zml. hfg in mager. Steinras. d. Alp., Seslerietalia-Ordn.char., auch im Mesobromion – A (bis 2150 m), Av, Do, Ju, Ne, ThW (slt.), süSch (?).

4* B. 2–8 mm brt, Pf. mit zahlreich. kurz. St.gliedern, bis 25 cm hoch

2709e. **ssp. gláciális** [*Rh. aristátus* ssp. *lanceolátus* (Kov.) Schwarz], zerstr. in mager., basenreich. Gebirgswies., z. B. im Nardion – A (bis 2000 m), süSch, Ju (?).

2710. **Alpen-K., Rh. púlcher** Günth. et Schumm. (*Rh. alpínus* Baumg.), slt. in Bergwies. d. Erzgebirges oberhalb 1000 m – opralp – T.

2711. **Kleiner K., Rh. minor** L., zml. hfg in Wiesen, auf frisch. bis feucht. od. nass., auch wechselfeucht., ± nährstoffreich., meist kalkarm., mäß. sauer.-neutral., humos. Lehm- u. Tonböden od. Torfböd., Magerktszeiger (od. nur mäß. Nährstoffe), Halbschmarotzer (Wiesenschädlg), Insekt.- u. Selbstbestäubg (Hummelblume), v. all. in Molinietalia od. mager. Arrhenatheretalia-Ges., Molinio-Arrhenatheretea-Art, auch in Nardetalia-Ges. – Ebene bis Gebirge, A bis 1500 m – im ganzen no-eurassubozean, circ – T, formenreich:

1   B. 2–5 mm brt, St.glieder kurz, zwisch. oberst. Astpaar u. Blü.std 2–5
    B.paare, Pf. reichästg

2711a. **ssp. stenophýllus** (Schur) Schwarz, zerstr. in feucht. Magerras. (Nardetalia) v. all. d. Gebirges – z. B. A, Mittelgebirge im S d. Gebiet., dazu var. *montícola* Lamotte (Pf. 5–20 cm hoch), He (Rhön).

1* B. 4–10 mm brt, St. ohne od. nur mit 1–2 B.paar. zwisch. d. oberst. Astpaar u. d. Blü.std
2 Pf. einfach od. nur mit 1–3 kurz. steril. Äst.
3 Pf. 10–50 cm hoch, ohne B.paar zwisch. d. oberst. Astpaar u. d. Blü.std

2711b. **ssp. mínor,** verbr. Sippe, in d. Tieflag. zerstr., in Me fehld – Chrom. 2n = 22.

3* Pf. 5–15 cm hoch, Fr.kelch viol. überlauf.
4 St.glieder zahlreich, kurz, mit 1–2 B.paar. zwisch. oberst. Astpaar u. Blü.std

2711c. **ssp. hercýnicus** Schwarz, frische magere Bergwies. – z. B. Hz, Erzg, ThW – endem (?).

4* St.glieder wenige, verlängert, Pf. wengblütg, ohne B.paare zwisch. oberst. Astpaar u. Blü.std

2711d. **ssp. rustículus** (Chab.) Schwarz, frische magere Bergwies. – z. B. A, Hz, ThW, Erzg.

2* Pf. mit zahlreich. abstehd, blühd. u. steril. Äst.
5 Pf. mit 1–3blühd. Äst. u. verlängert. St.gliedern, B. 5–10 mm brt

2711e. **ssp. elátior** (Schur) Schwarz, Frühsommerform (6–8), mit ssp. *minor* im Gebiet zerstr.

5* Pf. mit 2–5 kurz. steril. Äst. u. unten kurz. St.gliedern, B. 4–7 mm brt
2711f. **ssp. bálticus** U. Schneid., slt. in sauer. feucht. Wies. – Me.

Bastarde!

Läusekraut, Pediculáris L.

1 Blü. rosa, dunkelrot od. rotbraun (slt. weiß)
2 Blü.oberlippe geschnäbelt (Abb. 51)
3 Schnabel d. Oberlippe weit vorgezogen, Alpenpf.
4 Blü.std ährg verlängt, Kelch wollg behaart, Kelchzipfel ganzrandg, 20–40 cm, ⚃, 7–8   **P. rostratospicata** 2712
4* Blü.std kurz, kopfförmg, 1–3–12blütg
5 Blü.unterlippe randl. bewimpert, Kelch kahl od. nur auf d. Nerv. ± flaumg behaart, St. armblättrg, 5–20 cm, ⚃, 7–8   **P. rostratocapitata** 2713
5* Blü.unterlippe kahl, Pf. kaum 10 cm hoch
6 Kelch kahl od. nur spärl. behaart, Blü.std 1–4blütg, Blü. bis 20 mm lg, 3–8 cm, ⚃, 7–8   **P. kerneri** 2715
6* Kelch wie St. oben wollg-zottg behaart, Blü.std 3–5blütg, Blü. bis 17 mm lg, 5–10 cm, ⚃, 7–8   **P. aspleniifolia** 2714
3* Schnabel d. Oberlippe kurz, 2zähng
7 St. einzeln, aufrecht, unten ästg, ab. nur ob. mit zahlreich. Blü., Kelch 2spaltg, 10–15kantg, Blü.unterlippe bewimpt, Samen schwarzbraun, 20–30(–70) cm, ☉, 5–7   **P. palustris** 2717
7* St. mehrere, niederliegd-aufsteigd, ± v. Grund an mit wenigen Blü., Kelch

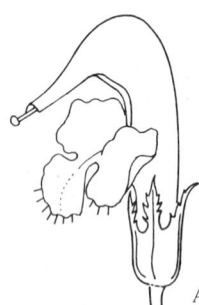

Abb. 51. Blüte von *Pedicularis rostratocapitata*.

5zähng, 5kantg, Blü.unterlippe kahl, Samen hellbraun, rundl., 5–15 cm, ⊙,
    2μ, 5–7   **P. sylvatica** 2718
2* Blü.oberlippe nicht geschnäbelt, abgerundet, stumpfl.
8   St.b. zu 3–4 quirlstdg (od. gegenstdg), Kelch rauhhaarg, mit kurz. Zähn.,
    Blü. 17–18 mm lg, rot, 5–15(–30) cm, 2μ, 6–8   **P. verticillata** 2716
8* St.b. wechselstdg, Kelch kahl, tief 5spaltg, Blü. 14–15 mm lg, braunrot-
    grünl., 20–40(–50) cm, 2μ, 6–8   **P. recutita** 2719
1* Blü. gelb
9   Blü. 20–25 mm lg, Blü.schlund offen
10 Blü.oberlippe ungeschnäbelt
11 Blü.oberlippe rauhhaarg, nicht gefleckt, Hochb. b.artg vergrößert, (Blü.std
    durchblättert), B. gefiedert, mit doppelt fiederspaltg. Fiedern, 20–50 cm, 2μ,
    6–8   **P. foliosa** 2720
11*Blü.oberlippe kahl, rot gefleckt, Hochb. weng lger als Kelch, B.
    fiederschnittg, 5–10 cm, 2μ, 6–7   **P. oederi** 2721
10*Blü.oberlippe geschnäbelt
12 Kelchzähne innen kahl, Blü. bis 20 mm lg, Blü.traube köpfch.förmg
    gedrängt, 10–25 cm, 2μ, 6–8   **P. tuberosa** 2722
12*Kelchzähne innen flaumg behaart, Blü. bis 16 mm lg, Blü.traube sich zuletzt
    streckd, 15–35 cm, 2μ, 7–8   **P. elongata** 2723
9* Blü. 28–32 mm lg, Blü.schlund geschloss., Blü.unterlippe rot gesäumt,
    Oberlippe groß, sichelförmg, Kelch 5zähng, kahl, 30–80 cm, 2μ, 6–8
                                 P. sceptrum-carolinum 2724

Alle Arten geschützt

2712. Fleischrotes L., P. rostrátospicáta Crantz, s. slt. in Kalk-Magerrasen u. Steinrasen d. alp. Stufe, auf frisch., kalkreich., humos., steing.
Lehmböden, Halbschmarotzer, Fremd- u. Selbstbestäubg, Caricion
ferrug.-Verb.char. – A (Berchtesgad. Alp.), 1800–2100 m – oalp – H –
Chrom. 2n = 16.

2713. Kopfiges L., P. rostrátocapitáta Crantz, zerstr. in Steinrasen-Ges.
d. alp. Stufe, auf frisch., kalkreich., neutral., modrg humos., flach-
mittelgründg., steing. Ton- u. Lehmböden, Halbschmarotzer, Hummelblume, v. all. im Caricetum firmae u. Seslerio-Caricetum semperv.,
Seslerion-Verb.char. – A 1500–2420 m – oalp – H – Chrom. 2n = 16.

2714. Farnblättriges L., P. aspleniifólia Floerke, zerstr. in hochalp. Kalk-Schieferschuttflur., Drabion hopp.-Verb.char. – Tirol, Schweiz – oalp – Chrom. 2n = 16.

2715. Kerners L., P. kérneri D. T., zerstr., ab. regelmäßg in hochalp., lückg., sauer-humos. Magerras., Char. d. Caricetum curv. (Caricion curv.), slt. auch in hochgeleg. Übergangs-Nardeten mit *Carex curv.* – Zentralalp. (Schweiz–Tirol) – (w)alp – Chrom. 2n = 16.

2716. Quirlblättriges L., P. verticilláta L., zerstr. in Kalk-Magerrasen d. alp. Stufe od. Quellmoor. d. subalp. Stufe, auf sickerfrisch. od. sickernass., basenreich., meist kalkhaltg., neutral.-mild., humos., steing. od. rein. Lehm- u. Tonböd., auch Sumpfhumus-Böden, Halbschmarotzer, Hummelblume, Seslerietalia-Ordn.char., in tief. Lag. im Caricion dav. – A 1360–1960 m – arkt-alp, circ – H – Chrom. 2n = 12.

2717. Sumpf-L., P. palústris L., zerstr. in Flach- u. Zwischenmooren, auf stau- u. sickernass., z. T. zeitw. überschwemmt., mäß. nährstoff- u. basenreich., meist kalkarm., neutral-mäß. sauer. Sumpfhumus-Böden, Halbschmarotzer, Hummelblume, v. all. im Caricion las., Scheuchzerio-Caricetea fusc.-Kl.char. – Ebene bis Gebirge, A bis 1560 m – no-euras – T, H – Chrom. 2n = 16.

2718. Wald-L., P. sylvática L., zml. hfg in Flach-. u. Quellmooren, in Binsenges. od. feucht. Borstgrasrasen, auf stau- u. sickernass., wechselfeucht., nährstoff- u. basenarm., sauer., torfg-humos. Sumpf- od. Sandböden, Halbschmarotzer, Hummelblume, Ameis.verbrtg, Juncion squarr.-Verb.char., auch im Caricion f. od. Ericion tetr. – Ebene bis mittl. Gebirgslag. (Silikatgebiete), A bis 1100 m, Sch bis 1250 m, in Trock.- u. Wärmegebiet. slt. od. fehld – subatl – H – Chrom. 2n = 16.

2719. Gestutztes L., P. recutíta L., zerstr. in frisch. Grashald. od. Rieselflur., im Hochstaud.gebüsch d. subalp. Stufe auf sickerfeucht., ± nährstoff- u. basenreich. Lehm- u. Tonböd., Halbschmarotzer, v. all. im Caricion ferr., auch in quellg. *Deschampsia cesp.*-Ges. (Card.-Montion) – A (1300–2050 m) – alp – H – Chrom. 2n = 16.

2720. Vielblättriges L., P. foliósa L., zerstr. in Naturgras-Halden d. subalp. u. alp. Stufe auf frisch.-wechselfrisch., basenreich., meist kalkhaltg., ± steing. u. lock. Lehm- u. Tonböden, Tonzeiger, Licht-(Halbschatt)pf., Halbschmarotzer, Hummelblume, geschützt, gern mit *Anemone narcissifl.*, Caricion ferrug.-Verb.char., auch im Erico-Pinion, Caricion dav. od. (Vog) Calamagrostion – Vog, Ju (SW-Alb), SFW (adv.), A 890 bis 2290 m – alp-pralp – H – Chrom. 2n = 16.

2721. Buntes L., P. ōēderi Vahl, slt. in Steinrasen d. alp. Stufe, auf frisch., kalkhaltg., neutral., modrg-humos., ± flachgründg. Lehm- u. Tonböden, Halbschmarotzer, Selbstbestäubg, Char. d. Caricetum firmae

(Seslerion var.), auch in and. Seslerietalia-Ges. – A 1850–2050 m – alp(-altaisch)-arkt – H – Chrom. 2n = 16.

2722. Knollen-L., P. tuberósa L., zerstr. in subalp. Magerras. im Bereich d. Waldgrenze auf kalkarm., sauer., humos. Lehmböd., Nardion-Verb.char. – Zentralalp. (Tirol, Schweiz) – alp – H – Chrom. 2n = 16.

2723. Langähriges L., P. elongáta Kern., slt. in alpin. Kalkmagerras., Char. d. Sesl.-Caricetum semperv. (Seslerion), auch im Mesobromion – Tirol u. abgesprengt (adv. !?) im Schwäb. Ju – oalp – H – Chrom. 2n = 16.

2724. Karlsszepter, P. scéptrum-carolínum L., slt. in Flachmooren u. Moorwiesen, in Verlandgsbestden, an Ufern, auf meist staunass., feucht. od. wechselfeucht., basenreich., neutral. Sumpfhumusböd. od. humos. Kies- u. Tonböden, Halbschmarotzer, Hummelblume, Eiszeitrelikt, überreg. Scheuchzerio-Caricetea-Kl.char., im Gebiet aber v. all. im Molinion – Do, Av, BayW (Südteil), früher Br, Me – nokont, im Gebiet an d. SW-Grenze d. Verbrtg – H – Chrom. 2n = 32.

Schuppenwurz, Lathräéa L. vgl. S.825

2725. L. squamária L., zerstr. in Auen- od. Schluchtwäld., auf sickerfrisch., nährstoff- u. basenreich., meist kalkhaltg., humos., lock., tiefgründg. Ton- u. Lehmböden, Schatt-(Halbschatt)pf., Lehm- u. Mullbodenpf., Wurzelschmarotzer (*Alnus, Corylus, Populus* usw.), Insekt.- u. Selbstbestäubg (Hummeln), oft unterird. blühd, z.T. Ameisenverbrtg, gern mit and. Geophyten in Alno-Ulmion- od. and. feucht. Fagetalia- u. Berberidion-Ges., Querco-Fagetea-Kl.char. – Ebene bis mittl. Gebirgslag. (Kalk- u. Lehmgebiete), A bis 1600 m, im nordw. Tiefld slt. – eurassubozean-smed – G – Chrom. 2n = 36, 42.

Familie der Trompetenbaum-Gewächse, Bignoniáceae

1 Blü. blau, trichterförmg, Blü.std rispg, Fr. runde Kapsel, B. brt-herzförmg, 8–15 m, ♃, 4–5   **Paulownia 2726**
1* Blü. weiß, trichterförmg, Blü.std rispg, Fr. schotenförmg (bohnenartg), hängd, B. brt-herzförmg, 8–15 m, ♃, 6–7   **Catalpa 2727**

Paulownie, Paulównia Sieb. et Zucc.

2726. P. tomentósa (Thunb.) Steud., hie u. da als Zierbaum, v. all. in d. warm. Gebieten, Blü.ansätze frostgefährdet, Heimat: China – Chrom. 2n = 40.

Trompetenbaum, Catálpa Scop.

2727. **Bohnenbaum, C. bignonioídes** Walt., hfger Zierbaum aus N-Amerika – Chrom. 2n = 40.

Familie der Sommerwurz-Gewächse, Orobancháceae

Sommerwurz, Würger, Orobánche L.

1 Kelch glockg, 4zähng, dazu 3 Hochb. (1 Deckb. u. 2 Vorb.), Blü. weißl. od. bläul.-viol.
2 St. meist ästg, Blü. 10–15 mm lg, weißl., blau überlauf., Kelch 4zähng, 10–30 cm, ☉, 7–9 **O. ramosa** 2728
2* St. einfach, Blü. 20–30 mm lg, Kelch 5zähng (mit 1 kl. Zahn)
3 Blü.std locker, 10–20blütg, Blü. vorwts gekrümmt, hellviol., dunkler geadert. Staubfäd. kahl od. oben spärl. behaart, St. schupp. arm, 15–30 cm, ☉, 6–7 **O. purpurea** 2729
3* Blü.std dicht, 15–30blütg, Blü. fast gerade, hellviol.-blau, Staubfäd. wollg, St. schupp.-reich, Pf. auf *Artemisia*, 15–45 cm, ☉, 6–7 **O. arenaria** 2730
1* Kelch aus 2 seitl. sitzd., 2zipfelg geteilt. B. bestehd, dazu 1 Hochb. (Deckb.) (vgl. Abb. 52)
4 Blü. hellblau od. lila, mit gelbl.-weiß. Grund, 10–23 mm lg, in d. Mitte ± eingeschnürt, Narbe weißl., St. ob. weiß-wollg, Pf. auf *Achillea*, 10–40 cm, ☉–♃, 6–7 **O. coerulescens** 2731
4* Blü. nicht blau, höchst. bläul. geadert, Narbe nicht weiß, Staubfäd. meist unter d. Mitte d. Blü.röhre angeheftet
5 Staubfäd. deutl. am od. kaum 1 mm über d. Blü.grund sitzd
6 Staubfäd. unt. kahl u. verbrt., ob. drüsg, Blü. 20 bis 25 mm lg, hell rötl.-braun, geg. d. Saum drüsg (Abb. 52a), St. mit groß. lanzettl. Schupp., Pf. v. unangenehm. Geruch, 30–85 cm, ☉–♃, 5–7 **O. rapum-genistae** 2742
6* Staubfäd. unt. behaart
7 Blü. inn. glänzd blutrot (slt. gelb), auß. gelb, drüsg behaart, Blü.rück. ± gleichmäß. gebog., Narbe gelb, rot gerändt, Pf. auf Fabaceen, 15–30–60 cm, ☉–♃, 5–8 **O. gracilis** 2743
7* Blü. inn. nicht rot, Blü.rück. ± gerade u. erst ob. ± scharf abgebog., (vgl. Abb. 52b), Narbe rot-bräunl.
8 Blü. hellbraun-viol., 20–35 mm lg, nach Nelk. duftd, Oberlippe mit hell. Drüs., Pf. auf *Galium*, 20–60 cm, ☉–♃, 6–7 **O. caryophyllacea** 2732

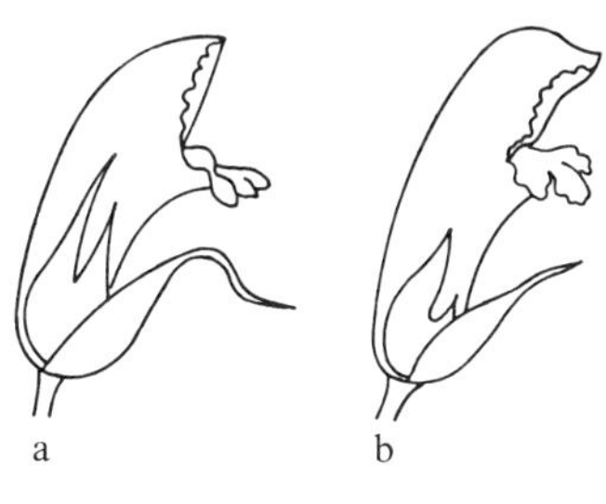

Abb. 52. Blüte von a *Orobanche rapum-genistae*, b *Orobanche teucrii*.   a   b

8* Blü. gelbl.-weiß, z. T. viol. geadert, 18–22 mm lg, nicht duftd, Oberlippe mit
   dunkl. Drüs. (dunkel pktiert), St. meist rotbraun, Pf. auf Labiat., 10–70 cm,
   ☉, ⛢, 4–8   **O. alba** 2744
   vgl. ferner mit gleichmäß. gebogen. Blü.rück., rötl.gelb. Blü. u. gelb. Narbe
   unt. 20   **O. lucorum** 2741
.5* Staubfäd. deutl. (wenigst. 1–2 mm) oberhalb d. Blü.grundes sitzd
9 Narbe rot, braun od. viol. (nur slt. gelb)
10 Hochb. viol. überlauf., meist lger als d. viol. (amethyst-farbg) geaderte od.
   überlaufene, 15–20 mm lge, weiße Blü., Oberlippe helldrüsg, mit
   zurückgeschlag. Saum, Blü. mit gleichmäßg gekrümmt. Rück., zuletzt ±
   waagrecht abstehd, St. meist blau-viol. überlauf., Pf. auf *Eryngium*,
   20–45 cm, ☉–⛢, 6–7   **O. amethystea** 2746
10* St. u. Hochb. nicht viol. überlauf., Blü. gelb od. bräunl.-lila od. nur
   Blü.oberlippe viol. drüsg, Blü.rück. ± gerade u. erst am Ende d. Oberlippe
   ± scharf gebog. (Abb. 52b)
11 Blü.oberlippe ± viol. drüsg, Blü. sonst meist gelbl. (auch viol.), 20–25 mm
   lg, St. am Grunde knollg, Pf. meist auf Composit., 30–80 cm, ☉–⛢, 6–7
                                                                   O. reticulata 2745
11* Blü.oberlippe hell-(nicht viol.)drüsg
12 Blü. bräunl.-lila, 20–30 mm lg, mit ungeteilt. Oberlippe, Staubfäd. unt.
   behaart, ob. drüsg, St.schupp. eiförmg, bis 1,5 cm lg, Pf. auf *Teucrium*,
   10–40 cm, ☉–⛢, 6–7   **O. teucrii** 2733
12* Blü. weiß-gelbl., mit rötl. od. viol. Saum, meist unter 22 mm lg
13 Blü. nicht üb. 12 mm lg, mit enger Blü.röhre u. gerade vorgestreckt.
   Oberlipp.saum, Pf. rötl.gelb, auf *Trifolium*, 10–50 cm, ☉–⛢, 6
                                                                   O. minor 2749
13* Blü. 12–22 mm lg, Oberlipp.saum abstehd zurückgebog.
14 Kelchzipfel deutl. kürzer als Blü., nicht ganz bis z. Grund gespalt., Staubfäd.
   oben ± kahl, 10–40 cm, ☉–⛢, 6–7   **O. picridis** 2747
14* Kelchzipfel fast so lg wie Blü., bis z. Grund gespalt., Staubfäd. oben ± drüsg
   behaart, 15–40 cm, ☉–⛢, 6   **O. loricata** 2748
9* Narbe gelb (nur zuletzt ± bräunl.)
15 Blü. auß. kahl od. nur spärl. helldrüsg, weißl., ± viol. geadert u. Oberlippe
   rötl., 10–15 mm lg, Blü.röhre üb. d. Mitte verengt, Pf. auf Efeu,
   20–30–60 cm, ⛢, 5–7   **O. hederae** 2750
15* Blü. auß. helldrüsg behaart, Blü.röhre nicht verengt
16 Blü. 20–30 mm lg
17 Blü. rötl.-rötl.gelb mit undeutl. ausgerandt. Oberlippe, Blü.rück. ±
   gleichmäß. gekrümmt, St. bis zur Blü.ähre dicht beschuppt, Pf. meist auf
   Cent. scabiosa, 30–70 cm, ☉–⛢, 6–7   **O. elatior** 2735
17* Blü. hellbraun od. rötl.braun, mit deutl. ausgerandt. Oberlippe, Blü.rück. ±
   gerade u. erst mit d. Oberlippe abgebog., St.schupp. nur unt. dicht stehd, Pf.
   auf Fabaceen, 30–50 cm, ☉–⛢, 5–6   **O. lutea** 2734
   vgl. auch unt. 7*   **O. alba** 2744   u. **O. caryophyllacca** 2732
16* Blü. 10–25 mm lg, Blü.rück. gleichmäß. gekrümmt
18 Blü.std dichtblütg zylindr., Blü. gelb, ob. ± viol. überlauf., Staubfäd. unt.
   dicht behaart, Pf. d. Steppenheide
19 Staubfäd. 3–5 mm üb. dem Blü.grd eingefügt, Griffel dicht drüsg, Blü.
   20–25 mm lg, Pf. auf *Peuced. cervar.*, 20–50 cm, ☉–⛢, 6–7
                                                                   O. alsatica 2736

vgl. ferner mit 12–15 mm lg. Blü. u. nur spärl. drüsg. Griffel, Pf. gelb, auf
Laserpit., 20–60 cm, ⊙–♃, 6–7   **O. alsatica** var. **mayeri** 2737
19* Staubfäd. 1–3 mm üb. d. Blü.grd eingefügt, Griffel kahl, schwach drüsg, Blü.
   12–17 mm lg, Pf. auf *Seseli libanotis*, 20–50 cm, ⊙–♃, 6
                                             O. bartlingii 2738
18* Blü.std lockerblütg, frühzeitg verlängt, Voralp.-Alp.pf. frisch. Standorte
20 Saum d. Oberlippe gerade vorgestreckt, Blü. rötl.-gelb, Staubfäd. 2–3 mm
   üb. d. Blü.grd eingefügt, Griffel kahl-spärl. drüsg, 10–30 cm, ⊙–♃, 7–8
                                             O. lucorum 2741
20* Saum d. Oberlippe zurückgeschlag.
21 Blü.oberlippe tief ausgerandt, fast kahl, Blü. gelb, rötl. gesäumt, Staubfäd.
   ± in d. Mitte d. Blü.röhre eingefügt, Griffel drüsg, Pf. wachsgelb, auf
   Composit., 15–40 cm, ⊙–♃, 6–7   **O. flava** 2739
21* Blü.oberlippe schwach ausgerandt, Blü.saum drüsg, Blü. gelb, später braun,
   Staubfäd. unt. d. Mitte d. Blü.röhre eingefügt, wie Griffel kahl bis wenig
   drüsg, 20–30–55 cm, ⊙–♃, 7–8   **O. salviae** 2740

2728. **Ästige S., O. ramósa** L., zerstr., ab. gesellg, v. all. in Tabakfeld.,
auch in and. Hackunkrautges., auf meist frisch., nährstoffreich., bindg.
Sandböden, schmarotzt auf Tabak, auch *Solanum*-Arten, *Cannabis* u. a.,
Kulturschädling, meist Selbstbestäubg, etwas wärmeliebd, v. all. in
Polygono-Chenopodietalia-Ges. – v. all. im S d. Gebiet., bis NSH, im
nordw. Tiefld fehld, z. T. unbestdg – med-smed(-subatl) – T – Chrom.
2n = 24.

2729. **Purpur-S., O. purpúrea** Jacq., slt. in Kalk-Magerrasen od.
Fettwiesen, auf mäß. trock., ± nährstoffreich., lock. Lehmböden,
schmarotzt v. all. auf *Achillea millefol.* (auch *Cirsium acaule* usw.), etwas
wärmeliebd, meist Selbstbestäubg, im Mesobromion u. trock.
Arrhenatherion – v. all. im S d. Gebiet., Ju bis 750 m, nördl. bis NWe,
NSH, SH, Me, Th, An, Sa, Do, Av, Mn – smed – G – Chrom. 2n = 24.

2730. **Sand-S., O. arenária** Borkh., slt. in Kalk- u. Sand-Magerrasen, auf
warm.-trock., basenreich., lock. Sand- od. Lößböden, wärmeliebd,
schmarotzt auf *Artemisia camp.*, in Sedo-Scleranthetea- u. Fest.-
Brometea-Ges. – v. all. im S d. Gebiet., bis Me, Th, An, Sa, im Nordw.
fehld.

2731. **Bläuliche S., O. coeruléscens** Steph., s. slt. in Steppen- od.
Halbtrockenrasen, auf sommerwarm.-trock., basenreich., humos.,
vorwiegd sandg. (od. kiesg.) Böden, schmarotzt auf *Artemisia camp.* (od.
Achillea millefol.), wohl Festucetalia val.-Art – Do, FrJu, Fr, früher Br –
kont, im Gebiet an d. W-Grenze d. Verbrtg – G – Chrom. 2n = 38.

2732. **Labkraut-S., O. caryophyllácea** Smz. (*O. vulgaris* Poir.), zerstr. in
Kalk-Magerrasen, auf sommerwarm., mäß. trock., basenreich., locker.
Lehm- u. Lößböden, schmarotzt auf *Galium verum, G. mollugo, G. glauc.*
usw., Hummelblume, v. all. in Mesobromion-Ges., wohl Festuco-
Brometea-Art, auch im Geranion sang. – Ebene bis mittl. Gebirgslag. (v.

all. Kalkgebiete), A bis 820 m, Ju bis 970 m, im nordw. Tiefld fehld –
smed-euras – G – Chrom. 2n = 38.

2733. **Gamander-S., O. teūcrii** Hol., zerstr. in Kalk-Magerrasen, an
sonng. Hängen, auf warm., trock., kalkreich., neutral.-mild., ± humos.,
meist sandg-steing. Lehm- u. Lößböden, schmarotzt auf *Teucrium*-Arten
(*T. mont.* u. *cham.*), Xerobromion-Verb.char., auch im Stipion calam. –
Hü, Bo, Ne, Ba, Ju, Av, A bis 1320 m, RS – smed – G.

2734. **Gelbe S., O. lútea** Baumg. (*O. rubens* Wallr.), zerstr. in
Halbtrockenrasen, in Gebüschsäumen od. in Luzernefeldern, auf warm.,
trock., basenreich., lock., tiefgründg. Lehm- u. Lößböden, schmarotzt
auf *Medicago-, Trifolium-* od. *Melilotus*-Arten, gern in Origanetalia-Ges.
– v. all. im S d. Gebiet., Ju bis 940 m, nördl. bis NWe, NSH, Th, An, Me,
fehlt Sa, A – smed-euras – G.

2735. **Große S., O. elátior** Sutt. (*O. májor* auct.), slt. in Halbtrockenrasen
od. trock. Fettwiesen, im Saum licht. Büsche, auf warm., mäßg trocken.,
basenreich. Ton- u. Lehmböd., schmarotzt auf *Centaurea scabiosa*, in
Brometalia- u. Origanetalia-Ges. – v. all. im S d. Gebiet., nördl. bis NWe,
NSH, SH, Th, An, sonst nur s. slt. od. verscholl. – gemäßkont(-smed) –
G – Chrom. 2n = 38.

2736. **Elsässer S., O. alsática** Kirschl., slt. im Saum sonng. Büsche, in
licht. Eichen- u. Kiefern-Trockenwälder, in nied. Lag., auf sommerwarm., mäß. trock., basenreich. Böden, schmarotzt v. all. auf
Peucedanum cervar., Geranion sang.-Art – v. all. im S d. Gebiet., auch Th
u. östl Br – gemäßkont – G, nahe stehen Nr. 2737 u. 2738:

2737. **Mayer's S., O. alsática** var. **máyeri** Suess. et Ronnig. [*O. máyeri*
(Suess. et Ronnig) Bertsch], auf *Laserpitium latifol.*, Origanetalia-Art –
Ju (schwäb. Alb), Mn – endem – G.

2738. **Bartlings S., O. bartlíngii** Griseb. [*O. alsática* var. *libanotídis*
(Rupr.) Beck], slt. in Saum- u. Staudenges., v. all. auf *Seseli libanot.*, im
Geranion sang. – NWe, NSH, He, Th, Fr – euraskont – G.

2739. **Hellgelbe S., O. fláva** Mart., zerstr. in Steinschutt- od.
Schotterfluren, an Böschg., auf sickerfrisch., kalkreich. Stein- u.
Kiesböden, schmarotzt auf *Petasites parad.*, auch *Tussilago* od.
Adenostyles glabra, in Thlaspion rot. u. Epilobion fleisch.-Ges.,
Thlaspietea-Art, auch im Mesobromion – Do, Av, A bis 1500 m – opralp
– G – Chrom. 2n = 38.

2740. **Salbei-S., O. sálviae** F. W. Schultz, zerstr. in Schlucht- u.
Auenwäldern, in staudenreich. Bergmischwäldern, auf sickerfrisch.,
nährstoff- u. basenreich. Lehmböden, schmarotzt auf *Salvia glutinosa*, in
Fagetalia-Ges. – Do u. Av s. slt., A bis 1500 m – pralp – G.

2741. Hain-S., O. lucórum A. Br., slt. im licht. Gebüsch (Auengebüsch!), auf sickerfrisch., nährstoff- u. basenreich., steing.-kiesg. Ton- u. Lehmböden, schmarotzt auf *Berberis vulg.*, auch auf *Rubus*, Berberidion-Verb.char. – Do (s. slt.), Av, A bis 1050 m – pralp – G – Chrom. 2n = 38.

2742. Ginster-S., O. rápum-genístae Thuill., zerstr. in Besenginster-Heiden, in Magerweiden od. im Eichen-Birkenwald, auf frisch., ± nährstoffreich., kalkarm., sandg. od. rein. Lehmböden, schmarotzt auf *Sarothamnus* (auch *Ulex* od. *Genista*), Bienenblume, Sarothamnenion-Art – Vog, Sch bis 900 m, Rh, Pf, RS, NWe, Me, NSH, östl. bis Th – atl, im Gebiet an d. O-Grenze d. Verbrtg – G – Chrom. 2n = 38.

2743. Zierliche S., O. grácilis Sm., slt. in Halbtrockenrasen, in sonng. Magerwiesen, auf warm., mäß. trock., meist kalkreich., lock. Lehm- u. Lößböden, schmarotzt auf *Lotus, Genista, Hippocrepis, Dorycnium* u. a., Wespenblume, v. all. in Mesobromion-, auch Seslerietalia- od. Erico-Pinion-Ges. – nöHü-nöRh, Ju, Do, Av, A bis 1780 m, BayW, He – smed – G – Chrom. 2n = 76.

2744. Weiße S., O. álba Steph. (*O. epithýmum* DC.), zml. hfg in Kalk-Magerrasen, in Dünen, auf sommerwarm.-trock., meist kalkhaltg., lock., steing. od. sandg. Lehm- u. Lößböden od. Sandböden, schmarotzt auf *Thymus*, auch *Calamintha* od. *Anthyllis*, Hummelblume, v. all. in Sedo-Scleranthetea-, auch Festuco-Brometea- u. Seslerietalia-Ges. – Ebene bis Gebirge (Kalk- u. Sandgebiete), A bis 1900 m, im N slt. od. fehld – smed-euras – G – Chrom. 2n = 16.

2745. Distel-S., O. reticuláta Wallr.

1 Blü. weißl.-gelb, nur an d. Spitze rot, ± kahl

2745a. ssp. pallidiflóra (Wimm. et Grab.) Hayk. (*O. pallidiflóra* Wimm. et Grab.), slt. in Schuttunkrautfluren d. Tieflag., auf mäß.-frisch., nährstoffreich. Stein- od. Lehmböden, schmarotzt auf *Cirsium*- u. *Carduus*-Arten, v. all. in Onopordion-Ges. – Rh, Ju, Do, Av, NSH, Th, Hz, Sa – smed – G – Chrom. 2n = 38.

1* Blü. viol., nur am Grunde gelb, mit reichl. Drüsen

2745b. ssp. reticuláta (*O. reticuláta* Wallr.), zerstr. in Kalk-Magerrasen, an sonng. Rasenhängen, auf frisch., basenreich., steing. Lehmböden, schmarotzt auf *Carduus defloratus*, auch *Carlina acaulis*, *Knautia* usw., in Seslerietalia- u. Mesobromion-Ges. – Ju (SW-Alb). Do, Av, A bis 1700 m – pralp – G – Chrom. 2n = 38.

2746. Amethyst-S., O. amethýstea Thuill., slt. in Kalk-Magerrasen, an sonng. Hängen, auf warm.-trock., basenreich., lock. Lehmböden, schmarotzt auf *Eryngium campestre*, Xerobromion-Verb.char. – süHü, nöHü (Rheinhess.) – med-smed – G.

2747. Bitterkraut-S., O. pícridis F. W. Schultz, slt. in lückg. Rasenges., an Wegen u. Dämmen, auf frisch.-mäß. trock., nährstoffreich Lehmböden, etwas wärmeliebd, schmarotzt auf *Picris hierac.*, auch auf *Crepis* od. *Daucus*, in Arrhenatherion- u. Dauco-Melilotion-Ges. − nöHü, HRh, Ju (verscholl.), Mn, RS (Mosel), NSH, Th, An − smedeuras − G − Chrom. 2n = 38.

2748. Panzer-S., O. loricáta Rchb., s. slt. in Trockenras. auf *Artemisia camp.*, in Festucetalia val.-Ges. − Th, An − smed − G.

2749. Kleine S., Kleewürger, O. mínor Sm. (*O. barbáta* Poir.), zerstr. in Fettwiesen od. Kleefeld., auf frisch., nährstoff- u. basenreich. (oft kalkfrei.) Lehmböden, etwas wärmeliebd, schmarotzt auf *Trifolium prat.* u. a. *Trif.*-Art., Wiesen- u. Kultur-Schädling, im Gebiet v. all. in trock. Fettwies., Arrhenatheretalia-Art, viell. auch im Trifolion medii − v. all. im S u. SW d. Gebiet., Ju bis 750 m, nordöstl. bis NWe, NSH, Th, sonst nur vorübergehd adv. − smed-subatl, N-Am. verschleppt − T, G − Chrom. 2n = 38.

2750. Efeu-S., O. héderae Duby, slt. im Gebüsch, an schattg. Waldrändern, in Parkanlagen, auf frisch., nährstoffreich., humos. Lehmböden, in wintermild. humid. Klimalage, schmarotzt auf *Hedera helix*, v. all. in Prunetalia-Ges. − süHü (Istein), Rh (Freiburg, Bingen), Bo (Überlingen), HRh, RS (westl. Täler) NWe, Fr (Nürnberg) − atl-smed, im Gebiet an d. O-Grenze d. Verbrtg − G − Chrom. 2n = 38.

Familie der Fettkraut-Gewächse, Lentibulariáceae

1   Landpf. mit Wurzeln, B. in grundstdg. Rosette, längl.-ungeteilt, obersts drüsg mit umgeroll. B.rändern, gelbgrün, Blü. einzeln, blau od. gelbl.weiß, mit off. Schlund   **Pinguicula** S. 868

1* Wasserpf. ohne Wurzeln, B. st.stdg, untergetaucht, in viele lineale Zipfel zerteilt, z. T. mit Fangbläsch., Blü. meist in Trauben (über Wasser), gelb, mit ± geschloss. Schlund   **Utricularia** S. 869

Alle Arten geschützt

Fettkraut, Pinguícula L.

1   Blü. weiß mit gelb. Schlundfleck, mit kegelförmg. kurz. Sporn 10–14 mm lg, B.stumpfl., 5–15 cm, ♃, 5–6   **P. alpina** 2751

1* Blü. blauviol. mit weißl. Schlundfleck, Sporn schlank, pfrieml.

2   Unterer Kelchzipfel etwa bis z. Mitte verwachs., Blü. (mit Sporn) 16–22 mm lg, Zipfel d. Unterlippe lger als brt, 5–20 cm, ♃, 5–6   **P. vulgaris** 2752

2* Unterer Kelchzipfel bis z. Grund getrennt, Blü. (mit Sporn) 20–30 mm lg, Zipfel d. Unterlippe ± so lg wie brt, 5–15 cm, ♃, 5–7   **P. leptoceras** 2753

2751. **Alpen-F., P. alpína** L., zerstr. in Rieselfluren od. Quellmoor. d. subalp. Stufe od. in Steinrasen d. alp. Stufe, auf frisch.-sickerfeucht. od. nass., überrieselt., oft lückg., basenreich., meist kalkhaltg., mild., humos.Steinböden od. Sumpfhumusböden, Lichtpf., auf drüsg. B. fleischfressd, Insekt.bestäubg (Fliegen), in tief. Lagen nur in boden-offen. Caricion dav.-Ges. od. im Cratoneurion, in Hochlag. auch im Seslerion (Caricetum firmae) – Bo, Do, Av, A bis 2330 m, FrJu (s. slt.) – alp(-altaisch)-arkt – H – Chrom. 2n = 32.

2752. **Gewöhnliches F., P. vulgáris** L., zerstr. in off. Rieselflur. od. (oft lückg.) Quell- u. Flachmoor-Ges., v. all. d. mont. Stufe, auf sickerfeucht., sickernass. od. überrieselt., $\pm$ nährstoffarm., basenreich. (auch kalkarm.), mäß. sauer.-mild. Sumpfhumus-Böden, auch Stein-böden, Lichtpf., auf drüsg. B. fleischfressd, Insekt.bestäubg (Bienen), v. all. in moosreich. Mont.-Cardaminetea-Ges. u. in lückgen basiphil. Flachmoor., Tofieldietalia-Ordn.char. – v. all. mittl. u. höhere Berglag., A bis 1620 m, im Flachld slt – (arkt-)nosubozean-pralp, circ – H – Chrom. 2n = 64.

2753. **Dünnsporniges F., P. leptóceras** Rchb., zerstr. in basenreich. Quellmoor. d. Alp., Char. d. Caricetum dav. (Caricion dav.) – Vorarlberg, Tirol, Schweiz – alp – H – Chrom. 2n = 32.

Wasserschlauch, Utriculária L.

1   Pf. nur mit grün. Wasserspross., frei schwimmd, B. mit vielen (bis 200) Schläuch., an haarfein., wimperg gezähnelt. B.zipfeln

2   Blü. goldgelb, 13–20 mm lg, mit umgeschlag. Blü.unterlippe u. 6–10 mm lg. Sporn, Blü.stiel 2–3mal so lg wie Tragb. (bis 15 mm lg), B. mit 20–200 (4,5 mm lg.) Schläuch., St.glied 3–10 mm lg, 15–30 cm, ⚄, 6–8

                                                      U. vulgaris 2754

2*   Blü. blaßgelb, 11–17 mm lg, anfängl. mit flach. Blü.unterlippe u. spitz. Sporn, Blü.stiel 3–5mal so lg wie Tragb., zuletzt bis 26 mm verlängt, B. mit 8–75 (bis 3 mm lg.) Schläuch., St.glied. 8–20 mm lg, grünl.-rötl., 10–20 cm, ⚄, 7–9   **U. australis** 2755

1*   Pf. neben grün. Wasserspross. meist mit bleich. Schlammspross. verankert, B. mit 0–10 Schläuch., an abgeflacht. B.zipfeln

3   B.zipfel ganzrandg od. mit 1 Zähnch., mit 2–10 Schläuch. auch an d. grün. Sprossen, Winterknosp. kahl, Blü. blaßgelb, z.T. rötl. gestreift, Blü.sporn kurz kegelförmg

4   B. bis üb. 3 cm brt, mit 9–50 B.zipfeln, Blü.traube 2–14blütg, Blü.unterlippe flach, 8–10 mm brt, 8–20 cm, ⚄, 7–9   **U. bremii** 2756

4*   B. bis 2 cm brt, mit 7–22 B.zipfeln, Blü.traube 2–6blütg, Blü.unterlippe nach unt. gebog., 6 mm brt, 5–15 cm, ⚄, 6–8   **U. minor** 2757

3*   B.zipfel gezähnelt, meist nur an d. bleich. Schlammspross. mit 1–5 Schläuch., Winterknosp. behaart, Blü. blaßgelb, Pf. slt. blühd

5   B.zipfel stumpfl., mit aufgesetzt. Stachelspitze u. beiderseits 3–10 Zähnch., grüne B. stets ohne Schläuche, Blü.sporn pfrieml., bis 10 mm lg, 15–20 cm, ⚄, 7–8   **U. intermedia** 2758

5* B.zipfel allmähl. zugesitzt, mit beidersts 2–3 Zähnch., grüne B. zuweil. mit Schläuch., Blü.sporn kurz kegelförmg, ca. 5 mm lg, 10–15 cm, ⌃, 7–8
U. ochroleuca 2759

2754. **Echter W., U. vulgáris** L., zerstr. in Seerosen- od. licht. Röhricht-Beständ. stehd. od. lgsam fließd., meist nährstoffreich., vorzugsw. kalkarm., meso-eutropher Gewässer, in 10–70 cm Tiefe, Licht-Halbschattpf., durch Schläuche fleischfressd, Insekt.bestäubg (Bienen, Schwebeflieg.), sommerwärmeliebd, Char. d. Lem.-Utricularietum vulg. (Lemnion), im Kontakt mit Potamogetonetalia-Ges. – v. all. Tieflag., auch Ba, A bis 930 m (?), im N v. all. Me, Br, NS, SH – no-euraskont – W – Chrom. 2n = 44.

2755. **Verkannter W., U. austrális** R. Br. (*U. neglécta* Lehm), zerstr., in stehd. od. lgsam fließd., 10–100 (150) cm tief., mäß. nährstoffreich. u. basenreich., eu-mesotroph. Gewässern üb. Torfschlammböden, Licht-pf., fleischfressd, Insekt.bestäubg (Bienen), gern mit *Potamogeton natans,* Char. d. Utricularietum austr. (Lemnion), im Kontakt mit Potamogetonetalia-Ges., z.T. hfger als *U. vulg.* – v. all. im S u. W d. Gebiet. bis Th, An, Sa, L, nordöstl. davon slt. od. fehld, A bis 930 m, Sch bis 1000 m – subatl-smed – W – Chrom. 2n = 40.

2756. **Bremi's W., U. brémii** Heer, slt. in Tümpeln u. Schlenken, in 5–20 cm tief., mäß. nährstoffarm. u. mäß. sauer., kalkarm., mesotroph. Wasser üb. Torfschlamm-Böden, fleischfressd, Insekt.bestäubg, meist im Bereich v. Flach- od. Zwischenmoor., Sphagno-Utricularion-Verb.char. – Rh, Bo, Ju, Fr (überall fragl. geworden) – subatl – W.

2757. **Kleiner W., U. mínor** L., zerstr. in Moorschlenken u. Moortümpeln, in 5–10 cm tief., mäß. nährstoffreich., mesotroph., oft kalkhaltg. Wasser, üb. Torfschlamm-Böden, fleischfressd, Insekt. bestäubg, Char. d. Scorp.-Utricularietum min. (Sphagno-Utricularion) – v. all. im S d. Gebiet., A u. Sch bis über 900 m, im N seltener – (no-)eurassubozean, circ – W – Chrom. 2n = 36, 44.

2758. **Mittlerer W., U. intermédia** Hayne, zml. slt. in Moorschlenk. u. Moortümp., in seicht., meist kalkhaltg., nur mäß. nährstoffreich., mild-mäßg saur., mesotroph. Wasser üb. Torfschlamm, opt. bis 10 cm Tiefe, fleischfressd, Insekt.bestäubg, meist mit vor. in Flach- u. Zwischen-moor., Sphagno-Utricularion-Verb.char – im S v. all. mittl. Berglag. (Av bis 960 m), im N im Tiefld – no-euras(subozean), circ – W – Chrom. 2n = 44.

2759. **Blaßgelber W., U. ochroléūca** Hartm., slt. in Tümpeln u. Schlenken, bes. in Hochmooren, in seicht., ± nährstoffarm., ± basenreich., neutral.-mäß. saur., oligotroph-mesotroph. Wasser, üb. Torfschlamm in 20–300 cm u. mehr Wassertiefe , Licht-(Halbschatt)pf., fleischfressd, Insekt.bestäubg, gern in Rhynchosporion-Schlenken mit

Sphagnum cuspid., auch in Flachmoor-Gräben, Char. d. Sphagno-Utricularietum ochrol. (Sphagno-Utricularion) – Rh (verscholl.), Pf, süSch (bis 1000 m), Bo, Av (bis 960 m), Do (Rain), Fr (Pleinfeld), SH, Me, An, Br, L – no-subatl – W – Chrom. 2n = 44.

Familie der Kugelblumen-Gewächse, Globulariáceae

Kugelblume, Globulária L.

1   St. beblättert, St.b. lanzettl., Grundb. spatelg, lederg-wintergrün, vorn oft ausgerandet, Blü.kopf blauviol., 10–15 mm brt, 5–25(–40) cm, ⹋, 4–6
                                                                G. punctata   2760
1* St. b.los od. nur mit 1–2 B.schuppen, Alpenpf.
2   Pf. kriechd, ästg, verholzd, Spalierstrauch, Blü.kopf hellblau, 10–12 mm brt, B. längl.-keilg, vorn ausgerandet, 3–10 cm, ♄, 5–7   **G. cordifolia**   2761
2* Pf. krautg, Einzelrosetten bildd, Blü.kopf blauviol., 18–25 mm brt, B. längl.-keilg, vorn abgerundet, 5–25(–30) cm, ⹋, 5–7   **G. nudicaulis**   2762

2760. **Gewöhnliche K., G. punctáta** Lapeyr. (*G. elongáta* Hegetschw. *G. willkómmii* Nym.), slt. in sonng. u. lückg. Kalk-Magerrasen, an steing. Hängen, auf warm-trock., meist kalkreich., mäß.sauer.-mild., humos., flachgründg., oft feinerdearm. Stein- u. Kiesböden, auch auf Lößböden, bis 1 m tief wurzld, Insekt.- u. Selbstbestäubg (Falter), geschützt, Xero-bromion-Verb.char. – v. all. warme Lag., im S d. Gebiet., Ju bis 940 m, A bis 1650 m, nördl. bis RS (Eifel), Th, An (mit Lücken, z. B. Mn fehld) – smed(-med) – H – Chrom. 2n = 16.

2761. **Herzblättrige K., G. cordifólia** L., zml. hfg in Kalk-Magerrasen u. Steinrasen d. mont., subalp. u. alp. Stufe, auf Magerweiden, an Steinblöcken, in Steinschutt- od. Geröllfluren, auf mäß. trock., meist kalkreich., ± humos., flach-mittelgründg., steing. Ton- u. Lehmböden, auch reinen Stein- u. Kiesböden, Rohbod.-Pionier, Insekt.- u. Selbstbestäubg (Falter), Seslerietalia-Ordn.char., auch im Mesobromion od. Potentillion caul., sowie als Alpenschwemmlg im Epilobion fleisch. – Do, Av, A bis 2420 m – alp-pralp – Ch – Chrom. 2n = 32 (24, 40).

2762. **Nacktstenglige K., G. nudicáulis** L., zerstr. in Kalk-Magerrasen d. subalp. u. alp. Stufe, auf mäß. frisch., kalkreich., neutral-mild., humos., steing. Ton- u. Lehmböden, Insekt.- u. Selbstbestäubg (Falter), Seslerietalia-Ordn.char., auch im Mesobromion od. Erico-Pinion – Av-A, ca. 600–2080 m – (w)alp – H – Chrom. 2n = 16 (24).

Familie der Wegerich-Gewächse, Plantagináceae

1   Uferpf., B. lineal-pfrieml., in Rosetten, am Grunde scheidg, Blü. trockenhäutg, eingeschlechtg, einzeln, Staubb.blü. langgestielt, Frkn.blü.

kurz gestielt, Pf. mit Ausläufern u. weiß. Wurzeln (vgl. *Isoëtes*, S. 63), 5–10 cm, ♃, 6–7   **Littorella** S. 875
1* Landpf., B. meist brter, in Rosetten od. an Ästen, Blü. trockenhäutg, zwittrg, in gestielt., dicht. Ähren od. Köpfch.   **Plantago** S. 872

Wegerich, Plantágo L.

1 B. in grundstg. Rosett., Blü.std b.los, nicht ästg
2 B. ungeteilt, ganzrandg, Pf. ausdauernd od. wenigjährg
3 B. eiförmg-ellipt., St. rund
4 B. deutl. gestielt, St. meist kürzer als Blü.ähre
5 Fr.kapsel 6–12samg, Ähr.stiel kurzbogig aufrecht, zerstr. anliegd behaart od. kahl, Fr.ähre locker-verlängert, B. ± aufrecht-abstehd u. kahl, B.spreite v. Stiel meist deutl. abgesetzt u. meist 5–9 nervg, dunkelgrün, 10–30 cm, ♃, 6–10   **P. major** 2763
5* Fr.kapsel 14–20samg, Ähr.stiel weitbogig aufsteigd, am Grund abstehd behaart, Fr.ähre kurz, B. mehr ausgebreitet u. zerstr. behaart, B.spreite meist allmähl. in d. Stiel verschmälert u. nur 3–5nervg, ± hellgrün, 5–15 cm, ♃, ☉, 6–10   **P. intermedia** 2764
4* B. sitzd od. kurz gestielt, d. Boden anliegd, kurzhaarg, St. viel lger als Blü.ähre, Staubb. lila, Blü. wohlriechd, 10–40 cm, ♃, 5–7
                                                                      P. media 2765
3* B. lanzettl. od. lineal
6 B. lanzettl., deutl. 3–7nervg, Blü.ähre eiförmg-längl., Blü.röhre kahl
7 St. gefurcht, aufrecht od. aufsteigd, B. 5–7nervg, Blü.tragb. an d. Spitze kahl, 10–40 cm, ♃, 4–9   **P. lanceolata** 2766
7* St. rund, zuletzt niederliegd, B. 3–5nervg, Blü.tragb. an d. Spitze bärtg, 3–15 cm, ♃, 5–8   **P. atrata** 2767
6* B. lineal, undeutl. 3nervg, dickl., Blü.ähre längl.-walzl., St. nicht gefurcht, Blü.röhre flaumg behaart
8 Blü.ähre 4–12 cm lg, B. fleischg
9 B. anfängl. rinng, kahl, 15–30 cm, ♃, 6–9   **P. maritima** 2769
9* B. flach, randl. meist bewimpert, 10–25 cm, ♃, 6–8 **P. serpentina** 2770
8* Blü.ähre 1–4 cm lg, anfängl. nickd, B. dickl., flach, kahl, 5–15 cm, ♃, 6–7
                                                                      P. alpina 2771
2* B. fiederspaltg od. grob gezähnt, kurzhaarg, 5–15 cm, ☉, 6–9
                                                                   P. coronopus 2768
1* B. an ästg. St. gegenstdg, lineal, Ährenstiele b.achselstdg
10 St. verholzd, B. büschelg gehäuft, 8–10 cm, ♄, 5–6
                                                                P. sempervirens 2772
10*St. krautg, B. lock. stehd, Blü. z. T. doldg gehäuft, 15–40 cm, ☉, 7–8
                                                                   P. arenaria 2773

2763. Großer W., P. májor L., verbr. in Trittrasen, auf Wegen, Plätzen, an Ufern, in übersetzt. Weiden, auf ± frisch., nährstoffreich., ± humos., dicht. Ton- u. Lehmböden od. in Pflasterfugen, trittfeste, bis 80 cm tief wurzlde Pionierpf., salzertragd, Windbestäubg, Klebverbrtg (Schleim-Sam.), Naßkeimer, früher Heilpf., Vogelfutter, Plantaginetalia-Ordn. char., auch in angrenzde Cynosurion- od. Chenopodietea-Ges. eindringd

– Ebene bis Gebirge, A bis 2375 – no-eurassubozean, heute in temperiert. Zonen weltweit – H, formenreich:

1 Fr. 6–10samg, B. meist 5–9nervg

2763a. **ssp. major,** verbr. Sippe, s.o. – Chrom. 2n = 12.

1* Fr. 8–12samg, B. meist 3nervg, dickl., vermittelt zu *P. intermedia*

2763b. **ssp. winteri,** slt. in Salzwies. u. an Salzstell. – NS, SH, Me, auch He, Th – Chrom. 2n = 12.

2764. Kleiner W., P. intermédia Gilib. (*P. májor* ssp. *intermédia* Lange), zml. hfg in Pionierges., an Ufern, in feucht. Äckern, an Wegen, auf feucht., z.T. zeitw. überschwemmt. u. nass., nährstoffreich., meist kalkarm. Lehm- u. Tonböden, Schlammböden, Vernässungszeiger, Windbestäubg, Klebverbrtg, Agr.(El.)-Rumicion-Verb.char., meist im Kontakt mit Nanocyperion- u. Bidention-Art. – Ebene bis Gebirge – mehr subatl – H – Chrom. 2n = 12.

2765. Mittlerer W., P. média L., verbr. in Halbtrockenras. u. mager. Wiesen u. Weiden, auf mäß. frisch. u. mäß nährstoffreich., basenreich., mäß.sauer.-mild., ± humos., tiefgründg., sandg. od. rein. Lehmböden, etwas wärmeliebd, Nässe scheuend, Insekt.- u. Selbstbestäubg, Windverbrtg, durch Begehung gefördert, v. all. in mager. Cynosurion- od. auch Arrhenatherion-Ges., im Mesobromion bzw. Cirsio-Brachypodion od. im Violion – Ebene bis Gebirge (Kalk- u. Lehmgebiete), A bis 1630 m, im nördl. Tiefld z.T. slt. – euras(kont)-smed – H – Chrom. 2n = (12) 24.

2766. Spitz-W., P. lanceoláta L., verbr. in Fettwiesen u. -weiden, in Parkrasen, v. all. in mager. Ausbildgsform., an Wegen u. in Äckern, auf ± frisch. od. wechselfrisch., nährstoffreich., meist tiefgründg., sandg. od. rein. Lehmböden, bis 60 cm tief wurzld, Windbestäubg, Klebverbrtg (Schleimsamen), Arzneipf. (Hustenmittel), gute Futterpf., Mol.-Arrhenatheretea-Kl.char., auch im Agr.(El.)-Rumicion, Mesobromion u.a. Kontakt-Ges., vgl. ferner Unterart. – Ebene bis Gebirge, A bis 1860 m – H, formenreich:

1 Wurzelstock kurz, dünn bewurzelt, Ähr.stiel 15–50 cm hoch, Ähre 1–4 cm lg

2 Ähre walzl., B. kahl od. nur schwach behaart

2766a. **ssp. lanceoláta** verbr. Wiesenform (Mol.-Arrhenatheretea), s.o. – eurassubozean, in kühlgemäß. Zonen heute weltweit – Chrom. 2n = 12

2* Ähre kugelg-eiförmg, B. meist, bes. am B.grund, stark (wollg) behaart

2766b. **ssp. sphaerostáchya** (Wimm. et Grab.) Hayek, zerstr. auf trocken. Steingrus- u. Sandböd., in lückgen Trockenras., v. all in Sedo-Scleranthetea-Ges. – mehr smed-subatl – Chrom. 2n = 12.

1* Wurzelstock kriechd mit fleischg. Wurzeln, Ähr.stiel 30–90 cm hoch, Ähre 2,5–5 cm lg, B. verkahlt

2766c. **ssp. altíssima** (L.) Arc. (*P. altíssima* L.), im Gebiet nur adv., im südöstl. Europa auf wechselnass. Wies. als Cnidion-Verb.char. – gemäßkont-osmed – Chrom. 2n = 72.

2767. **Berg-W., P. atráta** Hoppe (*P. montána* Lam.), zml. slt. in Schneeböden od. Fettweiden d. alp. Stufe, auf schneefeucht., nährstoffreich., meist kalkhaltg., humos., steing. od. rein. Tonböden, gute Futterpf., v. all. im Arabidion caer., Salicetea herb.-Kl.char., auch im Poion alpinae – A ca. 1200–2150 m – alp – H – Chrom. 2n = 12.

2768. **Schlitzblättriger W., P. corónopus** L., slt. u. unbestdg verschleppt, an Salzstellen, auf off., meist betret., feucht., salzhaltg. Tonböd., Char. d. Lolio-Plantaginetum coronopi (Polygonion av.), auch im Armerion mar. – v. all. Nord- u. Ostsee-Küste, auch Salzstell. d. Binnenldes, z. B. An, NSH, Fr, Rh – med-atl, weltweit verschleppt – H – Chrom. 2n = 10.

2769. **Strand-W., P. marítima** L., zerstr. in Salzwies. auf Salztonböd., auch in Pionierges. auf Gips- od. Mergelböd., Asteretea trip.-Kl.char. – Nord- u. Ostseeküste, auch im Binnenld, z. B. He, NSH, Th, An – noeuras – H – Chrom. 2n = 12.

2770. **Schlangen-W., P. serpentína** All.[*P. marítima* ssp. *serpentína* (All.) Arc.], s. slt. in lückg. Rasenges., auf mäß. frisch-trock., steing. od. kiesgen, basenreich. (nicht nur serpentinhaltg.) Böd., Sedo-Scleranthion-Verb.char. – Av (Mittenwald bis 940 m), Tirol – pralp-alp – H – Chrom. 2n = 12, 24.

2771. **Alpen-W., P. alpína** L., zml. hfg in Silikat-Magerrasen od. Schneeböd. d. subalp-alp. Stufe, auf frisch. od. mäß. frisch. (wechselfrisch.), mäß. nährstoffreich., kalkarm., sauer., modrg-torfg-humos., steing. Lehmböden, Tiefwurzler (bis 1 m), Windbestäubg, Klebverbrtg, gute Futterpf., Nardion-Verb.char., auch in *Nardus-Carex curv.*-Übergangs-Ges., im Salicion herb. od. Poion alp. – A (Allgäu) 1100–2250 m – walp – H – Chrom. 2n = 12, 24.

2772. **Strauch-W., P. sempérvirens** Crantz (*P. suffruticósa* Lam), slt. verschleppt, z. T. eingebürgt in lückg. Trockenras., an Wegen, auf warm.-trock., basenreich., steing. Lehmböden, Pionierpf., Agropyretalia(Elymetalia)-Art, auch im Xerobromion – z. B. süHü (Kleinkems) – wmed-smed – Ch – Chrom. 2n = 12.

2773. **Sand-W., P. arenária** W. et Kit. (*P. índica* L.), zerstr., z. T. unbestdg, in lückg. Unkrautflur., auf Dünen, im Bahnschotter, auf sommerwarm.-trock., ± nährstoff- u. basenreich., meist kalkarm., humus- u. feinerdearm. Sand- u. Kiesböden, Pionierpf., Windbestäubg, Char. d. Plantaginetum ar. (Salsolion), auch im Sisymbrion – v. all. Sandgebiete, z. B. nöRh, NWe, Elbe, Sa, Me, Fr, oft nur adv. u. unbestdg – euraskont-smed – T – Chrom. 2n = 12.

Strandling, Littorélla Bergius vgl. S. 872

2774. L. uniflóra (L.) Aschers., slt., ab. gesellg in Ufersaum-Fluren, auf period. flach überschwemmt., nährstoffarm. u. basenreich., sandgkiesg., meist etwas schlammg. Böden oligo-mesotropher Gewässer, opt. in 0,3–1,5 m Wassertiefe (slt. bis 4 m), salzertragd, Windbestäubg, Ausläuferverbrtg, Littorelletalia-Ordn.char. – v. all. im Flachld im N u. Nordw. d. Gebiet., auch im Mittelgebirge (z.B. Erzg, Hz, He, ThW, süSch bis 1100 m usw.), im S bis Bo, Do – no-subatl – W (H) – Chrom. 2n = 24.

Bei den **Scrophulariales** ist ferner anzuschließen d. Familie d. Acantháceae mit verschied. Zierpf. warm-gemäß. od. subtrop. Herkunft, z.B. *Acánthus móllis* L., Heimat: med u. a., sowie d. Familie d. Gesneriáceae mit den hfg im Zimmer kultiv. subtrop. Gattungen *Saintpáulia* Wendl. (Usambara-Veilchen), *Columnéa* L., *Gloxínia* u. a.

Ordnung Dipsacáles

Familie der Geißblatt-Gewächse, Caprifoliáceae

1 B. gefiedert, Blü. radförmg, 5teilg, kurzröhrg, in doldg. od. rispg. Blü.std, Sträucher od. Staud. mit beerenartg. Steinfr. **Sambucus** S. 875
1* B. ungeteilt od. gelappt 2
2 Blü. ± radförmg, 5teilg, weiß, kurzröhrg, in doldg. Blü.std, Griffel s. kurz 3teilg, Sträucher mit beerenartg. Steinfr. **Viburnum** S. 876
2* Blü. trichterg-lgröhrg od. glöckchenförmg, z.T. 2seitg symmetr., Griffel verlängt, mit einfach. od. 3teilg. kopfg. Narbe 3
3 St. fädl. kriechd, mit aufrecht., 1–3blütig. Blü.std, Blü. glöckchenförmg, nickd, rosa, B. rundl., 15–20 cm lg, ♄, 6–8 **Linnaea** S. 877
3* Aufrechte Sträucher od. windende, verholzde Kletterpf. 4
4 Fr.kn. längl., Blü. fast regelmäß., glockenförmg, rosa, Fr. eine Kapsel, 1–2 m, ♄, 5–7 **Weigela** S. 877
4* Fr.kn. kugelg od. oval, Fr. eine Beere 5
5 Blü. glockg, 5zähng, rötl., innen behaart, Blü.std ährg, Fr. weiß, 1–1,5 m, ♄, 7–8 **Symphoricarpos** S. 877
5* Blü. deutl. 2lippg, zu 2 auf gemeins. Stiel od. kopfg-quirlg gehäuft, Fr. rot od. schwarz **Lonicera** S. 877

Holunder, Sambúcus L.

1 St. krautg, nicht verästelt, gefurcht, B.grd mit nebenb.artg herabgerückt. Fiederrest., Pf. v. stark. widerl. Geruch, Blü.std doldg, Blü. weiß, Staubb. rot, Fr. schwarz, 50–150 cm, ♃, 7–8 **S. ebulus** 2775
1* St. verholzd, ästg, B.grd mit nebenb.artg. Zipfeln od. Drüs. Blü. weißl., Staubb. gelb 2
2 Blü.std doldg-schirmförmg, St.mark weiß, Fiederblättch. längl.-eiförmg, Fr. schwarz (slt. weißl.), 2–7 m, ♄, 5–6 **S. nigra** 2776
2* Blü.std rispg (eiförmg), St.mark gelbbraun, Fiederblättch. längl.-lanzettl., Fr. rot, 1–3 m, ♄, 5–4 **S. racemosa** 2777

2775. Attich, Zwerg-H., S. ébulus L., zml. hfg in Staudenflur. d. Waldschläge, in Waldverlichtg., an Waldwegen, an Schuttstellen, in Auen, auf grund- od. sickerfrisch., nährstoff- u. basenreich., meist kalkhaltg., mäß. sauer.-mild., ± humos., tiefgründg. Ton- u. Lehmböden, Wurzelkriech-Pionier, sommerwärmeliebd, Stickstoffzeiger, Lichtpf., Insekt.bestäubg (Pollenblume), Vogelverbrtg, giftverdächtg (z. B. für Pferde), Char. d. Sambucetum eb. (Aegopodion), auch im Atropion – Ebene bis mittl. Gebirgslag. (v. all. Kalk- u. Lehmgebiete), A bis 1300 m, nördl. bis NWe, NSH, Th, (z. T. verscholl.), sonst nur adv. – smed(-subatl) – H – Chrom. 2n = 36.

2776. Schwarzer H., Flieder, S. nígra L., verbr. in feucht. Wäld. u. Waldverlichtg., in Hecken, im Gebüsch, in Siedlungsnähe, an Schuttplätzen, auf frisch., nährstoffreich., humos., tiefgründg. Ton- u. Lehmböd., auch Rohaueböden, Flachwurzler, Stickstoffzeiger, ausschlagfähg, Licht-Halbschattholz, Insekt.bestäubg (Fliegen, Bienen), Vogelverbrtg, alte Zier-, Obst- u. Heilpf. v. all. im Vorwald feucht. Fagetalia-Ges. z. B. mit *Atropa* u. in feucht. od. nitrophil. Prunetalia-Ges., so auch in Robinien-Forstges. – Ebene bis mittl. Gebirgslag., A bis 1580 m – subatl-smed – P – Chrom. 2n = 36.

2777. Trauben-H., S. racemósa L., hfg in Waldverlichtg., in ält. Schlägen, in Steinschutt-Halden, v. all. d. mont. Buchenstufe, auf frisch., nährstoffreich., meist kalkarm., gern steing., mittelgründg. Lehmböden, Nitrifizierungszeiger, wurzelausschlagfähges Halbschatt-Lichtholz, Weichholz, Insekt.bestäubg, Vogelverbrtg, v. all. in Vorwaldges. d. Fagion, Char. d. Sambucetum rac. (Samb.-Salicion), auch noch in (mont.) Prunetalia-Ges. – Ebene bis Gebirge, A bis 1800 m, im Tiefld (z. B. Rh od. im N) slt. od. fehld – eurassubozean(subatl)-smed – P – Chrom. 2n = 36.

Schneeball, Vibúrnum L.

1   B. graufilzg, eiförmg, netzrunzelg, gezähnt, Knospen schuppenlos, Blü. alle gleich groß, Fr. zuerst rot, dann schwarz, 1–2,5 m, ♄, 5–6
V. lantana 2778

1*   B. grün, oberts wie St. kahl, glatt, Ahorn-artg 3–5lappg, Knosp. mit Schuppen, Randblü. strahlg, unfruchtbar, Fr. rot, 1–3 m, ♄, 5–6
V. opulus 2779

2778. Wolliger Sch., V. lantána L., zerstr. an sonng. Waldränd., in Hecken, auch in licht. Eichen- od. Kiefernwäld., auf mäß. frisch. (wechselfrisch.), nährstoff- u. basenreich., meist kalkhaltg., ± mild., humos., steing., sandg. od. rein. Ton- u. Lehmböden, etwas wärmeliebd, Licht-Halbschattholz, schnittfähg, Insekt.- u. Selbstbestäubg (Bienenweide), Vogelverbrtg, Berberidion-Verb.char., auch in Quercion pubesc.- u. Erico-Pinion-Ges., seltner in warm. Fagetalia-Ges., auch im Galio-Abietenion – Ebene bis mittl. Gebirgslag. (v. all. Kalkgebiete, Silikatgebirge fehld od. slt.), A bis 1450 m, nördl. u. nordöstl. bis RS, He, Th (NSH adv.) – smed – P – Chrom. 2n = 18.

2779. **Gewöhnlicher Sch., V. ópulus** L., hfg in Auenwäld., im Auengebüsch, an Wald- u. Bachränd., in Hecken, auf sickerfeucht. (frisch.), nährstoff- u. basenreich., mäß. sauer.- mild., humos. Lehm- u. Tonböden, auch Rohauböd., meist Feuchte-Zeiger, Intensiv- u. Flachwurzler mit groß. Ausschlagvermög., Halbschatt-Lichtpf., Insekt.- u. Selbstbestäubg (Fliegen), Vogelverbrtg, Zierpf., Char. d. Sal.-Viburnetum op. (Berberidion), auch (D) in and. feucht. Prunetalia- od. mäßg nass. Salicion cin.-Ges., sowie im Alno-Ulmion – Ebene bis mittl. Gebirgslag., A bis 1039 m – euras(subozean) – P – Chrom. 2n = 18.'

2779a. **var. róseum** L., Blü.std kugelg mit durchweg vergrößt., steril. Blü., Zierstrauch.

Neuerdings ferner hfg als Zierstrauch in wintermild. Gebieten: *V. rhytidophýllum* Hennl., B. wintergrün, netzrunzelg, längl., 10–20 cm lg – Herkunft: China – Chrom. 2n = 18.

Schneebeere, Symphoricárpos Duh.

2780. **S. riváris** Suksd., hfg in Gärten u. Anlagen kultiv., glgtl. verwildt., Wespen- u. Bienenblume, Herkunft: östl. N-Amerika (Auenwäld.) – Chrom. 2n = ca. 72.

Weigelie, Weígela Thunb.

2781. **W. flórida** (Bunge) A. DC. (*Diervílla flórida* Sieb. et Zucc.), hfg in Gärten kultiv., slt. verwildt, Bienenblume – Herkunft: O-Asien, dort mont. Strauchmantel-Ges. bildend. – Chrom. 2n = 36.

Moosglöckchen, Linnaéa Gronov. ex L. vgl. S. 875
2782. **L. boreális** L., slt. in Fichtenwäld. u. Kiefern- od. Lärchenwäld., auf frisch., nährstoff- u. basenarm., sauer. Rohhumus-Böden, Humus-Wurzler (bis 50 cm tief), Moos-Kriecher, Schwebflieg.bestäubg, geschützt. Vaccinio-Piceetalia-Ordn.char., überreg. v. all. im Piceion sept., auch im Dicrano-Pinion – Me, Br, Sa, L, Riesengebirge, A (Allgäu verscholl.), außerdem im nördl. Tiefld gelgtl. verschleppt adv. – arkt-no-pralp, circ – Chrom. 2n = 32.

Heckenkirsche, Geißblatt, Lonícera L.
1 St. aufrecht, nicht windd, Blü. zu 2 auf b.achselstdg. Stiel (Heckenkirschen)
2 Fr.kn. d. beid. Blü. ± getrennt, nur am Grunde verwachs., B. 3–7 cm lg
3 Blü.stiele ± so lg wie Blü., B. kurz gestielt, Fr. rot

4 B. herzförmg, stumpfl., kahl, Blü. meist rot, auch weiß, 1–3 m, ♄, 5–6
                                                L. tatarica 2783

4* B. brt-ellipt., weichhaarg, sich ± rauh anfühld, auch jge Zweige u. Blü.stiele
   zottg behaart, Blü. blaßgelb, 100–200 cm, ♄, 4–5   **L. xylosteum** 2784

3* Blü.stiele 3–4mal lger als Blü., B. längl., zart, verkahld, glatt, ± sitzd, Äste
   hellbraun, Blü. weißl., Fr. schwarz, 50–105 cm, ♄, 5–6   **L. nigra** 2785

2* Fr.kn. d. beid. Blü. fast völlg verwachs.

5 Blü. trübrot, 2lippg, kürzer als d. 3–4 cm lg. Blü.stiele, B. 7–10 cm lg, ellipt.,
   zugespitzt, verkahld, dunkelgrün, untersts glänzd, Fr. rot, 50–150 cm, ♄, 5–6
                                                L. alpigena 2786

5* Blü. gelbl., trichterförmg-glockg, lger als kurze Blü.stiele, B. 2–8 cm lg,
   stumpf., verkahld, untersts blaugrün, Äste rötl.-braun, Fr. blauschwarz, 60–
   120 cm, ♄, 5–6   **L. caerulea** 2787

1* St. windend, Blü. kopfg-quirlg gehäuft, gelbl.weiß (Geißblatt)

6 Hochb. d. blühd. Zweige (wie alle B.) getrennt, Blü. in gestielt. Köpfen,
   wohlriechd, 1–3 m, ♄, 6–7   **L. periclymenum** 2788

6* Hochb. d. blühd. Zweige paarw. verwachs., außer d. endstdg. Blü. oft noch
   b.achselstdge darunter

7 Blü.köpfe sitzd, Blü. wohlriechd, 2–4 m, ♄, 5–6   **L. caprifolium** 2789

7* Blü.köpfe gestielt, Blü. geruchlos, B. wintergrün, 2–4 m, ♄, 5–6
                                               L. etrusca 2790

2783. Tatarische H., L. tatárica L., hfg in Gärten u. Parkanlag. kultiv., slt. verwildt, Heimat: südöstl. Rußland-Sibirien – P – Chrom. 2n = 18.

2784. Rote H., L. xylósteum L., hfg in krautreich. Eich.- u. Buch.wäld., auch Ulmen-, Linden- od. Nadelmischwäld., in Hecken, im Gebüsch, auf sommerwarm., frisch., nährstoff- u. basenreich., vorzugsw. kalkhaltg., lock., tiefgründg., humos. Lehm- u. Tonböden, Mullböd., Flachwurzler, Schatt-Halbschattpf., Insekt.bestäubg (Hummeln), Fr. giftverdächtg, Vogelverbrtg, v. all. in wärmeliebd. Fagetalia-Ges., auch DV im Berberidion od. im Quercion pub.-p., Querco-Fagetea-Kl.char. – Ebene bis mittl. Gebirgslag. (Kalkgebiete, auch Porphyr, Gneis usw.), A bis 1150 m, nordw. Tiefld slt. – euras(kont)-smed – P – Chrom. 2n = 18.

2785. Schwarze H., L. nígra L., zerstr. in krautreich. Bergmischwäld., v. all. mit Fichte u. Tanne, auf frisch., mäß. nährstoffreich., basenreich., gern kalkarm., neutral-mäß.sauer., modrg-humos. Ton- u. Lehmböden, Schattpf., Insekt.bestäubg (Bienen), Fr. giftverdächtg, Vogelverbrtg, Verbrtgsschwerpkt in *Abies*-Wäldern d. Galio-Abietenion-U. Verb., ferner im hochmont. Fagion od. in ± krautreich. Vaccinio-Piceion-Ges. – Vog, süSch, Ba, Av, A bis 1460 m, BayW, auch Ju u. Fr, nördl. bis He (Rhön), FrW, ThW, Erzg, Elbs, L – pralp – P – Chrom. 2n = 18.

2786. Alpen-H., L. alpígena L., slt., ab. gesellg in mont., krautreich. Buchenwäld. u. Bergmischwäld., in Schluchten, auf (sicker-)frisch., nährstoff- u. kalkreich., mittel-tiefgründg., humos., lock., steing. od. rein. Ton- u. Lehmböden, Mullböd., Schattpf., Insekt.bestäubg

(Hummeln, Wespen), Fr. giftverdächtg, Vogelverbrtg, Fagion-Verb.char., slt. auch in Berberidion- od. Adenostylion-Ges. – Ba, Ju (SW-Alb), Av, A bis 1950 m – pralp – P – Chrom. 2n = 18, 36.

2787. Blaue H., L. caerúlea L., slt. im Ficht.wald u. Kiefern-Hochmoor, auf feucht. (nass.), nährstoff- u. basenarm., sauer. Rohhumus-Böden, Humuswurzler, Halbschattpf., Insekt.bestäubg (Hummeln, Bienen), Vogelverbrtg, Vaccinio-Piceetalia-Ordn.char., auch in Prunetalia- od. Salicion cin.-Ges. – Av, A bis 2000 m, BayW (Bodenmais) – nokont-pralp, circ – P – Chrom. 2n = 18, 36.

2788. Wald-Geißblatt, L. periclýmenum L., zml. hfg in Eichen-Birkenwäld., auch Eichen-Hainbuchen- od. Erlenwald-Ges., in Waldverlichtg. u. Waldsäum., auf mäß.frisch.-feucht., nährstoffarm., ± basenreich., kalkarm., mäß.sauer.-sauer., modrg-torfg humos., gern sandg. Lehmböden in mild-humid. Klimalage, Tiefwurzler(?), Halbschatt-Lichtpf., Rechtswinder, Nachtfalter-(Schwärmer)blume, Vogelverbrtg, Zierpf., Fr. mäßg giftg, Pruno-Rubion-Verb.char., auch (DO) in Quercetalia rob.-p.-Ges. od. sltner in bodensauer. Fagetalia-Ges. – v. all. im W d. Gebiet., Sch bis 800 m, nach O rasch seltener werdend, fehlt d. Kalkgebiet., östl. bis Me, Br, L, westl. Do, sowie isoliert BayW (Deggendorf) – subatl(-wsmed), im Gebiet an d. O-grenze d. Verbrtg – P – Chrom. 2n = 18, 36, 54.

2789. Jelängerjelieber, L. caprifólium L., hfg in Gärten u. Lauben kultiv., z.T. verwildt u. eingebürgt, z.T. auch indigen in sonng. Hecken, im Gebüsch, auf mäß. trock., basenreich., meist kalkhaltg. Lehmböden, wärmeliebd, Rechtswinder, Schwärmerblume, Vogelverbrtg, Berberidion-Verb.char., auch in Quercetalia pub.-Ges. – vermutl. indigen: HRh, Bo, Mn, Th, An, Sa – osmed – P – Chrom. 2n = 18.

2790. Etruskisches G., L. etrúsca Santi, hie u. da kultiv. u. slt. verwildt, wärmeliebd, im Mittelmeergebiet Quercion ilic.-Verb.char., auch im Quercion pubesc. – med-smed – P – Chrom. 2n = 18.

Familie der Moschuskraut-Gewächse, Adoxáceae

Moschuskraut, Adóxa L. vgl. S.287

2791. A. moschatellína L., zml. slt. in Auenwäld. od. feucht. Laubmischwäld., im Gebüsch, auf sickerfeucht., nährstoff- u. basenreich., gern kalkhaltg., mäß. sauer.-mild., lock. humos. Lehm- u. Tonböden (Mullböd.), Nährstoffzeiger, Humus-Wurzelkriecher, Halbschattpf., Fliegenblume (auch Selbstbestäubg), Verdauungsverbrtg (Vögel), mit and. Geophyt. v. all. in feucht. Fagetalia-Ges., Querco-Fagetea-Kl.char. – Ebene bis mittl. Gebirgslag. (Kalk- u. Lehmgebiete,

Silikatgebirge slt.), A bis 1800 m, süSch bis 900 m, Ju bis 995 m, im nordw. Tiefld slt. – euras(kont), circ – G – Chrom. 2n = 36.

Familie der Baldrian-Gewächse, Valerianáceae

1 Blü. nicht gespornt, trichterförmg, Staubb. 3
2 Pf. einjährg, St. mehrfach gabelästg, Blü. kopfg gehäuft, bläul.-weiß, Fr.kelch 1–5 zähng, B. ungeteilt   **Valerianella** S. 846 ⊗⊘
2* Pf. ausdauernd, St. nur im Blü.std verzweigt, Blü. in ± locker. Rispe od. Dolde, rötl.weiß, Fr.kelch mit Haarkranz, B. fiederg geteilt od. ungeteilt
                                                        Valeriana S. 848 ⊗⊘
1* Blü. gespornt, lgröhrg, rot, Staubb. 1, Blü.std dicht rispg, B. ungeteilt, blaugrün, kahl, 30–50(–80) cm, ♃, 5–6   **Centranthus** S. 851 ⊗⊘

Feldsalat, Valerianélla Mill.

1 Kelchsaum d. Fr. 1–3zähng od. ganz undeutl.
2 Kelchsaum undeutl., mit kaum erkennbar. Zähnch., Blü.std gedrungen, in d. Gabeln unter d. Blü.köpf. keine Einzelblü., Fr.std ± ebensträußg, B. meist ganzrandg
3 Fr. abgeflacht, rundl., nur kurz zugespitzt, glatt (Abb. 53f), obere B. lanzettl.-spitz, unt. spatelg, 10–20 cm, ☉, 4–5   **V. locusta** 2797
3* Fr. längl.-prismat., fast 4kantg, mit einer tief. Furche (Abb. 53g), ob. B.

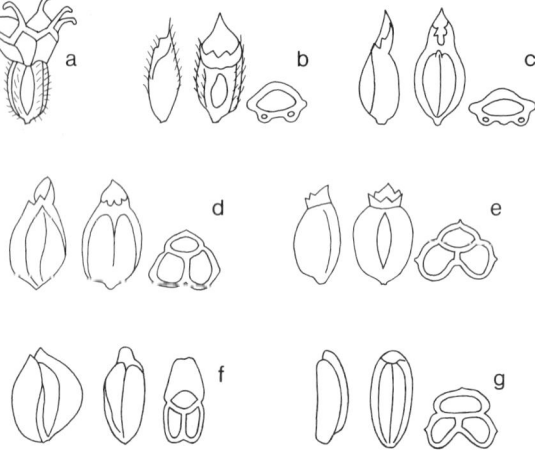

Abb. 53 Früchte von: a *Valerianella coronata*, b *V. eriocarpa*, c *V. dentata*, d *V. rimosa*, e *V. pumila*, f *V. locusta*, g *V. carinata*, b–g: jeweils Seiten- u. Bauansicht, Querschnitt

längl. lineal, stumpf, 5–20 cm, ☉, 4–5   **V. carinata** 2798
2* Kelchsaum deutl. gezähnt, 1 Zahn größer als übrige, Fr. dadurch oben zugespitzt, mit einem schiefen Kragen, eiförmg-kugelg. St.b. am Grunde oft gezähnt, in d. Gabein unt. d. Blü.köpfen meist einzelne Blü.
4   Fr. oben wenig verschmält, mit ein. brt., einseitg off. Kelchsaum, kurz kraus behaart, St. gespreizt-gabelästg, 10–20 cm, ☉, 5–6   **V. eriocarpa** 2793
4* Fr. oben verschmält, mit kl. Kelchsaum wie zugespitzt, St. aufrecht gabelästg, ob. St.b. am Grund oft fiederschnittg gezähnt, Fr.std mit ± kugelförmg. Teil-Fr.stden
5   Fr. ei-kegelförmg, vorn gewölbt u. deutl. 3rippg (Abb. 53c), kahl od. spärl. behaart, ob. B. lineal-lanzettl., 15–35(–50) cm, ☉, 6–7   **V. dentata** 2794
5* Fr. fast kugelg, etwas aufgeblas., rinng gefurcht, bis 2,5 mm lg
6   Fr.rinne nicht klaffd, Kelchsaum mit 1 lgen spitz.Zahn, daneb. beidseitg höchst. 2 kl. angedeutete Zähne (Abb. 53d), obere B. lanzettl., Pf. vielfach gabelästg, sparrg, 15–40(50) cm, ☉, 4–5   **V. rimosa** 2795
6* Fr.rinne deutl. klaffd, Kelchsaum mit 3–5 ± gleich groß. od. nur mit wengen kl. stumpf. Zähn. (Abb. 53e), 10–20 cm, , 4–5   **V. pumila** 2796
1* Kelchsaum mit 6 ausgebreit., borstg begrannt. Zähn., Fr. zottg behaart (Abb. 53a), St.b. meist gezähnt, 10–30 cm, ☉, 5–6   **V. coronata** 2792

2792. Bekrönter F., V. coronáta (L.) DC., slt u. unbestdg eingeschleppt, an Wegen u. Äckern, an Verladeplätzen, wärmeliebd, Secalinetea-Kl.char. – z. B. Rh (ob noch?) – med – T – Chrom. 2n = 14.

2793. Wollfrüchtiger F., V. eriocárpa Desv., s. slt. u. unbestdg, z. T. auch eingebürgt, in Getreidefeldern, an Verladeplätz., auf nährstoff- u. basenreich. Lehmböden, wärmeliebd, v. all. im Caucalidion, überreg. Secalinetea-Art – z.B. süHü (Istein), auch nöHü, Pf, Rh, Th sonst nur vorübergehd – med – T – Chrom. 2n = 14, 16.

2794. Gezähnter F., V. dentáta (L.) Poll., zerstr. v. all. in Getreidefeld., auch an Mauern od. in Trockenras., auf sommerwarm., mäß. frisch., nährstoff- u. basenreich., mäß. sauer.-mild., wenig humos., sandg. od. rein. Lehm- u. Tonböden, wärmeliebd, auch als Salatpf. gebaut, gern in Sedo-Scleranthetea-Ges. (Kl.char.), auch im Caucalidion od. Fum.-Euphorbion – Ebene bis mittl. Gebirgslag. (Kalk- u. Lehmgebiete), A bis 920 m, Ju bis 990 m, v. all. im S d. Gebiet. im nordw. Tiefld fehld – smed-med – T – Chrom. 2n = 14, 16.

2795. Gefurchter F., V. rimósa Bast., slt. in Getreidefeldern, auf sommerwarm., mäß. frisch., nährstoff- u. basenreich. (oft kalkfrei.), sandg. od. rein. Ton- u. Lehmböden, üb. 20 cm tief wurzld. Lehmzeiger, v. all. in Caucalidion-Ges., auch im Aperion, überreg. Secalinetea-Kl.char. – Ebene bis mittl. Gebirgslag. (Kalk- u. Lehmgebiete), bis ca. 700 m, v. all. im S d. Gebiet. (z. T. verscholl.) – smed-med – T – Chrom. 2n = 14, 16.

2796. Zwerg-F., V. púmila (L.) DC., slt. u. unbestdg in Unkrautges., aus Botan. Gärten verwildert – z. B. Br – med – T – Chrom. 2n = 14.

2797. **Echter F.**, **Sonnenwirbele**, **V. locústa** (L.) Laterr. (*V. olitória* Poll.), zml. hfg auf Äckern u. in Getreidefeldern, oft als Salatpf. gesät, wild auch in Sand- u. Steingrus-Pionierges., auf frisch.-mäß. frisch., nährstoff- u. basenreich., sandg. od. rein. Lehmböden in wintermild-humider Klimalage, wie vor. meist Selbstbestäubg, Salatpf. [v. all. var. *olerácea* (Schlecht.) Breistr.], Wildform seit Jung-Steinzeit im Gebiet, primär Sedo-Scleranthetea-Kl.char., sekundär in Pol.-Chenopodietalia- od. Secalinetea-Ges., – Ebene bis mittl. Gebirgslag., Ju bis 980 m (fehlt A) – smed-med, weit verschleppt – T – Chrom. 2n = 14, 16, 34.

2798. **Gekielter F.**, **V. carináta** Loisel., zml. hfg in Äckern, Weinbergen, an Weinbergsmauern od. Wegrändern, auf nährstoff- u. basenreich., meist kalkhaltg., steing., sandg. od. rein. Lehm- u. Lößböden, wärmeliebd, rd 10 cm tief wurzld, meist Selbstbestäubg, primär Sedo-Scleranthetea-Kl.char., sek. v. all. im Fum.-Euphorbion (z. B. Ger.-Allietum vin.) od. Caucalidion – v. all. im S d. Gebiet., im nördl. Tiefld slt. od. fehld – smed-med – T – Chrom. 2n = 16, 18.

Baldrian, Valeriána L.

1   B. alle ungeteilt (slt 3teilig), ganzrandg od. etwas gezähnelt
2   St. mit 0–2 B.paaren
3   Blü. kopfg gehäuft, dicht, von kl. Hochb. umgeben, Blü. blaßrosa, B. spatelg, 3–10 cm, ⧎, 7–8   **V. supina** 2799
3* Blü.std traubg-rispg, ± locker, ohne Hochb., St. meist mit 1 Paar lineal., randl. bewimpt. St.b., Blü. weiß, 10–30 cm, ⧎, 6–7   **V. saxatilis** 2800
2* St. mit 3–8 eiförmg-lanzettl. (slt. 3teilig.) B.paaren, St. u. B. behaart od. kahl, B. obersts glänzd, Blü. rosa od. weiß, Blü.std reichblütg, 10–40 cm, ⧎, 5–7
                                            V. montana 2801
1* B., wenigst. am St., gefiedert od. 3teilg, meist grob gezähnt
4   Grundb. ungeteilt, nur St.b. geteilt od. gefiedert, Blü. meist eingeschlechtg
5   St.b. 3teilg, Grundb. herzeiförmg, grob gekerbt-gezähnt, abgesetzt gestielt, matt, ± bläul. grün, St. kahl, Pf. ohne Ausläuf., Blü. weißl.-rosa, 15–40 cm, ⧎, 4–6   **V. tripteris** 2802
   vgl. ferner unt. 2*   **V. montana** 2801
5* St.b. fiederteilg od. gefiedert, Grundb. eiförmg, allmähl. in Stiel verschmält, Pf. mit Ausläuf., Staubb.blü. rosa, Fr.kn.blü. weiß, 10–20(–30) cm, ⧎, 5–6
                                           V. dioica 2803
4* Alle B., auch Grundb., mit insgesamt 7–25 Fiederblättch., Blü. zwittrg
                                    (*V. officinalis*-Gruppe)
6   Mittl. St.b. mit (5)7–17 Fiederblättch., diese lanzettl.-eiförmg, stark gezähnt, Endblättch. meist brter als seitl. Fiederblättch., Pf. mit ober- u. unterird. (manchmal nur unterirdisch.) Ausläuf., Blü. 4–8 mm lg
7   Mittl. St.b. mit 5–9 Fiederblättch., untersts wie St. kahl od. nur kurzborstg, Ausläuf. meist nicht über 4 cm lg, frühblühd, 40–80 cm, ⧎, 5–6
                                  V. sambucifolia 2804
7* Mittl. St.b. mit 9–15(17) Fiederblättch., untersts, wie St. unten, lg behaart, spätblühd, 80–150 cm, ⧎, 6–7(8)   **V. procurrens** 2805

vgl. ferner mit nur weniger als 5 Zähn. schwach gezähnt. Fiederblättch. u. höchst. 5knotg. St., 40–80 cm **V. versifolia** 2805a

6* Mittl. St.b. mit 15–25 Fiederblättch., Endblättch. so brt od. schmäler als seitl. Fiederblättch., Pf. ohne od. nur mit unterird. Ausläuf., Blü. 2–5 mm lg

8 B.unterseite locker lgborstg behaart

9 Fiederblättch. 15–19, lanzettl.(-eiförmg) mit (3)5–11 Zähn., Pf. aus einer Basis vielstengelg, meist ohne Ausläuf., spät blühd, St. meist kahl 70–150 cm, ♃, (6)7–8 **V. officinalis** 2806

9* Fiederblättch. (15)17–25, lanzettl.-lineal, weng gezähnt (0–5 Zähne), Pf. mit deutl. Ausläuf., früh blühd, St. meist behaart, 40–100 cm, ♃, 5–6 **V. wallrothii** 2807

8* B. unt.sts kahl od. nur spärl. kurzborstg behaart, mittl. St.b. mit 13–17 lineal-lanzettl., fast ganzrandg. Fiederblättch., St. unten kahl, frühblühd, 50–100 cm, ♃, 5–6 **V. pratensis** 2808

2799. Zwerg-B., V. supína Ard., slt. in frisch., z. T. etwas feinerdereich. Kalk-Schuttfluren d. alp. Stufe, auch in steing. Schneetälch., Schuttkriech. (Wurzelkriech.), Char. d. Thlaspietum rot. (Thlaspion rot.), auch im Arabidion caer. – A 1800–2660 m – oalp – H – Chrom. 2n = 16.

2800. Felsen-B., V. saxátilis L., slt. in Spaltenges. d. subalp. u. alp. Stufe, an Kalkfelsen, terr. Char. d. Potentilletum caul., überreg. Potentilletalia caul.-Ordn.char. – A 1100–2420 m – oalp – H – Chrom. 2n = 24.

2801. Berg-B., V. montána L., zerstr. in Kalkschutt-Fluren, v. all. d. subalp. Stufe, auf frisch., meist feinerdereich., ± roh., bewegt. Kalkschutt-Böden, Insekt.bestäubg, Windverbrtg, Lichtpf., v. all. im Petasitetum paradoxi, Petasition par.-Verb.char., auch als Alpenschwemmlg im Epilobion fleisch. od. als Sukzess.relikt im Seslerion – Do, Av, A bis 2320 m – alp-pralp – H – Chrom. 2n = 32.

2801a. **ssp. montána,** St. kahl od. spärl. behaart – A – walp.

2801b. **ssp. hirsuticaͧulis** E. Walth., St. behaart, Pf. bis 50 cm hoch – A – oalp.

2802. Dreiblättriger B., Stein-B., V. trípteris L., zerstr. in Spalten-Ges. d. hochmont. u. subalp. Stufe, auf ± frisch., basenreich., kalkreich. u. -arm. Felsböden, Spaltenwurzl., auch in Steinschuttges. (Schuttstauer), Licht-Halbschattpf., Insekt.bestäubg, Windverbrtg, Asplenietea trich.-Kl.char. – alp-pralp – H, formenreich:

1 B. kahl od. nur spärl. behaart

2 B.stiel d. Grundb. behaart, B.randhaare bis 0,5 mm lg

2802a. **ssp. trípteris,** v. all. auf kalkarm. Unterlag. – Vog, Sch, Ba, Bo (Hohentwiel), Ju (Donautal) – wpralp – Chrom. 2n = 16.

2* B.stiel d. Grundb. kahl, B.randhaare höchst. 0,2 mm lg

2802b. **ssp. austríaca** E. Walth, nur Berchtesgad. Alp. – opralp – Chrom. 2n = 16.

1* B. beid.sts behaart, Grundb. fast graufilzg

2802c. **ssp. tomentélla** E. Walth., v. all. auf Kalkunterlag. – Av, A bis
2190 m, Ju (Schwäb. Alb) – wpalp.

2803. **Sumpf-B., V. dioíca** L., verbr. in Naß- u. Moorwiesen, in Flach- u.
Quellmooren, an Gräb. u. Ufern, auf stau- u. sicker- od. wechselnass., ±
nährstoff- u. basenreich., mäß. sauer.-mild. Sumpfhumus-Böden od.
torfg. Böden, Humuskriecher, Licht-(Halbschatt)pf., Insekt.bestäubg,
Windverbrtg, v. all. in Calthion- u. Molinion-Ges., schwache Moli-
nietalia-Ordn.char., auch in Scheuchz.-Caricetea-Ges., ferner im Alnion
– Ebene bis Gebirge, A bis 1560 m – subatl(-smed), erreicht an d.
Weichsel d. O-Grenze d. Verbrtg – H – Chrom. 2n = 16.

2804. **Holunderblättriger Arznei-B., V. sambucifólia** Mik. f., zml. slt. in
Staudenflur. im Saum v. Bach- u. Flußufern d. mont.-subalp. Lagen, auf
kühl-sickernass. (wechselnass.), nährstoff- u. basenreich., humos., lock.,
sandg. od. rein. Tonböden, Kriechpionierpf., Licht(Halbschatt)pf.,
Filipendulion-Verb.char., auch im Alno-Ulmion od. Adenostylion – nur
im N u. O d. Gebiet., westl. bis SH, He, östl. Do, östl. Av-A – no-opralp –
H – Chrom. 2n = 56.

2805. **Kriechender Arznei-B., V. procurrens** Wallr. (*V. répens* Host), zml.
hfg in Staudenflur., im Saum v. Bächen u. Flüssen, an Gräben u. Ufern,
in Waldverlichtgen, auf sickernass., (zeitw.) überflutet., nährstoff- u.
basenreich., schwach sauer.-mild., humos., lock. Lehm- u. Tonböden od.
torfg. Böden, Kriechpionier. Licht-Halbschatt)pf., Insekt.bestäubg,
Windverbrtg, Arzneipf., Filipendulion-Verb.char., auch in Galio-Urticenea-Ges., im Alno-Ulmion od. epiphytisch – Ebene bis mittl. Gebirgslag. (Auengebiete, v. all. im W d. Gebietes, östl. d. Elbe u. östl. Do-
Av slt. od. fehld – subatl – H – Chrom. 2n = 56.

(2805a.) **V. versifólia** Brügg., vermittelt zu *V. wallróthii,* slt. in Hochstaudenfluren d. Adenostylion – A (Allgäu, Vorarlberg), schweiz. Ju
usw. – wpralp – H – Chrom. 2n = 56.

2806. **Echter Arznei-B., V. officinális** L. (*V. exaltáta* Mik. f.), zml. slt. in
Staudenflur., auf Moorwiesen, in Waldverlichtg., an Gräben u. Ufern, v.
all. im O d. Gebietes, auf nass.-wechselfeucht., mäß. nährstoffreich.,
basenreich., ± humos., neutral.-mild. Lehm- u. Tonböden, auch
Kalkschutt-Böd., Licht-(Halbschatt)pf., Arzneipf., lok. Char. d.
Veronico longif.-Euphorbietum pal., auch in and. Filipendulion-Ges. in
Galio-Urticenea-Ges., od. im Adenostylion – v. all. im N u. O d. Gebiet.,
im N westl. bis SH, im S bis nöRh, Ne, Bo – gemäßkont(-osmed), im
Gebiet an d. W-Grenze d. Verbrtg – H – Chrom. 2n = 14.

2807. **Schmalblättriger Arznei-B., V. wallróthii** Krey. (*V. collína* Wallr.,
V. officinális var. *montána* Wib.), zerstr. im Saum. sonng. Büsche, in

licht. Eichen- od. Kiefernwäld., an Wegen u. Böschg., an Erdanrissen, in Halbtrockenrasen, auf mäß. frisch., wechseltrock., mäß. nährstoffreich., kalk- od. sonst basenreich., mäß. sauer.-mild., ± humos., tiefgründg. Löß-, Ton- u. Lehmböden, wärmeliebd, Licht-Halbschattpf., Insekt.-bestäubg, Windverbrtg, Origanetalia-Ordn.char., Form. mit brteren Fiederblättch. auch in Glechometalia-Ges., – v. all. im S d. Gebiet., im nördl. Tiefld fehld od. slt., A bis 1600 m – gemäßkont(-smed) – H – Chrom. 2n = 28.

2808. Wiesen-Arznei-B., V. praténsis Dierb. ex Walth. [*V. wallróthii* ssp. *praténsis* (Dierb.) Soó], örtl. zml. hfg in Moorwiesen, in Auenwald-Verlichtg., an Gräben, auf feucht. od. wechselfeucht., ± mager., kalkreich., ± humos., gern sandg. Lehm- u. Tonböden, Wechselfeuchtigkts-Zeiger, Stromtalpf., sommerwärmeliebd, Licht-Halbschattpf., Insekt.-bestäubg, Windverbrtg, Molinietalia-Ordn.char., auch in wechselfrisch. Mesobromion- od. Alno-Ulmion-Ges., in Origanetalia-Ges. usw. – Rh-HRh, Bo (?) – endemisch od. südosteurop. – H – Chrom. 2n = 28.

Bastarde!

Spornbaldrian, Centránthus DC. vgl. S. 880

2809. C. rúber (L.) DC., hie u. da als Zierpf., slt. verwildt, wärmeliebd, charakt. Fels- u. Mauerspaltpf. S-Europas (Centranthetum rub.), Parietarietalia jud.-Art – z. B. süHü (Istein), Pf – med-smed – H – Chrom. 2n = 32.

Familie der Karden-Gewächse, Dipsacáceae

1 St. u. Blü.stds-stiele ± stachelg, Blü.köpfe kegelförmg od. kugelg, Spreub. starr-stechd od. borstg   **Dipsacus** S. 885
1* St. nicht stachelg, Blü.köpfe flach, verbrtert od. halbkugelg, Randblü. z. T. strahlg vergrößt, Hülle sternförmg ausgebrtet, Kelch meist in Borsten geteilt
2 Einzelblü. 4spaltg
3 Blü.kopfboden mit Spreub., Innenkelch 5borstg od. borstenlos, Blü.köpfe halbkugelg, Randblü. nicht strahld, B. meist ganzrandg **Succisa** S. 887
3* Blü.kopfboden ohne Spreub., ab. rauhhaarg, Randblü. ± deutl. vergrößt, Kelch 8–10borstg, Blü.kopf abgeflacht, Blü.stiel meist abstehd behaart, B. ungeteilt od. fiederspaltg, gezähnt   **Knautia** S. 887
2* Einzelblü. 5spaltg, die randl. meist deutl. strahlg vergrößt, Blü.kopfbod. mit Spreub., Kelch 5borstg, Blü.stiel anliegd behaart, B., wenigst. d. oberen, fiederspaltg   **Scabiosa** S. 888

Kardendistel, Dípsacus L.

1 St.b. am Grunde tütenförmg verwachs., meist ungeteilt, gekerbt-gesägt, St. dicht starr-stachelg, Blü.köpfe kegelförmg mit verlängert. Hüllb., Blü. lila od. weiß

2　Spreub. mit gerader Spitze, lger als Blü.
3　St.b. meist ungeteilt, am Rande kahl od. zerstr. stachelg, Hüllb. bogg
　　aufgerichtet, Blü. lila, 80–150 cm, ☉, 7–8　　　**D. sylvestris** 2810
3*　St.b. fiederspaltg, am Rande borstg bewimpert, Hüllb. abstehd, Blü. weiß,
　　50–120 cm, ☉, 7–8　　　**D. laciniatus** 2812
2*　Spreub. mit zurückgekrümmt. Spitze, kürzer als Blü., Hüllb. waagr.
　　abstehd, Blü. lila, St.b. ganzrandg od. eingeschnitt. gekerbt, 100–180 cm, ☉,
　　7–8　　　**D. sativus** 2811
1*　St.b. gestielt, nicht verwachs., ungeteilt od. am Grunde mit 2 Fiederblättch.,
　　St. zerstr. kurz-stachelg, Blü.köpfe kugelg, Hüllb. kurz, Blü. weißl.-gelbl.
4　Spreub. 10–13 mm lg, Blü. kaum überragd, auch an d. Spitze borstg
　　bewimpert, Staubb.i.a. viol., Fr.köpfe 2–2,8 cm brt, 60–120(200) cm, ☉, 7–8
　　　　　D. pilosus 2813
4*　Spreub. 15–20 mm lg, Blü. deutl. überragd, nur auf d. Rücken bewimpert,
　　Spitze selbst unbewimpert, Staubb.i.a. blaßgelb, Fr.köpfe 3–4,5 cm brt,
　　80–250 cm, ☉, 7–8　　　**D. strigosus** 2814

2810. Wilde K., D. sylvéstris Huds., zml. hfg in staudg. Unkrautfluren,
an Wegen, Dämmen u. Ufern, auf frisch.-feucht., nährstoff- u.
basenreich., vorzugsw. kalkhaltg., ± humos., lock. Lehm- u. Tonböden,
Lehmzeiger, Insekt.bestäubg (Fliegen, Bienen, Hummeln), Klettverbrtg,
St.b.tüten als Wasserreservoire, Zierpf. (Trockensträuße), Artemisietea-
Kl.char. – Ebene bis mittl. Gebirgslag., A bis 800 m, im nördl. Tiefld slt.
– smed-med, verschleppt – H – Chrom. 2n = 16, 18.

2811. Weberkarde, D. satívus (L.) Scholl., früher als Nutzpf. kultiv. zum
Rauhen v. Wollgeweben (mit Fr.stden), slt. u. unbestdg in Artemisietea-
Ges. verwildt, – z. B. Rh, Bo, Fr (ob noch?) – Stammpf.: *D. férox* Lois. –
wmed – H – Chrom. 2n = 18.

2812. Schlitzblättrige K., D. laciniátus L., slt. u. unbestdg in
Unkrautfluren, an Weg- u. Waldrändern, an Dämmen, auf feucht.-
frisch., nährstoff- u. basenreich. Lehm- u. Tonböden, wärmeliebd,
Artemisietea-Kl.char. – Rh, süHü (Kaiserstuhl), Ne, Mn, An (Elbe),
z. T. verschollen – omed-gemäßkont – H – Chrom. 2n = 18 (16).

2813. Behaarte K., D. pilósus L. (*Cephalária pilósa* Gr. et Godr.), zml. slt.
in Verlichtg. u. an Wegen im Bereich v, Auenwäld., meist mit Esche od.
Erle, auf stau- od. sickerfeucht., nährstoff- u. basenreich., humos. Lehm-
u. Tonböden od. modrg-torfg. Böden, etwas wärmeliebde Halbschattpf.,
Insekt.bestäubg, Klettverbrtg, Char. d. Dipsacetum pil. (Alliarion),
meist im Kontakt mit Alno-Ulmion-Ges. – Ebene bis mittl. Gebirgslag.,
im nördl. Tiefld slt., Silikatgebirge u. A fehld – subatl-smed – H – Chrom.
2n = 18.

2814. Schlanke K., D. strigósus Willd., slt. adv., aber z. T. bestdg. an
Wegen, Schuttstell., Böschgen od. an Gebüschränd., auf frisch.
nährstoffreich. Böd., in Sisymbrion-Ges. – z.B. nöRh (Frankft), Do

(München), Ne, Mn, SH – Herkunft: S-Rußland (europkont) – H – Chrom. 2n = 18.

Teufelsabbiß, Succísa Haller

1 Innenkelch d. Einzelblü. 5borstg, Außenkelch 4kantg, behaart, Blü. meist dunkelblau, B. längl.-lanzettl., Wurzel wie abgebissen, 15–30(–80) cm, ♃, 7–9   **S. pratensis** 2815
1* Innenkelch ohne Borsten, Außenkelch 8rippg, rundl., B. hellblauweißl., B. ellipt.-lanzettl., Wurzelstock kriechd-ästg, 30–80(–100) cm, ♃, 6–9   **S. inflexa** 2816

2815. Gewöhnlicher T., S. praténsis Moench, hfg in Moorwiesen, Magerrasen od. mager. Wirtschaftswiesen, bes. d. Gebirges, auch in Flachmooren, auf wechselfeucht., basenreich., neutral-mäß. sauer., humos. Lehm- u. Tonböden od. modrg. Torfböden, bis 50 cm tief reichd. Humuswurzler, Magerkeits- u. Wechselfeuchte-Zeiger, Falter- u. Bienenblume, Klettverbrtg, Molinietalia-Ordn.char., auch (Diff.) in mager., wechselfrisch. Arrhenatheretalia-, Nardetalia- od. in Scheuchz.-Caricetea-Ges., auch im Quercion rob.-p. mit *Molinia ar.* – Ebene bis mittl. Gebirgslag., A bis 1040 m, Sch bis 1400 m – eurassubozean-smed – H – Chrom. 2n = 20 (16, 18).

2816. Östlicher T., S. infléxa (Kluk) Jundz. (*Succisélla infléxa* Beck), s. slt. in Moor- u. Binsenwiesen, zwischen Röhricht, auf wechselnass., etwas nährstoff- u. basenreich., kalkarm., modrg-torfg. Tonböden, Humus-Wurzelkriecher, v. all. im Cnidion u. Molinion, Molinietalia-Art, auch im Magnocaricion – nöRh (Hanau verscholl.), Fr (Bamberg), Do (München), z. T. eingeschleppt – gemäßkont, im Gebiet an d. W-Grenze d. Verbrtg – H – Chrom. 2n = 20.

Knautie, Witwenblume, Knaútia L.

1 St.b. wenigst. teilw. fiederspaltg, slt. ungeteilt, lgl.-lanzettl., graugrün, matt, St. kurzhaarig u. rückwts borstg-zottg, Randblü. deutl. strahlg vergrößt, Kelchborst. zus.neigd, Wurzelstock verzweigt, 30–80 cm, ♃, 7–8   **K. arvensis** 2817
1* St.b. ungeteilt, ganzrandg od. gekerbt, lebhaft grün, Randblü. weng vergrößert
2 Grundrosette mit einem zentral. Blü.st., St. ± borstg behaart, B. brt-lanzettl., Kelchborst. spreizd, Wurzelstock unverzweigt, 30–100 cm ♃, 6–9   **K. dipsacifolia** 2818
2* Grundrosette mit mehrer., b.achselstdgen, bogig aufsteigd. Blü.st., B. brt-eiförmg, St. flaumg weich behaart, 20–70 cm, ♃, 5–9   **K. drymeia** 2819

2817. Wiesen-K., K. arvénsis (L.) Coult., hfg in Fettwiesen, an Weg- u. Waldrändern, auch in Äckern, auf frisch.-mäß. trock., nährstoff- u. basenreich., schwach sauer.-mild., ± humos., lock., mittel-tiefgründg.

Lehmböden, ohne Staunässe, etwas wärmeliebd, Lehmzeiger, Tief-
wurzler, Insekt.bestäubg (Bienen, Falter), Ameisenverbrtg, gering.
Futterwert, Verbrtgsschwerpkt in tiefergeleg. Wiesen, Arrhenatheretalia-
Ordn.char., auch im Mesobromion (Verb.Diff.), f. *agréstis* im Caucali-
dion – Ebene bis mittl. Gebirgslag., A bis 1000 m – (no-)eurassubozean –
H, formenreich:

1 Blü. gelbl.weiß, St.b. meist ungeteilt

2817a. **ssp. kitaibélii** (Schult.) Szabo [*K. kitaibélii* (Schult.) Borb.], slt. in
Wies. u. an Wegränd. auf nährstoffreich. Lehmböd. – L – gemäßkont –
Chrom. 2n = 40.

1* Blü. blau-rotviol., St. b. meist fiederspaltg

2817b. **ssp. arvénsis**, verbr. Sippe, dazu zahlreiche var. od. f. mit
ungeteilt. St.b.: f. *agréstis* in basiphil. Ackerunkrautges. (Caucalidion), f.
integrifólia (nicht mit *K. dipsacifólia* zu verwechseln) u. a. – Chrom. 2n =
20, 40.

2818. **Wald-K., K. dipsacifólia** Kreutz. [*K. sylvática* (L.) Duby], zml. hfg
in Staudenflur., im Saum montan. Auenwälder, an schattgen Wald- u.
Wegränd., in hochmont. Hochstaudenflur., auf sickerfrisch. od. feucht.,
mäßg nährstoff- u. basenreich., locker., humos., meist steingen Lehm-
od. Tonböd. in kühl-humid. Standortslage auf Mull- od. Moderhumus,
Schatt-Halbschattpf., Insekt.bestäubg, Ameisenverbrtg, Char. d.
Knautietum dips. (Trifolion medii), v. all. im Kontakt mit Alno-Ulmionod. Tilio-Acerion-Ges., auch im Alnion od. feucht. Quercion rob.-petr.,
in Hochlag. im Caricion ferr. od. Calamagrostion – v. all. Bergld im S u.
W d. Gebiet., in Trocken- u. Wärmegebiet. slt., nördl. bis He, Th, Sa,
Elbs, A bis 2100 m – pralp – H, formenreich:

1 B. ellipt.-lanzettl., ± gezähnt u. borstg behaart, Köpfch.stiele meist
stieldrüsg

2818a. **ssp. dipsacifólia,** verbr. Sippe, s.o., formenreich – Chrom.
2n = 40, 60.

1* B. lanzettl., obere ganzrandg, schwach behaart, obere St.glieder fast kahl,
Köpfch.stiele weng drüsg

2818b. **ssp. grácilis** (Szabo) Ehrend., Sippe d. Hochlagen, vermutl.
Caricion ferr.- bzw. Calamagrostion-Art Vog, süSch(?), Verbrtg
ungenügd bekannt – wpralp – Chrom. 2n = 40.

2819. **Ungarische K., K. drymeïa** Heuff., s. slt. in sommerwarm.
Eichenwäldern u. Waldsäumen auf basenreich. Lehmböden, v. all. im
Bereich d. Carpinion – Elbs – osmed – H – Chrom. 2n = 40.

Skabiose, Scabiósa L.

1 Blü. schwarzpurpurn, groß, Außenkelch knorpelg, Zierpf., 60–120 cm, ⊙,
7–10   **S. atropurpurea** 2820

1* Blü. blauviol. od. blaßgelb (weiß), Wildpf.
2 Grundb. ungeteilt, ± ganzrandg, grauhaarg, Einzelblü. mit kurz., gelbl.
  Kelchborst., Blü. hellblau, wohlriechd, Wurzelstock verzweigt, 20–50 cm,
  ♃, 7–10   **S. canescens** 2821
2* Grundb. fiederspaltg od. tief gekerbt, Kelchborst. lg, schwarz od. rot
3 Blü. blauviol. (slt. weiß)
4 B. nur randl. od. unt.sts auf d. Nerv. behaart, sonst kahl, glänzd, St. meist
  einfach, 1köpfg, Blü.köpfe 2–4 cm brt, rotlila, Kelchborst. gekielt, 10–30
  (–50) cm, ♃, 7–8   **S. lucida** 2822
4* B. fein kraus behaart, matt, St. meist ästg, mehrköpfg, Blü.köpfe 1,5–3 cm
  brt, blauviol. od. lila, Kelchborst. rund, 20–50(–80) cm, ♃, 6–10
                                                             S. columbaria 2823
3* Blü. blaßgelb, Kelchborst. anfängl. rot, B. fein kraus behaart, 20–60 cm, ♃,
  7–10   **S. ochroleuca** 2824

2820. Samt-S., S. atropurpúrea L., öfter in Gärten als Zierpf. kultiv. u.
glgtl. an Schuttstell. verwildt – T – Herkunft: med (Stammpf.: *S. marítima* L.) – Chrom. 2n = 16.

2821. Wohlriechende S., S. canéscens W. et Kit. (*S. suavéolens* Desf.), slt.
in Trocken- u. Steppenrasen, im Saum sonng. Büsche, in licht. Kiefern-
Trockenwäldern, auf sommerwarm., trock., basenreich., meist kalk-
haltg., neutral., humos., gern sandg. Lehm- u. Lößböden od. Sandböden,
Licht-Halbschattpf., Insekt.bestäubg, Windverbrtg, meist in Kiefern-
Nähe, Char. d. Geranio-Anemonetum sylv. (Geranion sang.), auch in
Festucetalia val.-Ges., im Cytiso- od. Erico-Pinion – v. all. im O u. S d.
Gebiet., nordw. bis nöRh, Mn, Th, Sa, Br. Me (fehlt Ne u. Ju) –
gemäßkont – H – Chrom. 2n = 16.

2822. Glänzende S., S. lúcida Vill., zerstr. in subalp. u. alp. Steinrasen, in
sonng. Halden, auf mäß. frisch., ± nährstoffreich., meist kalkhaltg.,
humos., lock., steing. Lehm- u. Tonböden, Insekt.bestäubg, Windverbrtg, v. all. im Caricetum ferrug. u. Seslerio-Caricetum sempervir.,
Seslerietalia-Ordn.char. – Vog, A 1130–2350 m – alp – H – Chrom. 2n =
16.

2823. Tauben-S., S. columbária L., hfg in sonng. Kalkmagerrasen od.
mager. u. warm. Fett- od. Moorwiesen, auf mäß. trock., mäß.
nährstoffreich., meist kalkhaltg., mäß. sauer.-mild., humos., lock.,
mittel-tiefgründg. Lehmböden, bis 150 cm tief wurzld, Lichtpf.,
Insekt.bestäubg (Bienen, Fliegen, Falter), Windverbrtg, düngerfeindl.,
Verbrtgsschwerpkt im Mesobromion, auch im Xerobromion,
Brometalia-Ordn.char., ferner (Diff.) in trock. Arrhenatheretalia- od.
Molinion-Ges. – Ebene bis Gebirge (Silikatgebiete slt.), A bis 1510 m, v.
all. im S d. Gebiet., im nordw. Tiefld fehld – smed-subatl – H – Chrom.
2n = 16.

2824. Gelbe S., S. ochroleúca L., slt., z.T. nur verschleppt, in Halbtrockenrasen, an Dämmen u. Wegen, auf sommerwarm., mäß. trock., basenreich., meist kalkhaltg., lock., sandg. od. rein. Lehmböden, Insekt.bestäubg, schwache Cirsio-Brachypodion-Verb.char., auch im Festucion val. od. in Agropyretalia (Elymetalia) rep.-Ges. – v. all. im O d. Gebiet., Th, An, Sa, Br (Oder), im S nur glgtl. adv. (z.B. BayW-Cham) – euras(kont), im Gebiet an d. W-Grenze d. Verbrtg – H – Chrom. 2n = 16.

Bastarde!

Ordnung Campanuláles (Synandrae p.p.)

Familie der Glockenblumen-Gewächse, Campanuláceae

1   Blü. ansehnl., mit ± breiten Blü.zipfeln, glockg, trichter- od. radförmg (auch 2lippg), in traubg-rispg. (slt. ährg.) Blü.std od. zu wenigen gebüschelt
2   Blü. strahlg symmetr., Staubb. frei
3   Blü. glockg od. trichterförmg, Fr. rundl. od. eiförmg
4   St. aufrecht od. aufsteigd, St.b. meist längl., Staubfäd. am Grund deutl. verbrtert
5   Griffel ± so lg wie Blü., kaum aus d. Blü. hervorragd
                                                    Campanula S. 890
5*   Griffel lger als Blü., weit aus d. Blü. hervorragd, am Grund v. Drüsenring umgeb., Kelchb. gesägt, 30–100 cm, ⚴, 7–9   **Adenophora** S. 896
4*   St. kriechd, fädl., wurzld, B. rundl.-eckg, 5lappg, Blü. blaßblau, nickd, Staubfäd. unt. kaum verbrtert, 5–25 cm lg (2–5 cm hoch), ⚴, 7–9
                                                Wahlenbergia S. 899
3*   Blü. radförmg ausgebrtet (od. weitglockg), rotviol., Fr.kn. stielförmg, B. längl.-eiförmg, St. ästg   **Legousia** S. 897
2*   Blü. 2lippg, Oberlippe 2teilg, tief geschlitzt, Unterlippe 3teilg, Staubb. verwachs.   **Lobelia** (*Lobeliaceae*) S. 900
1*   Blü. kl. mit lineal., anfängl. röhrg verwachs., später v. unten nach oben sich teild. Blü.zipfeln, in dicht., lg gestielt., kugelg-walzl. Köpfen bzw. Ähren mit gemeinsam. Hochb.hülle
6   Pf. kahl, Einzelblü. sitzd, beim Aufblüh. ± gekrümmt („Teufelskralle") (Abb. 54), mit 2–3 zuletzt zurückgerollt. Narb., Staubb. frei
                                                Phyteuma S. 897
6*   Pf. rauh behaart, Einzelblü. kurz gestielt, gerade, Narbe 1, keulenförmg, Staubb. verwachs.   **Jasione** S. 899

Glockenblume, Campánula L.

1   Kelchbucht. mit zurückgeschlag. Anhängsel
2   Griffel 5spaltg, Blü. groß, kurz gestielt, Zierpf., 60–80 cm, ⊙, 6–9
                                           C. medium 2825
2*   Griffel 3spaltg, Blü. nickd, hellblau, Blü.zipfel innen behaart, Kelch behaart
3   Kelchanhängsel kurz, Kelchzipfel ± so lg wie Blü., 5–15 cm, ⊙, ⚴, 7–8
                                           C. alpina 2828

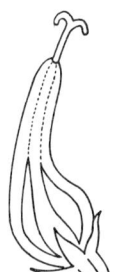

Abb. 54. Aufblühende Einzelblüte von *Phyteuma*.

3* Kelchanhängsel ± halb so lg wie Fr.kn., Kelchzipfel viel kürzer als Blü.
4 Blü.zipfel innen bärtg, Kelchanhängsel stumpfl., Blü. glockg, hellblau, Blü.std traubg einseitswendg, St. einfach, 10–30 cm, ⚥, 6–8
                                           C. barbata 2826
4* Blü.zipfel innen kahl, Kelchanhängsel spitz, Blü. trichterg-glockg, blaulila, Blü.std rispg, St. ästg, 15–30 cm, ☉, 6   **C. sibirica** 2827
1* Kelchbucht. ohne Anhängsel
5 Blü. sitzd, in dicht. Ähre od. köpfchenförmg gebüschelt
6 Blü. gelb, in kolbenförmg. Ähre, B. längl., behaart, St. reichblättrg, 10–30(–50) cm, ☉, 7–8   **C. thyrsoides** 2829
6* Blü. blau
7 Blü. gebüschelt, end- od. b.achselstdg, St. 20–60 cm hoch, Blü.zipfel nicht gewimpert
8 Untere B. in d. Stiel verschmälert, Pf. stechd-steifhaarig, Griffel lger als hellblaue Blü., Kelchzipfel stumpf, Wurzel dickfleischg, 40–80 cm, ☉, ⚥, 6–8   **C. cervicaria** 2830
8* Untere B. am Grund herzförmg od. abgerundt, Pf. kurzhaarg (nicht stechd), Griffel ± so lg wie dunkelblaue Blü., Kelchzipfel zugespitzt, 20–40(–60) cm, ⚥, 6–9   **C. glomerata** 2831
7* Blü. einzeln, Pf. bis 5 cm hoch, mit Kriechtrieb., rasenbildend, Blü.zipfel gewimpert, tief gespalt., Alpenpf., 1–5 cm, ⚥, 7–8   **C. cenisia** 2842
5* Blü. gestielt, in Rispen od. Trauben
9 B., wenigst. untere, verbrtert, herzförmg-eilängl. od. eilanzettl., üb. 1 cm brt, gekerbt od. gesägt
10 Blü.stiele kurz, kürzer als Kelch, Blü. lg, trichterförmg, viol.-blau, Kelchb. lanzettl.
11 Hochb. d. Blü.traube deutl. verkleinert, Blü. ± einseitswendg, Kelchzipfel zuletzt ausgebreitet od. zurückgeschlag.
12 B. unt.sts grün, St. stumpfkantg, Blü. einzeln, 20–30 mm lg, blau-viol., Pf. mit Ausläuf., 30–80 cm, ⚥, 6–9   **C. rapunculoides** 2833
12* B. unt.sts graufilzg, St. rund, Blü. unten zu 2–3, oben einzeln, 10–20 mm lg, hellviol., Pf. ohne Ausläuf., 30–100(120) cm, ⚥, 7–8
                                          C. bononiensis 2832
11* Hochb. nach ob. weng verkleinert, Blü. zu 1–3, Kelchzipfel nicht zurückgeschlag., St. ± kantg, Pf. ohne Ausläuf.
13 St. scharfkantg, steifhaarg, Grundb. herzförmg, lg gestielt, nesselb.artg

gesägt, steifhaarg, Blü. 30–40 mm lg, hellblau-lila, 30–80(100) cm, ♃, 7–8
C. trachelium 2834
13* St. stumpfkantg, weichhaarg, Grundb. eilängl., mit kurz., geflügelt. Stiel,
Blü. 40–50 mm lg, 50–150 cm, ♃, 6–8 **C. latifolia** 2835
10* Blü.stiele, wenigst. z. T., lger als Kelch, Blü. kurzglockg, blau, St.b. ei-
rautenförmg od. ei-lanzettl., gezähnt, sitzd, St. kantg, ± kahl, Blü.traube
einstswendg, Kelchb. pfrieml., 20–50 cm, ♃, 6–8
C. rhomboidalis 2841
9* B. lanzettl.-lineal, d. unter. z. T. rundl., ab. im allg. kaum üb. 10 mm brt (vgl.
nur 17* *C. baumgartenii*), lgere Blü.stiele lger als Kelch
14 Grundb. zur Blü.zeit oft schon verwelkt, wenn vorhand. oval-rundl., herz-
od. nierenförmg, St. ± aufsteigd, Blü. glockg, 10–20(–25) mm lg
15 Pf. dichtrasg, mit zahlreich. nichtblühd. Trieb., St.b. lanzettl., Blü. blaßblau
16 Grundb. längl.-oval, allmähl. in d. B.stiel übergehd, dicht gedrängt, Blü.
längl., glockg, vorn ± verengt, 10–30 cm, ♃, 8–9 **C. cespitosa** 2836
16* Grundb. rundl.-oval, plötzl. in d. B.stiel übergehd, St. zerstr. abstehd steifhaarg, Blü. kurzglockg-halbkugelg, blaßblau, 5–15 cm, ♃, 6–8
C. cochleariifolia 2837
15* Pf. lockerrasg, nur mit wenig. nichtblühd. Trieben, Blü. blauviol.-blau
17 St.b. schmal-lineal
18 Blü.knosp. aufrecht, St. am Grunde höchst. 0,2 mm lg bewimpert, untere
St.b. ± gestielt, Blü. 10–20 mm lg, hellblau, Blü.std meist reichblütg, 10–
30(50) cm, ♃, 6–9 **C. rotundifolia** 2838
18* Blü.knosp. nickd, St. am Grunde bis 0,8 mm lg spärl. bewimpert od. kahl,
untere St.b. nicht gestielt, Blü. 20–30 mm lg, dunkelblau, Blü.std 1–
2(5)blütg, 10–20(30) cm, ♃, 7–8 **C. scheuchzeri** 2839
17* St.b. lanzettl., 4–12 mm brt, untersts wie St. ± behaart, Blü. etwas
trichterförmg, 20–30 mm lg, Blü.knosp. nickd, 20–50 cm, ♃, 7–8
C. baumgartenii 2840
vgl. auch unt. 10* **C. rhomboidalis** 2841
14* Grundb. zur Blü.zeit noch vorhand., alle B. längl.-lanzettl. od. spatelg, in d.
Stiel verschmält, St. aufrecht
19 Blü. 20–40 mm lg, weitglockg, meist blaßblau, in armblütg. Blü.traube
Kelchb. lanzettl., Grundb. derb, dunkelgrün, z. T. wintergrün, kahl,
Wurzelstock kriechd, 30–80 cm, ♃, 6–8 **C. persicifolia** 2843
19* Blü. 15–25 mm lg, trichterförmg, lila-blauviol., Kelchzipfel pfrieml.,
Grundb. längl.-lanzettl., hellgrün, Wurzelstock nicht kriechd
20 Blü.std armblütg, lg-ästg, rispg-doldg, Blü.zipfel bis zur halb. Blü.
eingeschnitt., Blü.stiele üb. d. Mitte mit 2 Hochb., 20–50(–70) cm, ☉, ♃, 5–7
C. patula 2844
20* Blü.std reichblütg, mit aufgericht. Ästen, verlängt, in schmal., fast traubg.
Rispen, Blü.zipfel nicht bis z. Mitte d. Blü. eingeschnitt., Blü.stiele nur am
Grunde mit Hochb., Wurzel verdickt, 30–80 cm, ☉, 6–8
C. rapunculus 2845

2825. Marien-G., C. médium L., hfg als Zierpf. kultiv. u. glgtl. an
Schuttplätz. verwildt – Herkunft: wmed – H – Chrom. 2n = 34.

2826. Bärtige G., C. barbáta L., zml. hfg in Magerrasen d. subalp. u. alp.
Stufe, auch im Zwergstrauch-Gestrüpp, auf frisch., basenreich.,
kalkarm., sauer., modrg-torfg humos. Ton- u. Lehmböden, Licht-

(Halbschatt)pf., Insekt.bestäubg, Nardion-Verb.char., auch noch in *Nardus-Carex curvula*-Übergangs-Ges. – A 800–2300 m – alp – H – Chrom. 2n = 34.

2827. Sibirische G., C. sibírica L., slt. in basiphil. Trocken- u. Halbtrockenras., z. B. mit *Stipa cap.*, Festucetalia val.-Ordn.char. – östl. Br, südöstl. Me (Odergebiet) – gemäßkont – H – Chrom. 2n = 34.

2828. Alpen-G., C. alpína Jacq., slt. in Magerras. d. subalp. u. alp. Stufe, im Zwergstrauch-Gestrüpp, auf frisch., basenreich., kalkarm. od. entkalkt., sauer-humos. Ton- u. Lehmböden, wohl Nardion-Verb.char. – A (v. all. östl. Teil, 1250–2370 m) – oalp – H – Chrom. 2n = 34.

2829. Straußblütige G., C. thyrsoídes L., zerstr. in sonng. Rasenhängen d. subalp. u. alp. Stufe, auf sommerwarm., frisch., ± nährstoffreich., basenreich., meist kalkhaltg., lock., humos., etwas lückg., steing. od. rein. Ton- u. Lehmböden, Tiefwurzler, lichtliebd, Insekt.bestäubg (Bienen), geschützt, Char. d. Caricetum ferr. (Caricion ferr.) – A 1400–2350 m – alp – H – Chrom. 2n = 34.

2830. Borstige G., C. cervicária L., slt. im Saum sonng. Büsche, in licht. Eichen- u. Kiefernwäldern, in Wald- u. Moorwiesen, auf vorzugsw. wechselfrisch., basenreich., neutral., humos., dicht. Lehm- u. Tonböden, Tiefwurzler, Halbschatt-Lichtpf., Insekt.bestäubg, v. all. im Molinion, auch im Geranion sang., Carpinion od. Quercion pub.-p. – Tonbodengebiete, z. B. Do, Av-A (bis 975 m), Ne, Fr, Ju, Mn, nordwestl. bis RS (Eifel), NSH, Br – gemäßkont(-smed) – H – Chrom. 2n = 34.

2831. Büschel-G., C. glomeráta L., zml. hfg in Kalk-Magerras. od. mager. Wiesen, im Saum licht. Büsche, an Wald- u. Wegränd., auf sommerwarm., mäß. frisch., ± nährstoffreich., basenreich., vorzugsw. kalkhaltg., mäß. sauer.-mild., humos., lock. Lehmböden, bis 50 cm tief wurzld, Licht-(Halbschatt)pf., Insekt.bestäubg, v. all. im Mesobromion, auch im Cirsio-Brachypodion, Festuco-Brometea-Art, (Diff.) auch in warm. Arrhenatheretalia- od. in Origanetalia-Ges. – Ebene bis mittl. Gebirgslag. (Kalk- u. Lehmgebiete), A bis 1740 m, im nordw. Tiefld fehld – euras-smed – H – formenreich.

1 Mittl. St.b. kahl od. zerstr. behaart, bis 10 cm lg, 3–5mal so lg wie brt

2831a. **ssp. glomeráta**, Fest.-Brometea-Kl.char. – Chrom. 2n = 34.

1* Mittl. St.b. bes. untersts dicht u. kurz behaart, bis 5 cm lg, 1,5–3mal so lg wie brt

2831b. **ssp. farinósa** (Roch.) Kirschl. v. all. in Saumges., Origanetalia-Ordn.char. – östl. Art, vereinzelt bis nöRh – gemäßkont – Chrom. 2n = 30, vgl. ferner ssp. *serótina* (Wettst.) Schwarz, mit nur 2–8 cm hoh. St. – A (ob im Gebiet?) – pralp.

2832. **Bologneser G., C. bononiénsis** L., slt. in warmtrock. Busch- u. Waldsaum-Ges. auf basenreich., lehmg. Sand- u. Steinböd., Char. d. Camp. bon.-Vicietum tenuif. (Geranion sang.), auch im Cirsio-Brachypodion – Me, Br, An, Th, Sa – gemäßkont – H – Chrom. 2n = 34.

2833. **Acker-G., C. rapunculoídes** L., zerstr., ab. gesellg im Saum sonng. Büsche, in licht. Eichen- u. Kiefernwäld., an Wald- u. Wegrändern, in Hecken u. Äckern, auf sommerwarm., mäß. trock. (frisch.), ± nährstoffreich., meist kalkhaltg., ± humos., mittel-tiefgründg. Lehm- u. Lößböden, Wurzelkriech-Pionier, Licht-Halbschattpf., Insekt.bestäubg (Bienen), Geranion sang.-Verb.char., ferner in Berberidion- u. Quercetalia pub.-Ges. od. (Diff.) im Caucalidion – Ebene bis mittl. Gebirgslag. (v. all. Kalkgebiete), A bis 1100 m – gemäßkont-smed, verschleppt – H – Chrom. 2n = 68, 102.

2833a. **f. glábra** Peterm., St. u. Kelchzipfel kahl – offenbar v. all. im Caucalidion.

2834. **Nesselblättrige G., C. trachélium** L., verbr. in krautreich. Eichen- u. Buchenwäld., in Hecken u. Waldverlichtg., auf sickerfrisch., nährstoff- u. basenreich., lock., humos., gern steing., auch rein. Lehmböden, Lehmzeiger, Mullboden-Wurzler, Schatt-Halbschattpf., etwas wärmeliebd, Insekt.bestäubg, v. all. in Carpinion-Ges., in Carici-Fageten od. Tilio-Acereten, Fagetalia-Ordn.char., auch in Glechometalia- od. Prunetalia-Ges. – Ebene bis mittl. Gebirgslag., A bis 1700 m, im nordw. Tiefld slt. – eurassubozean-smed – H – Chrom. 2n = 34.

2835. **Breitblättrige G., C. latifólia** L., slt. in staudenreich. Bergmisch- u. Schluchtwäld., in Hochstaud.fluren, auf sickerfrisch., nährstoff- u. basenreich., locker., humos., meist steing. Lehmböd. in humider Klimalage, Tiefwurzler, Halbschattpf., Zierpf., z. T. verwildert, v. all. im Tilio-Acerion od. (DA) im Aegop.-Anthriscetum nit. (Aegopodion) – Vog, süSch (1300 m), Av, A bis 1250 m, Ju, Mn, RS, He, Th, An, Sa, Hz, Erzg, L, Me, SH – nosubozean-pralp – H – Chrom. 2n = 34.

2836. **Rasen-G., C. cespitósa** Scop., für d. Gebiet zweifelhaft, sonst im Steinschutt od. Flußgeröll auf frisch., kalkhaltg. Unterlagen, Thlaspietea rot.-Art – A (Ob.österreich) – opralp – H – Chrom. 2n = 34.

2837. **Zwerg-G., C. cochleariifólia** Lam. (*C. pusilla* Haenke), zerstr. in feucht. Steinschutt-Fluren, im Geschiebe d. Alp.flüsse, an Felsen, v. all. d. subalp. Stufe, auf meist sickerfeucht., kalk- od. sonst basenreich., mild.-mäß.saur., ± feinerdereich. Steinschutt- od. Felsböden, Schuttkriecher (Tiefwurzler), Licht-Halbschattpf., Insekt.bestäubg, Thlaspietea rot.-Kl.char., als Alpenschwemmling auch im Epilobion fleisch., ferner mit *Sesleria* od. *Cystopteris* in feucht. Felsband- u. Felsspalt-Ges. (Potentillion caul. u. Seslerion) – süSch (Feldberg, ober. Höllental), Ba

(Wutach), Bo (Bodman), Ju (Schwäb. Alb), Do, Av, A bis 2590 m – alppralp – H – Chrom. 2n = 34.

2838. Rundblättrige G., C. rotundifólia L., verbr. in Magerrasen u. mager. Wiesen, in Heiden, licht. Eichenwäld., an Wald- u. Wegrändern, in Fels- u. Mauerspalten, auf mäß. frisch.-mäß.trock., vorzugsw. neutral-mäß. saur., modrg-humos. Lehmböd., auch feinerdearm. Stein- u. Sandböden, bis 120 cm tief wurzld, z. T. Wurzelkriecher, Licht(Halbschatt)pf., Magerkeitszeiger, Insekt.bestäubg (Bienen), Windverbrtg, in Nardo-Callunetea-, Festuco-Brometea-, mager. Arrhenatheretalia- od. Origanetalia-Ges., im Quercion rob.-petr. od. Erico-Pinion (vgl. Kleinart.) usw. – Ebene bis mittl. Gebirgslag., A bis 1300 m – H, formenreich:

1 Untere St.b. lanzettl.-ellipt., Blü. aufrecht, blauviol.

2838a. ssp. polymórpha Witas., slt. in hochmont., azidophil. Magerras. od. im Steinschutt – BayW (Lusen) – opralp – Chrom. 2n = 68.

1* Untere St.b. lanzettl.-lineal, Blü. meist etwas nickd
2 St.b. im unteren Drittel d. St. gehäuft, lineal, St. zahlreich, Blü.std wengblütg

2838b. ssp. gentílis Kov., slt. in Felsbandges. auf Kalk od. Dolomit – FrJu – mitteleurop-endem. – Chrom. 2n = 34, 68.

2* St.b. gleichmäßg verteilt, lineal, untere St.b. etwas verbreitert, St. meist nur wenige
3 St. aufsteigd-aufrecht, mäßg beblättert, zu wenigen

2838d. ssp. rotundifólia L., verbr. Sippe, s. o. – (no-)eurassubozean, circ – Chrom. 2n = 34, 68, 102.

3* St. aufrecht, zu mehreren, bis 50 cm hoch, mit zahlreich., dicht gedrängt., lineal. St.b., Blü.std reichblütg, Blü. klein, blaßblau

2838e. C. r. ssp. rotundifólia var. linearifólia (Dum.) Hayek, hfg v. all. im Saum, auch im Gefüge d. Luz.-Quercetum (Quercion rob.-petr.), auch an Mauern od. Felsen – Taxonomie u. Verbrtg noch ungenügd abgeklärt.

2839. Scheuchzer's G., C. scheúchzeri Vill., zml. hfg in Magerrasen u. Steinras. d. subalp. u. alp. Stufe, auf frisch., meist basenreich., vorwiegd mager., neutral-mäßg sauer., modrg humos. Lehmböd., Lichtpf., Wurzelkriecher, Insekt.bestäubg, in Seslerietalia-, wie Nardetalia- od. auch hochmont.-subalp. Pol.-Trisetion-Ges. – süSch (üb. 1200 m), Av (slt.), A 1300–2420 m – alp (mit arkt. Parallelsipp.) – H – Chrom. 2n = 68, 102.

2840. Lanzenblättrige G., C. baumgarténii J. Beck., slt. in Buchenwaldverlichtg., an Waldwegen u. Waldränd., in Schlägen, auf frisch., ± nährstoffreich., kalkarm., meist steing. od. sandg. Lehmböd., Char. d. Teucrio-Campanuletum baumgart. (Trifolion medii) – Vog-Pf, O (b. Heidelberg), Taunus – mitteleurop.-endem. – H – Chrom. 2n = 68.

2841. **Rautenblättrige G., C. rhomboidális** L., im Gebiet nur eingeschleppt u. verwildt, in Fettwiesen, auf frisch., nährstoffreich. Lehmböden, Düngerzeiger, in d. Schweiz Char. d. walp. Trisetetum flav., Polygono-Trisetion-Verb.char. – z.B. süSch (b. Freiburg i. Br. noch 1978 im mont. Arrhenatheretum), angebl. Ju (Meßkirch), ThW – wpralp – H – Chrom. 2n = 34.

2842. **Mont Cenis-G., C. cenísia** L., zerstr. in hochalp. u. nival. Kalk-Schieferschutt-Ges., Char. d. Camp. cen.-Saxifragetum (Drabion hopp.) – Vorarlberg, Tirol, Schweiz – walp – H – Chrom. 2n = 34.

2843. **Pfirsichblättrige G., C. persicifólia** L., zml. hfg in licht., sonng., kraut- u. grasreich. Eichenmisch-Wäldern, auch in Kiefern- od. Tannen-Wäldern, in Wald- u. Gebüschsäum., an Weg- u. Hecken-Rainen, auf sommerwarm., mäß. trock.-mäß. frisch., basenreich., meist kalkhaltg., mäß. sauer.-mild., humos., lock., steing., sandg. od. rein. Ton- u. Lehmböden, bis 50 cm tief wurzld. Mullboden-Kriecher, Lehmzeiger, Halbschattpf., Insekt.bestäubg, Windverbrtg, auch Zierpf., v. all. (Diff.) im Geranion sang., auch in Quercetalia pub.- od. licht-warm. Fagetalia-Ges., im Berberidion od. Erico-Pinion, auch Mesobromion, usw. – Ebene bis mittl. Gebirgslag. (Kalk- u. Lehmgebiete), A bis 1300 m, im nordw. Tiefld fehld – euraskont-smed – H – Chrom. 2n = 16, formenreich.

2844. **Wiesen-G., C. pátula** L., hfg v. all. in kurzwüchsg. Fettwies. tief. Lag., an Wegen, in Brachen, auf frisch., nährstoffreich., meist kalkarm., mäß. sauer.-neutral., ± humos., sandg. od. rein. Ton- u. Lehmböden, etwas wärmeliebd, Lichtpf. (Blü. sonnenwendg), Insekt.bestäubg (Bienen), Windverbrtg, gern in etwas mager. od. gestört. Rasen-Ges. (Feldgraswirtschaft), Arrhenatherion-Verb.char., in Bergwies. nur an wärmer. Stellen – Ebene bis mittl. Gebirgslag., A bis 1070 m, süSch bis 950 m, im nordw. Tiefld fehld – euras(kont)(-smed), verschleppt (?) – H – Chrom. 2n = 20, 40.

2845. **Rapunzel-G., C. rapúnculus** L., zerstr. in Halbtrockenras. od. warm. Fettwies., im Saum sonng. Büsche, v. all. an Böschg. u. Wegrainen, auch Erdanrissen, auf mäß. trock. (frisch.), nährstoff- u. basenreich., kalkarm. u. -reich., ± humos., lock., steing., sandg. od. rein. Löß- u. Lehmböden, wärmeliebd, z. T. Pionierpf., Insekt.bestäubg, Geranion sang.-Verb.char., auch im Mesobromion u. Arrhenatherion – v. all. im S u. W d. Gebiet., nordöstl. bis Th, Sa, sonst nur adv. – smed-euras – H – Chrom. 2n = 20.

Becherglocke, Adenóphora Fisch. vgl. S. 890
2846. **A. lilifólia** (L.) Bess., s. slt. in Moorwiesen, Busch- u. Wald-säumen, auf sommerwarm., wechselfeucht.(-wechselnass.), nährstoff- u.

basenreich. (kalkhaltg.), sandg. Lehm- u. Tonböden, Tiefwurzler, Licht-
Halbschattpf., Insekt.bestäubg, Molinion-Verb.char., auch in wechseltrock. Alno-Ulmion- od. Quercetalia pub.-Ges. – Do (Deggendorf) –
euraskont(-osmed) – H – Chrom. 2n = 34.

Frauenspiegel, Legoúsia Dur. (*Speculária* P. C. Fabr.)
1 Kelchzipfel lineal, ± so lg wie Fr.kn., Blü. 15–20 mm brt, Blü.std
   lockerrispg, St. spreizd-ästg, 10–20(–30) cm, ☉, 6–8
                                                    L. speculum-veneris 2847
1* Kelchzipfel lanzettl., halb so lg wie Fr.kn., Blü. 6–15 mm brt, Blü. oben ährg
   genähert, St. nur oben ästg, 10–25 cm, ☉, 5–7   **L. hybrida** 2848

2847. Gewöhnlicher F., L. spéculum-véneris (L.) Fisch., zerstr., z. T.
unbestdg in Getreidefeldern, auf sommerwarm., mäß. frisch., nährstoff-
u. basenreich., meist kalkhaltg. Lehm- u. Tonböden, bis 15 cm tief
wurzld, lichtliebd (Blü. mit Schlafbewegg), Insekt.- u. Selbstbestäubg,
Windverbrtg, Caucalidion-Verb.char. – Ebene bis mittl. Gebirgslag.
(Kalkgebiete), v. all. im S d. Gebiet., nördl. bis NWe, NSH, Th, An –
smed-med, verschleppt – T – Chrom. 2n = 20.

2848. Kleiner F., L. hýbrida (L.) Delarbre, slt. u. unbestdg in
Getreidefeld., auf sommerwarm., mäß. frisch., nährstoff- u. basenreich.,
gern sandg. od. steing. Lehm- u. Tonböden, noch wärmeliebder als vor.,
Insekt.- u. Selbstbestäubg, Caucalidion-Verb.char., überreg. Secaline-
tea-Art – v. all. im S d. Gebiet., z. B. Hü, Bo, Ba, Ju, Do, Mn, nördl. bis
NSH, SH, Th – med-smed – T – Chrom. 2n = 20.

Teufelskralle, Rapunzel, Phytéūma L.
1 Blü.köpfe anfängl. eiförmg, zuletzt längl.-ährenförmg, blau od. weiß
2 Blü.kopf weißl. (slt. blaßblau), B. doppelt gekerbt od. gesägt, unt. u. mittl.
   St.b. am Grund herzförmg od. abgerundet, wenig lger als brt, oft
   schwarzgefleckt, 20–50(–80) cm, ⟂, 5–7   **Ph. spicatum** 2849
2* Blü.kopf blau od. blauviol.
3 Einzelblü. vor d. Aufblüh. gekrümmt (Abb. 54, S. 890), Grundb. höchst.
   doppelt so lg wie brt, Blü.kopf mit lineal-lanzettl. Hüllb., Narb. meist 2
4 Grundb. ± so lg wie brt, doppelt gekerbt-gesägt, mittl. St.b. am Grund
   abgerundet, Hüllb. lanzettl., ± so lg wie Blü.kopf, Blü. schwarzviol.,
   30–100 cm, ⟂, 7–8   **Ph. ovatum** 2850
4* Grundb. ± doppelt so lg wie brt, einfach gekerbt, mittl. St.b. am Grund
   keilförmg verschmälert, Hüllb. lineal, kürzer als Blü.kopf, Blü.
   schwarzblau, 20–50 cm, ⟂, 5–7   **Ph. nigrum** 2851
3* Einzelblü. vor. d. Aufblüh. fast gerade, Grundb. 2–4mal lger als brt, am
   Grund meist abgerundet, Hüllb. s. kurz, borstl.-lanzettl., Narb. meist 3, Blü.
   hellblau, 20–60(–80) cm, ⟂, 7–8   **Ph. betonicifolium** 2852
1* Blü.kopf kugelg, höchst. zuletzt etwas eiförmg verlängt, blau, Grundb. meist
   lanzettl. od. lineal

5   Grundb. meist lanzettl. od. herzeiförmg, kerbg gezähnt, Hüllb. eilanzettl.
od. 3eckg, ± so lg wie Blü.kopf, 10–50 cm, ♃, 5–7 **Ph. orbiculare** 2853
vgl. ferner mit kl. spatelförmg., oft vorn gekerbt. B., Blü.köpfe
2–7(–12)blütg, 1–5 cm, ♃, 7–9   **Ph. globulariifolium** 2855
5*   Grundb. lineal, grasartg, Hüllb. eiförmg zugespitzt, meist kürzer als
Blü.kopf, 5–15(–30) cm, ♃, 7–8   **Ph. hemisphaericum** 2854

2849. **Ährige T., Ph. spicátum** L., verbr. in krautreich. Laub- u. Nadel-
Mischwäld., auch in Bergwiesen, auf frisch., nährstoff- u. basenreich.,
mäß. sauer.-mild., lock. humos., mittel-tiefgründg. Lehmböden,
Mullboden-Wurzler, Insekt.bestäubg, Windverbrtg, Wildgemüsepf.,
Fagetalia-Ordn.char., im Gebirge auch im Polygono-Trisetion od.
Adenostylion – Ebene bis Gebirge, A bis 2110 m, im nordw. Tiefld slt.
od. fehld – subatl-smed – H – Chrom. 2n = 22, formenreich, z. B.:

2849a. **ssp. coerúleum** (Gremli) R. Schulz, Blü. blaugrau überlauf. (nicht
mit *Ph. nígrum* zu verwechsl.), hie u. da, z. B. Hü, Ju, A, Mn, Fr, Th, An

2850. **Haller's T., Ph. ovátum** Honck. (*Ph. hálleri* All.), zerstr. auf
Gebirgswies., in Hochstaudenflur., im Hochstaudengebüsch d. subalp.
Stufe, auf sickerfrisch., nährstoff- u. basenreich., oft kalkhaltg., humos.,
lock. Ton- u. Lehmböden, Mullböd., Licht-Halbschattpf., Insekt.-
bestäubg, Char. d. Trisetetum (Polygono-Trisetion), auch im Adenostylion – A 1000–2190 m – pralp-alp – H – Chrom. 2n = 22.

2851. **Schwarze T., Ph. nígrum** F. W. Schmidt, zml. hfg in Bergwiesen
od. Laubmisch-Wäldern tief. Lagen, auf frisch., mäß. nährstoffreich.,
basenreich., ab. kalkarm., (neutral-)mäß. sauer., humos. Lehmböden,
bis 50 cm tief wurzld. Lehmzeiger, Mull-Moderböd., Licht-
Halbschattpf., Insekt.bestäubg, im Silikatgebirge Char. d. Ger.-Triseté-
tum (Polyg.-Trisetion), auch in mont. Arrhenathereten, in tief. Lagen
(Verb.Diff.) in Carpinion-Ges. – v. all. Bergld, Sch bis 1400 m, Kalkgebiete fehld, nördl. bis RS, NSH-NS, Hz, Th, Erzg, Elbs – endem.-
mitteleurop. (subatl) – H – Chrom. 2n = 22.

2852. **Ziestblättrige T., Ph. betonicifólium** Vill., zerstr. in Silikat-
Magerrasen d. subalp. Stufe, auf frisch., kalkarm., sauer., torfg-humos.
Lehm- u. Tonböden, Magerkts- u. Versauergszeiger, Lichtpf., Insekt.-
bestäubg, Nardion-Verb.char. – A 1100–2050 m – pralp-alp – II -
Chrom. 2n = 24.

2853. **Kugel-R., Ph. orbiculáre** L., zerstr. in sonng. Kalk-Magerrasen,
auch in Moorwiesen, v. all. d. mont. u. subalp. Stufe, auf frisch.
(wechselfrisch.), basenreich., meist kalkhaltg., neutral-mild., modrg
humos., steing. od. rein. Ton- u. Lehmböden, lichtliebd, Insekt.-
bestäubg, Soziologie she. Unterart. – H, formenreich:

1   Hüllb. ei-lanzettl., zugespitzt, so lg od. lger als Blü.kopf, St. spärl. beblättert,
Narb. meist 3

2853a. **ssp. orbiculáre**, v. all. montan bis subalpin verbr., in d. var. *montánum* R. Schulz: Seslerietalia-Ordn.char., in tieferen Lag. auch im Mesobromion od. Molinion – v. all. im S d. Gebiet. (Kalkgebiete), nördl. slt. bis NSH, Hz, Th, An, südl. Br, A bis 2420 m – pralp – Chrom. 2n = 22.

1* Hüllb. 3eckg-lanzettl.-spitz, kürzer als Blü.kopf, St. reichbeblättert, höher als vor. (bis 50 cm), Narb. neben 3 hfg nur 2

2853b. **ssp. ténerum** (R. Schulz) Oberd. ex Korn. (*Ph. ténerum* R. Schulz), slt. in Halbtrockenras. als Char. d. Mesobrometum (Mesobromion) – nur im SW d. Gebiet.: Rh, Hü, Pf – subatl(-wpralp) – Chrom. 2n = 22.

2854. **Grasblättrige, Halbkugelige T., Ph. hemisphaēricum** L., zerstr. in Silikat-Magerras. d. alp. Stufe, auf frisch., kalkarm., sauer., torfg humos., meist steing. Lehmböden, Insekt.bestäubg, überreg. Caricetalia curv.-Ordn.char., auch (wie im Gebiet) in hochgelegen. Nardion-Ges. od. (als Versauergszeiger) im Elynetum (Elynion) – A 1700–2350 m – alp – H – Chrom. 2n = 28.

2855. **Armblütige R., Ph. globulariifólium** Sternb. et Hoppe, zerstr. in hochalp., meist bodensaur. Steinras., Caricion curv.-Verb.char., v. all. ssp. *pedemóntanum* Beck. (mit lanzettl. äuß. Hüllb.), ssp. *globulariifólium* (mit stumpfl. Hüllb.) auch im Drabion hopp. – Tirol, Schweiz – alp – Chrom. 2n = 28.

Moorglöckchen, Wahlenbérgia Schrad. vgl. S. 890

2856. **W. hederácea** (L.) Rchb., s. slt. in binsenreich. Flach- u. Quellmooren, an Gräben, in Torfmoospolstern, auch im Erlenbruch, auf sicker-staunass., kalkarm., mäß. sauer., z. T. torfg. Sumpfhumusböden in wintermild-humid. Klimalage, Humuswurzler, Insekt.bestäubg, geschützt, Juncion acutifl.-Verb.char., auch im Caricion f., gern in lückg. Stadien – süSch (Hünersedel), Rh (Hagenau, Walldorf-Großgerau), O, PF (Saar), RS (Hoh. Venn), NS – atl. im Gebiet an d. O-Grenze d. Verbrtg – H, Ch – Chrom. 2n = 36.

Sandrapunzel, Jasióne L.

1 Pf. mit Ausläufern, B. flach, St. wenig ästg, Blü.kopf 25–30 mm brt. 25–40 (–60) cm, ♃, 7–9   **J. laevis** 2857

1* Pf. ohne Ausläufer, B. am Rande wellg, St. reichästg, Blü.kopf 15–25 mm brt, 15–30(–50) mm, ☉, 6–10   **J. montana** 2858

2857. **Ausdauernde S., J. laēvis** Lam. (*J. perénnis* Vill.), zml. slt. in Silikat-Magerrasen, gern an lückg. Stellen, an Böschg. u. Wegrain., auf frisch., basenreich., kalkarm., mäß. sauer.-sauer., torfg-humos. od. ± roh., gern sandg-grusg. Lehmböden, Pionierpf., Insekt.bestäubg, v. all. mit *Genista sag.*, Violion-Verb.char. – Vog, Sch, Pf, Ba, Ju (Schwäb.

Alb), Av (West-Zipfel) – atl-wsmed, im Gebiet an d. O-Grenze d. Verbrtg – Ch – Chrom. 2n = (12) 24, 48 (60).

2858. Berg-S., J. montána L., zerstr. in lückg. Sand-Magerrasen, auf Dünen, Felsköpfen, an Dämmen u. Wegen, in Brachen, auf sommerwarm.-trock., kalkarm., sauer.-mäß. sauer., feinerde- u. humusarm. Sand- u. Steingrusböden, bis 1 m tief wurzlde Pionierpf., Licht(Halbschatt)pf., Insekt.bestäubg, Windverbrtg, Sedo-Scleranthetea-Kl.char. – Ebene bis mittl. Gebirgslag. (Silikatgebiete), A fehld – subatl-smed – H, formenreich:

1   St. aufsteigd-aufrecht, zu wengen, bis 30 cm hoch

2858a. **ssp. montána,** verbr. Sippe, s. o. – Chrom. 2n = 12.

1* St. niederliegd, nur an d. Spitze aufsteigd, zu mehrer., bis 15 cm hoch

2858b. **ssp. litorális** Fr., slt. in Graudünen d. Nord- u. Ostsee-Küste, Koelerion alb.-Verb.char. – Chrom. 2n = 14.

(Familie Lobeliáceae)

Lobelie, Lobélia L.

1   Blü. weißl., Blü.std ± einfach, traubg, Wasserpf. mit lineal. B. in
    grundstdg. Rosette, 40–70 cm, ♃, 7–8   **L. dortmanna**   2859
1* Blü. blau, Blü.std ästg, Land- u. Zierpf., B. längl.-eiförmg, 15–30 cm, ⊙,
    6–10   **L. erinus**   2860

2859. Wasser-L., L. dortmánna L., slt. an flach., sandg. Ufern nährstoffarm. (oligotroph.), mäßg sauer. (pH 4,4–6,5) Seen in 10–30 cm Tiefe, giftg, geschützt, Char. d. Is.-Lobelietum (Lobelion) – NWe, NS, SH – nosubozean – W – Chrom. 2n = 14.

2860. Blaue L., L. erínus L., hfg in Gärt. als Zierpf. u. glgtl. in Schuttunkrautges. verwildt – Herkunft: S-Afrika (Kapland) – T – Chrom. 2n = 28 (42).

Ordnung Asteráles (Synándrae p. p.)

Familie der Korbblütler, Asteráceae (Compósitae)

1   Scheibenblü. röhrg, mit od. ohne einen Kranz zungenförmg. Randblü.
    (Abb. 55), Pf. ohne Milchsaft   *Asteroideae (Tubuliflorae)*   S. 901
2   Blü.köpfch. eingeschlechtg, Staubb. u. Fr.kn. in getrennt. u. verschied.
    gestaltet., armblütg. Köpfch., Fr.kn.köpfch. 1–5blütg, b.achselstdg. ohne
    Blü.b., Staubb.köpfch. mehrblütg, z. T. mit kl. gelbgrün. Blü.b.
                                                              Ambrosiinae   S. 901
2* Blü.köpfch. im allg. mit zwittrg. Blü. (Ausn. z. B. *Antennaria*),
                                         Asteroideae (ohne *Ambrosiinae*)   S. 901

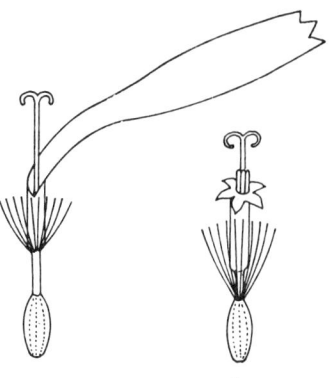

Abb. 55. a Zungenblüte mit Haarkrone (Pappus) auf geschnäbeltem Fruchtknoten, b Röhrenblüte (zwittrig) mit Haarkrone (Pappus) auf ungeschnäbeltem Fruchtknoten.

a   b

1* Scheibenblü. fast alle zungenförmg, Pf. stets mit weiß. Milchsaft (nicht zu verwechseln mit gefüllt. Zierarten d. Asteroideae mit vermehrt. Zungenblü., Pf. ab. ohne Milchsaft)   *Cichorioideae (Liguliflorae)* S. 907

Ambrosiinae

1 Staubb.köpfch. in unbeblätt. ährg-rispg. Blü.std, nickend, Fr.kn.blü. meist darunter b.achselstdg, B. meist gegenstdg
2 B. fiederspaltg   **Ambrosia** S. 926
2* B. ungeteilt, ei-herzförmg, 7–15 cm lg, grob gezähnt, grau behaart, Fr.kn.blü. zu 5, 50–200 cm, ☉, 8–10   **Iva** S. 928
1* Blü.köpfe alle kugelg geknäuelt, Fr.kn.blü. zu 1–2 in bleibd., widerhakg bedornter Hülle, B. gelappt, wechselstdg   **Xanthium** S. 926

Asteroídeae (ohne Ambrosiínae)

1 Einzelblü. alle röhrg, z. T. sind ab. die röhrg. Randblü. durch 5 ungleich große Zipfel strahlg vergrößt (Kornblume!), z. T. täuschen verlängerte bunte Hüllb. zungenförmge Randblü. vor (Silberdistel!) (1* vgl. S. 905 oben)
2 Pf. stachelg, distelartg (2* vgl. S. 902 Mitte)
3 Blü.kopf ohne Hülle, kugelg, aus einer Häufung wenigblütg. Köpfch. mit trockenhäutg. od. borstg. Hülle bestehd, Blü. blaßblau, B. fiederteilg, untersts weißfilzg, 50–100 cm, ⚃, 7–8   **Echinops** S. 960
3* Blü.kopf mit Hülle
4 Innere Hüllb. zungenblü.artg verlängert, trockenhäutg, gelbl. od. silbergrau, B. wechselstdg   **Carlina** S. 960
4* Innere Hüllb. nicht verlängert
5 Blü.kopfbod. ohne Spreub., bienenwabg vertieft, fleischg, St. brt, stachelg geflügelt, Fr. 4kantg, 30–200 cm, ☉, 7–9   **Onopordum** S. 970
5* Blü.kopfbod. mit borstl. Spreub.
6 Blü. rötl.viol., slt. weiß od. weißl.

7 B. weiß gefleckt, marmoriert, fiederg gelappt, äußere Hüllb. b.artg mit
   dorng. Anhängseln, sltne Zier- u. Ruderalpf., 50–150 cm, ⊙, 7–8
                                                    Silybum S. 970
7* B. nicht weiß gefleckt
8 Hüllb. lederg-fleischg, Blü.köpfe bis 9 cm brt, sltne Nutz- u. Ruderalpf.
                                                    Cynara S. 969
8* Hüllb. nicht lederg-fleischg, Blü.köpfe kleiner
9 Hüllb. mit gefiedert. od. einfach. Dornen, Randblü. als Röhrenblü. durch
   mehrere Zipfel strahlg verlängert, sltne Ruderalpf.   **Centaurea** S. 971
9* Hüllb. ohne gefiederte Dornen, Randblü. nicht deutl. strahlg verlängert,
   hfge Ruderal- od. Wiesenpf.
10 Haarkrone (Pappus) d. Fr. (Fr.kn.) mit federg. gefiedert. Haaren, Blü.köpfe
   walzl., oben meist etwas verengt   **Cirsium** S. 966
10*Haarkrone mit einfach., nicht federg gefiedert., höchst. fein gezähnelt.
   Haaren, als ganzes abfalld, Blü.köpfe meist halbkugelg **Carduus** S. 964
   vgl. auch mit scharf gesägt. (nicht stachelg.) B., dicht anliegd. Hülle u. in
   einzelne Haare zerfallde Haarkrone, vgl. unt. 42   **Serratula** S. 970
6* Blü. gelb
11 Hüllb. ohne Dornen, nur ± stachelg zugespitzt, verbr. Wiesenpf., vgl. 10
                                                    Cirsium S. 966
   vgl. auch 33   **Carpesium** S 925
11*Hüllb. mit Dornen, sltne Ruderalpf.
12 Fr. ohne Haarkrone, bedornte Hülle laubartg   **Carthamus** S. 976
12*Fr. mit Haarkrone
13 Hüllb. z. T. laubartig, d. inner. mit gefiedert. Dornen, St. wenig ästg u. wenig
   köpfg, 30–50 cm, ⊙, 6–8   **Cnicus** S. 977
13*Hüllb. nicht laubartg, mit 4 kl. Dornen u. 1 s. lg. Dorn, Pf. sonst nicht
   stachelg, vgl.   **Centaurea** S. 971
2* Pf. nicht stachelg, mit weich., behaart. od. unbehaart. B. u. St.
14 B. alle grundstdg, Blü.std nur mit B.schuppen, z. T. vor B. erscheinend, Pf.
   mit unterird. Ausläufern
15 B. derb-dunkelgrün, z. T. wintergrün, ± nierenförmg, 1–4 cm brt, vor Blü.
   vorhanden, Blü.schaft einköpfg, Blü. rötl.   **Homogyne** S. 950
15*B. sommergrün, viel größer, erst nach Blü. erscheinend
16 Blü. rosarot od. weiß, Blü.std traubg   **Petasites** S. 949
16*Blü. gelb, Blü.std einköpfg, vgl. unter 69   **Tussilago** S. 949
14*B. auch st.stdg
17 B. gegenstdg
18 Blü. rötl. od. blau
19 Blü. rötl., Fr. mit Haarkrone, B. meist 3teilg, grob gesägt, mit lanzettl.
   Abschnitt., Blü.köpfe wenigblütg, doldg, 75–150 cm, ♃, 7–9
                                                    Eupatorium S. 909
19*Blü. blau, Fr. mit ca. 5 Borst. als Haarkrone, Zierpf., ⊙ **Ageratum** S. 909
18*Blü. gelbbraun od. z. T. weiß, Fr.kn. ohne Haarkrone, mit Borst. od.
   Schuppen, Blü.köpfe nicht od. ohne Zungenblü.
20 Blü.köpfe 15–20 mm brt, Hüllb. 2reihg, untere z. T. b.artg vergrößt, Fr. mit
   2–4widerhakg. Borsten (Abb. 56)   **Bidens** S. 930
20*Blü.köpfe 3–5 mm brt, Hüllb. 1reihg, Fr. mit behaart. Schuppen, B. eiförmg,
   zugespitzt, gezähnt   **Galinsoga** S. 932
17*B. wechselstdg

21ʹ Grundb. 30–50 cm groß, rundl. od. herzförmg-längl.
22 Hüllb. hakenborstg, klettg. Blü.kopf rundl., Blü.kopfbod. mit Spreub.,
Unkräuter **Arctium** S. 962
22* Hüllb. nicht hakenborstg, gleich lg, Blü.kopf kl., walzl., mit nur 3–6 Blü.,
Blü.kopfbod. ohne Spreub., Gebirgspf. **Adenostyles** S. 948
21* Grundb. od. untere St.b. 5–8(16) cm groß, z. T. viel kleiner
23 B. ungeteilt, ganzrandg od. nur fein u. wenig gezähnt (23* vgl. S. 904 Mitte)
24 Hüllb. durchweg trockenhäutg od. wollg-filzg, B. lineal-lanzettl., meist dicht
filzg (edelweißartg) behaart, z. T. kleinere Pf.
25 Innere Hüllb. trockenhäutg, zungenförmg verlängt, (wie bei Silberdistel
Zungenblü. vortäuschd), lila od. rosa, Fr. mit trockenhäutg. Schuppen,
Zierpf. **Xeranthemum** S. 960
25* Innere Hüllb. nicht verlängt
26 Fr. ohne Haarkrone (Pappus), Hüllb. 2reihg, Blü.köpfch. 3–5 mm brt, ±
kugelg, in end- od. gabelstdg. Knäueln, 5–10 cm, ☉, 6–7
Micropus S. 917

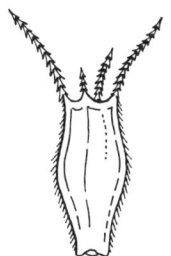

Abb. 56. Frucht von *Bidens tripartitus*.

26* Fr. mit Haarkrone
27 Köpfch. höchst. von schmal., locker stehd. Hochb. umgeben, St. meist
verzweigt
28 Hüllb. krautg-filzg, am Rande trockenhäutg, Blü.köpfch. 5kantg,
Köpfch.bod. z. T. mit Spreub., Blü.stde traubg, geknäuelt, rispg od.
gabelästg **Filago** S. 918
28* Hüllb. trockenhäutg, kahl, z. T. bunt, Köpfch. rundl.
29 Pf. 2häusg, (Blü. größt.teils eingeschlechtg), Hüllb. rosa od. weiß,
Staubb.köpfch. meist halbkugelg, mit weitröhrg. Einzelblü., Fr.kn.köpfch.
walzl., mit engröhrg., fädl. Blü., Blü.std doldg, Pf. z. T. mit oberird.
Ausläufern, polsterbildd **Antennaria** S. 919
29* Pf. einhäusg, Blü.std z. T. mit Staubb.-, z. T. mit Fr.kn.-Köpfch.
30 Hüllb. u. Blü. lebhaft gelb, Blü.köpfe kugelg-eiförmg, in doldg. Blü.std,
10–30 cm, ♃, 7–8 **Helichrysum** S. 922
30* Hüllb. braun od. gelbl. gesäumt, Blü.köpfe in Ähren, Traub. od, geknäuelt,
oft mit verlängert., ab. schmal. Hochb. **Gnaphalium** S. 920
27* Köpfch. von brt., dicht stehd., weißfilzg. Hochb. sternförmg umgeben, St.
meist unverzweigt, 1köpfg, 5–25 cm, ♃, 7–8 **Leontopodium** S. 920
24* Hüllb. grün od. nur trockenhäutg gesäumt, B. kahl od. nur spärl. spinnweb-
wollg behaart, meist größere Pf.
31 Blü. gelb, braungelb od. weißl.

32 B. 1–2 mm brt, lineal, graugrün, kahl   **Aster**   S. 911
32* B. meist üb. 10 mm brt
33 Fr.kn. ohne Haarkrone, äußere Hüllb. b.artg vergrößt, abstehd, Blü.kopf
    nickd, 20–80 cm, ☉, 7–9   **Carpesium**   S. 925
33* Fr.kn. mit Haarkrone
34 Blü.kopf ganz ohne randl. Zungenblü.   **Inula**   S. 922
34* Blü.kopf mit kl. unscheinb., d. Hülle kaum überragd. Zungenblü.
35 Blü. gelb
36 Zungenblü. 5–8, vgl. unter 80   **Solidago**   S. 910
36* Zungenblü. zahlreich, vgl. unter 81*   **Pulicaria**   S. 924
35* Blü. weißl., vgl. unter 68*   **Conyza**   S. 917
31* Blü. rötl. od. blau
37 Randblü. nicht vergrößt
38 B. wenigst. untersts behaart, sltne Hochalpenpf.   **Saussurea**   S. 963
38* B. kahl, scharf gesägt, vgl. 42   **Serratula**   S. 970
37* Randblü. ± strahlg vergrößt, röhrg-trichterg, mit lineal. Blü.zipfeln, Hüllb.
    mit trockenhäutg. Anhängseln   **Centaurea**   S. 971
23* B. gefiedert, fiederspaltg od. lanzettl. u. grob gezähnt
39 Blü. rötl., rotviol. od. slt. daneb. weiß
40 Haarkrone d. Fr. mit einfach. Haar. od. fehld
41 Randblü. strahlg vergrößt, röhrg-trichterg, vgl. 37*   **Centaurea**   S. 971
41* Randblü. nicht strahlg vergrößt
42 B. kahl, scharf gesägt, Blü.std meist reichköpfg, doldg, Hüllb. anliegd, spitz,
    Haarkrone vielreihg, mit einzeln abfalld. Haaren, 20–100 cm, ⚇, 7–9
                                                         Serratula   S. 970
42* B. untersts weißfilzg, Blü.std mit 1-wenig., lg gestielt. Blü.köpfen,
    Haarkrone als ganzes abfalld, 30–45 cm, ⚇, 7–9   **Jurinea**   S. 963
40* Haarkrone mit gefiedert. Haaren, Hüllb. u. B.zähne mit dorng. Spitze, vgl.
    unter 10   **Cirsium**   S. 966
39* Blü. gelb, weißl.gelb od. bräunl.
43 Haarkrone d. Fr. mit gefiedert. Haaren, vgl. unter 11   **Cirsium**   S. 966
43* Haarkrone mit einfach. Haaren od. fehld
44 Haarkrone vorhand., Blü. gelb od. weißl.gelb
45 Blü.köpfch. 8–10 mm lg, Blü. gelb, Blü.kopfbod. mit Spreub., Hüllb. oft
    schwärzl., B. buchtg-fiederspaltg   **Senecio**   S. 952
45* Blü.köpfch. 12–17 mm lg, Blü. gelbl.weiß, Blü.kopfbod. ohne Spreub.,
    untere St.b. ganzrandg, lanzettl.-eilängl., grob u. ungleich gezähnt, 50–
    100(120) cm, ⚇, 7–9   **Erechtites**   S. 959
44* Haarkrone fehlt, Blü.kopfbod. ohne Spreub., Blü. gelbl. od. weißl.
46 Blü.köpfch. walzl., 2–6 mm lg, mit aufrecht. Hüllb., zu vielen in ährg-traubg.
    od. rispg. Blü.std, B.wechselstdg   **Artemisia**   S. 944
46* Blü.köpfch. kugelg od. abgeflacht halbkugelg, ± ansehnlich (mit u. ohne
    Zungenblü.) in doldg. Blü.std od. auch einzeln-endstdg
47 B. doppelt gefiedert od. mit eingeschnitt.-gesägt. Fiederblättch.
48 B. mit fein., kaum 1 mm brt., B.zipfeln, Blü.köpfe kugelg, Kopfbod.
    kegelförmg   **Matricaria**   S. 939
48* B.abschnitte brter, Blü.köpfe abgeflacht, Hüllb. vielreihg, ± dachziegelg
                                                      Chrysanthemum   S. 940
47* B. einfach gefiedert od. fiederspaltg, Blü.köpfe einzeln-endstdg
49 Pf. krautg, einjährg, 7–15 cm, 7–8   **Cotula**   S. 944

49* Pf. verholzd, Polster-bildde Zierpf., 20–25 cm, ♄, 7   **Santolina** S. 935
1* Einzelblü. in d. Mitte d. Köpfch. röhrg, am Rand durch einen verlängert.
  Zipfel zungenförmg vergrößert (Zungenblü.), in einfach. Zungenblü.kranz
  (Strahlenkranz) od. bei gefüllt. Gartenform. in mehrfach. Kränzen
50 Zungenblü. weiß, rötl. od. blau (50* vgl. S. 906 oben)
51 B. alle grundstdg, Blü.schaft b.los od. nur mit kl. B.schupp.
52 Grundb. in Rosett., Zungenblü. weiß(-rötl.)
53 Fr. ohne Haarkrone, Hüllb. stumpfl., 5–15 cm, ⚄, 2–11   **Bellis** S. 911
53* Fr. mit Haarkrone, Hüllb. spitzl.   **Aster** S. 911
52* Grundb. in Herden, nicht rosettg, Blü. rötl. od. weißl., in Blü.traub. vor B.
  erscheind, Pf. mit unterird. Ausläufern   **Petasites** S. 949
51* B. auch st.ständg
54 B. gegenstdg
55 B. ungeteilt
56 Blü.köpfe 3–5 mm brt, mit 4–5 s. kl. weiß. Zungenblü., Hüllb. 1(–2)reihg, Fr.
  mit behaart. Schuppen   **Galinsoga** S. 932
56* Blü.köpfe u. bunte Zungenblü. größer, B. derb, Zierpf., 30–100 cm, ☉, 6–9
      Zinnia S. 928
55* B. fiederspaltg, Zierpf.
57 B. mit fein., lineal. B.zipfeln, Fr.kn. oben mit 2–4 rauh. Borsten, 50–80 cm,
  ☉, 6–9   **Cosmos** S. 931
57* B. mit brt., gezähnt. B.abschnitt., Fr. ohne Haarkrone, 100–180 cm, ⚄, 8–10
      Dahlia S. 932
54* B. wechselstdg
58 Scheiben- u. Zungenblü. weiß, Zungenblü. kl.-rundl., Blü.köpfe kl., in
  dicht., doldg. Stand, (Dold.traube u. Dold.rispe), auch größer u. locker
  stehd   **Achillea** S. 935
58* Scheibenblü. gelb, Zungenblü. weiß od. bunt gefärbt
59 Zungenblü. kl., rundl., gelb, Zierpf.   **Achillea** S. 935
59* Zungenblü. lg, schmal
60 B. gefiedert od. tief fiederspaltg
61 B. mit längl.-lanzettl., eingeschnitt. gesägt. Fiederblättch., Hüllb. vielreihg,
  ± dachziegelg   **Chrysanthemum** S. 940
61* B. mit fein., lineal., kaum 1 mm brt. B.zipfeln, 2–3fach fiederteilg
62 Blü.kopfbod. ohne Spreub.   **Matricaria** S. 939
62* Blü.kopfbod. mit Spreub., die sich ab. oft mit der Blü. vom Blü.kopfbod.
  lösen
63 Fr. ± ungeflügelt   **Anthemis** S. 933
63* Fr. geflügelt, Zungenblü. untersts meist rot gestreift, 20–30 cm, ☉, 6–7
      Anacyclus S. 935
60* B. ungeteilt, ganzrandg od. nur ± kräftg gesägt
64 Fr. ohne Haarkrone (Pappus), vgl. Abb. 55, S. 901
65 Zungenblü. weiß (bei Zierpf. auch rötl.), Blü.köpfe unter 10 cm brt
      Chrysanthemum S. 940
65* Zungenblü. rot, Blü.köpfe 10–15 cm brt, mit kegelförmg. Köpfch.bod.,
  Zierpf , vgl.   **Rudbeckia** S. 928
64* Fr. mit Haarkrone
66 Blü.kopf 5–40 mm brt
67 Zungenblü. in mehrer. Reihen, schmal, meist kurz u. kl., z. T. aufrecht,
  Haare d. Haarkrone gezähnelt, meist zerbrechl., Hüllb. lineal-lanzettl., ±

gleich lg
68 Zungenblü. die Hülle z. T. nur wenig, doch deutl. überragd, Blü. lila od.
bläul. **Erigeron** S. 914
68* Zungenblü. die Hülle kaum überragd, Blü. schmutzig weiß
Conyza S. 917
67* Zungenblü. (von gefüllt. Gartenform. abgeseh.), meist einreihg, ansehnl.,
ausgebrtet, Hüllb. dachziegelg, brt **Aster** S. 911
66* Blü.kopf 40–80 mm brt, meist einzeln, endstdg od. daneben wenige
seitenstdg, Hüllb. 1–3reihg, d. äußer. b.artg, Zierpf., 10–80 cm, ☉, 8–10
Callistephus S. 914
50* Zungenblü. gelb
69 Blü. vor B. erscheind, Blü.schaft 1köpfg mit kl. B.schupp., B. in Herden,
herzförmg, obersts glatt-speckg u. jg mit leicht abwischbar. Filz, untersts
graufilzg, B.stiel ob. deutl. rinng (vgl. *Petasites*), Pf. mit unterird.
Ausläufern, 5–20 cm, ♃, 2–4 **Tussilago** S. 949
69* Blü. mit od. nach B. erscheind
70 St.b., wenigst. z. größt. Teil, gegenstdg
71 Pf. mit grundstdg. B.rosette, B. ganzrandg, meist 5rippg, St. mit 1–2
B.paaren, Blü.kopf-Hülle glockg, 2reihg, Fr. mit Haarkrone, 20–60 cm, ♃,
7–8 **Arnica** S. 951
71* Pf. ohne Grundrosette, mit meist reich beblättert. St., B. gesägt od.
fiederspaltg, Fr. ohne Haarkrone
72 Fr. mit 2–4 länger., widerhakg. Borsten (Abb. 56 S. 903) **Bidens** S. 930
72* Fr. ohne hakige Borsten u. ohne Haarkrone, Zier- u. sltne Ruderal-Pf.
73 B. gefiedert, äußere Hüllb. d. Blü.kopfes b.artg, abstehd, innere gelb gefärbt,
Zungenblü. vorn 3zähng, Zierpf., 30–90 cm, ☉, 7–9 **Coreopsis** S. 931
73* B. ganzrandg, eiförmg od. längl.
74 Pf. oberwts drüsg, äußere Hüllb. b.artg, sltne Ruderalpf., 100–200 cm, ☉,
8–10 **Guizotia** S. 932
vgl. ferner mit etwas verlängt. Hüllb., kl. Köpfen u. s. kl. gelb. Zungenblü.,
Fr. ohne Pappus, 50–100 cm, ☉, 8–9 **Sigesbeckia** S. 931
74* Pf. oberwts nicht drüsg
75 St.b. umfassd, verwachs., untersts blaugrün, 100–200 cm, ♃, 7–10
Silphium S. 926
75* St.b. sitzd, derb, Hüllb. gesägt, vgl. unter 56* **Zinnia** S. 928
vgl. auch unt. 85* **Helianthus** S. 929
70* B. wechselstdg (z. T. untere gegenstdg)
76 B. ungeteilt, ganzrandg od. gezähnelt (76* vgl. S. 907 unten)
77 Fr. mit Haarkrone
78 Hüllb. 1(–3)reihg, fast alle gleich lg od. mit schuppenförmg. Außenkelch
79 Blü.köpfe abgeflacht, halbkugelg, meist einzeln, lg gestielt, 4–6 cm brt,
Hüllb. 2–3reihg **Doronicum** S. 951
79* Blü.köpfe walzl., meist in rispg. od. doldg. Blü.std, Hüllb. 1reihg, mit wenig.
kurz. Außenhüllb., an d. Spitze oft schwärzl. **Senecio** S. 952
78* Hüllb. mehrreihg, dachziegelartg, B. längl. lanzettl.
80 Zungenblü. 5–8, kl., z. T. undeutl., Blü.köpfe in dicht., aufrecht.-traubg.-
rispg. od. pyramidenförmg., einseitswendg. nickd. Rispen
Solidago S. 910
80* Zungenblü. zahlreicher, Staubb. am Grunde mit 2 borstenförmg.
Anhängseln

81 Haarkrone d. Fr. einfach, am Grunde ohne Krönchen, Hüllb. meist zungenförmg, d. äußer. oft b.artg, Blü.scheibe in d. Knospe von d. Zungenblü. verdeckt **Inula** S. 922

81* Haarkrone am Grunde von ± borstenförmg, Krönch. umgeben, Hüllb. schmal-lineal bis borstl., Blü.scheibe in d. Knospe frei **Pulicaria** S. 924

77* Fr. ohne Haarkrone od. nur mit wenig., hinfällg. Börstch.

82 Blü.kopfbod. ohne Spreub.

83 Pf. nicht drüsg, Blü.kopf abgeflacht, Hüllb. 2reihg, Fr. gekrümmt u. höckerg od. stachelg **Calendula** S. 959

mit gewölbt. Blü.kopfbod., Zierstaude, vgl. **Helénium** S. 933

vgl. ferner unt. 92 **Chrysanthemum** S. 940

83* Pf. drüsg-klebrg, vgl. unt. 86* **Madia** S. 932

82* Blü.kopfbod. mit Spreub.

84 Hüllb. d. Blü.kopfes mehrreihg, dachziegelg

85 Blü.kopf 3–6 cm brt, einzeln, endstdg, Scheibenblü. gelb, B. lanzettl., ± ganzrandg **Buphthalmum** S. 925

85* Blü.kopf brter, Scheibenblü. ± bräunl., Kopfboden flach od. wenig gewölbt, meterhohe Zierpf. od. verwildt **Helianthus** S. 929

84* Hüllb. 1–3reihg

86 Pf. nicht drüsg-klebrg, Scheibenblü. meist rötl. od. bräunl., Blü.kopfbod. gewölbt, Hüllb. 2–3reihg, größere kultiv. od. verwildte Zierpf.

87 Fr. d. Scheibenblü. geflügelt, oben mit 2 pfrieml. Grannen, Zungenblü. vorn 3zähng, St. dicht weißfilzg, 30–60 cm, ⊙, 7–9 **Verbesina** S. 928

87* Fr. nicht geflügelt, ± 4kantg

88 Hüllb. 2reihg, Blü.kopfbod. stark kegelförmg gewölbt, zuletzt z.T. säulenförmg verlängert, meist hohe Stauden **Rudbeckia** S. 928

88* Hüllb. 3reihg, Blü.kopfbod. schwach gewölbt, Scheibenblü. rot, Zungenblü. 3zähng, Krone d. Fr. 5–10schuppg, Zierpf., 20–50 cm, ⊙, 7–8 **Gaillardia** S. 933

86* Pf. drüsg-klebrg, v. unangenehm. Geruch, Hüllb. 1reihg, Blü.köpfe kl., kugelg, Kopfboden nur mit 1 randl. Spreub.kranz, Blü.std traubg, sltne Ruderalpf., 30–100 cm, ⊙, 7–8 **Madia** S. 932

76* B. gefiedert od. fiederspaltg geteilt od. gelappt

89 Fr. ohne Haarkrone

90 Blü.köpfe 7–12 cm brt, Kopfbod. kegelförmg gewölbt, vgl. unt. 88 **Rudbeckia** S. 928

90* Blü.köpfe kleiner, Kopfbod. nicht kegelförmg gewölbt

91 Hüllb. becherförmg verwachs., ± kantg gefurcht, Blü. von unangenehm. Geruch, Zierpf., 20–80 cm, ⊙, 8–10 **Tagetes** S. 933

91* Hüllb. nicht becherförmg verwachs., mehrreihg, dachziegelg, Wild- u. Ruderalpf.

92 B. einfach fiederspaltg, kahl **Chrysanthemum** S. 940

92* B. doppelt fiederspaltg, behaart, vgl. **Anthemis** S. 933

89* Fr. mit Haarkrone, Hülle glockg-walzl., ± 1reihg, Wildpf., vgl. **Senecio** S. 952

Cichorioídeae (Liguliflórae)

1 Fr. ohne Haarkrone (Pappus), doch z. T. mit häutg. od. schuppg. Rand

2 Blü. gelb

3 B. nur in grundstdg. Rosette, Blü.schaft 1–3köpfg

4 Blü.stiel oben keulg verdickt, hohl, Blü.kopf höchst. 1 cm brt, blaßgelb, Hüllb. einreihg, B.rand gezähnt, St. unt. meist rot, 10–20 cm, ⊙, 6–7
Arnoseris S. 978

4* Blü.stiel nicht verdickt, anfängl. nickd, Blü.kopf größer, goldgelb, Hüllb. 2reihg, B. fiederspaltg, löwenzahnartg, 5–25 cm, ♃, 6–8 **Aposeris** S. 978

3* B. auch am St. verteilt, Blü.std mehrköpfg, rispg, Blü.köpfch. armblütg, blaßgelb, Hüllb. 1reihg, daneb. am Grund kl. Schupp. (Außenhülle), B. eckg gezähnt-fiederteilg, mit größer. Endabschnitt., 30–100 cm, ⊙, 7–9
Lapsana S. 978

2* Blü. blau, Hüllb. 2reihg, äußere abstehd, unt. B. fiederspaltg, obere lanzettl., halbst.umfassd, St. sparrg-ästg, 30–120 cm, ♃, 7–8 **Cichorium** S. 977
Blü. rot, viol. usw., vgl. S. 905 unt. 57* gefüllte Formen v.
Dahlia S. 932

1* Fr. mit deutl. Haarkrone, wenigst. bei den mittl. Blü. d. Blü.köpfch.

5 Blü.kopfbod. mit Spreub. od. Borsten, Pf. mit Grundb.rosette, Blü. gelb

6 Blü.kopfbod. mit Spreub., die sich mit Einzelblü. v. Blü.bod. lösen, Pappushaare z. T. gefiedert, Blü.schaft mit B.schupp., Fr. z. T. geschnäbelt
Hypochoeris S. 978

6* Blü.kopfbod. borstg, Pappushaare nicht gefiedert, Fr. ungeschnäbelt, St. b.los, s. sltne Ruderalpf., 10–30 cm, ⊙, 4–5 **Lagoseris** S. 993

5* Blü.kopfbod. ohne Spreub. (höchst. mit fein. Härch.), Pf. mit od. ohne Grundb.rosette

7 Haarkrone d. Fr. wenigst. z. T. mit gefiedert. Haaren

8 St.b. deutl. entwickelt, zahlreich

9 Hüllb. d. Blü.köpfch. 1–2reihg, am Grunde ± miteinand. verwachs., Fr. z. T. lg geschnäbelt, B. lineal, vorwiegd st.stdg, Blü. gelb od. rot
Tragopogon S. 983

9* Hüllb. 2–vielreihg, dachziegelg, nicht verwachs., Fr. kurz od. kaum geschnäbelt, Pf. mit grundstdg. B.rosette

10 B. fast alle fiederteilg, Fr. vorn verschmälert, Blü. gelb, 15–40 cm, ⊙, 6–7
Podospermum S. 985

10* B. ungeteilt

11 B. lineal-lanzettl., ganzrandg, kahl od. spinnwebg, Blü. gelb od. lila
Scorzonera S. 984

11* B. längl., buchtg gezähnt, borstg-rauh, äußere Hüllb. z. T. b.artg od. abstehd, Blü. gelb **Picris** S. 982

8* St.b. reduziert, meist nur schuppenförmg, größere B. nur in grundstdg. Rosette, Fr. vorn etwas verschmälert, Blü. gelb **Leontodon** S. 980
vgl. auch unt. 11 **Scorzonera** S. 984

7* Haarkrone mit einfach., höchst. kurz gezähnelt. Haaren

12 Fr. deutl. geschnäbelt od. wenigst. oben etwas verschmälert, Haarkrone dadurch gestielt

13 St. völlg b.- u. schuppenlos, röhrg, kahl, 1köpfg, Blü. gelb
Taraxacum S. 986

13* St. wenigst. mit kl. B.schuppen

14 St. nur mit Schuppenb. od. kl., lineal-lanzettl. B., Fr.schnabel am Grunde mit Zähnch. od. Schupp., Blü. gelb

15 St. 2-mehrblättrg, Blü.köpfe meist zahlreich, 5–16blütg, kl.
Chondrilla S. 986

15* St. 0–2blättrg, Blü.köpfe zu 1–3, mehrblütg (groß), Köpfch.stiele u. Hüllb.

mit schwarz. Drüsen- u. weißl. Sternhaar., Grundb. löwenzahnartg,
15–45 cm, ⚥, 6–8   **Calycocorsus** S. 986
14* St.b. deutl. entwickelt
16 Fr. walzl., kaum zus.gedrückt, im Querschnitt rundl., Hüllb. 2reihg (mit
  kurz. Außenkelch), Blü.köpfch. reichblütg, Fr. oben verschmälert, Blü. gelb
  od. orange   **Crepis** S. 993
16* Fr. zus.gedrückt, abgeflacht, Hüllb. dachziegelg, Blü.köpfch. armblütg
17 Fr.schnabel kurz, Blü.köpfch. 5blütg, Blü. blaßgelb, B. fiedrg gelappt, ±
  gestielt, St. hohl, Blü.std sparrg-rispg, 30–100 cm, ⚥, 7–8
        Mycelis S. 990
17* Fr.schnabel lg, etwa halb so lg wie Fr., Blü.köpfch. reicherblütg, Blü.
  blaßgelb od. blau   **Lactuca** S. 990
12* Fr. ungeschnäbelt, ± gestutzt
18 Blü. blau od. rot-viol., Blü.std meist rispg
19 Blü.köpfe vielblütg, blau, Hüllb. zahlreich, Fr. etwas abgeflacht u. vorn
  verschmälert   **Cicerbita** S. 989
19* Blü.köpfe 5blütg, rötl., Hüllb. 6–8, Fr. rund, vorn nicht verschmälert, B.
  längl.-lanzettl., herzförmg, st.umfassd, kahl, blaugrün, 50–150 cm, ⚥, 7–8
        Prenanthes S. 999
18* Blü. gelb od. rot-orangerot
20 Fr. stark zus.gedrückt, abgeflacht, Blü.kopf ei-kegelförmg, B. stachelg od.
  borstg gezähnt   **Sonchus** S. 992
20* Fr. kaum abgeflacht, im Querschnitt rundl., Blü.kopf meist walzl. od.
  eirundl., B. nicht stachelg gezähnt
21 Fr. oben deutl. verschmälert (vgl. Abb. 58, S. 957), Haarkrone d. Fr. in viel.
  Fällen weiß, biegsam, Haare mehrreihg, Hüllb. meist 2reihg, d. äußer.
  kurzen Außenkelch bildd, B. meist sägezähng-fiederspaltg **Crepis** S. 993
21* Fr. oben nicht verschmälert, gestutzt, Haarkrone 1–2reihg
22 Hüllb. d. Blü.köpfe mehrreihg, dachziegelg, Haarkrone 1- od. 2reihg, mit
  schmutzg-weiß., ± zerbrechl. Haar.   **Hieracium** S. 999
22* Hüllb. 2reihg, d. äußer. viel kürzer als d. gleich lgen inneren, Haarkrone
  1reihg mit schmutzg-weiß., biegsam. Haar., B. lineal-lanzettl., grundstdg,
  St. b.los od. weng schuppg, mit 1(–3) hellgelb. Blü.köpf., Pf. mit unterird.
  Ausläuf., slt. in Schotterflur. d. Alpen, 15–40 cm, ⚥, 7–8   **Tolpis** S.1015

Wasserdost, Eupatórium L. vgl. S. 902

2861. **E. cannábinum** L., hfg u. gesellg in Schlägen, Säum. u. Verlichtg. v.
Auenwäldern od. auwaldartg. Wäldern, an Wegen, Böschg. u. Ufern, auf
sickerfrisch.-feucht., nährstoff- u. basenreich., vorzugsw. kalkhaltg.,
humos., lock. Lehm- u. Tonböden, Nitrifizierungs- u. Feuchte-Zeiger,
Insekt.bestäubg (Falter), Windverbrtg, Char. od. Conv.-Eupatorietum
(Convolvulion), auch in ander. Convolvuletalia-Ges., ferner (DV) im
Atropion – Ebene bis mittl. Gebirgslag. (Kalk- u. Lehmgebiete), A bis
1040 m – eurassubozean-smed – H – Chrom. 2n = 20.

Leberbalsam, Agerátum L. vgl. S. 902

2862. **A. houstoniánum** Mill., hfg als Zierpf. kultiv. u. glgtl. in

Schuttunkraut-Ges. vorübergehd verwildt, humide Wärme liebd, frostempfindl. – Herkunft: Mexiko-Peru, heute subtrop-trop verbr. – T.

Goldrute, Solidágo L.

1   Blü.köpfch. 7–8 mm lg, Blü.traube(rispe) aufrecht, allstswendg, B. längl. ellipt., Pf. ohne unterird. Ausläuf., 15–100 cm, ♃, 7–10
                                           S. virgaurea   2863
1* Blü.köpfch. 5–6 mm lg, in dicht., einstswendg. od. aufrecht. Rispe, B. lanzettl. od. lineal-lanzettl., Pf. mit unterird. Ausläufern
2   Blü.köpfch. gestielt, Blü.rispe einstswendg, St.b. lanzettl., ± gesägt
3   Zungenblü. deutl. lger als Scheib.blü., Hülle 3–4 mm lg, St. kahl, nur im Blü.std kurzhaarg, oft rötl., 50–250 cm, ♃, 8–9   **S. gigantea**   2865
3* Zungenblü. kaum lger als Scheibenblü., Hülle 2–3 mm lg, St. durchweg kurzhaarg, später unt. verkahld, 50–250 cm, ♃, 8–9 **S. canadensis**   2864
2* Blü.köpfch. sitzd, Blü.rispe ± aufrecht, St.b. lineal-lanzettl., ganzrandg, spitz, 60–70 cm, ♃, 7–9   **S. graminifolia**   2866

2863. **Gewöhnliche G., S. virgaúrea** L., verbr. in licht., gras- u. krautreich. Eichen-, Buchen- od. Nadelmisch-Wäldern, in Heiden u. Magerweiden, auf (sommerwarm.) mäß. frisch. (trock.), kalkarm. u. - reich., mild.-mäß. sauer., lock., gern modrg-humos., sandg., steing. od. rein. Lehmböden, bis über 100 cm tief wurzlde Halbschattpf., Insekt.- u. Selbstbestäubg (Bienen, Hummeln), früher Arzneipf., Soziologie vgl. Unterart. – H, formenreich:

1   Blü.hülle 5–6,5 mm lg, Blü.köpfe 10–15 mm brt, in meist stärker verzweigter Rispe, B. 3–4mal so lg wie brt

2863a. **ssp. virgaúrea**, verbr. Sippe, v. all. in trocken., licht. Wäld. aller Art, oft etwas angereichert in Trif.-Geranietea- od. Epilobietea-Ges., auch in d. Nardo-Callunetea – Ebene bis Gebirge (bis etwa Waldgrenze) – euras(subozean) – Chrom. 2n = 18.

1* Blü.hülle 7–10 mm lg, Blü.köpfe 15–20 mm brt, Blü.std weng verzweigt, oft nur einfache Traube bildend, B. schmal, 4–6mal so lg wie brt, Pf. meist nur 10–30 cm hoch

2863b. **ssp. minúta** (L.) Arc. (*S. alpéstris* W. et K.), zerstr. in offen. bodensauer. Magerras. d. hochmont. u. subalp. Stufe, Nardion-Verb.char., auch im Calamagrostion od. Rhod.-Vaccinion – A (bis 2200 m), Sch, BayW, He (Rhön), Hz, ThW, Erzg, Elbs – pralp – Chrom. 2n = 18.

2864. **Kanadische G., S. canadénsis** L., zml. hfg, ab. sltner als folgde, ursprüngl. Zierpf., verwildt u. eingebürgt, v. all. in Schuttunkrautflur., auch in verlicht. Auenwäldern od. an Ufern, auf sommerwarm., grundfrisch.-feucht., nährstoff- u. basenreich., meist tiefgründg. Ton- u. Lehmböden, Lehm- u. Nährstoffzeiger, Wurzelkriech-Pionier. lichtliebd, Insekt.bestäubg (Fliegen), Windverbrtg, bestandbildend v. all. in Onopordetalia-, auch Aegopodion- od. Alliarion-Ges., in nicht mehr genutzte Arrhenathereten eindringd, Artemisietea-Art – Ebene bis mittl.

Gebirgslag. (Auengebiete, Stromtäler) – Herkunft: N-Am. – H – Chrom.
2n = 18 (54).

2865. **Späte G., S. gigántea** Ait., hfg, ursprüngl. Zierpf., verwildt u.
eingebürgt, v. all. in verlicht. Auenwäldern, an Ufern u. Schuttplätz., auf
sommerwarm., grund- od. sickerfeucht. (frisch.), nährstoff- u. basenreich., meist tiefgründg. Lehm- u. Tonböden, Lehm- u. Nährstoff-
Zeiger, Wurzelkriech-Pionier, lichtliebd, Insekt.bestäubg (Fliegen, auch
Bienenweide), Windverbrtg, unduldsamer Forstschädling, v. all. im
Senecion fluv. u. Aegopodion bestandbildend, auch in Onopordetalia-
od. Arrhenatheretalia-Ges. eindringd, Artemisietea-Kl.char. – Ebene bis
mittl. Gebirgslag. (Sch bis 700 m, A bis 910 m, Auengebiete, Stromtäler –
Herkunft: nördl. u. westl. N-Am. – H – Chrom. 2n = 18, 36.

2866. **Grasblättrige G., S. graminifólia** (L.) Salisb., slt., ursprüngl.
Zierpf., z. T. verwildt u. eingebürgt, an Ufern, im Saum od. in Verlichtg.
v. Auenwäldern wie vor., auf feucht., nährstoffreich. Lehm- u. Tonböden, Wurzelkriech-Pionier, mit and. *S.*-Arten, in Convolvulion- u.
Aegopodion-Ges. – z.B. Ne, Ju, süRh, Bo (Mindelsee), Do usw., im N
s. slt. – Herkunft: N-Am. – H – Chrom. 2n = 18.

Gänseblümchen, Maßliebchen, Béllis L. vgl. S. 905

2867. **B. perénnis** L., verbr. in Fettweiden u. Wiesen, in Parkrasen, auf
frisch., nährstoffreich., ± humos., oft dicht., sandg. od. rein. Lehm- u.
Tonböden, Nährstoffzeiger, sonnenwendte Lichtpf., etwas wärmeliebd,
frostempfindl., Insekt.bestäubg, Windverbrtg, früher Heilpf., in d.
gefüllt. f. *horténsis* auch Zierpf., Verbrtgsschwerpkt in kurzrasg.
Grasges., schwache Cynosurion-Verb.char., auch im Poion alp. od.
Arrhenatherion (Arrhenatheretalia) – Ebene bis mittl. Gebirgslag., A bis
2000 m – subatl-smed – H – Chrom. 2n = 18.

Aster, Áster L.

1 Zungenblü. fehlen, Blü.köpfe gelb, Blü.std doldg, B. lineal, 1nervg,
  15–40 cm, ♃, 8–9   **A. linosyris** 2868
1* Zungenblü. vorhanden, bläul., rotviol. od. weiß
2 B. alle in grundstdg. Rosette, spatelg, grob gezähnt, Blü.st. 1köpfg,
  Zungenblü. weiß, Pf. z. T. mit kurz. Ausläuf., gänseblumenartg, 10–25 cm,
  ♃, 5–6   **A. bellidiastrum** 2869
2* B. auch st.stdg, Zungenblü. blau, blaßblau-weißl. od. rotviol.
3 St. einfach, 1köpfg, Blü.köpfe 3–4 cm brt, B. 3nervg, ganzrandg, behaart, 5–
  15 cm, ♃, 6–8   **A. alpinus** 2870
3* St. ästg, meist mehrköpfg, Blü.köpfe kleiner
4 Hüllb. 1,5–3 mm brt, stumpf, Pf. ohne unterird. Ausläufer
5 Pf. kahl, B. fleischg, Hüllb. anliegd, 15–60 cm, ☉, 7–9
                            A. tripolium 2871
5* Pf. behaart, Hüllb. etwas abstehd, 15–45 cm, ♃, 8–10   **A. amellus** 2872

4* Hüllb. höchst. 1 mm brt, spitzl., Pf. meist kahl, mit unterird. Ausläuf., 50–
    150 cm hoch
6   St.b. mit herzförmg. od. geöhrt-abgerundt. Grund, ± st.umfassd,
    Zungenblü. blau, Blü.köpfe 2,5–3 cm brt
7   St. steifhaarg, oben drüsg, auch Hüllb. drüsg-klebrg od. flaumg, Pf. v.
    unangenehm. Geruch, 100–150 cm, ♃, 9–11   **A. novae-angliae** 2873
7* St. kahl od. flaumg, nicht drüsg, Hüllb. vielreihg dachziegelg
8   Äußere Hüllb. viel kürzer als innere, Hülle ± gescheckt, üb. 5 mm hoch, St.
    völlg kahl, slt. verwildernde Zierpf.
9   St. blau bereift, Ast-b. kl., schuppenförmg, 60–120 cm, ♃, 8–10
                                                  A. laevis 2874
9* St. grün, nicht bereift, Ast-b. größer, b.artg, 60–120 cm, ♃, 8–10
                                                  A. × versicolor 2875
8* Äußere Hüllb. mindest. halb so lg wie innere, Hülle nicht dachziegelg, grün,
    St. z. T. etwas behaart, B. ± ganzrandg, 80–150 cm, ♃, 8–10
                                                  A. novi-belgii 2876
6* St.b. am Grund deutl. verschmälert, nicht od. kaum geöhrt, Hüllb. an d.
    Spitze etwas abstehd, Blü. weißl., blaßblau od. lila, St. oberwts meist flaumg
10 Alle Hüllb. fast gleich lg, Blü.köpfe 2,5–4 cm brt, an d. Ästen ± doldg stehd,
    Blü. zuerst weiß, dann lila, 80–150 cm, ♃, 8–10   **A. salignus** 2877
10* Äußere Hüllb. ± nur halb so lg wie innere, Hülle 4–5 mm hoch, St. ob. mit
    fein. Haarleist.
11 Hülle bis 5 mm hoch, Zungenblü. zuerst weiß, dann lila, Köpfch. 15–20 mm
    brt, St.b. wenig geöhrt, 60–120 cm, ♃, 8–10   **A. lanceolatus** 2878
11* Hülle bis 4 mm hoch, Zungenblü. meist weißl., Blü.köpfch. 12–15 mm brt,
    an d. Ästen ± traubg stehd, St.b. nicht geöhrt, 60–120 cm, ♃, 8–10
                                                  A. tradescantii 2879

2868. **Gold-A., A. linósyris** (L.) Bernh., slt., ab. gesellg in Trockenrasen,
an sonng. Hängen u. Waldrändern, auf sommerwarm.-trock., basenreich., meist kalkhaltg., mäß.sauer.-mild., humos., lock. Lehm- u.
Lößböden, herdenbildd, bis 60 cm tief wurzld, lichtliebd, Insekt.-
bestäubg, Windverbrtg, im Xerobromion u. Festucion val., Festuco-
Brometea-Kl.char., auch im Geranion sang., im Cytiso- u. Erico-Pinion
– v. all. im S d. Gebiet., nördl. bis RS (Täler), He, Th, An, Br (Oder) –
gemäßkont-smed – H – Chrom. 2n = 18, 36.

2869. **Alpen-Maßliebchen, A. bellidiástrum** (L.) Scop. (*Bellidiástrum
michélii* Cass.), zerstr. in subalp. Blaugrashalden od. praealp.
Quellmooren, an schattg. Felsen od. Erdanrissen, gern auf etwas off.,
sickerfeucht., basenreich., meist kalkhaltg., humos. Stein-, Lehm- od.
Sumpfhumusböden in kühl-humid. Standortslage, Licht-Halbschattpf.,
z. T. Pionierpf., oft mit *Tofieldia*, v. all. in Seslerietalia-Ges., in tief.
Lagen auch im Caricion dav. od. Cratoneurion – süSch (Feldberg, ober.
Höllental), Ba (bis ob. Neckar), Bo, Ju (Schwäb. Alb, Weltenburg), Do,
Av, A bis 2420 m – alp-pralp – H – Chrom. 2n = 18.

2870. **Alpen-A., A. alpínus** L., zml. slt. in sonng. Steinrasen d. alp. Stufe,
auf frisch., basenreich., meist kalkhaltg., mäß. saur.-mild., modrg
humos., flachgründg., steing. Ton- u. Lehmböden, Insekt.bestäubg

(Falter), Windverbrtg, geschützt, v. all. im Seslerion u. Elynion, überreg. Car.-Kobresietea-Kl.char., in Mitteldeutschld als Eiszeitrelikt im Sesl.-Festucion pall. als terr. Char. d. Asteretum alp. – A (1500–2350 m), Th, An – alp (altaisch)-arkt(kont) – H – Chrom. 2n = 18, 36.

2871. **Strand-A., A. tripólium** L., slt. in Salzwies. auf offen. feucht. Salztonböden, Asteretea trip.-Kl.char. – Küsten (NS, SH, Me), auch Salzstell. im Binnenld (Br, An, Th, He, NSH, NWe) – euras(kont)-med – H – Chrom. 2n = 18.

2872. **Kalk-A., A. améllus** L., zerstr. im Saum sonng. Büsche u. Wälder, an Wegrainen, in licht. Kiefernwäldern, auf sommerwarm., mäß. trock., meist kalkreich., neutral.-mild., humos., lock., mittel-tiefgründg. Böd. aller Art, bis 30 cm tief wurzlde Licht-Halbschattpf., Insekt.bestäubg (Fliegen, Falter), Windverbrtg, Char. d. Geranio-Peucedanetum (Geranion sang.), auch in d. Fest.-Brometea, im Cytiso- u. Erico-Pinion – Ebene bis mittl. Gebirgslag. (Silikatgebirge u. A fehld), Ju bis 1000 m, nördl. bis RS (Täler), NSH, Th, An, Br-Me (Oder) – gemäßkont – H – Chrom. 2n = 18.

2873. **Neu-England-A., A. nóvae-ángliae** L., Zierpf. u. hie u. da verwildt u. eingebürgt in Staudenfluren, im Saum von Auenwäld., auf feucht., nährstoffreich., sandg. od. rein. Lehm- u. Tonböden, Wurzelkriech-Pionier, Licht-Halbschattpf., v. all. in Galio-Urticenea-Ges., auch im Arction – z.B. Rh, Pf, Ne, Bo, Elbe, Oder – Herkunft: N-Am. – H – Chrom. 2n = 10.

2874. **Glatte A., A. laévis** L., Zierpf. u. slt. verwildt in Staudenges. d. Auen, an Ufern, auf frisch.-feucht., nährstoffreich. Lehmböden, in Galio-Urticenea- u. Arction-Ges. – z.B. Bo, Do, Fr, FrJu, He, NWe, NS, An, Br – Herkunft: N-Am. – H – Chrom. 2n = 48, 54.

2875. **Gescheckte A., A. × versícolor** Willd., (*A. laévis × novi-bélgii*) Zierpf. u. hie u. da verwildt in Staudenfluren, an Ufern, in Auenwaldverlichtg., auf feucht., nährstoffreich. Lehmböden, z.B. mit *Solidago*-Art. in Convolvuletalia-Ges. – z.B. Rh, Fr – wildwachsd unbekannt – H.

2876. **Neubelgische A., A. nóvi-bélgii** L., zml. hfg als Zierpf. u. glgtl. verwildt, in Staudenfluren an Ufern od. Schuttplätzen, auf frisch.-feucht., nährstoffreich. Ton- u. Lehmböden, Wurzelkriech-Pionier, in Convolvuletalia-Ges. – v. all. Stromtäler z.B. Rhein, Donau, Elbe, Oder – Herkunft: N-Am. – H – Chrom. 2n = 48, 54.

2877. **Weiden-A., A. salígnus** Willd., zml. hfge Zierpf. u. seit 18. Jahrhdt zerstr. verwildt u. eingebürgt in Staudenfluren, an Ufern od. in Auwaldverlichtg., auf feucht.-frisch., nährstoffreich. Lehm- u. Tonböden, Wurzelkriech-Pionier, Insekt.bestäubg, Windverbrtg, Senecion fluv.-Verb.char., auch im Convolvulion – Stromtäler, Auengebiete bis mittl. Höhenlag. – Herkunft: N-Am. – H – Chrom. 2n = 18.

2878. **Lanzettblättrige A., A. lanceolátus** Willd., zml. slt. als Zierpf. u. seit d. 19. Jahrhdt zerstr. verwildert in Flußufersäum. u. Auenwald-Verlichtg., auch an Schuttplätz., v. all. in Convolvuletalia-Ges. – Stromtäler z. B. Rhein, Elbe, Oder – Herkunft: N-Am. – T.

2879. **Kleinblütige A., A. tradescántii** L., slt. als Zierpf. seit 19. Jahrhdt, zml. hfg verwildt u. eingebürgert, in Staudenfluren, an Altwassern u. Flußufern, im Weidengebüsch u. in Auwald-Verlichtg., auf feucht. (zeitw. überflutet.), nährstoffreich., meist kalkhaltg., ± humos., sandg. od. rein. Lehm- u. Tonböden, Wurzelkriech-Pionier, sommerwärme-liebd, Insekt.bestäubg, Windverbrtg, Senecion fluv.-Verb.char., auch im Convolvulion – v. all. Stromtäler, Auengebiete – Herkunft: N-Am. – H.

Gartenaster, Sommeraster, Callistéphus Cass., vgl. S. 906

2880. **C. chinénsis** (L.) Nees, hfge Zierpf. u. glgtl. an Schuttplätz. vorübergehd verwildert, liebt frische, nährstoffreiche locker-humose Böd. in warm-humid. Klimalage – Heimat: China-Japan – T – Chrom. 2n = 18.

Berufkraut, Feinstrahl, Erígeron L.

1　Haarkrone d. Fr. einfach, aus gleich lg. Haaren gebildet, Hüllb. meist verschieden lg (*Erígeron* L. s.str.)
2　Zungenblü. kaum lger als Scheibenblü., ± aufrecht, Blü.köpfe 6–13 mm brt, in armblütg. Traube od. wenigästg. Rispe, hellviol., 10–30(–50) cm, ⟂, 6–9 　　　　　　　　　　　　　　　　　　　　　　　**E. acris**　2881
2*　Zungenblü. viel lger als Scheibenblü., ausgebrtet, Alpenpf.
3　St. oben drüsg-flaumg, meist 2–mehrköpfg, zwischen Zungenblü. u. Scheibenblü. fädl., engröhrge Fr.kn.blü. mit sichtbar. Griffel (Fadenblü.)
4　St. reichästg mit rispg-doldg. Blü.std, Blü. 20–35 mm brt, rotviol., Grundb. hinfällg, 20–60 cm, ⟂, 7–9　　　　　　　　　　　**E. atticus**　2882
4*　St. mit wenig., verlängert.-einköpfg. Ästen od. nur einköpfg, Blü. 10–25 mm brt, blaßlila, Grundb. bleibd, 5–20 cm, ⟂, 7–8　　　**E. gaudinii**　2883
3*　St. oberwärts nicht drüsg
5　Hüllb. d. Blü.kopfes dicht wollg-zottg (slt. spärl. behaart), meist wie St. rötl. angelauf. u. einköpfg, B. obersts meist kahl, ohne Knorpelspitze
6　St.b. 2–5, Blü.kopf ohne Fadenblü., Zungenblü. lila-weißl., B. stumpfl., untersts ± behaart 2–12 cm, ⟂, 7–9　　　　　　　**E. uniflorus**　2884
6*　St.b. 6–10, Blü.kopf mit Fadenblü., Zungenblü. weinrot, 10–15(–30) cm, ⟂, 7–8　　　　　　　　　　　　　　　　　　**E. neglectus**　2885
5*　Hüllb. nur lock. behaart od. fast kahl, grün, Grundb. vorn mit deutl. aufgesetzt. Knorpelspitzch., Blü. rotviol. od. blaßrosa
7　St. meist 1köpfg, Blü.kopf mit Fadenblü., St. u. B. behaart, 5–20 cm, ⟂, 7–9 　　　　　　　　　　　　　　　　　　　　　　　**E. alpinus**　2886
7*　St. meist mehrköpfg, Blü.kopf meist ohne Fadenblü., B. u. St. kahl od. fast kahl, 5–30(–40) cm, ⟂, 7–8　　　　　　　　　**E. glabratus**　2887

1* Haarkrone d. Fr. 2reihg mit außen kurz. u. innen lg. Haaren, Hüllb. fast gleich lg, Zungenblü. lger als Scheibenblü., aufgerichtet od. ausgebrtet, St. reichästg (*Stenáctis* Cass.)
8 Zungenblü. bis 10 mm lg, B. lanzettl. od. eiförmg-lanzettl., meist in kurz. Stiel verschmälert, 30–100 cm, ⊙, 6–10   **E. annuus** 2888
8* Zungenblü. lger, B. längl.-lanzettl. (eiförmg), Zierpf.
9 St.b. halbumfassd, abstehd behaart, gezähnt od. ganzrandg, 20–70 cm, ⊙, ⚁, 6–8   **E. philadelphicus** 2889
9* St.b. sitzd, ± kahl, ganzrandg, 25–40 cm, ⚁, 6–8   **E. speciosus** 2890

2881. Rauhes B., E. ácris L., zerstr. in Kalkmager- u. Halbtrocken-Rasen, auch in Sandfeldern od. Schwemmschotter-Fluren, auf sommerwarm.- mäß.trock., meist kalkreich., neutral.-mild., ± humos., lock. Kies- u. Stein-, ab. auch Löß- u. Lehmböd., lichtliebde Pionierpf., Windverbrtg, ssp. *ácris* Mesobromion-Verb.char., auch in Sedo-Scleranthetea-Ges., ssp. *angulósus* Epilobion fleisch.-Verb.char. – Ebene bis Gebirge (Kalkgebiete), A bis 1370 m – im ganzen: no-euras-smed, circ – H (T), formenreich:

1 St. u. B. rauhhaarg, Blü.hülle dicht behaart, St. 10–30 cm

2881a. ssp. ácris, hfgste Sippe, v. all. auf Lehmböd., in Halbtrock. ras., Mesobromion-Verb.char. – Ebene bis mittl. Gebirgslag., v. all. Kalk- u. Wärmegebiete, im nordw. Tiefld slt. – euras-smed – Chrom. 2n = 18.

1* St. u. B. fast kahl, B. nur randl. bewimpert, Blü.hülle spärl. behaart od. kahl
2 Blü.hüllb. zerstr. lghaarg, meist grün, höchst. mit rot. Spitze, St. 20–40 cm
3 Hülle 6–8 mm brt

2881b. ssp. angulósus (Gaud.) Vacc., zml. slt. in offen. Schotterflur. alpenbürtiger Flüsse, Char. d. Chondrilletum (Epilobion fleisch.) – Do, Av, A, HRh – pralp.

3* Hülle 4–6 mm brt, fast kahl od. nur spärl. behaart

2881c. ssp. droebachiénsis (Müll.) A. et Gr., s. slt. – Br – nord. Sippe – Chrom. 2n = 18.

2* Blü.hüllb. kahl od. spärl. drüsg, dunkelrot, St. bogig aufsteigd, 10–20 cm hoch

2881d. ssp. pólitus (Fr.) Schz et Kell., slt. in Bachschotterflur. im Epilobion fleisch. wie ssp. *angulosus* – A (Schweiz) – arkt(no)-alp.

2882. Drüsiges B., E. átticus Vill., slt. in sonng. Steinrasen d. alp. Stufe, auf frisch., basenreich., oft kalkarm., steing. Ton- u. Lehmböden, z.B. im Caricion ferrug. – A (Allgäu) – alp – H – Chrom. 2n = 18.

2883. Gaudin's B., E. gaudínii Brügg. (*E. glandulósus* Sch. et Thell.), s. slt. in Felsspaltges. sonng. od. etwas beschattet. Silikatfelsen, z.B. auf Gneis, lok. Char. d. Woodsio-Asplenietum, Androsacion vand.-Art, slt. auch im Potentillion caul. – süSch (Seebuck), sonst Zentralalp., z.B. im Aspl.-Primuletum hirs. (Androsacion vand.) – alp – H – Chrom. 2n = 18.

2884. **Einköpfiges B., E. uniflórus** L., zerstr. in Steinrasen d. alp. Stufe, gern in wind- u. schneegefegt. Gratlagen, auf frisch.-wechseltrock., basenreich., meist kalkarm. od. entkalkt., neutral-mäß. sauer., modrg humos., flachgründg. steing. Lehm- u. Tonböden, Wintersteher, auch Pionierpf., Char. d. Elynetum (Elynion), auch im Caricion curv. od. slt. in Seslerion-Ges. – A 1550–2540 m – alp(altaisch)-arkt, circ – H – Chrom. 2n = 18.

2885. **Verkanntes B., E. negléctus** Kern., slt. in sonng. Steinrasen d. alp. Stufe, auf sommerwarm.-frisch., basenreich., meist kalkhaltg., ± humos., lock., steing. Lehmböden, lichtliebd, Insekt.bestäubg, Windverbrtg, terr. Char. d. Seslerio-Caricetum semperv. (Seslerion), auch in and. Seslerietalia-Ges. – A (Allgäu) bis 2300 m – alp – H – Chrom. 2n = 18.

2886. **Alpen-B., E. alpínus** L., s. slt. in sonng. Steinrasen d. alp. Stufe, auf frisch., basenreich. (oft kalkfrei.), humos., lock., steing. Lehm- u. Tonböden, lok. Char. d. Caricetum ferrug. (Caricion ferr.), anderwärts auch im Nardion u. Festucion var. – A (Allgäu) bis 2450 m – alp(altaisch) – H – Chrom. 2n = 18, formenreich.

2887. **Kahles B., E. glabrátus** Hoppe et Hornsch. ex Bluff et Fingerh. (*E. polymórphus* Scop. p.p.), zerstr. in Felsspalt-Ges. od. sonng. Steinrasen d. alp. Stufe, auf frisch., meist kalkreich., neutral-mild., modrg humos., feinerdearm. Steinböd., Tagfalterblume, Seslerietalia-Ordn.-char., auch im Potentillion caul., nach Br.-Bl. Potentillion caul.-Verb.-char. – A 1000–2383 m – alp – H – Chrom. 2n = 18.

2888. **Einjähriger Feinstrahl, E. ánnuus** (L.) Pers. (*Stenáctis ánnua* Nees), früher Zierpf., seit 18. Jahrhdt vielerorts verwildt u. eingebürgt in staudenreich. Unkrautfluren an Ufern, in Auwald-Verlichtg., an Dämmen od. Schuttplätzen, auf grund- od. sickerfrisch. (feucht.), nährstoffreich., oft sandg. od. steing. Lehmböden, bis 1 m tief wurzlde Pionierpf., licht- u. etwas wärmeliebd, Soziologie siehe Unterart. – H, formenreich:

1 St.b. grob gezähnt, brt-lanzettl., auch obere noch mit einzeln. Zähn., St. ± zerstr. abstchd lg behaart, Zungenblü. 7–10 mm lg, meist lila

2888a. **ssp. ánnuus**, zml. hfg in Staudenflur., gern mit *Solidago serot.* in Artemisietea-Ges. – Ebene bis mittl. Gebirgslag. – Herkunft: N-Am. – Chrom. 2n = 27, 54.

1* St.b. schwach gezähnt, lanzettl., d. oberen ganzrandg, Zungenblü. 4–6 mm lg, meist weiß
2 St. kurz anliegd behaart

2888b. **ssp. strigósus** (Mühlenb. ex Willd.) Wagtz., wie vor., i. allg. sltner – Verbrtg ungenügd bekannt – Herkunft: N-Am. – Chrom. 2n = 27, 36, 54.

2* St. zerstr. abstehd behaart od. kahl

2888c. ssp. septentrionális (Fern. et Wieg.) Wagtz., wie vor., Verbrtg ungenügd bekannt – Herkunft: N-Am. – Chrom. 2n = 27.

2889. Philadelphia-Feinstrahl, E. philadélphicus L. (*Stenáctis philadélphica* Hayk.), Zierpf. u. glgtl. verwildt in Schuttunkraut-Fluren, auch in Auen, auf frisch., nährstoffreich. Böden, in Arction-Ges. – z.B. Rh, Do, Av – Herkunft: N-Am. – H – Chrom. 2n = 18.

2890. Prächtiger F., E. speciósus (Lindl.) DC. (*Stenáctis speciósa* Lindl.), slt. verwildte Zierpf. aus N-Am. – H.

Katzenschweif, Conýza L.

1 Randblü. mit kurzer Zunge, Zwitterblü. zahlreich, B. lineal-lanzettl., ± gezähnt, grün, lock. behaart, 20–100 cm, ☉, 7–9   **C. canadensis** 2891
1* Randblü. ohne Zunge, Zwitterblü. 5–6, Blü.köpfe dicker als bei vor., Hülle oft rötl. überlauf., B. lineal-lanzettl., ± gezähnt, dicht kurz anliegd, graugrün behaart, 15–50 cm, ☉, 7–10   **C. bonariensis** 2892

2891. Kanadischer K., C. canadénsis (L.) Cronq. (*Erígeron canadénsis* L.), verbr., seit etwa 1700 eingeschleppt u. eingebürgt, in lückg. Unkrautfluren, an Schuttplätzen, Wegen, Dämmen, in Äckern u. Brachen od. Waldschlägen (Brandfläch.), auf mäß. trock.-frisch., nährstoffreich., meist wenig humos. Böd. aller Art, bis 1 m tief wurzlde Pionierpf., licht- u. etwas wärmeliebd, meist Selbstbestäubg, Windverbrtg, auf Brach- u. Schuttflächen, v. all. im 2. u. 3. Jahr nach d. Wiederbesiedlg, opt. (schwache Char.) im Conyzo-Lactucetum (Sisymbrion) od. in entsprechd. Stadien, Sisymbrietalia-Ordn.char., auch in and. Chenopodietea- od. in Epilobietea ang.-Ges. – Ebene bis mittl. Gebirgslag. (A fehld od. unbestdg) – Herkunft: N-Am., in Europa mit euras-smed Ausbrtgstendenz – T, H – Chrom. 2n = 18.

2892. Krauser K., C. bonariénsis (L.) Cronq. (*Erígeron críspus* Pourr.), slt. u. unbestdg in Unkrautges. an Schutt- u. Verladeplätzen, auf nährstoffreich. Sand-, Kies- od. Lehmböden, wärmeliebd, im Sisymbrion, in S-Europa z.T. vor. Art ersetzd, Chenopodion mur.-Art – z.B. Rh – Herkunft: S-Am., in Europa mit med Ausbrtgstendenz – T – Chrom. 2n = 54.

Falzblume, Mícropus L. vgl. S. 903

2893. M. eréctus L., s. slt. in sonng., lückg. Trockenrasen, auf Wegen, in Brachen, auf sommerwarm.-trock., meist kalkreich., sandg-steing. od. rein. Lehm- u. Tonböden, Wind- u. Tierverbrtg, Char. d. Cerastietum pum. (Alysso-Sedion), auch im lückg. Xerobromion, in S-Europa Thero-Brachypodion-Art – süHü (nur Els.) – omed-smed, im Gebiet an d. N-Grenze d. Verbrtg – T.

Filzkraut, Filágo L.

1   Blü.knäuel nur wenig v. Hochb. (Tragb.) überragt
2   Hüllb. fein zugespitzt (begrannt), bei Fr.reife nicht od. wenig ausgebrtet,
      Blü.knäuel kugelg, mit 8–30 Blü.köpf., St. gabelästg, B. lanzettl. od. spatelg
3   Mittl. Hüllb. nur punktförmg u. locker langhaarg, sonst kahl, kaum gekielt,
      B. lineal-lanzettl., meist wellg, grauweiß behaart, 5–35 cm, ⊙, 6–9
                                                          F. vulgaris   2894
3*   Mittl. Hüllb. reichl. wollg behaart, deutl. gekielt, B. längl.-spatelg, flach
4   Pf. locker gelbgrau behaart, Köpfch. von 1–2 Hochb. etwas überragt, mittl.
      Hüllb. vor Aufblüh. rot bespitzt, 5–30 cm, ⊙, 6–9   **F. lutescens**   2895
4*   Pf. anliegd grauweiß behaart, Köpfch. von 3–4 Hochb. etwas überragt,
      Hüllb. gelbl. bespitzt, 5–30 cm, ⊙, 6–9   **F. pyramidata**   2896
2*   Hüllb. stumpfl., zuletzt sternförmg ausgebrtet, Blü.knäuel mit 2–7 Köpf., B.
      lineal-lanzettl.
5   Pf. lock. wollg-filzg, Blü.köpfe 4–5 mm lg, Hüllb. nicht gekielt, St. traubg-
      rispg verästelt, 10–30 cm, ⊙, 7–9   **F. arvensis**   2897
5*   Pf. angedrückt seidg-filzg, Blü.köpfe 3–4 mm lg, Hüllb. gekielt, mit
      strohgelb. Spitze, St. aufrecht-gabelästg, 5–15(–20) cm, ⊙, 7–9
                                                          F. minima   2898
1*   Blü.knäuel v. Hochb. weit überragt, B. lineal-lanzettl.
6   B. 0,5–1 mm brt, pfrieml., mittl. Hüllb. gekielt, 5–15 cm, ⊙, 7–9
                                                          F. gallica   2899
6*   B. ca. 2 mm brt, Hüllb. kaum gekielt, Pf. habit. *Gnaphalium ulig.* genähert,
      Köpfch. ei-rundl., 5–15 cm, ⊙, 7–9   **F. neglecta**   2900

2894. Gewöhnliches F., F. vulgáris Lam., zml. slt. in lückg. Pionierges.,
auf Brachen, an Wegen od. Dämmen, auf sommertrock., warm., mäß.
nährstoff- u. basenreich., meist kalkarm., neutral-mäß. sauer., humus- u.
feinerdearm., fest., bindg. Sand- od. Kiesböden, Pionierpf., Windverbrtg, Char. d. Filagini-Vulpietum (Thero-Airion), auch in Aperion-
od. Caucalidion-Ges. (in S-Europa Thero-Brachypodietalia-Art, auch
auf Tonböd.) – v. all. im S d. Gebiet., nordöstl. (s. slt.) bis NS, SH, Me,
An, überall zurückgehd – med-smed-euras, verschleppt – T – Chrom.
2n = 28.

2895. Graugelbes F., F. lutéscens Jord., slt. in Pionierges. z. B. von
Brachen, auf trocken., ± nährstoffreich., kalkarm. Sand- u. Kiesböd.,
oft mit vor. im Fil.-Vulpietum (Thero-Airion) – v. all. im S u. W d.
Gebiet., nordöstl. bis SH, Me, Br, An, Sa, überall zurückgehd – subatl
-smed – T – Chrom. 2n = 28.

2896. Spatelblättriges F., F. pyramidáta L. (*F. spathuláta* Presl.), slt. in
lückg. Pionierges. auf Brachen u. an Wegen, auf sommerwarm.-trock.,
mäß. nährstoff- u. basenreich., meist kalkarm., neutral-mäß. sauer.,
humus- od. feinerdearm., fest., bindg. Sand-, Kies- od. Steingrusböden,
Char. d. Filagini-Vulpietum (Thero-Airion) – v. all. im SW d. Gebiet.,
süRh, früher auch Pf, RS, Th-An – med-smed-kont – T – Chrom. 2n =
28.

2897. **Acker-F., F. arvénsis** L., zml. slt., oft gesellg in lückg. Pionierges.,
auf Brachen, an Wegen, in Äckern, auf sommerwarm.-trock., mäß.
nährstoffreich., meist basen- u. kalkarm., neutral.-mäß. sauer., ±
humus- u. feinerdearm. Sand-, Kies- od. Steingrusböden, Pionierpf.,
Windverbrtg, Char. d. Filagini-Vulpietum (Thero-Airion), auch im
wärmeliebd. Aperion (Sandäcker), anderwärts auch in lückg. Fest.-Bro-
metea-Ges. – Ebene bis mittl. Gebirgslag. (A fehld), Sandgebiete, vielerorts verscholl. – smed-med-kont, verschleppt – T, H – Chrom. 2n = 28.

2898. **Kleines F., F. mínima** (Sm.) Pers., zerstr. in lückg. Pionierrasen,
auf Dünen, in Sandfeldern, auf Felsköpf., an Wegen u. Dämmen, auf
sommerwarm.-trock., nährstoff- u. ± basenarm., neutral.-mäß. sauer.,
lock., humus- u. feinerdearm. Sand- od. Steingrus-Böden, licht- u.
wärmeliebd, bis 30 cm tief wurzld. Sandzeiger, Windverbrtg, Thero-
Airion-Verb.char., auch im Corynephorion (in Südeuropa Helianthemion gutt.-Art) – Ebene bis mittl. Gebirgslag. (Sandgebiete), A fehld –
subatl-smed – T – Chrom. 2n = 28.

2899. **Französisches F., F. gállica** L., slt. in lückg. Pionierges., in Brachen
od. an Wegen, auf sommertrock., mäß. nährstoff- u. basenreich.,
kalkarm., neutral-mäß. sauer., humus- u. feinerdearm., fest., bindg.
Sand-, Kies- od. Steingrus-Böden, licht- u. wärmeliebd, Windverbrtg,
Char. d. Filagini-Vulpietum (Thero-Airion), (in Südeuropa Helianthemion gutt.-Art) – Rh, Pf (verscholl.), Sp (Wertheim) – med-atl – im
Gebiet an d. NO-Grenze d. Verbrtg – T – Chrom. 2n = 28.

2900. **Übersehenes F., F. negléta** (Soy.-W.) DC., s. slt. in Furch.
gehackt. Äcker auf frisch. Sandböden, gern mit *Gnaphalium ulig.* (*F.
gallica* × *Gnaphal. ulig.*?) – Pf (verscholl.), noch um benachbart.
Lothringen – subatl-smed – T.

Katzenpfötchen, Antennária Gaertn.

1 Hüllb. d. Blü.köpfchen. weiß od. rosa, B. stumpfl.-spatelg, 1nervg, untersts
   graufilzg, oberts ± kahl, Pf. mit oberird. Ausläufern, 5–12(–25) cm, 2₁, 5–6
             A. dioica 2901
1* Hüllb. bräunl., B. lanzettl., schwach 3nervg, beidersts graufilzg, Pf. ohne
   Ausläufer, 5–15(–20) cm, 2₁, 7–8   **A. carpatica** 2902

2901. **Gewöhnliches K., A. dioíca** (L.) Gaertn., zml. hfg in Silikat-
Magerrasen u. -weiden, auch in Heiden od. Kieferwäldern, gern an
lückg. Stellen, auf mäß. frisch., ± basenreich., meist kalkarm., neutral-
mäß. sauer., modrg-torfg humos., sandg. Lehmböden, Magerkts- u.
Weide-Zeiger, durch Düngung konkurrenzgeschwächt, Licht-
(Halbschatt)pf., Insekt.bestäubg (Falter), Wind- u. Ausläuferverbrtg,
früher Heilpf., geschützt, Nardetalia-Ordn.char., slt. im Genistion od.
(Diff.) in Cyt.-Pinion-, Mesobromion- u. Molinion-Ges. – Ebene bis v.

all. Gebirge (Silikatgebiete), A bis 2020 m – no-euras – Ch – Chrom. 2n = 28, formenreich.

2902. **Karpaten-K., A. carpática** (Wahlenb.) Bluff et Fingerh., zerstr. in mager. Steinrasen d. alp. Stufe, in wind- u. schneegefegt. Gratlagen, auf frisch., ± basenreich., kalkarm. od. entkalkt., neutral.-mäß. sauer., modrg humos., steing. Ton- u. Lehmböden, Insekt.bestäubg, Windverbrtg, Elynion-Verb.char., auch im Caricion curv., od. slt. in Seslerion-Ges. – A 2000–2383 m – alp-arkt – H – formenreich, im Gebiet v. all. var. *lanáta* Hook. – Chrom. 2n = 56.

Edelweiß, Leontopódium R. Br. vgl. S. 903

2903. **L. alpínum** Cass., slt. in sonng. Steinrasen od. Felsbandges. d. alp. Stufe, auf sommerwarm-mäß.frisch., basenreich., meist kalkhaltg., neutral., humos., lock., vorzugsw. steing. Lehm- u. Tonböden od. feinerdearm. Felsböden, lichtliebd, Windverbrtg, geschützt, schwache Char. d. Sesl.-Caricetum semperv. (Seslerion), ferner im Elynetum (Elynion) od. Potentillion caul., slt. Alpenschwemmlg – A 1700–2350 m – alp (altaisch) – H – Chrom. 2n = 48, 52.

Ruhrkraut, Gnaphálium L.

1 Blü.köpfe in Ähren, Trauben od. geknäuelt, Wildpf.
2 Blü.köpfe in Ähren od. Trauben (slt. einzeln), Pf. ausdauernd, mit nichtblühd. B.rosetten
3 Blü.köpfchen zahlreich, in Ähren, St. kräftg, bis 50 cm hoch, B. lanzettl.-lineallanzettl.
4 Mittl. St.b. 1nervg, 1–4 cm lg u. 2–5 mm brt, Pf. mit zahlreich. frischgrün. Rosett. b., Hüllb. ± dunkel gefleckt u. hellrandg, meist zerschlitzt, Blü.ähre gestreckt, 10–30(50) cm, ⌃, 7–9   **G. sylvaticum** 2904
4* Mittl. St.b. 3nervg, 5 cm lg u. lger (oft lger als untere B.), 5–10 mm brt, Grundrosetten weng zahlreich, am Blü.std hinfällg, Hüllb. durchweg dunkel gesäumt, ganzrandg, Blü.ähre kurz, 10–20(30) cm, ⌃, 7–9
     G. norvegicum 2905
3* Blü.köpfch. 1–8, St. fädl., 1–10 cm hoch, B. lineal-lincallanzettl., filzg, Schneebodenpf.
5 Äußere Hüllb. höchst. $^1/_2$ so lg wie Köpfch., Hülle zuletzt glockg geschloss., mittl. St.b. ± so lg wie untere, B. 2–3 mm brt, Pf. wenig rasenbildd, 5–10 cm, ⌃, 7–8   **G. hoppeanum** 2906
5* Äußere Hüllb. lger als halbes Köpfch., Hülle zuletzt sternförmg ausgebrtet, mittl. St.b. meist verkleinert, B. meist unter 2 mm brt, Pf. mit Ausläufern, rasenbildd, 2–8(–10) cm, ⌃, 7–8   **G. supinum** 2907
2* Blü.köpfe endstdg geknäuelt, Pf. 1–2jährg, ohne nichtblühende Rosetten
6 Blü.knäuel nicht v. Hochb. überragt, St. aufrecht-ästg, B. weißfilzg, halbst.umfassd. Hüllb. gelb, 10–30(–40) cm, ☉, 7–10   **G. luteoalbum** 2908
6* Blü.knäuel von abstehd. Hochb. weit überragt, St. v. Grund an ausgebrtetästg, B. graufilzg, verschmälert, Hüllb. hellbraun, 5–15(–25) cm, ☉, 7–9
     G. uliginosum 2909

1* Blü.köpfe rispg-doldg, weiß, mit weißl. Hüllb., St.b. zahlreich, lanzettl.-zugespitzt, verwilderte Zierpf., 30–60 cm, ♃, 7–9
G. margaritaceum 2910

2904. Wald-R., G. sylváticum L. [*Omalothéca sylvática* (L.) Schultz-Bip. et F. Schultz], hfg in Schlägen, Waldverlichtg. od. an Waldwegen, auch in Magerrasen, auf mäß. frisch., ± nährstoffreich., vorzugsw. kalkarm., humos. Lehmböden, Nitrifiziergszeiger, Humuszehrer, Lichtpf., Selbst- u. Insekt.bestäubg, Windverbrtg, Atropetalia-Ordn.char.; var. *púmilum* Gaud. (mit stärker braun gefleckt. Hüllb.), Gebirgssippe, in initial. Nardetalia-Ges. – Ebene bis Gebirge, A bis 1700 m – no-euras(subozean), circ – H – Chrom. 2n = 56.

2905. Norwegisches R., G. norvégicum Gunn. [*Omalothéca norvégica* (L.) Schultz-Bip. et F. Schultz], zml. slt. in Silikat-Magerrasen u. -weiden, auch an Wegrainen, d. subalp. Stufe, auf frisch., ± nährstoff- u. basenreich., kalkarm., sauer., modrg-torfg humos. Lehmböden, Windverbrtg, gern in Rasenlücken, v. all. im Calamagrostion, auch im Caricion ferr. od. ± lückg. Nardion – Vog, süSch (üb. 850 m), A 1550–2210 m, BayW (üb. 1000 m), Erzg – alp-arkt(subozean) – H – Chrom. 2n = 56.

2906. Hoppe's R., G. hoppeánum Koch [*Omalothéca hoppeána* (L.) Schultz-Bip. et F. Schultz], slt. in Schneeböden d. subalp. Stufe, auf schneefeucht., nährstoff- u. basenreich., meist kalkhaltg., neutral., modrg-humos., gern steing., feinschuttreich. Lehm- u. Tonböden, Windverbrtg, Arabidion caerul.-Verb.char. – A 1550–2370 m – alp – H – Chrom. 2n = 28.

2907. Zwerg-R., G. supínum L. [*Omalothéca supína* (L.) DC.], zerstr. in Schneeböden u. Schneetälch., in feucht., lückg. Silikat-Magerrasen, an Weidewegen d. subalp.-alp. Stufe, auf schneefeucht. (wechselfeucht.), meist 6–8 Monate schneebedeckt., ± nährstoffreich., basen- u. kalkarm., mäß. sauer., modrg-humos. (auch roh.) Lehmböden, Windverbrtg, gute ab. unergiebige Futterpf., Salicion herb.-Verb.char., auch in schneefeucht. Nardion- od. Caricion curv.-Ges. – süSch (Feldberg), A 1600–2350 m – alp-arktsubozean, circ – H, Ch – Chrom. 2n = 28.

2908. Gelbliches R., G. lúteoálbum L., slt. (unbeständg) in Zwergpf.-Ges., in Ackerrinnen, auf Brachen, auch an Teichrändern od. in Schlägen, auf off., feucht., zeitw. nass., ± nährstoff- u. basenreich., kalkarm., neutral.-mäß. sauer., gern sandg. Lehm- u. Tonböden in wintermild-humid. Klimalage, auf Äckern Vernässungszeiger, Insekt. bestäubg, Tier- u. Windverbrtg, Cyperetalia fusci-Ordn.char. – v. all. in Tieflag., nördl. bis SH, südl. Me, z.T. verscholl. – subatl-smed, außerdem in subozean-gemäß. Zonen weltweit – T – Chrom. 2n = 14.

2909. Sumpf-R., G. uliginósum L. [*Filaginélla uliginósa* (L.) Op.], verbr. in Zwergbinsen-Ges., an Ufern, in Ackerrinnen, auf Wegen, an Gräben,

auf off., feucht. od. auch zeitw. nass. u. überschwemmt., ± nährstoff-
u. basenreich., meist kalkarm., neutral.-mäß. sauer., ± humos. Lehm- u.
Tonböden, bis 25 cm tief wurzld, auf Äckern Krumen-Vernässungszeiger
(Oberfläch.verdichtg), oft unbeständg u. nur in nass. Jahren, Insekt.- u.
Selbstbestäubg, Windverbrtg, Wärme- u. Nässekeimer, gern mit *Juncus
bufonius*, Cyperetalia fusci-Ordn.char., auch (Diff.) in Secalinetea-Ges.
usw. – Ebene bis mittl. Gebirgslag., Ju bis 750 m, A bis 1000 m –
eurassubozean-smed – T – Chrom. 2n = 14.

2910. **Perlblume, G. margaritáceum** L. (*Anáphalis margaritácea* Benth.),
hie u. da Zierpf. u. öfter verwildt, an feucht. Waldwegen, in Schläg. in
Atropetalia-Ges., auch an Ufern usw. in humid. Klimalage – z.B. Sch,
Do, Av usw. – Herkunft: N-Am. u. NO-Asien – H – Chrom. 2n = 26, 28.

Strohblume, Helichrýsum Mill. vgl. S. 903

2911. **Sand-St., H. arenárium** (L.) Moench, zml. slt., ab. gesellg in
Sandrasen, auf Dünen, an Böschg., auch in licht. Kiefernwäldern, auf
sommerwarm.-trock., mager., basenreich., kalkhaltg. od. oberflächl.
entkalkt., mäß.saur.-neutral., humos. (konsolidiert.), feinerdearm.
Sandböden, bis 70 cm tief wurzld. Sandzeiger, Licht(Halbschatt)pf.,
früher Heilpf. od. Mottenmittel, auch für Dauersträuße, geschützt, Sedo-
Scleranthetea-Kl.char., auch in Fest.-Brometea- od. Agropyretea(El.)-
Ges. – v. all. im NO d. Gebiet., westl. u. südl. bis RS (s. slt.), nöRh, Mn,
Fr, FrJu, östl. Do, vielerorts verscholl. – (euras)kont – H – Chrom.
2n = 28.

2912. **Garten-St., H. bracteátum** (Vent.) Andr., Blü.köpfe 20–50 mm
brt, verschiedenfarbg, Pf. kahl od. rauh, Zierpf. u. zu Trockensträußen –
Herkunft: Australien – H – Chrom. 2n = 28.

Alant, Ínula L.

1   Blü.köpfe mit deutl. entwickelt. gelb. Zungenblü.
2   Innere Hüllb. spatelg, äußere b.artg, Blü. 60–70 mm brt, St.b. mit
    herzförmg. Grund st.umfassd, unterts filzg, 80–150 cm, 2l, 7–8
                                                      I. helenium   2913
2* Innere Hüllb. zugespitzt, lanzettl. od. lineal, Blü.köpfe kleiner
3   B. wenigst. unterts stärker behaart
4   B. unterts wollg od. seidg-filzg, Blü.köpfe zahlreich, doldg
5   St.b. in kurz. Stiel verschmälert, Hüllb. aufrecht, graufilzg, Blü.köpfe
    20–30 mm brt, B. ellipt.-lanzettl., 30–60 cm, 2l, 7–8   **I. helvetica**   2914
5* St.b. abgerundet od. halbumfassd sitzd, Hüllb. an d. Spitze zurück-
    gekrümmt
6   Zungenblü. nur wenig lger als Scheibenblü., Blü.köpfe ca. 10 mm brt, in
    dicht. Doldenrispe, Fr. kahl, B. unterts lghaarg, kurzdrüsg, 30–60 cm, 2l,
    7–8   **I. germanica**   2915
6* Zungenblü. viel lger als Scheibenblü., Blü.köpfe 20–40 mm brt, zu 1–4
    traubg, Fr. behaart, B. ob.sts locker behaart, Hüllb. locker behaart (vgl.

Pulicaria dys. 2922), 20–60(–80) cm, ♃, 7–9   **I. britannica** 2919
4* B. beidersts spärl. rauh behaart, hervortretd netzadrg, St.b. abgerundet
sitzd, St.abstehd behaart, Hüllb. ± gleich lg, aufrecht, steifhaarg, Blü.köpfe
20–40 mm brt, zu 1–3, 15–45 cm, ♃, 6–7   **I. hirta** 2918
3* B. kahl od. nur am Rande u. auf d. Nerv. kurzhaarg, glänzd
7 St.b. längl.-lanzettl., mit herzförmg-halbst.umfassd. Grund, Blü.köpfe 20–
30 mm brt, zu 1–5, Hüllb. ungleich lg, d. äußer. zurückgekrümmt, 25–40
(60) cm, ♃, 6–8   **I. salicina** 2916
7* St.b. lineal-lanzettl., mit verschmälert. Grund sitzd, bis 5 mm brt, mit 5
auffällg. Längsnerv., Blü.köpfe 25–50 mm brt, meist einzeln, 10–40 cm, ♃,
7–8   **I. ensifolia** 2917
1* Blü.köpfe ohne Zungenblü. (od. diese im Köpfch. versteckt, fast
röhrenförmg), 5–10 mm brt
8 Pf. nicht drüsg-klebrg (nur spärl. drüsg), St. erst ob.wrts verzweigt, meist
rötl., mit doldg-rispg. Blü.std, St.b. eilängl.-lanzettl., unt.sts dünnfilzg,
netzrunzelg, 50–80(120) cm, ♃, 6–8   **I. conyza** 2920
8* Pf. drüsg-klebrg, St. v. Grund an verzweigt, St.b. lineal-lanzettl., 20–40 cm,
⊙, 6–8   **I. graveolens** 2921

2913. Echter A., I. helénium L., slt. in Bauerngärten kultiv. u. glgtl. in
frisch. Unkrautges. verwildt, alte Zier-, Arznei- u. Gewürzpf., v. all. an
Ufern, sowie Weg- u. Waldrändern, in Gal.-Urticenea- u. Arction-Ges. –
z.B. süSch, Ne, Ju, Do, Av, BayW, Fr, Th, Sa – smed-euras – H – Chrom.
2n = 20.

2914. Schweizer A., I. helvética Web. (*I. vaillántii* Vill.), s. slt. im Saum
von Auenwäldern, Ufer- u. Weidengebüsch, in Auwald-Verlichtg., auf
feucht.-nass.(wechselnass.), nährstoff- u. basenreich., kalkhaltg., mild.,
humos., sandg. od. rein. Lehm- u. Tonböden, wärmeliebd, Windverbrtg,
vermutl. v. all. in Origanetalia- od. Convolvuletalia-Ges. – Rh (Neuen-
burg, Els.) – wsmed, im Gebiet an d. N-Grenze d. Verbrtg – H.

2915. Deutscher A., I. germánica L., slt. in Kalk-Magerrasen u.
Lößsteppen, im Saum sonng. Büsche, auf sommerwarm.-trock.,
basenreich., meist kalkhaltg., mild., humos., lock., mittel-tiefgründg.,
sandg. od. rein. Lehm- u. Lößböden, Wurzelkriecher (Kriechtriebe),
Lichtpf., z.B. mit *Peucedanum als.*, Geranion sang.-Verb.char., auch in
Festucetalia val.-Ges. – nöHü (linksrhein.), Mn-Fr, Th, An, Br (Oder) –
europkont, im Gebiet an d. W-Grenze d. Verbrtg – G, H – Chrom. 2n =
16.

2916. Weiden-A., I. salicína L., zerstr. in Moorwiesen od. Halbtrockenrasen, im Saum sonng. Büsche u. Wälder, an Wegrainen, auf
grundfrisch.-wechselfeucht. (staufeucht.), basenreich., ± kalkhaltg.,
neutral-mild., humos. Lehm- u. Tonböden od. modrg. Torfböden,
Wurzelkriecher, Licht-(Halbschatt)pf., Insekt.bestäubg, Windverbrtg,
Molinion-Verb.char., auch in wechselfrisch. Mesobromion-, Geranion
sang.- od. Quercetalia pub.-Ges. – Ebene bis mittl. Gebirgslag. (Kalk- u.

Moorgebiete), Ju bis 970 m, A fehld, im nordw. Tiefld slt. – euraskont (-smed) – G, H – Chrom. 2n = 16.

2917. **Schmalblättriger A., I. ensifólia** L., s. slt. in Trocken- u. Steppenrasen, im Saum sonng. Büsche, auf Kalkböden in Trocken- u. Wärmegebieten, Zierpf., Cirsio-Brachypodion-Verb.char., auch im Geranion sang. – Do (Deggendorf, verscholl.) – europkont – H – Chrom. 2n = 16.

2918. **Rauher A., I. hírta** L., slt. in licht. Eichen- u. Kiefernwäldern, in Waldverlichtg., im Saum sonng. Büsche, auf sommerwarm., trock.-mäß.trock., kalkhaltg., neutral.-mild., humos., mittelgründg. Lehm- u. Tonböden, Wurzelkriecher, Halbschatt-Lichtpf., Insekt.bestäubg, Windverbrtg, wohl Geranion sang.-Verb.char., auch in Festucion val.-od. in Quercetalia pub.-Ges. – süRh (Els.), Hü, Ne, Pf, Bo, Ju bis 815 m, Do, Av, Fr, Mn, Th, An, sonst slt. od. fehld – gemäßkont – H – Chrom. 2n = 16.

2919. **Wiesen-A., I. británnica** L., zml. slt. in Pionierrasen, an Ufern, Gräben, Wegrändern, auf feucht., z.T. zeitw. überschwemmt., nährstoff- u. basenreich., ± humos., sandg. od. rein. Tonböden, auch salzertragd, Insekt.bestäubg, Lichtpf., Stromtalpf., Wurzelkriecher (Wurzelsprosse), Agr.(El.)-Rumicion-Verb.char., auch im lückg. Molinion – v. all. im N d. Gebiet., südl. (slt.) bis Rh, Pf, Ne, Do – euraskont-smed – H – Chrom. 2n = 32.

2920. **Dürrwurz, I. conýza** DC., zerstr. im Saum sonng. Büsche, in licht. Eichen- u. Kiefernwäldern, an Waldrändern, in Waldverlichtg., auf mäß.trock.-frisch., ± nährstoff- u. basenreich., ± neutral., humos., gern steing. Lehmböden, bis 40 cm tief wurzld, etwas wärmeliebd, Halbschatt-(Licht)pf., Insekt.bestäubg(?), Windverbrtg, früher Heilpf. (Wurzel), Origanetalia-Ordn.char., auch in Prunetalia-, Quercetalia pub.- od. Erico-Pinion-Ges. – Ebene bis mittl. Gebirgslag., Ju bis 980 m, A bis 1000 m, nördl. bis NWe, NSH, Th, An, Br, L, außerdem Rügen – smed(-euras) – H – Chrom. 2n = 32.

2921. **Klebriger A., I. gravéolens** (L.) Desf., unbestdg, ab. z.T. eingebürgert, auf sandg-tonig. Böd. in Schuttunkrautges. d. Sisymbrion – Rh (Els, Mannheim), auch sonst vorübergehd adv. – mcd-smed – T – Chrom. 2n = 16, 18, 20.

Bastarde!

Flohkraut, Pulicária Gaertn.

1 Zungenblü. viel lger als Scheib.blü., ausgebreitet, Blü.köpfe bis 20 mm brt, goldgelb, St.b. herzförmg. umfassd, ob.sts warzg behaart, unt.sts weißgraufilzig, Hüllb. dicht behaart (vgl. *Inula brit.* 2919), 20–50 cm, ⚶, 7–8
                                                               P. dysenterica 2922

1* Zungenblü. kaum lger als Scheib.blü., aufgerichtet, Blü.köpfe bis 11 mm brt, schmutzg gelb, St.b. abgerundet sitzd, drüsg wollg od. kahl, St. meist rot, 10–30 cm, ☉, 7–8 **P. vulgaris** 2923

2922. **Ruhr-F., Großes F., P. dysentérica** (L.) Bernh., zml. hfg in Pionier- u. Tretrasen, an Wegen, in Moorwiesen od. Feuchtweiden, an Ufern u. Gräben, in lückg. Sumpfrasen, auf nass.-wechselfeucht., nährstoff- u. basenreich., neutral.-mild., humos., dicht., sandg. od. rein. Lehm- u. Tonböden, etwas wärmeliebd, Wurzelkriech-Pionier, Insekt.bestäubg, Wasser- u. Windverbrtg, früher Heilpf., Agr.(El.)-Rumicion-Verb. char., auch in gestört. Molinietalia-Ges. – Ebene bis mittl. Gebirgslag., Ju bis 840 m, A bis 780 m, im N u. O d. Gebietes slt. – (med-)smed – H – Chrom. 2n = 20.

2923. **Kleines F., P. vulgáris** Gaertn., zml. slt. in Pionierges., an Ufern, Gräben, in Gänseangern, auf off., feucht., wechselnass. (z. T. zeitw. überschwemmt.), nährstoffreich., meist kalkarm., ± humos., sandg. od. rein. Tonböden, auch salzertragd, etwas wärmeliebd, Stromtalpf., Windverbrtg, v. all. im Bidention u. Agr.(El.)-Rumicion, (mit Nanocyperion-Kontakt) – z. B. SH, Me, Br, An, He, NSH, Mn, Do, Rh, viel.orts verscholl. – med-smed-euras – T – Chrom. 2n = 18.

Kragenblume, Carpésium L. vgl. S. 904

2924. **C. cérnuum** L., slt. z. T. unbestdg, im Saum frisch. Wälder u. Büsche, auf nährstoffreich., humos. Lehmböden, wärmeliebd, Halbschattpf., Klebverbrtg, gern in Siedlgsnähe, im Saum frisch. Gebüsche, Alliarion-Art – Do-Av (Simbach-Laufen-Jochenstein, verscholl.) – smed(-euras) – T, H – Chrom. 2n = 40.

Ochsenauge, Buphthálmum L.

1 B. lanzettl., seidenhaarg, Pf. mit großblättrg. Grundrosette, Zungenblü. üb. 2 mm brt, Blü.köpfch. 30–50 mm brt, einzeln, endstdg, Hüllb. seidenhaarg, randstdge Fr. geflügelt-3kantg, 20–50 cm, ♃, 6–9 **B. salicifolium** 2925
1* B. eiförmg, z. T. abgerundet sitzd, untersts grün (feinflaumg), obersts kahl, Zungenblü. kaum 1 mm brt, 60–200 cm, ♃, 6–8 **B. speciosum** 2926

2925. **Weidenblättriges O., B. salicifólium** L., zml. hfg in sonng. Kalkmager-Rasen u. -Weiden d. mont.-praealp. Gebietes, im Saum v. Gebüsch, in licht. Eichen- u. Kiefernwäldern, in Staudenhalden od. trock. Moorwiesen, auf sommerwarm., mäß. trock., kalkhaltg., mild., ± humos., meist mittelgründg., lock., steing. od. rein. Lehm- u. Tonböden, auch Rohboden-Pionier, Licht-Halbschattpf. (Lichtkeimer), Insekt. bestäubg, in Hochlag. in Seslerietalia-Ges., in tiefer. Lag. im Mesobromion, auch Sesleria-reich. Xerobrometen, ferner im Molinion, Erico-Pinion od. in Geranion sang.-Ges. – süHü, süRh, Ju bis 1008 m,

Ba, Bo, Do, Av, A bis 2010 m, Mn (slt.), He (Rhön) – pralp(-smed) –
H – Chrom. 2n = 20.

2926. **Telekie, B. speciósum** Schreb. (*Telékia speciósa* Baumg.), hie u. da
als Zierpf. kultiv. u. glgtl. verwildt od. eingebürgt in feucht. Staudenfluren, an Ufern u. Buschrändern, auf basenreich. Lehmböd., in SO
-Europa Char. d. Petas.-Telekietum Morar. 67 (Aegopodion), auch im
Atropion – z. B. Av, Th, Sa, An – opralp – H – Chrom. 2n = 20.

Becherpflanze, Sílphium L. vgl. S. 906

2927. **S. perfoliátum** L., slt. als Zierpf. kultiv. u. glgtl. verwildt, v. all. in
Staudenfluren an Flußufern, Wurzelkriech-Pionier, in Aegopodion-Ges.
– z. B. Rh – Herkunft: N-Am. – T – Chrom. 2n = 14.

Ambrosie, Ambrósia L.

1   Pf. einjährg
2   B. doppelt gefiedert mit lineal-lanzettl. B.zipfeln, St. zottg-rauhhaarg,
    B.stiel 1–3 cm lg, 30–100 cm, ☉, 8–10   **A. artemisiifolia**   2928
2* B. 3–5lappg (nicht fiederteilg) mit ellipt., ± ganzrandg. B.-abschnitt., od.
    untere ungeteilt, St. kahl od. spärl. behaart, 50–100 cm, ☉, 9–10
                                                    A. trifida   2929
1* Pf. ausdauernd, mit weit kriechd. Wurzeln u. Wurzelspross., B. einfach
    gefiedert-fiederspaltg, mit ganzrandg. od. wenig gezähnt. B.zipfeln, fast
    sitzd, wie St. feinhaarg-filzg, 20–60 cm, ♃, 8–10   **A. psilostachya**   2930

2928. **Hohe A., A. artemisiifólia** L. (*A. elátior* L.),slt., ab. z. T. eingebürgt
in Schuttunkraut-Ges., an Verladeplätz., in Hafenanlagen, auf warm.,
mäß. trock., nährstoffreich., bindg. Sand- od. Kiesböden, windblütg, in
Sisymbrietalia-Ges. – z. B. Rh, auch Do, Fr(?), Ne, NS, NSH, SH, Br,
Sa – Herkunft: N-Am. – T – Chrom. 2n = 36.

2929. **Dreiblättrige A., A. trífida** L., slt., z. T. eingebürgt, in Stau-
denfluren, an Flußufern, auch an Schuttplätz., Wegen od. Böschg., in
Sisymbrion- u. Senecion fluv.-Ges. – z. B. Rh, Do, Fr, Ne, NWe, NS,
SH (Elbe), An, Br, Sa – Herkunft: N-Am. – T – Chrom. 2n = 24.

2930. **Ausdauernde A., A. psilostáchya** DC., slt., z. T. eingebürgt in
wärmeliebd. Unkrautges. an Verladeplätz., im Bahnschotter, an
Böschg., auf sommertrock., nährstoffreich., meist humus- u. feinerdearm., neutral.-mild. Sand-, Kies- od. Steinböden, Char. d. Berteroëtum (Dauco-Melilotion) – z. B. Rh, NWe, NS, Br, Sa – Herkunft:
N-Am. – H – Chrom. 2n = 36, 72, 108, 144.

Spitzklette, Xánthium L.

1   St. ohne Stacheln, B. kaum lger als brt, herz- od. eiförmg, gelappt, untersts
    meist hellgrün, nicht filzg

2 B. am Grund herzförmg, Fr.hülle kurz-weichhaarg, z.T. drüsg, grau,
   1–1,6 cm lg, Dornen kahl, Pf. graugrün, nicht aromatisch, 30–100 cm, ⊙,
   7–10   **X. strumarium** 2931
2* B. am Grunde ± keilförmg, Fr.hülle steifhaarg, gelbbraun, 1,6–3 cm lg,
   Fr.dornen unt. behaart u. drüsg, Pf. gelbgrün, drüsg, aromatisch
3 Fr. dornen gerade od. einfach hakg (häkelnadelartg)
4 Fr.dornen ± gerade od. off. hakg, wenig lger als halber Fr.durchmesser, B.
   3eckg-eiförmg, St. meist rotbraun gefleckt, 30–100 cm, ⊙, 7–9
                                                     X. albinum 2932
4* Fr.dornen häkelnadelartg, gedrung., ± so lg wie Fr.durchmesser, unt. dicht
   drüsenhaarg, 30–100 cm, ⊙, 7–9   **X. saccharatum** 2933
3* Fr.dornen bogig einwärts gekrümmt, an d. Spitze eingerollt-hakg, auch
   Fr.schnabel eingerollt, Fr. längl. ellipsoid, ± 3mal so lg wie brt, 30–100 cm,
   ⊙, 7–9   **X. orientale** 2934
1* St. am B.grund mit 1–2 gelbl., 3teilg. Stacheln, B. lger als brt, 3lappg mit
   keilförmg. B.grund, untersts grau-weißfilzg, 30–80 cm, ⊙, 7–10
                                                     X. spinosum 2935

2931. Gewöhnliche Sp., X. strumárium L., slt. u. unbestdg in lückg.
Unkrautfluren, an Müllplätz., Wegen od. Schutthalden, auf etwas
frisch., nährstoffreich., ± humos., lock., meist sandg-steing. Lehmbö-
den, salzertragd, bis 120 cm tief wurzld, licht- u. wärmeliebd, windblütg,
Selbstbestäubg. Wärmekeimer, Kurztagpf., Klettverbrtg, v. all. in Sisym-
brietalia-Ges., in S-Europa Chenopodion mur.-Art – z.B. Rh, Ne, Do,
Fr, Mn, Th, An, Br, z.T. verscholl. (Wärmegebiete) – omed-kont – T –
Chrom. 2n = 36.

2932. Ufer-Sp., X. albínum (Widd.) Scholz (*X. ripárium* Itz. et Hertsch.),
slt., z.T. eingebürgt, v. all. in Unkraut-Säumen d. Flußufer, auf ± off.,
nass., nährstoffreich., humos., mild., meist sandg., auch kiesg. od. rein.
Tonböden, sommer-wärmeliebd, Stromtal- u. Wanderpf., seit 1830
beobachtet, Char. d. Xanthio-Chenopodietum (Chenopodion rubri) –
v. all. Oder, Elbe, Havel, Spree, im W u. S (Rh, Mn, Do) s. slt. od. fehld –
gemäßkont Ausbreitgstendenz, neu in Europa entstand. Sippe, nächste
Verwandte N-Am. – T – Chrom. 2n = 36.

Nahe verwandt ist *X. itálicum* Morr., Fr.dorn kräftig hakg, 5–6 mm lg –
Neuerdings im Els, smed Ausbrtgstendenz, wie vor. neu in Europa
entstand. Art.

2933. Zucker-Sp., X. saccharátum Wallr., s. slt. u. unbestdg in Ufer-
Unkraut-Ges., ähnl. wie vor. auf nass. nährstoffreich-humos. Lehm- u.
Tonböden, in Chenopodion rubri-, auch Sisymbrion-Ges. – z.B. Av
(Salzburg nahe Grenze) – Herkunft: N-Am. – T.

2934. Großfrüchtige Sp., X. orientále L. (*X. macrocárpum* DC.), slt. u.
z.T. eingebürgt in Unkrautges., an Ufern u. Schuttplätz., auf off., frisch.
nährstoffreich. Kies- u. Sandböden, wärmeliebd, z.B. mit *Datura stram.*,
im Sisymbrion u. Chenopodion rubri – z.B. Rh (Els.) – Herkunft: viell.
W-Indien, subatl Ausbrtgstendenz – T.

2935. **Dornige Sp., X. spinósum** L., slt. u. unbestdg in lückg. Unkrautfluren, an Schutt- u. Verladeplätz., auf mäß. trock., nährstoffreich., meist sandg. od. kiesg. Böden, sommerwärmeliebd, windblütg, Klettverbrtg, seit 1850 im Gebiet, Fr. meist nicht ausreifd, in Sisymbrion-Ges. – z.B. Rh, Ne, Do, Fr, NWe, NS, Th, Sa usw. – Herkunft: S-Am., in Europa mit med-kont Ausbrtgstendenz, bestdg nur im S u. SO außerhalb d. Gebiet. (in S-Europa Chenopodion mur.-Art) – T – Chrom. 2n = 36.

Schlagkraut, Iva L. vgl. S. 901

2936. **I. xanthifólia** Nutt., slt., z.T. eingebürgt in Unkrautges., an Zäunen, Straßenrändern, v. all. in Hafenanlagen, auf mäß. frisch., nährstoffreich., humos., lock., sandg. od. steing. Böden, sommerwärmeliebd, ± windblütg, Eisenbahnverbrtg, in Sisymbrion-Ges., auch (Ne) im Chenopodion rubri – z.B. nöRh (Ludwigshafen-Mannheim, eingebürgt), ferner Ne, Do, Fr, Th, An, Br, Me, Sa usw. – Herkunft: N-Am., in Europa mit kont Ausbrtgstendenz – T – Chrom. 2n = 36.

Zinnie, Zínnia L. vgl. S. 905

2937. **Z. élegans** Jacq., hfg in viel. Spielarten in Gärten kultiv., liebt frische, nährstoffreiche Böden – Herkunft: Mexiko – T – Chrom. 2n = 24.

Verbesine, Verbesína L. vgl. S. 907

2938. **V. encelioídes** (Cav.) Benth. et Hook f., slt. z.T. eingebürgt, in Schuttunkrautges. an Wegen u. Verladeplätz., in Hafenanlagen, auf mäß. trock., nährstoffreich. Ķies- u. Sandböden, sommerwärmeliebd, z.B. mit *Datura*- u. *Sisymbrium*-Arten im Sisymbrion – z.B. nöRh (Mannheim) – Herkunft: wärmeres N-Am. – T – Chrom. 2n = 34.

Sonnenhut, Rudbéckia L.

1　B. ungeteilt, längl.-lanzettl., St. ± einfach, rauhhaarig, Scheibenblü. rotbraun, Zungenblü. 20–30 mm lg, gelb, 30–60(–100) cm, ⊙, 7 8
　　　　　　　　　　　　　　　　　　　　　　　R. hirta　2939

1*　Unt. B. fiederteilg, ob. 3–5teilg, St. ästg, kahl, Scheibenblü. olivfarb., Zungenblü. 40–50 mm lg, gelb, 80–200 cm, ⧃, 7–9　**R. laciniata**　2940

2939. **Rauher S., R. hírta** L., hfg in Gärten kultiv. u. hie u. da verwildt u. eingebürgt in Unkrautges. an grasig. Wegrändern, an Schuttplätz., auch an Ufern, auf mäßg trocken.-frisch., nährstoffreich., kiesg-sandg. od. rein. Lehm- u. Tonböden, sommerwärmeliebd, im Arction, Onopordion (Dauco-Melilotion) od. auch in Galio-Urticenea-Ges. – z.B. Rh, Do, Av, Fr – Herkunft: N-Am. – H, T – Chrom. 2n = 38.

2940. **Schlitzblättriger S., R. laciniáta** L., hfg in Gärten meist in gefüllt. Formen kultiv. u. glgtl. verwildt u. eingebürgt in Staudenges. an Flußufern, auf feucht.-wechselnass., nährstoffreich., humos., kiesgsandg. Tonböden, Wurzelkriech-Pionier, sommerwärmeliebd, Insekt.-bestäubg, im Gebiet seit etwa 1830 verwildt, v. all. in Convolvuletalia-Ges. eindringd – z. B. Pf, Rh, Bo, Do, Av, BayW, FrJu, Fr, L – Herkunft: N-Am. – H, G – Chrom. 2n = 36, 38, 54, 72, 76.

Neuerdings ferner hfg gepflanzt u. glgtl. verwildernd: *R. fúlgida* Ait., Pf. 30–70 cm hoch, B. ei-lanzettl., gesägt-gezähnt, St. verzweigt, Blü.köpfe dunkel braunrot, Zungenblü. goldgelb, Pf. mit kurz. unterird. Kriechtrieb., dichte, reichblütge niedere Staudenflur. bildd – Herkft: N-Am. (mit rot. Zungenblü. vgl. *R. purpúrea* L.).

Sonnenblume, Heliánthus L.

1 B. herz-eiförmg, fast alle wechselstdg, Blü.kopf 10–40 cm brt, nickd, 100–200 cm, ☉, 7–9   **H. annuus** 2941
1* B. längl.-eiförmg, untere-mittl. gegenstdg, Blü.köpfe 3–10 cm brt, Zungenblü. (wie bei vor.) gelb
2 Scheibenblü. rot od. braun, B. bis hoch hinauf gegenstdg, allmähl. in Stiel verschmälert, Hüllb. deutl. verschied. lg, 80–150 cm, ♃, 8–9   **H. rigidus** 2943
2* Scheibenblü. gelb
3 B. lanzettl., 2–3 cm brt, ± sitzd, obersts rauh, fast alle wechselstdg, Pf. mit Wurzelknollen, 100–250 cm, ♃, 8–9   **H. giganteus** 2944
3* B. eiförmg-längl., 3nervg, gestielt, schwach gesägt
4 St. rauh, B. derb, rauh, d. ober. wechselstdg, Hüllb. schwärzl.-dunkelgrün, Pf. mit Wurzelknoll., 100–200 cm, ♃, 9–10   **H. tuberosus** 2942
4* St. ± kahl, B. dünn, wenig rauh, fast alle gegenstdg, Hüllb. grün, am Grund gelbl., locker, Wurzel kaum verdickt, 80–150 cm, ♃, 8–10   **H. decapetalus** 2945
vgl. ferner mit schwachborstg. St., sowie 20 u. mehr Zungenblü.   **H. × multiflorus** 2946

2941. **Gewöhnliche S., H. ánnuus** L., hfg als Zierpf. od. Ölfrucht kultiv., slt. an Schuttplätz. unbestdg verwildt, liebt frische, nährstoffreiche Böden in sommerwarm. Klimalage, bis 2 m tief wurzld. Intensivwurzler, Insekt.bestäubg (Bienen, Hummeln, Fliegen) – Herkunft: wärmeres N-Am. (-Mexiko) – T – Chrom. 2n = 34.

2942. **Topinambur, H. tuberósus** L., gebietsweise hfg als Futter- u. Gemüsepf. kultiv., hfg verwildt auf frisch. nährstoffreich. Sand- u. Lehmböd. in mild-humid. Klimalage, Insekt.bestäubg, Wurzelkriech-pionier, Kurztagpf., an Ufern stark eutroph. Gewässer, v. all. in Convolvuletalia-Ges., ab. auch in Artemisienea-Ges. eindringd – Pf, Rh, Mn, Ne, Do, Fr, RS (Täler), NWe, NSH, usw. (kultiv. v. all. am mittl. Oberrhein auf Sandböd.) – Herkunft: N-Am. – G – Chrom. 2n = 102, formenreich (z. B. slt. blühde Kultursorte mit zottg. St.behaarg u. brten B.).

2943. **Rauhe S., H. rígidus** (Cass.) Desf., hie u. da als Zierpf. kultiv., slt verwildt – Herkunft: N-Am. – H – Chrom. 2n = 102.

2944. **Hohe S., H. gigánteus** L., hie u. da als Zier- od. Kulturpf. kultiv. u. slt. verwildt, z. B. in Staudenges. an Flußufern, auf nass., nährstoffreich. Böden, im Aegopodion – z. B. Rh – Herkunft: N-Am. – G – Chrom. 2n = 34.

2945. **Zehnstrahlige S., H. decapétalus** L., hie u. da als Zierpf. kultiv. u. slt. verwildt, bisher z. T. mit *H. tuberosus* verwechselt, deshalb üb. verwildt. Vorkomm. keine sicher. Angab. – Herkunft: N-Am. – G, H – Chrom. 2n = 34, 68.

2946. **Vielblütige S., H.** × **multiflórus** L. (*H. decapétalus* var. *multiflórus* hort.), hfg als Zierpf. kultiv., slt. verwildt, bastardbürtge Kulturform, wahrscheinl. *H. ánnuus* × *decapétalus*. Eine weitere gelegtl. verwildte Zierpf. ist *H.* × *lactiflórus* Pers. (*H. rígidus* × *tuberósus*).

Zweizahn, Bídens L.

1 Blü.köpfe aufrecht, meist ohne Zungenblü.
2 B. meist 3–7teilig od. fiederschnittg, Fr. flach, mit 2(–3) Grannen
3 B. 3–7teilig (slt. ungeteilt) mit kurz. Stiel, Fr. nur am Rande rauh
4 B. meist 3teilig, dunkelgrün, mit ± einwärts gekrümmt. B.zähn., Blü.köpfe so brt wie hoch, mit 5–8 Außenhüllb., gelbbraun, innere Fr. 6–8 mm lg, 15–120 cm, ⊙, 7–10   **B. tripartita** 2947
4* B. 5–7teilig, hellgrün, Blü.köpfe ± doppelt so brt wie hoch, mit 10–14 Außenhüllb., gelb, innere Fr. 4–5,5 mm lg, 15–90 cm, ⊙, 8–10   **B. radiata** 2948
3* B. gefiedert od. obere 3zählg wie Blü.köpfe lg gestielt, Fr. auf d. Fläche höckerg, 5–150 cm, ⊙, 8–9   **B. frondosa** 2949
2* B. ungeteilt, lanzettl., in d. Stiel verschmälert, grob gezähnt, oberst dunkelgrün, Blü.köpfe braungelb, oft rötl. überlauf., Fr. 3–4kantg, auf d. Fläche höckerg, 15–150 cm, ⊙, 8–10   **B. connata** 2950
1* Blü.köpfe nickd, mit od. ohne gelb. Zungenblü., B. ungeteilt, lanzettl., ± verwachs.-sitzd, gesägt, Fr. 3–4kantg, längsrunzelg, 10–120 cm, ⊙, 8–10   **B. cernua** 2951

2947. **Dreiteiliger Z., B. tripartíta** L., zml. hfg in staudg. Unkrautges., an Teichufern, verschmutzt. Gräben, Ausflußrinnen, auch an Schuttplätz. od. in Äckern, meist im Umkreis dörfl. Siedlg., auf off., nass. (zeitw. überschwemmt.), nährstoff(stickstoff)-reich., meist humos., sandg. od. rein. Schlammböden, bis 45 cm tief wurzld. Schlamm-Pionier, Kulturbegleiter, auf Äckern Vernässgszeiger, Insekt.- u. Selbstbestäubg, Kurztagpf., Klettverbrtg, Bidentetalia-Ordn.char. – Ebene bis mittl. Gebirgslag., A bis 800 m – euras-smed – T – Chrom. 2n = 48.

2948. **Strahlen-Z., B. radiáta** Thuill., slt. u. unbestdg in lückg. Unkrautfluren, an Dorf- u. Fischteichen, auf off., nass. (zeitw. überschwemmt.), nährstoff(stickstoff)reich., ab. oft kalkarm., humos.

Schlammböden, Schlammpionier, Kulturbegleiter, Selbstbestäubg, Klettverbrtg, Bidention-Verb.char., bzw. schwache Char. d. Rumicetum mar., oft im Kontakt mit Nanocyperion-Ges. – nöHü, Ne, Mn, Fr, BayW, Do, He, RS, Th, An, Sa (Elbe) – (no-)euraskont – T – Chrom. 2n = 48.

2949. Schwarzfrüchtiger Z., B. frondósa L. (*B. melanocárpa* Wieg.), zerstr., sich einbürgernd u. ausbreitd, v. all. in staudenreich. Unkrautges. an Flußufern (z. T. auf Kosten v. *B. tripartita*), auf frisch.-nass., zeitw. überschwemmt., nährstoffreich., humos., sandg-kiesg. Ton- od. schlammg. Sandböden, z. T. etwas trockener stehd als *B. trip.*, wärmeliebde Pionierpf., Neubürger seit etwa 1900, Flußbegleiter, Wasser- u. Klettverbrtg, Bidentetalia-Ordn.char. – v. all. Rhein, Saar, Neckar, Main, Elbe, Oder u. Nebenflüsse – Herkunft: N-Am., mit smedsubatl Ausbrtgstendenz – T – Chrom. 2n = 48.

2950. Verwachsenblättriger Z., B. connáta Muehlenb., slt., z. T. eingebürgt in Unkraut-Ges. an Fluß- u. Teichufern, an Gräben, auf nass., nährstoffreich., humos., sandg. od. rein. Ton-Schlammböden, Schlamm-Pionier, Neubürger seit etwa 1865, Klettverbrtg, Bidention-Verb.char. – z. B. Rh, Mn, SH, Sa – Herkunft: N-Am., in Europa mit subatl. Ausbrtgstendenz – T – Chrom. 2n = 24, 48, 72.

2951. Nickender Z., B. cérnua L., zml. slt. in lückg. Unkrautflur., v. all. an Dorf- u. Fischteich., meist in Siedlungsnähe, auf off., nass. (zeitw. überschwemmt.), nährstoff(stickstoff)reich., humos. Sand- od. Tonböden, Schlammpionier, Kulturbegleiter, Insekt.bestäubg, Klettverbrtg, Bidention-Verb.char. bzw. schwache Char. d. Ranunculetum scel., auch eigene Bestände bildend – v. all. im O d. Gebiet., A bis 1080 m, im W z. B. Rh, Pf usw. slt. od. fehld – euras(kont), circ – T – Chrom. 2n = 24.

Siegesbeckie, Sigesbeckia L. vgl. S. 906

2952. **S. cordifólia** H. B. K., slt., z. T. sich einbürgd auf frisch. nährstoffreich. Böd. in mild-humid. Klimalage, v. all. in Arction- u. Bidention-Ges. – z.B. NS, SH, Me, Herkunft: S-Chile, subozean. Ausbrtgstendenz – T – Chrom. 2n = 30.

Cosmee, Schmuckblume, Cósmos Cav. vgl. S. 905

2953. **C. bipinnátus** Cav., hfg als Zierpf. kultiv. u. glgtl. vorübergehd in Schuttunkraut-Ges. verwildt, liebt warm-humide Klimalage, Kurztagpf. – Herkunft: Texas-Mexiko – T – Chrom. 2n = 24.

Schönauge, Coreópsis L. vgl. S. 906

2954. **C. tinctória** Nutt., zml. hfg als Zierpf. kultiv. u. glgtl. vorübergehd in Schuttunkrautfluren verwildt – Herkunft: südl. N-Am. – T – Chrom. 2n = 24, dazu weitere N-amerik. Arten.

Dahlie, Dáhlia Cav. vgl. S. 905

2955. **Dahlien, Georginen, D. pinnáta** Cav., hfg in viel. Spielarten als Gartenzierpf. kultiv., liebt nährstoffreiche, lock. Böden in warm-humid. Klimalage, frostempfindl., Kurztagpf., Wurzelknollen inulinhaltg – Herkunft: Mittel-Am. – G – Chrom. 2n = 64, dazu rein od. eingekreuzt d. bläul. bereifte *D. coccínea* Cav. – Mittel-Am.

Ramtillkraut, Guizótia Cass. vgl. S. 906

2956. **G. abyssínica** (L. f.) Cass., Ölpf. d. Tropen u. Vogelfutterpf., vorübergehd verwildt in Unkrautges. an Schutt-, Müll- od. Verladeplätz. – Herkunft: Abessinien – T – Chrom. 2n = 30.

Franzosenkraut, Knopfkraut, Galinsóga R. et Pav.

1   St. oberwärts ± kahl od. nur spärl. anliegd behaart, B. fein gezähnt, Blü.kopfstiele kaum drüsg, Spreub. vorn meist 3teilg, 20–70 cm, ☉, 6–10
                                         G. parviflora   2957

1* St. oberwärts weiß zottg behaart, B. grob entfernt gezähnt, Blü.kopfstiele deutl. dunkeldrüsg, Spreub. meist ungeteilt, Zungenblü. wie vor. meist 5, 20–70 cm, ☉, 6–10
                                         G. ciliata   2958

2957. **Kleinblütiges F., G. parviflóra** Cav., hfg in Unkrautfluren gehackt. Äcker, in Gärten u. Weinbergen, an Schuttplätz., auf frisch.-mäß. frisch., nährstoffreich., vorzugsw. kalkarm., mäß. sauer.-neutral., ± humos., lock., sandg. Lehmböden in sommerwarm.-humid. Klimalage, sandbevorzugd, frostempfindlich, Lichtkeimer, bis 80 cm tief wurzeld. Garezeiger, schädl. Nährstoffzehrer, Neubürger seit etwa 1800, Selbstbestäubg, Wind- u. Klettverbrtg, opt. (schwache Char.) im Set.-Galinsogetum (Dig.-Setarienion), auch in and. Polyg.-Chenopodietalia-Ges. od. im Sisymbrion – Ebene bis mittl. Gebirgslag. (bis rd 700 m, A fehld) – Herkunft: Peru, in Europa mit subatl Ausbrtgstendenz – T – Chrom. 2n = 16.

2958. **Behaartes F., G. ciliáta** (Raf.) Blake [*G. quadriradiáta* R. et Pav. ssp. *híspida* (DC.) Thell.], zerstr., ab. sich ausbrtd u. einbürgernd in Unkrautfluren gehackter Äcker, in Gärten, Weinbergen u. an Wegen, auf frisch.-mäß. trocken., nährstoffreich., vorzugsw. kalkarm., neutral., ± humos., sandg. od. rein. Lehm- u. Tonböd., mehr (als vor.) auf Lehm, frostempfindl., lichtliebd, Nährstoffzehrer, Neubürger seit etwa 1850, Wind- u. Klettverbrtg, Polyg.-Chenopodietalia-Ordn.char., auch im Chenopodion rubri – Ebene bis mittl. Berglag. (höher steigd als vor., z.B. A bis 1200 m) – Herkunft: andin. Mittel-S-Am., in Europa mit subatl.-smed Ausbrtgstendenz – T – Chrom. 2n = 32.

Madie, Mádia Mol. vgl. S.907

2929. **M. satíva** Mol., früher als Ölpf. gebaut u. hie u. da in Unkrautges.

an Verlade- u. Müllplätz. vorübergehd verwildt, wärmeliebd, in Sisymbrion-Ges. – Herkunft: N-Chile (Chenopodietea) – T – Chrom. 2n = 32.

Kokardenblume, Gaillárdia Foug. vgl. S. 907

2960. **G.** × **grandiflóra** hort., hfg als Zierpf. kultiv. u. glgtl. vorübergehd in Schuttunkrautges. verwildt – Herkunft: N-Am. – T – Chrom. 2n = 34.

Samtblume, Studentenblume, Tagétes L. vgl. S. 907

2961. **T. pátula** L., hfg als Zierpf. kultiv. u. glgtl. vorübergehd in Schuttunkrautges. verwildt – Herkunft: Mexiko – T – Chrom. 2n = 48, dazu (50–70 cm hoch) *T. erécta* L. od. mit zahlreich. kl. Köpf. *T. tenuifólia* Cav. (beide Art. Chrom. 2n = 24).

Hier anzuschließen sind ferner die *Helénium*-Arten (*Rudbeckia*-ähnl. mit gezähnt. Zungenblü., ohne Spreub.), Zierpf. aus Am.

Hundskamille, Ánthemis L.

1 Zungenblü. gelb (od. fehld), B. gefiedert mit kammförmg gesägt. Fiederblättchn., behaart, Spreub. d. Blü.kopfbod. spitz, Fr. abgeflacht, 20–50 cm, ⚇, 6–9 **A. tinctoria** 2962
1* Zungenblü. weiß
2 Spreub. d. Blü.kopfbod. spitz, Fr. gestreift
3 Spreub. lanzettl., stachelspitzg
4 Blü.kopfbod. halbkugelg, B. kammförmg fiederspaltg, Fr. abgeflacht 4kantg, 30–50 cm, ⊙, 7–9 **A. austriaca** 2963
4* Blü.kopfbod. kegelförmg, Fr. stumpf 4kantg, furchg gerieft, B. doppelt fiederschnittg
5 Pf. spärl. weichhaarg od. kahl, Spreub. ganzrandg, lanzettl., allmähl. zugespitzt, 15–50 cm, ⊙, 5–10 **A. arvensis** 2964
5* Pf. grau- od. weißzottg behaart, Spreub. vorn gezähnelt mit deutl. abgesetzt. Stachelspitze, 20–50 cm, ⊙, 5–8 **A. ruthenica** 2965
3* Spreub. lineal-borstl., unten am hochkegelg. Blü.kopfbod. oft fehld, Fr. walzl., knotg gerippt, B. doppelt fiederschnittg, fast kahl, von widerl. Geruch, 15–50 cm, ⊙, 6–9 **A. cotula** 2966
2* Spreub. stumpf, randl. trockenhäutg, B. doppelt fiederspaltg mit lineal. Zipfeln, ± flaumg behaart, Blü. meist gefüllt, Fr. fast 3kantg, 15–30 cm, ⚇, 7–10 **A. nobilis** 2967

2962. **Färberkamille, A. tinctória** L., slt., ab. gesellg in Trockenras. u. Felsband-Ges., auch ruderal an Dämmen u. Böschg., auf ± off., sommerwarm.-trock., basenreich., oft humus- u. feinerdearm., flachgründg. Steinböden (Kalk, Porphyr, Gneis), lichtliebde Pionierpf., Insekt.bestäubg (Bienen), früher Färberpf. (Blü.), Wander- u. Eisenbahnpf., Char. d. Poo-Anthemetum tinct. [Conv.-Agropyrion (Elymion)], auch im Sesl.-Festucion pall. od. Dauco-Melilotion – Ebene bis mittl. Gebirgslag., Ju bis 990 m, A bis 1200 m, BayW bis 800 m, im nördl. Tiefld slt. od. nur adv. – euras(kont)smed, verschleppt – H –Chrom. 2n = 18.

2963. **Österreichische H., A. austríaca** Jacq., slt., z. T. unbestdg in Unkrautges., an Wegen, in Äckern, auf sommerwarm., mäß. trock., nährstoff- u. basenreich. Stein-, Sand- od. Lehmböd., bis 50 cm tief wurzld, im Sisymbrion- u. Secalinetea-Ges. (nöRh: lok. Char. d. Papaveretum arg.), auch im Onopordion – v. all. östl. Do, FrJu, Fr, Mn, Ne, nöRh, Sa-An (Elbe), z. T. nur vorübergehd – osmed(-europkont) – T – Chrom. 2n = 18.

2964. **Acker-H., A. arvénsis** L., zml. hfg in Unkrautges., v. all. d. Getreidefelder, auch an Wegen u. Plätz., auf frisch.-mäß. frisch., nährstoff- u. basenreich., meist kalkarm., neutral-mäß. sauer., gern sandg. Ton- u. Lehmböden, etwas wärmeliebd, bis 35 cm tief wurzld. Versauerungszeiger, Kulturbegleiter seit jüng. Steinzeit, heute zurück-gehd, Insekt.- u. Selbstbestäubg (Fliegen, Wespen), z. T. Klebverbrtg, schwache Aperion-Verb.char., überreg. Secalinetea-Art, auch DV im Polyg.-Chenopodion – Ebene bis mittl. Gebirgslag., Ju bis 980 m, A bis 760 m – eurassubozean-med, in gemäß. Zonen heute weltweit – T – Chrom. 2n = 18.

2965. **Ruthenische H., A. ruthénica** M. Bieb., slt. u. unbestdg in lückg. Unkrautges., an Schuttstell., Verladeplätz., Hafenanlagen, auf sommer-warm., trock., nährstoff- u. basenreich., oft humus- u. feinerdearm. Sand- u. Kiesböden, im Sisymbrion u. Onopordion, auch im Aperion – z. B. nöRh, Do, Fr, Th, Br, Sa – europkont – T – Chrom. 2n = 18.

2966. **Stinkende H., A. cótula** L., zerstr. in lückg. Unkrautges., in Getreidefeldern, an Wegen u. Plätzen, v. all. im Umkreis dörfl. Siedlg., auf mäß. frisch.-frisch., nährstoff- u. basenreich., ± neutral., humos. Lehm- u. Tonböden, Ton- u. Garezeiger, wärmeliebd, früher Mot-tenkraut, v. all. in Secalinetea-Ges., auch im Sisymbrion – Ebene bis mittl. Gebirgslag., A fehld, im SW, auch He od nordw. Tiefld slt. od. fehld – med-smed-eurassubozean, in gemäß. Zonen heute weltweit – T – Chrom. 2n = 18.

2967. **Römische H., A. nóbilis** L. [*Chamaemélum nóbile* (L.) All.], hie u. da in Bauerngärten als Zier- u. Heilpf. kultiv. u. glgtl. in Schuttunkraut-Ges. unbestdg verwildt – Herkunft: wmed-atl – H – Chrom. 2n = 18.

Vgl. ferner als Neuankömmling in *Trifolium resupinatum*-Kulturen: *A. hyalína* DC., habituell ähnl. *A. ruthenica,* aber Blü.bod. halbkuglg, Spreub. lanzettl., Fr. glatt – z. B. NWe, nöHü, Av – Herkunft: omed.

Zypressenkraut, Santolína L. vgl. S. 905

2968. **S. chamaecyparíssus** L., hfg in Steingärten od. auf Friedhöfen kultiv. u. hie u. da in Wärmegebieten halbverwildt, früher Heilpf. od. Mottenkraut – Herkunft: wmed (Zwergstrauchheiden) – Ch.

Deutscher Bertram, Anácyclus L. vgl. S. 905

2969. **A. clavátus** (Desf.) Pers., nur noch slt. kultiv. u. unbestdg verwildt, alte Heilpf., in S-Europa Char. d. Hordeetum leporini (Hordeion) – Herkunft: med – T – Chrom. 2n = 18.

Schafgarbe, Achilléa L.

1   Zungenblü. weiß od. weißl., slt. auch rosa (1* vgl. S. 936 oben)
2   Zungenblü. 6–12(–20), ± so lg wie Hülle, Blü.std locker doldg
3   B. fiederteilg, Alpenpf.
4   Pf. 5–30 cm hoch, Blü.dolde(traube) meist einfach, Blü.äste einköpfg, slt. mehrköpfg, B. längl.
5   B. kahl od. wenig behaart
6   Zunge d. Randblü. 3–7 mm lg, Hüllb. schwarzrandg, B. nicht drüsg punktiert
7   B.fiedern einfach od. nur weng zipfelg zerteilt, Randblü. 5–7 mm lg, 5–25 cm, ♃, 7–8   **A. atrata** 2970
7* B.fiedern mehrzipfelg zerteilt, Randblü. 3–4 mm lg, 5–20 cm, ♃, 7–8   **A. clusiana** 2971
6* Zunge d. Randblü. 7–10 mm lg, Hülle braunrandg, B. vorwiegd einfach fiederschnittg, drüsg punktiert, aromatisch, 5–25 cm, ♃, 7   **A. moschata** 2972
5* B. seidg-filzg od. zottg wollg behaart
8   B. seidg-filzg behaart, locker einfach fiederspaltg mit jed.sts 3–6 Fiederch., z.T. verkahld, Blü.std mehrköpfg, locker, Zungenblü. so lg wie Hülle, 5–30 cm, ♃, 6–8   **A. clavenae** 2973
8* B. wollg-zottg behaart, dicht fiederspaltg, mit jed.sts 6–12 Fiederch., Blü.std mehrköpfg, dicht, kugelg, Zungenblü. halb so lg wie Hülle, Pf. aromatisch, 5–15 cm, ♃, 7–9   **A. nana** 2974
4* Pf. 50–100 cm hoch, Blü.dolde(traube) zus.gesetzt, Blü.äste mehrköpfg, B. im Umriß eiförmg, gefiedert mit lanzettl. zugespitzt. B.abschnitt., kahl od. spärl. behaart, 50–100 cm, ♃, 7   **A. macrophylla** 2975
3* B. ungeteilt., lineal-lanzettl., gesägt, Sumpfpf.
9   B. ± kahl, ohne Drüs., glänzd, Blü.köpfch. 12–17 mm brt, 20–60 cm, ♃, 7–8   **A. ptarmica** 2976
9* B. behaart, durchscheinend drüsg punktiert, graugrün, Blü.köpfch. 10–12 mm brt, 20–120 cm, ♃, 7–9   **A. cartilaginea** 2977
2* Zungenblü. 3–5(–6), viel kürzer als Hülle, Blü.köpfe nur 2–5 mm brt, Blü.std meist reichblütg, dichtdoldg
10 B. 2fach fiederteilg, mit 5–10 Fiedern, B.achse deutl. gezähnt, Pf. ohne Ausläufer, Blü. gelbl.weiß, 15–50 cm, ♃, 6–10   **A. nobilis** 2978
10* B. 2–3fach fiederteilg, mit über 10 Fiedern, B.achse nicht od. kaum gezähnt

11 Pf. mit Ausläuf., Blü. weiß od. rosa, slt. gelbl., 15–50 cm, ⧄, 6–10,

A. millefolium 2979/84

11*Pf. ohne Ausläuf., Zungenblü. ob.sts hellgelb, 20–40 cm, ⊙, 5–7

A. crithmifolia 2987

1* Zungenblü. dottergelb, Pf. ± zottg-wollg behaart, Zierpf.

12 Pf. 20–50 cm, ⧄, 7–9   **A. coarctata** 2985

12*Pf. 40–120 cm, ⧄, 7–8   **A. filipendulina** 2986

2970. **Schwarze Sch., A. atráta** L., zerstr. in Steinschuttflur. d. alp. Stufe, auf sickerfrisch., ± feinteilch.reich., bewegt. Kalkschutt-Böden (pH 6,5–7,7), Schuttwanderer u. Schuttkriecher, Thlaspietalia-Ordn.char. – A 1300–2630 m – (o)alp – H – Chrom. 2n = 18.

2971. **Ostalpen-Sch., A. clusiána** Tausch, s. slt. wie vor. in frisch. Kalkschuttflur., Thlaspietalia-Ordn.char. – A (nur Österreich) – oalp – Chrom. 2n = 18.

2972. **Moschus-Sch., A. moschata** Wulf. [*A. érba-rótta* All. ssp. *moschata* (Wulf.) Vacc.], örtl. slt. in lückg berast. Steinschutt-Fluren, auf sickerfrisch., kalkarm., bewegt. od. ruhend., lehmg. Steinschuttböden, Pionierpf., Schuttkriecher u. -festiger, Wintersteher, Insekt.- u. Selbstbestäubg, Heilpf., schwache Androsacion alp.-Verb.char., auch in Initialstadien d. Nardion od. Caricion curv. – A (nahe Allgäu-Grenze, Elferkopf, 2300 m), Zentralalp. – alp – H – Chrom. 2n = 18.

2973. **Bittere Sch., A. clavénae** L., zerstr. in sonng. Steinrasen d. subalp. Stufe, auf frisch., kalkreich., neutral.-mild., humos., lock., steing. Lehmböden, geschützt, Char. d. Seslerio-Caricetum semperv. (Seslerion), auch im Thlaspion rot. od. Potentillion caul. – A (östl. Teil) 1500–2400 m – oalp – H – Chrom. 2n = 18.

2974. **Zwerg-Sch., A. nána** L., zerstr. in schneefeucht., basenreich. Schieferschuttflur. d. alp. u. nival. Stufe d. Zentralalp., Char. d. Camp.-Saxifragetum (Drabion hopp.), auch im Androsacion alp. – Tirol, Schweiz – walp – H – Chrom. 2n = 18.

2975. **Großblättrige Sch., A. macrophýlla** L., zml. slt. in subalp. Hochstaudenbüschen u. -fluren, auf sickerfrisch., nährstoff- u. basenreich., meist kalkarm., mäß. sauer.-neutral., humos., lock., mittelgründg. Ton- u. Lehmböden, Mullboden-Kriecher, Halbschatt(Licht)pf., Insekt.- u. Selbstbestäubg, v. all. im Alnetum virid., Adenostylion-Verb.char. – A (Allgäu) 1300 bis 1790 m – walp – H – Chrom. 2n = 18.

2976. **Sumpf-Sch., A. ptármica** L., hfg in Naß- u. Moorwiesen, in Staudenfluren an Bächen u. Gräben v. all. tief. Lagen, auf stausickernass. (wechselnass.), ± nährstoffreich., vorzugsw. kalkarm., neutral.-mäß. sauer., modrg-humos. Tonböden, od. auf Torf, Wechselnässe- u. Gleyboden-Zeiger, Tiefwurzler, Lichtpf., Insekt.bestäubg

(Fliegen, Bienen), geringer Futterwert, früher Heil- u. Zierpf., Molinietalia-Ordn.char. – Ebene bis mittl. Gebirgslag., Ju bis 670 m, Sch bis 900 m, A fehld – eurassubozean(-smed) – H – Chrom. 2n = 18.

2977. **Weidenblättrige Sch., A. cartilagínea** Ledeb. (*A. salicifólia* Bess.), slt. in Uferstaud.fluren auf nass., basenreich. Lehmböd., z. B. mit *Veronica longif.*, Filipendulion-Verb.char. – östl. Br (Odertal) – euraskont – H – Chrom. 2n = 18.

2978. **Edle Sch., A. nóbilis** L., slt. in Felsbandges., in lückg. Trocken- od. Halbtrock.rasen, als Kulturfolger auch auf Erdanriss., an Böschgen, auf trocken., basenreich., vorzugsweise kalkhaltg., roh. od. weng humos., locker. Steinböd. od. sang. Lößböd., licht- u. wärmeliebd, Pionierpf., Windverbrtg, schwache Sesl.-Festucion pall.-Verb.char., auch im Conv.-Agropyrion (Elymion) (Poo-Anthemetum tinct.) – v. all. im S d. Gebiet. (auch süSch auf Gneis u. Porphyr), nördl. bis RS, He, Th, An, Sa, fehlt schwäb. Alb-Do-Av od. nur wie auch anderwrts adv. – smed-euraskont – H – Chrom. 2n = 18.

2979/84. **Wiesen-Sch., A. millefólium-**Gruppe

1 Pf. kahl od. wenig behaart
2 Grundstdge B. 1,5–3 cm brt, B.zipfel lineal-lanzettl. (0,5–0,7 mm brt), stachelspitzg, Fiederabschnitte nicht büschelg gedrängt, Blü.köpfe ca. 5 mm lg, Hüllb. braun berandet, Blü. weiß od. rosa
3 Hüllb. deutl. behaart, Pf. z. Blü.zeit meist mit zahlreich. steril. Rosett., St. kräftig, aufrecht
4 Blü. meist weiß, Hüllb. mit schmal. braun. Hautrand

2979. **Gewöhnliche W.-Sch., A. millefólium** L., verbr. in Fettwiesen u. -weiden, auch in Halbtrocken- od. Sandrasen, in Äckern, auf frisch.-mäß.trock., nährstoffreich., mäß. sauer.-mild., meist mittel-tiefgründg., lock., sandg., steing. od. rein. Lehmböden, Wurzelkriecher, bis 90 cm tief wurzlde Pionierpf. u. Bodenfestiger, nässescheuend. Nährstoffzeiger, Lichtpf., Insekt.- u. Selbstbestäubg (Fliegen), Wind- u. Ameisenverbrtg, mittl. Futterwert (Würzpf.), alte Heilpf., schwache Arrhenatheretalia-Ordn.char., auch in Trock.- u. Halbtrock.ras. od. ruderal – Ebene bis Gebirge, A bis 1860 m – no-eurassubozean, in gemäß. subozean. Zonen heute weltweit – H (Ch) – Chrom. 2n = 54, formenreich:

4* Blü. meist rosa-rot, Hüllb. mit brtem schwarzbraunen Hautrand, Blü.köpfe 5–6 mm lg

2979a. **A. millefólium ssp. sudética** (Op.) Weiss, so v. all. in Bergwies. od. an Wegränd. üb. 900 m, im Pol.-Trisetion od. Poion alp. – A, Vog, Sch u.a. Mittelgebirge – Chrom. 2n = 54.

3* Hüllb. ± kahl, St. meist bogig aufsteigd, z. Blü.zeit ohne od. nur mit wenigen steril. Rosett., zart, 4–5knotg, B. s. fein zerteilt, Blü. meist rosa

2980. **Blaßrote W.-Sch., A. róseo-álba** Ehrend., slt. in Fettwies., auf nährstoff- u. basenreich. Lehmböd., Arrhenatherion-Verb.char. – Bo, süHü, süRh, auch Sa (adv.) – pralp(südalp) – Chrom. 2n = 18 (36).

2* Grundstdge B. 0,5–1,5 cm brt, B.zipfel eilanzettl., Fiedern büschelg gedrängt, Blü.köpfe 3–4 mm lg, Hüllb. schmal hellbraunrandg, behaart, Blü.std locker, v. tief unt. her verzweigt

2981. **Hügel-W.-Sch., A. collína** J. Beck. [*A. millefólium* ssp. *collína* (J. Beck.) Rchb.], slt. in sonng. Sandrasen u. Halbtrockenrasen, auf ± off., sommerwarm.-trock. od. mäß. trock., basenreich., lock. Sandböden od. flachgründg., steinig. Lehmböd., Festucetalia val.-Ordn.char., auch im Mesobromion od. Geranion sang. – z. B. Do, Fr, Th, An, Br, Me, auch Rh (Els) – europkont – Chrom. 2n = 36.

1* Pf. dicht seidg-wollg behaart, B. schmallanzettl. mit büschelg gedrängt., feinzipflg. Fiedern, St. slt. verzweigt, Blü.std meist kompakt
5 B.zipfel brt-lanzettl., Hülle meist 4–4,5(5) mm lg

2982. **Ungarische W.-Sch., A. pannónica** Scheele [*A. millefólium* ssp. *pannónica* (Scheele) Hayek], slt. in besonnt. Felsbandges. od. im licht. Gebüsch, auf mäßg trocken.-trocken., steing. Böden, Licht-Halbschattpf., in Sesl.-Festucion pall.- u. Geranion sang.-Ges. – (östl. NSH) Th, An, Br, FrJu, nöRh (adv.) – europkont – Chrom. 2n = 72.

5* B.zipfel borstl. (0,2 mm), fein zugespitzt, Hüllb. gelbl.
6 St.b. kaum 1 cm brt, zu 8–12, Blü.köpfch. schmal-eiförmg, Pf, 10–50 cm

2983. **Feinblättrige W.-Sch., A. setácea** W. et K. [*A. millefólium* ssp. *setácea* (W. et K.) Čel.], slt. in besonnt. Kalkmagerras., an steing. Hängen, Festucetalia val.-Ordn.char. – Th, An – osmed-gemäßkont – Chrom. 2n = 18.

6* St.b. bis 5 cm brt, Blü.std locker, Blü.köpfch. brt-eiförmg, Pf, 20–100 cm

2984. **Wollige W.-Sch., A. lanulósa** Nutt., slt. u. unbestdg, aber z. T. sich einbürgernd mit Grassaat. in ruderal. Ges. – z. B. Br (Berlin), NS (Hamburg) – Herkunft: N-Am. (Parallelsippe zu *A. millefolium*) – Chrom. 2n = 36.

2985. **Gelbe Sch., A. coarctáta** Poir., hfg als Steingartenpf. kultiv. u. slt. verwildt – Herkunft: omed – ähnl. d. bereits im Wallis vorkommende med(-kont) *A. tomentósa* L., Fest.-Brometea-Kl.char. – H – Chrom. 2n = 18, 36

2986. **Hohe gelbe Sch., A. filipendulína** Lam., hfg als Zierstaude in Gärten u. slt. vorübergehd verwildt, Kompaßpf., Herkunft: omed – – H – Chrom. 2n = 18.

2987. **Meerfenchelblättrige Sch., A. crithmifólia** W. et Kit., slt. adv. u. eingebürgert an Schutt- u. Verladeplätzen, z.B. mit *Artemisia vulg.* im Arction – z.B. Rh (Straßburg, nöVog, Mannheim) – Herkunft: SO-Europa (osmed) – H – Chrom. 2n = 18.

Bastarde!

Kamille, Matricária L.

1 Zungenblü. fehld, Blü.köpfe kegelförmg, gelbgrün, kurz gestielt, Pf. mit
   stark. Kamillengeruch, 5–20(–30) cm, ☉, 5–8   **M. discoidea** 2988
1* Zungenblü. vorhanden, weiß, Scheibenblü. gelb, Blü.köpfe lg gestielt
2 Blü.kopfbod. kegelförmg, hohl, Zungenblü. zuletzt zurückgeschlag. Pf. mit
   Kamillengeruch, 15–35 cm, ☉, 5–7   **M. chamomilla** 2989
2* Blü.kopfbod. halbkugelg, markg, B.zipfel untersts gefurcht, Pf. fast
   geruchlos, 25–80 cm, ☉, 6–10   **M. inodora** 2990
   vgl. ferner mit etwas fleischg. B. u. niederliegd-aufsteigd. St.
          M. maritima 2991

2988. Strahllose K., M. discoídea DC. [*M. matricarioídes* (Less.) Port.
p.p., *Chamomílla suavéolens* Rydb.], verbr. u. überall eingebürgt, in
Trittrasen, v. all. in Siedlungsnähe, auf off., ± frisch., nähr-
stoff(stickstoff)reich., ± humos., fest., dicht. Lehm- u. Tonböden,
Kulturbegleiter, Neubürger seit etwa 1850, Insekt.- u. Selbstbestäubg,
Klebverbrtg (verschleimende Fr.), Heilpf. (Blü.), Polygonion av.-
Verb.char. – Ebene bis mittl. Gebirgslag., A bis 1670 m, süSch bis 1490 m
– Heimat: NO-Asien (u. NW-Am.?), heute in kühlgemäß. Zonen
weltweit – T – Chrom. 2n = 18.

2989. Echte K., M. chamomílla L. [*Chamomílla recutíta* (L.) Rausch.],
zml. hfg, heute zurückgehd, in Getreidefeldern, an Wegen od.
Schuttstellen, auch kultiv., auf frisch., nährstoffreich., ± humos., meist
kalkarm., mäß.sauer.-neutral., sandg. od. rein. Lehm- u. Tonböden,
Lehmzeiger, etwas wärmeliebd, Kulturbegleiter seit jüng. Steinzeit, alte
Arzneipf., Insekt.bestäubg (Fliegen), Char. d.Alchemillo-Matricarietum
(Aperion), auch in Chenopodietea- od. Plantaginetea maj.-Ges. – Ebene
bis mittl. Gebirgslag., A bis 1050 m – eurassubozean(-smed) – T –
Chrom. 2n = 18.

2989a. **ssp. chamomílla,** verbr. Ackerform.

2989b. **ssp. bāyeri** (Kanitz) Neumay., salzliebd, in Trittrasen u.
überweideten Steppen- u. Küstenweiden, in Plantaginetalia maj.-Ges. –
ob im Gebiet ? – omed-osmed.

2990. Geruchlose K., M. inodóra L. [*M. marítima* L.ssp. *inodóra* (L.) Soó,
M. perforáta Mérat, *Tripleurospérmum inodórum* Schultz-Bip.], zml.
hfg in Unkrautges. an Schuttplätzen, an Wegen, in Äckern, auf frisch.-
mäß. trock., nährstoffreich., meist kalkarm., ± humos., neutral., sandg.
od. rein. Ton- u. Lehmböden, bis 120 cm tief wurzlde Pionierpf., etwas
sommerwärmeliebd, Insekt.bestäubg, Kulturbegleiter, v. all. in Chenopodietea (Sisymbrion)-Ges., auch in d. Secalinetea – Ebene bis mittl.
Gebirgslag. (A bis 1300 m), v. all. im O d. Gebiet. – gemäßkont, weit
verschleppt – T – Chrom. 2n = 36.

2991. Küsten-K., M. marítima L. [*Tripleurospérmum marítimum* (L.)
Koch], salzliebd, Pf. d. Küstensäume, auch an Salzstellen d. Binnen-

landes, viell. Stammpf. d. vor., Cakiletalia-Ordn.char. – N- u. O-Seeküste, auch binnenländ. Salzstell. (ob immer diese Art?) – nosubozean –
T – Chrom. 2n = 18.

Wucherblume, Chrysánthemum L.

1 Pf. halbstrauchg, ± kahl, B. graugrün, Zierpf.
2 St. jg weichhaarg, B. grob gelappt, Blü.köpfe vielfarbg, meist rispg gehäuft
  u. gefüllt, 25–150 cm, ♃, ♄, 9–12   **Ch. indicum** 2992
2* St. kahl, B. fiederteilg mit schmal. B.zipfeln, Blü.köpfe lg gestielt,
  margeritenartg 30–100 cm, ♄, 3–10   **Ch. frutescens** 2993
1* Pf. krautg
3 Zungenblü. gelb, Fr. ohne Haarkrone, B. graugrün
4 B. doppelt fiederspaltg, Scheibenblü. grünl., Blü. oft gefüllt, Zierpf.,
  30–60 cm, ☉, 6–9   **Ch. coronarium** 2994
  Scheibenblü. braun, vgl.   **Ch. carinatum** 2994
4* B. spatelg, grob gezähnt, halbst.umfassd, 20–50 cm, ☉, 5–10
                              Ch. segetum 2995
3* Zungenblü., weiß od. fehld
5 Blü.köpfe einzeln
6 B. ungeteilt od. fiederteilg
7 B. unten kammförmg fiederteilg, obere St.b. (nur wenige) lineal, ganzrandg,
  ± filzg behaart, St. einköpfg, Hüllb. d. Blü.kopfes brt braun gesäumt, 5–
  10(–15) cm, ♃, 7–8   **Ch. alpinum** 2996
7* B. alle ungeteilt, meist ± scharf gesägt-gezähnt
8 St.b. kaum verkleinert, etwas fleischg, dunkelgrün, kahl, St. einköpfg,
  Hüllb. schwarzrandg, alle Fr. mit bleibd. häutg. Krönchen, niedere Alpenpf.
9 St.b. jedersts mit 5–7 scharf eingeschnitten., abstehd. Zähn., Zungenblü.
  5–7 mm lg, 10–20 cm, ♃, 7–8   **Ch. halleri** 2997
9* St.b. jedersts mit 5–7. kurz., stumpfl. eingebogen. Zähn., Zungenblü.
  3–4 mm lg, 10–20(30) cm, ♃, 7–8   **Ch. atratum** 2998
8* St.b. deutl. verkleinert, meist kürzer als St.glieder, oft ± behaart, St. z. T.
  verästelt, mehrköpfg, Hüllb. braun od. schwarz berandet, Fr. (außer glgtl.
  Randfr.) ohne Krönch., 20–50(–80) cm, ♃, 5–10
                            Ch. leucanthemum 2999
6* B. doppelt feinzipflg gefiedert, seidg behaart, stark duftend, Blü.köpfe
  einzeln od. wenige lg gestielte, Kulturpf., 20–60 cm, ♃, 5–6
                          Ch. cinerariifolium 3000
5* Blü.köpfe in traubg-rispger Dolde, slt. einköpfg, höchst. 30 mm brt, B. meist
  gefiedert od. fiederteilg (*Tanacétum* L.)
10 Zungenblü. vorhanden
11 Fiederblättch. mit lineal. Zipfeln, B.spindel gesägt, Zungenblü. lineal, Fr.
  5kantg, geruchlose Wildpf., 50–100 cm, ♃, 6–8   **Ch. corymbosum** 3001
  vgl. ferner Zierpf. mit rosarot. Zungenblü.:   **Ch. coccíneum** 3005
11* Fiederblättch. mit eirundl. od. brt lanzettl., gezähnt. B.abschnitt., B.spindel
  nicht gesägt, Zungenblü. rundl. od. längl., kürzer als Hülle, aromatisch
  duftende Zier- od. Ruderalpf.
12 Fiederblättch. brt lanzettl., B. z. T. nur fiederschnittg, Blü.köpfe fast kugelg,
  Fr. walzl.-5kantg, 50–100 cm, ♃, 6–8   **Ch. macrophyllum** 3002
12* Fiederblättch. eirundl., z. T. 2fach gefiedert, Blü.köpfe halbkugelg, meist

gefüllt, Fr. 8–10kantg, Pf. v. hell. Grün, 30–80 cm, ♃, 6–8
vgl. ferner **Ch. serotinum**   3005a   **Ch. parthenium**   3003
10* Zungenblü. fehlend
13 B. gefiedert
14 Fiederblättch. zu 3–5, eirundl., Zierpf., vgl. 12*   **Ch. parthenium**   3003
14* Fiederblättch. zu 8–12, längl.-lanzettl., fiederschnittg gesägt, Fr. 5kantg,
   Ruderalpf., 40–120 cm, ♃, 7–9   **Ch. vulgare**   3004
13* B. ungeteilt, eiförmg, fein gekerbt, sitzd, Blü.köpfe kl., rispg gehäuft, Pf.
   aromatisch (melissenartg), 60–120 cm, ♃, 8–10   **Ch. balsamita**   3006

2992. Chrysantheme, Winteraster, Ch. índicum L., hfge u. beliebte
Zierpf., in viel. Farben u. Formen, liebt humose, nährstoffreiche,
kalkarme, lock. Lehmböden in mild-humid. Klimalage, Kurztagpf., alte
Kulturpf. d. o-asiat. Kulturkreises, in Europa erst seit rd. 150 Jahren allg.
kultiv. – Herkunft: China-Japan – Ch – Chrom. 2n = 36, 54.

2993. Kanarische Strauch-Margerite, Ch. frutéscens L., hfge Topfpf., in
S-Europa auch Gartenpf., frostempfindl. Dauerblüher d. gemäß. ozean.
Klimas – Herkunft: Kanarische Inseln – Ch, Pn.

2994. Goldblume, Ch. coronárium L., zml. hfge Zierpf. u. hie u. da
vorübergehd in Schuttunkraut-Ges. verwildt – Herkunft: med – T, H –
ähnl. **Ch. carinátum** Schousb. aus NW-Afrika – Chrom. 2n = 18 (u.
polyploide Kulturformen).

2995. Saat-W., Ch. ségetum L., slt. u. unbestdg in Unkrautfluren
gehackt. Äcker, an Schuttplätzen, auf frisch., nährstoffreich., kalkarm.,
± humos., sandg. od. rein. Ton- u. Lehmböden in wintermild.-humid.
Klimalage, Lehmzeiger, Fliegenblume, Kulturbegleiter, auch Zierpf.,
heute zurückgehd, terr. Char. d. Sperg.-Chrysanthemetum seg. (Sperg.-
Oxalidion) – v. all. im W u. Nordw. d. Gebiet., südl. v. Pf-He u. östl von
SH-Me-Th (L) slt., fehld od. verscholl. – med-atl, verschleppt, viell.
omed Herkunft – T – Chrom. 2n = 18.

2996. Alpen-W., Ch. alpínum L. [*Leucanthemópsis alpína* (L.) Heyw. ssp.
alpína], zerstr. in Schneetälch. u. Schneeböden, in Kar-Lagen d. alp.
Stufe, auf schneefeucht., kalkarm. od. entkalkt., mäß. sauer., modrg
humos., steing. od. rein. Lehm- u. Tonböden, Insekt.bestäubg, Salicion
herb.-Verb.char., auch in feucht. Nardion- od. Caricion curv.-Ges. –
A 1600–2380 m – alp – H – Chrom. 2n = 36.

2997. Haller's W., Ch. hálleri Sut. [*Leucánthemum atrátum* (Jacq.) DC.
ssp. *hálleri* (Sut.) Heyw.], zerstr. in off. Steinschutt-Fluren d. alp. Stufe,
auf sickerfrisch., humusarm., oft feinschuttreich., lock. Kalkschutt-
Böden, kalkstet, Schuttstrecker, schwache Char. d. Leontodontetum
mont., Thlaspion rot.-Verb.char. – A 1550–2380 m – alp – H – Chrom.
2n = 18.

2998. **Ch. atrátum** Jacq. [*Leucánthemum atrátum* (Jacq.) DC. ssp. *atrátum*] – Endemismus d. nordöstl. Kalkalp. (Österreich), Thlaspietalia-Art – Chrom. 2n = 54.

2999. **Gewöhnliche W., Margerite, Ch. leucánthemum** (*Leucánthemum vulgáre*)-Gruppe:

1 Blü. 3–7 cm brt, Wildformen
2 Mittl. St.b. im vorderen Drittel am brtest., B.grund meist dicht gezähnt u. geöhrt, St. zu $^4/_5$ ± gleichmäßig verteilt beblättert, oft verzweigt, Hüllb. mit schmal. hellbraunem Saum
3 Mittl. St.b. z. B.grund hin weng verjüngt, undeutl. geöhrt, untere B.zähne kürzer als brt, St. oft behaart

2999a. **Wiesen-W., Ch. leucánthemum** L. (*Leucánthemum ircutiánum* DC.), verbr. in Fettwies. u. Fettweid., in Umbruchwies. u. Brach., auf ± frisch., nährstoff- u. basenreich. Böd. all. Art, auch Rohbod.pionier, scheut kühl-nasse wie zu fette Standorte, Tiefwurzler, Insekt.- u. Selbstbestäubg (Fliegen, Käfer, Falter), Wind- u. Verdauungsverbrtg, geringer Futterwert, schwache Arrhenatheretalia-Ordn.char., auch in Mesobrometen od. Naturwies. d. Calamagrostion (verschied. Ökotypen) – Ebene bis Gebirge (Sch bis 1400 m) – eurassubozean, in gemäß. Zonen weltweit verschleppt – H – Chrom. 2n = 36.

3* Mittl. St.b. zum B.grund hin verjüngt, stark, fast fiederspaltg gezahnt, geöhrt, untere B.zähne lger als brt, St. meist kahl, früher blühd als vor.

2999b. **Frühe W., Ch. praecox** Horvatić (*Leucánthemum vulgáre* Lam.), zml. slt. in Halbtrock.rasen auf warm. basenreich. Lehm- u. Tonböd., v. all. im Mesobromion (Verb.char.), auch halbruderal (z. T. adv.) – Rh, süHü, Ju, He, NSH, Mn usw., offenbar v. all. im S u. O d. Gebiet. – osmed(?) – Chrom. 2n = 18.

2* Mittl. St.b. in oder unter d. Mitte am brtest., z. T. parallelrandg u. meist zml. fein u. gleichmäßg gezähnt, kaum geöhrt, St. mit unten etwas gehäuft. B., im oberen Drittel b.los, unverzweigt, Hüllb. oft schwarzbraun gesäumt

2999c. **Berg-W., Ch. adústum** (Koch) Fritsch [*Leucánthemum adústum* (Koch) Gremli], zml. slt. in Felsbandges. od. Steinras., z. B. im Laserpitio-Seslerietum u. Laserpitio-Calamagrostietum, Seslerietea-Art, auch im Sesl.-Festucion – Ju, Bo (Hohentwiel), Rh (Els), Ba, A (bis 2100 m) – (o)pralp – Chrom. 2n = 54.

1* Blü. 7–10 cm brt, Zierpf.

2999d. **Große W., Ch. máximum** (Ram.) DC., hfg in verschiedenen Kultursorten in Gärten als Zierpf., slt. verwildert – Herkunft: Pyrenäen – Chrom. 2n = 90. 108.

3000. **Insektenpulverpflanze, Ch. cinerariifólium** (Trev.) Vis. [*Tanacétum cinerariifólium* (Trev.) Schultz], slt. z. Gewinnung von Insektenpulver kultiv. u. glgtl. in Schuttunkraut-Ges. vorübergehd verwildt – z. B. Rh – Herkunft: Adriat. Küstenländer – Ch – Chrom. 2n = 18, 36.

3001. **Straußblütige W., Ch. corymbósum** L. [*Tanacétum corymbósum* (L.) Schultz-B.], zerstr. in sonng. licht. Eichenwäldern, an Wald- u. Buschrändern, warm. Staudenhängen, auch in Buchen-Mischwäldern, auf sommerwarm.-mäß.trock., nährstoff- u. basenreich., mäß. sauer.-mild., lock., humos., steing. od. rein. Lehm- u. Lößböden, auch Felsböden, Halbschatt(Licht)pf., Insekt.bestäubg, Quercetalia pubesc.-Ordn.char., auch (Diff.) im Geranion sang. od. in wärmeliebd. Fagetalia-Ges. – Ebene bis mittl. Gebirgslag., Kalk- u. Wärmegebiete, auch auf Porphyr u. Granit in Vog-Pf u. süSch (Schlüchttal), Ju bis 1010 m, A fehld, nördl. bis RS, NSH, Th, An-Br (Elbe, Oder) – smed-gemäßkont – H – Chrom. 2n = 36.

3002. **Großblättrige W., Ch. macrophýllum** W. et Kit. [*Tanacétum macrophýllum* (W. et K.) Schultz], slt. als Zierpf. kultiv., glgtl. verwildt u. eingebürgt in ruderal. Staudenfluren z. B. von Parkanlagen, auf frisch., nährstoffreich. Lehmböden in sommerwarm. Klimalage, Licht-Halbschatt-Pf., in Artemisietea-Ges., in SO-Europa v. all. in d. Atropetalia – z. B. süHü (Kaiserstuhl), nöHü (Dürkheim verscholl.), Rh (Karlsruhe), Do (Nymphenburg), FrJu, Fr – opralp – H – Chrom. 2n = 18.

3003. **Römische Kamille, Mutterkraut, Ch. parthénium** (L.) Bernh. [*Tanacétum parthénium* (L.) Schultz], hie u. da, bes. in Bauerngärten als Zier- u. Arzneipf. kultiv. u. glgtl. an Wegen, Zäunen od. Schuttplätzen verwildt, auf frisch., nährstoffreich. Lehmböden, Licht-Halbschattpf., Fliegen- u. Bienenblume, Teepf. (auch Abortivum), v. all. in Arction-Ges., in SO-Europa Atropion-Art – Herkunft: osmed – H – Chrom. 2n = 18.

3004. **Rainfarn, Ch. vulgáre** (L.) Bernh. (*Tanacétum vulgáre* L.), hfg u. gesellg in staudenreich. Unkrautfluren, an Wegen, Schuttplätzen, Dämmen, gern an Brandstell., auch an Ufern, auf sommerwarm., frisch., nährstoffreich., neutral., humos., gern sandg. Ton- u. Lehmböden in ± humid. Klimalage, Kriechwurzler, Kulturbegleiter, v. all. in Stromtälern, Insekt.bestäubg, Heil- u. Nutzpf. (Wurmmittel, Mottenkraut). Char. d. Art.-Tanacetetum (Dauco-Melilotion), auch im Arction od. Chenopodion rubri – Ebene bis mittl. Gebirgslag., A bis 1020 m – eurassubozean, in kühl-gemäß. Zonen heute weltweit – H – Chrom. 2n = 18.

3005. **Bunte W., Ch. coccíneum** Willd. (einschl. *Ch. marschállii* Aschers.), hfge Zierpf., wenig köpfg, mit rosarot. Zungenblü. u. schmalzipflg gefiedt. B., Insekt.-pulverpf. – Herkunft: Kaukasus – Chrom. 2 n = 18.

(3005a.) **Spätblühende W., Ch. serótinum** L. [*Tanacétum serótinum* (L.) Schultz-Bip.], St.b. lanzettl., gezähnt, dicht sitzd, Zung.blü. weiß, St. bis 150 cm – slt. adv. u. eingebürgert, in Phragmitetalia-Ges. – z.B. Bo – gemäßkont – H – Chrom. 2n = 18.

3006. **Balsamkraut, Ch. balsamíta** L. (*Balsamíta májor* Desf.), hie u. da in Bauerngärten kultiv u. glgtl. verwildt u. eingebürgt, alte Arznei- u. Gewürzpf., Wurzelkriech-Pionier – z. B. FrJu (Wörnitzdamm nördl. Donauwörth) – Herkunft: SW-Asien – H – Chrom. 2n = 18, 54.

Laugenblume, Cótula L. vgl. S. 904

3007. **C. coronopifólia** L., slt. u. unbestdg in feucht. Unkraut-Pionier-Ges., an Schuttplätzen od. betret. Salzstellen, auf feucht., nährstoffreich. Tonböden, v. all. im Bidention (Verb.char.), auch im Agr.(El.)-Rumicion – z.B. Rh, NS, SH (Küsten) – Herkunft: S-Afrika, heute in warmgemäß. Zonen weltweit – T – Chrom. 2n = 20.

Beifuß, Artemísia L.

1	St.b. ungeteilt, lineal-lanzettl., kahl, Blü.köpfe aufrecht, kugelg, s. kl., weißl., 50–150 cm, ♃, 8–9	**A. dracunculus** 3009
1*	St.b. geteilt	
2	B. obersts dunkelgrün u. kahl, untersts weißfilzg, am Grunde ± geöhrt, B.abschnitte üb. 2 mm brt, Blü. bräunl.-gelbl.	
3	B.abschnitte d. ober. St.b. lanzettl., meist eingeschnitt. gezähnt (am Rande gerollt), Hüllb. d. Blü.kopfes filzg, eiförmg, Pf. ohne Ausläufer, 50–140 cm, ♃, 7–9	**A. vulgaris** 3010
3*	B.abschnitte d. ober. St.b. verlängert, lineal-ganzrandg (nur zu wenigen), Hüllb. verkahld, lineal, Blü.std schmalrispg, Pf. mit Ausläufern, aromatisch, 50–200 cm, ♃, 9–10 (Spätblüher)	**A. verlotiorum** 3011
2*	B. beidersts kahl od. grau-weißfilzg	
4	B. grau- od. weißfilzg, z. T. nur schwach seidg behaart u. verkahld, meist Halbsträucher mit nichtblühd. B.rosetten	
5	Niedrge 5–15 cm hohe Pf. d. Hochgebirge, seidg behaart, Blü. gelb	
6	St.b. handförmg geteilt, Köpfch.bod. behaart, Blü.std locker ährg, 12–15blütg, Blü. oben behaart, 5–10 cm, ♃, 7–9	**A. mutellina** 3015
6*	St.b. gefiedert, Köpfch.bod. kahl, Blü.std ährg, durchblättert, anfängl. nickd, 5–15 cm, ♃, 7–9	**A. genipi** 3014
5*	Höhere, wenigst. 30 cm hohe Pf. warmer Tieflag., B. wenigst. d. unter. 2–3fach fiederschnittg	
7	B.zipfel 2–3 mm brt, stumpfl.gerundet, seidg behaart, Blü.köpfch. 3–6 mm brt, Köpfch.bod. behaart, Blü. gelb	
8	B.stielgrund geöhrt, Köpfch. 4–6 mm brt, St. stark gefurcht, 60–120 cm, ⊙, 7–9	**A. siversiana** 3017
8*	B.stielgrund nicht geöhrt, Köpfch. 3–4 mm brt, 40–100 cm, ♃, 7–9	**A. absinthium** 3016
7*	B.zipfel kaum 1 mm brt, fein, lineal	
9	B. am Grunde geöhrt, Blü. gelb od. rötl.	
10	Hüllb. außen behaart	
11	B. 2–3fach dicht gefiedert, Blü.köpfe in reichblütg. Rispen, Blü.kopfbod. kahl	
12	Blü.köpfe eiförmg	

13 Blü.köpfe 2–3 mm lg u. 1–2 mm brt, ± aufrecht, gelb, B. beidersts ± weißfilzg, B.zipfel kurz u. schmal, stumpfl., 30–60 cm, ⬠, 9–10
A. maritima 3019

13* Blü.köpfe 9 mm lg u. 3 mm brt, ± nickd, rötl. gelb, B. s. fein zerteilt, obersts grau-, untersts weißfilzg, dicht büschelg gedrängt, B.zipfel 5–12 mm lg, 30–60 cm, ⬠, 7–9
A. austriaca 3012

12* Blü.köpfe kugelg, ca. 4 mm brt, gelb, B. obersts graugrün, untersts graufilzg od. verkahld, B.zipfel 3–5 mm lg, 40–100 cm, ⬠, 9–10 **A. pontica** 3013

11* B. 1–2fach lock. gefiedert, schwach filzg, Blü.köpfe kugelg, 4–5 mm brt, in schmal., rispg-traubg. Blü.std, Blü.kopfbod. spärl. behaart, 30–80 cm, ♄, 8–9
A. alba 3018

10* Hüllb. außen kahl, Köpfe eiförmg, rotbraun, B.zipfel seidg, ± verkahld, lineal-stachelspitzg, St. niederliegd-aufsteigd, meist rötl., 30–80 cm, ⬠, 8–10
A. campestris 3020

9* B. nicht geöhrt, 2fach fiederspaltg mit fädl. Zipfeln, ob.sts verkahld, Blü. weißl., äußere Hüllb. ± kurz behaart, Blü.köpfch.bod. kahl, Blü.std mit lgen lineal. Hochb. durchblättert, sltene Kulturpf., 60–100 cm, ⬠, 7–10
A. abrotanum 3008

4* B. ± kahl, 2–3fach fein gefiedert

14 Halbstrauch, St.b. kammförmg doppelt fiederspaltg, Blü.köpfch. kugelg, 5 mm brt, Köpfch.bod. behaart, Hüllb. kahl, 10–40 cm, ⬠, 9–10
A. rupestris 3021

14* Ein-zweijährge Stauden mit groß. reichblütg. Blü.rispen, Ruderalpf.

15 B. mit 5–15 mm lgen fädl.-lineal. Zipfeln, am Stielgrund ± seidenhaarg, Blü.köpfe kugelg, 1–2 mm brt, nickd, Blü.rötl., 30–60 cm, ☉, 8–10
A. scoparia 3022

15* B.zipfel kürzer, kammförmg gesägt

16 Blü.köpfch. nickd, 1,5–2 mm brt, Pf. stark aromatisch, 50–150 cm, ☉, 7–9
A. annua 3023

16* Blü.köpfch. aufrecht-abstehd, 2,5–3 mm brt

17 B. einfach fiederteilg, Hüllb. schmal hautrandg., Pf. schwach aromatisch, 30–100 cm, ☉, 7–9 **A. biennis** 3024

17* B. doppelt fiederteilg, Hüllb. brt hautrandg, Pf. geruchlos, 50–100 cm, ☉, 7–9 **A. tournefortiana** 3025

3008. Eberraute, A. abrótanum L., slt. u. nur noch hie u. da in Bauerngärten kultiv., alte Gewürz- u. Heilpf. – omed-osmed – Ch – Chrom. 2n = 18.

3009. Estragon, A. dracúnculus L., hie u. da in Gärten kultiv. u. slt. vorübergehd in Unkrautges. verwildt, Stromtalpf., alte Gewürz- u. Heilpf. – z. B. Rh (Els), Do, Av – euraskont, circ – H – Chrom. 2n = 18, 36, 54.

3010. Gewöhnlicher B., A. vulgáris L., verbr. in staudenreich. Unkrautfluren, an Wegen, Schutt- u. Müllplätzen, auch an Ufern, im Auengebüsch, auf ± frisch. od. feucht., nährstoffreich., ± humos. Böd., an älteren konsolidiert. Ruderalstell., windblütg, Wind- u. Klebverbrtg (verschleimde Samen), alter Kulturbegleiter, früher auch Heil- u.

Gewürzpf., Artemisietea-Kl.char., v. all. in Artemisienea-Ges. – Ebene bis mittl. Gebirgslag., A bis 800 m – H (Ch), formenreich:

1 St. stark verzweigt mit reich- u. brtästger Blü.stdsrispe

3010a. **ssp. vulgáris**, verbr. Sippe, s. o. – eurassubozean, verschleppt – Chrom. 2n = 16.

1* St. kaum verzweigt, bis 2 m hoch mit dicht.-schmaler Blü.stdsrispe, B. oft nur einfach fiederteilg u. obere ungeteilt

3010b. **ssp. coarctáta** (Fors.) Lemke et Rothm., slt. in Staudenfluren d. Dünen u. Strandgebüsche (ruderal!?) – v. all. Ostsee, Me, SH, auch NS – euraskont.

3011. **Verlot'scher B., A. verlotiórum** Lamotte (*A. vulgáris* ssp. *verlotórum* Bonnier), zml. slt. in staudenreich. Unkrautfluren an Fluß- u. See-Ufern, auch an Wegen u. Schuttplätzen., auf frisch.-feucht., nährstoffreich., sandg-kiesg. od. rein. Lehm- u. Tonböden, Kriechwurzelpionier, bestandbildend v. all. in Galio-Urticenea-, ab. auch Artemisienea-Ges. – z. B. Pf (Saar), Rh, süHü, Mn, Bo, Do, Av (bis 920 m), Sa – Herkunft: Kamtschatka, N-Japan, in Europa mit subozean-smed Ausbrtgstendenz – H – Chrom. 2n = 54.

3012. **Österreichischer B., A. austríaca** Jacq., slt. in lückg. Schuttunkraut-Ges., an Verladeplätzen, im Bahngelände, vorübergehd od. eingebürgt, v. all. in d. Wärme- u. Trockengebieten, Wurzelkriecher (Wurzelsprosse), z. B. mit *Berteroa inc.* im Dauco-Melilotion od. Conv.-Agropyrion (Elymion), in O-Europa in beweidet. Steppen (Wermutsteppen u. Halbwüsten) – z. B. nöRh, Fr – kont – Ch – Chrom. 2n = 16.

3013. **Pontischer B., A. póntica** L., slt. in off. Unkrautfluren, an Schutt- u. Verladeplätzen, auch an Felsen od. Mauern verwildt u. z. T. eingebürgt, auf trock., basenreich., steing. Böden, v. all. in Wärme- u. Trockengebieten, Wurzelkriecher (Kriechtriebe), früher als Heil- u. Gewürzpf. kultiv., in Agropyretalia(Elymetalia)-, auch Festuco-Brometea-Ges. z. B. nöHü, Pf, Ba, Ne, Do, Av, BayW, Mn, An, Th, Sa – osmed – H – Chrom. 2n = 18.

3014. **Schwarze Edelraute, A. genípi** Web., slt. in schneefeucht. basenreich. Schieferschuttflur. d. alp. u. nival. Stufe d. Zentralalp., geschützt, Drabetalia hopp.-Ordn.char. – Vorarlberg, Tirol, Schweiz – alp – Ch – Chrom. 2n = 18.

3015. **Echte Edelraute, A. mutellína** Vill. (*A. láxa* Fritsch, *A. umbellifórmis* Lam.), s. slt. in Felsspalt-Ges. d. alp. Stufe, in windgefegt., Sonne- u. Kälte-exponiert. Gratlagen, auf meist kalkarm., ab. basenreich. Gesteinen, auch im Steinschutt, geschützt, Char. d. Androsacetum vand. (Androsacion vand.), auch im Drabion hopp. – A (Allgäu) 1800–2240 m – (w)alp – Ch – Chrom. 2n = 16, 36.

3016. **Wermut, A. absínthium** L., zml. slt. in besonnt. Schuttunkraut-Ges., an Wegen, Müllplätzen, Dämmen od. Mauern, auf mäß. trock., nährstoff- u. basenreich., neutral-mild., ± humos., gern sandg-steing. Lehm- u. Tonböden, v. all. in niederschlagsarm., sommerwarm. Klimalagen, meist Windbestäubg, alte Arznei- u. Gewürzpf. (Wermutwein, Absinthlikör, Apéritif), stark dosiert giftg, Onopordetalia-Ordn.-char., im östl. u. südöstl. Europa auch in d. Arction übergrfd (Leon.-Ballotetum), ferner in Agropyretea(Elymetea)-Ges. – v. all. Trockengebiete, im SW slt. od. fehld, Ju bis 930 m, A bis 1020 m, z.T. unbestdg – euraskont(-smed), verschleppt – Ch (H) – Chrom. 2n = 18.

3017. **Sievers B., A. siversiána** Ehrh. ex Willd., slt. in Ruderalges. auf trocken., sandg. Böd., adv. z. T. eingebürgert – Sa – kont – H – Chrom. 2n = 18.

3018. **Kampferwermut, A. álba** Turra (*A. camphoráta* Vill.), slt., ab. gesellg an sonng. Hängen, in lückg. Magerrasen, auf warm.-trock., kalkreich., mild., humos., meist flachgründg., lock., steing. Lehmböd., gern mit *Koeleria vall.*, Xerobromion-Verb.char. – süHü (Els) – (w)smed – Ch – Chrom. 2n = 18, 36.

3019. **Salz-B., A. marítima** L., zerstr. in Salzwies. d. Küsten auf Sand- u. Tonböd., auch an binnenländ. Salzstell. od. in Ruderalges. sandger Standorte, vgl. Unterart. – Ch, H, formenreich:

1 St. weißfilzg, krautg bleibd, Blü.köpfe aufrecht, 20–50 cm, ♃, 9–10

3019a. **ssp. marítima**, zerstr. in Salzwies. d. Nordseeküste als Char. d. Artemisietum mar. (Armerion mar.) – SH, NS – nordw.europ. – Ch, H – Chrom. 2n = 54.

1* St. graufilzg, am Grunde verholzd, Blü.köpfe abstehd-nickd

3019b. **ssp. salína** (Willd.) Rchb., zerstr. in Strandwies. u. ruderal. Ges. auf salzhaltg. od. sonst basenreich. Sand- u. Tonböd., in Armerion mar.-Ges., am Binnenld auch im Salsolion od. Onopordion – NS, SH, Me, Th, An, nöRh – (europ)kont – Ch – Chrom. 2n = 18.

3020. **Feld-B., A. campéstris** L., zerstr., ab. meist gesellg, in besonnt., lückg. Magerrasen, auf Dünen, an Hängen, Böschg., Dämmen, auf sommerwarm.-trock., ± off., basenreich., vorzugsw. (wenigst. in d. Tiefe) kalkhaltg., mäß. sauer.-mild., oft humusarm., sandg-kiesg. od. steing. Lehm- u. Lößböden, auch Sandböden, bis 150 cm tief wurzlde Pionierpf., Wind- u. Insekt.bestäubg, Soziologie u. Verbrtg siehe Unterart. – Ch, formenreich:

1 St. u. B. frühzeitg verkahld, B.zipfel rd. 1 mm brt

3020a. **ssp. campéstris**, verbr. Sippe, v. all. in Trock.rasen basenreich., sandg. od. steinger Böd., schwache Fest.-Brometea-Kl.char., auch in d. Sedo-Scleranthetea od. halbruderal – v. all. Wärme-, Trocken- u.

Sandgebiete, A, Silikatgebirge u. nordwestl. Tiefld slt. od. fehld –
euraskont(-smed) – Chrom. 2n = 36.

1* St. u. B. bleibd seidg-filzg
2 B.zipfel rd. 1 mm brt, Blü.köpfch. 2–2,5 mm lg, Risp.äste aufrecht
3020b. **ssp. lednicénsis** (Roch.) Lemke et Rothm., zml. slt. in
Trockenras. u. Felsbandges., auf basenreich., aber kalkarm. Felsböd.,
terr. Char. d. Artemisio led.-Melicetum cil. (Sesl.-Festucion pall.) (RS),
auch sonst offenbar v. all. in Sesl.-Festucion-Ges. – RS (Täler), Th, Sa –
europkont (?)

2* B.zipfel brter, Risp.äste nickd
3020c. **ssp. serícea** (Fr.) Lemke et Rothm., slt. in Dünenras. d. Ostsee,
z. B. mit *Armeria elong.* – SH, Me – baltisch.

3021. **Felsen-B., A. rupéstris** L., slt. in Salzges. d. Binnenlandes, auf
basenreich. Tonböd., Steppenpf. – Th – kont – Ch – Chrom. 2n = 18.

3022. **Besen-B., A. scopária** W. et Kit., slt. u. unbestdg in Unkrautges. an
Schutt- u. Verladeplätzen, sommerwärmeliebd, in Sisymbrion- od.
Onopordion-, auch Fest.-Brometea-Ges. – nöRh (Ludwigshaf.), Do
(Passau), Oder-Elbegebiet – kont – T, H – Chrom. 2n = 16.

3023. **Einjähriger B., A. ánnua** L., slt. u. unbestdg in Unkrautges. an
Schutt- u. Verladeplätz., an Wegen, auf mäß. trock., nährstoffreich., ±
humos. Ton-, Kies- od. Sandböden d. Wärmegebiete, in Sisymbrion-
Ges. – z. B. nöRh, Bo (Welschingen), Do, Fr, Mn, Th, SH (Elbe), Me –
(euras)kont – T – Chrom. 2n = 18.

3024. **Zweijähriger B., A. biénnis** Willd., slt. u. unbestdg in Unkrautges.
an Müll- u. Verladeplätz., wie vor. auf mäß. trock., nährstoffreich. Kies-
od. Sandböden, im Sisymbrion, auch Bidention – z. B. nöRh, NWe, NS,
SH, Br, Sa – euraskont, weltweit verschleppt – T.

3025. **Armenischer B., A. tournefortiána** Rchb., slt. adv., aber z. T.
eingebürgert in Ruderalges. in Industriegebiet. auf mäßg trocken.-
trocken. sandg. Böd. (im Sisymbrion ?) – z. B. NS, NWe, Sa – kont – T –
Chrom. 2n = 18.

Alpendost, Adenostýles Cass.

1 Ob. St.b. gestielt, nicht geöhrt, B. gleichmäß. gezähnt, untersts graugrün mit
engmaschg. Adernetz, B.stiel etwas zus.gedrückt, abgeflacht, 30–80 cm, ♃,
7–8   **A. glabra** 3026
1* Ob. St.b. meist sitzd, am Grund geöhrt, B. ungleichmäß. gezähnt mit
vorgezogen., größ. B.zähnen (vgl. *Petasites*), obersts kurzhaarg, ± glänzd u.
netzrunzelg, untersts mit weitmaschg. Adernetz, B.stiel ob. erhaben gerillt,
60–150 cm, ♃, 7–8   **A. alliariae** 3027

3026. **Kahler A., A. alpína** (L.) Bluff et Fingerh. [*A. glábra* (Mill.) DC.],
zerstr., ab. gesellg in Steinschuttfluren od. licht. steing. Bergwäldern d.

hochmont. Stufe, auf sickerfrisch. (feucht.), kalkhaltg., $\pm$ feinerdereich., humusarm., lock. Steinschutt-Böden, Wurzelkriecher, Schuttfestiger, Licht-Halbschattpf., Insekt.- u. Selbstbestäubg (Falter), Windverbrtg, Petasition par.-Verb.char., auch (Diff.) in steing., hochmont. Fagion- od. Vacc.-Piceion-Ges. – Av, A 800–2410 m – alp – H – Chrom. 2n = 38.

3027. Grauer A., A. alliáriae (Gouan) Kern., zerstr., ab. gesellg in staudenreich. Bergmischwäldern u. Knieholzbeständ. d. hochmont. Stufe, auch in off. Staudenfluren üb. d. Waldgrenze, auf sickerfrisch., nährstoff- u. basenreich., steing. od. rein. Lehmböden, Mullbod.-wurzler, Schatt-Lichtpf., Insekt.bestäubg (Falter), Windverbrtg, Adenostyletalia-Ordn.char., auch Diff. im Aceri-Fagetum, Ulmo-Aceretum od. staud.reich. Vacc.-Piceion-Ges. – Vog, Sch 500 bis 1450 m, A bis 2080 m – alp-pralp – H – Chrom. 2n = 38.

Huflattich, Tussilágo L. vgl. S. 906

3028. T. fárfara L., hfg in Pionier-Ges., an Wegen, Schuttplätzen, in Kiesgruben u. Äckern, auf Erdanrissen, Mergelrutschen u. Trümmerflächen, an Ufern od. im Steinschutt, auf $\pm$ off., grund- od. sickerfrisch., basenreich., vorzugsw.kalkhaltg., mäß. sauer.-mild., roh., humusarm., $\pm$ tiefgründg., vorwiegd bindg. Böd. aller Art, Lehm-, Basen-, auch Wasserzug-Zeiger, Wurzelkriech-Pionier, bis üb. 1 m tief wurzld. Bodenfestiger, Lichtkeimer, Insekt.bestäubg (Bienen, Fliegen), Windverbrtg, Heilpf. (Hustenmittel), Char. d. Poo-Tussilaginetum (Conv.-Agropyrion [Elymion] rep.), auch im Aegopodion, Petasition par. usw., ferner (sek. u. abbauend) im Sisymbrion, od. schwere, feuchte Böd. zeigd in Ackerges. – Ebene bis mittl. Gebirgslag., A bis 2300 m – no-eurassmed, verschleppt – G (H) – Chrom. 2n = 60.

Pestwurz, Petasítes Mill.

1 Blü. u. B.schuppen d. Blü.schaftes rötl.-weiß od. rot, B. fast gleichmäß. gezähnt (vgl. *Adenostyles*!)
2 B. rundl., bis 60 cm brt, obersts kurzhaarg, matt, glatt, untersts grauwollg, verkahld, B.stiel oben erhaben gerillt, 30–100 cm, ♃, 3–5
                                           P. hybridus 3029
2* B. eiförmg-3eckg, zugespitzt, mit off. B.bucht, untersts bleibd weißfilzg, B.stiel ob. flach gefurcht, 15–30(–60) cm, ♃, 3–5   **P. paradoxus** 3030
1* Blü. weißl. od. hellgelb
3 Blü. weißl., B.schupp. bleich, B. rundl.-brt 3eckg, ob.sts kurzhaarg-rauh, unt.sts graufilzg mit engmaschg. Nerv.netz, $\pm$ ungleichmäßig gezähnt, B.stiel oben rund (vgl. *Tussilago*), 15–30 (80) cm, ♃, 3–5 **P. albus** 3031
3* Blü. hellgelb, B. schlank 3eckg, unt.sts weißfilzg, 10–30 cm, ♃, 4
                                           P. spurius 3032

3029. Gewöhnliche P., Rote P., P. hýbridus (L.) G., M., Sch. (*P. officinális* Moench), zml. hfg. bestandbildd in Krautfluren, an Ufern

kühler, rasch fließd. Gewässer, auf Naßwiesen od. quellg. Mergelrutschen, im Weiden- u. Erlengebüsch, auf sickernass., zeitw. überschwemmt., nährstoff- u. basenreich., ± humos., meist sandg.-kiesg.
Tonböden in luftfeucht. Klimalage, Wurzelkriech-Pionier, Schwemm-
land-Festig., Licht-Halbschattpf., Insekt.bestäubg (Bienen), Windverbrtg, früher Heilpf., Char. d. Phal.-Petasitetum hybr. (Aegopodion),
auch als Relikt im Alno-Ulmion – Ebene bis mittl. Gebirgslag. (Wärmegebiete slt. od. fehld), A bis 1440 m – eurassubozean(-smed) – G (H) –
Chrom. 2n = 60.

3030. **Alpen-P., P. paradóxus** (Retz.) Baumg. [*P. níveus* (Vill.) Baumg.],
zerstr., ab. gesellg in Steinschutt- od. Flußgeröll-Fluren, auf
Mergelrutschen, v. all. in d. hochmont. Stufe, auf off., sickerfeucht.,
kalkhaltg., humusarm., meist feinerdereich.-tong. Steinschutt- od.
Kiesböden, Kalk- u. Wasserzug-Zeiger, Schuttkriecher, Rohbodenpionier u. -festiger, Lichtpf., Insekt.bestäubg, Windverbrtg, Char. d.
Petasitetum parad. (Petasition par.), ferner als Alpenschwemmling im
Epilobion fleisch. – Do, Bo (Bregenzer Ach), Av, A bis 2050 m – pralp-
alp – G (H) – Chrom. 2n = 60.

3031. **Weiße P., P. álbus** (L.) Gaertn., zerstr., ab. gesellg, in krautreich.
Buchen- Tannen- od. Fichten-Mischwäldern, in Schluchtwäldern, v. all.
an steil. Hängen od. Böschg., auch an Erdanrissen, auf sickerfrisch.,
nährstoff- u. basenreich., humos., steing. od. rein. Ton- u. Lehmböden,
meist Mullboden-Kriecher, auch Rohbod.-Pionier, Sickerwasser-
Zeiger, Schatt-Halbschattpf., Insekt.bestäubg, Windverbrtg, v. all. in
Berg-Buch.wäld., schwache Fagion-Verb.char. (Diff.), slt. auch in ander.
Fagetalia-Ges., oft angereichert in Säumen od. Pionier-Ges. (vgl. z.B.
P. albus-Ges. Koch et Gaisb. 38 od. d. Arunco-Petasition Br.-Bl.
et Sutt. 77) – v. all. höhere Gebirge im S d. Gebiet. (A bis 1910 m),
nördl. bis RS, Hz, Th, ThW, Erzg, Sa, slt. auch süRh, sowie in
Küstennähe von SH u. Me – pralp(-smed-subatl) – G – Chrom. 2n = 60.

3032. **Filzige P., P. spúrius** (Retz.) Rchb., slt., in Herd. auf off. feucht.,
ab. sommertrock. Sand- u. Kiesböd. an d. Küste u. an Flußufern,
Stromtalpf., Kriechwurzelpionier, Char. d. Sapon.-Petasitetum spur.
(Conv.-Agropyrion [Elymion]), auch mit Onopordion-Art. – Elbe, Saale,
Bode, Havel, Oder (südl. bis An-Br), an Küsten: Me, SH – gemäßkont –
G – Chrom. 2n = 60.

Alpenlattich, Homogýne Cass.

1   Grundb. untersts ± kahl, herznierenförmg, Haarkrone schneeweiß, 15 bis
    30 cm, ♃, 5–7   **H. alpina**   3033
1* Grundb. untersts weißfilzg, rundl.-nierenförmg, Haarkrone schmutzg weiß,
    10–20 cm, ♃, 6–8   **H. discolor** 3034

3033. **Grüner A., H. alpína** (L.) Cass., zerstr. in subalp. Fichtenwäldern od. im Zwergstrauch-Gestrüpp, auch in Silikat-Magerrasen u. -weiden, auf frisch.-feucht., ± basenarm., sauer. od. mäß.-sauer., modrg-torfg humos., sandg. Lehmböden, Humus-Krieger, Halbschatt(Licht)pf., Insekt.- u. Selbstbestäubg (Fliegen, Falter), Windverbrtg, Vaccinio-Piceion-Verb.char., auch im Nardion – süSch (Hotzenwald, Feldberg), Av, A bis 2420 m, BayW (v. all. Südteil), Erzg, Riesengebirge, L – pralp-alp – H – Chrom. 2n = 120, 140, 160.

3034. Filziger A., H. díscolor (Jacq.) Cass., s. slt. in Schneeböden u. Schneetälch. d. alp. Stufe, auf feucht., ± nährstoff- u. kalkreich., humos., feinschuttreich. Tonböden, Arabidion caer.-Verb.char., auch im Poion alp. – A (Berchtesgad. Alp.) 1400–2280 m – oalp – H – Chrom. 2n = 60.

Berg-Wohlverleih, Árnica L. vgl. S. 906

3035. A. montána L., zerstr., ab. gesellg in Silikat-Magerrasen u. -weiden auf frisch. (wechselfrisch.), nährstoffarm., ± basenreich., kalkarm., sauer., modrg-torfg humos. Ton- u. Lehmböden, auch auf Torf, Humuswurzler, düngerfeindl. Magerktszeiger, Lichtpf. (Lichtkeimer), Insekt.bestäubg, Windverbrtg, schlechte Futterpf., Arzneipf. (Wund-heilmittel), geschützt, Nardetalia-Ordn.char., auch im trock. Molinion usw. – Tieflag. unt. ca. 500 m slt. (noch in Rh), v. all. Gebirge (humide Silikatgebiete), A bis 2070 m, nordöstl. bis NS, SH, Br – pralp -nosubozean – H – Chrom. 2n = 36, 38.

Gemswurz, Dorónicum L.

1 Grundstdge B. tief herzförmg, randstdge Fr. ohne, innere Fr. mit Haarkrone
2 Grundstdge B. zur Blü.zeit fehld, St.b. unten spatelg, obere längl.-herzförmg, st.umfassd sitzd, 30–150 cm, ⚵, 7–8   **D. austriacum** 3036
2* Grundstdge B. z. Blü.zeit vorhand., herzförmg, lg gestielt
3 B. deutl. regelmäß. gezähnt, oberst fast kahl, St. unten kahl, oben behaart, 1–wenigköpfg, Pf. ohne Ausläufer, 15–60 cm, ⚵, 5–8 **D. columnae** 3037
3* B. undeutl. gezähnt, ± ganzrandg, beiderst behaart, St. durchweg zottg behaart, mehrköpfg, Pf. mit knollg verdickt. unterird. Ausläufern, 50 bis 80 cm, ⚵, 5–6   **D. pardalianches** 3038
1* Grundstdge B. am Grund weng herzförmg od. in d. Stiel verschmälert, alle Fr. mit Haarkrone
4 Grundstdge B. eiförmg, am Grunde gestutzt od. weng herzförmg, St.b. z. T. herzförmg, st.umfassd, St. 1–5köpfg, 15–50 cm, ⚵, 7–8   **D. grandiflorum** 3039
4* Grundstdge B. längl., in d. Stiel verschmälert, St.b. am Grund nur seicht herzförmg, St. einköpfg
5 B. randl. steifhaarg u. ± kurzdrüsg bewimpert, Blü.köpfe 3–4,5 cm brt, 5 bis 25 cm, ⚵, 7–8   **D. glaciale** 3040
5* B. randl. wollhaarg, ohne Drüs., Blü.köpfe 3,5–6 cm brt, St. unt. hohl, 10 bis 40 cm, ⚵, 7–9   **D. clusii** 3041

3036. **Österreichische G., D. austríacum** Jacq., s. slt. in subalp. Hochstaudenfluren od. Hochstaudenwäldern u. -büschen, auf sickerfrisch., nährstoff- u. basenreich. Ton- u. Lehmböden, Halbschatt-Schattpf., Humuswurzler, Adenostylion-Verb.char., auch im Rumicion alp. – A (Berchtesgad. Alp.) 1180–1410 m, BayW (Südteil) – pralp – H – Chrom. 2n = 60.

3037. **Herzblättrige G., D. colúmnae** Ten. [*D. cordátum* (Wulf.) Schultz-Bip.], slt. in staudenreich. Steinschuttfluren d. subalp. Stufe, auf sickerfrisch., nährstoff- u. kalkreich., lock. Lehm- u. Steinböden, auch Zierpf., in Adenostylion- od. Caricion ferr.-Ges. – A (Berchtesgad. Alp.) 1330–2020 m – opralp – H – Chrom. 2n = 60.

3038. **Kriechende G., D. pardaliánches** L., slt., wohl meist nur verwildt in Parkanlagen, im Gebüsch, auf frisch., nährstoff- u. basenreich., oft kalkarm., neutral-mäß.sauer., humos., lock. Lehmböden, Mullboden-Kriecher, Schatt-Halbschattpf., Insekt.bestäubg (Fliegen, Falter), Zier- u. Heilpf., oft in blü.los. Herden, z. B. im geophytenreich. Carpinion, im Bereich nat. Vorkommens wohl Fagion-Art – Rh, Pf, Bo (Hohentwiel), süSch, O, Ba, Do (verwildt), BayW, Fr, Mn, He (Rhön) usw. – subatl (-smed) – G – Chrom. 2n = 60.

3039. **Großblütige G., D. grandiflórum** Lam., zerstr. in Steinschuttfluren d. subalp.-alp. Stufe, auf frisch durchsickert., meist lge Zeit schneebedeckt., kalkhaltg., lock., oft feinteilch.arm. Steinschuttböden, Schuttkriecher, Insekt.bestäubg (Fliegen, Falter), Thlaspietalia-Ordn.char. – A 1200–2530 m – alp – H – Chrom. 2n = 60.

3040. **Gletscher-G., D. glaciále** (Wulf.) Nym., slt. in Steinschuttfluren, auch Schneebodenges. d. alp. Stufe, auf sickerfeucht. (frisch.), kalkhaltg., lock. Fein- u. Grobschutt-Böden, Drabion hopp.-Verb.char., auch in Salicetea herb.-Ges. – A (Berchtesgad. Alp.) 2010–2300 m – oalp – H – Chrom. 2n = 60.

3041. **Zottige G., D. clúsii** (All.) Tausch, zerstr. in alp., kalkarm., off. Steinschutt- u. Moräncnflur., Char. d. Oxyrietum (Androsacion alp.) – Tirol, Vorarlbg, Schweiz (Zentralalp.) – alp – H – Chrom. 2n = 60.

Zahlreiche Bastarde!

Greiskraut, Senécio L.

1   B. ungeteilt, Blü.std doldg-rispg, Blü. gelb od. gelb-orange, Zungenblü. meist vorhand. (vgl. nur *S. helenites* unter 6) (1* vgl. S. 953 unten)
2   Blü.köpfe ohne kl. Außenhülle, Hüllb. an d. Spitze nicht gefleckt
3   St. klebrg, hohl, zottg behaart, dicht beblättert, St.b. lanzettl., halbst.umfassd, Pf. gelbgrün, 20–60(–100) cm, ⊙, 6–7 **S. congestus** 3042
3*   St. nicht klebrg, kahl od. spinnwebg, oberwrts entfernt beblättert, bis zum doldg. Blü.std unverästelt
4   Fr. kahl, slt. jg etwas flaumg

5 Grundb. herzförmg, St.b. eiförmg-lanzettl., in geflügelt. Stiel verschmält, grob gezähnt, ± wellg kraus, 30–100 cm, ♃, 5–6 **S. rivularis** 3043

5* Grundb. eilanzettl., B.spreite kürzer als ihr Stiel, hinfällg, Blü.stiele meist spinnwebg-drüsg, 20–60 cm, ♃, 5–7 **S. gaudinii** 3044
vgl. ferner Unterart v. **S. helenites** 3045

4* Fr. behaart, Zungenblü. meist 13

6 Grundb. am Grunde gestutzt bis fast herzförmg (auch verschmälert), B.spreite ± so lg wie d. schmal geflügelte Stiel, nicht gesägt-gekerbt, wie Hüllb. wollg-filzg, Zungenblü. manchmal fehld, 50–100 cm, ♃, 5–6 **S. helenites** 3045

6* Grundb. ± eiförmg, in d. brt geflügelt. Stiel verschmälert, B.spreite lger als ihr Stiel, seicht gezähnt-ganzrandg, spinnwebg, Köpfch. zu 4–8, 20–25 cm, ♃, 6–7 **S. integrifolius** 3046

2* Blü.köpfe am Grund mit deutl. Außenhülle, Hüllb. an d. Spitze meist gefleckt

7 B. herzförmg, kaum doppelt so lg wie brt, grob gezähnt

8 Stiel d. St.b. höchst. am Grund mit 2 kl. Zipfeln, B.spreite etwas lger als brt, unregelmäßg tief gezähnt, Zungenblü. um 15, goldgelb, 30–100 cm, ♃, 7–9 **S. alpinus** 3047

8* Stiel d. St.b. mit fiedrg. (lanzettl.) Zipfeln, B.spreite ± so lg wie brt, tief, fast fiedrg gezähnt, Zungenblü. um 20, hellgelb, 30–70 cm, ♃, 7–9 **S. subalpinus** 3048

7* B. längl.-lanzettl. od. lineal

9 Blü.köpfe mit 10–20 Zungenblü., Außenhülle 10–vielblättrg

10 B. alle 1–2(4) mm brt, lineal, fein gezähnt, aber da randl. umgerollt oft ganzrandg erscheinend, am Grund mit fein gezähnt. Öhrch., locker stehd. Zungenblü. 10–15, gelb, Außenhüllb. 10–20, Adventivpf., 20–50 cm, ♃, 6–11 **S. inaequidens** 3050

10* B. meist über 2 mm brt, ± lanzettl., keine Ruderalpf.

11 St. mit 1–3 orangegelb. Blü.köpf., B. ellipt.-lanzettl., ledrg, etwas spinnwebg-wollg, gezähnt, 20–40 cm, ♃, 7–8 **S. doronicum** 3049

11* St. mit 12–16 hellgelb. Blü.köpf., hohl, B. lineal-lanzettl., gesägt, obersts kahl, 80–150(–180) cm, ♃, 6–8 **S. paludosus** 3051

9* Blü.köpfe mit 5–8 Zungenblü., Außenhülle 3–5blättrg

12 Zungenblü. 6–8, goldgelb, Hülle ± glockg, B.zähne etwas einwrts gekrümmt, vorwrts gerichtet, Pf. mit Wurzelausläufern, 60–150 cm, ♃, 8–9 **S. fluviatilis** 3052

12* Zungenblü. meist 5(–8), hellgelb, Hülle ± walzl., B.zähne ± gerade abstehd, Pf. mit kurz. Wurzelstock

13 Obere St.b. deutl. gestielt od. stielartg verschmälert sitzd, Blü.köpfch.hülle 2–3 mm brt, ± kahl, Blü.std meist schon im oberen Drittel d. St. locker verästelt, oft rotbraun, 60–150 cm, ♃, 7–9 **S. fuchsii** 3053

13* Obere St.b. verschmälert, aber abgerundet od. etwas st.umfassd sitzd, Blü.köpfch.hülle 3–4 mm brt, meist deutl. kurz behaart, Blü.std verkürzt, zml. dicht doldg verästelt, 50–120 cm, ♃, 7–9 **S. nemorensis** 3054

1* B., wenigst. St.b., fiederspaltg bis fiederteilg, meist mit geöhrt. Grund ± st.umfassd

14 Zungenblü. vorhanden (vgl. aber *S. jacobaea*), Blü. gelb od. orange (14* vgl. S. 954 unten)

15 Zungenblü. flach ausgebrtet, meist lger als glockge Hülle, Hüllb. eiförmglanzettl.

16 B. angedrückt weiß-graufilzg, St.b. nicht geöhrt, Blü. lebhaft hellgelb, 5 bis 15 cm, ⚥, 7–8 **S. carniolicus** 3055

16* B. kahl, lock. behaart od. spinnwebg-wollg, St.b. meist geöhrt

17 Blü. gelb-orange, 3–4 cm brt, Hüllb. 21, unt. B. doppelt fiederschnittg mit schmal lineal. Zipfeln, kahl, St.b. nicht geöhrt, 10–40 cm, ⚥, 7–9 **S. abrotanifolius** 3056

17* Blü. gelb, B. 1–2fach fiederschnittg, St.b. geöhrt

18 Außenhülle 1–6blättrg, Innenhülle 13blättrg, B.abschnitte d. fiederschnittg. B. nicht od. kaum gezähnt

19 Außenhülle (3)4–8(9)blättrg, ± halb so lg wie Hülle, ± abstehd, Randfr. behaart, B. tief meist 1–2fach fiederteilg mit lineal. B.zipfeln, ± grauhaarg, ohne geteilte B.öhrch., Zungenblü. 6–8 mm lg, Haarkrone an Fr. haftd, Wurzelstock kriechd, 50–120 cm, ⚥, 8–10 **S. erucifolius** 3057

19* Außenhülle 1–4blättrg, viel kürzer als Hülle, Fr., wenigst. d. randstdg., kahl, B. mit brteren B.abschnitt., Endlappen ± eiförmg-längl., groß, Grundb. oft wenig geteilt od. ungeteilt, Haarkrone sich leicht v. Fr. lösend

20 Grundb. leierförmg-fiederschnittg, hinfällg, St.b. fiederteilg mit waagr. abstehd., keilförmg., gezähnt-eingeschnitt. B.abschnitt., dunkelgrün

21 St.b. mit 4–5 Fiederpaar. u. vielteilg. Öhrch., oberts meist kahl, Blü.stdszweige aufrecht, Zungenblü. 10 mm lg (od. fehld), Randfr. meist kahl, Hüllb. z. T. schwarz bespitzt, alle anliegd, 30–90 cm, ⚥, ☉, 6–7(9) **S. jacobaea** 3058

21* St.b. mit 2–3 Fiederpaar., mit geteilt. Öhrch., Blü.stdszweige spreizdabstehd, Zungenblü. 6(–8) mm lg, Fr. ± feinborstg, 30–80 cm, ☉, 7–9 **S. erraticus** 3059

20* Grundb. z. T. ungeteilt od. wenig eingeschnitt., St.b. fiederschnittg mit schmal-lineal.-lanzettl., ± ganzrandg., nach vorn gerichtet. B.abschnitt., ± hellgrün, Blü.std mit aufgericht. Ästen, Zungenblü. 10–12 mm lg, Fr. alle kahl od. d. inner. spärl. behaart, 15–50 cm, ☉, ⚥, 7–10 **S. aquaticus** 3060

18* Außenhülle 6–12blättrg, Innenhülle 21blättrg, B. fiederschnittg mit gezähnt. B.abschnitt., Fr. anliegd behaart

22 B. ± kahl, untersts etwas spinnwebg-wollg, Außenkelch oft mit behaart. Spitze, Hüllb. zuletzt zurückgeschlag., Haarkrone abfalld, 20–60 cm, ☉, 6–8 **S. rupestris** 3061

22* B. beiderts spinnwebg-wollg, Außenhülle an d. Spitze kahl, fast z. Hälfte schwarz, Haarkrone bleibd, 10–40 cm, ☉, 4–5(–11) **S. vernalis** 3062

15* Zungenblü. meist etwas zurückgerollt, kürzer als d. walzl Hülle, Hüllb. lineal

23 Pf. drüsg-klebrg, grauhaarg., Außenhülle halb so lg wie d. 21blättrge Innenhülle, abstehd, 15–40 cm, ☉, 6–10 **S. viscosus** 3064

23* Pf. nicht klebrg, weich grauhaarg, Außenhülle nur ¹/₅ d. 13blättrg. Innenhülle, angedrückt, 15–60(–80) cm, ☉, 6–9 **S. sylvaticus** 3065

14* Zungenblü. fehlen, Außenhülle 8–12blättrg, s. kurz, an d. Spitze schwarz, Hüllb. 21, Fr. flaumg, 10–30 cm, ☉, 2–11 **S. vulgaris** 3063
vgl. auch unt. 21 **S. jacobaea** 3058

3042. **Moor-G., S. congéstus** (Br.) DC. (*S. tubicāulis* Mansf.), slt. u. unbestdg in off. Schlamm-Pionierges., an Ufern von Teichen od.

Altwassern, an Gräben, auf nass., zeitw. überschwemmt., nährstoffreich., humos. od. torfg. Tonböden (Schlammböden), Windverbrtg, Char. d. Ranunculetum sceler. (Bidention) – süRh (Els.), NWe, NS, SH, Me, Br, An, Sa, L – euraskont – H – Chrom. 2n = 48.

3043. **Bach-G., S. rivuláris** (W. et Kit.) DC., slt., z. T. gesellg in Staudenfluren an Waldquellen u. Waldbächen, in Erlenauenwäldern od. Naßwiesen, auf sickernass., nährstoffreich., meist kalkarm., neutral. Sumpfhumus-Böden, Halbschatt(Licht)pf., mit *Ranunculus aconitifol.* Calthion-Verb.char., auch im Filipendulion, Alno-Ulmion od. nass. Adenostylion – Av (Laufen), Do (Deggendorf), BayW (Südteil), ThW, Erzg, L – opralp – H – Chrom. 2n = 48.

3044. **Läger-G., S. gaudínii** Gremli [*S. ovirénsis* (Koch) DC. ssp. *gaudínii* Cufod.], s. slt. in subalp. Staudenfluren an Bachufern u. in Lägerges., auf sickerfeucht., nährstoff- u. basenreich., humos. Ton- u. Lehmböden, z. B. im Rumicion alp., auch im Polygono-Trisetion – A (Berchtesgad. Alp.) bis 1790 m – opralp – H – Chrom. 2n = 48.

3045. **Spatelblättriges G., S. helenítes** (L.) Sch. et Thell. [*S. spathulifólius* (C. Gmel.) Griessel.], slt. in Moorwiesen od. licht. Wäldern, auf wechselfeucht., mager., basenreich., meist kalkfrei. od. entkalkt., neutral-mäß.sauer., tonig. Torf- u. Moderböd. in humid. Klimalage, etwas wärmeliebd, Wechselfeuchtgktszeiger, Licht-Halbschattpf., Molinion-Verb.char., auch in wechseltrock. Laubwaldges. – Rh (z.B. Lahr, Els), Hü, Pf, Ne, Bo, Ba bis 820 m, Ju, Do, Av, A bis 800 m, Fr, Mn, RS, He, NSH, Th, An – subatl – H, formenreich:

1 Fr.kn. behaart, untere B. plötzl. in d. Stiel verschmälert, gekerbt-gezähnt
3045a. **ssp. helenítes**, verbr. Sippe, s. o. – Chrom. 2n = 48 (50).

1* Fr.kn. kahl, untere B. allmähl. in d. Stiel verschmälert, weitläufg gezähnt bis fast ganzrandg, verkahld, Zungenblü. oft fehld
3045b. **ssp. salisburgénsis** Cufod. [*S. salisburgénsis* (Cufod.) Rausch., *S. praténsis* auct.), slt. in Moorwies. – östl. Do-Av – endem.

3046. **Steppen-G., S. integrifólius** (L.) Clairv., slt. in Kalk-Magerrasen od. trock. Moorwiesen, auch im licht. Gebüsch, auf mäß. trock.-wechseltrock., basenreich., meist kalkhaltg., mild., humos. Tonböden in sommerwarm. Klimalage, Licht-Halbschattpf., Char. d. Adon.-Brachypodietum (Cirsio-Brachypodion), auch im Geranion sang. od. trock. Molinion – Pf (Pechsteinkopf, verscholl.), Do, Fr, Mn, An, Th – euraskont – H – Chrom. 2n = 48.

3047. **Alpen-G., S. alpínus** (L.) Scop. (*S. cordátus* Koch), zerstr. in Lägerfluren, um Sennhütten, auf übersetzt. Alpenweiden, in Hochstaudenfluren, an Wegen, in Erlenauen, auf frisch.-feucht., nährstoffreich., meist kalkhaltg., tiefgründg. Lehm- u. Tonböden, Stickstoff-

u. Beweidgszeiger, Intensivwurzler, Licht-Halbschattpf., Insekt.-bestäubg (Fliegen, Falter), Windverbrtg, Rumicion alp.-Verb.char., auch in nitrophil. Adenostylion-Ges., in tief. Lagen im Alno-Ulmion od. mit *Mentha longifol.* im Agr.(El.)-Rumicion – Bo, Av, A bis 1860 m – opralp – H – Chrom. 2n = 20, 40.

3048. Berg-G., S. subalpínus Koch, slt. in Staudenfluren an Waldbächen u. Waldquellen, in Naßweiden, Lägern od. subalp. Hochstaudenfluren, auf sickernass. (feucht.), nährstoffreich. Lehm- u. Tonböden, Halbschatt-Lichtpf., v. all. im Calthion, auch im Alno-Ulmion od. Rumicion alp. – BayW (830–1430 m), ThW – opralp – H – Chrom. 2n = 40.

3049. Gemswurz-G., S. dorónicum L., zerstr. in sonng. Kalk-Magerrasen d. subalp. u. alp. Stufe, auf sommerwarm., frisch., kalkhaltg., mild.-neutral., humos., lock. Ton- u. Lehmböden, Lichtpf., Insekt.bestäubg (Falter, Fliegen), Windverbrtg, Char. d. Sesl.-Caricetum semperv. (Seslerion), wenig auch in andere Seslerion-Ges. übergreifd – A 1690–2200 m – alp – H – Chrom. 2n = 40, 80.

3050. Schmalblättriges G., S. inaéquidens DC., slt., aber sich einbürgernd u. ausbreitd in ruderal. Ges. trocken. Böd. z. B. im Artem.-Tanacetetum (Dauco-Melilotion) od. in Conv.-Agropyrion(Elymion)-Ges. – z. B. SH, NS, NWe, nöRh, RS (Mittelrhein), Av – Herkunft: S-Afrika (Wolladv.pf.), mit subatl Ausbrtgstendenz – Ch, H.

3051. Sumpf-G., S. paludósus L., zerstr. in Verlandsges., in Großseggen- u. Röhricht-Beständen, an Ufern u. Gräben, auch im licht. Erlenbruch, auf nass., zeitw. überschwemmt., nährstoff- u. basenreich., mild., humos. Tonböden od. modrg. Torfböd., in sommerwarm. Klimalage, Humuskriecher, Licht(Halbschatt)pf., Insekt.bestäubg, Windverbrtg, terr. Char. d. Caricetum elatae, slt. auch in ander. Magnocaricion-Ges., in Alnetalia- od. Convolvuletalia-Ges. – v. all. tiefgelegene Moor- u. Seengebiete, Stromtäler – euras-smed – H – Chrom. 2n = 40, formenreich.

3052. Fluß-G., S. fluviátilis Wallr., slt. in staudenreich. Saumges. an Ufern v. Flüssen od. Altwassern, im Weidengebüsch, auf nass., zeitw. überflutet., nährstoff- u. basenreich., humos., mild., sandg.-kiesg. od. rein. Tonböden in sommerwarm. Klimalage, Wurzelkriech-Pionier, Schwemmland-Festiger, Stromtalpf., Lichtpf., Insekt.bestäubg (Bienen, Fliegen), Wind- u. Wasservögel-Verbrtg, Char. d. Senecionetum fluv. (Senecion fluv.) – Flußauen, v. all. im O u. N d. Gebiet. bis nöRh, Do, im SW (z.B. süRh, Ne, Bo) ebenso wie im Gebirge fehld – euraskont – H – Chrom. 2n = 40.

3053. Fuchs'G., S. fúchsii C. Gmel. (*S. nemorénsis* L. ssp. *fúchsii* Čelak.), hfg in krautreich. Buchen- u. Buchen-Mischwäldern, v. all. auf Schlägen, in Waldverlichtg. d. mont. Stufe, auf frisch., nährstoffreich., humos., meist mittelgründg. Lehmböden (Mullböden), Nitrifiziergs-Zeiger, Waldboden-Bereiter, Licht-Halbschattpf., Insekt.bestäubg (Fliegen, Käfer, Falter), Windverbrtg, v. all. in älter. Schlagges., Char. d. Senecionetum fuchsii (Samb.-Salicion), opt. im Bereich d. Fagion (Diff.Verb.), auch in d. Prunetalia – Ebene bis Gebirge, A bis 2000 m, in warm. Tieflag. wie auch im nördl. Flachld slt. – subatl-smed(-pralp) – H – Chrom. 2n = 40.

3054. **Hain-G., S. nemorénsis** L. [*S. nemorénsis* ssp. *nemorénsis, S. nemorénsis* ssp. *jacquiniámus* (Rchb.) Čelak.], zerstr. in staudenreich. Bergmisch-Wäldern od. Schluchtwäldern d. hochmont. Stufe, in Hochstaudenfluren, auf sickerfrisch., nährstoff- u. basenreich., mäß. sauer.-mild., humos., lock., gern steing. Lehmböden, v. all. in Adenostyletalia-Ges., auch in d. Epilobietea od. im Aceri-Fagetum bzw. im Tilio-Acerion – Vog, süSch bis 1450 m, Av (slt.), A bis 920 m, FrJu, BayW über 800 m, RS, He (Rhön), ThW, Hz, Erzg – pralp(-no) – H – Chrom. 2n = 40.

3055. **Graues G., Krainer G., S. carniólicus** Willd. [*S. incánus* L. ssp. *carniólicus* (Willd.) Br.-Bl.], s. slt. in Silikat-Magerrasen u. -weiden d. alp. Stufe, auf frisch. (wechselfrisch.), ± basenreich., kalkarm., sauer., modrg- od. torfg-humos. Lehm- u. Tonböden, Lichtpf., Insekt.bestäubg (Fliegen), Char d. Caricetum curv. (Caricion curv.), auch (wie im Gebiet) in hochgeleg. Nardion-Ges. – A (Allgäu) 1950–2090 m – oalp – H – Chrom. 2n = 120.

3056. **Eberrauten-G., S. abrotanifólius** L., zerstr. im Krummholz- u. Zwergstrauch-Gestrüpp od. in off. Steinrasen sonnger Hänge d. subalp. Stufe, auf sommerwarm., mäß. frisch., basenreich. (kalkreich. u. -arm.), neutral., meist modrg-humos., mittel-flachgründg. Steinböden, Licht-Halbschattpf., Insekt.bestäubg (Rote Falter), Windverbrtg, *Pinus*-Begleiter, v. all. im Erico-Pinion, in d. Schweiz od. in Tirol z. T. in d. orange-rot blühd. ssp. *tirolénsis* (Kern.) Gams im Rhod.-Vaccinienion od. Juniperion nanae – A (Berchtesgad. Alp.) 1400–1890 m – oalp – Ch – Chrom. 2n = 40.

3057. **Raukenblättriges G., S. erucifólius** L., hfg in Kalk-Magerrasen u. -weiden, in Halbtrockenrasen od. trock. Moorwiesen, an Wald- u. Buschrändern, Wegrainen od. Erdanrissen, in Steinbrüchen, auf sommerwarm., mäß. trock., neutral-mild., humos. od. roh., meist tiefgründg., tong. Lehm- od. Lößböden, auch auf Torf, Wurzelkriecher, Rohbodenpionier, Licht(Halbschatt)pf., Insekt.bestäubg (Fliegen, Bienen), Windverbrtg, gern im Mesobromion, v. all. in halbruderal. gestört. od. initial. Ges., so auch im Dauco-Melilotion od. Conv.-Agropyrion-(Elymion) – Ebene bis mittl. Gebirgslag. (Kalk- u. Lehmgebiete), Ju bis 980 m, A bis ca. 1000 m, im nördl. Tiefld slt. od. fehld – euras-smed – H, formenreich:

1   B.abschnitte längl.-lanzettl., ± graugrün, verkahld

3057a. **ssp. erucifólius,** verbr. Sippe, s.o. – Chrom. 2n = 40.

1* B.abschnitte schmal-lineal, um 2 mm brt, randl. gerollt, ± grün

3057b. **ssp. tenuifólius** (Jacq) Rchb., slt. in Halbtrockenras. – He, SH, Br – osteurop. (?).

3058. **Jakobs-G., S. jacobāēa** L., zerstr. auf Weiden, an grasg. Böschung. u. Rainen, an Waldsäumen, auf mäß. frisch. (wechselfrisch.), ± nährstoff- u. basenreich., mäß. sauer.-mild., ± humos., gern tong. Lehmböden in humid. Klimalage, Lichtpf., Insekt.bestäubg (Bienen, Fliegen), Windverbrtg, giftverdächtg, Weideunkraut, gilt als Cynosurion-Verb.char., auch in gestört. Arrhenatherion-, Mesobromion- od. Koel.-Phleion-Ges., sowie im Dauco-Melilotion – Ebene bis mittl. Gebirgslag., A bis 1570 m, im SW u. Nordw. z. T. slt. – eurassubozean-smed – H – Chrom. 2n = 40.

3059. **Spreizendes G., S. erráticus** Bert., zerstr., z. T. nur vorübergehd verschleppt in Unkrautges. od. Naßwies., auf frisch. feucht., nährstoffreich., z. T. kalkarm. Böden in sommerwarm.-humid. Klimalage, in Filipendulion- u. Calthion-Ges. – v. all. im Nordw. u. N d. Gebiet., Rh (adv.) – smed(-subatl), in gemäß. Zon. weltweit verschleppt – H – Chrom. 2n = 40.

3060. **Wasser-G., S. aquáticus** Huds. hfg in Naß- od. Moorwiesen, an Gräben u. Quellen, auf sicker- u. staunass., ± nährstoff- u. basenreich., meist kalkarm. od. entkalkt., neutral., humos. Tonböden, auch torfg. Böden (Gleyböden), Düngungszeiger, etwas wärmeliebd, Fliegenblume, Wiesenunkraut (giftverdächtg), Calthion-Verb.char. – Ebene bis mittl. Gebirgslag., A bis 866 m, im NO slt. – subatl – H – Chrom. 2n = 40.

3061. **Fels-G., S. rupéstris** W. et Kit., zml. slt. in lückg. Unkrautges. d. subalp. Stufe, an Wegen, um Sennhütten, in Lägern, auf frisch., ± nährstoff- u. basenreich., ± humos. od. roh., gern steing. Lehm- u. Tonböden, Kulturbegleiter (Straßenwanderer), im Sisymbrion, Epilobion ang. od. Rumicion alp. – A (Berchtesgad. Alp.) bis 1600 m – oalp – T (H) – Chrom. 2n = 20.

3062. **Frühlings-G., S. vernális** W. et Kit., zerstr., z. T. unbestdg, in off. Unkrautges. auf Äckern, in Kleefeldern, an Wegen u. Schuttstellen, auf sommerwarm.-mäß. trock., nährstoffreich., meist kalkarm., wenig humos., lock. Lehm- od. Sandböden, auch salzertragd, Windverbrtg, Kleeunkraut (f. Pferde giftg), Neuankömmlg seit 1850, Chenopodietea-Kl.char., auch im Aperion – Tieflag. u. Sandgebiete, v. all. im N u. NO d. Gebiet. – omed-kont, verschleppt – T (H) – Chrom. 2n = 20.

3063. **Gewöhnliches G., S. vulgáris** L., verbr. in off. Unkrautflur., auf Äckern, in Gärten, an Wegen u. Schuttplätzen, in Waldschlägen, auf frisch., nährstoffreich., ± humos., lock. Böd. aller Art, bis 45 cm tief

wurzld. Stickstoff- u. Garezeiger, Winterblüher, Lichtpf., Kulturbegleiter, meist Selbstbestäubg, Wind- u. Klebverbrtg, zur Entwicklg
feuchtigkeitsbedürftg, früher Heilpf. (etwas giftverdächtg), v. all. (oft
aspektbildd) in Polyg.-Chenopodietalia-Ges., Chenopodietea-Kl.char.,
auch in d. Secalinetea – Ebene bis Gebirge, A bis 1860 m – med-euras, in
gemäß. Zonen heute weltweit – T (H) – Chrom. 2n = 40.

3064. Klebriges G., S. viscósus L., hfg in Steinschuttfluren od. steing.
Waldschlägen, in Unkrautges. auf Trümmerflächen od. im Bahnschotter, auf mäß. trock., $\pm$ nährstoffreich., meist kalkarm., roh. od.
wenig humos., neutral., lock., oft feinerdearm. Steinböden, licht- u.
wärmeliebde Pionierpf., Insekt.- u. Selbstbestäubg (Bienen), in
Siedlgsferne v. all. in Silikat-Steinschutt-Ges., Galeopsion-Verb.-char.,
sekund. auch DV in steinig. Sisymbrion- od. Epilobion ang.-Ges. –
Ebene bis mittl. Gebirgslag. (Silikatgebiete), Av bis ca. 900 m – subatl-
smed, verschleppt – T – Chrom. 2n = 40.

3065. Wald-G., S. sylváticus L., zml. hfg auf Waldschlägen, in
Waldverlichtg. od. an Waldwegen, auf $\pm$ frisch., nährstoffreich., meist
kalkarm., ab. auch basenreich., neutral-mäßg sauer., humos. Lehm- od.
Sandböd., Nitrifiziergszeiger, gern auf Brandfläch., Humuszehrer,
Lichtpf., Insekt.bestäubg (Fliegen), Windverbrtg, v. all. im Epilobion
ang., aber auch im Atropion, Atropetalia-Ordn.char. – Ebene bis mittl.
Gebirgslag., süSch bis 1200 m – subatl-smed, in kühlgemäß. Zonen heute
weltweit – T – Chrom. 2n = 40.

Bastarde!

Scheinkreuzkraut, Erechtítes Raf. vgl. S. 904

3066. E. hieracifólia (L.) Raf., slt. adv., aber z.T. eingebürgert in
Ruderalges. – Do – Herkunft: N- u. S-Am., mit gemäßkont
Ausbrtgstendenz – T.

Ringelblume, Caléndula L.

1 Blü.köpfe 2–5 cm brt, gelborange, Fr.köpfe $\pm$ aufgerichtet, unt. B.
   spatelförmg, 30–50 cm, $\odot$, 6–9   **C. officinalis** 3067
1* Blü.köpfe 1–2 cm brt, hellgelb, Fr.köpfe nickd, alle B. längl.-lanzettl., 10 bis
   20 cm, $\odot$, 5–10   **C. arvensis** 3068

3067. Garten-R., C. officinális L., hfg in Gärten als Zierpf. kultiv. u.
glgtl. vorübergehd in Schuttunkrautges. verwildt, früher auch Arznei- u.
Färbepf. – Herkunft: med – T – Chrom. 2n = 28, 32, 36.

3068. Acker-R., C. arvénsis L., slt., ab. gesellg in sonng. Unkrautfluren
v. all. d. Weinberge, auch in Hack-Äckern, auf mäß. trock., nährstoff- u.
basenreich., wenig humos., neutral.-mild., lock. Lehmböden in

wintermild. Klimalage, licht- u. wärmeliebd, Insekt.- u. Selbstbestäubg, Klett- u. Windverbrtg, auch Arzneipf., gern mit *Mercurialis annua*, Char. d. Geranio-Allietum (Fum.-Euphorbion), slt. auch im Sisymbrion – süHü (v. all. Els.), nöHü (Pfalz-Rheinhessen), Ne, Mn, sonst nur unbestdg, nördl. bis Th, An – smed-med – T – Chrom. 2n = 36 (44).

Kugeldistel, Échinops L.

1　Hüllb. d. einzeln. Blü.köpfch. drüsg behaart, B. obersts drüsgflaumg, untersts wie St. weißfilzg, Blü. weißl., Staubb. blau, 60–120 cm, ♃, 6–8
　　　　　　　　　　　　　　　　　　　　　　　E. sphaerocephalus 3069
1*　Hüllb. kahl　　　　　　　　　　　　　　　　　　　　**E. ritro** 3070

3069. **E. sphaerocéphalus** L., hie u. da als Zier- u. Bienenfutterpf. kultiv. u. glgtl. verwildt u. eingebürgt, v. all. in d. Trocken- u. Wärmegebiet., an Schuttplätzen, Dämmen od. Ufern, auf sommertrock., nährstoff- u. basenreich., neutral-mild., humos., lock., gern steinig. Lehm- u. Tonböden, licht- u. wärmeliebd, Insekt.bestäubg (Bienen), Klettverbrtg, Onopordion-Verb.char., auch im Conv.-Agropyrion (Elymion) – z.B. Rh, Hü, Pf, Ne, Ju, Fr, Mn, He, Th – med-smed(-euras) – H – Chrom. 2n = 32, nahe steht:

(3069a.) **E. exaltátus** Schrad. mit rauh behaart., nicht drüsg. B.oberfläche, gelegentl. verwildert, z.B. RS – Herkunft: SO-Europa.

3070. **E. rítro** L. u.a. *E.*-Arten aus med, hie u. da als Zier- u. Bienenfutterpf. kultiv. u. slt. unbestdg verwildt – Chrom 2 n = 32.

Strohblume, Spreublume, Xeránthemum L. vgl. S. 903

3071. **Einjährige St., X. ánnuum** L., hie u. da als Zierpf. u. glgtl. vorübergehd in Schuttunkrautges. verwildt, auf off., sandg-steing. Böden, wärmeliebd – Herkunft: omed-osmed (Trockenrasen) – T – Chrom. 2n = 12.
Ähnl. *X. inapértum* (L.) Mill. u.a.

Wetterdistel, Eberwurz, Carlína L.

1　St. 1köpfg, Blü.kopf 5–15 cm brt, innere Hüllb. zungenblü.artg verlängert, silbergrau, B. tief buchtg fiederspaltg, dorng, 1–30 cm, ♃, 7–9
　　　　　　　　　　　　　　　　　　　　　　　　C. acaulis 3072
1*　St. meist mehrköpfg, Blü.kopf 2–3 cm brt, innere Hüllb. strohgelb, B. längl.-lanzettl., buchtg dorng gezähnt, 15–30(–50) cm, ☉, 7–9
　　　　　　　　　　　　　　　　　　　　　　　　C. vulgaris 3073

3072. **Silberdistel, Große W., C. acaúlis** L., zerstr. in sonng. Magerweiden u. -rasen, an Wegen u. Böschungen, auf sommerwarm., mäß. trock., basenreich., mittel-tiefgründg. Lehm- u. Tonböden, Tiefwurzler, licht- u. etwas wärmeliebd, Lichtkeimer, Weidepf. u. oft

Weideanzeiger, Insekt.bestäubg (Bienen, Hummeln, Käfer), Wind- u. Vogelverbrtg, früher Heilpf. (Wurzel), geschützt, v. all. im Mesobromion (z.B. Gent.-Koelerietum), auch im Violion (z.B. Fest.-Genistelletum), in Hochlag. in Seslerietalia-Ges. – Hügel- u. Bergld – H, formenreich:

1 St. (1)3–30(50) cm hoch, meist zu mehreren, B. kraus gefiedert, bis auf d. Mittelnerv geteilt, Endzipfel d. mittl. Fiederabschnitte pfrieml.

3072a. **ssp. símplex** (W. et K.) Nym. (*C. cauléscens* Lam.), so v. all. im westl. u. praealp. Gebiet (Mesobromion, Violion, Seslerietalia), A bis 2120 m, nördl. bis He, NSH, Th, südl. An, Sa – pralp(-smed) – Chrom. 2n = 20.

1* St. 1–3 cm hoch (slt. lger), B. ± flach, nicht bis auf d. Mittelnerv geteilt, Endzipfel d. mittl. Fiederabschnitte ± eiförmg, am Grund 6–14 mm brt.

3072b. **ssp. acaúlis**, slt. in Silikat-Magerras. d. Violion – Br, L u. im östl. BayW (O-Alp.) – opralp – Chrom. 2n = 20.

3073. **Golddistel, Kleine W.**, *C. vulgáris* L., zml. hfg in sonng. Magerrasen u. -weiden, in Halbtrockenrasen, an Weg- u. Waldrändern, in licht. Eichen- u. Kiefernwäldern, auf sommerwarm.-mäß. trock., basenreich., meist kalkhaltg., mäß. sauer.-mild., ± humos., mittel-tiefgründg. Ton- u. Lehmböden, auch Rohbodenpionier, bis 40 cm tief wurzld, etwas wärmeliebd, Licht-Halbschattpf., Weidepf., Insekt.- u. Selbstbestäubg, Windverbrtg, Soziologie u. Verbrtg siehe Unterart. – H, formenreich:

1 St. meist mehrköpfg, Köpfe 15–25 mm brt, mindest. obere St.b. sparrg-dorng, Hochb. d. innere Hüllb. nicht überragd

2 Alle B. sparrg-kraus, dorng, unt.sts spinnwebg-grauflaumg

3073a. **ssp. vulgáris** (*C. vulgáris* L.), verbr. Sippe, Mesobromion-Verb. char., auch in ander. Fest.-Brometea-Ges. od. im Erico-Pinion, seltner (Diff.) im Violion – Ebene bis mittl. Gebirgslag., A bis 1450 m, süSch (auf Gneis) bis 700 m, im nördl. Tiefld slt. – subatl-smed – Chrom. 2n = 20.

2* Untere B. flach, obere nur st.wärts kraus-dorng, unt.sts weißfilzg

3073b. **ssp. intermédia** (Schur) Hayek (*C. intermédia* Schur), slt., soziol. wie vor. – A, Av, Ju, mehr im O d. Gebiet. – opralp(?) – Chrom. 2n = 20.

1* St. meist einköpfg, Köpfe 25–40 mm brt, obere St.b. flach, weichdorng, unt.sts weißfilzg, Hochb. die inneren, 2–3 cm lgen Hüllb. ± überragd

3073c. **ssp. longifólia** (Rchb.) Arc. [*C. biebersteínii* Bernh. ex Horn., *C. strícta* (Rouy) Fritsch], slt. in hochmont. Grashald. auf basenreich. Lehmböd., z.B. im Caricion ferr. od. (Vog) im Calamagrostion, auch im Mesobromion od. Erico-Pinion – A, Av, Vog, Ba(?), auch Me (Rügen) – opralp-gemäßkont – Chrom. 2n = 20.

Klette, Árctium L.

1   Hüllb. fast alle mit hakg gekrümmt. Spitze, Blü.kopf nur spärl. spinnwebg
    od. kahl

2   Hüllb. durchweg grün, $\pm$ lger als Blü., weißl. bespitzt, Blü.std lock.
    schirmtraubg, B.stiel nicht hohl ($\pm$ markg), B. untersts weißgrau, Fr.
    6–8 mm lg, 80–150 cm, $\odot$, 7–9   **A. lappa**   3074

2* Hüllb., wenigst. innere, an d. Spitze rot, Blü.köpfe spärl. spinnwebg, Blü.std
    traubg (traubg-rispg), Grundb. herzeiförmg verlängert, B.stiel deutl. hohl

3   Blü.köpfe 3–4 cm brt, fast kahl, Hüllb. $\pm$ so lg wie Blü., Äste zuletzt
    überhängd, B. untersts fast kahl, B.stiel weitlumig hohl, Fr. 8–11 mm lg,
    100–250 cm, $\odot$, 7–8   **A. nemorosum** 3075

3* Blü.köpfe 1–3 cm brt, etwas spinnwebg, Hüllb. kürzer als Blü., Äste aufrecht
    abstehd, B. untersts graugrün, Fr. 5–6 mm lg, 50–120 cm, $\odot$, 7–9
                                                           A. minus   3076

1* Hüllb., wenigst. innere, gerade, stumpfl. zugespitzt, rötl., dicht spinnwebg-
    wollg, B. herzförmg ohne verlängerte Spitze, untersts weißgrau, B.stiel oben
    markg, filzg, oft braunrot, 50–120 cm, $\odot$, 7–8   **A. tomentosum** 3077

3074. **Große Kl., A. láppa** L., zerstr. in staudenreich. Unkrautges., an
Schuttplätz., Wegen od. Zäunen, auch an Ufern, auf frisch.-mäß. frisch.,
nährstoffreich., neutral., $\pm$ humos., lock. Lehmböden, Lichtpf.,
Kulturbegleiter seit jüng. Steinzeit, früher Heil- u. Nutzpf. (Wurzel,
Klettenöl), Insekt.bestäubg (Bienen, Falter), Klettverbrtg, Char. d.
Arctio-Artemisietum vulg. (Arction), auch in and. Artemisienea-Ges. –
Ebene bis mittl. Gebirgslag., A bis 1100 m – euras(-smed), verschleppt –
H – Chrom. 2n = 36.

3075. **Hain-Kl., A. nemorósum** Lej. et Court. [*A. vulgáre* (Hill) Ev.],
zerstr. in Waldschlägen u. Waldverlichtg., an Waldwegen, v. all. im
Bereich feucht. Laubwälder, auf sickerfeucht., nährstoff- u. basenreich.,
humos. Lehm- u. Tonböden, Nitrifiziergszeiger, Halbschattpf., etwas
wärmeliebd, Klettverbrtg, Char. d. Arctietum nem. (Atropion), v. all. im
Bereich d. Alno-Ulmion od. andere feucht. Fagetalia-Ges. – Ebene bis
mittl. Gebirgslag., A bis 1100 m, stellenweise fehld (z. B. Rh, Hü) – subatl
– H – Chrom. 2n = 36.

3076. **Kleine K., A. mínus** (Hill) Bcrnh., hfg in staudenreich.
Unkrautges., an Müll- u. Schuttplätzen, Wegen u. Zäunen, auch an
Ufern, auf frisch., nährstoffreich., oft kalkarm., humos., lock.
Lehmböden, Stickstoffzeiger, Kulturbegleiter seit. jüng. Steinzeit,
Klettverbrtg, Arction-Verb.char., auch im Aegopodion od. slt. im
Onopordion – Ebene bis mittl. Gebirgslag., A bis 1300 m – H,
formenreich:

1   Abgeblühte Köpfch. 15–18 mm brt, weng spinnwebg, Blü. deutl. lger als
    Hüllb., B. unt.sts graugrün

3076a. **ssp. mínus**, im Gebiet verbr. Sippe, s. o. – subatl-smed(-med) –
Chrom. 2n = 32, 36.

1* Abgeblühte Köpfch. 20–25 mm brt, deutl. spinnwebg, Blü. nicht lger als
    Hüllb., B. unt.sts weißfilzg

3076b. **ssp. púbens** (Bab.) Arèn., Arction-Art(?) – Verbrtg ungenügd bekannt, z. B. A, Av, Ba – subatl-smed – Chrom. 2n 36.

3077. **Filzige Kl., A. tomentósum** Mill., zerstr. in staudenreich. Unkrautfluren, an Schuttplätzen, Wegen, Ufern, auf frisch., nährstoff- u. basenreich., vorzugsw. kalkhaltg., ± humos., sandg-steing. od. rein. Lehm- u. Tonböden in sommerwarm. Klimalage, Lehmzeiger, Stromtalpf. u. Kulturbegleiter, Klettverbrtg, Arction-Verb.char. (v. all. Leonuro-Ballotetum), auch in Onopordion- od. Gal.-Urticenea-Ges. – Ebene bis Gebirge (Kalkgebiete), v. all. im O d. Gebietes, A bis 1430 m, im W slt. – euraskont, verschleppt – H – Chrom. 2n = 36. Bastarde!

Alpenscharte, Saussúrea DC.

1 St. 1köpfg, dicht weißwollg, B. lineal, sitzd, Blü.köpfe 3 cm brt, blauviol., von Hochb. umgeben, 5–20 cm, ⅔, 7–8   **S. pygmaea** 3078
1* St. 2–mehrköpfg, B. eiförmg-lanzettl., untere gestielt
2 B. untersts weißfilzg, untere ei-herzförmg, buchtg gezähnt, Blü. hellviol., 15–30 cm, ⅔, 7–8   **S. discolor** 3079
2* B. untersts graufilzg, spinnwebg, untere längl.-lanzettl., in d. geflügelt. Stiel verschmälert od. wenig abgerundet, Blü. viol.rot, 5–20(–30) cm, ⅔, 7–8
                                         S. alpina 3080

3078. **Zwerg-A., S. pygmaea** (Jacq.) Spreng., slt. in Steinrasen d. alp. Stufe, auf frisch., kalkhaltg., neutral., modrg-humos., flachgründg., steing. Lehm- u. Tonböden, Lichtpf., Windverbrtg, Seslerion-Verb.char., slt. auch in Felsspalt. od. im Steinschutt – A (östl Teil) 1830–2310 m – oalp – H (Ch) – Chrom. 2n = 52.

3079. **Zweifarbige A., S. díscolor** (Willd.) DC., s. slt. in Steinrasen d. alp. Stufe, auf sonng., frisch., meist kalkhaltg., ± humos., steing. Lehmböden, z. B. im Seslerio-Caricetum sempervir., wohl Seslerietalia-Art – A (Allgäu) 1800–2080 m – alp-altaisch – H (Ch) – Chrom. 2n = 26.

3080. **Gewöhnliche A., S. alpína** (L.) DC., slt. in Steinrasen d. alp. Stufe, v. all. in wind- u. schneegefegt. Gratlagen, auf frisch., basenreich., meist kalkarm. od. entkalkt., modrg-humos., tong. Steinböden, kälteharte Lichtpf., Insekt.bestäubg (Fliegen, Bienen), Windverbrtg, Char. d. Elynetum (Elynion) – A 1860–2404 m – arkt-alp, circ, – H, Ch – Chrom. 2n = 48, 52, 54.

Silberscharte, Jurinéa Cass. vgl. S. 904

3081. **J. cyanoídes** (L.) Rchb., slt. in sonng., mager. Dünenrasen od. Kiefernwaldverlichtg., auf sommerwarm.-trock., basenreich. (in d. Tiefe meist kalkhaltg.), neutral., humos., lock. Sandböden, bis 2 m tief wurzlde Steppendünenpf., Windverbrtg, geschützt, terr. Char. d. Jurineo-Koele-rietum, überreg. Koelerion gl.-Verb.char. – nöRh, Mn, Fr, Th, An, Br, Me – kont, im Gebiet an d. W-Grenze d. Verbrtg – H – Chrom. 2n = 30.

Distel, Cárduus L.

1   Köpfe eiförmg od. kugelg, z. Fr.zeit bleibd
2   Blü.köpfe einzeln, slt. auch 2–3, auf verlängert. Stielen, meist nickd, purpurrot
3   Blü.kopf 3–6 cm brt, Hüllb. üb. d. eiförmg. Grund eingeschnürt, abstehd-zurückgebogen, lanzettl.-dorng, B. tief fiederspaltg, derbdorng, beidersts grün, St. kraus-dorng geflügelt, 30–100 cm, ☉, 7–9   **C. nutans** 3082
3*   Blü.kopf 1–2 cm brt, Hüllb. abstehd, B. lanzettl., ungeteilt, grobbuchtg od. fiederschnittg, weichdorng, oberts fast kahl, unterts ± kraus behaart, St. oben ungeflügelt, 20–60 cm, ⚁, 6–8   **C. defloratus** 3083
2*   Blü.köpfe meist zu mehrer. (auch einzeln) auf kurz. Stielen, 1–2 cm brt, ± aufrecht, St. u. Kopfstiele meist bis zur Spitze beblättert u. dorng geflügelt, Hüllb. lineal-lanzettl., aufrecht od. etwas abstehd
4   B. unterts spinnwebg-filzg, weichdorng, Blü.köpfe zu 3–5, (dunkel)rot
5   St. schmal geflügelt, ob. B. ungeteilt, untere buchtg gelappt od. fiederspaltg, Hüllb. lger als Blü., 50–160 cm, ⚁, 7–8   **C. personata** 3084
5*   St. brt kraus geflügelt, zerbrechl., alle B. fiederspaltg od. obere buchtg gelappt, Hüllb. kürzer als Blü., 50–140 cm, ⚁, 7–9   **C. crispus** 3086
4*   B. unterts grün, ± kahl (bzw. nur wenige mehrzellge Haare), mit 6–7 mm lg., weißl., derb. Dornen, tief fiederspaltg, Köpfe einzeln od. zu 2–3, auf kurz., kraus geflügelt. Stielen, doldentraubg, hellrot, 30–100 cm, ☉, 6–9   **C. acanthoides** 3085
1*   Blü.köpfe walzl., zu mehreren, z. Fr.zeit als Ganzes abfalld, Äste brt geflügelt, B. buchtg gelappt-fiederspaltg, unterts weißl. wollg, 30–120 cm, ☉, 6–7   **C. tenuiflorus** 3087

3082.   **Nickende D., C. nútans** L., zml. hfg in off. Unkrautge. an Wegen, Schutt- u. Verladeplätzen, an Böschg., in übersetzt. Magerweiden, auf sommerwarm.-trock.-mäß.trock., nährstoff- u. basenreich., meist kalkhaltg., wenig humos. od. roh., gern sandg. od. steing. Lehm- u. Tonböden, Stickstoffzeiger, Pionierpf., Kulturbegleiter, Weideunkraut, Insekt.bestäubg (Bienen, Falter), Blü. mit Moschusduft, Windverbrtg, Onopordion-Verb.char. – Ebene bis mittl. Gebirgslag. (Wärme-, Trocken- u. Kalkgebiete) Ju bis 1000 m, A bis 970 m – im ganzen: smedeuras, weltweit verschleppt – H (T), formenreich:

1   Hüllschupp. unter d. Einschnürg längl.-eiförmg, allmähl. in d. Dorn zus.gezogen
2   Köpfch. 2–4 cm dick, meist zu (1) 2–3 sitzd (od. ganz kurz gestielt), Hüllschupp. 1,5–2,5 mm brt

3082a.   **ssp. nútans**, verbr. Sippe, s.o. – Chrom. 2n = 16.

2*   Köpfch. 4–8 cm dick, meist einzeln u. deutl. gestielt, Hüllschupp. 5–8 mm brt
3   Köpfchen. kahl od. schwach behaart, B. unt.sts nur auf d. Nerv. behaart od. kahl

3082b.   **ssp. macrolépis** (Peterm.) Kazmi, d. vor. nahestehd, nur slt. u. unbestdg verschleppt, durch d. ganze Gebiet – Herkunft: med.

3*   Köpfch. dicht behaart, Hüllschupp. ± aufrecht, B. unt.sts dicht wollg behaart

3082c. **ssp. alpícola** (Gill.) Chass. et Arèn. (*C. thoẽrmeri* Weinm.?), slt. in angenähert. Formen in FrJu, oberes Donautal, sonst nur adv. – opralp (südalp).

1* Hüllschupp. unter d. Einschnürg eiförmg, plötzl. in kaum 3 mm lgen Dorn zus.gezogen, Köpfe 2–3 cm dick, meist aufrecht u. einzeln od. zu 2

3082d. **ssp. platylépis** (Richt. et Saut.) Nym., slt. z. B. A (Berchtesgad. Alp.) – pralp.

3083. **Alpen-D., C. deflorátus** L., zerstr. in sonng. Steinrasen. d. subalp. Stufe, in praealp. Felsbandges., Halbtrockenrasen od. Kiefern-Trockenwäldern, auf sommerwarm., frisch.-mäß. trock. (wechseltrock.), meist kalkhaltg., ± humos., lock., steing. Lehm- u. Tonböden, auch rein. Mergelhängen, Intensivwurzler, z.T. Rohboden-Pionier u. Bodenfestiger, Licht(Halbschatt)pf., meist Insekt.bestäubg, Windverbrtg, v. all. im Caricion ferrug., Seslerietalia-Ordn.char., tiefer auch in Festuco-Brometea-Ges. od. im Erico-Pinion, Thlaspeion rot., u.a. – H, formenreich:

1 B.rand seicht bis buchtg gelappt, ± dorng gezähnt

3083a. **ssp. deflorátus** vorherrschd verbr. Sippe, s. o. – A bis 2320 m, Av, süSch (Feldbg), Ju, Ba, Bo, Do, He, Th – pralp(-smed) – Chrom. 2n = 18, 22, 24.

1* B.rand ungeteilt, höchst. schwach gelappt, weich gezähnt u. bewimpert

3083b. **ssp. glaũcus** Nym., Sippe d. SO-Alp., fehlt d. Gebiet – Chrom. 2n = 22.

3084. **Berg.-D., Kletten-D., C. personáta** (L.) Jacq., zml. slt. im Staudensaum d. Gebirgsbäche, im Weidengebüsch, in d. Grauerlen-Aue, in subalp. Hochstaudenfluren, auf sickernass., nährstoff- u. basenreich., meist kalkhaltg., humos. Tonböden. Intensivwurzler, Licht-Halbschattpf., Insekt.bestäubg (Käfer, Fliegen), Windverbrtg, v. all. im mont. Phal.-Petasitetum hybr. (Aegopodion), auch im Alno-Ulmion od. in höh. Lag. in nass. Adenostylion- od. Rumicion alp.- u. Pol.-Trisetion-Ges. – Vog, süSch, Ba, Ju (Donautal, Ries), Do, Av, A bis 2240 m, He (Rhön), Th, Sa – pralp – H – Chrom. 2n = 18, 22.

3085. **Weg-D., C. acanthoídes** L., zerstr. in staudenreich. od. off. Unkrautges., an Wegen, Schutt- u. Verladeplätz. od. Viehlägern, auf sommerwarm., mäß. trock.-trock., nährstoff- u. basenreich., humos. od. roh., gern sandg-kiesg. Lehm- u. Tonböden, licht- u. sommerwärmeliebende Pionierpf., Kulturbegleiter, Insekt.bestäubg (Bienen, Hummeln), Windverbrtg, Onopordetalia-Ordn.char. – Ebene bis mittl. Gebirgslag. (Wärme- u. Trockengebiete), A bis 1600 m, im nordw. Tiefld slt. – gemäßkont(-smed), verschleppt – H – Chrom. 2n = 22.

3086. **Krause D., C. críspus** L., hfg in staudenreich. Unkrautges., an Wegen, Schuttplätz. od. an Ufern, auf frisch.-feucht., nährstoffreich., humos., sandg. Lehm- u. Tonböden, Nährstoff- u. Frische-Zeiger, etwas wärmeliebde Licht(Halbschatt)pf., Stromtalpf., Insekt.bestäubg, Windverbrtg, Artemisietea-Kl.char., mit Schwerpkt in d. Convolvuletalia – Ebene bis mittl. Gebirgslag., A u. Ju bis 1000 m – eurassubozean, in gemäß. Zonen heute weltweit – H – Chrom. 2n = 16.

3087. Dünnköpfige D., C. tenuiflórus Curt., sowie d. nahestehde *C. pycnocéphalus* L., nur slt. u. unbestdg in Unkrautges. an Verladeplätz., wärmeliebd. Stickstoffzeiger, Wind- u. Klettverbrtg, in Sisymbrion-Ges. – z. B. Rh – Herkunft: med (dort Chenopodietalia mur.-Art) – Chrom. 2n = 54.

Zahlreiche Bastarde!

Kratzdistel, Círsium Mill.

1   Blü. rötl. od. viol., slt. daneben weiß, Pf. freudg grün
2   B. obersts mit kl. Dornen, steifhaarg, tief fiederspaltg
3   B. nicht am St. herablaufd, untersts weißfilzg, d. ober. sitzd-halbst.umfassd, Grundb. groß, tief fiederspaltg, Blü.köpfe 4–7 cm brt, Hülle groß, kugelg, spinnwebg-wollg, 60–150 (bis 200) cm, ☉, 7–9   **C. eriophorum** 3088
3*   B. am St. herablaufd, untersts dünn graufilzg, slt. weißwollg, B. zipfel dorng bespitzt, Blü.köpfe 2–4 cm brt, Hülle eiförmg, nicht wollg, 60–150(–200) cm, ☉, 7–9   **C. vulgare** 3089
2*   B. obersts nicht dorng, kahl od. behaart, nur am Rande bedornt
4   St. verkürzt, dicht beblättert, 1köpfg, Blü.kopf in d. Mitte d. B.rosette fast bodenstdg sitzd, B.buchtig fiederspaltg, zerstr. behaart, 5–25 cm, ♃, 7–9   **C. acaule** 3090
4*   St. gestreckt, im allg. 30–150 cm hoch, oben oft b.arm
5   B. am St. herablaufd, St. wenigst. unt. ± dorng geflügelt, B. buchtg fiederspaltg
6   Blü.köpfe zahlreich, knäuelg gehäuft, St. fast bis zur Spitze dorng kraus geflügelt, Pf. meist rot-viol. überlauf., 50–150(180) cm, ☉, 7–9   **C. palustre** 3091
6*   Blü.köpfe einzeln, auf lgen grau behaart, Stiel., St. ob. fast b.los, Wurzeln knollg verdickt, 30 100 cm, ♃, 7–8   **C. canum** 3093
5*   B. am St. nicht od. kaum herablaufd, St. nicht geflügelt
7   B untersts schneeweiß-filzg, ungeteilt od. fiederspaltg, d. ober. ± st.umfassd, St. reich beblättert, 1–3köpfg, Blü.köpfe 3,5–5 cm lg, 50–100 cm, ♃, 7–8   **C. helenioides** 3092
7*   B. untersts grün od. graugrün, spärl. wollg, Blü.köpfe 2–3 cm lg
8   St. oben ohne größere B., Blü. zwittrg, Haarkrone zuletzt 1–2 cm lg
9   Blü.köpfe einzeln, Stiel d. St.b. am Grunde etwas geöhrt
10   B. tief fiederspaltg, unt.sts grün, schwach wollg behaart, Wurzel knollg verdickt, 40–100 cm, ♃, 7–8   **C. tuberosum** 3095
10* B. schwach fiederg gelappt, z. T. fast ganzrandg, unt.sts grau-wollg behaart, Wurzeln nicht verdickt, 30–100 cm, ♃, 6–7   **C. dissectum** 3094
9*   Blü.köpfe meist zu 2–3knäuelg genähert, B. untersts hellgrün, kurzhaarg, geöhrt st.umfassd, tief fiederspaltg (unt. B. mit behaart. Stiel), Hüllb. meist rot überlauf., Wurzel spindelförmg, 30–100 cm, ♃, 5–7 **C. rivulare** 3096

8* St. reich beblättert u. verästelt, oft mit nichtblühd. Ästen, Blü. z.T. eingeschlechtg, Einzelblü. bis z. Grund 5teilg, schmutzg-lila, Haarkrone zuletzt 2–3 cm lg, Pf. mit Kriechwurzeln, 50–120 cm, ⚃, 7–8 vgl. auch Bastarde S. 969 **C. arvense** 3099
1* Blü. gelbl.-weißl.
11 Blü.köpfe zu mehreren gehäuft u. v. bleich. Hochb. umgeb.
12 Hochb. ungeteilt, eiförmg, untere B. fiederspaltg mit kahl. B.stiel (vgl. *C. rivulare*), Pf. weichdorng, nicht stechd, 50–150 cm, ⚃, 7–9
C. oleraceum 3097
12* Hochb. fiederspaltg, wie ganze Pf. derb-dorng-stechd, St. reich beblättert, 50–120 cm, ⚃, 7–8 **C. spinosissimum** 3098
11* Blü.köpfe einzeln od. zu 2–3, ohne od. höchst. mit einem kl. Hochb., Grundb. tief fiederspaltg, St. oben drüsg-flaumg, 30–120 cm, ⚃, 7–8
C. erisithales 3100

3088. Wollköpfige K., C. erióphorum (L.) Scop., zerstr., ab. gesellg in staudenreich. od. off. Unkrautfluren, an Wegen, Vieh- od. Holzlager-Plätz., in übersetzt. Magerweiden, auf sommerwarm.-mäß. trock., ± nährstoff- u. basenreich., humos. od. roh. Ton- u. Lehmböden, Pionierpf., Lichtpf., Insekt.bestäubg (Falter), Windverbrtg, gern im Kontakt mit Festuco-Brometea-Ges., Char. d. Cirsietum erioph. (Onopordion) – v. all. im S (mont. Kalk- u. Wärmegebiete) A bis 1860 m, nördl. bis Pf, nöRh, He (Rhön), NSH (Elm, ob noch?) Th, Sa verscholl. – (o)smed-pralp – H – Chrom. 2n = 34.

3089. Gewöhnliche K., C. vulgáre (Savi) Ten. [*C. lanceolátum* (L.) Scop.], hfg in staudenreich. Unkrautges., an Wegen, Schuttplätz. u. Ufern, in Waldschlägen, auf mäßg trocken.-frisch., nährstoffreich., humos., lock. Lehmböden, Nitratzeiger, Lichtpf., Insekt.- u. Selbstbestäubg (Käfer, Hummeln, Fliegen), Windverbrtg, Kleinviehfutter, Artemisietea-Kl.-char., mit Schwerpkt in d. Onopordetalia, auch als f. *sylváticum* (Tausch) in d. Epilobietea, v. all. im Atropion – Ebene bis mittl. Gebirgslag., A bis 1340 m – eurassubozean-smed – H – Chrom. 2n = 68.

3090. Stengellose K., C. acaúle (L.) Scop., zerstr. in besonnt. Kalkmagerweid., auf warm., mäßg trocken., basenreich., meist kalkhaltg., mäßg nährstoffreich., neutral.-mild., humos., oft steing. Ton-u. Lehmböd., Lehmzeiger, Tiefwurzler, Insekt.bestäubg (Hummeln), Weideunkraut, Mesobromion-Verb.char. (Gent.-Koelerietum), auch in d. Cirsio-Brachypodion od. Violion übergreifd – Ebene bis mittl. Gebirgslag. (Kalkgebiete), A bis 1600 m, im nordw. Tiefld slt., im SW (süRh-süHü-Bo, wie auch Sch) fehld – subatl-smed – H – Chrom. 2n = 34.

3091. Sumpf-K., C. palústre (L.) Scop., verbr. in Naß- u. Moorwiesen, an Quellen u. Gräben, in Flachmooren, Auenwäldern u. Waldschlägen, auf nass.-wechselfeucht., mäß. nährstoff- u. basenreich., neutral. od. mäß. sauer., modrg-torfg humos., sandg. od. rein. Lehm- u. Tonböden (Gley-

u. Pseudogley-Böden), Ton- u. Vernässgszeiger, Licht-Halbschattpf., meist Insekt.bestäubg, Windverbrtg, schwache Molinietalia-Ordn.char., auch in gestört. Scheuchz.-Caricetea- od. Epilobietea ang.-Ges., im Alnion ang. Alno-Ulmion – Ebene bis Gebirge, A bis 1420 m – noeuras(subozean) – H – Chrom. 2n = 34.

3092. **Verschiedenblättrige K., C. helenioídes** (L.) Hill [*C. heterophýllum* (L.) Hill], slt. in nass. Staudenfluren, an Bächen, in Naßwiesen od. im subalp. Hochstaudengebüsch, auf sickernass.-feucht., nährstoff- u. basenreich., meist kalkarm., humos., sandg. od. rein. Tonböden, Licht-Halbschattpf., Insekt.bestäubg (Bienen), Windverbrtg, v. all. im Calthion (vgl. Polyg.-Cirsietum hel. Bal.-Tul. 75), auch im Filipendulion, im Polyg.-Trisetion od. Adenostylion – A bis 940 m, BayW bis 1040 m, auch FrJu (Fischstein) u. Fr, He (Vogelsbg), Th, Sa, SH – no-pralp – H – Chrom. 2n = 34.

3093. **Graue K., C. cánum** (L.) All., slt. in nährstoffreich. Naßwies., Char. d. Cirsietum cani (Calthion), auch im Molinion od. Arrhenatherion – Sa, BayW (Ob.franken), Do – gemäßkont – H – Chrom. 2n = 34.

3094. **Englische K., C. disséctum** (L.) Hill [*C. ánglicum* (Lam.) DC.], slt. in kalkarm. Moorwiesen, Char. d. Caro vert.-Juncetum acut., Juncion acutifl.-Verb.char. – NS, NWe – atl – H.

3095. **Knollige K., C. tuberósum** (L.) All., zml. slt. in Moorwiesen, auch im licht. Gebüsch, auf sommerwarm.-wechselfeucht., meist kalkhaltg., neutral., modrg humos. Tonböden, Wechselfeuchtgkts-Zeiger, Licht-Halbschattpf., Insekt.bestäubg, Windverbrtg, Char. d. Cirs. tub.-Molinietum (Molinion), ferner in wechseltrock. Mesobromion-, Geranion sang.- od. Berberidion-Ges. – Ebene bis mittl. Gebirgslag., A bis 1219 m, nördl. bis RS, He, Th, An, Sa – subatl(-smed) – H, G – Chrom. 2n = 34.

3096. **Bach-K., C. riváre** (Jacq.) All. [*C. salisburgénse* (Willd.) Don], zml. slt., ab. gesellg in Naß- u. Moorwiesen, an Gräben u. Quellen, auf stau- od. sickernass. (wechselnass.), nährstoff- u. basenreich., ± neutral., modrg humos. od. torfg., sandg. od. rein. Tonböden, Düngungszeiger, Lichtpf., Insekt.bestäubg, Windverbrtg, Char. d. Cirsietum riv. (Calthion), slt. auch z.B. im Sang.-Silaëtum – Rh, süHü, Ne, süSch, Bo, Ba, Ju (Schwäb. Alb-Ries), Do, Av, A bis 1550 m, Fr (s. slt.), Me, Br, L – opralp-gemäßkont – H – Chrom. 2n = 34.

3097. **Kohldistel, C. oleráceum** (L.) Scop., verbr. in Naßwiesen u. Auenwäldern, in Staudenfluren an Bachufern u. Quellen, auf sicker-, auch staunass., nährstoff- u. basenreich., mäß. sauer.-mild., lock. tätg., modrg-humos., sandg. od. rein. Tonböden, Düngungszeiger, Licht-Halbschattpf., Tiefwurzler, Insekt.bestäubg (Bienen, Falter), Bienenweide, Windverbrtg, mäß. Futterkraut, schwache Char. d. Angel.-Cirsietum ol., auch in ander. Calthion-, od. Molinietalia-Ges., in d. Glechometalia, sowie (DV) im Atropion, ferner im Alno-Ulmion, usw. – Ebene bis Gebirge, A bis 2020 m – euras(kont) – H – Chrom. 2n = 34.

3098. Alpen-K., C. spinosíssimum (L.) Scop., zerstr. in staudenreich. Unkrautges. d. alp. Stufe, im Bereich von Sennhütten u. Viehlägern, auch in Schneeböden u. Karfluren, auf frisch. (feucht.), nährstoffreich., humos., steing. Lehm- u. Tonböden, Stickstoffzeiger, Bodenfestiger, Licht-(Halbschatt)pf., Insekt.bestäubg, Wind- u. Klettverbrtg, Char. d. Cirsietum spin. (Rumicion alp.), auch in Salicetea herb.-, Thlaspietea rot.- od. Adenostylion-Ges. – A 1300–2460 m – alp – H – Chrom. 2n = 34.

3099. Acker-K., C. arvénse (L.) Scop., verbr. in Unkrautges., auf Äckern, an Wegen, Schuttplätz., in Waldschlägen, an Ufern, auf frisch.-mäß. trock., nährstoffreich., kalkarm. u. -reich., humos. od. roh., meist tiefgründg., steing., sandg. od. rein. Lehmböden, Lehm- u. Stickstoff-Zeiger, bis 280 cm tief wurzld. Wurzelkriech-Pionier, Kulturbegleit., Lichtpf., Insekt.bestäubg, Windverbrtg, lästiges Ackerunkraut, v. all. in Artemisietea-, Agropyretea(Elymetea)-, Epilobietea- od. auch Secalinetea-Ges., vgl. Unterart. – Ebene bis Gebirge, A bis 1350 m – no-euras-smed, verschleppt – G – Chrom. 2n = 34, formenreich, z.B.:

1 B. weich, ± flach, weng bedornt, kahl

3099a. var. arvénse (incl. var. *míte* Wimm. et Graeb.), so v. all. in Secalinetea- u. Pol.-Chenopodietalia-Ges., auch in d. Atropetalia.

1* B. kräftg bewehrt, gewellt, ± kahl

3099b. var. hórridum Wimm. et Gr., so v. all. in Artemisietea- u. Agropyretea(Elymetea)-Ges.

3100. Klebrige K., C. erisitháles (Jacq.) Scop., zerstr. in Waldsäumen u. an Waldwegen der Alpen, auch in licht. Eich.-Kiefernwäld. od. Halbtrock.-ras., auf frisch. basenreich., humos. Lehmböd., v. all. in Saumges. (vgl. Pet.-Cirsietum eris. Br.-Bl. 77), auch im Erico-Pinion od. Mesobromion – Vorarlberg, Schweiz – pralp-smed – H – Chrom. 2n = 34.

Zahlreiche Bastarde! Vgl. v. all. solche v. *C. oleraceum* mit *C. acaule, C. palustre* od. *C. tuberosum* mit weißl. bis blaßrötl. Blü.!

Artischocke, Cynára L. vgl. S. 902

3101. Wilde A., C. cardúnculus L., Stammpf. d. echt. Artischocke, slt. hie u. da vorübergehd an Verlade-Plätzen in Unkrautges. (Sisymbrietalia) – z.B. Rh – Herkunft: med (in ruderal. Distelges. v. all. in südl., warm-humid. Gebieten) – H – Chrom. 2n = 34.

3102. Echte A., C. scólymus L., in Südeuropa hfg als Gemüsepf. kultiv. – Chrom. 2n = 34.

Mariendistel, Sílybum Adans. vgl. S. 902

3103. S. mariánum (L.) Gaertn., slt. als Zier- od. Heilpf. kultiv. u. vorübergehd in Schuttunkrautges. verwildt, auf frisch.-mäß. trock., nährstoffreich. Böden, liebt wintermild-humide Klimalage – Herkunft: med (Chenopodion mur.-Art), in gemäß-ozean. Zonen heute weltweit – H – Chrom. 2n = 34.

Eselsdistel, Onopórdum L. vgl. S. 901

3104. Gewöhnliche E., O. acánthium L., zml. slt., z.T. unbestdg in sonng., staudenreich. Unkrautges., an Schutt- u. Verladeplätz., an Dämmen, auf mäß. trock., nährstoffreich., lock., ± humos., gern sandg.-steing., auch rein. Lehm- u. Tonböden, sommerwärmeliebde Lichtpf., Insekt.bestäubg (Bienen), Windverbrtg, auch Zier- u. Nutzpf., Char. d. Onopordetum ac. (Onopordion) – v. all. Wärme- u. Trockengebiete – smed-euras, in warmgemäß. Zonen heute weltweit – H – Chrom. 2n = 34.

Scharte, Serrátula L. vgl. S. 904

3105. Färber-Sch., S. tinctória L.

1   Blü.köpfe bis 6 mm brt, in locker-rispg. Blü.std, unterste B. lg gestielt, St. bis 100 cm hoch

3105a. ssp. tinctória, zerstr. in Moorwiesen, auch in Staudenfluren an Gräben od. in licht. Laubwäldern, auf feucht.-wechseltrock., mäß. nährstoffreich., basenreich., mäß.sauer.-mild., modrg humos., mittel-tiefgründg. Lehm- u. Tonböden, auch auf Torf, Tonboden-Zeiger, bis 50 cm tief wurzld, etwas wärmeliebd, Licht-Halbschattpf., Insekt.bestäubg (Fliegen, Bienen), Windverbrtg, früher Arznei- u. Färbepf. (gelber Farbstoff), Molinion-Verb.char., auch in wechseltrock. Mesobromion-, Violion-, Carpinion-, od. Quercetalia pub.-Ges. – Ebene bis mittl. Gebirgslag. (Kalkgebiete, auch Gneis, Porphyr usw.), A bis 800 m – euras-smed (-med) – G, H – Chrom. 2n = 22.

1*   Blü.köpfe bis 12 mm brt, meist köpfch.förmg gehäuft, untere B. kurz gestielt, St. bis 40 cm hoch

3105b. ssp. macrocéphala (Bert.) Rouy, slt. in hochmont. u. subalp. Rasenges. auf frisch. basenreich. Lehmböd., in den Alp. (außerhalb d.

Gebiet.) im Caricion ferr., in Vog im Calamagrostion – Vog, Schweiz (A, schweiz. Ju) – pralp – Chrom. 2n = 22.

Flockenblume, Centaúrea L.

1 Hüllb. d. Blü.köpfe ohne Dornen (1* vgl. S. 972 unten)
2 Randblü. blau (z. T. daneben weiß), groß, strahlg verlängert, Scheibenblü. viol., B. meist ungeteilt
3 B. lineal-lanzettl., 2–5 mm brt, nicht herablaufd, d. unterst. (hinfällg.) z. T. fiederspaltg, Hüllb. eiförmg, 12–15 mm lg, St. ästg, 30–80 cm, ⊙, 6–10
            C. cyanus 3113
3* B. lanzettl., wenigst. 1 cm brt, am St. herablaufd, ± spinnwebg behaart, Hülle 15–25 mm lg
4 Hüllb.fransen braunschwarz, ± so lg wie schwarz. Hautrand brt, St. 1köpfg, B. ellipt.-lanzettl., locker flockg behaart, 30–70 cm, ♃, 5–8
            C. montana 3114
4* Hüllb.fransen meist hell od. silberglänzend, lger als Hautrand brt, St. 1–mehrköpfg, B. schmal-lanzettl., filzg behaart, 20–70 cm, ♃, 6
            C. triumfetti 3115
2* Randblü. wie übrige Blü. d. Blü.köpfe rötl. od. rotviol., z. T. nur weng od. gar nicht strahlg vergrößert
5 St.b. ungeteilt od. weng fiedrg gelappt
6 Blü.köpfe 5–10 cm brt, Haare d. Haarkrone d. Fr. (Pappus) innen lger als außen, B. eilängl., bis 60 cm lg, unt.sts weißfilzg, 30–100 cm, ♃, 7–9
            C. rhapontica 3106
6* Blü.köpfe ca. 2–4(5) cm brt, Haare d. Haarkrone d. Fr. außen lger als innen, od. Haarkrone ganz fehld, Spitze d. Hüllb. wenigst. z. T. als trockenhäutg. Anhängsel v. Hüllb. abgeschnürt u. fransg zerschlitzt od. mit lgen lineal. Fransen versehen (Abb. 57 a)
7 Hüllb.anhängsel meist ± unregelmäßg fransg zerschlitzt, Fr. ohne Haarkrone od. nur mit kl. Börstch., Randblü. d. Blü.kopf. ± strahlg vergrößert, untere St.b. z. T. fiederg gelappt
8 Hüllb.anhängsel unregelmäßg (slt. regelmäßg) zerschlitzt od. auch ganzrandg, bräunl., d. äußeren d. inner. überdeckd, B. eiförmg-lanzettl. od. fast lineal, 20–80 cm, ♃, 6–10   **C. jacea** 3107
8* Hüllb.anhängsel ± regelmäßg gefranst, 3eckg, schwärzl., die äußeren d. inner. grünl. nicht ganz überdeckd, Blü.kopf dadurch schwarz-grün

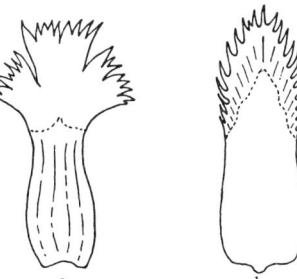

Abb. 57. Hüllblatt von a *Centaurea jacea*, b *Centaurea stoebe*.   a   b

gescheckt, obere St.b. halbst.umfassd sitzd, 20–80 cm, ♃, 7–9
C. nigrescens 3108

7* Hüllb.anhängsel regelmäßg, kammförmg, lg gefranst, schwarzbraun, Haarkrone d. Fr. 0,5–1,5 mm lg od. fehld

9 Hüllb.anhängsel kurz, aufrecht od. an d. Spitze weng zurückgekrümmt, Randblü. d. Blü.kopfes meist nicht strahlg verlängert

10 Blü.köpfe 10–15 mm brt, Hüllb.anhängsel ± aufrecht, dunkelbraun, Haarkrone d. Fr. fehld od. undeutl., B. schmal-lanzettl., etwa 5mal lger als brt, Pf. reichästg, 40–80 cm, ♃, 8–9(10)
C. nemoralis 3109

10* Blü.köpfe 15–20 mm brt, Hüllb.anhängsel an d. Spitze etwas abgebog., schwarzbraun, Haarkrone d. Fr. 0,5–1 mm lg, B. brt-lanzettl., etwa 3mal lger als brt, Pf. weng ästg, 30–60 cm, ♃, (6)7–8(9)
C. nigra 3110

9* Hüllb. anhängsel granng verlängert u. zurückgebogen, Haarkrone d. Fr. 0,5–1,5 mm lg, B. brt-lanzettl.

11 Hüllb.anhängsel schwarz-dunkelbraun, sich aus brtem Grund verjüngd

12 Blü.köpfe etwa 1,5 cm brt, Grannen d. äußer. schwarzbraun. Hüllb.-anhängsel bis 6 mm lg, obere St.b. nicht st.umfassd, 15–80 cm, ♃, 8–9
C. phrygia 3112

12* Blü.köpfe etwa 2 cm brt. Grannen d. äußer., dunkelbraun. Hüllb.anhängsel bis 10 mm lg, ober St.b. ± st. umfassend, 30–100 cm, ♃, 8–9
C. pseudophrygia 3111

11* Hüllb.anhängsel hellbraun, im ganz. schmal-lineal, obere St.b. nicht st.umfassd, flach gesägt, Pf.graugrün, Haarkrone 1 mm lg, 50–120 cm, ♃, 8–9
C. stenolepis 3111a

5* B. alle fiederteilg, Hüllb. oben ± gleichmäßg v. zerschlitzt, nicht deutl. abgeschnürt. Hautrand gesäumt (Abb. 57b)

13 B.zipfel längl.-lanzettl., dunkelgrün, Blü.köpfe, über 2 cm lg, Hüllb. nervenlos, 30–120 cm, ♃, 6–9
C. scabiosa 3118

13* B.zipfel lineal, graugrün-filzg, Blü.köpfe etwa 1 cm lg, rispg gehäuft, Hüllb. 5nervg, oben braun od. schwarz gefleckt, 30–120 cm, ☉, ♃, 7–9
C. stoebe 3116

1* Hüllb. mit stechd. Dornen, Ruderalpf.

14 St. ungeflügelt, v. unten an sparrg verästelt, Blü. weiß od. rot

15 Blü. weißl. (slt. rosa), kl., B. flaumg-rauh, unt. St. b. 2–3fach gefiedert, obere ungeteilt, lanzettl., Haarkrone fehld od. verkümmert. Hüllb.anhängsel abgesetzt, gelb, dorng gefranst, 10–50 cm, ☉, 7–8
C. diffusa 3117

15* Blü. rot, kurz gestielt, B. grün, fiederschnittg mit stachelspitzg. Zipfeln, 10–50 cm, ☉, 7–9
C. calcitrapa 3119

14* St. durch herablaufde B. geflügelt, erst oben verästelt, Blü. gelb, Köpfch. lg. gestielt, B. graufilzg, untere fiederschnittg, ob. ungeteilt, lineal, 30–100 cm, ☉, 7–9
C. solstitialis 3120

3106. Alpen-Bergscharte, C. rhapóntica L. [*Rhapónticum scariósum* Lam., *Leuzéa rhapóntica* (L.) Hol.], slt., ab. gesellg in alp. Staudenflur., gern auf feucht. basenreich. Schieferschuttböd., vgl. z.B. Adenost.-Cicerbitetum rhaponticetosum Br.-Bl. 50, auch mit *Calamagrostis varia* – Tirol., Vorarlberg, Schweiz – alp – H – Chrom. 2n = 26.

3107. Wiesen-F., C. jacéa L., verbr. in Wiesen u. Weiden, in Magerrasen u. Moorwiesen, auf frisch.-mäß.trock. od. wechselfeucht., nährstoff- u.

basenreich., meist tiefgründg., humos., lock. Lehmböden, Tiefwurzler, auch Rohbodenpionier, Lichtpf., Bienenweide, schlecht. Futterkraut, Soziologie u. Verbrtg siehe Unterart. – H, formenreich:

1 Fr.kn. u. Fr. ohne Haarkrone, Hüllb.anhängsel meist unregelmäßg gefranst
2 Pf. ± kahl, einfach od. über d. Mitte weng verzweigt, B. brt.-lanzettl., Blü.kopfstiel unter d. Kopf etwas verdickt
3 Hüllb.anhängsel rundl., z.T. unregelmäßg zerfranst, braun bis weißl.

3107a. **ssp. jacéa**, verbr. in mäßg frisch. bis feucht. Wiesen, Mol.-Arrhenatheretea-Kl.char., auch im Mesobromion – Ebene bis mittl. Gebirgslag., A bis 1860 m – eurassubozean-smed – Chrom. 2n = 44.

3* Hüllb., v. all. d. äußeren, 3eckg, zml. regelmäßg kammartg gefranst

3107b. **ssp. subjacéa** (Beck) Hyl., zml. slt. in Trocken- u. Halbtrockenrasen, auch in trocken. Arrhenathereten – v. all. im O u. S d. Gebiet., z.B. nöRh, Do, Ju, Fr – mehr südöstl. verbr. – Chrom. 2n = 44.

2* Pf. spinnwebg-filzg, St. schon unter d. Mitte reichästg, B. schmal-lanzettl. bis lineal, Blü.kopfstiele kaum verdickt, Hüllb.anhängsel weißl. berandet
4 Untere B. meist fiederlappg, obere schmal-lineal, Hüllb.anhängsel kl., dunkelbraun

3107c. **ssp. angustifólia** (Schrank) Gremli [*C. pannónica* (Heuff.) Hayek], zerstr. in Halbtrock.rasen u. Saumges., v. all. im Mesobromion, z.T. mit *Molinia arund.* – v. all. im S d. Gebiet., z.B. Hü, Ba (bis 720 m), Ju usw., nördl. bis Th, Sa – gemäßkont(-osmed) – Chrom. 2n = 22, 44.

4* Untere B. ungeteilt, obere lanzettl., Hüllb.anhängsel groß, rundl., ± gewölbt, braun

3107d. **ssp. amára** (L.) Rothm. (*C. decípiens* Thuill.), zerstr. wie vor. v. all. in Halbtrock.rasen d. Mesobromion – nur im SW d. Gebiet., z.B. Hü – subatl

1* Fr.kn. u. Fr. mit kurz. durch Börstch. angedeuteter Haarkrone, äußere Hüllb.anhängsel regelmäßg gefranst, dunkelbraun

3107e. **ssp. praténsis** (Thuill.) Čel., vermutl. hybridogen. Ursprungs, vermittelt zu *C. nemoralis*, wie diese in bodensauer. Saumges. (Trifolion medii), im Kontakt mit Nardo-Callunetea-Ges. – Rhein-, Mosel- u. Main-Gebiet, Rhön – subatl – Chrom. 2n = 22.

3108. **Schwärzliche F., C. nigréscens** Willd., slt. z.T. unbestdg in Fettwiesen od. Halbtrockenrasen, an Wegrainen, auf mäß. frisch. (wechselfrisch.), nährstoff- u. basenreich., oft kalkarm., humos. Lehmu. Tonböden in wintermild. Klimalage, licht- u. wärmeliebd, Arrhenatherion-Verb.char., auch in halbruderal. Ges., slt. im Mesobromion od. Molinion – Nahetal, nöHü (Rheinhessen), nöRh (Untermaingebiet), Fr, NSH, Th, wohl meist adv. – smed-pralp – H – Chrom. 2n = 24.

3109. **Hain-F., C. nemorális** Jord. [*C. debáuxii* Gren. et Godr. ssp.

nemorális (Jord.) Dost.], zerstr. in Saumges. an Wald- u. Buschränd., an Wegen, auf mäßg frisch., ± nährstoffarm., kalkarm., mäßg sauer.-sauer., humos., meist sandg. od. steing. Lehmböd., auch Rohbod.-pionier, etwas wärmeliebd, Tiefwurzler, Insekt.bestäubg, Char. d. Teucrio-Centaureetum nem. (Trifolion medii), oft im Kontakt mit dem Pruno-Rubion od. d. Violion – v. all. im W d. Gebiet., nördl. bis RS u. östl. bis Sp, O, SFW, Fr (slt.), westl. Do (Biberach–Babenhaus.), süSch bis 650 m – subatl – H – Chrom. 2n = 44.

3110. **Schwarze F., C. nígra** L., zerstr., aber im Gebiet ihres Vorkommens hfg in Silikat-Magerweid., in Heidekrautges., in mageren Bergwies., auf mäßg frisch., mäßg nährstoffreich., kalkarm., gern sandg. Lehmböd. in kühl-humid. Klimalage, schwache Violion-Verb.char., auch im Ger.-Trisetetum (Pol.-Trisetion), im mont. Arrhenatheretum (Arrhenatherion), usw. – nur im W d. Gebiet., z.B. Vog, süSch (bis 1400 m), RS, weitere Verbrtg nicht genau bekannt, da oft mit *C. nemoralis* verwechselt, in SH eingebürgert – nosubatl – Chrom. 2n = 22, 24, formenreich:

3111. **Perücken-F., C. pseudophrýgia** C. A. Mey [*C. phrýgia* L. ssp. *pseudophrýgia* (C. A. Mey.) Gugl.], zml. slt. in Gebirgswiesen, v. all. im O d. Gebietes, auf frisch., ± nährstoff- u. basenreich., meist kalkarm., mäß. sauer.-neutral., humos., steing. od. rein. Lehm- u. Tonböden, Lehmzeiger, Licht-(Halbschatt)pf., Insekt.bestäubg, Polygono-Trisetion-Verb.char., auch im mont. Arrhenatheretum u. Poo-Trisetetum od. in Nardetalia-Ges., in Tieflag. ferner im Carpinion od. Pot.-Quercetum (Quercetalia pub.) – süSch (O-Abdach), Ba, Ju, Do, Av, A bis 2020 m, BayW, SFW, Fr, Mn, Th, Sa, Hz, NSH, auch SH, Me – opralp (-gemäßkont) – H – Chrom. 2n = 22, 44.

(3111a.) **Schmalschuppige F., C. stenolépis** Kern., slt. an Waldsäum. tieferer Lagen, in Origanetalia-Ges. – Do – osmed-gemäßkont – H – Chrom. 2n = 44.

3112. **Phrygische F., C. phrýgia** L., slt. in Magerwies. vermutl. in Arrhenatheretalia- od. Nardetalia-Ges. – L – nordosteurop. (no-euraskont) – H – Chrom. 2n = 22.

3113. **Kornblume, C. cýanus** L., zerstr. u. unbestdg in Getreidefeldern, auch an Schuttplätz., auf frisch.-mäß. frisch., nährstoffreich., v. all. kalkarm., wenig humos. Lehm- u. Sandböden, bis 60 cm tief wurzlde Lichtpf., Kulturbegleiter seit jüng. Steinzeit (im nördl. Europa schon späteiszeitl. nachgewies.), Bienenweide, Wind- u. Ameisenverbrtg, früher Heilpf., Zierpf., Ackerunkraut, v. all. im Wintergetreide, Centauretalia cyan.-Ordn.char. – Ebene bis mittl. Gebirgslag., Ju bis 990 m, A bis 710 m – no-euras-smed, verschleppt – T – Chrom. 2n = 24.

3114. **Berg-F., C. montána** L., zml. slt. in sonng. Berg- u. Schluchtwäldern, in subalp. Hochgras- u. Hochstauden-Halden, auf sommerwarm.-frisch., nährstoff- u. basenreich., neutral.-mild., humos., lock., gern steing. Lehm- u. Tonböden, Wurzelkriecher, Licht-Halbschattpf., Insekt.bestäubg (Bienen), Wind- u. Ameisenverbrtg, Zierpf., in d. subalp.-hochmont. Stufe v. all. im Caricion ferrug. od. Calamagrostion, in d. mont. Stufe im licht. Tilio-Acerion od. Cephalanth.-Fagenion, in Origanetalia-Ges. od. im Ger.-Trisetetum (Pol.-Trisetion) – Mittlere bis höhere Gebirgslag. (Kalk, Basalt, Gneis, usw.), A bis 2090 m, nördl. bis RS, NSH, Th – pralp – H – Chrom. 2n = 44.

3115. Bunte F., C. triumfétti All., s. slt. im Saum sonng. Eichenwälder, an Buschrändern, in staudenreich. Grashalden, auf sommerwarm., mäß. frisch., basenreich., humos., lock. Ton- u. Lehmböden, Wurzelkriecher, licht- u. wärmeliebd, Insekt.bestäubg (Bienen), v. all. im Geranion sang., auch im warm. Carpinion od. in Quercetalia pub.-Ges., in höher. Lag. (außerhalb d. Gebietes) im Caricion ferrug. od. Polygono-Trisetion – Do, Fr (Schwanberg, ob noch?) – smed-pralp – H – Chrom. 2n = 22, (44).

3116. Rispen-F., C. stoébe L., slt., ab. meist gesellg in sonng. Fels- u. Trockenrasen, an Rainen u. Dämmen, auf sommerwarm.-trock., basenreich., meist kalkhaltg., neutral.-mild., humos., gern sandg.-kiesg. od. steing. Lehm- u. Lößböden, auch Rohboden-Pionier, z. T. halbruderale Wanderpf., licht- u. sommerwärmeliebd, Insekt.bestäubg, v. all. in Fest.-Brometea-Ges., gilt als Festucetalia val.-Ordn.char., aber hfg auch in Sedo-Scleranthetea- od. halbruderal in Agropyretea(Elymetea)- od. Dauco-Melilotion-Ges. – Trock.- u. Wärmegebiete, z. B. Rh, Hü, Ne, Ju (bis 620 m), Do, Av, Fr, Mn, RS, Th, An, Sa, Br, Me – kont (-smed) – H, formenreich:

1 Hüllb.anhängsel schwarz mit jed.sts 6–8 Frans., Pf. grauhaarg

3116a. **ssp. stoébe** (*C. rhenána* Bor.), im Gebiet vorherrschde Sippe, s. o. – kont – Chrom. 2n = 18.

1* Hüllb.anhängsel braun, schwarz gefleckt, mit jed.sts 7–12 weißl. Fransen, Pf. graufilzg

3116b. **ssp. maculósa** (Lam.) Sch. et Thell. (*C. maculósa* Lam.), s. slt. in Trockenrasen (Fest.-Brometea) – nöHü, Do (Donauwörth) – zentraleurop(pralp-smed) – Chrom. 2n = 18, 36.

3117. Sparrige F., C. diffúsa Lam., zml. slt., ab. gesellg, eingeschleppt, z. T. fest eingebürgt, in off. Unkrautges., an Schutt- u. Verladeplätz., in Hafengebieten, auf sommerwarm.-trock., ± nährstoff- u. basenreich., meist humus- u. feinerdearm., bindg. Sand- u. Kiesböden, licht- u. wärmeliebde Pionierpf., Insekt.bestäubg, Windverbrtg, Steppenläufer, gern mit *Bromus squarrosus*, Char. d. Berteroëtum (Dauco-Melilotion) – Rh (Karlsruhe, Mannheim, usw.), auch Fr (Nürnberg), sonst slt. u. unbestdg – omed(kont) – T – Chrom. 2n = 18 (36).

3118. **Skabiosen-F., C. scabiósa** L., zerstr., ab. gesellg in sonng. Kalk-Magerrasen u. -weiden, an Rainen, Wald- u. Buschrändern, auch in Mähwiesen, auf sommerwarm.-mäß.trock., meist kalkreich., mäß. sauer.-mild., humos., lock., steing. od. rein. Lehm- u. Lößböden, bis 200 cm tief wurzld, auch Rohbodenpionier u. z.T. halbruderale Wanderpf., Licht(Halbschatt)pf., Insekt.bestäubg (Bienen, Fliegen), Wind- u. Ameisenverbrtg, Soziologie u. Verbrtg siehe Unterart. – H, formenreich:

1 B.abschnitte oval-lanzettl. mit flach. Rändern
2 Köpfch.hülle grün u. schwarz gescheckt, Hüllb.anhängsel 2–5 mm lg, mit jed.sts 5–15 Frans., St. meist verzweigt, mehrköpfg

3118a. **ssp. scabiósa**, im Gebiet vorherrschde Sippe, in Trocken- u. Halbtrock.rasen, Fest.-Brometea-Kl.char., v. all. Kalk- u. Wärmegebiete im S, im nordw. Tiefld slt. – eurassubozean-smed – Chrom. 2n = 20.

2* Köpfch.hülle schwarzbraun, Hüllb.anhängsel bis 7 mm lg mit jed.sts 15–25 Frans., St. weng verzweigt od. unverzweigt, 1–2köpfg

3118b. **ssp. alpéstris** (Hegetschw.) Nym. (*C. alpéstris* Hegetschw.), zerstr. in Steinras. d. Hochgebirges, v. all. im Caricion ferr., Seslerietalia-Ordn.-char. – A (bis 2100 m), auch Ju (Randen bis SW-Alb), Vog – pralp – Chrom. 2n = 20, 40.

1* B.abschnitte schmal-lanzettl. mit verdickt. Rändern, Hüllb.anhängsel 1–4 mm lg mit jed.sts 5–12 Frans., Hüllb. ± filzg

3118c. **ssp. grinénsis** (Reut.) Nym. [*C. tenuifólia* (Schleich.) Hayek], slt. in Trock.- u. Halbtrock.ras. alpiner Wärmegebiete (z.B. Südtirol), nach Heß et al. auch Bo (Hegau) – opralp (südalp) – Chrom. 2n = 20.

3119. **Stern-F., C. calcítrapa** L., slt., meist unbestdg, auch eingebürgt, in off. Unkrautges. an Wegen u. Dämmen, Schutt- u. Verladeplätz., vorzugsw. auf betret., nährstoffreich., dicht., sandg. Tonböden, wärmeliebd, Kleb- u. Klettverbrtg, v. all. im Polygonion avic., auch im Sisymbrion (od. in S-Europa im Hordeion) – z.B. Rh, Ne, Do, usw. – med, verschleppt – H (T) – Chrom. 2n = 20.

3120. **Sonnwend-F., C. solstitiális** L., slt., meist unbestdg in Unkrautges. an Schutt- u. Verladeplätz., in Kleefeldern, an Wegen, auf mäß. trock., nährstoff- u. basenreich., oft humusarm., sandg. od. rein. Lehm- u. Tonböden, sommerwärmeliebd, Bienenblume, Klettverbrtg, v. all. im Onopordetum, auch im Sisymbrion – z.B. Rh, Ne, Mn, Do, Av, auch Ba, Ju, Th, usw. – med-kont (verschleppt) – T – Chrom. 2n = 16.

Zahlreiche Bastarde!

Saflor, Cárthamus L.

1 St. kahl, B. fein-dorng gezähnt, 10–60 cm, ☉, 7–9   **C. tinctorius**   3121
1* St. wollg behaart, B. buchtg dorng gezähnt, 20–60 cm, ☉, 7–8
                                                        C. lanatus   3122

3121. **Färber-S., C. tinctórius** L., früher, z. B. in Rh kultiv. als Färberpf. (Blü.) od. Öl- u. Vogelfutterpf. (Samen) u. glgtl. unbestdg verwildt, wärmeliebd, Nutzpf. aus W-Asien – T – Chrom. 2n = 24.

3122. **Wolliger S., C. lanátus** L., slt. u. unbestdg in Schutt-Unkrautfluren an Verladeplätzen, Wegen usw., auf sommerwarm.-trock., stickstoffbeeinflußt., sandg. od. kiesg. Tonböden, in Sisymbrion-od. Onopordion-Ges. – z. B. Rh, Do – med – T – Chrom. 2n = 44, 64.

Benedikten-Kraut, Cnícus L. vgl. S. 902

3123. **C. benedíctus** L., slt. u. unbestdg, z. T. aus Kultur. verwildt, in lückg. Unkrautfluren, an Schuttplätzen u. Wegrändern, auf mäß. trock., stickstoffbeeinflußt. Lehmböden, wärmeliebd, alte Arzneipf., Char. d. Hordeetum (Sisymbrion) – z. B. Rh, Mn, Fr – Herkunft: med – T – Chrom. 2n = 22.

Wegwarte, Cichórium L.

1 Grundb. schrotsägeförmg (löwenzahnähnl.), slt. nur schwach gezähnt, untersts borstl. behaart, dunkelgrün, St.b. lanzettl., halbst.umfassd sitzd, kl., Pf. sparrg-ästg, 30–120 cm, ⟂, 7–8   **C. intybus** 3124
1* Grundb. schwach gezähnt, kahl, hellgrün, St.b. eiförmg, st.umfassd, 30–150 cm, ⊙, 7–10   **C. endivia** 3125

3124. **Gewöhnliche W., C. íntybus** L., verbr. in lückg. Unkraut- u. Trittges., an Wegrändern, Schuttstellen, auch in übersetzt. Weiden od. in Äckern, auf frisch.-mäß.trock., nährstoff(stickstoff)reich., ± humos. Lehmböden, auch salzertragd, Pionierpf., Tiefwurzler, licht- u. etwas wärmeliebd, Blü. nur morg. (6–11 Uhr) geöffnet, Insekt.bestäubg (Bienen, Schwebefliegen), Wind- u. Kleb(?)verbrtg, Kulturbegleit., alte Heil- u. Nutzpf. (s. u.), v. all. im Agr.(El.)-Rumicion, auch im Polygonion av., im Conv.-Agropyrion (Elymion) od. Dauco-Melilotion, in S-Europa vorzugsw. in Äckern u. Brach. – Ebene bis mittl. Gebirgslag., A bis 850 m, Ju bis 900 m, im nördl. Tiefld z. T. slt. – eurassubozean-smed, in gemäß. Zonen heute weltweit – H, formenreich:

1 Grundb. sägeförmg eingeschnitt., Wurzeln hart
3124a. **ssp. íntybus,** verbr. Sippe, s. o. – Chrom. 2n = 18.
1* Grundb. meist nur schwach gezähnelt, Wurzeln fleischg groß
3124b. **ssp. satívum** (DC.) Janch., Kulturpf., Wurzel als Kaffee-Ersatz, nur noch slt. feldmäßg angebaut, z. B. nöHü – Chrom. 2n = 18, 36. Auf B. gezüchtet wird ferner die Salat-Zichorie (Chicorée).

3125. **Endivie (Winter-Endivie), C. endívia** L., hfg als Salatpf. kultiv. u. slt. an Schuttplätz. vorübergehd verwildt, liebt wintermild., humides

Klima, Stammpf. *C. púmilum* Jacq., Herkunft: med – H – Chrom. 2n = 18, 36.

Rainkohl, Lápsana L. vgl. S. 908

3126. **L. commúnis** L., verbr. in lückg. Unkrautflur., im schattg. Saum v. Hecken u. Wäldern, an Zäunen, in Gärten u. Äckern, auf off., frisch., nährstoffreich., humos., lock. Lehmböden in humid. Klimalage, etwas wärmeliebd, Halbschattpf., bis 35 cm tief wurzlde Pionierpf., Kulturbegleit. seit jüng. Steinzeit, Blü. nur morg. (6–11 Uhr) geöffnet, Insekt.bestäubg, Alliarion-Verb.char., in Berglag. auch in frisch. Ackerunkraut-Ges. – Ebene bis mittl. Gebirgslag., A bis 1180 m – eurassubozean-smed – T (H) – Chrom. 2n = 14, 16.

Hainlattich, Apóseris Neck. vgl. S. 908

3127. **Stinkender H., A. foétida** (L.) Less., slt., ab. örtl. zml. hfg u. gesellg in Buchen- u. Nadelholzmischwäldern, auch Eichen-Hainbuchenwäldern, auf mäß. frisch., nährstoff- u. basenreich., meist kalkhaltg., neutral. bis mild., humos., lock. Lehm- u. Tonböden, Mullbodenwurzler. Schatt-Halbschattpf., Insekt.bestäubg, Fr.stde bodenwendg, z. T. Ameisenverbrtg, v. all. in Fagion- od. Carpinion-Ges., Fagetalia-Ordn.-char., ferner in Origanetalia- u. and. Saumges. – Av, auch Do (v. all. Ostteil), A bis 2000 m – (o)pralp – H – Chrom. 2n = 16.

Lämmersalat, Arnóseris Gaertn. vgl. S. 908

3128. **A. mínima** (L.) Schweigg. et Koerte, slt., z. T. unbestdg in Getreidefeld. u. Brachen, auf off., mäß. frisch., mäß. nährstoffreich., kalkarm., mäß. sauer., wenig humos., meist sandg. od. grusg. Lehmböden (od. bindg. Sandböden) in wintermild-humid. Klimalage, frostempfindl., Magerkts- u. Versauergszeiger, Insekt.bestäubg (Fliegen), Char. d. Scler.-Anoseridetum (Arnoseridenion) – v. all. Sandgebiete im W u. Nordw. d. Gebiet., westl. Sch bis 600 m, überall zurückgehd – subatl(-smed) – T – Chrom. 2n = 18.

Ferkelkraut, Hypochoéris L. 908

1   St. steifhaarg, am Grunde mit 1–2 B., Haare d. Haarkrone alle gefiedert
2   St. unt. d. Blü.kopf wenig verdickt, 1–3köpfg, Blü. 4–5 cm brt, Hüllb. an d. Spitze filzg, B. eiförmg-längl., meist rotbraun gefleckt, 30–70(–100) cm, ♃, 6–8   **H. maculata**   3129
2* St. unt. d. Blü.kopf stark verdickt, stets 1köpfg, Blü. 5–7 cm brt, Hüllb. durchweg kraus schwärzl. behaart, 30–50 cm, ♃, 6–8   **H. uniflora**   3130

1* St. kahl (höchst. unt. etwas behaart), meist nur mit kl. B.-schuppen, äußere
   Haare d. Haarkrone nicht gefiedert (nur etwas rauh), kürzer als innere,
   Blü.stiele oben ± verdickt
3 B. zerstr. borstg behaart, St. blaugrün, Zungenblü. lger als Hülle, Blü. 2,5–4
   cm brt, 20–40(–60) cm, ♃, 6–10   **H. radicata** 3131
3* B.kahl (od. wenig bewimpert), randl. oft rot gefleckt, St. grün (vgl.
   Arnoseris), Zungenblü. so lg wie Hülle, Blü. weniger als 2,5 cm brt, Randfr.
   ungeschnäbelt, 10–30 cm, ☉, 7–9   **H. glabra** 3132

3129. Geflecktes F., H. maculáta L., slt. in Magerrasen u. -weiden, im
Saum sonng. Büsche od. in licht. Eichen-Kiefern-Trockenwäldern, auf
wechselfrisch.-wechseltrock., basenreich., oft entkalkt., neutral., humos., ± dicht., sandg. od. rein. Lehm- u. Tonböden, bis 1 m tief wurzld.
Ton- u. Wechselfeuchtezeiger, sommerwärmeliebd,Licht-Halbschattpf.,
z. B. mit *Filipendula vulg.* v. all. in Mesobromion- u. Cirsio-
Brachypodion-Ges., auch im Molinion od. Violion, im Geranion sang.,
sowie in (wechseltrock.) Quercetalia pub.-Ges. (Potentillo-Quercetum) –
Ebene bis mittl. Gebirgslag. (Kalk- u. Tonbodengebiete), A bis 950 m, Ju
bis 980 m, im nördl. Tiefld slt. – euras(kont)(-smed) – H – Chrom. 2n =
10.

3130. Einköpfiges F., Maibombel, H. uniflóra Vill., zerstr. in sonng.
Silikat-Magerrasen u. -weiden d. subalp. Stufe, auf frisch. (wechsel-
frisch.), basenreich., kalkfrei., sauer., modrg-torfg humos., mittel-
gründg. Lehm- u. Tonböden, Säure- u. Magerktzeiger, Insekt.- u.
Selbstbestäubg, Windverbrtg, Char. d. Aveno-Nardetum (Nardion) – A
(Allgäu) 1690–2100 m, Riesengebirge – (o)pralp – H – Chrom. 2n = 10.

3131. Gewöhnliches F., H. radicáta L., verbr. in mager. Wiesen, Weiden,
Parkrasen, in Heiden u. Sandrasen, v. all. d. tief. Lag., auf frisch.-
mäß.trock., mäß. nährstoff- u. basenreich., kalkarm. od. entkalkt.,
neutral.-sauer., modrg-humos. od. ± roh., vorzugsw. sandg. Lehm- u.
Tonböden in wintermild.-humid. Klimalage, Tiefwurzler, Magerkeits-
u. Säure-Zeiger, licht- u. etwas wärmeliebd, Insekt.bestäubg (Bienenweide!), Windverbrtg, ohne Futterwert, gern mit *Agrostis cap.,* v. all. in
mager. Cynosurion-Ges., auch in bodensaur. Arrhenatherion- od. trock.
Molinion-Ges., ferner im Violion od. in Sedo-Scleranthetea-Ges. –
Ebene bis mittl. Gebirgslag., A bis 1400 m – subatl(-smed), in kühl-
ozean-gemäß. Zonen heute weltweit – H – Chrom. 2n = 8.

3132. Kahles F., H. glábra L., slt. in lückg. Sand- u. Magerrasen, in
Brachen u. Äckern, auf mäß. trock., mäß. nährstoffreich., kalkarm., oft
humus- u. ± feinerdearm. Sandböden, auch sandg. od. rein. Tonböden,
meist Sandzeiger, Pionierpf., licht- u. wärmeliebd, Insekt.- u.
Selbstbestäubg, schwache Thero-Airion-Verb.char., auch (DV.) im
Arnoseridenion od. Dig.-Setarienion – v. all. Sandgebiete im Nordw. u.
N, im S slt. od. (wie z.B. Sch, Hü, Ne, Ju usw.) fehld – subatl-smed-med –
T – Chrom. 2n = 10.

Löwenzahn, Leóntodon L.

1   Alle Fr. mit Haarkrone u. ± gefiedert. Haaren
2   St. meist ästg-gabelg, Köpfch.stiele nach oben etwas verdickt u. meist mit
    Hochb.schupp., aufrecht, äußere Zungenblü. untersts rot gestreift, alle
    Haare d. Haarkrone gefiedert, B. ± kahl, 15–40 cm, ♃, 7–9
                                                         L. autumnalis   3133
2*   St. einfach, Blü.köpfe jg z. T. nickend
3   B. u. St. grün, kahl od. mit zerstr. Haaren, buchtg gezähnt, Wurzel gestutzt
4   St. oben u. Köpfch.hülle schwarzzottg behaart, Blü.kopf auch jg aufrecht,
    Haarkrone schneeweiß, B. ± kahl, 5–10 cm, ♃, 7–8   **L. montanus**   3134
4*   St. oben nicht schwarzzottg, Haarkrone schmutzg weiß od. bräunl.
5   St. mit 2–4 schuppenförmg. Hochb., Hüllb. dunkel kraushaarg, B. kahl od.
    mit einfach. Haar., deutl. gestielt, Blü. b. orange-gelb, 10–30 cm, ♃, 7–8
                                                      L. helveticus   3135
5*   St. mit 0–1(2) schuppenförmg. Hochb., Hüllb. spärl. borstg behaart od. kahl,
    B. meist mit Gabelhaar., auch kahl, undeutl. gestielt, Blü.köpfe anfängl.
    nickd, Blü. b. sattgelb, d. äußer. unt. sts oft rot gestreift, 15–30(–60) cm, ♃, 6–9
                                                      L. hispidus   3136
3*   B. u. St. dicht graufilzg, B. ± ganzrandg, längl.-lanzettl., Pf. mit Pfahlwurzel,
    Blü.köpfe anfängl. nickd, 15–40 cm, ♃, 5–7   **L. incanus**   3137
1*   Randständge Fr. nur mit Schüppch.krone, ohne Haare, zuletzt oft im Hüllb.
    eingerollt (u. übersehen!), innere Fr. mit gefiedert. Haar., B. auf d. B.ripp. ±
    rot punktiert, St. bogig aufsteigd, 1 köpfg, anfängl. nickd, äußere Zungenblü.
    unt. sts blaugrau gestreift, B. buchtg gezähnt, behaart, 5–20(30) cm, ☉, 7–9
                                                            L. saxatilis   3138

3133. Herbst-L., L. autumnális L., verbr. in Fettweiden, Parkrasen, Tret-Ges., auf frisch.-mäß. frisch., nährstoff-(stickstoff-)reich., vorzugsw. kalkarm., ± humos., dicht. Lehm- u. Tonböden, auch salzertragd, bis 50 cm tief wurzlde Pionierpf., Insekt.- u. Selbstbestäubg, Kulturbegleit., mäß. Futterwert, schwache Cynosurion-Verb.char., auch im Agr.(El.)-Rumicion od. Polygonion av. – Ebene bis Gebirge, A bis 1850 m – no-eurassubozean (verschleppt) – H – Chrom. 2n = 12, 24, formenreich, z. B.:
1   Hüllb. weißl. locker behaart, St. meist gabelg, mehrköpfg

3133a. ssp. autumnális, verbr. Sippe d. Tiefldes u. d. Mittelgebirge – Chrom. 2n = 12.

1*   Hüllb. schwärzl. lgzottg behaart, St. oft 1köpfg

3133b. ssp. praténsis (Link) Arc., so v. all. im Hochgebirge, z. B. im Poion alp. – BayW, A – no-pralp.

3134. Berg-L., L. montánus Lam., zerstr. in off. Feinschutt-Fluren d. alp. Stufe, auf frisch., basenreich., ± kalkhaltg., roh., locker-bewegt., meist lg v. Schnee bedeckt., feinerdereich. Steinschutt-Böden, Pionierpf., Char. d. Leontodontetum mont. (Thlaspion rot.) – A 1750–2560 m – alp – H – Chrom. 2n = 12.

3135. Schweizer L., L. helvéticus Mér. em. Widd. (*L. pyrenáicus* auct. non Gouan), zerstr., ab. gesellg in Silikat-Magerrasen u. -weiden d. hochmont. bis alp. Stufe, auch in Schneeböden, an feucht. Felsen usw., auf frisch.

(wechselfrisch-schneefeucht.), meist nährstoff- u. basenarm., kalkfrei., sauer., modrg-torfg. Lehm- od. Steinböden, in kühl-humid. Klimalage, auch Rohboden-Pionier, Flachwurzler, Insekt.bestäubg, Windverbrtg, mäß. Futterwert, Nardion-Verb.char., auch im Salicion herbac. od. Vaccinio-Piceion – Vog, Sch, A 1700–2350 m – alp – H – Chrom. 2n = 12, formenreich.

3136. Rauher L., L. híspidus L., verbr. in Fettwiesen u. -weiden, auch in Halbtrockenrasen od. Moor- u. Naßwiesen, im Hochgebirge im Steinschutt od. in Schotterfluren, auf frisch., ± nährstoff- u. basenreich., humos. Lehm- od. Steinböd., z. T. Pionier-Pf., Lichtpf. (Blü. v. 5–15 Uhr geöffnet), Insekt.- u. Selbstbestäubg (Bienen, Fliegen), mäßg. Futterwert, Soziologie u. Verbrtg siehe Unterart. – H, formenreich:

1 B. buchtg gezähnt, St. 2–mehrmals so lg wie B.
2 B. ± dicht gabelhaarg, Hüllb. weißl. behaart

3136a. **ssp. híspidus,** verbr. Sippe d. Kulturwies., schwache Arrhenatheretalia-Ordn.char., sltner auch in d. Molinietalia od. im Mesobromion – Ebene bis Gebirge, A bis 2375 m – eurassubozean-smed – Chrom. 2n = 14, hierher vermutl. auch ssp. *alpínus* (Jacq.) Finch et Sell als gedrung.-wüchsige Hochlagensippe, in Polyg.-Trisetion-Ges. od. (Vog) im Calamagrostion.

2* B. u. Blü.köpfe kahl od. nur spärl. behaart
3 St. 2–4mal so lg wie B., dünn, Blü.köpfe klein

3136b. **ssp. danubiális** (Jacq.) Simonk. [ssp. *hástilis* (L.) Rchb.], zerstr. in feucht. Gebirgswies., z.B. im Calthion od. Pol.-Trisetion, auch im Caricion ferr. od. Thlaspion rot. – z.B. Av, A (bis 1860 m) – pralp(?) – Chrom. 2n = 14.

3* St. höchst. 2mal so lg wie B., unter d. groß. Blü.köpfen ± verdickt

3136c. **ssp. ópimus** (Koch) Finch et Sell, zerstr. in Bergwies., z.B. im Pol.-Trisetion – A bis 2200 m, Mittelgebirge (wo?) – pralp.

1* B. ± tief fiederspaltg, St. höchst. 2mal so lg wie B., meist kürzer
4 B.abschnitte dicht gabelhaarg, auch St. u. Hüllb. steif behaart

3136d. **ssp. pseúdocrispus** (Schultz-B.) Murr, zerstr. in feucht. Schuttflur. d. Hochgebirges – A – pralp.

4* B.abschnitte wie ganze Pf. kahl, längl.-schmal, mindest. 2mal lger als ungeteilte B.mitte, Blü.kopfstiel unter d. Kopf meist verdickt

3136e. **ssp. hyseroídes** (Welw.) Murr, zerstr. im feinerdereich. Kalkschutt. od. auf steing. Mergelhalden, Petasition par.-Verb.char., auch verschwemmt im Epilobion fleischeri – Av, A, auch Ju (SW-Alb), He – pralp.

3137. Grauer L., L. incánus (L.) Schrank, slt. in sonng. Kalktrockenrasen od. licht. Kieferntrocken-Wäldern, auf sommerwarm.-trock., kalkhaltg.,

neutral-mild., humos., lock., meist flachgründg-feinerdearm. Fels- od.
Kiesböden, Tief- u. Spalten-Wurzler, Licht-Halbschattpf., DAss d.
Puls.-Caricetum hum. (Xerobromion), auch im Sesl.-Festucion, im
Alpenbereich im Erico-Pinion od. Seslerion – Ju bis 780 m, Do, Av, A bis
2050 m – pralp – Chrom. 2n = 8.

3138. Hundslattich, L. saxátilis Lam. [*L. lĕ͞ysseri* (Wallr.) Beck, *L.
nudicaūlis* (L.) Banks ssp. *taraxacoídes* (Vill.) Sch. et Thell., *Thríncia hírta*
Roth], zml. slt. in lückg. Rasen, an Wegen, Ufern, in Brachen, auf frisch.
(wechselfrisch.), nährstoff- u. basenreich.,± humos., dicht. Lehm- u. Tonböden, auch salzertragd, Pionierpf., wärmeliebd, Insekt.bestäubg (Bienen), Windverbrtg, v. all. im Cynosurion, auch im Agr.(El.)-Rumicion,
Molinion od. Armerion mar. – v. all. im Nordw. u. W d. Gebiet., im O
[z. B. östl. Bayern, Av, A, nordöstl. Tiefld (Br)] s. slt. od. fehld – subatl-
smed, in gemäß. ozean. Zonen weltweit verschleppt – H – Chrom.
2n = 8, 10.

Bastarde selten!

Bitterkraut, Pícris L.

1   Hüllb. lanzettl., dachziegelg, d. äußer. abstehd, B. längl.-lanzettl., buchtg
       gezähnt, ± steifborstg, d. ober. halb st.umfassd, Pf. sparrg verästelt, 30–60
       (–100) cm, ⊙, ♃, 7–10   **P. hieracioides**   3139
1*   Hüllb., wenigst. d. äußer. 3–5, herzeiförmg, b.artg vergrößßt, B. längl. lan-
       zettl., d. ob. herzeiförmg st.umfassd, mit Borstenhaar, auf kl. weiß. Pusteln,
       30–60 cm, ⊙ 7–9   **P. echioides**   3140

3139. Gewöhnliches (Habichtskraut-ähnl.) B., P. hieracioídes L., hfg in
lückg. Rasenges., an Wegen, Dämmen, in Steinbrüchen, in ruderal beeinflußt. Halbtrockenras. u. Wiesen, im Saum v. Büschen, auf mäß. frisch.,
nährstoff- u. basenreich., vorzugsw. kalkhaltg., mäß. sauer.-mild., wenig
humos. od. roh., lock. Ton- u. Lehmböden, Pionierpf., licht- u. wärmeliebd, Kulturbegleit., Insekt.- u. Selbstbestäubg, bzw. apomikt. (Fliegen,
Bienen), Windverbrtg, Soziologie u. Verbrtg siehe Unterart. – H, formenreich:

1   Köpfch.hülle weißl. borstg behaart od. kahl, 8–13 mm lg
2   Seitl. Blü.köpfe deutl. über 10 mm lg gestielt, locker-schirmrispg od. traubg
       angeordnet
3   St. borstg behaart, B. beid.sts zerstr. behaart, mit abgerundet. Grund sitzd,
       Hülle 10–12 mm lg
3139a. **ssp. hieracioídes,** verbr. Sippe, Char. d. Dauco-Picridetum (Dauco-Melilotion), auch im Conv.-Agropyrion (Elymion) od. in gestört.
Mesobrometen u. Arrhenathereten – Ebene bis mittl. Gebirgslag., A bis
1610 m – euras(kont)-smed – T, H – Chrom. 2n = 10.
3*   St. nur am Grunde borstg, sonst kahl, B. nur randl. od. unt.sts auf d. Nerv.
       behaart, oft ganzrandg, am Grunde fast herzförmg st.umfassd

3139b. **ssp. villársii**(Jord.) Nym. [ssp. *crepoides* (Saut.) Nym.], zerstr. an Wiesen- u. Wegränd., auch in Hochstaudenges. d. Voralpen u. Alpen – A – pralp.

2* Seitl. Blü.köpfe fast sitzd, kl., schirmrispg geknäuelt, Pf. stark borstg, B. halbst.umfassd

3139c. **ssp. spinulósa** (Bert.) Thell., slt. u. unbeständg adv. – z. B. Th – med.

1* Köpfch.hülle dicht schwarzborstg, Hülle 12–15 mm lg

3139d/e. **ssp. grandiflóra** (Ten.) Arc. [ssp. *auriculáta* (Schultz-Bip.) Hayek u. ssp. *paleácea* (Vest) Dom. et Podp.], slt. in Steinschuttges. od. an Felsen, an steinig. Wegen – A (bis 1700 m), süSch (Schlüchttal), Vog – pralp.

3140. **Wurmlattich, P. echioídes** L., slt. u. unbestdg in Unkrautges., auf Äckern, in Gärten, an Schuttstell. u. Ufern, auf frisch., nährstoff- u. basenreich., humos. Lehm- u. Tonböden, wärmeliebd, Insekt.- u. Selbstbestäubg, Arzneipf. (Wurmmittel), Wanderpf., v. all. in Luzerne- u. Kleefeldern, ferner in Sisymbrion-Ges. od. im Agr.(El.)-Rumicion – z. B. Rh, Ne, Hü, Bo, Do, Fr, NWe, NSH, Th, An, Sa, usw. – med(-atl)-, verschleppt – T, H – Chrom. 2n = 10.

Bocksbart, Tragopógon L.

1 Blü. weinrot, Blü.kopf-stiele verdickt, 60–120 cm, $\odot$, 6–7
           T. porrifolius 3141
1* Blü. gelb
2 Blü.kopfstiele oben keulg verdickt, hohl, Hüllb. 8–12, lger als blaßgelbe Blü., Fr.köpfe zuletzt stark vergrößert, mit 2–4 cm lg. Fr., B. lineal-pflieml., 20–60(–100) cm, $\odot$, 5–6   **T. dubius** 3142
2* Blü.kopfstiele kaum verdickt, Blü. gelb, Hüllb. meist 8, B. lineal, allmähl. verschmälert, 30–70 cm, $\odot$, $\mathrm{2\!\!\!\perp}$, 5–7   **T. pratensis** 3143

3141. **Haferwurz, T. porrifólius** L., früher als Wurzelgemüse gepflanzt u. slt. verwildert, Stammpf. ssp. *porrifólius,* urwüchsg in osmed Arrhenatheretalia-Ges. (Alopecurion utr.), wärmeliebd – H, T – smed-med – Chrom. 2n = 12.

3142. **Großer B., T. dúbius Scop.** (*T. májor* Jacq.), slt., z. T. unbestdg, in sonng., lückg., halbruderal. Halb-Trockenrasen, in Unkrautges., an Wegen u. Dämmen, auf sommerwarm.-trock.-mäß. trock., $\pm$ nährstoffreich., meist kalk- od. basenreich., wenig humos. od. roh., off. Lehm- u. Lößböd., wärmeliebd, Insekt.bestäubg, Windverbrtg, v. all. im Dauco-Melilotion, auch in sozdt. Mesobrometen od. im Conv.-Agropyrion (Elymion) – v. all. im S d. Gebiet., in nordw. Tiefld fehld – smed-gemäßkont – H – Chrom. 2n = 12.

3143. **Wiesen-B., T. praténsis** L., verbr. in Fettwiesen, sltner auch in wegbegleitd. Unkrautfluren, auf frisch. (mäß. trock.), $\pm$ nährstoff- u. basenreich., mäß. sauer.-mild., humos., lock., mittel-tiefgründg. Ton- u. Lehmböden, Staunässe-scheuend. Tiefwurzler, sommerwärmeliebd, Blü. nur morg. geöffnet, Insekt.bestäubg (Fliegen, Käfer), Windverbrtg, früher auch Nutzpf. (Gemüsepf., Habermark), mäß. Futterwert, nicht weidefest, Soziologie u. Verbrtg siehe Unterart. – H, formenreich:

1 Randblü. ± so lg wie d. weißl. berandet. Hüllb., Fr. 15–20 mm lg
2 Blü.kopf 5–7 cm brt, goldgelb, Randblü. so lg od. lger als Hüllb., Staubb. gelb mit braun. Längsstreif., Blü. bis 11 Uhr geöffnet

3143a. **ssp. orientális** (L.) Čel. [einschließl. var. *grandiflórus* (Saut.) Beg.], zml. verbr. in Fettwies., Arrhenatheretalia-Ordn.char. – v. all. im S d. Gebiet., im nördl. Tiefld slt. od. fehld, A bis 1690 m – smedgemäßkont(pralp) – Chrom. 2n = 12.

2* Blü.kopf 2–3 cm brt, blaßgelb, Randblü. fast so lg wie Hüllb., Staubb. gelb, braun bespitzt, Blü. bis 14 Uhr geöffnet

3143b. **ssp. praténsis**, zerstr. in Fettwies. u. Halbtrock.rasen, auch ruderal, z. B. im Hordeetum mur. (Sisymbrion), im Hauptverbrtgsgebiet im Arrhenatherion – v. all. im nördl. u. mittl. Gebiet, im S slt. od. fehld – mehr subatl – Chrom. 2n = 12.

1* Randblü. nur $^1/_2$ bis $^2/_3$ so lg wie d. rosa berandet. Hüllb., Blü.köpfe 2–3 cm brt, hellgelb, Fr. 10–12 mm lg, Staubb. zur Spitze hin braun

3143c. **ssp. mínor** (Mill.) Hartm., zml. slt. in Ruderalges. od. gestört. trocken. Wiesenges., z. B. im Sisymbrion – v. all. im S u. W d. Gebiet., bis SH, im NO fehld – subatl-smed – Chrom. 2n = 12.

Schwarzwurzel, Scorzonéra L.

1 Blü. weinrot-hellila, St. 1–3köpfg, B.schmal-lineal, 3kantg-rinng, 20–40 cm, ♃, 5–6   **S. purpurea** 3144
1* Blü. gelb
2 St. reich beblättert, meist ästg-mehrköpfg, Hüllb. ± kahl, d. äußer. eiförmg, spitz, B. längl.-lanzettl., 50–100 cm, ♃, 6–8   **S. hispanica** 3147
2* St. armblättrg od. nur mit B.schuppen, St. 1köpfg, äuß. Hüllb. ± wollg u. stumpfl.
3 B. längl.-lanzettl., stielartg verschmälert, meist kürzer als blühd. St., Blü.hülle 20–25 mm lg, Wurzel oben ohne Faserschopf.
4 St. u. Hülle wollg behaart, Blü. 2mal so lg wie Hülle, 10–40 cm, ♃, 5–6   **S. humilis** 3145
4* St. u. Hülle kahl, Blü. so lg wie Hülle, 20–40 cm, ♃, 5–7   **S. parviflora** 3146
3* B. lineal-lanzettl., bläul.-grün, ± so lg wie blühd. St., Blü.hülle 15–20 mm lg, Wurzel ob. mit Faserschopf, 5–20(–30) cm, ♃, 4–5 **S. austriaca** 3148

3144. Rote Sch., S. purpúrea L., slt. in sonng. Steppenrasen od. in Kiefernwald-Verlichtg., auf sommerwarm.-trock., basenreich., meist kalkhaltg., humos. (schwarzerdeartg.) Kies-, Sand- od. tong. Felsböden (Gipsböden), Tiefwurzler, lichtliebd, Blü. nur morg. geöffnet, Insekt.bestäubg, Windverbrtg, geschützt, Char. d. Adon.-Brachypodietum (Cirsio-Brachypodion), slt. auch im Festucion val. – nöRh, nöHü (linksrhein.), Do, Mn-Fr, Th, An, Br, Me (Wärme- u. Trockengebiete) – kont, im Gebiet an d. W-Grenze d. Verbrtg – H – Chrom. 2n = 14.

3145. Niedrige Sch., S. húmilis L., zml. slt. in Moorwiesen od. anmoorig. Magerrasen u. -wiesen, auf feucht.-wechselfrisch., basenreich., aber meist kalkfrei. od. oberflächl. entkalkt., mäß. sauer.-neutral., humos. od. torfg. Tonböden, auch sandge Böd., tiefwurzld. Ton- u. Wechsel-feuchtezeiger, düngerfeindl., licht- u. sommerwärmeliebd, Insekt.- u. Selbstbestäubg (Bienen), Windverbrtg, v. all. in mont. Molinieten, Moli-nion-Verb.char., auch in wechselfeucht. Nardetalia-, Arrhenatheretalia-od. Cytiso-Pinion-Ges. – v. all. im SO u. O d. Gebiet., süSch bis 1380 m (O-Seite), A bis 880 m, nordwestl. bis Rh, Hunsrück, He (Rhön), NS SH – gemäßkont-smed – H – Chrom. 2n = 14.

3146. Kleinblütige Sch., S. parviflóra Jacq., slt. auf Salzwies., z. B. in Ar-merion mar.-Ges., auch im Molinion, in d. pannon. Tiefebene Char. d. *Juncus ger.-Scorz. parvifl.*-Ass. Wendelb. 43 (Juncion gerardii) – Th, An – kont – H – Chrom. 2n = 14.

3147. Garten-Sch., S. hispánica L., hfg im Gebiet seit d. 17. Jahrh. als Wurzelgemüse kultiv. u. glgtl. an Schuttstell. vorübergehd verwildt, in schmalblättrg. u. armköpfg. Form [var. *glastifólia* (Willd.) Wallr.] slt. auch wild in sonng. Kalk-Magerrasen, im Saum licht. Büsche od.Eichen-Kiefèrn-Wälder, auf mäß. trock. (wechseltrock.), basenreich., meist kalkhaltg., mild-neutral., humos., sandg. od. rein. Tonböden, Tiefwurz-ler, Wechseltrockenhts.zeiger, Licht-Halbschattpf., Insekt.bestäubg (Bienen, Käfer), Windverbrtg, alte Heil- u. Nutzpf., Wildform: Gera-nion sang.-Verb.char., ferner DA d. Ad.-Brachypodietum (Cirsio-Brachypodion), in Quercetalia pub.- od. Erico-Pinion-Ges. – nöRh (Eberstadt), nöHü (Gaualgesheim u. Gau-Odernheim), Ju, Mn, Fr, He, NSH, Th, An – gemäßkont-smed – Chrom. 2n = 14.

3148. Österreichische Sch., S. austríaca Willd., s. slt. in sonng. Felsras. od. licht., steing. Kiefernhängen, auf sommerwarm., mäß. trock. (wech-seltrock.), kalkhaltg., humos., flachgründg., lehmg.-tong. Steinböden, Tief- u. Spaltenwurzler, Licht-Halbschattpf., v. all. in *Seslería*-reich. Xe-robrometen, auch im Sesl.-Festucion pall., im Erico-Pinion od. an-derwrts im Festucion val. – HRh (Küssaburg), Ba (Wutach, verscholl.), Bo (Engen) – osmed(-kont) – H – Chrom. 2n = 14.

Stielsamenkraut, Podospérmum DC. vgl. S. 908
(*Arachnospérmum* F. W. Schmidt)

3149. P. laciniátum (L.) DC. (*Scorzonéra laciniáta* L.), slt. u. unbestdg in lückg. Unkrautfluren od. halbruderal. Trockenras., an Wegen, Däm-men, im Saum sonng. Büsche, auf trock. (wechseltrock.), basenreich.,

meist kalkhaltg., ± humos. Ton- od. Sandböden, salzertragd, sommer-
wärmeliebd, im Gebiet v. all. in Agropyretalia (Elymetalia)-Ges. od. im
Dauco-Melilotion – nöRh, nöHü, Ne, Do, Fr, Mn, RS, He, NSH, Th,
An – smed-kont – H – Chrom. 2n = 14.

Knorpelsalat, Chondrílla L.

1 St. aufrecht, nur oben kurz gabelästg, Grundb. entfernt gezähnelt, bleibd,
blaugrün, Blü.std doldg, 10–30 cm, ♃, 7–8 **Ch. chondrilloides** 3150
1* St. niederliegd-aufsteigd, rutenförmg ästg, Grundb. buchtg fiederspaltg,
hinfällg, Blü.köpfe kurzgestielt, knäuelg, in Ähren od. Trauben, 30–100 cm,
♃, 6–9 **Ch. juncea** 3151

3150. **Alpen-K., Ch. chondrilloídes** (Ard.) Karst., slt. in off. Schotterfluren d. Alpenflüsse, in mont.-subalp. Lage, auf sickerfrisch., wechseltrock., kalkreich., humus- u. feinerdearm. Kies- u. Sandböden,
Rohbod.pionier, sommerwärmeliebd, Char. d. Chondrilletum (Epilobion fleisch.) – Av, A bis 1100 m – opralp – H – Chrom. 2n = 10.

3151. **Binsen-K., Ch. júncea** L., zml. slt. in lückg. halbruderal. Trockenrasen, an Wegrainen u. Böschg., an Ackerrändern, auf Brachen, in Sandfeldern, auf sommerwarm.-mäß. trock., vorzugsw. kalkhaltg., ± humos., lock., tiefgründg., gern sandg. Lehm- od. Tonböd., auch Löß- u.
Sandböden, üb. 2 m tief wurzld. Rohbodenpionier, Wanderpf., lichtliebd, Vormittagsblüher, Insekt.bestäubg (Apogamie), Windverbrtg,
Kompaßpf. (St.b.!), Char. d. Diplot.-Agropyretum (Elymetum) (Conv.-
Agropyrion [Elymion]), auch in Fest.-Brometea-, Sedo-Scleranthetea-,
od. Dauco-Melilotion-Ges. – v. all. Wärme- u. Trock.gebiete im S, im
nordw. Tiefld od. in d. Silikatgebirg. i. allg. fehld – med-smed-kont –
H – Chrom. 2n = 15.

Kronenlattich, Calycocórsus F. W. Schmidt vgl. S. 909

3152. **C. stipitátus** (Jacq.) Rausch. [*Willemétia stipitáta* (Jacq.) Schz. et
Kell.], zml. slt. in mont. Flach- u. Quellmoor., an Bachufern, auf sickernass., basenreich., ± neutral. Sumpfhumusböden, lichtliebd, Windverbrtg, Scheuchz.-Caricetea-Kl.char., auch im Calthion od. Card.-Montion
– A 700–2000 m, Av, BayW – (alp-)pralp – H – Chrom. 2n = 10.

Löwenzahn, Kuhblume, Taraxacum Zinn*).

1 Äußere Hüllb. mit breitem häutg. Rand, ± anliegd, eiförmg od. eilanzettl.,
Fr.spitze (ohne Schirmstiel = Fr.schnabel) üb. 1 mm lg, zylindr., B. schmal,
wenig gelappt, dickl., 5–25 cm, ♃, 4–6 **T. palustre-Gruppe** 3159
1* Äußere Hüllb. höchst. mit schmal. häutg. Rand
2 Fr. rot, viol., braunrot od. rosa-rot, mit üb. 1 mm lger zylindr. Spitze, Hüllb.
an d. Spitze mit Schwiel., B. ± graugrün, Pf. zierl.

*) Unter Mithilfe von E. Foerster (Kleve-Kellen)

3 Fr. ziegelrot-dunkelrot, 5–30 cm, ⚥, 5–6
            T. erythrospermum-Gruppe 3160
3* Fr. mehr hellrot, gelbrötl., Blü. hellgelb, Randblü. außen braun- od. grauviol., Hüllb. dunkelgrün, 10–20 cm, ⚥, 4–6 **T. fulvum**-Gruppe 3161
2* Fr. grau, olivgrau, hell od. dunkler braun, ohne rote Farbtöne
4 Hüllb. meist mit Schwiel., Fr.spitze ± zylindr., bis 1 mm lg
5 B. ± tief eingeschnitt. u. stark gezähnt, Hüllb. dunkelgrün, ± bereift, Blü.
   hellgelb, 10–25 cm, ⚥, 4–6   **T. simile**-Gruppe 3162
5* B. mit mehr stumpfl., wenig gezähnt. B.lapp., Blü. goldgelb, Randblü. rötl.
   gefärbt, oft eingerollt, Hüllb. hellgrün, 5–15 cm, ⚥, 5
                    T. obliquum-Gruppe 3163
4* Hüllb. ohne Schwiel. od. undeutl. schwielg, Fr.spitze konisch, meist kurz
6 B. gefleckt, äußere Hüllb. ± zurückgeschlag., St. ± rot, 10–35 cm, ⚥, 5–7
                    T. praestans-Gruppe 3158
6* B. ungefleckt
7 Zungenblü. fast röhrenförmg, an d. Spitze kapuz.artg eingerollt, Blü. hell-
   strohgelb, Hochgebirgspf., 15–25 cm, ⚥, 7–8 T. **cucullatum**-Gruppe 3154a
7* Zungenblü. an d. Spitze nicht kapuz.artg eingerollt
8 Schirmstiel (Fr.schnabel) 4–5 mm lg, wenn lger als Fr., äußere Hüllb. eiförmg, dunkelgrün, meist anliegd, Blü. goldgelb(-orange), B. ± gezähnt bis
   fast fiederspaltg, Hochgebirgspfl., 10–20 cm, ⚥, 5–9
                    T. apenninum-Gruppe 3154
8* Schirmstiel (Fr.schnabel) 7–12 mm lg, viel lger als Fr.
9 Blü. goldgelb, äußere Hüllb. anliegd od. wenig abstehd, Hochgebirgspfl.
10 B. ganzrandg. od. nur wenig gelappt, B.stiele brt geflügelt, oft rötl., äußere
   Hüllb. deutl. berandet, Pf. feucht. Standorte, 10–20(40) cm, ⚥, 5–7
                    T. fontanum-Gruppe 3155
10*B. oft tief geteilt, B.stiel wenig geflügelt, äußere Hüllb. undeutl. berandet,
   oft anliegd, dunkelgrün, Blü. bis 35 mm brt, 5–20 cm, ⚥, 5–7
                    T. nigricans-Gruppe 3156
9* Blü. hellgelb bis sattgelb, Pf. v. all. niederer bis mittl. Höhenlag.
11 Äußere Hüllb. ± angedrückt, aufrecht, 5–20 cm, ⚥, 5–6
                    T. adamii-Gruppe 3157
11*Äußere Hüllb. zurückgeschlag., 5–40 cm, ⚥, (3)4–7
                    T. officinale-Gruppe 3153

3153. Wiesen-L., T. officinále-Gruppe (*T. officinále* Web.), verbr. in Fettwiesen u. -weiden, auch in Unkrautfluren, an Wegen u. in Äckern, auf frisch.-mäß. frisch., nährstoffreich., neutral-mild., ± humos., meist tiefgründg. Ton- u. Lehmböden, bis fast 2 m tief wurzlde Pionierpf., lichtliebd, Blü. nur bei Sonne geöffnet, Insekt.bestäubg (Bienenweide) (Apogamie), Ameis.- u. Windverbrtg, mittl. Futterwert, Heil- u. Salatpf., v. all. in Fettwiesen Frühjahrs-Aspekt bildd, schwache Arrhena-theretalia-Ordn.diff., auch in Plantaginetea-, Artemisietea-, Agropyre-tea(Elymetalia)-Ges. usw. – Ebene bis Gebirge, A bis 2590 m – no-euras-(subozean), in gemäß. Zonen heute weltweit – H – Chrom. 2n = 24 (32, 16–37), formenreich mit bisher etwa 150 für d. Gebiet genannt. Kleinart.

3154. Alpen-L., T. apennínum-Gruppe (*T. alpínum* Hegetschw. s.l.), zerstr. auf Schneeböd., in Milchkrautweid. u. Viehläg. d. alp. Stufe auf frisch., nährstoff- u. basenreich., humos. Lehm- u. Tonböd., v. all. im Arabidion caer., auch im Poion alp. od. Rumicion alp. – A 1800–2270 m, Vog – alp-altaisch(-arkt) – H – Chrom. 2n = 24, 32 (40), formenreich, mit etwa 6 für d. Gebiet genannt. Kleinart.

(3154a.) **Kapuzen-L., T. cucullátum-**Gruppe (*T. cucullátum* Dahlst. s. l.), slt., v. all. in Schneetälch.-Ges. d. Salicetea herb., auch im Poion alp., meist über 1400 m Höhe – A (Berchtesgad. Alp.) – (w)alp – H – Chrom. 2n = 24, formenreich mit 9 für d. Alp. genannten Kleinart.

3155. **Quell-L., T. fontánum-**Gruppe (*T. fontánum* Hand.-Mazz. s.l.), slt. in Quellflur., an Rinnsal. u. Bachufern auf sickernass.-feucht., nährstoff-u. basenreich., humos., meist kiesg-sandg. Tonböd., v. all. in Montio-Cardaminetalia-Ges. – A (Allgäu) – alp-altaisch – H – Chrom. 2n = 24, 32, formenreich, mit 3 f. d. Gebiet genannt. Kleinart.

3156. **Gebirgs-L., T. nígricans-**Gruppe (*T. alpéstre* Hegetschw. et Heer s.l.), s. sltne, zwisch. d. *T. apenninum-* u. d. *T. officinale-*Gruppe vermittelnde Gruppe, vermutl. auf frisch. nährstoffreich. Böd., Verbreitg u. Soziologie noch ungenügd bekannt – z. B. A, BayW (?) – H – opralp.

3157. **Moor-L., T. adámii-**Gruppe (*T. adámii* Claire s.l., *T. spectábile* Dahlst. p.p.), slt. in Moorwies. auf feucht. basenreich. auch salzbeein-flußt., kalkarm., humos. Tonböd., v. all. in bodensauer. Molinion-Ges., auch im Calthion bzw. Juncion acutifl. – v. all. im Nordw. u. N d. Gebiet., auch BayW – no(subatl) – H – Chrom. 2n = 48, mit 6 f. d. Gebiet genannt. Kleinart.

3158. **Gefleckter Moor-L., T. praéstans-**Gruppe (*T. spectábile* Dahlst. p.p.), slt. in Flachmoor. u. Sumpfwies. im Küstenbereich d. Nord- u. Ostsee, v. all. im Caricion dav. – no(subatl) – H – (2 Kleinart.).

3159. **Sumpf-L., T. palústre-**Gruppe [*T. palústre* (Lyons) Symons s.l.], zml. slt. in Flachmoor. u. auf Moorwies. auf staunass.-wechselfeucht., kalkhaltg., mäßg sauer-mild. Torf- od. humos. Tonböd., auch salz-ertragd, Caricion dav.-Verb.char., auch im Molinion u. Armerion marit. – Ebene bis mittl. Gebirgslag., A bis 1800 m – euras(subozean)-med – H – Chrom. 2n = 16, 24, 32 (40, 50), formenreich, mit etwa 27 f. d. Gebiet genannt. Kleinart.

3160. **Rotfrüchtiger Sand-L., T. erythrospérmum-**Gruppe (*T. laevigátum* (Willd.) DC p.p., *T. erythrospérmum* Andrz. ex Bess. s. l.), zerstr. v. all. in lückgen Trockenrasen, auch halbruderal, an Wegen u. Böschgen, in Sandfeldern u. Brachen auf ± trocken., warm. Sand-, Löß- u. Lehm-böd., tiefwurzlde Pionierpf., Sedo-Scleranthetea-Kl.char., auch in lückg. Fest.-Brometea- od. mager. Arrhenatheretalia-Ges. – v. all. Tieflag. u. Sandgebiete – smed-euras – H – Chrom. 2n = 16, 24, 25, 26, 32, formen-reich, mit 30–40 f. d. Gebiet genannt. Kleinart.

3161. **Gelbrotfrüchtiger Sand-L., T. fúlvum**-Gruppe (*T. laevigátum* (Willd.) DC p.p., *T. fúlvum* Raunk.), zerstr. wie vor. mit offenbar ähnl. Soziologie u. Verbrtg – H – Chrom. 2n = 32 (1 Kleinart).

3162. **Graufrüchtiger Sand-L., T. símile**-Gruppe (*T. oblíquum* Dahlst. s.l. p.p., *T. símile* Raunk.), slt. auf Sandfeldern u. Dünen, in Sedo-Scleranthetea-Ges., auch halbruderal – v. all. im Nordw. u. N d. Gebietes – no(subatl) – H – Chrom. 2n = 24, 32, formenreich mit 6 f. d. Gebiet genannt. Kleinart.

3163. **Dünen-L., T. oblíquum**-Gruppe (*T. oblíquum* (Fr.) Dahlst., einschließl. *T. platyglóssum* Raunk.), slt. in Graudünen d. Nord- u. Ostsee-Küste, Char. d. Tort.-Phleetum aren. (Koelerion alb.) – no(subatl) – H – Chrom. 2n = 24 (2 Kleinart.).

Milchlattich, Cicérbita Wallr. (*Mulgédium* Cass.)

1   Blü.std kahl, doldg, Blü. hellblau, B. schrotsägeförmg fiederschnittg, 60 bis 120 cm, ♃, 7–8   **C. plumieri** 3164
1* Blü.std, wie ganze Pf. drüsg od. drüsenborstg
2   Blü.std rispg-traubg, Blü. blauviol., B. fiederschnittg mit 3eckg-spießförmg. Endabschnitt., Wurzelstock kurzästg, 60–140 cm, ♃, 7–9
                                                                              C. alpina 3165
2* Blü.std rispg-doldg, Blü. lila, B. fiederschnittg mit oval-herzförmg. Endabschnitt., Wurzelstock weit kriechd, Zierpf., 60–160 cm, ♃, 7–8
                                                                     C. macrophylla 3166

3164. **Französischer M., C. plumiéri** (L.) Kirschl., s. slt. im subalp. Hochstaudengebüsch, in Runsen od. Blockhalden, auf sickerfrisch., nährstoff- u. basenreich., meist kalkarm., lock., humos., steing. Lehmböden, Licht-Halbschattpf., etwas trockener als folgde stehd, im Calamagrostion, auch im Adenostylion u. Aceri-Fagetum, Adenostyletalia-Ordn.char. – Vog, süSch (Feldberg-Baldenweg. Buck, verscholl.) – wpralp – H – Chrom. 2n = 16.

3165. **Alpen-M., C. alpína** (L.) Wallr., zerstr., ab. gesellg in subalp. Hochstaudenfluren, im Hochstaudengebüsch, auch hochstaudenreich. Bergmischwäldern, v. all. in d. Verlichtg., auf sickerfrisch., nährstoff- u. basenreich., lock., humos. Ton- u. Lehmböden, Mullbodenwurzler, Licht-Halbschattpf., Insekt.bestäubg (Käfer, Hummeln), Windverbrtg, Char. d. Cicerbitetum alp. (Adenostylion), auch in Adenostylion-Gebüsch-Ges. od. im Ac.-Fagetum (Fagion) – Vog, Sch, Ba, BayW, immer über rd.800 m, Av, A (1100–1930 m), auch He (Rhön, Vogelsberg), RS (Sauerland), ThW, Erzg – pralp-no(subozean) – H – Chrom. 2n = 18.

3166. **Großblättriger M., C. macrophýlla** (Willd.) Wallr., Zierpf. glgtl. verwildert, z. B. im Aegopodion – Herkunft: Kaukasus – H.

Mauerlattich, Mycélis Cass. vgl. S. 909

3167. M. murális (L.) Dum. [*Cicérbita murális* (L.) Wallr., *Lactúca murális* (L.) Gaertn.], verbr. in krautreich. Laub- u. Nadelwäldern, in Waldverlichtg. u. Schlägen, an Waldwegen, in Nadelholzkunstforsten, an schattg. Fels. u. Mauern od. epiphytisch, im allg. auf frisch., nährstoffreich., lock., humos. Lehmböden, Mull- u. Moderwurzler, Zeiger mäß. Nitrifizierg, Schatt-Halbschattpf., Insekt.bestäubg (Fliegen, Bienen usw.), Windverbrtg, Alliarion-Verb.char. (v. all. im Epil.-Geranietum rob.), auch in Epilobietea ang.- od. ± gestört. Querco-Fagetea-Ges. – Ebene bis Gebirge, A bis 1140 m, im nordw. Tiefld spärl. – subatl-smed – H – Chrom. 2n = 18.

Lattich, Lactúca L.

1 Blü. blau, Hüllb. schmal-weißrandg, B. fiederschnittg, ± kahl, blaugrün, St. ± gefurcht

2 Pf. ohne Ausläuf., B. tief fiederschnittg mit lanzettl. Abschnitt., Hüllb. d. Blü.köpfe nicht punktiert, Fr. schwarz mit jed.sts einer Längsrippe, 30–60 cm, ⚇, 5–6   **L. perennis** 3168

2* Pf. mit Ausläuf., B. fiederschnittg mit brten 3eckg. Abschnitt., Hüllb. d. Blü.köpfe rot punktiert od. gestrichelt, Fr. grünl.-braun, tief mehrfurchg, 30–80 cm, ⚇, 7–8   **L. tatarica** 3169

1* Blü. gelb, Fr. mehrrippg

3 St. markg, gelbl.-weiß, B. derb

4 St.b. fiederspaltg mit lanzettl. Abschnitt. od. ungeteilt u. gezähnt, Fr.schnabel mindest. so lg wie Fr.

5 Blü.std rispg, B. blaugrün, untersts auf d. Mittelrippe ± stachelg, St.b. ± pfeilförmg st.umfassd, Blü.äste anfängl. nickd

6 B. ± senkrecht od. schief gestellt, meist buchtg fiederspaltg, Fr. braungrün, schmal berandet, oben kurzborstg, 50–120 cm, ☉, 7–8   **L. serriola** 3170

6* B. waagr. gestellt, meist nur gezähnt, Fr. schwarz, brt berandet, oben kahl, Pf. v. widerl. Geruch, 60–150 cm, ☉, 7–8   **L. virosa** 3172

5* Blü.std ausladd doldg, St.b. herzförmg st.umfassd, meist nur gezähnt (kaum fiederspaltg), 60–100 cm, ☉, 6–8   **L. sativa** 3171

4* St.b. nur d. unteren tief fiederspaltg mit lineal. Abschnitt., d. oberen ganzrandg lineal, Blü.köpfe ± sitzd, ährg an rutenförmg. Äst. angeordnet, St. weißl.

7 B. nicht herablaufd, pfeilförmg st.umfassd, unt.sts stachelg, Blü.köpfe 6–15blütg, 30–60 cm, ☉, 7–8   **L. saligna** 3173

7* B. mit am St. herablaufd. Öhrch., Blü.köpfch. 5blütg, 30–60 cm, ☉, 7–8   **L. viminea** 3174

3* St. hohl, grün, B. zart, St.b. meist fiederspaltg, pfeilförmg umfassd, Fr.schnabel halb so lg wie schwärzl. Fr., Blü.std doldentraubg, 60–120 cm, ☉, 7–9   **L. quercina** 3175

3168. Blauer L., L. perénnis L., slt. in sonng. Trockenras., an Felshängen, in Felsband-Ges., auch an Wegrainen od. Mauern, auf gern etwas off., warm.-trock., basenreich., neutral-mild., ± humos., felsg-steing.

od. sandg. Lehm- od. Lößböden, Tiefwurzler, Pionier- u. Wanderpf., licht- u. wärmeliebd, Insekt.- u. Selbstbestäubg (Fliegen, Bienen), in Sedo-Scleranthetea- u. Fest.-Brometea-Ges., auch im Geranion sang., Dauco-Melilotion od. Conv.-Agropyrion(Elymion) – Hü, Rh (Hafenanlag.), Pf, Ne, Bo, Ju bis 950 m, BayW (Südrand), Mn, nördl. bis RS, Th, Sa – smed – H – Chrom. 2n = 18.

3169. **Tataren-L., L. tatárica** L., slt., aber sich einbürgernd in mäßg trocken. od. feucht., nährstoff- u. salzbeeinflußt. Spülsäumen od. Weißdünen d. Küste, Wurzelkriechpionier, v. all. im Agr.(El.)-Rumicion, auch in Cakiletalia-Ges. – Me, SH (Ostsee) – euraskont, circ – H – Chrom. 2n = 18.

3170. **Wilder L., Kompaß-L., L. serríola** L. (*L. scaríola* L.), hfg in sonng., lückg. Unkrautfluren, an Wegrändern, Schutt- u. Trümmerplätzen, in Bahn- u. Verladeanlagen, an Mauern, Dämmen, in Hecken, auf trock.-mäß. trock., nährstoff- u. basenreich., ± roh., gern sandg-steing. Ton- u. Lehmböden, wärmeliebd, bis fast 2 m tief wurzlde Pionierpf., lichtliebd (Lichtkeimer), Kompaßpf., Kulturbegleit., Insekt.- u. Selbstbestäubg, bei Wiederbesiedlung auf Chenopodietum rud. folgd, Char. d. Conyzo-Lactucetum serr. bzw. d. Lact.-Sisymbrietum alt. (Sisymbrion), auch im Dauco-Melilotion od. Conv.-Agropyrion(Elymion) – Ebene bis untere Gebirgslag., v. all. Wärmegebiete; im Gebirge, sowie im nordw. Tiefld slt. od. fehld – smed-euras, verschleppt – T (H) – Chrom. 2n = 18.

3171. **Kopfsalat, L. satíva** L., seit antiker Zeit hfg kultiv., slt. unbestdg in Schuttunkraut-Ges. verwildt, liebt frische, nährstoffreiche, lock., humose Lehmböden in sommerwarm-humid. Klimalage, Dunkel- u. Wärmekeimer, Langtagpf., Insekt.- u. Selbstbestäubg (Flieg.), Salatpf. (mit anregd. Bitterstoff), Stammpf. vermutl. *L. serríola* L. – Herkunft d. Kulturpf.: omed – T, H – Chrom. 2n = 18, formenreich.

Zum Beispiel ssp. *capitáta* (L.) Alef., eigtl. Kopfsalat, ssp. *secalína* Alef. (var. *críspa* L.), Schnittsalat, Sommerendivie, ssp. *longifólia* (Lam.) Alef., Kochsalat, Röm. Salat, als Gemüse usw.

3172. **Gift-L., L. virósa** L., slt. u. unbestdg in lückg. Unkrautfluren, an Wegen, Schuttstellen, in Steinschutt- u. Saumges., auf mäß. trock., nährstoff- u. basenreich., wenig humos., gern steing. Lehmböden, wärmeliebd, Licht- u. Halbschattpf., Pionierpf., früher als Arzneipf. (Narkotikum) gebaut, v. all. im Alliarion, auch in d. Thlaspietea rot. – süHü (Els., Kaiserstuhl, ob noch?), nöHü, Pf, Ne, Fr-Mn, FrJu, NSH, He, Th, An, sonst nur vorübergehd – smed(-subatl), verschleppt – T, H – Chrom. 2n = 18.

3173. **Weiden-L., L. saligna** L., slt. u. unbestdg in sonng., lückg. Unkrautfluren, an Schutt- u. Verladeplätzen, auf sommerwarm.-trock., nährstoff- u. basenreich. Lehm- u. Tonböden, auch salzertragd, Pionierpf., lichtliebde Kompaßpf., in Agropyretalia(Elymetalia)-, auch Onopordion-Ges. – Rh, Pf, nöHü, Ne (Weinbaugebiet), Fr, Mn, NSH, Th, An, z. T. verscholl. – med-smed – T, H – Chrom. 2n = 18.

3174. **Ruten-L., L. vimínea** (L.) Presl, slt. an Buschsäumen u. in Trockenras., in Brach., in Agropyretalia(Elymetalia)-Ges., auch in lückg. Fest.-Brometea-Ges. od. im Geranion sang. – Sa, Elbegebiet – osmed-gemäßkont – H – Chrom. 2n = 18.

3175. **Eichen-L., L. quercína** L., s. slt. im Saum sonng. Büsche od. in licht. Eichen-Kiefern-Trockenwäldern, auf sommerwarm.-mäß. trock. (wechseltrock.), nährstoff- u. basenreich., neutral., humos., mittelgründg., steing. od. rein. Lehm- u. Tonböden, Halbschattpf., in östl. Quercetalia pub.-Ges. u. im Geranion sang. – Mn (Karlstadt, Grettstadt), Th, An – gemäßkont-osmed – H – Chrom. 2n = 18.

Gänsedistel, Sónchus L.

1 St. einfach, erst an d. Spitze doldg, Blü.stiele u. Blü.kopfhülle meist dicht drüsenhaarg, Griffel gelb, Fr. beidersts 5rippg
2 St.b. am Grund mit zugespitzt-abstehd. Öhrch., Blü.stiele u. -hülle meist schwarzdrüsg, Blü. ca. 3 cm brt, St. 4kantg, Wurzel nicht kriechd, 100–200 (–300) cm, ♃, 7–9 **S. paluster** 3176
2* St.b. am Grund mit abgerundet. u. angedrückt. Öhrch., Blü.stiele u. Hülle meist gelbdrüsg, Blü. 4–5 cm brt, Wurzel kriechd, 50–120(–150) cm, ♃, 7–9 **S. arvensis** 3177
1* St. ästg, Blü.std rispg, Blü.stiele u. Hülle kahl (od spärl. drüsg), Griffel olivbraun, Fr. beidersts 3rippg
3 B. weich, hellblaugrün, matt, meist buchtg-fiederschnittg, St.b. mit zugespitzt., vorgestreckt. Öhrch., Blü. hellgelb, Fr. fein querrunzelg, 30–80 (–100) cm, ☉, 6–10 **S. oleraceus** 3178
3* B. derb, dunkelgrün, glänzd, oft ungeteilt, stachelg gezähnt, St.b. mit abgerundet., angedrückt. Öhrch., Blü. sattgelb, Fr. glatt, 30–80 cm, ☉, 6–10 **S. asper** 3179

3176. **Sumpf-G., S. palúster** L., slt. in Staudenfluren, an Gräben, in Moorwiesen, im licht. Weiden-Gebüsch, auf nass. (wechselnass.), nährstoff- u. basenreich., sandg., kiesg. od. rein. Ton- u. Lehmböden, auch salzertragd, sommerwärmeliebd, Intensivwurzler, Windverbrtg, Stromtalpf., v. all. im Senecion fluv. (Verb.char.), im Kontakt mit d. Filipendulion – nöRh (erlosch.), Do, Fr, Mn, Th, An, Br, SH, Me, NS, im nordw. Tiefld slt. od. fehld – gemäßkont-smed – H – Chrom. 2n = 18.

3177. **Acker-G., S. arvénsiş** L., zerstr. in Unkrautfluren v. Äckern, v. all. Hackäckern, auch an Ufern, auf frisch., nährstoff- u. basenreich., mäß. sauer.-mild., humos., sandg. od. rein. Ton- u. Lehmböden, Lehmzeiger, auch salzertragd, Wurzelkriech-Pionier, lichtliebd u. lichtblütg (nur vormittags), B. ± kompaßartg gestellt, Insekt.bestäubg (Bienen, Falter usw.), Windverbrtg, Soziologie u. Vorkommen siehe Unterart. – H, formenreich:

1 Blü.kopfhülle ± drüsenhaarg

3177a. **ssp. arvénsis**, verbr. Sippe, v. all. in Hackäckern, Pol.-Chenopodietalia-Ordn.char., seltner auch in d. Secalinetea od. in d. Folgeges. d. Conv.-Agropyrion(Elymion) – Ebene bis Gebirge, A bis 1460 m – no-eurassubozean – Chrom. 2n = 54, 64.

1* Blü.kopfhülle fast drüsenlos

3177b. **ssp. uliginósus** (M. Bieb.) Nym., slt. an Flußufern u. Gräben, in gestört. Feuchtwies. d. Küst. u. im Binnenld, auf feucht. nährstoff- u. basen- od. salzreich. Tonböd., in Convolvuletalia- od. Cakiletalia-Ges. – z.B. NS, SH, Me, auch NSH, Th, Sa, Fr, Do, usw. – euras(kont)(?) – Chrom. 2n = 36.

3178. **Gewöhnliche G., Gemüse-G., S. oleráceus** L., verbr. in lückg. Unkrautfluren, an Wegen, Schuttplätzen, Mauern, in Äckern u. Gärten, auf frisch.-mäß. trock., nährstoff-(stickstoff-)reich., humos. Böd. aller Art, etwas wärmeliebd, bis 1 m tief wurzlde Pionierpf., alter Kulturbegleit., Licht(Halbschatt)pf., Insekt.bestäubg (Bienen, Schwebfliegen), Windverbrtg, früher Gemüsepf., Chenopodietea-Kl.char., mit Schwerpunkt im Sisymbrion – Ebene bis mittl. Gebirgslag., A bis 920 m, Ju bis 980 m – euras-smed-med, in gemäß. Zonen heute weltweit – T (H) – Chrom. 2n = 32.

3179. **Rauhe G., S. ásper** (L.) Hill, verbr. in lückg. Unkrautflur., v. all. in gehackt. Äckern, in Gärten, auch an Schuttplätzen, auf frisch.-feucht., nährstoff-(stickstoff-)reich., neutral-mild., humos., sandg. od. rein. Lehmböden, etwas wärmeliebd, Licht-(Halbschatt)pf., Kulturbegleit., Insekt.bestäubg (z. B. Bienen), Windverbrtg, Polyg.-Chenopodietalia-Ordn.char., auch DV im Chenopodion rubri od. (sltner) im Arction, in grundfeucht. Secalinetea-Ges. usw. – Ebene bis mittl. Gebirgslag., A bis 1000 m – eurassubozean(-smed), in kühlgemäß. Zonen heute weltweit – T – Chrom. 2n = 18.

Bastarde!

Hasensalat, Lagóseris M. Bieb, vgl. S. 908

3180. **L. sáncta** (L.) K. Maly (*Crépis sáncta* Babc.), slt., ab. in d. letzt. Jahren öfter in lückg. Unkrautflur., an Schutt- u. Verladeplätz., auf nährstoff-(stickstoff-)reich., ± roh. Kies-, Sand- od. Lehmböden, wärmeliebd, im Sisymbrion – z. B. Rh (v. all. Els.) – med – T – Chrom. 2n = 10.

Pippau, Crépis L.

1 St. 1köpfg od. mit 2–3(5)köpfg. Ästen, St.b., wenn vorhand., nicht pfeilförmg geöhrt, Hoch- od. Mittelgebirgspf. (1* vgl. S. 994 Mitte)

2 Blü. orangerot, Blü.schaft höchst. mit kl., schuppenförmg. Hochb., oben

wie Hülle schwarzzottg, B. buchtg gezähnt, kahl, 5–20(–30) cm, ♃, 6–8
　　　　　　　　　　　　　　　　　　　　　C. aurea 3186

2* Blü. gelb, Blü.schaft mit größer., ellipt.-lanzettl., ganzrandg. od. fieder-
　　schnittg. St.b.

3　Blü.std die B. nicht od. kaum überragd, einköpfg, B. gesägt od. fieder-
　　schnittg mit 3eckg. B.zipfeln (vgl. auch bei 5)

4　B. weng gezähnt, Blü.kopfhülle gelbl. zottg behaart, Blü. 12–18 mm brt,
　　Haarkrone d. Fr. schmutzg weißl., zerbrechl., 2–10(15) cm, ♃, 7
　　　　　　　　　　　　　　　　　　　　　C. rhaetica 3184

4* B. fiederschnittg gesägt, Blü.kopfhülle schwarzzottg behaart, Blü.stiel unter
　　d. Kopf verdickt, Blü. bis 50 mm brt, Haarkrone d. Fr. weiß, biegsam,
　　5–10 cm, ♃, 7–8　　　　　　　　　　　**C. terglouensis** 3183

3* Blü.std meist lger als B., (5)10–30 cm hoch, 1- od. mehrköpfg

5　B. längl.-oval, ± gezähnt od. gesägt, spärl. flaumg, Blü.stiele unter d.
　　Blü.kopf ± verdickt, Blü.std meist 1köpfg, St.b. wenige

6　Blü.kopfhülle braun-grün zottg behaart, Blü.stiel unter d. Blü.kopf auffällg
　　verdickt, Blü. 40–50 mm brt, Haarkrone d. Fr. schmutzg-weiß, zerbrechl.,
　　30–60 cm, ♃, 6–7　　　　　　　　　　**C. pontana** 3181

6* Blü.kopfhülle grauflaumg behaart, Blü.stiel unter d. Blü.kopf weng verdickt,
　　Blü. 30–40 mm brt, Haarkrone d. Fr. weiß, biegsam, 10–30 cm, ♃, 7–8
　　　　　　　　　　　　　　　　　　　　　C. alpestris 3188

5* St.b. tief fiederschnittg, mit lineal. B.zipfeln, Grundb. z. T. ganzrandg lineal-
　　lanzettl., ± kahl, St. meist 1–3köpfg, Blü.kopfhülle locker, filzg schwärzl.
　　behaart, Blü. 20–30 mm brt, auf ob. kaum verdickt. Stiel., Haarkrone d. Fr.
　　schmutzg-weiß, zerbrechl., 5–30 cm, ♃, 7–8　　　　**C. jacquinii** 3185

1* St. mehr–vielköpfg, wenn 1–3köpfg, St.b. pfeil- od. herzförmg st.umfassd
　　od. abgerundet sitzd, Blü. gelb

7　Ausdauernde Pf. mit dunkl., kräftg. Wurzel, Hüllb. meist lg behaart od.
　　schwarzdrüsg

8　St. beblättert

9　B. u. Hülle reichdrüsg-weichhaarg, St.b. herz-pfeilförmg st.umfassd,
　　Grundb. bleibd, Köpfch.stiele ± verdickt, Blü.std etwas sparrg, 2–6köpfg,
　　15–40 cm, ♃, 7–8　　　　　　　　　　**C. conyzifolia** 3187

9* B. nicht drüsg, höchst. Blü.hülle drüsg, Köpfch.stiele nicht verdickt

10　St.b. zahlreich, meist bis zum Blü.std reichend, herzförmg lanzettl., Grundb.
　　hinfällg, Hülle schwärzl. grün, ohne Drüsen, Blü.std 2–5köpfg, 30–60(–80)
　　cm, ♃, 6–8　　　　　　　　　　　　　　**C. pyrenaica** 3182

10*St. spärl.-abstehd beblättert, Hülle ± schwarzdrüsg

11　St.b. mit herz- od. spießförmg. Grund st.umfassd, meist gezähnt, Haarkrone
　　schmutzg-weiß, spröd-zerbrechl., Fr. 10rippg, 30–80(–120) cm, ♃, 5–8
　　　　　　　　　　　　　　　　　　　　　C. paludosa 3189

11*St.b. herzförmg-abgerundet sitzd, kaum geöhrt, halb-st.umfassd, meist fast
　　ganzrandg, Haarkrone weiß, biegsam, Fr. 20rippg, 30–60(–80) cm, ♃, 6–8
　　　　　　　　　　　　　　　　　　　　　C. mollis 3190

8* St. ohne B., B. in grundständg. Rosette, brt eilängl., stumpfl., fast ganz-
　　randg, weich behaart, Blü.std schmal traubg, mit 10–30 kl., kurzgestielt.,
　　blaßgelb. Blü., Wurzelstock wie abgebiss., 20–50(–70) cm, ♃, 5–6
　　　　　　　　　　　　　　　　　　　　　C. praemorsa 3191

7* Pf. 1–2jährg, mit weißl., dünner Pfahlwurzel, Hüllb. kahl od. borstg, Wie-
　　senpf. od. Unkräuter

12 Fr. oben verschmälert, aber nicht in deutl. abgesetzt. Schnabel verlängert (Abb. 58), Blü.kopfhülle ± sternhaarg od. kahl, slt. drüsenborstg
13 Hülle glockg, ± behaart
14 St.b. am Grund gezähnt-geöhrt, nicht deutl. pfeilförmg, wie St. kahl od. spärl. behaart, äußere Hüllb. abstehd, innere außen graufilzg, innen oberwts seidg behaart, Blü. 25–35 mm brt, Griffel gelb, Fr. 5 mm lg, 60–120 cm, ⊙, 5–6 **C. biennis** 3192
14*St.b. am Grund deutl. pfeilförmg st.umfassd
15 St.b. am Rande gerollt, meist nur entfernt fiederspaltg, oft ganzrandg, lineal, dunkel graugrün, Griffel olivgrün-braun, Blü. 15–20 mm brt, innere Hüllb. innen behaart, 10–60 cm, ⊙, 5–7 **C. tectorum** 3193
15*St.b. nicht umgerollt, flach, frischgrün, innere Hüllb. auf d. Innenseite (fast) kahl, äußere Hüllb. ± abstehd
16 St. unterwrts kraus weiß (mit wengen gelbl. Haar.) behaart, auch untere B. etwas behaart, Blü.kopfhülle 7–10 mm lg, Blü. 20–25 mm brt, Fr. 3–4 mm lg (vgl. *C. biennis*), Blü.kopfbod. bewimpert, Griffel olivbraun, 30–90 cm, ⊙, 5–6 **C. nicaeensis** 3194
16*St. wie B. fast kahl od. weng gelbl. behaart, Blü.kopfhülle rd. 5 mm lg, Blü. 10–15 mm brt, Fr. 2 mm lg, Blü.kopfbod. kahl, Griffel gelb, 15–50(70) cm, ⊙, 6–9 **C. capillaris** 3195
13*Hülle walzl., wie Köpfch.stiele kahl, St.b. drüsg-klebrg od. flaumg, ganzrandg-schwach gezähnt, gestutzt od. pfeilförmg sitzd, Blü. 15–17 mm brt, kaum brter wie Hülle lg, 30–70 cm, ⊙, 5–7 **C. pulchra** 3199
12*Fr., wenigst. d. inneren, in deutl. abgesetzt. Schnabel (Haarkronen-stielch.) verlängert (*Barkhaūsia* Moench)
17 Hüllb., wie Köpfch.stiel, gelbborstg, äußere Hüllb. abstehd, St.b. fiederspaltg, mit pfeilförmg. Grund sitzd, ± behaart, Blü. 10–15 mm brt, Griffel oliv-braun, 15–50 cm, ⊙, 6–8 **C. setosa** 3196
17*Hüllb. grauhaarg od. spärl. drüsg-borstg, Randblü. unt.sts meist rot gestreift, Pf. mit gelbl. od. weißl. Milchsaft
18 Blü.köpfe lg gestielt, anfängl. etwas nickd, Hüllb. lineal-lanzettl., Blü. hellgelb, Griffel gelb, nur innere Fr. geschnäbelt, 15–30 cm, ⊙, 6–10 **C. foetida** 3197
18*Blü.köpfe zml. kurz gestielt, in sparrg doldg. Blü.std, stets aufrecht, äußere Hüllb. eiförmg-lanzettl., häutg berandet, Griffel schwärzl.-grün, alle Fr. lg geschnäbelt, Grundb. löwenzahnähnl., 30–80 cm, ⊙, 5–6 **C. taraxacifolia** 3198

Abb. 58. Frucht von *Crepis tectorum*.

3181. Berg-P., C. pontána (L.) D.T. [*C. boccóni* Sell, *C. montána* (Jacq.) Tausch], zerstr. in sonng. Wildgras-Halden d. subalp.-alp. Stufe, auf sommerwarm.-frisch., basenreich., meist kalkhaltg., mild., humos., steing. od. rein. Lehm- u. Tonböden, Tiefwurzler, lichtliebd, Insekt.bestäubg (Bienen), Windverbrtg, Char. d. Caricetum ferrug. (Caricion ferr.) – A 1350–1980 m – alp – H – Chrom. 2n = 10.

3182. Schabenkraut-P., C. pyrenáica (L.) Greut. [*C. blattarioides* (L.) Vill.], zerstr. in off. Hochstaudenfluren od. Wildgras-Halden d. subalp. Stufe, auf frisch., nährstoff- u. basenreich., meist kalkhaltg., mäß. sauer.-mild., humos., lock., steing. od. rein. Lehm- u. Tonböden, Licht-Halbschattpf., Windverbrtg, v. all. in d. off. Ges. d. Calamagrostion u. Adenostylion, Adenostyletalia-Ordn.char., ferner (Diff.Verb.) im Caricion ferrug. – Vog, süSch (Feldberg), A 950–2200 m – alp – H – Chrom. 2n = 8.

3183. Triglav-P., C. terglouénsis (Hacq.) Kern., zml. slt. in off. Steinschutt-Fluren d. alp. Stufe, auf sonng., frisch., $\pm$ kalkhaltg., humusarm., feinerdereich., locker-bewegt. Steinschuttböden, Schuttpionier, lichtliebd, Insekt.bestäubg, Windverbrtg, Char. d. Crepidetum tergl. (Thlaspion rot.) – A 1800–2620 m – (o)alp – H – Chrom. 2n = 12.

3184. Rätischer P., C. rhaética Hegetschw., zerstr. in feucht., basenreich. Schieferschuttges. d. alp.-nival. Stufe, Schuttstauer, Drabetalia hopp.-Ordn.char. – Zentralalp. (Tirol, Schweiz) – alp – H – Chrom. 2n = 8.

3185. Jacquin's P., C. jacquínii Tausch, slt. in $\pm$ lückg. Steinrasen d. alp. Stufe, auf frisch., kalkhaltg., neutral., modrg-humos., $\pm$ flachgründg., steing. Lehm- u. Tonböden, lichtliebd (Vormittagsblüher), Insekt.bestäubg, Windverbrtg, Char. d. Caricetum firmae (Seslerion alb.), slt. auch in Felsspalt. od. im Steinschutt – A 1200–2430 m – oalp – H – Chrom. 2n = 12, formenreich, im Gebiet ssp. *kérneri* (Rech. f.) Merxm.

3186. Gold-P., Roter P., C. áurea (L.) Cass., zml. hfg in Milchkraut-Weiden, an Wegen, um Sennhütten d. subalp. Stufe, auch in Schneeböd. od. Lägerges., auf frisch., nährstoff-(stickstoff-)u. basenreich., meist entkalkt., neutral.-mäß. sauer., humos. Lehm- u. Tonböden, Nährstoffzeiger, Lichtpf., Insekt.bestäubg, Windverbrtg, Poion alp.-Verb.char., auch in Rumicion alp.- od. Salicetea herb.-Ges., in stickstoffbeeinflusst. Nardion-Ges. od. tiefer steigd im Cynosurion – A 1270–2340 m (slt. tiefer) – alp – H – Chrom. 2n = 10.

3187. Großköpfiger P., C. conyzifólia (Gouan) DT., zerstr.in Silikat-Magerrasen u. -weiden, an Weg- u. Waldränd. d. subalp. Stufe, auf frisch. (wechselfrisch.), $\pm$ basenreich., kalkarm., sauer., modrg od. torfg humos. Ton- u. Lehmböden, Humus- u. Tiefwurzler, lichtliebd, Insekt.bestäubg, Windverbrtg, Nardion-Verb.char. – Av, A bis 1950 m, Riesengebirge – alp-pralp – H – Chrom. 2n = 8.

3188. **Alpen-P., C. alpéstris** (Jacq.) Tausch, slt. in licht.Kiefern-Trockenwäldern, in Felsbändern u. Steinrasen, im Saum sonng. Büsche, auf sommerwarm., mäß. trock., kalkreich., neutral-mild., humos., flach-mittelgründg., steing. Lehmböden, Licht-Halbschattpf., Insekt.bestäubg, Windverbrtg, Erico-Pinetalia-Ordn.char., auch im Geranion sang., in off. Festuco-Brometea-Ges. od. in höher. Lag. im Caricion ferrug. (slt. Seslerion) – Bo (Stockach), Ju, Do, Av, A bis 1960 m – opralp – H – Chrom. 2n = 8.

3189. **Sumpf-P., C. paludósa** (L.) Moench, zml. hfg in Naßwiesen u. Quellmooren od. Quellfluren, v. all. d. Gebirges, auf sicker-, auch staunass. (wechselnass.), nährstoff- u. basenreich., mäß. sauer.-mild., humos. Tonböden (Sumpfhumusböd.), Nährstoffzeiger, Licht-Halbschattpf., Insekt.bestäubg (Bienen, Fliegen), Windverbrtg, Calthion-Verb.char., auch im Juncion acutifl. od. im Alnetum inc. (Alno-Ulmion) u. nass. Adenostylion – Ebene bis Gebirge, A bis 1920 m, in d. Wärme- u. Trockengebiet. slt. – no-eurassubozean – H – Chrom. 2n = 12.

3190. **Weichhaariger P., C. móllis** (Jacq.) Aschers., zml. hfg in Fettwiesen u. -weiden d. Gebirges, auf frisch. od. wechselfrisch., ± nährstoff- u. basenreich., mäß. sauer.-neutral., humos., mittel-tiefgründg. Ton- u. Lehmböden, Nährstoffzeiger, Lichtpf., Insekt.bestäubg (Bienen), Windverbrtg, mäß. Futterwert, Char. d. Ger.-Trisetetum (Polyg.-Trisetion), auch im Nardion, Mesobromion od. mont. Molinietalia-Ges. – v. all. Mittel- u. Hochgebirge, nördl. bis RS (Rothaargebirge), Hz, ThW, Erzg, A (nördl. Randalp.) bis 2000 m – im ganzen pralp-no – H, formenreich:

1 Blü.köpfch.stiele ± verdickt, Köpfch.hülle schwarzgrün

3190a. **ssp. móllis,** verbr. Sippe in d. Bergwies. höherer Berglag. – Verbrtg s.o. – Chrom. 2n = 12.

1* Blü.köpfch.stiele dünn, ± geschlängelt, Köpfch.hülle trübgrün

3190b. **ssp. succisifólia** (All.) Jáv., slt., offenbar mehr in Quellflur. u. feucht. Gebüschen od. an Bachufern – mehr im O d. Gebiet., z. B. Do, BayW, Fr, He, Hz, Th, fehlt im W u. A.

3191. **Abgebissener P., C. praemórsa** (L.) Tausch, zerstr., v. all. im Saum sonng. Büsche, in licht. Eichen- u. Kiefern-Trockenwäld., an grasg. Wegböschg., in Staudenhalden, auf mäß. trock.-wechseltrock., meist kalkreich., neutral-mild., humos. Löß- u. Lehm- auch Tonböden, Tiefwurzler, sommerwärmeliebd, Halbschatt.-Lichtpf., Insekt.bestäubg, Windverbrtg, v. all. im Geranion sang. (Verb.char.), auch in d. Kontaktges. d. Quercetalia pub., des Mesobromion od. Molinietum brometosum – v. all. Kalk- u. Wärmegebiete, nördl. bis RS, NSH, Th, An, Br, Me – gemäßkont, im Gebiet an d. W-Grenze d. Verbrtg – H – Chrom. 2n = 8.

3192. **Wiesen-P., C. biénnis** L., verbr. in Fettwiesen, Mähwiesen, an Wegen, auf frisch., nährstoffreich., mäß. sauer.-mild., humos.,mittel-tiefgründg. Ton- u. Lehmböden, tiefwurzld. Nährstoffzeiger, etwas wärmeliebd, Insekt.- u. Selbstbestäubg (Bienen) (Apogamie), mäß. Futterwert, nicht weidefest, Arrhenatherion-Verb.char., nur spärl. auch im Polygono-Trisetion, od. ruderal im Sisymbrion – Ebene bis mittl. Gebirgslag., A bis 1270 m – gemäßkont, verschleppt – H – Chrom. 2n = 31, 36, 38, 40 (42).

3193. Mauer-P., C. tectórum L., zerstr., z. T. unbestdg in lückg. Unkrautfluren, auf Schutt- u. Trümmerplätz., an Wegen, auf Mauern, sltner in Äckern u. Brachen, auf sommerwarm., mäß. trock., nährstoff-(stickstoff-)reich., meist humus- u. feinerdearm. Sand-, Kies- od. Steinböden, Pionierpf., Insekt.- u. Selbstbestäubg (Fliegen), Sisymbrion-Verb.char., auch in Polygono-Chenopodietalia-Ges. – Ebene bis mittl. Gebirgslag. (bis ca. 500 m), fehlt höh. Silikatgebirge, auch Av-A – noeuras(kont)-smed – T (H) – Chrom. 2n = 8.

3194. Nizza-P., C. nicaeénsis Balb., slt., z. T. unbestdg eingeschleppt in ruderal beeinflußt. Wiesen-Ges., an Wegen u. Dämmen, auch in lückg. Schuttunkraut-Fluren od. Luzernefeldern, auf mäß. trock., nährstoffreich., ± humos., gern sandg-tong. Lehmböden, auch salzertragd, wärmeliebd, im Gebiet v. all. in Sisymbrion-Ges., auch im Arrhenatherion, überreg. Arrhenatheretalia-Ordn.char. – Rh (öfter), sonst Do, Av, FrJu vorübergehd, auch NWe, SH, Br – osmed – H – Chrom. 2n = 8.

3195. Grüner P., Kleinköpfiger P., C. capilláris (L.) Wallr., verbr. in etwas mager. Wiesen u. Weiden od. Parkrasen d. Tieflagen, auch in Unkrautfluren, an Wegen, Schuttplätzen, in Brachen, auf frisch. (mäß. frisch.), mäß. nährstoff- u. basenreich., meist kalkarm., ± humos., neutral. Böd. aller Art, in warm-humid. Klimalage, Pionierpf., in Wiesen Magerkeitszeiger, Kulturbegleit., Insekt.bestäubg (Fliegen, Bienen), Windverbrtg, schwache Cynosurion-Verb.char., sltner auch im Arrhenatherion od. im Dauco-Melilotion u. and. Ruderalges. – Ebene bis mittl. Gebirgslag., A bis 1300 m, Ju bis 980 m – subatl(-smed), in ozean.gemäß. Zonen heute weltweit – H, T – Chrom. 2n = 6.

3196. Borsten-P., C. setósa Hall. f., zml. slt., ab. z. T. gesellg u. eingebürgt in lückg. Unkrautfluren an Wegen, Dämmen, Ackerrändern, in Brachen, an Mauern, auf sommerwarm.-mäß.trock., nährstoff- u. basenreich., ± humos. Böd. aller Art, Pionierpf., Kulturbegleit., v. all. im Dauco-Melilotion (Verb.char.), auch in d. Polyg.-Chenopodietalia, in Klee- u. Luzerneäckern – Wärme- u. Trockengebiete, z. B. Rh (v. all. Els eingebürgt), ferner Pf, Hü; Ne, Do-Av, FrJu, Mn, NWe, NSH, Th usw. – smed – T, H – Chrom. 2n = 8.

3197. Stinkender P., C. foétida L., zerstr. u. unbestdg in sonng., lückg. Rasen od. Unkrautfluren, an Wegen, Rainen, Ackerrändern, in Brachen, auf ± off., mäß. trock., nährstoff- u. basenreich., kalkreich. u. -arm., ±

humos., lock., gern steing., mittel-flachgründg. Lehm- u. Tonböden, auch Lößböden, wärmeliebd, Pionierpf., Insekt.bestäubg, Windverbrtg, v. all. im Dauco-Melilotion, auch im Sisymbrion od. in lückg. Trockenras. – v. all. Kalk- u. Wärmegebiete, nördl. bis NSH, Th, An, Br, fehlt Silikatgebirgen u. A – smed – T, H – Chrom. 2n = 10.

3198. Löwenzahnblättriger P., C. taraxacifólia Thuill. [*C. vesicária* L. ssp. *haenseléri* (Boiss. ex DC.) Sell.], zerstr. in lückg. Unkrautfluren od. Rasen-Ges., an Wegen, Mauern, Böschg., in Wiesenrainen od. Kleefeldern, auf sommerwarm., frisch.-mäß. trock., nährstoff- u. basenreich., meist kalkhaltg., roh. od. humos. Lehmböden, Pionierpf., Windverbrtg, im Gebiet v. all. z. B. mit *Lactuca serr.* im Sisymbrion, in S-Europa auch in Arrhenatherion-Ges. – Hü, Pf, Ne, Ba-Ju bis 990 m, Bo, Do, Av, Fr (Burgbernheim), nördl. bis RS, NSH, sonst nur unbestdg adv. – med-smed-subatl – H, T – Chrom. 2n = 8, formenreich.

3199. Schöner P., C. púlchra L., zerstr. u. unbestdg in lückg. Unkrautfluren, v. all. d. Weinberge, auch an Mauern, Wegen, Ackerränd., in Heckensäumen, auf mäß. frisch., nährstoff- u. basenreich., meist kalkhaltg., wenig humos., steing. od. rein. Lehm- u. Lößböden, wärmeliebd, Vormittagsblüher, Insekt.bestäubg, Windbrtg, v. all. in Onopordetalia-Ges., auch im Sisymbrion (Conyzo-Lactucetum) od. Fum.-Euphorbion – Hü, Ne, Pf, RS (Täler), Mn (überall zurückgehd, z. T. verscholl.) – med-smed – T – Chrom. 2n = 8.

Hasenlattich, Prenánthes L. vgl. S. 909

3200. P. purpúrea L., hfg in kraut- u. grasreich. Eichen-Buchen- u. v. all. Buchen-Tannen-Mischwäld., auch in Fichtenmischwäld. u. Hochstaudenfluren, gern in Verlichtg., an Waldwegen, auf frisch.-mäß. frisch., ± nährstoffreich., vorzugsw. kalkarm., neutral-mäß. sauer., mull- od. modrg. humos., mittel(-tief)gründg. Lehmböden, in humid. Klimalage, Humuswurzler, Schatt-Halbschattpf., opt. in hochmont. Fageten, Fagion-Verb.char., (v. all. Luzulo-Fagenion), auch (Diff.) im Luz.-Quercetum (Quercion rob.-petr.), sowie in Vacc.- u. Galio-Abietenion- od. Adenostylion-Ges. übergreifd – Hügelland bis Gebirge, A bis 1920 m, in d. Eich.- u. Kieferngebiet. d. Tieflag. s. slt. od. fehld, nördl. bis RS, He, Hz (s. slt.), ThW, Erzg – pralp(-smed) – H – Chrom. 2n = 18.

3200a. var. angustifólia Koch., B. schmal, z. T. lineal, ± ganzrandg, v. all. im Aceri-Fagetum u. in Adenostylion-Ges. – z. B. Vog, Sch, BayW.

Habichtskraut, Hierácium L.
1 Fr. 1–2,5 mm lg, Haarkrone 1reihg, mit gleich lg. Haar., B. ganzrandg (od. nur schwach gezähnt), in grundstdg. Rosette, längl.-lanzettl., ohne abgesetzt. Stiel, St. wenigblättrg, einköpfg od. geknäuelt-doldg (rispg) mehrköpfg, Pf. hfg mit Ausläufern. Untergattung **Pilosella** S. 1000

1* Fr. 3–5 mm lg, Haarkrone 2reihg mit verschieden lgen Haar., B. meist gezähnt u. ± deutl. gestielt, grundstdg. od. zahlreich st.ständg, Blü.std
   locker rispg, mehrköpfg, Pf. ohne Ausläuf.
                                                    Untergattung **Hieracium** S. 1006

Mausohr-Habichtskräuter, Untergattung Pilosélla Tausch

1 St. 1köpfg (slt. 2köpfg), b.los., B. untersts meist graufilzg, ± blaugrün, Pf.
   meist mit Ausläufern, Blü. gelb
2 Hüllb. unten ca. 3 mm brt, Hülle bis 14 mm lg, Ausläufer kurz, dickl. (z. T.
   unterird.), mit genähert. B.
3 Hüllb. eilängl., stumpf (± abgerundet), hellrandg, St. oberwts drüsg, spärl.
   behaart, B. ± lg steifhaarg, 10–30 cm, ⵗ, 6–8
                                           H. hoppeanum 3201–03
3* Hüllb. aus brt. Grund lg zugespitzt, meist drüsenlos, dicht seidenhaarg, St.
   oben reichdrüsg, B. obersts lg borstg behaart, 10–25 cm, ⵗ, 5–8
                                           H. peleteranum 3204
2* Hüllb. 1–2 mm brt, lineal (lanzettl.), zugespitzt, graufilzg, drüsenhaarg, Hülle bis 11 mm lg, Ausläufer meist verlängert, entfernt u. kl. beblättert, 5–30
   cm, ⵗ, 5–10   **H. pilosella** 3206
1* St. 2-mehrköpfg (slt. 1köpfg), St. meist 1-mehrblättrg, Pf. mit od. ohne
   Ausläufer
4 St. (1–)2–5(–7)köpfg, b.los od. nur 1blättrg, höchst. 2 cm hoch, aufsteigd,
   Blü. meist hellgelb
5 Ausläufer verlängert (z. T. unterird.), B. spatelg-stumpfl., blaugrün, kahl od.
   zerstr. lghaarg, Hüllb. weißl. berandet, St. ob. kurzdrüsg, sonst kahl od. ±
   sternhaarg, 10–20 cm, ⵗ, 5–10   **H. lactucella** 3207
5* Ausläufer fehld od. kurz, B. meist lanzettl., z. T. sternhaarg, meist grün (bis
   hellblaugrün), Hüllb. ohne Rand, dunkel, St. oben lg abstehd behaart u.
   drüsg, 10–15 cm, ⵗ, 7–8   **H. glaciale** 3210
4* St. mehrköpfg, 1–3- u. mehrblättrg, bis 80 cm hoch, Blü.stdsäste meist verzweigt
6 St. 1–3blättrg
7 B. dunkel- od. gelbgrün, ellipt.-längl.-lanzettl., weich, rauhhaarg, St. oben
   oft drüsg
8 Blü. orangerot, Griffel braun, St. oben schwarzdrüsg, 2–6köpfg, Pf. mit
   Ausläufern, 20–40(–60) cm, ⵗ, 6–8   **H. aurantiacum** 3214
8* Blü. gelb, zml. kl., Griffel gelb, Blü.std 10-vielköpfg
9 Pf. mit Ausläufern (z. T. unterird.), St. hohl u. bes. unten 3–4 mm lg abstehd,
   weich behaart, B. einfach behaart, höchst. untersts ± sternhaarg, 30–60 cm,
   ⵗ, 6–7   **H. caespitosum** 3219
9* Pf. ohne Ausläufer, St. fest u. kurz (2 mm lg) rauh behaart, B. beidersts
   sternhaarg, Blü. dunkelgelb, 30–60 cm, ⵗ, 5–7 **H. cymosum** 3224/25
7* B. blau-graugrün, lineal-lanzettl., spitz, derb, spärl. borstg, St. meist drüsenlos, Blü.std mehr-vielköpfg, locker doldentraubg-rispg, Blü. gelb
10 Pf. ohne Ausläufer, z. T. mehrstengelg, Köpfch.stiele weich, drüsg, 25–60
   (–80) cm, ⵗ, 6–8   **H. piloselloides** 3236/37
10* Pf. mit Ausläufern, Köpfch.stiele steif u. meist drüsenlos, 25–60 cm, ⵗ, 6–7
                                           H. bauhinii 3249

6* St. meist 8–12blättrg, B.rosette zur Blü.zeit meist vertrocknet, St. u. B. aufgericht. borstenhaarg, Blü. gelb, 30–60 cm, ⚁, 7–8
H. echioides 3232

3201–03. Hoppe's H., H. hoppeánum-Gruppe

1 Hüllb. 2–4 mm brt, dunkel mit hell. Rand, Hülle 11–13 mm lg

3201. H. hoppeánum Schult., zml. slt. in sonng. Silikat-Magerrasen u. -
weid. d. subalp. Stufe, auf frisch.-wechselfrisch., basenreich., kalkarm.,
mäß. sauer., modrg-torfg. humos. Lehm- u. Tonböden, Char. d. Aveno-
Nardetum (Nardion), slt. auch in basiph. Trock.ras. – A bis 2000 m, Av –
oalp – H – Chrom. 2n = 18, 45 (90).

1* Hüllb. kaum 2 mm brt, auffällg hellrandg, Hülle 10–12 mm lg

3202. H. macránthum (Ten.) Zahn, slt. in sonng. Kalk-Magerrasen, auf
trock.-mäß. trock., neutral., humos., kiesg-steing. Lehmböden, v. all. in
Festuco-Brometea-Ges. d. Alpenvorlandes mit and. alpigen. Arten – Do,
Av – opralp.

3203. Zwischenart: H. hypeúryum N. et P. (*hoppeánum-pilosélla*), A, slt.
Weitere Zwischenarten vgl. Nr. 3209, 3212, 3217.

3204. Peletier's H., H. peleteránum Mér., slt. in ± sonng., lückg. Silikat-
Magerrasen, in Felsband-Ges., auf Felsköpf., an Wegrain., auf ± off.,
mäß. trock., basenreich., kalkarm., meist humus- u. feinerdearm., grusg.
Steinböd. od. steing. Lehmböden, Licht-(Halbschatt)pf., wärmeliebd, z.
B. mit *Genista pil.* im Genistion od. im licht. Luz.-Quercetum (Quercion
rob.-petr.), sowie in Sedo-Scleranthetea-Ges. – Vog, Pf, süSch, RS,
südl. BayW, Th, An, Sa – subatl-smed – H – Chrom. 2n = 18.

3205. Zwischenart: H. pachylódes N. et P. (*H. peleteránum-pilosélla*),
z. B. Pf, süSch, Sa, usw.

3206. Kleines H., Mausöhrchen, H. pilosélla L., verbr. in sonng. Magerrasen, slt. auch im licht. Gebüsch od. in Kiefernwäldern, auf Weiden, an
Wegen, in Heiden, in d. verbr. Unterart auf z. T. off., mäß. trock., ± basenreich., kalkarm., roh. od. humos.-torfg., mäß. sauer.-sauer., gern
sandg-grusg. Lehmböden od. bindg. Sandböd., bis 50 cm tief wurzlde
Pionierpf., Bodenfestiger, Magerkeitszeiger, Licht (Halbschatt)pf., Initialstadien d. Nardo-Callunetea (schwache Kl.char.), auch in Sedo-Scle-
ranthetea- od. Fest.-Brometea-Ges., vgl. Unterart. – Ebene bis Gebirge,
A bis 2100 m – im ganzen: no-eurassubozean – H – Chrom. 2n = 18, 36,
39, 45, 54, 63, formenreich:

1 Hüllb. d. Blü.köpfch. mit einfach. u. Sternhaar., mit u. ohne Drüs.haare, B.
unt.sts dicht sternhaarg
2 Hüllb. neben (hellen) einfach. u. Stern-Haar. auch deutl. drüsg behaart, Hülle 7–10 mm lg, Ausläufer dünn

3206a. ssp. pilosélla, verbr. Sippe v. all. in Nardo-Callunetea- u. Sedo-
Scleranthetea-Ges. – eurassubozean – Chrom. 2n = 36.

2* Hüllb. dicht behaart, ohne od. nur mit ganz spärlich. Drüsenhaar.
3 Hüllb.behaarung hell, Hülle 7–11 mm lg, Ausläufer dünn

3206b. **ssp. tricholépium** Naeg. et P., zml. hfg z. B. in Trocken- u. Halbtrock.rasen auf basenreich. Böd., in Brometalia-Ges. – z. B. Hü, Do, Ju, Av, Mn, Fr, v. all. im S d. Gebietes – Chrom. 2n = 36.

3* Hüllb.behaarung dunkel, Hülle 10–12(15) mm lg, Ausläuf. z. T. dickl.

3206c. **ssp. trichoscápum** Naeg. et P. (einschließl. ssp. *trichóphorum* Naeg. et P. u. ssp. *sedunórum* Z.), zml. slt. wie vor. in Brometalia-Ges. – v. all. Tieflag., z. B. Hü – Chrom. 2n = 45.

1* Hüllb. d. Blü.köpfch. reichdrüsg, sternhaarg, aber ohne einfache Haare, filzrandg, Hülle 7–11 mm lg, B. unt.sts sternhaarg, Ausläuf. dünn

3206d. **ssp. micradénium** Naeg. et P. (einschließl. ssp. *minúticeps* Naeg. et P.), zml. hfg wie vor. in trocken. Rasenges. basenreicher, vorzugsw. sandiger Böd. (Sedo-Scleranthetea?) – z. B. Hü, Ju, Mn – eurassubozean – Chrom. 2n = 18, 36, 45.

3207. **Geöhrtes H., H. lactucélla** Wallr. (*H. aurícula* auct.), zerstr., ab. gesellg in Silikat-Magerweiden, in Moorwiesen od. beweidet. Quellmooren, auf z. T. off., frisch. bis feucht. (wechselfeucht.), basenreich., kalkarm., mäß. sauer., humos., gern modrg-torfg. Tonböd. od. Sumpfhumus-Böden in humid. Klimalage, Magerkeits- u. Frische-Zeiger, auch Pionierpf. an Wegen u. Erdanriss., Verbrtgsschwerpkt in frisch. Violion-Ges., Nardetalia-Ordn.char., auch in sauer. Molinieten od. im Caricion f. – Ebene bis Gebirge, A bis 2010 m, v. all. Silikatgebiete – eurassubozean (fehlt England) – H – Chrom. 2n = 18, 27.

Zwischenarten:

3208. **H. schultésii** F. Schultz (*H. lactucella-pilosélla*), B. ± blaugrün, unt.sts graugrün, sternhaarg, Hülle 7–10 mm lg, Blü.std meist tiefgabelg, 2–3köpfg zerstr., z. B. Bo, Ju, Rh, Do, Av, A usw.

3209. **H. viridifólium** Pet. (*H. lactucella-hoppeánum*), im Nardion – A (Allgäu).

3210. **Gletscher-H., H. glaciále** Reyn., slt. in Silikat-Magerras. u. -weid. d. alp. Stufe, auf frisch. (wechselfrisch.), kalkarm., sauer., modrg-torfg humos., sandg. od. rein. Ton- u. Lehmböden, Char. d. Aveno-Nardetum (Nardion) – A (Allgäu) 1800–2100 m – alp – H – Chrom. 2n = 18. Im Gebiet (A) zahlreiche sltne Zwischenarten, z. B.:

3211. **H. niphostríbes** Pet. (*H. glaciále-lactucella*), Nardion-Art.

3212. **H. sphaerocéphalum** Froel. (*H. glaciále-hoppeánum*), Nardion-Art.

3213. **H. lathraēum** Pet. (*H. sphaerocéphalum-lactucella*), Nardion-Art.

3214. **Orangerotes H., H. aurantíacum** L., zml. slt. in Silikat-Magerweid. u. Magerrasen d. subalp. u. alp. Stufe, auf frisch. (wechselfrisch.), basenreich., kalkarm., sauer., modrg-torfg humos. Lehm- u. Tonböden,

Lichtpf., Ausläuf.- u. Windverbrtg, auch Zierpf., Nardion-Verb.char., auch im Calamagrostion od. verwildt in mager. Parkrasen u. an Wegen (im Cynosurion) – süSch (Feldberg), BayW, Hz, Av, A 1500–2000 m, Pf (eingebürgert), auch sonst in Tieflag. nur verwildt – H – Chrom. 2n = 18, 27, 36, 45, 54, 63, 72.

Zwischenarten:

3215. **H. fúscum** Vill. (*H. aurantíacum* > *lactucella*), Nardion-Art (Char. d. Aveno-Nardetum), z. B. Allgäu.

3216. **H. éminens** Pet. (*H. mirábile* N. et P.) (*H. fúscum* > *hoppeánum*), Nardion-Art, A.

3217. **H. substoloniflórum** N. P. (*H. aurantíacum* > *hoppeánum*), Nardion-Art, A.

3218. **H. stoloniflórum** W. et Kit. (*H. aurantíacum* > *pilosélla*), Blü.std tiefgabelg, Blü. mehr hellrot – slt. in Magerras. – A, auch Zierpf. u. verwildert, z. B. Pf, dazu andere sltne Zwischenart.

3219. **Wiesen-H., H. caespitósum** Dumort. (*H. praténse* Tausch), slt. in Moorwiesen, auf Flachmooren, in Halbtrockenrasen, an Wegrainen, auf wechselfeucht. od. feucht., basenreich., roh. od. humos. Lehm- u. Tonböden, auch auf Torf, z. T. Pionierpf., licht- u. sommerwärmeliebd, Ausläuf.- u. Windverbrtg, im Mesobromion od. Molinion, auch in Pol.-Trisetion- od. Nardetalia-Ges. – Ebene bis mittl. Gebirgslag., A bis 1160 m – no-euraskont – H – Chrom. 2n = 18, 27, 36, 45.

Zwischenarten:

3220. **H. prússicum** N. P. (*H. dúplex* Pet.) (*H. caespitósum* > *pilosélla*), z. B. Rh, Bo, Do, BayW, Sa (z. T. verscholl.).

3221. **H. flagelláre** N. P. (*H. caespitósum-pilosélla*), z. B. nöRh, Mn, Av, Sa – Chrom. 2n = 36, 45.

3222. **H. floribúndum** W. et Grab. (einschließl. *H. longiscápum* Boiss. et Kotschy) (*H. caespitosum* – *lactucella*), mit *H. lactucella*-ähnl. Ausläuf., Hüllb. 7–8 mm lg, zml. slt., z. B. Pf, BayW, Erzg, Sa, Br, An, Th, NSH, RS – Chrom. 2n = 27.

3223. **H. piloselliflórum** N. et P. [einschließl. *H. iseránum* (Uetr.) Z. u. *H. apatélium* N. et P.] (*H. floribundum* > *pilosella*), slt. z. B. NWe, Sa, Erzg.

3224/25. **Doldiges H., H. cymósum**-Gruppe, slt. in Halbtrockenras., im Saum licht. Büsche, an Wegen u. Rainen, auf sommerwarm., mäß. trock., meist kalkreich., ± humos. Lehm- u. Lößböden, Licht-(Halbschatt)pf., Pionierpf., v. all. in Mesobromion- u. Geranion sang.-Ges. – Ebene bis mittl. Gebirgslag., Ju bis 980 m, im nordw. Tiefld fehld – gemäßkont – H – formenreich, z. B.:

3224. **H. cymósum** L., Blü.std u. Hüllb. reichhaarg u. meist armdrüsg vorherrschde Form – Chrom. 2n = 36, 54, 63, 68.

3225. **H. vaillántii** (Tausch) Z., Blü.std reichdrüsg, armhaarg, slt., z. B. Fr, Do.

Zwischenarten:

3226. **H. spúrium** Chx. (*H. cymósum* > *pilosélla*), z. B. Do.

3227. **H. láschii** Z. (*H. cánum* N. P.) (*H. cymósum-pilosélla*), z. B. BayW (Südrand), Ju, Bo, NWe, An, Sa.

3228. **H. sciadóphorum** N. et P. (*H. cymósum-lactucélla*), z. B. Bo, Ju, Do, BayW (gegen Do).

3229. **H. guthnikiánum** (Hegetschw. et Heer) Thell. (*H. cymósum-aurantíacum*), im Nardion, A (Allgäu) 1500–1700 m.

3230. **H. ambíguum** Ehrh. (*H. cymósum-caespitósum*), z. B. BayW, NWe, Sa – Chrom. 2n = 36, 45 – u. a., vgl. auch 3232, 3238 u. 3251.

3231. **H. dúbium** L. (*H. cymosum-floribundum*), slt. z. B. Hz – Chrom. 2n = 36, 45.

3232. **Natterkopf-H., H. echioídes** Lumn., slt. in Sand- u. Trock.rasen basenreicher Böd., Sedo-Scleranthetea-Kl.char., auch im Festucion val. – Th, An, Sa, Br, Me – euraskont – Chrom. 2n = 36.

Zwischenarten:

3233. **H. fállax** Willd. (*H. echioides-cymosum*), z. B. süHü(Els), nöHü (Kraichgau, Pfalz), nöRh (Ketsch), Nahetal, FrJu, sowie im Verbrtgsgebiet d. *H. echioides.*

3234. **H. crassisétum** Pet. (einschließl. *H. fuckeliánum* Tout. et Z. u. *H. cinereifórme* Meissn. et Z.) (*H. fallax* > *pilosella*), z. B. nöRh, Ne, An, vgl. ferner 3247, 3248 u. 3253.

3235. **H. rothiánum** Wallr. (einschließl. *H. bifúrcum* M. Bieb.) (*H. echioides* ≥ *pilosella*), zerstr. in Trockenras. z. B. im Festucion val. od. Koelerion gl. – süHü (Grenzach), nöHü, Th, An, Br.

3236/37. **Florentiner H., H. piloselloídes**-Gruppe, zml. hfg in lückg. Kalk-Magerrasen, an Wegen, Rainen, in Steinbrüchen, an Erdanrissen u. Mauern, auch in off. Schotterfluren d. Alpenflüsse, auf mäß. trock. (wechseltrock.), kalkreich., wenig humos. od. roh. Lehm- u. Lößböden, auch Kiesböd., licht- u. wärmeliebde Pionierpf. – H – formenreich:

1* Blü.kopfstielch. ohne od. nur mit wengen Sternhaar., auch nur mit wengen einfach. od. drüsg. Haaren, Hüllb. bis 0,7 mm brt, Blü.std auffalld locker

3236. **H. piloselloídes** Vill. (*H. florentínum* All.), zerstr. in Schotterflur. alpenbürtger Flüsse, Epilobion fleischeri-Verb.char. – z. B. Av, Do, Rh – pralp-smed – Chrom. 2n = 18, 36.

1* Blü.kopfstielch. dicht sternhaarg, Hüllb. bis 1 mm brt, Blü.std dicht doldg

3237. **H. praeáltum** Vill. ex Goch. (einschließl. *H. obscúrum* (Rchb.) N. et P. u. *H. subcymígerum* Z.), zml. slt. in Halbtrock.ras. od. in Saumges., im Mesobromion u. Geranion sang., auch in Al.-Sedion-Ges. – v. all. Kalk- u. Wärmegebiete im S, im N, wie auch in d. Silikatgebirgen slt., z. B. süSch – smed(-gemäßkont) – Chrom. 2n = 36, 45.

Zwischenarten:

3238. **H. zizianum** Tausch (*H. piloselloides-cymosum*) z. T. hfger als *H. cymosum*, B. grün-gelbgrün, unt.sts sternhaarg, Blü.std hoch-doldg, v. all. in lückg. Kalk-Magerrasen, z. B. Pf, Hü, Rh, süSch, Bo, Ju, Ba, Th, Sa, im N slt.

3239. **H. hybridifórme** Z. (*H. leucénse* Wolf) (*H. piloselloides* > *peleteranum*), z. B. Pf, BayW (gegen Do).

3240. **H. florentoídes** Arv.-T. (einschließl. *H. áridum* Fr. u. *H. adriáticum* Naeg.) (*H. piloselloides* ≥ *pilosella*), z. B. süHü, nöRh, Do, Av, Ju.

3241. **H. bracchiátum** Bertol. (*H. piloselloídes* > *pilosélla*), Verzweigg locker tiefgabelg, Hüllb. 8–11 mm lg, in d. Kalkgebieten zerstr., im N slt.

3242. **H. sulphúreum** Doell (*H. piloselloídes-lactucella*), z. B. Rh, O, Bo, Do, Av, NWe, Th, Sa, usw.

3243. **H. atramentárium** (N. et P.) Z. (*H. piloselloídes* > *aurantíacum*), z. B. BayW.

3244. **H. arvícola** N. et P. (*H. piloselloídes-caespitósum*), B. unt.sts sternhaarg, Hüllb. 6–8 mm lg, Pf. kräftg, z. B. Rh, Hü, Bo, Ba, Do, Av.

3245. **H. anchusoídes** Arv.-Touv. (*H. ziziánum* > *peleteránum* od. *pilosella*), z. B. Do, An.

3246. **H. fallácinum** W. Schultz (einschließl. *H. pilosellínum* Schultz) (*H. zizianum-pilosella*), im S in d. Kalkgebiet. zerstr., nördl. bis Th, An, Sa.

3247. **H. cálodon** Tausch (*H. piloselloides-echioides*), slt., z. B. Hü, NWe, Th, Br, An, Sa.

3248. **H. heterodóxum** (Tausch) N. et P. (*H. piloselloides-rothianum*), slt. z. B. nöHü (linksrhein.), RS, An, Sa.

Zahlreiche andere s. sltene Zwischenart. vgl. Hegi VI/2, S. 1231/38).

3249. **Ungarisches H., H. bauhínii** Schult., slt. in mager. oft lückg. Trocken- u. Halbtrock.rasen auf mäßg trock., vorzugsw. kalkhaltg., basenreich. z. T. roh. u. sandg. Lehmböd., sommerwärmeliebde Licht- u. Pionierpf., Festucetalia val.-Ordn.char., auch im Mesobromion, oft halbruderal – warme Tieflag. v. all. im O d. Gebiet., nordw. u. westl. bis

östl. Do-Ne-Mn, He, NSH, Th, An, Br, Me – (euras)kont – H – Chrom.
2n = 36, 45.

Zwischenarten:

3250. **H. leptophýton** N. et P. (*H. bauhínii* > *pilosélla*), z. B. nöHü, BayW (Südrand), FrJu, Fr, Mn, Th, An, im Nordw. fehld.

3251. **H. densiflórum** Tausch (*H. taúschii* Z.) (*H. bauhínii-cymósum*), reicher behaart als *H. bauhinii,* Blü.std doldg, reich sternhaarg, Hüllb. ± drüsg, z. B. Hü,Ne, O, Bo, Do, Ju, BayW, Fr. Mn, Th, An, im Nordw. fehld.

3252. **H. koernickeánum** (N. et P.) Z. (*H. bauhínii-lactucella*), z. B. Av.

3253. **H. auriculoídes** Láng (*H. bauhínii-echioídes*), slt., z. B. Hü, NWe, An – dazu and. slt. Zwischenart. (vgl. Hegi VI/2, S. 1240/43).

Echte Habichtskräuter, Untergattung Hierácium (Torr. et Gray)

1   Grundb. zur Blü.zeit vorhand., St. meist armblättrg (höchst. 10 B.), B. rosettg, z. T. wintergrün (1* vgl. S. 1007 unten)
2   B. ohne Drüsen od. am B.rand nur spärl. drüsg
3   B. schmal lineal-lanzettl., ganzrandg od. schwach entfernt gezähnelt, ungestielt, blaugrün, St. 5–10blättrg, gabelg verzweigt, wenigköpfg, Hülle 10–13 mm lg, 20–40 cm, ⧧, 7–8   **H. bupleuroides**   3254
3* B. lanzettl. od. brt eiförmg, ± deutl. gestielt
4   Hüllb. regelmäß. dachziegelg, d. äußer. allmähl. in d. länger. inneren übergehd, B. lanzettl., Hochgebirgspf.
5   Zungenblü. an d. Spitze kahl
6   Hüllb. ± kahl, äußere stumpf, B. lanzettl. od. lineal-lanzettl.,gezähnelt-gesägt, blaugrün, St. 2–6blättrg, 1–8köpfg, Hülle 8–11 mm lg, 20–60 cm, ⧧, 7–9   **H. glaucum**   3257
6* Hüllb. lg zottg behaart, spitz
7   St. meist 2–mehrköpfg, 3–8blättrg, Grundb. längl-lanzettl., ganzrandg od. kurz gezähnt, behaart, blaugrün, Hülle 12–18 mm lg
8   Äußere Hüllb. ellipt.-lanzettl., grün, abstehd, innere lineal, oft dunkel, St. 2–3köpfg, 15–30 cm, ⧧, 7–8   **H. villosum**   3261
8* Äußere Hüllb. wie innere lineal-lanzettl., mehr aufrecht-angedrückt, St. 1–2köpfg, 15–30 cm, ⧧, 7–8   **H. pilosum**   3268
    vgl. auch unt. 14* d. in d. Tracht ähnl., ab. drüsge: **H. alpinum**   3295
7* St. meist einfach, 1köpfg, niedrg, b.los od. 1blättrg, B. längl. (mit aufgesetzt. Spitze), wie Hülle lg behaart, oft undeutl. gestielt, 5–15 cm, ⧧, 7–8
                    H. piliferum   3269
5* Zungenblü. an d. Spitze bewimpert, Köpfch.stiele u. Hülle schwarzdrüsg, St. unten wie B.stiele rauhhaarg, B. längl.-lanzettl., ± ganzrandg, 15–40 cm, ⧧, 6–8   **H. vogesiacum**   3270
4* Hüllb. nicht regelmäß. dachziegelg, neben wenigen kurz. äußeren stehen ohne allmähl. Übergang zahlreiche fast gleich lge innere
9   St. b.los od. nur mit 1–2 kl. B., Grundb. meist deutl. gestielt
10 B. blaugrün, nicht gefleckt, am Rande dicht borstg, 2–10 mm lg behaart (u. glgtl. ± drüsg), Köpfch.stiele drüsg, Zähne d. Zungenblü. meist bewimpert,

Griffel oft gelb, Blü.std sparrg-hochgabelg, 20–40 cm, ♃, (4–)5–8
H. schmidtii 3271
B.lauchgrün, dunkelgefleckt, 20–50 cm, ♃, 5–7, vgl.
H. glaucinum u.a. 3273
10* B. hell- od. dunkelgrün (slt. ± blaugrün), weich kraushaarg od. kahl, Griffel oft dunkel, Zähne d. Zungenblü. unbewimpert
11 Köpfch.stiele u. Hüllb. meist drüsg, Blü.std doldenrispg, B.weich-dunkelgrün, grob gezähnt, ungefleckt, 20–50 cm, ♃, (5–)6–8
H. sylvaticum 3279
vgl. auch **H. fuscocinereum** 3279a
11* Köpfch.stiele u. Hüllb. drüsenlos, sternhaarg-filzg (flockg) u. ± behaart, Blü.std hochgabelg, wenigköpfg, mit etwas bogig abstehd. Äst., B. derb, hellgrün, buchtg gezähnt, ungefleckt, 20–50 cm, ♃, 6–8 **H. bifidum** 3288
9* St. 3–8blättrg, B. längl.-lanzettl., spitz gezähnt, untersts od. rötl. od. viol., am Rande behaart
12 B. dunkelgrün, meist ungefleckt, Köpfch.stiele u. Hülle sternhaarg u. schwarzdrüsg, Griffel grau od. braun, 30–90 cm, ♃, 6–8
H. lachenalii 3282
vgl. auch **H. gothicum** 3314
12* B. blaugrün, meist dunkel gefleckt, Köpfch.stiele u. Hülle ± drüsenlos, sternhaarg, Griffel gelb od. braun, 10–40 cm, ♃, 6–8 **H. caesium** 3291
2* B. (wenigst. am Rande) wie St. reichdrüsg
13 St. drüsg, einfach behaart, nicht klebrg, Blü.std gabelg, wenig- od. 1köpfg
14 B. tief buchtg gezähnt, am Grunde oft fast fiederteilg, deutl. gestielt, dunkelgrün, St. tief verästelt, 2–4blättrg, 2–4(–8)köpfg, Zungenblü. vorn nicht bewimpert, 10–30 cm, ♃, 6–8 **H. humile** 3292
14* B. fein gezähnelt-ganzrandg, längl.-lanzettl., St. meist einfach u. 1köpfg (-wenigköpfg), 1–2blättrg, wie kugelge Hülle meist dicht zottg, abstehd behaart, Zungenblü. vorn bewimpert, 5–15–(20) cm, ♃, 6–8
H. alpinum 3295
13* St. drüsg-klebrg, kaum behaart, St.b. 3–6, eiförmg, mit herzförmg. Grund st.umfassd, dunkelgrün, Blü.std bis 12köpfg, Hülle kahl bzw. gelbdrüsg, Zungenblü. vorn bewimpert, 10–50 cm, ♃, 6–8 **H. amplexicaule** 3301
1* Grundb. zur Blü.zeit in d. Regel verdorrt, St.b. stets sehr zahlreich, meist (außer bei *H. intybaceum* od. *gothicum*) mehr als 10
15 B. wie St. drüsg-klebrg, längl.-lanzettl., unregelmäß. gezähnt, ± wellg, gelbgrün, St. gefurcht, gabelästg, wenigköpfg, Hülle kugelg, Blü. blaßgelb, 5–20(–30) cm, ♃, 7–9 **H. intybaceum** 3302
15* B. u. St. nicht drüsg-klebrg, höchst. Blü.std etwas drüsg, ± behaart, St. schlank-hochwüchsg, reichblättrg, meist über 30 cm hoch
16 St.b. mit ± herzförmg. Grund ganz- od. halb-st.umfassd-sitzd, Blü.std reichdrüsg, Zungenblü. vorn bewimpert, 40–120 cm, ♃, 7–9
H. prenanthoides 3303
vgl. ferner **H. inuloides** 3305 u. **H. lycopsifolium** 3319
16* St.b. am Grund verschmälert od. nur wenig abgerundet (od. halbumfassd) sitzd, Blü.std drüsenlos od. armdrüsg, Zungenblü. vorn nicht bewimpert
17 St.b. 10–15 (daneben oft noch 1–2 Grundb.), eilanzettl., meist buchtg gezähnt, entfernt stehd, untere gestielt, obere mit keilförmg. Grund sitzd, Hüllb. spitz, aufrecht, spärl. drüsg, bleichrandg, 40–100 (–120) cm, ♃, 6–8
H. laevigatum 3312–14

17*St.b. zahlreicher (bis 50 u. mehr), Hüllb. stumpfl., meist dunkelgrün, drüsenlos od. spärl. drüsg

18 Hüllb. an d. Spitze abstehd-zurückgebog., B. lineal-lanzettl., am Rande oft gerollt, Blü.std doldg, 30–100 cm, ⌅, 7–10 **H. umbellatum** 3315

18*Hüllb. aufgerichtet, B. eiförmg-lanzettl., grob gesägt-gezähnt (untersts blaßgrün), sitzd od. oben z.T. abgerundet-halb-st.umfassd-sitzd, oft unregelmäß. dicht stehd

19 Blü.std rispg, Hüllb. schwärzl.grün, B. am St. ± gleichmäßg verteilt, od. nur untere gedrängt, 50–120 cm, ⌅, 8–10 **H. sabaudum** 3317

19*Blü.std traubg, Hüllb. grün od. brt berandet, untere u. mittl. St.b. meist rosettg gedrängt, ob.sts glänzd, 10–80 cm, ⌅, 7–10 **H. racemosum** 3318

3254. Hasenohr-H., H. bupleuroídes C. Gmel., slt. in sonng. Felsspalt-Ges., auf kalkreich. Gesteinsunterlag., etwas wärmeliebd, terr. Char. d. Drabo-bzw. Cardam.-Hieracietum hum. (Potentillion caulesc.), slt. auch in Thlaspietea- od. Seslerietea-Ges. – Ju, FrJu (Streitberg), A bis 1690 m. slt. auch als Alpenschwemmling tiefer im off. Flußschotter – pralp (-smed) – H – Chrom. 2n = 27.

Zwischenarten:

3255. H. sparsirámum N. et P. (*H. bupleuroides* > *sylvaticum*), A.

3256. H. francónicum Griseb. (*H. bupleuroides-sylvaticum*), Ju, endem.

3257. Blaugrünes H., H. glaúcum All., slt. in off. sonng. Steinschutt- od. Schotterfluren, auch in Felsspalt-Ges., auf mäß. trock., kalkhaltg., humus- u. feinerdearm. Steinböden, licht- u. etwas wärmeliebd, Pionierpf., v. all. im Stipetum cal. (Stipion cal.), auch im Chondrilletum (Epilobion fleisch.), Thlaspietea rot.-Art, wird ferner f. d. Potentillion caul. angegeb. – Av, A bis 1990 m – alp-pralp – H – Chrom. 2n = 27, 36.

Zwischenarten:

3258. H. austríacum Britt. (*H. glaúcum-sylváticum*), A.

3259. H. dollinéri Schultz-B. ex W. Schultz (*H. glaúcum-bífidum*), A.

3260. H. oxýodon Fr. (*H. glaúcum* od. *bupleur.* > *bífidum*), A, Ju.

3261. Zottiges H., H. villósum Jacq., zerstr. in sonng. Steinrasen u. Wildgras-Halden d. subalp.-alp. Stufe, auf frisch., kalkreich., lock., mittelgründg., steing. Ton- u. Lehmböden, lichtliebd, Char. d. Sesl.-Caricetum sempervir. (Seslerion), seltener auch im Caricion ferr. – A bis 2400 m – alp – H – Chrom. 2n = 27, 36.

Zwischenarten:

3262. H. scorzonerifólium Vill. (*H. villósum* > *bupleuroides* od. *glaúcum*), A zerstr., auch FrJu (Weltenburg).

3263. H. glabrátum Hoppe (*H. villósum-glaúcum* od. *bupleuroídes*), A zerstr.

3264. **H. valdepilósum** Vill. (*H. villósum-prenanthoídes*), St. b. 7–13, ±
st.umfassd, zerstr., Char. d. Caricetum ferr. (Caricion ferr.) – A.

3265. **H. chondrillifólium** Fr. (*H. bífidum-villósum-glaūcum*), slt., A, z. B.
Allgäu, Tirol.

3266. **H. dasytríchum** A.-T. (*H. piliferum-villosum*), slt. im Allgäu üb.
1800 m.

3267. **H. dentátum** Hoppe (*H. villosum-bifidum*), Grundb. gestielt, slt.
A, vgl. auch Nr. 3290 (*H. incisum*) u. Nr. 3311 (*H. cydoniifolium*).

3268. **Wollköpfiges H., H. pilósum** Schleich. ex Froel. (*H. morisiánum*
Rchb. f.), zerstr. in besonnt. Grashalden d. subalp.-alp. Stufe, auf frisch.,
kalkreich., lock., steing. Ton- u. Lehmböden, Char. d. Seslerio-
Caricetum semperv. (Seslerion) – A – alp – H – Chrom. 2n = 36.

3269. **Grauzottiges H., H. pilíferum** Hoppe (*H. glandulíferum* Hoppe),
slt. in Silikat-Magerras. d. alp. Stufe bis an d. nivale Rasengrenze auf
frisch., basenreich, kalkarm., sauer., modrg-torfg humos., steing. Ton-
u. Lehmböd., Caricion curv.-Verb.char., auch im hochgelegen. Nardion
– A bis 2350 – alp – H – Chrom. 2n = 27.

3270. **Vogesen-H., H. vogesíacum** (Kirschl.) Fr. (*H. cerinthoídes-
sylváticum*), slt. in sonng., frisch. Steinschutt- u. Steinrasen-Fluren, als
Zwischenart d. w-alp *H. cerinthoídes*, nur süVog – H – Chrom. 2n = 36.

3271. **Blasses H., H. schmidtii** Tausch (*H. pállidum* Biv.), slt. in Spalten-
Ges. sonng. Felsen u. Mauern, auf kalkfreien Silikatunterlag. (Gneis,
Granit, Porphyr), licht- u. etwas wärmeliebd. Spaltenwurzler, z. B. im
Woodsio-Asplenietum (Androsacion vand.), überreg. Androsacetalia
vand.-Ordn.char., auch in Sedo-Scleranthetalia-Ges. – Vog, Sch, Pf, RS,
BayW, He, Hz, Th, Erzg, Sa, Elbs – nosubozean-pralp(-smed) – H;
Klein- u. Zwischenart. aus d. Gruppe d. *H. schmidtii* u. *H. glaucinum*:

1 St.b. 0–1(2), Grundb. meist zahlreich, B.spreite mit herzförmg. B.grund,
   gestutzt od. keilförmg verschmälert, B.rand bis 2 mm lg borstg behaart, ±
   tief grob gezähnt, gefleckt od. ungefleckt, Blü.b.zähne vorn ± bewimpert
2 Hüllb. meist reichl. stern- u. drüsenhaarig mit längeren einfach. Haar.
3 B. blaugrün, nicht od. nur slt. rot gefleckt, oft schwach gezähnt, Blü.std
   lgästg gabelg-rispg, B.spreit.grund meist keilg verschmälert od. weng
   gerundet
4 Blü.std (2)3–4köpfg, 20–40 cm hoch, B.oberseite ± kahl

3271. **H. schmidtii** Tausch, vorherrschd verbr. Sippe, s. o.-Chrom. 2n =
27.

4* Blü.std 1–2(4)köpfg, 10–20(30) cm hoch, B. oberseite borstg bewimpert,
   B.stiel meist dicht viol. behaart

3272. **H. kalmutínum** Z., slt. in mäßg trocken. Trockenras. auf scherbg.
mergelg. Kalksteinböd., Char. d. Teucrio-Seslerietum (Xerobromion) –
Mn – endem.

3* B. lauchgrün, oft gefleckt, oft stark gezähnt, B.spreit.grund ± gerundet, Blü.std kurzästg-rispg, Hüllb. reichdrüsg u. lg behaart, nur spärl. sternhaarg

3273. **Bläuliches H., H. glacínum** Jord. (*H. praecox* Schultz-B.) (*H. schmidtii-sylvaticum*), zml. hfg in licht. Eich.wäld., an Wald- u. Gebüschränd., auf mäßg trock., basenreich., meist kalkfrei., ± steing. Lehmböd., Eichenbegleiter, v. all. (DAss) im Luzulo-Quercetum (Quercion rob.-petr.), seltener auch im Luz.-Fagenion, Quercion pub. od. Carpinion – v. all. im SW u. S d. Gebiet., östl. vzlt bis Do-Ju-Mn, im N slt od. fehld – smed-subatl – H – Chrom. 2n = 27, 36, formenreich:

2* Hüllb. sternhaarg, aber ± drüsenlos, B. spreit.grund ± gerundet u. hier tief gezähnt, oft rot gefleckt (*H. bifidum*-ähnl.)

3274. **H. wiesbauriánum** Uetr. (*H. schmidtii-bifidum*), slt. in Felsbandges. od. in Gebüschsäum., auf warm. Kalkböd., in Brometalia- od. Geranion sang.-Ges., auch im Potentillion caul. – v. all. im S d. Gebiet., nördl. bis Hz, Th, An, Sa – pralp(-no).

1* St.b. 2–6, Grundb. oft nur wenige, B.spreit.grund keilförmg verschmälert
5 Hüllb. sternhaarg, ± drüsenlos

3275. **H. canéscens** Schleich. (*H. caesium-schmidtii*), slt. in Trockenras. u. Trock.buschges. – Hz, Th.

5* Hüllb. ohne Sternhaare od. nur zerstr. sternhaarg
6 Hüllb. brt-lanzettl., stumpfl., dachziegelg, St.b. 4–6
7 Hüllb. reichdrüsg, B. brt-lanzettl.

3276. **H. rigídiceps** Bräut. (*H. glaucinum-laevigatum*), slt. im S, auch Sa
7* Hüllb. armdrüsg, B. längl.-lanzettl.

3277. **H. norvégicum** Fr. (*H. schmidtii-laevigatum*), slt. in Felsgrusflur. u. licht. Eich.wäld. kalkarmer Böd., im Al.-Sedion od. Quercion rob.-petr. – Nahetal, RS, Hz, Th, An.

6* Hüllb. schmal-lanzettl., St.b. 2–4
8 B. längl.-lanzettl., ungefleckt, Hüllb. ± drüsg

3278. **H. saxífragum** F. (*H. schmidtii-lachenalii*), slt. in Silikat-Felsflur. u. felsg. Eich.wäld. wie vor. – im W u. S d. Gebiet., z.B. Pf, RS, auch Th, Hz, An, Sa.

8* B. eiförmg-lanzettl., meist viol. gefleckt u. gestielt, randl. wenig behaart. Hüllb. reichdrüsg, ± behaart u. sternhaarg, St.b. 2–5

3278a. **H. maculátum** Sm. (*H. glaucinum ≥ lachenalii*), zerstr. an Waldränd. u. in licht. Eich.wäld., auf ± steing. kalkarm. Lehmböd., v. all. im Quercion rob.-petr. – warme Tieflag. im W u. SW d. Gebiet., nordöstl. bis Br, Me – subatl-smed – Chrom. 2n = 27.

3279. **Wald-H., H. sylváticum** L. (*H. murórum* Huds.), verbr. in kraut- u. grasreich. Laub- u. Nadelwäldern, auch an schattg. Mauern od. Felsen, an Waldrändern, in Waldwiesen, auf frisch., $\pm$ nährstoff- u. basenreich., vorzugsw. kalkarm., gern modrg-humos., steing. od. rein. Ton- u. Lehmböden, Moderhumus- (auch Mullhumus-) Wurzler, Schatt-Halbschattpf., Insekt.bestäubg, apomiktisch, Windverbrtg, Verbrtgsschwerpkt in Fagion-Mischwäld. d. Gebirges, v. all. in deren Säumen (*H. sylv.*-Ges.), auch im Quercion rob.-petr. od. Vacc.-Piceion – Ebene bis Gebirge, bis 2120 m – no-eurassubozean – H – Chrom. 2n = 18, 27, 36.

(3279a.) **Pfeilblättriges H., H. fuscocinéreum** Norrl. em. Bräut., Hüllb. randl. filzg-sternhaarg, auf d. Fläche feindrüsg u. behaart, slt., z. B. im Asp.-Fagetum u. dessen Säum. – SH, Me (Rügen) – nosubozean – H.

Zwischenarten:

3280. **H. diaphanoídes** Lindeb. (*H. sylváticum* > *lachenálii*), Grundb. plötzl. verschmälert bis gestutzt, St.b. 2–5, rasch kleiner werdend, Kopfstiele u. Hülle reich schwarzdrüsg, zerstr., gern an felsg. Standort., z.B. Pf, Sch, Ba, Ju, Av, BayW.

3281. **H. prínzii** (Käs.) Z. (*H. sylváticum* > *húmile*), slt. Ju, Av.

3282. **Lachenal's H., H. lachenálii** C. Gmel., zml. hfg in licht. Laub- u. Nadelwäld. auf mäß. frisch., mäß. nährstoff- u. basenreich., meist kalkarm., $\pm$ modrg-humos., flach-tiefgründg. Lehmböd., Halbschattpf., typische Sippe v. all. im Quercion rob.-petr. (Verb.char.), andere Kleinart. auch im Nardion od. in Vacc.-Piceetalia-Ges., s. u. – Ebene bis Gebirge, A bis 1850 m – H – Chrom. 2n = 27, formenreich, hfgere Kleinart. z. B.:

3283. **H. irríguum** (Fr.) Dahlst., Grundb. 3–5, schwach gezähnt, hellgrün, St.b. untersts meist rot, Hülle sternhaarg, auch grün, slt., z. B. Av, BayW, Fr.

3284. **H. anfráctum** (Fr.) Z., Hüllb. mehrreihg, fast dachziegelartg, v. all. in Nardion-Ges., auch im Vacc.-Piceion, z. B. süSch (1415 m), BayW, Fr, Vog.

3285. **H. acuminátum** (Jord.) Z., Grundb. spärl., St.b. zahlreich, z. B. HRh, Bo, Ju – Chrom. 2n = 27.

Zwischenarten:

3286. **H. laevicaüle** Jord. (*H. lachenálii* > *bífidum*), ähnl. *H. caesium,* v. all. auf kalkhaltg. Fels. od. off. Flußschotter, z.B. Ju, Av, Br – Chrom. 2n = 27.

3287. **H. benziánum** Murr et Z. (*H. lachenálii-bífidum*), slt. auf off. Felsböden – Av (Allgäu).

Vgl. ferner 3278a (*H. maculátum*) u. 3291 (*H. caésium*).

3288. **Gabeliges H., H. bífidum** Kit., slt. in sonng. Steinrasen d. subalp.-alp. Stufe, auch in mont. Felsband-Ges., auf frisch.-mäß. frisch., meist kalkreich., oft humus- u. feinerdearm., steing. Lehmböd., auch Fels- u.

Steinschutt-Böden, lichtliebd, Seslerietalia-Ordn.char., im Alpenvorland in *Sesleria*-reich. Festuco-Brometea-Ges., ferner im Potentillion caul. – süSch (Höllental), Ju, Do, Av, A bis 1970 m, RS, NSH, Hz, Th, Sa – alp-pralp-no – H – Chrom. 2n = 18, 27.

Klein- u. Zwischenart., z. B.:

3289. **H. ammóbium** Sell et West, B.oberseite ± behaart, v. all. Hochlag. d. Alp.

3290. **H. incísum** Hoppe (*H. bífidum > villosum*), zerstr. in besonnt. Steinras. d. subalp.-alp. Stufe, Selslerietalia-Ordn.char. – A – alp.

3291. **H. caésium** Fr. (*H. bífidum-lachenálii*), slt. in sonng. Steinras. u. Felsband-Ges., in Seslerietalia- u. Festuco-Brometea-Ges., z. B. Ju, Do, Av, A bis 1720 m, NSH, Th, An – alp-pralp-no – H – Chrom. 2n = 27.

3292. **Niedriges H., H. húmile** Jacq., slt. in sonng. u. schattg. Felsspalt-Fluren, auf basenreich. od. kalkhaltg. Felsböden, Spaltenwurzler, licht-u. etwas wärmeliebd, v. all. (lok. Char.) im Drabo-Hieracietum hum., Potentillion caul.-Verb.char. – süSch (kalkführd. Gneis od. Porphyr), Bo (Phonolith), Ju, A bis 2200 m – alp – H – Chrom. 2n = 27.

Zwischenarten:

3293. **H. kérneri** Ausserd. (*H. húmile-bífidum*), slt., A.

3294. **H. cottétii** God. (*H. húmile > sylváticum*), slt., z. B. Ju, A, süSch vgl. ferner Nr. 3281, u. weitere s. sltne Zwischenarten.

3295. **Alpen-H., H. alpínum** L., zml. slt. in Silikat-Magerweid. u. -rasen, im Zwergstrauch-Gestrüpp d. subalp.-alp. Stufe, auf frisch. (wechselfrisch.), kalkarm., sauer., modrg. od. torfg. humos., steing. od. rein. Ton-u. Lehmböden, Rohhumuswurzler, lichtliebd, Nardion-Verb.char., auch im Caricion curv. od. [v. all. ssp. *hálleri* (Vill.) Z. mit gezähnt. B.] im Empetro-Vaccinietum (Lois.-Vaccinion) – Vog, A 1400–2200 m, Hz, Riesengebirge – arkt-alp – H – Chrom. 2n = 27.

Zwischenarten:

3296. **H. nigréscens** Willd. (*H. alpínum > sylváticum*), zerstr. A, Hz

3297. **H. atrátum** Fr. (*H. alpínum ≤ sylváticum*), slt., A (Allgäu).

3298. **H. boccónei** Griseb. (*H. alpínum-lachenálii*), slt., z. B. A (Allgäu).

3299. **H. rohacsénse** Kit. (*H. alpinum-bífidum*), slt. A (z. B. Allgäu, Vorarlberg).

3300. **H. cochlearioídes** Z. (*H. piliferum-alpinum*), slt. Allgäu über 1700 m.

3301. **Stengelumfassendes H., H. amplexicaúle** L., slt. in Fels- od. Mauerspalt.-Ges., auf vorzugsw. kalkhaltg. Gesteinsunterlag., etwas wärmeliebd, Asplenietea trich.-Kl.char. – süSch (Schlücht- u. Schwarzatal), Ne (Wimpfen, verwildt), A bis 1500 m, adv. auch He, Th, An – alp-pralp-smed – H – Chrom. 2n = 27, 36.

3302. Endivien-H., Weißliches H., H. intybáceum All., slt. in sonng. Felsfluren d. subalp. u. alp. Stufe, auf trock.-mäß. frisch., kalkarm. Gesteinsunterlag., meist in Felsspalten, slt. auch im Steinschutt, Androsacion vand.-Verb.char. – Vog, A (Allgäu) 1720–1930 m – alp – H – Chrom. 2n = 27.

3303. Hasenlattich-H., H. prenanthoídes Vill., zml. slt. in sonng. (felsg.) Hochgrasfluren u. Hochgras-Büschen d. subalp. Stufe, auf sommerwarm.-frisch., nährstoff- u. basenreich., humos., locker., meist steing. Ton- u. Lehmböden, Licht-Halbschattpf., Char. d. Sorbo-Calamagrostietum (Calamagrostion), in A auch im Caricion ferrug. od. trockener. Adenostylion – süSch (Feldberg), A 1400–1950 m, He (Rhön) – (pralp-)alp-arkt(-no) – H – Chrom. 2n = 18, 27, 36, formenreich.

Zwischenarten:

3304. H. juránum Fr. (*H. prenanthoídes > sylváticum*), St.b. 4–18, Grundb. oft vorhand., Blü.std ± gedrängt, zml. slt., mehr im Gebüsch u. auf frisch. Böden d. subalp. Stufe, Char. d. Alnetum viridis (Adenostylion) – A 1780–1800 m – H.

3305. H. inuloídes Tausch (*H. prenanthoides-laevigatum*), St.b. 10–25, wenig behaart, Hüllb. wenig drüsg, slt. in hochmont. Grasflur. auf basenreich., kalkarm. Lehmböd., im süSch lok. Char. d. Sorbo-Calamagrostietum (Calamagrostion) – Vog, süSch (Feldberg), Erzg, Riesengebirge, Av – pralp – Chrom. 2n = 27.

3306. H. juraniforme Z. (*H. prenanthoides ≥ bifidum*), Blü.std zieml. locker, s. slt., A.

3307. H. umbrósum Jord. (*H. prenanthoídes < sylváticum*), slt. A.

3308. H. rapunculoídes A.-T. (*H. prenanthoídes-lachenálii*), slt. A.

3309. H. epimédium Fr. (*H. juranum-bífidum*), slt. A.

3310. H. picroídes Vill. (*H. prenanthoídes-intybáceum*), slt. A (Allgäu).

3311. H. cydoniifólium Vill. (*H. prenanthoídes > villosum*), slt., A (Allgäu).

3312/14. Glattes H., Dreizähniges H., H. laevigátum-Gruppe, hfg in licht., grasg. Eichenwäld., an Waldrändern, auch in Heiden u. Silikat-Magerras., auf mäß. frisch., nährstoff- u. basenarm., kalkfrei., mäß. sauer., modrg-torfg humos., sandg. od. steing. Lehmböden, Halbschatt-, auch Lichtpf., v. all. in Verhagerungssäumen d. Waldes, in d. verbr. hochwüchsg. Form (*H. rígidum* u. *H. laevigátum*) Quercion rob.-petr.-Verb.char., slt. auch im Luzulo-Fagenion, in d. kl. Form (*H. góthicum*)

Nardetalia-Ordn.char. – Ebene bis Gebirge, A bis 970 m – im ganzen: no-eurassubozean – H – Chrom. 2n = 27.

Kleinarten:

1 St.b. 10–15, Grundb. z. Blü.zeit meist nicht mehr vorhand., Hüllb. weng drüsg

2 B. brt-lanzettl., beid.sts meist mit 3–4 auffälligen, lanzettl. vorgezogenen Zähn., St. oft hohl

3312. **H. laevigátum** Willd. (einschließl. *H. tridentátum* Fr.), vorherrschd verbr. Sippe, s.o. – Chrom. 2n = 27.

2* B. schmal-lanzettl., nur kurz od. mäßg stark gezähnt, St. fest

3313. **H. rígidum** Hartm., seltener als vor., mehr montan.

1* St.b. 6–10(12), nach oben rasch kleiner werdend, dazu oft noch einige Grundb., Hüllb. ± drüsg, vermittelt zu *H. lachenalii*

3314. **H. góthicum** Fr., zml. hfg in bodensauer. Magerras. d. Mittelgebirge, Nardetalia-Ordn.char. – Sch, BayW, Hz, Erzg, slt auch A – pralp.

3315. **Doldiges H.**, **H. umbellátum** L., zml. hfg in licht., grasreich. Eichen- u. Kiefernwäld., an verhagert. Waldrändern, auch in Heiden- u. Magerrasen, in Dünenges., auf mäß. frisch.-mäß. trock., meist basenreich., neutral.-sauer., modrg-humos., sandg. od. steing. Lehmböden, bis 50 cm tief wurzld, oft Sand- u. Verhagerungszeiger, etwas wärmeliebd, Halbschatt-Lichtpf., Insekt.bestäubg, Windverbrtg, v. all. im Quercion rob.-petr., aber auch im Cyt-Pinion, im Mesobromion od. in Sedo-Scleranthetea- u. Trif.-Geranietea-Ges. – Ebene bis mittl. Gebirgslag., A bis 1050 m – no-eurassubozean, circ – H – Chrom. 2n = 18 (27, 36, 54), formenreich.

Vgl. neben ssp. *umbellátum* var. *umbellátum*, die var. *montícola* Jord., eine niederwüchsge reichbeblätterte Sippe, z.B. BayW, Av, Vog, sowie die var. *dunénse* Reyn. mit lineal-lanzettl. B. u. ästg. St., auf Dünen, Koelerion alb.-Art – NS, SH.

Zwischenart:

3316. **H. laurínum** A.-T. (*H. umbellatum* ≤ *sabaudum*), B. meist mit breit. Grund sitzd, Blü.std ähnl. *H. umbellatum*, in Saumges. – zml. hfg, z.B. Hü, süSch (Tieflag.), Ne, usw.

3317. **Savoyer H.**, **H. sabaúdum** L., zml. hfg in licht. Eichenwäldern od. im Eichengebüsch, gern in Waldsäumen, Waldverlichtg. u. an Waldrändern, auf mäß.trock.-mäß.frisch., ± basenreich., meist kalkarm., modrg humos., steing., sandg. od. rein. Lehmböden, wärmeliebd, Halbschattpf., Quercetalia rob.-petr.-Ordn.char., auch im Luzulo-Fagenion od. angereichert in bodensauer. Origanetalia-Ges., auch halbruderal – Ebene bis mittl. Gebirgslag., fehlt A – subatl-smed – H – Chrom. 2n = 18, 27, 36, formenreich.

3318. **Traubiges H., H. racemósum** W. et Kit., zml. slt. in Waldsäumen u. im licht. Gebüsch, z. B. in bodensauer. Trifolion medii-Ges. – Br, An, NS, (z. T. adv.), Vog – osmed – H – Chrom. 2n = 27.

Zwischenart:

3319. **H. lycopsifólium** Froel. (*H. sabáudum-prenanthoides*), St.b. 15–30, ellipt., ± sitzd, am Rand winzg drüsg, slt. in licht. Eichen-Hainbuchen-Wäldern, auf mäß. frisch., nährstoff- u. basenreich., kalkarm., mittelgründg., lock., steing. Lehmböden, wärmeliebd, Halbschattpf., im Galio-Carpinetum u. Luz.-Quercetum – süSch (Freiburg, Alb- u. Schlüchttal), süHü (Kaiserstuhl), Els – wpralp(-smed), eiszeitl. entstanden – H.

Grasnelken-Habichtskraut, Tolpis Adans. vgl. S. 909

3320. **T. staticifólia** (All.) Schultz-Bip. (*Hieracium staticifólium* All.), slt. in subalp. u. praealp., off. Schotterflur. d. Alp.flüsse, auf sommertrock. (wechseltrock.), meist kalkreich., humus- u. feinerdearm. Sand- u. Kiesböden, Wurzelkriech-Pionier, Bodenfestiger, licht- u. wärmeliebd, Insekt.bestäubg, Wind- u. Ausläuferverbrtg, terr. Char. d. Condrilletum (Epilobion fleisch.), slt. auch in Thlaspietalia-Ges., überreg. Thlaspietea rot.-Kl.char. – Do, Av, A bis 1580 m, Bo (Bregenzer Aach), BayW (Südrand, Obernzell) – (alp-)pralp – H – Chrom. 2n = 18.

Verzeichnis der deutschen und wissenschaftlichen Pflanzennamen

Die botanischen Artnamen (Epitheta specifica) sind hier nur bei den umfangreicheren Gattungen aufgeführt bzw. dann, wenn die beschriebenen Arten einer Gattung sich über mehr als zwei Seiten verteilen.